Stein / Jonas

Kommentar zur

Zivilprozeßordnung

21. Auflage
bearbeitet von

Reinhard Bork · Wolfgang Brehm
Wolfgang Grunsky · Dieter Leipold
Wolfgang Münzberg · Herbert Roth
Peter Schlosser · Ekkehard Schumann

Band 1
§§ 1–90

J. C. B. Mohr (Paul Siebeck) Tübingen

Bearbeiter:

Prof. Dr. jur. REINHARD BORK, Hamburg
Prof. Dr. jur. WOLFGANG BREHM, Bayreuth
Prof. Dr. jur. WOLFGANG GRUNSKY, Bielefeld
Prof. Dr. jur. DIETER LEIPOLD, Freiburg i. Br.
Prof. Dr. jur. WOLFGANG MÜNZBERG, Tübingen
Prof. Dr. jur. HERBERT ROTH, Münster
Prof. Dr. jur. PETER SCHLOSSER, München
Prof. Dr. jur. EKKEHARD SCHUMANN, Regensburg

Zitiervorschlag: Stein / Jonas / Bearbeiter[21] § 29a Rdnr. 2

Die Deutsche Bibliothek – CIP-Einheitsaufnahme

Stein, Friedrich:
Kommentar zur Zivilprozeßordnung / Stein ; Jonas.
Bearb. von Reinhard Bork . . . – Geb. Ausg. – Tübingen : Mohr
  NE: Jonas, Martin:; Bork, Reinhard [Bearb.]
  Geb. Ausg.
  Bd. 1. §§ 1–90. – 21. Aufl. – 1993
  ISBN 3-16-145870-2

© 1993 J.C.B. Mohr (Paul Siebeck) Tübingen.

Dieser Band wurde von Gulde-Druck in Tübingen aus der Rotation gesetzt, auf alterungsbeständiges Werkdruckpapier der Papierfabrik Niefern gedruckt und von der Großbuchbinderei Heinr. Koch in Tübingen gebunden. Der Einband entwarf Alfred Krugmann in Stuttgart.

Vorwort zur 21. Auflage

Am 1. Oktober 1879 ist die Zivilprozeßordnung zusammen mit den anderen Reichsjustizgesetzen, dem Gerichtsverfassungsgesetz, der Konkursordnung und der Strafprozeßordnung, in Kraft getreten. Im selben Jahr erschien die erste Auflage des vorliegenden Kommentars. Seit Anbeginn begleitet der *Stein/Jonas* damit die ZPO mit all ihren Änderungen, Ergänzungen und Streichungen. Viele der damals in Kraft getretenen Bestimmungen hatten schon gleichlautende Vorläufer; ein Großteil davon hat sogar die Zeit bis heute – dem Wortlaut nach – unbehelligt überstanden. Gleichwohl ist der Inhalt auch dieser Bestimmungen natürlich nicht unverändert geblieben.

Dem inneren und äußeren Normenwandel durch die Einarbeitung von neuer Rechtsprechung und Literatur Rechnung zu tragen, ihn teilweise sogar mitzuvollziehen, ist eine der vornehmsten und eigentlichen Aufgaben der Kommentarliteratur. Daneben gilt es bei neuen oder ergänzten Vorschriften aber immer wieder auch, Pionierarbeit zu leisten.

Beiden Aufgaben hat sich der *Stein/Jonas* im Laufe seiner Geschichte in eindrucksvoller Weise unterzogen. Prozessualisten mehrerer Generationen haben dabei durch ihre Leistungen für die Anerkennung gesorgt, die der Kommentar im In- und Ausland jetzt genießt. Beiden Aufgaben widmet sich auch wieder die 21. Auflage des Kommentars.

Kommentare dieser Größenordnung stehen vor einem Dilemma, wollen sie der Gegenläufigkeit zweier Anliegen gerecht werden: nämlich eine geschlossene und homogene Kommentierung zugleich in einem noch überschaubaren Zeitraum vorzulegen. Beide Anliegen sind wichtig und keinem sollte auf Kosten des anderen der Vorrang eingeräumt werden.

Die Bearbeiter der Vorauflage und der Verlag haben sich um die bestmögliche Lösung bemüht: eine vorsichtige Ergänzung der Mitarbeiter von fünf auf acht. Der damit immer noch überschaubare Autorenkreis bietet aber nicht nur die Gewähr für die Vorlage einer aufeinander abgestimmten Kommentierung innerhalb eines überschaubaren Zeitraums; die Auswahl der neu hinzugekommenen Mitarbeiter ebnet zugleich auch den Weg der Weiterführung dieses traditionsreichen Kommentars in eine neue Generation der deutschen Zivilprozeßrechtslehrer.

Die Geschichte des Zivilprozeßrechts steht vor einer neuen Wendemarke. Ähnlich wie vor über hundert Jahren erweisen sich die nationalen Rechtsordnungen den darüberhinausgehenden Rechtsbeziehungen als Reibungsflächen. Inwieweit eine nur partielle Rechtsvereinheitlichung und die völker- und gemeinschaftsfreundliche Auslegung der nationalen Prozeßordnungen dieses Problem auch weiterhin befriedigend zu lösen vermögen, wird die Zukunft zeigen.

Weitgehend gelöst – allerdings nur auf Gesetzesebene – ist demgegenüber die überraschende deutsche Wiedervereinigung, mögen auch viele Detailprobleme noch bestehen und in Zukunft die Gerichte beschäftigen. Soweit das Zivilprozeßrecht davon betroffen ist, findet dies in der Neuauflage ebenso Berücksichtigung, wie der weiter wachsende internationale Einfluß auf die deutsche Zivilprozeßordnung.

Tübingen, im Mai 1993   Der Verlag

Aus dem Vorwort zur 20. Auflage

Mit seiner hundertjährigen Tradition ist der »*Stein/Jonas*« der älteste Kommentar zur Zivilprozeßordnung. In den Jahren 1879 bis 1881 erschien »Die Civilprozeßordnung für das Deutsche Reich nebst den auf den Civilprozeß bezüglichen Bestimmungen des Gerichtsverfassungsgesetzes und den Einführungsgesetzen. Mit eingehender Berücksichtigung des Württembergischen Landesrechts erläutert von *Ludwig Gaupp*« (drei Bände mit zusammen 1983 Seiten).

Die zweite gänzlich umgearbeitete Auflage beschränkte sich nur noch auf das Reichsrecht und erschien von 1889 bis 1892 (zwei Bände mit zusammen 1606 Seiten). Dazu kamen Anhangbände über »die auf den Civilprozeß bezüglichen Normen« des Landesrechts, wovon *Ludwig Gaupp* den Band »Württemberg« selbst übernahm.

Im Jahre 1896 startete die dritte Auflage, wiederum erläutert von *Ludwig Gaupp*, freilich erstmals unter Mitwirkung von *Friedrich Stein*. Diese zweibändige Ausgabe war im Jahre 1898 abgeschlossen, ebenso die Landesrechte-Erläuterungen von mehreren Verfassern.

Mit der vierten Auflage wurde bereits 1899 begonnen. Sie basierte auf den Erläuterungen von *Ludwig Gaupp*, wurde aber auf der Grundlage des am 1. Januar 1900 in Kraft tretenden Rechtes neu bearbeitet von *Friedrich Stein*. Bereits vor Abschluß mit dem zweiten Band im Jahre 1902 war sie während der Subskription vergriffen, so daß gleichzeitig eine fünfte Auflage ausgegeben wurde, die »keine Neubearbeitung war, sondern ein im wesentlichen unveränderter Neudruck der vierten Auflage«.

Während der sechsten und siebten Auflage (damals wurde mit »Auflage« eine bestimmte Stückzahl benannt, meist 1000 bis höchstens 2000, daher waren Doppel- und Mehrfachauflagen üblich) »auf der Grundlage des Kommentars von *Ludwig Gaupp* erläutert von *Friedrich Stein*«, die 1903 mit der 1. Lieferung begonnen hatte, erkrankte der Bearbeiter so schwer, daß er nicht über die Kommentierung des § 91 hinauskam. Ab § 92 wurde deshalb die fünfte Auflage nachgedruckt. Beide Bände – 1904 vollendet – erhielten jeweils am Ende eine »Zusammenmstellung der neuesten Rechtsprechung von *Otto Warneyer*«.

Die achte und neunte Auflage des *Gaupp*'schen Kommentars, von *Friedrich Stein* neu bearbeitet, erschien von 1906 bis 1908 in zwei Bänden zu je zwei Halbbänden.

1910 folgte zunächst eine Einzelkommentierung zur »Novelle zur Zivilprozeßordnung vom 1. Juli 1909«, erläutert von *Friedrich Stein*. Im gleichen Jahr begann mit dem Namen *Friedrich Stein* an erster Stelle die zehnte Auflage »des von *L. Gaupp* begründeten Kommentars« zu erscheinen. Sie wurde 1913 abgeschlossen und noch im selben Jahr eine elfte unveränderte Auflage ausgegeben.

Die zwölfte und dreizehnte Auflage des *Stein*'schen Kommentars erschienen 1925 bis 1926, bearbeitet von *Martin Jonas*. 1928 bis 1929 schloß sich dieser die vierzehnte an, nunmehr eine »neubearbeitete Auflage von *Martin Jonas*«.

Das Jahr 1933 hinterließ auch auf dem Titel der im September begonnenen fünfzehnten Auflage seine Spuren: *Ludwig Gaupp* wurde wieder an die erste Stelle gesetzt, *Friedrich Stein* seiner jüdischen Vorfahren wegen nur unter »fortgeführt von« genannt, *Martin Jonas* als Bearbeiter. Nach den ersten zwei Lieferungen im September folgte im Dezember eine »Lieferung 1 a« mit Auswechselbogen. Im Juni und im Dezember 1934, nach Abschluß der Auflage, erschienen weitere Ersatz-Lieferungen, im Juli 1935 nochmals. Diese Auflage wurde erstmals in Loseblattform ausgegeben.

In der sechzehnten Auflage, nun unter dem Namen *Martin Jonas*, der Begründer *Gaupp* wurde noch als solcher genannt, trat *Rudolf Pohle* als Mitwirkender hinzu. Diese »völlig neubarbeitete« Auflage kam in den Jahren 1938 und 1939 heraus, in angestrengtem Bemühen um Aktualität durchsetzt mit zahlreichen Auswechselbögen; hinzu kamen bis 1943 insgesamt vier Nachträge.

Die siebzehnte Auflage begann 1949 und stellte in vielerlei Hinsicht einen Einschnitt in der Geschichte des Kommentars dar. Der zeitweise verschütteten Tradition wurde mit dem Namenspaar *Stein / Jonas* obenan Reverenz erwiesen, *Adolf Schönke* hatte die Neubearbeitung übernommen und brachte sie bis 1950 zu Ende. Zu den zwei Bänden erschienen bis 1952 drei Ergänzungslieferungen.

Im Jahre 1952 erschien die 1. Lieferung zur achtzehnten, neubearbeiteten Auflage von *Adolf Schönke*, die er freilich nicht mehr vollenden konnte. Seit 1953 führte sie *Rudolf Pohle* fort und schloß sie mit insgesamt 2836 Seiten, wiederum in zwei Loseblattordnern, ab. Durch drei Nachträge im Jahre 1958 wurde vor allem der wesentlich ältere Band I auf neueren Stand gebracht, ein weiterer Nachtrag folgte noch im Jahre 1960.

Dem Umstand Rechnung tragend, daß ein Kommentar dieses Zuschnitts ohnedies nicht das letzte an Aktualität bieten könne, wurde die neunzehnte Auflage wie zuletzt die vierzehnte in gehefteten Lieferungen ausgegeben, die später fest gebunden werden konnten. 1964 erschienen die beiden ersten Lieferungen dieser lange erwarteten Neubearbeitung des »Stein / Jonas« von *Rudolf Pohle*. nach seinem Tod im Jahre 1967 übernahmen *Wolfgang Grunsky, Dieter Leipold, Wolfgang Münzberg, Peter Schlosser* und *Ekkehard Schumann* die Bearbeitung ab der 5. Lieferung und brachten diese Auflage 1975 mit der 15. Lieferung zum Abschluß.

Die zwanzigste Auflage des »Stein-Jonas« – weiterhin ein Gemeinschaftswerk von *Grunsky, Leipold, Münzberg, Schlosser* und *Schumann* – begann 1977. Sie erschien in 18 Lieferungen, die in 4 Bände – zwei davon in Teilbänden – eingebunden wurden. Die Auflage wurde 1991 mit einem gesonderten Registerband abgeschlossen und hatte einen Gesamtumfang von 6817 Seiten. Die tiefgreifenden Reformen des Prozeßrechts (Vereinfachungsnovelle und 1. Eherechtsreformgesetz) führten in weiten Teilen zu einer völlig neuen Kommentierung. Die zwanzigste Auflage konnte teilweise die erste Erläuterung des neuen Rechts überhaupt bieten, wurde andererseits an mehreren Stellen vom Gesetzgeber überholt.

Abkürzungsverzeichnis

Vorbemerkung

1. Paragraphen der ZPO

Paragraphenzeichen mit Ziffern *ohne* weiteren Zusatz verweisen auf Vorschriften der ZPO.

2. Zitate

Bei Zitaten aus Schrifttum, Entscheidungssammlungen und Gesetzblättern geben *arabische* Ziffern die Seiten oder Spalten, *römische* Zahlen bei Gesetzesblättern den Teil eines Jahrgangs an. Die Zahl der *Auflage* eines Werkes ist in einer *hochgestellten* arabischen Ziffer ausgedrückt.

Sind für gerichtliche Entscheidungen mehrere Fundstellen nachgewiesen, werden die Jahreszahlen bei den folgenden Zitaten nicht wiederholt, wenn sie übereinstimmen. Ein in Klammern nach einer Entscheidung angeführter Name weist auf den Verfasser einer Urteilsanmerkung hin.

Verweist der vorliegende Kommentar auf Erläuterungen eines *anderen Kommentars* oder auf nach Paragraphen geordnete Entscheidungssammlungen (LM, AP etc.) zu *demselben* Paragraphen, so ist nur der Buchstabe, die Ziffer der Anmerkung oder die Randnummer angegeben.

3. Verweisung im Kommentar

Verweisungen innerhalb des vorliegenden Kommentars werden durch → vorgenommen.

4. Abkürzungen

Es werden die nachstehenden Abkürzungen verwendet, s. im übrigen Kirchner, Abkürzungsverzeichnis der Rechtssprache; 4. Aufl., Berlin 1993.

A

a. A.	am Anfang
aaO	am angegebenen Ort
Abk	Abkommen
abl.	ablehnend
ABl	Amtsblatt
Abs.	Absatz
abw.	abweichend
AcP	Archiv für die civilistische Praxis
a. E.	am Ende
aF	alte Fassung
AFG	Arbeitsförderungsgesetz
AG	Amtsgericht oder Ausführungsgesetz (mit Gesetz)
AGAuslProt.	Ausführungsgesetz zum GVÜ AuslProt.
AGB-Gesetz, ABG-G	Gesetz zur Regelung der Allgemeinen Geschäftsbedingungen
AGGVÜ	Ausführungsgesetz zum EuGVÜ
AGZPOKO	Bayerisches Gesetz zur Ausführung der Reichs-Zivilprozeßordnung und Konkursordnung

AHK	Alliierte Hohe Kommission für Deutschland
AKG	Gesetz zur allgemeinen Regelung durch den Krieg und den Zusammenbruch des Deutschen Reiches entstandenen Schäden (Allgemeines Kriegsfolgengesetz)
AK-ZPO	Alternativkommentar zur Zivilprozeßordnung
AllgGerO	Preußische Allgemeine Gerichtsordnung
ALR	Preußisches Allgemeines Landrecht
allgVerf.	Allgemeine Verfügung
a. M.	anderer Meinung
AnfG	Gesetz betr. die Anfechtung von Rechtshandlungen außerhalb des Konkurses
Anm.	Anmerkung
AnwBl.	Anwaltsblatt
AO	Abgabenordnung
AOK	Allgemeine Ortskrankenkasse
AöR	Archiv des öffentlichen Rechts
AP	Arbeitsrechtliche Praxis
ArbG	Arbeitsgericht
ArbGer	Arbeitsgericht (Gewerbe- und Kaufmannsgericht), Monatsschrift des Arbeitsgerichtsverbandes
ArbGG	Arbeitsgerichtsgesetz
ArbRsp	Die Rechtsprechung in Arbeitssachen, herausgegeben von Volkmar u. a. Seit Anfang 1933 mit der ArbRS verbunden
ArbRS	Arbeitsrechts-Sammlung, herausgegeben von Dersch, Hueck usw. (bis Bd. 18 Bensh-Sammlung)
Arens/Lüke[5]	Peter Arens/Wolfgang Lüke, Zivilprozeßrecht, 5. Aufl. 1992
ARSP	Archiv für Rechts- und Wirtschaftsphilosophie
ARSt	Arbeitsrecht in Stichworten
Aufs.	Aufsatz, Aufsätze
AuR	Arbeit und Recht
AusfG(-VO)	Ausführungsgesetz(-Verordnung)
AuslR	Auslandsrecht. Organ des Instituts für ausländisches Recht beim Reichsverband der deutschen Industrie
AV	Ausführungsvorschrift(en)
AVAG	Gesetz zur Ausführung zwischenstaatlicher Anerkennungs- und Vollstreckungsverträge in Zivil- und Handelssachen
AVAVG	Gesetz über Arbeitsvermittlung und Arbeitslosenversicherung
AVR	Archiv des Völkerrechts
AWD	Außenwirtschaftsdienst des Betriebsberaters. Recht der internationalen Wirtschaft (vor 1958 → »RIW«)
B	Bund(es)
BadAnn	Annalen der großherzoglich badischen Gerichte (vereinigt mit BadRPr)
BadRPr	Badische Rechtspraxis
BAG	Bundesarbeitsgericht
BAnz	Bundesanzeiger
BauGB	Baugesetzbuch
Baumbach/Lauterbach (mit Bearbeiter)[51]	Kurzkommentar zur Zivilprozeßordnung, 51. Aufl. 1993
Baumann/Brehm[2]	Jürgen Baumann/Wolfgang Brehm, Zwangsvollstreckung, 2. Aufl. 1982
Baur/Grunsky[7]	Zivilprozeßrecht, 7. Aufl. 1991
Baur/Stürner[12]	Fritz Baur/Rolf Stürner, Zwangsvollstreckungs-, Konkurs- und Vergleichsrecht, Lehrbuch, 12. Aufl., 1990
Bay	Bayerisch(es)
BayBeamtenG	Bayerisches Beamtengesetz
BayJMBl	Bayerisches Justizministerialblatt

Bayer Vorträge[10]	Hieronymus v. Bayer Vorträge über den deutschen gemeinen ordentlichen Civilprozeß[10], München 1869
BayBS	Bereinigte Sammlung des bayerischen Landesrechts
BayKompKonflGH	Bayerischer Kompetenzkonfliktsgerichtshof
BayObLG	Bayerisches Oberstes Landesgericht
BayObLGSt	Entscheidungen des bayerischen Obersten Landesgerichts in Strafsachen
BayObLGZ	Entscheidungen des bayerischen Obersten Landesgerichts in Zivilsachen
BayNotZ	Zeitschrift für das bayerische Notariat, seit 1924 vereinigt mit den Mitteilungen des bayerischen Notarvereins, zuletzt fortgesetzt als Bayer. Beilage der DNotZ
BayrZ	Zeitschrift für Rechtspflege in Bayern
BayrVBl	Bayerische Verwaltungsblätter
BayVGHE	Sammlung von Entscheidungen des Bayerischen Verwaltungsgerichtshofs (neue Folge)
BB	Der Betriebsberater
BBahnG	Bundesbahngesetz
Bd.	Band
BEG	Bundesgesetzbuch zur Entschädigung für Opfer der nationalsozialistischen Verfolgung
Begr	Begründung
Bek	Bekanntmachung
Bekl	Beklagte(r)
ber.	berichtigt
BeurkG	Beurkundungsgesetz
BFH	Bundesfinanzhof
BGB	Bürgerliches Gesetzbuch
BGBl.	Bundesgesetzblatt der Bundesrepublik Deutschland
BGE	Entscheidungen des schweizerischen Bundesgerichts (Amtliche Sammlung), angeführt nach Band, Teil
BGH	Bundesgerichtshof
BGHSt	Entscheidungen des Bundesgerichtshofs in Strafsachen
BGHWarn	Entscheidungen des Bundesgerichtshofs in Zivilsachen, herausgegeben von Mitgliedern des Gerichts
BGHZ	Entscheidungen des Bundesgerichtshofs in Zivilsachen
BinnSchVerfG	Binnenschiffahrtsverfahrensgesetz
BlfverglR	Blätter für vergleichende Rechtswissenschaft und Volkswirtschaftslehre
BlInternPrR	Blätter für internationales Privatrecht, Beilage der Leipziger Zeitschrift, s. dort
Blomeyer[2]	Arwed Blomeyer, Zivilprozeßrecht, Erkenntnisverfahren 2. Aufl. 1986
Blomeyer ZwVR	Arwed Blomeyer, Zivilprozeßrecht, Vollstreckungsverfahren 1975
BNotO	Bundesnotarordnung
BöhmsZ	Zeitschrift für internationales Privat- und öffentliches Recht, begründet von Böhm, jetzt Zeitschrift für internaitonales Recht
BOHG	Bundesoberhandelsgericht
BRAGO	Bundesrechtsanwaltsgebührenordnung
BRAO	Bundesrechtsanwaltsordnung
BR-Drucks.	Drucksache des Deutschen Bundesrats
BreslZ	Zeitschrift der Anwaltskammer im Oberlandesgerichtsbezirk Breslau
Brox/Walker[4]	Hans Brox/Wolf-D. Walker, Zwangsvollstreckungsrecht, 4. Aufl. 1993
BRRG	Beamtenrechtsrahmengesetz
BrschwZ	Braunschweigische Zeitschrift für Rechtspflege
Bruns Lb[3]	Rudolf Bruns, Zivilprozeßrecht, 3. Aufl. 1977

Bruns ZwVR	Rudolf Bruns, Zwangsvollstreckungsrecht
Bruns/Peters[3]	Rudolf Bruns/Egbert Peters, Zwangsvollstreckungsrecht, 3. Aufl. 1987
BSG	Bundessozialgericht
BSGH	Bundessozialhilfegesetz
BStBl.	Bundessteuerblatt
BT-Drucks	Drucksache des Deutschen Bundestages
BürgR	Bürgerliches Recht
Büro → JurBüro	Das Juristische Büro
BüroBl.	Büroblatt für gerichtliche Beamte, fortgesetzt als JVBl
BVerfG	Bundesverfassungsgericht
BVerfGE	Entscheidungen des Bundesverfassungsgerichts
BVerfGG	Gesetz über das Bundesverfassungsgericht
BVerwG	Bundesverwaltungsgericht
BVFG	Gesetz über die Angelegenheiten der Vertriebenen und Flüchtlinge
BWGöD	Gesetz zur Regelung der Wiedergutmachung nationalsozialistischen Unrechts für Angehörige des öffentlichen Dienstes
Cc	Code civil
CP	Civilprozeß
CPO	Civilprozeß-Ordnung (von 1877)
Dalloz	Recueil périodique et critique de jurisprudence, de législation et de doctrine, begründet von Dalloz
DanzJZ	Danziger Juristenzeitung
DarbGG	Deutsches Arbeitsgerichtsgesetz vom 30. 3. 1946 (Gesetz Nr. 21 des Kontrollrats)
DAR	Deutsches Autorecht
DArbR	Deutsches Arbeitsrecht
DAVorm	Der Amtsvormund
DB	Der Betrieb
ders.	derselbe
DDR	Deutsche Demokratische Republik
DFG	Deutsche Freiwillige Gerichtsbarkeit
DGWR	Deutsches Gemein- und Wirtschaftsrecht
DGVZ	Deutsche Gerichtsvollzieherzeitung
DJ	Deutsche Justiz
DJT	Deutscher Juristentag
DJZ	Deutsche Juristenzeitung
DNotVZ	Zeitschrift des deutschen Notarvereins
DNotZ	Deutsche Notarzeitschrift
DOG	Deutsches Obergericht für das Vereinigte Wirtschaftsgebiet
DÖV	Die öffentliche Verwaltung
DR	Deutsches Recht
DRAZ	Deutsche Rechtsanwaltzeitung
DRechtsw	Deutsche Rechtswissenschaft
DRiG	Deutsches Richtergesetz
DRiZ	Deutsche Richterzeitung
DRPflege	Deutsche Rechtspflege (bis 1939)
DRPfleger	Der Deutsche Rechtspfleger
DRZ	Deutsche Rechts-Zeitschrift
DStR	Deutsches Steuerrecht
dt.	deutsch
DurchfVO oder DVO	Durchführungsverordnung
DV	Deutsche Verwaltung
DVBl.	Deutsches Verwaltungsblatt
DWW	Deutsche Wohnungswirtschaft

E	Entwurf
EG	Einführungsgesetz (mit Gesetz) oder Europäische Gemeinschaft(en)
EGE	Ehrengerichtliche Entscheidungen, herausgegeben vom Präsidenten der Bundesrechtsanwaltskammer
EheG	Ehegesetz
1. EheRG	Erstes Gesetz zur Reform des Ehe- und Familienrechts
EheVO	Verordnung zur Durchführung und Ergänzung des Ehegesetzes v. 27. 7. 1938
Einl.	Einleitung
entspr. Anw.	entsprechende Anwendung
ErbbRVO	Verordnung über das Erbbaurecht
Erg	Ergänzung
ESVGH	Entscheidungssammlung des Hessischen und des Württemberg-Badischen Verwaltungsgerichtshofes, Karlsruhe, seit 1952
EuGH	Gerichtshof der Europäischen Gemeinschaften in Luxemburg
EuGHE	Entscheidungen des EuGH
EuGVÜ	Europäisches Übereinkommen über die gerichtliche Zuständigkeit und die Vollstreckung gerichtlicher Entscheidungen in Zivil- und Handelssachen
EuGVÜProt.	Protokoll zum EuGVÜ
EuratomV	Euratom-Vertrag
EWGV	EWG-Vertrag
EWiR	Entscheidungen zum Wirtschaftsrecht
EzA	Entscheidungssammlung zum Arbeitsrecht
EZPR	Europäisches Zivilprozeßrecht
f., ff.	folgende
FamRZ	Zeitschrift für das gesamte Familienrecht (Ehe und Familie)
FG	Festgabe
FGG	Gesetz betr. die Angelegenheiten der freiwilligen Gerichtsbarkeit
FGO	Finanzgerichtsordnung
FlurbG	Flurbereinigungsgesetz
Fn.	Fußnote
FS	Festschrift
FStrG	Bundesfernstraßengesetz
FuR	Familie und Recht
G	Gesetz
GBlDDR	Gesetzblatt der Deutschen Demokratischen Republik
GBO	Grundbuchordnung
g. E.	gegen Ende
GemWirtschR	Deutsches Gemein- und Wirtschaftsrecht
GenG	Genossenschaftsgesetz
Gerhardt[2]	Walter Gerhardt, Vollstreckungsrecht, 2. Aufl. 1982
GerS	Der Gerichtssaal
GeschAnw	Geschäftsanweisung
GeschO	Geschäftsordnung
GG	Grundgesetz für die Bundesrepublik Deutschland
GKG	Gerichtskostengesetz
GmbH	Gesellschaft mit beschränkter Haftung
GoltdArch	Archiv für Strafrecht und Strafprozeß, begründet von Goltdammer
Gruch, Gruchot	Beiträge zur Erläuterung des deutschen Rechts, begründet von Gruchot
Grünhut	Zeitschrift für das Privat- und öffentliche Recht, herausgegeben von Grünhut

Grunsky[3]   Wolfgang Grunsky, Grundlagen des Verfahrensrechts, 3. Aufla-
                                        ge 1982
GRUR   Gewerblicher Rechtsschutz und Urheberrecht
GS   Gesetzessammlung oder Großer Senat oder Gedächtnisschrift
GSB   Bayerisches Gesetz zur Beschaffung von Siedlungsland und zur
                                        Bodenreform
GüKG   Güterkraftverkehrsgesetz
GuR   Gesetz und Recht
GV   Gerichtsvollzieher
GVG   Gerichtsverfassungsgesetz
GVGA   Geschäftsanweisung für Gerichtsvollzieher
GVKG   Gesetz über die Kosten der Gerichtsvollzieher
GVO   Gerichtsvollzieherordnung
GVÜAuslProt.   Protokoll betreffend die Auslegung des EuGVÜ

Hahn   C. Hahn, Die gesammten Materialien zu den Reichs-Justizgeset-
                                        zen, Bd. 1–8, hrsg. von C. Hahn, ab Bd. 5 von B. Mugdan,
                                        Berlin 1879–1898
HansJVBl.   Hanseatisches Justizverwaltungsblatt
HausrVO, HausratsVO   Hausratsverordnung
Hdb   Handbuch
HE   Entwurf einer allgemeinen Civilprozeßordnung für die deut-
                                        schen Bundesstaaten, Hannover 1866
HessRsp   Hessische Rechtsprechung
HessVGH   Hessischer Verwaltungsgerichtshof
HEZ   Höchstrichterliche Entscheidungen, Zivilsachen
HGB   Handelsgesetzbuch
HGZ   Hanseatische Gerichtszeitung, Beiblatt, zivilrechtliche Fälle;
                                        seit 1928 mit der Hanseatischen Rechtszeitschrift verbunden
HGZ, A   Hanseatische Gerichtszeitung, Arbeitsrecht, s. vorstehend
HGZ, H   Hanseatische Gerichtszeitung, Hauptblatt, s. vorstehend
HP   Protokolle der Kommission zur Beratung einer allgemeinen
                                        Zivilprozeßordnung für die deutschen Bundesstaaten, Hanno-
                                        ver 1862 ff.
HPO   Hannoversche Prozeßordnung
HRG   Handwörterbuch zur dt. Rechtsgeschichte, herausgegeben von
                                        Adalbert Erler und Ekkehard Kaufmann
HRR   Höchstrichterliche Rechtsprechung (Beilage der Juristischen
                                        Rundschau)
HRZ   Hanseatische Rechtszeitschrift
HRuGZ   Hanseatische Rechts- und Gerichtszeitschrift
HS   Halbsatz
HuW   Haus und Wohnung
HWiG   Haustürwiderrufsgesetz

i. d. F.   in der Fassung
i. E.   im Ergebnis
IPR   Internationales Privatrecht
IPRax   Praxis des internationalen Privat- und Verfahrensrecht
IPRsp   Rechtsprechung zum Internationalen Privatrecht
i. S. d.   im Sinne des
i. S. v.   im Sinne von
IZPR   Internationales Zivilprozeßrecht
IZVR   Internationales Zivilverfahrensrecht

JA   Juristische Arbeitsblätter
Jauernig ZPR[23]   Othmar Jauernig, Zivilprozeßrecht Studienbuch, 23. Aufl.
                                        1991

Jauernig ZwVR[19]	Othmar Jauernig, Zwangsvollstreckungs- und Konkursrecht, Studienbuch, 19. Aufl. 1990
JbDR	Jahrbuch des Deutschen Rechts
JBl.	Justizblatt
Jh.	Jahrhundert
JherJb	Jahrbücher für Dogmatik des bürgerlichen Rechts, begründet von Ihering
JMBl.	Justizministerialblatt
JMBlNRW	Justizministerialblatt für das Land Nordrhein-Westfalen
JMVerf	Justizministerialverfügung
JöR	Jahrbuch des öffentlichen Rechts
Journal officiel	Journal officiel du Commandement en Chef français en Allemagne
JR	Juristische Rundschau
Jud	Das Judicium
JurA	Juristische Analysen
JurBl.	Juristische Blätter, Wien
JurBüro	Das Juristische Büro
JuS	Juristische Schulung
JustAmtZ	Zeitschrift des Bundes deutscher Justizamtmänner, forgeführt unter dem Titel: Der Deutsche Rechtspfleger
Justiz	Die Justiz, Amtsblatt des Justizministeriums Baden-Württemberg
JuV	Justiz und Verwaltung
JVBl	Justizverwaltungsblatt
JW	Juristische Wochenschrift, Organ des deutschen Anwaltsvereins
JWG	Gesetz für Jugendwohlfahrt
JZ	Juristenzeitung
KB	Kommissionsbericht
KfHS	Kammer für Handelssachen
KG	Kammergericht
KGBl	Blätter für Rechtspflege im Bezirk des Kammergerichts
Kl	Kläger(in)
KO	Konkursordnung
Komm	Kommentar
KontrRG	Kontrollratsgesetz
KostRsp	Kostenrechsprechung
KostVfg	Kostenverfügung
krit.	kritisch
KrVJSchr	Kritische Vierteljahresschrift für Gesetzgebung und Rechtswissenschaft
KSchG	Kündigungsschutzgesetz
KTS	Zeitschrift für Konkurs-, Treuhand- und Schiedsgerichtswesen
KUG	Gesetz betr. das Urheberrecht an Werken der bildenden Künste und der Photographie
KV	Kostenverzeichnis zum GKG
LS	Leitsatz
LAG	Landesarbeitsgericht oder Lastenausgleichsgesetz
LandbeschG	Gesetz über die Landbeschaffung für Aufgaben der Verteidigung
Lb	Lehrbuch
LeipZ	Leipziger Zeitschrift für Deutsches Recht
Lfg.	Lieferung
LG	Landgericht
Lit	Literatur

LitUrhG	Gesetz betr. das Urheberrecht an Werken der Literatur und Tonkunst vom 19. 6. 1901
LM	Lindenmaier-Möhring: Das Nachschlagewerk des Bundesgerichtshofs in Zivilsachen
LugÜ	Übereinkommen über die gerichtliche Zuständigkeit und die Vollstreckung gerichtlicher Entscheidungen in Zivil- und Handelssachen in Lugano am 16. 9. 1988
LVerwG	Landesverwaltungsgericht
LwVG	Gesetz über das gerichtliche Verfahren in Landwirtschaftssachen
Mat.	Materialien
MDR	Monatsschrift für Deutsches Recht
MecklZ	Mecklenburgische Zeitschrift für Rechtspflege und Verwaltung
Min	Minister; auch Ministerium
MittPat	Mitteilungen der deutschen Patentanwälte
mN	mit Nachweisen
MonSchrHR	Monatsschrift für Handelsrecht und Bankwesen
Mot.	Motive
MRG	Gesetz der Militärregierung
MRK	Europäische Konvention zum Schutze der Menschenrechte und Grundfreiheiten
MSchG	Gesetz über Mieterschutz und Mieteinigungsämter
MünchKomm²	Münchener Kommentar zum Bürgerlichen Gesetzbuch, 2. Aufl., 1984 ff.
MünchKommZPO	Münchener Kommentar zur Zivilprozeßordnung, 1992
MuW	Markenschutz und Wettbewerb
mwN	mit weiteren Nachweisen
N.	Note (Fußnote) in *diesem* Kommentar, sonst »Fn.«
Nachw.	Nachweise
NaumbZtg	Zeitung der Anwaltskammer im Bezirk des Oberlandesgerichts Naumburg
NdsRpfl	Niedersächsische Rechtspflege
nF	neue Fassung
NJ	Neue Justiz
NJW	Neue Juristische Wochenschrift
NJW-RR	NJW-Rechsprechungs-Report
Nov	Novelle
Nr.	Nummer
NZA	Neue Zeitschrift für Arbeitsrecht
ObGerBritZ	(Deutscher) Oberster Gerichtshof für die Britische Zone
ÖRiZ	Österreichische Richterzeitung
ÖsterrJZ	Österreichische Juristen-Zeitung
ÖsterrZBl	Zentralblatt für die juristische Praxis (begründet von Geller, herausgegeben von Handl und Petschek)
ÖZöR	Österreichische Zeitschrift für öffentliches Recht
OG	Oberstes Gericht der Deutschen Demokratischen Republik
OGHZ	Entscheidungen des Obersten Gerichtshofes für die Britische Zone in Zivilsachen
OHG	Offene Handelsgesellschaft
OldZ	Zeitschrift für Verwaltung und Rechtspflege in Oldenburg
OLG	Oberlandesgericht
OLGRsp	Rechtsprechung der Oberlandesgerichte
OLGZ	Entscheidungen der Oberlandesgerichte in Zivilsachen einschließlich der freiwilligen Gerichtsbarkeit
OstR	Ostrecht, fortgesetzt als ZfOstR (s. dort)
OVG	Oberverwaltungsgericht

P	Prozeß
PatBl.	Blatt für Patent-, Muster- und Zeichenwesen
PatG	Patentgesetz
PE	Entwurf einer Prozeß-Ordnung in bürgerlichen Rechtsstreitigkeiten für den Preußischen Staat, Berlin 1864
PfändPfandR	Pfändungspfandrecht
PostVertrVO	Verordnung über die Vertretung der Deutschen Bundespost
PostVerwG	Postverwaltungsgesetz
Präs	Präsident
PrJustiz	Preußische Justiz
Prot.	Protokoll, Protokolle
PrOVG	Entscheidungen des Preußischen Oberverwaltungsgerichts
proz	prozessual
R	Recht
RabelsZ	Zeitschrift für ausländisches und internationales Privatrecht
RAbgO	Reichsabgabenordnung
RAG	Reichsarbeitsgericht
RAnz	Reichsanzeiger
RArBl.	Reichsarbeitsblatt
RArbG	Reichsarbeitsgericht
RBerG	Rechtsberatungsgesetz
RBerV	(Erste) Verordnung zur Ausführung des RBerG
RBl.	Regierungsblatt
RdA	Recht der Arbeit
RdL	Recht der Landwirtschaft
Rdnr.	Randnummer
Recht	Das Recht, Rundschau für den deutschen Juristenstand
Rechtsg	Der Rechtsgang
RechtsschutzB	Rechtsschutzbedürfnis
RFinH oder RFH	Entscheidungen des Reichsfinanzhofs
RG	Reichsgericht
RGBl.	Reichsgesetzblatt
RGRsp	Rechtsprechung des Reichsgerichts in Strafsachen, herausgegeben von den Mitgliedern der Reichsanwaltschaft
RGSt	Entscheidungen des Reichsgerichts in Strafsachen
RGZ	Entscheidungen des Reichsgerichts in Zivilsachen
RhArch	Archiv für Zivil- und Strafrecht der Königlich Preußischen Rheinprovinz
RheinZ	Rheinische Zeitschrift für Zivil- und Prozeßrecht
RIW	Recht der internationalen Wirtschaft (1954–1957, ab 1958 → »AWD«)
RMinBl.	Reichsministerialblatt
ROHG	Reichsoberhandelsgericht
Rosenberg/Gottwald[15]	Leo Rosenberg/Peter Gottwald Zivilprozeßrecht, 15. Aufl. 1993
Rosenberg/Gaul[10]	Leo Rosenberg/Hans Friedhelm Gaul, Zwangsvollstreckungsrecht, 10. Aufl. 1987
Rosenberg/Schilken[10]	Leo Rosenberg/Eberhard Schilken Zwangsvollstreckungsrecht 10. Aufl. 1987
Rosenberg/Schwab[14]	Leo Rosenberg/Karl-Heinz Schwab Zivilprozeßrecht, 14. Aufl. 1986
Rpfl	Rechtspfleger
RPflBl.	Rechtspflegerblatt, Organ des Bundes deutscher Rechtspfleger, seit 1953
Rpfleger	Der Deutsche Rechtspfleger
RpflG	Rechtspflegergesetz
Rsp	Rechtsprechung

RsprEinhG	Gesetz zur Wahrung der Einheitlichkeit der Rechtsprechung der obersten Gerichtshöfe des Bundes
RStBl.	Reichssteuerblatt
RV	Rundverfügung; auch Reichsverfassung
RVersBl.	Reichsversorgungsblatt
RVerwBl.	Reichsverwaltungsblatt
RVO	Reichsversicherungsordnung
RZBl.	Zentralblatt für das Deutsche Reich, seit 1923 Reichsministerialblatt
RzW	Rechsprechung zum Wiedergutmachungsrecht, Beilage zur Neuen Juristischen Wochenschrift
S.	Seite, Satz
s.	siehe
s. a.	siehe auch
SaarlRZtschr	Saarländische Rechts-Zeitschrift, jetzt Saarländische Rechts- und Steuerzeitschrift
SAE	Sammlung arbeitsrechtlicher Entscheidungen, herausgegeben von der Bundesvereinigung deutscher Arbeitgeberverbände, Düsseldorf
SächsArch	Sächsisches Archiv für bürgerliches Recht und Prozeß
SchiffsRG	Gesetz über Rechte an eingetragenen Schiffen usw.
SchiffRegO	Schiffsregisterordnung
SchiffsVO	DurchfVO zum Gesetz über Rechte an eingetragenen Schiffen
SchlHA	Schleswig-Holsteinische Anzeigen
Schlosser ZPR I[2]	Peter Schlosser, Zivilprozeßrecht I – Erkenntnisverfahren, 2. Aufl. 1992
Schlosser ZPR II	Peter Schlosser, Zivilprozeßrecht II – Zwangsvollstreckungs- und Insolvenzrecht, 1984
Schönke/Kuchinke[9]	Adolf Schönke / Kurt Kuchinke, Zivilprozeßrecht, 9. Aufl. 1969
Schuschke	Winfried Schuschke, Vollstreckung und vorläufiger Rechtsschutz, Kommentar zum Achten Buch der Zivilprozeßordnung, Band I Zwangsvollstreckung, 1992
SchutzVO	VO über Maßnahmen auf dem Gebiete des bürgerlichen Streitverfahrens usw. in der Fassung der VO vom 4. 12. 1943
Schwab/Walter[4]	Karl-Heinz Schwab / Gerhard Walter, Schiedsgerichtsbarkeit, 4. Aufl. 1990
SchweizJZ	Schweizerische Juristen-Zeitung
SeuffArch	Seufferts Archiv
SeuffBl.	Seufferts Blätter für Rechtsanwendung
SGB	Sozialgesetzbuch
SGG	Sozialgerichtsgesetz
SJZ	Süddeutsche Juristen-Zeitung
SozG	Sozialgericht
StAZ	Zeitschrift für Standesamtswesen, jetzt: Das Standesamt
StGB	Strafgesetzbuch
StGH	Staatsgerichtshof
Stöber[9]	Kurt Stöber, Forderungspfändung, 9. Aufl. 1990 (Nachtrag 1992)
StPO	Strafprozeßordnung
Str	Strafsachen
str.	streitig
Thomas/Putzo[18]	Heinz Thomas / Hans Putzo, Zivilprozeßordnung mit Gerichtsverfassungsgesetz, 18. Aufl. 1993
ThürlBl.	Blätter für Rechtspflege in Thüringen und Anhalt

u.	und
u.a.m.	und andere mehr
Üb	Übereinkommen
ü.M.	überwiegende Meinung
Ufita	Archiv für Urheber-, Film-, Funk- und Theaterrecht
UrhG	Urheberrechtsgesetz
UStG	Umsatzsteuergesetz
UWG	Gesetz gegen den unlauteren Wettbewerb
V	Vertrag
VAG	Versicherungsaufsichtsgesetz
Vereinfachungsnovelle	Gesetz zur Vereinfachung und Beschleunigung gerichtlicher Verfahren vom 3. 12. 1976
Verf	Verfassung
VerfGH	Verfassungsgerichtshof
Verh	Verhandlungen
VerglO	Vergleichsordnung
VerlG	Gesetz über das Verlagsrecht
VersR	Versicherungsrecht
VertrVers	Vertrag von Versailles
Verw	Verwaltung
VerwArch	Verwaltungsarchiv
VerwG → VG	Verwaltungsgericht
VerwRspr	Verwaltungsrechtsprechung in Deutschland, herausgegeben von Bauer
VerwVollstr	Verwaltungsvollstreckung
VerwVollstrR	Verwaltungsvollstreckungsrecht
VG	Verwaltungsgericht
VGH	Verwaltungsgerichtshof
VO	Verordnung
VOBlBZ	Verordnungsblatt für die Britische Zone
VOGVG	Verordnung zur einheitlichen Regelung der Gerichtsverfassung vom 20. 3. 1935
vollstreckb. Ausf.	vollstreckbare Ausfertigung
VollstrGer	Vollstreckungsgericht
VollstrMißbrG	Vollstreckungsmißbrauchsgesetz
VRS	Verkehrsrechtssammlung
VVG	Versicherungsvertragsgesetz
VwGO	Verwaltungsgerichtsordnung
VwVfG	Verwaltungsverfahrensgesetz
VwVG	Verwaltungsvollstreckungsgesetz
VwZG	Verwaltungszustellungsgesetz
WahrnG	Gesetz über die Wahrnehmung von Urheberrechten usw.
WZG	Gesetz zum Schutze der Warenbezeichnungen
WarnRsp	Warneyers Jahrbuch der Entscheidungen, Ergänzungsband
WBewG	Wohnraumbewirtschaftungsgesetz in der Fassung vom 23. 6. 1960
WEG	Wohnungseigentumsgesetz
WRV	Weimarer Reichsverfassung vom 11. 8. 1919
Weltrecht	Weltrecht, Zeitschrift für das Recht des Weltverkehrs und der Friedensverträge
WG	Wechselgesetz
WGerBl.	Württembergisches Gerichtsblatt
Wieczorek[2]	ZPO Großkommentar zur Zivilprozeßordnung, 2. Aufl. 1977
WIGBl.	Gesetzblatt der Verwaltung des Vereinigten Wirtschaftsgebiets
WissR	Wissenschaftsrecht, Wissenschaftsverwaltung, Wissenschaftsförderung

WJb	Jahrbücher der württembergischen Rechtspflege
WM	Wertpapiermitteilungen
WO	Wechselordnung
WPM	Wertpapiermitteilungen
WRP	Wettbewerb in Recht und Praxis
WürttZ	Württembergische Zeitschrift für Rechtspflege und Verwaltung
WuM	Wohnungswirtschaft- und Mietrecht
ZAkDR	Zeitschrift der Akademie für Deutsches Recht
ZaöRV	Zeitschrift für ausländisches Recht und Völkerrecht
z.B.	zum Beispiel
ZBergR	Zeitschrift für Bergrecht
ZBG	1. Gesetz über Maßnahmen zum Schutze der Zivilbevölkerung
ZBlFG	Zentralblatt für freiwillige Gerichtsbarkeit, Notariat und Zwangsvollstreckung
ZBlHR	Zentralblatt für Handelsrecht
ZBlJR	Zentralblatt für Jugendrecht und Jugendwohlfahrt
ZBlRW	Zentralblatt für Rechtswissenschaft
Zeiss[8]	Walter Zeiss, Zivilprozeßrecht, 8. Aufl. 1993
ZfA	Zeitschrift für Arbeitsrecht
ZfOstR	Zeitschrift für Ostrecht, hervorgegangen aus dem Ostrecht und der Zeitschrift für osteuropäisches Recht
ZfSH	Zeitschrift für Sozialhilfe
ZfV	Zeitschrift für Versicherungswesen
ZfW	Zeitschrift für Wasserrecht
ZgGenW	Zeitschrift für das gesamte Genossenschaftswesen
ZHR	Zeitschrift für das gesamte Handels- und Konkursrecht
Zimmermann	Walter Zimmermann, Kommentar zur Zivilprozeßordnung, 1990
ZIndR	Zeitschrift für Industrierecht
ZIntPrR	Zeitschrift für internationales Privatrecht
ZIP	Zeitschrift für Wirtschaftsrecht und Insolvenzpraxis
ZJA	Zentral-Justizamt für die Britische Zone
ZJBl	Zentral-Justizblatt für die Britische Zone
ZMR	Zeitschrift für Miet- und Raumrecht
ZöffR	Zeitschrift für öffentliches Recht
Zöller/Bearbeiter[18]	Kommentar zur Zivilprozeßordnung, 18. Aufl. 1993
ZPO	Zivilprozeßordnung
ZPR	Zivilprozeßrecht
ZRG	Zeitschrift für Rechtsgeschichte mit drei Abteilungen: Romanistische (Rom.), Germanistische (Germ.), und Kanonistische (Kan.)
ZRP	Zeitschrift für Rechtspolitik
ZSchweizR	Zeitschrift für schweizerisches Recht
ZSEG	Gesetz über die Entschädigung von Zeugen und Sachverständigen
ZStW	Zeitschrift für die gesamte Strafrechtswissenschaft
zust.	zustimmend
ZV	Zwangsvollstreckung
ZVBl.	Zentralverordnungsblatt, herausgegeben von der Deutschen Justizverwaltung der sowjetischen Besatzungszone in Deutschland
ZVG	Gesetz betreffend die Zwangsversteigerung und Zwangsverwaltung
ZVglRWiss	Zeitschrift für vergleichende Rechtswissenschaft
ZwVR	Zwangsvollstreckungsrecht
ZZP	Zeitschrift für Zivilprozeßrecht

Die Zivilprozeßordnung

Erstes Buch

Allgemeine Vorschriften

Erster Abschnitt

Gerichte

Erster Titel

Sachliche Zuständigkeit der Gerichte und Wertvorschriften

§ 1   [Sachliche Zuständigkeit]

Die sachliche Zuständigkeit der Gerichte wird durch das Gesetz über die Gerichtsverfassung bestimmt.

Gesetzesgeschichte: Unverändert seit Inkrafttreten der CPO. Die Überschrift des Ersten Titels lautete früher nur »Sachliche Zuständigkeit der Gerichte« und wurde durch das 1. EheRG (→ Einl. Rdnr. 157) ergänzt.

Stichwortverzeichnis zur sachlichen und funktionellen Zuständigkeit   1

Stichwortverzeichnis zur Zuständigkeit

Zur **Zuständigkeit der Arbeitsgerichte** siehe das besondere Register in Rdnr. 139 dieses   **1**
Paragraphen,
zur **örtlichen Zuständigkeit (Gerichtsstand)** siehe den *Gerichtsstandsschlüssel* in den Vorbemerkungen vor § 12,
zur **Zulässigkeit des Rechtswegs** (zum Begriff der **bürgerlichen Rechtsstreitigkeiten**) siehe
das *Register* in Einleitung Rdnr. 339.
In dem folgenden Stichwortverzeichnis geben arabische Ziffern ohne näheren Zusatz die
Randnummer dieses Paragraphen an.

I. Die Zuständigkeit der Gerichte

A. Übersicht über die Arten der Zuständigkeit

Die Gesamtheit der Normen, die den Geschäftskreis der einzelnen Gerichte untereinander abgrenzen, bildet die prozessuale Zuständigkeitsordnung[1]. Bei den ordentlichen Gerichten ist diese Verteilung unter vier Gesichtspunkten durchgeführt:

1. Die **internationale Zuständigkeit** regelt die Frage, ob in Streitigkeiten mit Auslandsbezug ein inländisches Gericht tätig werden darf und muß, → Einl. Rdnr. 750 ff.

2. Die **funktionelle Zuständigkeit** oder – wie sie früher[2] häufig genannt wurde – die Zuständigkeit nach Geschäften verteilt *in derselben Sache* die *verschiedenartigen Rechtspflegeaufgaben* auf *verschiedene Gerichte*, → Rdnr. 120 ff.

3. Bei der **sachlichen Zuständigkeit** handelt es sich um die *Verteilung der Rechtsstreitigkeiten erster Instanz unter die Gerichte verschiedener Ordnung und verschiedener Art dessel-*

2

3

4

---

[1] Dazu gehören auch die Normen, die die Aufgabenverteilung innerhalb des Gerichts oder innerhalb der einzelnen Spruchkörper betreffen (→ Rdnr. 120).

[2] So z.B. die 19. Aufl. dieses Komm. vor § 1 IX 1c (S. 144).

ben Bezirks. Auf dem Gebiet der ordentlichen Gerichtsbarkeit kommen dabei **nur die Amtsgerichte und die Landgerichte** in Betracht. Näheres hierzu → Rdnr. 35 ff.

5   **4.** Die **örtliche Zuständigkeit (»Gerichtsstand«) verteilt die Prozesse erster Instanz und die sonst im Zivilprozeß anfallenden Angelegenheiten** *nach der örtlichen Beziehung der beteiligten Personen oder der Streitsache* unter die Gerichte gleicher Art, die für verschiedene Bezirke errichtet sind; → Rdnr. 1 vor § 12 sowie → §§ 12 ff.

B. Ausschließliche Zuständigkeit. Vereinbarte Zuständigkeit

6   Eine ausschließliche Zuständigkeit verdrängt andere nicht-ausschließliche[3] gesetzliche Zuständigkeiten. Sie läßt auch keine Parteidisposition zu, so daß **Vereinbarungen über die Zuständigkeit und rügelose Einlassungen nach § 39 unzulässig und unwirksam bzw. unbeachtlich sind, soweit sie einer ausschließlichen Zuständigkeit widersprechen**[4]. »*Dispositive Zuständigkeiten«* (»dispositive Gerichtsstände«) sind deshalb nur außerhalb ausschließlicher Zuständigkeitsregelungen möglich.

Stets ausschließlich ist die funktionelle Zuständigkeit (→ Rdnr. 120 ff.). Bei der sachlichen und örtlichen Zuständigkeit muß unterschieden werden: Einzelne Regelungen ordnen **nur einen örtlich ausschließlichen Gerichtsstand** an (z. B. §§ 24, 29a, 879, § 26 Abs. 1 FernUSG, § 7 HaustWG → § 29 Rdnr. 7, § 24 UWG → § 29 Rdnr. 6a, → § 32 Rdnr. 12), andere sehen **nur eine ausschließliche sachliche Zuständigkeit** vor (z. B. § 71 Abs. 2 GVG → Rdnr. 38 und 82 f.), eine dritte Gruppe bilden diejenigen Vorschriften, die eine **sowohl sachlich als auch örtlich ausschließliche Zuständigkeit** enthalten (z. B. § 64). Auch die **internationale Zuständigkeit** kann ausschließlich sein (→ Einl. Rdnr. 766).

7   Eine ausschließliche Zuständigkeit liegt nur vor, wenn das *Gesetz* sie *ausdrücklich* als ausschließlich bezeichnet. Deshalb besteht keine ausschließliche Zuständigkeit, wenn eine Vorschrift nur besagt, eine Zuständigkeit dürfe »*nicht ausgeschlossen werden*«; denn dann ist z. B. die Vereinbarung eines *anderen* Gerichts zulässig (→ § 40 Rdnr. 5).

8   Wegen einer **ausschließlichen Zuständigkeit** auf Grund **einer Zuständigkeitsvereinbarung** → § 38 Rdnr. 62, wegen der Prozeßverbindung in **Kartellsachen** → Rdnr. 99.

C. Zuständigkeit kraft Sachzusammenhangs

1. Einzelfälle

9   **In einer Reihe von Vorschriften ist eine Zuständigkeit kraft Sachzusammenhangs** gegeben. Dadurch kann die *sachliche* oder die *örtliche* Zuständigkeit eines Gerichts begründet werden, bisweilen ist die Zuständigkeit kraft Sachzusammenhangs auch auf *beide* Zuständigkeitsarten bezogen.

Zuständigkeiten kraft Sachzusammenhangs sind in denjenigen Vorschriften enthalten, die eine Entscheidung *dem Prozeßgericht erster Instanz* zuweisen (→ näher Rdnr. 102). Weitere Zuständigkeiten dieser Art sind z. B.: Der *dingliche Gerichtsstand des Sachzusammenhangs* (→ § 25), der besondere Gerichtsstand des Hauptprozesses (→ § 34[5]), der *Gerichtsstand der Streitgenossenschaft* nach Art. 6 Nr. 1 EuGVÜ (→ Einl. Rdnr. 794 und Rdnr. 24 vor § 12), sowie die in § 2 Abs. 3 ArbGG enthaltene Regelung (zu ihr → Rdnr. 142 und 204 ff.) und § 17 Abs. 2 WahrnG (→ § 32 Rdnr. 11).

---

[3] In einzelnen Fällen gibt es auch eine *Konkurrenz mehrerer ausschließlicher Zuständigkeiten.* Dann hat der Kläger zwischen ihnen die Wahl (→ § 35 Rdnr. 2), kann aber nicht auf weitere Zuständigkeiten zurückgreifen, die nicht-ausschließlich sind. Das Gesetz kann allerdings auch anordnen, daß von mehreren ausschließlichen Zuständigkeiten *eine* Zuständigkeit vorgeht, wie z. B. in § 689 Abs. 2 S. 3 bei der Verdrängung anderer ausschließlicher Zuständigkeiten durch die ausschließliche Zuständigkeit des allgemeinen Gerichtsstands des Antragstellers im Mahnverfahren.

[4] Zulässig ist aber, soweit die sonstigen Voraussetzungen einer Zuständigkeitsvereinbarung vorliegen, bei *mehreren* ausschließlichen Zuständigkeiten der *vertragliche Ausschluß* einer von ihnen → § 40 Rdnr. 3 ff.

[5] Dort in Rdnr. 1 weitere Beispiele von Zusammenhangskompetenzen.

2. Kein allgemeiner Grundsatz einer Zuständigkeit kraft Sachzusammenhangs

Über diese einzelnen Regelungen hinaus läßt sich dem geltenden Zivilprozeßrecht aber **10** nicht der Grundsatz entnehmen, ein zuständiges Gericht sei auch für solche Ansprüche, Klagegründe oder Rechtsfragen *»kraft Sachzusammenhangs«* zuständig, für die es an sich (d.h. wenn sie isoliert unterbreitet würden) keine Zuständigkeit besitzt. **Aus der Einzelzuständigkeit im Rahmen eines Sachzusammenhangs läßt sich demgemäß nicht eine Globalzuständigkeit für alle zusammengehörigen Fragen ableiten** (zum Streitgegenstand in diesen Fällen → Einl. Rdnr. 295).

Rechtsprechung[6] **und ein Teil der Lehre**[7] **lehnen einen allgemeinen Gerichtsstand kraft Sachzusammenhangs ab. Dieser Ablehnung ist zuzustimmen**, da das deutsche Kompetenzsystem weitgehend auf die geltend gemachten Anspruchsgrundlagen abstellt, so daß **örtliche, sachliche** oder **internationale Zuständigkeit** oder auch **der Rechtsweg** (→ **auch Einl. Rdnr. 351**) **bei verschiedenen Anspruchsgrundlagen für denselben prozessualen Anspruch gespalten** werden können (→ Einl. Rdnr. 295). Nur ein grundlegender Eingriff des *Gesetzgebers* in dieses System könnte hier eine Änderung bewirken.

Mit der Ablehnung des Gerichtsstands kraft Sachzusammenhangs sollen die Schwierigkeiten der **11** jetzigen Kompetenzregelung, auf die sich die Gegenmeinung[8] bei ihrer Befürwortung der Zusammenhangszuständigkeit beruft, nicht etwa geleugnet werden. Tatsächlich treten für alle Arten von Kompetenznormen immer wieder durch das Auseinanderfallen von Zuständigkeit oder Rechtsweg für ein und denselben Streitgegenstand Mißhelligkeiten auf: So kann die **sachliche Zuständigkeit auseinanderklaffen,** wenn der Mieter seinen Schadensersatzanspruch in Höhe von DM 11 000,– aus Vertrag (insoweit ist das *Amtsgericht* gemäß § 23 Nr.2a GVG ohne Rücksicht auf den Streitwert zuständig) und aus Delikt (insoweit ist wegen des Streitwerts das *Landgericht* zuständig) begründet; vor das *Amtsgericht als Familiengericht* gehört die Klagebegründung »Zugewinnausgleich« (§ 23a Nr. 5 GVG → Rdnr. 36 und 70ff.), vor das *Landgericht* der Gesichtspunkt der »ungerechtfertigten Bereicherung« oder der »Familiengesellschaft«, obwohl der Kläger nur ein und dieselben DM 11 000,– vom Ehepartner verlangt (→ auch Rdnr. 71 f.). **Örtlich** ergeben sich z.B. beim Auseinanderfallen des Deliktsgerichtsstands nach § 32 (→ dort Rdnr. 17) und des Gerichtsstands des Erfüllungsorts nach § 29 (→ dort Rdnr. 14 m.w.N.) Schwierigkeiten, wenn ein *Schadensersatzanspruch* sowohl aus Vertrag als auch aus Delikt abgeleitet wird. Zwischen **Arbeitsgerichtsbarkeit** und ordentlichen Gerichten kommt es zu Konkurrenzen, wenn z.B. der Anspruch *arbeitsrechtlich* und *gesellschaftsrechtlich* begründet wird. Nicht ausgeschlossen sind

---

[6] *BGHZ* 13, 153f.; 98, 367; *BGH NJW* 1971, 564 (hierzu *Ritter* 1217) = *JZ* 336 (*Grunsky*) = *JR* 245 (*Bökelmann*); *BAG* 15, 292 (296f.); 19, 355 (359ff.); *RGZ* 27, 385ff.; *OLG Freiburg JZ* 1953, 473; *LG München IPRsp* 56/57 Nr. 188 a.E.; vgl. aber auch wegen Kartellsachen *BGHZ* 49, 33 (38). Die Rsp sieht lediglich im Falle der *Gütergemeinschaft* den *Duldungsanspruch gegen einen Ehegatten als akzessorische Ergänzung* des Leistungsanspruchs gegen den anderen Ehegatten an und nimmt *dafür dieselbe Zuständigkeit* an; *RG JW* 1936, 879; *BayObLGZ* 1 (1948–1951) 214. Die Entscheidung des *LG Köln NJW* 1978, 329 = *MDR* 409 (l) läßt im Gerichtsstand der unerlaubten Handlungen (§ 32) die Prüfung von Vertragsansprüchen zu, auch wenn der Vertragsgerichtsstand (§ 29) nicht gegeben ist. Diese Entscheidung widerspricht der einhelligen Judikatur der Obergerichte und wurde nur dadurch rechtskräftig, daß es sich um ein Berufungsurteil (!) handelte. Angesichts der starken Betonung des Grundrechts auf den *gesetzlichen Richter* durch das Bundesverfassungsgericht (→ Einl. Rdnr. 480ff.) ist es nicht ausgeschlossen, daß in solchen Fällen auf *Verfassungsbeschwerde* hin auch ein solches rechtskräftiges Urteil aufgehoben wird; denn die Behandlung eines Vertragsanspruchs im Deliktsgerichtsstand ohne Eingreifen des Vertragsgerichtsstands entzieht der beklagten Partei den ihr von der ZPO zugewiesenen gesetzlichen Richter.

[7] *A. Blomeyer* Beiträge zur Lehre vom Streitgegenstand, in: Festschr. der Juristischen Fakultät der freien Universität Berlin zum 41. DJT in Berlin 1955 (1955) 51 (76f.); *Habscheid* Der Streitgegenstand im Zivilprozeß (1956) 154ff.; *Jauernig*[22] § 12 II; *P. Krause* Verfahrensrechtliche Probleme der Entscheidung über den Rechtsweg und der Verweisung von Rechtswegen, ZZP 83 (1970) 289 (313ff.); *Lerch* Zuständigkeit kraft Sachzusammenhang, DRiZ 1986, 17; *Saure* Die Rechtswegverweisung (1971) 134ff.; *Schwab* Der Streitgegenstand im Zivilprozeß (1954) 156f.; *Thomas/Putzo*[17] Anm. III vor § III 3 jeweils m. w. N.

[8] *Baur* 67 und ders Festschr. für *F. v. Hippel* (1967) 1 (12f.); *Bernhardt*[3] § 13, 4 (S. 91); *W. Fischer* Der Gerichtsstand des Zusammenhanges, ZZP 49 (1925) 345 (353f.); *Gravenhorst* Die Aufspaltung der Gerichtszuständigkeit nach Anspruchsgrundlagen (1972) 59ff.; *Nikisch* Der Streitgegenstand im Zivilprozeß (1935) 155f.; *ders.* Lb[2] § 21 V; *Rimmelspacher* Alternative und kumulative Gerichtszuständigkeit, AcP 174 (1974) 509 (540); *Rosenberg-Schwab*[14] § 36 VI 2; *Zeiss*[7] § 13; 7; differenzierend *Grunsky* JZ 1971, 337f. und ders. Grundlagen des Verfahrensrechts[2] (1974) 339f.; vgl. auch *Bettermann* AöR 96 (1971) 552; *Stein* MDR 1972, 735; *Waldner* MDR 1984, 190.

ferner **Aufspaltungen zwischen den Rechtswegen**, wenn z.B. *Schadensersatz aus öffentlich-rechtlichem Vertrag* und *aus Delikt* (Amtspflichtverletzung) vom Staat gefordert wird (→ Einl. Rdnr. 351, 357 und 400). Diese aus der Fülle der Konstellationen herausgegriffenen Beispiele zeigen, daß es sich um ein grundlegendes Problem des gesamten deutschen Prozeßrechts handelt. Es zu lösen kann nur Aufgabe des Gesetzgebers sein[9].

Macht ein **Kläger** bei derartig gespaltenen Gerichtszuständigkeiten unter Berufung auf einen angeblich bestehenden »Gerichtsstand des Sachzusammenhangs« einen **Klagegrund geltend, der vom Gericht mangels Kompetenz nicht geprüft werden darf**, so hindert dies zwar nicht das Zusprechen des Begehrens aus denjenigen Klagegründen, die der Kompetenz des Gerichts unterliegen. Wenn dies allerdings nicht möglich ist (weil das Gericht die prüfbaren Gründe als *unbegründet* ansieht), dann muß **teilweise Abweisung als unbegründet** (hinsichtlich der *prüfbaren* Klagegründe) **und** teilweise Abweisung **als unzulässig** (hinsichtlich der *außerhalb der Kognition des Gerichtes* liegenden Klagegründe) erfolgen (→ Einl. Rdnr. 295 sub bb); nur so wird verhindert, daß die materielle Rechtskraft hinsichtlich des nicht-prüfbaren Klagegrundes eintritt (→ auch Einl. Rdnr. 295 sub aa) a. E.). Es kann aber auch hinsichtlich des nicht-prüfbaren Klagegrundes **Teilverweisung** beantragt werden (→ Einl. Rdnr. 295 sub bb a. E. sowie → § 281 Rdnr. 13). Bei allen gespaltenen Gerichtszuständigkeiten ist auf den Einwand der Rechtshängigkeit zu achten: Es ist nämlich nicht ausgeschlossen, daß das Anhängigmachen der Klage bei einem Gericht, das nicht alle materiell-rechtlichen Gesichtspunkte prüfen darf, den **Einwand der Rechtshängigkeit für den gesamten Streitgegenstand** begründet, also auch den gleichzeitigen Prozeß *hinsichtlich der anderen materiell-rechtlichen Gesichtspunkte* vor demjenigen Gericht verhindert, das für diese Gesichtspunkte seinerseits kompetent ist. Dabei ist gleichgültig, ob sich der Kläger vor dem unzuständigen Gericht auf dort nicht-prüfbare Klagegründe beruft oder ob er dies unterläßt. Näher zu alledem → § 261 Rdnr. 51 ff. (56).

D. Erschleichung der Zuständigkeit und Einrede der Arglist

Die Geltung des Grundsatzes von **Treu und Glauben** (→ näher Einl. Rdnr. 242 ff.) ist auch für die Zuständigkeiten von Bedeutung:

12   **1.** Hat der Kläger die tatsächlichen Voraussetzungen der von ihm in Anspruch genommenen Zuständigkeit **arglistig** geschaffen, so scheidet die so begründete Zuständigkeit aus[10]. Dies gilt für alle Arten der Zuständigkeit, sei es die sachliche[11], örtliche[12], internationale[13] Zuständigkeit oder eine Bestimmung nach § 36[14].

13   **2.** Umgekehrt kann dem Beklagten die **Einrede der Arglist** entgegengehalten werden, z.B. wenn dieser die Rüge der Unzuständigkeit des Gerichts erhebt, nachdem er vor Prozeßbeginn

---

[9] Hinsichtlich der Mängel der jetzigen Regelung besteht Einigkeit. Abzuschaffen wären sie aber nur durch ein anderes Zuständigkeits- und Rechtswegsystem. Der Reformentwurf 1931 (→ Einl. Rdnr. 128) konnte sich zu einem allgemeinen Gerichtsstand des Sachzusammenhangs nicht durchringen, wenn er auch eine Zusammenhangskompetenz des Landgerichts vorsah. Schon damals wurde der Entwurf deshalb kritisiert, vgl. *Rosenberg* Zu dem Entwurf einer Zivilprozeßordnung, ZZP 57 (1933) 185 (213 f. mit formuliertem Vorschlag). Auch der im Zweiten Gesetz zur Änderung der ZPO angestrebte Gerichtsstand des Sachzusammenhangs, näher *Holtgrave* Zur Reform des Zivilprozeßrechts, ZZP 86 (1973) 1 (8) wurde noch nicht geltendes Recht. Immerhin enthält Art. 6 Ziffer 1 EuGVÜ (Text → Einl. Rdnr. 904) für den Fall der *Streitgenossenschaft* eine Zusammenhangszuständigkeit.

[10] *OLG Darmstadt* JW 1929, 121; *Riezler* Internationales Zivilprozeßrecht (1949) 335 m.w.N.; s. auch *RGZ* 51, 176 (zu § 603 Abs. 2); *OLG Hamm* NJW 1987, 138 – A. M. *Novak* ÖsterrJZ 1949, 342.

[11] → Einl. Rdnr. 250 Fn. 17 m.w.N.

[12] → § 23 Rdnr. 29 f.; → § 32 Rdnr. 14, 15; § 35 a Rdnr. 12; § 22 Fn. 17; → § 603 Rdnr. 3 m.w.N. in Fn. 11.

[13] Ausdrücklich regelt Art. 6 Nr. 2 EuGVÜ den Fall der Erschleichung der internationalen Zuständigkeit (Text → Einl. Rdnr. 902); vgl. auch im übrigen *BayOblGZ* 16 (1966) 248 (252); *Riezler* (Fn. 10) a.a.O.; *Soergel-Kegel* EGBGB[12] Vorbemerkung vor Art. 7 Rdnr. 50 bei Fn. 11; *Staudinger-Gamillscheg* EGBGB[12] § 328 ZPO Rdnr. 380.

[14] → § 7 Rdnr. 4.

die *Zuständigkeit dem Kläger arglistig vorgespiegelt* hatte[15]. Auch die nur aus **Schikane** oder *ausschließlich* zum Zwecke der **Prozeßverschleppung** *treuwidrig* erhobene Unzuständigkeitsrüge ist unbeachtlich[16].

3. In allen diesen Fällen **ist die vom Kläger beanspruchte Zuständigkeit** (→ Rdnr. 12) **als nicht gegeben** **14** oder die vom **Beklagten erhobene Zuständigkeitsrüge** (→ Rdnr. 13) als **unbeachtlich** anzusehen. Die Berufung auf Treu und Glauben kann aber nicht dazu führen, daß *ausschließliche* Zuständigkeiten ausgeschaltet werden, weil diese auch sonst einer Parteidisposition entzogen sind. So sind *mehrere Teilklagen* zu verbinden und auf Antrag an das Landgericht zu verweisen, wenn der Kläger einen einheitlichen Anspruch nur aufteilt, um an das Amtsgericht zu gelangen[17] (→ auch Rdnr. 12, 32).

E. Die Prüfung der Zuständigkeit durch das Gericht

1. Die Zuständigkeit als Sachurteilsvoraussetzung

Die Zuständigkeit des Gerichts ist Sachurteilsvoraussetzung (zu den Sachurteilsvorausset- **15** zungen näher → Einl. Rdnr. 311 ff.). **Nur das sachliche, örtliche, international und funktionell zuständige Gericht darf eine Sachentscheidung treffen.**

2. Die Prüfung der Zuständigkeit von Amts wegen

Seine Zuständigkeit hat das Gericht von Amts wegen zu prüfen. Die allgemeinen Grundsät- **16** ze der **Prüfung von Amts wegen** gelten auch hier (näher → Rdnr. 91 ff. vor § 128).

a) Schlüssige Klägerbehauptung

Die **Zuständigkeit muß vom Kläger schlüssig behauptet** werden. Auf die **Einlassung des** **17** **Beklagten kommt es,** wie bei der vergleichbaren Prüfung der Zulässigkeit des Rechtswegs (→ Einl. Rdnr. 346 m.w.N.), **nicht an;** führt allerdings diese Einlassung zu einer **Replik des Klägers,** so ist nicht ausgeschlossen, daß hierdurch der klägerische Vortrag (der *insgesamt* zu sehen ist) *unschlüssig* wird (*Beispiele* → Rdnr. 51). Bisweilen zeigt jedoch schon die Einlassung des Beklagten, daß das klägerische Vorbringen anders zu qualifizieren ist (*Beispiele* → Einl. Rdnr. 405).

Soweit die Zuständigkeit von der rechtlichen Natur des Anspruchs abhängt[18], kommt es darauf an, ob sich nach den tatsächlichen Behauptungen des Klägers ein Anspruch der behaupteten Art ergibt; dabei sind die klägerischen Behauptungen in ihrer Gesamtheit zu würdigen[19] und sinngemäß, nicht buchstäblich auszulegen[20]. Auf die *Rechtsansicht des Klägers* über die Auslegung von Zuständigkeitsvorschriften kommt es *genausowenig* an wie auf die *Auffassung des Klägers* über die *rechtliche Natur* des erhobenen Anspruchs[21]. Viel-

---

[15] Spiegelt der Beklagte z.B. dem Kläger das Bestehen einer Niederlassung arglistig vor, so kann er sich im Prozeß nicht auf das Nichtbestehen der Niederlassung und damit nicht auf das Fehlen der Voraussetzungen des § 21 berufen; a.M. *KG* OLG Rsp 5, 223f.

[16] → Einl. Rdnr. 249, 254; vgl. auch § 282 Abs. 3; vgl. auch *KG* FamRZ 1989, 1105. Daß den Einwendungen der sachliche Gehalt fehlt, macht sie jedoch nicht treuwidrig; *OLG Frankfurt am Main* MDR 1980, 318.

[17] Vgl. *Baumbach-Lauterbach-Hartmann*[49] § 2 Anm. 3; *Kogel* NJW 1975, 2063; vgl. *KG* FamRZ 1989, 1105.

[18] Bei der *sachlichen* Zuständigkeit z.B. beim Amtshaftungsanspruch wegen § 71 Abs. 2 Nr. 2 GVG (→ Rdnr. 84 ff.): das *Landgericht* oder bei güterrechtlichen

Ansprüchen wegen § 23 a Nr. 5 GVG (→ Rdnr. 70 ff.): das *Amtsgericht*, bei der *örtlichen* Zuständigkeit z.B. § 29 (Vertragsanspruch); § 32 (Deliktsanspruch); § 20 StVG (Anspruch aus Gefährdungshaftung nach dem StVG → § 32 Rdnr. 9).

[19] *RGZ* 52, 83f.; *OLG Hamburg* OLG Rsp 27, 165.

[20] Vgl. *RGZ* 83, 81; *Gruchot* 54, 662; *OLG Hamburg* OLG Rsp 11, 46; 31, 12.

[21] *BGHZ* 16, 280f. = NJW 1955, 707 = LM § 547 Abs. 1 Ziff. 2 Nr. 6; *BAG* 8, 260 = JZ 1960, 134 = MDR 258 = AP § 2 ArbGG Zuständigkeitsprüfung Nr. 18 (Pohle) = SAE 118 (*Bötticher*) = AuR 1960, 87 = DB 211 unter Aufgabe der früheren Rsp; *BAG* NJW 1975, 1944 (aber weitergehend wegen tatsächlicher Behauptungen

mehr qualifiziert das Gericht den behaupteten Anspruch nach dessen wirklicher rechtlicher Natur[22].

> **Beispiele:** Wird die Klage im *Deliktsgerichtsstand* erhoben, trägt der Kläger aber nur Tatsachen vor, die eine Vertragsverletzung rechtfertigen, greift das forum delicti commissi des § 32 nicht ein[23]. Umgekehrt ist der Gerichtsstand des § 29 nicht einschlägig, wenn sich aus dem eigenen Tatsachenvortrag des Klägers *nicht einmal ein vertragsähnliches Verhältnis ergibt*[24]. Unschlüssigkeit der Zuständigkeitsbehauptung liegt z. B. ferner vor, wenn vor dem Landgericht (statt vor dem Amtsgericht als *Familiengericht*, → Rdnr. 70 ff.) eine Forderung geltend gemacht wird, für die nur Tatsachen vorgetragen werden, aus denen sich der Anspruch aus *Zugewinn* ergibt.

18   Macht der Kläger ein (bisher) **unbekanntes Recht** oder einen (bislang) **nicht von der Rechtsordnung anerkannten Anspruch** geltend, ist diejenige Zuständigkeit gegeben, die eingriffe, falls das materielle Recht eine derartige Rechtsposition enthielte; denn es kann nicht Aufgabe der Zuständigkeitsprüfung sein, über solche *materiell-rechtliche* Fragen zu befinden. *Anders* ist es dagegen beim **Beharren des Klägers auf einer rechtlichen Qualifizierung** und Zuständigkeitsargumentation[25]. Wenn er z. B. auf einer Entscheidung durch das *Familiengericht* gemäß § 23 a Nr. 5 GVG (→ Rdnr. 70 ff.) auch im Falle einer Familiengesellschaft oder wegen ungerechtfertigter Bereicherung oder wegen Familienarbeitsverhältnisses besteht, weil er solche Streitigkeiten als *güterrechtliche* Auseinandersetzungen im Sinne von § 23 a Nr. 5 GVG qualifiziert, ist das Gericht weder befugt noch gezwungen, in die Begründetheitsprüfung einzutreten.

19   Ergibt sich aus dem klägerischen Vortrag **keine schlüssige Rechtfertigung** der Zuständigkeit, muß sich das **Gericht** als **unzuständig** ansehen und die sich hieraus ergebenden Folgerungen ziehen (näher → Rdnr. 26 f.). Nur das **rügelose Einlassen des Beklagten** zur Hauptsache (in den Grenzen gemäß § 39), gegebenenfalls nach vorheriger Belehrung (gemäß § 504), vermag den Mangel der schlüssigen Begründung der *örtlichen*, *sachlichen* oder *internationalen* Zuständigkeit zu heilen.

b) Beweiserhebung über Zulässigkeitstatsachen

19a   Trotz schlüssigem Zuständigkeitsvortrag muß das Gericht aber die **Richtigkeit der tatsächlichen Behauptungen des Klägers** prüfen, wenn der Beklagte die Behauptungen rechtzeitig (→ § 39 Rdnr. 14) **bestritten**[26] hat oder wenn bei **ausschließlichen Zuständigkeiten** nach **den Grundsätzen der Prüfung von Amts wegen** ein Anlaß zu **Beweiserhebungen** (→ Rdnr. 98 vor § 128) besteht.

aa) Im Rahmen der Zuständigkeitsprüfung zu beweisende Zulässigkeitstatsachen

19b   **Beweis zu erheben ist aber (nur) über diejenigen für die Zuständigkeit des Gerichts maßgeblichen Umstände, die nicht zugleich auch zur Begründetheit des erhobenen An-**

---

des Klägers). S. a. schon *RGZ* 95, 268; 129, 175; WarnRsp 20 Nr. 60; *RG* JW 1912, 643.

  [22] Genauso wie bei der Zulässigkeit des Rechtswegs geprüft wird, ob sich aus den tatsächlichen klägerischen Angaben der behauptete Rechtsweg schlüssigerweise ergibt → Einl. Rdnr. 346 und 404.

  [23] → § 32 Rdnr. 15.

  [24] → § 29 Rdnr. 38, 2; *AG Marbach* MDR 1988, 1061.

  [25] Anders *Pohle* in der 19. Auflage (III 3 vor § 12, S. 214): »Oder wenn der Kläger ernstlich darauf besteht, daß sein Anspruch rechtlich so zu qualifizieren sei, daß das angerufene Gericht zuständig wäre, müßte in diesen

Sonderfällen die Klage nicht als unzulässig, sondern als unbegründet angesehen werden.«

  [26] Das *Bestreiten der Begründetheit* der Klage oder das Stellen des *Klageabweisungsantrags* sind *kein Bestreiten der Zuständigkeit.* Wie auch bei den anderen Zulässigkeitsrügen (zu diesem Begriff → Einl. Rdnr. 313, 317, 319 ff. sowie § 282 Abs. 3) ist erforderlich, daß die Absicht, die Zulässigkeit der Klage zu rügen, erkennbar ist, vgl. schon zum alten Prozeßrecht; *Stein* Gruchot 28, 438 sowie z. B. *RG* JW 1896, 103; 1902, 125. Zur *teilweisen Zuständigkeitsrüge* → § 39 Rdnr. 8.

spruchs gehören. Im Rahmen der Zuständigkeitsprüfung zu beweisende Umstände können etwa sein: *Wohnsitz des Beklagten* (wegen § 13), *letzter Wohnsitz des Beklagten* (wegen § 16), *Sitz der juristischen Person* (wegen § 17; Art. 2 Abs. 1, Art. 55 EuGVÜ), *Aufenthalt des Beklagten*[27], *Wohnsitz des Mieters* (wegen § 23 a) oder *des Kunden* (wegen § 7 HaustürWG → § 29 Rdnr. 60aa), *Vermögen des Beklagten im Gerichtsbezirk*[28], *Erfüllungsort*[29], *Vereinbarung über den Erfüllungsort*[30] oder *Zuständigkeitsvereinbarung*[31], *Wert der streitbefangenen* (herauszugebenden) *Sache*[32], das Bestehen der Gesamthaftung i. S. v. § 28[33] Eigenschaft als *Wohnraum*[34].

bb) Keine Beweiserhebung im Rahmen der Zuständigkeitsprüfung bei doppelrelevanten Zulässigkeitstatsachen

Die **Schlüssigkeit des Klägervortrags** genügt andererseits (d. h. **keine Beweiserhebung** ist **20** notwendig) bei **Tatsachen, die gleichzeitig notwendige Tatbestandsmerkmale des erhobenen Anspruchs darstellen.** Das Vorliegen all derjenigen Tatsachen, die **zugleich** die **Zuständigkeit** *und* die **Begründetheit** rechtfertigen sollen (**doppelrelevante Tatsachen**), wird **deshalb im Rahmen der Zuständigkeitsprüfung unterstellt**[35].

Diese Unterstellung ist nur bei solchen die Zuständigkeit begründenden Tatsachen zulässig, **20a** die *notwendig* vorliegen müssen, damit der erhobene Anspruch auch begründet ist[36]. Muß eine Tatsache **nicht** notwendig **für** die **Begründetheit** des erhobenen Anspruchs **festliegen**, so ist sie im Rahmen der Zuständigkeitsprüfung nachzuweisen und **darf nicht unterstellt** werden[37]. Dies gilt insbesondere auch für Umstände, die den erhobenen Anspruch näher kennzeichnen, ohne seine Begründetheit zu berühren. Wiieweit die Unterstellung der die Zuständigkeit begründenden Tatsachen reicht, hängt somit vom Klageantrag ab.

Beispiele:
(1) So wird bei einer Klage auf Widerruf wegen einer **Persönlichkeitsverletzung im forum delicti** **20b** **commissi des § 32** für die Zuständigkeit unterstellt, daß der Beklagte die vom Kläger vorgetragene Verletzung begangen hat, nicht aber, daß diese unerlaubte Handlung *im Gerichtsbezirk* begangen wurde; vielmehr muß im Rahmen der Zuständigkeitsprüfung – notfalls durch Beweiserhebung – festgestellt werden, daß die behauptete Verletzungshandlung im Gerichtsbezirk begangen wurde. Liegt kein Delikt im *Gerichtsbezirk* vor, so ist die Klage als *unzulässig* abzuweisen, sofern kein Verweisungsantrag gestellt wird[38].
(2) Ebenso ist bei einer im **Gerichtsstand des vertraglichen Erfüllungsorts** (§ 29) erhobenen Klage auf Erfüllung einer vertraglichen Pflicht bei der Zuständigkeitsprüfung zu unterstellen, daß das vom Kläger behauptete Vertragsverhältnis mit dem schlüssig vorgetragenen Anspruch tatsächlich bestehe[39]. Nicht wird jedoch unterstellt, daß der erhobene Anspruch *im Gerichtsbezirk* zu erfüllen ist; dies muß vielmehr **gegebenenfalls durch Beweiserhebung im Rahmen der Zuständigkeitsprüfung festgestellt** werden. Liegt der Erfüllungsort des erhobenen Anspruchs nicht im Gerichtsbezirk, ist die Klage ebenfalls *unzulässig* (näher → Rdnr. 20i).
(3) Wäre zwar der Anspruch nach der Behauptung des Klägers im Gerichtsbezirk zu erfüllen, **fehlt es aber an einem wirksamen Vertrag**, so ist die Klage *unbegründet* (näher → Rdnr. 21f).
(4) Dasselbe gilt bei der **Klage wegen einer unerlaubten Handlung**, wenn sich z. B. zeigt, daß kein Schaden entstanden ist oder daß die behauptete Handlung nicht als eine unerlaubte Handlung angesprochen werden kann (näher → Rdnr. 21d).

---

[27] Z. B. wegen § 16 oder (qualifizierter Aufenthalt) § 20.
[28] Wegen § 23, vgl. *RGZ* 110, 317.
[29] Wegen § 29, z. B. *RGZ* 49, 72; 29, 371; → näher Rdnr. 20i.
[30] → Rdnr. 20i und allgemein → § 29 Rdnr. 38.
[31] → § 38 Rdnr. 65.
[32] → § 6 Rdnr. 3 ff.
[33] → § 28 Rdnr. 6 a. E.

[34] → § 29a Rdnr. 4 ff.
[35] Außer den in den folgenden Fußnoten zitierten Nachweisen vgl. *Schumann* Internationale Zuständigkeit: Besonderheiten, Wahlfeststellung, doppelrelevante Tatsachen, Festschrift für Nagel (1987) 402 (414 ff.).
[36] *OLG Nürnberg* NJW 1985, 1297.
[37] *RGZ* 29, 373 (grundlegend), → näher unten Fn. 69.
[38] Näher → Rdnr. 20k.
[39] → Fn. 50.

(5) Geht die erhobene Klage jedoch **auf Erfüllung einer Verpflichtung z. B. gerade in München** oder ist Feststellungsklage erhoben, daß eine bestimmte Vertragspflicht *nur in München* zu erfüllen sei, so wird bei schlüssigem Klagevortrag im Rahmen der Zuständigkeitsprüfung auch unterstellt, daß München Erfüllungsort ist. Ergibt sich, daß dies tatsächlich nicht zutrifft, ist die Klage als *unbegründet* abzuweisen (näher → Rdnr. 20d). Ähnlich ist es bei einer *Deliktsklage* (näher → Rdnr. 20k).

cc) Doppelrelevante Tatsachen als allgemeine Erscheinung des Prozeßrechts

20c   Zum Allgemeingut des Prozeßrechts gehört heute der Satz: »Im Streit um die Prozeßfähigkeit ist die prozeßunfähige Person als prozeßfähig anzusehen.«[40] Nicht weniger bekannt ist die Aussage: »Im Streit um die Parteifähigkeit ist die nicht-parteifähige Prozeßpartei als parteifähig zu behandeln.«[41] Deshalb können auch solche Prozeßparteien (ausnahmsweise) Rechtsmittel zulässig einlegen, die nicht parteifähig sind oder denen die Prozeßfähigkeit fehlt, allerdings *nur* dann, wenn sich gerade der Streit um die Partei- oder die Prozeßfähigkeit dreht. In den genannten Fallgruppen bedeutet dies: Prozeßhandlungsvoraussetzung eines Rechtsmittels ist die Prozeßfähigkeit (Parteifähigkeit)[42]. Die von einem Prozeßunfähigen (Nicht-Parteifähigen) eingelegte Berufung oder Revision ist demnach unzulässig. Ausnahmsweise wird aber ein solches Rechtsmittel als zulässig behandelt, wenn es *gerade den Zweck* hat, das Vorliegen dieser – eigentlich zur Unzulässigkeit des Rechtsmittels führenden – *Tatsache* (Prozeß- oder Parteiunfähigkeit) *zu klären*. Ist in solch einem Sinn die Tatsache doppelrelevant (nämlich relevant *sowohl* für die Zulässigkeit des Rechtsmittels *als auch* für die Begründetheit des Rechtsmittels), wird diese Tatsache nur in *einer* Prüfungsstation untersucht, und zwar erst in der Begründetheitsstation[43].

20d   **Dieses aus dem Rechtsbehelfsrecht gängige Verfahren wird auch im Rahmen der Sachurteilsvoraussetzungen angewandt**[44]: Wer auf Lieferung des Baumaterials am Erfüllungsort München klagt, macht eine doppelrelevante Tatsache im Rahmen der örtlichen Zuständigkeit geltend: Er behauptet, München sei Erfüllungsort und daher (§ 29) Gerichtsstand, und ferner trägt er vor: Der Beklagte sei verpflichtet, die Lieferung in München zu erbringen. Da die

---

[40] Z. B. *BGHZ* 86, 184 (186); 110, 294 (295 f.); *BGH* NJW-RR 1986, 157 (158); *BGH* LM § 331 Nr. 1 ZPO: Die Klage wurde vom *BGH* wegen Prozeßunfähigkeit des Beklagten abgewiesen. »Die Zulässigkeit der Revision wird dadurch (sc. durch die Prozeßunfähigkeit) nicht berührt, weil nach allgemein herrschender Auffassung eine prozeßunfähige Partei im Streit um ihre Prozeßfähigkeit als prozeßfähig gilt (*BGHZ*, 18, 184, 190; 35, 1, 6; vgl. auch das Urteil *BGHZ* 24, 91 für den entsprechenden Fall der Parteifähigkeit)«, weitere Nachweise → § 56 Rdnr. 16, insbesondere zu der eingangs zitierten Entscheidung des *BGH*: *Hager* Die Rechtsbehelfsbefugnis des Prozeßunfähigen, ZZP 97 (1984) 174 ff. m. w. N.

[41] Vgl. die schon in Fn. 40 zitierte Entscheidung *BGHZ* 24, 91 (94) m. w. N. Dasselbe gilt, wenn sogar die *Existenz der Partei* umstritten ist, hierzu *RGZ* 170, 22 (25 f.) mit weiteren Beispielen der Unterstellungstechnik.

[42] Statt vieler *Baumgärtel* Wesen und Begriff der Prozeßhandlung einer Partei im Zivilprozeß, 2. Aufl. (1972), 100 ff.

[43] Die Richtigkeit dieses Vorgehens zeigt sich besonders gut an der in Fn. 40 zitierten Entscheidung des *BGH* LM a.a.O.: Dort war der (prozeßunfähige) Beklagte in erster Instanz verurteilt worden. Seine Berufung war erfolglos. In der Revisionsinstanz erging gegen ihn Versäumnisurteil (auf Zurückweisung der Revision). Der dagegen eingelegte Einspruch war an sich unzulässig (weil

der Beklagte ja prozeßunfähig war). Da der Beklagte aber seine Prozeßunfähigkeit vortrug und *damit* die Revision begründete, lag eine doppelrelevante Tatsache vor. Im Rahmen der Zulässigkeit der Revision konnte also die Prozeßfähigkeit unterstellt werden: Der Zulässigkeit des Einspruchs stand die Prozeßunfähigkeit daher nicht im Wege. Nunmehr war die Zulässigkeit der Revision zu prüfen (vgl. das Zitat in Fn. 40). Durch diese Zulässigkeitsunterstellungen konnte der *BGH* das Berufungsurteil und das erstinstantielle Urteil überprüfen und deren Unrichtigkeit feststellen sowie die Klage als unzulässig abweisen. Die **Technik der Unterstellung des Vorliegens der Zulässigkeitsseite der doppelrelevanten Tatsachen ermöglichte also die Korrektur eines Fehlurteils**. Wäre der *BGH* diesen Weg nicht gegangen, dann hätte er den Einspruch des Beklagten mangels Prozeßfähigkeit als unzulässig verwerfen müssen. Eine Korrektur des falschen Ersturteils und des bestätigenden Berufungsurteils hätte er nicht vornehmen können. – Dies alles ist seit hundert Jahren unbestritten. Zu anderen Lösungen derartiger Situationen vgl. z. B. *Wach* Handbuch des Deutschen Civilprozeßrechts (1885), S. 604 und (Prozeßhandlung sei unwirksam) *RG* JW 1898, 501 (Nr. 4) und 1899, 365 (Nr. 7).

[44] → Rdnr. 20 zur *Zuständigkeit* und *Hager* (Fn. 40) a.a.O. S. 187 ff. zur *Prozeßfähigkeit* als Sachurteilsvoraussetzungen von Klagen.

behauptete Tatsache, daß München Erfüllungsort ist, *sowohl* für den Gerichtsstand *als auch* für die Begründetheit der Klage relevant ist, kann sie für die Zulässigkeitsstation unterstellt werden[45]: Zeigt sich bei der Begründetheitsprüfung, daß nicht in München, sondern in Stuttgart zu liefern ist, wird die Klage mit Sachurteil abgewiesen – genauso übrigens, wenn sich zeigt, daß zwischen den Parteien kein Vertrag zustandegekommen ist.

Wer meint, ein **Beamter habe seine Amtspflicht verletzt**, und wer daher Schadensersatz in Höhe von   **20e** DM 1.000,– von dessen Dienstherrn (Art. 34 GG, § 839 BGB) verlangt, behauptet hinsichtlich der *sachlichen* Zuständigkeit des Landgerichts das Vorlegen der Zuständigkeitstatsachen gemäß § 71 Abs. 2 Nr. 2 GVG und hinsichtlich der *Begründetheit* das Vorliegen der Tatsachen, die die Haftung des Dienstherrn auslösen; auch hier liegt eine doppelrelevante Tatsache vor, und **die sachliche Zuständigkeit des Landgerichts wird unterstellt**[46]. Damit kann das Landgericht prüfen, ob der Staatshaftungsanspruch besteht. – Zur umgekehrten Situation einer Klage beim *Amtsgericht* → Rdnr. 21.

Nicht anders ist es etwa bei der **Internationalen Zuständigkeit**: Wer in Italien Marmor gekauft hat und   **20f** der Ansicht ist, München sei als Erfüllungsort vereinbart und deshalb sei gerade dorthin zu leisten, trägt ebenfalls eine doppelt relevante Tatsache vor: Einerseits sei München international als Gericht des Erfüllungsortes kompetent (Art. 5 Nr. 1 EuGVÜ) und andererseits sei der Beklagte verpflichtet, den Marmor in München zu liefern. Auch hier wird die *Zulässigkeits*seite dieser doppelrelevanten Tatsache unterstellt[47] und damit **die deutsche Internationale Zuständigkeit durch Unterstellung bejaht**[48]. Verneint der Münchner Richter eine Erfüllungspflicht in München, wird die Klage *sachlich* abgewiesen; dem Kläger steht es frei, seinen Lieferungsanspruch in Italien geltend zu machen. Denn nicht der Anspruch auf Lieferung schlechthin, sondern nur ein Anspruch auf Lieferung gerade in Deutschland ist (rechtskräftig) verneint worden.

dd) Doppelrelevante Zulässigkeitstatsachen sind eine Ausnahme

Die bisherigen Beispiele zeigen zugleich auch: Doppelrelevante Tatsachen bilden eine   **20g** Ausnahme und sind nicht häufig. Sobald nämlich eine Zulässigkeitstatsache für die Begründetheitsantwort *nicht* vorliegen muß, ist eine Unterstellung dieser Tatsache im Zulässigkeitsstadium unzulässig; eine solche Zulässigkeitstatsache muß dann notfalls im Wege des Beweises festgestellt werden[49]:

---

[45] → § 29 Rdnr. 38; *BGHZ* 7, 184 (186); *OLG Celle* OLGZ 1967, 309 (310).

[46] *Schumann* JuS 1985, 203 (206 Fn. 16). Zum vergleichbaren Fall der **Behauptung des Klägers**, das Arbeitsgericht sei zuständig, weil er **Arbeitnehmer** sei, → Rdnr. 175 bei Fn. 366 m. w. N.

[47] Zum vergleichbaren Fall beim Gerichtsstand → Fn. 45.

[48] Näher → Einl. Rdnr. 774. Bei der Internationalen Zuständigkeit haben die doppelrelevanten Tatsachen eine größere Bedeutung als bei den anderen gerichtsbezogenen Zuständigkeiten. Lehnt bei einer der letztgenannten Zuständigkeiten das Gericht die Unterstellung einer doppelt relevanten Tatsache ab und prüft es also deren Vorliegen bereits im Zulässigkeitsbereich, kann sich der Kläger immer noch mit einem Verweisungsantrag etwa an das Wohnsitzgericht des Beklagten retten, falls das Gericht die Voraussetzungen des besonderen Gerichtsstandes nicht gegeben sieht. Die seit 1915 (vgl. *Schumann* [Fn. 35] S. 404 Fn. 6) allseits mögliche Verweisung wegen sachlicher oder örtlicher Unzuständigkeit war dann auch der Grund, daß *Martin Jonas* 1934 (in der 15. Aufl. dieses Kommentar V vor § 12 in Fußn. 28) bemerkte: »Die Frage hat in der Praxis dadurch, daß sich an die Unzuständigkeit regelmäßig nicht mehr wie früher die Klageabweisung, sondern nur die Verweisung nach § 276 knüpft, wesentlich an Bedeutung verloren.« Bei der Internationalen Zu-

ständigkeit gibt es aber die Verweisung nicht (→ Einl. Rdnr. 777), und so nimmt es nicht wunder, daß es gerade das international-zivilprozessuale Schrifttum ist, das sich intensiv mit der Lehre von den doppelrelevanten Tatsachen auseinandersetzt, vgl. z. B. *Geimer* (näher unten Fn. 57); *Jan Kropholler* Handbuch des Internationalen Zivilverfahrensrechts, Bd. **1** (1982) Rdnr. 219, 651; *ders.*, Europäisches Zivilprozeßrecht (1982), Art. 19 EuGVÜ Rdnr. 5; *Dieter Martiny* Handbuch (wie *Kropholler*) Bd. **3** 1. Hbd. (1984), Rdnr. 784; *Wilhelm Wengler* in: BGB RGRK, 12. Aufl. (1981), S. 395 mit Fußn. 266 (auf S. 910 f.).

[49] *RGZ* 29, 371 (373 f.). Vorbildlich ist die bereits in Fn. 45 zitierte Entscheidung des *BGH*: Unter Berufung auf die Unterstellungstechnik bei doppelrelevanten Tatsachen hatte die Klägerin negative Feststellungsklage an ihrem Wohnsitzgericht erhoben. Sie begehrte die Feststellung des Nichtbestehens eines Schiedsvertrags mit der Beklagten. Über § 29 konnte die Klägerin aber keinen Gerichtsstand unterstellt erhalten; denn diese Bestimmung nur auf verpflichtende Verträge anzuwenden ist und nicht auf einen Schiedsvertrag (→ § 29 Rdnr. 3); selbst bei unterstellter Tatsache («Erfüllungsort am Wohnsitz der Klägerin»), ergab sich nicht der Gerichtsstand am Wohnsitz der Klägerin (*BGHZ* a.a.O. S. 185). Aber auch ein Rückgriff auf das dem (geleugneten) Schiedsvertrag zugrundeliegende Rechtsverhältnis konnte der Klägerin nicht helfen:

20h   Klagt der Käufer des italienischen Marmors (→ Rdnr. 20 f) in München mit der Behauptung, dort wohne der Beklagte und daher sei dort die Internationale Zuständigkeit (Art. 2 Abs. 1, Art. 52 EuGVÜ i.V.m. § 7 BGB) sowie der Gerichtsstand (§§ 12, 13 ZPO i. V. m. § 7 BGB) gegeben, muß er den *Wohnsitz* – falls bestritten – *beweisen*, denn die behauptete Tatsache »Wohnsitz in München« muß für die Begründetheit des Lieferungsanspruchs keineswegs vorliegen, also ist sie keine doppelrelevante Tatsache. Ähnlich ist es mit zahlreichen anderen Tatsachen, wie sie schon oben (→ Rdnr. 20 a) genannt wurden.

20i   Auch in vielen Fällen der **Klage im angeblichen Erfüllungsort** liegt keinesfalls eine doppelrelevante Tatsache vor: Wer den in Zürich lebenden Gegner auf Zahlung eines Restkaufpreises in Höhe von elftausend Mark verklagt und behauptet, die deutschen Gerichte seien international und das Landgericht Freiburg sei örtlich zuständig, weil der Erfüllungsort in Freiburg liege (§ 29), der behauptet insofern vielleicht eine doppelrelevante Tatsache, als es um das Merkmal »Kaufvertrag« geht[50] – doch für den Anspruch auf Zahlung der elftausend Mark ist ein Erfüllungsort in Freiburg irrelevant (es ist also erheblich anders, als beim Streit um den gerade nach München zu liefernden italienischen Marmor)[51]. Rügt der Beklagte in diesem Fall die örtliche Unzuständigkeit, muß das **Gericht im Rahmen der Zuständigkeitsprüfung feststellen**, ob in Freiburg wirklich der **Erfüllungsort besteht**; da nicht doppelrelevant, darf diese Tatsache nicht etwa unterstellt werden. Deshalb muß das Gericht z. B. untersuchen, ob eine wirksame Erfüllungsortvereinbarung besteht (§ 29 Abs. 2 ZPO i. V. m. § 269 BGB)[52]. Haben die Parteien keinen Erfüllungsort vereinbart, muß das Gericht an Hand der Merkmale des § 269 BGB prüfen, ob der Erfüllungsort in Freiburg liegt; hierbei darf das Gericht lediglich[53] unterstellen, daß zwischen den Parteien ein Kaufvertrag besteht. Vermag es den Freiburger Erfüllungsort nicht zu bejahen, fehlt die Internationale Zuständigkeit bzw. der Gerichtsstand; eine sachliche Prüfung der Klage in Freiburg ist nicht möglich.

20k   Das (internationale oder örtliche) **forum delicti commissi** (§ 32 ZPO, Art. 5 Nr. 3 EuGVÜ) fügt sich in diese Prüfungsweise ebenfalls problemlos ein, → schon Rdnr. 20 b sub (1). Wer in Hamburg klagt und behauptet, der Gegner habe innerhalb des Hamburger Gerichtsbezirks eine unerlaubte Handlung begangen, der erhält die Zuständigkeitsseite erst einmal unterstellt, weil sich zwingend der Zulässigkeitsbereich und der Begründetheitsbereich decken[54]. Stellt sich bei der Beweisaufnahme heraus, daß der Beklagte das Delikt zwar begangen hat, aber *nicht* auf Hamburger Boden, sondern außerhalb des Gerichtsbezirks, bricht die Unterstellung der Hamburger Zuständigkeit zusammen[55]. Die Klage ist *unzulässig*, weil für eine außerhalb des Gerichtsbezirks begangene unerlaubte Handlung der Deliktsgerichtsstand nicht eingeräumt ist. Gerade an diesem Beispiel zeigt sich auch, wie *vorläufig* die Unterstellung der Zulässigkeit der Klage ist und wie strikt sich der Abschluß des Prozesses an die während des Verfahrens gewonnenen Ergebnisse zu orientieren hat. Diese auf die Dynamik des Prozesses abstellende Betrachtungsweise muß – wie in dem Beispiel – einkalkulieren, daß im Laufe des Verfahrens Beweisergebnisse gewonnen werden, die die bisherige Unterstellung tangieren. Denn wenn der Kläger aufgrund der Beweisaufnahme nunmehr weiß, daß der Beklagte das Delikt außerhalb Hamburgs begangen hat, wird er sich ja dieses Ergebnis zu eigen machen. Jetzt bricht jedoch die Unterstellung der Hamburger Zuständigkeit zusammen: Der Vortrag des Klägers, der Beklagte habe außerhalb Hamburgs ein Delikt begangen, begründet nicht mehr schlüssig die Hamburger Kompetenz, so daß sich eine Zuständigkeit des Hamburger Gerichts nicht aus dem Deliktsgerichtsstand ableiten läßt. – Dasselbe gilt übrigens, wenn der Kläger von vornherein behauptet, ein Deliktsort befinde sich im Gerichtsbezirk, *dieser Ort aber außerhalb liegt*. Da nicht doppelrelevant, darf eine solche Tatsache *nicht unterstellt* werden – die Klage ist *unzulässig* (vorbehaltlich rügeloser Einlassung des Beklagten, §§ 39, 504)[56].

Die insoweit aufgestellten Tatsachenbehauptungen hinsichtlich des Schiedsvertrags («Schiedsvertrag ist unwirksam« und »für das dem Schiedsvertrag zugrundeliegende Rechtsverhältnis ist das Wohnsitzgericht der Klägerin zuständig«) führten nicht zum Wohnsitzgericht (*BGHZ* a.a.O. S. 186 f.): Nach § 1046 ist das für den Schiedsvertrag kompetente Gericht auch für diejenigen Klagen zuständig, die dessen Nichtbestehen behaupten; im (angeblich) nichtbestehenden Schiedsvertrag war gerade nicht das Wohnsitzgericht genannt (vgl. § 1045 Abs. 1, 1. Alt.). Da die Klägerin somit einen Gerichtsstand am Wohnsitz nicht beweisen konnte, war ihre Klage als *unzulässig* abzuweisen.

[50] Dann wird im Rahmen der Zulässigkeitsprüfung unterstellt, der Kläger habe einen (kauf–)vertraglichen An-

spruch. Ob dieser Anspruch aus Kaufvertrag besteht, ist eine Frage der Begründetheit.

[51] → Rdnr. 20h.

[52] Vgl. *Schumann* Die materiellrechtsfreundliche Auslegung des Prozeßgesetzes, Festschrift für Karl Larenz zum 80. Geburtstag (1983), S. 571 (600 ff.).

[53] → Fn. 50.

[54] Hierzu näher → Rdnr. 21c und 21d.

[55] Zur Situation, wenn sich zeigt, daß der Beklagte *keine* unerlaubte Handlung beging → Rdnr. 21d.

[56] Näher zu diesen Problemen des § 32 → dort Rdnr. 16 und *Schumann*, JuS 1985, 207. Zutreffend auch *BGH* LM § 32 ZPO Nr. 1: »Die Zuständigkeit nach § 32 ZPO ist aber immer nur für die in dem Bezirk des Gerichts begangenen Handlungen gegeben.«

Es ist deshalb eine *grobe Verkennung*, wenn gemeint wird, über die Lehre von den **20l** doppelrelevanten Tatsachen sei im deutschen Prozeßrecht eine *Kompetenzbegründung schon durch bloße Behauptungen* möglich[57]. Sollte ein Prozeßrecht (wahrscheinlich gibt es➔ dies ohnehin nirgends) die *Behauptung* einer Kompetenz als kompetenzbegründend ansehen, verzichtete es praktisch auf eine Kompetenzordnung, weil natürlich jeder Kläger die ihm genehme Kompetenz einfach *behaupten* würde. Wegen der großen Bedeutung der Kompetenzordnung geht demzufolge das deutsche Prozeßrecht von der (richtigen) Regel aus, daß die Kompetenzen *tatsächlich* vorliegen müssen und daß *bloße Behauptungen keinesfalls genügen*, um ein Gericht zuständig zu machen[58]. Auch die durch rügeloses Einlassen begründete Zuständigkeit bildet keine Ausnahme, da diese Zuständigkeit nicht durch die Behauptung der Einlassung, sondern nur durch das *wirklich* erfolgte Einlassen eintritt, eventuell sogar nur nach Belehrung (§ 504).

ee) Sinn und Rechtfertigung der ausnahmsweisen Unterstellung der Zulässigkeitsseite von doppelrelevanten Tatsachen

Diese **Unterstellung** (im Rahmen der Zuständigkeitsprüfung) bei solch **doppelrelevanten** **21** Tatsachen hat sich nach anfänglicher Kritik in einem Teil der Lehre[59] heute in Theorie[60] und Praxis[61] weitgehend durchgesetzt[62]. Eine Schmälerung des Rechtsschutzes des Beklagten ist hierbei nicht zu befürchten, da die **Zuständigkeitsunterstellung** nicht etwa **kompetenzerweiternd** wirkt. Zeigt die Beweisaufnahme z. B., daß der aus *Verkehrssicherungspflicht* vor dem Amtsgericht in Anspruch genommene Staat *hoheitlich* gehandelt hat und deshalb aus *Amtshaftung* zur Zahlung von DM 300,- verpflichtet ist, darf das *Amtsgericht* nicht etwa verurteilen (§ 71 Abs. 2 Nr. 2 GVG, → Rdnr. 85). Dasselbe gilt, wenn die Beweisaufnahme ergibt, daß der auf Erfüllung z. B. gerade in Würzburg in Anspruch genommene Beklagte zwar den zugrundeliegenden Anspruch befriedigen muß, seine Erfüllungspflicht jedoch an einem Ort außerhalb des Gerichtsbezirks des Amtsgerichts bzw. des Landgerichts Würzburg besteht; dann ist die Klage *unbegründet*[63]. **Ob in diesen Fällen mit der Sachabweisung zugleich eine** *Teilverweisung* an das zuständige Landgericht bzw. das örtlich zuständige Gericht auszuspre-

---

[57] So z. B. *Geimer* WM 1986, 119: »Nach herrschender Meinung genügt für die Begründung der Zuständigkeit nach § 29 ZPO/Art. 5 Nr. 1 EuGVÜ bzw. nach § 32 ZPO/Art. 5 Nr. 3 EuGVÜ die Behauptung des Klägers/Antragstellers, die (tatsächlichen) Voraussetzungen des Kompetenztatbestandes lägen vor.« Ähnlich auch *Geimer* Internationale Urteilsanerkennung, Bd. I 1. Hbd. (1983) S. 470, 582.

[58] Das in Fn. 57 wiedergegebene Zitat gäbe die h. M. daher nur richtig wieder, wenn man es in sein *Gegenteil* verkehrte und ein »nicht« einführte: Es genügt eben *nicht* die Behauptung, die Voraussetzungen des Kompetenztatbestandes lägen vor.

[59] Z.B. *Förster-Kann*[2] 2b vor § 12 (S. 73 f. m.w.N.); *Stein* in diesem Komm. V vor § 12 m.w.N.; anders erst *Jonas* von der 15. Aufl. an.

[60] So wohl zuerst *Kohler* Klagebehauptung, Competenz, Forum contractus AcP 70 (1886) 212 ff., § 2 = Gesammelte Beiträge (1894) 80 ff. (91 ff.) mit Nachtrag: Über den Gerichtsstand des Erfüllungsortes (115 ff.); aus dem heutigen Schrifttum z. B. *Hueck-Nipperdey* Lehrbuch des Arbeitsrechts[7] **1** 916 Fußn. 20; *Pohle* in Anm. zu AP § 2 ArbGG Nr. 28 und *Herschel* in Anm. zu AP § 2 ArbGG Zuständigkeitsprüfung Nr. 3; abl. *Scheuerle* in Urteilsanm. JZ 1965, 65; *Schumann* (Fn. 35) 414 ff.

[61] *BGHZ* 7, 184 (186); *BAG* AP § 2 ArbGG Zuständigkeitsprüfung Nr. 3 (*Herschel*); Nr. 24 (*Pohle*) = *BAGE* 11, 259 (261) = MDR 1961, 1046 = NJW 2177 = DB 14 = AuR 1962, 56 = JZ 316 (*Böttcher*) und *RGZ* in st. Rspr., z. B. 29, 373; *RG* JW 1898, 3 (zu § 29); *RG* JW 1902, 125 (zu § 22); Gruchot 36, 1198; 44, 1150 f.; JW 1930, 263 (zu § 23,→ auch § 23 Rdnr. 35); *RGZ* 45, 387 (zu § 24); *RGZ* 95, 268; Gruchot 58, 473 (zu § 32); *RGZ* 61, 69; 75, 147 (zu § 328 Nr. 1); *OLG Celle* OLGZ 1967, 310 (allgemein); *OLG Nürnberg* NJW 1985, 1297 u. a. m. Das *BAG* 19, 355; 6, 160 verlangt jedoch den Nachweis der Zuständigkeitsvoraussetzungen, nötigenfalls durch Beweiserhebung, wenn ein Anspruch *entweder* zur Zuständigkeit der ordentlichen Gerichte *oder* der Arbeitsgerichte gehört, z. B. *entweder* ein Gesellschafts- *oder* ein Arbeitsverhältnis vorliegt.

[62] Die Gegenmeinung wird heute von *Rimmelspacher* Zur Prüfung von Amts wegen im Zivilprozeß (1966) 160 ff. vertreten; dort auch Nachw. zur herrschenden Ansicht und zur historischen Entwicklung. Zu ähnlichen Problemen bei der *Prozeßführungsbefugnis* → Rdnr. 68 vor § 50.

[63] → Rdnr. 20b sub (5), → auch § 32 Rdnr. 16 und Fn. 16b; → § 29 Rdnr. 38. Die Rechtskraft steht einer Klage auf Erfüllung an einem *anderen* Ort nicht entgegen.

chen ist, hängt – bei Bejahung des Prozeßinstituts der Teilverweisung[64] – vom klägerischen Verweisungsantrag (§ 281 Abs. 1) und vom Umfang des Klageantrags (Streitgegenstands) ab.

Für *die Gegner der Lehre von der Teilverweisung* eröffnet sich allerdings die Frage, ob es in derartigen Fällen nicht doch richtiger wäre, von der **Unterstellung abzusehen** und *bereits im Rahmen der Zulässigkeitsprüfung* die (in den Beispielen angesprochene) Amtshaftungsfrage und den Erfüllungsort zu klären, damit die Verweisungsmöglichkeit erhalten bleibt[65]; dann freilich fehlt die für den Beklagten so wichtige (→ Rdnr. 21c -h) Aussage zur Begründetheit.

21a   Gründe der **Prozeßökonomie** – so schwer sie in anderen Zusammenhängen häufig wiegen – können jedoch die Verschiebung der Tatsachenprüfung in die Begründetheitsstation nicht rechtfertigen[66]; denn das Gericht muß ja die Tatsache ohnedies prüfen. Prozeßwirtschaftlich ist es daher in der Regel gleichgültig, ob das Gericht eine Tatsache im Rahmen bereits der Zulässigkeits- oder erst der Begründetheitsfrage prüft.

21b   Die Lehre von den doppelrelevanten Tatsachen rechtfertigt sich auch nicht deshalb, weil die Zulässigkeitsfrage immer strikt getrennt von der Begründetheitsfrage zu untersuchen und deshalb die Zulässigkeitsstation von Fragen der Begründetheit freizuhalten sei. Im Gegenteil werden wegen der Einheit der Verhandlung die Voraussetzungen der Zulässigkeit und die Voraussetzungen der Begründetheit sozusagen »in einem Arbeitsgang« behandelt. Insofern hatte früher die Lehre von den doppelrelevanten Tatsachen im *gemeinrechtlichen* Zivilprozeß eine größere Rechtfertigung. Freilich darf die abgesonderte Verhandlung gemäß § 280 nicht übersehen werden. Jedenfalls im Rahmen einer solchen Verfahrensweise hat die Lehre von den doppelrelevanten Tatsachen den großen Vorzug, daß sich das Gericht nun nicht mit materiell-rechtlichen Fragen der Anspruchsbegründung zu befassen hat; nur insoweit ist auch ein *gewisser prozeßökonomischer* Vorteil der Lehre anzuerkennen. Angesichts der in der Praxis aber weithin unbekannten abgesonderten Verhandlung läßt sich eine Rechtfertigung wohl kaum aus den dort zu beobachtenden Vorteilen ableiten.

21c   Den Fingerzeig einer Rechtfertigung gibt die Konstellation bei den Rechtsmitteln[67]: Durch die Lehre von den doppelrelevanten Tatsachen gelingt es dem Rechtsmittelgericht, das unrichtige Sachurteil aus der Welt zu schaffen[68] – offenkundig steht also die Lehre im **Dienste prozessualer Gerechtigkeit**. Diese Vermutung bestätigt sich auch bei den Zuständigkeitsfällen: **Die Unterstellung im Rahmen der Zulässigkeitsstation dient vor allem dem Schutz des Beklagten; der Kläger kann hieraus keinen Nutzen ziehen[69].** Liegt nämlich die behauptete

---

[64] Näher → Einl. Rdnr. 295, Fn. 246.

[65] Insoweit sollte dann der Meinung *Rimmelspachers* (Fn. 62) gefolgt werden.

[66] Gegen eine Rechtfertigung der Lehre von den doppelrelevanten Tatsachen aus dem Gesichtspunkt der Prozeßökonomie auch: *Rimmelspacher* (Fn. 62) S. 163.

[67] → Rdnr. 20c und 20d.

[68] Näher → Fn. 43.

[69] Seit der Leitentscheidung in *RGZ* 29, 371 (373) ist dies immer wieder betont worden. Die maßgebliche Passage lautet: »Die dem Geiste des Gesetzes entsprechende Auffassung muß daher zwischen jenen beiden Ansichten liegen, und es kann sich nur fragen, in welchen Fällen und bis zu welcher Grenze die bloße Behauptung der kompetenzbegründenden Thatsachen genügt, und wo die Verpflichtung, sie zu beweisen, beginnt. Ohne weiteres leuchtet ein, daß in denjenigen Fällen, in welchen der Nachweis der Zuständigkeit mit dem Nachweise, daß der Anspruch sachlich begründet sei, völlig zusammenfällt, von einem selbständigen Nachweise der Zuständigkeit nicht die Rede sein kann, also die *Behauptung* genügen muß –, daß dagegen die Thatsachen, welche, von dem geltend gemachten Anspruch ganz unabhängig, *nur* kompetenzbegründend sind, z. B. der allgemeine Gerichtsstand, der Gerichtsstand des Aufenthaltsortes, in den meisten Fällen auch derjenige des Vermögens, als selbständige Prozeßvoraussetzungen *nachgewiesen* werden müssen. Schwie-

riger gestaltet sich die Sache da, wo die kompetenzbegründenden Thatsachen mit dem Anspruche selbst irgendwie zusammenhängen, so bei dem Gerichtsstande der unerlaubten Handlung, der geführten Verwaltung und namentlich demjenigen des Vertrages. Aber auch in diesen Fällen kann der Rechtsgrundsatz kein anderer sein als in jenen klar zu Tage liegenden, mag auch die praktische Anwendung, wie regelmäßig in den auf der Grenze liegenden Fällen, größere thatsächliche Schwierigkeiten bereiten. Auch in ihnen wird man also prüfen müssen, ob im einzelnen Falle die kompetenzbegründenden Thatsachen *zugleich notwendige* Thatbestandsmomente des Anspruches selbst sind. In solchem Falle ist entweder der Anspruch begründet und damit zugleich die Zuständigkeit festgestellt, oder er ist unbegründet, und es erfolgt Abweisung der Klage; obgleich die bloße Behauptung hier genügt, ist eine Verurteilung des Beklagten durch ein unzuständiges Gericht ausgeschlossen und damit das Interesse des Beklagten gewahrt. Würde dagegen der Anspruch sachlich begründet sein können, ohne daß zugleich die Zuständigkeit des Gerichts klargestellt wird, so sind die die letztere begründenden Thatsachen, soweit sie außerhalb der notwendigen Voraussetzungen des Anspruches liegen, nachzuweisen, da dann aus der Liquidität des Anspruches noch nicht folgt, daß er bei diesem Gerichte erhoben werden durfte.« Unter Anwendung dieser Grundsätze *verneinte* das *RG* sodann das Vorliegen einer

Tatsache nicht vor, dann führt dies – da sie notwendigerweise als Begründetheitstatsache existieren muß – zum Verneinen eines Merkmals des materiellen Anspruchs, d. h. der materiell-rechtliche Anspruch ist zu verneinen und die **Klage sachlich abzuweisen**.

Dies läßt sich an dem **Beispiel** der Rdnr. 20k sehr gut zeigen: Der Kläger verlangt mit einer in Hamburg **21d** erhobenen Klage vom Beklagten Schadensersatz in Höhe von mehreren tausend Mark und behauptet, der Beklagte habe im Gerichtsbezirk von Hamburg eine unerlaubte Handlung (§ 823 BGB) begangen. Der Gerichtsstand Hamburg ist gegeben, wenn eine unerlaubte Handlung vorliegt (§ 32). Bestreitet jetzt der Beklagte das Vorliegen einer unerlaubten Handlung (und rügt er damit das Fehlen der örtlichen Kompetenz), dann erhebt sich die Frage, ob eine doppelrelevante Tatsache vorliegt. Für den geltend gemachten Zahlungsanspruch aus § 823 BGB ist *zwingend* zu prüfen, ob der Beklagte ein Delikt beging. Also kann das forum delicti commissi durch Unterstellung bejaht werden. Jetzt muß aber das Gericht im Rahmen der Begründetheit prüfen, ob der Beklagte deliktisch i. S. v. § 823 BGB handelte (der Kläger kommt also auch hier – mit Recht – nicht um die Last herum, das Delikt zu beweisen). Vermag der Kläger den Beweis nicht zu führen, wird die Klage *sachlich* abgewiesen[70]. Für den **Beklagten** bedeutet dies den großen **Vorteil, vor erneuten Klagen wegen dieses angeblichen Vorfalls sicher zu sein**; jedenfalls sind weitere Klagen gegen ihn wegen desselben Vorfalls unzulässig[71].

Anders wäre es jedoch, gäbe es die Lehre von den doppelt relevanten Tatsachen nicht. Dann müßte die **21e** Klage in Hamburg als *unzulässig* mangels örtlicher Zuständigkeit abgewiesen werden. Zwischen den Prozeßparteien stände jedoch nicht fest, daß der Beklagte keine unerlaubte Handlung begangen hat (wie dies aber nach der h. M. der Fall ist), sondern nur, daß in Hamburg keine Zuständigkeit besteht. Ohne durch die Rechtskraft der Prozeßabweisung gehindert zu sein, könnte der Kläger jetzt in Hannover oder an einem anderen Ort klagen, und stets müßte der Beklagte sich inhaltlich auf die Klage einlassen[72] – bei der Lehre von den doppelrelevanten Tatsachen kann er hingegen der Prozeßerneuerung einfach die Rechtskraft des Sachurteils entgegenhalten.

Noch deutlicher zeigt die hier behandelte Lehre den **Schutzzweck zugunsten des Beklagten** **21f** bei Klagen im Gerichtsstand des Erfüllungsortes: Wenn in dem Beispiel (→ Rdnr. 20i) der Kläger den Restkaufpreis gegen seinen in Zürich lebenden Gegner in Freiburg einklagt, wird als doppelt relevante Tatsache (nur) das Vorliegen eines Vertrags unterstellt. Kommt das Gericht zum Ergebnis, bei unterstelltem Vertrag sei Freiburg der Erfüllungsort, ist es gemäß § 29 örtlich und international zuständig. Bei der nunmehr erforderlichen Begründetheitsprüfung ist der bisher unterstellte Vertragsschluß nachzuprüfen: Zeigt sich jetzt, daß kein Vertrag abgeschlossen wurde, wird die Klage als *unbegründet* abgewiesen, und der Beklagte kann einigermaßen sicher sein, nicht mit einer erneuten Kaufpreisklage überzogen zu werden. Ohne die Lehre von den doppelrelevanten Tatsachen müßte jedoch *Prozeß*abweisung erfolgen. Da es sich hierbei (wegen des Wohnsitzes des Beklagten in Zürich) um einen grenzüberschreitenden Sachverhalt handelt, liegt es auf der Hand, daß der Kläger in einem anderen Land versuchen wird, eine Internationale Zuständigkeit zu finden. Wohnt – wie in dem Beispiel – der Beklagte nicht in Freiburg, sondern in Zürich, dann braucht man wenig Phantasie zu haben, um sich vorzustellen, daß der Kläger jetzt in der Schweiz den Kaufpreis-

---

doppelrelevanten Tatsache und kam zur *Unzulässigkeit* der Klage. Zutreffend betont auch *J. Schröder* Internationale Zuständigkeit (1971), S. 265 f., daß die Lehre von den doppelrelevanten Tatsachen den Beklagten nicht belaste, sondern eher begünstige (a. a. O.: »Verteidigen muß sich der Beklagte ohnehin« ... »So mag die Beklagte mehr an einer sachlichen Entscheidung des Rechtsstreits gelegen sein« ...). Die Lehre ist für den Beklagten nur in denjenigen Prozeßordnungen taktisch ungünstig, in denen er bei einer Unzulässigkeit der Klage die Einlassung zur Sache verweigern kann. Doch die heutige ZPO gesteht ihm dieses Recht nicht zu, → § 280 Rdnr. 8.
[70] Zeigt die Beweisaufnahme hingegen, daß der Beklagte eine unerlaubte Handlung beging, aber außerhalb

Hamburgs, ist die Klage aus den bereits genannten Gründen *unzulässig* (näher → Rdnr. 20k).
[71] *BGHZ* 36, 365 (367 f.), ganz h. M.
[72] Zwar wirken Prozeßurteile ebenfalls materielle Rechtskraft, aber beschränkt auf den *Zulässigkeitsstreit*, A. *Blomeyer*, Zivilprozeßrecht, 2. Aufl. (1985), § 89 II 2. Diese Wirkung beschränkt sich auf den einzelnen prozessualen Mangel, der zur Prozeßabweisung führte (*Blomeyer* a. a. O. bei Fn. 16). Rechtskräftig steht demnach in dem Fall fest, daß in *Hamburg* kein Gerichtsstand der unerlaubten Handlung besteht. Dieser Feststellung widerspricht nicht die Behauptung, eine unerlaubte Handlung sei in *Hannover* usw. begangen worden.

rest einzuklagen versucht (natürlich nicht mit der Zuständigkeitsbehauptung, dort läge der Erfüllungsort, sondern unter Hinweis auf das dortige Domizil des Beklagten). Bedenken gegen dieses Vorgehen erhöben sich nicht: Die *Prozeß*abweisung in Deutschland verhindert nicht die Klage in der Schweiz.

21g So sinnvoll der durch das Unterstellen doppelt relevanter Tatsachen bewirkte **Schutz des Beklagten** nunmehr erscheint: Die Frage drängt sich auf, ob die damit notwendigerweise einhergehende *Minderung der Befugnisse des Klägers* gerechtfertigt ist. Eine Antwort muß darauf hinweisen, daß im Rahmen der örtlichen Zuständigkeit **doppelrelevante Tatsachen grundsätzlich nur bei den besonderen Gerichtsständen** auftreten. Wenn also der Kläger die Internationale oder die örtliche Zuständigkeit kraft seines Wahlrechts nach § 35[73] nicht im allgemeinen Gerichtsstand des Beklagten sucht, sondern den Beklagten über einen der zusätzlichen besonderen Gerichtsstände belangt, darf dieser Vorteil für den Kläger nicht dazu führen, daß eigentlich die den *materiellen* Anspruch begründenden Tatbestandsmerkmale in die *Zuständigkeits–(Zulässigkeits–)*Station verschoben werden, nur weil der betreffende Gerichtsstand dasselbe Merkmal aufweist. Denn mit der Wahl des besonderen Gerichtsstands könnte der Kläger durch eine solche Verschiebung letztlich die Rechtskraft manipulieren.

21h Auch dies läßt sich am Kaufpreisbeispiel (→ Rdnr. 20i und 21f) zeigen: Wenn der Kläger am Wohnsitzgericht des Beklagten in Zürich den Kaufpreisrest einklagt, dann wird dort – als dem allgemeinen Gerichtsstand – das Bestehen des Kaufvertrages ohne weiteres nachgeprüft: Das ergangene Sachurteil klärt endgültig den Lebenssachverhalt, und der Beklagte ist sicher, nicht noch einmal mit derselben Klage überzogen zu werden. Sucht sich – um in dem Beispiel zu bleiben – der Kläger kraft seines ihm unbestritten (auch international) zustehenden Wahlrechts jedoch einen besonderen Gerichtsstand aus, könnte er ohne die Lehre von den doppelt relevanten Tatsachen mit viel geringerem Risiko prozessieren. Klagt er nämlich in dieser Sache statt in Zürich am Erfüllungsortgericht Freiburg, könnte er – ohne die Lehre von den doppelrelevanten Tatsachen – das Merkmal »Es ist ein Kaufvertrag abgeschlossen worden« im Rahmen der *Zulässigkeit* prüfen lassen: Verneint das Gericht das Merkmal, erhielte er lediglich eine *Prozeß*abweisung[74]. Im besonderen Gerichtsstand bestände also insoweit ein viel geringeres Prozeßrisiko des Klägers. Damit würde aber der Sinn der besonderen Gerichtsstände verfälscht. Sie wollen dem Kläger die Prozeßführung erleichtern, aber keineswegs ihm weitere prozessuale Schritte vor einem anderen Forum ermöglichen, falls er im besonderen Gerichtsstand erfolglos war. **Letztlich stellt daher die Lehre von den doppelt relevanten Tatsachen ein Gegengewicht zu der freien Zuständigkeitswahl des Klägers dar.** In einer von den Gerichten offensichtlich nicht weiter reflektieren, aber instinktiv richtigen Gerechtigkeitserwägung sichert die Lehre von den doppelrelevanten Tatsachen die Gleichheit der allgemeinen und besonderen Gerichtsstände und **verhindert ein Rechtskraftgefälle zu Lasten des Beklagten.**

ff) Wahlfeststellung, Dahinstellen

22 Keine Beweiserhebung braucht auch durchgeführt zu werden, wenn die Zuständigkeitsfrage im Wege der **Wahlfeststellung** beantwortet wird. Die Wahlfeststellung kann sowohl zur *Bejahung der Zuständigkeit* als auch zur *Verneinung* führen (näher zur Wahlfeststellung → Einl. Rdnr. 323 sub c) und d)). Bei einer Wahlfeststellung wird eine klare Aussage zur Zuständigkeit getroffen; nur die *Begründung* der Aussage bleibt offen, weil alle möglichen Begründungen zu demselben Ergebnis führen. Die Wahlfeststellung hat deshalb nichts mit

---

[73] Auch zwischen allgemeinen und besonderen *internationalen* Zuständigkeiten hat der Kläger freie Wahl, → § 35 Rdnr. 8 m. w. N.
[74] Auch in den Fällen der unterstellten *personenbezogenen* Sachurteilsvoraussetzungen bzw. Rechtsmittelvoraussetzungen (s. o. Fn. 40, 41) ging es der Rechtsprechung

vor allem um eine *sachliche* Klärung, vgl. *RGZ* 134, 91 (94): »Es kann insbesondere nicht im Sinne des Prozeßgesetzes« ... »liegen, daß die« ... »notwendige Sachprüfung, wenn das Recht nicht besteht, nur zu einem Prozeßurteil und nicht zur sachlichen Erledigung des Streitstoffes führen darf.«

dem Problem des Dahinstellens der Zuständigkeit zu tun. Ein solches Dahinstellen einer **Sachurteilsvoraussetzung** (hier der Zuständigkeit der Gerichte) ist grundsätzlich **unzulässig** (→ Einl. Rdnr. 329); denn nur das *zuständige* Gericht darf eine Sachentscheidung treffen, weswegen das **Offenlassen der Zuständigkeitsfrage** regelmäßig dem Gericht **untersagt** ist. Aus demselben Grund darf ein Gericht, das seine Kompetenz verneint, **nicht zugleich auch sachlich entscheiden** (→ Einl. Rdnr. 329); ihm ist es deshalb auch **verwehrt, hilfsweise** zur **Begründetheit** der Klage Stellung zu nehmen (zur Rechtskraftwirkung in solch einem Fall → § 322 Rdnr. 149).

gg) Behauptungs- und Beweislast

Behauptungs- und Beweislast richten sich nach allgemeinen Grundsätzen (→ § 282 und → **22a** Einl. Rdnr. 323), treffen also denjenigen, der eine Sachentscheidung begehrt, in aller Regel ist dies der *Kläger*, beim Verzichtsurteil (→ § 306 Rdnr. 12) und beim Versäumnisurteil gegen den Kläger (→ § 330 Rdnr. 4) allerdings der *Beklagte* (→ auch Einl. Rdnr. 323).

c) Mehrheit von Ansprüchen oder Parteien

Bei einer **Mehrheit von prozessualen Ansprüchen (Streitgegenständen)** – d. h. bei objekti- **24** ver Klagen – oder Anspruchshäufung (→ auch Rdnr. 1 ff.) muß *für jeden einzelnen prozessualen Anspruch* die Zuständigkeit des angerufenen Gerichts geprüft werden. Dieser *Trennungsgrundsatz*[75] bei der Zuständigkeitsprüfung gilt auch bei der **Mehrheit von Prozeßparteien** – d. h. bei der Streitgenossenschaft (→ § 59) *als subjektiver Klagen- oder Anspruchshäufung –*, so daß für jedes einzelne Prozeßrechtsverhältnis die Zuständigkeit zu prüfen ist. Selbst das Vorliegen eines **einheitlichen Streitgegenstandes** kann zu Differenzierungen Anlaß geben, wenn sich die Kompetenz des Gerichts nur auf einen **abgespaltenen Teil des Streitgegenstandes** bezieht; da ein allgemeiner *Gerichtsstand des Sachzusammenhangs* abgelehnt werden muß (→ Rdnr. 10), fehlt bei **gespaltener Gerichtszuständigkeit** die Kompetenz für diejenigen materiell-rechtlichen Fragen, die von der Zuständigkeit nicht umfaßt sind. Eine Ausnahme von diesem Grundsatz macht z. B. § 603 Abs. 2 für den *Wechselprozeß* wegen der örtlichen Zuständigkeit. So ist die einheitliche Klage beim Verkehrsunfall (→ Einl. Rdnr. 295) bei Auseinanderklaffen von Erfüllungs- und Deliktsort im jeweils anderen Gerichtsstand sachlich nicht prüfbar[76]. Hilfsansprüche werden hinsichtlich der Zuständigkeit **erst geprüft, wenn die Bedingung eingetreten ist**, die der Kläger gesetzt hat (→ näher § 260 Rdnr. 22).

d) Maßgeblicher Zeitpunkt

Der **maßgebliche Zeitpunkt** für das Vorliegen der Zuständigkeit ist der **Schluß der mündli- 25 chen Verhandlung**. Es genügt daher, wenn die Zuständigkeit erst im Laufe des Prozesses eingetreten ist[77]. Andererseits wird eine während des **Rechtsstreits begründete Zuständigkeit** durch später eingetretene Umstände **nicht berührt** (perpetuatio fori → § 261 Abs. 3 Nr. 2, → dort Rdnr. 73).

---

[75] Vgl. *E. Schumann* JuS 1974, 507; *ders.* ZPO-Klausur (1981) 58. Beispiele aus der Rsp: *BGH* NJW 1971, 564; *RGZ* 27, 385 (Vereinigte Zivilsenate), 42, 345, 73, 162, 123, 129f.

[76] Zu weiteren Problemen bei einheitlichem Streitgegenstand und gespaltener Kompetenz → Einl. Rdnr. 295.
[77] *RGZ* 52, 136; dazu → § 261 Rdnr. 76 m. w. N.

e) Verfahren bei Unzuständigkeit

26   Ist die Klage wegen **fehlender Zuständigkeit unzulässig**, wird in aller Regel der Kläger einen **Verweisantrag**, gemäß § 281 Abs. 1[78] stellen. Unterläßt er dies oder fehlt die *funktionelle* oder die *internationale* Zuständigkeit[79], kann eine Verweisung nicht ausgesprochen werden. Die Klage (bei mehreren Ansprüchen → Rdnr. 24 möglicherweise nur ein Teil der Klage) ist dann **durch Prozeßurteil** (→ Rdnr. 28) **als unzulässig abzuweisen**. Ein *Dahinstellen der Zuständigkeit*, die Abweisung *zugleich* als *unzulässig* und als *unbegründet* sowie *hilfsweise Erwägungen zur Begründetheit* sind dem Gericht untersagt (näher hierzu → Rdnr. 23 a. E. und allgemein Einl. → Rdnr. 330).

f) Versäumnisverfahren

27   Keine Besonderheiten bietet das **Versäumnisverfahren** (näher → § 330 und → § 331). **Bleibt der Beklagte im Termin aus**, so erstreckt sich die Geständnisfiktion der Säumnis *nicht auf die zuständigkeitsbegründenden Tatsachen* der Vereinbarung eines Erfüllungsortes sowie eines Gerichts (§ 331 Abs. 1 S. 2). Selbst bei schlüssigem Klägervortrag (→ Rdnr. 17) ist deshalb unter Umständen der Erlaß eines Versäumnisurteils gemäß § 335 Nr. 1 abzulehnen. Die Zurückweisung des Antrags auf Erlaß eines Versäumnisurteils kann etwa auch bei ausschließlicher Zuständigkeit angebracht sein, wenn das Gericht im Rahmen seiner Amtsprüfung (→ Rdnr. 16) Bedenken hat. **Ist das Gericht aber von der Zuständigkeit überzeugt**[80], **ergeht bei Vorliegen der übrigen Voraussetzungen Versäumnisurteil; steht die Unzuständigkeit fest, wird kontradiktorisch gegen den Kläger entschieden** (→ Rdnr. 28). Bei **Säumnis des Klägers** kann Versäumnisurteil ebenfalls nur ergehen, wenn das Gericht sich für zuständig hält. **Fehlt die Zuständigkeit, erfolgt Prozeßabweisung** (→ Rdnr. 28); **ist die Zuständigkeit nur unklar**, wird nach § 335 Abs. 1 Nr. 1 verfahren.

g) Entscheidung der Zuständigkeitsfrage

28   Hinsichtlich der Entscheidungen in der Zuständigkeitsfrage muß unterschieden werden:

aa) Endurteil bei Unzuständigkeit

Muß das Gericht – weil keine Verweisung in Frage kommt (→ Rdnr. 26) – **die fehlende Zuständigkeit in einer Entscheidung** aussprechen, so kann es dies nur in einem Endurteil, auch wenn *abgesonderte Verhandlung* nach § 280 angeordnet war. Sind mehrere Ansprüche[81] anhängig (→ Rdnr. 24) und nicht sämtliche unzulässig, kann die Prozeßabweisung auch in einem **Teilurteil** vorgenommen werden. Hinsichtlich der *Rechtskraft* solcher Prozeßabweisungen → § 322 Rdnr. 62.

---

[78] Im *Amtsgerichtsprozeß* ist § 506 mit Antragsmöglichkeit beider Parteien zu beachten. Eine *amtswegige Verweisung* kennt § 621 Abs. 3 für *Familiensachen*. Zum Verfahren im Zusammenhang mit der *Kammer für Handelssachen* → Rdnr. 131 ff.; zur Verweisung nach *Widerspruch gegen den Mahnbescheid* → § 696 Rdnr. 9; nach *Einspruch gegen den Vollstreckungsbescheid* → § 700 Rdnr. 5. Wegen der Wirkung der Verweisung für die Zuständigkeit des Gerichts → § 281 Rdnr. 27.

[79] In diesen Fällen scheidet eine Verweisung aus, → § 281 Rdnr. 2; → auch Rdnr. 120.

[80] Zu Darlegung und Nachweis der Prorogation im Säumnisverfahren *Reinelt* NJW 1974, 2310 m. w. N.

[81] Gilt nicht, wenn das Gericht nur über einzelne Klagegründe desselben Streitgegenstandes nicht befinden darf, vgl. *BGH* NJW 1971, 564.

bb) Zwischen- oder Endurteil bei Unzuständigkeit

Bejaht das Gericht jedoch seine Zuständigkeit, wird es meistens erst in den **Entscheidungsgründen des Sach(end)urteils** hierzu Ausführungen machen. War allerdings **abgesonderte Verhandlung** nach § 280 angeordnet, **muß** es die zuständigkeitsbejahende Entscheidung in einem **Zwischenurteil** gemäß § 280 Abs. 2 treffen; ob auch *ohne abgesonderte Verhandlung* ein solches *Zwischenurteil* (dann auch § 303) erlassen werden darf, ist umstritten[82]. Jedenfalls erzeugt die Zwischenentscheidung über die *Zuständigkeit* weder in tatsächlicher noch in rechtlicher Beziehung eine Bindung hinsichtlich der *Begründetheit*[83]; an seine Zuständigkeitsbejahung ist das Gericht aber wegen § 318 gebunden.

F. Die Anfechtung der Zuständigkeitsentscheidung

Die Anfechtung der gerichtlichen Maßnahmen richtet sich danach, ob die Zuständigkeit vom Gericht verneint oder bejaht wurde.

1. Verneinung der Zuständigkeit

Die in der **Prozeßabweisung** liegende Verneinung der Zuständigkeit kann **im Rahmen der**   29
üblichen Rechtsmittel, gegebenenfalls also bis zum Bundesgerichtshof, angegriffen werden. Die **Anfechtung der Verweisung** ist aber nicht ermöglicht, weil es der Kläger durch das Nichtstellen des Verweisungsantrags in der Hand hat, eine anfechtbare Entscheidung zu erhalten; er kann deshalb nicht einerseits den Verweisungsantrag stellen, andererseits die Verweisung mit Rechtsmitteln angreifen (→ § 281 Rdnr. 22).

2. Bejahung der Zuständigkeit

Die **Bejahung der Zuständigkeit** ist **nur in engen Grenzen** mit Rechtsmitteln **angreifbar.** So   30
ist das *landgerichtliche* Urteil nicht mit der Rüge anzugreifen, es sei eigentlich das *Amtsgericht* sachlich zuständig gewesen (→ § 10). Bei *vermögensrechtlichen Streitigkeiten* ist ferner die Bejahung der *örtlichen* Zuständigkeit nicht nachprüfbar (→ § 512a). Auch die Amtsprüfung (→ Rdnr. 16) des **Berufungsgerichts** ist eingeschränkt (→ § 529 Rdnr. 1 ff.). Ferner schließt § 549 Abs. 2 die **Revisionsrüge** aus, das Erstgericht habe zu Unrecht seine sachliche oder örtliche Zuständigkeit angenommen oder es sei die Zuständigkeit des Arbeitsgerichts gegeben gewesen (→ § 549 Rdnr. 79 ff.).

G. Verjährungsunterbrechung und Fristwahrung bei Unzuständigkeit

Auch die Klage zum unzuständigen Gericht unterbricht die Verjährung[84]. Wird der Rechts   31
streit an das zuständige Gericht *verwiesen* (→ Rdnr. 26), ist der gesamte Prozeß so anzusehen, als ob er von vornherein vor einem zuständigen Gericht abgewickelt worden wäre (→ § 281 Rdnr. 25). Bei **Prozeßabweisung** durch das unzuständige Gericht (→ Rdnr. 26, 28) kann der

---

[82] Auch nach der Neufassung der abgesonderten Verhandlung (§ 280, → dort Rdnr. 2) und der Abschaffung des Katalogs von § 274 Abs. 2 a. F. (→ Einl. Rdnr. 313) dürfen *Zwischenurteile über Zulässigkeitsrügen nur nach abgesonderter Verhandlung*, nicht auch nach § 303 ergehen (→ § 280 Rdnr. 15); sie sind selbständig anfechtbar (§ 280 Abs. 2 Satz 1).

[83] Vgl. *RGZ* 27, 397; *RG* **Gruchot 36, 706, 54, 1110;** *BGH* NJW 1952, 25; *Kleinfeller* Der Gegenstand der Rechtskraft, in Festschr. für Wach **2** (1913) 401 ff.
[84] Angesichts § 212 Abs. 1 BGB unbestritten; vgl. z. B. BGHZ 78, 5; RGZ 66, 365 (368).

Kläger einen materiell-rechtlichen Nachteil vermeiden, **wenn er innerhalb der 6-Monats(Ausschluß-)frist des § 212 Abs. 2 S. 1 BGB neue Klage erhebt;** dann gilt die Verjährung als durch die erste (unzulässige und abgewiesene) Klage unterbrochen. Diese Grundsätze sind aus dem vergleichbaren Fall entsprechend anzuwenden, in dem **durch die Klage eine Ausschlußfrist** (etwa nach Art. 8 Abs. 10 des früheren Finanzvertrags → Einl. Rdnr. 664, jetzt Art. 12 NTS-AG → Einl. Rdnr. 667 und 678) gewahrt werden soll und der Kläger das unzuständige Gericht anrief[85] sowie bei einer Erstklage vor dem **unzuständigen ausländischen Gericht** (→ Einl. Rdnr. 835). Zum Antrag nach § 36 → § 37 Rdnr. 1[86]. Ist Klagevoraussetzung die Vorentscheidung einer Behörde und hat der Anspruchsteller seinen Antrag bei einer unzuständigen Behörde gestellt, so sind die vorstehenden Grundsätze ebenfalls entsprechend anwendbar. Hinsichtlich der Verjährungsunterbrechung durch den Antrag auf Vorentscheidung bei der Behörde s. § 210 BGB.

II. Die sachliche Zuständigkeit

A. Rechtsquellen

34   Die sachliche Zuständigkeit wird **weitgehend im GVG** geregelt, dessen Bestimmungen durch die §§ 1–11 der ZPO ergänzt werden. Die **§§ 23 und 23a GVG** bestimmen die **sachliche Zuständigkeit der Amtsgerichte**, soweit § 27 GVG nicht auf andere Gesetze und auch nicht zurück auf die ZPO verweist; die **sachliche Zuständigkeit der Landgerichte** regelt § 71 GVG:

Gerichtsverfassungsgesetz

35   **§ 23 [Zuständigkeit in Zivilsachen].** Die Zuständigkeit der Amtsgerichte umfaßt in bürgerlichen Rechtsstreitigkeiten, soweit sie nicht ohne Rücksicht auf den Wert des Streitgegenstandes den Landgerichten zugewiesen sind:

1. Streitigkeiten über Ansprüche, deren Gegenstand an Geld oder Geldeswert die Summe von zehntausend Deutsche Mark nicht übersteigt;

2. ohne Rücksicht auf den Wert des Streitgegenstandes:

a) Streitigkeiten über Ansprüche aus einem Mietverhältnis über Wohnraum oder über den Bestand eines solchen Mietverhältnisses; diese Zuständigkeit ist ausschließlich;

b) Streitigkeiten zwischen Reisenden und Wirten, Fuhrleuten, Schiffern, Flößern oder Auswanderungsexpedienten in den Einschiffungshäfen, die über Wirtszechen, Fuhrlohn, Überfahrtsgelder, Beförderung der Reisenden und ihrer Habe und über Verlust und Beschädigung der letzteren, sowie Streitigkeiten zwischen Reisenden und Handwerkern, die aus Anlaß der Reise entstanden sind;

c) Streitigkeiten wegen Viehmängel;

d) Streitigkeiten wegen Wildschadens;

e) (*weggefallen*)

f) (*weggefallen*)

g) Ansprüche aus einem mit der Überlassung eines Grundstücks in Verbindung stehenden Leibgedings-, Leibzucht-, Altenteils- oder Auszugsvertrag;

h) das Aufgebotsverfahren.

---

[85] Für den Fall der *Verweisung* an das zuständige Gericht: *BGHZ* 34, 230 (234 f.); 35, 374 ff. m. w. N. Man wird die Fristwahrung aber auch für die in § 212 BGB genannten Fälle der *Klagezurücknahme* bzw. der *Prozeßabweisung* und der erneuten, innerhalb der 6-Monatsfrist des § 212 Abs. 2 S. 1 BGB erhobenen Klage bejahen müssen; vgl. dazu auch *Staudinger/Coing* BGB[12] § 212 Rdnr. 2. Vgl. zur analogen Anwendung der §§ 209 ff. BGB auf

Gebührenfestsetzungsverfahren *BGHZ* 21, 199 (20 ff.). Zum gesamten Problemkreis der Erhaltung materieller Rechtspositionen trotz prozessualer Mißgriffe *Vollkommer* Formenstrenge und prozessualer Billigkeit (1973) z. B. S. 31; *Peter Schlosser* Ausschlußfristen, Verjährungsunterbrechung und Auslandsklage; Festschr. für Bosch (1976) 859 (862 ff.) sowie → Einl. Rdnr. 68 ff.

[86] → § 37 Fn. 4 m. w. N.

§ 23 a [Sachliche Zuständigkeit in Kindschafts-, Unterhalts-, Ehe- und Güterrechtssachen]. Die Amts- **36** gerichte sind in bürgerlichen Rechtsstreitigkeiten ferner zuständig für
1. Streitigkeiten in Kindschaftssachen;
2. Streitigkeiten, die eine durch Ehe oder Verwandtschaft begründete gesetzliche Unterhaltspflicht betreffen;
3. Ansprüche nach den §§ 1615 k bis 1615 m des Bürgerlichen Gesetzbuchs;
4. Ehesachen;
5. Streitigkeiten über Ansprüche aus dem ehelichen Güterrecht, auch wenn Dritte am Verfahren beteiligt sind.

§ 23 b [Familiengerichte]. (1) ¹Bei den Amtsgerichten werden Abteilungen für Familiensachen (Fami- **37** liengerichte) gebildet. ²Familiensachen sind:
1. Ehesachen;
2. Verfahren über die Regelung der elterlichen Sorge über ein eheliches Kind, soweit nach den Vorschriften des Bürgerlichen Gesetzbuches hierfür das Familiengericht zuständig ist;
3. Verfahren über die Regelung des Umgangs eines Elternteils mit dem ehelichen Kinde;
4. Verfahren über die Herausgabe des Kindes an den anderen Elternteil;
5. Streitigkeiten, die die gesetzliche Unterhaltspflicht gegenüber einem ehelichen Kinde betreffen;
6. Streitigkeiten, die die durch Ehe begründete gesetzliche Unterhaltspflicht betreffen;
7. Verfahren, die den Versorgungsausgleich betreffen;
8. Verfahren über die Regelung der Rechtsverhältnisse an der Ehewohnung und am Hausrat (Verordnung über die Behandlung der Ehewohnung und des Hausrats – Sechste Durchführungsverordnung zum Ehegesetz vom 21. Oktober 1944, Reichsgesetzbl. I S. 256);
9. Streitigkeiten über Ansprüche aus dem ehelichen Güterrecht, auch wenn Dritte am Verfahren beteiligt sind;
10. Verfahren nach den §§ 1382 und 1383 des Bürgerlichen Gesetzbuchs;
11. Verfahren nach den §§ 5 bis 8 des Sorgerechtsübereinkommens-Ausführungsgesetzes.
(2) ¹Sind wegen des Umfangs der Geschäfte oder wegen der Zuweisung von Vormundschafts-, Betreuungs- und Unterbringungssachen mehrere Abteilungen für Familiensachen zu bilden, so sollen alle Familiensachen, die denselben Personenkreis betreffen, derselben Abteilung zugewiesen werden. ²Wird eine Ehesache rechtshängig, während eine andere Familiensache bei einer anderen Abteilung im ersten Rechtszug anhängig ist, so ist diese von Amts wegen an die Abteilung der Ehesachen abzugeben.
(3) ¹Die Abteilungen für Familiensachen werden mit Familienrichtern besetzt. ²Ein Richter auf Probe darf Geschäfte des Familienrichters nicht wahrnehmen.

§ 71 [Sachliche Zuständigkeit in Zivilsachen]. (1) Vor die Zivilkammern, einschließlich der Kammer **38** für Handelssachen, gehören alle bürgerlichen Rechtsstreitigkeiten, die nicht den Amtsgerichten zugewiesen sind.
(2) Die Landgerichte sind ohne Rücksicht auf den Wert des Streitgegenstands ausschließlich zuständig
1. für die Ansprüche, die auf Grund der Beamtengesetze gegen den Fiskus erhoben werden;
2. für die Ansprüche gegen Richter und Beamte wegen Überschreitung ihrer amtlichen Befugnisse oder wegen pflichtwidriger Unterlassung von Amtshandlungen.
(3) Der Landesgesetzgebung bleibt überlassen, Ansprüche gegen den Staat oder eine Körperschaft des öffentlichen Rechts wegen Verfügungen der Verwaltungsbehörden sowie Ansprüche wegen öffentlicher Abgaben ohne Rücksicht auf den Wert des Streitgegenstandes den Landgerichten ausschließlich zuzuweisen.

§ 27 [Sonstige Zuständigkeit der Amtsgerichte]. Im übrigen wird die Zuständigkeit und der Geschäftskreis der Amtsgerichte durch die Vorschriften dieses Gesetzes und der Prozeßordnungen bestimmt.

B. Übersicht über die Verteilung der sachlichen Zuständigkeit

1. In **vermögensrechtlichen** sowie in **nicht-vermögensrechtlichen Streitigkeiten** richtet sich **39** die **Verteilung grundsätzlich nach dem Streitwert;** zur Zeit ist bis **einschließlich DM 10 000,–** das **Amtsgericht** (§ 23 Nr. 1 GVG), **sonst das Landgericht zuständig** (§ 71 Abs. 1 GVG).
Ausnahmsweise sind Streitigkeiten ohne Rücksicht auf den Streitwert zugewiesen:
a) Dem **Amtsgericht** sind übertragen die in § 23 Nr. 2, § 23 a Nr. 2, Nr. 3 und Nr. 5 GVG

genannten Streitigkeiten. Dabei ist die Zuständigkeit des Amtsgerichts in den Fällen des § 23 Nr. 2a GVG (*Wohnraumstreitigkeiten*) und § 23a Nr. 5 GVG (*Güterrecht*) **ausschließlich** (§ 621 Abs. 1 Nr. 8 ZPO) und in den Fällen des § 23a Nr. 2 GVG (*gesetzlicher Unterhalt*) **zum Teil ausschließlich** (§ 621 Abs. 1 Nr. 4 und Nr. 5 ZPO), näher → Rdnr. 42–78.

b) Das **Landgericht** ist sachlich ohne Rücksicht auf den Streitwert zuständig für die in § 71 Abs. 2 und 3 GVG genannten Streitigkeiten; diese Zuweisung ist **ausschließlich**, näher → Rdnr. 79–101.

40　　2. Die grundsätzliche Zuständigkeit des **Landgerichts** für Streitigkeiten **nicht-vermögens-rechtlicher Art** ist **entfallen**. Ohne Rücksicht auf den Streitwert sind nach § 23a Nr. 1 und Nr. 4 GVG den Amtsgerichten Kindschafts- und Ehesachen sowie weitere Familiensachen, § 23b GVG, zugewiesen (→ Rdnr. 61 ff.).

40a　　3. Abweichend von der grundlegenden Zuständigkeitsregelung in §§ 23, 23a, 71 GVG gibt es noch eine Reihe von weiteren gesetzlichen Zuweisungen, die zum Teil eine ausschließliche Zuständigkeit begründen. Dazu wegen der Zuständigkeit des Amtsgerichts → Rdnr. 75, 76 f. und die in Rdnr. 78 angeführten Fälle, wegen der Zuständigkeit des Landgerichts → Rdnr. 89–101.

C. Notwendigkeit, Zweck und Geschichte der sachlichen Zuständigkeit

1. Die Regelung der Reichsjustizgesetze

41　　1. Der Gesetzgeber der **Reichsjustizgesetze** (→ Einl. Rdnr. 170) entschied sich für einen **vierstufigen Aufbau der ordentlichen Gerichtsbarkeit** und damit auch für **zwei Eingangsge-richte** der Ziviljustiz, das **Amtsgericht** und das **Landgericht**. Damit stellte sich ihm das Problem der sachlichen Zuständigkeit; denn die Kompetenz von Amtsgericht und Landge-richt mußte gegeneinander abgegrenzt werden. Trotz der Bestrebungen auf Einführung der Dreistufigkeit der ordentlichen Gerichtsbarkeit (→ Einl. Rdnr. 200 sub 4a) ist dieser Aufbau bis heute erhalten geblieben. Die Notwendigkeit der Abgrenzung besteht daher auch heute, allerdings hat die Regelung der sachlichen Zuständigkeit erhebliche Änderungen erfahren.

Der Gesetzgeber vor hundert Jahren entschied sich für ein relativ einfaches, übersichtliches System: Alle *nicht-vermögensrechtlichen* Streitfälle wurden vor dem *Landgericht* abgewickelt, ebenso – ohne Rücksicht auf den Streitwert – die den *Fiskus* und die *Beamten* betreffenden Klagen. Im übrigen war der *Streitwert* maßgebend: Bei über 300 Mark Streitwert war das Landgericht berufen, sonst das *Amtsge-richt*[87]. Ohne Rücksicht auf den Streitwert waren dem Amtsgericht aber auch eine Reihe von Klagen zugewiesen, die besondere Ortsnähe erforderten oder bei denen eine *möglichst schnelle Entscheidung* erforderlich schien. Das Landgericht entschied als Kollegialgericht, am Amtsgericht war der Einzelrichter tätig. Das Verhältnis zwischen beiden Gerichten wurde auch dadurch gekennzeichnet, daß *nur beim Landgericht* eine *ausschließliche* sachliche Zuständigkeit vorgesehen war, nicht aber beim Amtsgericht, so daß bei Einverständnis der Parteien *stets das Landgericht entscheiden konnte*. Wegen der »präsumptiv besseren Rechtsprechung des Kollegialgerichts«[88] konnte das Urteil des Landgerichts nicht mit der Begründung angefochten werden, es hätte das Amtsgericht eigentlich entscheiden müssen. Wohl aber war umgekehrt die Rüge möglich, daß das Amtsgericht unzuständigerweise anstelle des eigentlich berufenen Landgerichts entschieden habe. Schließlich war das Landgericht das funktionell zuständige Berufungsgericht gegenüber dem Amtsgericht.

---

[87] Zur Entwicklung der Streitwertgrenzen seit Erlaß der CPO: *Schumann* Recht auf Rechtsmittel, in: *Gilles/Röhl/Schuster/Strempel* Rechtsmittel im Zivilprozeß (1985) S. 280 ff. = Tabelle 3, in: *Gilles* Ziviljustiz und Rechtsmittelproblematik (1992) S. 239 ff.
[88] *Hahn* S. 45.

2. Die grundlegenden Änderungen der letzten Jahre

Diese **Zuständigkeitsverteilung zwischen Amts- und Landgericht** ist in den letzten Jahren **41a** **grundlegend geändert** worden. Die Bedeutung des Amtsgerichts ist durch die Ausweitung und Verstärkung seiner sachlichen Zuständigkeit erheblich gestiegen. Während man für den Rechtszustand vor hundert Jahren sagen kann, das Amtsgericht hatte die weniger wichtigen, das Landgericht die bedeutenderen Streitfälle zu entscheiden und die Gesichtspunkte der Ortsnähe und der Beschleunigung spielten eine untergeordnete Rolle[89], läßt sich nach den tiefgreifenden Änderungen der letzten Zeit eine solche Feststellung nicht treffen. **Amtsgericht** und **Landgericht** stehen heute als **gleichwertige Eingangsgerichte** nebeneinander.

Diese Entwicklung beruht auf einer Reihe von gesetzlichen Änderungen: Durch die Einführung *ausschließlicher* amtsgerichtlicher Zuständigkeiten (→ Rdnr. 50 sowie → Rdnr. 63 f.) wurde die bislang stets mögliche Verlagerung des Rechtsstreits auf das Landgericht eingeschränkt; das Gesetz zeigt nunmehr seinen Willen, daß bestimmte Fälle gerade und nur vom *Amtsgericht* entschieden werden. Gleichzeitig wurde das Landgericht als alleinige Berufungsinstanz gegenüber dem Amtsgericht beseitigt; in zahlreichen Sachen geht wegen deren Bedeutung der *Berufungsweg* am Landgericht vorbei *zum Oberlandesgericht* (→ Rdnr. 123), die Revision ist eingeräumt (→ Rdnr. 124). Seit der Einzelrichternovelle (→ Einl. Rdnr. 154) ist das Landgericht auch nicht immer Kollegialgericht; auch bei ihm kann – wie stets beim Amtsgericht – der alleinentscheidende Einzelrichter das Urteil fällen. Die früher einzig dem Landgericht übertragene Kompetenz zur Entscheidung *nicht-vermögensrechtlicher* Streitigkeiten ist abgeschafft: Da das **Amtsgericht** nunmehr für alle Streitigkeiten über Ansprüche bis einschließlich DM 10 000,– zuständig ist (→ Rdnr. 42), erstreckt sich seine Kompetenz **auch auf Ansprüche nicht-vermögensrechtlicher Art** bis zu dieser Höhe. Eine Abgrenzung vermögensrechtlich – nicht-vermögensrechtlich muß in diesem Zusammenhang nicht mehr durchgeführt werden. Eine erste Durchbrechung dieses Grundsatzes fand schon mit der Übertragung von Kindschafts- und Familiensachen, besonders Ehesachen, an das Amtsgericht statt (→ Rdnr. 62 ff.). Diese vielfältigen Änderungen haben nicht nur die Bedeutung und das Gewicht des Amtsgerichts gestärkt, sie haben auch zu einem **unübersichtlichen**, nur schwer zu durchschauenden **Abgrenzungssystem** gegenüber dem Landgericht geführt. Gewiß ist aber das neue System der Ordnung der sachlichen Zuständigkeit nicht so heterogen, daß man Grundvorstellungen überhaupt nicht erkennen könnte. Vielmehr zeigt die Übertragung wichtiger Kompetenzen auf das Amtsgericht, daß man der *Ortsnähe* bei bestimmten Streitfällen (Mietsachen, Kindschafts- und Familiensachen) ein viel größeres Gewicht als früher beilegt. Auch der Gedanke der *Beschleunigung* der Prozesse, der seit Anbeginn bei der Kompetenz der Amtsgerichte eine Rolle spielte, ist ein Motiv für die neuen Regelungen gewesen.

3. Keine Unterscheidung zwischen vermögensrechtlichen und nicht-vermögens-rechtlichen Streitigkeiten bei der sachlichen Zuständigkeit

Das Gesetz zur Entlastung der Rechtspflege (→ Rdnr. 47a) **beseitigte die grundsätzliche sachliche** **42** **Zuständigkeit des Landgerichts für nicht-vermögensrechtliche Streitigkeiten.** Seither ist das **Amtsgericht** auch **für nichtvermögensrechtliche Ansprüche** sachlich zuständig, sofern ihr Streitwert innerhalb der amtsgerichtlichen Streitwertgrenzen liegt[90]. Dadurch ist im Bereich der sachlichen Zuständigkeit der **Unterschied** zwischen **vermögens- und nicht-vermögensrechtlichen Streitigkeiten nicht mehr bedeutsam.**

---

[89] Vgl. Motive zu § 12 des Entwurfs eines GVG (später § 22) = *Hahn* GVG-Materialien S. 68: »Es sind der einzelrichterlichen Zuständigkeit danach zu unterstellen diejenigen Streitigkeiten, welche wegen ihrer Geringfügigkeit der, Kräfte und Kosten unverhältnismäßig in Anspruch nehmenden, kollegialen Entscheidung nicht bedürfen, oder welche eine schnelle, durchgreifende, mit den Lokalverhältnissen vertraute Justiz erfordern und sich deshalb besonders zur einzelrichterlichen Bearbeitung eignen.« Ähnlich § 16 der Allgemeinen Begründung der CPO = *Hahn* ZPO-Materialien S. 145: »Den Amtsgerichten werden alle Rechtsstreitigkeiten über vermögensrechtliche

Ansprüche, deren Gegenstand an Geld oder Geldwerth die Summe von dreihundert Mark nicht übersteigt, sowie gewisse einfache oder schleunige Erledigung erheischende, oder regelmäßig auf Grund genauer örtlicher Kenntniß zu entscheidende Rechtsstreitigkeiten überwiesen«, wörtlich wiederholt in der Allgemeinen Begründung der Motive zum GVG sub II = *Hahn* a.a.O. S. 29.
[90] Zur amtsgerichtlichen Zuständigkeit gehören – *ohne Rücksicht auf den Streitwert* – auch weiterhin die Kindschafts- und Familiensachen (→ Rdnr. 61 ff.), die zum großen Teil ebenfalls nicht-vermögensrechtlicher Natur sind.

Die Unterscheidung zwischen vermögensrechtlichen und nicht-vermögensrechtlichen Streitigkeiten ist aber innerhalb der *örtlichen* Zuständigkeit (§§ 20, 23) und der *Prorogation* (§ 40) sowie in anderen Bereichen (§ 287 Abs. 2, §§ 512a, 525 Abs. 2, §§ 546, 708 Nr. 10 und Nr. 11) weiterhin von Bedeutung.

a) Begriff des vermögensrechtlichen Anspruches

43   Vermögensrechtliche Ansprüche sind alle Ansprüche, die sich aus einem *vermögensrechtlichen*, d.h. auf Geld oder Geldeswert gerichteten *Rechtsverhältnis* ergeben (näher → Rdnr. 44) oder zwar auf einem *nicht-vermögensrechtlichen* Rechtsverhältnis beruhen, aber auf Geld oder Geldeswert gerichtet sind[91] oder der Wahrung wirtschaftlicher Belange dienen[92] (näher → Rdnr. 45).

Da es für den vermögensrechtlichen Anspruch unerheblich ist, ob er sich gegen die Person oder das Vermögen richtet und ob er durch Handlungen des Schuldners oder aus seinem Vermögen zu erfüllen ist, umfaßt der Begriff des vermögensrechtlichen Anspruchs *mehr* als der des Vermögensanspruchs nach § 3 Abs. 1 KO.

aa) Aus einem vermögensrechtlichen Verhältnis entstanden

44   Zu den Ansprüchen aus einem vermögensrechtlichen Rechtsverhältnis gehören z.B. die **Ansprüche auf Unterlassung aus dem UWG**[93], das seiner Begrenzung nach den Erwerbsinteressen der bedrohten Gewerbetreibenden dient, aus den gleichen Gründen der Anspruch auf **Unterlassen** des unbefugten Gebrauchs einer kaufmännischen **Firma**, § 37 Abs. 2 HGB[94] (vgl. auch § 95 Abs. 1 Nr. 4 b GVG, → Rdnr. 132), oder die Ansprüche auf **Unterlassung der Störung des Gewerbebetriebs** oder der Erwerbstätigkeit[95], die Ansprüche aus dem **WZG** (vgl. § 95 Abs. 1 Nr. 4 c GVG, → Rdnr. 132), die Ansprüche auf Vorlegung von *Handelsbüchern*[96], auf **Leistung der eidesstattlichen Versicherung**[97], auf Erteilung von *Zeugnissen* (→ auch § 2 Rdnr. 122)[98]; Feststellungsklagen über Vermögensrechte[99].

bb) Geldansprüche aus einem nicht-vermögensrechtlichen Verhältnis

45   Zu den vermögensrechtlichen Ansprüchen aus einem *nicht-vermögensrechtlichen* Rechtsverhältnis gehören, soweit sie eine vermögensrechtliche Leistung zum Gegenstand haben[100], die **Ansprüche auf Unterhalt**, Ausstattung, **Aufhebung des ehelichen Güterstandes**[101] und ähnliche, *nicht dagegen* solche, bei denen *der ideelle Schutz dieser Rechtsverhältnisse oder ihre Feststellung in Frage stehen, wie bei Ehe-, Kindschafts-* und gewissen *Familiensachen* (§ 23b Abs. 1 Nr. 2 und 3 GVG). Ähnlich wird unterschieden bei Klagen auf **Unterlassung** oder **Widerruf.** Soweit diese Klagen *auch ideelle Interessen* berühren, ist **entscheidend,** daß **die vermögensrechtliche Beeinträchtigung erkennbar im Vordergrund steht**[102]. Auskunftsan-

---

[91] *BGHZ* 14, 74; 13, 7f. m.w.N.; *E. Schumann* BB 1983, 506.

[92] *BGHZ* 89, 198 (200).

[93] *RGZ* 40, 413.

[94] *RG* JW 1901, 652; vgl. auch § 95 Abs. 1 Nr. 5 GVG (→ Rdnr. 132).

[95] *RGZ* 61, 89; *RG* JW 1909, 499f.

[96] *OLG Hamburg* OLG Rsp 4 (1902) 167.

[97] *BayObLGZ* 11 (1902) 698.

[98] Vgl. *RG* JW 1902, 362; wegen der jetzt insoweit meist begründeten Zuständigkeit der Arbeitsgerichte → Rdnr. 172, 177, 178.

[99] Zur Kündigungsschutzklage *BAG NJW 1984, 1320.*

[100] *BGHZ* 13, 5, → auch § 5 Fn. 95.

[101] *RGZ* 144, 158.

[102] *BGHZ* 89, 42; *BGH* NJW 1985, 809 (Unterlassung der *Belästigung durch Telephonanrufe*); *BGHZ* 14, 74 (Prioritätsstreit bei *Erfindungen*); *BGH* LM § 11 LitUrhG Nr. 5; *RGZ* 61, 368; ferner zur Unterlassungsklage bei *Mißhandlungen LG Bonn* JMBlNRW 1955, 271, *BGH* Warn 1974 Nr. 158 (*Brüning-Memoiren*) = NJW 1470 m.w.N. (Wahrung wirtschaftlicher Belange *verneint*); *BGH* Warn 1977 Nr. 18 (Bezeichnung eines Unternehmers als *»Halsabschneider«* in *Gewerkschaftszeitung*) (vermögensrechtliche Natur *bejaht*).

sprüche sind dann vermögensrechtliche Ansprüche, wenn sie zur Vorbereitung eines vermögensrechtlichen Anspruchs erhoben werden[103].

b) Begriff des nicht-vermögensrechtliche Anspruchs

Nicht-vermögensrechtlicher Art sind nicht nur die **eigentlichen Familienrechte**, sondern   **46**
z.B. auch das Recht zum Gebrauch des Namens bei natürlichen Personen aus § 12 BGB[104]
(anders bei *juristischen* Personen)[105], ferner die **Ehre**[106]. Nicht-vermögensrechtlich ist auch
eine **Streitigkeit um das allgemeine Persönlichkeitsrecht**[107], wie das Recht auf Veröffentlichung einer **Gegendarstellung nach Presserecht**[108], ferner **Ehrenrechte**[109] sowie Ansprüche,
die sich aus den persönlichkeitsrechtlichen Bestandteilen des Urheberrechts ergeben[110]. Bei
der **Zugehörigkeit zu einem Verein** entscheidet die konkrete Sachlage, d.h. der Charakter des
Vereins und der Mitgliedschaft; auf die *Rechtsform* (juristische Person oder nicht-eingetrage-
ner Verein) und seine *Zielsetzung* (wirtschaftlich oder sogenannter Idealverein) kommt es
weniger an als darauf, **ob personen- oder vermögensrechtliche Interessen des Betroffenen
berührt** werden[111].

Daß sich an diese nicht-vermögensrechtlichen Rechte *vermögensrechtliche Reflexwirkun-*   **47**
gen knüpfen, ist *unerheblich*[112], solange diese Wirkungen nicht im Prozeß geltend gemacht
sind, so wie umgekehrt bei an sich vermögensrechtlichen Ansprüchen die **mittelbaren ideellen
Wirkungen**, z.B. beim Firmenrecht oder bei Rechten an Grabstätten[113], den Charakter nicht
ändern[114]. Dasselbe gilt, wenn einem **vermögensrechtlichen Anspruch eine andersgeartete**

---

[103] *AG Passau* FamRZ 1987, 1309; *Zöller/Vollkom-mer*[17] § 1 Rdnr. 15.

[104] Vgl. *RG* JW 1899, 575; *Ramdohr* Gruchot 43, 1ff. Der Anspruch auf *Schadensersatz in Geld* wegen der Verletzung des Namensrechts z.B. nach §§ 823ff. BGB ist dagegen stets *vermögensrechtlich*.

[105] Hier nähert sich das Namensrecht dem *Firmenrecht* (→ Fn. 94); *RG* JW 1931, 1919;, *BGH* LM § 16 UWG Nr. 6; vgl. *Ramdohr* (Fn. 104) 43ff. Soweit jedoch das Namensrecht von Körperschaften (z.B. Gemeinden) als *ideelles Gut* und weniger in wirtschaftlichem Zusammen-hang betroffen ist, liegt ein nicht-vermögensrechtlicher Anspruch vor. Ähnliches gilt insbesondere bei einer Famili-en- oder einer Einmanngesellschaft, wenn die *ideelle Seite des Namens* (der Firma) eine Rolle spielt und nicht wettbewerbs- oder firmenrechtliche Fragen in Streit ste-hen.

[106] *BGH* VersR 1962,1088; 1964, 324; 1969, 1094; *BGH* LM § 546 ZPO Nr. 73; *RG* JW 1912, 301 und Rsp in Fn. 102.

[107] *BGHZ* 98, 41/42 Widerrufs- und Unterlassungsan-sprüche, welche den sozialen Geltungsanspruch des Be-troffenen in der Öffentlichkeit schützen sollen sind grund-sätzlich nicht-vermögensrechtlicher Natur, sofern sich nicht aus dem Klägervorbringen oder offenkundigen Um-ständen ergibt, daß das Rechtsschutzbegehren auch der Wahrung wirtschaftlicher Belange dienen soll. Ebenso wurde vom *BGH* eine vermögensrechtliche Streitigkeit verneint in LM Nr. 131 zu § 541 ZPO = NJW 1990, 1276 = MDR 1991, 39 und in LM Nr. 133 zu § 546 ZPO.

[108] *BGH* NJW 1963, 151 = JZ 478 = MDR 42 = GRUR 65 (1963) 83 (dazu *Löffler*) = ZZP 76 (1963) 117; *Diederichsen* BB 1974, 382. Der Anspruch auf Gegendar-stellung aus dem allgemeinen Persönlichkeitsrecht – nicht jedoch der aus dem jeweiligen Pressegesetz, z.B. Bay-PresseG Art. 10; vgl. *BGH* a.a.O., weil dieser nicht der Durchsetzung wirtschaftlicher Interessen dient, sondern

Ausfluß des Persönlichkeitsrechts ist – kann auch ein ver-mögensrechtlicher sein, insbesondere wenn es um die Ab-wehr wirtschaftlicher Nachteile geht, wie bei der Ge-gendarstellung gegen Wettbewerbers; s. dazu auch *Wen-zel* JZ 1962, 112 (115). Stets liegen vermögensrechtliche Streitigkeiten vor, wenn wegen der Verletzung des allge-meinen Persönlichkeitsrecht *Schmerzensgeld* oder *Scha-densersatz* in Geld (auch als Ersatz für eine vorgenomme-ne Gegenerklärung; vgl. allgemein dazu *BGH* NJW 1976, 1198) geltend gemacht wird.

[109] So z.B. *RGZ* 12, 280; *RG* Gruchot 46, 1135 (Be-gräbnis »in der Reihe«), JW 1910, 590f. (*Ehrensitz in der Kirche*); vgl. ferner *RG* JR 1926 Nr. 792 (Verbringung von *Aschenresten auf einen anderen Friedhof*); *OLG Marien-werder* HRR 1941 Nr. 276 (Anspruch eines *Diakonissen-mutterhauses* gegen eine ausgeschiedene Diakonisse auf *Ablegung der Tracht*).

[110] *KG* JW 1929, 3099; vgl. auch Fn. 108.

[111] Im Einzelfall ist *vermögensrechtliche* Natur ange-nommen von *BGHZ* 13, 5 = NJW 1954, 833 = RdA 235 (zust. *A. Hueck*; betr. *Gewerkschaft*); *RGZ* 163, 202 (*Genossenschaft*, unter Aufgabe der bisherigen Rsp); *RG* ZZP 54 (1929) 338 (*Aufsichtsrat einer Aktiengesell-schaft*); *RG* JW 1927, 691 (*Genossenschaft*; mit Anm. *Heinsheimer*); dagegen *nicht-vermögensrechtlich RG* JW 1900, 417 (*Kriegerverein*); *RG* JW 1916, 1337 (*eingetra-gener Hausbesitzerverein*; mit Anm. *Heinsheimer*). Zum vermögensrechtlichen Gehalt einer Mitgliedschaft vgl. auch *Ballerstedt*, Mitgliedschaft und Vermögen beim rechtsfähigen Verein, in Festschr. für Alexander Knur (1972) 1 (3).

[112] *BGHZ* 98, 41 (42) = NJW 1986, 3143; *BGH* NJW 1985, 809; *BGH* NJW 1986, 3143; Zur Abgrenzung bei Unterlassungsklagen vgl. *Lange* DRiZ 1989, 41 (43).

[113] Vgl. *RG* JW 1890, 150; RPfl 1934, 638.

[114] Vgl. auch *BGH* NJW 1974, 1471.

Verteidigung entgegengesetzt wird[115]. Unerheblich ist es auch, ob der an sich vermögensrechtliche Anspruch von einer **nicht-vermögensrechtlichen Vorfrage** abhängt[116], vgl. auch §§ 151 ff. Wird dagegen im Wege der **Klagenhäufung** von Anfang an oder durch **Zwischenfeststellungsklage** nach § 256 Abs. 2 auch die nicht-vermögensrechtliche Vorfrage zur rechtskräftigen Entscheidung gebracht, so liegt insofern eine nicht-vermögensrechtliche Streitigkeit vor; dazu → Rdnr. 24 sowie → § 260 Rdnr. 42, § 256 Abs. 2 → dort Rdnr. 150, → § 506 Rdnr., hinsichtlich der Revisionssumme → § 546 Rdnr. 25; wegen der Arbeitsgerichte → Rdnr. 208.

D. Die sachliche Zuständigkeit der Amtsgerichte

1. Vermögensrechtliche und nicht-vermögensrechtliche Streitigkeiten bis zu einem Streitwert von DM 10 000,–

47a   Für Streitigkeiten über **vermögensrechtliche** und **nicht-vermögensrechtliche Ansprüche** bis zu einem Streitwert von einschließlich **DM 10 000,– ist das Amtsgericht zuständig** (§ 23 Nr. 1 GVG). Die Wertgrenze[117] ist durch das Gesetz zur Entlastung der Rechtspflege vom 11. I. 1993 (BGBl. I S. 50, → Einl. Rdnr. 165) mit Wirkung vom 1. III. 1993 von bisher DM 6000,– auf DM 10 000,– erhöht worden. Vor allem entfiel die Unzuständigkeit für nicht-vermögensrechtliche Ansprüche.

2. Zuständigkeit ohne Rücksicht auf den Streitwert (§ 23 Nr. 2 GVG)

48   Ohne Rücksicht auf den Wert des Streitgegenstandes gehören die in **§ 23 Nr. 2 GVG** (*Text* → Rdnr. 35) genannten Streitigkeiten **vor die Amtsgerichte.**

Die durch Art. 4 des Gesetzes über die rechtliche Stellung der nichtehelichen Kinder vom 19. VIII 1969 (BGBl. I S. 1243) aufgehobenen und verändert im neu eingefügten § 23a GVG (*Text* → Rdnr. 36; → auch Rdnr. 61 ff.) aufgegangenen Ziffern e) und f) lauteten[118]:
»e) alle Ansprüche auf Erfüllung einer durch Ehe oder Verwandtschaft begründeten gesetzlichen Unterhaltspflicht;
f) Ansprüche aus einem außerehelichen Beischlaf.«
Wegen der früheren Rechtslage s. die Kommentierung der 19. Aufl. dieses Kommentars (§ 1 I e, f).

49   Sind *andere Ansprüche* mit einem Streitwert von über DM 10 000,– mit *Streitigkeiten nach § 23 Nr. 2 GVG* verbunden, so sind diese, sofern nicht insoweit die Zuständigkeit des Amtsgerichts *vereinbart* ist, oder eine Zuständigkeit *über §§ 39, 504* begründet wurde (→ Rdnr. 19 a. E.), **abzutrennen** und **nach § 281 an das zuständige Landgericht zu verweisen** (→ Rdnr. 26). Da bei den Streitigkeiten nach § 23 Nr. 2 GVG die Zuweisung an das Amtsgericht ohne Rücksicht auf den Streitwert erfolgt, bleibt dieser *neben dem Streitwert eines anderen Anspruchs unberücksichtigt* (→ § 5 Rdnr. 16); daher kann **neben einer Streitigkeit nach § 23 Nr. 2 GVG beim Amtsgericht auch ein Anspruch bis einschließlich DM 10 000,– geltend gemacht werden.**

---

[115] *RGZ* 61, 89 f.; JW 1908, 456 (Klage wegen Boykott, Verteidigung mit politischen Interessen).
[116] Vgl. dazu auch *Johannsen* in Anm. zu *BGH* LM § 546 ZPO Nr. 41.

[117] Zur Kritik an den Streitwertgrenzen *Kern/Wolf* Gerichtsverfassungsrecht⁵ 76 Fn. 3 m.w.N.; zur *geschichtlichen Entwicklung* der Streitwertgrenzen → Fn. 87.
[118] → auch Fn. 141.

a) Mietstreitigkeiten

aa) Die neue Vorschrift des § 23 Nr. 2a GVG

Die **ausschließliche Zuständigkeit des Amtsgerichts** für Mietstreitigkeiten (vgl. auch § 708   **50**
Nr. 7, 200 Abs. 2 Nr. 4 GVG), soweit **Wohnraum** betroffen ist (zu diesem Begriff → § 29a
Rdnr. 4–9), regelt seit dem Entlastungsgesetz 1993 (→ Rdnr. 47a) nunmehr § 23 Nr. 2a GVG.
Damit wurde die frühere systemwidrige Verankerung der sachlichen Zuständigkeit in der
Gerichtsstandsvorschrift des § 29a beseitigt.

bb) Keine Geltung für Geschäftsräume

Die Zuständigkeit bei **Geschäftsraummieten** richtet sich allein nach dem Streitwert. Hier-   **50a**
unter fallen z. B. *Läden, Warenhäuser, Büros, Werkstätten, Lagerräume, Garagen, Kinos,*
Schulen, Krankenhäuser.

cc) Die wohnraummietrechtliche Generalklausel

Von der (neuen) Generalklausel des § 23 Nr. 2a GVG (*Text* → Rdnr. 35) sind **alle Streitig-**   **51**
keiten über Ansprüche aus einem Mietverhältnis über **Wohnraum** erfaßt. Ferner betrifft er
Streitigkeiten über den Bestand eines solchen Mietverhältnisses. Dementsprechend fallen
unter § 23a GVG die **Streitigkeiten über Wohnraum der in § 556a Abs. 8 BGB genannten Art**
(*vorübergehender Gebrauch, möblierter Untermietwohnraum*), auch wenn dieser nicht von
der Gerichtsstandsvorschrift des § 29a umfaßt wird (→ § 29a Rdnr. 10–12). Außer für
Überlassungsstreitigkeiten ist das Amtsgericht auch wegen Streitigkeiten über die **Fortset-**
zung des Mietverhältnisses auf Grund der §§ 556a, 556b BGB zuständig, mag die neue
Fassung des § 23 Nr. 2a GVG diesen Fall ausdrücklich auch nicht mehr anführen.

Ob die Klage auf das Bestehen oder die *Aufhebung (Auflösung, Beendigung)* des Mietver-
trages gestützt wird[119] und ob sie auf *Leistung* oder *Feststellung* gerichtet ist, macht keinen
Unterschied, sofern sie nur unter die genannten Streitigkeiten fällt. **Auch gehört die Klage auf**
Zahlung des Mietzinses hierher. Außerdem gehört hierher die Klage auf Feststellung des
Mietverhältnisses als Ganzes[121]. Eine **nur auf Eigentum (§ 985 BGB) gestützte Räumungskla-**
ge fällt nicht unter die Zuständigkeit des § 23 Nr. 2a GVG[122]. **Anders** ist es jedoch, wenn
Anspruchskonkurrenz vorliegt. Der Kläger kann nicht seinen Räumungsanspruch auf § 985
BGB beschränken (→ Einl. Rdnr. 297), um der amtsgerichtlichen Zuständigkeit für den
Anspruch aus § 556 Abs. 1 BGB zu entgehen; beruft sich nämlich gegenüber dem *dinglichen*
Räumungsanspruch der Beklagte auf sein *vertragliches* Recht zum Besitz (§ 986 BGB), muß
der Kläger zum Mietvertrag und damit zum vertraglichen Räumungsanspruch Stellung neh-
men, wobei sich dann *aus dem Klägervortrag* die sachliche Zuständigkeit gemäß § 23 Nr. 2a
GVG ergibt[123]. Ein lediglich begründender, sachlich überflüssiger Antrag auf Feststellung der

---

[119] *RG* Gruchot 30, 1101.
[121] Zur früheren Rechtslage: *RG* SeuffArch 46, 207,
RG JW 1891, 245; *OLG Frankfurt am Main* SeuffArch
48, 338; *OLG Köln* JW 1929, 3258; *OLG Karlsruhe* ZMR
1984, 19.
[122] Vgl. *BGHZ* 9, 22 (26) für den gleichlautenden § 200
Abs. 2 Nr. 4 GVG sowie *MünchKommZPO-Patzina*
§ 29a Rdnr. 150.
[123] *BGH* Warn 1970 Nr. 21 (anders nur, wenn der Kläger gegenüber der Einlassung des Beklagten den Abschluß

eines Mietvertrages bestritten hätte: dann kein Eingreifen
von § 23 Nr. 2 a GVG); ebenso *OLG Celle* NJW 1954,
1370 (zust. *Rötelmann*) bei nur auf § 1004 BGB gestützter
Klage, obwohl unstreitig zwischen den Parteien ein Mietverhältnis bestand und nur streitig war, ob der zu beseiti-
gende Gegenstand unter dieses Verhältnis fiel; *RG* JW
1891, 245 (Kläger leugnet jedes Mietverhältnis: dann
greift § 23 Nr. 2 a GVG nicht ein, weil es nur auf den
Klägervortrag [→ Rdnr. 17] ankommt).

Aufhebung des Vertrages oder dergleichen neben dem Antrag auf Verurteilung zur Räumung usw. berührt wie auch sonst die Zuständigkeit nicht.

52   dd) Ansprüche aus der **Pacht** (§§ 581 ff. BGB) gehören *nicht unter § 23 Nr. 2 a GVG*. Die entsprechende Anwendung der Vorschriften über die Miete, die § 581 Abs. 2 BGB vorsieht, bezieht sich nur auf die privatrechtlichen Regelungen des BGB selbst[124].

53   ee) Wegen der Zuständigkeit des **Familiengerichts** bei der Auseinandersetzung geschiedener Eheleute über die **bisherige Ehewohnung** gemäß § 11 der 6. DurchfVO zum EheG (**Hausratsverordnung**) → § 620 Rdnr. 9. Hinsichtlich der Zuständigkeit wegen einer **Dienstwohnung** nach § 565 e BGB → § 29 a Rdnr. 21 und → Rdnr. 171.

54   ff) Vor die Amtsgerichte gehören auch *ohne Rücksicht auf die Höhe des Streitwerts* Klagen auf Entziehung des **Wohnungseigentums** nach § 18 WEG und Rechtsstreitigkeiten über das **Dauerwohnrecht**, §§ 51, 52 WEG. Es handelt sich hierbei *nicht um eine ausschließliche Zuständigkeit*; die Vereinbarung einer abweichenden sachlichen und örtlichen Zuständigkeit ist, soweit nicht § 24 (→ dort Rdnr. 30) eingreift, zulässig[126], → § 26 Rdnr. 8. Bei Klagen nach § 29b (in Kraft seit 1. IV. 1991, BGBl. I S. 2847) ist das Amtsgericht nur bis einschließlich 10.000 DM zuständig[128].

55   gg) Zur **internationalen Zuständigkeit** nach dem EuGVÜ → § 29 a Rdnr. 25–27, zum **Rechtsentscheid in Mietsachen** → Rdnr. 124.

b) Reisestreitigkeiten

56   Nach § 23 Nr. 2 b GVG (*Text* → Rdnr. 35) ist das Amtsgericht zuständig für **Streitigkeiten zwischen Reisenden** *einerseits* und **Wirten, Fuhrleuten** (auch Taxiunternehmen), **Schiffern und Flößern** (→ auch Rdnr. 77), **Auswanderungsexpedienten** in den Einschiffungshäfen[129], **Handwerkern** *andererseits* **über die dort näher bezeichneten Streitfragen**. Reisende sind alle Personen, die aus dienstlichen oder privaten Gründen unterwegs sind, wobei kürzere Strecken innerhalb desselben Ortes und die tägliche Fahrt zwischen Wohnung und Arbeitsplatz keine Reise in diesem Sinne sind. **Pendler**, die täglich dieselbe Strecke zur Arbeit fahren, können also nicht als Reisende angesehen werden, wohl aber wird man die sogenannten **Wochenendheimfahrer** dazuzählen müssen, ebenso wie **Handelsvertreter** und **Fernfahrer**, auch wenn sie regelmäßig an denselben Ort kommen. Daß die Klage noch während der Reise erhoben wird, ist nicht erforderlich[130]. Klagen auf entgangenen Gewinn *wegen abgesagter Bestellung* von Konferenzräumen oder Hotelbetten gehören nicht hierher[131], da eine Reise in diesem Fall gerade nicht unternommen wird. Ebensowenig gehören hierher allgemein alle Arten von Klagen zwischen Reisenden und Reiseunternehmen[132]. Besteht jedoch die Leistung des **Reiseveranstalters** (§ 651a Abs. 1 BGB) fast ausschließlich in der Erbringung einer Beförderungsleistung oder der Unterbringung[133] oder in beiden zusammen, so ist das Amtsgericht nach § 23 Nr. 2 b GVG zuständig. Der **Reisevermittler** kann hingegen nicht zu den in § 23 Nr. 2 b GVG genannten Personen gerechnet werden.

---

[124] Vgl. *OLG Braunschweig* OLG Rsp 5, 23; *OLG Zweibrücken* NJW-RR 1989, 716; Ansprüche aus Pacht sind demgemäß auch nicht Feriensachen nach § 200 Abs. 2 Nr. 4 GVG; *BGH* NJW 1958, 588; *OLG München* OLG Rsp 29, 77.

[126] *Friese* NJW 1951, 510; *Bärmann/Merle/Pick* WEG⁶ (1986) § 51 Rdnr. 2; § 52 Rdnr. 6; zum WEG siehe auch die Kommentierung von *Weitnauer* WEG⁷ (1988) und *Palandt/Bassenge* BGB⁵¹ zu § 51 WEG.

[128] *MünchKommZPO-Patzina* § 29b Rdnr. 12, → § 29b Rdnr. 16.

[129] Auswandererschutzgesetz vom 26. III. 1975; BGBl. I S. 774, zuletzt geändert durch G. v. 14. XII. 1976 BGBl. I S. 3341.

[130] Die abweichende Ansicht von *Kissel* GVG (1981) Rdnr. 37 zu § 23 stimmt mit dem Wortlaut nicht überein.

[131] *LG Frankfurt am Main* BB 1965, 268 (die dort klagende Handelsgesellschaft kann nicht Reisende sein).

[132] Vgl. auch *G. Arndt* Der Reiseveranstaltervertrag (1972) 133 ohne nähere Unterscheidung. Das *Reisevertragsrecht* des BGB (§§ 651a ff.) ist nicht auf § 23 Nr. 2 b GVG abgestimmt worden, so daß ein Reiseveranstalter nur dann unter die Vorschrift fällt, wenn er unter die in § 23 Nr. 2 b GVG genannten Begriffe subsumiert werden kann.

[133] Dies gilt, wenn der Reiseveranstalter die Reisenden in eigenen oder selbst betriebenen Unterkünften (Hotels u.a.) unterbringt, auch wenn er diese dazu als Ganzes gemietet hat. Belegt der Reiseveranstalter die Hotels und sonstigen Unterkünfte nur, fällt er nicht unter § 23 Nr. 2 b GVG.

c) Nach § 23 Nr. 2 c GVG (*Text* → Rdnr. 35) gehören vor die Amtsgerichte Streitigkeiten wegen 57 **Viehmängel.** Dies sind nicht nur die Klagen auf Grund der §§ 481 ff. BGB, sondern auch diejenigen, die auf eine Gattungsschuld gemäß § 491 BGB oder auf Arglist des Verkäufers gestützt werden[134], sowie die Klagen auf Wandelung auch bei Klagen aus schon vollzogener Wandelung[135], Minderung und Schadensersatz. Entscheidend ist nur die Klagebegründung, nicht die Geltendmachung des Viehmangels als Einrede z. B. gegenüber einer Zahlungsklage. § 23 Nr. 2 c GVG begründet eine Zuständigkeit nicht nur bei den Klagen wegen Mängel von Tieren der in § 481 genannten Art, sondern darüber hinaus auch bei **Gewährleistungsstreitigkeiten aus dem Verkauf anderen Viehs. Nicht** unter die Kompetenz fällt aber die Klage wegen *Nichterfüllung eines Viehkaufs* oder *auf Erfüllung eines solchen Vertrages,* weil dann nicht Viehmängel im Streit stehen[136].

d) Das Amtsgericht ist ferner nach § 23 Nr. 2 d GVG (*Text* → Rdnr. 35) zuständig für Streitigkeiten 58 wegen **Wildschadens,** *auch wenn die Ersatzpflicht auf Vertrag beruht.* Jagdschäden fallen hingegen nicht hierunter[137]. Wegen eines nach Landesrecht nötigen Vorverfahrens i. S. v. § 35 BJagdG → Einl. Rdnr. 435. Für die Klage gegen den **Vorbescheid** oder den ablehnenden Bescheid nach § 35 BJagdG ist das **Amtsgericht zuständig,** auch soweit das Landesrecht dies nicht ausdrücklich bestimmt (→ auch Einl. Rdnr. 435).

e) Weiterhin gehören nach § 23 Nr. 2 g GVG (*Text* → Rdnr. 35) zur Zuständigkeit des Amtsgerichts 59 Streitigkeiten über Ansprüche aus einem mit der Überlassung eines Grundstücks in Verbindung stehenden **Leibgedings-, Leibzuchts-, Altenteils- oder Auszugsvertrag;** vgl. auch Art. 96 EGBGB. Hierunter sind Verträge zu verstehen, durch die der Gutsübergeber bei der Überlassung des Grundstücks sich oder einer anderen Person Nutzungen vorbehält oder wiederkehrende, gleichmäßige, in Geld oder Naturalien zu entrichtende Leistungen ausbedingt, gleichviel ob das Nutzungsrecht als persönliche Dienstbarkeit bzw. die Leistungen als Reallast dinglich gesichert sind oder nicht. Soweit *anerbenrechtliche* Versorgungsansprüche aus landwirtschaftlichen Grundstücken betroffen sind, s. auch § 1 Nr. 5 LwVG[138].

f) Wegen der Zuständigkeit des Amtsgerichts für das **Aufgebotsverfahren** nach § 23 Nr. 2h 60 GVG → 946 Rdnr. 2.

3. Familienrechtliche Zuständigkeiten nach § 23 a GVG

§ 23 a GVG (*Text* → Rdnr. 36) teilt dem Amtsgericht wichtige familienrechtliche Streitig- 61 keiten zu. **Diese Zuständigkeit des Amtsgerichts ist gegeben unabhängig von der Höhe des Streitwerts und unabhängig davon, ob es sich um eine vermögensrechtliche oder eine nichtvermögensrechtliche Streitigkeit handelt.** Von den familienrechtlichen Streitigkeiten wiederum, für die § 23 a GVG die *sachliche* Zuständigkeit begründet, weist § 23b GVG (*Text* → Rdnr. 36) die dort genannten und als »**Familiensachen**« bezeichneten Streitigkeiten *besonderen Abteilungen des Amtsgerichts,* den **Familiengerichten** zu (→ § 606 Rdnr. 2, → vor § 606 Rdnr. 3). Das **Familiengericht ist kein anderes Gericht im Verhältnis zum Amtsgericht.** Somit betrifft das Verhältnis zwischen beiden weder eine Frage der *sachlichen* noch der *funktionellen* Zuständigkeit (→ Rdnr. 120 a. E.), sondern der **Geschäftsverteilung**[139]. Wenn ein *einheitlicher* prozessualer Anspruch auf mehrere Anspruchsgrundlagen gestützt wird, von denen nur einer familienrechtlicher Art ist, dann kommt dem **Familiengericht der Vorrang** zu, es sei

---

[134] *OLG Marienwerder* OLG Rsp 15, 44.
[135] *LG Bonn* MDR 1980, 857.
[136] Vgl. auch *OLG München* SeuffArch 52, 204.
[137] § 33 BJagdG.
[138] Vgl. *OLG Celle* RdL 1954, 24; *OLG München* RdL 1974, 92 sowie *Pritsch* Das gerichtliche Verfahren in Landwirtschaftssachen (1955) § 1 Anm. J, S. 89 ff.
[139] So die h. M., vgl. *BGHZ* 97, 82 m. w. N.; *OLG Karlsruhe* FamRZ 1986, 820 mit Anmerkung *Bosch; BGHZ* 71, 264 = NJW 1978, 1531 ff. = FamRZ 582 (abl. *Jauernig* (675) = MDR 824; *BGHZ* 72, 182 (197 f. m. w. N.); *BGH* NJW 1980, 1282; *OLG Koblenz* NJW 1977, 1736; *OLG Oldenburg* FamRZ 1977, 726; *OLG Hamm* FamRZ 1977,

726; *OLG Düsseldorf* FamRZ 1978, 125; *Baumbach/Lauterbach/Albers*[49] § 23b GVG Anm. 2; *Thomas/Putzo*[17] § 23b GVG Anm. 1 f; *Bergerfurth* DRiZ 1978, 230; *Brüggemann* FamRZ 1977, 585; *Schilken* Zivilprozeßrecht (1992) Rdnr. 301; *Kissel* NJW 1977, 1036 (wenigstens soweit nicht Bereich der freiwilligen Gerichtsbarkeit betroffen); a.M. *(sachliche Zuständigkeit) Jauernig* § 9 II 3; FamRZ 1989, 1 ff.; FamRZ 1977, 681, 761; 1978, 103, 675 (s.o.); DRiZ 1977, 206; SchlHA 1977, 166; NJW 1978, 549; dazu neigt auch *OLG Oldenburg* FamRZ 1979, 397 ff. Nachweise zum Streitstand bei *Walter* FamRZ 1979, 397 ff.

denn, es liegt für die Anspruchsgrundlage eine anderweitige sachliche oder örtliche aus-schließliche Zuständigkeit vor[139a]. Eine Parteivereinbarung ist unzulässig. Rügeloses Einlas-sen (→ Rdnr. 6) ist unbeachtlich. Zum Verhältnis Streitgericht zum Familiengericht → § 621 Rdnr. 1.

62   Das **1. Gesetz zur Reform des Ehe- und Familienrechts (1. EheG)** (→ Einl. Rdnr. 157) hat insbesondere die Zuständigkeit des Amtsgerichts für Ehesachen und die Errichtung besonderer Abteilungen dafür *(Familiengerichte)* gebracht. Eine Übergangsregelung für vor Inkrafttreten des 1. EheRG bereits anhän-gige Ehesachen nach Art. 12 Nr. 7 1. EheRG bestimmt unter lit. a), daß Scheidungssachen, die noch im ersten Rechtszug anhängig sind, durch Beschluß an das zuständige Amtsgericht (Familiengericht) zu verweisen sind[140].

Durch Art. 5 Ziff. 1 des 1. EheRG wurde § 23a Ziff. 2 GVG redaktionell geändert und die Ziffern 4 und 5 angefügt. Ziffer 11 fügte Art. 3 des Gesetzes von 5. IV. 1990 (→ Einl. Rdnr. 172) an. § 23a GVG wurde bereits durch das NEhelG eingefügt, → Rdnr. 48.

Von den in § 23b GVG genannten **Familiensachen** werden **nicht alle nach der ZPO abgewickelt.** Dies sind, wie § 608 und § 621a zeigen, nur folgende Streitigkeiten:

    1. **Ehesachen** nach 23b Abs. 1 S. 2 Nr. 1 GVG (näher → Rdnr. 69);
    2. wegen gesetzlicher **Unterhaltspflicht gegenüber einem ehelichen Kind** nach § 23b Abs. 1 (S. 2 Nr. 5 GVG (→ näher Rdnr. 64 und 66);
    3. wegen der durch **Ehe begründeten gesetzlichen Unterhaltspflicht** nach § 23b Abs. 1 S. 2 Nr. 6 GVG (näher → Rdnr. 64 und 65);
    4. wegen **güterrechtlicher Ansprüche** nach § 23b Abs. 1 S. 2 Nr. 9 GVG (näher → Rdnr. 70 bis 73).

Für die **übrigen Sachen** gilt im wesentlichen das Verfahren der **Freiwilligen Gerichtsbar-keit**(→ § 621a Rdnr. 1). Es handelt sich hierbei um:

    1. die Regelung der **elterlichen Sorge** über ein eheliches Kind nach § 23b Abs. 1 S. 2 Nr. 2 GVG (näher → § 621 Rdnr. 7−17);
    2. die Regelung des **Umgangsrechts** nach § 23b Abs. 1 S. 2 Nr. 3 GVG (näher → § 621 Rdnr. 18);
    3. die **Herausgabe des Kindes** an den anderen Elternteil nach § 23b Abs. 1 S. 2 Nr. 4 GVG (näher → § 621 Rdnr. 19);
    4. der **Versorgungsausgleich** nach § 23b Abs. 1 S. 2 Nr. 7 GVG (näher → Rdnr. 65);
    5. die **Hausratsentscheidung** nach § 23b Abs. 1 S. 2 Nr. 8 GVG (näher → Rdnr. 53);
    6. **die Stundungs- und Übertragungsentscheidung** nach §§ 1382f. BGB gemäß § 23b Abs. 1 S. 2 Nr. 10 GVG (näher → Rdnr. 72 a. E.).
    7. Verfahren nach den §§ 5 bis 8 des **Sorgerechtsübereinkommens-Ausführungsgesetzes** gem. § 23b Abs. 1 S. 2 Nr. 11 GVG.

Aus **§ 23b GVG** geht hervor, daß er **nicht** etwa die **sachliche Zuständigkeit** regelt; diese Regelung nehmen § 23, § 23a GVG, § 64a Abs. 1 FGG, § 621 Abs. 1 ZPO, § 11 6. DurchfVO zum EheG (→ Rdnr. 53) vor. § 23b GVG setzt vielmehr die sachliche Zuständigkeit des Amtsgerichts voraus und weist bestimmte amtsgerichtliche Fälle (als » Familiensachen «) dem Familiengericht zu. Aus dem Vergleich von § 23b GVG mit § 23 und § 23a GVG wird ferner deutlich, daß **nicht alle familienrechtlichen Angelegenheiten zugleich auch Familiensachen** sind; denn der Katalog des § 23a GVG mit seinen familienrechtlichen Streitigkeiten kehrt nur zum Teil in der Aufzählung der Familiensachen des § 23b GVG wieder. **Keine Familiensachen** sind daher die familienrechtlichen Streitigkeiten der **Kindschaftssachen** (§ 23a Nr. 1 GVG → Rdnr. 63), die familienrechtlichen **Ansprüche der nicht-ehelichen Mutter** nach §§ 1615k ff. BGB (§ 23a Nr. 3 GVG, → Rdnr. 68) sowie **die durch Verwandtschaft begründete gesetzliche Unterhaltspflicht** (§ 23a Nr. 2 GVG) mit **Ausnahme** der als Familiensache festgelegten **Unter-**

[139a] *OLG Bamberg* NJW-RR 1989, 517; *BGH* NJW 1983, 1913; *Zöller/Gummer*[17] § 23b GVG Rdnr. 19.

[140] Eine Aussetzung eines anhängigen Verfahrens bis 1. VII. 1977, um das Scheidungsrecht anwenden zu kön-nen, war nicht zulässig, *OLG München* NJW 1977, 1850.

haltspflicht gegenüber einem ehelichen Kinde** vgl. § 23 b Abs. 1 S. 2 Nr. 5 GVG, → näher Rdnr. 64 ff. **Fehlt** einer Angelegenheit die **Eigenschaft als Familiensache,** gehört sie auch **nicht** zu den Geschäften des **Familiengerichts.**

a) Kindschaftssachen (§ 23 a Nr. 1 GVG)

Umfang und Begriff der dem Amtsgericht zugewiesenen **Kindschaftssachen** zeigt die **Legal-**   **63** **definition in § 640 Abs. 2** (→ auch § 640 Rdnr. 1–30). Über sie entscheidet das Amtsgericht aber **nicht als Familiengericht** (→ Rdnr. 62 und → § 640 Rdnr. 53a). *Unterhaltsklagen* sowie Klagen und sonstige Streitfälle (z. B. Neufestsetzung nach § 642 b) wegen **Regelunterhalt** nach § 642 sind aber **keine Kindschaftssachen** (→ Rdnr. 2 vor § 642), **ebensowenig** sonstige Unterhaltssachen; für sie ist das Amtsgericht jedoch nach § 23 a Nr. 2 GVG zuständig (→ Rdnr. 64 ff). Da Kindschaftssachen *nicht-vermögensrechtliche* Streitigkeiten sind, ergibt sich über § 40 Abs. 2, daß die *Parteien* weder durch Vereinbarung noch durch rügeloses Einlassen *die Zuständigkeit des Landgerichts* begründen können.

b) Gesetzliche Unterhaltspflicht (§ 23 a Nr. 2 GVG)

Für Streitigkeiten, die eine **durch Ehe oder Verwandtschaft** begründete **gesetzliche Unter-**   **64** **haltspflicht** betreffen[141], ist das Amtsgericht nach § 23 a GVG (*Text* → Rdnr. 36) zuständig.

Das **Familiengericht** (→ Rdnr. 61 und 62) entscheidet gem. § 23 b Nr. 5 und 6 GVG (*Text* → Rdnr. 36) nur die als **Familiensachen** qualifizierten Streitigkeiten, die die **gesetzliche Unterhaltspflicht gegenüber einem ehelichen Kinde** (= § 621 Abs. 1 Nr. 4) und **die durch Ehe** **begründete gesetzliche Unterhaltspflicht** betreffen (= § 621 Abs. 1 Nr. 5) → § 621 Rdnr. 20 bis 22. Seine **Zuständigkeit** ist insoweit **ausschließlich,** § 621 Abs. 1 Nr. 4 und 5.

Alle *anderen* durch Ehe und Verwandtschaft begründeten *gesetzlichen* Unterhaltspflichten gehören nicht zum Familiengericht, sondern zum Amtsgericht als Streitgericht. Diese Zuständigkeit ist **nicht ausschließlich** (→ aber Rdnr. 66). Insbesondere für *Unterhaltsstreitigkeiten nicht-ehelicher Kinder* über den **Regelunterhalt** ist das *Amtsgericht* als **Streitgericht** zuständig. Das Bundesverfassungsgericht hält diese Regelung **derzeit noch für verfassungsgemäß.** Es gibt dem Gesetzgeber jedoch auf, die Zuständigkeitsregelung und den Instanzenzug für Unterhaltsklagen eheliches und nichteheliches **zu vereinheitlichen.** Die Festsetzung einer Frist hielt das BVerfG nicht für erforderlich[142]. Wegen der Verbindung mit Kindschaftssachen nach § 643 → dort Rdnr. 8. Auch gehören die Streitigkeiten, die Unterhaltsansprüche **ehelicher Kinder gegen ihre Großeltern** zum Gegenstand haben, nicht zum Familiengericht, sondern zum Amtsgericht als Streitgericht[143]. Ansprüche aus einer nichtehelichen Lebensgemeinschaft können ebenfalls nicht darunter fallen, da keine Ehe besteht.

Durch **Vertrag begründete Unterhaltspflichten**[144], die sich *nicht* auf *gesetzliche* Unterhaltspflichten beziehen (→ Rdnr. 67), gehören nicht unter § 23 a Nr. 2 GVG; hier entscheidet der *Streitwert* über die sachliche Zuständigkeit → § 621 Rdnr. 44.

---

[141] Unter Streichung von § 23 lit. e GVG (alter *Text* → Rdnr. 48) wurde die Vorschrift durch das NEhelG vom 19. VIII. 1969 (BGBl. I S. 1243) in § 23 a GVG eingefügt und durch Art. 5 Nr. 1 des 1. EheRG vom 14. VI. 1976 (BGBl. I S. 1421) geändert (→ Einl. Rdnr. 151 und 157).

[142] *BVerfG* FamRZ 1992, 157; → § 621 Rdnr. 1 a.E.

[143] So auch *BGH* FamRZ 1978, 585 = NJW 1633 = MDR 825 = JB 1323 = Rpfleger 303; *OLG Celle* FamRZ 1978, 49; *OLG Oldenburg* FamRZ 1978, 128; *OLG Düs-*

seldorf FamRZ 1978, 200 jeweils m. w. N.; *OLG Frankfurt a.M.* NJW 1981, 184; *Brüggemann* FamRZ 1977, 1 (14); *Diederichsen* NJW 1977, 601 (604); vgl. *Walter* FamRZ 1979, 263; s. auch *AG Brakel* FamRZ 1988, 849. Das Amtsgericht ist hier wegen § 23 a Nr. 2 GVG (*Text* → Rdnr. 36) ohne Rücksicht auf den Streitwert zuständig.

[144] Der *BGH* fordert das Vorhandensein besonderer Anhaltspunkte, um rein vertragliche Regelungen zu bejahen, vgl. *BGH* FamRZ 1984, 874 (875).

Nicht unter § 23 a Nr. 2 GVG fallen ferner **gesetzliche Unterhaltsansprüche, die weder durch Ehe, noch durch Verwandtschaft** begründet sind[145]; auch hier richtet sich die sachliche Zuständigkeit nach der Höhe des *Streitwerts*. Zu dieser Fallgruppe zählen Unterhaltsansprüche, die **als Schadensersatz** gewährt werden, etwa gemäß §§ 843 f. BGB oder § 10 Abs. 2 StVG (zur Qualifikation solcher Ansprüche als »Unterhalt« → § 23 a Rdnr. 6 sub g). Ebenfalls nur *nach dem Streitwert* und nicht nach § 23 a GVG richtet sich die sachliche Zuständigkeit, wenn vor einem deutschen Gericht ein gesetzlicher Unterhaltsanspruch geltend gemacht wird, der sich aus **ausländischem Recht** ableitet und nicht auf Ehe- oder Verwandtschaft beruht, etwa ein im ausländischen Gesetz zuerkannter Unterhaltsanspruch eines Stiefkinds gegen den Stiefvater oder des Stiefkinds gegen die Schwiegereltern[146].

Während also bei der *sachlichen* Zuständigkeit gesetzliche Unterhaltsansprüche, die nicht durch Ehe oder Verwandtschaft begründet sind, sowie lediglich durch Vertrag begründete Unterhaltpflichten nicht eigens geregelt sind, erfaßt hinsichtlich der *örtlichen* Zuständigkeit die Sonderregel des § 23 a (→ dort Rdnr. 5 ff.) *alle Arten von Unterhaltsansprüchen*, seien sie nun durch Ehe oder Verwandtschaft, gesetzlich oder durch Vertrag begründet.

aa) Art des Unterhaltsverlangens

64a   Ob der **Unterhalt in Form einer Rente oder einer Kapitalabfindung verlangt wird** (z. B. § 1585 BGB), ist gleichgültig. Auch ist für die Unterhaltsstreitigkeiten unerheblich, ob sie im Wege der Leistungs- oder Feststellungsklage geltend gemacht werden.

bb) Vertragliche Ansprüche

64b   Ob der geltendgemachte Anspruch **unmittelbar auf das Gesetz gegründet wird oder auf eine vertragliche Vereinbarung**, insbesondere einen Vergleich oder eine Unterhaltsvereinbarung nach § 1585 c BGB, bleibt sich immer dann gleich, wenn zwischen den Parteien **gesetzliche** Unterhaltpflichten bestehen[147]. Denn in solchen Fällen muß davon ausgegangen werden, daß die vertragliche Vereinbarung nichts anderes als die Konkretisierung der gesetzlichen Pflicht ist. **Die Zuständigkeitsordnung wird deshalb durch vertragliche Vereinbarungen zwischen den gesetzlich verpflichteten Personen nicht berührt.** Anders ist es jedoch, wenn diese Personen nicht ohne weiteres aus dem Unterhaltsrecht abzuleitende Vereinbarungen getroffen haben oder wenn ein Unterhaltsvertrag zwischen Personen besteht, die keiner gesetzlichen Unterhaltpflicht unterliegen[148]. Unter § 23 a Nr. 2 GVG fallen auch Streitigkeiten wegen **Rückforderung überzahlten Unterhalts**[149], insbesondere aus ungerechtfertigter Be-

---

[145] So etwa die Unterhaltsklage des während der Ehe durch **heterologe künstliche Insemination** gezeugten Kindes gegen den Ehemann der Mutter nach erfolgreicher Anfechtung der Ehelichkeit, vgl. *OLG Düsseldorf* FamRZ 1987, 166. Hingegen ist die **Rückforderungsklage** des Ehemanns (**des Scheinvaters**) eine *Familiensache* (→ Rdnr. 64 b).

[146] *OLG Hamm* FamRZ 1989, 1199.

[147] So auch *BGH* FamRZ 1990, 867; *BGH* NJW 1978, 1811 f. = FamRZ 672 = MDR 824; NJW 1978, 1925 = FamRZ 771 = Rpfleger 368; FamRZ 1979, 220 = NJW 550, FamRZ 1979, 907 (*gerichtlicher Vergleich* über Unterhalt); *BayObLG* MDR 1983, 853; *OLG Oldenburg* FamRZ 1988, 631; *Baumbach/Lauterbach/Albers*[49] § 23 a GVG Anm. 3; *Thomas/Putzo*[17] § 23 a GVG Anm. Nr. 1; *Walter* FamRZ 1979, 266 f. m. w. N.

[148] Näher → Rdnr. 67. Vgl. *BGH* FamRZ 1985, 367; *BGH* NJW 1978, 1924 = VersR 946 = FamRZ 674 (abl. *Jauernig*) = Rpfleger 366; *OLG Karlsruhe* FamRZ 1986,

819. Es ist aber nicht einfach davon auszugehen, daß sog. *selbständige Unterhaltsvereinbarungen* (die nicht nur die Höhe, sondern auch den Grund eines Unterhaltsanspruchs regeln) stets aus § 23 a Nr. 2 GVG herausfallen (so aber *OLG Hamm* FamRZ 1978, 197; *RGZ* 149, 30). Näher *Walter* FamRZ 1979, 266 f. m. w. N.

[149] *BGHZ* 71, 264 (273 ff.) = NJW 1978, 1531 (1533); *OLG Hamm* NJW 1978, 550; → auch § 621 Rdnr. 9 a. E. Der Rückgewährungsanspruch, den der **Scheinvater nach erfolgreicher Ehelichkeitsanfechtung** wegen des geleisteten Unterhalts für das während der Ehe geborene Kind geltend macht, wird von der Rsp jedoch *nicht als Familiensache* angesehen (*OLG Frankfurt* FamRZ 1990, 558; *BayOLG* FamRZ 1979, 315 = NJW 1050) und dürfte dann wohl auch nicht in die Zuständigkeit des Amtsgerichts nach § 23 a Nr. 2 GVG fallen, da mit der Ehelichkeitsanfechtung bindend auch die fehlende Verwandtschaft zwischen Kind und Scheinvater feststeht.

reicherung[150]. Auch wird man die auf eine *Scheidungsvereinbarung* gestützte Klage eines geschiedenen Ehegatten gegen den anderen Ehegatten, die auf Zahlung oder Feststellung von Unterhaltsleistungen *für ein gemeinschaftliches Kind* zielt, hierher rechnen müssen, da ein hinreichender Zusammenhang mit einer Unterhaltsvereinbarung vorliegt[151].

cc) Nebenpflichten

Die Neufassung durch das 1. EheG hat die Anwendung des § 23 a Nr. 2 GVG über die bloße **64c**
Zahlungspflicht hinaus auch auf damit zusammenhängende **Nebenpflichten** ausgedehnt, wie
z. B. die Auskunftspflicht nach § 1605 BGB[152].

dd) Abänderungsklage (§ 323)

Die Zuständigkeitsvorschrift des § 23 a Nr. 2 GVG gilt auch für Klagen auf **Abänderung**   **64d**
eines früheren landgerichtlichen Urteils **gemäß § 323**[153], soweit nicht nach § 6411 das Amtsgericht im **Vereinfachten Verfahren** bereits ausschließlich zuständig ist, → Rdnr. 66 a. E. und
auch § 6411 Rdnr. 5. Für **Arrestverfahren** zur Sicherung solcher Unterhaltsansprüche ist die
Zuständigkeit des Familiengerichts gegeben[154]. Auch gehören **Vollstreckungsgegenklagen**
gegen titulierte Unterhaltsansprüche im Sinne des § 23 a Nr. 2 GVG hierher und auch zur
Zuständigkeit der Familiengerichte[155]. Dies gilt auch für Klagen, mit denen die im Zusammenhang mit einer Vollstreckungsgegenklage gegen einen Unterhaltstitel entstandenen Unkosten
geltend gemacht werden[156].

ee) Unterhalt als Schadensersatz

Unbedenklich kann die Vorschrift sinngemäß angewendet werden, **wenn Unterhalt** – und   **64e**
nicht mehr! – als **Schadensersatz** gefordert wird, weil der Unterhaltspflichtige durch die
Vermögensverschiebungen sich vorsätzlich mittellos gemacht und dadurch die gesetzlichen
Unterhaltsansprüche beseitigt hat[157]. Wegen der Erstattungsansprüche der Träger der Sozialhilfe → Rdnr. 67 b.

---

[150] So auch *BGHZ* 71, 264 (273 ff.) = NJW 1978, 1531 (1533); *OLG München* FamRZ 1978, 48 f.; → § 621 Rdnr. 41.

[151] *BGH* NJW 1978, 2297. Für den entsprechenden Fall bei § 23 b Abs. 1 S. 2 Nr. 5 GVG im Verhältnis Familiengericht – Prozeßgericht; *BGH* NJW 1979, 552 = MDR 295; *BGH* MDR 1979, 40, 295 f. (Familiengericht zuständig); a. M. *OLG Stuttgart* NJW 1978, 1273; *OLG München* FamRZ 1978, 198 (Freistellung von Unterhaltsansprüchen für gemeinschaftliches eheliches Kind, die in Unterhaltsvereinbarung vereinbart wurde).

[152] Vgl. BT-Drucks. VI/3453 S. 52: Ausdehnung erfolgte wegen des Sachzusammenhangs zwischen Unterhaltsansprüchen und den Nebenpflichten. Vgl. auch *BGH* FamRZ 1990, 367; *BGHZ* 71, 264 (274) = NJW 1978, 1531 (1533); → § 621 Rdnr. 38.

[153] *BGH* FamRZ 1982, 262 = NJW 1982, 941.

[154] *BGH* NJW 1980, 191 = FamRZ 46; *OLG Hamm* NJW 1982, 1711; *OLG Frankfurt am Main* NJW RR 1988, 1350; *OLG Hamm* NJW 1978, 57; *OLG Düsseldorf* NJW 1978, 1012 (nach letzterem gehören die sich an die in § 23 b GVG bezeichneten Familiensachen anschließenden *Zwangsvollstreckungsverfahren* nicht zur Zuständigkeit des Familiengerichts); a. M. *OLG Stuttgart* NJW 1978, 1012; → § 621 Rdnr. 37.

[155] *Walter* FamRZ 1979, 269 f. m. w. N.; *Graba* NJW 1989, 481 ff; und *BGH* FamRZ 1981, 19; FamRZ 1978, 672 = MDR 824 = NJW 1811 m. w. N.; FamRZ 1979, 220, 910; *OLG Düsseldorf* FamRZ 1978, 52. Unzutreffend *OLG München* FamRZ 1978, 51, das die *Vollstreckungsgegenklage* nur dann als der Zuständigkeit des Familiengerichts unterliegend ansieht, wenn *die geltendgemachten Einwendungen* eine Familiensache betreffen bzw. familienrechtlicher Natur sind, wie die Aufrechnung mit Kindergeld (*OLG München* FamRZ 1978, 50) und auch *OLG Stuttgart* NJW 1978, 1272 (für eine Vollstreckungsgegenklage gegen einen vor dem 1. VII. 1977 ergangenen Titel). Der *BGH* lehnt diese Ansicht ausdrücklich ab, FamRZ 1978, 673 a. a. O. Das FamG aber ist zuständig, wenn gegen einen nicht familienrechtlichen Titel mit einem familienrechtlichen Anspruch aufgerechnet wird (a. M. *Zöller/Philippi*[17] § 621 Rdnr. 17a; *OLG Hamm* FamRZ 1989, 875). Zur Frage, was Prozeßgericht des ersten Rechtszuges» (§ 761 Abs. 1) ist, wenn vor dem 1. VII. 1977 in einer (heutigen) Familiensache entschieden wurde → Rdnr. 102 Fn. 213.

[156] *OLG Hamm* FamRZ 1988, 1291.

[157] *OLG Celle* NdsRPfl 1958, 235; *Palandt/Diederichsen*[51] § 1360a Rdnr. 23.

ff) Einzelne Unterhaltsansprüche

65   Unter § 23 a Nr. 2 GVG fallen die Streitigkeiten wegen **Unterhaltsansprüchen der Ehegatten gegeneinander bei bestehender Ehe** (§§ 1360 ff. BGB), **bei Nichtigkeit und Anfechtbarkeit der Ehe** (§§ 26, 37, 39 EheG), **bei Getrenntleben** (§ 1361 BGB) sowie nach **Scheidung der Ehe** (§§ 1569 ff. BGB). Zu diesen Streitfällen ist auch die **Kostenvorschußpflicht nach § 1360 a Abs. 4 BGB** zu rechnen[158]. Hierbei handelt es sich (→ Rdnr. 64) um eine (vom *Familiengericht* zu entscheidende) **Familiensache.**

Der **Versorgungsausgleich** nach § 1587 BGB dient zwar auch dem Unterhalt des geschiedenen Ehegatten. Er fällt aber nicht unter § 23 a Nr. 2 GVG, da er dem Bereich der Freiwilligen Gerichtsbarkeit angehört; zum Versorgungsausgleich → § 621 a Rdnr. 1 und → § 621 Rdnr. 23 jeweils m. w. N. Gleiches gilt für eine *Vereinbarung über den Versorgungsausgleich* nach § 1587 o BGB und für *Auskunftsansprüche* → Rdnr. 72.

gg) Eltern-Kind-Ansprüche

66   Auch **die Streitigkeiten über Unterhaltsansprüche der Kinder gegen die Eltern** (§§ 1601, 1602 Abs. 2 BGB) fallen unter § 23 a Nr. 2 GVG, selbst wenn die Ehe nichtig ist (wegen Ansprüchen volljähriger Kinder → § 621 Rdnr. 20). Gleiches gilt bei **Adoption** für den Unterhaltsanspruch (§§ 1751 Abs. 4, 1770 Abs. 3 BGB) des Angenommenen gegen den Annehmenden. Hier ist ebenfalls der Unterhaltsanspruch als **Familiensache** (→ Rdnr. 62 und 64) festgelegt und damit der Entscheidung des *Familiengerichts* zugewiesen. Auch die Unterhaltsstreitigkeiten der **Eltern gegen das Kind** sowie der sonstigen in gerader Linie Verwandten (§§ 1601 bis 1615 BGB) gehören unter § 23 a Nr. 2 GVG. Doch entscheidet in diesen Fällen das **Amtsgericht als Streitgericht, nicht als Familiengericht** (→ Rdnr. 62 a. E.). Gleiches gilt für Streitigkeiten über **Unterhaltsansprüche des nichtehelichen Kindes** (§§ 1615 a ff. BGB). Wird der Unterhaltsanspruch des nichtehelichen Kindes im Wege der einstweiligen Verfügung nach § 1615 o BGB geltend gemacht, und ist das Amtsgericht nach § 23 a Nr. 2 GVG zuständiges Gericht, so ist seine Zuständigkeit nach §§ 802, 937 *ausschließlich.*

Im Interesse der maschinellen Bearbeitung (→ § 641 l Rdnr. 5) ordnet § 641 l Abs. 1 S. 2 an, daß das **Vereinfachte Verfahren** zur Abänderung von Unterhaltstiteln **keine Familiensache** ist. Damit werden die an sich eine Familiensache (§ 23 b Abs. 1 S. 2 Nr. 5 GVG) darstellenden **gesetzlichen Unterhaltsansprüche ehelicher Kinder** aus der Kompetenz des Familiengerichts herausgenommen, sofern über sie im Vereinfachten Verfahren des § 641 l befunden wird. Diese Ausnahme ist aber **streng auf das Vereinfachte Verfahren beschränkt.** Werden solche Unterhaltsansprüche im Wege der Klage geltend gemacht, sind sie als Familiensache zu behandeln. Dies gilt vor allem auch für die *Abänderungsklage des Antragsgegners* (des Vereinfachten Verfahrens), die er gemäß § 641 q Abs. 1 oder 2 erhebt; diese Klage ist ebenfalls *Familiensache.*

hh) Sonstige Unterhaltssachen

67   Bei **Unterhaltsstreitigkeiten, die keine gesetzlichen Unterhaltsansprüche** zum Inhalt haben, greift § 23 a Nr. 2 GVG nicht ein, so daß sich die sachliche Zuständigkeit nach dem *Streitwert* bestimmt (§§ 71 Abs. 1 und § 23 Nr. 1 GVG → Rdnr. 39). In Frage kommen **vertragliche Unterhaltsansprüche,** die sich nicht auf gesetzliche Unterhaltspflichten beziehen (→ näher Rdnr. 64 b), also etwa Unterhaltsvereinbarungen mit dem **Pflegekind** oder dem **Stiefkind.**

---

[158] Wegen der Frage, ob der Anspruch nach § 1360 a Abs. 4 BGB ein Unterhaltsanspruch ist; *BGH* FamRZ 1964, 558.

Auch vertragliche Vereinbarungen auf *Kapitalabfindung* oder eine sonstige *Abfindung* lassen sich nicht immer aus dem gesetzlichen Unterhaltsrecht ableiten und gehören deshalb nicht immer unter § 23a Nr. 2 GVG[159].

ii) Verwandte Ansprüche

Nicht unter § 23a Nr. 2 GVG fallen ferner Streitigkeiten über die *Hausratsverteilung bei*   67a
Getrenntleben nach § 1361a BGB, s. § 18 HausratsVO wegen der Zuständigkeit des Familiengerichts → Rdnr. 53. Ebenfalls nicht hierher gehören *Streitigkeiten über den Unterhaltsanspruch der Mutter des noch zu erwartenden Erben gegenüber dem Nachlaß* nach §§ 1963, 2141 BGB, da diese Ansprüche nicht auf Ehe oder Verwandtschaft beruhen. Um Unterhaltsstreitigkeiten handelt es sich auch nicht beim sogenannten *Dreißigsten* nach § 1969 BGB, bei *Ansprüchen aus dem Verlöbnis*, §§ 1298ff. BGB, schließlich auch nicht bei dem seinem Wesen nach einen *Regreßanspruch* darstellenden Anspruch aus § 1607 Abs. 2 S. 2 BGB[160] oder nach § 1608 S. 3 BGB. Der Anspruch des nicht ehelichen Kindes auf *vorzeitigen Erbausgleich* nach § 1934d BGB rechnet ebenfalls nicht zu § 23a Nr. 2 GVG.

kk) Rechtsnachfolge

Der **Übergang des Unterhaltsanspruchs** auf eine *andere* Person nimmt dem Anspruch nicht   67b
seine unterhaltsrechtliche Qualifikation (allgemein → Einl. Rdnr. 349), so daß die sachliche Zuständigkeit unverändert bleibt. Dies gilt für rechtsgeschäftliche **Abtretungen**, gesetzliche **Forderungsübergänge** sowie für die **Überleitungsanzeige** nach § 90 BSHG[161], nicht aber im Fall des § 1607 BGB (→ soeben Rdnr. 67a). Auch der *(kumulative* oder *privative)* **Übergang einer Unterhaltsverpflichtung** verändert nicht die unterhaltsrechtliche Qualifikation, etwa bei Übergang der Verpflichtung auf die Erben im Rahmen des § 1615 BGB[162].

---

[159] Vgl. *RGZ* 149, 29; *KG* JW 1925, 380; *OLG Nürnberg* FamRZ 1967, 157; vgl. auch *LG Kiel* SchlHA 1963, 104 und *LG Hamburg* MDR 1969, 222. Daß »jede« vertragliche Regelung von Unterhalt »nur der Ausgestaltung der gesetzlichen Unterhaltspflicht gedient haben« kann (so *Schlosser* § 621 Rdnr. 44), läßt sich in dieser Allgemeinheit nicht sagen; → § 621 Rdnr. 51.

[160] Sehr streitig, zum Charakter des Anspruchs nach § 1607 Abs. 2 S. 2 BGB *Dölle* Familienrecht (1965) § 86 V 4; *Gernhuber* Lehrbuch des Familienrechts³ (1980) § 41 IV 2; *MünchKomm/Koehler*² § 1607 Rdnr. 7. A. M. aber *Schlosser* § 621 Rdnr. 9 sub g m. w. N.

[161] → allgemein Einl. Rdnr. 434, wie hier auch *OLG Schleswig* SchlHA 1978, 57; *OLG Stuttgart* NJW 1978, 57; *OLG München* NJW 1978, 550; *Walter* FamRZ 1979, 267f. m. w. N., → auch § 621 Rdnr. 40.

[162] Die Änderung der **Passivlegitimation** bei **gesetzlichen Unterhaltsansprüchen** (andere Unterhaltsansprüche sind weder Familiensachen noch gehören sie zur streitwertunabhängigen Zuständigkeit des Amtsgerichts) ist deshalb seltener, weil bei Wegfall des Unterhaltsverpflichteten in aller Regel die Unterhaltspflicht erlischt (vgl. § 1615 Abs. 1 BGB), so daß in diesem Bereich weitgehend ein erbrechtlicher Übergang auf einen anderen Verpflichteten ausscheidet. Wenn aber im Laufe eines Unterhaltsprozesses der in Anspruch genommene Verpflichtete verstirbt, bleibt der Rechtsstreit eine Familiensache, wenn nunmehr seine Erben auf Unterhalt für die Vergangenheit weiterhin in Anspruch genommen werden. Daß auf diese Weise *dritte Personen* – etwa völlig fernstehende Testamentserben – als Beteiligte einer Familiensache erscheinen, ist genausowenig bedenklich, wie (bei **Änderung der Aktivlegitimation**) das Eintreten einer Behörde oder eines sonstigen Dritten, wenn auf sie die Anspruchsberechtigung übergegangen ist. Deshalb kann auch bei Veränderung der Passivlegitimation beim Unterhaltsanspruch das Vorliegen einer Familiensache nicht mit der Begründung verneint werden, es sei nun ein »Dritter« in den Prozeß, der bis dahin eine Familiensache darstellte, hineingezogen (so aber unzutreffend *OLG München* FamRZ 1978, 48 = NJW 550; kritisch hierzu *Walter* FamRZ 1979, 268). Deshalb bestehen auch keine Bedenken, den Anspruch der Unterhaltsberechtigten gegen den **Vermögensübernehmer** (§ 419 BGB) im Rahmen einer Familiensache geltend zu machen (unzutreffend ebenfalls *OLG München* a.a.O. und insoweit *Walter* a.a.O.): Denn die Vermögensübernahme begründet eine gesetzliche Schuldübernahme. Der Übernehmer haftet dann auch für gesetzliche Unterhaltsansprüche, so daß ein Prozeß gegen ihn eben auch um *gesetzliche Unterhaltsansprüche* geht und deshalb dann eine Familiensache darstellt, wenn Ansprüche aus gesetzlicher Unterhaltspflicht gegenüber einem ehelichen Kind oder aus einer durch Ehe begründeten gesetzlichen Unterhaltspflicht geltend gemacht werden; so auch *OLG München* NJW-RR 1989, 1354.

c) Ansprüche der nicht-ehelichen Mutter (§ 23 a Nr. 3 GVG)

68   Das Amtsgericht ist nach § 23 a Nr. 3 GVG (*Text* → Rdnr. 36) für den Anspruch der nicht-ehelichen Mutter gegen den nicht-ehelichen Vater auf **Entbindungskosten** (§ 1615 k BGB) und auf **ihren Unterhalt** anläßlich der Entbindung (§ 1615 l BGB) sowie für den Anspruch auf die **Beerdigungskosten** für die nicht-eheliche Mutter (§ 1615 m BGB) zuständig, jedoch nicht ausschließlich. Das **Familiengericht** ist hierfür **nicht** eingesetzt (→ Rdnr. 62).

d) Ehesachen (§ 23 a Nr. 4 GVG)

69   In Ehesachen ist die Zuständigkeit des Amtsgerichts (§ 23 a Nr. 4 GVG, *Text* → Rdnr. 36) durch das 1. EheRG neu eingeführt worden (→ auch Rdnr. 3 vor § 606). Da es sich hierbei um eine **Familiensache** handelt (§ 23 b Abs. 1 Nr. 1 GVG, *Text* → Rdnr. 36) ist das **Familiengericht** zuständig (→ Rdnr. 62). Nach der Legaldefinition in § 606 Abs. 1 sind **Ehesachen die Verfahren auf Scheidung, Aufhebung oder Nichtigerklärung einer Ehe, auf Feststellung des Bestehens oder Nichtbestehens einer Ehe zwischen den Parteien oder auf Herstellung des ehelichen Lebens.** Im einzelnen dazu → Rdnr. 5–15 vor § 606.

e) Ehegüterrecht (§ 23 a Nr. 5 GVG)

aa) Allgemeines

70   Für Streitigkeiten aus dem ehelichen Güterrecht begründet § 23 a Nr. 5 GVG (*Text* → Rdnr. 36) die Zuständigkeit des Amtsgerichts. Wörtlich gleichlautend erklärt § 23 b Abs. 1 Nr. 9 (*Text* → Rdnr. 36) diese Streitigkeiten zu **Familiensachen** und weist sie dadurch dem **Familiengericht** zu (= § 621 Abs. 1 Nr. 8) (→ Rdnr. 62).

Streitigkeiten über Ansprüche aus dem ehelichen Güterrecht können bei den im 6. Titel *»Eheliches Güterrecht«* des Vierten Buches des BGB (§§ 1363–1563) geregelten **vermögensrechtlichen Ansprüchen aus einer Ehe** bestehen. Die Ansprüche können sich, wie der BGH herausgearbeitet hat[163], *unmittelbar* aus den Vorschriften des ehelichen Güterrechts oder des Güterrechtsregisters ergeben oder mittelbar aus den Vorschriften über das vertragliche Güterrecht (§§ 1408 ff. BGB) in Verbindung mit einem Ehevertrag, der eine darin vorgesehene güterrechtliche Regelung übernimmt oder eine davon abweichende güterrechtliche Vereinbarung trifft. Unter § 23 a Nr. 5 GVG fallen auch Ansprüche aus (güterrechtlichen) **Vereinbarungen von Ehegatten,** durch welche bestehende güterrechtliche Ansprüche nachträglich modifiziert oder die Auseinandersetzung güterrechtlicher Beziehungen geregelt werden. Zu den güterrechtlichen Ansprüchen gehören **nicht nur die eigentliche Ausgleichsforderung,** sondern *Neben-* oder *Hilfsansprüche,* beispielsweise auch der **Auskunftsanspruch** nach § 1379 BGB. Auch Ansprüche aus einer **vereinbarten Gütertrennung** gehören hierher[164], soweit sie sich aus der Vereinbarung (aus der güterrechtlichen Regelung) ergeben; **nicht** mehr hierzu gehören *allgemein vermögensrechtliche Ansprüche,* die sich *wegen* der Gütertrennung ergeben[165]. »Güterrechtliche« Regelungen zwischen den Ehepartnern (aus denen ein Rechtsstreit erwächst) sind jedoch nur solche, die den **Güterstand der Ehegatten verändern** oder einen schon bestehenden Güterstand auf eine Vertragsgrundlage stellen; *schuld-* und *sachen-*

---

[163] Vgl. *BGH* NJW 1978, 1923 = MDR 911 (grundlegend); *BGH* NJW 1982, 928; *BGH* NJW 1981, 346; *BGH* FamRZ 1984, 35 m.w.N.; NJW 1979, 929; NJW 1982, 941.

[164] A. M. *OLG Düsseldorf* FamRZ 1978, 129.

[165] Vgl. auch *OLG Düsseldorf* FamRZ 1978, 129.

rechtliche Rechtsgeschäfte der Ehegatten, die den Güterstand unverändert lassen, gehören deshalb nicht hierher[166], so daß für die aus ihnen entspringenden Prozesse nicht das Familiengericht zuständig ist[167]. So enthalten *Schenkungen* oder *schenkungsähnliche Zuwendungen* unter Ehegatten keine Regelung güterrechtlicher Verhältnisse, auch wenn der Fortbestand der Ehe oder einzelner ehelicher Lebensverhältnisse Geschäftsgrundlage des Rechtsgeschäfts war[168]. Noch mehr gilt dies von *Gesellschafts-* oder *Arbeitsverhältnissen* (zu ihnen → Rdnr. 72) zwischen Ehegatten.

bb) Zugewinn, Ehegattenerbrecht

Beim Zugewinnausgleich im Todesfall gehören hierher **nur die Ansprüche, die wie bei der** **güterrechtlichen Lösung nach § 1371 Abs. 2 und 3 auf einen tatsächlichen Ausgleich des** **Zugewinns** gerichtet sind, **nicht die Fälle des erbrechtlichen Zugewinnausgleichs**[169]. Würde man die Fälle des erbrechtlichen Zugewinnausgleichs (des **Ehegattenerbrechts**) hier als zum ehelichen Güterrecht gehörend ansehen[170], müßte bei erbrechtlichen Prozessen unter den (vermeintlichen) Erben – wenn der überlebende Ehegatte sein Erbrecht nach §§ 1931, 1371 BGB geltend macht – wegen der ausschließlichen Zuständigkeit des Familiengerichts eine Abtrennung und Verweisung (oder vom Amtsgericht als Streitgericht die Abgabe) hinsichtlich des Anspruchs aus § 1371 BGB erfolgen. Abgesehen von einer solch wenig praktikablen Regelung entspricht es auch nicht dem Sinn und Zweck der Schaffung der Familiengerichtsbarkeit, sie auch zur Entscheidung *erbrechtlicher* Fragen einzusetzen; denn in aller Regel hängt der erbrechtliche Zugewinnausgleich von Fragen ab, die nicht im familienrechtlichen, sondern im erbrechtlichen Bereich liegen.

71

cc) Unterhalt, Versorgungsausgleich, Darlehen, Gesellschaft

Nicht unter § 23a Nr. 5 GVG fallen **Unterhaltsansprüche** (→ oben Rdnr. 64 ff.) und der **Versorgungsausgleich** sowie die damit verbundenen *Auskunftsansprüche* nach § 1587e, 1587k BGB[171], auch nicht bei vertraglichen Vereinbarungen über den Versorgungsausgleich (→ Rdnr. 65). Auch Streitigkeiten unter den Ehegatten über Ansprüche aus *anderen* als ehegüterrechtlichen Verträgen, z. B. aus zwischen Ehegatten erfolgter **Darlehensgewährung**[172], aus einem **Arbeitsverhältnis** zwischen den Ehepartnern oder aus zwischen beiden bestehenden Gesellschaftsverträgen (**Familieninnengesellschaft**), fallen **nicht unter § 23a** **Nr. 5 GVG**; ebensowenig auch die Entscheidungen nach **§§ 1382, 1383 BGB**, da diese zur *freiwilligen Gerichtsbarkeit* gehören, s. §§ 64a Abs. 1, 2 FGG, 621 Abs. 1 Nr. 9 ZPO, → § 621

72

---

[166] Vgl. *BGH* FamRZ 1988, 1031; *BGH* (Fn. 160) NJW 1978, 1923 (1924); *RG* Gruchot 63, 614 (616); *OLG Hamm* FamRZ 1991, 443; *Staudinger/Wolfgang Thiele/ Burkhard Thiele* BGB[12] § 1408 Rdnr. 6; *Palandt/Diederichsen* BGB[51] § 1408 Rdnr. 4; a.M. *OLG München* FamRZ 1987, 1161.
[167] Die Klage eines Ehegatten gegen den anderen auf Schadensersatz oder aus ungerechtfertigter Bereicherung ist kein Anspruch aus dem ehelichen Güterrecht und wird es auch nicht dadurch, daß die Klageforderung zum Endvermögen gehört und sich dadurch auf die Höhe des Zugewinns auswirkt (*OLG Bamberg* FamRZ 1986, 477).
[168] *BGH* (Fn. 163) NJW 1978, 1923 (1924) m.w.N.; *RGZ* 108, 122 (125); *Palandt* a.a.O.
[169] Zustimmend *Schwab* Hdb des Scheidungsrechts[2] (1989) 3; a.M. *Rolland* 1. EheRG[2] (1982) § 621 Rdnr. 28.

[170] Selbst wenn man die erbrechtliche Lösung des Zugewinnausgleichs materiell eher als güterrechtlich qualifizierte, s. dazu *Thiele* FamRZ 1958, 397, vgl. auch *Staudinger/Thiele*[12] Vorbem. zu § 1371 Rdnr. 12 m. w. N.
[171] *OLG Düsseldorf* FamRZ 1978, 423; *OLG Hamm* FamRZ 1978, 700 = NJW 2560; *OLG Hamburg* FamRZ 1978, 787 (789); *Vogel* MDR 1979, 270 ff. (ausführlich) m. w. N. Der *versorgungsrechtliche Auskunftsanspruch* ist deshalb im FGG-Verfahren zu realisieren; *OLG Schleswig* SchlHA 1979, 37; s. auch *Glockner* FamRZ 1988, 777.
[172] Vgl. *Zöller/Phillipi*[17] § 621 Rdnr. 64 a.E.; anders wenn ein Ehegatte dem anderen den Zugewinnausgleich in einer Scheidungsvereinbarung als Darlehen gewährt; *OLG Karlsruhe* NJW 1979, 434.

Rdnr. 33 m.w.N. Eine **Drittwiderspruchsklage** (§ 771), mit der ein Ehegatte gemäß § 774 die Unzulässigkeit der Zwangsvollstreckung in das eheliche Gesamtgut geltend macht, ist nicht allein deshalb eine Familiensache, weil der Vollstreckungstitel in einer Familiensache ergangen ist, denn zwischen dem Inhalt des Vollstreckungstitels und der Drittwiderspruchsklage besteht kein Zusammenhang, da hier Streitgegenstand das die Veräußerung hindernde Recht ist. Nur wenn dieses materielles Familienrecht betrifft, liegt eine Familiensache vor[173].

dd) Dritte im Verfahren

73   Die **Zuständigkeit** des Familiengerichts **beschränkt sich** nicht auf güterrechtliche Streitigkeiten **zwischen Ehegatten**, sondern **gilt auch, wenn Dritte am Verfahren beteiligt sind, selbst wenn sie als Partei**[174] und nicht nur als Dritte im Sinne von §§ 64 ff. beteiligt sind (Rdnr. 67 a. E.). So ist auch für Klagen eines Dritten gegen den das Gesamtgut verwaltenden Ehegatten (§ 1437 Abs. 2 BGB) und nach Beendigung der Gütergemeinschaft gegen einen Ehegatten (§ 1480 BGB)[175] oder des Ausgleichsberechtigten gegen Dritte nach § 1390 BGB sowie für die Klage eines Abkömmlings auf Aufhebung der fortgesetzten Gütergemeinschaft nach § 1495 BGB das Amtsgericht zuständig. Steht eine solche Streitigkeit jedoch **im Verfahrensverbund** mit einer anderen Familiensache, so ist sie nach § 623 Abs. 1 S. 2 abzutrennen (→ § 623 Rdnr. 6).

74   **4. Auf Grund sonstiger Vorschriften sind den Amtsgerichten ohne Rücksicht auf den Wert des Streitgegenstandes zugewiesen**

75   a) **Klagen nach §§ 111 f., 114 Abs. 3 Genossenschaftsgesetz;** diese betreffen die Anfechtung der für vollstreckbar erklärten Vorschuß- und Nachschußberechnungen im **Genossenschaftskonkurs**[176]. Das Amtsgericht ist **ausschließlich zuständig,** vorbehaltlich der in § 112 Abs. 2 GenG besonders vorgesehenen Verweisung an das Landgericht;

76   b) **Binnenschiffahrtssachen**[177] (→ auch Einl. Rdnr. 622 f.) nach dem BinnSchVerfG (→ Einl. Rdnr. 187) sowie – soweit **Rheinschiffahrtssachen** betreffend – nach Art. 34 ff. der **Revidierten Rheinschiffahrtsakte** vom 17. X. 1868 (BGBl. 1969 II S. 597). Für Binnenschiffahrtssachen[178] besteht nach §§ 1, 3 Abs. 1 Gesetz über das gerichtliche Verfahren in Binnenschiffahrts- und Rheinschiffahrtssachen eine **ausschließliche Zuständigkeit der Amtsgerichte**[179].

77   Binnenschiffahrtssachen sind nach § 2 Gesetz über das gerichtliche Verfahren in Binnenschiffahrts- und Rheinschiffahrtssachen **bürgerliche Rechtsstreitigkeiten,** die mit der **Benutzung von Binnengewässern durch Schiffahrt** oder **Flößerei** zusammenhängen und zum Gegenstand haben:

aa) *Schadensersatzansprüche aus unerlaubten Handlungen;*

bb) andere Ansprüche wegen der von Privatpersonen vorgenommenen *Hemmung des Leinpfades,* wegen der *Beschädigungen,* welche Schiffer oder Flößer während ihrer *Fahrt* oder beim *Anlanden* anderen verursacht haben;

---

[173] *BGH* FamRZ 1985, 903 = NJW 3066 = MDR 1010; *OLG Hamburg* FamRZ 1984, 804; offengelassen *BGH* NJW 1979, 929 = FamRZ 219; a. M. *LG Baden-Baden* MDR 1983, 1031; → Rdnr. 64 d zur *Vollstreckungsgegenklage.*
[174] *BGHZ* 76, 305 (308), etwa bei der Klage des einen Ehegatten gegen einen Dritten nach § 1368 BGB, vgl. auch *BGH* MDR 1982, 127.
[175] *BGH* FamRZ 1981, 1045 (1046).
[176] Vgl. dazu *RGZ* 32, 395 f.
[177] Zu dem Begriff → Fn. 7 vor § 12. Zu den nicht als

Binnenschiffahrtssachen zählenden *Rheinschiffahrts- und Moselschiffahrtssachen* → Einl. Rdnr. 622 f. mit Nachweis der in solchen Sachen zuständigen Gerichte.
[178] Bei *Rheinschiffahrtssachen* besteht *keine ausschließliche Zuständigkeit,* § 14 Abs. 2 Gesetz über das gerichtliche Verfahren in Binnen- und Rheinschiffahrtssachen; vgl. auch *BGHZ* 45, 237 (239 ff.).
[179] Wegen der Zuständigkeit *eines* Amtsgerichts für den Bezirk mehrerer Amtsgerichte → Rdnr. 6 vor § 12 in Fn. 8, → auch § 29 Rdnr. 5.

cc) *vertragliche Schadensersatzansprüche aus einem Unfall,* der durch ein Schiff oder Floß oder bei dem Betriebe eines Schiffes oder Floßes entstanden ist;

dd) Schadensersatzansprüche wegen *Verletzung einer Amtspflicht zur Sicherung des Verkehrs*[180];

ee) Ansprüche *aus Bergung oder Hilfeleistung,* namentlich auf Berge- und Hilfslohn, sowie vertragliche Ansprüche wegen Hilfe bei einer Schiffsgefahr;

ff) Ansprüche wegen der *Zahlung der Lotsen-, Kran-, Waage-, Hafen- und Bohlewerksgebühren oder -vergütungen* und ihres Betrages;

gg) Ansprüche, für deren Verhandlung und Entscheidung die Parteien die Zuständigkeit eines Schiffahrtsgerichts *vereinbart* haben.

Für Binnengewässer, auf denen die Seeschiffahrtsstraßenordnung vom 3. V. 1971 (BGBl. 1977 I S. 1497), in der Neufassung vom 15. IV. 1987 (BGBl. 1987 I S. 1266), gilt; für den Nord-Ostsee-Kanal und für Seehäfen gilt diese Zuständigkeit nur, **wenn Seeschiffe an dem Vorfall nicht beteiligt sind.**

In Binnenschiffahrtssachen führen die **Amtsgerichte die Bezeichnung Schiffahrtsgerichte.**

Wegen der **Zuständigkeit der Rheinschiffahrtsgerichte** s. Art. 34 ff. der Revidierten Rheinschiffahrtsakte (→ auch Einl. 622). Die Rheinschiffahrtsgerichte sind auch **zuständig** bei Streitigkeiten aus **Schiffsunfällen in unmittelbar am Rhein gelegenen Häfen**[181] sowie für **Schadensersatzansprüche,** die ein Schiffseigner gegen einen für einzelne Lotsungen angenommenen **Lotsen** geltend macht[182].

5. Weitere Zuständigkeiten

Außerdem gehören vor die Amtsgerichte ohne Begrenzung auf bestimmte Streitwerte   **78** folgende, nicht auf Entscheidung eines Rechtsstreits gerichtete Angelegenheiten (vgl. auch § 27 GVG, → *Text* Rdnr. 38)[183]: das **vereinfachte Verfahren zur Abänderung von Unterhaltstiteln,** § 641l; das **Entmündigungsverfahren** mit Ausschluß der Anfechtungs- und Wiederaufhebungsklagen (§§ 645, 676, 680, 685)[184]; das **Mahnverfahren,** § 689; die dem Gericht zugewiesenen Anordnungen im **Vollstreckungsverfahren** (§§ 764, 828, 853, 873, 899) mit Ausnahme der dem Prozeßgericht erster Instanz zugewiesenen; der Erlaß von **Arresten** und **einstweiligen Verfügungen,** und zwar neben dem Gericht der Hauptsache (§§ 919, 936, 942); die **Gestattung von Zustellungen** und Vollstreckungshandlungen zur Nachtzeit und an Sonn- und Feiertagen (§§ 188, 761); die **innerstaatliche Rechtshilfe** (§ 157 GVG → Einl. Rdnr. 631) sowie die **internationale Rechtshilfe** (→ Einl. Rdnr. 892); das **Konkursverfahren** (§ 71 KO); das **Vergleichsverfahren** (§ 2 VerglO); die **Vollstreckbarerklärung** rechtskräftiger Entscheidungen **ausländischer Gerichte** (→ Anh. zu § 723), die **Vollstreckbarerklärung der Kostenentscheidungen** nach Art. 19 des Haager Übereinkommens über den Zivilprozeß vom 1. III. 1954 i. V. m. § 4 des AusFG (→ § 328 Rdnr. 502). Zum EUGVÜ → § 328 Rdnr. 567.

Dazu tritt die gerichtliche Tätigkeit im **schiedsrichterlichen Verfahren,** soweit das Amtsgericht für den Anspruch selbst zuständig sein würde (§§ 104 f.), und nahezu das gesamte Gebiet der **freiwilligen Gerichtsbarkeit** → Einl. Rdnr. 450 ff.

---

[180] Für Klagen wegen Amtspflichtverletzung gegen die Bundesrepublik Deutschland sind die Rheinschiffahrtsgerichte nicht zuständig, *BGHZ* 45, 237; 63, 228 (233).

[181] *BGHZ* 60, 92.

[182] *BGHZ* 59, 242.

[183] Seit der Ablösung des früheren Beweissicherungsverfahrens durch ein selbständiges Beweisverfahren durch Art. 1 Nr. 30 RpflVereinfG (BGBl. I S. 2847), ent-

fällt die streitwertunabhängige Zuweisung für die Sicherung des Beweises (neben dem Prozeßgericht) nach § 486 Abs. 2 a. F.

[184] Mit dem Inkrafttreten des Betreuungsgesetzes (→ Einl. Rdnr. 163) am 1. I. 1992 (BGBl. I S. 2002) wurden die Vorschriften über die Vormundschaft über Volljährige sowie die Gebrechlichkeitspflegschaft abgelöst und in das FGG-Verfahren verwiesen.

E. Die sachliche Zuständigkeit der Landgerichte

1. Alle nicht den Amtsgerichten zugewiesenen Streitigkeiten

79   Die Landgerichte sind nach § 71 Abs. 1 GVG (*Text* → Rdnr. 38) zuständig für alle bürgerlichen Rechtsstreitigkeiten, die nicht den Amtsgerichten zugewiesen sind. Die Vorschrift erweitert nicht etwa den ordentlichen Rechtsweg, sondern setzt ihn voraus[185].

a) Streitigkeiten über DM 10 000,–, ausgenommen Familien- und Kindschaftssachen und andere streitwertunabhängige Amtsgerichtssachen

80   Für *alle Ansprüche* über DM 10 000,– mit Ausnahme der den Amtsgerichten als Streit- oder Familiengericht zugewiesenen Familien- und Kindschaftssachen (§ 23 a Nr. 1 und Nr. 4 GVG) und anderer den Amtsgerichten in besonderen Vorschriften zugewiesenen Streitigkeiten ist das **Landgericht** zuständig. Eine Vereinbarung der Zuständigkeit des *Amtsgerichts* ist wegen § 40 Abs. 2 S. 1 unwirksam, ebenso ist das rügelose Einlassen des Beklagten vor dem Amtsgericht ohne Bedeutung (§ 40 Abs. 2 S. 2). Bei einem Streitwert über DM 10 000,– ist das Landgericht auch für die Tätigkeit in schiedsrichterlichen Verfahren zuständig, s. §§ 1045, 1046; über die Zuständigkeit bei Teilklagen → § 2 Rdnr. 12.

b) Keine grundsätzliche Zuständigkeit für nicht-vermögensrechtliche Streitigkeiten bis DM 10 000,–

81   Die frühere grundsätzliche Zuständigkeit der Landgerichte für alle Streitigkeiten nicht-vermögensrechtlicher Art besteht nicht mehr (→ Rdnr. 47a).

2. Zuständigkeit ohne Rücksicht auf den Streitwert

82   **Ohne Rücksicht auf den Wert des Streitgegenstandes sind die Landgerichte ausschließlich zuständig:**

a) Beamtenrechtliche Ansprüche

83   Für die (beamtenrechtlichen) Ansprüche gegen den Fiskus auf Grund der Beamtengesetze (§ 71 Abs. 2 Nr. 1 GVG, *Text* → Rdnr. 38) ist an sich das **Landgericht** berufen. Da jedoch diese Ansprüche **nunmehr in den Verwaltungsrechtsweg** gehören, → Einl. Rdnr. 395, kommt die landgerichtliche Zuständigkeit höchstens noch für die Beamten und Seelsorger der *öffentlich-rechtlichen Religionsgemeinschaften* und deren Verbände in Betracht, soweit für diese (subsidiär) der ordentliche Rechtsweg gegeben ist, dazu → Einl. Rdnr. 395. Doch da bei Fehlen einer ausdrücklichen Regelung durch die kirchlichen Gesetze meist anzunehmen ist, daß die Regelung für die staatlichen Beamten stillschweigend übernommen ist, ist wohl weitgehend für solche Klagen der Beamten und Seelsorger der öffentlichen Religionsgesellschaften der *Verwaltungsrechtsweg* gegeben[186]. Ob ein Beamter sich zur Zeit der Klage noch im Dienst befindet oder bereits ausgeschieden ist, bleibt sich gleich[187]. Für Klagen für oder gegen seinen Rechtsnachfolger und für den Rückforderungsanspruch[188] des betreffenden Fiskus gilt die gleiche Zuständigkeit (→ Einl. Rdnr. 349 und 356).

---

[185] Vgl. *BGHZ* 9, 325.
[186] Vgl. *BVerwGE* 25, 226 (233); 28, 345; 30, 326; → Einl. Rdnr. 395 Fn. 126.

[187] *RGZ* 44, 332; *BAG* SAE 1960, 120 f.; insoweit auch *BGHZ* 23, 39.
[188] Vgl. *RGZ* 56, 358; näher zu Rückforderungsansprüchen → Einl. Rdnr. 339.

b) Amtshaftung (Staatshaftung)

Ohne Rücksicht auf den Streitwert ist das Landgericht für die (Amtshaftungs-)Ansprüche **84**
gegen Richter und Beamte wegen Überschreitung ihrer amtlichen Befugnisse oder pflichtwidriger Unterlassung von Amtshandlungen (§ 71 Abs. 2 Nr. 2 GVG, *Text* → Rdnr. 38) **ausschließlich** zuständig[189].

Diese Vorschrift weist **sämtliche Amtshaftungsklagen** (zum Begriff → Einl. Rdnr. 387 ff.)
den Landgerichten zu. Dabei ist **gleichgültig, ob der einzelne Beamte oder seine Körperschaft
verklagt** ist, und **unerheblich, ob privatrechtliches**[190] **oder öffentlich-rechtliches Handeln des
Beamten** vorliegt, wenn **nur die Verletzung einer dem Geschädigten gegenüber bestehenden
Amtspflicht behauptet wird.** Vor dem Landgericht ist deshalb vor allem der Amtshaftungsanspruch des **§ 839 BGB** zu verfolgen. Haftet dagegen eine öffentlich-rechtliche Anstalt oder
Körperschaft **privatrechtlich** (§§ 89, 30, 31 oder 831 BGB), so greift die Vorschrift nicht ein,
auch wenn der Kläger seinen Anspruch als Amtshaftungsanspruch qualifiziert (→ Einl.
Rdnr. 387).

Nicht genügt die Verletzung *lediglich allgemeiner Rechtspflichten,* die keine Amtspflichten
sind[191]. Die Vorschrift des § 71 Abs. 2 Nr. 2 GVG umfaßt trotz des engen Wortlauts das
gesamte Verschulden der Beamten[192]. Auch der **Rückgriffsanspruch des Staates gegen Beamte und Richter** fällt in die ausschließliche Zuständigkeit des Landgerichts[193]; § 126 Abs. 2
BRRG ist insoweit nicht anwendbar[194]. Für den Rückgriff nach § 24 Abs. 2 **Soldatengesetz** ist
ebenfalls der ordentliche Rechtsweg eröffnet (§ 59 Abs. 1 Soldatengesetz, Art. 34 S. 3 GG).
Für **Regreßansprüche gegen Arbeiter und Angestellte**, für die der Staat nach Art. 34 S. 1 GG
haftbar ist, sind die Landgerichte ebenfalls ausschließlich zuständig, nicht die Arbeitsgerichte[195]. § 71 Abs. 2 Nr. 2 GVG wird nicht dadurch ausgeschlossen, daß der Beamte auf Ansuchen einer Partei gehandelt hat, sofern nur der Anspruch seine Amtsführung betrifft, wie z. B.
beim Gerichtsvollzieher. Daß der Beamte zur Zeit der Klage noch im Dienst ist, wird nicht
gefordert[196]. **Die Eigenschäden des Staates** werden hingegen im Verwaltungsrechtsweg[197]
(bei Beamten oder Richtern) oder im Arbeitsrechtsweg (bei den Angestellten und Arbeitern
der öffentlichen Hand) geltend gemacht; denn hier handelt es sich nicht um Amtshaftungsan-

---

[189] *LG Bremen* VersR 1978, 978 hält § 71 Abs. 2 Nr. 2
GVG für *verfassungswidrig* und hat deswegen das
BVerfG angerufen. Eine Erledigung des Vorlagebeschlusses ist in der Rspr. des BVerfG nicht ersichtlich. Eine
Verfassungswidrigkeit dieser Vorschrift ist aber zu verneinen, auch wenn der Bürger bei Ansprüchen bis DM
10 000,– genötigt ist, Klage zum Landgericht (Anwaltszwang!) zu erheben; wie hier *AG Lüdinghausen* VersR
1978, 979. Die **Konzentration** der Zuständigkeit in Amtshaftungssachen beim Landgericht **dient gerade dem Bürger.** Denn ein Kollegialgericht ist unabhängiger als ein
Einzelrichter, was besonders bei Ansprüchen gegen den
Staat nicht außer acht gelassen werden darf. Außerdem
verhindert die Dreistufigkeit des Amtshaftungsprozesses
– auch in Bagatellstreitigkeiten kann der Prozeß bis zum
BGH gehen – das Entstehen eines für den Bürger ungünstigen partikularen Amtshaftungsrechts, dessen Rechtsstreit bei geringeren Streitwerten sonst beim Landgericht
enden würde. Man könnte allenfalls daran denken, bei
Amtshaftungsprozessen, die aus **Verkehrsunfällen eines
Amtsträgers** abgeleitet sind (→ Rdnr. 85 a. E.) eine *verfassungskonforme Restriktion* (→ Einl. Rdnr. 65) von § 71
Abs. 2 Nr. 2 GVG in der Weise vorzunehmen, daß bei
solchen Streitigkeiten die Verletzung der Pflichten als
Verkehrsteilnehmer im Vordergrund stehen und deshalb
kein typischer Amtshaftungsfall vorliegt. Bei der *Subsi-*

diaritätsklausel des § 839 Abs. 1 S. 2 BGB (anderweitige
Ersatzmöglichkeit) hat diese Richtung der *BGH* gewiesen
(*BGHZ* 68, 217 ff.); *BGHZ* 85, 225 (228) und *insoweit*
eine Sonderregelung für die Amtshaftung verneint. Kritisch zu § 71 Abs. 2 GVG auch *Lange* DRiZ 1989, 41
(44 f.).
[190] Vgl. dazu auch *BGH* NJW 1972, 2088 ff.: *Bezirksschornsteinfegermeister* nimmt bei bestimmten *privatrechtlichen* Tätigkeiten *hoheitliche* Aufgaben wahr und
ist damit *haftungsrechtlich* (i. S. v. § 839 BGB) Beamter,
wenn er es *staatsrechtlich nicht* ist → auch Fn. 200
sowie *Palandt/Thomas*[51] § 839 Rdnr. 27.
[191] *RG* HRR 1932 Nr. 1707; → Einl. Rdnr. 387.
[192] *RGZ* 40, 202.
[193] Vgl. auch *BayObLG* BayVBl. 1984, 347.
[194] In § 126 Abs. 2 BRRG wird der Verwaltungsrechtsweg für Klagen des Dienstherrn gegen Beamte, Ruhestandsbeamte, frühere Beamte und deren Hinterbliebenen aus dem Beamtenverhältnis eröffnet. Näher *Strunk*
Beamtenrecht[3] (1986) § 46 BRRG Rdnr. 396.
[195] So auch *RGRK/Kreft*[12] § 839 Anm. 30; *Staudinger/
Schäfer*[12] § 839 Rdnr. 222; *OLG Hamburg* MDR 1969,
227 m. w. N.; a. M. *OLG Stuttgart* MDR 1954, 181 →
Rdnr. 178.
[196] *RGZ* 33, 244.
[197] *BVerwGE* 18, 283; 21, 270.

sprüche, sondern um Ansprüche, die sich aus dem jeweiligen Beamtenverhältnis (Richterverhältnis) ergeben (→ Einl. Rdnr. 389).

85   Unter § 71 Abs. 2 Nr. 2 GVG fallen auch die **Ansprüche nach Art. 34 GG gegen den Staat** und solche öffentlich-rechtliche Körperschaften, die, wie z. B. **öffentlich-rechtliche Krankenkassen**[198], hoheitliche Aufgaben wahrnehmen. Dies folgt, soweit das Gesetz über die Haftung des Reiches für seine Beamten vom 22. V. 1910 (RGBl. S. 799) noch anwendbar ist, unmittelbar aus § 3 dieses Gesetzes, im übrigen aus einer sinngemäßen Auslegung des § 71 Abs. 2 Nr. 2 GVG[199], **da der Staat gemäß Art. 34 GG in die Haftung des Beamten eintritt, für die bei Rechtsstreitigkeiten das Landgericht ausschließlich zuständig ist.** Auch hier ist unerheblich, ob die haftungsbegründende Amtspflichtverletzung von einem Beamten oder einem nichtbeamteten Amtsträger begangen worden ist[200]. Wird ein Anspruch wegen eines **Verkehrsunfalles eines Amtsträgers** (Dienstfahrt) gegen den Staat auf Amtshaftung gestützt, so ist nach § 71 Abs. 2 Nr. 2 GVG dafür das Landgericht **ausschließlich** zuständig; das gilt auch, wenn die Klage *neben* Amtshaftung auf Vorschriften des StVG gestützt wird[201].

c) Landesrechtliche Zuweisungen

86   Nach **§ 71 Abs. 3 GVG** (*Text* → Rdnr. 37) können die **Landesgesetze** den Landgerichten die dort genannten **Ansprüche gegen den Staat** oder andere **öffentlich-rechtliche Körperschaften** zuweisen. Erforderlich ist allerdings, daß der **ordentliche Rechtsweg überhaupt zulässig** ist; das ist z. B. *nicht* der Fall bei Klagen gegen Verfügungen von Verwaltungsbehörden selbst (→ Einl. Rdnr. 359 und 389), wohl aber bei **Klagen auf Entschädigung**[202].

Zu den **öffentlichen Abgaben** nach § 71 Abs. 3 GVG rechnen alle an öffentliche Verbände zu entrichtenden Leistungen von Geld oder anderen Vermögenswerten, die steuerartigen Charakter haben und zu denen die Angehörigen des Staates oder einer anderen öffentlich-rechtlichen Körperschaft auf Grund einer dem öffentlichen Recht angehörigen Norm verpflichtet worden sind[203].

87   Die Länder haben von der Zuweisung nach § 71 Abs. 3 GVG in folgendem Umfang Gebrauch gemacht: ,**Baden-Württemberg:** § 3 AGGVG vom 16. XII. 1975, Bad. Würt. Ges. Bl. S. 868, geändert durch Gesetz vom 16. II. 1987 Bad. Würt. Ges. Bl. S. 43; nach diesen Vorschriften sind die Landgerichte insbesondere zuständig für Klagen gegen den Feststellungsbescheid über die Entschädigung nach § 45 des badischen Enteignungsgesetzes i. d. F. vom 24. XII. 1908 (GVBl. S. 703) und für die Klage auf Feststellung der Entschädigungssumme nach Art. 41 des württembergischen Gesetzes, betreffend die Zwangsenteignung von Grundstücken und von Rechten an Grundstücken vom 20. XII. 1888 (RegBl. S. 446);

Bayern: Art. 9 AGGVG vom 23. VI. 1981 GVBl. 1981 S. 188; BayRS 300-1-1 J; auch für die **Entschädigung bei einer Enteignung** ist nach Art. 45 des Gesetzes über die entschädigungspflichtige Enteignung (BayEG) vom 11. XI. 1974, GVBl. 1978 S. 625, das Landgericht ausschließlich zuständig;

Bremen: § 7 AGGVG vom 24. VIII. 1974, Brem. GBl. S. 297; zuletzt geändert durch Gesetz vom 20. XII. 1988, Brem. GBl. S. 331.

Hamburg: § 9 AGGVG vom 31. V. 1965, Hamburgisches Gesetz- und Verordnungsblatt Seite 99.

Hessen: Art. 20 AGGVG vom 3. IX. 1878, GVBl. II 20−1[204].

Mecklenburg-Vorpommern: § 9 GOrgG vom 2. VI. 1992, GVOBl. M-V S. 314.

Niedersachsen hat keinen Gebrauch gemacht, s. AGGVG vom 5. IV. 1963, Nieders. GVBl. S. 225, zuletzt geändert durch das Gesetz vom 10. XII. 1976, Nieders. GVBl. S. 319.

---

[198] *RGZ* 165, 91 ff.; 168, 133; *RG* Warn Rsp 26 Nr. 105; *RGZ* 112, 335. Wegen entsprechender Anwendung auf Angestellte der Reichstreuhandgesellschaft *RGZ* 111, 403.

[199] So auch *Baumbach/Lauterbach/Albers*[43] § 71 GVG Anm. 3; *Thomas/Putzo*[17] § 71 GVG Anm. 2 b; *Maunz/Dürig/Herzog/Scholz/Papier* GG[6] Art. 34 Rdnr. 310; *Bettermann* Die Grundrechte[2] (1972) Bd. II 2 (S. 850 m. w. N. Vgl. dazu *RGZ* 107, 61; *RG* JW 1925, 2766.

[200] → oben Fn. 190; vgl. *RGZ* 142, 193; 168, 133.

[201] *E. Schneider* NJW 1965, 1470 f.; vgl. auch *BGHZ* 68, 217 (221 f.).

[202] Vgl. *RGZ* 139, 282.

[203] *RGZ* 83, 208; *RG* DR 1940, 2183. Hierher gehören nicht nur Abgaben an den Staat, sondern auch Abgaben an öffentliche Korporationen (Innungen) und Anstalten, soweit ihre Beitreibung als öffentliche Angelegenheit aufgefaßt wird, *RGZ* 42, 358; 52, 29; *RG* SeuffArch 87 Nr. 103; auch hinsichtlich der Zinsen, *RGZ* 29, 237.

[204] Eine nach früherem Recht ausgesprochene Zuweisung hat sich nicht von selbst entsprechend der Änderung des § 71 Abs. 3 GVG erweitert, *BGHZ* 15, 221 f.

Nordrhein-Westfalen: hat keinen Gebrauch gemacht, s. AGGVG vom 24. IV. 1878 (PrGSNW S. 78), zuletzt geändert durch Gesetz vom 21. VI. 1977 (GV.NW S. 274).

Rheinland-Pfalz: § 5 AGGVG vom 6. XI. 1989 (GVBl. S. 225).

Saarland: hat keinen Gebrauch gemacht, s. AGGVG vom 4. X. 1972, ABl. des Saarlandes S. 601, zuletzt geändert durch Gesetz vom 28. III. 1977, ABl. S. 377.

Sachsen-Anhalt: § 6 AGGVG/LSA vom 24. VIII. 1992, GVBl.LSA S. 648.

Schleswig-Holstein: hat keinen Gebrauch gemacht, s. AGGVG vom 24. IV. 1878, GS S. 230, zuletzt geändert durch Gesetz vom 13. VII. 1972, GVOBl. Schl.-H.S. S. 123.

3. Weitere spezialgesetzlich angeordnete Zuständigkeiten des Landgerichts sind z. B.:   88

a) Für die Ansprüche gegen **Notare** (sowie gegen **Notarassessoren** im Anwärterdienst) aus   89
Amtsverpflichtungen (§ 19 Abs. 3 BNotG), ferner für die vermögensrechtlichen Streitigkei-
ten zwischen einem Notar und einem Notarvertreter, die die Vergütung oder die Haftung für
Amtspflichtverletzungen betreffen (§ 42 BNotG), sowie für Streitigkeiten über Vergütung,
Abrechnung und Amtspflichtverletzung zwischen der Notarkammer und einem Notarverwe-
ser (§ 62 BNotG) sind die Landgerichte **ausschließlich zuständig**.

b) Für **Patentstreitsachen** (§ 143 Abs. 1 PatG) sind die Zivilkammern der Landgerichte   90
ausschließlich zuständig[205]. Der Begriff ist weit auszulegen und erfaßt alle mit einer Erfindung
eng verknüpften Ansprüche[206]. Auch Streitigkeiten nicht-vermögensrechtlicher Art können
Patentstreitigkeiten sein, wie z. B. Klagen wegen **Verletzung des Persönlichkeitsrechts** des
Erfinders[207]; zur Bestimmung eines Landgerichts für die Bezirke *mehrerer Gerichte* nach
§ 143 Abs. 2 PatG → Rdnr. 6 vor § 12. Ausschließlich zuständig ist das Landgericht für
Warenzeichensachen ohne Rücksicht auf die Höhe des Streitwerts (§ 32 Abs. 1 WZG → § 32
Rdnr. 22). Wegen der *ausschließlichen* Zuständigkeit des Landgerichts für **Sortenschutzstreit-
sachen** s. § 48 Sortenschutzgesetz vom 20. V. 1968 (BGBl. 1977 I S. 105, 286), zur *örtlichen*
Zuständigkeit in diesen Sachen → Rdnr. 6 sub h vor § 12.

c) Das Landgericht ist für die Klage auf **Herausgabe hinterlegter Sachen** zuständig, jedoch *nicht*   91
ausschließlich, § 3 Abs. 3 Hinter O.

d) Für die Entscheidung über **Entschädigungsansprüche wegen Strafverfolgungsmaßnah-**   92
men ist im *Betragsverfahren* die Zivilkammer des Landgerichts **ausschließlich** zuständig (§ 13
Abs. 1 S. 3 StrEG).

e) Für die **Anfechtungs- und Nichtigkeitsklagen** gegen Hauptversammlungsbeschlüsse   93
einer **Aktiengesellschaft** oder einer Kommanditgesellschaft auf Aktien (§§ 246, 249, 278
Abs. 3 AktG) ist das Landgericht **ausschließlich** zuständig[208]. Gleiches gilt für die Klage auf
Feststellung, daß die *Wahl eines Aufsichtsratsmitglied* nichtig ist (§§ 250 Abs. 3, 246 Abs. 3
S. 1 AktG), für die Klage auf Anfechtung des Beschlusses über die *Bilanzgewinnverwendung*
(§§ 254 Abs. 2, 246 Abs. 3 S. 1 AktG) und die Klage auf Anfechtung einer *Kapitalerhöhung*
nach § 255 AktG, für die Klage auf Feststellung der Nichtigkeit des *Jahresabschlusses* nach
§ 256 Abs. 7 AktG sowie nach § 257 AktG, sowie für Klagen auf *Nichtigerklärung einer
Aktiengesellschaft* nach § 275 AktG. Ferner ist das Landgericht zuständig zur Entscheidung
über die Anträge wegen *Auskunfterteilung* (§ 132 Abs. 1 AktG) und wegen der abschließenden Feststellungen der *Sonderprüfer* (§ 260 Abs. 1 AktG). Ähnliches gilt für **Versicherungsvereine auf Gegenseitigkeit**, § 36 VAG.

---

[205] Die Zuweisung an »*die Zivilkammer der Landgerichte*«, bedeutet, daß die Kammern für Handelssachen
für diese Streitfälle nicht zuständig sind, selbst wenn an
sich eine Handelssache im Sinn von § 95 GVG vorläge (→
auch Rdnr. 132 a. E.).

[206] *BGHZ* 8, 16; 14, 72; *RGZ* 170, 229.

[207] *BGHZ* 14, 78 f.; *LG Nürnberg-Fürth* GRUR 70
(1968) 252.

[208] Zur Frage, ob das LG im streitigen oder im Spruch-
stellenverfahren entscheidet, *Kohlhosser* Die Aktiengesellschaft 1977, 117 ff.

94   f) Auch bei der **Genossenschaft** ist für Klagen auf Anfechtung von *Generalversammlungsbeschlüssen* (§ 51 Abs. 3 GenG) und auf *Nichtigkeit der Gesellschaft* (§ 96 GenG) das Landgericht ausschließlich zuständig.

95   g) Für die Klagen auf *Auflösung* einer **GmbH** ist das Landgericht **ausschließlich** zuständig (§ 61 Abs. 3 GmbHG), ebenso für *Nichtigkeitsklagen* nach § 75 Abs. 2 GmbHG. Auch für Anfechtungsklagen gegen *Gesellschafterbeschlüsse einer GmbH* ist die ausschließliche Zuständigkeit des Landgerichts in entsprechender Anwendung der aktienrechtlichen Vorschriften anzunehmen[209].

96   h) Für die Klagen auf *Schadensersatz gegen den Emittenten von Wertpapieren* (**Prospekthaftung**) sind nach § 49 BörsG die Landgerichte ausschließlich zuständig.

97   i) Für die Klagen von Verbänden (**Verbraucherverbänden**), Industrie- und Handels- sowie Handwerkskammern **gegen Verwender** oder **Empfehler von allgemeinen Geschäftsbedingungen** ist nach § 14 Abs. 1 AGB-Gesetz vom 9. XII. 1976 (BGBl. I S. 3317) das Landgericht **ausschließlich** zuständig. Wegen der Zuweisung solcher Klagen für den Bezirk mehrerer Landgerichte an ein Landgericht → Rdnr. 6 vor § 12).

98   k) Das Landgericht, und zwar die Kammer für **Baulandsachen**, ist nach § 217 Abs. 1 BauGB ausschließlich zuständig für die Entscheidung über die Anfechtung von *Verwaltungsakten*, die die *Umlegung und Entschädigung nach dem BauGB* betreffen (→ die Verweisungen in Rdnr. 6 sub g vor § 12).

99   l) Für **Rechtsstreitigkeiten**, die sich **aus dem GWB**[210] sowie aus *Kartellverträgen* und *Kartellbeschlüssen* ergeben, ist nach §§ 87 Abs. 1, 96 Abs. 1 GWB das Landgericht **ausschließlich** zuständig. Zu beachten ist, daß nach § 88 GWB mit dem vorgenannten Rechtsstreitigkeiten Klagen wegen anderer Ansprüche sogar dann verbunden werden können, wenn für diese *anderweitig eine ausschließliche Zuständigkeit* besteht (→ auch § 32 Rdnr. 22).

100   m) Für Ansprüche nach dem **Bundesentschädigungsgesetz** vom 29. VI. 1956 (BGBl. I S. 562), über welche Entschädigungskammern entscheiden, besteht die Zuständigkeit des Landgerichts.

101   n) Auch für Klagen wegen **Entschädigung** nach dem **Bundesleistungsgesetz** (§§ 58 Abs. 2, 81 Abs. 2 BLG) sowie nach dem *Schutzbereichsgesetz* (§ 25 Abs. 3 SchutzBerG) ist das Landgericht ausschließlich zuständig.

101a o) Für die (dem § 717 nachgebildete) Klage auf **Schadensersatz wegen unbegründeter Zwangsvollstreckung aus ausländischen Titeln** ist bisweilen das Landgericht für ausschließlich zuständig erklärt worden, so § 30 Abs. 2 AVAG (*Text* → Einl. Rdnr. 927) und § 10 Abs. 3 AG zum dt.-tunesischen Vertrag (*Text* → § 723 Anhang B VIII 2), → auch § 717 Rdnr. 57.

F. Sachliche und örtliche Zuständigkeit nach dem Prozeßgericht erster Instanz

102   Wo in einer Vorschrift die Entscheidung »*dem Prozeßgericht des ersten Rechtszuges*« zugewiesen ist, bestimmt sich – **ohne Rücksicht auf den Wert des Streitgegenstandes – die Wahl zwischen Amts- und Landgericht danach, ob der für die Zuständigkeit maßgebliche Rechtsstreit beim Amts- oder Landgericht anhängig war.** Gleichzeitig regelt diese Zuweisung auch die **örtliche Zuständigkeit.**

Die Zuweisung an das Prozeßgericht erster Instanz[211] gilt z. B. für die **Hauptintervention** (→ § 64 Rdnr. 14), für die Klage auf **Erteilung der Vollstreckungsklausel** (→ § 731 Rdnr. 11), für

---

[209] *RGZ* 172, 76.
[210] Zur Zuständigkeit des Zivilsenats, wenn die Klage zusätzlich auf Ansprüche aus dem GWB gestützt wird; *BGHZ* 64, 342.

[211] Dies kann auch ein Familiengericht sein, *OLG Hamburg* FamRZ 1984, 804; *OLG Hamm* FamRZ 1989, 875. Anders aber bei § 34, wo die allgemeine Prozeßabteilung zuständig ist, *BGHZ* 97, 79 = FamRZ 1986, 347.

die **Vollstreckungsgegenklage** (→ § 767 Rdnr. 46), für die **Klage gegen die Vollstreckungsklausel** (§ 768), **die Klage auf das Interesse** nach § 893 (→ § 893 Rdnr. 2) sowie für die **Zwangsvollstreckung zur Erwirkung von Handlungen**, §§ 887 ff. (→ § 887 Rdnr. 31). Vgl. die ähnliche Vorschrift in § 34 (→ § 34 Rdnr. 1). Auch in diesen Fällen bezieht sich die Zuständigkeitsvorschrift wie sonst auf das **Amtsgericht oder Landgericht** *als solches*, nicht z. B. auf die konkrete Kammer, die früher entschieden hat[212]. Die Zuständigkeit des Prozeßgerichts bleibt auch dann bestehen, wenn eine jetzt zu erhebende Klage infolge Änderung der Gesetzgebung, z. B. Verschiebung der amtsgerichtlichen Zuständigkeitsgrenze wegen Änderung der Streitwertgrenze, nicht mehr vor dieses Gericht gehören würde[213]. Dasselbe gilt bei einer Änderung der Gerichtsbezirke[214], s. dazu das Gesetz über Änderungen der Gerichtseinteilung vom 6. XII. 1933 (RGBl. I S. 1037), zuletzt geändert durch Gesetz vom 5. X. 1978 (BGBl. I S. 1645). Das Dargelegte gilt entsprechend für die Zuständigkeit der Geschäftsstelle des Prozeßgerichts erster Instanz zur Kostenfestsetzung, § 103.

Für diejenigen Fälle, in denen das Prozeßgericht infolge **Gebietsabtretung** fortgefallen war, wurde nach dem Ersten Weltkrieg durch besondere Vorschriften Vorsorge getroffen, Gesetz vom 1. IV. 1922, VO vom 22. VIII. 1922 (RGBl. I S. 327, 719) und Gesetz vom 4. III. 1924 (RGBl. I S. 169). Später hat das **Zuständigkeitsergänzungsgesetz** vom 7. VIII. 1952 (BGBl. I S. 407) eine Ersatzzuständigkeit in den Fällen begründet, in denen ein Verfahren bei einem Gericht anhängig war, an dessen Sitz deutsche Gerichtsbarkeit nicht mehr ausgeübt wird.

III. Die funktionelle Zuständigkeit und die Aufgabenverteilung innerhalb des Gerichts

A. Begriff der funktionellen Zuständigkeit

1. Weite Begriffsbildung

Der **Begriff** der funktionellen Zuständigkeit wird unterschiedlich gebildet. Einigkeit besteht   **120** darüber, daß **die funktionelle Zuständigkeit die Verteilung von verschiedenartigen Rechtspflegefunktionen in derselben Sache auf verschiedene Rechtspflegeorgane betrifft.** Überwiegend versteht man darunter nicht nur die Verteilung *auf verschiedene Gerichte,* sondern (in einer **weiten Begriffsbildung**) *auch die Verteilung innerhalb eines Gerichts* und *innerhalb der Organe eines Gerichts*[215]. Demzufolge gehört dann zur funktionellen Zuständigkeit z. B. auch die Entscheidung, ob die *Kammer,* der *Einzelrichter* oder der *Vorsitzende* tätig werden soll, ob der *Richter* oder der *Rechtspfleger* zu handeln hat, ob das *Konkurs-* oder *Prozeßgericht* zur Entscheidung berufen ist.

---

[212] *RGZ* 45, 343; 47, 380; *RG* JW 1900, 182 (gegen *RGZ* 33, 356),→ auch § 64 Rdnr. 15.

[213] Anders muß man allerdings entscheiden, wenn durch gesetzliche Änderungen *neuartige Spruchkörper* für bestimmte Rechtsgebiete *eingerichtet* werden oder *bisherige Gerichtsarten wegfallen.* Dann ist, sofern nicht Übergangsvorschriften eingreifen, dasjenige Gericht zuständig, das nach den neuen Regelungen zuständig wäre, wenn der damalige Rechtsstreit erst jetzt anhängig gemacht würde. Deshalb sind **Vollstreckungsgegenklagen**

gegen Entscheidungen vor dem Inkrafttreten des 1. EheRG zum **Familiengericht** zu erheben, wenn nach heutiger Qualifikation die damalige Entscheidung als Familiensache anzusehen ist (→ auch Rdnr. 64 d), so im Ergebnis (ohne das Problem näher zu erörtern) *BGH* FamRZ 1978, 672; a. M. *OLG Stuttgart* NJW 1978, 1272.

[214] Diese muß durch Gesetz erfolgen, *BVerfGE* 2, 307; Tasche NJW 1952, 407.

[215] Vgl. *Rosenberg/Schwab*[14] § 31; *Blomeyer* ZPR[2] § 5 II; *Thomas/Putzo*[17] vor § 1 II 1.

2. Engerer Begriff

Die Fragen einerseits nach dem *Gericht,* andererseits nach dem *Organ,* das *innerhalb* dieses Gerichts zur Behandlung einer Angelegenheit berufen ist, sind aber verschiedener Art und ihre sachgemäße Beantwortung hängt von so unterschiedlichen Umständen ab, daß eine gemeinsame Einordnung unter den Begriff der funktionellen Zuständigkeit die Eigenheiten verwischen könnte, ohne nennenswerte Gemeinsamkeiten hervorzuheben. Besonders die Antwort auf die Frage , wie ein Spruchkörper, Richter oder Beamter vorzugehen hat, wenn ihm eine Sache vorliegt, die nicht zu seinem Aufgabenbereich gehört, ist in beiden Fällen unterschiedlich zu beantworten: **Während bei Anrufung eines instanziell unzuständigen Gerichts der Antrag zurückzuweisen (die Klage prozessual abzuweisen)** ist (→ Rdnr. 26), führt die **»Unzuständigkeit« innerhalb eines Gerichts** zur **formlosen Abgabe** an das »zuständige« Rechtspflegeorgan (→ § 281 Rdnr. 5). Dies läßt es sicherlich vertretbar erscheinen, den **Begriff** der funktionellen Zuständigkeit enger zu fassen und als **Aufgabenverteilung unter verschiedenen Gerichten** vor der Verteilung **der Aufgaben im Gericht** und seinen Spruchkörpern **zu trennen.** Von praktischer Bedeutung ist die Begriffsbildung nicht.

B. Instanzenzug

121   Wenn man den Begriff der **funktionellen Zuständigkeit** in dem soeben dargestellten Sinn abgrenzt, so bleibt für ihn **nur die Zuständigkeit verschiedener Instanzen in derselben Sache.** Diese (»instanzielle«) Zuständigkeitsordnung ist ausschließlich (→ Rdnr. 6).

122   **1. Erste Instanz** in der Zivilgerichtsbarkeit ist – je nach sachlicher Zuständigkeit, → Rdnr. 34−102, das **Amts- oder Landgericht.**

123   **2. Zweite Instanz gegenüber den Amtsgerichten** ist grundsätzlich das **Landgericht.** Das Oberlandesgericht ist allerdings zuständig in **Kindschaftssachen, Familiensachen, Binnenschiffahrtssachen** (→ Einl. Rdnr. 622) sowie bei der Beschwerde gem. § 159 GVG **(Rechtshilfe)** und § 181 GVG **(Sitzungspolizei).**

Bei Entscheidungen des Landgerichts ist **das Oberlandesgericht zweite Instanz** oder bei **Sprungrevision**, § 566 a der **Bundesgerichtshof** (zur Zuständigkeit des *BayObLG* → Einl. Rdnr. 600).

124   **3. Dritte Instanz ist der Bundesgerichtshof** (evtl. das **BayObLG** → Einl. Rdnr. 600), soweit das Oberlandesgericht als zweite Instanz (→ Rdnr. 123) gegenüber Amts- oder Landgericht berufen ist. Der BGH wird nach § 133 Nr. 1 und Nr. 2 GVG tätig als Revisionsgericht und als Gericht der sofortigen Beschwerde in den Fällen des § 519 b Abs. 2, des § 542 Abs. 3 in Verbindung mit § 341 Abs. 2, des § 568 a und des § 621 e Abs. 2 (→ § 621 e Rdnr. 4).

Soweit das Landgericht Berufungsgericht gegenüber dem Amtsgericht ist, gibt es keine dritte Instanz. Eine gewisse Vereinheitlichung der Rechtsprechung der Landgerichte in Berufungsverfahren wird für den Bereich des **Mietrechts** aber durch den **Rechtsentscheid** (→ § 541) nach dem Dritten Mietrechtsänderungsgesetz (→ Einl. Rdnr. 189 m. w. N.) erreicht.

C. Die Verteilung der Aufgaben innerhalb des Gerichts

1. Nach der Art der Aufgabe

125   Die Verteilung der Aufgaben innerhalb eines Gerichts ist nach der Art der Aufgabe vorzunehmen. Hier ist z.B. zu fragen, ob das **Amtsgericht** als **Prozeß-, Vollstreckungs-, Familien-, Konkurs-, Vergleichs-, Arrest-, Mahn-, Aufgebots-,** oder **Rechtshilfegericht** tätig wird. Aber auch die Aufgabenverteilung im einzelnen Spruchkörper auf **Kollegium, Einzel-**

richter, Vorsitzenden oder beauftragten Richter und die Abgrenzung der Aufgaben von **Rechtspfleger und Richter** fallen darunter.

2. Geschäftsverteilungsplan

Steht fest, zu welchem Aufgabenbereich eine Sache gehört, ist zu fragen, **welcher von mehreren** **126** **gleichartigen Spruchkörpern zur Entscheidung berufen ist,** d. h. z. B. welcher Richter zu entscheiden hat. Diese Frage wird durch den **Geschäftsverteilungsplan** geregelt, der vor Beginn des Geschäftsjahres vom Präsidium (§§ 21 a ff. GVG) in richterlicher Unabhängigkeit erstellt wird (→ Einl. Rdnr. 485). Der **Geschäftsverteilungsplan** soll die Sachen **im voraus – d. h. »blind«, ohne Kenntnis der Individualität einer konkreten Angelegenheit** – bestimmten Spruchorganen zuweisen und möglichst auch keinen Raum dafür lassen, daß Dritte eine bereits eingereichte Klage erst durch die Art ihrer Behandlung an ein bestimmtes Spruchorgan bringen[216]. Der Plan wird teils als justizförmiger Verwaltungsakt, teils (wohl zutreffender) als Rechtsnorm angesehen[217]. Da es sich jedenfalls um einen richterlichen Akt handelt, ist eine Anfechtung nach §§ 23 ff. EGGVG ausgeschlossen. Die Geschäftsverteilung innerhalb eines Spruchkörpers wird ebenfalls im voraus durch den Vorsitzenden geregelt, § 21 g GVG.

3. Keine Parteivereinbarung

Eine **Parteivereinbarung, die die Aufgabenverteilung innerhalb eines Gerichts abändern würde, ist** **127** **unzulässig.** Ist eine Sache an ein falsches Organ des Gerichts gelangt, so kann dieses formlos an das richtige **abgeben** (→ § 281 Rdnr. 5). Das Präsidium kann bezüglich der **Geschäftsverteilung im Plan** diese Abgabe näher regeln, insbesondere bestimmen, daß sie nur bis zu einem bestimmten Zeitpunkt zulässig ist oder daß es selbst oder ein von ihm bestimmtes, aus einigen seiner Mitglieder bestehendes Gremium einen Streit zwischen zwei Abteilungen im Einzelfall mit bindender Wirkung für die beteiligten Spruchorgane entscheidet[218].

4. Verstöße

Das **Tätigwerden durch ein Organ des Gerichts außerhalb seines Aufgabenbereichs führt nicht zur** **127a** **Nichtigkeit der Entscheidung** (→ Rdnr. 1 vor § 578). Diesen allgemeinen Grundsatz spricht § 22 d GVG für den Bereich innerhalb des Amtsgerichts aus[219]. Etwas anderes gilt, wenn ein nicht-richterliches Organ statt eines richterlichen tätig wird[220]. Hat z. B. statt des Richters der Rechtspfleger ein Geschäft des Richters wahrgenommen, das ihm weder nach dem RPflG übertragen ist noch übertragen werden kann (§ 8 Abs. 4 RPflG), so ist das Geschäft **unwirksam,** außer der Richter hat wegen der Ungewißheit den Rechtspfleger zuvor durch Beschluß für zuständig erklärt (§ 7 RPflG).

5. Rechtsbehelfe

Eine vom unrichtigen Organ getroffene Entscheidung kann grundsätzlich mit den üblichen **Rechtsmit-** **128** **teln** angegriffen werden. Ist nur der Geschäftsverteilungsplan (§§ 21 e, 21 g GVG) verletzt, so ist dies noch *kein absoluter* Revisionsgrund (→ § 551 Rdnr. 7), wohl aber kann ein *relativer* gegeben sein, auch liegt noch nicht notwendig ein Verfahrensmangel im Sinne von § 539 vor, der das Berufungsgericht zur Zurückverweisung nötigte. Jedoch ist das *Grundrecht auf den gesetzlichen Richter* verletzt[221]. Gegen

---

[216] Z. B. wenn Endziffern des Eintrags im Prozeßregister entscheiden; *Pohle* gegen *BAG* AP Art. 101 GG Nr. 10 = JZ 1962, 26 = MDR 1961, 798 = NJW 1740. Die Abhängigkeit der Zuteilung von rein mechanischer Behandlung ist nicht rechtswidrig; BGHZ 40, 93 = MDR 1963, 1005 = NJW 2071.

[217] Nachweise → Einl. Rdnr. 366 »Gerichtliche Geschäftsverteilung« und bei *Kissel* GVG § 21e Rdnr. 90 sowie ausführlich auch *BayVerfGH* BayVBl 1978, 141 = NJW 1515 und *P. Müller* MDR 1977, 975; *Gloria* NJW 1989, 445.

[218] Näher zum negativen Kompetenzkonflikt *Sangmeister* MDR 1988, 190. Einl. Rdnr. 418.

[219] Vgl. *BGHZ* 37, 126.

[220] → Rdnr. 1 vor § 578; vgl. auch *Rosenberg/Schwab*[14] § 31 IV 2 (der hier von *funktioneller* Zuständigkeit spricht).

[221] Näher → Einl. Rdnr. 480 ff.; zur Durchsetzbarkeit dieses Rechts → Einl. Rdnr. 498 ff.; insbesondere zur Verfassungsbeschwerde → Einl. Rdnr. 501 f.

einen Verstoß gegen die Aufgabenverteilung innerhalb des Gerichts (→ Rdnr. 125), wenn z.B. das Amtsgericht statt als Streitgericht als Familiengericht tätig geworden ist, sind grundsätzlich die üblichen Rechtsbehelfe gegeben. Wegen der verschiedenen dazu anzuwendenden Verfahrensordnungen werden damit meist gleichzeitig weitere Mängel neben dem Verstoß gegen die Aufgabenverteilung innerhalb des Gerichts vorliegen. Für den Fall, daß statt der KfHS die Zivilkammer des Landgerichts oder umgekehrt entscheidet, s. die Regelung in §§ 96 ff. GVG, insbesondere § 102 GVG (→ auch Rdnr. 131 ff.).

D. Kammer für Handelssachen

131   **1.** Wo Kammern für Handelssachen (KfHS) errichtet sind, **treten sie auf Antrag in Handelssachen nach §§ 94, 72 GVG an die Stelle der Zivilkammern des Landgerichts.** Die Tätigkeitsabgrenzung von Zivilkammer und KfHS betrifft *nicht die funktionelle Zuständigkeit* (→ Rdnr. 120), sondern nur die **innergerichtliche Aufgabenverteilung** (→ Rdnr. 125 ff.)[222]: Die KfHS ist bei Vorliegen der Voraussetzungen der §§ 95 f. GVG als besonderer Spruchkörper (Mitwirkung von ehrenamtlichen Richtern, § 105 GVG) zur Verhandlung und Entscheidung berufen.

Wie für die sonstige innergerichtliche Aufgabenverteilung können auch für die Abgrenzung des Tätigkeitsbereichs von Zivilkammern und KfHS die *Vorschriften über die Zuständigkeit nicht herangezogen werden.* Die abschließende gesetzliche Regelung in §§ 93 ff. GVG verbietet aber auch eine Anwendung der allgemeinen Grundsätze über die innergerichtliche Aufgabenverteilung, zu **Kompetenzkonflikten** zwischen Zivilkammer und KfHS → § 36 Rdnr. 20.

132   **2.** Der **Aufgabenbereich** der KfHS ist in § 95 GVG festgelegt.

Gerichtsverfassungsgesetz

§ 95 [Begriff der Handelssachen]. (1) Handelssachen im Sinne des Gesetzes sind die bürgerlichen Rechtsstreitigkeiten, in denen durch die Klage ein Anspruch geltend gemacht wird:

1. gegen einen Kaufmann im Sinne des Handelsgesetzbuches aus Geschäften, die für beide Teile Handelsgeschäfte sind;

2. aus einem Wechsel im Sinne des Wechselgesetzes oder aus einer der in § 363 des Handelsgesetzbuches bezeichneten Urkunden;

3. auf Grund des Scheckgesetzes;

4. aus einem der nachstehend bezeichneten Rechtsverhältnisse:

a) aus dem Rechtsverhältnis zwischen den Mitgliedern einer Handelsgesellschaft oder zwischen dieser und ihren Mitgliedern oder zwischen dem stillen Gesellschafter und dem Inhaber des Handelsgeschäfts, sowohl während des Bestehens als auch nach Auflösung des Gesellschaftsverhältnisses, und aus dem Rechtsverhältnis zwischen den Vorstehern oder den Liquidatoren einer Handelsgesellschaft und der Gesellschaft oder deren Mitgliedern;

b) aus dem Rechtsverhältnis, welches das Recht zum Gebrauch der Handelsfirma betrifft;

c) aus den Rechtsverhältnissen, die sich auf den Schutz der Warenbezeichnungen, Muster und Modelle beziehen;

d) aus dem Rechtsverhältnis, das durch den Erwerb eines bestehenden Handelsgeschäfts unter Lebenden zwischen dem bisherigen Inhaber und dem Erwerber entsteht;

---

[222] Die h.M. sieht – ähnlich wie die hier vertretene Ansicht – in der »Zuständigkeit« der KfHS eine gesetzlich geregelte Geschäftsverteilung (*Rosenberg/Schwab*[14] § 33 II 1). Soweit die Abgrenzung von Zivilkammer und KfHS der funktionellen Zuständigkeit zugeordnet wird (z.B. *Wieczorek*[2] § 93 B I GVG; *Thomas/Putzo*[17] vor § 93 GVG Anm. I spricht seit der 13. Auflage nicht mehr von funktioneller Zuständigkeit, sondern nur noch davon, daß es sich hierbei nicht um eine Frage der sachlichen Zuständigkeit handelt), beruht dies auf einer anderen Definition der funktionellen Zuständigkeit. *Gaul* JZ 1984, 57 geht hier von einer gesetzlichen Normierung des Gerichtszugangs im Sinne einer eigenartigen Kompetenzabgrenzung zwischen Spruchkörpern des Landgerichts aus. Wegen der abschließenden Regelung in §§ 93 ff. GVG ist dieser Streit ohne *praktische* Bedeutung (→ Rdnr. 120 e.E.).

e) aus dem Rechtsverhältnis zwischen einem Dritten und dem, der wegen mangelnden Nachweises der Prokura oder Handlungsvollmacht haftet;

f) aus den Rechtsverhältnissen des Seerechts, insbesondere aus denen, die sich auf die Reederei, auf die Rechte und Pflichten des Reeders oder Schiffseigners, des Korrespondentreeders und der Schiffsbesatzung, auf die Bodmerei und die Haverei, auf den Schadensersatz im Falle des Zusammenstoßes von Schiffen, auf die Bergung und Hilfeleistung und auf die Ansprüche der Schiffsgläubiger beziehen;

5. auf Grund des Gesetzes gegen den unlauteren Wettbewerb mit Ausnahme der Ansprüche der letzten Verbraucher aus § 13a des Gesetzes gegen den unerlaubten Wettbewerb, soweit nicht ein beiderseitiges Handelsgeschäft nach Absatz 1 Nr. 1 gegeben ist[223];

6. aus den §§ 45 bis 48 des Börsengesetzes (Reichsgesetzbl. 1908 S. 215).

(2) Handelssachen im Sinne dieses Gesetzes sind ferner die Rechtsstreitigkeiten, in denen sich die Zuständigkeit des Landgerichts nach § 246 Abs. 3 Satz 1 oder § 396 Abs. 1 Satz 2 des Aktiengesetzes richtet.

Ferner tritt neben die Zuständigkeit der KfHS nach § 27 Abs. 1 UWG für die Ansprüche nach dem UWG in verschiedenen Angelegenheiten der *Freiwilligen Gerichtsbarkeit*[223a] die KfHS an die Stelle der Zivilkammer (§ 30 Abs. 1 S. 2 i. V. m. §§ 125 ff. FGG, §§ 143 f., 147, 159, 161 i. V. m. § 30 Abs. 1 S. 2 FGG, § 18 Abs. 1 S. 2 des VertragshilfeG vom 26. III. 1952, BGBl. I S. 198).

Die **Zuständigkeit der KfHS** muß **für den gesamten geltend gemachten Anspruch** bestehen. Wird *ein* prozessueller Anspruch nicht nur auf Klagegründe, die Handelssachen sind, sondern auch auf andere *Gesichtspunkte* gestützt, *die keine Handelssachen* sind, so ist für diesen Anspruch **insgesamt nicht die Zuständigkeit der KfHS** gegeben[224]. Fehlt dagegen bei *mehreren* prozessualen Ansprüchen (**Klagehäufung,** also vor allem bei *mehreren Anträgen* → Einl. Rdnr. 291) der KfHS für *einzelne* prozessuale Ansprüche (Streitgegenstände) die Kompetenz, so ist entweder für die Entscheidung über den gesamten Rechtsstreit die Zivilkammer zuständig (an die der Rechtsstreit insgesamt verwiesen wird) oder die KfHS trennt (§ 145) die Ansprüche ab, für die ihr die Zuständigkeit fehlt, und verweist diese an die Zivilkammer (§§ 97, 99 GVG). Dasselbe gilt bei **Streitgenossenschaft** (§§ 59 ff.), wenn hinsichtlich einzelner Parteien die Zuständigkeit der KfHS fehlt.

Zu beachten ist, daß bisweilen der **Katalog der Handelssachen** des § 95 GVG **durch Spezialvorschriften derogiert** wird. So weist § 18 GebrMG Streitfälle aus diesem Gesetz den *»Zivilkammern«* zu, so daß die KfHS auch dann nicht berufen ist, wenn z. B. zwei Kaufleute über ein Gebrauchsmuster streiten. Zu § 51 PatG → Rdnr. 90.

3. Verfahren vor der Kammer für Handelssachen

Die Verhandlung vor der KfHS erfolgt in der ersten Instanz nur dann[225], wenn der Kläger dies in der Klageschrift **beantragt** (§ 96 Abs. 1 GVG). Im Fall der **Verweisung** vom Amtsgericht an das Landgericht nach §§ 281, 506 ist der Antrag in der mündlichen Verhandlung vor dem Amtsgericht zu stellen (§ 96 Abs. 2 GVG). Soweit aber wie bei der Prozeßeinleitung durch Mahnverfahren eine *Abgabe* an das Landgericht erfolgt, kann der Antrag spätestens in

133

---

[223] Abs. 1 Nr. 5 geändert durch Gesetz vom 25. 7. 1986 (BGBl. I. S. 1169); die Vorschrift ist jetzt nicht mehr auf das *Rücktrittsrecht des Letztverbrauchers* nach § 13a UWG anwendbar, es sei denn, der zugrundeliegende Vertrag war ein beiderseitiges Handelsgeschäft.

[223a] Auch hier betrifft das Verhältnis Zivilkammer – KfHS nur die *innergerichtliche* Aufgabenverteilung (ähnlich auch *Rosenberg* Handelsgerichtsbarkeit, in: Hdb des gesamten Handelsrechts [1913] 485 f.); *nicht die Zuständigkeit* (so aber *RGZ* 48, 31; *BayObLG* NJW 1974, 245),

so daß die Entscheidung der Zivilkammer anstelle der KfHS nicht im Wege der weiteren Beschwerde überprüfbar ist.

[224] So die h. M. *Rosenberg/Schwab*[14] § 33 I 3; *Gaul* JZ 1984, 57; a. M. *Gravenhorst* Die Aufspaltung der Gerichtszuständigkeit nach Anspruchsgrundlagen (1972) 109.

[225] Nach § 27 Abs. 1 UWG ist die KfHS ohne Antrag immer zuständig.

der nach § 697 Abs. 1 S. 1 nachzureichenden Klageschrift[226] gestellt werden, er kann aber bereits im Mahnantrag (§§ 696 Abs. 1 S. 2, 690) gestellt werden (→ § 697 Rdnr. 2).

Auch der Beklagte kann, solange er nicht zur Hauptsache verhandelt hat (§ 101 GVG), bei einem vor der Zivilkammer anhängigen Verfahren Antrag auf Verweisung an die KfHS stellen (§ 98 GVG).

Bringt der Kläger eine **nicht vor die KfHS gehörende Sache** vor diese, so ist die Sache auf Antrag des Beklagten an die Zivilkammer zu verweisen (§ 97 Abs. 1 GVG), solange der Beklagte noch nicht zur Hauptsache verhandelt hat (§ 101 GVG).

Die KfHS kann – auch wenn ihre Unzuständigkeit durch eine Widerklage eingetreten ist –, die Sache auch **von Amts wegen** an die Zivilkammer verweisen, solange nicht zur Hauptsache ein Beschluß (z. B. Beweisbeschluß u. a.) ergangen ist (§ 97 Abs. 2, s. insbesondere auch § 97 Abs. 2 S. 2 GVG). Wird die KfHS nachträglich durch Zwischenfeststellungsklage, durch Widerklage oder Klageänderung unzuständig, so gilt ähnliches; die Sache ist entweder auf Antrag des Gegners oder von Amts wegen an die Zivilkammer zu verweisen (s. näher § 99 GVG).

Für die **Berufungsinstanz** verlangt § 100 GVG einen **Antrag in der Berufungsschrift**; für die Beschwerdeinstanz ist ein Antrag weder erforderlich noch erheblich, § 104 GVG. Zur KfHS als Berufungsgericht → Rdnr. 5 vor § 511, als Beschwerdegericht → Rdnr. 7 vor § 567; zur Verweisung zwischen KfHS und Zivilkammer sowie zwischen Amtsgericht und KfHS → § 281 Rdnr. 62 ff., § 506 Rdnr. 15, § 519 b Rdnr. 45, § 574 Rdnr. 2 sowie für den Fall der Widerklage → § 33 Rdnr. 38.

4. Rechtsmittel

134   Die Entscheidung der Kammer für Handelssachen oder der Zivilkammer kann **nicht** mit der Begründung, es sei die jeweils andere Kammer zur Entscheidung berufen gewesen, **angegriffen** werden. Ein solcher Angriff scheitert bei *Verweisung*[227] der einen Kammer an die andere Kammer schon an der Unanfechtbarkeit und Bindungswirkung gemäß § 102 S. 1 und 2 GVG; diese Rechtsfolgen gelten (wie bei der üblichen Verweisung) auch für die höheren Instanzen. Ist die Klage vor die (angeblich) falsche Kammer gelangt, muß der **Beklagte rechtzeitig den Verweisungsantrag** nach § 101 S. 1 GVG stellen, anderenfalls ist die Kammer durch rügeloses Einlassen *zuständig geworden*. Der Fragenkreis der Anfechtung reduziert sich deshalb auf die Bejahung der eigenen Kompetenz durch eine Kammer, obwohl der Beklagte Verweisungsantrag an die andere Kammer gestellt hat. Für diesen Fall gilt zwar nicht § 10, auch nicht analog (→ dort Rdnr. 11), wohl aber § 102 GVG; deshalb ist auch in diesem Fall keine Anfechtung möglich. Zur Prozeßlage bei einer Verweisung unter Verletzung des rechtlichen Gehörs → § 281 Rdnr. 32.

E. Weitere Fachkammern

135   Außer der soeben behandelten Kammer für Handelssachen gibt es bei den Landgerichten noch zahlreiche **weitere Fachkammern**. Ähnlich ist die Geschäftsverteilung bei den Oberlandesgerichten und beim Bundesgerichtshof auf verschiedene fachliche Spruchkörper verteilt. Auch bei den Amtsgerichten ist die Verteilung auf die verschiedenen Abteilungen nach

---

[226] Vgl. auch *OLG Braunschweig* NJW 1979, 223; *OLG Frankfurt am Main* NJW 1980, 2202; wegen der Frist des § 697 Abs. 1 S. 1 vgl. *OLG Düsseldorf* NJW-RR 1988, 1472.

[227] Dies gilt ohne Rücksicht auf die Gesetzmäßigkeit der Verweisung *OLG München* IPrax 1989, 43.

fachlichen Gesichtspunkten vorgenommen worden; auch die Abgrenzung zwischen dem Streitgericht und dem Familiengericht ist lediglich ein Problem der Geschäftsverteilung (→ Rdnr. 61 m. w. N.).

Soweit die Rechtsmittelgerichte eine Geschäftsverteilung nach derartigen fachlichen Gesichtspunkten vorgenommen haben oder sogar von Gesetzes wegen eigene Fachspruchkörper besitzen, spielt dies für die Parteien keine Rolle, weil das Rechtsmittel zum Rechtsmittelgericht insgesamt eingelegt wird und nicht etwa zu diesem einzelnen fachlich berufenen Spruchkörper. Probleme kann es nur dann geben, wenn ein Eingangsgericht überörtlich für mehrere Gerichtsbezirke eingesetzt wurde. Dies ist besonders bei den Fachkammern der Landgerichte der Fall, weil es sich hierbei faktisch um die Vergrößerung des Gerichtssprengels für bestimmte Fachgebiete handelt. Dieses Problem ist als Problem der örtlichen Zuständigkeit unten → Rdnr. 5 ff. vor § 12 abgehandelt worden.

IV. Die Zuständigkeit der Arbeitsgerichtsbarkeit

Stichwortverzeichnis zur Zuständigkeit der Arbeitsgerichte

Zu den **allgemeinen Zuständigkeitsfragen** und zur **sachlichen** und **funktionellen Zuständig-**   139
keit siehe das Stichwortverzeichnis *zu Beginn dieses Paragraphen,*
     zur **Zulässigkeit des Rechtswegs** (zum Begriff der **bürgerlichen Rechtstreitigkeiten**) siehe
das *Stichwortverzeichnis zur Zulässigkeit des Rechtsweges* in Einleitung Rdnr. 339,
     zur örtlichen Zuständigkeit (zum **Gerichtsstand**) siehe den *Gerichtsstandsschlüssel* in den
Vorbemerkungen vor § 12.
     In dem folgenden Stichwortverzeichnis geben arabische Ziffern ohne näheren Zusatz die
Randnummer dieses Paragraphen an, Zahlen mit dem Zusatz »N.« verweisen auf *Fußnoten*
dieses Paragraphen.

A. Übersicht und Rechtsquellen

Obgleich die Arbeitsgerichte eine eigene Gerichtsbarkeit darstellen (Art. 95 Abs. 1 GG), **140** behandelte das Gesetz **das Verhältnis der ordentlichen Gerichte zu den Arbeitsgerichten** *lange Zeit als Frage der sachlichen Zuständigkeit*[228]. Erst das Gesetz zur Neuregelung des

---

[228] *BAGE* 6, 302; *BGH* VersR 1968, 455; vgl. die amtlichen Gesetzesüberschriften von §§ 2 und 2a ArbGG a.F. (*»sachliche Zuständigkeit«*) sowie § 48 ArbGG a.F. (*»sachliche* und örtliche *Zuständigkeit«*).

verwaltungsgerichtlichen Verfahrens (4. VwGOÄndG) vom 17. XII. 1990[229] brachte durch die Änderung der Überschriften der §§ 2 und 2a[230] und insbesondere durch die Neufassung des § 48 ArbGG[231] eine Klarstellung dahin, daß es sich um eine **Frage des Rechtsweges** und nicht der sachlichen Zuständigkeit handelt. Die Kompetenz der Gerichte für Arbeitssachen wird insbesondere durch die §§ 2, 2a und 3 ArbGG bestimmt, weiter durch die §§ 4, 101 ArbGG, die für Tarifvertragsparteien in bürgerlichen Rechtsstreitigkeiten aus Tarifverträgen oder über deren Bestehen oder Nichtbestehen sowie für bestimmte Arbeitnehmergruppen – Schauspieler und Schiffsbesatzung – bei Streitigkeiten aus tarifvertraglich geregelten Arbeitsverhältnissen die Vereinbarung ermöglichen, daß ein **Schiedsgericht** entscheiden solle.

Durch das Gesetz zur Beschleunigung und Bereinigung des arbeitsgerichtlichen Verfahrens vom 21. V. 1979 (BGBl. I S. 545) wurden die §§ 2–3 ArbGG neu gefaßt und dabei übersichtlicher gestaltet worden; gegenüber dem früheren Rechtszustand erfolgte aber – abgesehen von der Zuständigkeit kraft Sachzusammenhangs nach § 2 Abs. 1 Nr. 4 lit. a) ArbGG (→ Rdnr. 181) – keine bedeutendere Änderung. Spätere Gesetze änderten den Zuständigkeitskatalog des ArbGG an einzelnen Stellen (näher → Rdnr. 183, 214, 271a, 218 und 219).

Arbeitsgerichtsgesetz

141   **§ 2 Zuständigkeit im Urteilsverfahren.** (1) Die Gerichte für Arbeitssachen sind ausschließlich zuständig für

1. bürgerliche Rechtsstreitigkeiten zwischen Tarifvertragsparteien oder zwischen diesen und Dritten aus Tarifverträgen oder über das Bestehen oder Nichtbestehen von Tarifverträgen;
2. bürgerliche Rechtsstreitigkeiten zwischen tariffähigen Parteien oder zwischen diesen und Dritten aus unerlaubten Handlungen, soweit es sich um Maßnahmen zum Zwecke des Arbeitskampfes oder um Fragen der Vereinigungsfreiheit einschließlich des hiermit im Zusammenhang stehenden Betätigungsrechts der Vereinigungen handelt;
3. bürgerliche Rechtsstreitigkeiten zwischen Arbeitnehmern und Arbeitgebern
   a) aus dem Arbeitsverhältnis;
   b) über das Bestehen oder Nichtbestehen eines Arbeitsverhältnisses;
   c) aus Verhandlungen über die Eingehung eines Arbeitsverhältnisses und aus dessen Nachwirkungen;
   d) aus unerlaubten Handlungen, soweit diese mit dem Arbeitsverhältnis im Zusammenhang stehen;
   e) über Arbeitspapiere;
4. bürgerliche Rechtsstreitigkeiten zwischen Arbeitnehmern oder ihren Hinterbliebenen und
   a) Arbeitgebern über Ansprüche, die mit dem Arbeitsverhältnis in rechtlichem oder unmittelbar wirtschaftlichem Zusammenhang stehen;
   b) gemeinsamen Einrichtungen der Tarifvertragsparteien oder Sozialeinrichtungen des privaten Rechts über Ansprüche, die mit dem Arbeitsverhältnis in rechtlichem oder unmittelbarem Zusammenhang stehen, soweit nicht die ausschließliche Zuständigkeit eines anderen Gerichts gegeben ist.
5. bürgerliche Rechtsstreitigkeiten zwischen Arbeitnehmern oder ihren Hinterbliebenen und dem Träger der Insolvenzsicherung über Ansprüche auf Leistungen der Insolvenzsicherung nach dem Vierten Abschnitt des Ersten Teils des Gesetzes zur Verbesserung der betrieblichen Altersversorgung;
6. bürgerliche Rechtsstreitigkeiten zwischen Arbeitgebern und Einrichtungen nach Nummer 4 Buchstabe b und Nummer 5 sowie zwischen diesen Einrichtungen, soweit nicht die ausschließliche Zuständigkeit eines anderen Gerichts gegeben ist;
7. bürgerliche Rechtsstreitigkeiten zwischen Entwicklungshelfern und Trägern des Entwicklungsdienstes nach dem Entwicklungshelfergesetz;
8. bürgerliche Rechtsstreitigkeiten zwischen den Trägern des freiwilligen sozialen Jahres und Helfern nach dem Gesetz zur Förderung des freiwilligen sozialen Jahres;
9. bürgerliche Rechtsstreitigkeiten zwischen Arbeitnehmern aus gemeinsamer Arbeit und aus unerlaubten Handlungen, soweit diese mit dem Arbeitsverhältnis im Zusammenhang stehen.

---

[229] BGBl. 1990 I S. 2809 (2817).
[230] »Sachliche« wurde gestrichen.
[231] § 48 Abs. 1 enthält jetzt eine einheitliche Regelung

für die Rechtsweg- und für die Zuständigkeitsverweisung. § 48a ArbGG, der früher die Entscheidung über die Zulässigkeit des Rechtswegs regelte, entfiel.

(2) Die Gerichte für Arbeitssachen sind auch zuständig für bürgerliche Rechtsstreitigkeiten zwischen Arbeitnehmern und Arbeitgebern,

   a) die ausschließlich Ansprüche auf Leistung einer festgestellten oder festgesetzten Vergütung für eine Arbeitnehmererfindung oder für einen technischen Verbesserungsvorschlag nach § 20 Abs. 1 des Gesetzes über Arbeitnehmererfindungen zum Gegenstand haben;

   b) die als Urheberrechtsstreitsachen aus Arbeitsverhältnissen ausschließlich Ansprüche auf Leistung einer vereinbarten Vergütung zum Gegenstand haben.

(3) Vor die Gerichte für Arbeitssachen können auch nicht unter Absätze 1 und 2 fallende Rechtsstreitigkeiten gebracht werden, wenn der Anspruch mit einer bei einem Arbeitsgericht anhängigen oder gleichzeitig anhängig werdenden bürgerlichen Rechtsstreitigkeit der in Absatz 1 und 2 bezeichneten Art in rechtlichem oder unmittelbar wirtschaftlichem Zusammenhang steht und für seine Geltendmachung nicht die ausschließliche Zuständigkeit eines anderen Gerichts gegeben ist.

(4) Auf Grund einer Vereinbarung können auch bürgerliche Rechtsstreitigkeiten zwischen juristischen Personen des Privatrechts und Personen, die kraft Gesetzes allein oder als Mitglieder des Vertretungsorgans der juristischen Person zu deren Vertretung berufen sind, vor die Gerichte für Arbeitssachen gebracht werden.

(5) In Rechtsstreitigkeiten nach diesen Vorschriften findet das Urteilsverfahren statt.

§ 2 a Zuständigkeit im Beschlußverfahren. (1) Die Gerichte für Arbeitssachen sind ferner ausschließlich zuständig für

1. Angelegenheiten aus dem Betriebsverfassungsgesetz, soweit nicht für Maßnahmen nach seinen §§ 119 bis 121 die Zuständigkeit eines anderen Gerichts gegeben ist;
2. Angelegenheiten aus dem Sprecherausschußgesetz, soweit nicht für Maßnahmen nach seinen §§ 34 bis 36 die Zuständigkeit eines anderen Gerichts gegeben ist;
3. Angelegenheiten aus dem Mitbestimmungsgesetz, dem Mitbestimmungsergänzungsgesetz und dem Betriebsverfassungsgesetz 1952, soweit über die Wahl von Vertretern der Arbeitnehmer in den Aufsichtsrat und über ihre Abberufung mit Ausnahme der Abberufung nach § 103 Abs. 3 des Aktiengesetzes zu entscheiden ist;
4. die Entscheidung über die Tariffähigkeit und die Tarifzuständigkeit einer Vereinigung.

(2) In Streitigkeiten nach diesen Vorschriften findet das Beschlußverfahren statt.

§ 3 Zuständigkeit in sonstigen Fällen. Die in den §§ 2 und 2 a begründete Zuständigkeit besteht auch in den Fällen, in denen der Rechtsstreit durch einen Rechtsnachfolger oder durch eine Person geführt wird, die kraft Gesetzes an Stelle des sachlich Berechtigten oder Verpflichteten hierzu befugt ist.

B. Die Zuständigkeit im Urteilsverfahren

1. Grundsätze

a) Ausschließlichkeit. Streitwertunabhängigkeit

Nach § 2 Abs. 1 ArbGG sind **Arbeitsgerichte** für die dort aufgeführten Rechtsstreitigkeiten **142** unter Ausschluß der ordentlichen Gerichte **ausschließlich kompetent**. Die Zuständigkeit der **Arbeitsgerichte** besteht **ohne Rücksicht auf den Streitwert**. Gerichte **erster Instanz** sind im arbeitsgerichtlichen Verfahren nur die **Arbeitsgerichte**. Die **Landesarbeitsgerichte** sind anders als die Landgerichte als Berufungsgerichte (§ 64 Abs. 1 ArbGG) und als Beschwerdegerichte (§ 78 Abs. 1 S. 2, § 87 Abs. 1 ArbGG) **ausschließlich** Gerichte des **zweiten Rechtszugs**.

b) Parteivereinbarungen

142a   Die **Zuständigkeit der Arbeitsgerichte kann,** *außer nach § 2 Abs. 4 ArbGG* (→ Rdnr. 210), **nicht im Wege der Parteivereinbarung** erweitert werden[232]. Wegen der Ausschließlichkeit des arbeitsgerichtlichen Rechtswegs (→ Rdnr. 142) nach § 2 Abs. 1 ArbGG ist in diesen Fällen umgekehrt auch **eine Parteivereinbarung zugunsten der ordentlichen Gerichtsbarkeit** unzulässig (näher → § 38 Rdnr. 70 ff.). Andererseits kann im Bereich des § 2 Abs. 2 ArbGG (Erfinder- und Urheberrechtsstreitsachen) durch Vereinbarung die Zuständigkeit des Arbeitsgerichts *abbedungen* werden.

c) Widerklage. Aufrechnung. Vorfragen

143   aa) Wegen der Geltendmachung von Ansprüchen nach § 2 ArbGG im Wege der **Widerklage** → § 33 Rdnr. 40.

143a   bb) Wird im arbeitsgerichtlichen Verfahren die **Aufrechnung** mit einer Forderung geltend gemacht, die in den ordentlichen Rechtsweg gehört[233], so konnte nach der bisher herrschenden Meinung das Arbeitsgericht insoweit auch über diese *Gegenforderung* entscheiden, ebenso wenn im Verfahren vor den ordentlichen Gerichten eine Forderung zur Aufrechnung gestellt wurde, die zur Zuständigkeit der Arbeitsgerichte gehörte[234] (näher → § 145 Rdnr. 32). Trotz der Neuregelung des Verhältnisses zwischen Arbeitsgerichtsbarkeit und ordentlicher Gerichtsbarkeit (→ Rdnr. 140) als eines Falles der *Rechtswegabgrenzung* (und nicht mehr der sachlichen Zuständigkeit) ist an dieser Ansicht festzuhalten, so daß auch weiterhin die **Arbeitsgerichte** und die **ordentlichen Gerichte** über die jeweils zur anderen Gerichtsbarkeit gehörende (nunmehr »rechtswegfremde«) **Aufrechnungsforderung entscheiden** dürfen[235].

Gegen dieses Ergebnis spricht nicht, daß die herrschende Meinung bisher eine Entscheidung des ordentlichen oder des Arbeitsgerichts über eine zur Aufrechnung gestellte *rechtswegfremde* Forderung für unzulässig hielt[236]. Bis zu der genannten Neuregelung konnte es sich nur um Gegenforderungen handeln, die zum Bereich der *Verwaltungs-, Sozial-* oder *Finanzgerichtsbarkeit* gehörten. Wenn nun jetzt das Verhältnis zwischen der ordentlichen und der Arbeitsgerichtsbarkeit als *Rechtsweg* qualifiziert wird, so darf die frühere These nicht einfach begrifflich[237] auf dieses Verhältnis angewendet werden. Die Qualifizierung als zwei unterschiedliche Rechtswege ändert nichts an der engen inneren Verwandtschaft beider Gerichtsbarkeiten, und zwar sowohl hinsichtlich der Streitgegenstände als auch des Verfahrens. Beide Gerichtsbarkeiten befinden in der Regel über *privatrechtliche* Verhältnisse; das Urteilsverfahren des ArbGG ist *echter Zivilprozeß*[238]. In ähnlichen Fällen der »Artverwandtschaft«[239] zwischen Gerichten wird ebenfalls die Entscheidung über die kompetenzfremde Aufrechnungsforderung zugelassen[240]. Im übrigen lag dem Änderungsgesetzgeber fern, den geltenden Rechtszustand zu ändern[241]. Die dargelegte

---

[232] *BAG* AP Nr. 11 zu § 528 ZPO.

[233] Das gilt auch für Ansprüche aus Patentstreitigkeiten, *BAG* BB 1972, 1096; *BAG* AP Nr. 2 zu § 39 ArbNErfG = DB 1972, 1075, 2167.

[234] *BGHZ* 26, 305; *BAG* AP Nr. 43 zu § 256 ZPO (*Schumann*) = SAE 1967, 27 (*Pohle*) = NJW 1966, 1771; differenzierend (Arbeitsgerichte zuständig, nicht aber Zivilgerichte) *Grunsky* ArbGG⁶ § 2 Rdnr. 12 m. w. N., insbesondere Rdnr. 14.

[235] *Jauernig* ZPR²³ § 45 III; *Thomas-Putzo*¹⁷ § 145 Anm. 6a; anders (Aussetzung) *MünchKommZPO-Peters* § 145 Rdnr. 34 (obwohl er das Verhältnis zwischen Arbeitsgerichtsbarkeit und ordentlicher Gerichtsbarkeit immer noch als Problem der *sachlichen Zuständigkeit* ansieht).

[236] → Einl. Rdnr. 350, → § 148 Rdnr. 32 ff. w. N.; a. M. *Baur* Festschrift F. v. Hippel (1967), 1; *Gravenhorst* Die Aufspaltung der Gerichtszuständigkeit nach Anspruchsgrundlagen (1972), 27, 45 f.; *E. Schmidt* ZZP 87 (1974) 42 ff.; *OLG Düsseldorf* NJW 1983, 2149.

[237] Zu Bedenken gegen begriffliche Argumentationen im Prozeßrecht → Einl. Rdnr. 47.

[238] *Mayerhofer* NJW 1992, 1602 (1604).

[239] *Jauernig* ZPR²³ § 45 III.

[240] → § 145 Rdnr. 32: Familien- und allgemeines Streitgericht, Zivilgericht und Gericht der Freiwilligen Gerichtsbarkeit (in echten Streitsachen), vgl. *BSG* AP § 51 SGG Nr. 1 = NJW 1969, 1368: Verwaltungs- und Sozialgericht.

[241] Aus den Gesetzesmaterialien ist eine solche Absicht, die Entscheidung über die Aufrechnung einzu-

Entscheidungsbefugnis der Arbeits- und der ordentlichen Gerichtsbarkeit über Aufrechnungsforderungen des jeweils anderen Rechtswegs läßt sich allerdings **nicht aus dem neugefaßten**[242] **§ 17 Abs. 2 GVG ableiten**[243]. Diese Vorschrift gewährt eine rechtswegübergreifende Entscheidungsbefugnis bei gespaltener Rechtswegkompetenz (→ Einl. Rdnr. 351). Abgesehen von der Seltenheit solcher Situationen (→ Einl. Rdnr. 351), betrifft § 17 Abs. 2 GVG nur die Befugnis des für (mindestens) *eine* Anspruchsgrundlage kompetenten Richters, den Streitgegenstand unter *allen* (auch den rechtswegfremden) rechtlichen Gesichtspunkten zu entscheiden[244], nicht aber gibt er die Kompetenz, über solche weiteren Streitfragen (Streitgegenstände) zu urteilen, bei denen der Richter für keine der Anspruchsgrundlagen zuständig ist[245]. Daher hat § 17 Abs. 2 GVG bei der Aufrechnung nur dann eine kompetenzerweiternde Funktion, wenn die Gegenforderung auf mindestens eine zum eigenen Rechtsweg gehörende Anspruchsgrundlage gestützt wird (→ Einl. Rdnr. 351).

cc) Wegen der Entscheidung arbeitsrechtlicher **Vorfragen** gilt das in Einl. Rdnr. 350 Ausgeführte entsprechend. *Beispiele* für solche Vorfragen → Rdnr. 191 c.   **143b**

d) Auslegung der Kompetenzregeln des ArbGG

Die Kompetenzregeln des ArbGG werfen, wie jede Grenzziehung, manche Zweifel auf. **143c** Diese lassen sich nicht damit lösen, daß die Vorschriften **grundsätzlich eng**[246] oder **grundsätzlich weit**[247] ausgelegt werden. Vielmehr ist jede Bestimmung nach ihrem Sinn zu würdigen, und prozessuale, insbesondere prozeßökonomische Erwägungen sollten dabei besonders beachtet werden[248] (→ auch Einl. Rdnr. 81).

2. Kollektive Streitigkeiten aus Tarifverträgen, § 2 Abs. 1 Nr. 1 ArbGG

Diese Vorschrift erklärt die **Arbeitsgerichte für »bürgerliche Rechtsstreitigkeiten«** aus **144** **Tarifverträgen** oder über das Bestehen oder Nichtbestehen von Tarifverträgen für zuständig, wenn der Streit **zwischen Tarifvertragsparteien** besteht. In beiden Fällen dürfen nach dem Gesetzestext auf einer Seite statt einer tariffähigen Partei auch »**Dritte**« beteiligt sein.

Es ist darauf hinzuweisen, daß in den Fällen des § 2 Abs. 1 Nr. 1 ArbGG die Entscheidungen der Arbeitsgerichte für tarifgebundene Parteien nach § 9 TVG bindend sind, dazu → § 325 Rdnr. 101 → § 256 Rdnr. 191.

a) Prozeßparteien

§ 2 Abs. 1 Nr. 1 ArbGG betrifft bürgerliche Rechtsstreitigkeiten **zwischen Tarifvertragspar-** **145** **teien**, d. h. einem oder mehreren *Arbeitgeberverbänden* oder einem oder mehreren *Arbeitgebern* und einer oder mehreren *Gewerkschaften*[249]; auch Spitzenorganisationen nach § 2 Abs. 3 TVG können Tarifvertragsparteien sein. Ebenso können beide Tarifvertragsparteien

---

schränken, denn auch nicht ersichtlich, vgl. BT-Drucks. 11/7030 (S. 37).

[242] § 17 Abs. 2 GVG wurde geändert durch das 4. VwGO-Änderungsgesetz vom 17. XII. 1990 (BGBl. I S. 2809), → Einl. Rdnr. 351.

[243] *Jauernig* ZPR[23] § 45 III; *Albers* in *Baumbach/Lauterbach* ZPO[49] § 17 GVG Anm. B 3; *Zöller/Gummer* ZPO[17] § 17 GVG Rdnr. 10. Anders *Bader* in *Stahlhacke* ArbGG[3] (1991) § 48 Rdnr. 14; *Grunsky* in *Baur* ZPR[7] (1991) Rdnr. 59a; *Drygala* NZA 1992, 294 (297 ff.); *Schenke* NJW 1992, 2505 ff.

[244] Zu den Ausnahmen → Einl. Rdnr. 351.

[245] *BGH* NJW 1991, 1686 wendet zutreffend § 17

Abs. 2 GVG nur bei mehreren, verschiedenen Rechtswegen zugeordneten Klagegründen *desselben* Streitgegenstandes an, nicht aber wenn eine Mehrheit von prozessualen Ansprüchen vorliegt. Vgl. zur Entscheidungskompetenz § 17 Abs. 2 GVG auch *Kissel* NJW 1991, 945 (950) sowie → Einl. Rdnr. 351.

[246] So *OLG Düsseldorf* RdA 1953, 393.

[247] So *Meissinger* RdA 1954, 406; *Müller* RdA 1968, 461 f.; *Matthes* in *Germelmann/Matthes/Prütting* ArbGG § 2 Rdnr. 6.

[248] So *Grunsky* ArbGG[6] § 2 Rdnr. 3.

[249] Zur Gewerkschaftseigenschaft *BAGE* 23, 320; *BAG* JZ 1977, 470 (*Grunsky*).

auf einer Seite stehen, also beide Arbeitgeber oder Gewerkschaft sein, wenn nur der Streit einen Tarifvertrag betrifft[250]. An dem Streit kann nach dem Gesetz auch ein **Dritter** beteiligt sein, der nicht Tarifvertragspartei ist; auch **Mitglieder einer Tarifvertragspartei** selbst oder der Gegenpartei[251] können als Dritte beteiligt sein, ebenso ein Arbeitgeber, der einem Tarifvertrag kraft Verbindlicherklärung unterworfen ist. Zum Begriff der **Tariffähigkeit** → § 50 Rdnr. 45 ff.

b) Streitgegenstand: Bestehen oder Nichtbestehen eines Tarifvertrages

146　　Es muß ein Rechtsstreit **aus Tarifvertrag** oder über das **Bestehen** oder **Nichtbestehen eines Tarifvertrages** vorliegen. Tarifverträge sind privatrechtliche[252] Verträge zwischen Tarifvertragsparteien, die Rechte und Pflichten der Vertragsparteien regeln und Rechtsnormen enthalten über Inhalt, Abschluß oder Beendigung von Arbeitsverhältnissen oder die betriebliche oder betriebsverfassungsrechtliche Fragen ordnen.

Streitigkeiten der Tarifvertragsparteien *aus dem Tarifvertrag* sind insbesondere solche über **Rechte und Pflichten aus dem obligatorischen Teil des Tarifvertrages**, wie z.B. die *Friedenspflicht* während der Laufzeit eines Tarifvertrags. Zu **Klagen auf Verhandlung** → Rdnr. 150, zu **Streitigkeiten innerhalb der Tarifvertragspartei** → Rdnr. 149 und → Rdnr. 157 a.E. Unter die Vorschrift fallen auch Klagen gegen den Tarifvertragspartner auf Durchsetzung der tarifvertraglichen Bestimmungen mittels satzungsmäßiger Zwangsmittel gegenüber widerstrebenden Mitgliedern dieser Gegenpartei[253]. **Die tarifvertragsrechtliche Frage muß den Streitgegenstand ausmachen;** bildet sie nur eine **Vorfrage** (→ Rdnr. 143 b), wie z.B. die Tarifgebundenheit der Parteien bei einer Lohnklage eines Arbeitnehmers gegen seinen Arbeitgeber, so gehört die Streitigkeit deswegen nicht zu § 2 Abs. 1 Nr. 1 ArbGG.

c) Eingruppierung von Arbeitnehmern; Eingruppierungsstreit

147　　Bei den **Streitigkeiten aus dem normativen Teil des Tarifvertrages** macht die Frage der **Eingruppierung** der Arbeitnehmer nach den tarifvertraglichen Merkmalen in die jeweiligen Lohngruppen Schwierigkeiten. Geht der Streit um die Einstufung einer genau bestimmten und abgrenzbaren *Gruppe* von Arbeitnehmern und ist daran eine Tarifvertragspartei beteiligt, so fällt die Streitigkeit unter § 2 Abs. 1 Nr. 1 ArbGG[254]. Streiten ein Arbeitnehmer oder auch mehrere gegen den Arbeitgeber, der Tarifvertragspartei ist, so liegt keine unter § 2 Abs. 1 Nr. 1 ArbGG fallende Streitigkeit vor; es geht in diesem Fall um die Eingruppierung des *einzelnen* Arbeitnehmers (oder auch mehrerer einzelner), *nicht aber um die Einstufung einer bestimmten Gruppe*; das Arbeitsgericht ist hier nur nach § 2 Abs. 1 Nr. 3 ArbGG zuständig.

d) Klageart; Unwirksamkeit des Tarifvertrags und Auslegung des Tarifvertrags

148　　Streitigkeiten über das Bestehen oder Nichtbestehen eines Tarifvertrages werden meist im Wege der **Feststellungsklage** durchgeführt. Zu ihr und insbesondere zum **Feststellungsinteresse** → § 256 Rdnr. 61ff. Streitigkeiten über das Bestehen oder Nichtbestehen eines Tarifvertrages sind nicht nur solche über den *Bestand* des Vertrages im ganzen, sondern auch über seinen *zeitlichen, räumlichen* oder *beruflichen Geltungsbereich*. Unter § 2 Abs. 1 Nr. 1 ArbGG fallen

---

[250] *RAGE* 1, 182.
[251] *RAGE* 1, 179; 2, 219.
[252] *Wiedemann/Stumpf* Tarifvertragsgesetz[5] (1977) § 1 Rdnr. 9.
[253] Vgl. *RAG* ArbRsp 29, 183.

[254] *BAGE* 17, 95 = AP Nr. 4 zu § 8 TVG; (*Schnorr v. Carolsfeld*) = BB 1965, 584 = DB 977 = NJW 1549; *Hueck/Nipperdey* Lb des Arbeitsrechts[7] II 1 (1967) 527 f; *Grunsky* ArbGG[6] § 2 Rdnr. 59.

Klagen auf *Feststellung der Unwirksamkeit* eines Tarifvertrages wegen Verstoßes gegen das Grundgesetz[255] sowie Streitigkeiten um die **Auslegung** einzelner Bestimmungen im Tarifvertrag ohne Unterschied zwischen dem obligatorischen und dem normativen Teil (→ aber Rdnr. 147). Klagen hinsichtlich des schuldrechtlichen Teils (→ Rdnr. 146) können auf **Leistung (Unterlassung)**, aber auch auf **Feststellung** gehen.

e) Interne Verbandsstreitigkeiten

Streitigkeiten über die **zwischen dem Verband und seinen Mitgliedern** bestehenden Rechte und   **149** Pflichten, wie Beitragsleistungen und dergleichen, gehören dagegen nicht hierher, da sie niemals Ausfluß eines mit einem Tarifgegner geschlossenen Tarifvertrages sein können; für sie ist eine Zuständigkeit der Arbeitsgerichte nicht gegeben, ebensowenig für Streitigkeiten über die **Zugehörigkeit zu einem Verband**[256], ausgenommen den Fall, daß geltend gemacht wird, die Heranziehung zu dem Verband (z. B. zu einer Zwangsinnung) stelle sich als unerlaubte Handlung in bezug auf die Vereinigungsfreiheit dar (hierzu → Rdnr. 154).

f) Entsprechende Anwendung bei Pflicht zur kollektiven Verhandlung, fehlende Einigung

Die Vorschrift des § 2 Abs. 1 Nr. 1 ArbGG wird entsprechend angewandt, wenn eine   **150** Streitigkeit darum geht, ob eine **Vereinigung verpflichtet ist, mit der Gegenseite zu verhandeln**[257]. Die sogenannten **Regelungsstreitigkeiten**, die sich auf das von den Tarifvertragsparteien im normativen Teil des Tarifvertrags erst zu schaffende Recht beziehen und die im *Schlichtungsverfahren* beigelegt werden, falls die Tarifvertragsparteien sich nicht einigen können, **können dagegen nicht von den Arbeitsgerichten entschieden werden**, weil sie erst abzuschließende, nicht bestehende oder abgelaufene Tarifverträge betreffen[258]. Im Bereich der Betriebsverfassung können sie durch eine tarifliche Schlichtungsstelle nach § 76 Abs. 8 BetrVG beigelegt werden[259].

3. Kollektivrechtliche Streitigkeiten wegen unerlaubter Handlungen beim Arbeitskampf oder gegen die Vereinigungsfreiheit, § 2 Abs. 1 Nr. 2 ArbGG

Es ist erforderlich, aber auch genügend, daß in dieser zweiten Fallgruppe mindestens *eine*   **151** der Streitparteien tariffähig ist; zum Begriff der Tariffähigkeit → § 50 Rdnr. 45 ff. und § 2 TVG.

Das Gesetz verlangt mit der Voraussetzung »*zwischen tariffähigen Parteien*« nicht, daß diese sich als *Tarifvertragsparteien* gegenüberstehen können, sondern es gehören hierher auch **Streitigkeiten von Tarifvertragsparteien, die auf derselben Seite stehen**, wie z. B. **zwei Arbeitgeber**. Innerhalb dieser zweiten Fallgruppe wird **nur auf die Tariffähigkeit abgestellt**, *unerheblich* ist, ob die tariffähige Partei einen Tarifvertrag abgeschlossen hat, ob sie einen abschließen wird oder abschließen will. »*Dritter*« im Sinne des Gesetzes ist insbesondere ein *Mitglied* einer *tariffähigen Partei*.

---

[255] *BAGE* 4, 133 = AP Nr. 18 zu Art. 3 GG = DB 1957, 776; AP Nr. 16 zu Art. 3 GG = BB 1957, 858.
[256] Vgl. *RAGE* 1, 179; ArbRsp 29, 181; 30, 165; vgl. auch *BGHZ* 45, 314, → auch Fn. 270.
[257] *BAGE* 14, 283 f. = AP Nr. 5 zu Art. 9 GG; *Grunsky* ArbGG⁶ § 2 Rdnr. 59.
[258] Sie können auch nicht im Beschlußverfahren zur

Entscheidung des Arbeitsgerichts gestellt werden, vgl. *Hueck/Nipperdey* Lb des Arbeitsrechts⁷ I (1963) 971; *Etzel* AR-Blattei D Arbeitsgerichtsbarkeit V B und *Zöllner* Arbeitsrecht⁴ (1992) S. 563.
[259] *Matthes* in *Germelmann/Matthes/Prütting* ArbGG § 2a Rdnr. 86.

a) Unerlaubte Handlung, Beeinträchtigung der Vereinigungsfreiheit

152   Es muß sich um eine Streitigkeit aus **unerlaubten Handlungen** (zu dem Begriff → § 32 Rdnr. 18 ff.) im **Zusammenhang** mit Maßnahmen zum Zweck eines **Arbeitskampfes** handeln oder um **unerlaubten Handlungen**, die die (positive oder negative) **Vereinigungsfreiheit** beeinträchtigen. Eine »unerlaubte Handlung« im Sinne des BGB braucht nicht vorzuliegen. Sogar verschuldensunabhängige Ansprüche, wie etwa § 945 ZPO, können darunter fallen[260]. **Die unerlaubte Handlung muß auf kollektivrechtlichem Gebiet liegen**[261], andere unerlaubte Handlungen begründen die Zuständigkeit nach § 2 Abs. 1 Nr. 2 ArbGG nicht; für Klagen aus unerlaubten Handlungen, die *Einzelpersonen* (*Dritte*) nur *bei Gelegenheit* von Arbeitskampfmaßnahmen begangen haben, kann sich die Zuständigkeit des *Zusammenhangs* nach Art. 2 Abs. 3 ArbGG ergeben. Unerheblich ist bei den unter § 2 Abs. 1 Nr. 2 ArbGG fallenden Klagen auch, ob die unerlaubte Handlung unmittelbar gegen den klagenden Verband oder einzelne seiner Mitglieder gerichtet ist, **wesentlich ist** nur, **daß die klagende Partei aus der unerlaubten Handlung einen Anspruch**, sei es einen Unterlassungs- oder einen Ersatzanspruch, herleitet[262]. Allein in dem Verstoß gegen tarifvertragliche Pflichten aus dem obligatorischen Teil des Tarifvertrages liegt noch *keine* unerlaubte Handlung in diesem Sinn.

153   Maßnahmen zum Zweck des Arbeitskampfes sind **Streik, Aussperrung** und **Boykott**, unabhängig davon, ob sie als Angriffs- oder Verteidigungsmittel gebraucht werden; auch die bloße **Androhung** dieser Mittel ist bereits eine Maßnahme zu Arbeitskampfzwecken. *Der Begriff des Arbeitskampfes ist hier grundsätzlich derselbe wie allgemein im Arbeitsrecht.* Unterschiede ergeben sich im Hinblick auf das Ziel der Kampfmaßnahmen. Für das Vorliegen eines Arbeitskampfes wird zum Teil gefordert, daß nur kollektivvertraglich regelbare Ziele verfolgt werden[263]. Bei der Bestimmung der Zuständigkeit empfiehlt sich jedoch insofern ein **weiter Begriff des Arbeitskampfes**, so daß darunter jede kollektive Druckausübung durch Arbeitnehmer oder Arbeitgeber zu verstehen ist, durch die das Arbeitsverhältnis berührt wird[264].

Es kommt **nicht auf die materiell-rechtliche Berechtigung des Arbeitskampfes** an[265], nur muß es sich um einen *Arbeitskampf* handeln. Der **Sympathiestreik** und z. B. der Streik, der *arbeitspolitische* Forderungen bei anderen als den Bestreikten durchsetzen will, haben ein Schwergewicht im Bereich des Arbeitslebens[266] und sind daher zur Zuständigkeit der Arbeitsgerichte zu rechnen. Bei einem **politischen »Streik« handelt es sich um keinen Arbeitskampf** mehr; daher sind bei Streitigkeiten wegen unerlaubter Handlungen aus einem solchen »Streik« die *ordentlichen Gerichte* zuständig[267]. Der BGH hat deshalb zutreffend im Fall eines »Streiks«, mit dem gegen den *Gesetzgeber* wegen einer Gesetzesvorlage zur Mitbestimmung Druck ausgeübt werden sollte, die *Zuständigkeit der ordentlichen Gerichte bejaht*[268]. Dasselbe gilt bei *rein politisch motivierten Maßnahmen*, die als »Aussperrung« oder als arbeitsrechtlicher »Boykott« deklariert werden.

---

[260] *Grunsky* ArbGG[6] § 2 Rdnr. 67.
[261] *RAGE* 9, 315.
[262] Vgl. für rufschädigende Behauptungen einer Gewerkschaft *OLG Düsseldorf* NJW-RR 1986, 1506.
[263] *Hueck/Nipperdey* Lb des Arbeitsrechts[7] II 2 (1970) 878 ff.; anders *Nikisch* Arbeitsrecht[2] (1959) II 82; *Matthes* (Fn. 259) § 2 Rdnr. 36; *Grunsky* ArbGG[6] § 2 Rdnr. 69.
[264] *Matthes* (Fn. 259) § 2 Rdnr. 36.
[265] Vgl. insbesondere *Bötticher* RdA 1955, 82.
[266] Vgl. *Schnorr v. Carolsfeld* AuR 1953, 129.

[267] *Dietz/Nikisch* ArbGG § 2 Rdnr. 89; *Hueck/Nipperdey* (Fn. 263) 887 m. w. N.
[268] *BGHZ* 14, 347 = NJW 1954, 1804 = BB 994 = AP Nr. 2 zu § 2 ArbGG = SAE 1956, 141 (*Krüger*); dazu auch *Neumann-Duesberg* JR 1954, 441. A. M. *Bötticher* RdA 1955, 81; ders. ZZP 72 (1959) 44 (46); *Meissinger* RdA 1954, 401; *Schnorr v. Carolsfeld* AuR 1953, 129; *Matthes* (Fn. 259) § 2 Rdnr. 36.

b) Positive und negative Koalitionsfreiheit

Fragen der Vereinigungsfreiheit umfassen die **positive** sowie die **negative Koalitionsfrei-** **154** **heit**, d.h. sowohl das (positive) Recht, sich frei zusammenzuschließen, als auch das (negative) Recht, sich *nicht* zusammenzuschließen. Die Vereinigungsfreiheit ist z.B. betroffen beim Streit zwischen einer Gewerkschaft und einem Arbeitgeber über die Art der Mitgliederwerbung durch die Gewerkschaft im Betrieb (etwa durch Anbringung eines Werbeplakats im Betrieb[269]). Dies hat die Novellierung des ArbGG (→ Rdnr. 140) klargestellt, indem jetzt in § 2 Abs. 1 Nr. 2 ArbGG das Betätigungsrecht der Vereinigungen besonders erwähnt wird. Dieses Recht ist nur betroffen, wenn es um koalitionsspezifische Betätigungen geht, nicht jedoch, wenn eine tariffähige Vereinigung am normalen Geschäftsverkehr teilnimmt, z.B. Schreibtische einkauft oder Personal einstellt.

Für **interne Streitigkeiten zwischen einer Vereinigung** und **ihrem einzelnen Mitglied** wegen allgemeiner Fragen der Mitgliedschaft sind die **Arbeitsgerichte nicht zuständig**, → Rdnr. 149, sondern die *ordentlichen Gerichte*[270].

4. Individualrechtliche Streitigkeiten zwischen Arbeitnehmern und Arbeitgebern, § 2 Abs. 1 Nr. 3 ArbGG

a) Arbeitnehmer-Begriff

Für diese Vorschrift ist der Begriff des Arbeitnehmers[271] maßgeblich. Aber nicht nur **156** **Arbeitnehmer** gehören hierher, sondern auch **Personen, die als Arbeitnehmer gelten. Arbeitnehmer** (s. dazu § 5 ArbGG) sind *Arbeiter* und *Angestellte*[272] sowie die zur eigenen *Berufsausbildung Beschäftigten*.

Für die **Arbeitnehmereigenschaft** ist **wesentlich** die **privatrechtliche vertragliche Verpflichtung zur** **157** **Leistung von Arbeit für einen anderen in persönlicher Abhängigkeit**[273]. Ob die Arbeit vergütet wird[274], in welcher Höhe und in welcher Art[275], ob es sich um Dienstleistungen niederer oder höherer Art handelt[276], ob die Arbeit haupt- oder nebenberuflich[277] oder dauernd oder nur vorübergehend zu leisten ist[278], ist nicht allein maßgebend. Auch *Behördenangestellte* stehen in einem privatrechtlichen Arbeitsverhält-

---

[269] *BAGE* 17, 218 (220f.).

[270] Vgl. *BGHZ* 45, 314; *BGH* NJW 1973, 35, auch N. 146; *BGH* AP Nr. 33 zu Art. 9 GG; *Wenzel* AuR 1985, 326 (329) hält es für angebracht, auch für diese Fälle die Zuständigkeit des Arbeitsgerichts zu begründen.

[271] Zum *Begriff des Arbeitnehmers* und zum folgenden näher: *BAGE* 46, 218 (221ff.); *BAG* AP Nr. 32 zu § 611 BGB; *BAG* AP Nr. 42 zu § 611 BGB; *BAG* AP Nr. 45 zu § 611 BGB; *LAG Baden-Württemberg LAGE* § 611 BGB Arbeinehmerbegriff Nr. 19; *Hueck/Nipperdey* (Fn. 258) 34ff.; *Nikisch* Arbeitsrecht³ 1 (1961) 91ff.; *Schnorr v. Carolsfeld* Arbeitsrecht² (1954) 26ff.; *Söllner* Arbeitsrecht¹⁰ (1990) S. 16ff.; *Schaub* Arbeitsrechtshandbuch⁶ (1987) 28ff.; *Zöllner* (Fn. 258) 48ff.; *Tomandl* Wesensmerkmale des Arbeitsvertrages in rechtsvergleichender und rechtspolitischer Sicht (1971) 19ff.; *Raucke* AuR 1979, 9 und die Kommentare von *Dersch/Volkmar⁶* (1955); *Dietz/Nikisch* (1954); *Rohlfing/Rewolle* (1987); *Auffarth/Schönherr³* (1974) und *Grunsky⁶* (1990) zu § 5 ArbGG.

[272] Zur Abgrenzung Arbeiter – Angestellter *BAGE* 1, 95; *ArbG Wetzlar* AP Nr. 1 zu § 1 AVG (*G. Hueck*); ausführlich m.w.N. *Schaub* (Fn. 271) 44ff.; *BAGE* 47, 160 (162ff.); *Göga* BB 1986, 1772ff.

[273] *BAGE* 12, 303, 14, 17, AP Nr. 21 zu § 611 BGB Abhängigkeit (*Beuthien, Wehler*); vgl. *Hueck/Nipperdey* (Fn. 271) 34f.

[274] Näher *Dietz/Richardi* Betriebsverfassungsgesetz⁶ (1982) § 5 Rdnr. 23 m.w.N.

[275] *Zeit-* oder *Stücklohn, Akkord, Gruppenlohn*, auch *Gewinnbeteiligung*; → auch § 850 Rdnr. 28.

[276] Auch *wissenschaftliche* oder *künstlerische Arbeit*, s. *RG* JW 1927, 2369 (prominenter Artist); *BAGE* 11, 225 = AP Nr. 24 zu § 611 Ärzte = NJW 1961, 2085 (*Chefarzt eines Krankenhauses*); *BAG* AP Nr. 10 zu § 611 Lehrer, Dozenten (auf Grund privatrechtlichen Vertrages angestellter *Lehrer*); *BAG* AP Nr. 29 zu § 138 BGB (Anm. *Schmidt*) (*Fußballvertrags-* und *Lizenzspieler*), zur Arbeitnehmereigenschaft der letzteren näher *Schmidt* RdA 1972, 88ff.; wegen Zuständigkeit des Arbeitsgerichts, wenn *Berufsfußballspieler* Lizenz entzogen wird *ArbG Gelsenkirchen* NJW 1977, 598; *LAG München* NJW 1985, 696 (*Betriebsarzt*), *LAG Berlin* NZA 1987, 488 (*Rechtsanwalt*).

[277] *BAG* AP Nr. 10 zu § 611 Lehrer, Dozenten; *BAGE* 15, 242.

[278] Z. B. *Aushilfskellner, Werkstudent*.

nis[279]. Für die Entscheidung der Frage, ob jemand Arbeitnehmer ist, sind alle Umstände zu würdigen, die die Rechtsstellung des Verpflichteten bestimmen; wirtschaftliche Abhängigkeit ist nicht allein maßgebend, ist aber regelmäßig ebenso ein Anzeichen für die Arbeitnehmereigenschaft[280] wie die Übernahme eines Unternehmerrisikos[281] dagegen spricht.

aa) Handelsvertreter, Handelsagent, Handlungsgehilfe

158   Schwierigkeiten macht die Einordnung der sogenannten »**Vertreter**« oder (Handels-)Agenten. Der Vertreter ist **Arbeitnehmer**, soweit er *Handlungsgehilfe* ist, d.h. zur Leistung kaufmännischer Dienste gegen Entgelt bei einem anderen angestellt ist (§ 59 HGB). Auch der Vertreter, der zwar ständig damit betraut ist, für einen Unternehmer Geschäfte zu vermitteln oder in dessen Namen abzuschließen, dem aber die Selbständigkeit fehlt, gilt nach § 84 Abs. 2 HGB als *Angestellter* und damit als Arbeitnehmer. Ist der **Vertreter** jedoch **selbständig**, so ist er **kein Arbeitnehmer**, sondern selbständiger Gewerbetreibender und damit **Handelsvertreter** nach §§ 84 ff. HGB. *Selbständig ist, wer im wesentlichen frei (weisungsungebunden) seine Tätigkeit gestalten und seine Arbeitszeit bestimmen kann*, § 84 Abs. 1 S. 2 HGB; darüber hinaus sind alle Umstände des Einzelfalles und das Gesamtbild zu würdigen[282]. Dabei entscheidet nicht die Bezeichnung, sondern die tatsächliche vertragliche Gestaltung und Durchführung[283]. **Handelsvertreter sind keine Arbeitnehmer**. Für sie kommt daher auch nicht die Zuständigkeit des Arbeitsgerichts nach § 2 Abs. 1 Nr. 3 ArbGG in Betracht. Handelsvertreter können auch *nicht als arbeitnehmerähnliche* Personen nach § 5 Abs. 1 S. 2 ArbGG angesehen werden[284], so daß daher für ihre Belange nicht die Arbeitsgerichte zuständig sind.

Eine **Ausnahme** davon macht aber § 5 Abs. 3 ArbGG in Verbindung mit § 92 a HGB. Nach dieser Vorschrift gelten **Handelsvertreter** wegen ihrer wirtschaftlichen Abhängigkeit dann **als Arbeitnehmer** im Sinne des ArbGG, wenn sie *nicht für weitere Unternehmer tätig* werden dürfen (sog. Einfirmenvertreter) oder ihnen dies nach Art und Umfang der von ihnen verlangten Tätigkeit nicht möglich ist, § 92 a Abs. 1 HGB[285], und wenn sie während der letzten sechs Monate des Vertragsverhältnisses, bei kürzerer Dauer während dieser, **im Durchschnitt monatlich nicht mehr als 2000 DM**[286] **auf Grund des Vertragsverhältnisses** einschließlich Provision und Ersatz für im regelmäßigen Geschäftsbetrieb entstandene Aufwendungen **bezogen haben**. Für *Versicherungsvertreter* gilt das gleiche *auch* dann, wenn sie auf Grund eines oder mehrerer Verträge *für mehrere Versicherer* Geschäfte zu vermitteln oder abzuschließen haben, *wenn die mehreren Versicherer zu einem Versicherungskonzern oder zu einer zwischen ihnen bestehenden Organisationsgemeinschaft gehören und die Beendigung des Vertragsverhältnisses mit einem* dieser *Versicherer im Zweifel auch die Beendigung des Vertragsverhältnisses mit den anderen zur Folge haben* würde, § 92 a Abs. 2 HGB.

bb) Beamte

159   **Keine Arbeitnehmer** sind **Beamte** (§ 5 Abs. 2 ArbGG), weil sie auf Grund eines *öffentlich-rechtlichen* Anstellungsverhältnisses und nicht eines privatrechtlichen Vertrages ihre Arbeit

---

[279] Vgl. *BAGE* 6, 145. Arbeitnehmer sind auch *Angestellte der Sozialversicherung, BAGE* 2, 81 = JZ 1956, 169 (Knoll); *BSG* RdA 1956, 320 = AP Nr. 15 zu § 2 ArbGG (*Pohle*). – Die *Einstufung* nach TOA (jetzt BAT) kann das Arbeitsgericht bei Behördenangestellten prüfen: *BAGE* 1, 85, 247, 250, 254; 2, 287, 310 u. a.; dazu vgl. *Kaufmann* NJW 1956, 446; *Rewolle* RdA 1955, 210; → auch Rdnr. 159 a.E.

[280] *BAGE* 19, 329; vgl. auch *Dietz/Richardi* (Fn. 274) § 5 Rdnr. 13 m. w. N.

[281] Vgl. auch *Hueck/Nipperdey* (Fn. 258) 50.

[282] *BAGE* 18, 87; *BAG* AP Nr. 1 zu § 92 HGB; AP Nr. 2 zu § 92 HGB = VersR 1966, 382; *BAG* AP Nr. 42 und Nr. 45 zu § 611 BGB; *BSGE* 13, 196; *BGH* NJW 1982, 1758; *BGH* BB 1982, 1877; *OLG München* NJW 1957, 1767; *OLG Stuttgart* BB 1962, 156; *OLG Nürnberg* BB 1960, 956; näher *Schlegelberger* HGB[5] § 84

Rdnr. 3 ff.; *Brüggemann* in Großkommentar HGB (1967) § 84 Rdnr. 9; *Baumbach/Duden/Hopt* HGB[28] (1989) § 84 Anm. 5; *Stolterfoht* Die Selbständigkeit des Handelsvertreters (1973); *Lieb* ZVersWiss 65 (1976) 207 ff. Zum alten Recht *RAGE* 12, 252.

[283] *BGH* BB 1982, 1877.

[284] Das verbietet § 5 Abs. 3 ArbGG; s. auch *BAG* AP Nr. 3 zu § 2 ArbGG Zuständigkeitsprüfung (*Herschel*).

[285] Verbot der Tätigkeit nur für Konkurrenzfirmen genügt nicht, *LAG Mannheim* AP 1954 Nr. 89; ebensowenig die Pflicht, »volle Arbeitskraft zur Verfügung zu stellen« *OLG Frankfurt a. M.* BB 1980, 336. Wohl aber ein Verbot, für irgendeinen weiteren Unternehmer tätig zu sein, *OLG Stuttgart* BB 1966, 1396.

[286] Die Höhe von *Vorschüssen* ist unerheblich, *BGH* AP Nr. 27 zu § 2 ArbGG Zuständigkeitsprüfung = NJW 1964, 497 = MDR 226.

verrichten. Gleiches gilt für **Richter** und **Soldaten**. Auch *ehrenamtliche* und *nebenamtliche* Amtsträger sind keine Arbeitnehmer. Ein nichtiges Beamtenverhältnis kann nicht in ein Arbeitsverhältnis umgedeutet werden[287]. Jedoch kann ein Beamter bei der Abordnung in einen Privatbetrieb als Arbeitnehmer zu behandeln sein[288].

Das Arbeitsgericht ist aber **zuständig** für **Arbeiter und Angestellte des öffentlichen Dienstes**. Diese fallen nicht unter § 5 Abs. 2 ArbGG[289], auch wenn sie hoheitliche Funktionen ausüben[290].

cc) Weitere Gruppen

Keine Arbeitnehmer sind auch **Strafgefangene**[291] und **Untersuchungshäftlinge**[292], ebensowenig in **Heil- und Pflegeanstalten Untergebrachte (Verwahrte)**. Zu unterscheiden ist bei Schaffung von Arbeitsgelegenheiten für **Hilfesuchende**, die vom Arbeitsamt nicht vermittelt werden können und denen die **Sozialhilfe** nach § 19 BSHG Arbeit zu verschaffen sucht: Wird dem Hilfesuchenden für seine Arbeit lediglich Hilfe zum Lebensunterhalt zuzüglich einer angemessenen Entschädigung gewährt, so ist er *kein Arbeitnehmer* im Sinne des § 2 Abs. 1 Nr. 3 ArbGG[293]. Wird ihm jedoch für zusätzliche und gemeinütige Arbeit das übliche Arbeitsentgelt gewährt und damit ein Arbeitsvertrag abgeschlossen, so ist der Hilfesuchende *Arbeitnehmer*[294].

Dagegen kann eine privatrechtliche vertragliche Arbeitspflicht und damit die Arbeitnehmereigenschaft auch auf Grund gesetzlicher Verpflichtung (u. U. zusammen mit einem staatlichen, privatrechtsgestaltenden Hoheitsakt) begründet werden, z. B. nach *altem* Recht durch Zuweisung eines **Schwerbeschädigten**, jetzt auf Grund der **Beschäftigungspflicht** nach § 4 SchwbG. Keine Arbeitnehmer sind Personen, die aus religiösen oder karitativen Motiven ihre Dienste leisten, wie **Ordensangehörige**[295], **Diakonissen** und nach der Rspr. **Rotkreuzschwestern**[296]; sehr wohl sind jedoch Arbeitnehmer die Personen, die aus den vorgenannten Motiven einen bestimmten Beruf gewählt haben. Ebenso können diese Personen zu Dritten in

159a

---

[287] *BAGE* 8, 260 = AP Nr. 18 zu § 2 ArbGG Zuständigkeitsprüfung (*Pohle*) = NJW 1960, 358 = MDR 258 = SAE 118 (*Bötticher*).

[288] *BAGE* 16, 1; *Dietz/Richardi* (Fn. 274) § 5 Rdnr. 54.

[289] *BAGE* 1, 85 (86); 1, 205 (207 ff.); *Kissel* GVG § 13 Rdnr. 186, → auch Fn. 279.

[290] *Grunsky* ArbGG[6] (1990) § 2 Rdnr. 78.

[291] Bis zum Inkrafttreten der §§ 37, 39 StVollzG am 1. I. 1980 ist eine *Arbeitnehmereigenschaft* von Strafgefangenen zu verneinen gewesen (*BAG* AP Nr. 18 zu § 5 BetrVG 1972 = RdA 1979, 60 (L) = EzA § 5 BetrVG 1972 Nr. 33). Bis zu diesem Zeitpunkt konnten sie auch nicht als *arbeitnehmerähnliche* Personen angesehen werden, → Rdnr. 164 Fn. 325 m. w. N. Nach Inkrafttreten der genannten Vorschrift ist jedoch nicht ohne weiteres die alte Rechtsansicht zu übernehmen. Da durch die Regelung des StVollzG die rechtliche Stellung des Strafgefangenen verbessert werden soll, erscheint es deshalb fraglich, die arbeitsrechtlichen Schutzvorschriften nicht auf einen Strafgefangenen anzuwenden, der Arbeit leistet, so z. B. wenn gemäß § 39 Abs. 1 StVollzG ein *Gefangener als Freigänger* einem freien Beschäftigungsverhältnis außerhalb der Anstalt nachgeht. Soweit im Rahmen dieser Bestimmung Verträge zwischen einem Gefangenen und einem außerhalb der Anstalt stehenden Unternehmer geschlossen werden und diesem die Weisungsbefugnisse hinsichtlich der Arbeitsleistung zustehen, ist dem Strafgefangenen nicht die Eigenschaft als Arbeitnehmer abzu-

sprechen (*LAG Baden-Württemberg* NZA 1989, 886; *Fitting/Auffarth/Kaiser/Heither* BetrVG[17] § 5 Rdnr. 110; *Kraft* in Gemeinschaftskommentar zum BetrVG[4] (1990) von *Fabricius/Kraft/Thiele/Wiese/Kreutz* (1990) § 5 Rdnr. 46; (offengelassen von *BAG* a. a. O.). Davon zu unterscheiden ist aber, wenn der Strafgefangene innerhalb der Anstalt *ausgebildet* wird. Diese Ausbildung wird nicht aufgrund eines privatrechtlichen Vertrages durchgeführt, sondern beruht auf den öffentlich-rechtlichen Regelungen des StVollzG (*BAGE* 53, 336 [339]).

[292] *BAGE* 22, 1.

[293] *BVerwGE* 12, 64.

[294] *Oesterreicher* Bundessozialhilfegesetz[4] (1991) § 19 Rdnr. 8; vgl. auch *BVerwGE* 12, 64 sowie *Knopp/Fichtner* Bundessozialhilfegesetz[6] (1988) § 19 Rdnr. 6.

[295] *LAG Hamm* AP Nr. 3 zu § 611 BGB Ordensangehörige (*Mayer-Maly*) = DB 1972, 295; *Dietz/Richardi* (Fn. 274) § 5 Rdnr. 114 m. w. N.; a. M. *Grunsky* ArbGG[6] § 5 Rdnr. 7. S. dazu auch *Mayer-Maly* Erwerbsabsicht und Arbeitnehmerbegriff (1965).

[296] *BAGE* 2, 289 = AP Nr. 1 zu § 5 ArbGG, AP Nr. 1 zu § 5 BetrVG = SAE 1976, 204 (*Gitter*); *BAG* Nr. 2 zu § 5 BetrVG 1972; *Auffarth/Schönherr* ArbGG[3] § 5 Anm. 1, anders und zutreffend (*für Arbeitnehmereigenschaft*) *Gitter* a. a. O.; *Zöllner* (Fn. 258) 42; v. *Meydell* AuR 1976, 202 (204 f.).

ein Arbeitsverhältnis treten[297]. Zu den **Helfern** im **Entwicklungshilfsdienst** und im **Freiwilligen sozialen Jahr** → Rdnr. 186 und 187.

dd) Familienrechtliche Verpflichtungen

160   Weiter ist **nicht Arbeitnehmer**, wer auf Grund **familienrechtlicher Verpflichtungen** arbeitet, z. B. ein Ehegatte, der den Haushalt führt, oder ein Kind, das gemäß § 1619 BGB im elterlichen Geschäft oder Hauswesen Dienste leistet; jedoch schließt eine (kraft familienrechtlicher Vorschriften möglicherweise bereits bestehende) Verpflichtung zur Arbeitsleistung nicht aus, daß die Beteiligten ein Arbeitsverhältnis[298] durch ausdrückliche oder stillschweigende[299] Vereinbarungen begründen, soweit danach im Einzelfall das Arbeitsverhältnis anzuerkennen ist, ist auch das Arbeitsgericht zuständig[300].

ee) Organe juristischer Personen

161   **Keine Arbeitnehmer** sind schließlich in Betrieben einer juristischen Person oder einer Personengesamtheit Beschäftigte, die **kraft Gesetzes, Satzung oder Gesellschaftsvertrags allein oder als Mitglied des Vertretungsorgans zur Vertretung der juristischen Person oder Personengesamtheit berufen sind**, § 5 Abs. 1 Satz 3 ArbGG, weil diese **Organmitglieder** *Arbeitgeberfunktionen* wahrzunehmen haben[301]. Die juristischen Personen können dem bürgerlichen Recht, insbesondere dem Handelsrecht, wie dem öffentlichen Recht angehören[302]. Soweit das Organmitglied nach dem Anstellungsvertrag gleichzeitig noch andere nichtorganschaftliche Aufgaben zu erfüllen hat, kann es *insoweit als Arbeitnehmer* zu behandeln sein[303]. Allerdings kommt es auf die Beschränkung der Vertretungsmacht im Innenverhältnis nicht an[304]. Macht der Arbeitnehmer, der gleichzeitig Organ ist oder zeitweilig auch Organ war, Ansprüche geltend, so ist für die Zuständigkeit maßgebend, auf welches Rechtsverhältnis der geltendgemachte Anspruch gestützt wird[305]. Eine rechtsgeschäftlich erteilte Vertretungsmacht, z. B. **Prokura, steht der Arbeitnehmereigenschaft nicht entgegen**; daher kann ein **Kommanditist einer KG**, der zwingend von der Vertretung ausgeschlossen ist (§ 170 HGB), auch *Arbeitnehmer* sein, selbst wenn er Prokura hat[306]. **Leitende Angestellte sind Arbeitnehmer**[307].

ff) Ausbildungsverhältnisse

162   **Zur Berufsausbildung Beschäftigte und damit Arbeitnehmer** im Sinne der arbeitsgerichtlichen Zuständigkeit sind ferner **Auszubildende**, die in einem Berufsausbildungsverhältnis nach § 3 BBiG stehen, aber **auch Anlernlinge, Volontäre, Umschüler** und **Praktikanten**[308]; Arbeitnehmer sind auch die Jugendlichen, die in einem *überbetrieblichen Ausbildungszen-*

---

[297] Vgl. *Grunsky* ArbGG[6] § 5 Rdnr. 8.

[298] *Ehegattenarbeitsverhältnisse* finden auch im Steuerrecht Anerkennung *BVerfGE* 13, 290 = *FamRZ* 1962, 107; *BFH* NJW 1964, 1646; BB 1968, 1029 BB 1983, 1835 f., BB 1984, 122 f. Die Anerkennung des Arbeitsverhältnisses hängt dabei davon ab, ob es einem sog. Drittvergleich standhält (→ auch Rdnr. 170).

[299] Beschäftigung bei anderen Verwandten macht nicht zum Arbeitnehmer, wenn *reine Gefälligkeit vorliegt*, *ArbG Göttingen* AP 1951 Nr. 132 (*Verlobte*).

[300] *Kissel* § 13 Rdnr. 182.

[301] Dazu *Wehrmeyer* Die arbeitsrechtliche Einordnung der Organe juristischer Personen. Zugleich ein Beitrag zur Typologie im Arbeitsrecht (1988).

[302] Z. B. der *Geschäftsführer einer AOK, BAGE* 9, 313 = AP Nr. 8 zu § 5 ArbGG (*Nikisch*).

[303] Vgl. *BAG* AP Nr. 14 zu § 5 ArbGG; *Rohlfing/Rewolle* (Fn. 271) § 5 Anm. 2.

[304] *BAG* NZA 1986, 68.

[305] *BAG* AP Nr. 19 zu § 5 ArbGG (krit. *Grunsky*) = NJW 1974, 1243; vgl. auch *BAGE* 24, 384; *BAG* SAE 1975, 32 (*Weber*), AP Nr. 4 zu § 626 BGB Ausschlußfrist (*Söllner*) = SAE 1973, 100 (*Beitzke*). *Hueck* Zur arbeitsrechtlichen Stellung des GmbH-Geschäftsführer; ZfA 1985, 25; zu Problemen bei Beendigung des Arbeitsverhältnisses bei Doppelstellung vgl. *BAG* NZA 1987, 845; hierzu *Hohlfeld* GmbH Rdsch 1988, 184.

[306] *BAGE* 19, 361 f.

[307] Zur Doppelfunktion als Arbeitgeber und als Arbeitnehmer vgl. *Gaul* GmbH Rundschau 1989, 357. Zum Begriff des leitenden Angestellten *Richardi* AuR 1991, 33 ff.

[308] Keine Arbeitnehmer sind Schülerpraktikanten *BAG* RuA 1990, 260.

---

trum ausgebildet werden[309]. *Aspiranten* stehen in keinem privatrechtlichen Vertragsverhältnis und sind daher keine Arbeitnehmer[310]. Eine **Lernschwester** (*Krankenpflegeschülerin*) steht in Berufsausbildung, nicht in einem Schulverhältnis[311].

gg) Heimarbeiter

Als **Arbeitnehmer** gelten nach § 5 Abs. 1 S. 2 ArbGG **die in Heimarbeit Beschäftigten** und   **163**
die diesen **Gleichgestellten** wobei es auf die Bezeichnung des Rechtsverhältnisses als solches nicht ankommt[312]; zum Begriff des Heimarbeiters und des Gleichgestellten[313] s. §§ 1, 2 Heimarbeitsgesetz, auch → § 850i.

hh) Arbeitnehmerähnliche Personen

Weiterhin gelten als Arbeitnehmer Personen, die wegen ihrer *wirtschaftlichen, nicht*   **164**
persönlichen Unselbständigkeit als **arbeitnehmerähnliche Personen**[314] anzusehen sind (§ 5 Abs. 1 S. 2 ArbGG). Hierzu rechnen in der Regel[315] auch die unter § 12a TVG gehörenden **Mitarbeiter der Medien**[316], der **Kunst** und der **Wissenschaft**[317], die **künstlerische, schriftstellerische** oder **journalistische** Leistungen erbringen oder an der **technischen Gestaltung** solcher Leistungen mitwirken. Da § 12a Abs. 1 TVG über die wirtschaftliche Abhängigkeit hinaus auch noch soziale Schutzbedürftigkeit verlangt, ist nicht jeder, der unter § 12a Abs. 1 und 3 TVG fällt, auch notwendig eine arbeitnehmerähnliche Person i. S. v. § 5 Abs. 1 ArbGG. Ist eine persönliche Abhängigkeit gegeben oder tritt diese zur wirtschaftlichen hinzu, handelt es sich um einen *Arbeitnehmer, nicht eine arbeitnehmerähnliche Person*[318]. **Die wirtschaftliche Unselbständigkeit muß sich gerade aus dem Verhältnis zum Dienstberechtigten ergeben**[319]. Eine arbeitnehmerähnliche Person kann mehreren Personen gegenüber dienstverpflichtet sein[320], doch muß die Beschäftigung für einen der Auftraggeber die wesentliche Tätigkeit sein und die daraus fließende Vergütung die entscheidende Existenzgrundlage bilden[321]. Hat der Betreffende erhebliches Vermögen, so kann das die Bejahung der arbeitnehmerähnlichen

---

[309] *BAGE* 52, 182 = *AP* Nr. 33 zu § 5 BetrVG 1972.
[310] *BAG EzA* Nr. 15 § 611 BGB (früherer *Aspirant bei der Bundespost* [vor deren Neuordnung]).
[311] *BAGE* 5, 32.
[312] *BAG DB* 1989, 1426.
[313] Zur Heimarbeit bei einer *Phonotypistin, BSG AP* Nr. 7 zu § 2 HAG; *Inhaber einer Strickerei mit 20 Strickautomaten* kann nach den Gesamtumständen *Heimarbeiter* sein, *BAG AP* Nr. 8 zu § 2 HAG; *Adressenschreiben* ist Heimarbeit, *BAGE* 14, 245 = *AP* Nr. 3 zu § 2 HAG (*Maus*).
[314] Beispiele aus der Rspr., die jedoch nicht verallgemeinert werden dürfen, da es stets wesentlich auf die Umstände des Einzelfalls ankommt: *BAGE* 3, 110 (*selbständiger Erfinder*, Arbeitnehmerähnlichkeit bejaht); *BAG AP* Nr. 7 zu § 611 BGB Lehrer, Dozenten (Arbeitnehmerähnlichkeit verneint bei *nebenberuflicher Lehrkraft*); *BAGE* 14, 17 (bei *Handicapper im Pferderennsport* Arbeitnehmerähnlichkeit verneint); *BAGE* 19, 324 (*freier Mitarbeiter beim Fernsehen*, bei langjähriger Vertragsbeziehung Arbeitnehmerähnlichkeit bejaht); *BAGE* 25, 248 (*Ansager und Nachrichtensprecher* beim Fernsehen nicht arbeitnehmerähnliche Person); *BAG AP* Nr. 17 zu § 5 ArbGG = SAE 1969, 113 (*Herschel*) (bei *Theaterintendant* Arbeitnehmerähnlichkeit nicht ausgeschlossen); *BAGE* 25, 505 (*freies Orchestermitglied beim Rundfunk,* Arbeitnehmerähnlichkeit offengeblieben); *BAG BB*

1978, 761 (*Musikbearbeiter* bei *Rundfunk* mit im wesentlich freier Arbeitseinteilung innerhalb gesetzter Fristen i. d. R. kein Arbeitnehmer); *BAG BB* 1991, 1414 ff. (*Lektor* kein Arbeitnehmer); *BAG BB* 1991, 1795 (keine Arbeitnehmereigenschaft, wenn alle Mitarbeiter *Gesellschafter einer GmbH* sind und alle zu deren Geschäftsführung bestellt sind); *BAG BB* 1991, 2308 (*Aushilfstaxifahrer*); *BAG BB* 1992, 1216 (keine Arbeitnehmerschaft bei *pauschal bezahlten Berichterstattern*); *BAG DB* 1992, 742 (Arbeitnehmereigenschaft bei *Honorarlehrkräften*); *LAG München* NJW 1985, 696 (*Betriebsarzt* mit über 50.000,– DM Einkommen aus freier Praxis kein Arbeitnehmer); *LAG Schleswig-Holstein* NZA 1986, 763 (*freier Journalist* kann arbeitnehmerähnliche Person sein).
[315] *BAGE* 66, 113 ff.
[316] *Beuthien* RdA 1978, 2 ff. Zur Arbeitnehmereigenschaft der *freien Mitarbeiter* bei den *Rundfunk-* und *Fernsehanstalten*; sowie die weiteren Beiträge in RdA 1978, 11–32; *BAG BB* 1991, 982 ff.; *Rüthers* Rundfunkfreiheit und Arbeitsrechtsschutz RdA 1985, 129 ff.
[317] Vgl. auch *Wiedemann/Stumpf* TVG⁵ § 12a Rdnr. 13.
[318] Vgl. *BAGE* 19, 329 f.; 12, 262; *BAG BB* 1978, 760.
[319] *BAG* NJW 1973, 1994; *Grunsky* ArbGG⁶ § 5 Rdnr. 17.
[320] *BAGE* 3, 113; *BAG* NJW 1973, 1995.
[321] *BAGE* 25, 248 (253).

Eigenschaft aussschließen[322], ebenso erhebliche andere Einkünfte[323], weil er dann nicht auf die Verwertung seiner Arbeitskraft angewiesen ist. Über die wirtschaftliche Unselbständigkeit hinaus muß der Betreffende nach seiner *sozialen Stellung unter Berücksichtigung der Verkehrsauffassung* als arbeitnehmerähnliche Person anzusehen sein[324]. **Strafgefangene** sind grundsätzlich keine arbeitnehmerähnliche Personen[325].

b) Arbeitgeber-Begriff

165   Bei den individuellen Streitigkeiten des § 2 Abs. 1 Nr. 3 ArbGG **muß** *eine* der **Prozeßparteien ein Arbeitgeber** oder ein **Rechtsnachfolger eines Arbeitgebers** (näher zur Rechtsnachfolge → Rdnr. 220) sein. *Arbeitgeber ist derjenige, für den ein Arbeitnehmer tätig ist.* Der Arbeitgeber muß mindestens *einen* Arbeitnehmer angestellt haben, wenn auch weder dauernd noch regelmäßig[326]. **Arbeitgeber** kann eine **natürliche Person** ebenso wie eine **juristische Person des öffentlichen oder privaten Rechts** sein, auch **OHG** und **KG** können Arbeitgeber sein[327]. Bei der **Gesellschaft des bürgerlichen Rechts** sind die Gesellschafter als solche der Arbeitgeber. Arbeitgeber für die bei den **Streitkräften des Nordatlantikpaktes** angestellten Arbeitnehmer sind die Streitkräfte[328], obgleich die Lohnzahlung durch den Bund erfolgt. Für die Hafenarbeiter kann der **Gesamthafenbetrieb** nach dem Gesamthafenbetriebsgesetz vom 3. VIII. 1950 (BGBl. I S. 352) Arbeitgeber sein[329].

166   Besonderheiten ergeben sich für **Leiharbeitsverhältnisse**. Dem Entleiher steht gegenüber dem Arbeitnehmer kein selbständiger Anspruch auf die Erbringung der Arbeitsleistung zu[330]; die Arbeitgeberfunktion ist quasi aufgeteilt[331]. Dieselbe Person kann **zugleich Arbeitgeber** in *einer* Beziehung und **Arbeitnehmer** in *anderer* Beziehung sein, z.B. der (angestellte) **Syndikusanwalt** beschäftigt für die eigenen Prozesse eine Sekretärin, der Angestellte hat eine Hausgehilfin. In derartigen Fällen kann aber auch ein sogenanntes **mittelbares Arbeitsverhältnis** vorliegen. Ein solches ist dann gegeben, wenn ein Arbeitnehmer von einem Mittelsmann (z.B. einem Kapellmeister[332], **Zwischenmeister**, Oberschweizer oder Melkmeister), der seinerseits Arbeitnehmer eines Dritten (eines Unternehmers) ist, angestellt und beschäftigt wird, wobei die Arbeit jedoch mit Wissen des Unternehmers unmittelbar für diesen geleistet wird[333]. Kein mittelbares Arbeitsverhältnis liegt vor, wenn z.B. der Zwischenmeister seine Gehilfen nur als Vertreter des Unternehmers für diesen unmittelbar einstellt. Soweit nach materiellem Recht Ansprüche gegen den Arbeitgeber des Zwischenmeisters, Oberschweizers oder Kapellmeisters (Unternehmer) bestehen, ist auch die Zuständigkeit der *Arbeitsgerichte* beim mittelbaren Arbeitsverhältnis anzuerkennen.

---

[322] *BAGE* 14, 20.
[323] *BGH* NJW 1977, 854; *BGHZ* 68, 127 (130); *Grunsky* ArbGG[6] § 5 Rdnr. 18.
[324] *BAGE* 12, 158 = AP Nr. 2 zu § 717 ZPO (*Pohle*); 14, 17 = AP Nr. 3 zu § 611 BGB Abhängigkeit; *BAG* AP Nr. 17 zu § 5 ArbGG (*A. Hueck*).
[325] *BAGE* 22, 5 (→ aber Rdnr. 159 Fn. 291).
[326] Vgl. *Dersch/Volkmar* ArbGG[6] § 5 Rdnr. 130.
[327] *BAGE* 32, 187, 52, 24: Die *persönlich haftenden Gesellschafter* können wegen § 128 HGB wie Arbeitgeber in Anspruch genommen werden. Dasselbe gelte auch für den *Kommanditisten*, der nach § 171 Abs. 1 HGB haftet, Matthes (Fn. 259) § 3 Rdnr. 10; *Ackmann* in EWiR 1991, 529 (530). A. M. *LAG Baden-Württemberg* EWiR 1991, 529.
[328] *BAG* AP Nr. 11 zu Art. 44 Truppenvertrag; vgl. auch *Rohlfing/Rewolle* (Fn. 271) § 2 Anm. 21 c.
[329] *Söllner* Arbeitsrecht[10] (1990) S. 21 f.

[330] *Becker-Wulfgramm* Arbeitnehmerüberlassungsgesetz[3] (1985) Art. 1 § 1 Rdnr. 57.
[331] *Palandt/Putzo*[51] Einf. v. § 611 BGB Rdnr. 40; *Zöllner* (Fn. 258) S. 298; anders, wenn Anspruch auf Arbeitsleistung mit Zustimmung des Arbeitnehmers nach § 613 Satz 2 BGB an Entleiher abgetreten wurde, *Zöllner* (Fn. 258) S. 298.
[332] oder eine *Orchestergesellschaft*. Daß ein Sender auf diese einen starken wirtschaftlichen und künstlerischen Einfluß ausübt, macht ihn nicht zum Arbeitgeber der Orchestermitglieder; *BAG* AP Nr. 19 zu § 611 BGB Abhängigkeit = BB 1976, 418 = DB 346 = SAE 252 (*Mayer-Maly*) = JuS 337.
[333] *BAGE* 4, 93; 6, 232; vgl. auch *Hofrichter* Das mittelbare Arbeitsverhältnis (1939); *Nikisch* Arbeitsrecht[3] (Fn. 263) 232 ff. m. w. N.; *Hueck/Nipperdey* (Fn. 271) 788 ff.; *Schaub* (Fn. 271) § 185.

Über Ansprüche gegen **Rechtsnachfolger** → Rdnr. 220 ff. und gegen selbständige betriebliche **Sozialeinrichtungen** → Rdnr. 182 f.

c) Der Gegenstand der individualrechtlichen Streitigkeiten

Für die individualrechtlichen Streitigkeiten des § 2 Abs. 1 Nr. 3 ArbGG (*Text* → Rdnr. 141)   **167** zwischen Arbeitnehmer und Arbeitgeber muß es sich um **bürgerliche Rechtsstreitigkeiten** (→ Einl. Rdnr. 341 ff.) handeln, und zwar entweder über **Ansprüche aus dem Arbeitsverhältnis** (→ Rdnr. 168 ff.) oder über das Bestehen oder Nichtbestehen eines Arbeitsverhältnisses (→ Rdnr. 176) oder über **Ansprüche aus Verhandlungen über die Eingehung eines Arbeitsverhältnisses** oder **aus dessen Nachwirkungen** (→ Rdnr. 177) oder auch über Ansprüche aus **unerlaubten Handlungen, soweit diese mit dem Arbeitsverhältnis im Zusammenhang stehen** (→ Rdnr. 178) oder über die **Arbeitspapiere** (→ Rdnr. 179). Soweit § 2 Abs. 1 Nr. 3 ArbGG keine erschöpfende Aufzählung der zwischen Arbeitnehmer und Arbeitgeber hinsichtlich des Arbeitsverhältnisses bestehenden Ansprüche enthält, ist § 2 Abs. 1 Nr. 4 lit. a) ArbGG zu beachten, der alle Ansprüche zwischen diesen Personen, die mit dem Arbeitsverhältnis in **rechtlichem** oder **unmittelbarem wirtschaftlichem Zusammenhang** stehen, dem Arbeitsgericht zuweist. Wegen der erweiterten Zuständigkeit des Zusammenhangs nach § 2 Abs. 3 ArbGG → Rdnr. 204 ff. und wegen Streitigkeiten von Rechtsnachfolgern → Rdnr. 220 ff.

aa) »Bürgerliche Rechtsstreitigkeiten zwischen Arbeitnehmern und Arbeitgebern aus dem Arbeitsverhältnis«, § 2 Abs. 1 Nr. 3 lit. a) ArbGG

In erster Linie sind dies Streitfälle aus dem **Arbeitsvertrag.** Wie sich aus dem Wortlaut des   **168** Gesetzes ergibt, das von »*Arbeitsverhältnis*« (nicht: *Arbeitsvertrag*) spricht, ist das Vorliegen oder die Wirksamkeit eines Arbeitsvertrages nicht erforderlich. Hierher gehören deshalb auch Ansprüche aus dem sogenannten »**faktischen Arbeitsverhältnis**«[334] sowie aus **ungerechtfertigter Bereicherung wegen rechtsgrundlos geleisteter Arbeit** oder rechtsgrundlos gezahlten Lohns oder Ansprüche aus einem nichtigen Arbeitsvertrag[335]. **Nicht erforderlich ist, daß das Arbeitsverhältnis noch zu dem Zeitpunkt besteht, in dem dieser Anspruch aus dem Arbeitsverhältnis gerichtlich geltend gemacht wird**, zum Rechtsnachfolger → Rdnr. 220. Die Gerichte für Arbeitssachen sind auch zuständig für Ansprüche aus einem *Schwarzarbeitsverhältnis*, sofern es sich nicht um eine Werkleistung (um einen Werkvertrag) handelt[336].

Ansprüche aus **Geschäftsführung ohne Auftrag** gehören vor die *ordentlichen Gerichte*, auch wenn die Geschäftsführung im Erbringen von Leistungen bestand, die üblicherweise (nur) in einem Arbeitsverhältnis erbracht werden[337].

(1) Änderung des Schuldgrundes

Erlischt ein Anspruch aus dem Arbeitsverhältnis und tritt durch **Schuldumschaffung (Nova-**   **169** **tion)** an seine Stelle ein *neuer* Schuldgrund, so ist für diesen neuen Anspruch das Arbeitsgericht nicht schon deswegen zuständig, weil der *ursprüngliche* Anspruch aus einem Arbeitsver-

---

[334] *Schaub* Arbeitsrechtliche Formularsammlung und Arbeitsgerichtsverfahren[4] (1986) § 82 IV 4.

[335] Vgl. *BAGE* 14, 180 (183 f.).

[336] *Schaub* (Fn. 334) § 82 IV 4; *Grunsky* ArbGG[6] § 2 Rdnr. 87.

[337] Vgl. *Grunsky* ArbGG[6] § 2 Rdnr. 87; anders die 19. Auflage dieses Kommentars (für die dort angeführte Entscheidung des *RAGE* 1, 250 dürfte sich jetzt aus § 2 a Abs. 1 Nr. 1 ArbGG die Zuständigkeit des Arbeitsgerichts ergeben).

hältnis hervorging. Vielmehr wird man hier, um zu sachgerechten Ergebnissen zu gelangen, auch auf weitere Umstände des Falles abstellen müssen, insbesondere die Art des geltend gemachten Anspruchs. Bei Streitigkeiten aus einem **Vergleich** über Ansprüche aus einem Arbeitsverhältnis verbleibt es bei der Zuständigkeit des Arbeitsgerichts, selbst wenn sich eine Klage aus dem Vergleich auf abstrakte Schuldumschaffung (**abstraktes Schuldanerkenntnis oder -versprechen**) stützt[338]. Denn hier bleibt die Sachnähe zum Arbeitsverhältnis bestehen; der *Vergleich entspringt auch dem Arbeitsverhältnis.* Das bisherige Schuldverhältnis wird nicht aufgehoben und durch ein anderes ersetzt[339]. Gewährt der Arbeitnehmer für rückständigen Lohn seinem Arbeitgeber ein **Darlehen** (→ auch Rdnr. 172), so ist zu unterscheiden: Liegt eine *Schuldabänderung*[340] oder eine *kausale Schuldumschaffung* (vgl. § 607 Abs. 2 BGB) vor, so bleiben die Arbeitsgerichte zuständig; handelt es sich dagegen um eine *abstrakte Schuldumschaffung* (in der Form des § 781 BGB), so ist die Zuständigkeit des Arbeitsgerichts nach § 2 Abs. 1 Nr. 3 lit. a) ArbGG nicht gegeben[341], jedoch wird dann meist seine Zuständigkeit nach § 2 Abs. 1 Nr. 4 lit. a) ArbGG begründet sein, da fast stets ein *unmittelbarer wirtschaftlicher Zusammenhang* zwischen Darlehen und Arbeitsverhältnis bestehen wird.

Bei Streitigkeiten aus einem **Scheck** oder einem **Wechsel**, der für einen Anspruch aus dem Arbeitsverhältnis begeben oder übertragen wurde, z. B. für rückständigen Arbeitslohn, **sind die Arbeitsgerichte zuständig**, wenn die **Wechsel- bzw. Scheckforderung gegen den Partner des arbeitsrechtlichen Grundgeschäfts geltend gemacht** wird[342]. Das ist der Fall, wenn der Wechsel oder Scheck für Ansprüche aus einem Arbeitsverhältnis ausgestellt wurde und der *Nehmer* gegen den *Aussteller* klagt oder der *Inhaber* eines Wechsels gegen seinen *Indossanten* klagt, der ihm zur Abdeckung eines Anspruchs aus dem Arbeitsverhältnis einen Wechsel übertragen hat. Solange kann der arbeitsgerichtlichen Zuständigkeit nicht entgegengehalten werden, daß es sich bei Scheck und Wechsel um Umlaufpapiere handelt, weil sich dieser Charakter *vor* der Weiterübertragung nicht auswirkt. Wird dagegen ein Wechsel oder auch ein Scheck, der für einen Anspruch aus einem Arbeitsverhältnis begeben ist, sonst weiterübertragen, so sind für daraus entstehende *wertpapierrechtliche* Streitigkeiten die ordentlichen Gerichte zuständig. Wegen der Schuldübernahme → Rdnr. 195.

(2) Arbeitsverhältnis ohne konkrete Entlohnung

170   Vor die Arbeitsgerichte gehören auch die Streitigkeiten wegen der **Entlohnung von Personen, die nicht oder weniger in Erwartung eines Lohnes** (→ Rdnr. 157) **fremdbestimmte Arbeit** geleistet haben als vielmehr in Erwartung einer Eheschließung, Erbeinsetzung oder Betriebsübertragung[343]. Voraussetzung ist jedoch, daß ein Arbeitsverhältnis vorliegt[344], allerdings dürfen hier keine allzu strengen Anforderungen gestellt werden. Fehlt es an der für das Arbeitsverhältnis typischen Abhängigkeit, so sind für solche Klagen auf Entlohnung die

---

[338] Vgl. *Grunsky* ArbGG[6] § 2 Rdnr. 97; *Dietz/Nikisch* ArbGG § 2 Rdnr. 116; *Hueck/Nipperdey* (Fn. 258) 919 Fn. 27; anders, falls im Vergleich eine *Novation* enthalten ist, *Rohlfing/Rewolle* (Fn. 271) § 2 Anm. 19.

[339] *Larenz* Schuldrecht[14] I (1987) § 7 IV.

[340] Zu den Begriffen *Schuldabänderung* und *Schuldumschaffung Fikentscher* Schuldrecht[7] (1985) § 94; *Palandt/Putzo* BGB[51] § 607 Rdnr. 15 ff.

[341] *OLG Saarbrücken* SJZ 1950, 754; *Dietz/Nikisch* ArbGG § 2 Rdnr. 116; – a. M. die 19. Auflage dieses Kommentars; *Grunsky* ArbGG[6] § 2 Rdnr. 97; *Dersch/Volkmar* ArbGG[6] § 2 Rdnr. 114; *Molitor* SJZ 1950, 756; *Siebert* BB 1951, 589.

[342] *Bassenge* SchlHA 1968, 201; *AG Lübeck* SchlHA

1968, 218; *Baumbach/Hefermehl* Wechselgesetz und Scheckgesetz[17] WG Einl. Rdnr. 73. Diese Frage ist str., *OLG München* NJW 1966, 1418 bejaht die Zuständigkeit der Arbeitsgerichte für alle Klagen aus *abstrakten Schuldverhältnissen* (im dortigen Fall *Scheck*) unter Hinweis auf die in Nr. 207 (unter a. M.) Genannten; vgl. auch *Grunsky* ArbGG[6] § 2 Rdnr. 6; *Kirchner* BB 1965, 1233 bejaht demgegenüber die Zuständigkeit der ordentlichen Gerichte; ebenso *Dietz/Nikisch* ArbGG § 2 Rdnr. 116 und 12.

[343] Vgl. *Böttícher* ZZP 72 (1959) 47 ff. (m. w. N.); a. M. *Grunsky* ArbGG[6] § 2 Rdnr. 87.

[344] Vgl. dazu *BAGE* 14, 291 = AP Nr. 20 zu § 612 BGB (*Hueck*) sowie *BAG* AP Nr. 25, Nr. 26 und Nr. 29 zu § 612 BGB, AP Nr. 2 zu § 146 KO (*Weber*).

ordentlichen Gerichte zuständig; das kann bei Ehegatten, vor allem bei gleichberechtigter Mitarbeit im Geschäft[345], zutreffen.

(3) Werkdienstwohnung

Unter § 2 Abs. 1 Nr. 3 lit. a) ArbGG fallen auch Streitigkeiten, die **Werkdienstwohnungen** **171** **(§ 565 e BGB)** zum Gegenstand haben. Werkdienstwohnungen sind Wohnungen (z. B. Hauswartswohnungen, Wohnungen für landwirtschaftliche Arbeiter, Heimleiter oder Hauspersonal), deren Überlassung *Teil des Arbeitsvertrags und der Vergütung des Arbeitnehmers* ist. **Diese sind zu unterscheiden[346] von Werkmietwohnungen** (§ 565 b BGB), für die ein eigener Mietvertrag besteht und die nur mit Rücksicht auf das bestehende Dienstverhältnis an Betriebsangehörige vermietet sind; für Streitigkeiten wegen **Werkmietwohnungen sind die Amtsgerichte**[347] zuständig (→ § 29 a Rdnr. 21). Da für *Werkdienstwohnungen* kein gesonderter Mietvertrag besteht, sondern ihre Überlassung Teil der Entlohnung ist und diese im Arbeitsvertrag geregelt ist, fallen sie nicht unter § 29 a ZPO[348]. **Für Streitigkeiten wegen Werkdienstwohnungen sind daher die Arbeitsgerichte zuständig**[349]Die Zuständigkeit ergibt sich auch aus § 2 Abs. 1 Nr. 3 lit. a) ArbGG[350], da kein eigener Mietvertrag besteht, sondern die Wohnungsgewährung *Teil des Arbeitsvertrages* ist[351]. Diese Regelung ist sachgerecht, und zwar auch in den Fällen des § 565 e BGB, da meistens der Streit mit der Arbeitsverpflichtung im Zusammenhang stehen wird. Allerdings besteht die Zuständigkeit des Arbeitsgerichts nicht mehr, sondern es ist nach § 29 a ZPO die Kompetenz des Amtsgerichts gegeben, wenn das Arbeitsverhältnis beendet ist und das Mietverhältnis noch weiterbesteht (auch als gesetzliches Schuldverhältnis[352]).

(4) Die einzelnen arbeitsrechtlichen Ansprüche

Dem Arbeitsverhältnis entstammen z. B.: die Ansprüche auf die *Arbeitsvergütung* ein- **172** schließlich der Beträge für *Steuern* und *Sozialversicherung*, die Ansprüche auf Zahlung des *Arbeitgeberanteils an die Sozialversicherung* (→ Einl. Rdnr. 573) oder auf *Auszahlung des Arbeitgeberanteils zur Sozialversicherung* (→ Einl. Rdnr. 573), der Anspruch des Arbeitgebers auf Erstattung *nachentrichteter Arbeitnehmeranteile* zur gesetzlichen Sozialversicherung[353], der Anspruch gegen den Arbeitgeber auf Auskehrung einer zugunsten des Arbeitnehmers abgeschlossenen *Lebensversicherung*[354] sowie auf Erteilung eines *Zeugnisses*. Auch Klagen auf *Zahlung einer Abfindung* nach § 9 KSchG gehören hierher. Klagen eines *Arbeitgebers* gegen einen Arbeitnehmer auf **Rückzahlung zuviel gezahlten Lohnes** oder sonstiger Leistungen fallen unter die Zuständigkeit der Arbeitsgerichtsbarkeit, ebenso auf Rückzahlung eines Darlehens, wenn der Arbeitgeber das *Darlehen* im rechtlichen Zusammenhang mit dem Arbeitsverhältnis gewährt hat (→ auch Rdnr. 169); ein nur tatsächlicher Zusammenhang

---

[345] Vgl. *Bötticher* ZZP 72 (1959) 49. Der Wegfall der Mitarbeitspflicht des Ehegatten gemäß § 1356 Abs. 2 BGB a. F. durch das EheRG (→ Einl. Rdnr. 157) hat die Begründung echter Arbeitsverhältnisse zwischen Ehegatten erleichtert (→ auch Rdnr. 160).

[346] Zur Unterscheidung *Palandt/Putzo* BGB⁵¹ Vorb. §§ 565 b – 565 e Rdnr. 7 ff.; *Schmidt-Futterer/Blank* BB 1976, 1033; zum früheren Recht *Dersch/Volkmar* ArbGG⁶ § 2 Rdnr. 118 ff.

[347] *BAGE* 64, 75 ff. = NZA 1990, 539 ff.

[348] Das verkennen *Matthes* BB 1968, 552 sub 4, 5 und auch *Thomas/Putzo*¹⁷ § 29 a Anm. 2 a. Das *ArbG Wetzlar*

NZA 1989, 233 hat sich der letztgenannten Auffassung angeschlossen; so auch das *ArbG Hannover* BB 1991, 554. Das *BAG* hat die Frage in AP Nr. 20 zu § 36 ZPO offengelassen.

[349] So auch *Schmidt-Futterer/Blank* BB 1976, 1034.

[350] Vgl. *ArbG Münster* NZA 1989, 531.

[351] *BAG* AP Nr. 1 zu § 611 Werkdienstwohnung; *BAG* NZA 1990, 191 f.

[352] Vgl. *Schmidt-Futterer/Blank* BB 1976, 1034, *AG Garmisch* ZMR 1972, 117.

[353] *BAG* BB 1978, 967.

[354] *BAGE* 17, 116 f.

genügt nicht[355] (z.B. Darlehen zum Hausbau des Arbeitnehmers). Die Entscheidung über einen Anspruch nach § 850 h Abs. 2 gehört hierher, wenn der *Vollstreckungsschuldner Arbeitnehmer* im Sinne von § 5 ArbGG ist[356]. Auch eine Vollstreckungsabwehrklage nach § 767 ZPO fällt darunter, wenn die Zwangsvollstreckung wegen einer arbeitsrechtlichen Forderung durchgeführt wird[357]. Ebenso gehört zur Zuständigkeit des Arbeitsgerichts eine Klage des Arbeitgebers gegen den Arbeitnehmer auf Rückzahlung überzahlter Berlinzulagen[358]. Wegen Erfindungen des Arbeitnehmers → Rdnr. 191 a ff.

Nur die Ansprüche *aus dem Arbeitsverhältnis* im dargelegten Sinn begründen die Zuständigkeit der Arbeitsgerichte nach § 2 Abs. 1 Nr. 3 lit. a) ArbGG, **nicht aus anderen Rechtsbeziehungen zwischen Arbeitnehmer und Arbeitgeber,** wie etwa bei verbilligten Einkaufsmöglichkeiten für den Arbeitnehmer in seinem Betrieb[359].

(5) Klageart, Parteirollen

173   *Unerheblich* für die Zuständigkeit der Arbeitsgerichte ist, ob die Ansprüche aus dem Arbeitsverhältnis auf *Erfüllung,* auf *Schadensersatz* wegen Verletzung von Vertragspflichten oder auf *Unterlassung* von Vertragsstörungen gehen; ebenso ist gleichgültig, ob *Leistungs-, Feststellungs- oder Gestaltungsklage* erhoben ist. Auch die *Parteirolle* (Arbeitnehmer als Kläger oder Beklagter) hat keine Bedeutung.

(6) Betriebsverfassungsrechtliche Vorfragen

174   Wenn ein Betriebsangehöriger Ansprüche gegen den Arbeitgeber erhebt oder umgekehrt und dabei auch betriebsverfassungsrechtliche Fragen maßgeblich sind, könnte fraglich sein, ob die Streitigkeit nicht etwa unter § 2 a Abs. 1 Nr. 1 ArbGG (→ Rdnr. 214) fällt. Sind solche Probleme lediglich **Vorfrage**[360] für Ansprüche aus dem Arbeitsverhältnis (z.B. bei *Lohnansprüchen des Betriebsratsmitglieds* während einer Schulungsveranstaltung nach § 37 Abs. 6 BetrVerfG[361]), fällt der Streit unter § 2 Abs. 1 Nr. 3 lit. a) ArbGG.

(7) Mehrfache Anspruchsbegründung

175   Werden Ansprüche **mit verschiedenen Anspruchsgrundlagen** geltend gemacht, für die **nur zum Teil das Arbeitsgericht** nach § 2 Abs. 1 Nr. 3 ArbGG **zuständig ist,** so ist zu prüfen, inwieweit für die übrigen Anspruchsgrundlagen über § 2 Abs. 1 Nr. 4 lit. a) ArbGG (→ Rdnr. 181) die Zuständigkeit des Arbeitsgerichts begründet wird. Besteht zwischen sämtlichen nicht unter § 2 Abs. 1 Nr. 3 ArbGG oder nicht unter die anderen in § 2 ArbGG fallenden Anspruchsgrundlagen ein rechtlicher oder unmittelbar wirtschaftlicher **Zusammenhang mit dem Arbeitsverhältnis** (→ Rdnr. 181), so ist auch für diese Anspruchsgrundlagen die **Zuständigkeit des Arbeitsgerichts** gegeben.

Verbleiben dennoch Anspruchsgrundlagen, für die das Arbeitsgericht nicht zuständig ist, so ist im Anwendungsbereich von § 2 Abs. 3 ArbGG (Text → Rdnr. 141) eine **Erweiterung der**

---

[355] *LG Mannheim* BB 1960, 1020. Vgl. aber auch *ArbG Hamburg* BB 1961, 98. Bei *unmittelbar wirtschaftlichem Zusammenhang* vgl. § 2 Abs. 1 Nr. 4 lit. a) ArbGG (→ Rdnr. 181).

[356] *BGHZ* 68, 127.

[357] *OLG Frankfurt a. M.* ZIP 1985, 316 = NZA, 196.

[358] *BAG* NJW 1977, 862 f.

[359] Auch wenn Preisnachlaß in Betriebsordnung bestimmt ist, *LG Mannheim* MDR 1964, 244. Jedoch ist auch in diesem Fall zu prüfen, ob das Arbeitsgericht nicht nach § 2 Abs. 1 Nr. 4 lit. a) ArbGG zuständig ist.

[360] Zu *Vorfragen* allgemein → Rdnr. 143 b sowie → Einl. Rdnr. 350.

[361] *BAGE* 25, 23 = *BAG* AP Nr. 1 zu § 37 BetrVerfG 1972 (*Richardi*); *BAGE* 25, 307; AP Nr. 17 zu § 37 BetrVerfG 1972 u. ö.; weitere Nachweise bei *Dietz/Richardi* BetrVerfG[6] § 37 Rdnr. 27; *Grunsky* ArbGG[6] § 2 Rdnr. 93 m. w. N.

Anspruchsprüfung durch das Arbeitsgericht **wegen rechtlichen oder unmittelbar wirtschaftlichen Zusammenhangs** zwischen arbeitsrechtlichen und nicht-arbeitsrechtlichen Anspruchsgrundlagen **möglich**[362]. Kann nämlich ein selbständiger prozessualer Anspruch kraft rechtlichen oder unmittelbar wirtschaftlichen Zusammenhangs nach § 2 Abs. 3 ArbGG vor die Arbeitsgerichte gebracht werden, so muß dies auch gelten, wenn das Arbeitsgericht einen erhobenen Anspruch hinsichtlich gewisser Anspruchsgrundlagen (z.B. aus Dienst oder Gesellschaftsverhältnis) nicht prüfen darf (auch Rdnr. 207 a.E.), sondern dafür an sich das ordentliche Gericht oder eine andere Gerichtsbarkeit berufen ist. Voraussetzung für diese erweiterte und umfassende Prüfung des Anspruchs durch das Arbeitsgericht ist aber, daß die nicht – arbeitsrechtlichen Anspruchsgrundlagen – soweit nicht schon nach § 2 Abs. 1 Nr. 4 lit. a) ArbGG die Zuständigkeit gegeben ist – nach § 2 Abs. 3 ArbGG beim Arbeitsgericht zur Prüfung gestellt werden können und der **Kläger erklärt**, daß er seinen Anspruch auch insoweit vom Arbeitsgericht geprüft wissen will[363]. Begründet der Kläger seinen Anspruch auch mit solchen nicht-arbeitsrechtlichen Gesichtspunkten, ist ein Hinweis nach § 139 angebracht, ob dies als Erklärung dahin gemeint ist, daß das Arbeitsgericht auch nicht-arbeitsrechtliche Anspruchsgrundlagen prüfen soll. Weitere Voraussetzung ist in diesem Fall stets, daß das Arbeitsgericht zur Entscheidung über den arbeitsrechtlichen Teil des Anspruchs zuständig ist. Denn **das Arbeitsgericht ist nur insoweit zuständig, als die Klage (auch) auf Ansprüche aus dem Arbeitsverhältnis**[364] oder auf solche **gestützt** ist, für die die Zuständigkeit des Arbeitsgerichts vorgesehen ist. Es besteht insoweit also grundsätzlich eine *gespaltene Zuständigkeit*. Der Kläger kann z.B. nicht dadurch die volle Prüfung seines Anspruchs durch das Arbeitsgericht erreichen, daß er einen gesellschaftsrechtlichen Anspruch als arbeitsrechtlichen bezeichnet; er muß vielmehr Tatsachen vortragen, die die Annahme eines Arbeitsverhältnisses rechtfertigen.

Auch für einen **gemischten Vertrag**, für den eine einheitliche Beurteilung nach einem Vertragstyp nicht sachgerecht ist, sind die vorherstehenden Grundsätze anzuwenden. Wenn nämlich auch die arbeitsrechtlichen Elemente des gemischten Vertrags kein Arbeitsverhältnis i.S.v. § 2 Abs. 1 Nr. 4 lit. a) ArbGG sind, wird man diese Vorschrift auf den gemischten Vertrag zumindest entsprechend anwenden können; denn da bereits § 2 Abs. 1 Nr. 4 lit. a) ArbGG für die mit dem Arbeitsverhältnis *zusammenhängenden Ansprüche* die Zuständigkeit des Arbeitsgerichts begründet, muß dies auch für *Vertragsteile* gelten. Um jedoch keine Ausweitung der arbeitsgerichtlichen Zuständigkeit auf Verträge zu erreichen, die nur noch entfernt mit Arbeitsrecht zu tun haben, wird man hier die Anwendung des § 2 Abs. 1 Nr. 4 lit a) ArbGG und auch des § 2 Abs. 3 ArbGG dahin einschränken müssen, daß der **arbeitsrechtliche Bezug** des Vertrags **nicht nur ein untergeordneter und unbedeutender** sein darf[365].

Maßgeblich für die Zuständigkeitsprüfung ist der Vortrag des Klägers (→ Rdnr. 17). Kann ein Anspruch *entweder* auf arbeitsrechtliche *oder* auf sonstige bürgerlich-rechtliche Grundlagen gestützt werden, aber nicht auf beide gleichzeitig, z.B. auf ein **Arbeits- oder ein Gesellschaftsverhältnis**, so sind die Arbeitsgerichte grundsätzlich nur zuständig, wenn der in Streit

---

[362] Die Annahme einer allgemeinen einseitigen Zuständigkeit kraft Sachzusammenhangs zugunsten jedenfalls der Arbeitsgerichte über § 2 Abs. 1 Nr. 4 lit. a) ArbGG hinaus (vgl. auch *Grunsky* ArbGG[6] § 2 Rdnr. 26, *Rimmelspacher* AcP 174 [1974] 509 [530ff., 548]) bedarf es nicht. Sie findet in den prozeßrechtlichen Vorschriften keine Grundlage (→ Rdnr. 10) und ist auch nicht dadurch gerechtfertigt, daß die Arbeitsgerichte ohnehin Zivilrecht anwenden könnten. Mit der Berufung auf Rechtskenntnisse des Gerichts (so *Grunsky*) könnten weite Teile der Zuständigkeitsordnung unterlaufen werden; sie sind kein Gesichtspunkt im Rahmen gespaltener Zuständigkeit. Für

die Praxis reicht die weite Regel des § 2 Abs. 1 Nr. 4 lit. a) ArbGG (→ Rdnr. 181) aus.

[363] Da nur der Kläger (oder Widerkläger) einen nicht-arbeitsrechtlichen Anspruch nach § 2 Abs. 3 ArbGG vor das Arbeitsgericht bringen kann, ist seine Zustimmung nötig.

[364] *BAGE* 6, 300; 17, 114; 21, 340; *BAG* AP Nr. 1 und 2 zu § 611 BGB gemischter Vertrag; *BAG* DB 1976, 539; NJW 1965, 1454; vgl. auch *Grunsky* ArbGG[6] § 2 Rdnr. 88 sowie Rdnr. 18ff. m.w.N.

[365] Vgl auch *BAG* DB 1976, 540.

stehende Anspruch *tatsächlich* ein *arbeitsrechtlicher Anspruch* ist. Liegt ein arbeitsrechtlicher Anspruch vor, so hat das Arbeitsgericht nach § 2 Abs. 1 Nr. 4 lit. a) ArbGG auch mit dem Arbeitsverhältnis im **rechtlichen oder unmittelbar wirtschaftlichen Zusammenhang** stehende Ansprüche zu prüfen sowie auf Veranlassung des *Klägers* auch solche, die mit Streitigkeiten der in § 2 Abs. 1 und 2 ArbGG bezeichneten Art in demselben Zusammenhang stehen.

Decken sich die die Zuständigkeit und den Anspruch begründenden Tatsachen (sog. **doppelrelevante Tatsachen** → Rdnr. 21), wird ihr Vorliegen im Rahmen der Zuständigkeitsprüfung *unterstellt*. Auch hier ist der Klageantrag des Klägers allein maßgebend, und es ist nicht etwa zur Prüfung der Zuständigkeit Beweis zu erheben, ob ein Arbeitsverhältnis vorliegt[366]. Jedoch muß der Kläger wenigstens Tatsachen angeben und Behauptungen aufstellen, aus denen sich ein Arbeitsverhältnis ergibt. Zeigt bei solch doppelrelevanten Tatsachen die Begründetheitsprüfung, daß der behauptete arbeitsrechtliche Anspruch nicht besteht, ergeben sich zwei Möglichkeiten: der Kläger kann die Verweisung an das zuständige Gericht beantragen. Es wird dann **Teilverweisung** zum ordentlichen Gericht oder in den anderen Rechtsweg ausgesprochen (→ Rdnr. 22), im übrigen die Klage abgewiesen. Stellt der Kläger trotz Hinweis nach § 139 keinen Verweisungsantrag, so ergeht ein **Sachurteil**, in dem das Arbeitsgericht nur arbeitsrechtliche Anspruchsgrundlagen prüft. Eine Prüfung nicht-arbeitsrechtlicher, aber mit dem Arbeitsverhältnis im *Zusammenhang* stehender Ansprüche nach § 2 Abs. 1 Nr. 4. lit. a) ArbGG kommt in diesem Fall doppelrelevanter Tatsachen ebensowenig in Betracht, wie auf Antrag des Klägers nach § 2 Abs. 3 ArbGG eine Prüfung von Ansprüchen, die mit den in § 2 Abs. 1 und 2 ArbGG genannten im Zusammenhang stehen. Denn beidesmal ist Voraussetzung, daß tatsächlich ein Arbeitsverhältnis oder ein von § 2 Abs. 1, 2 ArbGG gefordertes Verhältnis zwischen den Parteien besteht. Wenn aber wie hier bei den doppelrelevanten Tatsachen die Begründetheitsprüfung ergeben hat, daß kein Arbeitsverhältnis vorliegt, kann **allein auf die Unterstellung der Zuständigkeit auf den Klägervortrag hin nicht die Zusammenhangszuständigkeit begründet** werden. An dieser prozessualen Situation hat auch die **Rechtswegkompetenz kraft Sachzusammenhangs** gemäß § 17 Abs. 2 GVG (*Text* → Einl. Rdnr. 340) **nichts geändert**. Diese Sachzusammenhangskompetenz setzt voraus, daß der betreffende Rechtsweg jedenfalls für *einen* der Ansprüche besteht (→ Einl. Rdnr. 351). Ist jedoch das Gericht zur Bejahung der Zulässigkeit des eigenen Rechtswegs nur über die Unterstellung des Bestehens der doppelrelevanten Tatsache gelangt, ist § 17 Abs. 2 GVG nicht anwendbar (→ Einl. Rdnr. 351)[367].

bb) Rechtsstreitigkeiten »über das Bestehen oder Nichtbestehen eines Arbeitsverhältnisses«, § 2 Abs. 1 Nr. 3 lit. b) ArbGG

176   Hierher gehört insbesondere die **Kündigungsschutzklage**, sowohl wenn die *Sozialwidrigkeit einer Kündigung* als auch wenn ihre Unwirksamkeit aus anderen Gründen geltend gemacht wird. Zu den Streitigkeiten über das Bestehen oder Nichtbestehen eines Arbeitsverhältnisses rechnet nicht nur die **Feststellung eines Arbeitsvertrags**, sondern auch eines sogenannten **faktischen Arbeitsverhältnisses**, da sich auch aus diesem rechtliche Beziehungen

---

[366] Näher → Rdnr. 21, so auch *Grunsky* ArbGG[6] § 2 Rdnr. 23 f.; *Hueck/Nipperdey* (Fn. 258) S. 916 Fußn. 20. Anders *BAGE* 6, 160; 15, 292; 19, 355; *BAG* AP Nr. 14 zu § 528 ZPO (*Grunsky*); *BAG* AP Nr. 1 zu § 3 ArbGG (*Grunsky*); *BAG* AP Nr. 26 zu § 2 ArbGG Zuständigkeitsprüfung (*Bötticher*): Volle Zuständigkeitsprüfung und *Prozeßabweisung*, wenn kein arbeitsrechtlicher Anspruch besteht!

[367] Anders ist es hingegen, wenn *(bei Fehlen doppelrelevanter Tatsachen)* das Arbeitsgericht seine Kompetenz nach § 2 ArbGG bejaht und der Kläger die Klage auch mit nicht-arbeitsrechtlichen Gesichtspunkten begründet; dann ist das Arbeitsgericht zu deren Prüfung gemäß § 17 Abs. 2 GVG befugt.

ergeben. Doch wird meist bei einem faktischen Arbeitsverhältnis gleich auf *Leistung* geklagt werden können, so daß ein Feststellungsinteresse fehlt (→ § 256 Rdnr. 79).

Zu der Frage des Bestehens eines Arbeitsverhältnisses gehört auch die Existenz des (allgemeinen) Weiterbeschäftigungsanspruchs[368].

cc) Rechtsstreitigkeiten »aus Verhandlungen über die Eingehung eines Arbeitsverhältnisses und aus dessen Nachwirkungen«, § 2 Abs. 1 Nr. 3 lit. c) ArbGG

(1) Streitigkeiten aus Verhandlungen über die Eingehung eines Arbeitsverhältnisses   177

Diese Streitigkeiten umfassen einmal solche aus **Vorverträgen**[369], zum anderen die aus **vorbereitenden Vorgängen**, wie z.B. der Gewährung von *Reisekostenvorschüssen*, *der Erstattung von Vorstellungskosten*[370], der Übersendung (Rückgabe) von *Zeugnissen* und Unterlagen und die Löschung gespeicherter persönlicher Daten[371]. Unerheblich ist, ob die Ansprüche auf *Eigentum, Bereicherung* oder auf anderen Gründen (z.B. *culpa in contrahendo, unerlaubte Handlung*) beruhen. Der Anspruch auf Abschluß eines Arbeitsvertrages wegen rechtswidrig verzögerter Ausbildung (z.B. bei einem öffentlich-rechtlichen Referendarverhältnis) fällt aber nicht unter den Rechtsweg zu den Arbeitsgerichten[372].

(2) Rechtsstreitigkeiten aus Nachwirkungen eines Arbeitsverhältnisses

Zu diesen Fällen rechnen z.B. *Schadensersatzansprüche* des ehemaligen Arbeitnehmers wegen unrichtig erteilter Auskünfte an Dritte über frühere Arbeitsleistungen, Ansprüche auf Unterlassen von **Wettbewerb** unabhängig davon, ob diese sich aus dem Gesetz oder aus vertraglichen Pflichten ergeben, Ansprüche aus sogenannten geheimen *Konkurrenzklauseln*[373], ferner Ansprüche auf Berichtigung oder Rückgabe unrichtig ausgestellter **Zeugnisse**[374], auf **Rückgabe von Arbeitsgerät** (*Arbeitskleidung*), *Schlüsseln, Betriebsausweisen* (Kfz-Papiere des Firmenwagens) durch den Arbeitnehmer, Ansprüche der Hinterbliebenen wegen Nichterfüllung der Wartezeit infolge *Nichtabführung der Angestelltenversicherungsbeiträge*[375], Ansprüche auf betriebliches **Ruhegehalt**[376] – wegen der Ansprüche gegen *selbständige Sozialeinrichtungen* → Rdnr. 182 f. – Ansprüche nach §§ 52, 63 Regelungsgesetz zu Art. 131 GG vom 11. V. 1951 (BGBl. I 1961 S. 1579), soweit sie sich auf ein früheres Arbeitsverhältnis stützen[377], selbst wenn die Ansprüche nicht gegen den früheren Dienstherrn, sondern gegen das Land erhoben werden[378] und Rechtsstreitigkeiten um Vorruhestandsleistungen (§ 2 Vorruhestandgesetz vom 13.IV.1984, BGBl. I S. 604)[379]. Ansprüche aus einer Verletzung der nachwirkenden **Treuepflicht** gehören ebenfalls hierher, jedoch ist dabei ein zeitlicher Zusammenhang mit dem früheren Arbeitsverhältnis Voraussetzung[380].

---

[368] *BAGE* (GS) 48, 122.

[369] Vgl. *RAG* ArbRsp 1929, 184.

[370] Entscheidend ist, ob nach der Ausschreibung das Dienstverhältnis als Arbeitsverhältnis aufzufassen war, *RAGE* 10, 174.

[371] *BAGE* 46, 98.

[372] *BAG* NZA 1989, 820.

[373] *RAG* JW 1928, 2931. Geheime Konkurrenzklauseln sind Absprachen zwischen Arbeitgebern meist einer Branche, ausgeschiedene Arbeitnehmer der Branche nicht innerhalb gewisser Zeit oder nur nach Rücksprache mit dem früheren Arbeitgeber in der Branche einzustellen. Zum Begriff »geheime Konkurrenzklausel« *Hueck/Nipperdey* (Fn. 258) S. 258.

[374] Auch Ansprüche auf *Berichtigung von Arbeits-*

zeugnissen, die für andere Verfahren benötigt werden, gehören hierher; zu Unrecht a.M. *ArbG Berlin* BB 1962, 923. Zur Berichtigung von *Arbeitsbescheinigungen nach § 133 Abs. 1 AfG* → Rdnr. 180.

[375] *LAG Frankfurt a. M.* ArbRS 5, 10.

[376] *BAGE* 7, 186 = AP Nr. 1 zu § 17 AltbankenG Berlin = BB 1959, 159 unter Aufgabe von AP Nr. 25 zu § 2 ArbGG (dagegen *Hirsch*).

[377] *BAGE* 1, 205 = AP Nr. 2 zu § 52 RegelungsG (*Reinhardt*); vgl. auch *BSG* AP Nr. 16 zu § 52 RegelungsG (*Pohle*).

[378] *BAGE* 2, 131.

[379] *LAG München* NZA 1989, 428.

[380] *OLG Köln* JR 1958, 103.

dd) Streitigkeiten »aus unerlaubten Handlungen, soweit diese mit dem Arbeitsverhältnis in Zusammenhang stehen«, § 2 Abs. 1 Nr. 3 lit. d) ArbGG

178   Nach § 2 Abs. 1 Nr. 3 lit. d) ArbGG (*Text* → Rdnr. 141) gehören vor die Arbeitsgerichte auch Streitigkeiten zwischen Arbeitnehmer und Arbeitgeber aus unerlaubten Handlungen[381]. Diese Zuständigkeit gilt jedoch nicht bei Regreßansprüchen gegen Arbeiter und Angestellte, für die der Staat nach Art. 34 S. 1 GG haftbar ist. Hier ist der *ordentliche Rechtsweg* gegeben, und es sind ausschließlich die *Landgerichte* zuständig (→ Rdnr. 84). Mit dieser Ziffer stellt das Gesetz klar, daß nicht nur vertragliche Anspruchsgrundlagen unter die Zuständigkeit des Arbeitsgerichtes fallen. Der Begriff der unerlaubten Handlung ist nicht auf Schadensersatzansprüche begrenzt, sondern umfaßt auch Beseitigungs- oder Unterlassungsansprüche sowie Tatbestände der reinen Gefährdungshaftung[382]. Eine entsprechende Anwendung der Vorschrift auf den Fall des Streits mit dem gesetzlichen Vertreter der Gegenseite, z.B. dem Vorstand einer juristischen Person, über eine von diesem begangene unerlaubte Handlung erscheint unbedenklich und praktisch geboten[383]. Daß dagegen die unerlaubte Handlung von dem einen Teil gerade gegen den anderen begangen worden ist, ist nicht erforderlich; auch der Erstattungsanspruch des Arbeitgebers für den Schaden, den er (z.B. nach § 831 BGB) auf Grund der vom Arbeitnehmer begangenen Handlung einem Dritten hat ersetzen müssen, gehört hierher. Zwischen der unerlaubten Handlung und dem *Arbeitsverhältnis* muß ein **»Zusammenhang«** bestehen. Ein bloß zeitlicher oder örtlicher Zusammenhang mit dem Arbeitsverhältnis genügt nicht, wenn er sich nicht aus dem Arbeitsverhältnis ergibt. Wird z.B. der Arbeitnehmer auf dem Betriebsgelände von einem *Kraftfahrzeug des Arbeitgebers* verletzt, so ist der nötige Zusammenhang grundsätzlich gegeben, auch wenn der Unfall z.B. während einer Betriebspause oder auf dem Weg zum Arbeitsplatz geschah. Auch nach der Beendigung oder vor der Begründung des Arbeitsverhältnisses kann die unerlaubte Handlung im Zusammenhang mit dem Arbeitsverhältnis stehen[384]. Ein Zusammenhang fehlt jedoch, wenn der Arbeitnehmer außerhalb des Betriebes gelegentlich eines Spaziergangs von dem Fahrzeug des Arbeitgebers überfahren wird[385]. Stehen sich Arbeitnehmer und Arbeitgeber als Schädiger und Geschädigter gegenüber, so läßt diese Beziehung *vermuten*, daß ein Zusammenhang besteht. Anders ist es, wenn bestimmte Umstände, z.B. ein vom Arbeitsverhältnis unabhängiges Motiv (persönliche Rache) ausschlaggebend waren. Der Begriff des **Zusammenhangs** ist **weit auszulegen**[386].

179   Bei sinngemäßer Auslegung der Zuständigkeitsregelung werden ferner unerlaubte Handlungen von **Arbeitnehmervertretern im Aufsichtsrat** oder **ähnlichen Organen**, die gegen betriebsverfassungsrechtliche Schutzvorschriften verstoßen, auch dann den Arbeitsgerichten zuzuweisen sein, wenn kein Arbeitsverhältnis zwischen den Parteien besteht, wie bei betriebsfremden Arbeitnehmervertretern[387]. Ebenso gilt dies umgekehrt bei unerlaubten Handlungen gegenüber dieser Personengruppe, sofern die unerlaubte Handlung mit dem Arbeitsverhältnis im Zusammenhang steht.

---

[381] Näher *Bulla* Arbeitsgerichtsgesetz und unerlaubte Handlungen (1930).

[382] *Kissel* § 13 Rdnr. 199.

[383] *BAG* BB 1988, 1330; *RAGE* 3, 120; vgl. auch *LAG Hamm* AuR 1969, 312, das für unerlaubte Handlung des Geschäftsführers einer GmbH gegen einen Arbeitnehmer die Zuständigkeit des Arbeitsgerichts nach § 2 Abs. 1 Nr. 2 a. F. (jetzt Nr. 3 lit. a) ArbGG annimmt.

[384] *LAG Frankfurt a. M.* AP Nr. 9 zu § 17 UWG.

[385] Vgl. *Dietz/Nikisch* ArbGG § 2 Rdnr. 121.

[386] *OLG Celle* NJW 1973, 1087 m.w.N. bejaht zu Recht einen Zusammenhang zwischen dem Arbeitsverhältnis und einem Unfall, der sich auf einer vom Arbeitgeber *nach einer Arbeitsbesprechung veranstalteten Zechtour* ereignet.

[387] So *Bötticher* RdA 1956, 361. – A. M. *München* AP Nr. 18 zu § 2 ArbGG = SAE 1956, 61 (*Osswald*) = JZ 60 (*Hueck*).

ee) Streitigkeiten »über Arbeitspapiere«, § 2 Abs. 1 Nr. 3 lit. e) ArbGG

Vor die Gerichte für Arbeitssachen gehören nach § 2 Abs. 1 Nr. 3 lit. e) ArbGG bürgerliche **180**
Rechtsstreitigkeiten zwischen Arbeitnehmern und Arbeitgebern über die Arbeitspapiere[388].
Zu den Arbeitspapieren gehören insbesondere *Arbeitszeugnisse* (→ dazu Rdnr. 177), die
Urlaubsbescheinigung nach § 6 Abs. 2 BUrlG, die (frühere) **Versicherungs-** und die **Lohnsteu-
erkarte**, das **Sozialversicherungsnachweisheft** nach §§ 102 ff. SGB IV, die *Lohnnachweiskar-
te* im Baugewerbe und die bei der Einstellung dem Arbeitgeber ausgehändigten **Zeugnisse**.
Zwar wird man die Klage auf *Schadensersatz wegen verspäteter Herausgabe* der Arbeitspapiere nicht unter § 2 Abs. 1 Nr. 3 lit. e) ArbGG zählen können, doch ist dafür das Arbeitsgericht, wenn nicht bereits nach § 2 Abs. 1 Nr. 3 lit. e) ArbGG, so doch jedenfalls nach § 2 Abs. 1
Nr. 4 lit. a) ArbGG (rechtlicher Zusammenhang) zuständig.

Umstritten ist, ob auch die **Arbeitsbescheinigung nach § 133 Abs. 1 AfG** unter diese **180a**
Vorschrift fällt. Zum Teil wird diese Verpflichtung des Arbeitgebers als öffentlich-rechtlich
qualifiziert[389], was zur Folge hat, daß die Sozialgerichte zuständig sind, weil die Arbeitsgerichte nur für bürgerliche Rechtsstreitigkeiten zuständig sind. Im Hinblick auf den Gesetzeszweck sollte man aber zumindest eine arbeitsvertragliche Nebenpflicht des Arbeitgebers auf
Herausgabe dieser Bescheinigung anerkennen. Für diesen Anspruch ist dann das Arbeitsgericht zuständig[390]. Über das Ausfüllen und die Herausgabe der Bescheinigung hinaus kann der
Arbeitnehmer weitere Ansprüche, etwa auf Berichtigung, im arbeitsgerichtlichen Verfahren
nicht geltend machen[391]. Für eine solche Berichtigungsklage sind die Sozialgerichte und nicht
die Arbeitsgerichte zuständig[392].

5. Die Streitfälle nach § 2 Abs. 1 Nr. 4 ArbGG

a) Streitigkeiten zwischen Arbeitnehmern und Arbeitgebern im Zusammenhang mit dem Arbeitsverhältnis

Nach § 2 Abs. 1 Nr. 4 lit. a) ArbGG sind die Gerichte für Arbeitssachen für »bürgerliche **181**
Rechtsstreitigkeiten zwischen **Arbeitnehmern** oder ihren **Hinterbliebenen«** und »**Arbeitgebern** über Ansprüche, die mit dem Arbeitsverhältnis **in rechtlichem** *oder* **unmittelbar wirtschaftlichem Zusammenhang** stehen«, allerdings nur »soweit **nicht die ausschließliche Zuständigkeit** eines **anderen Gerichts** gegeben ist«. Diese im Jahre 1979 (→ Rdnr. 140) *neu* in
das ArbGG *eingefügte Vorschrift* rundet für bürgerliche Rechtsstreitigkeiten aus dem Arbeitsverhältnis die Zuständigkeit des Arbeitsgerichts ab, hilft Lücken vermeiden, die durch die
Enumeration in § 2 Abs. 1 Nr. 3 ArbGG leicht entstehen können und beseitigt in der Praxis
häufig die gespaltene Zuständigkeit des Arbeitsgerichts für zusammenhängende Tatbestände
(→ Rdnr. 175).

Der Anspruch muß im **Zusammenhang** gerade **mit dem Arbeitsverhältnis**, nicht notwendig
mit dem *Arbeitsvertrag* stehen. Ein rein *tatsächlicher* Zusammenhang genügt nicht; es muß
vielmehr ein rechtlicher (zu diesem → § 33 Rdnr 18) oder *unmittelbar* wirtschaftlicher sein.

---

[388] Um klarzustellen, daß der Streit zwischen Arbeitnehmer und Arbeitgeber über die Ausstellung der Arbeitsbescheinigung sowie die Herausgabe der Lohnsteuerkarte zur Zuständigkeit des *Arbeitsgerichts* gehört, ist
lit. e) in § 2 Abs. 1 Nr. 3 ArbGG aufgenommen worden,
BT-Drucks. 8/1567 S. 26.
[389] *Barwasser* AuR 1984, 171.
[390] *LAG Frankfurt a. M.* BB 1983, 2186.

[391] *BAGE* 59, 169; *BAG* BB 1989, 636; *LAG Schleswig-Holstein* MDR 1987, 168; *LAG Berlin* NZA 1987,
852 f.; *Grunsky* ArbGG[6] § 2 Rdnr. 82a und 104.
[392] A. M. *Berscheid* ZFA 1989, 64 ff., da die Berichtigung lediglich einer Erfüllung der arbeitsvertraglichen
Nebenpflicht sei und somit das Arbeitsgericht zuständig
ist.

Den unmittelbar wirtschaftlichen Zusammenhang darf man **nicht zu eng ziehen.** Dieser ist gegeben, wenn der Anspruch sich aus einem zwischen den Parteien bestehenden einheitlichen Lebensvorgang ergibt[393]. Wegen des Erfordernisses der fehlenden anderweitigen ausschließlichen Zuständigkeit näher → Rdnr. 208.

b) Streitigkeiten zwischen Arbeitnehmern und Sozialeinrichtungen

182   Nach § 2 Abs. 1 Nr. 4 lit. b) ArbGG sind die Gerichte für Arbeitssachen zuständig für »bürgerliche Rechtsstreitigkeiten zwischen **Arbeitnehmern** oder ihren **Hinterbliebenen**« und »gemeinsamen **Einrichtungen der Tarifvertragsparteien** oder **Sozialeinrichtungen** des privaten Rechts über **Ansprüche aus dem Arbeitsverhältnis** oder Ansprüche, die mit dem **Arbeitsverhältnis** in **rechtlichem** oder **unmittelbar wirtschaftlichem Zusammenhang** stehen«, auch hier aber nur, »soweit **nicht die ausschließliche Zuständigkeit** eines **anderen Gerichts** gegeben ist«.

Unter **gemeinsamen Einrichtungen der Tarifvertragsparteien**[394] sind die nach § 4 Abs. 2 TVG zu verstehen (**Urlaubskassen, Lohnausgleichskassen** etc.), wie sie insbesondere im Baugewerbe bestehen. Der Begriff der Sozialeinrichtung ist gleichbedeutend mit dem in § 87 Abs. 1 Nr. 8 BetrVerfG; auch gegenüber dem in § 2 Abs. 4 S. 2 a. F. ArbGG verwandten Begriff der **Wohlfahrtseinrichtung** besteht kein sachlicher Unterschied. **Sozialeinrichtungen** sind Einrichtungen, die vom *Arbeitgeber* gegründet wurden, um den Arbeitnehmern oder ihren Angehörigen Vorteile zu gewähren[395]. Die früher bestehende Beschränkung des Wirkungskreises der Sozialeinrichtung auf den Betrieb (§ 2 Abs. 4 S. 2 a. F. ArbGG) ist fallen gelassen worden, jedoch muß die Sozialeinrichtung privatrechtlich organisiert sein, so daß öffentlich-rechtliche Zusatzversorgungskassen nicht hierher rechnen[396]. Auch Ansprüche ·ehemaliger Arbeitnehmer· gegen Sozialeinrichtungen gehören hierher, da ihre Ansprüche mit dem ehemaligen Arbeitsverhältnis im Zusammenhang stehen; daß diese Gruppe in § 2 Abs. 1 Nr. 4 lit. b) ArbGG im Gegensatz zu § 2 Abs. 4 S. 2 a. F. ArbGG nicht mehr genannt werden, hat also die Rechtslage nicht geändert[397].

Ohne Bedeutung sind: Der *Name* der Sozialeinrichtung *(Pensionskasse, Anstalt, Verein),* der *Inhalt ihrer Leistungen (Ruhegeld, Beköstigung in Werkküchen, Unterbringung in Ferienheimen* oder *Krankenhäusern)* und ihre *Rechtsform (rechtsfähiger* oder *nichtrechtsfähiger Verein, GmbH* usw.). Unerheblich ist auch eine Beitragsleistung der Arbeitnehmer zu der Sozialeinrichtung, außer wenn sie dazu führt, daß der Arbeitgeber die Sozialeinrichtung nicht mehr wesentlich unterstützt[398]. Ohne Bedeutung ist ferner, ob der Arbeitgeber zu der Erbringung der von der Sozialeinrichtung angebotenen Leistungen verpflichtet ist oder nicht. Die **Leistungen müssen im Zusammenhang mit dem Arbeitsverhältnis stehen.** Ansprüche gegen eine **Versicherung** (z. B. **Lebensversicherung**), die der Arbeitgeber für seine Arbeitnehmer abgeschlossen hat, fallen nicht unter § 2 Abs. 1 Nr. 4 lit. b) ArbGG. Die Zuständigkeit nach § 2 Abs. 1 Nr. 4 lit. b) ArbGG gilt auch, wenn die Sozialeinrichtung **Ansprüche gegen einen Arbeitnehmer** oder einen ehemaligen Arbeitnehmer des Betriebes geltend macht[399].

6. Insolvenzsicherung bei betrieblicher Altersversorgung, § 2 Abs. 1 Nr. 5 ArbGG

183   **Gesetzesgeschichte:** Die Vorschrift des § 2 Abs. 1 Nr. 5 ArbGG (= § 2 Abs. 1 Nr. 6 a. F.) ist durch § 13 des Gesetzes zur Verbesserung der betrieblichen Altersversorgung vom 19. XII. 1974, BGBl. I S. 3610,

---

[393] Vgl. *LAG Bremen* RdA 1951, 75 (Anm. *Dersch*), → auch Rdnr. 207.

[394] Zum Begriff *Zöllner* BB 1968, 597 m. w. N.

[395] Vgl. *Dietz/Richardi* BetrVerfG[6] (1982) § 87 Rdnr. 381 ff. (dort auch näher zum Begriff Sozialeinrichtung) und *Fitting/Auffarth/Kaiser/Heither* BetrVerfG[17] § 87 Rdnr. 92 ff. mit Beispielen.

[396] Dann sind die ordentlichen Gerichte zuständig, *BAG* AP Nr. 3 zu § 4 TVG; *BVerwGE* 6, 200; *BGH* AP § 242 BGB Nr. 8; *Matthes* (Fn. 259) § 2 Rdnr. 93.

[397] BT-Drucks. 8/1567 S. 26.

[398] Vgl. *Grunsky* ArbGG[6] § 2 Rdnr. 124.

[399] *Neustadt a. d. W.* AP Nr. 1 zu § 2 ArbGG Wohlfahrtseinrichtungen = NJW 1961, 1634.

als § 2 Abs. 1 Nr. 2a in das alte ArbGG neu eingefügt und durch die Neufassung des ArbGG im Jahre 1979 ohne wesentliche Veränderungen übernommen worden. Durch das Änderungsgesetz vom 26. VI. 1990 (BGBl. I S. 1206) wurde die bisherige Nr. 6 als Nr. 5 neu gefaßt. Sie verweist die Ansprüche der *Arbeitnehmer* (→ Rdnr. 157 ff.), der *ehemaligen Arbeitnehmer* – auch wenn diese nicht mehr ausdrücklich genannt sind[400] – sowie ihrer *Hinterbliebenen* gegen den **Träger der Insolvenzsicherung** (den **Pensions-Sicherungs-Verein** VVaG mit Sitz in Köln) in die Zuständigkeit der Arbeitsgerichte.

Das Gesetz zur Verbesserung der betrieblichen Altersversorgung gewährt Versorgungsempfängern, denen eine betriebliche Altersversorgung zugesagt wurde, einen **Anspruch gegen den Träger der Insolvenzsicherung,** wenn der zu dieser Leistung verpflichtete **Arbeitgeber in Konkurs** geraten ist, über sein Vermögen ein **gerichtlicher** oder **außergerichtlicher Vergleich** geschlossen worden ist oder durch Urteil[401] eine Kürzung der Leistungen des Arbeitgebers festgestellt worden ist, sowie in den weiteren (in § 7 Abs. 1 S. 3 des Gesetzes zur Verbesserung der betrieblichen Altersversorgung genannten) Fällen.

Obgleich das Verhältnis des Arbeitgebers zum Träger der Insolvenzsicherung *öffentlich-rechtlich* geregelt ist (§ 10 Abs. 1 dieses Gesetzes), sind die **Ansprüche des berechtigten Arbeitnehmers zum Träger der Insolvenzsicherung privatrechtlich** (anders als die Beziehung des Arbeitnehmers gegenüber der Bundesanstalt für Arbeit beim *Konkursausfallgeld* → Rdnr. 222a). Auch der ursprüngliche Anspruch des Arbeitnehmers gegen den Arbeitgeber auf die zugesagte Altersversorgung ist *privatrechtlich*, da er dem Arbeitsverhältnis entspringt, und gehört zur Zuständigkeit der Arbeitsgerichtsbarkeit (→ Rdnr. 177). Daran ändert auch nichts, daß nach § 9 Abs. 2 dieses Gesetzes die Ansprüche und Anwartschaften der versorgungsberechtigten Arbeitnehmer, ehemaligen Arbeitnehmer und ihrer Hinterbliebenen, die den Anspruch gegen den Pensions-Sicherungs-Verein begründen, im Wege des gesetzlichen Forderungsübergangs auf diesen übergehen, wenn über das Vermögen des Arbeitgebers das Konkurs- oder gerichtliche Vergleichsverfahren eröffnet wird oder wenn in den übrigen Sicherungsfällen der Pensions-Sicherungs-Verein den Berechtigten die ihnen zustehenden Ansprüche oder Anwartschaften mitteilt. Trotz des an sich *öffentlich-rechtlichen* Verhältnisses zwischen Arbeitgeber und Pensions-Sicherungs-Verein sind doch die Arbeitsgerichte nach § 3 ArbGG zuständig, wenn der Pensions-Sicherungs-Verein diesen nach § 9 Abs. 2 (dieses Gesetzes) auf ihn übergegangenen Anspruch gegen den Arbeitgeber gerichtlich geltend macht (→ auch Einl. Rdnr. 349).

Die Arbeitsgerichte sind auch für **Klagen gegen Versorgungsberechtigte zuständig,** wenn der **Träger der Insolvenzsicherung gegen den Arbeitnehmer** oder seine Hinterbliebenen **klagt,** z. B. auf **Rückzahlung überzahlter Leistungen.** Die Regelung in § 2 Abs. 1 Nr. 5 ArbGG gilt aber nicht, wenn der Arbeitnehmer Ansprüche *gegen den Arbeitgeber* wegen Gewährung einer Altersversorgung geltend macht; hier sind die Arbeitsgerichte bereits nach § 2 Abs. 1 Nr. 3 bzw. Nr. 4 lit. a) ArbGG zuständig.

7. Streitigkeiten zwischen Arbeitgebern und Sozialeinrichtungen, § 2 Abs. 1 Nr. 6 ArbGG

Nach § 2 Abs. 1 Nr. 6 ArbGG sind die Gerichte für Arbeitssachen entsprechend auch für bürgerliche Rechtsstreitigkeiten zwischen **Arbeitgebern** und gemeinsamen **Einrichtungen der Tarifvertragsparteien** oder **Sozialeinrichtungen** des privaten Rechts zuständig[402]. Zwar nimmt § 2 Abs. 1 Nr. 6 ArbGG nicht ausdrücklich eine Einschränkung auf bestimmte Ansprüche vor, doch ist die Zuständigkeit des Arbeitsgerichts nur gegeben, wenn der **Arbeitgeber in**

184

185

---

400 Vgl. amtl. Begründung zur Neufassung des ArbGG BT-Drucks. 8/1567 S. 27.
401 Näher *Grunsky* ArbGG[6] § 2 Rdnr. 120 ff.

402 Vgl. *BAG* NZA 1989, 732 *(Gesamthafenbetrieb Lübeck)*.

dieser Eigenschaft in den Rechtsstreit verwickelt ist, nicht dann, wenn z. B. ein Darlehen der Sozialeinrichtung an den Arbeitgeber streitig ist, das ihm unabhängig von seiner Beitragspflicht und seiner Stellung als Arbeitgeber gegenüber der Einrichtung gewährt worden ist[403]. Zu beachten ist, daß die Zuständigkeit des Arbeitsgerichts nur dann gegeben ist, wenn **keine andere ausschließliche** Zuständigkeit eines **anderen Gerichts** besteht.

8. Entwicklungshelferstreitfälle, § 2 Abs. 1 Nr. 7 ArbGG

186   Nach § 2 Abs. 1 Nr. 7 ArbGG sind die Gerichte für Arbeitssachen zuständig für »bürgerliche Rechtsstreitigkeiten zwischen **Entwicklungshelfern** und **Trägern des Entwicklungshilfedienstes** nach dem Entwicklungshilfegesetz« vom 18. VI. 1969 (BGBl. I S. 549). Obgleich der Entwicklungshelfer im Verhältnis zum Träger des Entwicklungshilfedienstes *kein Arbeitnehmer* ist[404], wurden *privatrechtliche* Streitigkeiten zwischen Entwicklungshelfern und den Träger des Entwicklungshilfedienstes dem Arbeitsgericht zugewiesen, da die Rechtsstellung und Schutzbedürftigkeit des Entwicklungshelfers insoweit weitgehend der des Arbeitnehmers entspricht[405].

9. Streitfälle aus dem Freiwilligen sozialen Jahr, § 2 Abs. 1 Nr. 8 ArbGG

187   Zwischen dem **Träger des Freiwilligen sozialen Jahres** (§ 2 Gesetz zur Förderung eines freiwilligen sozialen Jahres vom 17. VIII. 1964, BGBl. I S. 640) und dem **Helfer**, der eine Tätigkeit im Rahmen eines Freiwilligen sozialen Jahres ableistet, besteht *kein Arbeitsverhältnis*[406]. Daher weist § 2 Abs. 1 Nr. 8 ArbGG bürgerliche Rechtsstreitigkeiten zwischen beiden den Gerichten für Arbeitssachen zu.

10. Rechtsstreitigkeiten zwischen Arbeitnehmern, § 2 Abs. 1 Nr. 9 ArbGG

189   Die Arbeitsgerichte entscheiden bestimmte **Streitigkeiten zwischen Arbeitnehmern** (zu dem Begriff des Arbeitnehmers→ Rdnr. 157 ff.).

190   **a)** **Ansprüche »aus gemeinsamer Arbeit«** i. S. v. § 2 Abs. 1 Nr. 9 **(1. Alt.)** ArbGG (*Text→* Rdnr. 141) sind meist, aber nicht notwendig *vertraglicher* Art, z. B. Lohn- oder Schadensersatzansprüche aus einem **Gruppenarbeitsverhältnis**, mag der Vertrag mit dem Kolonnenführer oder zwischen den (eine Gesellschaft des bürgerlichen Rechts bildenden) Gruppenmitgliedern abgeschlossen sein. Ebenso gehören hierher die Ansprüche aus einer zwischen mehreren Arbeitnehmern geschlossenen **Fahrgemeinschaft** für die Fahrt zur Arbeit oder wegen gemeinsam von mehreren Arbeitnehmern angeschafften und bereitgestellten **Arbeitsmitteln**[407].

191   **b)** Hierher gehören ferner nach § 2 Abs. 1 Nr. 9 **(2. Alt.)** ArbGG (*Text* → Rdnr. 141) **Streitigkeiten zwischen Arbeitnehmern »aus unerlaubten Handlungen«, »soweit diese mit dem Arbeitsverhältnis im Zusammenhang stehen«.** Der Begriff der *unerlaubten Handlung* ist wie im § 32 (→ dort Rdnr. 18 ff.) und der Begriff des *Zusammenhangs* ähnlich wie in § 2 Abs. 3 ArbGG (→ unten Rdnr. 207) zu bilden. Eine nur zeitliche oder örtliche Beziehung zu der Tätigkeit im Rahmen des Arbeitsverhältnisses genügt nicht; notwendig ist vielmehr, daß **die unerlaubte Handlung in den eigenartigen Reibungsmöglichkeiten und soziologischen Bindungen des Arbeitsverhältnisses verwurzelt ist**[408], z. B. **fahrlässige Verletzung des Arbeitskolle-**

---

[403] Vgl. BT-Drucks. 8/1567 S. 27 (amtl. Begründung).
[404] *BAG* AP Nr. 1 zu § 611 BGB Entwicklungshelfer; *Fitting/Auffarth/Kaiser/Heither* BetrVerfG[17] § 5 Rdnr. 100.
[405] Vgl. *Echterhölter* BABl. 1969, 421 (423).
[406] § 1, § 15 Gesetz zur Förderung eines freiwilligen

sozialen Jahres; *Fitting/Auffarth/Kaiser/Heither* BetrVerfG[17] § 5 Rdnr. 100.
[407] Vgl. *Grunsky* ArbGG[6] § 2 Rdnr. 127.
[408] *BGH* AP Nr. 48 zu § 2 ArbGG (*G. Hueck*) = MDR 1958, 331 (507 abl. *Nipperdey*); *OLG Düsseldorf* AP Nr. 19 zu § 2 ArbGG (*Bötticher*).

gen bei der Arbeit, schuldhaft verursachter **Verkehrsunfall bei einer Dienstfahrt**[409], **Tätlichkeiten** in einem Streit, der aus der gemeinsamen Arbeit oder dem Zusammenleben an derselben Arbeitsstätte entstanden ist, im Gegensatz z.B. zu einer in Fortsetzung einer *Wirtshausstreitigkeit* später auf der Arbeitsstelle verübten Körperverletzung. Nicht erforderlich ist, daß beide Arbeitnehmer bei demselben Arbeitgeber beschäftigt sind[410]. Doch ist in einem solchen Fall genau zu prüfen, ob ein Zusammenhang mit dem Arbeitsverhältnis gegeben ist. Nicht nötig ist weiter, daß die *Klage auf Schadensersatz* gerichtet ist; es fällt ebenso eine *Unterlassungsklage* wie eine *(negative) Feststellungsklage* unter die Vorschrift des § 2 Abs. 1 Nr. 9 (2. Alt.) ArbGG.

11. Streitigkeiten aus Arbeitnehmererfindungen und Urheberrechtsstreitsachen, § 2 Abs. 2 ArbGG

Für Streitigkeiten wegen Erfindungen oder aus dem Urheberrecht eines Arbeitnehmers sind die Arbeitsgerichte nicht zuständig. Ausgenommen sind lediglich die **reinen Vergütungsstreitigkeiten,** nur für sie sind die Arbeitsgerichte noch zuständig: 191a

Gesetz über Arbeitnehmererfindungen

§ 39 Zuständigkeit. (1) [1]Für alle Rechtsstreitigkeiten über Erfindungen eines Arbeitnehmers sind die für Patentstreitsachen zuständigen Gerichte (§ 51 des Patentgesetzes) ohne Rücksicht auf den Streitwert ausschließlich zuständig. [2]Die Vorschriften über das Verfahren in Patentstreitsachen sind anzuwenden. [3]Nicht anzuwenden ist § 74 Abs. 2 und 3 des Gerichtskostengesetzes.

(2) Ausgenommen von der Regelung des Absatzes 1 sind Rechtsstreitigkeiten, die ausschließlich Ansprüche auf Leistung einer festgestellten oder festgesetzten Vergütung für eine Erfindung zum Gegenstand haben.

a) Zuständigkeit nur für die Vergütungsstreitigkeiten

Von der Zuständigkeit des Arbeitsgerichts nach § 2 Abs. 1 Nr. 3 lit. a) ArbGG **ausgenommen** sind Streitigkeiten, deren Gegenstand **die Erfindung eines Arbeitnehmers** bildet[411]. Der gesetzgeberische Grund dafür ist die Sachkunde der Kammern und Senate für Patentstreitsachen bei den zuständigen ordentlichen Gerichten[412]. **Den Arbeitsgerichten sind** jedoch diejenigen Erfinderstreitigkeiten **zugewiesen,** die ausschließlich **Ansprüche auf Leistung einer festgestellten oder festgesetzten Vergütung** zum Gegenstand haben (*Vergütungsanspruch,*   191b

---

[409] *OLG Hamburg* NJW 1956, 109; *LAG Hamm* DB 1958, 1104 (*Mitnahme eines Arbeitskollegen auf gemeinsamer Heimfahrt nach Dienstschluß*). Nicht aber, wenn Arbeitnehmer als selbständiger Unternehmer vom Arbeitgeber zur Fahrt beauftragt war; *BGH* AP Nr. 48 zu § 2 ArbGG (Fn. 408).

[410] Vgl. *Bötticher* in Anm. zu *OLG Düsseldorf* AP Nr. 19 zu § 2 ArbGG; *Rohlfing/Rewolle* ArbGG § 2 Anm. 15; *Dietz/Nikisch* ArbGG § 2 Rdnr. 133.

[411] Vgl. *Volmer* RdA 1954, 407, GRUR 1978, 329 sowie die Komm. zu § 39 Gesetz über Arbeitnehmererfindungen von *Volmer* (1958) und *Heine/Rebitzki*[3] (1966) sowie *Reimer/Schade/Schippel* Das Recht der Arbeitnehmererfindungen[5] (1975) 525; *Volmer/Gaul* Arbeitnehmererfindungsgesetz[2] (1983); *Haertel/Krieger/Kauber* ArbNErfRecht[3] (1988); *Bartenbach/Volz* Gesetz über

Arbeitnehmererfindungen[2] (1990); *Herschel* 25 Jahre Arbeitnehmererfindungsgesetz RdA 1982, 256 ff.; *Gaul* Der persönliche Geltungsbereich des Arbeitnehmererfindungsgesetzes RdA 1982, 268 ff.; *Bengelsdorf* Berücksichtigung von Vergütungen für Arbeitnehmererfindungen und Verbesserungsvorschlägen bei der Karenzentschädigung gemäß § 74 Abs. 2 HGB BB 1989, 1024 ff.; *Gaul* Erfindervergütung an geschäftsführende Gesellschafter BB 1990, 671 ff.; *Bartenbach* Grundzüge des Rechts der Arbeitnehmererfindungen NZA Beilage 2/90 1990, 24 ff.; *Wagner* Erfindungen von Arbeitnehmern AuA 1991, 41 ff.

[412] Vgl. Begründung zum ArbGG (RT-Drucks. 2065/1926) S. 23; z.T. abgedruckt bei *Dersch/Volkmar* ArbGG[6] § 2 Rdnr. 149 und *Volmer* RdA 1954, 407 r. Sp.

Vergütungsstreitigkeit), § 2 Abs. 2 lit. a) ArbGG, § 39 Abs. 2 des Gesetzes über Arbeitnehmererfindungen. Auch soweit ausschließlich **Ansprüche auf Leistung** einer festgestellten oder festgesetzten Vergütung für **einen technischen Verbesserungsvorschlag** nach § 20 Abs. 1 des Gesetzes über Arbeitnehmererfindungen betroffen sind, ist jetzt ebenso die Zuständigkeit des Arbeitsgerichts gegeben, § 2 Abs. 2 lit. a) ArbGG. Da für diese Vergütungsstreitigkeiten das **Arbeitsgericht nicht mehr** wie bis zum 1. VII. 1979 (→ Rdnr. 140) **ausschließlich** zuständig ist, ist eine *Gerichtsstandsvereinbarung* dahin, daß die Gericht die Gerichte für Patentstreitsachen zuständig sein sollen, *zulässig* (→ auch § 38 Rdnr. 2).

(1) Zuständigkeitsprüfung, Vorfragenkompetenz

191c   Die Zuständigkeit bestimmt sich wie sonst allein nach der vom Kläger geltend gemachten Rechtsfolge ohne Rücksicht auf die Verteidigung des Beklagten. Das Arbeitsgericht darf aber nicht etwa über andere Ansprüche entscheiden, die für den Vergütungsanspruch präjudiziell sind[413]. Als **Vorfragen** (→ Rdnr. 143b) kann es dagegen im Rahmen der dienstlichen Betätigung des Beschäftigten gemachte Erfindung, oder eine *Betriebserfindung*, d. h. eine von ihm unter Benutzung von Erfahrungen, Vorarbeiten und Hilfsmitteln des Betriebes gemachte Erfindung, oder endlich eine freie Erfindung vorliegt[414]. Diese Entscheidung entbehrt aber der Rechtskraftwirkung wie stets diejenige über Vorfragen → § 322 Rdnr. 89 ff. **Ein der Rechtskraft fähiger Anspruch über die zwischen den Parteien durch die Erfindung entstandene Rechtsbeziehung im allgemeinen kann im arbeitsgerichtlichen Verfahren nicht erwirkt werden,** auch nicht im Wege der Zwischenfeststellungs- oder Zwischenfeststellungswiderklage nach § 256 Abs. 2, denn dem Arbeitsgericht fehlt die Zuständigkeit für die Entscheidung, → § 256 Rdnr. 159 ff.

(2) Anspruchshäufung

192   Wird in der **beim Arbeitsgericht** erhobene Klage **mit dem Vergütungsanspruch von vornherein ein anderer die Erfindung betreffender Anspruch verbunden** (§ 260), z. B. ein solcher auf Namhaftmachung als Erfinder, so ist **das Arbeitsgericht für sämtliche Ansprüche unzuständig.** Es hat demnach Verweisung gemäß § 48 Abs. 1 ArbGG i.V.m. § 17a Abs. 2 GVG zu erfolgen, und zwar **auch hinsichtlich des Vergütungsanspruchs.** Bei *Zurücknahme* des anderen (die Erfindung betreffenden) Anspruchs (§ 269) tritt Heilung des Zuständigkeitsmangels hinsichtlich des Vergütungsanspruchs ein, (→ § 261 Rdnr. 44).

(3) Nachträgliche Anspruchshäufung, Widerklage

192a   Wird dagegen der andere (die Erfindung betreffende) Anspruch im Wege der Klageerhebung oder der Widerklage in den *Vergütungsstreit* vor dem Arbeitsgericht eingeführt, so erlangt nunmehr das *ordentliche Gericht* die Zuständigkeit zur Entscheidung über den Streit *insgesamt. Daneben* behält aber das Arbeitsgericht auch nicht nach § 261 Abs. 3 Nr. 2 seine Zuständigkeit zur Entscheidung über den zuerst geltend gemachten Vergütungsanspruch[415], da die Regelung in § 2 Abs. 2 lit a) ArbGG insoweit lex specialis et posterior zu § 261 Abs. 3

---

[413] *OLG Düsseldorf* AP Nr. 20 zu § 2 ArbGG; zum Teil für eine weitergehende Zuständigkeit der Arbeitsgerichte: *Volmer* in Anm. bei AP Nr. 20 zu § 2 ArbGG sowie *LAG Hamm* AP Nr. 1 zu § 2 ArbGG und *LAG Bremen* AP Nr. 21 zu § 2 ArbGG. Alle jedoch zum Rechtszustand *vor* Inkrafttreten des Gesetzes über Arbeitnehmererfindungen.

[414] *RAGE* 11, 219. Wegen der Abgrenzung Betriebser-

findungen Diensterfindungen vgl. *RGZ* 163, 112 (seit Einführung von § 6 Satz 1 PatG gegenstandslos); zum Begriff »Diensterfindungen« vgl. auch *Reimer/Schade/Schippel* Das Recht der Arbeitnehmererfindung⁵ (1975) 86; *Bartenbach/Volz* (Fn. 411) § 4 Rdnr. 7 ff.

[415] Anders 19. Auflage dieses Kommentars sowie *Grunsky* ArbGG⁶ § 2 Rdnr. 108.

Nr. 2 ist. Mit Erhebung dieser Widerklage und der genannten Klageerweiterung **verliert** das **Arbeitsgericht** vielmehr auch **seine Zuständigkeit** für den Vergütungsanspruch. Die Rechtslage ist demnach **vergleichbar der des § 506.** Gegen eine entsprechende Anwendung bestehen keine Bedenken[416]. Das Arbeitsgericht hat gemäß § 48 Abs. 1 ArbGG i.V.m. § 17a Abs. 2 GVG den gesamten Rechtsstreit an das ordentliche Gericht zu verweisen[417]. Da § 39 Abs. 1 des Gesetzes über Arbeitnehmererfindungen eine ausschließliche Zuständigkeit des Gerichts für Patentstreitsachen (Landgericht, § 51 Abs. 1 PatG) begründet, scheidet auch eine Zuständigkeitsbegründung des Arbeitsgerichts nach § 39 ZPO aus.

(4) Anhängigkeit beim ordentlichen Gericht

Sind eine festgestellte oder festgesetzte Vergütung betreffende und andere die Erfindung betreffende Ansprüche vor dem **ordentlichen Gericht gleichzeitig** geltend gemacht, so verbleibt die Sache nach § 17 Abs. 1 Satz 1 GVG ihm auch dann, wenn sich der andere Anspruch vorzeitig erledigt und **nur noch der Vergütungsanspruch anhängig ist.** Umgekehrt wird bei ursprünglich *alleiniger* Geltendmachung einer festgestellten oder festgesetzten *Vergütung* vor dem *ordentlichen Gericht* (Gericht für Patentstreitsachen) die zunächst bestehende Unzulässigkeit des Rechtswegs dadurch geheilt, daß im Wege der Klageerweiterung oder Widerklage ein anderer die Erfindung betreffender Anspruch geltend gemacht wird, → § 261 Rdnr. 44. Ohne eine solche Heilung (also bei **alleinigem Geltendmachen des Vergütungsanspruchs vor dem Gericht für Patentstreitsachen**) muß – sofern keine Einlassung nach § 39 erfolgt – *nach § 48 Abs. 1 ArbGG i.V.m. § 17a Abs. 2 GVG an das Arbeitsgericht* beantragt werden. **193**

(5) Freie Erfindung

Ansprüche, die auf eine *freie Erfindung*[418] des Arbeitnehmers gestützt werden, z.B. Ansprüche aus einem Vertrag mit dem Arbeitgeber über ihre Verwertung, gehören auch vor die Gerichte für Arbeitssachen, wenn sich der Streit auf die Vergütung beschränkt; ist jedoch die Erfindung im Arbeitsbereich des Betriebs des Arbeitgebers offensichtlich nicht verwertbar, so sind auch für den Vergütungsstreit die *ordentlichen Gerichte* zuständig. **194**

(6) Aufrechnung

Rechnet allerdings in einem vor dem Arbeitsgericht anhängigen Verfahren wegen eines Vergütungsanspruchs der Beklagte mit einem Anspruch auf, der nach § 39 Abs. 1 Gesetz über Arbeitnehmererfindungen vor die Kammern für Patentstreitsachen gehört, so entscheidet das Arbeitsgericht wie auch sonst im Verhältnis zu den ordentlichen Gerichten auch über diesen Anspruch[419]. **195**

b) Urheberrechtsstreitsachen

Für Urheberrechtsstreitsachen aus einem Arbeitsverhältnis besteht nach § 104 UrhG, § 2 Abs. 2 lit. b) ArbGG eine ähnliche Regelung wie für Streitigkeiten über Arbeitnehmererfindungen. Die Arbeitsgerichte sind nur zuständig für Streitigkeiten, die ausschließlich Ansprüche auf Leistung einer vereinbarten Vergütung für einen Arbeitnehmer betreffen: **196**

---

[416] So auch *Grunsky* ArbGG[6] § 2 Rdnr. 108.
[417] Anders *Dersch/Volkmar* ArbGG[6] § 2 Rdnr. 153: da Klageerweiterung und Widerklage unzulässig sind, bleibe vielmehr das Arbeitsgericht für den Vergütungsanspruch zuständig, der andere (die Erfindung betreffende) Anspruch sei dagegen als unzulässig abzuweisen.

[418] Zum Begriff *Reimer/Schade/Schippel* Das Recht der Arbeitnehmererfindung[5] § 4 Rdnr. 22.
[419] *BAG* DB 1972, 1075; vgl. auch *Reimer/Schade/Schippel* (Fn. 411) § 39 Rdnr. 9; → Rdnr. 143a.

Urheberrechtsgesetz

§ 104 Rechtsweg. [1]Für alle Rechtsstreitigkeiten, durch die ein Anspruch aus einem der in diesem Gesetz geregelten Rechtsverhältnisse geltend gemacht wird (Urheberrechtsstreitsachen), ist der ordentliche Rechtsweg gegeben. [2]Für Urheberrechtsstreitsachen aus Arbeits- oder Dienstverhältnissen, die ausschließlich Ansprüche auf Leistung einer vereinbarten Vergütung zum Gegenstand haben, bleiben der Rechtsweg zu den Gerichten für Arbeitssachen und der Verwaltungsrechtsweg unberührt.

12. Erweiterte Zuständigkeit des Zusammenhangs, § 2 Abs. 3 ArbGG

204   Die Zuständigkeit des Zusammenhangs nach § 2 Abs. 3 ArbGG hat nicht mehr die Bedeutung wie vor dem 1. VII. 1979 (→ Rdnr. 140), denn für einen Anspruch, der mit dem *Arbeitsverhältnis im* rechtlichen oder unmittelbar wirtschaftlichen *Zusammenhang* steht, ist bereits nach § 2 Abs. 1 Nr. 4 lit. a) ArbGG (→ Rdnr. 181) die arbeitsgerichtliche Zuständigkeit gegeben; eines Rückgriffs auf § 2 Abs. 3 ArbGG bedarf es dann nicht mehr.

Nicht unter § 2 Abs. 1 und 2 ArbGG fallende bürgerlich-rechtliche Ansprüche **können** vom Kläger oder Beklagten (dann als *Widerklage*) nach § 2 Abs. 3 ArbGG (Text → Rdnr. 141) **unter folgenden Voraussetzungen vor dem Arbeitsgericht verfolgt werden**:

a) Personen

205   Es muß zum mindestens *einer* Seite (auf der Kläger- *oder* Beklagtenseite) ein **Arbeitgeber** *oder* ein **Arbeitnehmer** *oder* eine **tarifvertragsfähige Partei** (→ § 50 Rdnr. 45 ff.) oder eine der in § 2 Abs. 1 und 2 genannten Parteien stehen. Den Arbeitnehmern stehen auch hier *arbeitnehmerähnliche Personen* (→ Rdnr. 163 f.) gleich. Wegen der *Rechtsnachfolger* → Rdnr. 220.

b) Derselbe Rechtsstreit

206   Der geltend gemachte Anspruch muß mit einem Anspruch der im § 2 Abs. 1 und 2 ArbGG bezeichneten Art in **demselben Rechtsstreit verfolgt werden**, sei es im Wege der *ursprünglichen* oder der *nachträglichen* Klagenhäufung (§ 260), der **Klageerweiterung** (§ 264 Nr. 2), sei es der **Zwischenfeststellungsklage** (§ 256 Abs. 2, → § 256 Rdnr. 180.) oder der **Widerklage**, § 33 (→ § 33 Rdnr. 40). Auch die **Verbindung zweier Prozesse** nach § 147 wird als ausreichend anzusehen sein (→ Rdnr. 209). Wird ein bürgerlich-rechtlicher Anspruch gegen einen Anspruch, wie er in § 2 Abs. 1 und 2 ArbGG bezeichnet ist, zur **Aufrechnung** gestellt, gelten die Beschränkungen des § 2 Abs. 3 ArbGG nicht (→ Rdnr. 143 a). Daß die **Parteien** dieselben wie die des Anspruchs nach § 2 Abs. 1 und 2 ArbGG sind, ist nicht erforderlich. Die Art der **Klage** (Leistung, Feststellung usw.) oder des zivilprozessualen Verfahrens (Klage, Mahnverfahren, Arrest) begründet keinen Unterschied.

c) Sachzusammenhang

207   Zwischen dem die Zuständigkeit des Arbeitsgerichts nach § 2 Abs. 1 und 2 ArbGG begründenden Anspruch und dem daneben erhobenen weiteren (nicht unter § 2 Abs. 1 und 2 ArbGG fallenden) Anspruch muß ein **rechtlicher** *oder* **unmittelbarer wirtschaftlicher Zusammenhang** bestehen. Der Zusammenhang kann auch mit einem Anspruch nach § 2 Abs. 1 Nr. 4 lit. a) ArbGG (→ Rdnr. 181) bestehen, der seinerseits mit dem Arbeitsverhältnis nur im Zusammenhang steht.

Über den Begriff des *rechtlichen* Zusammenhangs → § 33 Rdnr. 16 ff. Für einen *unmittelbaren wirtschaftlichen* Zusammenhang genügt das Vorliegen eines **einheitlichen Lebensverhältnisses** zwischen den Parteien, das bestimmt ist, ihren einheitlichen Zwecken zu dienen[420].

Bei der Annahme des rechtlichen oder unmittelbaren wirtschaftlichen Zusammenhangs darf man hier *keine allzu strengen Anforderungen* stellen[421]. Die Zuständigkeit der Arbeitsgerichte kann erst recht nach § 2 Abs. 3 ArbGG erreicht werden, wenn ein Anspruch mit *mehreren* Begründungen eingeklagt wird, von denen eine oder mehrere an sich *nicht* vor die Arbeitsgerichte gehören[422] (→ Rdnr. 175, → auch Einl. Rdnr. 290).

d) Keine anderweitige ausschließliche Zuständigkeit

Für den (über § 2 Abs. 3 ArbGG) eingeführten Anspruch darf **keine anderweitige ausschließliche Zuständigkeit** bestehen. Eine solche ausschließliche Zuständigkeit besteht z. B. für Streitigkeiten, die *Erfindungen eines Arbeitnehmers* – ausgenommen reine **Vergnügungsstreitigkeiten** – zum Gegenstand haben (§ 39 Abs. 1 Gesetz über Arbeitnehmererfindungen), → Rdnr. 191 a.   **208**

Ob die anderweitige Zuständigkeit *örtlich* oder *sachlich ausschließlich* ist, spielt grundsätzlich keine Rolle. Eine nur örtlich ausschließliche anderweitige Zuständigkeit des ordentlichen Gerichts hindert allerdings dann nicht eine arbeitsgerichtliche Zuständigkeit des Zusammenhangs, wenn das sonst örtlich ausschließlich zuständige ordentliche Gericht im Bezirk des mit dem arbeitsrechtlichen Anspruch nach § 2 Abs. 1 und 2 ArbGG befaßten Arbeitsgericht liegt. Nicht ausgeschlossen sind danach von der arbeitsgerichtlichen Zuständigkeit des Zusammenhangs sowohl die Klagen, die im **dinglichen Gerichtsstande des § 24**[423] (→ § 24 Rdnr. 32) zu erheben sind, als auch manche Klagen auf dem Gebiete der Zwangsvollstreckung (z. B. § 722 Abs. 2, § 771 Abs. 1, § 805 Abs. 2, § 879 Abs. 1 i. V. m. § 802).

Weil jedoch eine **anderweitige ausschließliche Rechtswegkompetenz** besteht, sind von der arbeitsgerichtlichen Zuständigkeit des Zusammenhangs die **Mietsachen** nach § 29a ausgeschlossen, ebenso die Klagen, die **nicht-vermögensrechtliche Ansprüche** betreffen; denn der Ausschluß der Zuständigkeitsvereinbarung, § 40 Abs. 2, bedeutet im Ergebnis tatsächlich nichts anderes als eine ausschließliche Zuständigkeit. Beruht die anderweitige ausschließliche Zuständigkeit auf einer **Zuständigkeitsvereinbarung**, besteht keine Möglichkeit, einen unter § 2 Abs. 3 ArbGG fallenden Anspruch beim Arbeitsgericht zulässigerweise geltend zu machen (→ § 38 Rdnr. 70); jedoch kann auf die getroffene Vereinbarung verzichtet werden[424]. Bei **Haustürwiderrufsgeschäften** (zu ihnen näher → § 29 Rdnr. 6) ist die Klageerhebung beim *Arbeitsgericht* nach § 2 Abs. 3 ArbGG möglich, soweit das angerufene Arbeitsgericht für den Kunden nach § 7 HaustürWG örtlich zuständig ist[425]; denn § 7 HaustürWG schafft nur einen örtlich, nicht aber sachlich ausschließlichen Gerichtsstand.

e) Beibehaltung der Zuständigkeit

Nicht ist allerdings Voraussetzung, daß **das Gericht die bei Klageerhebung begründete Zuständigkeit** für den unter § 2 Abs. 1 und 2 ArbGG fallenden Anspruch **weiter behält**. Auch genügt es, wenn das Arbeitsgericht diese Zuständigkeit **erst später erlangt** (→ § 261 Rdnr. 73). Das Arbeitsgericht bleibt also für den Anspruch nach § 2 Abs. 3 ArbGG auch dann zuständig, wenn die Klage aus § 2 Abs. 1 oder 2 ArbGG durch *Prozeßurteil* abgewiesen wird oder ihre Rechtshängigkeit durch *übereinstimmende Erledigungserklärung* (→ § 91a) oder durch Ab-   **209**

---

[420] Vgl. *LAG Bremen* RdA 1951, 75 (*Dersch*).
[421] Vgl. *Grunsky* ArbGG[6] § 2 Rdnr. 143.
[422] *BAGE* 5, 178 = AP Nr. 28 zu § 2 ArbGG (*Pohle*).
[423] A. M. *Dietz/Nikisch* ArbGG § 3 Rdnr. 24; *Dersch/Volkmar* ArbGG[6] § 3 Rdnr. 61.
[424] S. auch *Dersch/Volmar* ArbGG[6] § 3 Rdnr. 62 f. Haben die Parteien in einer vor die ordentlichen Gerichte gehörenden Sache eine ausschließliche *örtliche* Zustän-

digkeit vereinbart, so wird die Abrede im Zweifel dahin auszulegen sein, daß sie die Sache jedenfalls auch beim *ordentlichen Gericht* belassen wollen.
[425] Zustimmend *Grunsky* ArbGG[6] § 2 Rdnr. 145 zur Rechtslage nach dem *früheren Abzahlungsgesetz* (vgl. die Voraufl. dieses Komm.). Das VerbrKrG enthält eine dem alten § 6 a AbzG vergleichbare Regelung jedoch nicht mehr (→ § 29 Rdnr. 5a).

schluß eines *Prozeßvergleichs* endet. Bei der *Klagezurücknahme* (§ 269) des Hauptanspruchs bleibt ebenfalls die Zuständigkeit erhalten, auch wenn die Rechtshängigkeit des Hauptanspruchs rückwirkend beseitigt wird (→ § 269 Rdnr. 98 ff.)[426], weil der Zusammenhangsanspruch des § 2 Abs. 3 ArbGG weiter anhängig bleibt und die einmal begründete Zuständigkeit nicht von der Fiktion des § 269 Abs. 3 S. 1 ergriffen wird. Fällt durch die Änderung des Sachvortrages die Zuständigkeit des Arbeitsgerichts nach § 2 Abs. 1 und 2 ArbGG für die Hauptstreitigkeit weg, so soll dies auch für eine Klage nach § 2 Abs. 3 ArbGG gelten und damit das Arbeitsgericht unzuständig werden[427].

13. Vereinbarte Zuständigkeit bei Streit zwischen der juristischen Person und ihren organschaftlichen Vertretern, § 2 Abs. 4 ArbGG

210　　Durch eine **Vereinbarung** zwischen **juristischen Personen** des Privatrechts und ihren organschaftlichen **Vertretern** kann die Zuständigkeit des Arbeitsgerichts begründet werden.

a) Personenkreis

211　　Zwar sind in § 2 Abs. 4 ArbGG (*Text* → Rdnr. 141) nur die kraft *Gesetzes* zur Vertretung berufenen Mitglieder des Vertretungsorgans angeführt, doch sind wegen derselben Interessenlage auch die nach **Satzung** oder **Gesellschaftsvertrag berufenen Vertreter** hierher zu rechnen[428]; nicht dazu zählen aber die *sonst mit Vertretungsmacht ausgestatteten Personen* (z. B. *Handlungsbevollmächtigter, Prokurist*). Unter § 2 Abs. 4 ArbGG fallen die **AG, KGaA, GmbH, eingetragene Genossenschaften, VVaG, bergrechtliche Gewerkschaften, rechtsfähige Vereine** und **Stiftungen.** Sonstigen Personengesamtheiten (z. B. OHG und KG) oder *handelsrechtlichen Gesellschaften vor Erwerb der Rechtsfähigkeit* ist die Vereinbarung nicht gestattet[429], ebensowenig *juristischen Personen des öffentlichen Rechts*.

b) Gegenstand der Vereinbarung

212　　Die Vereinbarung ist nur über »bürgerliche Rechtsstreitigkeiten« (→ Einl. Rdnr. 341) zulässig. Ferner ist die Vorschrift einschränkend dahin auszulegen, daß eine Vereinbarung **nur für Rechtsstreitigkeiten der in § 2 Abs. 1 und 2 ArbGG bezeichneten Art zulässig** ist[430]. Durch die Vereinbarung kann also *nur die fehlende Arbeitnehmereigenschaft* ersetzt, nicht aber die Zuständigkeit des Arbeitsgerichts auf nichtarbeitsrechtliche Streitigkeiten ausgedehnt werden. Auch bei der Prorogation nach § 2 Abs. 4 ArbGG reicht die Kompetenz des Arbeitsgerichts nicht weiter, als sie bei Arbeitnehmern bestünde (→ auch § 38 Rdnr. 70). Denn § 2 Abs. 4 ArbGG will die Möglichkeit geben, die organschaftlichen Vertreter *den Arbeitnehmern prozessual gleichzustellen*, weil diese Personen sachlich häufig leitenden Angestellten gleichstehen und deshalb ein Interesse vorhanden sein kann, die Arbeitsgerichtsbarkeit zu prorogieren.

c) Form der Vereinbarung

213　　§ 2 Abs. 4 ArbGG ist Spezialgesetz gegenüber § 38 ZPO (→ § 38 Rdnr. 70). Die dortigen Voraussetzungen müssen deshalb nicht erfüllt sein, so daß auch **mündliche Vereinbarungen** oder entsprechende Bestimmungen in der **Satzung oder im Gesellschaftsvertrag** genügen. Bei **rügelosem Einlassen** vor dem Arbeitsgericht gilt § 39 (→ § 39 Rdnr. 16).

---

[426] *Dietz/Nikisch* ArbGG § 3 Rdnr. 18; *Dersch/Volkmar* ArbGG[6] § 3 Rdnr. 19; *Grunsky* ArbGG[6] § 2 Rdnr. 140; *Hueck/Nipperdey* Lehrbuch des Arbeitsrechts[7] I 928; a. M. *BAG* DB 1976, 540 = NJW 206 = BB 139; *Rohlfing/Rewolle* (Fn. 271) § 3 Anm. 22; 19. Aufl. dieses Komm. bei Fn. 255. – Zum vergleichbaren Fall bei der *Widerklage* → § 33 Rdnr. 10.

[427] So *BAG* AP Nr. 1 zu § 3 ArbGG = NJW 1975, 1944

= DB 1756. Mit § 17 Abs. 1 Satz 1 GVG und mit § 261 Abs. 3 Nr. 2 ist diese Ansicht nicht vereinbar.

[428] So h. M., vgl. *Dersch/Volkmar* ArbGG[6] § 3 Rdnr. 95; *Dietz/Nikisch* ArbGG § 3 Rdnr. 30.

[429] So auch *Dersch/Volkmar* ArbGG[6] § 3 Rdnr. 93; *Dietz/Nikisch* ArbGG § 3 Rdnr. 29; a. M. *Grunsky* ArbGG[6] § 2 Rdnr. 149.

[430] So auch *Dersch/Volkmar* ArbGG[6] § 3 Rdnr. 89.

C. Die Zuständigkeit im Beschlußverfahren

1. Angelegenheiten aus dem Betriebsverfassungsgesetz 1972, § 2a Abs. 1 Nr. 1 ArbGG

Gesetzesgeschichte: Das Betriebsverfassungsgesetz (BetrVerfG) vom 15. I. 1972 (BGBl S. 13)[431] hat   **214**
die Aufzählung der Zuständigkeiten in § 2 Abs. 1 Nr. 4 a. F. ArbGG durch die bis 1. VII. 1979 geltende
Nr. 4 ersetzt, die durch das Gesetz zur Beschleunigung und Beseitigung des arbeitsgerichtlichen Verfahrens (→ Rdnr. 140) zu § 2 a Abs. 1 Nr. 1 ArbGG wurde und nach der das Arbeitsgericht für alle
Angelegenheiten aus dem BetrVerfG zuständig ist, ausgenommen die Straftaten und Ordungswidrigkei-
ten nach § 119–121 BetrVerfG. Damit sollte keine Einengung der arbeitsgerichtlichen Zuständigkeit
erreicht werden, sondern eine *Vermeidung von Gesetzeslücken*[432]. Die Zuständigkeit des Arbeitsgerichts
ist daher weiterhin zumindest im bisherigen Umfang gegeben; die Rechtsprechung zu Nr. 4 a. F. kann also
insoweit verwertet werden.

a) Betriebsverfassungsrechtliche Angelegenheiten

Gemäß § 80 Abs. 1, § 2 a Abs. 2 ArbGG ergeht in den Fällen des § 2 a Abs. 1 Nr. 1 ArbGG   **215**
die Entscheidung im **Beschlußverfahren.** Voraussetzung für alle unter § 2 a Abs. 1 Nr. 1
ArbGG fallenden Angelegenheiten ist, daß sie **betriebsverfassungsrechtliche Auseinandersetzungen** sind. Nicht jede Streitigkeit, an der betriebsverfassungsrechtliche Organe beteiligt
sind, gehören deswegen schon hierher. Eine Angelegenheit ist eine solche aus dem Betriebsverfassungsgesetz, wenn sie mit der Stellung zumindest eines Beteiligten innerhalb des vom
Betriebsverfassungsgesetz geregelten Bereichs zusammenhängt[433]; dies ist insbesondere der
Fall, wenn es ohne die Stellung eines Beteiligten als betriebsverfassungsrechtliches Organ
oder Mitglied nicht zu dem gegenwärtigen Streit gekommen wäre[434]. Ein Streit *innerhalb*
eines betriebsverfassungsrechtlichen Organs schließt das Vorliegen einer Angelegenheit aus
dem Betriebsverfassungsgesetz noch nicht aus[435]. Darüber hinaus sollen nach dieser Vorschrift durch die Gerichte für Arbeitssachen im Beschlußverfahren auch alle Streitigkeiten
entschieden werden, die aus dem Betriebsverfassungs*recht* schlechthin entstehen können.

b) Einzelfälle

Von den vielfältigen Angelegenheiten des BetrVerfG, für die das Arbeitsgericht zuständig ist, sind zu   **216**
nennen: Streitigkeiten um die **Notwendigkeit der Errichtung eines Betriebsrats** sowie um die Errichtung
eines *Gesamtbetriebsrats*, eines *Konzernbetriebsrats*, einer *Jugendvertretung* oder einer anderen betriebsverfassungsrechtlichen Vertretung nach § 3 BetrVerfG, die Entscheidung der Frage, ob ein **Ten-
denzbetrieb** im Sinne von § 118 BetrVerfG vorliegt sowie ob ein *Unternehmen* im Sinne des BetrVerfG
gegeben ist[436] und ob weitere Vertretungen neben den im BetrVerfG vorgesehenen gewählt werden
können[437]. Weiter sind anzuführen: Streitigkeiten um die **Zusammensetzung des Betriebsrats** und um die
Durchführung und Kosten[438] **der Wahlen**, z. B. Streitigkeiten um das aktive und passive **Wahlrecht** (§§ 7,
8 BetrVerfG)[439] und darüber, ob ein Arbeitnehmer **leitender Angestellter** im Sinne von § 5 Abs. 3
BetrVerfG ist. Ferner fallen unter § 2 a Abs. 1 Nr. 1 ArbGG Entscheidungen über die Dauer und das
Erlöschen der **Mitgliedschaft im Betriebsrat** (§§ 21 ff. BetrVerfG) oder in einem anderen betriebsverfassungsrechtlichen Organ sowie die Entscheidungen über *Zuständigkeit*, *Geschäftsführung* und *Tätigkeit
des Betriebsrats* und der anderen betriebsverfassungsrechtlichen Organe[440]. Dazu gehört der Streit um

---

[431] Neubekanntmachung aufgrund des Art. 5 des Gesetzes vom 20. XII. 1988 (BGBl. I S. 2312) mit Wirkung
vom 1. I. 1989.
[432] Vgl. BT-Drucks VI, 1786 zu § 125 S. 60.
[433] Vgl. *Nikisch* SAE 1961, 4.
[434] *BAGE* 4, 46 (betriebsverfassungsrechtlich ist der
Streit um das *Besitzrecht an Betriebsratsakten*); *BAG*
SAE 1961, 2 (*Nikisch*) mit weiteren Hinweisen auf die
Rspr; *Matthes* (Fn. 259) § 2a Rdnr. 7.

[435] *BAG* SAE 1961, 4.
[436] Vgl. *BAGE* 23, 450.
[437] Vgl. *BAG* BB 1975, 925.
[438] *BAGE* 25, 239.
[439] *BAGE* 16, 1.
[440] Wegen der einzelnen Aufgaben näher *Grunsky*
ArbGG[6] § 2a Rdnr. 14.

die Zustimmung zu den Tarifverträgen i. S. v. § 3 Abs. 1 BetrVG nach § 3 Abs. 2 BetrVerfG[441] oder um einzelne Tätigkeiten und Aktionen des Betriebsrats, wie Ort und Zeitpunkt einer **Betriebsversammlung** (§ 44 BetrVerfG)[442] sowie Entscheidung über *Themen einer Betriebsversammlung* und die Bedeutung ihrer Beschlüsse[443]. Die Streitigkeiten um die **Kosten** und den **Sachaufwand des Betriebsrates** (§ 40 BetrVerfG) fallen unter § 2 a Abs. 1 Nr. 1 ArbGG. Verlangt also der Betriebsrat insgesamt[444] oder ein einzelnes Mitglied *Ersatz seines Aufwandes*[445], so entscheidet das **Arbeitsgericht im Beschlußverfahren**, auch wenn inzwischen der Arbeitnehmer nicht mehr Betriebsratmitglied ist[446]. Macht jedoch ein Mitglied des Betriebsrats den **Lohn** für die durch seine Amtstätigkeit eingetretene Arbeitsversäumnis geltend, ist dafür das Arbeitsgericht nach § 2 Abs. 1 Nr. 3 ArbGG im **Urteilsverfahren** zuständig (→ näher Rdnr. 174). Auch für Streitigkeiten wegen Anerkennung einer **Schulungs- und Bildungsveranstaltung** als »geeignet« im Sinne von § 37 Abs. 7 BetrVerfG ist das Arbeitsgericht zuständig, nicht das Verwaltungsgericht[447]. Dem Betriebsverfassungsgesetz unterliegt auch eine in der Rechtsform des eingetragenen Vereins organisierte Gesellschaft, die rechtlich und wirtschaftlich von Bund und Ländern abhängig ist[448].

c) Einigungsstelle

217   Unter die Zuständigkeit nach § 2 a Abs. 1 Nr. 1 ArbGG fällt auch die **arbeitsgerichtliche Kontrolle** über den Spruch der **Einigungsstelle** (§ 76 BetrVerfG)[449]. Der Spruch der Einigungsstelle unterliegt der Kontrolle im **Beschlußverfahren** (vgl. § 76 Abs. 7 BetrVerfG). Auch entscheidet das Arbeitsgericht Streitigkeiten über die **Zuständigkeit der Einigungsstelle**[450]. Über Umfang und Grenzen der arbeitsgerichtlichen Kontrolle des Spruchs der Einigungsstelle s. näher § 76 BetrVerfG[451].

2. Angelegenheiten aus dem Sprecherausschußgesetz, § 2a Abs. 1 Nr. 2 ArbGG

217a   Das Gesetz zur Änderung des Betriebsverfassungsgesetzes vom 20. XII. 1988 [BGBl. I S. 2312 (2328)] fügte die Vorschrift des § 2a Abs. 1 Nr. 2 (*Text* → Rdnr. 141) in das ArbGG ein. Nach dieser Regelung entscheiden die Arbeitsgerichte über Angelegenheiten aus dem Sprecherausschußgesetz[452] im Beschlußverfahren.

3. Wahl und Abberufung der Arbeitnehmervertreter im Aufsichtsrat, § 2 a Abs. 1 Nr. 3 ArbGG

218   Die Vorschrift des § 2 Abs. 1 Nr. 5 a. F. = § 2 a Abs. 1 Nr. 3 n. F. ArbGG (*Text* → Rdnr. 141) ist durch das Mitbestimmungsgesetz vom 4. V. 1976 (BGBl. I S. 1153) geändert und entsprechend der allgemeinen Ausdehnung der Mitbestimmung erweitert worden. Das Arbeitsgericht ist **im Beschlußverfahren** (§ 80

---

[441] *OVG Hamburg* NZA 1989, 235.

[442] Vgl. *Dietz/Richardi* BetrVerfG[6] § 44 Rdnr. 45.

[443] *Dietz/Richardi* BetrVerfG[6] § 45 Rdnr. 28; vgl. auch BAGE 23, 123.

[444] *BAGE* 17, 84; 19, 314.

[445] *BAGE* 22, 156; 25, 87; *BAG* AP Nr. 8 zu § 39 BetrVerfG (1952); AP Nr. 2 und Nr. 28 zu § 40 BetrVerfG 1972; s. auch *Dietz/Richardi* BetrVerfG[6] § 40 Rdnr. 66. Die Zuständigkeit des Arbeitsgerichts im Beschlußverfahren besteht auch, wenn der Anspruch auf Übernahme der Schulungskosten an die Gewerkschaft abgetreten wurde und diese ihn geltend macht; *BAGE* 25, 484 f.

[446] *BAGE* 22, 156.

[447] *BAG* AP Nr. 7 zu 37 BetrVerfG 1972 (*Richardi*) = BB 1974, 601; *BVerwG* VerwRsp 28 (1977) 765.

[448] *BAGE* 50, 258 (263).

[449] Bei einem betriebsfremden Beisitzer vgl. *LAG Frankfurt* NZA 1988, 740.

[450] Vgl. *Dietz/Richardi* BetrVerfG[6] § 76 Rdnr. 42 ff.; *BAG* NZA 1990, 150 ff.

[451] Vgl. *Grunsky* ArbGG[6] § 2a Rdnr. 19–27. *Dietz/Richardi* BetrVerfG[6] § 76 Rdnr. 96 ff.; *Fitting/Auffahrth/Kaiser/Heither* BetrVerfG[17] § 76 Rdnr. 32 ff., 41 ff.

[452] Zum Sprecherausschuß *Gentz* NZA 1990, Beilage 117; *Oether* ZfA 1990, 43 ff. Frühere Rspr.: *BAG* AP Nr. 9 und 10 zu § 5 BetrVG 1972 (Anm. *Richardi*) = NJW 1975, 1941 (*Bulla*) = BB 925, 927 = DB 1320, 1271 = SAE 1976, 133 (*Beuthien*); *Bötticher* RdA 1978, 133 (135). Für die nach § 3 BetrVerfG vorgesehenen Sprecherausschüsse ergibt sich die Zuständigkeit der Gerichte für Arbeitssachen bereits daraus, daß eine Angelegenheit aus dem BetrVerfG vorliegt (ebenso *Dietz/Richardi* BetrVerfG[6] § 3 Rdnr. 61); doch für leitende Angestellte sieht das BetrVerfG diese Möglichkeit nicht vor (vgl. *Dietz/Richardi* BetrVerfG[6] § 3 Rdnr. 8).

Abs. 1, § 2 a Abs. 2 ArbGG) zuständig, soweit es sich um Angelegenheiten aus dem Mitbestimmungsgesetz[453], dem Mitbestimmungsergänzungsgesetz oder dem Betriebsverfassungsgesetz 1952 (nicht anderen Mitbestimmungsgesetzen) handelt, jedoch **nur für die Entscheidung über die Wahl oder Abberufung der Vertreter der Arbeitnehmer im Aufsichtsrat.** Bei der Abberufung eines Arbeitnehmervertreters aus *wichtigem* Grund (§ 103 Abs. 3 AktG) aus dem Aufsichtsrat einer AG oder KGaA entscheidet dagegen das *ordentliche Gericht*, wie § 2 a Abs. 1 Nr. 3 ArbGG zu entnehmen ist. Über die Frage, ob und nach welchem Gesetz (z. B. MitbestG, BetrVerfG 1952, MitbestErgG) Arbeitnehmervertreter in den Aufsichtsrat zu wählen sind, entscheidet bei der *AG, KGaA, GmbH* und der bergrechtlichen Gewerkschaft das *Landgericht* im Verfahren des FGG; dies ergibt sich aus den besonderen Bestimmungen in §§ 98 f. AktG, § 27 EGAktG. Die Entscheidung über die Wahl der Arbeitnehmervertreter, für die das *Arbeitsgericht* zuständig ist, umfaßt insbesondere die Streitigkeiten über die **Modalitäten der Wahl**[454], wie die Zurechnung der Arbeitnehmer, ihre Wählbarkeit, die Frage der mittelbaren oder der unmittelbaren Wahl, die Tragung der Wahlkosten und das **Wahlaufsichtsverfahren.** Nicht hierher gehören Streitigkeiten *allgemein* über die Stellung der Arbeitnehmer und ihre Haftung als Aufsichtsratmitglieder; dafür sind die *ordentlichen* Gerichte zuständig[455]. Soweit die Mitgliedschaft eines Arbeitnehmervertreters nicht durch Abberufung (z. B. § 23 MitbestG), sondern aus anderen Gründen endet, z. B. weil sie erlischt (§ 24 MitbestG), sind im Streitfall die *ordentlichen* Gerichte zur Entscheidung berufen[456].

4. Tariffähigkeit einer Vereinigung, § 2 a Abs. 1 Nr. 4 ArbGG

Die Entscheidung über die Tariffähigkeit einer Vereinigung ergeht in einem besonderen **Beschlußverfahren** nach § 97 ArbGG. Unter § 2 a Abs. 1 Nr. 4 ArbGG (*Text* → Rdnr. 141) gehört nicht nur die Entscheidung darüber, ob eine Vereinigung überhaupt Partei eines Tarifvertrags (§ 2 TVG) sein kann, sondern auch ob die Tarifzuständigkeit einer Vereinigung gegeben ist[457]. Es gehört also hierher auch der Streit zweier Gewerkschaften um die Tarifzuständigkeit für einen gewissen örtlichen oder sachlichen Bereich (→ aber Rdnr. 148, wo der Fall eines **bestehenden** Tarifvertrags, nicht wie hier eines erst **abzuschließenden** betroffen ist). **Urteilsverfahren** sind u. U. nach § 97 Abs. 5 ArbGG bis zur Entscheidung im Beschlußverfahren **auszusetzen** (→ auch § 148).

219

D. Rechtsnachfolge

Die Zuständigkeit der Arbeitsgerichte ist nach § 3 ArbGG (*Text* → Rdnr. 141) auch für die Prozesse gegeben, die durch einen **Rechtsnachfolger oder durch eine Person** geführt werden, **die kraft Gesetzes an Stelle des sachlich Berechtigten oder Verpflichteten hierzu befugt ist**[458]. Die Regelung umfaßt nach ihrem Wortlaut alle Streitigkeiten der in §§ 2, 2 a ArbGG bezeichneten Art; sie gilt also auch für die Fälle des **§ 2 Abs. 1 Nr. 4 lit. a)** und des **§ 3 Abs. 3 ArbGG,** so daß beim Gericht des Zusammenhangs auch Ansprüche von dem bzw. gegen den Rechtsnachfolger eines Arbeitgebers oder Arbeitnehmers geltend gemacht werden können. Die Vorschrift des § 3 ArbGG enthält **die Klarstellung eines ohnehin schon bestehenden Rechtszustandes;** denn Zuständigkeits- und Rechtswegregelungen gelten auch für den Rechtsnachfolger (→ Einl. Rdnr. 349). § 3 Abs. 2 ArbGG stellt nunmehr klar, daß die Vorschrift über die Rechtsnachfolge **auch im Beschlußverfahren** gilt. Die Zuständigkeit für den Rechtsnachfolger und den sonst Berechtigten schließt **Klagen gegen den oder durch den Rechtsvorgänger nicht** aus, soweit sie auf das frühere Arbeitsverhältnis gestützt werden[459].

220

---

[453] Dazu eingehend *Wiesner* DB 1977, 1747.

[454] Vgl. *BAGE* 21, 312, z. B. die Frage, ob eine Bestimmung in einem Wahlausschreiben gültig ist, nach der Arbeitnehmervertreter nur für die Dauer ihres Arbeitsverhältnisses gewählt sind; dazu aber auch *BGHZ* 39, 116.

[455] Vgl. *Dietz/Richardi* BetrVerfG⁶ Anhang § 76 BetrVerfG (1952) S. 2077 Rdnr. 169 ff.

[456] Vgl. *BGHZ* 39, 118; so auch *Fitting/Wlotzke/Wiß-*

mann Mitbestimmungsgesetz² (1978) § 24 Rdnr. 18; *Hanau* in *Hanau/Ulmer* MitbestG (1981) § 24 Rdnr. 6.

[457] So ausdrücklich § 2 a Abs. 1 Nr. 2 ArbGG; ebenso *BAG* AP Nr. 1 zu § 2 TVG Tarifzuständigkeit zur Rechtslage vor Inkrafttreten dieser Vorschrift.

[458] Vgl. *ArbG Siegen* NZA 1985, 299.

[459] Vgl. *OLG Braunschweig* NdsRpfl. 1962, 150.

1. Begriff des Rechtsnachfolgers

221   Zum Begriff der Rechtsnachfolge im allgemeinen → § 325 Rdnr. 19 ff. sowie → auch Einl.
Rdnr. 349. Er umfaßt sowohl die **Gesamt-** wie die **Einzelrechtsnachfolge**. Als **Rechtsnachfolger**
im Sinn des § 3 ArbGG **ist auch der Schuldübernehmer** anzusehen[460]; denn Sinn der klarstellen-
den Vorschrift ist, daß die arbeitsgerichtliche Zuständigkeit nicht dadurch beeinträchtigt werden soll, daß auf der einen oder anderen Seite ein Personenwechsel eintritt. Ein Unterschied
zwischen privativer und kumulativer Schuldübernahme ist dabei nicht gerechtfertigt[461]. Der
durch einen Vertrag berechtigte **Dritte, § 328 BGB**, ist an sich kein Rechtsnachfolger eines Vertragspartners. Es liegt aber im Sinne der Zuständigkeitsregel des § 3 ArbGG, ihn wie einen solchen zu behandeln, wenn ihm in einem Arbeitsvertrag eine Leistung versprochen ist und es sich
um Ansprüche handelt, die sonst ihrer Art nach in den arbeitsgerichtlichen Zuständigkeitsbe-
reich fallen[462], insbesondere um Ansprüche von **Witwen oder anderen Hinterbliebenen**. Erst
recht gehört der **Pfändungsgläubiger** einer Lohnforderung hierher[463], → auch § 850 h Rdnr. 44,
wenn ihm die Forderung zur *Einziehung* oder an *Zahlungs Statt überwiesen* worden ist; die
bloße Verpfändung (das **Pfandrecht**) begründet aber keine Rechtsnachfolge (→ auch § 325
Rdnr. 19), außer wenn der Pfandrechtsinhaber bereits als *tatsächlicher Inhaber* der verpfändeten Forderung anzusehen ist (§§ 1282, 1288 Abs. 2 BGB). Dagegen kann der Schadensersatz
nach § 840 Abs. 2 vom Pfändungsgläubiger nur unter den Voraussetzungen des § 2 Abs. 1 Nr. 4
lit. a) oder Abs. 3 ArbGG vor dem Arbeitsgericht geltend gemacht werden, etwa wenn er die aus
dem Pfändungsbeschluß erhobene Klage durch Übergang zu diesem Schadensersatzanspruch
ändert, soweit man dies für zulässig hält, oder wenn er ihn von vornherein hilfsweise erhoben
hat[464] (→ § 840 Rdnr. 33). Denn für den **Schadensersatzanspruch nach § 840 Abs. 2 Satz 2** sind
die **ordentlichen Gerichte** zuständig, weil dieser Schadensersatzanspruch seinen Rechtsgrund
nicht etwa in einer Rechtsnachfolge des Gläubigers in eine Rechtsstellung seines Schuldners
hat, sondern vielmehr in dem durch den Pfändungsakt begründeten prozessualen Verhältnis
zwischen dem Gläubiger und dem Drittschuldner[465]. Zur Rechtsnachfolge im Zusammenhang
mit dem Konkursfall → Rdnr. 222a). **Der Betriebsübergang** auf einen neuen Arbeitgeber nach
§ 613a BGB fällt ebenfalls unter § 3 ArbGG, jedoch ist der neue Betriebsinhaber auch
Arbeitgeber, so daß insoweit die Zuständigkeit bereits nach § 2 Abs. 1 Nr. 3 ArbGG gegeben ist.
Hingegen ist der **Bürge nicht Rechtsnachfolger**[466].

2. Prozeßführung kraft Gesetzes, Prozeßstandschaft

222   Zur Prozeßführung kraft Gesetzes befugt i.S.v. § 3 ArbGG (*Text* → Rdnr. 141) sind die sogenannten **Parteien kraft Amtes**, insbesondere der **Konkursverwalter, Nachlaßverwalter** und **Testamentsvollstrecker** (→ dazu Rdnr. 25 ff. vor § 50) sowie die nach materiellem Recht zur Geltendmachung des Anspruchs in *eigenem* Namen legitimierten Personen, insbesondere der **verwaltungsberechtigte Ehegatte beim Gesamtgut der Gütergemeinschaft** (§ 1422 BGB). Ferner
sind Personen, die in **gewillkürter Prozeßstandschaft** (→ Rdnr. 41 ff. vor § 50) handeln, hierher
zu rechnen. Auch wenn das Land, vertreten durch die Oberste Arbeitsbehörde, für einen

[460] Allgemeine Ansicht, vgl. *Grunsky* ArbGG[6] § 3
Rdnr. 4; *Rohlfing/Rewolle* ArbGG (1987) § 3 Anm. 2;
Dersch/Volkmar ArbGG[6] § 2 Rdnr. 239.
[461] *LAG Berlin* ArbRsp 31, 65; *LAG Mannheim* BB
1951, 533 f.; *Dersch/Volkmar* ArbGG[6] § 2 Rdnr. 239;
a. M. *Rohlfing/Rewolle* (Fn. 271) Anm. 37.
[462] *BGHZ* 16, 389 = AP Nr. 4 zu § 118 ArbGG; *BAGE*
19, 100; *OLG Düsseldorf* MDR 1959, 1019.
[463] *BGH* NJW 1977, 853 = JZ 476; *LAG Hamm* NZA
1989, 529; *ArbG Wilhelmshaven* BB 1960, 743; *Grunsky*
ArbGG[6] § 3 Rdnr. 5; *Linke* ZZP 87 (1974) 308.

[464] *BAGE* 47, 138; *Grunsky* ArbGG[6] § 2 Rdnr. 144 u.
§ 3 Rdnr. 5; *Linke* ZZP 87 (1974) 308 ff.; m. w. N.; vgl.
auch *Thomas/Putzo* ZPO[17] § 840 Anm. 2 c; a.M. *BAGE*
10, 39 = AP Nr. 3 zu § 61 ArbGG Kosten (abl. *Böttcher*)
= NJW 1961, 92 (698 abl. *Hofmann*); weitere Nachweise
→ § 840 Rdnr. 33 Fn. 195.
[465] *LAG Hamm*, NZA 1989, 529; *E. Schumann* Anm.
zu *BAG* SAE 1974, 226 (230).
[466] Vgl. *LG Kassel* JW 1929, 1302.

Heimarbeiter nach § 25 LAG einen Anspruch geltend macht, sind die Arbeitsgerichte zuständig.

3. Konkurs

Daß die Feststellung einer im Konkurs bestrittenen Forderung vor dem Arbeitsgericht zu begehren ist[467], wenn dieses für die gewöhnliche Klage zuständig ist, folgt unmittelbar aus § 146 Abs. 5 KO (→ auch § 240 Rdnr. 42). Dies gilt auch für den Streit um das **Konkursvorrecht** nach § 61 Abs. 1 Nr. 1 KO[468], die Arbeitsgerichte sind ferner zuständig für die Streitigkeiten über die **rückständigen Lohnforderungen,** die als **Masseschulden** nach § 59 Abs. 1 Nr. 3 KO erhoben werden[469]. Dies gilt auch, wenn die Masseforderungen von der Bundesanstalt für Arbeit gegen den Konkursverwalter erhoben werden, weil der Anspruch des Arbeitnehmers auf Arbeitsentgelt, der den Anspruch auf **Konkursausfallgeld** begründet, nach § 141 m Abs. 1 AFG auf die Bundesanstalt für Arbeit übergegangen ist. Dagegen sind für den *Anspruch des Arbeitnehmers* gegen die Bundesanstalt für Arbeit auf Konkursausfallgeld (§ § 141 a ff. AFG) die *Sozialgerichte* zuständig (§ 51 Abs. 1 SGG), näher → Einl. Rdnr. 572.

222a

E. Betriebsjustiz

Unter Betriebsjustiz[470] versteht man ein betriebliches System rechtlicher Sanktionen gegenüber abweichendem Verhalten der Arbeitnehmer[471]. Als solche Sanktionen kommen in Frage: *mündliche Verwarnung*[472], *schriftlicher Verweis* und *Geldbuße*. Das Bundesarbeitsgericht[473] entnimmt die Zulässigkeit einer solchen Betriebsjustiz dem § 87 Abs. 1 Nr. 1 BetrVerfG. Auf Kritik[474] muß dabei jedoch stoßen, daß von der Ordnungsbefugnis des Betriebsrats auf die Strafbefugnis geschlossen wird. Ein autonomes Recht von Betriebsrat und Arbeitgeber zum Erlaß von Betriebsbußordnungen, in denen die betrieblichen Sanktionen festgelegt sind, existiert nicht[475], auch kann ein solches Recht nicht über das Institut der Vertragsstrafe legitimiert werden[476]. Für eine Betriebsjustiz besteht aber, selbst wenn sie sich rechtfertigen ließe, kein Bedürfnis, da das üblicherweise darunter verstandene Fehlverhalten der Arbeitnehmer bereits anderen rechtlichen (und auch normierten) Sanktionen unterliegt, wie der Strafdrohung und der Schadensersatzpflicht, die einen gerichtlichen Ausspruch erfordern, bzw. der gerichtlichen Kontrolle unterliegen und damit keinen Raum für eine Betriebsjustiz mehr lassen[477].

223

Soweit das **Bundesarbeitsgericht** die Verhängung von Betriebsbußen zuläßt, betont es allerdings, daß eine **gerichtliche Nachprüfung** dahin stattfindet, ob eine wirksame Rechtsgrundlage[478] für die Betriebsbuße besteht und auch ob die einzelne Maßnahme angemessen ist[479].

---

[467] *BAGE* 19, 355; 20, 1 (3 ff.).

[468] → Fn. 467, vgl. auch *BGHZ* 55, 224 sowie Einl. Rdnr. 348, 370 »Konkursvorrecht«.

[469] *Matthes* (Fn. 259) § 3 Rdnr. 13 m. w. N.

[470] Dazu *E. Schumann* Gedächtnisschrift für Dietz (1973) 323 ff., ders. »Betriebsjustiz«, im Ev. Staatslexikon³ (1987) 242 ff.; *U. Luhmann* Betriebsjustiz und Rechtsstaat (1975); *Bötticher* ZfA 1970, 3 ff.; *Zöllner* ZZP 83 (1970) 365 ff., m. w. N. S. 366 f.; *Roser* Die Betriebsstrafe (Zürich 1969); *Herschel* BB 1975, 1209; *Zöllner* Arbeitsrecht³ (1983) 149 ff.; *v. Hoyningen-Huene* RdA 1990, 193 (203 ff.); *Heinze* NZA 1990, 169 ff.

[471] *E. Schumann* (Fn. 298) 324.

[472] Soweit die Verwarnung eine Betriebsbuße darstellt, ist sie gerichtlich nachprüfbar *BAGE* 19, 181 (186 ff.) = AP Nr. 27 zu § 59 BetrVerfG 1952 (*Rüthers*); *BAG* DB 1976, 583. Zur Frage, wann Verwarnungen gerichtlich nachprüfbar sind, die keine Betriebsbußen sind *Germelmann* RdA 1977, 75.

[473] *BAGE* 63, 169 ff.; *BAG* BB 1990, 853 = DB 483 = SAE 1991, 21 (mit Anm. von *Danne*); *BAG* DB 1976,

583; vgl. auch für den insoweit gleichen § 56 Abs. 1 lit. f) BetrVerfG 1952; *BAGE* 20, 79 = JZ 1968, 335 (*Isele*) = SAE 29 (*Sieg*) = BB 40 = DB 1967, 1637; *Fitting/Auffarth/Kaiser/Heither* BetrVG¹⁷ § 87 Rdnr. 35.

[474] So *E. Schumann* (Fn. 470) 328 f. m. w. N.; *v. Hoyningen-Huene* RdA 1990, 143; *LAG Niedersachsen* DB 1981, 1985

[475] *E. Schumann* (Fn. 470) 331 ff.; *Dietz/Richardi* BetrVerfG⁶ § 87 Rdnr. 165, zur Rechtfertigung der Betriebsbußenordnung aus der sozialen Autonomie durch die h. L. dort insbesondere Rdnr. 166 ff. m. w. N.

[476] *E. Schumann* (Fn. 470) 341 m. w. N.; *Fitting/Auffarth/Kaiser/Heither* BetrVG¹⁷ § 87 Rdnr. 35. Zur Abgrenzung Betriebsbuße und Vertragsstrafe *BAG* DB 1986, 1979; *Langheid* DB 1980, 1219.

[477] *E. Schumann* (Fn. 470) 341 ff.

[478] *BAG* NZA 1990, 193 ff.; *BAG* BB 1978, 1167; *Fitting/Auffarth/Kaiser/Heither* BetrVG¹⁷ § 87 Rdnr. 35.

[479] *BAGE* 20, 79 (Fn. 473); vgl. zur Zulässigkeit von Betriebsbußen auch *Leßmann* DB 1989, 1769 und *Heinze* NZA 1990, 169; *Dietz/Richardi* BetrVG⁶ § 87 Rdnr. 196.

§ 2   [Wert]

Kommt es nach den Vorschriften dieses Gesetzes oder des Gerichtsverfassungsgesetzes auf den Wert des Streitgegenstandes, des Beschwerdegegenstandes, der Beschwer oder der Verurteilung an, so gelten die nachfolgenden Vorschriften.

Gesetzesgeschichte: sprachlich neugefaßt durch die Novelle 1950 BGBl I 535 (→ Einl. Rdnr. 148), sachlich geändert durch das 1. EheRG BGBl 1976 I 1421 (→ Einl. Rdnr. 157) mit Wirkung seit 1. 7. 1977.

Stichwortverzeichnis → *Wertschlüssel* in § 3 Rdnr. 41 ff.

I. Allgemeines[1]

1. Funktion

Der Streitwert hat im Zivilprozeßrecht eine fünffache Funktion[2]. Im *unmittelbaren An-* **1**
wendungsbereich der in § 2 in Bezug genommenen »nachfolgenden Vorschriften« der §§ 3–9
spielt er als *Zuständigkeitsstreitwert* (→ Rdnr. 30 ff.) eine Rolle, wenn sich die sachliche

---

[1] Lit.: *E. Schumann* Grundsätze des Streitwertrechts NJW 1982, 1257; *Mümmler* Aufgabe des normativen Streitwertes? JurBüro 1991, 767; zur Entwicklung des Streitwertrechts Übersichten von *Mümmler* JurBüro 1972, 649; 1974, 1073; 1978, 1; 1980, 961; 1982, 1281; 1984, 321; 1985, 481; 1986, 1441; 1988, 5; 1989, 1037;1990, 1537; *E. Schneider* MDR 1972, 277, 369; 1974, 180, 271; 1977, 177, 265; 1979, 177, 265; 1980, 265; 1981, 177; 1982, 265; 1983, 274, 353; 1984, 265; 1985, 265, 353; 1986, 181, 265; 1987, 184, 267; 1988, 270, 358; 1989, 300, 389; 1990, 197, 290; 1991, 195. – Streitwertfragen behandelt auch *E. Schneider* NJW 1979, 846; 1980, 559; 1981, 558; fortgeführt durch *Lappe* NJW

1982, 1736; 1983, 1467; 1984, 1212; 1985, 1875; 1986, 2550; 1987, 1860; 1988, 3130; 1989, 3254; 1990, 2363; 1991, 1213. – Spezialliteratur zu Einzelfragen: *Gerold* Der Streitwert (1959); *Hillach-Rohs* Handbuch des Streitwerts in bürgerlichen Rechtsstreitigkeiten[8] (1991); *Schmidt-Schmidt* Der Gegenstandswert in bürgerlichen Rechtsangelegenheiten[2] (1978); *E. Schneider* Streitwertkommentar für den Zivilprozeß[10] (1992); *Anders-Gehle-Baader* Handbuch für den Zivilprozeß (1992); *Schuller* Die Berechnung des Streitwerts (1974); ferner mehrere Kommentare zum GKG und zur BRAGO, insbesondere *Hartmann* Kostengesetze[24] (1991).

[2] Der »Anwaltsstreitwert« spielt nur noch für Über-

Zuständigkeit des angerufenen Gerichts nach dem Streitwert richtet (§§ 23 Nr. 1, 71 Abs. 1 GVG). Für die weiterbestehenden Kreis- und Bezirksgerichte in den neuen Bundesländern sieht der Einigungsvertrag (→ Rdnr. 8) keine streitwertabhängige sachliche Zuständigkeit vor. Als *Rechtsmittelstreitwert* (→ Rdnr. 34 ff.) ist er z. T. von Bedeutung für die Frage der Zulässigkeit von Rechtsmitteln (§§ 511a Abs. 1; 546 Abs. 1; 567 Abs. 2). Als *Bagatellstreitwert* (→ Rdnr. 39) bestimmt er die Zulässigkeit eines schriftlichen Verfahrens von Amts wegen (§ 128 Abs. 3 S. 1) sowie die Möglichkeit, das Verfahren nach billigem Ermessen zu bestimmen (§ 495 a). Letztere Möglichkeit wurde durch das Rechtspflege-Vereinfachungsgesetz v. 17.12.1990 (BGBl I 2847) geschaffen[3]. In der Form des *Verurteilungsstreitwerts* (→ Rdnr. 40) legt er die Notwendigkeit einer Sicherheitsleistung bei der Vollstreckbarerklärung von bestimmten Urteilen (privilegierte Vollstreckung: § 708 Nr. 11) fest.

2   *Subsidiär* gelten die §§ 3–9 ZPO als *Gebührenstreitwert* (→ Rdnr. 42 ff.) für die Berechnung der Gerichtsgebühren (§ 12 Abs. 1 GKG) und der Anwaltsgebühren (§§ 7 Abs. 1, 8 Abs. 1 BRAGO). Dort finden sich die meisten Sonderregeln, die z. T. deutlich von den §§ 3–9 abweichen. Die genannten fünf Streitwertarten dienen verschiedenen Zwecken, haben innerhalb des Prozesses unterschiedliche Funktionen und müssen deshalb genau auseinander gehalten werden.

3   Eine Anwendung der §§ 2 ff. *kommt grundsätzlich nicht in Frage*, soweit für die Zulässigkeit der Zwangsvollstreckung und des Arrestes Sonderregelungen für die Wertberechnung bestehen oder eine (erneute) Wertberechnung nicht mehr erforderlich ist. Wertvorschriften sind etwa zu beachten in den §§ 811 Nr. 14, 811a, 817a, 866, 932. Nur nach § 813 ist z. B. zu verfahren, wenn bei der Pfändung der Wert des Gegenstandes, in den vollstreckt wird, bestimmt werden soll (Schätzung des gewöhnlichen Verkaufswertes). Bei der Zwangsvollstreckung durch Sicherungshypothek ergibt sich der Wert der betreffenden Forderung aus dem der Vollstreckung zugrundeliegenden Titel (§ 866 Abs. 3; zur Berechnung im einzelnen → § 866 Rdnr. 5 ff.). Bei der Arresthypothek ist der maßgebliche Geldbetrag (§ 932 Abs. 1, 2 i. V. m. § 866 Abs. 3) im Arrestbefehl festgestellt (§ 923; zur Berechnung → § 923 Rdnr. 1). In diesen und in vergleichbaren Fällen ist keine zusätzliche Wertberechnung erforderlich. Soweit jedoch in diesem Bereich Regelungen über die Wertberechnung fehlen, steht einer analogen Anwendung der §§ 2 ff. nichts entgegen.

2. Gesetzesgeschichte

4   § 2 wurde durch das 1. EheRG vom 14. 6. 1976 (BGBl I 1421) mit Wirkung vom 1. 7. 1977 neu gefaßt. Während die Norm direkt früher nur für die Bestimmung des Zuständigkeitsstreitwerts (→ Rdnr. 1) galt, ist § 2 nunmehr für alle Fälle anwendbar, in denen es nach der ZPO oder dem GVG auf den Wert ankommt. Erreicht wurde das durch eine Änderung der Überschrift des Ersten Titels im Ersten Buch, Erster Abschnitt der ZPO (→ § 1 »Gesetzesgeschichte«) und die Nennung der Begriffe, bei denen die Wertberechnung unmittelbar nach den §§ 2 ff. zu geschehen hat (→ Rdnr. 1).

Anlaß für die Neufassung war die Regelung des Anwaltszwangs für isolierte Familiensachen gem. § 621 Abs. 1 Nr. 8 (güterrechtliche Streitigkeiten), wenn sie den landgerichtlichen

---

gangsfälle eine Rolle (Art. 6 Nr. 4 UÄndG), da der streitwertabhängige »gespaltene« Anwaltszwang durch das UÄndG vom 20. 2. 1986 (BGBl I 301) mit Wirkung vom 1. 4. 1986 abgeschafft wurde (Darstellung in der Vorauflage → Rdnr. 38) (übersehen von *Happ/Pfeifer* ZGR 1991, 103, 104).

[3] Dazu *Bergerfurth* NJW 1991, 961. Die Verfassungsmäßigkeit von § 495a Abs. 2 wird von *Stollmann* NJW 1991, 1719 zu Unrecht angezweifelt; kritisch auch *Hennrichs* NJW 1991, 2815.

Streitwert erreichten (§ 78 Abs. 1 S. 2 Nr. 3 a. F., → Fn. 2). Nunmehr gilt für Güterrechtspro-
zesse unabhängig vom Streitwert Anwaltszwang.

3. Sondernormen

Mehrere Gesetze enthalten Sondernormen für die Streitwertberechnung. Es handelt sich   5
dabei um Vorschriften über die Bemessung des Streitwerts (z.B. §§ 148 KO; 247 Abs. 1
AktG; z.T. auch 23 a UWG n.F.; 12 RabattG; 2 ZugabeVO) oder um Kostenschutzvorschrif-
ten zugunsten des wirtschaftlich Unterlegenen wie z.B. die Begrenzung des Streitwerts gem.
§ 22 AGBG oder die Kostenberechnung nach einem Teil des Streitwerts gem. §§ 144 Abs. 1
PatG; 26 Abs. 1 GebrMG; 31 a Abs. 1 WZG; 23 b Abs. 1 UWG n. F.; 247 Abs. 2 AktG (→ § 3
Rdnr. 2, 34 ff.). Generell herabgesetzte Streitwerte finden sich im Gebührenrecht wie z.B. in
§ 12 Abs. 7 ArbGG (→ Rdnr. 123 ff.) sowie in den §§ 16, 17 und 17 a GKG (→ § 8 Rdnr. 16 ff.;
§ 9 Rdnr. 12 ff.).
Streitwertherabsetzungen enthält ferner der *Einigungsvertrag* in bezug auf die beigetretenen Länder der ehemaligen DDR (→ Rdnr. 8).

II. Neuere Entwicklungen

1. Reformen

Größere Reformen im Streitwertrecht sind derzeit nicht deutlich absehbar. Der Gesetzent-   6
wurf des Bundesrates zur Entlastung der Zivilgerichte (BT-Drucks. 11/4155 S. 4, 9) sah eine
Änderung des § 9 vor, wonach dort einheitlich auf den Wert des fünfjährigen Bezuges als
Obergrenze abgestellt werden sollte. Dem korrespondierte die beabsichtigte Einfügung eines
neuen § 15 a GKG und die Streichung des § 17 Abs. 2 GKG (a.a. O. S. 6, 9). Dagegen enthält
das Rechtspflege-Vereinfachungsgesetz v. 17.12.1990 (BGBl I 2847)) keine dahingehenden
Regelungen (zudem → Einl. Rdnr. 530 ff., insbesondere 536 und Rdnr. 200). Das auf der
Gesetzesinitiative mehrerer Bundesländer beruhende Gesetz zur Entlastung der Rechtspflege
v. 11. 1. 1993 (BGBl I 50) legt jetzt in § 9 einheitlich den dreieinhalbfachen Wert des
einjährigen Bezuges zugrunde.

2. Tendenzen; Fehlentwicklungen

Streitwertrecht versteht sich nicht als Sonderprozeßrecht, sondern als Teil des allgemeinen   7
Prozeßrechts und – darüber noch hinausweisend – als Teilgebiet einer allgemeinen Verfah-
rensrechtslehre. Wegen der Massenhaftigkeit der anfallenden Vorgänge bedarf es in besonderem Maße der Kontinuität, Vorhersehbarkeit und Berechenbarkeit[4]. Erreicht werden kann
das nur durch eine dogmatische Durchdringung im Sinne einer Darlegung von Grund und
Zweck der geltenden Regeln sowie deren systematischer Zusammenhänge. Der – wohl vor
allem an die Adresse der Rechtsprechung gerichtete – Vorwurf einer *Hypertrophie*[5] des

---

[4] Etwa *LAG München* JurBüro 1986, 434, 435.   [5] AK-ZPO-*Röhl* (1987) § 3 Rdnr. 5; dagegen *E. Schnei-*
                                                               der[10] (Fn. 1) Vorwort.

Streitwertrechts ist nur zum Teil berechtigt. Allerdings scheint das Streitwertrecht auf bestimmten Gebieten wie vor allem dem der *Ehesachen* (→ § 3 Rdnr. 21 ff.) aus einer zusammenhanglosen Anhäufung von Einzelfällen zu bestehen. Doch beruht das in erster Linie auf unzulänglichen gesetzgeberischen Vorgaben in § 12 Abs. 2 GKG. Auch sonst sind gesetzgeberische Fehlleistungen im Streitwertrecht wie z.B. in der mißlungenen Abstimmung von § 19 Abs. 3 und 4 GKG (→ § 5 Rdnr. 25) oder auf dem Gebiet der Streitwertfestsetzung im arbeitsgerichtlichen Verfahren (§ 61 Abs. 1 ArbGG → Rdnr. 114 ff.) nicht eben selten. Im übrigen beruht die Komplizierung des Streitwertrechts auf dem Gegenstand selbst: Schwierige Prozeßrechtslagen wie Hilfsaufrechnung, einseitige Erledigungserklärung usw. schlagen auf das Streitwertrecht unmittelbar durch[6]. Es kommt hinzu, daß das Streitwertrecht eng mit dem materiellen Recht verknüpft ist, in dessen Verästelungen es sich widerspiegelt. Gleichwohl liegen für weite Bereiche verläßliche Präjudizienketten bereit, die dem Kontinuitätsbedürfnis des Streitwertrechts entsprechen. Nicht gangbar ist daher der vereinzelt vorgeschlagene Weg, die Gerichte sollten ihr Ermessen (§ 3) in dem Sinne ausüben, daß sie das Angebot an Präjudizien bis auf wenige Leitentscheidungen »ignorieren und mit Hilfe des Gesetzes im Einzelfall eine wirtschaftliche Lösung suchen«[7].

Einer Auflösung des Streitwertrechts kann nur so begegnet werden, daß die sich in den §§ 4, 6−9 findenden *normativen Streitwerte* (→ § 3 Rdnr. 2), die der Rechtssicherheit und der prozessualen Gleichbehandlung dienen, ernst genommen und innerhalb der gegebenen Möglichkeiten auch analog angewendet werden. Dem unverändert aktuellen Anliegen der Motive[8] entspricht es, wenn § 3 konsequent als Auffangtatbestand gedeutet wird (→ § 3 Rdnr. 1). Das ausgeprägte Bedürfnis nach Rechtssicherheit hat etwa auch in der Verwaltungsgerichtsbarkeit zum Entwurf eines Streitwertkataloges geführt. Damit ist der Einsicht Rechnung getragen, daß § 13 Abs. 1 S. 2 GKG lediglich ein Auffangstreitwert im Sinne eines letzten Auswegs ist[9].

Ablehnung verdient eine sich ausbreitende Tendenz[10], die zivilprozessuale Streitwertberechnung zunehmend durch *Billigkeitsargumente* zu beeinflussen. Genannt seien etwa die Vorschläge, Realisierbarkeit oder Uneinbringlichkeit von geltend gemachten Forderungen auch durch eine Verringerung des Streitwerts zu berücksichtigen (→ Rdnr. 13), oder in den Fällen des § 6 niedrige streitige Gegenleistungen für die Streitwertberechnung maßgebend sein zu lassen (→ § 6 Rdnr. 1 und 15). Demgegenüber bleibt festzuhalten, daß Billigkeitsargumente im Streitwertrecht nur Raum haben, wenn ihre Berücksichtigung durch den Gesetzgeber erlaubt ist[11].

Ausgesprochene Fehlentwicklungen finden sich im *Arbeitsrecht*. So macht etwa das *Bundesarbeitsgericht*[12] mit der – ohne gesetzlichen Anhalt – geschaffenen Dreiteilung des Streitwerts im Rahmen des § 12 Abs. 7 ArbGG die Verfestigung des arbeitsvertraglichen Besitzstandes für den Arbeitnehmer zum Maßstab für die Höhe des Streitwerts. Dabei wird verkannt, daß es im Streitwertrecht nicht auf die Erfolgsaussichten einer Klage ankommt (→ Rdnr. 13). Als weithin abgelöst vom zivilprozessualen Streitwertsystem stellen sich auch viele

[6] Zutreffend *E. Schneider*[10] (Fn. 1) Vorwort.

[7] Gegen AK-ZPO-*Röhl* (Fn. 5) § 3 Rdnr. 5.

[8] Mot. 50 = *Hahn* 148.

[9] Einzelheiten bei *VGH Mannheim* NVwZ 1991, 597; *Schinkel* DVBl 1991, 1239; *Sendler* NVwZ 1989, 1041; *Bräutigam* NVwZ 1989, 1022; *Eyermann* BayVBl 1989, 331; *Zimmer* NVwZ 1991, 547; 1988, 706; *H. Schmidt* AnwBl. 1983, 303; *Oestreicher*, in: Kostenerstattung und Streitwert, Festschrift H. Schmidt (1981) 123; zum öffentlichen Baurecht *Dombert* BauR 1989, 154. – Umfassend *Zimmer-Th. Schmidt* Der Streitwert im Verwaltungs- und Finanzprozeß (1991).

[10] Etwa MünchKomm ZPO-*Lappe* (1992) § 2 Rdnr. 15; *E. Schneider* MDR 1990, 862; wie hier aber *Mümmler* JurBüro 1991, 767 und JurBüro 1992, 117.

[11] Richtig *Mümmler* JurBüro 1981, 1706; *OLG Bamberg* JurBüro 1981, 1704.

[12] *BAG* NZA 1985, 368 = AP § 12 ArbGG 1979 Nr. 9 (→ Rdnr. 126).

Entscheidungen von *Landesarbeitsgerichten*[13] zur Frage der Addition der Streitwerte von Kündigungsschutzklage und Lohnfortzahlung oder Weiterbeschäftigung dar. Die zunehmend für richtig gehaltene Zusammenrechnung der Streitwerte verstößt gegen den Zweck des § 5 (→ § 5 Rdnr. 6), wonach bei wirtschaftlicher Einheit trotz verschiedener Streitgegenstände ein Additionsverbot gilt (Einzelheiten → Rdnr. 128 ff.).

3. Deutsche Einheit

Der Beitritt der DDR nach Art. 23 S. 2 GG am 3. 10. 1990 hat für das Prozeßrecht nicht zu   8
einer Rechtsspaltung geführt. Die ZPO sowie die Kostengesetze (GKG und BRAGO) gelten einheitlich im gesamten deutschen Staatsgebiet[14]. Art. 8 des Einigungsvertrages setzt die angeführten Gesetze für das gesamte deutsche Staatsgebiet als Bundesrecht in Kraft. Doch enthält Anlage I Kapitel III Sachgebiet A Abschnitt III Nr. 19 Maßgabe b) für das Gerichtsko-stengesetz eine Herabsetzung des Gebührenstreitwerts (→ Rdnr. 42) für das Gebiet der ehemaligen DDR (außer für Ostberlin [Anlage I Kapitel III Sachgebiet A Abschnitt IV Nr. 3 Maßgabe f)]). Maßgabe b) lautet:

»Das Gericht kann unter Berücksichtigung aller Umstände des Einzelfalles, insbesondere des Umfangs und der Bedeutung der Sache und der Vermögens- und Einkommensverhältnis-se der Beteiligten, einen um bis zu einem Drittel geringeren Wert festsetzen, wenn nach den gesetzlichen Vorschriften ein Mindestwert oder ein fiktiver Wert festgelegt ist, weil genügend tatsächliche Anhaltspunkte für die Bestimmung des Wertes nicht bestehen.«

Die Maßgabe kann etwa beim Mindeststreitwert in Ehesachen (§ 12 Abs. 2 S. 4 GKG; → § 3 Rdnr. 21 ff.) eingreifen. Für Ausgangswerte wie in § 12 Abs. 2 S. 3 GKG ist eine entsprechende Regelung nicht erforderlich, da das Gericht ohnehin abweichen kann, wenn die Umstände des Einzelfalles es erfordern (Erläuterungen zu den Anlagen zum Einigungsvertrag, BT-Drucks. 11/7817 v. 10.9.1990 S. 30).

Weitere Erleichterungen ergeben sich außerhalb des Streitwertrechts durch die Ermäßi-gung der Gerichts- und Anwaltsgebühren um 20 vom Hundert (Anlage I Kapitel III Sachgebiet A Abschnitt III Nr. 19 Maßgabe a) und Nr. 26 Maßgabe a) S. 2)[15]. Diese Ermäßigungssätze können durch Rechtsverordnung des Bundesministers der Justiz gemäß Nr. 27 neu festgesetzt oder aufgehoben werden (auch → § 3 Rdnr. 44 »DDR und Ostberlin [ehemalig]«; zum intertemporalen Recht → § 3 Rdnr. 41 »Änderung der Gesetzgebung«). Die Ermäßigung ist auch von Gerichten der alten Bundesländer zu gewähren, wenn ihre Zuständigkeit auf dem Einigungsvertrag beruht[16]. In Übergangsfällen muß für die Zulässigkeit der Berufung die Be-rufungssumme des § 511a ZPO erreicht sein (Anlage I Kapitel III Sachgebiet A Abschnitt III Nr. 28 Maßgabe g)). Dabei sind die Regelungen des 1. Staatsvertrages v. 18.5.1990 mit der Währungsumstellung im Verhältnis 1:2 beachtlich[17]. Die Sonderregelungen werden künftig wohl abgebaut werden[18].

---

[13] Nachweise → Rdnr. 128 ff.; eingehend *E. Schumann* BB 1983, 507.

[14] Gesetz zu dem Vertrag vom 31.8.1990 zwischen der Bundesrepublik Deutschland und der Deutschen Demo-kratischen Republik über die Herstellung der Einheit Deutschlands – Einigungsvertragsgesetz – BGBl 1990 II 889; dazu *H. Roth* Änderungen und Angleichungen im Zivilverfahrens-, Insolvenz- und Gerichtsverfassungs-recht, in: Jayme-Furtak (Hrsg.) Der Weg zur deutschen Rechtseinheit – Internationale und interne Auswirkungen im Privatrecht, 1991, 175 ff.; *Lappe* NJW 1991, 1213.

[15] Dazu *A. Braun* JurBüro 1991, 617.

[16] *BGH* FamRZ 1992, 924; *Lappe* NJW 1991, 1213, 1214.

[17] *BezG Halle* DtZ 1991, 382 f..

[18] Zur Entwicklung s. Rechtspflege- Anpassungsgesetz v. 26. 6. 1992 (BGBl I 1147); dazu *Rieß* DtZ 1992, 226.

III. Streitwertbegriff

9   Für das Gebührenrecht ist der Begriff »Streitwert« in § 11 Abs. 2 GKG als »Wert des Streitgegenstandes« legal definiert (→ Rdnr. 63 ff.). Für die ZPO paßt diese Begriffsbestimmung nur noch teilweise, da seit der Änderung des § 2 durch das 1. EheRG auch der Wert des Beschwerdegegenstandes und der Beschwer sowie der Wert der Verurteilung direkt von den Wertvorschriften erfaßt werden (→ Rdnr. 1). Es muß deshalb nach den einzelnen Streitwertarten unterschieden werden.

1. Wert

10   Wert ist der Betrag, der sich aus der objektiven Bedeutung des Begehrens ergibt[19]. Für eine Klage, die eine bestimmte Geldsumme zum Gegenstand hat, ist allein dieser Betrag maßgebend (→ Rdnr. 93). Bei Streitgegenständen anderer Art hängt der Wert von der gesetzlichen Regelung ab (→ normativer Streitwert § 3 Rdnr. 2). Ist eine solche nicht vorhanden, so ist der Wert im Sinne einer Auffangregel grundsätzlich durch Schätzung zu ermitteln, die sich am Interesse des Angreifers auszurichten hat (→ § 3 Rdnr. 3).

2. Streitgegenstand

11   Die Streitwertfestsetzung hängt davon ab, welchen Streitgegenstand, Beschwerdegegenstand, Beschwer oder Verurteilungswert das jeweilige Verfahren hat. Der in § 2 verwendete Begriff des Streitgegenstandes ist in der Einleitung (→ dort Rdnr. 263 ff.) näher dargestellt. Die Streitwertermittlung richtet sich nach den dort dargelegten Grundsätzen, wobei die Abgrenzungsprobleme des Streitgegenstandes (→ Einl. Rdnr. 289–298) in vergleichbarer Weise im Streitwertrecht von Bedeutung sind. Allerdings besteht *keine vollständige Identität*, so daß der zivilprozessuale Streitgegenstand auf das Gebührenrecht nur begrenzt übertragbar ist. Ob etwa Streitigkeiten i. S. v. § 12 Abs. 7 ArbGG vorliegen, hängt weder vom Klageantrag noch vom zivilprozessualen Streitgegenstand ab (→ Rdnr. 124; zu § 19 Abs. 1 GKG → § 5 Rdnr. 34). Folgende Gesichtspunkte aus der Streitgegenstandslehre verdienen für das Streitwertrecht besondere Hervorhebung:

a) Rechtsfolge

12   § 2 meint das vom Kläger begehrte Urteil mit seinen Wirkungen und damit die Rechtsfolge, die das Urteil aussprechen soll. Bei der *Leistungsklage* ist das die Leistung, zu deren Durchsetzung der Kläger den Titel begehrt (→ Rdnr. 17), bei der *Feststellungsklage* das Rechtsverhältnis, über das er den rechtskräftigen Ausspruch fordert (→ Rdnr. 20), und bei den *Rechtsgestaltungsklagen* die zu bewirkende Rechtsänderung (→ Rdnr. 28 f.). Dagegen kommt auch für § 2 nicht in Betracht der Gegenstand des eingeklagten Anspruches im wirtschaftlich-technischen Sinn, z. B. das Bild, dessen Herausgabe verlangt oder dessen Eigentum festgestellt werden soll.

Gleichgültig ist es, ob die Rechtsfolge als bestehende geltend gemacht oder durch Erhebung einer *negativen Feststellungsklage* (→ Rdnr. 26) verneint wird. Unerheblich ist auch, ob die Rechtsgestaltung in der Schaffung oder in der Aufhebung der Rechtsfolge besteht.

---

[19] *OLG Bamberg* JurBüro 1991, 1690 f.

b) Rechtskraftfähige Entscheidung

Bei den genannten drei Klagearten (→ Rdnr. 12) ist die Rechtsfolge als Streitgegenstand nur 13 insoweit erheblich, als über sie eine der *Rechtskraft fähige Entscheidung* verlangt wird. Maßgeblich ist allein der *wirklich gestellte Klageantrag.* Ist der Klageantrag eindeutig, steht der Streitwert fest. Nur wenn das nicht der Fall ist, muß das wirklich Gewollte ermittelt werden. Klagt etwa der Arbeitnehmer nur den Nettolohn ein, so richtet sich der Streitwert gleichwohl nach dem bezifferten Antrag, auch wenn der Bruttolohn zuerkannt wird[20]. Das schließt nicht aus, daß Sinn und Tragweite des Klageantrags u. U. erst aus seiner Begründung zu entnehmen sind. So liegt es vor allem u.a. für Feststellungsklagen[21] und (wegen § 938 Abs. 1) für das Verfahren der einstweiligen Verfügung[22]. Offenbare Unrichtigkeiten des (auch bezifferten) Klageantrags, die etwa auf Schreib- oder Rechenfehlern beruhen, können berichtigt werden[23]. Nur zum Schein gestellte falsche Anträge, die z.B. die Rechtsmittelsumme begründen sollen, bleiben außer Betracht[24]. Unerheblich für den Streitwert sind geltend gemachte Gegenrechte wie etwa Zurückbehaltungsrechte[25] (→ Rdnr. 19), selbst wenn nur das Gegenrecht im Streit ist. Der Streitgegenstand muß durch den Antrag des Klägers und nicht durch jeweils wechselnde Einwendungen und Gegenrechte des Beklagten bestimmt werden (auch → § 6 Rdnr. 15).

Da sich die Streitwertfestsetzung nach dem Klageantrag richtet, kommt es nicht auf die *Erfolgsaussicht* der Klage an[26]. Unerheblich ist daher die *Realisierbarkeit* oder *Uneinbringlichkeit* der geltend gemachten Forderung. Da die §§ 148 KO (→ § 3 Rdnr. 2) und 58 Abs. 3 Nr. 11 BRAGO nicht analogiefähig sind, bleibt es beim »Nennbetragsdogma«[27]. Schädigungsabsichten eines *vermögenslosen Angreifers*, der illusionäre oder offensichtlich unbegründete Ansprüche geltend macht, läßt sich über die Anwendung des § 242 BGB begegnen (→ Einl. Rdnr. 249)[28].

c) Einlassung des Beklagten

Unerheblich ist es, ob die in Anspruch genommene Rechtsfolge bei der Klageerhebung 14 zwischen den Parteien im Streit stand[29]. Auf die Einlassung des Beklagten kommt es nicht an, mag er den materiellen Anspruch insgesamt oder nur dessen Fälligkeit[30] bestreiten oder ihn anerkennen[31]. Desgleichen bleibt unberücksichtigt, ob sich der Beklagte materiell gegen das Klagebegehren oder gegen seine prozessuale Durchsetzung wendet, indem er etwa Unzuständigkeit oder Unzulässigkeit des Rechtswegs usw. rügt. Da sich der Streitwert ausschließlich

---

[20] *LAG Düsseldorf* JurBüro 1988, 1079; *E. Schneider* MDR 1989, 300; ferner *OLG Köln* JurBüro 1980, 244; *OLG Koblenz* AnwBl 1983, 517, 518.

[21] *OLG Hamm* JurBüro 1987, 1201. – Ferner *OLG Bamberg* JurBüro 1989, 1604; bedenklich weit für eine *Gestaltungsklage* (§ 767) *OLG Koblenz* JurBüro 1989, 133 (→ § 3 Rdnr. 62 »Vollstreckungsgegenklage«).

[22] *OLG Köln* JurBüro 1980, 741.

[23] *Hillach-Rohs*[8] (Fn. 1) 6.

[24] So der Fall von *RGZ* 34, 417.

[25] *OLG Bamberg* JurBüro 1989, 1597; 1987, 748, 749; *OLG Koblenz* JurBüro 1983, 916 (zust. *Mümmler*); *OLG Stuttgart* MDR 1959, 401.

[26] *BGH* NJW-RR 1988, 444; *LAG Düsseldorf* JurBüro 1985, 1858, 1859; *OLG Frankfurt a. M.* JurBüro 1983, 1561; *LAG Köln* AnwBl 1983, 39 (fehlende Schlüssigkeit); *LAG Hamm* AnwBl 1982, 312; *E. Schumann* BB 1983, 507; grundsätzlich auch *OLG Hamm* JurBüro 1989, 523, 524 (mit Ausnahme von illusionären oder

offensichtlich unbegründeten Ansprüchen); verkannt von *BAG* NZA 1985, 368 (→ Rdnr. 7 mit Fn. 12).

[27] *LAG Hamm* MDR 1991, 1203, 1204; *OLG Frankfurt a.M.* ZIP 1986, 1063; anders *E. Schneider* MDR 1990, 862.

[28] *LAG Hamm* MDR 1991, 1203, 1204.

[29] *OLG München* FamRZ 1990, 778; *LAG Düsseldorf* JurBüro 1985, 1704; *OLG Frankfurt a. M.* AnwBl 1983, 174; *OLG Koblenz* JurBüro 1983, 916, 917 (zust. *Mümmler*); anders *LAG Hannover* JurBüro 1985, 767 (Streitwertherabsetzung).

[30] *OLG Hamburg* MDR 1972, 335; krit. *E. Schneider*[10] (Fn. 1) Rdnr. 1571.

[31] *OLG Köln* JurBüro 1990, 246; *OLG Düsseldorf* JurBüro 1987, 396 (Anerkenntnis; außergerichtliche Unterlassungserklärung); *E. Schumann* NJW 1982, 1257, 1260; anders *OLG Saarbrücken* JurBüro 1980, 280 (→ § 6 Rdnr. 15 zur Berücksichtigung von Gegenforderungen im Auflassungsstreit).

nach dem Klageantrag richtet, spielen Zulässigkeit oder Begründetheit der Klage keine Rolle[32]. Regelmäßig kommt es darauf an, was vom Kläger begehrt, nicht was vom Beklagten eingebüßt wird[33]. Das jeweils höhere Interesse spielt keine Rolle[34]. Anders liegt es vereinzelt bei normativen Streitwerten wie in § 247 Abs. 1 S. 1 AktG (→ Rdnr. 5): Erhebt etwa ein Aktionär Anfechtungs- oder Nichtigkeitsklage (§ 249 Abs. 1 AktG), so zählt nicht das geringe Interesse des Klägers, wie es etwa im Aktienwert zum Ausdruck kommt; vielmehr wird auch eine etwaige weittragende unternehmerische Bedeutung des angefochtenen Beschlusses berücksichtigt (→ § 3 Rdnr. 2 a. E.)[35].

Gewisse Besonderheiten weisen *Feststellungsklagen*, namentlich die negative Feststellungsklage, auf. Dort läßt sich der Streitgegenstand unter Umständen erst aus der Einlassung des Beklagten im Vergleich mit der Klage bestimmen[36]. Insonderheit ist das auch bei *Grenzscheidungsklagen* nach § 920 BGB der Fall[37]. Je nach Einzelfall kann sich ergeben, daß Streitgegenstand nicht die Forderung selbst, sondern nur eine einzelne Rechtsbeziehung wie Fälligkeit, Kündigungsmodalität u. ä. ist[38].

d) Teilklagen

15   Da die Rechtskraft durch den Klageantrag geprägt wird, scheidet zur Festlegung des Streitgegenstandes der Gesichtspunkt aus, ob der Anspruch nur der Teil eines umfangreicheren Gesamtanspruches ist oder als ein Teil eines größeren bezeichnet wird. Unerheblich ist auch, ob die Entscheidung oder ihre Vollstreckung Wirkungen äußern, die tiefer in die Verhältnisse der Beteiligten eingreifen[39]. Daher ist das Amtsgericht bei Teilklagen nicht unzuständig, wenn der ganze Anspruch den Betrag der amtsgerichtlichen Zuständigkeitsgrenze übersteigt[40] (näher → Rdnr. 32).

e) Bedingende Rechtsverhältnisse; Aufrechnung

16   Unerheblich ist es, ob aufgrund der Klagebegründung zugleich über bedingende Rechtsverhältnisse mitentschieden werden muß, da dies nur in den Gründen ohne Rechtskraft geschieht[41]. Außer Betracht bleibt auch eine zur *Aufrechnung* gestellte Gegenforderung, obwohl über diese nach § 322 Abs. 2 u. U. mit Rechtskraftwirkung entschieden wird[42]. Der Wert erhöht sich auch dann nicht, wenn wegen eines bedingenden Rechtsverhältnisses eine selbständige, nach § 260 verbundene Feststellungsklage (§ 256 Abs. 1) oder eine Zwischenfeststellungsklage (§ 256 Abs. 2) erhoben wird: Eine Zusammenrechnung nach § 5 kommt wegen wirtschaftlicher Identität der Ansprüche nicht in Betracht (im einzelnen → § 5 Rdnr. 7; zu Eventualanträgen → § 5 Rdnr. 21 ff.). Von maßgeblicher Bedeutung ist das Problem im Kündigungsrechtsstreit (→ Rdnr. 128 ff.).

---

[32] *OLG München* FamRZ 1990, 778.
[33] *OLG München* JurBüro 1984, 1401.
[34] Unrichtig *BezG Dresden* ZIP 1991, 1388 (abl. *E. Schneider* KostRsp. ZPO § 3 Nr. 1056).
[35] Ausführlich *Happ/Pfeifer* ZGR 1991, 103 ff.
[36] Etwa *RGZ* 12, 360, 361; 17, 376, 379; *LAG Köln* MDR 1992, 60 (Feststellungsklage auf Fortdauer des Arbeitsverhältnisses) (zust. *E. Schneider* KostRsp. ArbGG § 12 Nr. 234).
[37] *LG Hildesheim* NdsRpfl. 1966, 216; *Hillach-Rohs*[8] (Fn. 1) 199.

[38] *RG* JW 1930, 755.
[39] Etwa *RGZ* 46, 401, 403; *BGH* KostRsp. GKG § 22 Nr. 28 [-LS-]; (zum Beschwerdegegenstand → § 511a Rdnr. 7).
[40] *KG* JR 1952, 173.
[41] Zur selbständigen Geltendmachung bedingender Rechtsverhältnisse → § 5 Rdnr. 7 und → Rdnr. 128 ff. (Arbeitsrecht).
[42] *BGH* LM ZPO § 3 Nr. 6; *OLG Celle* NdsRpfl. 1959, 109; eingehend zur Aufrechnung → § 5 Rdnr. 44 ff.

3. Leistungsklage

a) Allgemeines

Für die Leistungsklage ist es grundsätzlich ohne Bedeutung, aus welchem Rechtsgrund die **17** Leistung begehrt wird, insbesondere, ob aus dinglichem oder aus schuldrechtlichem Verhältnis. Es ist auch unerheblich, ob es sich um eine endgültige Vermögensverschiebung handelt oder nur um eine Leistung auf Zeit (Leihe usw.). Ebensowenig spielt es eine Rolle, ob die Leistung in einer Übertragung von Vermögenswerten (Übereignung, Zahlung usw.) oder in einer anderen Handlung wie bloßer Besitzübertragung, Hinterlegung u. a. besteht.

Für die Bewertung des Streitgegenstandes macht es keinen Unterschied, ob der Kläger den Anspruch als der materiell Berechtigte, als sog. Partei kraft Amtes, oder ohne unmittelbare Beteiligung an dem materiellen Rechtsverhältnis lediglich kraft besonderer Prozeßführungsbefugnis (→ Rdnr. 19–46 Vor § 50) einklagt oder Leistung an einen Dritten begehrt. Auf das Interesse des Klägers am Recht des Dritten kommt es ausnahmsweise dann an, wenn der Wert nach § 3 zu schätzen ist[43].

Da es für die Frage des Streitwertes gleichgültig ist, ob der Kläger die Leistung für sich oder einen anderen begehrt, ist für die Klage des *Miterben* gegen einen Dritten auf Leistung an alle Miterben gemeinschaftlich oder auf Hinterlegung für alle (§ 2039 BGB) der gesamte Wert der begehrten Leistung maßgeblich. Es kann nicht lediglich der Anteil des klagenden Miterben als Streitwert angenommen werden[44]. Anders liegt es, wenn ein Miterbe Klage auf Auseinandersetzung der Erbengemeinschaft erhebt (Zustimmung zum Auseinandersetzungsplan). Hier entscheidet das Interesse des Klägers am Auseinandersetzungsplan (§ 3) im Sinne des Wertes seines Erbteils[45].

Bei Streitigkeiten von Erbengemeinschaften, Gütergemeinschaften und BGB-Gesellschaften im Rahmen des § 6 ist der Wert des unstreitig dem Kläger (oder dem Beklagten) zustehenden Gesamthandanteils abzuziehen, wenn Erben gegen Miterben, Gesellschafter gegen Mitgesellschafter oder an der Gütergemeinschaft beteiligte Personen untereinander klagen (näher → § 6 Rdnr. 16 m. N.). Dagegen tritt bei der *offenen Handelsgesellschaft* und der *Kommanditgesellschaft* keine Kürzung um den entsprechenden Anteil des Mitgesellschafters ein. Klagt etwa der Gesellschafter einer offenen Handelsgesellschaft gegen einen Mitgesellschafter auf Leistung an die Gesellschaft, so ist maßgebend der gesamte Wert der begehrten Leistung[46]. Wird bei der offenen Handelsgesellschaft und der Kommanditgesellschaft im Anwendungsbereich des § 6 eine Eigentumsübertragung von einem Gesellschafter verlangt oder soll ein Gesellschafter etwas aus dem Gesellschaftsvermögen erhalten, so genügt angesichts der scharfen Trennung von selbständigem Sondervermögen und dem Vermögen der Gesellschafter der gleichbleibende gesamthänderische Anteil nicht, um einen unstreitigen Teilbetrag annehmen zu können.

Bei der Erben- und Gütergemeinschaft wie auch bei der BGB-Gesellschaft steht – wirtschaftlich gesehen – der Gesamthandanteil dem ideellen Miteigentumsanteil so nahe, daß eine unterschiedliche Behandlung nicht zu rechtfertigen wäre. Im Anwendungsbereich des § 6 sind aber unstreitig Abzüge vom Gesamtwert der Sache vorzunehmen, wenn nur Miteigentum geltend gemacht wird (→ § 6 Rdnr. 16).

Unerheblich ist es, ob neben dem Inanspruchgenommenen andere mithaften. Bei Gesamtschuldverhältnissen kommt danach eine Aufteilung des Streitwerts nicht in Frage. Das gilt

---

[43] *BGH* LM ZPO § 256 Nr. 25.
[44] *RGZ* 149, 193 f.; *BGH* LM ZPO § 3 Nr. 9 (obiter); *E. Schneider*[10] (Fn. 1) Rdnr. 3211; *Hillach-Rohs*[8] (Fn. 1) 281.
[45] *BGH* NJW 1975, 1415; *OLG Koblenz* JurBüro

1991, 103; gegen *BGH* NJW 1962, 914 (Gebührenstreitwert); abl. *H. Schmidt* NJW 1975, 1417. – Zum Vergleich → § 3 »Vergleich (Allgemeines)« (Rdnr. 62).
[46] *RGZ* 171, 51, 52 f.; *OLG München* NJW 1965, 258.

insbesondere für Klagen aus Nachlaßverbindlichkeiten gegen Miterben[47], soweit ein dritter Gläubiger klagt. Dagegen ist bei Klagen eines *Gläubigermiterben* auf Befriedigung aus dem Nachlaß ein seiner Erbquote entsprechender Teil seiner Forderung abzusetzen, da die Forderung als Nachlaßverbindlichkeit ihn selbst mitbelastet[48].

b) Beschränkte Haftung

18   Keine Rolle spielt es, ob das ganze Vermögen des Inanspruchgenommenen oder nur eine bestimmte Vermögensmasse wie z.B. die Konkursmasse für den Gläubiger als Zugriffsobjekt zur Verfügung steht. Unerheblich ist auch, ob in bezug auf eine Vermögensmasse Vollstreckungsbeschränkungen bestehen, die den Zugriff praktisch im wesentlichen ausschließen. Zu unterscheiden sind davon die Fälle einer *sachlich beschränkten Haftung* wie z.B. bei der Klage gegen den Reeder oder gegen den Ehegatten auf Duldung der Zwangsvollstreckung (→ § 6 Rdnr. 21).

c) Gegenleistung

19   Bei der Klage auf Leistung gegen Gegenleistung (Zug um Zug) ist die vom Kläger begehrte Leistung maßgebend, auch wenn die von ihm geschuldete Leistung den höheren Wert hat. Das gilt auch dann, wenn der Kläger die Gegenleistung wie z.B. bei der Wandelung anbietet oder die Verurteilung des Beklagten zu ihrer Annahme verlangt[49]. Eine Zusammenrechnung kommt ebensowenig in Frage wie etwa eine Bewertung nur nach der Differenz[50]. Anders liegt es, wenn der Kläger bei Geldforderungen nach Abrechnung des Gegenanspruchs den verbleibenden Rest einklagt.

4. Feststellungsklage

20   Bei der Feststellungsklage bedarf die Festlegung des Streitgegenstandes besonders sorgfältiger Prüfung. Überschießende Feststellungsanträge haben bei der Bewertung des Streitgegenstandes insoweit außer Betracht zu bleiben, als sie ersichtlich über dasjenige hinausgehen, worum es dem Kläger bei der begehrten Feststellung zu tun ist (→ Rdnr. 14).

a) Abschlag

21   Auszugehen ist wie auch sonst von dem festzustellenden Rechtsverhältnis, nicht etwa von dem ideellen Interesse des Klägers an der Rechtssicherheit[51]. Der Wert kann bei der Feststellungsklage niemals höher sein als bei einer entsprechenden Leistungsklage. Andererseits besteht zwischen beiden Klagen der wesentliche Unterschied, daß mit der Leistungsklage (auch mit derjenigen auf künftige Leistung) alsbald ein Vollstreckungstitel erstrebt wird. Wird dagegen nur eine Feststellung, insbesondere die eines in der Vergangenheit liegenden oder eines erst in der Zukunft Wirkungen auslösenden Rechtsverhältnisses begehrt, so muß in aller Regel ein Abschlag gemacht werden. Dieser ist unter Berücksichtigung der Gegenwartsinter-

---

[47] *E. Schneider*[10] (Fn. 1) Rdnr. 3215; *Hillach-Rohs*[8] (Fn. 1) 282 mit älteren Rechtsprechungsnachweisen.

[48] *RGZ* 156, 263, 264.

[49] *RGZ* 42, 422; zu Unrecht anders *LG Köln* JR 1980, 245 (abl. *H. Schmidt*); zur Beschwer bei einer unterblie-

benen Verurteilung Zug um Zug → § 511a Rdnr. 18; einen Sonderfall betrifft *LAG Berlin* MDR 1980, 612; ferner Nachweise in Fn. 25.

[50] *RGZ* 140, 358, 359.

[51] *RGZ* 25, 366, 367; 57, 411, 412 f.

essen des Klägers nach Ermessen abzuschätzen[52]. Die Höhe des Abschlags wird im allgemeinen mit 20% anzusetzen sein[53]. Das gilt gleichermaßen bei Feststellungsklagen auf Freistellung von bezifferten[54] und unbezifferten[55] Verbindlichkeiten sowie für positive Feststellungswiderklagen[56]. Im Einzelfall kann es sich aber auch um einen schlecht formulierten Leistungsantrag handeln[57]. Bei einem positiven Feststellungsantrag, der eine auf einem Unfall beruhende Jahresrente zum Inhalt hat, kann man als Richtlinie vom zehnfachen Jahresbetrag ausgehen (Zulässigkeit des Rechtsmittels)[58]. Bei *Deckungsklagen* gegen Versicherer ist auch dann ein Abschlag vorzunehmen, wenn der Versicherer seine Leistungspflicht verneint, den geltend gemachten Schaden aber der Höhe nach nicht bestreitet[59]. Ein Abschlag muß auch dann gemacht werden, wenn damit zu rechnen ist, daß sich der Schuldner einem Feststellungsausspruch beugt[60]. Schematismus ist zu vermeiden. Soll die Pflicht zum Ersatz künftigen Schadens festgestellt werden, so wird das konkrete wirtschaftliche Interesse der Partei nicht allein nach der Höhe des drohenden Schadens bewertet, sondern auch danach, wie groß das Risiko eines Schadenseintritts und einer tatsächlichen Inanspruchnahme ist[61].

b) Beteiligte

Wenn das den Streitgegenstand bildende Rechtsverhältnis ein solches zwischen einer Partei   **22** und einem Dritten oder zwischen zwei Dritten ist (→ § 256 Rdnr. 37 ff.), kann der Streitgegenstand nicht ebenso bewertet werden, wie wenn der Streit zwischen den beiden materiell Beteiligten ausgetragen werden würde. Vielmehr muß, geschätzt nach dem rechtlichen Interesse der klagenden Partei (→ bei Fn. 43), ihrerseits eine rechtskräftige Entscheidung zu erlangen, in der Regel der Streitwert niedriger angesetzt werden.

c) Bestimmtheit

Bei der Bewertung des Streitgegenstandes kann nicht auf die größere oder geringere   **23** Bestimmtheit der begehrten Feststellung abgestellt werden. Ist z.B. bei einer Schadensfeststellungsklage nach dem gegenwärtigen Stande schätzungsweise mit einem Schaden von X-DM zu rechnen, so ginge es nicht an, etwa mit Rücksicht auf die Notwendigkeit eines späteren Betragsprozesses als Schaden statt X einen geringeren Betrag anzunehmen und hiervon dann noch einen Abschlag vorzunehmen.

d) Teilerfüllung

Bei der Feststellung von Rechtsverhältnissen, die z.T. schon erfüllt oder sonst erledigt sind,   **24** haben diese Teile regelmäßig auszuscheiden, auch wenn der Klageantrag keine dahingehende Einschränkung enthält (→ Rdnr. 20). Bei *Dauerrechtsverhältnissen* ist danach die der Wertbemessung zugrundeliegende Zeitspanne nicht vom Beginn des Rechtsverhältnisses, sondern

---

[52] *RGZ* 166, 74, 76; *BGHZ* 1, 43 = NJW 1951, 194.
[53] *BGH* WM 1991, 657, 658; NJW-RR 1986, 676; jüngst NJW-RR 1992, 608 (Großlebensversicherung); *BayObLG* JurBüro 1989, 132, 133; *OLG Köln* JurBüro 1992, 624; FamRZ 1991, 1207; VersR 1989, 378; *OLG Bamberg* JurBüro 1991, 1690, 1691; *OLG München* Jur-Büro 1988, 230; *OLG Hamm* JurBüro 1987, 1201; 1986, 752; *LAG Hamm* JurBüro 1986, 1559; *OLG Koblenz* JurBüro 1980, 1861, 1862.
[54] *BGH* NJW-RR 1990, 958.

[55] Auch → Rdnr. 95.
[56] *OLG Bamberg* JurBüro 1985, 1359.
[57] *E.Schneider* MDR 1991, 197.
[58] *BGHZ* 1, 43; krit. *Kraemer* JZ 1951, 435; *OLG München* MDR 1962, 413 (krit. *Schumann*).
[59] *OLG Frankfurt a.M.* JurBüro 1981, 272; a.A. *OLG Bamberg* JurBüro 1981, 433.
[60] *BGH* NJW-RR 1988, 689, 690.
[61] *BGH* WM 1991, 657, 658.

vom Zeitpunkt der Klageeinreichung an zu bestimmen. Anders liegt es nur, wenn und soweit gerade auch die Vergangenheit mit den Gegenstand des Streits bildet.

e) Zeitpunkt

25   Zur Wertfestsetzung können nur solche Umstände herangezogen werden, die spätestens im Zeitpunkt der letzten mündlichen Verhandlung zur Kenntnis des Gerichts gelangt sind[62].

5. Negative Feststellungsklage

a) Kein Abschlag

26   Die dargelegten Grundsätze haben bei der negativen Feststellungsklage erhöhte Bedeutung. Gleichgültig ist es, inwieweit der Beklagte die Klage veranlaßt und mit welcher Intensität er sich insbesondere des Rechts berühmt hat (aber bei Fn. 36 wegen seiner Einlassung). Der Streitwert ist vom Standpunkt des Klägers und nicht aus der Sicht des sich berühmenden Beklagten zu bemessen (→ Rdnr. 91). Hieraus ergibt sich, daß bei einer negativen Feststellungsklage der *Gesamtwert* der Forderung den Streitwert bildet, weil der Beklagte durch ein obsiegendes Urteil gehindert wird, einen entsprechenden Vollstreckungstitel zu erwerben[63]. Bei negativen Feststellungsklagen über wiederkehrende Nutzungen oder Leistungen ist der volle nach § 9 errechnete Betrag festzusetzen (→ § 9 Rdnr. 5). Wird aber lediglich die Feststellung begehrt, daß der berühmte Forderungsbetrag noch nicht fällig sei, so ist das nach § 3 zu schätzende Klägerinteresse maßgebend, derzeit noch nicht leisten zu müssen[64]. Soll mit der negativen Feststellungsklage die Unwirksamkeit einer Höchstbetragsbürgschaft festgestellt werden, so ergibt sich der Streitwert aus der derzeitigen Hauptschuld zuzüglich eines angemessenen Prozentsatzes des nicht valutierten Teils der Bürgschaft[65].

Besonderheiten weist der Streitwert der negativen Feststellungsklage auf dem Gebiet des *gewerblichen Rechtsschutzes* auf, wo sie nicht immer denselben Streitwert haben muß wie die umgekehrte Leistungsklage. Dieser kann wegen der unterschiedlich betroffenen wirtschaftlichen Interessen höher oder niedriger sein als das Interesse des Beklagten an der begehrten Unterlassung[66]. Der Streitwert einer negativen Feststellungsklage, die sich gegen eine einstweilige Anordnung auf Unterhaltszahlung richtet, ist nach § 17 GKG zu bewerten[67].

b) Feststellung der Nichtigkeit eines gegenseitigen Vertrages

27   Die Klage auf Feststellung der Nichtigkeit eines gegenseitigen Vertrages oder darauf, daß ein solcher nicht zustande gekommen ist, ist der negativen Feststellungsklage wenigstens eng verwandt[68]. Der Streitwert bemißt sich nach dem Wert der Leistung, von der der Kläger freigestellt werden soll[69]. Dagegen ist das Interesse nicht danach zu bestimmen, welcher Vermögensunterschied sich ergibt, wenn die Lagen bei Nichtigkeit und bei Bestehenbleiben

---

[62] *OLG Frankfurt a.M.* JurBüro 1989, 1307; *OLG Bamberg* JurBüro 1980, 1865, 1867.

[63] *RGZ* 71, 68, 69f.; *BGH* NJW 1970, 2025 u.ö.; *OLG Hamm* JurBüro 1989, 523 (Deckungsklage in der Haftpflichtversicherung); *OLG Schleswig* SchlHA 1982, 75; vgl. aber → § 3 Rdnr. 44 »Deckungsprozeß (Haftpflichtversicherung)«; *LAG Düsseldorf* JurBüro 1988, 1234; *LG Hamburg* WuM 1987, 61; *LG Saarbrücken* JurBüro 1991, 582, 583 (Jagdpachtvertrag).

[64] *OLG Bamberg* JurBüro 1982, 1245.

[65] *OLG Karlsruhe* MDR 1991, 1197.

[66] *OLG München* GRUR 1986, 840 (Anm. *E. Schneider* KostRsp. ZPO § 3 Nr. 851).

[67] *OLG Hamm* und *OLG Schleswig* KostRsp. GKG § 20 Nr. 103; → § 9 Rdnr. 25.

[68] Ausführlich *OLG Celle* AnwBl 1984, 448.

[69] *OLG Celle* AnwBl 1984, 448; *OLG Frankfurt a.M.* AnwBl 1982, 247 (*Schwarzkauf*); *H. Schmidt* AnwBl 1985, 29; *E. Schneider*[10] (Fn. 1) Rdnr. 3376; in einem Sonderfall offenlassend *OLG Bamberg* JurBüro 1990, 1659.

des Vertrages miteinander verglichen werden[70]. Freilich kommt es oftmals nicht zu unterschiedlichen Wertansätzen[71].

6. Rechtsgestaltungsklage

a) Vermögensrechtliche Streitigkeit

Die Rechtsgestaltungsklagen auf vermögensrechtlichem Gebiet[72] gehorchen den vorstehend dargelegten Grundsätzen. Die Klage, mit der die Vernichtung eines Rechtsverhältnisses – gleichviel, ob nur für die Zukunft oder auch rückwirkend – erstrebt wird, ist ebenso zu bewerten wie die Klage auf Feststellung der Nichtigkeit des Rechtsverhältnisses. Betroffen sind z. B. die Anfechtungs-, Nichtigkeits- und Auflösungsklagen auf gesellschaftsrechtlichem Gebiet. Vergleichbare Grundsätze gelten für die prozessualen Rechtsgestaltungsklagen wie die §§ 767, 771 usw. (zur Auflösungsklage → § 3 Rdnr. 41; zur Nichtigkeitsklage → § 3 Rdnr. 54).   **28**

b) Nichtvermögensrechtliche Streitigkeit

Die Gestaltungsklagen nichtvermögensrechtlicher Art weisen ebenfalls keine Besonderheiten auf.   **29**

IV. Streitwertarten

1. Zuständigkeitsstreitwert

a) Regelung

Der Zuständigkeitsstreitwert muß nur dann berechnet werden, wenn sich die sachliche Zuständigkeit der Amts- und der Landgerichte in bürgerlichen Rechtsstreitigkeiten (→ § 1 Rdnr. 34 ff.) nach dem Streitwert richtet[73]. In vermögensrechtlichen wie nicht-vermögensrechtlichen Streitigkeiten (→ § 1 Rdnr. 43 ff.) ist das wegen §§ 23 Nr. 1 n.F., 71 Abs. 1 GVG in der Regel der Fall. (Zu den Kreis- und Bezirksgerichten oben → Rdnr. 1). Die Amtsgerichte entscheiden über Ansprüche bis zu einem Streitwert von derzeit (einschließlich) 10.000 DM, die Landgerichte dagegen bei höherwertigen Streitgegenständen.   **30**

In vier Bereichen kommt es dagegen auf einen Zuständigkeitsstreitwert nicht an. So werden etwa vermögensrechtliche Streitigkeiten dem Amts- oder Landgericht in einigen Fällen streitwertunabhängig zugewiesen (z. B. §§ 23 Nr. 2, 23a Nrn. 2, 3 und 5 GVG; 246 Abs. 3 AktG; 61 Abs. 3, 75 Abs. 2 GmbHG). Weiterhin haben die Parteien die Möglichkeit, die Zuständigkeit des Amts- oder Landgerichts durch wirksame Zuständigkeitsvereinbarung (§ 38) oder zuständigkeitsbegründendes rügeloses Einlassen (§ 39) mit gewissen Einschränkungen (→ § 40) selbst zu bestimmen. Im Fall des § 39 hat das unzuständigerweise angerufene   **31**

---

[70] So aber *OLG Braunschweig* JurBüro 1983, 434 (zust. *Mümmler*); *LG Bückeburg* JurBüro 1988, 1233 (sittenwidriger Ratenkreditvertrag); *AG Hamburg* JurBüro 1992, 560; vergleichbar *AG Aschaffenburg* JurBüro 1987, 595.

[71] *E. Schneider* KostRsp. ZPO § 3 Nr. 1010.
[72] Zum Begriff → § 1 Rdnr. 43 ff.
[73] Näher *E. Schumann* NJW 1982, 1257, 1261.

Amtsgericht eine Belehrungspflicht (§ 504) und muß deshalb vorher den Zuständigkeitsstreitwert berechnen, wenn sich seine sachliche Unzuständigkeit aus dem hohen Streitwert ergibt[74]. Endlich bedarf es keiner Berechnung des Zuständigkeitsstreitwerts, wenn das Gericht kraft *fremdbestimmter Kompetenz* das Bestehen seiner eigenen sachlichen Zuständigkeit nicht mehr prüfen darf (z.B. §§ 281, 506; 538, 539, 565) (zu weiteren Ausnahmeregelungen → § 1 Rdnr. 48 ff.; insbesondere Rdnr. 74 ff.; 82 ff.).

In den Beitrittsgebieten (ohne Ostberlin) (→ Rdnr. 8) wurden ohne Rücksicht auf den Streitwert Kammern für Handelssachen bei den Kreisgerichten eingerichtet. Das gilt auch dann, wenn nach dem GVG das Amtsgericht zuständig wäre (Anlage I Kapitel III Sachgebiet A Abschnitt III Nr. 1 Buchst. e; Erläuterungen zu den Anlagen zum Einigungsvertrag, BT-Drucks. 11/7817 v. 10.9.1990 S. 10); jetzt § 17 RpflAnpG.

Die Bedeutung des Zuständigkeitsstreitwerts ist überdies durch § 10 gemindert, da Verstöße gegen die sachliche Zuständigkeit dann nicht mit Rechtsmitteln angegriffen werden können, wenn ein Landgericht anstelle des zuständigen Amtsgerichts entschieden hat (→ § 10 Rdnr. 1).

b) Teilklagen; Erschleichen der Zuständigkeit

32   Das Amtsgericht ist auch für Teilklagen (→ § 253 Rdnr. 64) zuständig, wenn der ganze Anspruch an sich den Betrag der amtsgerichtlichen Zuständigkeitsgrenze übersteigt[75]. In aller Regel wird jedoch ein Verstoß gegen Treu und Glauben (→ Einl. Rdnr. 250 mit Fn. 17) vorliegen, wenn gleichzeitig mehrere Teilklagen allein zu dem Zweck erhoben werden, die Zuständigkeit des Amtsgerichts herbeizuführen[76]. Der Kläger muß sich dann so behandeln lassen, als ob er den gesamten Anspruch geltend gemacht hätte. Will er die Prozeßabweisung vermeiden, so hat er Verweisungsantrag an das Landgericht zu stellen. Abgesehen davon kann eine Teilung im Kosteninteresse beider Parteien liegen. Gegen sukzessive Teilklagen kann sich der Beklagte hinsichtlich des Restbetrages mit einer negativen Feststellungswiderklage wehren. Oft wird eine weitere Teilklage wegen entgegenstehender Rechtshängigkeit unzulässig sein (→ § 261 Rdnr. 62; zur Kostenentscheidung → § 91 Rdnr. 68)[77].

c) Mehrheit von Ansprüchen

33   Wird eine Mehrheit von Ansprüchen geltend gemacht, erhöht sich regelmäßig der Zuständigkeitsstreitwert (→ § 5 Rdnr. 2; zum Additionsverbot zwischen streitwertabhängigen und streitwertunabhängigen Werten → § 5 Rdnr. 16).

2. Rechtsmittelstreitwert

34   Nach § 2 dienen die §§ 3–9 auch zur *Ermittlung des Rechtsmittelstreitwerts*. Für Berufung und Beschwerde spricht die ZPO vom »Wert des Beschwerdegegenstandes« (§§ 511a, 567 Abs. 2), für die Revision vom »Wert der Beschwer« (§ 546). Erreicht der Rechtsmittelstreitwert (der Wert der Beschwer) nicht den vorgeschriebenen Mindestbetrag, so ist das eingelegte Rechtsmittel unzulässig. Der Rechtsmittelstreitwert folgt den Regeln des Zuständigkeitsstreit-

---

[74] Auch → Rdnr. 50.
[75] *KG* JR 1952, 173; auch → Rdnr. 15.
[76] Ebenso *Baumbach-Lauterbach-Hartmann*[50] Anm. 3; *Kogel* NJW 1975, 2063; ausführlich *Goldschmidt* JW 1931, 1753; a.A. *Zimmermann* ZPO[2] (1991) Rdnr. 2

(Kläger erhält bei Obsiegen die Mehrkosten der Zerlegung nicht erstattet).
[77] Zur Erschleichung in Familiensachen *KG* FamRZ 1989, 1005.

werts (→ Rdnr. 30). Gleichwohl kann der Rechtsmittelstreitwert höher sein als der Zuständigkeitsstreitwert erster Instanz. § 14 Abs. 2 GKG steht nicht entgegen, da die Norm nur für den Gebührenstreitwert der Berufung und Revision gilt (→ § 3 Rdnr. 47 »Gebührenstreitwert in der Rechtsmittelinstanz«; zum Verhältnis von Rechtsmittelstreitwert und Gebührenstreitwert in der Rechtsmittelinstanz → Rdnr. 60). Der Wert des Angriffes ist nach dem Interesse des Rechtsmittelführers zu berechnen, das darauf gerichtet ist, eine ergangene Entscheidung abzuändern[78]. Wird etwa eine Klage im Wert von 2.000 DM abgewiesen und war eine Widerklage im Wert von 1.500 DM erfolgreich, so ist der erfolglose Kläger in Höhe von 3.500 DM beschwert, obwohl der Zuständigkeitsstreitwert wegen § 5 HS 2 nur 2.000 DM betrug (→ näher § 5 Rdnr. 37).

a) Wert des Beschwerdegegenstandes

Der Wert des Beschwerdegegenstandes (Beschwerdewert) setzt sich zusammen aus der **35** *Beschwer*, die sich wiederum danach bestimmt, inwieweit die angefochtene Entscheidung hinter den vom Rechtsmittelkläger gestellten Anträgen zurückblieb (→ Allg. Einl. vor § 511 Rdnr. 46 ff.), und aus den *Rechtsmittelanträgen*. Für die Berufung ist das der Antrag nach § 519 Abs. 3 Nr. 1 (→ § 519; näher zum Beschwerdegegenstand → § 511 a Rdnr. 6 ff.). Bei der Berufung muß der Wert des Beschwerdegegenstandes derzeit 1500 DM (Gesetz zur Entlastung der Rechtspflege v. 11. 1. 1993, BGBl I 50) übersteigen. Bei der Beschwerde gegen Entscheidungen über die Verpflichtung, die Prozeßkosten zu tragen, muß er höher als 200 DM (Rechtspflege-Vereinfachungsgesetz v. 17.12.1990, BGBl I 2847), ansonsten höher als 100 DM sein. Dagegen kommt es bei anderen als den in § 567 Abs. 2 genannten Beschwerden für die Zulässigkeit des Rechtsmittels auf den Rechtsmittelstreitwert nicht an.

Beschwer und Beschwerdegegenstand können unterschiedliche Höhe erreichen. Allerdings **36** kann der Beschwerdegegenstand nicht höher sein als die Beschwer. Ist etwa die Klage im Wert von 2.000 DM erfolgreich gewesen und greift der Unterlegene das Urteil nur in Höhe von 500 DM mit der Berufung an, so ist er in Höhe von 2.000 DM beschwert. Doch erreicht der Wert des Beschwerdegegenstandes mit nur 500 DM die Berufungssumme von 1.500 DM nicht. Die Berufung mit diesem Antrag ist unzulässig[79].

b) Wert der Beschwer

Der Rechtsmittelstreitwert für die Zulässigkeit der Revision beträgt derzeit gem. § 546 **37** ZPO 60.000 DM (Rechtspflege-Vereinfachungsgesetz v. 17.12.1990, BGBl I 2847). Er bestimmt sich *nicht* nach dem Wert des Beschwerdegegenstandes (→ Rdnr. 35), sondern ausschließlich nach dem Wert der Beschwer. Anders als bei der Berufung kommt es bei der Revision für die Bestimmung des Wertes der Beschwer nicht auf die Revisionsanträge an, sondern allein darauf, ob und inwieweit das Berufungsurteil den Revisionskläger beschwert (wiederum anders liegt es wegen § 14 Abs. 1 S. 1 GKG für den Gebührenstreitwert in der Rechtsmittelinstanz → § 3 Rdnr. 47). Aus diesem Grund ist die Revision auch zulässig, wenn der Revisionskläger die Abänderung des angefochtenen Urteils in Höhe von 60.000 DM oder in geringerem Umfang beantragt, wenn nur die Beschwer selbst 60.000 DM übersteigt (→ näher § 546 Rdnr. 21 ff.). Die Revision gegen eine erfolgreiche Klage im Wert von 70.000 DM

---

[78] Zum nachfolgenden Beispiel *E. Schumann* NJW 1982, 1257, 1261 f.

[79] Beispiel nach *Dörndorfer* Der Streitwert für Anfänger (1988) Rdnr. 26 (solide didaktisch orientierte Darstellung).

ist also zulässig, auch wenn der Revisionskläger die Abänderung des Urteils nur in Höhe von 30.000 DM beantragt (§ 554 Abs. 3 Nr. 1).

38   Deshalb ist es ungenau, den Wert der Beschwer als »Rechtsmittelstreitwert« zu bezeichnen, da der konkrete Streitwert des Rechtsmittels vom Wert der Beschwer abweichen kann. Trotzdem hat es sich in der Praxis eingebürgert, den Wert der Beschwer als einen Unterfall des »Rechtsmittelstreitwerts« zu behandeln. Gegen diese Terminologie ist nichts einzuwenden, wenn man sich darüber im klaren ist, daß es bei dem Berechnen des Wertes der Beschwer nicht auf den Streitwert des konkreten Rechtsmittels ankommt.

Bei hinreichender Revisionsbeschwer bleibt die Revision auch dann zulässig, wenn der Beschwerdewert nicht einmal die nach § 511a erforderliche Summe erreicht[80]. Im Revisionsverfahren kann der Revisionskläger, dessen Beschwer vom Berufungsgericht nicht über 60.000 DM festgesetzt worden ist, seinen Antrag auf Heraufsetzung der Beschwer auf neue Tatsachen stützen[81]. Die betreffenden Tatsachen brauchen sich nicht aus den Akten zu ergeben. Vielmehr ist auch die Berufung auf Tatsachen statthaft, die in den Vorinstanzen weder festgestellt noch behauptet worden sind[82]. Zur Glaubhaftmachung sind auch Anträge auf Einholung von Auskünften und Gutachten zu berücksichtigen (arg. § 3)[83].

3. Bagatellstreitwert

39   Unter den Voraussetzungen des § 128 Abs. 3 ist es ausnahmsweise möglich, ein Verfahren ohne mündliche Verhandlung von Amts wegen anzuordnen. Es muß sich um einen vermögensrechtlichen (→ zum Begriff § 1 Rdnr. 43 ff.) Anspruch handeln, bei dem der Wert des Streitgegenstandes bei Einreichung der Klage 1.500 DM (Gesetz zur Entlastung der Rechtspflege v. 11. 1. 1993, BGBl I 50) nicht übersteigt (Bagatellstreitwert). Der Bagatellstreitwert wird nach den Regeln des Zuständigkeitsstreitwertes berechnet (→ Rdnr. 30). Wird eine Widerklage erhoben, so kann der Rechtsmittelstreitwert (→ Rdnr. 34) höher sein als der Bagatellstreitwert. In diesem Fall muß das Gericht zum mündlichen Verfahren zurückkehren[84]. Als Bagatellstreitwert kann auch § 495a (→ Rdnr. 1) bezeichnet werden, der es dem Amtsgericht ermöglicht, sein Verfahren nach billigem Ermessen zu bestimmen, wenn der Streitwert 1.200 DM nicht übersteigt. Auch dieser Streitwert richtet sich grundsätzlich nach den Regeln des Zuständigkeitsstreitwertes. § 495a erfaßt auch Streitigkeiten über nichtvermögensrechtliche Ansprüche. Die Norm kommt nur für Verfahren vor dem Amtsgericht in Betracht[85] (ferner → § 4 Rdnr. 15). § 348 Abs. 1 des Entwurfes eines Gesetzes zur Entlastung der Rechtspflege sah vor, daß beim LG in erster Instanz bis zu einem Streitwert von nicht mehr als 30.000 DM zwingend der Einzelrichter entscheidet, sofern die Sache nicht besondere Schwierigkeiten aufweist oder grundsätzliche Bedeutung hat[86]. Das ist nicht Gesetz geworden.

4. Verurteilungsstreitwert

a) Gegenstand der Verurteilung

40   Nach dem Wert des Gegenstandes der Verurteilung bemißt sich, ob Urteile in vermögensrechtlichen (→ zum Begriff § 1 Rdnr. 43 ff.) Streitigkeiten, die nicht unter die Fälle der Nrn.

---

[80] *E. Schneider* MDR 1990, 790; ferner *BGH* NJW 1991, 703 (zu § 547); a. A. → *Grunsky* § 546 Rdnr. 22.
[81] *BGH* WM 1991, 1656, 1657.
[82] *BGH* EzFamR ZPO § 3 Nr. 18 S. 2 f.
[83] A.A. *BGH* KostRsp. ZPO § 3 Nr. 1000 (abl. *Lappe*); WM 1991, 1696, 1697.

[84] *E. Schumann* NJW 1982, 1257, 1262.
[85] A. A. de lege ferenda *Pasker* ZRP 1991, 417.
[86] Dazu *Grunsky* AnwBl 1991, 545, 549.

1–10 des § 708 fallen, ohne Sicherheitsleistung für vorläufig vollstreckbar zu erklären sind (privilegierte Vollstreckung). Der für § 708 Nr. 11 festzulegende Verurteilungsstreitwert ist gesondert zu ermitteln und hängt nicht unmittelbar von den anderen Streitwertarten ab, da er sich nicht am Streitgegenstand orientiert (→ § 708 Rdnr. 28). Er nimmt seinen Ausgangspunkt im Urteilsgegenstand und ähnelt damit dem Rechtsmittelstreitwert[87] (→ Rdnr. 34). Bei einer ganz oder teilweise begründeten Klage ergibt sich der Gegenstand der Verurteilung daraus, zu welcher Leistung der Beklagte verurteilt wurde. Nach § 4 kommt es nur auf die Hauptsache, nicht aber auf die Nebenforderungen an. Derzeit liegt die Wertgrenze bei 1.500 DM (§ 708 Nr. 11).

b) Entscheidung über die Kosten

§ 708 Nr. 11 regelt ferner den Fall, daß nur wegen der Kosten vollstreckt werden kann, z. B. **41** bei abgewiesenen Leistungsklagen sowie bei Gestaltungs- und Feststellungsurteilen. § 2 erwähnt diesen Fall nicht. Ein Bedürfnis für eine Anwendung der §§ 4–9 besteht nicht. Wohl aber kann § 3 analog angewendet werden[88]. Das Gericht hat den Kostenerstattungsanspruch nach dieser Norm zu schätzen, da eine genaue Berechnung meistens erst nach Erlaß des Urteils möglich ist, wenn auch die Anwälte ihre Kosten mitgeteilt haben. Es ist daher in entsprechender Anwendung des § 3 zu ermitteln, ob die vollstreckbaren Kosten 2.000 DM überschreiten.

5. Gebührenstreitwert

Die Gebühren im Zivilprozeß sind grundsätzlich Wertgebühren, die sich nach dem Wert **42** des Streitgegenstandes richten (§ 11 Abs. 2 S. 1 GKG). Der Gebührenstreitwert ist daher ein zentraler Bestandteil des *Justizkostenrechts*[89], insonderheit des materiellen Kostenrechts. Der Gebührenstreitwert kennt von allen Streitwertarten die meisten Sonderregeln und stellt sich als sozial empfindliche Materie dar. Dort finden sich aus rechts- und sozialstaatlichen Erwägungen die Schwerpunkte *normativer Streitwerte* (→ § 3 Rdnr. 2).

a) Gerichtsgebühren

Die Gebühren für das gerichtliche Verfahren hängen gem. § 11 Abs. 2 GKG grundsätzlich **43** vom Wert des Streitgegenstandes ab. Der Anwendungsbereich des GKG folgt aus dessen § 1. Für die Berechnung des Gebührenstreitwerts verweist § 12 Abs. 1 GKG auf die §§ 3–9 ZPO. Zu beachten ist, daß das GKG vielfach einschneidende *Abweichungen* (vgl. §§ 14–22 GKG → z. B. § 5 Rdnr. 15, 18 f., 25, 33 ff., 40, 45; § 8 Rdnr. 16; § 9 Rdnr. 12 ff.) und *Ergänzungen* wie z. B. hinsichtlich nichtvermögensrechtlicher Streitigkeiten (§ 12 Abs. 2 GKG → näher § 3 Rdnr. 12 ff.) enthält.

b) Anwaltsgebühren

Die Gebühren der Rechtsanwälte bestimmen sich grundsätzlich nach dem »Gegen- **44** standswert« (§ 7 Abs. 1 BRAGO). Dieser errechnet sich in gerichtlichen Verfahren und bei

---

[87] *E. Schumann* NJW 1982, 1257, 1262.
[88] Für eine direkte Anwendung von § 3 treten ein *E. Schneider* Die Kostenentscheidung im Zivilurteil[2] (1977) 326; *Baumbach-Lauterbach-Hartmann*[50] § 708 Anm. 2 L b; → *Münzberg* § 708 Rdnr. 31.

[89] *Lappe* Justizkostenrecht (1982) 20 ff.; *Deubner* JuS 1989, 905; auch *BVerfG* NJW 1992, 1673 re. Sp.

solchen Tätigkeiten, die einem gerichtlichen Verfahren vorausgehen, in erster Linie nach den für die Gerichtsgebühren geltenden Wertvorschriften und damit in entsprechender Anwendung der §§ 3–9 ZPO (§ 8 Abs. 1 BRAGO i. V. m. § 12 Abs. 1 GKG). Zu beachten sind auch hier wieder Sonderregelungen wie z. B. in den §§ 68 Abs. 3, 69 Abs. 2, 77 Abs. 2, 81 BRAGO.

c) Problematik

45   Die Schaltnormen der §§ 12 Abs. 1 GKG; 8 Abs. 1 BRAGO legen eine weitgehende Gleichbehandlung des Verfahrens- mit dem Gebührenstreitwert nahe, soweit der Gebührenstreitwert Sonderregelungen nicht kennt (→ Rdnr. 43). Gleichwohl läßt sich trotz der normativ festgelegten gleichen Rechtsfolgen eine Tendenz erkennen, den Gebührenstreitwert auch in diesem Bereich weitgehend eigenen Wertungen zu unterwerfen[90] (→ Rdnr. 7).

46   Die Gleichstellung ist in der Tat nicht unproblematisch, weil etwa Zuständigkeits- und Rechtsmittelstreitwert einerseits und Gebührenstreitwert andererseits ganz unterschiedliche Funktionen zukommen. Im wesentlichen geht es darum, ob der Anwendungsbereich des § 12 Abs. 1 GKG i. V. m. §§ 3–9 ZPO durch analoge Anwendung der §§ 14–22 GKG möglichst klein gehalten werden soll, um den rechts- und sozialstaatlich motivierten Eigenheiten des Gebührenrechts, die zu teils drastischen Streitwertsenkungen führen, besser Rechnung tragen zu können. Die Frage läßt sich nicht allgemein, sondern nur anhand des jeweiligen Normzwecks der betreffenden Kostenvorschrift beantworten (→ § 9 Rdnr. 18 »Berufsunfähigkeitsversicherung« [zu § 17 GKG]).

V. Streitwertverfahrensrecht – Rechtsbehelfe

47   Das Verfahren bei der Festsetzung des Streitwerts läßt sich nur je gesondert nach den einzelnen Streitwertarten erfassen (→ Rdnr. 1). Die weitaus größte Bedeutung kommt der Festsetzung des Gebührenstreitwerts (→ Rdnr. 63 ff.) für die Gerichtsgebühren zu.

48   Daneben kennt § 10 BRAGO eine isolierte Wertfestsetzung für die Anwaltsgebühren (→ Rdnr. 68).

1. Zuständigkeitsstreitwert

a) Erforderlichkeit der Festsetzung

49   Der Zuständigkeitsstreitwert (→ Rdnr. 30) braucht nicht festgesetzt zu werden, wenn der Anspruch auf eine bestimmte Geldsumme gerichtet ist (→ Rdnr. 10 und 93), oder wenn sich die Zuständigkeit des Prozeßgerichts unabhängig vom Streitwert aus anderen Vorschriften ergibt (→ Rdnr. 31). Ansonsten bestimmt das Gericht den Zuständigkeitsstreitwert von Amts wegen, wobei es selbst an übereinstimmende Parteiangaben nicht gebunden ist (→ Rdnr. 90).

50   Haben die Parteien die Zuständigkeit durch rügeloses Einlassen (§ 39) begründet (→ Rdnr. 31), so braucht das *Landgericht* den Zuständigkeitsstreitwert nicht zu prüfen, da es auf ihn nicht ankommt. Dagegen muß das *Amtsgericht* den Zuständigkeitsstreitwert auch bei einer rügelosen Einlassung des Beklagten immer feststellen (§§ 39 S. 2, 504; → Rdnr. 31).

51   Liegt eine zulässige *Gerichtsstandsvereinbarung* (§ 39) vor, braucht das vereinbarungsge-

---

[90] Etwa die Betonung der Unterschiedlichkeit bei *Lappe* NJW 1982, 1736 (wirtschaftliches Korrektiv der formalen Betrachtungsweise); *OLG Köln* VersR 1989, 378 (§ 17 GKG als nicht-analogiefähige Ausnahmenorm); MünchKomm ZPO-*Lappe* (1992) § 2 Rdnr. 15.

mäß angerufene Gericht auf den Zuständigkeitsstreitwert keine Rücksicht zu nehmen. Hält es dagegen die Vereinbarung etwa wegen § 40 Abs. 2 für unwirksam und richtet sich die Zuständigkeit nach dem Streitwert (→ Rdnr. 30), so muß der Zuständigkeitsstreitwert nunmehr bestimmt werden. Gegebenenfalls sind die Parteien gem. § 139 auf die Unzuständigkeit hinzuweisen.

Bei *Säumnis des Beklagten* sind die den Wert des Streitgegenstandes (→ Rdnr. 10, 11)   **52** begründenden Tatsachen zugestanden (§ 331 Abs. 1 S. 1). Davon ausgenommen sind lediglich Klägerangaben über eine Zuständigkeits- oder Erfüllungsortvereinbarung (§ 331 Abs. 1 S. 2 i. V. m. §§ 38, 29 Abs. 2). Vergleichbar liegt es, wenn der Beklagte im schriftlichen Vorverfahren seine Verteidigungsabsicht nicht rechtzeitig angezeigt hat (§§ 331 Abs. 3, 276 Abs. 1 S. 1, Abs. 2).

Bei *Säumnis des Klägers* hat das Landgericht seine streitwertabhängige Zuständigkeit nicht   **53** zu prüfen, wenn der Beklagte Versäumnisurteil beantragt (→ § 330 Rdnr. 9). Das gilt freilich nur, soweit eine rügelose Einlassung nach § 39 statthaft ist. Das Amtsgericht muß dagegen immer den Zuständigkeitsstreitwert feststellen, um seiner Hinweispflicht gegenüber dem Beklagten nach § 504 nachkommen zu können. Hält der Beklagte gleichwohl an seinem Antrag auf Erlaß eines Versäumnisurteils fest, so muß dieses ergehen, falls Prorogation zulässig ist (aber → § 40 Abs. 2) und die sonstigen Sachurteilsvoraussetzungen vorliegen (→ § 39 Rdnr. 7).

Rügt der Beklagte dagegen die fehlende Gerichtszuständigkeit, so ist die Klage in vielen Fällen für eine Entscheidung durch Prozeßurteil (Abweisung als unzulässig) reif (näher → § 330 Rdnr. 11). Das gilt gleichermaßen für Verfahren vor dem Amts- wie vor dem Landgericht.

Entscheidet das Gericht im *vereinbarten schriftlichen Verfahren* nach § 128 Abs. 2, so   **54** kommt es für ein Bestreiten oder Zugestehen der Wertangaben des Klägers durch den Beklagten auf dessen vorbereitende Schriftsätze an. Vergleichbares gilt für die Entscheidung nach Lage der Akten gem. §§ 251a, 331a (→ § 251a Rdnr. 12). Beim amtswegigen schriftlichen Verfahren nach § 128 Abs. 3 (Bagatellverfahren) muß hingegen das Gericht zunächst immer prüfen, ob der Bagatellstreitwert von derzeit 1.500 DM (→ Rdnr. 39) nicht überschritten ist. Eine gesonderte Prüfung des Zuständigkeitsstreitwerts erübrigt sich (→ näher Rdnr. 61). Vergleichbares gilt für den Bagatellstreitwert des § 495a (→ Rdnr. 1 und 39).

b) Form der Festsetzung; Rechtsbehelfe

Ist nach dem Gesagten über den Zuständigkeitsstreitwert zu befinden (→ Rdnr. 50–54), so   **55** setzt ihn das Prozeßgericht in den Entscheidungsgründen des über die Zuständigkeit (mit-) entscheidenden Endurteils oder Zwischenurteils (§ 280; zum Verweisungsbeschluß → Rdnr. 57) fest. Eine Aufnahme in den Tenor ist nicht vorgesehen. Enthält die Entscheidung keine entsprechende Aussage, so liegt gleichwohl in vielen Fällen eine konkludente Bejahung des maßgebenden Zuständigkeitsstreitwertes vor. Die ausdrückliche Festsetzung in den Entscheidungsgründen (oder im Zwischenurteil) ist für das erkennende Gericht bindend (§ 318) und kann nur zusammen mit dem Urteil in den durch §§ 10, 549 Abs. 2 gezogenen Grenzen angefochten werden.

Neben den vorgenannten Möglichkeiten ist eine Streitwertfestsetzung jederzeit auch durch   **56** *gesonderten Beschluß* vor der Entscheidung in der Hauptsache möglich[91]. Die ZPO sieht

---

[91] H.L.; *Baumbach-Lauterbach-Hartmann*[50] Einf. vor §§ 3–9 Anm. 2 B a; *Thomas-Putzo*[17] Anm. 3 a; AK-ZPO-*Röhl* (1987) Rdnr. 10; *OLG München* MDR 1988, 973; *KG* MDR 1987, 853; *LG Darmstadt* MDR 1958, 700; a. A. E. *Schneider* MDR 1989, 395 u. ö.

einen derartigen Beschluß (für den Gebührenstreitwert gilt § 25 GKG, → Rdnr. 65 ff.) allerdings nicht vor. Es handelt sich in aller Regel um eine vorläufige Kundgabe[92], die für das Gericht – auch für den Gebührenstreitwert (→ Rdnr. 85) – nicht bindend ist, *solange die Entscheidung in der Hauptsache nicht bindend geworden ist*[93]. Ein derartiger gesonderter Beschluß ist unanfechtbar[94] (→ Rdnr. 85). Der Beschluß kann auf Antrag einer Partei ergehen oder von Amts wegen zu dem Zweck, eine Partei auf die Unzuständigkeit des Gerichts hinzuweisen und ihr unnötige Kosten zu ersparen[95].

Im Einzelfall ist denkbar, daß das Gericht nicht nur den Zuständigkeitsstreitwert (→ Rdnr. 49), sondern auch den Gebührenstreitwert gem. § 25 Abs. 2 GKG (→ Rdnr. 63 ff.) festsetzen wollte. In diesem Fall wäre an sich die einfache Beschwerde gegen den Beschluß nach § 25 Abs. 2 GKG möglich (→ Rdnr. 85). Ein derartiger Wille kann jedoch ausnahmsweise nur angenommen werden, wenn ihn das Gericht deutlich zum Ausdruck gebracht hat. Im Regelfall eines gesonderten Beschlusses ohne nähere Angaben ist keine Streitwertfestsetzung nach § 25 GKG zu sehen[96].

Auch *konkludente* Festsetzungen des Zuständigkeitsstreitwerts entfalten Bindungswirkungen für die Festsetzung des Gebührenstreitwerts, soweit sie nur ihrerseits für das Prozeßgericht bindend geworden sind (→ Rdnr. 71 ff.). In vergleichbarer Weise tritt für die Festsetzung des Gebührenstreitwerts gem. § 24 S. 1 GKG (→ Rdnr. 63 ff.) insoweit eine Bindung ein, als der durch *Beschluß* (→ Rdnr. 56) ausdrücklich festgesetzte Zuständigkeitsstreitwert nicht jenseits der sachlichen Zuständigkeitsgrenzen unterschritten werden darf[97]. Auch darin liegt nämlich wenigstens eine konkludente urteilsmäßige Festsetzung. Diese bindet nach den ihr eigenen Regeln (→ Rdnr. 71).

57   Ist der Zuständigkeitsstreitwert nicht gegeben und fehlt daher dem angerufenen Gericht die Kompetenz, so ergeht vielfach Verweisungsbeschluß. Er ist nicht anfechtbar (§ 281 Abs. 2 S. 1) und bindet das angegangene Gericht hinsichtlich der Zuständigkeitsfrage und damit auch in der Berechnung des Zuständigkeitsstreitwerts (→ Rdnr. 31 »Bindung kraft fremdbestimmter Kompetenz«). Das gilt aber nur mit Einschränkungen für andere Wertberechnungen (zum Gebührenstreitwert → Rdnr. 71).

2. Rechtsmittelstreitwert

a) Berufung und Beschwerde

58   Für die Rechtsmittelinstanz ist die Festsetzung des Zuständigkeitsstreitwerts in erster Instanz ohne Bedeutung[98]. Die Berufungs- wie die Beschwerdegerichte haben den *Wert des Beschwerdegegenstandes* (→ Rdnr. 35 f.) selbständig nach dem Zeitpunkt der Einlegung des Rechtsmittels festzusetzen (→ § 4 Abs. 1).

59   Dabei gelten die dargestellten Grundsätze über die Form der Entscheidung entsprechend (→ Rdnr. 55 f.). Deshalb ergeht auch hier die Entscheidung in den Entscheidungsgründen des über die Zulässigkeit des Rechtsmittels entscheidenden Endurteils, Zwischenurteils (§ 303) oder in den Gründen des Verwerfungsbeschlusses (§ 519 b). Nimmt das Gericht nicht aus-

---

[92] *OLG München* MDR 1988, 973; 1956, 623; *KG* MDR 1987, 853; 1959, 136; JR 1950, 731; auch *E. Schneider* MDR 1989, 395 (unverbindlicher prozeßleitender Hinweis).

[93] *Anders-Gehle-Baader* (Fn. 1) S. 391.

[94] *OLG München* MDR 1988, 973; 1956, 623; *KG* MDR 1959, 136; JR 1950, 731; *OLG Braunschweig* Rpfleger 1964, 66; *E. Schneider*[10] (Fn. 1) Rdnr. 4182; *Rie-*

now SchlHA 1972, 195 (I a. E.); grundsätzlich auch *Schmidt-Schmidt*[2] (Fn. 1) Rdnr. 11.

[95] *Rienow* SchlHA 1972, 195 (I a. E.).

[96] *E. Schneider*[10] (Fn. 1) Rdnr. 4183 f.; *Hillach-Rohs*[8] (Fn. 1) 490 Fn. 77; a. A. *KG* JurBüro 1965, 750.

[97] *OLG München* MDR 1988, 973; a. A. *E. Schneider* MDR 1989, 395.

[98] *BGH* FamRZ 1992, 169, 170.

drücklich zum Rechtsmittelstreitwert Stellung, wenn es ein Rechtsmittel für zulässig erklärt, so bringt es dadurch jedenfalls zum Ausdruck, daß der Mindestbetrag für den Rechtsmittel-streitwert gegeben ist (auch → Rdnr. 55; zur Bindungswirkung der konkludenten Streitwert-aussage → Rdnr. 71 ff.). Vergleichbar der Entscheidung über den Zuständigkeitsstreitwert (→ Rdnr. 56) kann auch der Rechtsmittelstreitwert durch gesonderten unanfechtbaren Beschluß festgesetzt werden[99]. Darin liegt keine Festsetzung des Gebührenstreitwerts für die Rechts-mittelinstanz (auch → Rdnr. 56).

Nach ständiger Rechtsprechung des Bundesgerichtshofs[100] entzieht sich die Festsetzung des Wertes des Beschwerdegegenstandes durch das Berufungsgericht gem. § 511 a i. V. m. §§ 2, 3 weitgehend der Kontrolle des Revisionsgerichts (§ 549). Es prüft nur, ob das Berufungsgericht die Ermessensgrenzen überschritten (§ 3) oder von seinem Ermessen in einer dem Zweck der Ermächtigung nicht entsprechenden Weise Gebrauch gemacht hat. Jenseits dieser Grenzen bleibt die Verwerfung der Berufung im Anwendungsbereich des § 3 als unzulässig unüber-prüft (sogleich → Rdnr. 60 zur Berechnung der Beschwer).

b) Revision

Der Rechtsmittelstreitwert für die Revision (Wert der Beschwer → Rdnr. 37 f.) wird vom **60** Oberlandesgericht gem. § 546 Abs. 2 in seinem Urteil ausdrücklich festgesetzt[101]. Der Wert der Beschwer (zur Terminologie → Rdnr. 38) muß bei teilweisem Unterliegen und Obsiegen für jede Partei getrennt bestimmt werden. Liegt der festgesetzte Wert der Beschwer über 60.000 DM, so ist das Revisionsgericht an diese Feststellung gebunden (§ 546 Abs. 2 S. 2). Eine Ablehnungsmöglichkeit ergibt sich dann im Rahmen des § 554 b. Falls jedoch die festge-setzte Beschwer 60.000 DM nicht übersteigt und das Oberlandesgericht die Revision auch nicht nach § 546 Abs. 1 zugelassen hat, tritt keine Bindung des Revisionsgerichts ein. Die beschwerte Partei hat vielmehr die Möglichkeit, dennoch Revision mit der Behauptung einzulegen, der Wert der Beschwer liege über 60.000 DM und sei nur vom Oberlandesgericht falsch festgesetzt worden (→ § 554 Rdnr. 18)[102]. Der BGH ist (ebenso wie das Berufungsge-richt) an seine eigenen Beschlüsse, mit denen er die Beschwer festgesetzt hat, nicht gebun-den[103].

Das Revisionsgericht muß in diesem Fall seinerseits die Wertfestsetzung prüfen. Beruht die Festsetzung der Urteilsbeschwer durch das Berufungsgericht auf einer Ermessensentschei-dung (§§ 2, 3), so hält sich der Bundesgerichtshof[104] grundsätzlich daran gebunden und ändert nur ab, wenn das Berufungsgericht die gesetzlichen Grenzen des Ermessens überschritten oder davon rechtsfehlerhaft Gebrauch gemacht hat (ebenso beim Wert des Beschwerdege-genstands → Rdnr. 59).

Bei der Festsetzung nach § 546 Abs. 2 ZPO ist der Bundesgerichtshof[105] trotz § 24 GKG nicht gehindert, für die Revisionsinstanz einen abweichenden Gebührenstreitwert festzuset-zen. Das ergibt sich wenigstens für den Anwendungsbereich des § 24 S. 2 GKG. Insbesondere richtet sich wegen § 14 Abs. 1 S. 1 GKG der Gebührenwert nach den Revisionsanträgen und nicht nach der Beschwer.

[99] *OLG Frankfurt a. M.* WuM 1992, 39; *KG* MDR 1987, 852; *OLG Braunschweig* Rpfleger 1956, 115 (bei §§ 17, 18 GKG); *Hartmann*[24] (Fn. 1) § 24 GKG Anm. 1.
[100] *BGH* NJW 1992, 1513 [zu § 99 Abs. 1]; NJW-RR 1989, 826; NJW 1982, 1765 u. ö.
[101] Zu den Altfällen in der ehemaligen DDR, *BGH* WM 1991, 881.
[102] *BGH* NJW 1991, 847, 848.
[103] *BGH* WM 1992, 627, 628; FamRZ 1992, 663, 664

(Festsetzung des Beschwerdegegenstandes durch das Be-rufungsgericht).
[104] *BGH* EzFamR ZPO § 3 Nr. 16; WM 1990, 2058 ff.; NJW-RR 1989, 381; 1989, 826; *Zöller-E. Schneider*[17] § 546 Rdnr. 20 a. E.
[105] *BGH* VersR 1982, 591; zust. *Lappe* NJW 1983, 1467; 1472 l. Sp.; *Hartmann*[24] (Fn. 1) § 24 GKG Anm. 2 A a bb; *E. Schneider*[10] (Fn. 1) Rdnr. 3803; → Rdnr. 66.

Nimmt das Revisionsgericht gegen das Oberlandesgericht eine Beschwer von über 60.000 DM an, so bleibt weiterhin die Möglichkeit der Ablehnung nach § 554b (in der Auslegung des BVerfG [NJW 1981, 39]). Wenn das Berufungsgericht eine nichtvermögensrechtliche Streitigkeit als vermögensrechtlich angesehen und die Beschwer auf einen Wert unterhalb der Grenze der zulassungsfreien Revision festgesetzt hat, ohne die Revision zuzulassen, so kann mit einem Antrag auf Heraufsetzung der Beschwer nicht die Prüfung der Revisionswürdigkeit der Sache durch den BGH erreicht werden. In der Sache wird hier die nicht anfechtbare Nichtzulassung angegriffen[106].

3. Bagatellstreitwert

61 Will das Gericht von Amts wegen im schriftlichen Verfahren entscheiden, so muß es neben den sonstigen in § 128 Abs. 3 genannten Voraussetzungen auch prüfen, ob der Wert des Streitgegenstandes bei Einreichung der Klage den Bagatellstreitwert (→ Rdnr. 39) mit derzeit 1.500 DM nicht übersteigt. Die Feststellung des Bagatellstreitwerts geschieht ausdrücklich oder stillschweigend in dem Beschluß, der das schriftliche Verfahren anordnet. Eine Anfechtung dieses Beschlusses ist nicht vorgesehen. Jedoch haben beide Parteien durch ihr Antragsrecht nach § 128 Abs. 3 S. 4 die Möglichkeit, die Beendigung des schriftlichen Verfahrens zu erreichen.

4. Verurteilungsstreitwert

62 Der Verurteilungsstreitwert (→ Rdnr. 40) ist durch das Gericht immer festzustellen, wenn über die Notwendigkeit der Sicherheitsleistung im Rahmen der vorläufigen Vollstreckbarkeit von Urteilen der in § 708 Nr. 11 genannten Art entschieden wird. Die Erklärung über die vorläufige Vollstreckbarkeit des Urteils ist in der Urteilsformel enthalten, nicht dagegen die Angabe des Verurteilungswertes. Auch in den Entscheidungsgründen wird der Verurteilungsgegenstand regelmäßig nur dann ausdrücklich bewertet, wenn Zweifel an seiner Höhe bestehen. Im übrigen ergibt sich die Auffassung des Gerichts konkludent aus Formel und Entscheidungsgründen. Die Feststellung der Höhe des Verurteilungsstreitwerts ist als solche nicht anfechtbar. Im Rahmen einer Berufung gegen das Endurteil kann sich allerdings jede Partei (→ § 718 Rdnr. 4) gegen die Entscheidung über die vorläufige Vollstreckbarkeit wenden und insoweit auch eine falsche Bewertung des Verurteilungsgegenstandes angreifen. Auf Antrag wird hierüber sogar vorab verhandelt und entschieden (§ 718 Abs. 1).

Denkbar ist auch eine Berufung, die nur die Entscheidung über die vorläufige Vollstreckbarkeit angreift[107]. Allerdings wird die so beschränkte Berufung des Schuldners regelmäßig durch den Eintritt der Rechtskraft hinfällig. Der Gläubiger dagegen, der das Privileg des § 708 Nr. 11 anstrebt, wird ebenfalls die Rechtskraft abwarten oder bei einer eingelegten Berufung des Schuldners nach § 718 Abs. 1 vorgehen. Bei der Revision ist ein Angriff auf die Entscheidung über die vorläufige Vollstreckbarkeit wegen § 718 Abs. 2 nicht möglich.

---

[106] *BGH* NJW-RR 1991, 1215 mit Anm. *K. Schmidt* JuS 1992, 159.

[107] *Zöller-E. Schneider*[17] § 718 Rdnr. 1; *Thomas-Putzo*[17] § 708 Anm. 7; → § 718 Rdnr. 1.

5. Gebührenstreitwert – Gesonderte Festsetzung

a) Bedeutung

Unter den Voraussetzungen des § 25 GKG setzt das Gericht den Gebührenstreitwert (→ **63**
Rdnr. 42 ff.) durch Beschluß fest. Für die Festsetzung besteht grundsätzlich nur Anlaß, wenn
es einen entsprechenden Gebührentatbestand gibt, für den der Streitwert maßgebend sein
soll[108]. Dem Beschluß kommt insofern *konstitutive Bedeutung* zu, als auf der Wertfestsetzung
aufbauende Entscheidungen in ihrem sachlichen Bestand von ihr abhängen[109]. Die Streitwertfestsetzung ist maßgebend für Kostenansatz (§ 4 GKG), Kostenfestsetzung (§§ 103 ff. ZPO),
für die Entscheidung im Gebührenprozeß des Rechtsanwalts mit seinem Auftraggeber sowie
auch für die Vergütung des Prozeßkostenhilfe-Anwalts. Das gilt selbst dann, wenn das
Prozeßgericht den Wert unter Verstoß gegen eine zwingende, keinen Ermessensspielraum
eröffnende Vorschrift festgesetzt hat[110]. Verweist der BGH an das BVerwG als erstinstanzliches Gericht, so wird ein Streitwertbeschluß gegenstandslos, den das LG in erster Instanz
erlassen hat[111]. Nach Rechtskraft der Verweisung gem. § 17 a GVG wird durch das verweisen-
de Gericht kein Streitwert mehr festgesetzt[112]. Liegt bereits eine rechtskräftige Entscheidung
im Gebührenprozeß des Anwalts mit seinem Auftraggeber vor, so besteht bei einer erstmaligen Festsetzung oder ihrer nachträglichen Änderung die Möglichkeit zur Vollstreckungsgegenklage oder zur Geltendmachung von Bereicherungsansprüchen[113]. Im Streitwertfestset-
zungsverfahren stehen sich Parteien, Rechtsanwälte und Staatskasse unabhängig von ihren
oftmals unterschiedlichen oder gegenläufigen Interessen am Ausgang des Verfahrens nicht als
Gegner gegenüber[114]. Wohl vor diesem Hintergrund wird vertreten, daß Streitwertbeschlüsse nicht in Rechtskraft erwachsen[115]. Dabei werden aber die in § 25 Abs. 1 S. 4, Abs. 2 S. 3
GKG niedergelegten Ausschlußfristen nicht hinreichend beachtet.

Die Streitwertfestsetzung nach § 25 GKG setzt voraus, daß ein gerichtliches Verfahren **64**
eingeleitet worden ist. Das ist für die von Amts wegen einzuleitenden obligatorischen Folgesachen gemäß § 623 Abs. 3 sorgfältig zu prüfen, da sie nicht mit dem Scheidungsverfahren
von selbst anhängig werden. Vielmehr muß das Gericht eine dahin gehende zielorientierte
Tätigkeit entfalten[116].

Die Wertfestsetzung für die Gerichtsgebühren gemäß § 25 GKG ist der Parteidisposition **65**
entzogen[117] (→ Rdnr. 71).

Eine *zeitlich gestaffelte Streitwertfestsetzung* ist veranlaßt, wenn bezüglich des Anfalls
jeder einzelnen Gebühr geprüft werden muß, welcher Streitwert hierfür zugrunde zu legen
ist[118]. – Zur Stufenklage → § 5 Rdnr. 15 a. E.

[108] *OLG Frankfurt a. M.* JurBüro 1983, 140 (zu § 718)
→ § 3 Rdnr. 62 »Vorabentscheidung (§ 718)«.
[109] Dazu *Jonas* JW 1930, 3361.
[110] *KG* JurBüro 1984, 578; *Hillach-Rohs*[8] (Fn. 1) 483;
Mümmler JurBüro 1985, 493.
JurBüro 1985, 493.
[111] *BVerwG* JurBüro 1992, 254.
[112] *VGH Mannheim* NVwZ-RR 1992, 165.
[113] Beispielsfall: *LG Nürnberg-Fürth* KostRsp. GKG
§ 25 Nr. 95 (*E. Schneider*) (ggfs. auch Nachforderungsan-
sprüche des Anwalts); ausführlich *Riedel-Sußbauer* BRA-
GebO[6] (1988) § 9 Rdnr. 13 – 19.
[114] *VGH Kassel* AnwBl 1984, 49.

[115] *E. Schneider* KostRsp. GKG § 25 Nr. 136; *ders.*
MDR 1991, 196 re. Sp.; *Hartmann*[24] (Fn. 1) § 25 GKG
Anm. 2 C e aa (keine äußere Rechtskraft).
[116] *OLG Saarbrücken* JurBüro 1982, 1378; *OLG
Hamm* JurBüro 1980, 238; *OLG Nürnberg* MDR 1980,
675; *Mümmler* JurBüro 1984, 334; *E. Schneider* MDR
1983, 355; *Lappe* NJW 1983, 1472.
[117] *OLG Frankfurt a. M.* JurBüro 1980, 579.
[118] *OLG Bamberg* JurBüro 1985, 1848 f. (§§ 21 Abs. 1
GKG, 8 Abs. 1 BRAGO); *OLG Köln* JurBüro 1992, 115
(teilweise Klagerücknahme; übereinstimmende teilweise
Erledigungserklärung).

b) Entbehrlichkeit einer gesonderten Festsetzung

66　　Nach § 24 S. 1 GKG bedarf es einer gesonderten Festsetzung des Gebührenstreitwerts grundsätzlich nicht, wenn der Zuständigkeits- oder der Rechtsmittelstreitwert festgesetzt wurden (→ Rdnr. 49 ff.; 58 ff.). Vielmehr sind diese Festsetzungen »auch für die Berechnung der Gebühren maßgebend«. In der Praxis hat sich freilich die Festsetzung des Gebührenstreitwerts gegenüber derjenigen des Zuständigkeitsstreitwerts als der Regelfall durchgesetzt. Im Hinblick auf den Rechtsmittelstreitwert sieht sich der Bundesgerichtshof[119] im Falle der Festsetzung der Beschwer durch das Berufungsgericht nach § 546 Abs. 2 ZPO durch § 24 S. 1 GKG nicht daran gehindert, für das Revisionsverfahren einen abweichenden Kostenstreitwert festzusetzen. Nicht haltbar ist freilich die Begründung, die nach § 546 Abs. 2 ZPO festzusetzende Beschwer könne einer Streitwertfestsetzung nach § 24 S. 1 GKG nicht gleichgesetzt werden. Doch ist die Entscheidung aus anderen Gründen zutreffend (→ Rdnr. 60). In vergleichbarer Weise knüpft § 9 BRAGO an vorhandene Wertfestsetzungen an, wenn es um die Gebühren des Rechtsanwalts geht. Vom Grundsatz der Entbehrlichkeit einer besonderen Festsetzung des Gebührenstreitwerts gibt es allerdings *zwei wichtige Ausnahmen*, die in der Praxis die Regel darstellen.

Erstens ist eine eigene Festsetzung des Gebührenstreitwerts erforderlich, wenn es bislang an einer Feststellung des Zuständigkeits- oder des Rechtsmittelstreitwerts fehlt (arg. § 25 Abs. 1 S. 1, 1. Alt. GKG). In diesem Fall mangelt es an einer vorangegangenen Streitwertfestsetzung, die für die Gebühren maßgeblich ist (→ Rdnr. 71).

Zweitens bedarf es einer gesonderten Festsetzung des Gebührenstreitwerts, wenn sich dieser gemäß § 24 S. 2 GKG nach besonderen Vorschriften richtet (§§ 14–22 GKG; → § 5 Rdnr. 15, 18 f., 25, 35 ff., 40, 45; → § 8 Rdnr. 16 f.; → § 9 Rdnr. 12 ff.). Wenn das Gebührenrecht ausdrückliche Sondervorschriften enthält, kann der sonstige Streitwert nicht maßgeblich sein (→ Rdnr. 43 ff.).

Die Maßgeblichkeit der Streitwertfestsetzung und damit notwendigerweise der Grundsatz der Entbehrlichkeit einer besonderen Gebührenfestsetzung gelten – vorbehaltlich der Vorschrift des § 15 GKG (→ § 4 Rdnr. 11) – für die *ganze Instanz* (nicht: für den ganzen Prozeß)[120]. Eine Entscheidung nach § 24 S. 1 GKG wirkt nur für diejenige Instanz, für die sie ergeht. Ist in der Entscheidung ein bestimmter Wert nicht festgesetzt, sondern nur in bejahendem oder verneinendem Sinne über die Erreichung der Zuständigkeits- oder der Rechtsmittelsumme entschieden (→ Rdnr. 55, 59), so ist die Entscheidung *insoweit* für die Wertfestsetzung bindend (dazu sogleich → Rdnr. 71 ff.).

67　　In gleicher Weise maßgeblich für die Gebühren ist die Anordnung des Amtsgerichts gemäß § 128 Abs. 3, daß ein schriftliches Verfahren stattfindet. Diese Anordnung setzt einen Wert von nicht mehr als 1.500 DM voraus (zum *Bagatellstreitwert* → Rdnr. 61). Es handelt sich zwar nicht im Sinne der Formulierung von § 24 S. 1 GKG um eine Festsetzung des Streitwerts »für die Entscheidung über die Zuständigkeit des Prozeßgerichts oder die Zulässigkeit des Rechtsmittels«. Gleichwohl trifft § 24 S. 1 GKG nach Sinn und Zweck zu, wonach ein Abweichen des Gebührenwerts vom Prozeßwert vermieden werden soll. Der Gleichlauf des Gebührenstreitwerts mit dem Bagatellstreitwert sieht sich keinen Bedenken ausgesetzt, sofern nicht ohnehin wegen § 24 S. 2 GKG die Sondertatbestände der §§ 14–22 GKG vorgehen. Vergleichbar liegt es im Falle des § 495 a (→ Rdnr. 39).

---

[119] *BGH* JurBüro 1982, 1017 = VersR 1982, 591.
[120] *BGH* Rpfleger 1987, 38; *KG* JurBüro 1990, 387 (→ § 5 Rdnr. 45); *Hartmann*[24] (Fn. 1) § 24 GKG Anm. 2 B;

Hillach-Rohs[8] (Fn. 1) 480; *E. Schneider* MDR 1982, 272; JurBüro 1974, 823, 826.

c) Notwendigkeit einer gesonderten Festsetzung

Der Gebührenstreitwert kann gesondert festgesetzt werden, soweit eine Wertfestsetzung, **68** die an sich gem. § 24 S. 1 GKG maßgeblich wäre, nicht ergeht (→ Rdnr. 66: Erste Ausnahme) oder aber eine getroffene Wertfestsetzung nicht für den Gebührenstreitwert bindend ist (→ Rdnr. 66: Zweite Ausnahme).

Die Entscheidung ergeht durch *Beschluß*, der zu *begründen* ist (→ Rdnr. 75) und in der Regel *formlos mitgeteilt* wird (→ Rdnr. 76). Zuständig hierfür ist das Gericht der *jeweiligen Instanz* (→ Rdnr. 66). Der gesonderte Gebührenstreitwertbeschluß ergeht *von Amts wegen*, wenn es das Gericht für angemessen erachtet (§ 25 Abs. 1 GKG; § 9 Abs. 2 BRAGO). Ansonsten wird er auf *Antrag* einer Partei, eines Beteiligten, eines Rechtsanwalts oder der Staatskasse erlassen (§ 25 Abs. 1 GKG; § 9 Abs. 2 BRAGO). Der Antrag kann auch in der Erinnerung gegen den Kostenfestsetzungsbeschluß liegen (→ § 104 Rdnr. 12), wenn diese etwa nur die Höhe des Streitwerts betrifft (*Umdeutung*)[121].

Außerdem ergibt sich die Möglichkeit einer *isolierten Wertfestsetzung* für die Berechnung der Anwaltsgebühren gemäß § 10 BRAGO[122] in denjenigen Fällen, in denen eine Wertfestsetzung nach § 9 BRAGO nicht möglich ist (z.B. bei einem gerichtsgebührenfreien Verfahren)[123], oder in denen der Wert für die Gerichtsgebühren nicht auch für die Anwaltsgebühren gilt (z.B. bei der Vertretung eines Miterben im Erbscheineinziehungsverfahren)[124]. Setzt das Gericht unrichtig nach § 10 BRAGO anstatt richtig nach § 25 GKG fest, so betreibt das Beschwerdegericht das Verfahren in derjenigen Form weiter, die bei korrekter Ausgangsentscheidung des Erstgerichts gegeben wäre[125].

Für den *Antrag* (→ Rdnr. 68) fehlt es in seltenen Fällen am Rechtsschutzbedürfnis, wenn **69** sich der Streitwert aus dem eingeklagten Betrag klar ergibt und die Sondervorschriften der §§ 14—20 GKG nicht eingreifen[126]. Unklarheiten können sich aber auch bei *bestimmten Beträgen* (→ Rdnr. 10, 49, 90, 93) ergeben. Das ist etwa der Fall bei einer Klage auf künftige Zahlung bei zeitlich fixierter Dauer des Bezugsrechts. Trotz des Verlangens bestimmter Beträge legen die Vorschriften des § 9 ZPO und des § 17 Abs. 3 GKG andere Werte zugrunde. Da sich deshalb der Streitwert nicht mehr klar ergibt, ist das Rechtsschutzbedürfnis zu bejahen. Es fehlt auch nicht deshalb, weil sich der Streitwert aus dem Akteninhalt errechnen läßt[127].

Eine Festsetzung *von Amts wegen* (→ Rdnr. 68) kommt für das Gericht insbesondere in **70** Betracht, wenn sie wegen der Kompliziertheit des Prozeßstoffes dem Urkundsbeamten nicht zuzumuten ist oder wenn dieser mit einer entsprechenden Anregung an das Gericht herangetreten ist. Sind lediglich bezifferte Anträge gestellt, kann das Gericht die Streitwertfestsetzung in aller Regel – wie gezeigt, freilich nicht immer – ablehnen[128].

---

[121] *OLG Bamberg* JurBüro 1985, 1848; 1976, 185; *OLG Frankfurt a. M.* JurBüro 1970, 853; *E. Schneider* MDR 1980, 271.

[122] Zu den Besonderheiten des Verfahrens nach § 10 BRAGO (→ Rdnr. 85 a. E.) muß auf die Kommentare zur BRAGO verwiesen werden: Insbesondere *Gerold-Schmidt-von Eicken-Madert* BRAGO[11] (1991) Rdnr. 5 ff.; *Schumann-Geißinger* BRAGebO[2] (1974 ff.) Rdnr. 7 ff.; *Riedel-Sußbauer* BRAGebO[6] (1988) Rdnr. 6 ff.; *Göttlich-Mümmler* BRAGO[17] (1989) Stichwort »Wertfestsetzung« 5.2. (S. 1653 f.); *Swolana-Hansens* BRAGO[7] (1991) Rdnr. 6 ff. – Abgrenzungsentscheidung zu § 25 GKG: *LAG Köln* JurBüro 1991, 1678, 1679.

[123] Zum Gegenstandswert der Prozeßkostenhilfebeschwerde s. *OLG Frankfurt a. M.* AnwBl 1992, 93.

[124] *BGH* Rpfleger 1977, 59 m.w.N.

[125] *LAG Nürnberg* JurBüro 1989, 59, 63.

[126] So auch *BFH* BStBl 1988 II 289 (bezifferte Zahlungsklage); *Baumbach-Lauterbach-Hartmann*[50] Einf. §§ 3–9 Anm. 1 B b; *für* eine Festsetzung auch in diesen Fällen *OLG Frankfurt a. M.* JurBüro 1982, 1701; *Mümmler* JurBüro 1984, 818.

[127] *LG Köln* JurBüro 1987, 1886.

[128] *OLG Frankfurt a. M.* JurBüro 1982, 1701.

d) Grundsätze des Gebührenstreitwertbeschlusses

aa) Konkludente Streitwertaussagen

71   Der Gebührenstreitwert wird nach den allgemeinen Grundsätzen über die Wertfestsetzung ermittelt (→ Rdnr. 90 ff.). Bei den beiden Arten der gesonderten Festsetzung (→ Rdnr. 68) treten weitere Gesichtspunkte hinzu: Kommt es deshalb zu einer gesonderten Festsetzung, weil es an einer vorangehenden anderen Wertfestsetzung fehlt (→ Rdnr. 66: Erste Ausnahme), wird der Gebührenstreitwert bei *nichtvermögensrechtlichen Streitigkeiten* nach § 12 Abs. 2 GKG ermittelt (→ § 3 Rdnr. 11 ff.). Ansonsten wird in der Weise verfahren, *als ob* der an sich maßgebende Zuständigkeits- (→ Rdnr. 30), Rechtsmittel- (→ Rdnr. 34) oder Bagatellstreitwert (→ Rdnr. 39) jeweils festzulegen wäre. Hierbei müssen aber *konkludente Streitwertaussagen* (→ Rdnr. 55, 59, 66) beachtet werden. Hat z.B. das Amtsgericht seine streitwertabhängige Zuständigkeit verneint und den Rechtsstreit an das Landgericht verwiesen (→ Rdnr. 57), oder hat das Landgericht in einem Verfahren seine streitwertabhängige sachliche Zuständigkeit bejaht (→ Rdnr. 55), ohne daß jeweils ein genauer Streitwert bestimmt wurde, so beträgt der nach § 25 Abs. 1 GKG, § 10 Abs. 1 BRAGO (→ Rdnr. 68) festzusetzende Gebührenstreitwert mindestens 10.000,01 DM (§§ 71 Abs. 1, 23 Nr. 1 GVG)[129]. Vergleichbares gilt für die Festsetzung des Zuständigkeitsstreitwerts durch gesonderten Beschluß (→ Rdnr. 56 a. E.).

Hat freilich das Landgericht den Zuständigkeitsstreitwert nicht geprüft, weil es gemäß § 39 durch rügeloses Einlassen zuständig geworden ist (→ Rdnr. 31, 50), so liegt auch keine konkludente Streitwertaussage vor. In diesem Fall kann der Gebührenstreitwert unterhalb der Zuständigkeitsgrenzen festgesetzt werden[130]. Andernfalls läge in der zulässigen Prorogation eine unzulässige Disposition über den Gebührenstreitwert (→ Rdnr. 65, 90). Hat das Berufungsgericht ohne nähere Angaben die Zulässigkeit der Berufung bejaht (→ Rdnr. 59), so steht damit fest, daß der Gebührenstreitwert (wegen § 511a) über 1.500 DM liegt[131].

72   Aber selbst bei Angabe eines *bezifferten Betrages* bindet die Wertfestsetzung gemäß § 24 GKG nur an die Einhaltung der oben genannten Grenzen, wenn das Amtsgericht an das Landgericht durch Verweisungsbeschluß (→ Rdnr. 57) mit einer ausdrücklichen Festsetzung des Streitwerts auf z.B. 11.000 DM verwiesen hat: Das Landgericht ist nicht gehindert, seinerseits einen Streitwert von z.B. 10.010 DM (jedenfalls also mehr als 10.000 DM wegen §§ 71 Abs. 1, 23 Nr. 1 GVG) anzunehmen. In diesem Fall ist die amtsgerichtliche Wertfestsetzung als die erstinstanzielle Entscheidung des Landgerichts zu behandeln[132].

Dagegen ist eine ausdrückliche ziffernmäßige Festsetzung des Zuständigkeitsstreitwerts in den Entscheidungsgründen des Urteils oder in einem Zwischenurteil (→ Rdnr. 55, 59) für den Gebührenstreitwert gem. § 24 S. 1 GKG bindend (→ Rdnr. 66). Doch ist dann in den genannten Grenzen eine Änderung nach § 25 Abs. 1 S. 3 GKG möglich, obgleich diese Norm den Fall nicht direkt trifft. Soweit der Zuständigkeitsstreitwert Bindungswirkung für den Gebührenstreitwert hat, unterliegt er in letzterer Funktion denselben Abänderungsmöglichkeiten wie dieser (→ Rdnr. 82).

---

[129] *LG Göttingen* ZIP 1990, 61, 62f. (richtig aber damals: 5.000,01 DM, nicht: 5001 DM); a. A. *KG* JurBüro 1980, 1220, das eine nur konkludente Bejahung der sachlichen Zuständigkeit nicht für ausreichend erachtet; ebenso *E. Schneider* MDR 1992, 218; 1991, 196.

[130] Insoweit zutreffend *KG* JurBüro 1980, 1220 (unbezifferte Schmerzensgeldklage); *E. Schneider* MDR 1992, 218, 219; 1991, 196.

[131] Dazu *RG* JW 1894, 316; 1898, 279; *OLG Frankfurt a. M.* JurBüro 1964, 206; *OLG Celle* NJW 1957, 1640.

[132] *OLG München* JurBüro 1988, 1353; *OLG Hamm* JurBüro 1981, 1545, 1546; *OLG Celle* NJW 1957, 1640; insoweit ebenso *E. Schneider* MDR 1992, 218.

bb) Eigenständige Ermittlung des Gebührenstreitwerts

Der Gebührenstreitwert ist unter Anwendung der gebührenrechtlichen Sondervorschriften **73**
der §§ 14–20 GKG unabhängig von den anderen Streitwertvorschriften eigenständig zu
ermitteln, da vorhandene Streitwertfestsetzungen nicht bindend sind (→ Rdnr. 66: Zweite
Ausnahme). Der Anwendungsbereich dieser Sondervorschriften ist sehr groß. Auch sind die
Abweichungen von der sonst vorgeschriebenen Wertfestsetzung vielfach schwerwiegend (→
Rdnr. 42). Deshalb müssen vor allem die nachfolgend genannten Vorschriften stets parallel
gesehen und in ihrem Anwendungsbereich gegeneinander abgegrenzt werden.

(1) *§ 5 ZPO* ist zu erörtern neben *§ 19 GKG*, der in Abs. 1 die Möglichkeit der Zusammenrechnung von Klage und Widerklage eröffnet, in Abs. 3 den Streitwert bei einer Eventualaufrechnung regelt und in Abs. 4 für den Eventualantrag ausdrücklich normiert, was bei § 5 erst
im Wege der Auslegung ermittelt werden muß (näher → § 5 Rdnr. 25, 33 ff., 40, 45).

(2) *§ 9 ZPO* ist zu diskutieren im Zusammenhang mit *§ 17 GKG*, der in Abs. 1 und Abs. 2
aus sozialen Erwägungen die sich aus § 9 ZPO für wiederkehrende Leistungen ergebenden
Kostenwerte herabsetzt. Es geht um die Erfüllung gesetzlicher Unterhaltspflichten oder um
Renten, die als Schadensersatz wegen der Tötung eines Menschen oder wegen der Verletzung
des Körpers oder der Gesundheit eines Menschen verlangt werden (im einzelnen → § 9
Rdnr. 12, 15 ff.).

(3) *§ 8 ZPO* ist abzugrenzen von *§ 16 GKG*, der für Miete, Pacht und ähnliche Nutzungsverhältnisse den Streitwert drastisch herabsetzt (näher → § 8 Rdnr. 16 ff.).

(4) *§ 3 ZPO* wird schließlich durch die bedeutende Sonderbestimmung des *§ 12 Abs. 7 S. 1
ArbGG* eingeschränkt. Danach wird der Gebührenstreitwert bei Streitigkeiten über das
Bestehen oder Nichtbestehen oder die Kündigung eines Arbeitsverhältnisses abgesenkt (Ein-
zelheiten → Rdnr. 123 ff.).

Übersicht der wichtigsten korrespondierenden Vorschriften:

Zu § 3 ZPO: *§ 17 a GKG: Versorgungsausgleich* (→ § 9 Rdnr. 13, 24).
                § 20 GKG: Arreste, einstweilige Verfügungen, einstweilige Anordnungen.
                § 20 Abs. 2 GKG: Für die *einstweilige Anordnung* nach § 620 S. 1 Nr. 4, 6
                oder § 641 d (näher → § 9 Rdnr. 14 und 25).
                § 12 Abs. 7 S. 1 ArbGG: Arbeitsrechtlicher Bestandsschutz (→ Rdnr. 123 ff.).

Zu § 4 ZPO: *§ 15 GKG: Maßgeblicher Zeitpunkt* (→ § 4 Rdnr. 11).
                § 22 GKG: Nebenforderungen (→ § 4 Rdnr. 34).

Zu § 5 ZPO: *§ 12 Abs. 3 GKG: Additionsverbot* bei nichtvermögensrechtlichem An-
                spruch und aus ihm hergeleitetem vermögensrechtlichem Anspruch (→ § 5
                Rdnr. 18).
                § 16 Abs. 3 GKG: Keine Zusammenrechnung bei zusätzlichem Anspruch
                nach §§ 556 a, 556 b BGB (→ § 5 Rdnr. 19).
                § 17 Abs. 4 GKG: Rückstände bei bestimmten wiederkehrenden Leistungen
                (→ § 9 Rdnr. 23).
                § 18 GKG: Stufenklage (→ § 5 Rdnr. 15).
                § 19 GKG (oben [1]).
                § 19 a GKG: Scheidungs- und Folgesachen (→ § 5 Rdnr. 18).

Zu § 6 ZPO: *§ 16 Abs. 2 GKG: Räumung* eines Grundstücks, Gebäudes oder Gebäudeteils
                (→ § 8 Rdnr. 19).

Zu § 8 ZPO: *§ 16 GKG* (oben [3]).

Zu § 9 ZPO: *§ 17 Abs. 1 und Abs. 2 GKG* (oben [2]) und *§ 17 Abs. 3 GKG* für *Dienstver-
                hältnisse* im weitesten Sinn.

e) Form, Begründung und Mitteilung

74   In der Praxis weithin üblich ist die Festsetzung des Gebührenstreitwerts am *Urteilsende*. Dabei handelt es sich um einen beschwerdefähigen Festsetzungsbeschluß[133] (→ Rdnr. 85). Die im entfallenden Beschlußeingang liegende Formerleichterung sollte allerdings nur gewählt werden, wenn eine Streitwertbeschwerde nicht in Betracht kommt. Andernfalls muß der Streitwertbeschluß ohnehin begründet werden (dazu sogleich → Rdnr. 75). Die Urteilsgründe eignen sich dafür in aller Regel nicht[134].

75   Der Streitwertbeschluß ist grundsätzlich zu *begründen*[135], und zwar spätestens in der Nichtabhilfeentscheidung[136]. Andernfalls können die Beteiligten ihr Beschwerderecht (§ 25 Abs. 2 GKG → Rdnr. 85 ff.) nicht sachgerecht ausüben[137]. Zudem bedarf es einer Nachprüfungsmöglichkeit für das Beschwerdegericht[138]. Von der Begründungspflicht kann ausnahmsweise abgesehen werden, wenn sich die Begründung unzweideutig aus dem Streitstoff ergibt[139], dem übereinstimmenden Antrag der Beteiligten entspricht[140] (→ Rdnr. 90) oder aus anderen Gründen überflüssig ist[141]. Liegen die genannten Voraussetzungen nicht vor, so ist der angefochtene Streitwertbeschluß aufzuheben und die Sache zur erneuten Streitwertfestsetzung zurückzuverweisen[142].

Wünschenswert ist eine Begründung auch für nicht rechtsmittelfähige Streitwertbeschlüsse des Bundesgerichtshofs, der Oberlandesgerichte (§ 25 Abs. 2 S. 1 HS 2 i. V. m. § 5 Abs. 2 S. 2 GKG) sowie der Landgerichte in ihrer Eigenschaft als Rechtsmittelgerichte (§ 25 Abs. 2 S. 2 GKG). Für den Bundesgerichtshof gilt das vor allem dann, wenn seine Festsetzungen von denjenigen des Berufungsgerichts abweichen[143].

76   Der Beschluß ist den Beteiligten von Amts wegen formlos mitzuteilen[144], richtigerweise an die Partei selbst unter gesonderter Information des Prozeßbevollmächtigten[145]. Ausnahmsweise ist nach §§ 329 Abs. 2 S. 2, 107 Abs. 2 eine förmliche Zustellung nötig, falls der Beschluß nach der Kostenfestsetzung ergeht und dieser eine andere Streitwertberechnung zugrunde liegt. Im Hinblick auf die in § 25 GKG vorgesehene zeitliche Abänderungssperre, der das Gericht unterworfen wird, ist die formlose Mitteilung freilich nicht immer unproblematisch.

---

[133] *OLG München* JurBüro 1991, 951; *OLG Koblenz* KostRsp. GKG § 25 Nr. 78 (*E. Schneider*).

[134] *E. Schneider* MDR 1985, 358.

[135] Ganz h.L.: Etwa *OLG Frankfurt a. M.* AnwBl 1990, 99; *OLG Hamm* Rpfleger 1989, 104; *VGH Baden-Württemberg* Die Justiz 1988, 109; *OLG Bamberg* JurBüro 1987, 256; 1981, 1863; 1978, 1360; *OLG Schleswig* SchlHA 1977, 14; *KG* AnwBl 1974, 394; *OLG Köln* NJW-RR 1991, 1280; JMBlNRW 1972, 217; *E. Schneider* MDR 1991, 936 (»Rheinische Richter-Revolte«); 1989, 396; *Mümmler* JurBüro 1988, 20.

[136] *OLG Köln* NJW-RR 1991, 1280; JMBlNRW 1972, 217; *OLG Frankfurt a. M.* AnwBl 1990, 99; *OLG Hamm* Rpfleger 1989, 104; *OLG Bamberg* JurBüro 1977, 380; *OLG Koblenz* JurBüro 1975, 937; *KG* AnwBl 1974, 394; *OLG Düsseldorf* JMBlNRW 1972, 17; *OLG München* MDR 1970, 246; *Mümmler* JurBüro 1991, 1689.

[137] *OLG Bamberg* JurBüro 1987, 256; 1977, 380; *OLG Koblenz* JurBüro 1975, 937; *OLG Stuttgart* AnwBl 1973, 170; *OLG Düsseldorf* JMBlNRW 1972, 17; NJW 1971, 520; MDR 1971, 495; *OLG München* MDR 1970, 246; vor allem dazu auch BVerfGE 6, 32, 44.

[138] *OLG Bamberg* JurBüro 1977, 380; *OLG Koblenz* JurBüro 1975, 937; *OLG Düsseldorf* JMBlNRW 1972, 17

[a. A. insoweit *OLG Düsseldorf* MDR 1971, 495); *OLG Nürnberg* MDR 1970, 517; *OLG München* MDR 1970, 246.

[139] *OLG Saarbrücken* DAVorm. 1987, 666, 667; *OLG Bamberg* JurBüro 1991, 1690; 1987, 256 (Zahlungsklage); 1984, 1375; 1977, 380; *KG* AnwBl 1974, 394; *OLG Köln* JMBlNRW 1972, 217; *OLG Düsseldorf* NJW 1971, 520 u. ö.

[140] *OLG Bamberg* JurBüro 1985, 1849; *OLG Düsseldorf* MDR 1971, 495.

[141] Beispiele bei *OLG Düsseldorf* MDR 1971, 495 und *E. Schneider* NJW 1966, 1367.

[142] *OLG Köln* NJW-RR 1991, 1280; *OLG Bamberg* JurBüro 1991, 1690; *LAG Baden-Württemberg* JurBüro 1990, 1271; *OLG Hamm* Rpfleger 1989, 104; *OLG Frankfurt a. M.* AnwBl 1990, 99; JurBüro 1982, 888; *LAG Bremen* NZA 1988, 260 (LS).

[143] *Ulrich* GRUR 1984, 177, 182; *Ahrens* GRUR 1988, 726, 727; für einen weitergehenden Begründungszwang auch BVerfGE 71, 122, 135 f.; *Lücke* Begründungszwang und Verfassung (1987) 39 ff.; 72 ff.

[144] Insbesondere *KG* AnwBl 1974, 394.

[145] *LG Gießen* Rpfleger 1952, 501.

f) Zuständigkeit, Zeitpunkt und Verfahren

Der Beschluß wird vom *Prozeßgericht*[146] der Instanz, für die der Streitwert festgesetzt   **77**
werden soll, erlassen, im Falle des § 348 also vom *Einzelrichter*. Bindend ist aber auch die
fehlerhafte Festsetzung durch die voll besetzte Zivilkammer[147]. »Prozeßgericht« ist im
weiten Sinne zu verstehen, so daß damit auch Arrest- oder Vollstreckungsgerichte gemeint
sein können[148]. Zuständig ist jeweils das Gericht der Instanz, für die die Wertfestsetzung
erfolgen soll (→ Rdnr. 66). Dagegen ist das *Rechtsmittelgericht* nicht befugt, den Wert für die
untere Instanz *erstmalig* festzusetzen[149]. Insoweit besteht eine Abänderungsmöglichkeit aber
im Rahmen von Rechtsmitteln (→ Rdnr. 80). Auch der Vergleichswert kann nicht erstmalig
für die untere Instanz festgesetzt werden[150].

Der Beschluß kann in der Regel jederzeit während des Verfahrens, auch nach Beendigung
der Instanz und auch nach Abschluß des gesamten Verfahrens, ergehen[151]. Voraussetzung für
den Erlaß während des Verfahrens ist jedoch, daß eine vorläufige Wertfestsetzung schon
möglich ist[152]. Da das Gesetz eine zeitliche Begrenzung nicht kennt, kann auch dann noch
festgesetzt werden, wenn das Verfahren bereits längere Zeit kostenmäßig abgewickelt worden ist. In aller Regel besteht kein Vertrauensschutz zugunsten der Beteiligten, die eine
Nachberechnung der Kosten unter Zugrundelegung eines erhöhten Streitwerts nicht mehr
erwartet haben[153] (vgl. auch → Rdnr. 90 a. E.).

Im Beschlußverfahren ist stets *rechtliches Gehör* zu gewähren. Beantragt ein Anwalt die   **78**
Streitwerterhöhung, dann sind die von ihm vertretene Partei und die Gegenpartei *persönlich
zu hören*, da gegensätzliche Interessen bestehen[154] (auch → Rdnr. 63).

Das Wertfestsetzungsverfahren bildet die Grundlage des Kostenfestsetzungsverfahrens
(§§ 103 ff.) und ist daher ebenso wie dieses *Feriensache*[155].

Für die Streitwertfestsetzung sind auch Umstände von Bedeutung, die sich erst im Verlauf
des Verfahrens herausstellen[156].

g) Änderung[157]

Eine Abänderung des Beschlusses *von Amts wegen* ist in den Grenzen des § 25 Abs. 1 S. 3   **79**
GKG befristet möglich. Gleichgültig ist, ob das Gericht von sich aus oder auf Anregung oder
Gegenvorstellung (→ Rdnr. 89) der Parteien tätig wird. Liegt ein gesonderter Streitwertbe-
schluß nicht vor, sondern hat etwa der Rechtspfleger im Kostenfestsetzungsverfahren seinen
Berechnungen nur einen bestimmten Betrag zugrunde gelegt (→ § 104 Rdnr. 12), so ist eine
»Änderung« nicht möglich. Vielmehr ist ein erstmaliges Wertfestsetzungsverfahren erforder-
lich[158]. Der Rechtspfleger kann einen Beschluß anregen. Daneben kommt die Umdeutung
einer sofortigen Beschwerde nach § 104 Abs. 3 in einen Antrag auf Wertfestsetzung in

---

[146] Zu einer Besonderheit im Rahmen des § 942 → § 3
Rdnr. 45 »einstweilige Verfügung« a.E.
[147] *OLG Koblenz* MDR 1986, 151.
[148] *Hillach-Rohs*[8] (Fn. 1) 479 f.
[149] *KG* KostRsp. GKG § 25 Nr. 5; *OLG Köln* DGVZ
1986, 151; MDR 1973, 684; *OLG Hamm* JurBüro 1959,
473; *E. Schneider*[10] (Fn. 1) Rdnr. 1594; *Mümmler* JurBüro 1982, 1299; 1972, 649; a.A. *LG Bayreuth* JurBüro
1980, 930, 931; *OLG Hamburg* MDR 1958, 699.
[150] *OLG Bamberg* JurBüro 1984, 1398.
[151] *BGH* NJW 1952, 66; *Hillach-Rohs*[8] (Fn. 1) 481.
[152] *OLG Bamberg* JurBüro 1981, 1549 (erst noch zu
ermittelndes Abfindungsguthaben bei Ausscheiden aus
Gesellschaft); *Mümmler* JurBüro 1982, 1299; a.A.
E. Schneider MDR 1982, 272.

[153] A.A. *OLG Hamm* MDR 1979, 591.
[154] *OLG Bamberg* JurBüro 1991, 1691, 1692; *LG
Mosbach* MDR 1985, 593; *E. Schneider* MDR 1985, 358.
[155] *OLG Frankfurt a. M.* JurBüro 1982, 1701, 1702;
OLG Nürnberg JurBüro 1981, 1548; 1962, 647; *LG Bayreuth* JurBüro 1980, 1724, 1725; → § 3 Rdnr. 46 »Feriensache (ehemalige DDR)«.
[156] *OLG Stuttgart* WRP 1986, 358.
[157] *Göppinger* Frist zur Änderung des Streitwerts (§ 25
Abs. 1 Satz 4 GKG) und zur Gegenvorstellung gegen die
Streitwertfestsetzung JurBüro 1980, 1121.
[158] *OVG Saarland* AnwBl 1991, 35, 36; *OLG Hamburg* MDR 1958, 699; *E. Schneider* JurBüro 1968, 169.

Betracht (→ Rdnr. 68)[159]. Eine Abänderung wirkt sich auf Entscheidungen aus, die auf der Wertfestsetzung aufbauen (→ Rdnr. 63 Fn. 109). – Zum Verhältnis von § 25 Abs. 1 S. 3 GKG zu § 23 b UWG → § 3 Rdnr. 39.

Die Abänderung *muß* vorgenommen werden, wenn es die Rechtslage erfordert[160]. Das Wort »kann« in § 25 Abs. 1 S. 3 GKG begründet nur die Zuständigkeit des Gerichts zur Änderung. Es stellt die Entscheidung darüber aber nicht in das Ermessen des Gerichts[161]. Abzuändern ist also, wenn das Gericht zu der Überzeugung kommt, daß es bei Erlaß des Beschlusses den Sachverhalt rechtlich unrichtig gewürdigt hat[162], die Verhältnisse sich geändert haben[163] oder wesentliche Umstände oder anderslautende maßgebliche Gerichtsentscheidungen übersehen wurden[164]. Eine Abänderung scheidet dagegen aus, wenn dadurch nur das bisherige Ermessen durch ein neues Ermessen ersetzt werden würde[165]. Eine nachträgliche Änderung der höchstrichterlichen Rechtsprechung[166] oder eine anderweitige Streitwertfestsetzung des Bundesgerichtshofes für das Revisionsverfahren[167] sind *für sich allein* noch kein Grund zur Änderung der Gebührenstreitwertfestsetzung durch ein Gericht niederer Instanz.

Wird der Gebührenstreitwert der ersten Instanz heraufgesetzt und der Streitwert der Berufungsinstanz in gleicher Höhe festgesetzt, so steht § 14 Abs. 2 S. 1 GKG nicht entgegen[168].

aa) Zuständigkeit

80   Zuständig ist das Gericht, das die (Erst-)Entscheidung getroffen hat (→ Rdnr. 77). Das *Rechtsmittelgericht* kann während der Zeit, in der das Verfahren aus einem der in § 25 Abs. 1 S. 3 GKG genannten Gründe bei ihm schwebt, auch die Festsetzung der unteren Instanz abändern[169]. Im Fall des § 524 Abs. 4 ZPO ist eine Abänderung auch durch den Einzelrichter möglich[170]. Eine erstmalige Festsetzung ist ihm freilich untersagt (→ Rdnr. 77). Nach Abschluß des Rechtsmittelverfahrens darf das Rechtsmittelgericht eine Streitwertfestsetzung der Vorinstanz nicht mehr ändern[171]. Wenn die erstrichterliche Streitwertbemessung fehlerhaft ist, *muß* das Rechtsmittelgericht abändern[172]. Gegen die Rechtsprechung des Bundesgerichtshofes[173] und des Bundesverwaltungsgerichtes[174] steht die Entscheidung darüber nicht in seinem Ermessen (→ Rdnr. 79). Das Rechtsmittelgericht kann auch dann von Amts wegen abändern, wenn es nur mit einer nach § 91 a Abs. 2 eingelegten sofortigen Beschwerde gegen die Kostenentscheidung der ersten Instanz befaßt ist. Das bedeutet eine analoge Anwendung von § 25 Abs. 1 S. 3 GKG[175]. Auch ein *unzulässiges Rechtsmittel* gibt die Änderungsbefugnis,

---

[159] § 104 n. F. hat insoweit nichts an der bestehenden Rechtslage geändert, *Hansens* NJW 1991, 953, 959.

[160] *BGHZ* 36, 144 = NJW 1962, 538; *OLG Köln* JMBlNRW 1973, 22; *OLG Nürnberg* JurBüro 1968, 543; *E. Schneider* MDR 1972, 99; JurBüro 1968, 169; unrichtig *BVerwG* JurBüro 1991, 1245 (abl. *Mümmler*).

[161] *OLG Köln* KostRsp. GKG § 25 Nr. 83; *E. Schneider*[10] (Fn. 1) Rdnr. 8; *Lappe* NJW 1987, 1868; *Wenzel* MDR 1980, 14.

[162] *OLG Nürnberg* JurBüro 1968, 543.

[163] *Hartmann*[24] (Fn. 1) § 25 GKG Anm. 3 B a bb.

[164] *OLG Hamm* NJW 1973, 198.

[165] *Lappe* GKG (1976 mit Nachtrag 1978) § 25 Rdnr. 16.

[166] *OLG Hamm* NJW 1973, 198 (kritisch, aber im Ergebnis zustimmend, *E. Schneider* MDR 1973, 147).

[167] *OLG Köln* JurBüro 1971, 1060; *Mümmler* JurBüro 1982, 1300.

[168] *HessVGH* JurBüro 1990, 1206, 1207.

[169] *BGH* MDR 1989, 899 (mit weiterführender Anm. von *E. Schneider* KostRsp. GKG § 25 Nr. 133); für weiterreichende Abänderungsmöglichkeiten *Lappe* NJW 1990, 2368.

[170] *OLG Frankfurt a. M.* JurBüro 1991, 1387.

[171] *HessVGH* JurBüro 1990, 1465.

[172] Herrschende Literaturmeinung: *E. Schneider* MDR 1990, 290, 293; 1989, 781; 1972, 99; *Lappe* NJW 1987, 1868; *Hillach-Rohs*[8] (Fn. 1) 488; *Hartmann*[24] (Fn. 1) § 25 GKG Anm. 3 A a; ferner *OLG Köln* JurBüro 1992, 624; GRUR 1988, 725, 726; JurBüro 1971, 1060; *VGH Baden-Württemberg* JurBüro 1990, 1207, 1208; *OLG Celle* JurBüro 1964, 274. – A.A. *Ulrich* GRUR 1984, 177, 182 m.w.N.

[173] *BGH* NJW-RR 1989, 1278 = JurBüro 1989, 1605.

[174] *BVerwG* JurBüro 1989, 850; dazu *E. Schneider* MDR 1989, 781 (abl.).

[175] *OLG Karlsruhe* Die Justiz 1988, 158; zust. *Lappe* NJW 1989, 3260; *E. Schneider* MDR 1989, 396.

wenn es nicht nur zu dem Zweck eingelegt wurde, eine Streitwertänderung zu ermöglichen[176]. Dagegen gibt eine *unzulässige Streitwertbeschwerde* kein Recht zur Änderung[177]. Ist das Rechtsmittelgericht nur wegen eines Teils der Hauptsache angerufen worden (z. B. durch Rechtsmittel gegen ein Teilurteil), so besteht das Recht zur Änderung nur bezüglich dieses Teils[178]. Nicht ausreichend ist das Befaßtsein des Rechtsmittelgerichts in einem *Prozeßkostenhilfeverfahren*, da dieses in § 25 Abs. 2 S. 3 GKG nicht genannt ist[179].

Solange eine Änderung durch das Rechtsmittelgericht nicht vorgenommen ist, bleibt das Gericht der (Erst-)Entscheidung zuständig, auch wenn das Verfahren schon in der höheren Instanz schwebt. Das erstinstanzliche Gericht kann nur seinen eigenen Streitwertbeschluß abändern, dagegen nicht den Streitwertbeschluß der höheren Instanz. Demgegenüber kann das höhere Gericht seinen eigenen Streitwertbeschluß ändern und außerdem auch den Beschluß des unteren Gerichts, wenn es mit der Angelegenheit i.S.d. § 25 Abs. 1 S. 3 GKG befaßt ist. Die für das *Rechtsmittelverfahren* durch das Rechtsmittelgericht getroffene Streitwertfestsetzung bindet die nachgeordnete Instanz nicht. Sie kann daher für ihre Instanz einen eigenen Wert festsetzen[180].

bb) Grenzen der Abänderungsmöglichkeit

Die Abänderungsmöglichkeit ist für das Beschwerdegericht verbraucht, wenn es schon auf eine Streitwertbeschwerde hin über den Streitwert förmlich entschieden hat[181]. Außerhalb einer Streitwertbeschwerde darf aber das Rechtsmittelgericht innerhalb der Frist des § 25 Abs. 1 S. 4 GKG mehrfach abändern. Ist über den Streitwert förmlich im Beschwerdeweg befunden worden, besteht für eine Abänderungsmöglichkeit kein Bedürfnis mehr. Das Gericht des ersten Rechtszuges verliert seine Abänderungsbefugnis nach § 25 Abs. 1 GKG, sobald das Beschwerdegericht über den Streitwert entschieden hat. Ist der Streitwertbeschluß der ersten Instanz einmal durch das Rechtsmittelgericht geändert worden, so darf das erstinstanzliche Gericht auch innerhalb der Frist des § 25 Abs. 1 S. 4 GKG nicht mehr weiter abändern[182].

81

Auch bei einer Abänderung muß eine vorangegangene Streitwertfestsetzung i.S.v. § 24 S. 1 GKG beachtet werden (→ Rdnr. 72 a. E.). Hat die erste Wertfestsetzung gemäß § 25 GKG eine vorangegangene Wertfestsetzung nach § 24 GKG nicht beachtet, so erübrigt sich grundsätzlich eine Abänderung, da sich der maßgebende Wert gem. § 24 S. 1 GKG aus der nichtbeachteten Streitwertfestsetzung ergibt. Doch dürfte sich eine Klarstellung empfehlen. Werden konkludente Streitwertaussagen nicht beachtet (→ Rdnr. 71 f.), so ist jetzt die gebotene Korrektur vorzunehmen. Ist *nach der ersten Wertfestsetzung* eine Entscheidung gem. § 24 S. 1 GKG ergangen, so bedarf es keiner Änderung, da insoweit der erste Beschluß überholt ist[183]. Doch ist auch insoweit eine Klarstellung angebracht. Konkludente Streitwertaussagen, die nach der ersten Wertfestsetzung getroffen werden, beschränken die Änderungsbefugnis nur im Rahmen der für die getroffenen Entscheidungen relevanten Werte (→ Rdnr. 71).

82

---

[176] *BGH* NJW 1952, 66; *E. Schneider*[10] (Fn. 1) Rdnr. 30; a. A. *OLG Stuttgart* Die Justiz 1986, 413; *Hillach-Rohs*[8] (Fn. 1) 488 f.; *Lappe* GKG (1976 mit Nachtrag 1978) § 25 Anm. 17.

[177] *OLG München* JurBüro 1983, 890; *OVG Bremen* JurBüro 1982, 1344; *OLG Celle* JurBüro 1964, 274; *OLG Neustadt* JurBüro 1960, 307; *E. Schneider* MDR 1987, 271.

[178] A.A. *HessVGH* AnwBl 1988, 179, 180.

[179] *OLG Stuttgart* Die Justiz 1986, 413; *E. Schneider* MDR 1988, 362; a.A. *OLG Köln* JurBüro 1981, 1011 (abl. *E. Schneider* MDR 1982, 273).

[180] *KG* JurBüro 1981, 1232, 1234 f.; *Mümmler* JurBüro 1982, 1300.

[181] *BGH* MDR 1986, 654; *OLG Hamm* MDR 1990, 63 (dagegen *E. Schneider* MDR 1991, 196); a.A. *OLG Frankfurt a. M.* JurBüro 1982, 747 (zust. *E. Schneider* MDR 1983, 355); *E. Schneider* KostRsp. GKG § 25 Nr. 136; *Vorauflage*.

[182] *OLG Hamm* MDR 1990, 63; insoweit auch *OLG Frankfurt a. M.* JurBüro 1982, 747.

[183] Vgl. *Markl²* GKG (1983) § 22 Anm. 3 a.E.

83   Die Änderung ist nach § 25 Abs. 1 S. 4 GKG nur *innerhalb von sechs Monaten,* nachdem die Entscheidung in der Hauptsache Rechtskraft erlangt oder das Verfahren sich anderweitig (z. B. durch Vergleich)[184] erledigt hat, zulässig. Gemeint ist damit der Abschluß des Rechtsstreits überhaupt, nicht nur der einzelnen Instanz[185]. Eine Änderung ist auch auf Anregung eines Beteiligten, dem der Streitwertbeschluß nicht übersandt wurde (→ Rdnr. 76), nicht möglich, wenn der Beschluß an einen anderen Beteiligten übermittelt wurde und seit Verfahrenserledigung mehr als sechs Monate vergangen sind[186]. Auch eine Abänderung zugunsten des Beteiligten ist nach Ablauf der Frist aus § 25 Abs. 1 S. 4 GKG nicht mehr möglich[187].

Ausnahmsweise ist nach Ablauf dieser Frist eine Änderung noch zulässig, wenn erst zu dieser Zeit der Streitwert erstmalig festgesetzt wurde[188]. Nicht ausreichend ist es, wenn in diesem Fall die Änderung »innerhalb einer angemessenen Frist« angeregt wird[189]. Vielmehr ist die Anregung in sinngemäßer Anwendung der Frist des § 25 Abs. 2 S. 3 HS 2 GKG innerhalb eines Monats nach Zustellung oder formloser Mitteilung des Festsetzungsbeschlusses (→ Rdnr. 76) vorzubringen[190] (Gegenvorstellung → Rdnr. 89). Auch eine Abänderung von Amts wegen später als einen Monat nach Festsetzung ist dann nicht mehr zulässig (zum vergleichbaren Problem bei der Beschwerde → Rdnr. 88)[191]. Derjenige, der eine Änderung anregt, darf nicht besser gestellt werden als derjenige, der eine Beschwerde einlegen könnte. Die Monatsfrist des § 25 Abs. 2 S. 3 HS 2 GKG gewinnt damit gleichermaßen Bedeutung für die Beschwerde (→ Rdnr. 88), die Gegenvorstellung (→ Rdnr. 89) und die amtswegige Abänderung auf Initiative des Gerichts.

cc) Beeinflussung der Kostenentscheidung

84   Die Änderung des Beschlusses über den Gebührenstreitwert ist auch dann zulässig, wenn dadurch die *bisherige Kostenentscheidung* im Urteil – gleichgültig, ob dies rechtskräftig ist oder nicht – unrichtig wird[192]. Derartige Fälle kommen etwa vor, wenn bei nur teilweisem Obsiegen (§ 92) der Gebührenstreitwert eines der Teile des Streitgegenstandes neu berechnet werden muß und sich dadurch ein anderes Verhältnis der zugesprochenen zu den abgesprochenen Teilen ergibt (→ § 92 Rdnr. 3). So kann es z. B. bei offensichtlichen Rechenfehlern des ursprünglichen Gebührenstreitwertbeschlusses liegen[193]. Die eine Änderung des Gebührenstreitwerts ablehnende Gegenansicht[194] findet im Gesetz keine Stütze. Das GKG sieht in § 25 Abs. 1 S. 4 lediglich eine sechsmonatige Befristung, aber keine sonstigen Einschränkungen vor. Das GKG 1975 hat bei bekannter Problemstellung eine Änderung nicht gebracht[195]. Zudem besteht kein schutzwürdiges Interesse der Parteien, Gebühren nach einem unrichtigen Streitwert abzurechnen. Gerechte Ergebnisse lassen sich freilich nur erzielen, wenn im

---

[184] *OLG Düsseldorf* JurBüro 1990, 1513, 1514.

[185] *BGH* NJW 1961, 1819; *BVerwG* MDR 1976, 867; *E. Schneider* JurBüro 1968, 169.

[186] *LG Düsseldorf* JurBüro 1985, 105; differenzierend *E. Schneider* MDR 1986, 270.

[187] *OLG Düsseldorf* JurBüro 1990, 1513, 1514.

[188] Dazu *OVG Saarland* AnwBl 1991, 35 f; eine Abänderungsmöglichkeit offenlassend *OLG Frankfurt a. M.* JurBüro 1987, 565.

[189] So aber *BGH* GRUR 1979, 433 (Patentnichtigkeitsverfahren); NJW 1964, 2062 (zweieinhalb Monate in einem schwierigeren Fall); *Hartmann*[24] (Fn. 1) § 25 GKG Anm. 4 B c.

[190] *OLG Düsseldorf* JurBüro 1990, 914 (zur Beschwerde); *E. Schneider*[10] (Fn. 1) Rdnr. 51, 53; *Göppinger* JurBüro 1980, 1121, 1124; vergleichbar *BGH* NJW 1966, 2061 zum früheren § 23 GKG.

[191] *OLG Koblenz* JurBüro 1981, 572 f. (gegen *BGH* NJW 1964, 2062); *E. Schneider* MDR 1982, 273.

[192] *OLG Düsseldorf* NJW 1990, 844 (jedenfalls für Ermäßigungsfälle) (zust. *Mümmler* JurBüro 1990, 390); *LG Aachen* MDR 1990, 63; *VGH Hessen* AnwBl 1988, 179, 180; *OLG Hamm* JurBüro 1987, 1201; *OVG Bremen* JurBüro 1984, 1376, 1378 (Streitwertbeschwerde); *OLG Köln* MDR 1977, 584 (einschränkend); *OLG München* JurBüro 1976, 1358; *OLG Celle* NJW 1974, 371; *Hillach-Rohs*[8] (Fn. 1) 484 f. – Vgl. auch *VGH Baden-Württemberg* Die Justiz 1985, 331 für einen verwandten Fall.

[193] Etwa *OLG Celle* NJW 1974, 371.

[194] *BGH* MDR 1977, 925 (abl. *E. Schneider*).

[195] *E. Schneider* MDR 1972, 100, 373; NJW 1969, 1237.

Anschluß an die Streitwertänderung auch die – jetzt unrichtige – Kostenentscheidung *ange-paßt* wird[196]. Insoweit handelt es sich um eine verdeckte Regelungslücke, die durch eine Gesamtanalogie zu den §§ 107, 319 zu füllen ist (zum vergleichbaren Problem bei der Beschwerde → Rdnr. 88).

h) Rechtsbehelfe

aa) Einfache Beschwerde

Gegen den (erstmaligen) Wertfestsetzungsbeschluß nach § 25 Abs. 1 S. 1 GKG ist grund-   85
sätzlich die einfache Beschwerde gegeben (§ 25 Abs. 2 S. 1 GKG). Unerheblich ist es, ob der Wertfestsetzungsbeschluß als »vorläufig« bezeichnet wird, da er dies wegen der Abände-rungsmöglichkeit in § 25 Abs. 1 S. 3 GKG ohnehin ist[197]. In gleicher Weise ist auch gegen einen *Änderungsbeschluß* nach § 25 Abs. 1 S. 3 GKG die Beschwerde zulässig. Nicht mit der Beschwerde anfechtbar ist der Beschluß, der eine Änderung gem. § 25 Abs. 1 S. 3 GKG ablehnt. Das unzulässige Rechtsmittel kann aber regelmäßig in eine zulässige Beschwerde gegen den zugrundeliegenden Streitwertbeschluß umgedeutet werden[198]. Lehnt das Gericht die erstmalig beantragte Streitwertfestsetzung ab, so findet dagegen die einfache Beschwerde des § 567 Abs. 1 statt[199], unabhängig davon, ob der Beschwerdewert des § 567 Abs. 2 erreicht ist. Wird der Rechtsbehelf gegen den Kostenansatz im Falle des § 5 GKG auf die Annahme eines unzutreffenden Streitwertes gestützt, so ist in eine Beschwerde gegen die Streitwertfest-setzung umzudeuten[200].

Keine Beschwerde ist eingeräumt, wenn das *Rechtsmittelgericht* entscheidet. Gemeint sind das Landgericht als Berufungsinstanz[201] (§ 25 Abs. 2 S. 2 GKG) und das Oberlandesgericht (§ 25 Abs. 2 S. 1 HS 2 i. V. m. § 5 Abs. 2 S. 2 GKG). Eine Beschwerde ist auch dann unstatthaft, wenn gegen die Entscheidung des Rechtsmittelgerichts in der Hauptsache ein Rechtsmittel eingeräumt ist[202]. Desweiteren ist eine Streitwertbeschwerde unzulässig, wenn der weitere Rechtsmittelzug in der Hauptsache verschlossen ist (z.B. § 620 c S. 2)[203]. Das ist auch dann richtig, wenn man annimmt, daß die Streitwertfestsetzung weniger Annex der Hauptsache ist, als vielmehr der Vorbereitung von Kostenansatz (§ 4 GKG) und Kostenfestsetzung (§ 104 ZPO) dient. Es ist immer genau zu unterscheiden, für welche Instanz die angegriffene Wertfestsetzung vorgenommen wurde. Wird der mit der Beschwerde angegriffene Beschluß nicht vom Rechtsmittelgericht, sondern vom erstinstanzlichen Gericht erlassen und hat das Rechtsmittelgericht den Streitwert ausschließlich für die Berufungsinstanz festgesetzt, so findet § 25 Abs. 2 S. 2 GKG keine Anwendung[204].

Die Beschwerde ist ausgeschlossen, wenn ein förmlicher Gebührenfestsetzungsbeschluß (→ Rdnr. 74) nicht ergangen ist. Das ist etwa bei einer beschlußmäßigen Festsetzung des

---

[196] *VGH Hessen* AnwBl 1988, 179, 180; *OLG Hamm* JurBüro 1987, 1201 (je § 319 analog); *Lappe* NJW 1989, 3260; 1988, 3136 (§ 107 analog); *E. Schneider* KostRsp. GKG § 25 Nr. 116 (Vollstreckung trotz Bestehenbleibens der Kostenentscheidung sittenwidrig). – Gegen eine Än-derung der Kostenentscheidung *BGH* MDR 1977, 925; *KG* NJW 1975, 2107; *Vorauflage* Rdnr. 77 Fn. 87; *Mümmler* JurBüro 1990, 1537, 1550.
[197] Etwa *OLG Frankfurt a. M.* JurBüro 1977, 701; → Rdnr. 87.
[198] *OLG Bamberg* JurBüro 1980, 1865, 1866; *OLG Zweibrücken* JurBüro 1979, 405.
[199] *OLG Hamm* KostRsp. GKG § 25 Nr. 100 (zust. *E. Schneider*); *LG Köln* JurBüro 1987, 1886.
[200] *OLG Oldenburg* JurBüro 1992, 169.

[201] Etwa *OLG Bamberg* JurBüro 1976, 1677; *OLG Hamm* Rpfleger 1973, 106; MDR 1968, 424; *OLG Köln* JurBüro 1969, 1194; NJW 1959, 2074; *OLG Celle* JurBü-ro 1964, 274.
[202] *KG* JurBüro 1983, 1679 (unter Aufgabe von *KG* NJW 1968, 1729); *OLG Stuttgart* KostRsp. GKG § 25 Nr. 47 (*E. Schneider*); *OLG Frankfurt a. M.* JurBüro 1971, 954; *OLG Karlsruhe* NJW 1964, 361 (LS); *E. Schneider* MDR 1972, 369, 372.
[203] *OLG Köln* FamRZ 1986, 695; *OLG Hamburg* FamRZ 1980, 906; a. A. *KG* FamRZ 1980, 1142; *E. Schneider* MDR 1987, 107 und 271; 1981, 183; *Mümmler* JurBüro 1988, 20; *Lappe* NJW 1987, 1867.
[204] *OLG Koblenz* JurBüro 1988, 1727.

Zuständigkeitsstreitwerts der Fall, der sich als vorläufige nichtförmliche Kundgabe des Gerichts darstellt (→ Rdnr. 56). Eine *weitere Beschwerde* findet wegen § 25 Abs. 2 S. 1 HS 2 i. V. m. § 5 Abs. 2 S. 7 GKG nicht statt. Abweichend davon geregelt ist die Rechtslage nach § 10 BRAGO (→ Rdnr. 68), wo gemäß § 10 Abs. 3 S. 5 BRAGO eine weitere Beschwerde unter gewissen Voraussetzungen zulässig ist[205].

Doch findet auf dem Gebiet der ehemaligen DDR (mit Ausnahme von Ostberlin) eine weitere Beschwerde gegen die Entscheidung des Bezirksgerichtes nicht statt (Anlage I Kapitel III Sachgebiet A Abschnitt III Nr. 26 Maßgabe b) sowie Abschnitt IV Nr. 3 Maßgabe i) des Einigungsvertrages)[206]; → Rdnr. 8; jetzt aber § 17 RpflAnpG.

86   Als *beschwerdeberechtigt* kommen bei Vorliegen einer Beschwer von über 100 DM (§ 25 Abs. 2 S. 1 HS 1 GKG) die Parteien, die Rechtsanwälte und die Staatskasse in Betracht. *Parteien* sind nur bei *zu hoher* Festsetzung beschwert[207]. Eine unzulässige Streitwertbeschwerde kann aber Anlaß für das Beschwerdegericht geben, die Streitwertfestsetzung von Amts wegen abzuändern. Beschwert ist etwa auch der obsiegende Beklagte durch eine Erhöhung des bereits festgesetzten Streitwerts, weil er dadurch mit einer höheren Zahlungspflicht gegenüber dem eigenen Anwalt belastet wird[208]. Nach richtiger Auffassung gibt auch ein vereinbartes, über der gesetzlichen Vergütung liegendes Anwaltshonorar der Partei kein Beschwerderecht wegen zu niedriger Wertfestsetzung[209].

Jeder Rechtsanwalt, der in der Instanz einen Gebührenanspruch erworben hat[210], ist wegen zu niedriger Festsetzung beschwert[211]. Der Anwalt, der selbst Partei ist, kann Beschwerde wegen zu hoher oder zu niedriger Festsetzung einlegen[212].

Die Beschwer der *Staatskasse* kann in einer zu niedrigen[213], aber wegen der Gebührenerstattung im Prozeßkostenhilfeverfahren u. U. auch in einer zu hohen Wertbemessung liegen[214].

87   Die *Beschwer* einer Partei ergibt sich aus einem Vergleich der (Gesamt-)Kosten (also Gerichts- und Anwaltskosten), welche die Partei aufgrund des festgesetzten Streitwerts zahlen müßte, mit den Kosten, die sie nach dem von ihr erstrebten Streitwert zu zahlen hätte[215]. Allerdings soll es bei einer »vorläufigen Streitwertfestsetzung« nicht auf die Gebührendifferenz ankommen, sondern nur auf den bis zur endgültigen Wertfestsetzung entstehenden Zinsvorteil oder Zinsnachteil für diese Gebührendifferenz[216]. Das ist schwerlich richtig. Bei der Beschwer des Rechtsanwalts kommt es nur auf seine Gebühren (einschließlich der Umsatzsteuer[217]) bei dem schon festgesetzten und bei dem erstrebten Streitwert an[218]. Im

---

[205] *Gerold-Schmidt-v. Eicken-Madert* BRAGO[11] (1991) § 10 Rdnr. 16.

[206] Näher *Hansens* AnwBl 1991, 24, 30 f.

[207] RGZ 22, 425; 31, 419; *VGH Mannheim* MDR 1992, 299 (mit abl. Anm. *E. Schneider* KostRsp. GKG § 25 Nr. 158); *OLG Zweibrücken* JurBüro 1985, 1850; *OLG Köln* WuM 1985, 126; *OLG München* JurBüro 1983, 890; *LG Bayreuth* JurBüro 1979, 405; *OLG Karlsruhe* Die Justiz 1974, 89; *OLG Frankfurt a. M.* JurBüro 1970, 311; *OLG Nürnberg* JurBüro 1963, 476; *E. Schneider* JurBüro 1970, 277.

[208] *OLG Saarbrücken* DAVorm. 1987, 686, 687.

[209] *Hartmann*[24] (Fn. 1) § 25 GKG Anm. 4 A b; *E. Schneider*[10] (Fn. 1) Rdnr. 4136 (mit Nachweisen der Gegenauffassung); a. A. *VGH München* AnwBl 1982, 445; *Hillach-Rohs*[8] (Fn. 1) 496 f.; *Lappe* NJW 1987, 1218 f.; *OLG Celle* JurBüro 1992, 761.

[210] *OLG Neustadt* Rpfleger 1966, 353.

[211] RGZ 31, 393; 45, 402; *LG Stade* AnwBl 1982, 438 (abl. *Chemnitz*); *OLG Nürnberg* JurBüro 1963, 476; *OLG Neustadt* JurBüro 1954, 104.

[212] Nachweise bei *Gerold-Schmidt-v. Eicken-Madert* BRAGO[11] (1991) § 9 Rdnr. 70; *E. Schneider*[10] (Fn. 1) Rdnr. 4139.

[213] *OLG München* JurBüro 1981, 89.

[214] *VGH Baden-Württemberg* JurBüro 1992, 420; *KG* JurBüro 1985, 575; *E. Schneider* MDR 1986, 269; *Tschischgale* MDR 1964, 97.

[215] RGZ 31, 393, 394; 45, 402; *LG Freiburg* WuM 1991, 504; *Hillach-Rohs*[8] (Fn. 1) 493.

[216] *OLG Düsseldorf* JurBüro 1991, 585 (mit Recht abl. *E. Schneider* KostRsp. GKG § 25 Nr. 148).

[217] *OLG Hamm* Rpfleger 1969, 64; JurBüro 1960, 346 (unter Aufgabe der früheren Rechtsprechung in JurBüro 1958, 171); *OLG Düsseldorf* JurBüro 1964, 280; MDR 1957, 239 (abl. *Bauer*); *OLG München* NJW 1963, 962; *KG* MDR 1958, 701 (zust. *Lappe* Rpfleger 1960, 179).

[218] RGZ 45, 402; *OLG Schleswig* JurBüro 1978, 1361; *KG* JurBüro 1970, 682; *OLG Köln* AnwBl 1969, 53.

Zweifel muß eine Streitwertbeschwerde eines Anwalts als solche aus eigenem Recht gelten (§ 9 Abs. 2 BRAGO), wenn sie auf Erhöhung des Wertes, und als Beschwerde der Partei, wenn sie auf Verringerung des Wertes gerichtet ist[219]. Wurde ein selbständiges Beweisverfahren nach §§ 485 ff. z.B. nach einem außergerichtlichen Vergleich nicht mehr durchgeführt, so kann sowohl der anwaltlich vertretene[220] als auch der anwaltlich nicht vertretene Antragsgegner[221] die Streitwertfestsetzung mit der Beschwerde anfechten.

Da das Gericht an Anträge der Parteien nicht gebunden ist (→ Rdnr. 90), kommt es für die erforderliche Beschwer des Beschwerdeführers nicht auf die formelle Beschwer im Sinne eines Zurückbleibens der Entscheidung hinter dem Antrag der Partei, sondern ausschlaggebend auf dessen *materielle Beschwer* an[222]. Wird der Beschwerdewert nicht erreicht (→ Rdnr. 86), so ist nach zutreffender Auffassung eine Beschwerde auch bei *greifbarer Gesetzeswidrigkeit* nicht gegeben[223].

Das Gericht, gegen dessen Beschluß sich die Beschwerde richtet, kann abhelfen (§ 25 Abs. 2 S. 1 HS 2 i.V.m. § 5 Abs. 2 S. 5 GKG). Eine Beschwerde der Gegenpartei gegen die abhelfende Entscheidung ist keine weitere, sondern eine erste Beschwerde (→ § 571 Rdnr. 2 a.E.).

Bei *teilweiser Abhilfe* durch das Ausgangsgericht kommt es auf die verbleibende Beschwer an. Über die Zulässigkeit der Beschwerde entscheidet demnach nicht der Zeitpunkt der Beschwerdeeinlegung, sondern der Abhilfezeitpunkt[224]. Allerdings kann der Beschwerdeführer durch Erweiterung des Beschwerdeantrags die Zulässigkeit des Rechtsmittels wiederherstellen[225].

Die Beschwerde muß innerhalb von *sechs Monaten*, nachdem die Hauptsache Rechtskraft   **88** erlangt oder das Verfahren sich anderweitig erledigt hat, eingelegt werden (§ 25 Abs. 2 S. 3, Abs. 1 S. 4 GKG). Dem Beschluß nach § 25 GKG muß keine Rechtsmittelbegründung beigefügt werden. Das gilt auch für das arbeitsgerichtliche Verfahren[226]. Bei einem *Arrest* oder einer *einstweiligen Verfügung* liegt eine endgültige Erledigung erst dann vor, wenn entweder kein Widerspruch eingelegt, der Antrag auf Erlaß endgültig zurückgewiesen, dem Antrag auf Aufhebung rechtskräftig stattgegeben, oder im Falle einer Aufrechterhaltung der Hauptprozeß endgültig abgeschlossen ist[227]. Im Falle eines *Teilanerkenntnisurteils*, das die Kostenentscheidung dem Schlußurteil vorbehält, kann der hierauf entfallende festgesetzte Streitwert noch innerhalb der ab Rechtskraft der Schlußentscheidung laufenden Frist angefochten werden[228].

Maßgeblich für die Fristwahrung ist der Zeitpunkt der Einlegung der Beschwerde, nicht derjenige der Entscheidung darüber. Ist daher die Streitwertbeschwerde rechtzeitig eingelegt, so kann der Streitwert auch dann entgegen dem Antrag des Beschwerdeführers höher oder niedriger festgesetzt werden (zur reformatio in peius sogleich), wenn inzwischen sechs Monate seit rechtskräftiger Entscheidung oder sonstiger Erledigung des Rechtsstreits verstrichen sind[229]. Da *Scheidungssache* und *Folgesachen* wegen § 19 a GKG nur *einen* Streitwert haben, beginnt die Sechsmonatsfrist bei Scheidungssachen nach manchen nicht zu laufen, wenn noch abgetrennte Folgesachen anhängig sind[230]. Nach richtiger Auffassung ergibt sich

[219] *RGZ* 22, 425; *OLG Nürnberg* JurBüro 1963, 476 (bei Eindeutigkeit ohne Rückfrage); *OLG Köln* MDR 1968, 852; *OLG Düsseldorf* JurBüro 1953, 260.
[220] *LG Braunschweig* JurBüro 1986, 560.
[221] *LG Münster* MDR 1989, 554; *Mümmler* JurBüro 1990, 1538, 1549; a.A. *LG Braunschweig* JurBüro 1985, 1213 (Anm. *Pardey*); je zur alten Fassung.
[222] *OLG München* JurBüro 1981, 892; *E. Schneider* MDR 1986, 269.
[223] *OLG Schleswig* JurBüro 1987, 1695; *E. Schneider*[10] (Fn. 1) Rdnr. 4155; allgemein und zu Ausnahmen *BGH* NJW-RR 1990, 893.
[224] *OLG Koblenz* JurBüro 1986, 893; Rpfleger 1976,

302; *OLG Hamm* JurBüro 1982, 582; *OLG Düsseldorf* JurBüro 1972, 261; a.A. *KG* NJW 1958, 2023; *Grunsky* → § 567 Rdnr. 25.
[225] *Lappe* NJW 1987, 1868; *E. Schneider* KostRsp. GKG § 25 Nr. 99.
[226] *LAG Köln* JurBüro 1991, 1678, 1679.
[227] *OLG Koblenz* JurBüro 1988, 1727; *Mümmler* JurBüro 1989, 1037.
[228] *OLG Bamberg* JurBüro 1980, 1865, 1866.
[229] *OLG Celle* NdsRpfl. 1981, 231.
[230] *E. Schneider* MDR 1982, 273; a.A. mit Recht *OLG München* JurBüro 1991, 951 (abl. *Lappe* KostRsp. GKG § 25 Nr. 150); *OLG Schleswig* SchlHA 1981, 119.

aus § 93a Abs. 1 S. 1, daß nach einer rechtskräftigen Vorabentscheidung (§ 628) im Scheidungsverbund und Festsetzung von Teilstreitwerten für den entschiedenen Verfahrensteil die Sperrfrist für Beschwerde oder Abänderung (→ Rdnr. 79 ff.) gegen die betreffende Wertfestsetzung gilt. Es ist daher gleichgültig, ob und wann die abgetrennten Folgesachen endgültig erledigt werden.

Wird der Streitwert erst *später als einen Monat* vor Ablauf der Sechsmonatsfrist festgesetzt (→ Rdnr. 83), so ist die Beschwerde nach § 25 Abs. 2 S. 3 HS 2 GKG noch bis zu einem Monat nach Zugang des Festsetzungsbeschlusses zulässig. Ergeht die Festsetzung erst *nach* Ablauf der Sechsmonatsfrist, so ist Beschwerde in sinngemäßer Anwendung des § 25 Abs. 2 S. 3 HS 2 GKG innerhalb eines Monats nach Zustellung oder formloser Mitteilung des Beschlusses einzulegen[231] (zum vergleichbaren Problem bei der Gegenvorstellung → Rdnr. 89). Gegen die Versäumung der Fristen aus §§ 25 Abs. 2 S. 3, Abs. 1 S. 4 GKG gibt es *keine Wiedereinsetzung in den vorigen Stand*, da es sich nicht um Not-, sondern um Ausschlußfristen handelt[232].

Eine Beschwerde ist auch dann zulässig, wenn durch die Entscheidung des Beschwerdegerichts die rechtskräftige Kostenentscheidung in der Hauptsache unrichtig würde[233]. Es gelten die für den Fall der Änderung der Wertfestsetzung dargestellten Grundsätze (→ Rdnr. 84) entsprechend.

Für die Beschwerde besteht kein Anwaltszwang (§ 25 Abs. 2 S. 1 HS 2 i. V. m. § 5 Abs. 3 S. 1 GKG). Das Verfahren ist gebührenfrei. Kosten werden nicht erstattet (§ 25 Abs. 3 GKG).

Das *Beschwerdegericht* tritt voll an die Stelle des erstinstanzlichen Gerichts und hat den Streitwert nach *seinem Ermessen* zu bestimmen[234]. Es ist daher nicht auf eine bloße Überprüfung der Ermessensentscheidung des erstinstanzlichen Gerichts in dem Sinne beschränkt, daß dieses von seinem Ermessen einen unrichtigen Gebrauch gemacht hat: Das Gericht der Streitwertbeschwerde ist Tatsacheninstanz, keine Rechtsinstanz (§ 570). Es kann bei der Streitwertfestsetzung über den gestellten Antrag auch hinausgehen[235]. Die bisherige Festsetzung kann auch zu Ungunsten des Beschwerdeführers abgeändert werden (kein Verbot der *reformatio in peius*)[236].

bb) Gegenvorstellung

89   In § 25 Abs. 2 S. 3 HS 2 GKG kommt die Absicht des Gesetzgebers zum Ausdruck, daß jede erstmalige Streitwertfestsetzung irgendwie überprüfbar sein muß. Die ganz h.L. läßt daher gegen nicht anfechtbare Beschlüsse insbesondere der *Rechtsmittelgerichte* (→ Rdnr. 85) die *formlose Gegenvorstellung* zu[237]. Die Gegenvorstellung eröffnet bei unanfechtbaren Ent-

---

[231] *OLG Düsseldorf* JurBüro 1990, 914; *Mümmler* JurBüro 1990, 1537, 1549.

[232] *OLG Nürnberg* JurBüro 1981, 1548; *KG* Rpfleger 1980, 443 (Gegenvorstellung).

[233] *OLG Hamm* JurBüro 1987, 1201; *LG Aachen* MDR 1990, 63; *Hartmann*[24] (Fn. 1) § 25 GKG Anm. 4 B c.

[234] *LAG Hamburg* LAGE BRAGO § 10 Nr. 2; *LAG Niedersachsen* NdsRpfl. 1986, 219; 1983, 77 (die gegenteilige Auffassung in DB 1981, 589 ist damit aufgegeben); *OLG Köln* JurBüro 1969, 265; *OLG München* Rpfleger 1968, 361; *OLG Hamm* JMBlNRW 1963, 98; *KG* Rpfleger 1962, 154 (LS); *E. Schneider* MDR 1989, 396; 1972, 369, 373; Rpfleger 1971, 165; a. A. *LAG Baden-Württemberg* JurBüro 1991, 1537; 1990, 1272, 1273; *LAG Nürnberg* JurBüro 1989, 59, 62; *OLG Frankfurt a. M.* JurBüro 1968, 313 (abl. *Tschischgale*); *OLG Köln* JurBüro 1965, 389 (abl. *Schmidt* 408, 753). .

[235] *OLG Celle* NdsRpfl. 1981, 231; *OLG Düsseldorf*

JurBüro 1972, 626 (zust. *Schmidt*); *OLG Karlsruhe* Die Justiz 1971, 354.

[236] Ganz h.L.: *OLG Köln* JurBüro 1992, 624; 1984, 877; MDR 1968, 593; *VGH Mannheim* NVwZ-RR 1990, 386; *LG Hamburg* WuM 1986, 350; *OLG Düsseldorf* JurBüro 1985, 255; *OLG München* JurBüro 1983, 1393, 1397; 1981, 892; 1977, 1421; 1955, 27; *OLG Karlsruhe* Die Justiz 1971, 354; *OLG Hamm* JurBüro 1967, 1016 (*Tschischgale*); *LAG Köln* MDR 1987, 169 (zust. *Hirte*); *LAG Hamburg* LAGE BRAGO § 10 Nr. 2; *LAG Düsseldorf* JurBüro 1985, 1710; *LAG Nürnberg* LAGE ArbGG 1979 § 12 Nr. 74; *LAG Rheinland-Pfalz* LAGE ArbGG 1979 § 12 Nr. 54; *Hillach-Rohs*[8] (Fn. 1) 499; *E. Schneider*[10] (Fn. 1) Rdnr. 4198; *Mümmler* JurBüro 1980, 809; a.M. *KG* Rpfleger 1962, 121 (LS); *OLG Neustadt* Rpfleger 1957, 237 (LS); z.T. auch *OLG Frankfurt a. M.* JurBüro 1969, 1213 (abl. *E. Schneider*).

[237] *BGH* NJW-RR 1986, 737; NJW 1966, 2061; 1964,

scheidungen die Möglichkeit des Gerichts zur Selbstkontrolle[238]. Soweit der Anstoß zur Überprüfung von Beteiligten ausgeht, erfüllt sie die Funktion der Beschwerde und ist daher auch an deren Fristen gebunden, obgleich für sie mangels gesetzlicher Regelung keine bestimmten Voraussetzungen bestehen: Die *Sechsmonatsfrist* des § 25 Abs. 1 S. 4 GKG gilt daher auch für eine Gegenvorstellung gegen eine Streitwertfestsetzung[239]. Wird die Frist des § 25 Abs. 1 S. 4 GKG eingehalten, so ist das Rechtsmittelgericht auch *nach* Verfahrensabschluß zur Änderung eines von ihm festgesetzten Streitwerts auf Gegenvorstellung hin befugt[240]. Nach Fristablauf ist die Gegenvorstellung unzulässig. Ist die Gegenvorstellung rechtzeitig eingelegt, kann das Gericht auch nach Ablauf der Sechsmonatsfrist entscheiden[241]. Das Rechtsschutzinteresse für die Gegenvorstellung ist nur gegeben, wenn die Partei beschwert ist[242], doch macht der Bundesgerichtshof[243] die Zulässigkeit der Gegenvorstellung nicht vom Erreichen der Beschwerdesumme (→ Rdnr. 86) abhängig. Ist eine Gegenvorstellung nicht rechtzeitig erhoben, so erlischt die Befugnis zur amtswegigen Abänderung mit Fristablauf endgültig.

Eine Gegenvorstellung gegen einen Streitwertfestsetzungsbeschluß des Rechtsmittelgerichts ist ausgeschlossen, wenn dieses aufgrund einer Streitwertbeschwerde oder im Wege des § 25 Abs. 1 S. 3 GKG den Streitwert für die vorige Instanz festgesetzt hat. In diesem Fall ist ein Bedürfnis für die Gegenvorstellung nicht anzuerkennen. Bei der Streitwertfestsetzung in einer *Verbundsache* beginnt die Frist für die Gegenvorstellung auch zu laufen, solange bei rechtskräftigem Scheidungsurteil noch eine abgetrennte Folgesache anhängig ist[244] (vgl. für die sechsmonatige Beschwerdefrist auch → Rdnr. 88). Weitere Einzelheiten zur Gegenvorstellung finden sich bei → § 567 Rdnr. 21; → vor § 567 Rdnr. 21. Im übrigen gelten hinsichtlich der inhaltlichen und zeitlichen Grenzen der Gegenvorstellung die Ausführungen zur Abänderung des Gebührenstreitwertbeschlusses entsprechend (→ Rdnr. 79–84).

VI. Grundsätze der Wertfestsetzung

1. Parteiangaben

Der jeweilige Kläger (Rechtsmittelkläger, Antragsteller) soll den Wert des Streitgegenstandes in der Klageschrift (Rechtsmittelbegründung, Antragsschrift) angeben (§§ 253 Abs. 3, 519 Abs. 4, 554 Abs. 4, 621b ZPO; 23 Abs. 1 GKG). *Ausnahmen* lassen diese Vorschriften für diejenigen Ansprüche zu, die »in einer bestimmten Geldsumme« bestehen, weil dann der Streitwert mit dieser Geldsumme identisch ist (→ Rdnr. 10, 49, 69, 93). Der Berufungskläger hat diesen Wert glaubhaft zu machen (§§ 511a Abs. 2, 294).   **90**

Für das Wertfestsetzungsverfahren gilt das *Prinzip der materiellen Wahrheit*[245]. An die Parteiangaben ist daher weder das Gericht[246] noch die Partei selbst gebunden[247]. Das Gericht ist noch nicht einmal bei *übereinstimmenden Angaben beider Parteien* festgelegt[248]: Einer Wertfestsetzung bedarf es auch dann, wenn bei dispositiver sachlicher Zuständigkeit (→ § 1

2062; *BVerwG* JurBüro 1985, 737; *OLG Koblenz* JurBüro 1990, 245; *E. Schneider* MDR 1972, 567; grundsätzlich → Einl. Rdnr. 94.

[238] *BVerwG* JurBüro 1988, 343.

[239] *BGH* JurBüro 1986, 1027; *BVerwG* JurBüro 1988, 343; *OVG Münster* AnwBl 1992, 282; *OLG Koblenz* JurBüro 1990, 245; *OLG Köln* JMBlNRW 1973, 47; *E. Schneider* MDR 1982, 265.

[240] *BVerwG* JurBüro 1990, 1465.

[241] *BGH* JurBüro 1986, 1027; *E. Schneider* MDR 1989, 396; unrichtig *OLG Köln* JurBüro 1986, 1221 (abl.

E. Schneider MDR 1987, 271; *Mümmler* JurBüro 1988, 20).

[242] *BVerwG* JurBüro 1988, 343.

[243] *BGH* JurBüro 1986, 1027.

[244] *OLG München* JurBüro 1987, 564.

[245] *LAG Köln* MDR 1987, 169.

[246] *BGH* FamRZ 1991, 547; *Hillach-Rohs*[8] (Fn. 1) 477; *Mümmler* JurBüro 1990, 1537, 1550; unstreitig.

[247] *OLG Köln* JMBlNRW 1961, 60; a.A. *OLG Hamburg* MDR 1977, 407.

[248] *OLG München* JurBüro 1981, 892.

Rdnr. 6) der Wert unter den Parteien nicht streitig ist. Die Streitwertfrage ist von der Zuständigkeitsfrage zu trennen. Die Parteien können deshalb im Rahmen des § 38 die sachliche Zuständigkeit des Landgerichts vereinbaren oder diese über § 39 begründen, auch wenn sie einen Streitwert von nur 100 DM annehmen oder über den Streitwert uneinig sind. Umgekehrt kann Einigkeit über den Streitwert bestehen, Uneinigkeit aber über die sachliche Zuständigkeit. So liegt es etwa bei angeblicher ausschließlicher Zuständigkeit oder einer behaupteten Vereinbarung der Zuständigkeit eines anderen Gerichts. Wenn sich im landgerichtlichen Verfahren eine Partei rügelos einläßt und dadurch in zulässiger Weise die sachliche Zuständigkeit begründet, bedarf es allerdings keiner Prüfung des Zuständigkeitsstreitwerts (→ Rdnr. 30). In beiderseitigen Einverständniserklärungen der Parteien liegt in aller Regel *kein Rechtsmittelverzicht*, sondern nur eine für das Gericht unverbindliche Anregung, den Streitwert dem übereinstimmenden Antrag entsprechend festzusetzen[249]. Im Einzelfall bleibt freilich ein Rechtsmittelverzicht in bezug auf die Streitwertfestsetzung möglich, sofern er nicht in unbeachtlicher Weise vor Erlaß der Entscheidung erklärt wird[250].

Parteiangaben bilden aber stets einen wichtigen Hinweis und geben ein starkes Indiz für den richtigen Wert[251]. Das Gericht kann jederzeit von seinem Ermessen gem. § 3 (näher → § 3 Rdnr. 6 ff.) Gebrauch machen und den Streitwert anders festsetzen. Der Partei bleibt es selbst nach Verfahrensabschluß (etwa nach einem Prozeßverlust) unbenommen, ihre Angaben als unrichtig zu bezeichnen und die Festsetzung eines anderen (meist niedrigeren) Streitwertes zu beantragen[252]. Allerdings können sich solche nachträglichen Angaben nicht immer voll auswirken. So bleibt etwa der Zuständigkeitsstreitwert nach Prozeßende unverändert. Eine Grenze ergibt sich auch aus der Unabänderlichkeit schon ergangener Streitwertbeschlüsse (zum Gebührenstreitwertbeschluß → Rdnr. 83). Stets muß in solchen Fällen glaubhaft gemacht werden, welche Tatsachen die bisherige Streitwertangabe fehlerhaft erscheinen lassen. Insgesamt verfolgen die Gerichte bei nachträglichen Streitwertangaben mit Recht eine restriktive Tendenz[253]. – Zulässig sind jedoch *Streitwertbegrenzungsklauseln*. Sie entfalten für die Verfahrensbeteiligten bindende Wirkung[254].

2. Allgemeine Grundsätze

a) Klägerwert

91   Ist der Wert des Streitgegenstandes für beide Parteien verschieden, so ist derjenige für den Kläger maßgebend[255]. Das gleiche gilt auch für den Fall der negativen Feststellungsklage. Es ist also nicht der Standpunkt des das Recht für sich in Anspruch nehmenden Beklagten maßgebend (→ Rdnr. 26)[256]. Eine *Ausnahme* in dem Sinne, daß der für den Beklagten maßgebliche Wert entscheidet, enthält § 7 (→ dort Rdnr. 1). Ferner berücksichtigt auch § 247

[249] *OLG Frankfurt a.M.* AnwBl 1983, 174.

[250] Z.B. *OLG Köln* GRUR 1988, 724; *OVG Bremen* JurBüro 1987, 566; *E. Schneider* MDR 1982, 273.

[251] *BGH* FamRZ 1991, 547; *OLG Hamm* Rpfleger 1991, 387; *OLG München* JurBüro 1992, 561; CR 1990, 400, 401; WRP 1977, 277; *KG* WRP 1989, 166; GRUR 1989, 629; *OLG Köln* JurBüro 1985, 1212 (zust. *Mümmler*); *OLG Bamberg* JurBüro 1981, 1571; *OLG Frankfurt a.M.* Rpfleger 1974, 117; *E. Schneider* MDR 1990, 198; *Mümmler* JurBüro 1986, 1455f.

[252] *E. Schneider* MDR 1974, 180.

[253] Ebenso *E. Schneider* MDR 1986, 269; *Mümmler* JurBüro 1990, 1537, 1550.

[254] *LAG Hamm* KostRsp. GKG § 25 Nr. 144; zust. *Lappe* NJW 1991, 1213, 1218.

[255] *RGZ* 24, 428; 29, 407; 45, 404 (Vereinigte Zivilsenate); 47, 420; *OLG Koblenz* JurBüro 1978, 554; *OLG Celle* MDR 1977, 672; *OLG Bremen* JurBüro 1973, 1087; *OLG Frankfurt a.M.* Rpfleger 1970, 354; *H. Schmidt* AnwBl 1976, 122.

[256] *BGH* NJW 1970, 2025; *OLG Braunschweig* MDR 1975, 848; *OLG Celle* NJW 1962, 1065; *OLG Karlsruhe* MDR 1959, 401; *KG* NJW 1955, 797.

Abs. 1 AktG das Beklagteninteresse (→ Rdnr. 14). Diese Norm läßt sich nicht auf Personengesellschaften analog anwenden (→ § 3 Rdnr. 2 sub g).

Für Klagen, die Gemeinschaftsverhältnisse wie Erbengemeinschaft, Gesellschaftsverhältnisse und dgl. betreffen, gilt nichts Abweichendes (→ Rdnr. 17). Es muß hier aber regelmäßig geprüft werden, wessen Anteil in welcher Höhe im Streit steht. Soll also etwa festgestellt werden, daß die gesetzliche Erbfolge eingetreten ist, so ist auf den Wert des Anteils abzustellen, der dem Kläger für den Fall der von ihm behaupteten Erbfolge zustehen würde[257]. Ist darüber hinaus die Tatsache außer Streit, daß dem Kläger ein Pflichtteil zusteht, ist auch noch der unstreitige Pflichtteilsanspruch abzuziehen, so daß nur noch die Hälfte des gesetzlichen Erbteils anzusetzen ist[258]. Steht der Anteil des Beklagten im Streit wie z. B. bei der Klage auf Feststellung des alleinigen Erbrechts des Klägers gegenüber einem die Miterbschaft für sich in Anspruch nehmenden Beklagten, so ist dieser der Wertberechnung zugrunde zu legen. Geht der Streit um konkrete Gegenstände oder Forderungen, deren Zugehörigkeit zur Gesamthandsgemeinschaft im Streit ist, oder wird deren Herausgabe an die oder von der Gemeinschaft verlangt, so ist der Anteil nicht zu berücksichtigen, der aufgrund der gesamthänderischen Beteiligung des Klägers oder Beklagten außer Streit ist (*OLG Karlsruhe* JurBüro 1992, 418; → § 6 Rdnr. 16). Das mögliche Interesse *Dritter* bleibt außer Ansatz, auch wenn das Urteil für den Dritten Rechtskraft schafft[259].

b) Nebenforderungen; Zeitpunkt; Anspruchsmehrheit

92   Gewisse Nebenforderungen bleiben bei der Wertfestsetzung unberücksichtigt (→ § 4 Rdnr. 16 ff.). Als maßgebender *Zeitpunkt* für die Wertbemessung stellt sich grundsätzlich die Klageeinreichung dar (→ § 4 Rdnr. 4). Bei einer Mehrheit von Ansprüchen, bei Widerklagen und Aufrechnungen ist nach den Grundsätzen des § 5 zu verfahren (→ § 5 Rdnr. 2, 31, 44).

3. Ziffernmäßig bestimmte Geldansprüche

93   Bei der (Leistungs-)Klage auf Zahlung einer ziffernmäßig bestimmten Geldsumme ist dieser Betrag maßgebend[260] (zu Schreib- oder Rechenfehlern → Rdnr. 13). Zwar läßt sich dieser Grundsatz nicht ausdrücklich, wohl aber stillschweigend den Vorschriften über die Angabe des Streitwerts (→ Rdnr. 90) entnehmen.

94   Ansprüche auf Befreiung von einer Geldzahlungspflicht gehören ebenfalls hierher[261]. Dagegen ist der Anspruch auf Befreiung von einer *unbezifferten Verbindlichkeit* wie ein Feststellungsbegehren zu beurteilen (→ Rdnr. 21), da die Verurteilung zu einer unbezifferten Freistellung keinen vollstreckbaren Titel schafft[262]. Bei einer Forderung auf Freigabe eines gesperrten Guthabens bestimmt sich der Streitwert nicht nur nach dem Interesse an der zeitlich »früheren Freigabe«, sondern nach dem vollen Betrag der Forderung[263]. Die Frage der *Einbringlichkeit* bleibt, abgesehen von dem Sonderfall des § 148 KO (→ § 3 Rdnr. 2 und 51 »Konkursfeststellungsprozeß«), außer Betracht[264].

---

[257] *OLG Bamberg* JurBüro 1975, 1367.
[258] *BGH* Rpfleger 1975, 127 = MDR 1975, 389.
[259] *RGZ* 24, 428.
[260] *OLG Koblenz* AnwBl 1983, 517, 518.
[261] *BGH* NJW-RR 1990, 958; *BAG* MDR 1960, 616 = AP ZPO § 3 Nr. 5 (*E. Schumann* m. w. N.); *OLG Köln* MDR 1985, 769; *OLG Frankfurt a. M.* JurBüro 1983, 1561, 1562; Nachweise der abweichenden älteren Recht-

sprechung in der Vorauflage Rdnr. 96 Fn. 125; → auch § 3 Rdnr. 42 »Befreiung von Verbindlichkeit«.
[262] *OLG Frankfurt a. M.* JurBüro 1983, 1561, 1562 (Abschlag von 20%).
[263] *OLG Kiel* SchlHA 1947, 205.
[264] *RGZ* 54, 412; *OLG Frankfurt a. M.* NJW 1963, 354 (Vergleichsverfahren eröffnet); zudem → Rdnr. 13.

Bei der *Klage auf künftige Leistung* (§§ 257 ff.) ist der Abzug eines Zwischenzinses nicht vorgesehen, da auch sonst wirtschaftlich nicht vollwertige Forderungen mit dem vollen nominellen Wert angesetzt werden[265]. Zudem läßt sich das Ergebnis auf eine analoge Anwendung von § 4 Abs. 1 letzter Halbsatz stützen. Für *wiederkehrende Leistungen* gilt § 9. Klagt der Vermieter wegen Besorgnis der Nichterfüllung auf künftige Leistung (§ 259), so kommt § 16 GKG nicht analog zur Anwendung[266]. Bei Geldansprüchen, die in *ausländischer Währung* bezeichnet sind, wird der Streitwert durch den Betrag deutscher Währung bestimmt, der im Zeitpunkt der Klageeinreichung (§ 4) dem Eingeklagten nach dem Kurswert entspricht[267] (zum *Devisenrecht* → Einl. Rdnr. 990 ff.). Das gilt auch bei einem Verfall des Umrechnungskurses.

95   Hat eine Feststellungsklage einen ziffernmäßig bestimmten Geldbetrag zum Inhalt, so ist in aller Regel aus den dargestellten Gründen gleichwohl ein Abschlag vorzunehmen (→ Rdnr. 21). Dagegen ist bei der negativen Feststellungsklage (→ Rdnr. 26) Streitwert der genannte Geldbetrag.

4. Unbezifferte Geldansprüche

96   Wird die Entscheidung über einen Geldanspruch im Wege des *unbezifferten Antrags* (insbesondere: Schmerzensgeldklagen) in das richterliche Ermessen gestellt (→ § 253 Rdnr. 81 ff.)[268], so muß zwischen den verschiedenen Arten der Streitwerte (→ Rdnr. 30 ff.) unterschieden werden. Gewisse Besonderheiten gelten für unbezifferte Auflösungsanträge nach §§ 9, 10 KSchG[269].

a) Allgemeines

97   Der *Klageantrag* ist wegen Verstoßes gegen § 253 Abs. 2 Nr. 2 unzulässig, wenn eine verbindliche Angabe wenigstens der allgemeinen Größenordnung der begehrten Forderung fehlt[270]. Kommt der Kläger diesem Erfordernis nach, so hat das entgegen verbreiteter Meinung[271] *keinen Einfluß* auf die Streitwertbemessung. Andernfalls forderte man statt eines bloß bestimmten doch einen bezifferten Klageantrag. Die angestrebte Übereinstimmung zwischen Streitwertfestsetzung, Kostenrisiko und Beschwer des Rechtsmittelführers entbehrt der Grundlage[272]. Der Streitwert richtet sich daher *nicht* nach dem Betrag, den der Kläger angibt, um dem Klageantrag die erforderliche prozessuale Bestimmtheit zu geben.

---

[265] *RGZ* 118, 321; *Voormann* MDR 1987, 722; a. A. *KG* JurBüro 1989, 1599; *LAG Köln* MDR 1987, 169 (zust. *Hirte*); *E. Schneider*[10] (Fn. 1) Rdnr. 1576 ff.
[266] A. A. *AG Kerpen* WuM 1991, 439 (zust. *E. Schneider* KostRsp. GKG § 16 Nr. 73); → § 9 Rdnr. 18.
[267] A.A. trotz § 15 GKG *OLG Frankfurt a. M.* MDR 1991, 164; abl. *Mümmler* JurBüro 1991, 415; → § 4 Rdnr. 12.
[268] Übersichten bei *Butzer* MDR 1992, 539; *Steinle* VersR 1992, 425; *Dunz* NJW 1984, 1734; *Fuchs* JurBüro 1990, 559; *Gerstenberg* NJW 1988, 1352; *Husmann* NJW 1989, 3126; *Mümmler* JurBüro 1985, 649; *E. Schumann* (Fn. 1) NJW 1982, 1257, 1259; *Weiland* JurBüro 1980, 993.

[269] *Bauer/Hahn* DB 1990, 2471, 2472 f.
[270] *BGH* NJW 1992, 311, 312 (dazu *K. Schmidt* JuS 1992, 521); 1982, 340; JR 1984, 501 (*Lindacher* [zu Heilungsmöglichkeiten]); *OLG Koblenz* AnwBl 1990, 398; *OLG Bamberg* JurBüro 1985, 765; näher → *E. Schumann* § 253 Rdnr. 81 ff.
[271] *OLG München* NJW 1988, 1396 (zust. *Mümmler* JurBüro 1988, 548); *OLG Nürnberg* VersR 1988, 299; *OLG Bamberg* JurBüro 1986, 908 (zust. *Mümmler*); *OLG Karlsruhe* Die Justiz 1985, 167; *Butzer* MDR 1992, 539, 543.
[272] Zutreffend *E. Schneider*[10] (Fn. 1) Rdnr. 4366 (zur Sonderrolle der Beschwer → Rdnr. 105 ff.).

b) Gebührenstreitwert

Der *Gebührenstreitwert* ist nach § 3 zu schätzen. Für die Ermessensentscheidung des **98** Gerichts ist maßgebend das objektiv zu bestimmende Interesse des Klägers (→ § 3 Rdnr. 3, 6 f.). Das Gericht hat zu schätzen, was der Kläger – unabhängig vom tatsächlichen Prozeßausgang – erreicht hätte, wenn sein Tatsachenvortrag als wahr unterstellt wird[273]. Das Gericht braucht nur die vorgetragenen Tatsachen angemessen zu bewerten und den Wert des sich daraus ergebenden Anspruchs anzusetzen. Damit wird dem Begehren des Klägers nach einem Betrag in der Höhe Rechnung getragen, den das *Gericht* für angemessen hält. Die ziffernmäßige Unbestimmtheit des Antrags wird dadurch ausgeglichen, daß der Verletzte einen Sachverhalt vorträgt, aus dem sich dann bei sich anschließender Bewertung durch das Gericht ein bestimmter Antrag ergibt. Der Gebührenstreitwert richtet sich *nicht* nach dem Prozeßausgang, weil dann bei Prozeßabweisung ein entsprechender Gebührenstreitwert nicht errechnet werden könnte. Der tatsächliche Prozeßausgang ist lediglich insoweit maßgebend, als der Gebührenstreitwert niemals niedriger sein kann als ein dem Kläger aufgrund seines unbestimmten Klageantrags zugesprochener Betrag. Unrichtig ist es daher, auf den im Urteil zugesprochenen Betrag abzustellen[274]. Urteilssumme und Streitwert sind nur dann identisch, wenn sich der Vortrag des Klägers als wahr erweist und ein etwaiges anspruchsminderndes oder -ausschließendes Vorbringen des Beklagten nicht durchgreift.

Macht also der Kläger – ohne einen Mindestbetrag zu nennen (→ Rdnr. 100) – verbindliche Angaben zur allgemeinen Größenordnung der Schmerzensgeldforderung (→ Rdnr. 97) von z.B. 75.000–100.000 DM, ergibt sich weiter bei Unterstellung des anspruchsbegründenden Tatsachenvortrages als wahr ein Schmerzensgeld von 10.000 DM und wird dem Kläger schließlich wegen eines durchgreifenden Mitverschuldenseinwandes des Beklagten ein Schmerzensgeld in Höhe von 5.000 DM zugesprochen, so ist der Gebührenstreitwert auf 10.000 DM festzusetzen[275]. Die hier vorgetragene Ansicht stellt sicher, daß man dem Kläger nicht aufgrund des Kostenrechts ein Risiko aufbürdet, das ihm das Prozeßrecht durch die Zulassung des unbezifferten Klageantrags gerade ersparen will.

Bei unbezifferten Klageanträgen nach *§ 38 ArbNEG* ist der damit verbundene soziale Zweck zu berücksichtigen[276].

Subjektive Erwartungen, Hoffnungen, Schätzungen und Wertvorstellungen, die der Kläger **99** vorbringt, bleiben außer Betracht, wenn sie sich nicht als Mindestbetragsangabe darstellen (sogleich → Rdnr. 100)[277].

Hat der Kläger einen *Mindestbetrag* genannt, so bestimmt dieser die untere Grenze des **100** Streitwerts[278]. Das ist aber nur dann der Fall, wenn der Kläger das Gericht an die angegebene Untergrenze binden will. Die mit Rücksicht auf § 253 Abs. 2 Nr. 2 angegebene Größenordnung enthält eine derartige Festlegung noch nicht[279] (→ Rdnr. 97). Auch Wertvorstellungen

---

[273] Ebenso *OLG Düsseldorf* GRUR 1984, 653 (Arbeitnehmererfindervergütung); *OLG Hamm* AnwBl 1984, 202; *OLG München* JurBüro 1980, 125; *LG Saarbrücken* AnwBl 1980, 358; *OLG Nürnberg* VersR 1977, 262; *OLG Bamberg* JurBüro 1977, 1765; *OLG Neustadt* NJW 1960, 2294; *Gerstenberg* NJW 1988, 1352, 1355 (trotz abweichenden Ansatzes); *Schmidt-Schmidt*[2] (Fn. 1) Rdnr. 144; *Hillach-Rohs*[8] (Fn. 1) 24; *E. Schneider*[10] (Fn. 1) Rdnr. 4377, 4381 (mit zahlreichen weiteren Nachweisen).

[274] So aber *OLG Stuttgart* NJW 1961, 81; 1957, 147; *OLG Frankfurt a. M.* JurBüro 1957, 82; 1953, 407; *Fuchs* JurBüro 1990, 559, 563.

[275] A.A. *OLG München* NJW 1988, 1396 (maßgebend seien die verbindlichen Angaben zur Größenordnung des Schmerzensgeldes in Konsequenz aus *BGH* NJW 1982,

340 [oben Fn. 270]); ferner *OLG Koblenz* AnwBl 1990, 398 r. Sp.; *Mümmler* JurBüro 1985, 649 u.ö.

[276] *OLG Düsseldorf* GRUR 1984, 653.

[277] *BGH* NJW 1982, 340, 341; *OLG Düsseldorf* GRUR 1984, 653 (§ 38 ArbNEG); *Hillach-Rohs*[8] (Fn. 1) 24; a. A. *OLG Frankfurt a.M.* MDR 1982, 674; *OLG Bamberg* JurBüro 1978, 1391; *OLG Neustadt* Rpfleger 1963, 65 (LS); *OLG Nürnberg* Rpfleger 1963, 217.

[278] *OLG Köln* VersR 1991, 1430 (zust. *E. Schneider* KostRsp. ZPO § 3 Nr. 1060); *OLG Schleswig* JurBüro 1980, 604; *OLG Bamberg* JurBüro 1979, 1707; 1978, 588; *OLG Zweibrücken* JZ 1978, 109; *OLG Celle* NJW 1977, 343; *OLG Stuttgart* BB 1959, 460; *LG Kassel* JurBüro 1988, 917; *LG Itzehoe* AnwBl 1985, 43.

[279] *E. Schneider*[10] (Fn. 1) Rdnr. 4383; insoweit zutref-

des Klägers, wie sie sich in Streitwertangaben (→ Rdnr. 90) oder in Formulierungen wie »angemessen erscheint ein Betrag ...«, niederschlagen, bedeuten *im Zweifel* keine Mindestbetragsangaben. Entscheidend ist jeweils die genaue Auslegung der Erklärung. Ein gewisser Zuschlag kann, muß aber nicht vorgenommen werden[280]. Das Gericht ist jedenfalls nicht gehindert, mehr als den angegebenen Mindestbetrag zuzusprechen, ohne daß § 308 Abs. 1 entgegenstünde[281].

c) Zuständigkeitsstreitwert

101   Der *Zuständigkeitsstreitwert* ist, falls notwendig (→ Rdnr. 30f.), nach § 3 zu schätzen. Für die Ermessensentscheidung des Gerichts gelten die für den Gebührenstreitwert (→ Rdnr. 98–100) dargestellten Grundsätze entsprechend. In gleicher Weise maßgebend ist daher das objektiv zu bestimmende Klägerinteresse[282].

102   In der *Berufungsinstanz* ist die Bewertung selbständig vorzunehmen. Erklärt der Kläger zulässigerweise, daß er den ursprünglich bestimmten Betrag nunmehr in das Ermessen des Gerichts stellen oder daß er an einem bisher angegebenen Mindestbetrag nicht mehr festhalten wolle, so ist für die Rechtsmittelinstanz der Wert nach den dargelegten Kriterien (→ Rdnr. 98–101) zu bestimmen[283].

d) Bagatellstreitwert

103   Die Bemessung des *Bagatellstreitwerts* (→ Rdnr. 39) richtet sich nach den gleichen Kriterien, wie sie für den Zuständigkeitsstreitwert maßgeblich waren (→ Rdnr. 101).

e) Verurteilungsstreitwert

104   Für den *Verurteilungsstreitwert* (→ Rdnr. 40) bestehen keine Besonderheiten, weil er sich nach der jeweiligen Verurteilung richtet und sich diese ziffernmäßig nach allgemeinen Grundsätzen bestimmen läßt.

f) Rechtsmittelstreitwert; Wert der Beschwer

105   Die Angabe der vorgestellten Größenordnung ist nach dem Gesagten zwar nicht für die Höhe des Streitwerts von Belang, wohl aber für die *Beschwer des Klägers*[284]. Für die Berechnung des *Rechtsmittelstreitwerts* (→ Rdnr. 34) einschließlich des *Werts der Beschwer* (→ Rdnr. 37) ist nach § 3 zu schätzen.

106   Gibt der Kläger keinen *Mindestbetrag* an (→ Rdnr. 100), so läßt sich eine Beschwer in aller Regel nicht berechnen (zu Ausnahmen sogleich → Rdnr. 107), wenn sich der zuerkannte Betrag im Rahmen der angegebenen Größenordnung hält. Er wird dann so behandelt, als ob er mit dem Urteilsbetrag einverstanden wäre[285]. Das Gericht hat insoweit von § 139 Gebrauch zu machen.

---

fend auch *OLG München* NJW 1988, 1396; sehr weit gehende Auslegung durch *BGH* NJW 1992, 311f.

[280] *OLG Frankfurt a.M.* MDR 1957, 173 will in der Regel 50% zuschlagen; das ist zu starr und meistens zu hoch.

[281] A.A. *OLG München* NJW 1986, 3089; abl. *Steinle* VersR 1989, 425; krit. *E. Schneider* MDR 1987, 184, 185; unrichtig auch *OLG Karlsruhe* Die Justiz 1990, 330 (abl. *E. Schneider* KostRsp. ZPO § 3 Nr. 1002).

[282] *OLG Bamberg* JurBüro 1977, 851 und 91; *OLG*

Koblenz JurBüro 1977, 718; *OLG Nürnberg* JurBüro 1975, 1496 (*H. Schmidt*); *OLG München* JurBüro 1974, 756; NJW 1968, 1937 (LS); *KG* JurBüro 1973, 148; *OLG Zweibrücken* JurBüro 1970, 984.

[283] *OLG Zweibrücken* JurBüro 1978, 739.

[284] *OLG München* JurBüro 1980, 125 (abl. *Mümmler*).

[285] *BGH* NJW 1992, 311, 312; *Zeuner* in: Festschrift Baur (1981) 747; *Lindacher* AcP 182 (1982) 270, 282f.; *E. Schumann* NJW 1982, 1257, 1259; *Mümmler* JurBüro 1985, 649, 653.

Trotz fehlender Mindestbetragsangabe kann sich im Einzelfall eine Beschwer des Klägers **107** durch Vergleich des Urteils mit seiner Klage ergeben. So liegt es etwa, wenn ein Betrag zugesprochen worden ist, der den aus der Klageschrift hervorgehenden Vorstellungen des Klägers *offenbar* nicht entspricht (dazu und zu weiteren Fällen → *E. Schumann* § 253 Rdnr. 93 Fn. 86).

Gibt der Kläger hingegen einen Mindestbetrag an, so bildet dieser die untere Grenze der **108** Beschwer, ohne mit ihr identisch sein zu müssen (*a. A. Vorauflage* → Rdnr. 98)[286]. Im übrigen gelten die oben entwickelten Grundsätze (→ Rdnr. 98) entsprechend: Verlangt der Kläger Schmerzensgeld, dessen Höhe er in das Ermessen des Gerichts stellt, so ist er bei Klageabweisung in Höhe des Betrages beschwert, der auf der Grundlage seines Sachvortrages bei Begründetheit der Klage zuzubilligen wäre[287]. Hingegen zeigen sich beim Beklagten keine Besonderheiten, wenn aufgrund seiner Verurteilung der Rechtsmittelstreitwert festgesetzt werden muß. Für die Berechnung der Rechtsmittelbeschwer ist es unerheblich, wenn der Gebührenstreitwert (→ Rdnr. 98) vom Instanzgericht später fälschlich herabgesetzt wird[288].

5. Sonstige Ansprüche

Bei prozessualen Ansprüchen, die keine bestimmte Geldleistung betreffen, ist der Streit- **109** wert, wenn nicht die Vorschriften über *normative Streitwerte* zur Anwendung gelangen (→ § 3 Rdnr. 2), nach § 3 zu schätzen (Einzelheiten → § 3 Rdnr. 6 ff.).

6. Beweiserhebung

Es ist nicht Sache des Streitwertfestsetzungsverfahrens, zeitraubende und kostspielige **110** Beweise zu erheben. Die Entscheidungsgrundlagen sind dem bisherigen Prozeßmaterial zu entnehmen. Bei großen Abweichungen, insbesondere in den Parteiangaben, ist *§ 26 GKG* heranzuziehen und durch *Sachverständige* schätzen zu lassen[289]. Ist aber die Partei ihrer Verpflichtung zur Wertangabe nach § 23 GKG nachgekommen (→ Rdnr. 90), so können ihr die Kosten einer Sachverständigenschätzung nicht auferlegt werden[290]. Im Falle einer unbegründeten Streitwertbeschwerde können die Kosten eines Sachverständigengutachtens dem Beschwerdeführer auch ohne Verschulden auferlegt werden[291].

VII. Arbeitsgerichtliches Verfahren[292]

1. Allgemeines

a) Abweichungen von der ordentlichen Gerichtsbarkeit

Im arbeitsgerichtlichen Verfahren stellen sich Probleme des *Zuständigkeitsstreitwertes* (→ **111** Rdnr. 30) nicht, da Arbeitsgerichte unabhängig vom Streitwert immer als erstinstanzliche

---

[286] *BGH* NJW 1992, 311, 312 setzt das Unterschreiten der Mindestforderung mit der Beschwer gleich.

[287] Mit Recht *BayObLG* JurBüro 1989, 681.

[288] *BGH* JurBüro 1980, 49 = VersR 1979, 472; *E. Schneider*[10] (Fn. 1) Rdnr. 4403.

[289] *OLG Düsseldorf* JurBüro 1985, 256, 257.

[290] *OLG Bamberg* JurBüro 1981, 1047.

[291] *VGH Baden-Württemberg* JurBüro 1991, 1242, 1245.

[292] Allgemein zum Streitwert in Arbeitssachen: *Schaub* Arbeitsrechtliche Formularsammlung und Arbeitsgerichtsverfahren[5] (1990) § 104 S. 733 ff.; *Tschischgale-Satzky* Das Kostenrecht in Arbeitssachen[3] (1982); *Hecker-Tschöpe* Der Arbeitsgerichtsprozeß (1989) 170 ff.; *Hillach-Rohs*[8] (Fn. 1) 437 ff.; *Germelmann-Matthes-Prütting* ArbGG (1990) § 12 Rdnr. 8 ff.; *GK-ArbGG-Wenzel* (1991) § 12 Rdnr. 40 ff.; 103 ff.; 269 ff. (Streitwertschlüssel); *Grunsky* ArbGG[6] (1990) § 12 Rdnr. 2 ff.;

Gerichte zuständig sind und somit nur ein Eingangsgericht kennen. Da § 46 Abs. 2 S. 2 ArbGG das schriftliche Verfahren sowie auch das vereinfachte Verfahren des § 495a ZPO ausschließt, hat auch der *Bagatellstreitwert* (→ Rdnr. 39) keine Bedeutung. Ferner kommt der *Verurteilungsstreitwert* (→ Rdnr. 40) wegen der in § 62 Abs. 1 S. 1 ArbGG generell angeordneten vorläufigen Vollstreckbarkeit nicht zur Anwendung.

112   Der Rechtsmittelstreitwert spielt eine Rolle nur noch im Rahmen des § 64 Abs. 2 ArbGG, soweit für die *Berufung* der *Wert des Beschwerdegegenstandes* 800 DM überschreiten muß[293]. Das *Revisionsverfahren* ist im Gegensatz zum Zivilprozeß (→ Rdnr. 37) wertunabhängig geregelt: § 72 Abs. 2 Nr. 1 und Nr. 2 ArbGG beschränken die Revision auf Grundsatz- und Divergenzentscheidungen. Nach *§ 1 Abs. 3 GKG* gelten für den Gebührenstreitwert dagegen die allgemeinen Vorschriften. Der Wert des Streitgegenstandes (§ 11 Abs. 2 GKG) muß unter Beachtung der Sonderbestimmungen des GKG und des ArbGG (§ 12 Abs. 7 → Rdnr. 123 ff.) nach den §§ 3–9 ZPO bestimmt werden.

b) Rechtspolitisches; Einigungsvertrag

113   Die dargestellten Regelungen beruhen auf dem »Gesetz zur Beschleunigung und Bereinigung des arbeitsgerichtlichen Verfahrens« vom 21. 5. 1979 (BGBl I 545), in Kraft getreten am 1. 7. 1979 (Darstellung der früheren Rechtslage in der Vorauflage → Rdnr. 112 [Kleindruck]). Das »Gesetz zur Änderung des Arbeitsgerichtsgesetzes und anderer arbeitsrechtlicher Vorschriften – Arbeitsgerichtsgesetz – Änderungsgesetz« vom 26. 6. 1990 (BGBl I 1206), in Kraft getreten am 1. 7. 1990, hat im Streitwertrecht, abgesehen von der Aufhebung des *§ 69 Abs. 2 ArbGG* (→ Rdnr. 143), keine Neuerungen gebracht. Das gleiche gilt für das Rechtspflege-Vereinfachungsgesetz v. 17.12.1990 (BGBl I 2847). Derzeit sind Änderungen auch nicht in Sicht. Auf dem Gebiet der *ehemaligen DDR* gelten aufgrund des *Einigungsvertrages*[294] (Anlage I Kapitel VIII Sachgebiet A Abschnitt III Nr. 15) für den hier interessierenden Bereich die Normen des Arbeitsgerichtsgesetzes, insbesondere § 12 Abs. 7 ArbGG (auch → Rdnr. 8, 123 ff.). Für die Gerichtsgebühren des § 12 ArbGG gilt ebenfalls die Ermäßigung von 20% für Ostfälle[295]. Bis zur Errichtung einer selbständigen Arbeitsgerichtsbarkeit werden für Sachen, für die die Arbeitsgerichte zuständig sind, bei den *Kreisgerichten* Kammern für Arbeitsrecht eingerichtet. Für Sachen, für die die Landesarbeitsgerichte zuständig sind, werden bei den *Bezirksgerichten* Senate für Arbeitsrecht eingerichtet. Das BAG ist mit dem Beitritt Revisionsinstanz auch für arbeitsrechtliche Streitigkeiten auf dem Gebiet der früheren DDR[296]. Für die Berechnung der Beschwer im Zusammenhang des § 160 Abs. 2 ZPO-DDR sind wohl die Mark der DDR und die DM gleichzusetzen[297].

Hecker Streitwerte im Individualarbeitsrecht AnwBl 1984, 116. – Zur Additionsproblematik Nachweise in → Rdnr. 128 ff.

[293] Zur Berufung gegen Urteile früherer Ost-Berliner Gerichte *LAG Berlin* DtZ 1991, 60; zur Revision *BAG* ZIP 1991, 1104, 1105.

[294] Dazu *Wlotzke-Lorenz* BB 1990 Beil. 35 S. 1, 9.
[295] *Lappe* NJW 1991, 1213, 1214; → Rdnr. 8.
[296] Beispiel *BAG* ZIP 1991, 1104 f.
[297] A. A. *LAG Berlin* DtZ 1991, 60 (Halbierung); offenlassend *BAG* ZIP 1991, 1104, 1105.

2. Streitwertfestsetzung

a) Urteilsverfahren

aa) Bedeutung des § 61 Abs. 1 ArbGG für die Statthaftigkeit der Berufung

Nach *§ 61 Abs. 1 ArbGG* ist der Streitwert im Urteil ziffernmäßig festzusetzen, obgleich **114** sich die Rechtsmittelfähigkeit im ArbGG nicht nach dem Streitwert, sondern nach anderen Kriterien bestimmt (→ Rdnr. 112). Auch für den nach § 64 Abs. 2 ArbGG zu bestimmenden Wert des Beschwerdegegenstandes der arbeitsrechtlichen Berufung hat der Streitwert nur mittelbare Bedeutung. Das Bundesarbeitsgericht[298] hat eine rund 4 Jahre anhaltende Kontroverse der Landesarbeitsgerichte über den Sinn des § 61 Abs. 1 ArbGG (→ Rdnr. 113)[299] dahin entschieden, daß die Änderung des Rechtsmittelsystems durch die »Beschleunigungsnovelle« (→ Rdnr. 113) die Streitwertfestsetzung durch das Arbeitsgericht nach § 61 Abs. 1 ArbGG unberührt läßt. Danach hat die Streitwertfestsetzung nach § 61 Abs. 1 ArbGG weiterhin Bedeutung für die *Zulässigkeit der Berufung*: Der festgesetzte und nicht mit Beschwerde anfechtbare Streitwert begrenzt die Höhe der Beschwer und dient insoweit der Rechtsmittelklarheit hinsichtlich der Berufung. Der Beschwerdewert könne nie höher liegen als der Streitwert zum Schluß der letzten mündlichen Verhandlung vor dem Arbeitsgericht. Das Berufungsgericht ist bei der Ermittlung des Wertes des Beschwerdegegenstandes an die Streitwertfestsetzung des Arbeitsgerichts *gebunden*, wenn diese »nicht offensichtlich unrichtig« ist (→ Rdnr. 145). § 61 Abs. 1 ArbGG dient neben dem Interesse der Rechtsmittelklarheit auch dem Interesse der Parteien, da mit der Verkündung der Entscheidung absolut (die Partei unterliegt in vollem Umfang) oder jedenfalls weitgehend (die Partei unterliegt teilweise oder beabsichtigt, nur eingeschränkt Berufung einzulegen) erkennbar ist, ob die Berufung statthaft ist oder nicht. Der Entscheidung ist zuzustimmen, da so mit § 61 Abs. 1 ArbGG in methodisch zutreffender Weise ein vernünftiger Gesetzeszweck verbunden werden kann (a. A. *Vorauflage* → Rdnr. 113, 118). Rechtsprechung[300] und Literatur[301] sind der Entscheidung des Bundesarbeitsgerichts weitgehend gefolgt.

bb) Konsequenzen für den Gebührenstreitwert

Für den *Gebührenstreitwert* ergeben sich aus der Entscheidung des Bundesarbeitsgerichts **115** folgende Konsequenzen: Der Wert des § 61 Abs. 1 ArbGG ist *nicht maßgebend* für die Berechnung der Gerichts- und über § 9 Abs. 1 BRAGO der Rechtsanwaltsgebühren[302]. Im Bereich des § 12 Abs. 7 S. 3 ArbGG ist § 24 S. 1 GKG ohnehin nicht anwendbar. Diese Regelung ist jedoch nur Ausdruck eines allgemeinen Gedankens, der für den gesamten Bereich des ArbGG Geltung beansprucht[303]. Das hindert zwar nicht, auch ohne gesonderte

---

[298] BAGE 44, 13 = *BAG* AP § 64 ArbGG 1979 Nr. 6 (krit. *Lappe* und zust. *Satzky*) = EzA § 64 ArbGG 1979 Nr. 12 (*Vollkommer*) = KostRsp. ArbGG § 61 Nr. 13 (*E. Schneider*); *BAG* EzA § 64 ArbGG 1979 Nr. 17 (Anm. *Lappe* KostRsp. ArbGG § 61 Nr. 19); *BAG* EzA § 64 ArbGG 1979 Nr. 14; *BAG* AP § 12 ArbGG 1979 Nr. 9.
[299] Überblick bei *Tschischgale-Satzky*[3] (Fn. 292) 9 ff.
[300] *LAG Baden-Württemberg* JurBüro 1991, 668; *LAG Schleswig-Holstein* AnwBl 1988, 294; *LAG Hamm* KostRsp. ArbGG § 61 Nr. 14 (unter ausdrücklicher Aufgabe der früheren Rechtsprechung; Anm. *E. Schneider* in: EzA ArbGG 1979 § 61 Nr. 10); *LAG Düsseldorf* EzA GKG § 25 Nr. 3; *LAG Köln* BB 1986, 600.
[301] *Hillach-Rohs*[8] (Fn. 1) 456 f.; *Hartmann*[24] (Fn. 1)

§ 12 ArbGG Anm. 2; *Germelmann-Matthes-Prütting* (Fn. 292) § 61 Rdnr. 13; *Grunsky*[6] (Fn. 292) § 61 Rdnr. 3; *N. Schwab* NZA 1991, 657, 659; *Mümmler* JurBüro 1990, 1537, 1540; 1987, 1056; 1985, 5, 8; 1281; *Teske* Rpfleger 1985, 355; *GK-ArbGG-Wenzel* (Fn. 292) § 12 Rdnr. 50 (aber kritisch).
[302] *BAG* AP § 12 ArbGG 1979 Nr. 9; *LAG Baden-Württemberg* JurBüro 1991, 668; *GK-ArbGG-Wenzel* (Fn. 292) § 12 Rdnr. 56 ff.
[303] *LAG München* JurBüro 1988, 1660; *LAG Hamm* EzA ArbGG 1979 § 61 Nr. 10; *E. Schneider* LAGE § 61 ArbGG 1979 Nr. 11; auch *N. Schwab* NZA 1991, 657, 660 (mit einem Vorschlag de lege ferenda).

Festsetzung des Gebührenstreitwerts gemäß § 25 Abs. 1 S. 1 GKG den im Urteil festgesetzten Wert den Gebühren des Gerichts und des Anwalts zugrunde zu legen. Andererseits ist ein Antrag auf Wertfestsetzung (§§ 25 Abs. 1 S. 1 GKG; 9 Abs. 2 BRAGO) auch nicht mangels Rechtsschutzbedürfnisses unzulässig, wenn die Parteien den Wert des Streitgegenstandes unterschiedlich beurteilen[304]. Damit Unklarheiten ausgeschlossen werden können, ist es stets empfehlenswert, neben der Streitwertfestsetzung nach § 61 Abs. 1 ArbGG auch den Gebührenstreitwert durch gesonderten Beschluß festzusetzen. Hat das Gericht den Gebührenstreitwert nach § 25 Abs. 1 GKG festgesetzt, so ist eine Gebührenstreitwertbeschwerde zulässig[305]. Lehnt das Gericht die Festsetzung eines gesonderten Gebührenstreitwertes ab, so ist dagegen die Beschwerde nach § 567 gegeben (→ Rdnr. 85)[306]. Das gilt auch dann, wenn der Antrag als unzulässig verworfen wird[307].

cc) Rechtspolitisches

116   Rechtspolitisch wäre eine Abschaffung des § 61 Abs. 1 ArbGG wünschenswert[308] (zur Aufhebung des § 69 Abs. 2 ArbGG → Rdnr. 113, 143). Mißlich ist, daß das Landesarbeitsgericht grundsätzlich auch an eine zu niedrige Wertfestsetzung des Arbeitsgerichts gebunden ist und daher eine beschwerte Partei wegen falscher Wertfestsetzung im Urteil um das Rechtsmittel der Berufung gebracht wird, wenn die Festsetzung nicht offensichtlich unrichtig ist (→ Rdnr. 114). Doch ist de lege lata die vorgeschlagene analoge Anwendung des § 546 Abs. 2 S. 2 ZPO nicht möglich[309].

dd) Einzelheiten

117   Der Streitwert ist im *Urteilstenor* oder wenigstens in den verkündeten Entscheidungsgründen[310] in inländischer Währung selbst dann festzusetzen, wenn das Urteil über eine ausländische Währung ergeht[311]. Die Festsetzung ist einheitlich vorzunehmen und darf deshalb für einzelne Ansprüche oder Anspruchsteile, für Klage oder Widerklage, *nicht gesondert* ausgesprochen werden. Da die Streitwertfestsetzung nach zutreffender Auffassung Bedeutung für die Rechtsmittelfähigkeit hat (→ Rdnr. 114), ist bei (insbesondere versehentlich) *unterbliebener Festsetzung* eine *Urteilsergänzung* gemäß § 321 auf Antrag hin möglich[312]. Es steht nicht entgegen, daß bei der *Rechtsmittelzulassung* die Anwendung des § 321 möglicherweise abzulehnen ist (→ § 511a Rdnr. 31). Der Unterschied liegt darin, daß bei einer unterlassenen Streitwertfestsetzung eine von Amts wegen zu treffende Entscheidung fehlt, wogegen eine unterlassene Rechtsmittelzulassung eine Nichtzulassung bedeutet. Hat das Gericht über die Streitwertfestsetzung eine Entscheidung gefaßt, ist aber versäumt worden, die Festsetzung im Urteil auszusprechen, so ist eine *Berichtigung* nach § 319 dann möglich, wenn die Streitwertfestsetzung im Protokoll vermerkt ist[313]. Im übrigen kann bei Fehlen einer ausdrücklichen

---

[304] *BAG* AP § 12 ArbGG 1979 Nr. 9; *LAG Kiel* JurBüro 1989, 793; *LAG München* JurBüro 1988, 1660.

[305] *LAG Düsseldorf* JurBüro 1990, 41; 1987, 622; *LAG Hamm* KostRsp. ArbGG § 61 Nr. 14; *E. Schneider* MDR 1989, 389, 390; *Mümmler* JurBüro 1990, 1537, 1540.

[306] *LAG Hamm* MDR 1987, 169; a. A. *LAG Schleswig-Holstein* AnwBl 1988, 294 (abl. *Mümmler* JurBüro 1987, 1056; *E. Schneider* KostRsp. ArbGG § 61 Nr. 20); *LAG Hamburg* LAGE ArbGG 1979 § 61 Nr. 11 (abl. *E. Schneider* aaO und *ders.* KostRsp. ArbGG § 61 Nr. 21).

[307] *LAG Baden-Württemberg* JurBüro 1991, 668 wendet § 25 GKG an.

[308] *Vollkommer* Anm. EzA ArbGG 1979 § 64 Nr. 12 (66k).

[309] Dafür aber *E. Schneider* EzA ArbGG 1979 § 61 Nr. 10.

[310] *Schaub*[5] (Fn. 292) § 104 (S. 737); strenger die Vorauflage.

[311] *BAGE* 1, 333 = AP § 72 ArbGG 1953 Nr. 27 (*Beitzke*).

[312] Ebenso *Germelmann-Matthes-Prütting* (Fn. 292) § 61 Rdnr. 21; *Grunsky*[6] (Fn. 292) § 61 Rdnr. 7; a. A. *Schaub*[5] (Fn. 292) § 104 (S. 738).

[313] Vgl. BGHZ 20, 188, 192f.; *Germelmann-Matthes-Prütting* (Fn. 292) § 61 Rdnr. 21; weitergehend für eine

Streitwertfestsetzung oder einer unklaren Festsetzung der Inhalt durch Auslegung des Tatbestandes oder der Entscheidungsgründe ermittelt werden[314]. Ausreichender Anhaltspunkt für die Auslegung ist bei einem auf Geldzahlung lautenden Urteil der Betrag der Verurteilung.

Die Streitwertfestsetzung ist nach § 61 Abs. 1 ArbGG auch dann vorzunehmen, wenn das **118** Urteil den Rechtsstreit in der Instanz nicht endgültig erledigt. So liegt es bei *Teilurteilen* (§ 301)[315], *Vorbehaltsurteilen* (§ 302) und *Prozeßurteilen*, die durch Zwischenurteil über die Zulässigkeit entscheiden (§ 280). Soweit dagegen eine Berufung nicht statthaft ist, ist eine Streitwertfestsetzung nicht erforderlich. Das gilt für *Zwischenurteile*, in denen vorab über den Anspruchsgrund entschieden worden ist (§ 61 Abs. 3 ArbGG), sowie für *Zwischenurteile gegenüber Dritten* (§§ 71, 135, 372a, 387, 402)[316]. Eine Streitwertfestsetzung nach § 61 Abs. 1 ArbGG entfällt nicht deshalb, weil ein Urteil gemäß § 313a ZPO ohne Tatbestand und Entscheidungsgründe ergeht[317]. Wird die Berufung nach § 64 Abs. 3 ArbGG zugelassen, so darf das Arbeitsgericht gleichwohl nach § 61 Abs. 1 ArbGG den Streitwert festsetzen (vgl. auch → § 511a Rdnr. 26 ff.).

Soweit ein *Urteil nicht ergeht*, wie etwa in den Fällen eines Prozeßvergleiches, der beider- **119** seitigen Erledigungserklärung der Hauptsache, der Klagerücknahme, oder soweit Teile des Streitgegenstandes ohne Urteil aus dem Prozeß ausgeschieden sind wie z.B. bei einem Teilprozeßvergleich, ist eine Festsetzung nach § 61 Abs. 1 ArbGG naturgemäß nicht möglich. In diesem Falle ergeht – wie auch sonst (→ Rdnr. 115) – eine Gebührenstreitwertfestsetzung nach § 25 GKG im Beschlußwege. Eine Festsetzung des Gegenstandswertes nach § 10 BRAGO scheidet dagegen in aller Regel aus[318]. Darunter fällt aber etwa der »Mehrvergleich«, der mitverglichene nichtrechtshängige Ansprüche betrifft[319].

ee) Berechnung des Streitwertes

Da die Streitwertfestsetzung nach § 61 Abs. 1 ArbGG Bedeutung für die Zulässigkeit der **120** Berufung hat, hat das Arbeitsgericht wegen § 2 ZPO die §§ 3–9 ZPO anzuwenden[320]. Das ergibt sich, wenngleich undeutlich, aus den §§ 46 Abs. 2, 64 Abs. 6 ArbGG (zur Bedeutung des § 12 Abs. 7 ArbGG → Rdnr. 123). Da dieser »Rechtsmittelstreitwert« für die Gebühren nicht maßgeblich ist (→ Rdnr. 115), ist im Anwendungsbereich der Sondervorschriften der §§ 14–20 GKG i.V.m. § 1 Abs. 3 GKG sowie des diesen Normen wiederum vorrangigen § 12 Abs. 7 ArbGG (arg. § 1 Abs. 3 GKG: »vorbehaltlich besonderer Bestimmungen im Arbeitsgerichtsgesetz«) auf Antrag oder auch von Amts wegen ein gesonderter Gebührenstreitwert festzusetzen. Das gilt auch dann, wenn der Rechtsmittelstreitwert unrichtig festgesetzt worden ist[321]. Ferner ist der Gebührenstreitwert auf Antrag festzusetzen, wenn die Parteien den Wert des Streitgegenstandes unterschiedlich beurteilen (→ Rdnr. 115). Der nach § 61 Abs. 1 ArbGG festgesetzte Streitwert kann nicht mit der Beschwerde angefochten werden (→ Rdnr. 114). Aus diesem Grunde ist eine *unzulässige Beschwerde* in einen Antrag auf Festset-

---

Berichtigung auch ohne Protokollvermerk *Grunsky*[6] (Fn. 292) § 61 Rdnr. 7; *Schaub*[5] (Fn. 292) § 104 (S. 738).

[314] *BAGE* 1, 289 = AP ArbGG 1953 § 64 Nr. 3 (*Pohle*); *BAG* AP ArbGG 1953 § 5 Nr. 14.

[315] *BAGE* 7, 234 = AP § 69 ArbGG 1953 Nr. 27 (*Baumgärtel*); *BAG* AP § 64 ArbGG 1953 Nr. 25 (*Schnorr von Carolsfeld*).

[316] *Schaub*[5] (Fn. 292) § 104 (S. 736); *Germelmann-Matthes-Prütting* (Fn. 292) § 61 Rdnr. 14; *Grunsky*[6] (Fn. 292) § 61 Rdnr. 3a.

[317] A.A. *Grunsky*[6] (Fn. 292) § 61 Rdnr. 3a.

[318] *LAG Köln* JurBüro 1991, 1678 ff.; *LAG Nürnberg*

JurBüro 1989, 59; *LAG Hamm* JurBüro 1990, 1605 (mit zahlreichen Nachw.); KostRsp. ArbGG § 12 Nr. 115 (zust. *E. Schneider*); *LAG Bremen* Rpfleger 1986, 195; a.A. *LAG Niedersachsen* JurBüro 1987, 231; *Schaub*[5] (Fn. 292) § 104 (S. 737).

[319] *LAG Köln* JurBüro 1991, 1678, 1680.

[320] *BAGE* 22, 383, 386 = NJW 1970, 1812.

[321] *LAG Hamm* KostRsp. ArbGG § 61 Nr. 14 (zust. *E. Schneider*); *LAG Bremen* EzA ArbGG 1979 § 61 Nr. 9; *LAG Düsseldorf* JurBüro 1990, 41; *LAG Berlin* AnwBl 1982, 393.

zung eines gesonderten Kostenstreitwerts zum Zwecke der Gebührenberechnung *umzudeu-ten*[322]. Die materielle Gebührengerechtigkeit (→ Rdnr. 90) setzt sich damit gegenüber falschen Streitwertfestsetzungen nach § 61 Abs. 1 ArbGG durch.

b) Beschlußverfahren

121   Im arbeitsgerichtlichen *Beschlußverfahren*[323] wird der (Verfahrens-)Streitwert nicht von Amts wegen festgesetzt, da § 84 ArbGG nicht auf § 61 Abs. 1 ArbGG verweist. Die Statthaftigkeit der Rechtsmittel hängt nicht vom Streit- oder Beschwerdewert ab. Es werden keine Gerichtsgebühren erhoben (§ 12 Abs. 5 ArbGG). Zudem werden außergerichtliche Kosten nicht erstattet (→ § 91 Rdnr. 121). Deshalb kommt auch ein Gerichtsgebühren-Streitwertbeschluß nicht in Betracht.

Eine Wertfestsetzung zu Kostenzwecken kommt danach nur in Frage, wenn sich die Beteiligten durch Rechtsanwälte vertreten lassen. Auf Antrag des Rechtsanwalts oder seines Mandanten wird der Streitwert durch Beschluß gemäß § 10 BRAGO durch den Gerichtsvorsitzenden festgesetzt (§§ 80 Abs. 2, 53 Abs. 1 ArbGG). Der Beschluß ist gemäß § 10 Abs. 3 BRAGO mit der sofortigen Beschwerde angreifbar. Dagegen findet eine weitere Beschwerde nicht statt[324]. Abzustellen ist auf den Wert bei Ende der Instanz[325]. Für die Wertbemessung gelten die oben dargestellten Grundsätze zu den §§ 3–9 (→ Rdnr. 120) sowie insbesondere die entsprechenden Bewertungen arbeitsgerichtlicher Urteilsverfahren[326].

3. Nichtvermögensrechtliche Streitigkeiten

122   Für die Streitwertfestsetzung in einer nichtvermögensrechtlichen Streitigkeit gelten die allgemeinen Grundsätze des Zivilprozesses (→ § 3 Rdnr. 11 ff.). Deshalb ist § 12 Abs. 2 GKG für den arbeitsgerichtlichen Gebührenstreitwert direkt anwendbar. Das gleiche gilt für § 12 Abs. 3 GKG (Text → § 5 Rdnr. 18). Im übrigen wird sich das Arbeitsgericht bei der Festsetzung anderer Streitwerte als des Gebührenstreitwerts ebenfalls an der Generalklausel für nichtvermögensrechtliche Streitigkeiten orientieren können[327]. Da im *Beschlußverfahren* eine Streitwertfestsetzung nur für die Anwaltsgebühren stattfindet (→ Rdnr. 121), ist bei nichtvermögensrechtlichen Streitigkeiten der Gegenstandswert nach § 8 Abs. 2 BRAGO zu bestimmen. Dabei ist der Gegenstandswert nach den Umständen des Einzelfalles, insbesondere dem Umfang und der Bedeutung der Sache, zu schätzen[328].

Eine nichtvermögensrechtliche Streitigkeit liegt etwa vor, wenn um den Aufgabenbereich eines Arbeitnehmers gestritten wird, ohne daß dabei Bezahlungsfragen zu erörtern sind[329]. Ebenso liegt es etwa, wenn dem Arbeitgeber die Weiterverbreitung der Behauptung untersagt werden soll, der Arbeitnehmer sei für Inventurverluste verantwortlich[330]. Entsprechend kann ein Anspruch auf Beschäftigung im Rahmen eines abgeschlossenen Arbeitsvertrages im Einzelfall ausnahmsweise[331] nichtvermögensrechtlich sein, wenn es um die Entfaltung der

---

[322] *LAG Bremen* EzA ArbGG 1979 § 61 Nr. 9.
[323] Ausführlicher *Zöller-E. Schneider*[17] § 3 Rdnr. 16 »Arbeitsgerichtliches Beschlußverfahren«; *Hillach-Rohs*[8] (Fn. 1) 460 ff.; *Tschischgale-Satzky* (Fn. 292) 63 ff.; *Vetter* NZA 1986, 182; *Wenzel* DB 1977, 722.
[324] *Tschischgale-Satzky*[3] (Fn. 292) 63.
[325] *Tschischgale-Satzky*[3] (Fn. 292) 63.
[326] *LAG Köln* MDR 1992, 165 f.; *LAG Hamm* BB 1991, 1940; anders *LAG Hamburg* BB 1992, 1857, 1858.
[327] Ohne Differenzierung *Schaub*[5] (Fn. 292) § 104 (S. 740).

[328] *LAG Hamm* BB 1976, 746; DB 1971, 1728; Beispiele bei *Schaub*[5] (Fn. 292) § 104 (S. 741 Fn. 44); *Zöller-E. Schneider*[17] § 3 Rdnr. 16 »Arbeitsgerichtliches Beschlußverfahren«.
[329] *LAG Frankfurt a. M.* AuR 1971, 381.
[330] *LAG Hamm* AnwBl 1984, 156.
[331] *LAG Baden-Württemberg* JurBüro 1990, 1272, 1273.

Persönlichkeit des Arbeitnehmers geht[332]. Das gilt aber allenfalls im Rahmen eines ungekündigten Arbeitsverhältnisses, wenn allein ideelle Belange des Arbeitnehmers zur Entscheidung stehen[333]. Anders liegt es insbesondere beim Streit um den Weiterbeschäftigungsanspruch im gekündigten Arbeitsverhältnis (→ Rdnr. 129).

Vermögensrechtlich ist der Streit um die Berechtigung einer zur Personalakte genommenen *Abmahnung*[334]. Das gleiche gilt insbesondere für den Anspruch auf *Ausstellung (oder Berichtigung) eines Zeugnisses*[335]. Der Wert ist gemäß § 3 zu schätzen, wobei insbesondere die Dauer der Beschäftigung und die Bedeutung für das berufliche Fortkommen des Arbeitnehmers zu berücksichtigen sind. Vermögensrechtlich sind auch die Ansprüche auf *Ausstellung der Arbeitsbescheinigung* nach § 133 AFG, Erteilung einer *Verdienstbescheinigung* nach § 141 h Abs. 1 AFG, Herausgabe der *Lohnsteuerkarte* und des *Versicherungsnachweisheftes*[336]. Das gleiche gilt für die Wirksamkeit einer *Versetzung*, selbst wenn sich die Vergütung nicht ändern soll[337]. Ebenso liegt es beim Streit darüber, ob der Arbeitnehmer berechtigt ist, bestimmte ihm zugewiesene Arbeiten zu verweigern[338] oder beim Streit über Leitungsbefugnisse[339].

4. Der Gebührenstreitwert des § 12 Abs. 7 ArbGG[340]

a) Allgemeines

Für den *Gebührenstreitwert* enthält § 12 Abs. 7 ArbGG eine bedeutende Sonderbestimmung, die das dem Gericht nach § 3 ZPO eingeräumte Ermessen beschränkt. Die Norm lautet: **123**
»Für die Wertberechnung bei Rechtsstreitigkeiten über das Bestehen, das Nichtbestehen oder die Kündigung eines Arbeitsverhältnisses ist höchstens der Betrag des für die Dauer eines Vierteljahres zu leistenden Arbeitsentgelts maßgebend; eine Abfindung wird nicht hinzugerechnet. Bei Rechtsstreitigkeiten über wiederkehrende Leistungen ist der Wert des dreijährigen Bezugs und bei Rechtsstreitigkeiten über Eingruppierungen der Wert des dreijährigen Unterschiedsbetrages zur begehrten Vergütung maßgebend, sofern nicht der Gesamtbetrag der geforderten Leistungen geringer ist; bis zur Klageerhebung entstandene Rückstände werden nicht hinzugerechnet. § 24 Satz 1 des Gerichtskostengesetzes findet keine Anwendung.«

§ 12 Abs. 7 S. 1 ArbGG wird *weit ausgelegt* und ist auch auf eine Klage analog angewendet   **124**
worden, mit der die Aufhebung eines Arbeitsvertrages zur Inanspruchnahme von tariflichem Vorruhestandsgeld erreicht werden sollte[341]. Ob die Voraussetzungen der Norm vorliegen,

---

[332] *BAG* AP § 11 GKG a.F. Nr. 1; ebenso *ArbG Passau* ARST 1988, 18 Nr. 12; a.A. *LAG Hamm* MDR 1980, 347 (§ 3); *ArbG Münster* BB 1981, 912, 914; zur Wertaddition → Rdnr. 129.

[333] *E. Schumann* BB 1983, 506.

[334] *LAG Hamburg* LAGE ArbGG 1979 § 12 Nr. 94; *LAG Hamm* BB 1989, 2048 (LS; 1 Monatsgehalt); *LAG Rheinland-Pfalz* BB 1982, 1799 (LS; 1/2 Monatsgehalt); *LAG Baden-Württemberg* JurBüro 1990, 1333 (500 DM).

[335] *Volles Monatsgehalt*: *LAG Rheinland-Pfalz* NZA 1992, 524 (LS); *LAG Köln* MDR 1991, 1177 (Berichtigung eines qualifizierten Zeugnisses); *LAG Hamm* JurBüro 1990, 39 (Zwischenzeugnis); AnwBl 1987, 497 (qualifiziertes Zeugnis); *LAG Hamburg* JurBüro 1988, 1158 (Zwischenzeugnis); 1985, 766; *LAG Düsseldorf* JurBüro 1988, 725, 1079 (qualifiziertes Zeugnis; Zeugnisberichtigung); *LAG Schleswig-Holstein* AnwBl 1987, 497 (endgültiges und Zwischenzeugnis); *LAG Bremen* AnwBl 1984, 155; *LAG Frankfurt a.M.* BB 1971, 653; *halbes*

[336] *LAG Hamm* AnwBl 1985, 586 (500 DM); *LAG Baden-Württemberg* BB 1984, 1234 (LS) (500 DM).

[337] *LAG München* JurBüro 1988, 856; zu den Kriterien *LAG Hamburg* LAGE ArbGG 1979 § 12 Nr. 93.

[338] *BAG* EzA § 64 ArbGG 1979 Nr. 28 (*E. Schneider*); zust. *Lappe* NJW 1991, 1213, 1214.

[339] *LAG Rheinland-Pfalz* LAGE ArbGG § 64 Nr. 20.

[340] Zur Verfassungsmäßigkeit der Norm *BVerfG* AnwBl 1991, 40, 43 li.Sp. (obiter dictum).

[341] *LAG München* JurBüro 1987, 1382; ähnlich *LAG Düsseldorf* JurBüro 1990, 331.

Monatsgehalt: *LAG Hamm* JurBüro 1990, 39; BB 1989, 634 [LS] (Zwischenzeugnis); AnwBl 1987, 497; *LAG Baden-Württemberg* JurBüro 1991, 1537, 1538; *1.000 DM*: *LAG Hannover* AnwBl 1985, 97 (einfaches Zeugnis); *500 DM*: *LAG Stuttgart* AnwBl 1985, 588 (Zwischenzeugnis); *LAG München* JurBüro 1986, 907 (differenzierend).

hängt weder vom Klageantrag, noch vom zivilprozessualen Streitgegenstand ab (→ Rdnr. 11)³⁴². Desgleichen wurde § 12 Abs. 7 S. 1 anstatt S. 2 ArbGG mit Recht angewendet, wenn bei einer Klage auf künftige Leistungen lediglich streitig ist, ob das Arbeitsverhältnis durch Kündigung des Arbeitnehmers beendet wurde oder nicht³⁴³. Insoweit besteht eine Parallele zur Auslegung der §§ 8 ZPO, 16 GKG (→ § 8 Rdnr. 3 f.). Dagegen wird § 12 Abs. 7 S. 1 ArbGG im Verfahren vor den *allgemeinen Zivilgerichten* nicht angewendet, wohl aber vor den Verwaltungsgerichten, wenn es um die Anfechtungsklage gegen die Zustimmung der Hauptfürsorgestelle zur Kündigung eines Schwerbehinderten geht³⁴⁴. § 12 Abs. 7 S. 1 ArbGG ist gleichermaßen für die Bestandsregelung in einem gerichtlichen Vergleich maßgebend³⁴⁵ (ferner → § 3 Rdnr. 41 »Abschluß eines Vertrages«).

125   Unter *Arbeitsentgelt* i. S. d. § 12 Abs. 7 ArbGG sind alle Bezüge zu verstehen, die der Arbeitgeber im Falle seines Annahmeverzuges dem Arbeitnehmer schuldet³⁴⁶. Darunter fällt auch der Wert der privaten Nutzung eines Kraftfahrzeuges³⁴⁷. Zahlungen, die bei besonderer Gelegenheit erfolgen, und durch die nicht in erster Linie die geleistete Arbeit entlohnt wird wie z. B. Jubiläumszuwendungen, Treueprämien und dgl., bleiben unberücksichtigt. Anteilig in Ansatz zu bringen sind jedoch solche Leistungen, die erkennbar Entgeltcharakter tragen und eine zusätzliche Vergütung für geleistete Arbeit im Berichtszeitraum darstellen wie z. B. ein an zusätzliche Voraussetzungen nicht geknüpftes 13. Monatsgehalt oder monatliche Sonderzahlungen und vermögenswirksame Leistungen gem. § 2 Abs. 7 S. 1 des 5. VermögensbildungsG. Nicht in Ansatz zu bringen ist gem. § 13 Abs. 3 5. VermögensbildungsG die Arbeitnehmersparzulage³⁴⁸. *Vertraglich zugesagte Gratifikationen* sind anteilsmäßig zu berücksichtigen, wenn es sich nicht lediglich um freiwillige, jederzeit widerrufliche Leistungen handelt³⁴⁹. § 12 Abs. 7 S. 1 HS 2 ArbGG meint die Abfindungen nach §§ 9, 10 KSchG. Sie bleiben unberücksichtigt, selbst wenn sie beziffert werden³⁵⁰. Dies gilt entsprechend auch für Abfindungen nach einem Sozialplan jedenfalls dann, wenn danach der Anspruch davon abhängt, daß das Arbeitsverhältnis nicht fristlos gekündigt worden ist³⁵¹. Das rechtfertigt der soziale Schutzzweck der Norm. Bei Rechtsstreitigkeiten über wiederkehrende Leistungen kann § 12 Abs. 7 S. 2 ArbGG grundsätzlich nicht durch eine Schätzung nach § 3 ZPO mit der Begründung ausgeschaltet werden, es handele sich um bedingte Ansprüche³⁵². Von wiederkehrenden Leistungen i. S. des § 12 Abs. 7 S. 2 ArbGG ist auch dann auszugehen, wenn der Arbeitnehmer Schadensersatz wegen künftig entgehender Gehaltsbezüge fordert und die in Frage kommenden Beträge aus einem in der Zukunft liegenden 10-Jahreszeitraum in einer Summe auf einmal einklagt. Der Streitwert dieses Leistungsantrags ist auf den Betrag des dreijährigen Bezuges zu begrenzen³⁵³. Wird das *Eingruppierungsbegehren* des § 12 Abs. 7 S. 2 ArbGG – wie regelmäßig – durch Feststellungsklage geltend gemacht, kommt ein *Abschlag* (→ Rdnr. 21) nicht in Betracht³⁵⁴. Der Wert des Eingruppierungsfeststellungsbegeh-

---

³⁴² *LAG Nürnberg* JurBüro 1989, 59, 61.

³⁴³ *LAG Baden-Württemberg* AP § 12 ArbGG 1979 Nr. 5; *LAGE* ArbGG 1979 § 12 Nr. 47; → Rdnr. 128.

³⁴⁴ *BGH* NJW-RR 1986, 676; → § 3 Rdnr. 44 »Dienstverhältnis«; *HessVGH* AnwBl 1988, 646.

³⁴⁵ *LAG Hamm* AnwBl 1984, 157.

³⁴⁶ *LAG Düsseldorf LAGE* ArbGG § 12 Nr. 89 (Bruttovergütung auch bei Nettolohnvereinbarung); *LAG Baden-Württemberg* JurBüro 1990, 1268, 1269; *LAG Stuttgart* AnwBl 1984, 152; *LAG Hamm* AnwBl 1982, 312 (Bruttoeinkommen); *Mümmler* JurBüro 1985, 1281, 1284.

³⁴⁷ *LAG Hamburg* JurBüro 1991, 373.

³⁴⁸ *LAG Baden-Württemberg* JurBüro 1990, 1268; ferner *BAG* AP § 12 ArbGG 1979 Nr. 3.

³⁴⁹ *LAG Düsseldorf* JurBüro 1990, 1153; a. A. die h.L.:

LAG Berlin LAGE ArbGG § 12 Nr. 44; *LAG Rheinland-Pfalz* NZA 1986, 34; *LAG Köln* DB 1982, 1226.

³⁵⁰ *LAG Hamm* MDR 1983, 170.

³⁵¹ *LAG Frankfurt a. M.* BB 1977, 1549; *LAG Baden-Württemberg* JurBüro 1990, 1267; abl. aber *LAG Düsseldorf* JurBüro 1985, 745 (Abfindung nach § 113 BetrVG); *LAG Hamburg* AnwBl 1984, 315 (Sozialplan); *LAG Hamm* MDR 1982, 259; DB 1981, 2388 (Rationalisierungsabkommen); *Lepke* BB 1990, 273, 278; *Mümmler* JurBüro 1985, 1281, 1289 (Rationalisierungsabkommen); *Hecker* AnwBl 1984, 116, 123.

³⁵² So aber *LAG Nürnberg* JurBüro 1986, 437; → Rdnr. 124.

³⁵³ *LAG Hamm* JurBüro 1991, 61 m. w. N. (abl. *Lappe* KostRsp. ArbGG § 12 Nr. 220).

³⁵⁴ *LAG Baden-Württemberg* JurBüro 1991, 665;

rens ist nicht auf den in § 12 Abs. 7 S. 1 ArbGG genannten Vierteljahresverdienst begrenzt[355]. Auch im übrigen ist der Wert der Zahlungsklage nicht im Wege der analogen Anwendung von § 12 Abs. 7 S. 1 ArbGG auf höchstens einen Vierteljahresverdienst eingeschränkt[356].

b) Höchststreitwert und Regelstreitwert

Der in § 12 Abs. 7 S. 1 ArbGG genannte Vierteljahresverdienst ist ein *Höchststreitwert* im **126** Sinne einer Obergrenze für den vom Gericht nach pflichtgemäßem Ermessen (§ 3 ZPO) festzusetzenden Streitwert[357]. Es handelt sich nicht um einen *Regelstreitwert*[358], der nur dann niedriger anzusetzen ist, wenn es um den Fortbestand des Arbeitsverhältnisses für weniger als drei Monate geht. Unrichtig ist es allerdings, den Wert des § 12 Abs. 7 ArbGG ausschlaggebend von der *bisherigen Dauer des Arbeitsverhältnisses* abhängig zu machen (→ Rdnr. 7). Die Rechtsschöpfung des Bundesarbeitsgerichts[359], bei einem Bestand des Arbeitsverhältnisses bis zu sechs Monaten einen Monatsverdienst, von sechs bis zwölf Monaten zwei Monatsverdienste und mehr als einem Jahr drei Monatsverdienste als Streitwerte anzusetzen, ist mit Recht überwiegend auf Ablehnung gestoßen (→ Rdnr. 7 Fn. 12)[360]. Das gilt selbst, wenn § 12 Abs. 7 ArbGG im Sinne eines Höchststreitwerts verstanden wird. Da die Kündigungsfeststellungsklage eine vermögensrechtliche Angelegenheit ist, dürfen Familienstand, Kinderzahl, Alter des Arbeitnehmers sowie seine wirtschaftliche und soziale Stellung nicht berücksichtigt werden[361].

c) Gebührenstreitwert und Rechtsmittelstreitwert

§ 12 Abs. 7 ArbGG beansprucht nur für den *Gebührenstreitwert* Geltung, nicht dagegen für **127** den Rechtsmittelstreitwert[362]. Dieser ist vielmehr nach den §§ 3–9 ZPO zu bestimmen (→ Rdnr. 120). Bei der Festsetzung nach § 61 Abs. 1 ArbGG ist daher § 12 Abs. 7 ArbGG nicht heranzuziehen. Aus § 12 Abs. 7 S. 3 ArbGG i. V. m. § 24 S. 1 GKG folgt, daß im Anwendungsbereich von § 12 Abs. 7 ArbGG (zum ausdehnenden Verständnis → Rdnr. 115) Gebührenstreitwert und Rechtsmittelstreitwert nicht übereinstimmen müssen. Seit der »Beschleuni-

---

LAG Hamburg AnwBl 1984, 157; LAG Berlin MDR 1988, 346; Ziege RdA 1977, 28; a. A. LAG Hamm EzA ArbGG 1979 § 12 Nr. 7; Abgrenzungsentscheidung: LAG München JurBüro 1990, 1609; allgemein zu Eingruppierungsstreitigkeiten Satzky RdA 1979, 23 ff.

[355] LAG Baden-Württemberg JurBüro 1991, 665.

[356] LAG Baden-Württemberg JurBüro 1991, 1479.

[357] BAG AP § 12 ArbGG 1979 Nr. 9; LAG Rheinland-Pfalz LAGE ArbGG 1979 § 12 Nr. 88; LAG Berlin JurBüro 1985, 1707 (unter Aufgabe der früheren Rechtsprechung); LAGE ArbGG 1979 § 12 Nr. 61; LAG Baden-Württemberg JurBüro 1990, 1271 (abl. Mümmler); AP § 12 ArbGG 1979 Nr. 6; LAGE ArbGG 1979 § 12 Nr. 58 (abl. E. Schneider); LAG Niedersachsen JurBüro 1987, 110; LAG Nürnberg LAGE ArbGG 1979 § 12 Nr. 53; LAG Bremen JurBüro 1986, 1080; LAG Stuttgart AnwBl 1982, 313; LAG Mainz AnwBl 1982, 314; Grunsky[6] (Fn. 292) § 12 Rdnr. 6.

[358] So aber viele Landesarbeitsgerichte: etwa LAG Köln MDR 1992, 60; LAG München NZA 1992, 140; JurBüro 1990, 1606 (zust. Mümmler); 1989, 191, 192; 1987, 1382; 1986, 434; LAG Bremen Rpfleger 1986, 317; LAG Hamm EzA § 12 ArbGG 1979 Nr. 1; LAG Düsseldorf JurBüro 1985, 1858; LAG Kiel AnwBl 1982, 206; in der Sache auch LAG Hamburg JurBüro 1991, 373; Hekker AnwBl 1984, 116, 119; Germelmann-Matthes-Prüt-

ting (Fn. 292) § 12 Rdnr. 96; GK-ArbGG-Wenzel § 12 Rdnr. 132; w. Nachw. bei Mümmler JurBüro 1990, 1272.

[359] BAG AP § 12 ArbGG 1979 Nr. 9.

[360] E. Schneider Anm. EzA ArbGG 1979 § 12 Nr. 36; GK-ArbGG-Wenzel (Fn. 292) § 12 Rdnr. 135; insoweit auch Popp DB 1990, 481 f.; LAG Niedersachsen JurBüro 1988, 232; 1986, 1868; LAG Nürnberg LAGE ArbGG 1979 § 12 Nr. 53; LAG Rheinland-Pfalz LAGE ArbGG 1979 § 12 Nr. 40, 54; LAG Köln JurBüro 1986, 1235; LAG München MDR 1986, 698; LAG Frankfurt a. M. LAGE ArbGG § 12 Nr. 45; LAG Hamm KostRsp. ArbGG § 12 Nr. 115 (mit guter Begründung); LAG Baden-Württemberg JurBüro 1986, 756; LAG Bremen AnwBl 1986, 250; LAG Düsseldorf JurBüro 1985, 1834 (abl. Lappe KostRsp. ArbGG § 12 Nr. 123). – Zust. lediglich LAG Berlin LAGE ArbGG 1979 § 12 Nr. 61; LAG Nürnberg JurBüro 1987, 1384; LAG Niedersachsen JurBüro 1987, 110; LAG Bremen JurBüro 1986, 1080.

[361] A.A. LAG Rheinland-Pfalz LAGE ArbGG 1979 § 12 Nr. 54 mit abl. Anm. E. Schneider KostRsp. ArbGG § 12 Nr. 151.

[362] LAG Hamburg JurBüro 1988, 1158, 1159; Grunsky[6] (Fn. 292) § 12 Rdnr. 9; Anm. zu BAG AP § 12 ArbGG 1953 Nr. 22; Germelmann-Matthes-Prütting (Fn. 292) § 12 Rdnr. 129; Ziege RdA 1977, 28, 29; vgl. auch BT-Drucks. 7/2016 S. 111.

gungsnovelle« (→ Rdnr. 113) ist die Streitfrage freilich weithin bedeutungslos geworden, da die *Revision* gänzlich streitwertunabhängig ist (→ Rdnr. 112). Für das *Berufungsverfahren* (§ 64 Abs. 2 ArbGG) wird der Wert des Beschwerdegegenstandes auch im Anwendungsbereich des § 12 Abs. 7 ArbGG 800 DM meist übersteigen. Die Gegenansicht der Rechtsprechung[363], die § 12 Abs. 7 ArbGG auch für den Rechtsmittelstreitwert Bedeutung zumißt, macht § 12 Abs. 7 S. 3 ArbGG funktionslos. Für die Berechnung des Beschwerdegegenstandes ist demnach nicht von § 12 Abs. 7 ArbGG auszugehen[364].

d) Additionsproblematik[365]

Für den Fall des Zusammentreffens von *Kündigungsfeststellungsklage* und einer *Leistungsklage* ist fraglich, inwieweit diese weiteren Ansprüche im Rahmen von § 12 Abs. 7 ArbGG zu berücksichtigen sind. Folgende Fallgruppen haben sich als problematisch erwiesen:

aa) Kündigungsschutzklage und Lohn- oder Gehaltsansprüche

128　Wird neben der Feststellungsklage über das Bestehen eines Arbeitsverhältnisses (§ 4 KSchG oder § 256 ZPO) das *nach* dem streitigen Beendigungszeitpunkt fällig gewordene Arbeitsentgelt verlangt, so ist die Feststellungsklage nur ein Mittel, die Leistungsansprüche zu begründen oder durchzusetzen. Es handelt sich zwar um prozessual verschiedene, aber wirtschaftlich identische Ansprüche, so daß nicht gemäß § 5 zusammenzurechnen ist[366]. Vielmehr entscheidet der höhere Wert, wobei aber mehrere Leistungsansprüche ihrerseits addiert werden können (→ Rdnr. 136). Zahlungsansprüche, die für die Zeit *vor* dem angeblichen Wirksamwerden der Kündigung geltend gemacht werden, sind hinzuzurechnen, da bei ihnen die wirtschaftliche Identität fehlt (z. B. *LAG Baden-Württemberg* JurBüro 1992, 535, 536). Das Additionsverbot gilt auch für die Zeit nach dem Dreimonatszeitraum, der bei der Streitwertberechnung für die Kündigungsschutzklage nach § 12 Abs. 7 S. 1 ArbGG nach Wirksamwerden der Kündigung schon zu berücksichtigen ist (a. A. → Vorauflage Rdnr. 125). Auch insoweit bezieht sich die Leistungsklage auf einen Zeitraum, der vom Streitwert des Feststellungsantrags wirtschaftlich mit umfaßt wird[367]. Diese Grundsätze gelten auch, wenn der Vergütungsanspruch im Wege des unechten Hilfsantrages gestellt wird (→ Rdnr. 131).

Die entgegenstehende Rechtsprechung der meisten Landesarbeitsgerichte[368], die für eine Streitwertaddition eintritt, verkennt die allgemeinen Grundsätze des Streitwertrechts (→

[363] *BAG* AP § 12 ArbGG 1953 Nr. 22, 23; BB 1980, 1528 (teilweise abl. *Frohner*); zust. *Schäfer/Schmidt* DB 1980, 1490; *Strobel* DB 1981, 2381, 2382; *Hillach-Rohs*[8] (Fn. 1) 440 f.

[364] A.A. *BAG* BB 1980, 1528; *Germelmann-Matthes-Prütting* (Fn. 292) § 12 Rdnr. 130.

[365] *Frank* Anspruchsmehrheiten im Streitwertrecht (1986) 169 ff.; *Becker-Glaremin* Streitwertaddition beim mit uneigentlichem Hilfsantrag geltend gemachten Weiterbeschäftigungsanspruch NZA 1989, 207; *Hecker* Streitwerte im Individualarbeitsrecht AnwBl 1984, 116; *Mümmler* Zum Streitwert der Kündigungsschutzklage im arbeitsgerichtlichen Verfahren JurBüro 1985, 1281; *Philippsen-Dörner* Aktuelle Fragen zur Streitwertfestsetzung im Kündigungsschutzprozeß NZA 1987, 113; *E. Schumann* BB 1983, 506 ff.; *Wenzel* Die Streitwertaddition im Kündigungsrechtsstreit BB 1984, 1494; Überblick bei *Bader* in HzA (Stand: April 1991) Gruppe 21 § 12 ArbGG Rdnr. 18 ff.

[366] *BAG* AP § 12 ArbGG 1953 Nr. 16 (abl. *Tschischgale*) = NJW 1967, 903 (Vergleich); Nr. 17 und 20; *LAG*

Baden-Württemberg JurBüro 1991, 1479; *LAG Bremen* LAGE ArbGG 1979 Nr. 80; *LAG Nürnberg* LAGE ArbGG 1979 Nr. 73, 74; *Frank* (vorige Fn.) 169 ff.; *Grunsky*[6] (Fn. 292) § 12 Rdnr. 5 a; *Germelmann-Matthes-Prütting* (Fn. 292) § 12 Rdnr. 107; *Corts* NZA 1989, 592; *Mümmler* JurBüro 1985, 1281, 1288; *E. Schumann* BB 1983, 506 ff.; ablehnend *GK-ArbGG-Wenzel* (Fn. 292) § 12 Rdnr. 159.

[367] So auch *LAG Nürnberg* LAGE ArbGG 1979 Nr. 74; *Grunsky*[6] (Fn. 292) § 12 Rdnr. 5 a; a. A. *Germelmann-Matthes-Prütting* (Fn. 292) § 12 Rdnr. 107.

[368] *LAG Stuttgart* AnwBl 1988, 180 (abl. *E. Schneider* KostRsp. § 12 ArbGG Nr. 169); *LAG Düsseldorf* JurBüro 1986, 911, 912; 1985, 767; *LAG Berlin* JurBüro 1707; AnwBl 1983, 35; *LAG Hannover* JurBüro 1985, 767; *LAG Hamburg* AnwBl 1984, 150; *LAG Kiel* AnwBl 1982, 206; *LAG Hamm* AnwBl 1982, 394; *LAG Baden-Württemberg* JurBüro 1982, 910; *Hillach-Rohs*[8] (Fn. 1) 444 f. m. w. N. in Fn. 1324; *Hecker* AnwBl 1984, 116, 121 f.

Rdnr. 7 Fn. 13). Im allgemeinen Zivilprozeß wird eine wirtschaftliche Identität beim Zusammentreffen von Leistungsanträgen und präjudiziellen Feststellungsanträgen bejaht, weil die aus dem Feststellungsantrag hergeleiteten Leistungsansprüche im Feststellungsbegehren schon wertmäßig enthalten sind und andererseits der Leistungsantrag eine Entscheidung über das bedingte Rechtsverhältnis voraussetzt (→ § 5 Rdnr. 7)[369]. Die von den Landesarbeitsgerichten vertretene Wertaddition hat schon wiederum zu Beschränkungen Anlaß gegeben, um »Gebührenschneidereien« entgegenzutreten[370]. Doch sind das nur Folgeerscheinungen eines verfehlten Ansatzes. Ein *Auskunftsanspruch* wurde im Bestandsschutzverfahren allerdings wegen wirtschaftlicher Identität nicht gesondert bewertet[371]. Die eingeklagten Lohn- oder Gehaltsansprüche sind grundsätzlich nach § 12 Abs. 7 S. 2 und nicht nach S. 1 ArbGG zu bewerten[372]. Wenn aber bei einer Klage auf künftige Leistung lediglich streitig ist, ob das Arbeitsverhältnis durch Kündigung beendet worden ist, dann ist § 12 Abs. 7 S. 1 ArbGG anzuwenden[373] (zur vergleichbaren Lage bei Mietstreitigkeiten → § 8 Rdnr. 3 a. E.).

bb) Kündigungsschutzklage und Weiterbeschäftigungsanspruch

Eine vergleichbare Problematik ergibt sich, wenn eine Kündigungsschutzklage – wie meist – mit einer Klage auf Weiterbeschäftigung verbunden wird. Macht der Arbeitnehmer in einer Klage neben dem Feststellungsantrag nach § 4 S. 1 KSchG noch den Weiterbeschäftigungsanspruch für die Zeit nach dem Kündigungstermin geltend, so rechnen viele Landesarbeitsgerichte die Werte beider Ansprüche wegen wirtschaftlicher Selbständigkeit zusammen[374], wobei der Weiterbeschäftigungsanspruch vielfach mit einem[375] oder mit zwei Monatseinkünften angesetzt wird. Doch ist auch hier richtigerweise davon auszugehen, daß der Weiterbeschäftigungsanspruch keine eigenständige wertmäßige Bedeutung hat[376].   **129**

Häufiger ist daher versucht worden, der Streitwertaddition dadurch zu entgehen, daß der Weiterbeschäftigungsantrag als *unechter Hilfsantrag* zum Kündigungsschutzantrag mit der angestrebten Folge des *§ 19 Abs. 4 GKG* gestellt wurde[377]. Maßgebend wäre dann der jeweils höhere Wert. Stimmt man dem zu, dann ist die Bewilligung von Prozeßkostenhilfe für einen unbedingt gestellten Weiterbeschäftigungsanspruch wegen Mutwilligkeit abzulehnen[378]. Überwiegend wird aber vertreten, daß bei der Streitwertfestsetzung die Streitwerte des Kündigungsschutzantrages und des in Form des unechten Hilfsantrages[379] gestellten Weiter-   **130**

---

[369] *E. Schumann* BB 1983, 507; a. A. *Wenzel* BB 1984, 1494.

[370] *LAG Hamm* AnwBl 1984, 152 (*H. Schmidt*).

[371] *LAG Hamburg* JurBüro 1988, 1160, 1162.

[372] *LAG Hamm* AnwBl 1984, 152; a. A. *LAG Nürnberg* KostRsp. ArbGG § 12 Nr. 130 (abl. *E. Schneider*).

[373] *LAG Nürnberg* LAGE ArbGG 1979 Nr. 74 (mit überzeugender Begründung); *LAG Baden-Württemberg* LAGE ArbGG 1979 § 12 Nr. 47; *Zöller-E. Schneider*[17] § 3 Rdnr. 16 »Arbeitsgerichtsverfahren« (→ Rdnr. 124).

[374] *LAG München* JurBüro 1990, 1609 (1-fach); *LAG Hamm* AnwBl 1989, 621; 1987, 554; 1984, 147, 149 (unter Aufgabe von MDR 1980, 347) (2-fach); JurBüro 1990, 1605, 1606 (1/2 [enger zeitlicher Zusammenhang mehrerer Kündigungen]; *LAG Niedersachsen* NdsRpfl. 1986, 219 (2-fach); *LAG Düsseldorf* JurBüro 1985, 767 und 1710 (2-fach); *LAG Köln* BB 1982, 1427; *LAG Hamburg* AnwBl 1989, 168 (1-fach); *LAG Mainz* AnwBl 1983, 36 (1/2); *Hillach-Rohs*[8] (Fn. 1) 446; *E. Schneider* MDR 1990, 199; *Vossen* DB 1986, 326, 329; w. Nachw. bei *Mümmler* JurBüro 1990, 1269; zustimmend auch *GK-ArbGG-Wenzel* (Fn. 292) § 12 Rdnr. 160.

[375] *LAG München* NZA 1992, 140, 141; *LAG Hamburg* AnwBl 1990, 49.

[376] Zutreffend *LAG Baden-Württemberg* JurBüro 1992, 535, 536; 1990, 1268, 1269 (abl. *Mümmler*); 1990, 1270; AnwBl 1985, 588; *ArbG Münster* BB 1983, 540 (zust. *E. Schumann*); *LAG Schleswig-Holstein* LAGE ArbGG 1979 § 12 Nr. 34 (abl. *E. Schneider*); *LAG Saarland* KostRsp. ArbGG § 12 Nr. 109 (*E. Schneider*); *Frank* (Fn. 365) 197; *Grunsky*[6] (Fn. 292) § 12 Rdnr. 5 c.

[377] So *LAG Rheinland-Pfalz* NZA 1991, 32 (LS); *LAG Düsseldorf* JurBüro 1991, 418 (*Mümmler*); 1990, 243; 1989, 243; 1989, 955; *LAG Baden-Württemberg* JurBüro 1988, 1156 (zust. *Mümmler*) (aber jetzt aufgegeben in JurBüro 1991, 209); *LG Köln* JurBüro 1990, 525 (abl. *E. Schneider* KostRsp. GKG § 19 Nr. 158); abl. *E. Schneider* KostRsp. ArbGG § 12 Nr. 183; *Mümmler* JurBüro 1990, 247; 1990, 1537, 1539; *Becker-Glaremin* NZA 1989, 207, 208.

[378] *LAG Düsseldorf* LAGE ZPO § 114 Nr. 16.

[379] Dessen Zulässigkeit bejaht mit Recht *BAG* NZA 1988, 741; *LAG München* NZA 1992, 140.

beschäftigungsanspruchs zusammenzurechnen sind und § 19 Abs. 4 GKG nicht zur Anwendung kommt[380].

131   Nach zutreffender Auffassung regelt § 19 Abs. 4 GKG den Fall des unechten Hilfsantrages nicht (→ § 5 Rdnr. 27). Der Gesetzgeber wollte dort nur den Fall des echten Hilfsantrages regeln, wo der Kläger von zwei Leistungen nur eine will, wogegen er beim unechten Hilfsantrag beide anstrebt. Gleichwohl kommt es zur Addition nur dann, wenn wirtschaftlich verschiedene Streitgegenstände zu bewerten sind. Das ist beim unechten Hilfsantrag auf Weiterbeschäftigung genau so wenig der Fall wie beim echten Hilfsantrag. Richtigerweise entscheidet demnach in beiden Fällen der *jeweils höhere Wert*[381].

cc) Mehrere Kündigungen

132   Gesetzlich nicht geregelt ist der Fall, wie mehrere im Streit befindliche Kündigungen bei der Streitwertfestsetzung zu berücksichtigen sind. Richtigerweise bildet in Bestandsstreitigkeiten § 12 Abs. 7 S. 1 ArbGG jedenfalls dann die *obere Grenze für die Wertfestsetzung* (→ Rdnr. 126), wenn in einem Rechtsstreit mehrere gleichzeitig ausgesprochene oder zeitnah aufeinanderfolgende Kündigungen durch Kündigungsschutzanträge angegriffen werden. Zwar handelt es sich nach der »Theorie des punktuellen Streitgegenstandes« um mehrere Streitgegenstände; doch sind diese nicht gesondert zu bewerten, weil sie wirtschaftlich identisch sind[382]. Das gilt auch nach einer Klageverbindung[383], die regelmäßig durch das Arbeitsgericht zu bewirken ist. Richtet der Arbeitnehmer in zwei getrennten Verfahren eine Kündigungsschutzklage gegen zwei Arbeitgeber, die er im Hinblick auf sein Arbeitsverhältnis für Gesamtschuldner hält, so kann der Streitwert in beiden Prozessen nicht nach dem Höchstwert des § 12 Abs. 7 S. 1 ArbGG bemessen werden[384]. Werden wegen derselben Kündigung zwei Prozesse gegen verschiedene Unternehmen anhängig gemacht, so soll jeder Einzelprozeß streitwertmäßig selbständig zu behandeln sein, selbst wenn der Kläger die Passivlegitimation nicht sicher zu beurteilen weiß[385].

133   Die Landesarbeitsgerichte sind der Rechtsprechung des Bundesarbeitsgerichts (→ Fn. 382) nicht durchweg gefolgt. So wird auch in diesem Bereich bisweilen einer Streitwertaddition das Wort geredet[386]. Gelegentlich wird die »Differenztheorie« angewandt, wonach für die erste Kündigung ein Vierteljahresentgelt angesetzt wird und die zeitlich nachfolgenden weiteren Kündigungen zu verschiedenen Terminen mit einem besonderen Streitwert bewertet werden, die der zeitlichen Differenz entsprechen[387]. Auch sonst findet sich die Bewertung der ersten Kündigung mit dem Höchstwert des § 12 Abs. 7 S. 1 ArbGG und für die weiteren Kündigungen eine gestaffelte Bewertung[388].

---

[380] *LAG München* NZA 1992, 140; *LAG Saarland* KostRsp. GKG § 19 Nr. 159; *LAG Köln* LAGE GKG § 19 Nr. 8 (Vergleich); *LAG Hamm* MDR 1988, 994; *LAG Schleswig-Holstein* JurBüro 1987, 1056 (abl. *Mümmler*); *E. Schneider* NZA 1989, 231; *Zirnbaur* NZA 1989, 34, 41 f.; *Moers* NZA 1989, 245, 255; *GK-ArbGG-Wenzel* (Fn. 292) § 12 Rdnr. 87.

[381] Ebenso *LAG Baden-Württemberg* JurBüro 1990, 1270, 1271; 1991, 209 (Zahlungsansprüche); 1991, 1479, 1480.

[382] *BAG* AP § 12 ArbGG 1979 Nr. 8; auch *BAG* AP § 12 ArbGG 1953 Nr. 16 (sub 2 der Gründe); *LAG Frankfurt a.M.* JurBüro 1989, 58; *LAG München* JurBüro 1989, 58; *LAG Baden-Württemberg* JurBüro 1992, 535; 1991, 212 (unter Aufgabe der Begründung von *LAG Baden-Württemberg* JurBüro 1988, 1157 [Eventualkumulierung und § 19 Abs. 4 GKG]); *LAG Niedersachsen* JurBüro 1986, 1868; *LAG Berlin* AuR 1985, 294; vgl. auch *LAG Schleswig-Holstein* JurBüro 1985, 1709; *Grunsky*[6]

(Fn. 292) § 12 Rdnr. 5; einschränkend *Frank* (Fn. 365) 198 f.; w.N. bei *Philippsen-Dörner* NZA 1987, 113 ff.; *LAG Köln* JurBüro 1991, 64 (fristlose und gleichzeitige hilfsweise fristgerechte Kündigung).

[383] *LAG München* JurBüro 1989, 191, 192; *LAG Baden-Württemberg* JurBüro 1991, 667; zust. *Mümmler* JurBüro 1992, 79.

[384] *LAG Hamm* JurBüro 1982, 1227.

[385] *LAG Hamm* JurBüro 1986, 436; zust. *Hillach-Rohs*[8] (Fn. 1) 440.

[386] *LAG Hamburg* JurBüro 1988, 1154; 1985, 765 (unter Aufgabe der bisherigen Rspr.; zust. *Mümmler*); w.N. bei *Mümmler* JurBüro 1991, 65.

[387] *LAG Düsseldorf* JurBüro 1985, 1709; EzA § 12 ArbGG 1979 Nr. 2.

[388] *LAG Köln* JurBüro 1989, 1109; *LAG Bremen* MDR 1987, 525; ferner *LAG Hamm* JurBüro 1990, 1605 f.; 1990, 1607 (zust. *Mümmler*).

»Zeitnah« aufeinanderfolgende Kündigungen werden verneint, wenn der zwischen den **134**
Kündigungsterminen liegende Zeitraum mindestens sechs Monate umfaßt. Hier soll der
Wertrahmen des § 12 Abs. 7 ArbGG wieder voll ausgeschöpft werden[389].

Wird ein Arbeitsverhältnis mehrfach vom Arbeitgeber gekündigt, und erhebt der Arbeit- **135**
nehmer gegen jede Kündigung eine *gesonderte Klage*, so wird der Streitwert für jede Klage
unabhängig vom Streitwert der anderen Klage gemäß § 12 Abs. 7 S. 1 ArbGG festgesetzt[390].
Dagegen will das *LAG München*[391] für die Streitwertbestimmung auf die jeweiligen Beendi-
gungstermine und den Zeitraum abstellen, der zwischen ihnen liegt. Richtigerweise muß bei
getrennten Prozessen jede Klage voll bewertet werden, da das Additionsverbot nur für einen
einheitlichen Prozeß gilt[392]. Die prozessuale Vorgehensweise hat – wie auch sonst – Einfluß
auf die Streitwertberechnung[393]. Allerdings hat das Arbeitsgericht regelmäßig die prozessuale Pflicht, die getrennten Klagen mit der Folge des Additionsverbotes zu verbinden[394].

dd) Gesonderte Bewertung

Auch bei Ablehnung der Addition müssen die einzelnen Streitgegenstände zunächst geson- **136**
dert bewertet werden, damit der jeweils maßgebliche höchste Wert ermittelt werden kann[395].
Abgesehen davon sind etwa die Werte des Verzichts auf Zahlung einer Karenzentschädigung,
der Vereinbarung der Freistellung von der Arbeitsleistung und der Erteilung eines Zeugnisses
gesondert zu ermitteln und zum Wert der Kündigungsschutzklage zu addieren. Diese Ansprüche sollen im Gegensatz zum Lohnfortzahlungs- oder Weiterbeschäftigungsanspruch den
Bestand des Arbeitsverhältnisses nicht sichern[396]. Insoweit liegt keine wirtschaftliche Identität vor.

e) Änderungskündigung

§ 12 Abs. 7 ArbGG findet dann Anwendung, wenn der Arbeitnehmer bei der *Änderungs-* **137**
kündigung das Angebot des Arbeitgebers nicht unter Vorbehalt annimmt, sondern im ganzen
gegen die Kündigung vorgeht. Der Streitwert bestimmt sich dann nach dem vollen Monats-
lohn und nicht nach der Differenz zwischen dem bisherigen und dem angebotenen Verdienst[397].

Umstritten ist die Rechtslage, wenn der Arbeitnehmer das Angebot *unter Vorbehalt* **138**
annimmt (§ 2 KSchG). Das Bundesarbeitsgericht[398] nimmt als Rechtsgrundlagen für die
Bemessung des Gebührenstreitwerts die §§ 12 ff. GKG, insbesondere § 17 Abs. 3 GKG i. V. m.
§ 3 ZPO an. Maßgebend sein soll zunächst nach § 17 Abs. 3 letzte Alternative GKG der
dreifache Jahresbetrag des Wertes der Änderung, wenn nicht der Gesamtbetrag der geforderten Leistungen geringer ist. Der ermittelte Wert ist entsprechend dem Schutzzweck des § 12

---

[389] *LAG Hamm* JurBüro 1990, 39.
[390] *LAG Baden-Württemberg* JurBüro 1991, 667; *LAG Nürnberg* LAGE § 12 ArbGG 1979 Nr. 78 m. N. der unterschiedlichen Praxis der Landesarbeitsgerichte.
[391] *LAG München* JurBüro 1990, 40; *LAGE* ArbGG 1979 § 12 Nr. 81 u. ö.
[392] Vgl. *LAG Baden-Württemberg* JurBüro 1991, 667; *E. Schumann* BB 1983, 508; a. A. *GK-ArbGG-Wenzel* (Fn. 292) § 12 Rdnr. 138.
[393] A. A. *Germelmann-Matthes-Prütting* (Fn. 292) § 12 Rdnr. 100.
[394] *LAG Baden-Württemberg* JurBüro 1991, 667, 668.
[395] *Frank* (Fn. 365) 173.

[396] *LAG Kiel* JurBüro 1982, 425 (zust. *Mümmler*); *Frank* (Fn. 365) 203 Fn. 198; für die Addition des Zeugnisanspruchs auch *Mümmler* JurBüro 1985, 1281, 1292.
[397] *LAG Düsseldorf* JurBüro 1986, 911; *Grunsky*[6] (Fn. 292) § 12 Rdnr. 4 d.
[398] *BAG* EzA ArbGG 1979 § 12 Nr. 64 (abl. *E. Schneider*; *ders.* KostRsp. § 12 ArbGG Nr. 199; *Lappe* NJW 1990, 2364); zust. jedoch *LAG Rheinland-Pfalz* LAGE ArbGG 1979 § 12 Nr. 91 (unter Aufgabe der früheren Rspr.); *Grunsky*[6] (Fn. 292) § 12 Rdnr. 4 e; Überblick bei *Becker-Schaffner* BB 1991, 129, 137; gegen das *BAG* ausführlich *GK-ArbGG-Wenzel* (Fn. 292) § 12 Rdnr. 110.

Abs. 7 S. 1 und 2 ArbGG auf die Beträge zu begrenzen, die nach diesen Vorschriften als Höchstwerte angenommen werden dürfen. Dafür soll maßgeblich sein der jeweils niedrigere Höchstwert, um dem auf Kostenbegrenzung gerichteten Schutzzweck der Normen zu genügen. Als Vierteljahresbetrag i. S. v. § 12 Abs. 7 ArbGG wird der volle Verdienst und nicht nur der Differenzbetrag angenommen.

139   Die Entscheidung hat nicht den erhofften Rechtsfrieden gebracht. Die Landesarbeitsgerichte[399] wenden mit Recht überwiegend § 12 Abs. 7 S. 1 ArbGG direkt an, wobei als Ausgangspunkt der Schätzung nach § 3 ZPO die *vierteljährliche Vergütungsdifferenz* angenommen wird, die bis zur Höchstgrenze des § 12 Abs. 7 S. 1 ArbGG durch Gesichtspunkte des Prestiges und der Rehabilitation angemessen erhöht werden kann. Soll die Vergütung auf Dauer reduziert werden, so kann der Streitwertrahmen des § 12 Abs. 7 S. 1 ArbGG ausgeschöpft werden[400]. Die Berücksichtigung der genannten Elemente ist zulässig, weil sie sich innerhalb der als vermögensrechtlich zu wertenden Änderungskündigung lediglich als unselbständige Schätzungsposten darstellen. Die genannten Grundsätze finden auch Anwendung auf ein Begehren des Arbeitnehmers, das auf eine inhaltliche Abänderung des Arbeitsvertrages gerichtet ist[401]. Vergleichbares gilt für Klageverfahren auf Ermäßigung der Arbeitszeit nach § 85a LBGNW[402].

Nicht begründbar ist die bisweilen vertretene Anwendung von § 12 Abs. 7 S. 2 ArbGG, wonach der Wert einer Änderungskündigungsschutzklage auf den 36-fachen Differenzbetrag zum bisherigen Monatsentgelt, maximal jedoch auf ein Vierteljahresentgelt festzusetzen ist[403]. Desgleichen findet die pauschale Festsetzung von einem oder zwei Monatseinkommen im Gesetz keine Stütze[404].

5. Zeitpunkt

140   Für die Festsetzung des Streitwerts im Urteil (§ 61 Abs. 1 ArbGG) ist maßgebend der Zeitpunkt der letzten mündlichen Verhandlung, gegebenenfalls also der Zeitpunkt der in ihr verkündeten Entscheidung. Gegen § 4 Abs. 1 HS 1 ist damit nicht entscheidend der Zeitpunkt der Klageeinreichung[405]. Wertverschiebungen während des erstinstanzlichen Verfahrens sind bereits bei der Festsetzung in dem arbeitsgerichtlichen Urteil zu berücksichtigen. Die Aufhebung des § 69 Abs. 2 ArbGG (→ Rdnr. 143) hat daran nichts geändert. Demnach richtet sich der Streitwert nur nach dem Teil des Streitgegenstandes, über den erkannt worden ist. Bei einem Teilurteil ist also der dem Schlußurteil vorbehaltene Teil unbeachtlich[406]. Das gleiche gilt nach teilweiser Klagerücknahme für den zurückgenommenen Teil.

141   Wird für die Kostenberechnung ein *selbständiger Gebührenstreitwert festgesetzt* (§§ 12 Abs. 7 ArbGG; 24 S. 2 GKG i. V. m. §§ 14–20 GKG) (→ Rdnr. 115), ist im ersten Rechtszug vor dem Arbeitsgericht wie im Verfahren vor den ordentlichen Gerichten der Zeitpunkt der

[399] *LAG Hamm* JurBüro 1990, 329; LAGE ArbGG 1979 § 12 Nr. 82 unter ausdrücklicher Abweichung von *BAG* EzA ArbGG 1979 § 12 Nr. 64 (vorige Fn.); zust. *E. Schneider* KostRsp. § 12 ArbGG Nr. 202; ebenso *ArbG Dortmund* AnwBl 1990, 398; früher schon *LAG Stuttgart* AnwBl 1985, 588; *LAG Berlin* AuR 1983, 124; *Tschischgale-Satzky*[3] (Fn. 292) 35; *Germelmann-Matthes-Prütting* (Fn. 292) § 12 Rdnr. 113 (aber gegen die Berücksichtigung von weitergehenden Interessen wie z. B. der Rehabilitation); *GK-ArbGG-Wenzel* (Fn. 292) § 12 Rdnr. 110.

[400] So *LAG Baden-Württemberg* JurBüro 1990, 1268 (1/4 des ausgeschöpften Streitwertrahmens).

[401] *LAG Düsseldorf* JurBüro 1990, 1511 (aber unter verfehlter Abhebung auf 2 Monatssätze).

[402] *LAG Hamm* KostRsp. ArbGG § 12 Nr. 217 [LS].

[403] So aber *LAG München* JurBüro 1984, 1399; AP § 12 ArbGG 1979 Nr. 10; *LAG Bremen* AP § 12 ArbGG 1979 Nr. 14; *Hecker* AnwBl 1984, 116, 119; abl. *GK-ArbGG-Wenzel* (Fn. 292) § 12 Rdnr. 110.

[404] Dafür aber *LAG Düsseldorf* LAGE ArbGG 1979 § 12 Nr. 87; JurBüro 1987, 626; 1985, 121 (zust. *Schroeder*); *LAG Frankfurt a. M.* NZA 1986, 35 (1 Monatsgehalt).

[405] Allgemeine Meinung: *LAG Bremen* AP GKG § 23 Nr. 1; *Grunsky*[6] (Fn. 292) § 61 Rdnr. 4; *Germelmann-Matthes-Prütting* (Fn. 292) § 61 Rdnr. 17; *Schaub*[5] (Fn. 292) § 104 (S. 736).

[406] *BAG* AP § 64 ArbGG 1953 Nr. 25 (*Schnorr von Carolsfeld*); *BAGE* 7, 234 = AP § 69 ArbGG 1953 Nr. 27 (*Baumgärtel*).

Klageeinreichung entscheidend und nicht der Zeitpunkt der letzten mündlichen Verhandlung[407] (§ 4 Abs. 1 HS 1 ZPO).

6. Bindungswirkung

Eine nachträgliche Änderung der im Urteil gemäß § 61 Abs. 1 ArbGG vorgenommenen **142**
Streitwertfestsetzung (→ Rdnr. 114) durch Beschluß des Arbeitsgerichts ist ausgeschlossen
(§ 318 ZPO). Ergeht neben der Wertfestsetzung im Urteilstenor ein selbständiger Streitwertfestsetzungsbeschluß für die Gebühren (→ Rdnr. 115), so gilt hinsichtlich der Bindung und der
Rechtsmittel dasselbe wie beim ordentlichen Gericht (→ Rdnr. 85 ff.). Es findet die Beschwerde nach § 25 Abs. 2 GKG statt (→ Rdnr. 85)[408]. Die Streitwertbeschwerde ist kein befristetes
Rechtsmittel i. S. d. § 9 Abs. 5 ArbGG[409], so daß eine Rechtsmittelbelehrung nicht erforderlich
ist.

7. Berufungsverfahren

Die Streitwertfestsetzung im arbeitsgerichtlichen Urteil (§ 61 Abs. 1 ArbGG) wirkt grund- **143**
sätzlich für alle Instanzen (→ Rdnr. 114). Deshalb wird im Berufungsverfahren der Streitwert
nicht erneut festgesetzt. Auch bei einer Änderung des Wertes des Streitgegenstandes nach der
letzten mündlichen Verhandlung vor dem Arbeitsgericht ist eine Neufestsetzung des Streitwerts nicht erforderlich, weil die arbeitsgerichtliche Revision nicht streitwertabhängig ist. Die
auf einem Redaktionsversehen beruhende Norm des § 69 Abs. 2 ArbGG ist nunmehr durch
Art. 1 Nr. 17 des Gesetzes vom 26. 6. 1990 aufgehoben worden (→ Rdnr. 113). An der
Bindung des Berufungsgerichts an den nach § 61 Abs. 1 ArbGG festgesetzten Wert hat es
nichts geändert[410]. Eine Abänderung der Streitwertfestsetzung nach § 61 Abs. 1 ArbGG ist
auch nicht im Hinblick auf einen etwa abweichenden Gebührenstreitwert erforderlich. Insoweit wird keine Bindungswirkung entfaltet (→ Rdnr. 115).

Das Berufungsgericht hat für *seine Instanz* jedoch einen Gebührenstreitwert festzusetzen, **144**
sei es von Amts wegen oder auf Antrag. Von der Gebührenstreitwertfestsetzung des Arbeitsgerichts (→ Rdnr. 115) ist der gebührenrechtliche Streitwert in der Berufungsinstanz nur im
Rahmen des § 14 Abs. 2 S. 1 GKG abhängig (→ § 3 Rdnr. 47 »Gebührenstreitwert in der
Rechtsmittelinstanz«)[411]. Nach § 14 Abs. 2 S. 2 GKG gilt das nicht, wenn der Streitgegenstand
im Berufungsverfahren erweitert wird. Auch für die Rechtsanwaltsgebühren ist die besondere
gebührenrechtliche Streitwertfestsetzung maßgebend (§ 9 Abs. 1 BRAGO). Vom festgestellten Streitwert nach § 61 Abs. 1 ArbGG ist die Festsetzung des Gebührenstreitwerts in der
Berufungsinstanz nicht abhängig (§ 12 Abs. 7 S. 3 ArbGG).

8. Revisionsverfahren

Für die Zulässigkeit der Revision ist die Streitwertfestsetzung des Arbeitsgerichts nach § 61 **145**
Abs. 1 ArbGG unerheblich. Doch muß das Revisionsgericht die Zulässigkeit der Berufung
ermitteln. Bei der Prüfung der Beschwer scheidet eine Bindung aus, wenn die Festsetzung

---

[407] *LAG Hamm* JurBüro 1990, 1605; *LAG Nürnberg*
JurBüro 1989, 59; *LAG Düsseldorf* NJW 1964, 1045;
Hillach-Rohs[8] (Fn. 1) 458; widersprüchlich die Vorauflage: § 2 Rdnr. 129 einerseits und § 4 Rdnr. 36 andererseits.
[408] *LAG Düsseldorf* JurBüro 1990, 41.
[409] *OLG Köln* JurBüro 1991, 1678 f.; *LAG Hamm* BB
1986, 948 (LS).

[410] *H. Koch* NJW 1991, 1856, 1857 li. Sp.; *N. Schwab*
NZA 1991, 657, 659 li. Sp.
[411] *LAG München* EzA ArbGG 1979 § 12 Nr. 28; *LAG
Düsseldorf* EzA GKG § 25 Nr. 3; a. A. *LAG Rheinland-
Pfalz* EzA ArbGG 1979 § 61 Nr. 6 (freilich mit abwei-
chendem Ausgangspunkt).

nach § 61 Abs. 1 ArbGG offensichtlich unrichtig ist (→ Rdnr. 114). Das ist dann der Fall, wenn sie in jeder Beziehung unverständlich und unter keinem vernünftigen Gesichtspunkt zu rechtfertigen ist und außerdem der zutreffende Streitwert auf den ersten Blick die für den Beschwerdewert maßgebende Grenze übersteigt oder unterschreitet[412]. Eine Festsetzung des Rechtsmittelstreitwerts scheidet naturgemäß aus.

146   Das Bundesarbeitsgericht[413] setzt den *Gebührenstreitwert* für die Revisionsinstanz selbst fest. An Streitwertfestsetzungen der Vorinstanzen ist es nicht gebunden. Ist der Beschwerdeführer bei der Nichtzulassung der Beschwerde bei objektiver Klagehäufung nur teilweise unterlegen, bestimmt sich der Streitwert für die Nichtzulassungsbeschwerde nicht nach dem Gesamtstreitwert, sondern nur nach der Höhe des abgewiesenen Teils[414].

§ 3   [Wertfestsetzung nach freiem Ermessen]

Der Wert wird von dem Gericht nach freiem Ermessen festgesetzt; es kann eine beantragte Beweisaufnahme sowie von Amts wegen die Einnahme des Augenscheins und die Begutachtung durch Sachverständige anordnen.

Gesetzesgeschichte: sprachlich neu gefaßt durch die Novelle 1950 BGBl I 535 (→ Einl. Rdnr. 148), sachlich geändert durch das 1. EheRG BGBl 1976 I 1421 (→ Einl. Rdnr. 157) mit Wirkung vom 1.7.1977 (→ unten Rdnr. 6).

Stichwortverzeichnis → *Wertschlüssel* (→ unten Rdnr. 41 ff.).

---

[412] *BAG* AP § 61 ArbGG Nr. 3; *Schaub*[5] (Fn. 292) § 104 (S. 739); *LAG Berlin* LAGE ZPO § 322 Nr. 1; *LAG München* JurBüro 1988, 856; *Bauer/Hahn* DB 1990, 2471, 2472.

[413] *BAG* AP § 12 ArbGG 1979 Nr. 9; *Schaub*[5] (Fn. 292) § 104 (S. 739).
[414] *BAG* AP § 12 GKG 1975 Nr. 1.

I. Funktion[1]

§ 3 bedeutet eine Auffangnorm für die Wertberechnung. Sie kommt nur zur Anwendung, **1** wenn der Streitwert nicht durch spezielle Vorschriften *normativ bestimmt ist (Subsidiaritäts- prinzip).* Vor einer Anwendung des § 3 ist deshalb stets zu prüfen, ob eine vorrangige Wertvorschrift (→ Rdnr. 2) einschlägig ist. § 3 ist nicht Ausdruck einer allgemeinen *kosten- rechtlichen General- oder Billigkeitsklausel* und darf nicht dazu verwendet werden, normativ ermittelte Streitwerte (→ sogleich Rdnr. 2) zu überprüfen und ggf. zu korrigieren. Der *Zweck* des § 3 erschöpft sich im Gewähren eines unkomplizierten Verfahrens (→ Rdnr. 9), wenn keine anderen Vorschriften zur Verfügung stehen.

1. Typen normativer Streitwerte

Normative Streitwerte bezwecken, eine ausschließliche Bewertung nach den Interessen **2** des Klägers auszuschalten[2]. § 3 wird insbesondere durch folgende spezielle Wertregelungen ausgeschlossen:

a) §§ 4; 6–9

Die genannten Normen dienen der *Rechtssicherheit und der prozessualen Gleichbehand- lung* und verbieten die ausschließliche Bewertung nach den Klägerinteressen. So stellt § 6 für eine Besitz- oder Eigentumsklage nicht auf das Klägerinteresse, sondern auf den Wert der umstrittenen Sache ab (→ § 6 Rdnr. 1). § 7 orientiert den Streitwert unabhängig von der Parteirolle an den Parteiinteressen, aber nicht am Klägerinteresse (→ § 7 Rdnr. 1). Entschei- dend ist vielmehr das jeweils höchste Interesse. Die §§ 4; 6–9 erfassen quantitativ den wohl größten Teil der Zivilprozesse.

b) Bezifferter Klageantrag

Wird eine bezifferte Summe im Antrag genannt, so ist diese für den Streitwert maßgebend (→ § 2 Rdnr. 93). Es handelt sich um einen normativen Streitwert, der auf den gleichen Grundsätzen beruht, wie sie den §§ 4; 6–9 zugrunde liegen. Auf das konkrete wirtschaftliche Interesse des Klägers kommt es nicht an. Aus diesem Grunde bleibt die Frage der *Einbring- lichkeit* außer Ansatz (→ § 2 Rdnr. 13). Auch ist etwa bei einem *Musterprozeß* das wirtschaft- lich höhere Interesse nicht entscheidend.

---

[1] Lit.: *E. Schumann* Grundsätze des Streitwertrechts NJW 1982, 1257; *Mümmler* Aufgabe des normativen Streitwerts? JurBüro 1991, 767.

[2] *E. Schumann* NJW 1982, 1257, 1258; *Mümmler* Jur- Büro 1991, 767.

c) Rechts- und sozialstaatlich geprägte normative Streitwerte

Dazu gehören drei Streitwertgruppen, die den Rechtsschutz erleichtern und das *Prozeßkostenrisiko* vorhersehbar machen sollen. *Generell herabgesetzte* Streitwerte finden sich vor allem im *Gebührenstreitwert* (→ § 2 Rdnr. 42). Für das *Arbeitsrecht* sind zu nennen § 12 Abs. 7 ArbGG (→ § 2 Rdnr. 123 ff.) sowie für den ordentlichen Zivilprozeß § 16 GKG für Miet-, Pacht- und ähnliche Nutzungsverhältnisse (→ § 8 Rdnr. 17 ff.), § 17 GKG für gesetzliche Unterhaltsansprüche, Rentenansprüche wegen Tötung oder Verletzung und weitere wiederkehrende Leistungen (→ § 9 Rdnr. 12), § 17a GKG für den Versorgungsausgleich (→ § 9 Rdnr. 13) und § 20 Abs. 2 GKG für familienrechtliche Arreste und einstweilige Verfügungen (→ § 9 Rdnr. 14). Eine Sonderregelung enthält § 23a 2. Alt. UWG n.F. (→ Rdnr. 39), der zwar keinen Antrag, wohl aber eine richterliche Entscheidung voraussetzt.

Die zweite Gruppe findet sich als *Teilstreitwert*, wonach zunächst unabhängig von der wirtschaftlichen Lage der Beteiligten der Wert nach allgemeinen Grundsätzen ermittelt wird. Anschließend wird auf Antrag der wirtschaftlich schwachen Partei ein niedrigerer Teilstreitwert festgesetzt. Das sind die §§ 144 Abs. 1 PatG; 26 Abs. 1 GebrMG; 31a WZG; 23b Abs. 1 UWG n.F.; 247 Abs. 2 AktG (→ Rdnr. 34 ff.; → § 2 Rdnr. 5). Doch sind die Übergänge fließend (§ 23b Abs. 1 UWG n.F. → Rdnr. 39).

Eine *Rechtsschutzerleichterung* findet sich schließlich auch für den *unbezifferten Klageantrag* (→ § 2 Rdnr. 96 ff.).

d) Nichtvermögensrechtliche Streitigkeiten

Bei nichtvermögensrechtlichen Streitigkeiten bestimmt sich der Gebührenstreitwert nach § 12 Abs. 2 GKG mit einer Eingrenzung nach oben und unten (→ Rdnr. 12).

e) § 22 AGBG

Die Durchsetzung effektiven Rechtsschutzes bewirkt § 22 AGBG mit der Anordnung eines Höchstbetrages. Dadurch wird ein sehr hohes Angreiferinteresse im allgemeinen Interesse an rechtmäßigen Klauselwerken relativiert (→ Rdnr. 41 »Allgemeine Geschäftsbedingungen«).

f) Konkursfeststellungsklagen

§ 148 KO beschränkt das richterliche Ermessen auf die Schätzung der zu erwartenden Konkursquote. Hier wird die Einbringlichkeit berücksichtigt (→ Rdnr. 51 »Konkursfeststellungsprozeß«).

g) § 247 Abs. 1 AktG

Bei Anfechtungs- und Nichtigkeitsklagen des Aktionärs ist ausnahmsweise nicht das ggf. geringe Interesse des Klägers maßgebend, sondern gem. § 247 Abs. 1 AktG die unternehmerische Bedeutung (→ § 2 Rdnr. 14; → Rdnr. 41 »Aktiengesellschaft«). Die Norm ist nicht analog auf Feststellungsklagen anwendbar, mit denen das Bestehen oder Nichtbestehen eines Gesellschaftsvertrages oder eines Gesellschafterbeschlusses bei Personengesellschaften oder des Beschlusses der Mitgliederversammlung eines Vereins geltend gemacht wird[3].

---

[3] A.A. *Happ-Pfeifer* Der Streitwert gesellschaftsrechtlicher Klagen und Gerichtsverfahren ZGR 1991, 103, 117 ff.; wie hier *BGH* ZIP 1992, 918 (Verein).

2. Angreiferinteresse als Auffangregel

Sind die genannten normativen Streitwerte (→ Rdnr. 2) nicht einschlägig, so kommt § 3 zur **3**
Anwendung. Nunmehr ist der Streitwert *konkret* zu bestimmen in dem Sinne, daß das
Interesse des Angreifers für die Wertberechnung entscheidend ist[4]. Der Grund dafür liegt
darin, daß der Angreifer den Streitgegenstand bestimmt und sich die Wertberechnung am
Streitgegenstand orientiert (→ § 2 Rdnr. 10 ff.). Maßgebend ist das *objektive wirtschaftliche
Interesse*[5] (→ Rdnr. 6 f.).

Der ZPO liegt die Vorstellung zugrunde, daß für jeden vermögensrechtlichen Streitgegenstand eine Wertberechnung möglich ist[6]. Das Gesetz kennt keine unschätzbaren Vermögensrechte. Verboten ist das Ausweichen auf *Pauschalwerte*, wenn die Wertfeststellung in vermögensrechtlichen Streitigkeiten sich als schwierig erweist[7]. Das Zurückgreifen auf Pauschalwerte ohne Rücksicht auf die wahren Vermögenswerte bedeutet eine pflichtwidrige Ablehnung der eigenen Ermessensentscheidung. Das widerstreitet der Modellvorstellung der ZPO
und steht im Gegensatz zu neueren Entwicklungen im Kostenrecht. Der frühere allgemeine
Ausgangswert für nichtvermögensrechtliche Streitigkeiten von 3.000 DM in § 14 GKG a.F.
wurde abgeschafft und weithin durch eine Ermessensregel ersetzt (→ Rdnr. 11). Erweist sich
die Wertberechnung einer vermögensrechtlichen Angelegenheit als schwierig, darf erst recht
nicht auf die Bewertungsgrundsätze für nichtvermögensrechtliche Streitigkeiten zurückgegriffen werden (dazu → Rdnr. 11 ff.). Die ganz überwiegende Praxis der Gerichte folgt den
hier dargestellten Grundsätzen. Außer Betracht bleiben muß auch der Rückgriff auf § 13
Abs. 1 S. 2 GKG, der die Wertberechnung im Verfahren vor Gerichten der Verwaltungs- und
Finanzgerichtsbarkeit betrifft (→ § 2 Rdnr. 7).

II. Korrektur; Ergänzung; Erforderlichkeit

1. Korrektur

Im Anwendungsbereich der *normativen Streitwerte* (→ Rdnr. 2) darf § 3 nicht zur Ergeb- **4**
niskorrektur verwendet werden. Tauchen bei der Anwendung von normativen Streitwerten
rechtliche oder tatsächliche Schwierigkeiten auf, so ist der Rückgriff auf § 3 gleichwohl
ausgeschlossen. Ergeben sich im Einzelfall Werte, die dem Gericht als zu hoch oder als zu
niedrig erscheinen, so darf nicht über § 3 geholfen werden. Das widerstreitet dem auf
Vorhersehbarkeit und Rechtssicherheit ausgerichteten Zweck der normativen Streitwerte
und bedeutet zudem ein dem Streitwertrecht fremdes Einfließen von Billigkeitserwägungen
(→ § 2 Rdnr. 7).

2. Ergänzung

Von der verbotenen Korrektur normativer Streitwertregelungen zu unterscheiden ist
deren Ergänzung und Ausfüllung über § 3. Zum Teil verweisen die speziellen Wertvorschriften (→ Rdnr. 2) wiederum auf § 3 oder setzen dessen Anwendung voraus. Auf diese Weise
gelangt § 3 trotz der mit Vorrang ausgestatteten Anwendbarkeit dieser Wertvorschriften

---

[4] *E. Schumann* NJW 1982, 1257, 1260.

[5] *Rosenberg-Schwab*[14] § 32 IV 1 (S. 173); *RGZ* 45, 404
(Vereinigte Zivilsenate).

[6] *RGZ* 10, 322; anders noch das Gemeine Recht: *Wetzell*[3] 717 f.

[7] Unrichtig daher *OLG Braunschweig* JurBüro 1977,
403; *OLG Köln* JurBüro 1971, 718; *OLG Frankfurt a. M.*
Rpfleger 1957, 124; *E. Schneider*[10] (Fn. 1 bei § 2)
Rdnr. 1550.

vielfach doch mittelbar zur Anwendung. So wird die von § 6 für Eigentumsstreitigkeiten gegebene Regel von § 3 ausgefüllt (→ § 6 Rdnr. 12 ff.). Vergleichbar liegt es bei § 7 (→ § 7 Rdnr. 9) oder in Einzelfällen des § 8 (→ § 8 Rdnr. 4) und des § 9 (→ §9 Rdnr. 5).

3. Erforderlichkeit

5   Die Wertberechnung der einzelnen Streitwertarten (→ § 2 Rdnr. 30 ff.) ist nicht bei allen Streitigkeiten erforderlich. Am klarsten trat das früher bei den nichtvermögensrechtlichen Streitigkeiten (→ zum Begriff § 1 Rdnr. 46 f.) hervor, wo lediglich der Gebührenstreitwert berechnet werden mußte (→ § 2 Rdnr. 42 und unten → Rdnr. 11 ff.). Heute richten sich die sachliche Zuständigkeit nach § 23 Nr. 1 GVG n.F. sowie die Berufung nach § 511a Abs. 1 S. 1 ZPO n.F. nach dem Streitwert. Doch entfallen das Bagatellverfahren des § 128 Abs. 3 (nicht aber dasjenige des § 495a) und die privilegierte Vollstreckung (§ 708 Nr. 11). Auch bei vermögensrechtlichen Streitigkeiten müssen nicht immer sämtliche Werte berechnet werden. So bedarf es keiner Berechnung des Gebührenstreitwerts, wenn sich der Betrag aus streitwertunabhängigen Festgebühren wie z. B. in Nr. 1152 KV GKG u. a. ergibt (zudem → § 2 Rdnr. 31 zum Zuständigkeitsstreitwert).

III. Schätzung nach § 3

1. Wortlaut

6   Kommt § 3 direkt oder mittelbar (→ Rdnr. 4) zur Anwendung, setzt das Gericht den Wert »nach freiem Ermessen« fest. Gemeint ist damit eine Wertfestsetzung nach *objektiven Gesichtspunkten* und nicht nach »freiem Belieben«. Vor dem 1. EheRG (→ Einl. Rdnr. 157) war das im Wortlaut der Bestimmung verdeutlicht, wo es »Wert des Streitgegenstandes« hieß. Die Ersetzung durch den Begriff »Wert« brachte aber keine Änderung in der Sache, sondern sollte § 3 auch für andere Wertberechnungen öffnen[8] (→ § 2 Rdnr. 4).

2. Verkehrswert

7   Zu ermitteln ist bei § 3 der wahre Wert im Sinne des Verkehrswerts. Das ist unbestritten, obgleich die ZPO im Gegensatz zu anderen Prozeßordnungen den Begriff »Verkehrswert« vermieden hatte[9]. Dadurch sollte lediglich ermöglicht werden, daß im Ausnahmefall auch einmal ein anderer Wert maßgebend sein kann[10].

Bei marktgängigen Waren bedeutet der Verkehrswert der Handelspreis, bei Wertpapieren der Kurswert. Ansonsten ist der Wert zu ermitteln, den der Gegenstand unter den besonderen Verhältnissen des Einzelfalles für jedermann hat[11]. Nicht maßgebend dagegen ist der Kaufpreis für die zurückerlangte Sache oder eine sonstige Gegenleistung im konkreten Fall[12]. Häufig wird aber der vereinbarte Preis wenigstens ein Indiz für den Wert der Sache sein (→ § 6 Rdnr. 13). Der nach § 3 festzusetzende Wert kann verschieden sein von dem wirtschaftlichen Nutzen, den der Kläger durch einen Prozeßsieg erreicht[13], wie z. B. der Nutzen bei

---

[8] BT-Drucks. 7/650 S. 191 zu Art. 6 Nr. 3.
[9] *Hahn* 147.
[10] *Hahn* 147; *Endemann* § 2 Anm.
[11] *OLG Köln* JMBlNRW 1967, 93.

[12] Vgl. *RG* JW 1902, 181.
[13] *OLG Köln* JurBüro 1980, 244; JMBlNRW 1967, 93; *Hellwig* Lb, 2, 198; *Wach* 381 f. (ältere Nachweise in der Vorauflage Fn. 7).

Besitz der herausverlangten Maschine im Sinne einer Gewinnerwartung des Klägers. Auch können festzusetzender Wert und der wirtschaftliche Schaden, den der Beklagte bei einem Unterliegen erleidet, auseinandergehen.

Unmaßgeblich sind die steuerliche Bewertung[14] wie z.B. der Einheitswert eines Grundstücks, sowie der Liebhaber- oder Affektionswert[15]. Nicht ausgeschlossen ist aber die Mitberücksichtigung von affektiven und ideellen Interessen[16]. Wird ausdrücklich ein Streit um Liebhaber- oder Affektionsinteressen unterbreitet, so muß das Gericht den Wert nach den Vorstellungen des Klägers bemessen. Zum einen können Liebhaberpreise zu Marktpreisen werden[17], zum anderen muß ein Prozeß um derartige Interessen ablaufen können[18]. Zudem kann auch ein zur Anwendung berufenes ausländisches Recht solche Interessen berücksichtigen wollen. Abgesehen von § 148 KO (→ unten Rdnr. 51 »Konkursfeststellungsprozeß«) spielt auch die Einbringlichkeit des geltend gemachten Anspruchs keine Rolle (→ § 2 Rdnr. 13, 94; → oben Rdnr. 2).

3. Wertgrundsätze

Neben den genannten Gesichtspunkten hat das Gericht auch im Anwendungsbereich des   8
§ 3 die *allgemeinen Grundsätze* über die Wertfestsetzung zu beachten. Das freie Ermessen des § 3 dispensiert nur in verfahrensmäßiger Hinsicht (→ sogleich Rdnr. 9), nicht dagegen im Hinblick auf die für den Wert maßgeblichen Prinzipien. Zu beachten sind daher die Ausführungen über die Bedeutung des Streitgegenstandes (→ § 2 Rdnr. 11 ff.), die Wertberechnung bei der Leistungsklage (→ § 2 Rdnr. 17 ff.), der positiven Feststellungsklage (→ § 2 Rdnr. 20 ff.), der negativen Feststellungsklage (→ § 2 Rdnr. 26 ff.), der Gestaltungsklage (→ § 2 Rdnr. 28 f.) sowie über die Grundsätze bei der Wertfestsetzung (→ § 2 Rdnr. 90 ff.). Andernfalls handelt das Gericht ermessensfehlerhaft und daher rechtswidrig.

4. Verfahren

Die Bedeutung des § 3 liegt im verfahrensrechtlichen *Dispens*[19]. Durch das »freie Ermes-   9
sen« des § 3 wird das Gericht unabhängiger gestellt als bei der freien Beweiswürdigung (§ 286) und der Schätzung im Rahmen des § 287. Das Gericht ist an die Parteiangaben nicht gebunden (→ § 2 Rdnr. 90). Wie sich aus dem Wort »kann« ergibt, darf das Gericht eine beantragte Beweisaufnahme selbst dann unterlassen, wenn beide Parteien sie beantragen. Der Streitwert darf ohne jede Beweiserhebung festgesetzt werden (→ § 2 Rdnr. 110). Wie bei § 144 darf das Gericht aber auch von Amts wegen einen Augenschein einnehmen oder einen Sachverständigen hören. Andere Beweisaufnahmen darf es auf Antrag, aber nicht von Amts wegen, vornehmen. Findet eine Beweisaufnahme statt, so ist das Gericht nicht vom formellen Beweisrecht generell freigestellt. Es gelten daher nicht die Grundsätze des Freibeweises (→ vor § 355 Rdnr. 7 ff.), sondern diejenigen des *Strengbeweises*[20]. Das ergibt sich u.a. auch daraus, daß § 3 sogar auf eine Einschränkung des formellen Beweisrechts abzielt[21]. Die Anwendung der Grundsätze des Freibeweises (zur Kritik → *E. Schumann* vor § 355

---

[14] *OLG Hamm* Rpfleger 1964, 23; *OLG Nürnberg* Jur-Büro 1963, 170; 1961, 508; *OLG Hamburg* Rpfleger 1949, 419; *E. Schneider*[10] (Fn. 1 bei § 2) Rdnr. 4722; → § 6 Rdnr. 13; a.M. *OLG Frankfurt a.M.* Rpfleger 1952, 512.
[15] *RGZ* 48, 382; *Hillach-Rohs*[8] (Fn. 1 bei § 2) 187; *Wach* 382 f.
[16] *BGH* FamRZ 1991, 547, 548.

[17] *Staudinger-Medicus* BGB[12] (1980) § 253 Rdnr. 17 m.Nachw.
[18] *Hahn* 147; *Endemann* § 2 Anm.; *Wach* 383.
[19] *Lappe* NJW 1986, 2558.
[20] *Peters* Der sogenannte Freibeweis im Zivilprozeß (1962) 183 f.; *Wieczorek*[2] Bem. D I b 2; a.A. *Thomas-Putzo*[17] Anm. 1 c.
[21] *Schmidt-Schmidt*[2] (Fn. 1 bei § 2) Rdnr. 18.

Rdnr. 7 ff.) könnte dann zu einer Umgehung dieser Einschränkung führen. *Glaubhaftmachung* und *Versicherung an Eides Statt* scheiden deshalb bei § 3 aus.

5. Einzelfallentscheidung

10   Das Gericht hat stets den für den jeweiligen Einzelfall maßgeblichen Wert festzustellen. Doch dient im Hinblick auf die nicht unbedeutenden Prozeßkosten eine möglichst einheitliche Rechtsprechung vor allem auch der Berechenbarkeit des Prozeß- und Rechtsmittelrisikos. Die Judikatur bietet daher für typische Prozesse eine wichtige Leitlinie (→ § 2 Rdnr. 7) und vermag eine vereinheitlichende Funktion in vergleichbarer Weise zu entfalten, wie sie von den Vätern der ZPO auch den §§ 6—9 beigelegt wurde: Unerwünscht sei bei Streitwertfestsetzungen eine »verschiedenartige Praxis«. Die §§ 6—9 sollen daher »auf die Herbeiführung eines übereinstimmenden Verfahrens der Gerichte wirken und gleichzeitig für die Parteien bei der Beurtheilung der Zuständigkeit des anzugehenden Gerichts als Anhalt dienen«[22].

IV. Nichtvermögensrechtliche Streitigkeiten

11   Die ZPO geht für vermögensrechtliche Streitigkeiten davon aus, daß sich stets – ggf. über § 3 – ein Wert feststellen läßt (→ Rdnr. 3). Diese Regelungstechnik ist für nichtvermögensrechtliche Streitigkeiten (zum Begriff → § 1 Rdnr. 46 ff.) wenig geeignet. Festgesetzt werden muß jetzt neben dem Zuständigkeitsstreitwert (§ 23 Nr. 1 GVG n.F.) und dem Beschwerdegegenstand (§ 511a Abs. 1 S. 1 ZPO n.F.), die gleichwohl dem § 3 unterworfen sind, der Gebührenstreitwert (→ § 2 Rdnr. 42 ff.), damit nicht zu viele gebührenrechtliche Sonderregeln bestehen. Die Wertberechnung für nichtvermögensrechtliche Sachen paßt sich über den Gebührenstreitwert in das allgemeine System des Gebührenrechts ein. Zu beachten sind eine Reihe von gebührenrechtlichen Zusatzvorschriften für nichtvermögensrechtliche Streitfälle:

1. § 12 Abs. 2 GKG als Ausgangsnorm

12   Der Text des § 12 Abs. 2 GKG lautet:

»In nichtvermögensrechtlichen Streitigkeiten ist der Wert des Streitgegenstandes unter Berücksichtigung aller Umstände des Einzelfalles, insbesondere des Umfangs und der Bedeutung der Sache und der Vermögens- und Einkommensverhältnisse der Parteien, nach Ermessen zu bestimmen. In Ehesachen ist für die Einkommensverhältnisse das in drei Monaten erzielte Nettoeinkommen der Eheleute einzusetzen. In Kindschaftssachen ist von einem Wert von 4000 Deutsche Mark auszugehen, in einer Scheidungsfolgesache nach § 623 Abs. 1, 4, § 621 Abs. 1 Nr. 1, 2 oder 3 der Zivilprozeßordnung von 1500 Deutsche Mark. Der Wert darf nicht über 2 Millionen Deutsche Mark und nicht unter 600 Deutsche Mark, in Ehesachen jedoch nicht unter 4000 Deutsche Mark, angenommen werden«.

Es handelt sich um einen normativen Streitwert (→ Rdnr. 2), der nach oben und nach unten eingegrenzt ist. Nach einer beifallswerten Entscheidung des *Bundesverfassungsgerichts*[23] verstößt es nicht gegen den Gleichheitsgrundsatz oder das Rechtsstaatsprinzip, daß in Ehescheidungssachen (→ Rdnr. 21 ff.) der für die Gerichtskosten und Anwaltsgebühren maßgeb-

---

[22] *Hahn* 148.

[23] *BVerfG* NJW 1989, 1985 = JurBüro 1990, 248.

liche Wert des Streitgegenstandes unter Berücksichtigung der Vermögens- und Einkommensverhältnisse der Parteien zu bestimmen ist.

a) Begriff

Der Begriff »nichtvermögensrechtlich« ist bei § 12 Abs. 2 S. 1 GKG genauso zu bilden wie **13**
bei den gleichlautenden Vorschriften in der ZPO und im GVG (→ § 1 Rdnr. 46 f.)[24]. Ist eine
Streitigkeit nach den dort angeführten Grundsätzen als vermögensrechtlich einzuordnen, so
sind auch die damit zusammenhängenden zusätzlichen Verfahren stets ebenfalls vermögensrechtliche Streitigkeiten, da sie der Entscheidung in der vermögensrechtlichen Hauptsache
dienen. Richtigerweise gilt der Satz, daß ein vermögensrechtlicher Streit immer auch nur
vermögensrechtliche Nebenverfahren mit sich bringt. Der Satz darf allerdings nicht umgekehrt werden: Aus einem nichtvermögensrechtlichen Streitfall kann ein vermögensrechtli-
ches Nebenverfahren entstehen. So liegt es etwa bei Fragen der Sicherheitsleistung wie z. B.
bei der Höhe der Sicherheit oder bei Streitigkeiten um den Gebührenstreitwert selbst.

Vermögensrechtlich sind Begehren, die aus einem vermögensrechtlichen Rechtsverhältnis
hergeleitet werden oder sich zwar auf ein nichtvermögensrechtliches Verhältnis gründen,
jedoch selbst eine vermögenswerte Leistung zum Gegenstand haben[25]. Als vermögensrechtliche Streitigkeiten[26] sind anzusehen z. B. die Ablehnung eines Richters, Schiedsrichters oder
Sachverständigen. Das gleiche gilt für Streitigkeiten über Zeugnisverweigerungsrechte[27].
Abzustellen ist nicht auf den Wert des Streitgegenstandes insgesamt[28], sondern im Rahmen
einer nach § 3 zu treffenden Ermessensentscheidung auf einen Bruchteil des Gesamtwerts[29].
Zwar ist es richtig, den Wert des Zwischenstreits auf Grund des engen Zusammenhangs am
Wert des Streitgegenstandes auszurichten. Andererseits ist zu berücksichtigen, daß es sich nur
um eine u. U. untergeordnete Nebenentscheidung handelt. Das Interesse an der Entscheidung
wird daher erheblich niedriger anzusetzen sein, wobei allerdings immer die Besonderheiten
des Einzelfalles zu berücksichtigen sind. In der Regel werden Werte zwischen 1/10 und 1/3
angenommen. Vergleichbare Grundsätze gelten für den Streitwert eines Zwischenstreits über
den Antrag, dem Gegner die Vorlage einer Urkunde aufzugeben, die dem Kläger die Berechnung seines Antrags ermöglichen soll[30]. Im Verfahren der Ablehnung eines Konkursrichters
ist aber der Beschwerdewert gem. § 3 mit Rücksicht auf die voraussichtliche Konkursquote
festzusetzen[31]. Die genannten Grundsätze gelten wegen § 10 RpflG auch für die Ablehnung
eines Rechtspflegers.

---

[24] Z.B. *BGH* NJW-RR 1990, 1276 (Medizinjournalist).
[25] *BGH* NJW 1991, 1833.
[26] A.A. *OLG Köln* Rpfleger 1987, 166; MDR 1976, 322; Rpfleger 1973, 321 (Berechtigung zur Zeugnisverweigerung); *OLG Nürnberg* JurBüro 1983, 1222; *OLG Bamberg* JurBüro 1982, 1376 (Richter-, Schiedsrichter- und Sachverständigenablehnung); *E. Schneider*[10] (Fn. 1 bei § 2) Rdnr. 80, 85, 92; *Kahlke* ZZP 95 (1982) 288 ff.
[27] *BGH* KostRspr. ZPO § 3 Nr. 1034 [maßgebliche Bedeutung der Zeugenaussage im Zwischenstreit über die Zeugnisverweigerung].
[28] So aber *BGH* KostRspr. ZPO § 3 Nr. 1034 (abl. *E. Schneider*); NJW 1968, 796; *BayObLG* NJW 1989, 44; *OLG Düsseldorf* JurBüro 1982, 761 ([zur Schiedsrichterablehnung]: Hauptsache ca. 42 Millionen DM); *OLG*

Hamm MDR 1978, 582; *OLG Frankfurt a. M.* MDR 1962, 226 (zur Richterablehnung).
[29] *BFH* Rpfleger 1977, 250; *OLG Hamburg* MDR 1990, 58 (1/3); *OLG Koblenz* KostRspr. GKG § 12 Nr. 144 (LS) (bei Ablehnung von zwei Richtern); Rpfleger 1988, 507 (u. a. Schiedsrichterablehnung: 1/3); *OLG Frankfurt a. M.* MDR 1980, 145 (1/3); *OLG Nürnberg* WRP 1978, 231; *OLG Hamburg* NJW 1970, 1239 (Sachverständigenablehnung); *OLG Karlsruhe* Rpfleger 1966, 84 (Streit über Zeugnisverweigerungsrecht); *OLG Nürnberg* BayJMBl. 1959, 191; *OLG Düsseldorf* NJW 1954, 1492 (Richterablehnung).
[30] *OLG Köln* MDR 1983, 321.
[31] *BayObLG* NJW 1989, 44; aber auch oben Fn. 28.

b) Generalklausel; Höchstwert; Mindestwert; Regelwert

14 § 12 Abs. 2 S. 1 GKG enthält für alle nichtvermögensrechtlichen Streitigkeiten eine gebührenstreitwertrechtliche Generalklausel. Der auf ihrer Basis ermittelte Wert der Streitigkeit wird durch Satz 4 eingegrenzt: Der Höchstwert für alle nichtvermögensrechtlichen Sachen ist 2 Millionen DM, der Mindestwert liegt bei 600,– DM, in Ehesachen (→ Rdnr. 21 ff.) bei 4.000,– DM. Die Norm kennt keinen Regelwert mehr (→ Rdnr. 3), so daß kein gesetzlicher Anhalt dafür besteht, bei Durchschnittsfällen den Betrag von 4.000,– DM nicht zu unterschreiten[32]. In Bagatellsachen wie z. B. geringfügigen Ehrkränkungen wurde etwa der Streitwert auf 1.000,– DM festgesetzt[33].

c) Gesamtschau und Einzelfaktoren

15 Die Generalklausel des § 12 Abs. 1 S. 1 GKG verlangt die Berücksichtigung aller Umstände des Einzelfalles. Die anschließend im Gesetz genannten Faktoren – »Umfang und Bedeutung der Sache«, »Vermögens- und Einkommensverhältnisse der Parteien« – bezeichnen nur Beispiele (»insbesondere«). Das Gericht ist daher grundsätzlich nicht gehindert, den einen dieser Faktoren höher als den anderen zu gewichten, sich nur von einem dieser Faktoren leiten zu lassen oder sich auch nach anderen Gesichtspunkten zu richten. Auch bei Ehesachen (§ 606 Abs. 1 S. 1; näher → Rdnr. 21) sind die Einkommensverhältnisse nur einer von mehreren Faktoren und entheben nicht von einer Gesamtabwägung[34]. Das in § 12 Abs. 2 S. 2 GKG genannte Dreimonats-Nettoeinkommen ist nur ein Ausgangswert (→ Rdnr. 21), ohne daß das Gesetz die Einzelfaktoren im übrigen gewichtet[35].

16 Die Einzelfaktoren des § 12 Abs. 2 S. 1 GKG sind wegen ihres Beispielcharakters (→ Rdnr. 15) einer weiten Auslegung zugänglich (dazu sogleich):

2. Umfang der Sache

17 »Umfang der Sache« ist sowohl rechtlich als auch tatsächlich zu verstehen. Bedeutsam sein können daher die Dauer (Kürze oder Länge) der bisherigen Auseinandersetzung, die Einfachheit oder Kompliziertheit des Sachverhalts, die Anzahl der gestellten Sachanträge einschließlich der Hilfsanträge und etwa erhobener Widerklagen. Keine Rolle spielt dabei, daß ansonsten die Verteidigung des Beklagten für die Wertberechnung ausscheidet (→ § 2 Rdnr. 14). Von Bedeutung ist auch die Fülle oder das Fehlen von schwierigen Rechtsfragen wie z. B. die Berücksichtigung ausländischen Rechts[36]. Doch wird etwa die Schwierigkeit nicht erhöht, wenn nach dem *Haager Minderjährigenschutzabkommen* deutsches Recht maßgebend war[37]. Zu berücksichtigen ist schließlich auch die Zahl der am Prozeß als Prozeßparteien (Streitgenossenschaft) oder als Dritte (Nebenintervenient) beteiligten Personen.

Höchst umstritten ist, ob sich bei *einverständlichen Scheidungen* im Sinne des § 630 eine Ermäßigung des Streitwerts ergibt. Von vielen Gerichten wird ein Abschlag nicht vorgenommen, weil die einverständliche Scheidung der statistische Regelfall ist[38]. Richtigerweise sind

---

[32] *OLG München* JurBüro 1988, 1231; auch *OLG Koblenz* JurBüro 1990, 1034; anders *LAG Hamm* AnwBl. 1981, 38; *E. Schneider*[10] (Fn. 1 bei § 2) Rdnr. 1551.

[33] *OLG München* JurBüro 1988, 1231.

[34] *OLG München* JurBüro 1992, 349 f.; *OLG Hamm* JurBüro 1989, 1303; *OLG Köln* JurBüro 1988, 1355, 1356; *OLG Düsseldorf* JurBüro 1986, 1681; *E. Schneider* MDR 1990, 290.

[35] *OLG Schleswig* JurBüro 1985, 1674, 1675.

[36] *OLG Zweibrücken* JurBüro 1984, 899 (Zuschlag von 20 %); *OLG Koblenz* JurBüro 1975, 1092.

[37] *OLG Hamm* Rpfleger 1987, 265 (Folgesache).

[38] *OLG München* JurBüro 1992, 349, 350; *OLG Karlsruhe* FamRZ 1988, 1192; JurBüro 1981, 891; *OLG Schleswig* JurBüro 1985, 1675; *OLG Düsseldorf* JurBüro 1983, 407; *AG Langenfeld* AnwBl. 1989, 398 (ausführlich).

aber Abschläge zwischen 20—25% angemessen, weil das Gesetz nicht auf die statistische Häufigkeit abstellt[39]. Auch außerhalb von § 630 sind Abschläge in der genannten Größenordnung angebracht, wenn die Sache rechtlich und tatsächlich einfach gelagert[40] oder das Verfahren unstreitig verlaufen ist[41]. Der Abschlag ist also nicht von den Voraussetzungen des § 630 abhängig[42]. Auch kommt es nicht darauf an, ob die Sache bereits einfach gelagert war, *bevor* die Eheleute beim Rechtsanwalt waren[43].

3. Bedeutung der Sache

»Bedeutung der Sache« ist gleichfalls (→ Rdnr. 17) sowohl rechtlich als auch tatsächlich zu **18** verstehen. Sie ist stets an den Interessen der Parteien, nicht an der Rechtsordnung oder der Allgemeinheit orientiert[44]. Nicht ausschlaggebend für die Wertberechnung ist daher, daß der von den Parteien als Routineangelegenheit betrachtete Prozeß von »grundsätzlicher Bedeutung« (vgl. § 554b Abs. 1) ist. Unerheblich ist auch, ob der Prozeß für andere Personen als die Parteien, z.B. für deren Konkurrenten, von Bedeutung ist. Nicht in Betracht gezogen wird auch, ob der Prozeß interessante wissenschaftliche oder künstlerische Probleme aufwirft, die für die Allgemeinheit von Interesse sind. Der zwischen den Parteien vereinbarte Musterprozeß (→ Rdnr. 2) ist aber anders zu bewerten als der Routinefall. Auch dürfen wirtschaftliche Folgen für die Beteiligten wie etwa bei Urheberrechts- oder Namensstreitigkeiten oder politische Auswirkungen wie bei einer hervorgehobenen Stellung der Prozeßpartei im öffentlichen Leben beachtet werden. Auch der Umfang der Wirkungen des erstrebten Urteils auf die Beziehungen der Parteien ist wichtig, weil die umfassende Streitbereinigung bedeutsamer ist als eine nur teilweise Abklärung.

4. Vermögens- und Einkommensverhältnisse

Die in § 12 Abs. 2 S. 1 GKG genannten »Vermögens- und Einkommensverhältnisse« sind **19** für alle nichtvermögensrechtlichen Streitigkeiten und nicht nur für Familiensachen von Bedeutung[45], obgleich deren Hauptanwendungsgebiet bei den Ehesachen (→ Rdnr. 21) liegt. Auszugehen ist immer vom *Nettostand*, d.h. es sind beim Vermögen die Schulden (Belastungen) und beim Einkommen die gesetzlichen Steuern, Sozialabgaben, Pflichtbeiträge oder -umlagen u.ä. abzuziehen. Für *Ehesachen* hat sich dazu eine umfangreiche und vielfach widersprüchliche Judikatur entwickelt (näher → Rdnr. 21 ff.). Wegen der weiten Auslegung (→ Rdnr. 16) ist das Gericht nicht gehindert, auch bei diesen Verhältnissen weitere Gesichtspunkte zu berücksichtigen wie z.B. die Belastung mit gesetzlichen Unterhaltspflichten gegenüber Kindern (näher → Rdnr. 24). Auch der Umfang sonstiger Verbindlichkeiten wie z.B. Darlehensschulden aus der Gründung einer Existenz kann von Bedeutung werden (zu Ehesachen → Rdnr. 24). Auch Prognosegesichtspunkte dürfen in die richterliche Abwägung mit eingehen, wenn sie einigermaßen gesichert und für die Partei demnächst bedeutsam sind. Der Richter kann daher bei der Gewichtung der Einkommensverhältnisse berücksichtigen, daß

---

[39] *OLG Düsseldorf* JurBüro 1987, 1693; 1987, 732; 1986, 1681 Nr. 719; AnwBl. 1986, 250; JurBüro 1985, 1357; *OLG Hamm* JurBüro 1984, 1373; weitere Nachweise bei *Mümmler* JurBüro 1987, 1129, 1140.
[40] *OLG Köln* JurBüro 1988, 1355, 1356; *OLG Düsseldorf* JurBüro 1988, 1076; *OLG Bamberg* JurBüro 1987, 1694; *OLG Saarbrücken* JurBüro 1991, 983; 1985, 1673; 1982, 1378; AnwBl. 1985, 587 *(H. Schmidt)*; *OLG Zweibrücken* JurBüro 1983, 1537 (Abschlag von 30%).

[41] *OLG Düsseldorf* JurBüro 1986, 1681 Nr. 719.
[42] A.A. *OLG Düsseldorf* JurBüro 1987, 1693; AnwBl. 1986, 250.
[43] *OLG Zweibrücken* JurBüro 1983, 1537 (zust. *Mümmler*); auch *OLG Düsseldorf* FamRZ 1992, 708, 709; a.A. *Baldauf* SchlHA 1985, 194.
[44] *OLG Köln* JurBüro 1980, 578 (unter unrichtiger Beschränkung auf das Klägerinteresse).
[45] Unrichtig *OLG Köln* JurBüro 1980, 578.

eine Partei bald die Altersgrenze erreicht und statt ihres jetzigen Einkommens eine geringe Rente beziehen wird. Auch ein sicher zu erwartender Vermögenserwerb wie z.B. ein Geschäftsübergang muß nicht unberücksichtigt bleiben.

Bei der Berechnung der Vermögens- und Einkommensverhältnisse darf – anders als bei der Unterhaltsberechnung – nicht von Tabellen ausgegangen werden, da sie nur einen von mehreren der (im übrigen nur beispielhaft) genannten Faktoren bilden (→ Rdnr. 15). Die Orientierung an Tabellen führt zu einer Verabsolutierung dieser wirtschaftlichen Faktoren (→ sogleich Rdnr. 20) und ist mit der weiten Ermessensregelung des § 12 Abs. 2 S. 1 GKG unvereinbar[46].

20 Den Einkommens- und Vermögensverhältnissen kommt bei der erforderlichen Gesamtschau (→ Rdnr. 15) ein besonderes Gewicht zu im Sinne eines wichtigen Einzelfaktors[47]. Der Grund dafür liegt darin, daß die Wertfestsetzung nach § 12 Abs. 2 GKG dazu dient, den Gebührenstreitwert zu ermitteln (→ Rdnr. 2 und 11). Obwohl es sich um nichtvermögensrechtliche Streitigkeiten handelt, geht es um eine wirtschaftliche Frage, nämlich um die von den Parteien aufzubringenden Prozeßkosten. Nur darf dieser Blickwinkel nicht die Sicht auf andere Faktoren und vor allem auf die Generalklausel (→ Rdnr. 15) versperren.

5. Insbesondere: Ehesachen[48]

21 In Ehesachen hat sich eine besonders unübersichtliche Kasuistik entwickelt (→ § 2 Rdnr. 7). Nach der Legaldefinition des § 606 Abs. 1 S. 1 handelt es sich um Scheidung, Aufhebung oder Nichtigerklärung der Ehe, Feststellung des Bestehens oder Nichtbestehens der Ehe und die Herstellung des ehelichen Lebens. Für Ehesachen gilt die Sonderregel des § 12 Abs. 2 S. 2 GKG, die einen Ausgangswert für den Faktor »Einkommensverhältnisse« gewährt. Dieser bindende Ausgangswert befreit das Gericht von einer eigenen Entscheidung, in welcher Höhe der Faktor »Einkommen« zu berücksichtigen ist, *wenn* es diesen Faktor berücksichtigt. Das Gericht ist in Ehesachen aber nicht der Entscheidung darüber enthoben, welches Gewicht diese Verhältnisse gegenüber anderen Gesichtspunkten wie z.B. auch den Vermögensverhältnissen bei der Anwendung der Generalklausel haben. Vor allem wäre der Schluß unrichtig, in Ehesachen hätten andere als Einkommensfaktoren keine Bedeutung[49]. Ein besonderes Gewicht darf ihnen andererseits auch nicht abgesprochen werden (→ Rdnr. 15, 20). Zutreffend wird hervorgehoben, daß »Umfang und Bedeutung« einer Sache das gleiche Gewicht zukommt wie den »Einkommens- und Vermögensverhältnissen«[50]. Umfang und Bedeutung eines Scheidungsverfahrens werden nicht durch das Gewicht der mitzuentscheidenden Folgesachen beeinflußt. Vielmehr haben letztere einen eigenen Streitwert. Es sind nur Umstände berücksichtigungsfähig, die sich unmittelbar auf das Ehescheidungsverfahren selbst beziehen[51].

---

[46] Zutreffend *OLG Karlsruhe* NJW 1973, 1003 (grundlegend); *Mümmler* JurBüro 1987, 1129, 1132; *Hartmann*[24] (Fn. 1 bei § 2) § 12 GKG Anm. E II 1 d aa und bb; anders *OLG Frankfurt a.M.* NJW 1972, 587, 589; ähnlich JurBüro 1977, 703 (bei Wertberechnung des Vermögens); *H. Schmidt* AnwBl. 1966, 1.

[47] *Hartmann*[24] (Fn. 1 bei § 2) § 12 GKG Anm. E II 1 d.

[48] Lit.: *Haberzettl* Streitwert und Kosten in Ehe- und Familiensachen[2] (1985); *Lappe* Kosten in Familiensachen[4] (1983); *Mümmler* Streitwert in Ehescheidungssachen JurBüro 1987, 1129; *ders.* Kostenrechtliche Betrachtung von Familiensachen JurBüro 1981, 1453 ff.; 1615 ff.; 1781 ff.; 1982, 17 ff.; 173 ff.; *ders.* Kostenrechtliche Zweifelsfragen zum neuen Ehe- und Familienrecht

JurBüro 1978, 785 ff.; *ders.* Zeitpunkt für die Bestimmung des Streitwerts in Ehesachen JurBüro 1984, 1 ff.; *Günther Rohs* Streitwert in Ehe- und Folgesachen, in: Kostenerstattung und Streitwert, Festschrift H. Schmidt (1981) 183 ff.

[49] Zutreffend *OLG Hamm* Rpfleger 1989, 104; JurBüro 1980, 238; 1979, 1675; *OLG Düsseldorf* JurBüro 1986, 1681; *OLG Koblenz* NJW 1977, 257.

[50] *OLG Düsseldorf* FamRZ 1992, 708; JurBüro 1986, 1681; auch *OLG München* JurBüro 1992, 349, 350.

[51] *OLG Zweibrücken* JurBüro 1979, 1864, 1865; *Mümmler* JurBüro 1991, 1241 f.; a. A. *OLG Düsseldorf* FamRZ 1991, 1079 (abl. *E. Schneider* KostRspr. GKG § 12 Nr. 145).

a) Allgemeine Leitlinien

Nicht zu beanstanden ist, wenn die Gerichte[52] im Rahmen der Gesamtschau nach § 12 **22**
Abs. 2 S. 1 GKG (→ Rdnr. 15) zunächst vom *Einkommen* (→ Rdnr. 23 ff.) ausgehen, sodann
neben dem Einkommen das *Vermögen* berücksichtigen, wobei Freibeträge für Ehegatten und
Kinder angesetzt werden, alsdann einen bestimmten Prozentsatz bestimmen (→ Rdnr. 27 ff.)
und schließlich je nach Umfang und Bedeutung der Sache Ab- oder Zuschläge vornehmen.

b) Einkommen

aa) Nettoeinkommen

Maßgebend ist das *Nettoeinkommen* (→ Rdnr. 19), wobei eine Hilfe zum Lebensunterhalt **23**
nach § 11 BSHG außer Betracht bleibt[53]. Auch Arbeitslosenhilfe wird nicht angesetzt[54]. Zum
Einkommen zählen alle Leistungen, die den Lebensstandard maßgeblich beeinflussen, unabhängig davon, ob es sich um private oder öffentliche Leistungen handelt. Damit sind auch
Blindenhilfe und BAföG zu berücksichtigen, soweit letzteres nicht nur darlehensweise gewährt wird[55]. Zu bewerten ist nur tatsächliches, nicht jedoch fiktives Einkommen[56].

bb) Gesetzliche Unterhaltsverpflichtungen; Schulden

Die Belastung mit gesetzlichen Unterhaltsverpflichtungen (→ Rdnr. 19), insbesondere **24**
gegenüber Kindern, ist zu berücksichtigen. Etwa seit Mitte 1987 wird die Unterhaltsverpflichtung gegenüber den ehelichen Kindern üblicherweise mit 500,– DM pro Kind und Monat
angesetzt[57]. Zahlungen für nichteheliche Kinder werden entsprechend den tatsächlichen
Leistungen gewertet[58]. Fällt ein Unterhaltsberechtigter während des Verfahrens weg, so
wirkt das wegen § 15 Abs. 1 GKG streitwerterhöhend[59]. Im übrigen sind gesetzlich vorgeschriebene Beträge nachfolgender Art in Abzug zu bringen wie Steuern, Freibeträge, Sozialabgaben u.ä.[60]. Nicht abgezogen werden dürfen aber gewöhnliche berufsbedingte Unkosten[61]. Zu schematisch ist es, wenn vom Einkommen die *beiderseitigen Schulden* in
Monatsraten abgezogen werden[62]. Auch ist es umgekehrt zu starr, Schulden nicht zu berücksichtigen, mit denen der normale Lebensbedarf abgedeckt wurde[63]. Zutreffend dürfte es sein,
vorhandene Schulden nicht in voller Höhe, sondern in einer jeweils an der Schuldenhöhe
orientierten mäßigen Minderung des dreimonatigen Nettoeinkommens zu berücksichtigen[64].

---

[52] Besonders klar *OLG Bamberg* JurBüro 1980, 409;
auch *OLG Zweibrücken* JurBüro 1984, 899.
[53] *OLG Düsseldorf* JurBüro 1985, 1521.
[54] *OLG Bremen* JurBüro 1992, 113.
[55] *OLG Saarbrücken* JurBüro 1991, 983 (Blindenhilfe); *OLG München* JurBüro 1980, 892 (BAföG).
[56] *OLG Düsseldorf* JurBüro 1986, 1681 (Nr. 719).
[57] *OLG Hamm* Rpfleger 1989, 104; AnwBl. 1984,
504; JurBüro 1984, 733; *OLG Bamberg* JurBüro 1987,
1694; 1982, 286; 1981, 1543; *OLG Nürnberg* JurBüro
1986, 414; aber auch *OLG Saarbrücken* JurBüro 1991,
983 (400,– DM); *OLG Düsseldorf* JurBüro 1987, 1681
(350,– DM); *OLG München* JurBüro 1990, 1332 (300,–
DM); *Mümmler* JurBüro 1987, 1129, 1134; a.A.
H. Schmidt JurBüro 1979, 1249 (Höhe in Relation zum
Nettoeinkommen). – Jüngst *OLG Karlsruhe* FamRZ
1992, 707 (Tabellenbeträge nach der Düsseldorfer Tabelle).
[58] A. A. *OLG Saarbrücken* JurBüro 1991, 983.
[59] *OLG Hamm* JurBüro 1985, 1361.

[60] Übersicht bei *Hartmann*[24] (Fn. 1 bei § 2) § 12 GKG
Anm. F II 2 b.
[61] *OLG Saarbrücken* JurBüro 1991, 983.
[62] So aber *OLG Karlsruhe* FamRZ 1988, 1192; *OLG
Düsseldorf* JurBüro 1985, 1357; für volle Schuldenbe-
rücksichtigung auch *E. Schneider*[10] (Fn. 1 bei § 2)
Rdnr. 1090.
[63] So *OLG München* JurBüro 1980, 894.
[64] Zutreffend *Mümmler* JurBüro 1980, 894 u. ö. – Die
Rechtsprechung verfolgt kein nachvollziehbares Kon-
zept: *OLG Karlsruhe* FamRZ 1992, 707 (keine Berücksichtigung von »allgemeinen« Schulden); *OLG Düsseldorf* JurBüro 1987, 1693 (Schuldenabzug bei hohen und
langfristigen Ratenverbindlichkeiten, denen keine entsprechenden Werte gegenüberstehen); *OLG Düsseldorf*
JurBüro 1987, 732; 1986, 1681; 1986, 740 (Verbindlichkeiten sind mit 10% des das doppelte Monatseinkommen
übersteigenden Betrags zu berücksichtigen); *OLG Zweibrücken* JurBüro 1986, 78 (kein Abzug, wenn sich Schulden im Verhältnis zum regelmäßigen Einkommen im übli-

Darauf läuft es auch hinaus, wenn vom Dreimonatseinkommen angemessene Tilgungsraten für Kredite berücksichtigt werden[65].

cc) Prozeßkostenhilfe

25   Richtigerweise beeinflußt die Bewilligung von Prozeßkostenhilfe als solche den Streitwert nicht, so daß auch bei beiderseitig gewährter Prozeßkostenhilfe nicht notwendigerweise der Mindestbetrag von 4.000,–DM (§ 12 Abs. 2 S. 4 GKG) anzusetzen ist[66].

dd) Einkommensverbesserungen und -verschlechterungen

26   Maßgebend für die Einkommensberechnung sind grundsätzlich die drei Monate vor der Klageeinreichung (→ § 4 Rdnr. 11 ff.). Ein während des Rechtsstreits erzieltes höheres Nettoeinkommen ist wegen § 15 GKG (→ § 4 Rdnr. 11) zu berücksichtigen. In diesem Fall kommt es in sinngemäßer Anwendung auf die letzten drei Monate vor Instanzbeendigung an[67], falls die Eheleute in diesem Zeitraum höhere Einkünfte erzielt haben als in den letzten drei Monaten vor Einreichung des Scheidungsantrags.

Dagegen bleibt eine während der Instanz eingetretene Verschlechterung wegen §§ 12 Abs. 1 GKG, 4 Abs. 1 ZPO unbeachtlich[68]. Die Parteien haben die Kosten des Rechtsstreits zu Beginn der Instanz aufzubringen. Das gilt trotz der Aussage, daß sich die Umstände des Einzelfalles erst bewerten lassen, wenn das Verfahren abgeschlossen ist. Aus den genannten Gründen ist auch die Mittelmeinung nicht begründbar, wonach bei Einkommensveränderungen ermittelt werden muß, welche Einkünfte während des Scheidungsverfahrens im Durchschnitt zur Verfügung standen[69]. Steht allerdings bei Eingang des Scheidungsantrags schon fest, daß statt Arbeitsentgelt in Zukunft nur noch Arbeitslosenhilfe gezahlt wird, so kann auf das Durchschnittseinkommen während des Verfahrens abgestellt werden[70].

c) Vermögen

aa) Gewichtung

27   Der Einsatz des Vermögens (→ Rdnr. 22) ist stark einzelfallbezogen. Ausgangspunkt muß sein, daß neben dem Einkommen (→ Rdnr. 23 ff.) im Rahmen der Gesamtschau nach § 12 Abs. 2 S. 1 GKG (→ Rdnr. 15, 22) grundsätzlich auch das Vermögen der Parteien bei der Bemessung des Streitwerts zu berücksichtigen ist, soweit es den wirtschaftlichen Lebenszu-

---

chen Rahmen halten); ähnlich *OLG Saarbrücken* JurBüro 1985, 1673 (zu berücksichtigen sind nur außergewöhnliche Verbindlichkeiten) und *OLG Bamberg* JurBüro 1983, 1539 (höhere Belastungen sind mit einem Abschlag von 15% zu berücksichtigen).

[65] *OLG Hamm* JurBüro 1984, 733.

[66] *OLG München* JurBüro 1992, 349, 350; *OLG Düsseldorf* AnwBl 1992, 280; JurBüro 1985, 419; *OLG Zweibrücken* JurBüro 1984, 900 (zust. *Mümmler*); *OLG Hamm* JurBüro 1984, 733; *OLG Saarbrücken* JurBüro 1982, 421; 1980, 893; *Mümmler* JurBüro 1987, 1129, 1138; *Rohs* (Fn. 48) 187; a. A. *OLG München* JurBüro 1990, 1332, 1333; *OLG Hamm* AnwBl. 1984, 505 (abl. *H. Schmidt*); JurBüro 1980, 237, 238.

[67] *OLG Karlsruhe* FamRZ 1992, 707; *OLG Koblenz* KostRspr. GKG § 12 Nr. 143 (LS); *OLG Düsseldorf*

AnwBl. 1986, 159; JurBüro 1980, 1701; *OLG Bamberg* JurBüro 1981, 1704; *OLG Hamm* JurBüro 1979, 249; *Mümmler* JurBüro 1984, 1; *H. Schmidt* JurBüro 1979, 1249; näher *E. Schneider* MDR 1991, 401.

[68] *OLG Karlsruhe* JurBüro 1989, 1161; FamRZ 1988, 1192; *OLG Düsseldorf* JurBüro 1985, 419; 1980, 410; *OLG Zweibrücken* AnwBl. 1983, 174; *Mümmler* JurBüro 1989, 1161, 1042 u. ö.; *E. Schneider* MDR 1990, 290; a. A. *OLG Nürnberg* JurBüro 1989, 1603; *OLG Celle* AnwBl. 1987, 45 (abl. *Madert*); *OLG Bremen* JurBüro 1984, 731 (bei gravierenden Verschlechterungen unter Hinweis auf Art. 20 Abs. 1 GG (abl. *Mümmler*); 1981, 243; *Lappe* (Fn. 48) 10.

[69] *OLG Düsseldorf* JurBüro 1987, 1693.

[70] *OLG Düsseldorf* MDR 1988, 507.

schnitt der Parteien beeinflußt und sie über den durchschnittlichen bürgerlichen Rahmen hinaushebt[71]. Vermögensverhältnisse, die nur durchschnittlich sind, führen regelmäßig nicht zu einer Streitwerterhöhung[72], da der Umfang derartigen Vermögens im Zusammenhang mit dem laufenden Einkommen steht und schon durch dessen Heranziehung ausreichend berücksichtigt wird[73]. Andererseits darf der Vermögensmaßstab des § 12 Abs. 2 S. 1 GKG nicht so hoch angesetzt werden, daß sich Vermögensverhältnisse nur noch im seltenen Ausnahmefall auswirken[74].

bb) Ansatz; Freibeträge

Auszugehen ist vom Nettovermögen (→ Rdnr. 19). Grundstücks- und sonstige Belastungen   **28** sind also vorab abzuziehen und mindern den anzusetzenden Verkehrswert[75]. Kleinere Sparguthaben, Hausrat, ein Mittelklasse-Pkw, kleinere persönliche Schmuckgegenstände und dgl. dürfen freilich von vornherein außer Ansatz bleiben[76]. Weitgehende Einigkeit besteht darin, daß das so ermittelte Nettogesamtvermögen um Freibeträge zu kürzen und anschließend mit 5–10% für die Streitwertberechnung zu berücksichtigen ist[77]. Die Gerichte setzen Vermögen streitwerterhöhend überwiegend erst dann an, wenn es den vermögenssteuerfreien Betrag des § 6 VermögStG für jeden Ehegatten und jedes unterhaltsberechtigte Kind übersteigt. Obgleich die Abzüge nicht jeweils nach dem letzten Stand der geltenden Freibeträge vorgenommen werden, werden vielfach etwa für jeden Ehegatten 70.000,– DM und für jedes unterhaltsberechtigte Kind 35.000,– DM eingesetzt[78]. Vom verbleibenden Betrag werden 5%[79] oder 10%[80] berücksichtigt. Die Rechtsprechung differenziert sehr stark und löst sich auch bisweilen von § 6 VermögStG, weil dessen Freibeträge als zu hoch angesehen werden, um lediglich das durchschnittliche Vermögen zu schützen[81]. Nur ganz vereinzelt werden Freibeträge nicht berücksichtigt[82]. Nicht ausreichend flexibel ist die Handhabung, ein mittle-

---

[71] Richtig *OLG Hamm* JurBüro 1984, 1543, 1544.

[72] *OLG Nürnberg* JurBüro 1986, 414; *OLG Bamberg* JurBüro 1982, 286; 1981, 1543.

[73] *OLG Braunschweig* JurBüro 1980, 239.

[74] *OLG Nürnberg* JurBüro 1987, 398.

[75] *OLG München* JurBüro 1992, 349, 350; *OLG Nürnberg* JurBüro 1989, 1723; *OLG Düsseldorf* JurBüro 1984, 1542; *OLG Hamm* JurBüro 1984, 1543; *OLG Bamberg* JurBüro 1982, 286; *Haberzettl* (Fn. 48) 43 Rdnr. 16; *E. Schneider*[10] (Fn. 1 bei § 2) Rdnr. 1100 f.

[76] *OLG Nürnberg* JurBüro 1987, 398, 399; *OLG Braunschweig* JurBüro 1980, 239; *Haberzettl* (Fn. 48) 43 Rdnr. 14; *E. Schneider*[10] (Fn. 1 bei § 2) Rdnr. 1100 f.

[77] Überblick über die uneinheitliche Rechtsprechung sowie Berechnungsbeispiel bei *Haberzettl* (Fn. 48) 45, 47 f.; *OLG Nürnberg* JurBüro 1989, 1723 (5%).

[78] *OLG Bamberg* JurBüro 1987, 1694; 1982, 286; 1981, 1543; *OLG Nürnberg* JurBüro 1986, 414; *OLG Hamm* JurBüro 1984, 1543; *OLG Braunschweig* JurBüro 1980, 239; aber auch *OLG München* JurBüro 1992, 349, 350 (mind.: 70 000,– DM).

[79] *OLG Nürnberg* JurBüro 1986, 414; Nachweise auch in Fn. 77.

[80] *OLG München* JurBüro 1992, 349, 350; *Haberzettl* (Fn. 48) 44 (vgl. aber nachfolgende Fn.).

[81] *Haberzettl* (Fn. 48) 44: Für jeden Ehegatten 20.000,– DM und für jedes unterhaltsberechtigte Kind 10.000,– DM; Berücksichtigung des Restes mit 10%;

OLG Köln JurBüro 1988, 1356 (20.000,– DM – 30.000,– DM je Ehegatte); *OLG Nürnberg* JurBüro 1987, 398 (30.000,– DM je Ehegatte und 15.000,– DM je unterhaltsberechtigtes Kind; Berücksichtigung des Restes mit 5%); *OLG München* AnwBl. 1985, 203 (20.000,– DM je Ehegatte und Kind; Berücksichtigung des Restes mit 5% bei eigengenutztem Eigenheim; 10% bei ertragbringendem Grundvermögen (mit Recht abl. *E. Schneider*[10] [Fn. 1 bei § 2] Rdnr. 1117); *OLG Düsseldorf* JurBüro 1984, 1542 (30.000,– DM je Ehegatte und 15.000,– DM für jedes unterhaltsberechtigte Kind; Berücksichtigung des Restes mit 10%); *OLG Saarbrücken* AnwBl. 1984, 372 (abl. *H. Schmidt*: Bar- und Fahrnisvermögen werden mit 6% des Wertes berücksichtigt); *OLG Karlsruhe* Die Justiz 1980, 104 (20.000,– DM je Ehegatte und 5.000,– DM für jedes unterhaltsberechtigte Kind; Berücksichtigung des Restes mit 2%); *OLG Bamberg* JurBüro 1980, 409 (20.000,– DM je Ehegatte und 10.000,– DM je Kind; Berücksichtigung des Restes bei festen Anlagewerten [Grund-und Betriebsvermögen] mit 5%, bei Vermögenswerten, die leicht in liquide Mittel verwandelt werden können, mit 10%); noch anders *Mümmler* JurBüro 1987, 400 (5% bei selbstgenutztem Eigenheim und Wohnungen; 10% bei ertragbringendem Grundvermögen und sonstigem Vermögen).

[82] *OLG Saarbrücken* JurBüro 1982, 421 (abl. *Mümmler*).

res noch belastetes Eigenheim für die Streitwertfestsetzung überhaupt nicht zu berücksichtigen[83].

Das Gericht kann sich im Bereich des § 12 Abs. 1 GKG mit ungefähren Werten begnügen, doch ist bei umstrittenen Verkehrswerten nach § 26 GKG vorzugehen[84]. Die Verkehrswertermittlung ist oftmals unsicher und kompliziert. Deshalb wird vereinzelt ein durchschnittliches Einfamilienhaus, das als Ehewohnung gedient hat, mit dem Betrag der für drei Monate ersparten Kaltmiete (Nutzungswert abzüglich Kapitaldienst) bewertet[85].

Die direkte Übernahme der Freibeträge aus § 6 VermögStG ist problematisch, weil Vermögenssteuerpflicht und zivilprozessuale Wertfestsetzung ganz verschiedene gesetzliche Grundlagen und Funktionen haben. Zu niedrigeren Freibeträgen kommt man deshalb dann, wenn nur dasjenige Vermögen unberücksichtigt bleibt, das in der Regel zurückgelegt worden ist, um darauf jederzeit wegen wirtschaftlicher oder finanzieller Schwierigkeiten zurückgreifen zu können[86]. Andererseits bedarf die Streitwertfestsetzung in Ehesachen aufgrund der unzulänglichen gesetzlichen Regelung (→ § 2 Rdnr. 7) dringend einer gewissen Kontinuität. Insoweit ist die Anlehnung an die Vermögenssteuerfreibeträge mangels überzeugenderer Anknüpfungsmomente durchaus sachgerecht[87].

6. Scheidungsfolgesachen

29   Die in § 12 Abs. 2 S. 3 GKG genannten Scheidungsfolgesachen nach §§ 623 Abs. 1, 4, 621 Abs. 1 Nr. 1, 2 und 3 haben einen Ausgangswert von 1.500,– DM. Voraussetzung ist, daß die Scheidungsfolgesachen im Scheidungsverbund anhängig sind. Es handelt sich um Folgesachen über die elterliche Sorge für das eheliche Kind, den persönlichen Umgang mit dem nichtsorgeberechtigten Elternteil und die Herausgabe des Kindes an den anderen Elternteil. § 12 Abs. 2 Satz 3 HS 2 GKG verstößt nicht gegen Art. 6 GG. Auch wenn den Eltern das gemeinsame Sorgerecht belassen wird, muß die Regelung nicht gerichtskostenfrei geschehen[88].

Soweit die genannten nichtvermögensrechtlichen Familiensachen durch den Verbund Scheidungsfolgesachen werden, findet auf sie (ebenso für die weiteren FGG – Scheidungsfolgesachen [§ 1 Abs. 2 GKG]) einheitlich das GKG Anwendung. Das gilt, obwohl bei isolierten Verfahren die KostO anwendbar wäre[89]. Gebührenrechtlich findet nach § 19 a GKG eine einheitliche Kostenberechnung nach den zusammengerechneten Werten für die Scheidung und die Folgesachen statt (Text und Einzelheiten → § 5 Rdnr. 18). Die übrigen Verbundsachen des § 621 Abs. 1, die nicht in § 12 Abs. 2 S. 3 GKG aufgeführt sind, unterliegen ihren eigenen Regeln (§ 621 Abs. 1 Nr. 4: Gesetzliche Unterhaltspflicht gegenüber einem ehelichen Kind → § 9 Rdnr. 15 ff.; § 621 Abs. 1 Nr. 5: Die durch Ehe begründete gesetzliche Unterhaltspflicht → § 9 Rdnr. 15 ff.; § 621 Abs. 1 Nr. 6: Versorgungsausgleich → § 9 Rdnr. 13, 24; § 621 Abs. 1 Nr. 7: Hausrat → Rdnr. 48 »Hausrat«; → § 9 Rdnr. 25 a. E.; § 621 Abs. 1 Nr. 8: Eheliches Güterrecht → Rdnr. 45 »eheliches Güterrecht«; § 621 Abs. 1 Nr. 9: Verfahren nach §§ 1382, 1383 BGB → Rdnr. 66 »Zugewinnausgleich«). Für alle genannten Fälle gilt § 19 a GKG.

---

[83] So aber *AG Groß-Gerau* JurBüro 1992, 113 (abl. *Mümmler*); krit. auch *E. Schneider* KostRsp. GKG § 12 Nr. 150.

[84] *OLG Düsseldorf* JurBüro 1985, 256.

[85] *OLG Köln* FamRZ 1987, 183; zust. *E. Schneider*[10] (Fn. 1 bei § 2) Rdnr. 1116.

[86] *Haberzettl*[2] (Fn. 48) 44.

[87] Ebenso *E. Schneider*[10] (Fn. 1 bei § 2) Rdnr. 1123.

[88] *BVerfG* FamRZ 1992, 781; a.A. *AG Kamen* FamRZ 1992, 86 (Vorlagebeschluß).

[89] *OLG Bamberg* JurBüro 1981, 735; *Hillach-Rohs*[8] (Fn. 1 zu § 2) 239; *G. Rohs* (Fn. 48) 183.

Die Ermessensregel des § 12 Abs. 2 S. 1 GKG ist auch für die genannten Ausgangswerte maßgebend, so daß im Einzelfall Abweichungen vom Ausgangswert geboten sind[90]. Jedoch darf der Wert nicht unter 600,– DM (Mindestwert → Rdnr. 14) liegen.

a) Elterliche Sorge (§ 621 Abs. 1 Nr. 1)

Ist die elterliche Sorge über mehrere Kinder zu regeln, so liegt nach § 19 a Abs. 1 S. 2 GKG   **30** nur ein Gegenstand vor. Doch kommt gleichwohl eine Erhöhung des Ausgangswerts von 1.500,– DM in Betracht, wenn der Umfang und die Schwierigkeit des Verfahrens durch die Mehrzahl der Kinder beeinflußt werden[91]. Jede schematische Erhöhung ist ausgeschlossen[92]. An einen höheren Wert ist insbesondere zu denken, wenn für mehrere Kinder unterschiedliche Regelungen getroffen werden sollen[93]. Eine Überschreitung des Ausgangswertes ist auch wegen günstiger Vermögensverhältnisse möglich[94]. § 12 Abs. 2 S. 3 GKG kann nicht analog auf eine im isolierten Verfahren anhängig gemachte Familiensache angewendet werden[95].

Ergeht eine Sorgerechtsregelung im Verfahren der einstweiligen Anordnung, fehlen Spezialvorschriften. § 20 Abs. 2 S. 1 GKG enthält keine Wertvorschrift, da diese Anordnungen erstinstanzlich gerichtsgebührenfrei sind. Doch fallen im Beschwerdeverfahren Gerichtsgebühren an (KV-GKG Nr. 1180 i. V. m. § 620 c S. 1 ZPO)[96]. Eine analoge Anwendung von § 12 Abs. 2 S. 3 GKG scheidet aus, weil dieser Wert im Verfahren der einstweiligen Anordnung gegenüber der Endentscheidung im allgemeinen unterschritten wird. Andererseits gilt § 30 KostO nur für isolierte Verfahren. In diesen Fällen darf nach richtiger Auffassung § 8 Abs. 2 letzter Satz BRAGO herangezogen werden, der einen Ausgangswert von 1000,– DM vorsieht[97].

b) Umgangsregelung (§ 621 Abs. 1 Nr. 2)

Für die – gesondert zu bewertende – Umgangsregelung gelten die oben dargestellten   **31** Grundsätze entsprechend (→ Rdnr. 30). Es ist daher von einem Ausgangswert von 1.500,– DM auszugehen. Der Wert des Umgangsrechts kann, muß aber nicht niedriger angesetzt werden als die Regelung der elterlichen Sorge[98]. Der *Vergleichswert* über die Regelung des Umgangsrechts ist geringer anzusetzen als im Falle einer gerichtlichen Entscheidung, weil die Einigung der Eltern für das Gericht nicht bindend ist[99].

Es handelt sich aber immer um verschiedene, getrennt zu bewertende Gegenstände.

---

[90] *Hillach-Rohs*[8] (Fn. 1 bei § 2) 241.
[91] *OLG Hamm* JurBüro 1989, 1303; Rpfleger 1987, 265; JurBüro 1982, 1050; *OLG Düsseldorf* JurBüro 1984, 1542; 1980, 736; *OLG Saarbrücken* AnwBl. 1984, 372; *OLG Bamberg* JurBüro 1983, 1072; 1981, 735; 1980, 408; *OLG Frankfurt a. M.* JurBüro 1981, 245; *OLG Köln* JurBüro 1981, 588; *OLG Koblenz* JurBüro 1978, 1694 (500,– DM für jedes weitere Kind).
[92] *OLG Bamberg* JurBüro 1980, 241.
[93] *OLG Bamberg* JurBüro 1980, 241 (*Mümmler*).
[94] *OLG Düsseldorf* JurBüro 1984, 1542.
[95] *OLG Düsseldorf* JurBüro 1983, 901; 1980, 1558;

a.A. *OLG Frankfurt a. M.* JurBüro 1984, 224 (abl. *Mümmler*).
[96] Näher *Hillach-Rohs*[8] (Fn. 1 bei § 2) 251.
[97] *OLG Bamberg* JurBüro 1983, 1072; 1981, 735 (zust. *Mümmler*); *Hillach-Rohs*[8] (Fn. 1 bei § 2) 251; a. A. *OLG Zweibrücken* JurBüro 1984, 899 (§ 12 Abs. 2 S. 3 GKG analog für einstweilige Anordnung nach italienischem Eherecht).
[98] *Hillach-Rohs*[8] (Fn. 1 bei § 2) 242 f.; *OLG Saarbrücken* AnwBl. 1984, 372 setzt niedriger an; *OLG Düsseldorf* JurBüro 1980, 1543 (je 1.500,– DM).
[99] *OLG Hamm* JurBüro 1982, 1376 (1000,– DM).

c) Kindesherausgabe (§ 621 Abs. 1 Nr. 3)

32   Die Kindesherausgabe ist ein von der elterlichen Sorge und der Umgangsregelung (→ Rdnr. 30, 31) verschiedener Gegenstand und daher gesondert zu bewerten. Grundsätzlich gelten die obigen Ausführungen entsprechend. Ausgangswert ist auch hier 1.500,– DM, von dem regelmäßig nicht nach oben (etwa: 2.500,– DM) abgewichen zu werden braucht[100].

7. Kindschaftssachen

33   In Kindschaftssachen beträgt der Ausgangswert 4.000,– DM (§ 12 Abs. 2 S. 3 GKG). Die Legaldefinition findet sich in § 640 Abs. 2. Der Höchstwert beträgt nach § 12 Abs. 2 S. 4 GKG 2 Millionen DM, der Mindestwert 600,– DM. Die Gerichte gehen auch bei bescheideneren sozialen Verhältnissen oftmals von 4.000,– DM als Regelwert aus[101]. Doch kann etwa bei geringerem Verfahrensumfang eine Unterschreitung des Ausgangswertes angezeigt sein[102]. Für Kindschaftssachen unter Beteiligung mehrerer Kinder (→ § 5 Rdnr. 13). Zur Bedeutung des § 12 Abs. 3 GKG (Text und näher → § 5 Rdnr. 18). Allgemein aber gilt wegen der besonderen Bedeutung der Kindschaftssachen für die Beteiligten, daß die Grenzen für eine Streitwertherabsetzung eher eng zu ziehen sind[103].

V. Wertherabsetzungen aus wirtschaftlichen Gründen

1. Rechtsgrundlagen

34   Die neuere Gesetzgebung hat das Institut der Streitwertherabsetzung entwickelt (zum rechtspolitischen Grund näher → Einl. Rdnr. 534). Es handelt sich dabei um rechts- und sozialstaatlich geprägte normative Streitwerte (→ Rdnr. 2) im Sinne von Sondervorschriften (→ § 2 Rdnr. 5). Sie gelten aufgrund im wesentlichen gleichlautender Vorschriften für Patentstreitsachen (§ 144 Abs. 1 PatG), Gebrauchsmuster (§ 26 Abs. 1 GebrMG), Warenzeichensachen (§ 31 a WZG), für Klagen wegen unlauteren Wettbewerbs (§ 23 b Abs. 1 UWG n. F.; zum Verhältnis zu § 23 a UWG n. F. → Rdnr. 39) sowie für aktienrechtliche Prozesse (§ 247 Abs. 2 AktG). Die letztgenannte Norm ist – ebenso wie § 247 Abs. 1 AktG – analog anwendbar für Streitfälle bei einer GmbH[104] oder Genossenschaft. Das ergibt sich aus der häufig identischen Interessenlage. Die Streitwertherabsetzung führt zu einem Teilstreitwert zugunsten einer wirtschaftlich schwachen Partei. Wegen der weithin identischen Struktur der genannten Vorschriften sind Rechtsprechung und Literatur gleichermaßen anwendbar[105].

---

[100] A. A. *Hillach-Rohs*[8] (Fn. 1 bei § 2) 243 (Ausgangswert: 2.500,– DM).

[101] *OLG Karlsruhe* Die Justiz 1987, 146 (bei Ehelichkeitsanfechtung 2.000,– DM – 4.000,– DM); *OLG Hamm* JurBüro 1984, 1214; *LG Köln* JurBüro 1981, 244; dazu *Demharter* JurBüro 1983, 1610.

[102] *OLG Zweibrücken* JurBüro 1984, 1541.

[103] *E. Schneider*[10] (Fn. 1 bei § 2) Rdnr. 2590; auch *Hillach-Rohs*[8] (Fn. 1 bei § 2) 254f.

[104] *LG Bayreuth* JurBüro 1985, 768; *Hillach-Rohs*[8]

(Fn. 1 bei § 2) 400; ferner § 197 Abs. 2 GmbHG-E RegE (BR-Drucks. 71/595 und BT-Drucks. VI/3088). – Zur Genossenschaft: *Hillach-Rohs*[8] 404. – Im *Vereinsrecht* scheidet eine analoge Anwendung aus *BGH* ZIP 1992, 918, 919).

[105] *Borck*, Lamento über zwei täterfreundliche Vorschriften WRP 1987, 429; *Kur* Streitwert und Kosten im Verfahren wegen unlauteren Wettbewerbs (1980); *Ulrich* Streitwert in Wettbewerbssachen GRUR 1984, 177.

2. Verfassungsmäßigkeit; Rechtspolitisches

Die Verfassungsmäßigkeit der genannten Normen ist – insbesondere von Anwaltsseite – **35**
immer wieder bezweifelt worden[106]. Richtigerweise ist ihr Erlaß aber von den Möglichkeiten
des Gesetzgebers umfaßt[107]. De lege ferenda könnte eine Streitwertherabsetzung auch in
Kartellzivilsachen erwogen werden[108]. Doch eignet sich eine Erweiterung de lege ferenda auf
den allgemeinen Zivilprozeß wegen der Gefahr einer ungleichmäßigen Handhabung des
Streitwertrechts nicht[109]. Von Ausnahmen abgesehen (→ Rdnr. 34) bieten sich die Normen
auch nicht für eine analoge Anwendung z. B. auf § 48 Abs. 2 WEG[110] an. Insbesondere kann
§ 23 b UWG nicht auf die Verbandsklage des § 13 AGBG analog angewendet werden (→
»Allgemeine Geschäftsbedingungen« Rdnr. 41). In vergleichbarer Weise läßt sich § 247
Abs. 2 AktG nicht analog auf Feststellungsklagen im Recht der Personengesellschaften anwenden[111].

3. Voraussetzungen

Wenn eine Partei glaubhaft macht, daß die Belastung mit den Prozeßkosten nach dem **36**
vollen Streitwert ihre wirtschaftliche Lage erheblich gefährden würde, kann das Gericht auf
Antrag anordnen, daß die Verpflichtungen dieser Partei zur Kostentragung sich nach einem
ihrer Wirtschaftslage angepaßten Teil des Streitwerts bemessen. Bei § 23 b Abs. 1 S. 2 UWG
ist wegen der häufigeren Kostentragung durch Dritte eine zusätzliche Glaubhaftmachung
vorgesehen, daß eine solche Kostentragung nicht stattfindet.

Eine Prüfung der Erfolgsaussichten der Klage oder der Verteidigung wie bei der Prozeßkostenhilfe (→ § 114 Rdnr. 29 ff.) findet nicht statt[112]. Doch können die möglichen Vergünsti-
gungen eines Prozeßkostenhilfeverfahrens etwa im Rahmen des § 247 Abs. 2 AktG berücksichtigt werden[113]. Einer offenkundig mutwilligen oder aussichtslosen Klage sollte aber nicht
durch eine Streitwertherabsetzung geholfen werden[114]. Das gleiche gilt für mißbräuchliche
Klagen etwa bei »Abmahn-Wettbewerbern«[115]. Auch nach der Herabsetzung muß ein gewis-
ses Verhältnis zu dem an sich angemessenen Streitwert bestehen[116] und der ermäßigte
Streitwert der Bedeutung der Angelegenheit Ausdruck verleihen. Dabei darf nicht schematisch verfahren werden. Rechtsmißbräuchen ist entgegenzuwirken[117].

Bewertungsgrundsätze lassen sich der Rechtsprechung kaum entnehmen; insbesondere der
BGH pflegt seine Beschlüsse meist nicht zu begründen[118]. Vereinzelt wird etwa bei § 23 b
UWG für Streitwerte bis 10.000,– DM keine Begünstigung angenommen. Bei höheren

---

[106] *Graf Lambsdorff-Kanz* BB 1983, 2215; *Traub* Die
Streitwertfestsetzung für Arbeitnehmer – Erfinder im
Lichte verfassungskonformer Auslegung – zugleich ein
Beitrag zur Verfassungsmäßigkeit der Vorschriften über
die Streitwertbegünstigung im allgemeinen-, in: Ge-
schichtliche Rechtswissenschaft, Freundesgabe A. Söllner
(1990) 578 ff.
[107] BVerfG NJW-RR 1991, 1134 (zu § 23 b UWG);
OLG Koblenz JurBüro 1989, 1728; *Baumbach-Hefermehl* Wettbewerbsrecht[16] (1990) § 23 b Rdnr. 1 b; *Ulrich*
GRUR 1984, 177, 183; *E. Schneider* MDR 1990, 291;
Melullis, Handbuch des Wettbewerbsprozesses, 1991
Rdnr. 425; *Großkomm./UWG/Jestaedt*, 1991, § 23 b
Rdnr. 3.
[108] *H. U. Müller II* WuW 1977, 470 ff.
[109] Bericht der Kommission für das Zivilprozeßrecht
(1977) 229 f.
[110] *J. Schmid* ZMR 1990, 89.
[111] A. A. *Happ-Pfeifer* ZGR 1991, 103, 117 ff.

[112] *E. Schneider* MDR 1990, 292; *OLG Frankfurt a. M.*
JurBüro 1989, 530, 531; unklar *LG Frankfurt a. M.* WM
1991, 2025, 2028 (zu § 247 Abs. 2 AktG).
[113] Noch weitergehend *OLG Frankfurt a. M.* JurBüro
1990, 647; Bedenken bei *Timm* ZIP 1990, 361, 363
Fn. 13; krit. auch *Lappe* KostRsp. AktG § 247 Nr. 13.
[114] *OLG Frankfurt a. M.* JurBüro 1990, 647; *Mümmler*
JurBüro 1985, 1761, 1766; großzügiger *Ulrich* GRUR
1984, 177, 183.
[115] *Traub* (Fn. 106) 577, 589.
[116] *OLG Köln* NJW-RR 1991, 168, 169; *OLG Schleswig* JurBüro 1987, 750 (zu § 23 b UWG n. F.); *KG* WRP
1984, 20; 1983, 561; 1982, 468; AnwBl. 1978, 142.
[117] BGH ZIP 1991, 1581 (§ 247 Abs. 2 AktG); AG
Köln ZIP 1990, 1404; *Brandes* WM 1992, 465, 476.
[118] Mitteilung der (unveröffentlichten) BGH-Recht-
sprechung zu § 23 a, b UWG n. F. durch *Teplitzky* GRUR
1990, 393, 398. – *LG Frankfurt a. M.* WM 1991, 2025,
2028: 1/10 (zu § 247 Abs. 2 AktG).

Streitwerten wird von einem Sockelbetrag von 10.000,– DM ausgegangen und 1/10 des darüber hinausgehenden Betrages hinzugerechnet[119]. Derartigen Bewertungen kann zugestimmt werden, um die privilegierten Parteien dazu anzuhalten, ihre prozessualen Entscheidungen unter angemessener Berücksichtigung des im jeweiligen Verfahren angelegten Kostenrisikos zu treffen[120]. Richtigerweise gibt es keinen gesetzlich anerkannten Grundsatz, wonach ein Verband einen revisionsfähigen Streitwert durchhalten können muß[121]. Allerdings kann eine völlig unzureichende finanzielle Ausstattung eines Verbandes eine Streitwertherabsetzung unter dem Gesichtspunkt des Rechtsmißbrauchs verhindern[122]. Das gilt auch für ein Unternehmen, das sich im wesentlichen auf Klägerauftritte in aktienrechtlichen Verfahren beschränkt[123]. Bei Prüfung der Vermögens- und Einkommensverhältnisse eines klagebefugten Verbandes im Rahmen des § 23a 2. Alt. UWG ist auf dessen Gesamttätigkeit abzustellen und nicht allein auf die Belastung durch den konkreten Prozeß[124].

4. Folgen

37   Die Streitwertherabsetzung hat nur Bedeutung für den Gebührenstreitwert (→ § 2 Rdnr. 43). Für alle anderen Werte, insbesondere für den Zuständigkeitsstreitwert (→ § 2 Rdnr. 30) und den Rechtsmittelstreitwert (→ § 2 Rdnr. 34) bleibt es beim vollen Streitwert. Anders wurde im Rahmen des § 247 Abs. 1 AktG für die Beschwer des Revisionsklägers entschieden (*BGH* MDR 1982, 209.) Die Vergünstigung besteht darin, daß das Gericht neben dem eigentlichen Gebührenstreitwert einen besonderen geringeren Gebührenstreitwert zugunsten des Antragstellers festsetzt. Nach diesem Gebührenstreitwert berechnen sich (1) die Verpflichtung der begünstigten Partei zum Tragen der Gerichtskosten nach § 49 oder § 54 GKG; (2) die Verpflichtung zur Honorierung des eigenen Anwalts der begünstigten Partei; (3) die Kostenerstattungspflicht der begünstigten Partei, wenn (soweit) sie den Prozeß verloren hat, gegenüber der nichtbegünstigten Partei.

Jedoch richten sich nach dem vollen Gebührenstreitwert (1) das Verhältnis der nichtbegünstigten Partei zur Staatskasse gem. §§ 49, 54 GKG; (2) das Verhältnis der nichtbegünstigten Partei zu ihrem Anwalt; (3) die Kostenerstattungspflicht der nichtbegünstigten Partei gegenüber der begünstigten Partei. Wenn (soweit) die nichtbegünstigte Partei unterlegen ist, richten sich die Gebühren des Anwalts der begünstigten Partei nach dem vollen Streitwert.

5. Prozeßkostenhilfe

38   Die Streitwertherabsetzung schließt Prozeßkostenhilfe nicht aus (→ vor § 114 Rdnr. 10 m. Nachw.)[125]. Von ihr unterscheidet sie sich durch ihre Endgültigkeit und durch die Wirkung auch gegenüber dem Kostenerstattungsanspruch des Gegners (vgl. aber oben → Rdnr. 36).

---

[119] *OLG Schleswig* JurBüro 1987, 750; *OLG Koblenz* JurBüro 1985, 279; *KG* AnwBl. 1978, 2.
[120] *E. Schneider*[10] (Fn. 1 bei § 2) Rdnr. 2012.
[121] *OLG Koblenz* JurBüro 1989, 1728; a. A. *OLG Frankfurt a. M.* JurBüro 1989, 530 (*E. Schneider* KostRsp. UWG § 23a Nr. 10).
[122] *OLG Koblenz* JurBüro 1989, 1728 (zu § 23a 2. Alt. UWG n. F.).

[123] *OLG Karlsruhe* ZIP 1991, 930, 931.
[124] *OLG Koblenz* JurBüro 1989, 1728; *OLG Köln* NJW-RR 1991, 168 (krit. *E. Schneider* KostRsp. UWG § 23b Nr. 24); a. A. *OLG Frankfurt a. M.* JurBüro 1989, 530.
[125] *Mümmler* JurBüro 1985, 1761, 1763.

6. § 23 a UWG n. F. und § 23 b UWG n. F.

Mit dem durch Gesetz vom 25.7.1986 (BGBl I 1169) eingefügten § 23 a UWG wird eine   **39**
Herabsetzung des Gesamtstreitwerts von Amts wegen erreicht. Dieser Vorschrift nachgebil-
det sind die §§ 12 RabattG und 2 ZugabeVO. Der Teilstreitwert des § 23 b UWG n. F. (§ 23 a
UWG a.F.) hat dadurch stark an Bedeutung verloren. Die Anwendung des § 23 a UWG ist
gegenüber derjenigen des § 23 b UWG vorrangig[126]. § 23 a UWG sowie die nachgebildeten
Vorschriften sind gleichfalls (→ Rdnr. 35) verfassungsrechtlich unbedenklich[127]. Bei der
Anwendung des § 23 a UWG sind dessen zwei Alternativen auseinanderzuhalten. Wird der
Streitwert zunächst von Amts wegen nach § 23 a 1. Alt. UWG herabgesetzt, weil die Sache
nach Art und Umfang einfach gelagert ist, so kann es einer Partei gleichwohl auf Antrag gem.
§ 23 b UWG gestattet werden, die Gebühren nach einem noch weiter ermäßigten Betrag zu
errechnen[128]. Eine einfach gelagerte Sache kann nicht angenommen werden, wenn der
Anspruchsgegner verschiedene Einwendungen erhoben und umfangreiche Unterlagen vorgelegt hat, mit denen sich der Anspruchsgegner zur Terminvorbereitung zu befassen hatte[129].

§ 23 a 2. Alt. UWG (»nicht tragbar«) stellt an eine Streitwertherabsetzung graduell wohl
eher geringere Anforderungen als § 23 b UWG (»erhebliche Gefährdung«)[130]. Liegen daher
die höheren Anforderungen des § 23 b UWG vor, so sind notwendigerweise auch die geringeren des § 23 a 2. Alt. UWG gegeben. Richtigerweise darf dann das Antragserfordernis des
§ 23 b UWG nicht dadurch ausgehöhlt werden, daß nach § 23 a 2. Alt. UWG von Amts wegen
und mit Wirkung für beide Parteien eine Herabsetzung auf den nach § 23 b UWG angezeigten
Betrag vorzunehmen wäre. Aus diesem Grunde kommt nach einer Herabsetzung nach § 23 a
2. Alt. UWG anschließend noch eine weitere antragsweise Herabsetzung nach § 23 b UWG in
Betracht[131].

Liegen sowohl die Voraussetzungen der 1. Alt. als auch diejenigen der 2. Alt. von § 23 a
UWG vor, so kommt es nicht zu einer doppelten Minderung. Maßgeblich ist der Streitwert,
der die größte Minderung ermöglicht[132]. Die Gerichte nehmen für § 23 a UWG bisweilen
schematisch eine Herabsetzung auf die Hälfte des vollen Streitwerts an[133]. Doch widerspricht
jede schematische Herabsetzung dem Sinn der auf den einzelnen Fall abgestellten Sonderregelung[134]. Nach der hier vertretenen Auffassung hat § 23 b neben § 23 a 2. Alt. UWG (und
ohnehin neben der 1. Alt.) einen eigenständigen Anwendungsbereich. Daneben kommt § 23 b
UWG allein zur Anwendung, wenn der geltend gemachte Unterlassungsanspruch kein Anspruch im Sinne des § 23 a UWG ist. Für die Anwendung des § 23 a UWG reicht es aus, daß das
Klagebegehren wenigstens zusätzlich auf UWG-Vorschriften gestützt wird, nicht also bei
reinen Warenzeichensachen[135]. Im Urheberrecht sind die §§ 23 a, b UWG unanwendbar. Von
Bedeutung ist das für Softwareverletzungen, weil dort das Urheberrecht gegenüber § 1 UWG
spezieller ist[136].

---

[126] *OLG Koblenz* JurBüro 1989, 1728; vgl. auch *Ulrich* GRUR 1989, 401 ff.; *GroßKomm./UWG/Jestaedt*
(Fn. 107) § 23 a Rdnr. 27.
[127] *OLG Köln* NJW-RR 1991, 168; *OLG Koblenz* Jur-
Büro 1989, 1728; *Mümmler* JurBüro 1990, 1537, 1549.
[128] *OLG Frankfurt a. M.* JurBüro 1990, 247.
[129] *OLG Koblenz* WRP 1990, 57; vgl. auch *BGH* NJW-
RR 1990, 1322, 1323.
[130] Etwa *Baumbach-Hefermehl*[16] (Fn. 107) § 23 a
Rdnr. 14.
[131] Richtig *KG* WRP 1989, 166, 167; ebenso *Baumbach-Hefermehl*[16] (Fn. 107) § 23 a Rdnr. 15; *Groß-
Komm./UWG/Jestaedt* (Fn. 107) § 23 a Rdnr. 29; a. A.

OLG Frankfurt a. M. JurBüro 1990, 247; *OLG Koblenz*
JurBüro 1989, 1728; *E. Schneider* MDR 1990, 291;
Mümmler JurBüro 1990, 1537, 1549 f.
[132] *OLG Koblenz* WRP 1990, 844; *KG* WRP 1989,
166, 167; *E. Schneider* MDR 1991, 197.
[133] *KG* WRP 1989, 166, 167; *OLG Köln* GRUR 1988,
716 (zu § 23 a 1. Alt. UWG).
[134] Ebenso *Baumbach-Hefermehl*[16] (Fn. 107) § 23 a
Rdnr. 9; *Mümmler* JurBüro 1990, 1537, 1550.
[135] *OLG Frankfurt a. M.* JurBüro 1990, 247.
[136] *OLG Saarbrücken* CR 1991, 549; *OLG München*
CR 1990, 400, 401.

Für einen nach § 13 Abs. 2 Nr. 2, 3 UWG klagebefugten Verband kommt eine Streitwertherabsetzung nach § 23 a UWG (und auch nach § 23 b UWG) nicht nur in Betracht, wenn er strukturell und finanziell grundsätzlich in der Lage ist, seinen Aufgaben im öffentlichen Interesse gerecht zu werden (→ Rdnr. 36 a. E.).

Nach Abschluß der Instanz ist ein Antrag auf Streitwertherabsetzung auch dann noch zulässig, wenn der angenommene oder festgesetzte Streitwert später durch das Gericht heraufgesetzt wird[137]. Wird in einer Wettbewerbssache zugunsten eines Verbraucherschutzvereins der Streitwert gem. § 23 b UWG herabgesetzt, so soll dieser Streitwertbegünstigungsbeschluß nachträglich nur erhöht werden können, wenn sich die wirtschaftliche Lage der begünstigten Partei erheblich verbessert hat[138]. Richtigerweise kann auch eine Teilstreitwertfestsetzung nach § 23 b UWG gemäß § 25 Abs. 1 S. 3 GKG (→ § 2 Rdnr. 79 ff.) grundsätzlich zum Nachteil des ursprünglich Begünstigten abgeändert werden[139]. Dem entspricht es, daß die Streitwertbegünstigung des ersten Rechtszuges für die folgenden Instanzen ohne Bedeutung ist. Etwaige Dispositionen der Parteien stehen weder im Anwendungsbereich des UWG noch auch bei § 247 Abs. 2 AktG unter Vertrauensschutz[140].

VI. Wertschlüssel

40   Soweit in der folgenden Übersicht Schrifttum ohne näheren Nachweis zitiert wird, findet sich das ausführliche Zitat in → § 2 Fn. 1. Innerhalb des folgenden Wertschlüssels wird durch Angabe des maßgebenden Stichworts unter Verweis auf die Randnummer (Rdnr.) verwiesen. Ansonsten erfolgen Verweisungen (» → «) auf andere Stellen *dieses* Kommentars, wo sich weitere Ausführungen oder Nachweise finden. Soweit bei einem Stichwort »Wert der Hauptsache« angegeben ist, richtet sich die Wertberechnung nach dem für die Hauptsache maßgeblichen Wert. Dieser Wert wird in der üblichen Weise festgestellt. Falls keine speziellen Wertvorschriften eingreifen, ist der Wert nach § 3 zu schätzen (→ Rdnr. 6 ff.). Findet sich bei einem Stichwort der Hinweis »§ 3« (oder ähnlich), so ist damit ausgesagt, daß die Bewertung jeweils durch Schätzung nach § 3 stattfindet. Die *Bruchzahlen* (z. B. beim Stichwort »Aussetzung des Verfahrens«: »1/5 bzw. 1/3«) geben an, daß bei dem betreffenden Verfahren zwar vom Wert der Hauptsache auszugehen ist, dann aber nur der jeweils genannte Anteil dieses Werts angesetzt wird. Die Feststellung des Werts der Hauptsache geschieht auch hier in der üblichen Weise, also lediglich subsidiär nach § 3.

---

[137] BPatGE 24, 169 ff.; *Struif* GRUR 1985, 248, 252.
[138] *OLG Koblenz* JurBüro 1990, 1037 (zweifelhaft).
[139] Offengelassen von *BGH* NJW-RR 1990, 1322, 1323.

[140] *BGH* WM 1992, 1981, 1982; *OLG Karlsruhe* ZIP 1991, 930, 931; a.A. früher *BGH* ZIP 1991, 932; *OLG Frankfurt a. M.* KostRspr. AktG § 247 Nr. 10; *E. Schneider* KostRspr. AktG § 247 Nr. 14; *Hirte* EWiR § 247 AktG 1/91, 633.

Dem *Wertschlüssel* ist zur leichteren Auffindbarkeit nachfolgend ein *Hauptstichwortregister* vorangestellt. Verweisungen innerhalb des Textes sind durch einen Pfeil → bezeichnet.

Hauptstichwortregister

A (Rdnr. 41)

Abänderung des Gebührenstreitwertbeschlusses
Abänderung wiederkehrender Leistungen
Abänderungsklage (§ 323)
Abfindung beim Geschiedenenunterhalt
Abfindungen (arbeitsrechtliche)
Abfindungsvergleich
Abgabe einer eidesstattlichen Versicherung
    (→ Eidesstattliche Versicherung)
Abgabe einer Willenserklärung
Abgesonderte Verhandlung (→ Sachurteils-
    voraussetzungen)
Abhilfe bei Beschwerde gegen Gebühren-
    streitwertbeschluß
Ablehnung des Richters
Ablehnung des Sachverständigen
Ablehnung des Schiedsrichters
Abmahnung (arbeitsrechtliche)
Abnahme von Sachen
Abonnement
Abrechnung (→ Minderung)
Abrechnung (→ Rechnungslegung)
Abrechnung und Aufrechnung
Abschluß eines Vertrages
Absonderungsrecht
Abtretung
Abwehrklage
Abzinsung
Actio pro socio
Additionsverbote
Änderung der Gesetzgebung
Änderungen des Streitgegenstandes
Änderung des Streitwerts
Änderungen des Wertes
Affektionswert
Aktie
Aktiengesellschaft (Anfechtungsklage gegen
    Hauptversammlungsbeschlüsse)
Aktienrechtliche Prozesse (Streitwertherabset-
    zung)
Aktionärsklage
Allgemeine Geschäftsbedingungen
Altenteilsansprüche
Alter (hohes) des Bezugsberechtigten bei
    wiederkehrenden Leistungen
Altersheim (Aufenthaltsvertrag)
Altersrente
Amtsverhältnis
Anerkenntnis
Anfechtung

Anfechtung von Beschlüssen
Anfechtungs-, Nichtigkeits-, Auflösungsklage im
    Gesellschaftsrecht
Angabe des Streitwerts (durch die Parteien)
Annahmeverzug
Anordnungen (→ Einstweilige Anordnungen)
Anschlußberufung (→ auch: Gebührenstreitwert
    in der Rechtsmittelinstanz)
Anschlußrevision (→ Gebührenstreitwert in der
    Rechtsmittelinstanz)
Anspruchshäufung
Anspruchskonkurrenzen
Anspruchsmehrheiten (unzulässige)
Ansprüche aus dem Arbeitsverhältnis
Anteil an Gesamthand
Antrag (Bedeutung für den Streitwert)
Antragsänderungen
Antragsmehrheit (Streitgegenstandshäufung)
Anwaltsgebühren
Anwaltsgebührenwert (Festsetzung)
Anwartschaftsrecht
Arbeitnehmer
Arbeitnehmererfindungsvergütung
Arbeitsbescheinigung
Arbeitseinkommen (Pfändung)
Arbeitsgerichte
Arbeitsgerichtliches Beschlußverfahren
    (Streitwertfestsetzung)
ArbGG § 12 Abs. 7 (Gebührenstreitwert)
Arbeitsrechtliche Änderungskündigung
Arbeitsrechtlicher Weiterbeschäftigungsanspruch
Arbeitsverhältnis
Arrest
Aufgebotsverfahren
Aufhebung (→ Gemeinschaft; → Miterben-
    gemeinschaft; → Gütergemeinschaft)
Aufhebung eines Vertrages
Aufhebungsklage (§ 1041) (→ Schiedsgerichts-
    verfahren)
Auflassung
Auflassungsvormerkung
Auflösung des Pachtverhältnisses (Vergleich)
Auflösungsklagen (gesellschaftsrechtliche)
Aufopferung
Aufrechnung
Aufsichtsrat einer Aktiengesellschaft
Aufwendungen (keine Nebenforderungen)
Ausbeutungsrecht
Ausbildungsbeihilfen
Auseinandersetzung (Erbengemeinschaft)
Auseinandersetzungsversteigerung (§ 180 ZVG)
Ausgleichsanspruch (→ Handelsvertreter)
Auskunftsanspruch

Ausländersicherheit
Ausländische Währung
Ausländisches Urteil (→ Vollstreckbarkeit)
Auslagen (keine Nebenforderung)
Ausschließungsklage (§ 140 HGB)
Ausschluß (eines Wohnungseigentümers)
Ausschluß aus einer Genossenschaft
Aussetzung des Verfahrens
Aussonderung (§ 43 KO)
Aussteuerversicherung
Automatenaufstellungsvertrag

B (Rdnr. 42)

Bagatellstreitwert
Baubeschränkung
Baugesetzbuch
Bauhandwerkerhypothek
Baulandsachen (BauGB)
Baupläne (Besitzstreitigkeiten)
Beamte
Bearbeitungsgebühr (bei Unfallfinanzierung)
Bebautes Grundstück (Verkehrswert)
Bedingende Rechtsverhältnisse
Bedingte Rechte
Beeinträchtigung des Eigentums durch Grund-
     dienstbarkeit
Befreiung von Verbindlichkeit
Befriedigung (→ Vorzugsweise Befriedigung)
BEG – Ansprüche
Begründung des Gebührenstreitwertbeschlusses
Begründungen
Beherbergungsvertrag
Beiordnung eines Rechtsanwalts (§ 78 b)
Beitritt eines Streitgehilfen
Belastungen eines Grundstücks
Benutzungsregelung zwischen den Mit-
     eigentümern eines Wohnhauses
Bereicherungsanspruch
Berichtigung (Streitwertbeschluß)
Berichtigung des Grundbuchs
Berichtigungsbeschwerde
Berufsunfähigkeitsrente
Berufung
Berufungsrücknahme (→ Zurücknahme)
Beschränkte persönliche Dienstbarkeit
Beschwer, Wert der
Beschwerde
Beschwerdegegenstand, Wert des
Beseitigung eines Überbaus
Beseitigungsklage (§ 1004 BGB)
Besicherung
Besitz
Besitzeinweisung, vorzeitige
Bestimmte Geldsumme, Streitwert
Betagte Ansprüche
Beweisgebühr

Beweissicherungsverfahren (selbständiges
     Beweisverfahren)
Bewerbervertrag für Eigenheim
Bewirtungsvertrag
Bezugsrecht einer Aktie
Bezugsverpflichtung
BGB – Anweisung
Bilanz
Billigkeitsentscheidung nach § 315 BGB
Bindung bei der Wertfestsetzung
Börsenkurswert
Börsenpapiere
Briefe
Briefmarken
Bürgschaft
Bürgschaftsurkunde

C (Rdnr. 43)

Campingvertrag

D (Rdnr. 44)

Darlehensvertrag
Dauernde Ansprüche
Dauerverhältnisse
Dauerwohnrecht
DDR und Ostberlin (ehemalig)
Deckungsprozeß (Berufsunfähigkeits-
     versicherung)
Deckungsprozeß (Haftpflichtversicherung)
Deckungsprozeß (Rechtschutzversicherung)
Derselbe Streitgegenstand (§ 19 Abs. 1 GKG)
Dienendes Grundstück
Dienstbarkeiten
Dienstpflicht
Dienstverhältnis
Diskontspesen
Dividendenschein
Draufgabe
Drittschuldner
Drittstreitigkeiten
Drittwiderspruchsklage (§ 771)
Duldung der Zwangsvollstreckung

E (Rdnr. 45)

Eheliches Güterrecht (§ 621 Abs. 1 Nr. 8)
Ehelichkeitsanfechtung
Ehesachen
Ehewohnung
Ehrverletzung
Eidesstattliche Versicherung (§§ 807, 883 Abs. 2)
Eidesstattliche Versicherung bei materiell-
     rechtlichem Anspruch
Eigentum
Eigentumsstörung

Eigentumsvorbehalt
Eigentumswohnung (→ Wohnungseigentum)
Einbringlichkeit einer Forderung
Eingruppierungsstreit
Einheit, wirtschaftliche zwischen Haupt- und
　Hilfsantrag
Einheitlicher Rechtsgrund
Einheitswert
Einigungsvertrag (→ DDR und Ostberlin)
Einlassung des Beklagten
Einräumung des Besitzes (an der Mietsache)
Einreden (auch → Gegenrechte)
Einreden (prozeßhindernde)
Einstellung der Zwangsvollstreckung
Einstweilige Anordnungen im Eheprozeß
Einstweilige Verfügung
Einstweilige Verfügung (Unterhalt)
Eintragungsbewilligung
Eintrittskarten
Einzelleistung
Einzelleistung (wiederkehrende Leistungen)
Einzelne Vertragspflichten (des Mietvertrages)
Einzelrichter
Elterliche Sorge
Enteignung
Enteignungsentschädigung in Zinsform
Entlastung eines GmbH-Geschäftsführers
Entmündigungsverfahren
Entnahmerecht
Entscheidung nach Lage der Akten
Erbauseinandersetzung
Erbbaurecht
Erbbauzinsen
Erbe (Miterbenklage)
Erbengemeinschaft
Erbenhaftung (beschränkte)
Erbrecht
Erbschein
Erbunwürdigkeitsklage
Erbvertrag (Rücktritt)
Ergänzung des Urteils (in der Arbeits-
　gerichtsbarkeit)
Erhöhung
Erinnerung (§ 766)
Erledigung der Hauptsache
Erledigung (Streitwertfestsetzung durch
　Arbeitsgericht)
Ermessensantrag
Errichtung eines Vermögensverzeichnisses
Erstattungsanspruch (§ 717 Abs. 3) (→ Inzident-
　antrag)
Erzwingung von Unterlassungen und Duldungen
　(§ 890) (→ Ordnungsgeld)
Eventualantrag (→ Hilfsantrag)
Eventualantrag (uneigentlicher) (→ Hilfsantrag,
　uneigentlicher)
Eventualaufrechnung

Eventualwiderklage
Eventuelle Wider-Widerklage

F (Rdnr. 46)

Facultas alternativa
Fälligkeit
Fälligkeit einzelner Leistungen während des
　Prozesses
Fahrkarten
Familiensachen (→ Ehesachen, → Scheidungs-
　folgesachen)
Fensterrechte
Feriensache
Feriensache (ehemalige DDR)
Feriensache (Kostenfestsetzungsverfahren)
Ferienwohnung (Miete)
Fernsprechanschluß
Feststellung des Eigentums
Feststellungsantrag über bedingende Rechts-
　verhältnisse
Feststellungsantrag (überschießender Teil)
Feststellungsantrag (wirtschaftlich selbständiger)
Feststellungs- und Leistungsantrag
Feststellungsklagen
Feststellungsklagen (arbeitsgerichtliches
　Verfahren)
Feststellungswiderklage (negative) und Teilklage
Fideikommiß
Film
Filmverleih
Filmwerbung
Finanzierungskosten (keine Nebenforderung)
Firmenrecht
Fischereirechte
Folgesachen (von Ehescheidungen)
Forderung
Fortsetzungsverlangen (§§ 556 a ff. und §§ 565 a ff.
　BGB)
Fotografien, Besitzstreitigkeiten
Frachtbrief, Besitzstreitigkeiten
Freie Entfaltung der Persönlichkeit
Freigabe eines gesperrten Guthabens
Fremdwährungsschuld
Fristbestimmung (§ 255)
Früchte
Futterkosten

G (Rdnr. 47)

Garantievertrag
Gebrauchsmuster
Gebrauchtwagen
Gebühren
Gebührenstreitwert
Gebührenstreitwert (Festsetzung)
Gebührenstreitwert (Zeitpunkt)

Inkassogebühren
Insolvenz- Sicherungsklage
Internatskosten
Interventionsklage (→ Drittwiderspruchsklage)
Investmentzertifikate, Besitzstreitigkeiten
Inzidentanträge (§ 717)
Inzidentanträge des Beklagten
Inzidentanträge des Klägers

J (Rdnr. 50)

Jagdpacht
Jagdrecht
Jahresabschluß

K (Rdnr. 51)

Kapitalabfindung (im Prozeßvergleich)
Kartellsachen
Kaufmännnische Orderpapiere,
    Besitzstreitigkeiten
Kaufpreis (als Wertmaßstab)
Kaufvertrag
Kaution
Kindschaftssachen
Kindesherausgabeklagen
Kirchenbaulast
Klägerinteresse
Klage auf Befreiung von einer wiederkehrenden
    Verbindlichkeit
Klage auf künftige Leistung
Klageänderung
Klageänderung bei wiederkehrenden Leistungen
Klagenhäufung
Klagenverbindung
Klagerücknahme
Klagerücknahme (Streitwertfestsetzung durch
    Arbeitsgericht)
Kommanditgesellschaft
Kommanditist
Kommunalobligationen, Besitzstreitigkeiten
Komplementär (Vergütungsanspruch)
Konkludente Streitwertfestsetzungen
Konkursfeststellungsprozeß
Konkursrechtliche Klagen
Kontokorrentverhältnis
Kosten
Kosten (Vollstreckbarkeit)
Kosten bei teilweiser Erledigung der Hauptsache
Kostenfestsetzungsverfahren
Kostenpauschquantum (Arrest)
Kraftfahrzeug
Kraftloserklärung (→ Aufgebotsverfahren)
Krankenhaus, Aufenthaltsvertrag
Krankenhaustagegeld – Versicherung
    (→ Versicherung)
Kreuzfahrt
Kündigung (Mietsachen)

Kündigungsschutzklage
Künftige Leistung
Kursanstieg, Kursverfall

L (Rdnr. 52)

Lage der Akten, Entscheidung nach
Lagergeld (keine Nebenforderungen)
Leasingvertrag
Lebensdauer des Anspruchsberechtigten
Lebensversicherung
Lebensversicherungspolice, Besitzstreitigkeiten
Legitimationspapiere, Besitzstreitigkeiten
Leibgeding
Leibrenten
Leihe
Leistung (unteilbare) (Streitgenossenschaft)
Leistungen (wiederkehrende)
Leistungsanträge (ohne eigenen wirtschaftlichen
    Wert)
Leistungsbestimmung durch das Gericht
Leistungsklage
Leistungsklage (auf bestimmten Geldanspruch)
Lichtrechte
Liebhaberwert
Löschung einer Hypothek
Löschung eines Widerspruches
Löschung von Grundpfandrechten
Lohn- und Gehaltsforderungen
Lohnklage im arbeitsgerichtlichen Verfahren
Lohnsteuerkarte
Londoner Abkommen über deutsche Auslands-
    schulden

M (Rdnr. 53)

Mahnverfahren
Mehrere Ansprüche
Mehrere Kinder
Mehrere Klageansprüche (Arbeitsgerichtsbarkeit)
Mehrere prozessuale Ansprüche
Mehrfache Begründung des Klageantrags
Mehrforderungsklage (wiederkehrende
    Leistungen)
Mehrheit von Ansprüchen
Mehrheit von Sachverhalten
Mehrvergleich (Arbeitsrecht)
Mehrwertsteuer
Messungsergebnis
Mietfolgestreitigkeiten
Mietklagen
Mietverhältnisse
Mietzins
Mietzinsbürge
Mietzinserhöhung
Mietzinsklage
Minderung
Mitbesitz

Rechnungslegung
Rechte (subjektiv – dingliche)
Rechtsanwalt
Rechtsgestaltungsklagen
Rechtshängigkeit
Rechtsmittel (→ Gebührenstreitwert in der
    Rechtsmittelinstanz)
Rechtsmittelrücknahme (→ Zurücknahme des
    Rechtsmittels)
Rechtsmittelstreitwert
Rechtsmittelstreitwert (Arbeitsgerichtsbarkeit)
Rechtsverhältnis (bedingendes)
Regelunterhalt
Regreßanspruch
Regreßanspruch des Sozialversicherungsträgers
    nach § 640 RVO
Regreßanspruch des Versicherers
Reisevertrag
Rektapapiere, Besitzstreitigkeiten
Rente
Rentenanwartschaft
Rentenschuld
Rentenschuldbrief, Besitzstreitigkeiten
Rentenvergleich
Rentenvertrag
Reparaturschein, Besitzstreitigkeiten
Restitutionsklage (→ Nichtigkeitsklage)
Revision (→ Gebührenstreitwert in der
    Rechtsmittelinstanz)
Revisionsrücknahme (→ Zurücknahme)
Richter
Richterablehnung (→ Ablehnung)
Rückabtretung einer Forderung bei konkurs-
    rechtlicher Anfechtung
Rückenteignung
Rückgabe des Schuldscheines
Rückgewähr (Mietsache)
Rückkauf
Rücknahme
Rücknahme der Klage
Rücknahme des Rechtsmittels (→ Zurücknahme)
Rückstände
Rückstände aus wiederkehrenden Leistungen im
    Arbeitsrecht
Rückstände bei wiederkehrenden Leistungen
Rücktritt vom Erbvertrag (→ Erbvertrag)
Rücktritt vom Kaufvertrag über Eigenheim
Rügeloses Einlassen (Zuständigkeitsstreitwert)
Ruhegelder
RVO (§ 640)

S (Rdnr. 59)

Sache
Sachurteilsvoraussetzungen
Sachverständige (Streitwertfestsetzung)
Sachverständigenablehnung (→ Ablehnung)

Säumnis
Säumnis (schriftliches Verfahren)
Sanatorium (Aufenthaltsvertrag)
Schadensersatz
Schadensersatz als Gegenrecht
Schäden (keine Nebenforderungen)
Schätzung
Scheck, Besitzstreitigkeiten
Scheidung
Scheidungsfolgesachen
Schiedsgerichtsverfahren
Schiffspassage
Schlußurteil (→ Teilurteil)
Schmerzensgeldanspruch (verrentet)
Schriftliches Verfahren (§ 128 Abs. 2 und 3)
Schuldschein, Besitzstreitigkeiten
Schwankende Jahresbezüge
Schwarzkauf
Sicherheit
Sicherheit (§§ 109, 715)
Sicherheit (Sicherstellung, Besicherung)
Sicherheitsleistung
Sicherheitsleistung (§ 769)
Sicherstellung
Sicherstellung des Zugewinnausgleichs
    (§ 1389 BGB)
Sicherungsabtretung
Sicherungseigentum
Sittenwidrig erschlichenes Urteil
Softwareverletzung
Soldaten
Sorgerecht (elterliches)
Sozialplan
Sparbuch, Besitzstreitigkeiten
Steuerliche Bewertung
Stiftung (Klage auf Ausschluß)
Stiftsstelle
Störung (Besitz und Eigentum)
Störung in der Ausübung einer
    Grunddienstbarkeit
Streitgegenstand
Streitgenossenschaft
Streithilfe
Streitwert (gestaffelte Festsetzung)
Streitwert (normativer)
Streitwertangabe
Streitwertbegrenzungsklauseln
Streitwertbeschwerde
Streitwertfestsetzung
Streitwertfestsetzung (arbeitsgerichtliches
    Verfahren)
Streitwertfestsetzung (Rechtsbehelfe)
Streitwertfestsetzung im Kostenfestsetzungs-
    beschluß
Streitwertherabsetzung aus wirtschaftlichen
    Gründen
Stromlieferung

Zustimmung zur Herausgabe einer hinterlegten Sache (→ Hinterlegung)
Zustimmung zur Mietzinserhöhung
Zustimmungsantrag
Zuwachs (keine Nebenforderung)
Zwangsgeld (§ 888)
Zwangsversteigerung und Zwangsverwaltung von Grundstücken

Zwangsvollstreckung (→ Vollstreckung)
Zwischenfeststellungsklage
Zwischenstreit
Zwischenurteil (Streitwertfestsetzung durch Arbeitsgericht)
Zwischenvergleich

Wertschlüssel

41 **Abänderung des Gebührenstreitwertbeschlusses** → § 2 Rdnr. 79.

Abänderung wiederkehrender Leistungen → § 9 Rdnr. 5 und 11.

Abänderungsklage (§ 323) → § 9 Rdnr. 11; → § 323 Rdnr. 3 ff.

Abfindung beim Geschiedenenunterhalt: Verlangt der geschiedene Ehegatte von Anfang an statt der ihm zustehenden Rente eine Abfindung in Kapital gem. § 1585 Abs. 2 BGB, so ist dieser Betrag maßgeblich, → § 2 Rdnr. 93. Verlangt der Kläger dagegen zunächst eine Unterhaltsrente und kommt es dann zu einem Abfindungsvergleich (§ 1585 c BGB), so ist der Wert der Rente anzusetzen, → § 9 Rdnr. 11.

Abfindungen (arbeitsrechtliche) → § 2 Rdnr. 125, → § 5 Rdnr. 48.

Abfindungsvergleich → § 9 Rdnr. 26.

Abgabe einer eidesstattlichen Versicherung → »Eidesstattliche Versicherung« (Rdnr. 45).

Abgabe einer Willenserklärung: Maßgeblich ist das Interesse des Klägers an der Abgabe der Willenserklärung (*LAG München* JurBüro 1987, 1382). Führt die Willenserklärung zum Eigentumsübergang (z. B. Auflassungsklage), so ist nach § 6 der Verkehrswert der Sache anzusetzen.

Abgesonderte Verhandlung → »Sachurteilsvoraussetzungen« (Rdnr. 59).

Abhilfe bei Beschwerde gegen Gebührenstreitwertbeschluß → § 2 Rdnr. 87.

Ablehnung des Richters → § 3 Rdnr. 13, → auch § 46 Rdnr. 5.

Ablehnung des Sachverständigen → § 3 Rdnr. 13.

Ablehnung des Schiedsrichters → § 3 Rdnr. 13.

Abmahnung (arbeitsrechtliche) → § 2 Rdnr. 122.

Abnahme von Sachen: Maßgeblich ist das Interesse des Klägers, insbesondere bei verkauften Gegenständen nach § 433 Abs. 2 BGB. Die Schätzung muß sich daran orientieren, daß der Kläger von der Vorsorge (Lagerung, Schutz vor Beschädigung, Zerstörung, Diebstahl usw.) für den Gegenstand frei werden will. Auf den Wert der Sache oder den Kaufpreis kommt es dagegen nicht an (*BGH* KostRsp. ZPO § 3 Nr. 499; *RGZ*

57, 400; *KG* KostRsp. ZPO § 3 Nr. 9; JurBüro 1960, 166; *OLG Stuttgart* Rpfleger 1964, 162), → § 6 Rdnr. 5. Zur Abnahmepflicht ohne Bezug auf eine bereits konkretisierte Sache → »Bezugsverpflichtung« (Rdnr. 42); zur Klage auf Abnahme und Kaufpreiszahlung → § 5 Rdnr. 9.

Abonnement → § 9 Rdnr. 3.

Abrechnung → »Minderung« (Rdnr. 53).

Abrechnung → »Rechnungslegung« (Rdnr. 58).

Abrechnung und Aufrechnung → § 5 Rdnr. 45.

Abschluß eines Vertrages: Maßgeblich ist das Interesse des Klägers am Zustandekommen eines Vertrages, da die aufgrund des erst noch abzuschließenden Vertrages zu erbringenden Leistungen noch nicht geltend gemacht werden. Deshalb müssen die für den vertraglichen Anspruch geltenden Wertvorschriften außer Betracht bleiben (*LAG Baden-Württemberg* JurBüro 1992, 627 [Klage auf Annahme eines Arbeitsvertrages]; *OLG Braunschweig* JurBüro 1975, 1099). Abschluß eines Mietvertrages → § 8 Rdnr. 6, → »Darlehensvertrag« (Rdnr. 44).

Absonderungsrecht → § 6 Rdnr. 23.

Abtretung: Bei der Klage auf Abtretung einer Geldforderung ist deren Betrag maßgebend, → § 2 Rdnr. 93, → § 6 Rdnr. 19; zur Rückabtretung nach konkursrechtlicher Anfechtung → § 6 Rdnr. 22; bei wiederkehrenden Leistungen → § 9 Rdnr. 5; einer Hypothek → § 6 Rdnr. 23. Besonderheiten gelten bei der → »Sicherungsabtretung« (Rdnr. 59).

Abwehrklage: § 6 kommt weder bei Eigentumsstörungen (→ § 6 Rdnr. 11) noch bei Besitzstörungen (→ § 6 Rdnr. 5) zur Anwendung. Entscheidend ist das Interesse des Klägers an der Beseitigung der Störung (*AG Rüsselsheim* WuM 1992, 117 [Entfernung eines Kampfhundes aus der Wohnung]); → § 6 Rdnr. 5. Auf die Nachteile, die dem Beklagten aus der Befolgung entstehen, kommt es nicht an (*OLG Köln* JurBüro 1990, 246). Grundsätzlich kommt es auf Art und Ausmaß der Beeinträchtigung an und nicht auf die Kosten der Störungsbeseitigung (einschränkend *OLG Düsseldorf* MDR 1991, 353). Einschränkungen sind gerechtfertigt, wenn der

Kläger zur Beseitigung der Störung verpflichtet ist. Dann sind die vollen Beseitigungskosten anzusetzen (*E. Schneider* KostRspr. ZPO § 3 Nr. 1023). Der Anspruch auf Beseitigung einer Funkantenne wurde mit 1000,– DM bewertet (*LG Hamburg* WuM 1991, 359).

Abzinsung → § 2 Rdnr. 94.

Actio pro socio: Soweit es sich um eine *OHG* oder *KG* handelt, ist für Besitz- und Eigentumsklagen der volle Wert der Sache maßgebend → § 6 Rdnr. 16; → § 2 Rdnr. 17. Im übrigen gelten die Grundsätze zum → »Gesamthandseigentum« (Rdnr. 47).

Additionsverbote: Bei wirtschaftlicher Einheit → § 5 Rdnr. 6. Arbeitsrechtliche Additionsverbote → § 2 Rdnr. 128 ff.; gebührenrechtliche Additionsverbote → § 5 Rdnr. 18 f.; eingeschränkte Additionsmöglichkeit von kompetenzrelevanten und kompetenzirrelevanten (Zuständigkeits-) Streitwerten → § 5 Rdnr. 16.

Änderung der Gesetzgebung: Gesetzesänderungen, die sich auf die Wertberechnung auswirken, sind nur insoweit zu berücksichtigen, als sie vor der Klageeinreichung ergehen (*BGH* Warn. 1977 Nr. 37), → § 4 Rdnr. 4 ff. Auswirkungen des künftigen Wegfalls der gesetzlichen Grundlage für wiederkehrende Leistungen → § 9 Rdnr. 8. Im Verhältnis zur ehemaligen → »DDR und Ostberlin« (Rdnr. 44) hat der → »Einigungsvertrag« (Rdnr. 45) neben der ZPO das GKG und die BRAGO → § 2 Rdnr. 8 auf das gesamte deutsche Staatsgebiet erstreckt. Instanzen, die bereits anhängig waren, oder Kosten, die bereits fällig waren, werden grundsätzlich nach bisherigem Recht abgewickelt (Anlage I Kapitel III Sachgebiet A Abschnitt III Nr. 19 Buchst. d S. 1 EinigungsV; *BezG Erfurt* EzFamR aktuell 1992, S. 14; *KG* FamRZ 1991, 1462, 1463 [§ 172 ZPO-DDR]); *H. Roth* Änderungen und Angleichungen im Zivilverfahrens-, Insolvenz- und Gerichtsverfassungsrecht, in: Jayme-Furtak (Hrsg.), Der Weg zur deutschen Rechtseinheit – Internationale und interne Auswirkungen im Privatrecht (1991) S. 175 ff.; *Hansens* DtZ 1991, 97 (BRAGO); Erläuterungen zu den Anlagen (BT-Drucks. 11/7817 S. 29 zu Nr. 19–27). Im übrigen werden nach dem 3.10.1990 fortgeführte Rechtsstreitigkeiten nach ZPO und GKG abgewickelt (z. B. *LG Berlin* JurBüro 1991, 1538).

Änderungen des Streitgegenstandes: → § 4 Rdnr. 7; beim Gebührenstreitwert → § 4 Rdnr. 12.

Änderung des Streitwerts → § 107.

Änderungen des Wertes → § 4 Rdnr. 6; beim Gebührenstreitwert → § 4 Rdnr. 12.

Affektionswert → § 3 Rdnr. 7.

Aktie → Besitzstreitigkeit → § 6 Rdnr. 7; im Zusammenhang mit einem Dividendenschein → § 4 Rdnr. 20.

Aktiengesellschaft (Anfechtungsklage gegen Hauptversammlungsbeschlüsse): Der Streitwert bemißt sich nach § 247 Abs. 1 AktG → § 2 Rdnr. 14; → § 3 Rdnr. 2, wobei ausnahmsweise die Interessenlage beider Parteien zu prüfen und abzuwägen ist (*BGH* WM 1992, 1370 f.; *OLG München* Die AG 1989, 212 [krit. Anm. *Ekkenga-Sittmann*]; *OLG Frankfurt a. M.* Jur-Büro 1984, 918; *E. Schumann* NJW 1982, 1257, 1259 li.Sp.; w.N. bei *Happ-Pfeifer* ZGR 1991, 103, 106 ff.). Der Streitwert gilt auch für die Nichtigkeitsklage (§ 249 Abs. 1 AktG), die Klagen auf Feststellung der Nichtigkeit des festgestellten Jahresabschlusses (§ 256 Abs. 7 AktG) und auf Nichtigerklärung der Gesellschaft (§ 275 Abs. 4 AktG). § 247 Abs. 1 AktG betrifft auch den Rechtsmittelstreitwert, so daß bei der Bewertung der Beschwer eines Rechtsmittelklägers nach § 546 die Bedeutung der Sache für die Gesellschaft mit zu berücksichtigen ist (*BGH* MDR 1982, 209 = JurBüro 1982, 66, 218). § 247 Abs. 1 AktG gilt bei entsprechenden Klagen mit Ausnahme des § 247 Abs. 1 S. 2 AktG analog für die GmbH (→ § 3 Rdnr. 34, → »GmbH« [Rdnr. 47]) und die Genossenschaft (→ »Genossenschaft« [Rdnr. 47]); a. A. *Thomas-Putzo*[17] § 3 »Gesellschaft«. Zum Teilstreitwert des § 247 Abs. 2 AktG → § 3 Rdnr. 34. Ggf. kommt es für einzelne Tagesordnungspunkte einer Hauptversammlung zu einer gesonderten Streitwertfestsetzung (*LG Frankfurt a. M.* WM 1991, 2025).

Aktienrechtliche Prozesse (Streitwertherabsetzung) → § 3 Rdnr. 34.

Aktionärsklage: Bei »Aktionärsklagen« i.S. von *BGHZ* 83, 122 (»*Holzmüller*«) kann das Prozeßkostenrisiko für den Aktionär durch analoge Anwendung des § 247 AktG begrenzt werden (*Brondics* Die Aktionärsklage, 1988, 174 f.; zust. *H. Roth* ZZP 103 [1990] 365, 368 re.Sp.). Bei rechtsmißbräuchlichen Anfechtungsklagen kommt es zu einer Ablehnung (*BGH* BB 1991, 1656).

Allgemeine Geschäftsbedingungen: § 22 AGBG enthält als normativer Streitwert (→ § 3 Rdnr. 2) für alle Rechtsstreitigkeiten einen Höchstbetrag von 500 000,– DM. Im übrigen gelten auch hier die allgemeinen Grundsätze (*BGH* NJW-RR 1991, 1074). Die Rechtsprechung greift auf die Entwicklung von Regelstreitwerten zurück, um das Kostenrisiko abschätzbar zu machen (*OLG Hamm* JurBüro 1986, 1558, 1559; *Bunte* DB 1980, 481, 486). Der Streitwert einer von einem Verbraucherschutzverband gegen einen AGB-Verwender erhobenen Unterlassungsklage gem. § 13 AGBG wird nach dem Interesse der Allgemeinheit an der Ausschaltung der beanstandeten AGB-Klausel aus dem Rechtsverkehr bestimmt. Das Interesse der Allgemeinheit kann geringer zu bemessen sein, wenn ein Grundsatzurteil zu vergleichbaren Klauseln schon ergangen ist (*BGH* NJW-RR 1991, 1074 [Tilgungsverrechnungsklausel: 50.000,– DM]). Auf den entstehenden Zinsverlust durch das Klauselverbot kommt es nicht an (*BGH* NJW-RR 1991, 1074). Der Regelstreitwert für eine derartige Klage ist mit 3.000,– DM je beanstandeter Klausel angenommen worden, wobei der Größe des Verwenderunternehmens keine übermäßige Bedeutung zugemessen wurde (*OLG Hamm* JurBüro 1986, 1558 [krit. *E. Schneider* KostRsp. AGBG Nr. 1]). Doch findet sich als Regelbewertung auch ein Betrag von 5.000,– DM je beanstandeter Klausel (*OLG Stuttgart* KostRsp. ZPO § 3 Nr. 665). In Einzelfällen wurde auch höher bewertet mit etwa 20.000,– DM (*OLG Karlsruhe* in: *Bunte* AGBE I § 22 Nr. 5); 50.000,– DM (*OLG Köln* in: *Bunte* § 11 Nr. 1, Nr. 5, Streitwertmitteilung bei *E. Schneider*[10] Rdnr. 141); 100 000,– DM (*OLG Frankfurt a.M.* NJW 1979, 985, Streitwertmitteilung *E. Schneider*[10] Rdnr. 142) sowie gelegentlich noch höher. In Verbandsprozessen nach § 13 AGBG bemißt sich nach dem Gesagten die Beschwer für die Revisionsinstanz nach dem unter wirtschaftlichen Gesichtspunkten zu beurteilendem Interesse an der Abänderung der angefochtenen Entscheidung. Das Interesse der Prozeßparteien wird ausschließlich nach dem Interesse der Allgemeinheit an der Beseitigung der gesetzwidrigen AGB-Bestimmung bestimmt. Unerheblich ist, ob der AGB-Verwender als Urteilsauswirkung zur Zurückzahlung von Darlehen verpflichtet ist (*BGH* WM 1990, 1477, → § 3 Rdnr. 7). § 23b UWG n.F. kann auf die Verbandsklage nach § 13 AGBG nicht analog angewendet werden (*Löwe* in: *Löwe-Graf von Westphalen-Trinkner* GroßK. z. AGB-Gesetz[2] [1983] § 22 Rdnr. 2; a.A. *Bunte* AcP 181 [1981] 59, → § 3 Rdnr. 35 a.E.).

Altenteilsansprüche → § 9 Rdnr. 2.

Alter (hohes) des Bezugsberechtigten bei wiederkehrenden Leistungen → § 9 Rdnr. 8.

Altersheim (Aufenthaltsvertrag) → § 8 Rdnr. 2.

Altersrente → § 9 Rdnr. 2.

Amtsverhältnis → § 9 Rdnr. 20 ff.

Anerkenntnis: Ein prozessuales Anerkenntnis läßt den Streitwert von der Erklärungsabgabe bis hin zur Verkündung des Anerkenntnisurteils unberührt. Bei einem Teilanerkenntnis des Beklag-

ten verringert sich der Gebührenstreitwert erst nach Erlaß eines Teilanerkenntnisurteils (*OLG Bamberg* JurBüro 1990, 771 [*Mümmler*] mit Nachweisen).

Anfechtung: Nach dem Anfechtungsgesetz → § 6 Rdnr. 21; Nebenforderungen → § 4 Rdnr. 30 a.E.; bei wiederkehrenden Leistungen → § 9 Rdnr. 5; bei Klagen gegen mehrere Streitgenossen → § 5 Rdnr. 10; nach §§ 29 ff. KO → § 6 Rdnr. 22.

Anfechtung von Beschlüssen → »Aktiengesellschaft (Anfechtungsklage gegen Hauptversammlungsbeschlüsse)« (Rdnr. 41); → »Genossenschaft« (Rdnr. 47); → »GmbH« (Rdnr. 47).

Anfechtungs-, Nichtigkeits-, Auflösungsklage im Gesellschaftsrecht → § 2 Rdnr. 28.

Angabe des Streitwerts (durch die Parteien) → § 2 Rdnr. 90.

Annahmeverzug: Es ist nach § 3 zu schätzen (*OLG Frankfurt a.M.* MDR 1991, 159; → § 5 Rdnr. 9.)

Anordnungen → »Einstweilige Anordnungen« (Rdnr. 45).

Anschlußberufung → »Gebührenstreitwert in der Rechtsmittelinstanz« (Rdnr. 47); wegen einer Nebenforderung → § 4 Rdnr. 17 und 26.

Anschlußrevision → »Gebührenstreitwert in der Rechtsmittelinstanz« (Rdnr. 47).

Anspruchshäufung → § 5 Rdnr. 1.

Anspruchskonkurrenzen: Bewertung bei Zusammentreffen gebührenrechtlich privilegierter Ansprüche mit nicht privilegierten → § 9 Rdnr. 26.

Anspruchsmehrheiten (unzulässige) → § 5 Rdnr. 5.

Ansprüche aus dem Arbeitsverhältnis → § 9 Rdnr. 22.

Anteil an Gesamthand → § 2 Rdnr. 91.

Antrag (Bedeutung für den Streitwert) → § 2 Rdnr. 13; Antrag auf Gebührenstreitwertfestsetzung → § 2 Rdnr. 68.

Antragsänderungen → § 4 Rdnr. 7.

Antragsmehrheit (Streitgegenstandshäufung) → § 5 Rdnr. 4.

Anwaltsgebühren → § 2 Rdnr. 44.

Anwaltsgebührenwert (Festsetzung): Zur isolierten Wertfestsetzung → § 2 Rdnr. 68.

Anwartschaftsrecht: → § 6 Rdnr. 9. Die Bewertung folgt den Grundsätzen, wie sie bei den »bedingten Rechten« (Rdnr. 42) maßgebend sind. Die Wahrscheinlichkeit des Bedingungseintritts ist bei einem Kaufvertrag an der Höhe der bisherigen Ratenzahlungen zu messen. Steht der Eigentumserwerb unmittelbar bevor, so kann der Wert dem Verkehrswert der Sache → § 6 Rdnr. 13 ff. nahekommen. Im übrigen wird das Anwartschaftsrecht mit dem Bruchteil des Wertes der Sache angesetzt, der den geleisteten Raten entspricht. Ist z.B. die Hälfte des Kaufpreises bezahlt, so ist im Regelfall die Hälfte des Wertes der Sache anzusetzen.

Arbeitnehmer: Ansprüche auf wiederkehrende Leistungen → § 9 Rdnr. 20 f. (Gebührenstreitwert); zum arbeitsgerichtlichen Verfahren → § 9 Rdnr. 28.

Arbeitnehmererfindungsvergütung → § 2 Rdnr. 98.

Arbeitsbescheinigung → § 2 Rdnr. 122.

Arbeitseinkommen (Pfändung) → § 6 Rdnr. 23.

Arbeitsgerichte: Bedeutung des Streitwerts → § 2 Rdnr. 111 ff.

Arbeitsgerichtliches Beschlußverfahren (Streitwertfestsetzung) → § 2 Rdnr. 121.

ArbGG § 12 Abs. 7 (Gebührenstreitwert) → § 2 Rdnr. 123 ff.; Text → § 2 Rdnr. 123.

Arbeitsrechtliche Änderungskündigung → § 2 Rdnr. 137 ff.

Arbeitsrechtlicher Weiterbeschäftigungsanspruch → § 2 Rdnr. 129 ff., → § 5 Rdnr. 48; vermögensrechtliche Streitigkeit → § 2 Rdnr. 122.

Arbeitsverhältnis: Streitigkeiten über Bestehen, Nichtbestehen oder Kündigung → § 2 Rdnr. 124; Ansprüche aus dem Arbeitsverhältnis → § 9 Rdnr. 22; Zusammenrechnung bei Feststellungsklage und gleichzeitiger Klage auf Zahlung des Gehalts → § 2 Rdnr. 128; → § 5 Rdnr. 48; Zusammenrechnung bei Feststellungsklage und Weiterbeschäftigungsanspruch → § 2 Rdnr. 129 ff.; Zusammenrechnung bei mehreren Kündigungen → § 2 Rdnr. 132 ff.

Arrest: Abgesehen vom Gebührenstreitwert ist eine Wertberechnung nur selten erforderlich (z.B. nicht beim Zuständigkeitsstreitwert und beim Verurteilungsstreitwert wegen § 919 und § 708 Nr. 6 [auch → § 2 Rdnr. 3]). Bewertet wird generell nach § 3 (→ § 6 Rdnr. 6 und 24). Für den Gebührenstreitwert sieht § 20 Abs. 1 GKG die genannte Rechtsfolge ausdrücklich vor. Maßgeblich ist das Interesse des Antragstellers am Erlaß des Arrestbefehls. Ausgangspunkt der Berechnung ist der Wert der Hauptsache, der jedoch im Hinblick auf den vorläufigen Charakter des Arrestes entsprechend zu mindern ist. Es gelten dabei ähnliche Grundsätze wie bei der → »einstweiligen Verfügung« (Rdnr. 45) (*OLG Frankfurt a. M.* JurBüro 1974, 1437; *OLG Karlsruhe* Die Justiz 1973, 281; *OLG Köln* MDR 1963, 510). Die angenommenen Werte schwanken dabei zwischen 1/3 bis 1/2 der Forderungshöhe der Hauptsache. Im Regelfall wird wie bei der → »einstweiligen Verfügung« (Rdnr. 45) eine Bewertung mit 1/3 vorzunehmen sein: (1/3: *OLG Bamberg* JurBüro 1980, 278; *OLG Celle* JurBüro 1969, 539; *KG* Rpfleger 1962, 120; JurBüro 1965, 224 [1/3–1/2];

OLG Köln VersR 1973, 1032 [regelmäßig 1/3, bei besonderer Bedeutung wie z. B. einziger Befriedigungsmöglichkeit im Inland, 1/2]; *E. Schneider* MDR 1990, 291 [1/3]; 1/2: *OLG Neustadt* JurBüro 1964, 350; *OLG Schleswig* SchlHA 1961, 199). Bei Vorliegen besonderer Umstände wird der Wert auch auf 1/4 festgesetzt (*OLG Köln* MDR 1977, 495: Arresthypothek mit unstreitiger Löschungsverpflichtung, aber klärungsbedürftigem Vornahmezeitpunkt). Abweichungen nach oben sind bis zum Wert der Hauptsache möglich, wenn der Arrest praktisch zu einer vollständigen Befriedigung des Antragstellers führt und die einzige Möglichkeit darstellt, um die Vollstreckungsvereitelung zu verhindern (*OLG Düsseldorf* Rpfleger 1964, 360; *OLG Köln* JurBüro 1961, 621; *OLG Frankfurt a. M.* JurBüro 1960, 220; *OLG Bremen* NJW 1958, 2023). Auch für einen Arrest in ein Seeschiff sind höhere Quoten angebracht (*OLG Hamburg* MDR 1991, 1196 [75%]). Sichert der Arrest Unterhaltsansprüche, so ist § 17 Abs. 1 GKG der oberste Grenzwert (*OLG Bamberg* JurBüro 1989, 1605; *E. Schneider* MDR 1990, 291). Es muß im Arrestverfahren vom Höchstbetrag aber nicht nochmals ein Abschlag vorgenommen werden (*OLG Bamberg* Rpfleger 1983, 127). Für den persönlichen Arrest sind grundsätzlich die gleichen Regeln maßgebend (*OLG Koblenz* JurBüro 1992, 191 [1/3]). Zur einstweiligen Verfügung in Unterhaltssachen → »Einstweilige Verfügung (Unterhalt)« (Rdnr. 45).

Der Streitwert der Vollziehung eines Arrestes im Wege der Zwangsvollstreckung entspricht grundsätzlich demjenigen der Anordnung (*KG* Rpfleger 1991, 126, 127 li. Sp. [mit Recht krit. *Lappe* KostRsp. ZPO § 3 Nr. 1015]; *OLG Köln* JurBüro 1986, 1546; *OLG Frankfurt a. M.* JurBüro 1983, 1667; Einzelheiten und Abweichungen *E. Schneider*[10] Rdnr. 280 ff.; *Mümmler* JurBüro 1989, 295, 299; 1984, 817, 818). Jedenfalls kommt Pfändungen zum Zweck der Arrestvollziehung wegen ihres Sicherungscharakters kein höherer Streitwert zu als dem Anordnungsverfahren (*OLG Koblenz* JurBüro 1981, 572). Dieselben Bewertungsgrundsätze greifen auch im Widerspruchs- und Aufhebungsverfahren ein (für § 926 Abs. 2: *OLG Köln* VersR 1973, 1032, ebenso beim Antrag nach § 927: *OLG Köln* MDR 1977, 495). Das gleiche gilt trotz der Möglichkeit des § 927 bei selbständiger Klage (*OLG Köln* MDR 1977, 495). Beim »Vollwiderspruch« richtet sich der Gebührenwert nach dem vollen Streitwert, beim »Kostenwiderspruch« lediglich nach dem Kosteninteresse (*KG* MDR 1982, 853). Der Wert einer Beschwerde gegen die Ablehnung einer Fristsetzung nach § 926 Abs. 1 entspricht dem Verfahrenswert (*OLG Frankfurt a. M.* ZIP 1980, 1144).

Nebenforderung→ § 4 Rdnr. 28; Kostenpauschquantum → § 4 Rdnr. 29; → »Hauptverfahren nach Eilverfahren« (Rdnr. 48).

Aufgebotsverfahren: Das Aufgebotsverfahren der §§ 946 ff. ist nach dem Interesse des Antragstellers zu bewerten, das sich nach den Vorteilen bestimmt, die mit dem Aufgebotsverfahren erreicht werden sollen. Die Zuständigkeit ist in § 23 Nr. 2 h GVG streitwertunabhängig geregelt. Bei den anderen Streitwerten ist ein generelles Abstellen auf § 3 im Hinblick auf die unterschiedlichen Gegenstände des Aufgebotsverfahrens nicht angebracht (anders *Thomas-Putzo*[17] Stichwort »Aufgebotsverfahren«; *E. Schneider*[10] Rdnr. 297 [aber unter Berücksichtigung von § 6]). Bei Wertpapieren im engeren Sinn (→ § 6 Rdnr. 7) wird der Wert wegen der engen Verbindung von Forderung und Papier nach § 6 bestimmt (a. A. *Hillach-Rohs*[8] 368). Dagegen ist gem. § 3 zu schätzen, wenn das Aufgebotsverfahren Wertpapiere im weiteren Sinne betrifft (→ § 6 Rdnr. 7; insoweit ebenso *Hillach-Rohs*[8] 368). Regelmäßig wird der Ersatz für das zerstörte oder verlorene Papier mit 10−20% des Wertes des verbrieften Rechts veranschlagt (*LG Berlin* JurBüro 1988, 1387 [Grundschuldbrief]; *LG Hildesheim* NJW 1964, 1232; *Hillach-Rohs*[8] 369; *Wagner* JR 1952, 234; a. A. *LG Hagen* JMBlNRW 1952, 111 [§ 6]). Das Aufgebot von Grundstückseigentümern (§§ 977−981), Hypotheken-, Grundschuld-, Rentenschuld-, Schiffsschuldgläubigern und Vormerkungsberechtigten (§§ 982−988) ist nach § 6 zu bewerten (*Hillach-Rohs*[8] 369).

Aufhebung: → »Gemeinschaft« (Rdnr. 47); → »Miterbengemeinschaft« (Rdnr. 53); → § 6 Rdnr. 16; → »Gütergemeinschaft« (Rdnr. 47).

Aufhebung eines Vertrages: Bei der Klage auf Aufhebung eines Vertrages ist nach § 3 zu schätzen, wobei nicht schlechthin der Sachwert maßgebend ist, sondern das Interesse an der Befreiung oder Rückabwicklung. Ebenso liegt es bei der Klage auf Feststellung der Nichtigkeit eines gegenseitigen Vertrages (→ § 2 Rdnr. 27) sowie bei der Klage auf Zustimmung zur → »Wandelung« (Rdnr. 63). Die zurückgeforderte Leistung ist mit ihrem vollen Betrag anzusetzen (*RGZ* 40, 407; 52, 427; 66, 330; *OLG Bremen* JurBüro 1979, 1705; ältere Nachweise in der Vorauflage). Wird die Klage, ohne gleichzeitige Rückforderung des Kaufpreises, allein auf Einverständnis zur Wandelung gerichtet, so ist die

Kaufpreisverpflichtung nicht allein maßgebend (*OLG Düsseldorf* JurBüro 1986, 433).

Aufhebungsklage (§ 1041) → »Schiedsgerichtsverfahren« (Rdnr. 59).

Auflassung: Klage auf Erteilung → § 6 Rdnr. 10; Berücksichtigung von Gegenleistungen und Zurückbehaltungsrechten → § 6 Rdnr. 15; Klage auf Entgegennahme→ § 6 Rdnr. 11; zu den Klagen auf Auflassung und Ablösung eines Grundpfandrechts sowie auf lastenfreie Auflassung und Löschung → § 5 Rdnr. 13; → auf Abgabe von Hilfserklärungen zur Vollendung des Eigentumsübergangs→ § 6 Rdnr. 11.

Auflassungsvormerkung → § 6 Rdnr. 21; Löschung → § 6 Rdnr. 23.

Auflösung des Pachtverhältnisses (Vergleich) → § 8 Rdnr. 18.

Auflösungsklagen (gesellschaftsrechtliche)→ »Offene Handelsgesellschaft« (Rdnr. 55); → »Kommanditgesellschaft« (Rdnr. 51); → § 2 Rdnr. 28.

Aufopferung → § 9 Rdnr. 2; Gebührenstreitwert → § 9 Rdnr. 17.

Aufrechnung → § 2 Rdnr. 16 und 92; → § 5 Rdnr. 44 ff.; Zuständigkeits- und Bagatellstreitwert → § 5 Rdnr. 44; Gebührenstreitwert → § 5 Rdnr. 45; Rechtsmittelstreitwert → § 5 Rdnr. 46; → »Eventualaufrechnung« (Rdnr. 45); vorprozessuale Aufrechnung → § 5 Rdnr. 45; Verurteilungsstreitwert → § 5 Rdnr. 46.

Aufsichtsrat einer Aktiengesellschaft: Entgelt für die Tätigkeit als Aufsichtsrat → § 9 Rdnr. 2; zum Gebührenstreitwert → § 9 Rdnr. 21.

Aufwendungen (keine Nebenforderungen) → § 4 Rdnr. 19.

Ausbeutungsrecht → § 7 Rdnr. 5.

Ausbildungsbeihilfen → § 9 Rdnr. 3.

Auseinandersetzung (Erbengemeinschaft) → § 6 Rdnr. 16, → § 2 Rdnr. 17.

Auseinandersetzungsversteigerung (§ 180 ZVG) → § 6 Rdnr. 23.

Ausgleichsanspruch → »Handelsvertreter« (Rdnr. 48).

Auskunftsanspruch: Das nach § 3 zu schätzende Interesse orientiert sich an den Umständen des Einzelfalles. Ausgangspunkt ist der Hauptanspruch, zu dessen Durchsetzung oder Bezifferung die Auskunft erforderlich erscheint. Die Schätzung hat sich an objektiven Anhaltspunkten zu orientieren, so daß nicht jede Vorstellung des Klägers in beliebiger Höhe maßgebend ist (*OLG Köln* NJW 1960, 2295). Für den Normalfall gewährleistet der Bereich von 1/10 −1/4 angemessene Bewertungen (*BGH* NJW-RR 1988, 836, 837 [Bruchteil]; BB 1960, 796; *OLG Bamberg* JurBüro 1989, 1307; 1987, 266 [1/10−1/4]; 1987, 747; 1983, 1659 [1/5]; 1981,

275 [1/5]; FamRZ 1986, 1144 [1/5]; *OLG Düsseldorf* FamRZ 1991, 1315 [1/4]; 1988, 1188 [1/4 oder 1/5]; JurBüro 1986, 585 [restlicher Unterhaltsbetrag]; *OLG München* NJW-RR 1988, 262 [1/10]; KostRsp. ZPO § 3 Nr. 281; *OLG Köln* JurBüro 1974, 636; *OLG Nürnberg* MDR 1960, 507; *LG Bayreuth* JurBüro 1979, 1869). Soll mit der begehrten Auskunft ein Unterhaltsanspruch vorbereitet werden, so wird gem. § 9 Satz 1 Alt. 1 a.F. i.V. mit § 3 ein Viertel des zwölfundeinhalbfachen voraussichtlichen Jahresbetrages der Unterhaltsrente angesetzt werden (*OLG Düsseldorf* FamRZ 1991, 1315). Besondere Umstände können allerdings eine Bewertung erfordern, die an den Hauptanspruch heranreicht. Das wird immer dann angezeigt sein, wenn ohne die Auskunft ein Weiterverfolgen des Anspruchs als aussichtslos erscheint (*BGH* JurBüro 1983, 1182, 1183; MDR 1962, 564; *OLG Bamberg* JurBüro 1987, 266; *LG Freiburg* WuM 1991, 504). Umgekehrt wird sich eine erheblich niedrigere Bewertung immer dann anbieten, wenn der Kläger sein bereits vorhandenes Wissen durch die Auskunft nur ergänzen will (*BGH* JurBüro 1983, 1182, 1183; MDR 1964, 840; *OLG Schleswig* SchlHA 1978, 22). In vergleichbarer Weise richtet sich auch die Klage auf Schätzung eines Wohngrundstücks durch einen Sachverständigen nach dem Bewertungsinteresse des Klägers (*OLG Bamberg* JurBüro 1987, 427). Bei Auskunftsansprüchen nach § 2314 BGB orientiert sich der Wert wegen dessen Absatz 2 an den geschätzten Kosten des Sachverständigengutachtens und nicht an einem Bruchteil der Hauptsache (*OLG München* JurBüro 1983, 249).

Nach § 2 gilt die Schätzung des § 3 auch für die *Beschwer* der zur Auskunft verurteilten Partei (*BGH* NJW-RR 1992, 697, 698; FamRZ 1992, 450; FamRZ 1991, 317; 1986, 796, 797; JurBüro 1983, 1182, 1183). Doch ist in aller Regel das Interesse des Klägers an der Auskunft anders zu bewerten als das Interesse des Beklagten daran, diese nicht erteilen zu müssen (*BGH* NJW-RR 1992, 697; FamRZ 1991, 315; NJW 1986, 1493; FamRZ 1986, 796, 797; *OLG Düsseldorf* FamRZ 1987, 172). Die Beschwer des unterlegenen Auskunftsklägers richtet sich gemäß §§ 2, 3 an dem durchzusetzenden Anspruch aus, von dem ein Bruchteil anzusetzen ist (*OLG Düsseldorf* FamRZ 1991, 1315, 1316). Das Beklagteninteresse bestimmt sich danach, die Auskunft nicht erteilen zu müssen (*BGH* NJW-RR 1992, 697 [ausführlich]; 1992, 188, 189; 1991, 1532; *Assmann* Das Verfahren der Stufenklage, 1990, 139; *H. Roth* FamRZ 1992, 517). Maßgebend dafür sind die Aufwendungen, die Arbeitszeit und die durch die Auskunft veranlaßten allgemeinen Kosten (*BGH* NJW-RR 1992, 697; ständige Rspr.; MDR 1991, 794, 795; EzFamR ZPO § 3 Nr. 13 [Polizist]; FamRZ 1991, 315; WM 1991, 657; NJW-RR 1990, 707; 1989, 738 [Handelsvertreter]; FamRZ 1989, 731; 1988, 1152; NJW-RR 1987, 198; NJW 1986, 1493; JurBüro 1983, 1182, 1183; NJW 1970, 1083; MDR 1964, 840; *OLG Zweibrücken* JurBüro 1981, 435; *LG Hamburg* WuM 1987, 117; *E. Schneider* MDR 1990, 291). Die Kosten der Hinzuziehung sachverständiger Dritter sind nur ersatzfähig, wenn sie zwangsläufig entstehen (*BGH* EzFamR ZPO § 3 Nr. 10, 12 und 16; NJW-RR 1992, 697; ständige Rspr.). Wird der Auskunftspflichtige dazu verurteilt, die Wertermittlung seines Grundstücks durch einen Sachverständigen zu dulden, so fallen die Kosten dem anderen Teil zur Last, so daß sich dadurch die Beschwer nicht erhöht (*BGH* NJW-RR 1992, 188). Der Aufwand für die Erstellung noch nicht vorhandener Unterlagen ist auch dann zu berücksichtigen, wenn die Unterlagen zu einem späteren Zeitpunkt ohnehin erstellt werden mußten (*BGH* FamRZ 1992, 425, 426). Wird zu einer unmöglichen Auskunft verurteilt, so ist auch der Aufwand an Zeit und Kosten zu berücksichtigen, der erforderlich ist, etwaige Vollstreckungsversuche zu verhindern (*BGH* FamRZ 1992, 535, 536). Das Beklagteninteresse an der Vermeidung der Auskunft kann daher durchaus geringer zu bewerten sein als das Klägerinteresse an deren Erteilung. Unmaßgeblich ist das Beklagteninteresse daran, die Rechtsverfolgung der Gegenseite zu verhindern (*BGH* FamRZ 1991, 316; 1986, 796, 797; JurBüro 1978, 357). Ein Geheimhaltungsinteresse des Beklagten ist nur von Bedeutung, wenn es (im Unterhaltsprozeß) aus anderen als unterhaltsrechtlichen Gründen besteht (*BGH* NJW-RR 1991, 1532; FamRZ 1991, 791; *E. Schneider* EzFamR ZPO § 3 Nr. 3 sub o; *OLG Hamburg* FamRZ 1989, 770). Die dargestellten Grundsätze gelten auch für die Berechnung der Beschwer wegen einer abgewiesenen Vollstreckungsgegenklage (*OLG Hamburg* FamRZ 1989, 770). Der Beschluß über den Gegenstandswert des Berufsverfahrens ist zu begründen (*BGH* FamRZ 1991, 316, 317). Die Bewertung des Instanzgerichts kann nur daraufhin überprüft werden, ob das Gericht von seinem Ermessen einen ungesetzlichen Gebrauch gemacht hat (*BGH*; NJW-RR 1992, 697; 1991, 1532; EzFamR ZPO § 3 Nr. 21 [zweifelhaft]).

Vergleichbaren Bewertungen folgen Klagen auf Rechnungslegung (*BGH* JurBüro 1983, 1182, 1183; *LG Freiburg* WuM 1991, 504), auf Einsicht in die Berechnungsunterlagen der Miete (*LG Kiel* WuM 1988, 223) sowie auf Versicherung der Richtigkeit und Vollständigkeit der erteilten Auskunft an Eides Statt. Das gleiche gilt für die Gewährung von Einsicht in bestimmte Bücher und Papiere durch einen Kommanditisten (*BGH* DB 1989, 2426). Ähnlich liegt es für die Klage auf Abrechnung der Betriebskosten (*LG Landau/Pfalz* WuM 1990, 86) und der Nebenkosten einer Wohnung (*LG Bonn* JurBüro 1992, 117 [1/4]). Die Beschwer besteht darin, die eidesstattliche Versicherung nicht ableisten zu müssen (*BGH* WM 1992, 1339 = BB 1992, 1032 [zu § 87 c HGB]; FamRZ 1992, 663; NJW 1991, 1833; NJW-RR 1991, 1467 f.; *OLG Köln* FamRZ 1990, 1128 [Aufwand an Zeit und Arbeit]; *OLG Düsseldorf* FamRZ 1987, 172; *OLG Zweibrücken* FamRZ 1987, 393; *Graba* FamRZ 1992, 382, 388; a. A. *OLG Saarbrücken* JurBüro 1985, 1238). Der Streitwert für den Antrag eines Vorstandsmitgliedes einer AG auf Einsichtnahme in vorenthaltene Geschäftsunterlagen richtet sich nach dem verfolgten Interesse. Werden persönliche oder gesellschaftsfremde Ziele verfolgt, so ist das Gewicht der wirtschaftlichen Belange der Gesellschaft als Antragsgegner auf den Streitwert ohne Einfluß (*OLG Frankfurt a. M.* JurBüro 1991, 579; kritisch zur Begründung *E. Schneider* KostRspr. ZPO § 3 Nr. 1024). – Ferner → »Eidesstattliche Versicherung« (Rdnr. 45); → § 5 Rdnr. 14, → »Stufenklage« (Rdnr. 59); → »Vollstreckungsgegenklage« (Rdnr. 62); → »Gegenrechte« (Rdnr. 47).

Ausländersicherheit → § 112 Rdnr. 4.

Ausländische Währung (Klage auf Zahlung in) → § 2 Rdnr. 94.

Ausländisches Urteil → »Vollstreckbarkeit« (Rdnr. 62).

Auslagen (keine Nebenforderung) → § 4 Rdnr. 19.

Ausschließungsklage (§ 140 HGB): Für die Klage auf Ausschließung eines Gesellschafters einer offenen Handelsgesellschaft oder Kommanditgesellschaft ist der Wert des Streitgegenstandes nach § 3 festzusetzen. Vergleichbare Grundsätze gelten für den Ausschluß aus der GmbH (→ »GmbH« Rdnr. 47). Maßgebend ist das Interesse der Kläger an der Ausschließung, das sich nach dem Wert ihrer Anteile bestimmt. Die Beteiligung desjenigen, der ausgeschlossen werden soll, findet keine Berücksichtigung (*BGHZ 19*, 172 = NJW 1956, 182; *OLG Frankfurt a. M.* MDR 1967, 138; JurBüro 1985, 1083 [gemeinnützige Gesellschaft]; *OLG München* Rpfleger 1956, 58; *E. Schneider*[10] Rdnr. 578; *Hillach-Rohs*[8] 394; a. A. *OLG Nürnberg* JurBüro 1964, 829 [Feststellung der Wirksamkeit einer Kündi-

gung]). Nach anderer Auffassung ist nicht der Wert der Anteile der Kläger maßgeblich, sondern der Schaden, den das weitere Verbleiben des (der) Beklagten für die Gesellschaft haben soll. Zu berücksichtigen seien dabei die Möglichkeiten, die sich nach dem angestrebten Ausscheiden für die weitere erfolgreiche Arbeit der Gesellschaft ergeben sollen (*OLG Hamm* Rpfleger 1962, 222). Diese Ansicht ist nicht beifallswert, weil sowohl ein Schaden als auch eine weitere erfolgreiche Arbeit in der Zukunft liegen und deshalb kaum abzuschätzen sind. Auch entsprechen die genannten Kriterien nicht dem wahren Interesse der Kläger, das auf Erhalt und Sicherung des Wertes der eigenen Beteiligung gerichtet ist (*OLG Frankfurt a. M.* MDR 1967, 138). Eine Bewertung, die hinter dem Wert der Geschäftsanteile zurückbleibt, ist nur bei Vorliegen besonderer Umstände möglich (*BGHZ 19*, 172; a. A. *OLG Stuttgart* Rpfleger 1964, 163, wonach der volle Wert nur angesetzt wird, wenn der Totalverlust des Anteils droht). Eine abweichende Bewertung kann aber dann geboten sein, wenn die Gesellschaft bei geringem Eigenkapital hohe Gewinne erzielt (*OLG München* MDR 1962, 63: fünffacher Jahresgewinn). Diese Bewertung ist allerdings nicht allein deshalb angezeigt, weil der Kläger nach Ausschluß des einzigen Mitgesellschafters den Betrieb allein fortführen will (a. A. *OLG Frankfurt a. M.* BB 1953, 426). Der anzusetzende Anteilswert bestimmt sich nach dem Verkehrswert einschließlich stiller Reserven (*OLG Stuttgart* Rpfleger 1964, 163; *OLG München* Rpfleger 1956, 58; *Hillach-Rohs*[8] 372).

Ausschluß (eines Wohnungseigentümers) → § 6 Rdnr. 11.

Ausschluß aus einer Genossenschaft → »Genossenschaft« (Rdnr. 47).

Aussetzung des Verfahrens (§§ 148, 149, 614): Der Wert der Aussetzung ist gem. § 3 nach dem Interesse der Parteien an der Entscheidung über die Aussetzung zu schätzen. Maßgebend ist nicht der Hauptsachewert (a. A. *OLG Hamm* NJW 1971, 2317; *OLG Schleswig* Rpfleger 1962, 425; *OLG Düsseldorf* JMBlNRW 1956, 187), sondern ein Bruchteil davon, da der Ausgang des untergeordneten Aussetzungsverfahrens nicht den Inhalt der Sachentscheidung betrifft, sondern nur die Frage, wann es zur Entscheidung kommt. Für den Normalfall werden Quoten von 1/5 – 1/3 zugrunde gelegt, die aber nicht schematisch festgesetzt werden dürfen. Bei Vorliegen besonderer Umstände sind Abweichungen nach oben und nach unten geboten (*BGHZ 22*, 283; *BFH* ZfZ 1991, 52 [1/10]; *OLG Köln* WRP 1982, 236; MDR 1973, 683 [1/5];

OLG Nürnberg KostRsp. ZPO § 3 Nr. 265; Jur-Büro 1963, 56 [1/5]; *E. Schneider* JurBüro 1979, 973). Soll während der Aussetzung die prozeßentscheidende Aussage des Gegners durch ein Strafverfahren erschüttert werden, so ist eine Bewertung nahe dem Hauptsachewert gerechtfertigt (*OLG Nürnberg* KostRsp. ZPO § 3 Nr. 129). Dieselben Grundsätze finden bei der Aussetzung nach § 614 Anwendung (*OLG Bamberg* JurBüro 1978, 1243 [1/3]; *OLG Düsseldorf* FamRZ 1974, 311; *OLG Koblenz* FamRZ 1973, 376 [1/10]; ferner dazu *E. Schneider* MDR 1973, 542). Vergleichbare Bewertungsgrundsätze gelten auch für sonstige Anträge, welche die Prozeßleitung betreffen, → »Prozeßleitende Anträge« (Rdnr. 56).

Aussonderung (§ 43 KO): § 43 KO betrifft keinen eigenen Anspruch, sondern verweist auf die zur Aussonderung berechtigenden Ansprüche wie z.B. § 985 BGB. Der Wert des konkret verfolgten Anspruchs bestimmt sich nach den allgemeinen Grundsätzen, bei § 985 BGB also nach § 6 ZPO.

Aussteuerversicherung (Pflicht zur Weiterzahlung) → § 9 Rdnr. 2.

Automatenaufstellungsvertrag → § 8 Rdnr. 2; Gebührenstreitwert → § 8 Rdnr. 18.

Bagatellstreitwert → § 2 Rdnr. 39, 61.

Baubeschränkung → § 6 Rdnr. 14.

Baugesetzbuch (Baulandsachen) → »Baulandsachen« (Rdnr. 42).

Bauhandwerkerhypothek: Additionsverbot → § 5 Rdnr. 9; → »Hypothek« (Rdnr. 48); → »Einstweilige Verfügung« (Rdnr. 45); Klage auf Bewilligung der Eintragung → § 6 Rdnr. 21.

Baulandsachen (BauGB) → § 6 Rdnr. 10, → »Enteignung« (Rdnr. 45), → »Besitzeinweisung« (Rdnr. 42), → »Umlegungsverfahren« (Rdnr. 61); Zusammenrechnung gesonderter Beschwerdewerte → § 5 Rdnr. 20.

Baupläne (Besitzstreitigkeiten) → § 6 Rdnr. 7 dd.

Beamte: Anspruch auf wiederkehrende Leistungen → § 9 Rdnr. 20.

Bearbeitungsgebühr (bei Unfallfinanzierung) → § 4 Rdnr. 23.

Bebautes Grundstück (Verkehrswert) → § 6 Rdnr. 13.

Bedingende Rechtsverhältnisse → § 2 Rdnr. 16, → § 5 Rdnr. 7.

Bedingte Rechte: Der Wert eines aufschiebend bedingten Rechts (§ 158 Abs. 1 BGB) ist erheblich geringer anzusetzen als die Geltendmachung eines unbedingten Rechts. Der nach § 3 zu schätzende Wert hat sich an der Wahrscheinlichkeit des Bedingungseintritts zu orientieren (*RGZ* 26, 409; *OLG Nürnberg* Rpfleger 1963, 217; *OLG*

Saarbrücken KostRsp. ZPO § 9 Nr. 5; *Anders-Gehle-Baader* 441 »Bedingte Ansprüche«; *E. Schneider*[10] Rdnr. 654; *Hillach-Rohs*[8] 41 f.). Bei wiederkehrenden Rechten wird nicht nach § 9, sondern nach § 3 bewertet (*BGH* MDR 1982, 36; *OLG Saarbrücken* KostRsp. ZPO § 9 Nr. 5). Bei auflösend bedingten Rechten (§ 158 Abs. 2 BGB) wird nach allgemeinen Grundsätzen in der Regel der volle Wert des Rechts angesetzt, da es sich um ein bestehendes Recht handelt (*Schmidt-Schmidt*[2] Rdnr. 74; *E. Schneider*[10] Rdnr. 657); → »Anwartschaftsrecht« (Rdnr. 41), → »Abzinsung« (Rdnr. 41), → »Fälligkeit« (Rdnr. 46).

Beeinträchtigung des Eigentums durch Grunddienstbarkeit → § 7 Rdnr. 6.

Befreiung von Verbindlichkeit: Regelmäßig ist nach § 3 der bezifferte Wert des geschuldeten Betrags anzusetzen (→ § 2 Rdnr. 93). Das gilt auch dann, wenn die Gefahr der Inanspruchnahme fernliegt (offengelassen von *BGH* WM 1990, 659). Im Ausnahmefall ist ein niedrigerer Wert anzusetzen, z. B. wenn der Beklagte nicht in der Lage ist, die Verbindlichkeit in vollem Umfang zu erfüllen (*E. Schneider*[10] Rdnr. 664 f.). – Zu unbezifferten Ansprüchen → § 2 Rdnr. 94. Eine Bezifferung liegt nicht schon dann vor, wenn der geschädigte Dritte als Streithelfer einen Schadensbetrag angibt (*OLG Köln* JurBüro 1978, 1062). Bei wiederkehrenden Leistungen → § 9 Rdnr. 5, → »Bürgschaft« (Rdnr. 42), → § 6 Rdnr. 23, → »Regreßanspruch des Versicherers« (Rdnr. 58), Nebenforderungen → § 4 Rdnr. 29, → »Gesamtschuldner« (Rdnr. 47). Bei einer Klage auf Befreiung von Unterhaltsansprüchen gibt § 17 GKG einen Anhalt für die Schätzung nach § 3 ZPO (*OLG Oldenburg* FamRZ 1991, 966 [differenzierend *E. Schneider* KostRspr. GKG § 17 Nr. 131]; für § 9 *Lappe* KostRspr. GKG § 17 Nr. 132; → § 9 Rdnr. 15 sub a).

Befriedigung → »vorzugsweise Befriedigung« (Rdnr. 62).

BEG-Ansprüche → § 9 Rdnr. 17.

Begründung des Gebührenstreitwertbeschlusses → § 2 Rdnr. 75.

Begründungen: Verschiedene Begründungen desselben Antrags → § 5 Rdnr. 4.

Beherbergungsvertrag → § 8 Rdnr. 2.

Beiordnung eines Rechtsanwalts (§ 78 b): Es handelt sich um eine vermögensrechtliche Streitigkeit (→ § 3 Rdnr. 13, a. A. *E. Schneider*[10] Rdnr. 693), die entgegen der Rechtsprechung nicht am Wert des Streitgegenstandes zu orientieren ist (a. A. *OLG Bremen* JurBüro 1977, 91; *OLG Zweibrücken* JurBüro 1977, 1001; Vorauflage), sondern gem. § 3 auf einen Bruchteil

42

der Hauptsache festzusetzen ist. Das Beiordnungsverfahren ist ein eigenständiges Hilfsverfahren, das den Grundsätzen über die Ablehnung von Richtern und Sachverständigen gehorcht (→ § 3 Rdnr. 13). Daran ändert nichts, daß der Antragsteller seinen Prozeß nicht zu führen vermag, wenn er einen zu seiner Vertretung bereiten Rechtsanwalt nicht findet. Der Streitwert orientiert sich nach allgemeinen Grundsätzen am konkreten Streitgegenstand (→ § 2 Rdnr. 11, → § 3 Rdnr. 7), nicht jedoch an Fernzielen des Klägers.

Beitritt eines Streithelfen → § 70 Rdnr. 8.

Belastungen eines Grundstücks → § 6 Rdnr. 14.

Benutzungsregelung zwischen den Miteigentümern eines Wohnhauses: Der aus § 743 Abs. 2 BGB herzuleitende Anspruch ist nach § 3 ZPO zu bewerten, wobei das Klägerinteresse an der erstrebten Regelung maßgeblich ist. Zu beachten ist, daß jeder der Beteiligten anteilsmäßig berechtigt ist und der betreffende Anteilswert berücksichtigt werden muß (*E. Schneider*[10] Rdnr. 3152; → § 2 Rdnr. 17). Ausschlaggebend ist jeweils der Einzelfall. *OLG Hamm* JurBüro 1978, 552 bemißt den Streitwert einer Benutzungsregelung eines im Miteigentum von getrennt lebenden Ehegatten stehenden Wohnhauses unter Heranziehung von § 21 Abs. 2 HausratsVO gem. §§ 3 ZPO, 16 GKG nach dem jährlichen Mietzins. Das ist nach dem Gesagten aber nur ein Ausgangspunkt und kein strenger Maßstab.

Bereicherungsanspruch → § 6 Rdnr. 4; Zinsen → § 4 Rdnr. 30.

Berichtigung (Streitwertbeschluß) in der Arbeitsgerichtsbarkeit → § 2 Rdnr. 117.

Berichtigung des Grundbuchs → § 6 Rdnr. 10.

Berichtigungsbeschwerde: Im Regelfall ist nach § 3 gering zu bewerten, wenn die angestrebte Entscheidung auf den Entscheidungsinhalt ohne größeren Einfluß ist. Mit 1/5 wurde der angestrebte Wegfall des Ausspruches über die vorläufige Vollstreckbarkeit bewertet (*OLG Saarbrücken* JurBüro 1989, 522). Soll die Vollstreckbarkeit endgültig entfallen, so kann der Hauptsachewert erreicht werden (*OLG Frankfurt a. M.* JurBüro 1980, 1893). Im Verfahren über den Versorgungsausgleich wurde der Wert einer Berichtigungsbeschwerde analog § 17a GKG nach dem Änderungsinteresse der beteiligten Eheleute berechnet (*OLG Zweibrücken* KostRsp. ZPO § 3 Nr. 695 [*E. Schneider*]).

Berufsunfähigkeitsrente → § 9 Rdnr. 2.

Berufung → § 2 Rdnr. 34 f., → »Rechtsmittelstreitwert« (Rdnr. 58).

Berufungsrücknahme → »Zurücknahme« (Rdnr. 66).

Beschränkte persönliche Dienstbarkeit → § 7 Rdnr. 5.

Beschwer, Wert der → § 2 Rdnr. 37; Zusammenrechnung bei mehreren Ansprüchen → § 5 Rdnr. 20.

Beschwerde → § 2 Rdnr. 35, → »Rechtsmittelstreitwert« (Rdnr. 58).

Beschwerdegegenstand, Wert des → § 2 Rdnr. 35; Zusammenrechnung bei mehreren Ansprüchen → § 5 Rdnr. 20.

Beseitigung eines Überbaus → »Überbaurecht« (Rdnr. 61).

Beseitigungsklage (§ 1004 BGB) → »Abwehrklage« (Rdnr. 41).

Besicherung → § 5 Rdnr. 9.

Besitz → § 6 Rdnr. 3 ff.; bei Miet- und Pachtsachen → § 8 Rdnr. 3, → »Mitbesitz« (Rdnr. 53), zu Besitzstörung → »Abwehrklage« (Rdnr. 41), einstweilige Maßnahmen → § 6 Rdnr. 6.

Besitzeinweisung, vorzeitige: Maßgebend ist das Interesse und nicht der Wert der Sache → § 6 Rdnr. 6.

Bestimmte Geldsumme, Streitwert → § 2 Rdnr. 93, → § 3 Rdnr. 2 sub b, → § 6 Rdnr. 19.

Betagte Ansprüche → »künftige Leistung« (Rdnr. 51), → § 2 Rdnr. 94.

Beweisgebühr: Sie bestimmt sich grundsätzlich nach dem Gegenstandswert → § 2 Rdnr. 44.

Beweissicherungsverfahren (selbständiges Beweisverfahren): Die Streitwertberechnung hat wegen KV GKG Nr. 1140, § 48 BRAGO Bedeutung für den Gebührenstreitwert, auch für den Beschwerdewert (*OLG Düsseldorf* JurBüro 1984, 280). Nach früher h.L. zum alten Beweissicherungsverfahren orientierte sich die Höhe des Streitwerts am vollen Wert des zu sichernden Anspruchs (*OLG Koblenz* MDR 1986, 151 [für das Beweissicherungsverfahren im Erkenntnisverfahren]; *OLG Köln* JurBüro 1978, 1675; *LG Berlin* MDR 1991, 354; *LG Saarbrücken* JurBüro 1989, 1006; *LG Verden* AnwBl. 1983, 89; *LG München II* AnwBl. 1983, 175; *LG Koblenz* AnwBl. 1982, 198; *LG Nürnberg-Fürth* AnwBl. 1980, 257; *LG Köln* AnwBl. 1978, 312). Einschränkend dazu wird z.T. der volle Wert jedenfalls dann angenommen, wenn die Durchsetzbarkeit des Anspruchs mit dem gesicherten Beweismittel »steht und fällt« (*LG Berlin* ZMR 1989, 383; AnwBl. 1981, 195), wie das insbesondere bei Baumängeln der Fall sein kann (*LG Darmstadt; LG Wuppertal* JurBüro 1985, 1701, 1702; *Mümmler* JurBüro 1986, 840). Bisweilen wird das Erreichen des vollen Wertes auch auf den Ausnahmefall beschränkt (*OLG Düsseldorf* JurBüro 1984, 280, 281; *VGH Baden-Württemberg* Die Justiz 1984, 315). Nach richtiger Ansicht genügt es, einen Bruchteil anzusetzen, weil das Interesse an der Beweissicherung in der Regel weitaus geringer als der Hauptsachewert einzuschätzen ist. Die Höhe des Bruchteils bestimmt sich nach dem objektiven Interesse, das der Kläger an der Durchführung der Maßnahme hat (nunmehr h.L.: *OLG Celle* JurBüro 1982, 123 [1/2]; *OLG Frankfurt a. M.* JurBüro 1976, 1088; *LG Aachen* JurBüro 1990, 1038; *LG Heilbronn* MDR 1989, 999; *LG Bayreuth* JurBüro 1988, 106; 1987, 594; 1985, 1550; 1984, 108 [3/4 unter Aufgabe der bisherigen Rechtsprechung]; *LG Düsseldorf* JurBüro 1987, 749 [4/5 bei baulichen Mängeln]; *LG Braunschweig* JurBüro 1986, 560, 561; *LG Krefeld* JurBüro 1986, 1557 [1/3] unter Aufgabe von JurBüro 1984, 1397; *LG Karlsruhe* JurBüro 1985, 442 [1/2]; *LG Marburg* JurBüro 1985, 1396; *LG Kaiserslautern* Rpfleger 1984, 317 [jedenfalls dann, wenn ein konkreter Anspruch für das Gericht nicht erkennbar dargetan worden ist]; *LG Freiburg* MDR 1980, 852; *LG Köln* MDR 1978, 231; *E. Schneider* MDR 1991, 196; 1990, 292). Mit Recht nicht durchgesetzt hat sich die Differenzierung mit dem Ansatz des vollen Wertes bei § 485 S. 2 1. und 2. Alt. a.F. und einem Bruchteil für § 485 S. 2 3. Alt. a.F. (jetzt § 485 Abs. 1 und 2) (so aber *Knacke* NJW 1986, 36). Durch die Neuregelung des Beweissicherungsverfahrens aufgrund des Rechtspflege-Vereinfachungsgesetzes v. 17.12.1990 haben sich im Streitwertrecht keine Veränderungen ergeben, so daß nach wie vor nicht der volle Streitwert angesetzt werden muß. Die Aufwertung des selbständigen Beweisverfahrens schlägt für sich allein nicht durch (wie hier *OLG Bamberg* JurBüro 1992, 629; *OLG Köln* JurBüro 1992, 351, 352 [7. Senat]; im Ergebnis auch LG *Krefeld* JurBüro 1992, 418 [2/3]; *OLG Karlsruhe* MDR 1992, 812 [80%]; a. A. *OLG Köln* MDR 1992, 192 f.; *OLG Karlsruhe* NJW-RR 1992, 766; *OLG München* JurBüro 1992, 561, 562; MünchKomm ZPO / *Lappe* (1992) § 3 Rdn. 147; *Zöller-E. Schneider*[17] § 3 Rdn. 16 »Beweissicherung«; *E. Schneider* KostRspr. ZPO § 3 Nr. 1027); *Bischof* JurBüro 1992, 779. Maßgebender Zeitpunkt für den Beginn der Sechsmonatsfrist nach § 25 Abs. 1 S. 4 GKG (→ § 2 Rdn. 83) ist nicht die Vornahme der Beweissicherung (so aber *LG Bayreuth* JurBüro 1991, 259; *LG München I* AnwBl. 1978, 231), sondern die Entscheidung in der Hauptsache (*LG Saarbrücken* JurBüro 1989, 1006; *E. Schneider* MDR 1990, 293; *Täuber* AnwBl. 1978, 231). – Zur Erledigung des eingeleiteten Beweissicherungsverfahrens durch einen außergerichtlichen Vergleich → § 2 Rdn. 87.

Bewerbervertrag für Eigenheim → § 8 Rdn. 19.

Bewirtungsvertrag → § 8 Rdn. 2.

Bezugsrecht einer Aktie: Bewertung bei Klage auf Herausgabe von Aktien → § 4 Rdn. 20.

Bezugsverpflichtung: Streitigkeiten um die Einhaltung einer Bezugsverpflichtung – mit dem Bierlieferungsvertrag als dem häufigsten Beispiel – sind nach § 3 zu bewerten. Das gilt etwa auch für die Beschwer bei einem *Wärmelieferungsvertrag* (*BGH* NJW – RR 1989, 381, → § 8 Rdn. 2). Das Interesse des Klägers bestimmt sich nach der Höhe des entgangenen Gewinns. Bei längerfristigen Verpflichtungen ist zusätzlich das Interesse an einer stetigen Lieferungsmöglichkeit zu berücksichtigen (*OLG Bamberg* JurBüro 1985, 441; *OLG Braunschweig* JurBüro 1979, 436; *LG Bayreuth* JurBüro 1979, 253). Dagegen führt das Abstellen auf die bei Ausbleiben des Bezugs eintretende Umsatzminderung zu Werten, die weit über das eigentliche Klägerinteresse hinausgehen, auch wenn nur ein Bruchteil der Umsatzeinbuße angesetzt wird (so aber *OLG Bamberg* JurBüro 1986, 267 [20% des Umsatzes]; 1977, 935; *OLG Neustadt* MDR 1962, 413). Das gleiche gilt, wenn bei einer Klage des Lieferanten auf den Wert der bei Vertragswirksamkeit zu erbringenden Leistungen abgestellt wird (so *OLG Saarbrücken* JurBüro 1978, 1718).

BGB – Anweisung, Besitzstreitigkeiten → § 6 Rdn. 7 sub bb.

Bilanz: Die Bewertung richtet sich wegen derselben Zielrichtung nach den zur → »Rechnungslegung« (Rdn. 58) entwickelten Grundsätzen.

Billigkeitsentscheidung nach § 315 BGB → § 5 Rdn. 4.

Bindung bei der Wertfestsetzung → § 2 Rdn. 55 ff.; beim Rechtsmittelstreitwert → § 2 Rdn. 58 f.; bei der Festsetzung des Gebührenstreitwerts → § 2 Rdn. 63; Bindung an konkludente Streitwertaussagen → § 2 Rdn. 71 ff.; bei der Änderung → § 2 Rdn. 82.

Börsenkurswert: als Bemessungsgrundlage → § 6 Rdn. 7 sub aa.

Börsenpapiere → § 6 Rdn. 7.

Briefe → § 6 Rdn. 7 sub cc und dd.

Briefmarken (Herausgabe) → § 6 Rdn. 7 sub dd.

Bürgschaft: Bei der Klage auf Bestellung einer Bürgschaft ist (wie bei anderen Sicherheiten) der Forderungswert nach § 6 anzusetzen (→ § 6 Rdn. 21); Befreiung von einer Bürgschaft → § 6 Rdn. 23; Nebenforderungen → § 4 Rdn. 29; Klage gegen Bürgen und Schuldner → § 5 Rdn. 10; Miet- und Pachtzinsbürge → § 8 Rdn. 7; Herausgabe der Bürgschaftsurkunde und Zahlungsklage → § 5 Rdn. 9.

Bürgschaftsurkunde → § 6 Rdn. 7 sub cc.

43 Campingvertrag → § 8 Rdnr. 2.

44 **Darlehensvertrag**: Wird mit der zutreffenden h.L. von einem Konsensualvertrag ausgegangen (*Palandt-Putzo*[51] [1992] Einf. v. § 607 Rdnr. 1; *Medicus*[5] SBT [1992] § 93 I), so ist die Klage auf Abschluß eines Darlehensvertrages nach allgemeinen Grundsätzen zu behandeln → »Abschluß eines Vertrages« (Rdnr. 41). Die Klage auf Gewährung der Darlehensvaluta richtet sich nach dem Darlehensbetrag → »Bestimmte Geldsumme« (Rdnr. 42) (*BGH* NJW 1959, 1493; *OLG Köln* ZZP 74 [1961] 120). Legt man einen Realvertrag zugrunde, so ergibt sich die erstrebte vertragliche Verpflichtung aus einem Vorvertrag zum Darlehensvertrag. Dann sind die Klage auf Abschluß dieses Vorvertrages nach § 3 und der Anspruch aus diesem Vertrag nach dem Darlehensbetrag zu bewerten (a. A. *Hillach-Rohs*[8] 174). Bei Klagen auf Rückzahlung des Darlehens sind aus dem »Gesamtkreditbetrag« Zinsen und andere Nebenforderungen auszuscheiden, → § 4 Rdnr. 22. Die Beschwer für den Streit über die Fortdauer der Rückzahlungsverpflichtung für den Fall, daß der Darlehensgeber vor fälliger Darlehenstilgung stirbt, berechnet sich nach § 3 (*BGH* WM 1985, 279f.).

Dauernde Ansprüche → § 9 Rdnr. 3.

Dauerverhältnisse → § 2 Rdnr. 24.

Dauerwohnrecht → § 8 Rdnr. 18.

DDR und Ostberlin (ehemalig): ZPO, GKG und BRAGO gelten mit Wirkung vom 3.10.1990 für das gesamte deutsche Staatsgebiet (→ § 2 Rdnr. 8).

Das gleiche gilt für das ArbGG, insbesondere für § 12 Abs. 7 ArbGG (→ § 2 Rdnr. 113). Aus sozialen Gründen gelten aber für die Länder Brandenburg, Mecklenburg-Vorpommern, Sachsen, Sachsen-Anhalt und Thüringen herabgesetzte Gebührenstreitwerte (→ § 2 Rdnr. 8). Das gilt nicht für das ehemalige Ostberlin. Übergangsvorschriften → »Änderung der Gesetzgebung« (Rdnr. 41).

Deckungsprozeß (Berufsunfähigkeitsversicherung): Die Deckungsklage wird gemäß § 9 S. 1 1. Alt. a.F. mit dem 12 1/2-fachen Jahresrentenbetrag bewertet. § 17 GKG kommt nicht zur Anwendung. Ist aber zu erwarten, daß der Zeitraum der Berufsunfähigkeit keine 12 1/2 Jahre andauert, so sind über § 3 ausnahmsweise (→ § 3 Rdnr. 4) Korrekturen möglich (*OLG Köln* VersR 1989, 378), → § 9 Rdnr. 2 und 18.

Deckungsprozeß (Haftpflichtversicherung): Der Streitwert der Klage richtet sich nach dem behaupteten Haftpflichtanspruch, begrenzt durch die Höhe der vereinbarten Versicherungssum-

me. Eine etwaige Selbstbeteiligung muß abgesetzt werden (*OLG Hamm* JurBüro 1991, 1536; 1989, 523; *OLG Frankfurt a. M.* JurBüro 1983, 108). Doch bleibt die Angabe einer Höchsthaftsumme ohne Einfluß (*OLG Bamberg* JurBüro 1981, 433 zust. *Mümmler*). Die materiellrechtliche Begründetheit der Berühmung des Geschädigten bleibt mit Ausnahme von illusionären Ansprüchen außer Ansatz (*OLG Hamm* JurBüro 1989, 523, → § 2 Rdnr. 7, 13). In der Kfz-Haftpflichtversicherung übersteigt der Streitwert der Klage auf Versicherungsschutz nicht den Betrag, den der Kläger bei Verneinung der Deckungspflicht und bei Beachtung der geschäftsplanmäßigen Erklärungen der Kfz-Haftpflichtversicherer auf die Rückgriffsansprüche seines Haftpflichtversicherers und der Sozialversicherungsträger zu zahlen hätte (*BGH* VersR 1982, 591). Bei der Deckungsklage eines Autoleasingnehmers aus einer Fahrzeugversicherung ist auf die Verhältnisse des Leasinggebers abzustellen (*BGH* NJW-RR 1991, 1149). – Gebührenstreitwert bei Geldrente → § 9 Rdnr. 18; Nebenforderungen → § 4 Rdnr. 30; → »Haftpflichtversicherung« (Rdnr. 48).

Deckungsprozeß (Rechtsschutzversicherung): Wird mit der Klage Deckung für einen beabsichtigten Rechtsstreit verlangt, so sind die Kosten nach § 3 zu schätzen. In der Regel wird nur eine Instanz samt der möglichen Kosten eines einstweiligen Rechtsschutzverfahrens bewertet. Bei der Feststellungsklage ist der übliche Abschlag von 20% (→ § 2 Rdnr. 21) vorzunehmen (*OLG Hamm* AnwBl. 1984, 95).

Derselbe Streitgegenstand (§ 19 Abs. 1 GKG) → § 5 Rdnr. 34 f.

Dienendes Grundstück → § 7 Rdnr. 1.

Dienstbarkeiten: Grunddienstbarkeiten → § 7 Rdnr. 3; beschränkte persönliche Dienstbarkeiten → § 7 Rdnr. 5.

Dienstpflicht → § 9 Rdnr. 20 ff.

Dienstverhältnis: Streitigkeiten um die Beendigung eines Dienstverhältnisses sind nach § 3 zu bewerten (*BGH* NJW-RR 1986, 676 – freies Mitarbeiterverhältnis). So ist etwa der Gebührenstreitwert einer negativen Feststellungsklage des Dienstherrn gegen den Dienstleistungsverpflichteten, die die Wirksamkeit einer vom Dienstherrn ausgesprochenen Kündigung zum Gegenstand hat, nach §§ 12 Abs. 1 GKG, 3 ZPO festzusetzen (*OLG München* NJW-RR 1988, 190; auch *KG* KostRsp. ZPO § 3 Nr. 122). Zum Gebührenstreitwert nach § 12 Abs. 7 ArbGG → § 2 Rdnr. 123 ff.; ferner → § 9 Rdnr. 20 ff.

Diskontspesen: Bewertung bei der Geltendmachung von Ansprüchen aus Wechseln → § 4 Rdnr. 33.

Dividendenschein, Besitzstreitigkeit: Herausgabe von Aktien nebst Dividendenschein → § 4 Rdnr. 20.

Draufgabe: Keine Nebenforderung → § 4 Rdnr. 18.

Drittschuldner → § 6 Rdnr. 23.

Drittstreitigkeiten: Der Streitwert ist in der Regel niedriger anzusetzen → § 2 Rdnr. 22. Die Klage auf Feststellung der Nichtigkeit eines Vertrages ist, soweit sie von einer nicht zu den Vertragsparteien gehörenden Person erhoben wird, gem. § 3 nach dem Interesse des Dritten zu bewerten. Zur Erbengemeinschaft → § 2 Rdnr. 17 a.E. und *BGH* Rpfleger 1955, 101. Bei Miete und Pacht → § 8 Rdnr. 6.

Drittwiderspruchsklage (§ 771): Es kommt auf den Wert der Vollstreckungsforderung des Beklagten oder auf den Wert des gepfändeten Gegenstandes an, wenn dieser geringer ist (→ § 6 Rdnr. 23). Der Streitwert ist niemals höher als die Vollstreckungsforderung (→ § 6 Rdnr. 25). Wird gegen mehrere Gläubiger, die wegen verschiedener Forderungen in denselben Gegenstand oder dieselben Gegenstände vollstreckt haben, geklagt, so bestimmen sich die Gerichtskosten nach der Summe der Forderungen, sofern nicht der Wert des Pfandes oder der Pfänder geringer ist. Dabei werden Pfandgegenstände, in die mehrere Gläubiger vollstreckt haben, nur einmal angesetzt (*OLG München* JurBüro 1989, 848; 1977, 1421; 1973, 737; *E. Schneider*[10] Rdnr. 990, 996; *OLG Frankfurt a. M.* JurBüro 1973, 152; *Hillach-Rohs*[8] 349). Vorpfandrechte werden abgezogen (→ § 6 Rdnr. 23 und 27). Werden die Beklagten durch verschiedene Anwälte vertreten, so kann jeder Rechtsanwalt nur nach dem Streitwert abrechnen, der dem Beteiligungswert der Partei am Rechtsstreit entspricht (*OLG München* JurBüro 1989, 848; *Hillach-Rohs*[8] 350; *Mümmler* JurBüro 1989, 299, 301; *E. Schneider* MDR 1990, 292). Haben die mehreren Beklagten, die wegen verschiedener Forderungen gepfändet haben, verschiedene Gegenstände gepfändet, so bezeichnet für die Gerichtskosten der Gesamtwert der Gegenstände die obere Grenze. Auf diesen Wert kommt es an, wenn einzelne Forderungen höher sind als der Wert der dazugehörenden Pfandstücke (§ 6 S. 2). Erreichen einzelne Forderungen den Wert der dazugehörigen Pfandstücke nicht, so ist der Streitwert für das Pfandrecht jedes Gläubigers nach § 6 zu bewerten und sind sämtliche Werte nach § 5 zusammenzurechnen. Damit kann der Gesamtwert den Wert der Pfandobjekte nicht übersteigen (*E. Schneider*[10] Rdnr. 994; *Hillach-Rohs*[8] 349, je mit Nachweisen). – Zur Drittwiderspruchsklage neben der Klage auf Feststellung des Eigentums → § 5 Rdnr. 7; Nebenforderungen → § 4 Rdnr. 29; zur Drittwiderspruchsklage gegen eine Zwangsversteigerung nach § 180 ZVG → § 6 Rdnr. 23.

Duldung der Zwangsvollstreckung → § 6 Rdnr. 23; gegen Ehegatten → § 6 Rdnr. 21. Keine Zusammenrechnung mit gleichzeitig erhobener Leistungsklage → § 5 Rdnr. 9, auch nicht bei Streitgenossenschaft → § 5 Rdnr. 10.

45

Eheliches Güterrecht (§ 621 Abs. 1 Nr. 8): Für den auf Geld gehenden Ausgleichsanspruch ist die Bezifferung maßgebend (→ § 2 Rdnr. 93).

Ehelichkeitsanfechtung → »Kindschaftssachen« (Rdnr. 51); bei mehreren Kindern → § 5 Rdnr. 13; bei Zwillingen → § 5 Rdnr. 13; allgemein → § 3 Rdnr. 33.

Ehesachen → § 3 Rdnr. 12; 21 ff.

Ehewohnung: Streit um die Benutzung (Gebührenstreitwert) → § 9 Rdnr. 25.

Ehrverletzung: Streitigkeiten um Ehrverletzungen wie z.B. Widerrufs- und Unterlassungsklage sind nichtvermögensrechtlicher Art (→ § 1 Rdnr. 46; zur Bewertung → § 3 Rdnr. 11 ff., 14). Da § 12 Abs. 2 GKG insoweit einen Regelstreitwert nicht kennt, ist bei Fehlen besonderer Begleitumstände nicht von einem Wert von 4.000,– DM auszugehen (*OLG München* JurBüro 1988, 1231) [abl. *E. Schneider* KostRsp. GKG § 12 Nr. 127]). Unterlassung und Widerruf sind gesondert festzusetzen (*KG* JurBüro 1969, 320).

Eidesstattliche Versicherung (§§ 807, 883 Abs. 2): Zu § 883 Abs. 2 → § 6 Rdnr. 4. Eine Bewertung ist im Rahmen des § 807 nur erforderlich für die Anwaltsgebühren und wegen KV GKG Nr. 1181 im Beschwerdeverfahren. Dagegen gilt für die Gerichtskosten der ersten Instanz gem. KV GKG Nr. 1152 eine streitwertunabhängige Festgebühr von 25,– DM. § 58 Abs. 3 Nr. 11 BRAGO gibt für die Anwaltsgebühren eine ausdrückliche Bewertungsvorschrift. Danach bestimmt sich der Gegenstandswert nach dem Betrag, der aus dem Vollstreckungstitel noch geschuldet wird; der Wert beträgt jedoch höchstens 2.400,– DM. Diese Norm ist richtigerweise für die Berechnung der Gerichtskosten des Beschwerdeverfahrens analog anzuwenden (*OLG Düsseldorf* JurBüro 1984, 252; *OLG München* KostRsp. GKG – KV Nr. 170 [zust. *E. Schneider*]; *OLG Köln* KostRsp. ZPO § 3 Nr. 822; *KG* NJW 1976, 1236 [LS]). Der Wille des Gesetzgebers wird dadurch nicht umgangen, da der von ihm verfolgte Vereinfachungszweck zwar dem erstinstanzlichen Verfahren entspricht, nicht aber dem Beschwerdeverfahren (zust. auch *Mümmler* JurBüro 1989, 295, 296). Mit dem Wegfall des § 20 Abs. 2 GKG a.F. bleiben Zinsen für den Streitwert außer Betracht, wenn sie neben einer Hauptforderung geltend gemacht werden. Der Wortlaut des § 58 Abs. 3 Nr. 11 BRAGO ist insofern zu weit (*AG Hamburg* Rpfleger 1990, 314 unter Berufung auf RegE BT-Drucks. 7/2016 v. 22.4.1974 S. 73; *AG Northeim* KostRsp. BRAGO §§ 57, 58 Nr. 23 (*E. Schneider*); a.A. *E. Schneider*[10] Rdnr. 3466 ff.; *Schulte* Rpfleger 1990, 314; *Mümmler* JurBüro 1989, 295 f.; *H. Schmidt* Rpfleger 1983, 303; → »Herausgabevollstreckung gem. § 883 Abs. 2« (Rdnr. 48).

Eidesstattliche Versicherung bei materiellrechtlichem Anspruch: Die Bewertung der materiellrechtlichen eidesstattlichen Versicherung (§§ 259 Abs. 2, 260 Abs. 2, 2006, 2028 Abs. 2, 2057 S. 2 BGB) richtet sich gem. § 3 ZPO nach dem Interesse des Klägers an der Abgabe der eidesstattlichen Versicherung des Beklagten. Maßgebend ist das erwartete Bekanntwerden ihm bisher unbekannter Beträge, ohne daß die erhofften Mehrbeträge, von denen der Kläger nach seinen tatsächlichen Behauptungen und Größenvorstellungen ausgeht, voll zugrunde zu legen sind (a.A. *OLG Köln* MDR 1963, 144). Der angestrebte Erfolg ist nur Schätzungsgrundlage, so daß der Streitwert entsprechend den konkreten Umständen des Einzelfalls niedriger anzusetzen ist. Die von der Rechtsprechung gemachten Abschläge bewegen sich je nach dem zu entscheidenden Fall zwischen 25% und 75% (*BGH* KostRsp. ZPO § 3 Nr. 113 [75%]; *OLG Saarbrücken* JurBüro 1985, 1238 [75%]; *OLG Bamberg* JurBüro 1972, 1091 [25% und höher]; *OLG Nürnberg* JurBüro 1964, 598 [50%]; *OLG Celle* Rpfleger 1956, 347; *KG* Rpfleger 1962, 120; *Mümmler* JurBüro 1989, 295, 297). Für die *Beschwer* des Beklagten wegen der Verurteilung zur Abgabe einer eidesstattlichen Versicherung sind die Grundsätze für den → »Auskunftsanspruch« (Rdnr. 41) anzuwenden (*OLG Köln* FamRZ 1990, 1128). Zu den Besonderheiten bei der Stufenklage → § 5 Rdnr. 14 f.

Eigentum: Maßgebend für alle Arten von Eigentumsstreitigkeiten ist der Wert der Sache, nicht das Interesse des Klägers (→ § 3 Rdnr. 3; → § 6 Rdnr. 8 ff.; → auch »Miteigentum« [Rdnr. 53] und → »Teilwert« [Rdnr. 60]).

Eigentumsstörung → § 6 Rdnr. 11; bei Beeinträchtigung durch Grunddienstbarkeit → § 7 Rdnr. 6; → »Abwehrklage« (Rdnr. 41).

Eigentumsvorbehalt: Herausgabeklage aus dem Vorbehaltseigentum → § 6 Rdnr. 4 und 22.

Eigentumswohnung → »Wohnungseigentum« (Rdnr. 63).

Einbringlichkeit einer Forderung → § 3 Rdnr. 7; → § 2 Rdnr. 13, 94.

Eingruppierungsstreit → § 9 Rdnr. 22; arbeitsrechtlicher → § 9 Rdnr. 28; → § 2 Rdnr. 125.

Einheit, wirtschaftliche zwischen Haupt- und Hilfsantrag → § 5 Rdnr. 21; im Arbeitsrecht → § 2 Rdnr. 130 f.

Einheitlicher Rechtsgrund: Bei wiederkehrenden Leistungen → § 9 Rdnr. 2.

Einheitswert: Er ist unbeachtlich, soweit es auf den Verkehrswert ankommt → § 3 Rdnr. 7, → § 6 Rdnr. 13. Ausnahmen finden sich in den §§ 28, 29 GKG bei Zwangsverwaltung und Zwangsversteigerung eines Grundstücks (→ »Zwangsversteigerung und Zwangsverwaltung von Grundstücken« [Rdnr. 66]).

Einigungsvertrag → »DDR und Ostberlin (ehemalig)« (Rdnr. 44).

Einlassung des Beklagten → § 2 Rdnr. 14.

Einräumung des Besitzes (an der Mietsache) → § 8 Rdnr. 3.

Einreden → »Gegenrechte« (Rdnr. 47). Ausnahmsweise haben sie eine werterhöhende Wirkung bei der Aufrechnung → § 5 Rdnr. 45 (Gebührenstreitwert); → § 2 Rdnr. 16.

Einreden (prozeßhindernde) → »Sachurteilsvoraussetzungen« (Rdnr. 59).

Einstellung der Zwangsvollstreckung: Bei einstweiliger Einstellung der Zwangsvollstreckung (§ 769: Beschwerdeverfahren) ist die Höhe des Streitwerts nach § 3 zu schätzen (*BGH* WM 1991, 1427, 1430 [1/5 des Werts der Hauptsache]; 1983, 698 = KostRsp. ZPO § 3 Nr. 642). Maßgebend ist nicht der Wert der noch offenen Urteilssumme oder bei klageabweisendem Urteil der Wert der vom Kläger zu erstattenden Kosten (a.A. *BGHZ* 10, 249 = NJW 1953, 1350 [aber zu § 34 Nr. 1 GKG a.F.]; → *Münzberg* § 707 Rdnr. 25; wohl offenlassend § 769 Rdnr. 20), sondern nur ein Bruchteil der Hauptsache (nunmehr h.L.: *BGH* WM 1991, 1427, 1430 [1/5]; *KG* JurBüro 1982, 1243 [Aufschub der weiteren Vollstreckung]; *OLG Hamm* JurBüro 1982, 1243; FamRZ 1980, 476; *OLG München* MDR 1981, 1029; *OLG Bamberg* JurBüro 1981, 919; *OLG Köln* Rpfleger 1976, 138 [grundlegend]; *OLG Stuttgart* Die Justiz 1986, 413; *OLG Karlsruhe* FamRZ 1988, 634; *LG Passau* KostRsp. ZPO § 3 Nr. 798 und auch *BGH* WM 1983, 698 = KostRsp. ZPO § 3 Nr. 642; *E. Schneider*[10] Rdnr. 1310 f.; *Hillach-Rohs*[8] 328). Erstrebt wird nur eine vorläufige Regelung, von der die Hauptsache selbst noch nicht betroffen wird. Der Titel selbst wird nicht angegriffen. Nur bei Vorliegen besonderer Umstände läßt sich eine Bewertung in Höhe der Urteilssumme rechtfertigen. § 6 kann nicht unmittelbar angewendet werden (*BGH* WM 1991, 1427, 1430).

Einstweilige Anordnungen im Eheprozeß (Gebührenstreitwert) → § 9 Rdnr. 14 und 25.

Einstweilige Verfügung: Die Rechtsprechung geht bei Fehlen besonderer Umstände – ebenso wie beim Arrest – gem. § 3 von 1/3 des Wertes der Hauptsache aus. Die zum → »Arrest« (Rdnr. 41) entwickelten Grundsätze können auch hier herangezogen werden. Für den Gebührenstreitwert wird die Anwendung des § 3 ZPO durch § 20 Abs. 1 GKG bestätigt. Der Regelwert von 1/3 ist aus Gründen der Rechtssicherheit und Gleichmäßigkeit der Rechtsanwendung beifallswert, wenn er nicht starr schematisch eingesetzt, sondern auf die Umstände des Einzelfalls gesehen wird (*OLG Bamberg* JurBüro 1991, 1690, 1691; 1983, 269; *E. Schneider*[10] Rdnr. 1320 ff.). Die Rechtsprechung kennt eine Bandbreite von etwa 1/5 bis 1/2 und darüber hinausgehend (*KG* WRP 1989, 725 [Berechnungsmethode für die Immobilienwerbung]; 1989,166, 167 [Wettbewerbssache]; *LG Frankenthal* AnwBl. 1983, 556 [1/3 : Bauhandwerkersicherungshypothek]; *OLG Frankfurt a. M.* AnwBl. 1984, 94 [1/3 : Herausgabe eines Kfz]; *OLG Bremen* Rpfleger 1965, 99 [1/3 : Auflassungsvormerkung]; *OLG Köln* ZMR 1977, 62 [1/3]; *KG* WRP 1978, 793 [1/3]; *LG Bayreuth* JurBüro 1979, 253 [1/3]; *OLG Celle* JurBüro 1982, 1227 [1/2: Bauhandwerkersicherungshypothek]; anders *OLG Celle* JurBüro 1985, 1680 [1/3]; ebenso jedoch *OLG Saarbrücken* JurBüro 1987, 1218; *LG Bayreuth* JurBüro 1979, 1885 [1/2: Sicherung eines Eigentumsvorbehalts]; *OLG Köln* JurBüro 1980, 741 [2/3: Fortsetzung von Bauarbeiten]; *OLG Bremen* JurBüro 1982, 1052 [2/5: Bauhandwerkersicherungshypothek unter Aufgabe von AnwBl. 1976, 441: dort 9/10]; *AG Kerpen* MDR 1990, 928 [1/2: Antrag auf Energielieferung]; *OLG Saarbrücken* JurBüro 1990, 1661 [1/2: Herausgabe eines Kfz-Briefes zu Verkaufszwecken; *LG Saarbrücken* AnwBl. 1981, 70 [9/10: Bauhandwerkersicherungshypothek]; *OLG Köln* JurBüro 1980, 244 [1/5: Erlaß eines Veräußerungsverbots]; *LG Bayreuth* JurBüro 1981, 758 [1/5: Auflassungsvormerkung]; JurBüro 1980, 1724 [1/4: Sicherung eines auf Duldung der Zwangsvollstreckung gerichteten Anfechtungsanspruchs]; *OLG Frankfurt a. M.* JurBüro 1977, 719 [1/4: Vormerkung zur Sicherung einer Hypothek]; *OLG Düsseldorf* JurBüro 1975, 649 [1/3: Vormerkung zur Sicherung einer Hypothek]; *KG* Rpfleger 1962, 120 [1/3: Vormerkung zur Sicherung einer Hypothek]; *Mümmler* JurBüro 1987, 1328 [zu einer Zugangsgestat-

tung]; *OLG Düsseldorf* AnwBl. 1986, 36 [Besitzverschaffung; keine Anwendung des § 6]. *LG Bielefeld* FamRZ 1992, 1095 [Wiedereinräumung des Mitbesitzes an der Wohnung; Heranziehung von § 16 Abs. 1 GKG]).

Der Wert der Hauptsache wird nach den zum → »Arrest« (Rdnr. 41) entwickelten Kriterien bei der einstweiligen Verfügung häufiger erreicht (etwa *AG Kerpen* MDR 1990, 928: Gestattung eines Wasseranschlusses u. a.). In diesem Verfahren tritt der vorläufige Charakter öfter zugunsten einer endgültigen Regelung zurück. Das gilt vor allem in wettbewerbsrechtlichen Eilverfahren, weil dort der Unterlassungsanspruch in aller Regel auf volle Befriedigung geht (*OLG Köln* WRP 1980, 93; JurBüro 1977, 1117 (→ auch »Hauptverfahren und Eilverfahren« [Rdnr. 48]); *Ahrens* GRUR 1988, 727; a. A. *OLG Koblenz* WRP 1969, 166 [Bruchteilsbewertung]) oder das Verfahren der einstweiligen Verfügung die Wettbewerbsverstöße abschließend regelt (*OLG Frankfurt a. M.* JurBüro 1981, 605; *E. Schneider* MDR 1990, 292 [aber 1/3]). Der Hauptsachewert kann auch erreicht werden bei Zahlung eines Prozeßkostenvorschusses (*OLG Frankfurt a. M.* AnwBl. 1983, 89; *OLG Schleswig* SchlHA 1978, 22) oder sonst bei Unterlassungsverfügungen (*LG Bayreuth* JurBüro 1977, 1269). Das gleiche gilt, wenn der Antrag auf Einsicht in Geschäftsunterlagen Erfüllungswirkung hat (*OLG Frankfurt a. M.* JurBüro 1991, 579). Hohe Bewertungen werden häufig auch bei der Eintragung eines Widerspruchs in das Grundbuch vorzunehmen sein, wenn die unmittelbare Gefahr besteht, daß nachteilige Verfügungen vorgenommen werden (*OLG Bamberg* JurBüro 1978, 1552; *OLG Karlsruhe* Die Justiz 1971, 354). Geringere Bewertungen sind angebracht, wenn im Eilverfahren die Herausgabe an einen Sequester verlangt wird (*KG* Rpfleger 1962, 120 [LS]; *E. Schneider*[10] Rdnr. 1368 [1/4–1/2]; a. A. *OLG Bamberg* JurBüro 1979, 438; 1975, 793).

Vergleichbare Grundsätze gelten für nichtvermögensrechtliche Streitigkeiten, wobei freilich die Hauptsache nach § 12 Abs. 2 GKG bewertet wird (*OLG Frankfurt a. M.* AnwBl. 1983, 89; JurBüro 1972, 706; *OLG Bamberg* JurBüro 1973, 459; *LG Bayreuth* JurBüro 1977, 1269). Eine geringere Bewertung als mit 600,– DM ist unzulässig (*KG* Rpfleger 1962, 121). Besonderheiten gelten für die auf Unterhalt gerichteten einstweiligen Verfügungen → »Einstweilige Verfügung (Unterhalt)« (Rdnr. 45). Die genannten Grundsätze gelten auch für den Vollzug einer einstweiligen Verfügung, da dieser ebenso wie die Anordnung nur zu einer vorläufigen

Sicherstellung des dem Gläubiger zustehenden Anspruchs führt (*OLG Köln* JurBüro 1986, 1546; ausführlicher *E. Schneider*[10] Rdnr. 1345 ff.).

Für die Bewertung im Widerspruchs- und Aufhebungsverfahren (§§ 924, 926 Abs. 2, 927) ist der Wert geringer anzusetzen, wenn der Fortbestand nicht mehr im Streit ist, sondern es nur noch um die formale Beseitigung geht (*OLG Hamburg* WRP 1978, 814; *OLG Bamberg* JurBüro 1974, 1150; *OLG München* Rpfleger 1963, 388; *E. Schneider* JurBüro 1977, 1516; Abgrenzungsentscheidung *OLG Bremen* JurBüro 1982, 1051). Wird gegen eine einstweilige Verfügung ein Kostenwiderspruch eingelegt, so richtet sich der Streitwert nur nach dem Kosteninteresse des Antragstellers (*OLG Hamburg* MDR 1989, 1002; *OLG Frankfurt a. M.* JurBüro 1990, 1210 [*Mümmler*]; 1990, 1331).

Bei Grunddienstbarkeit → § 7 Rdnr. 7; bei Besitzstreitigkeiten → § 6 Rdnr. 6. Die Zuständigkeit zur Streitwertfestsetzung bestimmt sich nach allgemeinen Grundsätzen (→ § 2 Rdnr. 77). Besonderheiten gelten aber für die nur beschränkte Tätigkeit des Amtsgerichts im Rahmen des § 942 (näher → § 942 Rdnr. 17; a. A. *OLG Bremen* JurBüro 1979, 1395).

Einstweilige Verfügung *(Unterhalt)*: Bei der Leistungsverfügung auf Unterhalt wird im Rahmen der Bewertung nach § 20 Abs. 1 GKG, § 3 ZPO häufig § 17 Abs. 1 GKG herangezogen und vom Betrag des einjährigen Bezuges ausgegangen (*OLG Hamm* JurBüro 1986, 1547; 1979, 875). Das bedeutet eine Bewertung nach der Hauptsache ohne Abschlag. Eine andere Auffassung orientiert sich zwar an § 17 Abs. 1 GKG, berücksichtigt aber mit einer Bruchteilsbewertung den eingeschränkten Zweck, den Unterhaltsbedarf bis zur Erlangung eines Vollstreckungstitels über den vollen Betrag sicherzustellen (*OLG Zweibrücken* JurBüro 1982, 1379 – Halbjahresbetrag), wenn »in Kürze« ein Ehescheidungsverfahren anhängig gemacht werden soll. Danach wird der Streitwert einer unbefristet beantragten einstweiligen Verfügung auf Zahlung von Unterhalt nach der voraussichtlichen Dauer des erstinstanzlichen Unterhaltsverfahrens in der Hauptsache bemessen (*OLG Düsseldorf* JurBüro 1986, 253 f.; *KG* JurBüro 1985, 1846 Anm. *Mümmler*). Die überwiegende Zahl der Gerichte wendet aber § 20 Abs. 2 GKG analog an und bewertet mit sechs Monaten. Das rechtfertigt sich deshalb, weil die einstweiligen Unterhaltsanordnungen nach §§ 20 Abs. 2 GKG, 620 S. 1 Nr. 4, 6 ZPO eine übereinstimmende Zielsetzung aufweisen. Nicht ausschlaggebend ist daher, daß § 20 Abs. 2 GKG ausdrücklich nur

den Streitwert einer einstweiligen Anordnung im Rahmen des Scheidungsverfahrens behandelt (offengelassen durch *KG* JurBüro 1985, 1846 [zust. *Mümmler*]; wie hier *OLG Nürnberg* JurBüro 1985, 1235 [zust. *Mümmler*]; *OLG München* JurBüro 1985, 917; *OLG Köln* KostRsp. GKG § 20 Nr. 90). Damit wird auch der Einsicht Rechnung getragen, daß der Gläubiger jederzeit zur Hauptsacheklage gezwungen werden kann (§§ 926, 936) (ebenso *OLG Hamm* JurBüro 1982, 105; im Ergebnis auch *OLG Düsseldorf* JurBüro 1982, 285; 1986, 253; *OLG Saarbrücken* JurBüro 1987, 394). Nach 6 Monaten wird auch bewertet, wenn eine derartige Begrenzung nicht aus der Entscheidung ersichtlich ist (*OLG Hamm* JurBüro 1991, 1535; *OLG Saarbrücken* JurBüro 1987, 394; *E. Schneider*[10] Rdnr. 1386); → »Hauptverfahren nach Eilverfahren« (Rdnr. 48); → »Vollstreckungsgegenklage (§ 767)« (Rdnr. 62).

Eintragungsbewilligung: Maßgebend ist der Wert des jeweils einzutragenden Rechts, z. B. bei Eigentum § 6, ebenso bei Grundpfandrechten. Für Grunddienstbarkeiten wird der Wert nach § 7 angesetzt.

Eintrittskarten, Besitzstreitigkeiten → § 6 Rdnr. 7 sub aa.

Einzelleistung: Neben Feststellung des die Leistung bedingenden Rechtsverhältnisses → § 5 Rdnr. 8.

Einzelleistung (wiederkehrende Leistungen) → § 9 Rdnr. 6.

Einzelne Vertragspflichten (des Mietvertrages) → § 8 Rdnr. 4.

Einzelrichter: Zuständigkeit beim Gebührenstreitwertbeschluß → § 2 Rdnr. 77.

Elterliche Sorge → § 3 Rdnr. 30.

Enteignung: Maßgebend ist der Wert der Sache, wenn die Unzulässigkeit der Enteignung geltend gemacht wird → § 6 Rdnr. 10. Bei Entziehung einer Teilfläche kommt es auf deren Wert an → § 6 Rdnr. 16. Wird lediglich die Höhe der Entschädigung angegriffen, so ist Streitwert die Differenz zwischen dem zuerkannten und dem beanspruchten Betrag (so auch *BVerwG* JurBüro 1991, 1686 [Flurbereinigungsverfahren]). Zur Rückenteignung → § 6 Rdnr. 10.

Enteignungsentschädigung in Zinsform → § 4 Rdnr. 19.

Entlastung eines GmbH-Geschäftsführers: Die angestrebte Entlastung hat die Wirkung eines Anerkenntnisses, daß Ersatzansprüche nicht bestehen, oder die eines Verzichtes. Die Klage wird deshalb von der h. L. als → »negative Feststellungsklage« (Rdnr. 46) behandelt und nicht als Leistungsklage. Aus diesem Grund kann bei der Bewertung nach § 3 auf die zum Anspruch auf

»Befreiung von (einer) Verbindlichkeit« (Rdnr. 42) entwickelten Grundsätze zurückgegriffen werden. Sind also die Ersatzansprüche bereits konkretisiert, so sind diese Beträge anzusetzen (*KG* JurBüro 1962, 281).

Entmündigungsverfahren: Nichtvermögensrechtliche Streitigkeit → § 1 Rdnr. 45 f.; → § 3 Rdnr. 11 ff. – Zum 1.1.1992 wurde die Entmündigung durch das Rechtsinstitut der Betreuung ersetzt. Die §§ 645 ff ZPO sind aufgehoben.

Entnahmerecht → § 7 Rdnr. 5, → § 8 Rdnr. 2.

Entscheidung nach Lage der Akten → § 2 Rdnr. 54 (Zuständigkeitsstreitwert).

Erbauseinandersetzung: Die Klage auf Zustimmung zur Erbauseinandersetzung ist nach § 3 zu bewerten. Es entscheidet das Klägerinteresse im Sinne des Anteilswertes → § 2 Rdnr. 17, → § 6 Rdnr. 16.

Erbbaurecht → § 6 Rdnr. 4, → § 7 Rdnr. 5.

Erbbauzinsen → § 9 Rdnr. 2.

Erbe (Miterbenklage) → »Miterbe« (Rdnr. 53).

Erbengemeinschaft → § 2 Rdnr. 17, 91, → »Miterbe« (Rdnr. 53).

Erbenhaftung (beschränkte) → § 6 Rdnr. 22.

Erbrecht → § 2 Rdnr. 91. Bei Klagen auf Feststellung des Erbrechts ist § 6 anwendbar, so daß ein Feststellungsabschlag (→ § 2 Rdnr. 21) von 20 % entfällt (→ § 6 Rdnr. 10; a. A. *OLG Köln* JurBüro 1979, 1704; *E. Schneider*[10] Rdnr. 3201). § 6 schließt eine interessengerechte Bewertung nicht aus, wenn die Interessenlage gem. § 3 bei der Bestimmung des Verkehrswertes berücksichtigt wird (→ § 6 Rdnr. 12; → § 3 Rdnr. 4, 7). Ein Feststellungsabschlag wird abgelehnt auch von *BGH* KostRsp. ZPO § 3 Nr. 873.

Erbschein: Für Besitzstreitigkeiten gilt § 6, → § 6 Rdnr. 7 sub cc. Der Streitwert einer Klage auf Herausgabe eines Erbscheins richtet sich nach § 3. Maßgebend ist das rechtliche Interesse des Klägers gerade an der Herausgabe im Sinne einer Abwendung der durch den Gebrauch des falschen Erbscheins möglicherweise entstehenden Nachteile (§ 2366 BGB) (*BGH* KostRsp. ZPO § 3 Nr. 176; *Hillach-Rohs*[8] 276). Zum Gebührenstreitwert im Erbscheineinziehungsverfahren → § 2 Rdnr. 68.

Erbunwürdigkeitsklage: Der Streitwert der Erbunwürdigkeitsklage nach § 2342 BGB ist nach § 3 ZPO zu schätzen. Das Klägerinteresse wird nach der Höhe des Anteils bewertet, der dem Kläger bei erfolgreicher Klage zustehen würde (*BGH* JurBüro 1960, 205 = LM ZPO § 3 Nr. 16; *OLG Hamburg* MDR 1959, 585; *OLG Stuttgart* Rpfleger 1956, 168). Unrichtig stellt die neuere Rechtsprechung auf den Wert der Beteiligung des Beklagten am Nachlaß ab (*BGH* NJW 1970, 197 unter Aufgabe von *BGH* LM ZPO § 3

Nr. 16; *OLG Frankfurt a. M.* JurBüro 1971, 540). Diese Bewertung verstößt gegen den Grundsatz, daß ohne Rücksicht auf die Bedeutung des Streitgegenstandes für den Beklagten oder Dritten nur der Klägerwert entscheidet (→ § 2 Rdnr. 91; *Schmidt-Schmidt*[2] Rdnr. 128). Maßgeblich ist der Zeitpunkt der Klageeinreichung gem. § 4 Abs. 1, obgleich die Erbunwürdigkeitsklage zurückwirkt (*OLG Frankfurt a. M.* JurBüro 1971, 540; differenzierend *E. Schneider*[10] Rdnr. 1486).

Erbvertrag *(Rücktritt)*: Für die Feststellungsklage (→ § 2 Rdnr. 20 ff.) auf Unwirksamkeit des Rücktritts von einem Erbvertrag ist nach § 3 das Klägerinteresse an dem Fortbestehen des Vertrages maßgeblich. Wird der Kläger durch eine im Erbvertrag enthaltene letztwillige Verfügung begünstigt, so ist diese zu bewerten. Ist der Kläger im Erbvertrag als Alleinerbe eingesetzt, so ist sein Interesse mit 1/4 des Wertes des derzeitigen Vermögens des zurücktretenden Erblassers zu bewerten (*OLG Celle* NdsRpfl. 1962, 57). Das ist gerechtfertigt, weil der Erblasser auch bei fortbestehendem Erbvertrag über sein Vermögen verfügen kann (§ 2286 BGB). Das ist auch bei anderen Verfügungen von Todes wegen zu berücksichtigen.

Ergänzung des Urteils (in der Arbeitsgerichtsbarkeit): Ergänzung um den Streitwert → § 2 Rdnr. 117.

Erhöhung: Klage auf Erhöhung wiederkehrender Leistungen → § 9 Rdnr. 5; Zahlung von erhöhtem Mietzins → § 9 Rdnr. 3.

Erinnerung (§ 766) → § 6 Rdnr. 23.

Erledigung der Hauptsache → § 91a Rdnr. 47 ff.

Erledigung (Streitwertfestsetzung durch Arbeitsgericht) → § 2 Rdnr. 119.

Ermessensantrag → § 2 Rdnr. 96 ff.

Errichtung eines Vermögensverzeichnisses: Bewertet wird wie bei → »Auskunft« (Rdnr. 41) und → »Rechnungslegung« (Rdnr. 58). Im Rahmen der Stufenklage → § 5 Rdnr. 15.

Erstattungsanspruch (§ 717 Abs. 3) → »Inzidentantrag« (Rdnr. 49).

Erzwingung von Unterlassungen und Duldungen (§ 890) → »Ordnungsgeld« (Rdnr. 55).

Eventualantrag → »Hilfsantrag« (Rdnr. 48).

Eventualantrag (uneigentlicher) → »Hilfsantrag, uneigentlicher« (Rdnr. 48); im Arbeitsrecht → § 2 Rdnr. 130.

Eventualaufrechnung → § 5 Rdnr. 44 ff.; zur mehrfachen Eventualaufrechnung → § 5 Rdnr. 45 sub b.

Eventualwiderklage → »Hilfswiderklage« (Rdnr. 48).

Eventuelle Wider-Widerklage → § 5 Rdnr. 42.

46   **Facultas alternativa** → § 5 Rdnr. 30.

Fälligkeit → § 2 Rdnr. 14; negative Feststellungsklage → § 2 Rdnr. 26; Klage auf künftige Leistung → § 2 Rdnr. 94.

Fälligkeit einzelner Leistungen während des Prozesses → § 9 Rdnr. 7.

Fahrkarten, Besitzstreitigkeiten → § 6 Rdnr. 7 sub aa.

Familiensachen → »Ehesachen« (Rdnr. 45); → »Scheidungsfolgesachen« (Rdnr. 59).

Fensterrechte → § 7 Rdnr. 4.

Feriensache: Die Beschwerde gegen die Ablehnung der Bezeichnung als Feriensache wird nach § 3 mit einem Bruchteil des Hauptsachewertes bewertet. Maßgebend ist das Interesse an der Beschleunigung des Prozesses, die mit der Erklärung zur Feriensache erreicht wird. Die Verfahrensverzögerung kann nach § 199 GVG höchstens zwei Monate betragen (1/5: *OLG Köln* JurBüro 1961, 563; 1/10: *OLG Braunschweig* NdsRpfl. 1963, 255; a. A. *Riedel-Sußbauer* BRAGebO[6] (1988) § 33 Rdnr. 15 m. w. Nachw.: Hauptsachewert). Es gibt keinen allgemein geltenden Grundsatz, daß Zwischen- und Nebenentscheidungen denselben Streitwert haben wie die Hauptsache (→ § 3 Rdnr. 13 zur Richter- und Sachverständigenablehnung; a. A. Vorauflage).

Feriensache (ehemalige DDR): Im Gebiet der ehemaligen DDR und im ehemaligen Ostberlin sind die Vorschriften des GVG über die Gerichtsferien nicht anwendbar (Anlage I Kap. III Sachgebiet A Abschnitt III Nr. 1 Maßgabe s des Einigungsvertrages; jetzt § 17 RpflAnpG).

Feriensache (Kostenfestsetzungsverfahren) → § 2 Rdnr. 78.

Ferienwohnung (Miete) → § 8 Rdnr. 2.

Fernsprechanschluß: Bei Streitigkeiten um die Höhe der Verpflichtungen aus einem Vertrag über die Übernahme der Kosten für einen Fernsprechanschluß geht es nicht um langfristige Ansprüche. Anwendbar ist nicht § 9 a.F., sondern § 3 → § 9 Rdnr. 3; *KG* NJW 1956, 1206.

Feststellung des Eigentums → § 6 Rdnr. 10; des Vorbehaltseigentums → § 6 Rdnr. 9, 10; neben dem Herausgabeanspruch → § 5 Rdnr. 7.

Feststellungsantrag über bedingende Rechtsverhältnisse → § 5 Rdnr. 7; im Arbeitsrecht → § 2 Rdnr. 128 ff.

Feststellungsantrag (überschießender Teil) → § 5 Rdnr. 8; → § 2 Rdnr. 24.

Feststellungsantrag (wirtschaftlich selbständiger) → § 5 Rdnr. 8.

Feststellungs- und Leistungsantrag: Zusammenrechnung nur bei wirtschaftlicher Selbständigkeit → § 5 Rdnr. 7 f.; im Arbeitsrecht → § 2 Rdnr. 128 ff.

Feststellungsklagen → § 2 Rdnr. 20 ff.; negative Feststellungsklage → § 2 Rdnr. 26; kein Abschlag bei Besitz- und Eigentumsstreitigkeiten → § 6 Rdnr. 10 und 23, sowie bei Miet- und Pachtklagen im Anwendungsbereich des § 8 → § 8 Rdnr. 3 und 14. Feststellungsklage bei wiederkehrenden Leistungen → § 9 Rdnr. 5, über einen bestimmten Geldbetrag → § 2 Rdnr. 95.

Feststellungsklagen (arbeitsgerichtliches Verfahren): Bei Eingruppierungsstreitigkeiten → § 9 Rdnr. 28.

Feststellungswiderklage (negative) und *Teilklage* → § 5 Rdnr. 31 a. E.

Fideikommiß → § 6 Rdnr. 4.

Film: Für die Klage auf Herausgabe von Filmmaterial ist nach § 6 der Sachwert maßgebend. Der nach § 3 zu schätzende Verkehrswert (→ § 3 Rdnr. 4, → § 6 Rdnr. 12) ist weder mit dem Materialwert noch mit den Herstellungskosten identisch. Vielmehr ist zu prüfen, welche Auswertungsmöglichkeit der Film noch bietet (*OLG Frankfurt a. M.* MDR 1957, 48; *Gerold* III 39 Rdnr. 15; *Anders-Gehle-Baader* 446 »Besitz« Rdnr. 18).

Filmverleih → § 8 Rdnr. 2.

Filmwerbung: Die Klage auf Feststellung, daß ein sog. Werbeverwaltungsvertrag (Vermittlung von Werbefilmen für Kinos) durch Kündigung nicht aufgelöst sei, ist entsprechend den Grundsätzen zur → »Bezugsverpflichtung« (Rdnr. 42) zu bewerten. Unmaßgeblich sind daher die mutmaßlichen Umsätze während der restlichen Vertragszeit (a. A. *OLG Celle* JurBüro 1969, 978).

Finanzierungskosten (keine Nebenforderung) → § 4 Rdnr. 19.

Firmenrecht: Der Anspruch auf Unterlassung des Gebrauches einer Firma (z. B. §§ 37 Abs. 2 HGB; 16 UWG) ist nach § 3 ZPO zu bewerten. Es handelt sich um eine vermögensrechtliche Streitigkeit (→ § 1 Rdnr. 46 und Fn. 66). Maßgebliche Umstände für die Interessenbewertung können sein der Umfang der Verletzung, die Intensität des bisherigen Firmengebrauchs, insbesondere die räumliche Ausdehnung, der Jahresumsatz des Klägers, entgangener Gewinn, bereits entstandene Einbußen in bezug auf den Firmenwert sowie sonstige im Einzelfall hervortretende Interessen (*OLG Frankfurt a. M.* Rpfleger 1974, 117; JurBüro 1964, 277 [Eilverfahren]; *Hillach-Rohs*[8] 416; *Schmidt* JurBüro 1963, 267; *Schalhorn* JurBüro 1972, 199, 203).

Fischereirechte → § 9 Rdnr. 3.

Folgesachen *(von Ehescheidungen)* → § 3 Rdnr. 29 ff.; zur Zusammenrechnung bei Scheidungs- und Scheidungsfolgesachen → § 5 Rdnr. 18.

Forderung: Bei einer Geldforderung ist maßgebend der geltend gemachte Betrag → § 2 Rdnr. 13, 93; → § 3 Rdnr. 2; → § 6 Rdnr. 19; bei Miet- und Pachtzinsforderungen → § 8 Rdnr. 4, → § 9 Rdnr. 3; bei Streit um »Sicherheiten« → Rdnr. 59; → »Pfandrechte« (Rdnr. 56); → »Sicherungseigentum« (Rdnr. 59); → § 6 Rdnr. 21 ff. Der Wert der Forderung begrenzt den Streitwert nach oben. Der Wert der Sicherheit ist nur maßgeblich (→ § 6 S. 2), wenn er geringer als die Forderung ist → § 6 Rdnr. 25.

Fortsetzungsverlangen (§§ 556 a ff. und §§ 565 a ff. BGB) → § 8 Rdnr. 3; Additionsverbot bei Räumungsanspruch in demselben Prozeß → § 8 Rdnr. 20 und → § 5 Rdnr. 19 (Gebührenstreitwert).

Fotografien, Besitzstreitigkeiten → § 6 Rdnr. 7 sub cc.

Frachtbrief, Besitzstreitigkeiten → § 6 Rdnr. 7 sub cc.

Freie Entfaltung der Persönlichkeit → § 2 Rdnr. 122.

Freigabe eines gesperrten Guthabens → § 2 Rdnr. 94.

Fremdwährungsschuld → § 2 Rdnr. 94.

Fristbestimmung (§ 255): Ist der Beklagte zu der (unstreitigen) Herausgabe von Sachen Zug um Zug gegen Zahlung verurteilt worden mit einer Fristsetzung, und ist er weiter verurteilt worden, nach fruchtlosem Fristablauf eine Entschädigung zu leisten, so ist der Streitwert der Berufung, soweit sie sich gegen die Fristsetzung und Entschädigung richtet, wegen fehlender Beschwer in aller Regel nicht zu erhöhen. Etwas anderes gilt, wenn der Wert der herauszugebenden Gegenstände geringer ist als der angesetzte Entschädigungsbetrag (*E. Schneider* MDR 1987, 60 gegen *LG Karlsruhe* ebd.).

Früchte → § 4 Rdnr. 16 und 20, → § 5 Rdnr. 12.

Futterkosten: Keine Nebenforderung → § 4 Rdnr. 19.

Garantievertrag: Auf Leistung von Schadensersatz durch Entrichtung einer Geldrente entsprechend § 17 Abs. 2 GKG, → § 9 Rdnr. 19.

Gebrauchsmuster: Bei der Klage auf Unterlassung der Verletzung eines Gebrauchsmusterrechts ist das Interesse des Klägers nach § 3 unter Heranziehung der erwarteten Umsatzeinbuße zu schätzen. Das Ausmaß der Umsatzgefährdung ergibt sich aus der Intensität des Angriffes, der Bedeutung des Schutzrechts für das Gesamtprodukt und der örtlichen Ausdehnung (Absatzgebiet) (*OLG Nürnberg* JurBüro 1967, 162). Zur Streitwertherabsetzung in Gebrauchsmustersachen → § 2 Rdnr. 5, → § 3 Rdnr. 2, 34 ff. Im Falle der Feststellung der Unwirksamkeit eines erlo-

schenen Gebrauchsmusters richtet sich der Wert nach dem Interesse des Antragstellers an der Abwehr seiner Inanspruchnahme aus dem Gebrauchsmuster (*BGH* KostRspr. GebrMG Nr. 1 Anm. *E. Schneider*).

Gebrauchtwagen: Streit um Wert → § 6 Rdnr. 15.

Gebühren: Gerichtsgebühren → § 2 Rdnr. 43; Anwaltsgebühren → § 2 Rdnr. 44, 68.

Gebührenstreitwert → § 2 Rdnr. 42; bei wiederkehrenden Leistungen → § 9 Rdnr. 12 ff.; bei Miet-, Pacht- oder ähnlichem Nutzungsverhältnis → § 8 Rdnr. 16 f.; bei der Stufenklage → § 5 Rdnr. 15; Additionsverbote beim Gebührenstreitwert → § 5 Rdnr. 18 f.; beim Hilfsantrag → § 5 Rdnr. 25; bei der Widerklage → § 5 Rdnr. 33; Eventualwiderklage → § 5 Rdnr. 40; Aufrechnung → § 5 Rdnr. 45.

Gebührenstreitwert (Festsetzung) → § 2 Rdnr. 63.

Gebührenstreitwert (Zeitpunkt) → § 4 Rdnr. 11 f.; für die Rechtsmittelinstanz → § 4 Rdnr. 13.

Gebührenstreitwert in der Rechtsmittelinstanz (Allgemeines): Die maßgebliche Regelung für die Bewertung enthält § 14 GKG (Text → § 4 Rdnr. 13). Der Gebührenstreitwert in der Rechtsmittelinstanz ist sorgfältig vom Rechtsmittelstreitwert abzugrenzen (→ § 2 Rdnr. 34, 58 ff., 60) und braucht mit diesem trotz § 24 S. 1 GKG nicht übereinzustimmen. Wegen § 24 S. 2 GKG sind die §§ 14−20 GKG zu beachten (näher *Lappe* NJW 1983, 1472 l. Sp.). Insbesondere bestimmt sich nach § 14 S. 1 GKG der Gebührenstreitwert in erster Linie nach den Anträgen des Rechtsmittelklägers und erst nachrangig wegen § 14 S. 2 GKG nach der Beschwer (→ § 2 Rdnr. 37). § 14 GKG kommt nicht zur Anwendung, wenn sich der Streitgegenstand selbst ständig verändert wie bei der Klage auf Zustimmung zur Hinterlegungsauszahlung (*OLG Köln* JurBüro 1980, 281).

Dem Rechtsmittelkläger sollte mit § 14 GKG die Möglichkeit gegeben werden, die ihm nach § 519 Abs. 2 und § 554 Abs. 2 ZPO eingeräumte Begründungsfrist voll auszunutzen, ohne dadurch kostenrechtliche Nachteile zu erleiden (BT-Drucks. 2/2545 S. 157 zu Nr. 11). § 14 Abs. 1 S. 1 GKG bedeutet ein Streitwertprivileg (*BGH* WM 1991, 1142). In der Praxis hatte das dazu geführt, daß für den Fall einer beabsichtigten Rechtsmittelzurücknahme Anträge mit Minimalbeträgen gestellt wurden, um so die Kosten niedrig zu halten. Nach der jetzigen höchstrichterlichen Rechtsprechung ist ein eingeschränkter Rechtsmittelantrag im Rahmen des § 14 GKG dann unbeachtlich, wenn er offensichtlich nicht auf die Durchführung des Rechtsmittels gerichtet ist (*BGHZ* 70, 365 [GSZ] = NJW 1978, 1263; bestätigt durch *BGH* WM

47

1991, 1142; ebenso *OLG München* JurBüro 1992, 252; *OLG Frankfurt a. M.* JurBüro 1991, 107; *OLG Hamm* AnwBl. 1979, 273; *LG Lübeck* SchlHA 1979, 44; *E. Schneider*[10] Rdnr. 3734 ff.). Zu Unrecht wird dieser Rechtsprechung bisweilen die Gefolgschaft versagt und ein lediglich aus Kostengründen gestellter geringer Berufungsantrag als streitwertbestimmend erachtet (*OLG Hamm* NJW 1979, 171; MDR 1979, 591; *OLG Celle* MDR 1979, 1033; zusammenfassend *Märten* Die Streitwertbemessung bei nachträglicher Rechtsmittelbeschränkung, 1981, S. 83 f.). Vielmehr hat der BGH angesichts des eindeutigen Gesetzeszwecks den Wortlaut des § 14 GKG sinnvoll eingeschränkt. Richtigerweise ist dann nach der Beschwer zu bewerten (*BGH* WM 1991, 1142 [§ 14 Abs. 1 S. 2 GKG analog]; *OLG Frankfurt a. M.* JurBüro 1991, 107; *E. Schneider*[10] Rdnr. 3736). Die vom BGH geschaffene Ausnahme ist aus Gründen der Einfachheit und Klarheit eng zu interpretieren. Daher muß der fehlende Wille zur Sachentscheidung eindeutig feststehen, aufgrund objektiver Kriterien geklärt werden können und sich geradezu aufdrängen (z. B. Beschwer 20 Millionen DM; Antrag: 250,– DM). Für eine Gebührenermäßigung durch Anwendung von GKG – KV Nr. 1031 besteht auch bei Anwendung der dargestellten Grundsätze kein Anlaß (*BGH* MDR 1979, 49).

Eine Antragsbeschränkung nach Berufungsrücknahme ist für die Höhe des Streitwerts unbeachtlich (*OLG Köln* MDR 1984, 766). Überhaupt ist es unerheblich, in welchem Umfang der Rechtsmittelangriff hätte zulässigerweise beschränkt werden können, wenn ein solcher Antrag nicht in streitwertbestimmender Weise vor Beendigung des Rechtsmittelverfahrens gestellt worden ist (*OLG Frankfurt a. M.* JurBüro 1991, 107). Legt eine nichtbeschwerte Partei versehentlich Berufung ein und nimmt sie diese dann vor Antragstellung zurück, so ist der Streitwert nicht mit 1.501,– DM (früher 701,– DM) zu bewerten (so aber *OLG Frankfurt a. M.* AnwBl. 1984, 448), sondern auf den geringsten Tabellenwert der Gebührengesetze festzusetzen (*E. Schneider* KostRsp. GKG § 14 Nr. 22). Der wirkliche Wert ist anzusetzen, wenn der Rechtsmittelführer meint, ein zulässiges Rechtsmittel einzulegen, später aber durch die Wertfestsetzung des Gerichts erfährt, daß die Berufungssumme nicht erreicht ist (*OLG Bamberg* JurBüro 1986, 1220).

Maßgebend für die Beschwer des § 14 Abs. 1 S. 2 GKG ist die materielle Beschwer, die sich aus dem rechtskraftfähigen, dem Beklagten nachteiligen Inhalt der angefochtenen Entschei-

dung ergibt. Das ist auch bei einem Anerkenntnisurteil der Fall (*OLG Karlsruhe* AnwBl. 1982, 112).

Nach § 14 Abs. 2 S. 1 GKG ist der Streitwert grundsätzlich durch den Wert des Streitgegenstandes der ersten Instanz begrenzt. Die Norm besagt, daß der Streitwert für alle Instanzen gleich bleibt, wenn sich der Streitgegenstand nicht ändert (*BVerwG* KostRsp. GKG § 14 Nr. 35; JurBüro 1989, 528; a. A. *HessVGH* KostRsp. GKG § 14 Nr. 33 [LS]; *HessVGH* DÖV 1990, 160). Das gilt auch und gerade dann, wenn das Interesse des Beklagten als Rechtsmittelkläger höher als das des Klägers zu bewerten ist. Gemeint ist damit der wahre Streitwert, nicht dagegen die Streitwertfestsetzung der Vorinstanz. Das Revisionsgericht ist daher nicht gehindert, selbst Ermittlungen über den Wert des Streitgegenstandes anzustellen (*BGH* GRUR 1985, 511 f.). § 14 Abs. 2 S. 1 GKG betrifft nicht die Fälle, in denen sich der Wert des unverändert gebliebenen Streitgegenstandes während des Berufungs- oder Revisionsverfahrens über den Wert des Streitgegenstandes der ersten Instanz, z. B. durch Änderung des Wechselkurses, erhöht hat (*BGH* NJW 1982, 341; a. A. *OLG Hamburg* JurBüro 1981, 1546 [abl. *Mümmler*]).

Gebührenstreitwert in der Rechtsmittelinstanz (Aufrechnung): Der Streitwert ist für jede Instanz gesondert zu bestimmen (→ § 2 Rdnr. 66). Zu einer Wertaddition kommt es daher nur in der Instanz, in der tatsächlich über die Gegenforderung eine der Rechtskraft fähige Entscheidung ergangen ist (*BGH* JurBüro 1987, 853 [zust. *Mümmler*]; *KG* JurBüro 1990, 387; 1981, 1232; *OLG München* MDR 1990, 934 [zust. *E. Schneider* KostRsp. GKG § 19 Nr. 160; abl. *Mümmler* JurBüro 1990, 1337]; JurBüro 1989, 137; *OLG Schleswig* VersR 1987, 996; *OLG Saarbrücken* JurBüro 1980, 897; *Madert* FS H. Schmidt (1981), 66, 73 ff.; *E. Schumann* NJW 1982, 1261 Fn. 34; a. A. *BGH* WM 1985, 264 [abl. *E. Schneider* KostRsp. GKG § 19 Nr. 92; zust. *Lappe* ebd.]; *OLG Frankfurt a. M.* JurBüro 1981, 249). Damit geht § 19 Abs. 3 GKG (Text → § 5 Rdnr. 45) der Regelung des § 14 Abs. 1 S. 1 und 2 GKG vor (Text → § 4 Rdnr. 13) (*OLG München* MDR 1990, 934; *OLG Celle* JurBüro 1987, 1053 [zust. *Mümmler*]; 1985, 911; *Mümmler* JurBüro 1987, 853). Maßgebend ist daher nicht die nach allgemeinen Grundsätzen (→ § 5 Rdnr. 46; → § 511a Rdnr. 22) zu ermittelnde Beschwer (a. A. Vorauflage). Bei einer vor Stellung der Anträge erfolgten Rücknahme eines Rechtsmittels, das gegen die Verurteilung trotz geltend gemachter

Aufrechnung gerichtet war, ist daher der Wert von Haupt- und Gegenforderung nicht zusammenzurechnen, weil keine der Rechtskraft fähige Entscheidung ergeht (*E. Schneider*[10] Rdnr. 474; a. A. *BGH* JurBüro 1979, 41; Vorauflage). Auch bei der Rücknahme nach Stellung der Anträge ist nur unter den Voraussetzungen des § 19 Abs. 3 GKG zusammenzurechnen (*OLG München* MDR 1990, 934; *OLG Karlsruhe* KostRsp. GKG § 19 Nr. 16; *E. Schneider*[10] Rdnr. 474; a. A. *BGH* JurBüro 1979, 358). Die entgegenstehende Rechtsprechung des BGH ist mit der auch von ihm geteilten Einstellung (*BGH* JurBüro 1987, 853) nicht zu vereinbaren, wonach die Wertaddition davon abhängt, ob in der Instanz eine der Rechtskraft fähige Entscheidung ergangen ist (ebenso *Mümmler* JurBüro 1987, 853; *E. Schneider*[10] Rdnr. 474; *OLG Schleswig* JurBüro 1982, 1863; *KG* JurBüro 1985, 913). Entscheidet die Berufungsinstanz nicht über eine Eventualaufrechnung, so wird der Streitwert dieser Instanz nicht erhöht, auch wenn die 1. Instanz über den hilfsweise zur Aufrechnung gestellten Anspruch entschieden hat. Damit ist in 1. Instanz zwar der Beschwer erhöht worden, nicht aber der Gebührenstreitwert der Berufungsinstanz (*OLG München* MDR 1990, 934; *Mümmler* JurBüro 1990, 1337 gegen *BGH* JurBüro 1979, 41 und JurBüro 1979, 358). Hat jedoch das erstinstanzliche Gericht der Klage stattgegeben, weil die Begründetheit der Hilfsaufrechung verneint wurde, und verwirft das Berufungsgericht die Berufung als unzulässig, dann erhöht sich der Gebührenstreitwert des Berufungsverfahrens um den Wert der Gegenforderung (*E. Schneider* MDR 1991, 195 gegen *KG* JurBüro 1990, 387).

Gebührenstreitwert in der Rechtsmittelinstanz (wechselseitig eingelegte Rechtsmittel): § 19 Abs. 2 GKG lautet: »Das gleiche gilt für wechselseitig eingelegte Rechtsmittel, die nicht in getrennten Prozessen verhandelt werden«. Die Norm verweist auf die Regelung des § 19 Abs. 1 GKG (Text: → § 5 Rdnr. 33). Es muß daher immer zusammengerechnet werden, wenn die Rechtsmittel verschiedene Streitgegenstände betreffen. So liegt es, wenn der Kläger gegen die teilweise Abweisung der Klage vorgeht und der Beklagte seine teilweise Verurteilung bekämpft. Werden Teilansprüche aus demselben Rechtsverhältnis mit den wechselseitigen Rechtsmitteln geltend gemacht, so sind die Werte beider Gegenstände zusammenzurechnen (*OLG Bamberg* JurBüro 1984, 255; *OLG Nürnberg* JurBüro 1983, 104). »Derselbe Streitgegenstand« liegt eher selten vor. Beispiel ist eine Klage gegen Gesamtschuldner, wenn der eine verurteilt

wurde, der andere obsiegte. Dann betreffen das Rechtsmittel des Klägers gegen die Klageabweisung und das Rechtsmittel des verurteilten Gesamtschuldners denselben Streitgegenstand und eine Zusammenrechnung unterbleibt (*BGHZ* 7, 154 → § 5 Rdnr. 10).
Ferner ist zusammenzurechnen, wenn die Rechtsmittel »in getrennten Prozessen« verhandelt werden (§ 19 Abs. 2 GKG). So liegt es z. B. bei einem Rechtsmittel erst gegen das Teilurteil und sodann gegen das Schlußurteil, ohne daß die Rechtsmittelverfahren verbunden werden. Mit »wechselseitig eingelegt« meint § 19 Abs. 2 GKG Rechtsmittel beider Seiten. Den Gegensatz dazu bedeuten die »einseitigen Rechtsmittel«, wenn nur der Kläger oder nur der Beklagte Rechtsmittel ergreifen. § 19 Abs. 2 GKG ist sowohl bei selbständig eingelegten Rechtsmitteln als auch bei der unselbständigen Anschlußberufung oder Anschlußrevision anwendbar (*BGHZ* 67, 305 = MDR 1977, 295). Wird die Annahme der Revision gem. § 554b abgelehnt und die unselbständige Anschlußrevision damit hinfällig, so kommt es nach § 19 Abs. 2 GKG gleichwohl zu einer Addititon des Wertes der Revision und der Anschlußrevision (*BGHZ* [GSZ] 72, 339 = NJW 1979, 878 gegen *BGHZ* 67, 305). Gegen eine Zusammenrechnung läßt sich kein aus den §§ 19 Abs. 3 und 4 GKG hergeleiteter allgemeiner Rechtsgedanke herleiten. In gleicher Weise kommt es unter den Voraussetzungen des § 19 Abs. 2 GKG zu einer Zusammenrechnung, wenn die unselbständige Anschlußberufung wegen Rücknahme der Berufung gem. § 522 Abs. 1 ihre Wirkung verliert (*LG Berlin* JurBüro 1985, 259, 260).
Eine »Hilfs- Anschlußrevision«, die für den Fall eingelegt ist, daß die Revision zur Zurückverweisung der Sache führt, erhöht den Streitwert und führt bei Nichtannahme der Revision zu einer anteiligen Kostenbelastung (*BGH* NJW-RR 1989, 1267). Die zur Rechtsmittelbeschwer (→ § 2 Rdnr. 34 ff.) ergangene Entscheidung ist auch für den Gebührenstreitwert von Bedeutung.

Gebührenstreitwert in der Rechtsmittelinstanz (Verbundurteil): § 14 GKG geht vom Modell eines gewöhnlichen zivilprozessualen Erkenntnisverfahrens aus. Im familiengerichtlichen Verbundverfahren (§ 623) werden jedoch auch Verfahren durchgeführt, die unabhängig von einem Antrag nach den Verfahrensnormen des FGG entschieden werden. § 14 GKG gilt auch für die Anfechtung einer Verbundentscheidung. Der Rechtsmittelführer kann ohne Kostennachteile die vorhandenen Fristen für die Bestimmung des Umfanges der Anfechtung innerhalb der einzelnen Familiensachen und auch dahin ausüben, welche der im Verbund entschiedenen Sachen überhaupt angefochten werden sollen (*OLG Schleswig* SchlHA 1980, 120). § 14 GKG findet entsprechend auch auf das Beschwerdeverfahren des § 621e ZPO Anwendung, obgleich es – anders als Berufung und Revision – einen Antrag weder voraussetzt noch durch diesen begrenzt wird (*OLG Oldenburg* JurBüro 1981, 589 gegen *OLG Düsseldorf* JurBüro 1980, 1703). Eine Beschwer im Sinne von § 14 Abs. 1 S. 2 GKG liegt jedenfalls dann vor, wenn die Partei im FGG-Verfahren Anträge stellt, hinter denen das Gericht zurückbleibt (*OLG Bamberg* JurBüro 1984, 1545; auch JurBüro 1985, 421). Es wird lediglich die Scheidungshauptsache bewertet, wenn Berufung nur gegen den in einem Vorbehaltsurteil enthaltenen Scheidungsausspruch eingelegt wird (*OLG Karlsruhe* Die Justiz 1987, 379).

Im übrigen soll § 19a (Text → § 5 Rdnr. 18) erreichen, daß der Verbund zwischen Scheidungssache und Folgesachen im Interesse der Kostenermäßigung gebührenrechtlich einer Verbindung gleichgestellt wird. Der Verbund gilt auch in der Berufungsinstanz. Wenn dort eine Partei in erster Linie Abweisung des Scheidungsantrages begehrt, gleichzeitig jedoch hilfsweise beantragt, das erstinstanzliche Urteil hinsichtlich der Folgesachen abzuändern, sind die Streitwerte von Haupt- und Hilfsantrag gem. § 19a GKG zu addieren (*OLG Koblenz* JurBüro 1987, 1200; a. A. *OLG Frankfurt a. M.* JurBüro 1985, 1211). Die gesetzliche Fiktion des § 19a GKG gilt auch, wenn lediglich Folgesachen in die Beschwerdeinstanz gelangen und dort ohne Verbindung gesondert und unabhängig voneinander entschieden wurden (a. A. *OLG Nürnberg* JurBüro 1986, 1544 [für das alte Recht]). Das folgt aus § 629a Abs. 2 S. 3 (zutreffend *E. Schneider* KostRsp. GKG § 19a Nr. 19).

Gebührenstreitwertbeschluß: (Gesonderter) → § 2 Rdnr. 63; Änderung → § 2 Rdnr. 79ff.; Rechtsbehelfe → § 2 Rdnr. 85ff.; Gegenvorstellung → § 2 Rdnr. 89.

Gegendarstellung: Es handelt sich um eine nichtvermögensrechtliche Streitigkeit → § 1 Rdnr. 46; oben → § 3 Rdnr. 11f.

Gegenleistung → § 3 Rdnr. 7; → § 2 Rdnr. 19.

Gegenrechte (Zug um Zug; Pfandrecht; Zurückbehaltungsrecht): Sie sind für Berechnungen nach § 6 ohne Bedeutung. Es entscheidet der Wert der Sache (→ § 6 Rdnr. 3, 6, 15; → § 2 Rdnr. 19) oder der Wert der Forderung oder Sicherheit, wenn diese im Wert geringer sind (§ 6 S. 2). Ein Abzug ist selbst dann nicht zulässig, wenn nur das Gegenrecht streitig ist. Das gilt ohne Einschränkungen auch für die Auflassungsklage (→ § 6 Rdnr. 15 a. E.). Unanwendbar ist § 6, wenn das Gegenrecht in einem selbständigen Prozeß geltend gemacht wird (→ § 6 Rdnr. 21 a. E.). Für den Rechtsmittelstreitwert ist folgendes zu beachten: Will der Kläger anstelle der Verurteilung zur Leistung Zug um Zug die uneingeschränkte Verurteilung erreichen, so kommt es auf den Wert des Gegenrechts an, nach oben begrenzt durch den Wert des Klageanspruches (*BGH* JurBüro 1985, 1177 = NJW-RR 1986, 419; → § 511a Rdnr. 18). Dementsprechend bemißt sich der Streitwert nach dem Wert des Zurückbehaltungsrechts, begrenzt durch den vollen Wert des Auskunftsanspruches, wenn in der Rechtsmittelinstanz nicht mehr das Auskunftsbegehren des Klägers, sondern nur noch das von dem Beklagten geltend gemachte Zurückbehaltungsrecht im Streit ist (*BGH* MDR 1991, 794, 795 mit Anm. *E. Schneider* KostRspr. ZPO § 3 Nr. 1039). Das gleiche gilt, wenn sich der Beklagte gegen die Verurteilung nur insoweit wehrt, als er vorträgt, lediglich zur Leistung Zug um Zug verpflichtet zu sein (*OLG Hamm* JurBüro 1981, 1545; *OLG Saarbrücken* VersR 1979, 153). Vergleichbar liegt es, wenn geltend gemacht wird, die im Urteil ausgesprochene Zug um Zug-Verurteilung entspreche nicht der vom Unternehmer geschuldeten Leistung. In diesem Fall wird die Beschwer durch das Urteil mit dem vollen Wert der gesamten Mangelbeseitigungskosten bemessen (*BGH* NJW 1986, 1110; bestätigt durch *BGH* WM 1992, 376). Ferner → »Fristbestimmung (§ 255)« (Rdnr. 46).

Gegenseitiger Vertrag: Maßgebend ist nur die begehrte Leistung unabhängig von der Gegenleistung (→ § 2 Rdnr. 19).

Gegenstandswert → § 2 Rdnr. 44.

Gegenvorstellung gegen gesonderte Gebührenstreitwertbeschlüsse → § 2 Rdnr. 89.

Gehaltsklage → § 9 Rdnr. 2; bei gleichzeitigem Antrag auf Feststellung des (Nicht-)Bestehens des Arbeitsverhältnisses → § 2 Rdnr. 128; → § 5 Rdnr. 48.

Gehaltsklage (arbeitsrechtliche) → § 9 Rdnr. 28.

Geldansprüche, bestimmte → § 2 Rdnr. 93; → § 3 Rdnr. 2; → § 6 Rdnr. 19.

Geldforderung → § 6 Rdnr. 19; → »Forderung« (Rdnr. 46).

Geldrenten → § 9 Rdnr. 2; Gebührenstreitwert → § 9 Rdnr. 17.

Gemeinschaft (§ 741 BGB): Die Klage auf Aufhebung der Gemeinschaft bemißt sich nach § 3 (*OLG Frankfurt a. M.* JurBüro 1979, 1195; *OLG Zweibrücken* Rpfleger 1969, 247). Der Anteil des Klägers ist ein Anhaltspunkt, von dem aber bei Vorliegen besonderer Umstände abgewichen werden muß. So liegt es etwa, wenn nicht über das Ob, sondern lediglich über das Wie der Teilung gestritten wird. Zum Wert einer Klage gem. § 771 ZPO analog gegen die Aufhebung einer Gemeinschaft durch Zwangsversteigerung nach § 180 ZVG → § 6 Rdnr. 23.

Gemeinschaftsverhältnisse → § 2 Rdnr. 17 und 91.

Gemischter Vertrag (Miet- und anderer Vertrag) → § 8 Rdnr. 2.

Genossenschaft: Für die Ansprüche der Vorstandsmitglieder auf Vergütung ihrer Tätigkeit gelten die Ausführungen zu → § 9 Rdnr. 2 und das zum Organmitglied einer juristischen Person Gesagte (→ § 9 Rdnr. 21: Gebührenstreitwert). Bei der → »Anfechtung von Beschlüssen« (Rdnr. 41) gilt § 247 Abs. 2 AktG analog (→ § 3 Rdnr. 34). Bei der Bewertung ist auch § 247 Abs. 1 AktG heranzuziehen (→ § 2 Rdnr. 14; → § 3 Rdnr. 2 a. E.; → »Aktiengesellschaft« [Rdnr. 41]). Dadurch kann der Streitwert über den oft geringen Wert der Geschäftsanteile des Klägers hinaus unter Berücksichtigung des Interesses des Beklagten an der Aufrechterhaltung des Beschlusses festgesetzt werden (*OLG Bamberg* JurBüro 1980, 759; *OLG Oldenburg* NJW 1953, 1716; *OLG Düsseldorf* JurBüro 1951, 303; *Happ-Pfeifer* ZGR 1991, 103, 122). Streitigkeiten über die Zugehörigkeit zu einer Genossenschaft sind nichtvermögensrechtlich, wenn der Ausschluß mit einem unehrenhaften Verhalten des Genossen begründet wird (*RGZ* 163, 202; *OLG Neustadt* Rpfleger 1963, 34 [LS]; *OLG Celle* JurBüro 1961, 455; → § 1 Rdnr. 46). Einzelheiten zur Bewertung nach § 12 Abs. 2 GKG → § 3 Rdnr. 11 ff.

Gepäckschein, Besitzstreitigkeiten → § 6 Rdnr. 7 sub cc.

Gerichtsgebühren → § 2 Rdnr. 43.

Gerichtsstandsvereinbarung (und Zuständigkeitsstreitwert) → § 2 Rdnr. 51.

Gesamtgläubiger → § 5 Rdnr. 10.

Gesamthandseigentum: Maßgeblich ist gem. § 6 der Wert der gesamten Sache (→ § 6 Rdnr. 9). Unter bestimmten Umständen ist ein Abzug des »ideell« dem Kläger oder Beklagten zustehenden Anteils an der im Gesamthandseigentum stehenden Sache vorzunehmen (→ § 2 Rdnr. 17 und 91; → § 6 Rdnr. 16).

Gesamtschuldner: Verpflichtet sich ein Gesamtschuldner gegenüber dem anderen, diesen im Innenverhältnis freizustellen, so bestimmt sich der Wert nach der Höhe des zusätzlich übernommenen Anteils (*OLG Hamburg* JurBüro 1980, 279 [abl. *Mümmler*]; abl. *E. Schneider*[10] Rdnr. 674). Ferner → § 2 Rdnr. 17; → § 5

Rdnr. 10; → »Befreiung von Verbindlichkeit« (Rdnr. 42).

Geschäftsbedingungen → »Allgemeine Geschäftsbedingungen« (Rdnr. 41).

Geschäftsbücher: Bei der Klage auf Einsicht in die Geschäftsbücher ist nach § 3 das Interesse des Klägers an der Offenlegung zu bewerten. Will der Kläger die Grundlage für einen weitergehenden Anspruch schaffen, so können die zum → »Auskunftsanspruch« (Rdnr. 41) entwickelten Grundsätze entsprechend angewendet werden. Dagegen ist es nicht angängig, etwa bei der Klage eines GmbH-Gesellschafters gegen die GmbH mindestens den erwarteten Gewinn und höchstens den Wert des Geschäftsanteils anzusetzen (a. A. *OLG Frankfurt a. M.* KostRsp. ZPO § 3 Nr. 31). – Zu Besitzstreitigkeiten um Geschäftsbücher → § 6 Rdnr. 7 sub cc.

Geschäftsführer einer GmbH: Richtet sich die Klage lediglich gegen die Abberufung als Geschäftsführer und nicht zugleich gegen eine damit in Verbindung stehende Beendigung des Dienstverhältnisses, so ist für die Berechnung der Beschwer § 3 und nicht § 9 maßgebend. Die laufenden Dienstbezüge beruhen nicht auf Organstellung, sondern auf Dienstvertrag, der nicht Gegenstand der Beschlußnichtigkeitsklage ist (*BGH* NJW-RR 1990, 1123; a. A. *OLG Frankfurt a. M.* NJW 1968, 2111; Vorauflage → »GmbH«). In entsprechender Anwendung von § 247 Abs. 1 S. 1 AktG (→ § 3 Rdnr. 2; → § 2 Rdnr. 14) kommt es auf das Interesse des Klägers an, weiterhin Geschäftsführer zu sein und die Leitungs- und Lenkungsmacht wieder in die Hand zu bekommen und auf das gegenläufige Interesse der Beklagten, ihn von der Geschäftsführung fernzuhalten (zust. *E. Schneider* KostRsp. ZPO § 9 Nr. 39). Nicht anzuwenden ist § 247 Abs. 1 S. 2 AktG (Höchstbetrag). Zum Anspruch des Geschäftsführers auf Entgelt (→ § 9 Rdnr. 1 und 21 [Gebührenstreitwert]).

Geschmacksmuster: Für eine Klage auf Unterlassung einer Verletzung des Rechts ist das Interesse des Klägers an der ungestörten Auswertung des Rechts unter Einbeziehung der befürchteten Umsatzeinbuße während der voraussichtlichen Laufzeit des Schutzrechts nach § 3 zu schätzen (*OLG Bamberg* JurBüro 1981, 919). Das entspricht den zum → »Gebrauchsmuster« entwickelten Grundsätzen (*OLG Karlsruhe* KostRsp. ZPO § 3 Nr. 163).

Gesellschaft → »Aktiengesellschaft« (Rdnr. 41); → »Genossenschaft« (Rdnr. 47); → »GmbH« (Rdnr. 47).

Gesellschafter: Vergütungsansprüche bei OHG und KG → § 9 Rdnr. 2; Gebührenstreitwert bei leitender Stellung in einer Personalgesellschaft

→ § 9 Rdnr. 21; Klage auf Herausgabe von Sachen unter Gesellschaftern einer BGB-Gesellschaft, OHG und KG → § 6 Rdnr. 16, → § 2 Rdnr. 17. Für die Anfechtungs-, Nichtigkeits- und Auflösungsklagen → § 2 Rdnr. 28 sowie → »Gesellschafterbeschluß (Nichtigkeit)«. Klagen von oder gegen mehrere Gesellschafter auf Ausschließung → § 5 Rdnr. 10. Klagen, die das Gesellschaftsverhältnis betreffen → § 2 Rdnr. 17, 91.

Gesellschafterbeschluß (Nichtigkeit) → »Aktiengesellschaft« (Rdnr. 41); → »GmbH« (Rdnr. 47); → »Genossenschaft« (Rdnr. 47).

Gesellschaftsrechtliche Streitigkeiten: Zur analogen Anwendung von § 247 Abs. 1 AktG → »Aktiengesellschaft« (Rdnr. 41); zur Streitwertherabsetzung des § 247 Abs. 2 AktG → § 2 Rdnr. 5; → § 3 Rdnr. 34 ff.

Gesetzliche Unterhaltspflicht → § 9 Rdnr. 15 (Gebührenstreitwert).

Gesonderter Gebührenstreitwertbeschluß → § 2 Rdnr. 63 ff.

Gestaltungsklagen → § 2 Rdnr. 28 f.

Gestaltungsklagen mehrerer mit einheitlichem Ziel → § 5 Rdnr. 10.

Gewerblicher Rechtsschutz: Zur Streitwertherabsetzung nach §§ 23 b, 23 a UWG; 31 a WZG; 144 PatG; 26 GebrMG → § 3 Rdnr. 34 ff.; → »Gebrauchsmuster« (Rdnr. 47); → »Geschmacksmuster« (Rdnr. 47); → »Firmenrecht« (Rdnr. 46); → »Wettbewerbsrechtliche Unterlassungsklage« (Rdnr. 63).

GKG (Texte)
§ 12 Abs. 2 GKG → § 3 Rdnr. 12,
§ 12 Abs. 3 GKG → § 5 Rdnr. 18,
§ 14 GKG → § 4 Rdnr. 13,
§ 15 GKG → § 4 Rdnr. 11,
§ 16 GKG → § 8 Rdnr. 17,
§ 17 GKG → § 9 Rdnr. 13,
§ 17a GKG → § 9 Rdnr. 13,
§ 18 GKG → § 5 Rdnr. 15,
§ 19 Abs. 1 GKG → § 5 Rdnr. 33,
§ 19 Abs. 2 GKG → »Gebührenstreitwert in der Rechtsmittelinstanz (wechselseitig eingelegte Rechtsmittel)« (Rdnr. 47),
§ 19 Abs. 3 GKG → § 5 Rdnr. 45,
§ 19 Abs. 4 GKG → § 5 Rdnr. 25,
§ 19a GKG → § 5 Rdnr. 18,
§ 20 Abs. 2 GKG → § 9 Rdnr. 14,
§ 22 GKG → § 4 Rdnr. 34,

GKG KV Nr. 1170 (Vergleich) → »Vergleich (Allgemeines)« (Rdnr. 62).

Gläubigeranfechtung → »Anfechtung« (Rdnr. 41).

Gläubigerrangstreit → § 6 Rdnr. 28.

GmbH: Die Klage auf Auflösung der GmbH nach § 61 GmbHG ist nach § 3 ZPO zu bewerten. Das Interesse des Klägers an der Auflösung richtet sich nach dem Wert der Beteiligung, ist aber mit ihr nicht gleichzusetzen, weil damit noch kein vollstreckbarer Titel auf den Zugriff des Auseinandersetzungsguthabens erreicht wird (*OLG Köln* BB 1988, 365; Anm. *Lappe* EWiR § 3 ZPO 1/88, 407; *E. Schneider*[10] Rdnr. 374 ff.).

Für die Klage auf Ausschließung eines Gesellschafters gilt vergleichbares wie bei der → »Ausschließungsklage« (Rdnr. 41). Maßgebend ist das Interesse der die Ausschlußklage betreibenden Gesellschafter. Es bestimmt sich nach dem Wert ihrer Geschäftsanteile (*OLG Neustadt* Rpfleger 1967, 1; MDR 1964, 605; *OLG Bamberg* JurBüro 1963, 556). Bei einer auf ideelle Ziele gerichteten Stiftung in Form der GmbH kommt es auf den Nennwert der Geschäftsanteile an (*OLG Frankfurt a. M.* JurBüro 1985, 1083). Vergleichbare Grundsätze wie für die Klage auf Ausschließung gelten für die Bewertung einer Feststellungsklage, die auf die Unwirksamkeit eines auf Ausschließung von Gesellschaftern gerichteten Gesellschafterbeschlusses zielt. Maßgeblich sind die Geschäftsanteile der Auszuschließenden (*OLG Frankfurt a. M.* JurBüro 1985, 1083). Zur Klage und Widerklage (→ § 5 Rdnr. 35).

Bei Streitigkeiten um die Nichtigkeit eines Gesellschafterbeschlusses ist auch § 247 Abs. 1 AktG heranzuziehen (*OLG Hamm* GmbHRSch. 1955, 226; w.N. bei *Happ-Pfeifer* ZGR 1991, 103, 104 ff.). Nicht anzuwenden ist dagegen die Höchstbetragsregelung des § 247 Abs. 1 S. 2 AktG (*OLG Frankfurt a. M.* NJW 1968, 2112; *OLG Celle* Rpfleger 1974, 233).

Zur Abberufung des Geschäftsführers einer GmbH → »Geschäftsführer einer GmbH«.

Good will: Der good will einer in Sozietät betriebenen Anwaltskanzlei wurde gem. §§ 3 ZPO, 12 Abs. 1 GKG mit dem Wert von eineinhalb Jahresgewinnen angesetzt (*OLG München* BB 1987, 1142; Anm. *E. Schneider* KostRsp. ZPO § 3 Nr. 898).

Gratifikation → § 2 Rdnr. 125.

Grenzklagen: Es entscheidet nach § 3 das Interesse des Klägers. Daneben sind ausnahmsweise auch die Einwendungen des Beklagten zu berücksichtigen → § 2 Rdnr. 14.

Grundbuchberichtigungsklage → § 6 Rdnr. 10.

Grunddienstbarkeit: Dem Grundsatz nach gilt § 7. Geht es nur um die Störung der Ausübung, ist nach § 3 zu schätzen (→ § 7 Rdnr. 6). Zum Begriff → § 7 Rdnr. 1, 2.

Grundsätze der Wertfestsetzung → § 2 Rdnr. 90 ff.

Grundschuld: Maßgebend ist in der Regel der Nennwert (→ § 6 Rdnr. 27 a. E.), wenn nicht der Grundstückswert geringer ist (→ »Pfandrecht« [Rdnr. 56] sowie → § 6 Rdnr. 21). Klagearten →

§ 6 Rdnr. 23; Wertberechnungen → § 6 Rdnr. 25 ff.; Löschung → § 6 Rdnr. 23.

Grundschuldbrief, Besitzstreitigkeit → § 6 Rdnr. 7 bb.

Grundstück: Es kommt entscheidend auf den Verkehrswert an (→ näher § 6 Rdnr. 13), wobei umstritten ist, ob Lasten abgezogen werden können (→ § 6 Rdnr. 14). Ferner → »Auflassung« (Rdnr. 41); → »Besitzeinweisung, vorzeitige« (Rdnr. 42); → »Enteignung« (Rdnr. 45); → »Gesamthandseigentum« (Rdnr. 47); → »Grundbuchberichtigungsklage« (Rdnr. 47); → »Mietklage« (Rdnr. 53); → »Miteigentum« (Rdnr. 53); → »Pacht« (Rdnr. 56); → »Störung« (Rdnr. 59) (§ 1004 BGB); → »Teilwert« (Rdnr. 60).

Grundstückstrennung: Das Interesse eines Grundstückseigentümers, im Falle einer Grundstückstrennung eine lediglich den anderen Teil belastende Dienstbarkeit auf das Grundbuchblatt des Trennungsgrundstücks nicht mitzuübertragen, ist gem. § 3 nur gering zu bewerten (*OLG Zweibrücken* JurBüro 1982, 760).

Grundurteil (§ 304): Die Bewertung richtet sich nach allgemeinen Grundsätzen, wobei der gesamte Anspruch maßgebend ist (*OLG Hamburg* JurBüro 1981, 1546; *E. Schneider*[10] Rdnr. 2316). Für den Rechtsmittelstreitwert (→ § 2 Rdnr. 34 ff.) kommt es bei Grund- und Betragurteil nicht zu einer Zusammenrechnung. Der Gebührenstreitwert in der Rechtsmittelinstanz wird erst nach einer Verbindung zusammengerechnet (→ § 5 Rdnr. 2). Das gilt jedoch nicht bei wirtschaftlicher Identität (→ § 5 Rdnr. 6 ff.; dazu *Hillach-Rohs*[8] 111).

Grundurteil (Streitwertfestsetzung durch Arbeitsgericht) → § 2 Rdnr. 118.

Gütergemeinschaft: Die Bewertung von Besitz- und Eigentumsstreitigkeiten zwischen den an der Gütergemeinschaft Berechtigten richtet sich nach § 6 (→ § 2 Rdnr. 17; → § 6 Rdnr. 16). Für die Klage auf Aufhebung ist § 3 maßgebend. Ausgangspunkt ist der Anteil des Klägers am Gesamtgut. Der anzusetzende Wert ist freilich niedriger, da das Interesse des Klägers sich an der Aufhebung der Verwaltungsbefugnis und an der Möglichkeit der Auseinandersetzung orientiert. Für ausreichend erachtet wird der halbe Anteil des Klägers (*BGH* NJW 1973, 50 = JurBüro 1973, 121).

Güterrechtliche Streitigkeiten (früher »Anwaltsstreitwert«) → § 2 Rdnr. 1 Fn. 2 (Übergangsrecht für den früheren »Anwaltsstreitwert«).

Gutachterkosten (als Nebenforderung) → § 4 Rdnr. 23.

Gutscheine (Herausgabe) → § 6 Rdnr. 7 aa.

Häufung von Ansprüchen → § 5 Rdnr. 1.   **48**

Haftanordnung: Der Antrag auf Anordnung der Haft ist Bestandteil des Verfahrens auf Abgabe einer → »Eidesstattlichen Versicherung« (Rdnr. 45).

Haftpflichtversicherung: Deckungsprozeß gegen Haftpflichtversicherung wegen Rentenanspruches (Gebührenstreitwert) → § 9 Rdnr. 18; → »Deckungsprozeß (Haftpflichtversicherung)« (Rdnr. 44).

Haftungsbeschränkung beim Erben → § 6 Rdnr. 22.

Handelsregister: Ein auf Mitwirkung gerichteter Antrag des Klägers auf Eintragung (Löschung) im Handelsregister wird nach § 3 bewertet (*BGH* KostRsp. ZPO § 3 Nr. 892). Das Interesse des Klägers bestimmt sich nach den Rechtsfolgen, die der Änderungsvorgang im Handelsregister mit sich bringt. Regelmäßig wird ein Bruchteil in Höhe von 1/10 bis 1/4 des Anteils des klagenden Gesellschafters angesetzt (*OLG Bamberg* JurBüro 1984, 756). Eine Gleichsetzung mit der vollen Höhe der kapitalmäßigen Beteiligung ist nicht möglich (*BGH* KostRsp. ZPO § 3 Nr. 410; WM 1978, 335; *OLG Koblenz* Rpfleger 1956, 147; *Hillach-Rohs*[8] 396 f.). Soll ein vertretungsberechtigter Gesellschafter einer OHG sein Ausscheiden anmelden, so ist es dem Kläger darum zu tun, dem Beklagten die rechtlichen und tatsächlichen Möglichkeiten des Handelsregisters zu nehmen. Die erhebliche Bedeutung dieser Eintragung wurde mit 1/4 des Wertes des Anteils des klagenden Gesellschafters angesetzt (*BGH* WM 1979, 560 = JurBüro 1979, 997). Will der Kommanditist die Eintragung der KG erreichen, so ist vor allem sein Interesse an der Haftungsbeschränkung nach § 176 HGB zu berücksichtigen (*OLG Frankfurt a. M.* NJW 1959, 945). Scheidet ein Kommanditist aus, so orientiert sich das Interesse an der Offenlegung der Beteiligungsverhältnisse (*OLG Köln* DB 1971, 1055). Wird der bisherige Kommanditist bei gleichbleibender kapitalmäßiger Beteiligung persönlich haftender Gesellschafter, so kommt es neben dem Interesse an der Publizität auch auf die Vermögensvorteile an, die dem persönlich haftenden Gesellschafter nach dem Gesellschaftsvertrag zustehen (*OLG Bamberg* JurBüro 1972, 433). Die Eintragung einer bestimmten Person als Gesamtprokurist berührt auch das Verhältnis der Gesellschafter untereinander, so daß als maßgeblicher Wert 1/10 des Gesellschaftsanteils des Klägers angesetzt werden kann (*OLG Köln* MDR 1974, 53). Wertmindernd ist es zu berücksichtigen, wenn es bei unstreitiger Rechtslage nur um die Registereintragung geht (*BGH* WM 1979, 560). Die

Klage auf Anmeldung einer Firmenänderung zum Handelsregister wurde mit 1/10 des Gesellschaftsanteils bewertet (*OLG Bamberg* JurBüro 1984, 756). – Zur Bewertung im Verhältnis zu einer Feststellungsklage → § 5 Rdnr. 9.

Handelsvertreter: Die Wirksamkeit einer Kündigung wird gem. § 3 ZPO nach dem wirtschaftlichen Interesse des Klägers an der Auflösung des Vertrages und nicht nach § 17 Abs. 3 GKG bewertet. Vor dem ordentlichen Gericht ist § 12 Abs. 7 S. 1 ArbGG (→ § 2 Rdnr. 123 ff.) nicht anwendbar (*OLG München* JurBüro 1985, 574; AnwBl. 1977, 468). Klagt der Handelsvertreter auf Feststellung der Unwirksamkeit einer Kündigung, so wird der Streitwert gemäß § 12 Abs. 1 GKG, § 3 ZPO nach seinem Interesse an der Fortgeltung des Vertrages geschätzt (*OLG Bamberg* JurBüro 1991, 1693). Der Ausgleichsanspruch nach § 89 b HGB ist nach dem ziffernmäßig geforderten Betrag, bei unbestimmtem Klageantrag nach den dazu entwickelten Grundsätzen (→ »unbezifferte Geldansprüche« [Rdnr. 61]) zu bewerten (*OLG Köln* VersR 1973, 1065; *OLG Karlsruhe* Die Justiz 1971, 306; *OLG Stuttgart* BB 1959, 460; auch *E. Schneider* BB 1976, 1298 ff.). Ergeht gegen den Beklagten auf der Grundlage des klagebegründenden Sachvortrags ein Versäumnisurteil, dann entspricht die Urteilssumme dem Interesse des Klägers, wenn dieser nach Einspruch die Aufrechterhaltung des Versäumnisurteils beantragt (*OLG Köln* VersR 1973, 1065). Der Streitwert für eine negative Feststellungsklage wurde auf 10.000,– DM festgesetzt, nachdem sich ein Vertreter mit bisher mehr als 30.000,– DM Jahresverdienst nach Auflösung des mehrjährigen Handelsvertretervertrages eines nichtbezifferten Ausgleichsanspruchs nach § 89 b HGB berühmt hatte (*OLG Nürnberg* JurBüro 1958, 515). Ein Auskunftsanspruch wurde mit 20% des Wertes der Ansprüche geschätzt, die er vorbereiten soll (*BGH* BB 1960, 796; *OLG Bamberg* JurBüro 1991, 1693 [25%]; → »Auskunftsanspruch« [Rdnr. 41]). Kommt der Auskunftsklage neben der Frage der Wirksamkeit einer außerordentlichen Kündigung selbständige Bedeutung zu, so ist nach § 5 zusammenzurechnen (*OLG Bamberg* JurBüro 1991, 1693, 1694). Zum Anspruch des freien Handelsvertreters auf wiederkehrende Leistungen (→ § 9 Rdnr. 21).

Hauptintervention → § 5 Rdnr. 10.

Haupt- und Untermietverhältnis → § 8 Rdnr. 2.

Hauptsache, Erledigung der (Streitwert) → § 91 a Rdnr. 47 ff.

Hauptverfahren nach Eilverfahren: Das Hauptverfahren ist selbständig und unabhängig vom Eilverfahren zu bewerten, auch wenn es für die Parteien nur noch deklaratorische Wirkung hat. Für diesen Fall kann der Wert des Eilverfahrens zwar mit dem Wert der Hauptsache identisch sein (→ »Arrest« [Rdnr. 41]; → »Einstweilige Verfügung« [Rdnr. 45]). Umgekehrt richtet sich aber der Wert der Hauptsache nicht nach dem Wert des Eilverfahrens (unklar insoweit *OLG Köln* KostRsp. ZPO § 3 Nr. 398 mit Richtigstellung von *Lappe*). Nicht anzurechnen ist der Gegenstandswert einer vorausgegangenen einstweiligen Verfügung auf Zahlung von Notunterhalt (§ 20 Abs. 2 GKG analog: 6 Monate → »Einstweilige Verfügung [Unterhalt]« [Rdnr. 45] auf den Jahresbetrag [§ 17 Abs. 1 GKG] der Unterhaltshauptsacheklage [*Mümmler* JurBüro 1987, 1473]).

Hausmeisterwohnung: Bei geringfügiger Hausmeistertätigkeit → § 8 Rdnr. 2 a. E.

Hausrat, Einstweilige Anordnung bezüglich der Benutzung → § 9 Rdnr. 25 (Gebührenstreitwert). Ist die Hausratssache *Folgesache im Verbund* (§ 623), fehlt es an einer ausdrücklichen Wertvorschrift. Der Streitwert bestimmt sich nach den §§ 1 Abs. 2, 12 Abs. 1 GKG nach den §§ 3–9 ZPO. Wird um die Ehewohnung gestritten, so kann im Rahmen des § 3 ZPO die Norm des § 16 Abs. 1 GKG berücksichtigt werden (*OLG Karlsruhe* MDR 1981, 681; *Haberzettl* Streitwert und Kosten in Ehe- und Familiensachen[2] 1985, S. 72; *Lappe* Kosten in Familiensachen[4] 1983, S. 83 f.; *Rohs* FS Schmidt, 1981, 183, 202). Geht der Streit um den Hausrat, so kommt es nach §§ 12 Abs. 1 GKG, 6 ZPO auf dessen Wert an (*Lappe*[4] aaO S. 84; *Haberzettl*[2] aaO S. 73). Betrifft der Streit nur die Benutzung des Hausrates, so ist nach § 3 zu schätzen. – In isolierten Hausratsverfahren gem § 621 Abs. 1 Nr. 7 ZPO findet § 21 Abs. 2 HausRatsVO Anwendung mit im wesentlichen denselben Ergebnissen (z. B. *OLG Düsseldorf* JurBüro 1992, 53).

Heimfallanspruch nach § 2 Nr. 4 *ErbbauRVO* → § 6 Rdnr. 4.

Herabsetzung wiederkehrender Leistungen → § 9 Rdnr. 5.

Herausgabe: Herausgabe einer Sache zu Besitz oder aus Eigentum → § 6 Rdnr. 4 und 10; Herausgabe des Sicherungseigentums oder der Pfandsache an den Sicherungsnehmer → § 6 Rdnr. 4 und 23.

Herausgabe des Kindes → § 3 Rdnr. 32; → »Kindesherausgabeklage« (Rdnr. 51).

Herausgabeanspruch bei Stufenklage → § 5 Rdnr. 15.

Herausgabeantrag bei Eigentumsvorbehalt → § 6 Rdnr. 4; bei gleichzeitiger Geltendmachung des Kaufpreises → § 5 Rdnr. 9.

Herausgabevollstreckung gemäß § 883 Abs. 2 → § 6 Rdnr. 4; → »Eidesstattliche Versicherung (§§ 807, 883 Abs. 2)« (Rdnr. 45).

Herrschendes Grundstück → § 7 Rdnr. 1 ff.

Hilfsantrag → § 5 Rdnr. 21 ff.; Zuständigkeits- und Bagatellstreitwert → § 5 Rdnr. 24; Gebührenstreitwert → § 5 Rdnr. 25; Rechtsmittel- und Verurteilungsstreitwert → § 5 Rdnr. 28.

Hilfsantrag *(uneigentlicher)*: Gebührenstreitwert → § 5 Rdnr. 27; Rechtsmittelstreitwert → § 5 Rdnr. 28; im arbeitsgerichtlichen Verfahren → § 2 Rdnr. 130.

Hilfswiderklage → § 5 Rdnr. 39 ff.; Zuständigkeits- und Bagatellstreitwert → § 5 Rdnr. 39; Gebührenstreitwert → § 5 Rdnr. 40; Rechtsmittel- und Verurteilungsstreitwert → § 5 Rdnr. 41.

Hinterbliebene von Arbeitnehmern: Ansprüche auf wiederkehrende Leistungen → § 9 Rdnr. 22.

Hinterlegung: Z.T. handelt es sich um Streitigkeiten, bei denen es auf »Sicherstellung« oder auf ein »Pfandrecht« im Sinn von § 6 »ankommt« (→ § 6 Rdnr. 21 ff.). Im übrigen ist zu unterscheiden: (1) Die Klage auf Zustimmung zur Herausgabe einer nach § 372 BGB hinterlegten Sache (§ 380 BGB) ist als Hauptsacheklage mit dem Wert der hinterlegten Sache zu bewerten (*KG* JurBüro 1978, 427; *OLG Schleswig* JurBüro 1976, 239; *Thomas-Putzo*[17] § 3 »Hinterlegung«). Bei hinterlegtem Geld ist die Summe der Geldforderung maßgebend (→ § 6 Rdnr. 19 und 21). (2) Dieselben Grundsätze gelten beim Prätendentenstreit des § 75, der um die ursprüngliche Sache selbst geführt wird. (3) Anders liegt es bei einer Herausgabeklage bezüglich einer Sache, die der Schuldner zum Zweck der Sicherheitsleistung für eine Forderung hinterlegt hat (§ 232 BGB). Hier geht es um das Pfandrecht an der hinterlegten Sache (§ 233 BGB). Bewertet wird nach § 6 nach dem Betrag der durch die Sicherheitsleistung gesicherten Forderung, im Ausnahmefall nach dem geringeren Wert der hinterlegten Sache (§ 6 S. 2 → § 6 Rdnr. 25). (4) Begehrt der Gläubiger aufgrund von gesetzlichen Bestimmungen die Hinterlegung der Sache (z.B. §§ 432 Abs. 1 S. 2; 660 Abs. 2; 1077 Abs. 1; 1281; 2039 S. 2 BGB), verlangt er die Erfüllung seines Anspruchs und nicht lediglich Sicherstellung oder ein Pfandrecht im Sinne von § 6. Andererseits kann sich die Bewertung nicht ausschließlich nach dem Wert der zu hinterlegenden Sache richten, weil der Gläubiger nicht Leistung an sich oder Besitz oder Eigentum, sondern ein Weniger verlangt. Der Wert ist deshalb nach § 3 entsprechend dem Interesse des Klägers an der Hinterlegung zu schätzen (*Hillach-Rohs*[8] 130; *E. Schneider*[10]

Rdnr. 2509; *Baumbach-Lauterbach-Hartmann*[50] Anh. § 3 »Hinterlegung«). (5) Begehrt der Gläubiger unter Übergehung des Schuldnerwahlrechts Sicherheitsleistung durch Hinterlegung (z.B. §§ 1039 Abs. 1 S. 2; 1051; 1067 Abs. 2; 1389 BGB), so will er Sicherheit (Pfandrecht) für eine *andere* Forderung. Zu berechnen ist deshalb nach § 6 (→ § 6 Rdnr. 20 ff.). Maßgeblich ist die Höhe der zu sichernden Forderung, ausnahmsweise (§ 6 S. 2) der geringere Wert der zu hinterlegenden Sache.

Zur Bewertung, wenn Kapital nebst Zinsen hinterlegt sind (→ § 4 Rdnr. 30); zu den Kosten der Hinterlegung (→ § 4 Rdnr. 23).

Hochbetagte Menschen: Ansprüche auf wiederkehrende Leistungen → § 9 Rdnr. 8.

Höchstbetragshypothek → § 6 Rdnr. 27.

Hypothek: Maßgeblich ist der Nennwert (→ § 6 Rdnr. 27), wenn nicht der Grundstückswert geringer ist, → »Pfandrecht« (Rdnr. 56) und → § 6 Rdnr. 21; Klagearten (→ § 6 Rdnr. 23); Wertberechnung (→ § 6 Rdnr. 25 ff.).

Hypothekenbrief, Besitzstreitigkeiten → § 6 Rdnr. 7 sub bb.

Idealverein: → »Verein« (Rdnr. 62). Für die Frage, ob eine nichtvermögensrechtliche Streitigkeit (→ § 3 Rdnr. 11 ff.) vorliegt, kommt es auf die Eigenschaft als Idealverein nicht an (*Hillach-Rohs*[8] 126 ff. [*Entwicklung der Rechtsprechung*]); Ausschluß aus Idealverein → »GmbH« (Rdnr. 47).

Immissionen: Zu bewerten ist gem. § 3 nach dem Interesse des Klägers (*LG Hannover* KostRsp. § 3 Nr. 955 Anm. *E. Schneider* [Entfernung eines Hundes aus der Mietwohnung]; → »Unterlassungsanspruch« [Rdnr. 61]). Will der Kläger mit der Klage eine Beeinträchtigung seines Grundstücks abwehren, so richtet sich die Höhe des Streitwerts nach der Wertminderung des Grundstücks. Ausschlaggebend ist das Klägerinteresse (→ § 2 Rdnr. 14), so daß die u. U. wertmäßig höher anzusetzenden Kosten der Beseitigungsmaßnahmen des Beklagten nicht zu berücksichtigen sind. Kein geeigneter Anknüpfungspunkt sind auch die etwa erforderlichen Abwehrmaßnahmen des Klägers (*OLG Schleswig* JurBüro 1973, 637); klagende Miteigentümer → § 5 Rdnr. 20; → »Unterlassungsanspruch« (Rdnr. 61).

Immobilienwerbung: *KG* GRUR 1989, 629 berechnet den Streitwert nicht nach einem bestimmten Bruchteil des Wertes der beworbenen Objekte, sondern im Wege der Hinzurechnung eines niedrigeren Anteils des Objektwertes zu einem ein einheitliches Grundinteresse ausdrückenden Sockelbetrag.

49

Inhaberaktie, Besitzstreitigkeiten → § 6 Rdnr. 7 sub aa.

Inhabergrundschuldbrief, Besitzstreitigkeiten → § 6 Rdnr. 7 sub aa.

Inhaberpapiere, Besitzstreitigkeiten → § 6 Rdnr. 7 sub aa.

Inhaberpapiere (-urkunden) *nach § 807 BGB*, Besitzstreitigkeiten → § 6 Rdnr. 7 sub aa.

Inhaberscheck, Besitzstreitigkeiten → § 6 Rdnr. 7 sub aa.

Inkassogebühren → § 4 Rdnr. 23.

Insolvenz – Sicherungsklage → § 9 Rdnr. 21.

Internatskosten → § 9 Rdnr. 3.

Interventionsklage → »Drittwiderspruchsklage« (Rdnr. 44).

Investmentzertifikate, Besitzstreitigkeiten → § 6 Rdnr. 7 sub aa.

Inzidentanträge (§ 717); Streitwert hinsichtlich Nebenforderung → § 4 Rdnr. 30; → § 717 Rdnr. 38.

Inzidentanträge des Beklagten → § 5 Rdnr. 32, 34, 47; → § 717 Rdnr. 38.

Inzidentanträge *des Klägers* → § 5 Rdnr. 27; Inzidentantrag auf Schadensersatz (§§ 510b ZPO; 61 Abs. 2 ArbGG) → § 5 Rdnr. 47; Inzidentantrag auf Fristsetzung (§ 255) → § 5 Rdnr. 47.

50 **Jagdpacht** → § 8 Rdnr. 2; → Rdnr. 11; → Rdnr. 18.

Jagdrecht → § 9 Rdnr. 3.

Jahresabschluß, Klage auf Feststellung der Nichtigkeit → »Aktiengesellschaft« (Rdnr. 41).

51 **Kapitalabfindung** (im Prozeßvergleich) → § 9 Rdnr. 11; 26.

Kartellsachen: Der Streitwert ist nach den §§ 3 – 9 ZPO und den entsprechenden Vorschriften des GKG festzulegen (*BGH* WuW/E Nr. 472 a. E.). In der Regel kommt es auf die Schätzung nach § 3 an. Wesentlich ist die wirtschaftliche Bedeutung des Rechtsverhältnisses (*OLG Stuttgart* WuW 1981, 873). Die Mehrzahl der bürgerlichen Rechtsstreitigkeiten im Kartellrecht sind → »wettbewerbsrechtliche Unterlassungsansprüche« (Rdnr. 63). Zu den Möglichkeiten einer Streitwertherabsetzung de lege ferenda → § 3 Rdnr. 35.

Kaufmännische Orderpapiere, Besitzstreitigkeiten → § 6 Rdnr. 7 sub bb.

Kaufpreis (als Wertmaßstab) → § 3 Rdnr. 7.

Kaufvertrag: Kaufpreisklage → »bestimmte Geldsumme« (Rdnr. 42); Mehrwertsteuer → § 4 Rdnr. 19; Lieferung der verkauften Sache → § 6 Rdnr. 4; Klage auf Abnahme verkaufter Sachen → »Abnahme« (Rdnr. 41); Kaufpreis und Abnahme der verkauften Sache → § 5 Rdnr. 9; Feststellung der Nichtigkeit → § 2 Rdnr. 27.

Kaution → § 6 Rdnr. 21.

Kindschaftssachen → § 3 Rdnr. 33.

Kindesherausgabeklagen: Gegen den anderen Elternteil → § 3 Rdnr. 29 und 32; richtet sich die Klage gegen Dritte, handelt es sich nicht um eine Familiensache, so daß die Ausgangswerte des § 12 Abs. 2 S. 3 GKG nicht direkt anwendbar sind. Bei durchschnittlichen Verhältnissen kann jedoch ein Wert von 4.000,– DM entsprechend herangezogen werden (*LG Bayreuth* JurBüro 1978, 1360; *E. Schneider*[10] Rdnr. 2583).

Kirchenbaulast → § 9 Rdnr. 4.

Klägerinteresse (maßgeblich für den Streitwert) → § 2 Rdnr. 91.

Klage auf Befreiung von einer wiederkehrenden Verbindlichkeit → § 9 Rdnr. 5.

Klage auf künftige Leistung → § 2 Rdnr. 94.

Klageänderung → § 5 Rdnr. 3; → § 4 Rdnr. 7; zum Gebührenstreitwert → § 4 Rdnr. 12.

Klageänderung bei wiederkehrenden Leistungen (Übergang von Feststellungsklage zur Leistungsklage) → § 9 Rdnr. 7.

Klagenhäufung → § 5 Rdnr. 1; unzulässige Klagenhäufung → § 5 Rdnr. 5.

Klagenverbindung → § 5 Rdnr. 2; zur Verbindung von Pfand- und Schuldklage → § 6 Rdnr. 29.

Klagerücknahme: Der Streit um die Zulässigkeit oder Wirksamkeit einer Klagerücknahme nach § 269 ist wie die Hauptsache zu bewerten (*E. Schneider*[10] Rdnr. 2671 ff.). Ist die Rücknahme unstreitig, so werden die Kosten zur Hauptsache (→ § 4 Rdnr. 31; *E. Schneider*[10] Rdnr. 2676 ff.). Verpflichten sich die Parteien zur Zurücknahme der Klage in einem Vergleich, dann ist der Wert der Hauptsache anzusetzen (*OLG Köln* JurBüro 1970, 803). Die Kosten des Hauptprozesses, auf den sich der Vergleich bezieht, bleiben unberücksichtigt, auch soweit eine Kostenvereinbarung getroffen wird, die von § 269 Abs. 3 abweicht (*OLG Köln* JurBüro 1970, 803; → »Vergleich« [Rdnr. 62]).

Der Antrag nach § 269 Abs. 3 S. 1, neben der Kostentragungspflicht auch die Nichtanhängigkeit auszusprechen, hat keinen eigenen Wert (*Hillach-Rohs*[8] 296; a. A. *E. Schneider*[10] Rdnr. 2678 ff.).

Klagerücknahme (Streitwertfestsetzung durch Arbeitsgericht) → § 2 Rdnr. 119.

Kommanditgesellschaft → »Ausschließungsklage« (Rdnr. 41); Auflösungsklage → »Offene Handelsgesellschaft« (Rdnr. 55).

Kommanditist: Beansprucht ein Kommanditist ein Entnahmerecht für die Dauer des Gesellschaftsvertrags, kommt eine Streitwertfestsetzung nach § 9 1. Alt. a. F. auf den 12 1/2-fachen Jahresbetrag in Betracht (*OLG Bamberg* JurBüro 1982, 284).

Kommunalobligationen, Besitzstreitigkeiten → § 6 Rdnr. 7 sub aa.

Komplementär (Vergütungsanspruch) → § 9 Rdnr. 21 a. E.

Konkludente Streitwertfestsetzungen → § 2 Rdnr. 71.

Konkursfeststellungsprozeß: Es gilt der normative Streitwert des § 148 KO (→ § 3 Rdnr. 2), wo ausnahmsweise (→ § 2 Rdnr. 94) auf die *Einbringlichkeit* des geltend gemachten Anspruchs abgestellt und nach der mutmaßlichen Konkursdividende geschätzt wird. Der Umstand, daß das wirtschaftliche Interesse des Klägers geringer ist, weil er anderweitige Befriedigung z. B. aus einer Bürgschaft erhofft, ist unerheblich (*OLG Hamburg* ZIP 1989, 1345). Auch sonst bleiben andere Befriedigungsmöglichkeiten außer Betracht (dazu *OLG Karlsruhe* MDR 1958, 251). Umgekehrt wirken Sicherungsrechte wie z. B. Bürgschaften, nicht streitwerterhöhend (*OLG Frankfurt a. M.* JurBüro 1980, 1411, 1412). Ist – wie häufig – keine Konkursdividende zu erwarten, ist bei Gebühren von der niedrigsten Stufe auszugehen (*OLG Frankfurt a. M.* JurBüro 1990, 1411 [zust. *Mümmler*]; *OLG Hamm* JurBüro 1984, 1372; *OLG Bamberg* JurBüro 1978, 723; *LG Göttingen* ZIP 1990, 61; *LG Osnabrück* ZIP 1984, 91; *E. Schneider*[10] Rdnr. 2730; a. A. *OLG Frankfurt a. M.* ZIP 1986, 1063; *LAG Rheinland-Pfalz* ZIP 1983, 595: 10% der festzustellenden Forderung; vgl. auch *LAG Frankfurt a. M.* BB 1990, 928 [LS]). Bei den anderen Wertberechnungen ist entsprechend zu verfahren, wie z. B. unter 10.000,– DM für den Zuständigkeitsstreitwert und unter 1.500,– DM bei der Berufungssumme. § 148 KO kommt zur Anwendung bei Prozessen, die die Feststellung einer zur Tabelle angemeldeten, von dem Konkursverwalter oder einem Gläubiger bestrittenen Forderung betreffen (§ 146 KO). Dabei greift § 148 KO sowohl für den Fall ein, daß von vornherein eine Feststellungsklage nach § 146 Abs. 1, 2 KO erhoben wird, als auch für den Fall der Aufnahme eines durch Konkurseröffnung unterbrochenen Rechtsstreits gem. § 146 Abs. 3 KO. In der ersten Variante kommt es auf die bei Klageerhebung für den Kläger zu erwartende Quote an, wobei Werterhöhungen in der Instanz nach § 15 Abs. 1 GKG (Text → § 4 Rdnr. 11) berücksichtigt werden, Wertminderungen aber außer Betracht bleiben (*OLG Frankfurt a. M.* KTS 1980, 66; → § 4 Rdnr. 12). Fällt der Beklagte während eines Rechtsstreits in Konkurs, so ist maßgebender Zeitpunkt für die Streitwertfestsetzung nach § 148 KO die Aufnahme des Verfahrens gegen den Konkursverwalter (§§ 240, 250 ZPO; 146

Abs. 1, 3 KO). Es kommt zu einem *Streitwertwechsel* (*OLG Frankfurt a. M.* ZIP 1981, 638; *OLG Schleswig* JurBüro 1981, 1381; *OLG Düsseldorf* KTS 1978, 41; *OLG Köln* MDR 1974, 853; *LAG Bremen* MDR 1988, 699). Die §§ 12 Abs. 1 GKG, 4 ZPO stehen dem angegebenen Zeitpunkt nicht entgegen, wenn das Konkursverfahren nach Revisionseinlegung eröffnet worden ist (*BGH* KTS 1980, 247; → § 4 Rdnr. 9).

§ 148 KO gilt allgemein im Konkursfeststellungsverfahren (*LG Osnabrück* ZIP 1984, 91). Die Norm ist aber nicht anwendbar für Klagen auf Feststellung gegen den bestreitenden Gemeinschuldner (§ 144 Abs. 2 KO). In diesem Fall bemißt sich der Streitwert nach dem Nennbetrag (*BGH* Warn. 1966 Nr. 172; *E. Schneider*[10] Rdnr. 2709). In vergleichbarer Weise ist § 148 KO bei Klagen ausgeschlossen, die *Masseforderungen* betreffen. Doch gilt § 148 KO im Rahmen des § 60 KO für den »Konkurs im Konkurs« analog (*LAG Bremen* MDR 1988, 699; sympathisierend *BGH* NJW-RR 1988, 689): Für die Festsetzung der Beschwer ist nicht der Nominalbetrag einer Forderung maßgebend, wenn sich der Konkursverwalter ausdrücklich auf Masseunzulänglichkeit beruft und der Massegläubiger alsdann seinen ursprünglichen Zahlungsantrag auf Feststellung beschränkt (näher zum Verfahren *H. Roth* Die Einrede des Bürgerlichen Rechts, 1988, S. 197 ff.). Damit erkennt er an, daß es ihm um den Bestand seiner Forderung nur noch im Rahmen der nach § 60 KO zu erreichenden Quote geht.

Unanwendbar bleibt § 148 KO für Ansprüche auf Aussonderung (→ »Aussonderung« [Rdnr. 41]) oder auf abgesonderte Befriedigung (→ § 6 Rdnr. 23). Ist die Konkursforderung wegen eines Absonderungsrechts vollwertig, so kommt § 148 KO nicht in Betracht. Anders liegt es, wenn die Konkursforderung für den Ausfall (§ 64 KO) angemeldet wird (*OLG Hamm* JurBüro 1984, 1372). Auch wird die Norm nicht dadurch ausgeschlossen, daß dem Kläger überhaupt ein Absonderungsrecht zusteht. Wird eine Konkursfeststellungsklage mit einer Klage auf Feststellung des Rechts auf abgesonderte Befriedigung verbunden, gilt gem. § 6 der regelmäßig höhere Wert des Absonderungsanspruchs (*OLG Hamm* KTS 1985, 554, 555).

Betrifft der Streit lediglich ein Konkursvorrecht, so ergibt sich der Streitwert aus der voraussichtlichen Differenz zwischen dem bei Bestehen des Vorrechts und dem sonst auf die Forderung entfallenden Betrag (*E. Schneider*[10] Rdnr. 2701).

Konkursrechtliche Klagen: Keine Zusammenrechnung bei wirtschaftlicher Einheit → § 5 Rdnr. 11; Nebenforderungen → § 4 Rdnr. 30.

Kontokorrentverhältnis: Auswirkung auf Zinsen → § 4 Rdnr. 22.

Kosten → § 4 Rdnr. 16, 23; → § 5 Rdnr. 12; zum Gebührenstreitwert → § 4 Rdnr. 34 f.; → Stichwortregister → vor § 91.

Kosten (Vollstreckbarkeit): Zur Vollstreckbarkeit nur wegen der Kosten → § 2 Rdnr. 41.

Kosten bei teilweiser Erledigung der Hauptsache → § 4 Rdnr. 32.

Kostenfestsetzungsverfahren: Beschwerdewert → § 104 Rdnr. 56.

Kostenpauschquantum (Arrest) → § 4 Rdnr. 29.

Kraftfahrzeug: Streit um den Wert des in Zahlung gegebenen Wagens → § 6 Rdnr. 15; Herausgabe des Kfz-Briefes → § 6 Rdnr. 7 sub cc.

Kraftloserklärung → »Aufgebotsverfahren« (Rdnr. 41).

Krankenhaus, Aufenthaltsvertrag → § 8 Rdnr. 2.

Krankenhaustagegeld – Versicherung → »Versicherung« (Rdnr. 62).

Kreuzfahrt → § 8 Rdnr. 2.

Kündigung (Mietsachen) → § 8 Rdnr. 3.

Kündigungsschutzklage → § 2 Rdnr. 123 ff.; Additionsproblematik → § 2 Rdnr. 128 ff.; mehrere Kündigungen → § 2 Rdnr. 132.

Künftige Leistung → § 2 Rdnr. 94.

Kursanstieg, Kursverfall → § 4 Rdnr. 12.

52 **Lage der Akten**, Entscheidung nach → § 2 Rdnr. 54 (Zuständigkeitsstreitwert).

Lagergeld (keine Nebenforderung) → § 4 Rdnr. 19.

Leasingvertrag → § 8 Rdnr. 2 und 18.

Lebensdauer des Anspruchsberechtigten → § 9 Rdnr. 8.

Lebensversicherung, Pflicht zur Weiterzahlung → § 9 Rdnr. 2.

Lebensversicherungspolice, Besitzstreitigkeiten → § 6 Rdnr. 7 sub cc.

Legitimationspapiere, Besitzstreitigkeiten → § 6 Rdnr. 7 sub bb.

Leibgeding → § 9 Rdnr. 2.

53 **Leibrenten** → § 9 Rdnr. 2.

Leihe → § 8 Rdnr. 2; Herausgabeklage aus Leihvertrag → § 6 Rdnr. 4.

Leistung (unteilbare) (Streitgenossenschaft) → § 5 Rdnr. 10.

Leistungen (wiederkehrende) → § 9 Rdnr. 2.

Leistungsanträge (ohne eigenen wirtschaftlichen Wert) → § 5 Rdnr. 9.

Leistungsbestimmung durch das Gericht → § 5 Rdnr. 30.

Leistungsklage → § 2 Rdnr. 17 ff.

Leistungsklage (auf bestimmten Geldanspruch) → § 2 Rdnr. 13.

Lichtrechte → § 7 Rdnr. 4.

Liebhaberwert → § 3 Rdnr. 7.

Löschung einer Hypothek → § 6 Rdnr. 23; bei einer Sicherungshypothek → § 6 Rdnr. 23 ; neben Antrag auf Feststellung der Rückzahlung der Schuld → § 5 Rdnr. 7.

Löschung eines Widerspruches: Die Wertfestsetzung bemißt sich nach § 3. Das Interesse wird dadurch bestimmt, ob und inwieweit sich ein möglicher Kaufinteressent beim Kauf oder ein Geldgeber bei der Beleihung des Grundstücks durch den Widerspruch beeinflussen läßt (*LG Bayreuth* JurBüro 1979, 1884: 1/10 für einen Sonderfall).

Löschung von Grundpfandrechten → § 6 Rdnr. 23; neben der Klage auf lastenfreie Auflassung → § 5 Rdnr. 13.

Lohn und Gehaltsforderungen → § 9 Rdnr. 2 (Zuständigkeitsstreitwert); → § 9 Rdnr. 22 (Gebührenstreitwert).

Lohnklage im arbeitsgerichtlichen Verfahren → § 9 Rdnr. 28; bei Verbindung mit einer Kündigungsschutzklage → § 2 Rdnr. 128; → § 5 Rdnr. 48.

Lohnsteuerkarte → § 2 Rdnr. 122.

Londoner Abkommen über deutsche Auslandsschulden (v. 27.2.1953, BGBl 1953 II 331; → Einl. Rdnr. 691): Die Regelung einer Grundschuld nach dem Abkommen bemißt sich, wenn die Grundschuld unstreitig ist, nach § 3. Das nach § 3 für die Festsetzung des Streitwerts maßgebende Interesse kann in keinem Fall größer sein als der Verkehrswert des mit der Grundschuld belasteten Grundstücks (*KG* KostRsp. ZPO § 3 Nr. 18 [LS]). Zinsen sind keine Nebenforderungen i. S. von § 4 (*BGH* KostRsp. ZPO § 4 Nr. 13 [LS]). – Zu den Auswirkungen der Wiedervereinigung: »Bekanntmachung über Zinsrückstände aus Auslandsschulden des Deutschen Reiches nach dem Londoner Schuldenabkommen«, BAnZ Nr. 191 v. 12.10.1990 S. 5361 = WM 1990, 1894.

Mahnverfahren: Streitwert bei Übergang vom Mahnverfahren zum Streitverfahren → § 4 Rdnr. 3 und 5.

Mehrere Ansprüche → § 5 Rdnr. 2 ff.

Mehrere Kinder → § 3 Rdnr. 30 (Scheidungsfolgesache; Gebührenstreitwert); → § 3 Rdnr. 32 (Kindesherausgabe); → § 5 Rdnr. 13 (Ehelichkeitsanfechtung).

Mehrere Klageansprüche (Arbeitsgerichtsbarkeit) → § 2 Rdnr. 128 ff.; → § 5 Rdnr. 48.

Mehrere prozessuale Ansprüche → § 5 Rdnr. 4.

Mehrfache Begründung des Klageantrags: Konkurrenz von privilegierten und nichtprivilegier-

ten Ansprüchen → § 9 Rdnr. 26 (Gebührenstreitwert).

Mehrforderungsklage: Klage auf wiederkehrende
Leistungen, von denen ein Teil bereits bisher
freiwillig gezahlt worden ist → § 9 Rdnr. 11.

Mehrheit von Ansprüchen → § 5 Rdnr. 2 ff.; → § 2
Rdnr. 92.

Mehrheit von Sachverhalten → § 5 Rdnr. 4.

Mehrvergleich (Arbeitsrecht) → § 2 Rdnr. 119 a. E.

Mehrwertsteuer: Der dem Verkäufer geschuldete
Betrag ist hinsichtlich der Mehrwertsteuer voll
anzusetzen → § 4 Rdnr. 19. Eine Nebenforderung im Sinne von § 4 liegt nicht vor. Der auf die
Zinsen entfallende Mehrwertsteuerbetrag ist
dagegen wie eine Nebenforderung zu behandeln → § 4 Rdnr. 19.

Messungsergebnis: Wird ausschließlich die Anerkennung eines Messungsergebnisses verfolgt, ist
der Streitwert nach § 3 mit einem Bruchteil des
Grundstückswertes zu bemessen (*OLG Bamberg* JurBüro 1982, 1720: 1/4).

Mietfolgestreitigkeiten → § 8 Rdnr. 4.

Mietklagen → § 8 Rdnr. 1 und 3; Gebührenstreitwert → § 8 Rdnr. 16; Klagen auf Rückgewähr
(Räumung) der vermieteten Sache → § 6 Rdnr. 4
und 10; → § 8 Rdnr. 3; bei unstreitiger Beendigung des Mietverhältnisses → § 8 Rdnr. 4 a. E.;
Duldung von Modernisierungsmaßnahmen
nach § 541b Abs. 1 BGB → § 8 Rdnr. 22.

Mietverhältnisse → § 8 Rdnr. 2; Klage auf Feststel-
lung des Erlöschens durch fristlose Kündigung
→ § 8 Rdnr. 3; Fortsetzung des Mietverhältnis-
ses nach §§ 556a ff. oder §§ 565a ff. BGB → § 8
Rdnr. 3; Untermietverhältnis → § 8 Rdnr. 2;
Streitigkeiten zwischen dem Hauptvermieter
und dem Untermieter → § 8 Rdnr. 5; Pflicht zur
Eingehung eines Mietverhältnisses → § 8
Rdnr. 6; Vormietberechtigungen → § 8 Rdnr. 6;
Drittstreitigkeiten über das Mietverhältnis →
§ 8 Rdnr. 6; Gebührenstreitwert → § 8
Rdnr. 16 ff.

Mietzins: Begriff und Abgrenzung zu Nebenverpflichtungen → § 8 Rdnr. 8 ff.; Minderung: Der
Wert des Anspruchs des Mieters auf Mängelbe-
seitigung richtet sich nach den Beseitigungskosten (*E. Schneider*[10] Rdnr. 3080; a. A. *LG Hamburg* WuM 1986, 350 u. ö: dreifacher Jahresbetrag der monatlichen Mietminderungsquote).

Mietzinsbürge → § 8 Rdnr. 6.

Mietzinserhöhung → § 9 Rdnr. 3 (Klage auf Zustimmung zur Mieterhöhung und direkt auf
Zahlung der erhöhten Miete); → § 8 Rdnr. 4.

Mietzinsklage → § 9 Rdnr. 3; → § 8 Rdnr. 4; bei
einem auf bestimmte Zeit abgeschlossenen
Mietvertrag → § 8 Rdnr. 4.

Minderung: Verlangt der Kläger den Betrag, um
den sich der Kaufpreis mindert, so ist dieser

anzusetzen (→ »bestimmte Geldsumme«
[Rdnr. 47]); zum zusätzlich gestellten Antrag
auf Einwilligung in die Minderung → § 5 Rdnr. 9
a. E. Vergleichen sich die Parteien über den geltend gemachten Minderungsanspruch, indem
sie die Wandelung vollziehen, so kommt es nur
auf den höher zu bewertenden Wandelungsan-
spruch an (*KG* Rpfleger 1962, 155; *E. Schneider*[10] Rdnr. 3149). Der wertmäßig geringere
Minderungsanspruch geht in dem Wandelungs-
anspruch auf, da dieser geltend gemacht wird.
Der in einem Vergleich erledigte Minderungseinwand führt aber nicht zu einer Erhöhung des
Vergleichswertes (*LG Bayreuth* JurBüro 1989,
1601; *E. Schneider* MDR 1990, 199).

Auch sonst gilt, daß die Geltendmachung eines
Gewährleistungsanspruches als Einwendung (→
§ 2 Rdnr. 14) gegen die Kaufpreis- oder Werklohnklage lediglich dazu führt, daß die Entstehung des Anspruches in dieser Höhe in Abrede
gestellt wird. Eine Wertaddition nach den für
die »Aufrechnung« (Rdnr. 41) geltenden
Grundsätzen ist daher nicht möglich. § 19 Abs. 3
GKG (Text → § 5 Rdnr. 45) betrifft nur die Aufrechnung im engeren Sinn (*OLG Düsseldorf*
BauR 1984, 308). Für den Gebührenstreitwert
folgt das daraus, daß die nach § 19 Abs. 3 GKG
erforderliche, der Rechtskraft fähige Entscheidung, über den Gewährleistungsanspruch nicht
ergeht (*OLG Köln* MDR 1979, 413; *E. Schneider*[10] Rdnr. 3148; → § 2 Rdnr. 13). Zu einer
Wertaddition kommt es erst dann, wenn der
Beklagte Ansprüche aus positiver Forderungsverletzung zur Aufrechnung stellt (*OLG Karlsruhe* AnwBl. 1982, 198). Eine Addition scheidet
auch dann aus, wenn gem. § 633 Abs. 3 BGB mit
Ansprüchen auf Vorschuß für Mängelbeseiti-
gungskosten aufgerechnet wird (*OLG Düsseldorf* BauR 1984, 308; *OLG Bamberg* KostRsp.
GKG § 19 Nr. 128 [LS]; *OLG München*
KostRsp. GKG § 19 Nr. 122 [*E. Schneider*]; *LG
Bayreuth* JurBüro 1986, 1221; a. A. *OLG Düs-
seldorf* KostRsp. GKG § 19 Nr. 88 [23. ZS], abl.
E. Schneider).

Mitbesitz → § 6 Rdnr. 3 und 16; entscheidend ist
der → »Teilwert« (Rdnr. 60).

Miteigentum: Es ist auf den → »Teilwert«
(Rdnr. 60) abzustellen; → § 6 Rdnr. 9 und 16.

Miterbe: Klage nach § 2039 BGB → § 2 Rdnr. 17
und → § 6 Rdnr. 10. Zum Abzug des dem klagenden oder verklagten Miterben verbleibenden Anteils → § 6 Rdnr. 16; → § 2 Rdnr. 91 und
17; zur Herausgabeklage aus ausgeübtem gesetzlichem Vorkaufsrecht des Miterben gem.
§ 2034 BGB → § 6 Rdnr. 4.

Mitgesellschafter: Abzug des dem klagenden oder
verklagten Gesellschafter verbleibenden An-

teils bei einer Herausgabeklage → § 6 Rdnr. 16; → § 2 Rdnr. 17 und 91.

Mobiliarpfandrecht → § 6 Rdnr. 21.

Modernisierungsmaßnahmen: Bei Klagen auf Duldung von Modernisierungsmaßnahmen ist nach § 3 zu schätzen (→ § 8 Rdnr. 22).

Müllcontainer: Ein Rechtsstreit um den Zeitpunkt der Bereitstellung des Müllcontainers zur Leerung ist nach § 3 ZPO in Anlehnung an § 16 Abs. 1 GKG mit dem Jahresbetrag einer möglichen Mietzinsminderung zu bewerten (*LG Köln* WuM 1990, 394).

Musterprozeß → § 3 Rdnr. 2, 18.

54   **Nachbarrechtliche Streitigkeiten** → § 7 Rdnr. 4.

Nacherbe → »Vorerbe« (Rdnr. 62).

Nacherbenvermerk: Anspruch auf Löschung → § 5 Rdnr. 9; → »Vorerbe« (Rdnr. 62).

Nachforderungsklage (§ 324): Es geht um die Sicherstellung einer Forderung, so daß entsprechend den zu → § 6 Rdnr. 20 ff. entwickelten Grundsätzen zu bewerten ist. Die Forderung ist nur maßgebend, wenn sie geringer ist als der Gegenstand der begehrten Sicherheitsleistung. Soweit einschlägig, sind auch die erheblich geringeren Werte für den gesetzlichen Unterhaltsanspruch nach § 17 Abs. 1 GKG (→ § 9 Rdnr. 15) oder für Schadensersatzansprüche nach § 17 Abs. 2 GKG (→ § 9 Rdnr. 17) zu berücksichtigen.

Nachlaßverzeichnis (§§ 2215, 2121 BGB): Der Anspruch auf Vorlage richtet sich nach dem Interesse des Klägers. Dieses bestimmt sich nach den Schwierigkeiten, die bei der Ermittlung der zur Erbschaft gehörenden Gegenstände auftreten würden und die der Kläger mit dem Nachlaßverzeichnis zu vermeiden sucht (*KG* JurBüro 1973, 151).

Nachträgliche Klagenhäufung → § 5 Rdnr. 1.

Nachverfahren: Im Urkunden- und Wechselprozeß besteht zwischen dem Vor- und Nachverfahren eine enge Verbindung (→ § 600 Rdnr. 2). Soweit diese Einheit reicht, ist auch der Wert des Nachverfahrens mit demjenigen des Vorverfahrens gleichzusetzen (→ § 600 Rdnr. 31). Maßgebend ist nach § 4 der Zeitpunkt der Klageeinreichung im Vorverfahren (*OLG München* MDR 1987, 766; *OLG Nürnberg* JurBüro 1962, 425; → § 4 Rdnr. 4 ff.).

Namensrecht: Soweit es sich um nichtvermögensrechtliche Streitigkeiten (→ § 1 Rdnr. 46) handelt, wird nach § 12 Abs. 2 GKG bewertet (→ § 3 Rdnr. 11 ff.).

Nebenforderungen → § 4 Rdnr. 16 ff.; zum Begriff → § 4 Rdnr. 17; zum Gebührenstreitwert → § 4 Rdnr. 34; bei Wegfall der Hauptforderung → § 4

Rdnr. 31 f.; bei wiederkehrenden Leistungen → § 9 Rdnr. 7; zum Anwendungsbereich des § 5 → § 5 Rdnr. 12.

Nebenintervention → § 70 Rdnr. 8. Es ist auch bei durchgeführter Nebenintervention nach dem Interesse des Nebenintervenienten zu bewerten (§ 3) und nicht nach dem Streitwert der Hauptsache, selbst wenn der Streithelfer dieselben Anträge stellt wie die Partei, die er unterstützt (*OLG Hamburg* JurBüro 1992, 251 [gegen JurBüro 1969, 55]; MDR 1977, 1026; *OLG Köln* JurBüro 1990, 240; MDR 1974, 53; *OLG München* AnwBl. 1985, 646; *OLG Saarbrücken* JurBüro 1985, 445 [zust. *Mümmler*]; *OLG Koblenz* MDR 1983, 59; JurBüro 1977, 545; *OLG Stuttgart* JurBüro 1981, 273; AnwBl. 1979, 431; *KG* MDR 1978, 761; *E. Schneider* MDR 1990, 251, 291 u. ö.; *Mümmler* JurBüro 1980, 283; *Schmidt* NJW 1968, 94; *Hillach-Rohs*[8] 299 f.; offengelassen von *OLG Düsseldorf* JurBüro 1980, 282; a. A. *BGHZ* 31, 144 = NJW 1960, 42; *OLG Bamberg* JurBüro 1980, 1574; *OLG Hamburg* MDR 1985, 588). Das Interesse des Nebenintervenienten bestimmt sich aber nach den möglichen Auswirkungen, die von dem im Hauptprozeß ergehenden Urteil ausgehen. Dadurch ist nicht ausgeschlossen, daß im Einzelfall der Wert der Hauptsache erreicht wird, z. B. wenn der Nebenintervenient mit Regreßansprüchen im Umfang der Hauptsache rechnen muß. Regelmäßig wird aber der Wert hinter der Hauptsache zurückbleiben (*OLG Köln* MDR 1990, 251: Abschlag wesentlich unter 20 %; zu diesem Einzelfall kritisch *E. Schneider* MDR 1990, 251).

Nebenleistungen (keine Nebenforderungen) → § 4 Rdnr. 18.

Nebenverpflichtungen des Vermieters (Verpächters): Zur Bewertung des dafür zu zahlenden Entgelts → § 8 Rdnr. 8 ff.

Negative Feststellungsklage → § 2 Rdnr. 26.

Negative Feststellungswiderklage (Zusammenrechnung mit Klage) → § 5 Rdnr. 31 a. E.

Neubaumietenverordnung (1970) i. d. Fassung der Bekanntmachung vom 12. 10. 1990 [BGBl I 2203]): Die Auskunftsklage (→ »Auskunftsanspruch« [Rdnr. 41]) nach § 29 NMV über die Ermittlung und Zusammensetzung der zulässigen Miete sowie auf Beleg der Wirtschaftlichkeitsberechnung usw. wurde mit 1.000,– DM bewertet (*AG Köln* WuM 1981, 283 [LS]).

Nichteheliches Kind → »Regelunterhalt« (Rdnr. 58); → »Kindschaftssache« (Rdnr. 51).

Nichtigerklärung der Aktiengesellschaft → »Aktiengesellschaft« (Rdnr. 41).

Nichtigkeit des Vertrages, Feststellungsklage → § 2 Rdnr. 27 (Schwarzkauf); → neben dem Anspruch auf Rückgewähr der Leistung → § 5 Rdnr. 7.

Nichtigkeitsklage (gesellschaftsrechtliche) → »Aktiengesellschaft« (Rdnr. 41); → »GmbH« (Rdnr. 47).

Nichtigkeitsklage (§ 579): Das Klägerinteresse ist auf die Aufhebung des Urteils gerichtet und ist mit dem Wert der Verurteilung zu bewerten und nicht mit dem des Vorprozesses (*BGH* AnwBl. 1978, 260). Zinsen und Prozeßkosten werden nicht gesondert bewertet (→ § 4 Rdnr. 29 und 24); → »Restitutionsklage« (Rdnr. 58).

Nichtvermögensrechtliche Ansprüche: Begriff → § 1 Rdnr. 46 f.; Zusammenrechnung bei mehreren Ansprüchen → § 5 Rdnr. 18; Zusammentreffen mit vermögensrechtlichen Ansprüchen → § 5 Rdnr. 18 (Gebührenstreitwert); Bewertung → § 3 Rdnr. 11 ff.

Nichtvermögensrechtliche Streitigkeit (Arbeitsgerichtsbarkeit) → § 2 Rdnr. 122.

Nichtvermögensrechtliche Streitigkeiten → § 3 Rdnr. 11 ff.

Nichtzulassungsbeschwerde (Arbeitsrecht) → § 2 Rdnr. 146.

Nießbrauch: Die Klage auf Einräumung eines Nießbrauches ist nach § 3 zu bewerten (*BGH* MDR 1988, 405; *OLG Zweibrücken* JurBüro 1987, 265; *Hillach-Rohs*[8] 216). Keine Anwendung finden die §§ 6, 7, 8 und 9 (→ § 8 Rdnr. 2; → § 9 Rdnr. 3). Ausgeschlossen ist auch die Anwendbarkeit des § 16 GKG (→ § 8 Rdnr. 18 [Gebührenstreitwert]). Auszugehen ist von der vereinbarten Dauer des Nießbrauches und dem Ertrag, wobei die anfallenden Kosten abzusetzen sind. Soweit der Nießbrauch auf Lebenszeit bestellt wird, kann auf die entsprechenden Werte des § 24 Abs. 2 KostO zurückgegriffen werden (*OLG Zweibrücken* JurBüro 1987, 265; *OLG Bamberg* JurBüro 1975, 649; *OLG Celle* Rpfleger 1960, 413). Anders liegt es bei einem Sicherungsnießbrauch (*OLG Frankfurt a. M.* JurBüro 1984, 1236). Die analoge Anwendung des § 24 Abs. 3 KostO bei engen verwandtschaftlichen Beziehungen (*OLG Bamberg* JurBüro 1975, 649) ist im Hinblick auf die weite Ermessensregelung des § 3 (→ § 3 Rdnr. 6) nicht veranlaßt. Zur Herausgabeklage des Nießbrauchers → § 6 Rdnr. 4. Der Wert einer Klage auf Zustimmung zur Löschung des Nießbrauches wird ebenfalls nach § 3 geschätzt (*OLG Schleswig* SchlHA 1986, 46 [aber dann doch § 9 1. Alt. a.F. analog]; *OLG Frankfurt a. M.* JurBüro 1962, 422). Das Interesse des Klägers kann gering bewertet werden, wenn das Erlöschen des Nießbrauches unstreitig ist (*OLG Frankfurt a. M.* JurBüro 1963, 360; *OLG Nürnberg* Rpfleger 1963, 217).

Notwegerecht → § 7 Rdnr. 4.

Notwegrenten → § 9 Rdnr. 2, 9; → § 7 Rdnr. 10.

Nutzen (wirtschaftlicher): Er ist nicht notwendigerweise identisch mit dem festzusetzenden Wert (→ § 3 Rdnr. 7).

Nutzung ohne Pachtvertrag → § 8 Rdnr. 18 (Gebührenstreitwert).

Nutzungen (Nebenforderung) → § 4 Rdnr. 16, 21; → § 5 Rdnr. 12; zum Gebührenstreitwert → § 4 Rdnr. 34.

Nutzungen (wiederkehrende) → § 9 Rdnr. 2.

Nutzungsrechte → § 8 Rdnr. 2.

Nutzungsverhältnisse → § 8 Rdnr. 18 (Gebührenstreitwert).

Objektive Klagenhäufung → § 5 Rdnr. 1.   **55**

Objektive Klagenhäufung (Arbeitsgerichtsbarkeit) → § 2 Rdnr. 128 ff.

Offenbarungsverfahren (§ 883 Abs. 2) → § 6 Rdnr. 4 und → »Eidesstattliche Versicherung« (Rdnr. 45).

Offenbarungsversicherung → »Eidesstattliche Versicherung« (Rdnr. 45).

Offene Handelsgesellschaft → »Mitgesellschafter« (Rdnr. 53); Auflösung: Der Streitwert einer Klage auf Auflösung (§ 133 HGB) der offenen Handelsgesellschaft ist nach § 3 ZPO zu schätzen. Dabei ist vom Wert der Klägerbeteiligung auszugehen, nicht vom gesamten Unternehmenswert (*OLG Köln* JurBüro 1982, 1719; *Hillach-Rohs*[8] 401; → § 2 Rdnr. 17 und 91). § 247 Abs. 1 AktG ist nicht analog anwendbar (a. A. *Happ-Pfeifer* ZGR 1991, 103, 120 f.). Die genannten Grundsätze gelten für die Auflösung einer Kommanditgesellschaft entsprechend → »Kommanditgesellschaft« (Rdnr. 51).

Ordnungsgeld (§ 890): Eine Wertfestsetzung ist erforderlich für Beschwerdeverfahren und Anwaltskosten, nicht aber für den ersten Rechtszug, wo Gerichtsgebühren nicht anfallen. Sowohl das Androhungsverfahren (§ 890 Abs. 2) wie auch das Festsetzungsverfahren (§ 890 Abs. 1) sind entsprechend dem Interesse des Klägers (§ 3) an der Ausführung dieser Maßnahme zu bewerten (*OLG Karlsruhe* WRP 1992, 198 [1/5–1/3 des Hauptsachenwerts]; *OLG Celle* NdsRpfl. 1991, 54 [1/3 des Hauptsachewerts]; *OLG München* MDR 1983, 1029; *OLG Köln* WRP 1982, 288; *OLG Nürnberg* JurBüro 1979, 872; *OLG Bremen* JurBüro 1979, 1934; *LG Bayreuth* JurBüro 1980, 1885). Der Wert der Hauptsache bleibt regelmäßig unberücksichtigt (*OLG Nürnberg* MDR 1984, 762). Im Einzelfall kann aber das Interesse an der Vollstreckungsmaßnahme dem Interesse des Klägers an der Hauptsache entsprechen. So liegt es z. B., wenn der Gläubiger mit dem Antrag das Unterlassungsgebot voll durchsetzen will (*OLG*

Frankfurt a. M. JurBüro 1974, 500; *OLG Celle* NdsRpfl. 1962, 281 [zu weitgehend für das Androhungsverfahren *OLG Celle* NJW 1963, 2031]; kritisch auch *Hillach-Rohs*[8] 338). Außer Betracht bleibt als Bemessungsbasis ein nach § 23 a UWG herabgesetzter Verfahrenswert (*KG* WRP 1992, 176).

Die Höhe des angedrohten, beantragten oder des festgesetzten Ordnungsgeldes ist unbeachtlich (*Hillach-Rohs*[8] 337). Ausschlaggebend sind die Umstände des Einzelfalles, vor allem die Intensität des Verstoßes (*LG Bayreuth* JurBüro 1980, 1885). Läßt der Schuldner das Verbot gänzlich unbeachtet, so ist eine hohe Bewertung angebracht. Niedriger ist zu bewerten, wenn es sich um einen einmaligen Vorgang handelt, der eine dauernde Mißachtung oder die Gefahr neuer Verstöße nicht befürchten läßt.

Für die Beschwerde des *Gläubigers* gegen die Ablehnung seines Antrags gelten die vorstehenden Ausführungen ohne Einschränkungen (*OLG Karlsruhe* Die Justiz 1966, 213). Dagegen ist die Beschwerde des *Schuldners* in Höhe des erkannten Ordnungsgeldes zu bewerten (*OLG Düsseldorf* MDR 1977, 676; *LAG Bremen* MDR 1989, 672; a. A. *OLG München* MDR 1983, 1029; WRP 1972, 540; *E. Schneider*[10] Rdnr. 3503: Bewertung nach dem Gläubigerinteresse gem. § 3). Eine darüber hinausgehende Bewertung ist aber angebracht, wenn die Parteien im Beschwerdeverfahren nicht nur darüber streiten, ob in tatsächlicher Hinsicht ein bestimmtes Schuldnerverhalten vorliegt, sondern auch klären wollen, ob ein u. U. unstreitig vorliegendes Verhalten dem Verbot unterfällt und zur Verwirkung eines Ordnungsgeldes führt (*OLG Düsseldorf* MDR 1977, 676; a. A. *OLG München* WRP 1972, 540: Begrenzung durch die Höhe des Ordnungsgeldes). Der Beschwerdewert für einen Androhungsbeschluß nach § 23 Abs. 3 BetrVG ist mit 50% des wegen einer Zuwiderhandlung festzusetzenden Ordnungsgeldes angenommen worden (*LAG Bremen* MDR 1989, 672).

Organmitglieder juristischer Personen: Zur Bewertung von Lohn- und Gehaltsansprüchen → § 9 Rdnr. 2; zum Gebührenstreitwert → § 9 Rdnr. 21.

56 **Pacht auf Lebenszeit** → § 8 Rdnr. 13.
Pachtfolgestreitigkeiten → § 8 Rdnr. 4.
Pachtklagen → »Mietklagen« (Rdnr. 53).
Pachtzins: Begriff und Abgrenzung zu Nebenverpflichtungen → § 8 Rdnr. 8 ff.
Pachtzinsbürge → § 8 Rdnr. 6 a. E.
Pachtzinserhöhung → § 9 Rdnr. 2.

Partei kraft Amtes → § 2 Rdnr. 17.
Parteiangaben (zur Wertfestsetzung) → § 2 Rdnr. 90.
Parteibeitritt → § 5 Rdnr. 1.
Parteierweiternde Widerklage → § 5 Rdnr. 43.
Parteiwechsel → § 5 Rdnr. 3.
Patentstreitigkeiten: Die Klage auf Unterlassung einer Patentverletzung ist nach § 3 zu bewerten. Soweit nicht die Dauer des Schutzrechtes kürzer ist, wird ein Zeitraum von 2 – 5 Jahren angenommen (*OLG Frankfurt a. M.* JurBüro 1954, 373; *E. Schneider*[10] Rdnr. 2181 f.; *Hillach-Rohs*[8] 428). Maßgebend ist das Interesse des Klägers am Schutz des Patentrechts vor weiteren Eingriffen. Besonders zu berücksichtigen sind die Art der Verletzungshandlung, die Position des Klägers sowie der auf das Schutzrecht bezogene Umsatz (*OLG Karlsruhe* BB 1975, 109). Zu beachten ist auch die Dauer des Schutzrechtes (*OLG Karlsruhe* Rpfleger 1964, 33). Dabei ist die – unsichere – Entwicklung zu erwägen, daß das Patent durch neue Erfindungen und technische Entwicklungen überholt wird.

Der Wert der Klage auf Übertragung eines Patents ist ebenfalls nach § 3 zu schätzen. Besonders zu berücksichtigen ist, in welchem geographischem Gebiet (Ausland, Inland) der Kläger die Auswertung vornehmen wollte (*OLG Nürnberg* Rpfleger 1963, 217). Geht der Streit lediglich um die Abtretung des Anspruches auf Patenterteilung, so ist wertmindernd zu berücksichtigen, wenn die Patenterteilung als solche noch unsicher ist. Noch niedriger ist der Streitwert anzusetzen, wenn die Patenterteilung bereits vorläufig abgelehnt worden war (*OLG Frankfurt a. M.* JurBüro 1960, 127).

Der Streitwert in Patentnichtigkeitsverfahren nach § 81 PatG bemißt sich nach § 3 ZPO. Maßgebend ist das Interesse der Allgemeinheit an der Vernichtung des Patents (*BGH* NJW 1957, 144; *E. Schneider*[10] Rdnr. 2187; *Streif* GRUR 1985, 248, 250 [dort auch zu den Durchschnittsstreitwerten]).

Zur Streitwertherabsetzung nach § 144 Abs. 1 PatG → § 3 Rdnr. 34.

Pensionen → § 9 Rdnr. 2.
Persönliches Umgangsrecht (§ 621 Abs. 1 Nr. 2) → § 3 Rdnr. 31.
Persönlichkeitsrecht: Nichtvermögensrechtliche Streitigkeit (→ § 1 Rdnr. 46); Bewertung → § 3 Rdnr. 11 ff.
Pfändungs- und Überweisungsbeschluß → § 6 Rdnr. 23.
Pfändungspfandrecht → § 6 Rdnr. 21; → »Pfandrecht« (Rdnr. 56).
Pfandklage: Bei gleichzeitig geltend gemachter

Leistungsklage → § 5 Rdnr. 9; Verbindung von Pfand- und Schuldklage → § 6 Rdnr. 29.

Pfandrecht: § 6 ZPO verwendet einen weiteren Pfandrechtsbegriff als das BGB (→ § 6 Rdnr. 20f.). Bei Streitigkeiten um Pfandrechte entscheidet der Wert der gesicherten Forderung, es sei denn, der Wert der Sicherheit ist geringer (§ 6 S. 2). § 6 orientiert als normativer Streitwert (→ § 3 Rdnr. 2) die Bewertung an den Parteiinteressen. Zur Wertberechnung → § 6 Rdnr. 25, 27; zur Frage, wann das Pfandrecht Gegenstand des Streites ist (→ § 6 Rdnr. 20). Das Pfandrecht findet keine Berücksichtigung, wenn es der Beklagte geltend macht (→ § 6 Rdnr. 6) und → »Gegenrechte« (Rdnr. 47).

Pfandsache: Herausgabe → § 6 Rdnr. 23. Maßgeblich ist der Wert der Forderung, ausnahmsweise der geringere Wert der Pfandsache.

Pflegeheim (Aufenthaltsvertrag) → § 8 Rdnr. 2.

Pflichtteil: Wird um das Erbrecht gestritten, ist der dem Kläger unstreitig zustehende Pflichtteilsanspruch abzuziehen (→ § 2 Rdnr. 91).

Portokosten → § 4 Rdnr. 23.

Prätendentenstreit → »Hinterlegung« (Rdnr. 48 [Nr. 2]); Streit über Eintrittsrecht in einen Miet- oder Pachtvertrag → § 8 Rdnr. 6.

Preisbindungsverstöße: § 16 GWB läßt eine Preisbindung nur noch bei Verlagserzeugnissen zu. Ansonsten ordnet § 15 GWB für Preisbindungsverträge Nichtigkeit an, so daß der Problemkreis stark an Bedeutung verloren hat. Zur Klage auf Unterlassung von Preisbindungsverstößen (→ »wettbewerbsrechtlicher Unterlassungsanspruch« [Rdnr. 63]). Das Interesse des Klägers wird bestimmt durch das Ziel, das Preisbindungssystem lückenlos aufrechtzuerhalten. Das ist nur möglich, wenn jede Verletzung verhindert wird (*OLG Hamm* WRP 1970, 79; *OLG Köln* WuW 1969, 185; *OLG Celle* MDR 1969, 934; *OLG München* NJW 1966, 2221). Es handelt sich nicht nur um ein nach allgemeinen Grundsätzen nicht zu berücksichtigendes mittelbares Interesse (→ § 3 Rdnr. 7), da selbst ein geringfügiger Verstoß das ganze Preisbindungssystem gefährdet, wenn die Lücke nicht geschlossen wird (a. A. *OLG Frankfurt a. M.* NJW 1969, 281; 1966, 1324; *OLG Stuttgart* Rpfleger 1960, 349). Eine niedrigere Bewertung läßt sich im Einzelfall lediglich bei geringerem Angriffsfaktor im Sinne von Art und Umfang der Verletzungshandlung rechtfertigen. Ein Regelstreitwert für Unterlassungsklagen ist bisher nicht gefunden und läßt sich wohl auch nicht herausbilden (*Hillach-Rohs*[8] 416), da die Einzelfallbewertung mit der Stärke des Verletzungsfaktors, des Umsatzes des Preisbinders u. a. ganz unterschiedliche Ergebnisse bringen kann (*OLG*

Hamm WRP 1970, 79). Die Bildung von Regelstreitwerten mit z. B. 10.000,– DM (*OLG Celle* WuW 1972, 523), 5.000,– DM (*OLG Koblenz* DB 1969, 1193) oder 3.000,– DM (*OLG Frankfurt a. M.* NJW 1966, 1324; weitere Nachweise bei *E. Schneider*[10] Rdnr. 2168ff.) ist zu starr und oftmals zu gering.

Primäraufrechnung → § 5 Rdnr. 45 sub a (»Prinzipalaufrechnung«).

Prinzipalaufrechnung → § 5 Rdnr. 45 sub a (»Prinzipalaufrechnung«).

Provision → § 9 Rdnr. 22 (Gebührenstreitwert).

Prozeßabweisung → »Sachurteilsvoraussetzungen« (Rdnr. 59).

Prozeßanträge → § 5 Rdnr. 4.

Prozeßführungsbefugnis → § 2 Rdnr. 17.

Prozeßhindernisse → »Sachurteilsvoraussetzungen« (Rdnr. 59).

Prozeßkosten (als Nebenforderung) → § 4 Rdnr. 24; Gebührenstreitwert → § 4 Rdnr. 35.

Prozeßkostenhilfe: Eine Wertfestsetzung für Gerichtskosten der 1. Instanz entfällt. Wegen § 37 Nr. 3 BRAGO ist auch für die Rechtsanwaltsgebühren in der Regel keine Wertfestsetzung erforderlich. Ansonsten bemißt sich der Streitwert nach § 51 Abs. 2 BRAGO nach dem für die Hauptsache maßgebenden Wert. Diese Norm gilt sowohl für das erstinstanzliche Verfahren wie für das Beschwerdeverfahren (*OLG Karlsruhe* JurBüro 1980, 1853; *LG Freiburg* JurBüro 1982, 770 [LS 2]), freilich nur für die Rechtsanwaltsgebühren (*OLG Koblenz* JurBüro 1992, 325 [2. ZS]; *Hillach-Rohs*[8] 297 mit weiteren Nachw. in Fn. 717). Der Streitwert einer Beschwerde hinsichtlich der Gerichtsgebühren (GKG KV Nr. 1181) richtet sich nach dem Kosteninteresse des Beschwerdeführers (*BFH* DB 1986, 1708; *OLG Koblenz* JurBüro 1992, 325; *LG Berlin* JurBüro 1987, 1060 [LS]; a. A. *Lappe* Rpfleger 1957, 367: Anwendung des § 51 Abs. 2 BRAGO).

§ 51 Abs. 2 BRAGO ist für die Rechtsanwaltsgebühren nach seinem eindeutigen Wortlaut auch dann maßgebend, wenn die Bewilligung der Prozeßkostenhilfe lediglich auf Ratenzahlung geht (*Hillach-Rohs*[8] 297; a. A. *E. Schneider*[10] Rdnr. 3611 f.). Zu Rückständen im Sinn des § 17 Abs. 4 GKG (→ § 9 Rdnr. 15 sub e). Verhältnis zur Streitwertherabsetzung (→ § 3 Rdnr. 38).

Prozeßleitende Anträge: Der Streitwert der Gebühr nach § 33 BRAGO ist nach § 3 ZPO niedriger als die Hauptsache zu schätzen (*OLG Düsseldorf* JurBüro 1991, 686).

Prozeßtrennung → § 4 Rdnr. 8; bei unzulässiger Anspruchsmehrheit → § 5 Rdnr. 5.

Prozessuale Rechtsgestaltungsklagen → § 2 Rdnr. 28.

Prozeßverbindung → § 5 Rdnr. 2; → § 4 Rdnr. 8; Rechtsmittelstreitwert → § 5 Rdnr. 20.

Prozeßvergleich (Streitwertfestsetzung durch Arbeitsgericht) → § 2 Rdnr. 119; →»Vergleich« (Rdnr. 62).

Prozeßvoraussetzungen →»Sachurteilsvoraussetzungen« (Rdnr. 59).

Prozeßzinsen →»Zinsen« (Rdnr. 64).

57 **Qualifizierte Legitimationspapiere**, Besitzstreitigkeiten → § 6 Rdnr. 7 sub bb.

Quittung, Besitzstreitigkeiten → § 6 Rdnr. 7 sub cc.

58 **Räumung**: Es gilt grundsätzlich → § 6 Rdnr. 4. Soweit die Klage auch Dauer oder Bestand eines Mietvertrages betrifft → § 8 Rdnr. 3. Besonderheiten weist der Gebührenstreitwert auf (§ 16 Abs. 2 GKG) → § 8 Rdnr. 19; bei nur vorübergehender Räumung → § 8 Rdnr. 19; zur Räumung nach Rücktritt von einem Bewerbervertrag für ein Eigenheim → § 8 Rdnr. 19; Räumungsanspruch und Fortsetzungsverlangen → § 5 Rdnr. 19 und → § 8 Rdnr. 20.

Räumungsfrist: Geht es um die Bewilligung, Verlängerung oder Abkürzung einer Räumungsfrist (→ § 721), wird nach dem Interesse des Antragstellers bewertet. Eine angemessene Grundlage bildet der auf den fraglichen Zeitraum entfallende Mietbetrag (*LG Kempten* AnwBl. 1968, 58; a. A. *LG Stuttgart* Rpfleger 1968, 62; *E. Schneider*[10] Rdnr. 3644: Regelmäßig Mietbetrag für drei Monate).

Rangstreitigkeiten → »Vorzugsweise Befriedigung« (Rdnr. 62); → »Vorrangeinräumung« (Rdnr. 62).

Reallast: Für subjektiv – dingliche Reallasten gilt § 7 (→ § 7 Rdnr. 4 und 10), nicht aber für subjektiv – persönliche Reallasten (→ § 7 Rdnr. 5). Es handelt sich um wiederkehrende Leistungen (→ § 9 Rdnr. 2 und 9); Reallast neben Rente → § 5 Rdnr. 9.

Rechnungslegung → § 5 Rdnr. 15; bei Stufenklage → § 5 Rdnr. 14 (Zuständigkeits- und Bagatellstreitwert) sowie Rdnr. 15 (Gebührenstreitwert).

Rechte (subjektiv – dingliche) → § 7 Rdnr. 4.

Rechtsanwalt: Anwaltsgebühren → § 2 Rdnr. 44; → »Beiordnung eines Rechtsanwalts« (Rdnr. 42).

Rechtsgestaltungsklagen → § 2 Rdnr. 28.

Rechtshängigkeit: Wert der Hauptsache, dazu → Sachurteilsvoraussetzungen« (Rdnr. 59).

Rechtsmittel → »Gebührenstreitwert in der Rechtsmittelinstanz« (Rdnr. 47).

Rechtsmittelrücknahme → »Zurücknahme des Rechtsmittels« (Rdnr. 64).

Rechtsmittelstreitwert → § 2 Rdnr. 34; Wert des Beschwerdegegenstandes → § 511a Rdnr. 15 ff.; Wert der Beschwer → § 546 Rdnr. 21 ff.; Festsetzung → § 2 Rdnr. 58 ff.; Anwendbarkeit von § 5 → § 5 Rdnr. 20; Widerklage → § 5 Rdnr. 37; Haupt- und Hilfsantrag → § 5 Rdnr. 28; Aufrechnung → § 5 Rdnr. 46; maßgebender Zeitpunkt → § 4 Rdnr. 9; nachträgliche Rechtsmittelbeschränkung → § 4 Rdnr. 9; § 7 und Rechtsmittelstreitwert → § 7 Rdnr. 8 und → § 546 Rdnr. 30; und Nebenansprüche → § 4 Rdnr. 31.

Rechtsmittelstreitwert (Arbeitsgerichtsbarkeit): Zur Anwendbarkeit des § 12 Abs. 7 ArbGG → § 2 Rdnr. 127.

Rechtsverhältnis (bedingendes) → § 5 Rdnr. 7.

Regelunterhalt → § 642a Rdnr. 10 f.; → § 9 Rdnr. 8 und 16; Verbindung mit der Klage auf Vaterschaftsfeststellung → § 5 Rdnr. 18 (Gebührenstreitwert).

Regreßanspruch: Bewertung darin enthaltener Nebenforderungen → § 4 Rdnr. 30.

Regreßanspruch des Sozialversicherungsträgers nach § 640 RVO → § 9 Rdnr. 18 (Gebührenstreitwert).

Regreßanspruch des Versicherers → § 9 Rdnr. 18 (Gebührenstreitwert); zur Berücksichtigung eines Regreßverzichtes zugunsten des Versicherten → § 9 Rdnr. 18.

Reisevertrag → § 8 Rdnr. 2.

Rektapapiere, Besitzstreitigkeiten → § 6 Rdnr. 7 sub bb.

Rente → § 9 Rdnr. 2; Gebührenstreitwert → § 9 Rdnr. 17; Antrag auf Anpassung der begehrten Rente an einen vorhersehbaren Geldwertverfall → § 5 Rdnr. 4; Ausgleichsrente beim schuldrechtlichen Versorgungsausgleich → § 9 Rdnr. 24.

Rentenanwartschaft: Übertragung oder Begründung im Rahmen des Versorgungsausgleichs → § 9 Rdnr. 12 (Gebührenstreitwert).

Rentenschuld → § 6 Rdnr. 21; → »Grundschuld« (Rdnr. 47).

Rentenschuldbrief, Besitzstreitigkeiten → § 6 Rdnr. 7 sub bb.

Rentenvergleich → § 9 Rdnr. 19 (Gebührenstreitwert).

Rentenvertrag → § 9 Rdnr. 19.

Reparaturschein, Besitzstreitigkeiten → § 6 Rdnr. 7 sub cc.

Restitutionsklage → »Nichtigkeitsklage« (Rdnr. 54).

Revision → »Gebührenstreitwert in der Rechtsmittelinstanz« (Rdnr. 47).

Revisionsrücknahme → »Zurücknahme« (Rdnr. 64).

59

dungs- und Folgesachen → § 5 Rdnr. 18; Bewertung der nach § 630 Abs. 1 Nr. 3 lediglich mitgeteilten Scheidungsfolgesachen → § 5 Rdnr. 18 a. E.

Schiedsgerichtsverfahren: Diejenigen Verfahren, die wie Schiedsrichterernennung und Schiedsrichterablehnung lediglich der Vorbereitung eines Schiedsgerichts dienen (→ § 1045), sind nicht mit dem Wert der vor dem Schiedsgericht zu behandelnden Ansprüche gleichzusetzen. Entscheidend ist das nach § 3 zu schätzende Interesse an der Durchführung des Schiedsgerichts wie etwa Kosten, Beschleunigung, vereinfachtes Verfahren sowie an einer bestimmten Besetzung des Schiedsgerichts (*OLG Hamburg* MDR 1990, 58; Rpfleger 1963, 314; *OLG Frankfurt a. M.* JurBüro 1968, 915; *RGZ* 41, 362 sowie die Nachweise → § 3 Rdnr. 13; → § 1045 Rdnr. 14); → »Vollstreckbarerklärung von Schiedssprüchen« (Rdnr. 62). Bei der Aufhebungsklage ist vergleichbar wie bei der Vollstreckbarerklärung darauf abzustellen, inwieweit der Kläger im schiedsrichterlichen Verfahren unterlegen ist (→ § 1041 Rdnr. 6). Die Kosten des schiedsrichterlichen Verfahrens sowie die im Schiedsspruch zuerkannten Zinsen bleiben sowohl im Verfahren der Vollstreckbarerklärung als auch bei der Aufhebungsklage außer Betracht (→ § 4 Rdnr. 24).

Schiffspassage → § 8 Rdnr. 2.

Schlußurteil → »Teilurteil« (Rdnr. 60).

Schmerzensgeldanspruch (verrentet) → § 9 Rdnr. 17 (Gebührenstreitwert).

Schriftliches Verfahren (§ 128 Abs. 2 und 3) → § 2 Rdnr. 61 (Bagatellstreitwert beim schriftlichen Verfahren nach § 128 Abs. 3); zum vereinbarten schriftlichen Verfahren nach § 128 Abs. 2 → § 2 Rdnr. 49.

Schuldschein, Besitzstreitigkeiten → § 6 Rdnr. 7 sub cc; Rückgabe und Antrag auf Feststellung der Rückzahlung der Schuld (→ § 5 Rdnr. 7).

Schwankende Jahresbezüge → § 9 Rdnr. 4.

Schwarzkauf → § 2 Rdnr. 27.

Sicherheit: Streitigkeiten um Sicherheiten → § 6 Rdnr. 19 ff.; auch bei erst zu bestellender Sicherheit → § 6 Rdnr. 20 und 23. Nach den dort niedergelegten Grundsätzen ist auch die Klage auf Herausgabe als Sicherheit zu bewerten (→ § 6 Rdnr. 4 und 23); Bewertung der Sicherheit → § 6 Rdnr. 27.

Sicherheit (§§ 109, 715), Rückgabe der Sicherheit → § 109 Rdnr. 23; → § 715 Rdnr. 10; Einrede mangelnder Sicherheit → »Sachurteilsvoraussetzungen« (Rdnr. 59).

Sicherheit (Sicherstellung, Besicherung): Keine Addition bei gleichzeitiger Zahlungsklage → § 5 Rdnr. 9.

Sicherheitsleistung: Der Streitwert einer gegen die Anordnung einer Sicherheitsleistung gerichteten Beschwerde richtet sich nach dem wirtschaftlichen Interesse der Partei, die Sicherheit nicht leisten zu müssen (*LG Berlin* JurBüro 1990, 360). Streitwert für Ausländersicherheitsleistung (§ 110) → »Sachurteilsvoraussetzungen« (Rdnr. 59); Sicherheitsleistung durch Hinterlegung → »Hinterlegung« (Rdnr. 48).

Sicherheitsleistung (§ 769): Streiten die Parteien im Verfahren des § 769 lediglich um die Art der Sicherheitsleistung, so wird das Interesse mit 5 % der Sicherheitsleistung bewertet (*OLG Hamburg* MDR 1990, 252).

Sicherstellung: Definition und Anwendungsfälle → § 6 Rdnr. 20 f.; Bewertung → § 6 Rdnr. 27; zur Anwendbarkeit des § 6 S. 2 auch bei den Fällen der Sicherstellung → § 6 Rdnr. 26.

Sicherstellung des Zugewinnausgleichs (§ 1389 BGB) → § 6 Rdnr. 21.

Sicherungsabtretung → § 6 Rdnr. 21.

Sicherungseigentum: Herausgabe → § 6 Rdnr. 4; 23 (Ausnahme gegenüber sonstigen Herausgabeverlangen); → auch § 6 Rdnr. 9 und 15. Im Gegensatz zum → »Vorbehaltseigentum« (Rdnr. 62) kommt es beim Sicherungseigentum in erster Linie auf die Forderung und nur dann auf die Sicherungssache an, wenn sie einen geringeren Wert (§ 6 S. 2) als die Forderung hat (→ auch § 6 Rdnr. 21 zum Sicherungseigentum als pfandrechtsähnlichem Recht).

Sittenwidrig erschlichenes Urteil: Klage aus § 826 BGB; Streitwert hinsichtlich Prozeßkosten des vorangegangenen Prozesses → § 4 Rdnr. 24.

Softwareverletzung → § 3 Rdnr. 39.

Soldaten: Ansprüche auf wiederkehrende Leistungen → § 9 Rdnr. 20 (Gebührenstreitwert).

Sorgerecht (elterliches) → § 3 Rdnr. 30.

Sozialplan → § 2 Rdnr. 125.

Sparbuch, Besitzstreitigkeiten → § 6 Rdnr. 7 bb.

Steuerliche Bewertung → § 3 Rdnr. 7.

Stiftung (Klage auf Ausschluß) → »GmbH« (Rdnr. 47).

Stiftsstelle → § 6 Rdnr. 4.

Störung (Besitz und Eigentum) → »Abwehrklage« (Rdnr. 41).

Störung in der Ausübung einer Grunddienstbarkeit → § 7 Rdnr. 6.

Streitgegenstand: Begriff → § 2 Rdnr. 11; Streitgegenstandshäufung → § 5 Rdnr. 4; derselbe Streitgegenstand im Sinne von § 19 Abs. 1 GKG → § 5 Rdnr. 34 f.

Streitgenossenschaft → § 5 Rdnr. 1; wirtschaftlich einheitlicher Gegenstand → § 5 Rdnr. 10; Rechtsmittelstreitwert → § 511a Rdnr. 20; → § 546 Rdnr. 29.

60

den Jahresbetrag abgestellt werden (*OLG Zweibrücken* Rpfleger 1967, 2). Weitergehende Interessen des Testamentsvollstreckers, wie z. B. der Einfluß auf die rechtliche und wirtschaftliche Organisation einer Stiftung, können eine höhere Bewertung rechtfertigen (*OLG Schleswig* JurBüro 1966, 152).

Todesfallrisikoversicherung → »Versicherung« (Rdnr. 62).

Trennung einer Sache und dadurch entstandene Wertminderung → § 6 Rdnr. 17.

Trennung des Prozesses → »Prozeßtrennung« (Rdnr. 56).

Treuhändereinsetzung: Maßgebend ist nach § 3 das Interesse an der Einsetzung des Treuhänders. Geht es um eine Gesellschaft, so ist entscheidend der erstrebte wirtschaftliche Erfolg wie etwa die Verminderung von Schäden und Risiken, die ohne die Treuhändereinsetzung zu befürchten wären. Dagegen steht die wirtschaftliche Bedeutung der Gesellschaft nicht im Vordergrund (*OLG Hamm* Rpfleger 1956, 140).

61   **Überbaurecht** → § 7 Rdnr. 4; Beseitigung eines Überbaus → § 7 Rdnr. 6.

Überbaurenten → § 9 Rdnr. 2 und 9; → § 7 Rdnr. 10.

Überbrückungsgelder → § 9 Rdnr. 3.

Umlegungsverfahren: Wendet sich der Grundstückseigentümer gegen die Einbeziehung des Grundbesitzes in ein Umlegungsverfahren, so wird in entsprechender Anwendung des § 3 mit etwa 20% des Grundstückswertes bemessen. § 6 kommt nicht zur Anwendung, da das Umlegungsverfahren vom Grundsatz der ungebrochenen Fortsetzung des Eigentums an einem verwandelten Grundstück ausgeht (*BGHZ* 49, 317 = NJW 1968, 890; *OLG München* JurBüro 1971, 881; *OLG Köln* JurBüro 1969, 1090). Bei besonders geringem Interesse wie z. B. der Erschwernis bei einer Grundstückszufahrt, werden 10% angesetzt (*OLG Karlsruhe* AnwBl. 1974, 353). Wird nach § 70 BBauG (§ 70 BauGB) die Zustellung eines die Rechte aus dem Umlegungsplan betreffenden Auszugs aus dem Plan erstrebt, ist gleichfalls mit 20% des Grundstückswertes bemessen worden (*BGH* MDR 1978, 95).
Wird der Umlegungsplan mit dem Ziel beanstandet, das zugewiesene Grundstück gegen ein anderes zu tauschen, damit eine nachteilige Bebauung verhindert werden kann, so ist mit mehr als 20% des Grundstückswertes bemessen worden (*OLG Bamberg* JurBüro 1983, 103). Diese Bewertung ist zu hoch und läßt sich nicht mit der sonstigen Rechtsprechung vereinbaren (zutreffend *E. Schneider* KostRsp. ZPO § 3 Nr. 610). Wenn verschiedene Eigentümer die Umlegung anfechten, so sind die Grundstückswerte zusammenzurechnen und als Streitwert 20% vom Gesamtwert anzusetzen (*BGHZ* 49, 317; *OLG Köln* JurBüro 1969, 1090; a. A. *OLG München* NJW 1967, 1666).

Umschuldung: Bei einer angestrebten Umschuldung ist die durch ihre Durchführung eintretende Zinsersparnis zu schätzen. Bei einer wiederkehrenden Leistung muß nach § 9 kapitalisiert werden (*Mümmler* JurBüro 1991, 1161).

Unbezifferte Geldansprüche → § 2 Rdnr. 96 ff.

Uneinbringlichkeit → § 3 Rdnr. 2.

Unlauterer Wettbewerb → »wettbewerbsrechtlicher Unterlassungsanspruch« (Rdnr. 63).

Unlauterer Wettbewerb (Streitwertherabsetzung) → § 3 Rdnr. 34 ff.; 39.

Unregelmäßige, wiederkehrende Leistungen → § 9 Rdnr. 4.

Unteilbare Leistung (Streitgenossenschaft) → § 5 Rdnr. 10.

Unterhalt (nichteheliches Kind) → »Regelunterhalt« (Rdnr. 58).

Unterhaltsanspruch → § 9 Rdnr. 2, 7 und 8; Gebührenstreitwert → § 9 Rdnr. 15 bei gesetzlicher Unterhaltspflicht; Übergang des Unterhaltsanspruchs auf andere Personen und bei Unterhaltsvereinbarungen → § 9 Rdnr. 15; Bewertung beim Zusammentreffen mit einem nichtvermögensrechtlichem Anspruch → § 5 Rdnr. 18; Unterhalt für Ehegatten und Kinder → § 5 Rdnr. 13; → »Regelunterhalt« (Rdnr. 58); freiwillige Unterhaltsleistungen (Titulierungsinteresse) → § 9 Rdnr. 15 sub d.

Unterhaltsverzicht (gegenseitiger) → § 9 Rdnr. 15 sub f.

Unterlassungsanspruch: Die Bewertung nach § 3 (*LG Hamburg* WuM 1989, 10: Balkonplane; Tierhaltung [obiter]) richtet sich nach dem Interesse des Klägers am Verbot (*OLG Celle* JurBüro 1974, 1434; *OLG Nürnberg* JurBüro 1965, 748; *LG Saarbrücken* JurBüro 1991, 583). Bei bereits vorhandenen Unterlassungstiteln sinkt der Streitwert für weitere Verfahren, da eher erwartet werden kann, daß der Beklagte dem Unterlassungsbegehren nachkommen wird (*OLG Frankfurt a. M.* JurBüro 1983, 1561; *OLG Koblenz* WRP 1985, 45; *OLG Bamberg* KostRsp. ZPO § 3 Nr. 888 [*E. Schneider*]). Bei Unterlassungsklagen des Vermieters wegen Tierhaltung richtet sich der Streitwert nicht nach dem Tierwert, sondern nach dem Maß der aufgetretenen Störung (*LG Hannover* WuM 1989, 567; → »Immissionen« [Rdnr. 49]). Bei ehrverletzenden Behauptungen handelt es sich um eine nichtvermögensrechtliche Streitigkeit (→ § 1

Rdnr. 46); zur Bewertung → § 3 Rdnr. 11 ff. (*OLG Köln* VersR 1974, 151).

Der Wert einer Revision bei einer Verurteilung zur befristeten Unterlassung ist nach § 3 zu bestimmen. Maßgebendes Kriterium ist das Interesse des Revisionsklägers, nicht an die Unterlassungspflicht gebunden zu sein und die Feststellungswirkung des Unterlassungsurteils zu beseitigen (*BGH* JurBüro 1969, 509). Wert der Klage und Rechtsmittelbeschwer können dabei auseinanderfallen (*LG Hannover* WuM 1989, 567; auch WuM 1985, 127); ferner → § 9 Rdnr. 3; → § 5 Rdnr. 7 bei gleichzeitigem Antrag auf Feststellung des Eigentums; → § 5 Rdnr. 13 bei Unterlassung und Widerruf beleidigender Äußerungen; → § 7 Rdnr. 6 bei Unterlassen der Beeinträchtigung einer Grunddienstbarkeit; → »Wettbewerbsrechtlicher Unterlassungsanspruch« (Rdnr. 63). Der Streitwert ist geringer anzusetzen, wenn es sich nur um vorübergehende Störungen handelt (*LG Saarbrücken* JurBüro 1991, 582, 583).

Untermiete → § 8 Rdnr. 2.

Unternehmenspacht → § 8 Rdnr. 2.

Unvertretbare Handlung → »Zwangsgeld« (Rdnr. 64).

Unwirksamkeit des Vergleiches → »Vergleich« (Wert bei Fortsetzung des Verfahrens) (Rdnr. 62).

Unzulässige Klage: Wert der Hauptsache → »Sachurteilsvoraussetzungen« (Rdnr. 59).

Unzulässige Klagenhäufung → § 5 Rdnr. 5.

Unzulässige Streitgenossenschaft → § 5 Rdnr. 5.

Unzulässigerklärung der Zwangsvollstreckung aus einer Urkunde: Keine Zusammenrechnung, wenn wirtschaftlich gesehen der gleiche Gegenstand betroffen ist, Beispiele → § 5 Rdnr. 11.

Unzuständigkeitsrüge → »Sachurteilsvoraussetzungen« (Rdnr. 59).

Urkunde: § 6 kommt zur Anwendung, wenn ein Wertpapier im engeren Sinne vorliegt. Das gleiche gilt, wenn die Urkunde einen eigenen Verkehrswert besitzt. Im übrigen wird nach § 3 bewertet → § 6 Rdnr. 7.

Urteil, Besitzstreitigkeiten → § 6 Rdnr. 7 cc.

Urteilsberichtigung → »Berichtigungsbeschwerde« (Rdnr. 42).

Urteilselement, Feststellung → § 5 Rdnr. 4.

Urteilsergänzung: Maßgebend ist nach § 3 das Interesse des Antragstellers an der Ergänzung (*OLG Celle* NJW 1966, 2414).

Vaterschaft → »Kindschaftssachen« (Rdnr. 51); → »Regelunterhalt« (Rdnr. 58).

Veränderung des Wertes des Streitgegenstandes (Arbeitsgericht) → § 2 Rdnr. 140.

Verbandsklage → »Wettbewerbsrechtliche Unterlassungsklage« (Rdnr. 63).

Verbindung von Klagen → »Klagenverbindung« (Rdnr. 51).

Verbindung von Prozessen → »Prozeßverbindung« (Rdnr. 56).

Verdienstbescheinigung (§ 141k AFG) → § 2 Rdnr. 122 a. E.

Verein: Bei Rechtsstreitigkeiten um die Zugehörigkeit zu einem Verein kann es sich um eine nichtvermögensrechtliche Angelegenheit handeln (→ § 1 Rdnr. 46). Die Bewertung richtet sich dann nach § 12 Abs. 2 GKG (→ § 3 Rdnr. 11 ff.). So liegt es bei einem Ausschluß aus einem Idealverein (*OLG Köln* MDR 1984, 153). Dementsprechend wurde der Wert der Mitgliedschaft in einem exklusiven Pkw-Club mit 4.000,– DM bemessen (*OLG Koblenz* JurBüro 1990, 1034). Die gleichen Grundsätze gelten auch für andere Klagen im Zusammenhang mit dem Verein, z. B. bei Streitigkeiten um den Vereinsnamen (→ § 1 Rdnr. 46) oder um die Wirksamkeit von Vorstandswahlen. Bei vermögensrechtlichen Angelegenheiten wird nach § 3 bewertet (Einzelheiten bei *Mümmler* JurBüro 1987, 1331 zur Aufnahme in einen wirtschaftlichen Verein). § 247 Abs. 1 AktG ist im Vereinsrecht nicht entsprechend anwendbar (*BGH* ZIP 1992, 918). Ebenso liegt es für die Streitwertspaltung des § 247 Abs. 2 AktG (*BGH* ZIP 1992, 918, 919).

Vereinsbeiträge → § 9 Rdnr. 3.

Verfahrensaussetzung → »Aussetzungsverfahren« (Rdnr. 41).

Verfügung, einstweilige → »einstweilige Verfügung« (Rdnr. 45); → »Arrest« (Rdnr. 41).

Vergleich (Allgemeines)

I. Gebührenstreitwert
  1. Gerichtsgebühren
  2. Anwaltsgebühren
  3. Sonstige Gebühren

II. Wert des Vergleichsgegenstandes
  1. Grundsätze
  2. Nicht realisierbare Ansprüche

III. Streitgegenstand und übergreifende Regelungen
  1. Unstreitige Rechtsverhältnisse
  2. Deklaratorische Erklärungen

IV. Vergleich über Kosten

V. Verpflichtung zur Klagerücknahme

62

I. Gebührenstreitwert: Die Beendigung des Rechtstreites durch Vergleich hat auf die Wertberechnungen außerhalb des Gebührenstreitwerts keinen Einfluß. Auch für die Gebühren ist der Vergleichsabschluß nur insoweit von Bedeutung, als nach dem Gebührentatbestand der Wert des Vergleichsgegenstandes die maßgebliche Größe darstellt.

1. Gerichtsgebühren: Für die Gerichtsgebühren gilt GKG KV Nr. 1170:

»*IX. Vergleich* Abschluß eines Vergleichs vor Gericht in einem Rechtsstreit außer einem Vergleich über Ansprüche, die im Verfahren nach § 620 oder § 641 d ZPO geltend gemacht werden können: Soweit der Wert des Vergleichsgegenstandes den Wert des Streitgegenstandes übersteigt ... 1/4«.

Aus der Formulierung »soweit« ergibt sich, daß die Gebühr nur dann erhoben wird, wenn der Wert des Vergleichsgegenstandes den Wert des Streitgegenstandes übersteigt. Bei der Wertberechnung ist nur dieser überschießende Teil zugrunde zu legen.

2. Anwaltsgebühren: Die Anwaltsgebühren berücksichtigen den Wert des Vergleichsgegenstandes bei der Vergleichsgebühr nach § 23 BRAGO. Bewertungsgrundlage ist in diesem Fall der gesamte Wert des Vergleiches, auch soweit er den Wert des Streitgegenstandes miterfaßt.

3. Sonstige Gebühren: Die Wertberechnung anderer als der eben genannten Gebühren wird von dem Vergleich nicht berührt. Eine Ausnahme hierzu enthält § 19 Abs. 3 S. 2 GKG für den Fall, daß der Vergleich in einem Verfahren geschlossen wird, in dem der Beklagte hilfsweise die Aufrechnung erklärt hat (→ »Vergleich [Hilfsaufrechnung]«). Für die Bewertung des Vergleichsgegenstandes gelten die allgemeinen Vorschriften der §§ 3 – 9 ZPO in Verbindung mit den speziellen Regelungen des GKG (→ § 3 Rdnr. 1); zur Anwendbarkeit des § 19 Abs. 4 GKG → »Vergleich [Hilfsanträge]«).

II. Wert des Vergleichsgegenstandes:

1. Grundsätze: Der Wert des Vergleichsgegenstandes richtet sich allein danach, worüber sich die Parteien verglichen haben, und nicht danach, worauf sie sich schließlich geeinigt haben. Vergleichsgegenstand ist damit nie die vereinbarte Leistung oder Gegenleistung (*OLG Bamberg* JurBüro 1992, 628; AnwBl. 1984, 94; *OLG München* FamRZ 1986, 828; JurBüro 1981, 888, 890; *OLG Frankfurt a. M.* JurBüro 1985, 1857; *OLG Schleswig* JurBüro 1991, 584 [Vergleich mit Kapitalabfindung]; 1982, 1374 [aber im Einzelfall wohl unrichtig angewendet: abl. *Mümmler* JurBüro 1982, 1374]; JurBüro 1980, 411, 412; *OLG Celle* NdsRpfl. 1965, 16; *OLG Köln* KostRsp. GKG KV Nr. 305; *LG Hamburg* ZMR 1986, 125; *E. Schneider* MDR 1990, 682; Rpfleger 1986, 81, 82; *Chemnitz* AnwBl. 1985, 387). Das gilt auch bei einer Kapitalabfindung im Prozeßvergleich (→ § 9

Rdnr. 11 und 26 sub b). Ebenso liegt es im Fall der Erledigung mehrerer Rechtsstreitigkeiten mit verschiedenen Parteien. Abzustellen ist auf die Summe der verglichenen Ansprüche (*OLG Köln* MDR 1973, 324 [LS]). Wird in einem Prozeßvergleich im Rahmen einer Erbauseinandersetzungsklage die Auseinandersetzung des gesamten Nachlasses geregelt, so ist der Wert des Vergleichsgegenstandes nicht höher als der Verfahrensstreitwert, der sich nach dem wirtschaftlichen Interesse des die Auseinandersetzung betreibenden Miterben bestimmt (*OLG Koblenz* JurBüro 1991, 103); → § 2 Rdnr. 17.

2. Nicht realisierbare Ansprüche: Nicht realisierbare oder sonstwie zweifelhafte Ansprüche sind nach richtiger Auffassung voll zu bewerten, weil der Streitwert im Falle einer bezifferten Summe normativ berechnet wird (→ § 3 Rdnr. 2) und sich nicht nach dem konkreten Parteiinteresse richtet (*Häsemeyer* FS Weber, 1975, 215, 235; *H. Schmidt* AnwBl. 1984, 363; *Mümmler* JurBüro 1992, 117; 1991, 767; 1983, 107; *Markl* FS H. Schmidt, 1981, 85; a. A. *OLG Bamberg* JurBüro 1989, 201; *OLG Frankfurt a. M.* MDR 1981, 57; *LAG Düsseldorf* JurBüro 1988, 778 [abl. *Mümmler*]; *LAG Hamburg* JurBüro 1986, 752, 753; *LAG Hamm* MDR 1980, 613; *E. Schneider*[10] Rdnr. 4574; *ders.* MDR 1990, 682 ff.). Die Gegenauffassung will den Vergleichswert nur um einen angemessenen Teilbetrag erhöhen.

III. Streitgegenstand und übergreifende Regelungen: Werden in dem Vergleich weitere über den Streitgegenstand hinausgehende Regelungen getroffen, so ist der Vergleichswert auf den Gesamtbetrag der Ansprüche festzusetzen, die in dem Vergleich erledigt worden sind (*BGH* NJW 1964, 1523; Beispiel bei *LG Bayreuth* JurBüro 1990, 772; *LAG Baden-Württemberg* JurBüro 1992, 535 [Entgeltansprüche für die Zeit nach dem Kündigungstermin]). Lediglich bei einem Vergleich über Stationierungsschäden wurde eine nicht zu verallgemeinernde Ausnahme gemacht (*BGHZ* 39, 60 = NJW 1963, 637). Werterhöhungen können aber nur solche Vereinbarungen bewirken, die über einen bestehenden Streit eine schlichtende Regelung treffen (doch sogleich 1.). Dieses Erfordernis ergibt sich aus § 779 BGB, auf den § 23 BRAGO ausdrücklich verweist und von dem auch GKG KV Nr. 1170 stillschweigend ausgeht. Deshalb können außergerichtliche Vergleiche, deren Ergebnis in den gerichtlichen Vergleich nur mit Rücksicht auf die Titulierung eingeführt wurde, nicht mit dem Inhalt der außergerichtlichen Regelung bewertet werden (*OLG Hamm* JurBüro 1978, 1563; *OLG Celle* NdsRpfl. 1965, 16). Ein Vergleich kommt nicht wirksam zustande, wenn den Parteien die Verfügungsbefugnis über den Gegenstand der Vereinbarung fehlt. Daher ist streitig, ob die Sorgerechtseinigung der Eltern einen Vergleich darstellen kann. Doch ist das hinsichtlich des gemeinsamen Vorschlagsrechts zu bejahen (*OLG Düsseldorf* JurBüro 1980, 735, 737 [zust. *Mümmler*]). Das gilt auch für den Vergleich über die Regelung des Umgangsrechts (→ § 3 Rdnr. 31).

1. *Unstreitige Rechtsverhältnisse:* Unstreitige Rechtsverhältnisse dürfen nicht generell außer acht gelassen werden. Das gilt vor allem dann, wenn durch den Prozeßvergleich eine u. U. kostspielige notarielle Beurkundung hinfällig wird (*Schmidt* MDR 1975, 26). Deshalb muß der Nichtanrechnungsgrundsatz durchbrochen werden (*Speckmann* MDR 1974, 359). Streitige und unstreitige Rechtsverhältnisse sind daher getrennt zu bewerten, wobei für letztere nur das nach § 3 zu schätzende Interesse an der Titulierung anzusetzen ist (*OLG Frankfurt a. M.* JurBüro 1988, 1102 [zust. *Mümmler*]: unstreitiger Unterhaltssockelbetrag mit 1/10 des Streitwerts nach § 17 Abs. 1 GKG; auch JurBüro 1985, 424; ebenso oder vergleichbar *OLG Hamm* JurBüro 1986, 745; 1985, 1360; 1985, 739; 1979, 1867; *OLG Bamberg* JurBüro 1992, 628; 1985, 740; 1983, 103; *OLG Koblenz* AnwBl. 1984, 204: 1/4 des Jahresbetrages nach § 17 Abs. 1 GKG; *OLG Hamburg* AnwBl. 1988, 313 [1/5]; *OLG Zweibrücken* MDR 1978, 496; *LAG Baden-Württemberg* JurBüro 1991, 834 [Titulierungsinteresse 1/5]; *LAG Düsseldorf* JurBüro 1985, 1710; 1985, 1702 [Zeugnisanspruch: 1/4 des Monatseinkommens]; *LAG Köln* AnwBl. 1986, 205; wohl auch *LAG Bremen* AnwBl. 1984, 155 [qualifiziertes Zeugnis]; *LG Bayreuth* JurBüro 1981, 606 [1/3]; *Chemnitz* AnwBl. 1985, 387 [1/10]; *Mümmler* JurBüro 1979, 1867 u. ö.; *E. Schneider*[10] Rdnr. 4607). Nur noch vereinzelt werden nichtstreitige Forderungen mit dem vollen Gegenstandswert bewertet (*OLG Nürnberg* JurBüro 1985, 1395 [abl. *Mümmler*]; *H. Schmidt* AnwBl. 1984, 363, 364). *Streitige*, nicht rechtshängige Forderungen, die in den Vergleich einbezogen werden, erhöhen den Vergleichswert stets um den vollen Forderungsbetrag (dazu *OLG Bamberg* JurBüro 1989, 201). Für den Streitwert der *Klage* selbst kommt es dagegen auf die Unstreitigkeit nicht an. Dort entscheidet der Antrag des Klägers (*OLG Koblenz* AnwBl. 1984, 204 → § 2 Rdnr. 10).

Werden in einen Vergleich noch nicht fällige Ansprüche einbezogen, so sind diese nicht abzuzinsen (→ § 2 Rdnr. 94; a. A. *LAG Köln* MDR 1987, 169).

2. *Deklaratorische Erklärungen:* Etwas anderes gilt für rein deklaratorische Erklärungen der Parteien, die ausdrücklich nur den Ausgangspunkt

für die Regelung streitiger Rechtsverhältnisse bezeichnen. Insoweit scheidet eine Bewertung aus (*OLG Düsseldorf* JurBüro 1985, 1357; 1980, 735, 738; *OLG Bamberg* AnwBl. 1984, 94; *OLG Hamm* JurBüro 1982, 266; *OLG Schleswig* JurBüro 1980, 411, 412; *OLG Zweibrücken* JurBüro 1981, 737; erwogen auch von *LAG Bremen* AnwBl. 1984, 155; grundsätzlich auch *OLG Düsseldorf* JurBüro 1992, 52 [aber Streitwert von 1.000,– DM wegen Verbesserung der Beweislage]). Nicht rein deklaratorisch ist freilich (trotz *BGH* FamRZ 1980, 1099; 1981, 242) der Vergleich über den Wegfall eines Unterhaltstitels für Getrenntlebenden-Unterhalt für den Fall des Eintritts der Rechtskraft des Scheidungsurteils. Die Parteien beseitigen damit die Wirkung des über diesen Anspruch bestehenden Titels im Hinblick auf § 767 (*OLG Koblenz* JurBüro 1987, 108).

IV. *Vergleich über Kosten:* Beim Vergleich über die Kosten ist der Wert der gesamten bis zum Vergleich entstandenen Kosten anzusetzen. Einigen sich die Parteien über Hauptsache und Kosten, so ist der Vergleichswert der Hauptsachewert. Die Kosten werden dem Wert der Hauptsache auch dann nicht hinzugerechnet (§ 22 Abs. 1 GKG), wenn eine Partei sie im Vergleich übernimmt (*OLG Düsseldorf* JurBüro 1984, 1865 [*Mümmler*]; *Hillach-Rohs*[8] 310). Wird nach Hauptsacheerledigung nur noch über Zinsen und Kosten gestritten, so bildet der Betrag der geforderten Zinsen den Vergleichswert und die Kosten bleiben Nebenforderungen nach § 4 Abs. 1 2. HS (*Hillach-Rohs*[8] 311). In Ehesachen kommt der zur Erledigung des Verbundverfahrens geschlossenen Kostenvereinbarung kein besonderer Gegenstandswert zu (*OLG München* FamRZ 1991, 1217 mit Nachw.).

V. *Verpflichtung zur Klagerücknahme:* Einigen sich die Parteien in dem Vergleich über die Verpflichtung zur Klagerücknahme, so ist auf den Streitwert der Hauptsache abzustellen (*OLG Köln* JurBüro 1970, 803). Übernimmt eine Partei in einem Prozeßvergleich die Verpflichtung, das in einem gegen eine dritte Person gerichtete Verfahren eingelegte Rechtsmittel zurückzunehmen, so kann das wenigstens bei einer aussichtsreichen Berufung werterhöhende Bedeutung haben (*E. Schneider*[10] Rdnr. 4578; a. A. *LAG Hamm* MDR 1980, 613).

Vergleich (Hilfsanträge)

I. Vergleichsgegenstand

II. Streitgegenstand

In vergleichbarer Weise ist zwischen dem Wert des Streitgegenstandes und dem Wert des Vergleichsgegenstandes zu unterscheiden, wenn sich der Vergleich auch auf solche Ansprüche bezieht, die bisher nur hilfsweise geltend gemacht worden sind:

I. Vergleichsgegenstand: Bei einem Vergleich auch über die Hilfsanträge ist der Wert des Vergleichsgegenstandes aus den zusammengerechneten Werten von Haupt- und Hilfsantrag zu bestimmen (im Ergebnis auch *E. Schneider*[10] Rdnr. 4671). § 19 Abs. 4 GKG (Text → § 5 Rdnr. 25), wonach der höhere Wert des Hilfsantrags maßgebend sein soll, kommt für den Vergleichsgegenstand nicht in Betracht, weil ein Vergleich keine »Entscheidung« über Haupt- und Hilfsantrag enthält. Das setzt jedoch § 19 Abs. 4 GKG voraus (unklar *OLG Frankfurt a. M.* JurBüro 1977, 707). Der Vergleichswert bestimmt sich grundsätzlich danach, in welchem Umfang eine Einigung über streitige und unklare Fragen erzielt wird, unabhängig davon, ob die Ansprüche vorher rechtshängig waren oder nicht. Deshalb ist es unerheblich, ob die Parteien diese Ansprüche erstmals vorbringen oder ob sie es schon vorher im Wege des Hilfsantrags getan haben. Nicht begründbar ist es daher, den Gegenstandswert des Vergleichs immer nur nach dem Hauptanspruch zu berechnen (a. A. *OLG Hamm* KostRsp. GKG § 19 Nr. 114 [abl. *E. Schneider*]) oder den Streitwert nach dem höchsten Anspruch zu bemessen (a. A. *LG Bayreuth* JurBüro 1980, 1248 [abl. *Mümmler*]).

II. Streitgegenstand: Der Wert des *Streitgegenstandes* bestimmt sich dagegen ausschließlich nach § 19 Abs. 4 GKG. Der höhere Wert des Hilfsanspruches bleibt daher unberücksichtigt, weil der Vergleich keine »Entscheidung« trifft (a. A. *LG Bayreuth* JurBüro 1980, 1248). Eine analoge Anwendung des § 19 Abs. 3 S. 2 GKG scheidet aus (a. A. *OLG Frankfurt a. M.* JurBüro 1977, 707), da in § 19 Abs. 4 GKG im Gegensatz zu § 19 Abs. 3 GKG der Vergleich nicht genannt ist (→ § 5 Rdnr. 27; → auch § 5 Rdnr. 40 [Hilfswiderklage]).

Vergleich (Hilfsaufrechnung)

I. Vergleichsgegenstand

II. Streitgegenstand
   1. Bedeutung des § 19 Abs. 3 S. 2 GKG
   2. Fallgruppen

III. Gebührenrechtliche Auswirkungen

I. Vergleichsgegenstand: Der Vergleichswert ist nach den allgemeinen Grundsätzen zu bestimmen (→ » Vergleich [Allgemeines]«). Maßgebend ist die Summe aller Forderungen, über die sich die Parteien verglichen haben (*OLG Hamm* JurBüro 1983, 1680; *OLG Bamberg* JurBüro 1983, 105 [zust. *Mümmler*]; *OLG Nürnberg* JurBüro 1982, 1380; *E. Schneider*[10] Rdnr. 480).

II. Streitgegenstand: Nach § 19 Abs. 3 S. 2 GKG (Text → § 5 Rdnr. 45; auch → »Vergleich [Allgemeines]«) kommt es aber zusätzlich noch zu einer Erhöhung auch des Wertes des *Streitgegenstandes.* Bei der Berechnung sämtlicher Gebühren (nicht nur derjenigen, die den Vergleich betreffen) ist damit der zusammengerechnete Wert aus der Hauptforderung und den zur Aufrechnung gestellten Gegenforderungen anzusetzen (vgl. *OLG Frankfurt a. M.* JurBüro 1978, 590). Dabei kann eine Erledigung durch Vergleich im Sinne des § 19 Abs. 3 S. 2 GKG auch dann vorliegen, wenn der Vergleich in einem anderen Rechtsstreit geschlossen wurde (*OLG Hamm* JurBüro 1983, 1680).

1. Bedeutung des § 19 Abs. 3 S. 2 GKG: § 19 Abs. 3 S. 2 GKG darf nicht dahin ausgelegt werden, daß der *volle Wert* der hilfsweise zur Aufrechnung gestellten streitigen Gegenforderung auch in bezug auf den Teil anzusetzen ist, der die Hauptforderung übersteigt (so aber *OLG München* AnwBl. 1988, 248 [abl. *Madert*]; JurBüro 1978, 1226 f. [abl. *Mümmler*]; *LG Bayreuth* JurBüro 1986, 252, 253). Vielmehr findet eine Zusammenrechnung nur bis zu der Höhe statt, in der nach § 322 Abs. 2 eine der Rechtskraft fähige Entscheidung hätte ergehen können (ebenso *OLG Düsseldorf* JurBüro 1987, 1383; *OLG Bamberg* JurBüro 1983, 105 [zust. *Mümmler*]; *OLG Hamm* JurBüro 1983, 1680; *OLG Nürnberg* JurBüro 1982, 380; *OLG Köln* JurBüro 1979, 566; *Madert* FS H. Schmidt, 1981, 80; *E. Schneider* NJW 1979, 853). Zwar ist die Verweisung in § 19 Abs. 3 S. 2 GKG nicht zweifelsfrei, doch bedeutet die analoge Anwendung lediglich, daß dieselbe Bewertung auch bei einer vergleichsweisen Regelung eintreten soll, obgleich in diesem Falle eine der Rechtskraft fähige Entscheidung über die zur Aufrechnung gestellte Forderung nicht ergeht. Damit handelt es sich um die Berücksichtigung einer fiktiven Rechtskraft, bei der die Beschränkung des § 322 Abs. 2 zu beachten ist. Diese Deutung entspricht wohl auch dem Willen des Gesetzgebers. So führt BT-Drucks. 7/3243 S. 5 Nr. 10 a. E. aus: »Satz 2 bestimmt, daß die Wertaddition in dem in Satz 1 bestimmten Umfang auch bei Vergleichen vorzunehmen ist«. Die genannten Grundsätze sind auch anwendbar, wenn *mehrfach* im Vergleich eventual aufgerechnet wird (*OLG Bamberg* JurBüro 1983, 105, 106 [zust. *Mümmler*]); näher → § 5 Rdnr. 45.

2. Fallgruppen: Wenn der Vergleich über die hilfsweise zur Aufrechnung gestellte Gegenforderung keine oder keine endgültige Regelung trifft (dazu *LG Bayreuth* JurBüro 1980, 1219), ist sie streitwertrechtlich unbeachtlich. Wird die hilfsweise zur Aufrechnung gestellte Gegenforderung in den Vergleich mit einbezogen, so sind die Werte von Haupt- und Gegenforderung zu addieren. Übersteigt der Wert der Gegenforderung den der Hauptforderung, so findet eine Zusammenrechnung nur bis zu der Höhe statt, in der nach § 322 Abs. 2 eine der Rechtskraft fähige Entscheidung hätte ergehen können.

III. Gebührenrechtliche Auswirkungen: Diese Rückwirkung des Vergleiches auf den Wert des Streitgegenstandes hat Auswirkungen auf die 1/4 – Gebühr nach GKG KV Nr. 1170 (Text → »Vergleich [Allgemeines]«). Dazu folgendes Beispiel: Werden 1.000,– DM eingeklagt und rechnet der Beklagte unter den Voraussetzungen des § 19 Abs. 3 GKG hilfsweise mit einer Gegenforderung von 1.000,– DM auf, so beträgt bei einer vergleichsweisen Regelung der Wert des Vergleichsgegenstandes ebenso wie der Wert des Streitgegenstandes 2.000,– DM. Ein überschießender Betrag liegt in diesem Falle nicht vor, so daß die Gerichtsgebühr nicht anfällt. Beläuft sich die Gegenforderung aber auf 3.000,– DM, und wird sie insgesamt durch den Vergleich erledigt, so beträgt der Wert des Vergleichsgegenstandes 4.000,–DM, wogegen der Wert des Streitgegenstandes infolge der fiktiven Rechtskraftbeschränkung des § 19 Abs. 3 S. 2 GKG weiterhin 2.000,– DM ausmacht (in gleichem Sinn *OLG Hamm* JurBüro 1983, 1680, 1681). Der sich ergebende Differenzbetrag ist der Gebühr des GKG KV Nr. 1170 zugrunde zu legen. – Zu einem im Vergleich miterledigten Minderungseinwand → § 3 »Minderung« (Rdnr. 53).

Vergleich (Wert bei Fortsetzung des Verfahrens): Der Vergleich wirkt sich auf den Wert des Streitgegenstandes grundsätzlich nicht aus (→ »Vergleich [Allgemeines]« sub I). Daher entspricht im Falle der Fortsetzung des Verfahrens nach Geltendmachung der Unwirksamkeit des Vergleiches der Streitwert des fortgesetzten Verfahrens demjenigen des bisherigen Verfahrens. Unbeachtlich ist, daß dabei auch inzidenter über die Wirksamkeit des u. U. höherwertigen Vergleichs entschieden wird, da der Vergleichsgegenstand nicht zum allein streitwertrechtlich relevanten Streitgegenstand geworden ist (vgl. § 11 Abs. 2 GKG; → § 2 Rdnr. 11). Es kommt daher für das weitere Verfahren nie auf den höheren Vergleichswert an (*BGH* KostRsp. ZPO § 3 Nr. 119; a. A. *OLG Stuttgart* JurBüro 1978, 1654; mit eher unklarer Differenzierung *Hillach-Rohs*[8] 318; *E. Schneider*[10] Rdnr. 4652 f.). Zum gleichen Ergebnis kommt es, wenn sich bei einem Vergleich nach Hilfsaufrechnung (→ »Vergleich [Hilfsaufrechnung]«) in Anwendung

des § 19 Abs. 3 S. 2 GKG auch der Wert des Streitgegenstandes erhöht. Auch hier ist zunächst die Frage der verfahrensbeendigenden Wirkung des Vergleichs zu entscheiden. Hält das Gericht den Vergleich für wirksam, so wird die verfahrensbeendigende Wirkung festgestellt, ohne daß über Art und Umfang des Vergleichsgegenstandes eine gerichtliche Entscheidung getroffen würde. Kommt das Gericht dagegen zu dem Ergebnis, daß der Vergleich unwirksam war, entfällt bereits das Tatbestandsmerkmal »Erledigung des Rechtsstreits«, so daß die werterhöhende Wirkung des § 19 Abs. 3 S. 2 GKG ausbleibt. Deshalb kann in keinem Fall der Wert des Vergleichsgegenstandes zugrunde gelegt werden.

Vergleichsverfahren (VerglO): Der Beschwerdewert ist nach § 3 festzusetzen. Ausschlaggebend ist das Interesse des Beschwerdeführers am Ausgang des Beschwerdeverfahrens (*LG Hannover* AnwBl. 1986, 246).

Vergütungsanspruch → § 9 Rdnr. 2.

Verhandlung, abgesonderte → »Sachurteilsvoraussetzungen« (Rdnr. 59).

Verkehrswert → § 6 Rdnr. 13.

Verlustigkeitsbeschluß (nach Zurücknahme des Rechtsmittels) → »Zurücknahme« (Rdnr. 64).

Vermögensverzeichnis → »Errichtung eines Vermögensverzeichnisses« (Rdnr. 45).

Veröffentlichungsbefugnis: Der Antrag auf Bewilligung einer Veröffentlichungsbefugnis hat auch neben einer Unterlassungs- oder Schadensersatzklage einen selbständigen Wert. Eine wirtschaftliche Einheit nach den zu → § 5 Rdnr. 6 ff. entwickelten Grundsätzen liegt nicht vor (*OLG Hamburg* MDR 1977, 142; *OLG Frankfurt a. M.* JurBüro 1972, 706; a. A. *OLG Nürnberg* JurBüro 1967, 72). Das nach § 3 zu bewertende Interesse des Klägers geht über die Veröffentlichungskosten hinaus (*OLG Hamm* JMBlNRW 1954, 177).

Versicherung: § 17 Abs. 2 GKG ist nur in bestimmten Fallgruppen auf Ansprüche anwendbar, die von oder gegen den Versicherer geltend gemacht werden (→ § 9 Rdnr. 18). Der Wert einer Klage auf Feststellung des Bestehens oder Nichtbestehens des Versicherungsvertrages ist nach § 3 zu schätzen (*OLG Bamberg* JurBüro 1985, 1703; auch → § 2 Rdnr. 24). Das maßgebliche Interesse des Versicherers richtet sich in erster Linie nach den zu zahlenden Prämien. Das Interesse des Versicherungsnehmers wird maßgeblich nach der Möglichkeit bestimmt, die vereinbarte Versicherungsleistung im Versicherungsfall zu erhalten (Beispiel bei *BGH* KostRsp. ZPO § 3 Nr. 1001 [krit. *E. Schneider*]: Feststellungsabschlag von 50% [Berufsunfähig keits – Zusatzversicherung]; ebenso *BGH* NJW-RR 1992, 608; *Hillach-Rohs*[8] 405 f.). Für die Klage eines Versicherungsnehmers auf Feststellung des Bestehens einer Krankenhaustagegeld – Versicherung wurde der Streitwert gem. § 3 auf den Fünfjahresbetrag der Prämie festgesetzt (*OLG Köln* JurBüro 1977, 1130; im Anschluß daran auch *OLG München* KostRsp. ZPO § 3 Nr. 988 [*E. Schneider*]). Für die Feststellungsklage betreffend eine Unfallzusatzversicherung wurde der Wert mit 10% der Versicherungssumme angenommen (*BGH* NJW-RR 1992, 608). Danach zeigt sich das Interesse des Klägers am Fortbestand des Versicherungsschutzes mittelbar in der Prämienhöhe, da diese vom Versicherer nach einem durchschnittlichen Erfahrungswert festgesetzt wird, der das abzudeckende Risiko bezeichnet. Besondere Umstände können eine abweichende Bewertung erfordern.

Der Wert einer Klage auf Abschluß einer Todesfallrisiko – Versicherung ist nach § 3 zu schätzen. Die Wertung des § 6 kommt dabei insoweit zum Tragen, als die abzuschließende Versicherung eine im Todesfall noch bestehende Restkaufpreisforderung sichern soll (*OLG Braunschweig* JurBüro 1975, 1099; weitere Fälle bei *E. Schneider*[10] Rdnr. 4763 ff.).

Versicherungsnachweisheft → § 2 Rdnr. 122.

Versicherungsprämien (kurzlebige Gegenstände) → § 9 Rdnr. 3.

Versicherungsvertrag (auf Rente) → § 9 Rdnr. 19 (Ausnahme vom Gebührenprivileg des § 17 Abs. 2 GKG).

Versorgungsausgleich → § 9 Rdnr. 13; schuldrechtlicher Versorgungsausgleich → § 9 Rdnr. 24 (Gebührenstreitwert).

Versteigerung (Kosten) → § 4 Rdnr. 23.

Verteilungsverfahren (§§ 872 ff.): Für die Gerichtskosten (GKG KV Nr. 1143) ist maßgebend die Verteilungsmasse abzüglich eines dem Schuldner verbleibenden Überschußbetrages, der nicht zur Verteilung kommt. Für die Anwaltsgebühren ist § 60 Abs. 2 BRAGO anzuwenden. Für das Verfahren nach §§ 878 ff. ist maßgeblich der Wert der vom Widersprechenden verlangten Planabweichung (→ § 5 Rdnr. 10; → § 879 Rdnr. 3).

Vertragsabschluß → »Abschluß eines Vertrages« (Rdnr. 41).

Vertragsstrafen: Es findet keine Zusammenrechnung mit dem gleichzeitig geltend gemachten Hauptanspruch statt (→ § 5 Rdnr. 12; → § 4 Rdnr. 19: keine Nebenforderung).

Verurteilungsstreitwert → § 2 Rdnr. 40 f.; Stufenklage → § 5 Rdnr. 14; Hilfsantrag → § 5 Rdnr. 28; Widerklage → § 5 Rdnr. 37; Eventual-

widerklage → § 5 Rdnr. 41; Aufrechnung → § 5 Rdnr. 46; ferner → § 5 Rdnr. 1 und 20; → § 9 Rdnr. 1; → § 708 Rdnr. 28.

Verurteilungsstreitwert (Festsetzung) → § 2 Rdnr. 62.

Verurteilungsstreitwert (Zeitpunkt) → § 4 Rdnr. 10.

Verwahrungsschein, Besitzstreitigkeiten → § 6 Rdnr. 7 sub cc.

Verwahrungsvertrag, Herausgabeklage → § 6 Rdnr. 4.

Verweisungsbeschluß: Er beinhaltet eine konkludente Streitwertaussage → § 2 Rdnr. 55, 59, 66, 71 (Zuständigkeitsstreitwert und Gebührenstreitwert).

Verzugsschäden → § 4 Rdnr. 19.

Verzugszinsen → § 9 Rdnr. 3.

Vollmachtsurkunde, Besitzstreitigkeiten → § 6 Rdnr. 7 sub cc. Maßgebend ist das Besitzinteresse wie z. B. an der Vermeidung von Schäden durch Mißbrauch der Vollmachtsurkunde.

Vollstreckbare Ausfertigung → § 724 Rdnr. 17.

Vollstreckbarerklärung ausländischer Urteile: Der Verfahrenswert bemißt sich nach dem Wert der Hauptsache (*OLG Zweibrücken* JurBüro 1986, 1404); ferner → § 722 Rdnr. 12 (Zuständigkeitsstreitwert) und Rdnr. 24 (Gebührenstreitwert); Nebenforderungen → § 4 Rdnr. 29.

Vollstreckbarerklärung von Schiedssprüchen (§§ 1042 ff.): Maßgeblich ist der nach § 3 zu schätzende Wert des Gegenstandes, über den der Schiedsspruch ergangen ist. Ist die Partei, die den Antrag auf Vollstreckbarerklärung stellt, im schiedsrichterlichen Verfahren teilweise unterlegen, so muß der Antrag im Zweifel dahin ausgelegt werden, daß die Vollstreckbarerklärung nur für den Teil begehrt wird, mit dem der Antragsteller obsiegt hat, nicht aber für den Teil, mit dem er unterlegen ist (*OLG Düsseldorf* Rpfleger 1975, 257; *OLG Frankfurt a. M.* JurBüro 1975, 228; *OLG Hamburg* NJW 1958, 1046; *Zöller-E. Schneider*[17] § 3 »Schiedsrichterliches Verfahren«). Eine ausdrückliche Antragsbeschränkung ist nicht erforderlich (*Schwab* NJW 1961, 735; *Lappe* Rpfleger 1961, 452; a. A. *OLG Frankfurt a. M.* JurBüro 1961, 149).

Vollstreckung: (*Mümmler* Zum Streitwert in Zwangsvollstreckungsverfahren JurBüro 1989, 295).

I. Geldforderungen: Für die Zwangsvollstrekkung wegen Geldforderungen gilt für die *Gerichtsgebühren* die Festgebühr von GKG KV Nr. 1149. Für den *Beschwerdewert* ist § 57 Abs. 2 S. 1 BRAGO analog anzuwenden. Maßgebend ist der zahlenmäßige Wert des beizutreibenden Betrages unter Mitrechnung von Zinsen und Kosten, jedoch ohne die Kosten der Vollstreckung (*OLG Köln* KostRsp. ZPO § 3 Nr. 838; JurBüro 1976, 1229; *Zöller-E. Schneider*[17] § 3 »Zwangsvollstrekkung«). Für die *Anwaltsgebühren* ist gem. § 57 Abs. 2 BRAGO der Betrag maßgeblich, weswegen vollstreckt wird, einschließlich Zinsen und Kosten. Wird die Zwangsvollstreckung nicht wegen der gesamten Hauptforderung betrieben, so ist grundsätzlich nur der Teil anzusetzen, der beigetrieben werden soll (*OLG München* NJW 1958, 1687; *Thomas-Putzo*[17] § 3 »Zwangsvollstreckung«; *Hillach-Rohs*[8] 322; *E. Schneider*[10] Rdnr. 5194). Anwendbar ist bei der Pfändung eines Gegenstandes auch § 6 S. 2, so daß der Wert des gepfändeten Gegenstandes entscheidet, wenn er geringer ist. Dasselbe gilt bei einer erst bevorstehenden Pfändung (→ »Zukünftige Sicherheiten« [Rdnr. 64]), sofern nur der Wert des zu pfändenden Gegenstandes festgestellt werden kann. Das ist insbesondere der Fall, wenn in einen bestimmten Gegenstand vollstreckt werden soll. Wendet sich der Schuldner lediglich dagegen, daß der titulierte Anspruch noch nicht fällig ist, dann richtet sich der Streitwert nach dem Interesse des Erinnerungs- und Beschwerdeführers an der Hinauszögerung des Vollstreckungsbeginns (*OLG Köln* JMBlNRW 1987, 10).

II. Anschlußpfändung: Bei einer Anschlußpfändung ist der Wert des zu pfändenden oder gepfändeten Gegenstandes, soweit es auf ihn ankommt, unter Abzug der vorhergehenden Pfändungpfandrechte zu bestimmen (→ § 6 Rdnr. 14 und 27).

III. Hilfsverfahren: Für den Beschwerdewert eines Verfahrens auf Erlaß einer Durchsuchungsanordnung (§ 758) ist nur ein Bruchteil anzusetzen, da es sich nur um ein Hilfsverfahren handelt, das dem Gläubiger noch kein Pfändungspfandrecht verschafft (*OLG Köln* MDR 1988, 329, 330 [1/2]).

IV. Weitere Stichwörter zur Zwangsvollstrekkung: Im Rahmen der Vollstreckung sind noch folgende Stichwörter zu beachten: → »Arrest«

(Rdnr. 41); → »Anfechtung« (Rdnr. 41); → »Drittwiderspruchsklage« (Rdnr. 44); → »Duldung der Vollstreckung« (Rdnr. 44); → »Eidesstattliche Versicherung« (Rdnr. 45); → »Einstellung« (Rdnr. 45); → »Einstweilige Verfügung« (Rdnr. 45); → »Erinnerung (§ 766)« → § 6 Rdnr. 23; → »Herausgabevollstreckung« (Rdnr. 48); → »Inzidentanträge« (Rdnr. 49); → »Ordnungsgeld« (Rdnr. 55); → »Pfandrecht« (Rdnr. 56); → »Vollstreckbare Ausfertigung« (Rdnr. 62); → »Vollstreckbarerklärung von Schiedssprüchen« (Rdnr. 62); → »Vorläufige Vollstreckbarkeit« (Rdnr. 62); → »Vollstreckbarerklärung ausländischer Urteile« (Rdnr. 62); → »Vollstreckungsgegenklage« (Rdnr. 62); → »Vollstreckungsklausel« (Rdnr. 62); → »Vollstrekkungsrechtliche Klagen« (Rdnr. 62); → »Vollstreckungsschutz« (Rdnr. 62); »Vorzugsweise Befriedigung« (Rdnr. 62); → »Zwangsgeld« (Rdnr. 64); → »Zwangsversteigerung und Zwangsverwaltung von Grundstücken« (Rdnr. 64).

Vollstreckungsgegenklage *(§ 767):* Der Streitwert bestimmt sich nach dem zu vollstreckenden Anspruch (*BGH* WM 1991, 1616, 1617) und zwar in dem Umfang, in dem die Vollstreckung ausgeschlossen werden soll (*BGH* NJW-RR 1988, 444; NJW 1962, 806; *OLG Koblenz* JurBüro 1989, 133; *OLG Hamm* Rpfleger 1991, 387 mit Anm. *E. Schneider* KostRspr. ZPO § 3 Nr. 1046; JurBüro 1988, 1078 [zust. *Mümmler*]; *OLG Bamberg* JurBüro 1984, 1398; 1981, 1571; *OLG Schleswig* SchlHA 1983, 142; *OLG Karlsruhe* Die Justiz 1978, 277 [Notarielle Urkunde]; *OLG Köln* Rpfleger 1976, 138; *KG* Rpfleger 1962, 153; *LG Bayreuth* JurBüro 1980, 265; *Mümmler* JurBüro 1989, 295, 301 f.). Das gilt auch dann, wenn der Schuldner in Vermögensverfall geraten ist (*BGH* NJW-RR 1988, 444). Anzusetzen ist der Betrag der Hauptforderung, wobei wegen § 4 Zinsen und Kosten außer Betracht bleiben, auch wenn die Rückstände durch den Zeitablauf besonders hoch sind (*OLG Hamm* JurBüro 1990, 649; *OLG Karlsruhe* AnwBl. 1991, 590 [obiter]; a. A. *LG Osnabrück* KostRsp. ZPO § 4 Nr. 69 [abl. *E. Schneider*]). Die Beschwer des unterlegenen Beklagten richtet sich danach, in welchem Umfang die Zwangsvollstreckung aus dem Titel für unzulässig erklärt worden ist. Der Streitwert einer Vollstreckungsgegenklage gegen einen Auskunftstitel (→ »Auskunftsanspruch« [Rdnr. 41]) bemißt sich nach dem mit der Auskunft verbundenen Aufwand (*OLG Hamburg* FamRZ 1989, 770). Der Streitwert einer Vollstreckungsgegenklage gegen eine einstweilige Anordnung nach § 620 (→ § 9 Rdnr. 14 und 25; → »Einstweilige Verfügung [Unterhalt]« [Rdnr. 45], betreffend eine

Unterhaltszahlung, bemißt sich nach § 17 GKG und nicht nach § 20 Abs. 2 GKG (*OLG Karlsruhe* JurBüro 1982, 1718). Es ist also nicht ohne weiteres der Streitwert des Vorprozesses maßgebend. Bei Herausgabe – und Räumungsvollstreckungen kommt es auf den Wert für die Zukunft an, bei Rententiteln auf die künftigen Raten und Rückstände, wegen derer die Vollstreckung verhindert werden soll (→ § 9 Rdnr. 5). Wird die Vollstreckungsgegenklage gegen einen Räumungsanspruch mit der Behauptung geltend gemacht, das Pachtverhältnis bestehe bis zum Tode des Pächters fort, so ist für die Wertberechnung nach § 546 Abs. 2 Satz 1 der Betrag des auf die gesamte streitige Zeit fallenden Pachtverhältnisses entscheidend (*BGH* WM 1991, 1616, 1617). Der BGH hat auch die Anwendung von § 9 1. Alt. a.F. mit dem zwölfeinhalbfachen Jahresbetrag des Pachtzinses erwogen. Bedenklich ist eine Entscheidung des *OLG Koblenz* (JurBüro 1989, 133; → § 2 Rdnr. 13): Tragen beide Parteien übereinstimmend vor, daß ein Zahlungstitel (170.000,– DM) teilweise (bis auf 17.500,– DM) erfüllt sei und begehrt nunmehr der Titelschuldner die Unzulässigerklärung der Zwangsvollstreckung gleichwohl *insgesamt*, so soll der Wert hinsichtlich des unstreitig erfüllten Teils nach § 3 zu schätzen sein (hier: 500,– DM).
Bei Verbindung mit der Klage auf Herausgabe der geleisteten Sicherheit → § 5 Rdnr. 11 und die dort genannten Ausnahmen; Aufrechnungserklärung durch den Vollstreckungsabwehrkläger → § 5 Rdnr. 45; Nebenforderungen → § 4 Rdnr. 29; Streitwert hinsichtlich Prozeßkosten des Vorprozesses → § 4 Rdnr. 24; ferner → § 9 Rdnr. 5 und → § 767 Rdnr. 60.

Vollstreckungsklausel: Klage *auf* Erteilung → § 731 Rdnr. 18. Bei der Klage *gegen* die Erteilung (§ 768) bestimmt sich der Streitwert nach dem gem. § 3 zu schätzenden Interesse des Klägers daran, die Vollstreckung zeitweise zu verhindern (*OLG Köln* MDR 1980, 852). Der Streitwert liegt daher grundsätzlich unterhalb des Hauptsachewertes. Im Einzelfall kann jedoch der volle Betrag der titulierten Forderung erreicht werden. So liegt es z.B., wenn der Kläger behauptet, er sei nicht Erbe des nach dem Titel verpflichteten Schuldners.
Der Streitwert einer Klauselerinnerung (§ 732) mit dem Ziel, die Klausel insgesamt zu beseitigen, bestimmt sich nach dem Streitwert des titulierten Anspruchs (*LG Aachen* JurBüro 1985, 254).

Vollstreckungsrechtliche Klagen: Keine Zusammenrechnung bei wirtschaftlicher Einheit → § 5 Rdnr. 11.

Vollstreckungsschutz: Eine Bewertung des Verfahrens nach § 765a ZPO ist aufgrund der Festgebühr in GKG KV Nr. 1150 für die Gerichtsgebühren in 1. Instanz nicht erforderlich. Bewertet werden muß im Beschwerdeverfahren und für die Anwaltsgebühren (dort: §§ 57, 58 Abs. 3 Nr. 3 BRAGO). Maßgebend ist nach § 3 das zu schätzende Interesse an der begehrten Schutzmaßnahme (*Thomas-Putzo*[17] § 765 Anm. 8b, c). Das Interesse ist regelmäßig mit einem Teil der Hauptforderung anzunehmen (*OLG Bamberg* JurBüro 1981, 919: 1/5 [zust. *Mümmler*]). Eine Bewertung nach § 6 ist dann geboten, wenn der Antrag ein Pfandrecht im Sinne von § 6 (→ § 6 Rdnr. 20) beseitigen oder dessen Entstehung (→ § 6 Rdnr. 22 und 26) verhindern will. So liegt es, wenn nach § 765a die Aufhebung oder die Untersagung einer Maßnahme der Zwangsvollstreckung verlangt wird. Ausgenommen ist die Einstellung der Zwangsvollstreckung (näher *Stöber* JVBl 1963, 50 m.w.N.).
§ 6 ist auf § 813a dagegen nicht anwendbar, da diese Norm von einem bestehenden Pfandrecht ausgeht (→ § 813a Rdnr. 17; *Noack* JR 1967, 369). Es ist nach § 3 zu schätzen und in der Regel die Differenz zwischen dem gewöhnlichen Verkaufswert gem. § 813 und dem geschätzten Versteigerungserlös zugrunde zu legen (*AG Hannover* NdsRpfl. 1970, 177; *Thomas-Putzo*[17] § 813a Anm. 6).

Vorabentscheidung (§ 718): Eine Streitwertfestsetzung ist nur in Sonderfällen erforderlich wie z.B. bei der Berufungsrücknahme nach Erlaß des Teilurteils gem. § 718. Geschätzt wird das Interesse des Antragstellers gem. § 3. Wird die Beseitigung der vorläufigen Vollstreckbarkeit des angefochtenen Urteils erstrebt, entspricht der Streitwert der erstinstanzlichen Urteilssumme (*OLG Frankfurt a.M.* JurBüro 1983, 140).

Vorbehaltseigentum: Entscheidend ist der Sachwert. Nicht berücksichtigt werden die vom Käufer gezahlten Kaufpreisraten (→ § 6 Rdnr. 9, 15, 21).

Vorbehaltsurteil (Streitwertfestsetzung durch das Arbeitsgericht) → § 2 Rdnr. 118.

Vorerbe: Der Wert der Klage des Vorerben gegen den Nacherben auf Zustimmung zu einem Verkauf und zur Auflassung eines zum Nachlaß gehörigen Grundstücks wird nach § 3 geschätzt. Bei der begehrten Zustimmung steht inmitten, die bei Eintritt der Nacherbfolge entstehenden Rechtsfolgen aus § 2113 BGB zu verhindern. Dagegen geht es nicht um den Besitz oder um das Eigentum am Grundstück. Gleichwohl darf sich die Bewertung am Verkehrswert des Grundstücks orientieren: Im Rahmen des § 3 ist zu berücksichtigen, daß es bei wirtschaftlicher

Betrachtungsweise um das Grundstück geht, dessen Erwerb im Wege der Nacherbfolge bei Erteilung der Zustimmung auf Dauer ausgeschlossen ist.

Für den Vorerben eingetragene Belastungen sind vom Verkehrswert abzuziehen, wenn sie durch den Eintritt der Nacherbfolge unberührt bleiben (*OLG Schleswig* JurBüro 1968, 735). Zum gleichzeitig geltend gemachten Anspruch auf Einwilligung in die Löschung des im Grundbuch eingetragenen Nacherbenvermerks (→ § 5 Rdnr. 9; zum Anspruch des Nacherben gem. § 2121 BGB → »Nachlaßverzeichnis« [Rdnr. 54]). Begehrt der Vorerbe die Feststellung seiner Eigenschaft als Vorerbe, so ist neben dem Abschlag für die Feststellungsklage (→ § 2 Rdnr. 21) zu berücksichtigen, daß die Stellung eines Vorerben erheblich schwächer ist als die eines Vollerben. So liegt es auch dann, wenn der Nacherbfall nicht nach Ablauf eines bestimmten Zeitraumes, sondern erst mit dem Tod des Vorerben eintritt (*BGH* FamRZ 1989, 958: 1/5).

Vorkaufsrecht: Der Wert einer Klage auf Feststellung oder auf Einräumung eines Vorkaufsrechts ist gem. § 3 nach dem Interesse des Klägers zu schätzen (*BGH* JurBüro 1957, 224 = LM § 3 ZPO Nr. 13; *OLG Celle* JurBüro 1967, 598; *AG Lahnstein* JurBüro 1978, 1563 [Einräumung]). Geht es um die Löschung eines Vorkaufsrechts im Grundbuch, so ist das Interesse des Klägers mit einem Bruchteil des Grundstückswertes zu bemessen (*KG* Rpfleger 1969, 214; *OLG Nürnberg* JurBüro 1963, 43: 1/2). Eine auf ein ausgeübtes Vorkaufsrecht gestützte Herausgabeklage ist nach § 6 zu bewerten (*BGH* JurBüro 1957, 224); → § 6 Rdnr. 4; gesetzliches Vorkaufsrecht des Miterben nach § 2034 BGB → § 6 Rdnr. 4; ferner → § 7 Rdnr. 5.

Vorläufige Vollstreckbarkeit (§ 708 Nr. 11) → »Verurteilungsstreitwert« (Rdnr. 62); zur Vollstreckbarkeit nur bezüglich der Kosten → § 2 Rdnr. 41; → § 708 Rdnr. 31.

Vorlage (eines Gegenstandes) → § 6 Rdnr. 5: Es kommt nicht auf den Wert der Sache, sondern auf das Interesse des Klägers an. Ebenso liegt es bei Urkunden → § 6 Rdnr. 7 a. E.

Vormerkung: Wird die Eintragung im Hauptsacheprozeß geltend gemacht, ist der Wert des zu sichernden Anspruches maßgebend (→ § 6 Rdnr. 21). Im Verfügungsverfahren kommt es auf das Interesse des Antragstellers an (→ § 6 Rdnr. 24; → »Einstweilige Verfügung« [Rdnr. 45]). Bei der Löschung ist stets nach § 3 und nicht nach § 6 zu bewerten (→ § 6 Rdnr. 23).

Vormietrecht → § 8 Rdnr. 6.

Vorpachtrecht → § 8 Rdnr. 6.

Vorpfändung (§ 845): Der Streitwert der Vorpfändung entspricht demjenigen der nachfolgenden Pfändung (*OLG Köln* JurBüro 1989, 82 [zu § 57 Abs. 2 S. 1 BRAGO]).

Vorrangeinräumung: Maßgebend ist die geringste Forderung, wenn nicht der Wert des belasteten Gegenstandes noch geringer ist. Dann ist dieser Wert entscheidend (→ § 6 Rdnr. 23 und 28).

Vorruhestandsgeld → § 2 Rdnr. 124.

Vorstand einer Aktiengesellschaft: Entgelt für die Tätigkeit als Vorstand → § 9 Rdnr. 2.

Vorstandsmitglied einer Genossenschaft: Entgelt für die Tätigkeit als Vorstandsmitglied → § 9 Rdnr. 2.

Vorübergehende Räumung → § 8 Rdnr. 19.

Vorverträge (Mietverhältnisse) → § 8 Rdnr. 7.

Vorzeitiger Zugewinnausgleich → § 5 Rdnr. 13; → »Zugewinnausgleich« (Rdnr. 64).

Vorzugsweise Befriedigung (§ 805): Entscheidend ist der Wert der geringsten Forderung oder der Wert des gepfändeten Gegenstandes, wenn er geringer ist (→ § 6 Rdnr. 28 und 23; → § 805 Rdnr. 32).

Währung, ausländische → § 2 Rdnr. 94. 63

Wahlschulden → § 5 Rdnr. 29.

Wandelung: Die Klage auf Zustimmung zur Wandelung ist nach § 3 zu bewerten (→ »Aufhebung« [Rdnr. 41]). Wird dagegen nach Wandelungserklärung oder nach vollzogener Wandelung sofort auf Leistung geklagt, dann ist nach § 6 der Wert der verkauften Sache oder der Kaufpreis maßgebend. Das Angebot des Klägers, die erhaltene Leistung zurückzuerstatten, wird nicht gesondert bewertet (→ § 2 Rdnr. 10). Werden beide Anträge gleichzeitig gestellt, so ist nur das Herausgabeverlangen maßgeblich (→ § 5 Rdnr. 9). Wird die Einrede der Wandelung gegen die Kaufpreisklage erhoben, gelten die zur → »Minderung« (Rdnr. 53) gemachten Ausführungen. Zum Anspruch auf Rücknahme nach vollzogener Wandelung → § 6 Rdnr. 5; zur Geltendmachung der Vertragskosten bei der Wandelung → § 4 Rdnr. 23.

Warenzeichensachen (Streitwertherabsetzung) → § 3 Rdnr. 34 ff.; Unterlassungs- und Beseitigungsanspruch → § 4 Rdnr. 18; → § 5 Rdnr. 13.

Wärmelieferungsvertrag → § 8 Rdnr. 2.

Wechsel: Besitzstreitigkeiten → § 6 Rdnr. 7 sub aa, cc; bei bereits eingelöstem Wechsel → § 6 Rdnr. 7 sub cc; Bewertung von Nebenforderungen bei einer Klage aus dem Wechsel (Wechselkosten, Wechselprovisionen, Wechselzinsen) (→ § 4 Rdnr. 33 und → § 5 Rdnr. 12).

Wegerecht: Es ist bei der Verkehrswertbestimmung eines Grundstücks abzugsfähig → § 6 Rdnr. 14; Notwegerecht → § 7 Rdnr. 4.

Werbeverwaltungsvertrag → »Filmwerbung« (Rdnr. 46).

Werkdienstwohnung → § 8 Rdnr. 2.

Werklohn (Sicherung durch Hypothek) → § 5 Rdnr. 9.

Werkmietwohnung → § 8 Rdnr. 2.

Wert der Beschwer → § 2 Rdnr. 37; → § 546 Rdnr. 21 ff.; → »Rechtsmittelstreitwert« (Rdnr. 58).

Wert der Sache: Es entscheidet der Verkehrswert (→ § 6 Rdnr. 12−18).

Wert des Beschwerdegegenstandes → § 511 a Rdnr. 15 ff.; → »Rechtsmittelstreitwert« (Rdnr. 58).

Wertänderungen → »Änderungen des Wertes« (Rdnr. 41); → »Änderung des Streitwertes« (Rdnr. 41).

Wertberechnung bei einem Grundstück → § 6 Rdnr. 13.

Wertberechnung nach der Differenz: So wird ausnahmsweise bei wiederkehrenden Nutzungen oder Leistungen bewertet, wenn nur ein Teil im Streit ist (→ § 9 Rdnr. 11).

Wertherabsetzung aus wirtschaftlichen Gründen → § 3 Rdnr. 34 ff.

Wertpapiere: Es entscheidet der Wert des verbrieften Rechts, wenn ein Wertpapier im engeren Sinn vorliegt, ansonsten ist das Interesse des Klägers maßgebend (→ § 6 Rdnr. 7).

Wettbewerbsrechtliche Unterlassungsklage

I. Einzelpersonen

II. Verbandsklagen
  1. Interessenfachverbände
  2. Interessen der Allgemeinheit

III. Zur Streitwertherabsetzung aus wirtschaftlichen Gründen gem. §§ 23 a, b UWG

Der Wert ist entsprechend dem nach § 3 zu schätzenden Interesse des Klägers zu bestimmen (*BGH* NJW-RR 1990, 1322; WM 1990, 2058, 2059 [zu befürchtende Umsatzeinbuße]; *OLG München* CR 1990, 400; *Hillach-Rohs*[8] 413 m. Nachw. in Fn. 1179; → § 9 Rdnr. 3). Das gilt auch dann, wenn das Interesse des Klägers und dasjenige des Beklagten unterschiedlich hoch sind. Nicht etwa entscheidet das höhere der beiden Interessen (unrichtig *BezG Dresden* ZIP 1991, 1388 mit abl. Anm. *E. Schneider* KostRspr. ZPO § 3 Nr. 1056). Regelstreitwerte haben sich noch nicht herausgebildet (dazu *OLG Koblenz* WRP 1989, 815). Doch geht jetzt das *OLG Oldenburg* in beachtenswerter Weise in durchschnittlichen Angelegenheiten von Regelwerten aus (*OLG Oldenburg* NdsRpfl. 1991,

171 mit zust. Anm. *E. Schneider* KostRspr. ZPO § 3 Nr. 1035). Die wichtigsten Bemessungskriterien sind die (wirtschaftliche) Größe des Klägers einschließlich des Umsatzes, die Art und Gefährlichkeit des Wettbewerbsverstoßes, der Gesamtgefährdungsgrad (*BGH* NJW-RR 1990, 1322, 1323: 50.000,– DM bei Kleinanzeige mit regionaler Bedeutung), sowie auch die Marktstellung des Antragsgegners (*OLG Stuttgart* NJW-RR 1987, 429; WRP 1978, 839; *Ulrich* GRUR 1984, 177, 178 f.). Generalpräventive Überlegungen oder Bestrafungstendenzen müssen außer acht bleiben (zutreffend insoweit *LG Mosbach* BB 1983, 2073, 2074; a. A. der aufhebende Beschluß von *OLG Karlsruhe* BB 1984, 689; *Zöller-E. Schneider*[17] § 3 »Gewerblicher Rechtsschutz«). Das Interesse des Beklagten und dessen Umsatz sind für die Schätzung lediglich insoweit von Bedeutung, als sie ein Indiz für die Umsatzeinbuße des Klägers darstellen (*OLG Nürnberg* WRP 1982, 551). Hauptsachewert und Verfügungswert sind grundsätzlich nicht gleichzusetzen (*OLG Oldenburg* NdsRpfl. 1991, 171).

I. Einzelpersonen: Tritt eine Einzelperson oder ein Einzelunternehmen als Kläger auf, ist die Einbuße maßgebend, die wegen des wettbewerbswidrigen Verhaltens erwartet wird (*BGH* WM 1990, 2058, 2059, Anm. *E. Schneider* KostRsp. ZPO § 3 Nr. 1012; *OLG Oldenburg* NdsRpfl. 1991, 171). Dabei ist insbesondere auf die Größe, Bedeutung und den Umsatz des beeinträchtigten Unternehmens abzustellen (*OLG Frankfurt a. M.* JurBüro 1992, 489; 1976, 368; *OLG Celle* JurBüro 1974, 1434). Entsprechendes gilt auch dann, wenn zwei wirtschaftliche Interessenverbände im Wettbewerb um Mitglieder stehen (*OLG Karlsruhe* MDR 1980, 59). Die Gefährlichkeit des Beklagtenangriffes (»Angriffsfaktor«) ist als Indiz für die Umsatzeinbuße beim Verletzten bedeutsam. Dabei findet auch Berücksichtigung, ob die Zuwiderhandlung schuldlos, fahrlässig oder vorsätzlich geschehen ist (*OLG Frankfurt a. M.* JurBüro 1983, 1249). Doch ist stets zu bedenken, daß auch geringere Verletzungen einen erheblichen Schaden herbeiführen können (*Hillach-Rohs*[8] 415).

II. Verbandsklagen: Der Wert bei Verbandsklagen liegt meistens wesentlich höher als bei einem einzelnen Wettbewerber. Darüber hinaus ist die Klage eines wirtschaftlichen Interessenverbandes in der Regel höher zu bewerten als diejenige eines Idealvereins (*OLG Karlsruhe* BB 1984, 689; *OLG Frankfurt a. M.* JurBüro 1982, 909; 1974, 1593). Doch müssen unangemessen hohe Werte vermieden werden (*E. Schneider* MDR 1984, 544 ff.; *Herr* MDR 1985, 187 gegen *Thesen* MDR 1984, 544; Einzelheiten bei *Traub* WRP 1982, 557).

1. Interessenfachverbände: Nach Auffassung des Bundesgerichtshofes ist bei Klagen eines Interessen- (Fach-) Verbandes die Summe der Interessen der einzelnen Mitglieder zu ermitteln (*BGH* GRUR 1977, 748 [»Kaffee – Verlosung II«]). Das Gesamtinteresse ist aber nicht mit den Umsätzen der Mitglieder identisch (*OLG Karlsruhe* BB 1984, 689). Eine solche Bewertung würde zu unangemessen hohen Werten führen (treffend *OLG Frankfurt a. M.* JurBüro 1992, 489; 1982, 909 gegen *BGH* GRUR 1968, 106; *KG* JurBüro 1986, 1865 [zust. *Mümmler*]). Vielmehr sind erhebliche Abschläge zu machen (*KG* WRP 1975, 443). Maßgebend sind auch hier Gewicht, Umfang, Intensität und Dauer der beanstandeten Verletzungshandlung (*OLG Stuttgart* WRP 1986, 432). Bei einer Kleinanzeige ist ein geringerer Angriffsfaktor anzusetzen (*KG* NJW-RR 1987, 878). Ist der Verband der Antragsgegner, so kann nicht nach der sog. Schramm'schen Formel (GRUR 1953, 104 f.) bewertet werden. Maßgebend ist das Interesse des Antragstellers an der Vermeidung von Umsatzverlusten (*OLG Frankfurt a. M.* JurBüro 1992, 489).

2. Interessen der Allgemeinheit: Verfolgt der Verband nach dem in der Satzung festgelegten Verbandszweck das Interesse der Allgemeinheit an einem funktionsfähigen, ungestörten und fairen Wettbewerb, ohne eigene unmittelbare wirtschaftliche Interessen zu vertreten, so ist die Beeinträchtigung dieses Interesses anzusetzen (*BGH* MDR 1978, 28; *OLG Düsseldorf* JurBüro 1975, 229 [*Schmidt*]; *Ulrich* GRUR 1984, 177, 179). Bewertet wird damit in erster Linie das Interesse der Allgemeinheit an der Beseitigung des bekämpften Zustandes (*BGH* NJW-RR 1990, 1322; NJW 1967, 2402 [»Ratio I«] ; *OLG Stuttgart* NJW-RR 1987, 429 [Verbraucherverband]; *KG* NJW-RR 1987, 878; *LG Berlin* JurBüro 1986, 1864). Dieses Interesse richtet sich wiederum vor allem nach Art und Auswirkung des Wettbewerbsverstoßes, nach seiner Intensität und Dauer (*BGH* NJW-RR 1990, 1322), sowie nach Art und Größe des Verletzers. Bei einem schwerwiegenden Täuschungsmanöver ist das Interesse der Allgemeinheit besonders groß (*OLG Stuttgart* NJW-RR 1987, 429).

III. Zur Streitwertherabsetzung aus wirtschaftlichen Gründen gem. §§ 23a, b UWG → § 3 Rdnr. 39; ferner → »Kartellsachen« (Rdnr. 51); zur Wertaddition bei zusätzlich geltend gemachten Ansprüchen → § 5 Rdnr. 6; geringere Bemessung des Streitwerts bei mehreren Verletzten → »Unterlassungsanspruch« (Rdnr. 61).

Wettbewerbsverbot: Der Wert eines Streits über die Gültigkeit eines nachvertraglichen Wettbewerbsverbotes bestimmt sich nach der höchstens geschuldeten Karenzentschädigung (*LAG Düsseldorf* JurBüro 1985, 764; *LAG Hamm*

AnwBl. 1984, 156; 1981, 106; *Hillach-Rohs*[8] 447).

Widerklage → § 2 Rdnr. 92; → § 5 Rdnr. 31 ff.; Zuständigkeitsstreitwert → § 5 Rdnr. 31; Bagatellstreitwert → § 5 Rdnr. 32 a. E.; Gebührenstreitwert → § 5 Rdnr. 33 ff.; Rechtsmittelstreitwert und Verurteilungsstreitwert → § 5 Rdnr. 37 f.; Widerklage und Nebenforderung → § 4 Rdnr. 29 a. E.; ferner → § 4 Rdnr. 26.

Widerklage, parteierweiternde → § 5 Rdnr. 43.

Widerklage auf Schadensersatz (§§ 302 Abs. 4, 600 Abs. 2, 717 Abs. 2) → § 5 Rdnr. 32, 34, 47.

Widerruf: Klagen auf Widerruf ehrverletzender Äußerungen sind nichtvermögensrechtlich (→ § 1 Rdnr. 46) und nach § 12 Abs. 2 GKG zu bewerten (→ § 3 Rdnr. 11 ff.). Ansonsten ist nach § 3 zu verfahren. Bei Vorliegen besonderer Umstände kann das Interesse des Klägers hoch zu bewerten sein. So liegt es z. B. bei einer erheblichen Beeinträchtigung der beruflichen Position und Verbreitung einer Äußerung durch eine auflagenstarke Zeitschrift (*OLG Hamm* AnwBl. 1972, 319: 300.000,– DM). Gleichzeitige Anträge auf Widerruf und Unterlassung sind gesondert zu bewerten (→ § 5 Rdnr. 13). Das gleiche gilt für den Anspruch auf Widerruf einer Äußerung gegenüber verschiedenen Adressaten (*OLG Celle* NdsRpfl. 1970, 207). Zum Zusammentreffen von vermögens- und nichtvermögensrechtlichem Anspruch → § 5 Rdnr. 13.

Widerspruch gegen die Richtigkeit des Grundbuchs → »Einstweilige Verfügung« (Rdnr. 45).

Widerspruchsklage → »Drittwiderspruchsklage« (Rdnr. 44).

Wider-Widerklage → § 5 Rdnr. 42.

Wiederaufnahmeklage → »Nichtigkeitsklage« (Rdnr. 54); Streitwert hinsichtlich der Prozeßkosten des Vorprozesses → § 4 Rdnr. 24; bezüglich der bisher aufgelaufenen Zinsen → § 4 Rdnr. 29.

Wiederkehrende Leistungen: Begriff → § 9 Rdnr. 2; Leistungsklage → § 9 Rdnr. 5; Feststellungsklage → § 9 Rdnr. 5; § 9 ist nicht anwendbar; vielmehr wird nach § 3 geschätzt. Bei einer Unfallrente wird regelmäßig der zehnfache Jahresbetrag zugrunde gelegt (→ § 2 Rdnr. 21). Zur Berechnung bei hohem Alter der Berechtigten → § 9 Rdnr. 8; Sondervorschriften für den Gebührenstreitwert → § 9 Rdnr. 11 ff.

Wiederkehrende Leistungen (Arbeitsrecht) → § 2 Rdnr. 123 und → § 9 Rdnr. 28.

Wiederkehrende Nutzungen → § 9 Rdnr. 2.

Wirtschaftliche Einheit → § 5 Rdnr. 6 ff.

Wirtschaftliche Einheit zwischen Haupt- und Hilfsantrag → § 5 Rdnr. 21.

Wirtschaftlicher Nutzen → § 3 Rdnr. 7.

Wohnheim → § 8 Rdnr. 2.

Wohnrecht → § 9 Rdnr. 3. Für den Gebühren-streitwert kommt § 16 GKG (Text → § 8 Rdnr. 17) in Betracht, soweit ein ähnliches Nutzungsverhältnis vorliegt wie z.B. beim Dauerwohnrecht nach §§ 31 ff. WEG (→ § 8 Rdnr. 18). Ansonsten findet § 3 Anwendung wie z.B. bei unentgeltlichem Wohnrecht (*LG Heidelberg* AnwBl. 1984, 373 → § 8 Rdnr. 18).

Wohnungseigentum: Besitz- und Eigentumsklagen → § 6 Rdnr. 9; → § 8 Rdnr. 2; Entziehung des Wohnungseigentums nach §§ 18, 19 WEG → § 6 Rdnr. 11.

64 **Zeichnungen** (technische oder künstlerische), Besitzstreitigkeiten → § 6 Rdnr. 7 sub dd.

Zeitpunkt (Wertberechnung) → § 4 Rdnr. 5 (Zuständigkeitsstreitwert); → § 4 Rdnr. 9 (Rechtsmittelstreitwert); → § 4 Rdnr. 10 (Verurteilungsstreitwert); → § 4 Rdnr. 11 ff. (Gebührenstreitwert); → ferner § 6 Rdnr. 18.

Zeitpunkt (Erbunwürdigkeitsklage) → »Erbunwürdigkeitsklage« (Rdnr. 45).

Zeuge: Zwischenstreit über Zeugnisverweigerungsrecht → § 3 Rdnr. 13.

Zeugnis (arbeitsrechtliches) → § 2 Rdnr. 122.

Zeugnisverweigerungsrecht → § 3 Rdnr. 13.

Ziffernmäßig bestimmte Geldansprüche → »bestimmte Geldsumme« (Rdnr. 42).

Zinsen → § 4 Rdnr. 16 und 22; 31; → § 5 Rdnr. 12.

Zinsen (Beschwer) → § 4 Rdnr. 31.

Zinsen (als Hauptforderungen): Der Wert einer Zinsforderung mit ungewissem Erfüllungszeitraum ist gem. § 3 nach freiem Ermessen zu schätzen (*BGH* WM 1981, 1091 = JurBüro 1981, 1490).

Zinsen (für andere als Hauptforderungen) → § 4 Rdnr. 28.

Zinsmäßige Zahlung von Schäden (als Nebenforderung) → § 4 Rdnr. 19.

Zivildienstleistende → § 9 Rdnr. 20.

Zölle: Keine Nebenforderung → § 4 Rdnr. 18.

Zubehör: Keine Nebenforderung → § 4 Rdnr. 18; Zusammenrechnung mit gleichzeitig geltend gemachtem Hauptanspruch → § 5 Rdnr. 12.

Zugangsgestattung → »Einstweilige Verfügung« (Rdnr. 45).

Zug um Zug → § 2 Rdnr. 19 und → »Gegenrechte« (Rdnr. 47).

Zugewinnausgleich (§§ 621 Abs. 1 Nr. 9 ZPO; 1382, 1383 BGB): Die häufig gebrauchte Formulierung in der Scheidungsklage »Der Zugewinnausgleich wird durchgeführt« (dazu *OLG Frankfurt a. M.* JurBüro 1979, 1682) löst keine Anhängigkeit aus. Bei der Übertragung von Vermögensgegenständen zur Erfüllung der Ausgleichsforderung im Rahmen des § 1383 BGB

darf nicht auf § 6 ZPO abgestellt werden (a. A. *OLG Frankfurt a. M.* MDR 1990, 58). Maßgebend ist vielmehr, in welcher bezifferten Höhe der Ausgleichsanspruch erledigt wird (*E. Schneider* MDR 1990, 290; → § 6 Rdnr. 11 a. E.). Bei wechselseitig zu übertragenden Grundstückshälften ist nicht deren Wert maßgebend (a. A. *OLG Köln* AnwBl. 1988, 66), sondern das Interesse an der Regelung des Zugewinnausgleichs. Für die Stundung der Ausgleichsforderung nach § 1382 BGB ist das Interesse des Antragstellers am Zahlungsaufschub nach § 3 ZPO zu schätzen (*E. Schneider*[10] Rdnr. 1871).

Zugewinnausgleich (vorzeitiger): Der Streitwert einer Klage auf vorzeitigen Ausgleich des Zugewinns (§ 1385 BGB) wird von der Rechtsprechung auf 1/4 des zu erwartenden Zugewinnausgleichs festgesetzt. Ein geringerer Wert ist festzusetzen, wenn sich die Beendigung der Ehe bereits absehen läßt wie etwa bei bereits anhängigem Ehescheidungsverfahren (*BGH* NJW 1973, 369 = JurBüro 1973, 213; *OLG Schleswig* SchlHA 1979, 180). Bei gleichzeitigem Antrag auf Zahlung der Ausgleichsforderung → § 5 Rdnr. 13; zur Sicherstellung des vorzeitigen Ausgleichs des Zugewinns nach § 1389 BGB → § 6 Rdnr. 21.

Zugewinngemeinschaft, Beendigung: Neben dem Ehescheidungsantrag findet keine selbständige Bewertung statt. Die Vereinbarung von Gütertrennung und der gegenseitige Verzicht auf Zugewinnausgleich bemessen sich nach dem Interesse der Parteien am Wegfall der vorhandenen und andernfalls künftig entstehenden Ansprüche auf Zugewinnausgleich sowie der Streitvermeidung (*OLG München* FamRZ 1986, 828 [Gebührenstreitwert eines Vergleichs]).

Zukünftige Leistung → »Künftige Leistung« (Rdnr. 51); *Miete* (§ 259) → § 8 Rdnr. 18.

Zukünftige Sicherheiten: Sie werden wie bestehende gewertet (→ § 6 Rdnr. 23 und 26).

Zurückbehaltungsrecht → »Gegenrechte« (Rdnr. 47).

Zurücknahme *des Rechtsmittels* (der Berufung [§ 515]; der Revision [§ 566]): Der Wert des Beschlusses (Verlustigkeitsbeschluß) nach Zurücknahme richtet sich nicht nach der Hauptsache, sondern regelmäßig nach den Kosten; näher → § 515 Rdnr. 24; zur Beschwerde → § 575 Rdnr. 7 f.

Zusammentreffen vermögens- und nichtvermögensrechtlicher Ansprüche → § 5 Rdnr. 18, 19 (Gebührenstreitwert).

Zusammentreffen von Einzelleistungen und Geltendmachung des Rechts auf wiederkehrende Leistungen → § 9 Rdnr. 7.

Zuständigkeit → »Sachurteilsvoraussetzungen« (Rdnr. 59).

Zuständigkeitsbestimmung: Es ist nach § 3 ein Bruchteil des Hauptsachewertes anzusetzen (*BayObLG* JurBüro 1992, 700, 701: 1/4).

Zuständigkeitsstreitwert: → § 2 Rdnr. 30 ff.; zur Festsetzung → § 2 Rdnr. 49 ff.; zum maßgeblichen Zeitpunkt → § 4 Rdnr. 5 ff.; Stufenklage → § 254 Rdnr. 48; Eventualanträge → § 5 Rdnr. 24; Widerklage → § 5 Rdnr. 31 f.; Eventualwiderklage → § 5 Rdnr. 39; Aufrechnung → § 5 Rdnr. 44; bei Miet- und Pachtklagen → § 8 Rdnr. 1.

Zustimmung zur Herausgabe einer hinterlegten Sache → »Hinterlegung« (Rdnr. 48).

Zustimmung zur Mietzinserhöhung → § 8 Rdnr. 4; → § 9 Rdnr. 3.

Zustimmungsantrag: Bei gleichzeitigem Leistungsantrag und Streitgenossenschaft → § 5 Rdnr. 10.

Zuwachs (keine Nebenforderung) → § 4 Rdnr. 18.

Zwangsgeld (§ 888): Der Wert ist gem. § 3 anhand des Gläubigerinteresses zu schätzen, das regelmäßig unterhalb des Hauptsachewertes liegt, da der Zwang noch nicht Erfüllung bedeutet. Angemessen sind regelmäßig Bruchteile zwischen 1/3 und 1/4 (*OLG Nürnberg* KostRsp. ZPO § 3 Nr. 710 [zust. *E. Schneider*]; a. A. *Hillach-Rohs*[8] 336 f.: Hauptsachewert; *LAG Bremen* KostRsp. ZPO § 3 Nr. 908 [abl. *E. Schneider*]). Auf das beantragte oder das verhängte Zwangsgeld kommt es nicht an (*KG* MDR 1973, 506; Rpfleger 1970, 97; *E. Schneider*[10] Rdnr. 3511). Die Beschwerde des *Gläubigers* gegen die Ablehnung seines Antrags nach § 888 ist nach den angeführten Grundsätzen zu bewerten (a. A. *LAG Düsseldorf* AnwBl. 1981, 35: Höhe des Zwangsgeldes). Bei der Beschwerde des *Schuldners* ist auf dessen Interesse abzustellen, die ihm abverlangte Handlung nicht vornehmen zu müssen (*OLG Braunschweig* JurBüro 1977, 1148; a. A. *OLG Stuttgart* Rpfleger 1973, 314). Da für den ersten Rechtszug keine gerichtlichen Gebühren mehr vorgesehen sind (*Mümmler* JurBüro 1975, 1137; *Hillach-Rohs*[8] 337), kommt eine Streitwertfestsetzung nur noch für das gerichtliche Beschwerdeverfahren und die Anwaltskosten in Betracht (§ 58 Abs. 3 Nr. 8 BRAGO).

Zwangsversteigerung und Zwangsverwaltung von Grundstücken: Maßgebend sind die §§ 28–30 GKG und KV Nr. 1500–1531. Ist eine Forderung nur in Höhe rückständiger Zinsen voll-streckbar, so bemißt sich der Streitwert für die Anordnung der Zwangsversteigerung nur nach dem Rückstand und nicht nach dem Kapital des dinglichen Rechts (*LG Freiburg* JurBüro 1992, 114). Das Beschwerdeverfahren (GKG KV Nr. 1540, 1541) wird gem. § 12 Abs. 1 GKG nach § 3 ZPO bewertet (*LG Passau* JurBüro 1986, 251 [Einstellungsbeschwerde nach § 180 Abs. 2 ZVG]; *KG* JurBüro 1982, 1223). Der Streitwert des Beschwerdeverfahrens betreffend eine einstweilige Einstellung gem. §§ 30, 30 a ZVG, 765 a ZPO wurde anhand des Schuldnerinteresses mit 20% der Gläubigerforderungen bemessen (*OLG Bamberg* JurBüro 1981, 919). Das Schuldnerinteresse an einer zeitweiligen Einstellung kann mit einem Bruchteil des Grundstückswertes, aber nicht höher als die Gläubigerforderung angesetzt werden (*OLG Stuttgart* Die Justiz 1986, 413 [LS]). Die Bewertung im einzelnen richtet sich nach dem Interesse des Beschwerdeführers. Auf der Seite des Gläubigers geht es um die Durchsetzung der Forderung, wogegen der Schuldner (oder der Miteigentümer bei der Teilungsversteigerung) sich um den Erhalt des Eigentums bemüht oder eine Verschleuderung des Grundstücks zu vermeiden sucht (*OLG Bamberg* JurBüro 1972, 249; *LG Bayreuth* JurBüro 1978, 892; 1976, 1248; *E. Schneider* MDR 1976, 181; *Hartmann*[24] GKG KV Nr. 1541 Anm. 2). Unrichtig ist es, anstelle des § 3 ZPO die für das erstinstanzliche Verfahren geltenden Vorschriften der §§ 28, 29 GKG heranzuziehen (a. A. *OLG Bremen* JurBüro 1977, 1591).

Zwangsvollstreckung → »Vollstreckung« (Rdnr. 62).

Zwischenfeststellungsklage → § 5 Rdnr. 7.

Zwischenstreit: Soweit die Entscheidung in der Hauptsache vermögensrechtlich ist, ist es auch der Zwischenstreit (→ § 3 Rdnr. 13); zum Zwischenstreit über → »Sachurteilsvoraussetzungen« (Rdnr. 59).

Zwischenurteil (Streitwertfestsetzung durch Arbeitsgericht) → § 2 Rdnr. 118.

Zwischenvergleich: Einigen sich die Parteien in einem Zwischenvergleich, den Wert eines Gewerbebetriebes, der den wesentlichen Faktor des Zugewinnausgleiches darstellt, durch einen Schiedsgutachter schätzen zu lassen, ist der Wert des Zwischenvergleichs dem des Zugewinnausgleichsanspruchs anzunähern (*OLG Frankfurt a. M.* JurBüro 1984, 279).

§ 4   [Zeitpunkt der Wertberechnung; Begriff der Nebenforderungen]

(1) Für die Wertberechnung ist der Zeitpunkt der Einreichung der Klage, in der Rechtsmittelinstanz der Zeitpunkt der Einlegung des Rechtsmittels, bei der Verurteilung der Zeitpunkt des Schlusses der mündlichen Verhandlung, auf die das Urteil ergeht, entscheidend; Früchte, Nutzungen, Zinsen und Kosten bleiben unberücksichtigt, wenn sie als Nebenforderungen geltend gemacht werden.

(2) Bei Ansprüchen aus Wechseln im Sinne des Wechselgesetzes sind Zinsen, Kosten und Provision, die außer der Wechselsumme gefordert werden, als Nebenforderungen anzusehen.

Gesetzesgeschichte: → Rdnr. 2

Stichwortverzeichnis → *Wertschlüssel* in § 3 Rdnr. 41 ff.

I. Funktion[1]

1   Die Norm legt in *Abs. 1 HS 1* im Interesse der *Verfahrenssicherheit* den für Wertberechnungen im Zivilprozeß maßgeblichen Zeitpunkt fest. In *Abs. 1 HS 2* sowie im Sonderfall des *Abs. 2* wird bestimmt, welche Nebenforderungen bei der Wertberechnung unberücksichtigt bleiben. In den genannten Funktionen dient § 4 auch der *Vereinfachung* der Wertberechnung[2]. Über die in § 4 Abs. 1 genannten Fälle hinaus gibt die Vorschrift eine Leitlinie, nach

---

[1] Lit.: *Mümmler* Zeitpunkt der Streitwertberechnung JurBüro 1986, 645.
[2] *BGH* NJW 1977, 583 = JurBüro 1977, 1629; *RGZ* 158, 350f.; *OLG Schleswig* SchlHA 1976, 14; *OLG Köln* JMBlNRW 1974, 45; *Hahn* 147.

welchen Zeitpunkten sich eine Wertberechnung richten soll und wie Nebenansprüche wert-mäßig zu behandeln sind.

II. Gesetzesgeschichte

§ 4 ist mehrfach geändert worden[3]. Abs. 2 wurde aus den in → Rdnr. 33 genannten **2** Gründen durch die Novelle 1898 eingefügt (→ Einl. Rdnr. 113 ff.). Abs. 1 HS 1 zweiter Teil über die Rechtsmittel bedeutet eine inflationsbedingte Einfügung im Zeichen des Währungs-verfalles[4] (→ Einl. Rdnr. 121 sub Nr. 10). Aus Vereinfachungsgründen wurde später das Wort »Schäden« gestrichen (→ Rdnr. 19), das früher in Abs. 1 HS 2 genannt war[5]. Durch die Novelle 1950 (→ Einl. Rdnr. 148) wurde § 4 insgesamt sprachlich neugefaßt. Abs. 1 wurde durch das 1. EheRG geändert, da die §§ 2 ff. jetzt allgemein für Wertberechnungen gelten (→ § 2 Rdnr. 4). Wegen des – nunmehr weggefallenen (→ § 2 Rdnr. 1 Fn. 2) – Anwaltsstreitwerts kam es nicht mehr auf die Erhebung der Klage, sondern auf deren Einreichung an. Der Wegfall des § 78 a führt jedoch nicht zu einer Gesetzeskorrektur des § 4, da die Norm auch in der derzeitigen Fassung sinnvoll bleibt.

III. Anwendungsbereich; Mahnverfahren

Seit der Neufassung (→ Rdnr. 2) erfaßt § 4 grundsätzlich alle Wertvorschriften. Mehrere **3** zusätzliche Sondervorschriften kennt aber der Gebührenstreitwert (→ Rdnr. 11 ff., 32 und 34) mit den §§ 14 und 15 GKG. Eine Ausnahmeregel enthält auch § 8 (→ § 8 Rdnr. 12 a. E.).

In § 4 ist lediglich die Klage angesprochen. Das meint auch den Streitwert einer Vollstrek-kungsgegenklage[6]. Im *Mahnverfahren* kann eine Wertberechnung nach Widerspruch gegen den Mahnbescheid und Überleitung der Sache in das streitige Verfahren notwendig werden. Dabei entspricht dem nach § 4 Abs. 1 maßgebenden Zeitpunkt der Klageeinreichung der Tag des Akteneingangs bei dem nach Abgabe der Streitsache in Empfang nehmenden Gericht[7]. Der Streitwert bestimmt sich bei einer teilweisen Erledigung der Hauptsache vor Akteneingang bei dem Streitgericht nach der Resthauptsacheforderung[8] und nach Zahlung der Hauptforderung nach den Zinsen und Kosten, soweit sie von der Erledigungserklärung nicht betroffen sind[9].

IV. Maßgebender Zeitpunkt

§ 4 Abs. 1 HS 1 bestimmt den für die Wertberechnungen maßgeblichen Zeitpunkt (→ **4** Rdnr. 1). Dabei sind für die einzelnen Werte z. T. unterschiedliche Zeitpunkte genannt. Allen Werten gemeinsam ist jedoch der Grundsatz der *Wertkonstanz*: Veränderungen vor oder nach diesem Zeitpunkt sind in aller Regel ohne Bedeutung.

---

[3] Einzelheiten bei *LG Bayreuth* JurBüro 1983, 258; *Brox* Rpfleger 1967, 351, 353.
[4] Kommissionsbericht: Reichstagsdrucksache 1920/1922 Nr. 4538, näheres in der 12. Aufl. sub I 2.
[5] Gesetz über die Gebühren der Rechtsanwälte und die Gerichtskosten, → Einl. Rdnr. 121 sub Nr. 20. Begründung: Reichstagsdrucksache 1920/1922 Nr. 6116 S. 5; *RGZ* 158, 351, 353.
[6] *OLG Hamm* JurBüro 1990, 649; zust. *Mümmler* Jur-Büro 1990, 1538, 1548.

[7] *OLG Karlsruhe* MDR 1988, 1066; JurBüro 1981, 1231; *OLG Koblenz* JurBüro 1986, 55; *OLG Zweibrüken* JurBüro 1985, 1889; *OLG Köln* AnwBl. 1982, 198; *LG Bayreuth* JurBüro 1987, 1692; *Zöller-E. Schneider*[17] Rdnr. 3.
[8] *LG Bayreuth* JurBüro 1987, 1692.
[9] *OLG Karlsruhe* MDR 1988, 1066.

1. Zuständigkeitsstreitwert

a) Klageeinreichung

5   Maßgebend für die Berechnung des *Zuständigkeitsstreitwertes* (Begriff → § 2 Rdnr. 30 ff; Festsetzung → § 2 Rdnr. 49 ff.) ist der Zeitpunkt der Klageeinreichung, nicht mehr – wie früher – derjenige der Klageerhebung i. S. der Zustellung der Klageschrift (→ Rdnr. 2). Unerheblich für die Berechnung ist es, ob die Klage zulässig ist, ordnungsgemäß erhoben wurde, als sachdienlich erscheint oder sonstigen rechtlichen Bedenken unterliegt[10]. Zum Mahnverfahren → Rdnr. 3.

b) Wertänderungen

6   Ohne Einfluß auf die Zuständigkeit bleibt eine Erhöhung oder Verminderung des Wertes, die nach dem für die Wertberechnung maßgebenden Zeitpunkt eintritt (→ § 263 Rdnr. 1). Werden von eingeklagten künftig fällig werdenden Raten wiederkehrende Leistungen einzelner Raten während des Rechtsstreits fällig, so tritt dadurch eine Streitwertverschiebung nicht ein (→ § 9 Rdnr. 7).

c) Änderungen des Streitgegenstandes

7   Anders liegt es, wenn sich nicht der Wert des Streitgegenstandes, sondern im Prozeßverlauf der Streitgegenstand selbst ändert. Entscheidend ist die Änderung der Anträge, weil diese den Streitgegenstand bestimmen (→ Einl. Rdnr. 289). Nicht ausreichend ist es, daß ein Antrag seine Begründung verliert und deshalb geändert werden müßte[11]. Ebensowenig kommt es auf das Verhalten des Beklagten an, z. B. bei einem nur teilweisen Abweisungsantrag im Nachverfahren eines Urkundenprozesses. Eine Minderung des Streitgegenstandes durch einen gleichzeitig mit der Klage eingereichten Schriftsatz bedeutet eine Beschränkung der Klageerhebung selbst[12]. Ist die Zuständigkeit des Landgerichts einmal begründet, so bleibt eine spätere Minderung darauf ohne Einfluß. Das folgt aus dem in § 261 Abs. 3 Nr. 2 niedergelegten Grundsatz. Zudem läßt sich der Wertung des → § 10 entnehmen, daß das Landgericht an sich auch über Sachen der amtsgerichtlichen Zuständigkeit entscheiden kann. Schließlich fehlt das prozessuale Gegenstück zu § 506 (→ auch § 33 Rdnr. 37). Wird dagegen der Gegenstand des anhängigen Rechtsstreits über die Grenzen der amtsgerichtlichen Zuständigkeit hinaus durch Anträge nach §§ 264 Nr. 2, 3; 256 Abs. 2 oder durch Erhebung einer Widerklage erweitert, so muß das Amtsgericht gem. § 506 auf Antrag seine Unzuständigkeit aussprechen (auch → § 10 Rdnr. 4). Die Streitwertbestimmung bei *Erledigung der Hauptsache* ist unter → § 91a Rdnr. 47 dargestellt[13].

d) Prozeßtrennung und -verbindung; Teilurteil

8   Der nach § 4 berechnete Zuständigkeitsstreitwert wird nicht dadurch in Frage gestellt, daß der Prozeß nach § 145 getrennt wird oder daß über einen Teil des Streitgegenstandes ein Teilurteil nach § 301 ergeht. Die landgerichtliche Zuständigkeit bleibt erhalten, auch wenn der abgetrennte (übrig gebliebene Teil) den landgerichtlichen Streitwert nicht mehr erreicht.

---

[10] *OLG Köln* JMBlNRW 1974, 45.
[11] Unklar *OLG Schleswig* SchlHA 1957, 75.
[12] *Hillach-Rohs*[8] 78 f.

[13] *KG* JurBüro 1984, 755 (Zustellung der vom Kläger abgegebenen Erledigungserklärung zusammen mit der ursprünglichen Klage).

In vergleichbarer Weise ändert auch eine Verbindung nach § 147 nichts an den Wertberechnungen, die nach § 4 für die damals noch getrennten Prozesse vorgenommen wurden (näheres → § 5 Rdnr. 2)[14].

2. Rechtsmittelstreitwert

§ 4 ist maßgebend auch für den dort angesprochenen *Rechtsmittelstreitwert* (Begriff → § 2   **9**
Rdnr. 34; Festsetzung → § 2 Rdnr. 58 ff.). Entscheidend ist hier allerdings der Zeitpunkt der *Einlegung* der Berufung (→ § 511 a Rdnr. 19) oder der Beschwerde (→ § 567 Rdnr. 26 a. E.). Das gilt auch für eine nunmehr als Hauptsache geltend gemachte Zinsforderung (→ Rdnr. 31)[15]. § 4 Abs. 1 bestimmt aber nur den Stichtag für die jeweilige Wertberechnung, ohne selbst einen Bewertungsmaßstab aufzustellen[16]. Spätere Verminderungen des Beschwerdegegenstandes bleiben regelmäßig außer Betracht[17]. Im Fall des § 148 KO (→ § 3 Rdnr. 2 sub f)) ist nicht der Zeitpunkt der Einlegung des Rechtsmittels maßgebend, sondern die Aufnahme des Verfahrens gegen den Konkursverwalter[18]. Es geht hier nicht um eine Wertänderung (→ Rdnr. 6), sondern um eine Änderung des Streitgegenstandes (→ Rdnr. 7).

Für die *Revision* ist jedoch nicht auf den Zeitpunkt der Einlegung des Rechtsmittels, sondern auf den Zeitpunkt des Erlasses des Berufungsurteils abzustellen (→ § 546 Rdnr. 22): Es kommt maßgebend auf den Wert der Beschwer an (Begriff → § 2 Rdnr. 37). Eine Änderung der Beschwer nach Erlaß des Berufungsurteils hat auf die Zulässigkeit der Revision keine Auswirkungen[19]. Legt der Revisionsbeklagte Hilfs – Anschlußrevision für den Fall ein, daß der Revisionskläger Aufhebung und Zurückverweisung erreicht, dann erhöht sich der Streitwert[20].

Auf den Zeitpunkt der letzten mündlichen Verhandlung ist abzustellen, wenn das Urteil nach § 319 berichtigt wurde oder ein Ergänzungsurteil nach § 321 ergangen ist (→ Allg. Einl. vor § 511 Rdnr. 16 f.). Zu den Auswirkungen einer Verbindung nach § 147 auf den Rechtsmittelstreitwert → § 511 a Rdnr. 20; → § 546 Rdnr. 29). Zur nachträglichen Rechtsmittelbeschränkung (→ Allg. Einl. vor § 511 Rdnr. 18).

3. Verurteilungsstreitwert

Für den Verurteilungsstreitwert nach § 708 Nr. 11 (Begriff → § 2 Rdnr. 40; Festsetzung →   **10**
§ 2 Rdnr. 62) ist gemäß § 4 der Schluß der mündlichen Verhandlung der maßgebliche Zeitpunkt. Für das vereinbarte schriftliche Verfahren nach § 128 Abs. 2 entspricht ihm derjenige Zeitpunkt, bis zu dem Schriftsätze eingereicht werden können (→ § 128 Rdnr. 84). Bei dem amtswegigen schriftlichen Verfahren nach § 128 Abs. 3 kann der Verurteilungsstreitwert die Grenze von 1.500,– DM bei Wertsteigerungen des Streitgegenstandes bis zur Verurteilung übersteigen. Das Verfahren nach § 128 Abs. 3 ist auf einen Streitwert bis zu 1.500,– DM begrenzt. Maßgebend ist die gerichtliche Bestimmung des der mündlichen Verhandlung entsprechenden Zeitpunktes (§ 128 Abs. 3 S. 2).

---

[14] *OLG Hamm* JurBüro 1955, 441; *E. Schneider*[10]   [17] *BGH* NJW-RR 1988, 836, 837.
Rdnr. 3627 ff.; *ders.* MDR 1974, 7.   [18] *BGH* KTS 1980, 247.
  [15] *BGH* WM 1981, 1091 = JurBüro 1981, 1490.   [19] *BGH* KostRsp. ZPO § 4 Nr. 70; WM 1989, 1004.
  [16] *BGH* WM 1981, 1091.   [20] *BGH* NJW-RR 1989, 1276.

4. Gebührenstreitwert

a) Text von § 15 GKG; Ausnahme vom Prinzip der Wertkonstanz

11   § 4 ZPO ist wegen § 12 Abs. 1 GKG für den Gebührenstreitwert (Begriff → § 2 Rdnr. 42; Festsetzung → § 2 Rdnr. 63 ff.) grundsätzlich entsprechend anwendbar. Mit § 15 GKG gilt jedoch für die Werterhöhung und für die Zwangsvollstreckung eine Sondervorschrift.

§ 15. Zeitpunkt der Wertberechnung

(1) Ist der Wert des Streitgegenstandes bei Beendigung der Instanz höher als zu Beginn der Instanz, so ist den in der Instanz entstandenen Gebühren der höhere Wert zugrunde zu legen.

(2) In der Zwangsvollstreckung ist für die Wertberechnung der Zeitpunkt der die Zwangsvollstreckung einleitenden Prozeßhandlung entscheidend.

12   § 15 Abs. 1 GKG erklärt eine Werterhöhung während des Prozesses als beachtlich und enthält damit eine Ausnahme vom Prinzip der Wertkonstanz (→ Rdnr. 4). Die Norm findet auf alle Arten von Gebührenstreitwerten Anwendung, auch etwa bei nichtvermögensrechtlichen Streitigkeiten (→ § 3 Rdnr. 11 ff.). § 15 Abs. 1 GKG greift dagegen nicht ein bei einer *Wertverminderung* des Streitgegenstandes. In diesem Fall ist der bisherige Streitwert zugrunde zu legen[21]. Das gilt auch im Fall des § 148 KO[22]. Entsprechend liegt es bei Einkommensverschlechterungen in Ehesachen (→ § 3 Rdnr. 26). Bei dem bisherigen Streitwert bleibt es auch, wenn zwar während des Prozesses eine Werterhöhung eingetreten ist wie z. B. ein Kursanstieg von Wertpapieren, aber bei Prozeßende wieder der ursprüngliche oder sogar ein niedrigerer Wert besteht. Es ist auf den Wert bei »Beendigung der Instanz« abzustellen. Ändert sich nicht der Wert, sondern der Streitgegenstand selbst (→ Rdnr. 7), so ist auf den Zeitpunkt abzustellen, in dem die jeweilige Gebühr anfällt[23]. In diesem Fall liegen für dieselbe Instanz verschiedene Streitwerte vor[24]. Bei der Festsetzung des Gebührenstreitwerts ist § 25 Abs. 1 S. 3 GKG zu beachten (→ § 2 Rdnr. 79 ff.)[25]. Spätester Zeitpunkt ist die Schlußverhandlung der jeweiligen Instanz[26]. § 15 Abs. 1 GKG gilt nur für die jeweilige Instanz, nicht für das gesamte Verfahren. Die Norm findet entsprechende Anwendung auf Verfahren, die nicht durch Klageeinreichung eingeleitet werden wie z. B. Mahnverfahren, Arrestverfahren oder selbständige Beweisverfahren. In diesen Verfahren ist als Beendigung der Instanz der Zeitpunkt des Entscheidungserlasses oder der sonstigen Verfahrensbeendigung maßgebend[27].

b) Text von § 14 GKG; Rechtsmittelinstanz

13   § 14 GKG stellt eine Sonderregel für den Gebührenstreitwert in der Rechtsmittelinstanz auf.

---

[21] *BGH* VersR 1982, 591 = JurBüro 1982, 1017; *LAG Baden-Württemberg* JurBüro 1991, 1537; *OLG Köln* BB 1988, 365, 366; a. A. *OLG Frankfurt a. M.* MDR 1991, 164 (Kursverfall [abl. *E. Schneider* KostRspr. GKG § 15 Nr. 8]); → § 2 Rdnr. 94.

[22] *OLG Frankfurt a. M.* KTS 1980, 66.

[23] *Hartmann*[24] § 15 GKG Anm. 1 I A; *E. Schneider*, Kostenentscheidung im Zivilurteil[2] (1977) 15, 16.

[24] *OLG Köln* JurBüro 1980, 281, 282; *OLG Bremen* JurBüro 1976, 483, 484; zum Anerkenntnis *OLG Düsseldorf* JurBüro 1987, 396 (*Mümmler*); *OLG Bamberg* JurBüro 1990, 771; 1986, 267 (*Mümmler*); *OLG Köln* JurBüro 1984, 877; zur Erledigungserklärung *OLG Düsseldorf* JurBüro 1991, 408 (zust. *Mümmler*); *OLG Celle* JurBüro 1985, 1855; *Hillach-Rohs*[8] 80 (Anerkenntnis).

[25] *OLG Hamm* NJW 1977, 198; *OLG Bamberg* JurBüro 1977, 1422.

[26] *OLG Frankfurt a. M.* MDR 1989, 743.

[27] *Hillach-Rohs*[8] 81.

§ 14. Wertberechnung in Berufungs- und Revisionsverfahren

(1) Im Berufungs- und Revisionsverfahren bestimmt sich der Streitwert nach den Anträgen des Rechtsmittelklägers. Endet das Verfahren, ohne daß solche Anträge eingereicht werden, oder werden, wenn eine Frist für die Berufungs- oder Revisionsbegründung vorgeschrieben ist, innerhalb dieser Frist Berufungs- oder Revisionsanträge nicht eingereicht, so ist die Beschwer maßgebend.

(2) Der Streitwert ist durch den Wert des Streitgegenstandes der ersten Instanz begrenzt. Das gilt nicht, soweit der Streitgegenstand erweitert wird. § 15 Abs. 1 bleibt unberührt.

Die ausführliche Kommentierung der Norm findet sich in → § 3 Rdnr. 47 »Gebührenstreit-   **14**
wert in der Rechtsmittelinstanz«.

5. Bagatellstreitwert

Für den Bagatellstreitwert (Begriff → § 2 Rdnr. 39; Festsetzung → § 2 Rdnr. 61) des § 128   **15**
ergibt sich die Maßgeblichkeit des Zeitpunkts der Klageeinreichung direkt aus § 128 Abs. 3.
Diese Vorschrift ist im Hinblick auf die Verweisung in § 2 überflüssig (→ § 2 Rdnr. 1).
Dagegen wird § 2 benötigt für den Bagatellstreitwert des § 495a (→ § 2 Rdnr. 1, 39). Maßgebend ist der Zeitpunkt der Klageeinreichung, nicht derjenige der Zustellung[28]. Erhöht sich im
Falle des § 495a der Streitwert durch Klageänderung oder durch Widerklage über die Grenze
des § 495a hinaus, so wird das Bagatellverfahren hinsichtlich des gesamten Streitgegenstandes unstatthaft. Sinkt der Streitwert durch Klagerücknahme oder z. B. durch Prozeßtrennung
nach § 147 unter die Wertgrenze des § 495a ab, so ist jetzt nach dem Normzweck ein
vereinfachtes Verfahren zulässig[29] (→ § 5 Rdnr. 32 a. E.).

V. Nebenforderungen

Nach § 4 Abs. 1 HS 2 bleiben bei den Wertberechnungen Früchte, Nutzungen, Zinsen und   **16**
Kosten unberücksichtigt, wenn sie als Nebenforderungen geltend gemacht werden. Das gilt
auch dann, wenn solche Nebenforderungen umstritten sind. Die Nebenforderung verliert ihre
von § 4 Abs. 1 HS 2 vorausgesetzte unselbständige Eigenschaft, wenn die für sie maßgebliche
Hauptforderung nicht mehr streitbefangen ist. In diesen Fällen wird die Nebenforderung zur
Hauptforderung (näher → Rdnr. 31 f.). Die Regel des § 4 Abs. 1 HS 2 gilt für alle Wertberech-
nungen (→ Rdnr. 3), mit Ausnahme des Gebührenstreitwerts. Dort trifft § 22 GKG eine
Sonderregelung (näher → Rdnr. 34).

1. Begriff

Der Begriff der Nebenforderungen ist eng auszulegen. Als Nebenforderungen sind »Früch-   **17**
te«, »Zinsen«, »Nutzungen« und »Kosten« (und nur diese → Rdnr. 18) anzusehen, wenn sie
als vom Hauptanspruch materiellrechtlich abhängige Forderungen neben dem Hauptanspruch von derselben Partei gegen denselben Gegner in demselben Rechtsstreit geltend
gemacht werden[30]. Dagegen sind unbestimmte Abgrenzungen wie die nachfolgende zu

---

[28] A. A. *Bergerfurth* NJW 1991, 961, 962.
[29] *Bergerfurth* NJW 1991, 961, 962; *Thomas-Putzo*[17] § 495a Anm. 1a. E.; zweifelnd *Hansens* JurBüro 1992, 357; abweichend für die Widerklage *Zimmermann*[2] (1991) § 495a Rdnr. 2 (dagegen *Hansens* JurBüro 1992, 357).

[30] *BGH* MDR 1976, 649 = Rpfleger 1976, 207; *OLG Schleswig* JurBüro 1982, 913; *OLG Bamberg* JurBüro 1976, 343; *E. Schneider* JurBüro 1979, 1589; *ders.* DRiZ 1980, 310; *Brox* Rpfleger 1967, 351; ältere Nachweise in der Vorauflage in Fn. 14.

verwerfen, eine Nebenforderung i. S. des § 4 liege nur vor, wenn das objektive wirtschaftliche Interesse des Klägers am Rechtsstreit nicht durch das geltend gemachte Nebenrecht mitbestimmt wird[31]. Das widerspricht der von § 4 angestrebten Vereinfachung (→ Rdnr. 1). Eine Nebenforderung setzt voraus, daß einerseits ein Hauptanspruch im Sinne eines für das betreffende Rechtsverhältnis wesentlichen Anspruches besteht[32], und daß andererseits die Nebenforderung nicht kraft Gesetzes ohne weiteres als Bestandteil in ihm enthalten ist. Vielmehr muß die Nebenforderung an einen eigenen Tatbestand als Entstehungsgrund geknüpft sein wie z. B. bei Verzug, Verschulden, Rechtshängigkeit (etwa §§ 987 ff. BGB) oder i. S. einer Nebenabrede. Dieser Tatbestand darf sie aber nur entstehen lassen, wenn die Hauptforderung dergestalt besteht, daß die Nebenforderung in ihrer Existenz von jener abhängig ist[33]. Die Einordnung einer Forderung als Nebenforderung geschieht unabhängig vom Parteiwillen. (→ Rdnr. 28). Unerheblich ist es, ob die Nebenforderung selbständig im Prozeß geltend gemacht werden kann oder ob sie dem Betrag nach die Hauptforderung übersteigt[34].

2. Analogieverbot

18   § 4 nimmt nicht alle Nebenforderungen von der Wertberechnung aus, sondern nur die darin genannten Früchte, Nutzungen, Zinsen und Kosten. Die Begriffe sind mit den im BGB gebrauchten Begriffen identisch. Eine analoge Anwendung des § 4 Abs. 1 HS 2 auf andere »Nebenforderungen« wie etwa Zuwachs (§ 946 BGB), Zubehör (§§ 97 f. BGB, → § 5 Rdnr. 12), die in den §§ 507, 1115, 1158 BGB erwähnten Nebenleistungen (z. B. Amortisationsquoten) oder die Draufgabe nach § 336 BGB, ist nicht zulässig. Aus diesem Grunde ist der Beseitigungsanspruch des § 30 WZG a. F. (§ 25 a WZG n. F.) neben dem Unterlassungsbegehren des § 24 WZG gesondert zu bewerten[35].

3. Schäden, Aufwendungen, Auslagen

19   Schäden fallen seit der Änderung des § 4 (→ Rdnr. 2) nicht mehr unter die Norm und sind daher als Hauptforderungen zu behandeln. Das gleiche gilt für auf die Hauptsache vor oder während des Prozesses gemachte Aufwendungen und Auslagen wie z. B. Lagergeld oder Futterkosten[36]. Ferner sind als Hauptforderungen zu betrachten Vertragsstrafen (→ § 5 Rdnr. 12), Mietzinsen, Finanzierungskosten wie z. B. für die Finanzierung eines Prozesses (→ § 91 Rdnr. 36) oder die Zinsen für ein zur Bestreitung der Prozeßkosten aufgenommenes Darlehen (→ § 91 Rdnr. 36). Endlich zählen als Hauptsache Frachten, Zölle, Steuern[37] einschließlich der Mehrwertsteuer[38] usw. Als Nebenforderung behandelt wird aber die auf die Zinsen sowie auch die auf andere Nebenforderungen entfallende Mehrwertsteuer. Ansonsten müßten entgegen dem mit § 4 verfolgten Vereinfachungszweck (→ Rdnr. 1) die Nebenforderungen nur zum Zweck der Berechnung der Steuer bewertet werden. Nur wenn die Zinsen Hauptforderung sind (→ Rdnr. 31), ist auch die auf sie entfallende Mehrwertsteuer Hauptforderung[39].

[31] So aber *Boetius* KTS 1967, 213.
[32] *BGH* MDR 1976, 649; auch *Wurzer* Gruchot 53 (1909) 48 ff.
[33] *BGH* MDR 1976, 649; *OLG Bamberg* JurBüro 1976, 343; auch schon *RGZ* 19, 419; 55, 81; 56, 257 u. ö.
[34] *OLG Köln* JurBüro 1974, 1594.
[35] *OLG Bamberg* JurBüro 1988, 516 (→ § 5 Rdnr. 13); verfehlt die Erweiterung in *LG Bayreuth* JurBüro 1981, 576 (Eintragung einer Dienstbarkeit); richtig dagegen

OLG Frankfurt a. M. EzFamR GKG § 12 Nr. 1 (zu § 1383 BGB).
[36] *LG Lübeck* JurBüro[8] 1951, 301; *Hillach-Rohs*[8] 90; → § 91 Rdnr. 36.
[37] *BGH* NJW 1977, 583 = JurBüro 1976, 1629.
[38] *BGH* NJW 1977, 583; *OLG Bamberg* JurBüro 1985, 590; *LG Hannover* NdsRpfl. 1974, 157.
[39] *BGH* NJW 1977, 583.

Auch Verzugsschäden u. a. sind bei der Wertberechnung mit in Ansatz zu bringen. Verzugsschäden, die wie Zinsen als zeitlich gleichbleibender Hundertsatz einer bestimmten Summe geltend gemacht werden, sind jedoch den echten Zinsen gleichzustellen. Das fordert der auf Vereinfachung gehende Zweck des § 4[40]. Dagegen ist die in Zinsform gezahlte Enteignungsentschädigung (§§ 113 Abs. 2 BauGB; 17 Abs. 4 LBG) als Teil der einheitlichen Enteignungsentschädigung bei der Streitwertberechnung zu berücksichtigen[41].

4. Einzelfälle

a) Früchte

Früchte sind nach § 99 Abs. 1 BGB die Erzeugnisse der Sache und die sonstige Ausbeute, **20** die aus der Sache ihrer Bestimmung gemäß gewonnen wird. Mittelbare Früchte sind nach § 99 Abs. 3 BGB die Erträge, welche eine Sache oder ein Recht vermöge eines Rechtsverhältnisses gewährt. Bei Klagen auf Herausgabe von Aktien nebst Dividendenscheinen bleiben letztere demgemäß – anders als die an der Aktie haftenden Bezugsrechte – außer Betracht[42].

b) Nutzungen

Nutzungen sind nach § 100 Sach- oder Rechtsfrüchte (→ Rdnr. 16) sowie zusätzlich die **21** Gebrauchsvorteile einer Sache oder eines Rechts[43].

c) Zinsen

Unter Zinsen sind sowohl die vertragsmäßigen als auch die gesetzlichen (§§ 246 ff.; 288 f.; **22** 291 BGB) zu verstehen. Lautet die Klage auf Zahlung von Kapital nebst Zinsen abzüglich eines bestimmten Betrages, so ist letzterer gemäß § 367 BGB zunächst auf die Zinsen zu verrechnen[44]. Es muß sich um Zinsen der Hauptforderung handeln (→ Rdnr. 28). Umfaßt die Klageforderung neben der Hauptforderung auf Darlehensrückzahlung auch kapitalisierte Zinsen, so sind diese Hauptforderung, soweit sie sich auf bereits zurückgezahlte und daher nicht im Streit befindliche Teile der Darlehensforderung beziehen. Insoweit fehlt es an einer anhängigen Hauptforderung, welche die Zinsen zu Nebenforderungen machen könnte. Derjenige Teil der kapitalisierten Zinsen, der sich auf die anhängige Hauptforderung auf Darlehensrückzahlung bezieht, ist nach § 4 Abs. 1 S. 2 Nebenforderung[45].

Für die Einordnung als »Zinsen« kommt es nicht auf die Bezeichnung durch die Parteien an. Entscheidend ist, ob das Merkmal der Zinsen als Vergütung für die zeitweise Überlassung eines Darlehens gegeben ist. Insbesondere sind daher auch (feste) »Kreditgebühren« als Zinsen anzusehen, selbst wenn sie mit dem Darlehen zu einem »Gesamtkreditbetrag« zusammengefaßt sind (→ Rdnr. 28)[46]. Werden die Zinsen durch besonderen Vertrag zum Kapital geschlagen oder findet im echten Kontokorrent eine Saldierung statt, so verlieren die Zinsen

---

[40] *BGH* WM 1956, 609; VersR 1957, 244; *RGZ* 158, 350; *Hillach-Rohs*[8] 86; *E. Schneider*[10] Rdnr. 3332; zu Umgehungsversuchen der Praxis *Strohm-Herrmann* BRAK-Mitt. 1983, 21.

[41] *OLG Köln* JurBüro 1969, 364; *E. Schneider* JurBüro 1969, 357; a. A. *BGH* LM ZPO § 4 Nr. 17 = JurBüro 1970, 490 (abl. *E. Schneider* MDR 1971, 116).

[42] *Hillach-Rohs*[8] 85; ältere Nachweise in der Vorauflage in Fn. 27.

[43] Dazu *OLG Karlsruhe* ZZP 68 (1955) 463.

[44] *OLG Hamm* Rpfleger 1969, 247; *KG* ZZP 44 (1914) 125.

[45] *BGH* WM 1981, 1092.

[46] *OLG Bamberg* JurBüro 1978, 1549; 1976, 343; *OLG Düsseldorf* MDR 1976, 663; *OLG Hamm* NJW 1974, 1951; 1973, 1002.

die Eigenschaft als Nebenforderung[47] (auch → Rdnr. 28). Die Zinsen bleiben aber Nebenforderungen, auch wenn sie beim unechten Kontokorrent (§ 357 HGB) beziffert werden[48]. Die auf die Zinsen entfallende Mehrwertsteuer ist Nebenforderung (→ Rdnr. 19).

d) Kosten; Prozeßkosten

23 Kosten sind die auf die Durchsetzung des Anspruchs verwendeten Vermögensopfer. Dazu gehören die Prozeßkosten (→ Rdnr. 24) und die außergerichtlichen Kosten jeder Art. Darunter fallen z. B. Gutachten[49], Mahnschreiben[50], Protestkosten, Portokosten[51] und Inkassogebühren, soweit der Hauptanspruch noch im Streit ist[52]. Dazu gehören auch angeordnete Zahlungen nach Art. 700 der neuen französischen Zivilprozeßordnung (NCPC), die in der Sache einen pauschalierten Ersatz für außergerichtliche Kosten darstellen[53]. Ferner zählen zu § 4 Abs. 1 HS 2 auch solche Kosten, die aus Anlaß des der Klage zugrunde liegenden Rechtsgeschäfts entstanden sind, sofern sie neben der Hauptleistung gefordert werden. Dahin gehören die Kosten der Hinterlegung oder Versteigerung (§§ 381, 386 BGB), der Übergabe, Versendung, Auflassung usw., z. B. die Kosten der Untersuchung bemängelter Ware[54]. Beim Kauf handelt es sich um die Kosten der §§ 448 f. BGB, die Vertragskosten bei der Wandelung nach § 467 S. 2 BGB (auch § 488 BGB). Ähnliche Kosten sind etwa die Bearbeitungsgebühren bei Unfallfinanzierung[55] u. a. sowie die in § 923 Abs. 2 BGB genannten Kosten.

24 *Prozeßkosten* fallen unter den Begriff der Kosten (zum Gebührenstreitwert → Rdnr. 35)[56]. Allerdings werden in der Rechtsprechung die verschiedenen Fallgestaltungen bisweilen nicht deutlich voneinander geschieden:

Prozeßkosten früherer Rechtsstreitigkeiten über dieselbe Hauptforderung sind Nebenforderungen im Sinne von § 4 Abs. 1 HS 2 und bleiben deshalb außer Ansatz. Dabei ist es ohne Bedeutung, in welcher Weise sie geltend gemacht werden, ob z. B. als gesonderter Betrag oder als Teil einer Gesamtsumme. Hierzu rechnen z. B. die im Prozeß gegen den Bürgen nach § 767 Abs. 2 BGB geltend gemachten Kosten für die Inanspruchnahme des Hauptschuldners[57], eines vorausgegangenen Schiedsverfahrens[58] oder des vorangegangenen Prozesses, wenn der laufende Rechtsstreit wirtschaftlich dieselbe Hauptforderung betrifft. So liegt es etwa bei der Vollstreckungsabwehrklage oder der auf § 826 BGB gestützten Klage auf Unterlassen der Zwangsvollstreckung[59] sowie bei der Wiederaufnahmeklage (näher → Rdnr. 29). Vergleichbares gilt z. B. für die Bewilligung einer Bauhandwerkersicherungshypothek bei einem vorangegangenen Prozeß über den Werklohn[60]. Das Gesagte gilt auch dann, wenn die Kosten des Vorprozesses als Verzugsschaden nach § 286 BGB geltend gemacht werden[61].

Prozeßkosten des *laufenden Prozesses* können in aller Regel nicht im Wege eines eigenen zusätzlichen bezifferten Sachantrages geltend gemacht werden (→ Rdnr. 11, 20 vor § 91). Ihrer Feststellung dient das Kostenfestsetzungsverfahren (→ § 103 Rdnr. 1). Aus diesem Grunde kommt es in den meisten Fällen nicht zur Geltendmachung von Prozeßkosten des

[47] *RGZ* 32, 377; *OLG München* JurBüro 1976, 237; *OLG Bamberg* JurBüro 1964, 31; *Hillach-Rohs*[8] 88; *Mümmler* JurBüro 1990, 956.

[48] *OLG Bamberg* JurBüro 1964, 32; *Hillach-Rohs*[8] 88; *E. Schneider*[10] Rdnr. 3293; *Hartmann*[24] Anh. I § 12 GKG § 4 ZPO Anm. 3 C c.

[49] *OLG Köln* JMBlNRW 1974, 45; *Rosenberg* ZZP 53 (1928) 385, 388.

[50] *OLG Bamberg* JurBüro 1985, 589, 590.

[51] *RGZ* 1, 229 u. ö.

[52] *OLG Saarbrücken* JurBüro 1977, 1276; bedenklich *OLG Köln* JurBüro 1974, 1594; → Rdnr. 31 f.

[53] Offengelassen von *BGH* WM 1990, 2059.

[54] *OLG Köln* JMBlNRW 1974, 45.

[55] *OLG Köln* JMBlNRW 1974, 45.

[56] *BGH* WM 1991, 657, 658 li. Sp. (teilweise übereinstimmende Erledigungserklärung).

[57] *RGZ* 56, 256; *Hillach-Rohs*[8] 88.

[58] *BGH* NJW 1957, 103; *OLG Köln* JurBüro 1969, 558; *OLG Bremen* Rpfleger 1957, 274 (LS); a.A. *OLG Hamburg* Rpfleger 1956, 169 (abl. *Lappe*); wie hier *Hillach-Rohs*[8] 88.

[59] *BGH* NJW 1968, 1275.

[60] *LG Tübingen* BauR 1984, 309.

[61] *LG Tübingen* BauR 1984, 309.

laufenden Verfahrens in einem eigenen Sachantrag. Doch kann ein Kläger auch unzulässige Anträge stellen, so daß auch für einen solchen Fall eine Wertberechnung erforderlich ist (→ Rdnr. 5)[62]. Nach dem von § 4 verfolgten Zweck (→ Rdnr. 1) muß auch das Geltendmachen von Prozeßkosten des laufenden Verfahrens als das Beanspruchen einer Nebenforderung angesehen werden. Ein solcher Antrag wird daher wertmäßig nicht berücksichtigt. Das gilt auch dann, wenn die in dem Verfahren selbst angefallenen Gerichts- und Anwaltskosten im Wege eines sich aus § 286 BGB ergebenden materiellen Kostenerstattungsanspruchs als Verzugsschaden geltend gemacht werden[63]. Nur wenn solche Kosten allein eingeklagt werden, sind sie Hauptforderung, weil es dann an einer bedingenden Hauptforderung in diesem Verfahren selbst fehlt (→ Rdnr. 26)[64]. Ansonsten kann für die Wertberechnung dahinstehen, ob derartige Kostenanträge zulässig oder unzulässig sind. Zum Streitwert bei Erledigung der Hauptsache, wenn nur die Kosten umstritten sind (→ § 91a Rdnr. 47).

5. Geltendmachen als Nebenforderung

a) Grundsatz

Die in Rdnr. 16−24 aufgeführten Nebenforderungen bleiben nur dann bei der Wertberech-   **25** nung außer Betracht, wenn sie »als Nebenforderungen geltend gemacht werden«. Das folgt aus der eindeutigen Formulierung von § 4 Abs. 1 HS 2. Damit müssen die nachfolgenden Voraussetzungen sämtlich vorliegen, um eine Forderung als Nebenforderung einordnen zu können: Die Nebenforderung muß *neben*[65] einer Hauptforderung geltend gemacht werden, wobei unerheblich ist, ob die Hauptforderung besteht oder nicht. Zwischen Haupt- oder Nebenforderung muß ein Abhängigkeitsverhältnis (Akzessorietät) beansprucht werden. Auch hierbei spielt keine Rolle, ob es wirklich besteht, wenn es nur schlüssig behauptet ist. Beide Forderungen müssen in demselben Prozeß befangen sein, und der Streit muß zwischen denselben Parteien stattfinden.

aa) Koinzidenz

Für die Eigenschaft als Nebenforderung ist der Zeitpunkt der Entscheidung über den   **26** betreffenden Anspruch maßgeblich. Deshalb schadet es nicht, wenn ihn der Kläger nicht schon mit der Klageschrift[66], sondern erst später, etwa mit der Anschlußberufung, geltend macht[67]. Entscheidend ist allein, ob die Hauptforderung noch Gegenstand des Rechtsstreits in dem betreffenden Instanzenzug ist (→ Rdnr. 28). Erforderlich ist jedoch, daß die Hauptforderung, deren Nebenforderung verlangt wird, in dem Augenblick noch im Prozeß anhängig ist, wenn über die Nebenforderung entschieden wird. Das bedeutet den *Grundsatz der Koinzidenz*. Deshalb kann das Gericht über die Nebenforderung – z.B. weil sie nicht besteht – auch durch Teilurteil früher entscheiden als über die Hauptforderung (zum umgekehrten Fall → Rdnr. 31f.). Eine gleichzeitige Entscheidung ist immer zulässig.

[62] Unklar *Rosenberg-Schwab*[14] § 32 IV 3 (S. 175) *Rosenberg* ZZP 53 (1928) 385, 388 ff.; *Seuffert-Walsmann*[12] 2.
[63] A.A. *LG Bayreuth* JurBüro 1983, 258, 260.
[64] *E. Schneider*[10] Rdnr. 3297.
[65] Vgl. *OLG Bamberg* JurBüro 1976, 343.

[66] Vgl. *OLG Schleswig* SchlHA 1976, 14.
[67] *BGH* LM ZPO § 4 Nr. 2 = JurBüro 1953, 201; *OLG Hamm* JurBüro 1988, 1550; *OLG Schleswig* SchlHA 1976, 14; *LG Kiel* SchlHA 1953, 209; *H. Schmidt* AnwBl. 1985, 195.

bb) Drittansprüche

27 Wird die Forderung gegen einen Dritten erhoben, ohne daß gegen ihn die Hauptforderung geltend gemacht wird, ist sie insoweit keine Nebenforderung. Das gleiche gilt, wenn eine derartige Forderung – nach Abtretung – von einem Dritten geltend gemacht wird.

cc) Akzessorietät

28 Zwischen Haupt- und Nebenforderung muß ein Abhängigkeitsverhältnis (Akzessorietät) behauptet sein (→ Rdnr. 25). Es reicht daher nicht aus, wenn in einer Klage die Hauptforderung beansprucht und in einer Widerklage das Bestehen der Nebenforderung geleugnet wird. So liegt es, wenn z.B. in der Klage das Kapital, in der Widerklage die Zinsen streitbefangen sind[68]. Dann spielt es auch keine Rolle, wenn der verurteilte Widerkläger die Feststellungswiderklage im Wege der Anschlußberufung erhebt (→ Rdnr. 26). Keine Nebenforderungen stellen Zinsen für eine andere Forderung als die Klageforderung dar[69]. Das ergibt sich aus dem Erfordernis der Abhängigkeit.

Die geforderte Abhängigkeit wird aber nicht dadurch aufgelöst, daß die Nebenforderung nicht als solche bezeichnet (→ Rdnr. 22) oder daß sie selbständig in einem festen Betrag berechnet ist. Das gilt auch im Falle der Vollstreckbarerklärung einer ausländischen Kostenentscheidung[70]. Nebenforderungen ändern ihre Eigenschaft auch nicht dadurch, daß sie mit der Hauptforderung zu einer Gesamtsumme zusammengefaßt werden (→ Rdnr. 22). Das gilt auch bei Ratenzahlungskrediten, wo Zinsen, Kreditgebühren und Kapital in einem Betrag erscheinen[71]. Zwar widerspricht das dem Vereinfachungszweck des § 4 (→ Rdnr. 1), doch darf auf diese Weise der Streitwert nicht hochgetrieben werden. Zinsen bleiben auch dann Nebenforderungen, wenn über Hauptsacheforderung und Zinsen ein Wechsel ausgestellt ist[72] oder die Klage auf ein schriftliches deklaratorisches Schuldanerkenntnis gestützt wird (näher → Rdnr. 33)[73].

dd) Rechtsschutzform

29 Die Rechtsschutzform, in der Nebenforderungen erhoben werden, ist für deren Vernachlässigung bei der Wertberechnung unerheblich. Einmal kann die Klage auf die Erfüllung der Haupt-und Nebenverbindlichkeit selbst gerichtet sein. Dabei kann es sich um Leistungs- oder Feststellungsklagen[74], um die Klage aus § 722[75], das Vollstreckbarerklärungsverfahren nach §§ 1042 ff.[76], 1044 f., die Aufhebungsklage nach § 1041[77], die Wiederaufnahme des Verfahrens[78], die Vollstreckungsgegenklage nach § 767 ZPO[79] oder die auf § 826 BGB gestützte

---

[68] *Hillach-Rohs*[8] 92; a.M. *Brox* Rpfleger 1967, 351; wohl auch *OLG Schleswig* SchlHA 1976, 14.

[69] *RGZ* 60, 112f.; *OLG Frankfurt a. M.* JurBüro 1978, 590; → auch § 5 Rdnr. 12.

[70] A.A. *BGH* Rpfleger 1957, 15 (abl. *Lappe*); *OLG Zweibrücken* JurBüro 1986, 1404, 1405 (obiter dictum); wie hier *Hillach-Rohs*[8] 87.

[71] *OLG Karlsruhe* AnwBl. 1991, 590 (zu § 826 BGB); a.A. *OLG Düsseldorf* KostRsp. GKG § 22 Nr. 17; zust. aber *E. Schneider* MDR 1990, 198.

[72] Unrichtig gegen § 4 Abs. 2 *OLG Hamm* AnwBl. 1984, 504; abl. *Chemnitz* a.a.O. und *E. Schneider*[10] Rdnr. 4525.

[73] *OLG Köln* JurBüro 1980, 578.

[74] *RGZ* 29, 395 (Rechnungslegung bzgl. der Zinsen); *BGH* NJW 1960, 2336 (Klage auf Schuldbefreiung); zust. *Hillach-Rohs*[8] 84.

[75] *BGH* Rpfleger 1957, 15.

[76] *OLG Köln* JurBüro 1969, 558; a.A. *OLG Hamburg* Rpfleger 1956, 169 (abl. *Lappe*).

[77] *BGH* NJW 1957, 103 (zust. *Lappe* Rpfleger 1957, 79).

[78] *OLG Hamburg* MDR 1969, 228; ältere Nachweise in der Vorauflage in Fn. 55.

[79] *BGH* LM ZPO § 4 Nr. 4; *RGZ* 28, 429; *OLG Hamm* JurBüro 1990, 649; *OLG Nürnberg* Rpfleger 1966, 323; *KG* Rpfleger 1962, 155; *OLG Celle* NdsRpfl. 1972, 39; *LG Bayreuth* JurBüro 1980, 929; *LG Mannheim* ZMR 1967, 187; a.A. *LG Köln* NJW 1964, 2165 und *LG Osnabrück* KostRsp. ZPO § 4 Nr. 69 (bei erheblichen Zinsrückständen).

Klage auf Unterlassen der Zwangsvollstreckung (→ Rdnr. 24)[80] handeln. Zum anderen kann für Hauptsumme und Nebenforderung auch nur eine Sicherung, ein Vorzugsrecht, z.B. im Konkurs[81], oder eine Priorität[82](→ § 6 Rdnr. 21) verlangt werden. Das gilt auch für den Arrest[83] (→ Rdnr. 12 a.E.) und für die bei → § 6 Rdnr. 23 aufgeführten Klagen, auf die § 6 entsprechend anzuwenden ist. Hierher gehören insbesondere die Klagen auf Bestellung einer Hypothek usw., sowie auf Beseitigung einer vom Gegner in Anspruch genommenen Sicherheit, namentlich durch Klage auf Löschung[84] oder im Wege der Widerspruchsklage nach § 771[85]. Nichts anderes gilt im Hinblick auf die Forderung, die den Gegenstand der Vollstreckung bildet und deren Freigabe verlangt wird[86]. Gleichgültig ist es, ob Zinsen mit der Hauptschuld vom Hauptschuldner oder Bürgen gefordert werden[87]. Zur Anfechtung im Konkurs (→ Rdnr. 30 a.E.).

Die genannten Grundsätze gelten auch für Wertberechnungen innerhalb der Widerklage. Wenn allerdings nur Nebenforderungen in der Widerklage beansprucht werden, ist § 4 nicht anwendbar (→ Rdnr. 28).

b) Ausnahmen

§ 4 Abs. 1 HS 2 findet keine Anwendung, wenn die Forderung an Hauptsumme, Zinsen und **30** Kosten nicht den unmittelbaren Gegenstand des Streites, sondern nur den Berechnungsmaßstab für einen einheitlichen Gesamtanspruch bildet. In diesem Fall sind die Nebenforderungen bei der Festsetzung des Streitwertes mit anzusetzen. Hierher gehören z.B. die Ansprüche aus ungerechtfertigter Bereicherung wegen nichtgeschuldeter Hauptforderung und Zinsen[88] oder auf Schadensersatz, wenn der geltend gemachte Schaden entgangene Zinsen oder Nutzungen mit umfaßt[89].

Anders berechnet sich jedoch der Schadensersatzanspruch nach §§ 717 Abs. 2, 302 Abs. 4 S. 3, 600 Abs. 2 (auch → Einl. Rdnr. 29): Werden diese Ansprüche in einem Inzidentantrag oder im Wege der Widerklage geltend gemacht, so läßt sich der Anspruch auf Rückzahlung der vollstreckten Zinsen oder Kosten spiegelbildlich zum ursprünglichen Klageantrag verstehen, so daß deren Bewertung nicht anders als beim Klageantrag geschieht. Zinsen und Kosten werden demnach nicht berücksichtigt[90]. Zum Inzidentantrag (→ § 5 Rdnr. 47). Werden allerdings Zinsen oder Kosten in einer selbständigen Klage (in einem eigenen Prozeß) geltend gemacht, so müssen sie bewertet werden, da es zu ihnen keine Hauptsache gibt[91]. Bei einer solchen selbständigen Klage sind Zinsen, Kosten und die zurückerlangte frühere Hauptsache vielmehr zusammenzurechnen und bilden die Hauptsache des neuen Prozesses (zu weitergehenden Schadensersatzansprüchen → § 5 Rdnr. 32).

Selbständig bewertet werden ferner der Anspruch gegen den Auftraggeber usw. auf Erstattung von Aufwendungen, in denen Zinsen und Kosten enthalten sind, der Deckungsanspruch

---

[80] *BGH* NJW 1968, 1275; *Lappe* NJW 1989, 3254, 3255 li.Sp.; *OLG Köln* MDR 1992, 251; *OLG Karlsruhe* MDR 1991, 353; *OLG München* BB 1988, 1843; a.A. *OLG Hamburg* MDR 1988, 1060; AK-ZPO – *Röhl* § 4 Rdnr. 9 (Klagen gegen sittenwidrige Vollstreckungsbescheide).
[81] *RGZ* 7, 327.
[82] *RGZ* 4, 367; 10, 344; 18, 373 u.ö.
[83] *RGZ* 26, 412; *OLG Düsseldorf* MDR 1953, 50; *OLG Koblenz* Rpfleger 1951, 331 (abl. *Gaedeke*) (Kostenpauschquantum); a.A. *OLG Köln* MDR 1962, 60; ältere Nachweise in der Vorauflage in Fn. 59.
[84] *OLG Nürnberg* JurBüro 1964, 685.

[85] *BGH* WM 1983, 246; *RGZ* 10, 393 u.ö. (mit Nachweisen der Gegenauffassung).
[86] A.A. *BayObLG* SeuffArch. 52 (1897) 362.
[87] *BGH* LM ZPO § 4 Nr. 11 = MDR 1958, 765; WM 1956, 889.
[88] Weitere Fälle bei *E. Schneider*[10] Rdnr. 3263ff. mit Nachweisen.
[89] *BGH* KostRsp. ZPO § 4 Nr. 30; *OLG Schleswig* SchlHA 1951, 46.
[90] *BGHZ* 38, 237 = NJW 1963, 300 (auch → § 717 Rdnr. 38).
[91] A.A. *Zöller-E. Schneider*[17] § 3 »Rückerstattungsanspruch«; *Johannsen* LM ZPO § 717 Nr. 6.

gegen den Haftpflichtversicherer[92], der Regreßanspruch gegen den Anwalt oder dergleichen, wenn der Anspruch in seiner Höhe durch eine Forderung einschließlich ihrer Nebenforderungen bestimmt wird[93]. So liegt es vor allem auch bei Einwilligungsklagen hinsichtlich des hinterlegten Kapitals nebst Zinsen[94]. Kein Regreßfall in dem vorgenannten Sinn ist die Haftung des Bürgen nach § 767 BGB (→ Rdnr. 29). Auch für den Wechsel gilt das Gesagte nicht (→ Rdnr. 33). § 4 greift ferner nicht ein beim Anspruch auf Befriedigung aus anfechtbar übertragenen Vermögensstücken bei der Anfechtung außerhalb des Konkurses [95]. Anders liegt es wiederum bei der Anfechtung nach §§ 29 ff. KO, wo es sich um einen gewöhnlichen, den allgemeinen Regeln unterstehenden Zahlungsanspruch des Konkursverwalters handelt und demgemäß Nebenforderungen nach § 4 ZPO unberücksichtigt bleiben[96].

c) Veränderungen im Laufe des Verfahrens

aa) Wegfall des Hauptanspruches

31   Die Nebenforderung verliert ihre Eigenschaft, wenn über die Hauptforderung nicht mehr gestritten wird (→ Rdnr. 26)[97]. So liegt es etwa, wenn sich die Erledigung nur auf die Hauptsache, nicht aber auf ebenfalls umstrittene Nebenforderungen wie z. B. Inkassogebühren[98], Kosten für Mahnschreiben[99] oder vorprozessuale Gutachten, Zinsen usw. bezieht[100]. Vergleichbar sind die Fälle gelagert, in denen die Klage nur hinsichtlich der Hauptforderung zurückgenommen wurde. In solchen Fällen wird die Nebenforderung zur Hauptforderung. Wenn Zinsen Hauptsache werden, gilt das auch für die auf sie entfallende Mehrwertsteuer (sonst → Rdnr. 19)[101]. Zur Hauptforderung werden auch die Kosten der nicht mehr umstrittenen früheren Hauptsache[102]. Dazu müssen aber Haupt- und Zinsanspruch erledigt sein. Wird noch ein Zinsanspruch geltend gemacht, so bleiben die Kosten als Nebenforderung bei der Streitwertberechnung unberücksichtigt[103].

Kosten, die als *Prozeßkosten* hinsichtlich eines erledigten Anspruches anzusehen sind (Begriff → § 91 Rdnr. 28 ff.), werden nicht auch Hauptforderung, weil sie ohnehin nicht als Einzelposten im anhängigen Verfahren umstritten sind. Ihre Festsetzung geschieht im Kostenfestsetzungsverfahren (→ Rdnr. 24). Zum Streitwert bei Erledigung der Hauptsache (→ § 91 a Rdnr. 47).

Richtet sich die Berufung ausschließlich gegen die Aberkennung des geltend gemachten Zinsanspruches, so wird dieser dadurch zur Hauptsache[104]. Beschränkt sich der Revisionsantrag auf den Zinsanspruch, so verwandelt er sich von einer Nebenforderung in den Hauptanspruch und bestimmt den Streitwert des Revisionsverfahrens[105]. Bei der Festsetzung der Beschwer (§ 546 Abs. 2) bleibt der abgewiesene Zinsanspruch als Nebenforderung unberücksichtigt, wenn er das Schicksal der Hauptforderung teilt. Im übrigen ist der (nur) mit seinem

[92] *BGH* MDR 1976, 649; a. A. *OLG Nürnberg* VersR 1978, 854 (LS).
[93] Näher *Wurzer* Gruchot 53 (1909) 48 ff.
[94] *BGH* WM 1967, 279 = JurBüro 1967, 395; *OLG Köln* JurBüro 1980, 281; *OLG Saarbrücken* Rpfleger 1967, 2; *Hillach-Rohs*[8] 90.
[95] *BGH* WM 1982, 1443; 1982, 435; *RGZ* 139, 238.
[96] Vgl. *RG* JW 1929, 844.
[97] *BGH* Rpfleger 1955, 12; *RGZ* 9, 415; *OLG Frankfurt a. M.* JurBüro 1970, 988.
[98] Auch → § 91 Rdnr. 92.
[99] Auch → § 91 Rdnr. 40.
[100] *OLG Zweibrücken* JurBüro 1985, 1889; *OLG Schleswig* SchlHA 1976, 31; *OLG Frankfurt a. M.* JurBü-

ro 1970, 988; *Hillach-Rohs*[8] 91; weitere Nachweise → Rdnr. 32 zur teilweisen Erledigung der Hauptsache.
[101] *OLG Köln* AnwBl. 1982, 198, 199.
[102] *BGH* Rpfleger 1955, 12; *RGZ* 145, 309; 39, 386; *OLG Koblenz* JurBüro 1974, 1144; *OLG Düsseldorf* JurBüro 1972, 816; *OLG Frankfurt a. M.* JurBüro 1970, 988; *OLG Hamburg* JurBüro 1969, 556 (*E. Schneider*); *Hillach-Rohs*[8] 92; a. A. *KG* JurBüro 1957, 230 (abl. *Gerold*); *OLG Hamm* Rpfleger 1973, 101 (LS).
[103] *OLG Frankfurt a. M.* JurBüro 1970, 988; *Hillach-Rohs*[8] 92.
[104] *BGH* WM 1981, 1091 = JurBüro 1981, 1490; *Zimmermann* JuS 1991, 758.
[105] *BGH* WM 1990, 1642 sub I 1.

Zinsanspruch abgewiesene Kläger in dessen Höhe durch das Urteil beschwert[106]. Vergleichbar liegt es, wenn Erinnerung gegen die Ablehnung der Verzinsung im Kostenfestsetzungsverfahren eingelegt wird. Hier bildet die Zinsforderung den Gegenstand des Beschwerdeverfahrens[107].

bb) Teilweiser Wegfall

Bei einem Teilurteil über den Hauptanspruch und einem Schlußurteil über die Nebenforderung ist nach dem zu berechnenden Wert zu unterscheiden: Für den Zuständigkeitsstreitwert (Begriff → § 2 Rdnr. 30) ist diese Verfahrensgestaltung ohne Belang. Hinsichtlich des Verurteilungsstreitwertes (Begriff → § 2 Rdnr. 40) und des Rechtsmittelstreitwertes (Begriff → § 2 Rdnr. 34) müssen die im Schlußurteil entschiedenen Nebenforderungen als Hauptforderungen angesehen werden[108], weil es neben ihnen keine Hauptsache (im Schlußurteil) gibt und die Werte für jedes Urteil, Teilurteil einerseits und Schlußurteil andererseits, gesondert zu ermitteln sind (→ § 708 Rdnr. 28; → § 511a Rdnr. 19). Anders liegt es, wenn über die Nebenforderung durch Teilurteil früher oder gleichzeitig entschieden worden ist (→ Rdnr. 26).

Bei dem für die befaßte Instanz maßgeblichen Gebührenstreitwert führt der Übergang von der Bewertung als Nebenforderung zur Hauptforderung dazu, daß nicht § 22 Abs. 1 und Abs. 2 GKG (Text → Rdnr. 34) Anwendung findet, sondern § 21 Abs. 1 und Abs. 2 GKG[109]. Wird dann aber nach Einlegung entsprechender Rechtsmittel gegen Teil- *und* Schlußurteil die Rechtsmittelinstanz mit der Hauptsache *und* den Zinsen etc. befaßt, so ist der Streitwert für diese Instanz wiederum allein nach der Hauptsache zu beurteilen, wogegen für die Zinsen § 22 GKG gilt[110]. Grund dafür ist, daß jetzt wieder über beide Beträge Streit besteht, so daß von Hauptsache und Nebenforderung ausgegangen werden kann. Es ist in derartigen Fällen aber wenigstens schief, davon zu sprechen, ein Anschlußrechtsmittel habe insoweit keinen eigenen Streitwert, weil es nur eine Nebenforderung betrifft[111]. Vielmehr haben derartige Anschlußrechtsmittel einen Streitwert, nach dem der Prozeßbevollmächtigte bis zur Verbindung auch abrechnen muß[112].

Die dargestellten Grundsätze gelten auch bei nur *teilweiser Erledigung* in der Hauptsache. Die (nur) den erledigten Teil betreffenden Nebenforderungen werden selbständige Hauptforderungen neben der nicht erledigten Hauptforderung[113]. Deren Nebenforderungen bleiben freilich Nebenforderungen. Nicht rechtfertigen läßt sich trotz ihrer Einfachheit (→ Rdnr. 1) die Gegenauffassung[114], wonach sich der Streitwert nur nach dem Wert der restlichen Hauptsache richtet. Ebenso wie die vor allem betroffenen Zinsen werden auch Inkassogebühren (→ Rdnr. 23) behandelt[115]. Auch diejenigen *Kosten*, die nur den erledigten Teil betreffen,

---

[106] *BGH* ZIP 1991, 28, 29 re. Sp.
[107] *OLG Hamm* Rpfleger 1989, 523.
[108] *BGHZ* 29, 126, 127 f.
[109] Zur Berechnung vgl. *Lappe* KostRsp. GKG Komm. § 21 Rdnr. 2.
[110] *OLG Köln* ZZP 70 (1957) 34; zust. *Hillach-Rohs*[8] 87 f.
[111] So aber *OLG Köln* JurBüro 1982, 912 m.krit.Anm. von *E. Schneider* KostRsp. ZPO § 4 Nr. 49.
[112] *E. Schneider* KostRsp. ZPO § 4 Nr. 49.
[113] *BGHZ* 26, 174 (Zinsen) = NJW 1958, 342 (abl. v. *Lübtow* NJW 1958, 2041; zust. *Lappe* Rpfleger 1958, 83) unter Aufgabe von *BGH* LM ZPO § 4 Nr. 1; bestätigt durch *BGH* JurBüro 1981, 1489 (*Mümmler*); NJW 1962, 2252; *OLG Koblenz* MDR 1992, 717 [14. Senat]; [5. Se-

nat] mit abl. Anm. *Mümmler* JurBüro 1992, 627; *OLG Karlsruhe* JurBüro 1988, 1723; *OLG Zweibrücken* JurBüro 1985, 1889; *OLG Düsseldorf* JurBüro 1981, 920; *OLG Hamburg* JurBüro 1969, 556 (*E. Schneider*); *LG Wuppertal* AnwBl. 1978, 108 (*Schmidt*); *Hillach-Rohs*[8] 91 mit Fn. 343; *Zimmermann* JuS 1991, 758; a. A. *Baumbach-Lauterbach-Hartmann*[50] Anh § 3 »Erledigterklärung« Anm. d.; *Mümmler* JurBüro 1992, 116.
[114] *OLG Köln* JurBüro 1992, 115; JMBlNRW 1974, 45; *OLG Karlsruhe* Rpfleger 1970, 31; sowie die frühere Rechtsprechung des *RG* (Nachweise in der Vorauflage in Fn. 85); *E. Schneider*[10] Rdnr. 1525; *Brox* Rpfleger 1967, 356; *Hansens* JurBüro 1991, 1122, 1123; Darstellung bei *Mümmler* JurBüro 1990, 956; 1992, 116.
[115] A.A. *OLG Köln* JurBüro 1974, 1594.

32

werden Hauptsache. Ausgenommen sind auch hier Kosten, die als *Prozeßkosten* anzusehen sind, denn die Kostenentscheidung betrifft auch den erledigten Teil, so daß solche Prozeßkosten im Rahmen der Kostenfestsetzung ohne weiteres berücksichtigt werden können (auch → Rdnr. 31)[116].

6. Ansprüche aus Wechseln

33 Bei den Ansprüchen aus Wechseln im Sinne des Wechselgesetzes ergäbe die Anwendung der in → Rdnr. 16 ff. dargestellten Grundsätze, daß – abgesehen von der eigenen Provision des Wechselklägers – bei allen Regreßklagen die gezahlte Summe als Einheit zu behandeln wäre (auch → Rdnr. 30). Da jedoch die Rechtsprechung die Regreßforderung gegen den Akzeptanten nicht als solche, sondern wie die ursprüngliche Forderung gegen ihn behandelt hatte[117], nahm die Novelle 1898 (→ Rdnr. 2) zur Beseitigung dieser Ungleichheit den Absatz 2 auf.

Danach sind auch bei allen Regreßklagen die Zinsen, Kosten und Provisionen, die als Nebenforderungen neben der Wechselsumme gefordert werden, für den Streitwert außer acht zu lassen. Nicht hierher gehören sog. Diskontspesen, d. h. Zwischenzinsen und Bankprovisionen, deren Erstattung der Wechselakzeptant wie z. B. der Warenkäufer, der ein Dreimonatsakzept zahlungshalber gibt, durch besondere Abrede übernommen hat. Gleichgültig ist es, ob die Klage im Wechselprozeß oder im ordentlichen Prozeß erhoben wird, wogegen § 605 Abs. 2 hinsichtlich der Glaubhaftmachung nur im Wechselprozeß gilt. Wird aber ein Anspruch aus dem zugrundeliegenden zivilrechtlichen Verhältnis erhoben, etwa auf Schadensersatz gegen den Vordermann, ein Bereicherungsanspruch oder ein Erstattungsanspruch kraft Auftrages usw., so kommen die in → Rdnr. 30 dargestellten Grundsätze zur Anwendung[118].

Für Ansprüche aus einem Scheck gilt § 4 Abs. 2 entsprechend.

VI. Gebührenberechnung

1. Text von § 22 GKG

34 § 4 Abs. 1 HS 2 und § 4 Abs. 2 sind nicht auf den Gebührenstreitwert anwendbar. Hier gilt als Sondernorm § 22 GKG.

§ 22. Nebenforderungen

(1) Bei Handlungen, die außer dem Hauptanspruch auch Früchte, Nutzungen, Zinsen oder Kosten als Nebenforderungen betreffen, wird der Wert der Nebenforderung nicht berücksichtigt.

(2) Bei Handlungen, die Früchte, Nutzungen, Zinsen oder Kosten als Nebenforderungen ohne den Hauptanspruch betreffen, ist der Wert der Nebenforderungen maßgebend, soweit er den Wert des Hauptanspruchs nicht übersteigt.

---

[116] Insoweit ebenso *BGH* KostRspr. ZPO § 3 Nr. 1074; WM 1991, 657, 658 re. Sp. (*teilweise übereinstimmende* Erledigungserklärungen); NJW 1962, 2252, 2253; *OLG Koblenz* JurBüro 1984, 1395 (zust. *Mümmler*); *OLG Düsseldorf* JurBüro 1984, 1219; *OLG Frankfurt a. M.* JurBüro 1983, 1713; *Mümmler* JurBüro 1990, 1537, 1543; a. A. *BGH* MDR 1989, 58 (*einseitige teilweise* Erledigung der Hauptsache); WM 1991, 2009, 2010; *OLG Hamm* JurBüro 1991, 1122 mit abl. Anm. *Hansens* (teilweise übereinstimmende Erledigungserklärung); *OLG Koblenz* MDR 1992, 717 (teilweise übereinstimmende Erledigungserklärung).

[117] *RGZ* 29, 332.

[118] Vgl. *RG* Gruchot 41 (1898) 110.

(3) Bei Handlungen, welche die Kosten des Rechtsstreits ohne den Hauptanspruch betreffen, ist der Betrag der Kosten maßgebend, soweit er den Wert des Hauptanspruchs nicht übersteigt.

2. Einzelheiten

Diese Vorschrift ist auch für die Anwaltskosten maßgebend (§ 8 Abs. 1 BRAGO). Während **35** sich zwar der Zeitpunkt des Gebührenstreitwerts grundsätzlich nach § 4 Abs. 1 HS 1 richtet (ausgenommen bei Erhöhungen → Rdnr. 11 f.), wird der Gebührenstreitwert unter Beachtung des § 22 GKG berechnet, wenn Nebenforderungen geltend gemacht werden[119]. Hierbei ist — wie schon oben → Rdnr. 23 f. — bei § 22 Abs. 2 und Abs. 3 hinsichtlich der Kosten zwischen solchen Kosten zu unterscheiden, die keine Prozeßkosten sind (Fall des § 22 Abs. 2 GKG), und solchen, die Prozeßkosten darstellen (Fall des § 22 Abs. 3 GKG)[120]. Damit entspricht die Abgrenzung der Differenzierung in § 99 (→ § 99 Rdnr. 2).

§ 22 Abs. 3 GKG ist unanwendbar, solange auch nur ein geringer Teil der Hauptforderung oder ihrer in Abs. 2 erwähnten Nebenforderungen im Streit ist[121]. Ebenso wie bei § 4 ZPO (→ Rdnr. 22) ist es auch für § 22 Abs. 1 GKG unerheblich, ob Hauptforderung, Zinsen usw. in einem einzigen, durch Addition ermittelten Betrag geltend gemacht werden[122]. Geleistete Teilzahlungen dürfen trotz § 367 BGB sofort von der Hauptsache abgezogen werden. Die Gegenauffassung führt zu unnötigen Komplizierungen[123].

VII. Arbeitsgerichtliches Verfahren

Für den maßgeblichen Zeitpunkt der Wertberechnung wird auf → § 2 Rdnr. 140 f. **36** verwiesen.

Im Hinblick auf die Nebenforderungen gilt § 4 Abs. 1 HS 2 in der Arbeitsgerichtsbarkeit **37** unverändert. Ebenso gelangt § 4 Abs. 2 zur Anwendung, was aber nur selten praktisch werden wird.

§ 5   [Wert bei mehreren Ansprüchen]

Mehrere in einer Klage geltend gemachte Ansprüche werden zusammengerechnet; dies gilt nicht für den Gegenstand der Klage und der Widerklage.

Gesetzesgeschichte: sprachlich neugefaßt durch die Novelle 1950 BGBl I 535 (→ Einl. Rdnr. 148).

Stichwortverzeichnis → *Wertschlüssel* in § 3 Rdnr. 41 ff.

---

[119] Ausführliches Beispiel bei *LG Bayreuth* JurBüro 1983, 258.
[120] *LG Bayreuth* JurBüro 1983, 258, 259; *Hillach-Rohs*[8] 93 f.; z.B. Rechtsmittel gegen Schluß- oder Ergänzungsurteil nur über Prozeßkosten, *BGH* MDR 1964, 231.

[121] *OLG Köln* JurBüro 1982, 912; *OLG Oldenburg* MDR 1989, 1006.
[122] *OLG Köln* JurBüro 1980, 578.
[123] *AG Hagen* JurBüro 1992, 192 mit abl. Anm. *Mümmler.*

I. Funktion[1]

1   Die Norm trifft eine *Wertregelung* für von der ZPO ermöglichte ursprüngliche oder spätere Anspruchsmehrheiten. Verfolgt wird das Prinzip der Zusammenrechnung der jeweils von einer Partei gestellten Anträge ohne Rücksicht auf das gegnerische Verhalten (§ 5 HS 1). Das ist eine Ausprägung des das gesamte Streitwertrecht beherrschenden Grundsatzes, auf die Interessen der Gegenseite nicht abzustellen (näher → § 2 Rdnr. 14, 91). Dem entspricht das Additionsverbot zwischen Klage und Widerklage (§ 5 HS 2) sowie zwischen Rechtsmittel- und Gegenrechtsmittel (→ Rdnr. 37). Mit der Wertaddition wird berücksichtigt, daß bei einer Mehrheit von Ansprüchen auch größere wirtschaftliche Werte umstritten sein können. Diese Zweckbestimmung führt zu einer sich nicht aus dem Wortlaut des § 5 ergebenden *Einschränkung* der Norm im Wege der teleologischen Reduktion: Wo immer trotz prozessualer An-

---

[1] Lit.: *Frank*, Anspruchsmehrheiten im Streitwert-recht, 1986 (dazu *Corts* NZA 1989, 592); *E. Schumann* Anspruchsmehrheiten im Streitwertrecht NJW 1982, 2800; *Brox* Zur Problematik von Haupt- und Hilfsansprü-chen, in: Recht im Wandel, FS Hundertfünfzig Jahre Hey-manns Verlag 1965, 121 ff.

spruchsmehrheiten keine wirtschaftliche Werthäufung entsteht, darf nicht zusammengerechnet werden. Rechtsprechung und Lehre haben diese gewichtige Einschränkung seit Erlaß der CPO beachtet. In neuerer Zeit finden sich jedoch Fehlentwicklungen auf dem Gebiet des *Arbeitsrechts* (näher → § 2 Rdnr. 7 a. E. und Rdnr. 128 ff.).

Im einzelnen ermöglicht die ZPO in weitem Umfang die Erledigung »mehrerer Ansprüche« in einem Prozeß: Dem Kläger wird mit der objektiven Klagen- oder Anspruchshäufung (→ § 260 Rdnr. 1), der Stufenklage (→ Rdnr. 14) und der Streitgenossenschaft als subjektiver Klagen- oder Anspruchshäufung (→ Rdnr. 1 vor § 59) gestattet, schon in der Klageschrift mehrere Streitgegenstände zu verbinden. Mit der nachträglichen Klagenhäufung (§ 264), dem Parteibeitritt auf der Kläger- oder Beklagtenseite (→ Rdnr. 5 vor § 59) und der Widerklage samt ihrer verschiedenen Sonderformen (→ Rdnr. 31 ff.) sind den Parteien weitere Gestaltungsmöglichkeiten eingeräumt, die sie während des Prozesses nutzen können.

Einschränkungen erfährt § 5 weiter durch Sonderregelungen im *Gebührenrecht* (näher → Rdnr. 18 ff.). Außerhalb dieser Sondervorschriften gilt § 5 wegen § 2 (→ § 2 Rdnr. 1) für alle Arten von Wertberechnungen. Eine Zusammenrechnung findet daher statt beim *Zuständigkeitsstreitwert* (→ § 2 Rdnr. 30), *Bagatellstreitwert* (→ § 2 Rdnr. 39), *Rechtsmittelstreitwert* (§ 2 Rdnr. 34) und *Verurteilungsstreitwert* (→ § 2 Rdnr. 40). Diese Streitwertarten werden daher mit gewissen Ausnahmen vergleichbar gehandhabt (Rdnr. 16, 20).

§ 5 ist Ausdruck eines allgemeinen Streitwertrechts und wird sinngemäß vor allem im verwaltungsgerichtlichen Verfahren angewendet[2].

II. Mehrheit von Ansprüchen

1. Entstehung; Prozeßverbindung

Außer Streit ist die Anwendung des § 5 auf ursprüngliche Mehrheiten schon in der Klageschrift sowie auf später durch das Verhalten von Kläger oder Beklagten entstandene Mehrheiten (→ Rdnr. 1). Ansonsten ergäbe die Erwähnung der Widerklage in § 5 HS 2 keinen Sinn, da diese erst während eines Prozesses erhoben werden kann.

Darüber hinaus findet § 5 auch Anwendung auf durch Prozeßverbindung (§ 147) zustande gekommene Anspruchsmehrheiten. Neben dem Rechtsmittelstreitwert[3] und dem Gebührenstreitwert[4] gilt das vor allem auch für den Zuständigkeitsstreitwert[5]. War etwa *vor* der Prozeßverbindung durch das Landgericht für die einzelnen Klagen der landgerichtliche Zuständigkeitsstreitwert nicht erreicht, so wird nunmehr der Mangel der Zuständigkeit des Landgerichts geheilt, indem die Ansprüche jetzt nach § 5 zusammengerechnet werden[6]. Auch sonst ist es unschädlich, wenn eine Sachurteilsvoraussetzung erst im Laufe des Verfahrens eintritt[7]. Die Gegenmeinung findet im Gesetz keine überzeugende Stütze. Unberührt bleibt vor allem die Wertberechnung der einzelnen Ansprüche nach dem Zeitpunkt der Klageeinreichung nach § 4 Abs. 1. Es findet keine Neuberechnung, sondern lediglich eine Zusammenrechnung statt. Umgekehrt ist es wegen § 261 Abs. 3 Nr. 2 unschädlich, wenn bei mehreren amtsgerichtlichen Klagen durch Prozeßverbindung und die Zusammenrechnung nach § 5

2

---

[2] Z.B. *BVerwG* DÖV 1982, 410; *OVG Bremen* JurBüro 1984, 1544.

[3] *Baumbach-Lauterbach-Hartmann*[50] § 5 Anm. 2 A, C; *Frank* (Fn. 1) 122 f.; *E. Schneider* KostRsp. ZPO § 5 Nr. 84 zu *OLG München* JurBüro 1990, 393.

[4] *BGH* LM ZPO § 147 Nr. 1 = NJW 1957, 183; *RGZ* 30, 330; *Frank* (Fn. 1) 126 f.; im Grundsatz auch *OVG Bremen* JurBüro 1984, 1376, 1377.

[5] *Wieczorek*[2] § 147 Bem. C II a; *Hellwig* Lb 3 S. 63 f.; System I 319; a. A. *Rosenberg-Schwab*[14] § 32 IV 3 a (S. 173) mit Nachweisen der älteren Rechtsprechung; *Thomas-Putzo*[17] § 5 Anm. 1 b bb.

[6] Ebenso *Frank* (Fn. 1) 121.

[7] Näher → Einl. Rdnr. 324.

nunmehr ein Streitwert erreicht wird, der zum Landgericht gehört[8]. Im Hinblick auf den Gebührenstreitwert ist es nicht ausreichend, wenn lediglich zur gemeinsamen Verhandlung verbunden, aber getrennt entschieden wird. Es ist dann weiterhin nach den Einzelstreitwerten abzurechnen[9].

2. Gleichzeitigkeit

3   Eine Anspruchsmehrheit i.S.d. § 5 ist nur gegeben, wenn die Ansprüche nebeneinander geltend gemacht werden. Damit muß die aus mehreren Teilen bestehende Gesamtleistung *gleichzeitig* beansprucht werden. Nicht ausreichend ist das Verlangen erst der einen Leistung und nach Klageänderung einer anderen Leistung an deren Stelle[10]. Die gleichen Grundsätze gelten bei einem Parteiwechsel. – Zum Hilfs-(Eventual-)antrag → Rdnr. 21 ff.

3. Antragsmehrheit

4   § 5 kommt nur zur Anwendung, wenn in einem Prozeß verschiedene prozessuale Ansprüche (Streitgegenstände) nebeneinander bestehen. Ob mehrere Streitgegenstände vorliegen, richtet sich nach allgemeinen Grundsätzen (→ Einl. Rdnr. 263 ff.). Demzufolge scheidet eine Anspruchsmehrheit aus, wenn ein Antrag mit verschiedenen rechtlichen Begründungen (z.B. Vertrag, Delikt, Gefährdungshaftung) gerechtfertigt wird (→ Einl. Rdnr. 290). Nach der in diesem Kommentar vertretenen Auffassung führt auch die Begründung eines Antrages mit verschiedenen Sachverhalten nicht zu einer Mehrheit (→ Einl. Rdnr. 291). § 5 ist daher stets unanwendbar, wenn nur ein Antrag gestellt wurde. Eine auf vier Kündigungen gestützte Räumungsklage ist deshalb nur einmal nach § 16 Abs. 2 GKG zu bewerten[11]. Eine Anwendung des § 5 scheidet auch dann aus, wenn überflüssige, wiederholende, interpretierende, kommentierende Anträge gestellt werden, die nicht auf eine eigene Rechtsfolge abzielen, sondern lediglich einen Antrag näher umschreiben. So liegt es etwa bei Anträgen auf Rechtsfolgen, die sich ohnedies ergeben, z.B. auf Beendigung des Güterstandes der Zugewinngemeinschaft neben dem Ehescheidungsantrag, auf Eintragung im Grundbuch neben der Grundbuchberichtigungklage nach § 894 BGB, oder auf Anpassung der begehrten Rente (§ 843 BGB) an eine künftige, jetzt aber bereits übersehbare Entwicklung der Verhältnisse. Hierzu rechnen ferner Feststellungsanträge über bedingende (vorgreifliche) Rechtsverhältnisse (näher → Rdnr. 7) oder über einzelne Urteilselemente[12]. Vergleichbar liegt es bei Anträgen auf Bestimmung gemäß § 315 Abs. 3 S. 2 BGB (→ Rdnr. 9 a. E.), wenn gleichzeitig die Verurteilung begehrt wird, oder bei Anträgen in bezug auf Nebenforderungen (→ Rdnr. 12). Schließlich bleiben alle Prozeßanträge ohne Berücksichtigung.

Auch wenn aber mehrere Anträge (Streitgegenstände) vorliegen, kommt § 5 nur zur Anwendung, wenn wirtschaftliche Identität fehlt (→ Rdnr. 1; → Rdnr. 6 ff.).

---

[8] Näher → § 4 Rdnr. 8; → § 147 Rdnr. 26.
[9] *OLG München* Rpfleger 1990, 184 (*E. Schneider* KostRsp. ZPO § 5 Nr. 84); *Lappe* NJW 1991, 1213.
[10] *KG* Rpfleger 1968, 289; zur Klageänderung → § 4 Rdnr. 7.

[11] Richtig *LG Hamburg* ZMR 1986,125; in vergleichbaren Fällen wurde aber § 5 bejaht von *OLG Stuttgart* NJW 1971,568; *OLG Düsseldorf* NJW 1975,2105 (je Haupt- und Hilfsantrag).
[12] *RGZ* 126,18,21 (Qualifikation als Pacht).

4. Unzulässige Anspruchsmehrheiten

Unzulässige Klagehäufungen dürfen nicht nach § 5 zusammengerechnet werden[13]. Sie sind   5
vielmehr nach § 145 zu trennen. Näher → Rdnr.9 vor § 59 zur unzulässigen Streitgenossenschaft; → § 260 Rdnr. 50 zur objektiven Anspruchshäufung. Ihr Streitwert richtet sich nach
dem einzelnen Anspruch; andernfalls könnte durch unzulässige Klagenhäufung die landgerichtliche Zuständigkeit begründet werden. Auch dieser Fall zeigt, daß Maßnahmen der
Prozeßtrennung oder Prozeßverbindung nicht ausschließen, den Zuständigkeitsstreitwert zu
prüfen. Der Wert selbst wird gemäß § 4 nach dem Zeitpunkt der Klageeinreichung errechnet
(→ Rdnr. 2).

5. Additionsverbot bei wirtschaftlicher Einheit

§ 5 kommt trotz verschiedener Streitgegenstände (→ Rdnr. 4) nicht zur Anwendung, wenn   6
wirtschaftlich eine Einheit vorliegt (Rdnr. 1). Die Norm zielt auf eine *wirtschaftliche Wertbetrachtung* eines Prozesses. Der wirtschaftliche Wert kann aber auch bei Vorliegen verschiedener Streitgegenstände identisch sein. Die Anwendbarkeit des § 5 setzt damit *kumulativ*
verschiedene Streitgegenstände mit wirtschaftlich verschiedenen Werten voraus[14]. In den
nachfolgenden Fällen ist eine wirtschaftliche Einheit trotz verschiedener Streitgegenstände
anzunehmen und damit eine Mehrheit nach § 5 zu verneinen: *Es wird nicht zusammengerechnet; vielmehr entscheidet der höchste Wert*[15].

a) Feststellungsanträge über bedingende Rechtsverhältnisse

Wirtschaftlich unselbständige Anträge sind vor allem Feststellungsanträge (§ 256 Abs. 2)   7
über das bedingende Rechtsverhältnis[16]. Dazu gehören z. B. der Antrag auf Feststellung des
zugrundeliegenden Rechtsverhältnisses neben den aus diesem Verhältnis entspringenden
Leistungen wie die Feststellung der Schadensersatzpflicht neben einzelnen Schadensersatzansprüchen[17]. Ebenso liegt es bei dem Antrag auf Feststellung der Nichtigkeit des Vertrages neben demjenigen auf Rückgewähr der Leistung[18], wobei in besonderen Fällen dem
Antrag freilich eine selbständige wirtschaftliche Bedeutung zukommen kann[19]. Hierher gehören auch der Antrag auf Feststellung des Eigentums neben dem Herausgabeanspruch nach
§ 985 BGB[20], neben der Drittwiderspruchsklage des § 771 ZPO[21] oder der negatorischen
Klage auf Unterlassung störender Eingriffe[22]. Ebenso ist zu entscheiden für den Antrag auf
Feststellung der Rückzahlung der Schuld neben dem Begehren auf Rückgabe des Schuldscheines oder Löschung der Hypothek, den Antrag auf Feststellung der Wirksamkeit eines erklärten Rücktritts von einem Grundstückskaufvertrag neben dem Antrag auf Abgabe der Bewilligung für die Löschung einer Auflassungsvormerkung[23], den Antrag auf Feststellung des

---

[13] H.L.; *Rosenberg-Schwab*[14] § 32 IV 3a (S.174);
Wach 380; *Sarwey* I; *Petersen-Remelé* 5; a.A. *Wieczorek*[2] § 5 Bem. B I a.
[14] Dem Grundsatz nach seit langem unbestritten; z.B.
Förster-Kann[3] § 5 Anm.1b, bb und ee; *Hellwig* Lb 2
S.194 und System I S.111; *Wach* 381; *Rosenberg
Schwab*[14] § 32 IV 3a (S.173); *Thomas-Putzo*[17] § 5
Anm.3c bb; *Zöller-E. Schneider*[17] § 5 Rdnr.8; *Frank*
(Fn.1) 164ff.; *E. Schumann* NJW 1982, 2800; *BVerwG*
JurBüro 1991, 986; *OLG Oldenburg* JurBüro 1987, 596;
OLG Nürnberg JurBüro 1981, 1380; *OLG Hamburg*
MDR 1965, 394; *KG* Rpfleger 1962, 155 (LS) sowie die
folgenden Fußnoten.

[15] *OLG Köln* KostRsp. ZPO § 5 Nr.55; *Frank* (Fn. 1)
206; *E. Schumann* NJW 1982, 2800, 2801 (unstr.).
[16] *RGZ* 126, 21; *Förster-Kann*[3] § 5 Anm. 1b, bb; → § 2
Rdnr. 16; offengelassen von *BGH* WM 1991, 2121, 2122.
[17] *Thomas-Putzo*[17] § 5 Anm.3c aa; *Frank* (Fn. 1)
178ff.; *E. Schumann* NJW 1982, 2800; Nachweise der
älteren Rechtsprechung in der Vorauflage in Fn. 14.
[18] *RGZ* 54, 341 u.ö.
[19] *RGZ* 52, 427; 73, 273 u.ö.
[20] *RGZ* 72, 223; unklar *OLG Frankfurt a. M.* JurBüro
1975, 373.
[21] *RGZ* 33 (VZS), 4.
[22] *RGZ* 3, 390, 393.
[23] *OLG München* JurBüro 1984, 1235, 1236.

Bestehens eines Mietverhältnisses mit der Leistungsklage auf rückständigen Mietzins[24]. Praktisch höchst bedeutsam sind die gleichfalls hierher gehörenden *arbeitsrechtlichen Kündigungsschutzklagen*, verbunden mit Lohn- und Gehaltsansprüchen oder Weiterbeschäftigungsansprüchen (ausführlich → § 2 Rdnr. 128 ff.). Ohne Einfluß auf die Wertberechnung ist es in allen Fällen, ob das bedingende Rechtsverhältnis im Wege einer selbständigen Feststellungsklage zusammen mit der Leistungsklage durch objektive Anspruchshäufung nach § 260 geltend gemacht wird, oder ob sich der Kläger der Zwischenfeststellungsklage nach § 256 Abs. 2 bedient. Niemals darf ein Teil des Streitgegenstandes mehrfach bewertet werden[25].

b) Wirtschaftlich selbständige Feststellungsanträge

8   Wirtschaftlich selbständige Feststellungsanträge liegen aber insoweit vor, als die Leistungsanträge hinter der beantragten Feststellungswirkung zurückbleiben. Das ist insbesondere der Fall, wenn nur einzelne Teile der möglichen Gesamtleistung, aber die Feststellung des gesamten Rechtsverhältnisses gefordert werden. So liegt es etwa bei einem Feststellungsantrag auf Ersatzpflicht hinsichtlich des gesamten Schadens und der Geltendmachung nur der Reparatur- und Krankheitskosten ohne das Verlangen von Schmerzensgeld und des entgangenen Gewinns. Vergleichbar zu entscheiden ist der Feststellungsantrag des Maklers auf Bestehen eines Maklervertrages über sämtliche Eigentumswohnungen eines Anwesens, verbunden mit der Zahlungsklage auf Provision hinsichtlich der schon verkauften Eigentumswohnungen[26]. Soweit der Feststellungsantrag über die Leistungsanträge hinausgeht, ist er mit den Leistungsanträgen, soweit sie in ihm enthalten sind, zusammenzurechnen[27].

Beispiel:[28] Der Gesamtwert des streitigen Rechtsverhältnisses beträgt 95.000,– DM. Davon werden die geforderten Teilleistungen in Höhe von 70.000,– DM abgezogen; dies ergibt 25.000,– DM. Auf diesen Betrag erstreckt sich der überschießende Teil des Feststellungsantrages. Abgezogen wird noch der übliche Abschlag von 20% (→ § 2 Rdnr. 21), so daß der Feststellungsantrag mit 20.000,– DM zu bewerten ist. Nunmehr werden der Leistungsantrag von 70.000,– DM und der Feststellungsantrag von 20.000,– DM nach § 5 zusammengerechnet, so daß sich ein Streitwert von 90.000,– DM ergibt. In solchen und ähnlichen Fällen darf auf die Bewertung des Leistungsantrages nicht verzichtet werden[29]. Andererseits ist der überschießende Teil des Feststellungsantrages zu berücksichtigen. Geht man etwa nur vom Feststellungsantrag in seinem gesamten Umfang aus, errechnet sich ein Streitwert von 76.000,– DM (95.000,– DM – 20% Abschlag). Bei einem sehr hohen Leistungsantrag zeigt sich die Unrichtigkeit der Berechnung, da auch dann dieser Antrag überhaupt nicht ins Gewicht fällt. Wird nur der Leistungsantrag zugrunde gelegt, beträgt der Streitwert 70.000,– DM. Der *BGH*[30] hatte nur den Rechtsmittelstreitwert einer Berufung gegen ein Teilurteil über den Feststellungsantrag zu bewerten. Der Rechtsmittelstreitwert betrug in diesem Fall tatsächlich 76.000,– DM, da kein Leistungsantrag zu bewerten war. Eine Anwendung von § 5 schied daher von vornherein aus.

Anderen Grundsätzen folgt der Hilfsantrag (→ Rdnr. 24 a. E.).

---

[24] *OLG Karlsruhe* Die Justiz 1980, 272 (streitig war nur das Bestehen des Mietverhältnisses).

[25] *BGH* WM 1991, 2121, 2122 re. Sp.

[26] So der Fall von *BGH* MDR 1970, 127 = JurBüro 1969, 833 (*E. Schneider*).

[27] *OLG Bamberg* JurBüro 1969, 955; ähnlich *OLG Bamberg* JurBüro 1986, 1079, 1080 unter Berufung auf *BGH* MDR 1970, 127 (vorige Fn.): dort findet sich jedoch als obiter dictum die Ablehnung der Zusammenrechnung

mit dem Feststellungsantrag, wobei unklar ist, ob allein der Feststellungsantrag, ggf. mit einem Abschlag von 20% (→ § 2 Rdnr. 21) maßgeblich sein soll oder der Leistungsantrag; wie hier *Hillach-Rohs*[8] 55; anders *OLG München* JurBüro 1984, 1235.

[28] Nach den Werten von *BGH* MDR 1970, 127 (Fn. 26).

[29] Mißverständlich daher *BGH* MDR 1970, 127.

[30] *BGH* MDR 1970, 127.

c) Leistungsanträge u. a.

Leistungsanträge haben keinen eigenen Wert, wenn sie wirtschaftlich in einem anderen   **9**
Antrag enthalten sind. Beispiele sind der Antrag auf Abnahme der Ware in der Kaufpreisklage[31]. In vergleichbarer Weise hat neben dem Rückzahlungsantrag nach Wandelung oder
Anfechtung eines Kaufvertrages der Antrag auf Feststellung, der beklagte Verkäufer befinde
sich mit der Rücknahme der Kaufsache in Annahmeverzug, keine selbständige wirtschaftliche
Bedeutung oder allenfalls einen Erinnerungswert[32]. Anders kann es aber dann liegen, wenn
die Abnahmepflicht eine eigene wirtschaftliche Bedeutung hat, z.B. bei Abnahme von
Schrott, Müll, Abfall, Abwasser und dgl.[33]. Keinen selbständigen Wert hat der Antrag auf
Sicherheit (Sicherstellung, Besicherung) neben der Zahlungsklage und dergleichen (→ § 6
Rdnr. 29)[34]. Die Anträge auf Löschung einer Eigentümergrundschuld oder Freistellung von
der dinglichen Haftung sind wirtschaftlich in dem Klageantrag auf Auflassung enthalten.
Maßgebend ist der lastenfreie Grundstückswert[35]. In gleicher Weise wirtschaftlich in einem
anderen Antrag aufgefangen sind der Antrag auf Duldung der Zwangsvollstreckung (»Pfandklage«) in der Leistungsklage auf Zahlung aufgrund der persönlichen schuldrechtlichen
Verpflichtung[36], der Herausgabeantrag in der Zahlungsklage z.B. bei Herausgabe der unter
Eigentumsvorbehalt gelieferten Ware und Kaufpreisklage[37], die Herausgabe der dem Kläger
sicherungsübereigneten Sache und Rückzahlung des Darlehns[38], Herausgabe der Bürgschaftsurkunde und Zahlungsklage aus Bürgschaft[39], Herausgabe des Grundschuldbriefes
und Rückzahlung des Darlehns[40] sowie der Antrag auf Unterhaltsabänderung in dem Antrag
auf Rückzahlung bereits erbrachter Leistungen[41]. Der Antrag auf Mitwirkung bei der Löschung im Handelsregister ist wertmäßig nicht zu berücksichtigen neben der Klage auf
Feststellung des Ausscheidens eines OHG-Gesellschafters[42]. Keinen eigenen wirtschaftlichen
Wert haben die Anträge auf Abnahme eigener Waren neben der Klage auf Unterlassung des
Bezugs von Waren von einem anderen Lieferanten[43], auf Einwilligung in die Wandelung
(Minderung) neben der Klage auf Rückgewähr[44], auf Einwilligung in die Löschung des
Nacherbenvermerks im Grundbuch neben der Klage gegen den Nacherben auf Zustimmung
zur Veräußerung des Grundstückes[45] oder auf gerichtliche Bestimmung einer Leistung (z.B.
§ 315 Abs. 3 S. 2 BGB; auch → Rdnr. 30) neben dem Antrag auf Verurteilung zu ihr[46].

d) Streitgenossenschaft

Bei einer Streitgenossenschaft werden die Werte nicht zusammengerechnet, wenn wirt   **10**
schaftlich gesehen nur ein Gegenstand umstritten ist[47]. Daher ist eine Zusammenrechnung
ausgeschlossen, wenn eine Mehrheit von Antragstellern in einem Verfahren identische An

---

[31] *RG* JW 1895, 222; 1887, 2.
[32] Für letzteres *BGH* NJW-RR 1989, 826; *LG Mönchengladbach* ZMR 1985, 164 (LS); *E. Schneider* MDR 1990, 198 tritt für eine Zusammenrechnung nach § 5 bei geringer Bewertung des Feststellungsantrages ein.
[33] *E.Schneider*[10] Rdnr. 96; auch *BGH* KostRsp. ZPO § 3 Nr. 499.
[34] *OLG Celle* NdsRpfl. 1983,159 (Reallast und erhöhter Erbbauzins); *OLG Nürnberg* JurBüro 1964, 684 (Reallast neben Rente); 1967, 74; 1968, 543; *OLG Köln* JMBlNRW 1968, 201; 1968, 68 (Bauhandwerkerhypothek neben Werklohn); *OLG Frankfurt a.M.* JurBüro 1977, 1136 (ebenso); auch 1984, 1236 (Sicherungsnießbrauch neben Grundpfandrecht); *Mümmler* JurBüro 1974,1107; ältere Nachweise in der Vorauflage in Fn. 34.
[35] *OLG Köln* JurBüro 1988, 1388; *OLG Karlsruhe* AnwBl 1982, 375 (zust. *H. Schmidt*).

[36] *Wach* 381; *Hellwig* Lb 2 S. 195.
[37] *OLG Hamburg* MDR 1965, 394.
[38] *OLG Frankfurt a.M.* JurBüro 1962, 228.
[39] *OLG Bamberg* JurBüro 1974, 1437.
[40] *OLG München* MDR 1968, 769.
[41] *OLG Zweibrücken* JurBüro 1988, 232.
[42] *OLG Nürnberg* JurBüro 1964, 829.
[43] *KG* JurBüro 1969, 1195.
[44] *RGZ* 58,423; ältere Nachweise in der Vorauflage in Fn. 42.
[45] *OLG Schleswig* JurBüro 1968, 735.
[46] Vgl. *RG* JW 1898, 385.
[47] *OLG Karlsruhe* MDR 1991, 353 (Klage von Gesamtschuldnern gegen sittenwidrige Vollstreckungstitel); *VGH Mannheim* NVwZ 1991, 275; *Rosenberg-Schwab*[14] § 32 IV 3a (S. 173); *Wach* 381; *Hellwig* Lb 2 S. 194 u. 3 S. 91; *E. Schneider* JurBüro 1965, 873.

sprüche geltend macht[48]. Vergleichbar liegt es bei der Verbindung des Leistungsantrags auf Zahlung gegen den einen Streitgenossen mit dem Antrag auf Duldung der Zwangsvollstrekkung gegen den anderen Streitgenossen[49]. Weitere Beispiele sind die Klagen nach dem Anfechtungsgesetz auf Wertersatz gegen denjenigen, der unmittelbar vom Vollstreckungsschuldner in anfechtbarer Weise eine Sache erhalten hat sowie gegen den Rechtsnachfolger dieses Anfechtungsgegners auf Duldung der Zwangsvollstreckung[50], gegen den persönlichen Schuldner und den Grundstückseigentümer[51], bei Nießbrauch (§ 737) oder Testamentsvollstreckung (§ 748 Abs. 2)[52]. Dasselbe gilt für die Verbindung des Leistungsantrags mit einem Zustimmungsantrag, z.B. gegen den Eigentümer auf Auflassung, gegen den Nacherben auf Zustimmung zur Auflassung[53]. Keine Zusammenrechnung findet ferner statt bei Klagen von Gesamtgläubigern oder gegen Gesamtschuldner, wenn stets dieselbe Leistung streitbefangen ist[54]. Klagen mehrere Kläger auf Feststellung, daß sie nicht zur Abnahme von Heizwärme verpflichtet seien, so handelt es sich um einen wirtschaftlich identischen Streitgegenstand[55]. Nicht zusammenzurechnen ist auch bei einer Streitgenossenschaft um unteilbare Leistungen wie z.B. bei der Vindikation gegen mehrere Mitbesitzer[56], bei der Klage gegen Bürgen und Schuldner[57], gegen beide Ehegatten auf Leistung aus dem Gesamtgut nach §§ 740 Abs. 2, 743 und 744a oder gegen den einen auf Duldung, den anderen auf Zahlung, (näher → § 740 Rdnr. 5f. und → § 743 Rdnr. 1), bei Klagen mehrerer Vollstreckungsgläubiger wegen eines Anspruches nach dem Anfechtungsgesetz[58], eines Vollstreckungsgläubigers gegen mehrere andere Gläubiger im Verteilungsverfahren (§§ 878 ff. ZPO) oder gegen andere Konkursgläubiger bei der Klage nach § 146 KO[59]. Das gleiche gilt bei Klagen mehrerer Gesellschafter auf Ausschließung des einen[60] oder eines Gesellschafters gegen mehrere sowie bei anderen Gestaltungsklagen von mehreren oder gegen mehrere wie z.B. im Falle einer Erbunwürdigkeitsklage[61]. Ebenso liegt es bei der Hauptintervention[62].

Wirtschaftliche Teilidentität besteht, wenn mehrere Kläger wegen desselben Wettbewerbsverstoßes eines Beklagten gegen diesen Unterlassungsansprüche geltend machen. Dabei wurde das Interesse eines Klägers voll bewertet und für jeden weiteren Kläger ein geringer Zuschlag gemacht[63]. Auch führt die negative Feststellungsklage gegen zwei Streitgenossen mit identischem Streitgegenstand nicht zur Streitwertaddition[64]. Entsprechende Grundsätze gelten für den Rechtsmittelstreitwert bei Streitgenossenschaft (→ § 511a Rdnr. 20; → § 546 Rdnr. 29; → unten Rdnr. 20).

e) Vollstreckungsrechtliche Klagen

11   Bei vollstreckungs- oder konkursrechtlichen Klagen ist bei wirtschaftlicher Betrachtungsweise häufig nur ein Gegenstand betroffen, obwohl eine Streitgenossenschaft besteht oder eine Klagenhäufung vorliegt[65]. Das gleiche gilt auch für die Klage auf Auflassung eines zum

---

[48] *VGH Mannheim* NVwZ 1991, 275.
[49] Ausführlich *Hein* Duldung der Zwangsvollstreckung (1911), 222; auch → § 739 Rdnr. 6.
[50] *OLG Frankfurt a.M.* MDR 1955, 496.
[51] *Hellwig* Lb 2 S. 195.
[52] *KG* AnwBl 1979, 229.
[53] *OLG Nürnberg* JurBüro 1963, 170.
[54] BGHZ 7, 152, 154; *BGH* NJW-RR 1991, 186 (Beschwer bei teilweiser Abweisung der gegen mehrere Gesamtschuldner gerichteten Klage) (mit weiterführender Anm. von *E. Schneider* KostRsp. ZPO § 5 Nr. 86; abl. *Lappe* ebd.); RGZ 116, 306, 309; *LAG Hamm* JurBüro 1982, 1227; *E. Schneider*[10] Rdnr. 1931; *Hellwig* Lb 2 S. 194 u. 3 S. 91; *Wach* 381; *Seuffert-Walsmann*[12] 2.

[55] *BGH* NJW-RR 1989, 381.
[56] *Hellwig* Lb 3 S. 91; ferner *Wach* 381.
[57] *LG Kaiserslautern* Rpfleger 1966, 347; *E.Schneider*[10] Rdnr. 2902; *Hellwig* Lb 3 S. 91.
[58] Vgl. *OLG Kassel* OLGRsp. 11, 43.
[59] Vgl. *Wach* 381 Fn. 42.
[60] *Hellwig* Lb 2 S. 194.
[61] *Hellwig* Lb 2 S. 194.
[62] *Heim* Die Hauptintervention, 1907, 64.
[63] *OLG Stuttgart* WRP 1988, 632 (LS).
[64] *OLG Koblenz* JurBüro 1985, 590 (Gebührenstreitwert).
[65] Schon → Rdnr. 7 Fn. 21; → Rdnr. 9 Fn. 36; → Rdnr. 10 Fn. 50, 59.

Gesamtgut einer früheren Gütergemeinschaft gehörenden Grundstücks, verbunden mit der Klage auf Unzulässigerklärung des von der Beklagten betriebenen Zwangsversteigerungsverfahrens[66], oder dann, wenn im Falle der gleichen Hauptschuld sowohl der Schuldner des persönlichen Schuldtitels als auch der Schuldner des dinglichen Titels gemeinsam Vollstreckungsgegenklage erheben[67]. Ferner sind zu nennen die Klage auf Unzulässigerklärung der Zwangsvollstreckung aus einer Urkunde (§§ 795, 794 Abs. 1 Nr. 5, 797 Abs. 5), verbunden mit dem Antrag auf Herausgabe der geleisteten Sicherheit[68], auf Rückzahlung des beigetriebenen Betrages[69] oder auf Löschung einer bereits eingetragenen Zwangshypothek[70].

Die Vollstreckungsabwehrklage gegen Urteile (§ 767) ist im Rahmen des Zuständigkeitsstreitwerts nicht zu nennen, weil sich die sachliche Zuständigkeit bei ihr nicht nach dem Streitwert richtet, sondern nach dem »Prozeßgericht des ersten Rechtszuges«[71]. Deshalb darf der Zuständigkeitsstreitwert einer Vollstreckungsabwehrklage, für die das Amtsgericht zuständig ist, auch nicht mit anderen Zuständigkeitsstreitwerten zusammengerechnet werden (→ Rdnr. 16). Nicht zu addieren sind die Werte der Vollstreckungsabwehrklage gegen die Zwangsvollstreckung aus einer Urkunde und die auf eine Urkunde gegründete Widerklage auf Zahlung[72].

Auch sonst ergibt sich im Zwangsvollstreckungsrecht in einer Reihe von Fällen die sachliche Zuständigkeit nicht aus dem Streitwert (näher → § 1 Rdnr. 102). Eine Zusammenrechnung hätte dann ohnedies keine Bedeutung für die Zuständigkeit (→ Rdnr. 16). Streitwertabhängig ist aber die Zuständigkeit bei der Drittwiderspruchsklage (§ 771) und bei der Klage auf vorzugsweise Befriedigung (§ 805).

f) Nebenforderungen

Nebenforderungen scheiden bei der Wertberechnung wegen § 4 Abs. 1 HS 2 und Abs. 2   **12** aus, auch wenn sie in einem gesonderten Antrag geltend gemacht werden (→ § 4 Rdnr. 16 ff.). Das gilt aber nur für die dort genannten Früchte, Nutzungen, Zinsen und Kosten sowie Wechselzinsen, Wechselkosten und Wechselprovisionen. Zinsen scheiden unabhängig vom Zinsfuß aus, auch wenn sie in einem festen Betrag geltend gemacht werden[73]. Keine Rolle spielt auch, ob die Zinsen als solche bezeichnet werden (→ § 4 Rdnr. 22). Keine Nebenforderungen sind aber die Zinsen für das Kapital y, wenn daneben nur das Kapital x geltend gemacht wird[74]. Ebenfalls keine Nebenforderungen, da nicht in § 4 genannt, sind Rückstände, es sei denn, es handelte sich um Rückstände von den gerade genannten Nebenforderungen, die z.B. mit dem Anspruch auf wiederkehrende Leistungen eingefordert werden (→ Rdnr. 13). Hinzugerechnet werden müssen auch Zubehör (näher → § 4 Rdnr. 18), Vertragsstrafen[75] und Schäden[76]. Wird eine Nebenforderung allerdings ohne Hauptanspruch beantragt, oder ist dieser erledigt oder zurückgenommen, so wird sie selbständig und muß, wenn sie mit anderen Anträgen eingefordert wird, diesen hinzugerechnet werden[77].

---

[66] *OLG Bamberg* JurBüro 1987, 748, 749 (Gebührenstreitwert).

[67] *OLG Schleswig* JurBüro 1987, 267.

[68] *BGH* JurBüro 1969, 141 = Rpfleger 1969, 16.

[69] *OLG Hamm* JurBüro 1991, 1237, 1238; *OLG Schleswig* JurBüro 1958, 426.

[70] *OLG Köln* HRR 36 Nr. 909.

[71] Näher zu § 767 Abs. 1 → § 1 Rdnr. 102 mit weiteren Nachweisen.

[72] Im Ergebnis *OLG Celle* JurBüro 1990, 1036 (krit. zur Begründung E. *Schneider* MDR 1991, 196).

[73] *BGH* KostRsp. ZPO § 4 Nr. 5; *OLG Bamberg* JurBüro 1978, 1549.

[74] *Seuffert-Walsmann*[12] 3.

[75] Näher → § 4 Rdnr. 19.

[76] Näher → § 4 Rdnr. 19.

[77] *OLG Frankfurt a. M.* JurBüro 1978, 590; *OLG Schleswig* JurBüro 1976, 238; näher → § 4 Rdnr. 31.

6. Wirtschaftlich verschiedene Streitgegenstände

13 Betreffen die verschiedenen Streitgegenstände (→ Rdnr. 4) wirtschaftlich verschiedene Werte (→ Rdnr. 6) (*Kumulationsgebot*), so kommt es nach § 5 zu einer Zusammenrechnung dieser Werte. Hierzu zählen das Zusammentreffen eines Feststellungsantrages mit Anträgen auf einzelne Leistungen, die den Bereich des Feststellungsantrages nicht erschöpfen (→ Rdnr. 8), die Klagen auf Unterlassung und auf Widerruf beleidigender Äußerungen[78], auf vorzeitigen Ausgleich des Zugewinns und auf Zahlung der Ausgleichsforderung[79], auf Unterhalt für den geschiedenen Ehegatten und für die von ihm versorgten gemeinsamen Kinder[80], auch Getrenntlebenden- und Geschiedenenunterhalt[81], sowie auf Auflassung und auf Ablösung eines auf dem Grundstück lastenden Grundpfandrechts durch Zahlung an dessen Inhaber[82]. Anders liegt es aber bei der Klage auf lastenfreie Auflassung und Löschung von Grundpfandrechten[83]. Zusammenzurechnen sind dagegen die Klage auf wiederkehrende Leistungen und auf Zahlung der Rückstände (§ 17 Abs. 4 GKG)[84], nicht aber beim Arbeitsgericht (→ Rdnr. 48). Schließlich kommt § 5 zur Anwendung auf die Klage (das Rechtsmittel)[85] von mehreren oder gegen mehrere Streitgenossen mit wirtschaftlich unterschiedlichen Anträgen[86]. So liegt es bei Anträgen gegen mehrere Personen auf Widerruf[87] oder auf selbständige Unterlassung, selbst wenn gleichlautende Verbote erstrebt werden[88]. Mehrere Unterlassungsschuldner sind keine Gesamtschuldner (→ Rdnr. 10)[89]. Der Wert des Beseitigungsanspruches nach § 30 WZG a.F. (§ 25 a WZG n.F.) ist mit dem Unterlassungsanspruch nach § 24 WZG zu addieren[90]. Eine Zusammenrechnung nach § 5 findet ferner statt bei der Klage auf Anfechtung der Ehelichkeit mehrerer Kinder[91], auch bei Zwillingen[92]. Das gilt auch dann, wenn die Kinder auf der Klägerseite auftreten[93]. Zusammenzurechnen sind auch der Unterlassungsantrag nach § 826 BGB und das zusätzliche Verlangen auf Herausgabe des Vollstreckungstitels[94].

7. Stufenklage

a) Zuständigkeits- und Bagatellstreitwert; Sonstiges

14 Bei der Stufenklage (→ § 254) werden zur Bestimmung des Zuständigkeits- und Bagatellstreitwertes die verschiedenen Ansprüche nicht zusammengerechnet. Es gilt das Additionsverbot bei wirtschaftlicher Identität (→ Rdnr. 6 ff.). Der Streitwert bestimmt sich nicht durch Addition, sondern nach dem Anspruch, der den höchsten Wert besitzt, meistens der Hauptanspruch. Das entspricht dem verallgemeinerungsfähigen Gedanken des § 18 GKG (näher → *E. Schumann* § 254 Rdnr. 48; *Assmann* Das Verfahren der Stufenklage, 1990, S. 132; *H. Roth* FamRZ 1992, 517; a.A. Vorauflage). Zum Rechtsmittelstreitwert (→ § 254 Rdnr. 49).

---

[78] *OLG Düsseldorf* AnwBl 1980, 358; *OLG Frankfurt a. M.* JurBüro 1974, 1413; *OLG Celle* NdsRpfl. 1970, 207; *KG* JurBüro 1963, 765; 1960, 350; a.A. *OLG Frankfurt a. M.* JurBüro 1963, 38.
[79] *KG* JurBüro 1963, 492.
[80] *OLG München* NJW 1974, 375.
[81] *OLG Hamburg* FamRZ 1984, 1250.
[82] *OLG Braunschweig* AnwBl 1972, 319.
[83] *RGZ* 46, 423; → Rdnr. 9 Fn. 35.
[84] Text → § 9 Rdnr. 13.
[85] *BGHZ* 23, 333, 339 = NJW 1957, 629 f.; → § 61 Rdnr. 4.
[86] *BGHZ* 23, 333; → Rdnr. 8 vor § 59.
[87] *OLG Celle* NdsRpfl. 1970, 207.

[88] *OLG Koblenz* JurBüro 1985, 257 f.
[89] *OLG Celle* JurBüro 1987, 109.
[90] *OLG Bamberg* JurBüro 1988, 516; → § 4 Rdnr. 18.
[91] *OLG Zweibrücken* JurBüro 1984, 1541; *OLG Hamm* Rpfleger 1965, 379; *OLG Düsseldorf* NJW 1964, 602; Rpfleger 1954, 49; *OLG Hamburg* NJW 1953, 1112; *OLG Köln* Rpfleger 1954, 51; *OLG Braunschweig* AnwBl 1952 / 53, 103; *KG* Rpfleger 1965, 280; 1954, 49.
[92] *RG* JW 1936, 2003; s.a. *OLG Bremen* NJW 1962, 1163; a.A. *OLG Düsseldorf* JurBüro 1979, 1540.
[93] *OLG Karlsruhe* Die Justiz 1987, 146.
[94] A.A. *OLG Karlsruhe* MDR 1991, 353 (abl. *E. Schneider* KostRspr. ZPO § 3 Nr. 1022).

b) Gebührenstreitwert

Das Gesagte (→ Rdnr.14) wird für den *Gebührenstreitwert* durch die Sondervorschrift des **15**
§ 18 GKG bestätigt:

§ 18. Stufenklage

Wird mit der Klage auf Rechnungslegung oder auf Vorlegung eines Vermögensverzeichnisses oder auf Abgabe einer eidesstattlichen Versicherung die Klage auf Herausgabe desjenigen verbunden, was der Beklagte aus dem zugrundeliegenden Rechtsverhältnis schuldet, so
ist für die Wertberechnung nur einer der verbundenen Ansprüche, und zwar der höhere,
maßgebend.

§ 18 GKG verbietet die Wertkumulation nach § 5 ZPO. Die Einzelansprüche sind nach den
jeweiligen Vorschriften wertmäßig zu bestimmen. Der sich ergebende höhere Wert entscheidet[95]. Der rechtspolitische Grund des § 18 GKG liegt darin, daß der Kläger nur an der
Herausgabe ein wirkliches Interesse hat[96]. In der Praxis ist für die Gebühren stets der
Herausgabeanspruch (Leistungsanspruch) (zur Bewertung → Text bei Fn. 105) maßgeblich[97],
da die Ansprüche der »ersten Stufe« (Rechnung u. a.) lediglich vorbereitend sind und daher
geringer bewertet werden müssen (zu deren Bewertung → Text bei Fn. 108) als der inmitten
stehende Hauptanspruch. Das gilt auch dann, wenn der Kläger nach der Rechnungslegung den
Herausgabeanspruch geringer als ursprünglich umschrieben festlegt[98] oder ihn sogar zurücknimmt[99], es sonst nicht mehr zur Verhandlung und Entscheidung über den höchsten erhobenen Anspruch kommt[100], oder er nicht mehr beziffert wird[101]. Der Herausgabeanspruch wird
mit der Klageerhebung rechtshängig[102] und seine Bewertung richtet sich gemäß § 4 Abs. 1 HS
1 nach dem Zeitpunkt der Klageeinreichung, so daß spätere Wertminderungen auch gebührenrechtlich bedeutungslos sind (→ § 4 Rdnr.12). Wird für eine Stufenklage um Prozeßkostenhilfe nachgesucht, so ist gleichzeitig mit der Bewilligung der Streitwert für den Leistungsantrag zu bewerten und festzusetzen[103]. Der geschätzte Wert (zur Bewertung → Text bei
Fn.105) des unbezifferten Zahlungsanspruches ist also auch dann maßgeblich, wenn die
erteilte Auskunft ergibt, daß ein Zahlungsanspruch nicht besteht[104]. Ausschlaggebend ist
damit nicht die Auskunftsstufe. Geht aber der Kläger nach der Rechnungslegung von einem
höheren Wert aus als er bei Klageeinreichung bestand, so ist für die Gebühren gemäß § 15
Abs. 1 GKG dieser höhere Wert maßgebend (→ § 4 Rdnr.12). Ferner ist gemäß § 15 GKG der
höhere Wert entscheidend, wenn sich die ursprüngliche Schätzung zu Prozeßbeginn später als
zu niedrig erweist.

Der *Wert* des Herausgabeanspruches oder des noch unbezifferten Zahlungsanspruches ist
wegen seines vorläufigen Charakters im Augenblick des § 4 Abs. 1 HS 1 nach den Erwartungen des Klägers gemäß § 3 zu schätzen[105]. Maßgebend dafür sind die zur Klagebegründung

---

[95] *Mümmler* JurBüro 1986, 676.
[96] *OLG Hamm* JurBüro 1981, 247.
[97] *OLG Hamm* NJW-RR 1991, 1407; *LAG Düsseldorf*
JurBüro 1990, 41; *OLG Bamberg* JurBüro 1986, 1062;
E. Schneider EzFamR ZPO § 3 Nr. 3.
[98] *OLG Frankfurt a. M.* JurBüro 1985, 443.
[99] *OLG Düsseldorf* JurBüro 1983, 1876; unrichtig
OLG Frankfurt a.M. MDR 1987, 508 (abl. *Mümmler*
JurBüro 1987, 880; *E.Schneider* MDR 1988, 359).
[100] *OLG Celle* AnwBl 1987, 286; *E. Schneider* Ez-
FamR ZPO § 3 Nr. 3.
[101] *OLG München* JurBüro 1989, 1164; *OLG Düsseldorf* JurBüro 1992, 419; 1987, 736; 1984, 87; *OLG Karls-*

ruhe Die Justiz 1985, 353, 354; *OLG Bamberg* JurBüro
1982, 1246.
[102] *KG* JurBüro 1985, 575; *OLG Zweibrücken* JurBüro 1984, 736.
[103] *OLG Frankfurt a. M.* FamRZ 1991, 1458.
[104] *OLG Düsseldorf* JurBüro 1992, 419; unrichtig
OLG Stuttgart FamRZ 1990, 652 (abl. *E.Schneider*
KostRsp GKG § 18 Nr.36; zust. *Lappe* aaO); *OLG Bamberg* JurBüro 1989, 685 (abl. *Mümmler*); FamRZ 1986,
372; *OLG Frankfurt a. M.* FamRZ 1987, 1293; *OLG Düsseldorf* FamRZ 1986, 286 (aufgegeben in JurBüro 1992,
419); wie hier *E. Schneider* EzFamR ZPO § 3 Nr. 3.
[105] *LAG Düsseldorf* JurBüro 1990, 41; *OLG Zwei-*

vorgetragenen Behauptungen. Die Schätzung hat nach objektiven Anhaltspunkten bei Unterstellung des anspruchsbegründenden Tatsachenvortrags des Klägers zu erfolgen. Überhöhte, nicht nachvollziehbare Vorstellungen haben aber außer Betracht zu bleiben[106]. Bei *Unterhaltsansprüchen* ist nach § 17 Abs. 1 GKG im Rahmen des § 3 ZPO zu bewerten[107]. Auch sonst können in die Bewertung Sondervorschriften einfließen, wenn die betreffenden Streitigkeiten vorliegen.

Der Streitwert für den *Anspruch auf Rechnungslegung* orientiert sich am Herausgabeanspruch und wird nach § 3 berechnet[108]. Entscheidend für den nach freiem Ermessen festzusetzenden Streitwert ist das Interesse des Klägers, durch die Rechnungslegung oder Auskunft seinen Herausgabe- oder Zahlungsanspruch leichter begründen zu können. Zu schätzen ist der Aufwand, den der Kläger hätte, wenn er ohne Rechnungslegung oder Auskunft den Anspruch begründen müßte[109] (vgl. auch → § 3 Rdnr.41 »Auskunftsanspruch«). Ist der Beklagte verurteilt und soll *seine* Beschwer berechnet werden, ist der Aufwand zu schätzen, den er bei der Durchführung der Rechnungslegung hat[110]. Unberücksichtigt bleibt das bloße Interesse des Beklagten daran, dem Gegner die Rechtsverfolgung zu erschweren[111]. Zu vermeiden ist das starre Festhalten an Sätzen; entscheidend ist der Einzelfall. Deshalb kann der Streitwert an die Höhe des Herausgabeanspruches heranreichen (zu dessen Berechnung → oben Fn.105), wenn dieser ohne die Rechnungslegung nicht zu realisieren ist[112]. In der Regel ist jedoch ein erheblicher Abschlag zu machen, wobei es meist genügt, den Wert des Rechnungsanspruches auf etwa 20% anzusetzen[113]. Fehlen nur wenige Posten in der Rechnung, so kann er gering sein[114]. Erfordert die Rechnungslegung hingegen nicht unerhebliche Aufwendungen, die der Kläger erspart, muß er höher sein. Der Streitwert darf nicht deshalb höher berechnet werden, weil immer noch der Herausgabeanspruch im Streit steht[115]. Vielmehr ist der Wert dieses Streites beim Herausgabeanspruch, nicht bei der Rechnungslegung, zu berücksichtigen. Das Verlangen auf Auskunftserteilung und auf Abgabe der eidesstattlichen Versicherung darf als Einheit gesehen werden und bedarf keiner gesonderten Berechnung[116]. § 18 GKG verbietet eine Wertaddition auch dann, wenn sich der Wert der einen Klagestufe (z.B. Auskunftsanspruch) nach Erledigung auf das bloße Kosteninteresse reduziert hat[117]. Im Einzelfall soll es möglich sein, neben dem Streitwert für die Zahlungsklage einen Streitwert für die Auskunftsklage festzusetzen, wenn er nicht in vollem Umfang durch den Streitwert der Zahlungsklage erfaßt ist[118]. Die Streitwerte einer Stufenklage auf Auskunft und Unterhaltserhöhung und einer Widerklage auf Herabsetzung der Unterhaltsrente sind wegen § 19 Abs. 1 GKG zusammenzurechnen[119].

---

brücken JurBüro 1989, 1455; 1987, 563; *OLG Hamm* NJW-RR 1991, 1407; JurBüro 1989, 1004; 1982, 1376; *OLG Düsseldorf* FamRZ 1987, 1281; *KG* JurBüro 1985, 575; *OLG Bamberg* JurBüro 1982, 595; 1979, 251; *LG Bayreuth* JurBüro 1980, 928; 1979, 1869; 1974, 1435; *OLG Nürnberg* JurBüro 1974, 1439; *Mümmler* JurBüro 1986, 678; *Assmann* (→ Rdnr. 14) S. 133.

[106] Zutreffend *OLG Düsseldorf* JurBüro 1986, 1685.

[107] *OLG Bamberg* JurBüro 1991, 108; *OLG Schleswig* SchlHA 1979, 132; → § 3 Rdnr. 4.

[108] *BGH* NJW 1964, 2061 = LM ZPO § 3 Nr. 27.

[109] *BGH* Rpfleger 1959, 110 (LS); *OLG Köln* NJW 1960, 2295; MDR 1959, 223.

[110] *BGH* NJW 1964, 2061; KostRsp ZPO § 3 Nr. 403.

[111] *BGH* MDR 1978, 213 = JurBüro 1978, 357.

[112] *BGH* LM ZPO § 3 Nr. 23 = MDR 1962, 564 (80% des Herausgabeanspruches); *OLG Bamberg* JurBüro 1985, 743; 1973, 757 (40%); *OLG Frankfurt a. M.* JurBüro 1973, 766 (50%); *E. Schneider* EzFamR ZPO § 3 Nr. 3.

[113] Vgl. *KG* Rpfleger 1962, 153 (20–30%); *OLG Düs-*

seldorf JurBüro 1983, 1876 (10–25%); *OLG Bamberg* JurBüro 1989, 1307 (20%); 1986, 1062 (10–40%); 1985, 576 (25% [Auskunft]); 1981, 1547; *OLG München* MDR 1972, 247 (20–25%); *OLG Köln* JurBüro 1974, 636; VersR 1976, 1154 (25%); *BGH* BB 1960, 796 (20%); ferner *OLG Zweibrücken* JurBüro 1987, 563; eine differenzierte Bewertungsskala schlägt *E. Schneider* EzFamR ZPO § 3 Nr. 3 sub 4 vor.

[114] *BGH* NJW 1964, 2061; *OLG Frankfurt a. M.* FamRZ 1987, 1293, 1294 (Auskunft: 1.000,– DM).

[115] *BGH* NJW 1964, 2061.

[116] *OLG Bamberg* JurBüro 1985, 743 (2/5); *LG Bayreuth* JurBüro 1980, 928 (zusammen 1/10); a.A. *OLG München* JurBüro 1984, 1376: Auskunft 1/4 des Herausgabeanspruches, eidesstattliche Versicherung der Auskunft 1/2 des Auskunftswertes; auch *E. Schneider* EzFamR ZPO § 3 Nr. 3 sub 6.

[117] *OLG Koblenz* AnwBl 1989, 397.

[118] *OLG Düsseldorf* JurBüro 1986, 585 (bedenklich).

[119] *OLG Karlsruhe* AnwBl 1984, 203.

§ 18 GKG gilt auch für § 2314 Abs. 1 S. 2 BGB als Bestandteil des Auskunftsanspruches[120]. Auch der Gegenstandswert des Vergleichs bemißt sich nach dem höchsten Anspruch[121]. Zudem gilt § 18 GKG analog, wenn der Kläger zunächst auf Auskunft klagt und erst später zur Leistungsklage übergeht. Maßgebend ist der höhere Wert der Leistungsklage, ohne daß ein gesonderter Wert für die zunächst erhobene Auskunftsklage hinzuzurechnen wäre[122].

Für die Berechnung der *Rückstände* bei einer im Wege der Stufenklage geltend gemachten Unterhaltsklage kommt es auf den Eingang der Klage bei Gericht und nicht auf die spätere Bezifferung des Zahlungsanspruches an, da die gesamte Stufenklage bereits rechtshängig geworden ist[123]. Zur Frage, ob der Monat der Klageerhebung voll gerechnet wird (→ § 9 Rdnr. 15 sub e).

Fallen Anwaltsgebühren nach § 31 Abs.1 Nr.2,3 BRAGO an, so kommt es bei der Stufenklage häufig zu einer *gestaffelten Streitwertfestsetzung* (→ § 2 Rdnr. 65)[124]. Der Streitwert für die in der jeweiligen Stufe anfallenden Gerichts-oder Anwaltsgebühren ist auf diese jeweilige Stufe abzustellen. Die anwaltliche Prozeßgebühr (§ 31 Abs.1 Nr.1 BRAGO) errechnet sich nach dem höchsten Wert. Für Beweis- und Erörterungsgebühren, die nur vorbereitende Ansprüche betreffen, ist eine getrennte Festsetzung der Werte beider Ansprüche erforderlich. Von einem einheitlichen Streitwert kann daher nicht gesprochen werden, weil es keinen einheitlichen Streitwert für sämtliche Gebühren geben kann. Der nach § 18 GKG maßgebende höhere Wert kann nur dann die Gebührenhöhe bestimmen, wenn nach diesem höheren Wert gebührenauslösende Handlungen vorgenommen worden sind. Erledigt sich die Stufenklage bereits in der ersten Auskunftsstufe, so ist die anwaltliche Verhandlungs- oder Erörterungsgebühr lediglich aus dem Streitwert der Auskunftsklage zu berechnen. Dagegen bestimmt sich die anwaltliche Prozeßgebühr nach dem höheren Wert des Zahlungsanspruches, weil mit dessen Erhebung alle Ansprüche rechtshängig geworden sind[125].

Für die Entscheidung über eine Beschwerde nach § 25 Abs.2 GKG (ausführlich → § 2 Rdnr. 85 ff.) ist in Familiensachen ein Familiensenat des OLG zuständig[126]. Bei der Stufenklage sind vorläufige Streitwertfestsetzungen (→ § 2 Rdnr.79 ff.) häufiger, wenn nach § 15 GKG der höhere Wert entscheidet[127]. Wenn das Berufungsgericht auf die Berufung des in erster Instanz zur Auskunftserteilung verurteilten Beklagten die Stufenklage insgesamt abweist, so bestimmt sich der Streitwert für die Urteilsgebühr des Berufungsverfahrens nach dem vollen Streitwert der abgewiesenen Klage. So hat jetzt zutreffend *BGH* NJW-RR 1992, 1021 entschieden.

8. Additionsverbot von kompetenzrelevanten mit kompetenzirrelevanten Streitwerten (Zuständigkeitsstreitwert)

Bei der Ermittlung des amtsgerichtlichen *Zuständigkeitsstreitwertes* dürfen nur kompetenzrelevante Streitwerte zusammengerechnet werden. Addiert werden nur solche Streitwerte, die Streitigkeiten betreffen, bei denen die sachliche Zuständigkeit vom Streitwert abhängt. In die Zusammenrechnung sind daher kompetenzirrelevante Werte nicht einzubeziehen. Gemeint sind Streitwerte solcher Ansprüche, die ohne Rücksicht auf den Streitwert

16

---

[120] *OLG Hamm* JurBüro 1981, 247.
[121] *LG Bayreuth* JurBüro 1980, 928.
[122] *OLG Hamm* JurBüro 1986, 745.
[123] *OLG Hamburg* JurBüro 1990, 1336 (zust. *Mümmler*); ebenso *OLG Bamberg* JurBüro 1991, 108; 1985, 743; *OLG Düsseldorf* JurBüro 1984, 1864.
[124] Ausführlich *OLG Bamberg* JurBüro 1985, 576;

1984, 1375; *OLG München* JurBüro 1984, 1376; *Mümmler* JurBüro 1987, 563; *Assmann* (→ Rdnr. 14) S. 133; *E. Schneider* EzFamR ZPO § 3 Nr. 3 sub 3.
[125] *OLG Bamberg* JurBüro 1981, 1547.
[126] *OLG Düsseldorf* JurBüro 1987, 736.
[127] *OLG Düsseldorf* FamRZ 1987, 1281.

17   *Beispiele:* Werden in einer Klage 7.000,– DM rückständiger Mietzins (streitwertunabhängige amtsgerichtliche Zuständigkeit; → § 23 Nr. 2a GVG) und 4.000,– DM Schadensersatz wegen eines Verkehrsunfalles (streitwertabhängige Zuständigkeit) geltend gemacht, so ist der Mietzinsanspruch für die Berechnung des Zuständigkeitsstreitwertes irrelevant. Sachlich zuständig ist das Amtsgericht nach § 23 Nr. 1 GVG, da der Zuständigkeitsstreitwert die amtsgerichtliche Grenze von 10.000,– DM nicht überschreitet. Anderes gilt für eine Klage zum Landgericht, für die unabhängig vom Streitwert das Landgericht zuständig ist. Ein Additionsverbot ist hier nicht gerechtfertigt, da die vom Gesetz angeordnete ausschließliche landgerichtliche Zuständigkeit durch die Zusammenrechnung nicht berührt wird. Vielmehr würde ein Additionsverbot die Zuständigkeit des LG ohne sachlichen Grund einengen. Wenn in einer Klage zum Landgericht 5.000,–DM wegen Amtspflichtverletzung (streitwertunabhängige landgerichtliche Kompetenz aus § 71 Abs. 2 Nr. 2 GVG; → § 1 Rdnr. 84) und ferner 6.000,– DM Kaufpreisforderung (streitwertabhängige Zuständigkeit) gefordert werden, ist das Landgericht für die Kaufpreisforderung sachlich zuständig[129], da der zusammengerechnete Wert die amtsgerichtliche Grenze von 10.000,– DM übersteigt (§§ 71 Abs. 1, 23 Nr. 1 GVG; weitere Beispiele → § 1 Rdnr. 82 ff.). Ergibt freilich die Zusammenrechnung des streitwertunabhängigen Anspruchs mit dem streitwertabhängigen Anspruch nicht einen Wert über 10.000,– DM, so ist das LG für den streitwertabhängigen Anspruch unzuständig.

9. Gebührenrechtliche Additionsverbote

a) § 12 Abs. 3 GKG

18   Ausschließlich für den Gebührenstreitwert gilt die Sondervorschrift des

§ 12 Abs. 3 GKG

Ist mit einem nichtvermögensrechtlichen Anspruch ein aus ihm hergeleiteter vermögensrechtlicher Anspruch verbunden, so ist nur ein Anspruch, und zwar der höhere, maßgebend.

Zu dem Begriff »nichtvermögensrechtlich« (→ § 1 Rdnr. 43, 45). »Hergeleitet« aus einem nichtvermögensrechtlichem Anspruch sind vor allem Geldansprüche auf Unterhalt (→ § 1 Rdnr. 44 ff. m. w. N.). Diese Herleitung muß aber gerade aus dem anderen Anspruch geschehen wie z. B. im Falle des Anspruches auf Regelunterhalt aus dem prozessualen Anspruch auf Vaterschaftsfeststellung[130]. Der Streitwert ist hier regelmäßig nach dem höchsten Regeljahressatz zu bemessen (§ 17 Abs. 1 S. 2 GKG) (Vaterschaftsfeststellung: § 12 Abs. 2 S. 3 GKG), wobei begehrte Unterhaltsrückstände hinzuzurechnen sind (§ 17 Abs. 4 GKG)[131]. Das führt dazu, daß stets der Streitwert für die Unterhaltsklage maßgebend ist, weil der Jahresbetrag des Regelunterhalts in der höchsten Altersstufe (12 x 418,– DM = 5.016,– DM) über dem Regelstreitwert in Kindschaftssachen (4.000,– DM) liegt (→ § 9 Rdnr. 16). Unterhaltsrückstand ist auch der Monat der Klageeinreichung, da wegen § 1615a BGB für den Regelunter-

---

[128] Für das Amtsgericht unbestritten, *A. Blomeyer*[2] ZPR § 42 I 1; *Hellwig* Lb 2 S. 197; *Förster-Kann*[3] 1a.

[129] Etwa *Wieczorek*[2] § 5 Bem. A I a 2.

[130] *OLG Bamberg* JurBüro 1990,95 (zust. *Mümmler*); 1988, 1726; *OLG Koblenz* JurBüro 1987, 1197; *OLG*

Hamm JurBüro 1984, 1214; *OLG München* JurBüro 1981, 1376; *KG* NJW 1973, 1050; *OLG Köln* JurBüro 1972, 1093; → § 9 Rdnr. 16.

[131] *OLG Bamberg* JurBüro 1990, 95; *OLG Koblenz* EzFamR GKG § 17 Nr. 2.

halt die allgemeinen Vorschriften maßgebend sind[132]. Unter § 12 Abs. 3 GKG fallen auch der Unterhalt nach § 1361 BGB aus dem Getrenntlebendenanspruch[133], das Schmerzensgeld aus der Persönlichkeitsverletzung sowie der Mitgliedsbeitrag aus der Vereinsstreitigkeit. Dagegen ist der Unterhaltsanspruch für die gemeinsamen Kinder aus dem Streit um die Personensorge um sie nicht hergeleitet[134]. Bei solchen nicht aus dem anderen Klageanspruch hergeleiteten Ansprüchen wird vielmehr nach § 5 zusammengerechnet. Treffen zwei nichtvermögensrechtliche Ansprüche zusammen, z. B. der Anspruch auf Getrenntleben und derjenige auf Übertragen der Personensorge, so wird nach § 5 zusammengerechnet.

Unanwendbar ist die Sondervorschrift des § 12 Abs. 3 GKG in Scheidungs- und Folgesachen nach § 19 a GKG:

§ 19 a. Scheidungssachen und Folgesachen:

Die Scheidungssache und die Folgesachen (§ 623 Abs. 1, 4, § 621 Abs. 1) gelten als ein Verfahren, dessen Gebühren nach dem zusammengerechneten Wert der Gegenstände zu berechnen sind. Eine Scheidungsfolgesache nach § 623 Abs. 1, 4, § 621 Abs. 1 Nr. 1, 2 oder 3 ist auch dann als ein Gegenstand zu bewerten, wenn sie mehrere Kinder betrifft. § 12 Abs. 3 GKG ist nicht anzuwenden.

§ 19 a GKG soll erreichen, daß der Verbund zwischen Scheidungssache und Folgesachen im Interesse der Kostenermäßigung gebührenrechtlich einer Verbindung gleichgestellt wird[135] (auch → § 3 Rdnr. 47 »Gebührenstreitwert in der Rechtsmittelinstanz« [Verbundurteil]). Eine Unterhaltsklage über den ehelichen Unterhalt bis zur Rechtskraft der Scheidung ist keine Folgesache im Sinne des § 623, so daß der Verbund nicht eintritt. Gebührenrechtlich ist von einem selbständigen Verfahren auszugehen[136]. Trotz Abtrennung nach § 628 ZPO gelten Scheidungssachen und Folgesachen gebührenrechtlich nach § 19 a GKG als ein Verfahren[137]. § 19 a GKG gilt auch in der Berufungsinstanz[138]. Da § 12 Abs. 3 GKG durch § 19 a S. 3 GKG ausgeschlossen ist, werden die Werte auch gebührenrechtlich addiert (§ 5 ZPO). Das gilt aber dann nicht, wenn dem Gericht bestimmte Scheidungsfolgesachen nur nach § 630 Abs. 1 Nr. 3 mitgeteilt werden[139].

b) § 16 Abs. 3 GKG

§ 16 Abs. 3 GKG (Text → § 8 Rdnr. 17) verbietet die Addition des Gebührenstreitwertes **19** des Räumungsanspruches mit dem des Fortsetzungsverlangens (→ § 3 Rdnr. 46 »Fortsetzungsverlangen«). Maßgeblich ist vielmehr höchstens der einfache Jahresbetrag. Zur Fortsetzungswiderklage (→ Rdnr. 36).

---

[132] *OLG Hamm* JurBüro 1984, 1214.
[133] *OLG Karlsruhe* Rpfleger 1964, 1 (LS); a. A. *OLG Saarbrücken* NJW 1975, 1791.
[134] *OLG Schleswig* JurBüro 1977, 836 (6.Senat) (zust. *Mümmler*); *OLG Saarbrücken* NJW 1975, 1791; *OLG Karlsruhe* AnwBl. 1975, 62; *OLG Frankfurt a. M.* AnwBl. 1974, 49; *OLG München* NJW 1974, 370; *OLG Stuttgart* AnwBl. 1974, 48; *OLG Bamberg* JurBüro 1974, 1411; 1973, 240; *LG Bayreuth* JurBüro 1976, 801; a.A. *OLG Zweibrücken* JurBüro 1977, 1259 (abl. *Mümmler*); 1972,

532; *OLG Schleswig* JurBüro 1976, 345 (7.Senat) (abl. *Mümmler*); *LG Münster* JurBüro 1975, 1621 (abl. *Mümmler*).
[135] *OLG Nürnberg* JurBüro 1986, 1544.
[136] *OLG Nürnberg* AnwBl. 1980, 163.
[137] *OLG Nürnberg* JurBüro 1986, 1545; *OLG Düsseldorf* JurBüro 1984, 223; *OLG Bamberg* JurBüro 1980, 1864.
[138] Dazu *OLG Koblenz* JurBüro 1987, 1200.
[139] *OLG Celle* JurBüro 1978, 103 (*Mümmler*).

10. Rechtsmittel- und Verurteilungsstreitwert

20   § 5 gilt auch für die Berechnung des Rechtsmittelstreitwerts (Begriff → § 2 Rdnr. 34), des Wertes des Beschwerdegegenstandes (z. B. § 511a Abs. 1; → § 2 Rdnr. 35) oder der Beschwer (§ 546 Abs. 1; → § 2 Rdnr. 37), z. B. bei einem Rechtsmittel gegen ein Urteil, das zu mehreren wirtschaftlich selbständigen Leistungen verurteilt. § 5 kann auch von Bedeutung werden bei einem Rechtsmittel gegen mehrere Rechtsmittelgegner[140] oder für den Fall, daß mehrere selbständig beschwerte Streitgenossen das Rechtsmittel eingelegt haben[141]. Demnach ist bei subjektiver Klagenhäufung die Beschwer aller Streitgenossen zusammenzurechnen, soweit es sich nicht um wirtschaftlich identische Streitgegenstände handelt[142]. Das gilt auch dann, wenn ein Beklagter Revision einlegt, dessen Beschwer unter 60.000,– DM liegt, wenn nur sein Streitgenosse in Höhe von – anderen – 60.000,– DM verurteilt worden war[143]. Klagen Miteigentümer eines Grundstückes auf Unterlassung einer Lärmimmission, so scheidet eine Wertaddition nach § 5 aus, weil es sich um einen wirtschaftlich identischen Streitgegenstand handelt (→ Rdnr. 6 ff.) und zudem eine unteilbare Leistung vorliegt[144]. Macht ein Kläger gegen mehrere Gesamtschuldner einen einheitlichen Klageanspruch geltend und wird seine Klage gegen einen Beklagten vollständig abgewiesen, während sie gegen die anderen Beklagten überwiegend Erfolg hat und der Betrag der Klageabweisung insoweit die Revisionssumme nicht übersteigt, so ist die Revision, soweit sie sich gegen diese Beklagten richtet, nur bei Zulassung durch das OLG statthaft[145].

Im Rechtsmittelverfahren sind die Voraussetzungen des § 5 selbständig zu prüfen. So kann bisweilen § 5 für die erste Instanz zu bejahen, für das Rechtsmittel zu verneinen sein. So liegt es z. B., wenn das Urteil nur teilweise angefochten worden ist: In diesem Fall richtet sich der Wert des Beschwerdegegenstandes (Begriff → § 2 Rdnr. 35) nur nach dem angefochtenen Teil des Urteils (auch → § 511a Rdnr. 13). Im Revisionsrecht gilt das freilich nicht, weil es auf den Wert der Beschwer (Begriff → § 2 Rdnr. 37) und nicht auf den Wert des Beschwerdegegenstandes ankommt (→ § 546 Rdnr. 22). Deshalb schadet die nur teilweise Anfechtung eines OLG – Urteils mit Revision nicht, wenn nur der Wert der Beschwer mehr als 60.000,–DM beträgt, mag sich auch durch die Teilanfechtung der Wert des Beschwerdegegenstandes unter diese Grenze gesenkt haben (→ § 2 Rdnr. 37). Auch dann ist § 5 in der ersten Instanz zu bejahen, für das Rechtsmittel zu verneinen, wenn das Gericht Teilurteil erlassen hat und sich die übrigen Streitgegenstände noch in der ersten Instanz befinden[146]. Ebenso liegt es, wenn von zwei verschiedenen prozessualen Ansprüchen der eine abgewiesen, der andere zugesprochen wurde, so daß der Rechtsmittelstreitwert zerbricht, wenn nur eine Partei anficht.

Umgekehrt dazu kann eine Zusammenrechnung nach § 5 in der unteren Instanz unzulässig oder unmöglich, in der Rechtsmittelinstanz aber zulässig sein. So liegt es bei der Entscheidung über Klage und Widerklage, deren Werte – anders als beim Zuständigkeitsstreitwert (§ 5 HS 2) – für den Zweck des Rechtsmittelstreitwerts zusammengerechnet werden müssen, wenn die Entscheidung über sie eine Partei beschwert und von ihr angefochten wird (näher → Rdnr. 37). Ebenso ist zu verfahren, wenn das Amtsgericht zwei Prozesse verbunden hat (→ Rdnr. 2) und nunmehr für den Rechtsmittelstreitwert die verbundenen Ansprüche zusammengerechnet werden, obwohl jeder einzelne von ihnen die Erwachsenheitssumme nicht

[140] *BGHZ* 23, 333, 338f; *BGH* NJW-RR 1991, 186.
[141] *BGHZ* 105, 386, 388ff. = NJW 1989, 1038 (Baulandsache), im Anschluß an *BGH* NJW 1984, 927, 928; ferner *BGH* LM ZPO § 5 Nr. 7 = *Warn.* 1969 Nr. 21; *BAG* AP ArbGG § 72 Nr. 1 (*Grunsky*) = NJW 1970, 1812f.
[142] *BGH* NJW 1984, 927, 928.
[143] *BGH* NJW 1981, 578; auch *BGHZ* 105, 386ff.; 388ff. = NJW 1989, 1038 (Baulandsache).

[144] *BGH* JZ 1987, 631 = MDR 1987, 570.
[145] *BGH* NJW-RR 1991, 186 Anm. *E. Schneider* KostRsp. ZPO § 5 Nr. 86; abl. *Lappe* ebd.
[146] So bei *BGII* MDR 1970, 127 = JurBüro 1969, 833 (*E. Schneider*); auch *BGH* NJW 1977, 1152; → § 3 Rdnr. 60 (»Teilurteil – Schlußurteil«).

erreicht (dazu → § 511a Rdnr. 20). Genauso liegt es, wenn sowohl der Hauptantrag als auch der Hilfsantrag abgewiesen werden (näher → Rdnr. 28).

Auf die Feststellung des Verurteilungsstreitwerts (Begriff → § 2 Rdnr. 41) finden die genannten Grundsätze in gleicher Weise Anwendung.

III. Hilfsanträge (Eventualanträge)

1. Identische Streitgegenstände oder wirtschaftliche Einheit

Betreffen Haupt- und Hilfsantrag denselben Streitgegenstand (→ Rdnr. 4), so ist für die **21** Wertberechnung nur der Wert dieses einen Streitgegenstandes maßgebend[147]. Handelt es sich um verschiedene Streitgegenstände, so können beide Anträge gleichwohl eine wirtschaftliche Einheit bilden (→ Rdnr. 6 ff.), so daß dieser identische Wert zugrunde gelegt wird, wenn die jeweiligen Werte gleichhoch sind. Die Werte werden in keinem Fall zusammengerechnet[148]. Hierher gehören die bereits genannten Fälle (→ Rdnr. 7 ff.) der Klage auf Vornahme einer Handlung, verbunden mit dem Hilfsantrag auf Schadensersatz im Falle der Nichtvornahme z. B. nach § 61 Abs. 2 S. 1 ArbGG[149], auf Herausgabe einer Sache und hilfsweise auf Schadensersatz bei Unmöglichkeit z. B. nach § 510 b[150], der Antrag auf Zahlung des Restkaufpreises, hilfsweise auf Rückgabe oder Rückübereignung der verkauften Sache[151] oder die Kaufpreisklage und hilfsweise Rückgewähr bei Vertragsnichtigkeit[152]. Das gleiche gilt für die Klage auf Grundbuchberichtigung nach § 894 BGB, hilfsweise auf Rückübereignung, z. B. Auflassung aus § 812 BGB[153], auf Herausgabe der Sache, hilfsweise auf Wertersatz nach § 818 Abs. 2 BGB oder Schadensersatz[154], auf Schadensersatz in Rente, hilfsweise in Kapital[155], in Natur, hilfsweise in Geld[156], auf Leistung, hilfsweise auf Feststellung der Leistungspflicht[157] usw.

Anders liegt es aber, wenn z. B. die Klage auf Zahlung des Restkaufpreises gerichtet ist, und für den Fall der Nichtzahlung der Rücktritt vom Vertrag erklärt und die Verurteilung zur Herausgabe der gekauften Gegenstände verlangt wird. Beide Ansprüche betreffen verschiedene und wirtschaftlich nicht identische Gegenstände[158].

Wertunterschiede können sich aber auch bei wirtschaftlicher Einheit ergeben, weil Haupt- **22** und Hilfsantrag verschieden zu bewerten sind. So sind hilfsweise gestellte Schadensersatzanträge häufig höher zu beurteilen. In diesem Fall richtet sich die Wertberechnung nach den sogleich darzustellenden Grundsätzen.

2. Wertmäßige Unterschiede oder wirtschaftlich verschiedene Anträge

Besonderheiten gelten, wenn wirtschaftlich einheitliche, aber wertmäßig unterschiedliche **23** Anträge vorliegen. So kommt es etwa bei den Inzidentanträgen der §§ 510b ZPO, 61 ArbGG[159] auf den höheren Wert der Schadensersatzanträge an. Ebenso sind zu behandeln

---

[147] Vgl. *OLG Düsseldorf* NJW 1975, 2105 (→ oben Fn. 11).
[148] *Kion* Eventualverhältnisse im Zivilprozeß, 1971, S. 171; *E. Schneider* NJW 1975, 2106; *Merle* ZZP 83 (1970) 463; *Mattern* NJW 1969, 1090.
[149] *LAG Frankfurt a. M.* ARSt. 1970, 159; → Rdnr. 47 und → § 510b Rdnr. 22.
[150] *LG Hildesheim* NdsRpfl. 1965, 253; → Rdnr. 47; § 510b Rdnr. 5; *Frank* (Fn. 1) 162, 195.
[151] *Merle* ZZP 83 (1970) 463.

[152] *E. Schneider* NJW 1975, 2106.
[153] *Mattern* NJW 1969, 1090.
[154] *Kion* (oben Fn. 148) 172; → Fn. 147.
[155] *Kion* (oben Fn. 148) 172.
[156] *Mattern* NJW 1969, 1090.
[157] *Kion* (oben Fn. 148) 172.
[158] *Hillach-Rohs*[8] 61.
[159] Die h.L. läßt den höheren Wert unberücksichtigt, → § 510b Rdnr. 5; → oben Fn. 149, 150.

wirtschaftlich verschiedene Haupt- und Hilfsanträge. Die verschiedenen Arten der Streitwerte unterliegen größtenteils gesonderten Regeln und müssen daher auseinandergehalten werden.

a) Zuständigkeits- und Bagatellstreitwert

24   Maßgebend ist derjenige Antrag, ob Haupt- oder Hilfsantrag, der den höchsten Wert besitzt[160]. Sonderregeln unterliegen der *Gebührenstreitwert* (→ Rdnr. 25), der *Rechtsmittelstreitwert* (→ Rdnr. 28) und der *Verurteilungsstreitwert* (→ Rdnr. 28). Unerheblich ist es, welche Art der Eventualstellung vorliegt, z.B. eigentlicher oder uneigentlicher Hilfsantrag (→ Rdnr. 27), weil zu Prozeßbeginn noch nicht feststeht, ob überhaupt die Bedingung für den Hilfsantrag eintreten wird. Es ist daher unrichtig, den Wert danach zu errechnen, über welche Anträge entschieden wurde, da sich das bei Klageeinreichung nicht feststellen läßt[161]. Ein Zusammenrechnen von Hauptantrag und Hilfsantrag (-anträgen) ist gleichfalls abzulehnen[162]. § 5 geht von dem gleichzeitigen Geltendmachen der Ansprüche und damit von einem *Nebeneinander* aus (→ Rdnr. 3), wogegen die Eventualstellung nicht zu einem Nebeneinander, sondern zu einem *Nacheinander* führt[163]. Deshalb kann die von § 5 geforderte Zusammenrechnung nicht greifen. Dagegen läßt sich auch nicht anführen, daß der Hilfsantrag sogleich rechtshängig wird[164]. Rechtshängigkeit muß bejaht werden, damit Rechtskraftkonflikte vermieden werden, die entstünden, wenn der Hilfsanspruch in einer gesonderten Klage verfolgt werden würde. Nur aus diesem Grunde gehört der Hilfsantrag von vornherein zum Streitgegenstand. Mit der wirtschaftlichen Frage des Klägerzieles hat dieses Problem aus der Streitgegenstandslehre nichts zu tun[165]. Der Kläger will nur eine Verurteilung des Beklagten, entweder die eine oder die andere. Deshalb kann für den Zuständigkeitsstreitwert nur zweifelhaft sein, ob der Hauptantrag oder der höchste Antrag zählt.

Nach richtiger Auffassung darf nicht nur auf den Hauptantrag abgestellt werden. Das LG ist daher immer dann sachlich zuständig, wenn auch nur einer der Hilfsanträge einen Streitwert von mehr als 10.000,– DM hat. Ob im weiteren Prozeßverlauf über diesen Hilfsantrag befunden wird, spielt keine Rolle, weil die einmal begründete sachliche Zuständigkeit des LG wegen § 261 Abs. 3 Nr. 2 nicht mehr wegfallen kann[166]. Auf diese Weise wird erreicht, daß das Amtsgericht nicht über einen seine sachliche Zuständigkeit übersteigenden Hilfsantrag entscheiden muß, für den es keine Kompetenz besitzt. Hinnehmbar ist es, wenn ein Landgericht u. U. einen zur amtsgerichtlichen Zuständigkeit gehörenden Hauptanspruch zuerkennt, ohne den höherwertigen, der landgerichtlichen Kompetenz unterliegenden Hilfsantrag dann noch prüfen zu dürfen (arg. § 10). Im übrigen stellte sich das Problem auch beim Zusammenrechnen, wo ebenfalls riskiert wird, daß das LG nur den geringfügigen Hauptanspruch zuerkennt[167]. Da der höher zu bewertende Antrag maßgeblich ist, entfällt auch die Notwendigkeit des Zusammenrechnens wirtschaftlich einheitlicher, aber wertmäßig unterschiedlicher Anträge, wie sie etwa beim überschießenden Feststellungsantrag (→ Rdnr. 8) bejaht wurde.

---

[160] *Zöller-E.Schneider*[17] § 5 Rdnr. 4; *Wieczorek*[2] § 5 Bem. B II b 1; *Hillach-Rohs*[8] 62; *Mattern* NJW 1969, 1089; im Ergebnis auch *Frank* (Fn. 1) 215 ff.; 228.
[161] A.A. *Thomas-Putzo*[17] § 5 Anm. 3b; *Baumbach-Lauterbach-Hartmann*[50] § 5 Anm. 2 B a, b.
[162] Wie hier *OLG Nürnberg* JurBüro 1978, 1550 (obiter dictum); a.A. *Kion* (oben Fn. 148) 170 f.; *Merle* ZZP 83 (1970) 460 ff.; *E. Schneider* NJW 1975, 2106, 2107.

[163] *Frank* (Fn. 1) 221; *E. Schumann* NJW 1982, 2800, 2801.
[164] So aber *Kion* (oben Fn. 148) 170 f.; *Merle* ZZP 83 (1970) 460 ff.
[165] Zutreffend *E. Schneider* NJW 1975, 2106; gegen dieses Argument aber *Frank* (Fn. 1) 219 ff.
[166] *E. Schumann* NJW 1982, 2800, 2801.
[167] Vgl. *Kion* (oben Fn. 148) 171.

b) Gebührenstreitwert

Für den Gebührenstreitwert trifft § 19 Abs. 4 GKG eine Sonderregelung: 25

§ 19 Abs. 4

Der höhere Wert eines hilfsweise geltend gemachten Anspruchs ist maßgebend, wenn über ihn entschieden wird; sonst bleibt dieser Anspruch außer Betracht.

Anders als beim Zuständigkeitsstreitwert (→ Rdnr. 24) kann beim Gebührenstreitwert 26 darauf abgestellt werden, ob über den Hilfsantrag entschieden wurde, da der Gebührenstreitwert erst am Ende der Instanz feststeht. Im übrigen entspricht die Maßgeblichkeit des höheren Wertes den auch zum Zuständigkeitsstreitwert entwickelten Grundsätzen (→ Rdnr. 24).

Allerdings besteht zwischen der in § 19 Abs. 4 GKG getroffenen Regelung und der Zusam- 27 menrechnungsvorschrift bei der Aufrechnung in § 19 Abs. 3 GKG (→ Rdnr. 45) ein Widerspruch. Es handelt sich um kein Redaktionsversehen des Gesetzgebers, sondern um einen gesetzgeberischen Mißgriff, der nicht durch die Gerichte zu korrigieren ist[168]. Das kostenrechtliche Gesetz vom 9.12.1986[169] hat § 19 Abs. 4 GKG unverändert gelassen. Eine Korrektur durch Addition von Haupt- und Hilfsantrag in Analogie zu § 19 Abs. 3 GKG scheidet deshalb aus[170]. Auch ist ein Verstoß gegen Art. 3 Abs. 1 GG wohl zu verneinen, obgleich eine systemwidrige Durchbrechung der zivilrechtlichen Ordnung zu einem solchen führen kann[171].

Freilich läßt sich in Abweichung von § 19 Abs. 4 GKG der *uneigentliche Eventualantrag* einer anderen Regel unterwerfen. Ein solcher liegt vor, wenn der Kläger für den Fall der *Begründetheit* seines Antrages eine weitere Leistung beantragt. In diesem Falle kommt es nicht zu einem Auswechseln der Anträge im Sinne eines Nacheinanders (→ Rdnr. 3), sondern zu einem *Nebeneinander* der Anträge jedenfalls in der Entscheidung. Daran wurde bei § 19 Abs. 4 GKG nicht gedacht[172]. Beide Anträge können daher zusammengerechnet werden[173]. Eine Addition hat aber – wie auch sonst bei § 5 – zu unterbleiben, wenn die Anträge wirtschaftlich eine Einheit bilden (→ Rdnr. 21)[174]. Das wird vor allem im *Arbeitsrecht* bei der Diskussion des uneigentlichen Eventualantrages häufig übersehen (→ § 2 Rdnr. 130 f.). Die Inzidentanträge des Klägers nach § 510b (→ Rdnr. 47), des § 255 (→ § 255 Rdnr. 3, 15) sowie des § 61 Abs. 2 ArbGG (→ Rdnr. 47) sind daher nicht hinzuzurechnen (auch → § 260 Rdnr. 25).

Ein Prozeßvergleich steht der in § 19 Abs. 4 GKG vorausgesetzten Entscheidung nicht gleich[175]. Bei einem Vergleich über die Hilfsanträge ist der Wert des *Vergleichsgegenstandes*

---

[168] Zutreffend *BGH* MDR 1988, 403 = LM ZPO § 3 Nr. 67; *KG* MDR 1987, 946; JurBüro 1985, 915; *OLG Hamm* AnwBl. 1987, 47; *OLG Karlsruhe* Die Justiz 1984, 299; *OLG Hamburg* MDR 1983, 239; *OLG Düsseldorf* Rpfleger 1982, 161; *LAG Düsseldorf* JurBüro 1985, 745, 746 (zust. *Mümmler*); *OLG Bamberg* JurBüro 1979, 876; *OLG Bremen* JurBüro 1979, 731; *OLG Nürnberg* JurBüro 1978, 1550; *E. Schumann* NJW 1982, 2800, 2801; *Mümmler* JurBüro 1990, 1537, 1544.
[169] BGBl. I 2326; zutreffend *Becker-Glaremin* NZA 1989, 207, 208.
[170] A.A. *OLG Frankfurt a.M.* Rpfleger 1986, 409, 410; MDR 1979, 411; *LAG Hamburg* AnwBl. 1984, 315; *LAG Hamm* DB 1981, 2388 (LS); *Zöller-E. Schneider*[17] § 3 Rdnr. 16 »Eventual- und Hauptantrag« u.ö.

[171] Dazu grundsätzlich *BVerfGE* 30, 59, 63 mit Nachw.
[172] Anders *Becker-Glaremin* NZA 1989, 207; insoweit wie hier, freilich mit anfechtbaren Konsequenzen, *LAG Hamm* MDR 1988, 994.
[173] *Zöller-E. Schneider*[17] § 3 Rdnr. 16 »Eventual- und Hauptantrag« mit weiteren Nachweisen; a.A. *LAG Düsseldorf* JurBüro 1990, 243; *LAG Köln* JurBüro 1990, 525; *LG Köln* MDR 1984, 501 (maßgebend ist der höhere Wert).
[174] Vgl. *Merle* ZZP 83 (1970) 464.
[175] *LAG Düsseldorf* JurBüro 1989, 955; a.A. *LAG Hamburg* AnwBl. 1984, 315; *Zöller-E. Schneider*[17] § 3 Rdnr. 16 »Eventual- und Hauptantrag«.

aus den zusammengerechneten Werten von Haupt- und Hilfsantrag zu bestimmen. Dagegen bestimmt sich der *Streitwert* nach § 19 Abs. 4 GKG, wobei der höhere Wert des Hilfsantrags unberücksichtigt bleibt (näher → § 3 Rdnr. 62 »Vergleich« [Hilfsanträge] sub I und II). Für den Gegenstandswert des Vergleichs kommt es im übrigen nicht darauf an, daß bis zum Vergleichsabschluß noch kein entsprechender Hilfsantrag gestellt wurde[176].

Die in § 19 Abs. 4 GKG vorausgesetzte »Entscheidung« über den Hilfsantrag liegt nur vor, wenn sich entweder der Hauptantrag als unbegründet erweist und nach dem begründeten Hilfsantrag erkannt oder wenn die Klage wegen Nichtbegründetheit des Haupt- und Hilfsantrages in vollem Umfang abgewiesen wird. Keine Entscheidung liegt dagegen vor, wenn der Hilfsantrag im Rahmen einer Klageänderung geltend gemacht, diese aber nicht zugelassen wird[177]. Selbständig zu bewerten ist eine unzulässige Widerklage allein gegen einen am Rechtsstreit nicht beteiligten Dritten, auch wenn sie hilfsweise erhoben wurde. § 19 Abs. 4 GKG kommt nicht zur Anwendung[178]. Liegt eine Entscheidung über den Hilfsantrag nicht vor, so kann der Rechtsanwalt auch keine besondere Streitwertfestsetzung nach § 10 BRAGO verlangen[179].

c) Rechtsmittelstreitwert; Verurteilungsstreitwert

28   Werden beide Anträge abgewiesen, so ist eine Zusammenrechnung von Haupt- und Hilfsantrag erforderlich (→ § 511a Rdnr. 10). Das gilt auch für mehrfach gestaffelte Hilfsverhältnisse, wenn nur mehrere voneinander unabhängige Forderungen aus selbständigen Rechtsverhältnissen geltend gemacht werden[180]. Dadurch unterscheidet sich der Rechtsmittelstreitwert vom Zuständigkeitsstreitwert (→ Rdnr. 24) und vom Gebührenstreitwert (→ Rdnr. 25), wo jeweils nur der höhere Antrag maßgebend ist. Spiegelbildlich gilt die Zusammenrechnung auch bei einer Verurteilung des Beklagten sowohl aus dem Hauptantrag, als auch aus dem uneigentlichen Hilfsantrag (→ Rdnr. 27). In diesem Fall sind Gebühren – und Rechtsmittelstreitwert gleich, da jeweils zusammengerechnet wird. Der Zuständigkeitsstreitwert geht aber nur vom höheren Wert aus. Wird der Hauptantrag abgewiesen und der Beklagte auf Hilfsantrag verurteilt, findet eine Zusammenrechnung nicht statt[181]. Die Beschwer des Klägers richtet sich nach dem Hauptantrag, die des Beklagten nach der Verurteilung aus dem Hilfsantrag. In vergleichbarer Weise scheidet eine Zusammenrechnung aus, wenn der Beklagte auf den Hauptantrag hin verurteilt wurde, der uneigentliche Hilfsantrag aber abgewiesen wurde. Die Beschwer des Klägers richtet sich dann nach dem uneigentlichen Hilfsantrag, die des Beklagten nach der Verurteilung aus dem Hauptantrag.

Die genannten Grundsätze gelten ebenfalls für die Feststellung des *Verurteilungsstreitwertes*.

IV. Wahlschulden; facultas alternativa

29   Bei Wahlschulden im Sinne des § 262 BGB liegt ein einheitlicher Anspruch vor. Steht das Wahlrecht dem Gläubiger zu, so ist für die Bewertung der von ihm oder gegen ihn erhobenen Klage die höherwertige Leistung maßgebend[182]. Ausgenommen ist der Fall, daß er sein

---

[176] *OLG Hamm* VersR 1984, 1086.
[177] *OLG Nürnberg* JurBüro 1980, 739 (zust. *Mümmler*); a.A. *Frank* (Fn. 1) 251.
[178] *OLG München* MDR 1984, 498.
[179] *Frank* (Fn. 1) 251; a.A. *LAG Hamm* MDR 1989, 852.

[180] *BGH* NJW 1984, 371 = WM 1983, 1320; dazu *E. Schneider* KostRsp. ZPO § 5 Nr. 54.
[181] Dazu → § 511a Rdnr. 10.
[182] *Frank* (Fn. 1) 87.

Wahlrecht im Sinne der geringerwertigen Leistung mit dem allein auf diese Leistung gerichteten Klageantrag bereits ausgeübt hat. Steht das Wahlrecht dem Schuldner zu, so ist von dem geringwertigerem Gegenstand auszugehen, da durch ihn dem Anspruch des Klägers genügt wird[183]. Die Möglichkeit der Konzentration der Schuld auf den höherwertigen Gegenstand bei Untergang des ersteren ist im Rahmen der Schätzung nach § 3 zu berücksichtigen[184].

Die facultas alternativa, die Befugnis des Schuldners, sich durch eine andere Leistung zu **30** befreien (z. B. §§ 528 Abs. 1 S. 2, 1973 Abs. 2 S. 2 BGB), bleibt bei der Bestimmung des Streitwerts außer Betracht, weil die Bewertung allein durch die Klage bestimmt wird[185]. Das gleiche gilt für die Befugnis des Gerichts, den Umfang der Leistung zu bestimmen (z. B. §§ 315 Abs. 3 S. 2; 319 Abs. 1 S. 2 BGB), wenn in derartigen Fällen ein bestimmter Betrag gefordert wird.

V. Widerklage

1. Zuständigkeits- und Bagatellstreitwert

a) Klage

Die Widerklage wirkt sich nicht auf den Zuständigkeitsstreitwert der Klage aus, da nach § 5 **31** HS 2 die Zusammenrechnung nicht für Klage und Widerklage gilt[186]. Unrichtig ist es, auf den höheren Wert der Klage oder Widerklage abzustellen[187]. Das Zusammenrechnungsverbot des § 5 HS 2 meint das alleinige Abstellen auf die Klage (→ Rdnr. 1), wenn auch der Wert der Widerklage viel höher liegt. Darin liegt der Unterschied zum Hilfsantrag (→ Rdnr. 24). Der höhere Streitwert entscheidet nur in zwei Fällen: Bei § 506 führt der höhere Wert der Widerklage zur Verweisung des Rechtsstreits. Die streitwertmäßig zum AG gehörende Widerklage kann gegen eine wegen ihres höheren Streitwerts vor das LG gehörende Klage erhoben werden.

Aufgrund des Zusammenrechnungsverbots gilt folgendes: Wenn etwa eine wegen ihres Streitwerts zur amtsgerichtlichen Zuständigkeit gehörende Forderung zum Landgericht eingeklagt worden ist, wird die sachliche Unzuständigkeit des Landgerichts nicht beseitigt, falls der Beklagte eine Widerklage erhebt, deren Wert zusammen mit dem Wert der Klageforderung die amtsgerichtliche Streitwertgrenze überschreitet. In einem derartigen Fall muß vielmehr auf entsprechenden Antrag an das Amtsgericht verwiesen werden, falls sich der Beklagte nicht nach § 39 rügelos einläßt.

Problematisch ist die Rechtslage, wenn in diesem Fall der Beklagte eine Widerklage erhebt, die dem Streitwert nach zum Landgericht gehört, gleichwohl aber die Unzuständigkeit des Landgerichts für die Klage rügt. Die Klage müßte dann an das Amtsgericht verwiesen werden bei gleichzeitigem Anhängigbleiben der Widerklage beim Landgericht. Dagegen wäre bei einer Klage, die von vornherein zum Amtsgericht erhoben ist, der gesamte Rechtsstreit an das Landgericht zu verweisen, falls der Beklagte seine Widerklage am Amtsgericht erhoben und eine der Parteien den Antrag auf Verweisung an das Landgericht nach § 506 gestellt hätte. Genauso läge es im übrigen, wenn der Beklagte zunächst nur die Unzuständigkeit der Klage beim Landgericht rügt und erst nach Verweisung an das Amtsgericht dort seine Widerklage

---

[183] *Hillach-Rohs*[8] 61; *Frank* (Fn. 1) 86 mit Nachweisen der älteren Rechtsprechung in Fn. 69; *Förster-Kann*[3] 1b, cc ß; *Petersen-Remelé* 3.

[184] Vgl. auch *RGZ* 55, 81; *Hillach-Rohs*[8] 61.

[185] *E. Schneider*[10] Rdnr. 4997; a. A. *Frank* (Fn. 1) 87 f.

[186] Dazu *Frank* (Fn. 1) 59, 278.

[187] A. A. *Thomas-Putzo*[17] § 5 Anm. 1b aa; *Rosenberg-Schwab*[14] § 99 II 3a (S. 592); wie hier insoweit *Mayer* JuS 1991, 678.

erhebt. Gleichwohl ist im Ausgangsfall die Rüge der sachlichen Unzuständigkeit des Landgerichts nur dann ausnahmsweise als treuwidrig anzusehen, wenn sich die örtliche Zuständigkeit der Widerklage allein aus § 33 ableitet, so daß der Widerkläger einerseits das Privileg des Gerichtsstands des § 33 benutzt, andererseits dessen Grundlage durch seine Rüge beseitigt. In aller Regel ist der Beklagte aber nicht gehindert, die Rüge der sachlichen Unzuständigkeit mit der Erhebung der Widerklage zu verbinden (→ § 33 Rdnr. 10).

Auch beim Zusammentreffen von Teilklage und negativer Feststellungsklage darf nicht zusammengerechnet werden[188]. Wenn also der Streitwert der Teilklage nicht die amtsgerichtliche Streitwertgrenze überschreitet, andererseits der Streitwert der negativen Feststellungsklage seinerseits diese Grenze auch nicht übersteigt, bleibt es bei der Zuständigkeit des Amtsgerichts.

b) Widerklage

32   Der Zuständigkeitsstreitwert der Widerklage muß errechnet werden, falls sich ihre sachliche Zuständigkeit nach dem Streitwert richtet: Die allgemeinen Sachurteilsvoraussetzungen gelten auch für die Widerklage. Mehrere in einer Widerklage geltend gemachte Ansprüche sind nach den dargelegten Grundsätzen zusammenzurechnen (→ Rdnr. 3 ff.). Eine nachträglich erhobene Widerklage wird mit der schon anhängigen Widerklage addiert (→ Rdnr. 1 zur nachträglichen Klagenhäufung). Für § 506 genügt die Addition der Widerklagen nach § 5. Die Anwendung des § 5 auf sukzessive Widerklagen führt demnach zu einer Gleichbehandlung von Widerklage und Klage, da bei letzterer im Falle der nachträglichen Anspruchshäufung gleichfalls nach § 5 zusammengerechnet wird.

Der Klageanspruch bleibt unberücksichtigt (→ Rdnr. 31). Wird im Prozeß vor dem Amtsgericht eine wegen ihrer Höhe zum Landgericht gehörende Forderung im Wege der Widerklage geltend gemacht, so greift § 506 ein. Wird im umgekehrten Fall vor dem Landgericht Widerklage mit einer geringen streitwertmäßig zum Amtsgericht gehörenden Forderung erhoben, bleibt es bei dem landgerichtlichen Prozeß (→ § 33 Rdnr. 37).

Nach der geschilderten Rechtslage spielt die Ermittlung des Zuständigkeitsstreitwerts der Widerklage nur im Amtsgerichtsprozeß eine Rolle. Der Wert der Widerklage deckt sich in aller Regel mit dem Wert der Klage, wenn es sich um denselben Streitgegenstand handelt (→ Rdnr. 4) oder zwischen Klage und Widerklage wirtschaftliche Einheit vorliegt (→ Rdnr. 6 ff.; 34, 35). Zu nennen ist vor allem das spiegelbildliche Gegenteil der Klage wie die Rückgabe der vom Kläger beanspruchten Hauptsache, der Zinsen, der Kosten, Feststellung des Bestehens des vom Kläger geleugneten oder des Nichtbestehens des vom Kläger bejahten Rechtsverhältnisses (auch → Rdnr. 34). Außer Ansatz bleiben bei der Wertberechnung Nebenforderungen, soweit sie in der Widerklage neben einer Hauptforderung geltend gemacht werden (auch → § 4 Rdnr. 29). Inzidentanträge oder Widerklagen auf Schadensersatz nach §§ 302, 600 oder 717 (→ Rdnr. 47) führen nur insoweit zu einer Addition nach § 5, als ein über die Summe von Hauptbetrag, Zinsen und Kosten hinausgehender Schaden verlangt wird (→ § 717 Rdnr. 37 f.). – Zur Bewertung von Zinsen und Kosten (→ § 4 Rdnr. 30).

Dieselben Grundsätze wie für den Zuständigkeitsstreitwert gelten auch für den Bagatellstreitwert (Begriff → § 2 Rdnr. 39). Es werden also die Streitwerte von Klage und Widerklage nicht zusammengerechnet. Übersteigt eine Widerklage den Bagatellstreitwert des § 128 Abs. 3, so wird das amtswegige schriftliche Verfahren unstatthaft. Vergleichbar liegt es bei § 495 a (→ § 2 Rdnr. 1; → § 4 Rdnr. 15).

---

[188] A. A. *Wieczorek*[2] § 5 Bem. C I a; *A. Blomeyer*[2] ZPR § 61 VI.

2. Gebührenstreitwert

Für den *Gebührenstreitwert* findet sich eine Sondervorschrift in   33

§ 19 Abs. 1 GKG:

> Soweit Klage und Widerklage, die nicht in getrennten Prozessen verhandelt werden, denselben Streitgegenstand betreffen, sind die Gebühren nach dem einfachen Wert dieses Gegenstandes zu berechnen. Soweit beide Klagen nicht denselben Streitgegenstand betreffen, sind die Gegenstände zusammenzurechnen.

a) Identischer Streitgegenstand

Betreffen Klage und Widerklage »denselben Streitgegenstand«, richten sich die Gebühren   34
nach dem Wert dieses Gegenstandes. Eine Zusammenrechnung findet nicht statt. Der »Streitgegenstand« des § 19 Abs. 1 GKG meint demnach einmal identische Streitgegenstände im Sinne der zivilprozessualen Streitgegenstandslehre. Auch die danach unzulässige Widerklage hat einen Streitwert (→ § 2 Rdnr. 14). »Streitgegenstand« hat aber auch eine eigenständige kostenrechtliche Bedeutung (→ § 2 Rdnr. 11) und ist unter diesem Aspekt weiter als der zivilprozessuale Streitgegenstandsbegriff. In dieser weiteren Bedeutung werden alle Konstellationen erfaßt, die sich als wirtschaftliche Einheit auch bei unterschiedlichen Streitgegenständen im zivilprozessualen Sinn verstehen lassen (→ Rdnr. 6 ff.). Klage und Widerklage sind deshalb grundsätzlich dann identisch, wenn über beide nur in dem einen Sinn entschieden werden kann, daß ein Obsiegen des Klägers zur Abweisung der Widerklage führt und umgekehrt[189]. Der Streit um die Klage muß wirtschaftlich im Streit um die Widerklage enthalten sein[190]. Diese auf uneingeschränkte Ansprüche abstellende »Identitätsformel« paßt jedoch etwa dann nicht, wenn mit Klage und Widerklage Teilansprüche aus demselben Rechtsverhältnis geltend gemacht werden. In diesem Fall sind die Streitwerte zusammenzurechnen, obwohl die Zuerkennung des einen Anspruchs notwendigerweise die Aberkennung des anderen bedingt (Beispiele → Rdnr. 35)[191]. Wirtschaftliche Identität kann auch dann vorliegen, wenn die Abweisung von Klage und Widerklage denkbar wäre[192].

Wirtschaftliche Identität kann etwa gegeben sein bei wechselseitiger Klage und Widerklage auf Einwilligung zur Auszahlung eines Bausparguthabens[193], Klage auf Gewährleistung und Widerklage auf Herausgabe der zur Sicherung dieser Ansprüche erstellten Bürgschaftsurkunde[194], Räumungsklage des Vermieters (Verpächters) und Widerklage des Mieters (Pächters) auf Fortsetzung des Mietverhältnisses (Pachtverhältnisses)[195], negativer Feststellungsklage und Widerklage, mit der die Berühmung durchgesetzt werden soll und umgekehrt[196], oder der Klage auf Unzulässigerklärung der Zwangsvollstreckung und Widerklage auf Rückzahlung aus ungerechtfertigter Bereicherung[197]. Vergleichbar können beurteilt werden das gegenseitige Auskunftsverlangen von Ehegatten zur Vorbereitung des Zugewinnausgleichsanspruches[198], die wechselseitige Geltendmachung eines Zugewinnausgleichsanspruches mit

---

[189] *LAG Baden-Württemberg* JurBüro 1991, 1506; *KG* JurBüro 1981, 251; *BGH* NJW-RR 1992, 1404.
[190] *OLG Celle* JurBüro 1983, 1391, 1393.
[191] Gegen die uneingeschränkte Anwendung der Identitätsformel *LAG Baden-Württemberg* JurBüro 1992, 626; offengelassen von *KG* JurBüro 1981, 251.
[192] Mit Recht *KG* JurBüro 1981, 251.
[193] *OLG Düsseldorf* JurBüro 1984, 1868.

[194] *OLG Stuttgart* JurBüro 1980, 896.
[195] *OLG München* JurBüro 1989, 852 (*E. Schneider* KostRsp. GKG § 19 Nr. 141).
[196] *BGH* KostRsp. GKG § 19 Nr. 174; *OLG Schleswig* SchlHA 1982, 75.
[197] *OLG Celle* JurBüro 1990, 1036 (*E. Schneider* KostRsp. GKG § 19 Nr. 162).
[198] *OLG Zweibrücken* JurBüro 1985, 1360.

Klage und Widerklage[199], Mietzinsklage und Feststellungswiderklage, daß kein Mietvertrag besteht[200]. Wirtschaftliche Identität ist auch gegeben bei Klage und Widerklage auf Zustimmungserklärungen zur Löschung einer Auflassungsvormerkung hinsichtlich eines Erbbaurechts einerseits und der Eintragung als Erbbauberechtigter andererseits. Bei Wertunterschieden ist der höhere Wert maßgebend[201]. Das Gesagte gilt auch für sonstige Feststellungswiderklagen hinsichtlich des Klageanspruches (→ Rdnr. 7) und für negative Feststellungswiderklagen bei Teilklage, den Leistungsantrag (→ Rdnr. 9) in Umkehrung zum Klageanspruch z. B. auf Rückgabe des Sicherungseigentums gegen Darlehensklage oder Rückgabe der Bürgschaftsurkunde gegen Zahlungsklage, Klage auf Erhöhung und Widerklage auf Herabsetzung einer Enteignungsentschädigung[202], die parteierweiternde Widerklage (auch → Rdnr. 43) gegen eine Person, bei der die Grundsätze von → Rdnr. 10 zutreffen, möglicherweise auch für vollstreckungsrechtliche Widerklagen (→ Rdnr. 11; → Rdnr. 32)[203]. Derselbe Streitgegenstand i. S. von § 19 Abs. 1 S. 1 GKG liegt auch dann vor, wenn der Kläger auf Feststellung klagt, daß das Arbeitsverhältnis durch Kündigung wieder aufgelöst ist und der Beklagte mit Widerklage auf Feststellung klagt, daß das Arbeitsverhältnis beendet worden ist[204].

Eine wirtschaftliche Einheit liegt auch vor bei den Schadensersatzansprüchen des Beklagten gem. §§ 302 Abs. 4 S. 4, 600 Abs. 2, 717 Abs. 2 S. 2[205] und Abs. 3 S. 3. Dabei ist es gleichgültig, ob es sich um echte Widerklagen oder nur um Inzidentanträge des Beklagten (→ § 33 Rdnr. 24) handelt (auch → Rdnr. 32).

Der Gebührenstreitwert richtet sich nach dem Wert des Streitverhältnisses, soweit sich Klage und Widerklage mit ihm befassen, z. B. bei negativer Feststellungswiderklage nach dem Gesamtwert ohne Abschlag (→ § 2 Rdnr. 26). Läßt sich nicht in gleicher Weise der Streitwert insgesamt feststellen, muß zunächst für Klage und Widerklage gesondert der Streitwert ermittelt werden. Maßgebend ist dann der höhere Wert.

b) Fehlende Identität

35   Fehlt die dargestellte wirtschaftliche Einheit, so müssen die Werte von Klage und Widerklage zusammengerechnet werden. So liegt es etwa bei der Klage auf Zahlung, Widerklage auf künftige Rückzahlung[206] (→ § 33 Rdnr. 27), Klage auf Rückzahlung der Kaution, Widerklage auf Zahlung des Restpachtzinses[207], Klage auf Zahlung des Restkaufpreises und Widerklage auf Rückzahlung des bereits geleisteten Teilkaufpreises i. S. von verschiedenen Teilen einer einheitlichen Forderung[208], Klage auf Auflassung, Widerklage auf Restkaufpreiszahlung[209], Werklohnklage und Widerklage auf Gewährleistungsansprüche[210], Klage auf Nachbesserungskosten und Widerklage auf restlichen Werklohn[211]. In gleicher Weise sind zu behandeln die Klage auf Feststellung der Unwirksamkeit eines Beschlusses über eine Gesellschafterausschließung und Widerklage auf Ausschluß[212], Klage und Widerklage der Beteiligten an einem Verkehrsunfall auf wechselseitigen Schadensersatz[213], Klage auf Schadensersatz aus Verkehrsunfall und Widerklage auf Rückzahlung eines vorprozessual auf die Schadensersatzforderung des Klägers gezahlten Betrages[214], Klage auf Herausgabe eines Pkw, Widerklage auf

[199] OLG Koblenz JurBüro 1985, 917; abl. E. Schneider[10] Rdnr. 2646; Lappe KostRsp. GKG § 19 Nr. 98.
[200] OLG Braunschweig MDR 1975, 848.
[201] OLG Nürnberg JurBüro 1992, 52.
[202] OLG München JurBüro 1976, 1358.
[203] Vgl. E. Schneider JurBüro 1965, 947 mit weiteren Nachw.
[204] LAG Baden-Württemberg JurBüro 1991, 1506.
[205] OLG Frankfurt a. M. Rpfleger 1986, 409, 410.
[206] BGHZ 43, 31.
[207] OLG Celle NdsRpfl. 1985, 18.

[208] OLG Schleswig AnwBl. 1984, 205; OLG Bamberg JurBüro 1979, 251; und umgekehrt: OLG Nürnberg JurBüro 1983, 105 (Werkvertrag).
[209] OLG Karlsruhe JurBüro 1988, 1551.
[210] OLG Schleswig JurBüro 1987, 255.
[211] OLG Bamberg JurBüro 1985, 1212.
[212] OLG Frankfurt a. M. JurBüro 1985, 1083.
[213] OLG Köln JurBüro 1990, 241; zust. Lappe NJW 1991, 1213.
[214] LG Berlin JurBüro 1988, 1386.

Zahlung von Werklohn[215], Klage auf GmbH-Auflösung und Widerklage auf Gesellschafter-ausschluß[216], Klage auf Löschung eines Erbbaurechtes, Widerklage auf Einräumung eines neuen Erbbaurechtes mit gleichem Inhalt[217] sowie die Klage auf Rückzahlung des Kaufpreises und Widerklage auf Vorlage von Unterlagen für die Grundbuchumschreibung[218]. Auch wenn Klage und Widerklage betr. Unterhalt dasselbe Rechtsverhältnis zum Gegenstand haben, ist für den Streitwert entscheidend, in welchem Umfang dieses Rechtsverhältnis nach den gestellten Anträgen der richterlichen Nachprüfung unterzogen werden soll[219].

c) Additionsverbote

Die allgemeinen gebührenrechtlichen Additionsverbote (→ Rdnr. 18, 19) gelten nicht nur   **36**
für die objektive und subjektive Klagenhäufung, sondern auch bei der Widerklage. Selbst wenn nach § 19 Abs. 1 S. 2 GKG eine gebührenrechtliche Zusammenrechnung zulässig wäre, scheidet sie dann aus. Meistens bedeutet die Ableitung eines vermögensrechtlichen Anspruches aus einem nichtvermögensrechtlichen Anspruch (§ 12 Abs. 3 GKG → Rdnr. 18) freilich Identität des Streitgegenstandes und wird schon deshalb eine Zusammenrechnung ausschließen (→ Rdnr. 34). Notwendig ist das aber nicht. Ähnlich liegt es bei der Widerklage auf Fortsetzung des Mietverhältnisses (→ § 308 a) gegenüber der Räumungsklage (→ Rdnr. 19)[220].

3. Rechtsmittelstreitwert; Verurteilungsstreitwert

Klage und Widerklage dürfen beim Rechtsmittelstreitwert (Begriff → § 2 Rdnr. 34) in   **37**
gewissen Fällen zusammengerechnet werden. Es gilt also Vergleichbares wie bei den Hilfsan-trägen. Dort darf beim Rechtsmittelstreitwert addiert werden (→ Rdnr. 20), wogegen beim Zuständigkeitsstreitwert und beim Gebührenstreitwert nicht zusammengerechnet wird. Eine Zusammenrechnung ist notwendig, wenn die Klage abgewiesen wurde und die Widerklage Erfolg hatte[221]. Dasselbe gilt spiegelbildlich beim Beklagten, wenn er auf die Klage hin verurteilt worden ist und seine Widerklage abgewiesen wurde[222]. Auch für diese Zusammen-rechnung ist aber stets erforderlich, daß keine wirtschaftliche Einheit zwischen Klage und Widerklage besteht (→ Rdnr. 6 ff.; 32; 34). Betreffen demnach Klage und Widerklage densel-ben wirtschaftlichen Wert, so ist eine Zusammenrechnung auch dann nicht zulässig, wenn Kläger oder Beklagter in der soeben dargelegten Weise beschwert sind.

Bei gespaltenen Entscheidungen wird nicht zusammengerechnet: Waren Klage und Wider-klage erfolglos, so sind Kläger und Beklagter je mit dem Wert ihres Begehrens beschwert. Waren Klage und Widerklage erfolgreich, so ist jeder mit der jeweiligen Verurteilung be-schwert.

Die dargestellten Grundsätze gelten genauso für den Verurteilungsstreitwert (§ 708 Nr. 11).

Die geschilderte Zusammenrechnung von Klage und Widerklage beruht auf einer Fortbil-   **38**
dung des § 5 HS 2 nach seinem Zweck. Diese Fortbildung überwindet das begriffliche

---

[215] *OLG Hamm* Rpfleger 1990, 40.
[216] *OLG Düsseldorf* NJW 1966, 1569.
[217] *OLG Saarbrücken* AnwBl. 1978, 106.
[218] *OLG Karlsruhe* NJW 1976, 247 (Anm. *Nieder* 901; *E. Schneider* MDR 1977, 180).
[219] *OLG Hamm* FamRZ 1981, 809.
[220] *LG Dortmund* WuM 1964, 111; *Hillach-Rohs*[8] 159.
[221] H. L., *Thomas-Putzo*[17] § 511 a Anm. 2 d; *E. Schneider* NJW 1992, 2680; *Oehlers* NJW 1992, 1667; *Schmidt*

NJW 1975, 2206; unhaltbar *OLG Düsseldorf* NJW 1992, 3246; *LG Memmingen* NJW 1992, 2710; *LG Berlin* NJW 1992, 2710; *LG Siegen* MDR 1992, 807; *LG Tübingen* NJW-RR 1992, 119; *LG Aachen* NJW-RR 1990, 959; zust. aber *Baumbach/Lauterbach/Hartmann*[50] § 5 Anm. 1; *Glaremin* NJW 1992, 1146.
[222] Unrichtig *LG Siegen* MDR 1992, 807; wie hier jetzt *LG Gießen* NJW 1992, 2709.

Bedenken, daß § 5 wegen § 2 auch für den Rechtsmittelstreitwert und den Verurteilungsstreit-wert gilt (→ § 2 Rdnr. 1). Das Additionsverbot des § 5 HS 2 soll verhindern, daß sich das gegnerische Verhalten auf die Streitwertberechnung des eigenen prozessualen Antrags aus-wirkt (→ Rdnr. 1). Wird dieser Gedanke auf die Rechtsmittel oder auf die Verurteilung übertragen, so bedeutet das folgendes: Die Wertberechnung hinsichtlich der einzelnen Rechtsmittel (des Klägers und des Beklagten) oder hinsichtlich der Verurteilungen sind entsprechend § 5 HS 2 zu trennen. Deshalb darf der Rechtsmittelstreitwert der Berufung des Klägers gegen die teilweise Abweisung der Klage nicht zusammengerechnet werden mit dem Wert der Berufung des Beklagten gegen die teilweise Verurteilung (→ § 511 a Rdnr. 8): Die Beschwerdewerte von *verschiedenen Parteiseiten* sind nicht zusammenrechenbar[223]. Bei einer wörtlichen Anwendung von § 5 müßte freilich wegen § 5 HS 1 zusammengerechnet werden. Diesem Additionsverbot zwischen den beiden Rechtsmitteln und den beiden Verur-teilungen entspricht die Zusammenrechnungspflicht *innerhalb* des einzelnen Rechtsmittels oder innerhalb der einzelnen Verurteilung. Die Zusammenrechnung bedeutet die sinngemä-ße Anwendung von § 5 HS 1 auf der Ebene der Rechtsmittel[224]. Das Reichsgericht[225] hat entgegen der vor hundert Jahren stark begrifflich geprägten Argumentation (→ Einl. Rdnr. 47) die teleologischen Zusammenhänge erkannt und die heute gefestigte, wenngleich wieder zunehmend angegriffene, Rechtsprechung und Lehre begründet.

4. Eventualwiderklage

a) Zuständigkeits- und Bagatellstreitwert

39 Die Eventualwiderklage (→ § 33 Rdnr. 26) hat ebenso wie die Widerklage keine Bedeutung für den Streitwert der Klage (→ Rdnr. 31)[226]. Wird sie neben einer nicht eventualen Widerkla-ge erhoben, ist sie für den Zuständigkeits- und Bagatellstreitwert dieser Widerklage von Bedeutung, wenn sie einen höheren Streitwert hat. Das entspricht den allgemeinen Grundsät-zen über Eventualanträge (→ Rdnr. 21 ff.). Steht sie jedoch allein, wird ihr eigener Streitwert geprüft, sobald die Bedingung eingetreten ist, von der sie abhängig gemacht wurde. Dann gelten die Grundsätze über die Widerklage (→ Rdnr. 32).

b) Gebührenstreitwert

40 Der Gebührenstreitwert einer Eventualwiderklage[227] richtet sich nach § 19 Abs. 4 GKG (→ Rdnr. 25). Demnach spielt eine nicht behandelte Eventualwiderklage keine Rolle[228]. Wird eine Hilfswiderklage durch *Prozeßvergleich* erledigt, so ist ihr Wert dem *Vergleichsgegen-stand* hinzuzurechnen. Dagegen bleibt für den Wert des *Streitgegenstandes* der höhere Wert der Hilfswiderklage unberücksichtigt, weil der Vergleich keine Entscheidung trifft. § 19 Abs. 3 S. 2 GKG ist nicht entsprechend anwendbar[229]. Ist über die Eventualwiderklage entschieden worden, gilt nicht § 19 Abs. 4 GKG, sondern § 19 Abs. 1 GKG (→ Rdnr. 33), weil

[223] Ebenso *BGH* NJW 1981, 578, 579; a. A. *Arnold* JR 1975, 485.
[224] Verkannt von *LG Aachen* NJW-RR 1990, 959.
[225] *RGZ* (VZS) 7, 383, 385 ff. und ständig.
[226] *Kion* (oben Fn. 148) 180 f.
[227] *E. Schneider* Der Gebührenstreitwert von Klage und Hilfswiderklage MDR 1988, 462.
[228] *OLG Köln* JurBüro 1990, 246 (zust. *Mümmler*); LG

Freiburg Rpfleger 1982, 357; *OLG Koblenz* JurBüro 1977, 1264; insoweit auch *OLG Hamm* JurBüro 1989, 1005 (zust. *Mümmler*).
[229] A.A. *OLG Köln* KostRsp. GKG § 19 Nr. 163; *OLG Braunschweig* JurBüro 1990, 912 (abl. *Mümmler*). – *E. Schneider* KostRsp. GKG § 19 Nr. 161 redet einer Ad-dition sowohl für den Gegenstandswert des Vergleiches als auch für den Verfahrensstreitwert das Wort.

es sich um eine echte Widerklage handelt[230]. Maßgeblich ist in diesem Fall, ob wirtschaftliche Identität vorliegt oder nicht (→ Rdnr. 34). Das gilt selbst dann, wenn durch die Hilfswiderklage auch ein Dritter (→ Rdnr. 43) betroffen ist[231]. Für den Gebührenstreitwert der Berufung sind die Werte von Klage und Widerklage auch dann nach § 19 Abs. 1 S. 2 GKG zusammenzurechnen, wenn zwar der Eventualfall für die Widerklage eingetreten ist, diese aber wegen § 530 als unzulässig abgewiesen wurde: Auch eine unzulässige Widerklage läßt Kosten anfallen[232].

c) Rechtsmittel- und Verurteilungsstreitwert

Der Rechtsmittelstreitwert und der Verurteilungsstreitwert hinsichtlich einer verbeschie-   **41**
denen Eventualwiderklage richten sich nach den in → Rdnr. 37 f. dargelegten Grundsätzen (auch → § 511 a Rdnr. 21).

5. Wider-Widerklage

Die Wider-Widerklage des Klägers bedeutet keine Klageerweiterung, sondern stellt ein   **42**
eigenes prozessuales Rechtsinstitut dar (→ § 33 Rdnr. 25). Ihr Streitwert ist jedoch mit dem Wert der Klageforderung zusammenzurechnen, falls sie einen eigenen wirtschaftlichen Wert verfolgt (§ 5 HS 1). Das entspricht dem Grundsatz, daß auch mehrere Widerklagen und auch die spätere Widerklage mit der ersten Widerklage zusammengerechnet werden (→ Rdnr. 32). Dann kann es beim Amtsgerichtsprozeß zu einem über die amtsgerichtliche Kompetenz hinausgehenden Zuständigkeitsstreitwert kommen (→ § 506). Beim landgerichtlichen Prozeß sind solche Wertveränderungen allerdings nur von Bedeutung, wenn erst durch die Wider-Widerklage der landgerichtliche Zuständigkeitsstreitwert erreicht wird (→ Rdnr. 2). Hinsichtlich des Gebührenstreitwerts gelten für die Wider-Widerklage dieselben Grundsätze wie für die Widerklage. Damit gilt § 19 Abs. 1 GKG (→ Rdnr. 33 ff.).

Für die *eventuelle Wider-Widerklage* (→ § 33 Rdnr. 25, 27) greifen die Grundsätze über die Eventualwiderklage ein (→ Rdnr. 39 ff.): Ist ihr Streitwert höher als derjenige der Klageforderung, ist sie für den Zuständigkeitsstreitwert maßgeblich. U.U. kann das zur Folge haben, daß der Rechtsstreit nunmehr vor das Landgericht gehört. Gebührenrechtlich kommt § 19 Abs. 1 GKG nur dann zur Anwendung, wenn über die eventuelle Wider-Widerklage entschieden wurde. Beim Rechtsmittel- und Verurteilungsstreitwert greifen für die Wider-Widerklage und die eventuelle Wider-Widerklage ebenfalls die allgemeinen Grundsätze ein (→ Rdnr. 37 f.).

6. Parteierweiternde Widerklage

Die parteierweiternde Widerklage gegen einen Dritten (→ § 33 Rdnr. 29 ff.) weist gegen-   **43**
über den anderen Widerklagen in bezug auf den Streitwert keine Besonderheiten auf. So fällt z. B. die Widerklage gegen den Kläger und gegen einen Dritten weder beim Zuständigkeitsstreitwert noch beim Gebührenstreitwert ins Gewicht, wenn beide als Gesamtschuldner verklagt werden (→ Rdnr. 10). Anders liegt es, wenn Kläger und Dritter mit wirtschaftlich verschiedenen Streitgegenständen überzogen werden. Als Folge davon kommt es zu einer

---

[230] *BGHZ* 43, 31 = NJW 1965, 444; *BGH* JurBüro 1972, 777; *OLG Stuttgart* JurBüro 1980, 1374; *OLG Hamm* JurBüro 1978, 64; *LG Wuppertal* JurBüro 1979, 1550 (*Mümmler*); *E. Schneider* MDR 1988, 462 ff.

[231] *OLG Düsseldorf* JurBüro 1987, 401 (krit. *Mümmler*).
[232] *OLG Stuttgart* JurBüro 1980, 1374; *Hillach-Rohs*[8] 76.

Zusammenrechnung gem. § 5 HS 1 beim Zuständigkeitsstreitwert und gem. § 19 Abs. 1 GKG beim Gebührenstreitwert. Für den Rechtsmittelstreitwert gelten die allgemeinen Grundsätze über die Wertberechnung bei einer Streitgenossenschaft (→ § 511 a Rdnr. 20). – Zur parteierweiternden Eventualwiderklage (→ Rdnr. 40 Fn. 231).

VI. Aufrechnung

1. Zuständigkeitsstreitwert

44   Der Zuständigkeitsstreitwert der Klage wird durch eine Aufrechnung nicht berührt (→ § 2 Rdnr. 16). Sie ist lediglich ein Verteidigungsmittel und macht – anders als die Widerklage – den Anspruch nicht rechtshängig (→ § 33 Rdnr. 4). Ohne Auswirkung auf den Zuständigkeitsstreitwert der Widerklage (→ Rdnr. 32) bleibt auch die Aufrechnung, die neben einer Widerklage erklärt wird. Das gilt selbst dann, wenn durch sie der in der Widerklage geltend gemachte Anspruch zur Aufrechnung gestellt wird, deshalb erlischt und damit die Widerklage unbegründet wird. Dasselbe gilt hinsichtlich des Bagatellstreitwerts (→ § 2 Rdnr. 1).

2. Gebührenstreitwert[233]

45   Der Gebührenstreitwert ist für die Aufrechnung geregelt in

§ 19 Abs. 3 GKG

Macht der Beklagte hilfsweise die Aufrechnung mit einer bestrittenen Gegenforderung geltend, so erhöht sich der Streitwert um den Wert der Gegenforderung, soweit eine der Rechtskraft fähige Entscheidung über sie ergeht. Bei der Erledigung des Rechtsstreits durch Vergleich gilt Satz 1 entsprechend.

Eine Zusammenrechnung findet nur unter den in § 19 Abs. 3 GKG genannten Voraussetzungen statt. Demnach kommt es zu einer Addition der Aufrechnungsforderung mit der Klageforderung in folgenden Fällen[234].

a) Erfolglose streitige Eventualaufrechnung: Der Beklagte wird zur Zahlung der Klageforderung verurteilt, weil seine aufrechnungsweise geltend gemachte Gegenforderung nicht besteht[235].

b) Erfolgreiche streitige Eventualaufrechnung: Die Klage wird abgewiesen, weil die Klageforderung durch die Gegenforderung erloschen ist[236].

Im übrigen gilt folgendes:

Es muß sich zunächst um eine »Aufrechnung« handeln. Einwendungen anderer Art als die Aufrechnung wie z.B. Gewährleistungsrechte erhöhen den Streitwert nicht. Es darf sich nicht bloß lediglich um eine »Abrechnung« handeln[237]. Die geforderte »*Eventualaufrechnung*« liegt vor, wenn sich der Beklagte gegen die Zulässigkeit[238] oder die Begründetheit des

---

[233] *Mümmler* Streitwert bei Hilfsaufrechnung JurBüro 1987, 1615.

[234] *E. Schumann* NJW 1982, 2800, 2803; *Madert* in: Kostenerstattung und Streitwert, FS H. Schmidt, 1981, 66; *Mümmler* JurBüro 1990, 1537, 1540 f.

[235] *OLG Bamberg* JurBüro 1984, 903; *KG* JurBüro 1981, 1232, 1233; *OLG Saarbrücken* JurBüro 1980, 497.

[236] Vgl. *Lappe* KostRsp. GKG § 19 Rdnr. 12.

[237] *BGH* MDR 1986, 131; *OLG Köln* FamRZ 1992, 1094, 1095 (LS); *OLG Hamm* NJW-RR 1992, 448; *OLG Bamberg* JurBüro 1987, 1383; *OLG Koblenz* JZ 1985, 1012; *OLG Karlsruhe* AnwBl. 1982, 198; *LG Bayreuth* JurBüro 1986, 1221; *E. Schneider*[10] Rdnr. 407 ff.; näher → § 3 Rdnr. 53 »Minderung«.

[238] *OLG Frankfurt a. M.* JurBüro 1985, 1677 (zust. *Mümmler*).

Klageanspruchs wendet. Eine Eventualaufrechnung ist auch dann zu bejahen, wenn sie nur für den Notfall geltend gemacht wird und der Beklagte im übrigen glaubt, mit bestimmten Einwendungen die Klageabweisung zu erreichen[239]. Zudem fordert § 19 Abs. 3 GKG eine »streitige« Eventualaufrechnung. Der Kläger muß daher die Aufrechnungsforderung bestreiten oder die Aufrechnungserklärung als prozessual unzulässig bekämpfen. Doch liegt eine bestrittene Gegenforderung, mit der das Gericht sich befassen müßte, nicht vor, wenn der Kläger nur die Unzulässigkeit der Aufrechnung nach § 393 BGB geltend macht[240]. »Geltend gemacht« wird die Aufrechnung auch dann, wenn sie als Einrede der vorprozessualen Aufrechnung erhoben wird[241]. Schließlich muß eine der Rechtskraft fähige Entscheidung über sie ergehen. Daran fehlt es, wenn ausschließlich über die Klageforderung entschieden wird, z.B. durch Versäumnis- oder Vorbehaltsurteil[242]. Wird die Aufrechenbarkeit verneint, z.B. die Aufrechnung wegen fehlender Gegenseitigkeit für unzulässig erklärt, so handelt es sich gleichfalls nicht um eine der Rechtskraft fähige Entscheidung[243]. In ähnlicher Weise kann sich eine Hilfsaufrechnung im Urkundenverfahren nicht streitwerterhöhend auswirken, weil ein Urkunden- oder Wechselvorbehaltsurteil der materiellen Rechtskraft nicht fähig ist[244]. Eine Zusammenrechnung findet auch dann nicht statt, wenn das Vorbringen zur Hilfsaufrechnung als verspätet zurückgewiesen wurde[245]. Da über die Gegenforderung nicht entschieden wurde, fehlt es an einer rechtskraftfähigen Entscheidung[246]. So liegt es auch, wenn der zur Aufrechnung gestellte streitige Anspruch als Rechtsschutzbegehren nicht genügend bestimmt ist[247]. Die geforderte rechtskraftfähige Entscheidung liegt aber dann vor, wenn die Gegenforderung wegen Unschlüssigkeit verneint wird[248].

Das Additionsprinzip des § 19 Abs. 3 S. 1 GKG gilt auch dann, wenn z.B. sämtliche *mehrfachen Eventualaufrechnungen* erfolglos geblieben sind[249]. Jede Gegenforderung darf aber nur bis zum Wert der Klägerforderung werterhöhend berücksichtigt werden[250]. Bei der mehrfachen Eventualaufrechnung können zudem die Alternativen a) und b) kombiniert sein: Der Beklagte rechnet hilfsweise mit einer Forderung auf, die jedoch nicht besteht (erfolglose streitige Eventualaufrechnung), und stellt für diesen Fall eine weitere Gegenforderung zur Aufrechnung, die die Klageforderung zum Erlöschen bringt (erfolgreiche streitige Eventualaufrechnung). Soweit über solche hilfsweisen Eventualaufrechnungen rechtskraftfähig entschieden wird, sind sie sämtlich zu addieren[251]. Auch hier darf jede Gegenforderung nur jeweils bis zum Wert der Klageforderung werterhöhend berücksichtigt werden (dazu sogleich).

Nur »soweit« eine Entscheidung über die Aufrechnung ergeht, ist die Aufrechnungsforderung nach § 19 Abs. 3 GKG zur Klageforderung hinzuzurechnen. D.h. diese Forderung wird nur in derjenigen Höhe dazugerechnet, in der nach § 322 Abs. 2 eine rechtskraftfähige Entscheidung besteht. Wenn also die Aufrechnungsforderung größer ist (z.B. 10.000,– DM) als die Klageforderung (4.000,– DM), und nur in deren Höhe durch die Aufrechnung erloschen ist, darf nur dieser Teilwert angesetzt werden (4.000,– DM), nicht etwa die Gesamthöhe

---

[239] *LG Bayreuth* JurBüro 1983, 256.
[240] *OLG Düsseldorf* JurBüro 1982, 265 (zust. *Mümmler*).
[241] *E. Schneider* JurBüro 1969, 785 u.ö.
[242] *OLG München* JurBüro 1987, 1055.
[243] *BGH* NJW-RR 1991, 127 (Beschwer); JurBüro 1987, 853; *OLG Frankfurt a. M.* JurBüro 1991, 1387.
[244] *OLG Frankfurt a. M.* JurBüro 1985, 1676.
[245] A.A. *OLG Frankfurt a. M.* JurBüro 1984, 88.
[246] Allgemein → *Leipold* § 145 Rdnr. 56.
[247] *OLG Frankfurt a. M.* JurBüro 1986, 1848 (obiter dictum).

[248] *OLG München* JurBüro 1989, 137.
[249] *OLG Köln* FamRZ 1992, 1094 (LS); *OLG München* JurBüro 1989, 137; *OLG Zweibrücken* JurBüro 1985, 1364; *KG* JurBüro 1981, 1232, 1234 (zust. *Mümmler*); a.A. *OLG Frankfurt a. M.* JurBüro 1980, 1544 (Wertaddition bis zur doppelten Klageforderung).
[250] *OLG Köln* FamRZ 1992, 1094 (LS); *E. Schneider* MDR 1990, 199; *Mümmler* JurBüro 1990, 1537, 1541.
[251] *BGHZ* 73, 248, 249; *LG Bayreuth* JurBüro 1978, 893; a.A. *OLG Köln* JMBlNRW 1979, 70 (nur einfache Addition).

der Aufrechnungsforderung[252]. Dasselbe gilt, wenn die Klageforderung nur teilweise bestand (2.000,– DM) und deshalb auch nur teilweise von der Aufrechnungsforderung zum Erlöschen gebracht wurde, während der Restbetrag weiterbesteht. Nur der Teilwert (2.000,– DM) wird berücksichtigt[253]. Dabei kommt es immer auf die Höhe der Klageforderung an, wie sie im Urteil bejaht worden ist[254].

Die Hilfsaufrechnung erhöht den Streitwert *nur für die Instanz*, in der eine der Rechtskraft fähige Entscheidung über die Gegenforderung ergeht[255]. Es kommt daher nicht darauf an, ob die Entscheidung der höheren Instanz auf den Aufrechnungseinwand zurückgreift. Geht die Aufrechnungserklärung ausnahmsweise vom (Vollstreckungsabwehr-)Kläger aus, sind die Grundsätze des § 19 Abs. 3 GKG entsprechend anzuwenden, soweit § 322 Abs. 2 ZPO eingreift (auch → § 322 Rdnr. 177)[256].

Der nach § 19 Abs. 3 S. 1 GKG erhöhte Streitwert wirkt sich für die anwaltliche Beweisgebühr nur aus, wenn Beweis sowohl über die Klage als auch über die Gegenforderung erhoben wird. Andernfalls ist nur der Beweisgegenstand für den Wert maßgebend[257].

Kommt es zu einem *Vergleich*, so ist wegen § 19 Abs. 3 S. 2 GKG Satz 1 entsprechend anzuwenden (näher → § 3 Rdnr. 62 »Vergleich« [Hilfsaufrechnung]).

In folgenden Fällen findet eine Zusammenrechnung nicht statt, d. h. nur die Klageforderung ist maßgebend:

a) Prinzipalaufrechnung (»Primäraufrechnung«): Der Beklagte bestreitet nicht die Klageforderung, rechnet aber auf und geht damit gegen die Klage prinzipaliter (primär) mit Aufrechnung vor. Der Streit dreht sich deshalb nur um diese Aufrechnung. Prinzipalaufrechnung ist somit die Aufrechnung mit einer (oder mehreren [sub d])[258] bestrittenen Gegenforderung(en) gegen eine unbestrittene Klageforderung[259]. Das gilt auch dann, wenn das Gericht irrtümlich eine Primäraufrechnung annimmt[260]. Die Aufrechnungsforderung wird bereits dann hinzugerechnet, wenn der Beklagte auch nur zeitweise die Klageforderung bestreitet[261]. Im Gegensatz zum Gesetzestext (§ 19 Abs. 3 GKG) kann man aber die Wertaddition nicht auch solange zulassen, bis der Beklagte die Klageforderung anerkannt hat[262].

b) Unstreitige Eventualaufrechnung: Der Kläger bekämpft die Eventualaufrechnung nicht[263].

c) Überflüssige Aufrechnung: Die Klage wird schon wegen Nichtbestehens der Klageforderung oder als unzulässig abgewiesen, so daß es nicht zur Entscheidung über die Aufrechnung kommen konnte[264]. Das gleiche gilt, wenn die Aufrechnung hilfsweise für den Fall erklärt wird, daß ein Zurückbehaltungsrecht nicht besteht, dieses aber vom Gericht anerkannt wird[265].

d) Mehrfache Prinzipalaufrechnung: Bei der mehrfachen Aufrechnung mit streitigen Gegenforderungen, die ihrerseits in einem Eventualverhältnis stehen, gegen eine unstreitige Klageforderung, findet keine Wertaddition statt[266]. Abzulehnen ist die Auffassung, daß nur

---

[252] *OLG München* JurBüro 1989, 137; *LG Bayreuth* JurBüro 1986, 252, 253.
[253] *OLG Bamberg* JurBüro 1977, 380.
[254] *OLG Schleswig* JurBüro 1984, 257 (zust. *Mümmler*).
[255] *OLG München* MDR 1990, 934; *KG* JurBüro 1990, 387; *LG Kassel* NJW-RR 1992, 831; *Mümmler* JurBüro 1990, 1537, 1541 gegen *BGH* MDR 1979, 133.
[256] *BGHZ* 48, 356 = WM 1968, 1047.
[257] *OLG Schleswig* JurBüro 1989, 528; *OLG München* JurBüro 1989, 137.
[258] *Mümmler* JurBüro 1980, 346, 347.
[259] *LG Bayreuth* JurBüro 1986, 252; 1983, 256; 1980, 1374; *AG Bayreuth* JurBüro 1980, 1375; *OLG Frankfurt a. M.* JurBüro 1971, 458; *Mümmler* JurBüro 1980, 346.

[260] *KG* JurBüro 1986, 416.
[261] A.A. *OLG München* JurBüro 1987, 1055; *LAG Hamm* MDR 1982, 1052.
[262] So z.B. *E. Schneider*[10] Rdnr. 398; *LAG Hamm* MDR 1982, 1052; *LG Bayreuth* JurBüro 1992, 761.
[263] Z.B. *OLG Karlsruhe* JurBüro 1989, 1008.
[264] *Mümmler* JurBüro 1980, 346, 347.
[265] *LG Bayreuth* JurBüro 1980, 1865.
[266] Wie hier *Drischler-Oestreich-Winter*[4] »Aufrechnung« S. 28; *Markl* GKG[3] § 19 Rdnr. 21, 24; *Mümmler* JurBüro 1990, 1537, 1541; 1989, 1409; a. A. die ganz h. L., *BGH* MDR 1992, 307 (abl. *Mümmler* JurBüro 1992, 563); *OLG Karlsruhe* JurBüro 1989, 1408; *OLG Schleswig* JurBüro 1987, 737; *OLG Frankfurt a. M.* JurBüro 1986, 1387; 1983, 257 (abl. *Mümmler*); *OLG Bremen*

die erste Gegenforderung außer Betracht bleibt, wogegen die übrigen zur Wertaddition führen, begrenzt durch die Höhe der Klageforderung[267].

e) Verspätete Aufrechnung (→ Fn. 245).

f) Einrede der Aufrechnung durch Dritte bei fehlender Aufrechnungsbefugnis:
Die Verteidigung eines Beklagten, dem selbst die Aufrechnungsbefugnis fehlt, ist streitwertmäßig unerheblich[268]. Auch die Einrede der Aufrechnungsmöglichkeit des Bürgen gem. § 770 Abs. 2 BGB ist hierzu zu rechnen[269].

3. Rechtsmittel- und Verurteilungsstreitwert

Für den Rechtsmittelstreitwert ergeben sich ebenfalls wegen § 322 Abs. 2 Besonderheiten: **46** Die Werte der Klageforderung und der Aufrechnungsforderung sind zusammenzurechnen, wenn der Beklagte aus der Klageforderung verurteilt und das Bestehen der Aufrechnungsforderung verneint wurde[270]. § 322 Abs. 2 gilt nicht für bloße Abrechnungsverhältnisse[271]. Bei einer Prinzipalaufrechnung (→ Rdnr. 45 sub a) »Prinzipalaufrechnung«) lehnt der *BGH*[272] eine derartige Zusammenrechnung ab. Der verurteilte Beklagte, der bei der Prinzipalaufrechnung die Klageforderung nicht bestreitet, sei wirtschaftlich nur einmal in der Höhe der Verurteilung beschwert. Das gilt wohl auch dann, wenn mehrfach aufgerechnet wird, da in diesem Fall die Belastung des Beklagten lediglich darin liegt, daß er die unstreitige Klageforderung aus seinem Vermögen tilgen muß[273]. Beschwert ist der Beklagte allerdings auch in Höhe der Klageforderung, wenn auf seine Eventualaufrechnung hin die Klage abgewiesen wurde, weil dann auch die Klageforderung bejaht wurde[274]. Für den Verurteilungsstreitwert sind dieselben Grundsätze maßgebend.

VII. Inzidentanträge

Die sog. Inzidentanträge bieten im allgemeinen keine Besonderheiten. Die Schadenser- **47** satzanträge des Beklagten nach §§ 302, 600 und 717 (näher → Rdnr. 32 und 34) haben in aller Regel keinen eigenen wirtschaftlichen Wert und können deshalb meistens unberücksichtigt bleiben (→ Rdnr. 34 a. E.). Dasselbe gilt von den Inzidentanträgen des Klägers auf Schadensersatz (§§ 510b ZPO, 61 ArbGG) oder auf Fristsetzung (§ 255); näher → Rdnr. 21f., 27 und → § 4 Rdnr. 30.

VIII. Arbeitsgerichtsbarkeit

1. Wertberechnungen

§ 5 HS 1 gilt auch für Wertberechnungen in der Arbeitsgerichtsbarkeit wie für den Gebüh- **48** renstreitwert (→ § 2 Rdnr. 115). Uneingeschränkt Anwendung findet das Verbot der Zusammenrechnung bei wirtschaftlicher Einheit (→ Rdnr. 6ff.; ausführlich → § 2 Rdnr. 128ff.). Die

---

JurBüro 1986, 747, 748; *OLG Hamm* AnwBl. 1986, 204; *LG Hannover* JurBüro 1982, 423 (abl. *Mümmler*); *E. Schneider*[10] Rdnr. 462ff.
[267] Zuletzt *OLG Köln* KostRsp. GKG § 19 Nr. 172 (LS); *E. Schneider* MDR 1990, 199.
[268] *OLG Oldenburg* JurBüro 1984, 258 (zust. *Mümmler*).
[269] *BGH* NJW 1973, 146.
[270] *BGHZ* 48, 212 = NJW 1967, 2162; zweifelnd aber

BGH WM 1991, 2045, 2046; *BGHZ* 59, 17, 20f. = NJW 1972, 1235; *BGH* JurBüro 1979, 41 = MDR 1979, 133; → auch § 511a Rdnr. 11.
[271] *BGH* WM 1991, 2045, 2046.
[272] *BGH* WM 1992, 376, 377; *BGHZ* 57, 301 = NJW 1972, 257; *OLG Schleswig* SchlHA 1979, 126.
[273] Nicht entschieden in *BGHZ* 57, 301, 302.
[274] *OLG Schleswig* SchlHA 1979, 126; → § 511a Rdnr. 11.

gebührenrechtlichen Sonderregelungen sind im arbeitsgerichtlichen Verfahren ebenfalls anwendbar (§ 1 Abs. 3 GKG). Zu beachten sind aber die Hinzurechnungsverbote des § 12 Abs. 7 S. 1 HS 2 ArbGG hinsichtlich der Abfindung (→ § 2 Rdnr. 125) sowie der Rückstände gem. Satz 2 HS 2 (→ § 9 Rdnr. 28).

2. Streitwertfestsetzung

49   Für die Statthaftigkeit der arbeitsgerichtlichen Berufung kommt es nicht auf den Streitwert, sondern auf den Beschwerdewert an (näher → § 2 Rdnr. 112, 114). Da der Streitwert des § 61 Abs. 1 ArbGG für den maßgeblichen Beschwerdewert Bedeutung hat, kann § 5 HS 2 ZPO bei der arbeitsgerichtlichen Streitwertfestsetzung nicht anwendbar sein (näher → § 2 Rdnr. 114). Klage und Widerklage werden zusammengerechnet, es sei denn, daß wirtschaftliche Identität vorliegt (a. A. Vorauflage)[275].

50   Die Besonderheiten beim Rechtsmittelstreitwert (→ Rdnr. 37 f.) führen auch hier zu einer Zusammenrechnung[276]. Eine Ausnahme gilt bei wirtschaftlicher Einheit (→ Rdnr. 6 ff.; 34). Deshalb findet etwa keine Zusammenrechnung statt bei Gehaltsklage und negativer Feststellungswiderklage, es bestehe kein Arbeitsverhältnis. Genauso liegt es im umgekehrten Fall der Klage auf Rückzahlung des Gehalts und Feststellungsklage, es habe ein Arbeitsverhältnis bestanden.

§ 6   [Wert bei Eigentum; Besitz; Sicherungs- und Pfandrechten]

Der Wert wird bestimmt: durch den Wert einer Sache, wenn es auf deren Besitz, und durch den Betrag einer Forderung, wenn es auf deren Sicherstellung oder ein Pfandrecht ankommt. Hat der Gegenstand des Pfandrechts einen geringeren Wert, so ist dieser maßgebend.

Gesetzesgeschichte: sprachlich neugefaßt durch das 1. EheRG BGBl 1976 I 1421 mit Wirkung vom 1.7.1977 (→ Einl. Rdnr. 157).

Stichwortverzeichnis → *Wertschlüssel* in § 3 Rdnr. 41 ff.

---

[275] *Schaub* Arbeitsrechtliche Formularsammlung und Arbeitsgerichtsverfahren[5] (1990) § 104 V 7 (S. 742).

[276] *BAG* AP § 72 ArbGG Nr. 24 (Rechtsmittelstreitwert bei Aufrechnung); BB 1975, 885 (Widerklage).

I. Funktion

§ 6 bedeutet einen *normativen Streitwert* (→ § 3 Rdnr. 2) und dient zusammen mit den 1
§§ 7, 8 und 9 der Einheitlichkeit und Gleichmäßigkeit von gerichtlichen Wertfestsetzungen.
§ 6 S. 1 stellt nicht auf das Klägerinteresse ab (näher → § 2 Rdnr. 12, 14), sondern allein auf
den Wert von Sache oder Forderung. Die Norm schränkt damit das in § 3 eingeräumte freie
Ermessen (→ § 3 Rdnr. 6 ff.) ein. Das Gesetz nennt einzelne Fälle, die bei Erlaß der ZPO zur
unterschiedlichen Beurteilung führten und will durch ein »übereinstimmendes Verfahren der
Gerichte« bei Wertberechnungen »eine verschiedenartige Praxis« bekämpfen[1]. Diese auch
heute noch tragende Funktion verlangt zur Gewährleistung einer gleichmäßigen Gerichtspraxis eine *analoge Anwendung* der §§ 6 – 9 auf nicht ausdrücklich geregelte, aber gleichgelagerte Fälle (→ § 2 Rdnr. 7; → § 3 Rdnr. 1)[2]. Abzulehnen ist die Tendenz, § 6 für den *Gebührenstreitwert* (Begriff → § 2 Rdnr. 42) zur Vermeidung hoher Streitwerte restriktiv auszulegen
und auf »den wirklichen Streitpunkt« der Parteien und dessen wirtschaftliche Bedeutung
abzustellen (→ § 2 Rdnr. 7). Mit einer »verfassungskonformen Auslegung« hat das nichts zu
tun[3]. Vielmehr entspricht die »formale Deutung« des § 6 gerade dem Normzweck (Einzelheiten → Rdnr. 15).

II. Regelungsinhalt

Die Norm enthält zwei Aussagen: Einmal ist bei Streitigkeiten über Sachen oder Forderun- 2
gen auch dann deren Wert maßgebend, wenn es nur um den Besitz der Sache geht oder wenn
nur um die Sicherung (»Sicherstellung«) der Forderung oder um ein Pfandrecht gestritten
wird. Zum anderen stellt § 6 S. 2 ein Regel- Ausnahme-Verhältnis her. In der Regel ist von
dem Wert der (gesicherten) Forderung auszugehen, wobei ein höherer Wert der Sicherheit
ohne Bedeutung ist. Nur wenn das streitbefangene Haftungsobjekt (Pfandgegenstand; Sicherungseigentum) einen geringeren Wert als die Forderung hat, ist dieser Wert der Berechnung
zugrunde zu legen (→ Rdnr. 25).

III. Wert bei Klagen über Sachen

§ 6 gilt sowohl für bewegliche als auch für unbewegliche Sachen.

---

[1] Mot. S. 50 (= *Hahn* S. 148); auch *RGZ* 22, 388.
[2] Anders *OLG München* JurBüro 1983, 1393 (mit ausführlicher Begründung).
[3] Anders insb. *OLG Köln* ZIP 1981, 781, 782 (zust.

Lappe KostRsp. ZPO § 6 Nr. 78); *MünchKomm ZPO-
Lappe* (1992) § 6 Rdnr. 12; wie hier dagegen *Hillach-
Rohs*[8] 185 mit Nachw.

1. Besitzklage

3   Für alle Verfahren, in denen – gleich aus welchem Grunde – nicht nur vorläufig (→ Rdnr. 6) um Besitz jeglicher Art gestritten wird, ist allein der Wert der Sache maßgebend. Bei *Mitbesitz* entscheidet der entsprechende Teilwert (→ Rdnr. 16). Ohne Bedeutung für die Streitwertberechnung sind das *Interesse des Klägers* am Besitz (→ Rdnr. 1) sowie vom Beklagten geltend gemachte Gegenrechte (→ Rdnr. 15). So ist das Interesse des nach § 1368 BGB vorgehenden Klägers auf Erhaltung der Grundlage für späteren Zugewinn unmaßgeblich[4]. Der Wert der Sache wird nach allgemeinen Grundsätzen bestimmt (→ Rdnr. 12 ff.).

a) Besitz- und Klagearten

4   Gleichgültig ist es, ob es sich um unmittelbaren oder mittelbaren Besitz (§ 868 BGB)[5], Eigenbesitz (§ 872 BGB) oder Fremdbesitz, um den Schutz des Besitzers gegen Entziehung (§ 861 BGB)[6] oder um seine Erlangung oder Wiedererlangung handelt. Auf den Besitz kommt es nicht nur dann an, wenn eine Besitzklage in engerem Sinn angestrengt wird. Es entscheidet nicht der Rechtsgrund, sondern der Gegenstand des Streites. Die Norm gilt daher gleichermaßen für Klagen aus Vertrag, Gesetz (z. B. § 812 BGB) oder dinglichem Recht auf Herausgabe einer Sache zu Besitz oder Gebrauch. Beispiele sind Klagen aus Leihe[7], Verwahrung, Miete oder Pacht (hier vorbehaltlich des → § 8 Rdnr. 3), aus Kauf auf Übergabe[8] oder aus dem Vorbehaltseigentum auf Rückgabe[9]. In letzterem Fall ist wenigstens für den Regelfall des einfachen Eigentumsvorbehaltes nicht maßgeblich der Betrag der gesicherten Forderung[10]. Im Einzelfall kann der Eigentumsvorbehalt aber dahin ausgestaltet sein, daß der Funktion nach ein »Pfandrecht« i. S. des § 6 S. 1 a. E. vorliegt. Das wird regelmäßig für den verlängerten Eigentumsvorbehalt und für den Kontokorrent- und Konzernvorbehalt zu bejahen sein. Vergleichbar liegt es, wenn der Vorbehaltsverkäufer die verkaufte Sache an einen Dritten wie z. B. die den Kauf finanzierende Bank zur Sicherheit übereignet hat und nunmehr der Dritte (die Bank) auf Herausgabe der unter Eigentumsvorbehalt verkauften Sache gegen den Käufer der Sache klagt. In den genannten Fällen ist der Wert der Forderung maßgeblich (→ Rdnr. 20 ff.).

Um eine »Besitzklage« handelt es sich auch bei dem Offenbarungsverfahren im Rahmen der Herausgabevollstreckung nach § 883 Abs. 2[11]. Von Bedeutung ist § 6 für das Beschwerdeverfahren und für die Anwaltsgebühren (§ 58 Abs. 3 Nr. 11 BRAGO), wogegen sich die sachliche Zuständigkeit aus § 899 ZPO und die Gerichtskosten der ersten Instanz aus GKG KV Nr. 1152 ergeben.

§ 6 S. 1 gilt auch für die Herausgabeklage des Nießbrauchers[12], die Herausgabe einer hinterlegten Sache (→ § 3 Rdnr. 48 »Hinterlegung«) oder im Falle der Ausübung eines Vorkaufs- oder Wiederkaufsrechts[13]. Bei der bloßen *Feststellung* eines derartigen Rechts steht jedoch der Besitz nicht in Frage[14]. Hier gilt § 3. Auf den Wert der Sache kann nicht

---

[4] *KG* JurBüro 1970, 1088.

[5] *RGZ* 61, 92; *Hillach-Rohs*[8] 185.

[6] Anders *Thomas-Putzo*[17] § 3 »Besitz«.

[7] Unrichtig *OLG Hamm* MDR 1990, 449 (Wert des zeitweiligen Besitzes) (abl. *E. Schneider* KostRsp. ZPO § 6 Nr. 127); → Fn. 23.

[8] Vgl. *RGZ* 61, 92; a. A. für kurzfristige Übergabeverzögerung *KG* MDR 1968, 770 (bedenklich); weitere Nachweise der älteren Rechtsprechung in der Vorauflage in Fn. 6.

[9] *OLG Frankfurt a. M.* NJW 1970, 334; *OLG Bamberg* JurBüro 1964, 32; *OLG Stuttgart* AnwBl. 1959, 41.

[10] A.A. *OLG Koblenz* MDR 1968, 334.

[11] *KG* Rpfleger 1965, 345; *LG Köln* JurBüro 1977, 404.

[12] *OLG Celle* Rpfleger 1960, 413.

[13] *BGH* LM ZPO § 3 Nr. 13 (bei Feststellung des Bestehens aber § 3); *LG Bayreuth* JurBüro 1980, 1248 (gesetzliches Vorkaufsrecht des Miterben aus § 2034 BGB).

[14] *BGH* LM ZPO § 3 Nr. 13 (vorige Fn.); *E. Schneider*[10] Rdnr. 1804.

zurückgegriffen werden, wenn der Besitz verlangt wird, um eine Sicherheit für eine Forderung zu erlangen. So liegt es etwa bei der Herausgabe des Sicherungseigentums oder der Pfandsache an den Sicherungsnehmer. In derartigen Fällen ist nach § 6 die Forderung maßgeblich (→ Rdnr. 23). § 6 ist anwendbar auch für die Klagen auf Einräumung eines Erbbaurechts[15] oder – früher – ähnlicher Rechte wie einer Stiftsstelle[16] oder eines Fideikommisses[17]. Der Heimfallanspruch nach § 2 Nr. 4 ErbbauVO ist dem objektiven Wert des Erbbaurechts gleichzusetzen[18] (zum Abzug von bestehenden Grundpfandrechten → Rdnr. 14). Er setzt sich zusammen aus dem kapitalisierten Erbbauzins (§ 9 a.F.: 25facher Jahreserbbauzins) und dem Gebäudewert. § 6 findet Anwendung auch für die Klage des Wohnungseigentumsverkäufers gegen den Käufer auf Räumung und Herausgabe nach Rücktritt vom Kaufvertrag (→ § 8 Rdnr. 18). Besitzklagen sind auch die Herausgabeklage nach § 985 BGB, die Klage nach § 2039 BGB auf Leistung an alle Erben sowie die Klage nach § 1368 BGB auf Herausgabe an den Ehegatten (→ Rdnr. 10).

b) Besitzstörungen; Abnahme von Sachen

§ 6 findet keine Anwendung auf die bloße Störung des Besitzes (§ 862 BGB)[19]. Das gleiche   5
gilt für die Vorlegung von Sachen nach § 809 BGB oder die Abnahme von Sachen wie etwa die Abnahme der Kaufsache oder ihre Rücknahme bei der Wandelung[20]. Es geht hier nicht um Besitzerlangung oder -erhaltung, sondern um dessen Entledigung. Zur Anwendung kommt vielmehr § 3 (→ § 3 Rdnr. 41 »Abnahme«; → § 3 Rdnr. 63 »Wandelung«).

c) Einreden; Pfandrechte; einstweilige Maßnahmen

Nicht berücksichtigt wird der Betrag, für den der Beklagte eine Zug um Zug-Einrede, ein   6
Pfandrecht[21] oder ein Zurückbehaltungsrecht[22] geltend macht: Diese Rechte bilden nicht den Streitgegenstand (→ § 2 Rdnr. 11; → unten Rdnr. 15). Unmaßgeblich ist auch die Zeitdauer, für die der Besitz beansprucht oder verweigert wird[23].

Wird jedoch nur eine vorläufige Regelung der Besitzverhältnisse durch einstweilige Verfügung oder andere einstweilige Maßnahmen verlangt, so ist der Besitz nicht Streitgegenstand (→ Rdnr. 23 und → § 3 Rdnr. 45 »einstweilige Verfügung«). Der Besitz ist auch dann nicht streitbefangen, wenn es um vorzeitige Besitzeinweisungsstreitigkeiten geht wie z.B. nach § 116 BauGB (früher § 116 BBauG). In der Regel werden 20% des Flächenwerts angenommen[24].

[15] OLG Saarbrücken AnwBl. 1978, 106.
[16] RG JW 1897, 305.
[17] RG JW 1902, 212.
[18] BGH ZIP 1982, 221 = JurBüro 1982, 697; OLG Nürnberg JurBüro 1992, 52f.; OLG Frankfurt a.M. JurBüro 1985, 278 (krit. E. Schneider und Lappe KostRsp. ZPO § 6 Nr. 106); OLG Bamberg JurBüro 1985, 1706; OLG Celle JurBüro 1974, 878, 880 (E. Schneider); OLG Schleswig SchlHA 1968, 144; LG Hannover JurBüro 1974, 878.
[19] OLG Frankfurt a.M. WuM 1986, 19; OLG Zweibrücken JurBüro 1984, 284; E. Schneider[10] Rdnr. 836.
[20] RGZ 57, 400 u.ö.; OLG Karlsruhe Die Justiz 1970, 12; ältere Nachweise in der Vorauflage in Fn. 13.
[21] Hillach-Rohs[8] 188; Nachweise der älteren Rechtsprechung in der Vorauflage in Fn. 14.
[22] OLG Bamberg JurBüro 1990, 1512; 1975, 650; 1971, 456 (zust. Mümmler); OLG Celle JurBüro 1977,

1137; OLG Stuttgart NJW 1975, 394; MDR 1959, 401; OLG Bremen JurBüro 1973, 1087; OLG Frankfurt a.M. Rpfleger 1973, 62 (abl. Vollkommer); 1970, 354 (abl. Vollkommer); OLG Nürnberg Rpfleger 1970, 249; KG MDR 1954, 488; Baumbach-Lauterbach-Hartmann[50] § 6 Anm. 1 C; Thomas-Putzo[17] § 6 Anm. 1; a.A. OLG Köln KostRsp. ZPO § 6 Nr. 83 (zust. E. Schneider); OLG Braunschweig NJW 1973, 1982; OLG Celle NdsRpfl. 1968, 231; E. Schneider NJW 1974, 1692 (Wert der geringeren Gegenforderung); offengelassen bei großer Differenz von OLG Frankfurt a.M. AnwBl. 1984, 94; → Rdnr. 15.
[23] Unrichtig daher OLG Hamm JurBüro 1990, 649 = MDR 1990, 449 (Leihe); → Fn. 7.
[24] BGH NJW 1973, 2202 gegen OLG Hamburg NJW 1965, 2404 (1/3); E. Schneider[10] Rdnr. 644; für eine Berücksichtigung auch des Einzelfalles Hillach-Rohs[8] 187.

d) Herausgabe von Wertpapieren und Urkunden

aa) Wertpapiere im engeren Sinn

7   § 6 ergreift Streitigkeiten um den Besitz von Wertpapieren im engeren Sinn. Hierzu rechnen alle *Inhaberpapiere* (Inhaberaktien, Investmentzertifikate, Kommunalobligationen, Inhaberschecks, Inhabergrundschuldbriefe), die sog. *kleinen Inhaberpapiere* wie Fahrkarten, Eintrittskarten, Gutscheine, soweit sie die Voraussetzungen des § 807 BGB erfüllen, die *Orderpapiere* wie (noch nicht eingelöste) Wechsel[25] und Schecks sowie die kaufmännischen Orderpapiere des § 363 HGB. § 3 ist nur dann anwendbar, wenn der Wechsel bereits eingelöst worden ist[26]. Klagt der Wechselgeber auf Herausgabe des Wechsels, so ist die Beschwer des unterliegenden Wechselnehmers nach § 6 und nicht nach § 3 zu bemessen. Nach § 6 beurteilt sich auch der Wert des Anspruches auf Unterlassung der Vorlegung zur Zahlung[27]. Bei den genannten Papieren ist der Wert des verbrieften Rechtes ausschließlich durch die Urkunde verkörpert[28]. Bei Besitzstreitigkeiten um solche Wertpapiere ist deshalb der Wert des verbrieften Rechts maßgeblich. Er ergibt sich bei Wechsel und Scheck aus der in der Urkunde genannten Summe (→ Rdnr. 19) und bei börsengängigen Papieren aus dem Börsenkurswert[29]. In anderen Fällen ist der Wert nach den allgemeinen Grundsätzen über die Bewertung eines Rechts zu bestimmen (→ § 2 Rdnr. 90 ff.).

bb) Rektapapiere; qualifizierte Legitimationspapiere

Außerhalb des Anwendungsbereichs des § 6 stehen *Rektapapiere* (Hypotheken-, Grundschuld- und Rentenschuldbrief; BGB – Anweisung; kaufmännische Orderpapiere bei fehlender Orderklausel) und die qualifizierten Legitimationspapiere wie z. B. das Sparbuch. Der Wert ist nach § 3 zu schätzen, wobei maßgeblich ist das Interesse des Klägers an der Verfügungsgewalt über die Urkunde[30]. Dagegen kommt es nicht auf den Wert des dinglichen Rechts an[31]. Bei der Klage auf Herausgabe eines Sparbuches wird trotz der Anwendung von § 3 häufig auf den Nennwert der Forderung abgestellt[32]. Doch kann das Interesse des Klägers im Einzelfall geringer sein[33]. Unerheblich ist, daß die genannten Papiere häufig als Wertpapiere im weiteren Sinne bezeichnet werden. Da sich in ihnen nicht der Wert des Rechts verkörpert, sind sie keine Wertträger in der für § 6 erforderlichen Bedeutung. Die Urkunde ist lediglich Anhängsel des in ihr ausgewiesenen Rechts. Das Eigentum richtet sich nach § 952 BGB, und das Recht selbst wird nach zessionsrechtlichen Grundsätzen übertragen.

---

[25] *E. Schneider*[10] Rdnr. 4527.

[26] *BGH* WM 1965, 718; *OLG Köln* JurBüro 1974, 1438; *OLG Neustadt* Rpfleger 1963, 66 (LS); *LG Kiel* JurBüro 1964, 212; a. A. *Hillach-Rohs*[8] 391; *Gerold* Streitwert (1959) 285.

[27] *BGH* NJW 1988, 2804 = WM 1988, 882 wendet dagegen § 3 an; krit. *Baumbach-Lauterbach-Hartmann*[50] § 3 Anh. »Herausgabe« (b); *Kessler* WuB VII A. § 3 ZPO 1, 88, 919; zustimmend aber *Thomas-Putzo*[17] § 3 »Wechselanspruch«.

[28] *BGH* FamRZ 1992, 169, 170.

[29] *BGH* WM 1989, 1004 (Beschwer); *OLG Frankfurt a. M.* JurBüro 1962, 159.

[30] *RGZ* 46, 401 u. ö. (Hypotheken- und Grundschuldbrief); *OLG Bremen* JurBüro 1985, 444 (krit. *E. Schneider* KostRsp. ZPO § 6 Nr. 107); *OLG Stuttgart* Rpfleger 1964, 163; *OLG Neustadt* Rpfleger 1963, 65.

[31] *Hillach-Rohs*[8] 223 (früher str.); Nachweise in Fn. 18 der Vorauflage.

[32] *OLG München* JurBüro 1974, 1169; *KG* Rpfleger 1970, 96.

[33] *LG Würzburg* JurBüro 1990, 108, 109 (gesperrtes Sparbuch); *Hillach-Rohs*[8] 193; *E. Schneider*[10] Rdnr. 2440 ff.

cc) Beweisurkunden; Sonstige

Nicht von § 6 erfaßt werden Besitzklagen um reine *Beweisurkunden* ohne Wertpapiereigenschaft. Dazu gehören etwa Quittung, Schuldschein, Gepäck-, Reparaturschein, Frachtbrief, Lebensversicherungspolice, Vollmachtsurkunde, Bürgschaftsurkunde, Erbschein, eingelöste Wechsel (oben aa) oder eine notarielle Urkunde mit einem Erbvertrag. Das gleiche gilt für sonstige Urkunden wie Geschäftsbücher, gerichtliche Urteile, Kraftfahrzeugbriefe oder -scheine, persönliche oder Geschäftsbriefe, Fotografien, Tagebücher, die selbst keinen für § 6 bedeutsamen Wert besitzen und auch nicht (wie bei oben aa) den Wert eines Rechts verkörpern. Bei diesen Streitigkeiten wird nach § 3 bewertet, wobei das Interesse des Klägers an dem Besitz der Urkunde entscheidet[34]. Dieses Interesse kann nicht höher bewertet werden als der Wert desjenigen Rechts beträgt, das die Urkunde beweisen soll. So kann etwa der Wert des Besitzes einer Quittung nicht höher sein als der dort genannte Betrag. Andererseits kann etwa bei einer Bürgschaftsurkunde das Interesse der Höhe der Hauptschuld entsprechen[35]. Dagegen ist das Interesse gering zu bewerten, wenn die gesicherte Forderung unstreitig und ohne weiteres nachweisbar erloschen ist und nur eine mißbräuchliche Benutzung der Bürgschaftsurkunde verhindert werden soll[36]. Entsprechendes gilt etwa für die Klage auf Herausgabe von Gerichtsurteilen[37].

dd) Urkunden u. a. mit eigenem Verkehrswert

Urkunden, Schriftstücke und Papiere mit eigenem Verkehrswert fallen unter § 6. Dazu gehören etwa Baupläne[38], Briefmarken, künstlerische Darstellungen, technische oder künstlerische Zeichnungen, Stiche und Drucke. Hierher rechnen auch sonst nicht zu § 6 gehörende Urkunden, die wegen ihrer Gestaltung, der historischen Bedeutung oder aus anderen Gründen einen eigenen Wert, insbesondere einen Sammlerwert, besitzen. Zu nennen sind zum Beispiel alte Hypothekenbriefe oder eingelöste Wechsel bekannter Personen. Indiz für einen eigenen Verkehrswert derartiger Urkunden ist es, wenn für sie ein »Markt« besteht.

ee) Urkundenvorlage; Streit um die Echtheit

§ 6 ZPO kommt nicht zur Anwendung, wenn um die Vorlage einer Urkunde (§ 810 BGB) oder um deren Echtheit (§ 256 ZPO) gestritten wird. Bewertet wird nach § 3, weil es nicht um den Besitz der Urkunde geht[39].

---

[34] *BGH* FamRZ 1992, 169, 170 (Gerichtsurteil); *OLG Bamberg* JurBüro 1990, 1512 (Bürgschaftsurkunde: 30% des Wertes der durch die Bürgschaft gesicherten Forderung); *OLG Düsseldorf* JurBüro 1981, 1893 (Bürgschaftsurkunde: 1/3 der Bürgschaftssumme; krit. zur Begründung *E. Schneider*[10] Rdnr. 950); *OLG Frankfurt a. M.* AnwBl. 1980, 460 (Bürgschaftsurkunde); *OLG Saarbrükken* JurBüro 1990, 1661 (Kfz-Brief und Zweitschlüssel: 1/2 des Kfz-Wertes); *LG Bochum* AnwBl. 1984, 202 (Kfz-Brief: 1/10–1/2 des Wertes des Kfz); *OLG Neustadt* JurBüro 1963, 764 (Kfz-Brief); *OLG Köln* JurBüro 1962, 168 (Kfz-Brief); *KG* JurBüro 1956, 387 (Kfz-Brief); *LAG Berlin* BB 1982, 1428 (LS) (Rechtsmittelstreitwert: Kfz-Brief); *OLG Köln* JurBüro 1979, 1701 (Kostenfestsetzungsbeschluß); *KG* WM 1970, 1305 (Urkunde über Generalvollmacht); *LG Flensburg* JurBüro 1950, 146 (Verwahrungsschein); ältere Nachweise in der Vorauflage in Fn. 19 (Herausgabe von Urkunden; Quittung; Erbvertragsurkunde; Erbschein; Lebensversicherungspolice; Geschäftsbuch; Vollmachtsurkunde).

[35] *OLG Frankfurt a. M.* AnwBl. 1980, 460; *E. Schneider*[10] Rdnr. 946.

[36] *OLG Hamm* JurBüro 1981, 434 (300,– DM).

[37] *BGH* FamRZ 1992, 169, 170.

[38] *OLG Köln* BB 1973, 67 (LS).

[39] *RG* JW 1895, 4; 1897, 78.

2. Eigentumsklage

8   § 6 gilt nach ganz h.L. auch für die Eigentumsklage[40]. Die Norm hat keinen Sondercharakter. Der Gesetzgeber hatte die Erwähnung des Wortes »Eigentum« in der Vorschrift nicht als notwendig angesehen. Wenn bereits für die Besitzklage der Sachwert entscheidend ist, so gilt das erst recht für die Eigentumsklage. Der Streit um den Sachbesitz kann nicht wertvoller sein als der Streit um das Eigentum daran. Auch besteht keine methodisch zulässige Möglichkeit, die Verweisungsnorm des § 12 Abs. 1 GKG auszuschalten und damit den Gebührenstreitwert abzusenken. Sonach ist für alle Klagearten, in denen um Eigentum gestritten wird, der Sachwert maßgebend, der nach allgemeinen Grundsätzen festgestellt wird (→ Rdnr. 12 ff.). Im übrigen lassen sich die für die *Besitzklage* (→ Rdnr. 4 ff.) maßgebenden Grundsätze in aller Regel auf die Eigentumsklage entsprechend anwenden.

a) Eigentumsarten

9   Auf die Art des Eigentums kommt es nicht an. Unter die Norm fallen daher gleichermaßen Vorbehalts-, Allein-, Mit- und Gesamthandseigentum sowie Fahrnis-, Wohnungs-[41] und Grundeigentum. Sind mehrere Personen Bruchteilseigentümer der Sache, wird nur der entsprechende Teilwert angesetzt (→ Rdnr. 16). Für das *Sicherungseigentum* ergeben sich wegen der pfandrechtsähnlichen Funktion Besonderheiten aus § 6 S. 2 (→ Rdnr. 21): Danach ist der Wert der Sache nur bedeutsam, wenn er geringer ist als die zu sichernde Forderung. Im übrigen ist allein diese Forderung maßgeblich (→ Rdnr. 25). Das *Anwartschaftsrecht* kann im Bereich des § 6 nicht mit dem Eigentum gleichgesetzt werden. Vielmehr richtet sich der Wert des Anwartschaftsrechts nach der Höhe der Ratenzahlungen des Vorbehaltskäufers (→ § 3 Rdnr. 41 »Anwartschaftsrecht«).

b) Klagearten

10   Im Anwendungsbereich des § 6 ist die jeweilige Klageform gleichgültig. Die Norm gilt etwa sowohl für die positive oder negative Feststellungsklage[42], wobei bei Feststellungsklagen kein Abschlag (→ § 2 Rdnr. 21) in Betracht kommt[43]. Unter § 6 fällt auch die Klage auf Auflassung oder Rückauflassung, mag die Klage auf Verurteilung[44] oder nur auf Feststellung der Pflicht abzielen[45]. Unter § 6 ZPO fallen auch die Herausgabeklage nach § 985 BGB, die Klage nach § 2039 BGB auf Leistung an alle Erben[46] sowie die Klage nach § 1368 BGB auf Herausgabe an den Ehegatten[47]. Allerdings handelt es sich nicht um Eigentumsklagen, sondern um Besitzklagen (→ Rdnr. 3 ff.). Eine Eigentumsklage ist dagegen die Grundbuchberichtigungsklage nach § 894 BGB, soweit sie zugleich eine Feststellung des streitigen Eigentums bezweckt. Für sie ist der Grundstückswert entscheidend[48]. Unter § 6 gehört auch der Antrag auf gerichtliche

---

[40] *Hillach-Rohs*[8] 195; *Thomas-Putzo*[17] § 6 Anm. 1; *Anders-Gehle-Baader* (1992) 467 »Eigentum«; *Hartmann*[24] Anh. I § 12 GKG § 6 Anm. 1 B a; *AK-ZPO-Röhl* (1987) Rdnr. 1; wohl auch *Zöller-E. Schneider*[17] § 6 Rdnr. 2; a.A. *OLG Celle* JurBüro 1985, 1236; 1983, 1391 (zust. *E. Schneider* KostRsp. ZPO § 6 Nr. 97); *OLG München* JurBüro 1983, 1393 ff. (ausführlich) (*E. Schneider* KostRsp. ZPO § 6 Nr. 96).

[41] *OLG Frankfurt a. M.* JurBüro 1979, 1888.

[42] *KG* MDR 1970, 152; *OLG Hamm* MDR 1958, 250 (Feststellung des Vorbehaltseigentums).

[43] *OLG Frankfurt a. M.* JurBüro 1985, 278; *KG* MDR 1970, 152; a.A. *OLG München* JurBüro 1983, 1393 (Abschlag von 20 %).

[44] *OLG Bamberg* JurBüro 1992, 560 (Auflassung); 1990, 773 (Rückauflassung); 1987, 748; 1978, 427 (*Mümmler*); *OLG München* JurBüro 1981, 892; *OLG Celle* JurBüro 1977, 1137; NdsRpfl. 1962, 111; *OLG Stuttgart* NJW 1975, 394; *OLG Nürnberg* JurBüro 1963, 170; a.A. *Vollkommer* Rpfleger 1973, 62; *Waltinger* Rpfleger 1972, 87 (§ 3); ferner → Fn. 40.

[45] *RG* Gruchot 46 (1902) 1042 f.

[46] *RGZ* 149, 193.

[47] *KG* JurBüro 1970, 1088.

[48] *BGH* LM ZPO § 6 Nr. 5 = JurBüro 1958, 676; *OLG Saarbrücken* AnwBl. 1978, 106; *Hillach-Rohs*[8] 212, 213.

Entscheidung in Baulandsachen (→ § 3 Rdnr. 42 »Baulandsachen«) gegen eine Enteignungs-maßnahme[49]. Das gilt auch, wenn nach vollzogener Enteignung der Enteignete die Rückent-eignung verlangt[50]. In gleicher Weise wie bei den Besitzklagen (→ Rdnr. 4) kommt es nicht auf den Rechtsgrund an, wenn nur um das Eigentum gestritten wird. Für Miete und Pacht gilt aber § 8 als Sondernorm (näher → § 8 Rdnr. 3). Bei Rückabwicklungen geht es nicht stets um die Sache, so daß nicht generell auf den Sachwert, sondern u. U. auf das Interesse an einer Rückabwicklung abzustellen ist. So liegt es etwa dann, wenn es nur um die Aufhebung des Vertrages geht (→ § 3 Rdnr. 41 »Aufhebung«).

c) Abgrenzungsfälle

In manchen Fällen wird nicht das Eigentum geltend gemacht, so daß § 3 und damit das Interesse des Klägers entscheidet. Das gilt einmal – vergleichbar den Besitzklagen (→ Rdnr. 3 ff.) – für die Klage gegen Eigentumsstörungen aus § 1004 BGB[51]. Nicht unter § 6 fallen auch die Klage auf Entgegennahme der Auflassung[52] sowie vergleichbare Konstellationen wie eine Klage auf Zustimmung zum Vollzug der Übereignung durch Veranlassung der Eigen-tumsumschreibung, soweit damit die Abgabe einer für den Eigentumsübergang sachlichrecht-lich und grundbuchrechtlich unerheblichen Erklärung begehrt wird[53]. Das gleiche gilt für den Streitwert einer Klage, mit der die Anweisung an den Notar erstrebt wird, nach formgültig vollzogener Auflassung dem Grundbuchamt die Auflassungsurkunde zum Vollzug vorzule-gen. Bewertet wurde nach § 3 nach dem Wert des Kaufpreisrestes[54]. Mit 1/10 – 1/4 des Grundstückswertes wurde nach § 3 bewertet die Klage auf Abgabe von Willenserklärungen, die nach bereits notariell beurkundeter Auflassung weitere Voraussetzung dafür sein sollten, daß der Urkundsnotar den Grundstückskaufvertrag vollzieht[55]. Desgleichen wird der Streit-wert einer Klage, mit der eine Erklärung des Beklagten an den Notar begehrt wird, der Kläger habe den Kaufpreis bezahlt, nach § 3 geschätzt[56]. Die Klage auf Entziehung des Wohnungsei-gentums nach §§ 18, 19 WEG macht nicht das Eigentum geltend, sondern einen Anspruch, der den Wohnungseigentümern als Mitgliedern der Wohnungseigentümergemeinschaft zusteht. Im Einzelfall kann aber das nach § 3 zu schätzende Interesse mit dem Verkehrswert der zu veräußernden Wohnung übereinstimmen[57]. Schließlich fallen auch Anträge auf einstweilige Maßnahmen nicht unter § 6, sondern werden nach § 3 bewertet (→ Rdnr. 6 a. E.; → Rdnr. 24). Bei der Übertragung bestimmter Vermögensgegenstände unter Anrechnung auf den Zuge-winnausgleich nach § 1383 BGB i. V. mit § 621 Abs. 1 Nr. 9 ZPO ist nicht nach § 6 ZPO der Wert der zu übertragenden Sache maßgebend, sondern die bezifferte Höhe des Ausgleichsan-spruches[58].

11

---

[49] *BGHZ* 50, 291 = NJW 1968, 2059; *BGH NJW* 1963, 2173; *OLG Bremen* JurBüro 1985, 764 (*E. Schnei-der* KostRsp. ZPO § 3 Nr. 750); ferner *BVerwG* NVwZ-RR 1989, 458, 459 (verwaltungsrechtliches Planfeststel-lungsverfahren) und *VGH Baden-Württemberg* JurBüro 1991, 1242, 1243.

[50] *OLG München* JurBüro 1979, 896.

[51] *BGH* NJW-RR 1986, 737; *RGZ* 3, 390; *OLG Köln* JurBüro 1990, 246; *OLG Saarbrücken* JurBüro 1980, 280; *LG Landshut* NJW-RR 1989, 1420; *E. Schneider*[10] Rdnr. 814, 815.

[52] *Waltinger* Rpfleger 1972, 85; *Hillach-Rohs*[8] 210; Nachweise der älteren Rechtsprechung in der Vorauflage in Fn. 29.

[53] *OLG Düsseldorf* JurBüro 1990, 388, 389 (§ 3: 5.000,– DM) (zust. *E. Schneider* MDR 1991, 195).

[54] *OLG Bamberg* JurBüro 1983, 1071; sachgerecht *OLG Düsseldorf* JurBüro 1987, 1380 (mit weiterführen-der Anm. *E. Schneider* KostRsp. ZPO § 6 Nr. 114).

[55] *OLG München* JurBüro 1988, 1724.

[56] *OLG Karlsruhe* JurBüro 1984, 1235.

[57] *OLG Karlsruhe* AnwBl. 1980, 255 (zu den Belastun-gen aber → Rdnr. 14); *LG Stuttgart* AnwBl. 1972, 232; *LG München* Rpfleger 1970, 93 (*Rohs*); *LG Nürnberg-Fürth* JurBüro 1964, 830; *Bärmann-Pick*[12] WEG (1990) § 18 Rdnr. 23.

[58] A.A. *OLG Frankfurt a. M.* MDR 1990, 58 = Ez-FamR GKG § 12 Nr. 1 (wie hier aber *E. Schneider* KostRsp. ZPO § 6 Nr. 1258); → § 3 »Zugewinnausgleich« (§§ 621 Abs. 1 Nr. 9 ZPO; 1382, 1383 BGB«) (Rdnr. 64).

3. Sachwertfeststellung

12 Kommt es nach § 6 auf den Sachwert an, so hat ihn das Gericht nach den Grundsätzen des § 3 zu schätzen (→ § 3 Rdnr. 6 ff.). Abzustellen ist auf den *objektiven Verkehrswert* (→ § 3 Rdnr. 7).

a) Verkehrswert

13 *Liebhaberwerte* (näher → § 3 Rdnr. 7) oder der *Einheitswert* eines Grundstücks[59] sind nicht von Bedeutung. Das gilt grundsätzlich auch etwa für den *Ertragswert* eines Mietshauses[60]. Im Einzelfall wurde aber mit Recht z. B. bei einem Schenkungswiderruf für die Rückgabeklage der Ertragswert eines landwirtschaftlichen Anwesens zugrunde gelegt[61]. Bei einem *bebauten Grundstück* ist der Verkehrswert des Grundstückes einschließlich des Gebäudewertes[62] oder des Geschäftswertes einer Gastwirtschaft[63] (abzüglich der Lasten → Rdnr. 14) maßgeblich. Der Verkehrswert ist nicht identisch mit dem Kaufpreis (→ § 3 Rdnr. 7), wenn auch häufig der vereinbarte Preis ein Indiz für den Sachwert sein wird. Verkehrswert ist der Betrag, der sich bei einer Veräußerung der Sache erzielen läßt. Maßgebender Zeitpunkt ist die letzte mündliche Verhandlung in der Berufungsinstanz[64]. Finanzierungskosten bleiben aber außer Betracht[65]. Der Streitwert einer auf die Herausgabe von Goldbarren gerichteten Klage wird durch den an der Börse geltenden Ankaufskurs bestimmt[66]. Für die Klage auf Rückauflassung eines unter Wert veräußerten Grundstückes ist deshalb der wahre Wert und nicht der geringere Kaufpreis maßgebend[67]. Bei der Klage auf Herausgabe einer beweglichen Sache kann der Streitwert infolge des durch den Gebrauch der Sache eingetretenen Wertverlustes erheblich unter dem ursprünglichen Kaufpreis liegen[68], da es für die Wertbemessung auf den Zeitpunkt der Klageeinreichung ankommt (→ Rdnr. 18).

b) Lasten der Sache als Wertminderung

14 Nach der zutreffenden überwiegenden Literaturmeinung sind auf der Sache ruhende Lasten wie z. B. Hypotheken oder valutierte Grundschulden abzuziehen, weil sie den Sachwert mindern[69]. Die Rechtsprechung lehnt die Berücksichtigung von Hypotheken, Grundschulden u. a. überwiegend ab, weil sie darin einen Verstoß gegen § 6 sieht[70]. Das gleiche wird bisweilen auch für den *Nießbrauch, Wohnrechte*[71] und den Heimfallanspruch nach § 2 Nr. 4 ErbbauRVO[72] vertreten. Berücksichtigt werden dagegen weitgehend die die »wirtschaftliche

---

[59] *OLG Hamm* Rpfleger 1964, 23; *OLG Nürnberg* Jur-Büro 1963, 170; 1961, 508; *OLG Hamburg* Rpfleger 1949, 419; a. A. *OLG Frankfurt a. M.* Rpfleger 1952, 512.

[60] *OLG Frankfurt a. M.* Rpfleger 1961, 23.

[61] *OLG München* JurBüro 1984, 1401.

[62] *OLG Frankfurt a. M.* JurBüro 1962, 228.

[63] *OLG Nürnberg* JurBüro 1968, 242.

[64] *BGH* WM 1991, 1656, 1657 (*E. Schneider* KostRspr. ZPO § 6 Nr. 131).

[65] *OLG Köln* JurBüro 1971, 86.

[66] *BGH* WM 1991, 1656, 1657.

[67] *OLG Köln* MDR 1973, 147.

[68] Vgl. *Schalhorn* JurBüro 1971, 1002.

[69] *Baumbach-Lauterbach-Hartmann*[50] § 6 Anm. 1 C; *Gerold* Streitwert (1959) 39; *Kramer* NJW 1972, 2117; einschränkend *E. Schneider*[10] Rdnr. 2296, 339; a. A. *Hillach-Rohs*[8] 189 f.; *Mümmler* JurBüro 1981, 895; 1990, 1537, 1540.

[70] *BGH* NJW 1958, 1397 = JurBüro 1958, 387; NJW 1954, 955 (LS); *OLG Bamberg* JurBüro 1992, 560 (Auflassung); 1990, 773 (Rückauflassung) (unter Aufgabe von JurBüro 1977, 1278); 1990, 94 (zust. *Mümmler*); 1988, 516; *OLG Düsseldorf* JurBüro 1987, 395 (zust. *Mümmler*); *OLG München* JurBüro 1981, 892, 893; *OLG Schleswig* AnwBl. 1980, 255 (Rückauflassung); *KG* Rpfleger 1974, 439; *OLG Celle* JurBüro 1974, 880 (abl. *E. Schneider*); *OLG Frankfurt a. M.* JurBüro 1973, 1086; 1969, 1090; *OLG Karlsruhe* Die Justiz 1971, 354 (unter Aufgabe von NJW 1968, 110); *OLG Braunschweig* AnwBl. 1972, 319; *OLG Hamm* Rpfleger 1964, 23. – A.A. *OLG Frankfurt a. M.* JurBüro 1981, 759 (Eigentümer verlangt das Grundstück vom Störer heraus); *OLG Köln* JurBüro 1969, 632 (*Schalhorn*); *LG Köln* NJW 1977, 255 (abl. *Schönbach* aaO 857); *LG Hannover* JurBüro 1974, 878.

[71] *BGH* NJW 1958, 1397 = JurBüro 1958, 387; a. A. *OLG Neustadt* Rpfleger 1963, 66 (Nießbrauch); *OLG Karlsruhe* JurBüro 1955, 446 (Wohnrecht).

[72] *BGH* ZIP 1982, 221 = JurBüro 1982, 697.

Nutzung« beschränkenden dauernden Lasten des Anwesens wie z. B. Grunddienstbarkeiten (Wegerechte)[73], Baubeschränkungen oder die Eintragung einer Heimstätte nach dem Reichs-heimstättengesetz[74] sowie die Belastung mit einem Erbbaurecht. In § 6 wird lediglich festge-legt, daß der Sachwert für die Wertberechnungen maßgeblich ist, ohne daß etwas über dessen Berechnung gesagt wäre. Deshalb ist auf den wirtschaftlichen Wert abzustellen, so daß sämtliche Lasten berücksichtigt werden müssen. Wird aber auf *lastenfreie* Auflassung z. B. einer Eigentumswohnung geklagt, so ist deren Verkehrswert der Streitwert, auch wenn die Belastung diesen Wert weit übersteigt[75]. Maßgebend ist der Klageantrag (→ § 2 Rdnr. 12).

c) Gegenrechte des Beklagten

Unberücksichtigt bleiben aber die schon genannten (→ Rdnr. 3 und 6) Gegenrechte wie   **15**
z. B. Zug um Zug-Einreden, Zurückbehaltungsrechte oder Pfandrechte. Das folgt aus dem Normzweck des § 6 und aus der Entstehungsgeschichte (→ Rdnr. 1). Für Besitz- und Eigen-tumsklagen ist nach dem Wert der Sache zu berechnen (auch → Rdnr. 16 a. E.). Deren Wert wird aber nicht durch Gegenrechte oder Einwendungen gemindert. So ist etwa bei der Klage auf Herausgabe eines Kraftfahrzeuges allein dessen objektiver Verkehrswert entscheidend, selbst wenn im Prozeß nicht über diesen Wert gestritten wird, sondern um den Wert des in Zahlung gegebenen Gebrauchtwagens[76]. Die gleichen Grundsätze sind für den Streit um *Vorbehaltseigentum* maßgebend, bei dem die Höhe des vom Käufer bezahlten Kaufpreises (in der Regel die Höhe der Kaufpreisraten) unberücksichtigt bleibt. Nichts anderes gilt auch für die *Auflassungsklage*: Es ist nach § 6 zu bewerten, selbst wenn der Grundstückswert hoch und die streitigen Gegenforderungen sehr niedrig anzusetzen sind (auch → Rdnr. 1)[77]. Die Gegen-auffassung[78] ließe sich nur nach einer Gesetzesänderung begründen (→ Rdnr. 8). Abweichend wird bewertet für das *Sicherungseigentum* wegen dessen pfandrechtsähnlicher Funktion (näher → Rdnr. 21 ff.).

d) Mitbesitz; Miteigentum; Gesamthandseigentum

Werden lediglich Mitbesitz oder nur Miteigentum geltend gemacht, so sind Abzüge vom   **16**
Gesamtwert der Sache vorzunehmen. Es kommt auf den entsprechenden Teilwert an. Die gleichen Grundsätze kommen zur Anwendung, wenn nur um die Teilfläche eines Anwesens wie z. B. bei der Teilflächenenteignung (→ Rdnr. 10) gestritten wird. Dagegen ist nach § 6 voll zu bewerten, wenn ein einzelner Gesellschafter (Gesamthänder) den Anspruch der *Gesamt-hand* geltend macht, weil dann die gesamte Sache und nicht nur ein Teil davon streitbefangen ist (zu § 2039 BGB → Rdnr. 10). Ist aber eine der Parteien bereits vorab *gesamthänderisch beteiligt*, so ist der Wert des unstreitig dem Kläger (dem Beklagten) zustehenden Anteils

---

[73] *BGH* NJW 1958, 1397 = JurBüro 1958, 387; *OLG Bamberg* JurBüro 1990, 773 (obiter dictum); ferner *OLG Bamberg* JurBüro 1992, 560 (Erbbaurecht).
[74] *OLG Neustadt* Rpfleger 1957, 238; *LG Bayreuth* JurBüro 1974, 638 (10% Abschlag).
[75] *OLG Karlsruhe* AnwBl. 1982, 375 (zust. *H. Schmidt*).
[76] *OLG Frankfurt a. M.* AnwBl. 1984, 94 (offengelas-sen für den Fall, daß das Gegenrecht von außerordent-lich geringem Wert ist); *OLG Nürnberg* Rpfleger 1970, 249; a. A. *OLG Braunschweig* NJW 1973, 1982; *Böhmer* JZ 1974, 656; → oben Fn. 22.
[77] *OLG Bamberg* JurBüro 1992, 629; 1989, 1598; 1987, 748; 1982, 886 (zust. *Mümmler*); 1978, 427; *OLG München* JurBüro 1988, 775; 1981, 892, 894 (zust.

Mümmler); *OLG Karlsruhe* JurBüro 1988, 1551, 1552 (offengelassen für minimale Gegenforderungen); AnwBl. 1980, 502 (Feststellungsklage); *OLG Stuttgart* AnwBl. 1982, 528; NJW 1975, 394; *OLG Celle* JurBüro 1977, 1137; *OLG Frankfurt a. M.* JurBüro 1974, 1441; *OLG Bremen* JurBüro 1973, 1087; *OLG Nürnberg* JurBüro 1963, 170; *Hillach-Rohs*[8] 208; *Thomas-Putzo*[17] § 3 »Auf-lassung«; *Mümmler* JurBüro 1992, 13; 1991, 767.
[78] *OLG Köln* KostRsp. ZPO § 6 Nr. 83 (*E. Schneider*); KostRsp. ZPO § 6 Nr. 78 (zust. *Lappe*); *OLG Celle* JurBü-ro 1985, 1236; 1983, 1391; *OLG Frankfurt a. M.* JurBüro 1979, 1886 (abl. *Mümmler*); *OLG Neustadt* Rpfleger 1963, 66; *E. Schneider*[10] Rdnr. 342 ff.; *ders.* JurA 1971, 57, 95 f.; *Vollkommer* Rpfleger 1973, 62; 1970, 354.

abzuziehen (→ § 2 Rdnr. 17; → Rdnr. 91). So liegt es insbesondere, wenn Ansprüche von Gesellschaftern gegen Mitgesellschafter[79], von Erben gegen Miterben oder zwischen Beteiligten einer Gütergemeinschaft geltend gemacht werden. Auch sonst sind Abzüge vorzunehmen, wenn über Sachen gestritten wird, die schon teilweise im Besitz[80] oder Eigentum des Klägers oder des Beklagten stehen. Im einzelnen gilt folgendes[81]:

Der Klägeranteil ist als »unstreitig« vom Gesamtwert abzuziehen, wenn der Kläger als *Gläubiger – Miterbe* gegen andere Miterben die Besitz- oder Eigentumsklage (→ Rdnr. 3 ff. und 8 ff.) erhebt, weil er in der Höhe seines Anteils schon »ideell« Eigentümer ist[82] (auch → § 2 Rdnr. 91). Dagegen ist der *Beklagtenanteil* abzuziehen, wenn der Beklagte als *Schuldner – Miterbe* in Anspruch genommen wird, weil dieser in der Höhe seines Anteils weiterhin »ideell« berechtigt bleibt[83]. In keinem Falle sind Abzüge vorzunehmen, wenn der Streit auch um die Beteiligung geht wie z. B. bei der Erbunwürdigkeitsklage gegen den Miterben und Klage auf Rückgabe eines Grundstücks an die Erbengemeinschaft[84].

Die dargestellten Abzüge sind allerdings nur zulässig, wenn überhaupt § 6 anzuwenden ist. Das ist z. B. für die Klage auf Zustimmung zur *Erbauseinandersetzung* (zum Auseinandersetzungsplan) zu verneinen. Es kommt § 3 zur Anwendung (→ § 2 Rdnr. 17)[85].

Von den dargestellten Konstellationen zu unterscheiden sind die Fälle, in denen die *ganze Sache* streitbefangen ist. So liegt es etwa bei der Klage eines Nachlaßgläubigers, der nicht zugleich Miterbe ist, gegen einen einzelnen Miterben auf Zustimmung zur Auflassung eines Grundstücks. Der Streitwert bemißt sich hier nach dem vollen Verkehrswert[86]. Ebenso ist zu bewerten, wenn ein Miterbe gegen andere Miterben auf Genehmigung eines notariellen Vertrages klagt, mit dem die Erben Nachlaßgrundstücke zur Erfüllung eines Vermächtnisses an Vermächtnisnehmer übertragen. Es geht hier um Auflassung an Dritte[87].

Zum Vergleich über die Eigentumsverhältnisse an einem im Miteigentum stehenden Grundstück (→ § 3 Rdnr. 62 »Vergleich«). – Zu OHG und KG → § 2 Rdnr. 17.

e) Wertminderungen durch Herausgabe

17 Tritt gerade durch die Herausgabe der Sache eine Wertminderung ein, so sind Abzüge vom derzeitigen Wert der Sache vorzunehmen. So liegt es etwa beim Ausbau einer Sache aus einem Grundstück. Entscheidend ist der in der Regel geringere Verkehrswert nach der Trennung[88]. Dagegen bleibt eine Wertminderung des verbleibenden Teils der Sache unberücksichtigt. So liegt es etwa bei der Wertminderung des nicht enteigneten Restgrundstückes[89].

---

[79] Vgl. *RGZ* 171, 51; *OLG München* NJW 1965, 258; zur offenen Handelsgesellschaft und zur Kommanditgesellschaft → § 2 Rdnr. 17.

[80] *KG* JurBüro 1978, 427.

[81] Rechtsprechungsfälle: *BGH* MDR 1958, 676 = JurBüro 1958, 387; NJW 1967, 443 = JurBüro 1967, 125; NJW 1972, 909 = JurBüro 1972, 497; *RGZ* 156, 263 (Miterbe verlangt von anderen Miterben Erfüllung seiner gegen den Nachlaß gerichteten Forderung); *OLG Bamberg* JurBüro 1987, 748 (Gesamtgut einer Gütergemeinschaft); 1982, 1720 (obiter dictum); 1973, 768; *OLG Frankfurt a. M.* JurBüro 1981, 757 (Miterbe verlangt von einem anderen Miterben Zustimmung zur Löschung einer zugunsten der Erbengemeinschaft eingetragenen Sicherungshypothek); *OLG Celle* NJW 1969, 1355; *E. Schneider* JurBüro 1977, 433; *Speckmann* NJW 1970, 1906. – Anders *OLG Bremen* Rpfleger 1965, 99; *Creutzig* NJW 1969, 1336.

[82] Zutreffend *RGZ* 156, 265; auch *OLG Bamberg* JurBüro 1987, 748 (Gütergemeinschaft) (Anm. *E. Schneider* KostRspr. ZPO § 3 Nr. 865).

[83] Ebenso *RGZ* 156, 264; mißverständlich *OLG Köln* JurBüro 1975, 939.

[84] *OLG Hamburg* Rpfleger 1951, 570.

[85] *BGH* NJW 1975, 1415 = JurBüro 1975, 1071 (gegen *BGH* NJW 1969, 1350; 1962, 914); *LG Bayreuth* JurBüro 1980, 1248 (insoweit zust. *Mümmler*).

[86] *OLG Bamberg* JurBüro 1988, 517.

[87] *OLG Bamberg* JurBüro 1983, 119 (abl. *Mümmler*); a. A. *E. Schneider*[10] Rdnr. 2310.

[88] *BGH* WM 1991, 1696 (*E. Schneider* KostRspr. ZPO § 6 Nr. 132); *KG* JurBüro 1971, 460 (Wegnahme eingebauter Mietersache); *OLG Frankfurt a. M.* Rpfleger 1970, 69 (Abriß); *Thomas-Putzo*[17] § 6 Anm. 1.

[89] *BGH* NJW 1963, 2173.

f) Berechnungszeitpunkt

Maßgebender Berechnungszeitpunkt ist die Klageeinreichung (→ § 4 Rdnr. 1 ff.) oder die   **18**
Rechtsmitteleinlegung, soweit in den Rechtsmittelinstanzen der Beschwerdegegenstand eine
Rolle spielt. Verändert sich der Wert innerhalb der Instanz, so ist die Verschiebung nach
Maßgabe von § 15 GKG (Text → § 4 Rdnr. 11) für die Gebühren von Bedeutung, nicht aber
für die Zuständigkeit oder für die Zulässigkeit des Rechtsmittels[90].

IV. Wert bei Forderungen; Sicherheiten; Pfandrechten

1. Geldforderungen

Vergleichbar der Eigentumsklage (→ Rdnr. 8) spricht § 6 die Wertfestlegung nicht aus-   **19**
drücklich an, wenn eine *Geldforderung* im Wege der Leistungs-, Gestaltungs- oder Feststellungsklage geltend gemacht wird. Maßgeblich ist der eingeklagte Betrag (→ § 2 Rdnr. 93). Zu
beachten sind die Sondervorschriften der §§ 8 und 9. Wird neben der Geldforderung auch um
Sicherheiten gestritten, so ist die Geldforderung maßgebend (→ Rdnr. 29).

2. »Sicherstellung« und »Pfandrecht«

Nach § 6 S. 1 ist durch ausdrückliche Nennung der Forderungsbetrag aber auch dann   **20**
maßgeblich, wenn die »Sicherstellung« oder ein »Pfandrecht« Gegenstand des Streits sind.
Diese beiden schon in den Vorentwürfen zur ZPO enthaltenen Begriffe sind mit der Begriffsbildung des BGB nicht identisch. »Sicherstellung« bedeutet vielmehr die noch zu leistende
Sicherheit (→ Rdnr. 26)[91], »Pfandrecht« die schon vorhandene Sicherheit für eine Forderung
im weitesten Sinne. Auch im übrigen darf man an den Worten »Pfandrecht« oder »Sicherstellung« nicht haften. Es muß sich aber immer um Sicherungsmittel *für* eine Forderung handeln
und nicht um Verteidigungsmittel, die sich *gegen* eine Forderung wenden.

a) Anwendungsfälle

Unter das Begriffspaar »Sicherstellung« – »Pfandrecht« fallen das vertragliche, gesetzliche   **21**
oder durch Pfändung begründete *Mobiliarpfandrecht* sowie sämtliche *Immobiliarpfandrech-
te* wie Hypothek, Grundschuld, Rentenschuld. So bemißt sich der Streitwert einer Klage auf
Bewilligung der Eintragung einer Bauhandwerkersicherungshypothek nach dem Wert der zu
sichernden Forderung[92]. Auch die *Bürgschaft* gehört hierher[93]. Richtigerweise fällt darunter
auch die *Vormerkung* (§ 883 BGB), weil es sich funktionell um eine »Sicherstellung« i. S. von
§ 6 S. 1 ZPO handelt[94]. § 3 kommt jedoch dann zur Anwendung, wenn die *Löschung* einer
Vormerkung verlangt (→ Rdnr. 22 a. E.) oder ihre Eintragung im Wege der einstweiligen
Verfügung begehrt wird (→ Rdnr. 24)[95]. Weiter sind zu nennen *Sicherungsübereignung*[96] und

---

[90] *OLG Nürnberg* JurBüro 1963, 170 (zu § 11 Abs. 3 GKG a.F.).

[91] *Kann* FS Heinitz (1926) 315; *Wilmowski-Levy*[6] (1892) 4.

[92] *LG Tübingen* BauR 1984, 309.

[93] *RGZ* 25, 367 u. ö.; *Hillach-Rohs*[8] 175 f.

[94] *OLG Zweibrücken* Rpfleger 1967, 2; a. A. *OLG Bamberg* JurBüro 1976, 1094; *E. Schneider*[10] Rdnr. 358; *Hillach-Rohs*[8] 210; → Rdnr. 26.

[95] *RGZ* 35, 394; *OLG Schleswig* JurBüro 1971, 538.

[96] *BGH* NJW 1959, 939 = MDR 1959, 385; *OLG Koblenz* MDR 1968, 334; *OLG Frankfurt a. M.* MDR 1962, 60; *OLG Celle* NJW 1957, 593; *OLG Düsseldorf* JMBlNRW 1955, 204; *OLG München* NJW 1953, 1870; *E. Schneider*[10] Rdnr. 4044.

Sicherungsabtretung, Sicherheitsleistungen in Form von Hinterlegungen[97], nach § 1389 BGB beim Zugewinnausgleich[98], *Kautionen*[99] sowie alle sonstigen Maßnahmen, die darauf abzielen, die Erfüllung einer Forderung zu sichern. Wegen der weiten Auslegung des § 6 (→ Rdnr. 1 und 20) ist die Norm auch anwendbar auf die Anfechtung nach dem *Anfechtungsgesetz*. Die Bereitstellung bestimmter Gegenstände als Haftungsobjekt für den Vollstreckungsgläubiger (Anfechtenden) bedeutet der Funktion nach die Auslieferung als Pfand[100]. Vorhergehende Lasten sind abzuziehen[101]. § 6 gilt weiter in allen denjenigen Fällen, wo für eine Forderung eine sachlich beschränkte Vermögensmasse wie ein Pfand haftet. Darunter fällt insbesondere die selbständige (sonst → § 5 Rdnr. 10) Klage auf Duldung der Zwangsvollstreckung gegen einen Ehegatten[102].

b) Ausgeschlossene Fälle

22   Unter das Begriffspaar »Sicherstellung« – »Pfandrecht« fallen nicht das *Vorbehaltseigentum* (→ Rdnr. 4) und die *konkursrechtliche Anfechtung* nach §§ 29 ff. KO. Bei letzterer geht es nicht um die Befriedigung einer bestimmten Forderung, sondern um die generelle Rückgewähr des Gegenstandes zur Masse. Der Streitwert wird allein nach dem Wert des zurückverlangten Gegenstandes bestimmt (§ 3)[103]. Wird jedoch Rückabtretung einer Forderung verlangt, so ist der Nennwert maßgebend und nicht der nach § 3 frei zu schätzende Forderungswert (→ § 3 Rdnr. 41 »Abtretung«). Vorhergehende Belastungen sind abzusetzen[104]. Das gilt auch dann, wenn der Konkursverwalter Anfechtungsklage wegen einer Pfändung erhebt, was einer Klage nach § 771 ZPO entspricht[105]. Keine Anwendung findet § 6 ZPO auf die beschränkte Haftung des Erben, des Vermögensübernehmers nach § 419 BGB und der anderen in § 789 ZPO genannten Personengruppen. In diesen Fällen wird die Beschränkung erst in der Zwangsvollstreckung und nur auf Einwendung hin beachtlich (§§ 781, 786)[106]. Auch Streitigkeiten um Gegenrechte wie z.B. Zurückbehaltungsrechte fallen nicht unter § 6, selbst wenn sie selbständig z.B. im Wege einer Feststellungsklage geltend gemacht werden (→ Rdnr. 15).

3. Gegenstand des Streites

23   Auf die »Sicherstellung« oder das »Pfandrecht« »kommt es an« (§ 6 S. 1 a.E.), wenn durch das betreffende Verfahren die Einräumung, das Bestehen oder die Aufhebung der Sicherheit oder deren Umfang oder Verhältnis zu anderen Sicherheiten entschieden werden soll. Ausreichend ist es, wenn Gegenstand des Rechtsstreits die vorhandene oder zu bestellende Sicherheit ist. Dagegen sind vergleichbar der Besitzklage (→ Rdnr. 3 ff.) und der Eigentumsklage (→ Rdnr. 8 f.) weder die Klageart noch der Rechtsgrund von Bedeutung. Dementsprechend gehört hierher die *Drittwiderspruchsklage* nach § 771[107]. Vorhergehende Pfändungspfand-

---

[97] Näher → § 3 Rdnr. 48 »Hinterlegung«; *OLG Köln* JurBüro 1980, 281.

[98] *OLG München* Rpfleger 1977, 176.

[99] *RGZ* 31, 386.

[100] *BGH* WM 1982, 435; *RGZ* 47, 375 u.ö.; wohl auch *OLG Celle* JurBüro 1986, 1403; *OLG Schleswig* JurBüro 1969, 1209 (*E. Schneider*); *KG* JurBüro 1957, 181; *E. Schneider* MDR 1983, 274; *Hillach-Rohs*[8] 387 (mit Nachw. der Gegenauffassung, die § 3 anwenden will); offengelassen von *LG Bayreuth* JurBüro 1980, 1724, 1725.

[101] *RGZ* 151, 167, 319.

[102] Nachweise der älteren Rechtsprechung in der Vorauflage in Fn. 54; → § 2 Rdnr. 17.

[103] *E. Schneider*[10] Rdnr. 2746.

[104] *RGZ* 34, 404; 151, 319; *E. Schneider*[10] Rdnr. 2749.

[105] A.A. *RG* JW 1910, 114; *E. Schneider*[10] Rdnr. 2750; → Rdnr. 27.

[106] Vgl. *RGZ* 54, 411; 137, 50.

[107] *BGH* KostRsp. § 6 Nr. 105; Rpfleger 1959, 112 (LS); *RGZ* 10, 394 u.ö.; *OLG München* JurBüro 1989, 848; *OLG Frankfurt a.M.* JurBüro 1973, 152 (die beiden letztgenannten Entscheidungen zum Streitwert bei *mehreren Beklagten*); *E. Schneider*[10] Rdnr. 978; *Mümmler* JurBüro 1989, 295, 300.

rechte sind abzuziehen (näher → Rdnr. 27). Richtet sich die Klage aus § 771 gegen mehrere Gläubiger, die je selbständig in denselben Gegenstand vollstreckt haben, so sind für die Gerichtskosten die Werte der Forderungen, derentwegen gepfändet worden ist, zusammen-zurechnen und mit dem Wert des Pfandgegenstandes zu vergleichen. Es kommt auf den geringeren Wert an. Nicht zur Anwendung gelangt § 6 ZPO freilich bei der Drittwider-spruchsklage gegen eine Zwangsversteigerung nach § 180 ZVG zur Aufhebung einer Ge-meinschaft, da es hier an einer zu sichernden Forderung fehlt. Einschlägig ist vielmehr § 3 und damit das Interesse des Klägers an der Aufrechterhaltung der Gemeinschaft[108]. Diese Grund-sätze sind wegen § 2 auch maßgebend für die Festsetzung des Wertes der Beschwer nach § 546 Abs. 2 S. 1. Das Interesse besteht in einem Bruchteil des Grundstückswertes. Ein ideelles Interesse daran, die Versteigerung zu vermeiden, bleibt unberücksichtigt. Unter § 6 fallen die positive und negative Feststellungsklage über das Bestehen von Pfandrechten oder Sicherungseigentum. Abschläge sind auch bei der positiven Feststellungsklage nicht vorzu-nehmen (→ Rdnr. 10). Weiter gehören hierher Ansprüche auf Rückübereignung nach Beendi-gung der Sicherungszeit[109] oder auf Herausgabe der Pfandsache oder des Sicherungseigen-tums an den Sicherungsnehmer[110], Klagen auf Löschung[111], Eintragung oder Aufhebung von Hypotheken, Grundschulden, Rentenschulden, auf Befreiung von einer Bürgschaft und auf Abtretung der Forderung zu Sicherungszwecken. § 6 findet ferner Anwendung für Klagen auf Duldung der Zwangsvollstreckung[112], auf vorzugsweise Befriedigung nach § 805 ZPO, auf abgesonderte Befriedigung nach §§ 47 ff. KO wie überhaupt auf Vorrangeinräumung.

§ 6 gilt zudem für alle Wertberechnungen, die aus Anlaß von Anträgen entstehen, wenn ein bestimmter Gegenstand zu pfänden ist. Im Prozeß des Gläubigers gegen den Drittschuldner bestimmt sich der Streitwert dagegen nicht nach § 6, weil ein Pfandrecht auch in weiterem Sinne nicht Gegenstand des Streites ist. Maßgebend ist vielmehr der *Antrag des Klägers*, wobei freilich bei unterschiedlichen Werten von Pfandrecht und Forderung der geringere Wert anzusetzen ist. Streitgegenstand ist die eingeklagte Forderung des Schuldners gegen den Dritten. Demnach sind *Streitwertprivilegien* im Verhältnis Schuldner – Drittschuldner zu beachten[113]. Wird eine Unterhaltsforderung gepfändet, so richtet sich der Gebührenstreit-wert nach § 17 Abs. 1 GKG[114]. Wird sonst im Drittschuldnerprozeß auf wiederkehrende Leistungen geklagt, so ist § 12 Abs. 7 S. 2 ArbGG mit dem Dreijahresbezug als Höchstwert zu beachten[115]. Klagt ein Unterhaltsberechtigter aufgrund eines Pfändungs- und Überweisungs-beschlusses Gehaltsansprüche ein, die dem unterhaltsverpflichteten Geschäftsführer gegen dessen Dienstherrn zustehen, so wird der Streitwert der Klage des Gläubigers gegen den Drittschuldner dementsprechend nicht nach § 17 Abs. 1 GKG, sondern nach § 17 Abs. 3 GKG

---

[108] *BGH* FamRZ 1991, 547 (Anm. *E. Schneider* KostRspr. ZPO § 3 Nr. 1032); *OLG Bamberg* JurBüro 1991, 1694 (krit. *E. Schneider* KostRsp. ZPO § 3 Nr. 1065); *OLG Saarbrücken* JurBüro 1989, 1598 (zust. *Mümmler*; verdeutlichend *E. Schneider* KostRsp. ZPO § 6 Nr. 124); *OLG Frankfurt a. M.* JurBüro 1989, 1305; *OLG München* JurBüro 1988, 231; *OLG Hamm* JurBüro 1977, 1616; *LG Frankfurt a. M.* Rpfleger 1975, 322; *E. Schnei-der* MDR 1990, 293; *Mümmler* JurBüro 1990, 1537, 1542.
[109] *BGH* NJW 1959, 939 = JurBüro 1959, 203.
[110] *OLG Koblenz* MDR 1968, 334; *OLG Frankfurt a. M.* MDR 1962, 10; *OLG Celle* NJW 1957, 593; *OLG Düsseldorf* JMBlNRW 1955, 204; *OLG München* NJW 1953, 1870 (sämtlich Herausgabe von Sicherungseigen-tum); a. A. *OLG Hamm* JurBüro 1956, 231; JMBlNRW 1951, 226.
[111] *OLG Frankfurt a. M.* JurBüro 1977, 270; *OLG*

Neustadt Rpfleger 1967, 2; *OLG Hamburg* Rpfleger 1951, 570; *E. Schneider*[10] Rdnr. 2521 ff. – Wertermittlung → Rdnr. 27.
[112] *KG* AnwBl. 1979, 229; *OLG Bamberg* JurBüro 1977, 1277.
[113] *OLG Köln* JurBüro 1991, 986 (zust. *E. Schneider* KostRsp. GKG § 17 Nr. 129); *LAG Saarland* JurBüro 1988, 725; *LAG Niedersachsen* JurBüro 1980, 1375; *E. Schneider* MDR 1990, 20, 292; *Mümmler* JurBüro 1989, 295, 300; *Hillach-Rohs*[8] 327; a. A. *OLG Saarbrück-ken* JurBüro 1989, 849; *OLG Köln* Rpfleger 1974, 165; Vorauflage.
[114] *OLG Köln* JurBüro 1991, 986 (obiter); a. A. *OLG Saarbrücken* JurBüro 1989, 849 (abl. *E. Schneider* KostRsp. ZPO § 3 Nr. 965).
[115] *OLG Köln* JurBüro 1991, 986, 987; *LAG Düssel-dorf* MDR 1992, 59; *LAG Saarland* JurBüro 1988, 725.

bemessen: Die Streitwertprivilegierung der titulierten Forderung wird nicht auf den Dritt-schuldnerprozeß übertragen[116].

Für Verfahren auf Erlaß von Pfändungs- und Überweisungsbeschlüssen (§ 829 ZPO) ist der Streitwert nach § 57 Abs. 2 S. 2 BRAGO festzusetzen für die Beschwerdegebühr und für die Anwaltskosten[117]. Erstinstanzliche Verfahren richten sich unabhängig vom Streitwert nach GKG KV Nr. 1149. Auf eine *Vollstreckungserinnerung* (§ 766), die auf die Aufhebung eines Pfändungs- und Überweisungsbeschlusses gerichtet ist, findet für die Bewertung des Gegen-standswertes § 57 Abs. 2 BRAGO Anwendung. Entscheidend ist die Vollstreckungsforderung oder der geringere Wert der gepfändeten Forderung[118]. Bei der Pfändung von Arbeitsein-kommen dürfen jedoch § 17 Abs. 3 GKG, § 12 Abs. 7 S. 2 ArbGG analog angewendet wer-den[119]. In vergleichbarer Weise ist der Streitwert auf die niedrigste Gebührenstufe festzuset-zen, wenn der Pfändungs- und Überweisungsbeschluß nur Ansprüche des Schuldners auf unpfändbare Sozialleistungen erfaßt[120].

Auf die »Sicherstellung« oder das »Pfandrecht« kommt es auch dann im Sinne des § 6 an, wenn für eine Forderung allgemein ein Pfandrecht oder Pfändungspfandrecht oder eine sonstige Sicherheit begründet werden soll. So ist für die Klage auf Feststellung einer Vormer-kung gem. § 6 vom Wert des zu sichernden Anspruchs auszugehen (→ Rdnr. 21). Für den Fall der *Löschung* einer Vormerkung gilt das nicht. Dort muß nach § 3 die Höhe der Nachteile durch die Vormerkung geschätzt werden. Im allgemeinen werden bei Löschung der Auflas-sungsvormerkung 25% des Verkehrswertes, bei erloschener Vormerkung 5% angenom-men[121]. Wenig praxisnah ist die Ablehnung von Regelprozentsätzen und das Verlangen, der Kläger solle seine wirtschaftlichen Nachteile konkret und beziffert erläutern[122].

24   Bei einstweiligen Maßnahmen um Sicherheiten entscheidet gem. § 3 das Interesse des Antragstellers (Verfügungs- oder Arrestklägers). Vergleichbar der Rechtslage bei Besitz- und Eigentumsstreitigkeiten (→ Rdnr. 6 a. E. und 11) gelangt § 6 nicht zur Anwendung[123].

4. Wertberechnung

a) Bedeutung von Satz 2

25   Aus § 6 S. 1 und 2 ergibt sich, daß für die Wertberechnung niemals ein höherer Wert als der Wert der Forderung maßgeblich ist. Dementsprechend wird derjenige Betrag der Forderung berücksichtigt, der den Wert bestimmen würde, wenn sie und nicht die Sicherheit streitbefan-gen wäre. Im Interesse einer Kostenreduzierung schreibt aber Satz 2 bindend vor, daß bei

---

[116] Richtig *OLG Köln* JurBüro 1991, 986, 987; *OLG München* JurBüro 1985, 1522; *LAG Hamm* AnwBl. 1983, 38; *E. Schneider* MDR 1990, 20; a. A. *Lappe* KostRspr. GKG § 17 Nr. 71.
[117] *E. Schneider*[10] Rdnr. 3580 ff. mit Nachw.; *LG Kiel* JurBüro 1991, 1198.
[118] *Lappe* KostRsp. ZPO § 6 Nr. 130 zu *LG Koblenz* JurBüro 1991, 109 (§ 6 analog); ferner *AG Maulbronn* FamRZ 1991, 355, 356 re. Sp.
[119] *AG Freyung* MDR 1985, 858; zust. *E. Schneider*[10] Rdnr. 3592.
[120] *OLG Köln* JurBüro 1987, 1048.
[121] Dazu *BGH* NJW 1973, 654 = MDR 1973, 398; *OLG Bamberg* JurBüro 1990, 1511 (10%); 1982, 1721 (Sicherungshypothek); 1976, 1247 (mindestens 10%); *OLG Celle* JurBüro 1986, 1866 (25%); 1970, 434 (10% des Kaufpreises); *OLG Frankfurt a. M.* JurBüro 1983, 174 (Rückauflassungsvormerkung: 25%); *OLG Köln* MDR

1983, 495; JurBüro 1978, 1054 (mindestens 10%); *OLG Saarbrücken* JurBüro 1979, 264; *OLG Karlsruhe* Die Justiz 1978, 277 (Einzelfall); *OLG München* JurBüro 1978, 1564; BB 1976, 1295 (Einzelfall: hier 25%); MDR 1965, 145 (Sicherungshypothek); *OLG Nürnberg* NJW 1977, 857 (25%); AnwBl. 1970, 55 (50% des Grund-stückswertes); *LG Bayreuth* JurBüro 1977, 1764.
[122] So aber *E. Schneider* MDR 1983, 638.
[123] So die heute vorherrschende Lehre: *OLG Köln* Rpfleger 1976, 138; MDR 1962, 60; *OLG Schleswig* SchlHA 1961, 199; *OLG Bremen* MDR 1959, 136; NJW 1958, 2023; *OLG Düsseldorf* MDR 1959, 136; 1953, 50; zu Regelungen nach §§ 769, 767 (771 Abs. 3) *OLG Köln* Rpfleger 1976, 138; → § 3 Rdnr. 45 »einstweilige Verfü-gung«; → § 3 Rdnr. 41 »Arrest«; Nachweise der älteren, teils abweichenden Rechtsprechung in der Vorauflage in Fn. 64.

Untersicherung nicht die höhere Forderung, sondern der geringere Wert der Sicherheit den Wert bestimmt. Diese Maßgeblichkeit des geringeren Wertes der Sicherheit gilt nicht nur für Pfandrechte im eigentlichen Sinn, sondern für alle Sicherheiten.

Insbesondere ist § 6 S. 2 auch anwendbar auf erst einzuräumende Sicherheiten (→   **26** Rdnr. 20)[124]. Das folgt aus dem Normzweck des § 6 und aus dessen Entstehungsgeschichte (→ Rdnr. 1). Nicht entscheidend ist, daß das Wort »Sicherstellung« in Satz 2 fehlt. Der heutige § 6 faßt zwei in den Vorentwürfen noch getrennte Vorschriften für Sicherstellungen und Pfandrechte sprachlich in einer Bestimmung zusammen, so daß möglicherweise ein Redaktionsversehen vorliegt. Es war deshalb jahrzehntelang unbestritten, daß Satz 2 auch auf sonstige Sicherheiten anzuwenden ist, die nicht als Pfandrechte im engeren Sinne bezeichnet werden können. Das gilt insonderheit für die Einordnung der Sicherstellung durch Vormerkung unter § 6 S. 2[125]. Zum anderen bezeichnen die Begriffe der »Sicherstellung« und des »Pfandrechts« keine verschiedenartigen Rechtsinstitute. Der Unterschied liegt vielmehr im zeitlichen Moment (→ Rdnr. 20). Argumente aus dem erst Jahrzehnte später in Kraft getretenen BGB schlagen deshalb nicht durch (→ Einl. Rdnr. 55)[126]. Schließlich erweist sich die Anwendung der Minderungsvorschrift von Satz 2 bei allen Arten von Sicherheiten als sinnvoll. Bei Verneinung der unmittelbaren Geltung wäre Satz 2 daher wenigstens analog anwendbar.

b) Berechnungsgrundsätze

Die Wertberechnung folgt den allgemeinen Grundsätzen. Soweit der Forderungswert   **27** maßgeblich ist, sind die für die Forderungsbewertung maßgebenden Grundsätze anzuwenden (→ Rdnr. 19). Dabei genießen die §§ 8 und 9 Vorrang. Kommt es wegen Satz 2 auf den Wert der Sicherheit an, ist in gleicher Weise wie bei Besitz und Eigentum auf den Verkehrswert abzuheben (→ Rdnr. 12−18). So darf etwa nicht auf den durch eine Versteigerung möglicherweise zu erzielenden geringeren Erlös abgestellt werden. Entgegen der auch hier anders lautenden überwiegenden Praxis (→ Rdnr. 14) sind vorrangige Lasten wertmindernd abzuziehen. Lediglich der nach diesem Abzug noch verbleibende Überschuß ist als Wert der Sicherheit anzusetzen[127]. Bei Hypotheken und Grundschulden ist in aller Regel auf den *Nennwert* und nicht auf die Valutierung abzustellen[128]. Bei der Höchstbetragshypothek (§ 1190 BGB) ist deshalb ausschlaggebend der volle Betrag[129]. *Nebenforderungen* wie etwa zusätzlich entstandene Kosten oder rückständige Zinsen bleiben gem. § 4 außer Ansatz[130].

Bei *Vorrangstreitigkeiten* ist der Wert der geringeren Forderung maßgeblich[131]. Ist die   **28** Sicherheit noch weniger wert als diese Forderung, entscheidet nach Satz 2 der Wert der Sicherheit[132].

---

[124] *LG Krefeld* JurBüro 1953, 198; *Mümmler* JurBüro 1989, 295, 297; a. A. *OLG München* NJW 1958, 1687.
[125] *RGZ* 35, 394; *RG* JW 1899, 138; *OLG Bremen* NJW 1956, 1245; *Reincke*[2] (1893) 2.
[126] Vgl. *Kann* FS Heinitz (1926) 315; → Rdnr. 20.
[127] *OLG Bamberg* JurBüro 1977, 1277; *Mendelssohn-Bartholdy* RheinZ 1 (1909) 185; a. A. die h.L. *BGH* LM ZPO § 6 Nr. 1 = NJW 1952, 1335; *RGZ* 22, 388; 151, 320 u. ö.; *LG Essen* NJW 1952, 548; *Berg* NJW 1952, 548; *E. Schneider*[10] Rdnr. 1000; weitere ältere Nachweise in der Vorauflage in Fn. 69.
[128] *OLG Bamberg* JurBüro 1982, 1721 (Sicherungshypothek); *OLG Frankfurt a. M.* JurBüro 1977, 720 (Löschung einer Sicherungshypothek); *OLG Köln* JMBlNRW 1969, 274 (Abtretung einer Hypothek); *OLG Nürnberg* JurBüro 1964, 685 (Löschung einer Grundschuld); *Thomas-Putzo*[17] § 6 Anm. 3 c; *Schmidt* MDR 1975, 847. –

A. A. *OLG Köln* ZIP 1981, 781 ff. (Anm. *Lappe* KostRsp. ZPO § 6 Nr. 78); AnwBl. 1969, 53; *OLG Hamburg* MDR 1975, 846 f. (Löschung einer Hypothek); *E. Schneider*[10] Rdnr. 2541.
[129] *OLG Schleswig* SchlHA 1964, 262; *OLG Hamburg* Rpfleger 1951, 570; *Hillach-Rohs*[8] 226.
[130] *OLG Nürnberg* JurBüro 1964, 685.
[131] Vgl. *OLG Celle* NdsRpfl. 1964, 107; *Mümmler* JurBüro 1989, 295, 302; zu Einzelheiten *H. Schmidt* JurBüro 1965, 889 (Rangstreit mehrerer Grundpfandrechtsgläubiger); *E. Schneider* JurBüro 1969, 1029 (Klage auf Verschaffung eines Rangvorbehaltes).
[132] *RGZ* 4, 366; vgl. auch *OLG Frankfurt a. M.* Rpfleger 1956, 318 (Rangverbesserung: § 3; bei Klage auf Gesamthypothek: § 6); AnwBl. 1982, 111 (§ 3: aber § 23 Abs. 3 S. 1 KostO analog [Wert des zurücktretenden Rechts als Begrenzung]).

5. Verbindung von Pfand- und Schuldklage

29   Wird mit der Pfand- oder der Löschungsklage die Schuldklage oder die Klage auf Feststellung des Nichtbestehens der Forderung verbunden, so sind bei der wirtschaftlichen Gleichheit der Gegenstände die Werte nicht zusammenzurechnen (→ § 5 Rdnr. 9). Vielmehr wird der Wert nur einmal angesetzt. Es entscheidet stets der Wert der Forderung, auch wenn der Wert des Pfandgegenstandes geringer ist, da bei der Schuldklage die ganze Forderung den Streitgegenstand bildet[133].

§ 7   [Wert bei Grunddienstbarkeit und subjektiv – dinglichen Rechten]

Der Wert einer Grunddienstbarkeit wird durch den Wert, den sie für das herrschende Grundstück hat, und wenn der Betrag, um den sich der Wert des dienenden Grundstücks durch die Dienstbarkeit mindert, größer ist, durch diesen Betrag bestimmt.

Gesetzesgeschichte: sprachlich neu gefaßt durch die Novelle 1950 BGBl I 535 (→ Einl. Rdnr. 148).

Stichwortverzeichnis → *Wertschlüssel* in § 3 Rdnr. 41 ff.

I. Funktion; Begriff

1   Die Vorschrift beinhaltet einen *normativen Streitwert* (→ § 3 Rdnr. 2). Abweichend von den allgemeinen Grundsätzen des Streitwertrechts orientiert sich der Streitwert nicht am Klägerinteresse (→ § 2 Rdnr. 10), sondern unabhängig von der Parteirolle an den Parteiinteressen. Bei Streitigkeiten um die in § 7 genannten »Grunddienstbarkeiten« (→ Rdnr. 2) kommt es für die Streitwertberechnung auf den Wert der Grunddienstbarkeit für das *herrschende Grundstück* an. Dagegen ist der Wert der Minderung für das *dienende Grundstück* maßgebend, wenn er höher ist als der Wert für das herrschende Grundstück. Unabhängig von der Parteirolle entscheidet stets der *höhere Wert*.

2   § 7 meint mit Grunddienstbarkeit eine dingliche Last, die zugunsten eines herrschenden Grundstücks auf einem dienenden Grundstück ruht[1]. Der verwendete prozessuale Begriff ist weiter als der Begriff der Grunddienstbarkeit, wie ihn das BGB verwendet. § 7 galt schon vor dem Inkrafttreten des BGB und will ganz allgemein Wertverschiebungen zwischen Grundstücken erfassen[2].

---

[133] *RGZ* 22, 388, 389; 31, 386; *OLG Köln* JMBlNRW 1974, 68; *OLG München* ZZP 52 (1927) 67.

[1] Vgl. *Endemann* 233.
[2] *LG Bonn* AnwBl. 1962, 153; → Einl. Rdnr. 55.

II. Anwendungsbereich

1. Grunddienstbarkeiten des BGB

Unter § 7 ZPO fallen unzweifelhaft die Grunddienstbarkeiten des § 1018 BGB.   3

2. Ähnliche Rechte

Wegen der weiten Bedeutung des § 7 (→ Rdnr. 2) darf die Norm auch angewendet werden   4
auf *nachbarrechtliche Streitigkeiten*, denen ein vergleichbares Verhältnis von herrschendem
und dienendem Grundstück zugrunde liegt. Als Beispiele lassen sich nennen *Licht* – und
Fensterrechte[3] sowie nach zutreffender Auffassung auch *Notweg*[4] und *Überbau*[5]. Die h.L.[6]
bewertet dagegen die Klage auf Beseitigung des Überbaus nach § 3. Das soll selbst dann
gelten, wenn der Beklagte der Abwehrklage entgegenhält, aufgrund einer Grunddienstbarkeit zum Überbau berechtigt zu sein[7]. Für den Streitwert der Klage auf Einräumung eines
Notwegerechts bestimmt sich das Interesse des Klägers an der Rechtseinräumung im Rahmen
des § 7 gemäß § 9 a.F. nach der Summe der Herstellungs- und Unterhaltungskosten des Weges
sowie der zwölfundeinhalbfachen Notwegrente. Die voraussichtlichen Kosten einer Ersatzlö-
sung wirken streitwertbegrenzend (→ Rdnr. 10 a.E.)[8]. § 7 ZPO gilt auch für die nach Art. 184
EGBGB fortbestehenden älteren Rechte[9] sowie für die *subjektiv – dingliche Reallast* des
§ 1105 Abs. 2 BGB (→ Rdnr. 10).

3. Abgrenzungen

§ 7 ist immer dann unanwendbar, wenn keine der in der Norm vorausgesetzten Wertver-   5
schiebungen vorliegen[10]. Die Norm gilt daher nicht für beschränkte *persönliche Dienstbarkeiten* (§ 1090 BGB)[11], subjektiv-persönliche Reallasten (§ 1111 Abs. 1 BGB), Erbbaurechte
(§§ 1ff. ErbbauVO), Vorkaufsrechte (§ 1094 BGB) und alle den Dienstbarkeiten ähnlichen
persönlichen Rechte wie z.B. Ausbeutungs- und Entnahmerechte. Bei den beiden letztgenannten Rechten greift § 8 ein (→ § 8 Rdnr. 2ff.). Wegen fehlender Ähnlichkeit ist in diesen
Fällen auch eine analoge Anwendung von § 7 nicht zulässig. Für die Wertberechnung sind
dann vor allem § 3, aber auch § 9 und § 6 einschlägig (→ Rdnr. 10).

---

[3] *BGH* Rpfleger 1959, 112; *RGZ* 67, 81; *OLG Schleswig* Rpfleger 1957, 2.
[4] *OLG Köln* JurBüro 1991, 1386 (zwölfeinhalbfacher
Jahresbetrag der Notwegrente); *LG Bayreuth* JurBüro
1988, 1552 (zust. *E. Schneider* KostRsp. ZPO § 7 Nr. 5);
OLG Stuttgart Rpfleger 1964, 163; *OLG Schleswig* Rpfleger 1957, 2; *LG Stuttgart* Rpfleger 1959, 393; *E. Schneider* ZMR 1976, 193; *ders.* Streitwertrecht[10]
Rdnr. 3440ff.; a.A. *LG Freiburg* KostRsp. ZPO § 7 Nr. 4
(mit weiterführender Anm. *E. Schneider*); *Gerold* Streitwert (1959) 136f.; offengelassen durch *OLG Köln* JurBüro 1990, 246.
[5] *LG Bonn* AnwBl. 1962, 153; *Wieczorek*[2] Bem. B I;
Zöller-E. Schneider[17] § 7 Rdnr. 2; § 3 Rdnr. 16 «Überbau».

[6] *BGH* MDR 1986, 663; *LG Bayreuth* JurBüro 1985,
441; 1979, 437 (*Mümmler*); *OLG Frankfurt a. M.* JurBüro 1959, 169; *LG Düsseldorf* NJW 1963, 2178; *Gerold*
Streitwert (1959) 136.
[7] *BGH* MDR 1986, 663 (abl. *E. Schneider* KostRsp.
ZPO § 7 Nr. 2 für den Fall der bestrittenen Grunddienstbarkeit).
[8] Zutreffend *E. Schneider* KostRsp. ZPO § 7 Nr. 4.
[9] *Mendelssohn-Bartholdy* RheinZ 1 (1909) 185.
[10] Heute unstreitig; a.A. noch *RGZ* 29, 406.
[11] *BGH* KostRsp. ZPO § 3 Nr. 814 (*E. Schneider*) (unentgeltliches dingliches Wohnrecht); *OLG Nürnberg* Jur-
Büro 1967, 829; *A. Schumann* NJW 1967, 2046.

III. Grunddienstbarkeit als Streitgegenstand

1. Klageverfahren

6   Für die Anwendung des § 7 muß die Grunddienstbarkeit den Streitgegenstand bilden. So liegt es, wenn auf Bestellung einer Grunddienstbarkeit, auf Feststellung ihres Bestehens, Nichtbestehens oder ihres Umfanges geklagt wird. Auch die Klage auf Unterlassung der Beeinträchtigung einer Grunddienstbarkeit (§ 1027 BGB) fällt unter § 7 ZPO, wobei es nicht darauf ankommt, ob ihr Bestand oder nur ihr Umfang streitig sind[12]. Sind allerdings Bestand und Umfang der Dienstbarkeit unstreitig und betrifft der Rechtsstreit nur die Störung in der Ausübung des Rechts, so greift für die Wertberechnung nicht § 7, sondern § 3 ein. Maßgebend für die Berechnung ist ohne Rücksicht auf den Schaden des Beklagten das Interesse des Klägers[13]. Der Wert der Klage wegen Beeinträchtigung des Eigentums nach § 1004 BGB berechnet sich nach § 7 ZPO, wenn nach dem Vortrag des Klägers die Beeinträchtigung in der Ausübung einer vom Beklagten beanspruchten Grunddienstbarkeit besteht. In diesem Fall ist das Eigentum nur der Rechtsgrund der Klage, ihr Gegenstand aber die Dienstbarkeit[14]. Das gilt auch dann, wenn sich der Beklagte auf die aus § 912 Abs. 1 BGB folgende Duldungspflicht beruft. Sonstige Beeinträchtigungen des Eigentums, die nicht im Zusammenhang einer Grunddienstbarkeit stehen, zählen aber nicht hierher und führen zur Wertberechnung nach anderen Vorschriften (→ Rdnr. 10).

2. Einstweilige Verfügung

7   § 7 gelangt nicht zur Anwendung, wenn eine einstweilige Verfügung in bezug auf Grunddienstbarkeiten ergeht, da diese nicht den Streitgegenstand bilden[15]; → § 3 Rdnr. 41 »Arrest«; → § 3 Rdnr. 45 »einstweilige Verfügung«.

3. Rechtsmittelverfahren

8   Für den Rechtsmittelstreitwert (Begriff → § 2 Rdnr. 34) entscheidet allein das Interesse des Rechtsmittelführers. Es kommt nicht nach § 7 auf den jeweils höheren Wert an. Der Rechtsmittelkläger, dessen Interesse die Rechtsmittelsumme nicht erreicht, kann sich daher nicht auf ein höheres Interesse des Rechtsmittelbeklagten berufen[16].

IV. Wertberechnung

9   Gelangt § 7 zur Anwendung, so ist nach § 3 einerseits der Wert zu schätzen, den das Bestehen der Dienstbarkeit für das herrschende Grundstück hat, andererseits derjenige, um den sich der Wert des dienenden Grundstücks durch ihr Bestehen mindert (→ § 3 Rdnr. 4)[17]. Dabei können u. U. die Aufwendungen, die für die Beseitigung der fraglichen Anlagen usw. notwendig waren, einen Anhalt bieten. Auch wenn sich die Wertberechnung im Einzelfall als schwierig erweist, darf nicht etwa durch eine bestimmte Relation zum Grundstückspreis schematisiert werden[18]. Deshalb kann nicht auf den Bodenwert der Grundstücksfläche abge-

---

[12] *Hillach-Rohs*[8] 215.
[13] *Hillach-Rohs*[8] 215.
[14] *RGZ* 3, 394; a. A. *BGH* KostRsp. ZPO § 7 Nr. 2 (abl. *E. Schneider*).

[15] *RG* JW 1902, 395.
[16] *BGHZ* 23, 205 = NJW 1957, 790; → § 546 Rdnr. 30.
[17] Ausführlich *LG Bayreuth* JurBüro 1980, 930.
[18] *E. Schneider* MDR 1972, 277; *ders.* ZMR 1976, 193.

stellt werden, die für ein Wegerecht beansprucht wird[19]. Bei der Wertermittlung bleiben andere, denselben Parteien gehörende Grundstücke, außer Betracht. Der höhere der beiden Werte im Zeitpunkt der Klageeinreichung (§4) ist maßgebend, auch wenn es derjenige für den Beklagten ist.

V. Verhältnis von § 7 zu §§ 3, 6 und 9

Bildet eine Grunddienstbarkeit den Streitgegenstand, so kommen §3 und §6 nicht unmit- **10** telbar zur Anwendung. Außer Betracht bleibt §9, da die Grunddienstbarkeiten des §7 keine Rechte auf wiederkehrende Leistungen sind (aber → Rdnr. 4). Eine Ausnahme bildet insoweit die subjektiv – dingliche Reallast gem. §1105 Abs. 2 BGB. Hier ist zunächst der Wert der Grunddienstbarkeit nach §9 zu ermitteln, da es dem Inhalt nach um wiederkehrende Leistungen geht. In aller Regel scheidet dann der nachfolgende Vergleich, wie ihn §7 vorsieht, aus, weil der Wert der wiederkehrenden Leistungen für herrschendes und dienendes Grundstück gleich ist. Im Ergebnis ist demnach der Wert meist nach §9 zu ermitteln. Das gleiche gilt für die Klage auf Zahlung einer Überbau- und einer Notwegrente (→ §9 Rdnr. 1, 2 und 9; → oben Rdnr. 4).

In den Fällen von oben → Rdnr. 5 wird der Wert nach §3 oder nach den Sonderregelungen der §§ 6 oder 9 berechnet.

§ 8 [Wert bei Miete und Pacht]

Ist das Bestehen oder die Dauer eines Pacht- oder Mietverhältnisses streitig, so ist der Betrag des auf die gesamte streitige Zeit fallenden Zinses und, wenn der fünfundzwanzigfache Betrag des einjährigen Zinses geringer ist, dieser Betrag für die Wertberechnung entscheidend.

Gesetzesgeschichte: unverändert seit Erlaß der CPO.

Stichwortverzeichnis → *Wertschlüssel* in § 3 Rdnr. 41 ff.

---

[19] A.A. *OLG Frankfurt a. M.* JurBüro 1970, 435.

I. Funktion

1   Die Vorschrift dient als *normativer Streitwert* (→ § 3 Rdnr. 2) der Rechtssicherheit und der prozessualen Gleichbehandlung. Sie hat im wesentlichen nur Bedeutung für den *Zuständigkeitsstreitwert* (Begriff → § 2 Rdnr. 30) und den *Rechtsmittelstreitwert* (Begriff → § 2 Rdnr. 34 ff.). Dagegen gilt für den *Gebührenstreitwert* (Begriff → § 2 Rdnr. 42) die Sondervorschrift des § 16 GKG (näher → Rdnr. 16 ff.), die sich freilich auch auf diesen Bereich beschränkt: Insbesondere wird die Rechtsmittelbeschwer (Begriff → § 2 Rdnr. 37) nicht nach § 16 GKG bewertet (näher → Rdnr. 7). Für *Mietstreitigkeiten über Wohnräume* wird § 8 zudem im Anwendungsbereich des § 23 Nr. 2a GVG n.F. verdrängt. Die betreffenden Normen sind sowohl für den Gebührenstreitwert wie für den Zuständigkeitsstreitwert nicht aufeinander abgestimmt: So geht etwa die gebührenrechtliche Sondernorm des § 16 GKG weiter als § 8 ZPO (→ Rdnr. 16 ff.).

§ 8 bedeutet eine Sondernorm zu den §§ 3 und 6 und geht diesen allgemeinen Regeln vor[1].

II. Reichweite

1. Miet- und Pachtverhältnisse

2   § 8 ZPO erfaßt nur Miet- und Pachtverhältnisse im Sinne der §§ 535 ff., 581 BGB und ist – anders als § 16 GKG (→ Rdnr. 18) – nicht auf ähnliche Nutzungsverhältnisse anwendbar. § 8 bezieht sich auf bewegliche und unbewegliche Sachen sowie auf *Rechte* wie z.B. Unternehmenspacht[2] – und Jagdpachtverhältnisse[3]. Nicht unter § 8 fallen Leihe, Nießbrauch[4], Dauerwohnrecht, Wärmelieferungsvertrag[5], Eigentumsverhältnisse, Ansprüche aus Wohnungseigentum oder vergleichbare Nutzungsverhältnisse[6]. Die Norm gilt ebenso für Haupt- wie für Untermiet- (pacht-) verhältnisse sowie für Werkmietwohnungen. Die Anwendung auf *Werkdienstwohnungen* (→ § 1 Rdnr. 171) scheidet aber grundsätzlich aus, weil ihre Überlassung Teil des Arbeitsvertrages ist. Ausnahmen lassen sich dann bejahen, wenn z.B. die Gebrauchsüberlassung im Vordergrund steht oder wenn gerade Streit darüber besteht, ob eine Werkdienst- oder eine Werkmietwohnung vorliegt.

§ 8 findet auch Anwendung auf *gemischte Verträge*. Zusammengesetzte Verträge können geteilt werden. So liegt es etwa, wenn die Miete eines Grundstücks verbunden ist mit der Verpflichtung zu dessen Renovierung, oder wenn die Miete der Ferienwohnung verbunden ist mit dem Abschluß einer Reiserücktrittsversicherung. Darüber hinaus gilt § 8 auch dann, wenn zwar die einzelnen Teile des gemischten Vertrages wirtschaftlich nicht selbständig sind und nur die Gesamtheit ein sinnvolles Ganzes bildet, aber die entgeltliche Gebrauchsüberlassung den wesentlichen Vertragsinhalt ausmacht. Möglich ist das etwa in den Fällen des *Leasingvertrages*[7], *Beherbergungsvertrages* (auch → § 1 Rdnr. 56), bei der Miete in Wohnheimen wie

---

[1] Abgrenzungsentscheidung *OLG Bamberg* JurBüro 1988, 516; näher → Rdnr. 4; auch *LAG Nürnberg* JurBüro 1989, 59, 61.

[2] *Wieczorek*[2] § 8 Bem. A I b; *OLG Stuttgart* Die Justiz 1972, 204 (Grundausbeutungsvertrag zum Sand- und Kiesabbau); ältere Nachweise in der Vorauflage in Fn. 1 (früher str.).

[3] Vgl. *BGH* NJW 1962, 446 = JurBüro 1962, 87; → Rdnr. 18 und 11.

[4] Dazu *OLG Schleswig* SchlHA 1986, 46.

[5] *BGH* NJW-RR 1989, 381 (Beschwer: § 3).

[6] Allgemeine Meinung: *Thomas-Putzo*[17] § 8 Anm. 1 b; *Zöller-E. Schneider*[17] § 8 Rdnr. 3; *Baumbach-Lauterbach-Hartmann*[50] § 8 Anm. 2 B; *Hartmann*[24] Anh. I § 12 GKG § 8 ZPO Anm. 2 C; *AK-ZPO-Röhl* (1987) § 8 Rdnr. 1.

[7] Vgl. *OLG Frankfurt a. M.* JurBüro 1977, 1748.

z.B. Studenten – oder Seniorenheimen mit hotelmäßiger Betreuung, im Altersheim, nach Lage des Falles im Sanatorium, beim Filmverleih, beim Campingvertrag oder bei der Hausmeisterwohnung mit geringfügiger Hausmeistertätigkeit. Die Wertberechnung geschieht dann durch Ermitteln des Teilwertes, sofern hinsichtlich des nicht als Miete oder Pacht anzusprechenden Teils eine eigene wirtschaftliche Bewertung stattfinden kann (→ Rdnr. 15). Überwiegen jedoch bei einem gemischten Vertrag andere Elemente als die Gebrauchsüberlassung, so scheidet eine auch nur teilweise Bewertung nach § 8 aus. So liegt es z.B. für den Aufenthalt im Krankenhaus, Pflegeheim, bisweilen auch im Sanatorium, für den Reisevertrag nach § 651a BGB, der etwa Flugreise und Hotelaufenthalt beinhaltet, die Schiffspassage, die Kreuzfahrt, für Bewirtungsverträge und Automatenaufstellungsverträge[8].

2. Streit über Bestand oder Dauer des Vertragsverhältnisses

§ 8 betrifft nur Streitigkeiten über Bestand oder Dauer des Vertragsverhältnisses. Klagen **3** auf Abschluß eines Mietvertrages fallen nicht unter § 8, sondern unter § 3, weil ein bestehendes Mietverhältnis wenigstens behauptet werden muß[9]. In erster Linie sind damit die selbständigen positiven und negativen Feststellungsklagen gemeint (→ Rdnr. 14)[10]. Daneben greift § 8 immer dann ein, wenn das Bestehen oder die Dauer des Miet- oder Pachtverhältnisses zum Gegenstand des Streites wird. *Der Klageantrag ist nicht entscheidend.* So betrifft § 8 Klagen auf Einräumung des Besitzes an der Mietsache und Klagen auf Rückgewähr (Räumung), sofern durch die mit der Klage erstrebte Verurteilung eine Entscheidung über den zwischen den Parteien streitigen Bestand oder Fortbestand des Vertragsverhältnisses erzielt werden soll[11]. Es genügt auch, daß gegenüber einer nicht auf Vertrag, sondern z.B. auf Eigentum oder unerlaubte Handlung gestützten Klage sich der *Beklagte* auf einen Miet- oder Pachtvertrag beruft[12]. Ferner kommt § 8 zur Anwendung, wenn Feststellung begehrt wird, daß ein Mietverhältnis durch frühere Kündigung zu einem bestimmten Zeitpunkt erloschen sei[13] oder wenn um die Gültigkeit eines bestimmten Kündigungsaktes gestritten wird[14]. Dagegen ist nicht § 8, sondern § 3 anzuwenden, wenn sich der Antrag nur auf die Frage richtet, ob das bestehende Vertragsverhältnis unter bestimmten Voraussetzungen eine Kündigung zulasse[15]. § 8 gilt aber auch, wenn der Mieter die Fortsetzung des Mietverhältnisses nach §§ 556a ff. BGB oder §§ 565a ff. BGB verlangt[16]. Die Norm findet selbst dann Anwendung, wenn Klage auf Zahlung des künftigen Mietzinses allein deshalb erhoben wird, weil der Fortbestand des Mietverhältnisses streitig ist[17] (Abgrenzung → Rdnr. 4). – Zur Parallele zu § 12 Abs. 7 S. 1 ArbGG → § 2 Rdnr. 124 und 128.

3. Streit um Pflichten, Inhalt, Abwicklung und Einzelpflichten

§ 8 greift nicht ein, wenn nur bestimmte (einzelne) Vertragspflichten umstritten sind, **4** hinsichtlich des Vertragsverhältnisses im ganzen in bezug auf Bestand und Dauer aber kein Streit besteht. Es gelten dann die allgemeinen Wertvorschriften. So ist § 3 auf eine Klage

---

[8] *OLG Koblenz* JurBüro 1980, 1861, 1862 (zu § 16 GKG).
[9] *E. Schneider* KostRspr. GKG § 16 Nr. 71.
[10] *BGH* WM 1991, 2121.
[11] Vgl. *BGH* WM 1992, 1049; NJW 1952, 1056 = LM ZPO § 8 Nr. 1; *RGZ* 33, 1; *OLG Bamberg* JurBüro 1988, 516; *LAG Nürnberg* JurBüro 1989, 59, 61 (zu § 12 Abs. 7 ArbGG); *LG Bremen* WuM 1992, 202; anders *LG Baden-Baden* WuM 1991, 34 (Beschwer: § 3) (krit. *E. Schneider* und *Lappe* KostRsp. ZPO § 3 Nr. 1016).

[12] *BGH* WM 1991, 1616; *BGHZ* 48, 177 = NJW 1967, 2263; *Zöller-E. Schneider*[17] § 3 Rdnr. 16 »Mietstreitigkeiten«; a.A. *LG Lübeck* JurBüro 1960, 219.
[13] *BGH* NJW 1958, 1291 = LM ZPO § 3 Nr. 14.
[14] *OLG Celle* MDR 1958, 167.
[15] *OLG Frankfurt a. M.* MDR 1967, 313; a.A. *OLG Köln* KostRsp. GKG § 16 Nr. 36 (zust. *E. Schneider*) (zu § 16 GKG).
[16] *Hillach-Rohs*[8] 164f.; *Wieczorek*[2] § 8 Bem. A I c 1.
[17] *LAG Nürnberg* JurBüro 1989, 59, 61.

anwendbar, die auf künftigen Mietzins eines auf unbestimmte Dauer abgeschlossenen Mietvertrages geht, wenn sie durch die Gefahr nicht rechtzeitiger Leistung veranlaßt ist und nicht auch der Feststellung des Mietverhältnisses dient (→ Rdnr. 3). Auch eine entsprechende Anwendung des § 8 ZPO ist nicht möglich, ebenso nicht die des § 9 ZPO a.F. oder des § 16 GKG[18]. § 9 ist auch dann nicht einschlägig, wenn es sich um eine Mietzinsklage aus einem auf bestimmte Zeit geschlossenen Mietvertrag handelt (näher → § 9 Rdnr. 3)[19]. Doch kann § 9 eine Höchstgrenze bei der Anwendung des § 3 geben[20]. § 8 gilt nicht für den Streit über den Inhalt des unstreitig bestehenden Verhältnisses, etwa um bestimmte sich aus dem Verhältnis ergebende Rechtsbeziehungen wie z.B. *Besitzstörungsklagen*[21], *Klage auf Beschäftigung eines Hausmeisters*[22], Streit um die Befugnis des Mieters, einen Dritten an seine Stelle treten zu lassen[23], Streit über die Höhe des Mietzinses[24], Klage auf Zustimmung zur Mietzinserhöhung[25]. § 16 Abs. 5 GKG findet auf den Verfahrensstreitwert keine Anwendung (näher → Rdnr. 7). Auch eine Anwendung des § 9 a.F. scheidet aus (→ § 9 Rdnr. 3 sub bb). In Fällen dieser Art ist vielmehr die Schätzung nach § 3 maßgebend. Dabei darf der Streit über Inhaltsteile des Mietvertrages auch höher bewertet werden als über den Bestand des gesamten Vertrages[26]. § 3 findet Anwendung auch auf Folgestreitigkeiten nach unstreitig beendeten Verträgen. Um eine nicht unter § 8 fallende Folgestreitigkeit handelt es sich wohl auch dann, wenn die Parteien nur noch darüber streiten, *weshalb* ein Pachtvertrag weggefallen ist, ob durch wirksame Anfechtung oder einseitige Aufhebung, weil sie aus den Beendigungsgründen verschiedene Rechtsfolgen ableiten[27].

Bei Klagen auf Rückgabe (Räumung) nach unstreitiger Beendigung des Vertragsverhältnisses ist der *Wert der Sache* maßgebend (→ § 6 Rdnr. 4 und 10; *Lappe* KostRspr. GKG § 16 Nr. 79 [Beschwer]).

4. Streitigkeiten zwischen Vertragsparteien und Drittstreitigkeiten

5   § 8 ist nur anwendbar, wenn die Parteien des Miet- oder Pachtverhältnisses untereinander streiten. (Zu § 16 GKG → Rdnr. 18). Hierzu können aber auch Streitigkeiten zwischen dem Hauptvermieter und dem Untermieter des Mieters rechnen. So liegt es etwa, wenn der Untermieter geltend macht, das Hauptmietverhältnis bestehe noch, oder es um das Recht zum Besitz des Untermieters aus vom Hauptvermieter genehmigter Untermiete nach beendetem Hauptmietverhältnis geht[28]. Für Klagen von Dritten und gegen Dritte über Miet- und Pachtverhältnisse gilt § 8 aber nicht, weil hierbei nicht über Bestand oder Dauer des Vertrages entschieden werden kann.

6   Solche nicht von § 8 erfaßten Drittstreitigkeiten sind Klagen eines Dritten oder gegen einen Dritten auf Feststellung der Nichtigkeit eines Miet- oder Pachtvertrages zwischen anderen

[18] *BGH* NJW 1958, 1967 = LM ZPO § 3 Nr. 15; *OLG Bamberg* JurBüro 1985, 589; *OLG Frankfurt a. M.* MDR 1980, 761 (Gebührenstreitwert); *OLG Stuttgart* Die Justiz 1969, 192; *LG Hamburg* MDR 1975, 1023.

[19] A.A. *BGH* NJW 1966, 779; 1958, 1967.

[20] *OLG Hamburg* MDR 1963, 422.

[21] *LG Baden-Baden* WuM 1985, 127 (§ 16 Abs. 1 GKG als Höchstgrenze); ebenso *LG Saarbrücken* JurBüro 1991, 582 (Besitzstörung bei Jagdpachtvertrag); zust. *E. Schneider* KostRspr. ZPO § 3 Nr. 1028; m.E. unzutreffend; vgl. *Hillach-Rohs*[8] 170.

[22] *LG Hamburg* WuM 1985, 124 (§ 16 Abs. 1 GKG wirkt nicht begrenzend; m.E. zutreffend).

[23] *LG Hamburg* MDR 1992, 577 (36facher Betrag des

monatlichen Zuschlags nach § 26 Abs. 3 NMV 1970); Vgl. *OLG Koblenz* JurBüro 1977, 1132.

[24] *OLG Celle* Rpfleger 1951, 633; *LG Hamburg* WuM 1987, 61 (§ 5 WiStrG); → Rdnr. 7.

[25] *OLG Frankfurt a. M.* MDR 1962, 825; *LG München I* JurBüro 1973, 247; *LG Hamburg* MDR 1974, 758 (die beiden letztgenannten zu Art. 1 § 3 1. WKSchG); *Löwe* NJW 1972, 2022; → näher Rdnr. 7; → § 9 Rdnr. 3.

[26] *Hillach-Rohs*[8] 167; a. A. *E. Schneider* KostRsp. GKG § 16 Nr. 39 a.E.; weitere Fälle zu Inhaltsstreitigkeiten bei *Hillach-Rohs*[8] 167 ff.

[27] *RG* JW 1932, 1058.

[28] *OLG Frankfurt a. M.* JurBüro 1953, 445; *Hillach-Rohs*[8] 155 f.

Personen[29], der Streit zweier Prätendenten, wer in einen von einem Dritten abgeschlossenen Miet- oder Pachtvertrag eintreten darf[30], Streitigkeiten über das Bestehen von und über die Pflichten aus Vormiet- oder Vorpachtberechtigungen und um die Pflicht auf Eingehung eines Miet- oder Pachtverhältnisses[31]. In den genannten Fällen ist nach § 3 zu bewerten, wobei bisweilen die Regel des § 8 zur Bemessung des Interesses des Klägers herangezogen werden kann[32].

§ 8 findet ferner keine Anwendung auf Streitigkeiten zwischen mehreren Vermietern oder mehreren Mietern untereinander. So liegt es etwa beim Streit unter Miterben um die Wirksamkeit eines von der Erbenmehrheit mit einem Dritten abgeschlossenen Pachtvertrages[33]. Nicht zu § 8 zählen auch Streitigkeiten zwischen Vermietern und Mietzinsbürgen (Pachtzinsbürgen)[34]. Auch Streitigkeiten aus Vorverträgen zu Miet- oder Pachtverhältnissen gehören nicht zu § 8, weil es bei ihnen um das Eingehen solcher Verträge geht (→ Fn. 31).

5. Rechtsmittelstreitwert bei Mieterhöhungsklagen

Die Gebührenprivilegierung von Mietstreitigkeiten (§ 16 GKG) gilt nicht für den Rechts-   7
mittelstreitwert. Insonderheit ist der *Gebührenstreitwert einer Mieterhöhungsklage* (§ 16 Abs. 5 GKG) nicht maßgebend für den Rechtsmittelstreitwert. Dieser richtet sich vielmehr nach §§ 2, 3 ZPO, und (→ Rdnr. 4) damit nach dem wirtschaftlichen Interesse des Rechtsmittelklägers[35]. Die Praxis setzt meist den einfachen[36], dreifachen[37] oder den fünffachen[38] Jahreserhöhungsbetrag an. Nach zutreffender Auffassung findet § 9 (a.F.) keine Anwendung, da diese Norm von Zeiträumen ausgeht, die für Mietverhältnisse nicht passen[39]. Abzulehnen ist auch die Annahme des einfachen Jahreserhöhungsbetrages, weil diese Ansicht im Ergebnis doch auf eine Anwendung des § 16 Abs. 5 GKG hinausläuft. Auch § 8 selbst gelangt nicht zur Anwendung (→ Rdnr. 4). Als richtig erscheint es, *im Regelfall* auf den dreifachen Jahreserhöhungsbetrag abzustellen. Dadurch wird im Ergebnis zudem auch bisweilen der Wert des Beschwerdegegenstandes in § 511a (derzeit 1.500,– DM) erreicht werden, wenngleich die Überprüfbarkeit in zweiter Instanz nicht gewährleistet sein muß[40]. Die vorgeschlagene Regelfallbildung schließt freilich die Würdigung des Einzelfalles nicht aus. Dabei sind in erster Linie zu berücksichtigen die restliche Laufzeit sowie der Mieterhöhungsbetrag. Ein Rechtsentscheid zu den genannten Fragen ist wegen § 541 n. F. ZPO (früher Art. III MRÄndG) nicht möglich[41] (vgl. auch → Rdnr. 4). In entsprechender Weise ist auch im spiegelbildlichen Fall

[29] *BGH* LM ZPO § 256 Nr. 25 = Rpfleger 1955, 101; *Gelhaar* ZMR 1982, 359; *Treier* GrundE 1978, 200.
[30] A.A. *OLG Hamburg* NJW 1965, 2406.
[31] *OLG Frankfurt a. M.* MDR 1963, 60 (LS); *LG Hamburg* MDR 1970, 333.
[32] *Hillach-Rohs*[8] 155f.
[33] *BGH* LM GKG § 10 Nr. 10.
[34] A. A. *Wieczorek*[2] § 8 Bem. A I c 2.
[35] Zutreffend *LG Hagen* ZMR 1987, 97; *LG Berlin* MDR 1986, 323 (Nr. 74); *LG München I* ZMR 1986, 90; *LG Köln* ZMR 1986, 124; *LG Lübeck* MDR 1984, 237; *Zöller-E. Schneider*[17] § 8 Rdnr. 1; *Müller* GrundE 1987, 1075; *Schach* GrundE 1988, 223; *Hillach-Rohs*[8] 171. – A.A. (für § 16 Abs. 5 GKG oder jedenfalls für den einjährigen Erhöhungsbetrag): *AG Bad Kreuznach* MDR 1990, 833 (Anm. Schriftleitung); *LG Wuppertal* WuM 1988, 280; *LG Köln* MDR 1992, 186; WuM 1987, 159; 1985, 129; *LG Berlin* MDR 1986, 323 (Nr. 75); *LG Frankenthal* WuM 1985, 130; *LG Münster* JurBüro 1984, 453 (abl. *Mümmler*).
[36] *LG Regensburg* WuM 1992, 145; *AG Bad Kreuznach* MDR 1990, 833 (abl. *Lappe* KostRsp. GKG § 16

Nr. 66); *LG Wuppertal* WuM 1988, 280; *LG Hamburg* WuM 1987, 60; 1985, 727; *LG Köln* WuM 1991, 563; 1987, 159; *LG Berlin* MDR 1986, 323; *LG Frankenthal* WuM 1985, 130; *LG Münster* JurBüro 1984, 453 (abl. *Mümmler*).
[37] *LG Hamburg* WuM 1992, 146; *LG Hildesheim* MDR 1990, 58; *LG München I* ZMR 1986, 90; *LG Mannheim* WuM 1985, 128; *LG Bonn* WuM 1985, 129; *LG Lübeck* MDR 1984, 237; *E. Schneider* KostRsp. ZPO § 3 Nr. 808, 809.
[38] *LG Hagen* ZMR 1987, 97. – *LG Köln* ZMR 1986, 124 tritt für mindestens den fünfzehnfachen Betrag des monatlichen Erhöhungsverlangens ein.
[39] *LG Hildesheim* MDR 1990, 58; *LG Hagen* ZMR 1987, 97; *LG Berlin* MDR 1986, 323; *LG Lübeck* MDR 1984, 237; *OLG Frankfurt a. M.* MDR 1980, 761; *Hillach-Rohs*[8] 171; → § 9 Rdnr. 3 mit weiteren Nachweisen; a.A. *Mümmler* JurBüro 1984, 453; 1983, 991 (zwölfeinhalbfach).
[40] Überblick bei *BVerfG* NJW 1985, 2249; *LG Hannover* MDR 1981, 232.
[41] *LG Mannheim* WuM 1985, 128.

des Rechtsmittelstreitwerts der Mängelbeseitigungsklage des Wohnraummieters nach dem 3fachen Jahresbetrag der Mietminderung bemessen worden (*LG Kassel* WuM 1992, 448); → § 3 Rdnr. 53 »Mietzins«; → Rdnr. 18 a.E.

III. Wertberechnung

1. Miet- und Pachtzinsbegriff; Nebenleistungen

8   Die Berechnung geht vom Miet- und Pachtzins aus. Darunter ist die vom Mieter (Pächter) zu erbringende Gegenleistung zu verstehen. Der Miet- und Pachtzinsbegriff wird für § 8 ZPO und § 16 GKG (→ Rdnr. 16) ganz überwiegend gleich ausgelegt[42], obgleich verschiedene Funktionen des Streitwertes betroffen sind. Ein weites Begriffsverständnis fördert für den *Verfahrensstreitwert* insbesondere die Zulässigkeit von Rechtsmitteln, wogegen es im Rahmen des § 16 GKG für den *Gebührenstreitwert* zu einer sozialpolitisch eher unerwünschten Verteuerung führt. Gleichwohl sollte aus Gründen der Rechtsklarheit an einer einheitlichen Begriffsbestimmung festgehalten werden. Nach einer Grundlagenentscheidung des *BGH*[43] ist im Rahmen des § 8 ZPO (und des § 10 Abs. 1 GKG a.F.) Zins nicht nur der eigentliche in Geld zu zahlende oder in Naturalien zu erbringende Miet- oder Pachtzins, sondern es sind auch vertragliche Gegenleistungen anderer Art wie die Übernahme von öffentlichen Abgaben und sonstigen Lasten, Feuerversicherungsprämien, Instandsetzungskosten, Baukostenzuschüssen mit Ausnahme solcher Leistungen, insbesondere nebensächlicher Art, die im Verkehr nicht als Entgelt für die Gebrauchsüberlassung angesehen werden. Als Nebenleistungen werden angesehen Entgelte für zusätzliche Leistungen des Vermieters oder Verpächters außerhalb der eigentlichen Raumüberlassung wie z. B. Beheizung und Warmwasserbezug[44]. Das gleiche gilt für Nebenverpflichtungen, die in ihrer Entstehung ungewiß sind.

9   Die Entscheidung hat wenig zur Klärung beigetragen und wird heute von der Rechtsprechung vielfach nicht mehr befolgt, so daß die vermittelnde Linie des BGH weitgehend verlassen worden ist. Es ist auch wenig sachgerecht, die Leistungen des Vermieters in die eigentliche Raumüberlassung und in zusätzliche Leistungen aufzuteilen, da eine Wohnung nur bewohnbar ist, wenn sie beleuchtet, beheizt, mit Wasser versorgt wird usw.[45] Ein Teil der Rechtsprechung versteht unter Mietzins im Sinne des § 8 ZPO und des § 16 GKG daher die *Bruttomiete*[46] einschließlich aller Nebenleistungen, wogegen ein anderer Teil gerade umgekehrt auf die *Nettomiete* (Kaltmiete) abhebt[47]. Bisweilen wird auch in unterschiedlicher Art

---

[42] Etwa *Hillach-Rohs*[8] 161.

[43] *BGHZ* 18, 168 = MDR 1956, 349 (*Bettermann*) = NJW 1955, 1633; auch *LG Hannover* NJW 1954, 1614; zust. die Vorauflage; heute mit gleicher oder ähnlicher Differenzierung *LG Hagen* AnwBl. 1989, 620; *LG Düsseldorf* JurBüro 1987, 877 (§ 16 Abs. 2 GKG); *LG Saarbrücken* JurBüro 1986, 1061 (§ 16 Abs. 2 GKG); *LG Kleve* JurBüro 1985, 423; *LG München I* WuM 1985, 124 (§ 16 Abs. 2 GKG); *LG Braunschweig* ZMR 1982, 281 (§ 16 Abs. 2 GKG); *LG Flensburg* SchlHA 1981, 118; weitere Nachweise bei *E. Schneider* MDR 1990, 200; *Gelhaar* ZMR 1982, 359 (gegen *AG Bergheim* ZMR 1982, 190).

[44] *BGHZ* 18, 168, 173; ebenso etwa *LG Hamburg* ZMR 1992, 397, 398; *Thomas-Putzo*[17] § 8 Anm. 2a; *Wieczorek*[2] § 8 Bem. B II a; *Schalhorn* JurBüro 1970, 566; *Baumbach-Lauterbach-Hartmann*[50] § 8 Anm. 3 A.

[45] Zutreffend *E. Schneider*[10] Rdnr. 3087; ausführlich Rdnr. 3088 ff.

[46] *LG Hamburg* ZMR 1992, 397 f. (außer Heizkosten); *LG Kiel* WuM 1991, 50; 1987, 61 (§ 16 Abs. 2 GKG); *LG Koblenz* ZMR 1987, 24; *LG Köln* AnwBl. 1987, 496 (§ 16 Abs. 2 GKG); 1981, 286; für die vereinbarte Bruttomiete auch *LG Heilbronn* MDR 1989, 750 Nr. 82 (abl. *Slomian*; *E. Schneider* KostRsp. GKG § 16 Nr. 61); wohl auch *Hillach-Rohs*[8] 161; sympathisierend *E. Schneider*[10] Rdnr. 3087.

[47] *OLG Oldenburg* JurBüro 1991, 416, 417 (Pachtzins)(dazu *E. Schneider* KostRspr. GKG § 16 Nr. 69); *LG Bremen* WuM 1992, 202; *LG Mönchengladbach* JurBüro 1990, 774 (abl. *Röben* ZMR 1990, 345); *LG Heilbronn* MDR 1989, 750 (Nr. 81); *LG Düsseldorf* JurBüro 1989, 685; 1987, 876; *LG Freiburg* JurBüro 1984, 85; *LG Aachen* JurBüro 1984, 735; *LG Stuttgart* JurBüro 1983, 1224.

und Weise nach den verschiedenen Nebenleistungen, insbesondere nach verbrauchsabhängigen und verbrauchsunabhängigen differenziert (→ Fn. 44). Der überwiegende Teil der Entscheidungen ist zu § 16 GKG ergangen, gilt aber auch für § 8 ZPO. Dem legitimen Bedürfnis der Praxis nach klaren und schnell festzustellenden Maßstäben wird wohl am ehesten das *Abstellen auf die Bruttomiete* ohne weitere Differenzierungen gerecht. Dabei wird nicht verkannt, daß sich gleichwohl noch Unsicherheiten aufgrund von ungenauen Abschlagszahlungen ergeben können[48]. Das Abstellen auf die Bruttomiete entspricht im wesentlichen der Begriffsbildung des BGB und trägt zudem der Tatsache Rechnung, daß gerade über diese Leistungen auch häufig gestritten wird, unabhängig davon, ob sie etwa verbrauchsabhängig oder verbrauchsunabhängig sind. Die Rechtsprechung hat folgende Nebenleistungen zum Mietzins gerechnet, ohne daß sich bisher auch nur eine annähernd klare Linie herausgebildet hätte:

Einigkeit besteht darin, daß der Gesamtbetrag als Zins der Wertberechnung zugrunde zu legen ist, wenn der Mieter einen *festen Monatsbetrag zahlt*, ohne daß diese Miete näher aufgeschlüsselt ist[49]. In diesem Fall sind auch Heizungs- und Warmwasser-, Aufzugs- und Antennenkosten abgegolten. Das ist auch für eine vereinbarte Nebenkostenpauschale angenommen worden, die alle durch die Benutzung verursachten Betriebskosten abgilt, ohne diese im einzelnen zu bewerten[50]. Zum Mietzins gehört auch stets die zu zahlende *Mehrwertsteuer*[51].   **10**

Ferner wurden dem Mietzins zugerechnet die Kosten für *Wasser (Kaltwasser)*[52], *Müllabfuhr*[53], *Straßenreinigung*[54], *Schornsteinfeger*[55], *Brandversicherung*[56], *Grundsteuer* und sonstige mit dem Anwesen zusammenhängende *Abgaben*[57], *Gebäudereparatur*[58], *Hausverwaltungskosten*[59], *Baukostenzuschüsse*[60], *pauschalierter Schadensersatz*[61] i. S. eines unabhängig vom Eintritt eines Schadensereignisses zu zahlenden Betrags, *Heizungskosten* und *Heizungskostenvorschüsse*[62], *Warmwasser*[63], *Aufzug*[64], *Antennen*[65], *Flur- und Treppenreinigung*[66], *Beleuchtung*[67], *Stromgeld*[68], *Untermieterzuschläge*[69], *Kanalgebühren*[70]. Leistungen eines   **11**

---

[48] Darauf weist *E. Schneider* KostRspr. GKG § 16 Nr. 49 hin; für die Nettomiete wohl *Mümmler* JurBüro 1990, 1537, 1546.

[49] *LG Heilbronn* MDR 1989, 750 (Nr. 82) (oben Fn. 46).

[50] *OLG Düsseldorf* JurBüro 1992, 114.

[51] *LG Duisburg* JurBüro 1989, 1306 (§ 16 Abs. 1 GKG).

[52] *LG Saarbrücken* JurBüro 1986, 1016; *LG Braunschweig* ZMR 1982, 281; *AG Bergheim* ZMR 1982, 190; *OLG Hamburg* MDR 1956, 240. – A.A. *LG Würzburg* JurBüro 1977, 705; *LG Hannover* NdsRpfl. 1974, 252; MDR 1970, 514 (LS); *AG Hannover* MDR 1974, 412.

[53] *LG Saarbrücken* JurBüro 1986, 1016 (*Mümmler*); a.A. *LG Würzburg* JurBüro 1977, 705; *LG Hannover* NdsRpfl. 1974, 252.

[54] *LG Braunschweig* ZMR 1982, 281; *AG Bergheim* ZMR 1982, 190. – A.A. *LG Hannover* MDR 1970, 594.

[55] *LG Saarbrücken* JurBüro 1986, 1016; *LG Braunschweig* ZMR 1982, 281; *AG Bergheim* ZMR 1982, 190. – A.A. *LG Hannover* MDR 1970, 594.

[56] *Schmidt-Futterer* Rpfleger 1968, 215.

[57] *BGHZ* 18, 168, 172 f.; *LG Mainz* Rpfleger 1976, 69; *Schmidt-Futterer* Rpfleger 1968, 215; *LG Flensburg* SchlHA 1981, 118 (die vom Mieter vertraglich übernommen worden sind).

[58] *BGHZ* 18, 168, 172; *Schmidt-Futterer* Rpfleger 1968, 215. – A.A. *LG Hannover* MDR 1970, 514.

[59] *LG Essen* JurBüro 1972, 897; *Schmidt-Futterer* Rpfleger 1968, 215.

[60] *BGHZ* 18, 168, 173; *LG Hannover* NJW 1954, 1614; *Schmidt-Futterer* Rpfleger 1968, 215.

[61] *BGHZ* 18, 168 ff.

[62] *OLG Oldenburg* JurBüro 1981, 1232; *OLG Hamburg* MDR 1956, 240; *LG Koblenz* ZMR 1987, 23; *AG Braunschweig* MDR 1984, 758; *LG Bielefeld* ZMR 1973, 18 (LS); *LG Mainz* Rpfleger 1976, 69; *LG Mannheim* Die Justiz 1972, 284; *LG Berlin* NJW 1962, 256. – A.A. *BGHZ* 18, 168, 173; *LG Hamburg* 1992, 397, 398; *OLG Düsseldorf* DWW 1992, 80; *LG Saarbrücken* JurBüro 1986, 1016; *AG Bergheim* ZMR 1982, 190; *LG Würzburg* JurBüro 1977, 705; *LG Hannover* NdsRpfl. 1974, 252.

[63] *LG Saarbrücken* JurBüro 1986, 1016; *LG Hamburg* MDR 1978, 37; 1956, 240; *LG Mainz* Rpfleger 1976, 69; *LG Frankfurt a. M.* WuM 1976, 270; *LG Bielefeld* MDR 1965, 750; *LG Berlin* NJW 1962, 256. – A.A. *BGHZ* 18, 168, 173; *LG Bonn* MDR 1957, 618.

[64] *LG Berlin* NJW 1962, 256; *Schmidt-Futterer* Rpfleger 1968, 215.

[65] *Schmidt-Futterer* Rpfleger 1968, 215.

[66] *Schmidt-Futterer* Rpfleger 1968, 215; a.A. *LG Essen* JurBüro 1972, 897.

[67] *Schmidt-Futterer* Rpfleger 1968, 215; *OLG Stuttgart* Die Justiz 1953, 750 (Treppenlicht).

[68] *LG Bielefeld* MDR 1965, 750; a.A. *LG Hannover* NdsRpfl. 1974, 252; *AG Hannover* MDR 1974, 412.

[69] *LG Berlin* NJW 1962, 256.

[70] *LG Saarbrücken* JurBüro 1986, 1016.

Pächters in Erfüllung einer Pflicht zum Ersatz eines künftigen ungewissen Wildschadens sind freilich echte Nebenleistungen, kein Teil des Pachtzinses[71].

2. Streitige Zeit

a) Beginn

12 Maßgebend ist nach § 8 der Gesamtbetrag »des auf die gesamte streitige Zeit« fallenden Miet- oder Pachtzinses. Ergibt sich aus dem Parteivortrag kein späterer Zeitpunkt, beginnt die streitige Zeit in der Regel mit der Klageeinreichung[72]. Bei einer Klage auf Feststellung, daß eine fristlose Kündigung durchgreift, ist jedoch schon der Termin der behaupteten Beendigung des Mietverhältnisses maßgebend[73]. Das Gesetz fordert nicht, daß immer erst ab Klageerhebung zu berechnen ist[74]. Im Rechtsmittelzug entscheidet nicht der Zeitpunkt der Einlegung des Rechtsmittels, da § 8 als Sondernorm für Miet- und Pachtverhältnisse § 4 insoweit verdrängt, als es bei § 8 auf die gesamte streitige Zeit ankommt, nicht nur auf die Zeit während des Rechtsmittelverfahrens[75].

b) Ende

13 Das Ende der streitigen Zeit ergibt sich aus dem Ablauf des Vertragsverhältnisses. Ist eine bestimmte Vertragsdauer nicht vereinbart, so kommt es auf den Zeitraum bis zu dem Tag an, zu welchem gekündigt wurde oder frühestens gekündigt werden kann[76]. Das gilt selbst dann, wenn der Beklagte sich auf einen Widerruf der Kündigung stützt[77]. Bei einer Klage auf Feststellung der Wirksamkeit einer fristlosen Kündigung ist auf den Zeitpunkt abzustellen, zu dem diese als ordentliche Kündigung hätte wirksam werden können[78], oder zu dem sich der Beklagte mit der fristlosen Kündigung abgefunden hat[79]. Bei Pacht auf Lebenszeit war in Analogie zu § 9 a.F. der zwölfeinhalbfache Betrag des Jahreszinses anzusetzen[80]. Für die »streitige Zeit« kommt es auf die Angaben in der Klageschrift an. Beklagtensäumnis oder Geständnisfiktion sind unerheblich[81].

3. Höchstbetrag; Abschläge

14 Gem. § 8 2. Alt. ist Höchstbetrag der fünfundzwanzigfache Betrag des einjährigen Miet- oder Pachtzinses. Auch bei positiven *Feststellungsklagen* sind keine Abschläge vorzunehmen (→ § 2 Rdnr. 21), da § 8 in erster Linie auf solche Klagen abstellt[82].

---

[71] *BGH* NJW 1962, 293 = JurBüro 1962, 87; *LG Saarbrücken* JurBüro 1991, 582, 583 (zum Pachtzins zählen aber die Jagdsteuer und die Beiträge zur Berufsgenossenschaft); näher *E. Schneider* KostRspr. GKG § 16 Nr. 70.

[72] *OLG Bamberg* JurBüro 1991, 1126; *LG Bremen* WuM 1992, 202; *Thomas-Putzo*[17] § 8 Anm. 2 b; *Hillach-Rohs*[8] 160.

[73] *BGH* NJW 1958, 1291 = MDR 1958, 601; WM 1991, 2121 (Beschwer).

[74] Anders *Thomas-Putzo*[17] § 8 Anm. 2 b aa.

[75] *OLG Bamberg* JurBüro 1991, 1126 (zust. *Mümmler*); *BGH* NJW 1959, 2164 = MDR 1959, 1009.

[76] *BGH* NJW 1958, 1291; *RGZ* 164, 325, 329; *LG*

Bremen WuM 1992, 202; ferner *BGH* WM 1992, 1049 mit amtlichem Leitsatz WM 1992, 1344 (günstigster Zeitpunkt für den Mieter bei Mieterschutzregelung nach Art. 232 EGBGB § 2 Abs. 5).

[77] *BGH* MDR 1955, 731 (abl. *Bettermann*) (zum alten Recht).

[78] *LG Würzburg* JurBüro 1977, 705; → Rdnr. 19.

[79] *BGH* WM 1991, 2121, 2122.

[80] Ebenso *Hillach-Rohs*[8] 160.

[81] *LG Passau* KostRspr. GKG § 16 Nr. 28 (*E. Schneider*).

[82] *BGH* MDR 1958, 601; → Rdnr. 18 zu § 16 GKG.

4. Gemischte Verträge; Teilwert

Sind Dauer oder Bestand eines gemischten Vertragsverhältnisses streitig (→ Rdnr. 2), so **15** muß zunächst nach dem maßgebenden materiellen Recht beantwortet werden, ob überhaupt ein Miet- oder Pachtverhältnis vorliegt. Wird das verneint, trifft § 8 nicht zu. Liegt ein solches Verhältnis vor, so ist der Teilwert der miet-oder pachtrechtlichen Beziehung nach § 8 zu ermitteln sowie der Teilwert der übrigen Beziehung nach den hierfür einschlägigen Wertvorschriften festzustellen. Anschließend sind beide Werte nach § 5 zusammenzurechnen. Nach § 8 allein berechnet wird nur dann, wenn der Wert der übrigen Beziehung nicht ins Gewicht fällt.

IV. Sondervorschriften für den Gebührenstreitwert

Die Wertregelung des § 8 ZPO ist aus sozialstaatlichen Gründen (auch → § 9 Rdnr. 11) für **16** den *Gebührenstreitwert* durch § 16 GKG im Interesse einer Gebührensenkung modifiziert worden. § 16 GKG weicht nicht unerheblich von § 8 ZPO ab. Verfassungsrechtlichen Bedenken unterliegt die unterschiedliche Behandlung nicht[83].

1. Text von § 16 GKG

§ 16. Miet-, Pacht- und ähnliche Nutzungsverhältnisse

(1) Ist das Bestehen oder die Dauer eines Miet-, Pacht- oder ähnlichen Nutzungsverhältnisses streitig, so ist der Betrag des auf die streitige Zeit entfallenden Zinses und, wenn der **17** einjährige Zins geringer ist, dieser Betrag für die Wertberechnung maßgebend.

(2) Wird wegen Beendigung eines Miet-, Pacht- oder ähnlichen Nutzungsverhältnisses die Räumung eines Grundstücks, Gebäudes oder Gebäudeteils verlangt, so ist ohne Rücksicht darauf, ob über das Bestehen des Nutzungsverhältnisses Streit besteht, der für die Dauer eines Jahres zu entrichtende Zins maßgebend, wenn sich nicht nach Absatz 1 ein geringerer Streitwert ergibt. Verlangt ein Kläger die Räumung oder Herausgabe auch aus einem anderen Rechtsgrund, so ist der Wert der Nutzung eines Jahres maßgebend.

(3) Werden der Anspruch auf Räumung von Wohnraum und der Anspruch nach den §§ 556a, 556b des Bürgerlichen Gesetzbuchs auf Fortsetzung des Mietverhältnisses über diesen Wohnraum in demselben Prozeß verhandelt, so werden die Werte nicht zusammengerechnet.

(4) Bei Ansprüchen nach den §§ 556a, 556b des Bürgerlichen Gesetzbuchs ist auch für die Rechtsmittelinstanz der für die erste Instanz maßgebende Wert zugrunde zu legen, sofern nicht die Beschwer geringer ist.

(5) Bei Ansprüchen auf Erhöhung des Mietzinses für Wohnraum ist höchstens der Jahresbetrag des zusätzlich geforderten Zinses maßgebend.

§ 16 Abs. 5 GKG wurde durch Gesetz vom 13.6.1980 (BGBl. I 677) eingefügt und hat für den *Gebührenstreitwert* langjährige Streitfragen erledigt[84]. Abs. 5 ist nur für die Gebühren maßgebend, nicht aber für den Rechtsmittelstreitwert (→ Rdnr. 7).

---

[83] Anders wohl *Lappe* Justizkostenrecht 1982, 28.   [84] Nachweise zum früheren Recht bei *Gallas* ZMR 1979, 196.

2. Unterschiede zu § 8

18   Wichtigster Unterschied zu § 8 ZPO mit dem dort geregelten fünfundzwanzigfachen Betrag als Höchstbetrag (→ Rdnr. 14) ist der in *§ 16 Abs. 1 GKG* normierte Höchstbetrag des einjährigen Miet- oder Pachtzinses. Das gilt auch für eine vergleichsweise Auflösung eines Pachtverhältnisses oder die vergleichsweise Beilegung des Streites über den Fortbestand eines Mietverhältnisses[85]. Anders als bei § 8 ZPO (→ Rdnr. 2) fallen auch »sonstige Nutzungsverhältnisse« unter die gebührenrechtliche Regelung. Dazu gehören etwa das *Dauerwohnrecht* mit mietähnlichem Charakter (§§ 31 ff. WEG)[86], die *Nutzung von Land ohne Pachtvertrag*[87], der *Leasingvertrag*[88] oder die Vereinbarung eines monatlichen Nutzungsentgelts vor Abschluß eines Kaufvertrages über ein Hausgrundstück, das auf den Kaufpreis anzurechnen ist[89]. Das gleiche gilt für einen *Jagdpachtvertrag*[90]. Nicht unter § 16 GKG fallen jedoch der Nießbrauch[91], ein durch *letztwillige Verfügung* zugewendetes schuldrechtliches Nutzungsverhältnis[92], ein *unentgeltliches Wohnrecht*[93] oder ein *Automatenaufstellungsvertrag*[94].

Im übrigen kann jedoch für die Auslegung des § 16 GKG die Interpretation des § 8 ZPO herangezogen werden. Das gilt vor allem für den Zinsbegriff (→ Rdnr. 8 ff.). Für den Streitwert einer Klage des Mieters auf Abschluß eines Mietvertrages ist § 16 Abs. 2 GKG nicht analog anzuwenden. Vielmehr gilt § 3 ZPO mit einem jedenfalls höheren Interesse als dem einjährigen Mietzins[95]. Auch sind ebenso wie bei § 8 ZPO (→ Rdnr. 14) im Falle des § 16 Abs. 1 GKG bei positiven Feststellungsklagen keine Abschläge zu machen[96]. In vergleichbarer Weise (→ Rdnr. 4) richtet sich der Streitwert einer bezifferten Klage auf zukünftige Zahlung von Miete (§ 259 ZPO) nicht nach § 16 Abs. 1 GKG. Der geltend gemachte Betrag ist nach den Grundsätzen der bezifferten Leistungsklage voll anzusetzen[97]. Auch der Streitwert einer Klage auf Zahlung rückständigen Mietzinses richtet sich nach der im Klageantrag bezifferten Forderung. Doch ist die Klage auf Zahlung zukünftigen Mietzinses streitwertmäßig dann begünstigt, wenn auch das Bestehen des Mietverhältnisses streitig ist[98] (→ Rdnr. 4). Bei Mietzinsklagen oder Klagen auf künftige Nutzungsentschädigung findet auch § 16 Abs. 2 GKG keine Anwendung[99]. Vielmehr ist nach § 3 zu schätzen. Nimmt der Mieter den Vermieter auf Gebrauchsüberlassung der Mietsache in Anspruch und besteht Streit um das Bestehen des Mietverhältnisses, so ist der Streitwert nach § 16 Abs. 1 GKG zu bestimmen, weil der sozialpolitische Zweck der Norm in gleicher Weise betroffen ist wie beim Räumungsanspruch des Vermieters[100]. Eine Drittwiderspruchsklage gegen die Räumungsvollstreckung aus einem Zwangsversteigerungs-Zuschlagsbeschluß ist nach § 16 GKG und nicht nach § 6 ZPO zu bewerten, wenn der Drittwiderspruchskläger sich auf einen Pachtvertrag als »ein die Veräußerung hinderndes Recht« beruft[101]. § 16 GKG ist nur anwendbar, wenn die Vertragsparteien

[85] *OLG Frankfurt a.M.* JurBüro 1969, 1213; *OLG Düsseldorf* JurBüro 1992, 351 (Verlgeich unter einer aufschiebenden Bedingung); s. auch *Gerold* JurBüro 1956, 43.

[86] *OLG Stuttgart* Rpfleger 1964, 130; Abgrenzungsentscheidung *AG Frankfurt a.M.* AnwBl. 1984, 449; *E. Schneider*[10] Rdnr. 5105 ff.

[87] *KG* JurBüro 1966, 964.

[88] *BGH* KostRsp. GKG § 16 Nr. 57.

[89] *OLG Düsseldorf* JurBüro 1988, 373.

[90] *LG Saarbrücken* JurBüro 1991, 582.

[91] *OLG Schleswig* SchlHA 1986, 46; Rpfleger 1962, 426; a.A. *OLG Köln* MDR 1981, 767 (Einzelfallbetrachtung).

[92] *KG* JurBüro 1978, 892.

[93] *LG Bayreuth* JurBüro 1979, 895; *LG Heidelberg* AnwBl. 1984, 373 (einschränkend); a.A. *LG Bayreuth* JurBüro 1981, 576.

[94] *OLG Koblenz* JurBüro 1980, 1861 f.

[95] A. A. *LG Dortmund* WuM 1991, 358 mit abl. Anm. *E. Schneider* KostRspr. GKG § 16 Nr. 71.

[96] *OLG Düsseldorf* JurBüro 1988, 227; *OLG Bamberg* JurBüro 1985, 1359.

[97] *OLG Bamberg* JurBüro 1985, 589 (*E. Schneider* KostRsp. ZPO § 3 Nr. 741); a. A. *AG Kerpen* WuM 1991, 439 mit Anm. *N. Schneider;* → § 2 Rdnr. 94.

[98] A.A. *BGH* KostRsp. GKG § 16 Nr. 39 (*E. Schneider*).

[99] *OLG Frankfurt a. M.* MDR 1980, 761; 1963, 1021.

[100] *OLG Celle* MDR 1989, 272 (zust. *E. Schneider* KostRsp. GKG § 16 Nr. 58).

[101] *OLG Celle* KostRsp. GKG § 16 Nr. 52 (*E. Schneider*).

untereinander streiten[102] (zu § 8 ZPO → Rdnr. 5). Für den Streitwert der Klage auf Wiederherstellung der Mietsache ist § 16 Abs. 1 GKG analog herangezogen worden[103]. Das gleiche gilt für die Duldungsklage des Vermieters nach § 541 a BGB[104]; → Rdnr. 22.

3. § 16 Abs. 2 GKG

§ 16 Abs. 2 GKG erfaßt im Unterschied zu § 8 ZPO (→ Rdnr. 4) auch diejenigen Streitigkeiten, bei denen es nicht um Dauer oder Bestand des Verhältnisses wie z. B. das Bestehen oder Nichtbestehen des Mietvertrages[105], sondern nur um die Räumung geht. § 16 Abs. 2 S. 1 GKG betrifft die Beendigung eines Miet-, Pacht- oder ähnlichen Nutzungsverhältnisses, wogegen § 16 Abs. 2 S. 2 GKG die Beendigung aus einem anderen Grund regelt[106]. Gleichgültig ist, ob sich der Räumungskläger auf eine oder mehrere Kündigungen beruft[107]. § 16 Abs. 2 GKG gilt auch bei Herausgabeverlangen unter Partnern nichtehelicher Lebensgemeinschaften[108]. Die Norm kommt immer zur Anwendung, wenn bei der Räumungsklage ein vorausgegangenes oder bestehendes Nutzungsverhältnis zur Debatte steht[109]. Unter § 16 Abs. 2 GKG fällt auch die Klage des Vermieters auf vorübergehende Räumung zur Durchführung von Verbesserungsmaßnahmen[110]. Ist aber überhaupt nicht über das Bestehen eines Nutzungsverhältnisses zu entscheiden, so gilt § 6 ZPO[111]. So liegt es bei der Klage des Verkäufers von Wohnungseigentum gegen den Käufer auf Räumung und Herausgabe nach Rücktritt vom Kaufvertrag. Streitkern ist der Kaufvertrag, wogegen der gleichzeitig damit abgeschlossene Nutzungsvertrag nur ein Anhängsel des Kaufvertrages darstellt[112]. § 16 Abs. 2 GKG gilt aber, wenn nach dem Zuschlag in der Zwangsversteigerung zwischen Schuldner und Ersteher eine befristete Nutzungsvereinbarung getroffen worden ist[113]. Die Norm findet wohl auch Anwendung bei der Bestimmung des Gegenstandswertes im Verfahren der Räumungszwangsvollstreckung[114].

Ebenso wie bei § 8 ZPO (→ Rdnr. 13) ist im Sinne des § 16 GKG bei einer fristlosen Kündigung die »streitige Zeit« diejenige zwischen fristloser und ordentlicher Kündigung, so daß es auf diesen Differenzbetrag ankommt, wenn er geringer ist als der Betrag der Jahresmiete[115]. Auf die Streitfrage, ob der Differenz- oder der Jahresbetrag maßgebend ist, kommt es freilich nur an, wenn die Räumung (§ 16 Abs. 2 GKG) nach Ablauf der ordentlichen Kündigungsfrist zwischen den Parteien nicht im Streit ist, sondern es lediglich darum geht, ob schon vorher geräumt werden muß[116]. Ist es dagegen ungewiß, wann es zur Räumung kommt, weil der Beklagte die Verpflichtung zur Räumung nach Ablauf der ordentlichen Kündigungsfrist leugnet oder einfach nicht auszieht, ist der Jahresbetrag der Miete nach § 16 Abs. 2 GKG maßgebend[117].

19

---

[102] *LG Saarbrücken* JurBüro 1991, 582.
[103] *OLG Schleswig* SchlHA 1991, 202; a. A. *LG Hamburg* WuM 1992, 447 (dreifacher Jahresbetrag der Mietminderung); → Rdnr. 7 a.E.
[104] *LG Hamburg* MDR 1991, 1095 mit zust. Anm. *E. Schneider* KostRsp. GKG § 16 Nr. 76; → Rdnr. 22.
[105] *OLG Düsseldorf* JMBlNRW 1956, 176; *OLG Karlsruhe* NJW 1956, 310.
[106] Vgl. *BGHZ* 48, 177 = NJW 1967, 2263; *BGH* NJW 1953, 384; *OLG Frankfurt a. M.* JurBüro 1983, 255 (Käufer läßt Verkäufer noch befristet wohnen).
[107] *LG Hamburg* ZMR 1986, 125.
[108] *LG Mosbach* MDR 1985, 593.
[109] *OLG Bamberg* JurBüro 1992, 625; 1981, 1047.
[110] *LG Mannheim* Die Justiz 1976, 430; 1974, 303.
[111] *OLG Bamberg* JurBüro 1988, 516; *LG Düsseldorf* KostRsp. GKG § 16 Nr. 84 (Zuschlagsbeschluß).

[112] *BGH* NJW 1967, 1863; *OLG Düsseldorf* JurBüro 1988, 373 (obiter; zust. *E. Schneider* KostRsp. GKG § 16 Nr. 54); *OLG Frankfurt a. M.* JurBüro 1983, 919; a. A. *OLG Köln* JurBüro 1978, 1054 (Bewerbervertrag für Eigenheim); MDR 1974, 323.
[113] *LG Berlin* Rpfleger 1990, 35.
[114] A. A. *Ahlemeier-Pautz* DGVZ 1990, 38 mit Nachw. (str.).
[115] *OLG Zweibrücken* JurBüro 1984, 422; *E. Schneider*[10] Rdnr. 3045, 3051; a. A. *LG Flensburg* SchlHA 1981, 118 (mit weiterführender Anm. *E. Schneider* KostRsp. GKG § 16 Nr. 17; *LG Regensburg* KostRsp. GKG § 16 Nr. 3 (Jahresbetrag).
[116] Zutreffend *E. Schneider* KostRsp. GKG § 16 Nr. 65.
[117] *OLG Köln* JurBüro 1990, 646.

4. § 16 Abs. 3 GKG

20   *§ 16 Abs. 3 GKG* beinhaltet ein Verbot der Zusammenrechnung des Räumungsstreitwerts mit demjenigen des Fortsetzungsverlangens (→ § 5 Rdnr. 19).

5. § 16 Abs. 4 GKG

21   *§ 16 Abs. 4 GKG* verhindert eine Werterhöhung in der Rechtsmittelinstanz. Ein höherer Wert kommt für das Rechtsmittelverfahren z. B. dann nicht in Betracht, wenn der Mieter gegen ein Räumungsurteil ein Rechtsmittel einlegt und in der 2. Instanz die Fortsetzung des Mietverhältnisses mit erhöhtem Mietzins bestimmt wird. Doch ist nach richtiger Ansicht das Erhöhungsverbot des § 16 Abs. 4 GKG dahingehend einzuschränken, daß sich der Streitwert nicht durch solche Heraufsetzungen des Mietzinses erhöht, die erst nach Erlaß des angefochtenen Urteils ohne Rückwirkung in Kraft treten[118].

6. § 16 Abs. 5 GKG

22   *§ 16 Abs. 5 GKG* (→Rdnr. 7 und 17) gilt nicht nur bei Zustimmungsklagen nach § 2 MHG, sondern etwa auch im Rahmen des § 3 MHG[119]. Dagegen richtet sich der Streitwert einer Modernisierungsklage nach § 541b BGB und § 541a BGB nicht nach § 16 Abs. 5 GKG, sondern nach § 3 ZPO[120]. § 16 Abs. 5 GKG ist ferner nicht anwendbar auf die Miete von Gewerberäumen[121]. Es gilt auch nicht § 9[122] (aber → § 9 Rdnr. 3). § 8 ist deshalb nicht anwendbar, weil es nicht um den Bestand oder die Dauer des Nutzungsverhältnisses geht[123].

23   Eine freiwillige Zahlung vor der Rechtshängigkeit mindert im Anwendungsbereich des § 16 Abs. 5 GKG den Streitwert nicht, da nach § 15 GKG der Unterschiedsbetrag zwischen dem bisherigen und dem geforderten höheren Mietzins ausgehend von der Miete berechnet wird, die im Zeitpunkt der Klageerhebung gilt[124].

§ 9   [Wert bei wiederkehrenden Nutzungen und Leistungen]

Der Wert des Rechts auf wiederkehrende Nutzungen oder Leistungen wird nach dem dreieinhalbfachen Wert des einjährigen Bezuges berechnet.

Bei bestimmter Dauer des Bezugsrechts ist der Gesamtbetrag der künftigen Bezüge maßgebend, wenn er der geringere ist.

Gesetzesgeschichte: Geändert durch Art. 1 Nr. 1 des Gesetzes zur Entlastung der Rechtspflege vom 11. 1. 1993, BGBl I 50.

---

[118] *Hillach-Rohs*[8] 165 f.

[119] Überzeugend *LG Hamburg* WuM 1985, 127; *LG Hannover* MDR 1981, 232.

[120] *LG Fulda* MDR 1992, 577 (36facher Mieterhöhungsbetrag); *LG Berlin* ZMR 1985, 343; *LG Hamburg* ZMR 1985, 127 (36facher Mieterhöhungsbetrag); a. A. *LG Köln* WuM 1989, 566 (§ 16 Abs. 5 GKG analog); *LG Hamburg* MDR 1991, 1095 (§ 16 Abs. 1 GKG analog: Jahresbetrag der Mietminderung [zu § 541a BGB]); zustimmend *E. Schneider* KostRspr. GKG § 16 Nr. 76; → Rdnr. 18.

[121] *OLG Hamburg* MDR 1990, 1024; *OLG Köln* MDR 1991, 545 (abl. *E. Schneider* MDR 1991, 499); WuM 1985, 126; *OLG Bamberg* AnwBl. 1984, 95; a. A. *E. Schneider*[10] Rdnr. 1942 ff; *ders.* KostRsp. GKG § 16 Nr. 67 (§ 16 Abs. 5 GKG analog).

[122] A.A. *OLG Hamburg* MDR 1990, 1024; *OLG Köln* MDR 1991, 545; *OLG Braunschweig* AnwBl. 1982, 480.

[123] *E. Schneider* MDR 1991, 499, 500.

[124] *Hartmann*[24] § 16 GKG Anm. 5; a. A. *LG Bremen* WuM 1982, 131.

Stichwortregister → *Wertschlüssel* in § 3 Rdnr. 41 ff.

I. Funktion; Neufassung

§ 9 dient als *normativer Streitwert* der Rechtssicherheit und der prozessualen Gleichbe- **1**
handlung, indem er die ausschließliche Bewertung nach den Klägerinteressen verbietet (→ § 3
Rdnr. 2). Die Norm gilt vor allem für den *Zuständigkeits-* und den *Rechtsmittelstreitwert* (zu
den Begriffen → § 2 Rdnr. 30 ff.; 34 ff.). Bisweilen wird § 9 für den *Bagatellstreitwert* (Begriff
→ § 2 Rdnr. 39) in Frage kommen. So kann es etwa bei der Klage auf Zahlung von Überbaurente bei geringfügigem Überbau liegen. Ähnliches gilt für den *Verurteilungsstreitwert* (→ § 2
Rdnr. 40), weil § 708 Nr. 8 dem § 708 Nr. 11 vorgeht. Die Bedeutung des § 9 ZPO ist durch die
gebührenrechtlichen Sonderregeln der §§ 17, 17a, 20 Abs. 2 GKG (→ Rdnr. 12 ff.) erheblich
eingeschränkt. Diese Normen bezwecken eine Kostenminderung, um die gerichtliche Durchsetzung von bestimmten Ansprüchen zu erleichtern (→ Rdnr. 12). Die Neufassung des § 9
durch das Gesetz zur Entlastung der Rechtspflege vom 11. 1. 1993 (BGBl I 50) hat die langen
Bewertungszeiträume von § 9 a.F. von zwölfeinhalb (→ Rdnr. 8 f.) und fünfundzwanzig
Jahren (→ Rdnr. 8 f.) zugunsten des einheitlichen dreieinhalbfachen Wertes des einjährigen
Bezuges aufgegeben. Die Neuregelung verfolgt ausschließlich den Zweck, die Landgerichte
und Oberlandesgerichte auf Kosten der Amtsgerichte zu entlasten (Rechenbeispiele in BR-
Drucks. 314/91 vom 24. 5. 1991 S. 62 f.). Der Rechtsschutz wird daher nicht unerheblich
eingeschränkt. § 9 n.F. ist nicht mit dem unverändert gebliebenen § 8 abgestimmt worden,

obwohl die Dauer der Mietverhältnisse im Durchschnitt kürzer ist als die Dauer der von § 9 erfaßten Ansprüche. Dagegen halten sich trotz § 12 Abs. 1 GKG die kostenrechtlichen Auswirkungen in Grenzen, weil die gebührenrechtlichen Sonderregeln der §§ 17, 17a, 20 Abs. 2 GKG unverändert beibehalten wurden. Dagegen muß die bisher zu § 9 ergangene – und im Rahmen dieser Kommentierung dargestellte – Rechtsprechung in jedem Einzelfall künftig auf ihre Beibehaltung überprüft werden, soweit sie die Anwendung der alten Fassung mit der Erwägung abgelehnt hat, es sei für die betreffenden Rechte erfahrungsgemäß nicht mit einer Dauer von zwölfeinhalb Jahren zu rechnen (→ Rdnr. 2, 3 sub bb). Dieses Argument wird sich wegen der Verkürzung auf den dreieinhalbfachen Jahresbetrag in manchen bisher anders entschiedenen Fällen als nicht mehr tragfähig erweisen. Für den Hauptfall der Mieterhöhungsklagen spielt das freilich deshalb keine große Rolle, weil nach der hier vertretenen Ansicht ohnehin ein Zeitraum von drei Jahren für angemessen erachtet wird (→ § 8 Rdnr. 7). Für anhängige Verfahren in der Zivilgerichtsbarkeit gilt nach der Überleitungsvorschrift von Art. 14 Abs. 2 des Gesetzes zur Entlastung der Rechtspflege weiterhin § 9 a.F. Für die Zulässigkeit von Berufungen gilt Art. 14 Abs. 1. § 9 n.F. hat die angedeuteten Folgeprobleme ungelöst gelassen und muß daher als wenig geglückt angesehen werden (ablehnend die Stellungnahme der Bundesregierung BT-Drucks. 12/1217 Anlage 3 S. 63 f.).

1. Rechte auf wiederkehrende Nutzungen oder Leistungen

2   § 9 ZPO gelangt zur Anwendung, wenn es sich um Nutzungen (§ 100 BGB) oder Leistungen (vgl. §§ 241 ff. BGB) handelt, die auf einheitlichem Rechtsgrund beruhen und als wenigstens annähernd gleichmäßige in größeren oder kleineren regelmäßigen oder unregelmäßigen Abständen wiederkehren. Zudem muß das zugrundeliegende Recht seiner Natur nach und erfahrungsgemäß eine Dauer von wenigstens dreieinhalb (früher: zwölfeinhalb) Jahren haben oder haben können[1]. Der Rechtsgrund ist für § 9 unerheblich; er kann z. B. auf Vertrag, unerlaubter Handlung oder ungerechtfertigter Bereicherung beruhen.

a) Beispiele

Unter § 9 fallen insbesondere Unterhaltsansprüche[2] (auch Unterhaltsaufwendungen), Leibrenten[3], Ruhegelder, Pensionen, Altersrenten, Geldrenten nach Deliktsrecht (§§ 843 ff. BGB), nach §§ 5, 6, 8 HaftpflG; §§ 10, 11, 13 StVG, 35, 36, 38 LuftVG; aus entsprechender Anwendung dieser Vorschriften wie z. B. bei § 618 Abs. 3 BGB. Daneben sind zu nennen Vertragsverletzungen, Aufopferung[4], Notweg- und Überbaurenten[5], Erbbauzinsen[6], Altenteilsansprüche[7], Berufsunfähigkeitsrente[8] und ähnliche Ansprüche wie z. B. Weiterzahlung einer Lebens- oder Aussteuerversicherung[9] oder Zahlung von Schadensersatz für entgangenen Gewinn in Form von »Zinsen«, d. h. als einer Geldrente[10]. Die Klage auf Pachtzinserhö-

---

[1] BGHZ 36, 144 = NJW 1962, 583; RGZ (VZS) 37, 382, 386; KG Rpfleger 1962, 156; je zu § 9 a.F.
[2] *Mümmler* Zum Streitwert von Unterhaltsansprüchen JurBüro 1989, 1493; BGH NJW 1981, 1318 = JurBüro 1981, 846 (Unterhaltsaufwendungen wegen fehlgeschlagener Sterilisation).
[3] *LG Bayreuth* JurBüro 1986, 1059.
[4] BGHZ 7, 335 = NJW 1953, 104.
[5] H.L., *OLG Köln* JurBüro 1991, 1386 mit Anm. E. Schneider KostRspr. ZPO § 9 Nr. 43; *OLG Celle* JR 1951, 26; → § 7 Rdnr. 4, 6 und 10; Zöller-E. Schneider[17] § 9 Rdnr. 4; widersprüchlich Thomas-Putzo[17] § 9 Anm. 1b einerseits, § 3 »Überbau« andererseits.
[6] *BayObLG* JurBüro 1989, 132 (Schadensersatzan-

sprüche aus Erbbaurechtsvertrag); *OLG München* JurBüro 1977, 1002; *OLG Frankfurt a. M.* JurBüro 1977, 1134; *OLG Celle* JurBüro 1972, 517; *Mümmler* JurBüro 1980, 961, 971; Hillach-Rohs[8] 207.
[7] *OLG Bamberg* BayJMBl. 1951, 230; zum *Leibgeding* LG Freiburg AnwBl. 1973, 169; vgl. auch *OLG Nürnberg* JurBüro 1959, 247; Bink JurBüro 1962, 654.
[8] *OLG Hamm* JurBüro 1986, 1543 (zwölfeinhalbfach); → § 3 »Deckungsprozeß (Berufsunfähigkeitsversicherung)« (Rdnr. 44); zur Beschwer BGH NJW-RR 1990, 1361; 1992, 608.
[9] *OLG Celle* JurBüro 1968, 830.
[10] A.A. KG JW 1930, 3331 (v. Hodenberg); auch → § 4 Rdnr. 19.

hung berechnet sich gemäß § 9 nach der Mehrforderung für die gesamte Restlaufzeit des Pachtvertrages (zu Mietzinserhöhungsklagen → Rdnr. 3); § 16 Abs. 5 GKG findet keine Anwendung[11]. Der Wert einer zinslosen unbefristeten Stundung kann nach § 9 a.F. 1. Alt. analog auf den zwölfeinhalbfachen Betrag bemessen werden, weil die Bewertung des § 9 der bei zinsloser Stundung erwarteten wiederkehrenden Einsparung vergleichbar ist[12]. Unter § 9 fallen *Reallasten*, auch die subjektiv – dingliche Reallast des § 1105 Abs. 2 BGB (→ § 7 Rdnr. 10). Eine analoge Anwendung von § 24 KostO ist grundsätzlich ausgeschlossen (→ Rdnr. 8)[13].

§ 9 a.F. erfaßt auch Lohn-, Vergütungs- und Gehaltsansprüche, soweit sie von den *Zivilgerichten* zu entscheiden sind und die Tätigkeit einer Person voraussichtlich zwölfeinhalb Jahre dauern wird (→ Rdnr. 3). Hierher gehören Vergütungsansprüche von Gesellschaftern einer OHG oder KG, die Besoldung der Vorstands- oder Beiratsmitglieder einer Genossenschaft oder GmbH, das Gehalt eines GmbH-Geschäftsführers (Einzelheiten → Rdnr. 8 und 21; → § 1 Rdnr. 156 ff., 161), nicht aber wegen der zeitlichen Beschränkung in §§ 81 Abs. 1 und 102 AktG die Ansprüche für die Mitglieder des Vorstandes oder des Aufsichtsrates einer Aktiengesellschaft (zu Organmitgliedern juristischer Personen näher → Rdnr. 21). Für das *arbeitsgerichtliche Verfahren* gilt § 9 nicht (→ Rdnr. 28). Dort ist § 12 Abs. 7 ArbGG maßgebend (Text und Einzelheiten → § 2 Rdnr. 123 ff.).

b) Abgrenzungen

aa) Dauernde Ansprüche

Unter § 9 fallen nicht die sog. dauernden Ansprüche oder Rechte. Diese kehren nicht   3 periodisch wieder, sondern bestehen fortdauernd, auch wenn die Berechtigung zeitlich begrenzt ist. Beispiele sind Ansprüche oder Rechte auf beständige Nutzung, der *Nießbrauch*[14], *Wohnrechte*[15], *Fischereirechte*[16] und *Jagdrechte*[17].

bb) Nicht-langfristige Ansprüche

§ 9 a.F. fand keine Anwendung auf Ansprüche und Rechte auf Leistungen, bei denen erfahrungsgemäß nicht mit einer Dauer von zwölfeinhalb Jahren zu rechnen ist (→ Rdnr. 4 und 7)[18]. So liegt es z.B. bei *Verzugszinsen*[19], *Überbrückungsgeldern*, *Internatskosten*, *Sondernutzungsgebühren für Warenautomaten*[20], *Lieferung elektrischer Energie*[21], *Ausbildungshilfen*, *Versicherungsprämien* für kurzlebige Gegenstände, Entgelt für die *Tätigkeit im Vorstand oder Aufsichtsrat* einer AG (→ Rdnr. 2), z.T. auch *Vereinsbeiträgen*, *Abonnements* von Zeitschriften oder kulturellen Veranstaltungen. Die langen Berechnungszeiträume des

---

[11] *OLG Braunschweig* AnwBl. 1982, 846; für die analoge Anwendung des § 16 Abs. 5 GKG *E. Schneider*[10] Rdnr. 3539; für den Wert der einjährigen Erhöhung im Rahmen des § 3 auch *OLG Karlsruhe* AnwBl. 1983, 174.

[12] *VGH München* JurBüro 1988, 1384.

[13] *OLG Frankfurt a. M.* AnwBl. 1982, 11.

[14] *OLG Düsseldorf* JMBlNRW 1951, 117; *Thomas-Putzo*[17] § 9 Anm. 1 b; *Zöller-E. Schneider*[17] Rdnr. 3; a.A. *OLG Schleswig* SchlHA 1986, 46 (§ 9 1. Alt. analog); Rpfleger 1962, 426 (LS).

[15] *OLG Braunschweig* Rpfleger 1964, 97 (freies Ermessen nach § 3); a.A. *OLG Schleswig* AnwBl. 1967, 223; SchlHA 1950, 261 (Schätzung nach § 3 ZPO unter Rückgriff auf § 24 Abs. 2 KostO); ebenso *OLG Düsseldorf* JMBlNRW 1951, 117; *OLG München* JurBüro 1951, 101

(nach § 3 unter Rückgriff auf § 9 zu schätzen); auch → § 8 Rdnr. 2.

[16] *BGH* MDR 1969, 916 = JurBüro 1969, 835; *OLG Celle* JurBüro 1972, 917.

[17] *Thomas-Putzo*[17] § 9 Anm. 1 b.

[18] *BGHZ* 36, 144, 147 f. = NJW 1962, 583; *BVerwG* JurBüro 1989, 851; *OLG Bremen* Rpfleger 1989, 427; *KG* Rpfleger 1962, 156 (LS).

[19] *BGHZ* 36, 144, 147 f.; *OLG Celle* NdsRpfl. 1965, 229.

[20] *BVerwG* JurBüro 1989, 851 = NVwZ-RR 1989, 279.

[21] *OLG Bremen* Rpfleger 1989, 427 (§ 3: fünffacher Jahresbetrag der jährlichen durchschnittlichen Stromkosten).

§ 9 trafen deshalb auch auf *Mietzinsklagen*, insbesondere auf Klagen auf Mieterhöhung nicht zu. Die überwiegende Meinung stellte daher in diesen Fällen den Wert nach § 3 und nicht nach § 9 fest (Einzelheiten → § 8 Rdnr. 4 und 7). Das gilt auch dann, wenn der Mietvertrag auf bestimmte Zeit abgeschlossen ist. Die Gegenmeinung[22] war mit dem Sinn des § 9 unvereinbar, weil die Wertermittlung dieser Norm in aller Regel zu höheren, bisweilen zu lebensfremd hohen Streitwerten kam. Im Rahmen des sozialen Mietprozesses liegt darin auch ein Verstoß gegen dessen Wertungen (auch → § 8 Rdnr. 4 und 16 ff.). Klagen über Bestand oder Dauer des Mietverhältnisses fallen ohnehin nicht unter § 9; → § 8 Rdnr. 3. Für die meist längerfristigen *Pachtverhältnisse* findet § 9 aber in der Regel Anwendung (→ Rdnr. 2). Die dargestellte Rspr. steht unter dem ausdrücklichen Vorbehalt des zu → Rdnr. 1 Gesagten.

cc) Unterlassungsansprüche

Unterlassungsansprüche gehören nicht unter § 9, weil eine begehrte Unterlassung keine wiederkehrende Leistung ist[23]. Dabei ist es gleichgültig, ob diese Ansprüche auf beständiges oder wiederkehrendes Unterlassen wie z. B. an bestimmten Wochentagen gerichtet sind.

c) Unregelmäßige, aber wiederkehrende Leistungen

4 § 9 findet Anwendung auf unregelmäßige, aber wiederkehrende Leistungen. In derartigen Fällen muß der Wert des einjährigen Bezugsrechtes nötigenfalls durch eine Durchschnittsberechnung festgestellt werden. So liegt es z. B. bei der *kirchlichen Baulast* und ähnlichen Leistungen. Schwanken die Jahresbezüge zwischen den verschiedenen Jahren, so ist von dem höchsten Jahresbetrag auszugehen, jedoch nicht über den maßgeblichen Zeitraum des § 9 hinaus[24]. Dasselbe gilt, wenn beim Unterhalt die Leistungen in ihrer Höhe für die einzelnen Jahre verschieden sind[25].

2. Geltendmachen des Rechts selbst

5 § 9 ist nur anwendbar, wenn das Recht selbst geltend gemacht wird. Dabei ist es gleichgültig, ob dies durch eine dingliche oder persönliche Klage, durch Zahlungsklage oder durch eine Klage um die Inhaberschaft des Rechts wie z. B. auf Abtretung des Rechts[26] oder durch eine Vollstreckungsabwehrklage geschieht. Da sich der Streitwert der Vollstreckungsabwehrklage gem. § 767 nach dem zu vollstreckenden Anspruch richtet (→ § 3 Rdnr. 62 »Vollstreckungsgegenklage«), kann für sie § 9 eingreifen[27]. Auch Klagen auf Erhöhung oder Herabsetzung machen das Recht geltend[28]; → Rdnr. 11. Das Stammrecht wird auch bei der *negativen Feststellungsklage* geltend gemacht. Den allgemeinen Grundsätzen entsprechend (→ § 2 Rdnr. 26) ist der volle nach § 9 errechnete Betrag festzusetzen, weil der Erfolg dieser Klage auch einer Leistungsklage des Gegners entgegensteht[29]. Dagegen ist § 9 auf *positive Feststel-*

[22] *BGH* NJW 1966, 778 = JurBüro 1966, 309; *OLG Bamberg* AnwBl. 1984, 94; *OLG Düsseldorf* JurBüro 1973, 249.
[23] Anders *OLG Saarbrücken* AnwBl. 1978, 467 für eine Klage auf wettbewerbsrechtliche Unterlassung (→ § 3 Rdnr. 63).
[24] *BGHZ* 7, 335 = NJW 1953, 104; *RGZ* 160, 83; *OLG Bamberg* JurBüro 1971, 536 (*Mümmler*); BayJMBl. 1952, 134; insbes. *Mümmler* JurBüro 1973, 99; *Rohs* Rpfleger 1952, 529, 534.
[25] *OLG München* JurBüro 1974, 740 (*Mümmler*);

OLG Bamberg JurBüro 1973, 143; *Hillach-Rohs*[8] 258 f.; a. A. *RGZ* 36, 416 u. ö. (§ 3); weitere Nachweise der älteren Literatur in der Vorauflage in Fn. 17.
[26] *Thomas-Putzo*[17] § 9 Anm. 1 c.
[27] *KG* Rpfleger 1962, 118.
[28] *OLG Frankfurt a. M.* JurBüro 1977, 1132; *OLG Celle* JurBüro 1972, 518 (jeweils Erhöhung des Erbbauzinses); *OLG München* JurBüro 1977, 1002.
[29] Jetzt ganz h.L., *BGHZ* 2, 277 = NJW 1951, 801; *BAG* NJW 1961, 2132 (LS) = AP ZPO § 3 Nr. 7; *OLG Braunschweig* MDR 1975, 848; *OLG Celle* AnwBl. 1964,

lungsklagen nicht unmittelbar anwendbar, weil hier das Recht nicht voll geltend gemacht wird. Das Interesse des Klägers ist nach § 3 zu schätzen, wobei der nach § 9 berechnete Wert die Höchstgrenze bildet[30] (auch → § 3 Rdnr. 4 sub 2). Die Klage gegen einen Dritten auf Befreiung von einer wiederkehrenden Verbindlichkeit fällt nicht unter § 9, weil nicht diese Verbindlichkeit, sondern die Pflicht des Dritten zur Befreiung von ihr streitbefangen ist[31]. Ausgangspunkt der Berechnung ist § 3. – Näher → § 3 Rdnr. 42 »Befreiung von Verbindlichkeit«. Wird der Kläger voll aus den wiederkehrenden Verbindlichkeiten in Anspruch genommen, muß sich die Schätzung an § 9 orientieren. § 9 gilt auch nicht für eine Anfechtungsklage auf Rückgewähr. Dabei ist es gleichgültig, ob der der Klage zugrundeliegende Anspruch auf wiederkehrende Leistungen geht[32], oder der anfechtbar erworbene Anspruch derartige Leistungen betrifft.

3. Geltendmachen einzelner Leistungen

§ 9 ist aus denselben Gründen unanwendbar, wenn nicht das Recht selbst, sondern nur **6** einzelne Leistungen wie z. B. einzelne künftige Raten aufgrund des Rechts geltend gemacht werden. Vergleichbar liegt es, wenn lediglich die z. Zt. der Klage bereits fälligen rückständigen Einzelleistungen gefordert werden[33]. In diesen Fällen kann der Betrag der Klageforderung genau berechnet werden.

4. Zusammentreffen von Einzelleistung und Geltendmachen des Rechts

Treffen Einzelleistungen (→ Rdnr. 6) mit dem Geltendmachen des Rechts (→ Rdnr. 5) **7** zusammen, so liegen mehrere Klageanträge und damit eine Klagenhäufung vor (→ Einl. Rdnr. 291). Die Werte werden deshalb gesondert ermittelt und zusammengerechnet[34]. So liegt es etwa, wenn ein fester Betrag rückständiger Unterhaltsforderungen sowie die zukünftige Zahlung von Unterhalt begehrt werden. Das entspricht auch der Regelung hinsichtlich der Rückstände in § 17 Abs. 4 GKG (→ Rdnr. 23). Vergleichbar liegt es bei Rückständen im Bereich versicherungsrechtlicher Deckungsklagen[35]. Einzelleistungen können nur dann unberücksichtigt bleiben, wenn es sich um Nebenforderungen gem. § 4 Abs. 1 HS 2 und Abs. 2 handelt. Beim Übergang von der Feststellungs- zur Leistungsklage entspricht für die Hinzurechnung der fälligen Raten der Zeitpunkt des Übergangs demjenigen der Klageeinreichung[36]. Werden während der Rechtshängigkeit weitere Leistungen fällig, so hat das auf die Wertbemessung keinen Einfluß. Dabei ist es gleichgültig, ob der Kläger diese Leistungen dann selbständig kapitalisiert geltend macht oder nicht[37]. Auch § 4 Abs. 1 HS 1 greift nicht in der Weise Platz, daß für die Rechtsmittelinstanz über künftige und rückständige Raten eine neue

53 (LS); NdsRpfl. 1962, 224; *OLG München* MDR 1962, 223; *OLG Schleswig* (5. und 7. Senat) SchlHA 1956, 50; 1955, 278; *Zöller-E. Schneider*[17] § 9 Rdnr. 1; *Hillach-Rohs*[8] 34; einschränkend *OLG Hamm* NJW 1955, 1725; a. A. *OLG Celle* NJW 1962, 1065; *OLG Karlsruhe* MDR 1959, 401; *OLG Schleswig* (2. und 3. Senat) SchlHA 1957, 307; 1955, 299; *KG* NJW 1956, 1206; 1955, 797; *Thomas-Putzo*[17] § 9 Anm. 1 c.

30 *BGHZ* 1, 43 = NJW 1951, 194; *BGH* VersR 1968, 278 (Abschlag von 20%); *RGZ* 166, 76 (in der Regel der zehnfache Jahresbetrag); *OLG Hamm* AnwBl. 1977, 111; *OLG Frankfurt a. M.* JurBüro 1976, 1096; *OLG München* MDR 1962, 413; *Hillach-Rohs*[8] 30; *Hartmann*[24] Anh. I § 12 GKG § 9 ZPO Anm. 3 A; a. A. *LG Göttingen* NdsRpfl. 1965, 179; *Kraemer* JZ 1951, 434; auch → § 2 Rdnr. 21.

31 *BGH* NJW 1974, 2128 = JurBüro 1975, 325; *KG* Rpfleger 1964, 321; *OLG Stuttgart* Rpfleger 1964, 162.

32 *RGZ* 139, 328, 240 (aber Anlehnung an § 9 möglich).

33 *OLG Bamberg* AnwBl. 1984, 94.

34 *BGHZ* 2, 74 = NJW 1951, 802; *BGH* JurBüro 1972, 499 = VersR 1972, 440; NJW 1960, 1459 = MDR 1960, 663; *RGZ* 19, 416 ff.; 58, 293; *OLG Bamberg* AnwBl. 1984, 94 (rückständige Miete); *OLG Düsseldorf* NJW 1957, 1638; *KG* Rpfleger 1951, 473; Prozeßrechtliche Vereinigung Berlin JR 1951, 529 Nr. 2; a. A. *KG* JR 1950, 730.

35 *OLG Frankfurt a. M.* JurBüro 1981, 272.

36 *BGHZ* 7, 335 = NJW 1953, 104; *RGZ* 77, 324.

37 H. L.; *BGH* NJW 1960, 1459 mit Nachw.; a. A. *OLG Celle* NJW 1952, 1221.

auf den Zeitpunkt der Rechtsmitteleinlegung abgestellte Rechnung aufzumachen wäre[38]. Vielmehr liegt die von § 4 Abs. 1 HS 1 verlangte Änderung des Wertes nicht vor[39]. Werden aber in einem Rechtsstreit auf Feststellung einer Verpflichtung zur Zahlung einer Rente die inzwischen fällig gewordenen Beträge neben dem Feststellungsantrag durch einen Leistungsantrag geltend gemacht, dann ist der Wert des Leistungsantrags dem Wert des Feststellungsantrags hinzuzurechnen[40].

II. Wertberechnung

8　　Die Wertberechnung geht vom Wert des einjährigen Bezugs aus. § 9 a.F. unterschied dabei *drei Fallgruppen*, die in § 9 n.F. keine Rolle mehr spielen. Die nachfolgend dargestellte Rspr. ist aber für Übergangsfälle noch von Bedeutung (→ Rdnr. 1 a.E.): *Erstens* ist der Wegfall des Bezugsrechts gewiß, aber der Zeitpunkt des Wegfalls im Sinne der Dauer des Bezugsrechts ist ungewiß (§ 9 S. 1 1. Alt. → sogleich sub 1). *Zweitens* ist der Wegfall des Bezugsrechts ungewiß, die Dauer des Bezugsrechts daher unbeschränkt (§ 9 S. 1 2. Alt. Fall 1, → Rdnr. 9). *Drittens* sind der Wegfall des Bezugsrechts und der Zeitpunkt des Wegfalls (Dauer) bestimmt und daher gewiß (§ 9 S. 1 2. Alt. Fall 2 i.V. mit § 9 S. 2, → Rdnr. 10).

1. Zwölfeinhalbfacher Betrag

Der zwölfeinhalbfache Jahresbetrag bildet den Wert, wenn gewiß ist, daß das Bezugsrecht künftig wegfallen wird, die Zeit des Wegfallens aber ungewiß ist. Dabei ist der Wegfall einer Überbaurente nicht ohne weiteres als gewiß anzusehen[41]. Ob der Fortfall des Bezugsrechts gewiß oder ungewiß ist, bestimmt sich gem. § 4 Abs. 1 HS 1 nach dem Zeitpunkt der Klageeinreichung oder Rechtsmitteleinlegung. Es tritt also bei Veränderungen während der Instanz keine Änderung des Wertes ein wie z.B. im Falle des Todes des Bezugsberechtigten[42].

Zu § 9 S. 1 1. Alt. gehören grundsätzlich alle Ansprüche, die an das Leben einer Person geknüpft sind wie z.B. *Berufsunfähigkeitsrenten*[43] oder Altenteilsleistungen. Dabei wird in der Regel auf die wahrscheinliche Lebensdauer keine Rücksicht genommen, so daß die Norm auch auf hochbetagte Menschen Anwendung findet[44]. Ausnahmen sollen nur bei besonders hohem Alter möglich sein, wenn also sicher oder mit an Sicherheit grenzender Wahrscheinlichkeit damit zu rechnen ist, daß das Recht vor Ablauf von zwölfeinhalb Jahren in Wegfall kommen werde[45]. Diese Ausnahme ist freilich zu engherzig gefaßt, da § 9 a.F. ohnehin voraussetzt, daß das zu bewertende Recht eine Dauer von zwölfeinhalb Jahren haben kann und erfahrungsgemäß hat (→ Rdnr. 3)[46]. Ist das bei einer hochbetagten Person unwahrscheinlich, so kommt § 9 nicht zur Anwendung. Vielmehr ist nach § 3 zu schätzen[47], wobei der

---

[38] So aber *OLG Celle* JurBüro 1952, 56.

[39] *BGH* NJW 1960, 1459; *BAGE* 2, 13, 16 = AP GKG a.F. § 17 Nr. 1 (zust. *Pohle*) = NJW 1955, 1128; *RGZ* 114, 274; *OLG Nürnberg* JurBüro 1962, 647; *OLG Schleswig* SchlHA 1962, 270; 1952, 9; *OLG Hamm* JurBüro 1956, 311; Rpfleger 1953, 40 (zust. *Robrecht*); *OLG Braunschweig* JurBüro 1952, 380; *OLG Celle* NdsRpfl. 1952, 204; *Hillach-Rohs*[8] 96; *Zöller-E. Schneider*[17] § 9 Rdnr. 5; a.A. *OLG Celle* JurBüro 1952, 56 und ein Teil der älteren Rechtsprechung in der Vorauflage in Fn. 27.

[40] *BGHZ* 2, 74 = NJW 1951, 802 = LM ZPO § 9 Nr. 2 (*Conrad*); *BAGE* 2, 13 = NJW 1955, 1128 (vorige Fn.); *OLG Düsseldorf* NJW 1957, 1638.

[41] *OLG Celle* JR 1961, 26.

[42] *OLG Bamberg* KostRsp. ZPO § 9 Nr. 16 (abl. *Lappe*); *OLG Saarbrücken* JVBl. 1969, 5; *Kraemer* JW 1925, 2152.

[43] *OLG Hamm* JurBüro 1986, 1543.

[44] *BGHZ* 3, 360 = JurBüro 1952, 230 (75jähriger); *OLG Schleswig* SchlHA 1968, 142; 1952, 30; *OLG Hamm* JVBl. 1960, 136; *KG* JurBüro 1960, 449; *LG München II* AnwBl. 1968, 57; *LG Braunschweig* NJW 1960, 2248 (LS).

[45] *BGH* FamRZ 1962, 303 = NJW 1962, 1248 (87 1/2jähriger); auch *BGHZ* 19, 172 = NJW 1956, 182; *LG Bayreuth* JurBüro 1986, 1059.

[46] Wie hier *E. Schneider*[10] Rdnr. 3883 ff.

[47] *OLG Frankfurt a. M.* JurBüro 1976, 1096; 1964, 32.

Maßstab des § 24 Abs. 2 KostO eine vernünftige Leitlinie abgeben kann[48], ohne daß man sich starr daran klammern dürfte[49].

Keine Rolle spielt für die Anwendung von § 9 S. 1 1. Alt., ob daneben noch eine begrenzte Zeitdauer als Grenze festgesetzt ist, wie z.B. das 18. Lebensjahr beim Regelunterhalt (§ 1615 f. BGB)[50]. Wenn aber diese Zeitdauer weniger als zwölfeinhalb Jahre beträgt, so muß die Summe der Bezüge berechnet werden (→ Rdnr. 3). So liegt es etwa bei Regelunterhaltsansprüchen eines nichtehelichen Kindes, das schon über fünfeinhalb Jahre alt ist oder bei Ansprüchen auf Unterhalt für die Dauer eines Prozesses (§§ 620 S. 1 Nr. 6 ZPO; 1360–1361 BGB; → Rdnr. 3 sub bb und Rdnr. 25)[51]. Dagegen bleibt es bei der Berechnung nach dem zwölfeinhalbfachen Betrag des einjährigen Bezuges beim Unterhalt bis zur Wiederherstellung der ehelichen Lebensgemeinschaft bei Eheleuten, die in tatsächlicher Trennung leben[52]. Ebenso liegt es bei einem ohne rechtliche Begrenzung erhobenen Anspruch, auch wenn z.B. durch einen bevorstehenden Ehescheidungsprozeß dessen früherer Fortfall wahrscheinlich ist sowie bei vergleichbar begrenzten Ansprüchen[53]; → Rdnr. 15 sub c.

2. Fünfundzwanzigfacher Betrag

Der fünfundzwanzigfache Jahresbetrag ist maßgebend bei unbeschränkter Dauer des Bezugsrechts. Hierzu rechnen Reallasten oder *Notweg- und Überbaurenten* wie auch diejenigen Bezugsrechte, die wegfallen können, bei denen aber der Wegfall ungewiß ist. § 9 n.F. stellt einheitlich für alle genannten Fallgruppen ohne Differenzierung auf den dreieinhalbfachen Wert des einjährigen Bezuges ab.   **9**

3. Gesamtbetrag

Bei *bestimmter Dauer* des Bezugsrechts bildete den Wert der Gesamtbetrag der künftigen Bezüge, jedoch in keinem Falle mehr als das fünfundzwanzigfache eines Jahresbetrages. So liegt es etwa für den Fall des *Erbbaurechts*[54].   **10**

4. Wertberechnung nach der Differenz; Prozeßvergleich

Steht bei einem einheitlichen Recht nur ein Teil in Streit, so ist eine Wertberechnung nach der *Differenz* vorzunehmen. Bei Klagen aufgrund von Gleitklauseln, nach § 323[55] oder gem. einer Anpassungsvereinbarung wird von dem Betrag ausgegangen, um den sich die Gesamtverpflichtung erhöhen oder ermäßigen soll[56]. Dieselben Grundsätze sind für *Mehrforderungsklagen* anwendbar, wenn etwa der Beklagte schon einen bestimmten Betrag freiwillig zahlt (z.B. Unterhalt), der Kläger jedoch einen höheren Gesamtbetrag für richtig hält und deshalb den Differenzbetrag einklagt (insbesondere zu § *17 GKG* → Rdnr. 15 sub d)[57]. Wird jedoch auf Zahlung der *gesamten Summe* geklagt, so wird nicht nach der Differenz, sondern   **11**

---

[48] *OLG Nürnberg* JurBüro 1992, 50, 51; offengelassen in *OLG Frankfurt a. M.* AnwBl. 1982, 111.

[49] Enger als hier *OLG Karlsruhe* JurBüro 1988, 1551 (75 Jahre; zust. *Mümmler*); *OLG Braunschweig* JurBüro 1974, 1568; NJW 1967, 161; *OLG Celle* JurBüro 1967, 515 (*Tschischgale*); 1967, 73; *OLG Düsseldorf* JMBlNRW 1951, 117; zweifelnd aber *Thomas-Putzo*[17] § 9 Anm. 1 d a.E.

[50] Vgl. auch *OLG Hamm* JurBüro 1986, 1543 (Berufsunfähigkeitsrente); RGZ 44, 370 (Wegfall durch Änderung der Gesetzgebung).

[51] RGZ (VZS) 24, 373 ff.; RGZ 37, 382, 386 (§ 3).

[52] Nachweise der durchweg älteren Rechtsprechung in der Vorauflage in Fn. 35.

[53] Z.B. *RG* JW 1897, 228.

[54] *BayObLG* JurBüro 1989, 132.

[55] *LG Baden-Baden* DAVorm. 1987, 132.

[56] *OLG Frankfurt a. M.* JurBüro 1977, 1132; *OLG Celle* JurBüro 1972, 518 (jeweils Erhöhung des Erbbauzinses); *OLG Kiel* SchlHA 1948, 99 (zur Abänderung einer Unterhaltsrente); auch → Rdnr. 22; *LG Baden-Baden* DAVorm. 1987, 132 (§ 323).

[57] Etwa *OLG Bamberg* JurBüro 1983, 916 (zu § 17 GKG).

es muß nach dem Gesamtbetrag berechnet werden (zum Gebührenstreitwert → Rdnr. 15 sub d). Wird ausdrücklich nur die Zahlung des Differenzbetrags beantragt, so darf dieser Antrag nicht regelmäßig dahin ausgelegt werden, daß ein Titel über den vollen Betrag begehrt wird, der dann der Wertberechnung zugrunde zu legen wäre[58].

An der Wertberechnung nach dem Gesagten ändert sich nichts, wenn sich die Parteien in einem *Prozeßvergleich* (dazu → § 3 Rdnr. 62 »Vergleich«) auf die Zahlung einer Kapitalsumme einigen[59]. Dementsprechend berechnet sich auch die Vergleichsgebühr (§ 23 BRAGO) nach dem Gegenstand, über den sich die Parteien gestritten haben und nicht nach der Regelung, auf welche sie sich einigen[60]. Eine abweichende Wertberechnung widerspricht den anerkannten Regeln über das Berechnen der Vergleichsgebühr (→ § 3 Rdnr. 62 »Vergleich« [Allgemeines]) sowie den sozialstaatlichen Grundsätzen der Gebührenberechnung (→ Rdnr. 12). Die dargestellten Regeln gelten auch dann, wenn der Anspruch auf Versorgungsausgleich durch einen Kapitalbetrag abgefunden wird.

III. Sondervorschriften über den Gebührenstreitwert

12   Die in § 9 ZPO getroffene Regelung gilt dem Grundsatz nach auch für die Gerichtsgebühren, da § 12 Abs. 1 GKG auch auf § 9 ZPO verweist. Dasselbe gilt für die Anwaltsgebühren, die auf dem Streitwert der Gerichtsgebühren und deshalb auch auf § 9 ZPO aufbauen (§ 8 Abs. 1 S. 1 BRAGO). Die grundsätzliche Geltung des § 9 erfährt aber eine Reihe von Durchbrechungen durch gebührenrechtliche Sondervorschriften. Greifen diese Normen in einem Rechtsstreit ein, so hat § 9 im wesentlichen nur noch Bedeutung für den Zuständigkeits- und Rechtsmittelstreitwert oder für die vorläufige Vollstreckung[61]. Die Gebühren von Gericht und Bevollmächtigten richten sich jedoch nach diesen Sondervorschriften. Einschlägig sind die §§ 17, 17a und 20 Abs. 2 GKG. Diese Regelungen mindern aus sozialen Gründen die Streitwerthöhe, um die Rechtsverfolgung in bestimmten Fällen (Unterhalt, Verletzter, Arbeitnehmer) nicht an zu hohen Kosten scheitern zu lassen[62]. Die gelegentlich geäußerten Zweifel an der Verfassungsmäßigkeit insbesondere von § 17 GKG unter dem Blickwinkel des Gleichbehandlungsgrundsatzes sind unbegründet[63].

Zur Vermeidung von Unklarheiten sollten die Oberlandesgerichte klar zum Ausdruck bringen, *welcher* Streitwert festgesetzt wird, da die Revision in vielen Fällen zulässig ist, in denen der Streitwert des § 17 GKG unter 60.000,– DM liegt[64].

1. Texte der §§ 17, 17a, 20 Abs. 2 GKG

§ 17. Wiederkehrende Leistungen

13   (1) Bei Ansprüchen auf Erfüllung einer gesetzlichen Unterhaltspflicht ist der Jahresbetrag der wiederkehrenden Leistungen maßgebend, wenn nicht der Gesamtbetrag der geforderten Leistungen geringer ist. Wird auf Leistung des Regelunterhalts geklagt (§§ 642, 642d der

---

[58] So aber *OLG Bamberg* JurBüro 1979, 874 (abl. *Mümmler*).

[59] *OLG Düsseldorf* VersR 1977, 868; NJW 1958, 266; *OLG Frankfurt a. M.* JurBüro 1971, 170; VersR 1963, 1136; *OLG Saarbrücken* JurBüro 1966, 515; *OLG Braunschweig* Rpfleger 1964, 66; *OLG Neustadt* Rpfleger 1963, 34; *KG* Rpfleger 1962, 118; *OLG Bremen* AnwBl. 1956, 285; *Crispin* NJW 1969, 404.

[60] Richtig *OLG Schleswig* JurBüro 1980, 411; anders

OLG Schleswig SchlHA 1968, 145; *OLG Hamm* NJW 1966, 162.

[61] *OLG Bamberg* JurBüro 1986, 1516, 1517; → Rdnr. 1 (auch zur Novelle).

[62] *BGH* NJW 1974, 1710 = JurBüro 1974, 1249; *OLG Frankfurt a. M.* DAVorm. 1980, 717; *OLG Hamm* AnwBl. 1965, 182.

[63] A. A. *Lappe* RpflStud. 1980 S. 8 u.ö.

[64] Zutreffend *H. Schmidt* MDR 1981, 986.

Zivilprozeßordnung), so ist der Jahresbetrag auf der Grundlage des Regelbedarfs nach freiem Ermessen zu bestimmen.

(2) Wird wegen der Tötung eines Menschen oder wegen der Verletzung des Körpers oder der Gesundheit eines Menschen Schadensersatz durch Entrichtung einer Geldrente verlangt, so ist der fünffache Betrag des einjährigen Bezuges maßgebend, wenn nicht der Gesamtbetrag der geforderten Leistungen geringer ist. Dies gilt nicht bei Ansprüchen aus einem Vertrag, der auf Leistung einer solchen Rente gerichtet ist.

(3) Bei Ansprüchen auf wiederkehrende Leistungen aus einem öffentlich-rechtlichen Dienst- oder Amtsverhältnis, einer Dienstpflicht oder einer Tätigkeit, die an Stelle einer gesetzlichen Dienstpflicht geleistet werden kann, sowie bei Ansprüchen von Arbeitnehmern auf wiederkehrende Leistungen ist der dreifache Jahresbetrag der wiederkehrenden Leistungen maßgebend, wenn nicht der Gesamtbetrag der geforderten Leistungen geringer ist.

(4) Rückstände aus der Zeit vor der Einreichung der Klage werden dem Streitwert hinzugerechnet.

§ 17 a. Versorgungsausgleich

Im Verfahren über den Versorgungsausgleich sind maßgebend
1. in den Fällen des § 1587 b des Bürgerlichen Gesetzbuchs der Jahresbetrag der Rente, die den zu übertragenden oder zu begründenden Rentenanwartschaften entspricht, mindestens jedoch 1 000 Deutsche Mark,
2. im Falle des § 1587 g Abs. 1 des Bürgerlichen Gesetzbuchs der Jahresbetrag der Geldrente, mindestens jedoch 1 000 Deutsche Mark.

§ 20 Abs. 2. Einstweilige Anordnungen

Ist in einem Verfahren nach § 620 Satz 1 Nr. 4, 6 oder in einem Verfahren nach 641 d der Zivilprozeßordnung die Unterhaltspflicht zu regeln, so wird der Wert nach dem sechsmonatigen Bezug berechnet. Im Verfahren nach § 620 Satz 1 Nr. 7 der Zivilprozeßordnung bestimmt sich der Wert, soweit die Benutzung der Ehewohnung zu regeln ist, nach dem dreimonatigen Mietwert, soweit die Benutzung des Hausrats zu regeln ist, nach § 3 der Zivilprozeßordnung. **14**

2. Gesetzliche Unterhaltspflicht (ohne Regelunterhalt)

Bei Ansprüchen auf Erfüllung einer gesetzlichen Unterhaltspflicht nach § 17 Abs. 1 S. 1 GKG (Text → Rdnr. 13) ist für den *Gebührenstreitwert* der Jahresbetrag maßgebend, gegebenenfalls der geringere Gesamtbetrag. **15**

a) Gesetzliche und vertragliche Ansprüche

§ 17 Abs. 1 S. 1 GKG meint die durch Ehe oder Verwandtschaft begründeten Verpflichtungen (→ § 1 Rdnr. 64), ausgenommen die Klage auf Regelunterhalt, für die in § 17 Abs. 1 S. 2 GKG eine spezielle Regelung getroffen wurde. Der Streitwert einer auf § 826 BGB gestützten Klage wegen Entziehung des Unterhalts durch erschlichenes Scheidungsurteil wird nicht nach § 17 Abs. 1 S. 1 GKG bemessen[65]. Auch der Streitwert einer Klage aus § 826 BGB, mit der die Unterlassung der Zwangsvollstreckung aus einem Unterhaltstitel und Titelherausgabe begehrt werden, richtet sich nicht nach § 17 Abs. 1 GKG, sondern nach § 9 ZPO[66]. In gleicher

---

[65] *BGH* NJW 1960, 1460. [66] *OLG Düsseldorf* FamRZ 1980, 376, 378 unten.

Weise ist der Anspruch der Eltern auf Ersatz ihrer Unterhaltsaufwendungen für ein wegen fehlgeschlagener Sterilisation entgegen der Familienplanung geborenes Kind nach § 9 ZPO und nicht nach § 17 Abs. 1 oder Abs. 2 GKG zu bewerten[67]. Wohl aber gehören vertragliche Unterhaltsansprüche hierher, soweit sie gesetzliche Unterhaltsansprüche konkretisieren (näher → § 1 Rdnr. 64)[68]. In diesem Fall wird der vertraglich festgelegte Anspruch nach § 17 GKG einheitlich bewertet. Nicht etwa wird der Anspruch getrennt in einen gesetzlichen Teil, der nach § 17 GKG bewertet wird, und in einen überschießenden vertraglichen Teil, für den § 9 ZPO eingreift. Das folgt aus dem Zweck derartiger konkretisierender Unterhaltsvereinbarungen, die häufig den Streit um die Höhe der gesetzlichen Unterhaltspflicht ausräumen wollen. Diesem Ziel widerspräche es, wenn im Rahmen einer Wertfestsetzung doch wieder die durch den Vertrag beigelegte Streitfrage aufleben würde. Der Übergang des Unterhaltsanspruchs auf eine andere Person hindert die Anwendung des § 17 GKG nicht (→ § 1 Rdnr. 67). Das spielt etwa eine Rolle für den Übergang auf den Sozialhilfeträger (zur Pfändung von Unterhaltsansprüchen → § 6 Rdnr. 23). Eine *negative Unterhaltsfeststellungsklage* wird voll nach § 17 GKG bewertet[69] (→ Rdnr. 25). Bezieht sich das negative Feststellungsbegehren auf den Trennungsunterhalt, so ist auf den Zeitraum bis zur Rechtskraft der Ehescheidung abzustellen[70]. Eine Klage auf Befreiung von Unterhaltsansprüchen wird nach § 3 ZPO bewertet, wobei jedoch § 17 Abs. 1 GKG analog angewendet werden kann[71].

b) Leistungsbereitschaft; unstreitige oder unzulässige Verfahren

Für § 17 Abs. 1 GKG kommt es – den allgemeinen Regeln entsprechend (→ § 2 Rdnr. 13 und 14) – nicht darauf an, ob Leistungsbereitschaft des Inanspruchgenommenen oder Unstreitigkeit vorliegen[72]. Auch unzulässige Unterhaltsklagen sind voll zu bewerten[73].

c) Jahresbetrag und eingeschränkte Anträge

Ist bei Klageeinreichung die Beendigung des Scheidungsverfahrens noch nicht mit Sicherheit abzusehen, so ist der Unterhaltsstreitwert (Trennungsunterhalt) auf den Jahresbetrag festzusetzen. Nicht etwa ist für den Trennungsunterhalt nur der Unterhalt bis zur Rechtskraft der Scheidung zu berücksichtigen. Für die Wertberechnung kommt es nach §§ 12 GKG, 4 Abs. 1 ZPO auf die Einreichung der Klage an und damit auf die damaligen Erkenntnismöglichkeiten[74]. Das schließt nicht aus, daß sich der Streitwert während des Rechtsstreits ermäßigt, wenn durch eine Änderung des Klageantrags der Anspruch auf die Zeit bis zur Scheidung begrenzt wird u. a.[75]

---

[67] *BGH* NJW 1981, 1318 (krit. *E. Schneider* KostRsp. GKG § 17 Nr. 29); s. a. *OLG Köln* JurBüro 1992, 698.
[68] *OLG Düsseldorf* JurBüro 1984, 1865; *OLG Bamberg* JurBüro 1980, 1863; MDR 1961, 859; *OLG Hamburg* JurBüro 1976, 1234; *OLG Frankfurt a. M.* JurBüro 1973, 238; *KG* NJW 1962, 1683; *OLG Bremen* Rpfleger 1957, 271; *LG München I* AnwBl. 1960, 178. – A.A. *OLG Stuttgart* Rpfleger 1964, 131 mit Nachweisen; *Hillach-Rohs*[8] 257; *E. Schneider*[10] Rdnr. 4418.
[69] *OLG Düsseldorf* FamRZ 1992, 51; *OLG Oldenburg* FamRZ 1991, 966 (obiter); *OLG Hamm* JurBüro 1988, 778.
[70] *OLG Düsseldorf* JurBüro 1992, 51, 52 (zu Unrecht abl. *E. Schneider* KostRsp. GKG § 17 Nr. 133; zust. *Lappe* ebd.).

[71] So *OLG Oldenburg* FamRZ 1991, 966 (zweifelhaft) (differenzierend *E. Schneider* KostRspr. GKG § 17 Nr. 131; für § 9: *Lappe* KostRsp. GKG § 17 Nr. 132).
[72] *OLG München* FamRZ 1990, 778; AnwBl. 1980, 293; *OLG Karlsruhe* FamRZ 1984, 584; *OLG Düsseldorf* JurBüro 1983, 408, 409; *OLG Frankfurt a. M.* AnwBl. 1982, 189; a. a. *OLG Bamberg* JurBüro 1987, 878 (geringeres Titulierungsinteresse).
[73] *OLG Düsseldorf* JurBüro 1981, 1048, 1049.
[74] *OLG Düsseldorf* JurBüro 1990, 1513 (unter Aufgabe von JurBüro 1987, 1843); *OLG Bamberg* JurBüro 1989, 1306; 1988, 1077; *OLG Hamm* FamRZ 1987, 405; a. a. *OLG München* JurBüro 1985, 742.
[75] *OLG Düsseldorf* JurBüro 1990, 1513, 1514.

d) Unstreitiger Sockelbetrag; streitiger Spitzenbetrag

Ergibt sich aus dem Klageantrag, daß lediglich ein Mehrbetrag zu freiwillig gezahlten Unterhaltsleistungen begehrt wird, dann ist nur der dreieinhalbfache Differenzbetrag maßgeblich (→ Rdnr. 11)[76]. Beschränkt dagegen der Unterhaltsgläubiger seine Klage nicht auf einen streitigen Spitzenbetrag, damit eine beschränkte Rechtskraftwirkung vermieden wird[77], sondern klagt er auch den bisher freiwillig bezahlten Betrag ein, so wird der Streitwert nicht mit Rücksicht auf ein geringerwertiges »Titulierungsinteresse« ermäßigt (→ Rdnr. 15 sub b)[78].

e) Unterhaltsrückstände

Nach § 17 Abs. 4 GKG werden Rückstände aus der Zeit vor der Klageeinreichung dem Streitwert hinzugerechnet. Das gilt selbstverständlich nur, soweit sie geltend gemacht werden[79]. Rückstände i. S. von § 17 Abs. 4 GKG sind jene Unterhaltsbeträge, die im Zeitpunkt des Klageeingangs fällig gewesen sind. Dazu gehört wegen § 1612 Abs. 3 BGB der *volle Monat des Klageeingangs*[80]. Rückstand bedeutet also den Unterhalt für den Monat, in dessen Verlauf (nach dem Monatsersten) die Klage eingereicht wird. Abzulehnen ist daher die Auffassung, wonach der Unterhalt für den Monat, in dem eine Unterhaltsklage eingereicht wird, zum laufenden Unterhalt gehört[81]. Der Rückstand ist auch nicht auf die einzelnen Tage des Monats zu verteilen, und damit ein Rückstand nur für die bei Einreichung der Klage abgelaufenen Tage des Monats anzunehmen[82]. Ein Antrag auf *Bewilligung von Prozeßkostenhilfe* reicht aus, um den Zeitpunkt des § 17 Abs. 4 GKG zu bestimmen. Der bedürftigen Partei dürfen aus ihrer Mittellosigkeit keine Nachteile erwachsen[83]. Es ist nicht erforderlich, einen Klageentwurf beizufügen. Vielmehr reicht es aus, wenn aus dem Prozeßkostenhilfeantrag hervorgeht, daß der Unterhaltsanspruch gerichtlich durchgesetzt werden soll. Für die *negative Feststellungsklage* wird aber § 17 Abs. 4 GKG nicht entsprechend angewandt[84].

Für eine auf Unterhalt gerichtete *Stufenklage* sind als Rückstände nur die Beträge anzusetzen, die bis zur Einreichung der Stufenklage (samt des Monats der Klageeinreichung) angefallen sind. Unmaßgeblich ist der Schriftsatz, mit dem die Stufenklage beziffert worden ist (→ § 5 Rdnr. 15)[85].

§ 17 Abs. 4 GKG gilt auch für *Abänderungsklagen* (§ 323), mit denen eine Herabsetzung der geschuldeten Unterhaltsleistung begehrt wird. Hierbei kann es zu Abschlägen vom

---

[76] *OLG Hamm* JurBüro 1986, 745; *OLG Saarbrücken* JurBüro 1985, 912 (zust. *Mümmler*); *OLG Bamberg* Jur-Büro 1983, 914 und 916.

[77] Dazu *BGH* NJW 1985, 1340; *H. Roth* NJW 1988, 1233.

[78] *OLG Bamberg* JurBüro 1992, 625, 626; 1988, 1504 und 1385; *OLG Karlsruhe* FamRZ 1991, 468; *OLG München* FamRZ 1990, 778; *OLG Saarbrücken* JurBüro 1984, 1548; *E. Schneider*[10] Rdnr. 4455ff.; *Kalthoener-Büttner* NJW 1991, 2678, 2685. – A.A. *OLG Düsseldorf* FamRZ 1987, 1280 (15% des Leistungsanspruchs); *OLG Bamberg* FamRZ 1986, 1144 (10% des Leistungsanspruchs) (aber auch JurBüro 1988, 1504, 1505).

[79] *OLG Bamberg* JurBüro 1988, 1077.

[80] H.L.; *OLG Bamberg* JurBüro 1992, 628, 629 (Vergleich); *KG* FamRZ 1991, 1216; *OLG Hamburg* JurBüro 1990, 1336 (zust. *Mümmler*); *OLG Düsseldorf* JurBüro 1987, 1843; 1986, 743 und 583; 1984, 1864; 1983, 408 (JurBüro 1981, 1048 ist aufgegeben); *OLG Karlsruhe* JurBüro 1986, 582; FamRZ 1980, 917, 919; *Mümmler* JurBüro 1986, 745; *E. Schneider* MDR 1991, 199.

[81] So aber *OLG Frankfurt a. M.* FamRZ 1989, 296,

297; 1987, 967; *OLG Schleswig* JurBüro 1988, 1557 (abl. *Mümmler*); *OLG Zweibrücken* JurBüro 1987, 255; 1984, 1547; *OLG Hamm* FamRZ 1982, 626.

[82] So aber *KG* JurBüro 1983, 1541 [17. Senat] (abl. *Mümmler*).

[83] Richtig *KG* FamRZ 1991, 1216, 1217; *OLG Köln* JurBüro 1989, 1163; *OLG Frankfurt a. M.* FamRZ 1987, 967 (aber beigefügter Klageentwurf); *OLG Düsseldorf* JurBüro 1986, 1854; 743 und 583; *OLG Oldenburg* Ez-FamR GKG § 17 Nr. 1; *OLG Bamberg* JurBüro 1991, 108; 1980, 895 (aber beigefügter Klageentwurf); a. A. *OLG Bremen* KostRsp. GKG § 17 Nr. 118 (*E. Schneider*); *OLG Schleswig* JurBüro 1988, 1557 (abl. *Mümmler*); *OLG Saarbrücken* JurBüro 1987, 1054; *OLG Düsseldorf* JurBüro 1983, 408; *OLG Zweibrücken* JurBüro 1981, 896; *A. Mayer-M. Mayer* JurBüro 1992, 295ff.

[84] *OLG Hamm* JurBüro 1988, 778.

[85] *OLG Hamburg* JurBüro 1990, 1336; MDR 1983, 1032; *OLG Zweibrücken* JurBüro 1987, 255; *OLG Bamberg* JurBüro 1991, 108; 1985, 743; *OLG Düsseldorf* JurBüro 1984, 1864.

Nennbetrag kommen[86]. Wird eine Unterhaltsklage im weiteren Verlauf des Rechtsstreits mit Rückwirkung auf den Zeitpunkt der Klageeinreichung erweitert, dann ergibt sich für die Zeit zwischen Einreichungsmonat und Erweiterungsmonat gleichfalls ein streitwerterhöhender Rückstand[87]. Wird die *Abänderung eines Unterhaltsvergleiches* auch für eine Zeit vor Klageeinreichung begehrt, sind die in diesen Zeitraum fallenden abzuändernden Beträge als Rückstände im Sinne von § 17 Abs. 4 GKG anzusehen[88].

f) Sonstiges

Werden gleichzeitig Trennungs- und Geschiedenenunterhalt geltend gemacht, so sind die jeweiligen Jahresbeträge zusammenzurechnen, da es sich um verschiedene Streitgegenstände handelt, die wirtschaftlich nicht identisch sind[89]. Bei der Bewertung eines Antrags auf Zahlung von Kindesunterhalt »abzüglich des anzurechnenden Kindergeldes«, war nicht von dem »Zählkindergeld«, sondern von den fiktiven Kindergeldbeträgen auszugehen, die ohne Berücksichtigung der »Zählkinder« zu zahlen wären[90]. Ein *gegenseitiger (wechselseitiger) Unterhaltsverzicht* ist nach § 3 zu bewerten. Die Rechtsprechung bewertet bei Unterschieden im einzelnen im Bereich von 2.400,– DM[91]. Dieser Wert wird auch für die Freistellung eines Elternteils vom Kindesunterhalt angenommen[92].

3. Regelunterhalt

16   Nach § 17 Abs. 1 S. 2 GKG (Text → Rdnr. 13) wird für den Gebührenstreitwert des Regelunterhalts der Jahresbetrag der Klage nach freiem Ermessen bestimmt[93]. Mit Recht wird als Wert der Jahresbetrag des höchsten Regelbedarfssatzes eingesetzt (§ 1 Nr. 3 Buchst. i RegUnterhV)[94]. Etwaige von den Regelbedarfssätzen abzuziehende Beträge (§§ 1615g, 1615c, 1615h BGB, 2 ff. RegUnterhV) bleiben außer Betracht[95]. Dabei muß hingenommen werden, daß bei einer Verbindung der Klage auf Feststellung der nichtehelichen Vaterschaft (Regelstreitwert in Kindschaftssachen 4.000,– DM; → § 3 Rdnr. 33) mit der Klage auf Zahlung des Regelunterhalts (Streitwert 12 x 418,– DM = 5.016,– DM) nach § 12 Abs. 3 GKG (→ § 5 Rdnr. 18) stets der Streitwert für die Unterhaltsklage maßgebend ist[96]. Auch bei der Regelunterhaltsklage werden Rückstände gem. § 17 Abs. 4 GKG hinzugerechnet, wobei der Monat der Klageeinreichung mitzählt (§§ 1612 Abs. 3 S. 1, 1615a BGB)[97]. Macht jedoch das nichteheliche Kind nicht den Regelunterhalt, sondern andere Unterhaltsansprüche geltend, so bleibt es bei der in § 17 Abs. 1 S. 1 GKG enthaltenen Regelung (→ Rdnr. 15).

4. Schadensersatzrenten

17   Wird wegen der Tötung eines Menschen oder der Verletzung des Körpers oder der Gesundheit eines Menschen Schadensersatz in Form einer Geldrente verlangt, so ist nach § 17 Abs. 2

---

[86] *OLG Koblenz* JurBüro 1986, 415 (zust. *E. Schneider* KostRsp. GKG § 17 Nr. 75).
[87] *OLG Karlsruhe* JurBüro 1986, 582 (*Mümmler; E. Schneider* KostRsp. GKG § 17 Nr. 74); a. A. *OLG Saarbrücken* JurBüro 1990, 97 (abl. *E. Schneider* MDR 1991, 198; *ders.* KostRsp. GKG § 17 Nr. 120); *OLG Hamburg* JurBüro 1984, 255 (abl. *Lappe* KostRsp. GKG § 17 Nr. 51).
[88] Insoweit zutreffend *OLG Schleswig* JurBüro 1988, 1557.
[89] *OLG Hamm* FamRZ 1988, 402; *Frank* (→ § 5 Fn. 1) 187, 201; → § 5 Rdnr. 13.
[90] *OLG Saarbrücken* JurBüro 1982, 950.
[91] *OLG Düsseldorf* JurBüro 1992, 52; AnwBl. 1985, 388; auch *Hillach-Rohs*[8] 244; *E. Schneider*[10] Rdnr.

4471 ff.; für 3.600,– DM treten ein *OLG Bamberg* JurBüro 1980, 1852; *OLG Düsseldorf* JurBüro 1979, 250; *E. Schneider* KostRsp. GKG § 17 Nr. 132.
[92] *OLG Düsseldorf* JurBüro 1992, 52.
[93] Näher *Mümmler* Zum Streitwert von Unterhaltsansprüchen JurBüro 1989, 1493; *ders.* JurBüro 1973, 99.
[94] *OLG Frankfurt a. M.* DAVorm. 1990, 939.
[95] *OLG Bamberg* JurBüro 1990, 95; 1988, 1726; *OLG Koblenz* FamRZ 1990, 900 (LS); JurBüro 1987, 1197; *OLG Hamm* JurBüro 1984, 1214; zust. *E. Schneider* KostRsp. GKG § 17 Nr. 92.
[96] *OLG Koblenz* EzFamR GKG § 17 Nr. 2.
[97] *OLG Koblenz* JurBüro 1987, 1198; *OLG Hamm* JurBüro 1984, 1214, 1216 mit Nachweisen der Gegenauffassung.

S. 1 GKG (Text → Rdnr. 13) für den Gebührenstreitwert der *fünffache Jahresbetrag* maßgebend, wenn nicht der Gesamtbetrag geringer ist[98]. Die Vorschrift erfaßt insbesondere (bereits → Rdnr. 2) Renten aus §§ 843ff. BGB, auch aus § 845 BGB[99] sowie einen verrenteten Schmerzensgeldanspruch aus § 847 BGB[100], aus §§ 5, 6, 8 HaftpflG, aus §§ 10ff. StVG, 35ff. LuftVG, aus §§ 14, 15 BEG aus Aufopferung[101] usw. Ferner fallen darunter Rentenansprüche, die aufgrund einer entsprechenden Anwendung der genannten Vorschriften zu leisten sind, z. B. aus § 618 Abs. 3 BGB. Auch Rentenansprüche, die aus Vertragsverletzungen hergeleitet werden, gehören hierher (→ Rdnr. 26), sofern sie ihren Entstehungsgrund in der Tötung oder Verletzung eines Menschen haben. Diese Voraussetzung fehlt, wenn von einem Rechtsanwalt Schadensersatz verlangt wird, weil er den Verlust einer unter § 17 Abs. 1 S. 1 GKG fallenden Forderung schuldhaft verursacht habe[102]. Bei positiven Feststellungsklagen ist der übliche Abschlag von 20% vorzunehmen (→ Rdnr. 21), wobei sich der Ausgangswert nach § 17 Abs. 2 GKG bemißt.

5. Deckungs- und Regreßprozesse

§ 17 Abs. 2 GKG findet keine Anwendung auf den Deckungsprozeß des Haftpflichtversicherten gegen seine Versicherung[103]. Grundlage dieses Rechtsstreits ist vielmehr die Versicherungsbeziehung. Auch trifft der sozialpolitische Sinn des § 17 GKG (→ Rdnr. 12) auf diese Klagen nicht zu. Daher bestimmt sich der Gebührenstreitwert allein nach § 3 ZPO und auch nicht mittelbar nach § 17 GKG. Dasselbe gilt für Klagen des Versicherers gegen den Versicherten. Bei Regreßklagen des Versicherers muß bei der Streitwertberechnung aber beachtet werden, daß Regreßverzichte zugunsten des Versicherten eingreifen können. Dann kann der Streitwert nicht höher sein als der Höchstbetrag eines Regresses[104]. Diese Grundsätze gelten aber nicht für den Deckungsprozeß des Versicherten[105]. In diesen Fällen geht es um die Vermeidung einer Belastung des Klägers aufgrund der gegen ihn gerichteten Ansprüche. Die Bewertung dieses Interesses kann nur anhand der geltend gemachten Ansprüche geschehen. Eine Beschränkung auf den nicht vom Regreßverzicht erfaßten Betrag scheidet aus[106].

§ 17 Abs. 2 GKG findet jedoch Anwendung, wenn der Geschädigte selbst nach § 3 Nr. 1 PflVersG im Wege des Direktanspruches oder nach Pfändung und Überweisung des Deckungsanspruches des Schädigers gegen dessen Versicherer vorgeht[107]. § 17 Abs. 2 GKG greift in gleicher Weise ein, wenn der Versicherer nach gesetzlichem Forderungsübergang (z. B. § 116 SGB X; → auch § 1 Rdnr. 67) den auf ihn übergegangenen Anspruch geltend macht. Auch die Klage nach § 640 RVO gegen die nach §§ 636ff. RVO privilegierten Personen fällt unter § 17 Abs. 2 GKG. Es geht inhaltlich um Schadensersatz nach § 17 Abs. 2 GKG, obgleich es sich um einen eigenen ursprünglichen Anspruch des Trägers der Sozialversicherung handelt[108].

18

---

[98] *OLG Schleswig* JurBüro 1991, 584; *OLG Koblenz* VersR 1987, 289 (LS) (Anrechnung von Teilbeträgen).

[99] *OLG Köln* VersR 1964, 672; *OLG Stuttgart* VersR 1964, 1258.

[100] *OLG Nürnberg* JurBüro 1964, 685; *OLG Freiburg* Rpfleger 1951, 572.

[101] BGHZ 53, 172 = NJW 1970, 757.

[102] BGH MDR 1979, 302 = JurBüro 1979, 193.

[103] BGH NJW 1974, 1710; JurBüro 1972, 499; NJW 1952, 546 (zu § 10 GKG a.F.); *OLG Köln* VersR 1989, 378 (Berufsunfähigkeitsversicherung); *OLG Frankfurt a. M.* JurBüro 1981, 272; *OLG Bamberg* JurBüro 1973, 1089 (*Mümmler*); *OLG Hamm* AnwBl. 1965, 182; a. A. *OLG Nürnberg* JurBüro 1970, 305 (§ 3 maßgeblich, dabei aber GKG zu beachten); *OLG Saarbrücken* JBlSaar 1967, 107; *E. Schneider* MDR 1973, 181.

[104] *OLG Hamm* NJW 1974, 1387 (Streitwert statt der 50.000,– DM, die an den Unfallverletzten gezahlt wurden, nur 5.000,– DM, weil im übrigen Regreßverzicht vorlag).

[105] A.A. *OLG Hamm* NJW 1974, 1387; *LG Bayreuth* JurBüro 1979, 1702 (*Mümmler*).

[106] *OLG Schleswig* VersR 1976, 333; näher *Immendörfer* NJW 1974, 2137.

[107] BGH NJW 1982, 1399; *OLG Frankfurt a. M.* JurBüro 1972, 1092.

[108] BGH JurBüro 1972, 777; *OLG München* Rpfleger 1968, 365; a. A. *OLG Frankfurt a. M.* JurBüro 1968, 634 (→ Rdnr. 26).

6. Rentenverträge

19   Nach § 17 Abs. 2 S. 2 GKG (Text → Rdnr. 13) gilt die Privilegierung von Satz 1 nicht für Ansprüche aus einem Vertrag, der auf Leistung einer der in → Rdnr. 17 genannten Rente gerichtet ist. Hierbei handelt es sich um selbständige (konstitutive) Garantie-, Versicherungs- und Rentenverträge. Für Streitigkeiten dieser Art gelten daher die Wertvorschriften der ZPO, z. B. § 9. Nicht unter § 17 Abs. 2 S. 2 GKG fallen jedoch solche Vereinbarungen, die bestehende Rentenansprüche konkretisieren. Die Rechtslage entspricht derjenigen bei Unterhaltsverträgen, die gesetzliche Unterhaltsansprüche regeln (→ Rdnr. 15 sub a). Derartige Rentenvergleiche oder Rentenverträge werden hinsichtlich des Gebührenstreitwerts nicht nach § 9 ZPO, sondern nach § 17 Abs. 1 S. 1 GKG bewertet. Der sozialpolitische Zweck des § 17 GKG (→ Rdnr. 12) entfällt nicht deshalb, weil der Geschädigte eine Rentenvereinbarung getroffen hat. § 17 Abs. 2 S. 2 GKG bezieht sich daher nur auf solche Rentenverträge, die keine derartige Ausgestaltung schon vorher bestehender Rentenansprüche sind.

7. Ansprüche von Beamten und Arbeitnehmern

20   Nach § 17 Abs. 3 GKG (Text → Rdnr. 13) ist für den Gebührenstreitwert bei Ansprüchen auf wiederkehrende Leistungen aus einem öffentlich-rechtlichen Dienst- oder Arbeitsverhältnis, aus einer Dienstpflicht oder aus einer Tätigkeit anstelle einer gesetzlichen Dienstpflicht oder aber bei Ansprüchen von Arbeitnehmern auf wiederkehrende Leistungen der dreifache Jahresbetrag maßgeblich, wenn nicht der Gesamtbetrag geringer ist. Im *arbeitsgerichtlichen Verfahren* wird allerdings bei bestimmten Streitigkeiten der § 17 Abs. 3 GKG durch § 12 Abs. 7 S. 2 ArbGG (Text → § 2 Rdnr. 123) verdrängt (§ 1 Abs. 3 GKG, → Rdnr. 28). Durch die umfassende Zuständigkeit der Arbeitsgerichtsbarkeit bei arbeitsrechtlichen Streitigkeiten (→ § 1 Rdnr. 156 ff. zu den individualrechtlichen Streitigkeiten zwischen Arbeitnehmern und Arbeitgebern) und die genannte Sonderregelung des § 12 Abs. 7 S. 2 ArbGG ist der Anwendungsbereich des § 17 Abs. 3 GKG, soweit er *Arbeitnehmer* betrifft, auf Streitigkeiten beschränkt, die vor den *ordentlichen Gerichten* geltend gemacht werden. Im übrigen spielt es keine Rolle, ob es sich um Geld- oder Naturalleistungen handelt. Die Neufassung des § 17 Abs. 3 GKG durch das KostÄndG vom 20.8.1975 hat klargestellt, daß auch Ansprüche auf wiederkehrende Leistungen von Beamten, Richtern, Soldaten und Zivildienstleistenden unter diese Vorschrift fallen. Die Streitigkeiten gehören zwar in den Verwaltungsrechtsweg (→ Einl. Rdnr. 395)[109], können aber durch irrtümliche Verweisung auch vor die Zivilgerichte kommen. Wegen der unter drei Jahren liegenden Dienstpflicht von Wehrpflichtigen und Zivildienstleistenden ist bei ihnen der Gesamtbetrag maßgebend. § 17 Abs. 3 GKG betrifft typischerweise Streitigkeiten um relativ geringe Besoldungsbeträge, bei denen durch die Einführung des Dreijahresbetrages zu geringe Streitwerte vermieden werden sollen[110]. – Zur Pfändung von Gehaltsansprüchen durch Unterhaltsberechtigte (→ § 6 Rdnr. 23).

21   § 17 Abs. 3 GKG beschränkt sich nicht auf Arbeitnehmer im engeren arbeitsrechtlichen Sinn (→ § 1 Rdnr. 156 ff.), sondern umfaßt auch andere Personen wie z. B. freie Mitarbeiter, die im Rahmen eines festen Dienstverhältnisses ihren Lebensunterhalt durch persönliche Dienstleistungen verdienen und daher ähnlich einem Arbeitnehmer schutzwürdig sind[111]. Für einen *freien Handelsvertreter* wird aber für den Gebührenstreitwert § 9 gelten[112].

Für *Organmitglieder juristischer Personen*, die keine Arbeitnehmer im Sinne des Arbeitsgerichtsgesetzes sind (→ § 1 Rdnr. 161), hat sich die Rechtsprechung geändert. Nachdem

---

[109] Beispiel *BVerwG* JurBüro 1990, 1334 (zur ratio des § 17 Abs. 3 GKG).

[110] *BVerwG* JurBüro 1990, 1334.

[111] *BGH* NJW-RR 1986, 676 = JurBüro 1986, 713; ebenso LM ZPO § 9 Nr. 20.

[112] *OLG Frankfurt a. M.* MDR 1974, 1028 (vertragliches Ruhegeld).

ursprünglich § 9 ZPO auf alle Organmitglieder angewendet wurde[113], wird nunmehr unter Aufgabe dieser Rechtsprechung der Streitwert für Gehalts- und Pensionsklagen von Mitgliedern des Vertretungsorgans einer Handelsgesellschaft (hier: GmbH) oder Genossenschaft grundsätzlich nach § 17 Abs. 3 GKG berechnet[114]. Schon vorher war mit Rücksicht auf § 17 Abs. 1 S. 2 BetrAVG der § 17 Abs. 3 GKG entsprechend auf Insolvenz – Sicherungsklagen (§ 7 BetrAVG) von Mitgliedern des Verwaltungsorgans einer juristischen Person angewendet worden[115]. Nunmehr findet § 17 Abs. 3 GKG jedenfalls Anwendung, wenn die Organmitglieder juristischer Personen hinsichtlich ihrer sozialen Abhängigkeit eine Arbeitnehmereigenschaft besitzen oder eine arbeitnehmerähnliche Stellung innehaben[116]. Der *BGH*[117] geht für GmbH, AG und Genossenschaft darüber noch hinaus, indem er noch nicht einmal eine arbeitnehmerähnliche Stellung fordert wie z.B. beim Vorstandsmitglied einer konzernabhängigen Aktiengesellschaft. M.E. ist diese Rechtsprechung beifallswert. Ausgeschlossen bleiben aber alle Streitigkeiten über die Bezüge eines Mehrheitsgesellschafters. Sie sind nach § 9 zu bewerten. § 9 wird man auch im übrigen bei weisungsungebundenen sozial unabhängigen Personen anzuwenden haben[118]. Maßgebend für die Rechtsprechung des Bundesgerichtshofs ist der Gedanke, daß Geschäftsführer und Vorstandsmitglieder in der Regel zwar nicht in gleichem Maße wie Arbeitnehmer sozial abhängig sind, gleichwohl aber als Angestellte dienstvertraglich gebunden und auf die hierauf beruhenden Gehalts- oder Versorgungsbezüge mehr oder weniger wirtschaftlich angewiesen sind. Die genannten Grundsätze können auch auf *geschäftsführende Gesellschafter einer Personalgesellschaft* angewendet werden, wenn sie trotz ihrer Gesellschafter-Stellung in einer weisungsgebundenen sozialen Abhängigkeit stehen[119]. Der Problemkreis hat durch § 9 n.F. stark an Bedeutung verloren.

Es muß sich um Ansprüche aus dem Arbeitsverhältnis handeln, so daß Ansprüche aus § 845   **22** BGB[120] oder Aufopferung[121] in diesem Zusammenhang ausscheiden (aber → Rdnr. 17). Ferner sind wiederkehrende Leistungen erforderlich, wobei es auf die Benennung des Bezugs wie z.B. Lohn, Gehalt, Provision usw. nicht ankommt. Hierher gehören auch Schadensrenten aus einem Arbeitsverhältnis[122]. Den Ansprüchen der Arbeitnehmer stehen diejenigen ihrer *Hinterbliebenen* auf wiederkehrende Leistungen gleich. Das ergibt sich aus der vergleichbaren sozialen Schutzbedürftigkeit und aus der Ähnlichkeit der Bezüge[123]. Sind Bezüge nur zum Teil streitig wie z.B. bei der Eingruppierung in eine höhere Lohnstufe, so kommt es auf den Betrag der dreijährigen Differenz an (→ Rdnr. 11). Für Eingruppierungsstreitigkeiten im *arbeitsgerichtlichen Verfahren* wird das in § 12 Abs. 7 S. 2 ArbGG ausdrücklich bestimmt (Text → § 2 Rdnr. 123). Bei auf unbestimmte Zeit geschlossenen Verträgen ist ebenso wie bei Mietverhältnissen (→ § 8 Rdnr. 13) der Zeitpunkt einzusetzen, zu dem frühestens gekündigt werden kann[124]. Ist dagegen das Bestehen eines Arbeitsverhältnisses im ganzen festzustellen, so gilt § 3[125].

8. Rückstände

Werden Rückstände aus der Zeit vor Einreichung der Klage oder des Antrags auf Bewilli-   **23** gung von Prozeßkostenhilfe[126] neben noch nicht fälligen Beträgen eingeklagt, so werden sie

---

[113] *BGH* JurBüro 1979, 41 mit Nachw.
[114] *BGH* NJW 1981, 1465 = JurBüro 1981, 845; ebenso *OLG Bamberg* JurBüro 1988, 227.
[115] *BGH* ZIP 1980, 780 = BB 1980, 1271.
[116] So die h.L., *Hillach-Rohs*[8] 397 f.; *Zöller-E. Schneider*[17] § 3 Rdnr. 16 »Arbeitnehmer«; *Hecker* AnwBl. 1984, 116, 120; auch *OLG Schleswig* JurBüro 1980, 408; *LG Bayreuth* JurBüro 1990, 772.
[117] *BGH* NJW 1981, 2465 = JurBüro 1981, 845.
[118] Ebenso *OLG Koblenz* MDR 1980, 319.

[119] *OLG Koblenz* MDR 1980, 319; JurBüro 1976, 648 (abl. *Lappe* KostRsp. GKG § 17 Nr. 3).
[120] *BGH* Rpfleger 1952, 420.
[121] *BGHZ* 7, 335.
[122] *LAG Frankfurt a. M.* NJW 1966, 692.
[123] *LAG Hamm* MDR 1972, 723; *KG* NJW 1955, 875.
[124] *OLG Köln* Rpfleger 1974, 164.
[125] *LAG Bremen* AP 50 Nr. 75 (*Volkmar*).
[126] *OLG Köln* JurBüro 1989, 1163; *E. Schneider* MDR 1990, 200; ausführlich → Rdnr. 15 sub e (für Unterhaltsansprüche).

nach § 17 Abs. 4 GKG auch gebührenrechtlich dem Streitwert hinzugerechnet[127] (zu Unter-
haltsrückständen → Rdnr. 15 sub e und → Rdnr. 16 [Regelunterhalt]). Aus allgemeinen
Grundsätzen ergibt sich dasselbe (→ Rdnr. 7). Beim Übergang vom einstweiligen Verfügungsverfahren in das Hauptsacheverfahren sind die bis zum Übergang aufgelaufenen Rückstände
dem Streitwert hinzuzurechnen[128]. Bei *arbeitsrechtlichen Streitigkeiten* ist die Sonderregelung des § 12 Abs. 7 S. 2 a. E. ArbGG zu beachten (Text → § 2 Rdnr. 123).

9. Schuldrechtlicher Versorgungsausgleich

24   Nach § 17 a Nr. 2 GKG (Text → Rdnr. 13) ist im Verfahren über eine Ausgleichsrente im
Rahmen des schuldrechtlichen Versorgungsausgleichs nach § 1587 g BGB für den *Gebührenstreitwert* der Jahresbetrag der Geldrente maßgebend, mindestens jedoch der Betrag von
1.000,– DM. § 17 a Nr. 1 GKG (Text → Rdnr. 13) betrifft die Übertragung oder Begründung
von Rentenanwartschaften und ist deshalb im Rahmen des § 9 ZPO nicht einschlägig. Wenn
das Familiengericht eine notarielle Vereinbarung über den Versorgungsausgleich nur teilweise genehmigt und im übrigen den öffentlich-rechtlichen Versorgungsausgleich durchführt,
bemißt sich der Streitwert durch Addition beider Regelungsteile[129].

§ 17 a GKG ist eine ergebnisabhängige Vorschrift des Gebührenstreitwerts, die trotz § 14
Abs. 1 GKG entsprechend in der Rechtsmittelinstanz gilt[130]. Dagegen berechnet sich die
Rechtsmittelbeschwer nach den §§ 3 ff. ZPO. Der Beschwerdewert bestimmt sich nicht nach
dem Jahresbetrag des § 17 a GKG, sondern wie sonst auch nach dem Interesse des Beschwer-
deführers[131]. Der Gesetzgeber hat sich bei § 17 a GKG aus sozialpolitischen Gründen nicht am
Kapitalwert der Renten orientiert. Deshalb darf eine Vereinbarung nach § 1587 o BGB nur am
Jahresbetrag der fiktiv anzusetzenden Rente bewertet werden[132]. Doch ist der Gegenstandswert einer Vereinbarung auf mindestens 1.000,– DM festzusetzen, auch wenn nur über
einen geringen Differenzbetrag gestritten wird[133]. Die Erörterung des schuldrechtlichen
Versorgungsausgleichs erhöht den Streitwert nicht, wenn nur der öffentlich-rechtliche Versorgungsausgleich durchgeführt wird[134]. Das Verfahren über den Versorgungsausgleich wird
nicht schon durch die Erörterung eines diesen Verfahrensgegenstand betreffenden Ehevertra-
ges im Verhandlungstermin eingeleitet[135]. Stimmen die Gegenstände der gerichtlichen und
der anwaltlichen Tätigkeit nicht überein, so werden die Streitwerte getrennt berechnet[136].

10. Einstweilige Unterhaltsanordnungen; Ehewohnung und Hausrat

25   Nach § 20 Abs. 2 S. 1 GKG (Text → Rdnr. 14) wird im Verfahren der einstweiligen Anordnung nach § 620 S. 1 Nr. 4, 6 oder § 641 d der Gebührenstreitwert des Rechts auf Unterhalt
nach dem sechsmonatigen Bezug berechnet. Die Norm ist analog anwendbar auf Leistungs-
verfügungen auf Unterhalt (→ § 3 Rdnr. 45 »einstweilige Verfügung« [Unterhalt]). Unter-
haltsfestsetzung, Erhöhung und Herabsetzung betreffen denselben Gegenstand, wobei der
geltend gemachte Höchstbetrag maßgeblich ist[137]. Die einstweilige Anordnung ist auch dann
auf sechs Monate zu berechnen, wenn Unterhaltsrenten tatsächlich nur zwei Monate gezahlt

---

[127] Zur Anfechtung eines Unterhaltsvergleichs *OLG
Saarbrücken* JurBüro 1990, 97 (→ Fn. 87).
[128] *OLG Frankfurt a. M.* FamRZ 1989, 296.
[129] *OLG Hamm* JurBüro 1992, 253.
[130] *OLG Frankfurt a. M.* JurBüro 1989, 136 (zust.
Mümmler); auch *OLG Hamburg* FamRZ 1991, 202 (zum
Terminus »Ergebnisabhängigkeit«).
[131] *OLG Frankfurt a. M.* JurBüro 1980, 1864; *OLG
Schleswig* FamRZ 1980, 600; a. A. *OLG Düsseldorf* Jur-
Büro 1980, 1703 (abl. *Mümmler*); wohl auch *OLG Ham-*

burg KostRsp. GKG § 17 a Nr. 25 (abl. *E. Schneider;* zust.
Lappe).
[132] *OLG Frankfurt a. M.* JurBüro 1984, 423; vgl. auch
OLG Saarbrücken JurBüro 1980, 1704.
[133] *OLG Karlsruhe* AnwBl. 1983, 524.
[134] *OLG Stuttgart* JurBüro 1986, 1544.
[135] *OLG Hamburg* FamRZ 1988, 638; a. A. *OLG Düsseldorf* JurBüro 1991, 1239, je mit Nachw.
[136] *OLG Saarbrücken* JurBüro 1991, 835.
[137] *OLG Stuttgart* JurBüro 1982, 1358.

worden sind und das Eheverfahren vor Ablauf von sechs Monaten endete. Eine vergleichbare Norm wie in § 17 Abs. 1 S. 1 a. E. GKG fehlt[138]. Der Wert einer gegen eine einstweilige Anordnung auf Unterhaltszahlung gerichteten *negativen Feststellungsklage* (auch → Rdnr. 15) richtet sich nicht nach § 20 Abs. 2 GKG, sondern nach § 17 Abs. 1 GKG, da eine endgültige Entscheidung erstrebt wird[139]. Zu § 20 Abs. 2 GKG gehören auch nicht Anordnungen über das Getrenntleben, ein Prozeßkostenvorschuß, die Personensorge für minderjährige Kinder und dergleichen.

Im Verfahren nach § 620 S. 1 Nr. 7 bestimmt sich der Gebührenstreitwert, soweit die Benutzung der Ehewohnung zu regeln ist, nach dem dreimonatigen Mietwert, soweit die Benutzung des Hausrats zu regeln ist, nach §§ 3 ZPO, 20 Abs. 2 S. 2 GKG. – Zur Hauptsacheentscheidung über den Hausrat im Verbund, → § 3 »Hausrat« (Rdnr. 48); zur Entscheidung über den Hausrat im isolierten Verfahren, → § 3 »Hausrat« (Rdnr. 48).

11. Gemeinsame Grundsätze

Für die genannten gebührenrechtlichen Privilegien (→ Rdnr. 12 ff.) gelten folgende Gemeinsamkeiten: **26**

a) Mehrfachbegründungen

Wird ein einheitlicher Klageantrag auf verschiedene Gründe gestützt, so können privilegierte Ansprüche (Rdnr. 12–25) mit gebührenrechtlich nichtprivilegierten Ansprüchen in seltenen Fällen konkurrieren. So liegt es etwa bei gleichzeitiger Begründung eines Unterhaltsanspruches aus Gesetz und aus einem selbständigen Unterhaltsvertrag (→ Rdnr. 15) oder eines Leistungsanspruchs sowohl aus Dienstvertrag als auch aus einem Gesellschaftsverhältnis oder aus unerlaubter Handlung und aus einem selbständigen Garantievertrag im Sinne von § 17 Abs. 2 S. 2 GKG (→ Rdnr. 19). Richtigerweise bleibt hier die Privilegierung erhalten[140]. Arglistigem Erschleichen eines Gebührenvorteils durch ein treuwidriges Stützen auf privilegierte Ansprüche kann durch die Anwendung des Grundsatzes von Treu und Glauben (→ Einl. Rdnr. 242 ff.) begegnet werden.

b) Kapitalabfindungen

Einigen sich die Parteien auf eine Kapitalabfindung, so bleibt gleichwohl der nach Rdnr. 12–25 ermittelte Gebührenstreitwert erhalten[141]. Das gilt vor allem für den *Abfindungsvergleich*.

12. Weitere wiederkehrende Leistungen

Soweit die genannten Vorschriften (→ Rdnr. 12–25) für den Gebührenstreitwert keine Sonderregeln enthalten, bleibt es bei der Anwendung der allgemeinen Wertgrundsätze. Entscheidend ist der nach § 9 ZPO ermittelte Wert, der gem. § 12 Abs. 1 GKG auch für den Gebührenstreitwert maßgebend ist. In erster Linie gilt das für ausschließlich vertraglich begründete Unterhaltsansprüche (→ Rdnr. 15)[142], Leibrenten, Reallasten usw.   **27**

[138] *OLG Hamm* JurBüro 1982, 105.
[139] *OLG Schleswig* JurBüro 1992, 488, 489; FamRZ 1988, 536; *OLG Hamm* JurBüro 1988, 656; → § 2 Rdnr. 26 a.E.
[140] A.A. *BGH* Rpfleger 1953, 576 (zum alten GKG).
[141] *OLG Düsseldorf* JurBüro 1992, 51; 1984, 1865; *OLG Schleswig* JurBüro 1991, 584 (zust. *Mümmler*);

1980, 411; *OLG Hamburg* FamRZ 1987, 184; *OLG Bamberg* JurBüro 1980, 1862, 1863; a.A. *OLG Frankfurt a. M.* JurBüro 1980, 1215 unter Heranziehung von § 1585 Abs. 2 BGB (abl. *Mümmler*).
[142] Vgl. auch *LG Oldenburg* JurBüro 1951, 269 (auch soweit auf einem Vermächtnis beruhend).

IV. Arbeitsgerichtliches Verfahren

28   Im Rechtsstreit über wiederkehrende Leistungen ist nach § 12 Abs. 7 S. 2 ArbGG (Text →
§ 2 Rdnr. 123) der Wert des dreijährigen Bezugs maßgebend und im Rechtsstreit um Eingruppierung der Wert des dreijährigen Unterschiedsbetrages zur begehrten Vergütung. Sonderlei-
stungen wie Treueprämien, zusätzliche Urlaubsgelder und Gratifikationen werden grundsätzlich nicht berücksichtigt (→ § 2 Rdnr. 125). Ein Abschlag bei Feststellungsklagen ist nicht
vorzunehmen (→ § 2 Rdnr. 125). Die Norm gilt nur für den Gebührenstreitwert und nicht
auch für andere Wertberechnungen, vor allem nicht für den Rechtsmittelstreitwert (→ § 2
Rdnr. 127). In beiden Fällen des § 12 Abs. 7 S. 2 ArbGG ist der Gesamtbetrag maßgebend,
wenn er der geringere ist. Im Unterschied zur ordentlichen Gerichtsbarkeit (→ Rdnr. 7 und
23) werden bis zur Klageerhebung entstandene Rückstände nicht hinzugerechnet.

29   Die nach § 61 Abs. 1 ArbGG zum Zweck der Rechtsmittelzulässigkeit getroffene Festsetzung (→ § 2 Rdnr. 114) bindet das Gericht bei der Berechnung des Gebührenstreitwerts nicht
(→ § 2 Rdnr. 115). Im übrigen gelten die gemachten Ausführungen, vor allem → Rdnr. 20 ff.,
entsprechend.

§ 10   [Verstoß gegen sachliche Zuständigkeit]

**Das Urteil eines Landgerichts kann nicht aus dem Grunde angefochten werden, weil die
Zuständigkeit des Amtsgerichts begründet gewesen sei.**

Gesetzesgeschichte: unverändert seit Erlaß der CPO.

I. Funktion

1   Die Norm bezweckt eine Einschränkung des Zuständigkeitsstreits, weil die höhere Instanz
der niedrigeren wenigstens gleichwertig ist. Die Gesetzesväter der CPO gingen außerdem von
der vermuteten besseren Rechtsprechung der Kollegialgerichte aus[1]. Deshalb wurde eine

---

[1] *Hahn* S. 148.

Entscheidung durch das Landgericht statt durch das Amtsgericht inhaltlich nicht als Nachteil, sondern sogar als Vorteil für die Parteien angesehen[2]. An sich verstößt ein Landgericht gegen die ZPO, wenn es eine Sachentscheidung trifft, obwohl das Amtsgericht sachlich zuständig ist. Ebenso liegt es, wenn es trotz amtsgerichtlicher Zuständigkeit seine eigene Kompetenz in einer das weitere Verfahren bindenden sonstigen Entscheidung bejaht. Das ist etwa der Fall bei einem Zwischenurteil nach § 280 Abs. 2 S. 1. § 10 nimmt es im Interesse der Konzentration des Prozesses auf wichtigere prozessuale Probleme und vor allem auf die Sachentscheidung in Kauf, daß fehlerhafte Beurteilungen der Zuständigkeit unkorrigiert bleiben. Die Norm verbietet es den höheren Instanzen, das landgerichtliche Urteil auf einen solchen Mangel hin zu überprüfen. § 10 gehört in eine Reihe von weiteren Vorschriften, die Zuständigkeitsentscheidungen für unanfechtbar und unüberprüfbar erklären, wie z. B. die §§ 11, 281 Abs. 2, 506 Abs. 2, 512 a ZPO; 102 S. 1 und 2, 104 Abs. 1 S. 3 GVG; auch 529 Abs. 2 und 3[3], 549 Abs. 2[4], 566, 621 e Abs. 4 S. 2 ZPO sowie 17 a GVG[5], 48 und 65 ArbGG.

II. Anwendungsbereich

1. Urteile, Beschlüsse

§ 10 nennt das »Urteil« eines Landgerichts. Gemeint sind nicht nur abweisende oder   **2**
zusprechende Sachurteile[6], sondern auch die die sachliche Zuständigkeit bejahenden Zwischenurteile nach § 280 (→ § 280 Rdnr. 1)[7] und Vorabentscheidungen über den Grund nach § 304. Prozeßurteile werden dann von § 10 erfaßt, wenn in ihnen die sachliche Zuständigkeit bejaht, die Klage aber aus anderen Gründen als unzulässig angesehen wurde[8]. § 10 ist über seinen Wortlaut hinaus auch auf *Beschlüsse* anwendbar[9]. Voraussetzung für die direkte Anwendung ist, daß es sich um Entscheidungen im Erkenntnisverfahren handelt. In anderen Verfahren wie z. B. im Verfahren der freiwilligen Gerichtsbarkeit oder im Zwangsvollstreckungsverfahren muß jeweils die *analoge Anwendung* von § 10 geprüft werden (→ Rdnr. 9 ff.).

2. Landgericht; Oberlandesgericht

§ 10 nennt lediglich Entscheidungen eines »Landgerichts«. In sinngemäßer Anwendung gilt   **3**
§ 10 aber auch für das ihm übergeordnete Gericht. So liegt es etwa, wenn das Landgericht eine Klage wegen sachlicher Unzuständigkeit abgewiesen hat und erst das Oberlandesgericht in seinem Berufungsurteil unzutreffenderweise die Zuständigkeit des Landgerichts bejaht[10]. Dann kann das Urteil des OLG nicht mit einer Revision angegriffen werden, die darauf gestützt ist, es sei eigentlich das Amtsgericht zuständig (→ auch → § 549 Abs. 2).

---

[2] Etwa *Wach* S. 362; zum Gemeinen Zivilprozeßrecht *Wetzell*[3] 730 m. w. N.

[3] Absatz 3 wurde neu eingefügt durch das UÄndG v. 20.2.1986, BGBl. 1986 I 301, in Kraft seit 1.4.1986.

[4] Absatz 2 wurde neu gefaßt durch das UÄndG (vorige Fn.); zu Landwirtschaftssachen *BGH* WM 1992, 841.

[5] Neu gefaßt durch das 4. VwGO-Änderungsgesetz v. 17.12.1990, BGBl. I 2809, in Kraft seit 1.1.1991.

[6] Heute unstr.; ältere Nachweise bei *Wach* 363 Fn. 5.

[7] *Zöller-Vollkommer*[17] § 10 Rdnr. 5; heute unstr.

[8] Wohl auch *Rosenberg-Schwab*[14] § 39 III 1 (S. 210).

[9] *OLG München* JurBüro 1991, 989; *OLG Hamm* OLGZ 1974, 46 (Beschluß über eine Erinnerung nach § 766); *OLG Köln* MDR 1959, 1020 (Kostenbeschluß nach § 91 a); *Zöller-Vollkommer*[17] § 10 Rdnr. 6; *Rosenberg-Schwab*[14] § 39 III 1 a (S. 210); heute unstr.

[10] So *RGZ* 23, 430; weitere Nachw. der älteren Rechtsprechung in der Vorauflage in Fn. 7.

3. Sachliche Zuständigkeit

4   Die Norm schließt die Anfechtung wegen angeblichen Fehlens der *sachlichen Zuständigkeit* aus. Es ist gleichgültig, auf welchem Grund die angeblich fehlerhafte Bejahung der sachlichen Zuständigkeit beruht. So kann z. B. vorliegen eine Verkennung der Streitwertgrenze, ein Rechenfehler bei der Streitwertberechnung, eine unrichtige Anwendung des amtsgerichtlichen Zuständigkeitskataloges in § 23 Nr. 2 GVG[11] oder § 23a GVG, ein Übersehen einer besonderen Zuweisung (→ § 1 Rdnr. 74 ff.) an das Amtsgericht[12] (etwa als Schiffahrtsgericht)[13] oder die Nichtbeachtung einer ausschließlichen Zuständigkeitsvereinbarung des Amtsgerichts nach § 38[14]. § 10 findet Anwendung auch dann, wenn die *ausschließliche Kompetenz* des Amtsgerichts durch das Landgericht verkannt wurde[15]. Der Gesetzgeber hat § 10 nicht geändert, obgleich weitere und bedeutende ausschließliche amtsgerichtliche Zuständigkeiten eingeführt wurden. § 10 findet keine Anwendung (→ Rdnr. 11), wenn die Zivilkammer des Landgerichts anstelle des Familiengerichts entschieden hat, da es hierbei nicht um das von der Norm vorausgesetzte Verhältnis der Über- und Unterordnung geht (→ Rdnr. 1). Wird nach § 529 Abs. 3 S. 2 gerügt, so hat das Oberlandesgericht an das Amtsgericht zu verweisen[16].

4. Prozeßgericht erster Instanz

5   § 10 beschränkt sich nicht auf Fälle der sachlichen Zuständigkeit im engeren Sinn. Daher ist die Norm auch anwendbar bei Verstößen gegen die Zuständigkeit »nach dem Prozeßgericht erster Instanz« (z. B. §§ 64, 731, 767 Abs. 1, 893 Abs. 2; näher → § 1 Rdnr. 102). Die genannten Vorschriften knüpfen an denjenigen Spruchkörper an, der den Vorprozeß entschieden hat. § 10 nimmt allgemein nur die amtsgerichtliche Zuständigkeit in Bezug und beschränkt sich nicht auf Fälle der sachlichen Zuständigkeit im engeren Sinn[17]. Aus diesem Grunde fallen auch die ausschließlichen zwangsvollstreckungsrechtlichen Zuständigkeiten des Prozeßgerichts nach § 802 unter § 10. Auch sonst findet die Norm auf ausschließliche Kompetenzen Anwendung (→ Rdnr. 4 a. E.).

5. Amtsgericht als Prozeßgericht

6   § 10 kommt nicht direkt zur Anwendung, wenn das Amtsgericht nicht als Prozeßgericht, sondern als ein Gericht außerhalb des Erkenntnisverfahrens der ZPO berufen gewesen wäre. So liegt es im Falle des Vollstreckungs-, Vormundschafts- oder Nachlaßgerichts. Es handelt sich hierbei um eine Frage der *funktionellen Zuständigkeit* im weiteren Sinne, der Geschäftsverteilung oder bei der freiwilligen Gerichtsbarkeit nach manchen Ansichten (→ Einl. Rdnr. 457) sogar um die Wahl des richtigen Rechtsweges. Derartige Konfliktsituationen sind von § 10 im direkten Anwendungsbereich nicht betroffen. Im Einzelfall ist aber eine analoge Anwendung der Norm zu prüfen (→ Rdnr. 14 ff.).

---

[11] Z.B. *RGZ* 9, 350; 11, 433.

[12] Z.B. *RGZ* 13, 368; 66, 17 (zu § 893 Abs. 2 ZPO [§ 778 Abs. 2 CPO]).

[13] Näher → Einl. Rdnr. 622; → § 1 Rdnr. 76 f. (keine besonderen Gerichte); a. A. *OLG Celle* MDR 1962, 223; *Zöller-Vollkommen*[17] § 10 Rdnr. 3.

[14] *Rosenberg-Schwab*[14] § 39 III 1a (S. 210); Nachw. der älteren Rechtsprechung in der Vorauflage in Fn. 11.

[15] *Thomas-Putzo*[17] § 10 Anm. 1a; *Zöller-Vollkommer*[17] § 10 Rdnr. 3; *Baumbach-Lauterbach-Albers-Hartmann*[50] § 10 Anm. 1 A; *Wieczorek*[2] § 10 Bem. A; *Rosen-*

berg-Schwab[14] § 39 III 1a (S. 210); a. A. *Sydow-Busch-Krantz-Triebel*[22] § 10 Anm. 2; unklar *OLG München* Jur-Büro 1991, 989, 990; näher → Rdnr. 14, 15.

[16] *Thomas-Putzo*[17] § 119 GVG Anm. 2a bb; *Jauernig* FamRZ 1989, 1 ff.; *Baumbach-Lauterbach-Albers-Hartmann*[50] § 119 GVG Anm. 1 B; a. A. *Zöller-Gummer*[17] § 119 GVG Rdnr. 8 (Entscheidung durch den Familiensenat des OLG oder Rückverweisung nach § 539); für die Anwendung von § 10 die Vorauflage Rdnr. 4 und 8.

[17] H.L., *RGZ* 13, 368; a. A. *Planck* 1, 99 Fn. 22.

6. Verfahrensablauf vor dem Landgericht

§ 10 kommt auch dann zur Anwendung, wenn das Landgericht seine Zuständigkeit nur in   7
den Gründen oder stillschweigend bejaht hat. Daneben greift die Norm auch dann ein, wenn
der Beklagte die fehlende Zuständigkeit des Landgerichts ausdrücklich gerügt hat. Allerdings
hätte sich das Landgericht in derartigen Fällen bei richtiger Verfahrensweise für unzuständig
erklären und bei fehlendem Verweisungsantrag des Klägers die Klage abweisen müssen (→
§ 1 Rdnr. 26). Doch sollen auch derartige Fehler nicht über § 10 geltend gemacht werden
dürfen[18]. Dieselben Grundsätze gelten, wenn das Landgericht seine sachliche Zuständigkeit
selbst nicht prüfen durfte, weil das Amtsgericht den Rechtsstreit fehlerhaft an das Landgericht
verwiesen hatte.

7. Andere Verfahren als Erkenntnisverfahren

§ 10 ist nicht direkt anwendbar, wenn das Amtsgericht nicht im Erkenntnisverfahren des   8
Zivilprozesses (→ Einl. Rdnr. 300 ff.), sondern z. B. im Zwangsvollstreckungsverfahren als
Vollstreckungsgericht nach § 766[19] oder im Verfahren der freiwilligen Gerichtsbarkeit entscheiden hätte müssen (→ Rdnr. 6). Jenseits der bezeichneten Grenze ist es aber unerheblich,
daß sich an die Bejahung der sachlichen Zuständigkeit durch das Landgericht weitere prozessuale Folgen angeschlossen haben. Gemeint sind etwa Anwaltszwang, die unterbliebene
Anwendung der Vorschriften über das amtsgerichtliche Verfahren (§§ 495 ff.) und ähnliches
(→ aber Rdnr. 14).

III. Analoge Anwendung von § 10

1. Allgemeiner Prozeßgrundsatz

§ 10 ist Ausdruck eines allgemeinen Prozeßgrundsatzes, wonach sich niemand soll auf   9
einen Mangel berufen können, der ihm eine Entscheidung durch ein übergeordnetes statt des
untergeordneten Organs gab, wenn ihm hierbei nicht weitere Nachteile entstehen. Innerhalb
dieses Prozeßgrundsatzes ist § 10 einer analogen Anwendung fähig.

Die Möglichkeiten analoger Anwendung werden nach manchen noch erweitert, wenn § 10   10
mit einem Teil der Lehre aus noch weitergehenden Grundgedanken hergeleitet wird. So soll
die Norm stets dann gelten, wenn ein höheres oder besser besetztes statt eines niederen oder
schlechter besetzten Rechtspflegeorgans entschieden hat[20]. Noch weiterreichend ist die im
Zusammenhang des § 10 gebrauchte Formulierung, wonach niemand sich auf einen prozessualen Mangel soll berufen können, wenn ihm dieser nur eine bessere prozessuale Behandlung gebracht hat[21]. Derartige Formulierungen sind indessen zu weitreichend, da die Antwort
auf die Frage, ob ein Gericht «besser» ist als ein anderes und in welchen Fällen einer Partei
eine «bessere prozessuale Behandlung» widerfährt, notwendigerweise mit Unklarheiten und
Unsicherheiten belastet ist. Dagegen zielt § 10 gerade auf prozessuale Klarheit und Vereinfachung.

---

[18] *RGZ* 11, 433; ebenso *R. Schmidt*[2] 683.
[19] Vgl.   *Baumbach-Lauterbach-Albers-Hartmann*[50]
§ 10 Anm. 1 A.
[20] *Rosenberg-Schwab*[14] § 39 III 1 (S. 210), freilich mit

der unzutreffenden Herausnahme der ausschließlichen
Zuständigkeiten (→ Rdnr. 4).
[21] So noch die 19. Aufl. sub I; auch *Pohle* AP § 16
ArbGG Nr. 1.

2. Fehlende Analogievoraussetzungen

a) Gleichgeordnete Gerichte oder Spruchkörper

11   Eine analoge Anwendung des § 10 scheidet nach dem Gesagten (oben → Rdnr. 9) aus, wenn die betreffenden Gerichte oder Spruchkörper gleichgeordnet sind. Das gilt bei der Verletzung der Regeln über die *örtliche Zuständigkeit*, die zudem in § 512a eine eigenständige Regelung gefunden hat[22], über den *Rechtsweg*[23] oder über die Geschäftsverteilung zwischen verschiedenen Spruchkörpern[24]. Ebenso liegt es bei Abgrenzungsverstößen zwischen Einzelrichter und Kollegium[25], Kammern für Handelssachen und Zivilkammern[26], Zivil- und Arbeitsgerichtsbarkeit[27] sowie auch bei unvorschriftsmäßiger Richterbesetzung. Eine Analogie scheidet auch im Verhältnis von Familiengericht und Landgericht aus (→ Rdnr. 4 a.E.).

b) Deutsche Gerichtsbarkeit; internationale Zuständigkeit

12   § 10 ist nicht analog anzuwenden auf Fragen der deutschen Gerichtsbarkeit (→ Einl. Rdnr. 655ff.) sowie der internationalen Zuständigkeit (→ Einl. Rdnr. 731ff.; offengelassen durch *OLG Koblenz* IPRax 1991, 241, 242). Bei beiden Sachurteilsvoraussetzungen läßt sich das erkennende Gericht nicht in das von § 10 vorausgesetzte Verhältnis zu einem anderen Spruchkörper bringen (→ Rdnr. 9).

c) Instanzverlust

13   Zwar setzt die analoge Anwendung des § 10 zwischen dem erkennenden Gericht und dem (angeblich) zuständigen Spruchkörper ein bestehendes Überordnungsverhältnis voraus (→ Rdnr. 9), doch ist das für eine analoge Anwendung noch keine hinreichende Bedingung. So muß eine analoge Anwendung ausscheiden, wenn der Richter am Amtsgericht irrigerweise eine Durchgriffserinnerung nach § 11 RpflG (Text → § 576 Anhang) annimmt und deshalb dem Landgericht ohne eigene Sachentscheidung vorlegt, das dann eine Sachentscheidung erläßt. Hier liegt ein Instanzverlust vor, der auch durch die Entscheidung des Landgerichts nicht kompensiert werden kann[28]. Das gleiche gilt, wenn das Oberlandesgericht an Stelle des Landgerichts eine Erstentscheidung trifft. Unzutreffend ist aber die vielfach gegebene Begründung, § 10 sei auf die funktionelle Zuständigkeit nie anwendbar (→ Rdnr. 15).

d) Anwendung anderer Verfahrensvorschriften

14   Die Überordnung des Landgerichts gegenüber dem Amtsgericht reicht auch dann nicht für eine analoge Anwendung des § 10 aus, wenn die schon genannten Fälle (→ Rdnr. 6 und 8) vorliegen, in denen das Amtsgericht nicht wegen seiner sachlichen Zuständigkeit, sondern z.B. als Gericht der freiwilligen Gerichtsbarkeit oder aufgrund anderer gesetzlicher Aufga-

---

[22] Ganz h.L., *RGZ* 18, 361; *Zöller-Vollkommer*[17] § 10 Rdnr. 2; *Thomas-Putzo*[17] § 10 Anm. 1c.

[23] *Sarwey* S. 25. – Zur Zulässigkeit des Zivilrechtsweges, → Einl. Rdnr. 340ff.; zur Entscheidung der Rechtswegfrage, → Einl. Rdnr. 412ff.; zur fehlerhaften Bejahung des Rechtswegs, → Einl. Rdnr. 426.

[24] Dazu auch → § 1 Rdnr. 120 und 125ff.

[25] *Thomas-Putzo*[17] § 10 Anm. 1c; *a.A. Zöller-Voll-*

kommer[17] § 10 Rdnr. 4; *AK-ZPO-Röhl* § 10 Rdnr. 2; *Rosenberg-Schwab*[14] § 39 III (S. 210).

[26] Näher → § 1 Rdnr. 134.

[27] *Thomas-Putzo*[17] § 10 Anm. 1c; *Zöller-Vollkommer*[17] § 10 Rdnr. 3.

[28] *OLG Hamm* OLGZ 1974, 46f. (mit abweichender Begründung).

benverteilung, etwa als Vollstreckungsgericht, berufen gewesen wäre[29]. Die analoge Anwendung des § 10 führte nämlich zu der Anwendung einer anderen Verfahrensordnung oder wenigstens anderer Prozeßvorschriften auf die Sache als sie vom Gesetz vorgesehen ist. Eine solche Folge geht aber in vielen Fällen über den Normzweck des § 10 hinaus.

3. Einzelfälle analoger Anwendung

a) Funktionelle Zuständigkeit

In bestimmten Fallgruppen kann § 10 auch bei Verstößen gegen die funktionelle Zuständig- **15** keit im Sinn der instanziellen Zuständigkeit (→ § 1 Rdnr. 121) analog angewendet werden. Hat das höhere Gericht anstatt des niederen sachlich über das Rechtsmittel befunden, so ist der zu entscheidende Sachverhalt der mit § 10 verbundenen Modellvorstellung durchaus vergleichbar[30]. Legt etwa der Antragsgegner nach Erlaß eines Versäumnisurteils, Vollstreckungsbescheides, Arrestes oder einer einstweiligen Verfügung durch das Amtsgericht Einspruch (Widerspruch) ein, und gelangen Einspruch oder Widerspruch versehentlich zum Landgericht, das durch Sachurteil entscheidet, so gilt folgendes: Da es sich um ein erstinstanzielles Urteil handelt, ist die Berufung statthaft. Doch darf die Berufung in entsprechender Anwendung des § 10 nicht auf die Behauptung gestützt werden, es hätte eigentlich das Amtsgericht entscheiden müssen[31]. Wird § 10 nicht analog angewendet, so kommt es zur Zurückverweisung an das Amtsgericht. Doch liegt der Fall hier ähnlich wie auch sonst bei § 10, wenn das Landgericht unter Verletzung der ZPO entschieden hat.

b) Geschäftsverteilung Richter – Nichtrichter

§ 10 findet auch für das Verhältnis von richterlichen Organen zu nichtrichterlichen Orga- **16** nen Anwendung. So kann eine richterliche Handlung nicht deshalb angefochten werden, weil der Rechtspfleger zuständig gewesen wäre[32]. Aus § 8 Abs. 1 RpflG (Text → § 576 Anhang) ergibt sich ohnehin schon die Wirksamkeit des Geschäftes. Vergleichbares gilt für das Verhältnis des Richters zum Urkundsbeamten (§ 8 Abs. 1 RpflG analog)[33].

c) Rechtspfleger verschiedener Instanzen; Rechtspfleger und Urkundsbeamter

Hat der Rechtspfleger des Landgerichts in Verkennung seiner Zuständigkeit an Stelle des **17** Rechtspflegers des Amtsgerichts über einen Antrag auf Festsetzung von Vollstreckungskosten entschieden, so ist der Zuständigkeitsmangel in analoger Anwendung von § 10 im Erinnerungs- und Beschwerdeverfahren nicht zu berücksichtigen[34]. Nimmt der Rechtspfleger ein Geschäft des Urkundsbeamten wahr, so ist es wirksam (§ 8 Abs. 5 RpflG). Im umgekehrten Fall führt der Mangel der Zuständigkeit zur Unwirksamkeit[35].

---

[29] *OLG München* JurBüro 1991, 989 (Abgabe der eidesstattlichen Versicherung).
[30] Wie hier *Zöller-Vollkommer*[17] § 10 Rdnr. 4; anders die h.L., *OLG Hamm* OLGZ 1974, 46f.; *Rosenberg-Schwab*[14] § 39 III (S. 210); *Thomas-Putzo*[17] § 10 Anm. 1b.
[31] Ebenso *Wieczorek*[2] § 10 Bem. A; a.a.O. die h.L. → § 924 Rdnr. 17.
[32] Ebenso etwa *Zöller-Vollkommer*[17] § 10 Rdnr. 4.

[33] *Vollkommer*, Formenstrenge und prozessuale Billigkeit, 1973, S. 14, 32f.; *Zöller-Vollkommer*[17] § 10 Rdnr. 4; *Baumbach-Lauterbach-Albers-Hartmann*[50] § 10 Anm. 1 A; *Rosenberg-Schwab*[14] § 39 III (S. 210); a. A. *OLG Hamm* NJW 1966, 1519.
[34] *KG* JurBüro 1984, 1571.
[35] *OLG Hamm* OLGZ 1987, 272; *Zöller-Vollkommer*[17] § 10 Rdnr. 4a.E.

d) Reichweite außerhalb des Erkenntnisverfahrens

18   § 10 kann auch außerhalb des Erkenntnisverfahrens analog angewendet werden. Doch ist die analoge Anwendung auf den Bereich *innerhalb* des Verfahrens beschränkt. Dabei kann es sich um Entscheidungen innerhalb anderer Verfahren der ZPO handeln, wie z.B. Arrest, einstweilige Verfügung (oben → Rdnr. 15) oder Zwangsvollstreckungssachen. Die im Achten Buch vorgesehenen Klagen fallen ohnehin direkt unter § 10. – Zur Erinnerung nach § 766 ZPO, → Rdnr. 6, 8 und 14; zur Durchgriffserinnerung nach § 11 RpflG, → Rdnr. 13. Eine analoge Anwendung ist aber etwa auch möglich bei anderen Prozeßordnungen wie in Landwirtschaftssachen, wenn das Landwirtschaftsgericht anstelle der -behörde entscheidet[36], oder im Verfahren der freiwilligen Gerichtsbarkeit[37]. In allen genannten Fällen darf jedoch die Anwendung von § 10 nicht zu einer anderen als der gesetzlich vorgesehenen Verfahrensart führen. Ebensowenig wie nunmehr die ZPO gelten soll (→ Rdnr. 6 und 8), darf umgekehrt an die Stelle des Erkenntnisverfahrens der ZPO eine andere Verfahrensart treten.

IV. Folgen der Anwendbarkeit von § 10

19   Die Anwendung des § 10 schließt jede Anfechtung aus, die sich auf die Zuständigkeit des Amtsgerichts stützt. Die höheren Instanzen (OLG und BGH) dürfen also nicht prüfen, ob anstelle des Landgerichts das Amtsgericht hätte entscheiden müssen. Werden solche Fragen im Rahmen eines sonst zulässigen Rechtsmittels aufgeworfen, dürfen sie vom Rechtsmittelgericht nicht behandelt werden. Die sachliche Zuständigkeit des Landgerichts kann vielmehr dahingestellt bleiben. Bei analoger Anwendung des § 10 darf in vergleichbarer Weise die sonstige Kompetenz des erkennenden Spruchkörpers nicht behandelt werden. Stützt sich eine Berufung oder Revision ausschließlich auf die Rüge mangelnder sachlicher Zuständigkeit des Landgerichts, so ist sie unzulässig[38].

20   Vor dem Landgericht darf innerhalb der Instanz jederzeit dessen sachliche Zuständigkeit in Frage gestellt werden. So darf etwa ein Einspruch gegen das Versäumnisurteil diese Rüge enthalten.

V. Arbeitsgerichtsbarkeit

21   In der Arbeitsgerichtsbarkeit kann § 10 nicht direkt angewendet werden, weil sie nur ein Eingangsgericht kennt. Eine analoge Anwendung ist praktisch schwer vorstellbar, aber wohl nicht ausgeschlossen. Keine Anwendung findet § 10 auf das Verhältnis zwischen Arbeitsgerichtsbarkeit und Ziviljustiz (→ Rdnr. 11). Die Mehrzahl der Konflikte dürfte sich durch § 65 ArbGG n. F. erledigen[39].

---

[36] *OLG Celle* NdsRpfl. 1963, 274.
[37] A.A. *BayObLG* DB 1984, 1295; *Baumbach-Lauterbach-Albers-Hartmann*[50] § 10 Anm. 1 A a.E. (nichtstreitiges Verfahren).

[38] *RGZ* 11, 432; 23, 430; *Thomas-Putzo*[17] § 10 Anm. 2a; ältere Nachweise in der Vorauflage in Fn. 55. – Zum vergleichbaren § 512a, → dort Rdnr. 3.
[39] Etwa *LAG Rheinland-Pfalz* NZA 1992, 473.

§ 11   [Bindende Entscheidung über Unzuständigkeit]

Ist die Unzuständigkeit eines Gerichts auf Grund der Vorschriften über die sachliche Zuständigkeit der Gerichte rechtskräftig ausgesprochen, so ist diese Entscheidung für das Gericht bindend, bei dem die Sache später anhängig wird.

Gesetzesgeschichte: Sachlich unverändert seit Erlaß der CPO; sprachlich geändert im Jahre 1950 (→ Einl. Rdnr. 148) (»Vorschriften« und »bei dem« statt »Bestimmungen« und »bei welchem«).

I. Funktion

§ 11 will widersprechende gerichtliche Entscheidungen über die sachliche Zuständigkeit **1**
verhindern und vermeidet damit zugleich das Entstehen negativer Kompetenzkonflikte und ihre Behebung in einem besonderen Verfahren nach §§ 36 f.[1]. Ausgehend von diesem Normzweck ist § 11 weit zu interpretieren[2]. Die Vorschrift ergänzt Verweisungsnormen wie die §§ 281, 506, 696, 700: Diese Vorschriften beugen der Gefahr eines negativen Kompetenzkonfliktes vor, indem der Verweisungsbeschluß eines Gerichts, das sich für unzuständig erklärt und zugleich an das Gericht anderer Art den Rechtsstreit verweist, für das andere Gericht als bindend erklärt wird. § 11 regelt dagegen den Fall, daß ein Amts- oder Landgericht wegen sachlicher Unzuständigkeit eine Klage abweist, indem es das später mit derselben Sache befaßte Gericht an diese Entscheidung bindet.

II. Bedeutung und Inhalt der Bindung

Nach dem Normzweck des § 11 bedeutet Bindung, daß nach Verneinung der sachlichen **2**
Zuständigkeit durch ein Amtsgericht sich ein Landgericht in derselben Sache nicht mehr für sachlich unzuständig erklären darf und umgekehrt. Die Bindung gilt auch für dasselbe Gericht, wenn es erneut angerufen werden sollte. In gleicher Weise entfaltet § 11 Bindungswirkung für die Gerichte derselben Stufe, so daß nach Prozeßabweisung durch *ein* Amtsgericht (oder *ein* Landgericht) *alle* Amtsgerichte (oder *alle* Landgerichte) ebenfalls gebunden sind. Die Bindung beschränkt sich auf die sachliche Zuständigkeit. Nicht bindend sind deshalb Ausführungen in der Prozeßabweisung, ein (örtlich) bestimmtes Gericht sei zuständig. In vergleichbarer Weise enthalten Ausführungen zur Sache keine Bindungswirkung. Hat etwa das Landgericht eine Streitigkeit z. B. als gesetzliche Unterhaltssache i. S. v. § 23 a Nr. 2 GVG

---

[1] Mot. 2, 1 S. 51 = *Hahn* 148; *RGZ* 66, 19 f.   [2] *RGZ* 66, 19, 20.

qualifiziert und deshalb die Zuständigkeit verneint, so darf das Amtsgericht auch auf andere Anspruchsgrundlagen zurückgreifen (auch → Rdnr. 7). Zur analogen Anwendung von § 11, → Rdnr. 9.

3   Im Hinblick auf die eindeutige Regelung des § 11 bedarf die Frage keiner Entscheidung, ob die dort angeordnete Bindung[3] der Rechtskraftwirkung entspricht[4] oder eine Erstreckung der Rechtskraft auf die Urteilsgründe bedeutet[5].

III. Regelungsgehalt

1. Umfang der sachlichen Zuständigkeit; örtliche Zuständigkeit

4   Die sachliche Zuständigkeit ist in vollem Umfang betroffen. Daher kann das später angegangene Amtsgericht seine Unzuständigkeit nicht auf Gründe stützen, die das Landgericht bei seiner Prozeßabweisung überhaupt nicht erörtert hat. § 11 betrifft lediglich die sachliche, nicht jedoch die örtliche Zuständigkeit[6]. Danach mögliche Kompetenzkonflikte sind ggf. nach § 36 f. auszutragen.

2. Bindung für übergeordnete Gerichte

5   § 11 bindet jedes später in derselben Sache angerufene Amts- oder Landgericht. Daher wirkt die Bindung folgerichtig auch für die ihnen übergeordneten Berufungs-, Beschwerde- und Revisionsgerichte. Sie müssen nach § 11 gleichfalls von der sachlichen Zuständigkeit ausgehen. Die Bindungswirkung tritt auch dann ein, wenn ein höheres Gericht, z.B. das Landgericht oder das Oberlandesgericht (§ 119 Nr. 1 GVG) im Berufungsverfahren die (amtsgerichtliche) Zuständigkeit verneint.

3. Urteile und Beschlüsse; Haupt- und Vorfrage

6   »Rechtskräftig ausgesprochen« meint in § 11 nicht nur Urteile, sondern auch rechtskräftige Beschlüsse[7] (auch → §§ 322 Rdnr. 3, 60; → 329 Rdnr. 28). Dafür spricht neben dem allgemein gehaltenen Wortlaut auch der Normzweck (→ Rdnr. 1). Allerdings muß die Verneinung der Zuständigkeit Hauptfrage der Entscheidung sein. Daher genügt eine als Vorfrage getroffene Verneinung, z.B. in einem Prozeßkostenhilfebeschluß, nicht.

IV. Verstöße

7   Verneint das später angerufene Gericht seine Zuständigkeit unter Verstoß gegen § 11, so kann die Bindungswirkung der Norm mit den gewöhnlichen Rechtsmitteln durchgesetzt werden. Gelingt das nicht oder wird ein Rechtsmittel nicht eingelegt, und wird die zweite

---

[3] Näher *Zeuner*, Die objektiven Grenzen der Rechtskraft im Rahmen rechtlicher Sinnzusammenhänge (1959), S. 47 ff.

[4] *Hellwig* System I 133; Lb 2 185.

[5] *Rimmelspacher*, Materiellrechtlicher Anspruch und Streitgegenstandsprobleme im Zivilprozeß (1970) 305 bei Fn. 175.

[6] H.L., etwa *Thomas-Putzo*[17] § 11 Anm. 1 a; *Zöller-Vollkommer*[17] § 11 Rdnr. 2; *Baumbach-Lauterbach-Albers-Hartmann*[50] § 11 Anm. 1; a.A. *AK-ZPO-Röhl* § 11 Rdnr. 2.

[7] Ganz h.L., z.B. *OLG München* NJW 1956, 187.

Entscheidung rechtskräftig, so greift § 36 Nr. 6 ein, ohne daß freilich die Grundsätze über den Rechtskraftkonflikt zweier sich widersprechender Entscheidungen (→ § 322 Rdnr. 226) anzuwenden wären. Die Anwendung von § 36 Nr. 6 scheidet jedoch aus, wenn das später angerufene Gericht den Rechtsstreit nach § 281 an das erste Gericht verweist. In diesem Fall verdrängt die Bindungswirkung des späteren Verweisungsbeschlusses die Zuständigkeitsverneinung durch das erste Gericht. Dieses ist nunmehr als zuständig anzusehen (§ 281 Abs. 2 S. 3). Lehnt es allerdings die Übernahme des Rechtsstreits ab, so greift wieder § 36 Nr. 6 ein (→ § 36 Rdnr. 22)[8].

V. Arbeitssachen

Im Verhältnis der Arbeitsgerichte zu den ordentlichen Gerichten spielt § 11 keine Rolle   8
mehr. In § 48 ArbGG n.F.[9] ist die Verweisung auf § 11 ZPO entfallen. Arbeitsgerichte und ordentliche Zivilgerichte gehören verschiedenen Rechtswegen an und stehen nicht mehr im Verhältnis der sachlichen Zuständigkeit zueinander[10]. Hält ein Amts- oder Landgericht die Arbeitsgerichte für zuständig, so hat es nach § 17a Abs. 2 S. 1 GVG n.F. von Amts wegen an das zuständige Arbeitsgericht zu verweisen. Damit steht die Zuständigkeit der Arbeitsgerichte nach § 17a Abs. 2 S. 3 GVG n.F. bindend fest. Das Arbeitsgericht ist aber in der Rechtsanwendung im Hinblick auf die Hauptsache frei (→ Rdnr. 2). Es kann deshalb z. B. Gesellschaftsrecht anwenden, wenn es ein Arbeitsverhältnis verneint. Verneint im umgekehrten Fall das Arbeitsgericht seine Kompetenz, weil die ordentlichen Gerichte berufen seien, so hat es nach § 48 Abs. 1 ArbGG i.V. mit § 17a GVG an das zuständige ordentliche Gericht zu verweisen. Dieses ist *insoweit* gebunden. Es kann aber frei entscheiden, ob die Sache zur amts- oder landgerichtlichen Zuständigkeit gehört. Innerhalb der Arbeitsgerichtsbarkeit greift § 11 nicht ein, weil sie mit dem Arbeitsgericht nur ein Eingangsgericht kennt. Doch bleibt eine entsprechende Anwendbarkeit des § 11 möglich (→ Rdnr. 9).

VI. Weitere analoge Anwendungsmöglichkeiten des § 11

§ 11 kann auf vergleichbare Regelungsprobleme entsprechend angewendet werden. So   9
wird ein negativer Kompetenzkonflikt zwischen staatlichem Gericht und Schiedsgericht durch analoge Anwendung des § 11 vermieden (→ § 322 Rdnr. 143 und → § 1034 Rdnr. 16): Jeweils das andere Gericht darf seine Zuständigkeit nicht verneinen, wenn vorher das ihm korrespondierende Gericht die Kompetenz abgelehnt hat[11]. § 11 läßt sich ferner analog anwenden auf die funktionelle Zuständigkeit[12], auf die Geschäftsverteilung (Begriff → § 1 Rdnr. 125 f.), auf das Verhältnis zwischen freiwilliger und streitiger Gerichtsbarkeit[13] (→ Einl. Rdnr. 458) sowie zwischen allgemeinen und besonderen Gerichten der Ziviljustiz (→ Einl.

---

[8] A.A. wohl *Zöller-Vollkommer*[17] § 11 Rdnr. 4.
[9] § 48 Abs. 1 und Überschrift neu gefaßt durch das 4. VwGO-ÄndG v. 17.12.1990, BGBl I 2809.
[10] BT-Drucks. 11/7030, 39; *ArbG Passau* BB 1992, 359; *H. Koch* NJW 1991, 1856, 1858; *Drygala* NZA 1992, 294, 295; a. A. *N. Schwab* NZA 1991, 657, 663; offengelassen von *Mayerhofer* NJW 1992, 1602.

[11] A.A. *RGZ* 52, 285 f.
[12] *OLG München* NJW 1956, 187; *OLG Oldenburg* FamRZ 1978, 345.
[13] *BGHZ* 97, 287, 291; *Wieczorek*[2] § 11 Bem. A I a; *Thomas-Putzo*[17] § 11 Anm. 1 a.

Rdnr. 620 ff.)[14]. Ferner kann der Gedanke des § 11 auch auf die internationale Zuständigkeit angewendet werden (→ Einl. Rdnr. 769). Im übrigen finden für das Verhältnis von streitiger und freiwilliger Gerichtsbarkeit die §§ 17–17b GVG analog Anwendung[15]. Das bedeutet wohl die Abgabemöglichkeit von Amts wegen.

---

[14] *Zöller-Vollkommer*[17] § 11 Rdnr. 2; *Goldschmidt* Lb[2] 72; *Seuffert-Walsmann*[12] 4 (soweit die ZPO eingreift); *Förster-Kann*[3] 3b; *Petersen-Remelé-Anger*[5] 6; a.A. *Sydow-Busch-Krantz-Triebel*[22] 2 a.E.

[15] *BayObLGZ* 1991, Nr. 31; *BayObLG* NJW-RR 1991, 1358.

Zweiter Titel

Gerichtsstand

Vorbemerkungen vor § 12

Stichwortverzeichnis → Gerichtsstandsschlüssel Rdnr. 40 vor § 12

I. Der Begriff des Gerichtsstands

1   **Gerichtsstand** *(forum)* **bezeichnet regelmäßig**[1] **die örtliche Zuständigkeit.** Er verteilt die Prozesse *erster Instanz* und die sonst im Zivilprozeß anfallenden Angelegenheiten nach *örtlicher* Beziehung der beteiligten Personen, der streitbefangenen Sachen oder der geltend gemachten Ansprüche. **Der Gerichtsstand befindet also darüber, welches Amtsgericht oder Landgericht im konkreten Fall berufen ist.** Aus ihm ergibt sich, welches einzelne Amtsgericht (Landgericht) aus der Vielzahl gleicher Gerichte zuständig ist. Ob (bei vorhandenem Gerichtsstand) das *Amtsgericht oder* das *Landgericht* zuständig ist, entscheidet sich nach den Grundsätzen über die *sachliche* Zuständigkeit (→ § 1 Rdnr. 34 ff.)

2   **Die Gerichtsstandsregeln erfassen nur das Verhältnis der Gerichte als Ganzes.** Das Verhältnis der einzelnen Spruchkörper (Einzelrichter, Kammern, Senate) desselben Gerichts ist eine Frage der *Geschäftsverteilung* (→ § 1 Rdnr. 125 ff.), allenfalls ein Problem der *funktionellen Zuständigkeit* (→ § 1 Rdnr. 120). Mit der örtlichen Zuständigkeit hat dieses Verhältnis auch dann nichts zu tun, wenn die Geschäftsverteilung nach örtlichen Gesichtspunkten erfolgt ist.

II. Der Gerichtsbezirk (Gerichtssprengel)

1. Begriff

3   Die Vorschriften über die Gerichtsstände bauen auf den unterschiedlichen Gerichtsbezirken auf. Unter einem **Gerichtsbezirk (Gerichtssprengel)** versteht man das **räumliche Gebiet, für das ein Gericht zuständig ist**[2]. **Die örtliche Zuständigkeit eines Gerichts liegt vor, wenn für den Gerichtsbezirk oder innerhalb des Gerichtsbezirks ein Gerichtsstand besteht.**

4   Die **Gerichtsbezirke** werden **landesrechtlich** festgelegt[3]. Die Errichtung und Aufhebung der Gerichte sowie die Änderungen ihrer Bezirke **unterliegen dem Vorbehalt des förmlichen Gesetzes**[4]. Durch Verordnungen aufgrund gesetzlicher Ermächtigung können aber *einzelne* Materien einem von mehreren an sich örtlich zuständigen Gerichten zugewiesen werden (→ sogleich Rdnr. 5).

2. Vergrößerung des Gerichtssprengels in bestimmten Sachen

5   Einem sachlich zuständigen Gericht kann **die Erledigung bestimmter Sachen über seinen eigentlichen Bezirk hinaus** zugewiesen werden. Voraussetzung hierfür ist eine formell-gesetzliche Regelung oder eine Ermächtigung in einem formellen Gesetz.

6   Das Bundesrecht überläßt die **Entscheidung über die Zuweisung** überhaupt und über ihren Umfang regelmäßig der **Landesregierung**, die diese Befugnis in einigen Fällen auch der Landesjustizverwaltung übertragen darf oder der obersten Landesbehörde. Durch diese **Konzentration** soll eine *möglichst schnelle und rationelle Bearbeitung* oder die Entscheidung durch *besonders geeignete Richter* erreicht werden, indem bei diesen Gerichten jene Sachen nach der Geschäftsverteilung besonderen Abteilungen, Kammern oder Senaten zugewiesen werden, die mit Richtern mit *besonderer Vorbildung* oder *Eignung* besetzt sind oder sich

---

[1] Die ZPO hält sich aber selbst nicht an diesen Sprachgebrauch, z. B. § 40 Abs. 2 Satz 1, § 802.

[2] Vgl. *Rosenberg/Schwab*[14] § 34 I 2.

[3] In Zivilsachen verfügt der *Bund* nur über Gerichte, die für den gesamten Geltungsbereich der ZPO zuständig sind (BPatG, BGH, BAG), so daß eine Gerichtsstandsordnung nicht erforderlich ist.

[4] *BVerfGE* 2, 307 (316). Dabei kann eine politische Gemeinde in *mehrere* Gerichtsbezirke aufgeteilt sein (→ auch § 13 Rdnr. 2); eine solche Teilung verletzt nicht das Selbstverwaltungsrecht der betreffenden Gemeinde (*BVerfGE* 53, 100 [109]).

besondere Sachkunde und Erfahrung durch ständige Beschäftigung mit zahlreichen Verfahren gleicher Art zu erwerben vermögen[5]. Andererseits wäre bei dem geringen Anfall mancher derartiger Verfahren die Einrichtung besonderer Abteilungen oder Kammern bei allen Gerichten unökonomisch. Zuweisungen solcher Art sind vorgesehen für:

a) **Mahnverfahren** → § 689 Rdnr. 6 (§ 689 Abs. 3).

b) **Aufgebotsverfahren** → § 1006 Rdnr. 1.

c) **Patentstreitsachen,** § 143 Abs. 2 PatG[6] (→ § 1 Rdnr. 90); die Zuständigkeit ist *ausschließlich.*

d) **Gebrauchsmusterstreitsachen** § 27 Abs. 2 GebrMG[7].

Halbleiterschutzstreitsachen § 11 Abs. 2 HalbleiterschutzG i.V.m. § 27 Abs. 2 GebrMG[8].

e) **Warenzeichenstreitsachen** nach § 32 WarenzeichenG[9] vom 2. I. 1968 BGBl. I S. 29. Die Gerichte für Warenzeichenstreitsachen sind *neben* den eigentlich örtlich zuständigen Gerichten zuständig. Auch hier kann der *Beklagte* die *Verweisung* an das Gericht für Warenzeichenstreitsachen beantragen (näher § 32 WZG).

f) **Binnenschiffahrtssachen**[10] (für **Rhein und Mosel** gelten Sondervorschriften)[11].

---

[5] Vgl. *BGHZ* 72, 1 (7).

[6] *Baden-Württemberg: LG Mannheim* (Staatsvertrag zwischen den früheren Ländern Baden, Württemberg-Baden und Württemberg-Hohenzollern vom 9. III. 1951, GVBl. Baden 56 = Regbl. Wü-Ba 19 = Regbl. Wü-Ho 31. *Bayern: LG München I* für OLG-Bezirk München, *LG Nürnberg-Fürth* für OLG-Bezirke Bamberg und Nürnberg (VO vom 2. II. 1988, GVBl. 9). *Bremen, Hamburg* und *Schleswig-Holstein: LG Hamburg* (Staatsvertrag vom 1. X. 1949, BremGBl. 1950, 17 = HambAmtlAnz 1950, 78 = GVBl. Schl.-H. 1949, 221). *Hessen: LG Frankfurt* (VO vom 26. VIII. 1960, GVBl. 175). *Niedersachsen: LG Braunschweig* (VO vom 16. I. 1987, GVBl. 2). *Nordrhein-Westfalen: LG Düsseldorf* (VO vom 26. IX. 1949, GVBl. 277 = GS-NRW S. 533, i.V.m. § 7 VO vom 15. VII. 1960, GVBl. 288). *Rheinland-Pfalz: LG Fankfurt* (Staatsvertrag mit Hessen vom 4. VIII. 1950, GVBl. 316 = HessGVBl. 250). *Schleswig-Holstein:* s. o. bei Bremen. In den *neuen Bundesländern* gilt nach dem Einigungsvertrag Anl. I Kap. III Sachgeb. A Abschnitt III Nr. 1 lit. n die Ermächtigung zu Zuständigkeitskonzentrationen. Die noch aus der DDR stammenden, durch den Einigungsvertrag aufrechterhaltenen (vgl. EV Anl. I Kap. III Sachgeb. A Nr. 1 lit. n Abs. III) Zuständigkeitskonzentrationen für Patentstreitigkeiten (Leipzig), für das Dispacheverfahren und das Seeschiffahrtsregister (Rostock) und das Binnenschiffahrtsregister (Magdeburg) bleiben, soweit die einzelnen Länder keine abweichenden Regelungen treffen, zunächst bestehen; diese Konzentrationen enden aber nach § 31 Abs. 2 RpflAnpG spätestens Ende 1995 (dazu *Brachmann* DtZ 1990, 298 (304f.); *Rieß* DtZ 1992, 226 (231)).

[7] *Bayern: LG München I* und *LG Nürnberg-Fürth* (VO vom 2. II. 1988, GVBl. 9).

[8] *Bayern: LG München I* und *LG Nürnberg-Fürth* (VO vom 2. II. 1988, GVBl. 9).

[9] *Baden-Württemberg: LG Mannheim* für den OLG-Bezirk Karlsruhe und *LG Stuttgart* für den OLG-Bezirk Stuttgart (VO vom 17. II. 1961. GBl. 40). *Bayern:* wie in Patentstreitsachen (→ Nr. 5) (VO vom 2. II. 1988, GVBl. 10). *Rheinland-Pfalz: LG Frankenthal* für OLG-Bezirk Zwei-

brücken und *LG Koblenz* für OLG-Bezirk Koblenz (VO vom 24. IV. 1952, GVBl. 79, sowie Gesetz vom 9. VII. 1962, GVBl. 127).

[10] Zu ihnen und zur *sachlichen Zuständigkeit* (ausschließlich des AG) → § 1 Rdnr. 76 m. w. N. Für die Rheinschiffahrts- und Moselschiffahrtssachen gelten besondere Verfahrensvorschriften. Diese werden durch *Rheinschiffahrtsgerichte* (→ Einl. Rdnr. 622) oder durch die *Moselschiffahrtsgerichte* (→ Einl. Rdnr. 623) erledigt. Binnenschiffahrtssachen sind legaldefiniert in § 2 BinnSchVerfG. Welche Fallgruppen hierzu rechnen → § 1 Rdnr. 77 sub aa)–gg). Zu den *neuen Bundesländern* → N. 5 a.E.

[11] *Bayern: AG Bamberg* für die Gewässer in den Landgerichtsbezirken Bamberg, Bayreuth, Coburg und Hof, *AG Ingolstadt* für die Gewässer in dem Landgerichtsbezirk Ingolstadt und in dem Amtsgerichtsbezirk Dillingen a. d. Donau, Günzburg, Neu-Ulm und Nördlingen, *AG Lindau (Bodensee)* für den Bodensee, für die Gewässer in dem Landgerichtsbezirk Kempten (Allgäu), für die Gewässer in dem Amtsgerichtsbezirk Memmingen, *AG Nürnberg* für die Gewässer in den Landgerichtsbezirken Ansbach und Nürnberg-Fürth, *AG Regensburg* für die Gewässer in den Landgerichtsbezirken Amberg, Deggendorf, Landshut, Passau, Regensburg und Weiden i. d. OPf., *AG Starnberg* für die Gewässer in den Landgerichtsbezirken Augsburg – ausgenommen für die Gewässer in den Amtsgerichtsbezirken Dillingen a. d. Donau und Nördlingen –, München I und München II, *AG Traunstein* für die Gewässer in den Landgerichtsbezirk Traunstein, *AG Würzburg* für die Gewässer in den Landgerichtsbezirken Aschaffenburg, Schweinfurt und Würzburg, *OLG Nürnberg* als Schiffahrtsobergericht für die Schiffahrtsgerichte im Freistaat Bayern (VO vom 2. II. 1988, GVBl. 10f.). *Berlin: AG Charlottenburg* (VO vom 26. IV. 1954, GVBl. 217, *AG Tiergarten* ist nur für *strafrechtliche* Sachen zuständig. *Bremen, Hamburg, Niedersachsen, Schleswig-Holstein: AG Bremen, AG Emden, AG Hamburg (Weser, Elbe, Ems und zugehörige Kanäle),* Abkommen vollzogen am 12. IV., 24. V., 11. VI., 1. VII. 1957, BremenGBl. 1958, 25 = HambGVBl. 1957, 439 = NdsGVBl. 127 = GVBl. Schl-H 149. Zusatzabkommen vom 5. IV. 1976, vollzogen am 9. I., 21. I., 3. II., 10. II. 1976 HambGVBl. 1976, 67 = BremGBl. 129 = NdsGVBl. 194 = GVBl. Schl-H 258.

g) **Baulandsachen**[12]. Sie werden von den bei den Landgerichten um zwei hauptamtliche Richter der Verwaltungsgerichtsbarkeit vermehrten Zivilkammern als *Kammern für Baulandsachen*, bei den Oberlandesgerichten von entsprechend besetzten *Senaten für Baulandsachen* entschieden (§ 219 Abs. 2 S. 1 BauGB)[13].

h) **Sortenschutzstreitsachen**[14]. Der *Kläger* kann hier das als Gericht für Sortenschutzstreitsachen bestimmte oder ein anderes Landgericht anrufen, auf Antrag des *Beklagten* ist jedoch im zweiten Fall die Sache an das Gericht für Sortenschutzstreitsachen zu *verweisen* (§ 38 Abs. 2 SortenschutzG)[15].

i) **Kartellsachen** nach § 89 GWB[16].

k) Die **Entschädigungsgerichte** nach dem Bundesentschädigungsgesetz[17] vom 29. VI. 1956 BGBl. I S. 562.

l) **AGB-Sachen**[18], d. h. Klagen nach § 13 AGB-Gesetz können gem. § 14 AGBG ebenfalls einem Landgericht für die Bezirke mehrerer Landgerichte zugewiesen werden[19].

m) Die Bildung von **Fachkammern nach § 17 Abs. 2 ArbGG**[20].

n) **Familiensachen** gemäß § 23 c GVG.

o) **Unterhaltssachen Minderjähriger** gemäß § 641 Abs. 5 hinsichtlich des *Vereinfachten Verfahrens* (→ § 641 Rdnr. 4 ff.) und gemäß § 642 a Abs. 5 Satz 2 in Verbindung mit § 641 Abs. 5 hinsichtlich des *Regelunterhalts*.

7   Über die **rechtliche Bedeutung dieser Zuweisung an ein bestimmtes Gericht in Verbindung mit der Festlegung des Spruchkörpers** (oder der mehreren Spruchkörper) bei diesem Gericht werden verschiede-

---

Hessen und Nordrhein-Westfalen: AG Minden (für Weser, Werra, Fulda), Staatsvertrag vom 15. III. 1954, HessGVBl. 97 = NRWGVBl. 7. *Saarland: AG Saarbrücken (Saar)* (VO vom 27. III. 1958, ABl. 321).

[12] *Zur sachlichen Zuständigkeit* → § 1 Rdnr. 98, zu den *Baulandsachen* allgemein → Einl. Rdnr. 186, und im einzelnen → Einl. Rdnr. 362 »Baulandsachen« und Baugesetzbuch, → Rdnr. 364 »Erschließungsverträge«, → Rdnr. 402 bei N. 94.

[13] *Baden-Württemberg: LG Stuttgart und Karlsruhe* (VO vom 10. I. 1955, GBl. 7). *Bayern: LG Ansbach, Augsburg, Bayreuth, Landshut, München I, Regensburg, Würzburg* (VO vom 2. II. 1988, GVBl. 10). *Hessen: LG Darmstadt, Kassel und Wiesbaden* (VO vom 4. II. 1954, GVBl. 3). *Niedersachen: LG Braunschweig, Hannover, Lüneburg, Oldenburg, Osnabrück* (VO vom 4. X. 1960, GVBl. 278). *Nordrhein-Westfalen: LG Aachen, Arnsberg, Detmold, Düsseldorf, Essen, Köln, Münster* (VO vom 29. XI. 1960, GVBl. 430). *Rheinland-Pfalz: LG Frankenthal, Koblenz* (VO vom 25. XI. 1960, GVBl. 259). *Schleswig-Holstein: LG Kiel* (VO vom 26. X. 1960, GVBl. 190).

[14] *Zur sachlichen Zuständigkeit* → § 1 Rdnr. 90 (ausschließlich das LG) m. w. N.

[15] *Baden-Württemberg: LG Mannheim* (VO vom 22. VI. 1979, GBl. 286). *Bayern: LG München I* (VO vom 2. II. 1988, GVBl. 10). *Hessen: LG Frankfurt und Kassel* (VO vom 26. VIII. 1960, GVBl. 174). *Nordrhein-Westfalen: LG Düsseldorf* (VO vom 18. X. 1978, GVBl. 546). *Rheinland-Pfalz: LG Mainz* (VO vom 30. VII. 1960, GVBl. 178).

[16] *Zur sachlichen Zuständigkeit* → § 1 Rdnr. 99 m. w. N. *örtliche Zusammenfassungen* bestehen: *Baden-Württemberg: LG Mannheim, Stuttgart* (VO vom 17. III. 1958, GBl. 102). *Bayern: LG München I* für OLG-Bezirk München, *LG Nürnberg-Fürth* für OLG-Bezirke Bamberg und Nürnberg (VO vom 19. I. 1953, BayRS 3, 208). Als 2. *Instanz* für ganz Bayern: *OLG München* (VO vom 13. IX. 1966, GVBl. 318; vom 23. XI. 1966, GVBl. 490). *Hessen: LG Frankfurt am Main* für die LG-Bezirke Darmstadt, Frankfurt am Main, Lahn-Gießen, Hanau, Limburg und Wiesbaden, *LG Kassel* für die LG-Bezirke Fulda, Kassel und Marburg (VO vom 22. XI. 1977, GVBl. 454). *Niedersachsen: LG Braunschweig, Celle Osnabrück* (VO vom 15. II. 1958, GVBl. 9). *Nordrhein-Westfalen: LG Düsseldorf, Dortmund, Köln* (VO vom 7. I. 1958, GVBl. 17; vom 1. III. 1966, GVBl. 76; VO vom 24. VI. 1974, GVBl. 220). *Rheinland-Pfalz: LG Mainz* (VO vom 7. III. 1958, GVBl. 53; VO vom 22. X. 1959, GVBl. 215). *Schleswig-Holstein: LG Kiel* (VO vom 28. I. 1958, GVBl. 72; VO vom 11. 11. 1958, GVBl. 118).

[17] *Zur sachlichen Zuständigkeit* → § 1 Rdnr. 100, *örtliche Zusammenfassungen* sind nach § 208 BEG zulässig und vorgenommen in: *Niedersachsen: LG Hannover* und *Oldenburg* (VO vom 10. III. 1960, GVBl. 7 und vom 26. III. 1976, GVBl. 73. *Schleswig-Holstein: LG Kiel* (VO vom 22. II. 1955, GVBl. S. 79).

[18] *Zur sachlichen Zuständigkeit* → § 1 Rdnr. 97.

[19] Gemäß § 14 Abs. 2 AGB-Gesetz: *Bayern: LG München I, Nürnberg-Fürth, Bamberg* (VO vom 2. II. 1988, GVBl. 7). *Hessen: LG Frankfurt* (VO vom 25. II. 1977, GVBl. 122). *Nordrhein-Westfalen: LG Düsseldorf, Dortmund, Köln* (VO vom 18. III. 1977, GVBl. 133).

[20] Näher *Grunsky* ArbGG[6] § 17 Rdnr. 10.

ne Ansichten vertreten[21]. Ein *Sondergericht entsteht dadurch nicht*, weil das bestimmte Gericht ein ordentliches Gericht bleibt und weil die Spruchkörper dieses Gerichts mangels organisatorischer Trennung von ihm nur dessen Organe, aber nicht selbst Gerichte sind. Dies liegt offensichtlich bei den Kammern und Senaten für Baulandsachen auch im Sinne des Gesetzes, das den anderenfalls gegebenen Verstoß gegen Art. 14 Abs. 3 Satz 4 GG[22] gerade vermeiden wollte; in den anderen Fällen, in denen der Unterschied zu den sonstigen Spruchkörpern dieses Gerichts nicht so stark ist, muß erst recht das gleiche gelten. Eine *besondere sachliche Zuständigkeit*[23] ist durch die Zuweisung nicht begründet, weil sie ein Gericht gleicher Art wie die sonst zuständigen Gerichte trifft und die Konkurrenz mehrerer Abteilungen, Kammern, Senate keine Frage der sachlichen Zuständigkeit ist[24]. Auch die *funktionelle Zuständigkeit*[25] kommt nicht in Betracht, weil es sich nicht um die Verteilung einzelner Geschäfte in derselben Streitsache an verschiedene Gerichte, sondern um deren Verhandlung und Entscheidung insgesamt durch ein Gericht handelt. Es besteht auch sonst keine sachliche Rechtfertigung, trotz der dargelegten Unterschiede allgemein eine Rechtsähnlichkeit mit einem jener anderen Vorgänge, insbesondere mit der Errichtung eines Sondergerichts, anzunehmen[26]. Es handelt sich bei der **Zuweisung** nur um **eine besondere Gerichtseinteilung**, eine **Vergrößerung der Gerichtssprengel für bestimmte Streitsachen**[27], so daß keine Bedenken bestehen, **die Vorschriften über die örtliche Zuständigkeit jedenfalls entsprechend anzuwenden,** insbesondere also die § 36 Nrn. 5, 6, §§ 281, 512a, § 549 Abs. 2, soweit nur die Konkurrenz zwischen dem durch Zuweisung bestimmten und einem ohne die Zuweisung zuständigen Gericht in Frage kommt und nicht Sondervorschriften eingreifen. Damit ist aber nur eine Seite des Vorgangs erfaßt. Durch Nichtbeachtung der Zuweisung kann die Sache auch vor ein Spruchorgan kommen, das anders besetzt ist und nach anderen Verfahrensvorschriften entscheidet, als zwingende gesetzliche Bestimmungen dies an sich vorsehen (z. B. Bauland- oder Schiffahrtssachen). Eine *unvorschriftsmäßige Besetzung des Gerichts* liegt nicht vor, weil zwar ein nicht berufenes Spruchorgan, aber in der ihm vorgeschriebenen Besetzung[28] und nach seinem von ihm zu beachtenden, eigenen Verfahrensrecht entschieden hat. Aber im Ergebnis wiegt der Mangel ebenso schwer wie die Entscheidung des richtigen Spruchorgans in unvorschriftsmäßiger Besetzung unter Anwendung nicht einschlägigen Verfahrensrechts. Deshalb wird man ihn als **Verfahrensverstoß** behandeln und seine Rüge mit Rechtsmitteln zulassen können. Dabei ist die Möglichkeit, daß die ergangene Entscheidung auf der anderen Besetzung des Spruchkörpers beruht, nicht auszuschließen. Die Anfechtung ist jedoch sinngemäß ebenso zu beschränken wie bei der sachlichen Zuständigkeit, weil deren Nichtbeachtung ebenfalls eine Sache zu anders besetzten Spruchorganen und zur Anwendung anderer Verfahrensrechts führen könnte, z. B. wenn das Amtsgericht an Stelle des Arbeitsgerichts entschieden hat. Wird dagegen eine Sache nur vor eine im wesentlichen gleichartig besetzte Richterbank gebracht (etwa an die für gewöhnliche Zivilsachen, nicht für Patentstreitsachen zuständige Zivilkammer), läge nur ein Fehler vor, der einer Entscheidung durch einen nicht nach der Geschäftsverteilung berufenen Spruchkörper gleichkommt. Eine Anfechtung nur aus diesen Gründen scheidet grundsätzlich aus. Das Übersehen einer Zuweisung hat danach hier keine größere Bedeutung als ein Mangel der örtlichen Zuständigkeit.

3. Verkleinerte Gerichtsbezirke

Eine Verkleinerung des Gerichtssprengels ist nach § 93 Abs. 1, 2. Alt. GVG für die **Kammer** **8** **für Handelssachen** möglich, wenn ihr nur ein »*örtlich abgegrenzter Teil*« des Landgerichtsbezirks zugewiesen wird. Das Verhältnis dieser Kammer zu Kammern mit *anderen* Sprengeln ist eine Frage der *örtlichen* Zuständigkeit, unabhängig davon, ob die Kammer ihren Sitz am LG hat oder an einem anderen Ort (vgl. § 93 Abs. 2 GVG, »detachierte«, auswärtige Kammer). Das *allgemeine Verhältnis* zwischen der Kammer für Handelssachen und den anderen Kammern des LG bleibt aber eine Frage der *Geschäftsverteilung* (→ § 1 Rdnr. 131).

Nach Art. II § 3 der VO zur einheitlichen Regelung der Gerichtsverfassung vom 20. III.

[21] Vgl. *Pohle* Festschr. für *W. Apelt* (1958) 181 f.
[22] So *BGHZ* 18, 269 (für Rheinschiffahrtsgericht).
[23] So für Patentstreitsachen (→ N. 5) *BGHZ* 14, 75; *Benkhard* PatentG (1987) § 51 Anm. 6.
[24] Nachweise hierzu → auch § 36 N. 53.
[25] So *Tetzner* PatentG² (1951) § 51 Anm. 4; *OLG*

Hamm MDR 1952, 235; *OLG Bremen* ZZP 65 (1952) 493 für Schiffahrtsgerichte.
[26] So *BGHZ* 8, 21 für Patentstreitsachen.
[27] *OLG Hamburg* GRUR 1952, 189.
[28] Dazu *RGZ* 48, 28.

1935 (RGBl. I S. 403) können durch Rechtsverordnung **amtsgerichtliche Zweigstellen** errichtet werden. Diese sind **keine eigenständigen Gerichte**, sondern nur unselbständiger Teil der Hauptgerichte. Damit haben die Zweigstellen auch keinen eigenen Gerichtssprengel, vielmehr besteht nur eine örtliche Zuständigkeit der *Hauptgerichte*. Die Verteilung der Zuständigkeit zwischen Hauptgericht und Zweiggericht und zwischen verschiedenen Zweiggerichten desselben Hauptgerichts ist eine Frage der Geschäftsverteilung[29].

4. Vornahme richterlicher Handlungen außerhalb des Bezirks

9   Gerichte handeln grundsätzlich nur innerhalb ihres Bezirks; Termine werden regelmäßig nur am Sitz des Gerichts (an der **Gerichtsstelle** → § 219 Rdnr. 1) abgehalten. Amtshandlungen außerhalb seines Bezirks bedürfen grundsätzlich der Zustimmung des betroffenen Amtsgerichts (§ 166 GVG, → Einl. Rdnr. 630), wenn nicht überhaupt das fremde Gericht um **Rechtshilfe** gebeten wird (→ Einl. Rdnr. 630 ff.).

5. Zuständigkeit bei Änderung des Gerichtsbezirks, Fortfall infolge Gebietsverlust

10   Änderungen des Gerichtsbezirks berühren den laufenden Prozeß nicht (→ § 261 Rdnr. 73 ff.), es sei denn, gesetzlich ist etwas anderes angeordnet. Wird ein Gericht aufgelöst, muß das betreffende Gesetz Regelungen enthalten, an welches Gericht die anhängigen Sachen abzugeben sind. Hinsichtlich der früher deutschen Gerichte → § 261 Rdnr. 81 sowie → § 1 Rdnr. 102 a.E. (Zuständigkeitsergänzungsgesetz).

III. Zweck und Bedeutung der Gerichtsstandsvorschriften

11   **1.** Die **Gerichtsstandsvorschriften** knüpfen an bestimmte *örtliche* Merkmale eines Prozesses an und weisen ihn dann demjenigen Gericht zu, in dessen Sprengel (→ Rdnr. 3 ff.) dieses Merkmal verwirklicht ist. So greift § 13 aus den Gesamtverhältnissen einer Person den Wohnsitz heraus (nicht aber die **Staatsangehörigkeit**, den Beruf oder Grundbesitz o. ä.) und stellt über ihn den allgemeinen Gerichtsstand her.

12   **2.** Die Gerichtsstandvorschriften zielen auf *zweckmäßige Regelungen*. Aber in diesem Ziel erschöpfen sie sich keineswegs[30]. Vielmehr streben sie **prozessuale Gerechtigkeit** an[31]. Sie versuchen, auf die Verteidigung des Beklagten genauso Rücksicht zu nehmen wie auf das Rechtsschutzverlangen des Klägers und bieten deshalb ein ausgewogenes und differenziertes System für Angreifer und Verteidiger[32].

---

[29] *KG* RPfl 1974, 399; vgl. auch *BGH* NJW 1967, 107.

[30] Die Zweckmäßigkeit wird bisweilen zu stark betont oder nur als einziger Gesichtspunkt angeführt, z. B. *Stein/Juncker*[3] 98; *Rosenberg/Schwab*[14] § 30 V. Weitere Nachw. bei *Konstantinos D. Kerameus* Institutionenschutz und Fallgerechtigkeit, Festschr. für *Rammos* (Athen 1979) 367 (372 ff.).

[31] Zutreffend daher *Zöller/Vollkommer*[17] § 12 Rdnr. 2 (→ auch die Rdnr. 1 vor § 38). Seit der Diskussion um die Begrenzung von Gerichtsstandsvereinbarungen (→ Rdnr. 1 f. vor § 38) und der Gerichtsstandsnovelle (→ Einl. Rdnr. 153) ist der Gerechtigkeitsgehalt dieser Vorschriften deutlicher geworden. Auf den Schutzgehalt der §§ 12 ff. in internationaler Beziehung weist *OLG Karlsru-*

he NJW 1974, 1059 = RIW/AWD 1975, 47 = IPRsp 1973, Nr. 155 hin. Rechtsvergleichendes Material bringt *Kerameus* (N. 31) 367 ff. – Die Ansicht des *RG* (aus dem Jahre 1937), »die Bedeutung der örtlichen Zuständigkeit tritt immer mehr zurück, seitdem nicht nur das sachliche und das Verfahrensrecht für ganz Deutschland einheitlich, sondern auch alle Gerichte Behörden des Reiches sind« (*RGZ* 154, 299 [302]), ist mit der heutigen Auffassung vom Zivilrechtsschutz und von der Bedeutung der Gerichtsstandsordnung nicht zu vereinbaren, auch wenn seither »die Entwicklung des heutigen Verkehrs«, auf den das *RG* außerdem noch abstellt, zu weiteren erheblichen Verbesserungen geführt hat.

[32] Vgl. *R. Schmidt* Lb. 242.

3. Die Bedeutung des Gerichtsstands liegt darin, daß er (wie die *sachliche, internationale* **13** und *funktionelle* Zuständigkeit → § 1 Rdnr. 15 ff.) eine **Zulässigkeitsvoraussetzung** ist. **Ohne Gerichtsstand ist kein Sachurteil zulässig.**

4. Die ZPO geht vom Grundsatz aus, der Kläger habe sich **nach dem Beklagten** zu **14** richten[33]: »*Actor sequitur forum rei*«. Nur bei den besonderen Gerichtsständen sind andere Gesichtspunkte maßgeblich. Ein zweiter Grundsatz ist für den **Kläger** günstig: Unter verschiedenen Gerichtsständen hat er die **freie Wahl** (§ 35).

5. In den §§ 12 ff. sind **keinesfalls alle Gerichtsstände der ZPO** enthalten. Vielmehr ver- **15** zichtete sie an dieser Stelle bewußt auf eine Aufzählung sämtlicher Gerichtsstände[34]. Daher finden sich durch die ganze ZPO »zerstreut Vorschriften über den Gerichtsstand«[35], außerdem in vielen Spezialgesetzen (→ näher Rdnr. 20).

IV. Arten der Gerichtsstände

1. Gesetzliche Gerichtsstände. Ausschließliche und nichtausschließliche Gerichtsstände

Die wichtigsten und meisten Gerichtsstände sind vom **Gesetz selbst festgelegt (gesetzliche** **16** **Gerichtsstände).** Gesetzliche Gerichtsstände können **ausschließlich** oder **nicht-ausschließlich** sein. Sofern bei einem Gerichtstand nicht ausdrücklich gesagt ist, daß er Ausschließlichkeit beansprucht, begründet er eine *nicht-ausschließliche Zuständigkeit*. **Ausschließende Gerichtsstände verdrängen** andere Gerichtsstände (näher → § 1 Rdnr. 6 ff.). Vor allem schließen sie *Zuständigkeitsvereinbarungen* auf andere Gerichtsstände und die Begründung örtlicher Zuständigkeit durch *rügeloses Einlassen* (§ 39) aus (→ § 40 Rdnr. 3 ff.).

a) Die **allgemeinen Gerichtsstände** der §§ 13−19: Von einem »allgemeinen Gerichts- **17** stand« spricht man immer dann, wenn in ihm grundsätzlich alle Ansprüche geltend gemacht werden können (→ § 12 Rdnr. 1). Meist kommt es auf den allgemeinen Gerichtsstand des *Beklagten* an; es gibt aber Ausnahmen (→ 23 a), in denen auf den *Kläger* abgestellt wird (→ § 12 Rdnr. 6).

b) Die **besonderen Gerichtsstände** der §§ 20−34, 35 a: Sie knüpften an die Person oder an **18** den Gegenstand an. Von einem »**besonderen Gerichtsstand**« spricht man bei denjenigen örtlichen Zuständigkeiten, die nur für *einen* bestimmten materiellen Anspruch (aus unerlaubter Handlung: § 32, aus StVG: § 20 StVG, aus dem Verwaltungsgesetz: § 32 a, oder für einen Kreis von bestimmten Ansprüchen (vermögensrechtliche Ansprüche: §§ 20, 23) eingeräumt sind. Die besonderen Gerichtsstände erleichtern oft die Prozeßführung des Klägers (z.B. §§ 20, 21), weil sie ihm einen weiteren Gerichtsstand in der Nähe des Schwerpunkts des materiellen Rechtsverhältnisses gewähren. Nur selten sind sie *ausschließlich* (z.B. §§ 24, 29 a, 32 a), um die Sach- und Ortsnähe des Gerichts ausnahmslos für den Prozeß sicherzustellen.

c) **In der ZPO** finden sich **weitere Regelungen** über den Gerichtsstand in § 64 für die **19** **Hauptintervention,** in § 256 Abs. 2 für die **Inzidentklagen** und -**widerklagen,** in § 584 für die **Nichtigkeits-** und **Restitutionsklagen,** in § 603 für die **Wechselklagen,** in §§ 606, 621 Abs. 2, 640 a, 641 a, 641 l, 642 a, für **Ehe-, Familien- und Kindschaftssachen,** in § 689 für das **Mahnverfahren,** in §§ 919, 937, 942 f. für **Arrest und einstweilige Verfügungen** und in §§ 1045 ff. für die richterlichen Handlungen im **schiedsrichterlichen Verfahren.** Eine große Zahl von Gerichtsständen stellen das achte Buch für die **Zwangsvollstreckung** (§§ 722, 731, 764, 767,

---

[33] *R. Schmidt* a.a.O.; *Wacke* JA 1980, 654 ff.; *BGHZ*   [34] So die Motive vor § 12 = *Hahn* 149.
88, 331 (335) = NJW 1984, 799 ff. = ZZP 98 (1985) 86 ff.   [35] Motive a.a.O.
= WM 1983, 82 = KTS 1984, 275 ff.

768, 771, 796, 797, 797a, 800, 800a, 805, 828, 853ff., 858, 887ff., 893, 899) und das neunte Buch für das **Aufgebotsverfahren** auf (§ 946 verbunden mit §§ 957, 978, 981a, 983, 987a, 988, 990, 1001f., 1005).

Die örtliche Zuständigkeit wird ferner überall dort geregelt, wo die ZPO (oder ein anderes Gesetz) von der »**Zuständigkeit des Prozeßgerichts erster Instanz**« spricht; denn hierbei wird die Kompetenz eines bestimmten Gerichts *örtlich* festgelegt (→ § 1 Rdnr. 102).

20   d) Weitere Gerichtsstände **außerhalb der ZPO** enthalten z.B.: §§ 246, 249, 250, 251, 253, 254, 255, 256, 257, 275 **AktG**, § 94a **ArzneimittelG** (→ § 32a Rdnr. 11), § 10 Abs. 3 **AUG** vom 19. XII. 1986, § 6 Abs. 2 **AuslInvestmentG**, § 3 Abs. 1 **BinnSchiffVerfG** vom 27. IX. 1952 (BGBl. I S. 641) (→ § 29 Rdnr. 5), § 49 **BörsenG** (→ § 32 Rdnr. 13), § 16 **Bundesschuldenordnung** (→ § 1005 Rdnr. 4), § 26 **FernUSG** (→ § 29 Rdnr. 6a), § 28 Abs. 2 **FlößereiG** vom 15. VII. 1895 (RGBl. S. 341), § 28 **GebrMG**, §§ 61, 69, 75 Abs. 2 **GmbHG**, §§ 87, 109 **GenG**, § 16 **GeschmMG**, § 4 AusfG zum **Haager ZPO-Abkommen** vom 18. I. 1954 (BGBl. 1958 I S. 939) (→ § 328 Anhang), § 14 **HaftpflG** (→ § 26 Rdnr. 5, § 32 Rdnr. 9, 23, § 32a Rdnr. 11, §§ 488, 508 **HGB**, §§ 71, 146, 164, 214, 236, 238 **KO**, § 56 **LuftVG**, § 6 Abs. 2 **ÖlschadenG** vom 30. IX. 1988 (BGBl. II S. 301) (→ § 32 Rdnr. 9, § 32a Rdnr. 25), § 25 **PatG**, § 2 Seerechtliche Verteilungs-ordnung (→ Rdnr. 1 vor § 872), § 20 **StVG**, § 24 **UWG** (→ § 21 Rdnr. 3, § 32 Rdnr. 21), §§ 51, 96, 109, 112 **VAG** (→ § 21 Rdnr. 3), § 48 **VVG** (→ § 21 Rdnr. 3, 29 Rdnr. 6c), § 35 **WZG**, § 35 **WZG**, § 17 **WahrnG** (→ § 32 Rdnr. 11).

21   e) **Vorbehalte für die Landesgesetzgebung** gelten nur noch für das **Aufgebotsverfahren**, § 1006 Abs. 3, § 1023 S. 1 (→ § 1006 Rdnr. 2), § 11 EGZPO (→ dort) und für die **Enteignungssachen** (→ § 15 Nr. 2 EGZPO).

2. Dispositive Gerichtsstände

22   Neben den gesetzlichen gibt es **dispositive Gerichtsstände**, bei denen nicht das Gesetz selbst die Bestimmung über die Zuständigkeit trifft. Nach §§ 38ff. kann unter bestimmten Voraus-setzungen die örtliche Zuständigkeit (wie die sachliche → § 1 Rdnr. 6ff.) für vermögensrecht-liche Streitigkeiten durch **Vereinbarung der Parteien** oder **durch rügeloses Einlassen** geschaf-fen werden, soweit nicht ein ausschließlicher gesetzlicher Gerichtsstand begründet ist. Auch die dispositiven Gerichtsstände können entweder **nicht-ausschließlich** oder **ausschließlich** sein (→ § 38 Rdnr. 62).

3. Gerichtliche Bestimmung des Gerichtsstandes

23   Zur Vermeidung negativer und positiver Kompetenzkonflikte sieht § 36 ferner **die Bestim-mung des Gerichtsstandes durch ein Gericht** vor (näher → § 36).

4. Gerichtsstand des Sachzusammenhangs (der Streitgenossenschaft)

24   **a) Kein allgemeiner Gerichtsstand des Zusammenhangs**
Abgesehen von einzelnen gesetzlich vorgesehenen Gerichtsständen des Sachzusammen-hangs (§§ 34, 64, 767, 768 und § 2 Abs. 3 ArbGG → Rdnr. 204ff.) ist dem deutschen Zivilpro-zeßrecht eine allgemeine Zuständigkeit kraft Zusammenhangs unbekannt (näher → § 1 Rdnr. 9ff. m. w. N.).
b) Zusammenhanggerichtsstände des EuGVÜ
Zu beachten ist, daß das **EuGVÜ Gerichtsstände des Zusammenhangs** kennt.

24a   aa) So hat Art. 6 Nr. 1 EuGVÜ (*Text* → Einl. Rdnr. 904) und – in *Versicherungssachen* – durch Art. 8 Abs. 1 EuGVÜ (*Text* → Einl. Rdnr. 905) **einen Gerichtsstand der Streitgenossen-schaft in das deutsche Prozeßrecht eingeführt**, den es in dieser Allgemeinheit (vgl. aber § 35a und § 603 Abs. 2 sowie § 56 Abs. 2 S. 1 LuftVG [*Text* → § 29 Rdnr. 6b]) bislang noch nicht gab. Dieser Gerichtsstand greift allerdings nicht bei *allen* Klagen gegen Streitgenossen ein, sondern nur bei solchen Klagen, die unter das EuGVÜ fallen. Notwendig ist also **Auslandsbezug** (→ Einl. Rdnr. 800) und die **allgemeine Geltung des EuGVÜ** (→ Einl. Rdnr. 787). Unter diesen Voraussetzungen gewährt Art. 6 Nr. 1 EuGVÜ einen Gerichtsstand der Streitgenossenschaft bei Sachzusammenhang: **Vor einem deutschen Gericht kann auch eine Person verklagt werden, für die dieses Gericht örtlich unzuständig ist, sofern nur der andere Streitgenosse** (oder bei mehreren Streitgenossen wenigstens *einer* von ihnen) **seinen Wohnsitz im Bezirk des angerufenen Gerichts hat** (→ auch Einl. Rdnr. 788 d). Zu beachten ist ferner, daß derjenige Beklagte, der vor einem örtlich für ihn an sich unzuständigen Gericht verklagt wird, seinen Wohnsitz nicht in Deutschland haben muß; es genügt vielmehr ein Wohnsitz in *einem der Vertragsstaaten des EuGVÜ*[36]. In solchen Fällen schafft Art. 6 Nr. 1 EuGVÜ gleichzeitig auch die *deutsche internationale Zuständigkeit*, die bislang bei einer Streitgenossenschaft nicht hergestellt werden konnte.

Wann der für die Anwendung des EuGVÜ erforderliche **Auslandsbezug** (→ Einl. Rdnr. 800) besteht, läßt sich nicht für alle Fallgruppen sagen. Sicherlich ist er zu **bejahen**, wenn der **Kläger im EuGVÜ-Ausland wohnt** oder wenn **einer der Streitgenossen** dort seinen Wohnsitz hat. Zu *verneinen* ist er (mit der Folge, daß es keinen Gerichtsstand der Streitgenossenschaft gibt), wenn sämtliche Parteien ihren *Wohnsitz in Deutschland haben* (die Staatsangehörigkeit spielt keine Rolle) *und* auch der Streitgegenstand keine *grenzüberschreitende Bedeutung* hat; ein gemeinsamer Gerichtsstand kann allenfalls über § 36 hergestellt werden. Zum notwendigen **Sachzusammenhang** → Einl. Rdnr. 794.

bb) Zu dem in Art. 8 Abs. 1 EuGVÜ ebenfalls geregelten **Gerichtsstand der Streitgenossenschaft in Versicherungssachen** → § 17 Rdnr. 5.   **24b**

cc) Zu dem **seerechtlichen Zusammenhangsgerichtsstand** des Art. 6 a EuGVÜ → § 32 Rdnr. 10.   **24c**

V. Wahl unter verschiedenen Gerichtsständen

Unter verschiedenen möglichen Gerichtsständen hat der Kläger die freie Wahl (→ näher   **25** § 35)[37].

VI. Europäisches Zuständigkeitsabkommen (EuGVÜ) und internationale Zuständigkeit

1. Die im deutschen Prozeßrecht enthaltenen Gerichtsstände werden im Geltungsbereich   **26** des EuGVÜ durch dessen unmittelbar geltende Gerichtsstandsregeln zum Teil verdrängt (näher → Einl. Rdnr. 788, 793 und 794). Immer dann nämlich, wenn das EuGVÜ sich nicht darauf beschränkt, nur die internationale Zuständigkeit zu regeln, sondern ein Gericht *örtlich* oder konkret (z. B. in Art. 6 Nr. 3 EuGVÜ bei der Widerklage) als zuständig nennt, wird die **Gerichtsstandsregelung des deutschen Rechts derogiert.** In allen diesen Fällen entnimmt der deutsche Richter dann dem EuGVÜ und nicht etwa der ZPO auch den Gerichtstand (hierzu die Hinweise bei den folgenden Paragraphen). Nur soweit das EuGVÜ *lediglich* die internationale Zuständigkeit erfaßt, bestimmt sich das örtlich zuständige Gericht nach deutschem Prozeßrecht. **Sämtliche deutsche Gerichtsstandsvorschriften sind allerdings durch das EuGVÜ in dessen Anwendungsbereich insoweit derogiert worden, als sie die internationale**

---

[36] Bericht zum EuGVÜ (→ Einl. Rdnr. 784 N. 7) zu Art. 6 Nr. 1, näher zu diesem Gerichtsstand → Einl. Rdnr. 794 sub bb) m. w. N. Zu den Vertragsstaaten des EuGVÜ → Einl. Rdnr. 783.

[37] Zu alternativen und kumulativen Gerichtsständen: *Rimmelspacher* AcP 174 (1974) 509.

Zuständigkeit indizieren; diese Bedeutung der Gerichtsstandsvorschriften ist ihnen durch das EuGVÜ genommen worden (→ Einl. Rdnr. 788, 803).

27   2. Außerhalb des Anwendungsbereichs des EuGVÜ hängt auch weiterhin mit den örtlichen Zuständigkeiten eng die internationale Zuständigkeit zusammen. **Ein deutscher Gerichtsstand indiziert die deutsche internationale Zuständigkeit.** Näher zur internationalen Zuständigkeit → Einl. Rdnr. 755 ff.

VII. Prüfung des Gerichtsstandes (Zuständigkeitsprüfung). Wahlfeststellung. Dahinstellen des Gerichtsstandes

28   Die Prüfung der örtlichen Zuständigkeit für jeden prozessualen Anspruch entspricht der Prüfung der sachlichen Zuständigkeit. Auf die gemeinsame Erörterung beider Zuständigkeiten wird verwiesen (→ § 1 Rdnr. 15 ff.). Auch eine **Wahlfeststellung** ist deshalb zulässig (näher → § 1 Rdnr. 23 m. w. N.), so etwa wenn *entweder* eine Gerichtsstandsvereinbarung ein Gericht örtlich kompetent macht *oder* – bei Unwirksamkeit dieser Vereinbarung – der allgemeine Gerichtsstand der §§ 12, 13 eingreift (→ auch § 15 Rdnr. 17, § 16 Rdnr. 14). In solchen Fällen darf das Gericht offen lassen, auf welchem der verschiedenen Wege seine örtliche Zuständigkeit abgeleitet wird. Zur vergleichbaren Problematik bei der internationalen Zuständigkeit → Einl. Rdnr. 773 a. E. und 808 b mit weiteren Beispielen. Wie bei den anderen Sachurteilsvoraussetzungen ist es auch bei den Gerichtsstandsvorschriften **dem Gericht verboten**, die **örtliche Zuständigkeit dahinzustellen** (→ § 1 Rdnr. 23 m. w. N.).

VIII. Arbeitsgerichtsbarkeit

29   Die Vorschriften des zweiten Titels der ZPO gelten auch im **arbeitsgerichtlichen Verfahren** (§ 46 Abs. 2 ArbGG). Abweichungen ergeben sich nur insofern, als die Gerichtsstände der §§ 23 a, 24—28, 30, 35 a hier aus tatsächlichen Gründen kaum in Frage kommen können.

Das in Rdnr. 3, 4, 5 und 7 Ausgeführte gilt auch hier. Nach § 17 Abs. 2 ArbG[38], kann die Landesregierung durch Rechtsverordnung **Fachkammern** einrichten, deren Zuständigkeit sich auf die Bezirke anderer Arbeitsgerichte oder Teile von ihnen erstreckt. Die Errichtung von Kammern außerhalb des Sitzes eines Arbeitsgerichts und das Abhalten von auswärtigen Gerichtstagen (§ 14 Abs. 2 Nr. 5, Abs. 4 S. 2 ArbGG) begründet für die auswärtige Kammer keine eigene *örtliche* Zuständigkeit, vielmehr bleibt das *Hauptgericht* stets örtlich zuständig. Es handelt sich insoweit um eine Frage der Geschäftsverteilung, nicht der örtlichen Zuständigkeit (→ Rdnr. 8).

Für das **Beschlußverfahren** regelt § 82 ArbGG die Zuständigkeit dahin, daß stets das Gericht anzurufen ist, in dessen *Bezirk der Betrieb* liegt, in Angelegenheiten des Gesamtbetriebsrates, des Konzernbetriebsrates, der Gesamtjugendvertretung, des Wirtschaftsausschusses und der Vertretung der Arbeitnehmer im Aufsichtsrat dagegen das Gericht, in dessen Bezirk das *Unternehmen* seinen Sitz hat.

IX. Entstehungs- und Gesetzesgeschichte der Gerichtsstandsvorschriften

30   Die in der CPO von 1877 enthaltenen Gerichtsstände beruhten zu einem erheblichen Teil auf den Empfehlungen der im Jahre 1857 von der Deutschen Bundesversammlung eingesetzten Kommission zur Beratung des Deutschen Handelsgesetzbuchs[39]. Der 1859 vorgelegte

---

[38] → oben bei N. 20.   [39] Zu der Geschichte der Gerichtsstandsregelungen

»Kommissionsbericht« (einer Unterkommission dieser Kommission) und der **Nürnberger Entwurf«** von 1861 (der Gesamtkommission) entwarfen ein System der Gerichtsstände, das seiner Zeit vorauseilte (→ Einl. Rdnr. 104 a. E.) und das erst wieder bei den Beratungen der CPO aufgegriffen und im wesentlichen dann auch übernommen wurde. Die meisten der heute noch geltenden Gerichtsstandsvorschriften lassen sich bis hin zu den Nürnberger Empfehlungen zurückverfolgen. Abgesehen von den durch das Inkrafttreten des BGB erforderlichen Änderungen blieben die Gerichtsstandsvorschriften nahezu unangetastet (vgl. die einzelnen Hinweise bei den jeweiligen Vorschriften). Von Bedeutung sind allerdings die nach dem zweiten Weltkrieg **eingefügten, sozialstaatlich notwendigen Gerichtsstände** (§ 23a, § 29a und § 35a). Ebenfalls nach dem Zweiten Weltkrieg wurde in der Praxis die Zuständigkeitsordnung immer mehr durch Zuständigkeits- oder Erfüllungsortsvereinbarungen zurückgedrängt und damit der von ihr angestrebte **Gerechtigkeitsgehalt** (→ Rdnr. 12 m. w. N.) **beeinträchtigt** (→ Rdnr. 1 vor § 38). Der Gesetzgeber reagierte hierauf durch Schaffung von Gerichtsständen, die ausschließlich und deshalb prorogationsfest waren[40], vor allem aber durch die **Gerichtsstandsnovelle** (→ Einl. Rdnr. 153) mit ihrem Prorogationsverbot und der Änderung des § 39, so daß auch nicht mehr über die Vereinbarung eines abstrakten Erfüllungsorts ein an sich unzuständiges Gericht die Zuständigkeit erhält. Besonders seit der Gerichtsstandnovelle ist die Bedeutung der Gerichtsstandsordnung wieder gestiegen[41]. Neuere Vorschriften (§ 32a, § 29b) haben für die *Umwelthaftung* und für *Wohneigentumsstreitigkeiten* besondere Gerichtsstände geschaffen.

Gerichtsstandsschlüssel

Abfindung: → § 23 a Rdnr. 6 (bei *Unterhaltsanspruch*), → § 29 Rdnr. 35 (für den Fall des *Rücktritts*)

Abgaben *(Steuern):* § 26 Rdnr. 5

Abgeleiteter Gerichtsstand siehe »Wohnsitz, abgeleiteter«

Abgeordnete: → § 20 Rdnr. 4 (Aufenthaltsgerichtsstand)

Abholung (§ 867, § 1005 BGB): → § 26 Rdnr. 4

Abmarkungsklage: → § 24 Rdnr. 25

Absatzförderungsfond der deutschen Land-, Forst- und Ernährungswirtschaft: → § 18 Rdnr. 19

Absendungsort: → § 32 Rdnr. 29

Abtretung siehe »Forderungsabtretung«

Abwicklungsstelle der Bundesstelle für Entwicklungshilfe (Vertretung): → § 18 Rdnr. 30

Abzahlungsstreitsachen: → § 29 Rdnr. 5a, → Rdnr. 20 vor § 12

Actiones in rem scriptae: → § 26 N. 4

Actor sequitur forum rei: → vor § 12 Rdnr. 14. → § 12 Rdnr. 6; → § 23 a Rdnr. 1

Änderung: – des *Gerichtsbezirks:* → Rdnr. 10 vor § 12

– des *Vertrags:* → § 29 Rdnr. 13

– des *Wohnsitzes:* → § 13 Rdnr. 14 ff.; siehe auch »Wohnsitze«

AGB-Sachen: → Rdnr. 6 vor § 12 (Klagen nach § 13 AGB-Gesetz), → § 21 Rdnr. 3 (*ausschließlicher Gerichtsstand der Niederlassung*), siehe auch »Allgemeine Geschäftsbedingungen«

Agent: § 31 Rdnr. 4 (Gerichtsstand der Vermögensverwaltung)

Agentur: → § 21 Rdnr. 3, 4, 7

Aktiengesellschaft: → Rdnr. 20 vor § 12 (Klage auf *Nichtigerklärung*), → § 17 Rdnr. 2 (*allgemeiner Gerichtsstand*), → § 17 Rdnr. 9 → § 17 N. 17, → § 22 Rdnr. 2, → § 12 Rdnr. 5 (*ausschließliche Gerichtsstände*), → § 32 Rdnr. 20 (*Pflichtverletzung des Vorstands*)

Akkreditiv: → § 29 Rdnr. 25

Allgemeine Geschäftsbedingungen: → § 29 Rdnr. 25 (Vereinbarung des Erfüllungsorts), siehe auch »AGB-Sachen«

Allgemeine Rechtsgrundsätze des Europarechts: → § 32 Rdnr. 6

Allgemeiner Gerichtsstand siehe »Gerichtsstand (allgemeiner)«

---

grundlegend mit umfassenden Nachweisen. *J. Schröder,* Internationale Zuständigkeit (1971) 118 ff., 130 ff.
[40] Vgl. § 26 FernUSG (→ § 29 Rdnr. 6b), § 7 Haus-

türWG (→ § 29 Rdnr. 6), und den früheren § 6a AbzG (→ § 29 Rdnr. 6).
[41] → auch N. 31.

Allgemeines Persönlichkeitsrecht: → § 32
  Rdnr. 20, siehe auch »Widerruf«
Altersheim: → § 29 a Rdnr. 10
Amtspflichtverletzung: → § 32 Rdnr. 24
Anfechtbarer Rechtserwerb (nach dem Anfechtungsgesetz) siehe »Rückverschaffungsan-
  spruch«
Anfechtung:
– der *Erbeinsetzung:* → § 27 Rdnr. 7
– von *Gesellschaftsbeschlüssen:* → § 22 Rdnr. 2
– des *Vertrages:* → § 29 Rdnr. 12
Anfechtungsgesetz siehe »Rückverschaffungsan-
  spruch«
Anfechtungsklage *(gesellschaftliche):* → § 22
  Rdnr. 2 (gegen *Jahresabschluß*), nach *Anfech-*
  tungsgesetz und *Konkursordnung* siehe »Rück-
  verschaffungsanspruch«
Angehörige des öffentlichen Dienstes siehe »öf-
  fentlicher Dienst«
Anlage *(UmweltHG):* → § 32a Rdnr. 14
– *bezirksübergreifende:* → § 32a Rdnr. 27
– *im Ausland:* → § 32a Rdnr. 40
– *Mehrheit von Anlagen:* → § 32a Rdnr. 28, 29
Anmeldung *(polizeiliche):* → § 13 N. 3a
Annahmestellen: → § 21 Rdnr. 14 (als Niederlas-
  sung)
Annex-Verurteilung zum Regelunterhalt: → § 23a
  Rdnr. 17
Anpassung des Vertrages: → § 29 Rdnr. 13 (wegen
  Wegfalls der Geschäftsgrundlage)
Anschlußwiderklage: → § 33 Rdnr. 32
Anspruch:
– *vertraglicher:* → § 29 Rdnr. 2
– *Häufung:* → § 25 Rdnr. 1, → § 29 Rdnr. 18
– *Konkurrenz:* → § 32 N. 36
Anspruchsübergang: → § 23a Rdnr. 8
Anstalt des öffentlichen Rechts: → § 17 Rdnr. 2,
  18, → § 18 Rdnr. 8
Anstifter: → § 32 Rdnr. 28
Antrag auf Konkurseröffnung: → § 32 Rdnr. 20
  (Verzögerung des Antrags als unerlaubte Hand-
  lung)
Anwalt: → § 29 Rdnr. 13 *(Honorar),* § 29 Rdnr. 31,
  → § 29b Rdnr. 2, 3, → § 34 *(Gebührengerichts-*
  stand)
Anwerbungsbüro: → § 21 N. 1
Apothekerprivileg: → § 24 N. 10
Arbeiter (Gerichtsstand des längeren Aufenthalts-
  ortes): → § 20 Rdnr. 4, § 29 Rdnr. 42, N. 203,
  grenzüberschreitender Arbeitnehmer → § 29
  Rdnr. 55
Arbeitnehmerorganisation *(Gewerkschaft):* →
  § 17 Rdnr. 3, → § 22 N. 7
Arbeitsgerichtsbarkeit: → Rdnr. 29 vor § 12, →
  § 32 Rdnr. 33 *(unerlaubte Handlung),* → § 36
  Rdnr. 20 *(Kompetenzkonflikt* mit ordentlichem
  Gericht)

Arbeitsrechtliche Streitfälle:
– siehe »Arbeiter«
– siehe »Arbeitnehmerorganistaion«
– siehe »Arbeitsgerichtsbarkeit«
– siehe »Arbeitspapiere«
– siehe »Arbeitsverhältnis«
– siehe »ArbGG«
– siehe »Außenstelle«
– siehe »Auszubildender«
– siehe »Beschlußverfahren (arbeitsgerichtliches)«
– siehe »Dienstvertrag«
– siehe »Erfüllungsort (arbeitsrechtlicher)«
– siehe »Gewerkschaften (arbeitsrechtliche)«
– siehe »Heueranspruch«
– siehe »Lehrling«
– siehe »Lohnfortzahlungsgesetz«
– siehe »Lohnklage«
– *Niederlassung* (Klage des Arbeitnehmers im
  Gerichtsstand des § 21): → § 21 Rdnr. 17
– siehe »Reisedienstunternehmen«
– siehe »Tarifvertrag«
– siehe »Wechselnde Arbeitsstelle«
– siehe »Werkdienstwohnung«
– siehe »Zweigbetrieb« (wegen des arbeitsrechtlichen Erfüllungsortes)
Arbeitspapiere: § 29 N. 202
Arbeitsverhältnis(-vertrag): → § 29 Rdnr. 31, 42
ArbGG:
– *Fachkammern* (§ 17 Abs. 3 ArbGG): → Rdnr. 6
  und 29 vor § 12
– *Zweigstellen* (§ 14 Abs. 2 Nr. 5 ArbGG): →
  Rdnr. 29 vor § 12
Architekt: → § 29 Rdnr. 31 N. 91b, → § 29b
  Rdnr. 2, 3
Arglisteinrede siehe »Erschleichen der Zuständig-
  keit«
Arrest: → Rdnr. 19 vor § 12, → § 23 N. 3, → § 35
  Rdnr. 3, 7, → auch »Forum arresti«
Artist: → § 20 Rdnr. 4 (Aufenthaltsgerichtsstand)
Arzneimittelgesetz *(ArzneiMG):* → Rdnr. 20 vor
  § 12, → § 32a Rdnr. 11
Arztpraxis: → § 29 Rdnr. 31
Aufenthaltsort: → § 13 Rdnr. 2, → § 16 (Gerichts-
  stand bei *Personen ohne Wohnsitz),* → § 16
  Rdnr. 11 *(Begriff),* → § 20 (Gerichtsstand bei
  Aufenthalt von längerer Dauer), → § 20 Rdnr. 4
  (Beispiele)
Auffanggerichtstand: → § 16 Rdnr. 1
Aufgebotsverfahren: → Rdnr. 6, 19 und 21 vor
  § 12
Aufhebung des Vertrages: → § 29 Rdnr. 13, 17
Auflage in Testament oder Erbvertrag: → § 27
  Rdnr. 9
Auflassung: → § 26 Rdnr. 4, N. 2 (Klage auf), siehe
  auch »Eigentum«, → § 29b Rdnr. 16

Gehilfe: → § 32 Rdnr. 28

Gema: → § 32 N. 11

Gemeinde: → § 17 Rdnr. 2, → § 18 Rdnr. 3, → § 22, → § 29 b Rdnr. 3

Gemeindeverbände: → § 17 Rdnr. 2, → § 18 Rdnr. 3

Gemeinschaftliches Eigentum: → § 29 b Rdnr. 14

Generalagent: → § 31 Rdnr. 4 (Vermögensverwaltung)

Genossenschaftsrechtliche Klagen: → § 17 Rdnr. 2 *(allgemeiner Gerichtsstand der Genossenschaft)*, Rdnr. 9, → § 22 Rdnr. 2 *Anfechtungsklage)*, → Rdnr. 20 vor § 12, → § 12 Rdnr. 5 *(ausschließliche Gerichtsstände)*

Gentechnikgesetz *(GenTG):* → § 32 a Rdnr. 11

Gerechtigkeiten: → § 24 Rdnr. 7 (als dingliche Rechte)

Gerichtliche Bestimmung der Zuständigkeit: → § 36 Rdnr. 1

Gerichtsbarkeit *(deutsche):* → Einl. Rdnr. 655 ff., 679, 744 ff.

Gerichtsbezirk: → Rdnr. 3 vor § 12

– *Änderungen:* → Rdnr. 10 vor § 12

– *Vergrößerungen:* → Rdnr. 5 vor § 12

– *Verkleinerungen:* → Rdnr. 8 vor § 12

– *Wegfall* (Gebietsverlust): → Rdnr. 10 vor § 12

– *Unklarheit:* → § 36 Rdnr. 9

Gerichtssprengel siehe »Gerichtsbezirk«

Gerichtsstand:

– *Begriff:* → Rdnr. 1 vor § 12

– *gesetzlicher:* → Rdnr. 16 vor § 12

– *vereinbarter* siehe »Vereinbarung der Parteien«

– *allgemeiner:* → Rdnr. 17 vor § 12, → § 12 Rdnr. 1 *(Begriff)*, → § 13 Rdnr. 3 (an *mehreren Orten*)

– *besonderer:* → Rdnr. 18 vor § 12

– *ausschließlicher (nicht-ausschließlicher):* → Rdnr. 16 vor § 12, siehe auch »ausschließliche Zuständigkeit«

– *dispositiver:* → Rdnr. 22 vor § 12

– *gerichtlich bestimmte:* → Rdnr. 28 vor § 12 → § 36

– *Dahinstellen:* → Rdnr. 28 vor § 12

– *Wahlfeststellung:* → Rdnr. 28 vor § 12

– *für Abzahlungsstreitsachen:* → § 29 Rdnr. 6, 8, siehe »Abzahlungsstreitsachen«

– *des Aufenthaltsortes:* → § 16, § 20

– *des Auslandsbeamten:* → § 15

– *der belegenen (unbeweglichen) Sache:* → § 24

– *des Delikts:* → § 32

– *dingliche Gerichtsstände:* → § 24, → § 25, → § 26

– *der Erbschaft:* → § 27 Rdnr. 1, → § 28

– *des Erfüllungsortes:* → § 29 Rdnr. 1

– *des Exterritorialen:* → § 15 Rdnr. 1 ff.

– *des Fiskus:* → § 18

– für *Gebühren* und *Auslagen:* → § 34

– der *Gefährdungshaftung:* → § 32 Rdnr. 9

– *Gerechtigkeitsgehalt* (der Gerichtstandsordnung): → Rdnr. 12 vor § 12 (N. 31)

– *Gesetzes-* und *Entstehungsgeschichte* (der Gerichtsstandsordnung): → Rdnr. 30 vor § 12

– des *Grundstücks:* → § 24

– des *Haftpflichtgesetzes:* → § 32 Rdnr. 9, siehe auch »Haftpflichtgesetz«

– der *juristischen Person:* → § 27

– des *Klageobjekts* (→ *Klagegegenstandes*): → § 23 Rdnr. 3, 25 ff.

– des *Meß-* und *Marktortes:* → § 30

– *mietrechtlicher Gerichtsstand:* → § 29 a

– der *Mitgliedschaft:* → § 22

– der (gewerblichen) *Niederlassung:* → § 21

– als *Sachurteilsvoraussetzung:* → Rdnr. 13 vor § 12

– des *Sachzusammenhangs:* → § 1 Rdnr. 9 ff., → Rdnr. 24 vor § 12, → § 29 Rdnr. 2 b, 41, → § 29 a Rdnr. 33, → § 25 Rdnr. 1, → § 32 Rdnr. 17, → § 33 Rdnr. 16 ff. (*Zusammenhang* der *Widerklage* mit der *Hauptklage*), → § 34 Rdnr. 1

– der *Streitgenossenschaft:* → vor § 12, Rdnr. 24, → § 35 a Rdnr. 1

– des *Streitobjekts:* → § 23

– des *Straßenverkehrsgesetzes:* → § 32 Rdnr. 9

– bei *Umwelthaftung:* → § 32 a

– der *unerlaubten Handlung:* → § 32

– des *Unterhalts:* → § 23 a, → § 35 a

– *Vereinbarungen* siehe »Vereinbarung der Parteien«

– des *Vermögens:* → § 23

– der *Vermögensverwaltung:* → § 31 Rdnr. 4 ff.

– des *Vertragsortes:* → § 30 Rdnr. 1

– für alle *Vertragsverpflichtungen:* → § 29 Rdnr. 1

– *Wahl unter Gerichtsständen:* → § 35, → Rdnr. 14 und 25 vor § 12

– des *Wahrnehmungsgesetzes:* → § 32 Rdnr. 11

– der *Widerklage:* → § 33

– der *Wohnraummiete:* → § 29 a

– des *Wohnsitzes:* → § 12, → § 13. Zum Wohnsitz siehe unten das Stichwort »Wohnsitz« mit zahlreichen Hinweisen

– des *Wohnsitzlosen:* → § 16

– des *Wohnungseigentums:* → § 29 b

– als *Zulässigkeitsvoraussetzung:* → Rdnr. 13 vor § 12

– *Zweck* (der Gerichtsstandsvorschriften): → Rdnr. 11 vor § 12

Gerichtsstelle: → Rdnr. 9 vor § 12

Gerichtslage *(auswärtige):* → Rdnr. 29 vor § 12

Gerichtsvollzieher *(Gebühren):* → § 34 Rdnr. 4, 14

Gesamtdeutsches Institut *(Bundesanstalt für Ge-*

samtdeutsche Aufgaben) (Vertretung): → § 18 Rdnr. 22

Gesamtgut der Gütergemeinschaft: → § 24 Rdnr. 17

Gesamthaftung der Erben: → § 28 Rdnr. 5, 7

Gesamtschuldklage: → § 29 b Rdnr. 9

Geschäftsbedingungen: → § 29 Rdnr. 25

Geschäftsführung ohne Auftrag: → § 29 Rdnr. 2, → § 31 Rdnr. 5

Geschäftsleitung: → § 29 Rdnr. 42

Geschäftsräume: → § 29 a Rdnr. 6, 8, 27 ff.

Geschäftsverteilung (gerichtliche): → Rdnr. 2 vor § 12, → § 36 Rdnr. 20

Geschmacksmustergesetz (GeschmMG): → Rdnr. 20 vor § 12

Gesellschaft:
- Gerichtsstand (allgemein): → § 17, → 3 22
- Aktiengesellschaft siehe »Aktiengesellschaft«
- des Bürgerlichen Rechts: → § 22 Rdnr. 6
- mit beschränkter Haftung siehe »GmbH«
- Gesellschafterschuld: → § 29 Rdnr. 10
- Haftung des Handelsgesellschafters: → § 29 Rdnr. 35, des Handelnden vor Eintragung der AG oder der GmbH: → § 29 Rdnr. 10
- Ausschluß des Gesellschafters → § 22 Rdnr. 8
- KG siehe »Kommanditgesellschaft«
- OHG siehe »Offene Handelsgesellschaft«

Gesetzliches Vorkaufsrecht: → § 24 N. 26

Gesetzliche Verpflichtungsverhältnisse: → § 29 Rdnr. 2

Gespaltene Zuständigkeit: → § 29 Rdnr. 41, → § 32 Rdnr. 17

Gewerbebetrieb (eingerichteter und ausgeübter): → § 32 Rdnr. 20, 30

Gewerbehilfe: → § 20 Rdnr. 4 (Aufenthaltgerichtsstand)

Gewerbetreibender: → § 21 Rdnr. 1

Gewerblich genutzte Räumlichkeiten: → § 29 a, Rdnr. 6, 8, 27 ff.

Gewerkschaften (arbeitsrechtliche): → § 17 Rdnr. 3, → § 17 N. 2 (Klage der G. gegen ihr Mitglied), → § 22 N. 3, 7

Gewerkschaften (bergrechtliche): → § 17 Rdnr. 2, 13 N. 17

Girokonto: → § 23 Rdnr. 14 a

GmbH: → § 17 Rdnr. 2 und 9 (allgemeiner Gerichtsstand), → § 22 Rdnr. 2, 7, → Rdnr. 20 vor § 12 (GmbH-Gesetz), → § 12 Rdnr. 5 (ausschließliche Gerichtsstände), → § 29 Rdnr. 10 (Haftung vor Eintragung der GmbH)

Grenzscheidungsklage: → § 24 Rdnr. 25

Grenzschutzdirektion (Vertretung): → § 18 Rdnr. 23

Grenzschutzverwaltungen (Vertretung): → § 18 Rdnr. 23

Grundbuch (Erklärung gegenüber dem Grundbuchamt): → § 29 Rdnr. 31

Grunddienstbarkeiten: → § 24 Rdnr. 6 ff., 14

Grundschuld: → § 23 N. 82 a, → § 24 Rdnr. 14, → § 25 Rdnr. 3, → § 29 Rdnr. 22, Bewilligung: → § 26 N. 3

Grundstück: → § 24 Rdnr. 6, → § 29 Rdnr. 31

Grundstücksgleiche Rechte: → § 24 Rdnr. 7

Grundstücksmiete (-mietvertrag): → § 29 N. 77, Rdnr. 31

Grundstückspachtvertrag siehe »Pacht«

Güterrecht: → § 23 a Rdnr. 5, Gütergemeinschaft (fortgesetzte und Recht auf Fortsetzung): → § 27 Rdnr. 7, Güterrechtliche Auseinandersetzung siehe »Auseinandersetzung (güterrechtliche)«, Gesamtgut: → § 24 Rdnr. 17

Gut (landwirtschaftliches): → § 21 Rdnr. 16 (als Niederlassung)

Haager Abkommen:
- Über Anerkennung und Vollstreckung von Entscheidungen auf dem Gebiet der Unterhaltspflicht gegenüber Kindern: → § 23 a »Entstehungsgeschichte«, → § 23 a N. 7
- Übereinkommen über den Zivilprozeß von 1954; → vor § 12 Rdnr. 20

Haftpflichtgesetz: → vor § 12 Rdnr. 20, → § 26 Rdnr. 5, → § 32 Rdnr. 9, 23, → § 32 a Rdnr. 11

Haftungshöchstbetrag: → § 32 a Rdnr. 11

Haltestelle siehe »Station«

Hamburg (Vertretung): → § 18 Rdnr. 55

Handelnder (nach § 41 AktG, § 11 GmbHO): → § 29 Rdnr. 10

Handelsgesellschafter (Haftung): → § 29 Rdnr. 35

Handelsgesetzbuch (HGB): → Rdnr. 20 vor § 12

Handelsvertreter: → § 21 N. 6 a, → § 29 Rdnr. 31

Handwerker: → § 29 b Rdnr. 3

Hauptanspruch: → § 29 Rdnr. 10, 19

Hauptbetrieb: → § 21 Rdnr. 9

Hauptforderung: → vor § 12 Rdnr. 19 (Gerichtsstand), → § 29 Rdnr. 19

Hauptintervention: → Rdnr. 19 vor § 12 (Gerichtsstand)

Hauptklage (als Gegensatz zur Widerklage): → § 33 Rdnr. 10

Hauptverpflichtung: → § 29 Rdnr. 19, 20

Hauptzollämter (Vertretung): → § 18 Rdnr. 20

Hausbesetzer: → § 29 a Rdnr. 19

Hausgehilfin: → § 20 Rdnr. 4 (Aufenthaltsgerichtsstand)

Hausmeister: → § 29 b Rdnr. 15

Haustürwiderrufsgesetz (HausTWG): → § 29 Rdnr. 6, → 36 Rdnr. 14)

Heilanstalt: → § 20 Rdnr. 4 (Aufenthaltsgerichtsstand)

Heizung: → § 29 b Rdnr. 14

Herabsetzung der Vertragsstrafe: → § 29 Rdnr. 13, siehe auch »Vertragsstrafe«

Notzuständigkeit (internationale): → Einl.
Rdnr. 769, → § 27 Rdnr. 5
Nutzungsrecht *(urheberrechtliches):* → § 32
Rdnr. 11 (Klage wegen Verletzung)

Oberfinanzdirektion (Vertretung): → § 18
Rdnr. 20
Oberpostdirektion (Vertretung): → § 18 Rdnr. 43
Öffentlicher Dienst: → § 15 Rdnr. 1 ff. (Gerichts-
stand der *im Ausland tätigen Beamten*), → § 13
Rdnr. 2 *(Behördensitz, Wohnsitz des Beamten)*
Öffentlich-rechtliche Belastungen: → § 24
Rdnr. 15
Öffentlich-rechtliches Sondervermögen: → § 15
Rdnr. 7, → § 29 Rdnr. 23 c (Prorogationsbefug-
nis)
Öffentlich-rechtliches Vertragsverhältnis: → § 29
Rdnr. 1
Ölschadensgesetz: → Rdnr. 20 vor § 12, → § 32
Rdnr. 9, → § 32 a Rdnr. 25
Ölverschmutzung: → § 32 Rdnr. 4 (internationales
Übereinkommen)
Örtliche Zuständigkeit: → § 12 Rdnr. 1, siehe auch
»Gerichtsstände«
Offene Handelsgesellschaft: → § 17 Rdnr. 3, 4, 9,
→ § 22 Rdnr. 9
Offerte: → § 29 Rdnr. 24
OHG siehe »Offene Handelsgesellschaft«
Organ der Vereinigung: → § 22 Rdnr. 7 (Mitglied-
schaftsgerichtsstand)
Ort der streitigen Verpflichtung: → § 29 Rdnr. 16
Ort der unerlaubten Handlung: → § 32 Rdnr. 29

Pacht: → § 29 a Rdnr. 25, 27, 29, N. 35 a, → § 26
Rdnr. 5, → § 29 Rdnr. 31 *(Pachtvertrag),* →
§ 29 Rdnr. *(Grundstückspacht)*
Partei *(politische)* siehe »politische Partei«
Partei kraft Amtes: → *(Gerichtsstand)* § 13
Rdnr. 17
Parteierweiternde Widerklage: → § 33 Rdnr. 29
Patentrecht: → § 32 Rdnr. 20
Patentstreitsachen: → Rdnr. 6 (N. 6) und 20 vor
§ 12
Paul Ehrlich-Institut (Vertretung): → § 18
Rdnr. 24
Pension *(als Wohnraum):* → § 29 a Rdnr. 10
Persönliche Haftung: → § 24 N. 27
Persönliche Klagen: → § 26 Rdnr. 4
Persönlichkeitsrecht: → § 32 Rdnr. 20, siehe auch
»Widerruf«
Person *(juristische)* siehe »juristische Person«
Personen des öffentlichen Dienstes siehe »öffentli-
cher Dienst«
Personenschaden: → § 32 a Rdnr. 14
Petitorische Widerklage: → § 33 Rdnr. 13
Pfändungspfandrecht: → § 24 Rdnr. 18
Pfleger (Pflichtverletzung): → § 32 Rdnr. 24

Pflichtteilsstreitfälle: → § 27 Rdnr. 10 *(Pflichtteils-
anspruch, Pflichtteilsergänzungsanspruch,
Pflichtteilsunwürdigkeit)*
Pflichtverletzung des aktienrechtlichen Vorstan-
des: → § 32 Rdnr. 20
Pflichtverletzung des Vereinsvorstandes: → § 32
Rdnr. 20
Pflichtversicherungsgesetz siehe »Direktan-
spruch«
Physikalisch-Technische Bundesanstalt (Vertre-
tung): → § 18 Rdnr. 29
Pilot: → § 20 Rdnr. 4
Politische Partei: → § 17 Rdnr. 3 (Gerichtsstand)
Positive Forderungsverletzung: → § 29 N. 34 (Ge-
richtsstand des Erfüllungsortes), → § 32 N. 30
(keine Klage im Deliktsgerichtsstand), → § 32 a
Rdnr. 10 *(Umwelthaftungsgerichtsstand)*
Positiver Kompetenzkonflikt: → § 36 Rdnr. 21
Postämter: → § 21 Rdnr. 12 (als »Niederlassung«)
Postscheckamt (Vertretung): → § 18 Rdnr. 32
Postsparkassenamt (Vertretung): → § 18 Rdnr. 43
Posttechnisches Zentralamt (Vertretung): → § 18
Rdnr. 43
Prämien (der Versicherungsvereine auf Gegensei-
tigkeit): → § 22 Rdnr. 7
Prätendentenstreit: → § 24 Rdnr. 19, → § 29
Rdnr. 7
Preisliste: → § 29 Rdnr. 24
Presse- und Informationsamt der Bundesregierung
(Vertretung): → § 18 Rdnr. 15
Presserechtliche Streitigkeiten: → § 32 Rdnr. 24
und 31 *(Gegendarstellung),* → § 32 Rdnr. 29
(Ort der *Verbreitung* des *Presserzeugnisses),* →
§ 32 N. 51 und 52 *(Wettbewerbsverstoß* durch
Zeitungsinserate)
Produkthaftung: → § 32 Rdnr. 23
Prolongation *(Wechsel):* → § 29 Rdnr. 35
Prorogationsverbot: → § 29 Rdnr. 23 c, 30
Prospekthaftungsklage: → § 22 Rdnr. 9 a, → § 29
N. 200
Provisionsanspruch *(aus einem Handelsvertreter-
vertrag):* → § 29 N. 217 (EuGVÜ)
Prozeßbevollmächtigter (Gebühren): → § 34
Rdnr. 4, 5
Prozeßgericht erster Instanz: → vor § 12 Rdnr. 19
Prozeßkostenvorschuß: → § 23 a Rdnr. 6
Prozessualer Erfüllungsort: → § 29 Rdnr. 30, 39
Prozeßvertrag: → § 29 Rdnr. 3
Prüfung der Zuständigkeit: → Rdnr. 28 vor § 12,
→ § 29 Rdnr. 38 ff.

Quittung *(Erteilung der):* → § 29 Rdnr. 2

Rabattgesetz: → § 32 Rdnr. 21 (Verletzungen des)
Räumungsklage: → § 29 a Rdnr. 19
Raststätte: → § 29 a Rdnr. 10 (als Wohnraum)

Vermietung siehe »Mietvertragliche Streitigkeiten«

Vermittler:
– *Vermittler-GmbH:* → § 21 N. 34
Vermögen (Gerichtsstand des): → § 23 Rdnr. 3, 4, 11 ff.
Vermögensrechtliche Ansprüche: → § 20 Rdnr. 3 und § 23 Rdnr. 4 (Beschränkung des Gerichtsstands auf)
Vermögensverwaltung: → § 31 Rdnr. 1, 4, 7, 8 (Gerichtsstand der), § 31 Rdnr. 3, 4, *(Vermögensverwalter)*
Verpachtung siehe »Pacht«
Verpflichtung: → § 29 Rdnr. 1 (Erfüllungsort)
Verschulden bei Vertragsschluß siehe »Culpa in contrahendo«
Versendungspflicht: → § 29 Rdnr. 29 (Erfüllungsort)
Versendungskauf: → § 29 Rdnr. 22 (UN-Kauf-Abk.)
Versicherungssachen:
– *Versicherer:* → § 17 Rdnr. 5 ff., → § 21 Rdnr. 3, 5, → § 29 Rdnr. 56, → § 29 b Rdnr. 3, → § 32 Rdnr. 28
– *Direktanspruch:* → § 21 N. 7 und 1, Rdnr. 15, → § 32 Rdnr. 28, 5 a. E.
– *Versicherungsnehmer:* → § 17 Rdnr. 5 ff., → § 29 Rdnr. 22, 56
– *Versicherungssachen:* → § 17 Rdnr. 5 ff., → § 29 Rdnr. 56
– *Gerichtsstand der Streitgenossenschaft:* → Rdnr. 24 a. E. vor § 12
– *Versicherungsunternehmung:* → § 21 Rdnr. 3
– *Versicherungsverein auf Gegenseitigkeit:* → § 17 Rdnr. 2, 5, → § 22 Rdnr. 5, 7 *(Prämien)*
– *Versicherungsagent:* → § 17 Rdnr. 5, → § 21 Rdnr. 3, → § 29 Rdnr. 6 c
– *(öffentliche) Versicherungsanstalten:* → § 21 Rdnr. 3
– *Versicherungsaufsichtsgesetz (VAG):* → Rdnr. 20 vor § 12, → § 21 Rdnr. 3
– *Versicherungssachen:* → § 21 Rdnr. 5 a
– *Versicherungsvertragsgesetz (VVG):* → Rdnr. 20 vor § 12, → § 21 Rdnr. 3, → § 29 Rdnr. 6 c
– *Lebensversicherung:* → § 29 Rdnr. 6 c
– *Schadensversicherung:* → § 29 Rdnr. 6 c
– *Seeversicherung:* → § 29 N. 35
– *Rückversicherung:* → § 29 N. 35
– *Unfallversicherung:* → § 29 Rdnr. 6 c
Versorgungsausgleich: → § 23 a Rdnr. 5, → § 29 Rdnr. 3
Verteilungsordnung siehe »Schiffahrtsrechtliche Streitigkeiten (Seerechtliche Verteilungsordnung)«
Vertrag mit Schutzwirkung für Dritte: → § 29 a Rdnr. 18

Vertrag zugunsten Dritter: → § 29 Rdnr. 7 (Erfüllungsort)
Vertragliche Ansprüche: → § 29 b Rdnr. 12
Vertragliche Unterhaltspflicht: → § 23 a Rdnr. 6
Vertragsstrafe: → § 29 Rdnr. 10, 13 *(Herabsetzung)*, 35, → § 32 Rdnr. 24
Vertragsverhältnis (Begriff): → § 29 Rdnr. 2 (für Klage am Erfüllungsort)
Vertragsverletzung: → § 29 Rdnr. 14 *(Schadensersatz)*, → § 32 Rdnr. 24 (Geltendmachen *im Deliktsgerichtsstand)*, → § 32 Rdnr. 17 *(gespaltene Gerichtszuständigkeit)*, siehe auch »Gerichtsstand (des Sachzusammenhangs)«, »Positive Forderungsverletzung«
Vertreter ohne Vertretungsmacht: → § 29 Rdnr. 10 (Gerichtsstand)
Verwahrung (von Sachen): → § 29 Rdnr. 22 (Gerichtsstand)
Verwahrung gegen gewerbeschutzrechtliche Verwarnung: → § 32 Rdnr. 24 (Gerichtsstand)
Verwalter: → § 29 b Rdnr. 3
Verwaltung: → § 29 b Rdnr. 15
Verwaltungssitz (einer juristischen Person): → § 17 Rdnr. 1
Verwendungsersatz: → § 26 Rdnr. 4, → § 29 a Rdnr. 15 (mietrechtlich)
Verwertungsgesellschaft (als Wahrnehmerin eines verletzten Urheberrechts): → § 32 Rdnr. 11
Verzicht auf Abzahlungsgerichtsstand: → § 29 Rdnr. 6 N. 16
Vollstreckungsrechtliche Fälle:
– *Gerichtsstände:* → Rdnr. 9 vor § 12 (vollstreckungsrechtliche Gerichtsstände als »Zuständigkeit nach dem Prozeßgericht des ersten Rechtszuges«, → § 1 Rdnr. 102 m. w. N.)
– *Vollstreckung aus aufgehobenem Urteil:* → § 32 Rdnr. 23
– *Vollstreckung aus aufgehobener einstweiliger Verfügung:* → § 32 Rdnr. 23
– *Vollstreckungsabwehrklage:* → § 35 Rdnr. 7, siehe auch »Prozeßgericht des ersten Rechtszuges«
– *Zwangsverwalter* siehe »Zwangsverwalter«
Voraus (des Ehegatten, § 1932 BGB): → § 27 Rdnr. 9
Vorausvermächtnis: → § 27 Rdnr. 9
Vorbereitungsdienst: → § 20 Rdnr. 4 (Gerichtsstand des Aufenthaltsortes)
Vorbeugende Unterlassungsklage: → § 32 Rdnr. 26
Vorfrage *(mietrechtliche):* → § 29 a Rdnr. 18
Vorkaufsrecht (dingliches): → § 24 Rdnr. 6, 14
Vorlegung von Sachen: → § 29 Rdnr. 22 (Gerichtsstand)
Vormerkung (Klagen über): → § 24 Rdnr. 16, → § 26 Rdnr. 4, N. 3
Vormundschaft: → § 31 Rdnr. 5 *(Gerichtsstand*

§ 12   [Begriff des allgemeinen Gerichtsstands]

Das Gericht, bei dem eine Person ihren allgemeinen Gerichtsstand hat, ist für alle gegen sie zu erhebenden Klagen zuständig, sofern nicht für eine Klage ein ausschließlicher Gerichtsstand begründet ist.

Gesetzesgeschichte: Sprachlich neu gefaßt BGBl. 1950, 535 (→ Einl. Rdnr. 148), sachlich unverändert seit Erlaß der CPO.

Stichwortverzeichnis → Gerichtsstandsschlüssel Rdnr. 40 vor § 12.

I. Der Begriff des allgemeinen Gerichtsstands

1   Mit dem Ausdruck »allgemeiner Gerichtsstand« wird die örtliche Zuständigkeit desjenigen Gerichts bezeichnet, bei dem (von den Ausnahmen der ausschließlichen Zuständigkeit und anderer Sonderregelungen abgesehen) alle Klagen gegen einen Beklagten anhängig gemacht werden dürfen.

II. Bedeutung des allgemeinen Gerichtsstandes

2   § 12 muß im Zusammenhang mit den §§ 13—19 gelesen werden, die den **allgemeinen Gerichtsstand** für die *natürliche* **Person** (§§ 13, 15, 16), für die *juristische* Person (§ 17) und für den *Fiskus* (§§ 18, 19) bestimmen. § 12 erlaubt es dem Kläger, grundsätzlich jede Klage[1] im allgemeinen Gerichtsstand des Beklagten, d.h. vor dem in den §§ 13—19 bestimmten Gericht anhängig zu machen, auch wenn ein *besonderer* Gerichtsstand (vgl. §§ 20—34) besteht. Die Bedeutung des allgemeinen Gerichtsstands liegt deshalb vor allem in der **Möglichkeit, die unterschiedlichsten Streitgegenstände vor ein- und demselben Gericht** geltend zu machen, während die *besonderen* Gerichtsstände nur für *bestimmte* Ansprüche (z.B. § 32, § 29, § 35a) eingeräumt sind, so daß es bei ihnen unter Umständen sogar zu gespaltener Gerichtszuständigkeit kommt (→ hierzu Einl. Rdnr. 295).

III. Ausschluß des allgemeinen Gerichtsstandes

3   1. Wie bereits im § 12 ausgedrückt, greift der allgemeine Gerichtsstand dann nicht ein, wenn **anderswo** ein **ausschließlicher Gerichtsstand** begründet ist. Dieser Gerichtsstand verdrängt dann auch den allgemeinen Gerichtsstand (→ Rdnr. 16 vor § 12). Die ausschließlichen Gerichtsstände sind in § 40 Rdnr. 4 aufgezählt (→ auch § 1 Rdnr. 6).

4   2. Ohne daß ein ausschließlicher Gerichtsstand anderwärts niedergelegt ist, wird § 12 auch dann verdrängt, wenn eine **Sonderregelung ausdrücklich den allgemeinen Gerichtsstand verdrängt** und eine besondere örtliche Zuständigkeit begründet. In diesem Fall ist aber (mangels Ausschließlichkeit dieses besonderen Gerichtsstands) eine Zuständigkeitsvereinbarung möglich, während dies bei den in Rdnr. 3 genannten Fällen nicht zulässig ist. Eine solche Regelung enthalten, z.B. § 3 *BinnSchiffVerfG* vom 27. IX. 1952 (BGBl. I S. 641) i.d.F. vom 26. VI. 1981 (BGBl. I S. 553); → auch § 1 Rdnr. 7 und 76f. und (wegen der Zuständigkeitsvereinbarung) → § 38 Rdnr. 2 a.E.

IV. Mehrere allgemeine Gerichtsstände

5   Bei *mehreren allgemeinen* Gerichtsständen (→ § 13 Rdnr. 3) hat der Kläger genauso die **freie** Wahl (→ Rdnr. 25 vor § 12) gemäß § 35 wie bei der Konkurrenz *zwischen allgemeinen* und (möglicherweise mehreren) *besonderen Gerichtsständen.* Keine Wahlmöglichkeit besteht allerdings, wenn der **allgemeine** Gerichtsstand für **ausschließlich** erklärt ist (z.B. in § 689 Abs. 2, § 797 Abs. 5, § 828 Abs. 2, vgl. auch § 802 ZPO, sowie ferner z.B. in den **gesellschafts-**

---

[1] Für den Antrag auf Mahnbescheid gilt ausschließlich der allgemeine Gerichtsstand des Antragstellers, § 689 Abs. 2 Satz 1 (→ dort Rdnr. 6).

rechtlichen Streitfällen: § 246 Abs. 3 S. 1, § 249 Abs. 1 S. 1, § 250 Abs. 3 S. 1, § 251 Abs. 3, § 253 Abs. 2, § 254 Abs. 2 S. 1, § 255 Abs. 3, § 256 Abs. 7, § 257 Abs. 2 S. 1, § 275 Abs. 4 S. 1 AktG, § 61 Abs. 3, § 75 Abs. 2 GmbHG (i.V.m. § 246 Abs. 3 S. 1 AktG), § 51 Abs. 3 S. 3, § 96 und § 109 Abs. 3 GenG). Hier kann sich eine Wahlmöglichkeit eröffnen, **wenn mehrere unterschiedliche ausschließliche allgemeine Gerichtsstände bestehen** (→ auch § 35 Rdnr. 2).

V. Maßgeblichkeit des Beklagtengerichtsstands (»actor sequitur forum rei«)

§ 12 knüpft – in Verbindung mit § 13 – den allgemeinen Gerichtsstand an den **Beklagten-**   **6** **wohnsitz** (→ Rdnr. 14 vor § 12). Damit ist aber nicht gesagt, daß nicht auch der **Wohnsitz des Klägers** im Rahmen der örtlichen Zuständigkeit bedeutsam sein kann, etwa wenn sich ein *besonderer Gerichtsstand* an den Klägerwohnsitz anschließt (z. B. § 23a) oder wie im Fall des Mahnverfahrensgerichtsstands[2]. Soweit es auf den Beklagten ankommt, ist auf **diejenige Person abzustellen, die vom Kläger als verklagt benannt ist** (→ Rdnr. 7 ff. vor § 50).

§ 13   [Gerichtsstand des Wohnsitzes]

Der allgemeine Gerichtsstand einer Person wird durch den Wohnsitz bestimmt.

Gesetzesgeschichte: Unverändert seit Erlaß der CPO.

Stichwortverzeichnis → Gerichtsstandschlüssel Rdnr. 40 vor § 12

I. Wohnsitz als allgemeiner Gerichtsstand

§ 13 erklärt den **Wohnsitz** für die Bestimmung des allgemeinen Gerichtsstandes einer   **1** *natürlichen Person* als maßgebend; ob der Wohnsitz im *Inland* oder *Ausland* besteht, ist

---

[2] → N. 1.

gleich. Handelt es sich um einen deutschen *Exterritorialen* oder um einen im Ausland beschäftigten deutschen Angehörigen des *öffentlichen Dienstes*, gilt § 15. Bei (sowohl im Inland, als auch im Ausland) *fehlendem Wohnsitz* ist § 16 anzuwenden.

a) Begriff des Wohnsitzes

Der Begriff des Wohnsitzes ist den **§§ 7 bis 11 BGB zu entnehmen**[1], auf die die ZPO, da sie einen selbständigen Begriff nicht aufstellt, sinngemäß verweist. Ob ein **Ausländer** oder Staatenloser im *Inland* einen Wohnsitz hat, ist **allein** nach deutschem (materiellem) Recht zu entscheiden[2], nicht etwa nach dem kraft Personalstatuts für ihn maßgebenden ausländischen Recht. Dies gilt auch für **abgeleitete Wohnsitze** (näher → Rdnr. 6).

b) Zur Wohnsitzbestimmung bei Geltung des EuGVÜ → Rdnr. 20.

II. Der selbständige Wohnsitz, §§ 7, 8 BGB

2   1. Der Wohnsitz einer Person ist gemäß § 7 BGB an dem Ort und bei Teilung des Ortes in mehrere Gerichtsbezirke in dem Ortsteil[3], wo sich die Person **ständig niedergelassen** hat[4]; wesentlich ist die *dauernde*, d. h. nicht auf bestimmte *kurze* Zeit berechnete Niederlassung. Die Absicht, die Niederlassung bei Gelegenheit oder nach einem bestimmten Zeitraum wieder zu verlassen, steht der Begründung eines Wohnsitzes nicht entgegen. Dieser muß ferner den *räumlichen Schwerpunkt des Lebens* (»Mittelpunkt der Lebensverhältnisse«) bilden. – Der Wohnsitz ist *verschieden* von dem *Aufenthaltsort* (vgl. § 16, § 606) als dem Ort tatsächlichen Wohnens. Im allgemeinen gehört aber der Besitz von Wohnraum, wenn auch als Untermieter, dazu, um einen Wohnsitz anzunehmen. Ob der Aufenthalt häufig durch Ortsabwesenheit unterbrochen oder die Berufs- oder Erwerbstätigkeit außerhalb des Ortes ausgeübt wird, ist ohne Belang. Liegen die Wohnung, in der die Berufstätigkeit (z. B. Arzt oder Anwalt) ausgeübt wird, und die Familienwohnung in verschiedenen Orten, so hängt es von den tatsächlichen Verhältnissen ab, welcher Ort als Wohnsitz anzunehmen ist. Der *Besitz von Liegenschaften*, gewerblichen Niederlassungen, die Tätigkeit in einer Stellung, z. B. als Hausangestellte, begründen allein noch keinen Wohnsitz, arg. §§ 20 f. Ebensowenig bewirkt dies die Unterbringung in einer *Justizvollzugsanstalt*[5] oder der (längere) Aufenthalt in einem *Krankenhaus*, sofern nicht hierbei eine Aufgabe des früheren Wohnsitzes beabsichtigt ist[6]. Unerheblich ist der Wohnsitz im Sinn der *Steuergesetze*[7], vgl. § 8 AO (1977). Auch der *Sitz*

[1] Vgl. *BGH* MDR 1987, 829 = NJW-RR 1988, 387 = FamRZ 1987, 693 f.; RGZ 67, 191 (193), 126, 8 (9); *Bengelsdorf* BB 1989, 2390 (2394) u. a. – Lehrbücher, Kommentare und Rechtsprechung zu den genannten Bestimmungen werden im folgenden nur bei Grenzproblemen zitiert. Ältere Nachweise siehe 19. Aufl. dieses Komm.

[2] Allg. Ansicht, vgl. z. B. *KG* JW 1936, 3570; *BGH* WPM 1975, 915; *OLG Karlsruhe* NJW 1956, 1537 = IPRsp 1964/65 Nr. 145; *LG Aachen* IPRsp 1954/55 Nr. 99, *Braga* Staatsangehörigkeitsprinzip oder Wohnsitzprinzip? (1954) 60 ff.; *ders.* unter demselben Titel RabelsZ 18 (1953) 227 (241 ff.); *Pagenstecher* Gerichtsbarkeit und internationale Zuständigkeit als selbständige Prozeßvoraussetzung, RabelsZ 11 (1938) 337 (362 ff. Fußn. 8 a) und eingehend *Serick*. Nach welchem Recht ist der Wohnsitz in §§ 13 und 16 ZPO bei Auslandsbeziehungen zu beurteilen? ZZP 68 (1955) 284 ff. sowie *J. Schrö-*

der Internationale Zuständigkeit (1971) 135 ff. m. w. N.; *Kropholler* Hdb. IZVR I Kap. III Rdnr. 67 ff.; *Linke* JZPR (1990) Rdnr. 148; *Schack* IZVR (1991) Rdnr. 244. Siehe auch N. 10.

[3] *BVerfGE* 53, 100 (108 f. m. w. N.); RGZ 67, 191 ff.; *KG* OLG Rsp 15, 154 f.

[4] Die *polizeiliche Anmeldung* ist für die Begründung eines Wohnsitzes zwar weder erforderlich noch ausreichend; sie kann aber ein *Indiz* sein, *BGH* NJW-RR 1990, 507 (507).

[5] *RG* SeuffArch 40, 348; *BayObLG* SeuffArch. 56, 433.

[6] Vgl. *OLG Oldenburg* SeuffArch 55, 134, *OLG Colmar* OLG Rsp 17, 360; enger *OLG Karlsruhe* OLG Rsp 2, 445. Dasselbe gilt bei *Erziehungsheim LG Duisburg* FamRZ 1968, 85.

[7] *RFH* RStBl. 36, 834; *RG* Warn 22, 25, *Erman/Westerman*[8] § 7 Rdnr. 2

der Behörde ist für den *Wohnsitz des Beamten* ohne Bedeutung (anders beim *Soldaten* →
Rdnr. 16), ebenso der *»dienstliche Wohnsitz«* (§ 15 BBesG).

2. Treffen die Voraussetzungen des Wohnsitzes auf **mehrere Orte** gleichzeitig zu, so ist nach § 13 ZPO   **3**
i. V. m. § 7 Abs. 2 BGB der **allgemeine Gerichtsstand an mehreren Orten** begründet[8]. Zwischen ihnen hat
der Kläger ein Wahlrecht (→ § 35 Rdnr. 1)

3. Der **Geschäftsunfähige** und der in der **Geschäftsfähigkeit Beschränkte** können nach § 8   **4**
Abs. 1 BGB ohne den Willen des gesetzlichen Vertreters **keinen Wohnsitz** begründen (oder
aufheben, → Rdnr. 5). *Anders* der *verheiratete* oder der schon verheiratet gewesene *(geschiedene, verwitwete) Minderjährige* gemäß § 8 Abs. 2 BGB.

4. Die **Aufhebung des Wohnsitzes** erfordert nach § 7 Abs. 3, § 8 BGB den Wegzug und den   **5**
Willen, die Niederlassung aufzuheben, sowie volle Geschäftsfähigkeit[9] (Ausnahme: § 8
Abs. 2 BGB → Rdnr. 4). Dagegen ist Neubegründung eines Wohnsitzes nicht erforderlich, arg.
§ 16.

III. Gesetzlicher (abgeleiteter) Wohnsitz

Einen gesetzlichen Wohnsitz, der ohne Rücksicht auf den Willen und das Verhalten der   **6**
Partei von dem Wohnsitz einer anderen Person oder aus anderen Umständen *abgeleitet* wird,
haben minderjährige **Kinder** und **Soldaten**. Diese Wohnsitze sind für **deutsche Staatsangehörige** auch deshalb wichtig, weil **Gerichte im Geltungsbereich des EuGVÜ ausnahmsweise bei
solchen Wohnsitzen das Heimatrecht anwenden müssen,** *nicht die lex fori* (Art. 52 Abs. 3
EuGVÜ → unten Rdnr. 19). Soweit jedoch das EuGVÜ *nicht* eingreift, bleibt es bei der
Geltung des schon dargelegten Grundsatzes (→ Rdnr. 1), daß nämlich nach **deutschem Recht**
die **Wohnsitzfrage** beantwortet wird, z.B. wird deshalb bei einem ausländischen ehelichen
Kind nicht nach dem Heimatrecht, sondern unter Anwendung des BGB entschieden, ob und
wo dieses Kind im Inland seinen Wohnsitz hat[10].

1. Kinder
Die auf Art. 1 Nr. 1 NEhelG (→ Einl. Rdnr. 151) beruhende Neufassung des § 11 BGB stellt *nicht mehr
auf die Ehelichkeit oder Nichtehelichkeit* ab. **Entscheidend ist der Wohnsitz des oder der Personensorgeberechtigten:**

a) Das **eheliche Kind**[11] teilt den Wohnsitz der Eltern (§ 11 S. 1 [1. Halbs.] BGB), da diesen   **7**
gemeinsam das Personensorgerecht zusteht (§ 1626 Abs. 1, § 1631 Abs. 1 BGB). Ist der
Wohnsitz der Eltern verschieden und fehlt einem Elternteil ausnahmsweise das Personensorgerecht (vgl. §§ 1671 f., 1678 bis 1681 BGB), so teilt das Kind nur den Wohnsitz des
sorgeberechtigten Elternteiles (vgl. § 11 S. 1 Halbs. 2 BGB).

---

[8] So schon die Motive zu § 13 = *Hahn*, S. 150; zu
Doppelwohnsitzen *Schröder* (N. 2) 162 ff. m. w. N.
[9] Bestehen Zweifel an der (unbeschränkten) Geschäftsfähigkeit, so kann die Aufgabe des Wohnsitzes
nicht bejaht werden, anders *BGH* (N. 1) 829; *BayObLG*
Rpfleger 1990, 73 f. § 13 bleibt vielmehr anwendbar (→
auch § 16 Rdnr. 13 mit dortiger N. 19). Es ist Sache der
beklagten Partei, die Wirksamkeit der Wohnsitzaufgabe
zu beweisen.
[10] Herrschende Ansicht, vgl. *BayOLG* FamRZ 1972,
212 = IPRsp 1971 Nr. 130; *Serick* (N. 2) 280, 293 f., 301
Staudinger/Henrich BGB[12], Art. 18 EGBGB Rdnr. 84

m. w. N., Art. 19 EGBGB Rdnr. 135, 136 m. w. N.; *Kropholler* Hdb. IZVR I Kap. III Rdnr. 67 ff.; *Linke* IZPR
(1990) Rdnr. 148; *Schack* IZVR (1991) Rdnr. 244; offengelassen *BGH* FamRZ 1982, 263 = NJW 1215.
[11] Vgl. § 1591 BGB – dazu zählt auch das *Kind aus
nichtiger Ehe*, § 1591 Abs. 1 S. 1 (letzter HS), BGB, das
durch *Legitimation* (§ 1719 BGB) gleichgestellte Kind sowie das *nichteheliche Kind, solange es als ehelich gilt*, also
bis zur Rechtskraft des auf die Anfechtungsklage
(§§ 1593 ff. BGB) ergehenden Urteils und folglich auch
für diesen Anfechtungsprozeß selbst.

8 Nicht in § 11 BGB geregelt ist der Fall, daß *der Wohnsitz der Eltern verschieden* ist, *das Personensorgerecht aber beiden Eltern zusteht*. Nach heute ganz h. M. erwirbt das Kind bei solcher Sachlage einen von den Eltern abgeleiteten **Doppelwohnsitz**[12]. Dies gilt unabhängig davon, wie und wann die getrennten Wohnsitze entstanden[13], also sowohl für den Fall, daß die Eltern an Stelle des ursprünglichen gemeinsamen Wohnsitzes zwei (mehrere, § 7 Abs. 2 BGB) Wohnsitze begründen[14], als auch für den Fall, daß nur ein Ehegatte den gemeinsamen Wohnsitz aufgibt und einen neuen begründet[15], wie auch für den Fall, daß das Kind erst zur Welt kommt, nachdem beide Elternteile einen eigenen Wohnsitz begründet haben[16] (→ auch § 16 Rdnr. 10). An dem Doppelwohnsitz ändert sich durch den **Tod eines Elternteils** nichts, bis der überlebende Elternteil den Wohnsitz des Kindes gemäß § 11 S. 3 BGB ändert[17].

9 b) **Das nichteheliche Kind** teilt den Wohnsitz der Mutter (§ 11 S. 1 BGB i. V. m. §§ 1705, 1626 Abs. 2 BGB), da ihr grundsätzlich (→ Rdnr. 12) das Personensorgerecht zusteht[18].

10 c) Das **für ehelich erklärte Kind** (§§ 1723 ff.) teilt den Wohnsitz der Eltern bzw. des personensorgeberechtigten Elternteils, weil es nach § 1736 BGB die rechtliche Stellung eines ehelichen Kindes erlangt[19].

11 d) Ein **angenommenes (adoptiertes) Kind** teilt den Wohnsitz des (der) Annehmenden, da es die rechtliche Stellung eines ehelichen Kindes des (der) Annehmenden erlangt (§ 1754 BGB). Ist es ein *gemeinschaftliches Kind*, richtet sich sein Wohnsitz nach *beiden* Eltern; wird es nur von *einem* Ehegatten oder von einem *Alleinstehenden* adoptiert, ist *nur diese Person* maßgeblich.

12 e) **Fehlt beiden Elternteilen oder der nicht-ehelichen Mutter das Personensorgerecht,** so teilt das Kind den Wohnsitz des Vormunds oder Pflegers[20].

13 f) Beim **Findelkind** wird der Wohnsitz gemäß § 11 S. 2 BGB vom Wohnsitz (Amtssitz) des Vormunds abgeleitet[21]. Dieser kann allerdings einen anderen Wohnsitz für das Mündel begründen (§§ 1800, 7, 8 BGB).

g) **Wohnsitzveränderungen**

14 aa) **Gesetzliche Änderungen:** Das Kind *erwirbt* den abgeleiteten Wohnsitz mit der Geburt, Legitimation, Ehelicherklärung oder Annahme als Kind kraft Gesetzes. Genauso *ändert* sich der **Wohnsitz kraft Gesetzes**, wenn derjenige, dessen Wohnsitz bestimmend ist, den seinigen ändert[22]. Auch wenn die *Person des (der) Sorgeberechtigten wechselt*[23], z. B. das Personensorgerecht auf einen (anderen) Elternteil mit anderem Wohnsitz übergeht, dann ist ipso iure (S. 11 S. 1 Halbs. 2 BGB) dieser sorgeberechtigte Teil bestimmend[24]. Das Kind **behält jedoch den abgeleiteten Wohnsitz**, wenn der bestimmende Wohnsitz vom Sorgeberechtigten ohne Begründung eines anderen Wohnsitzes aufgegeben wird (§ 11 S. 3 BGB)[25] und der Sorgebe-

---

[12] Bei Mehrfachwohnsitz der Eltern (→ Rdnr. 3) erwirbt das Kind möglicherweise mehr als zwei Wohnsitze.

[13] *Palandt/Heinrichs* BGB[51] § 11 Rdnr. 4; *Erman* (N. 7) § 11 Rdnr. 4 f.

[14] *BGHZ* 48, 228 = JZ 1968, 131 (*Lange:* »Der Streit ist für die Praxis zu Ende«) = LM Nr. 3 zu § 11 BGB (LS) = FamRZ 67, 606 (*Beitzke*, ablehnend); *BGH* NJW-RR 1990, NJW 1984, 971 = FamRZ 162 f.; Rpfleger 1982, 378. *KG* NJW 1968, 1832 (schließt sich *BGH* an und gibt bisherige Rsp auf).

[15] *BayObLGZ* 1969, 299; *OLG Karlsruhe* FamRZ 1968, 94; 1969, 657; *OLG Köln* MDR 1971, 581.

[16] So schon 19. Aufl. dieses Komm. in N. 21 (m. w. N.); *KG* NJW 1964, 1577; *OLG Karlsruhe* NJW 1963, 1252; *OLG Nürnberg* FamRZ 1961, 450; a. M. *BayObLGZ* 1962, 115; *OLG Saarbrücken* FamRZ 1964, 633.

[17] *BayObLGZ* 1973, 331; *OLG Hamm* OLGZ 1971, 243 = FamRZ 181.

[18] Vgl. *MünchKomm-ZPO/Patzina* Rdnr. 19.

[19] Vgl. *Erman* (N. 7) Rdnr. 11.

[20] Mit der Bestellung des Vormunds oder Pflegers erwirbt das Kind ipso iure den *Wohnsitz des Berechtigten* (§ 11 S. 2 BGB). Die Gegenansicht (Beibehaltung bis zur Neubegründung durch den *neuen* Berechtigten) übersieht den geänderten Rechtszustand in § 11 S. 2 BGB.

[21] § 25 PStG, § 48 FGG, § 1773 Abs. 2, § 1774 BGB; *Palandt/Heinrichs*[51] § 11 Rdnr. 7; *Staudinger/Coing/Habermann*[12] § 11 Rdnr. 4 m. w. N.; *MünchKomm/Gitter* § 11 Rdnr. 9.

[22] *OLG Dresden* OLG Rsp 12, 1; *Staudinger* (N. 21) Rdnr. 3 b, 4; *OLG Karlsruhe* JZ 1955, 341.

[23] Das ist nicht schon der Fall, wenn durch eine *einstweilige Anordnung* nach § 620 Nr. 1 die elterliche Sorge einem der Elternteile übertragen ist, näher → § 620 Rdnr. 3.

[24] *BayObLGZ* 1961, 119 = FamRZ 381; *Erman* (N. 7) Rdnr. 3 (anders für § 11 a. F.; *BGHZ* 7, 104 [106]).

[25] Herrschende Meinung in der Rsp (ältere Nachw. in 19. Aufl. dieses Komm.; so auch *Staudinger* (N. 21) Rdnr. 12. Die Gegenansicht von *Palandt* (N. 13) Rdnr. 6 und *MünchKomm* (N. 21) Rdnr. 12 ist seit langem überholt.

rechtigte nicht einen neuen Wohnsitz des Kindes nach §§ 7, 8 BGB begründet. Es **behält ihn** ferner auch nach **Volljährigkeit**, bis es ihn aufgibt (§ 11 S. 3 BGB).

bb) **Gewillkürte Änderungen:** Nach § 11 S. 3 BGB ist der abgeleitete Wohnsitz aber **nicht zwingend**. Der Volljährige kann ihn selbst aufheben. *Vor Eintritt der Volljährigkeit* kann der **abgeleitete Wohnsitz** mit Zustimmung der (des) gesetzlichen Vertreter(s) oder durch diese(n) selbst nach § 11 S. 3 i. V. m. § 7 Abs. 3, § 8 Abs. 1 BGB **aufgehoben** und (gegebenenfalls) ein neuer begründet werden[26]. Der entsprechende Wille muß *nicht ausdrücklich* oder gar einer bestimmten Person gegenüber erklärt werden, wohl aber *aus den Umständen zu erkennen* sein[27]. So genügt es für den Fall des abgeleiteten Doppelwohnsitzes zur Aufhebung des *einen* Sitzes, daß beide Eltern über den dauernden Aufenthalt des Kindes bei *einem* von ihnen (stillschweigend) einig sind[28]. **15**

2. Nach § 9 BGB in der Fassung des SoldatenG vom 19. III. 1956 (BGBl. I S. 114, Neubekanntmachung vom 19. VIII. 1975, BGBl. I S. 2273, zuletzt geändert durch Art. 5 des Gesetzes vom 11. V. 1992, BGBl. I S. 1030), § 68, haben ferner einen **gesetzlichen Wohnsitz** die **Soldaten**. Er besteht also *nicht* mehr für *alle* Militärpersonen, so daß *Beamte, Angestellte und Arbeiter der Bundeswehr nicht erfaßt* sind (vgl. die Begriffsbestimmung des Soldaten in § 1 Abs. 1 S. 1 Soldatengesetz). **Ausgenommen** sind durch § 9 Abs. 2 BGB ferner Soldaten, die nur aufgrund der **Wehrpflicht** Dienst leisten, sowie Soldaten, die nicht selbständig einen Wohnsitz begründen können[29]. Für diesen ausgenommenen Personenkreis (v. a. für *Wehrpflichtige*) kann jedoch das für den Standort zuständige Gericht als *Gericht des Aufenthaltsorts* nach § 20 zuständig sein[30]; daß der früher eine entsprechende ausdrückliche Vorschrift enthaltende § 20 Abs. 2 durch die Nov. 1950 (→ Einl. Rdnr. 148) beseitigt und durch das Soldatengesetz nicht wiederhergestellt ist, schließt die Anwendung des § 20 Abs. 1 in diesem Sinne nicht aus. Für den **Grenzschutz** fehlt es an einer dem § 9 BGB entsprechenden Bestimmung[31]. Auch für *Soldaten einer fremden Wehrmacht* gilt die Vorschrift nicht, selbst wenn diese – insbesondere aufgrund völkerrechtlicher Abkommen – in Deutschland ihren Standort haben[32]; hier wird aber ebenfalls der Gerichtsstand des § 20 oft gegeben sein, sofern er nicht durch das EuGVÜ ausgeschlossen ist (→ § 20 Rdnr. 2, 7). **16**

Der **Wohnsitz** der von § 9 BGB erfaßten Soldaten **ist der Standort**, d. h. der Ort, an dem sich ihre Einheit ständig befindet[33]. **Fehlt es an einem inländischen Standort**, so gilt nach § 9 Abs. 1 Satz 2 BGB der **letzte inländische Standort als Wohnsitz**[34]. Der gesetzliche Wohnsitz des § 9 BGB ist im Gegensatz zu dem des § 11 BGB *zwingend, jedoch nicht ausschließlich*. Der Soldat kann vielmehr daneben einen weiteren Wohnsitz nach § 7 BGB begründen.

---

[26] Die Zustimmung des gesetzlichen Vertreters zur (Tathandlung der) Wohnsitzbestimmung wirkt zurück, *BayObLGZ* 1959, 181 = *FamRZ* 372, überwiegende Ansicht.

[27] *BGHZ* 7, 104 (109 ff.) m. w. N.; *BayObLGZ* 1958, 281 (256); 1962, 11 (14); *FamRZ* 1965, 82 (sub II 1), ältere Nachw. in 19. Aufl. dieses Komm.

[28] *OLG Düsseldorf* OLGZ 1968, 122 (124).

[29] Also Fälle des § 8 Abs. 1 (*Geschäftsfähige oder Minderjährige*).

[30] *LG Verden* MDR 1964, 766 = NdsRPfl 178.

[31] *Palandt* (N. 13) § 9 Rdnr. 1; *Staudinger* (N. 21) § 9 Rdnr. 4 – a. M. (sinngemäße Anwendung auf **kasernierten Grenzschutz**); *Soergel/Fahse* BGB[12] § 9 Rdnr. 5, *Achilles/ Greiff* BGB[21] § 9 Anm. 2.

[32] *LG Weiden* NJW 1960, 582 = IPRsp 1958/59 Nr. 182.

[33] Bei nur *kurzfristigen Übungen* außerhalb des Standorts wechselt der gesetzliche Wohnsitz nicht. Bei *längeren Abkommandierungen* besteht der Wohnsitz beim Standort desjenigen Truppenteils, zu dem abkommandiert wurde, *RG* JW 1938; 234; *BayObLGZ* 1921, 188; *OLG Dresden*, SeuffArch 69 Nr. 209; *Erman* (N. 7) § 9 Rdnr. 2; *Soergel* (N. 31) § 9 Rdnr. 9; *RGRK/Krüger/Nieland* zum BGB[12] § 9 Anm. 1. Bei *Abkommandierungen ins Ausland* gilt der letzte inländische Standort (§ 9 Abs. 2 S. 2 BGB), → auch folgende N.

[34] Dasselbe Ergebnis wird über § 15 Abs. 1 Satz 1 erreicht, da Soldaten »Angehörige des öffentlichen Dienstes« sind → § 15 Rdnr. 6.

IV. Gerichtsstand der Parteien kraft Amtes

17   Für die Prozesse einer Partei kraft Amtes (z. B. **Konkursverwalter, Zwangsverwalter, Testamentsvollstrecker**, näher → Rdnr. 25 ff. vor § 50) ist allein auf den Wohnsitz der Person abzustellen, die die **formale Parteistellung** innehat (z. B. **Konkursverwalter**[35], *nicht* auf den Wohnsitz des dahinter stehenden *Rechtsträgers* (z. B. des *Gemeinschuldners*) und *nicht* auf den Ort, an dem sich das zu verwaltende *Vermögen* (z. B. die *Konkursmasse*) befindet.

Auf die Partei kraft Amtes sind die Verfügungsbefugnis sowie die Prozeßführungsbefugnis über das verwaltete Vermögen übergegangen. Sie ist daher mit allen Rechten und Pflichten einer selbständigen Partei ausgestattet[36]. Die Argumente der Gegenansicht[37], aus Gründen der Klarheit und Übersichtlichkeit käme als Gerichtsstand allein der Wohnsitz des Rechtsträgers in Frage, sind mit der uneingeschränkten Prozeßführungsbefugnis der Partei kraft Amtes unvereinbar[38].

V. Internationale Zuständigkeit und EuGVÜ

18   1. § 13 schafft einen Gerichtsstand **ohne Rücksicht auf Staatsangehörigkeit oder sonstige Auslandsbeziehung einer Rechtsstreitigkeit.** Insofern regelt er auch die **deutsche internationale Zuständigkeit**, weil er bei Fällen mit Auslandsberührung eine *deutsche* Kompetenz begründet, sofern nur ein Wohnsitz im *Inland* vorliegt (zur internationalen Zuständigkeit → Einl. Rdnr. 755 ff.). Ob z. B. im *Ausland ebenfalls ein Wohnsitz* oder eine Zuständigkeit gegeben ist, bleibt deshalb gleichgültig.

19   2. Im Geltungsbereich des **EuGVÜ** (zu ihm → Einl. Rdnr. 781 ff.) wird jedoch die **internationale Zuständigkeit deutscher Gerichte nicht mehr durch § 13 hergestellt.** Vielmehr regelt Art. 2 Abs. 1 EuGVÜ (Text → Einl. Rdnr. 903) die internationale Zuständigkeit dahin, daß sie besteht, wenn eine Person ihren Wohnsitz innerhalb Deutschlands hat; unmaßgeblich ist die Staatsangehörigkeit. **Der Wohnsitz innerhalb Deutschlands begründet daher die deutsche internationale Zuständigkeit unabhängig davon, ob für einen konkreten Streitfall gerade § 13 eingreift.** Die Regelung der *örtlichen Zuständigkeit und die der internationalen Zuständigkeit klaffen dann auseinander* (→ Rdnr. 26 vor § 12). Die deutsche *internationale* Zuständigkeit wird durch den inländischen Wohnsitz begründet. Welches Gericht *örtlich* zuständig ist, richtet sich danach, ob das EuGVÜ auch die örtliche Zuständigkeit regelt (z. B. Art. 5 EuGVÜ, → Einl. Rdnr. 788 b). Wenn dies nicht der Fall ist, greifen §§ 12 ff. ein.

20   Die **Qualifikation des Wohnsitzes** erfolgt gemäß Art. 52 Abs. 1 EuGVÜ (*Text* → Einl. Rdnr. 916) nach der *lex fori*, d. h. die deutschen Gerichte wenden BGB an, wenn sie prüfen, ob z. B. ein Ausländer einen inländischen Wohnsitz hat[39]. Dies gilt auch **für abgeleitete** (gesetzliche) **Wohnsitze** (→ Rdnr. 6–16), weil das EuGVÜ nicht mehr auf das *Heimatrecht* verweist, seitdem Art. 52 Abs. 3 EuGVÜ (→ Einl. Rdnr. 916) aufgehoben wurde[40].

21   In den Rechtsordnungen der früheren EuGVÜ-Mitgliedstaaten (*Belgien, Bundesrepublik Deutschland, Frankreich, Italien, Luxemburg, Niederlande*) ist der Begriff des Wohnsitzes im Kern identisch[41]. Der

---

[35] *BGHZ* 88, 331 (333 ff. m. w. N.) = NJW 1984, 739 f. = ZZP 98 (1985) 86 (88 f.) = KTS 1984, 275 (276 f.) = WM 1983, 1357 f. = JZ 1984, 390. Hierzu *Karsten Schmidt* JuS 1984, 486.

[36] *BGHZ* (N. 35) 336; *OLG Celle* KTS 1974, 238; *LG Hildesheim* BB 1974, 904.

[37] *Karsten Schmidt* NJW 1984, 1341 (1343); *Olzen* JR 1984, 286 ff.; *Tintelnot* ZZP 98 (1985) 89 ff.; *Teske* KTS 1984, 277 ff.; *AK/Röhl* § 13–16 Rdnr. 3; *Kuhn/Uhlenbruck* KO[10] § 6 Rdnr. 30 b; *Jaeger/Lent* KO[9] Vorbem. vor §§ 6–9 Anm. V. 2.

[38] Dasselbe gilt hinsichtlich der differenzierenden Ansicht von *Henckel* in *Jaeger*[9] (1977) § 6 Rdnr. 60–63, daß (zunächst) der Sitz des Gemeinschuldners, bei Betriebsverlegung durch den Konkursverwalter der neue Verwaltungsmittelpunkt maßgeblich sei. Diese Meinung übersieht, daß der Wohnsitz einer Person nichts mit dem Verwaltungsmittelpunkt ihres Vermögens zu tun haben muß.

[39] *Kropholler* Europäisches Zivilprozeßrecht[3] (1991) Art. 52 Rdnr. 7.

[40] *Kropholler* (N. 39) Rdnr. 11.

[41] *Schlosser*-Bericht (→ Einl. Rdnr. 784) Rdnr. 71.

Beitritt der neuen EG-Staaten hat diese Einheitlichkeit zwar tangiert, weil in Irland und dem Vereinigten Königreich der Wohnsitzbegriff erheblich vom kontinental-europäischen Begriff abweicht[42] und internationale Abkommen in ihrem englischen Text unterschiedliche Worte verwenden, um den Begriff zu übersetzen. Jedoch stellt Art. V c EuGVÜ Prot. (*Text* → Einl. Rdnr. 920) die in derartigen Abkommen verwendeten Begriffe *»residence«* und *»domicile«* gleich.

§ 14   (weggefallen) [Allgemeiner Gerichtsstand der Soldaten]

Gesetzesgeschichte: Ursprünglich §§ 14, 15, nach Änderung RGBl. 1898, 256 ist § 14 durch Art. III KontrRG Nr. 34 aufgehoben worden. Er betraf den allgemeinen Gerichtsstand für *»Militärpersonen«*. Hierzu jetzt § 9 BGB → § 13 Rdnr. 16.

§ 15   [Allgemeiner Gerichtsstand exterritorialer Deutscher und im Ausland beschäftigter Angehöriger des öffentlichen Dienstes]

(1) [1]**Deutsche, die das Recht der Exterritorialität genießen, sowie die im Ausland beschäftigten deutschen Angehörigen des öffentlichen Dienstes behalten den Gerichtsstand ihres letzten inländischen Wohnsitzes.** [2]**Wenn sie einen solchen Wohnsitz nicht hatten, haben sie ihren allgemeinen Gerichtsstand am Sitz der Bundesregierung.**

(2) **Auf Honorarkonsuln ist diese Vorschrift nicht anzuwenden.**

Gesetzesgeschichte: Bis 1900 § 16 CPO. Geändert durch die Novelle 1950 (BGBl. S. 535, → Einl. Rdnr. 148) und durch die Gerichtsstandsnovelle BGBl. 1974 I. S. 753 (→ Einl. Rdnr. 153).

Stichwortverzeichnis → **Gerichtsstandsschlüssel Rdnr. 40 vor § 12**

I. Zweck der Regelung

Deutsche Exterritoriale und **deutsche Angehörige des öffentlichen Dienstes**, die ihren   1
Wohnsitz im Ausland haben, besitzen in aller Regel nach § 12 und § 13 keinen allgemeinen Gerichtsstand im Inland. **§ 15 schafft hinsichtlich dieser Personen einen allgemeinen inländischen Gerichtsstand,** um auch ihnen gegenüber die Ausübung der deutschen Gerichtsbarkeit sicherzustellen. Anderenfalls könnten sie im Ausland wegen ihrer dortigen Exterritorialität und im Inland mangels eines allgemeinen Gerichtsstands nicht verklagt werden. Nach seinem Zweck **scheidet § 15** aber folgerichtig aus, wenn die betreffende **Person** einen **inländischen Wohnsitz** und damit einen allgemeinen Gerichtsstand besitzt[1], z. B. wenn sie ihren inländischen Wohnsitz trotz ihrer Auslandstätigkeit beibehalten hat. Zu Personen, die im *Inland exterritorial* sind, → Rdnr. 3.

II. Personenkreis

1. Im Gegensatz zu dem sonstigen System der Gerichtsstandsregelungen stellt § 15 auf die   2
deutsche Staatsangehörigkeit ab. Zu einer *analogen Anwendung* auf Personen mit anderer

---

[42] *Schlosser*-Bericht a.a.O. Rdnr. 72; vgl. *Kropholler*   [1] → N. 5.
(N. 39) Rdnr. 4.

Staatsangehörigkeit, z.B. auf Bedienstete deutscher Auslandsvertretungen, besteht weder Anlaß noch Bedürfnis.

3   **2. Deutsche Exterritoriale.** Dies sind diejenigen Personen, die im *Inland* oder im *Ausland* wohnen und das Recht der **Exterritorialität** besitzen. Welche Personen dies sind, ergibt sich aus *Völkerrecht* oder aus dessen Übernahme in *nationales Recht* (→ Einl. Rdnr. 655 ff.).

Ist ein **deutscher Staatsangehöriger im Inland exterritorial** (z.B. nach Art. 38 Abs. 1 der Wiener Diplomatenkonvention, Text → Einl. Rdnr. 657), dann stellt sich die Gerichtsstandsfrage nicht, weil es ihm gegenüber bereits an der deutschen Gerichtsbarkeit (zu ihr → Einl. Rdnr. 656 ff.) fehlt und die Klage gegen ihn als unzulässig abgewiesen werden muß (→ Einl. Rdnr. 679). Da solche Personen außerdem regelmäßig im Inland wohnen, wäre § 15 von seinem Zweck her ohnehin unanwendbar (→ Rdnr. 1 a. E. und Rdnr. 15).

§ 15 sollte bei seinem Erlaß (als § 16 CPO) ferner diejenigen Fälle regeln, in denen ein Deutscher als Gesandter eines Bundesstaates im Gebiet eines anderen Bundesstaates Exterritorialität genoß (vgl. Art. 10 der Reichsverfassung von 1871); für ihn blieb der Gerichtsstand in seinem Heimatstaat erhalten. Heute gibt es aber keinen Personenkreis mehr, der nur in einem *Teil* des Geltungsbereichs der ZPO *exterritorial* ist.

4   **3. Deutsche »Angehörige des öffentlichen Dienstes«.** Es sind diejenigen deutschen Bediensteten, die *nicht nur kurzzeitig* (vorübergehend) **im Ausland dienstlich verwendet werden**. Deutsche Exterritoriale im Ausland fallen schon unter Rdnr. 3.

5   a) Trotz des unterschiedlichen Wortlauts ist § 15 wie § 376 Abs. 1 und § 408 Abs. 2 zu interpretieren (→ § 376 Rdnr. 44 ff.). Weshalb der Reformgesetzgeber der Gerichtsstandsnovelle (→ »Gesetzesgeschichte«) statt von »Personen des öffentlichen Dienstes« von »*Angehörigen*« spricht, ist nicht ersichtlich. Ein unterschiedlicher Personenkreis ergibt sich auch nicht daraus, daß § 15 nicht (wie die genannten Bestimmungen) gesondert die »*Richter*« und »*Beamten*« nennt. Da § 15 erst im Laufe der Beratungen des Bundestages in den Entwurf der Gerichtsstandsnovelle eingefügt wurde[2], ist ein *Redaktionsversehen* naheliegend.

6   b) Unter § 15 fallen **Richter, Beamte, Angestellte, Arbeiter.** Für **Soldaten** greift über § 13 die Regelung des § 9 Abs. 1 Satz 2 BGB ein (→ § 13 Rdnr. 16), so daß § 15 nicht angewendet werden muß.

7   c) Dienstherr oder Arbeitgeber muß eine **juristische Person** des **öffentlichen Rechts sein** (z.B. *Bund, Land, Gemeinde, öffentlich-rechtliche Anstalt* oder *Körperschaft, Sondervermögen, Stiftung*). Zu den *Kirchen* → § 376 Rdnr. 51.

8   d) **Nicht** unter § 15 fallen nach der ausdrücklichen Vorschrift des Abs. 2 die **Honorarkonsuln,** auch wenn sie *Deutsche* sind (vgl. §§ 1, 20 Konsulargesetz vom 11. IX. 1974, BGBl. I S. 2317).

III. Der Gerichtsstand

9   § 15 a. F. fingierte die Beibehaltung des *Wohnsitzes* zum Zwecke der Gerichtsstandsbestimmung; über § 13 wurde dann der Gerichtsstand begründet. § 15 Abs. 1 n. F. regelt *unmittelbar die Beibehaltung* (S. 1) oder die *Begründung* (S. 2) eines *Gerichtsstands*.

10   **1. Beibehaltener Gerichtsstand.** Wenn eine unter § 15 fallende Person einen inländischen Wohnsitz-Gerichtsstand besaß, wird dieser Gerichtsstand nicht durch die Aufhebung des Wohnsitzes oder durch die Begründung eines ausländischen Wohnsitzes berührt. **Maßgeblich** ist der im Zeitpunkt des Eintritts der Exterritorialität oder der Beschäftigung im Ausland **vorhandene letzte inländische Wohnsitz.**

---

[2] Vgl. *BT-Drucks.* 7/1384 S. 7.

2. Gerichtsstand am Sitz der Bundesregierung. Besaß die Person in dem Zeitpunkt des **11** Beginns der Exterritorialität oder der ausländischen Tätigkeit (schon) keinen inländischen allgemeinen Gerichtsstand (mehr), greift Satz 2 ein, so daß der Gerichtsstand am Sitz der Bundesregierung[3] gegeben ist. Dieser Fall ergreift demnach nicht nur die *schon immer wohnsitzlose Person*, sondern z.B. auch denjenigen Bediensteten, der vor Eintritt in den öffentlichen Dienst keinen inländischen Wohnsitz mehr hatte (er wohnte schon vorher im Ausland).

IV. Abgeleiteter Gerichtsstand für Kinder?

§ 15 n.F. regelt unmittelbar den Gerichtsstand, nicht mehr den Wohnsitz zum Zwecke der **12** Begründung des Gerichtsstands (→ Rdnr. 9). Daraus ergeben sich Schwierigkeiten hinsichtlich des Gerichtsstands der noch nicht volljährigen Kinder. Nach § 11 BGB haben diese Kinder einen aus dem Wohnsitz der Eltern abgeleiteten Wohnsitz und dadurch dann ihren Gerichtsstand (→ § 13 Rdnr. 7ff.). Da nach § 15 a.F. der *Wohnsitz* der Eltern fingiert wurde (→ Rdnr. 9), konnte auch der abgeleitete Wohnsitz der Kinder zum Zwecke der Gerichtsstandsbegründung aufrechterhalten bleiben. Dieser Weg ist durch den neuen Wortlaut des § 15 verbaut, weil dort unmittelbar der *Gerichtsstand, nicht aber der Wohnsitz* geregelt wird (→ Rdnr. 9), andererseits aber die Kinder nach § 11 BGB nur den *Wohnsitz*, nicht den *Gerichtsstand* der Eltern teilen. Angesichts der auch sonst unbedachten Fassung des § 15 n.F. (→ Rdnr. 5) und der allgemeinen Mängel der Gerichtsstandsnovelle (→ auch Rdnr. 2 vor § 38) wird man annehmen dürfen, daß der Gesetzgeber auch diese Konsequenz nicht gesehen hat. Im Sinne einer Beibehaltung des alten Rechtszustandes ist deshalb **§ 15 analog auf die Kinder anzuwenden, die unter § 11 BGB fallen**[4].

V. Entsprechende Anwendung

§ 15 Abs. 1 Satz 2 wird entsprechend angewendet in § 27 Abs. 2, § 648 Abs. 2 und § 680 Abs. 3.   **13**

VI. Sonderregelungen

Dem § 15 geht als spezieller Sondergerichtsstand der Ersatzgerichtsstand des **§ 606 Abs. 2** **14** vor (→ § 606 Rdnr. 18 m.w.N.). Nach allgemeinen Grundsätzen (→ § 12 Rdnr. 3) wird § 15 ferner durch ausschließliche Gerichtsstände des deutschen Prozeßrechts ausgeschlossen[5].

---

[3] **Sitz der Bundesregierung:** Am 10. Mai 1949 erfolgte im Parlamentarischen Rat die Wahl des vorläufigen Sitzes der Bundesorgane; dabei entfielen in geheimer Abstimmung 33 Stimmen auf *Bonn* und 29 Stimmen auf Frankfurt a.M. Nach der Konstituierung des Bundestages wurden aus dessen Mitte Anträge gestellt, Frankfurt a.M. als vorläufigen Sitz der Bundesorgane zu bestimmen. Die am 3. November 1949 durchgeführte Abstimmung des Plenums des Bundestages ergab eine Mehrheit von 200 gegen 176 Stimmen zugunsten von *Bonn*, Bonner Kommentar zum GG Einl. S. 126; *Scholz* in *Maunz/Dürig/Herzog* GG Art. 22 Rdnr. 35.
Nach Art. 2 Abs. 1 EinigungsV ist mittlerweile *Berlin* die *Hauptstadt Deutschlands*. Die Frage des Sitzes von Parlament und Regierung wurde gem. Art. 2 Abs. 1 S. 2 EinigungsV erst nach Herstellung der Einheit Deutschlands entschieden. Mit Beschluß vom 20. Juni 1991 hat der Bundestag sich zugunsten *Berlins* als Sitz der maßgebenden Verfassungsorgane Bundestag und Bundesregierung entschieden, *Scholz* in *Maunz/Dürig/Herzog* (N. 3) Art. 23 Rdnr. 48 f.
[4] So *Baumbach/Lauterbach/Hartmann*[51] Rdnr. 1; *Thomas/Putzo*[17] Anm. 1; *Wieczorek*[2] A III jeweils ohne Begründung.
[5] *LG Bonn* NJW 1974, 427 (Anm. *Geimer* 2189) = RIW/AWD 1975, 49 = IPRsp 1973 Nr. 135.

VII. § 15 und das EuGVÜ

15   § 15 begründet einen **allgemeinen Gerichtsstand auch dann, wenn die von ihm erfaßten Personen in einem der anderen Vertragsstaaten des EuGVÜ[6] einen Wohnsitz begründet haben** (und keinen Wohnsitz mehr in Deutschland besitzen)[7]. Sie werden wegen § 15 so angesehen, als ob sie noch einen deutschen *Wohnsitz* hätten. § 15 n. F. ist also bei ihnen so zu lesen, wie er früher lautete: ...»behalten hinsichtlich des Gerichtsstandes den Wohnsitz, den sie im Inland hatten«.

16   Diese Interpretation steht sicherlich (genauso wie die in → Rdnr. 12 beim abgeleiteten Wohnsitz vorgetragene Auslegung) **nicht im Einklang mit dem Wortlaut des § 15**, der lediglich noch den Gerichtsstand, nicht mehr den Wohnsitz aufrechterhält. Aber die durch die Gerichtsstandsnovelle in das Prozeßrecht eingefügten Bestimmungen können nicht nach denselben Maßstäben interpretiert werden, die man gegenüber ausgewogenen, überlegten Gesetzesregelungen herkömmlich anwendet. In derselben Weise, wie der Gesetzgeber der Gerichtsstandsnovelle zahlreiche andere Zusammenhänge übersehen hat[8], hat er bei § 15 nicht bedacht, daß die nur als *sprachliche* Veränderung gemeinte Reform *sachliche* Änderungen nach sich zieht. Wenn aber nach dem Willen des Reformgesetzgebers wirklich nur *sprachliche* Änderungen gewollt waren, bestehen keine durchgreifenden Bedenken, die Vorschrift des § 15 sowohl beim abgeleiteten Wohnsitz, als auch im Verhältnis zum EuGVÜ so zu lesen, als habe sie noch den alten Gesetzeswortlaut.

Wer jedoch § 15 in seiner jetzigen Fassung **wörtlich** nimmt, muß **zur Unanwendbarkeit im Geltungsbereich des EuGVÜ** kommen. Denn dieses Abkommen verneint die internationale Zuständigkeit der deutschen Gerichte, **wenn der Beklagte seinen Wohnsitz in einem anderen EuGVÜ-Staat hat** und nicht einer der besonderen Gerichtsstände des EuGVÜ eingreift (→ Einl. Rdnr. 788, 789 ff.). Wenn also ein deutscher Exterritorialer in Paris seinen Wohnsitz hat (und seinen früheren deutschen Wohnsitz nicht mehr besitzt)[9], kann er bei dieser Auslegung nicht über § 15 verklagt werden, weil es hierzu eines (wenigstens fingierten) Wohnsitzes innerhalb Deutschlands bedürfte, § 15 (in der hier zugrunde gelegten Auslegung) aber nicht den Wohnsitz beibehält, sondern nur einen Gerichtsstand aufrechterhält. Da aber ein solcher Gerichtsstand im Berich des EuGVÜ nicht anerkannt ist, **fehlt dem deutschen Gericht die internationale Zuständigkeit gegen diesen Exterritorialen**. Diese Folge ist naturgemäß seltsam, weil – wenigstens bei Exterritorialen – eine Klage im Wohnsitzstaat ebenfalls nicht zulässig ist. Sichtlich geht auch das Zuständigkeitssystem des EuGVÜ davon aus, daß im Wohnsitzstaat keine Hemmnisse der Rechtsverfolgung bestehen[10]. Aber bei einer *wörtlichen* Interpretation des § 15 muß man diese Rechtsschutzlücke konsequenterweise in Kauf nehmen, wenn man schon nicht unter Berufung auf die mangelhafte Gesetzesausarbeitung den in → Rdnr. 15 f. gewiesenen Weg gehen will.

VIII. Wahlfeststellung

17   Auch bei § 15 kann im Wege der Wahlfeststellung (→ Rdnr. 28 vor § 12) vorgegangen werden. Behauptet z. B. ein beklagter Beamter, er habe wegen seiner dienstlichen Tätigkeit im Ausland (→ Rdnr. 4) nicht mehr seinen alten Wohnsitz, kann das Gericht seine örtliche Zuständigkeit im Wege der Wahlfeststellung bejahen; denn *entweder* besitzt der Beklagte

---

[6] Zu den Vertragsstaaten des EuGVÜ → Einl. Rdnr. 783; zum zeitlichen Anwendungsbereich → Einl. Rdnr. 784.

[7] Dieses Erfordernis ist ohnehin immer bei § 15 gegeben. Denn wenn noch ein inländischer Wohnsitz besteht, greift § 15 nicht ein.

[8] → z. B. Rdnr. 2, 4 vor § 38 und § 38 Rdnr. 4, 43 sowie allgemein *E. Schumann* Die Änderungen des Zivilprozeßrechts und des Gerichtsverfassungsrechts in den Jahren 1973 und 1974, JA 1974, 423 ff. m. w. N.

[9] Ohne diese Voraussetzung greift weder § 15 (→ N. 7) noch das EuGVÜ ein (→ Einl. Rdnr. 800).

[10] *Droz* Compétence judiciaire et effets des jugements dans le marché commun (Paris 1972) p. 48 et seq. schließt aus dem Schweigen des EuGVÜ zu Fragen der Exterritorialität und Staatenimmunität, daß insoweit die nationalen Zuständigkeitsregeln aufrechterhalten sind. Wenigstens für diejenigen Personen, die im EuGVÜ-Ausland *exterritorial* sind, könnte man dann § 15 weiter anwenden, nicht aber für die übrigen Personen, die der Gerichtsbarkeit eines anderen EuVGÜ-Vertragsstaates unterworfen sind.

noch seinen alten Wohnsitz (dann ist das Gericht über §§ 12, 13 kompetent) *oder* er hat ihn wegen seiner dienstlichen Tätigkeit im Ausland aufgegeben (dann ist das Gericht über § 15 zuständig).

§ 16   [Allgemeiner Gerichtsstand wohnsitzloser Personen]

Der allgemeine Gerichtsstand einer Person, die keinen Wohnsitz hat, wird durch den Aufenthaltsort im Inland und, wenn ein solcher nicht bekannt ist, durch den letzten Wohnsitz bestimmt.

Gesetzesgeschichte: Bis 1900 § 18 CPO. Sprachlich geändert und »Deutsches Recht« durch »Inland« ersetzt im Jahre 1950 (BGBl. 1950 S. 535, → Einl. Rdnr. 148).

Stichwortverzeichnis → **Gerichtsstandsschlüssel Rdnr. 40 vor § 12**

I. Zweck der Regelung

1. Die Regelung verfolgt einen *doppelten Zweck*. Einmal gibt sie den **Gerichtsstand der wohnsitzlosen Personen** (*Hausierer, wandernden Schausteller, Artisten* usw.). *Der Gesetzgeber wollte es ermöglichen, auch solche Personen vor ein deutsches Gericht zu ziehen, die ohne jeden Wohnsitz sind. § 16 ist insoweit ein* **Auffanggerichtsstand**. Hat eine Person auch nach § 16 keinen Gerichtsstand, so hat sie *überhaupt keinen allgemeinen Gerichtsstand im Inland* (wohl aber kann dann noch ein *besonderer* Gerichtsstand bestehen).   **1**

2. Ferner sollte die Vorschrift schon nach dem Willen des Gesetzgebers[1] eine **Beschränkung der internationalen Zuständigkeit** bewirken. **Sowohl der Wohnsitz im Inland als auch der Wohnsitz im Ausland schließen nämlich den § 16 aus.** Nur so konnte eine Kollision mit den Regelungen in vielen ausländischen Rechtsordnungen vermieden werden, die schon damals an den Wohnsitz die internationale Zuständigkeit ihrer Gerichte knüpften. Zu dieser Rücksichtnahme glaubte sich die CPO im Interesse einer *Fortbildung des internationalen Prozeßrechts* veranlaßt.   **2**

---

[1] Motive zu § 13 = *Hahn* S. 150.

II. Person ohne Wohnsitz

3   **1. Ein Wohnsitz darf weder im Inland noch im Ausland bestehen.** Das ist der Fall, wenn der frühere Wohnsitz endgültig aufgegeben und kein neuer mehr begründet wurde. Auch den Zeitraum zwischen **Aufgabe und Neubegründung** eines Wohnsitzes deckt die Vorschrift. Zum Nachweis näher → Rdnr. 13.

4   2. Zu den Begriffen »**Wohnsitz**« → § 13 Rdnr. 1 und »**Inland**« → § 13 Rdnr. 1 und → Einl. Rdnr. 841.

5   3. Problematisch ist bei **Auslandsberührung, nach welchem Recht der Wohnsitz einer Person im Inland oder Ausland zu bestimmen ist.**

Die Rechtsprechung hat versucht, dieses Problem *von der Staatsangehörigkeit aus* zu lösen. Nach ihr wäre zu unterscheiden, ob es sich bei einer Person um einen *Deutschen* oder um einen *Ausländer* handelt. Bei einem *Deutschen* müsse man stets nach *deutschem* Recht den Wohnsitz bestimmen[2]. Bei einem *Ausländer* müsse unterschieden werden: die Frage nach dem *Inlandswohnsitz* beantworte *deutsches* Recht[3] und die Frage nach dem *Auslandswohnsitz* das Recht des *möglichen Wohnsitzstaates*[4]. Diese Rechtsprechung hat nicht überall Beifall gefunden[5].

a) EuGVÜ

6   aa) Für den Geltungsbereich des EuGVÜ (→ Einl. Rdnr. 800) ist die **Qualifikation nach der Staatsangehörigkeit unzulässig.** Vielmehr prüft der deutsche Richter das Bestehen eines **inländischen Wohnsitzes nur nach deutschem Recht** (Art. 52 Abs. 1 EuGVÜ, *Text* → Einl. Rdnr. 916) als die lex fori (→ § 13 Rdnr. 20).

Welche *Staatsangehörigkeit* der Beklagte hat, ist hierbei gleichgültig. Fehlt ein inländischer Wohnsitz, wird nach dem **Recht der anderen Vertragsstaaten**[6] untersucht, ob der Beklagte in **ihnen einen Wohnsitz hat** (Art. 52 Abs. 2 EuGVÜ, *Text* → Einl. Rdnr. 916). Auch hierbei spielt die *Staatsangehörigkeit* keine Rolle. Wenn sich herausstellt, daß ein solcher Wohnsitz in einem anderen Vertragsstaat besteht, **ist § 16 ausgeschlossen** (vgl. auch Art. 2 Abs. 1 EuGVÜ). Im umgekehrten Fall (es fehlt ein Wohnsitz im Bereich des EuGVÜ) ist § 16 aber nur dann anwendbar, wenn der Beklagte *auch in anderen ausländischen Staaten keinen Wohnsitz hat* (→ sogleich Rdnr. 8 ff.).

7   bb) Art. 52 Abs. 3 EuGVÜ, der eine Beurteilung nach dem **Heimatrecht** einer Partei vorschrieb, wenn nach diesem Recht der **abgeleitete Wohnsitz vom Wohnsitz einer anderen Person oder vom Sitz einer Behörde abhing**, wurde durch das 3. Beitrittsübereinkommen von 1989 (→ Einl. Rdnr. 782) gestrichen[7].

b) Außerhalb des EuGVÜ

8   aa) Die Anwendung des EuGVÜ kann ausgeschlossen sein, weil ein Rechtsstreit vorliegt, der nicht unter den **gegenständlichen**[8] Bereich des EuGVÜ fällt (Art. 1 S. 2 EuGVÜ, Text → Einl. Rdnr. 902), oder weil ein Wohnsitz **außerhalb des räumlichen Bereichs** (d. h. außerhalb der Vertragsstaaten[9]) zu prüfen ist.

---

[2] *RGZ* 102, 86.
[3] *RG* JW 1936, 3570.
[4] *RG* JW 1937, 821; Gruchot 28, 890.
[5] Kritisch z. B. *Serick*. Nach welchem Recht ist der Wohnsitz in §§ 13 und 16 ZPO bei Auslandsbeziehungen zu beurteilen? ZZP 68 (1955), 278 (294 ff.).
[6] Zu den Vertragsstaaaten des EuGVÜ → Rdnr. 783, zum zeitlichen Anwendungsbereich → Einl. Rdnr. 784.
[7] Art. 15 des 3. Beitrittsübereinkommens von 1989,

ABl. EG 1989 L 285, S. 1 (5). Zum Hintergrund dieser Streichung vgl. *Cruz/Real/Jenard* Bericht zum 3. Beitrittsübereinkommen, Abl. EG 1990 C 189, S. 35 (48 f.); *Jenard/Möller* Bericht zum Lugano-Übereinkommen, Abl. EG 1990 C 189, S. 57 (80).
[8] *Zum zeitlichen Geltungsbereich:* Art. 54 EuGVÜ (*Text* → Einl. Rdnr. 917).
[9] → N. 6.

bb) Hat der **Beklagte keinen Wohnsitz im Geltungsbereich des EuGVÜ**, greift Art. 4   **9**
EuGVÜ (Text → Einl. Rdnr. 903) ein. Nach dessen erstem Absatz entscheiden **die Grundsätze
des deutschen internationalen Zivilprozeßrechts, ob ein Wohnsitz im Ausland** besteht. Dabei
stellt das deutsche Gericht *nicht* etwa auf die *Staatsangehörigkeit* ab, sondern wendet
dasjenige ausländische Recht an, für dessen Gebiet der Wohnsitz geprüft wird[10]. Dies entspricht auch dem gesetzgeberischen Sinn des § 16 (→ Rdnr. 2), der einen im Ausland vorhandenen Gerichtsstand respektiert; es wäre nicht in diesem Sinne, wenn nach *deutschem* Recht
bejaht oder verneint würde, daß im Ausland ein Gerichtsstand besteht, weil eine solche
Aussage im Ausland keinerlei Bindung erzeugt und zu negativen oder positiven Zuständigkeitskonflikten führen kann. Deshalb liegt auch dann *kein ausländischer Wohnsitz* vor, wenn
bei einem Deutschen nach *deutschem* Recht ein Wohnsitz im Ausland zu bejahen wäre, *das
maßgebende Auslandsrecht aber den Wohnsitz ablehnt.*

III. Wohnsitzlose Kinder

§ 16 begründet **keinen abgeleiteten Gerichtsstand für Kinder.** Wenn die Eltern wohnsitzlos   **10**
werden, *behalten* ihre Kinder *den letzten elterlichen Wohnsitz,* bis ihn die Kinder rechtsgültig
aufheben (→ § 13 Rdnr. 14). Doch findet § 16 dann Anwendung, wenn die Eltern schon zur
Zeit der Geburt des Kindes wohnsitzlos waren und seither niemals einen Wohnsitz begründeten.

IV. Der bei Wohnsitzlosigkeit maßgebende Ort

1. Aufenthaltsort

Personen ohne Wohnsitz im Inland und im Ausland haben den **allgemeinen Gerichtsstand**   **11**
an ihrem Aufenthaltsort im Inland. Das ist nicht nur der Ort eines dauernden Aufenthalts im
Sinne des § 20 oder des gewöhnlichen Aufenthalts nach §§ 606 ff., vielmehr **genügt** auch ein
ganz vorübergehender, selbst unfreiwilliger Aufenthalt, z. B. im Krankenhaus[11] oder in der
Strafanstalt[12]. Als Maßstab für die Frage, wenn ein Verweilen *so kurz* ist, daß es einen
Aufenthalt *ausschließt,* ist die bereits in der Begründung zur CPO enthaltene Erwägung
geeignet, der Beklagte müsse sich in dem Bereich des Gerichts, in dem die Klage erhoben
werden soll, so lange aufhalten, daß eine Klage zugestellt werden kann[13]. Hat er sich bei
Erhebung der Klage bereits einen solchen Zeitraum aufgehalten, so ist es *unbeachtlich,* wenn
er danach seinen Aufenthalt beendet. Der Gerichtsstand nach § 16 bleibt erhalten[14]. Dabei
beendet eine vorübergehende Abwesenheit unter Beibehaltung der Wohnung den Aufenthalt
nicht[15].

---

[10] *Soergel/Kegel* BGB[10] Rdnr. 26 vor Art. 7 EGBGB m. w. N.; *Staudinger/Gamillscheg* BGB[10/11], EGBGB; § 606b ZPO Rdnr. 109 m. w. N.; im Ergebnis auch: *RGZ* 34, 399. Ist zwar nach ausländischem Recht ein Wohnsitz gegeben, verneinen aber die fremden Gerichte dessen Vorliegen oder die Zuständigkeit (z. B. weil sie nicht an den Wohnsitz anknüpfen), sollte der deutsche Richter diese Aussage hinnehmen, damit es nicht zum negativen Zuständigkeitskonflikt kommt. Zu solchen Zuständigkeitsrückverweisungen → Einl. Rdnr. 769 und *J. Schröder* Internationale Zuständigkeit (1971) 137 bei Fußn. 301,

139 bei Fußn. 314 f., 152 mit Nachw. in Fußn. 319 (→ auch unten Rdnr. 12 a. E.).
[11] *BGH* MDR 1987, 829 = FamRZ 693 f. = NJW-RR 1988, 387: *mehrmonatige Klinikbehandlung.*
[12] *BayObLG* VersR 1985, 741; *RG* Warn 12, Nr. 400; KG OLGZ 73, 151; vgl. auch *Schröder* (N. 10) 150.
[13] Motive zu § 18 – *Hahn* S. 152.
[14] *BayObLG* (N. 12).
[15] *BGH* MDR 1984, 134 zu Art. 12 EGBGB; *OLG Braunschweig* OLG Rsp 20, 285.

2. Letzter Wohnsitz bei fehlendem Aufenthaltsort

12   In Ermangelung eines Aufenthaltsortes im Inland tritt **der Gerichtsstand des letzten Wohnsitzes** ein. Dieser Gerichtsstand wird durch **bloßen Aufenthalt im Ausland nicht ausgeschlossen** (wohl aber durch *Wohnsitz im Ausland* → Rdnr. 3). Das Gericht hat nunmehr den *inländischen Wohnsitz* nach allgemeinen Grundsätzen zu prüfen (→ § 13 Rdnr. 2 ff.). Kommt auch ein letzter *ausländischer Wohnsitz* in Betracht, ist er in der schon dargelegten Weise zu untersuchen (→ Rdnr. 5 ff.). Liegt der auf diese Weise festgestellte **letzte Wohnsitz im Ausland**, kann nicht etwa auf einen *früheren inländischen* Wohnsitz zurückgegriffen werden[16]. *Vielmehr fehlt dann die deutsche internationale Zuständigkeit.* Im Sinne einer deutschen Notzuständigkeit (→ Einl. Rdnr. 769) und zur Vermeidung negativer internationaler Kompetenzkonflikte kann man nur dann *ausnahmsweise* eine deutsche internationale Zuständigkeit *im Anschluß an einen früheren inländischen Wohnsitz* vertreten, wenn das ausländische Gericht keine Zuständigkeit besitzt, weil es den Aufenthalt oder einen letzten (aufgehobenen) Wohnsitz nicht genügen läßt. Dasselbe gilt, falls das ausländische Gericht seine Kompetenz bereits verneint hat[17].

V. Der Nachweis

13   1. **Der Fall des Aufenthaltsgerichtsstandes:** Ist *ungeklärt*, ob der Beklagte keinen Wohnsitz mehr hat, darf § 16 nicht angewendet werden; der Kläger kann vielmehr am Wohnsitzgericht des § 13 klagen, und es ist dem *Beklagten* überlassen, seine Wohnsitzaufgabe nachzuweisen (dann allerdings greift § 16 ein, falls er nicht einen neuen Wohnsitz begründete). Genauso ist zu verfahren, wenn fraglich ist, ob die Wohnsitzaufgabe wirksam ist (zur Geschäftsfähigkeit hierbei → § 13 Rdnr. 5): § 16 ist anwendbar, sofern die Wirksamkeit der Wohnsitzaufgabe nicht geklärt wurde[18]. Steht hingegen die Wohnsitzaufgabe fest, ist jedoch trotz zweckentsprechender Nachforschung unklar, ob der Beklagte einen *neuen* Wohnsitz begründet hat, bleibt § 16 wegen seines Auffangcharakters (→ Rdnr. 1) solange anwendbar, bis klargestellt ist, daß der Beklagte einen neuen Wohnsitz besitzt[19]; keinesfalls ist die Zuständigkeit über § 16 nur gegeben, wenn bewiesen wurde, daß kein Wohnsitz besteht[20]. Der **Kläger** hat **nachzuweisen**, daß der Beklagte sich zur Zeit der Klageerhebung im *Gerichtsbezirk aufhielt*.

2. Beim **Gerichtsstand des letzten Wohnsitzes** ist **nachzuweisen**, daß zur Zeit weder ein Inlands- oder ein Auslandswohnsitz noch ein Aufenthaltsort des Beklagten im Inland **bekannt** ist, daß aber der Beklagte seinen *letzten* selbständigen oder abgeleiteten Wohnsitz im *Bezirk des angerufenen Gerichts* gehabt hat.

3. Der **Beklagte** kann den *Gerichtsstand des Aufenthaltsortes* durch den Nachweis eines Wohnsitzes zur Zeit der Klageerhebung (§ 261 Abs. 1; § 253 Abs. 1) widerlegen[21], dagegen den des *letzten Wohnsitzes* nicht durch den Nachweis des Aufenthaltes im Inland, weil es für diesen Gerichtsstand genügt, daß der Aufenthalt nicht *bekannt* war.

---

[16] Unbestritten, z.B. *OLG Düsseldorf* IPRsp 1964/1965 Nr. 236.

[17] → N. 8.

[18] *BGH* MDR 1987, 829 = FamRZ 693f. = NJW-RR 1988, 387 hat im Sonderfall des Entmündigungsantrags trotz Zweifel an der Geschäftsfähigkeit die Aufgabe des Wohnsitzes und die Anwendung des § 16 bejaht. Maßgeblich war hier der Gesichtspunkt der *doppelrelevanten Tatsachen* (zu ihnen → § 1 Rdnr. 21 f.): Da der Entmündigungsprozeß gerade »das Bestehen einer Geisteskrankheit« zu klären hatte, »unterstellte« der *BGH* in der Zuständigkeitsfrage die Geschäftsfähigkeit anläßlich der

Wohnsitzaufgabe. Diese Rechtsprechung läßt sich aber nicht verallgemeinern.

[19] *RGZ* 27, 400; *JW* 1900, 410f.; *KG* OLG Rsp 15, 54; *OLG Hamburg* OLG Rsp 19, 131; *OLG Breslau* OLG Rsp 27, 17; *Düsseldorf* OLGZ 1966, 303.

[20] Zu eng *LSG Schleswig-Holstein* ZIP 1988, 1140 f., das den Aufenthaltsgerichtsstand nur anwenden will, wenn positiv feststeht, daß im Ausland kein Wohnsitz gegeben ist. Die bloße Unkenntnis des Aufenthaltsortes soll insoweit nicht genügen.

[21] *OLG Hamburg* OLG Rsp 19, 131.

VI. Wahlfeststellung

Auch im Zusammenhang mit § 16 kann die örtliche Zuständigkeit im Wege der Wahlfest-   **14**
stellung (→ Rdnr. 28 vor § 12) bejaht werden, z. B. wenn der Beklagte (ohne im Ausland einen
Wohnsitz zu haben, → Rdnr. 3) *entweder* am Gerichtsort seinen Wohnsitz hat (dann ist das
Gericht über §§ 12, 13 kompetent) *oder* dort sein Aufenthaltsort (§ 16 1. Alt., → Rdnr. 11)
oder – falls er keinen Aufenthaltsort hat – sein letzter Wohnsitz (§ 16 2. Alt, → Rdnr. 12) liegt
(dann ist das Gericht über eine der genannten Alternativen des § 16 zuständig, → auch Einl.
Rdnr. 323).

§ 17   [Allgemeiner Gerichtsstand juristischer Personen usw.]

(1) ¹Der allgemeine Gerichtsstand der Gemeinden, der Korporationen sowie derjenigen
Gesellschaften, Genossenschaften oder anderen Vereine und derjenige Stiftungen, Anstalten
und Vermögensmassen, die als solche verklagt werden können, wird durch ihren Sitz bestimmt.
²Als Sitz gilt, wenn sich nichts anderes ergibt, der Ort, wo die Verwaltung geführt wird.
(2) Gewerkschaften haben den allgemeinen Gerichtsstand bei dem Gericht, in dessen Bezirk
das Bergwerk liegt, Behörden, wenn sie als solche verklagt werden können, bei dem Gericht
ihres Amtssitzes.
(3) Neben dem durch die Vorschriften dieses Paragraphen bestimmten Gerichtsstand ist ein
durch Statut oder in anderer Weise besonders geregelter Gerichtsstand zulässig.

Gesetzesgeschichte: Bis 1900 § 19 CPO; Änderung RGBl. 1898, 256; sprachlich neugefaßt BGBl.
1950, 535 (→ Einl. Rdnr. 148).

Stichwortverzeichnis → Gerichtsstandsschlüssel Rdnr. 40 vor § 12.

I. Zweck der Vorschrift

1   § 17 schafft auch für diejenigen Prozeßparteien, die **keine natürlichen Personen** sind, einen **allgemeinen Gerichtsstand**[1]. Maßgebend ist in erster Linie der Sitz, wie er sich aus dem *materiellen* Recht ergibt (Abs. 1 Satz 1). Fehlt eine materiell-rechtliche Sitzbestimmung, gibt Abs. 1 Satz 2 eine (*prozeßrechtliche*) Festlegung auf den *Verwaltungssitz*. Sonderregelungen treffen Abs. 2 (für *bergrechtliche Gewerkschaften* und für *Behörden*) und Abs. 3 (*zusätzliche* Satzungsgerichtsstände). An § 17 knüpft § 22 (Gerichtsstand der Mitgliedschaft) unmittelbar an.

II. Personeller Geltungsbereich

2   1. § 17 gilt für **alle juristischen Personen des privaten und des öffentlichen Rechts: Gemeinden, Gemeindeverbände** (Landkreise, Bezirke als kommunale Selbstverwaltungskörperschaften), **Kirchen**[2] und sonstige öffentlich-rechtliche **Religionsgemeinschaften, Aktiengesellschaften, Gesellschaften mit beschränkter Haftung, Kommanditgesellschaften auf Aktien, Genossenschaften, Stiftungen** des privaten und des öffentlichen Rechts, **bergrechtliche Gewerkschaften** (→ aber Rdnr. 13), **rechtsfähige Vereine, Versicherungsvereine auf Gegenseitigkeit**[3], **Anstalten und Körperschaften des öffentlichen Rechts.** Für den **Bund** (mit **Bundespost** und **Bundesbahn**) und die **Bundesländer** gelten **Sondervorschriften** (→ § 18 und § 19).

3   2. § 17 gilt ferner für alle **nicht-rechtsfähigen Prozeßparteien, die im Zivilprozeß verklagt werden können** (die zumindest passiv *parteifähig* sind, → § 50 Rdnr. 21 ff.); hierzu zählen die **Offene Handelsgesellschaft** (§ 124 Abs. 1 HGB), die **Kommanditgesellschaft** (§ 161 Abs. 2, § 124 Abs. 1 HGB), aber auch die sogenannte **Vorgesellschaft**[4], der **nicht-rechtsfähige Verein**, die **politische Partei**[5], die **Arbeitnehmerorganisation**[6] (Gewerkschaften, vgl. § 10 ArbGG) sowie **Behörden** (Abs. 2, → Rdnr. 14).

3a   3. Dagegen ist § 17 nicht – auch nicht entsprechend – anwendbar auf Sondervermögen ohne eigene Rechtspersönlichkeit, etwa die Konkursmasse[7]. Für diese gilt, daß sie »als

---

[1] Daher ist für das Mahnverfahren (nach § 689 Abs. 2 S. 1) das Amtsgericht am Sitz der juristischen Person zuständig und nicht das – davon verschiedene – am Sitz der Zweigniederlassung, *BGH* BB 1978, 130 = NJW 321 = LM § 689 ZPO Nr. 3 = WPM 1977, 1427; auch eine im Handelsregister eingetragene unselbständige Zweigniederlassung eines Unternehmens mit Sitz im Ausland begründet deshalb keinen allgemeinen Gerichtsstand nach § 17 Abs. 1 in Deutschland, *BGH* NJW 1991, 110; → aber N. 13 bezüglich ausländischer Versicherungsgesellschaften.

[2] → § 18 N. 1 b.

[3] Zur Frage, ob § 17 und § 22 im Hinblick auf die *Vereine* und insbes. auf *Versicherungsvereine auf Gegenseitigkeit* reformbedürftig sind: *Voosen* VersR 1975, 499 mit Entgegnung *Löwe* VersR 1975, 1067; *Müller-Guntrum/Plugge* NJW 1977, 1809; vgl. dazu auch *LG Hannover* VersR 1975, 994; *LG Karlsruhe* VersR 1976, 1029; *AG Ebersberg* MDR 1987, 146.

[4] In der Zeit zwischen Gründung und Eintragung einer Kapitalgesellschaft spricht man von einer »Vorgesellschaft«, bzw. »Vor-GmbH« oder »Vor-AG«. Unabhängig vom Streit über die Rechtsnatur dieser Vorgesellschaften wird diesen heute allgemein Rechtsfähigkeit und damit

aktive und passive Parteifähigkeit zuerkannt, vgl. hierzu *Hachenburg/Ulmer* GmbHG[8] § 11 Rdnr. 50; *Scholz/K. Schmidt* GmbHG[8] § 11 Rdnr. 24 f. (34); *Brändel* Großkomm. AktG[4] § 2 Rdnr. 77. So spricht z. B. *BGH* NJW 1992, 1824 = MDR 654 = ZIP 689 = GmbHRdsch. 451 der Vor-AG die Beteiligtenfähigkeit und damit die Beschwerdeberechtigung gemäß § 20 Abs. 2 FGG im eigenen Eintragungsverfahren zu. *BayObLGZ* 1978, 267 f. sah in der Vor-GmbH eine OHG und kam so zu einer Anwendung der §§ 17 und 22 auf die Vorgesellschaft. Maßgeblich für den Gerichtsstand ist danach bereits vor Eintragung der im Gesellschaftsvertrag gewählte Sitz, → Rdnr. 9 m.w.N.

[5] Vgl. *OLG Köln* DtZ 1991, 27 (28).

[6] § 17 soll nicht gelten für Klagen der *Gewerkschaft (Arbeitnehmerorganisation) gegen ihre Mitglieder:* so *LG Frankfurt a. M.* NJW 1977, 538; ebenso *Schrader* MDR 1976, 725; anders die h. M. z. B. Anm. *Müller-Guntrum/Plugge* (N. 3); *Dütz* (N. 3); *BGH* NJW 1980, 343 = MDR 203; → auch § 22 bei N. 4.

[7] Vgl. *BGHZ* 88, 331 ff. = NJW 1984, 739 f. = ZZP 98 (1985) 86 (88 ff.) = WM 1983, 1357 f. = JZ 1984, 390; ebenso MünchKommZPO/*Patzina* Rdnr. 5, 6; ausführlich → § 13 Rdnr. 17 m.w.N. zu dieser str. Frage.

solche« nicht verklagt werden kann, § 17 Abs. 1 Satz 1; sie ist nach der Konkursordnung nicht selbständiger Träger von Rechten und Pflichten. Auch eine analoge Anwendung des § 17 Abs. 1 S. 2 dahin, daß der Verwaltungsmittelpunkt der Konkursmasse maßgebend sein soll, kommt nicht in Betracht; die Gegenansicht[8], die sich auf die Publizität des Gesellschaftssitzes beruft, verkennt, daß statuarischer Sitz der in Konkurs sich befindlichen Gesellschaft und der Verwaltungsmittelpunkt der Masse keinesfalls identisch sein müssen (→ Rdnr. 9). Maßgebend ist deshalb, daß mit Eröffnung des Konkursverfahrens das Verwaltungs- und Verfügungsrecht in bezug auf die Masse allein durch den Konkursverwalter ausgeübt wird, § 6 Abs. 2 KO. Er ist in allen Aktiv- und Passivprozessen Partei kraft Amtes, so daß es alleine auf seinen Wohnsitz ankommt[9].

4. Seit **Inkrafttreten des EuGVÜ** (*Text →* Einl. Rdnr. 901 ff.) muß hinsichtlich **ausländischer Unternehmen** unterschieden werden:

a) Eine **ausschließliche internationale Zuständigkeit der Gerichte des Vertragsstaates,** in **4** dem die **Gesellschaften und juristischen Personen ihren Sitz haben,** enthält Art. 16 Nr. 2 EuGVÜ (Text → Einl. Rdnr. 907) für Klagen, die die **Gültigkeit, Nichtigkeit** oder die **Auflösung einer Gesellschaft oder juristischen Person** oder **der Beschlüsse** ihrer Organe zum Gegenstand haben (→ Einl. Rdnr. 796). Diese Vorschrift regelt **abschließend die internationale Zuständigkeit** im Geltungsbereich des EuGVÜ (→ Einl. Rdnr. 800 f.) und verdrängt § 17 und § 22 sowie die in Sondergesetzen (→ § 22 Rdnr. 2) enthaltenen Zuständigkeiten (→ auch § 21 Rdnr. 3), *soweit* diese Vorschriften neben der örtlichen Zuständigkeit *auch die internationale Zuständigkeit regeln* (→ Rdnr. 26 vor § 12). Da aber Art. 16 EuGVÜ *nur* die (ausschließliche) internationale Zuständigkeit festlegt, behalten die soeben genannten Bestimmungen insoweit **voll ihre Bedeutung, als sie die örtliche Zuständigkeit regeln** (→ Einl. Rdnr. 788 sub a).

Art. 16 EuGVÜ hat der deutsche Richter *von Amts wegen* zu beachten (Art. 19 und 20 EuGVÜ). »*Gesellschaften und juristische Personen*« umfassen auch nicht-rechtsfähige Prozeßparteien, wie z. B. die OHG[10]), so daß im personellen Geltungsbereich (→ Rdnr. 2 und 3) § 17 und Art. 16 Nr. 2 EuGVÜ übereinstimmen. Der Begriff »Sitz« setzt das Abkommen mit dem Ausdruck »*Wohnsitz*« gleich (Art. 53 S. 1 EuGVÜ). Im Gegensatz zu der Regelung bei der Feststellung des Wohnsitzes (→ § 13 Rdnr. 20) überläßt das EuGVÜ die Bestimmung des Sitzes von Gesellschaften und juristischen Personen dem deutschen **Internationalen Privatrecht** (Art. 53 S. 2, → Rdnr. 10). Kommt der deutsche Richter zum Ergebnis, daß bei einer der genannten Klagen eine Gesellschaft oder juristische Person ihren Sitz *nicht* in der Bundesrepublik Deutschland, sondern in einem der anderen Vertragsstaaten hat[11], ist die Klage vor dem deutschen Gericht *unzulässig.* Umgekehrt sind die Gerichte der Bundesrepublik Deutschland **international ausschließlich zuständig,** wenn der Sitz der Gesellschaft oder juristischen Person im Inland (→ Einl. Rdnr. 841) liegt. Eine *internationale Prorogation* ist in keinem Fall möglich (Art. 17 Abs. 3 und Art. 18 Satz 2 EuGVÜ, → § 38 Rdnr. 30).

b) In **Versicherungssachen** sind die umfangreichen Regelungen in Art. 7 ff. EuGVÜ (Text → Einl. Rdnr. 905) zu beachten. Zu den **Änderungen** durch das **Beitrittsabkommen** → § 29 Rdnr. 56.

---

[8] Z.B. *Zöller/Vollkommer*[17] Rdnr. 6 m.w.N. zur Gegenmeinung.

[9] Ebenso *BGHZ* (N. 7) 334f.; → auch § 13 Rdnr. 17 m.w.N. zu dieser umstr. Frage. Der Streit verliert etwas an praktischer Bedeutung, wenn man bedenkt, daß der Konkursverwalter seinen Sitz grundsätzlich innerhalb des LG-Bezirks haben soll, dem das Konkursgericht (§ 71 KO) angehört, vgl. *LG Köln* KTS 1988, 801; *Jaeger* KO[8] § 80 Rdnr. 1.

[10] Bericht zum EuGVÜ zu Art. 53, abgedruckt z. B. bei *Bülow/Böckstiegel* Internationaler Rechtsverkehr[2] (1973) (→ Einl. Rdnr. 784 N. 7).

[11] Zur Rechtslage in den anderen EuGVÜ-Staaten: *Schlafen* in: *Bülow/Böckstiegel* a.a.O. Art. 53 EuGVÜ Anm. 3 b.

5   aa) Der Versicherer kann vom Versicherungsnehmer verklagt werden vor den Gerichten des Staates, in dem der **Versicherer seinen (Wohn-)Sitz** hat (Art. 8 Abs. 1 EuGVÜ); insoweit beschränkt sich das Abkommen auf die Regelung der *internationalen* Zuständigkeit und überläßt es dem deutschen Richter, etwa nach § 17 die *örtliche* Zuständigkeit festzustellen.

Der ausländische Versicherer kann auch im **Gerichtsstand seiner Niederlassung** verklagt werden (Art. 8 Abs. 2 und Art. 5 Nr. 5 EuGVÜ, → § 21 Rdnr. 4) oder am **Wohnsitzgericht des Versicherungsnehmers** (Art. 8 Abs. 1 EuGVÜ); »*Versicherungsnehmer*« ist der Vertragspartner des Versicherers, nicht aber auch der Begünstigte oder Versicherte, wenn diese Personen mit dem Versicherungsnehmer nicht identisch sind[12]. Der *Wohnsitz des Versicherungsnehmers* wird nach Art. 52 EuGVÜ festgestellt (→ § 13 Rdnr. 20). **Dieser Wohnsitzgerichtsstand ergänzt unmittelbar die ZPO und begründet nicht nur eine internationale, sondern auch eine örtliche Zuständigkeit.**

Von Bedeutung ist auch der weitere Gerichtsstand nach Art. 8 Abs. 2 EuGVÜ: Ein ausländischer Versicherer kann in der Bundesrepublik Deutschland auch am (Wohn-)Sitz des **Versicherungsagenten** verklagt werden, wenn dieser Sitz *im Versicherungsschein oder -antrag angeführt* ist; zu dieser Zuständigkeit kommt der deutsche Richter aber nur, wenn zusätzlich zu Art. 8 Abs. 2 EuGVÜ die **Voraussetzungen des § 48 VVG** (→ § 21 Rdnr. 14) erfüllt sind.

Bei Klagen **gegen mehrere Versicherer** (*Gerichtsstand der Streitgenossenschaft*, → auch Rdnr. 24 vor § 12) ist international und örtlich schließlich auch dasjenige Gericht zuständig, an dem *einer* der Versicherer seinen Sitz hat (Art. 8 Abs. 1 EuGVÜ).

Der ausländische Versicherer kann ferner am **Ort des Schadensfalles** verklagt werden, wenn es sich um eine **Haftpflichtversicherung** handelt (i.d.R. also bei Straßenverkehrsunfällen) oder **unbewegliche Gegenstände** durch das schädigende Ereignis (wenigstens mit-)beschädigt worden sind (Art. 9 EuGVÜ).

6   bb) Sämtliche dieser Gerichtsstände stehen **dem Kläger zur Wahl** (→ § 35). Sie können nur unter den Voraussetzungen des Art. 12 EuGVÜ durch **Vereinbarung** abweichend geregelt werden (→ § 38 Rdnr. 20 ff.). Bei dem **Gerichtsstand des § 48 VVG** ist zu beachten, daß er zwar nicht ausschließlich ist, aber *nicht vertraglich abbedungen werden kann*. Daran hat auch Art. 8 Abs. 2 EuGVÜ nichts geändert, da er den internationalen Gerichtsstand nur im Rahmen des nationalen Prozeßrechts gewährt.

7   cc) In **Haftpflichtversicherungen** ist zu beachten, daß die aufgezählten Gerichtsstände auch für **die direkte Klage des Verletzten gegen den ausländischen Versicherer** gelten (Art. 10 Abs. 2 EuGVÜ). Nach deutschem Recht ist diese Klage aber nur möglich, wenn es sich um einen Anspruch auf Grund der **Pflichtversicherung für Kraftfahrzeughalter** handelt (§ 3 Nr. 1 PflVersG); in anderen Haftpflichtversicherungsfällen ist die direkte Klage nach deutschem Recht nicht eingeräumt.

7a   c) **Trust-Streitigkeiten** wird nach dem Beitritt der neuen EuGVÜ-Staaten ein weiterer Gerichtsstand geschaffen (näher → Einl. Rdnr. 793 sub ff.).

8   **5. Ausländische juristische Personen ohne Sitz im Inland oder in einem der Vertragsstaaten des EuGVÜ** können am Sitz ihrer inländischen Niederlassung[13] verklagt werden (→ § 21 Rdnr. 4 ff.). Haben sie einen Sitz im Inland, gilt für sie ohnehin § 17. Hinsichtlich ihrer Parteifähigkeit → § 50 Rdnr. 36 f.

---

[12] Bericht a.a.O. zu Art. 8.
[13] Die inländische Niederlassung ohne eigene Rechtspersönlichkeit begründet also grundsätzlich keinen Gerichtsstand nach § 17 Abs. 1 S. 1, → N. 1. *Besonderheiten* gelten jedoch wegen der aus den §§ 105 ff. VAG resultierenden weitgehenden Selbständigkeit für Niederlassungen von *Versicherungsgesellschaften* mit Sitz im Ausland; diese Niederlassungen eröffnen ausnahmsweise den Gerichtsstand des § 17 Abs. 1, vgl. *BGH* NJW 1991, 110; *BGH* NJW 1979, 1785; *BGHZ* 17, 74 (77) = NJW 1955, 868; *LG Frankfurt a. M.* VersR 1975, 993 f. = IPRspr. 1974 Nr. 158.

III. Der Sitz der Prozeßpartei

1. Materiell-rechtliche Bestimmung des Sitzes

a) Wo die verklagte Prozeßpartei ihren Sitz (und damit ihren allgemeinen Gerichtsstand) **9** hat, entscheidet sich nach § 17 Abs. 1 Satz 1 in erster Linie nach dem **materiellen Recht**. Dies kann auch ausländisches Recht sein, wenn ihm die juristische Person untersteht (→ Rdnr. 4 und Einl. Rdnr. 827 N. 2). Meistens enthält die **Satzung** (das Statut) der betreffenden Gesellschaft oder juristischen Person eine Regelung über den Sitz. Der freien Wahl eines Ortes als Sitz sind jedoch unterschiedliche und vielfach umstrittene Grenzen gezogen[14]: So kann nach überwiegender Ansicht der **Verein**, aber auch die **GmbH** den satzungsmäßigen Sitz bis zur Grenze des Rechtsmißbrauchs frei wählen[15]. Anders ist es bei der **Aktiengesellschaft**: Gemäß § 5 Abs. 2 AktG kann diese »in der Regel« nur den Betriebsort, den Sitz der Geschäftsleitung oder den Ort der Verwaltungsführung als Sitz der Gesellschaft wählen[16]. Bei **Personalgesellschaften (OHG, KG)** gibt es einen satzungsmäßigen (statuarischen) Sitz nicht, wenn auch viele Gesellschaftsverträge von einem Sitz der Gesellschaft sprechen; entscheidend ist der *Betriebsmittelpunkt*, d.h. derjenige Ort, von dem aus die tatsächliche Verwaltung des Gesamtunternehmens ausgeht[17].

b) Ausnahmsweise kommt auch ein **Doppelsitz** von Gesellschaften in Betracht[18]; in diesem Fall sind **9a** nach § 17 Abs. 1 Satz 1 *mehrere* Gerichte zuständig und der Kläger kann zwischen diesen gemäß § 35 wählen (→ § 35 Rdnr. 1), ohne daß es darauf ankommt, ob ein Zusammenhang des geltend gemachten Anspruchs gerade mit dem gewählten Gerichtsstand besteht.

c) Wegen weiterer Einzelheiten in bezug auf den Sitz der Gesellschaften und juristischen Personen **9b** muß auf die materiellrechtlichen Vorschriften und die Kommentierungen hierzu verwiesen werden[19]. Regelungen über den Sitz betreffen z.B. den **Verein** (§§ 24, 57 BGB), die private **Stiftung** (§ 80 BGB), die **Aktiengesellschaft** (§ 5 AktG) und die **Kommanditgesellschaft auf Aktien** (§ 278 AktG), die **GmbH** (§ 3 Nr. 1 GmbHG), die **Genossenschaft** (§ 6 Nr. 1 GenG), den **Versicherungsverein auf Gegenseitigkeit** (§ 18 VAG) usw.

d) Die Feststellung des Gerichtsstandes bereitet immer wieder Schwierigkeiten, wenn es sich möglicherweise um ein ausländisches Unternehmen handelt. Bereits die Frage, ob eine »*ausländische*« oder **10**

---

[14] Einen ausführlichen Überblick über den Meinungsstand in bezug auf alle bedeutsamen Gesellschaftsformen gibt *BayObLGZ* 1987, 267 f. = NJW-RR 1988, 96.

[15] Vgl. zur **GmbH** (§ 3 Nr. 1 GmbHG) *BayObLGZ* (N. 14) m.w.N.; Rechtsmißbrauch liegt nach *AG Wuppertal* RPfleger 1987, 374 f. = GmbHR 1988, 28 vor, wenn am statuarischen Sitz der GmbH ihre Erreichbarkeit nicht in dem Umfang gewährleistet ist, den der redliche Verkehr erwarten darf; ferner zum **GmbH** *OLG Karlsruhe* BadRPr 1913, 151; *Hachenburg/Ulmer* (N. 4) § 3 Rdnr. 9. Auch der **Verein** darf seinen Sitz (§§ 57, 24 BGB) bis zur Grenze des Rechtsmißbrauchs frei wählen, vgl. *BayObLGZ* (N. 14) m.w.N.; *Palandt/Heinrichs* BGB[51] § 24 Rdnr. 2; *Soergel/Schultze/v. Lasaulx* BGB[11] § 24 Rdnr. 2; a.M. *MünchKommBGB/Reuter*[2] § 24 Rdnr. 2, der einen sachlichen Anknüpfungspunkt bei der Sitzbestimmung fordert; ähnlich *Staudinger/Coing* BGB[12] § 24 Rdnr. 3.

[16] Näher hierzu etwa *Brändel* (N. 4) § 5 Rdnr. 14 ff.; ferner *OGH Köln* DRZ 1949, 469 = MDR 615; *RGZ* 59, 106 f.

[17] *BGH* WM 1957, 999: »Der Sitz einer Personenhandelsgesellschaft bestimmt sich unabhängig von einer im Gesellschaftsvertrag getroffenen Regelung« ... »allein danach, an welchem Ort die Verwaltung des Gesellschaftsunternehmens tatsächlich geführt wird.« Vgl. ferner

Schlegelberger/Martens (N. 18) Rdnr. 12, 13; *Hüffer* HGB[4] Anm. 22 vor § 13; *Fischer* in Großkomm. HGB[3] (1973) § 106 Anm. 2b; *Baumbach/Duden/Hopt* HGB[28] § 105 Anm. 6 B; *Jaeger* Die OHG im Zivilprozeß (Festg. f. Sohm) 22; *KG* OLG Rsp 22, 2. Der *Gegenmeinung* (im Gesellschaftsvertrag könne beliebiger Sitz vereinbart werden) kann für die Bestimmung des allgemeinen Gerichtsstands nicht gefolgt werden; zu dieser Gegenmeinung: *Grasmann* System des internationalen Gesellschaftsrechts (1970) Rdnr. 210, 1155, 1169 ff.; *Ulmer* HGB[4] § 106 Anm. 20; *LG Köln* NJW 1950, 871 f.

[18] Die nunmehr h. M. läßt einen satzungsmäßig angeordneten Doppelsitz nur noch in außergewöhnlichen Fällen zu. Allein die Verschmelzung zweier Gesellschaften ist z.B. kein solcher Fall, *BayObLGZ* 1985, 111 ff. = BB 949 = DB 1280 = AG 1986, 48 zur **AG**; ferner *OLG Düsseldorf* NJW-RR 1988, 354 ff.; ausführlich *Brändel* (N. 4) § 5 Rdnr. 29 ff. m.w.N. – auch zur Gegenmeinung – in Rdnr. 30 Fußn. 53, 54; zur **GmbH** z.B. *Scholz/Emmerich* GmbHG[8] § 3 Rdnr. 7 m.w.N.; zur **OHG** *Fischer* Großkomm. HGB[4] § 106 Anm. 2; *Schlegelberger/Martens* HGB[5] § 106 Rdnr. 14; zum **Verein** *OLG Hamburg* MDR 1972, 417; *MünchKomm/Reuter*[2] § 24 Rdnr. 3 m.w.N.

[19] Vgl. hierzu die Nachw. in den vorhergehenden N., zur Genossenschaft *RG* JW 1902, 161 ff.

eine »*inländische*« Gesellschaft vorliegt, ist nicht leicht zu beantworten. Die Antwort hierauf hat das deutsche IPR (→ Einl. Rdnr. 737) zu geben. Nach der im deutschen IPR vorherrschenden **Sitztheorie** kommt es für die Qualifizierung als ausländische oder als inländische Gesellschaft auf den **tatsächlichen Hauptsitz** des Unternehmens an[20]. Liegt der Hauptsitz danach im Inland, handelt es sich um eine inländische Gesellschaft, mag in ihrer Satzung auch ein Sitz im Ausland genannt sein oder mag sie im Ausland registriert sein. Wegen des handelsrechtlichen Vertrauensschutzes kann diese Aussage aber nicht umgekehrt werden. Da z. B. Aktiengesellschaft und GmbH erst durch ihre Eintragung in das Handelsregister als solche entstehen (§ 41 Abs. 1 S. 1 AktG, § 11 Abs. 1 GmbHG), sind sie auch dann als »inländische« Unternehmen anzusehen, wenn ihr tatsächlicher Sitz im Ausland liegt. Bei allen inländischen Unternehmen wird der Sitz nach dem deutschen materiellen Recht, notfalls (→ Rdnr. 12) nach Prozeßrecht bestimmt.

Stellt sich unter Anwendung der vorgenannten Gedanken eine Gesellschaft als »**ausländisch**« heraus, ist damit nicht sogleich auch ihr Sitz bestimmt. Vielmehr wird jetzt das ausländische Recht befragt, wo nach *seinem* Verständnis der Sitz der betreffenden Gesellschaft liegt. Wenn das fremde Recht auf den tatsächlichen Betriebsmittelpunkt abstellt, ergeben sich im allgemeinen keine Schwierigkeiten. Anders ist es aber, falls das ausländische Recht nicht den realen Sitz, sondern den statuarischen Sitz (etwa wie er im Gesellschaftsvertrag einer Personalgesellscahft bestimmt ist) für maßgeblich erklärt[21]. Dann kann es zu einer Zuständigkeitsrückverweisung nach Deutschland kommen, wenn dieser Sitz im Inland besteht. Denn die in § 17 Abs. 1 S. 1 angesprochene Bestimmung des Sitzes kann auch durch ausländisches Recht erfolgen.

10a e) An der Sitzbestimmung aufgrund des maßgeblichen ausländischen Rechts ändert sich auch nichts, wenn es sich um eine Gesellschaft handelt, die dem Recht eines anderen **EuGVÜ-Staates** (zu ihnen → Rdnr. 4) untersteht. Hier greift Art. 53 S. 2 EuGVÜ (Text → Einl. Rdnr. 916) sogar ausdrücklich ein (→ auch § 21 Rdnr. 6). Ergibt sich bei Anwendung des Rechts der anderen EuGVÜ-Staaten, daß der Sitz des Unternehmens dort besteht, und fehlt ein Sitz im Inland, ist § 17 ausgeschlossen (→ Rdnr. 4).

10b f) Eine Erleichterung der Beantwortung der Fragen des Sitzes von Gesellschaften und juristischen Personen soll im Bereich der Europäischen Gemeinschaft das **EWG-Übereinkommen über die gegenseitige Anerkennung von Gesellschaften und juristischen Personen** vom 29. II. 1968[22] und – vor allem – das dazugehörige **Protokoll betreffend die Auslegung des Übereinkommens vom 29. Februar 1968 über die gegenseitige Anerkennung von Gesellschaften und juristischen Personen durch den Gerichtshof** vom 3. VI. 1971[23] bringen. Art. 5 des EWG-Übereinkommens definiert: »Als tatsächlicher Sitz einer Gesellschaft oder juristischen Person ist im Sinne dieses Übereinkommens der Ort anzusehen, an dem sich ihre Hauptverwaltung befindet.« Das Protokoll zu diesem Übereinkommen führt eine Vorabentscheidung zum EuGH – vergleichbar dem GVÜAuslProt.[24] – ein, um die einheitliche Auslegung des Übereinkommens und damit auch des soeben genannten Art. 5 zu sichern. Ein **endgültiges Inkrafttreten** des Übereinkommens für die Bundesrepublik Deutschland ist aber **nicht absehbar**: Zwar hat die Bundesrepublik dieses durch Zustimmungsgesetz vom 18. V. 1972[25] ratifiziert; weiter erforderlich ist jedoch die Ratifizierung durch *sämtliche Mitgliedsstaaten*. Diese ist durch die Niederlande bisher nicht erfolgt; auch die Anpassungsverhandlungen mit den seither neu hinzugekommenen Mitgliedsstaaten der Gemeinschaft stehen noch bevor.

11 g) Bei den **durch Hoheitsakt** (Gesetz, Verordnung, Verwaltungsakt) errichteten öffentlich-rechtlichen Anstalten und Körperschaften wird fast immer ausdrücklich der Sitz der juristischen Person im Errichtungsakt genannt[26].

---

[20] Ausführlich *Patzina* Rechtlicher Schutz ausländischer Privatinvestoren (1981) 16 ff.; *Wessel/Ziegenhain* GmbHRdsch. 1988, 432 ff.; vgl. auch *Brändel* (N. 4) Rdnr. 45 ff.; zur GmbH *Scholz/Westermann* GmbHG[8] Einl. Rdnr. 80 ff.; → ferner § 21 Rdnr. 6 sowie Einl. Rdnr. 827. Dagegen stellt die vor allem im anglo-amerikanischen Rechtskreis, in der Schweiz, den Niederlanden und in Dänemark vertretene **Gründungstheorie** bei der »Staatsangehörigkeit« einer juristischen Person allein auf die Rechtsordnung des Staates ab, der der Gesellschaft nach ihrer Gründung die Rechtsfähigkeit verliehen hat, mag die Gesellschaft auch nach ihrer Gründung ihren tatsächlichen Sitz in einen anderen Staat verlegen; vgl. hierzu die Nachw. in der oben zitierten Lit.

[21] Dies ist vor allem in den Staaten der Fall, die der Gründungstheorie folgen, → N. 20.

[22] BGBl. 1972 II. S. 370.

[23] BGBl. 1972 II S. 858.

[24] Zu diesem → Einl. Rdnr. 809.

[25] BGBl. 1972 II. S. 369.

[26] Zur Sitzbestimmung durch staatliche Verleihung gemäß §§ 22 f. BGB, Art. 82 f. EGBGB vgl. *Staudinger/Coing* BGB[11] § 24 Rdnr. 3.

2. Prozeßrechtliche Bestimmung des Sitzes

Soweit sich aus dem *materiellen* Recht nicht ergibt, wo die verklagte Partei ihren Sitz hat, **12** definiert § 17 Abs. 1 S. 2 als **Sitz denjenigen Ort, wo die Verwaltung geführt wird.** Die Verwaltung wird dort geführt, wo sich der **Mittelpunkt der geschäftlichen Oberleitung**[27], die Buchführung, die Hauptkasse usw. befinden. Der Ort von Fabrikationsstätten oder von Hauptversammlungen ist genauso unerheblich wie der Sitz von Zweigniederlassungen[28].

3. Die Sonderregelung für bergrechtliche Gewerkschaften und Behörden

a) § 17 Abs. 2 trifft eine Sonderregelung für **bergrechtliche Gewerkschaften** (das sind nicht die **13** Arbeitnehmerorganisationen nach § 10 ArbGG), die nunmehr **keine Bedeutung mehr** hat. Denn das BBergG vom 13. VIII. 1980[29] bestimmt in § 163 Abs. 1 Satz 1 bis 3:

»[1] Die bei Inkrafttreten dieses Gesetzes bestehenden Gewerkschaften mit eigener oder ohne eigene Rechtspersönlichkeit sind mit Ablauf des 1. Januar 1986 aufgelöst, wenn nicht bis zu diesem Tage

1. ein Beschluß über die Umwandlung der Gewerkschaft nach den Vorschriften des Umwandlungsgesetzes oder nach den §§ 384, 385 und 393 des Aktiengesetzes zur Eintragung in das Handelsregister angemeldet ist,

2. ein Beschluß über die Verschmelzung der Gewerkschaft mit einer Aktiengesellschaft oder einer Kommanditgesellschaft auf Aktien nach den §§ 357 oder 358 des Aktiengesetzes oder mit einer Gesellschaft mit beschränkter Haftung nach den Vorschriften des Zweiten Abschnitts des Gesetzes über die Kapitalerhöhung aus Gesellschaftsmitteln und über die Verschmelzung von Gesellschaften mit beschränkter Haftung zur Eintragung in das Handelsregister angemeldet ist oder

3. die Gewerkschaft durch Beschluß der Gewerkenversammlung oder in sonstiger Weise aufgelöst ist.

[2] Ist der Beschluß über die Umwandlung oder die Verschmelzung angefochten worden, so tritt an die Stelle des in Satz 1 genannten Tages der sechs Monate nach dem Tag der Rechtskraft der Entscheidung liegende Tag.

[3] Die Entstehung neuer Gewerkschaften ist ausgeschlossen.«

Vgl. hierzu z. B. §§ 1, 25 ff. UmwG; §§ 357, 358, 384, 385, 393 AktG. Aus § 163 Abs. 1 BBergG und den vorstehenden Vorschriften ergibt sich, daß eine Gewerkschaft bis zum 1. Januar 1986 mit einer Gesellschaft oder juristischen Person verschmolzen oder in eine solche umgewandelt sein muß, für die sich der Gerichtsstand bereits aus § 17 Abs. 1 und 3 ergibt. Zur früheren Rechtslage → § 17 Rdnr. 13 der Vorauf. dieses Komm.

b) Sofern ausnahmsweise einer **Behörde die Parteifähigkeit zuerkannt** ist (→ § 50 Rdnr. 11), hat sie **14** ihren allgemeinen Gerichtsstand bei dem Gericht ihres Amtssitzes.

IV. Der Zusatzgerichtsstand nach § 17 Abs. 3

1. Nach § 17 Abs. 3 kann ein **weiterer allgemeiner Gerichtsstand** begründet werden. Er **15** beseitigt nicht den nach Abs. 1 oder Abs. 2 vorhandenen Gerichtsstand[30] und beschränkt auch nicht die freie Wahl des Klägers (Rdnr. 9 sub b) zwischen dem gesetzlichen (nach Abs. 1 und 2) und dem statuarischen Gerichtsstand (nach Abs. 3), so daß er auch **nicht als ausschließlicher Gerichtsstand** ausgestaltet werden darf. Der Zusatzgerichtsstand des § 17 Abs. 3 kann vor allem für eine ausländische Gesellschaft sinnvoll sein.

2. Der Gerichtsstand muß ein **allgemeiner Gerichtsstand** sein, insbesondere im Sinne von **16** § 22, und daher für *alle* Klagen gelten[31]. Die systematische Einordnung innerhalb der Bestimmungen über den allgemeinen Gerichtsstand (§ 12 – § 19) sowie in § 17 lassen es deshalb nicht

---

[27] Nach *BGHZ* 97, 269 (272) = ZIP 1986, 644; *BayObLGZ* 1987, 267 (271) = NJW-RR 1988, 96 ist das dort, wo die »grundlegenden Entscheidungen der Unternehmensleitung effektiv in laufende Geschäftsführungsakte umgesetzt werden«; vgl. auch *RG* JW 1904, 231.

[28] *RGZ* 27, 422; *OLG Karlsruhe* BadRPr 1902, 268.
[29] BGBl. I S. 1310.
[30] *RGZ* 32, 384; 95, 170; Gruch 62, 653 (bergrechtliche Gewerkschaften); 59, 108 (Aktiengesellschaft).
[31] *OLG Celle* Recht 1901, 622.

zu, daß nur für bestimmte einzelne Rechtsverhältnisse oder nur für bestimmte einzelne Personen (Kläger) ein Gerichtsstand geschaffen wird. Solche Beschränkungen lassen sich nur über Gerichtsstandsvereinbarungen nach §§ 38 ff. erreichen.

17   3. In aller Regel wird der **weitere Gerichtsstand durch »Statut« (Satzung) eingeführt werden**. Das Gesetz spricht aber auch von der Einführung »*in anderer Weise*«, meint damit jedoch nur eine der »Statutenfixierung analoge Erklärung«[32]. Wo also die Rechtsverhältnisse der juristischen Person durch Statut (Satzung) geregelt sind, kann nur durch Statutenänderung ein *weiterer* allgemeiner Gerichtsstand begründet werden. Nur bei denjenigen Gesellschaften oder juristischen Personen, die ihr Grundverhältnis in anderer Weise (z.B. Gesetz oder Verordnung) regeln, ist es auch möglich, den Gerichtsstand in dieser anderen Weise zu bestimmen; *Erklärungen der Geschäftsführung* reichen deshalb nicht aus.

18   4. Bei den **öffentlich-rechtlichen Anstalten, Stiftungen, Körperschaften** (→ Rdnr. 2) und **Behörden** (→ Rdnr. 14) kann der Zusatzgerichtsstand ebenfalls geschaffen werden. Selbstverständlich kann auch *durch Gesetz* die ZPO abgeändert und ein **ausschließlicher** Gerichtsstand geschaffen werden[33]. Problematisch ist es jedoch, wenn **durch einen untergesetzlichen Rechtssatz** (z.B. eine Satzung eine öffentlich-rechtlichen Körperschaft oder durch eine Rechtsverordnung) **ein ausschließlicher Gerichtsstand** eingeführt wird. Da es sich hierbei um eine Abänderung der ZPO handelt (→ Rdnr. 15), läßt sich eine derartige Regelung nur legitimieren, wenn sie sich auf eine gesetzliche Ermächtigungsnorm stützen läßt, die nach *Inhalt, Zweck* und *Ausmaß* (Art. 80 Abs. 1 S. 2 GG) gerade auch die Befugnis gibt, die ZPO zu derogieren. Die Übertragung von Selbstverwaltungsrechten oder die Befugnis, einen Bereich materiell-rechtlich untergesetzlich zu regeln, impliziert in keinem Fall auch die Ermächtigung zur prozessualen Rechtssetzung. Der entgegengesetzten weiterzigen Auffassung der Rechtsprechung[34] muß entschieden entgegengetreten werden.

V. Fortdauer bei Auflösung; Liquidationsgerichtsstand

19   Der Gerichtsstand des § 17 gilt so lange, als die Gesellschaft oder juristische Person als solche verklagt werden kann. Ob sie sich in **Auflösung, Abwicklung** (Liquidation), **Auseinandersetzung, Umwandlung** oder in **Vereinigung (Verschmelzung)** mit einer anderen juristischen Person befindet, ist deshalb unerheblich. Entscheidend ist lediglich, ob sie (noch) als parteifähig anzusehen ist (→ § 50 Rdnr. 34).

§ 18   [Allgemeiner Gerichtsstand des Fiskus]

Der allgemeine Gerichtsstand des Fiskus wird durch den Sitz der Behörde bestimmt, die berufen ist, den Fiskus in dem Rechtsstreit zu vertreten.

Gesetzesgeschichte: Bis 1900 § 20 CPO, sprachlich neugefaßt BGBl. 1950, 535 (→ Einl. Rdnr. 148).

Stichwortverzeichnis → Gerichtsstandsschlüssel Rdnr. 40 vor § 12

---

[32] *Josef Kohler* Gesammelte Beiträge zum Zivilprozeß (1894) 233.
[33] So bestimmt § 20 Abs. 2 S. 3 des Gesetzes über die Einrichtung der rechtsfähigen Stiftung des öffentlichen Rechts »*Hilfswerk für behinderte Kinder*« (»*Contergan*«) vom 17. XII. 1971, BGBl. I S. 2018 (in Kraft seit 31. X.

1972, BGBl. I S. 2045; vgl. *BGHZ* 64, 30 ff.) den in der Satzung dieser Stiftung bestimmten Sitz als ausschließlichen Gerichtsstand.
[34] Vgl. *BGH* JZ 1960, 444 (*Pohle*) = MDR 31 = NJW 98 (LS) = BB 1959, 1152 = LM § 12 Nr. 1; ablehnend hierzu auch *Zöller/Vollkommer*[17] Rdnr. 13.

I. Zweck der Vorschrift[1]; der Begriff des Fiskus

§ 18 regelt den allgemeinen Gerichtsstand des Fiskus; besondere Gerichtsstände daneben **1** sind möglich. Mit »**Fiskus**« wird der Staat in allen seinen Anstalten, Körperschaften und Stiftungen bezeichnet, soweit er *nicht hoheitlich* handelt, sondern **als juristische Person des öffentlichen Rechts am Privatrechtsverkehr teilnimmt**. Zum Fiskus in diesem allgemeinen Sinne gehören alle öffentlich-rechtlichen Körperschaften, Anstalten und Stiftungen: die **Bundesrepublik Deutschland, die Bundesländer**, die Gemeinden und Gemeindeverbände (→ aber Rdnr. 3), die **Kirchen**[2] und öffentlich-rechtlichen **Religionsgemeinschaften** sowie die kraft Bundes- oder Landesrechts eingerichteten **Anstalten, Stiftungen und Körperschaften des öffentlichen Rechts** (→ aber Rdnr. 3). Ziel des § 18 ist eine möglichst einheitliche Regelung des Gerichtsstandes für diesen Bereich[3]. Er versucht dies dadurch zu erreichen, daß nicht der Sitz der handelnden (unteren) Verwaltungsbehörde (wie z.B. früher im bayerischen Recht), sondern der Sitz der zur *Vertretung berufenen Behörde* maßgebend ist. Dadurch wird z.B. vermieden, daß der Fiskus in einer Vielzahl von Gerichtsständen verklagt werden kann. **Entscheidend ist also nicht der Sitz der einzelnen Behörde oder des jeweiligen Fiskus, sondern der Sitz der Behörde, »die berufen ist, den Fiskus in dem Rechtsstreit zu vertreten«.** Gemeint ist damit diejenige Behörde, deren *Leiter* befugt ist, den Fiskus zu vertreten[4]. Welche Person dies ist und welche Behörde überhaupt zuständig ist, regeln *Staats- und Verwaltungsrecht.* **Die einschlägigen Vorschriften sind unübersehbar, häufig nicht allgemein zugänglich und werden immer wieder geändert.**

II. Gerichtsstandsbestimmung bei Klagen gegen den Fiskus

1. Angesichts der Unübersichtlichkeit der Regelungen empfiehlt es sich bei Klagen gegen **2** den Fiskus, diejenige **Behörde**, mit der man vor dem Prozeß über den Streitgegenstand verhandelt hat, **um Auskunft oder um Belehrung über das zuständige Gericht zu bitten**. Da es nicht nur ein unaufgebbarer Grundsatz des Rechtsstaates ist, daß jeder Bürger jederzeit seine Ansprüche gegen den Fiskus gerichtlich geltend machen kann[5], sondern auch die Effektivität

---

[1] Umfangreiche Nachweise über die Vertretungsregelungen bei *Leiß* in *Wiecorek*[2] (1976) § 51 D IV (Bund) und D V (Länder). Vgl. weiter (vielfach überholt) *Leiß* Die Vertretung des Rechts, des Bundes und der Länder (1957) sowie *Fritze/Werner* Prozeßvertretung des Fiskus in Preußen und im Reich[2] (1910) 166ff.; *Geißler* Die Geltendmachung und Betreibung von Ansprüchen aus Truppenschäden nach dem NATO-Truppenstatut NJW 1980, 2615ff.; ferner *Piller/Hermann* Justizverwaltungsvorschriften (Loseblattsammlung 3. Aufl. 1990) Nr. 5 c

Reincke Gruch. 23, 481ff.; *Scholz* Gruch 47, 556ff.; auch *Schima* Judicium 2, 264ff.

[2] Allgemein zu Klagen von und gegen Kirchen *H. Weber* in Handbuch des Staatskirchenrechts (1974) 1, 729. Zur Vertretung der evangelischen Landeskirchen im einzelnen *Scheffler* NJW 1977, 742, 1141.

[3] Mot. S. 56 (= *Hahn* S. 153).

[4] *RGZ* 83, 161 (163); *BGHZ* 8, 197 (201); *Hummel* DÖV 1970, 368.

[5] *BGHZ* 8, 197 (201).

dieses Rechtsschutzes darin besteht, das *richtige* Gericht anzugehen, ist der **Staat auch als Fiskus verpflichtet, Auskunft über die vertretungsberechtigte Behörde i.s. v. § 18 zu geben.** Die weitgehende Rechtsunklarheit über die Vertretung des Fiskus darf nicht zu Lasten des Klägers gehen, der hierfür nicht die Verantwortung trägt und die Unübersichtlichkeit nicht verursacht hat[6]. Die Nichterfüllung dieser Pflicht ist eine **Amtspflichtverletzung** i.S. v. § 839 BGB, Art. 34 GG, die zu Schadensersatzansprüchen führen kann.

3   2. Die Unübersichtlichkeit der Vertretungsregelungen wird teilweise dadurch entschärft, daß neben § 18 die **Vorschrift des § 17** anwendbar bleibt. So ist für **Gemeinden oder Gemeindeverbände** über § 17 der allgemeine Gerichtsstand zu bestimmen. Dasselbe gilt für die **Anstalten des öffentlichen Rechts**, die **Stiftungen** sowie für die **meisten Körperschaften des öffentlichen Rechts.**

4   3. Da juristische Personen des öffentlichen Rechts und öffentlich-rechtliche Sondervermögen zu den *prorogationsbefugten* Personen gehören (→ § 38 Rdnr. 6), empfiehlt es sich – wenn dem Fiskus eine ebenfalls prorogationsbefugte Person gegenübersteht –, bei allen Streitigkeiten aus Verträgen mit dem Fiskus, die Möglichkeit einer **Gerichtsstandsvereinbarung** zu prüfen (→ § 38 Rdnr. 65) oder wenigstens im **Gerichtsstand des Erfüllungsortes** (→ § 29) zu klagen, um den Unsicherheiten der Bestimmung der zuständigen Behörde zu entgehen.

5   4. Die Unklarheiten bei der Bestimmung der vertretungsberechtigten Behörde werden vermehrt, weil auch ohne gesetzliche Grundlage ein **Eintrittsrecht**[7] und umgekehrt auch ein **Delegationsrecht** der vorgesetzten Behörde bestehen soll[8], das sogar erst nach Klageerhebung ausgeübt werden kann[9].

6   5. Wird von dem verklagten Fiskus die Zuständigkeit des angerufenen Gerichts deshalb bestritten, weil die Vertretungsbefugnis fehle, so muß das Gericht nach § 56 zunächst die gesetzliche Vertretung durch die Behörde prüfen, um überhaupt die Zuständigkeit feststellen zu können[10]. Davon zu unterscheiden ist die Frage, ob die im Prozeß jeweils *auftretende* natürliche Person die **Vertretungsbefugnis** besitzt. Mit der **Passivlegitimation** hat dies aber nichts zu tun[11], ebensowenig beantwortet § 18 das Problem der **Zulässigkeit des Rechtswegs** (→ Einl. 340 ff.) oder die Frage nach der **Parteifähigkeit** des Fiskus (→ § 50 Rdnr. 6 ff.). Schließlich ist die Angabe der richtigen Vertretungsbehörde auch nicht für eine **ordnungsge-**

---

[6] § 49 des E 1931 (→ Einl. Rdnr. 128) wollte diese »Schwierigkeiten ausräumen«, indem er eine Vorschrift zur Aufnahme in die ZPO vorschlug, wonach auf den (vorprozessualen) Antrag des künftigen Klägers eine Pflicht zur Auskunft der Behörde folgen sollte; die Stellung des Auskunftsantrages sollte alle Fristen wahren, wenn die Klage innerhalb eines Monats nach Zugang der Belehrung erhoben wurde (vgl. auch die Begründung des E 1931, S. 290). – In einigen Vertretungsanordnungen ist im übrigen die (innerdienstliche) *Pflicht zur unverzüglichen Belehrung* niedergelegt, vgl. z.B. Teil B Abschnitt I Ziff. 1 der Vertretungsanordnung für den Bereich des Bundesministers des Innern, BAnz 1962 Nr. 221 und 1966 Nr. 162, in den Anordnungen des *Bundesminister der Justiz* (→ Rdnr. 25) und *der Verteidigung* (→ Rdnr. 28). Auch der Kommissionsbericht 1961 (→ Einl. Rdnr. 200 N. 6) nahm an der letzten Regelung des § 18 ZPO Anstoß und schlug eine Bestimmung vor, die die Vertretungsproblematik entschärft hätte. In den folgen-

den Reformgesetzen wurde dieser Vorschlag jedoch weder vom Bundesjustizministerium, noch vom Bundesrat oder Bundestag aufgegriffen. Immerhin enthielt der 1971 erarbeitete Referentenentwurf eines zweiten Gesetzes zur Änderung der ZPO Vorschläge des Bundesjustizministeriums zur Beseitigung der Mißstände (§ 18 neu und § 22 neu, mit Begründung S. 3 ff.).

[7] *OLG Celle* NdsRpfl 1955, 214 (Fachminister für Verwaltungspräsident).

[8] *KG* OLG Rsp 1920, 294; *Fritze/Werner* (N. 1) 25 ff. (für das frühere Preußen). Übertragung auf eine gleichgeordnete örtlich verschiedene Stelle ist ausgeschlossen; *RG* Gruch. **51**, 830 f. – Delegation durch Verwaltungsordnung soll ausreichen → N. 16.

[9] Veröffentlichung nicht erforderlich, *RGZ* 35, 15 f.

[10] S. auch *RGZ* 67, 77 f.

[11] *LAG* Frankfurt AP 50 Nr. 143 *(Neumann-Duesberg).*

mäße Klage erforderlich. Der Kläger kann vielmehr wirksam Klage erheben, auch wenn das Vertretungsorgan (noch) nicht angegeben ist[12].

6. Der **Sitz der Behörde**, die vertretungsbefugt ist, begründet den allgemeinen Gerichts-   7
stand, so daß neben der Vertretungsbefugnis stets auch zu prüfen ist, **wo die Behörde ihren Sitz hat.** Dies geschieht nach den in § 17 Rdnr. 9 ff. genannten Grundsätzen.

III. Die Vertretung des Bundesfiskus

Aus Art. 65 Satz 2 GG, wonach jeder Bundesminister seinen Geschäftsbereich selbständig   8
und unter eigener Verantwortung leitet, folgt, daß mangels besonderer gesetzlicher Bestimmungen die Vertretung des Bundesfiskus innerhalb dieses *Geschäftsbereiches* dem jeweiligen Bundesminister zusteht[13]. Bei Ansprüchen aus Maßnahmen des Bundes, die nicht zu einem bestimmten Ressort gehören, fällt die Vertretung des Bundesfiskus dem Bundesfinanzminister zu, weil er beim Unterliegen des Fiskus die für die Erfüllung erforderlichen Mittel bereitzustellen hat[14]. Bei Rechtsstreitigkeiten, die Bundesvermögen (einschließlich des übernommenen Reichsvermögens, Art. 134 GG) betreffen, ist im Zweifel der Oberfinanzpräsident zur Vertretung berufen[15].

Jeder Bundesminister ist für seinen Geschäftsbereich befugt, die Vertretung des Fiskus   9
allgemein oder für den Einzelfall **nachgeordneten Behörden zu übertragen.** Derartige Anordnungen[16] sind in großer Zahl ergangen. Abgesehen davon muß auch da, wo es an bestimmten Vorschriften fehlt, aus allgemeinen Verwaltungsrechtsgrundsätzen eine Vertretungsbefugnis derjenigen **höheren Bundesbehörden** angenommen werden, denen für einen sachlichen und örtlichen Zuständigkeitskreis ein Verwaltungszweig allgemein zur selbständigen Erledigung übertragen ist[17]. Darüber hinaus müssen – vorbehaltlich abweichender ausdrücklicher Regelung – die Vorsteher von anderen Bundesbehörden und von deren Abteilungen, die über Anstellung und Entlassung von Angestellten selbständig zu entscheiden haben, auch für berufen angesehen werden, in Prozessen aus dem Angestelltenverhältnis den Bundesfiskus zu vertreten[18]. Im einzelnen ist über die Vertretung des Bundesfiskus – aufgeschlüsselt nach den Geschäftsbereichen der einzelnen Bundesbehörden – folgendes hervorzuheben:

1. Der Bundespräsident (Bundespräsidialamt)

Da eine Vertretungsregelung für den Bundesfiskus im Geschäftsbereich des Bundespräsidalamtes   10
fehlt, ist der Chef des Bundespräsidialamtes in Bonn vertretungsberechtigt.

---

[12] *OLG Zweibrücken* OLGZ 1978, 108 (109). Dies ist besonders wichtig bei Klagen, für die eine Klagefrist besteht, z.B. bei *Stationierungsschäden* gemäß Art. 12 Abs. 3 NTS-AG (*Text* → Einl. Rdnr. 667); vgl. dazu *Geißler* (N. 1) NJW 1980, 2615 (2617).
[13] Auch für Aktivprozesse, *BGH* NJW 1967, 1755; *OLG Neustadt* MDR 1955, 681; *Kunz* MDR 1989, 588 (592). Unerheblich ist dabei, aus welchem Rechtsgrund geklagt wird (*BGH* a.a.O.) und ob bei Rechtsstreitigkeiten aus Verträgen der Vertrag von einer Dienststelle dieses oder eines anderen Ressorts geschlossen war, *RG* JR 1927 Nr. 854. Nicht entscheidend ist ferner, durch die

Kassen welches Ressorts, die Zahlungen zu leisten wären, *RG* JW 1925, 1877.
[14] *BGH* NJW 1967, 1755.
[15] *BGHZ* 8, 197 f. Überblick bei *Hummel* DÖV 1970, 368 ff.
[16] Delegation durch Verwaltungsordnung soll ausreichen, *RGZ* 68, 147.
[17] *BGHZ* 8, 197 (200 f.) = NJW 1953, 380 = MDR 162; 19, 258 (261); *BGH* MDR 1963, 663. Vgl. schon *Fritze/Werner* (N. 1) 171 ff. m. w. N.
[18] *RAG* ArbRsp 32, 1.

2. Der Bundestag

11   Nach § 7 Abs. 1 S. 1 der Geschäftsordnung des Deutschen Bundestages vertritt der Präsident des Bundestages den Bund auch vor den Zivilgerichten (Bekanntmachung v. 22. V. 1970, BGBl. I S. 628, geändert durch Bek. v. 1. XII. 1970, BGBl. I S. 1623, v. 19. X. 1972, BGBl. I S. 2065, v. 28. II. 1975, BGBl. I S. 649, v. 14. IV. 1975, BGBl. I S. 992, und v. 24. VI. 1975, BGBl. I S. 1848).

3. Der Bundesrat

12   Der Präsident des Bundesrates vertritt den Bund in allen Angelegenheiten des Bundesrates, also auch vor Gericht (§ 6 Abs. 1 S. 1 der Geschäftsordnung des Bundesrates v. 1. VII. 1966, BGBl. I S. 437).

4. Das Bundesverfassungsgericht

13   Der Präsident des Bundesverfassungsgerichts vertritt den Bund in Angelegenheiten, die den Geschäftsbereich des Bundesverfassungsgerichts (Sitz: *Karlsruhe*) betreffen, § 5 Geschäftsordnung des Bundesverfassungsgerichts v. 2. IX. 1975 (BGBl. I S. 2515).

5. Der Bundesrechnungshof

14   Nach der noch weiter gültigen Regelung der Reichshaushaltsordnung (§ 124) vom 31. XII. 1922 (RGBl. 1923 II S. 17) vertritt den Bund der Präsident des Bundesrechnungshofs (Sitz: *Frankfurt*) für seinen Bereich.

6. Der Bundeskanzler (Bundeskanzleramt)

15   Für den Bereich des Bundeskanzleramtes (Sitz: *Bonn*) wird, da eine Vertretungsregelung fehlt, der Bund durch den Chef des Bundeskanzleramtes vertreten, beim dem Bundeskanzleramt nachgeordneten **Bundesnachrichtendienst** tritt dessen Präsident als Vertreter des Bundes auf. Im Aufgabenbereich des **Presse- und Informationsamts der Bundesregierung** wird der Bund vertreten durch den Chef oder den stellvertretenden Chef des Presse- und Informationsamtes der Bundesregierung (Bekanntmachung vom 18. I. 1977, BGBl. I S. 128).

7. Der Bundesminister für Arbeit und Sozialordnung

16   Eine Vertretungsregelung für den Bundesfiskus im Geschäftsbereich des Bundesministers für Arbeit und Sozialordnung wurde nicht getroffen. Die Vertretung des Bundesfiskus erfolgt daher grundsätzlich[19] durch den Bundesminister für Arbeit und Sozialordnung.

Nachgeordnete Behörden: **Bundesversicherungsamt** in Berlin, **Bundesanstalt für Arbeitsschutz und Unfallforschung** in Dortmund-Marten, **Bundesausführungsbehörde für Unfallversicherung** in Wilhelmshaven, **Bundesamt für den Zivildienst** in Köln.

Eine *selbständige* Körperschaft ist die **Bundesanstalt für Arbeit** in Nürnberg, die deshalb § 17 unterfällt.

8. Der Bundesminister des Auswärtigen (Auswärtiges Amt)

17   Eine Anordnung über die Vertretung des Bundes in zivilrechtlichen Streitigkeiten im Geschäftsbereich des Auswärtigen Amtes ist bisher nicht ergangen.

Da die zum Geschäftsbereich des Auswärtigen Amtes gehörenden deutschen diplomatischen, konsularischen und sonstigen **Auslandsvertretungen** keine selbständigen nachgeordneten Behörden der oben[20] bezeichneten Art sind, wird der Bundesfiskus im Geschäftsbereich des Auswärtigen Amtes **ausschließlich von dem Bundesminister des Auswärtigen** vor den Zivilgerichten vertreten. Die **Auslandsvertretungen**

---

[19] → bei N. 17.   [20] → bei N. 17.

werden in dem »Verzeichnis der Vertretungen der Bundesrepublik Deutschland im Ausland« aufgeführt, das laufend als Beilage zum Bundesanzeiger veröffentlicht wird.

9. Der Bundesminister für Bildung und Wissenschaft

Da mit Ausnahme des **Bundesinstituts für Berufsbildung** in Berlin, dessen Leiter gemäß dem bei N. 15 **18** Gesagten vertretungsbefugt ist, nachgeordnete Behörden und Rechtsgrundlagen fehlen, ist im übrigen der Bundesminister vertretungsberechtigt. Eine Regelung für die Vertretung im Geschäftsbereich dieses Ministeriums ist bisher nicht ergangen.

10. Der Bundesminister für Ernährung, Landwirtschaft und Forsten

Eine Vertretungsregelung für den Bundesfiskus in diesem Geschäftsbereich fehlt. Die Vertretung des **19** Bundesfiskus erfolgt daher grundsätzlich durch den Bundesminister für Ernährung, Landwirtschaft und Forsten. In der Praxis vertritt im Geschäftsbereich des **Bundesamtes für Ernährung und Forstwirtschaft** in Frankfurt am Main und des **Bundessortenamtes** in Hannover sowie der dem Bundesminister für Ernährung, Landwirtschaft und Forsten nachgeordneten **Bundesforschungsanstalten** der jeweilige Präsident dieser Bundesoberbehörden den Minister in Vertretung des Fiskus. Für die 16 Bundesforschungsanstalten vertreten ebenfalls im Aufgabenbereich ihrer Anstalten deren Leiter den Bundesfiskus. – Der Aufsicht des Bundesministers für Ernährung, Landwirtschaft und Forsten unterstellte öffentlich-rechtliche Anstalten: **Bundesanstalt für landwirtschaftliche Marktordnung, Stabilisierungsfond für Wein, Absatzförderungsfond der deutschen Land-, Forst- und Ernährungswirtschaft, Deutsche Siedlungs- und Landesrentenbank.**

11. Der Bundesminister der Finanzen

Für den Geschäftsbereich des Bundesministers der Finanzen richtet sich die Vertretung nach der **20** Anordnung über die Vertretung der Bundesrepublik Deutschland im Bereich der Bundesfinanzverwaltung v. 15. XI. 1972 (MinBlWF 734) mit Änderung vom 19. I. 1976 (neu bekanntgemacht BAnz. Nr. 20) sowie nach den Bestimmungen über das Verfahren nach der Zustellung von *Pfändungs- und Überweisungsbeschlüssen* oder *Pfändungsbenachrichtigungen* v. 15. XI. 1972 (BAnz. Nr. 233 = MinBlWF 735) und der hierzu ergangenen Ausführungsanweisung v. 15. XI. 1972 (BAnz. Nr. 233 = MinBlWF 736). Diesen Vorschriften zufolge steht die Vertretungsbefugnis grundsätzlich dem Bundesminister der Finanzen zu, in dem jeweiligen Geschäftsbereich aber dem **Bundesamt für Finanzen** in Bonn-Bad Godesberg, den **Oberfinanzdirektionen, Hauptzollämtern, Zollfahndungsämtern, Bundesvermögensämtern** (hierzu *Hummel* DÖV 70, 368), **Bundesforstämtern**, der **Bundesschuldenverwaltung** in Bad Homburg und der **Bundesmonopolverwaltung für Branntwein** in Offenbach am Main. Den vorgesetzten Behörden ist zum Teil ein Vorbehalt für die Genehmigung der Vertretung durch die nachgeordnete Behörde eingeräumt, aufgrund dessen die vorgesetzte Behörde im Einzelfall oder für Fallgruppen die Vertretung selbst übernehmen kann. Vgl. näher die obengenannten Vorschriften.

12. Der Bundesminister für Forschung und Technologie

Eine Vertretungsregelung besteht in diesem Geschäftsbereich nicht. Da es auch an nachgeordneten **21** Behörden fast fehlt (mit Ausnahme der Deutschen Historischen Institute in Rom, Paris und Florenz), ist ausschließlich der Bundesminister für Forschung und Technologie in Bonn-Bad Godesberg vertretungsberechtigt. Lediglich im Aufgabenbereich der **Biologischen Anstalt Helgoland** vertritt deren Direktor den Bundesfiskus, soweit der Bundesminister nichts anderes bestimmt (Erlaß v. 18. I. 1971, GMBl. S. 77).

13. Der Bundesminister des Innern

Für den Geschäftsbereich des Bundesministers des Innern in Bonn ist maßgeblich die Vertretungsrege- **22** lung der Anordnung v. 20. XI. 1962 (BAnz. Nr. 221) i.d.F. v. 24. VIII. 1966 (BAnz. Nr. 162) i.d.F. vom 9. IV. 1976 (GMBl. S. 162) i.d.F. vom 25. II. 1991 (GMBl. S. 475). Danach ist der Bundesminister des

Innern vertretungsbefugt, wenn er den streitgegenständlichen Vertrag selbst abgeschlossen hat oder eine Entscheidung von ihm den Gegenstand des Rechtsstreits bildet oder der eigentlich zur Vertretung Berufene persönlich beteiligt ist. Für ihren jeweiligen Geschäftsbereich sind vertretungsbefugt u. a. die folgenden nachgeordneten Behörden: **Statistisches Bundesamt** in Wiesbaden, **Bundesamt für Verfassungsschutz** in Köln-Ehrenfeld, **Bundeskriminalamt** in Wiesbaden, **Bundesamt für Zivilschutz** in Bonn-Bad Godesberg, **Bundesverwaltungsamt** in Köln, die **Grenzschutzverwaltungen** und die **Grenzschutzdirektion** in Koblenz, **Umweltbundesamt** in Berlin, **Bundesausgleichsamt** in Bad Homburg. Vgl. näher die obengenannte Anordnung. Für Ansprüche gegen die Bundesrepublik Deutschland wegen *Atomschäden* nach § 38 II AtomG ist das Bundesverwaltungsamt in Köln zuständige oberste Vertretungsbehörde (§ 38 IV AtomG) (hierzu *Schneider/Stoll* BB 1986, 1233 [1237]).

14. Bundesminister für Umwelt, Naturschutz und Reaktorsicherheit

23   Maßgeblich ist die Vertretungsordnung BMV vom 27. I. 1987 (GMBl. 249) vertretungsbefugt sind u. a. folgende Dienststellen: der Bundesminister für Umwelt, die Präsidenten des Umweltbundesamtes und des Bundesamtes für Strahlenschutz, sowie als Drittschuldnervertreter die Leiter der die Zahlung anordnenden Dienststelle.

15. Der Bundesminister für Gesundheit

24   Eine Vertretungsregelung für diesen Bereich fehlt. Daher steht die Vertretungsbefugnis grundsätzlich dem Bundesminister in Bonn-Bad Godesberg zu, wenn nicht entsprechend dem bei N. 17 Gesagten die Leiter folgender nachgeordneter Behörden vertretungsberechtigt sind: **Bundesgesundheitsamt** in Berlin, **Bundeszentrale für gesundheitliche Aufklärung** in Köln, **Deutsches Institut für medizinische Dokumentation und Information** in Köln, **Paul-Ehrlich-Institut** in Frankfurt am Main, **Bundesprüfstelle für jugendgefährdende Schriften** in Bonn-Bad Godesberg

24a   ### 16. Der Bundesminister für Familie und Senioren und

24b   ### 17. Der Bundesminister für Frauen und Jugend

vertreten innerhalb ihres Geschäftsbereichs den Bundesfiskus selbst.

18. Der Bundesminister der Justiz

25   Für den Geschäftsbereich des Bundesministers der Justiz richtet sich die Vertretung nach der Anordnung v. 25. IV. 1958 (BAnz. Nr. 82) i. d. F. der Bek. v. 10. X. 1958 (BAnz. Nr. 201) und vom 8. VI. 1961 (BAnz. Nr. 113), vom 6. IX. 1967 (BGBl. I S. 970) sowie vom 4. II. 1971 (BAnz. Nr. 29), zuletzt geändert durch Anordnung vom 8. XII. 1971 (BGBl. I S. 2014). Danach steht grundsätzlich dem Bundesminister der Justiz in Bonn-Bad Godesberg die Vertretungsbefugnis zu, insbesondere wenn er sich die Vertretung allgemein oder im Einzelfalle vorbehalten oder an sich gezogen hat.
Für den Geschäftsbereich des **Bundesgerichtshofes** in Karlsruhe, der **Bundesanwaltschaft beim Bundesgerichtshof** (Karlsruhe) und für den Geschäftsbereich von **Bundesverwaltungsgericht** (Berlin), **Bundesfinanzhof** (München) sowie **Bundesdisziplinargericht** (Frankfurt am Main) ist der *Generalbundesanwalt vertretungsbefugt*, im Geschäftsbereich des **Bundespatentgerichtes** in München und des **Deutschen Patentamtes** in München (Zweigstelle: Berlin) sind es die Präsidenten dieser Behörden. Zu Einzelheiten vgl. im übrigen die obengenannte Anordnung.

19. Der Bundesminister für Raumordnung, Bauwesen und Städtebau

26   Eine Vertretungsregelung liegt nicht vor. Demnach ist grundsätzlich der Bundesminister vertretungsberechtigt. Entsprechend dem bei N. 17 Gesagten sind in ihrem jeweiligen Geschäftsbereich als nachgeordnete Behörden zur Vertretung berufen die **Bundesforschungsanstalt für Landeskunde und Raumordnung** in Bonn-Bad Godesberg, die **Bundesbaudirektion** in Berlin und die Behörden der **Finanzbauverwaltungen der Länder** (die Oberfinanzdirektionen und in Bayern die Bezirksfinanzdirektion).

20. Der Bundesminister für Verkehr

Für diesen Geschäftsbereich ist maßgebliche Grundlage für die Vertretungsverhältnisse die Bekannt-   **27**
machung v. 10. I. 1956 (BAnz. Nr. 10, VerkehrsBl. 1956, 26), abgedruckt bei *Leiß* Die Vertretung (N. 1)
44. Hiernach sind neben dem grundsätzlich vertretungsberechtigten Bundesminister in Bonn, der in
Zweifelsfällen über die Vertretungsberechtigung bestimmt und im Einzelfall die Vertretung selbst übernehmen kann, in ihrem Geschäftsbereich zuständig: Die **Wasser- und Schiffahrtsdirektionen des Bundes**,
der Leiter der **Bundesanstalt für Gewässerkunde** in Koblenz, der Präsident des **Deutschen Wetterdienstes**
in Offenbach am Main (§ 12 Verwaltungsordnung für den Deutschen Wetterdienst vom 10. XII. 1976,
VerkehrsBl. 1977, S. 222), der Leiter des **Kraftfahrt-Bundesamtes** in Flensburg, der Direktor des **Luft-
fahrt-Bundesamtes** in Braunschweig, der Leiter der **Bundesanstalt für Straßenwesen** in Köln, **Bundesanstalt für Flugsicherung** in Frankfurt am Main, etc.
Die Vertretungsbefugnis der *Länder* (Delegation auf nachgeordnete Landesbehörden möglich) in
Angelegenheiten der Auftragsverwaltung der **Bundesautobahnen** (s. a. *BGHZ* 4, 253) und **Bundesfern-
straßen** ergibt sich aus der Allg. Verwaltungsvorschrift v. 3. VII. 1951 (BAnz. Nr. 132), abgedruckt bei
Leiß Die Vertretung (N. 1) 45. Siehe auch BayJMBL. 1953, 53.

21. Bundesminister für Post und Telekommunikation   **27a**

Der Bundesminister vertritt innerhalb seines Geschäftsbereichs den Bundesfiskus selbst. Die Vertretungsregelung für **Bundespost** und **Bundesbahn** ist unten → Rdnr. 41 ff. gesondert behandelt.

22. Der Bundesminister der Verteidigung

Für die Vertretung im Geschäftsbereich des Bundesministers der Verteidigung in Bonn-Duisdorf ist   **28**
maßgeblich die Verwaltungsanordnung über die Vertetung des Bundes in Prozessen im Bereich des
Bundesministers der Verteidigung vom 21. III. 1969 (VMBl. 185). Danach sind im Regelfall für jeweils
ihren Bereich die **Wehrbereichsverwaltungen** zuständig (vgl. auch zur früheren Anordnung vom 10. II.
1959: *Schlösser* NJW 1959, 1960). Der Bund wird jedoch durch den Bundesminister der Verteidigung
vertreten in Prozessen, deren streitgegenständlichen Vertrag der Bundesminister der Verteidigung als
Vertretung des Bundes abgeschlossen hat, die mit Personen geführt werden, welche dem Bundesministe-
rium der Verteidigung angehören oder bei Beendigung ihres Dienstverhältnisses angehörten, bei denen
die Präsidenten des Bundesamtes für Wehrtechnik und Beschaffung, des Bundeswehrverwaltungsamtes
oder der Wehrbereichsverwaltungen als Parteien beteiligt sind, und in Prozessen, deren Führung er an
sich gezgen hat. Beim Erwerb und der Freimachung von Grundstücken für die Bundeswehr ist der
Bundesminister der Verteidigung vertretungsbefugt (*Hummel* DÖV 1970, 368 [370]).
Wegen der Vertretung bei **Stationierungs-** und **Truppenschäden** und Streitigkeiten der bei den **Stationierungsstreitkräften** und den NATO-Hauptquartieren beschäftigten Arbeitnehmer → Rdnr. 62.
Die *Drittschuldnervertretung* hat je nach Art der gepfändeten Bezüge der Kommandeur des für den
Soldaten zuständigen **Wirtschaftstruppenteils** (Bataillon), das **Wehrbereichsgebührenamt** oder die **Stand-
ortverwaltung** (vgl. näher Anordnung v. 20. XI. 1981, VMBl. 1982, 7 = BAnz. Nr. 9 v. 15. I. 1982 und
Kreutzer AnwBl. 1974, 173).

23. Der Bundesminister für Wirtschaft

Eine Regelung über die Vertretung des Bundesfiskus im Geschäftsbereich des Bundesministers für   **29**
Wirtschaft besteht nicht. Die Vertretung des Bundesfiskus erfolgt daher grundsätzlich[21] durch den
Bundesminister für Wirtschaft.
Nachgeordnete Behörden: **Physikalisch-Technische Bundesanstalt** in Braunschweig und Berlin, **Bun-
desamt für gewerbliche Wirtschaft** in Eschborn mit Außenstelle für Mineralöl, Kaffee und Tee in
Hamburg, **Bundesanstalt für Geowissenschaften und Rohstoffe** in Hannover, **Bundesstelle für Außenhan-
delsinformation** in Köln, **Bundesanstalt für Mineralprüfung** in Berlin-Dahlem, **Bundeskartellamt** in
Berlin, **Bundesinstitut für chemisch-technische Untersuchungen** in Swisttal-Heimerzheim.

---

[21] → bei N. 17.

24. Der Bundesminister für wirtschaftliche Zusammenarbeit und Entwicklung

30   Eine Vertretungsregelung für den Bundesfiskus im Geschäftsbereich des Bundesministers für wirtschaftliche Zusammenarbeit fehlt. Daher ist grundsätzlich der Bundesminister vertretungsberechtigt, soweit nicht nach dem bei N. 6 Gesagten der Leiter der **Abwicklungsstelle der Bundesstelle für Entwicklungshilfe** in Eschborn zur Vertretung berufen ist.

IV. Bundesbahn und Bundespost

41   Nach heutiger Vorstellung stellen Bundesbahn und Bundespost Sondervermögen dar und werden nicht unmittelbar mit dem Fiskusbegriff in Verbindung gebracht. Historisch gesehen besteht aber kein Zweifel, daß § 18 auch für Bundesbahn und Bundespost gilt. Die Anwendung dieser Vorschrift auf diese beiden Sondervermögen ist dementsprechend unbestritten (→ auch § 50 Rdnr. 7).

1. Deutsche Bundesbahn

42   Die Deutsche Bundesbahn wird durch den Vorstand vertreten, soweit nicht die Verwaltungsordnung etwas anderes bestimmt, § 2 Abs. 2 und § 9 Abs. 1 des BundesbahnG vom 13. XII. 1951, BGBl. I S. 955 zuletzt geändert am 19. XII. 1990, BGBl. I 2909. Es gilt die Verwaltungsordnung vom 21. X. 1988, Verkehrs Bl. 1989 S. 246 über die Geltendmachung von Ansprüchen aus der Zeit vor 1945 s. *OGHZ* 4 113; *KG* NJW 1950, 75 *OLG Celle* MDR 1951 625; *Giese* DRZ 1950, 104). Danach sind zur gerichtlichen Vertretung je innerhalb ihres Geschäftsbereichs der Vorstand mit der **Hauptverwaltung**, die **Bundesbahndirektionen**, die **Bundesbahn-Zentralämter** und das **Bundesbahn-Sozialamt** berufen, der Vorstand und die Hauptverwaltung jedoch nur insoweit, als ihnen die erste Entscheidung zusteht (siehe *Kunz* MDR 1989, 588 (592); *BGH* WM 1985, 1324). *Andere Dienststellen sind nicht zur gerichtlichen Vertretung der DB befugt.* Für Generalbetriebsleitungen und besondere Ämter, denen bestimmte Geschäfte für einen oder mehrere Direktionsbezirke übertragen sind (wie Hauptwagenamt usw.), obliegt die gerichtliche Vertretung den Eisenbahndirektionen, in deren Bezirk die Ämter ihren Sitz haben.

2. Deutsche Bundespost

43   Die Deutsche Bundespost wird in ihrer Gesamtheit nach § 6 Abs. 1 PostVerfG (PostVerfG v. 8. VI. 1989, BGBl. I S. 1026) gerichtlich und außergerichtlich durch das Direktorium der Deutschen Bundespost vertreten, das aus dem Vorstandsvorsitzenden der 3 (Post-)Unternehmen besteht (§ 7 PostVerfG)[22]. Die Verordnung über die Vertretung der Deutschen Bundespost vom 1. VIII. 1953 ist durch § 66 Nr. 2 PostVerfG aufgehoben. Die gerichtliche Vertretung der drei Unternehmen der Deutschen Bundespost richtet sich im einzelnen bis zum Inkrafttreten der aufgrund von § 6 Abs. 2 PostVerfG erlassenen Allgemeinen Geschäftsordnungen nach der Bekanntmachung des Bundesministers für Post und Telekommunikation vom 3. VII. 1989 (BAnz. Nr. 124).

V. Deutsches Reich

45   Auch das Deutsche Reich, das als fortbestehend angesehen wird (*BVerfGE* 3, 288 [319 f.]; *BGHZ* 13, 265 [292 ff.], weitere Lit. dazu bei von *Mangold-Klein* Grundgesetz[2] 29 ff.), kann verklagt werden (*BGHZ* 3, 321; ferner *BGHZ* 3, 1[6]; 5, 205 [209]; *OGHZ* 2, 38; *KG* NJW 1950, 75; *OLG Tübingen* DRZ 1950, 91) und klagen (*OLG Kiel* MDR 1950, 608). Soweit übergegangenes Vermögen des Reichs betroffen ist, liegt die Vertretung des Deutschen Reichs bei der Behörde, die das Vermögen verwaltet (so

---

[22] *BayObLGZ* 1990, 333 (336); allgemein zur Neu-
strukturierung des Post- und Fernmeldewesens *Schatz-*
schneider NJW 1989, 2731 ff.

auch *BGHZ* 8, 197 f.). Soweit andere Ansprüche geltend gemacht werden, ist die Behörde zuständig, bei der jetzt die entsprechende Aufgabe und die mit ihr zusammenhängende Vertretung (des Bundes oder des Landes) liegt. Beim Bund ist wegen § 76 Allgemeines Kriegsfolgengesetz vom 5. XI. 1957 das **Lastenausgleichsamt** zuständig. Soweit es sich um Vermögen handelt, dessen Verwaltung keiner besonderen Behörde zugewiesen ist, oder soweit Ansprüche gegen das Deutsche Reich erhoben werden, die mit keinem auf den Bund übergegangenen und von einer anderen Bundesbehörde verwalteten Vermögen im Zusammenhang stehen, ist der Bundesminister der Finanzen, für diesen in der Regel wiederum die Oberfinanzdirektion vertretungsbefugt (vgl. *BGHZ* 19, 261).

VI. Die Vertretung des Fiskus der Länder

1. In **Baden-Württemberg** vertritt den Fiskus grundsätzlich die oberste Landesbehörde in ihrem   **51** Geschäftsbereich, § 1 Abs. 1 der Anordnung der Landesregierung vom 17. I. 1955 (GBl. S. 8), geändert durch Anordnung vom 19. VI. 1973 (GBl. S. 210). Nach § 1 Abs. 2 dieser Anordnung können die obersten Landesbehörden die Vertretung auf nachgeordnete Behörden übertragen. Dies ist für sämtliche Ministerien in der Bekanntmachung vom 12. X. 1987, GBl. S. 464 geschehen. *Allgemeine Vertretungsbehörden* sind daneben u. a. die Mittelbehörden, die Präsidenten der obersten Landesgerichte, die Kassen- und Bezirksrevisoren und die Landratsämter (VO v. 11. IV. 1983, GBl. S. 185).

2. Die Vertretung des Fiskus in **Bayern** ist in der Vertretungsverordnung i. d. F. der Bek. v. 8. II. 1977   **52** (GVBl. S. 88) zuletzt geändert durch VO vom 10. I. 1989 (GVBl. S. 12) geregelt. Danach sind in der Hauptsache das *Staatsministerium der Finanzen* in München und die *Bezirksfinanzdirektionen* in Ansbach, Augsburg, München, Regensburg und Würzburg zur Vertretung befugt. Einen Überblick über die gerichtliche Vertretung des Freistaates Bayern gibt *Eder* BayVBl 1969, 157. Zum **Abhilfeverfahren** → Einl. Rdnr. 435.

3. In **Berlin** (West) wird der Fiskus für den Bereich der Zivilgerichtsbarkeit grundsätzlich durch die   **53** *Senatoren* im Rahmen ihres Geschäftsbereichs vertreten (§ 21 Allgemeines ZuständigkeitsG vom 2. X. 1958 (GVBl. S. 947), zuletzt geändert durch Gesetz vom 8. XII. 1976 (GVBl. S. 2735, vgl. auch *LG Berlin* JR 1954, 181). Für den Geschäftsbereich der *Landesjustizverwaltung* ist zu beachten, die AV vom 21. IX. 1987 (ABl. S. 1484). Für die gerichtliche Vertretung außerhalb des Geschäftsbereiches der Landesjustizverwaltung ist maßgeblich die Verordnung zur Durchführung des Allg. Zuständigkeitsgesetzes i. d. F. vom 13. III. 1989 (GVBl. S. 653).

4. In **Brandenburg** nimmt die Vertretung des Fiskus nach § 27 Abs. 1 S. 1 des Gesetzes über die   **53a** vorläufige Sicherung der Arbeitsfähigkeit des Landtages und der Regierung des Landes Brandenburg vom 1. XI. 1990 (GVBl. I für das Land Brandenburg vom 26. XI. 1990 Blatt 2 ff.) der Landtag wahr. Die Vertretungsbefugnis kann gem. § 27 Abs. 1 S. 2 des Gesetzes über die vorläufige Sicherung der Arbeitsfähigkeit des Landtages und der Regierung des Landes Brandenburg auf den Ministerpräsidenten, auf ein anderes Mitglied der Landesregierung oder auf nachgeordnete Stellen übertragen werden. Dies ist durch Kabinettsbeschluß vom 5. III. 1991 erfolgt.

5. In **Bremen** vertreten die *Senatoren* den Fiskus für ihren Geschäftsbereich, die Hauptverwaltung   **54** (Senat) in Streitsachen ihres Geschäftskreises und, wenn die Sache überbezirkliche Bedeutung hat, gesetzliche Haftpflicht betrifft oder in die Revisionsinstanz geht, auch solche aus dem Geschäftskreis einer Bezirksverwaltung; im übrigen vertreten die *Bezirksverwaltungen.* S. Allg. ZuständigkeitsG vom 2. X. 1958 und DurchfVO dazu vom 7. X. 1958, GVBl. 947, 974, ber. 1020, 1028, III der Anlage zu § 1 DurchfVO.

6. In der **Freien und Hansestadt Hamburg** sind im allgemeinen die *Finanzbehörden* vertretungsbefugt,   **55** § 6 Abs. 1 des Gesetzes über die Verwaltungsbehörden i. d. F. vom 30. VII. 1952 (BS. I 200a), zuletzt geändert 20. II. 1989 (GVBl. S. 31). Die übrigen Behörden haben Vertretungsbefugnis im Rahmen ihres Geschäftsbereiches (→ Zusammenstellung der Behörden in der Anordnung vom 2. II. 1954, Hamburger AmtlAnz. S. 111).

7. Der Ministerpräsident vertritt nach Art. 103 Abs. 1 der Verfassung das Land **Hessen**; mit Anord-   **56** nung vom 16. IX. 1974, StAnz. S. 1729 mit Änderung vom 11. III. 1983 (StAnz. S. 810) und mit Erlaß vom 15. XII. 1960, StAnz. S. 1502 und vom 6. IV. 1970, StAnz. S. 830, geändert 14. XII. 1972, StAnz.

1973, S. 2 hat er die Vertretung geregelt und unter gewissen Vorbehalten die ihm zustehende Vertretung insbesondere auf die zuständigen Minister übertragen. Diese können die Vertretungsbefugnis auf nachgeordnete Stellen weiterübertragen, vgl. Anordnung vom 3. III. 1988 StAnz. S. 675 (für den Geschäftsbereich des *Kultusministers*), AO vom 12. I. 1988, StAnz. S. 373 = JMBl. Nr. 4 i. d. F. vom 30. VIII. 1988, StAnz. S. 2115, vom 11. II. 1991, StAnz. S. 649 *(Justizminister)*, AO vom 1. IV. 1986, StAnz. S. 842, 28. XI. 1987, StAnz. 1988 S. 9 vom 19. XII. 1990, StAnz. 1991 S. 183 *(Sozialminister)*, VO vom 1. V. 1985, StAnz. S. 897 *(Minister für Landwirtschaft, Forsten und Naturschutz)*, AO vom 29. XII. 1988, StAnz. S. 252 *(Innenminister)*, AO vom 25. IX. 1987, StAnz. S. 2098 *(Minister für Wirtschaft und Technik)*, AO vom 25. I. 1991, StAnz. S. 381 *(Finanzminister)*, AO vom 9. VII. 1987, StAnz. S. 1650 *(Minister für Umwelt und Reaktorsicherheit)*.

56a   8. In **Mecklenburg-Vorpommern** vertritt gem. § 5 Abs. 2 des vorläufigen Status für das Land Mecklenburg-Vorpommern der Ministerpräsident das Land. In Rechtsstreitigkeiten ist grundsätzlich im Rahmen eines Geschäftsbereichs der zuständige Minister vertretungsberechtigt. Die Fachminister können die Vertretungsbefugnis auf nachgeordnete Behörden übertragen, die erst mit Veröffentlichung im Amtsblatt für Mecklenburg-Vorpommern wirksam werden (vgl. Erlaß vom 7. XI. 1990, ABl. 1991, S. 38).

57   9. In **Niedersachsen** richtet sich die Vertretung des Fiskus nach dem Gemeinsamen Runderlaß vom 16. X. 1979 (NdsMBl. S. 1807), zuletzt geändert am 5. XII. 1985 (NdsMBl. S. 1060).

58   10. In **Nordrhein-Westfalen** vertritt der Fiskus in Rechtsstreitigkeiten der Landtagsverwaltung nach Art. 39 der Verfassung der Landtagspräsident. Im übrigen umfaßt das den Ministern nach Art. 55 Abs. 2 der Verfassung eingeräumte Recht, ihren Geschäftsbereich selbständig zu leiten, auch die Vertretungsbefugnis. Regelungen zur Übertragung der Vertretungsbefugnis auf nachgeordnete Behörden sind erlassen worden für das *Justizministerium* (AV vom 17. III. 1987, JMBl. S. 89, vom 13. IV. 1988, JMBl. S. 109 und VO vom 19. XI. 1982, GVBl. S. 757; i. d. F. der VO vom 20. V. 1987, GVBl. S. 175) und das *Ministerium für Wirtschaft, Mittelstand und Verkehr* (Runderlaß vom 14. III. 1967, MBl. S. 516).

59   11. In **Rheinland-Pfalz** wird der Fiskus in Angelegenheiten, die ein Ministerium unmittelbar betreffen, durch den zuständigen Fachminister vertreten (VO vom 11. IX. 1951, MinBl. S. 684, geändert 31. III. 1960 und 28. VIII. 1968, GVBl. S. 205). Für die Geschäftsbereiche der einzelnen Ministerien bestehen folgende Vertretungsregelungen: Anordnung v. 18. XI. 1980, GVBl. S. 293 *(Ministerium für Finanzen)*, Runderlaß vom 2. I. 1968, MinBl. Sp. 9 *(Innenministerium)*, LVO v. 10. V. 1988, GVBl. S. 106 *(Justizministerium)*, Anordnung vom 1. VIII. 1962, MinBl. S. 1015, Rdschr. vom 22. VII. 1977, MinBl. Sp. 764 *(Sozialministerium)*, LVO v. 20. VIII. 1989, GVBl. S. 207 *(Ministerium für Wirtschaft und Verkehr)*, VwAO vom 18. XII. 1951, MinBl. Sp. 874 *(Kultusministerium)*, LVO v. 27. XII. 1990, GVBl. 1991 S. 50 *(Ministerium für Landwirtschaft, Weinbau und Forsten)*.

60   12. Im **Saarland** ist die Vertretung allgemein durch Gesetz vom 15. XI. 1960 (ABl. S. 920) geregelt; grundsätzlich ist im Rahmen seines Geschäftsbereiches der zuständige Minister vertretungsberechtigt (§ 1 Abs. 1 Satz 1 des Gesetzes). Die Minister haben mit folgenden Vorschriften (zum Teil) ihre Vertretungsbefugnis auf nachgeordnete Behörden übertragen. Erlaß vom 18. III. 1961, ABl. S. 177 *(Minister für Finanzen und Forsten)*, Bekanntmachung vom 27. IV. 1962, ABl. S. 348 *(Justizminister)*, Bek. vom 21. V. 1968, ABl. S. 31 *(Minister für Arbeit, Sozialordnung und Gesundheitswesen)*, Bek. v. 30. VIII. 1990, ABl. S. 1138 *(Ministerium für Arbeit und Frauen)*.

60a   13. In **Sachsen** nimmt gem. § 1 der AO des Ministerpräsidenten des Freistaates Sachsen vom 22. I. 1991, GVBl. S. 65, Abl. Nr. 2 S. 15 die oberste Landesbehörde, zu deren Geschäftsbereich die Angelegenheit gehört, die Vertretung im gerichtlichen Verfahren wahr. Nach § 2 dieser AO kann die Vertretung des Landes auf andere Stellen übertragen werden. Gemäß der Bekanntmachung v. 22. IV. 1991, GVBl. S. 66, ABl. Nr. 11 S. 4 ist die Vertretungsbefugnis auf das Landesamt für Finanzen übertragen worden.

60b   14. In **Sachsen-Anhalt** ist die Vertretungsbefugnis geregelt durch die Bekanntmachung der Staatskanzlei v. 1. V. 1991, MBl. S. 115, die auf § 6 Abs. 1 S. 1 des Gesetzes v. 28. X. 1990 über die vorläufige Regierung im Land Sachsen-Anhalt, GVBl. S. 1, beruht. Gemäß § 6 des Gesetzes vom 28. X. 1990 vertritt der Ministerpräsident das Land; dieser kann die Befugnis für bestimmte Bereiche auf die Minister übertragen, die wiederum die ihnen erteilten Befugnisse auf nachgeordnete Behörden übertragen können.

15. In **Schleswig-Holstein** vertritt den Fiskus nach Art. 25 der Landessatzung i. d. F. vom 7. II. 1984, **61**
GVBl. S. 53 der Ministerpräsident, der die Vertretung jedoch grundsätzlich den zuständigen Fachmini-
stern übertragen hat, Erlaß vom 30. X. 1950 (ABl. S. 461) ergänzt 14. IV. 1951 (ABl. S. 222) und 26. IV.
1966 (ABl. S. 219, i. V. m. der gemeinsamen Geschäftsordnung der Ministerien vom 8. XII. 1981 (ABl.
1982, 117). Für die einzelnen Ministerien bestehen folgende Delegationen in der Vertretungsbefugnis:
Erlaß vom 22. VIII. 1958, ABl. S. 499 und Erlaß vom 23. X. 1980, ABl. S. 712 und Bek. vom 6. II. 1988,
ABl. S. 97 (*Ministerium für Arbeit, Soziales und Vertriebene*), Erlaß vom 16. I. 1967, Bl. S. 30 = SchlHA
81 (*Justizministerium*); Erlaß vom 31. X. 1985, ABl. S. 353, vom 23. VII. 1987, ABl. S. 567, vom 16. V.
1988, ABl. S. 263, vom 2. VII. 1990, ABl. S. 452 (*Finanzministerium*), Erlaß vom 25. VIII. 1986, ABl.
S. 371 (*Ministerium für Wirtschaft und Verkehr*), Erlaß vom 17. VII. 1989, ABl. S. 291 (*Ministerium für
Ernährung, Landwirtschaft, Forsten und Fischerei*).

16. Die Vertretung in **Thüringen** ist in § 13 der vorläufigen Landessatzung für das Land Thüringen **61a**
vom 7. XI. 1990, GBl. Nr. 1, S. 1 ff. und der hierauf ergangenen AO über die Vertretung des Landes
Thüringen vom 18. XII. 1990, VBl. 1991 Nr. 2, S. 15 geregelt. Die Vertretungsbefugnis hat danach der
Ministerpräsident, der sie jedoch durch die AO über die Vertretung des Landes Thüringen auf die
zuständigen Fachminister übertragen hat.

VII. Ausländischer Fiskus

§ 18 gibt keinen Gerichtsstand für den ausländischen Fiskus. Sein Rechtsgedanke gilt aber **62**
für die Frage der **Vertretung**, sofern ein ausländischer Fiskus an einem Zivilprozeß beteiligt
ist. Demgemäß wird er nach **Maßgabe des ausländischen Rechts** vertreten (*BGHZ* 40, 197
[199] = NJW 1964, 203 = MDR 134 = BB 13 = LM Nr. 1, vgl. auch *OLG München* MDR
1975, 411 = IPRsp 1974 Nr. 146). Zur Frage der Möglichkeit, einen ausländischen Staat zu
verklagen → Einl. Rdnr. 660.

Soweit bei Rechtsstreitigkeiten wegen **Stationierungs-** und **Truppenschäden** (Art. 12 NTS-
AG, → Einl. Rdnr. 667 (allgemein dazu *Geißler* (N. 1) NJW 1980, 2615 ff.; *Heitmann* BB
1980, 1349; *Grasmann* BB 1980, 910) sowie aus dem Aufgabenbereich der **bei den Stationierungsstreitkräften** und **den NATO-Hauptquartieren beschäftigten Arbeitnehmern** (Art. 56
Abs. 8 Zusatz Abk-NTS, → Einl. Rdnr. 666) die Bundesrepublik Deutschland zu verklagen ist,
wird diese an sich durch den Bundesminister der Finanzen vertreten. Der Bundesminister der
Finanzen hat mit gewissen Einschränkungen (näher s. MinBlFin 1977, S. 13) die Vertretungsbefugnis jedoch auf die Finanzsenatoren und Finanzminister der Länder (ohne Saarland) und
den Innenminister des Saarlandes übertragen (MinBlFin 1977, S. 13) mit der Befugnis, die
Vertretung allgemein oder für den Einzelfall auf nachgeordnete Behörden zu delegieren (für
Rheinland-Pfalz s. Anordnung vom 20. XII. 1978, GVBl. 1979, 10: Übertragung auf Ämter
für Verteidigungslasten). Die Übertragung umfaßt im wesentlichen folgende Bereiche:
Rechtsstreitigkeiten wegen Stationierungsschäden nach Art. 8 Abs. 10 des Finanzvertrages;
Rechtsstreitigkeiten wegen Truppenschäden nach Art. 12 NTS-AG über Entschädigungsan-
sprüche nach Art. VIII Abs. 5 NTS gegen einen Entsenderstaat oder ein NATO-Hauptquartier
(einschließlich Manöverschäden, für die ein Entsendestaat oder ein NATO-Hauptquartier
verantwortlich ist); Rechtsstreitigkeiten über Forderungen eines Entsendestaats oder eines
NATO-Hauptquartiers, die aufgrund der zwischen dem Bundesminister der Finanzen und
dem Entsendestaat oder dem obersten alliierten Hauptquartier (SHAPE) abgeschlossenen
Verwaltungsabkommen durch die Behörden der Verteidigungslastenverwaltung geltend gemacht werden; Rechtsstreitigkeiten aus Arbeits- und Sozialversicherungsverhältnissen und
dem Betriebsvertretungsrecht der bei den Stationierungsstreitkräften und der bei einem
NATO-Hauptquartier beschäftigten Arbeitnehmer; Rechtsstreitigkeiten im Zusammenhang
mit der Geltendmachung von Schadenersatzansprüchen wegen unfallbedingter Arbeitsunfä-

higkeit, die bei einem bei den Stationierungseinheiten oder einem NATO-Hauptquartier beschäftigten Arbeitnehmer entstanden und auf den Arbeitgeber übergegangen sind oder übertragen wurden. In den genannten Bereichen umfaßt die übertragene Befugnis auch die Vertretung des Bundes bei Maßnahmen der *Zwangsvollstreckung* im Sinne von Art. 35 Abs. (a) NTS-AG.

§ 19   [Mehrere Gerichtsbezirke am Behördensitz]

Ist der Ort, an dem eine Behörde ihren Sitz hat, in mehrere Gerichtsbezirke geteilt, so wird der Bezirk, der im Sinne der §§ 17, 18 als Sitz der Behörde gilt, für die Bundesbehörden von dem Bundesminister der Justiz, im übrigen von der Landesjustizverwaltung durch allgemeine Anordnung bestimmt.

Gesetzesgeschichte: Eingefügt als § 20 a CPO RGBl. 1898, 256. Seit 1900 § 19 ZPO, Änderungen RGBl. 1924 I 437, BGBl. 1950, 533 (536), → Einl. Rdnr. 148.

Stichwortverzeichnis: → **Gerichtsstandsschlüssel** Rdnr. 40 vor § 12.

1   I. Ist der **Ort**, an dem eine Behörde ihren Sitz hat, **in mehrere Gerichtsbezirke eingeteilt**, bestimmt sich die Zuständigkeit nach der Lage des Dienstgebäudes der Behörde. Zur Vermeidung der sich hierbei ergebenden Zufälligkeiten und Zweifel erlaubt § 19 den Erlaß allgemeiner Anordnungen. Nach Auskunft der Landesjustizverwaltungen bestehen in keinem Fall mehr derartige Anordnungen.

2   II. Die Vorschrift des § 19 greift sowohl Platz, wenn die Behörde als solche verklagt werden kann → § 50 Rdnr. 11, wie auch dann, wenn sie den Fiskus vertritt. Sie gilt dagegen nicht für die Gemeinde selbst, die den Ort bildet, und ebensowenig für Gesellschaften[1], Körperschaften usw. Hier ist der tatsächliche Sitz zu ermitteln, → § 17 Rdnr. 2 ff., und erforderlichenfalls das zuständige Gericht für den einzelnen Fall nach § 36 Nr. 2 zu bestimmen.

3   Die gemäß § 19 getroffene Regelung gilt nur für den *allgemeinen* Gerichtsstand; die besonderen Gerichtsstände, z. B. der der unerlaubten Handlung bei Klagen aus Amtspflichtverletzungen, bleiben unberührt.

§ 20   [Besonderer Gerichtsstand des längeren Aufenthaltsortes]

Wenn Personen an einem Ort unter Verhältnissen, die ihrer Natur nach auf einen Aufenthalt von längerer Dauer hinweisen, insbesondere als Hausgehilfen, Arbeiter, Gewerbegehilfen, Studierende, Schüler, oder Lehrlinge sich aufhalten, so ist das Gericht des Aufenthaltsortes für alle Klagen zuständig, die gegen diese Personen wegen vermögensrechtlicher Ansprüche erhoben werden.

---

[1] *RG* KGBl. 1908, 55; *KG* OLG Rsp 20, 287.

Gesetzesgeschichte: Bis 1900 § 21 CPO; Änderungen RGBl. 1898, 369, 1924 I 437; BGBl. 1950, 535,
→ Einl. Rdnr. 148.

Stichwortverzeichnis → Gerichtsstandsschlüssel Rdnr. 40 vor § 12.

I. 1. § 20 begründet einen Gerichtsstand **nur für natürliche Personen.** Eine direkte oder   1
entsprechende Anwendung auf juristische Personen ist nicht möglich. Bei natürlichen Personen setzt seine Anwendung voraus, daß die **betreffende Person einen anderweitigen Wohnsitz** hat; § 20 schafft nur einen zusätzlichen weiteren Gerichtsstand **neben dem Wohnsitz.**
Besitzt der Beklagte überhaupt keinen in- oder ausländischen Wohnsitz, ist nicht § 20,
sondern bereits § 16 (mit demselben Ergebnis) anzuwenden.

2. Da Wohnsitz auch der **ausländische Wohnsitz** ist, ergeben sich Schwierigkeiten durch   2
das **EuGVÜ.**
a) Liegt der ausländische Wohnsitz in einem der **Vertragsstaaten**[1] des EuGVÜ, so kommt
wegen Art. 2 Abs. 1, 52 EuGVÜ dieses Abkommen zur Anwendung (→ Rdnr. 26 vor § 12). Im
EuGVÜ ist jedoch kein besonderer Gerichtsstand des Aufenthaltsortes entsprechend der
Regelung in § 20 angeführt, so daß ein deutsches Gericht **seine internationale Zuständigkeit
verneinen muß, wenn der Beklagte in einem anderen Vertragsstaat den Wohnsitz hat.** § 20 ist
also in diesen Fällen nicht geeignet, die internationale Zuständigkeit zu begründen. Allerdings
kann das deutsche Gericht aus einem oder mehreren *anderen* besonderen Gerichtsständen
des EuGVÜ zuständig sein (zur *Wahlfeststellung* → Einl. Rdnr. 773, 808 b).
b) Liegt der ausländische Wohnsitz des Beklagten in einem **Nichtvertragsstaat,** so gilt
wegen Art. 4 Abs. 1 EuGVÜ die Regelung des deutschen Internationalen Prozeßrechts und
damit gewohnheitsrechtlich die lex fori. Für den Aufenthaltsort in Deutschland kommt in
diesem Fall § 20 zur Anwendung. Zur Frage, nach welchem Recht jeweils zu bestimmen ist, ob
ein Wohnsitz im Ausland gegeben ist, → § 16 Rdnr. 9.
c) Die dargelegte Rechtslage gilt, vorbehaltlich des Nato-Truppenstatus (→ Einl.
Rdnr. 663 ff.), auch für Mitglieder ausländischer Streitkräfte[2].

II. Der **Gerichtsstand des dauernden Aufenthalts** ist ein fakultativer besonderer Gerichts-   3
stand, aber **nur für vermögensrechtliche Ansprüche** (→ § 1 Rdnr. 43 ff.), allerdings ohne
Rücksicht auf ihren Entstehungsgrund, so daß auch am Wohnsitz und nicht während des
Aufenthalts begründete Ansprüche geltend gemacht werden können. Er gilt für jeden Beklag-
ten, Inländer oder Ausländer, nach Maßgabe *seines* Aufenthalts. Es kommt demnach *nicht* in
Betracht: bei Ehegatten der Aufenthalt des jeweils *anderen* Ehegatten (mit der Ausnahme des
§ 35 a), bei Kindern der Aufenthalt der *Eltern* und bei prozeßunfähigen Beklagten der
Aufenthalt des gesetzlichen *Vertreters.*

III. Die Verhältnisse, unter denen der Aufenthalt stattfindet, müssen ihrer Natur nach auf   4
einen **Aufenthalt von längerer Dauer ohne Wohnsitz** hinweisen[3]. Die im Gesetz angeführten
Fälle der »*Hausgehilfen, Arbeiter, Gewerbegehilfen* (Angestellten), *Studierenden, Schüler*
und *Lehrlinge*« sind **lediglich Beispiele;** unter die Vorschrift des § 20 fällt auch der *Aufenthalt
zur Abwicklung größerer Geschäfte,* des *Abgeordneten* während der Tagung[4], der Aufenthalt
in einer auswärtigen *Heilanstalt,* der *mehrmonatige Erholungsaufenthalt,* der *wiederholte*

---

[1] → § 15 N. 3.
[2] *LG Weiden* NJW 1960, 582 = IPRsp 1958/1959
Nr. 182.

[3] *RG* JW 1900, 653.
[4] *KG* OLG Rsp 1920, 286.

Aufenthalt an Wochenenden oder in Ferien in einem Zweithaus[5], die auswärtige *Beschäftigung* des Beamten, besonders bei *Abordnung* oder im *Vorbereitungsdienst*, das *Saisonanstellungsverhältnis* von *Kellnern, Skilehrern, Bademeistern, Schauspielern*[6], *Aufenthalt eines Arbeiters während der Montage auf einer Großbaustelle*[7] usw. Ob der Aufenthalt freiwillig oder unfreiwillig (z. B. Krankenhaus, Strafhaft) ist, spielt keine Rolle. **Nicht unter § 20 fällt dagegen der bloß vorübergehende Aufenthalt** eines Reisenden, Artisten, Fernfahrers, Piloten, Flußschiffers[8], oder der Aufenthalt tagsüber an der Arbeitsstätte außerhalb des Wohnortes. Die Absicht, einen Wohnsitz zu gründen, schließt den Gerichtsstand dann nicht aus, wenn sie, wie z. B. früher bei der getrenntlebenden Ehefrau, aus Rechtsgründen nicht verwirklicht werden kann[9]. Hat ein Aufenthalt unter solchen Verhältnissen begonnen, so ist es gleichgültig, ob er auch wirklich längere Zeit dauert und wie lange er fortgesetzt werden wird: § 20 findet also auch Anwendung, wenn das Ende des Verhältnisses bereits in sicherer Aussicht steht. Persönliche Anwesenheit zur Zeit der Klagezustellung ist nicht erforderlich[10], und der Gerichtsstand erlischt nicht durch eine bloß vorübergehende Abwesenheit.

5   **IV.** Aus den gesetzlichen Beispielsfällen »*Studierende, Schüler, Lehrlinge*« ergibt sich, daß dieser Gerichtsstand auch auf **minderjährige Personen** Anwendung findet. Es ist dazu aber erforderlich, daß der **Aufenthalt mit Zustimmung des gesetzlichen Vertreters begründet** wurde[11]. Maßgebend für diese Ansicht ist dabei allerdings nicht die Erwägung, ob die Begründung eines Aufenthalts mehr eine rechtsgeschäftsähnliche Handlung (mit der Folge der entsprechenden Anwendung der §§ 104 ff. BGB) oder mehr eine Tathandlung (mit der Folge, daß §§ 104 ff. BGB nicht zur Anwendung kommen) darstellt[12]. Vielmehr ist davon auszugehen, daß es nach den § 1631 Abs. 1, §§ 1705, 1722, 1736, 1754, 1793 BGB dem gesetzlichen Vertreter im Rahmen der Personensorge obliegt, den Aufenthalt des Minderjährigen zu bestimmen. Würde man für § 20 entgegen dieser materiellen Rechtslage entscheiden, so könnte wegen § 51 der gesetzliche Vertreter genötigt sein, für den Minderjährigen den Prozeß an einem Ort zu führen, mit dem *er* nicht einverstanden ist. Die sich daraus möglicherweise ergebenden Schwierigkeiten und Nachteile für den Minderjährigen widersprächen aber dem Gedanken des **Minderjährigenschutzes**, dem gerade in unserer Rechtsordnung ein besonders großer Wert beigemessen wird. Diese Auffassung steht auch in Einklang mit § 57 Abs. 2. Es ist nämlich streng zu trennen zwischen der Frage, ob der Aufenthalt eines Minderjährigen ohne Einwilligung des gesetzlichen Vertreters wirksam begründet wird und der weiteren Frage, ob, wenn ein solcher Aufenthalt einmal *wirksam* begründet worden ist, der Minderjährige dort auch ohne Mitwirkung oder sogar gegen den Willen des gesetzlichen Vertreters verklagt werden kann. § 57 Abs. 2 bezieht sich nur auf diesen zweiten Fall.

6   Nicht auf den Willen des gesetzlichen Vertreters ist ausnahmsweise dann abzustellen, wenn der Aufenthalt durch Naturvorgänge (Erdrutsche u. ä.), Unfälle (Krankenhausaufenthalt) oder staatliche Maßnahmen zwangsweise begründet wird. Bei staatlichen Maßnahmen ist etwa an Wehrdienst[13] (→ Rdnr. 7), Erziehungsheime[14], Strafanstalten usw. zu denken. In diesen Fällen müßte ja auch ein entgegenstehender Wille einer voll geschäftsfähigen Person (→ Rdnr. 4) zurücktreten.

---

[5] *OLG Koblenz* NJW 1979, *1309 (LS).*
[6] Vgl. *Bengelsdorf* BB 1989, 2390 (2390).
[7] *Bengelsdorf* (N. 6) 2394.
[8] Vgl. *RGZ* 30, 326 f.; *RG* JW 1893, 265.
[9] *KG* OLG Rsp 23, 78.
[10] *RGZ* 30, 328.
[11] *Mann* JZ 1956, 466 (470); *Stoll* RabelsZ 22 (1957) 192.
[12] Vgl. dazu *Palandt/Heinrichs* BGB[51] § 8 Rdnr. 1. Auf

solchen materiell-rechtlichen Überlegungen beruhen die herrschenden Vorstellungen, es könne mit Wirkung für den Gerichtsstand ein Aufenthalt gegen den Willen des Sorgeberechtigten begründet werden. Die prozessuale Schutzbedürftigkeit des Minderjährigen wird hierbei übersehen. Zum Streitstand auch *J. Schröder* Internationale Zuständigkeit (1971) 145 m. w. N.
[13] *LG Verden* MDR 1964, 766.
[14] *LG Wuppertal* DAVorm 1968, 204.

V. Bei **Soldaten**[15] ist § 9 BGB zu beachten; § 20 Abs. 2 a. F. ist wegen Art. 9 i. V. m. Anlage 2 REinhG v.   **7**
12. IX. 1950 (BGBl. S. 455, 535) weggefallen. Seither muß unterschieden werden zwischen dem *Standort* und dem sonstigen *Aufenthaltsort* (z. B. bei Lehrgängen in anderen Einheiten oder beim Studium an einer Bundeswehruniversität) der Soldaten. **Der Standort begründet den Wohnsitz** (§ 9 Abs. 1 BGB) und damit den allgemeinen Gerichtsstand (→ § 13 Rdnr. 16), daneben ist für Aufenthalte außerhalb des Standorts § 20 anwendbar. Sofern wegen § 9 Abs. 2 BGB, z. B. bei **Wehrpflichtigen**, nicht der Standort wohnsitzbegründend ist, bringt § 20 auch für den Standort einen Gerichtsstand, außerdem für Aufenthalte außerhalb des Standorts.

§ 21   [Besonderer Gerichtsstand der Niederlassung]

(1) **Hat jemand zum Betriebe einer Fabrik, einer Handlung oder eines anderen Gewerbes eine Niederlassung, von der aus unmittelbar Geschäfte geschlossen werden, so können gegen ihn alle Klagen, die auf den Geschäftsbetrieb der Niederlassung Bezug haben, bei dem Gericht des Ortes erhoben werden, wo die Niederlassung sich befindet.**

(2) **Der Gerichtsstand der Niederlassung ist auch für Klagen gegen Personen begründet, die ein mit Wohn- und Wirtschaftsgebäuden versehenes Gut als Eigentümer, Nutznießer oder Pächter bewirtschaften, soweit diese Klagen die auf die Bewirtschaftung des Gutes sich beziehenden Rechtsverhältnisse betreffen.**

Gesetzesgeschichte: Bis 1900 § 22 CPO; sprachlich neugefaßt BGBl. 1950, 535 (→ Einl. Rdnr. 148).

Stichwortverzeichnis → **Gerichtsstandsschlüssel** Rdnr. 40 vor § 12.

---

[15] *Palandt/Heinrichs* (N. 12) § 9 Rdnr. 1; *LG Münster* RPfleger 1963, 303.

I. Zweck und Bedeutung der Vorschrift

1   § 21 gibt dem Kläger die Möglichkeit, einen Unternehmer, Gewerbetreibenden, Freiberufler oder Landwirt (→ näher Rdnr. 12) – insbesondere seinen Geschäftspartner statt in dessen – möglicherweise anderswo bestehenden – allgemeinem Gerichtsstand oder in (sonstigen) besonderen Gerichtsständen am Ort seiner *Niederlassung* zu verklagen[1]. Dieser zusätzliche Gerichtsstand wurde im 19. Jh. zur **Erleichterung der Rechtsverfolgung am Ort einer Niederlassung** eingeführt und in die ZPO übernommen[2]. Hierdurch wird vor allem erreicht, daß der Kläger ein örtlich günstiger gelegenes Gericht anrufen kann oder sich auf den meist leichteren Nachweis der Niederlassung des Beklagten zu beschränken vermag und nicht den Wohnsitz (Sitz) des Beklagten am Gerichtsort beweisen muß (→ auch Rdnr. 9). § 21 gilt nur für Klagen **gegen den Inhaber einer Niederlassung, nicht für Klagen** und Mahnverfahren[3] **des Inhabers dieser Niederlassung** gegen seine Geschäftspartner.

Von dieser Regelung unterscheidet sich **Art. 5 Nr. 5 EuGVÜ** (→ Rdnr. 4 ff.), der **auch für Klagen des Inhabers der Niederlassung aus den ihr entstehenden Ansprüchen gilt**[4].

II. Die Niederlassung als Anknüpfungspunkt für den Gerichtsstand

2   **1.** Der fakultative Gerichtsstand der Niederlassung ist dem des Wohnsitzes nachgebildet. Aber die Niederlassung begründet weder einen Wohnsitz (→ § 13 Rdnr. 2), noch einen Teil- oder Nebenwohnsitz. Auch ist die **Niederlassung** als solche **nicht parteifähig**[5]. Bei Einzelunternehmen ist deshalb weiterhin die Person des Unternehmers (gegebenenfalls unter seiner Firma, § 17 Abs. 2 HGB), bei Gesellschaften mit eigener Rechtspersönlichkeit die Gesellschaft als solche zu verklagen. Eine Besonderheit ergibt sich bei der **OHG** und der **KG**. Nach herrschender Meinung fehlt ihnen eine eigene Rechtspersönlichkeit; zu verklagen sind also die Gesellschafter. Daneben eröffnet § 124 Abs. 1 HGB die Möglichkeit, auch gegen die OHG oder KG Klage zu erheben (→ § 50 Rdnr. 13). Sowohl bei der persönlichen Klage gegen einen oder mehrere Gesellschafter wie auch bei der Klage gegen die OHG oder KG selbst ist der Gerichtsstand der Niederlassung gegeben[6].

3   **3.** Auch **außerhalb der ZPO** findet sich dieser Gerichtsstand.

a) Durch §§ 71, 238 KO ist der Gerichtsstand der gewerblichen Niederlassung zum ordentlichen Gerichtsstand für den **Konkurs** bestimmt, ebenso durch § 2 VerglO für das **Vergleichsverfahren**.

b) In § 24 **UWG** (*Text* → § 32 Rdnr. 12) ist er in erster Linie, und zwar *ausschließlich* (siehe jedoch die Ausnahme in § 33 **WZG**) für die Klagen auf Grund dieses Gesetzes angeordnet.

---

[1] Die §§ 17 und 22 verdrängen grundsätzlich nicht den § 21, wenn Mitglieder gegen ihren Verband klagen, *BGH* NJW 1975, 2142; vgl. zum Verhältnis zu den §§ 13, 17 *BGHZ* 88, 331 (336): Die Vorschriften über den allgemeinen Gerichtsstand und die spezielle Regelung über den besonderen Gerichtsstand des § 21 gelten nebeneinander.

[2] *Hahn* Materialien 253 m.w.N.; *Wach* Hdb. 424; *RGZ* 44, 355 (356ff.).

[3] *BGH* NJW 1991, 110 = MDR 321 = Rpfleger 27; *BGH* NJW 1978, 321 = *Warn* 1977 Nr. 185 = MDR 1978, 207f. = Rpfleger 13 = LM § 689 ZPO Nr. 2 (jeweils zur rechtlich unselbständigen Zweigniederlassung). Eine *ausländische Versicherung* oder *Bank* ohne Sitz im Inland kann jedoch im Gerichtsstand des § 21 das Mahnverfahren beantragen, *BGH* NJW 1979, 1785 = LM § 689 ZPO Nr. 3.

[4] Vgl. *EuGHE 1976*, 1497 (*Bloos ./. Boyer*) = NJW 1977, 490 (*Geimer*) = RIW/AWD 42 (*Linke*); *EuGHE* 1978, 2183 (*Somafer ./. Ferngas*) = RIW/AWD 1979, 56; a.M. *Geimer* DNotZ 1985, 252 (253); *Kropholler* EuGVÜ³ Art. 5 Rdnr. 52: Art. 5 Nr. 5 EuGVÜ eröffnet nur für Klagen *gegen* den Inhaber einer Zweigniederlassung, einer Agentur oder sonstigen Niederlassung eine Zuständigkeit, nicht aber für Klagen des Inhabers dieser Niederlassung gegen seine Geschäftspartner.

[5] *OGHZ* 2, 145; *BGHZ* 4, 65ff. Ein Rechtsstreit, der sich auf den Geschäftsbetrieb der Zweigniederlassung bezieht, auch unter *deren* Firma geführt werden (*BGH* a.a.O.).

[6] *RG* Gruchot 38, 1194.

c) Nach §§ 105, 106 Abs. 2, § 109 S. 1 VAG muß jedes **Versicherungsunternehmen mit Sitz außerhalb der Mitgliedstaaten der europäischen Wirtschaftsgemeinschaft**, das im Inland Versicherungsgeschäfte betreiben will, hier eine *Niederlassung* unterhalten. Das Gericht dieses Ortes ist für alle Klagen gegen die Versicherung[7] aus dem inländischen Versicherungsgeschäft zuständig[8] (→ auch Rdnr. 5). Dieser Gerichtsstand ist (anders als § 21) unabdingbar[9]. Allerdings kann die Klage gegen den Versicherer auch in anderen Gerichtsständen erhoben werden. Ebenso ist nach § 48 Abs. 1 VVG für Ansprüche **gegen den Versicherer** aus Verträgen, die ein *Agent* abgeschlossen hat, das Gericht am Ort der Niederlassung, hilfsweise des *Wohnsitzes* des *Agenten* zuständig[10]. (→ § 29 Rdnr. 6c). § 48 Abs. 1 VVG findet gemäß § 192 Abs. 2 VVG keine Anwendung, soweit es sich um Klagen gegen *öffentliche Versicherungsanstalten* handelt[11]. Die in §§ 105, 106 Abs. 2, § 109 S. 1 VAG, § 48 Abs. 1 VVG geregelten Gerichtsstände sind zwar *keine ausschließlichen* Gerichtsstände, können aber wegen § 109 S. 2 VAG, § 48 Abs. 2 VVG vertraglich nicht *ausgeschlossen* werden.

d) Für **Widerrufs- und Unterlassungsklagen des AGB-Gesetzes** ist § 21 ein *ausschließlicher* Gerichtsstand (näher § 14 AGB-Gesetz).

e) Nach § 6 Abs. 2 AuslInvestmG vom 28. VII. 1969 (BGBl. I S. 986) ist für Klagen gegen eine **ausländische Investmentgesellschaft** das Gericht zuständig, in dessen Bezirk der Repräsentant seinen Sitz oder Wohnsitz hat.

f) Für Klagen, die sich auf den Geschäftsbetrieb einer inländischen Zweigstelle eines **ausländischen Kreditinstituts** beziehen, ist § 21 gemäß § 53 Abs. 3 KWG unabdingbar.

III. Ordentlicher und internationaler Gerichtsstand der Niederlassung nach dem EuGVÜ

1. Zweigniederlassung von Unternehmen mit Sitz im EuGVÜ-Ausland   4

Der *Gerichtsstand der Niederlassung* findet sich auch in Art. 5 Nr. 5 des **EuGVÜ** (*Text* → Einl. Rdnr. 904). Nach dieser Bestimmung ist – sofern dieses Abkommen eingreift (→ Rdnr. 26 vor. § 12 m.w.N.) – der *deutsche* Richter **international zuständig,** wenn ein Unternehmen seinen *Hauptsitz* (Art. 53 S. 1 EuGVÜ, *Text* → Einl. Rdnr. 916) **in einem der Vertragsstaaten** (→ Einl. Rdnr. 783 f.), aber außerhalb Deutschlands hat[12] und eine *Zweigniederlassung, Agentur*[13] *oder eine sonstige Niederlassung innerhalb* Deutschlands unterhält. In einem solchen Fall muß der Richter von Amts wegen (Art. 19, 20 EuGVÜ) seine Zuständigkeit prüfen. Hierbei leitet er direkt aus dem EuGVÜ sowohl seine *internationale* als auch seine *örtliche* Zuständigkeit ab. **§ 21 wird daher sowohl als internationale Zuständigkeitsnorm als auch als Gerichtsstandsregel völlig verdrängt** (→ Einl. Rdnr. 788 b) . Wenn unklar ist, ob das EuGVÜ eingreift, kann eine **Wahlfeststellung** möglich sein (→ Einl. Rdnr. 773, 808 b).

---

[7] Nicht aber für Klagen der Versicherung.

[8] Der *Direktanspruch* gegen den Versicherer nach § 3 Abs. 1 Nr. 1 Pflichtversicherungsgesetz kann vom Geschädigten auch im Gerichtsstand des § 109 VAG geltend gemacht werden; vgl. *Mansel* Direktansprüche gegen den Haftpflichtversicherer (1986) S. 54. *Prölss/Schmidt/Frey* Versicherungsaufsichtsgesetz[10] (1989) § 109 Rdnr. 2 wenden § 109 VAG nur für Klagen von Versicherungsnehmern an. Zum Direktanspruch gegen den Haftpflichtversicherer → Rdnr. 15.

[9] § 109 Abs. 1 VAG lautet: Für Klagen, die aus dem gemäß § 105 abgeschlossenen Versicherungsgeschäft gegen das Unternehmen erhoben werden, ist das Gericht zuständig, in dessen Bezirk es seine Niederlassung (§ 106 Abs. 2) hat. Dieser Gerichtsstand darf nicht durch Vertrag ausgeschlossen werden.

[10] Der *Direktanspruch* gegen den Versicherer nach § 3 Abs. 1 Nr. 1 Pflichtversicherungsgesetz kann vom Geschädigten auch im Gerichtsstand des § 48 VVG geltend gemacht werden, *LG Hanau* VersR 1971, 661 = DAR m.w.N.; *Beitzke* in Festschr. für *v. Caemmerer* (1978) 674; *Mansel* (N. 8) S. 54; *Prölss/Martin* Versicherungsvertragsgesetz[24] (1988) § 48 Anm. 1; a.M. nur *LG München I* VersR 1974, 738 (abl. Anm. *Schade*); *Becker/ Böhme* Kraftverkehrs-Haftpflichtschäden[16] Rdnr. 1185; *Prölss/Knappmann* Versicherungsvertragsgesetz[24] § 3 Nr. 1, 2 PflVersG Anm. 2; *Theil* VersR 1990, 810 f.

[11] *Prölss/Martin* Versicherungsvertragsgesetz[24] § 48 Anm. 4.

[12] *Linke* in *Bülow/Böckstiegel* Nr. 606, Art. 5 EuGVÜ Anm. V 2.

[13] Während nach § 21 die Agentur keinen Gerichtsstand zu begründen vermag (→ Rdnr. 14), geht das EuGVÜ insofern weiter.

2. Zweigniederlassung von Unternehmen mit Sitz außerhalb des EuGVÜ-Gebiets

5   Hat ein ausländisches Unternehmen seinen **Hauptsitz in keinem der Vertragsstaaten**, greift Art. 5 Nr. 5 EuGVÜ *nicht* ein. Gemäß Art. 4 EuGVÜ wird dann **§ 21 angewandt.** Besonderheiten ergeben sich jedoch bei Klagen gegen **Versicherer**, die ihren Hauptwohnsitz *außerhalb* des Geltungsbereichs des EuGVÜ haben. Bei ihnen wird ein *Vertragssitz fingiert* (Art. 8 Abs. 2 EuGVÜ, *Text* → Einl. Rdnr. 905), so daß es bei der in Rdnr. 4 dargelegten Rechtslage bleibt (→ auch Rdnr. 3 sub c [zu §§ 105 ff. VAG]).

5a   ### 3. Versicherungssachen

Für Versicherungssachen enthält das EuGVÜ in seinen Art. 7 bis 12 a (*Text* → Einl. Rdnr. 5) umfangreiche Zuständigkeitsvorschriften. Diese Regelungen **tasten** aber gemäß Art. 7 EuGVÜ den allgemeinen Gerichtsstand der Niederlassung, wie er in **Art. 5 Nr. 5 EuGVÜ** (→ Rdnr. 4) gewährt wird, **nicht an**, so daß auch in Versicherungssachen *am Ort der Versicherungsniederlassung geklagt* werden kann, sofern die Voraussetzungen des Art. 5 Nr. 5 EuGVÜ vorliegen. Im einzelnen gilt folgendes:

a) Der Versicherer, der seinen *Sitz im Hoheitsgebiet* eines der Vertragsstaaten des EuGVÜ hat, kann in einem anderen Vertragsstaat gemäß Art. 5 Nr. 5 EuGVÜ bei Streitigkeiten aus dem Betrieb einer dort befindlichen Zweigniederlassung, Agentur oder sonstigen Niederlassung verklagt werden (unbeschadet der Möglichkeit [→ § 17 Rdnr. 5] gemäß Art. 8 Abs. 1 Nr. 1 EuGVÜ [*Text* → Einl. Rdnr. 905] am Sitz des Versicherers im anderen Vertragsstaat gegen ihn Klage zu erheben). Daneben besteht wegen Art. 8 Abs. 1 Nr. 2 EuGVÜ die Möglichkeit zur Klage gegen den Versicherer am Wohnsitz des Versicherungsnehmers (→ § 17 Rdnr. 5).

b) Hat der Versicherer im *Hoheitsgebiet eines Vertragsstaates keinen Sitz*, verfügt er aber *im EuGVÜ-Gebiet* über eine Zweigniederlassung, Agentur oder sonstige Niederlassung, so wird er *gemäß der Fiktion des* Art. 8 Abs. 2 EuGVÜ für Streitigkeiten aus dem Betrieb solcher Zweigniederlassungen, Agenturen oder Niederlassungen, so behandelt, »wie wenn er seinen Wohnsitz in dem Hoheitsgebiet dieses Staates hätte«. Gegen diesen Versicherer kann also gemäß Art. 5 Nr. 5 EuGVÜ vorgegangen werden (näher → Rdnr. 4).

c) Hat ein Versicherer *weder einen Sitz noch eine Niederlassung* in einem der Mitgliedstaaten des EuGVÜ, greifen wegen Art. 4 EuGVÜ die deutschen Gerichtsstandsregeln ein. Neben § 21 ist dies insbesondere § 109 VAG (→ Rdnr. 3 sub e).

4. Verbrauchersachen

5b   In **Verbrauchersachen** ist Art. 13 Abs. 2 EuGVÜ (*Text* → Einl. Rdnr. 906) wichtig. Er *fingiert* in derselben Formulierung wie Art. 8 Abs. 2 EuGVÜ (→ soeben Rdnr. 5a sub b) den *Wohnsitz (Sitz) des Vertragspartners des Verbrauchers im räumlichen Geltungsbereich des EuGVÜ*, so daß er am Ort seiner Zweigniederlassung, Agentur oder Niederlassung gemäß Art. 5 Nr. 5 EuGVÜ (näher → Rdnr. 4) verklagt werden kann, auch wenn dieser Vertragspartner nicht im EuGVÜ-Gebiet seinen Wohnsitz (Sitz) hat. Verfügt er über einen solchen Sitz, ist Art. 5 Nr. 5 EuGVÜ ohnehin anwendbar.

5. Sitzbestimmung nach dem EuGVÜ

6   Für die Frage, **nach welchem Recht der deutsche Richter bestimmt**, ob ein **Unternehmen seinen Sitz** im Inland, in einem der Vertragsstaaten oder außerhalb hat, gilt die folgende Regelung:

a) Der *Inlandssitz* (innerhalb Deutschlands) wird nach *deutschem* Recht festgestellt. Ergibt diese Prüfung, daß das Unternehmen seinen *Hauptsitz* im *Inland* hat, wird nicht das EuGVÜ, sondern § 21 angewandt. *Fehlt* jedoch ein *Inlandshauptsitz*, wird nach dem *nationalen Recht* des jeweils in Betracht kommenden Vertragsstaats geprüft, ob dort ein Sitz besteht. Das folgt aus Art. 53 S. 2 EuGVÜ, der bestimmt, daß das Gericht bei der Entscheidung darüber, wo sich der Hauptsitz nach Art. 5 Nr. 5 und Art. 53 S. 1 EuGVÜ befindet, die Vorschriften seines Internationalen Privatrechts anzuwenden hat. Liegt der Sitz außerhalb des EuGVÜ-Raums → § 17 Rndr. 9.

b) Dieser Auslegung kann man allerdings entgegenhalten, daß Art. 53 S. 2 EuGVÜ auf das deutsche internationale *Prozeßrecht* verweist. Dann entnimmt der deutsche Richter das Prozeßrecht der *lex fori*[14]. Der Hauptsitz bestimmt sich bei solcher Auffassung nicht nach dem nationalen Recht des Vertragsstaates, sondern nach den Rechtsgrundsätzen, die dem *deutschen Zivilprozeßrecht* zu entnehmen sind. Gegen diese Auslegung spricht aber, daß es keinen selbständigen *prozessualen* Begriff des Sitzes juristischer Personen und anderer Personengemeinschaften gibt. Außerdem kann die Anwendung deutschen Rechts zu Zuständigkeitskonflikten führen, die dem Sinn und dem Zweck des EuGVÜ widersprechen. Art. 53 S. 2 EuGVÜ ist demnach wie oben a) dahingehend auszulegen, daß er auf die *Grundsätze des deutschen Internationalen Privatrechts* verweist, die für das Personalstatut juristischer Personen und anderer nicht rechtsfähiger Personengemeinschaften gelten. Nach h. M. ist hier das *nationale Recht* des Staates anzuwenden, in dem der tatsächliche Hauptsitz gelegen ist[15]. Das nationale Recht ist darüber hinaus bereits dann heranzuziehen, wenn es um die Frage der Bestimmung des Hauptsitzes selbst geht. Wird durch ein deutsches Gericht ein solcher Hauptsitz in einem der Vertragsstaaten des EuGVÜ *bejaht*, so ist das EuGVÜ anzuwenden (→ Rndr. 4). Wird dagegen ein Hauptsitz *verneint*, so prüft das Gericht nach den dargestellten Grundsätzen, ob ein Hauptsitz in einem Nichtvertragsstaat besteht. Im positiven Falle wendet es § 21 an (→ Rndr. 5). Im negativen Falle gilt, wenn auch sonst kein Hauptsitz feststellbar ist, für die deutsche Niederlassung nicht § 21, sondern § 17.

6. Europäische Auslegung der Begriffe des Art. 5 Nr. 5 EuGVÜ

Hinsichtlich der in Art. 5 Nr. 5, Art. 8 Abs. 2 (→ Rndr. 5a sub b, 5b) sowie Art. 13 Abs. 2 (→ Rndr. 5b) EuGVÜ enthaltenen Begriffe der *»Zweigniederlassung, Agentur oder einer sonstigen Niederlassung«* können zwar die zu § 21 erarbeiteten Grundsätze hilfreich sein (→ Rndr. 9 ff.), notfalls aber entscheidet über diese und die anderen im EuGVÜ enthaltenen Begriffe abschließend der **Gerichtshof der Europäischen Gemeinschaften** (→ Einl. Rndr. 909) **auf Vorlage einer der obersten Gerichtshöfe des Bundes oder sonstiger Rechtsmittelgerichte** (näher → Einl. Rndr. 909). Denn diese anderen Begriffe des EuGVÜ müssen möglichst einheitlich (europäisch) ausgelegt werden (näher → Einl. Rndr. 786)[16].

7

---

[14] *Serick* Nach welchem Recht ist der Wohnsitz in §§ 13 und 16 bei Auslandsbeziehungen zu beurteilen? ZZP 68 (1955), 279 m. w. N.

[15] *MünchKommBGB/Birk*[2] Art. 7 EGBGB Rdnr. 2; *Soergel-Kegel* BGB[10] Rdnr. 150 vor Art. 7 EGBGB; *BGH* NJW 1967, 36 ff.

[16] Hierzu *EuGHE* 1976, 1497 (*Bloos ./. Bouyer*) = NJW 1977, 490 f. (*Geimer*) = RIW/AWD 42 (*Linke*). Ein *Alleinvertriebshändler* fällt nicht unter Art. 5 Nr. 5 EuGVÜ, wenn er weder der Aufsicht noch der Leitung seines Lieferanten untersteht; ebensowenig ein *Handelsvertreter* i. S. v. §§ 84 ff. HGB (*EuGHE* 1981, 819 [*Blanchaert-Willems ./. Trost*] = NJW 1982, 507 = RIW 1981, 341 = IPrax 1982, 64, 46 [Anm. *Linke*]). Speziell zur **Auslegung von Art. 5 Nr. 5 EuGVÜ** *EuGHE* (*Somafer ./. Saarfern-gas*) 1978, 2183 = RIW/AWD 1979, 56: Es ist »ein Mittel-

punkt geschäftlicher Tätigkeit gemeint, der auf Dauer als Außenstelle eines Stammhauses hervortritt, eine Geschäftsführung hat und sachlich so ausgestattet ist, daß er« ... »Geschäfte mit Dritten betreiben kann«. *EuGHE* 1987, 4905 ff. (*Schotte ./. Rothschild*) = NJW 1988, 625 = RIW 136, 220 (Anm. *Geimer*) = IPrax 1989, 96, 81 (Anm. *Kronke*) = Rev. crit. 1988, 733 (Anm. *Droz*) wendet Art. 5 Nr. 5 EuGVÜ auf einen Fall an, in dem eine in einem Vertragsstaat ansässige juristische Person in einem anderen Vertragsstaat zwar keine unselbständige Zweigniederlassung, Agentur oder sonstige Niederlassung unterhält, dort aber *Tätigkeiten mit Hilfe einer gleichnamigen selbständigen Gesellschaft mit identischer Geschäftsführung* entfaltet, die in ihrem Namen verhandelt und Geschäfte abschließt und deren sie sich wie einer Außenstelle bedient.

IV. Luftverkehrsrechtliche Streitigkeiten nach dem Warschauer Abkommen

7a   Für **luftverkehrsrechtliche Streitigkeiten** schafft Art. 28 Warschauer Abkommen einen *Gerichtsstand der Geschäftsstelle* (→ Einl. Rdnr. 824 m. w. N.).

V. Niederlassungsgerichtsstände in bilateralen Anerkennungsverträgen

8   Gerichtsstände der Niederlassung sind (in z. T. unterschiedlicher Weise) ferner in einer Reihe von bilateralen Anerkennungs- und Vollstreckungsabkommen enthalten. Sie regeln aber nicht (anders als das EuGVÜ) die deutsche internationale oder auch nur die örtliche Zuständigkeit, sondern nur das Problem, ob ein im Niederlassungsgerichtsstand ergangenes fremdes Urteil im *Inland anerkannt* werden kann.

1. Art. 2 Nr. 4 **dt.-schweizerisches Abkommen** vom 2. XI. 1929 (RGBl. 1930 II 1066) *Text* → § 328 Rdnr. 723; wegen Art. 55 Luganer Übereinkommen (zu ihm → Einl. Rdnr. 781) nur noch begrenzt anwendbar.

2. Art. 2 Nr. 3 **dt.-italienisches Abkommen** vom 9. III. 1936 (RGBl. 1937 II 145) *Text* → § 328 Rdnr. 649; wegen Art. 55 EuGVÜ (*Text* → Einl. Rdnr. 918) nur noch begrenzt anwendbar.

3. Art. 3 Abs. 1 Nr. 4 **dt.-belgisches Abkommen** vom 30. VI. 1958 (BGBl. 1959 II 766) → § 328 Rdnr. 583; wegen Art. 55 EuGVÜ (*Text* → Einl. Rdnr. 918) nur noch begrenzt anwendbar.

4. Art. IV Abs. 1 Buchstabe a Nr. 5 **dt.-britisches Abkommen** vom 14. VII. 1960 (BGBl. 1961 II 302) *Text* → § 328 Rdnr. 610; wegen Art. 55 EuGVÜ (*Text* → Einl. Rdnr. 918) nur noch begrenzt anwendbar.

5. Art. 4 Abs. 1 Buchstabe d **dt.-niederländisches Abkommen** vom 30. VIII. 1962 (BGBl. 1965 II 26) *Text* → § 328 Rdnr. 671; wegen Art. 55 EuGVÜ (*Text* → Einl. Rdnr. 918) nur noch begrenzt anwendbar.

6. Art. 31 Abs. 1 Nr. 2 **dt.-tunesischer Vertrag** vom 19. VII. 1966 (BGBl. 1969 II 890) *Text* → § 328 Rdnr. 850.

7. Art. 7 Abs. 1 Nr. 1 **dt.-israelischer Vertrag** vom 20. VII. 1977 (BGBl. 1980 II 925) *Text* → § 328 Rdnr. 635.

8. Art. 8 Abs. 1 Nr. 1 **dt.-norwegischer Vertrag** vom 17. VI. 1977 (BGBl. 1981 II 341) *Text* → § 328 Rdnr. 692; wegen Art. 55 Luganer Übereinkommen (zu ihm → Einl. Rdnr. 781) nur noch begrenzt anwendbar.

9. Art. 7 Abs. 1 Nr. 1 **dt.-spanischer Vertrag** vom 14. XI. 1983 (BGBl. 1987 II 34) *Text* → § 328 Rdnr. 758; wegen Art. 55 EuGVÜ (*Text* → Einl. Rdnr. 918) nur noch begrenzt anwendbar.

VI. Voraussetzungen des § 21

9   1. Gefordert wird eine **Niederlassung »zum Betriebe einer Fabrik, einer Handlung oder eines anderen Gewerbes«**. Die juristische Person muß dort nicht den Mittelpunkt ihrer Wirtschaftsführung und die natürliche Person nicht das Zentrum ihrer Wirtschafts- und Lebensführung haben (→ Rdnr. 11). Nicht erforderlich ist andererseits, daß die (natürliche

oder juristische) Person an einem *anderen* Ort ihren Wohnsitz (Sitz) hat. Der Gerichtsstand des § 13 (§ 17) darf also mit dem des § 21 an demselben Ort zusammenfallen[17]; denn »Niederlassung« kann auch der *einzige* Gewerbebetrieb oder der *Hauptbetrieb* (die Zentrale neben weiteren Niederlassungen an anderen Orten, → Rdnr. 11 sub a) a.E.) des Beklagten sein. Da das Vorliegen einer Niederlassung in der Regel leichter als der Wohnsitz (Sitz) nachzuweisen ist, hat § 21 auch in solchen Fällen eine eigenständige praktische Bedeutung.

2. Gleichgültig ist, ob der **Beklagte Inhaber** oder **nur Pächter** oder **Nutznießer der Nieder-**   **10** **lassung** ist, ob er sie selbst oder durch Vertreter usw. betreibt, sofern es nur im **Namen des Beklagten geschieht**[18], und nicht etwa durch einen **Kommissionär** *im eigenen* Namen[19]. Gleichgültig ist auch, ob der Beklagte sich überhaupt oder zur Zeit der Klageerhebung am Ort der Niederlassung aufhält. Auch juristische Personen können, sofern ihr Sitz nicht mit dem Ort der Verwaltung zusammenfällt (→ § 17 Rdnr. 9 ff.), die gewerbliche Niederlassung und selbstverständlich stets Zweigniederlassungen an einem anderen Ort haben.

3. Der **Begriff der Niederlassung** wird durch **zwei Merkmale bestimmt:**   **11**
a) *Erstens* muß das Erwerbsgeschäft oder dessen abgegrenzter Teil am Ort seinen *Mittelpunkt* haben.

In dieser Hinsicht unterscheidet sich der hier verwendete Begriff der Niederlassung von den in § 7 BGB und in § 269 Abs. 2 BGB, § 71 Abs. 1 KO verwendeten Ausdrücken. Die Niederlassung nach § 7 BGB verlangt für den Fall, daß sie einen Wohnsitz begründen soll, die Bildung des *Mittelpunkts der gesamten wirtschaftlichen* und *persönlichen* Beziehungen. Die Niederlassung der § 269 Abs. 2 BGB, § 71 Abs. 1 KO fordert, daß sich an ihrem Ort das *gesamte wirtschaftliche* Erwerbsleben abspielt. Es werden also in diesen beiden Bestimmungen wegen des Fehlens eines persönlichen Aufenthalts weniger Anforderungen gestellt als in § 7 BGB. Beide Bestimmungen verlangen aber mehr als § 21. Demgemäß ist eine **Niederlassung nach § 21** auch dann schon gegeben, wenn sich **nur ein Teil des Erwerbslebens** dort abspielt[20]. Daher genügt auch eine **Zweigniederlassung** oder **Nebenstelle eines anderswo befindlichen Hauptbetriebs**[21]. Es ist deshalb möglich, daß mehrere Gerichtsstände nach § 21 miteinander konkurrieren, sofern dieselbe Person mehrere Zweigniederlassungen besitzt[22] und sich zu den Niederlassungen der Bezug (→ Rdnr. 15) herstellen läßt, z.B. bei unlauterem Wettbewerb, der von *sämtlichen* Niederlassungen ausgeht.

b) *Zweitens* muß das *Erwerbsgeschäft ständig* betrieben werden. Das ständige Betreiben muß sich in äußeren Einrichtungen kundtun[23]. Nicht notwendig ist dagegen, daß das Erwerbsgeschäft an ein und demselben Ort für unbestimmte Dauer geführt wird. So genügt auch ein Herumziehen von *Messe* zu Messe, wenn nur die schon genannten Voraussetzungen für den jeweiligen Messeort erfüllt sind[24]. Auch der *Saisonbetrieb* kann unter § 21 fallen, nicht jedoch ein ganz vorübergehender Betrieb etwa auf einem nur einige Stunden abgehaltenen *Markt*.

4. Die **Niederlassung** muß **gewerblicher Art** sein. Unter Gewerbe ist in diesem Zusammen-   **12** hang **jede auf Erwerb** abzielende Unternehmung zu verstehen. Anders als nach dem Gewer-

---

[17] Insoweit unterscheidet sich § 21 deutlich von den Niederlassungsgerichtsständen der EuGVÜ. So greift Art. 5 Nr. 5 EuGVÜ nur ein, wenn der Beklagte anderswo (in einem anderen Mitgliedstaat des EuGVÜ) seinen Wohnsitz (Sitz) hat (→ Rdnr. 5); in Versicherungs- und Verbrauchersachen wird ein solcher Wohnsitz (Sitz) notfalls fingiert, gleichzeitig besteht er im EuGVÜ-Ausland (→ Rdnr. 5a und 5b).
[18] *BayOblG* MDR 1989, 459; *OLG Frankfurt a.M.* WPM 1989, 57.
[19] *RGZ* 44, 354.
[20] *OLG München* SeuffArch 71, 114.
[21] Zu diesem Begriff: *Brendel* Gruchot 33, 215 ff.; *Schulze* SächsArchiv 7, 265 ff.; *RGZ* 41, 66; 44, 362; *RG*

JW 1902, 161 f. Im Gegensatz zu § 71 Abs. 1 KO kann *gewerbliche Niederlassung im Sinne des § 238 Abs. 1 KO* ebenso wie bei § 21 auch eine Zweigniederlassung sein, *Hess/Kropshofer* KO[2] § 328 Rdnr. 3; *Jaeger/Jahr* KO[8] §§ 237, 238 Rdnr. 76; *Kilger* KO[15] § 238 Anm. 1; a.M. *Kuhn/Uhlenbruck* KO[10] §§ 237, 238 Rdnr. 48.
[22] *RGZ* 44, 362; *OLG Augsburg* OLG Rsp 10, 402.
[23] Vgl. *BayOblG* Rpfleger 1980, 1486; *OLG Hamburg* OLG Rsp 19, 131. Nach *OLG Kassel* OLG Rsp 9, 50 ist das auch schon *vor* Eröffnung des Geschäftsbetriebes möglich.
[24] A.M. *Baumbach/Lauterbach/Hartmann*[51] Rdnr. 5. Dann greift aber wieder § 30 ein, so daß sich im Ergebnis nicht viel ändert.

bebegriff der Gewerbeordnung fallen auch Betriebe der *Urproduktion, freie Berufe*[2] und *landwirtschaftliche Betriebe* darunter (→ Rdnr. 16). Zum Gewerbebegriff gehören ferner *künstlerische und erzieherische* Tätigkeiten (Privatschulen, Erziehungsheime, Fortbildungsanstalten)[26]. Dagegen fallen nicht darunter *öffentlich-rechtliche* Einrichtungen, wie öffentliche Lehranstalten, Gefängnisverwaltungen, Berufsgenossenschaften und ähnliches. Anwendbar ist § 21 dagegen auf die *Deutsche Bundesbahn (DB)* und die *Bundespost (BP)*, wenn nach § 2 Abs. 2 BBahnG, Ziff. V Abs. 2 VwO und § 4 PostVerwG, § 9 Abs. 1 S. 2 Gesetz über Fernmeldeanlagen vom 17. III. 1977 (BGBl. I S. 459, 573) der Rechtsweg zu den ordentlichen Gerichten eröffnet ist[27]. Gewerbliche Niederlassungen sind hier die *Bahnhöfe, Postämter* usw. Es ist dabei in jedem Einzelfall neben den allgemeinen Voraussetzungen besonders die Selbständigkeit der Niederlassung (→ Rdnr. 14) zu prüfen. Eine selbständige Niederlassung liegt z. B. dann nicht vor, wenn nur ein *Fahrkartenautomat* aufgestellt ist.

13   **5. Besteht die Niederlassung zur Zeit der Klageerhebung** tatsächlich, so ist gleichgültig, ob sie in das Handelsregister eingetragen (§ 13 HGB), ob sie geboten (§ 106 Nr. 3 VAG) oder ob sie verboten (§ 17 AuswandG) ist. **Besteht die Niederlassung** dagegen in diesem Zeitpunkt nicht, ist sie aber in das *Handelsregister eingetragen,* so muß der Inhaber die eingetragene Niederlassung gegen sich gelten lassen[28]. Das gilt auch dann, wenn auf andere Weise der **Schein einer selbständigen Niederlassung** gesetzt wird[29]. Die tatsächlichen innerorganisatorischen Verhältnisse müssen in diesem Fall zurücktreten[30]. Wegen Arglist → § 1 Rdnr. 12.

14   **6.** Wird das Vorliegen einer gewerblichen Niederlassung bejaht, so kann dort ein Gerichtsstand nur dann begründet sein, wenn sie eine solche **Selbständigkeit** besitzt, daß von ihr aus **unmittelbar Geschäfte geschlossen** werden. Bei der *Hauptniederlassung* (beim *Hauptbetrieb*) ist das unproblematisch. Bei *Zweigniederlassungen* liegt diese Voraussetzung nicht vor, wenn der Abschluß von Geschäften nur *gelegentlich und ausnahmsweise* geschieht oder die Nebenstelle nur untergeordnete, dem eigenen Geschäftsbetriebe dienende Geschäfte (Annahme und Entlassung von Arbeitern → Rdnr. 17, Bestellungen von Reparaturen usw.) selbst abschließt oder sie – wie die *Stationen von Verkehrsunternehmen, die Annahmestellen von Reinigungen und Färbereien, Reparaturbetrieben, Warenlager* und dergleichen – zwar Geschäfte abwickelt, die selbst den Gegenstand des Betriebs bilden, aber *ohne jede Selbständigkeit der Entschließung,* lediglich im Rahmen der von der Hauptstelle ausgehenden Geschäftsführung[31]. Es muß ihr vielmehr ein **Teil des Geschäftsbetriebes zur selbständigen Erledigung** übertragen sein, nicht bloß die Produktion als solche, wie bei einer Fabrik ohne kaufmännische Abteilung[32]. **Agenturen** zur bloßen *Vermittlung* der Vertragsofferten gehören

    25 *BGHZ* 88, 331 (336)
    26 *VGH Mannheim* NJW 1971, 2091.
    27 So schon *RGZ 50,* 428ff. Vgl. auch *MünchKomm ZPO/Patzina* Rdnr. 5; *Finger* Kommentar zum Allgemeinen Eisenbahngesetz und Bundesbahngesetz (1982) § 2 II BBahnG Anm. 2. In diesem Zusammenhang ist es wichtig, scharf zwischen *örtlicher* Zuständigkeit und ordnungsgemäßer *Parteivertretung* zu unterscheiden. Die *Vertretung* der DB und der BP (→ § 18 Rdnr. 31ff.) vor den Zivilgerichten ist in §§ 2f. PostVertVO, Ziff. V Abs. 2 VwO geregelt. Über § 2 BBahnG, § 18 ZPO wird über die Vertretungsregeln der jeweilige *allgemeine* Gerichtsstand begründet. *Neben den allgemeinen Gerichtsstand* treten die weiteren Gerichtsstände nach §§ 20ff. ZPO. Deren Vorliegen wird unabhängig von der Frage geprüft, ob die DB oder die BP ordnungsgemäß vertreten ist.

    28 *RGZ 50, 428f.; OLG Hamburg* OLG Rsp 19, 51.
    29 Ganz h.M. z.B. *Zöller/Vollkommer*[17] Rdnr. 8; *Thomas/Putzo*[17] Anm. 1b; *BGH* NJW 1987, 3081f. = MDR 1988, 122f.; *BGH* ZIP 1989, 830 (833); *BAG* NJW 1985, 2910f.; *ArbG Berlin* EntschKalender 1964, 347.
    30 *LAG Frankfurt* a.M. DB 1988, 816; *OLG Köln* NJW **1953**, 1834; *AG Freiburg* NJW 1977, 2319; dazu *Bartl* NJW 1978, 729 (736); *Germelmann/Matthes* Arbeitsgerichtsgesetz (1990) § 2 Rdnr. 167; → auch Rdnr. 14 N. 36; § 29 Rdnr. 6c.
    31 *RGZ 50,* 396; *RG* JW 1899, 2; *OLG Stuttgart* OLG Rsp **32,** 52.
    32 *RGZ 41,* 66f.

deshalb nicht hierher[33]; jedoch begründet § 48 VVG für *Versicherungsagenten* einen Gerichtsstand bei dem Gericht, in dessen Bezirk der Ort der Niederlassung bzw. der Wohnsitz des Agenten liegt[34], → Rdnr. 3 sub c. Inländische Zweigstellen eines *ausländischen Kreditinstituts* stehen gemäß § 53 Abs. 1 KWG selbständigen inländischen Kreditinstituten gleich (näher zu § 53 Abs. 3 KWG → Rdnr. 3 sub f). Entscheidend ist jedoch, wieweit nach **außen der Eindruck der Selbständigkeit** entstanden ist[35]. Wird einem Außenstehenden (vor allem dem Vertragspartner) ein derartiger Eindruck vermittelt, kann sich der Beklagte nicht darauf berufen, *tatsächlich* fehle der betreffenden Stelle die Selbständigkeit oder es seien dieser Stelle im *Innenverhältnis* zur Hauptniederlassung selbständige Entscheidungen untersagt. **Der Anschein der Selbständigkeit und damit der Anschein einer Niederlassung genügt** daher[36]. Für die eingetragene Zweigniederlassung eines Kaufmanns ist schon auf Grund der Eintragung der Gerichtsstand des § 21 begründet[37]. Wegen § 6 Abs. 2 AuslInvestmG → Rdnr. 3 sub d).

7. Die Klagen müssen sich auf den Geschäftsbetrieb der Niederlassung beziehen[38]. Diesen   15
vom Gesetz geforderten »Bezug auf den Geschäftsbetrieb der Niederlassung« haben *in aller Regel* die *dort geschlossenen* oder *dort zu erfüllenden Verträge*[39], ebenso von dem Ort der Niederlassung *ausgehende Vertragsverletzungen, unerlaubte Handlungen,* unter ihrem Namen vorgenommener *unlauterer Wettbewerb*[40], ihr zuzurechnende *culpa in contrahendo* oder auch *Gefährdungshaftungen,* z.B. die mit den in der Niederlassung gehaltenen Kraftfahrzeugen verursachten Unfälle oder die im Werksgelände verursachten Schäden durch Eisenbahnen oder Kraftfahrzeuge. Aber auch ohne einen solchen äußerlichen Zusammenhang kann ein Bezug zur Niederlassung vorhanden sein, wenn nur **eine unmittelbare Zweckbeziehung gerade auf die Niederlassung existiert**[41]. Diese Zweckbeziehung ist auch zu bejahen für den Direktanspruch des Geschädigten gegen den Haftpflichtversicherer gemäß § 3 Abs. 1 Nr. 1 Pflichtversicherungsgesetz (→ auch Rdnr. 3 sub c) [zu § 109 VAG und § 48 VVG]; denn Schadensregulierungen gehören zu den Aufgaben von Niederlassungen[42]. Hingegen ist der Bezug zur Niederlassung zu *verneinen,* wenn es sich um Ansprüche gegen das Gesamtunternehmen handelt und deshalb nur eine mittelbare Verbindung zur Zweigniederlassung besteht[43] oder wenn ein Herausgabeanspruch auf Sachen geltend gemacht wird, die sich rein zufällig im Bereich der Niederlassung befinden[44] oder wenn Ansprüche verfolgt

---

[33] *BGH* NJW 1987, 3081 f. = MDR 1988, 122 f.: *Vermittler-GmbH* ist keine selbständige Niederlassung; a.M. *OLG München* Rpfleger 1988, 162; RIW/AWD 1983, 127 f.; *OLG Düsseldorf* NJW-RR 1989, 432 ff.; wie *BGH*: *RG* JW 1894, 112; *KG* OLG Rsp 5, 223 f.; *OLG Nürnberg* VersR 1958, 677; *OLG Hamm* VersR 1955, 613; *Harald Müller* Die Gerichtspflichtigkeit wegen »doing business« (1992) S. 137 f., 160. Anders bei Anwendung des EuGVÜ → N. 13.

[34] Der Gerichtsstand nach § 48 VVG gilt jedoch nicht im Bereich der Transportversicherung und bei einer sog. laufenden Versicherung § 187 VVG, s. dazu näher *Prölss/ Martin* (N. 10) § 48 Anm. 1 ff.; § 187 Anm. 2; zu § 48 VVG näher → Rdnr. 3 sub c.

[35] *BGH* NJW 1987, 3081 f. = MDR 1988, 122 f.; *BGH* ZIP 1989, 830 (833); *BAG* NJW 1985, 2910 f.; *OLG Breslau* HRR 39, Nr. 111; *OLG Köln* NJW 1953, 1834; *BayObLG* MDR 1989, 459; *BayObLG* WPM 1975, 872 = GmbHRdsch 184; *AG Freiburg* NJW 1977, 2319 (für *Reisebüro*); *Bartl* (N. 30); *Brendref* RIW/AWD 1986, 186 ff. (für *Anwerbungsbüros* ausländischer Firmen).

[36] → die Nachweise in N. 29 und 30. Im Ergebnis ebenso *Müller* (N. 33) S. 140 f.; 163 f.

[37] *OLG Darmstadt* SeuffArch 58, 290 und → N. 31.

[38] Grundlegend: *RGZ* 30, 328. Diese Einschränkung gilt auch für Klagen gegen die *inländische* Niederlassung einer *ausländischen* Gesellschaft. Nicht etwa ist die deutsche internationale Zuständigkeit auch für solche Ansprüche gegeben, die gegen das Hauptunternehmen gerichtet sind und mit der deutschen Niederlassung nichts zu tun haben (vgl. auch Art. 5 Nr. 5 EuGVÜ → Rdnr. 4). Anders *BAG* IPRsp 1958/1959 Nr. 29 = AP Internationales Privatrecht – Arbeitsrecht Nr. 2 (Anm. *Beitzke*) ohne Begründung.

[39] *RGZ* 23, 428; *OLG Hamburg* OLG Rsp 19, 51; 25, 51.

[40] *RGZ* 44, 362, zum Teil abweichend *OLG Breslau* OLG Rsp 29, 15 (von der Hauptstelle ausgehende Ankündigung im Bezirk der Niederlassung).

[41] *RGZ* 23, 428; 44, 357; 103, 432; *BGH* NJW 1975, 2142 = WPM 1056; *Müller* (N. 33) S. 147.

[42] *Mansel* (N. 8) S. 54 f.

[43] *RGZ* 103, 432.

[44] Vgl. dazu auch *RGZ* 30, 329; *OLG Königsberg* OLG Rsp 17, 83.

werden, die nicht aus einem Geschäftsbetrieb resultieren, sondern z. B. aus Vermögensübernahme[45]. Zu *bejahen* ist die unmittelbare Zweckbeziehung jedoch, wenn es um Ansprüche auf Begründung oder Aufhebung der gesamten Niederlassung oder um deren Einrichtung oder Ausstattung geht oder wenn Pachtstreitigkeiten über die Niederlassung vorliegen (Klage auf Bezahlung des Pachtgeldes, auf Rückgewähr des Pachtgegenstandes)[46].

VII. Landwirtschaftlicher Betrieb

16   Nach Abs. 2 gilt § 21 auch für den **landwirtschaftlichen Betrieb** eines mit **Wohn- und Wirtschaftsgebäuden versehenen Gutes**, sofern dieses für Rechnung des Beklagten verwaltet wird; gleichgültig ist es hierbei, ob er *Eigentümer, Nutznießer, sonst dinglich Berechtigter* oder *Pächter* ist und ob er selbst die Bewirtschaftung betreibt oder durch andere Personen betreiben läßt[47]. Kein »Bewirtschaften« eines Gutes liegt jedoch beim *Verpächter* vor. Im übrigen gelten die Ausführungen in Rdnr. 15 entsprechend.

VIII. Das arbeitsgerichtliche Verfahren

17   § 21 kann zwar unbestritten im arbeitsgerichtlichen Verfahren angewendet werden, **scheidet aber für Klagen gegen Arbeitnehmer** deshalb **aus**, weil er nur einen Gerichtsstand *gegen* den Inhaber einer Niederlassung, nicht aber *für* ihn schafft. Für **Klagen des Arbeitnehmers gegen den Arbeitgeber ist § 21 jedoch voll anwendbar**[48]. Dementsprechend ist zu prüfen, ob die in Rdnr. 14 behandelte *Selbständigkeit der Niederlassung* vorliegt. Ist dies der Fall, muß ferner die *unmittelbare Zweckbeziehung zur Niederlassung* (→ Rdnr. 15) vorliegen. Sie ist gegeben bei Abschluß des Arbeitsvertrags in der Niederlassung[49], auch wenn der Arbeitnehmer außerhalb (im Außendienst) beschäftigt ist oder in einem anderen Betrieb[50]. Die unmittelbare Zweckbeziehung liegt ferner vor, wenn der Arbeitsvertrag in der Hauptniederlassung abgeschlossen wurde, der Arbeitnehmer jedoch *in einer selbständigen* (→ Rdnr. 14) *Niederlassung beschäftigt* ist. Die Tätigkeit in einer *nicht-selbständigen* Niederlassung begründet hingegen niemals den Gerichtsstand.

§ 22   [Besonderer Gerichtsstand der Mitgliedschaft]

Das Gericht, bei dem Gemeinden, Korporationen, Gesellschaften, Genossenschaften oder andere Vereine den allgemeinen Gerichtsstand haben, ist für die Klagen zuständig, die von ihnen gegen ihre Mitglieder als solche oder von den Mitgliedern in dieser Eigenschaft gegeneinander erhoben werden.

Gesetzesgeschichte: Bis 1900 § 23 CPO, Änderungen RGBl. 1898, 369, sprachlich neugefaßt BGBl. 1950, 535 (→ Einl. Rdnr. 148).

---

[45] *BGHZ 4*, 62 ff.

[46] *Zöller* (N. 29) Rdnr. 11; a. M. *OLG Rostock* OLG Rsp **25**, 52; *LG Hamburg* MDR **1976**, 760; *Thomas/Putzo*[17] Anm. 1 d.

[47] *RGZ* 44, 354.

[48] *Germelmann* (N. 30) Rdnr. 167; *Grunsky* ArbGG[6] (1990) § 2 Rdnr. 38; *RGZ* 42, 379 (dagegen hinsichtlich

der Angestellten des Gesamtbetriebs *RGZ* 103, 431); *OLG München* SeuffArch 71, 115; *OLG Hamburg* OLG Rsp 29, 81.

[49] *LAG* München AP 51 Nr. 114 und *Beitzke* RdA 1951, 135, → Rdnr. 6.

[50] Zutreffend *ArbG Elmshorn* DB 1965, 980.

Stichwortverzeichnis → Gerichtsstandsschlüssel Rdnr. 40 vor § 12

I. Zweck und Problematik der Vorschrift

§ 22 ist zusammen mit § 17 zu sehen. § 17 eröffnet den Gerichtsstand für alle (auch für **1** nichtvermögensrechtliche) Klagen *gegen* die dort aufgeführten Vereinigungen, gleichgültig, ob sie von Mitgliedern oder von dritter Seite erhoben werden. **§ 22 ergänzt den § 17** und betrifft einmal den Fall, daß eine der in § 17 aufgeführten Vereinigungen **Klage gegen ihr Mitglied erhebt**, ferner den weiteren Fall, daß ein **Mitglied dieser Vereinigung gegen ein anderes Mitglied klagt**. Beide Fälle haben aber (anders als § 17) ferner zur **Voraussetzung**, daß diese Klagen **auf einem Streit aus der Mitgliedschaft selbst** beruhen. Über §§ 17, 22 können somit die *drei Fallgruppen mitgliedschaftlicher Streitigkeiten* an dem Ort verhandelt werden, wo sich der Verwaltungsbesitz befindet. Dadurch wird eine *Konzentration der Prozesse* an *einem* Ort und z. B. eine einheitliche Interpretation der Vereinssatzung ermöglicht. Ein weiterer Grund für diese Regelung liegt in der *Sachnähe* des Gerichts zum Sitz der Verwaltung und der dadurch einfacheren Einsichtnahme in Register, Akten usw.[1]. Schließlich hat der Gerichtsstand der §§ 17, 22 in aller Regel den Vorzug, *leicht feststellbar* zu sein.

Die **Problematik** des § 22 liegt in der Möglichkeit, daß am *Sitz der Vereinigung* deren Mitglieder **1a** verklagt werden können. Insoweit schafft § 22 einen **Klägergerichtsstand** und durchbricht den Grundsatz, daß der Kläger dem Gerichtsstand des Beklagten zu folgen habe (*»actor sequitur forum rei«*, → Rdnr. 14 vor § 12). Vor hundert Jahren war dieser Systembruch nicht weiter bedenklich, weil es überregionale Organisationen nur selten gab, so daß dem Mitglied in aller Regel keine Härten entstanden, wenn es am Vereinssitz verklagt wurde. Inzwischen haben sich in den verschiedensten Bereichen überregionale Organisationen entwickelt, die nur an einem Ort im Bundesgebiet ihren Sitz haben und dort sämtliche Prozesse gegen ihre Mitglieder abwickeln. Bei § 22 sind nunmehr ähnliche Mißstände zu beobachten, wie sie vor dem Erlaß der Gerichtsstandsnovelle bei den Zuständigkeitsvereinbarungen bestanden (→ Einl. Rdnr. 153 sowie Rdnr. 1 vor § 38) und die dann zum Prorogationsverbot führten. **Eine Abschaffung dieses Klägergerichtsstands ist deshalb rechtspolitisch dringend zu wünschen[2]. Bis zu diesem Zeitpunkt ist § 22 so restriktiv wie möglich anzuwenden**, wenn er am Sitz der Vereinigung einen Gerichtsstand gegen das verklagte Mitglied begründen soll. Ferner sollte bei der Anwendung von § 22 immer geprüft werden, ob

---

[1] *BGHZ* 76 231 (234 f.) = NJW 1980, 1470 f. = MDR 560 f.; *RGZ* 4, 398; *Gieseke* DB 1984, 970 f.; *Vierhaus* ZZP 5 (1882) 64.

[2] Nach den Vorschlägen der ZPR-Kommission (→ Einl.

Rdnr. 200 N. 7) soll allerdings § 22 nur sprachlich geän-dert werden (a.a.O. S. 67 und S. 274 § 21 Abs. 1); zu Reformfragen → auch § 17 N. 1.

sich der Kläger **prozeßmißbräuchlich** verhält, wenn er nicht im allgemeinen Gerichtsstand des Beklagten, sondern im Vereinsgerichtsstand klagt[3]. Seit der durch die Gerichtsstandsnovelle eingeleiteten Besinnung auf den Gerechtigkeitsgehalt der Gerichtsstandsordnung (→ Rdnr. 12 vor § 12), ist es ferner nicht unvertretbar, im Wege der einschränkenden Rechtsfortbildung den **Gerichtsstand des § 22 dann nicht mehr anzuwenden, wenn ein überregionaler Massenverein gegen seine Mitglieder am Vereinssitz vorgeht**[4].

II. Ausschluß und Sonderregelungen

2 1. § 22 wird durch **ausschließliche Gerichtsstände** (zu Regelungen in *Sondergesetzen* → sogleich 2.) derogiert; auch durch einen *vertraglich vereinbarten* ausschließlichen Gerichtsstand (→ § 38 Rdnr. 62). Eine Derogation des § 22 ohne Vereinbarung eines anderen Gerichts ist ebenfalls zulässig (näher → § 38 Rdnr. 63).

2. Ferner verdrängen *sondergesetzliche Regelungen* § 22: **Ausschließlich** zuständig ist das Gericht **des Gesellschaftssitzes** für die **aktienrechtlichen Klagen** nach § 132 Abs. 1 S. 1 AktG (Auskunftsrecht des Aktionärs), *§ 246 Abs. 3 S. 1* AktG (Anfechtung eines Hauptversammlungsbeschlusses), § 254 Abs. 2 S. 1 AktG (Anfechtung des Beschlusses über die Verwendung des Bilanzgewinns), *§ 257 Abs. 2 S. 1* AktG (Anfechtung der Feststellung des Jahresabschlusses durch die Hauptversammlung), *§ 275 Abs. 4 S. 1 AktG* (Nichtigerklärung der Gesellschaft) sowie die **genossenschaftsrechtlichen** Klagen nach *§ 51 Abs. 3 S. 3* (Anfechtung von Beschlüssen der Generalversammlung), § 109 Abs. 3 GenG (Konkursverfahren über das Genossenschaftsvermögen) die **GmbH-Streitigkeiten** nach 61 Abs. 3 *GmbHG* (Nichtigerklärung der Gesellschaft), und § 48 Abs. 1 VVG (Vermittlung des Versicherungsvertrages durch einen Agenten).

III. Internationale Zuständigkeit

2a 1. Als Gerichtsstandsnorm ist § 22 eine Regelung der **örtlichen Zuständigkeit**. Wie bei den anderen Gerichtsstandsnormen gilt auch hier der Grundsatz, daß die örtliche Zuständigkeit **die internationale Zuständigkeit indiziert** (→ Einl. Rdnr. 755 m.w.N.). Soweit also § 22 die örtliche Kompetenz herstellt, begründet er grundsätzlich **zugleich auch die internationale Zuständigkeit für die in § 22 genannten Streitigkeiten.** Daher kann z.B. ein in Deutschland lebender *ausländerischer Staatsangehöriger* als Mitglied eines deutschen Vereins über § 22 am Vereinssitz verklagt werden. Dasselbe gilt für Klagen gegen *im Ausland wohnende Vereinsmitglieder*[5], übrigens ohne Rücksicht auf deren Staatsangehörigkeit. Im Gerichtsstand des § 22 kann auch die *ausländische Gesellschaft*, die einen statutarischen Gerichtsstand gemäß § 17 Abs. 3 (→ dort Rdnr. 15 a.E. sowie → unten Rdnr. 6) hat, gegen ihre in- oder ausländischen Mitglieder klagen; ebenfalls steht § 22 für den Streit dieser Mitglieder *untereinander* zur Verfügung[6].

---

[3] → Einl. Rdnr. 254 ff. und § 35 N. 18, → auch N. 26 a.E.

[4] Zustimmend *Thomas/Putzo*[17] Anm. 1. Ähnlich *LG Frankfurt a.M.* NJW 1977, 538 = MDR 496 m.w.N. bezüglich großer, mitgliedstarker *Gewerkschaft; Voosen* VersR 1975, 499; dazu auch *Schrader* MDR 1976, 725. Dagegen *Müller-Guntrum/Plugge* NJW 1977, 1809; *LG Karlsruhe* VersR 1976, 1029 (zum Versicherungsverein a.G.); (umfassend) *Dütz* DB 1977, 2217 m.w.N. sowie *BGH* NJW 1980, 343 = MDR 203. Zur *aktiven Parteifähigkeit* von Gewerkschaften *BGHZ* 50, 325 ff.

[5] Zu Klagen gegen Mitglieder mit Wohnsitz im Geltungsbereich des EuGVÜ → sogleich Rdnr. 3 und 4.

[6] Die restriktive Interpretation von § 22 (→ Rdnr. 1 a) gebietet es jedoch, die deutsche internationale Zuständigkeit für solche Mitgliedsstreitigkeiten einer (auch) im Ausland ansässigen Gesellschaft zu verneinen, die ohne jeden Bezug zum Inland sind (zum *forum non conveniens* → Einl. Rdnr. 760–763).

2. Die soeben dargestellte »Indizierung« der internationalen Zuständigkeit durch die   3
Regeln der örtlichen Zuständigkeit entfällt jedoch, soweit das **EuGVÜ** eingreift (näher → Einl.
Rdnr. 758 und insbesondere 788 ff.). **Insoweit ist dann § 22 nicht anwendbar.**

a) Fällt eine Mitgliedsstreitigkeit in den *sachlichen Geltungsbereich* des EuGVÜ (→   3a
Rdnr. 787) und hat eine Gesellschaft ihren Sitz im *räumlichen Geltungsbereich* des EuGVÜ
(→ Rdnr. 783 f.) – also in einem Mitgliedsstaat der EG –, muß man die **ausschließliche
internationale Zuständigkeit des Art. 16 Nr. 2 EuGVÜ** beachten (näher → § 17 Rdnr. 4). Ist
diese Vorschrift anwendbar, darf der deutsche Richter seine internationale Zuständigkeit nur
aus ihr ableiten; **§ 22 ist** dann in seiner Funktion als Regelung der *internationalen Zuständigkeit* **verdrängt** (→ § 17 Rdnr. 4). Als *örtliche* Zuständigkeitsregelung bleibt er jedoch erhalten,
weil Art. 16 EuGVÜ nicht auch den Gerichtsstand regelt (→ Einl. Rdnr. 788 a). – Ist im
Einzelfall einmal zweifelhaft, ob Art. 16 Nr. 2 EuGVÜ oder § 22 eingreift, hilft eine **Wahlfeststellung**, sofern sich die in den beiden Vorschriften genannten Begriffe decken und ihre
Anwendung zu demselben Ergebnis führt (näher → Einl. Rdnr. 773, 808 b).

b) Liegt keine mitgliedschaftsrechtliche Streitigkeit i. S. v. Art. 16 Nr. 2 vor, dann fehlt die   4
deutsche internationale Zuständigkeit, wenn der **Beklagte seinen Wohnsitz außerhalb
Deutschlands in einem der Vertragsstaaten** des EuGVÜ (→ Einl. Rdnr. 783 f.) hat (vgl. Art. 2
Abs. 1 EuGVÜ). Dies liegt daran, daß das EuGVÜ in Art. 16 Nr. 2 keinen dem § 22 vergleichbaren weiten Gerichtsstand geschaffen hat, der es ermöglicht, einen in einem *anderen*
Vertragsstaat ansässigen Beklagten vor einem deutschen Gericht wegen *sämtlicher* mitglied-
schaftsrechtlicher Streitigkeiten zu verklagen. Hat jedoch der **Beklagte seinen Wohnsitz im
sonstigen Ausland**, kann er nach § 22 verklagt werden (Art. 4 Abs. 1 EuGVÜ).

3. In allen Fällen setzt die Anwendung des Art. 16 Nr. 2 EuGVÜ bzw. des § 22 voraus, daß   5
der Richter einen **Verwaltungssitz im Inland bejaht** hat, → näher § 17 Rdnr. 4.

4. Für **Versicherungsvereine a. G.** und andere unter § 22 fallende **Versicherer** sind die   5a
umfangreichen Regelungen in Art. 7 ff. EuGVÜ zu beachten (→ § 17 Rdnr. 5 ff.).

IV. Voraussetzungen des § 22

1. Der **besondere Gerichtsstand der Mitgliedschaft ist an dem Ort begründet**, »bei dem   6
Gemeinden, Korporationen, Gesellschaften, Genossenschaften oder andere Vereine den
allgemeinen Gerichtsstand haben«. Damit verweist § 22 auf § 17 (→ Rdnr. 1). Allgemeiner
Gerichtsstand des § 22 ist deshalb auch der *satzungsmäßig* bestimmte Gerichtsstand, soweit
er nach § 17 zulässig ist[7]. **Fehlt ein allgemeiner Gerichtsstand,** wie etwa wegen mangelnder
passiver Parteifähigkeit bei der **Gesellschaft des Bürgerlichen Rechts** (§§ 705 ff. BGB) oder
der **Stillen Gesellschaft** (§§ 335 ff. HGB) als solcher, so ist der Gerichtsstand der Mitgliedschaft ebenfalls nicht gegeben[8]. Das gilt auch für die Klagen, die von den *Mitgliedern solcher
Vereinigungen* untereinander erhoben werden[9], weil § 22 einen allgemeinen Gerichtsstand
der *Vereinigung* voraussetzt. Ein allgemeiner Gerichtsstand besteht allerdings, wenn die
Mitglieder einer nur passiv parteifähigen Person (→ § 50 Rdnr. 20) untereinander klagen.
Zwar kann diese Person (z. B. der **nicht-rechtsfähige Verein**[10]) mangels aktiver Parteifähig-

---

[7] *RG* JW 1905, 206.
[8] *RG* SeuffArchiv 56, 191 *(Stille Gesellschaft); OLG
Hamburg* HGZ 1938, 288 *(Gesellschaft des Bürgerlichen
Rechts).*
[9] *RG* JW 1918, 742.
[10] Die *Gewerkschaft des Arbeitsrechts* ist jedoch auch

dann *aktiv*-parteifähig, wenn sie kein rechtsfähiger Verein ist (→ § 50 Rdnr. 16), und kann sich deshalb auf § 22
berufen (unrichtig daher *Schrader* [N. 4] a. a. O.). Bedenken können sich nur aus dem N. 2 und 4 Gesagten ergeben.

keit nicht selbst klagen (so daß die erste Alternative von § 22 insoweit von ihr nicht erfüllt werden kann), wohl aber deren aktiv parteifähige Mitglieder untereinander. **In diesem Fall kann am Sitz des nicht-rechtsfähigen Vereins, dem sie als Mitglied angehören, geklagt werden.** Nur diese Auslegung entspricht Wortlaut und Sinn des § 22[11].

2. Unter § 22 fallen:

7   a) Die **Klagen** der Vereinigungen, rechtsfähigen Vereine[12] usw. **gegen ihre Mitglieder »als solche«**, also aus dem Rechtsverhältnis der Mitgliedschaft, **insbesondere auf Beiträge,** Einzahlungen u. dgl.[13], einschließlich derjenigen Leistungen, die erst die Bedingung des Eintritts bilden, wie die Prämien der Versicherungsvereine auf Gegenseitigkeit, § 24 VAG[14], **nicht dagegen die Ansprüche aus einem Rechtsgeschäft oder einer unerlaubten Handlung des Mitgliedes** gegenüber einem Dritten, insbesondere **nicht bei Forderungsübergängen** nach § 158 f i. V. m. § 158 c VVG[15] oder bei **Rückgriffsansprüchen**[16].
Dagegen ist, trotz Bestehens einer *vertraglichen* Beziehung in der Form des Versicherungsvertrags, der Gerichtsstand des § 22 bei Klagen des Versicherers auf Gegenseitigkeit z. B. aus § 812 BGB gegeben, wenn Leistungen aus dem Versicherungsverhältnis trotz Bestehens einer Einrede an das Mitglied erbracht wurden[17]. Auch andere auf der Mitgliedschaft beruhende Ansprüche, z. B. bei Darlehenskassen, Verkaufsgenossenschaften usw., verlieren diesen Charakter nicht durch das *Hinzutreten* eines besonderen Vertrages[18]. Auch die **Klage über das Bestehen oder Nichtbestehen der Mitgliedschaft** zählt zu § 22[19]. In diesem Fall decken sich häufig die zur Zuständigkeit (§ 22) und zur Begründetheit vorgetragenen Tatsachenbehauptungen über eine Mitgliedschaft. Dann wird für die Zuständigkeit das Bestehen der Mitgliedschaft unterstellt (»*doppelrelevante Tatsache*«, → § 1 Rdnr. 21). Besteht keine Mitgliedschaft, wird die darauf gegründete Zahlungs- oder positive Feststellungsklage als *unbegründet* (nicht als unzulässig) abgewiesen; die negative Feststellungsklage wird sachlich zugesprochen.
Nicht unter § 22 fallen die Ansprüche gegen den Vorstand, die Beamten, Abwickler (Liquidatoren) u. ä., soweit sie auf der Verletzung ihrer besonderen Pflichten **als Organ der Vereinigung** beruhen, wohl aber die Ansprüche an den geschäftsführenden Gesellschafter der offenen Handelsgesellschaft, da er als Teilhaber, nicht als Organ haftet. Der Konkursverwalter der insolventen KG, der nach § 171 Abs. 2 HGB vom Kommanditisten die Zahlung der Einlage verlangt, macht keinen Anspruch der Gesellschaft, sondern der Gläubiger der KG geltend[20]. Deswegen ist § 22 hier nicht anwendbar. Dagegen kann *auch der Konkursverwalter* am Gerichtsstand der Mitgliedschaft dann klagen, wenn er *Ansprüche der Gesellschaft gegen die Mitglieder* geltend macht, wie z. B. der Konkursverwalter einer GmbH deren Forderung gegen ihren Gesellschafter auf Einzahlungen auf die Stammeinlage.
Wie § 17 nennt § 22 **juristische Personen des öffentlichen Rechts (»Gemeinden«).** Die Bedeutung beider Vorschriften ist aber grundlegend verschieden. Während § 17 notwendig ist, um den am Privat-

---

[11] Vgl. dazu *RG* JW 1905, 206.
[12] → aber N. 9.
[13] Z. B. *LG Bochum* ZIP 1986, 1386 ff. mit Anm. *Timm*: Klage aus Beherrschungs- und Gewinnabführungsvertrag als Streitigkeit aus Mitgliedschaft.
[14] *RGZ* 3, 386 f., 4, 396 f.; dagegen unzutreffend *AG Ebersberg* MDR 1987, 146 für den Fall, daß der Beklagte gegenüber der Klage auf Beitragszahlung das wirksame Zustandekommen eines die Mitgliedschaft begründenden Versicherungsverhältnis bestreitet (§ 22 betrifft jedoch gerade auch den Streit um das Bestehen der Mitgliedschaft, → N. 19).

[15] *LG Karlsruhe* NJW 1965, 1607; a. M. *LG Hannover* NJW 1965, 1607 = VersR 1966, 255; *Prölss/Martin* VVG[24] Vorbem. VII 2 a; *Wieczorek*[2] B I.
[16] *OLG Karlsruhe* und *LG Mannheim* BadRPr 26, 56 zum *Rückgriffsanspruch einer Berufsgenossenschaft* gegen ihr Mitglied nach § 903 Abs. 4 a. F. (jetzt § 640) RVO.
[17] *Manthey* VersR 1972, 327.
[18] *RGZ* 3, 387.
[19] *Förster/Kann*[3] 3 a.
[20] *RG* JW 1897, 572; *OLG Schleswig* ZIP 1980, 256. Maßgebend ist vielmehr § 29, vgl. *RGZ* 46, 352 f.

rechtsverkehr teilnehmenden juristischen Personen des öffentlichen Rechts einen allgemeinen Gerichtsstand zuzuweisen, ist es kaum noch denkbar, daß zivilrechtliche Streitigkeiten unter § 22 fallen können;
denn mitgliedschaftliche Verhältnisse zwischen Gemeinden und ihren Mitgliedern entspringen gerade
dem öffentlichen Recht (→ Einl. Rdnr. 345). Sofern jedoch zwischen Gemeindebürger und seiner Gemeinde privatrechtliche Beziehungen bestehen, beruhen sie nicht auf der Mitgliedschaft »als solcher«.

b) Die Klagen, welche **die Mitglieder »als solche«** (→ Rdnr. 7) **gegeneinander** erheben,   **8**
z. B. auf Auflösung der offenen Handelsgesellschaft (§ 133 HGB) oder auf Ausschluß eines
Gesellschafters (§ 140 HGB).

c) Besonders bei der OHG und der KG ist es im Einzelfall oft schwierig, zwischen mitglied-   **9**
schaftlichen Rechtsbeziehungen und der sogenannten **Drittgläubiger-** bzw. **Drittschuldner-
schaft** zu unterscheiden[21]. Für *Drittrechtsbeziehungen* scheidet die Anwendung des § 22 aus.

d) Bei der **Prospekthaftungsklage** (Ansprüche wegen irreführender Prospektgestaltung   **9a**
insbesondere von Anlagegesellschaften) wendet die Rechtsprechung[22] § 22 analog auch auf
solche Streitigkeiten an, die sich gegen Personen richten, die *nicht Mitglieder* der betreffenden Gesellschaft sind, ihr jedoch als *»Initiatoren, Gestalter oder Gründer«* nahestehen oder
die die Gesellschafter bei den Beitrittsverhandlungen vertreten haben.

»Wenn es auch bei Prospekthaftungsklagen sinnvoll erscheint, sie konzentriert an *einem* Ort abzuwik-
keln – dies ist das Hauptargument der Analogie[23] – so kann die **entsprechende Anwendung des § 22** aus
mehreren Gründen **nicht gebilligt** werden: Sie widerspricht der notwendigen restriktiven Handhabung
der Vorschrift (→ Rdnr. 1a). Vor allem aber verträgt sie sich nicht mit Sinn und Zweck des Gerichtsstandes der Mitgliedschaft, der doppelt streng *erstens* auf ganz bestimmte Personen[24] begrenzt ist und
zweitens nur mitgliedschaftsrechtliche Streitigkeiten erfaßt[25]. Diese zwei in langer Rechtsprechung
immer wieder betonten Grenzziehungen überspringt die dargestellte Analogie. Damit gefährdet sie
übrigens auch die klare Handhabung von § 22. Denn das Bedürfnis nach Konzentration tritt auch in
anderen Fällen dieser Vorschrift auf – zumal wenn sogar der *personale* Bezug (z. B. Streit zwischen
Mitgliedern) vorliegt, es aber an dem genannten zweiten Merkmal fehlt. Aus guten Gründen des
Beklagtenschutzes hat sich die ZPO jedoch generell gegen Sachzusammenhangsgerichtsstände gewandt
und deshalb nur in sehr engen Grenzen Konzentrationszuständigkeiten akzeptiert. Das Bedürfnis nach
gemeinsamer Verhandlung und Entscheidung gleicher oder ähnlicher Fälle ist damit kein Grund, den
deutlichen Gesetzeszweck zu verlassen und § 22 gegenüber Nicht-Mitgliedern und bei nicht-mitglied-
schaftsrechtlichen Streitfällen anzuwenden.

3. Der **Gerichtsstand des § 22 besteht ebensolange wie der des § 17**, also auch nach   **10**
Auflösung des Vereins (→ § 17 Rdnr. 19). Er gilt auch gegenüber **ausgeschiedenen Mitgliedern**[26] und für die **Rechtsnachfolger des Mitglieds**[27] oder der Vereinigung, so daß der nicht-

---

[21] Zu diesen Begriffen: *Prediger* BB 1971, 245.

[22] *BGHZ* 76, 231 (234f.) = NJW 1980, 1470f. = MDR
560f.; allgemein zur Prospekthaftung: *BGHZ* 71, 284ff.
= NJW 1978, 1625f. = MDR 819; *BGHZ* 72, 382ff. =
NJW 1979, 718f. = MDR 291; *BGHZ* 77, 172ff. = NJW
1980, 1840f. = MDR 911; *BGHZ* 79, 337ff. = NJW
1981, 1449f. = MDR 648f.; *BGHZ* 83, 222 (224) = NJW
1982, 1514ff. mit Anmerkung *Liesegang* = MDR 644f. =
LM § 161 HGB Nr. 75; *BGHZ* 84, 141 (143) = NJW 1982,
2493f. = MDR 825.

[23] Ausdrücklich ihr zustimmend *AK/Röhl* 1; *Zimmermann* 1; *Zöller/Vollkommer*[16] Rdnr. 8.

[24] Nur die parteifähige Vereinigung usw. und *deren*
Mitglieder → Rdnr. 7, nicht also andere Personen; auch
nicht z. B. die stille Gesellschaft, die BGB-Gesellschft →
N. 13 und 14.

[25] Nicht sonstige Klagen, mögen sie auch zwischen Gesellschaft und dem Mitglied stattfinden → z. B. N. 15 und
16 u. ö.

[26] *LG Bochum* ZIP 1986, 1386f. mit Anmerkung
Timm; *RGZ* 3, 388; *RG* JW 1893, 535, *OLG Celle* VersR
1974, 993 (im konkreten Fall wurde dem Versicherungsverein aber wegen irreführender Angaben in seinen An-
tragsformularen die Berufung auf § 22 als *rechtsmißbräuchlich* versagt; dazu näher § 1 Rdnr. 12).

[27] *RGZ* 54, 207, h. M. – Unbedenklich ist diese Ansicht
allerdings nicht, weil dem Rechtsnachfolger die mitgliedschaftliche Bindung fehlt, die sein Vorgänger besaß. Vor
allem ist auch der Hinweis des *RG* (a. a. O. 208) auf die
Rechtslage beim ausgeschiedenen Mitglied (→ N. 26)
nicht hilfreich; denn der Rechtsnachfolger war niemals
Mitglied, so daß auch eine Nachwirkung der Mitgliedschaft für ihn nicht in Betracht kommt. Da § 22 ohnehin
wegen seiner Ausnahme von der Maßgeblichkeit des Be-
klagten-Gerichtsstandes nicht unbedenklich ist (→
Rdnr. 1a), erscheint eine **Beschränkung** seiner Geltung
auf *derzeitige* oder *frühere* Mitglieder der Vereinigung
sachgerecht.

rechtsfähige Verein durch **Abtretung des Anspruchs** an eine aktiv-parteifähige Person den Gerichtsstand des § 22 ausnutzen kann[28]. Über den **Beweis der Mitgliedschaft** zwecks Begründung der Zuständigkeit → § 1 Rdnr. 20 ff.

§ 23   [Besonderer Gerichtsstand des Vermögens und des Streitobjekts)

[1]*Für Klagen wegen vermögensrechtlicher Ansprüche gegen eine Person, die im Inland keinen Wohnsitz hat, ist das Gericht zuständig, in dessen Bezirk sich Vermögen derselben oder der mit der Klage in Anspruch genommene Gegenstand befindet.* [2]*Bei Forderungen gilt als der Ort, wo das Vermögen sich befindet, der Wohnsitz des Schuldners und, wenn für die Forderungen eine Sache zur Sicherheit haftet, auch der Ort, wo die Sache sich befindet.*

Gesetzesgeschichte: Bis 1900 § 24 CPO; Satz 1 sprachlich neugefaßt und »*Deutsches Reich*« durch »*Inland*«, in Satz 2 »*Forderung eine Sache*« durch »*Forderungen eine Sache*« ersetzt BGBl. 1950, 535 (→ Einl. Rdnr. 148).

Stichwortverzeichnis → **Gerichtsstandsschlüssel** Rdnr. 40 vor § 12.

---

[28] *Förster/Kann*[3] Anm. 3 c. In dem konkreten Fall wird man die in N. 27 vorgetragenen Bedenken nicht erheben dürfen, weil anderenfalls der nicht-rechtsfähige Verein den § 22 überhaupt nicht ausnutzen könnte. Die genannten Bedenken treffen aber zu, wenn eine aktiv-parteifähige (und deshalb selbst klagebefugte) Vereinigung den mitgliedschaftlichen Anspruch an einen Außenstehenden abgetreten hat. Auch hier sollte § 22 besser verneint werden; das Mitglied muß dann in seinem *allgemeinen* Gerichtsstand verklagt werden.

I. Zweck und Problematik der Regelung[1]

1. Die ZPO unterscheidet beim allgemeinen Gerichtsstand nicht zwischen einem Wohnsitz **1**
im *Inland* oder im *Ausland* (→ § 16 Rdnr. 3). Ist ein *ausländischer* Wohnsitz gegeben, so
scheidet – sofern nicht zugleich auch ein inländischer Wohnsitz vorliegt – ein allgemeiner
Gerichtsstand im *Inland* aus. Die besonderen Gerichtsstände mildern diesen Nachteil zugunsten des Klägers. So erleichtert § 23 die Rechtsverfolgung im Inland, um »die Gläubiger der im
Ausland wohnenden oder im Inland ohne Domizil sich herumtreibenden Schuldner«[2] zu
schützen und um zu erreichen, daß die im Inland vorhandenen Vermögensstücke als Gegenstände der Zwangsvollstreckung herangezogen werden können. Die **Problematik** liegt in der
durch § 23 gleichzeitig geregelten **internationalen Zuständigkeit** (→ Rdnr. 31 ff.). Angesichts
der *sehr weiten Fassung des § 23* und seiner fast hundertjährigen *extensiven Interpretation*
durch Wissenschaft und Praxis steht der Vermögensgerichtsstand nicht nur dann zur Verfügung, wenn aus dem erstrittenen Urteil im Inland vollstreckt werden kann (sog. *forum
arresti*), sondern gibt nach h.M. eine Kompetenz, auch wenn die inländischen Vermögensstücke geringwertig sind und die Klageforderung viel höher ist (→ Rdnr. 11), ja selbst dann,
wenn die »Vermögensstücke« überhaupt nicht vom Kläger verwertet werden können, weil
sie unpfändbar sind (→ Rdnr. 16) sowie bei *Streitigkeiten zwischen Ausländern ohne jeden
Inlandsbezug*. Obwohl Rechtsprechung[3] und Lehre[4] diesen Zustand neuerdings häufig als
unerwünscht beklagen, wird § 23 auch weiterhin extensiv interpretiert, statt daß zwischen
Klage und Vermögen eine Beziehung hergestellt und die Kompetenz abgelehnt wird, wenn
keinerlei Inlandsbezug besteht. Wenn deshalb die **internationale Vertragsentwicklung das
Ziel verfolgt, § 23 ganz auszuschließen** (→ Rdnr. 34 f.), erscheint dies als Folge der überzoge-
nen Auslegung, führt allerdings in das gegenteilige Extrem.

2. **Entsprechend wird § 23 angewendet** in § 722 Abs. 2, § 797 Abs. 5, § 828 Abs. 2, §§ 919[5], **2**
930 Abs. 1 Satz 3 sowie auch außerhalb der ZPO, z.B. in § 25 S. 3 PatG (→ auch Rdnr. 23),
§ 20 S. 3 GebrMG, § 25 GeschMG und in den Ausführungsbestimmungen zu internationalen
Vollstreckungsverträgen (→ § 723 Anhang B I 2, B II 2, B III 2, B V 2, B VI 2, B VII 2 jeweils § 1
Abs. 2 oder Art. 1).

II. Inhalt der Regelung

1. § 23 enthält **zwei Gerichtsstände:** den des **Vermögens** (→ Rdnr. 11) und den des **Streit-** **3**
objekts (Klagegegenstands → Rdnr. 25 ff.).

---

[1] *Hellwig* Lb. **2** § 100 III; *Geimer* in *Geimer/Schütze*
Internationale Urteilsanerkennung **2** (1971) 109 ff.;
Kleinfeller Lb.[3] § 31; *Nadelmann* Jurisdictionally Improper Fora, Festschr. für *Yntema* (Leyden 1961) 321 (328 et
sequ.); *Planck* Lb. **1** § 15 (mit Rechtsgeschichte); *Rammos*
Der Gerichtsstand des Vermögens und das Ausländer-
Forum nach vergleichendem Recht (1930) m. w. N. *Rosen-
berg/Schwab*[14] § 36 I 3; *Schack* Vermögensbelegenheit
als Zuständigkeitsgrund ZZP 97 (1984) 46 ff.; *ders.* Inter-
nationales Zivilverfahrensrecht (1991) Rdnr. 323 ff.; *J.
Schröder* Internationale Zuständigkeit (1971) 374 ff.
(grundlegend m. w. N.); *E. Schumann* Der internationale
Gerichtsstand des Vermögens und seine Einschränkun-
gen, Festschr. für *Liebman* (Studi in onore di Enrico Tullio
Liebman, Milano 1979), 2 p. 839 m. w. N.; *ders.* Aktuelle
Fragen und Probleme des Gerichtsstands des Vermögens
ZZP 93 (1980) 408 ff.; *Wach* 418 ff.; *Walchshöfer* ZZP 93
(1967) 193 f.

[2] Motive zu § 24 = *Hahn* S. 154; näher zur Gesetzes-,
Entstehungs- und Reformgeschichte *Schumann* FS Liebman (N. 1); der *Bericht* 1977 (→ Einl. Rdnr. 200 N. 7)
kehrt beim *Vermögensgerichtsstand* zum Prinzip des *Ar-
restschlags* zurück (§ 23 Abs. 2, a.a.O. S. 274 und S. 67 f.),
anders beim *Gerichtsstand des Klageobjekts* (→ N. 129).

[3] → N. 94.

[4] → N. 93 ff.

[5] Die Anwendung des § 23 im *Arrestverfahren* beja-
hren ausdrücklich: *OLG Frankfurt a. M.* MDR 1987, 412 f.
= NJW-RR 1988, 572 f.; *OLG Frankfurt a. M.* NJW 1959,
1088 (1089); *OLG München* MDR 1960, 146; *OLG* Stuttgart NJW 1952, 831; *LG Frankfurt a. M.* NJW 1976, 1044
= Die AG 47 (*Mertens*); WPM 1976, 517 = IPRsp Nr. 183
(unbestritten), → auch N. 151.

4   2. § 23 gilt **nur für Klagen wegen vermögensrechtlicher Ansprüche** (→ § 1 Rdnr. 43 ff.).

5   3. § 23 setzt voraus, daß der **Beklagte keinen Wohnsitz im Inland hat.** *Ob* ein inländischer Wohnsitz vorliegt, richtet sich bei natürlichen Personen nach §§ 7–11 BGB (→ § 13 Rdnr. 2 ff.); zur Sonderfrage deutscher **Exterritorialer und deutscher Angehöriger des öffentlichen Dienstes (§ 15)** → Rdnr. 8. *Bloßer Aufenthalt* im Inland, wenn auch längerfristig, **ohne Wohnsitzbegründung** schließt § 23 nach h. M. trotz damit möglicherweise vorhandenem Gerichtsstand nach § 16 nicht aus (→ aber Rdnr. 10), ebensowenig eine *Niederlassung* i. S. v. § 21[6]. Bei (ausländischen) **juristischen Personen** muß ein (den *allgemeinen* Gerichtsstand der §§ 17 f. begründender) Sitz im Inland fehlen[7]; zu § 17 Abs. 3 → unten Rdnr. 9. Soweit **ausländische Staaten** verklagt werden können (→ Einl. Rdnr. 660 und → § 18 Rdnr. 46), greift nach h. M. ebenfalls § 23 ein[8], obwohl diese Anwendung kaum von § 23 gedeckt ist[9]. Unerheblich ist, ob der Beklagte **im Ausland einen Wohnsitz (Sitz) hat** (zur Ausnahme beim EuGVÜ → Rdnr. 33). Da der Begriff »*Inland*« wie bei den übrigen Gerichtsstandsvorschriften zu interpretieren ist (→ Einl. Rdnr. 841), schloß vor Beitritt der DDR zur Bundesrepublik Deutschland der **Wohnsitz in der DDR** die Anwendung des § 23 nicht aus[10]. Gleichgültig soll sein, ob der **Kläger** seinen Wohnsitz im Inland oder im Ausland hat[11]. Die **Staatsangehörigkeit** der Parteien ist ebenfalls ohne Bedeutung[12].

III. Konkurrenz mit anderen Gerichtsständen

6   1. Soweit für eine Streitigkeit ein **ausschließlicher Gerichtsstand** besteht, **wird § 23 verdrängt**, so z. B. durch § 24 UWG[13], durch § 24 ZPO oder einen vertraglich als ausschließlich vereinbarten Gerichtsstand[14] (→ § 38 Rdnr. 62). Besonders beim **Gerichtsstand des Klageobjekts** (→ Rdnr. 25 ff.) darf deshalb § 24 nicht übersehen werden.

Ferner kann **§ 23 durch Parteivereinbarung ausgeschlossen** werden (näher zum vereinbarten Ausschluß der Zuständigkeit → § 38 Rdnr. 32). Dies gilt auch hinsichtlich einer *internatio-*

---

[6] *BAG* NJW 1985, 2910 f.; *RGZ* 1927, 421 (422); *OLG Hamburg* HGZ, H, 13, 296; *OLG Karlsruhe* BadRPr 1902, 268 f.; *OLG Dresden* SächsArch 8, 309.

[7] *BAG* NJW 1985, 2910 f.; *RGZ* 421 (422); 6, 400; *OLG Colmar* OLG Rsp 13, 73; *OLG München* IPRsp 1958/1959 Nr. 60; *LG Frankfurt a. M.* IPRsp 1974 Nr. 158 = VersR 1975, 993. h. M.

[8] *OLG Frankfurt a. M.* RIW/AWD 1982, 439 f. = IPRax 1983, 68 f. (dazu *Albert* IPRax 1983, 55 f.); *OLG Frankfurt a M.* RIW; AWD 1980, 874 f. = IPRax 1982, 71 f. (dazu *Hausmann* IPRax 1982, 51 f.) *OLG Koblenz* OLGZ 1975, 379, = IPRsp 1974 Nr. 1a; bestätigt vom *BGH* IPRsp a.a.O. Nr. 1b; *LG Frankfurt* (N. 5); *Geimer* Internationales Zivilprozeßrecht (1987) 1378; *Förster/Kann*³ Anm. 1b a. E., 4; *Habscheid* in *Schaumann/Habscheid* Die Immunität ausländischer Staaten nach Völkerrecht und deutschen Prozeßrecht (1968) 184 ff.; *Kropholler* Hdb. IZVR 1 Kap. III Rdnr. 301; *v. Sarwey*, Die CPO für das Dt. Reich, 1879/80, S. 3; *Schack* (N. 1) ZZP 97 (1984) 63, 64 Fußn. 130.

[9] Der gesetzgeberische *Sinn* des § 23 (→ N. 2) läßt sich kaum auf den ausländischen Staat beziehen. Auch der *Wortlaut* des § 23 widerspricht der h. M., weil kein ausländischer Staat jemals im Inland seinen Sitz haben kann. Näher *Schumann* (N.1) ZZP 93 (1980) 433–439; abstehend zur h. M. auch *Baumbach/Lauterbach-Hartmann*⁵¹ Rdnr. 1; *Thomas/Putzo*¹⁷ Anm. 1b, bb; *Zöller/Vollkommer*¹⁷ Rdnr. 3; *AG Bonn* NJW 1988, 1393 f. äußert im Hinblick auf Sinngehalt und Wortlaut des § 23 Bedenken

an der Anwendbarkeit der Vorschrift auf den ausländischen Fiskus. Immerhin sagte schon im Jahre 1879 *Sarwey* a.a.O. (N. 8), daß ein ausländischer Fiskus »unzweifelhaft« eine Person sei, auf die der Vermögensgerichtsstand »Anwendung findet.«

[10] *BGH* NJW 1971, 196; weitere Nachw. in der 19. Aufl. dieses Komm. sub I 2 sowie bei *Raape/Sturm* Internationales Privatrecht⁶ 1 384 Fußn. 58 ff.

[11] *BGHZ* 94, 154 (160); *KG* LZ 16, 349; *LG Frankfurt a. M.* (N. 5) a.a.O., → aber Rdnr. 31 e.

[12] Z. B. *RGZ* 7, 321 (324); 14, 405 (408); 16, 391 (392); *LG Frankfurt a. M.* (N. 5) bezüglich des *Klägers; RGZ* 1, 435 (437); 6, 401 f., 14, 406 f., 412 f., 425 f.; *LG Frankfurt a. M.* u. a. bezüglich des *Beklagten; Geimer* JZ 1984, 979; *Kropholler* (N. 8) Rdnr. 303; *Nagel* Internationales Zivilprozeßrecht³ (1991) Kap. III Rdnr. 111.

[13] *Zöller* (N. 9) Rdnr. 5; auch dann, wenn bei Wettbewerbsverstößen die Klage nur auf § 823 Abs. 1 und 2 BGB gestützt wird; *LG München I* IPRspr 1956/1957 Nr. 188 (S. 599).

[14] Auch eines *ausländischen* Gerichts: *BGHZ* 94, 156 ff.; *BGHZ* **49**, 124 m. w. N. = IPRsp 1966/1967 Nr. 222 = MDR 1968, 319 = NJW 356; *OLG Hamburg* ZZP 45 (1915) 200 ff.; IPRsp 1970 Nr. 113 = VersR 763 = MDR 768; IPRsp 1973 Nr. 131 = VersR 1040 = MDR 1025 = AWD 278, jetzt nicht mehr bestritten → auch § 38 Rdnr. 67 ff.; a. M. früher *OLG München* IPRsp 1956/1957 Nr. 187 a. E. = MDR 1957, 45.

nalen Derogation des § 23, und zwar selbst dann, wenn im Ausland kein Vermögen vorhanden ist, wohl aber im Inland[15].

2. Zu **konkurrierenden Gerichtsständen** (zwischen denen der **Kläger** die **Wahl** nach § 35 hat, → auch Rdnr. 25 vor § 12), kann bereits § 23 führen, wenn sich die **Vermögensstücke** in **verschiedenen Gerichtsbezirken** befinden oder wenn der nach § 23 Satz 2 (1. Alt.) maßgebende *Wohnsitz* eines Forderungs(dritt)schuldners nicht derjenige Ort ist, wo die *Pfandsache* i. S. v. § 23 Satz 2 (2. Alt.) liegt (→ auch Rdnr. 24).   **7**

3. Ein Sonderproblem bildet das **Verhältnis von § 15 zu § 23**. Entgegen dem Wortlaut des § 15 wird man sagen müssen, daß **der allgemeine Gerichtsstand des § 15** den § 23 ausschließt.   **8**

Bis zur Änderung des § 15 durch die Gerichtsstandsnovelle war es selbstverständlich[16], daß § 15 den § 23 verdrängt; denn § 15 in seiner alten Fassung ließ den Wohnsitz weiter bestehen. Seit der Änderung des § 15 zeigt der Wortlaut allerdings in die Gegenrichtung, weil jetzt nicht der *Wohnsitz*, sondern der *Gerichtsstand* erhalten bleibt; andererseits setzt § 23 fehlenden Wohnsitz und nicht fehlenden Gerichtsstand voraus, so daß bei wörtlicher Interpretation nunmehr § 23 *neben* § 15 anzuwenden wäre. Die in § 15 genannten Personen könnten also, obwohl sie einen allgemeinen Gerichtsstand haben, überall dort verklagt werden, wo sich ihre Vermögensstücke befinden! Angesichts der legislativen Mängel gerade der Gerichtsstandsnovelle (→ § 15 Rdnr. 5, 12, Rdnr. 4 ff. vor § 38) steht jedoch nichts im Wege, am alten Ergebnis festzuhalten; denn dem Reformgesetzgeber war der innere Zusammenhang zwischen § 15 und § 23 genausowenig gegenwärtig wie die Bedeutung der alten Wohnsitzfiktion für den allgemeinen abgeleiteten Gerichtsstand (→ § 15 Rdnr. 9). Entscheidend für die Lösung der Konkurrenz zwischen § 15 und § 23 kann deshalb nur der *Zweck des § 23 sein*, einen Gerichtsstand zu gewähren, wenn kein sich an den inländischen Wohnsitz knüpfender allgemeiner Gerichtsstand besteht. **Da § 15 einen solchen Gerichtsstand schafft, scheidet § 23 aus**[17]. § 23 ist demnach zu lesen … »gegen eine Person, die im Inland keinen Wohnsitz und *keinen allgemeinen Gerichtsstand hat*« …

4. Der **Zusatzgerichtsstand des § 17 Abs. 3** schließt nach h. M. den § 23 nicht aus. Hat z. B. eine **ausländische Gesellschaft** keinen inländischen Sitz und nur den über § 17 Abs. 3 gebildeten Gerichtsstand, soll sie deshalb über § 23 zusätzlich verklagt werden dürfen[18]. Im Sinne einer restriktiven Interpretation (→ Rdnr. 1) sollte § 23 jedoch in einem solchen Fall nicht angewendet werden[19].   **9**

5. **Das Verhältnis zu § 16 und § 20** wird ebenfalls als Wahlkonkurrenz angesehen[20], so daß auch hier der Kläger die **Wahl zwischen § 23** und den **anderen Gerichtsständen** haben soll. Mit dem Sinn und dem Gesetzeszweck des § 23, einen Auffanggerichtsstand zu schaffen, wenn sonstige Zuständigkeiten versagen, harmoniert diese Interpretation nicht; denn im Forum des § 16 und des § 20 können alle (vermögensrechtlichen) Klagen gegen eine Person geltend gemacht werden. **§ 23 sollte deshalb hinter § 16 und § 20 zurücktreten**, wenn im Inland über diese Vorschriften ein Gerichtsstand eröffnet ist[21].   **10**

---

[15] *BGHZ* 94, 156 ff. (N. 14); *BGH* BauR 1985, 475 f. § 23 kann nicht wirksam durch Parteivereinbarung ausgeschlossen werden, soweit dadurch zugleich dem Kläger die nach Art. 31 Abs. 1 CMR begründete internationale Zuständigkeit genommen wird (Art. 41 Abs. 1 CMR i. V. m. Art. 31 Abs. 1 CMR; *OLG Hamburg* VersR 1984, 687, mit Anm. *v. Danneberg*).

[16] Vgl. 19. Aufl. dieses Komm. Rdnr. 12; *Hellwig* (N. 1) § 100 III 1; *Rammos* (N. 1) 16 m. w. N.

[17] Näher *Schumann*, Liebmann-FS (N. 1) sub VII 1; *Zöller* (N. 9) Rdnr. 5; *Thomas/Putzo*[17] Anm. 1 c.

[18] *Baumbach* (N. 9) Rdnr. 4; *Förster/Kann*[3] Anm. 1 b, *Seuffert/Walsmann*[13] Anm. 1 a. E.; wohl auch *RGZ* 27, 421 (424) und *OLG Hamburg* MDR 1977, 759.

[19] Ebenso *Kropholler* (N. 8) Rdnr. 307; *Zöller* (N. 9) Rdnr. 5.

[20] Soweit es überhaupt behandelt wird, vgl. *Baumbach* (N. 7) Rdnr. 4; *Endemann* § 24 Anm. (zu § 16); *Förster/Kann*[3] Anm. 1 b (§ 16 und § 20); *Hellwig* (N. 1); *ders.* System **1**, 118 (jeweils zu § 16); *Nagel* (N. 12) § 16); *Planck* S. 63 (§ 16); *Sarwey* § 24 Anm. 3 (§ 16 und § 20); *Schack* (N. 1) ZZP 97, (1984), 57, Fußn. 83; *Struckmann/Koch* § 24 Anm. 2 (§ 16); *Wieczorek*[2] Anm. A II b (§ 16 und § 20).

[21] Zustimmend *Thomas/Putzo*[17] Anm. 1 c; *Zöller* (N. 9) Rdnr. 5.

10a   **6.** In gleicher Weise kann dies aber für die anderen Gerichtsstände nicht bejaht werden, da sie (z. B. § 21[21a]) nur für besondere Streitgegenstände eingeräumt sind. § 23 kann deshalb mit § 23a, § 29, § 32 oder § 22[22] konkurrieren.

10b   **7.** Auch im Zusammenhang mit § 23 kann die örtliche Zuständigkeit im Wege der **Wahlfeststellung** (→ Rdnr. 28 vor § 12) bejaht werden. Das Beispiel ist bereits in der Einleitung (→ dort Rdnr. 323) genannt worden: Hat ein Beklagter im Inland sonst keinen Wohnsitz, aber am Gerichtsort Vermögen, dann darf offen bleiben, ob er nun am Gerichtsort wohnt (§ 13) oder ob wegen fehlenden inländischen Wohnsitzes der Vermögensgerichtsstand (§ 23) eingreift.

IV. Der Gerichtsstand des Vermögens

§ 23 Satz 1 (1. Alt.) erklärt das **Gericht, in dessen Bezirk sich Vermögen des Beklagten befindet**, für zuständig.

11   **1.** Der Begriff »**Vermögen**« wird seit Inkrafttreten der CPO in erster Linie **nicht wirtschaftlich** gesehen und auch nicht in ein Verhältnis zur Klageforderung gesetzt (→ Rdnr. 1). Selbst der **geringe Geldwert**[23] eines Vermögensgegenstandes begründet die Kompetenz für Streitigkeiten mit (noch so) hohen Streitwerten. Vermögen kann eine **Sache**[24], **Forderung**[25] oder ein **sonstiges Vermögensrecht**[26] sein, auch ein **Immaterialgüterrecht** und der Anspruch aus dessen **Verletzung**.

Einschränkend hat die Rechtsprechung aber wenigstens verlangt, **daß das Vermögensstück einen selbständigen, eigenen Verkehrswert** haben muß, d. h. es muß um seines Geldwerts willen in Betracht kommen[27]. Daher genügt z. B. **nicht** der Anspruch auf Erteilung einer *Quittung* oder eines *Zeugnisses*, auf *Rechnung* oder *Auskunft*, auf Herausgabe von *Handakten*[28], eines *Briefes*[29] oder eines in Benutzung genommenen *Handelsbuches*[30]. Weiter genügen nicht Gegenstände, die kein praktisch von der Person des Beklagten lösbares Objekt darstellen; so begründen z. B. die Sachen, die eine Person an sich oder bei sich trägt[31], oder das Recht auf Benutzung einer gemieteten Wohnung den Gerichtsstand des § 23 nicht[32].

12   a) *Gestaltungsrechte*[33] (z. B. auf Kündigung, auf Anfechtung), *Einrederechte,* das Recht auf *Annahme einer Offerte* oder einer *Erbschaft* sind **kein Vermögen**[34], ebensowenig das *Erbrecht* als solches[35], wohl aber (nach Erbfall) **das Eigentum an den einzelnen ererbten Gegenständen** oder der **Miterbenanteil** (vgl. § 859 Abs. 2) oder der z. B. **aus einem Vertrag folgende Anspruch auf Besitzübertragung.** Auch Ansprü-

---

[21a] → N. 6.

[22] *OLG Frankfurt a. M.* IPRsp 1956/57 Nr. 185 = MDR 1958, 108.

[23] *BGH* NJW 1988, 966 ff.; *RGZ* 75, 147 (152): *4 Obstkörbe* im Wert von 2 österr. Kronen [1911]); *OLG Hamburg* OLG Rsp 15, 54; *OLG Karlsruhe* IPRsp 1973 Nr. 130 (*Zeitschriftenhefte* im Wert von je 1 Dollar; die vom Kläger geltend gemachte Forderung betrug hier 4194 Dollar).

[24] *BGH* WPM 1980, 410 (412) (*Damenröcke*).

[25] *BGH* NJW 1989, 1431 f. = MDR 335 = LM § 38 ZPO Nr. 28 (*Konten mit Aktivsalden*); NJW 1988, 966 ff. = LM § 269 BGB Nr. 8 (*rechtskräftig zugesprochene Forderung*); NJW 1981, 2642 = IPRsp Nr. 162 S. 367 (370) = WPM 1000 = RIW/AWD 705 = MDR 1982, 138 = AP § 38 Nr. 11 (*Forderung*).

[26] *OLG München* OLG Rsp 41, 243 (*Recht zum alleinigen Vertrieb im Inland*). Allgemein zum *Begriff des Vermögens: BGH* NJW 1989, 1431 f.; NJW 1988, 966 ff. (N. 25).

[27] *RGZ* 24, 415; 51, 163; *RG* JW 1897, 457; *OLG Dresden* SeuffArch 57, 293.

[28] *RGZ* 24, 415.

[29] Oder einer vergessenen *Hutschachtel: RG* JW 1897, 457.

[30] Anders *RGZ* 51, 163; *OLG Dresden* in N. 27 unter unzutreffendem *Abstellen auf den Wert für den Beklagten* (→ Rdnr. 16 a. E.).

[31] So heute h. M. *Baumbach* (N. 9) Rdnr. 11; *Bernhardt*[3] S. 93; *Hellwig* System **1** 118; *Rosenberg/Schwab* (N. 1); *Sydow/Busch/Kranz/Triebel*[22] 4; *Schack* (N. 1) ZZP 97 (1984) 57, 58; *Zöller* (N. 9). Andernfalls begründete jeder inländische Aufenthalt einen Gerichtsstand; a. M. dieser Komm. bis zur 15. Aufl.

[32] A. M. *Naumburg* OLG Rsp 19, 53.

[33] *Förster/Kann*[3] Anm. 1 b, bb.

[34] Beim *Besitz* wird die Eigenschaft als »Vermögen« verneint von *Wach* S. 420, hingegen von *Hellwig* (N. 1) § 100 III 2 a α und *Förster/Kann*[3] Anm. 1 c, bb bejaht.

[35] *Wach* a. a. O., *Hellwig* a. a. O.

che auf **Rechtsänderung** können einen eigenen Geldwert haben, so auf **Befreiung von einer Verbindlichkeit**[36], auf **Abschluß eines Vertrages**[37], auf **Auflösung eines Vertrages**[38].

b) Auch eine **Forderung des Beklagten an den Kläger** ist zur Begründung des Gerichtsstandes geeignet[39], ausgenommen den Fall, daß die Forderung des Beklagten nicht bestehen kann, wenn der Anspruch des Klägers begründet ist[40] oder daß der Kläger selbst den Bestand dieser Forderung bestreitet[41]. Bei der **Wandlung** oder beim **Rücktritt** vom Vertrag kann sich der *Verkäufer* als Kläger auf die gegen ihn gerichtete **Rückzahlungsforderung** (des Kaufpreises) des Beklagten stützen wie umgekehrt der *Käufer* als Kläger den Anspruch des Beklagten auf **Rückgabe der Ware** zuständigkeitsbegründend nennen kann[42]. Welchem Rechtsgrund die Forderung (der Anspruch) des Beklagten gegen den Kläger entspringt, ist gleichgültig. Auch ein **Kostenerstattungsanspruch** des Beklagten gegen den Kläger (oder gegen andere Personen) **aus einem Vorprozeß** begründet daher den Gerichtsstand des § 23[43], **nicht** jedoch, wenn der Erstattungsanspruch *gerade aus einem mangels Zuständigkeit (z. B. nach § 23) entschiedenen Vorprozeß* stammt; auch **nicht** der seit Klageerhebung aufschiebend bedingte (→ Rdnr. 13 vor § 91) *Erstattungsanspruch des laufenden Prozesses* (näher hierzu → Rdnr. 30).   **13**

c) **Einreden gegen eine Forderung** nehmen ihr nicht die Eigenschaft, Vermögen i. S. v. § 23 zu sein[44], ebensowenig die bloße **Zulässigkeit der Aufrechnung**[45], auch dann nicht, wenn es sich um die Möglichkeit der Aufrechnung des *Klägers* gegenüber dem *Beklagten* handelt[46]. Wird nach der Klageerhebung[47] die Aufrechnung erklärt, so soll dies nach der h. M.[48] trotz der Fiktion des § 389 BGB wegen § 261 Abs. 3 Nr. 2 (→ Rdnr. 27) ohne Bedeutung sein[49].   **14**

d) Ein **Bankkonto** (*Girokonto, Sparkonto,* usw.) stellt einen Vermögenswert dar, sofern es ein *Guthaben* aufweist[50]. Bei einem **Kontokorrent** (§ 355 HGB) kommt es darauf an, ob bei Saldoziehung für den Beklagten ein Aktivsaldo besteht[51].   **14a**

2. Es muß sich um einen **gegenwärtigen** Vermögenswert handeln. Einen *gegenwärtigen* Wert haben auch **betagte (befristete), bedingte Ansprüche**[52], **Anwartschaftsrechte**[53], **Pfandrechte**[54] an (solchen) Ansprüchen oder Rechten. *Bloße Aussichten,* einen Vermögenswert zu erlangen, reichen aber für § 23 nicht aus (→ auch Rdnr. 12); dasselbe gilt für erst in der Zukunft möglicherweise entstehende *(zukünftige) Ansprüche*[55].   **15**

In der Konsequenz der stark auf einen *juristischen Vermögensbegriff* fixierten Auslegung des § 23 (→ Rdnr. 1 und → Rdnr. 11) liegt es, daß von der h. M. als »**Vermögen**« auch wirtschaftlich vom Beklagten oder vom Kläger **nicht nutzbare (verwertbare) Gegenstände** betrachtet werden[56]. Dem historischen   **16**

---

[36] *RG* SeuffArch 54, 457; *OLG Hamburg* VersR 1975, 830.

[37] *Förster/Kann*[3] Anm. 1c, bb.

[38] *Förster/Kann* a.a.O.

[39] *BGH* NJW 1984, 2037; NJW 1981, 2642 (N. 26); *RGZ* 7, 321 (324).

[40] *RGZ* 3, 381; *RG* JW 1900, 150 u. a.

[41] *OLG Breslau* OLG Rsp 17, 84 f. Vgl. auch *RG* JW 1930, 263 (unten N. 106). § 23 eröffnet daher keine Zuständigkeit für die *negative Feststellungsklage,* der Kläger schulde dem Beklagten nichts; (*anders* ist es hingegen beim Gerichtsstand des Klageobjekts, wenn der Kläger z.B. die (negative) Feststellung begehrt, ein bestimmter am Gerichtsort befindlicher Gegenstand gehöre nicht dem Beklagten, → Rdnr. 25 N. 106).

[42] Vgl. *Förster/Kann*[3] Anm. 1c, bb; *Hellwig* (N. 34) Fußn. 32, h. M.; *anders Seuffert/Walsmann*[12] Anm. 2.

[43] Unbestritten z. B. *OLG Hamburg* OLG Rsp 23, 81; 33, 21; *BGH* WPM 1977, 453 (458) = DB 718. = IPRsp 1976 N. 212 (S. 587 [590, 593]).

[44]` So die Einrede nach § 320 BGB bei beiderseits nicht erfülltem gegenseitigen Vertrag.

[45] *RGZ* 7, 309.

[46] *RGZ* 7, 321 (324).

[47] War die Aufrechnung schon *vor der Klageerhebung* erklärt, liegt auch nach der h. M. kein Vermögensstück mehr vor, vgl. *OLG Hamburg* OLG Rsp 17, 85.

[48] *RGZ* 58, 258 ff.; *Oertmann* Die Aufrechnung im dt.

Zivilprozeßrecht (1916) 154; *Blomeyer* ZPR[2] (1985) § 46, 2; *Hellwig* (N. 34) Fußn. 31; vgl. auch *Breit* JW 1913, 366.

[49] Anders *Schumann* FS Liebmann (N. 1) bei Fußn. 104 (*Aufrechnungslage,* nicht Aufrechnungserklärung entscheidet). Zustimmend *Zöller* (N. 9) Rdnr. 8 und 13; kritisch zur h. M. auch *Schröder* (N. 5) S. 381 mit Fußn. 1631.

[50] *BGH* WM 1987, 1353 f.; *OLG Frankfurt a. M.* WPM 1988, 254 f.; NJW-RR 1988, 572 f. = MDR 1987, 412 f. = RIW/AWD **1987**, 151 f.; WPM 1989; 57 f. = IPRax 1988, 24 Nr. 1; *OLG Düsseldorf* NJW 1991, 3103 (*Sparguthaben*); *Schumann* IPRax 1988, 13 (14); a. M. *BAG* IPRax 1985, 276 (278) = RIW/AWD 1984, 316 (317): Unterhaltung eines Bankkontos als solches sei zuständigkeitsbegründend.

[51] *RGZ* 44, 386 ff.

[52] *RGZ* 75, 414 (418) zum *Anteil des Abkömmlings am Gesamtgut der fortgesetzten Gütergemeinschaft;* vgl. auch *RG* SeuffArch 54 Nr. 246; JW 1898, 474; *Zöller* (N. 9) Rdnr. 7.

[53] *RG* JW 1899, 531 (aufschiebend bedingtes Eigentum); *Thomas/Putzo*[17] Anm. 2 b; *Zöller* (N. 9) Rdnr. 7; h. M.

[54] *OLG Frankfurt a. M.* IPRsp 1966/67 Nr. 35 (*Pfändungspfandrecht*).

[55] Zur schwierigen Abgrenzung zwischen *befristeten* und *zukünftigen Ansprüchen* → § 916 Rdnr. 6–9 m. w. N.

[56] *BGH* NJW 1988, 966 ff.; *BAG* NJW 1985, 2910 f.;

Ursprung dieser Zuständigkeit als eines Gerichtsstands des Vollstreckungszugriffs entspricht dies nicht[57]; die Vermögensstücke haben bei solcher Auslegung nur noch »symbolische Bedeutung für die Begründung der Zuständigkeit«[58]. Deshalb rechnen solche Gegenstände jedenfalls *nicht* zum Vermögen, die *unpfändbar* sind[59]. Als Vermögen scheiden ferner alle Dinge aus, deren Wert einen *Überschuß über die Kosten einer Zwangsvollstreckung nicht erwarten läßt*[60]. Bei verpfändeten oder gepfändeten Sachen sollte auf den **verbleibenden wirtschaftlichen Wert** für den Beklagten (vgl. auch § 803 Abs. 2) abgestellt werden[61], ebenso bei vom Beklagten geleisteten **Sicherheiten**[62]. Zum Vermögen rechnen auch in (z.B. nach § 119 BGB) **anfechtbarer Weise erworbene Gegenstände**, solange (noch) nicht angefochten wurde, oder einer **Einrede** oder einer **Aufrechnung zugängliche Forderungen** (→ schon Rdnr. 14). **Naturalobligationen** können im Einzelfall ebenfalls gegenwärtiges Vermögen darstellen[63]. Zu einem gegenwärtigen Vermögenswert gelangt aber ein Gegenstand **nicht schon deshalb, weil er gerade für den Beklagten wirtschaftlich wichtig** ist. Daher sind *kaufmännische Aufzeichnungen, Handelsbücher*[64], die *betriebliche Korrespondenz* u.ä. kein Vermögen. Denn die Unentbehrlichkeit oder Wichtigkeit begründet keinen Vermögenswert[65].

16a   **3.** Der Wert des Vermögens, das den Gerichtsstand begründet, darf **geringer oder größer sein als der Wert des in der Klage geltend gemachten vermögensrechtlichen Anspruchs**. § 23 stellt nämlich grundsätzlich keine Relation zwischen dem Vermögensstück und dem Klagegegenstand her[66].

Diese Regelung ist nicht unproblematisch. Die Rechtsprechung zeigt daher auch zahlreiche Beispiele, in denen wegen hoher Forderungen eine Kompetenz begründet wurde, obwohl zum Teil ganz geringwertige Vermögensstücke vorhanden waren[67]. Häufig versuchen die Gerichte diese Diskrepanz mit dem Argument zu entschuldigen, daß der Beklagte doch noch Vermögen erwerben könne; dann habe der jetzt erstrittene Titel sicher seinen Sinn[68]. Diese Überlegungen verstoßen jedoch gegen § 23, weil er auf *tatsächlich vorhandenes*, nicht auf zukünftiges Vermögen abstellt[69]. Richtigerweise sollte die Anwendung des § 23 in Fällen *extremen Auseinanderfallens* von Vermögenswert und Klageforderung verneint werden[70].

Weitere Vorschläge, § 23 restriktiv zu handhaben, zielen auf eine **Begrenzung des Vermögensgerichtsstandes auf den Wert des inländischen Vermögens**. Ansatzpunkt hierfür sollen etwa die betragsmäßige Beschränkung der *Entscheidungszuständigkeit*[71] oder der *Vollstreckbarkeit* des im Vermögensgerichtsstand ergehenden Urteils[72] sein. Solche Vorschläge bleiben auf halbem Wege stehen und erscheinen

---

OLG *Frankfurt a. M.* RIW/AWD 1980, 874f. = IPRax 1984, 71 (73): Vermögen bei sachlicher Immunität (dazu *Hausmann* IPRax 1982, 59ff.); *RGZ* 74, 408: *gepfändete (verpfändete) Sache*, so RG seit jeher; vgl. *RGZ* 4, 408; **6**, 403; **16**, 392; 51, 163; 75, 152; 416; *RG* JW 1894, 278. *Der Anteil an fortgesetzter Gütergemeinschaft* (→ N. 52), über den nicht verfügt werden kann; vgl. auch *RG* Recht 1915 Nr. 1953; *OLG Hamburg* OLG Rsp 15, 56; *Seuffert/Walsmann*[12] Anm. 2; *BGH* (N. 43) IPRsp a.a.O. S. 593.

    [57] *Petersen/Remelé*[5] Anm. 7; vgl. *Seuffert/Walsmann* Anm. 4 (bis zur 11. Aufl.).
    [58] *Planck* 1 63 Fußn. 10.
    [59] Anders *BGH* NJW-RR 1991, 423 (425); *RG* (N. 47); *BAG* IPRsp 1962/63 Nr. 51; *Schack* (N. 1) ZZP 97 (1984) 62; *ders.* IZVR (N. 1) Rdnr. 328, 329; *Linke* Internationales Zivilprozeßrecht (1990) Rdnr. 166; kritisch *Schröder* (N. 1) 382f. m.w.N. 402; wie hier *Rammos* (N. 1) 37ff. m.w.N.; *Seuffert* in Gutachtensammlung *Hellfeld* (→ Einl. Rdnr. 660 N. 12) S. 310, ebenda kritisch auch *Fleischmann* S. 172.
    [60] *Rammos* (N. 1) S. 42, vgl. *Schröder* (N. 1) S. 402.
    [61] Das Eigentum eines *Gemeinschuldners* eines *inländischen Konkurses* würde zwar auch unter den Vermögensbegriff fallen (*Seuffert/Walsmann*[12] 2), jedoch liegt bei ihm in der Regel ein inländischer Wohnsitz vor. Zum *ausländischen Konkurs* → Rdnr. 32.
    [62] Vom Beklagten gestellte *Sicherheiten* sollen ganz allgemein den § 23 begründen, z.B. *OLG Frankfurt a.M.*

OLGZ 1983, 99 (100) = ZIP 982, 1490 (1491); *LG Hamburg* IPRsp 1973 Nr. 9; *AG München* IPRsp 1972 Nr. 381 = NJW 1973, 431 = AWD 271; vgl. auch *RGZ* 34, 356 *(Sicherheit eines Dritten für den Beklagten).* »Vermögen ist allerdings bei *hinterlegtem Geld* der Rückzahlungsanspruch, Drittschuldner ist diejenige Stelle, bei der die Sicherheit eingezahlt wurde (→ auch N. 80 und N. 99, N. 108 sowie zu *Arglistfällen* → N. 120).

    [63] Vgl. *Förster/Kann*[3] Anm. 1c, bb.
    [64] Unzutreffend daher *RG* → N. 30.
    [65] Kritisch auch *Schröder* (N. 1) 381; ebenso *Schack* (N. 1) ZZP 97 (1984) 65: „Ein Affektionswert oder eine Nutzungsmöglichkeit für den Beklagten ist noch kein Vermögen".
    [66] *Schumann* FS Liebmann (N. 1) sub IX.
    [67] Nachweise bei *Schröder* (N. 1) 381f.; → auch N. 23.
    [68] So z.B. *RGZ* 4, 408 und *BAG* (N. 59), das § 23 uferlos ausweitet, damit der Kläger innerhalb der 30jährigen Urteilsverjährungsfrist »Gelegenheit findet, gegen den Bekl. zu vollstrecken, wenn er Vermögenswerte des Bekl. in Deutschland ermittelt«. § 23 setzt aber *ermitteltes* Vermögen voraus.
    [69] *Schröder* (N. 1) S. 384 Fußn. 1660.
    [70] *Schumann* (N. 1) a.a.O. Abschreckendes Beispiel ist das Urteil des *OLG Karlsruhe* (N. 23): Zuständigkeit für 4000 Dollar aus dem Wert einiger Zeitschriftenhefte!
    [71] *Kropholler* ZfRV 23 (1982) 118; *ders.* (N. 8) 342ff.
    [72] *Schack* (N. 1) ZZP 97 (1984) 64, 65.

deshalb als nicht geeignet, zumal sie sich kaum in die prozessuale Dogmatik einordnen lassen und zahlreiche Folgeprobleme mit sich bringen. Vor allem zwingen diese Vorschläge die Gerichte, *in jedem Einzelfall* den Wert des (kompetenzbegründenden) Vermögens zu ermitteln. Dies ist bereits prozeßökonomisch nicht zu vertreten[73] und widerspricht dem Zweck von Kompetenznormen, möglichst leicht anwendbar zu sein. Auch mit der Vorhersehbarkeit und Berechenbarkeit[74] des Prozesses sind diese Überlegungen unvereinbar, weil sie dem *Kläger* die Ungewißheit aufbürden, in welcher Höhe die Kompetenz bzw. die Vollstreckbarkeit gegeben ist; sie werden ihn allenfalls veranlassen, zunächst mit einer *Teilklage* vorzugehen, um – nach Ermittlung eines höheren Wertes des Vermögens – eine Klageerweiterung auf diesen höheren Betrag vornehmen zu können. Oder aber die Rechtsprechung muß auch in diesen Fällen den *unbezifferten* Klageantrag aus ähnlichen Gründen wie in den bereits vorliegenden Fällen[75] zulassen, was zu weiteren Komplikationen führt[76]. Gleichzeitig wird der *Beklagtenschutz* nicht gesteigert; denn in der Höhe des Wertes des Vermögens[77] muß der Beklagte auch nach diesen Vorschlägen ein Sachurteil hinnehmen. Solche Ansichten bieten damit weder für den Kläger noch für den Beklagten einen Vorteil, sie führen zudem zur *Vervielfältigung der Prozesse*; denn in der Höhe des nicht geprüften Streitgegenstandes wird der Kläger in aller Regel nach einem zuständigen Gericht suchen und dort abermals denselben Streitfall anhängig machen[78].

4. Es muß ein Vermögen **des Beklagten** bestehen. Diese Voraussetzung ist nicht gegeben,   **17** wenn es sich z. B. um das *Vermögen des gesetzlichen Vertreters,* der *Partei kraft Amtes,* des *Kommanditisten* oder des *Ehegatten* handelt. Die **treuhänderische Übertragung (Sicherungs-übereignung, Sicherungszession)** eines dem Beklagten gehörenden Gegenstandes schadet aber nicht[79], weil § 23 nicht auf die sachenrechtliche Zuordnung abstellt, so daß in einem solchen Fall **als Vermögen der Rückübertragungsanspruch des Beklagten** anzusehen ist. Freilich ergibt sich dann häufig **ein anderer Zuständigkeitsort** als derjenige des Gegenstandes[80].

5. Das Vermögen muß im **Gerichtssprengel** (→ Rdnr. 3 vor § 12) **desjenigen Gerichts**   **18** **belegen sein,** das der Kläger angerufen hat. Ist für die vom Kläger angestrengte Klage der **Sprengel erweitert** (oder verringert[81]), kommt es auf diesen geänderten Bezirk an (→ Rdnr. 5, 8 vor § 12).

a) Wenn der Gerichtsstand des § 23 durch einen körperlichen Gegenstand begründet wird,   **19** kommt es auf den Ort an, wo die Sache tatsächlich[82] liegt. **Unmaßgeblich ist, wer sie dorthin**

---

[73] Zur Prozeßökonomie näher → Einl. Rdnr. 81.

[74] Hierzu → Einl. Rdnr. 85.

[75] → § 253 Rdnr. 81 ff.

[76] Denn der unbezifferte Klageantrag ist nur zulässig, wenn dem Kläger die Bezifferung seiner Klageforderung nicht möglich ist (→ § 253 Rdnr. 81). Hier ist ihm die Bezifferung aber durchaus möglich, nur weiß er nicht, in welcher Höhe die Kompetenz des Gerichts besteht, weil er den Wert des Beklagtenvermögens nicht kennt.

[77] *Zur Zeit der Klageerhebung: Spätere* Verminderungen – etwa der (teilweise) Transfer des Bankguthabens an einen anderen Ort (oder in das Ausland) – sind nach den Grundsätzen der perpetuatio fori (→ auch unten Rdnr. 27 sowie → § 261 Rdnr. 73) irrelevant. Soweit allerdings § 23 (auch) die *internationale* Zuständigkeit begründet, muß beachtet werden, daß sich bei ihr Bedenken gegen eine perpetuatio fori erheben (→ § 261 Rdnr. 86). Folgt man diesen Bedenken im vorliegenden Fall, könnte der Beklagte durch Wegschaffen des Vermögens ins Ausland die internationale Kompetenz nach Klageerhebung beseitigen – ein kaum akzeptables Ergebnis.

[78] Bei einem an zehn verschiedenen deutschen Orten befindlichen Vermögen müßten also zehn Prozesse geführt werden, wenn der Gesamtwert des Vermögens unter dem Streitwert der Klage liegt. Für § 23 in seiner Funktion als *örtliche* Zuständigkeitsvorschrift sind die ge-

nannten Vorschläge daher kaum hinnehmbar. In seiner *international-prozeßrechtlichen* Funktion müßte aber doch wohl auf den *Gesamtwert* des innerhalb Deutschlands befindlichen Vermögens (und nicht nur auf den Wert der im Gerichtsbezirk vorhandenen Vermögensstücke) abgestellt werden. Geht man diesen Weg, könnte die Folge sein, daß das angerufene Gericht zwar die *deutsche internationale Zuständigkeit* bejaht, aber nur in Höhe des Wertes der im Gerichtsbezirk vorhandenen Vermögensstücke den *Gerichtsstand* akzeptiert – mit der Konsequenz zahlreicher weiterer Prozesse vor deutschen Gerichten, wie eingangs dieser Fußnote schon skizziert.

[79] A.M. *RGZ* 55, 389 f.; *Seuffert/Walsmann*[12] Anm. 2.

[80] Vgl. *RGZ* a.a.O. 394; denn es gilt für die Forderung § 23 Satz 2, so daß der Wohnsitz des Schuldners entscheidet, d. h. der *Wohnsitz des Treunehmers*. Dies hat *OLG München* IPRsp 1966/67 Nr. 15 übersehen, als es eine deutsche internationale Zuständigkeit bejahte, obwohl der Beklagte seine Forderung gegen einen Dritten sicherungshalber an eine im Ausland wohnende Person abgetreten hatte.

[81] So für die Kammer für Handelssachen: *Förster/Kann*[3] Anm. 1 c, aa.

[82] Ob dies der *rechtlich* richtige Ort ist, spielt keine Rolle. Wenn also z. B. der Kläger die Sache an einen anderen Ort hätte senden sollen, aber versehentlich (zur

brachte und **wer den Besitz an der Sache** hat; auch der **Besitz des Klägers** oder eines Dritten begründet den Gerichtsstand.

20   b) Für **Forderungen**[83] enthält § 23 Satz 2 (1. Alt.) die Regelung, daß der **Wohnsitz des Schuldners der Forderung (des Drittschuldner)** als derjenige Ort angesehen wird, wo sich das »Vermögen befindet«. **Zusätzlich** ist daneben in § 23 Satz 2 (2. Alt.) der **Ort einer Sache genannt, wenn diese als Sicherheit für die Forderung dient.**

21   aa) Nach § 23 Satz 2 (1. Alt.) entscheidet der *Wohnsitz* des Drittschuldners. Drittschuldner kann auch der **Kläger** sein (→ Rdnr. 13), so daß bei Forderungen, die der Beklagte gegen den Kläger hat, **der Kläger sein Wohnsitzgericht als zuständiges Gericht hat.** Wer »*Schuldner*« (= Drittschuldner) ist, entscheidet das **materielle Recht**, das ebenfalls darüber befindet, wo ein *Wohnsitz* liegt (→ § 13 Rdnr. 2 ff.). Hat der **Drittschuldner keinen Wohnsitz**, hält er sich jedoch im *Inland* auf, kann man § 16 nicht etwa analog anwenden[84], da § 23 nicht auf einen Gerichtsstand, sondern auf den *Wohnsitz des Drittschuldners* abstellt. Bei **juristischen Personen** entscheidet der Sitz[85] (→ § 17 Rdnr. 9 ff.), beim **Fiskus** der Sitz der ihn vertretenden Behörde, → § 18[86].

22   Diese Regelung ist durchaus selbständig[87] und weicht sowohl von der des § 2369 Abs. 2 BGB, die in § 73 Abs. 3 FGG verwendet ist, wie von den **Grundsätzen des internationalen Privatrechts** ab, nach denen der *Erfüllungsort* als Sitz der Forderung gilt[88]. Demgemäß greift § 23 Satz 2 (1. Alt.) auch für die Forderung eines im **Ausland** wohnenden Gläubigers (= Beklagter) **gegen einen im Inland Wohnenden** (Deutschen oder Nichtdeutschen) ein, mag auch das anwendbare ausländische Recht eine dem § 23 entsprechende Vorschrift nicht kennen[89].

Der *Erfüllungsort* für die Forderung (und damit der Gerichtsstand des § 29) kommt nicht in Betracht[90]; auch dann nicht, wenn der Drittschuldner keinen Wohnsitz in Deutschland hat, wie überhaupt unmaßgeblich ist, ob der Drittschuldner im Inland verklagt werden kann[91]. Unmaßgeblich ist auch der Ort der *Handelsniederlassung* eines Einzelkaufmannes oder ein sonstiger allgemeiner Gerichtsstand (z. B. der statutarische Gerichtsstand des § 17 Abs. 3)[92] oder der Ort einer *Zweigniederlassung*[93]. Befindet sich der Wohnsitz des Schuldners der Forderung im Bezirk des Landgerichts, so ist es unerheblich, daß eine gegen ihn gerichtete Klage vor eine auswärtige Kammer für Handelssachen gehören würde[94]; ebensowenig ist für den über § 23 S. 2 (1. Alt.) gefundenen Gerichtsstand von Bedeutung, *welches Gericht für einen Streit zwischen dem Beklagten und dem Drittschuldner zuständig wäre.*

23   Bei **Forderungsrechten aus Inhaberpapieren, Wechseln und anderen indossablen Papieren ist der Ort, wo sich das Papier befindet** – *nicht der Wohnsitz des Drittschuldners* – für den Gerichtsstand entscheidend[95]; denn diese Forderungen sind den körperlichen Sachen gleichgestellt (vgl. §§ 821, 831). **Gewerbliche Schutzrechte:** Bei **Patenten** gilt als Ort, wo sich das

---

Arglist → Rdnr. 29 f.) den falschen Ort wählte, ist dies genauso gleichgültig, wie wenn der Beklagte den Gegenstand an einen anderen Ort zu bringen gehabt hätte.
[83] Auch *befristete (betagte), bedingte* usw. *Forderungen* → Rdnr. 14–16.
[84] *Rammos* (N. 1); a. M. *Seuffert-Walsmann*[12] Anm. 3.
[85] *BGH* NJW-RR 1988, 172 f. = WPM 1987, 1353; *BAG* IPRax 1985, 276 (278); *OLG Düsseldorf* WPM 1989, 50 (54): bei Forderungen gegen *Banken* aus Bankguthaben ist der Sitz der Bank maßgebend; RGZ 59, 106 f.; OLG Hamburg IPRspr 1976 Nr. 147 (S. 422 [427]).
[86] Z. B. bei *Lastenausgleichsansprüchen* der Sitz des zuständigen Ausgleichsamts (*OLG Celle* IPRspr 1971 Nr. 169), bei *Wiedergutmachungsansprüchen* der Sitz der Oberfinanzdirektion (*LG München* IPRspr 1960/61 Nr. 214; *LG Düsseldorf* IPRspr 1958/59 Nr. 197).
[87] *LG Tübingen* IPRspr 1960/61 Nr. 77 = JZ 1961, 450 (452).
[88] *LG Stuttgart* IPRspr 1954/55 Nr. 176; vgl. auch *RGZ* 55, 108.

[89] *RGZ* 77, 250 (251 f.: Eine dem *portugiesischen* Recht unterstehende Forderung ist in Deutschland belegen, wenn der *Schuldner* der Forderung (= Drittschuldner) *in Deutschland wohnt.* Unmaßgeblich ist, ob das portugiesische Recht die Belegenheit ebenso beurteilt; *Baumbach* (N. 9) Rdnr. 14.
[90] *Rammos* (N. 1) 53 m. w. N.
[91] Vgl. *RGZ* 59, 108.
[92] Vgl. *RGZ* 59, 106 f., → Rdnr. 9.
[93] *OLG Nürnberg* OLG Rsp 23, 79; anders *Rammos* (N. 1) 53. Ansprüche aus Geschäften mit der inländischen Zweigniederlassung einer im Ausland ansässigen juristischen Person begründen deshalb nicht den Vermögensgerichtsstand im Inland, so zutreffend *OLG Hamburg* (N. 85) a.a.O (S. 426 f.).
[94] *OLG Dresden* SächsArchRpfl 2, 473.
[95] *RGZ* 58, 8; 102, 44; *KG* RzW 1969, 173 = IPRspr 1968/69 Nr. 179 (Belegenheit von Miteigentumsanteilen an den in *Girosammelverwahrung* gegebenen Aktien); *OLG Hamburg* (N. 85) IPRspr a.a.O S. 426 (Aktien).

Vermögen befindet, der *Geschäftssitz*, in Ermangelung eines solchen der *Wohnsitz des Patentvertreters*, in Ermangelung eines solchen der *Sitz des Patentamtes*, § 25 PatentG[96], ebenso beim *Gebrauchsmuster*, § 20 GebrMG, und beim *Warenzeichen*, § 35 WZG[97]. – Bei **Beteiligungen an Gesellschaften (GmbH, OHG, KG)** ist der Gerichtsstand am Sitz der Gesellschaft wie am Wohnsitz des Gesellschafters begründet[98].

    bb) Einen **zusätzlichen Gerichtsstand gewährt § 23 S. 2 (2. Alt.):** Haftet **für eine Forderung**   24
des Beklagten eine Sache zur Sicherheit als *Vertragspfand, Pfändungspfand, Arrestpfand* oder kraft *Zurückbehaltungsrechtes*, so ist der Gerichtsstand *auch* an dem Orte begründet, wo sich die bewegliche oder unbewegliche Sache befindet, selbst wenn diese einem Dritten gehört[99], so daß z. B. der **Hypothekengläubiger**, der nicht im Inland seinen Wohnsitz hat, am Ort verklagt werden kann, wo das Grundstück liegt[100]. Der **Kläger** hat die **Wahl**, welches Gericht er anruft (§ 35).

V. Der Gerichtsstand des Streit- oder Klageobjekts (des Klagegegenstandes)

1. Der Gerichtsstand des Klageobjekts **gemäß § 23 S. 1 (2. Alt.)** ist mit dem Gerichtsstand   25
der belegenen Sache verwandt, aber nicht auf Sachen, § 90 BGB, beschränkt, sondern für Vermögensrechte jeder Art, z. B. Forderungen, Rechte an Sachen, erbrechtliche Ansprüche, GmbH-Anteile[101] begründet[102]. Er soll die Fälle decken, in denen der **Gegenstand der Klage nicht zum Vermögen des Beklagten gehört**, weil anderenfalls ohnehin schon der **Gerichtsstand des Vermögens** (→ Rdnr. 11) eingreift[103]. *In Anspruch genommen* wird ein Gegenstand sowohl durch eine Klage auf seine *Herausgabe* kraft *dinglichen* Rechts (z. B. § 985 BGB) oder *persönlichen* Rechtes (z. B. Mieter gegen Untermieter) wie auf Auszahlung hinterlegter Beträge, auf *Abgabe von Willenserklärungen* (z. B. Zustimmung zur Auszahlung hinterlegter Beträge[104], Übertragung von Gesellschaftsanteilen[105]), ebenso durch eine den Gegenstand betreffende **positive oder negative**[106] Feststellungsklage (→ § 256 Rdnr. 8, 20 ff.). Bei der *negativen* Feststellungsklage bezüglich einer Forderung ist also, wenn der die Forderung behauptende Gegner im *Ausland* wohnt, ein Gerichtsstand am Wohnsitz des Klägers gegeben. Wird darüber gestritten, wem eine Forderung zusteht (**Prätendentenstreit**, vgl. § 75), ist Klagegegenstand die Forderung gegen einen Dritten; in Analogie zu Satz 2 ist der Wohnsitz

---

[96] *LG München I* GRUR 1962, 165: *Keine konkurrierende Zuständigkeit* auch des Gerichts am Sitz des Patentamts, wenn der Patentvertreter im Inland einen Geschäftsraum oder einen Wohnsitz hat.
[97] *LG München I* IPRsp 1956/57 Nr. 188 = GRUR 1959, 156.
[98] *OLG Frankfurt* a. M. IPRsp 1956/57 Nr. 185 = MDR 1958, 108 für *GmbH*; vgl. *BGH* IPRsp 1966/67 Nr. 5 (Sitz der *OHG* in Deutschland begründet die internationale Zuständigkeit, wenn im Ausland wohnender Beklagter Gesellschafter ist).
[99] Hat der Beklagte zur Abwendung der Zwangsvollstreckung Geld hinterlegt, so hat er zwar gegen die Hinterlegungsstelle einen Rückforderungsanspruch (und damit Vermögen i. S. v. § 23 S. 2, 1. Alt., → N. 62), doch sichert die hinterlegte Sache lediglich eine Forderung des *Klägers* oder eines sonstigen *Gläubigers*, nicht aber eine solche des *Beklagten*. (→ N. 62).
[100] *BGH* (N. 43) IPRsp a. a. O., S. 591. Der Gläubiger einer **Grundschuld** kann ebenfalls am Lageort des durch die Grundschuld belasteten Grundstücks verklagt werden

[*BGH*] NJW 1989, 1154f. = LM § 23 Nr. 5 a. E. = MDR 1989, 345; *OLG Frankfurt* a. M. MDR 1981, 322f.
[101] *OLG Frankfurt* (N. 98) a. a. O.
[102] So auch *RGZ* 51, 256.
[103] *Wach* 423; *OLG Frankfurt* a. M. MDR 1981, 322f.
[104] *RGZ* 51, 256ff.
[105] *OLG Frankfurt* (N. 98) a. a. O.
[106] Zustimmend *BGHZ* 69, 37 (45) = JZ **1977**, 562 (564) = NJW 1637 (1638f.) = IPRsp Nr. 128 (S. 397) = WPM 1008 = DB **1978**, 91 = JuS 57 = LM Nr. 4; bestätigt durch *BGH* JZ 1979, 231 (abl. *Maier/Reimer*) – A. M. war *RG* JW 1930, 263, das die negative Feststellungsklage aber nur unter dem Gesichtspunkt des § 23 S. 1 1. Alt. (Vermögensgerichtsstand) geprüft hat und dabei zu dem zwingenden Schluß kam, daß sich der Kläger zur Zuständigkeitsbegründung nicht auf ein Vermögen berufen können, dessen Existenz er gleichzeitig bestreitet. Insoweit besteht auch kein Widerspruch zu dem oben in Rdnr. 13 Gesagten, da dort der Gerichtsstand des Vermögens gehandelt wird.

des Dritten maßgebend, nicht aber der Wohnsitz dessen, von dem die Einwilligung in die Auszahlung verlangt wird[107]. Hat der Dritte den umstrittenen Betrag **hinterlegt**, so kommt es auf den **Sitz der Hinterlegungsstelle** an, wenn eine befreiende Hinterlegung vorliegt[108].

Wegen seiner Verbindung von Streitgegenstand und Zuständigkeit ist der **Gerichtsstand des Klageobjekts** (anders als der Vermögensgerichtsstand) auch **international unproblematisch**[109].

26 **2.** Hinsichtlich des Gerichts, das örtlich zuständig ist, gilt das in Rdnr. 18 ff. Gesagte. Bei nicht als Forderungen (→ Rdnr. 20 ff.) i.S.v. § 23 Satz 2 zu qualifizierenden Klageobjekten gilt der **Ort der Belegenheit**; auch hier wird **Besitz des Beklagten nicht gefordert**[110]. Bei **unbeweglichen Sachen** wird jedoch § 23 durch den **ausschließlichen Gerichtsstand des § 24** verdrängt (→ Rdnr. 6). Bei **Forderungen** ist § 23 Satz 2 dahin (erweiternd) zu lesen, daß als Ort »wo der mit der Klage in Anspruch genommene Gegenstand sich befindet«, der **Schuldnerwohnsitz** maßgebend ist (→ Rdnr. 20 ff.), daneben u. U. der **Ort, wo sich die Sicherheit befindet** (→ Rdnr. 24).

VI. Der maßgebende Zeitpunkt

27 **1.** Lagen die Voraussetzungen des § 23 (fehlender Inlandswohnsitz, Vermögen im Gerichtsbezirk, Teil des Vermögens des Beklagten) im Zeitpunkt der Klageerhebung[111] vor, dann **bleibt die örtliche Zuständigkeit** erhalten, auch wenn einzelne (oder alle) Voraussetzungen während des Rechtsstreits entfallen (§ 261 Abs. 3 Nr. 2, → § 1 Rdnr. 25; zur **Aufrechnung** → Rdnr. 14. Sofern § 23 die **internationale Zuständigkeit** begründet, greifen die Grundsätze der perpetuatio fori zwar nicht unmittelbar ein (näher → § 261 Rdnr. 86 sowie → Einl. Rdnr. 775). Doch es bestehen keine Bedenken, die Grundsätze jedenfalls dann entsprechend anzuwenden, wenn der Beklagte während des Verfahrens die kompetenzbegründenden Vermögensgegenstände beseitigt oder aus Deutschland weggeschafft hat.

28 **2.** Fehlten zwar bei Prozeßbeginn die Voraussetzungen des § 23, **liegen sie aber am Schluß der mündlichen Verhandlung vor** oder bestanden sie wenigstens zu irgendeinem Zeitpunkt des Prozesses, greift § 23 ein[112]; dies gilt etwa für den Gerichtsstand des Klagegegenstandes, wenn er erst nach Klageänderung (§ 264 Nr. 3) gefordert wird.

VII. Erschleichen der Zuständigkeit. Arglisteinrede

29 Der Grundsatz von **Treu und Glauben** ist auch im Prozeßrecht zu beachten (→ Einl. Rdnr. 242 ff.). Ein **Erschleichen der Zuständigkeit des § 23** wird deshalb genauso abgewehrt wie die **arglistige Einrede des Beklagten**, er habe kein Vermögen, unbeachtlich ist (→ § 1 Rdnr. 12 m.w.N.)[113].

---

[107] *BGH* (N. 43) IPRsp a.a.O. S. 590; *RGZ* 51, 256.

[108] → N. 62 a. E.; *RGZ* 51, 256; *Wieczorek*² Anm. B III b; offengelassen von *BGH* (N. 43) IPRsp S. 590 f.

[109] → N. 129.

[110] *RGZ* 51, 256 (258).

[111] Eine Zurückbeziehung auf den Zeitpunkt der *Klageeinreichung* (§§ 207, 270 Abs. 3, § 693 Abs. 2) ist nicht möglich *OLG Bremen* IPRsp 1952/53 Nr. 291; *OLG Karlsruhe* IPRsp 1968/69 Nr. 201 m.w.N = Justiz **1970**, 87; a.M. *OLG Saarbrücken* SaarlRZschr. 50, 62). War im Zeitpunkt der *Klageeinreichung* die das Vermögen darstellende *Forderung* des Beklagten durch Arrestbefehl

des Klägers *verstrickt* und zahlte der Drittschuldner trotz Kenntnis von der Verstrickung an den Beklagten, so daß im Zeitpunkt der *Klageerhebung* keine Forderung mehr vorhanden war, so ist die *Zahlung* des Drittschuldners an den Beklagten als gegenüber dem Kläger *unwirksam* anzusehen und deshalb das Vorhandensein von Vermögen im Zeitpunkt der Klageerhebung zu bejahen (*OLG Karlsruhe* a.a.O. → § 829 Rdnr. 101).

[112] Vgl. *OLG Karlsruhe* a.a.O.

[113] Näher *Zeiss* Die arglistige Prozeßpartei (1967) 53 ff., 70 ff. m. w. N; *Baumgärtel* ZZP 86 (1973) 362 f.

Bei § 23 wird seit langem der Einfluß des Grundsatzes von Treu und Glauben diskutiert. Kaum bestritten ist heute die prinzipielle Anwendung des Grundsatzes auf § 23, fraglich sind nur die Grenzfälle. Manche Probleme lassen sich im übrigen schon aus der Systematik der Gerichtsstandsvorschriften lösen: So muß § 23 abgelehnt werden, wenn der Kläger vor einem örtlich **unzuständigen Gericht** geklagt hat, *deshalb* abgewiesen wurde und nunmehr erneut klagt, wobei er **den gegen ihn gerichteten Kostenerstattungsanspruch**[114] **des (früheren) Beklagten als Vermögen** des (neuen) Beklagten zur Begründung eines Gerichtsstands in den Prozeß einführt. Die ZPO kann nicht einerseits dem Beklagten die Rüge der Unzuständigkeit einräumen und andererseits durch die Prozeßabweisung einen Gerichtsstand des Vermögens gegen den Beklagten und damit die Grundlage für die Zuständigkeit eines späteren Prozesses schaffen[115]. Dabei ist gleichgültig, ob der Kläger den Vorprozeß arglistig begonnen hat oder nicht; es reicht die Abweisung kraft Unzuständigkeit[116]. Anderenfalls könnte man jeden Ausländer vor deutsche Gerichte ziehen. Man müßte ihn nur einmal verklagen, um für spätere Prozesse die deutsche internationale Zuständigkeit und sogar einen *Klägergerichtsstand*[117] zu erhalten. Noch mehr gelten diese Erwägungen für **das Berufen des Klägers auf den bedingten Kostenerstattungsanspruch** des Beklagten (→ Rdnr. 13 vor § 91) **in einem laufenden Prozeß**. Denn er könnte dann gegen jeden im Ausland Wohnenden im Inland klagen[118]. Bedarf es bei diesen Fallgruppen keines Rückgriffs auf den Grundsatz von Treu und Glauben, so muß auf ihn rekurriert werden, wenn (sonstige) Arglistfälle vorliegen: **Arglistiges Herbeischaffen eines Vermögensstücks**, um die Zuständigkeit zu begründen[119], arglistiges **Veranlassen einer Sicherheitsleistung**[120], **Wegnahme eines Gegenstandes**[121], **unerlaubte Handlung** gegen den Beklagten, durch die dieser einen Schadensersatzanspruch gegen den Kläger erhält[122] sowie – auf Seiten des Beklagten – **arglistiges Vorspiegeln eines inländischen Vermögenswerts** an einem bestimmten Ort oder unlauteres Verbringen des Vermögensgegenstandes ins Ausland zwischen Klageeinreichung und Klageerhebung[123] (die Rüge, das Gericht sei unzuständig, weil kein Vermögen besteht, ist dann unbeachtlich).

VIII. Internationale Zuständigkeit

Als Gerichtsstandsnorm ist § 23 eine **Regelung der örtlichen Zuständigkeit**. Wie bei allen anderen Gerichtsstandsvorschriften gilt auch hier der Satz, daß die örtliche Zuständigkeit **die internationale Zuständigkeit indiziert** (→ Einl. Rdnr. 755 m. w. N.), d. h. § 23 ist auch eine Vorschrift über die internationale Zuständigkeit der deutschen Gerichte der Bundesrepublik Deutschland[124].   **31**

In der Diskussion um § 23 wird diese **Doppelnatur** verwischt. Im Vordergrund steht der Gesichtspunkt der internationalen Zuständigkeit, hinter dem die Bedeutung als örtliche Kompetenzregel bisweilen völlig verblaßt. Angesichts der deutlichen Zielrichtung des § 23 auf internationale Sachverhalte[125] ist dies weder verwunderlich noch gar zu kritisieren. Nur darf **die Komponente als örtliche Zuständigkeitsregel nicht völlig vergessen werden**. Denn es gibt Fälle, in denen sich die internationale Zuständigkeit deut-   **31a**

---

[114] Kostenerstattungsansprüche des Beklagten aus *anderen* Fallgestaltungen begründen (als Forderungen des Beklagten gegen den Kläger) den Gerichtsstand des § 23, → auch N. 43.

[115] So treffend *Seuffert/Walsmann*[12] Anm. 4 m.w.N.; *OLG Darmstadt* JW 1929, 121, *OLG Stuttgart* OLG Rsp 25, 53.

[116] *OLG Darmstadt* a.a.O.; *Schack* (N. 1) ZZP 97 (1984) 61; *Zeiss* a.a.O. 56, 72f. Ungenau ist das *obiter dictum* des *BGH* (N. 43) IPRsp a.a.O. S. 593, weil es ebenfalls auf die Arglist abstellt. Der *BGH* mußte das Problem aber nicht vertiefen, weil der Vorprozeß gerade nicht zwischen den Parteien des neuen Verfahrens ablief.

[117] → Rdnr. 29.

[118] Allerdings nicht vor jedem deutschen Gericht, aber immer am eigenen *Wohnsitz* (§ 23 S. 2 [1. Alt.]), da er (der Kläger) Schuldner des Kostenerstattungsanspruchs ist (→ Rdnr. 29).

[119] *Baumbach* (N. 9) Rdnr. 7; *Förster/Kann*[3] Anm. 1 c, bb a.E.

[120] Geprüft z.B. von *LG Hamburg* (N. 62) a.a.O., zur Sicherheitsleistung → auch N. 99.

[121] *Hellwig* System **1** 118 Fn. 7.

[122] *Goldschmidt* Der Prozeß als Rechtslage (1925) 477; *Hellwig* a.a.O.; *Rosenberg/Schwab*[14] § 36 I 3; allgemein auch *Goldschmidt* Lb.[2] 93; *Nikisch* Lb.[2] 94.

[123] Vgl. *OLG Karlsruhe* (N. 111) a.a.O.

[124] *BGHZ* 115, 90 (91 f.) = LM § 23 ZPO Nr. 7 = NJW 1991, 3092 (3093) = WuB VII A. § 23 ZPO 2.91 S. 1483 f. = JZ 1992, 51; *BGH* NJW-RR 1991, 423 (424) = LM § 1027 a ZPO Nr. 8 = WPM 1991, 384 (389); MDR 1989, 345 = LM § 23 ZPO Nr. 5 sub II 3.

[125] Vgl. die in N. 2 zitierten Motive sowie *Weigel* Gerichtsbarkeit, internationale Zuständigkeit und Territorial-Prinzip im deutschen gewerblichen Rechtsschutz (1973) 164: bei § 23 »muß mindestens immer die Auslandsbeziehung des mangelnden inländischen Wohnsitzes hinzukommen«.

scher Gerichte aus *anderen* Vorschriften ergibt. Dann laufen Gerichtsstandsregel und internationale Zuständigkeitsvorschrift auseinander. Es ist etwa an diejenigen Fälle zu denken, in denen die deutschen Gerichte international prorogiert wurden (→ § 38 Rdnr. 13 ff.), aber eine (konkrete) *örtliche* Zuständigkeit nicht vereinbart worden ist. Hier entfaltet § 23 seine Bedeutung *nur* als Regelung der örtlichen Zuständigkeit (als Gerichtsstandsnorm). Auch ist im Auge zu behalten, daß eine nach § 32 oder § 29 begründete deutsche internationale Zuständigkeit nicht ausschließt, im Gerichtsstand des § 23 zu klagen, sofern dessen Voraussetzungen ebenfalls gegeben sind (→ Rdnr. 10). Besondere Wichtigkeit hat aber die klare Trennung zwischen beiden Funktionen immer, wenn *internationalprozeßrechtlich der Rückgriff auf § 23 verwehrt* ist, wie im EuGVÜ (→ Rdnr. 33) und etwaigen ähnlichen völkerrechtlichen Verträgen[126]. Dann ist es kraft des völkerrechtlichen Abkommens dem deutschen Richter verboten, die *internationale* Zuständigkeit aus § 23 zu entnehmen. Ergibt sich jedoch aus *anderen* Vorschriften die deutsche internationale Zuständigkeit[127], ist es dem Richter unbenommen, die Norm des **§ 23 als Regelung bloß der örtlichen Zuständigkeit anzuwenden**; denn die völkervertragliche Ausschaltung des § 23 betrifft nur die (unerwünschte) internationalprozeßrechtliche Komponente.

31b   Die Unterscheidung zwischen den beiden Funktionen des § 23 ist schließlich auch deshalb notwendig, weil die Bemühungen um eine **Eingrenzung** dieser Vorschrift vor allem auf ihre **internationalprozeßrechtliche Funktion** abzielen, nicht so sehr auf die Bedeutung als *örtliche* Kompetenznorm. Trotz eines Gleichlaufs zwischen örtlicher und internationaler Zuständigkeit ergeben sich wegen der unterschiedlichen Funktion von (örtlicher) Gerichtsstandsbegründung einerseits und (internationaler) Zuständigkeitsberufung der deutschen Gerichte andererseits immer wieder nicht unerhebliche **Divergenzen** (näher allgemein → Einl. Rdnr. 760, 761, 763, 768, 769). Dies zeigt sich auch bei § 23: Wenn er aus der Fülle deutscher Gerichte ein bestimmtes Gericht auswählt, ist dies zwar ein wichtiger, aber eben doch kein so gravierender Vorgang, als wenn die Interpretation des § 23 darüber befindet, ob überhaupt deutsche Zivilgerichtsbarkeit ausgeübt werden kann oder nicht[128].

31c   **1.** Der Vermögensgerichtsstand[129] des § 23 dehnt die **deutsche internationale Zuständigkeit**[130] **außerordentlich weit** aus. Er schafft einen **im internationalen Rechtsverkehr unerwünschten**[131] (*»exorbitanten«*[132]) **»Kampfgerichtsstand«**[133] gegen das Ausland, der deutlich

---

[126] Es ist im übrigen auch umgekehrt möglich, daß sich aus § 23 nur die *internationale* Zuständigkeit ergibt, die *örtliche* Zuständigkeit aber aus anderen Vorschriften abgeleitet wird, wie *BGHZ* 94, 154 (156 ff.) für einen Fall deutlich zeigt, in dem § 18 Nr. 1 VOB/B die örtliche und § 23 die internationale Kompetenz begründete.

[127] *Weigel* a.a.O. 166: »Ist schon § 21 oder § 32 ZPO erfüllt, bedarf es des Vermögensgerichtsstands nicht mehr«, um die internationale Zuständigkeit zu begründen.

[128] Die in der ZPO ebenfalls anzutreffende Relativität *der Rechtsbegriffe* (→ Einl. Rdnr. 53) hat hier ein weiteres Beispiel: § 23 ist anders zu lesen, wenn er eine Gerichtsstandsnorm darstellt, als wenn er eine Vorschrift über die internationale Zuständigkeit ist.

[129] Nicht aber der ebenfalls in § 23 enthaltene *Gerichtsstand des Klageobjekts* (→ Rdnr. 33); denn dieser Gerichtsstand bietet im allgemeinen internationalprozeßrechtlich keine Schwierigkeiten. Die folgenden Ausführungen, insbesondere die Bemühungen um Eingrenzungen, betreffen deshalb *lediglich den internationalen Vermögensgerichtsstand*. Auch der *ZPO-Bericht* von 1977 (→ N. 2) erhält den Gerichtsstand des Klageobjekts (als § 23 Abs. 1, a.a.O. S. 274 mit zutreffender Begründung a.a.O S. 67, daß dieser Gerichtsstand »unproblematisch« ist).

[130] Grundlegend *Schröder* (N. 1) 374 ff. m.w.N., 99 Fn. 79: Mit dem berechtigten Vorwurf, daß »geschichtlich verfälschtes Material« der Rechtsprechung des *RG* (*RGZ* 4, 408 → N. 6) zugrunde liege.

[131] *BGHZ* 42, 194 (200) = IPRsp 1964/65 Nr. 259; 1952, 251 (256); *BGH* Warn 1968 Nr. 20 = IPRsp 1968/69 Nr. 220; *W. Jellinek* Die zweiseitigen Staatsverträge

über Anerkennung ausländischer Zivilurteile (1953) 222; *Schröder* (N. 1) 374 ff. m.w.N. Zutreffend auch *BGH* in *BGHZ* 49, 124 (N. 14), daß § 23 nicht *zwingend* die deutsche internationale Zuständigkeit begründet. *Eine internationale Derogation* (→ auch oben Rdnr. 8 a. E.) des § 23 durch Vereinbarung hält der *BGH* deshalb in weitem Maße für zulässig (→ auch § 38 N. 119).

[132] § 23 gehört (als Vermögensgerichtsstand → N. 129) zu den sog. *»exorbitanten«* Gerichtsständen, vgl. z. B. *Heldrich* Internationale Zuständigkeit und anwendbares Recht (1969), 117, 142, 161 und *Jellinek* (N. 131) 219; ebenso *Zöller* (N. 9) 1. *Nadelmann* (N. 1) a.a.O, rechnet § 23 zu den unpassenden Gerichtsständen (*»improper fora«*), bei *v. Mehren-Trautmann* Jurisdiction to Adjudicate – A Suggested Analysis, 79 Harv. Law Review (1966) 1121 (1141) ist die Rede sogar von *»absurd excesses«* des § 23. *Kropholler* (N. 8) Rdnr. 334 bezeichnet § 23 als *»beziehungsarmen«* Gerichtsstand; *Hausmann* IPRax 1982, 56 nennt ihn ein *„forum non conveniens"*. Kritisch auch *F. A. Mann* The Doctrine of Jurisdiction in International Law, Recueil des Cours 111 (1964) 1 (80). Erfreulicherweise zeigt die völkervertragliche Praxis (→ Rdnr. 41 f.) die Abneigung gegen den Gerichtsstand. Eine Einschränkung seiner Anwendung liegt deshalb sicher im Sinne der völkervertraglichen Entwicklung, insoweit läßt sich eine sehr restriktive Handhabung des § 23 auch durch das Prinzip *völkerrechtsfreundlicher Interpretation* begründen (→ Einl. Rdnr. 66). Daß der Vermögensgerichtsstand selbstverständlich *nicht gegen die allgemeinen Regeln des Völkerrechts* (Art. 25 GG) verstößt (*BGH* NJW 1984, 2037; MDR 1989, 335 = LM § 38 Nr. 28 sub II 2 a; *BGHZ* 115, 90 [92] = NJW 1991, 3092 [3093] = LM § 23 ZPO Nr. 7) und naturgemäß auch *nicht das Grundgesetz* ver-

---

im Widerspruch zur international offenen Regelung der §§ 12 ff. steht[134]. Bereits geringwertige Vermögensstücke (→ Rdnr. 11 ff.) sollen die deutsche internationale Zuständigkeit für sämtliche vermögensrechtliche Klagen mit noch so hohen Streitwerten begründen (→ Rdnr. 1 und 16 a). Damit wird die deutsche internationale Zuständigkeit in einem erheblichen Maße hergestellt, ohne daß Fälle mit echter Inlandsberührung vorliegen müssen. So sinnvoll die Anwendung des § 23 bei Inlandsbezug und bei möglicher Inlandsvollstreckung erscheint, so wenig ist sie berechtigt, wenn ohne jeden Bezug zum Inland Streitigkeiten vor deutschen Gerichten zwischen Ausländern abgewickelt werden können, nur weil in Deutschland ein geringwertiges Vermögensstück liegt[135] oder weil der Drittschuldner (der Schuldner des Beklagten) hier wohnt. **Soweit § 23 die deutsche internationale Zuständigkeit begründen soll, ist er deshalb sehr zurückhaltend anzuwenden:**

a) In seiner international prozeßrechtlichen Funktion (→ Rdnr. 31 b) muß § 23 deshalb **31d** *teleologisch* insoweit **beschränkt** werden (→Einl. Rdnr. 93), als eine deutsche internationale Zuständigkeit nur dann bejaht werden kann, wenn das im Rechtsstreit begehrte Urteil Aussicht bietet, daß es zu **inländischen Vollstreckungsmaßnahmen** führt, die einen Überschuß abwerfen (→ Rdnr. 11, 16 und auch 1)[136]. *Feststellungs-* und *Gestaltungsklagen* sind nur insoweit zulässig, als die Feststellungs- oder Gestaltungswirkung gerade im Inland notwendig ist.

b) Selbst wenn ein Vollstreckungszugriff aussichtsreich erscheint, sollten die Gerichte sich **31e** aber nicht scheuen, die deutsche internationale Zuständigkeit zu *verneinen*, wenn **jeder Bezug des Rechtsstreits zum Inland fehlt** (hierzu → Einl. Rdnr. 760 ff.). In solchen Fällen ist § 23 ein »**forum non conveniens**«[137]. Der Gerichtsstand des § 23 wurde nicht geschaffen, um ausländische Streitigkeiten entscheiden zu können, sondern um im Inland vor allem für den *Inländer* eine *Durchsetzung* seiner Vermögensansprüche zu ermöglichen[138]. In aller Regel sollte deshalb **die Anwendung des § 23 auf den inländischen Kläger beschränkt werden**, d. h. auf diejenige Person, die im **Inland ihren Wohnsitz** hat (auf die *Staatsangehörigkeit* ist – wie auch sonst bei den Gerichtsstandsvorschriften – nicht abzustellen)[139]. Eine Beschränkung des

---

letzt (*Schack* ZZP [N. 1] 46; *BGH* MDR a.a.O.), nimmt ihm nichts von seiner (internationalen) Bedenklichkeit. Demgemäß findet eine uneingeschränkte Anwendung des Vermögensgerichtsstands auch nur selten Freunde, vgl. [mit unterschiedlichen Akzenten] *Lüderitz* JZ 1986, 97; *Schack* ZZP (N. 1) 46 ff.; *Schütze* Deutsches Internationales ZPR (1985) 62 ff.

[133] *Hellwig* (N. 121) 118.

[134] Indem der ausländische Wohnsitz einem deutschen Gericht seine Kompetenz nach § 16 nimmt (→ § 16 Rdnr. 3).

[135] Hierzu der eindrucksvolle Katalog von Entscheidungen bei *Schröder* (N. 1) 378 Fn. 1624 ff., 379 ff. Fn. 1636 ff. u. ö. und bei *Wahl* Die verfehlte internationale Zuständigkeit (1974) 19 Fn. 6, die sämtlich die internationale Zuständigkeit (indirekt) bejahen, ohne die im Text erforderliche Kontrolle vorzunehmen. Zu ihnen ist auch *OLG Frankfurt* (N. 5) zu rechnen, das sich über die berechtigte Kritik von *Canaris* (ebenda zitiert) hinwegsetzt.

[136] Im Anschluß an *Nussbaum* Deutsches Internationales Privatrecht (1932) 400.

[137] *Schumann* FS Liebmann (N. 1) bei Fußn. 111 und 113; so auch *Jayme* Kollisionsrecht und Bankgeschäfte mit Auslandsberührungen (1977) 30. Auch nach Ansicht des *BGH* soll nunmehr Voraussetzung für die Annahme der internationalen Zuständigkeit gem. § 23 neben der Vermögensbelegenheit ein hinreichender Inlandsbezug

des Rechtsstreits sein, *BGHZ* 115, 90 (94 f., 97 f.) = LM § 23 ZPO Nr. 7 = NJW 1991, 3092 ff. = MDR 988 = WuB VII A. § 23 ZPO 2, 91 S. 1483 ff. = WPM 1991, 1692 ff. = JZ 1992, 51 ff. = RIW 57; *BGH* LM § 323 ZPO Nr. 66 sub I 1 (Beklagter ist Deutscher). Vgl. dazu *Dannemann* Jurisdiction Based On The Presence Of Assets in Germany: A Case Note, The International and Comparative Law Quarterly Vol. 41 (1992) 632 ff.; *Fricke* NJW 1992, 3066 ff.; *Mark/Ziegenhain* NJW 1992, 3062 ff. Kritisch zur Entscheidung des *BGH*: *Geimer* NJW 1991, 3072 ff.; *Fischer* RIW 1992, 57 ff.; *Schack* JZ 1992, 54 ff.; *Thode* WuB VII A. § 23 ZPO 2.91 S. 1485 f.

[138] Der preußische Entwurf, auf den § 23 in seiner heutigen Fassung zurückgeht (*Schumann* a.a.O. [N. 1] Fn. 11), enthielt ausdrücklich die Bestimmung, daß der Vermögensgerichtsstand nicht »*auf Klagen eines Ausländers gegen einen anderen Ausländer*« Anwendung finden dürfe (§ 6 des Entwurfs von 1864, → Einl. Rdnr. 106). Diese Beschränkung fiel dann während der weiteren Beratungen weg, ohne daß der Gesetzgeber seine Vorstellung aufgab, § 23 sei für den Inländer geschaffen (→ N. 2).

[139] *OLG Stuttgart* RIW/AWD 1990, 829 ff.; vgl. dazu die Besprechung bei *Fischer* RIW/AWD 1990, 794 ff. und *Fricke* IPRax 1991, 159 ff.; kritisch zur h.M. ebenfalls *Hausmann* IPRax 1982, 51 (56); *Schumann* FS Liebmann (N. 1) a.a.O. bei Fußn. 106 ff.; *ders.* ZZP (N. 1) 432; offengelassen in *BGHZ* (N. 137) 95, 99.

Forums auf den Inländer-Kläger entspricht dem gesetzgeberischen Motiv bei § 23[140] und reduziert den Anwendungsbereich der Vorschrift auf einen international gerade noch erträglichen Kreis. Damit **scheidet** grundsätzlich die **deutsche internationale Zuständigkeit aus,** wenn ein **Ausländer** (die *Staatsangehörigkeit* spielt keine Rolle, entscheidend ist der fehlende Wohnsitz im Inland) **gegen einen Ausländer** im Vermögensgerichtsstand klagt.

31f   c) Von der Beschränkung auf den Inländer-Kläger ist dann aber eine **Ausnahme**[141] zu machen, wenn wegen der **Rechts-** oder **Beweisnähe** eine Entscheidung deutscher Gerichte sinnvoll erscheint. Hierzu rechnen etwa *Streitigkeiten aus in Deutschland abgeschlossenen Rechtsgeschäften,* aus dem *deutschen Recht unterstellten Verträgen* oder ihm unterstehenden sonstigen Rechtsbeziehungen oder über *Sachverhalte,* die in *Deutschland* ihren *Schwerpunkt* haben und deshalb zweckmäßigerweise vor deutschen Gerichten aufzuklären sind.

31g   d) Ferner ist dem Ausländer-Kläger über das Forum des § 23 die deutsche internationale Zuständigkeit zu gewähren, wenn sonst *internationale Rechtsverweigerung* droht, d. h. wenn er im Ausland für seine Streitigkeit sonst kein berufenes Gericht besitzt (sog. **internationale Notzuständigkeit** deutscher Gerichte, → Einl. Rdnr. 769 sowie 763 m. w. N.).

31h   e) Als weitere Ausnahmegruppe muß ferner an diejenigen Fälle gedacht werden, in denen der Ausländer-Kläger zwar im Ausland einen Gerichtsstand gegen den Beklagten hat, aber ein dort erstrittenes **Urteil**[142] **im Inland nicht anerkannt** wird, so daß er auf das inländische Vermögen des Beklagten auch nicht über ein Vollstreckungsurteil nach § 723 zugreifen kann[143].

31i   f) Die hier entwickelten Beschränkungen des Vermögensgerichtsstands können auch einem Kläger entgegengehalten werden, der (nicht im Inland, sondern) im EuGVÜ-Ausland[144] wohnt, weil Art. 4 Abs. 2 EuGVÜ (→ Rdnr. 33) nicht **Beschränkungen gegenüber im EuGVÜ-Ausland-Wohnenden** hindert[145].

32   **2. Die Eröffnung des Konkurses im ausländischen Wohnsitz des Schuldners** schließt den Gerichtsstand des § 23 nicht aus (§ 237 KO), auch wenn der Konkurs nach dem ausländischen Recht eine Nachfolge in die Rechte des Gemeinschuldners oder dessen Handlungsunfähigkeit (nicht bloß eine Verfügungsbeschränkung) zur Folge hat[146].

33   **3. Ausschluß des § 23 durch das EuGVÜ**

a) Das EuGVÜ **schließt § 23 in seinem Geltungsbereich aus**[147]. Nach **Art. 3 Abs. 2 EuGVÜ** (*Text* → Einl. Rdnr. 903) **kann § 23 nicht bei einer Klage gegen einen Beklagten angewendet werden,** der seinen Wohnsitz in einem der Vertragsstaaten[148] hat; welche *Staatsangehörigkeit* er besitzt, ist genauso gleichgültig wie auch ein weiterer Wohnsitz in einem Nicht-Vertragsstaat. Die **Wohnsitzfeststellung** erfolgt nach Art. 52 (*Text* → Einl. Rdnr. 916), die

---

[140] *Schumann* FS Liebmann (N. 1) a.a.O. bei Fn. 106 ff.; *ders.* ZZP (N. 1) 432.

[141] *Schumann* FS Liebmann (N. 1) a.a.O. bei Fn. 114; *ders.* ZZP (N. 1) 432.

[142] Hat er im Ausland kein Urteil erstritten, sollte er im Inland nur klagen dürfen, falls dort ein *Vermögenszugriff* aussichtslos, hier aber *möglich* ist. Wenn er im Ausland geklagt, aber sachlich verloren hat, hindert dies (da ja auch die Sachabweisung nicht anerkannt wird) nicht den inländischen Prozeß. Das Gericht wird aber die Gründe der ausländischen Sachentscheidung in aller Regel nicht als bedeutungslos bei seiner eigenen Urteilsfindung ansehen.

[143] *Schumann* FS Liebmann (N. 1) bei Fn. 116.

[144] → N. 148.

[145] → N. 149.

[146] *BGH* LM Nr. 1 zu § 237 KO = ZZP 74 (1961) 89 = IPRsp 1960/61 Nr. 231; *BGHZ* 53, 332 (336: *Vergleichsverfahren*); *BGH* NJW 1975, 1187; *RGZ* 1, 435; 6, 402 f.; 14, 405, 412; 16, 392; 153, 200 (205); *OLG Hamburg* OLG Rsp 1919, 53; *Seuffert/Walsmann*[12] 2; *Müller/Freienfels,* Festschr. für Dölle 2 (1963) 359 (366 ff.); *Thieme* RabelsZ 37, 682 ff., → auch § 51 Rdnr. 21.

[147] *Literatur* → Einl. Rdnr. 784. Speziell zu Art. 3 EuGVÜ und § 23: Bericht zum EuGVÜ (→ Einl. Rdnr. 784 N. 7) 4. Kapitel, B zu Art. 3 und 4; *Geimer* NJW 1976, 441 (446); *ders.* WPM 1976, 830; *Kropholler* (N. 6) Rdnr. 330; *Schlafen* NJW 1976, 2082.

[148] Zu den *Vertragsstaaten* des EuGVÜ → Einl. Rdnr. 783; zum *zeitlichen* Anwendungsbereich → Einl. Rdnr. 784.

Sitzbestimmung einer juristischen Person nach Art. 53 (*Text* → Einl. Rdnr. 916), näher hierzu
→ § 13 Rdnr. 19 und → § 17 Rdnr. 14.

Hat jedoch der **Beklagte seinen Wohnsitz in keinem der Vertragsstaaten des EuGVÜ**, greift der
Ausschluß des § 23 nicht ein. Im Gegensatz zu den anderen vom EuGVÜ abgelehnten exorbitanten
Gerichtsständen (→ Einl. Rdnr. 791) wird **das Forum des § 23 nicht über Art. 4 Abs. 2 EuGVÜ** (*Text* →
Einl. Rdnr. 903) für bestimmte Kläger **erweitert**. Wenn man § 23 auch für im Ausland wohnende Kläger
einräumt (ablehnend aber → Rdnr. 31 e), dann bedarf es ohnehin nicht des Art. 4 Abs. 2 EuGVÜ, damit
ein Ausländer im Inland gemäß § 23 klagen darf. Lehnt man es aber (wie hier, → Rdnr. 31 e) ab, den
Ausländer im Gerichtsstand des § 23 klagen zu lassen, dann hilft Art. 4 Abs. 2 EuGVÜ auch nicht weiter,
weil er nur den ausländischen Staatsangehörigen erfaßt, der *im Inland wohnt* (also den »Inländer« im
Sinne der hier vertretenen Ansicht)[149].

b) Allerdings ist, wie schon angedeutet (→ Rdnr. 31 a), **§ 23 durch das EuGVÜ nicht etwa
völlig derogiert worden.** Das EuGVÜ verdrängt § 23 lediglich in seiner *internationalprozeß-*
rechtlichen Funktion, d. h. über § 23 kann die deutsche internationale Zuständigkeit in Zivil-
und Handelssachen nicht begründet werden, wenn der Beklagte einen Wohnsitz in einem der
Vertragsstaaten hat. Hinsichtlich seiner *örtlichen* Zuständigkeitsfunktion ist § 23 jedoch
keineswegs beseitigt. Sofern also auf Grund des EuGVÜ die deutsche internationale Zuständigkeit besteht, ist es nicht ausgeschlossen, daß § 23 als reine Gerichtsstandsnorm eingreift,
etwa bei europäischer Prorogation gemäß Art. 17 EuGVÜ (→ § 38 Rdnr. 21 ff.), wenn nicht
zugleich auch das örtlich zuständige deutsche Gericht bestimmt wurde (dann kann sich das
örtlich berufene Gericht aus § 23 ergeben). Auch bei denjenigen Zuständigkeitsnormen des
EuGVÜ, die lediglich die internationale Zuständigkeit, nicht auch die örtliche Zuständigkeit
regeln, ist nicht ausgeschlossen, daß § 23 den Gerichtsstand begründet[150].

c) Der Ausschluß des § 23 durch das EuGVÜ gilt nur für den Bereich der Hauptsacheklage
(Art. 24 EuGVÜ, *Text* → Einl. Rdnr. 911). Für einstweilige Maßnahmen, also für **Arrest** und
einstweilige Verfügung, kann der Gerichtsstand weiterhin nach § 23 bestimmt werden[151].

d) Der durch das (1.) Beitrittsabkommen 1978 (→ Einl. Rdnr. 782) eingeführte Gerichtsstand für seerechtlichen **Berge-** und **Hilfslohn** (→ § 29 Rdnr. 58) erinnert an das frühere
»forum arresti« (Art. 5 Nr. 7 EuGVÜ, *Text* → Einl. Rdnr. 943).

4. Bilaterale Abkommen   34

a) Einige bilaterale Abkommen gehen zwar nicht so weit wie das EuGVÜ und unterbinden den
Gerichtsstand des § 23, aber sie **versagen die Anerkennung eines deutschen Urteils,** das sich auf § 23
gründet. Bei der Prüfung einer über § 23 herzustellenden internationalen Zuständigkeit können diese
Regeln insofern bedeutsam werden, als ein inländischer Vermögenszugriff aussichtslos ist (→ Rdnr. 31)
und eine Vollstreckung gerade in einem Land erfolgen müßte, das dem deutschen Urteil ausdrücklich die
Anerkennung versagt[152]. Diese Regelungen enthalten Art. 2 Nr. 1 **deutsch-schweizerisches Vollstrek-**
kungsabkommen von 1929 (*Text* → § 328 Rdnr. 723), Art. 2 **deutsch-italienisches Vollstreckungsabkom-**
men von 1936 (*Text* → § 328 Rdnr. 649), Art. IV lit. a Nr. 4 **deutsch-britisches Vollstreckungsabkommen**
von 1960 (*Text* → § 328 Rdnr. 610), Art. 29 ff. (Art. 31 Abs. 1 Nr. 1) **deutsch-tunesischer Vertrag** von
1966 (*Text* → § 328 Rdnr. 850).

---

[149] Für die deutsche ZPO ist Art. 4 Abs. 2 EuGVÜ
überflüssig, weil § 23 ohnedies nicht auf die Staatsangehörigkeit abstellt (→ Rdnr. 7 a. E.). Im übrigen betrifft Art. 4
Abs. 2 EuGVÜ nur den im Inland lebenden ausländischen
Staatsangehörigen (vgl. auch *Schlafen* in: *Bülow/Böck-*
stiegel Internationaler Rechtsverkehr in Zivil- und Handelssachen[2] (Stand Juli 1990) Art. 4 EuGVÜ Anm. 3 b).

[150] So regelt Art. 16 EuGVÜ (*Text* → Einl. Rdnr. 907)
nur die *internationale* Zuständigkeit, so daß zu deren
Bestimmung die nationale Gerichtsstandsordnung herangezogen werden kann (→ Einl. Rdnr. 788 sub a). Freilich

sind bei Art. 16 EuGVÜ nur wenige Fälle denkbar, in
denen tatsächlich § 23 eingreifen kann.

[151] *Schlafen* (N. 147) gegen *OLG Koblenz* NJW 1976,
2081; *OLG Düsseldorf* NJW 1977, 2034; differenzierend
Dittmar NJW 1978, 1720; *Kropholler* Europäisches Zivilprozeßrecht (1991) Art. 24 Rdnr. 8 m.w.N.

[152] Üblicherweise hängt die deutsche internationale
Zuständigkeit aber nicht von der Anerkennungsfähigkeit
der zu erlassenden Entscheidung im Ausland ab. Bei § 23
ist eine solche Betrachtung im Interesse einer Eingrenzung sinnvoll.

b) In anderen Abkommen werden die **Urteilswirkungen** des im Gerichtsstand des Vermögens erstrittenen Urteils **auf das Inland beschränkt** (und damit § 23 auf seinen eigentlichen Sinn reduziert), so Art. 2 Nr. 4 b **deutsch-österreichischer Vollstreckungsvertrag** von 1959 (*Text* → § 328 Rdnr. 705) und Art. 3 Nr. 4 b **deutsch-griechischer Vollstreckungsvertrag** von 1961 (*Text* → § 328 Rdnr. 593[153]).

c) Anders ist wieder die Konstruktion in den Verträgen, die den Vermögensgerichtsstand dann anerkennen, wenn der **Beklagte in beiden Staaten weder Wohnsitz noch gewöhnlichen Aufenthalt** hat, so Art. 3 Abs. 1 Nr. 9 **deutsch-belgisches Abkommen** von 1958 (*Text* → § 328 Rdnr. 583) und Art. 4 Abs. 1 lit. h **deutsch-niederländischer Vollstreckungsvertrag** von 1962 (*Text* → § 328 Rdnr. 671)[154].

35   IX. Beweislast

Die Untersuchung der Voraussetzungen des § 23 folgt den **allgemeinen Regeln über die Zuständigkeitsprüfung** (hierzu → § 1 Rdnr. 15 ff.). Die Beweislast liegt beim Kläger[155]. Da sich in aller Regel Klagebegründung (Anspruch auf Zahlung von Geld) und Zuständigkeitsbehauptung (Vermögensstücke des Beklagten im Gerichtsbezirk) nicht decken, muß das Gericht bereits im Rahmen der Zuständigkeitsprüfung Beweis darüber erheben, ob das Vermögen des Beklagten im Gerichtsbezirk besteht[156].

§ 23 a   [Besonderer Gerichtsstand für Unterhaltssachen]

Für Klagen in Unterhaltssachen gegen eine Person, die im Inland keinen Gerichtsstand hat, ist das Gericht zuständig, bei dem der Kläger im Inland seinen allgemeinen Gerichtsstand hat.

Entstehungsgeschichte: Eingefügt durch § 12 des Ausführungsgesetzes vom 18. VII. 1961 (BGBl. I 1033) zum **Haager Übereinkommen über die Anerkennung und Vollstreckung von Entscheidungen auf dem Gebiet der Unterhaltspflicht gegenüber Kindern** vom 15. IV. 1958, BGBl. 1961 II 1006 (näher → § 723 Anhang A I 1 m. w. N.). In Kraft seit 1. I. 1962.

Stichwortverzeichnis → Gerichtsstandsschlüssel Rdnr. 40 vor § 12.

---

[153] In diesen Vorschriften kehrt der Gedanke des früheren *Arrestgerichtsstandes* wieder, nämlich die Begrenztheit der Urteilswirkungen auf diejenige Vermögensmasse, die die Kompetenz begründet (vgl. *Schröder* [N. 1] 391 m.w.N.). Auch bei diesen Verträgen strahlt die völkervertragliche Abmachung in die Interpretation der ZPO hinein: Da in den genannten Fällen das Urteil ohnehin territorial auf das Inland beschränkt ist und damit die Vollstreckung im anderen Vertragsstaat ausscheidet, sollte auch hier bei unmöglichem Vollstreckungszugriff im Inland die deutsche internationale Kompetenz mangels

»Vermögens« i. S. v. § 23 verneint werden. Nur wenn in einem *Drittstaat*, der das deutsche Urteil anerkennt, Vermögen liegt, könnte man wieder eine Gegenausnahme zulassen, aber auch nur, wenn dort der Kläger keinen Gerichtsstand gegen den Beklagten findet; anderenfalls sollte er von vornherein im Vermögensstaat sein Recht suchen.

[154] Diese Verträge sind wegen Art. 55 und 56 EuGVÜ (*Text* → Einl. Rdnr. 918) ohne größere Bedeutung.

[155] *RGZ* 75, 147 (149), unbestritten.

[156] → § 1 N. 28.

I. Zweck der Vorschrift

Im Anschluß an ausländische Vorbilder[1] **erleichtert § 23 a die inländische Rechtsverfolgung** **1**
in Unterhaltssachen. Er ist eine Ausnahme vom Prinzip der Maßgeblichkeit des Beklagtenge-
richtsstands, »*actor sequitur forum rei*« (→Rdnr. 14 vor § 12) und Ausdruck *sozialen Zivil-*
prozeßrechts (→ Einl. Rdnr. 520 ff.), indem er für den besonders wichtigen Bereich des
Unterhaltsrechts einen Gerichtsstand schafft, für den es auf den **Kläger** ankommt (**Klägerge-**
richtsstand, »*forum actoris*«)[2].

II. Internationale Zuständigkeit und EuGVÜ

1. § 23 a **erweitert die deutsche internationale Zuständigkeit** (zu dieser → Einl. Rdnr. **2**
751 ff.). Er eröffnet einen besonderen Gerichtsstand, wo der **Kläger seinen allgemeinen**
Gerichtsstand hat. § 23 a geht trotz seiner Verbindung mit dem Haager Übereinkommen (s. o.)
weit über dessen Anwendungsbereich hinaus[3]. Wenn er von dem allgemeinen Grundsatz
abgeht, daß der Kläger dem Beklagten an sein Gericht folgen muß (→ Rdnr. 1), so ist das
darauf zurückzuführen, daß **aus sozialen Gründen dem Unterhaltsberechtigten geholfen**
werden soll[4]. Dieser Gedanke des sozialen Schutzes ist auch bei der Auslegung des § 23 a zu
beachten.

2. Im Geltungsbereich des EuGVÜ **verdrängt Art. 5 Nr. 2 EuGVÜ** (*Text* → Einl. Rdnr. 904) **3**
den § 23 a. Danach kann ein **in einem anderen Vertragsstaat** des EuGVÜ[5] **wohnender Beklag-**
ter vor einem deutschen Gericht in einer »**Unterhaltssache**«[6] (»en matière d'obligation

---

[1] Vgl. Begründung BT-Drucks. 3/2584 zu § 12 des genannten Ausführungsgesetzes, *J. Schröder* Internationale
Zuständigkeit (1971) 341 ff., 566 f.
[2] Der *ZPR-Kommissionsbericht 1977* (→ Einl. Rdnr.
200 N. 7) hält an § 23 a fest (a.a.O. S. 68 und S. 275),
begründet aber den Gerichtsstand am *Wohnsitz* oder *ge-*
wöhnlichen Aufenthaltsort des Klägers, nicht mehr an
dessen allgemeinem Gerichtsstand.
[3] So auch *BGHZ* 106, 300 (302) = NJW 1989, 1356 f.
= MDR 529 = FamRZ 603 ff. Art. 1 des Abkommens (→
§ 723 Anhang A. I. 1) zeigt den viel engeren Bereich.
[4] Ausdrücklich zustimmend *Schröder* (N. 1) 347, vgl.
auch *BGHZ* 106, 302 f. (N. 3).
[5] Zu den Vertragsstaaten → Einl. Rdnr. 783; zum zeitlichen Anwendungsbereich → Einl. Rdnr. 784. Das Beitrittsübereinkommen 1978 (*Text* → Vorauflage Einl.

Rdnr. 943) hat die für Unterhaltssachen wichtige Regelung des Art. 5 Nr. 2 EuGVÜ neu gefaßt (hierzu → Einl.
Rdnr. 793).
[6] Aufgrund der (europäischen) *Qualifikation* nach Europarecht (→ Einl. Rdnr. 786) muß der nationale Richter
nach *europäischem* Recht entscheiden, was eine »*Unter-*
haltssache« ist (→ Rdnr. 5 ff.). Ausführliche Hinweise für
die europäische Auslegung des Begriffs »Unterhaltssache« gibt der *Schlosser-Bericht* (→ Einl. Rdnr. 784) Rdnr.
91 ff. Teilweise abweichend *Geimer/Schütze,* Internationale Urteilsanerkennung I. 1 Hb. (1983), S. 444. Der
EuGH geht von einem weiten Unterhaltsbegriff aus, *EuG-*
HE 1980, 731 ff. (*De Cavel ./. De Cavel*) = NJW 1980,
1218 = Rev. crit. 618 (Anm. *Droz*) = IPRax 1981, 19, 5
(Anm. *Hausmann*).

alimentaire«, »in materia di obbligazione alimentare«, »ten aanzien van onderhoudsver-
pflichtingen«) nur beklagt werden, wenn es das **Gericht des Ortes ist, an dem der Unterhaltsberechtigte**[7] **seinen Wohnsitz oder seinen gewöhnlichen Aufenthalt**[8] **hat.** Auf Art. 5 Nr. 2
EuGVÜ, der direkt die **örtliche** (und nicht nur die *internationale*) **Zuständigkeit** regelt (→
Einl. Rdnr. 788b), muß immer zurückgegriffen werden, wenn der Beklagte seinen Wohnsitz
in einem *anderen* EuGVÜ-Staat hat; **§ 23a ist dann unanwendbar.** Hinsichtlich der Wohnsitzfeststellung nach Art. 52 EuGVÜ (Text → Einl. Rdnr. 916) näher → § 16 Rdnr. 6ff. **Wohnt der
Beklagte außerhalb des EuGVÜ**-Bereichs, greift wieder § 23a ein. In keinem Fall spielt die
Staatsangehörigkeit eine Rolle.

Art. 5 Nr. 2 EuGVÜ gilt aber **nicht für Personenstandssachen** (Art. 1 Abs. 2 Nr. 1 EuGVÜ, Text → Einl.
Rdnr. 903). Ein durch das Beitrittsübereinkommen 1978 eingefügter Zusatz stellt klar, daß Unterhalts-
entscheidungen als Nebenentscheidungen in Statusverfahren von dem Gericht erlassen werden dürfen,
das nach seinem Recht für dieses Verfahren zuständig ist, es sei denn, diese Zuständigkeit beruht lediglich
auf der Staatsangehörigkeit einer der Parteien[9]. Ausnahmsweise richtet sich damit die Entscheidung über
die internationale Zuständigkeit weitgehend nach dem nationalen Recht des Forums.

III. Unterhaltssachen

4   **1.** § 23a gilt für **Klagen und Anträge aller Art,** also auf Feststellung wie auf Leistung, aber
auch für Gestaltungsklagen, z.B. nach § 323 (etwa als Klage des *Verpflichteten gegen den
Berechtigten* am Klägergerichtsstand des Verpflichteten[10], § 731. Er **scheidet jedoch aus,**
soweit gerade für Unterhaltssachen eine **ausschließliche Zuständigkeit begründet** ist (→
Rdnr. 13ff.). Anträge auf Erlaß eines **Arrestes** oder einer **einstweiligen Verfügung** sind nicht
unmittelbar von § 23a betroffen, können aber bei dem nach § 23a zuständigen Gericht als
dem Gericht der Hauptsache nach §§ 919, 937 angebracht werden (→ aber Rdnr. 14f.).

5   **2.** § 23a erfaßt jedoch **nur** Klagen in **Unterhaltssachen,** d.h. Klagen, bei denen Streitgegenstand ein Unterhaltsanspruch im weitesten Sinn[11] ist. Damit scheiden alle *Kindschaftssachen*
gemäß §§ 640−641k aus, ebenso alle *Familiensachen* (zu ihnen § 1 Rdnr. 61ff.), mit Ausnahme der den **Unterhalt betreffenden Angelegenheiten** der Familiensachen (§ 23b Abs. 1 Nr. 5

---

[7] Anders als § 23a stellt also das EuGVÜ nicht auf den *Kläger,* sondern (wie § 641l Abs. 3 S. 1 und § 642a Abs. 4 S. 1) auf den *Unterhaltsberechtigten* ab. Abgesehen von diesem Unterschied (→ § 641l Rdnr. 6 zum deutschen Recht), gibt auch das EuGVÜ einen weiten Klägerge-richtsstand. Dabei braucht der einzelne Kläger selbst nicht unmittelbar Unterhaltsberechtigter zu sein, sofern er nur seine Klage mit einem Unterhaltsanspruch begründet (zum Problem beim Haager Abkommen → § 723 Anhang A. I. N. 5 a.E.). Die Verfasser des EuGVÜ vertraten wohl diese *weite Interpretation* und meinten *jeden Kläger* (vgl. *Jenard-Bericht* [→ Einl. Rdnr. 784 N. 7] 4. Kap., B, 2. Abschnitt), *nicht* allerdings den als Kläger auftretenden *Unterhaltsverpflichteten.* Dieser muß immer, etwa bei einer Abänderungsklage, im Vertragsstaat klagen, wo der Unterhaltsberechtigte seinen Wohnsitz hat. Dann greift Art. 5 Nr. 2 EuGVÜ nicht ein, weil dessen Voraussetzung (Wohnsitz des Beklagten *nicht* im jeweiligen Inland) nicht vorliegt. Maßgeblich ist vielmehr Art. 2 EuGVÜ (Text → Einl. Rdnr. 903) und damit das nationale Gerichtsstands-ordnung, vgl. *Schlosser* FamRZ 1973, 424 bei N. 3, 426 bei N. 14a und 428 vor 3; ebenso *Siehr* FS Bosch (1976) 936; *Kropholler* Europäisches Zivilprozeßrecht[3] (1991) Art. 5 Rdnr. 26.

[8] Insoweit geht das EuGVÜ weiter als § 23a, der den *gewöhnlichen Aufenthaltsort* nicht ausreichen läßt (→ Rdnr. 11f.), näher Bericht zum EuGVÜ (N. 7) a.a.O. Des-halb zielen die Reformbestrebungen bei § 23a auf ein Abstellen auch auf den gewöhnlichen Aufenthaltsort (→ N. 2).
[9] Vgl. auch den *Schlosser-Bericht* (→ Einl. Rdnr. 784) a.a.O. Rdnr. 31ff. Als »lediglich auf der Staatsangehörig-keit« beruhend, sieht *Schlosser* den Gerichtsstand des § 606 Abs. 3 an (a.a.O. Rdnr. 41). Nach Inkrafttreten des Beitrittsabkommens kann nach dieser Ansicht deshalb nicht mehr im Gerichtsstand des § 606 Abs. 3 geklagt werden, wenn einer der Beklagten im Geltungsbereich des EuGVÜ wohnt.
[10] *Schumann* FamRZ 1977, 158 sub 4a; zustimmend *Baumbach/Lauterbach/Hartmann*[51] Rdnr. 1; ebenso z.B. *BGHZ* 108, 302 (N. 3); *BGH* NJW-RR 1987, 1474; FamRZ, 1987, 682; *BayObLGZ* 1985, 18 (19) = FamRZ 616f.; *OLG Bamberg* FamRZ 1981, 1103f.; *AG Ham-burg* IPRspr 1973 Nr. 73, → sogleich dort Rdnr. 5.
[11] *BGHZ* 106, 303f. (N. 3); Freistellungsanspruch von der Unterhaltsleistung (a.M. *OLG Oldenburg* FamRZ 1988, 631f. [Vorinstanz]).

und 6 GVG, § 621 Abs. 1 Nr. 4 und 5 ZPO). Auseinandersetzungen um *Güterrecht* oder *Versorgungsausgleich* sind keine Unterhaltssachen, was bereits die gesetzlich gesonderte Anführung in den genannten Vorschriften zeigt. Auf welchen **Rechtsgrund** der Unterhaltsanspruch gestützt wird – Gesetz, Delikt[12], Vertrag[13]; inländisches oder ausländisches[14] Recht – **bleibt sich gleich**. Wird der Anspruch aus dem **ausländischen Recht** abgeleitet, darf nicht nach *deutschem* Recht gefragt werden, ob der geltend gemachte Anspruch nach ihm »Unterhalt« ist, sondern es ist *nach dem ausländischen Recht* zu beantworten, ob es den angeblichen Anspruch nach *seinem* Verständnis als unterhaltsrechtlich qualifiziert (z. B. Geschwister- oder Stiefkinderunterhalt).

3. Ebensowenig kommt es auf die Person des Berechtigten oder Verpflichteten an: 6

§ 23 a stellt auf »Klagen in Unterhaltssachen« ab. **Er beschränkt die Zuständigkeit weder auf die Klage einer bestimmten Person** (wie z. B. § 35 a, der nur für die Klage eines Kindes gilt, → dort Rdnr. 2), **noch auf die Klage des Unterhaltsberechtigten** (so aber lautet z. B. die Regelung in § 641 l Abs. 3). Daher gilt § 23 a auch für die *Klage des Unterhaltsverpflichteten* (z. B. gem. § 323 auf Herabsetzung → schon Rdnr. 4 m. w. N.) und für die *negative Feststellungsklage*, daß der Kläger dem Beklagten keinen Unterhalt schulde. Folgende Personen kommen daher als Parteien in Betracht:

a) **Verwandte – Kinder, Eltern, Großeltern** usw. (§§ 1602 ff. BGB, auch hinsichtlich des in § 1613 BGB geregelten *Unterhalts für die Vergangenheit*, wie immer man ihn bürgerlich-rechtlich qualifiziert).

b) **Ehegatten** (§§ 1360 ff. BGB, auch zwischen *getrennt lebenden Ehegatten* und einschließlich des Anspruchs auf *Prozeßkostenvorschuß*, da dieser nach § 1360 a Abs. 4 BGB zum Unterhalt zählt, → auch § 127 a Rdnr. 2).

c) **Frühere Ehegatten** (§§ 1569 ff. BGB, einschließlich des Anspruchs auf *Sicherheitsleistung* nach § 1585 a BGB und auf *Unterhalt für die Vergangenheit* nach § 1585 b BGB).

d) **Nicht-eheliche Kinder** (§§ 1615 a ff. BGB einschließlich der Klage wegen vereinbarter *Abfindung* nach § 1615 e BGB, *nicht* aber wegen *vorzeitigen Erbausgleichs* nach § 1934 d BGB).

e) **Nicht-eheliche Mütter** (vor allem nach § 1615 l BGB; aber auch die Ansprüche auf Ersatz der *Entbindungskosten* nach § 1615 k BGB[15] und [in sehr weiter Auslegung] der *Beerdigungskosten* nach § 1615 m BGB sind als Unterhaltssachen i. S. v. § 23 a zu betrachten, wie immer das materielle Recht sie auch qualifiziert). Für Klagen der nicht-ehelichen Mutter auf Ersatz von Entbindungskosten und Leistungen von Unterhalt nach §§ 1615 k, 1615 l BGB enthält § 644 Abs. 2 S. 1 einen *weiteren nicht ausschließlichen* Gerichtsstand, der § 23 a wegen dieser bereits im Gesetz ausgedrückten Subsidiarität jedoch nicht verdrängt[16].

f) **Vertraglich**[17] **zu Unterhalt Berechtigte oder Verpflichtete** (sowohl bei *Präzisierung gesetzlicher Unterhaltspflichten*, als auch bei der vertraglichen Begründung sonst nicht vorhandener Pflichten [z. B. *Stiefkindvereinbarungen, Geschwisterversorgung*] → auch § 1 Rdnr. 64 sub bb), Rdnr. 67).

g) **Körperverletzte** (§ 843 BGB oder nach Sondervorschriften, z. B. § 11 StVG, § 38 LuftVG, §§ 6, 8 HaftpflichtG, einschließlich etwaiger Ansprüche auf *Abfindung oder Sicherheitsleistung* sowie nach § 845 BGB *wegen entgangener Dienste*, mag auch das materielle Recht diese Ansprüche einhellig als Schadensersatzansprüche ansehen)[18].

---

[12] *BGHZ* 106, 302 (N. 3).

[13] → N. 12.

[14] Bei *Kindern* geht die internationale Vertragsentwicklung auf Maßgeblichkeit des Rechts des Aufenthaltsorts, vgl. Art. 1 Haager Übereinkommen über das auf Unterhaltsverpflichtungen gegenüber Kindern anzuwendende Recht, BGBl. 1961 II S. 1013; näher *Palandt/Heldrich* BGB[51] Anhang zu Art. 18 EGBGB, so daß für Kinder in der Bundesrepublik Deutschland deutsches Recht gilt (*MünchKomm/Köhler* Rdnr. 28 vor § 1601).

[15] Anders zum alten Recht (§ 1715 BGB) *LG Bremen* IPRspr 1964/65 Nr. 222 gegen die zutreffende Argumentation des *LG Bonn* NJW 1959, 1044; wie hier *Baumbach* (N. 10) 1. Aus § 644 Abs. 2 S. 1 geht hervor, daß jedenfalls § 1615 k und § 1615 l BGB von der ZPO als *unterhaltsrechtliche* Streitfälle angesehen werden; jedenfalls sind sie aus der Sicht des Prozeßrechts für dessen Bereich so zu qualifizieren, → auch § 644 Rdnr. 2.

[16] → auch N. 27 a. E. sowie § 644 Abs. 2 S. 1.

[17] → N. 12.

[18] Zustimmend *BGHZ* 106, 302 (N. 3). Dieser Ansicht folgen *Baumbach* (N. 10) Rdnr. 1 und *Zöller/Vollkommer*[17] Rdnr. 4, jeweils ohne Begründung. Angesichts des sozialen Schutzzwecks des § 23 a sind die genannten An-

h) **Hinterbliebene** (§ 844 BGB oder nach Sondervorschriften, z.B. § 10 StVG, § 35 LuftVG, § 5 HaftpflichtG, einschließlich *Abfindung, Sicherheitsleistung* und *nach § 845 BGB*, obwohl auch hier das materielle Recht einmütig eine Qualifizierung als Schadensersatzanspruch vornimmt)[19].

i) **Werdende Mütter von Erben** oder Nacherben (§§ 1963, 2141 BGB).

j) **Berechtigte und Verpflichtete aufgrund von Freistellungs- und Ersatzansprüchen** wegen der vorstehend näher genannten Ansprüche[20].

7   **4.** Ein Wechsel in der Person des Verpflichteten oder des Berechtigten nimmt dem Unterhaltsanspruch nicht seine Eigenschaft als »Unterhaltssache« (→ § 1 Rdnr. 67 sub kk)[21]. Daß an *anderen* Stellen der ZPO einem Unterhaltsanspruch durch Rechtsübertragung bestimmte *Vorrechte* genommen werden (→ § 850 d), ist für die Qualifikation bei der Zuständigkeit unmaßgeblich. Denn soweit die Gerichtsstandsvorschriften oder die Regelungen über den Rechtsweg und die sachliche Zuständigkeit der Kompetenz des Gerichts an die Qualifikation eines Anspruchs anknüpfen, ändert der Rechtsübergang nichts an dieser Qualifikation (→ auch Einl. Rdnr. 349 sowie § 1 Rdnr. 221). Der Anwendung des § 23 a stehen deshalb nicht entgegen:

a) **Abretungen, Pfändungen, Verpfändungen** (ob solche behauptete Rechtsnachfolge oder Einziehungsermächtigung auch wirklich eingetreten ist, ist jeweils eine Frage der *Begründetheit* und nicht im Rahmen der Zuständigkeit zu prüfen).

b) **Gesetzliche Forderungsübergänge** *(cessio legis)*, z.B. für den *Übergang bei nicht-ehelichem Kind* nach § 1615b BGB und *nach Ehescheidung* gemäß § 1584 S. 3 BGB, nach *§ 115 SGB X* auf den *Sozialversicherungsträger* (→ § 850 Rdnr. 12 m.w.N.), nach *§ 67 VVG auf die Versicherung*, nach *§ 774 Abs. 1 BGB* auf den *Bürgen einer Unterhaltsschuld*; **nicht** aber[22] für die *Ersatzhaftung* nach § 1607 Abs. 2 S. 2 und § 1608 S. 3 BGB[23].

c) **Erbgang nach dem Verpflichteten** (z.B. *Tod des Schädigers*, der nach §§ 843 f. BGB haftete, Haftung der *Erben des verstorbenen geschiedenen Ehegatten* nach § 1586 b BGB oder **nach dem Berechtigten** (z.B. *Übergang rückständiger Unterhaltsforderung auf die Erben*).

d) **Überleitungsanzeige nach §§ 90 f. BSHG** oder Mitteilung über den **Anspruchsübergang nach § 37 BAFöG** (→ § 1 Rdnr. 67 kk, § 850 d I B 3 m.w.N.).

e) **Schuldübernahmen** (kumulative oder privative, auch aus *Vermögensübernahme* nach § 419 BGB).

f) **Freistellungs- und Ersatzansprüche** hinsichtlich von Unterhaltsansprüchen[24].

8   **5. Unmaßgeblich für § 23 a ist die Staatsangehörigkeit** der beteiligten Personen, ihr **Alter** (ob **volljährig** oder **minderjährig**), ihr **Familienstand.** Allerdings können diese Umstände für das anwendbare Unterhaltsrecht und für die Begründetheit des Anspruchs bedeutsam sein[25].

IV. Fehlender Beklagtengerichtsstand

9   **1.** Der **Beklagte** des konkreten Rechtsstreits **darf keinen allgemeinen und keinen besonderen Gerichtsstand im Inland** haben. Demgemäß muß § 23 a ausscheiden, wenn der Beklagte über andere Gerichtsstände im Inland verklagt werden kann, z.B. über § 23 oder über § 16[26], aber etwa auch, wenn für die Unterhaltssache ein besonderer Gerichtsstand besteht[27] oder eine Zuständigkeitsvereinbarung vorliegt (→ Rdnr. 18).

sprüche bei der Begründung deutscher internationaler und der örtlichen Zuständigkeit als »Unterhaltssachen« zu qualifizieren. Denn in ihrer tatsächlichen Bedeutung stehen sie den Unterhaltsansprüchen gleich; die prozessuale Schutzbedürftigkeit des Klägers ist nicht anders, wenn er einen materiell-rechtlichen Unterhaltsanspruch oder wenn er einen aus § 843 BGB abgeleiteten Anspruch für seinen Lebensunterhalt geltend macht. Ähnlich hat auch schon das Reichsgericht qualifiziert, vgl. *RGZ* 148, 137 (141); 151, 101 (102).

[19] → N. 18.

[20] *BGHZ* 106, 303 f. (N. 3 und N. 11); zu Änderungen der beteiligten Personen → näher Rdnr. 7.

[21] Ebenso *BGHZ* 106, 302 (N. 3).

[22] Anders die 19. Aufl. dieses Komm. II 2; *Zöller* (N. 18) Rdnr. 4.

[23] → § 1 bei N. 95a.

[24] *BGHZ* 106, 303 f. (→ N. 3, N. 11 und N. 19).

[25] → auch N. 10.

[26] *AG Lübeck* IPRsp 1976 Nr. 173 (S. 483 f.).

[27] Dies ist z.B. der Fall, wenn für eine vertragliche Unterhaltsvereinbarung (→ Rdnr. 6 sub f) ein inländischer

2. Abgestellt wird in § 23a auf die als **Beklagter bezeichnete Person**. Daß im Inland   **10**
möglicherweise ein *weiterer Unterhaltsverpflichteter* wohnt, schadet nicht[28]. Ferner ist nicht
entscheidend, ob der Beklagte der *ursprüngliche* Unterhaltsverpflichtete ist. Wird er als
Rechtsnachfolger (→ Rdnr. 7) in Anspruch genommen, dann hindert ein *Inlandswohnsitz des
Vorgängers* nicht die Anwendung des § 23a.

V. Klägergerichtsstand im Inland

1. Ferner muß der **Kläger im Inland seinen allgemeinen Gerichtsstand** haben. Dies ent-   **11**
scheidet sich nach §§ 12–16[29]. Gleichzeitig *im Ausland* bestehende allgemeine Gerichtsstände (z.B. wegen Doppelwohnsitz → § 13 Rdnr. 3) sind unerheblich. Hat der Kläger *nur
besondere Gerichtsstände* (z.B. § 20 oder § 23), steht ihm der § 23a nicht zur Verfügung.

2. **Rechtsnachfolge** ist auch hier unschädlich (→ Rdnr. 7 und 10), so daß der *Kläger nicht*   **12**
der ursprünglich Unterhaltsberechtigte sein muß. *Denn § 23a gibt das Forum für den Anspruch, nicht für eine bestimmte Person.* Deshalb können in ihm auch *juristische Personen
klagen.* Allerdings verändert sich durch die Rechtsnachfolge nicht etwa der (Kläger-)Gerichts-
stand auf den jeweiligen Gerichtsstand des Klägers, sondern es **bleibt** das **Gericht örtlich
zuständig,** bei dem der an der Unterhaltsbeziehung beteiligte Rechtsvorgänger, i.d.R. der
Unterhaltsberechtigte, seinen allgemeinen Gerichtsstand hat[30].

VI. Konkurrenzen (Ausschluß des § 23a)

**§ 23a greift nur ein, wenn nicht ein ausschließlicher Gerichtsstand für den Anspruch
besteht.** Solche Gerichtsstände sind:

1. **§ 621 Abs. 2 S. 1 (Konzentrationsgerichtsstand des Familiengerichts):** Wird eine Unterhaltssache,   **13**
die unter § 621 Abs. 1 Nr. 4 oder 5 fällt, *gleichzeitig* mit einer Ehesache oder *danach* **anhängig gemacht,**
ist § 23a ausgeschlossen (→ § 621 Rdnr. 17). *Vorher* **rechtshängige Unterhaltsklagen** werden an das
Familiengericht gemäß § 621 Abs. 3 **von Amts wegen verwiesen,** so daß also **selbst ein über § 23a
begründeter Gerichtsstand zerstört** wird. Nur die »*isolierte*« Unterhaltsklage kann deshalb überhaupt
noch unter § 23a fallen (§ 621 Abs. 2 S. 2)[31].
2. **§ 620 Nr. 4 und 6 i.V.m. § 606 (Einstweilige Anordnungen in Ehesachen):** Die auch für einstweilige   **14**
Maßnahmen eingeräumte Zuständigkeit des § 23a (→ Rdnr. 4) wird ferner durch die Spezialregelung für

---

Erfüllungsort (§ 29) oder für einen Unterhaltsanspruch
aus Delikt oder Gefährdungshaftung (→ Rdnr. 6 sub g und
h) der Gerichtsstand des *Tatorts* (§ 32) eingreift. Der *Gerichtsstand des Sachzusammenhangs* in § 35a schließt allerdings den § 23a nicht aus, weil sonst der Kläger zur
Klage gegen zwei Personen gezwungen wäre; wenn er
jedoch gegen einen Elternteil schon geklagt hat, besitzt er
über § 35a einen Gerichtsstand gegen den anderen Elternteil, so daß dann § 23a ausscheidet. Der *weitere Gerichtsstand des Sachzusammenhangs zugunsten der eigenen
Ansprüche der nicht-ehelichen Mutter* in § 644 Abs. 2 S. 1
versteht sich selbst als weiterer Gerichtsstand und kann
wegen dieser schon im Gesetz ausgedrückten Subsidiarität nicht den § 23a verdrängen; im übrigen ist ein Auseinanderklaffen einer über § 23a begründeten örtlichen Zuständigkeit nur sehr selten möglich.
[28] Nur z.T. bei den Fällen des § 35a, → N. 27.
[29] Bei den häufig im Forum des § 23a angeklagten Kin-

dern ist es meist ein abgeleiteter Gerichtsstand (→ § 13
Rdnr. 6 ff.), z.B. *OLG Karlsruhe* FamRZ 1971, 662 =
IPRsp Nr. 141; vgl. *ZPR-Bericht* (N. 2) a.a.O. S. 68.
[30] Wenn man auf den Gerichtsstand des *jeweiligen* Klägers abstellen würde, könnte sich für den Beklagten durch
bloße Abtretung jeweils ein anderes örtlich zuständiges
Gericht ergeben. Solch ein im deutschen Prozeßrecht un-
gewöhnliches Ergebnis hätte im Gesetz oder wenigstens
während der Entstehungsgeschichte angedeutet werden
müssen. Hierbei muß man berücksichtigen, daß § 23a bereits einen nicht unerheblichen Eingriff in das bisherige,
am Beklagtengerichtsstand orientierte Zuständigkeitssystem bedeutet (→ Rdnr. 1). Einen örtlich durch Rechtsgeschäft (Abtretung) jederzeit wandelbaren Klägergerichtsstand wollte § 23a mit Sicherheit nicht schaffen.
[31] Diese Klage kann natürlich mit anderen als Ehesachen verbunden sein; sie muß also *insoweit* nicht isoliert
bleiben.

einstweilige Unterhaltsanordnungen während einer Ehesache verdrängt, wie sie in § 620 enthalten ist. Solange keine Ehesache anhängig ist, ist § 23a aber nicht ausgeschlossen, → § 620a Rdnr. 13.

15   **3. § 641d (Einstweiliger Unterhalt des nichtehelichen Kindes):** Obwohl das Kindschaftsgericht nicht die allgemeine Unterhaltszuständigkeit hat, stehen ihm einstweilige Anordnungen zu; auch hier (wie bei Rdnr. 14) wird § 23a *insoweit* verdrängt, als Unterhaltszahlungen vorläufig angeordnet werden können. – Zur Annex-Zuständigkeit → Rdnr. 17.

16   **4. § 641l Abs. 3 (Vereinfachtes Unterhaltsverfahren):** § 23a wird ferner durch den ausschließlichen Gerichtsstand des § 641l Abs. 3 verdrängt, **wenn der Unterhaltsberechtigte im Vereinfachten Verfahren eine Anpassung eines Unterhaltstitels** erreichen will. Falls aber eine **Abänderung außerhalb der Anpassungsverordnung** gewünscht wird (was möglich ist → § 641l Rdnr. 3), ist wieder **§ 23a anwendbar**, z.B. für die Klage nach § 323.

17   **5. § 642a Abs. 4 (Regelunterhalt):** Zwar kann für die Verurteilung des **nichtehelichen Vaters zum Regelunterhalt** (§ 642) der § 23a eingreifen; für die nach § 642a, § 642b ff. sodann erforderlichen Entscheidungen über **Betrag oder Änderung des Regelunterhalts** ist eine **ausschließliche Zuständigkeit** in § 642a Abs. 4, § 642b Abs. 1 S. 3 und 4 niedergelegt, **die § 23a verdrängt.** Ebenfalls wird § 23a durch die **Annex-Verurteilung zu Regelunterhalt durch das Kindschaftsgericht** derogiert (§ 643, § 643a Abs. 3); er lebt aber *nach Ablauf der in § 643a Abs. 2 genannten Dreimonatsfrist wieder auf* (§ 643a Abs. 3).

18   **6.** § 23a wird ferner durch eine wirksame **Vereinbarung eines ausschließlichen** inländischen **Gerichtsstandes,** aber auch durch **Prorogation eines ausländischen Gerichts** unter Derogation deutscher internationaler Zuständigkeit ausgeschlossen, ebenso im **Mahnverfahren** (→ § 689 Rdnr. 6 ff.). § 23a kann **überhaupt durch Parteivereinbarung** ausgeschlossen werden (näher zum vereinbarten Ausschluß der Zuständigkeit → § 38 Rdnr. 62). Dies gilt auch hinsichtlich einer *internationalen Derogation* des § 23a, und zwar selbst dann, wenn auf diese Weise in Deutschland keine internationale Zuständigkeit (mehr) besteht.

§ 24   [Ausschließlicher dinglicher Gerichtsstand]

(1) **Für Klagen, durch die das Eigentum, eine dingliche Belastung oder die Freiheit von einer solchen geltend gemacht wird, für Grenzscheidungs-, Teilungs- und Besitzklagen ist, sofern es sich um unbewegliche Sachen handelt, das Gericht ausschließlich zuständig, in dessen Bezirk die Sache belegen ist.**

(2) **Bei den eine Grunddienstbarkeit, eine Reallast oder ein Vorkaufsrecht betreffenden Klagen ist die Lage des dienenden oder belasteten Grundstücks entscheidend.**

Gesetzesgeschichte: Bis 1900 § 25 CPO, seither ist in Abs. 2 auch das Vorkaufsrecht genannt; sprachlich 1950 geändert (BGBl. 1950 S. 535, → Einl. Rdnr. 148).

Stichwortverzeichnis → Gerichtsstandsschlüssel Rdnr. 40 vor § 12.

I. Zweck der Regelung, vergleichbare Regelungen

1. § 24 regelt den **Gerichtsstand der belegenen Sache** (*forum rei sitae*, den **dinglichen**   **1** **Gerichtsstand**). Er ist im Anschluß an die deutschrechtliche Entwicklung als **ausschließliche Zuständigkeit** ausgestaltet, da eine richtige Würdigung und sichere Feststellung der Rechtsverhältnisse des Grundeigentums vorzugsweise vom Richter der belegenen Sache zu erwarten ist[1]. Der Gerichtsstand des **§ 24 durchbricht selbst die Exterritorialität** (→ Einl. Rdnr. 657 f., 662). Die Ausschließlichkeit gilt aber nur für § 24, nicht für § 25 und § 26. **Der Gerichtsstand ist auf unbewegliche Sachen beschränkt.** Für Klagen der **Schiffspfandgläubiger** ist bei *Seeschiffen* das Gericht des Heimathafens (§§ 480, 488, 508 HGB), bei *Binnenschiffen* das Gericht des Heimatortes zuständig[2].

2. Vergleichbare Regelungen eines Gerichtsstandes der belegenen Sache gibt es ferner in   **2** § 800 Abs. 3 für die Klagen *auf Vollstreckungsklausel*, für *einstweilige Verfügungen* gemäß § 942 Abs. 2, im *Aufgebotsverfahren* nach §§ 978, 983, 988, 1005 Abs. 2, § 12 Gesetz über Kraftloserklärung von Hypothekenbriefen usw. in besonderen Fällen vom 18. IV. 1950, BGBl. S. 88 (*Text* → § 1024 Anhang, vgl. § 1003 Rdnr. 10, 11), in § 144 Abs. 2 S. 2 BBergG (BBergG v. 20. VIII. 1980, BGBl. I S. 1310 (Entscheidung für Grundabtretung, Rechtsverlust bzw. andere Vermögensverluste) und in der *Zwangsvollstreckung*, § 1 ZVG sowie § 848 Abs. 1, § 855, 857 Abs. 6.

---

[1] Motive zu § 25 = *Hahn* S. 154 f.
[2] Fehlt es für die Bestimmung des Heimathafens an einer gewerblichen Niederlassung des Schiffseigners und

Reeders, so ist der *Ort*, wo das *Schiffsregister geführt wird*, der *Heimathafen BGHZ* 58, 170; *KG* OLGZ 1976, 226; *OLG Celle* MDR 1970, 513.

II. Internationale Zuständigkeit und EuGVÜ

1. § 24 als Regelung ausschließlicher internationaler Zuständigkeit

a) § 24 regelt die internationale Zuständigkeit

3   Als Gerichtsstandsnorm ist § 24 in erster Linie eine Regelung der **örtlichen Zuständigkeit**. Wie bei den anderen Gerichtsstandsvorschriften gilt jedoch auch hier der Grundsatz, daß die örtliche Zuständigkeit **die internationale Zuständigkeit indiziert** (→ Einl. Rdnr. 755 m. w. N.). Soweit also § 24 die örtliche Kompetenz herstellt, begründet er grundsätzlich **zugleich auch die internationale Zuständigkeit für die in § 24 genannten Streitigkeiten**. Daher kann z. B. ein in Deutschland lebender *ausländischer Staatsangehöriger* als Eigentümer eines deutschen Grundstücks über § 24 verklagt werden. Dasselbe gilt für Klagen gegen *im Ausland wohnende* Eigentümer oder dinglich Berechtigte[3], übrigens ohne Rücksicht auf deren Staatsangehörigkeit. Da die Staatsangehörigkeit *des Klägers* ebenfalls gleichgültig ist (nicht weniger sein Wohnsitz), schafft § 24 auch **für alle Fälle mit Auslandsbezug** eine **internationale Kompetenz**, selbst wenn *sämtliche Beteiligte im Ausland wohnen*, wenn sie Ausländer sind und selbst wenn die maßgebliche Rechtsfrage (z. B. Geschäftsfähigkeit, Erbenstellung) dem ausländischen Recht untersteht.

b) Ausschließliche internationale Zuständigkeit des § 24

3a   Die in § 24 niedergelegte internationale Zuständigkeit ist als eine **ausschließliche Kompetenz** zu verstehen[4]. Dies folgt nicht schon aus seiner Ausschließlichkeit als Norm der *örtlichen* Zuständigkeit (zu ihr → Rdnr. 1, 28 und 30). Denn es gibt *keinen Gleichlauf zwischen örtlicher und internationaler Ausschließlichkeit*[5]. Für eine internationale Ausschließlichkeit sprechen freilich dieselben Gründe: die Sach- und Beweisnähe sowie die notwendig einheitliche Beurteilung von Grundstücksfragen durch ein ortsnahes Gericht. Wegen dieser auch internationalen Ausschließlichkeit ist **§ 24 einer abweichenden internationalen Prorogation** unzugänglich (→ Rdnr. 30). Zugleich scheidet die *Anerkennung eines ausländischen Urteils in Deutschland aus*, wenn gemäß § 24 für den Streitgegenstand ein deutsches Gericht zuständig war (→ § 328 Rdnr. 133).

c) Internationale Zuständigkeit deutscher Gerichte für ausländische Grundstücksprozesse?

3b   Im Verhältnis zum Ausland liegt die Bedeutung der Vorschrift außerdem in der *negativen* Seite, daß für die Ausübung der *deutschen Rechtsprechung mangels internationaler Zuständigkeit* überhaupt kein Raum ist[6], falls das für § 24 *maßgebliche Grundstück nicht im Inland belegen* ist. Ob man auch so weit gehen kann zu sagen, bei Immobiliarklagen haben sich eine internationalrechtliche Norm dahin gebildet, daß sich internationale Zuständigkeit und materielles Recht nach der *lex rei sitae* richten[7], ist zweifelhaft. Nicht weniger ungeklärt ist die

---

[3] Zu Klagen gegen *Mitglieder mit Wohnsitz im Geltungsbereich des EuGVÜ* → sogleich Rdnr. 4 ff.

[4] Nachw. → Einl. Rdnr. 766 N. 13 b.

[5] → Einl. Rdnr. 766 m. w. N. in N. 13 a.

[6] A. M. *RGZ* 32, 414; *Pagenstecher* RabelsZ 11 (1937) 472 ff.; 366 Fußn. 11. Eingehend gegen *RG* nimmt *J. Schröder* Internationale Zuständigkeit (1971) 356 ff. m. w. N. Stellung.

[7] So *Kallmann* Anerkennung und Vollstreckung ausländischer Zivilurteile (Basel 1946) 30 Fußn. 21; vgl. *Riezler* Internationales Zivilprozeßrecht (1949) 268; *Schröder* (N. 5) 359 und *Birk* Schadensersatz und sonstige Restitutionsformen im internationalen Privatrecht (1969), der jedoch bei grenzüberschreitenden Grundstückskonflikten den Begriff des Geltendmachens des Eigentums verkennt (maßgeblich ist das beeinträchtigte Grund-

Frage, ob das *Völkerrecht* die Entscheidung von Grundstücksstreitigkeiten durch die Gerichte eines ausländischen Staates verbietet; ein derartiger Völkerrechtssatz existiert wohl nicht[8]. Aus der Ausschließlichkeit des § 24 für *deutsche* Grundstücksprozesse läßt sich auch nicht zwingend spiegelbildlich folgern, deutschen Gerichten sei es untersagt, in *ausländischen* Grundstückstreitigkeiten – etwa aufgrund einer Prorogation – zu entscheiden[9]. Nur **bei Grundstücken im Bereich des räumlichen Geltungsbereichs des EuVGÜ** (→ sogleich Rdnr. 4 ff.) ist klargestellt, daß es **deutschen Gerichten nicht gestattet** ist, über ausländische Grundstücksfragen i. S. v. Art. 16 Nr. 1 EuGVÜ (→ Rdnr. 4) zu entscheiden. Prozesse über *Grundstücke, die außerhalb des EuGVÜ-Bereichs* belegen sind, erscheinen gleichwohl nicht weniger problematisch. Zwar fehlt die deutsche internationale Zuständigkeit nicht automatisch immer dann, wenn das Ausland für sich einen ausschließlichen Gerichtsstand reklamiert[10] (was bei Grundstücksstreitigkeiten freilich fast regelmäßig der Fall ist) und falls das Ausland das in Deutschland erstrittene Urteil nicht anerkennt[11]. Aber Prozesse um Grundstücke sind so *typisch ortsbezogen*, daß es im allgemeinen keinen Sinn gibt, in Deutschland über *ausländisches* unbewegliches Vermögen zu prozessieren. Daher sollten die deutschen Gerichte derartige Streitfälle möglichst nicht entscheiden[12].

2. EuGVÜ
a) § 24 und das EuGVÜ

Die »Indizierung« der internationalen Zuständigkeit (→ Rdnr. 3) durch die Regeln der örtlichen Zuständigkeit entfällt jedoch, soweit das **EuGVÜ** eingreift (näher → Einl. Rdnr. 758 und insbesondere 788 ff.). **Insoweit ist dann § 24 nicht anwendbar. Die maßgebliche Zuständigkeitsnorm bildet vielmehr Art. 16 Nr. 1 EuGVÜ** (*Text* → Einl. Rdnr. 907). Nach dieser Vorschrift ist für dingliche Klagen ohne Rücksicht auf den Wohnsitz der Prozeßparteien die **internationale Zuständigkeit desjenigen Vertragsstaats**[13] des EuGVÜ gegeben, **in dem die unbewegliche Sache belegen** ist[14]. Art. 16 Nr. 1 EuGVÜ betrifft Klagen, die »dingliche Rechte an unbeweglichen Sachen zum Gegenstand haben«[15]. Anders als in Unterhaltssachen (→   **4**

---

stück → Rdnr. 29) und deshalb § 24 bei angrenzenden Grundstücken in verschiedenen Staaten nicht anwenden will (S. 214 ff.).

[8] Hierzu → Einl. Rdnr. 766 N. 13 b.

[9] Zur *fehlenden Spiegelbildlichkeit* zwischen deutscher ausschließlicher Kompetenz (in deutschen Grundstücksprozessen) und ausländischer ausschließlicher Zuständigkeit (in ausländischen Grundstücksprozessen) → Einl. Rdnr. 772.

[10] Näher → Einl. Rdnr. 772 m. w. N.

[11] → Einl. Rdnr. 759 a m. w. N.

[12] Insofern handelt es sich auch hier um ein *forum non conveniens*; zu ihm näher → Einl. Rdnr. 760 ff.

[13] Zu den *Vertragsstaaten* des EuGVÜ → Einl. Rdnr. 783, zum *zeitlichen* Anwendungsbereich des EuGVÜ → Einl. Rdnr. 781.

[14] Das *3. Beitrittsübereinkommen von 1989* (→ Einl. Rdnr. 782) hat Art. 16 Nr. 1 EuGVÜ geändert. Der im Art. 16 Nr. 1 EuGVÜ neu eingefügte Buchstabe b) (*Text* → Einl. Rdnr. 907), der eine besondere Bestimmung für **befristete Miet- und Pachtverträge** enthält, ist eine Reaktion auf *EuGHE 1985, 99* (*Rösler ./. Rottwinkel*). In dieser Entscheidung hatte der Gerichtshof Art. 16 Nr. 1 EuGVÜ wörtlich ausgelegt und ihn somit auch auf die *befristete Gebrauchsüberlassung von Ferienwohnungen* angewendet (→ näher § 29 a Rdnr. 25 ff.). Die Neuregelung beseitigt dieses (unpraktische) Ergebnis.

[15] Zur Qualifikationsfrage → § 23 a N. 6. Auch hier wird bis zur Bildung eines europarechtlichen Begriffs zunächst das *nationale* Recht festlegen müssen, was »dingliche Klagen« usw. sind. Allgemein läßt sich sagen, daß sich der in Art. 16 Nr. 1 EuGVÜ verwendete Begriff der »*unbeweglichen Sachen*« weitgehend mit dem in § 24 verwendeten Begriff deckt (zu ihm → Rdnr. 6 ff.). Mit »*Klagen, die dingliche Rechte*« ... »*zum Gegenstand haben*« ist etwa der Kreis von Klagen angesprochen, wie sie in § 24 mit »Klagen, durch die das Eigentum, eine dingliche Belastung oder die Freiheit von einer solchen geltend gemacht wird« bezeichnet werden sowie die anderen Klagearten, die § 24 aufführt (zu den Klagen des § 24 → Rdnr. 9 ff.). Betrifft ein **Miet-** bzw. **Pachtvertrag Grundbesitz in mehreren Vertragsstaaten**, so ist jeder Vertragsstaat für den in *seinem* Hoheitsgebiet gelegenen Teil des Grundbesitzes ausschließlich international zuständig: (*EuGHE 1988, § 91 ff. [Scherens ./. Maenhout]* = RIW 1989, 644 = IPRax 1991, 44, 25 [*Kreuzer*] = Rev. crit. 1989, 545 [*Gundemet-Tallon*]). Die Gläubigeranfechtungsklage des französischen Rechts ist keine dingliche Klage und fällt daher nicht unter Art. 16 Nr. 1 EuGVÜ (*EuGHE 1990, 27 ff. [Reichert ./. Dresdner Bank]* = IPRax 1991, 45, 29 [*Schlosser*]). Die Anwendungsproblematik des Art. 16 Nr. 1 EuGVÜ liegt denn auch nicht in diesem Bereich, sondern in den Klagen, »die *Miete* oder *Pacht* von unbeweglichen Sachen zum Gegenstand ha-

§ 23a Rdnr. 3) regelt das **EuGVÜ** hier **nicht auch die örtliche Zuständigkeit** (Einl. Rdnr. 788a), sondern überläßt diese Regelung dem nationalen Recht. **§ 24 ist also nur insoweit verdrängt, als er die internationale Zuständigkeit begründet.** Als bloße Gerichtsstandsregelung gilt § 24 jedoch weiter und füllt Art. 16 Nr. 1 EuGVÜ dadurch aus, daß er sagt, welches deutsche Gericht *örtlich* berufen ist[16]. Art. 16 Nr. 1 begründet – wie § 24 – zugleich eine **ausschließliche internationale Zuständigkeit** (näher → Einl. Rdnr. 796), so daß *weder* eine *Zuständigkeitsvereinbarung noch rügeloses Einlassen* eine andere internationale Zuständigkeit zu öffnen vermögen (Art. 17 und 18 EuGVÜ, → § 38 Rdnr. 30 und § 39 Rdnr. 15).

b) Zusammenhangsgerichtsstände des § 25 und des Art. 6 Nr. 4 EuGVÜ

4a   Das **3. Beitrittsabkommen 1989** (→ Einl. Rdnr. 782) hat eine **neue Nr. 47**[17] dem **Art. 6 EuGVÜ** angefügt (*Text* → Einl. Rdnr. 904) und damit **im EuGVÜ einen (dinglichen) Zusammenhangsgerichtsstand** geschaffen. Seither ist der Mißstand beseitigt, daß bei einem Eingreifen des EuGVÜ einerseits § 25 nicht mehr angewendet werden konnte, andererseits im EuGVÜ kein Gerichtsstand des Zusammenhangs enthalten war[18]. Gemäß dieser (neuen) Vorschrift des **Art. 6 Nr. 4 EuGVÜ** darf eine in einem Vertragsstaat wohnende Person für den Fall, daß ein Vertrag oder Ansprüche aus einem Vertrag den Streitgegenstand bilden und diese Klage mit einer Klage wegen dinglicher Rechte an unbeweglichen Sachen **gegen denselben Beklagten** verbunden werden kann, auch vor dem Gericht desjenigen Vertragsstaates verklagt werden, in dem die unbewegliche Sache belegen ist. Dieser Zusammenhangsgerichtsstand geht weiter als § 25, weil er ganz allgemein vertragliche Ansprüche im dinglichen Gerichtsstand zuläßt, sofern sie im Zusammenhang mit der dinglichen Klage stehen und gegen denselben Beklagten gerichtet werden. Auf diese Weise können *alle unter § 25 fallende Streitgegenstände* auch im internationalen dinglichen Forum geltend gemacht werden sowie weitere Vertragsansprüche, die mit einer dinglichen Klage i.S. v. Art. 16 Nr. 1 EuGVÜ zusammenhängen.

c) Erweiterter dinglicher Gerichtsstand des § 26 und das EuGVÜ

4b   Problematischer ist das Verhältnis von § 26 zum EuGVÜ. Denn das EuGVÜ verwendet die weite Fassung der »*Klagen, die dingliche Rechte an unbeweglichen Sachen zum Gegenstand haben*«, so daß nicht ausgeschlossen sein könnte, die in § 26 genannten Fälle (z. B. der *Anspruch des Vormerkungsberechtigten* nach § 888 BGB) unter Art. 16 Nr. 1 EuGVÜ fallen zu lassen. Trotzdem kann dies nicht vertreten werden, weil dann Art. 16 Nr. 1 EuGVÜ einem besonderen, nicht-ausschließlichen Gerichtsstand (→ § 26 Rdnr. 1) international eine Ausschließlichkeit zuspräche, die national nicht erwünscht ist und auch sachfremd wäre. Deshalb meint Art. 16 Nr. 1 EuGVÜ die von § 26 umfaßten Klagen nicht. Daher **ist § 26 ebenfalls als Regelung der internationalen Zuständigkeit insoweit verdrängt, als ein Beklagtenwohnsitz im**

---

ben«, weil diese Streitigkeiten eindeutig nicht unter § 24 fallen. Welche Streitigkeiten unter diesen Miet- und Pachtklagen zu verstehen sind, ist deshalb bei § 29a (Gerichtsstand der Mietsachen) näher erörtert (→ dort Rdnr. 25 f.).

[16] *Kropholler* Europ. Zivilprozeßrecht[3] (1991) Art. 16 Rdnr. 1; *ders.* IZVR Rdnr. 423 Fußn. 975; *Geimer/Schütze* Internat. Urteilsanerkennung (1983) S. 655. Näher zu Art. 16 Nr. 1 EuGVÜ der *Jenard*-Bericht (→ Einl. Rdnr. 784 N. 7) 4. Kap., B zu Art. 16; vgl. auch *Geimer* NJW 1976, 441 ff.; *ders.* WPM 1976, 830 ff.; *Piltz* NJW

1979, 1071 (1079); *Müller* in: *Bülow/Böckstiegel/Geimer/Schütze* Internationaler Rechtsverkehr in Zivil- und Handelssachen Art. 16 EuGVÜ, S. 606–132 ff.

[17] Sie ist wörtlich aus dem *Lugano-Übereinkommen* (zu ihm → Einl. Rdnr. 781) entnommen, vgl. *Cruz/Read/Jenard* Bericht zum 3. Beitragsübereinkommen ABlEG 1990 C 189, S. 35 (45); *Jenard/Müller* Bericht zum Lugano-Übereinkommen ABl.EG 1990 C 189 S. 57 (73 f.).

[18] Zum früheren, unbefriedigenden Rechtszustand → Voraufl. Rdnr. 4 sub b.

EuGVÜ-Ausland vorliegt. Sofern allerdings die deutsche internationale Zuständigkeit vom EuGVÜ bejaht wird, ohne daß das EuGVÜ ein örtlich zuständiges Gericht bestimmt, kann § 26 den Gerichtsstand konkretisieren (→ Rdnr. 4).

d) Wahlfeststellung zwischen EuGVÜ und ZPO

Ist im Einzelfall zweifelhaft, ob Art. 16 Nr. 1 EuGVÜ (→ Rdnr. 4) bzw. Art. 6 Nr. 4 EuGVÜ   **4c**
(→ Rdnr. 4a) oder § 24 bzw. § 25 eingreifen, hilft eine **Wahlfeststellung**, sofern sich die in den europäischen und nationalen Vorschriften genannten Begriffe decken und ihre Anwendung zu demselben Ergebnis führt (näher → Einl. Rdnr. 773, 808b und → Rdnr. 28 vor § 12 m. w. N.).

III. Unbewegliche Sachen

§ 24 greift nur ein, wenn **Gegenstand der Klage eine unbewegliche Sache** ist. Damit ist bei   **5**
der Anwendung des § 24 zuerst zu prüfen, ob eine unbewegliche Sache streitbefangen ist.

1. Welche Sachen *unbeweglich* sind, bestimmt sich **nach dem bürgerlichen Recht**, da die ZPO den Begriff weder hier noch an einer anderen Stelle definiert[19]. Die Bestimmungen über den Umfang des unbeweglichen Vermögens in §§ 864 f. sind hier, namentlich hinsichtlich der Schiffe, auch *nicht* entsprechend *anwendbar*.

a) Nach §§ 93–96 BGB sind **unbewegliche Sachen nur die Grundstücke und ihre Bestand-**   **6**
teile, sowohl die **wesentlichen** wie **die nicht-wesentlichen**, also auch die **Rechte**, die mit dem **Eigentum an dem Grundstück** verbunden sind, wie z. B. die **Grunddienstbarkeiten** und die **subjektiv-dinglichen Vorkaufsrechte und Reallasten** (§§ 1018, 1094 Abs. 2, § 1105 Abs. 2 BGB[20], vgl. § 24 Abs. 2.

b) **Grundstücksgleiche Rechte.** Außerdem wird das **Erbbaurecht** in § 11 der VO über das   **7**
Erbbaurecht vom 15. I. 1919 (RGBl. S. 72) den Vorschriften über Grundstücke unterworfen. Ähnliche Vorschriften hat auf den vorbehaltenen Gebieten (s. bes. Art. 63, 67ff., 191, 196 EGBGB) die **Landesgesetzgebung** geschaffen, namentlich in Beziehung auf die **Kuxe** und andere Rechte, wie **selbständige Gerechtigkeiten** u. dgl.[21]. Über das **Wohnungseigentum** und über das **Dauerwohnrecht** → § 26 Rdnr. 8.

2. Die **anderen Rechte an Grundstücken**[22] werden **selbst nicht als unbeweglich angesehen**.   **8**
Deshalb ist der Streit nur darüber, *wem* ein solches Recht zusteht (das als bestehend nicht bestritten ist) *kein Streit um unbewegliche Sachen* (→ Rdnr. 19), wohl aber der Streit, **ob das Recht besteht** (→ Rdnr. 21) und der Streit aus dem Recht (→ Rdnr. 14). **Zubehör** (→ § 865 Rdnr. 7–12) bleibt beweglich (§§ 97f. BGB). Eine Klage nur über das Zubehör fällt deshalb nicht unter § 24.

---

[19] Vgl. *RGZ* 86, 277.
[20] Nach h.M. wesentliche Bestandteile: *RGRK*[12] § 96 Anm. 13; *Palandt/Heinrichs*[51] § 96 Anm. 2; *BayObLGZ* 1961, 31. *Münzberger* stuft diese drei Rechte nicht als wesentliche Bestandteile ein (→ § 864 Rdnr. 9). Für § 24 ist die Einordnung *ohne Bedeutung.*
[21] Vgl. *RGZ* 45, 385 *(Apothekerprivilegien)*; 86,

272ff. *(Abdeckereigerechtigkeit),* → auch § 864 Rdnr. 11 m. w. N.
[22] Z.B. *Hypothek, Grundschuld, Rentenschuld (Grundpfandrechte),* subjektiv-persönliche Vorkaufs-rechte und *persönliche Reallasten* (§ 1094 Abs. 1, § 1105 Abs. 1 BGB).

IV. Die Klagen des § 24

9   Der **Gerichtsstand** besteht **nur für bestimmte Klagen**, gleichviel, ob sie auf *Leistung* oder auf *positive* oder *negative Feststellung* gehen[23], und ob die Klage nach bürgerlichem Recht eine dingliche oder persönliche ist; die ZPO hat, gerade um die vieldeutige Bezeichnung »*dinglich*« zu vermeiden, **das Objekt der Klage** und damit deren Ziel, *nicht den Klagegrund*[24] zum Kriterium gemacht; von der Schlüssigkeit der Klagebegründung hängt die Zuständigkeit nicht ab[25]. Wegen des Streites um die Inhaberschaft eines Rechtes → Rdnr. 19.

Auf Klagen, die lediglich dem Zwecke dienen, die **Geltendmachung von Ansprüchen der in § 24 bezeichneten Art vorzubereiten,** insbesondere auf Klagen auf *Aushändigung* oder *Vorlegung* einschlägiger *Urkunden,* erstreckt sich § 24 nicht; auch eine *entsprechende Anwendung* erscheint nicht veranlaßt[26]. Wird mit einem unter § 24 fallenden Anspruch ein Anspruch auf Aushändigung einer sich auf das Recht beziehenden Urkunde verbunden, so ist auch insoweit der Gerichtsstand der belegenen Sache begründet, arg. § 25.

1. Eigentumsklage

10   Klagen, »*durch die das Eigentum geltend gemacht wird*«, wie § 24 sich ausdrückt, sind solche, die ein **bestehendes Eigentum** (auch *Miteigentum*)[27] behaupten.

Nicht unter § 24 fallen daher diejenigen Klagen, die auf *Übertragung (Verschaffung) des Eigentums* (**Auflassung,** *Rückauflassung*) gerichtet sind, z. B. aus einem Kaufvertrag oder aus dessen Auflösung (Anfechtung) oder wegen dessen Nichtigkeit oder nach Wandelung oder aufgrund eines *persönlichen* Eigentums auch *nicht* deshalb, weil er durch eine *Vormerkung* gesichert ist (→ unten Rdnr. 16). Der **Rückverschaffungsanspruch der §§ 7, 9 AnfG** fällt ebenfalls *nicht* unter § 24, auch wenn er auf *Duldung der Zwangsvollstreckung in ein Grundstück* gerichtet ist; denn mit ihm wird weder Eigentum, noch eine dingliche Belastung (→ Rdnr. 13) geltend gemacht, sondern er ist darauf gerichtet, daß der Anfechtungsgegner die erhaltene Zuwendung für die Vollstreckung durch den Gläubiger so zur Verfügung zu stellen hat, wie wenn die anfechtbare Zuwendung nicht erfolgt wäre[28].

11   »**Geltend gemacht**« wird das Eigentum dann, wenn es den *Streitgegenstand* in dem Sinne bildet, daß darüber rechtskräftig *entschieden* wird, wie bei der Klage auf **Feststellung des Eigentums** oder auf **Berichtigung des Grundbuchs** durch Löschung der auf eine andere Person lautenden Eintragung oder durch *Eintragung des Klägers* als des wahren Eigentümers, § 894 BGB[29]. Damit wäre aber dem Sinn und Zweck des Gesetzes nicht genügt. Das gesetzgeberische Bedürfnis ist das gleiche bei den Klagen, bei denen das **Eigentum den wesentlichen Klagegrund** bildet, ohne daß jedoch rechtskräftig darüber entschieden wird. Dahin gehören sowohl die Klage auf **Herausgabe der Sache,** § 985 BGB, die nur einen bestimmten aus dem

---

[23] Vgl. *RGZ* 13, 386.

[24] *RGZ* 51, 233.

[25] *OLG Celle* NJW 1954, 961.

[26] A.M. *OLG Stettin* HRR 1933 Nr. 1886, → auch N. 63.

[27] Auch das (württemberg.) *Stockwerkseigentum* (Art. 182 EGBGB) fällt darunter. Als Eigentum rechnet ferner die *Inhaberschaft an denjenigen Rechten, die den Grundstücken gleichgestellt sind und keine dingliche Belastung darstellen,* vgl. die in N. 21 genannten *Apothekerprivilegien* des preuß. ALR. – Über Wohnungseigentum → § 26 Rdnr. 8.

[28] *Baumann/Brehm*[2] (1982) § 11 III 2 e; *Böhle/Stamschräder/Kilger* AnfG[6] (1986) § 9 IV 2; *Baumbach/Lau-*

terbach/Hartmann[51] Rdnr. 4 (ungenau von »Anfechtungsklagen, die ein Grundstück betreffen« sprechend; *Baur/Stürner*[11] § 24 V 1 a unter Abstellen auf den Inhalt des Anfechtungsanspruchs; *Rosenberg/Gaul*[10] (1987) § 35 IV 2 a (ausdrücklich jedoch nur zur Unanwendbarkeit der §§ 29, 32); *Wieczorek*[2] B IIc 1 a.E. (mit wenig überzeugender Begründung, es handele sich um eine persönliche Klage [zur Aussagelosigkeit dieser Qualifizierung → Rdnr. 9 a. A.]); anders *LG Hamburg* MDR 1972, 55; ihm zustimmend *Mohrbutter* Hdb. des gesamten Vollstreckungs- und Insolvenzrechts[2] (1974) § 79 VI 4 bei Fußn. 69; *Rosenberg/Schwab*[12] § 36 III 2 a (anderes frühere Auflagen).

[29] Zu diesem Fall *OLG Celle* N. 25.

Eigentum abgeleiteten Anspruch geltend macht (→ § 322 Rdnr. 90, 91), wie auch die **negatorische Klage wegen Störung des Eigentums** nach § 1004 BGB[30]. Daß auch diese Klagen in den Gerichtsstand des § 24 gehören, war in der Rechtsprechung niemals bezweifelt worden. Folgerichtig fallen dann aber unter § 24 auch die Klage auf **Feststellung des Nichtbestehens einer Berechtigung**, die nicht dingliche Belastung (→ Rdnr. 13) ist, die Klage zur **Abwehr unzulässiger Einwirkungen**[31], §§ 905, 1004 BGB, und diejenigen aus dem **Nachbarrecht** gemäß §§ 906ff., 1004 BGB, Art. 124 EGBGB, insbes. beim **Überbau** und **Notweg**[32], sowie die Klage wegen **Mißbrauchs durch den Nießbraucher** nach § 1053 BGB, u. a. m.

Die **Erbschaftsklage**, §§ 2018ff. BGB, macht dagegen nicht das Eigentum an der unbeweglichen Sache **12** als solches geltend; sie hat den *Nachlaß* oder einen Teil davon *als Gesamtheit* zum Gegenstand und gehört daher auch dann nicht in den Gerichtsstand des § 24, wenn der Nachlaß nur aus dem Grundstück bestehen sollte[33]. Auch **gesellschaftsrechtliche Streitigkeiten** unterfallen nicht dem § 24, nur weil die Gesellschaft Grundbesitz hat[34]. Ebensowenig gilt § 24 für die auf § 2113 BGB gestützte **Klage des Nacherben** gegen den Erwerber eines Grundstücks auf Feststellung der Verpflichtung, das Grundstück im Falle des Eintritts der Nacherbfolge herauszugeben; denn hierbei wird kein Eigentum, sondern das dem Nacherben zustehende *Anwartschaftsrecht* geltend gemacht[35]. Auch der Eintrag des *Nacherbenvermerks* gemäß § 51 GBO ins Grundbuch ändert hieran nichts, weil dadurch kein Recht am Grundstück und auch keine dingliche Belastung geltend gemacht wird[36]. **Anders** ist es hingegen, wenn **nach dem Eintritt des Nacherbfalls** gemäß § 2113 BGB geklagt wird; jetzt macht der Nacherbe sein **Eigentum** geltend.

2. Klage aus dinglicher Belastung

a) § 24 gilt ferner für Klagen, »*durch die eine dingliche Belastung geltend gemacht wird*«. **13** Dies sind Klagen **aus einer dinglichen Belastung an unbeweglichen Sachen** (→ Rdnr. 5ff.), also an **Grundstücken** und **grundstücksgleichen Rechten** (z. B. *Erbbaurecht* → Rdnr. 7), sei es **gegen den Eigentümer, Erbbauberechtigten** usw. oder einen **Dritten** (*Prätendenten, Störer*). Ob die Belastung einer Person zusteht (z. B. *Erbaurecht, Nießbrauch, beschränkte persönliche Dienstbarkeit, subjektiv-persönliches Vorkaufsrecht, subjektiv-persönliche Reallast, Grundpfandrechte*) oder mit dem Eigentum an einer Sache verbunden ist (*Grunddienstbarkeit, subjektiv-dingliches Vorkaufsrecht, subjektiv-dingliche Reallast*), macht keinen Unterschied.

b) Der **Kreis der dinglichen**, d. h. gegen jeden Dritten, insbesondere gegen jeden Erwerber **14** der Sache, wirksamen **Belastungen ist im Bürgerlichen Recht** beschränkt. Es sind dies: das **Erbbaurecht**, VO vom 15. I. 1919 (RGBl. S. 72); der **Nießbrauch**, §§ 1030ff. BGB; die **Grunddienstbarkeiten** §§ 1018ff. BGB; die **beschränkten persönlichen Dienstbarkeiten**, §§ 1090ff. BGB; das **Vorkaufsrecht**, § 1094ff. BGB[37], sofern es an einzelnen Sachen besteht – nicht dagegen das am Anteil eines Miterben bestehende, §§ 2034ff. BGB –, ferner die **Reallasten**, §§ 1105ff. BGB[38], endlich **Hypothek, Grundschuld** und **Rentenschuld** als die Formen des Pfandrechts an unbeweglichen Sachen, §§ 1113ff. BGB. Dazu treten die beim Inkrafttreten des BGB bestehenden älteren Rechte, Art. 184 EGBGB, und aufgrund der

---

[30] *RGZ* 51, 2334f.; 122, 199f.; *OLG Hamburg* OLG Rsp 29, 22; *OLG Celle* VersR 1978, 570.
[31] Vgl. *RGZ* 122, 199f.
[32] Vgl. *RGZ* 32, 416.
[33] Vgl. *BGHZ* 24, 352 (368); *RG* JW 1888, 217f.; *OLG Celle* MDR 1962, 992; *Schröder* (N. 6) 355 m. w. N. aus der Entstehungsgeschichte.
[34] *BGHZ* a. a. O.
[35] *RGZ* 102, 104; a. M. *Wieczorek*[2] B II b 1: § 24 greife ein.

[36] Vgl. *RGZ* 83, 434 (436); 102, 104.
[37] Auch ein *gesetzliches Vorkaufsrecht, BGHZ* 58, 78 (82); 60, 275 (293); *OLG Dresden* JR 1950, 53; *Weber* DNotZ 1961, 236.
[38] Aber nicht *Ansprüche aus persönlicher Haftung für Rückstände gemäß § 1108 BGB* (→ auch Rdnr. 19 nach N. 41).

Vorbehalte in Art. 65 ff., 196 EGBGB[39] die dem **Wasser-, Deich-, Siel-** und **Bergrecht**[40] angehörigen **dinglichen Belastungen**[41].

15   c) Auch **öffentlich-rechtliche Belastungen**, z. B. *Grundsteuer, Anliegerbeiträge* fallen unter § 24, soweit der Streit um sie zur Zuständigkeit der Zivilgerichte gehört (→ Einl. Rdnr. 340 ff.).

16   d) Bei der **Vormerkung** zwecks **Sicherung** des persönlichen Anspruchs auf **Einräumung des Rechts** ist zu unterscheiden:

> Während auf der einen Seite der zu sichernde Anspruch sich durch die Eintragung der Vormerkung noch nicht in ein dingliches Recht am Grundstück verwandelt, sondern *persönlicher* Anspruch bleibt, wirkt doch andererseits die Eintragung der Vormerkung als solche gegen jeden Dritten, so daß man insoweit[42] wohl sagen kann, daß das Grundstück mit der Vormerkung dinglich belastet ist. Daraus folgt einerseits, daß **§ 24 nicht eingreift**, wenn durch die Klage der Anspruch selbst mit dem Ziele der endgültigen Eintragung gegen den persönlich Verpflichteten erhoben wird[43]. In den **Gerichtsstand des § 24 gehört**[44] aber das **Geltendmachen** der **dinglichen Wirkung** der Vormerkung **Dritten gegenüber** gemäß § 883 Abs. 2, Abs. 3 i. V. m. § 888 BGB und daher die Klage auf Zustimmung zur Eintragung oder Löschung. Dasselbe gilt von der Klage, durch die ein **Veräußerungsverbot** soweit es *dingliche* Wirkung hat, gegen Dritte gemäß § 888 Abs. 2 BGB geltend gemacht wird.

17   e) Unter den Begriff **des Geltendmachens der dinglichen Belastung** fallen die **Leistungsklage** aus dem Recht, insbesondere die Klage zum Schutze der *Grunddienstbarkeiten*, § 1027 BGB, oder des *Nießbrauchs*, § 1065 BGB, oder der beschränkten persönlichen Dienstbarkeit, § 1090 Abs. 2 BGB (i. V. m. § 1027 BGB), ferner das Erheben des Anspruchs aus der *Hypothek, Grundschuld* oder *Rentenschuld*, vgl. §§ 592, 794 Abs. 1 Nr. 5, mag die **Klage auf Zahlung von Kapital, Zinsen** und **Renten**, oder, wie manche verlangen (vgl. § 592 Rdnr. 4), nur auf **Duldung der Zwangsvollstreckung** gerichtet sein[45]. Gehört das **Grundstück zum Gesamtgut einer Gütergemeinschaft**, so ist nach Beendigung des Güterstandes auch gegen den nunmehr ebenfalls vertretungsberechtigten Ehegatten bzw. dessen Erben nach § 743 (→ § 743 Rdnr. 1) eine Klage nötig. Eine solche Klage auf Duldung der Zwangsvollstreckung wegen der Hypothek usw. ist gleichfalls die Geltendmachung der dinglichen Belastung[46]. Daß die Geltendmachung einem Dritten gegenüber erfolgt, ist auch sonst unerheblich. Dies gilt entsprechend für die Fälle der §§ 737, 745, 748.

---

[39] Die Vorbehalte in Art. 59, 62 f. EGBGB für die *Familienfideikommisse, Lehen-, Stamm-* und *Rentengüter* sind durch Art. III G Nr. 45 des Kontrollrats vom 20. II. 1947 gegenstandslos geworden.

[40] Zum Bergrecht → Rdnr. 2.

[41] *RGZ* 21, 225 *(Mutung)*; 53, 98 *(Fischereirecht)*.

[42] So ausdrücklich *RGZ* 82, 20 (24) (vgl. N. 47): Grundbuchberichtigung (§ 894 BGB) durch Eintragung einer zu Unrecht gelöschten Auflassungsvormerkung (= »Verfügungsbeschränkung«, § 883 Abs. 2 BGB) = Geltendmachen einer bestehenden *dinglichen* Belastung (ebenso *RGZ* 7, 177; 15, 269; 27, 237 [238]; »Belastung *im weiteren Sinn*«; *RGZ* 151, 389 [392]).

[43] *RGZ* 52, 41, dann → § 26.

[44] Ebenso *KG* OLG Rsp 20, 289; *Erman/Westermann*[8] § 888 Rdnr. 1; *Schlosser-Bericht* (Einl. Rdnr. 784) a. a. O. Rdnr. 170. – A. M. *RGZ* 52, 41 f. (zur Vormerkung des preußischen Rechts, vgl. § 26 N. 1).

[45] Die ganz überwiegende Praxis verlangt für die Hypothekenklage einen *Duldungstitel*, in dem der Eigentümer verurteilt wird, die Zwangsvollstreckung in das Grundstück wegen Kapital und Zinsen zu dulden. Entsprechend muß der *Klageantrag* lauten. Verlangt der Kläger *lediglich Verurteilung zur Zahlung*, müßte der Richter gemäß § 139 eine andere Formulierung des Antrags anregen. Ein solcher Titel kann auch im *Urkundenprozeß* (§ 592 S. 2) oder durch Errichtung einer *notariellen Urkunde* (§ 794 Abs. 1 Nr. 5) erlangt werden. *Antrag* und *Urteilstenor* lauten etwa: »Der Beklagte wird verurteilt, aus der im Grundbuch von… 3. Abteilung, laufende Nr.… eingetragenen Hypothek in Höhe von DM… nebst Zinsen hieraus seit… die Zwangsvollstreckung zu dulden« (vgl. *Baur* Sachenrecht[15] § 40 IV 4 d).

[46] Im Ergebnis ebenso *OLG Dresden* OLG Rsp 5, 129. Vgl. ferner *Hein* Duldung der Zwangsvollstreckung (1911) 218.

Ferner gehören hierher die **Feststellungsklage** und die **Klage auf Berichtigung des Grund-** **18** buchs durch *Eintragung des bestehenden Rechts*, § 894 BGB[47], oder durch *Beseitigung des Widerspruchs* gegenüber einem bestehenden, eingetragenen Recht, § 894 BGB analog[48], sowie die **einstweilige Verfügung** (§ 937, § 935) auf *Eintragung eines Widerspruchs* zugunsten des bestehenden, aber nicht eingetragenen Rechts, § 899 BGB, die **Klage des Eigentümers auf Umschreibung** der kraft Gesetzes zur Eigentümergrundschuld gewordenen Hypothek usw., §§ 1163, 1168, 1170ff., 1173 BGB[49], gleichviel ob man den Anspruch als *dinglichen* oder *persönlichen* ansieht[50], sowie der Streit des **Grundstückseigentümers mit dem Pfändungsgläu- biger einer Hypothek** über Bestand und Wirksamkeit des **Pfändungspfandrechts**[51].

Wird dagegen **zwischen zwei angeblich Berechtigten (Prätendenten) nur um die subjektive Berechti-** **19** gung an einer unstreitig bestehenden dinglichen Belastung gestritten, insbesondere die *Umschreibung der Hypothek auf einen anderen Gläubiger* verlangt, so ist die dingliche Belastung selbst nicht Gegenstand der Klage; diese fällt **nicht unter § 24**[52], ebensowenig die Klage auf Eintragung in denjenigen Fällen, wo das Recht erst durch die Eintragungsbewilligung begründet werden soll, z.B. § 648 BGB[53]. Bei der **Reallast** fällt die Klage auf rückständige Leistungen nur insoweit hierher, als sie die dingliche Verpflich- tung geltend macht, nicht dagegen insoweit, als der Anspruch als persönlicher gegen den Eigentümer oder früheren Eigentümer verfolgt wird, vgl. § 1108 BGB und arg. § 24[54].

Wird *nach dem Erlöschen* der dinglichen Belastung ein Anspruch auf Erlös aus ihrem früheren Bestand hergeleitet, so macht dieser Anspruch nicht die dingliche Belastung geltend[55].

3. Klage auf Freiheit von einer dinglichen Belastung

a) Mit den Klagen auf »*Freiheit von einer dinglichen Belastung*« wird ein (gegenüber den **20** in Rdnr. 13ff. dargestellten Klagen) **umgekehrtes Ziel verfolgt: Die Klagen richten sich gerade gegen eine Belastung. Der Begriff der dinglichen Belastung ist hier nicht anders als in Rdnr. 14ff.**

b) Klagen in diesem Sinne sind diejenigen, die die Belastung des Grundstücks, des grund- **21** stücksgleichen Rechts oder der dinglichen Belastung, soweit sie einer unbeweglichen Sache gleichgestellt ist (§ 24 Abs. 2; § 96 BGB), gerichtlich verneint haben wollen, also die auf Unterlassung gerichtete **(negatorische) Leistungsklage**, die **negative Feststellungsklage**, sowie die auf das Nichtbestehen gegründete Klage auf **Berichtigung des Grundbuchs** durch **Lö- schung** der dinglichen Belastung, § 894 BGB, z.B. aufgrund des Unterganges der Grund- dienstbarkeit durch Verjährung des Anspruchs gemäß § 1028 BGB, oder des Erlöschens der Gesamthypothek an mithaftenden Grundstücken gemäß §§ 1173ff. BGB. Klagen, mit denen die Freiheit von einer dinglichen Belastung begehrt wird, sind also auch solche, in denen **die Freiheit einer dinglichen Belastung von einer dinglichen Belastung** geltend gemacht wird, allerdings nur soweit es sich bei der belasteten Belastung um eine unbewegliche Sache (→ Rdnr. 6) handelt; die **Hypothek** als solche ist nicht unbeweglich (→ Rdnr. 8), so daß **deren Belastung nicht hierzu zählt**[56].

---

[47] Vgl. *RGZ* 82, 20 (24); *KG* OLG Rsp 27, 18: Klage des die *Eigentümergrundschuld pfändenden Gläubigers ge- gen den Scheinhypothekengläubiger.* – Auch auf Wieder- eintragung des zu Unrecht gelöschten Rechts; vgl. *OLG Celle* NJW 1954, 961.

[48] *OLG Augsburg* OlG Rsp 11, 169f.

[49] S. auch *OLG Marienwerder* OLG Rsp 6, 377; *OLG Celle* OLG Rsp 15, 255. – Nicht aber die *Klage des Eigen- tümers gegen einen Grundschuldgläubiger auf Übertra- gung der Grundschuld wegen Wegfalls der Sicherungsab- rede*; denn diese Klage erfolgt nicht »aus einer Belastung« und macht ferner nicht die »Freiheit von einer Belastung«

(→ Rdnr. 20ff.) geltend, *BGHZ* 54, 201 = NJW 1970, 1789 = MDR 832 = RPfleger 330 = WPM 1149 = JZ 1971, 66 = KtS 43 = LM Nr. 1 (Mattern).

[50] Vgl. unten N. 57 ferner *OLG Hamburg* OLG Rsp 15, 55f.

[51] *RGH* 149, 191 (192).

[52] *OLG Hamburg* OLG Rsp 13, 75; *OlG Dresden* OlG Rsp 17, 86.

[53] Vgl. *RG* SeuffArch 44, 348 u.a.

[54] → N. 38.

[55] *RGZ* 45, 388f.

[56] *RGZ* 51, 231; *OLG Hamburg* OLG Rsp 11, 47.

22   c) Es gehören hierher auch die Klagen, die die **Befreiung des Grundstücks** (bzw. des grundstücksgleichen Rechts, der dinglichen Belastung) von einer Belastung erstreben, auch wenn der Anspruch auf Befreiung lediglich ein schuldrechtlicher ist, wie z.B. in den Fällen der Anfechtung der Hypothek nach der KO bzw. dem AnfG, s. auch § 1169 BGB. Es ist zuzugeben, daß damit eine gewisse Inkongruenz gegenüber den Fällen der Rdnr. 10 ff. und 13 ff. eintritt; aber sowohl die Entstehungsgeschichte als auch dringende praktische Gründe sprechen dafür[57]. Wesentlich ist nur, daß der Klageantrag auf Bewilligung der Löschung gerichtet und der Beklagte Inhaber der dinglichen Belastung ist[58] – sei es als unmittelbar Berechtigter, sei es als Pfandgläubiger des Berechtigten –, mag die Klage im übrigen von dem Eigentümer oder einem Dritten, z.B. einem nachstehenden Hypothekengläubiger[59], angestrengt sein.

23   d) Eine **nicht gegen den Inhaber der dinglichen Belastung** gerichtete Klage, durch die eine *persönliche* Verpflichtung zur Beseitigung einer Belastung geltend gemacht wird, z.B. die Klage gegen den Veräußerer oder einen Dritten, der sich verpflichtet hat, sie zur Löschung zu bringen[60], oder der bei nicht mehr bestehenden Rechten nach § 435 BGB dazu verpflichtet ist, erfaßt dagegen der Gerichtsstand des § 25 nicht. Ebensowenig betrifft er Klagen, mit denen die Unwirksamkeit der dinglichen Belastung lediglich dem Kläger gegenüber oder nur die fehlende subjektive Berechtigung des Beklagten[61] oder die Wirksamkeit eines bestimmten Kündigungsaktes[62] geltend gemacht wird. Nicht unter den Gerichtsstand des § 24 fallen endlich Klagen, die nicht die Löschung der Grundstücksbelastung, sondern *nur die Vorbereitung der Löschung*, z.B. durch die verlangte Herausgabe von Urkunden, zum Gegenstand haben[63].

4. Besitzklagen

24   Unter § 24 fallen ferner »Besitzklagen«, sofern es sich um **unbewegliche Sachen** (→ Rdnr. 5 ff.) handelt. Dies sind Klagen, deren Grundlage der gegenwärtige oder frühere Besitz, §§ 854 ff. BGB, ist, nämlich die Klagen wegen **Entziehung des Besitzes**, § 861 BGB, und wegen **Störung des Besitzes**, § 862 BGB, mögen sie vom *unmittelbaren* oder vom *mittelbaren* Besitzer erhoben werden, § 869 BGB[64]. Maßgebend ist dabei die Lage des entzogenen oder von der Störung betroffenen Grundstücks. Dagegen gehören **nicht** hierher die Klagen auf **Einräumung des Besitzes**[65], z.B. aufgrund der Miete, der Pacht, des Kaufes, insbesondere auch nicht der Anspruch des Erben gegen den Erbschaftsbesitzer, § 2018 BGB[66]. Der Besitzschutz der Grunddienstbarkeiten, § 1029 BGB, vgl. Art. 191 EGBGB, fällt dagegen unter § 24, da er sich auf den Besitz des Grundstücks gründet.

25   5. Die »**Grenzscheidungsklage**«[67], die § 24 ebenfalls nennt, sind sowohl die **Abmarkungsklage**, § 919 BGB (sofern nicht das *Landesrecht*[68] ein anderes als das gerichtliche Verfahren vorsieht), wie die eigentliche Grenzscheidung, § 920 BGB.

---

[57] Vgl. *RGZ* 15, 386; 20, 403 ff.; 36, 12; 52, 3; *LG Itzehoe* MDR 1983, 673 f.: in § 24 werde der Gerichtsstand der belegenen Sache allgemein für Klagen, durch welche die Freiheit von einer dinglichen Belastung geltend gemacht wird, als ausschließlicher Gerichtsstand angeordnet; aus dem Wortlaut folge, daß alle Klagen, welche auf eine von dem Beklagten vorzunehmende Löschung einer Eintragung gerichtet sind, u. a. m.; *Baumbach* (N. 28) Rdnr. 9; *Thomas/Putzo*[17] Anm. 2 c, bb; *Wieczorek*[2] B II b 2; *Zöller/Vollkommer*[17] Rdnr. 13. – A.M. *OLG Kiel* OLG Rsp 21, 65; *KG* JW 1926, 1595; *OLG Hamburg* BB 1957, 274; *Förster/Kann*[3] Anm. 3 b cc; *AK/Röhl* §§ 24–26 Rdnr. 3.

[58] Vgl. auch *RG* Gruchot 65, 241.

[59] *RGZ* 20, 403 ff.

[60] *RGZ* 25, 384; 35, 365 ff.

[61] Vgl. *RG* Gruchot 36, 1201, → auch oben N. 52.

[62] *OLG Breslau* OLG Rsp 20, 288.

[63] *RGZ* 23, 339; 51, 231, → N. 26

[64] Das *Abholungsrecht*, § 867 BGB, und die *Klage aus dem früheren Besitz*, § 1007 BGB, kommen für unbewegliche Sachen nicht in Betracht.

[65] *LG Bonn* NJW 1958, 1685 = IPRsp 1958/59 Nr. 176.

[66] → N. 33.

[67] Vgl. *Hoeniger* Die Grenzstreitigkeiten (1901) und dazu *Boethke* Gruchot 46, 709 f.; *Meisner/Stern/Hodes* Bundesnachbarrecht[5] (1970) § 5 (S. 86 ff.), § 6 (S. 98 ff.); *Meisner/Ring/Götz* Nachbarrecht in Bayern[7] (1986) § 5 (S. 62 ff.), § 6 (S. 83 ff.).

[68] § 19 des bayerischen 2. Gesetzes zur Vereinfachung verwaltungsrechtlicher Vorschriften vom 4. VI. 1974 (GVBl. 245) hat die Streitigkeiten nach § 919 BGB den ordentlichen Gerichten zugewiesen (vgl. Art. 21 Abs. 2 S. 2 BayAbmarkungsgesetz vom 6. VIII. 1981 [GVBl. 318]); zum früheren Recht siehe 19. Aufl. dieses Komm. N. 47.

6. Die »**Teilungsklage**« gehört hierher nur, wenn es sich um die **Teilung einzelner unbeweglicher** **26** **Sachen**, nicht wenn es sich um die Teilung der *Erträgnisse*[69] oder um ein *Vermögensganzes* handelt, mithin nur der **Anspruch auf Aufhebung der Gemeinschaft nach Bruchteilen**, § 749 BGB, unter Miteigentümern einer unbeweglichen Sache, §§ 1008 ff. BGB, oder Mitberechtigten eines unbeweglichen Rechts (→ Rdnr. 5 ff.), nicht dagegen die Auseinandersetzung in den Fällen der Gesamthand, unter Gesellschaftern, Miterben usw.[70] Ob die Klage von dem Miteigentümer allein oder von ihm in Gemeinschaft mit dem Nießbraucher, § 1066 BGB, oder von dem Konkursverwalter usw. erhoben wird, ist gleich.

V. Beweisfragen. Konkurrenz von Gerichtsständen

1. Hängt die Beurteilung des Klageobjekts als einer unbeweglichen oder beweglichen **27** Sache von besonderen Tatsachen ab (z. B. von der festen Verbindung, § 94 BGB), so hat der **Kläger diese zu beweisen**; seine bloße Behauptung genügt nicht. Ob das behauptete dingliche Recht wirklich besteht, bleibt dagegen für die Zuständigkeit außer Betracht. Decken sich zuständigkeitsbegründende und anspruchsbegründende Behauptungen (z. B. das behauptete Eigentum bei der Klage nach Rdnr. 11), werden die tatsächlichen Behauptungen unterstellt, aus denen sich die Zuständigkeit ergibt (näher zu diesen *doppelrelevanten Tatsachen* → § 1 Rdnr. 22)[71].

2. Liegt die **unbewegliche Sache im Bezirk mehrerer Gerichte**, so ist das Gericht nach § 36 Nr. 4 zu bestimmen.

VI. Folgen der Anwendung des § 24

1. Wenn eine Klage unter § 24 fällt, ist **das Gericht** *ausschließlich* **örtlich zuständig, in** **28** dessen Gerichtssprengel (→ Rdnr. 3 ff. vor § 12) die streitbefangene Sache liegt. Hinsichtlich der *sachlichen* Zuständigkeit gelten die allgemeinen Vorschriften (→ § 1 Rdnr. 35 ff.).

2. Da bei Streitfällen mit **zwei beteiligten Grundstücken** *unklar* sein kann, *welcher Ort* **29** *maßgebend* ist, regelt § 24 Abs. 2, daß bei **Grunddienstbarkeiten, Reallasten** und **Vorkaufsrechten**, die mit dem Eigentum an einem Grundstück verbunden sind, die **Lage des belasteten** **(dienenden) Grundstücks entscheidend** ist. Diese Regelung ist einer *analogen Anwendung* zugänglich und gilt z. B. für das **Nachbarrecht**; es entscheidet daher z. B. bei der Klage wegen Zuleitung des Wasserablaufes das tieferliegende, bei Klagen gegen belästigende Einwirkungen das belästigte Grundstück[72].

3. Infolge seiner **Ausschließlichkeit** kann der Gerichtsstand des § 24 für die angeführten **30** Klagen weder durch Vereinbarung noch durch rügeloses Einlassen beseitigt werden, § 40 Abs. 2. Auch eine abweichende **internationale Prorogation** ist unwirksam[73]; denn § 24 enthält auch eine **ausschließliche internationale** Zuständigkeit (→ Rdnr. 3 a sowie → Rdnr. 4 [zu Art. 16 Nr. 1 EuGVÜ]). Die Ausschließlichkeit gilt auch für die Geltendmachung im Wege der Widerklage, § 33 Abs. 2, und der Inzidentklage des § 256 Abs. 2. Dagegen kann auch ein anderes Gericht über das Eigentum usw. als *Vorfrage*, nur ohne Rechtskraftwirkung, entscheiden, vgl. § 322 Rdnr. 74 ff.

4. **Schiedsklauseln** und damit **schiedsrichterliche Verfahren** über die in § 24 aufgeführten Streitigkei- **31** ten sind jedoch zulässig[74].

---

[69] *RG* JW 1894, 278.
[70] So auch *RG* JW 1898, 433.
[71] *RGZ* 29, 371; 45, 385, *OLG Celle* VersR 1978, 570.

[72] *RGZ* 36, 237.
[73] → § 38 Rdnr. 66 bei N. 108.
[74] → § 1025 Rdnr. 27 bei N. 90 m.w.N.

VII. Arbeitsgerichtsbarkeit

32   Da § 24 nicht die *sachliche* Zuständigkeit regelt, ist es möglich, daß seine Klagen auch vor einem *Arbeitsgericht* geltend gemacht werden, etwa über § 2 Abs. 3 ArbGG (→ § 1 Rdnr. 208). Wegen der größeren Gerichtssprengel der Arbeitsgerichte ist dann aber möglicherweise ein *ortsferneres* Gericht berufen. Der Begriff des Zusammenhangs des § 2 Abs. 3 ArbGG (→ § 207) sollte in solchen Fällen *ausnahmsweise eng ausgelegt* werden.

§ 25   [Dinglicher Gerichtsstand des Sachzusammenhangs]

In dem dinglichen Gerichtsstand kann mit der Klage aus einer Hypothek, Grundschuld oder Rentenschuld die Schuldklage, mit der Klage auf Umschreibung oder Löschung einer Hypothek, Grundschuld oder Rentenschuld die Klage auf Befreiung von der persönlichen Verbindlichkeit, mit der Klage auf Anerkennung einer Reallast die Klage auf rückständige Leistungen erhoben werden, wenn die verbundenen Klagen gegen denselben Beklagten gerichtet sind.

Gesetzesgeschichte: Bis 1900 § 26 (danach um Grundschuld und Rentenschuld erweitert), sprachlich 1950 geringfügig geändert (BGBl. 1950, S. 535, → Einl. Rdnr. 148).

Stichwortverzeichnis → Gerichtsstandsschlüssel Rdnr. 40 vor § 12.

I. Zweck der Regelung

1   1. § 25 schafft eine **örtliche Zuständigkeit des Sachzusammenhangs** (allgemein zu solchen Zuständigkeiten → § 1 Rdnr. 9 f.). Es soll ermöglicht werden, **im Zusammenhang mit der dinglichen Hauptklage in deren Gerichtsstand (§ 24) auch die einzeln aufgeführten Zusammenhangsklagen zu erheben.** Damit bildet § 25 auch eine Ausnahme vom Grundsatz, daß bei Anspruchshäufigkeit für jeden einzelnen Anspruch die örtliche Zuständigkeit zu prüfen ist (→ § 1 Rdnr. 24): Aus dem Gerichtsstand des § 24 folgt hier die örtliche Zuständigkeit, aber **nur**, wenn **Anspruchshäufung (§ 260) der genau in § 25 genannten Art vorliegt**. Für die **isolierte (selbständige) Klage** gilt § 25 nicht.

2   2. Entsprechend dieser Zielrichtung dispensiert § 25 **nur von der Prüfung des Gerichtsstandes,** *nicht von der sonstigen Zulässigkeitsprüfung.* Gegen **Exterritoriale** gilt § 25 nicht (→ aber § 24 Rdnr. 1). – Zur Bejahung der örtlichen Zuständigkeit über eine **Wahlfeststellung** (→ Rdnr. 28 vor § 12 m. w. N.).

II. Die Regelung

§ 25 setzt eine durch § 24 begründete *örtliche* Zuständigkeit voraus und gilt dann für folgende Anspruchshäufungen:

3   1. für die **Schuldklage**, die mit der *Klage aus Hypothek, Grundschuld* oder *Rentenschuld verbunden* wird. Bei der Grund- und Rentenschuld besteht zwar nicht, wie bei der Hypothek, ein notwendiger innerer Zusammenhang zwischen der Forderung und der dinglichen Belastung; ihre Erwähnung ist aber nicht gegenstandslos, weil auch neben ihnen eine persönliche Schuld bestehen *kann*. Schuldklage ist sowohl die Leistungs- als auch die Feststellungsklage.

4   2. für die Klage auf **Befreiung von der persönlichen Schuld**, die mit der *Klage auf Umschreibung oder Löschung verbunden* wird. Die Befreiungsklage kann sowohl die negative

Feststellungsklage wie die auf Anfechtung oder Aufhebung gerichtete, auch die Wandlungsklage sein. Über die Klagen auf Umschreibung und Löschung → § 24 Rdnr. 13 ff., 20 ff.

3. für die **Klage auf rückständige Leistungen (aus einer Reallast)**, die mit der *Klage auf*   5
Anerkennung einer Reallast verbunden wird. Die einzelnen Leistungen aus der Reallast sind
nach § 1108 BGB zugleich persönliche Verpflichtungen des jeweiligen Eigentümers, soweit
nicht etwas anderes vereinbart ist.

III. Internationale Zuständigkeit und EuGVÜ

Der in § 25 enthaltene Gerichtsstand kraft Sachzusammenhangs begründet auch die **deutsche interna-**   6
tionale Zuständigkeit (→ § 24 Rdnr. 3 und allgemein Einl. Rdnr. 751 ff.). Im Geltungsbereich des **EuGVÜ**
(→ Einl. Rdnr. 781 ff.) wird zwar § 25 **derogiert,** aber **Art. 16 Nr. 4 EuGVÜ** gewährt einen sehr weiten
Zusammenhangsgerichtsstand (näher → § 24 Rdnr. 4 a). Für eine Klage gegen einen Beklagten, der in
einem *anderen* Vertragsstaat des EuGVÜ *wohnt*[1], besteht deshalb die Möglichkeit, sie im dinglichen
Forum des Art. 16 Nr. 1 EuGVÜ zu erheben (→ näher § 24 Rdnr. 4).

§ 26   [Dinglicher Gerichtsstand für persönliche Klagen]

**In dem dinglichen Gerichtsstand können persönliche Klagen, die gegen den Eigentümer
oder Besitzer einer unbeweglichen Sache als solche gerichtet werden, sowie Klagen wegen
Beschädigung eines Grundstücks oder hinsichtlich der Entschädigung wegen Enteignung
eines Grundstücks erhoben werden.**

Gesetzesgeschichte: Bis 1900 § 27 CPO, sprachlich geändert im Jahre 1950 (BGBl. 1950, S. 535, →
Einl. Rdnr. 148).

Stichwortverzeichnis → **Gerichtsstandsschlüssel Rdnr. 40 vor § 12**

I. Zweck der Regelung

1. Auch die in § 26 genannten Streitigkeiten sollen vom ortsnahen Richter (→ § 24 Rdnr. 1)   1
entschieden werden *können.* § 26 schafft deshalb einen zusätzlichen, aber (anders als § 24)
keinen ausschließlichen Gerichtsstand. Gegen **Exterritoriale** gilt er nicht (→ § 25 Rdnr. 2 und
§ 24 Rdnr. 1).

2. § 26 enthält **einen eigenen besonderen Gerichtsstand,** *keinen* (wie jedoch § 25) Ge-   2
richtsstand des Zusammenhangs. Deshalb ist es nicht erforderlich (anders bei § 25), daß eine
dingliche Hauptklage anhängig ist. Auch die **isolierte (selbständige) persönliche Klage** kann
deshalb im Gerichtsstand des § 26 erhoben werden.

3. **Konkurrieren § 26 und § 24** (z.B. fallen *Überbau-* und *Notwegrente,* → § 24 Rdnr. 11   3
unter beide Bestimmungen), geht § 24 wegen seiner Ausschließlichkeit vor. Auch sonst wird
§ 26 durch *ausschließliche Gerichtsstände* derogiert; ebenfalls durch einen *vertraglich* vereinbarten ausschließlichen Gerichtsstand (→ § 38 Rdnr. 62). Eine Derogation des § 26 ohne
Vereinbarung eines anderen Gerichts ist nicht weniger zulässig (näher → § 38 Rdnr. 63).

---

[1] → § 24 N. 13.

3a   4. Zur Bejahung der örtlichen Zuständigkeit im Wege der **Wahlfeststellung** → § 24 Rdnr. 4c sowie → Rdnr. 28 vor § 12.

II. Klagen gegen den Eigentümer oder Besitzer als solche

1. »Persönliche Klagen«

4   § 26 spricht von »**persönlichen**« (d.h. schuldrechtlichen) **Klagen**. Gemeint sind aber auch dingliche Klagen, soweit sie nicht unter § 24 fallen, d.h. vor allem **dingliche Klagen bei beweglichen Sachen**[1], bei denen sich die Passivlegitimation gerade aus Eigentum oder Besitz (wie §§ 1005 und 867 BGB) ergibt.

2. Klagen gegen den Eigentümer (Besitzer) als solchen

Klagen, die »*gegen den Eigentümer oder Besitzer einer unbeweglichen Sache* (zu ihr näher → § 24 Rdnr. 5ff.) *als solche gerichtet werden*«, sind diejenigen Klagen, die gegen den Eigentümer und Besitzer deshalb ergehen, weil **nur er als solcher passiv legitimiert** ist. Unter **Besitzer** ist der *unmittelbare* und *mittelbare Eigen- und Fremdbesitzer* zu verstehen.

Zu § 26 rechnet die Klage zur **Abwendung** des drohenden **Einsturzes**, § 908 BGB, die gegen jeden Besitzer gerichtet werden kann, die Klage auf **Wegnahme**, § 951 Abs. 2 S. 2, § 997 BGB, **nachbarrechtliche Klagen** (soweit nicht schon § 24 eingreift) aus § 922 BGB, die Klage auf Gestattung der **Besichtigung**, § 809 BGB, oder der **Abholung**, §§ 867, 1005 BGB. Wenn man sie nicht schon § 24 unterstellt (→ dort Rdnr. 16), fällt unter § 26 die Klage aus der **Vormerkung** gegen den dritten Erwerber auf Eintragung des vorgemerkten Rechtes[2] (§ 888 BGB). Auch die Klage, die *auf Erfüllung des durch die Vormerkung gesicherten Anspruchs gerichtet ist*, gehört hierher[3], ebenso[4] ganz allgemein die **Klage auf Verschaffung des Eigentums** an einem Grundstück (Eigentumsübertragung, **auf Auflassung**)[5] und auf **Eintragung (Bewilligung) dinglicher Rechte durch den Eigentümer**[6]. Denn in allen diesen Fällen wird der dinglich

---

[1] *Wertheimer* Der dingliche Gerichtsstand (1908) 65f.
[2] *RGZ* 52, 41 (44); *Bunsen* CPR (1900) 73; *Hellwig* System 2, 241; *Rosenberg/Schwab*[14] § 36 III 3b; *Thomas/Putzo*[17] Anm. 1; *Wertheimer* (N. 1) 68.
[3] Also die *Klage* gegen den Eigentümer auf Verschaffung des Grundstücks *(auf Auflassung)*, wenn der *Anspruch durch Vormerkung gesichert ist* (→ auch § 24 Rdnr. 16) sowie allgemein **auf Bewilligung der Eintragung eines vorgemerkten Rechts** (so *Förster/Kann*[3] Anm. 1e).
[4] So auch *Wieczorek*[2] B I: **die persönlichen Klagen auf Einräumung dinglicher Rechte** wozu auch die auf Bestellung oder Eintragung einer Vormerkung oder eines Widerspruchs zu zählen sind. Ähnlich frühere Auflagen von *Förster* § 27 Anm. a): »auf Einräumung eines dinglichen Rechts an einem bestimmten Grundstücke, z.B. auf Bewilligung der Eintragung einer Hypothek oder Grundschuld«. Für weite Auslegung schon *Wilmowski/Levy*[6] § 27 Anm. 1: »Es ist nicht unrichtig zu sagen, daß der Eigentümer einer unbeweglichen Sache als solcher belangt wird, wenn auch nur solche Ansprüche gegen ihn geltend gemacht werden, die in dem Eigentums-Verhältnisse ihren Entstehungsgrund haben.«
[5] Anders *Rosenberg/Schwab* (N. 2), weil solche Ansprüche, wenn sie überhaupt gegen den Eigentümer gerichtet, gegen ihn als Schuldner gerichtet seien. Noch enger *Schmidt* Lb[2] 261: Nie (!) wurden unter § 26 Klagen auf Einräumung eines noch nicht bestehenden dinglichen Rechts fallen. Zu solch engen Interpretationen gibt § 26 keinen Anlaß. Andernfalls könnte der Kläger im Gerichts-

stand des § 24 seiner Klage auf *Grundbuchberichtigung* nicht ohne weiteres den bisweilen notwendigen *Hilfsantrag* anfügen, jedenfalls sei *Übertragung* an ihn geschuldet. Im übrigen deckt auch der Wortlaut des § 26 die hier vertretene weite Interpretation; denn nur der Eigentümer »als solcher« kann Auflassung mit der vom Kläger gewünschten Rechtsfolge erklären. Die Klage richtet sich deshalb gerade gegen den Beklagten, weil er regelmäßig als Eigentümer einer unbeweglichen Sache im Grundbuch eingetragen ist. Im übrigen steht auch der Entstehungsgeschichte des § 27 CPO nicht dieser Interpretation im Wege, da der historische Gesetzgeber auf die gemeinrechtlichen *actiones in rem scirptae* fixiert war, die schon danach nicht als klar umrissen angesehen wurden (vgl. dieser Komm.[2] [1890] § 27 I und II A, auch *Förster* [N. 3] a.a.O.), die vom BGB nicht übernommen wurden und außerdem in ihrem Verhältnis zu den dinglichen Rechten sichtlich nicht genau abgrenzbar waren (vgl. *Wach* S. 440 Fußn. 30 sowie Bayer Vorträge[9] 194; *Endemann* Dt. CPR [1868] 209 je m.w.N.). Ein Abänderungsantrag, dem § 26 den Zusatz beizufügen, daß er auch für die Klagen gelte, »mit welchen der Kläger bezweckt, ein dingliches Recht an derselben« (d.h. der unbeweglichen Sache) »zu erlangen«, wurde in der Reichstagskommission aus nicht erkennbaren Gründen abgelehnt (vgl. *Hahn* 538 [Antrag *Krause* zu § 27], 532 [Abstimmung]).
[6] Wenn sie vorgemerkt sind (so *Förster/Kann* [N. 3]) oder nicht (so allgemein *Wieczorek* [N. 4]); daher gilt § 26 auch für die Klage auf *Einräumung einer Bauhandwer-*

Berechtigte als solcher schuldrechtlich in Anspruch genommen; nur er ist in der Lage, die dingliche Rechtsänderung zu bewirken, mag er z. B. bei vormerkungswidriger Verfügung auch nur noch relativ (§ 883 Abs. 2 BGB) der dinglich Berechtigte sein. Ferner gehören hierher der persönliche Anspruch auf **Ersatz von Verwendungen**, der nach § 999 Abs. 2 BGB dem Besitzer gegen den Eigentümer zusteht, und die Ansprüche aus dem Mietverhältnis, soweit sie nach § 571 BGB den Erwerber als Eigentümer treffen. Für *bergrechtliche* Ansprüche erklärt § 144 II BBergG (vom 19. XII 1981) für Klagen auf Entschädigung das Landgericht für ausschließlich zuständig, in dessen Bezirk der in Anspruch genommene Gegenstand liegt. Dazu treten auf dem der **Landesgesetzgebung vorbehaltenen Gebiete**, z. B. des *Wasserrechts*, besonders Vorflutklagen, soweit nicht dabei negatorisch aus dem Eigentum geklagt wird.

Nicht unter § 26 fallen: die Klage auf *Schadensersatz wegen Einsturz eines Gebäudes* – soweit nicht   5
die Beschädigung des Nachbargrundstücks in Frage steht (→ Rdnr. 6) –, weil die Schadensersatzpflicht zwar regelmäßig den Besitzer trifft, aber dann unabhängig von der Fortdauer des Besitzes ist, § 836 BGB. Die persönlichen Ansprüche gegen den Eigentümer aus der *Reallast*, § 1108 BGB, weil sie vom Eigentum zur Zeit der Fälligkeit, nicht von dem zur Zeit der Klage abhängigen Ansprüche, die sich auf *Vermietung* und *Verpachtung* stützen; denn auch der Nicht-Eigentümer (Nicht-Besitzer) kann wirksam derartige Verträge abschließen. Ansprüche aus steuerlichen *Abgaben*, die der Erwerber als solcher und nicht als Besitzer oder Eigentümer trägt. Auch die *Anfechtungsklage* nach der KO und dem AnfG richtet sich niemals gegen den Besitzer als solchen.

III. Klagen wegen der »Beschädigung des Grundstücks«

Bei ihnen bildet die Beschädigung den alleinigen Klagegrund, mag die Haftung auf einer   6
erlaubten oder unerlaubten Handlung oder einem anderen Umstande beruhen, und mag der Kläger Eigentümer oder Besitzer sein. Unter dieser Voraussetzung gehört aber hierher auch der mittelbar daraus entstandene Schaden[7]. Es fallen hierher die Klagen aus §§ 823, 826 ff., 989 ff. BGB, die Entschädigung für *Notstandsverletzungen*, § 904 Satz 2 BGB, und für Schäden, die durch *Einsturz eines benachbarten Gebäudes* entstanden sind (vgl. oben Rdnr. 5), § 836 Abs. 2, § 837 f. BGB. Dagegen gehört *nicht* hierher die auf Vertrag oder Gesetz beruhende Pflicht zur Wiederherstellung eines beschädigten Grundstücks. Schäden an anderen unbeweglichen Sachen gehören nicht hierher[8]. Wegen des gerichtlichen Nachverfahrens in *Wild-* und *Jagdschadenssachen*, → Einl. Rdnr. 435.

IV. Klagen auf »Entschädigung wegen Enteignung«

Die Zuweisung dieser Streitigkeiten in den Zivilrechtsweg folgt aus Art. 14 GG (→ Einl.   7
Rdnr. 391). Den Klagen auf **Entschädigung wegen Enteignung** eines Grundstückes sind die auf Entschädigung wegen **enteignungsähnlichen Maßnahmen** gleichzustellen[9]. Dazu gehören namentlich enteignende (rechtmäßige) und enteignungsgleiche (rechtswidrige) Eingriffe in das Eigentum[10]; s. über diese Ansprüche auch → Einl. Rdnr. 391. Für die Klagen auf Enteignungsentschädigung ist aufgrund § 15 Nr. 2 EGZPO in den meisten einschlägigen Landesgesetzen der Gerichtsstand der belegenen Sache für ausschließlich erklärt[11]. Zu beachten ist, daß einige öffentlich-rechtliche Sondergesetze besondere Zuständigkeiten begründen. Vgl. etwa § 219

---

kerhypothek *OLG Braunschweig* OLGZ 1974, 211; *AK/ Röhl* §§ 24–26 Rdnr. 8; *Wieczorek* a. a. O.; *Thomas/Putzo*[17] Anm. 1 a; *Zöller/Vollkommer*[17] Rdnr. 2; anders *Baumbach/Lauterbach/Hartmann*[51] Rdnr. 2.
[7] Vgl. *RG* JW 1895, 44.
[8] *RGZ* 88, 277.
[9] Z. B. *LG Göttingen* NdsRPfl. 1957, 135.

[10] *Zöller/Vollkommer*[17] Rdnr. 4.
[11] Z. B. Art. 45 Abs. 1 S. 2 BayGesetz über die entschädigungspflichtige Enteignung vom 11. XI. 1974 (GVBl. 610, 814), vgl. dazu *Ostler* Bay. Justizgesetze (1986) Nr. 166; § 50 Abs. 1 S. 2 Hess-Enteignungsgesetz vom 4. IV. 1973 (GVBl. 107). *Keine Ausschließlichkeit* sieht jedoch § 30 PrEnteignG vor, *BGHZ* 97, 155 (158).

BauGB, § 144 Abs. 2 BBergG (BGBl. 1980 I S. 1310 [1348]) sowie § 58 Abs. 2 und § 81 Abs. 2 BLG.

V. Streitigkeiten aus Wohnungseigentum

8   Auf Grund des Wohnungseigentumsgesetzes ist das Amtsgericht, in dessen Bezirk das Grundstück liegt, im Prozeßverfahren nur für gewisse Streitigkeiten zuständig, einmal für solche zwischen Wohnungseigentümern wegen **Entziehung des Wohnungseigentums**, § 51 WEG vom 15. III. 1951 (BGBl. I S. 175), zum anderen für Rechtsstreitigkeiten zwischen dem Eigentümer und dem dauerwohnberechtigten über den Inhalt und den Heimfall des **Dauerwohnrechts**, § 52 WEG (sonstige Streitigkeiten sind im Verfahren der *freiwilligen* Gerichtsbarkeit zu entscheiden). Es handelt sich hierbei aber nicht um eine ausschließliche Zuständigkeit des Amtsgerichts der belegenen Sache, die Vereinbarung eines anderen örtlichen und sachlichen Gerichtsstandes ist zulässig[12]. Etwas anderes gilt nur, wenn das Erheben der in § 52 WEG genannten Ansprüche gerade als Geltendmachen des Eigentums oder einer dinglichen Belastung anzusehen ist, z. B. wenn der Dauerwohnberechtigte sein dingliches Recht auf Nutzung gegen den Eigentümer geltend macht (→ auch § 1 Rdnr. 54). Dann greift § 24 als *ausschließlicher* Gerichtsstand ein, da Wohnungseigentum und Dauerwohnrecht als grundstücksgleiche Rechte gelten, → § 25 Rdnr. 7.

VI. Internationale Zuständigkeit

9   1. Als Gerichtsstandsnorm ist § 26 in erster Linie eine Regelung der **örtlichen Zuständigkeit**. Wie bei den anderen Gerichtsstandsvorschriften gilt jedoch auch hier der Grundsatz, daß die örtliche Zuständigkeit **die internationale Zuständigkeit indiziert** (→ Einl. Rdnr. 755 m. w. N.). Soweit also § 26 die örtliche Kompetenz herstellt, begründet er grundsätzlich **zugleich auch die internationale Zuständigkeit für die in § 26 genannten Streitigkeiten**. Daher darf z. B. ein *im Ausland wohnender*[13] *ausländischer Staatsangehöriger* als Eigentümer in Deutschland über § 26 verklagt werden. Wie bei § 24 (→ dort Rdnr. 3) kann der Kläger seinerseits ein Ausländer sein oder im Ausland wohnen. Anders als § 24 (→ dort Rdnr. 3) enthält § 26 aber **keinen ausschließlichen internationalen Gerichtsstand**. Deshalb können ihn die Parteien auch abbedingen (→ Rdnr. 3).

10   2. Die »Indizierung« der internationalen Zuständigkeit (→ Rdnr. 9) durch die Regeln der örtlichen Zuständigkeit entfällt jedoch, soweit das **EuGVÜ** eingreift (näher → Einl. Rdnr. 758 und insbesondere 788 ff.). Insoweit ist dann § 26 gegen einen im EuGVÜ-Ausland wohnenden Beklagten **nicht anwendbar** (näher zur Bedeutung des § 26 innerhalb des Geltungsbereichs des EuGVÜ → § 24 Rdnr. 4b).

§ 27   [Besonderer Gerichtsstand der Erbschaft]

(1) **Klagen, welche die Feststellung des Erbrechts, Ansprüche des Erben gegen einen Erbschaftsbesitzer, Ansprüche aus Vermächtnissen oder sonstigen Verfügungen von Todes wegen, Pflichtteilansprüche oder die Teilung der Erbschaft zum Gegenstand haben, können vor dem Gericht erhoben werden, bei dem der Erblasser zur Zeit seines Todes den allgemeinen Gerichtsstand gehabt hat.**

(2) **Ist der Erblasser ein Deutscher und hatte er zur Zeit seines Todes im Inland keinen allgemeinen Gerichtsstand, so können die im Abs. 1 bezeichneten Klagen vor dem Gericht**

---

[12] *BGHZ* 59, 104.

[13] Zu Klagen gegen Personen mit Wohnsitz im Geltungsbereich des EuGVÜ → sogleich Rdnr. 10.

erhoben werden, in dessen Bezirk der Erblasser seinen letzten inländischen Wohnsitz hatte; wenn er einen solchen Wohnsitz nicht hatte, so gilt die Vorschrift des § 15 Abs. 1 Satz 2 entsprechend.

Gesetzesgeschichte: Bis 1900 § 28 CPO. Änderungen RGBl. 1898, 369, BGBl. 1950, 535 (→ Einl. Rdnr. 148).

Stichwortverzeichnis → Gerichtsstandsschlüssel Rdnr. 40 vor § 12

I. Die Gerichtsstände der Erbschaft[1] (§§ 27, 28)

1. Die Regelungen in § 27 und § 28

Die in § 27 und § 28 enthaltenen Regelungen über den Gerichtsstand der Erbschaft betref-   **1** fen zwei unterschiedliche Fallgruppen: § 27 gibt einen Gerichtsstand für **diejenigen Ansprü-che und Rechtsverhältnisse, die durch den Erbfall als solchen entstehen**; § 28 regelt den Gerichtsstand für **Klagen der Nachlaßgläubiger**. Die Gerichtsstände der Erbschaft sind **fakul-tativ**[2], d. h. **nicht ausschließlich**[3], treten also neben andere Gerichtstände, so daß der Kläger häufig die Wahl (§ 35) zwischen verschiedenen Gerichten hat. Ein *ausschließlicher* Gerichts-stand – auch ein vereinbarter – derogiert die erbrechtlichen Gerichtsstände des § 27 und des § 28 (zu derselben Rechtslage → § 26 Rdnr. 3 m. w. N.).

2. Der Zweck der erbrechtlichen Gerichtsstände

Mit diesen zusätzlichen Gerichtsständen wird eine Zusammenfassung der Prozesse über   **1a** einen bestimmten Erbfall bei einem Amts- oder Landgericht, das den Dingen vermutlich am nächsten steht, ermöglicht. Außerdem wird die Rechtsverfolgung erleichtert, weil diese Gerichtsstände in aller Regel leicht feststellbar sind. Von der in §§ 27 f. enthaltenen Regelung unterscheidet sich die Zuständigkeit des *Nachlaßgerichts* nicht unwesentlich (→ § 990).

II. Der maßgebliche Ort

Der Gerichtsstand der Erbschaft wird bestimmt durch den **allgemeinen Gerichtsstand des**   **2** **Erblassers zur Zeit seines Todes**, also in erster Linie durch den *Wohnsitz* (→ § 13 Rdnr. 1), wobei auch hier im Falle *mehrfachen Wohnsitzes* Konkurrenz in dem Sinne eintritt (→ § 13 Rdnr. 3), daß der Kläger ohne Bevorzugung eines bestimmten einzelnen Wohnsitzes die freie Wahl (§ 35) hat, wo er klagt[4]. Wenn der Erblasser *keinen Wohnsitz* besaß, greift § 16 ein (→ Rdnr. 4). Der über *§ 15 begründete allgemeine Gerichtsstand* ist maßgeblich, wenn eine der dort genannten Personen verstorben ist.

Hatte der Erblasser zur Zeit seines Todes **keinen allgemeinen Gerichtsstand im Inland**, so   **3** würde der Gerichtsstand der Erbschaft gemäß Abs. 1 entfallen. Da jedoch gemäß Art. 25 EGBGB der deutsche auch dann nach den *deutschen* Gesetzen (nähere Vorschriften in Art. 25 Abs. 1 und 2) beerbt wird, wenn er seinen Wohnsitz im Ausland hatte, und nach Ansicht des

---

[1] VGl. *Hellwig* Lb. **2**. Geschichtliches bei *Wach* Hdb. § 36; *Planck* Lb. **1** § 17, *Schröder* (→ N. 5).
[2] *RGZ* 35, 418.

[3] *MünchKomm/Leipold* (1982) Einl. § 1922 Rdnr. 65, § 1922 Rdnr. 84.
[4] Vgl. *RGZ* 35, 418; *OLG Hamburg* SeuffArchiv 51, 343.

Gesetzgebers nur durch die Eröffnung eines inländischen Gerichtsstandes die Gewähr für die richtige Anwendung deutschen Rechts gegeben ist, greift hier Abs. 2 ergänzend ein, indem er einen **Gerichtsstand am letzten inländischen Wohnsitz** und, wenn ein solcher nie bestanden hat oder nicht zu ermitteln ist, gemäß § 15 Abs. 1 S. 2 am Sitz der Bundesregierung begründet (→ § 15 Rdnr. 11). – Zum **Begriff »Inland«** → Einl. Rdnr. 841.

4   Hatte der deutsche Erblasser zur Zeit seines Todes **überhaupt keinen Wohnsitz**, weder im Inland noch im Ausland, so kommt zunächst nach § 16 der *Aufenthaltsort* zur Zeit des Todes in Betracht; starb aber der Erblasser im Ausland, so wäre nach § 16 (da ein *inländischer Aufenthalt* fehlte) der *letzte Wohnsitz* maßgebend und, wenn auch dieser im Ausland lag (→ § 16 Rdnr. 12), ist die Voraussetzung des Abs. 2 – Mangel eines inländischen allgemeinen Gerichtsstandes – gegeben.

III. Internationale Zuständigkeit[5]

5   § 27 regelt – wie die meisten Gerichtsstandsvorschriften, → Einl. Rdnr. 755 ff. – zugleich auch die deutsche internationale Zuständigkeit. Er gibt in seinem *Absatz 1* eine örtliche Zuständigkeit ohne Rücksicht auf die Staatsangehörigkeit des Erblassers und gleichgültig, welchen Wohnsitz und welche Staatsangehörigkeit Kläger und Beklagter haben. Vor allem der (im Jahr 1898) eingefügte Absatz 2 soll deutsche Gerichte bei Auslandsfällen zuständig machen (→ Rdnr. 3). Einer analogen Anwendung ist dieser 2. Absatz zugänglich[6], wenn (kraft ausländischer Rückverweisung) deutsches Erbrecht anzuwenden ist und deutsche Gerichte entscheiden müssen (zur internationalen Notzuständigkeit deutscher Gerichte → auch Einl. Rdnr. 768).

5a   Durch das **EuVGÜ ist § 27 nicht tangiert worden**, weil es für erbrechtliche Fragen nicht gilt (Art. 1 Abs. 2 Nr. 1 EuGVÜ, *Text* → Einl. Rdnr. 901).

IV. Die Erbschaftsstreitigkeiten (Klagen)

6   In den Gerichtsstand der Erbschaft gehören **nur bestimmte Arten erbrechtlicher Streitigkeiten**, die in **Abs. 1 einzeln aufgezählt** sind. Einen **allgemeinen erbrechtlichen Gerichtsstand**, in dem alle mit einer Erbschaft zusammenhängenden Streitigkeiten geltend gemacht werden können, **kennt die ZPO nicht.** Daraus ergibt sich, daß erbrechtliche Streitigkeiten **vor Eintritt des Erbfalls** nicht unter § 27 fallen[7]. Andererseits ist bei § 27 nicht erforderlich, daß sich im Bezirk des Gerichts Nachlaßgegenstände befinden oder befunden haben[8] (anders → § 28). Liegt eine der in Abs. 1 genannten Streitigkeiten vor, ist der Gerichtsstand der Erbschaft gegeben, und zwar *ohne zeitliche Grenze* und ohne Rücksicht darauf, ob der Erbe, der Testamentsvollstrecker oder ein Dritter verklagt wird, z. B. der Erbe des mit einem Vermächtnis Beschwerten[9] oder der Ehegatte nach § 743 auf Duldung der Zwangsvollstreckung in das Gesamtgut der Gütergemeinschaft, wenn für die Leistungsklage gegen den anderen Ehegatten der Gerichtsstand der Erbschaft begründet ist[10].

---

[5] Näher *J. Schröder* Internationale Zuständigkeit (1971) 511 f., 533 m. w. N. (auch geschichtlich *Walchshöfer* ZZP 80 (1967) 195 ff., 199 Fußn. 147 m. w. N.; *Kropholler* IZVR Rdnr. 424.

[6] *Heldrich* Internationale Zuständigkeit und anwendbares Recht (1969) 197.

[7] *OLG Celle* MDR 1962, 992 (*Widerruf eines Erbvertrages*).

[8] *BayObLG* NJW 1950, 310.

[9] *RGZ* 3, 380.

[10] *RG* JW 1936, 879 (zu § 28 bei früherem gesetzlichem Güterstand der Nutzverwaltung).

1. »**Erbrecht**« ist das durch Gesetz, Testament oder Erbvertrag begründete Recht zur 7
Nachfolge in das Vermögen einer verstorbenen Person als Ganzes oder in einen Teil dieses
Vermögens, § 1992 BGB, auch das Recht des Nacherben, § 2100 BGB i. V. m. §§ 2108, 2142
usw. BGB, und das Recht des Fiskus nach § 1936 BGB. Dagegen ist das Fortsetzungsrecht bei
fortgesetzter Gütergemeinschaft, §§ 1483 ff. BGB[11], und das *Recht des Erbschaftskäufers*,
arg. § 2378 BGB, kein Erbrecht. Kein Erbrecht in diesem Sinne ist auch der *Erbersatzan-*
spruch des nicht-ehelichen Kindes (→ aber Rdnr. 10).

Die »**Feststellung des Erbrechts**« wird verfolgt durch eine unmittelbar darauf gerichtete
Klage (§ 256), die je nach dem bestehenden Feststellungsinteresse **gegen Miterben, Testa-**
mentsvollstrecker[12] oder **Dritte** erhoben werden kann, oder durch **Anfechtung der Erbeinset-**
zung gemäß §§ 2078 ff. BGB, durch Anfechtung des Erbschaftserwerbs wegen **Erbunwürdig-**
keit, weil diese den Anfall und damit das Erbrecht beseitigt, §§ 2340, 2342, 2344 BGB, oder
durch Geltendmachung oder Anfechtung eines **Erbverzichtes**, §§ 2346 ff. BGB, aber auch
durch eine Feststellungsklage, die eine solche Anfechtung für die Zukunft abwehren will, also
z. B. auf **Feststellung der Gültigkeit oder Echtheit des Testaments**. Die Feststellung der
Berechtigung an einer *einzelnen Sache* oder einem *einzelnen Recht* gehört *nicht* hierher, auch
wenn die Berechtigung sich auf Erbschaft gründet, denn hier wird über das Erbrecht selbst
nicht rechtskräftig entschieden (für Einzelfälle → aber sogleich Rdnr. 8).

2. **Der »Anspruch des Erben gegen einen Erbschaftsbesitzer«**[13] ist nach §§ 2018 ff. BGB 8
ein erbrechtlicher Gesamtanspruch auf die Herausgabe des aus der Erbschaft Erlangten, der
mit dem Antrag auf rechtskräftige Feststellung des Erbrechts gemäß § 260 verbunden sein
kann, aber nicht muß. Es fallen hierher außer dem Anspruch auf **Herausgabe des Erlangten**[14],
§ 2018 BGB, auch der auf **Auskunft**, § 2028 Abs. 1 BGB[15], und zwar beide auch dann, wenn
sie sich gegen denjenigen wenden, der die Erbschaft durch Vertrag vom Erbschaftsbesitzer
erworben hat, § 2030 BGB.

Soweit dagegen gegen den Erbschaftsbesitzer **Einzelklagen** erhoben werden, bei denen er nicht als
Erbschaftsbesitzer in Betracht kommt, § 2029 BGB, oder die Auskunftspflicht gemäß § 2027 Abs. 2
§§ 2028, 2362 Abs. 2 BGB gegen *andere* Personen als den Erbschaftsbesitzer geltend gemacht wird, ist
der Gerichtsstand des § 27 nicht begründet[16], noch weniger im Fall des § 2031 BGB, wo der »Erblasser«
selbst klagt. Auch die Ansprüche auf *Herausgabe eines zu Unrecht ausgestellten Erbscheines* an das
Nachlaßgericht, § 2362 Abs. 1, § 2362 Abs. 2, § 2364 Abs. 2 BGB, oder eines *Zeugnisses* über die
Ernennung des *Testamentsvollstreckers*, § 2368 BGB fallen nicht hierher, da sie sich *nicht gegen den*
Erbschaftsbesitzer als solchen richten. Klagt ein **Nacherbe gegen einen Dritten**, der vom *Vorerben* wegen
§ 2113 Abs. 1 BGB *unwirksam* ein Grundstück erworben hat, auf Herausgabe für den Fall des Eintritts
der Nacherbfolge, so hat diese Klage weder einen Anspruch gegen einen Erbschaftsbesitzer oder eine
nach § 2027 Abs. 2 BGB gleichgestellte Person noch die Feststellung des Erbrechts zum Gegenstand. Für
diese Klagen ist **§ 27 nicht anwendbar**[17].

---

[11] A. M. *Baumbach/Lauterbach/Hartmann*[51] Rdnr. 3.
Wie hier *Thomas/Putzo*[17] Anm. 1 a.

[12] *RG* Gruchot 62, 631.

[13] Gegen den *Testamentsvollstrecker* ist eine Klage aus
§ 2018 BGB nicht gegeben, *RGZ* 81, 151.

[14] Auch von *Miterben* untereinander, *BayObLG* OLG
Rsp 15, 57.

[15] *OLG Jena* DJZ 1921, 632.

[16] *OLG Kiel* OLG Rsp 13, 77. Daß § 27 auch für die
Auskunftsklage gemäß § 2027 *Abs.* 2 BGB gelten soll, ist
nicht haltbar (so jedoch *OLG Nürnberg* OLGZ 1981, 115
[116, 117]; zustimmend ohne Begründung *Zimmermann*
Anm. 1. § 27 gibt jedoch keinen allgemeinen Gerichtsstand der Erbschaft, in dem die mit einer Erbschaft zusammenhängenden Streitfälle anhängig gemacht werden dürfen (→ Rdnr. 6 mit Beispielen). § 27 schafft vielmehr nur
eine auf ganz bestimmte Tatbestände genau begrenzte

örtliche Zuständigkeit (→ Rdnr. 6). Die Vorschrift ist sicher einer analogen Interpretation zugänglich (→
Rdnr. 10 zum Erbersatzanspruch), aber nur in ihrem Ähn-
lichkeitsbereich. Dieser wird allerdings verlassen, wenn
die (Einzel-)Klage eines *Nicht-Erbschaftsbesitzer*
(des § 2027 Abs. 2 BGB) mit der Geltendmachung des
Gesamtanspruchs (→ Rdnr. 8) gegen den Erbschaftsbesitzer gleichgestellt wird. Auf diese Weise werden die klaren
Grenzen des § 27 [→ Rdnr. 8 [Kleindruck] und die dortige
Aufzählung derjenigen Fälle, in denen sogar bei einer
Klage gegen den *Erbschaftsbesitzer* § 27 nicht eingreift]
zugunsten eines nicht in der ZPO enthaltenen allgemeinen Erbschaftsgerichtsstandes zerstört. Im übrigen verbietet bereits der derartige Interpretation:
§ 2027 *Abs.* 2 BGB stellt gerade *nicht* auf den in 3 27
genannten *Erbschaftsbesitzer* ab.

[17] A. M. *RGZ* 102, 102 (105 nur obiter dictum).

9 3.»**Ansprüche aus Vermächtnissen**« gehören auch hierher. **Vermächtnis** ist die Zuwendung eines Vermögensvorteils, die durch Testament oder Erbvertrag an einen anderen als den Erben oder als Vorausvermächtnis an einen der Erben erfolgt, §§ 1939, 1941, 2150, 2279, 2299 BGB, gleichviel wer der Beschwerte ist. Der Anspruch darauf ist ein *rein persönlicher*, der Vermächtnisnehmer ist also, soweit der Erbe beschwert ist, Nachlaßgläubiger, §§ 2174, 1967 Abs. 2 BGB. Den »Anspruch aus dem Vermächtnis« hat auch die gegen den Vermächtnisnehmer gerichtete Klage auf Feststellung des Nichtbestehens oder Anfechtung des Vermächtnisses wegen Ungültigkeit der Verfügung oder Vermächtnisunwürdigkeit, §§ 2078, 2845 BGB, zum Gegenstand. Der **Anspruch der Angehörigen des Erblassers auf Unterhalt** und Wohnung, »**Dreißigster**«, § 1969 BGB, ist ein *gesetzliches Vermächtnis*. Ebenso ist der **Voraus des Ehegatten** (§ 1932 BGB) ein *gesetzliches* (Voraus-)*Vermächtnis*.

9a 4. Als »**Ansprüche aus sonstigen Verfügungen von Todes wegen**« kommen in Betracht **die Auflage in Testament oder Erbvertrag**, §§ 1940, 2192 ff., 2278, 2299 BGB, und die daraus entspringenden Ansprüche auf Vollziehung, §§ 2194, 2208 Abs. 2 BGB, und auf Herausgabe der Zuwendung, § 2196 BGB, ferner die **Schenkung von Todes wegen**, § 2301 BGB. Auch hier fällt sowohl die Klage des aus der Verfügung Berechtigten wie die Klage gegen diesen unter § 27[18].

10 5. Die **Pflichtteilsansprüche** sind besonders erwähnt, weil das Pflichtteilsrecht nach §§ 2303 ff. BGB kein Erbrecht ist, sondern nur einen Anspruch gegen den Erben begründet. Es gehört hierher auch die Klage des § 2329 BGB gegen den Beschenkten auf **Ergänzung des Pflichtteils** und die gegen den Pflichtteilsberechtigten wegen **Pflichtteilsunwürdigkeit**, § 2345 Abs. 2 BGB.

Über den **Erbersatzanspruch des nicht-ehelichen Kindes** (§ 1934 a BGB) schweigt § 27. Sicherlich ist dieser Anspruch kein *»Erbrecht«* im Sinne von § 27; denn hiermit ist das Recht zur Rechtsnachfolge gemeint (→ Rdnr. 7). Der Erbersatzanspruch tritt aber gerade an die Stelle eines echten Erbrechts und begründet (nur) einen Geldanspruch gegen die Erben (§ 1934 a BGB). Bei der Änderung der ZPO durch das Nichtehelichengesetz (→ Einl. Rdnr. 151) hätte deshalb § 27 geändert werden müssen. Gleichwohl kann der **Erbersatzanspruch im Forum des § 27 geltend gemacht** werden, indem man ihn als eine Art Pflichtteilsanspruch ansieht[19]. Die entsprechende Anwendung pflichtteilsrechtlicher Vorschriften schreibt das Gesetz ausdrücklich vor (§ 1934 b Abs. 2 BGB). Hätte der Gesetzgeber die Regelungsbedürftigkeit erkannt, hätte er sicherlich in § 27 neben den Pflichtteilsansprüchen auch die Erbersatzansprüche genannt, weil auch hier nur ein Anspruch gegen die Erben und kein echtes Erbrecht geschaffen wurde. Daß die ZPO der Analogie besonders bei gesetzgeberischen Fehlern offensteht, ist unbestritten (→ Einl. Rdnr. 93).

11 6. Die »**Teilung der Erbschaft**«, d. h. die **Auseinandersetzung unter Miterben**, erfolgt, wenn nicht ein Testamentsvollstrecker vorhanden ist, § 2204 BGB, durch Vertrag unter den Miterben oder auf Antrag durch Vermittlung des Nachlaßgerichts bzw. eines Notars, §§ 2042 ff. BGB, §§ 86 ff., §§ 192 f. FGG. Für eine Teilungsklage, entsprechend der gemeinrechtlichen *actio familiae erciscundae*, ist sonach kein Raum, und eine Klage auf Feststellung des Umfangs des Nachlasses hat nicht die Teilung zum Gegenstand[20]. Klagen der hier bezeichneten Art unter den Miterben können nur die **Einwilligung** zu einem **Teilungsplan**[21], die *Zulässigkeit der Auseinandersetzung*, z. B. gegenüber letztwilligen Verfügungen, § 2044 BGB, oder ihre einstweilige Unzulässigkeit, §§ 2043, 2045 BGB, oder die *Berechnung der Anteile*, (soweit es sich dabei um die Ausgleichung, §§ 2050 ff. BGB, die auf die Ausgleichung bezogene *Auskunftpflicht der Miterben* [§ 2057 BGB], die *Übernahme eines Landguts*,

---

[18] *OLG Kiel* OLG Rsp 13, 77.
[19] Zustimmend *Zöller/Vollkommer*[17] Rdnr. 8.
[20] *OLG Stuttgart* OLG Rsp 15, 58.

[21] Oder zu einem *Auseinandersetzungsplan, Leipold* Grundzüge des Erbrechts[8] (1990) § 21 III.

§ 2049 BGB, um einen **Voraus** und ähnliche »Streitpunkte« [§ 95 FGG] handelt), endlich auch die Erfüllung eines über die Höhe des Erbteils abgeschlossenen *Vergleichs*[22] zum Gegenstand haben. Ob die Teilung verlangt oder die erfolgte angefochten wird, sei es von Miterben oder Dritten, ist gleich. – Die *Auseinandersetzung der Gütergemeinschaft* steht der Erbteilung nicht gleich, es sei denn, daß es sich um die nach allgemeinen Grundsätzen erfolgende Nachlaßteilung handelt, § 1482 BGB, s. auch § 99 FGG.

§ 28   [Erweiterter Gerichtsstand der Erbschaft]

In dem Gerichtsstand der Erbschaft können auch Klagen wegen anderer Nachlaßverbindlichkeiten erhoben werden, solange sich der Nachlaß noch ganz oder teilweise im Bezirk des Gerichts befindet oder die vorhandenen mehreren Erben noch als Gesamtschuldner haften.

Gesetzesgeschichte: Bis 1900 § 28 Abs. 2 CPO, seither (mit Änderungen) § 28.

Stichwortverzeichnis → **Gerichtsstandsschlüssel Rdnr. 40 vor § 12**

I. Die Erweiterung gegenüber § 27

Der **Gerichtsstand der Erbschaft** des § 27 wird durch § 28 für die **Klagen wegen Nachlaßverbindlichkeiten**, soweit sie nicht schon unter § 27 fallen, in gewissen Grenzen **erweitert**, wie bei § 27 in Konkurrenz mit dem allgemeinen Gerichtsstand des oder der Erben und mit anderen besonderen Gerichtsständen zur Verdrängung durch *ausschließliche* Gerichtsstände (zur Verdrängung durch *ausschließliche* Gerichtsstände → § 27 Rdnr. 1). Es begründet keinen Unterschied, ob die Klagen *gegen* den oder die *Erben* oder einen Nachlaßverwalter oder den Testamentsvollstrecker (§ 780 Abs. 2) oder gemäß § 2382 BGB gegen den Erbschaftskäufer oder als *negative Feststellungsklagen* von einer dieser Personen gegen Dritte erhoben werden[1]. Klagen des Erben gegen *Schuldner des Nachlasses* gehören *nicht* hierher. 1

Der Gerichtsstand des § 28 gilt auch für die *Duldungsklage gegen den Ehegatten* nach § 743 (→ § 27 Rdnr. 6).

II. Nachlaßverbindlichkeiten

»Nachlaßverbindlichkeiten« sind nach § 1967 BGB die vom Erblasser herrührenden Schulden **(Erblasserschulden)**[2], einschließlich der dinglichen Ansprüche (arg. § 1971 BGB), und die den Erben als solchen betreffenden Verbindlichkeiten **(Erbfallschulden und Nachlaßerbenschulden)**[3]. Letztere sind namentlich die Kosten der Beerdigung des Erblassers, § 1968 BGB, der Unterhaltsanspruch der Schwangeren nach § 1963 BGB, die Verbindlichkeiten aus der Verwaltung des Nachlasses im Falle späterer Nachlaßverwaltung bzw. Nachlaßkonkurses, § 1978 BGB, oder späterer Ausschlagung der Erbschaft, die Verbindlichkeiten aus Verwal- 2

---

[22] *KG OLG* Rsp **23**, 81.
[1] *OLG Stuttgart* OLG Rsp 15, 59.
[2] *Bartholomeyczik/Schlüter* Erbrecht[12] § 50; *Brox* Erbrecht[12] § 37 V; *Leipold* Erbrecht[8] § 20 II; *Palandt/*

Edenhofer BGB[51] § 1967 Anm. 2−5; *Lange/Kuchinke* Erbrecht[3] § 49.
[3] Näher die in N. 2 genannten.

tungshandlungen des Erben[4] oder des vermeintlichen Erben[5] und aus Handlungen des Nach-laßpflegers oder Testamentsvollstreckers, §§ 2206, 1985 BGB[6]. Vgl. dazu § 224 KO. Die Ansprüche des Erbschaftskäufers gegen den Erben, §§ 2371 ff. BGB, entspringen dem Kauf-vertrag und sind *keine* Nachlaßverbindlichkeiten.

III. Zeitliche Begrenzung des Gerichtsstands

3   Der Gerichtsstand des § 28 ist zeitlich begrenzt. **Bei** *einem* **Erben dauert er solange, als sich   3 Nachlaßobjekte im Gerichtsbezirk befinden, bei** *mehreren* **Erben dagegen solange, als die Gesamthaftung andauert; in diesem Fall kommt es nicht darauf an, ob sich Nachlaßgegenstän-de im Gerichtsbezirk befinden**[7].

Der *Wortlaut* der Vorschrift scheint zwar in eine andere Richtung zu deuten, weil er auf einen Gegensatz zwischen »Nachlaß«... »im Bezirk des Gerichts« und »mehreren Erben noch als Gesamt-schuldner« abstellt. Vom Gesetzgeber gemeint war aber die Alternative zwischen Alleinerben und Erbengemeinschaft. Daß dies nicht deutlich genug im Gesetzestext zum Ausdruck kommt, ist ein *Redaktionsversehen*, das schon frühzeitig bemerkt wurde[8].

4   1. Ist hiernach **nur ein Erbe** vorhanden, so dauert der Gerichtsstand solange, als auch nur   4 ein Stück des Nachlasses sich im Gerichtsbezirk befindet, ohne Rücksicht auf dessen Wert und auf die Besitzergreifung durch den Erben. Die Frage, an welchem Ort sich das Vermögen befindet, entscheidet sich nach allgemeinen Grundsätzen; bei Forderungen wird § 23 S. 2 sinngemäß zu gelten haben[9]. Die Sondervorschrift des § 2369 Abs. 2 BGB greift nicht Platz. Mit der Veräußerung an Dritte hört eine Sache auf, Bestandteil des Nachlasses zu sein.

5   2. Sind dagegen **mehrere Erben** vorhanden, so **endet der Gerichtsstand** nicht etwa schon   5 mit der Teilung der Erbschaft, sondern erst mit dem **Aufhören der Gesamthaftung der Erben**, § 2058 BGB. Diese Regelung ist wenig glücklich, weil die Beendigung der Gesamthaftung ohnedies die Teilung voraussetzt, weil sie fast *nie allen* Nachlaßgläubigern gegenüber eintritt und weil die Teilhaftung für einzelne Miterben bei Fortdauer der Gesamthaftung für die übrigen eintreten kann[10].

Die anteilsmäßige Haftung der Miterben tritt – ganz unabhängig von der beschränkten oder unbe-schränkten Haftung eines jeden von ihnen – nach der Teilung ein:
a) allen Nachlaßgläubigern gegenüber, wenn der Nachlaßkonkurs durch Verteilung der Masse oder Zwangsvergleich beendet ist, § 2060 Nr. 3 BGB,
b) den im Aufgebotsverfahren gemäß § 997 ZPO ausgeschlossenen Gläubigern gegenüber, § 2060 Nr. 1 BGB, unter Fortdauer gegenüber den bekannten oder sich meldenden Gläubigern, vgl. §§ 992, 995 ZPO;
c) den Gläubigern gegenüber, die ihre Forderungen später als fünf Jahre nach dem Erbfall geltend machen, § 2060 Nr. 2 BGB, mit Fortdauer der Gesamthaftung des einzelnen Miterben gegenüber solchen Gläubigern, die ihm vorher bekannt waren, der Gesamthaftung aller Miterben gegenüber den im Aufgebotsverfahren angemeldeten und den in § 1971 BGB aufgeführten Pfand- usw. -Gläubigern;
d) allen Gläubigern gegenüber, mit Ausnahme der sich rechtzeitig meldenden und der dem einzelnen Miterben bekannten, bei der außergerichtlichen öffentlichen Aufforderung des § 2061 BGB.

---

[4] *RGZ* 62, 38 f.; 90, 91 ff.
[5] *KG* OLG Rsp 17, 88.
[6] *OLG Colmar* OLG Rsp 12, 361. Nach *Staudinger/ Reimann* BGB[12] § 2212 Rdnr. 21 auch Klagen aus Ge-schäften, die der Testamentsvollstrecker bei Verwaltung des Nachlasses abgeschlossen hat.
[7] *BayObLG* NJW 1950, 310.
[8] So vor allem *Wach* 432 f. und die frühen Aufl. dieses Komm. (z. B. 2. Aufl. [1890] mit jeweils umfangreichen

Nachweisen (zu § 28 Abs. 2 CPO); ebenso *Hellwig* 2, 238; *Schmidt*[2] 266 sowie *ders.* Nachträge zur 1. Aufl. (1898) 33 Fußn. 3; *Seuffert/Walsmann*[12] Anm. 5 b; *Weismann* 96; anders *Förster/Kann*[3] Anm. 2 b, bb.
[9] Zustimmend *Thomas/Putzo*[17] Anm. 1 b; *Zöller/Voll-kommer*[17] Rdnr. 3; *Baumbach/Lauterbach/Hartmann*[51] Rdnr. 4.
[10] Vgl. dazu auch *Böhm* Gruchot 42, 697 ff.

Die Schlußworte des § 28 können danach weder bedeuten, daß der Gerichtsstand endet, 6
wenn die Erben *irgendeinem* Gläubiger anteilsmäßig haften (denn dann müßten die übrigen
Gläubiger trotz der Gesamthaftung ihnen gegenüber jeden einzelnen Erben in seinem Gerichtsstand verklagen), noch daß er fortdauert, solange die Erben *irgendeinem* Gläubiger
noch solidarisch haften (denn dann würde der Gerichtsstand, von dem Falle zu a abgesehen,
nie enden). **Als entscheidend wird vielmehr anzusehen sein, ob die Miterben für die jeweils
geltend gemachte Nachlaßverbindlichkeit als Gesamtschuldner haften,** bzw. derjenige oder
diejenigen von ihnen (oben c, d), die im einzelnen Prozeß Parteien sind. Das entspricht auch
durchaus der Billigkeit und dem praktischen Bedürfnis; solange die Erben in bezug auf die
einzelne geltend gemachte Forderung noch in Rechtsgemeinschaft stehen (vgl. § 59), haben
sie auch den gemeinschaftlichen Gerichtsstand. Daß sich dann bereits bei der örtlichen
Zuständigkeit die an sich der Begründetheit angehörige Frage der Gesamthaftung stellt,
begründet kein Bedenken; wie bei anderen *doppelrelevanten Tatsachen* wird im Rahmen der
Zulässigkeit das Bestehen der Gesamthaftung unterstellt (→ § 1 Rdnr. 21 f.).

IV. Beweislast

Die Beweislast für die Voraussetzungen des Gerichtsstandes **trägt der Kläger,** → § 1 Rdnr. 23 a. Da aber 7
die Gesamthaftung der Erben nach § 2058 BGB zunächst kraft Gesetzes eintritt, so ist ihre **Beendigung als
rechtsaufhebende Tatsache von den beklagten Erben** geltend zu machen. Gegenüber dem Beweis eines
der Aufhebungsgründe (→ Rdnr. 5) kann in den Fällen b–d (→ Rdnr. 5) der *Kläger* wiederum dartun, daß
ihn die Beendigung der Gesamthaftung nicht berühre.

V. Internationale Zuständigkeit

Wie § 27 (→ dort Rdnr. 5) begründet § 28 auch die internationale Zuständigkeit deutscher 8
Gerichte *ohne Rücksicht auf Wohnsitz und Staatsangehörigkeit* der beteiligten Prozeßparteien. Auch bei Wohnsitz des Beklagten in einem Mitgliedsstaat des **EuGVÜ** greifen dessen
Regelungen nicht ein, weil die in § 28 genannten Streitigkeiten vom EuGVÜ (gemäß Art. 13
Abs. 1 Nr. 1) nicht erfaßt werden (→ Einl. Rdnr. 787).

§ 29   [Gerichtsstand des Erfüllungsorts]

**(1) Für Streitigkeiten aus einem Vertragsverhältnis und über dessen Bestehen ist das
Gericht des Ortes zuständig, an dem die streitige Verpflichtung zu erfüllen ist.**

**(2) Eine Vereinbarung über den Erfüllungsort begründet die Zuständigkeit nur, wenn die
Vertragsparteien Kaufleute, die nicht zu den in § 4 des Handelsgesetzbuchs bezeichneten
Gewerbetreibenden gehören, juristische Personen des öffentlichen Rechts oder öffentlich-
rechtliche Sondervermögen sind.**

Gesetzesgeschichte: Die Gerichtsstandsnovelle, BGBl. 1974 I 753 (→ Einl. Rdnr. 153 und → Rdnr. 1 ff.
vor § 38) hat § 29 Abs. 1 sprachlich neu gefaßt (die Einzelaufzählung der Streitigkeiten wurde durch eine
Generalklausel ersetzt) und einen zweiten Absatz eingefügt.

Stichwortverzeichnis → **Gerichtsstandsschlüssel** Rdnr. 40 vor § 12.

I. Klagen aus einem verpflichtenden Vertragsverhältnis

1. Gerichtsstand für alle Vertragsverpflichtungen

Der **Gerichtsstand des Erfüllungsortes** *(forum solutionis)* gilt für alle Vertragsverhältnisse, **1**
die auf eine »**Verpflichtung**« gerichtet sind. Ob es sich hierbei um einen **bürgerlich-rechtlichen**
Vertrag oder ein **öffentlich-rechtliches** Vertragsverhältnis handelt, spielt keine Rolle (zur
Frage der *Zulässigkeit des Rechtswegs* → Einl. Rdnr. 354 m. w. N.). Gleichgültig ist auch, ob
deutsches oder *ausländisches* Recht anzuwenden ist und ob es sich um eine *vermögensrechtli-che* Verpflichtung (zum Begriff »vermögensrechtlich« → § 1 Rdnr. 43) oder um eine **nicht-vermögensrechtliche** Pflicht handelt[1]. Schließlich ist auch nicht maßgeblich, ob die (angebli-che) Verpflichtung in einem **Tun, Dulden** oder einem **Unterlassen** besteht. § 29 stellt auf den
Ort der Erfüllung der Verpflichtung ab, nicht auf den Ort des Vertragsschlusses *(forum
contractus)*.

2. Aus einem oder über ein Vertragsverhältnis

Die Streitigkeit muß »**aus einem Vertragsverhältnis**« entstanden sein oder **über das Beste-** **2**
hen eines Vertragsverhältnisses gehen. Der Begriff des Vertragsverhältnisses ist **weit** zu
interpretieren und umfaßt daher auch Ansprüche aus **Verschulden beim Vertragsschluß**[2]
sowie **Rückabwicklungsverhältnisse** (→ näher Rdnr. 11). Auch die **Klage auf Aussonderung**
im Konkurs, die keine selbständige Regelung erfahren hat, § 43 KO, fällt unter § 29, wenn sie
auf einen vertraglichen Herausgabe- (nicht Verschaffungs-) Anspruch gegründet ist[3].

3. Nicht unter § 29 fallende Streitigkeiten

Für alle **nicht-vertraglichen Streitigkeiten** ist § 29 nicht eröffnet. Den **Gegensatz** bilden **2 a**
daher **gesetzliche Verpflichtungsverhältnisse** (z.B. Schuldverhältnisse aus Gesetz) sowie
einseitige (durch einseitiges Rechtsgeschäft begründete) *Verpflichtungen*. Deshalb fallen z.B.
nicht unter § 29 die Streitigkeiten wegen *unerlaubter Handlung* (→ aber § 32), wegen
ungerechtfertigter Bereicherung[4], wegen *Geschäftsführung ohne Auftrag, aus der vormund-schaftlichen Verwaltung, aus Auslobung* (§ 657 BGB), auf *Erteilung der Quittung* oder
Rückgabe des Schuldscheins (§§ 368 ff. BGB), ebenso die *Anfechtungsklage* nach der KO und
dem AnfG, weil sie weder eine Klage aus dem Vertrag noch über dessen Bestehen ist[5].

4. Kein Gerichtsstand des Sachzusammenhangs – Normativer Streitgegenstand

Soweit sich die Klage »aus einem Vertragsverhältnis« herleitet und deshalb die Zuständig- **2 b**
keit nach § 29 besteht, ist das **Gericht** jedoch **nicht befugt**, auch über diejenigen mit dem
Vertragsanspruch **konkurrierenden Anspruchsgrundlagen** der Klage zu befinden, die nicht
unter § 29 fallen (→ Rdnr. 41 m. w. N.). Sofern sich für solche Anspruchsgrundlagen auch

---

[1] *RGZ* 7, 338 (340); *OLG Braunschweig* JW 1936, 1021; *OLG Celle* MDR 1949, 368 sowie in N. 176; ebenso *Baumbach/Lauterbach/Hartmann*[51] Rdnr. 2; *Wieczorek*[2] B II b 4; *Zöller/Vollkommer*[17] Rdnr. 5 – A. M. *Rosenberg/Schwab*[14] § 36 II 1.

[2] → N. 64.

[3] *RG* SeuffArch 50, 124; *OLG Dresden* OLG Rsp 13, 78; *Jaeger/Lent* KO[8] § 43 Rdnr. 59; *Mentzel/Kuhn*[10]

(1986) § 43 Anm. 76; *Böhle-Stamschräder*[15] (1987) § 43 Anm. 15. – A. M. *RGZ* 31, 392; *Wieczorek*[2] B I b 3.

[4] *RGZ* 4, 410; 26, 388. Daran ändert auch nichts, wenn die *Bereicherung aus der Nichtigkeit eines Vertrages* abgeleitet wird; *RG* Gruchot 49, 1012; 50, 423, → unten Rdnr. 12.

[5] *RGZ* 30, 402; *RG* SeuffArch 56, 191 u. a.

nicht aufgrund *anderer* Vorschriften der ZPO (z. B. § 32 oder rügeloses Einlassen des Beklagten gemäß § 39) die örtliche Kompetenz des Gerichts ergibt, ist es dem Gericht verwehrt, den Streitgegenstand unter diesen rechtlichen Gesichtspunkten zu prüfen; der Prozeß ist **auf die vertragliche Anspruchsgrundlage beschränkt** (*normativer Streitgegenstand*, → Einl. Rdnr. 295 m. w. N.); es liegt dann eine **gespaltene Gerichtszuständigkeit** vor (→ Rdnr. 41).

5. Wegen einer Verpflichtung

3   Das streitige Vertragsverhältnis muß auf eine **Verpflichtung**[6] gerichtet sein. *Verfügende* Verträge (d. h. die auf Übertragung, Inhaltsänderung, Belastung oder Aufhebung eines Rechts gerichteten Vereinbarungen) fallen nicht unter § 29, z. B. die *Forderungsabtretung* nach § 398 BGB, die Einigung über die Rechtsänderung nach § 873 BGB, über den *Eigentumsübergang* nach § 929 BGB oder über das Erbrecht in einem *Erbvertrag*[7]. **Verpflichtungen können nicht nur in schuldrechtlichen Verträgen enthalten sein.** Deshalb fällt unter § 29 auch der Streit aus einem **Verlöbnis**[8], aus familienrechtlichen Verpflichtungsgeschäften, z. B. im Rahmen von Vereinbarungen über den **Versorgungsausgleich**, z. B. nach § 1587 o BGB[9] oder die **güterrechtliche Auseinandersetzung**[10] oder über den **Unterhalt**[11], aus erbrechtlichen Vereinbarungen, z. B. im Rahmen der **Miterbenauseinandersetzung**. Auch **öffentlich-rechtliche Verträge** (→ Rdnr. 1) können unter § 29 fallen, ebenfalls **prozeßrechtliche Verpflichtungsgeschäfte** (zu ihnen → Rdnr. 236 vor § 128).

6. Wertpapierrechtliche Streitigkeiten

4   Die Ansprüche aus **Wechseln** und **Schecks**, für die der besondere Gerichtsstand des § 603 (§ 605 a) gilt, sind im übrigen ebenso wie die aus **indossablen Urkunden**, § 363 HGB, solche aus dem Vertrag; denn der Begebungsakt steht praktisch einem solchen gleich[12] – anders die aus *Schuldverschreibungen auf den Inhaber*, § 794 BGB.

7. Binnenschiffahrtssachen

5   Für Ansprüche wegen Zahlung der **Lotsen-, Kran-, Waage-, Hafen-** und **Bohlwerksgebühren** oder **-vergütungen** und ihres Betrages bestimmt für den Bereich der **Binnenschiffahrt** § 3 Abs. 1 BinnSchVerfG i. V. m. § 2 Abs. 1 Buchstabe f bzw. c BinnSchVerfG vom 27. IX. 1952, BGBl. I S. 641 (→ Einl. Rdnr. 187), den **Gerichtsstand des Erfüllungsortes als alleinigen Gerichtsstand** und für Ansprüche aus *Bergung oder Hilfeleistung*, namentlich auf Berge- und Hilfslohn, sowie für vertragliche Ansprüche wegen Hilfe bei einer Schiffsgefahr erklärt es das *Gericht, in dessen Bezirk die Bergung bewirkt oder die Hilfeleistung beendet worden ist, für zuständig*. Damit sind der **allgemeine** und **andere besondere Gerichtsstände** im Regelfall **ausgeschlossen**; nur durch *Vereinbarung* kann ein anderes Gericht gewählt werden, § 3 Abs. 1

---

[6] Vgl. *BGHZ* 7, 184 (185).

[7] *OLG Celle* MDR 1962, 992.

[8] *Baumbach* (N. 1) Rdnr. 2, 12; a. M. *Zöller* (N. 1) Rdnr. 11. → N. 176.

[9] § 29 i. V. m. § 621 Abs. 2 Satz 2. In den anderen Fällen des *Konzentrationsgerichtsstands* (§ 621 Abs. 1 Nr. 6: *Versorgungsausgleich*) wird § 29 verdrängt (§ 621 Abs. 2 Satz 1 und Abs. 3).

[10] Auch hier greift vielfach der Konzentrationsgerichtsstand des § 621 Abs. 1 Nr. 8 ein; → N. 9.

[11] Soweit § 621 Abs. 1 Nr. 5 (*durch Ehe begründete*

gesetzliche Unterhaltspflicht«) oder § 621 Abs. 1 Nr. 4 (*»gesetzliche Unterhaltspflicht gegenüber einem ehelichen Kind«*) einschlägig sind, ändert der Unterhaltsvertrag nichts an der gesetzlichen Natur des Unterhaltsanspruchs, dessen Präzisierung er lediglich ist (→ § 1 Rdnr. 64 sub bb, § 1 Rdnr. 67 und → § 23a Rdnr. 5 f.), so daß möglicherweise auch hier § 29 verdrängt wird (→ N. 9).

[12] Vgl. *RGZ* 21, 400; *OLG Karlsruhe* OLG Rsp 3, 44; *OLG Dresden* SeuffArch 65, 334 u. a.

Satz 2 BinnSchVerfG, und wenn sonst ein Gerichtsstand im Geltungsbereich der ZPO nicht begründet wäre, kann das Gericht angerufen werden, das sonst nach den Vorschriften der ZPO zuständig wäre, § 3 Abs. 4 BinnSchVerfG. – Zu den **Binnenschiffahrtsgerichten** → § 1 Rdnr. 76 und Einl. Rdnr. 622 f.

8. Abzahlungsstreit – Verbraucherkreditgesetz

Das an die Stelle des Abzahlungsgesetzes getretene **Verbraucherkreditgesetz**[13] hat die   **5 a**
frühere *ausschließliche örtliche Zuständigkeit* in Abzahlungsstreitigkeiten (§ 6 a AbzG[14]) ersatzlos beseitigt, weil der Gesetzgeber eine derartige Gerichtsstandsvorschrift für den Schutz des Verbrauchers als »nicht erforderlich« ansah[15]. Dementsprechend gelten für **Streitigkeiten aus Abzahlungskäufen** wie überhaupt für alle Streitfälle nach dem **Verbraucherkreditgesetz** die allgemeinen Vorschriften, insbesondere § 29.

9. Haustürwiderrufsgesetz

Für Streitigkeiten um **Haustürgeschäfte** besteht weiterhin der **ausschließliche Gerichts-**   **6**
stand des § 7 HausTWG[16]:

§ 7 HausTWG. Ausschließlicher Gerichtsstand

(1) Für Klagen aus Geschäften im Sinne des § 1 ist das Gericht ausschließlich zuständig, in dessen Bezirk der Kunde zur Zeit der Klageerhebung seinen Wohnsitz, in Ermangelung eines solchen seinen gewöhnlichen Aufenthaltsort hat.
(2) Eine abweichende Vereinbarung ist jedoch zulässig für den Fall, daß der Kunde nach Vertragsschluß seinen Wohnsitz oder gewöhnlichen Aufenthaltsort aus dem Geltungsbereich dieses Gesetzes verlegt oder sein Wohnsitz oder gewöhnlicher Aufenthaltsort im Zeitpunkt der Klageerhebung nicht bekannt ist.

§ 7 HausTWG war dem ausschließlichen Gerichtsstand des § 6 a AbzG (→ Rdnr. 5 a) nachgebildet. **Örtlich ausschließlich zuständig** ist daher bei Streitigkeiten aus Haustürgeschäften[17] das Gericht, in dessen Bezirk der **Kunde** zur Zeit der Klageerhebung[18] **seinen Wohnsitz**[19] hat. Ist er ohne Wohnsitz[20], kommt es auf seinen gewöhnlichen Aufenthaltsort[21] an. **§ 7 HausTWG verdrängt § 29** und etwaige andere besondere Gerichtsstände[22] sowie **den allgemeinen Gerichtsstand** (vgl. § 12 a. E., → dort Rdnr. 3) der Beteiligten. Wie früher § 6 a AbzG[23] ist auch § 7 HausTWG wegen seines Schutzzwecks *sehr weit zu interpretieren*. Er ergreift nicht nur die unter § 29 fallenden Vertragsstreitigkeiten (→ nachfolgend Rdnr. 9 ff.), sondern

---

[13] Vom 17. XII. 1990 (BGBl. I S. 2840), in Kraft seit 1. I. 1991.
[14] Zur früheren Rechtslage siehe Vorauflage § 29 Rdnr. 6.
[15] Amtliche Begründung zum VerbrKrG, BT-Drucksache XI/5462, S. 16.
[16] Vom 16. I. 1986 (BGBl. I S. 122), in Kraft seit 1. V. 1986. Kritisch zu § 7 HausTWG *Jayme* in Festschrift für *H. Nagel* (1987) 123 (127 ff.).
[17] Das sind die in § 1 HausTWG genannten Rechtsgeschäfte.
[18] Anders als beim Erfüllungsort kommt es also *nicht auf den Zeitpunkt des Abschlusses* des Rechtsgeschäfts an, → auch Rdnr. 37 a. Verlegt der Kunde seinen Wohnsitz *nach Klageerhebung*, berührt dies die Zuständigkeit allerdings nicht, → § 261 Rdnr. 73 f.
[19] → § 13 Rdnr. 2 ff.

[20] Wie bei § 16 (→ dort Rdnr. 3) kann auf den Aufenthaltsort nur zurückgegriffen werden, wenn der Kunde weder im Inland noch im Ausland einen Wohnsitz hat (*Scherer* Gerichtsstände zum Schutze des Verbrauchers in Sondergesetzen [1991], S. 153 ff.). Hat er den Wohnsitz im Ausland, kann er im Inland nicht verklagt werden; zur internationalen Zuständigkeit → Rdnr. 43 ff. In solchen Fällen kommt aber möglicherweise eine Prorogation nach § 7 Abs. 2 HausTWG in Betracht (→ § 38 Rdnr. 42 f.).
[21] → § 606 Rdnr. 11. Der *bloße Aufenthaltsort* (→ § 16 Rdnr. 11) reicht nicht. Es ist ein Aufenthalt von *längerer Dauer* notwendig, → § 20 Rdnr. 4.
[22] Z.B. §§ 603, 605 a für Klagen im *Wechsel-* und *Scheckprozeß*, *BGH* WM 1986, 1179; *OLG Stuttgart* MDR 1973, 321; *LG Oldenburg* NJW 1975, 172; *Scherer* (N. 20) 78 ff. (jeweils zu § 6 a AbzG).
[23] → Vorauflage Rdnr. 6.

auch *Bereicherungsprozesse*[24], etwa bei ursprünglicher oder nachträglicher[25] Nichtigkeit des Rechtsgeschäfts. **Unmaßgeblich** ist[26], ob sich der geltend gemachte Anspruch **auf das HausTWG gründet** oder sich auf andere Vorschriften[27] stützt, sofern nur ein Haustürwiderrufsgeschäft vorliegt. § 7 HausTWG stellt **nicht** auf die **Parteirolle** ab. Auch der **Kunde als Kläger ist an die Ausschließlichkeit gebunden** und kann nicht etwa unter Verzicht auf § 7 HausTWG die andere Vertragspartei in deren allgemeinen Gerichtsstand (z. B. am Sitz des Unternehmens, § 17) oder im Gerichtsstand des § 29 verklagen, → auch § 38 Rdnr. 42. Der Gerichtsstand des **§ 7 HausTWG entfällt** gemäß der Subsidiaritätsregel des § 5 Abs. 2 HausTWG, wenn das Haustürwiderrufsgeschäft ein Rechtsgeschäft im Sinne des Verbraucherkreditgesetzes darstellt[28], unter § 11 AuslInvestmG, § 23 KAAG oder § 4 FernUSG[29] fällt.

10. Fernunterrichtsschutzgesetz

6 a   Einen **ausschließlichen Gerichtsstand** enthält ferner

§ 26 FernUSG[30]

(1) Für Streitigkeiten aus einem Fernunterrichtsvertrag oder über das Bestehen eines solchen Vertrages ist das Gericht ausschließlich zuständig, in dessen Bezirk der Teilnehmer seinen allgemeinen Gerichtsstand hat.

(2) Eine abweichende Vereinbarung ist nur zulässig, wenn sie ausdrücklich und schriftlich:
1. nach dem Entstehen der Streitigkeit oder
2. für den Fall geschlossen wird, daß der Teilnehmer nach Vertragsschluß seinen Wohnsitz oder seinen gewöhnlichen Aufenthaltsort aus dem Geltungsbereich dieses Gesetzes verlegt oder sein Wohnsitz oder gewöhnlicher Aufenthaltsort im Zeitpunkt der Klageerhebung nicht bekannt ist, oder
3. für den Fall geschlossen wird, daß der Veranstalter Ansprüche gegen den Teilnehmer im Wege des Mahnverfahrens (§§ 688 ff. der Zivilprozeßordnung) anhängig macht.

Die Vorschrift des § 26 FernUSG orientiert sich am Wortlaut des § 29, so daß alle unter diese Vorschrift fallenden Streitfälle (→ Rdnr. 9 ff.) auch dem ausschließlichen Gerichtsstand des § 26 FernUSG unterliegen, z. B. Ansprüche aus positiver Vertragsverletzung oder aus Verschulden bei Vertragsschluß[31]. Fraglich ist, ob auch *bereicherungsrechtliche* Auseinandersetzungen[32] – insbesondere bei Nichtigkeit des Fernunterrichtsvertrages – zu § 26 FernUSG gehören. Bei den vergleichbaren Gerichtsständen des (alten) § 6a AbzG (→ Rdnr. 5a) und des § 7 HausTWG (→ Rdnr. 6) ist dies unbestritten. Vom Schutz des Fernunterrichtsteilnehmers ausgehend, wird man deshalb **§ 26 FernUSG** in ähnlicher Weise **weit interpretieren** und damit auch Ansprüche bei Nichtigkeit des Fernunterrichtsvertrages unter die Vorschrift fallen lassen[33]. Der **ausschließliche Gerichtsstand** besteht (anders als bei § 7 HausTWG, → Rdnr. 6) **am allgemeinen Gerichtsstand des Teilnehmers**, so daß zur Bestimmung des zuständigen

---

[24] *Scherer* (N. 20) S. 209. Dies entspricht auch der h. M. zum früheren § 6a AbzG: *Scherer* (N. 20) S. 78 f.; *OLG Hamm* ZIP 1983, 152; ältere Hinweise Voraufl. N. 15.

[25] § 142 BGB. Die Widerrufsmöglichkeit nach §§ 1 f. HausTWG schließt eine Anfechtung nach § 119 oder § 123 BGB nicht aus, zumal der Widerruf nur dem Kunden, nicht der anderen Vertragspartei eingeräumt ist.

[26] *Palandt/Putzo*[52] § 7 HausTWG Rdnr. 2.

[27] Auch **deliktische Ansprüche** in *direktem* Zusammenhang mit dem Haustürwiderrufsgeschäft gehören zu § 7 HausTWG (*Scherer* [N. 20] S. 209); vgl. auch die vergleichbare Ansicht zum früheren § 6a AbzG: *Scherer* (N. 20) S. 125; *OLG München* WM 1989, 602 [604 f.].

[28] Dann ist § 29 wieder anwendbar, → Rdnr. 5a.

[29] Dann greift der vergleichbare Gerichtsstand des § 26 FernUSG ein, zu ihm → Rdnr. 6a.

[30] Vom 25. VIII. 1976 (BGBl. I S. 2525); in Kraft seit 1. I. 1977.

[31] *Faber/Schade* § 26 FernUSG (1980) Rdnr. 2.

[32] Für sie gibt § 29 keine Kompetenz, → Rdnr. 12 und → N. 2.

[33] *Faber/Schade* (N. 31) Rdnr. 2; *Scherer* (N. 20) S. 186: Gerade auch bei Nichtigkeit des Vertrages bestehe ein besonderes Schutzbedürfnis des Fernunterrichtsteilnehmers; anders Voraufl.

Gerichts unmittelbar auf §§ 12 ff. zurückzugreifen ist. Auf die **Parteirolle** kommt es auch hier (→ Rdnr. 6) nicht an: Der **Fernunterrichtsteilnehmer als Kläger ist ebenfalls an die Ausschließlichkeit gebunden** und kann nicht etwa unter Verzicht auf § 26 FernUSG die andere Vertragspartei in deren allgemeinen Gerichtsstand oder im Gerichtsstand des § 29 verklagen, → auch § 38 Rdnr. 42.

11. Luftrechtlicher und seerechtlicher Beförderungsvertrag

a) Luftrechtlicher Beförderungsvertrag

Für die Haftung aus dem luftrechtlichen Beförderungsvertrag (§ 44 LuftVG) erklärt das   **6 b** LuftVG in § 56 Abs. 2 S. 1 auch das *Gericht des Bestimmungsortes* für kompetent. Unter *Bestimmungsort* versteht man in Anlehnung an Art. 1 Abs. 2 des Warschauer Abkommens den Ort der vertraglich vereinbarten letzten Landung, an dem der Fluggast nach dem Beförderungsvertrag das Luftfahrzeug endgültig verläßt. § 56 LuftVG ist im übrigen wegen des in ihm enthaltenen Tatortgerichtsstandes (→ § 32 Rdnr. 9) und des Gerichtsstands der Streitgenossenschaft (→ Rdnr. 24 vor § 12) von Bedeutung.

§ 56 LuftVG

(1) Für Klagen, die aufgrund dieses Abschnitts erhoben werden, ist auch das Gericht zuständig, in dessen Bezirk der Unfall eingetreten ist.

(2) ¹Für Klagen, die aufgrund des § 44 erhoben werden, ist außerdem das Gericht des Bestimmungsorts zuständig. ²In dem Fall des § 49 a kann die Klage gegen den Dritten auch in dem Gerichtsstand des Luftfrachtführers und die Klage gegen den Luftfrachtführer auch in dem Gerichtsstand des Dritten erhoben werden.

(3) Ist auf die Luftbeförderung eines der in § 51 genannten Abkommen anzuwenden, so bestimmt sich der Gerichtsstand nur nach diesem Abkommen.

Zu den Gerichtsständen des **Warschauer Abkommens** → Einl. Rdnr. 824 N. 8 m. w. N.

b) Seerechtlicher Beförderungsvertrag

Auch das Seehandelsrecht (Fünftes Buch des HGB) kennt für das **Frachtgeschäft zur Beförderung von Reisenden** einen zusätzlichen Gerichtsstand, der neben § 29 steht. Nach **Art. 14 der Anlage zu § 664 HGB** (BGBl. 1986 I S. 1120 [1125]) ist für Klagen, die auf Grund der Bestimmungen dieser Anlage erhoben werden, auch das Gericht zuständig, in dessen Bezirk sich der im Beförderungsvertrag bestimmte **Abgangs-** oder **Bestimmungsort** befindet.

12. Klagen bei Vermittlung durch einen Versicherungsagenten

Für Versicherungsverhältnisse, die **durch einen Versicherungsagenten**[34] vermittelt werden,   **6 c** ist einschlägig:

§ 48 Versicherungsvertragsgesetz

(1) Hat ein Versicherungsagent den Vertrag vermittelt oder abgeschlossen, so ist für Klagen, die aus dem Versicherungsverhältnis gegen den Versicherer erhoben werden, das Gericht des Ortes zuständig,

---

[34] Nicht jedoch bei Vermittlung durch einen *Makler*, *LG Lübeck* VersR 1965, 25.

wo der Agent zur Zeit der Vermittlung oder Schließung seine gewerbliche Niederlassung oder in Ermangelung einer gewerblichen Niederlassung seinen Wohnsitz hatte.

(2) Die nach Absatz 1 begründete Zuständigkeit kann durch Vereinbarung nicht ausgeschlossen werden.

§ 48 VVG gilt für sämtliche Versicherungszweige, die in den Geltungsbereich des VVG fallen (Schadens-, Lebens- und Unfallversicherung)[35]. Ist der Versicherungsvertrag durch Vermittlung eines Agenten abgeschlossen worden, spielt es keine Rolle, ob es sich um einen selbständigen Agenten oder um einen Angestellten des Versicherers handelt[36]. § 48 VVG gewährt einen **zusätzlichen Gerichtsstand** zugunsten des Versicherungsnehmers, beansprucht also *keine Ausschließlichkeit*. Auf Klagen des Versicherers **gegen den Versicherungsnehmer** ist § 48 VVG **nicht anwendbar**[37].

13. Klagen gegen ausländische Investmentgesellschaft

6 d   Einen wichtigen Gerichtsstand zum Schutze des Sparers und zur Förderung des Wertpapiersparens enthält **§ 6 Abs. 2 AuslInvestmG**[38]:

(2) [1]Für Klagen gegen eine ausländische Investmentgesellschaft, eine Verwaltungsgesellschaft oder eine Vertriebsgesellschaft, die auf den Vertrieb von Investmentanteilen im Geltungsbereich dieses Gesetzes Bezug haben, ist das Gericht zuständig, in dessen Bezirk der Repräsentant seinen Wohnsitz oder Sitz hat. [2]Dieser Gerichtsstand kann durch Vereinbarung nicht ausgeschlossen werden.

§ 6 Abs. 2 AuslInvestmG begründet zwar *keinen ausschließlichen Gerichtsstand*, aber **zugunsten des Klägers eine unabdingbare örtliche Zuständigkeit**. Der Kläger kann daneben in etwaigen allgemeinen oder besonderen Gerichtsständen nach seiner Wahl ebenfalls klagen. Für Streitigkeiten **gegen den Sparer** steht § 6 Abs. 2 AuslInvestmG **nicht zur Verfügung**[39].

14. Rechtsnachfolge

7   Ein **Wechsel der am Vertragsverhältnis beteiligten Personen** hat für den Erfüllungsort grundsätzlich **keine Bedeutung**. § 29 gilt daher für *jeden Kläger*, nicht nur für den ursprünglichen Vertragspartner, und gegen *jeden Beklagten*, nicht nur gegenüber dem ursprünglichen Vertragsgegner[40], also auch für (**Gesamt-** oder **Sonder-**) **Rechtsnachfolger, Mithaftende**[41], den durch einen Vertrag **nach § 328 BGB Begünstigten**[42] usw., ferner im Falle des § 256 auch für den lediglich durch das Feststellungsinteresse bestimmten, am materiellen Rechtsverhältnis nicht beteiligten Gegner (→ § 256 Rdnr. 37–39).

---

[35] Wegen § 186 VVG sind allerdings *ausgenommen* die *See-* und die *Rückversicherung* sowie wegen § 192 VVG *öffentliche Versicherungen*.

[36] *OLG Bremen* VersR 1950, 19.

[37] Zu dem Gerichtsstand des § 48 VVG → auch § 21 Rdnr. 3; ferner *Scherer* (N. 20) S. 4 ff.

[38] Gesetz über den Vertrieb ausländischer Investmentanteile und über die Besteuerung der Erträge aus ausländischen Investmentanteilen, BGBl. 1969 I S. 986.

[39] Zu dem Gerichtsstand → auch *Scherer* (N. 20) S. 11 ff.

[40] Unbestritten, z. B. *OLG Dresden* SeuffArch 67, 245; *OLG Naumburg* OLG Rsp 27, 21; vgl. *RG* BadRPr 1902, 187, → auch N. 190.

[41] → N. 47.

[42] Zum **Bürgen** → bei N. 191.

II. Die verschiedenen Gruppen von Streitigkeiten

Der Gerichtsstand des § 29 umfaßt **alle Streitigkeiten**, die einen Anspruch aus dem Vertrag   **8**
in *jedweder Rechtsschutzform* zum Gegenstand haben. Er **scheidet** nur dort **aus**, wo **ausschließliche Gerichtsstände** bestehen, z.B. bei **Wohnraumstreitigkeiten** (→ § 29a
Rdnr. 13 ff.), beim **Haustürwiderrufsgeschäft** wegen § 7 HausTWG (→ Rdnr. 6), bei Streitigkeiten aus einem **Fernunterrichtsvertrag** wegen § 26 FernUSG (→ Rdnr. 6a), bei der Geltendmachung von Vertragsansprüchen im **Mahnverfahren** wegen § 689 Abs. 2, bei wirksamer
Vereinbarung eines anderen **ausschließlichen Gerichtsstands** (→ § 38 Rdnr. 62), beim Eingreifen des **familiengerichtlichen Konzentrationsgerichtsstands** des § 621[43], wenn vertraglich
geregelte Familiensachen *nicht isoliert* geltend gemacht werden (§ 621 Abs. 2 Satz 2), schließlich bei **Geltung des EuGVÜ** (→ Rdnr. 44 ff.).
Die in § 29 Abs. 1 enthaltene **Generalklausel für Vertragsstreitigkeiten** umfaßt vor allem
folgende Klagen:

1. Die Klagen auf **Feststellung des Bestehens oder Nichtbestehens** des durch den Vertrag   **9**
begründeten Rechtsverhältnisses[44] im ganzen oder einer bestimmten Vertragspflicht. Nichtbestehen umfaßt sowohl Nichtentstehen wie Erlöschen.

2. Die Klagen auf Erfüllung des Vertrages

Es ist gleichgültig, ob hierbei auf **Tun, Dulden** oder **Unterlassen** (→ Rdnr. 34) geklagt wird   **10**
und ob der **Hauptanspruch** oder ein **Nebenanspruch** (→ Rdnr. 19) geltend gemacht wird, wie
Sicherheitsleistung, Rechnungslegung[45] und **Vertragsstrafe**, §§ 339 ff. BGB[46]. Erfüllung des
Vertrages ist auch die **Haftung des Gesellschafters für die Vertragsschulden** der offenen
Handelsgesellschaft, § 128 HGB[47], und des Kommanditisten für die der Kommanditgesellschaft, §§ 161, 171 HGB[48], ebenso die des **Vertreters ohne Vertretungsmacht** nach § 179
BGB[49] oder des **Handelnden** nach § 41 Abs. 1 S. 2 AktG[50] oder nach § 54 S. 2 BGB oder nach
§ 11 Abs. 2 GmbHG und die des Ehegatten zur Duldung der Zwangsvollstreckung (→ § 743).

3. Die Klagen aus Rückabwicklungsverhältnissen

Aus einem Vertragsverhältnis entstammt auch die Klage auf **Gewähr** oder **Rückgewähr von**   **11**
Leistungen, sofern ein *vertragsmäßiges* **Rücktrittsrecht**, § 346 BGB, bestand[51] oder der
Vertrag unter der auflösenden Bedingung geschlossen war, oder die Leistung als Vorschuß
oder Sicherheitsleistung erbracht war[52]. Dasselbe gilt aber auch, wenn das Rückabwicklungsverhältnis auf der **Ausübung eines gesetzlichen Rücktrittsrechts** beruht; denn auch dieser
Rücktritt beseitigt nicht das Vertragsverhältnis, sondern gestaltet es zu einem *Rückabwicklungsverhältnis* um. Deshalb fallen unter § 29 auch die **wegen Leistungsstörungen** durch einen

---

[43] → N. 9 ff.
[44] Die bloße Feststellung des *Vertragsschlusses* ist nicht
zulässig, denn § 256 kennt die Feststellung einer Tatsache
nicht (→ § 256 Rdnr. 27 f., vgl. aber Rdnr. 33). Wegen der
Feststellung der Urkundenechtheit → § 256 Rdnr. 51–53
und Rdnr. 101.
[45] Unten N. 187.
[46] *RGZ* 15, 436; *OLG Karlsruhe* BadRPr 1918, 25;
Bengelsdorf BB 1989, 2390 (2395); zum Erfüllungsort →
N. 186.

[47] *RGZ* 32, 44 (s. dazu *OLG Dresden* SeuffArch 49,
183); *OLG* Gruchot 38, 1194; JW 1898, 3.
[48] *RGZ* 46, 352; *RG* SeuffArch 53, 304. Anders bei
GmbH, *OLG Stuttgart* WJb 1916, 295 f.
[49] *OLG Dresden* SeuffArch 55, 209; vgl. auch *OLG
München* OLGZ 1966, 424; *OLG Hamburg* MDR 1975,
227.
[50] Vgl. *OLG München* OLGZ 1966, 424.
[51] *RGZ* 32, 430; *KG* OLG Rsp 4, 25 f.; s. auch N. 88.
[52] *RGZ* 8, 369; *RG* JW 1901, 139.

Rücktritt nach §§ 325, 326 BGB ausgelösten Streitigkeiten[53]. Nichts anderes gilt schließlich für **Wandelung** und **Minderung**[54]. Auch die damit zusammenhängenden Streitfälle – gleich wie im einzelnen das Begehren lautet – gehören zu § 29[55] (→ Rdnr. 15).

12   **Kein Rückabwicklungsverhältnis** entsteht jedoch **nach Anfechtung des Vertrags** (z.B. §§ 119, 123 BGB) und Rückforderung des Erlangten (§ 812 BGB). Für diese **Bereicherungsklage gilt § 29 nicht**[56]; noch weniger gilt er, wenn das Vertragsverhältnis von *vornherein nichtig* war[57]. Solche Ansprüche können deshalb auch **nicht** unter Berufung auf § 29 mit Klagen auf Feststellung des Bestehens oder Nichtbestehens des Vertragsverhältnisses nach § 260 **verbunden** werden[58], auch nicht hilfsweise neben der Wandelung[59]; vielmehr muß für sie eine andere Gerichtsstandsvorschrift bejaht werden können, wenn sie verbunden werden sollen (→ auch Rdnr. 40). Ebenfalls nicht unter § 29 fallen Klagen auf Rückgewähr von Sicherheiten für einen (z.B. nach Anfechtung) nichtigen Vertrag[60].

4. Die Klagen auf Aufhebung, Änderung oder Ausfüllung eines Vertrages

13   Unter § 29 fallen auch die Klagen auf **Aufhebung durch Richterspruch**, wie z.B. in den §§ 133, 140 HGB[61], die auf ein **Gestaltungsurteil** abzielen, sowie diejenigen Begehren, denen es um **Anpassung eines Vertrags** wegen Änderung oder **Wegfalls der (objektiven) Geschäftsgrundlage** geht. Entsprechend sind auch die Klage auf **Bestimmung des Leistungsinhalts**, §§ 315, 319 BGB usw., und die auf **Herabsetzung der Vertragsstrafe**, § 343 BGB, des *Mäklerlohns*, § 655 BGB, des *Berge- und Hilfslohns*, § 741 HGB, und des *Anwaltshonorars*, § 3 Abs. 3 BRAGO zu behandeln.

5. Die Klagen auf Schadensersatz

a) Nichterfüllungsschadensersatz

14   Die Klagen auf **Schadensersatz wegen Nichterfüllung** oder nicht ordnungsmäßiger Erfüllung[62], sei es statt der Erfüllung oder neben ihr, sei es während des Bestehens oder nach Aufhebung (Beendigung, Rückabwicklung) des Vertrages[63], fallen unter § 29.

b) Verschulden bei Vertragsschluß (culpa in contrahendo)

14a   Nach fast einhelliger Meinung[64] gehört auch die Schadensersatzklage wegen Verschuldens bei Vertragsschluß *(culpa in contrahendo)* zu § 29. Nur diese Ansicht entspricht der histori-

[53] *Goldschmidt* Lb[2] 94; *Hellwig* System 1 123 Fußn. 7; *Rosenberg/Schwab*[14] § 36 II 1; *Thomas/Putzo*[17] Anm. 2 b, cc; *Wieczorek*[2] B II b 2; *Zöller* (N. 1) Rdnr. 18. Die Gegenansicht von *Baumbach* (N. 1) Rdnr. 9 (§ 29 nur bei *vertraglichem* Rücktritt) ist seit der Einführung der Generalklausel (→ N. 54) überholt.

[54] Dies war auch unter der Geltung des § 29 a. F. unstreitig. Als Problem ergab sich damals nur, unter welches der verschiedenen Merkmale des § 29 a. F. die Wandlung zu subsumieren war: »Erfüllung«, »Aufhebung« oder »Entschädigung« (vgl. 19. Aufl. dieses Komm. bei und nach N. 25 und 32)? *Die Generalklausel des § 29 n. F. hat dieses Problem beseitigt.*

[55] Unbestritten *Rosenberg/Schwab* (N. 53) a.a.O.; *Baumbach* (N. 1) Rdnr. 3 und 11 (unter überholter Trennung zwischen Erfüllung und Entschädigung); *Wieczorek*[2] B II b 1; *Zöller* (N. 1) Rdnr. 19.

[56] *RGZ* 10, 350; 49, 421f.; *RG* JW 1910, 655; *OLG Hamburg* OLG Rsp 5, 18; *OLG Königsberg* SeuffArch 76, 70; *LG Arnsberg* NJW 1985, 1172.

[57] → auch N. 4.

[58] *RG* Gruchot 50, 423; *OLG Colmar* OLG Rsp 17, 311.

[59] *BGH* LM Nr. 1 = NJW 1962, 739 (L) = JZ 315 = MDR 399f. = BB 612 (L).

[60] *OLG Hamburg* (N. 56); a.M. *Zöller* (N. 1); Rdnr. 5.

[61] Vgl. *Langheineken* Der Urteilsanspruch (1899) 228f., zu den Gestaltungsklagen allgemein → Rdnr. 39 vor § 253.

[62] Z.B. wegen *positiver Forderungsverletzung*, BGH LM Nr. 3 zu § 269 BGB = NJW 1974, 410; *OLG Düsseldorf* VersR 1969, 644 = MDR 930 = DB 923; *BayObLG* VersR 1985, 741 (743).

[63] *OLG Hamburg* SeuffArch 73, 31; *OLG Rostock* OLG Rsp 40, 388.

[64] *Baumbach* (N. 1) Rdnr. 12; *Förster/Kann*[3] Anm. 2 d m.w.N. über ältere Literatur; *Hellwig* (N. 53) a.a.O. [zu § 122 BGB]; *ders.* LB 2 252 [allgemeiner]; *Jauernig* ZPR[23] § 10 IV 6; *Kleinfeller*[3] Lehrbuch des dt. ZPR S. 98 [zu §§ 122, 179 BGB]; *Küpper* Das Scheitern von Vertrags-

schen Entwicklung sowie der Interessenlage des Geschädigten. Früher sah man die Haftung aus culpa in contrahendo ohnehin als *vertraglich begründet*[65] und durch Vertragsklage einklagbar an[66]. Zudem will die Schadensersatzklage wegen Verschuldens bei Vertragsschluß den rechtsgeschäftlichen Kontakt gerade schützen, dient also dem »*Vertragsverhältnis*«[67] und führt zur Haftung »wie aus Vertrag«[68], mag definitionsgemäß auch kein Vertrag vorliegen[69]. Das Prozeßrecht hat solche Qualifikationen des materiellen Rechts zu akzeptieren und ist nicht befugt, sie durch eigene Bewertungen zu ersetzen (zur *materiellrechtsfreundlichen Auslegung* → Einl. Rdnr. 68).

Umgekehrt ist der Gerichtsstand der unerlaubten Handlung des § 32 nicht für die culpa in contrahendo eröffnet (→ § 32 Rdnr. 17), so daß dem durch ein Verschulden bei Vertragsschluß Geschädigten *kein besonderer Gerichtsstand zur Verfügung* stünde, wollte man § 29 verneinen. Ein solches Ergebnis verweigerte letztlich dem vom materiellen Recht entwickelten Rechtsinstitut der Haftung aus culpa in contrahendo die Anerkennung im Gerichtsstandsrecht.

Der *heutige Wortlaut* dieser Vorschrift[70] (»aus einem Vertragsverhältnis«) kann die Gegenansicht schon deshalb nicht rechtfertigen, weil bei der Neuformulierung durch die Gerichtsstandsnovelle (→ Einl. Rdnr. 153) an eine inhaltliche Änderung keineswegs gedacht war; es ging nur um eine sprachliche Modernisierung (→ auch »Gesetzesgeschichte« vor Rdnr. 1). Der *alte* Gesetzeswortlaut (»Entschädigung wegen Nichterfüllung oder nicht gehöriger Erfüllung«) war insoweit sicher unproblematisch[71], kann jedoch angesichts der vielfältigen methodischen Mängel heutiger Prozeßgesetzgebung und insbesondere der Gerichtsstandsnovelle[72] nicht zum Anlaß genommen werden, eine beständige und zutreffende Interpretation des § 29 zu ändern, zumal auch nirgends ersichtlich ist, aus welchen Gründen diese Vorschrift nicht mehr der culpa in contrahendo offen stehen sollte[73].

c) Weitere Fälle

Auch die Klage **wegen Rücktritts** vom **Verlöbnis**, § 1298 BGB[74], sowie die Klage auf das negative Vertragsinteresse bei Nichtzustandekommen des Vertrages, §§ 122, 179 Abs. 2 BGB[75] werden von § 29 erfaßt.

---

verhandlungen als Fallgruppe der culpa in contrahendo (1988) 349 ff.; *Rosenberg/Schwab*[14] § 36 II 1; *Schack* Der Erfüllungsort im deutschen, ausländischen und internationalen Privat- und Zivilrecht (1985) Rdnr. 154; *Seuffert/ Walsmann*[12] Anm. 4 d [zu §§ 122, 179 BGB]; *Sydow/ Busch/Krantz/Triebel*[22] Anm. 4; *Thomas/Putzo*[17] Anm. 2 a; *Wieczorek*[2] B I a; *Zöller* (N. 1) Rdnr. 20; ebenso *RG* JW 1896, 202; *BayObLG* VersR 1985, 741 (743). Für eine entsprechende Anwendung des § 29: *OLG München* NJW 1980, 1531.

[65] *Canaris* Die Vertrauenshaftung im deutschen Privatrecht (1971) 425.

[66] Vgl. *Förster/Kann* (N. 64) a.a.O.

[67] *Canaris* (N. 65) 539 f.

[68] *Canaris* (N. 65) 460 Fußn. 36.

[69] Deshalb versagt auch die *begriffliche Argumentation* (so aber *LG Essen* NJW 1973, 1704; ähnlich *LG Braunschweig* BB 1974, 571), die culpa in contrahendo sei ein gesetzliches Schuldverhältnis und für diese gelte § 29.

[70] *LG Kiel* NJW 1989, 841: Der Wortlaut des § 29 setze Streitigkeiten aus einem Vertragsverhältnis oder über dessen Bestehen voraus; insoweit soll der *Wortlaut*

der Norm einer erweiternden Auslegung unzugänglich sein, mit der vorvertragliche Ansprüche aus dem Gesichtspunkt der culpa in contrahendo erfaßt werden könnten. Eine analoge Anwendung des § 29 scheide wegen des Fehlens der dafür erforderlichen planwidrigen Regelungslücke und keiner gleichartigen Interessenlage aus. Im Ergebnis ähnlich *LG Arnsberg* NJW 1985, 1172: Für eine Anwendbarkeit des § 29 fehle das erforderliche Band der vertraglichen Beziehungen.

[71] Dies übersieht *LG Kiel* NJW 1989, 841.

[72] → unten N. 106 sowie → § 15 Rdnr. 12 m. w. N.

[73] → Die Gegenansicht erschöpft sich denn auch in rein begrifflichen oder sprachlichen Argumenten. Sie müßte wenigstens einer *analogen* Anwendung der Vorschrift das Wort reden (so etwa *OLG München* N. 64), weil es z. B. auch aus der Sicht des Prozeßrechts keinen Unterschied macht, ob der (Begleit-)Schaden nach oder vor Vertragsschluß entstand.

[74] So auch *OLG Kassel* JW 1921, 1253; *OLG Braunschweig* JW 1936, 1021; a. M. *OLG Braunschweig* OLG Rsp 20, 290; offengelassen *OLG Oldenburg* FamRZ 1988, 631 f. Nachw. auch in → N. 1 und N. 176.

[75] Nachw. in → N. 64; ganz h. M.

6. Die Klagen wegen Wandelung oder Minderung

15   Ansprüche aus der Sachmängelhaftung gehören ebenfalls zu § 29, gleichgültig ob ein Rückabwicklungsverhältnis (→ Rdnr. 11) wegen Wandelung entsteht oder nur die Herabsetzung des Kaufpreises gefordert wird[76], zum Austauschort[77].

III. Der Ort der »streitigen Verpflichtung«

16   § 29 spricht nicht vom Erfüllungsort des Vertrages, sondern vom Ort, »*an dem die streitige Verpflichtung zu erfüllen ist*«. Schon in dieser Formulierung wird deutlich, daß der Vertrag nicht immer nur einen *einzigen* Erfüllungsort kennt, sondern daß es *auf die jeweils streitige Verpflichtung ankommt*. Der Erfüllungsort braucht daher weder für die beiden Vertragsschließenden noch für die sämtlichen Verpflichtungen eines von ihnen einheitlich zu sein. Für den Gerichtsstand maßgebend ist vielmehr der Ort, wo die **einzelne jeweils streitige Verpflichtung zu erfüllen** ist, d. h. diejenige, deren Erfüllung, Feststellung usw. in Frage steht[78]. Entscheidend ist die in der Klage behauptete oder geleugnete Verpflichtung des Beklagten oder des Klägers[79].

17   **1. Beispiele:** Für die Klage des *Käufers* auf Erfüllung, Schadensersatz oder Feststellung des Bestehens des Vertrages ist der **Erfüllungsort des Verkäufers**, für die Klage des *Verkäufers* auf Zahlung, auf Abnahme, Schadensersatz usw. der **Erfüllungsort des Käufers** maßgebend[80]. Für die Klage auf *negative Feststellung*[81], auf *Befreiung von einer Verbindlichkeit*[82] oder auf *Aufhebung des Vertrages* ist der **Erfüllungsort des Klägers** maßgebend[83]. Macht der *Kläger* das *Nichtbestehen des ganzen Vertrages* geltend, so bestimmt sich der Gerichtsstand nach **seiner (des Klägers) Erfüllungspflicht**[84]. Für Klagen auf *Schadensersatz wegen Nichterfüllung* oder nicht gehöriger Erfüllung ist streitige Verpflichtung diejenige Vertragspflicht, für deren Nichterfüllung Ersatz begehrt wird, da hier die **Pflicht zum Schadensersatz das Surrogat** für die ursprüngliche Verpflichtung bildet[85]. Soweit dagegen kraft eines besonderen Tatbestandes eine *selbständige* Pflicht zur Rückgewähr einer Leistung besteht, wie insbesondere bei der **Wandelung** des BGB, bestimmt die allein im Streit befangene **Rückerstattungspflicht des Beklagten** den Erfüllungsort[86], nicht etwa die bereits erfüllte und damit erloschene Vertragspflicht des Klägers[87]. Das gleiche gilt von der Verpflichtung zur *Abfindung* oder *Rückgewähr nach Rücktritt vom Vertrag*[88]. Verlangt dagegen der Kläger nur die Feststellung, daß er ordnungsgemäß erfüllt habe, so ist der Erfüllungsort *seiner* Verbindlichkeit maßgebend[89].

---

[76] Nachw. in → N. 54 f.

[77] → N. 166.

[78] Unrichtig *RGZ* 70, 198 (199) insofern, als es dem Kläger die Wahl lassen will; vgl. unten N. 86.

[79] *Baumbach* (N. 1) Rdnr. 13.

[80] *OLG Hamburg* OLG Rsp 40, 345; *OLG Dresden* OLG Rsp 40, 346.

[81] Auch im Falle der *Aufrechnung*, *RGZ* 83, 84; *KG* OLG Rsp 19, 60; *Schack* (N. 64) Rdnr. 167.

[82] *Zöller* (N. 1) 24; *RGZ* 27, 393 (398); 31, 383; *OLG Oldenburg* FamRZ 1988, 631 (632), → N. 174.

[83] Vgl. auch *RGZ* 2, 123; 3, 385, 413; 9, 350; 10, 352; 56, 138; 65, 230 und oft, sowie zahlreiche OLG.

[84] Vgl. *RGZ* 56, 138; a. M. *Zöller* (N. 1) Rdnr. 24: auch *Beklagtengerichtsstand*.

[85] *RGZ* 3, 385; 10, 352; 31, 383; 40, 408; 52, 54; 55, 423 und oft, sowie zahlreiche *OLG*, z. B. *OLG Bremen* IPRsp 1952/1953 Nr. 291; *OLG München* IPRsp 1974

Nr. 149, und dazu das Revisionsurteil *BGH* IPRsp 1976 Nr. 142 = WM 1230, wobei der *BGH* die Pflicht zur Auskunft allerdings nicht auf einen selbständigen Vertrag gründet, sondern als *Nebenpflicht* eines anderen Vertrages wertet und als Leistungsort für die Nebenpflicht den für die Hauptverbindlichkeit maßgebenden Leistungsort bestimmt. Ebenso *LG Oldenburg* ZIP 1988, 1562 (1563).

[86] *RGZ* 27, 393, bes. 397 f.; 31, 383; 55, 105 (111), und oft, sowie die Entsch. in N. 166; ferner zahlreiche OLG. Im Ergebnis auch *RGZ* 52, 54 ff. – A. M. *RGZ* 70, 199 (oben N. 78).

[87] → unten N. 94, 95, 166.

[88] *RGZ* 32, 430 f.; *RG* Gruchot 39, 439; *KG* OLG Rsp 4, 25 u. a.; → auch N. 61.

[89] Überholt *RGZ* 32, 405, das die »Verpflichtung des *Beklagten* zur Anerkennung« (!) der Erfüllung entscheiden läßt.

2. Mehrere Ansprüche

a) Selbständige Ansprüche

Werden in der Klage **mehrere Ansprüche** erhoben, die **sämtlich unter § 29 fallen**, so gilt   **18**
nach § 260, daß der Gerichtsstand und somit der Erfüllungsort für jeden selbständig zu prüfen
ist[90]. Soweit der *Erfüllungsort jeweils derselbe* ist, kann über die Ansprüche gemeinsam
entschieden werden, andernfalls ist das Gericht örtlich nur zuständig, wenn sich aus *anderen*
Gerichtsstandsvorschriften ein Gerichtsstand ergibt. Falls nicht, **fehlt dem Gericht für diesen
Anspruch die Zuständigkeit** (→ Rdnr. 40).

b) Haupt- und Nebenforderung

Anders ist es nur dann, wenn die Ansprüche im Verhältnis von **Haupt-** und **Nebenforderung**   **19**
stehen, auch wo die Nebenforderung nicht unter § 4 fällt. Es ist dann der in § 25 enthaltene
Gedanke entsprechend anzuwenden, so z.B. bei **Klagen auf Zahlung** und **Abnahme** nach
§ 433 BGB[91], **Rückzahlung des Kaufpreises** und **Rücknahme** u. dgl.[92]. Ebenso **entscheidet die
Hauptverpflichtung**, wenn die *mehreren sekundären Folgen* des Bestehens oder der Aufhe-
bung, die nur Teile eines einheitlichen Begehrens sind, bloß der Form nach als selbständige
Anträge auftreten, wie z.B. die Rückgabe der Leistung und die Befreiung von weiteren
Leistungen u. ähnl.[93].

c) Überflüssige Nebenanträge

Überflüssige Nebenanträge bleiben für die örtliche Zuständigkeit ebenso außer Betracht wie für den   **20**
Streitgegenstand (→ § 5 Rdnr. 4), z.B. die Feststellung, daß der Kaufpreis nicht geschuldet werde, neben
der *Rückzahlung*[94], oder die Einwilligung in die Wandelung neben der Rückgewährung des Geleisteten[95].
Wird dagegen vom Kläger Einwilligung in die Wandelung und Rücknahme des an den Kläger Geleisteten
verlangt, so ist erstere die **Hauptverpflichtung**[96]. Zur **Erschleichung des Gerichtsstands** des § 29 → § 1
Rdnr. 12 dort auch näher zum Problem von *Treu und Glauben* bei der Zuständigkeit und → Einl.
Rdnr. 250.

IV. Der Erfüllungsort

Welcher Ort der Erfüllungsort ist, muß dem materiellen Recht[97] entnommen werden; die   **21**
Frage ist also u. U. nach *ausländischem* Recht zu beurteilen.

Für die Anwendung des § 29 muß daher das **Prozeßrecht** diejenigen **Ergebnisse übernehmen**, zu denen   **21a**
das anwendbare **materielle Recht** bei der Bildung des Erfüllungsortsbegriffs gekommen ist (zur *materiell-
rechts-freundlichen Auslegung* der ZPO → Einl. Rdnr. 68). Der **Richter** ist **nicht befugt**, einen *anderen*
Erfüllungsortsbegriff als im materiellen Recht zu verwenden[98]. Bereits der *Gesetzestext* (»Ort«..., »an
dem die streitige Verpflichtung zu erfüllen ist«) zeigt die Orientierung am materiellen Recht. Mit
Sicherheit hat auch der »historische Gesetzgeber« der CPO, als er den Gerichtsstand des Erfüllungsorts

---

[90] *BGH* (N.59); *RGZ* 10, 353; 52, 56; 83, 84; *OLG
Hamburg* OLG Rsp 5, 18; *KG* OLG Rsp 19, 60 u.a. Vgl.
auch *OLG Dresden* OLG Rsp 35, 28.
[91] *RGZ* 56, 138 (vgl. mit 53, 161; 55, 426).
[92] *RGZ* 55, 105 f.; 57, 12 f.; *OLG Colmar* OLG Rsp 17,
311.
[93] *RGZ* 55, 105 f.; 57, 12 f. u. a. Ähnlich *RGZ* 55, 423
(*Schadensersatz wegen Nichterfüllung*).

[94] *KG* OLG Rsp 17, 91 f.; 19, 132.
[95] *OLG Zweibrücken* SeuffArch 63, 247.
[96] *RGZ* 70, 198 (199); *OLG Celle* OLG Rsp 17, 308.
[97] → N. 208.
[98] Anders *Schack* (N. 64) 136 ff. mit der Konzeption
eines vom materiellen Recht losgelösten *prozessualen* Begriffs des Erfüllungsorts.

vorsah, nicht an eine solche Loslösung gedacht[99]; seine Vorgänger nicht weniger[100]. Auch die seitherige Entwicklung des Gerichtsstandsrechts legt eine Preisgabe dieser Auffassung nahe. Wo § 29 zu rechtspolitisch unerwünschten Ergebnissen führte, schuf der Gesetzgeber Sondergerichtsstände, vor allem ausschließliche örtliche Zuständigkeiten (z. B. früher § 6 a AbzG, § 7 HaustürWG, § 26 FernUSG → Rdnr. 5 a ff. oder § 29 a ZPO) und unterband durch das Verbot abstrakter Erfüllungsortsvereinbarungen (§ 29 Abs. 2, → Rdnr. 23 b) das Durchkreuzen der Gerichtsstandsordnung. Rechtsprechung und Schrifttum kamen dem Bedürfnis nach einem einheitlichen Gerichtsstand für *ortsbezogene* Streitigkeiten durch einen umfassenden *(materiellrechtlichen)* Erfüllungsortsbegriff nach[101]. Es ist auch nicht ersichtlich, aus welchen Vorstellungen das Prozeßrecht einen eigenen »prozessualen« Erfüllungsortsbegriff entwickeln sollte[102]. Im übrigen sprechen auch praktische Gründe gegen ein Auseinanderklaffen eines materiellrechtlichen und eines »prozessualen« Erfüllungsorts: Der Richter wäre bei § 29 mit der zusätzlichen Aufgabe belastet, stets auch noch zu prüfen, ob der Erfüllungsort im *prozessualen* Sinn vorliege, ohne daß dies für die Sachentscheidung von Bedeutung wäre; denn bei ihr kommt es ja auch weiterhin nur auf den *materiell-rechtlichen* Gehalt des Erfüllungsortes an. Fehlte bei einer Klage der »prozessuale« Erfüllungsort, wäre sie selbst dann unzulässig, wenn der »materielle« Erfüllungsort am Gerichtssitz bestünde.

1. Gesetzliche Sonderregelungen

22   In einzelnen Sondervorschriften ist der **Erfüllungsort** (z. T. **zwingend**) **geregelt**, z. B. in § 261 BGB *(eidesstattliche Versicherung)*, § 374 BGB *(Hinterlegung)*, § 604 BGB *(Bringschuld des Entleihers)*, §§ 697, 700 BGB *(Verwahrung, Darlehensverwahrung)*, § 811 BGB *(Vorlegung von Sachen)*, § 1194 BGB *(Grundschuld –* aber nur subsidiär), § 36 VVG *(jeweiliger Wohnsitz des Versicherungsnehmers*[103]), Art. 1 Nr. 5, 2 Abs. 3, 75 Nr. 4, 76 Abs. 3 WG und Art. 1 Nr. 4, 2 Abs. 2 und 3, 8 ScheckG (Zahlungsort bei *Wechsel* und *Scheck).*

Differenzierte Regelungen über den Erfüllungsort[104] enthält das **(Wiener) UN-Übereinkommen über Verträge über den internationalen Warenkauf** vom 11. IV. 1980[105]. Das UN-KaufAbk. gilt gegenüber zahlreichen Vertragsstaaten[106] und hat das **Einheitliche Gesetz über den internationalen Kauf beweglicher Sachen** (EKG) vom 17. VII. 1973[107] zum 1. I. 1991 **abgelöst**[108]. Vorher geschlossene Verträge unterliegen im Verhältnis zu den Mitgliedsstaaten weiterhin dem EKG[109], so daß der Erfüllungsort des Art. 23 EKG für die *Lieferpflicht des Verkäufers* und Art. 59 EKG für die *Zahlungspflicht des Käufers* insoweit erhalten bleiben[110]. Für spätere Verträge können folgende Erfüllungsorte des **UN-KaufAbk.** eingreifen: **Art. 31** UN-KaufAbk. regelt den Erfüllungsort des Verkäufers beim Versendungskauf[111], sofern die Parteien nichts anderes bestimmt haben. Für die Kaufpreisforderung ist **Art. 57** UN-KaufAbk.

---

[99] Vgl. Motive zu § 29 = *Hahn* S. 156 f.

[100] Vgl. die eingehende Darstellung bei *J. Schröder* Internationale Zuständigkeit (1971) S. 284 ff.; dort (S. 300 ff.) werden auch die vergleichbaren *ausländischen* Regelungen erörtert, die sich insoweit vom deutschen Recht nicht unterscheiden.

[101] Beispielsweise bei *Bauwerken* (→ N. 148), beim *Architekten* (→ N. 149), beim *Rechtsanwalt* (→ N. 162) usw.).

[102] Vgl. zutreffend *Martiny* JZ 1986, 1000.

[103] Anders als sonst (→ Rdnr. 37 a) führt also ein *Wohnsitzwechsel des Versicherungsnehmers (des Schuldners)* nach Vertragsschluß zu einer Veränderung des Erfüllungsortes.

[104] Daß Art. 31 UN-KaufAbk. den Erfüllungsort in Abweichung von § 269 BGB regelt, ist unbestritten. Damit ändert sich auch der *Gerichtsstand,* zutreffend *BGH* NJW 1979, 1782 = RIW/AWD 639 = MDR 839; *OLG Bamberg* NJW 1977, 505 = IPRsp 1976 Nr. 144; *Mezger* RIW/AWD 1978, 334; a. M. *v. Caemmerer* bei *Dölle* Kommentar zum Einheitlichen Kaufrecht (1976) Art. 59 Rdnr. 20 und Festschrift für *F. A. Mann* (1977) 3 (19).

[105] BGBl. II S. 588; in Kraft seit 1. I. 1991.

[106] Vgl. die Aufzählung bei *Jayme/Hausmann* Internationales Privat- und Verfahrensrecht[6] (1992) Nr. 48 Fn. 1 sowie Bek. BGBl. 1992 II S. 449.

[107] BGBl. 1973 I S. 856.

[108] Vgl. Art. 5 Abs. 1; Art. 7 Abs. 1 des Gesetzes zu dem Übereinkommen der Vereinigten Nationen vom 11. IV. 1980 über Verträge über den internationalen Warenkauf sowie zur Änderung des Gesetzes zu dem Übereinkommen vom 19. V. 1956 über den Beförderungsvertrag im internationalen Straßengüterverkehr (CMR) vom 5. VII. 1989 (BGBl. 1989 II S. 586 f.); Bek. v. 12. XII. 1990 (BGBl. I S. 894). Näher *Jayme/Hausmann* (N. 106) a. a. O. Fußn. 2.

[109] Art. 5 Abs. 2 des Gesetzes vom 5. VII. 1989 (N. 109).

[110] Nachweise zum EKG → Vorauflage N. 57 a und 57 b.

[111] *Herber/Czerwenka* Internationales Kaufrecht (1991) Art. 31 Rdnr. 2; *Soergel/Lüderitz*[12] (1991) **3** (Schuldrecht II) Art. 31 UN-KaufAbk. Rdnr. 18 m. w. N.

einschlägig[112]; daß hierdurch ein aus deutscher Sicht rechtspolitisch unerwünschter Gerichtsstand (Niederlassung des *Verkäufers*) entsteht[113], ist zuzugeben[114]; dies berechtigt aber das
Gericht nicht, im Rahmen der Anwendung des § 29 dem materiellen Recht die Gefolgschaft zu
verweigern[115]. Gerichtsstand für Streitigkeiten um die *Rückzahlung des Kaufpreises* ist –
sofern nichts anderes vereinbart wurde – der Ort der Niederlassung des *Verkäufers*[116] und für
den Streit um die Rückgabe der Ware der Niederlassungsort des *Käufers*[117].

In diesen Fällen ergibt sich der Gerichtsstand unmittelbar im Zusammenhang mit der
jeweils eingreifenden Sondervorschrift über den Erfüllungsort.

2. »Bestimmung« durch die Parteien. Prorogationsverbot

a) Vereinbarter Erfüllungsort

Greifen keine Sondervorschriften (→ Rdnr. 22) ein, ist nach § 269 BGB **in erster Linie die**   **23**
»Bestimmung« durch die Parteien, d. h. die *vertragsmäßige Abrede*, maßgebend[118]. Auch der
vereinbarte Erfüllungsort ist »Erfüllungsort« i. S. v. § 29 Abs. 1 und begründet den Gerichtsstand.

Dieser eindeutigen materiell-rechtlichen Regelung scheint jedoch der durch die Gerichtsstandsnovelle   **23a**
eingefügte **Absatz 2 des § 29** diametral zu widersprechen, wenn er anordnet, daß grundsätzlich die
»Vereinbarung über den Erfüllungsort« die Zuständigkeit *nicht* **begründe**. Diese Formulierung des § 29
Abs. 2 könnte dahin mißverstanden werden, als sei *jede* materiell-rechtliche Vereinbarung eines Erfüllungsorts prozessual unbeachtlich. Bei einem solchen Mißverständnis könnte es z. B. zu folgendem Fall
kommen: Die Vertragsparteien vereinbaren einen Erfüllungsort und erbringen dort auch ihre Leistungen,
aber der Zivilrichter lehnt diesen Erfüllungsort – weil vereinbart – als nicht zuständigkeitsbegründend ab.
Gegen eine solche Desavouierung des Willens der Vertragsparteien sprechen aber mehrere Gründe:
Erstens dürfen die durch die Gerichtsstandsnovelle eingeführten neuen Bestimmungen nicht in derselben
Weise ausgelegt werden, wie dies sonst bei prozessualen Vorschriften der Fall ist; wie an zahlreichen
anderen Stellen aufgezeigt (→ § 23 Rdnr. 8 m.w.N.), handelt es sich bei dieser Novelle um ein rechtstech-
nisch (»handwerklich«) unausgereiftes prozessuales Änderungsgesetz[119]. Da sie sogar wichtige sachliche
Prozeßzusammenhänge übersehen hat, ist eine nur am Wort haftende Interpretation noch viel weniger
am Platze. *Zweitens* spricht gegen eine Unmaßgeblichkeit des Parteiwillens die fehlende Änderung des
§ 269 BGB. Die Gerichtsstandsnovelle hätte § 269 BGB ändern müssen, wenn sie so weitgehend in das
materielle Recht hätte eingreifen wollen (was sie übrigens nicht wollte). Da aber § 269 BGB nicht
angetastet wurde, ist erkennbar, daß die deutsche Zivilrechtsordnung an der **Priorität des Willens der
Vertragsparteien bei der Bestimmung des Erfüllungsorts** festhält. In *dritter* Linie muß ferner beachtet
werden, daß es nicht Aufgabe der ZPO ist, einen eigenen Begriff des Erfüllungsorts zu entwickeln (→
Rdnr. 21a); im Gegenteil entspricht es der dem materiellen Recht dienenden Funktion des Prozeßrechts
(→ Einl. Rdnr. 4) und einer *materiell-rechtsfreundlichen Interpretation* der Prozeßrechtssätze (→ Einl.
Rdnr. 68ff.), daß die Anwendung der ZPO nicht etwa die Geltungsanordnungen des BGB unterläuft. Im
Zweifel ist anzunehmen, daß die ZPO die Regelungen des BGB nicht durchkreuzen will. *Viertens* wollte
das neue Prozeßrecht sicher nicht ein Auseinanderklaffen zwischen einem »prozessualen« und einem
»materiellen« Begriff des Erfüllungsorts, das zur Folge hätte, daß das »Gericht des Erfüllungsorts« zur

[112] *Herber/Czerwenka* (N. 111) Rdnr. 8 vor Art. 25
und Art. 57 Rdnr. 12 m.w.N.; *Reinhart* UN-Kaufrecht
(1991) Art. 57 Rdnr. 4; *Soergel/Lüderitz* (N. 111) Art. 57
Rdnr. 8.
[113] Vgl. *Herber/Czerwenka* (N. 111) Art. 57 Rdnr. 13
m.w.N.
[114] *Herber/Czerwenka* (N. 113) a.a.O. Immerhin können die Parteien etwas anderes vereinbaren (vgl. den
Ratschlag von *Soergel/Lüderitz* (N.111) Art. 59 EKG
Rdnr. 6).
[115] → näher Rdnr. 21a, wie hier *Herber/Czerwenka*

(N. 113) a.a.O.; anders *Huber* RabelsZ 43 (1979) 513;
Schack (N. 64) Rdnr. 204 mit Fn. 48 und 52.
[116] *Herber/Czerwenka* (N. 111) Art. 81 Rdnr. 12
m.w.N.
[117] *Herber/Czerwenka* (N. 116) a.a.O.
[118] Vgl. dazu *Schindelmeiser* MDR 1976, 904.
[119] Vgl. *Baumgärtel* FS *Fr. Weber* (1975) 23; *Schumann* FS *Karl Larenz* (1983) 571 (600ff.); *AK/Röhl*
(1987) Rdnr. 4, 5; auch oben N. 72 und § 15 Rdnr. 12
m.w.N.

»Erfüllung« an *anderen Orten* verurteilt, weil ZPO und BGB auseinanderstreben (→ Rdnr. 21 a und Rdnr. 39). *Schließlich* ist nicht anzunehmen, daß die Gerichtsstandsnovelle die unübersehbaren Folgen auf sich nehmen wollte, die *im internationalen Rechtsverkehr* eintreten würden, wenn ein vereinbarter Erfüllungsort nicht mehr die deutsche internationale Zuständigkeit begründen würde (→ Rdnr. 43).

Aus allen diesen Gründen ist davon auszugehen, daß **§ 29 Abs. 2 ernsthafte Vereinbarungen eines (im materiellen Recht von den Parteien beachteten) Erfüllungsorts nicht prozessual unbeachtlich machen will**. Der Schlüssel für eine richtige Interpretation muß angesichts der verunglückten Fassung von § 29 Abs. 2 der *Entstehungsgeschichte* entnommen werden: Die Vorschrift flankiert das Prorogationsverbot des § 38 (→ Rdnr. 2 vor § 38). Ohne § 29 Abs. 2 hätte dieses Verbot einfach dadurch umgangen werden können, daß die Vertragsparteien statt eines Gerichtsstandes hinfort den Erfüllungsort vereinbart hätten, um auf diese Weise (jetzt über § 29) dennoch zu einem vereinbarten Gericht zu gelangen (allerdings nur in bezug auf die *örtliche* Zuständigkeit, weil § 29 ja eine vereinbarte sachliche Zuständigkeit nicht ergreift). Sollte das Prorogationsverbot des neuen § 38 wirksam sein, mußten deshalb derartige Umwege über den Erfüllungsort verbaut werden. Aus *dieser* Zweckrichtung ist § 29 Abs. 2 zu interpretieren, nicht aber von dem ungeschickten Buchstaben der Vorschrift her.

23 b   **§ 29 Abs. 2 erfaßt** solche Vereinbarungen eines Erfüllungsorts, die zur Zuständigkeit eines Gerichts führen würden, an dem tatsächlich nicht der Erfüllungsort liegt (an dem also nicht erfüllt wird, worden ist oder werden soll). **Prozessual unbeachtlich sind nach § 29 Abs. 2 also nur »abstrakte Erfüllungsvereinbarungen«**, die materiell-rechtlich nicht gewollt sind. Was aber *materiell-rechtlich* nicht gewollt ist oder beachtet wurde, kann das *Prozeßrecht* ohne weiteres als unbeachtlich ansehen. Umgekehrt betrifft § 29 Abs. 2 alle solchen Vereinbarungen eines Erfüllungsorts **nicht**, die **nicht nur eine prozessuale Wirkung** haben sollen (sozusagen als Ersatz für die verbotene Prorogation), sondern **ernsthaft auf eine materiell-rechtliche Begründung eines tatsächlichen Leistungsorts** abzielen. Solche Vereinbarungen begründen wirksam und für das Prozeßrecht beachtlich den Erfüllungsort i. S. v. § 29 Abs. 1 und unterfallen der Klausel des § 29 Abs. 2 überhaupt nicht[120].

23 c   Wie beim Prorogationsverbot (→ § 38 Rdnr. 3 ff.) macht aber § 29 Abs. 2 eine **Ausnahme von der Unmaßgeblichkeit der** bloß abstrakten **Vereinbarungen** eines Erfüllungsorts. Bei **Kaufleuten**, die keine Minderkaufleute sind, bei **juristischen Personen des öffentlichen Rechts** und **öffentlich-rechtlichen Sondervermögen** (im einzelnen zu diesen Personen → § 38 Rdnr. 4−7) sind Vereinbarungen des Erfüllungsorts prozessual *in jedem Fall* beachtlich. Vereinbarungen zwischen solchen *prorogationsbefugten* Personen haben selbst dann *zuständigkeitsbegründende* Wirkung, wenn sie gerade mit Rücksicht auf den Gerichtsstand oder das internationale Recht einen Ort zum Erfüllungsort machen, an dem die Leistung tatsächlich nicht vollzogen werden soll[121], sofern sie nicht etwa einen Ort bestimmen, an dem die Erfüllung unmöglich ist[122]. Haben sich die Verhältnisse nach der Vereinbarung in nicht vorhersehbarer grundlegender Weise geändert, so muß an die Stelle des vereinbarten ein anderer, der Sachlage angemessener Ort treten[123].

24   Für die **Vereinbarung des Erfüllungsortes**, sei es zwischen den soeben genannten prorogationsbefugten Personen, sei es bei den übrigen Vertragsparteien, sind die **Bestimmungen des materiellen Rechts** maßgeblich. Hier können nur die wichtigsten Fragen angesprochen werden:

25   Durch eine **einseitige Fakturenklausel (Rechnungsklausel)** und deren vorbehaltslose Annahme *nach Abschluß des Vertrages* kommt eine Vereinbarung des Erfüllungsortes nicht zustande[124], und zwar selbst

---

[120] *Schumann* (N. 119) 640 ff.; *AK/Röhl* (N. 119) Rdnr. 4, 5; *Grunsky* ArbGG⁴ (1990) § 2 Rdnr. 39 a; *Fasching* FS H. *Nagel* (1987), 26 (29).

[121] Zum Streit, ob dadurch im Sinne des BGB als Erfüllungsort grundsätzlich nicht der Ort der Leistung, sondern der für das Schuldverhältnis charakteristische Ort (Schuldort) zu gelten habe: *Leonhard* Erfüllungsort und Schuldort (1907) 1 ff., 30 ff. und *Oertmann* BlfRA 73, 385 f. (insbes. 395).

[122] → unten N. 144.

[123] OGHZ 1, 367; DRZ 1949, 469.

[124] Unbestritten, z. B. *OLG Düsseldorf* DB 1969, 923 = BB 1017 = VersR 644 (L); *RGZ* 5, 493; 52, 133; JW 1898, 292; *OLG Dresden* SächsArch 10, 60 u. a. − Über

dann *nicht*, wenn sich der gleiche Vorgang *bei dauerndem Geschäftsverkehr* wiederholt[125], es sei denn, daß die Rechnung Anlage und Teil eines **Bestätigungsschreibens**[126] ist[127]. Dagegen **genügt die Aufnahme der Klausel in Bestellscheine**[128], in **Kataloge (Preislisten)**[129] oder andere **Offerten**[130], in kaufmännische **Bestätigungsschreiben**[131], **Schlußnoten** (§ 94 HGB)[132] oder in die endgültige schriftliche Abfassung eines anfänglich mündlich oder telegraphisch geschlossenen Vertrages[133]. Über den Einwand, die Klausel nicht gelesen zu haben, → § 416 Rdnr. 7–14. Bei der sog. *Kommissionsnote* oder *-kopie* ist entscheidend, ob sie genehmigt ist; andernfalls steht sie der Rechnung gleich[134] und begründet daher keinen vereinbarten Erfüllungsort. Bei wiederholtem Abschluß gilt eine *anfängliche Verabredung* im Zweifel auch für die *späteren* Geschäfte[135]. Die *Fob-Klausel* betrifft hauptsächlich die Gefahrtragung und Kostentragung, sie enthält keine Vereinbarung über den Erfüllungsort[136]. Auch die *Cif-Klausel* begründet keinen Erfüllungsort[137]. Die Vereinbarung einer Zahlung durch *Akkreditiv* begründet grundsätzlich keinen von der Niederlassung des Schuldners abweichenden Erfüllungsort[138].

Auch durch **Allgemeine Geschäftsbedingungen kann ein Erfüllungsort vereinbart** werden;   **26** nur müssen hierbei die strengen Voraussetzungen des AGB-Gesetzes eingehalten sein, vor allem darf **kein Verstoß gegen § 9 AGB-Gesetz vorliegen** (§§ 10 und 11 AGB-Gesetz erwähnen die Vereinbarung eines Erfüllungsortes nicht).

Das AGB-Gesetz gilt *auch für den kaufmännischen Rechtsverkehr* (arg. § 24 Abs. 1 AGB-Gesetz); die Vorschriften über die Einbeziehung in den Vertrag (§ 2 AGB-Gesetz), die Klauselverbote des § 10 und § 11 AGB-Gesetz sowie die Einschränkung der Rechtswahl (§ 12 AGB-Gesetz) gelten dann jedoch ohnedies nicht, so daß in diesem Bereich des kaufmännischen Verkehrs nur solche *Vereinbarungen in einer AGB unwirksam* sind, die der *Generalklausel des § 9 AGB-Gesetz widersprechen*[139]. Zu beachten ist, daß sich der in § 24 Abs. 1 Nr. 1 AGB-Gesetz genannte **Personenkreis** und die betroffenen **Rechtsgeschäfte nicht** mit denen des § 29 Abs. 2 **decken**[140].

---

den österreichischen *Fakturengerichtsstand* (§ 88 Jurisdiktionsnorm) vgl. *RGZ* 65, 329 (331); vgl. wegen dieses *Fakturengerichtsstandes* Art. 2 Nr. 5 des deutsch-österreichischen Vollstreckungsvertrages vom 6. VI. 1959 (*Text* → § 328 Rdnr. 705).

[125] *RGZ* 52, 133; 65, 331; JW 1903, Beil. 15; *OLG Hamburg* OLG Rsp 13, 80; *OLG Kiel* OLG Rsp 13, 79; *OLG Braunschweig* OLG Rsp 17, 306; 22, 4; *LG Tübingen* NJW 1958, 792 u. a. m. – A. M. *OLG Dresden* SeuffArch 56, 122; *OLG Düsseldorf* MDR 1954, 301.

[126] → unten N. 131.

[127] *RGZ* 57, 408. Vgl. *OLG Dresden* SeuffArch 63, 387.

[128] *KG* KGBl. 1902, 113; *OLG Dresden* SächsArch 13, 633 u. a.

[129] *RGZ* 52, 133; *OLG Naumburg* OLG Rsp 17, 88; *OLG Dresden* OLG Rsp 23, 83; *OLG Zweibrücken* OLG Rsp 28, 61 – A. M. *OLG* Rsp. 9, 131; *OLG Dresden* SächsArchRpfl. 1, 234 und für den Fall mündlicher Bestellung *OLG Rostock* SeuffArch 64, 390.

[130] *RG* JW 1909, 482; BlfRA 67, 124; *KG* OLG Rsp 29, 21; *OLG Karlsruhe* OLG Rsp 39, 32; *OLG Dresden* SächsArch 29, 450; *OLG Braunschweig* OLG Rsp 19, 54 u. a.

[131] *RGZ* 58, 66; *RG* SächsArch 10, 468; *OLG Hamburg* SeuffArch 73, 2; *OLG Hamm* OLG Rsp 28, 368; *OLG Naumburg* OLG Rsp 28, 369; *OLG Dresden* JW 1922, 505 u. a. m. Bedenklich *OLG Braunschweig* OLG Rsp 17, 89, das ein in einem Bestätigungsschreiben enthaltenes Angebot (das ursprüngliche Angebot war wegen Ablehnung erloschen) über den Erfüllungsort genügen läßt, obwohl es *gleichzeitig* mit der bestellten Ware zuging; dies ist aber dem Fall einer Rechnungsklausel gleichzusetzen (→ N. 124). A. M. *OLG Stuttgart* OLG Rsp 19, 58. – Zum *Schweigen eines Ausländers* auf ein deutsches

kaufmännisches Bestätigungsschreiben *LG Mainz* AWD 1972, 298 (Anm. *Ebsen* und *Jayme* m. w. N.).

[132] *RG* JW 1905, 147.

[133] *RGZ* 41, 358ff.; *OLG Hamburg* OLG Rsp 16, 129.

[134] So *RG* Gruchot 54, 677; *OLG Naumburg* OLG Rsp 17, 88; *OLG München* OLG Rsp 19, 56; 41, 244 u. a. – Dagegen wollen *KG* KGBl. 1901, 38; *OLG Hamburg* OLG Rsp 19, 56 sie *stets* zur Begründung des vereinbarten Erfüllungsortes, *KG* KGBl. 1901, 52; 1902, 114; *OLG Braunschweig* OLG Rsp 15, 60; *OLG Dresden* SächsAnn 40, 153 u. a. sie *grundsätzlich nicht* genügen lassen.

[135] *OLG Karlsruhe* OLG Rsp 11, 48; *OLG Braunschweig* OLG Rsp 19, 54 u. a.

[136] *OLG Hamburg* HRZ 1924, 262.

[137] *ROHG* SeuffArch 37 Nr. 137; *OLG Hamburg* OLG Rsp 13, 420; *Staudinger/Selb* BGB[12] § 269 Rdnr. 10 m. w. N.; a. M. *Schüssler* DB 1986, 1161 (1163).

[138] Vgl. *BGH* WM 1981, 789 (790) = NJW 1905; *OLG München* IPRsp 1976 Nr. 146.

[139] Näher *Ulmer/Brandner/Hensen* AGB-Gesetz[6] (1980) § 9 Rdnr. 33, § 24 Rdnr. 14, 19 ff.; *Palandt/Heinrichs* BGB[51] (1990) § 9 AGBG Rdnr. 32–35; *Schlosser/Graba* AGBGB (1977) § 9 Rdnr. 18; *Dittmann/Stahl* AGB (1977) Rdnr. 23, 269; *Löwe/von Westphalen/Trinkner* AGBG (1977) § 9 Rdnr. 44; *MünchKomm/Kötz*[2] (1984) § 9 AGBG Rdnr. 2; vgl. auch *Schiller* NJW 1979, 636.

[140] § 24 Abs. 1 Nr. 1 AGB-Gesetz stellt auf *jeden* Kaufmann ab, § 29 Abs. 2 nur auf den *Vollkaufmann* (→ § 38 Rdnr. 4); § 24 Abs. 1 Nr. 1 AGB-Gesetz verlangt, daß die AGB (hier: über den Erfüllungsort) *zum Betriebe seines Handelsgewerbes* gehört, § 29 Abs. 2 *enthält diese Einschränkung nicht*, läßt also auch für den *privaten* Bereich die zuständigkeitsbegründende Vereinbarung eines Erfüllungsortes zu (→ § 38 Rdnr. 9).

26 a Daraus, daß für den *Verkäufer* ein **Erfüllungsort für die Ware** vereinbart ist, folgt im Regelfall nicht, daß auch der *Käufer* an diesem Ort zu erfüllen habe[141], und der für die *Lieferung* verabredete Erfüllungsort gilt nicht ohne weiteres für die Pflicht des *Käufers* bei der *Ablieferung (Abnahme)*[142]. Die *allgemeine* Klausel »Erfüllungsort X« muß dagegen als Abrede eines solchen für *alle* ursprünglichen Vertragspflichten gelten[143] – sofern sie nicht bezüglich *einzelner* durch deren Natur ausgeschlossen wird[144].

b) Maßgeblicher Zeitpunkt

27 Die **prorogationsbefugten Personen** des § 29 Abs. 2 müssen im **Zeitpunkt der Erfüllungs-ortsvereinbarungen** zu einer der genannten Gruppen gehören. Es genügt nicht, daß sie *später* die Eigenschaft *erlangen* (näher → § 38 Rdnr. 8); es schadet nicht, wenn sie sie *später verlieren*. Eine *prozessual beachtliche* Vereinbarung wird durch **Rechtsnachfolge** nicht unwirksam (→ § 38 Rdnr. 8 m. w. N.), eine unbeachtliche Vereinbarung nicht wirksam, weil jetzt auf beiden Seiten prorogationsbefugte Personen stehen.

28 c) Eine **Inhaltskontrolle von Erfüllungsortsvereinbarungen** zwischen *prorogationsbefug-ten* Personen scheidet aus denselben Gründen wie bei Gerichtsstandsvereinbarungen aus (→ § 38 Rdnr. 10); zur Kontrolle bei einem durch **Allgemeine Geschäftsbedingungen** vereinbarten Erfüllungsort → Rdnr. 25.

3. »Umstände, insbesondere die Natur des Schuldverhältnisses«

29 Nach § 269 Abs. 1 BGB ist in **zweiter Linie** der Erfüllungsort »aus den *Umständen*, insbesondere aus der *Natur des Schuldverhältnisses*« zu entnehmen. Dabei spielt die Ausle-gung des Vertrags nach *Verkehrssitte* und *Handelsbrauch*[145] naturgemäß eine wesentliche Rolle, insbesondere nach der Richtung, ob etwa die *Hauptverpflichtung* zugleich für *andere* Verpflichtungen derselben oder der anderen Partei maßgebend sein soll, und ob der Ort des tatsächlichen Vollzugs nicht unter Umständen als nebensächlich erscheint. Das BGB selbst gibt in § 269 Abs. 3 die *negative Auslegungsregel*, daß *allein* aus der Vertragspflicht des Schuldners zur *Übernahme der Kosten der Versendung* nicht geschlossen werden soll, daß der Bestimmungsort Leistungsort sei, und bestimmt in § 270 Abs. 4 BGB *positiv*, daß die gesetzli-che *Übersendungspflicht bei Geldschulden* für die Bestimmung des Leistungsortes außer Betracht bleibt[146].

30 Durch das *Prorogationsverbot* und die damit verbundene *Nichtanerkennung von abstrakten Verein-barungen über den Erfüllungsort* (→ oben Rdnr. 23 ff.) sind die **Gerichte** nunmehr weit häufiger als vor der Gerichtsstandsnovelle **gezwungen**, den gesetzlichen **Erfüllungsort** festzustellen, um beantworten zu können, wo der Gerichtsstand des § 29 begründet ist. Hierbei kann es zu einem **Auseinanderfallen des prozessual maßgeblichen Erfüllungsorts** und **eines vereinbarten abstrakten materiell-rechtlichen Erfül-**

---

[141] *RGZ* 30, 412, 379; *OLG Stuttgart* SeuffArch 51, 19.
[142] *RGZ* 49, 75 f.; *RG* SeuffArch 55, 337; *OLG Ham-burg* OLG Rsp 13, 77.
[143] *RG* JW 1895, 101 f.; *KG* KGBl. 1901, 38; *OLG Dresden* SächsArchRpfl. 1, 231. Bedenklich *OLG Mün-chen* OLG Rsp 19, 56.
[144] So, wenn eine der Pflichten in der Gewährung des Gebrauches einer unbeweglichen Sache (*Miete*) oder ei-ner beweglichen Sache *an einem bestimmten* Ort besteht, *RGZ* 41, 358; ähnlich *OLG Dresden* SächsArch 13, 633; *OLG Kassel* OLG Rsp 15, 62; *OLG Naumburg* OLG Rsp

29, 21 u. a. Bei *Grundstücksmiete* bzw. *-pacht* ergibt sich allerdings aus der Natur des Schuldverhältnisses nicht zwangsläufig, daß der *Miet-* oder *Pachtzins* an dem Ort zu leisten ist, wo das Grundstück liegt, vgl. *RGZ* 140, 67, → auch N. 154.
[145] *OLG Hamburg* OLG Rsp 27, 402.
[146] Deshalb sind die *Geschäftsräume der Bank* kein sich aus der Natur des Vertragsverhältnisses ergebender Erfüllungsort, *Vollkommer* BB 1974, 1316 f.; *LG Kassel* NJW-RR 1989, 105 (106); *LG Saarbrücken* WM 1985, 939 (940); *Baumbach* (N. 1) Rdnr. 21; a. M. *OLG Ham-burg* BB 1974, 1316.

lungsortes kommen, wenn eine Vereinbarung eines Erfüllungsorts vorliegt, die nach § 29 Abs. 2 prozessual nicht beachtlich ist (→ Rdnr. 23 b).

a) Bei **ortsbezogenen** Verpflichtungen kann man in aller Regel den Erfüllungsort **für beide Seiten** im **31** Zusammenhang mit dem Ort feststellen, z. B. bei solchen Handlungen, die an oder auf einem *bestimmten Grundstück* vorzunehmen sind[147] am Ort, wo das **Grundstück** belegen ist[148], bei **Architektenleistungen** am Ort des Bauwerks sofern der Architekt auch die Ausführung und die Überwachung des Bauwerks übernommen hat[149], bei der Bearbeitung beweglicher Sachen, die am *Übergabeort* zurückzuliefern sind, am **Übergabeort**[150], bei der Verpflichtung, Erklärungen zum *Grundbuch* abzugeben, am **Sitz des Grundbuchamts**[151], bei *Prozeßhandlungen* (→ Rdnr. 3 a. E.) das **Gericht**, wo die Handlung vorzunehmen ist, bei dem Transportvertrag am **Bestimmungsort des Transports**[152], bei *Barkäufen* am **Ort des Geschäftsabschlusses**[153], bei Miet- und Pachtverträgen über Grundstücke meistens an dem **Mietort**, doch ist dies nicht notwendig[154], beim Beherbergungsvertrag der **Beherbergungsort**[155], beim Krankenhausvertrag der **Klinikort**[156], beim Kurgastvertrag der **Kurort**[157], beim Internats- und beim Unterrichtsvertrag der **Internatsort**[158] bzw. der **Kursort**[159], bei der Fahrzeugreparatur für alle Pflichten aus dem Werkvertrag der **Ort der Werkstatt**[160], bei *Dienstverträgen* in der Regel der **Ort, an dem die Dienste zu leisten** sind[161], z. B. beim *Anwalt* sein **Kanzleisitz**, § 27 Abs. 2 BRAO[162], beim *Notar* sein **Amtssitz**[163], beim *Arzt* der Ort der

---

[147] → auch N. 144.

[148] *BGH* NJW 1966, 935 = JZ 252 = LM § 36 Ziff. 3 ZPO Nr. 17 *(Bauwerksvertrag: Ort des Bauwerkes)*; vgl. auch *KG* OLG Rsp 20, 290.

[149] *LG Kaiserslautern* NJW 1988, 652; *OLG Nürnberg* BauR 1977, 70; *OLG Stuttgart* BauR 1977, 72; *Werner/Pastor* Der Bauprozeß⁶ (1990) Rdnr. 376 ff.; a. M. *EuGH* NJW 1987, 1131 f.; *OLG München* BauR 1986, 242 f. Anders ist es hingegen bei *bloßer Planungstätigkeit* des Architekten. In diesem Fall ist der *Sitz des Architektenbüros* der Erfüllungsort für beide Seiten; *OLG Zweibrücken* BauR 1990, 513; *AG Lübeck* MDR 1981, 233; a. M. *LG Kaiserslautern* NJW 1988, 652; *Werner/Pastor*⁶ Rdnr. 376: Wohnsitz des Schuldners ist Erfüllungsort für die Honorarforderung des Architekten.

[150] Vgl. *OLG Hamm* JMBlNRW 1951, 247.

[151] Vgl. *RGZ* 70, 199; *OLG Hamburg* OLG Rsp 13, 75 u. a. Vgl. auch §§ 1194, 1200 BGB, die freilich hier nicht unmittelbar anwendbar sind.

[152] *RG* Gruchot 49, 1010; *OLG Hamburg* VersR 1970, 742 = IPRsp Nr. 112; VersR 1972, 782 = IPRsp 1971 Nr. 31 (auch zum Erfüllungsort der *Konnossements*); *OLG Hamburg* OLG Rsp 9, 132; *OLG Colmar* OLG Rsp 16, 131. *LG Bochum* RIW/AWD 1985, 147, 148; *LG Düsseldorf* RIW/AWD 1980, 665; *Erfüllungsort ist der* **Konnossement** *ist der Bestimmungshafen. Es ist aber möglich, daß dieser dem Konnossement nicht zu entnehmen ist, weil er erst später bestimmt wird, Prüssmann* Seehandelsrecht² (1983) § 643 C 7. Vgl. auch *BGHZ* 6, 127 (134); 9, 121 (127); 25, 250 (254); *LG Bremen* VersR 1985, 987; *Norf* Das Konnossement im gemischten Warenverkehr (1976) 25; *Abraham* Seerecht (1974) 165; *Schaps/Abraham* Seehandelsrecht⁴ (1978) 3 vor § 642 HGB; *Schlegelberger/Liesecke* Seehandelsrecht² (1964) § 643 Rdnr. 9. – Zum *luftrechtlichen und zum seerechtlichen Beförderungsvertrag* → Rdnr. 6 b.

[153] Vgl. *RGZ* 102, 282; *OLG München* NJW 1975, 504 (Anm. *Geimer* 1086) = IPRsp 1974 Nr. 177.

[154] *RGZ* 99, 257; 140, 69; *OLG Hamburg* OLG Rsp 11, 306; *OLG Stuttgart* OLG Rsp 19, 52; *OLG Rostock* OLG Rsp 25, 52; *Palandt/Heinrichs* (N. 139) § 269 Anm. 13; *Staudinger/Selb/Werner* (N. 137) § 269 Rdnr. 14; a. M. *OLG Hamburg* SeuffArch 61, 131; *OLG Dresden* JW 1919, 939; *OLG Hamm* JW 1931, 3462 u. a.

[155] *AG Grafenau* MDR 1958, 610; *AG Garmisch-Partenkirchen* NJW 1971, 762; *LG Kempten* BB 1987, 929; *AG St. Blasien* MDR 1982, 1017; *AG Neuss* NJW-RR 1986, 1210 (1211); *Nettesheim* BB 1986, 547 ff.; *ders.* BB 1987, 929 (930). Jedoch soll dies nach *AG Freyung* MDR 1979, 850 nicht gelten, wenn der Gast die bestellte Leistung überhaupt nicht in Anspruch nimmt. *LG Bonn* MDR 1985, 588 nimmt für diesen Fall einen Erfüllungsort am *Wohnsitz des Gastes* an.

[156] *OLG Celle* NJW 1990, 777 f.

[157] *LG Flensburg* SchlHA 1967, 267.

[158] *OLG Hamm* NJW-RR 1989, 1530 f.

[159] *OLG Karlsruhe* NJW-RR 1986, 351 f.

[160] *OLG Düsseldorf* MDR 1976, 496; *OLG Frankfurt a. M.* DB 1978, 2217; *LG Aachen* JMBlNRW 1957, 183; *LG Bremen* NJW 1965, 203; *LG Bielefeld* JurBüro 1969, 780 (Anm. *Schneider*) = DAR 300, h. M.; a. M. *AK/Röhl* (N. 119) Rdnr. 6.

[161] *BGH* ZIP 1985, 157; *OLG Dresden* SeuffArch 70, 77; *OLG München* SeuffArch 71, 417 (vgl. auch 75, 313); *OLG Naumburg* OLG Rsp 21, 66. Zum *Arbeitsverhältnis* → Rdnr. 42.

[162] Und zwar *einheitlich für die Pflichten des Anwalts* und für die Pflichten seines *Mandanten*, h. M.; *BGHZ* 97, 79 (82) = NJW 1986, 1178 = JurBüro 714 = AnwBl 353; *BayObLG* MDR 1981, 233 (234); *OLG Celle* MDR 1980, 673 f.; *LG Darmstadt* AnwBl 1984, 503; *AG Lübeck* MDR 1981, 233; *Hansens* NJW 1989, 1131 (1135, 1136) sowie *OLG Celle* OLGZ 1967, 309 f. = NJW 1966, 1975 m. w. N.; *OLG Köln* NJW 1960, 1301 = IPRsp 1960/1961 Nr. 176; *OLG Düsseldorf* AnwBl 1970, 232; *LG Hamburg* AnwBl 1975, 237; 1976, 20 = NJW 199 = MDR 318; *LG Düsseldorf* AnwBl 1966, 268 (Anm. *Chemnitz*); *AG München* AnwBl 1974, 27 m. w. N.; *OLG Stuttgart* AnwBl. 1976, 439; *LG Osnabrück* AnwBl. 1977, 217 = JurBüro 722 *(Mümmler)*; *OLG Frankfurt a. M.* RIW/AWD 1977, 432. Von Bedeutung ist dies in den Fällen, wo der Gerichtsstand des Anwalts nach § 34 nicht Platz greift, z. B. bei der Vertretung im Strafverfahren. A. M. *AK/Röhl* (N. 119) Rdnr. 6 mit der Begründung, ein Gerichtsstand am Ort der Kanzlei erwecke den Eindruck von Selbstbedienungsjurisprudenz; *Schack* (N. 64) Rdnr. 80. Es besteht kein Grund, Angehörige freier Berufe durch einen Leistungsort an ihrem Geschäftssitz zu bevorzugen. Ein Dienstvertrag weist ohne das Arbeitsverhältnis entsprechende personenrechtliche Prägung auf; die Angehörigen freier Berufe bedürften auch nicht eines besonderen Schutzes gegenüber ihren Klienten. Für den *Steuerberater*: *LG Darmstadt* AnwBl. 1984, 503.

[163] So auch *KG* JW 1927, 1324.

Praxis[164]. Im *Handelsvertreterverhältnis* ist in der Regel der Erfüllungsort für den Vertrag der **Ort der Tätigkeit des Handelsvertreters**[165]. Bei *Arbeitsverhältnissen* entscheidet der wirtschaftliche und technische **Mittelpunkt des Arbeitsverhältnisses**, → Rdnr. 42.

32   b) Als Vertragssinn ist ferner im allgemeinen zu unterstellen, daß **bewegliche Sachen dort zu übergeben** sind, wo sie sich mit Willen der Kontrahenten zur Zeit des Vertragsschlusses **befinden** (vgl. Art. 324 ADHGB, wo dies als gesetzliche Regel ausgesprochen war). Daher liegt, wenn eine Sache *Zug um Zug* gegen eine Gegenleistung zu *übergeben* ist, der **Erfüllungsort für beide Teile** dort, **wo sich die herauszugebende Sache** zur Zeit der Wandelung **vertragsgemäß befindet** (sog. **Austauschort**)[166]. Dieser **gemeinsame Erfüllungsort am Sitz der Übergabeverpflichtung** ist besonders wichtig beim **Rücktrittsrecht** (§§ 348, 346 BGB)[167] und bei der **Wandelung** (§§ 467, 348 BGB)[168]; daher kann der Käufer einer Sache in aller Regel nach Erklärung der Wandelung das Gericht seines Wohnsitzes anrufen. Befindet sich die Zug um Zug herauszugebende Sache an einem *anderen* Ort, als vereinbarungsgemäß vorgesehen, ist dies nicht der Austauschort[169].

32 a   Ein gemeinsamer Erfüllungsort am **Austauschort besteht** jedoch dann **nicht**, wenn die Abwicklung »Zug um Zug« nicht zum Inhalt des Anspruchs gehört: Verlangt der Käufer **gemäß § 463 BGB Schadensersatz** Zug um Zug gegen Rückgabe der Kaufsache, so ist Erfüllungsort der Wohnsitz des Verkäufers, da anders als beim Rücktrittsrecht und bei der Wandelung (§§ 467, 348, 320 BGB) beim Schadensersatz nach § 463 BGB eine Rückabwicklung Zug um Zug nicht im Anspruch enthalten ist; es handelt sich lediglich um eine Frage der Schadensberechnung, ob der Käufer den »großen« oder den »kleinen« Schadensersatz verlangt. Aus diesem Grunde wird dadurch, daß der Kläger von sich aus, ohne dazu verpflichtet zu sein, in seiner Schadensersatzklage die Rückgabe der Sache anbietet, kein Gerichtsstand dort begründet, wo sich diese Sache (also in der Regel im Bezirk des Wohnsitzgerichts des Klägers) befindet[170]. Ebenfalls ist der Erfüllungsort der Verpflichtungen des Verkäufers unabhängig vom Ort der (früheren) vertragsgemäßen Lagerung der Sache zu bestimmen, wenn der Käufer nach Rückgabe der Ware oder nach Verkauf gemäß § 379 Abs. 2 HGB **nur die Rückzahlung des Kaufpreises** verlangt[171]. Das gleiche ist nach **Untergang der Sache** anzunehmen[172]. Dasselbe gilt von der **Minderung**[173]. Will sich der Kläger von einer **Verbindlichkeit befreien**, so ist der Erfüllungsort dort gegeben, wo die streitige

---

[164] Vgl. *OLG Düsseldorf* NJW 1974, 2187; *KG* OLG Rsp 20, 136; *BGH* NJW 1988, 966f. = MDR 376f.; *OLG Karlsruhe* BadRsp 11, 150.

[165] *BGHZ* 53, 332 (337) = IPRsp 1970 Nr. 121f.; *LG Heidelberg* IPRsp 1973 Nr. 129a. Für die Verpflichtung des Unternehmers, dem Handelsvertreter *Buchauszüge* zu erteilen, soll aber der **Sitz des Unternehmers** der Erfüllungsort sein: *OLG Karlsruhe* NJW-RR 1986, 351; *OLG Düsseldorf* NJW 1974, 2185 (2187) = IPRsp Nr. 17 (m.w.N. zum allgemeinen Grundsatz).

[166] *BGH* (N. 59); *BGHZ* 87, 105 (109ff.) = NJW 1983, 1479 (1480) = MDR 660f.; *RGZ* 55, 105 (112, 113); 57, 12 (15: auch *Rückerstattung verauslagter Frachten*); *LG Bielefeld* IPRsp 1962/1963 Nr. 31; *OLG Köln* OLG Rsp 2, 398; *OLG Breslau* OLG Rsp 6, 380; *OLG Stuttgart* OLG Rsp 6, 381; 41, 244; *OLG Hamburg* OLG Rsp 17, 309; *OLG München* OLG Rsp 37, 84; 41, 245; *OLG Colmar* OLG Rsp 17, 311; *OLG Zweibrücken* SeuffArch 63, 247 u. a. m.; vgl. auch *OLG Nürnberg* NJW 1974, 2237; *Gernhuber* Hdb. des Schuldrechts Bd. 3 Die Erfüllung und ihre Surrogate (1983) 31ff.; *Schack* (N. 64) Rdnr. 98, 161. A. M. *Hellwig* Lb. 2 254; *Bötticher* SJZ 1948, 738, 766 (maßgebend ist der Ort, wo die Verpflichtung des Käufers zur Zahlung zu erfüllen ist); *OLG Hamm* JMBlNRW 1951, 247 für den *Werkvertrag*; *LG Krefeld* MDR 1977, 1018. AK-*Röhl* (N. 119): Erfüllungsort für die Rückzahlungspflicht des Verkäufers ist die Wandelung am Wohnsitz des Verkäufers. *Kleanthis Roussos* Kostenerstattungsansprüche des Käufers nach der Wandelung, BB 1986, 10 (16, 17) vertritt eine differenzierende Lösung: Der Wohnort des Käufers soll jedenfalls dann als Wandelungsort anzusehen sein, wenn der Käufer den Kaufpreis

noch nicht entrichtet hat und aufgrund einer erfolgreichen Geltendmachung der Wandelungseinrede seine Zahlungspflicht entfällt. Die Sachleistungspflicht des Käufers wird in diesem Fall nach § 269 BGB an dessen Wohnsitz erfüllt. Wenn der Käufer den Kaufpreis bezahlt hat und er vom Verkäufer Rückzahlung verlangt, soll hingegen zunächst der Verkäuferwohnort den Wandelungsort darstellen. Ein anderes Ergebnis könne nur die Prüfung der Einzelfallumstände auf der Grundlage des § 269 BGB rechtfertigen, wobei vor allem eine mögliche Gefährdung des Wandelungsanspruches zu berücksichtigen sei.

[167] *OLG Karlsruhe* MDR 1970, 587; *OLG Nürnberg* NJW 1974, 2237.

[168] *BGHZ* (N. 166) 109f. m.w.N.

[169] *OLG Celle* SeuffArch 54, 138.

[170] *LG Tübingen* MDR 1986, 756; *Baumbach/Lauterbach/Hartmann*[51] Rdnr. 26 – A. M. *Zöller/Vollkommer*[17] Rdnr. 25 „Kaufvertrag"; *OLG Hamm* MDR 1989, 63.

[171] H. M.: *RGZ* 31, 383; *KG* OLG Rsp 17, 91; *OLG Frankfurt* OLG Rsp 17, 309f.; *OLG Hamburg* OLG Rsp 33, 24. – A. M. *OLG Königsberg* OLG Rsp 33, 24; *OLG Celle* SJZ 1948, 764; *Baumbach* (N. 1) Rdnr. 14 (maßgebend auch *Austauschort*); *Schack* (N. 64) Rdnr. 97; *Vollkommer* (N. 170) a. a. O. m. w. N. Vgl. oben N. 86.

[172] A. M. *RG* Gruchot 44, 1148ff.; *OLG München* OLG Rsp 20, 291; *OLG Dresden* SächsAnn 38, 187; *OLG* Rsp 35, 29; *Baumbach* (N. 1) 3 A; *Zöller* (N. 1) Rdnr. 25, der aber der hier vertretenen Meinung folgt, wenn die Kaufsache *zurückgegeben wurde* (→ N. 171).

[173] *RG* Gruchot 47, 1150; *OLG Celle* OLG Rsp 29, 16; s. a. *Wurz* NJW 1960, 662 (zur Minderung beim *Grundstückskauf*).

Verpflichtung zu erfüllen wäre, wenn sie bestünde[174]. Deshalb kann der Käufer, der den *Kaufpreis noch nicht gezahlt* hat, auf Feststellung der Unwirksamkeit des Kaufvertrages oder auf dessen Rückgängigmachung *an seinem Wohnsitzgericht* klagen[175]; er muß sich also die mangelhafte Sache nicht erst übergeben lassen, um dort einen Gerichtsstand zu haben.

c) Als **Erfüllungsort eines Verlöbnisses** ist der Ort anzusehen, wo die **Eheschließung** erfolgen soll[176], d. h. wahlweise bei jedem zuständigen Standesamt[177]. **33**

d) Bei der Verpflichtung zur **Unterlassung** einer bestimmten Handlung gilt der **Wohnsitz des Schuldners** (→ Rdnr. 36) als Erfüllungsort, sofern sich nicht die Pflicht nach dem Vertrag oder den Umständen auf einen *bestimmten* Ort beschränkt[178], z. B. bei der Pflicht, an einem ganz bestimmten Ort *Wettbewerbshandlungen* zu unterlassen oder auf einem Anwesen bestimmte Handlungen nicht vorzunehmen. Ist hingegen die **Unterlassung nicht an einem bestimmten Ort**, sondern sozusagen überall (oder wenigstens innerhalb eines großen Gebietes) geschuldet, sind **nicht etwa sämtliche in diesem Raum befindlichen Gerichte zuständig**[179]. Eine solche *Allzuständigkeit* will § 29 keinesfalls. Es bleibt in diesen Fällen beim Grundsatz, daß der **Schuldnerwohnsitz** im Zeitpunkt der Entstehung der Unterlassungspflicht (→ Rdnr. 36) den Erfüllungsort und damit den Gerichtsstand bestimmt. Ob die angeblich geschuldete Unterlassung eine *Hauptpflicht* des Vertragsverhältnisses ist oder ob sie nur eine *Nebenpflicht* darstellt, etwa aus dem Gebot folgt, einen Begleitschaden (eine positive Forderungsverletzung) zu verhindern, spielt keine Rolle. **34**

e) **Sekundäre Pflichten folgen grundsätzlich dem Erfüllungsort der Hauptverpflichtung.** Handelt es sich daher um Verpflichtungen sekundärer Art, die nach ihrer Entstehung und ihrem Zweck sich an eine andere Verpflichtung anlehnen, so ist der Erfüllungsort der Hauptverpflichtung im Zweifel als maßgebend auch für die sekundäre Pflicht anzusehen. So wird der Erfüllungsort für den Kommittenten bzw. Auftraggeber durch den **Erfüllungsort des kommittierten Geschäftes**[180], eventuell am Wohnsitz bzw. der Niederlassung des Kommissionärs[181] bestimmt; letzteres gilt namentlich dann, wenn der Kommissionär als Selbstkontrahent eintritt[182]. Für einen *Kontokorrentsaldo* ist maßgebend der Erfüllungsort der früheren Vertragspflichten[183], für die *Haftung des Handelsgesellschafters*[184] derjenige der Gesellschaft[185], für die *Duldungspflicht des Ehegatten* (§ 743) derjenige des anderen Gatten, für die *Vertragsstrafe*[186] oder die Pflicht zur *Rechnungslegung*[187] oder *Sicherheitsleistung* der Erfüllungsort der Hauptverpflichtung, und für eine Verpflichtung zur *Wechselprolongation* der Ort, an dem der erste Wechsel zahlbar war[188]. Ob im Falle eines *Vergleichs* der Erfüllungsort der ursprünglichen Verpflichtung gilt, ist Auslegungsfrage[189]. Die *Schuldübernahme* berührt den Erfüllungsort nicht[190]. Dagegen kann aus der Abhängigkeit der *Bürgschaft* von der **35**

[174] *RGZ* 27, 393 (398); 31, 383, → auch N. 82.

[175] *Vollkommer* (N. 170) a.a.O.

[176] *RGZ* 23, 172 (175); *RG* Gruchot 47, 135 f.; *KG* OLG Rsp 11, 276; *OLG Braunschweig* JW 1936, 1021; *OLG Celle* MDR 1949, 368 u. a.; → auch N. 8, 74.

[177] *Schack* (N. 64) Rdnr. 137; überholt *OLG Stuttgart* HRR 1930 Nr. 1053; *OLG Braunschweig* JW 1936, 1021 (*Wohnort der Braut*).

[178] *BGH* Warn 1973 Nr. 259 m. w. N. = NJW 1974, 410 (Anm. *Geimer* 1045) = BB 1317 = MDR 300 = JR 149 = VersR 197 = LM Nr. 2 = IPRsp 1973 Nr. 137; *BGH* NJW 1985, 561 (562); vgl. RGZ 51, 311 f.; 69, 13; 90, 162 (165); SächsArch 6, 62; Gruchot 47, 919; Gruchot 66, 237; *KG* OLG Rsp 23, 82; *OLG Hamburg* OLG Rsp 28, 60. – A. M. *Lehmann* Die Unterlassungspflicht im Bürgerlichen Recht (1906) 181 ff.

[179] *LAG München* AP Nr. 2 = NZA 1988 Beil. 2, 23 ff.

[180] *RGZ* 10, 90; 23, 412 ff.; 37, 268; *Schlegelberger* HGB[5] 1977 § 383 Rdnr. 42 m. w. N. Dies gilt *nicht* für das *Lagergeschäft* RG JW 1902, 79 f.; *OLG Karlsruhe* OLG Rsp 3, 43.

[181] *RGZ* 8, 370; *RG* JW 1896, 103 u. a.

[182] *RGZ* 10, 91.

[183] *RG* JW 1899, 364; 1903, 175; *OLG Dresden* OLG Rsp 3, 432.

[184] → N. 47 f.

[185] Auch nach Auflösung und Liquidation der Gesellschaft, *OLG Kiel* SchlHA 1916, 60, und bei Sitzverlegung nach Ausscheiden, wenn Abfindung des Ausscheidenden eine Beteiligung enthält, *A. Blomeyer* gegen *OLG Koblenz* MDR 1950, 45.

[186] *RGZ* 15, 435; 69, 11 (bei *Konkurrenzverbot*); *RG* JW 1910, 620 f.; *OLG Rostock* SeuffArch 75, 148; *Bengelsdorf* (N. 46) 2395. – A. M. *OLG Nürnberg* BayrZ 1907, 478. Der *Ort der Zuwiderhandlung* ist unerheblich, *RG* Gruchot 45, 648, → auch N. 46.

[187] *BayObLG* Recht 1902, 351; beim *Handelsvertreter* → N. 165.

[188] *AG Uetersen* SchlHA 1956, 180.

[189] Bejahend *OLG Dresden* SeuffArch 63, 206.

[190] *OLG Hamburg* OLG Rsp 13, 21; *OLG Naumburg* OLG Rsp 27, 21 → Rdnr. 7. S. aber *OLG Schleswig* NJW 1952, 1018.

Hauptschuld ein Erfüllungsort für die erstere regelmäßig nicht gefolgt werden[191]. Eine für den Fall des Rücktrittes verabredete *Abfindung* stellt eine selbständige Verpflichtung dar[192]. Die *Gewährleistungspflicht* bei Abtretung einer Forderung ist ebenfalls selbständig zu beurteilen[193].

4. Schuldnerwohnsitz

a) (Wohn-)Sitz – gewerbliche Niederlassung

36   In Ermangelung anderweitiger Anhaltspunkte ist nach § 269 Abs. 1 BGB in *letzter Linie* der Erfüllungsort, auch für Geldschulden und für Unterlassungen[194], am **Wohnsitz** (→ § 13 Rdnr. 2 ff.) oder am **Sitz** (der juristischen Person, → § 17 Rdnr. 9) **des Schuldners zur Zeit des Vertragsschlusses** (»der Entstehung des Schuldverhältnisses«) begründet. Falls jedoch die Verbindlichkeit **im Gewerbebetrieb** entstanden ist, gilt nach § 269 Abs. 2 BGB der **Ort der Niederlassung** (→ § 21 Rdnr. 9 ff.) als Erfüllungsort, wenn er *nicht* mit dem Wohnsitz des Schuldners übereinstimmt.

b) Mehrheit von Wohnsitzen

37   Bei einer **Mehrheit von Wohnsitzen** oder gewerblichen Niederlassungen ergeben sich, sofern nicht der Vertragswille auf *einen* dieser Orte hinweist, auch für die einzelne Vertragspflicht **mehrere Erfüllungsorte** und Gerichtsstände[195]. Das gleiche gilt, wenn mehrere Erfüllungsorte zulässigerweise (d. h. mit prozessualer Wirkung → Rdnr. 23) verabredet sind[196] oder wenn der als Erfüllungsort vereinbarte Ort in mehrere Gerichtsbezirke geteilt ist[197].

c) Wechsel des Wohnsitzes oder der Niederlassung

37a   Ein **Wechsel** des **Wohnsitzes**, des **Sitzes** oder der **Niederlassung** des Schuldners **nach Vertragsschluß** (→ Rdnr. 36) **ändert** den Erfüllungsort und damit den Gerichtsstand **nicht**. *Anders* ist es bei denjenigen Gerichtsstandsregelungen, die auf den *Wohnsitz zur Zeit der Klageerhebung* abstellen, wie z. B. *§ 7 Abs. 1 HausTWG* (*Text* → Rdnr. 6) oder bei *§ 36 VVG* (→ Rdnr. 22).

V. Die Prüfung der Zuständigkeit

Die Prüfung des Gerichtsstands des § 29 folgt den allgemeinen Regeln, die hier nicht zu wiederholen sind (→ § 1 Rdnr. 9–31).

38   a) Zur Begründung des Gerichtsstands ist erforderlich, daß der **Kläger Tatsachen vorträgt**, aus denen sich der Erfüllungsort für die streitige Verpflichtung im Bezirk des Gerichts (zu diesem → Rdnr. 3 vor § 12) ergibt. Ob die streitige Verpflichtung wirklich zu erfüllen ist, kommt erst bei der Entscheidung der *Hauptsache* in Betracht; das Bestreiten der Erfüllungs-

---

[191] *RGZ* 34, 17; 71, 59; 73, 262 f.; *RG* JW 1902, 219 f. u. a.; vgl. auch *Schneider* JurBüro 1967, 15; *Gernhuber* (N. 166), 25 f; *Schack* (N. 64) Rdnr. 88. – A. M. *Staub* Gruchot 45, 219 f. S. auch *Reichel* Schuldmitübernahme (1909) 362 ff.

[192] *RGZ* 32, 430; *RG* Gruchot 39, 439 u. a.

[193] *RG* JW 1901, 640.
[194] → N. 178.
[195] *RG* JW 1898, 3.
[196] *BGH* NJW 1983, 996 (Wahlrecht für Kläger); *OLG Dresden* SächsAnn 19, 458 f.
[197] Vgl. *RGZ* 67, 196.

pflicht ist also kein schlüssiges Bestreiten der Zuständigkeit. *Soweit* sich **zuständigkeits- und anspruchsbegründende Tatsachen** decken (**doppelrelevante Tatsachen** → § 1 Rdnr. 21), wird deren Vorliegen **im Rahmen der Zuständigkeitsprüfung unterstellt**[198]; ist dies nicht der Fall, muß gegebenenfalls über die Tatsachen, aus denen sich der Erfüllungsort ergeben soll, **Beweis erhoben** werden, wenn es sich nicht beim Streit um den Erfüllungsort um eine reine *Rechtsfrage* handelt[199].

b) Angesichts der hier (→ Rdnr. 23 ff.) vertretenen prozessualen **Beachtlichkeit einer echten materiell-rechtlichen Vereinbarung des Erfüllungsorts** – im Gegensatz zur bloß *abstrakten* Vereinbarung zwecks Gerichtsstandsbegründung → Rdnr. 23 b – wird der Richter bei Begründetheit eines Erfüllungsverlangens zur Leistung innerhalb des Gerichtsbezirks verurteilen können. Wer allerdings bei den nicht-prorogationsbefugten Personen (→ Rdnr. 23 c) allen Arten von Vereinbarungen über den Erfüllungsort und damit auch der materiell-rechtlich *ernsthaften* Bestimmung des Erfüllungsorts durch die Parteien die prozessuale Beachtlichkeit für die Anwendung des § 29 abspricht, muß *wenigstens im Rahmen der Begründetheitsprüfung* die materiell-rechtlich wirksame Vereinbarung beachten. Das kann zu folgendem Ergebnis führen: Das Gericht muß (obwohl es Gericht des Erfüllungsorts ist) den Beklagten zu einer Leistung an einem *anderen* Ort außerhalb des Gerichtsbezirks verurteilen, weil für das Erbringen der materiell-rechtlich geschuldeten Leistung jetzt doch die Vereinbarung zu beachten ist, so daß der »*prozessuale*« Erfüllungsort anders als der »*materielle*« Erfüllungsort erscheint! Die hier vertretene Meinung vermeidet allerdings solche Ergebnisse. **39**

c) Mehrheit von Ansprüchen

Bei mehreren prozessualen Ansprüchen muß für **jeden die örtliche Zuständigkeit geprüft** werden (→ schon oben Rdnr. 18). Der *eine* zulässige Anspruch begründet nicht auch den Gerichtsstand für *andere* (→ § 1 Rdnr. 24). Bei Unzuständigkeit für *einzelne* Ansprüche erfolgt insoweit **Verweisung** oder **Klageabweisung** (→ § 1 Rdnr. 26). **40**

d) Gespaltene Zuständigkeit – Gerichtsstand des Sachzusammenhangs?

Die auf den Vertragsanspruch abgestellte Zuständigkeit des § 29 kann zu einer **gespaltenen Gerichtszuständigkeit nur für einen Teil der rechtlichen Begründung der Klage (normativer Streitgegenstand)** führen (→ Rdnr. 2 b). Kraft Sachzusammenhangs wird das Gericht aber nicht etwa für die *anderen* Anspruchsgrundlagen (z. B. aus *unerlaubter Handlung* oder aus *Bereicherung*) zuständig[200]. Näher zu diesen Problemen → § 1 Rdnr. 10 und 24 sowie → § 32 Rdnr. 17. **41**

VI. Arbeitsgerichtsbarkeit

1. Örtliche Zuständigkeit

§ 29 gilt auch bei arbeitsgerichtlichen Streitigkeiten. Hierbei kommt es vor allem auf den Erfüllungsort von **Arbeitsverhältnissen** an. Wenn zwar auch hier für den **Lohnzahlungsan-** **42**

---

[198] Unbestritten, z.B. *OLG Celle* OLGZ 1967, 310 (N. 89); *OLG Köln* Rpfleger 1988, 324 (325); *Schumann* FS *Nagel* (1987) 402 (414 ff.); → § 1 Rdnr. 21 und 22 m.w.N.

[199] *Tatfrage* kann z.B. sein, wo der Wohnsitz des Schuldners ist oder ob eine Vereinbarung über den Erfüllungsort (sofern sie zuständigkeitsbegründend ist → Rdnr. 23) getroffen wurde.

[200] *BGH* WM 1980, 825; NJW 1988, 1466 (1467 sub

2 c); *BGH* Warn 1973 Nr. 259 (N. 178) zum umgekehrten Fall: Aus dem Gerichtsstand der *unerlaubten Handlung* des § 32 folgt nicht die Kompetenz, über *positive Forderungsverletzungen* zu entscheiden. *OLG Frankfurt a.M.* ZIP 1982, 1247 f.: Die örtliche Zuständigkeit für Klagen aus *unerlaubter Handlung* begründet nicht zugleich die Zuständigkeit zur Entscheidung über eine *Prospekthaftung wegen Verschuldens bei Vertragsschluß.*

spruch und für die Pflicht zur **Arbeitsleistung** *stets getrennt* nach dem Erfüllungsort gefragt werden muß (→ Rdnr. 16 f.), so decken sich in aller Regel beide Erfüllungsorte im **wirtschaftlichen** und **technischen Mittelpunkt des Arbeitsverhältnisses**[201]; in aller Regel ist also Erfüllungsort für *beide Seiten* der **Ort des Betriebs**, bei **Zweigbetrieben, Außenstellen** oder **Niederlassungen deren Sitz**[202], auch wenn die Arbeitsstelle (z. B. bei Straßenbau, Monteuren) stets außerhalb dieses Sitzes liegt und sich ständig ändert[203]. *Nicht maßgeblich* ist der Sitz der Geschäftsleitung[204], wenn es nicht der Ort der Arbeitsstelle ist. § 29 gilt im übrigen ganz allgemein für die Lohnklagen der arbeitsvertraglich beim *Fiskus* tätigen Arbeiternehmer[205]. Soweit (im Arbeitsvertrag) ein *Erfüllungsort vereinbart* ist und dort auch die Leistung erbracht wird (werden soll), liegt dort der Gerichtsstand (→ Rdnr. 23 ff.); unbeachtlich sind auch hier *abstrakte Vereinbarungen* eines Erfüllungsortes (→ Rdnr. 23 b).

Für Streitigkeiten aus dem **obligatorischen Teil von Tarifverträgen** (→ § 1 Rdnr. 145 ff.) greift ebenfalls § 29 ein[206].

2. Internationale Zuständigkeit in Arbeitsrechtssachen

42 a   § 29 regelt – wie in der Zivilgerichtsbarkeit – auch die Internationale Zuständigkeit der Gerichte für Arbeitssachen. Es gelten daher die nachfolgend dargestellten Grundsätze über die Internationale Zuständigkeit. Für den Bereich des EuGVÜ ergreift **Art. 5 Nr. 1 EuGVÜ** auch die arbeitsvertragsrechtlichen Streitigkeiten (→ Rdnr. 47 und Rdnr. 55).

VII. Internationale Zuständigkeit und EuGVÜ

1. Allgemeine internationale Zuständigkeit

43   Der **Gerichtsstand des § 29** bestimmt in aller Regel zugleich auch die **deutsche internationale Zuständigkeit** (→ Einl. Rdnr. 755 ff.); gibt es in Deutschland *keinen* Erfüllungsort und auch

---

[201] *LAG Nürnberg* BB 1969, 1271; vgl. (zur *Tournee* im Bundesgebiet) *BAG* AP Nr. 5 zu § 38 Internationale Zuständigkeit *(Egon Lorenz)* = IPRsp 1971 Nr. 401 = NJW 2143; *LAG Düsseldorf* RIW/AWD 1984, 651; *Grunsky* ArbGG[7] (1990) § 2 Rdnr. 39 mit Einschränkungen hinsichtlich der Lohnzahlungspflicht; *Schmidt* JuS 1988, 623 f.; a. M. *Krasshöfer-Pidde/Molkenbur* NZA 1988, 236 (238).

[202] Also *nicht* der *Hauptsitz* des Unternehmens oder der *Hauptbetrieb*, vgl. *Süße* AuR 1970, 47; *BGH* ZIP 1985, 157; *LAG Düsseldorf* DB 1981, 1686; *Bengelsdorf* (N. 46) BB 1989, 2390 (2396); ebenso gilt dies für den Anspruch auf *Herausgabe der Arbeitspapiere (LAG Frankfurt a. M.* DB 1984, 2200 f.) und für den *Rückforderungsanspruch bei Überzahlungen (BGH* NJW 1985, 1286 f.).

[203] *Sitz des Betriebes*, von dem aus der Arbeitnehmer bei Arbeitsleistung und ständig wechselnden Orten *ohne festen Bezirk* seine Weisungen erhält: *LAG Rheinland-Pfalz* NZA 1985, 540 [541]; *ArbG Berlin* AuR 1986, 249; a. M. *Krasshöfer-Pidde/Molkenbur* (N. 201) NZA 1988, 236 [238]: Keine Anwendbarkeit des § 29 auf diese Fallgruppe; es verbleibe bei den Gerichtsständen der §§ 17 und 21. Anders dagegen bei Zuweisung eines *bestimmten, fest umrissenen Bezirks:* In dieser Fallgruppe soll ein einheitlicher *Erfüllungsort am Wohnsitz des Arbeitnehmers* bestehen *BAG* NJW-RR 1988, 482 [484]; *BAG* DB 1987,

1742; *ArbG Berlin* AuR 1986, 249; *LAG Frankfurt a. M.* AuR 1983, 348; im Ergebnis ebenso: *Bengelsdorf* (N. 46) BB 1989, 2390 [2397]; *Schmidt* (N. 201) JuS 1988, 623 f.; a. M. *ArbG Regensburg* BB 1989, 634: Erfüllungsort sei das gesamte, vom Reisenden zu betreuende Gebiet, ein Rückgriff auf die Auslegungsregel des § 269 BGB sei daher nicht möglich; der Reisende habe, sofern sich ein Schwerpunkt seiner Tätigkeit nicht ermitteln läßt, nicht die Möglichkeit, unter mehreren, innerhalb des von ihm zu betreuenden Gebiets möglicherweise zuständigen Gerichten eine Wahl zu treffen; *Krasshöfer-Pidde/Molkenbur* (N. 201) NZA 1988, 236 [238]: Erfüllungsorte sollen neben dem Wohnsitz des Arbeitnehmers die Orte der Kundenbetreuung und der Betriebssitz des Arbeitgebers sein. – Sitz des Reiseunternehmens für dessen Fahrer, auch wenn sich dieser dort kaum aufhält, *LAG Bremen* RdA 1962, 48; zum *Heueranspruch* → N. 207.

[204] *ArbG Bonn* MDR 1965, 239 (auch wenn an die Geschäftsleitung immer wieder zu berichten ist und von dort die Weisungen kommen).

[205] Näher *Tappermann* NJW 1973, 2095.

[206] *ArbG Düsseldorf* BB 1968, 793; *LAG Baden-Württemberg* NZA 1988 Beil. 2, 22 ff.; *LAG München* NZA 1988 Beil. 2, 23 ff. = AP Nr. 2; *ArbG Hannover* NZA 1988 Beil. 2, 139 (Streitigkeiten über die tarifvertragliche relative Friedenspflicht).

sonst *keinen* Gerichtsstand, **fehlt es auch an der internationalen Zuständigkeit**[207]. Keine Rolle spielt hierbei die *Staatsangehörigkeit der Parteien*, deren *Wohnsitz* und die Frage, ob das ergehende Urteil im Ausland *anerkannt* wird und *vollstreckt* werden kann. Der **Erfüllungsort wird nach dem angewendeten Recht festgestellt**[208]. **Welches Recht angewendet wird, bestimmt deutsches Kollisionsrecht**[209].

Die internationale Zuständigkeit des Erfüllungsorts kann auch über eine **Vereinbarung zwischen den Parteien** begründet werden. *Unbeachtlich* sind auch hier solche Vereinbarungen zwischen nichtprorogationsbefugten Personen, die materiell-rechtlich nicht ernstlich gemeint sind und sich als bloße Gerichtsstandsvereinbarungen herausstellen (→ Rdnr. 23 b). Die darüber hinausgehende pauschale Ablehnung eines vereinbarten Erfüllungsorts könnte jedoch im internationalen Rechtsverkehr zu unübersehbaren Folgen führen, weil die Verneinung einer (über die Vereinbarung eines Erfüllungsorts begründeten) internationalen Zuständigkeit dem Kläger (sofern nicht andere Gerichtsstände eingreifen) den Rechtsschutz durch deutsche Gerichte nehmen würde (→ Rdnr. 23 a).

Im übrigen müssen in diesem Zusammenhang die besonderen Voraussetzungen für die **internationale Prorogation** (→ § 38 Rdnr. 13 ff.) beachtet werden[210]. Es ist nicht ausgeschlossen, daß eine abstrakte (und für § 29 deshalb *unbeachtliche* → Rdnr. 23 b) Vereinbarung eines Erfüllungsorts als **Gerichtsklausel** im Wege der **Umdeutung** aufrechterhalten werden kann.

2. EuGVÜ

Im Geltungsbereich des EuGVÜ (→ Einl. Rdnr. 787 ff.) wird die **internationale und örtliche**   **44** **Zuständigkeit eigenständig durch das EuGVÜ begründet.** Zur **Wahlfeststellung** bei zweifelhafter Anwendbarkeit des EuGVÜ → Einl. Rdnr. 773, 808 b und → Rdnr. 28 vor § 12.

a) Der Erfüllungsort nach Art. 5 Nr. 1 EuGVÜ

Nach **Art. 5 Nr. 1 EuGVÜ** (*Text* → Einl. Rdnr. 904) kann eine Person, die außerhalb Deutschlands in einem anderen EuGVÜ-Vertragsstaat[211] ihren Wohnsitz[212] hat, im Inland verklagt werden, wenn »ein Vertrag oder Ansprüche aus einem Vertrag den Gegenstand des Verfahrens bilden, **vor dem Gericht, an dem die Verpflichtung erfüllt** worden ist oder zu erfüllen wäre (»*en matière contractuelle, devant le tribunal du lieu où l'obligation qui sert de base à la demande a été ou doit être exécutée*«[213], »in materia contrattuale, davanti al giudice del luogo in cui l'obbligazione dedotta in giudizio è stata o deve essere eseguita«, »ten aanzien van verbintenissen uit overeenkomst: voor het gerecht van de plaats, waar de verbintenis, die

---

[207] So der Fall *BGH* (N. 178); kritisch *Geimer* (N. 178); ähnlich *BAG* AP Nr. 7 Internationales Privatrecht (*Abraham*) = DB 1963, 836 = SAE 217 (*Beitzke*) = RdA 353 = IPRspr 1962/1963 Nr. 51: *Kein Erfüllungsort* für Heueranspruch in Hamburg für Fährschiff zwischen Dänemark und Schweden.
[208] *RG* Warneyer Rsp 6 (1913) Nr. 302; JW 1913, 552; *Stein* Gruchot 28, 414; *Raape/Sturm* Internationales Privatrecht[6] 1 107: »Was Erfüllungsort im Sinn von § 29 ZPO ist, bestimmen die das Schuldverhältnis beherrschenden Sachnormen«; *J. Schröder* Internationale Zuständigkeit (1971) 325 f.; *EuGHE* 1976, 1493 (→ N. 225), *Geimer* WM 1976, 1289 m. w. N. und rechtsvergleichend; *LG Bielefeld* (N. 166) a. a. O.; *OLG Frankfurt a. M.* RIW/AWD 1979, 204. Sehr instruktiv *OLG Hamburg* IPRspr 1976 Nr. 147 S. 427 f. = MDR 1977, 759. Anders (es entscheide die *lex fori*, d. h. deutsches Recht) *Bernstein* RabelsZ 41 (1977) 290 f.; *ders.* FS Ferid (1978) 91, 93 ff.
[209] *Raape* (N. 208) 111 Fußn. 33.
[210] *Wirth* NJW 1978, 460; *Piltz* NJW 1979, 1094.

[211] Zu den Vertragsstaaten der EuGVÜ → Einl. Rdnr. 783; zum zeitlichen Anwendungsbereich → Einl. Rdnr. 784.
[212] Zum *anwendbaren Recht* bei der Feststellung des Wohnsitzes → § 13 Rdnr. 20. Personen, die ihren **Wohnsitz in Luxemburg** haben und vor einem deutschen Gericht aufgrund von Art. 5 Nr. 1 EuGVÜ verklagt werden, können jederzeit die Unzuständigkeit des Gerichts geltend machen, Art. I Abs. 1 S. 1 EuGVÜProt. (*Text* → Einl. Rdnr. 920). Der Beklagte kann sich allerdings auf das Verfahren einlassen; tut er dies nicht, muß sich das Gericht von Amts wegen für international unzuständig erklären, Art. I Abs. 1 S. 2 EuGVÜProt (*Text* → Einl. Rdnr. 920). In solchen Fällen kann deshalb der Beklagte nur vor seinem Heimatgericht verklagt werden.
[213] Dieser Wortlaut wurde durch das Beitrittsabkommen vom 9. X. 1978 (*Text* → Voraufl. dieses Komm. Einl. Rdnr. 943) eingefügt. Die ursprüngliche Fassung lautete: »*en matière contractuelle, devant le tribunal du lieu où l'obligation a été ou droit être exécutée*«.

aan de eis ten grondslag ligt, is uitgevoerd, of moet worden uitgevoerd«[214]) Art. 5 Nr. 1 EuGVÜ regelt *unmittelbar* die **internationale** und die **örtliche** Zuständigkeit und verdrängt deshalb § 29 ersatzlos (→ Einl. Rdnr. 788 sub b). **Gegen einen in einem anderen Vertragsstaat wohnenden Beklagten kann deshalb nur unter den Voraussetzungen des Art. 5 Nr. 1 EuGVÜ im Inland geklagt werden;** nach deutschem Recht wird lediglich dann noch die *sachliche* Zuständigkeit (→ § 1 Rdnr. 34 ff.) bestimmt[215].

45   aa) Art. 5 EuGVÜ enthält **keine ausschließliche Zuständigkeit** (→ Einl. Rdnr. 796). Neben ihm können deshalb nicht nur der allgemeine Wohnsitzgerichtsstand (im Wohnsitzstaat des Beklagten, Art. 2 EuGVÜ, *Text* → Einl. Rdnr. 903) **konkurrierend** eingreifen, sondern auch andere EuGVÜ-Gerichtsstände, z. B. bei *Unterhaltsverträgen* die Zuständigkeit nach Art. 5 Nr. 2 EuGVÜ (→ § 23 a Rdnr. 3), bei in einer *inländischen Niederlassung* geschlossenen Verträgen der Gerichtsstand gemäß Art. 5 Nr. 5 EuGVÜ (→ § 21 Rdnr. 4 ff.).

bb) Verträge über *unbewegliche Sachen* (**Miete** und **Pacht**) finden in Art. 16 Nr. 1 EuGVÜ eine **ausschließliche internationale Zuständigkeit** (→ § 24 Rdnr. 3 f. und § 29 a Rdnr. 23 ff.); dort ist aber keine *örtliche* Zuständigkeit geregelt, so daß **Art. 5 Nr. 1 EuGVÜ von Art. 16 EuGVÜ** nur in seiner *international-prozeßrechtlichen* Funktion **verdrängt** wird und deshalb die *örtliche* Zuständigkeit herstellen kann, wenn die unbewegliche Sache innerhalb Deutschlands belegen ist.

Für **Versicherungssachen** und **Verbrauchersachen** enthält das EuGVÜ Sondervorschriften (→ Rdnr. 56 und 57); für **Berge- und Hilfslohn** ebenfalls (→ Rdnr. 59). Zu Streitfällen auf **dänischen, griechischen** oder **irischen Schiffen** → Rdnr. 61.

46   cc) Art. 5 Nr. 1 EuGVÜ ist – wie § 29 – als Zuständigkeit des **Erfüllungsorts** angelegt. Einen *Gerichtsstand des Vertragsschlusses* (ein *forum contractus* Rdnr. 1 a. E.) schafft er – im Gegensatz zu anderen Prozeßrechtsordnungen – absichtlich nicht[216].

47   dd) Art. 5 Nr. 1 EuGVÜ gibt die Zuständigkeit **für alle Arten von Verträgen**[217], sofern sie nur als *Zivil-* oder *Handelssache* (Art. 1 EuGVÜ, → Einl. Rdnr. 787) anzusehen sind und sofern nicht der Ausnahmekatalog von Art. 1 Abs. 2 EuGVÜ (*Text* → Einl. Rdnr. 901) eingreift. Unter die Zuständigkeitsregelung des Art. 5 Nr. 1 EuGVÜ fallen deshalb auch **arbeitsrechtliche** Verträge[218]. Die *Neufassung* des Art. 5 Nr. 1 EuGVÜ stellt dies ausdrücklich klar (→ Einl. Rdnr. 793 sub aa). Zum Erfüllungsort → Rdnr. 55.

48   ee) Art. 5 Nr. 1 EuGVÜ eröffnet die **Zuständigkeit nur für die gerade im Streit befindliche vertragliche Verpflichtung** (ebenso wie § 29)[219]. Er ist also weder ein *Gerichtsstand des*

---

[214] Dieser Wortlaut wurde durch das Beitrittsabkommen vom 9. X. 1978 (*Text* → Voraufl. dieses Komm. Einl. Rdnr. 943) eingefügt. Die ursprüngliche Fassung lautete: »ten aanzien van verbinternissen uit overeenkomst: voor het gerecht van de plaats, waar de verbintenis is uitgevoerd of moet worden uitgevoerd«.

[215] Besonderheiten enthält der durch Art. 29 des Beitrittsabkommens vom 9. X. 1978 (*Text* → Voraufl. dieses Komm. Einl. Rdnr. 967) eingefügte Art. V b des EuGVÜ-Prot. (*Text* → Einl. Rdnr. 920). Er betrifft **Streitigkeiten** zwischen dem Kapitän und einem Mannschaftsmitglied auf **dänischen, griechischen** und **irischen Schiffen**, → Rdnr. 59.

[216] Bericht zum EuGVÜ (→ Einl. Rdnr. 784 N. 7) zu Art. 5, unbestritten.

[217] Zahlungsansprüche, die ihre Grundlage in einem *vereinsrechtlichen Mitgliedschaftsverhältnis* haben, fallen ebenso unter Art. 5 Nr. 1 EuGVÜ, *EuGHE* 1983, 987 (*Peters ./. ZNAV*) = RIW 1983, 871 = IPrax 1984, 85, 65 (Anm. *Schlosser*) = Rev. crit. 1983, 663 (Anm. *Gaudemet-Tallon*) wie *Provisionsansprüche* aus einem *Handelsvertretervertrag*, *EuGHE* 1988, 1539 = (*Arcado ./.*

S. A. Haviland) = NJW 1989, 1424 = RIW 1988, 987 mit Anm. *Schlosser* in RIW 1989, 139 = IPrax 1989, 227 207 (Anm. *Mezger*) = Rev. Crit. 1988, 610 (Anm. *Gaudemet-Tallon*).

[218] Bericht a. a. O., unbestritten, vgl. *BAG* AP Art. 5 Brüsseler Abkommen Nr. 1 sub B I 2 mit Anm. *J. Schröder*; *EuGHE* 1979, 3423 (3429) sowie z. B. *Beitzke* RIW/AWD 1976, 9 f., *Mezger* RIW/AWD 1976, 345; näher → Einl. Rdnr. 793 sub aa).

[219] *EuGHE* 76, 1497 (*Bloos ./. Bouyer*) = NJW 1977, 490 (*Geimer*) = RIW/AWD 42 (*Linke*); *Spellenberg* ZZP 91 (1978) 39; *LG Köln* RIW/AWD 1979, 128. Bestätigt durch *EuGHE* 1987, 239 ff. (*Shenavai ./. Kreischer*) = NJW 1987, 1131 (Anm. *Geimer*) = RIW 213 = IPrax 366 [346] (Anm. *Mezger*) = Rev. crit. 797 (Anm. *Droz*). In diesem Verfahren hat der Gerichtshof auch klargestellt, daß das Abstellen auf die vertragstypische Leistung in *EuGHE* 1982, 1891 (*Ivenel ./. Schwab*) = RIW 1982, 908 = IPrax 1983, 173, 153 (Anm. *Mezger*) = Rev. crit. 1983, 116 (Anm. *Gaudemet-Tallon*) nur einen Ausnahmefall darstellte und er weiterhin an dem Grundsatz der Entscheidung *Bloos ./. Bouyer* festhalte.

Vertragszusammenhangs noch des *Vertragsschwerpunktes*: Als ein breiter Gerichtsstand des *Vertragszusammenhangs*, bei dem der Erfüllungsort für *irgendeine* vertragliche Verpflichtung die Kompetenz für *alle* vertraglichen Ansprüche begründet, selbst wenn die streitige Verpflichtung dort nicht zu erfüllen ist[220], kommt er nicht in Betracht. Andererseits ist er aber auch nicht ein *Forum des Vertragsschwergewichts*[221], das nur im *Schwerpunkt* des Vertrags vorliegt und wo dann sämtliche vertraglichen Auseinandersetzungen abgewickelt werden müssen, selbst wenn ihr Erfüllungsort anderswo liegt. Bei Ansprüchen wegen der **Verletzung von Vertragspflichten** (z. B. bei Schadensersatzansprüchen aus schuldhafter Vertragsverletzung) ist entscheidend, **wo die** angeblich verletzte **Vertragspflicht** hätte **erfüllt** werden müssen[222].

ff) Der in Art. 5 Nr. 1 EuGVÜ genannte »Ort, an dem die Verpflichtung« zu erfüllen ist,   **49** kann **auch durch Vereinbarung** begründet werden (→ Rdnr. 43 und 23 ff.). Eine Regelung wie in § 29 Abs. 2 enthält Art. 5 Nr. 1 EuGVÜ nicht; auch ermöglicht das EuGVÜ großzügiger als das deutsche Prozeßrecht Zuständigkeitsvereinbarungen in Art. 17 (*Text* → Einl. Rdnr. 908, näher → § 38 Rdnr. 20 ff.).

Wie im nationalen Recht besteht allerdings auch beim EuGVÜ die Gefahr, daß die in Art. 17 EuGVÜ enthaltenen Voraussetzungen für eine Zuständigkeitsvereinbarung durch Vereinbarungen von bloß »abstrakten« Erfüllungsorten umgangen werden (→ Rdnr. 23b). Art. 5 Nr. 1 EuGVÜ will aber einen Gerichtsstand dort schaffen, wo tatsächlich erfüllt wird. Deshalb begründen, wie bei § 29, bloß **»abstrakte Erfüllungsortsvereinbarungen« keinen Erfüllungsort**[223]. Vielmehr muß der vereinbarte Erfüllungsort auch *tatsächlich als Leistungsort* gewollt sein. Wenn dieses Erfordernis vorliegt, dann ist es allerdings nicht notwendig, daß die Vereinbarung auch dem Art. 17 EuGVÜ entspricht[224].

gg) Art. 5 Nr. 1 EuGVÜ betrifft **nur vertragliche Ansprüche, nicht** auch Streitfälle aus   **50** **unerlaubten Handlungen**; dies ergibt (abgesehen von der wörtlichen Interpretation) bereits die in Art. 5 Nr. 3 EuGVÜ (*Text* → Einl. Rdnr. 904) geschaffene gesonderte Zuständigkeit für deliktische Ansprüche (→ § 32 Rdnr. 5).

Diese säuberliche Trennung des Vertrags- und des Deliktsgerichtsstands im EuGVÜ darf aber nicht   **51** darüber hinwegtäuschen, daß sie für die Anwendung des Übereinkommens sehr schwierige Probleme mit sich bringt. Die hier entwickelte Kommentierung befürwortet zwar eine **europarechtliche (»autonome«) Interpretation des EuGVÜ** (→ Einl. Rdnr. 786), es ist aber dargelegt worden, weshalb eine solch autonome Qualifikation der Begriffe von »Vertrag« und »Delikt« derzeit kaum möglich erscheint. Vielmehr erscheint es richtig, daß der angerufene Richter aufgrund seines Internationalen Privatrechts (→ Rdnr. 43) das maßgebende Sachrecht ermittelt, nach dessen Grundsätzen er dann den behaupteten Anspruch als vertraglich oder deliktisch qualifiziert[225].

---

[220] So allerdings *Weser* Conention communautaire sur la compétence judiciaire et l'exécution des décisions (Brüssel-Paris 1975) Nr. 221 (S. 248 m. w. N.); vgl. *Grunsky* RIW/AWD 1977, 5 und allgemein *Schröder* (N. 208) 327 ff.; *Spellenberg* (N. 219) a. a. O. 58.

[221] So aber *Linke* (N. 219) a. a. O. und *Linke* in *Bülow/Böckstiegel/Geimer/Schütze* Der Internationale Rechtsverkehr Nr. 606 Art. 5 EuGVÜ Anm. I 3 b) aa), der auf die »vertragstypische Leistung« abstellt. Vgl. auch *Piltz* NJW 1979, 1074, der vom »primären« Hauptleistungsanspruch des Klägers ausgeht, unter Berufung auf *EuGHE* (N. 219).

[222] *EuGHE* (N. 219) a. a. O.

[223] Vgl. *Spellenberg* (N. 219) a. a. O. 61 f.; *Grüter* DB 1978, 384; *LG Mainz* IPRsp 1976 Nr. 130 (S. 379).

[224] So jedoch *Grunsky* (N. 220) a. a. O. und *Samtleben* NJW 1974, 1591. Auch *Baumgärtel* Festschr. für *Kegel* (1977) 302 verlangt für Art. 5 Nr. 1 EuGVÜ den Formzwang des Art. 17 Abs. 1 EuGVÜ, wenn durch die Vereinbarung die konkrete internationale Zuständigkeit der Ge-

richte des Erfüllungsorts begründet werden soll. Ebenso *OLG München* RIW/AWD 1978, 119 mit Anm. *Mezger* 334. Diese Ansicht führt bei ernstgemeinter (und von den Parteien vollzogener) Bestimmung des Erfüllungsorts zu einem *Auseinanderklaffen des tatsächlichen vom prozessual (nicht) anerkannten Erfüllungsort*; nicht einmal unter § 29 Abs. 2 wird dies für richtig gehalten (→ Rdnr. 23 ff.). Zutreffend ist deshalb die Bejahung der Möglichkeit der Vereinbarung eines Erfüllungsorts bei *v. Hoffmann* AWD 1973, 61; *OLG Braunschweig* AWD 1974, 346; *BGH* RIW/AWD 1978, 475; *EuGH* NJW 1980, 1218 (*Zelger ./. Salinitri*), ohne daß die Vorschriften des Art. 17 EuGVÜ eingehalten werden müssen.

[225] → N. 127. Vgl. auch *Geimer* WM 1976, 1289; *EuGHE* 1976, 1473 (*Industrie Tessili ./. Dunlop*) = NJW 1977, 491 = RIW/AWD 40 (*Linke*). Zu Unrecht für eine autonome Qualifikation des Erfüllungsortsbegriffs *OLG Oldenburg* WM 1976, 1288 (*Geimer*) = NJW 1043 = NdsRpfl 154.

52   Beispiel: Dem deutschen Richter wird ein *deutsch-französischer* Streitfall unterbreitet (der Beklagte hat seinen Wohnsitz in Frankreich). Zunächst stellt der deutsche Richter aufgrund des *deutschen* IPR fest, welches materielle Recht anzuwenden ist. Wenn dies französisches Recht ist, muß er nunmehr fragen, ob der behauptete vertragliche Anspruch nach dem *französischen* Zivilrecht als *Vertragsanspruch* zu qualifizieren ist. Hier kann er zu Ergebnissen kommen, die mit dem deutschen bürgerlichen Recht nicht übereinstimmen, etwa bei vor- oder bei nachvertraglichen Verletzungen (z. B. *culpa in contrahendo*). Wenn nämlich das französische Recht in einem solchen Fall den geltend gemachten Anspruch als »deliktisch« einordnet[226], muß der deutsche Richter dieser Qualifikation folgen, d. h. er kann seine internationale und seine örtliche Zuständigkeit *nicht über Art. 5 Nr. 1 EuGVÜ begründen*; denn der Kläger macht einen nach dem maßgebenden Sachrecht *nicht als Vertragsanspruch* zu qualifizierenden Anspruch geltend. (Ob dieser deutsche Richter dann über Art. 5 Nr. 3 EuGVÜ, → § 32 Rdnr. 5, berufen ist, ob er an einen anderen deutschen Richter verweisen kann oder Prozeßabweisung vorzunehmen hat, sind dann Folgefragen.)

Umgekehrt ist die Rechtslage, wenn der deutsche Richter im vorliegenden Fall über die Anwendung des deutschen IPR zum Ergebnis gelangt, daß *deutsches* Sachrecht maßgeblich ist. Dann kann er die zu § 29 entwickelte Qualifizierung von Ansprüchen als »vertraglich« vornehmen und auch dann seine Zuständigkeit aus Art. 5 Nr. 1 EuGVÜ bejahen, wenn das ausländische Recht in einem solchen Fall von einem »*deliktischen*« Anspruch reden würde.

53   hh) Die soeben entwickelten Grundsätze gelten in derselben Weise bei der **Ermittlung desjenigen Ortes**, der als »Ort, an dem die Verpflichtung erfüllt worden ist oder zu erfüllen wäre«, zu qualifizieren ist. Dieser Ort wird, wie auch sonst (→ Rdnr. 43), nach dem maßgebenden *Sachrecht* ermittelt; dieses seinerseits wird aufgrund des gerichtseigenen IPR festgestellt[227].

54   ii) Bei aus Vertrag abgeleiteten **Schadensersatz-** oder vergleichbaren **Ansprüchen wegen Nichterfüllung** oder nicht gehöriger Erfüllung der Vertragspflicht entscheidet ebenfalls das *auf den Vertrag anzuwendende materielle Recht*, ob der Erfüllungsort dort besteht, wo die vertragliche Verpflichtung hätte ordnungsgemäß erfüllt werden müssen, oder ob hierfür ein selbständiger Erfüllungsort vorhanden ist[228].

b) Arbeitsrechtsstreitigkeiten

55   Die Neufassung von Art. 5 Nr. 1 EuGVÜ (→ Rdnr. 47 m. w. N.) hat nicht nur klargestellt, daß unter die Vorschrift auch arbeitsvertragliche Streitigkeiten gehören. Sie hat ferner die Rechtsprechung des EuGH kodifiziert, der für den Bereich des Arbeitsrechts von einem *einheitlichen Erfüllungsort* und damit von einem einheitlichen Gerichtsstand ausgeht[229]. **Örtlich zuständig** in Streitigkeiten, »wenn ein individueller Arbeitsvertrag oder Ansprüche aus einem individuellen Arbeitsvertrag« (*Text* des Art. 5 Nr. 1 EuGVÜ → Einl. Rdnr. 904) den Streitgegenstand bilden, ist das **Gericht des Ortes**, an dem der Arbeitnehmer »**gewöhnlich seine Arbeit verrichtet**«, d. h. grundsätzlich der **Betriebssitz**[230], mag es sich aus der Sicht des Unternehmens auch um einen *Zweig-* oder *Nebenbetrieb*, eine *Zweigstelle*, *Filiale* oder *Außenstelle* handeln. Fehlt ein solcher Ort, wird man den Gerichtsstand nach ähnlichen Kriterien zu bestimmen haben, wie dies in solchen Fällen innerstaatlich geschieht (→ Rdnr. 42). Für[231] den **grenzüberschreitenden Arbeitnehmer**[232] enthält das EuGVÜ einen

---

[226] Hierzu z. B. *Ferid* Französisches Zivilrecht 1 (1971) Rdnr. 1 E 106, Rdnr. 2 B 7 a, 2 C 3, Rdnr. 2 E 37, 41; *Sonnenberger* Einführung in das französische Recht (1972) Nr. 32; *Spellenberg* (N. 219) 42; *Nickl* Die Qualifikation der culpa in contrahendo im Internationalen Privatrecht (1992), S. 45 f.

[227] Vgl. *EuGH* in *Bloos ./. Bouyer* (N. 219); *BAG* (N. 218) sub B V 1. Bei Anwendbarkeit des Einheitlichen Kaufrechts (EKG → Rdnr. 22) *LG Landshut* RIW/AWD

1977, 427 (*Magnus* 429); *OLG Stuttgart* RIW/AWD 1978, 545.

[228] Zutreffend *EuGH* in *Bloos ./. Bouyer* (N. 219).

[229] *EuGHE* (N. 218); vgl. hierzu auch *J. Schröder* (N. 218 m. w. N.).

[230] Zur entsprechenden Regelung im innerstaatlichen Recht → Rdnr. 42.

[231] Nicht aber für Klagen *gegen* den Arbeitnehmer.

[232] Wer »seine Arbeit gewöhnlich nicht in ein und

zusätzlichen Gerichtsstand an dem Ort, »in dem sich die **Niederlassung, die den Arbeitneh-mer eingestellt** hat, befindet».

c) Verbrauchersachen

Art. 13 bis 15 EuGVÜ (*Text* → Einl. Rdnr. 906) enthalten eingehende Bestimmungen über die Zuständigkeiten in Verbrauchersachen; sie verdrängen entgegenstehende Vorschriften auch des EuGVÜ. Die Regelungen präzisieren und verstärken gegenüber dem früheren Recht den Schutz des Endverbrauchers[233]. Als »Verbraucher« gilt **nur der private Endverbrau-cher**[234], also die Person, die einen Vertrag nicht wegen ihrer beruflichen oder gewerblichen Tätigkeit abgeschlossen hat (vgl. auch die insoweit inhaltsgleiche Regelung in Art. 29 EGBGB). Erfaßt wird vor allem der **Teilzahlungskauf beweglicher Sachen** (Art. 13 Abs. 1 Nr. 1 EuGVÜ) sowie damit zusammenhängende **Kreditgeschäfte** (Art. 13 Abs. 1 Nr. 2 EuG-VÜ), darüber hinaus ergreift das EuGVÜ aber auch andere **Verträge auf Dienstleistung**[235] oder auf **Lieferung beweglicher Sachen**, sofern ein inländisches Angebot oder eine inländi-sche Werbung voran ging und der Verbraucher im Inland gehandelt hat (Art. 13 Abs. 1 Nr. 3 Buchstaben a) und b) EuGVÜ). Betrifft der Vertrag diese in Art. 13 Abs. 1 Nr. 1 bis 3 EuGVÜ genannten Gegenstände, dann hat der **Verbraucher** die **Wahl**, seine Vertragspartei in deren Wohnsitzstaat[236] *oder* in seinem eigenen Wohnsitzstaat zu verklagen (Art. 14 Abs. 1 EuG-VÜ); die Vertragspartei kann jedoch **den Verbraucher nur in seinem eigenen Wohnsitzstaat verklagen** (Art. 14 Abs. 2 EuGVÜ), so daß deutsche Gerichte in Verbrauchersachen **unzustän-dig sind**, wenn **der beklagte Verbraucher in einem anderen EuGVÜ-Staat wohnt**. Art. 14 Abs. 1 und 2 EuGVÜ regelt *nur* die *internationale* Zuständigkeit; die örtliche Zuständigkeit ergibt sich aus allgemeinen Voschriften, etwa aus Art. 5 Nr. 1 EuGVÜ.

     56

d) Versicherungssachen

Noch eingehender als bei den Verbrauchersachen nimmt sich das EuGVÜ der Versiche-rungsstreitigkeiten an, nicht zuletzt seit dem Beitritt des Vereinigten Königreiches, das eine beherrschende Stellung im Versicherungsmarkt besitzt und deshalb die jetzige Regelung anläßlich seines Beitritts ausgehandelt hat[237]. **Art. 7 bis 12 a EuGVÜ** (*Text* → Einl. Rdnr. 905) erfassen die Materie, ohne das schon bei den Verbrauchersachen (→ Rdnr. 56) erwähnte System zu verlassen, zwischen **Klagen des Versicherten** (Versicherungsnehmers) (Art. 8, 9 und 10 EuGVÜ) und **Klagen des Versicherers** (der Versicherung) (Art. 11 EuGVÜ) deutlich **zu unterscheiden**, so daß auch in Versicherungssachen grundsätzlich die **deutschen Gerichte unzuständig sind**, wenn die **Versicherung gegen den im EuGVÜ-Ausland wohnenden Versi-cherten** klagt.

     56

---

demselben Staat« verrichtet (Art. 5 Nr. 1 a. E. EuGVÜ, *Text* → Einl. Rdnr. 904).

[233] Hierzu *Schlosser-Bericht* (Einl. Rdnr. 784) a.a.O. Rdnr. 153 ff.

[234] *EuGHE* 1978, 1431 (*Société Bertrand ./. Ott KG*) = RIW/AWD 685, hierzu auch *Schlosser-Bericht* a.a.O. Rdnr. 153.

[235] *Beförderungsverträge* fallen nicht unter die Rege-lung (Art. 13 Abs. 3 EuGVÜ).

[236] Hat die Vertragspartei keinen EuGVÜ-(Wohn)Sitz, dann greift Art. 13 Abs. 2 EuGVÜ ein: Wo sie ihre Zweig-niederlassung, Agentur oder sonstige Niederlassung hat, wird sie bei Streitigkeiten aus deren Betrieb so behandelt, als ob sie dort ihren Sitz habe.

[237] Hierzu *Schlosser-Bericht* a.a.O. Rdnr. 136 ff.

e) Trust-Streitigkeiten

58   Art. 5 Nr. 6 EuGVÜ (*Text* → Einl. Rdnr. 904) regelt die Zuständigkeit in Trust-Streitigkeiten. Näher hierzu → § 17 Rdnr. 7 a.

f) Berge- und Hilfslohn

59   Art. 5 Nr. 7 EuGVÜ (*Text* → Einl. Rdnr. 943) gewährt eine (zusätzliche) Zuständigkeit für Berge- und Hilfslohnforderungen bei dem Gericht, bei dem die Ladung oder die Frachtforderung mit Arrest belegt wurde. Ohne eine solche Beschlagnahme bleibt es bei den üblichen Gerichtsständen.

g) Seerechtliche Haftungsbeschränkung

60   Art. 6 a EuGVÜ (*Text* → Einl. Rdnr. 904) öffnet den Gerichtsstand, sofern er nach dem EuGVÜ für eine seerechtliche Haftung besteht, auch für Klagen auf Beschränkung dieser Haftung. Dieser *Zusammenhangsgerichtsstand* wird zwar meist bei unerlaubten Handlungen eingreifen[238], kann aber auch bei vertraglicher Haftung bedeutsam sein.

h) Heuerstreitigkeiten auf dänischen, griechischen, irischen Schiffen

61   Für Streitigkeiten zwischen Kapitän und Mannschaft auf **dänischen, griechischen** und **irischen Schiffen** über *Heuer* oder sonstige *Arbeitsrechtsfragen* sieht **Art. V b EuGVÜ-Prot.** (*Text* → Einl. Rdnr. 920) besondere verfahrensrechtliche Vorschriften vor, die das Gericht vom Amts wegen beachten muß[239]. Das Gericht hat sich, sofern die in Art. V b EuGVÜ-Prot. genannten Voraussetzungen vorliegen, für unzuständig zu erklären[240].

§ 29 a   [Ausschließlicher Gerichtsstand bei Prozessen über Räume]

(1) ¹Für Streitigkeiten über Ansprüche aus Miet- oder Pachtverhältnissen über Räume oder über das Bestehen solcher Verhältnisse ist das Gericht ausschließlich zuständig, in dessen Bezirk sich die Räume befinden.

(2) Absatz 1 ist nicht anzuwenden, wenn es sich um Wohnraum der in § 556 a Abs. 8 des Bürgerlichen Gesetzbuchs genannten Art handelt.

Gesetzesgeschichte: Eingefügt durch 3. MietRÄndG vom 21. XII. 1957, BGBl. I 1248, → Einl. Rdnr. 150 Nr. 15. § 29 a trat am 1. I. 1968 in den meisten Teilen der Bundesrepublik (in den sog. »weißen Kreisen«, hierzu 19. Aufl., § 93 b I 3) in Kraft. Abs. 1 neu gefaßt durch Art. 1 Nr. 2 RPflEntlastungsG vom 11. I. 1993 (BGBl. I 50) (→ Einl. Rdnr. 165); in Kraft seit 1. III. 1993.

Stichwortverzeichnis → Gerichtsstandsschlüssel Rdnr. 40 vor § 12.

---

[238] Näher → § 32 N. 7.
[239] Vgl. *Schlosser-Bericht* (→ Einl. Rdnr. 784 N. 11) Rdnr. 132.

[240] → auch N. 215.

I. Zweck und Inhalt der Vorschrift

1. Die Neufassung des § 29 a

Die Neufassung des § 29 a durch das Entlastungsgesetz (→ Einl. Rdnr. 165) hat die frühere **1** Systemwidrigkeit[1] *beseitigt*, im Rahmen des Gerichtsstandsrechts *zugleich auch die sachliche Zuständigkeit* [des Amtsgerichts] zu bestimmen[2]. In seiner neuen Fassung regelt § 29 a **lediglich die örtliche Zuständigkeit**, jetzt allerdings **nicht nur** [wie bisher] **für Wohnraum**, sondern **auch für Geschäftsräume** und auch für die **Pacht von Räumen** (→ auch Rdnr. 13 a). Der Bereich des § 29 a wurde auf diese Weise erheblich **an die Regelung des Art. 16 Nr. 1 EuGVÜ** angeglichen, der ebenfalls sowohl Miete und Pacht betrifft und nicht zwischen Wohn- und Geschäftsräumen unterscheidet (→ Rdnr. 27 und 29). Beibehalten hat der Gesetzgeber die **Ausschließlichkeit des Gerichtsstandes**. Sie verhindert die Prorogation (§ 40 Abs. 2 Satz 1)

---

[1] Voraufl. dieses Komm. N. 4.
[2] Zum alten Rechtszustand → Voraufl. dieses Komm. Rdnr. 1 und 22; zur Entstehungsgeschichte des früheren § 29 a → Voraufl. N. 1 und 2. – Die Neufassung gilt seit 1.

III. 1993 und gemäß Art. 14 Abs. 2 EntlastungsG nur für Verfahren, die später bei Gericht anhängig geworden sind. Für die früheren Prozesse gelten die alten Zuständigkeitsvorschriften.

eines anderen Gerichts[3] sowie die Begründung der gerichtlichen Zuständigkeit durch rügeloses Einlassen (§ 40 Abs. 2 Satz 2, → § 40 Rdnr. 4). Damit wird sichergestellt, daß **alle Streitigkeiten über die Miete und Pacht von Räumen** stets an einem **ortsnahen Gericht** stattfinden. Wenn vielfach auch über den Gerichtsstand des § 29 solche Streitigkeiten am Miet- oder Pachtort durchgeführt werden können (→ § 29 Rdnr. 31), so verhindert § 29 a den Prozeß vor einem anderen Gericht und konzentriert damit **alle Miet- und Pachtprozesse derselben Gegend bei dem dortigen Amts- bzw. Landgericht.** Die Ortsnähe des Gerichts ist schon wegen der regionalen Besonderheiten im Miet- und Pachtrecht von Bedeutung[4] und erscheint unverzichtbar, wenn die ortsübliche Vergleichsmiete[5] ermittelt werden muß. § 29 a entspringt für die Wohnraummiete vor allem auch dem Schutzgedanken des sozialen Mietprozeßrechts (→ Einl. Rdnr. 520), den Mietprozeß **am Wohnort des Mieters** zu führen.

2. Wohnraum: Ausschließliche örtliche und sachliche Zuständigkeit des Amtsgerichts

1a   Die Änderung des § 29 a hat **für den Wohnraummietstreit** im Ergebnis **keine Änderung** gebracht. Die **ausschließliche sachliche Zuständigkeit (des Amtsgerichts)** ist erhalten geblieben, wird jedoch jetzt in zutreffender Weise[6] durch § 23 Nr. 2 Buchst. a GVG (→ § 1 Rdnr. 50) angeordnet. Die ausschließliche *sachliche* Zuständigkeit des Amtsgerichts verbindet die Ortsnähe dieses Gerichts mit der **Sachnähe** des Spruchkörpers in mietrechtlichen Streitigkeiten. Der auf diese Weise **nur zweistufige Prozeß** (gegen das Urteil des AG gibt es *nur* Berufung zum LG, das endgültig enscheidet) garantiert ferner eine **kürzere Verfahrensdauer.** Diese gesetzgeberischen Maßnahmen werden flankiert durch § 1025 a, der für einen wichtigen Teil der in § 29 a genannten Streitfälle auch die **Schiedsgerichtsbarkeit ausschließt** und insoweit eine Verdrängung des § 29 a verhindert (→ § 1025 a Rdnr. 1).

2   2. Die **Einheitlichkeit der Rechtsprechung** auf dem Gebiet des Mietrechts wird dadurch gesichert, daß gleichzeitig mit § 29 a das Prozeßinstitut des **Rechtsentscheids in Mietsachen** (→ Einl. Rdnr. 189 m. w. N.) eingeführt worden ist. Zwar bleibt es bei der Zweistufigkeit des Mietrechtsprozesses (→ Rdnr. 1), doch hat das LG eine **Rechtsfrage aus dem Bereich der Sozialklausel** (§§ 556 a, b, c BGB) **an das OLG vorzulegen,** wenn es von einer Entscheidung des BGH oder eines OLG abweichen will oder wenn die Rechtsfrage von grundsätzlicher Bedeutung ist und sie durch **Rechtsentscheid noch nicht beantwortet wurde** (→ näher § 541).

3. Geschäftsraum: Nur ausschließlicher Gerichtsstand

3   3. Eine entsprechende Regelung einer ausschließlich *sachlichen* Zuständigkeit wie beim Wohnraumprozeß (→ Rdnr. 1 a) für **Streitigkeiten über Geschäftsräume** besteht nicht, so daß es insoweit auch hier beim alten Rechtszustand bleibt: Für diese Streitigkeiten richtet sich die sachliche Zuständigkeit **allein nach dem Streitwert** (→ § 1 Rdnr. 50 a). Nur hinsichtlich des *Gerichtsstandes* ist die Ausschließlichkeit des § 29 a zu beachten.

---

[3] Auch die in früheren Mietverträgen (vor dem Inkrafttreten des § 29 a vereinbarten Gerichtsstandsklauseln sind unwirksam, vgl. *Hummel* ZMR 1968, 98.

[4] So hängt das Ausmaß der Gebrauchsgewährungspflicht des Vermieters z. B. auch von der »Ortssitte« (*MünchKommBGB-Voelskow*[2] §§ 535, 536 Rdnr. 48) ab. Der Umfang seiner Pflicht zu Schönheitsreparaturen wird auch von der Üblichkeit »innerhalb des jeweiligen Wohnquartiers« (*Sternel* Mietrecht[3] [1988] Rdnr. II 44) beeinflußt.

[5] § 2 Abs. 1 Nr. 2 MiethöheG (*Vergleichsmiete*) und § 2 Abs. 5 MiethöheG (*Mietspiegel der Gemeinde*); vgl. *Sternel* (Fn. 4) Rdnr. III 548, 560 ff., 658 ff.

[6] Zur früheren Systemwidrigkeit → Fn. 1.

4. Unterscheidung zwischen Wohn- und Geschäftsraum

Die Unterscheidung zwischen Wohn- und Geschäftsraumstreitigkeiten ist daher auch wei- **3a**
terhin für das Zuständigkeitsrecht wichtig, stellt aber *nur noch ein Problem der sachlichen
Zuständigkeit* dar. Im Zivilprozeß hat die Unterscheidung im übrigen auch außerhalb des
Zuständigkeitsrechts eine große Bedeutung, etwa in § 93 b, § 541, § 708 Nr. 7, § 721, § 794 a,
§ 940 a, § 1025 a sowie in § 16 Abs. 3, 4 und 5 GKG und in § 149 ZVG. Die nachfolgenden
Ausführungen gelten daher auch für die Interpretation dieser Vorschriften.

II. Streitigkeiten »über Räume«
(Bebaute Grundstücke, Wohnräume, Geschäftsräume)

1. Der Begriff des Raumes

1. Die Neufassung des § 29 a spricht von Streitigkeiten »über Räume«. Unter »Raum« ist **4**
ein durch Boden, Wände und Decke hergestelltes Bauwerk oder dessen Teil zu verstehen, das
zum Aufenthalt von Menschen, zur Lagerung von Sachen oder zum Unterbringen von Tieren
dient[7]. Obwohl das BGB zwischen der Grundstücksmiete und der Miete von Räumen trennt
(vgl. § 580 BGB), sind nicht etwa vom Bereich des § 29 a Mietprozesse um **bebaute Grundstücke** ausgeschlossen. Umgekehrt greift § 29 a nicht ein, wenn der Prozeß nicht um einen
»Raum« geht, mag das streitige Objekt auch ein Grundstück betreffen: *Außen-(Reklame-)
flächen von Gebäuden, Vitrinen in einer Passage, Schaukästen, Automaten an der Haus-
wand, unbebautes Land, Parkplatzflächen.* Der Streit um derartige Mietobjekte kann allerdings unter § 29 a fallen, wenn er **mit der Überlassung von Räumen zusammenhängt** (→
Rdnr. 9). So gehört zu § 29 a auch der Streit über den *Garten* des vermieteten Hauses, den
Pkw-Einstellplatz des Mieters oder über die *Hof-, Abstell-, Lagerflächen für den gewerblichen Mieter.*

2. Wohnraum – Geschäftsraum

a) Der Begriff des Wohnraums   **4**

Wohnraum ist ein zum Aufenthalt von Menschen bestimmter Raum. *Zweck des Aufent-
halts* muß die **private Nutzung zum Wohnen** sein (»essen, schlafen, kochen«). Ob die
Wohnung regelmäßig oder nur zeitweise (*Zweitwohnung*) benutzt wird, spielt keine Rolle.
Entscheidend ist der **Wohnzweck** (auf ihn stellt z. B. auch § 257 ab [→ dort Rdnr. 9]); auf den
Rechtsgrund kommt es nicht an (→ § 721 Rdnr. 6). Der Begriff des »Wohnraums« ist in erster
Linie dem *materiellen Recht* zu entnehmen. Die prozessuale Praxis wird sich also im allgemeinen an die Auslegungsergebnisse zum BGB halten. In Randbereichen des Begriffs kann es
aber zu andersartigen Einordnungen kommen, insbesondere wenn die prozessuale Schutzbedürftigkeit des Mieters die ausschließliche sachliche Zuständigkeit des Amtsgerichts erfordert. Läßt sich *nicht klären*, ob der Raum geschäftlichen oder privaten Zwecken dient, ist er
als Wohnraum anzusehen[8]; dies ist vor allem bei Mischmietverhältnissen von Bedeutung (→
näher Rdnr. 8).

Als Wohnraum müssen auch die in einem **Schiff**, einer **nicht fest mit Grund und Boden verbundenen** **5**
Sache (Wohncontainer) oder die in einem **Fahrzeug** enthaltenen Räumlichkeiten angesehen werden (→

---

[7] Vgl. *Voelskow* (Fn. 4) § 580 Rdnr. 2.   [8] *Sternel* (Fn. 4) Rdnr. I 156.

auch § 721 Rdnr. 5). Aus diesem Grund ist § 23 Nr. a GVG auch dann anzuwenden, wenn um Wohnräume in **transportablen Behelfsheimen**[8a] oder **Baracken, Lauben,** abgestellten **Eisenbahnwägen** oder **Wohnwägen** gestritten wird. Zwar wird hier sehr häufig ein nur *vorübergehender Gebrauch* gegeben sein, so daß dann § 29a aus *diesem* Grunde (→ Rdnr. 10) *nicht* eingreift. Wer aber auf unbestimmte Zeit (nicht nur vorübergehend) den Wohnraum in einem **Wohnschiff,** einer **Baracke** oder in einem **Wohnwagen (Dauercampingplatz)** benutzt, genießt denselben Schutz wie der Mieter einer festen Wohnung[9].

6 ### b) Der Begriff des Geschäftsraums

Geschäftsraum ist derjenige Raum, der nicht als Wohnraum angesprochen werden kann. Wird ein Raum **nur zu Erwerbszwecken genutzt**, ist er kein Wohnraum. Daß man in ihm schlafen kann, ändert nichts (→ Rdnr. 7 a. E.). Eine analoge Anwendung der prozessualen Vorschriften über Wohnraumstreitfälle – insbesondere eine entsprechende Anwendung der ausschließlichen sachlichen Zuständigkeit des § 23 Nr. 2a GVG (→ Rdnr. 1a) – ist nicht zulässig.

c) Als Geschäftsraum genutzter Wohnraum

7 Die Wohnraumeigenschaft geht nicht verloren, wenn der **Wohnraum auch als Geschäftsraum** genutzt wird (→ § 721 Rdnr. 8 m. w. N.). Aus einer Wohnung wird kein Geschäftsraum, wenn sie *auch* dazu verwendet wird, um einer Erwerbstätigkeit nachzugeben (der Rechtsanwalt empfängt die Mandanten in seiner Wohnung und arbeitet zuhause statt in der Kanzlei). Selbst wenn die **Wohnung überwiegend zu Erwerbszwecken benutzt** wird (der Handelsvertreter hat kein Büro und wickelt *alle* Geschäfte von der Wohnung aus ab), geht dadurch **der Schutz des § 23 Nr. 2a GVG** (→ Rdnr. 1a) **nicht verloren**, sofern nur die tatsächliche Nutzung als Wohnung beibehalten wird. Denn die Schutzbedürftigkeit eines Mieters wird nicht geringer, weil er in der Wohnung auch einer Erwerbstätigkeit nachgeht. Umgekehrt macht das Vorhandensein einer **Schlafstelle** zum gelegentlichen Übernachten aus dem Geschäftsraum keinen Wohnraum.

d) Mischmietverhältnisse

8 Die Verbindung von **Wohnräumen und Geschäftsräumen** ist häufig schwierig zu beurteilen, etwa die Mischmietverhältnisse über die **mit Laden, Werkstatt, Tankstelle verbundene Wohnung** oder über das aus **Wohnung und Arztpraxis bestehende Haus.** Bezieht sich der Streit *nur* auf die Wohnräume oder *nur* auf die Geschäftsräume, ist § 23 Nr. 2a GVG entweder anwendbar oder nicht; dasselbe gilt, falls sich der Streit auf verschiedene, klar trennbare Rechtsverhältnisse bezieht. Wenn jedoch **das gesamte Mischmietverhältnis streitig** ist, ohne daß eine rechtliche Trennung der Wohn- von den Geschäftsräumen möglich ist, führt das **Vorhandensein von Wohnräumen** zur **Anwendung des § 23 Nr. 2a GVG,** auch wenn die Geschäftsräume höherwertig sind[10] oder die Geschäftsraummiete höher ist[11] oder die Benutzung als gewerbli-

---

[8a] *OLG München* MDR 1979, 939 verneint die Anwendbarkeit des § 29a, wenn der Mieter eines Grundstücks auf diesem ein Behelfsheim errichtet hat.

[9] Das Schrifttum zum BGB verneint z. T. bei Räumlichkeiten in *beweglichen* Sachen oder in *Fahrzeugen* die Eigenschaft als Wohnraum. Die andere Zielsetzung des § 29a erfordert aber eine andere Betrachtung. Wie hier *Münzberg* → § 721 Rdnr. 5 und *Zöller/Stöber*[17] § 721 Rdnr. 2.

[10] Abzulehnen daher *Thomas/Putzo*[17] § 721 Anm. 1

und § 29a Anm. 1, die fordern, daß die Wohnräume mindestens (!) gleichwertig sein müssen.

[11] *Weimar* DB 1972, 81 und mit ihm wohl die h. M. (→ § 92b N. 5) qualifiziert nach der *höheren Miete*. Dies gibt schon deshalb kein genaues Bild, weil aus steuerlichen Gründen häufig der Anteil der gewerblichen Miete höher angesetzt wird, als er tatsächlich ist, und weil ferner die Preisbildung bei gewerblicher Nutzung nach besonderen Gesichtspunkten erfolgt. Wie hier *Baumbach/Lauterbach/Hartmann*[51] Rdnr. 1; *Münzberg* → § 721 Rdnr. 8

cher Raum überwiegt[12]. Ähnlich wie in Rdnr. 7 geht der **Schutzzweck des § 23 nicht deshalb verloren, weil zugleich mit dem Wohnraum auch gewerblich genutzte Räumlichkeiten streitbefangen sind;** unmaßgeblich ist[13] die etwaige andersartige Qualifizierung durch das bürgerliche Recht, weil dieser Schutzzweck nicht mit der bürgerlich-rechtlichen Betrachtung harmonieren muß. **§ 23 Nr. 2 a GVG ist nur dann nicht mehr anwendbar, wenn bewohnte Räume in ihrer Funktion so stark gegenüber dem Geschäftszweck zurücktreten, daß sie bei der Betrachtung des Streitstoffes als unwesentlich erscheinen**, also etwa Schlafräume für das Bedienungspersonal einer Gaststätte[14].

e) Umfang des Wohnbereichs (Nebenräume)

In derselben Weise wie Objekte unter § 29 a fallen können, die an sich keine »Räume« sind   **9** (→ Rdnr. 3 b a. E.), müssen Streitigkeiten um **Nebenräume von Wohnräumen** (z. B. *Bad, Küche, Abstellkammer,* → § 721 Rdnr. 7) als den **Amtsgerichten ausschließlich zugewiesene Mietprozesse** angesehen werden, selbst wenn der betreffende Mietgegenstand als solcher keinen Wohnraum (z. B. *Keller, Boden, [Speicher], Ställe, Gartenlauben, Schuppen*) oder nicht einmal einen Raum (z. B. *Garten*) darstellt. Maßgeblich ist die **räumlich-gegenständliche Verbindung solcher Objekte zum Wohnraum**, während der Abschluß eines einheitlichen Vertrages über alle vermieteten Sachen nur ein Indiz für eine solche Verbindung ist; denn die Zweckverbindung kann auch durch mehrere Verträge hergestellt werden (z. B. später hinzugemieteter *Gartenanteil*, nachträgliche Anmietung einer *Garage*[15]). Daß unter Umständen auch andere Personen diese Nebenräume mitbenutzen dürfen (z. B. *Trockenkeller, Trockenboden*), ändert an der Wohnraumeigenschaft nichts.

III. Nicht unter § 29 a fallende Raumstreitigkeiten

§ 29 a Abs. 2 nimmt von der Gerichtsstandsregelung den in § 556 a Abs. 8 BGB genannten   **9a** Wohnraum aus. Dies ist der **vorübergehend vermietete Wohnraum** (→ sogleich Rdnr. 10) sowie der **möblierte Untermietraum** (→ sodann Rdnr. 11). Bei Streitigkeiten über solche Wohnräume greifen daher die **sonstigen Gerichtsstände** ein, etwa – neben dem allgemeinen Gerichtsstand – § 29 (→ dort Rdnr. 31 zum *Mietort*). Hinsichtlich der **sachlichen Zuständigkeit** gilt jedoch für den genannten Wohnraum keine Ausnahme[16]. Da § 23 Nr. 2 a GVG (→ § 1 Rdnr. 50) für *alle Arten von Wohnraumstreitigkeiten* die **ausschließliche Zuständigkeit des Amtsgerichts** festlegt, können Prozesse hinsichtlich des hier behandelten Wohnraums stets nur vor den Amtsgerichten stattfinden.

---

m. w. N.; *LG Kiel* SchlHA 1976, 94 f.; WuM 1976, 132; *LG Flensburg* MDR 1981, 57 f., *LG Aachen* MDR 1986, 240 mit zust. Anm. *Vollkommer; LG Köln* MDR 1986, 1061 f. = ZMR 1989, 63 ff.; *LG Köln* NJW-RR 1989, 403 ff.
[12] So aber *BGH* NJW 1977, 1394 (zu § 10 Miethöhe-RegG) m. w. N.; NJW 1979, 309 (L) = BB 1979, 16; *OLG Karlsruhe* NJW-RR 1988, 401; *OLG Karlsruhe* MDR 1988, 414 f.; *OLG Hamm* ZMR 1986, 11 f.; *OLG Celle* MDR 1986, 324. *Schlosser* (→ § 1025 a Rdnr. 6) qualifiziert danach, ob der Wohnzweck und der Wohngebrauch zweifelsfrei den Geschäftszweck bzw. den Gebrauch der Geschäftsräume überwiegt. Abgrenzungskriterien sollen

der Vertragswille der Parteien, der Mietwert (→ N. 11) sowie das Größenverhältnis zwischen den zum Wohnen und den für geschäftliche Zwecke genutzten Räumen sein.
[13] → auch N. 9.
[14] *OLG Hamburg* MDR 1969, 846, *OLG Karlsruhe* NJW-RR 1988, 401. *AG Neuss* NJW-RR 1986, 1210.
[15] *Sternel* (Fn. 4) Rdnr. I 150.
[16] Insofern hat die Änderung des Zuständigkeitsrechts (→ Rdnr. 1) zu einer anderen Rechtslage geführt. Nach früherem Recht bestand *keine ausschließliche amtsgerichtliche Zuständigkeit* für Streitigkeiten über die in § 556 a Abs. 8 genannten Wohnräume, → Voraufl. dieses Komm. Rdnr. 10–12.

1. Vorübergehend vermieteter Wohnraum

10   Vorübergehend vermieteter Wohnraum (§ 556a Abs. 8 [1. Alt.] BGB: »Wohnraum, der zu nur vorübergehendem Gebrauch vermietet ist«) **fällt nicht unter § 29a Abs. 1**, so daß die ausschließliche Zuständigkeit überall dort nicht zur Anwendung kommt, wo für eine vorübergehende Zeit ein Zimmer, eine Wohnung oder ein Wohnhaus vermietet ist.

Hierzu rechnen die **Ferienwohnung**[17], das während **der Auslands- oder Ferienreise** des Eigentümers gemietete Wohnhaus[18], der für ein Semester (für die Dauer eines Lehrgangs, während einer Urlaubsvertretung oder sonst **für ein vorübergehendes Arbeitsverhältnis**[19]) vermietete Wohnraum, der an den »Messegast« **für die Dauer einer Messe** (Ausstellung, Tagung, Festspielzeit) vermietete Wohnraum, die in den Beherbungsbetrieben **(Hotels, Gasthöfen, Pensionen, Raststätten)** *vorübergehend* gemieteten Räumlichkeiten, während auf unbestimmte *(längere)* Zeit vermieteter Wohnraum unter § 29a fällt[20] – es sei denn, die Ausnahme des § 565 Abs. 3 BGB (→ Rdnr. 11) liegt vor. Unter § 29a fallen auch die in einem **Altersheim**[21], **Studenten-**[22] oder sonstigen **Wohnheim** gemieteten Räume, es sei denn, sie sind *nur vorübergehend* vermietet.

2. Möblierter (nicht von einer Familie benutzter) Untermietraum

11   Ebenfalls fällt nach § 29a Abs. 2 **nicht** unter den ausschließlichen Gerichtsstand der Streit um solchen **Wohnraum**, der **vom Vermieter ganz oder überwiegend mit Einrichtungsgegenständen auszustatten** ist und der **innerhalb der eigenen Wohnung des Vermieters** liegt (**»möblierter Untermietwohnraum«**), es sei denn, dieser Untermietwohnraum dient *vertragsgemäß* »zum dauernden **Gebrauch für eine Familie**« (§ 565 Abs. 3 i. V. m. § 556a Abs. 8 [2. Alt.] BGB).

12   Bei der Anwendung von § 29a Abs. 2 ist zuerst zu prüfen, ob die *vertragsgemäße* **Überlassung zum dauernden Gebrauch an eine Familie** vorliegt. Ist dies der Fall, greift § 29a Abs. 1 auch dann ein, wenn die sonstigen Voraussetzungen für einen möblierten Untermietwohnraum i. S. v. § 565 Abs. 3 BGB gegeben sind. »Familie« im Sinne dieser Vorschrift ist auch das *kinderlose Ehepaar*[23]. Wenn der Wohnraum nicht an eine Familie überlassen wurde, gilt § 29a Abs. 1 nur dann nicht, wenn der **Wohnraum in der** *eigenen* **Wohnung des Vermieters** liegt. **Möblierter (Untermiet-)Wohnraum außerhalb der** *eigenen* **Wohnung des Vermieters unterliegt nur dann** *nicht* **dem § 29a, wenn er zum** *vorübergehenden* **Gebrauch** (→ Rdnr. 10) **vermietet worden ist.**

IV. Prüfung der Raumfrage durch das Gericht

12a   Ob die Klage eine **Streitigkeit über einen Raum** betrifft, muß das Gericht **im Rahmen der Zulässigkeitsprüfung** untersuchen. Geht es nicht um einen Raum, kann das Gericht seine örtliche Kompetenz nicht auf § 29a Abs. 1 gründen; ebenfalls darf es dies nicht bei Prozessen um den in § 29a Abs. 2 genannten Wohnraum (→ Rdnr. 9–12). Sofern das Gericht nicht aufgrund anderer Vorschriften örtlich berufen ist, muß die Klage an das zuständige Gericht verwiesen werden, notfalls ist sie als *unzulässig abzuweisen.* Liegt eine Raumstreitigkeit vor, muß wegen der in § 23 Nr. 2a GVG niedergelegten ausschließlichen sachlichen Zuständigkeit

---

[17] *Baumbach* (N. 11) Rdnr. 3; *Thomas/Putzo*[17] Anm. 1a.

[18] *Baumbach* und *Thomas-Putzo* a.a.O.

[19] *Baumbach* a.a.O.

[20] *Palandt/Putzo* BGB[51] Einl. vor § 533 Anm. 70; *Wieczorek*[2] A I b 2 nehmen generell die Räume von Beherbungsbetrieben aus dem Wohnraumbegriff heraus. Eine solche Betrachtung ist dann mit dem BGB nicht vereinbar, wenn ein Hotelzimmer oder ein Appartement in ei-

nem Hotel *auf Dauer* gemietet wird. Ausnahmen sind nur beim *möblierten Untermietraum innerhalb der Wohnung des Vermieters* (→ Rdnr. 11) möglich.

[21] So auch *Wieczorek* Anm. A I b 2.

[22] *OLG Hamm* NJW-RR 1986, 810f.; *OLG Hamm* MDR 1986, 676f.

[23] *Holtgrave* DB 1964, 1098; anders *AG Frankfurt a. M.* ZMR 1973, 149.

des Amtsgerichts (→ Rdnr. 1 a), geklärt sein, ob es sich um eine Wohnraum- oder eine Geschäftsraumstreitigkeit handelt. Vielfach kann das *Amtsgericht* aber auch den Charakter des Raumes *dahinstellen*, wenn es nämlich örtlich gemäß § 29 a zur Entscheidung berufen ist und der amtsgerichtliche Zuständigkeitsstreitwert nicht überschritten wird; dann ergibt sich die sachliche Zuständigkeit entweder aus § 23 Nr. 2 a GVG [*Wohnraum*] oder aus § 23 Nr. 1 [*Geschäftsraum*]. Das mit einer Raumstreitigkeit angerufene **Landgericht** muß die Klage als unzulässig abweisen oder auf Antrag des Klägers an das Amtsgericht verweisen, sofern sich im Rahmen der Zulässigkeitsprüfung der Raum als »Wohnraum« erweist (rügeloses Einlassen des Beklagten hilft nicht, → Rdnr. 1). Auch wenn der amtsgerichtliche Zuständigkeitsstreitwert überschritten ist, darf hingegen das mit einer Geschäftsraumklage angerufene **Amtsgericht** zur Sache entscheiden, sofern sich der Beklagte (nach Belehrung: § 504) einläßt; anderenfalls erfolgt Verweisung an das Landgericht oder notfalls Klageabweisung.

V. Die von § 29 a erfaßten Rechtsschutzbegehren

1. Die neue Generalklausel des § 29 a

Die Neufassung des § 29 a (→ Rdnr. 1) hat die frühere Einzelaufzählung der Klagearten beseitigt[24] und eine **Generalklausel** eingeführt[25]. Damit entschied sich der Gesetzgeber endlich für eine breite Formulierung, wie er sie bereits im Jahre 1974 für § 29 gewählt hatte. Unter § 29 a Abs. 1 fallen **alle Streitigkeiten über Ansprüche aus einem Miet- oder Pachtverhältnis und alle Prozesse über das Bestehen solcher Verhältnisse**, sofern sich diese Verhältnisse auf Räume (hierzu → Rdnr. 3 b ff.) beziehen und nicht die Ausnahme des § 29 a Abs. 2 (zu ihr → Rdnr. 9 a) eingreift.   **13**

2. Aus Miet- oder Pachtverhältnissen

Der Klage muß sich auf eine **miet- oder pachtrechtliche Grundlage** berufen (»aus Miet- oder Pachtverhältnissen«). Anders als früher ergreift § 29 a auch die *Pacht* und entspricht jetzt insoweit den Regelungen des EuGVÜ (→ Rdnr. 25, 27, 29), das die Miet- und Pachtverhältnisse gleich behandelt. Was unter »Miete« und »Pacht« zu verstehen ist, richtet sich nach dem *materiellen Recht*, also in der Regel nach §§ 535 ff., 581 ff. BGB. Sofern sich die Klage – was nicht ausgeschlossen ist – auf *ausländisches Recht* beruft, kommt es auf die vergleichbaren Vertragsarten des dortigen Rechts an. Ob *tatsächlich* ein Miet- oder Pachtverhältnis vorliegt, ist keine Frage der Zulässigkeit, sondern der Begründetheit der Klage.   **13a**

Problematisch ist der neue Wortlaut des § 29 a in denjenigen Fällen, in denen **zwischen den Parteien** das Bestehen eines **Vertragsverhältnisses überhaupt nicht behauptet** wird, z.B. verlangt der Kläger die Herausgabe der ihm vom Beklagten durch verbotene Eigenmacht entzogenen Räume. Während in solchen Fällen der frühere Wortlaut des § 29 a Abs. 1 Satz 2 [»das gleiche gilt für Klagen auf Räumung des Wohnraums« …] einer Anwendung der Vorschrift nicht engegenstand, weil es auf die Anspruchsgrundlage des Räumungsverlangens nicht ankam (→ Vorauflage Rdnr. 19), bereitet die neue Fassung immer dann Schwierigkeiten, wenn die **Raumstreitigkeit nicht auf miet- oder pachtrechtliche Anspruchsgrundlagen**   **13b**

---

24 Die einzelnen mietrechtlichen Klagearten sind heute ähnlich noch in § 708 Nr. 7 enthalten.

25 Zur Kritik an der früheren *kasuistischen* Regelung → Voraufl. Rdnr. 3 mit N. 5 und 6 m. w. N.

gestützt wird. Die durch den neuen Wortlaut des § 29a entstandene Lücke muß im Sinn der bisherigen Interpretation geschlossen werden, weil nicht anzunehmen ist, daß der Gesetzgeber derartige Fälle von Raumstreitigkeiten aus § 29a herausnehmen wollte. Für die bisherige Interpretation spricht auch die weiterhin in § 29a enthaltene Kompetenz für *negative* Feststellungsklagen (→ sogleich Rdnr. 14). Diese Kompetenz zeigt, daß der ausschließliche Gerichtsstand auch für diejenigen Fälle bestehen soll, in denen die Feststellung des **Nichtbestehens eines Mietverhältnisses oder eines Pachtvertrages** vom Kläger begehrt wird. Wenn die ZPO auch den Prozeß wegen des Nichtbestehens solcher Verhältnisse beim ortsnahen Gericht ansiedelt, wäre es wenig sinnvoll, andere Raumstreitigkeiten, die zwar nicht ausdrücklich, aber jedenfalls mittelbar auf dem Verneinen solcher Vertragsverhältnisse beruhen, vom Gerichtsstand auszunehmen (→ auch Rdnr. 19 zur *Räumungsklage*). Auch *prozeßökonomisch* ist die hier vertretene weite Anwendung des § 29a gerechtfertigt (zur Prozeßökonomie → Einl. Rdnr. 81): Wenn nämlich eine nicht auf Miet- oder Pachtrecht gegründete Herausgabeklage nicht unter § 29a fallen würde und der Kläger demgemäß bei einem anderen Gericht klagen müßte, könnte er dort (etwa weil der Beklagte im Laufe des Prozesses das Bestehen eines Mietverhältnisses behauptet) die negative Zwischenfeststellungsklage nicht erheben; denn für sie gilt der ausschließliche Gerichtsstand des § 29a (→ sogleich Rdnr. 14) und dieser fehlt ja bei dem anderen Gericht (→ auch § 256 Rdnr. 151).

13c   Der Gerichtsstand des § 29a gilt für **alle Arten von Streitigkeiten**, auch für **Arrest** und **einstweilige Verfügung** (§§ 919, 937). Wegen der Sonderregelung in § 689 Abs. 2 Satz 3 kommt § 29a trotz seiner Ausschließlichkeit **nicht für das Mahnverfahren** zur Geltung; auch die vollstreckungsrechtlichen Zuständigkeiten (§ 764 Abs. 2, § 828 Abs. 2) werden von § 29a nicht berührt.

3. Feststellungsklagen

14   Neben der neuen Generalklausel (→ Rdnr. 13) nennt § 29a – anders als früher – nur ausdrücklich die Feststellungsklage, indem er Streitigkeiten »über das Bestehen solcher Verhältnisse« anführt. *Unabhängig von der Parteirolle* fallen damit sämtliche (positiven oder negativen) Feststellungsklagen (→ § 256 Rdnr. 8, 23, 33) über Wohnraummietverhältnisse unter § 29a. Dasselbe gilt aber auch für **Zwischenfeststellungsklagen** nach § 256 Abs. 2 (→ § 256 Rdnr. 6ff., 15, 131–160), die ebenfalls nur im Gerichtsstand des § 29a erhoben werden dürfen. § 29a gilt nicht nur, wenn Feststellung hinsichtlich des *gesamten* Vertrages begehrt wird, sondern auch bei Klagen **über einzelne Teile oder einzelne Rechte und Pflichten** des Vertrages[26].

4. Leistungsklagen (ohne Räumungsklagen)

15   Leistungsklagen sind vor allem auf **Erfüllung des Miet- oder Pachtvertrages** gerichtet. Sie können sich ferner auf **Abwicklungsfragen** beziehen. Wichtig sind schließlich die im Rahmen einer Leistungsklage geltend gemachten **Schadensersatzforderungen** aus der Verletzung miet- oder pachtvertraglicher Pflichten.

     a) Hierzu gehört die Klage (von Mieter oder Vermieter) auf **Erfüllung einer mietvertraglichen** (Haupt- oder Neben-)**Pflicht**, z. B. Klage auf Zahlung des **Mietzinses**[27] (§ 535 S. 2 BGB) oder von Renovierungsko-

---

[26] *Thomas/Putzo*[17] Anm. 1b; *BGH* WM 1985, 1213f.; *OLG Karlsruhe* ZMR 1984, 18ff.; *LG Essen* ZMR 1970, 31.

[27] *LG Mannheim* NJW 1969, 1071.

sten, auf **Überlassung des Wohnraums an den Mieter** (§ 535 S. 1 BGB), auf *Verwendungsersatz* (§ 547 BGB)[28] auf *Gestattung der Wegnahme* (§ 547 a Abs. 1 BGB) oder auf Zahlung der *Ablösung* (*»Entschädigung«* i. S. v. § 547 a Abs. 2 BGB), die Klage des Mieters auf *Erlaubnis der Untervermietung* (§ 549 Abs. 2 BGB) oder des Vermieters auf *Unterlassung der Untervermietung* (§ 549 Abs. 1, § 550 BGB). Auch die Klage des Vermieters gegen den Mieter auf Erteilung der **Zustimmung zum Mieterhöhungsverlangen** nach § 2 Abs. 3 S. 1 des Gesetzes über die Regelung der Miethöhe in der Fassung des 2. Wohnraumkündigungsschutzgesetzes macht einen Erfüllungsanspruch geltend und fällt daher in die Zuständigkeit des § 29 a[29].

b) In den Bereich der Erfüllungsklagen gehören auch die sich aus der **Abwicklung eines Mietverhältnisses** ergebenden Streitigkeiten[30]: Die Klage des Mieters auf **Rückzahlung der Kaution**[31], eines *nicht abgewohnten Mietzinsvorschusses*[32], **zuviel gezahlten Mietzinses**[33], eines *Mieterdarlehens* oder *Baukostenzuschusses* sowie die Klage einer der Vertragsparteien hinsichtlich der Differenz zwischen gezahlten *Nebenkostenpauschalen* und den tatsächlichen Kosten (d. h. auf Nachzahlung an den Vermieter bzw. Rückzahlung an den Mieter).   **16**

c) § 29 a erfaßt ferner die **Klage auf »Entschädigung wegen Nichterfüllung** oder **nicht gehöriger Erfüllung« eines Vertrages** über Wohnraum, etwa die Klage auf Entschädigung wegen Nichterfüllung nach § 557 BGB, auf Schadensersatz wegen Überlassung mangelhaften Wohnraums (§ 538 BGB) oder verspäteter Herausgabe nach §§ 987 ff. BGB[34], sowie wegen **positiver Forderungsverletzung** des Wohnraummietvertrages, z. B. wegen vorgeschobenen Eigenbedarfs des Vermieters[35]. Näher zu weiteren Einzelfällen (z. B. **culpa in contrahendo**) → § 29 Rdnr. 10, 14.   **17**

d) Da § 29 a seit seiner Neufassung auch für Ansprüche aus **Pachtverhältnissen** gilt (→ Rdnr. 13 a), besteht eine ausschließliche örtliche Zuständigkeit nunmehr auch für die Streitfälle zwischen **Pächter** und **Verpächter**, also z. B. für die **Pachtzinsklage** (§ 581 Abs. 1 Satz 2 BGB) des Verpächters oder dessen Klage auf Erfüllung der **Erhaltungspflicht** (§ 586 BGB) oder auf **Rückgewähr des Inventars** (§ 589 BGB) usw.   **17a**

e) Vom Zweck des § 29 a sind jedoch nicht **isolierte Forderungsstreitigkeiten dritter Personen mit dem Vermieter** erfaßt, in denen das Bestehen eines Mietvertrages lediglich Vorfrage ist, etwa bei einer auf § 328 BGB gestützten Klage[36] oder aus einem **Vertrag mit Schutzwirkung für Dritte** oder aus der Verletzung einer (durch Mietvertrag verstärkten) **Verkehrssicherungspflicht**. Auch Streitigkeiten, in denen **keine Mietvertragspartei**, sondern z. B. der Geschäftsführer des Vermieters in Anspruch genommen wird, fallen nicht unter § 29 a[37].   **18**

5. Räumungsklagen

§ 29 a Abs. 1 S. 2 gilt für die Klage auf Räumung des Wohnraums. Zweifellos gehören hierzu alle **Räumungsklagen nach Beendigung des Wohnraummietvertrags**, die mit der vertraglichen Rückgabepflicht des Mieters aus § 556 BGB begründet werden. An der Anwendung von § 29 a kann sich aber auch nichts ändern, wenn in diesem Fall der Vermieter nur aus § 985 BGB vorgeht (→ Rdnr. 13 b). Damit erhebt sich sogleich aber die Frage, ob § 29 a auch dann gilt, wenn *ohne vorher bestehendes Mietvertragsverhältnis* auf Räumung des Wohnraums geklagt wird. Dies ist aus dem Zweck der Vorschrift zu bejahen[38]: So unterliegt der Streit um   **19**

[28] *OLG Düsseldorf* ZMR 1985, 383.
[29] *Baumbach* (N. 11) Rdnr. 5; *Thomas/Putzo*[17] Anm. 1 b; *Zöller/Vollkommer*[17] Rdnr. 13 vgl. auch *Fehl* NJW 1974, 928 m. w. N. Ebenso die früher in Art. 1 § 3 des 1. Wohnraumkündigungsschutzgesetzes geregelte *Zustimmung*.
[30] *Baumbach* (N. 11) Rdnr. 6; *Thomas/Putzo*[17] Anm. 1 b.
[31] *Thomas/Putzo* a. a. O.; *OLG Düsseldorf* ZMR 1985, 383.
[32] *OLG München* NJW 1970, 955 = MDR 593 = JurBüro 437 = RPfleger 250 = WM 136 = ZMR 206; *Thomas/Putzo* a. a. O.
[33] *BGHZ* 89, 275 (281, 283); *OLG Düsseldorf* ZMR 1985, 383; *BAG* WM 1990, 391 (392) = NZA 539 f. *OLG Hamm* ZMR 1968, 270 mit abwegiger Begründung; a. M. *KG* NJW 1983, 2352 (Vorlagebeschluß).

[34] *Baumbach* (N. 11) 1; vgl. auch *AG München* MDR 1977, 497.
[35] *AG Heidelberg* WuM 1975, 67.
[36] *Baumbach* (N. 11) Rdnr. 9; *Thomas/Putzo*[17] Anm. 1 b; *Zöller* (N. 29) Rdnr. 6; *OLG München* RPfleger 1972, 31 = JurBüro 330 = ZMR 1973, 84 [durch Abwicklungsvertrag begünstigter Dritter].
[37] *OLG Hamburg* ZMR 1991, 26 = WM 1990, 542.
[38] Zum alten Gesetzestext (→ aber oben Rdnr. 13 b): *Thomas/Putzo* a. a. O.; *Wieczorek*[2] B I; *OLG Bremen* WM 1990, 526 f. (*Hausbesetzer*); *LG München* I ZMR 1987, 271; *Zöller* (N. 29) Rdnr. 11; a. M. *OLG München* MDR 1977, 497; *LG Ravensburg* ZMR 1986, 169; *Gerischer* ZMR 1968, 193 193; *Zimmermann* Anm. 4.

das Bestehen eines Mietvertrages über einen Wohnraum auch dann dem § 29 a, wenn z. B. der Kläger geltend macht, es bestehe gar kein Mietverhältnis. Entscheidend ist, daß alle **Streitigkeiten um Wohnräume** (im dargestellten Sinn → Rdnr. 5 ff.) **vor dem sach- und ortsnahen Amtsgericht** abgewickelt werden sollen. Dabei macht es keinen Unterschied, ob die Räumung aus Vertrag oder (nur) aus Eigentum begehrt wird.

6. Gestaltungsklagen

20   § 29 a Abs. 1 erfaßt ferner die **Gestaltungsklagen auf »Fortsetzung des Mietverhältnisses«** gemäß § 556 a und § 556 b BGB. Auch für diese Klagen besteht die ausschließliche Zuständigkeitsregelung[39]. Darüber hinaus ist **auch das Fortsetzungsverlangen nach § 556 c BGB** auf wiederholte Verlängerung von § 29 a ergriffen, da es letztlich nur einen Unterfall der §§ 556 a, 556 b BGB darstellt[40].

VI. Werkmietwohnungen, Werkdienstwohnungen

21   Das Gericht in dessen Bezirk sich die Räume befinden, ist nach § 29 a ausschließlich zuständig für die Streitigkeiten um **Werkmietwohnungen**[41]. Durch § 29 sind jedoch nicht die Streitfälle um **Werkdienstwohnungen**[42] nach § 565 e BGB ergriffen (zum Begriff → § 1 Rdnr. 171 am Anfang), diese Streitfälle gehören auch weiterhin zur Zuständigkeit der **Arbeitsgerichte**[43]. Denn die Werksdienstwohnung ist nicht aufgrund eines Mietvertrags überlassen, sondern ist dem Arbeitnehmer *im Rahmen eines Dienstvertrags* als Teil der Vergütung zur Verfügung gestellt worden. Zur Beurteilung dieses Rechtsverhältnisses ist aber § 29 a nicht eingeführt worden. Es liegt vielmehr beim Streit um eine Werkdienstwohnung eine Streitigkeit *aus einem Arbeitsverhältnis* vor (§ 2 Abs. 1 Nr. 3 lit. a ArbGG, → § 1 Rdnr. 171)[44].

VII. Das Verhältnis zu § 23 Nr. 2 a GVG

22   Die Neufassung des § 29 a (→ Rdnr. 1) erleichtert die Abgrenzung zu § 23 Nr. 2 a GVG: § 29 a beschränkt sich auf die Regelung des Gerichtsstandes, während § 23 Nr. 2 a GVG die sachliche Zuständigkeit enthält. Zu beachten ist allerdings, daß sich **beide Vorschriften auch weiterhin nicht decken**: § 29 a erfaßt Wohn- und Geschäftsräume (→ Rdnr. 1 a und 3), während § 23 Nr. 2 a GVG nur den Wohnraum betrifft (→ Rdnr. 3 a). Den Wohnraum des § 556 a Abs. 8 BGB spart § 29 a aus (→ Rdnr. 10—12), wohl aber ist er von § 23 Nr. 2 a GVG ergriffen (→ Rdnr. 9 a).

---

[39] *LG Mannheim* ZMR 1977, 31.
[40] *Thomas/Putzo*[17] Anm. 1 b.
[41] Zum Begriff → § 1 Rdnr. 171 bei N. 212.
[42] Zur Abgrenzung *Werkmietwohnung-Werkdienstwohnung* vgl. *BAG* WoM 1990, 391 (392) = NZA 539 f.
[43] So auch *Schmidt/Futterer/Blank* BB 1976, 1034; *AK-ZPO-Röhl* Rdnr. 4; a.M. *Thomas/Putzo*[17] Anm. 2 a; *Baumbach* (N. 11) 1; *ArbG Wetzlar* DB 1989, 536; *Kleffmann* ZMR 1982, 131; *Matthes* BB 1968, 552; *LG Detmold* ZMR 1968, 321.

[44] Auch der Hinweis in der Begründung zu § 29 a in BT-Drucks. V/2317, daß mit § 29 a nun auch Streitigkeiten über Wohnraum, der im Zusammenhang mit einem Arbeitsverhältnis genutzt wird, zur Zuständigkeit des *Amtsgerichts* gehören, kann über die notwendige Unterscheidung zwischen Werkmiet- und Werkdienstwohnung nicht hinweghelfen.

VIII. Internationale Zuständigkeit

1. Internationale Zuständigkeit aufgrund von § 29 a
a) Inländischer Wohnraum

§ 29 a regelt **zugleich auch die deutsche internationale Zuständigkeit**, da grundsätzlich (→ **23**
aber Rdnr. 25 zum EuGVÜ) die Regelung einer örtlichen Zuständigkeit als Bejahung deutscher internationaler Zuständigkeit anzusehen ist (näher → Einl. Rdnr. 755 ff.). Damit ist aber
nicht auch gesagt, daß eine **ausschließliche** internationale Zuständigkeit gewollt ist oder daß
trotz innerstaatlicher Ausschließlichkeit die internationale Zuständigkeit nicht als *nicht-
ausschließlich* angesehen werden kann. Bei der Einführung des § 29 a wurde diese Frage
offensichtlich nicht erörtert[45]. Maßgebend muß die Überlegung sein, ob diejenigen Gründe,
die zur Einführung des ausschließlichen *örtlichen* Gerichtsstands geführt haben, auch eine
ausschließliche *internationale* Zuständigkeit legitimieren können (→ Einl. Rdnr. 766). Angesichts des hohen sozial-politischen Schutzzwecks des § 29 a muß die **internationale Ausschließlichkeit bejaht** werden[46], so daß etwa das vor einem *ausländischen* Gericht erstrittene
Mietzins- oder Räumungsurteil über inländischen Wohnraum i. S. v. § 29 a nicht im Inland
anerkannt werden kann (§ 328 Abs. 1 Nr. 1, → dort Rdnr. 14)[47]. Für eine solche Meinung
spricht im übrigen auch die Kompliziertheit des derzeitigen deutschen Wohnraummietrechts,
das eine sachgerechte Entscheidung durch ausländische Gerichte nur schwer erwarten läßt.

b) Ausländischer Wohnraum

§ 29 a gilt **nicht** für ausländischen Wohnraum[48], weil sich dieser nicht im Bezirk eines deutschen **24**
Gerichts befinden kann. Für Streitigkeiten über derartige Mietverhältnisse gelten deshalb die allgemeinen Zuständigkeitsregelungen. Aus der Ausschließlichkeit, die international-prozeßrechtlich dem § 29 a
zukommt (→ Rdnr. 23), kann nicht im Umkehrschluß auf eine ausländische *ausschließliche* internationale
Zuständigkeit geschlossen werden (näher → Einl. Rdnr. 772), so daß es den deutschen Gerichten *nicht
verwehrt* ist, über ausländischen Wohnraum zu entscheiden, etwa wenn der Beklagte im Inland seinen
Wohnsitz hat (§ 18), → aber Einl. Rdnr. 772 a. E. Diese Möglichkeit ist jedoch dann nicht gegeben, wenn
es sich um **Wohnraum in einem Vertragsstaat des EuGVÜ** handelt, weil dann nach Art. 16 Nr. 1 EuGVÜ
die *ausschließliche internationale Zuständigkeit der Gerichte dieses Staates* vorliegt (→ Rdnr. 25), es sei
denn, es handelt sich um vorübergehende Miet- und Pachtverhältnisse (→ Rdnr. 25 b).

2. Internationale Zuständigkeit aufgrund des EuGVÜ
a) Internationale Zuständigkeit gemäß Art. 16 Nr. 1 EuGVÜ bei Miete und Pacht unbe-
weglicher Sachen

Für die Miete und die Pacht unbeweglicher Sachen ist Art. 16 Nr. 1 EuGVÜ (*Text* → Einl. **25**
Rdnr. 907) einschlägig. Seit dem 3. Beitrittsabkommen (→ Einl. Rdnr. 782) ist diese Nr. 1 des
Art. 16 EuGVÜ in zwei Buchstaben untergliedert. Buchstabe a) enthält den *Grundsatz*,
Buchstabe b) die *Ausnahme*.

---

[45] *Geimer* NJW 1974, 2189 (2190 sub 3).
[46] Zustimmend *Kropholler* Hdb IZVR 1 Kap. III
Rdnr. 360; differenzierend *Schack* IZVR Rdnr. 237: Der
Grundsatz der Doppelfunktionalität tritt immer dann zu-
rück, wenn das Urteil des aus deutscher Sicht ausschließ-
lich zuständigen Gerichts nicht anerkannt wird. Ist die
Anerkennung hingegen gesichert, wie z. B. in Art. 16 Nr. 1
EuGVÜ, erscheint auch die Doppelfunktionalität von

Vorschriften der ausschließlich örtlichen Zuständigkeit
sinnvoll; a. M. *Geimer* a. a. O.
[47] A. M. *LG Bonn* NJW 1974, 427 (429) = IPRsp 1973
Nr. 135; vgl. auch die Regelung in Art. 16 Nr. 1 EuGVÜ,
die ebenfalls eine *ausschließliche internationale Zuständigkeit* festlegt (→ Rdnr. 25 ff.).
[48] *LG Bonn* (N. 47) 428.

(1) Die ausschließliche internationale Zuständigkeit des Art. 16 Nr. 1 Buchstabe a) EuGVÜ bei nicht nur vorübergehender Miete (Pacht)

25a   Der *Grundsatz* des Art. 16 Nr. 1 Buchstabe a) EuGVÜ bestimmt die **internationale Zuständigkeit** der Gerichte desjenigen Mitgliedsstaates, **wo die Sache belegen ist.** Er enthält eine **ausschließliche internationale Zuständigkeit**, so daß kein Gericht eines *anderen* Vertragsstaates seine eigene internationale Kompetenz bejahen darf, wenn über Art. 16 Nr. 1 Buchstabe a) EuGVÜ die Gerichte eines *anderen* Vertragsstaates international berufen sind. Auch eine internationale Prorogation auf Gerichte eines anderen Mitgliedsstaates ist unwirksam, → § 38 Rdnr. 30.

(2) Konkurrierende internationale Zuständigkeit des Art. 16 Nr. 1 Buchstabe b) EuGVÜ bei vorübergehender Miete (Pacht)

25b   Von diesem Grundsatz des *Buchstabens a)* macht der (neue) *Buchstabe b)* eine **wichtige Ausnahme**[49] für die Miete oder Pacht »**zum vorübergehenden privaten Gebrauch für höchstens sechs aufeinanderfolgende Monate**«. In diesem Fall sind *auch* die Gerichte des Mitgliedsstaates international zuständig, **in dem der Beklagte seinen Wohnsitz hat,** sofern Eigentümer (= der Vermieter) und Mieter (oder Pächter) *natürliche Personen* sind und sämtlich *in demselben Mitgliedstaat wohnen.* Fehlt eines der soeben genannten Merkmale[50], bleibt es bei der ausschließlichen internationalen Zuständigkeit gemäß Buchstabe a).

Die Ausnahme des Buchstabens b) läßt den Grundsatz (Internationale Zuständigkeit der belegenen Sache) *unangetastet,* nimmt dieser Zuständigkeit aber ihre Ausschließlichkeit, indem der Kläger die *Wahl* (§ 35) hat, anstelle im Staat der belegenen Sache im Wohnsitzstaat von Kläger und Beklagten zu prozessieren. Soweit dieses Wahlrecht besteht, können die Parteien auch *eine europäische Zuständigkeitsvereinbarung* abschließen, etwa eine der internationalen Zuständigkeiten derogieren (näher → § 38 Rdnr. 29a).

b) Keine Regelung der örtlichen oder sachlichen Zuständigkeit

25c   Da Art. 16 Nr. 1 EuGVÜ lediglich die *internationale* Zuständigkeit regelt, ist es **Sache des nationalen Rechts,** die **örtliche** und die **sachliche** Zuständigkeit zu bestimmen (näher → Einl. Rdnr. 788 sub a). Sofern also aufgrund von Art. 16 Nr. 1 EuGVÜ die deutsche internationale Zuständigkeit zu bejahen ist, kann § 29a hinsichtlich der *örtlichen* Zuständigkeit eingreifen oder – soweit § 29a enger ist als Art. 16 Nr. 1 EuGVÜ – eine andere Zuständigkeitsnorm. § 23 Nr. 2a GVG ist bei Wohnraumstreitigkeiten für die *sachliche* Zuständigkeit wichtig (→ Rdnr. 1a).

---

[49] Diese neu in das EuGVÜ aufgenommene Ausnahme ist eine Reaktion auf die Judikatur des *EuGH* in *EuGHE* 85, 99 (*Rösler ⁄ Rottwinkel* = NJW 1985, 905 = RIW 238 = IPRax 1986, 97, 75 *(Rauscher)*; ablehnend *Rauscher* NJW 1985, 892ff.; *Geimer* RIW 1986, 136; *Kropholler* Europäisches Zivilprozeßrecht³ [1991] Art. 16 Rdnr. 25; *Nagel* Zivilprozeßrecht³ [1991] Rdnr. 221, der aufgrund des eindeutigen Wortlauts von Art. 16 Nr. 1 EuGVÜ (heute ist dies der Buchstabe a) der Nr. 1 des Art. 16 EuGVÜ) auch Streitigkeiten aus der nur vorübergehenden privaten Nutzung vor allem von Wohnraum (insbesondere von

Ferienhäusern und -wohnungen) der ausschließlichen internationalen Zuständigkeit unterwarf, so daß etwa der Streit zwischen dem *deutschen* Mieter und seinem *deutschen* Vermieter über eine *italienische* Ferienwohnung der *ausschließlichen* Kompetenz der Gerichte in Italien unterlag. Diese nicht sehr praktische Regelung ist nunmehr für die private vorübergehende Miete oder Pacht beseitigt.

[50] *Beispiele:* Es ist eine juristische Person am Rechtsstreit beteiligt oder der Kläger wohnt im Staat der belegenen Sache oder in einem dritten Mitgliedstaat.

c) Personeller Anwendungsbereich

Art. 16 Nr. 1 EuGVÜ wird nur bedeutsam, wenn eine Person verklagt wurde, die in **einem**   **26** **anderen Vertragsstaat**[51] ihren **Wohnsitz** hat. Bei einem Beklagten mit Wohnsitz in Deutschland greift (wenn überhaupt) bereits die allgemeine Regelung des Art. 2 Abs. 1 EuGVÜ (*Text* → Einl. Rdnr. 903) ein; bei einem Beklagten mit Wohnsitz *außerhalb der Vertragsstaaten des EuGVÜ* ist dieses Abkommen nicht einschlägig, und die internationale Zuständigkeit wird nach allgemeinen Grundsätzen, d. h. über § 29 a, hergestellt (→ Rdnr. 23).

d) Miete und Pacht unbeweglicher Sachen

Art. 16 Nr. 1 EuGVÜ betrifft »**die Miete oder Pacht von unbeweglichen Sachen**«[52]. Er   **27** unterscheidet demnach **nicht zwischen Wohn- und Geschäftsraum**, wie ja auch neuerdings § 29 a diese Unterscheidung nicht mehr kennt. Handelt es sich bei einer Klage um **Wohnraum**, ergibt sich aus § 23 Nr. 2 a GVG die ausschließliche sachliche und aus § 29 a die ausschließliche örtliche Zuständigkeit des betreffenden Amtsgerichts. Bei **Geschäftsräumen** richtet sich die *sachliche* Zuständigkeit nach dem *Streitwert* (→ Rdnr. 3), während sich die *örtliche* Zuständigkeit aus dem ausschließlichen Gerichtsstand des § 29 a ergibt. Hat jedoch der Prozeß **keinen Raum** (zum Begriff → Rdnr. 3 b) zum Gegenstand (z. B. es geht um die *Miete eines unbebauten Grundstücks*), greift § 29 a nicht ein. Der Gerichtsstand muß dann aus anderen Vorschriften abgeleitet werden.

e) Miete und Pacht von Wohnräumen in beweglichen Sachen

Art. 16 Nr. 1 EuGVÜ beschränkt sich auf Miete und Pacht von »**unbeweglichen Sachen**« (zu diesem   **28** Begriff → § 24 Rdnr. 5)[53]. Für die **Wohnräume in beweglichen Sachen** (→ Rdnr. 5) schreibt demgemäß das EuGVÜ *keine ausschließliche internationale Zuständigkeit* der Gerichte der belegenen Sache vor, so daß sich in diesen Fällen die deutsche internationale Zuständigkeit nach anderen Vorschriften des EuGVÜ richtet, meist nach Art. 5 Nr. 1 EuGVÜ (Erfüllungsort), → Rdnr. 31.

f) Pachtstreitigkeiten

Art. 16 Nr. 1 EuGVÜ betrifft auch die **Pacht**, die seit der Neufassung ebenfalls unter § 29 a   **29** fällt. Die *sachliche* Zuständigkeit (→ Rdnr. 3) und die *örtliche* Zuständigkeit (→ Rdnr. 13 a) richten sich bei Pachtstreitigkeiten nach den dargelegten Vorschriften.

g) Die einzelnen Streitigkeiten

Unter Art. 16 Nr. 1 EuGVÜ fallen die **Klagen**, die das **Bestehen**, die **Beendigung** oder die   **30** **Auslegung von Miet- oder Pachtverträgen**, die **Behebung** von **Mietschäden**, die **Räumung des Anwesens** zum Inhalt haben[54]. Problematisch ist lediglich die Anwendung von Art. 16 Nr. 1

---

[51] Zu den Vertragsstaaten des EuGVÜ → Rdnr. 783, zum zeitlichen Anwendungsbereich des EuGVÜ → Einl. Rdnr. 781.
[52] → N. 54, wo auch landwirtschaftliche Miet- und Pachtverträge genannt sind.
[53] Darunter soll nach EuGHE 1977, 2383 (*Sanders ./. van der Putte*) = RIW/AWD 1978, 336 = NJW 1107 (L) nicht die Miete eines Ladengeschäftes zählen.
[54] *Kommissionsbericht* (→ Einl. Rdnr. 784 N. 7) Abl-EG 1979 C 59, S. 1 (35); »Hierunter fallen sowohl die

Miete von Wohnräumen und Räumen zu beruflichen Zwecken als auch gewerbliche und landwirtschaftliche Miet- und Pachtverträge.« Hierbei ist man »davon ausgegangen, daß auch die Regelung von Streitigkeiten zwischen Mietern und Vermietern sowie von Pächtern und Verpächtern einbezogen ist, die das Bestehen oder die Auslegung von Miet- und Pachtverträgen, die Behebung von Mietschäden, Räumungsklage usw. zum Gegenstand haben« …»jedoch nicht für reine Miet- oder Pachtzahlungsklagen, da diese Klagen von vermieteten oder verauf reine **Zahlungsklagen** (auf Zahlung der Miete oder Pacht, auf Schadensersatz)[55]. Angesichts der gerade durch wirtschaftslenkende Gesichtspunkte geprägten Mietpreisgesetzgebung einzelner Vertragsstaaten und der schon betonten[56] Kompliziertheit des Miete- und auch des Pachtrechts[57] sollte im Interesse einer stets sachgerechten Entscheidung auch die **reine Zahlungsklage unter Art. 16 Nr. 1 EuGVÜ begriffen** werden[58].

Dagegen fallen Rechtsstreitigkeiten, die sich **nur mittelbar** auf die Nutzung der Mietsache beziehen, wie beispielsweise solche, die entgangene *Urlaubsfreude* und *Reisekosten* betreffen, nicht in die ausschließliche Zuständigkeit des Art. 16 Nr. 1 EuGVÜ[59].

31   Lehnt man die Anwendung des Art. 16 Nr. 1 EuGVÜ auf **reine Zahlungsklagen** ab[60], läßt sich dann allerdings die deutsche internationale Zuständigkeit meist über den **Gerichtsstand des Erfüllungsorts** nach Art. 5 Nr. 1 EuGVÜ (*Text* → Einl. Rdnr. 904) herstellen, weil regelmäßig der Erfüllungsort dort ist, wo sich die Miet- und Pachtsache befindet (→ § 29 Rdnr. 31). Damit ändert sich für die deutsche Rechtsordnung *im Ergebnis* nichts, wenn auch bei Ableitung aus Art. 5 Nr. 1 EuGVÜ beachtet werden muß, daß er nicht nur die internationale, sondern auch die *örtliche* Zuständigkeit direkt regelt (→ § 29 Rdnr. 44), für die Anwendung nationalen Rechts bleibt deshalb in diesen Fällen nur noch die Begründung der sachlichen (ausschließlichen) Zuständigkeit durch § 23 Nr. 2a GVG (näher → Einl. Rdnr. 788 sub b). – Anders als Art. 16 ist jedoch Art. 5 EuGVÜ kein ausschließlicher Gerichtsstand, so daß er die Klage in einem anderen Vertragsstaat, sofern dort über das EuGVÜ eine Zuständigkeit begründet ist, nicht verwehrt.

b) Wahlfeststellung

31a   Ist sowohl nach dem EuGVÜ als auch nach allgemeinen Rechtsgrundsätzen die deutsche internationale und die örtliche Zuständigkeit zu bejahen, kann zur Wahlfeststellung der Kompetenz gegriffen werden (→ Einl. Rdnr. 773 und 808b und → Rdnr. 28 vor § 12).

IX. Der Verstoß gegen § 29a und gegen § 23 Nr. 2a GVG

32   1. Hat das **LG** unter Verstoß gegen § 23 Nr. 2a GVG seine sachliche Zuständigkeit angenommen, kann das Urteil nicht aus diesem Grund angefochten werden, § 10. Hat das **AmtsG** unter Mißachtung des § 23 Nr. 2a GVG in einem *rechtskräftigen* Urteil seine sachliche *Unzuständigkeit* ausgesprochen, ist das LG daran gebunden, § 11; die Prozeßabweisung durch das AmtsG mangels sachlicher Zuständigkeit kann allerdings mit Berufung erfolgreich angegriffen werden.

2. Hat das AmtsG den Rechtsstreit versehentlich mangels eigener sachlicher Zuständigkeit an das LG verwiesen, ist das LG an diesen Beschluß gebunden, § 281. Eine Ausnahme gilt allerdings, wenn der Rechtspfleger gemäß § 696 Abs. 1 S. 1 oder nach § 700 Abs. 3 S. 1 an das im *Mahnbescheid* bezeichnete Gericht abgibt. Gemäß § 696 Abs. 5 S. 1 ist das Gericht, an das abgegeben wird, nicht gehindert, die Sache weiterzuverweisen; das gilt auch im Fall des § 700 Abs. 3 S. 1 (→ § 700 Rdnr. 8).

---

pachteten unbeweglichen Sachen als losgelöst gelten können.

Diese Lösung ist darauf zurückzuführen, daß Miet- und Pachtverhältnisse meist gesetzlichen Sonderregelungen unterliegen, so daß es sich empfiehlt, mit der Anwendung dieser meist sehr komplizierten Bestimmungen ausschließlich die Gerichte des Landes zu betrauen, in dem sie gelten«...

[55] Zutreffend bejahend *LG Aachen* NJW 1976, 487 = MDR 321: Droz Compétence judicaire et effets des jugements dans le Marché Commun (Paris 1972) Nr. 151:

EuGHE 1985, 99 = NJW 905f. = RIW 238; *BGH* WM 1985, 1246f.; ablehnend *von Hoffmann* RIW/AWD 1973 57 (61f.) und Kommissionsbericht (→ N. 54). Zurückhaltender äußert sich indessen der *Schlosser-Bericht* (→ Einl. Rdnr. 784) a.a.O. Rdnr. 164.

[56] → Rdnr. 23.

[57] *Kommissionsbericht* (N. 54) a.a.O.

[58] → Einl. Rdnr. 796 N. 32.

[59] *EuGHE* 1985, 99 (Nr. 51).

[60] *Kommissionsbericht* (N. 54) und *Geimer* (N. 45) sub 2 m.w.N.

§ 29 b   [Besonderer »Gerichtsstand« für Klagen gegen Wohnungseigentümer]

Für Klagen Dritter, die sich gegen Mitglieder oder frühere Mitglieder einer Wohnungseigentümergemeinschaft richten und sich auf das gemeinschaftliche Eigentum, seine Verwaltung oder auf das Sondereigentum beziehen, ist das Gericht zuständig, in dessen Bezirk das Grundstück liegt.

Stichwortverzeichnis → **Gerichtsstandsschlüssel** Rdnr. 40 vor § 12.

Entstehungsgeschichte: Eingefügt durch Art. 1 Nr. 1 des RechtspflegevereinfachungsG vom 17. XII. 1990, BGBl. 1990 I (S. 2847, → Einl. Rdnr. 164.

I. Zweck

§ 29b schafft einen **einheitlichen Wahlgerichtsstand** für Klagen **Dritter** gegen **Mitglieder**   **1** einer Wohnungseigentümergemeinschaft, die im **Zusammenhang mit dem Wohnungseigentum** stehen. Hierdurch wird insbesondere erreicht, daß der Kläger (zum Personenkreis näher → Rdnr. 3) nicht verschiedene Gerichte anrufen muß, wenn er *mehrere Wohnungseigentümer* in Anspruch nehmen will, die ihren allgemeinen Gerichtsstand nicht in dem Ort haben, in dem das Wohnungseigentum belegen ist[1]; denn eine Klage *gegen die Wohnungseigentümergemeinschaft* scheitert an deren fehlender Parteifähigkeit (§ 10 Abs. 1 WEG, §§ 1008, 741 BGB, → § 50 Rdnr. 30)[2].

Die Vorschrift ist besonders *bei größeren Wohnungseigentümergemeinschaften* und in der   **2** Regel bei *reinen Anlageobjekten* und *Ferienwohnungen* von Bedeutung, weil dem **Kläger** auf diese Weise **ein einheitlicher Gerichtsstand am Ort der Belegenheit des Wohnungseigentums gewährt** wird. Es sind zwar auch hier Fälle denkbar, in denen der Kläger vor ein und demselben Gericht gegen sämtliche Wohnungseigentümer klagen kann, weil am Ort des

---

[1] Vgl. *BGH* NJW 1986, 935: Fünf der 15 Antragsgegner hatten an einem anderen Ort ihren allgemeinen Gerichtsstand (allerdings half dem Antragsteller im konkreten Fall der gemeinsame Erfüllungsort als Bauunternehmer → N. 3).

[2] Zur Umdeutung eines solchen Antrags in eine Klage gegen die Wohnungseigentümer → § 253 Rdnr. 31 N. 24.

Wohnungseigentums der gemeinsame Erfüllungsort gemäß § 269 Abs. 1 BGB liegt und daher über § 29 eine einheitliche örtliche Zuständigkeit besteht, etwa als *Bauunternehmer*[3], *Architekt, Anwalt* oder *Notar* (→ § 29 Rdnr. 31), oder weil eine wirksame Zuständigkeitsvereinbarung vorliegt. Solche Fälle bilden jedoch keinesfalls die Regel, so daß der Kläger ohne die Vorschrift häufig gezwungen wäre, bei verschiedenen, möglicherweise zahlreichen Gerichten wegen desselben Anspruchs Rechtsschutz zu suchen oder den umständlichen Weg zu beschreiten, gemäß § 36 Nr. 3 ein einheitliches Gericht durch das im Rechtszug höhere Gericht bestimmen zu lassen.

II. Personenkreis

1. Kläger

3   Vorliegen muß die Klage eines »**Dritten**«. Wer »Dritter« ist, macht die Vorschrift durch die auf der Gegenseite genannten Personen »Mitglieder oder frühere Mitglieder« deutlich, so daß als »Dritter« im Sinne dieser Vorschrift jeder angesehen wird, der **nicht jetziges oder früheres Mitglied einer Wohnungseigentümergemeinschaft ist**[4]. Dabei kann es sich etwa um *Bauunternehmen, (Bau-)Handwerker, Architekten, (Heizöl-)Lieferanten, (Energie- oder Wasser-)versorgungsunternehmen, die Gemeinde (z.B. wegen Kanal- und Müllgebühren), Versicherer, Anwälte, Notare* handeln. Auch der *Verwalter* (§§ 25, 26 WEG) ist Dritter, soweit er nicht selbst Wohnungseigentümer ist.

4   § 29 b steht *nicht* für Klagen *zwischen den* (jetzigen oder früheren) *Mitgliedern einer Wohnungseigentümergemeinschaft* offen[5]. Er kann auch *nicht* auf eine **negative Feststellungsklage** jetziger oder früherer Mitglieder einer Wohnungseigentümergemeinschaft gegen »Dritte« angewendet werden[6]. Es ist zwar richtig, daß für die negative Feststellungsklage alle besonderen Gerichtsstände eröffnet sind, die für die umgekehrte Leistungsklage bestünden (→ § 256 Rdnr. 101 m.w.N.). Doch gilt dies nur für diejenigen Gerichtsstände, die nicht auf eine bestimmte Parteirolle abstellen[7]. Ähnlich wie beim Gerichtsstand des § 32 a (→ dort Rdnr. 3) und des § 34 (→ dort Rdnr. 4 sub b) erfaßt § 29 b **nur die Klage des Dritten, nicht aber den Prozeß gegen den Dritten**.

2. Beklagter

a) Mitglieder oder frühere Mitglieder einer Wohnungseigentümergemeinschaft

5   Die Klage darf sich nur gegen »Mitglieder oder frühere Mitglieder einer Wohnungseigentümergemeinschaft« richten. Zwar will die Vorschrift den Prozeß gegen *mehrere* Wohnungseigentümer erleichtern (→ Rdnr. 1), sie schließt aber die Klage gegen nur *einen* Beklagten nicht aus. Da der Gerichtsstand auch gegen »*frühere*« *Mitglieder* gegeben ist, spielt es insoweit keine Rolle, wenn ein Beklagter während oder sogar vor Beginn des Rechtsstreits aus der **Wohnungseigentümergemeinschaft ausgeschieden** ist. Richtet sich die Klage gegen eine Per-

---

³ *BGH* (N. 1).
⁴ *MünchKommZPO/Patzina* (1991) Rdnr. 2; *Thomas/Putzo*¹⁷ § 29 b; *Zöller/Vollkommer*¹⁷ Rdnr. 4; *Steike* NJW 1992, 2401.
⁵ Hier kommt vor allem das *Streitverfahren* gemäß

§ 43 WEG in Betracht (→ Rdnr. 26). Zu *Rechtsstreitigkeiten* nach §§ 51 f. WEG (→ Rdnr. 26).
⁶ Anders *Zöller/Vollkommer*¹⁷ Rdnr. 4.
⁷ Beispielsweise § 23 (→ dort Rdnr. 25), § 24 (→ dort Rdnr. 11), § 29 (→ dort Rdnr. 9), § 29 a (→ dort Rdnr. 14).

son, die **noch nicht der Wohnungseigentümergemeinschaft angehört**, so kommt es auf den Zeitpunkt des Schlusses der mündlichen Verhandlung an (→ § 1 Rdnr. 25); ist sie bis dahin Mitglied geworden, greift § 29 b ein.

b) Wohnungseigentümergemeinschaft

Es muß sich um die Mitglieder einer »**Wohnungseigentümergemeinschaft**« i. S. v. § 10 WEG   6 handeln. *Andere Gemeinschaften, Gesellschaften oder sonstige Zusammenschlüsse mehrerer Personen* anläßlich der Errichtung, des Erwerbs oder der Modernisierung von Wohnungseigentum (Erwerberzusammenschluß, Bauträgergemeinschaft, Bauherrengesellschaft, Sanierungsgemeinschaft usw.) fallen nicht unter die Vorschrift, es sei denn, sie sind (zugleich) eine Wohnungseigentümergemeinschaft.

c) Faktische Wohnungseigentümergemeinschaft

§ 29 b setzt offenkundig die **Existenz** der **Wohnungseigentümergemeinschaft** voraus. »Voll   7 ausgebildet« ist die Wohnungseigentümergemeinschaft freilich »erst dann«, »wenn die Aufteilung im Grundbuch eingetragen ist, das Gebäude besteht und ein Miteigentumsverhältnis vorhanden ist«[8]. Damit stellt sich jetzt auch für § 29 b die seit langem[9] bei § 43 WEG gestellte (und bejahte[10]) Frage, ob eine *faktische Wohnungseigentümergemeinschaft* die Anwendung der Vorschrift rechtfertigt. Da eine solche Gemeinschaft häufig nicht unerheblich und über eine längere Zeit hinweg wirtschaftlich tätig wird[11], ist **§ 29 b für die Klage gegen die Mitglieder einer faktischen Wohnungseigentümergemeinschaft eröffnet**. Die Notwendigkeit des einheitlichen Gerichtsstands (→ Rdnr. 1) tritt nämlich nicht erst ein, wenn die Wohnungseigentümergemeinschaft rechtlich besteht, zumal häufig für den außenstehenden »Dritten« (→ Rdnr. 3) nicht einmal erkennbar ist, daß es sich nur um eine faktische Gemeinschaft handelt[12]. Als **Beginn der faktischen Gemeinschaft** wird man die Eingliederung in die Gemeinschaft durch *unmittelbaren oder mittelbaren* (Vermietung) *Besitz* der Wohnung ansehen[13]. Vor Anlegung der Wohnungsgrundbücher kann allerdings eine solche faktische Gesellschaft nicht bejaht werden[14].

d) Beendete Wohnungseigentümergemeinschaft

Das Erlöschen der Wohnungseigentümergemeinschaft *während des Prozesses* ändert nach den Grund-   8 sätzen der *perpetutio fori* (→ § 261 Rdnr. 73 ff.) nichts an der einmal begründeten örtlichen Zuständigkeit. Da sich die Klage gegen *frühere* Mitglieder richten kann, ergeben sich keine Bedenken, den Gerichtsstand auch dann noch zu öffnen, wenn die **Wohnungseigentümergemeinschaft** im Zeitpunkt des Beginns der Rechtshängigkeit **nicht mehr besteht**. Zwar könnte eine rein sprachliche Interpretation darauf verweisen, daß das Wort »früher« nicht auch bei dem Begriff »Wohnungseigentümergemeinschaft« verwendet wird; doch entfällt das Bedürfnis nach einem gemeinsamen Gerichtsstand (→ Rdnr. 1) nach dem Ende einer Wohnungseigentümergemeinschaft nicht weniger.

---

[8] *MünchKomm/Röll*[2] § 43 WEG Rdnr. 9.
[9] Vgl. *Röll* (N. 8) § 5 WEG Rdnr. 37 und § 43 WEG Rdnr. 9.
[10] *BayObLGZ* 1990, 101 (102) = NJW 1990, 3216 (3217); *BayObLG* NJW-RR 1986, 178 = RPfleger 1985, 486; *OLG Köln* OLGZ 1978, 151; *BayObLG* RPfleger 1985, 486; *Coester* NJW 1990, 3184 f.
[11] *Röll* (N. 8) § 5 WEG Rdnr. 37: Verbrauch von *Wasser* und *Heizenergie*, Inanspruchnahme der *Dienste des Verwalters*; vgl. auch *Röll* (N. 8) § 16 Rdnr. 24 a.

[12] Vgl. *Röll* (N. 8) § 16 WEG Rdnr. 24 a.
[13] *BGH* NJW 1974, 1140 (1141); näher *Röll* (N. 8) § 5 WEG Rdnr. 37 b m.w.N.; eine dingliche Absicherung durch eine Auflassungsvormerkung verlangen *BayObLGZ* 1990, 101 (102) (N. 10); *Palandt/Bassenge*[51] vor § 1 WEG Rdnr. 6; *Weitnauer* WEG[7] Anhang zu § 10 Rdnr. 3.
[14] *BayObLGZ* 1990, 101 (103) (N. 10); *KG* OLGZ 1989, 38 (41); NJW-RR 1986, 1274, wohl h. M.

e) Streitgenossenschaft

9   § 29b ist vor allem als *Gerichtsstand der Streitgenossenschaft*[15] gedacht (→ Rdnr. 1). Dies enthebt das Gericht aber nicht der Feststellung, daß die (weiten) Voraussetzungen der Streitgenossenschaft vorliegen (→ § 59 Rdnr. 2). Ob gegebenfalls eine *notwendige Streitgenossenschaft* besteht, richtet sich nach § 62 (→ dort Rdnr. 4 ff.). § 29b steht offen sowohl für die *Gesamtschuldklage* (§§ 421, 427 BGB)[16] als auch für die *nur anteilige Inanspruchnahme*[17] der Wohnungseigentümer (§ 420 BGB)[18].

3. Folgen beim Fehlen der Merkmale – Doppelrelevante Tatsachen

10   Die örtliche Zuständigkeit fehlt, wenn der Beklagte niemals Mitglied der Wohnungseigentümergemeinschaft war (→ Rdnr. 5), falls nicht einmal eine faktische Wohnungseigentümergemeinschaft bestand (→ Rdnr. 6–8) oder wenn der Kläger keine »dritte« Person ist (→ Rdnr. 3). Nach der Lehre über die *doppelrelevanten Tatsachen* (→ § 1 Rdnr. 21 f.) dürfen diese Merkmale auch nicht etwa im Rahmen der Zulässigkeit unterstellt werden, da sie sich in aller Regel nicht mit den anspruchsbegründenden Tatsachen decken. **Die Klage** muß in diesen Fällen vielmehr – sofern das Gericht nicht nach anderen Regelungen zur Sachentscheidung berufen ist – **als unzulässig** abgewiesen werden. Eine **Verweisung** (§ 281) an ein anderes Gericht ist freilich nicht ausgeschlossen, sofern dort ein Gerichtsstand besteht.

III. Streitgegenstände

12   § 29b schränkt seinen Anwendungsbereich auf **drei Arten von Streitigkeiten** ein: Die Klage muß sich entweder »auf das gemeinschaftliche Eigentum« oder auf dessen »Verwaltung« oder »auf das Sondergut« beziehen. Hierbei wird es sich vor allem um *Ansprüche aus schuldrechtlichen Verträgen*, wie z.B. Werk-, Kauf-, Dienst- und Versicherungsverträgen, handeln. Die Vorschrift ist aber **nicht auf schuldrechtliche Vertragsansprüche beschränkt**[19]. Auch Ansprüche aus *culpa in contrahendo* (→ § 29 Rdnr. 14), *ungerechtfertigter Bereicherung* (anders als bei § 29, → dort Rdnr. 12) sowie *unerlaubter Handlung* (z.B. Haftung für Gebäudeeinsturz oder Ablösung von Teilen nach § 836 BGB) sind von § 29b nicht etwa ausgeschlossen. Der Standort der Vorschrift im Gesetz (nach §§ 29, 29a) kann eine solche erhebliche Beschränkung nicht rechtfertigen[20], zumal unter § 29a sehr wohl auch andere als schuldrechtliche Vertragsansprüche fallen (→ § 29a Rdnr. 19: Räumungsklage aus Eigentum [§ 985 BGB]). Da § 29b nicht bestimmte materiell-rechtliche Ansprüche ausschließt, steht er *auch für sachenrechtliche Streitigkeiten offen*, sofern zwischen den genannten Personen (→ Rdnr. 3) ein zulässiger Streitgegenstand (→ Rdnr. 12 ff.) geltend gemacht wird und soweit nicht etwa der ausschließliche dingliche Gerichtsstand des § 24 eingreift (→ Rdnr. 25).

1. Gemeinschaftliches Eigentum

14   Die Klage muß sich »auf das gemeinschaftliche Eigentum« der Beklagtenseite beziehen. Gemeinschaftliches Eigentum sind »das Grundstück sowie die Teile, Anlagen und Einrichtungen des Gebäudes, die nicht im Sondereigentum oder im Eigentum eines Dritten stehen«

---

[15] Vgl. zum *Gerichtsstand der Streitgenossenschaft* → vor § 12 Rdnr. 24; § 36 Rdnr. 11.
[16] Vgl. zu den *Verwaltungskosten BGHZ* 75, 26 (30 f.) = LM § 3 WEG Nr. 4 = NJW 1979, 2101 f. = MDR 1014 = JZ 641 ff.
[17] Vgl. zu den *Bauherstellungskosten BGHZ* 75, 26 (28 ff.) = N. 14.
[18] Vgl. zur Begründung BT-Drucks. 11/3621 S. 33.
[19] So aber *Vollkommer* (N. 6) Rdnr. 3.
[20] Anders *Vollkommer* (N. 6) Rdnr. 3.

(§ 1 Abs. 5 WEG; vgl. auch § 5 Abs. 2 WEG). Hierunter fallen z.B. Ansprüche aus der Erneuerung des Daches, des Außenputzes, des Schornsteines, Umbau der Heizung, Bepflanzung der Außenanlage[21].

Zum gemeinschaftlichen Eigentum gehört auch[22] das **Zubehör** (§ 97 BGB), das **Vorratsvermögen** (z.B. *Heizöl*) und auch das sonstige **gemeinschaftliche Vermögen**[23] (also *Instandhaltungsrücklagen*[23] [vgl. § 21 Abs. 5 Nr. 4 WEG], sonstige *Rücklagen, Fonds, Guthaben*).

2. Verwaltung des gemeinschaftliches Eigentum

§ 29 b nennt ferner als mögliche Klage die Streitigkeiten, die sich auf die Verwaltung des gemeinschaftlichen Eigentums beziehen. Da das gemeinschaftliche Eigentum notwendigerweise verwaltet werden muß (vgl. § 20 Abs. 2 WEG), ist die Grenze zum erstgenannten Streitgegenstand (→ Rdnr. 14) fließend. Die Auslegung dieses Merkmals wird sich am besten am Beispielkatalog des § 21 Abs. 5 WEG orientieren (vgl. auch § 27 WEG). Es sind also vor allem Ansprüche gemeint, die sich aus der »Instandhaltung und Instandsetzung« (vgl. § 21 Abs. 5 Nr. 2 WEG) der Anlage ergeben, wie z.B. Reparatur der gemeinschaftlichen Gas-, Wasser-, Strom- oder Kanalisationsleitungen, des Aufzuges oder der Gemeinschaftsantenne, Pflege des Gartens, Reinigung des Treppenhauses, Lieferung von Heizöl oder aus *Versicherungsverträgen* (vgl. § 21 Abs. 5 Nr. 3 WEG). Ferner gehören hierzu etwa die *Mietverträge über gemeinschaftliches Eigentum* (z.B. über Parkplätze) oder *Dienstverträge* (z.B. mit dem Hausmeister). **15**

3. Sondereigentum

§ 29 b nennt als dritte Streitigkeit die Klage, die sich auf das Sondereigentum (§ 1 Abs. 2 und 3, § 5 WEG) bezieht. Damit wird die *Anwendung der Vorschrift erheblich erleichtert*, weil dem Kläger die bisweilen nicht leichte Nachforschung erspart bleibt, ob der Anspruch auf das gemeinschaftliche Eigentum oder das Sondereigentum betrifft[25]. So dürfen nach § 5 Abs. 3 WEG die Wohnungseigentümer Bestandteile, die Sondereigentum sein können, zum gemeinschaftlichen Eigentum erklären; dies ist für einen Außenstehenden nicht erkennbar. Ferner kann unter den Wohnungseigentümern streitig sein, ob ein Gebäudeteil zum gemeinschaftlichen Eigentum, zum Mitsondereigentum[26] oder zum Sondereigentum gehört. Streitigkeiten hinsichtlich des Sondereigentums sind auch Klagen aus Kaufverträgen, die die **Auflassung einer Eigentumswohnung** (gemäß §§ 433, 313 BGB) zum Inhalt haben[27], sowie aus **Mietverträgen** über eine solche Wohnung[28]. Daß in diesen Fällen häufig nur *eine* Person verklagt ist, schadet nicht (→ Rdnr. 5). **16**

4. Wahlfeststellung

Die Tatbestandsmerkmale des § 29 b sind der Wahlfeststellung zugänglich (zu ihr allgemein → Rdnr. 28 vor § 12): Kläger und Gericht können im Rahmen der Zulässigkeitsprüfung **17**

---

[21] Vgl. die Aufzählung des Umfangs des gemeinschaftlichen Eigentums bei *Röll* (N. 8) § 5 WEG Rdnr. 26; *Weitnauer* WEG[7] § 5 Rdnr. 10 ff.

[22] Zum folgenden vgl. *Röll* (N. 8) § 1 WEG Rdnr. 11–13.

[23] *MünchKommZPO/Patzina* § 29 b Rdnr. 4.

[24] *KG* NJW-RR 1988, 844.

[25] *BGHZ* 75, 26 (31 sub e).

[26] Vgl. *Röll* (N. 8) § 5 WEG Rdnr. 10.

[27] *Vollkommer* (N. 6) Rdnr. 5. – Die *Auflassungsklage* fällt nicht unter § 24 (→ dort Rdnr. 10), wohl aber unter § 26 (→ dort Rdnr. 4), so daß der Weg über § 29 b nicht zu einem anderen Gerichtsstand führt. Wer allerdings § 26 nicht auf die Auflassungsklage anwendet (→ § 26 Rdnr. 4 N. 5), kommt über § 29 b zu einem Gerichtsstand der belegenen Sache.

[28] Hier wird jedoch meist § 29 a eingreifen und § 29 b verdrängen, → Rdnr. 25.

dahinstellen, ob die Klage mit dem gemeinschaftlichen Eigentum, der Verwaltung oder dem Sondereigentum zusammenhängen, sofern sich der Streitgegenstand auf Eigentum nach dem WEG bezieht.

IV. Rechtsfolgen

20   Sind die Voraussetzungen des § 29 b erfüllt, ist das Gericht *örtlich* zuständig, **in dessen Bezirk das betreffende Grundstück** liegt; die *sachliche* Zuständigkeit wird von der Vorschrift nicht berührt. Im übrigen gelten die in § 24 dargelegten Grundsätze (→ dort Rdnr. 28 ff.). Jedoch ist § 29 b **nicht ausschließlich**.

V. Konkurrenzen mit anderen Gerichtsständen

25   Da § 29 b auch dingliche Klagen erfaßt (→ Rdnr. 12), kann es zu *Konkurrenzen mit den dinglichen Gerichtsständen* (§§ 24 ff.) kommen, ohne daß sich hieraus in aller Regel die Zuständigkeit eines anderen Gerichts ergeben wird; **§ 24 geht** in solchen Fällen wegen seiner Ausschließlichkeit **vor**. Aus demselben Grund **verdrängt § 29 a** bei *Wohnraumstreitigkeiten* den § 29 b. Nicht-ausschließlich ist hingegen der **Gerichtsstand des Erfüllungsorts (§ 29)**, der am Ort des Wohnungseigentums liegen kann (→ Rdnr. 2); ist er anderswo begründet, hat der **Kläger die Wahl (§ 35)** zwischen § 29 und § 29 b. Auch mit § 26 kann § 29 b konkurrieren[29].

26   Die in **§§ 51 f. WEG** niedergelegten Gerichtsstände für **Rechtsstreitigkeiten** wegen *Entziehung des Wohnungseigentums* oder über ein *Dauerwohnrecht* (→ § 26 Rdnr. 8) können wegen des anderen Personenkreises nicht mit § 29 b konkurrieren; sie sind im übrigen nicht-ausschießlich und werden ihrerseits durch § 24 derogiert (→ dort Rdnr. 7). Zu einer Überschneidung mit **§ 43 WEG** (echtes **Streitverfahren der freiwilligen Gerichtsbarkeit**, zu ihm → Einl. Rdnr. 451 sub c) kommt es wegen der verschiedenen Personenkreise ebenfalls nicht.

VI. Internationale Zuständigkeit

1. Allgemeines

30   Als Gerichtsstandsnorm ist § 29 b eine Regelung der **örtlichen Zuständigkeit**. Wie bei den anderen Gerichtsstandsnormen gilt auch hier der Grundsatz, daß die örtliche Zuständigkeit **die internationale Zuständigkeit indiziert** (→ Einl. Rdnr. 755 m. w. N.). Soweit also **§ 29 b** die örtliche Kompetenz herstellt, gewährt er grundsätzlich **zugleich auch die internationale Zuständigkeit für die von § 29 b erfaßten Streitigkeiten und zwischen den dort genannten Personen**. So kann z. B. der «Dritte» auch solche Wohnungseigentümer über § 29 b vor dem deutschen Gericht verklagen, die *im Ausland leben*.

2. EuGVÜ

31   Die soeben dargestellte «Indizierung» der internationalen Zuständigkeit durch die Regeln der örtlichen Zuständigkeit entfällt jedoch, soweit das **EuGVÜ** eingreift (näher → Einl. Rdnr. 758 und insbesondere 788 ff.). Hat ein **Beklagter seinen Wohnsitz in einem anderen**

---

[29] → N. 27.

Vertragsstaat des EuGVÜ (zu den Mitgliedsstaaten → Einl. Rdnr. 783), wird **§ 29 b verdrängt**; denn ein solcher Gerichtsstand ist dem EuGVÜ fremd (vgl. die entsprechende Rechtslage etwa in § 20 [→ dort Rdnr. 2] oder in § 34 [→ dort Rdnr. 3]). Gleichwohl ist hierdurch eine Klage wegen der in § 29 b genannten Streitigkeiten gegen ein im EuGVÜ-Ausland wohnendes (früheres) Mitglied einer Wohnungseigentümergemeinschaft nicht ausgeschlossen. Soweit der **Erfüllungsort im Inland** liegt, greift **Art. 5 Nr. 1 EuGVÜ** ein (näher → § 29 Rdnr. 44 ff.); dies kann zu demselben Ergebnis wie bei § 29 b führen (→ Rdnr. 2 und 25). Soweit es sich um eine **Miet-** oder **Pachtstreitigkeit** handelt (→ Rdnr. 7, 13 und 14), greift die ausschließliche internationale Zuständigkeit der deutschen Gerichte nach **Art. 16 Nr. 1 EuGVÜ** ein (näher → § 29 a Rdnr. 25 ff.); in solchen Fällen **bleibt § 29 b** als *örtliche* **Zuständigkeitsregelung erhalten**, weil Art. 16 EuGVÜ nicht auch den Gerichtsstand regelt (→ Einl. Rdnr. 788 a). Die Rechtslage ist dann ähnlich wie bei § 17 (→ dort Rdnr. 4) oder § 24 (→ dort Rdnr. 4).

§ 30   [Besonderer Gerichtsstand des Messe- und Marktortes]

Für Klagen aus den auf Messen und Märkten, mit Ausnahme der Jahr- und der Wochenmärkte, geschlossenen Handelsgeschäften (Meß- und Marktsachen) ist das Gericht des Meß- oder Marktortes zuständig, wenn die Klage erhoben wird, während der Beklagte oder sein zur Prozeßführung berechtigter Vertreter sich am Ort oder im Bezirk des Gerichts aufhält.

Gesetzesgeschichte: Sachlich unverändert seit Erlaß der CPO, sprachlich neugefaßt BGBl. 1950, 535, → Einl. Rdnr. 148.

Stichwortverzeichnis → Gerichtsstandsschlüssel Rdnr. 40 vor § 12

I. Gerichtsstand in Messe- und Marktsachen; internationale Zuständigkeit

1. Der in § 30 geregelte besondere Gerichtsstand[1], seinerzeit im Interesse des Leipziger Handelsstandes in die CPO aufgenommen, ist ein **Gerichtsstand des Vertragsortes**. Ist er *nicht* mit dem Erfüllungsort identisch, konkurriert er mit dem Gerichtsstand des § 29. Zur Beschleunigung der Meß- und Marktsachen dienen die Bestimmungen in den → § 217, § 274 Abs. 3, § 520 Abs. 3 S. 2, § 555 Abs. 2 *(Einlassungs-* und *Zwischenfristen)* sowie § 200 Abs. 2 Nr. 3 GVG *(Feriensache)*.   **1**

2. § 30 ist **unanwendbar**, wenn der (deutsche oder ausländische) **Beklagte seinen Wohnsitz außerhalb Deutschlands** in einem der Vertragsstaaten des EuGVÜ (vgl. Art. 2 Abs. 1 EuGVÜ) hat[2]. Dieses Abkommen sieht keinen dem § 30 vergleichbaren besonderen Gerichtsstand vor. **Wohnsitz des Beklagten im sonstigen Ausland** steht der Anwendung des § 30 nicht entgegen.   **2**

II. Voraussetzungen des § 30

1. **Abschluß des Vertrages** auf einer Messe oder einem Markt, d. h. innerhalb des Verkehrs auf einem dem **kaufmännischen Großverkehr gewidmeten Markt**, im Unterschied zu den gewöhnlichen Jahr- und Wochenmärkten, und während der Dauer der Messe.   **3**

2. Der Vertrag muß ein **Handelsgeschäft** im Sinne der §§ 343 ff. HGB und die Klage aus dem Vertrag erhoben sein; hierbei kann § 29 entsprechend herangezogen werden (→ § 29 Rdnr. 2).

[1] *Schulze* KrVJSchr 18, 219 ff.; *Schrutka-Rechtenstamm* ZZP 7, 62 ff.; *Stein* Gruchot 28, 420 ff.
[2] Zu den Vertragsstaaten des EuGVÜ → Einl.   Rdnr. 783, zum zeitlichen Anwendungsbereich → Einl. Rdnr. 784.

3. Der Beklagte oder ein zur Prozeßführung ermächtigter Vertreter muß sich **zur Zeit der Klageerhebung noch oder wieder am Ort oder im Bezirk des Gerichts aufhalten,** auch nach Beendigung der Messe. Die Zustellung muß *am Meßort* an den hier anwesenden Beklagten oder Vertreter erfolgen. Wer zur Prozeßführung ermächtigt ist, bestimmt das bürgerliche Recht, → § 173 und → § 80 Rdnr. 16 ff.

§ 31   [Besonderer Gerichtsstand der Vermögensverwaltung]

Für Klagen, die aus einer Vermögensverwaltung von dem Geschäftsherrn gegen den Verwalter oder von dem Verwalter gegen den Geschäftsherrn erhoben werden, ist das Gericht des Ortes zuständig, wo die Verwaltung geführt ist.

Gesetzesgeschichte: Sachlich unverändert seit Erlaß der CPO, sprachlich neugefaßt BGBl. 1950, 535, → Einl. Rdnr. 148.

Stichwortverzeichnis → Gerichtsstandsschlüssel Rdnr. 40 vor § 12

I. Der Gerichtsstand der Vermögensverwaltung[1]

1   Der Gerichtsstand der Vermögensverwaltung gründet sich auf die **Tatsache der Führung der Verwaltung an einem bestimmten Ort,** nicht auf ihre rechtlich wirksame Anordnung oder den Ort, wo die geschuldete Verwaltung zu erfüllen ist. Er tritt neben die übrigen Gerichtsstände, so daß der Kläger häufig *die Wahl zwischen verschiedenen Gerichten* (§ 35) hat. Der Gerichtsstand dauert auch *nach beendeter Verwaltung* fort, wenn über die Beendigung hinaus noch Ansprüche aus der Verwaltung bestehen. Es macht keinen Unterschied, ob die Klage auf Leistung, Feststellung oder Gestaltung gerichtet ist.

II. Internationale Zuständigkeit

2   1. Anknüpfungspunkt für die Zuständigkeit ist der Ort der Vermögensverwaltung, gleich, ob hier auch der die Verwaltung begründete Vertrag geschlossen wurde, ob sich das Vermögen an diesem Ort befindet oder ob eine der Parteien hier ihren Wohnsitz hat. **Liegt der Ort der Verwaltung im Inland, ist das deutsche Gericht örtlich und international zuständig,** selbst wenn hinsichtlich der anderen aufgeführten Merkmale eine Auslandsberührung gegeben ist. Das ergibt sich aus dem nach der h. M.[2] gewohnheitsrechtlich anerkannten Grundsatz, daß ein deutsches Gericht international zuständig ist, wenn es nach §§ 12 ff. örtlich zuständig ist.

3   2. Die **deutsche internationale Zuständigkeit fehlt** jedoch, wenn der Verwalter oder der Geschäftsherr als jeweiliger **Beklagter den Wohnsitz in einem der anderen Vertragsstaaten des EuGVÜ[3] innehat.** Wegen Art. 2 Abs. 1 EuGVÜ ist dann die Zuständigkeit der Gerichte des jeweiligen Wohnsitzstaates gegeben, es sei denn, für den einzelnen Fall ist ein deutsches Gericht *nach Art. 16 EuGVÜ* oder *nach Art. 5 ff. EuGVÜ* zuständig oder es greifen andere Vorschriften des EuGVÜ ein (→ Rdnr. 26 vor § 12 m. w. N.).

---

[1] *Stein* Gruchot 28, 422 ff.; *Wach* Hdb. 458 ff.
[2] → Einl. Rdnr. 755 ff. m. w. N.
[3] Zu den Vertragsstaaten des EuGVÜ → Einl.

Rdnr. 783, zum zeitlichen Anwendungsbereich → Einl. Rdnr. 784.

III. Voraussetzungen des § 31

1. Der **Begriff Vermögensverwaltung** ist dem materiellen Recht zu entnehmen. Als Ver-   **4**
mögensverwaltung genügt nicht die Besorgung *einzelner* Angelegenheiten eines anderen, wie
es z.B. bei einem *Agenten* die Regel sein wird. Erforderlich ist vielmehr ein **Komplex von
Geschäften in bezug auf ein bestimmtes Vermögen**, auch wenn damit die Erhaltung und
Mehrung bestimmter Vermögensstücke oder auch eines einzelnen Vermögensstückes nicht
verbunden ist[4]. Deshalb ist ein Generalagent[5] im Gegensatz zum Agenten gewöhnlich »Vermögensverwalter«. *Keine* Vermögensverwaltung liegt auch dann vor, wenn jemand nur die
Befugnis zum Abschluß von Geschäften hat, auch wenn er dazu ein Warenlager hält. Anders
kann der Fall aber schon dann liegen, wenn er *neben* diesen Tätigkeiten auch selbständig
Geldbeträge einzieht, diese verwahrt und darüber Rechnung legt[6]. *Frachtführer, Lagerhalter, Spediteure* usw. werden in der Regel keine Vermögensverwalter sein[7].

2. Der **Rechtsgrund der Verwaltung ist gleichgültig.** Sie kann beruhen auf einem *Vertrag* (Dienstver-   **5**
trag, Auftrag, Gesellschaft usw.), auf einem *vertragsähnlichen Verhältnis* (z.B. einer *Geschäftsführung
ohne Auftrag*), unmittelbar auf *Gesetz*, wie bei der elterlichen Sorge oder auf *Einsetzung durch eine
Behörde, ein Gericht* oder *eine Person* (z.B. bei der Vormundschaft, der Nachlaßverwaltung, der
Testamentsvollstreckung[8], der Konkursverwaltung, der Verwaltung nach dem WEG[9]) usw.

IV. Die Parteien und der Gegenstand des Prozesses

Die Zuständigkeit des Gerichts ist in zweifacher Weise beschränkt: Personell auf die   **6**
Klagen, die von dem **Vermögensverwalter gegen den Geschäftsherrn und umgekehrt** erhoben
werden, **sachlich** auf **Klagen aus der Vermögensverwaltung.**

Somit können an diesem Gerichtsstand nicht verfolgt werden: *Ansprüche Dritter* gegen den Geschäfts-   **7**
herrn oder den Vermögensverwalter und umgekehrt sowie Ansprüche, die *nur bei Gelegenheit* der
Vermögensverwaltung entstanden sind, d.h. solche, deren Entstehung das Verwaltungsverhältnis zwischen den Parteien nicht notwendig voraussetzt, wie z.B. der Anspruch aus § 823 Abs. 1 BGB wegen
Verletzung der Person. **Ansprüche aus der Vermögensverwaltung sind dagegen: auf Entlastung, Heraus-
gabe, Rechnungslegung, Auskunft** usw. in Zusammenhang mit dem verwalteten Vermögen, der Anspruch des Verwalters auf **Vergütung**, wenn nicht, was stets und bei allen Ansprüchen zu beachten ist,
Sonderregeln eingreifen. Hinsichtlich der Vergütung enthalten z.B. § 55 Abs. 1, § 73 Abs. 3 KO für den
Konkursverwalter oder § 153 Abs. 1 ZVG für den *Zwangsverwalter* eine solche *Sonderregelung.* Der
Vergütungsanspruch wird hier durch das Gericht festgesetzt. Gegen diese Festsetzung ist der Weg zur
streitigen Zivilgerichtsbarkeit nicht eröffnet, und für die Anwendung des § 31 somit kein Raum.

V. Der Ort der Vermögensverwaltung

Geführt wird die Verwaltung an dem Ort, wo sich ihr **geschäftlicher Mittelpunkt** befindet,   **8**
namentlich die Kassen, Bücher usw. geführt werden. Ob das zu verwaltende Vermögen sich
ganz oder teilweise dort befindet, ist ohne Belang[10], ebensowenig der Sitz der Behörde,
welche die Verwaltung anordnet oder beaufsichtigt (z.B. das Vormundschaftsgericht).

---

[4] Grundlegend *RGZ* 20, 364.
[5] *RG* a.a.O., *Bruck/Möller*[8] VVG § 48 Anm. 15.
[6] *RG* JW 1899, 2.
[7] *Wieczorek*[2] Anm. B I.

[8] *OLG München* OLG Rsp 23, 83.
[9] *BAG* AP Nr. 1 (*Weitnauer*) = NJW 1974, 1016 (L).
[10] *RG* JW 1894, 278; *OLG Bamberg* OLG Rsp 1, 160 f.

§ 32   [Gerichtsstand der unerlaubten Handlung]

Für Klagen aus unerlaubten Handlungen ist das Gericht zuständig, in dessen Bezirk die Handlung begangen ist.

Gesetzesgeschichte: Sachlich unverändert seit Erlaß der CPO, sprachlich neugefaßt BGBl. 1950, S. 455 → Einl. Rdnr. 148.

Stichwortverzeichnis – Gerichtsstandsschlüssel Rdnr. 40 vor § 12.

I. Allgemeines

1   1. Der **Gerichtsstand der unerlaubten Handlung** *(forum delicti commissi)* **ist am Tatort** begründet, weil das dortige Gericht den *Vorzug der Sachnähe* besitzt; vor allem bei *Verkehrsunfällen* und eventuell notwendigem Augenschein ist die Nähe des Gerichts von Vorteil[1]. In

---

[1] Vgl. *OLG Hamm* NJW 1987, 138; *Baumbach/Lauterbach/Hartmann*[51] Rdnr. 1; *J. Heinrichs* Die Bestim-   mung der gerichtlichen Zuständigkeit nach dem Begehungsort im nationalen und internationalen Zivilprozeß-

vielen Fällen ist dieser Gerichtsstand auch für den Verletzten hilfreich, dem das vielleicht beschwerliche Anrufen des für den Schädiger zuständigen Gerichts an dessen allgemeinem Gerichtsstand erspart wird[2].

2. Der Gerichtsstand tritt **neben andere (allgemeine** und **besondere) Gerichtsstände**; er ist **2** **fakultativ.** Der Kläger kann deshalb auch **vor einem anderen zuständigen Gericht** die in § 32 genannten Ansprüche geltend machen.

3. Soweit eine **Gerichtsstandsvereinbarung** zulässig ist (→ § 38 Rdnr. 3 ff.), kann § 32 auch **3** ausgeschlossen werden, etwa für bereits entstandene Schadensersatzansprüche (→ § 40 Rdnr. 1). Ein **vorheriger Ausschluß** für *vertragliche* Ansprüche kann auch auf Ansprüche aus *unerlaubter Handlung* bezogen werden[3], sofern nicht bereits üblicherweise und voraussehbar eine Vertragsverletzung zugleiche eine unerlaubte Handlung enthält[4].

4. Die örtliche Zuständigkeit des Gerichts kann auch im Wege der **Wahlfeststellung** bejaht **3a** werden (→ Rdnr. 28 vor § 28).

II. Internationale Zuständigkeit und EuGVÜ

1. Nach den allgemeinen Grundsätzen über die internationale Zuständigkeit (→ Einl. **4** Rdnr. 755 ff.) **indiziert das Vorhandensein einer deutschen örtlichen Zuständigkeit auch die deutsche internationale Zuständigkeit.** Demgemäß kann § 32 entnommen werden, daß er für Fälle mit Auslandsbezug gilt, sofern nur der *Tatort* im *Inland* liegt. § 32 ist aus diesem Grund anwendbar **ohne Rücksicht auf die Staatsangehörigkeit der Prozeßparteien, ihren Wohnsitz und das anzuwendende materielle Recht**[5] (→ auch Rdnr. 18).

Im **Ausnahmefall** kann aber die **internationale Zuständigkeit fehlen**, obwohl die Merkmale des § 32 erfüllt sind (und deshalb die *örtliche* Zuständigkeit zu bejahen ist). Es handelt sich um die Fallgruppe *»internationaler Unzuständigkeit«*, *»sachlicher staatlicher Unzuständigkeit«* oder des *»forum non conveniens«*, die in → Einl. Rdnr. 760 näher dargestellt ist.

Diese allgemeinen Grundsätze der deutschen Internationalen Zuständigkeit greifen allerdings immer dann nicht ein, wenn durch völkerrechtliche Verträge der Bundesrepublik Deutschland § 32 verdrängt worden ist. Dies ist durch das **EuGVÜ** in dessen räumlichem und sachlichem Geltungsbereich geschehen (→ Rdnr. 5 ff.). Außerdem gelten **bilaterale Abkommen**, etwa im **Grenzverkehr**, z. B. Art. 15 des deutsch-österreichischen Abkommens vom 14. IX. 1955 über den erleichterten Straßendurchgangsverkehr zwischen *Salzburg* und *Lofer* und *Garmisch-Partenkirchen* und *Pfronten/Füssen* (BGBl. 1957 II 585 und 1958 II 13), der in gewissen Fällen einen *ausschließlichen* (aber durch die Parteien abdingbaren) Gerichtsstand enthält. Einen ausschließlichen Gerichtsstand schafft auch Art. IX des internationalen Übereinkommens über die zivilrechtliche Haftung für **Ölverschmutzungsschäden** vom 29. XI. 1969 (BGBl. 1975 II S. 305, in Kraft für die Bundesrepublik Deutschland seit 18. VIII. 1975, BGBl. II S. 1106). Vor allem für den Bereich der **Straßenverkehrsunfälle** sind Bemühungen im Gange, eine international einheitliche Zuständigkeitsordnung zu schaffen[6].

---

recht (1984); *Zöller/Vollkommer*[17] Rdnr. 1; *Jauernig* ZPR[23] § 10 IV 8.

[2] *M. Schwarz* Der Gerichtsstand der unerlaubten Handlung nach deutschem und europäischem Zivilprozeßrecht (1991) 4.

[3] Zu eng *OLG Hamburg* MDR 1949, 368: Gerichtsstandsklausel muß sich ausdrücklich auf deliktische Ansprüche beziehen; ebenso *OLG Stuttgart* BB 1974, 1270 für Gerichtsstandsklauseln in AGB.

[4] → auch § 40 Rdnr. 1 m. w. N. in N. 3 und 4.

[5] Umfassend *J. Schröder* Internationale Zuständigkeit

(1971) 240 ff.; vgl. auch *U. Wahl* Die verfehlte internationale Zuständigkeit (1974) 24 f. Im Ausnahmefall begründet zwar § 32 die deutsche internationale Zuständigkeit, nicht aber auch die örtliche Zuständigkeit *(Schiffszusammenstoß auf hoher See)*; dann muß die *örtliche* Zuständigkeit nach *anderen* Gesichtspunkten als denen des Begehungsorts ermittelt werden (Beispiel in *LG Oldenburg* IPRsp 1966/1967 Nr. 40: Heimathafen, zur Ersatzzuständigkeit → Einl. Rdnr. 769, zu Seeunfällen → sogleich Rdnr. 10).

[6] Hierzu *Beitzke* Festschr. für *E. von Caemmerer*

5   2. Für den **Anwendungsbereich des EuGVÜ** (→ Einl. Rdnr. 787) enthält **Art. 5 Nr. 3** (*Text* → Einl. Rdnr. 904) **eine Sondervorschrift**, die § 32 verdrängt. Der allgemeine Grundsatz des EuGVÜ, daß eine Person mit Wohnsitz in einem **Vertragsstaat des EuGVÜ**[7] nur vor den dortigen Gerichten verklagt werden kann, erfährt nach dieser Vorschrift insofern eine Ausnahme, als beim Streit um eine unerlaubte Handlung oder eine ihr gleichgestellte Handlung die Klage an dem Ort erhoben werden kann, »*an dem das schädigende Ereignis eingetreten ist*«. **Art. 5 Nr. 3 regelt nicht nur die internationale Zuständigkeit, sondern auch die örtliche Zuständigkeit des Gerichts der unerlaubten Handlung,** so daß trotz der über Art. 5 Nr. 3 begründeten deutschen internationalen Zuständigkeit *nicht* etwa ein örtlich anderes deutsches Gericht – mag es auch nach dem Text der ZPO zuständig sein – angerufen werden kann. Die *sachliche* Zuständigkeit läßt Art. 5 Nr. 3 EuGVÜ aber *unberührt* (→ auch Einl. Rdnr. 788 sub b).

Für eine aus einer unerlaubten Handlung abgeleiteten **Klage gegen einen Haftpflichtversicherer (Direktanspruch gegen den Versicherer)** klärt Art. 9 EuGVÜ, daß sie auch im Gerichtsstand der unerlaubten Handlung erhoben werden darf[8].

a) Begriff der unerlaubten Handlung

6   Die in Art. 5 Nr. 3 EuGVÜ verwendeten Begriffe der »**unerlaubten Handlung**«, der »**Handlung, die einer unerlaubten Handlung gleichgestellt ist**« oder der »**Ansprüche aus einer solchen Handlung**« würden durch eine europarechtliche Interpretation (→ Einl. Rdnr. 786) in allen Vertragsstaaten *einheitlich* angewandt werden können. Für eine solche »*autonome*« Interpretation der Abkommensbegriffe spricht Art. 215 Abs. 2 EWGV, der für den benachbarten Fall der Amtshaftung ebenfalls auf allgemeine Rechtsgrundsätze und nicht auf die nationalen Rechtsordnungen verweist[9]. Allerdings ist nicht zu verkennen, daß eine autonome, europarechtliche Interpretation vor allem angesichts der grundlegenden Unterschiede in der Abgrenzung von »*Vertrag*« und »*Delikt*« (→ § 29 Rdnr. 51 f.) im französischen und im deutschen Recht[10] zu nicht unerheblichen Schwierigkeiten führen kann. Der *EuGH*[11] ist der Ansicht, daß der Begriff »unerlaubte Handlung« im Sinne von Art. 5 Nr. 3 EuGVÜ als »autonomer Begriff anzusehen ist, der sich auf alle Klagen bezieht, mit denen eine Schadenshaftung des Beklagten geltend gemacht wird und die nicht an einen »Vertrag« im Sinne von Art. 5 Nr. 1 anknüpft[12].

b) Begriff des Erfolgsortes

7   Der in Art. 5 Nr. 3 EuGVÜ enthaltene Ausdruck »**Gericht des Ortes, an dem das schädigende Ereignis eingetreten ist**«, weicht vom Text des § 32 ab[13]. Nach dem *deutschen Text* könnte man nur dasjenige

(1978) 677 ff. zum Konventionsentwurf der International Law Association. Allerdings enthält der Entwurf keine ausschließlichen Gerichtsstände.

[7] Zu den Vertragsstaaten des EuGVÜ → Einl. Rdnr. 783. Zum zeitlichen Anwendungsbereich → Einl. Rdnr. 784. Hinsichtlich *seerechtlicher Haftpflichtprozesse* führte das 1. Beitrittsübereinkommen von 1978 einen Art. 6a (*Text* → Voraufl. Einl. Rdnr. 944) ein (hierzu *Schlosser*-Bericht [→ Einl. Rdnr. 784] Rdnr. 127, 128).

[8] Näheres unten → N. 45a.

[9] Vgl. *Heldrich* Die allgemeinen Rechtsgrundlagen der außervertraglichen Schadenshaftung im Bereich der Europäischen Wirtschaftsgemeinschaft (1961). Für eine europäische Auslegung auch *Kropholler* in Hdb. IZVR I Kap. III Rz. 687; *Kropholler* (N. 12) Art. 5 Rdnr. 35; *Bülow/Böckstiegel/Linke* Art. 5 Anm. III 2 a. Dagegen will *Geimer* die Abgrenzung von »Vertrag« und »Delikt« nach der lex causae vornehmen, vgl. *Geimer/Schütze* Internationale Urteilsanerkennung I/1, S. 616; *Geimer* IZPR Rdnr. 1512; *Zöller/Geimer*[17] Art. 5 GVÜ Rdnr. 14. Gegen eine internationale Qualifikation vor allem auch

P. Schlosser NJW 1977, 458; *Spellenberg* ZZP 91 (1978) 44 ff.

[10] Vgl. *Ferid* Das französische Zivilrecht (1971) S. 819 (2 M 1), S. 823 ff. (2 M 10 ff.); *Kollar* Der Gerichtsstand der unerlaubten Handlung (Diss. Köln 1963) 57 ff.

[11] *EuGHE* 1988, 5565 (*Kalfelis ./. Bankhaus/Schröder*) = NJW 1988, 3088 (Anm. *Geimer*) = IPrax 1989, 288 (Anm. *Gottwald* S. 272) = RIW 1988, 901 (Anm. *Schlosser* S. 987) = WuB VII B 1. Art. 5 EuGVÜ 1.89 (Anm. *Welter*) = Rev. crit 1989, 113 (Anm. *Gaudemet-Tallon*).

[12] Zustimmend *Kropholler* Europäisches Zivilprozeßrecht[3] (1991) Art. 5 Rdnr. 35; *Welter* WuB VII B 1. Art. 5 EuGVÜ 1.89. Ablehnend dagegen *Geimer* NJW 1988, 3089; *Gottwald* IPrax 1989, 272; *Schlosser* RIW 1988, 987.

[13] Vgl. *EuGHE* 1976, 1735 (*Handelskwekerij G. J. Bier B. V. ./. Mines de Potasse d'Alsace*) = NJW 1977, 493 f. = RIW/AWD 356 (*Linke*); hierzu *Rest* RIW/AWD 1977, 669.

Gericht für zuständig halten, an dem der Erfolg der Tat eingetreten ist (»**Erfolgsort**«), nicht aber auch den **Begehungsort**. Die *anderen Vertragstexte* lassen aber eine andere Interpretation zu (»*tribunal du lieu où le fait dommageable s'est produit*«, »*guidice de luogo in cui l'evento dannoso è avvenuot*«, »*gerecht van de plaats waar het schadebrengende feit zich heeft voorgedann*«). **Deshalb bestehen keine Bedenken, Art. 5 Nr. 3 EuGVÜ auch auf den Begehungsort anzuwenden, wenn er mit dem Erfolgsort nicht identisch ist**[14]. Ist die Zuständigkeit an *einem* dieser Orte begründet, so gilt sie für den *gesamten* Schaden, wo immer er auch eingetreten ist. Insofern gilt dasselbe im Rahmen des EuGVÜ wie bei § 32, → Rdnr. 32[15].

c) Ort der Folgeschäden

Art. 5 Nr. 3 kann aber nach dem *EuGH*[16] und der h. M.[17] nicht so weit ausgelegt werden, daß unter den Begriff »Ort, an dem das schädigende Ereignis eingetreten ist« auch der Ort subsumiert werden kann, wo nur sog. *Folgeschäden* oder *mittelbare Schäden* eintreten. **7a**

d) Keine internationale Sachzusammenhangszuständigkeit[18]

Nach der Rechtsprechung des EuGH[19] ist im Falle der *Anspruchskonkurrenz* das Gericht, das nach Art. 5 Nr. 3 für die Entscheidung über eine Klage unter einem auf *deliktischer* Grundlage beruhenden Gesichtspunkt zuständig ist, nicht auch zuständig, über diese Klage unter anderen (nichtdeliktischen) Gesichtspunkten zu entscheiden[20]. **7b**

d) Wohnsitz des Beklagten

Wie auch bei den anderen im EuGVÜ enthaltenen besonderen Gerichtsständen ist **Art. 5 Nr. 3 EuGVÜ unanwendbar**, wenn der Beklagte in einem anderen als einem EuGVÜ-Vertragsstaat seinen **Wohnsitz hat** (dann gelten die allgemeinen Grundsätze zur internationalen Zuständigkeit → Rdnr. 4). **8**

3. Zum **internationalen Luftverkehr (Warschauer Abkommen)** → Einl. Rdnr. 824 N. 8 und → § 29 Rdnr. 6 b sowie sogleich → Rdnr. 9. **8a**

III. Mit § 32 verwandte (konkurrierende) Gerichtsstände

1. **Gerichtsstände des Tatorts** enthalten auch: § 20 StVG für Ansprüche nach dem **Straßenverkehrsgesetz**, § 56 Abs. 1 LuftVG (*Text* → § 29 Rdnr. 6 b) nach dem **Luftverkehrsgesetz**, § 14 **Haftpflichtgesetz** (Neubekanntmachung BGBl. 1978 I 145) für alle Arten von Ansprüchen auf Grund dieses Gesetzes[21], also z. B. für Ansprüche aus dem Betrieb einer **Schienen-** **9**

---

[14] Zutreffend *EuGH* a.a.O.; ebenso *OLG Karlsruhe* MDR 1978, 61; *Linke* in: *Bülow/Böckstiegel* Internationaler Rechtsverkehr in Zivil- und Handelssachen[2] (Stand Juni 1991) Art. 5 EuGVÜ S. 606–70; *Rest* (N. 13) 672 m.w.N.; *Piltz* NJW 1979, 1071 (1074); a.M. *Mezger* RIW/AWD 1976, 345 (347).

[15] So auch *Linke* (N. 14) a.a.O. S. 606–70 f.; *Geimer/Schütze* (N. 9) S. 631; *Kropholler* (N. 12) Art. 5 Rdnr. 45.

[16] *EuGHE* 1990, 49 (*Dumez Batiment ./. Hessische Landesbank*) = EuZW 1991, 34 f. = Rev. crit. 1990, 363 (Anm. *Gaudemet-Tallon*); Bericht *Huet*, Clunet 1990, 497.

[17] *Bülow/Böckstiegel/Linke* (N. 14) Art. 5 Anm. III 3 b bb; *Geimer/Schütze* (N. 9) S. 633; *Kropholler* (N. 12) Art. 5 Rdnr. 46; *Schröder* Internationale Zuständigkeit, S. 280.

[18] Näher → § 32 Rdnr. 17 und § 1 Rdnr. 9 ff.

[19] *EuGHE* 1988, 5565 (*Kalfelis ./. Bankhaus Schrö-*

der) = NJW 1988, 3088 (Anm. *Geimer*) = IPrax 1989, 288 (Anm. *Gottwald* S. 272) = RIW 1988, 901 (Anm. *Schlosser* S. 987) = WuB VII B 1. Art. 5 EuGVÜ 1.89 (Anm. *Welter*) = Rev. crit. 1989, 113 (Anm. *Gaudemet-Tallon*).

[20] Für die Anerkennung einer internationalen Zuständigkeit kraft Sachzusammenhangs treten dagegen *Geimer* IPrax 1986, 80 ff. (anders aber in *Geimer/Schütze* [N. 9] S. 446, 558 ff.) und *Mansel* IPrax 1989, 84 (85) ein. *Kropholler* (N. 12) Art. 5 Rdnr. 39 befürwortet eine umfassende Zuständigkeit im Vertragsgerichtsstand; *Linke* in *Bülow/Böckstiegel* (N. 14) Art. 5 Anm. III 2d und *Spellenberg* ZVglRWiss 86 (1987), 22 wollen nach der lex fori bestimmen, ob eine Zusammenhangszuständigkeit besteht.

[21] Durch die Änderung des Haftpflichtrechts ist jetzt die frühere Unterscheidung zwischen Körper- und Sachschäden prozessual unerheblich.

oder **Schwebebahn** (**Eisenbahn** und **Straßenbahn,** auch **Bergbahn, Sessellift;** nicht aber *Ski-schlepplift*), aus dem Betrieb der in § 2 Haftpflichtgesetz genannten Wirkungen von *Elektrizität, Gasen, Dämpfen* und *Flüssigkeiten* bei **Strom-, Rohrleitungs-** und anderen **Anlagen** sowie aus dem Betrieb eines **Bergwerks,** eines **Steinbruchs** oder einer **Fabrik** (näher § 3 Haftpflichtgesetz) und § 6 Abs. 2 Ölschadengesetz vom 30. IX. 1988 (BGBl. II S. 301) für die Haftung des Eigentümers eines Schiffes für Ölverschmutzungsschäden. Dagegen hat der Gesetzgeber im Bereich des Produkthaftungsgesetzes (BGBl. 1988 I S. 2198) ausdrücklich auf die Normierung eines besonderen Gerichtsstandes verzichtet, da er die Aufnahme eines weiteren Gerichtsstandes am Wohnsitz des Geschädigten vor dem Hintergrund des Art. 5 Nr. 3 EuGVÜ weder für erforderlich noch für vertretbar hielt[22]. Außerdem wurde eine eigene Gerichtsstandsregelung als entbehrlich angesehen, da die Produkthaftung von § 32 erfaßt wird. Diese Vorschriften begründen sämtlich nur eine *fakultative* Zuständigkeit (→ Rdnr. 2).

10   2. Verwandte Regelungen trifft auch das **Schiffahrtsrecht:** Für Schadensersatzklagen aus dem **Zusammenstoß von Seeschiffen** untereinander oder zwischen **Seeschiff und Binnenschiff** gelten das **internationale Übereinkommen zur Vereinheitlichung von Regeln über die zivilgerichtliche Zuständigkeit bei Schiffszusammenstößen** vom 10. V. 1952 (BGBl. 1972 II S. 663) und (subsidiär) der inhaltsgleiche § 738 (Abs. 1 Nr. 2) HGB. Für den **Zusammenstoß zwischen Binnenschiffen** auf Binnenwasserstraßen ist in § 3 Abs. 1 Binnenschiffahrtsverfahrensgesetz vom 27. IX. 1952 i. d. F. vom 26. VI. 1981 (BGBl. I S. 553) ein **ausschließlicher örtlicher Gerichtsstand geschaffen,** der dem § 32 entspricht (→ auch Rdnr. 6 sub f. vor § 12 m. w. N. über die Schiffahrtsgerichte). Für die **Rheinschiffahrt** gelten weiterhin Art. 35, 35bis der revidierten Rheinschiffahrtsakte vom 17. X. 1868 (**Mannheimer Akte** i. d. F. vom 11. III. 1969, BGBl. 1969 II S. 597) als spezieller **ausschließlicher Gerichtsstand**[23]. Sowohl beim Binnenschiffahrtsverfahrensgesetz (→ § 38 Rdnr. 2) als auch nach der Mannheimer Akte (Art. 5ter) sind jedoch **Gerichtsstandsvereinbarungen möglich.** Soweit auf Schiffsunfälle diese Gerichtsstandsvorschriften nicht zutreffen, greift § 32 ein[24]. – Zu **seerechtlichen Haftungsprozessen** gemäß dem EuGVÜ → Rdnr. 5[25].

11   3. Das Gesetz über die **Wahrnehmung von Urheberrechten und verwandten Schutzrechten** vom 9. IX. 1965 (BGBl. I 1924) enthält einen dem § 32 verwandten Gerichtsstand:

§ 17 WahrnG

(1) ¹Für Rechtsstreitigkeiten über Ansprüche einer Verwertungsgesellschaft wegen Verletzung eines von ihr wahrgenommenen Nutzungsrechts oder Einwilligungsrechts ist das Gericht **ausschließlich**[26] **zuständig,** in dessen Bezirk die Verletzungshandlung vorgenommen worden ist oder der Verletzer seinen allgemeinen Gerichtsstand hat. ²§ 105 des Urheberrechtsgesetzes bleibt unberührt.

(2) Sind nach Abs. 1 Satz 1 für mehrere Rechtsstreitigkeiten gegen denselben Verletzer verschiedene Gerichte zuständig, so kann die Verwertungsgesellschaft **alle Ansprüche** bei **einem** dieser Gerichte geltend machen.

12   4. § 32 wird ferner vom Gesetz gegen den unlauteren Wettbewerb verdrängt:

§ 24 UWG[27]

(1) ¹Für Klagen aufgrund dieses Gesetzes ist das Gericht zuständig, in dessen Bezirk der Beklagte seine gewerbliche Niederlassung oder in Ermangelung einer solchen seinen Wohnsitz hat. ²Für Personen, die

---

[22] So die amtl. Begründung, BT-Drucks. XI/5520 S. 12.

[23] Maßgebend bei Art. 35 ist der Erfolgsort, nicht der Handlungsort, vgl. hierzu *RheinSchiffG Duisburg-Ruhrort* und *Zentralkommission für die Rheinschiffahrt* IPRsp 1956/1957 Nr. 186.

[24] *Riezler* Internationales Zivilprozeßrecht (1949) 170 f.; RGZ 138, 243 (245 ff.); *LG Oldenburg* (N. 5); vgl. auch *Egon Lorenz* Das anwendbare Deliktsrecht bei

Schiffszusammenstößen auf Hoher See, in FS *Konrad Duden* (1977) 227 ff. und *Basedow* VersR 1978, 495.

[25] → N. 7.

[26] Abweichende Vereinbarung oder rügeloses Einlassen sind unzulässig (→ § 40 Rdnr. 4), vgl. *BGHZ* 52, 108 = NJW 1969, 1532 »*Gema*«; für Klagen *gegen* die Verwertungsgesellschaft gilt § 17 WahrnG nicht.

[27] Eingefügt durch Änderungsgesetz vom 26. VI. 1969,

im Inland weder eine gewerbliche Niederlassung noch einen Wohnsitz haben, ist das Gericht des Aufenthaltsorts zuständig.

(2) Für Klagen aufgrund dieses Gesetzes ist außerdem nur das Gericht zuständig, in dessen Bezirk die Handlung begangen ist.

§ 24 UWG enthält **insgesamt einen ausschließlichen Gerichtsstand**, da außer den Gerichtsständen des 1. Absatzes **nur** noch das forum delicti commissi des Abs. 2 eingeräumt ist. Im Bereich des Warenzeichenrechts schränkt § 33 WZG die Ausschließlichkeit des § 24 UWG ein (→ Rdnr. 23). Zwischen den einzelnen Gerichtsständen des § 24 UWG hat der Kläger jedoch die Wahl[28]. Weil § 24 Abs. 2 UWG sich weitgehend mit § 32 deckt[29], wird **im Geltungsbereich des UWG der Gerichtsstand des § 32 zum ausschließlichen Gerichtsstand**, neben dem es nur den anderen ausschließlichen Gerichtsstand des § 24 Abs. 1 UWG gibt[30] (→ Rdnr. 21 und 22).

5. Einen verwandten Gerichtsstand schafft ferner **§ 49 Börsengesetz** vom 22. VI. 1896 i. d. F. vom   **13**
27. V. 1908 (RGBl. 215). Die dort vorgesehene **Zuständigkeit des Landgerichts**, in dessen Bezirk die Börse liegt, an der durch unerlaubte Handlung Wertpapiere i. S. v. §§ 45 ff. BörsG eingeführt wurden, ist sowohl **örtlich** als auch **sachlich ausschließlich** und **verdrängt § 32**, soweit die Tatbestände des BörsG geprüft werden sollen.

IV. Prüfung des Gerichtsstands. Beschränkung des § 32 auf unerlaubte Handlungen. Kein Gerichtsstand des Sachzusammenhanges

1. Die Prüfung des Gerichtsstands des § 32 **folgt den allgemeinen Grundsätzen** der Zuständig-   **14**
keitsprüfung, wie sie in § 1 dargestellt sind (→ § 1 Rdnr. 9−31). Vor allem *kann* eine auf § 32 gestützte Klage als unzulässig angesehen werden, wenn der Kläger unter **Verstoß gegen Treu und Glauben** die unerlaubte Handlung provozierte *(»agent provocateur«)*[31].

BGBl. I S. 633, eingehend zur Gesetzesgeschichte *OLG Köln* NJW 1970, 476 (477) = WRP 188; vgl. auch *Baumbach/Hefermehl* Wettbewerbs- und Warenzeichenrecht[15] 1 § 24 UWG Rdnr. 1 ff.; *Pastor* in: *Reimer* Wettbewerbs- und Warenzeichenrecht[5] 3 Kapitel 53 II; *Rosenthal/Leffmann* UWG[9] § 24 Rdnr. 1. – Die häufig noch zitierte Rechtsprechung zum Verhältnis von § 32 zum UWG ist seither überholt.

[28] Bis 1969 (→ N. 27) ergaben sich wegen des ausschließlichen Gerichtsstands des § 24 UWG (heute § 24 Abs. 1) Schwierigkeiten im Verhältnis zu § 32, die seitdem beseitigt sind, da über § 24 Abs. 2 UWG der Gerichtsstand des § 32 als *weiterer ausschließlicher* Gerichtsstand eingeräumt worden ist. Zum *alten* Rechtszustand 19. Aufl. dieses Komm. I 1 mit N. 3 (m. w. N).

[29] Unlautere Wettbewerbshandlungen erfüllen den Tatbestand der unerlaubten Handlung (*OLG Köln* [N. 27] m. w. N.) und § 24 Abs. 2 UWG deckt sich im übrigen mit § 32, so daß es zu Unterschieden nur kommen kann, wenn unerlaubte Handlungen vorliegen, die *nicht* unter das UWG fallen; dann ist dem § 32 allerdings die ihm von § 24 Abs. 2 UWG verliehene Ausschließlichkeit genommen.

[30] Ungenau daher *Baumbach/Lauterbach/Hartmann*[51] Rdnr. 3; *Rosenberg/Schwab*[14] § 36 II 7; *Thomas/Putzo*[17] Anm. 2b; *Zöller* (N. 1) Rdnr. 10 wo von einer Wahlmöglichkeit zwischen § 32 und § 24 UWG die Rede ist (gewählt werden kann aber nur zwischen § 24 Abs. 1

und § 24 Abs.'2 UWG (i. V. m. § 32]) und wo dem § 24 UWG in den Fällen des § 32 keine Ausschließlichkeit zugebilligt wird (§ 32 wird aber durch § 24 Abs. 2 UWG nahezu völlig absorbiert, → N. 29). Unzutreffend auch *Wieczorek*[2] Anm. D I und D Ib, der die freie Wahl zwischen § 24 Abs. 1 und Abs. 2 UWG dahin einschränken will, daß § 24 Abs. 2 erst »in letzter Linie« eingreife. Dem Gesetz ist dies nicht zu entnehmen; die Änderung des § 24 UWG wollte außerdem die Wahlmöglichkeit gerade einführen (→ N. 28).

[31] In welchen Fällen von einem rechtsmißbräuchlichen Verhalten (»*venire contra factum proprium*«, → Einl. Rdnr. 251) gesprochen werden kann, hängt weitgehend von den Umständen des Einzelfalls ab. Das Verhalten des *agent provocateur*, ist anders zu beurteilen als das Handeln einer *Testperson*, die zum Nachweis schon anderweit vom Beklagten begangener Delikte (z. B. von Wettbewerbsverstößen) ihrerseits in Beziehung zu den Beklagten trat (»*Testkäufer*«, vgl. z. B. *LG Düsseldorf* WRP 1965, 449), zum Problemkreis vgl. *OLG Hamburg* GRUR 1951, 39; *OLG Düsseldorf* GRUR 1951, 519; 1951, 516 (sämtlich prinzipiell § 32 anwendbar). Die h. M. läßt die Einrede der Arglist in diesen Fällen durchweg nicht zu, vgl. *Pastor* Der Wettbewerbsprozeß (1980) 363; *Tetzner* GRUR 1976, 670; *Zeiss* Die arglistige Prozeßpartei (1967) 75 ff.; → auch (kostenrechtlich) § 91 Nr. 81.

15   2. § 32 gibt den besonderen Gerichtsstand für Klagen aus unerlaubten Handlungen (zu ihnen → Rdnr. 18 ff.). Eine **Klage** kann sich demgemäß **nicht auf § 32 stützen, wenn sie selbst nicht einmal das Vorliegen einer unerlaubten Handlung behauptet** oder wenn sich wenigstens nicht sonst bei sinngemäßer Auslegung und zutreffender rechtlicher Würdigung[32] aus dem Klagevortrag ergibt, daß wegen einer unerlaubten Handlung geklagt wird. Solche Klagen sind, wenn sich die örtliche Zuständigkeit des Gerichts nicht aus anderen Vorschriften ergibt, **unzulässig** und, sofern nicht der **Verweisungsantrag** nach § 281 zum zuständigen Gericht gestellt wird, mit Prozeßurteil **abzuweisen**.

16   3. **Behauptet der Kläger eine unerlaubte Handlung, so ist für die Bejahung der Zuständigkeit des § 32 nicht erforderlich, daß tatsächlich eine unerlaubte Handlung vorliegt**[33]. Eine solche Forderung würde die Begründetheitsprüfung in die Zulässigkeitsuntersuchung verlagern. Vielmehr wird **lediglich geprüft, ob der vorgetragene Sachverhalt als unerlaubte Handlung** im Sinne der in → Rdnr. 18 ff. dargelegten Auslegung **zu qualifizieren ist** (→ näher § 1 Rdnr. 22 zu den *doppelrelevanten Tatsachen*), und ferner ist erforderlich, daß der angebliche **Begehungsort im Gerichtsbezirk** liegt. Wenn sich die Handlung *nicht* als Delikt qualifizieren läßt, ist wie in Rdnr. 15 zu verfahren. Die Klage ist aber auch unzulässig, wenn sich ergibt, daß die behauptete unerlaubte Handlung *nicht im Gerichtsbezirk*, sondern *außerhalb* begangen wurde[34]. Bei **mehreren Delikten** ist das Gericht nur für die in *seinem* Bezirk begangenen Handlungen kompetent. Unschädlich ist es allerdings, falls das *eine* Delikt *auch* anderswo begangen wurde (→ Rdnr. 32).

17   4. **Bejaht das Gericht den Gerichtsstand der unerlaubten Handlung, so ist damit kein Gerichtsstand des Sachzusammenhangs begründet** (→ § 1 Rdnr. 9 f.) – weder für *weitere selbständige* prozessuale Ansprüche (Streitgegenstände, objektive Ansprüchshäufung → § 260 Rdnr. 7) noch auch für die Mehrheit der Begründung *desselben* prozessualen Anspruchs (*Beispiele* → Rdnr. 25, → auch § 265 Rdnr. 8). Dies gilt vor allem für **konkurrierende Anspruchsgrundlagen** ein und desselben Antrags aus dem *Vertragsrecht*[35] z. B. für die *positive Forderungsverletzung* neben einem Delikt[36], oder für **weitere Ansprüche**, die nicht aus unerlaubter Handlung geltend zu machen sind, z. B. *Herausgabe des Erlangten* nach § 816 Abs. 1 BGB oder Zahlung oder *Vertragsstrafe* (→ auch Rdnr. 24).

§ 32 führt – soweit er bei *ein und demselben Streitgegenstand* einzelne Anspruchsgrundlagen nicht zu einer Sachprüfung bringt – somit zu einer **Einschränkung des Streitgegenstandes**. Zu den hieraus sich ergebenden Streitfragen, insbesondere zum Umfang der Rechtskraft → Einl. Rdnr. 295.

17a   5. Sofern einzelne Anspruchsgrundlagen desselben prozessualen Anspruchs (Streitgegenstandes) oder weitere selbständige prozessuale Ansprüche nicht unter § 32 fallen und deshalb über *diese* Vorschrift keine Zuständigkeit finden (→ Rdnr. 17), ist gleichwohl im Einzelfall nicht ausgeschlossen, daß sie **das Gericht sachlich behandelt**, etwa weil sich für vertragliche

---

[32] Vgl. insbes. *RGZ* 95, 268; 129, 175; *OLG Stuttgart* NJW 1954, 515 = GRUR 131; *LG Mannheim* WRP 1968, 121 = Justiz 283; *E. Schneider* JurBüro 1965; 108; *Deutsch* MDR 1967, 88 m. w. N.; anders *OLG Hamm* MDR 1966, 764.

[33] *BGHZ* 98, 263 (273); *BGH* IPRax 1989, 98 f.; *RGZ* 95, 268; *OLG Hamburg* MDR 1949, 368.

[34] *BGH* LM Nr. 1, → auch § 1 Rdnr. 21 und 22. *Unbegründet* ist freilich die Klage, wenn sie gerade die Klärung der Frage zum Ziele hat, ob im Gerichtsbezirk das Delikt begangen wurde (→ § 1 Rdnr. 21 a. E.).

[35] *BGHZ* 98, 362 (367); *BGH* NJW 1986, 2436 = MDR 667; *BGH* VersR 1980, 846 = WPM 825; *OLG Frankfurt a. M.* MDR 1982, 1023 = VersR 1984, 895. – A.M. *Geimer* IZPR Rdnr. 1523; *ders.* IPRax 1986, 80 (81); *Lerch* DRIZ 1986, 17 f.; *Rimmelspacher* JR 1987, 194; *Rosenberg/Schwab*[14] § 36 VI 2; *Spellenberg* ZZP 95 (1982) 17 (26 ff.); *Waldner* MDR 1984, 190 f.; *Zeiss* ZZP 93 (1980) 482 (483).

[36] *BGH* VersR 1978, 59 zur *culpa in contrahendo*, → § 29 Rdnr. 14 a m. w. N. Zur entgegenstehenden Ansicht des *LG Köln* → § 1 N. 6 m. w. N.

Anspruchsgrundlagen auch hier der Erfüllungsort (§ 29) befindet oder da sich der Beklagte rügelos eingelassen hat (§ 339, evtl. nach Belehrung: § 504).

V. Die unerlaubten Handlungen

Der Begriff der unerlaubten Handlung ist, wie z. B. die Begriffe Wohnsitz (→ § 13 **18** Rdnr. 1 ff.) und unbewegliche Sache (→ § 24 Rdnr. 5 ff.) in erster Linie **dem Privatrecht** zu entnehmen, und zwar – jedenfalls bei § 32 (zu Art. 5 Nr. 3 EuGVÜ → Rdnr. 6) – nach der h. M. stets dem deutschen[37].

Die **Qualifizierung** der behaupteten unerlaubten Handung **nach deutschem materiellem Recht** ist bei inländischen Sachverhalten unbedenklich. Auch bei **Auslandsbezug** (z. B. Täter oder Geschädigter ist *Ausländer* oder ein Teil der Tat ist *im Ausland* verwirklicht) werden sich in den meisten Fällen keine Probleme ergeben, weil aus dem inländischen Begehungsort (der ja vom Kläger bei § 32 behauptet werden muß) die Anwendung deutschen materiellen Rechts auf den Sachverhalt folgt. Doch ist in Ausnahmefällen nicht ausgeschlossen, daß trotz der Tat innerhalb Deutschlands **ausländisches materielles Recht anzuwenden** ist. In solchen Fällen ist dann allerdings auch für die Anwendung des § 32 erforderlich, daß das anzuwendende ausländische Recht den Anspruch als deliktisch qualifiziert (zum vergleichbaren Problem beim § 29 → dort Rdnr. 43 a. E.).

Da die ZPO *älter als das BGB* ist und außerdem der Zweck des § 32 die Interpretation des Begriffs der unerlaubten Handlung leitet, können auch solche Ansprüche als *»unerlaubte Handlungen«* angesehen werden, die nach der Terminologie des BGB anders bezeichnet oder eingeordnet werden (→ Einl. Rdnr. 55).

Das BGB hat (§§ 823 ff.) als *»unerlaubte Handlungen«* zwei Gruppen von Rechtsverletzungen zusam- **19** mengestellt: einerseits die **schuldhaften rechtswidrigen Eingriffe in den Rechtskreis eines anderen** und andererseits **die Handlungen, die die Rechtsfolge der unerlaubten Handlung ohne Verschulden nach sich ziehen**; die Handlungen sind zu den Verletzungen vertragsmäßiger Pflichten in Gegensatz gestellt. Mit dieser Weitung der Tatbestände hat das BGB den Begriff der unerlaubten Handlung derart ausgedehnt, daß bei der Interpretation des § 32 als »unerlaubte Handlungen« auch solche **außervertraglichen Zuwiderhandlungen** angesehen werden können, die an anderen Stellen des BGB oder in sonstigen Gesetzen geregelt sind, z. B. in allen Vorschriften über **Gefährdungshaftung**. Deren Gleichstellung mit dem Delikt steht in der Rechtsprechung seit langem außer Streit[38] (→ auch Einl. Rdnr. 51 a. E.).

1. Schuldhafte Handlungen

Unter § 32 fallen alle **Klagen aus schuldhaft unerlaubter Handlung (Delikt)**, also insbeson- **20** dere aus §§ 823 – 826, 839 BGB einschließlich der Klagen aus Verletzung des allgemeinen **Persönlichkeitsrechts**[39] oder des Rechts am **eingerichteten und ausgeübten Gewerbebetrieb**[40] sowie aus Verletzung eines **Schutzgesetzes nach § 823 Abs. 2 BGB**. Hierher zählen ferner die Streitigkeiten wegen der **Verletzung der Verkehrssicherungspflicht**, aber auch die Klagen des (gewerblichen) Rechtsschutzes aus den Verletzungen z. B. des **Urheber-, Patent-, Firmen-, Muster-, Kartell-**[41], **Warenzeichenrechts**[42]. Es gehören hierher auch die schuldhafte **Verzögerung des Antrags auf Konkurseröffnung** von seiten der Vorstände und Abwickler (Liquidato-

---

[37] *BGHZ* 14, 286 (291); **23**; 65 (66); *OLG Düsseldorf* GRUR 1959, 540 = IPRsp 1958/1959 Nr. 160; *Martin Wolff* IPR³ (1954), 164, vgl. auch *Raape/Sturm* IPR⁶ Bd. I S. 278 ff.; *Zöller* (N. 1) Rdnr. 4.

[38] Vgl. *RGZ* 60, 300, → auch N. 54. Vgl. ferner *RGZ* 53, 114 ff.; bes. 120 f.; 58, 336; 61, 58 (Haftpflicht der Eisenbahn als Delikt i. S. v. § 840 BGB).

[39] *OLG München* OLGZ 1987, 216 (217).

[40] *BGH* NJW 1980, 1224 f.

[41] *BGH* GRUR 1980, 227 (229); *BGH* NJW 1980, 1224 f. (zu Schadensersatzansprüchen [§ 35 GWB] wegen Verhängung einer Liefersperre); *OLG München* GRUR 1990, 677 = ZUM 255 (257); *OLG Frankfurt a. M.* DB 1986, 1223 (Belieferungsansprüche [§ 24 GWB] bei Boykottaufrufen); *OLG Stuttgart* BB 1979, 390; *Winkler* BB 1979, 402 → auch N. 109 a. E.

[42] *Rosenberg/Schwab*¹⁴ § 36 II 7; *Thomas/Putzo*¹⁷ Anm. 1c.

ren) eines Vereins (§§ 42, 53, 86 BGB) sowie z. B. die **aktienrechtlichen Pflichtverletzungen des Vorstands** oder der Abwickler einer AG (§ 93 Abs. 2, § 93 Abs. 2 und 3, § 268 Abs. 2 AktG). **Ansprüche gegen den Konkursverwalter nach § 82 KO** und in gleicher Weise **gegen den Vergleichswalter nach § 42 VerglO** fallen in den Anwendungsbereich des § 32[43].

21   Für **Wettbewerbsklagen** bestimmt § 24 UWG (→ Rdnr. 12) einen ausschließlichen Gerichtsstand und verdrängt **insoweit** § 32. Klagen aufgrund des UWG können gemäß § 24 Abs. 1 UWG am Gerichtsstand der gewerblichen Niederlassung, hilfsweise am Gerichtsstand des Wohnsitzes bzw. an dem des inländischen Aufenthaltsortes des Beklagten und – nach freier **Wahl des Klägers** (→ § 35) – im besonderen (ebenfalls ausschließlichen → Rdnr. 12) Gerichtsstand des Begehungsortes (§ 24 Abs. 2 UWG) anhängig gemacht werden. Neben § 24 UWG gilt aber § 32, wenn der Anspruch zugleich auf eine unerlaubte Handlung (insbesondere Verletzung des Rechts am eingerichteten und ausgeübten Gewerbebetrieb) gestützt wird[44].

§ 32 hat auch insofern Bedeutung, als seine Interpretation sich in allen übrigen Punkten mit der Auslegung des § 24 Abs. 2 UWG deckt[45]. **Unerlaubte Handlungen innerhalb des Wettbewerbs sind in aller Regel Wettbewerbsverstöße**[46]. Durch die Änderung des UWG wurde auch die **Verbandsklage des § 13 UWG** berührt (allgemein zur Verbandsklage → Einl. Rdnr. 527), weil nunmehr den nach § 13 UWG klageberechtigten Personen **auch der Gerichtsstand des Begehungsorts** zur Verfügung steht[47]. § 24 UWG betrifft aber **nicht** die **Verbandsklage** bei Ansprüchen aus anderen Gesetzen, z. B. nach § 2 Abs. 1 **ZugabeVO**[48], § 12 Abs. 1 **RabattG** oder auch nach § 13 Abs. 2 **AGB-Gesetz**.

22   Auf dem Gebiet des Warenzeichenrechts hebt § 32 WZG die ausschließliche Zuständigkeit des § 24 **UWG** und **WZG** auf. Diese Ansprüche können deshalb an einem anderen zuständigen Gericht geltend gemacht werden[49]. Von Relevanz ist diese Einschränkung der ausschließlichen Zuständigkeit des § 24 UWG vor allem für die Gerichtssprengelerweiterung des § 32 WZG; diese Vorschrift ermöglicht die Schaffung von Gerichten für Warenstreitsachen[50].

2. Nicht schuldhafte Handlungen

23   Entsprechend seiner Zweckrichtung einen Gerichtsstand für **außervertragliche Rechtsverletzungen** zu schaffen (→ Rdnr. 18 f.), **ist § 32 nicht auf schuldhafte Verstöße beschränkt**. Demgemäß fallen auch die sonst im BGB als unerlaubte Handlungen bezeichneten Handlungen sowie vergleichbare Zuwiderhandlungen unter § 32, so z. B. die **Haftung des Deliktsunfähigen** nach § 829 BGB[51], die **Haftung für Tiere** nach § 833 BGB[52], für **Einsturz eines Gebäudes** nach §§ 836 ff. BGB[53]. Die Ansprüche des Besitzers aus **verbotener Eigenmacht** gehören ebenfalls hierzu (§§ 858 ff. BGB). Ebenso war bis zur Einführung des umfassenden Haftpflichtgerichtsstands (→ Rdnr. 9) unbestritten, daß die Klagen aus dem **Reichshaftpflichtgesetz** unter § 32 fallen[54]. Ansprüche aufgrund des **Produkthaftungsgesetzes** vom 15. XII. 1989

[43] *OLG Celle* WM 1988, 131 (133), Konsequenz aus *BGHZ* 93, 278 ff.
[44] *BGHZ* 15, 338; *OLG Köln* NJW 1970, 476.
[45] → N. 29.
[46] *OLG Köln* (N. 27); *Heinrichs* (N. 1) S. 121; *Nagel* IZPR Rdnr. 118; *Pastor* (N. 27) Fn. 4.
[47] Auch hier ist (→ N. 27) die frühere Rsp. überholt, die den Verbänden eine Klage im Gerichtsstand des Begehungsorts verwehrte.
[48] *BGH* NJW 1956, 1911 = BB 382 = DB 422 = GRUR 1958 (1956) 279.
[49] Vgl. *OLG Düsseldorf* BB 1971, 411. Zur Zulässigkeit der *Prozeßverbindung* von *Kartellsachen* mit Strei-

tigkeiten, für die eine ausschließliche Zuständigkeit beteht, → § 1 Rdnr. 99 sowie *Müller/Gießler* GWB[3] (1978) § 88 Rdnr. 4 (speziell zu § 24 UWG).
[50] Bayern hat von dieser Ermächtigung durch VO vom 2. II. 1988, GVBl. S. 177 Gebrauch gemacht.
[51] Ebenso *Hellwig* LB. 2259 f.
[52] *RGZ* 53, 120 (oben N. 38); 60, 300 (304); 60, 313 (315); *OLG Dresden* SeuffArch 61, 328. – Unentschieden noch *RGZ* 50, 408 (410 f.).
[53] Wenn man nicht sogar ein Delikt annimmt, wie *RG* JW 1907, 16 u. a.
[54] *RGZ* 60, 300 (304), (gegen früher 50, 408, JW 1902, 162), und zwar galt dies auch für die *reinen Gefährdungs-*

(BGBl. I S. 2198) können ebenfalls im Gerichtsstand des § 32 geltend gemacht werden[55]; denn die Haftung nach § 1 Abs. 1 ProdHaftG ist keine vertragliche, sondern eine außervertragliche Haftung[56], die eine Art Gefährdungshaftung darstellt[57]. Ferner rechnen hierher der Anspruch auf Schadensersatz wegen der **Vollstreckung** eines später **aufgehobenen Urteils** oder **Arrestbefehls** oder einer **aufgehobenen einstweiligen Verfügung (Anordnung)** nach § 302 Abs. 4, § 600 Abs. 2, § 641 g, § 717 Abs. 2, 945, 1042 c Abs. 2 S. 2 ZPO, soweit er durch selbständige Klage verfolgt wird[58], sowie die Regelungen des § 89 Abs. 1 S. 3, § 840 Abs. 2, § 842 ZPO.

3. Vertragsverletzungen

Dagegen gehören auch zu dem weiteren Begriff der Klagen aus unerlaubten Handlungen **24** **nicht die Ansprüche aus Verletzungen eines Vertrages** oder vertragsähnlicher Rechtsbeziehungen, mag es sich um Verletzungen bei Abschluß des Vertrages[59], um Fälle der *culpa in contrahendo* (auch bei denen es *nicht* zum Vertragschluß kam) oder um Vertragsstörungen *(Leistungsstörungen)*[60] bei der Erfüllung handeln; also gehören unter § 32 **nicht** Forderungen auf **Schadensersatz wegen Nichterfüllung, nicht die Ansprüche auf Vertragsstrafe**[61], die Ansprüche aus dem **Bruch des Verlöbnisses**, §§ 1298 f. BGB, auch im Falle des § 1300 BGB, aus der **Verletzung der vormundschaftlichen Pflichten**, § 1833 BGB, und der gleichartigen vertragsähnlichen des **Pflegers und Testamentsvollstreckers**, §§ 1915, 2219 BGB, die **Anfechtung nach** §§ 29 ff. KO, §§ 3 ff. AnfechtungsG, weil sie nach ihrem Wesen und ihrer Ausgestaltung den Deliktsansprüchen nicht gleichstehen[62]. Auch *Ersatz- oder Ausgleichsansprüche* bei *Enteignungen* und *enteignungsähnlichen* Eingriffen (→ Einl. Rdnr. 391) und der *Aufopferungsanspruch* (→ Einl. Rdnr. 398) gehören nicht hierher, selbst wenn es sich um rechtswidrige, schuldhafte Eingriffe handelt[63]; in diesem Falle können jedoch im Gerichtsstand des § 32 die konkurrierenden Ansprüche aus **Amtspflichtverletzung** (→ Einl. Rdnr. 387) nach § 839 BGB, Art. 34 GG geltend gemacht werden. Ansprüche aus *ungerechtfertigter Bereicherung* (§§ 812 ff. BGB) scheiden ebenfalls aus[64], anders allerdings im Fall des § 852 Abs. 3 BGB[65]. Schließlich fallen nicht unter § 32 die *Verwahrung gegen eine gewerbeschutz-*

---

haftungsfälle. Nunmehr enthält § 14 Haftpflichtgesetz ein (dem § 32 entsprechendes) umfassendes Forum (→ Rdnr. 9).

[55] Das ProdHaftG selbst enthält keine spezielle Gerichtsstandsregelung.

[56] Soweit der Produktfehler zugleich eine *Vertragsvertretung* darstellt, greifen die allgemeinen Gesichtspunkte über das Geltendmachen vertraglicher Ansprüche im forum delicti commissi ein (→ Rdnr. 17 und 17 a).

[57] Da – soweit das ProdHaftG nicht eingreift – auch weiterhin Ansprüche aus **deliktischer Produkthaftung** geltend gemacht werden dürfen (vgl. § 15 Abs. 2 ProdHaftG: BT-Drs. 11/2447 S. 26), greift bei diesen Ansprüchen § 32 in seiner dargestellten Variante als Forum wegen schuldhafter Handlungen (→ Rdnr. 20) unmittelbar ein.

[58] *RGZ* 74, 249; 106, 289; JW 1911, 153 (zu § 945, § 852 BGB); JW 1913, 438 (zu § 717, § 852 BGB); ferner *OLG Posen* OLG Rsp. 25, 57; *OLG Kiel* SchlHA 18, 182; *OLG Breslau* JW 1926, 1603; *Thomas/Putzo*[17] Anm. 1 d; *Zimmermann* Anm. 2; *Zöller* (N. 1) Rdnr. 8. A. M. *AK ZPO/Röhl* Rdnr. 4.

[59] *RG* Gruchot 49,1012; *OLG Stuttgart* SeuffArch 63, 207. A. M. *OLG Jena* SeuffArch 65, 373.

[60] Ebenfalls nicht die Ansprüche aus *positiver Forderungsverletzung* (auf *Unterlassen*) BGH NJW 1974, 410 (411 sub II 2 b, Anm. *Geimer* 1045) = LM Nr. 3 § 269

BGB = Warn 1973 Nr. 259 = MDR 1974, 300 = BB 1317 = DB 428 = WPM 182 = VersR 197 = JR 149.

[61] *RG* Gruchot 45, 648.

[62] *BGH* NJW 1990, 990 (991); *OLG Hamm* MDR 1966, 764; vgl. auch *BGH* DB 1952, 949, LM Nr. 6 Blatt 2 zu § 37 KO = WPM 1962, 1316 (1317): »*Kein Anspruch auf Schadensersatz*«; *Jaeger/Lent* KO[9] § 37 Rdnr. 141; *Jaeger* Gläubigeranfechtung[2] (1938) § 1 Anm. 12 und 24; *Jauernig* ZwVR[19] § 50 II 3; *Schönke/Baur*[11] § 64 I 2 e und § 64 IV 1, 4. Abs.; *Böhle/Stamschräder/Kilger* Anfechtungsgesetz[7] Einf. II 6; *Zöller* (N. 1) Rdnr. 2; *Mentzel/Kuhn* KO[10] § 29 Anm. 44 und 51; *Böhle/Stamschräder/Kilger* KO[15] § 29 Anm. 22. A. M. für die Fälle des § 31 KO, § 3 Nrn. 1, 2 AnfechtungsG *RG* VZS 21, 420 (425); 48; 401; 74, 226; 84 253 u. oft, *OLG Braunschweig* OLG Rsp 25, 167.

[63] *Baumbach* (N. 1) Rdnr. 7; *Zöller* (N. 1) Rdnr. 12; *OLG Flensburg* SchlHA 58, 204. A. M. *LG Göttingen* NdsRpfl 1957, 135; *Schwarz* (N. 2) S. 30 ff.: Ansprüche aus *Aufopferung infolge rechtswidriger hoheitlicher Eingriffe* und aus *enteignungsgleichem Eingriff* sollen im Gerichtsstand der unerlaubten Handlung nicht durchsetzbar sein.

[64] Anders für die Eingriffskondiktion gem. § 812 Abs. 1 S. 1 2. Alt. BGB *Schwarz* (N. 2) 35 ff.

[65] *Zöller* (N. 1) Rdnr. 12.

rechtliche Verwarnung (bloße »*Berühmung*«)[66] und Ansprüche auf *presserechtliche Gegendarstellung*[67].

25   4. Bildet **ein und derselbe Tatbestand** sowohl eine *unerlaubte Handlung* als auch eine *Verletzung* einer *nicht unter § 32 fallenden vertragsmäßigen* oder *vertragsähnlichen Pflicht*, so **konkurrieren** zwar **materiell-rechtlich** die **Ansprüche**[68], aber der **Gerichtsstand des § 32 ist nur für denjenigen Teil der Klage gegeben, der sich auf unerlaubte Handlung gründet.** Wenn sich nicht die örtliche Zuständigkeit des Gerichts für die nicht unter § 32 fallenden Ansprüche aus anderen Gerichtsstandsvorschriften oder aus dem Parteiverhalten (§§ 38 ff.) ergibt (→ Rdnr. 17 a), können sie nicht vom Gericht geprüft werden (näher → Rdnr. 17).

VI. Die verschiedenen Klagen

26   1. **»Aus unerlaubter Handlung«** (im Sinne der Rdnr. 18 ff.) muß die Klage sein. Dies sind sämtliche Begehren, die aus einer **vollendeten unerlaubten Handlung** Rechtsfolgen ableiten. § 32 ist aber *nicht* auf solche Klagen über abgeschlossene Rechtsvorgänge beschränkt. Auch **Klagen auf Unterlassung von schon begonnenen unerlaubten Handlungen** und die **vorbeugende Unterlassungsklage** bei drohender unerlaubter Handlung fallen unter § 32[69]. Ob solche Klagen *begründet* sind, ist nicht bei der Prüfung des Gerichtsstands zu untersuchen; es reicht, wenn der Kläger einen **angeblich mit einer unerlaubten Handlung zusammenhängenden Anspruch** geltend macht. Im Rahmen der Zulässigkeit ist jedoch – wie auch sonst bei Unterlassungsklagen – zu prüfen, ob die übrigen Voraussetzungen, z. B. gerade einer vorbeugenden Unterlassungsklage gegeben sind (→ näher vor § 253 Rdnr. 8 ff.).

27   2. Es ist gleichgültig, **welche Rechtsfolgen der unerlaubten Handlung** geltend gemacht werden, z. B. ob die Klage auf **Naturalrestitution**[70] oder **Geldersatz**, auf **Rückgabe des Erlangten**[71], **Auskunft**[72], **Widerruf, Unterlassen** oder auf das **Verbot der Handlung** gerichtet ist[73]. Auch die **Klageform** (z. B. *Leistungsklage oder positive* oder *negative*[74] *Feststellungsklage*) begründet keinen Unterschied.

[66] Vgl. *Pawlowski* BB 1965, 849; *Schneider* MDR 1965, 253; 1966, 733 gegen *LG Mannheim* MDR 1965, 302, das den Empfangsort eines Anwaltsbriefes mit der Berühmung, eine beanstandete Warenbezeichnung führen zu dürfen, als Deliktsgerichtsstand ansah.

[67] *BayObLGZ* 1958, 189 = NJW 1825; *OLG Frankfurt a. M.* NJW 1960, 2059; *Löffler-Ricker* Hdb. des Presserechts (1986) 28. Kap. Rdnr. 5; *Romatka* ZUM 1985, 400 (407 f.); *Schack* Rechtsschutz gegen grenzüberschreitende Persönlichkeitsrechtsverletzungen durch Rundfunksendungen (1989) S. 113 (118 f.); *Seitz/Schmidt/Schoener* Der Gegendarstellungsanspruch in Presse, Film, Funk und Fernsehen (1990) Rdnr. 337, 341; *Zöller* (N. 1) Rdnr. 12 → N. 111, so auch *Kollar* (N. 10) 26; a. M. *Thümmel/Schütze* JZ 1977, 786 (788); *Hohloch* Neue Medien und Individualrechtsschutz ZUM 1986, 165 (174 f.); *MünchKomm./Kreuzer²* (1990) Art. 38 EG BGB Rdnr. 220: Der Gegendarstellungsanspruch ist als deliktsähnlich »im Vorfeld der Verletzung des allgemeinen Persönlichkeitsrechts« einzustufen; ähnlich *Wagner* S. 55, 109.

[68] Dazu näher *Dietz* Anspruchskonkurrenz bei Vertragsverletzung und Delikt (1934); *Georgiades* Die Anspruchskonkurrenz im Zivilrecht und Zivilprozeßrecht (1967); *Gravenhorst* Die Aufspaltung der Gerichtszuständigkeit nach Anspruchsgrundlagen (1972); *Spellenberg* Zuständigkeit bei Anspruchskonkurrenz und kraft Sachzusammenhangs ZZP 95 (1982) S. 17 – 44; näher zu

alledem → Einl. Rdnr. 295 ff. (zum *Streitgegenstand*) sowie § 1 Rdnr. 24 (zur *gespaltenen Zuständigkeit*).

[69] *Rosenberg-Schwab*¹⁴ § 36 II 7 mit Fußn. 15; *Zöller* (N. 1) Rdnr. 14; *Deutsch* MDR 1967, 88 Fußn. 8; *Pawlowski* BB 1965, 849 Fußn. 5; *BGH* BB 1956, 382 = GRUR 279 = NJW 911 = DB 422 = WRP 167 = LM Nr. 3 § 2 Zugabe VO (»*Olivin*«); *OLG Koblenz* NJW-RR 1989, 1013; *OLG Düsseldorf* NJW-RR 1988, 403; *OLG Hamm* NJW-RR 1989, 305; 1987, 1337; *OLG Hamburg* NJW-RR 1987, 403; *OLG Hamburg* WRP 1960, 351; an der gegenteiligen Meinung 19. Aufl. dieses Komm. bei N. 22 m. w. N. kann nicht festgehalten werden.

[70] *Löschung eines Warenzeichens* OLG Düsseldorf (N. 37).

[71] *OLG Jena* SeuffArch 65, 373.

[72] *OLG Düsseldorf* (N. 37).

[73] Vgl. auch *OLG Dresden* SeuffArch 65, 335 (*Klage auf Widerruf einer zu Unrecht erteilten Auskunft*); *BGHZ* 37, 187; NJW 1966, 649; *Hubmann* Das Persönlichkeitsrecht (1967) 358 ff. (*persönlichkeitsrechtliche Widerrufsklage*); *Heldrich* Persönlichkeitsrecht im Internationalen Privatrecht FS für *Imre Zajtay* (1982) S. 215 – 232; *Schack* (N. 67) Rechtschutz gegen grenzüberschreitende Persönlichkeitsrechtsverletzungen durch Rundfunksendungen S. 113 ff.

[74] *OLG Stuttgart* SeuffArch 63, 207; *OLG Celle* SeuffArch 70, 375; *OLG Köln* WRP 1978, 917.

3. Ohne Bedeutung ist es ferner, **gegen wen sich die Klage richtet**[75], gegen den **Täter**, 28
Mittäter[76], **Anstifter** oder **Gehilfen** (vgl. § 830 BGB), oder gegen deren **Rechtsnachfolger**[77],
oder gegen solche Personen, die nach Vertrag oder Gesetz eine **Haftung für andere tragen**[78],
wie z. B. gegen den *Übernehmer eines Vermögens*[79], den **Geschäfts-** oder **Dienstherrn** nach
§ 831 BGB[80], den **persönlich haftenden Gesellschafter** im Falle der Inanspruchnahme gem.
§ 161 Abs. 2, § 128 HGB[81], gegen den **Staat** oder andere juristische Personen für die Delikte
der *Beamten, Vorstände* usw., gegen die **Aufsichtspersonen** nach §§ 832, 834 BGB, **Gastwirte**
nach § 701 BGB[82], **Frachtführer** nach § 431 HGB. Auch für die **Direktklage des Geschädigten
gegen den Haftpflichtversicherer** (§ 3 Nr. 1 PflichtVersG) gilt der Gerichtsstand der unerlaubten Handlung, so daß der Geschädigte nicht etwa gezwungen ist, den Haftpflichtversicherer in
dessen allgemeinem Gerichtsstand (§ 17) oder im Agenturgerichtsstand[83] zu verklagen[84]; für
den Bereich des **EuGVÜ** (→ Rdnr. 5 ff.) enthält Art. 9 (*Text* → Einl. Rdnr. 905) sogar eine
ausdrückliche Regelung dieses Inhalts[85]. Wegen dieser Rechtslage ist es insbesondere möglich, Schädiger und Versicherer (evtl. außerdem noch den Halter gemäß § 7, § 20 StVG) vor
ein- und *demselben* Gericht zu verklagen.

Aber auch im umgekehrten Verhältnis ist es **unerheblich, von wem die Klage erhoben** wird,
ob von dem Verletzten bzw. dessen Rechtsnachfolgern[86], von dem rückgriffnehmenden
Fiskus[87] oder von Dritten, die aus der unerlaubten Handlung Ansprüche herleiten, wie z. B.
vom **Sozialversicherungsträger** gemäß § 116 SGB X, vom **Arbeitgeber** gemäß § 4 LohnFG,
vom **Versicherer**[88], auf die Ansprüche aus unerlaubter Handlung **kraft Gesetzes oder kraft
Abtretung übergegangen** sind[89], von einer **Partei kraft Amtes** (→ Rdnr. 25 vor § 50) oder von
einer Person, der die Ansprüche aus unerlaubter Handlung nur zur **Einziehung** überlassen
wurden (**Prozeßstandschaft**, → Rdnr. 41 vor § 50).

VII. Der Ort der unerlaubten Handlung

Der Ort, an dem die unerlaubte Handlung *»begangen«* wurde, ist jeder Ort, an dem auch 29
nur **eines der wesentlichen Tatbestandsmerkmale der unerlaubten Handlung in Erscheinung
getreten ist**. Bloße Vorbereitungshandlungen genügen dafür allerdings nicht[90].

Bei mehraktigen Handlungen ist **Begehungsort** nach ganz h. M.[91] sowohl der **Handlungsort** als auch der
Erfolgsort (der Ort, an dem in das Rechtsgut eingegriffen wurde), so daß sich **mehrere Gerichtsstände der
unerlaubten Handlung** ergeben können, z. B. bei einem Schuß am Standort des Schützen und dort, wo die
Kugel trifft[92], bei Briefen, Telegrammen, Fernschreiben, Telebriefen (Telefaxen) betrügerischen Inhalts
am Ort der **Absendung** und am Ort des **Empfanges**[93], bei der durch Verbreitung von **Presseerzeugnissen**

---

[75] *BGH* NJW 1990, 1533; *BayObLG Rpfleger 1980*,
156.
[76] *BGH* NJW-RR 1990, 604 = MDR 715.
[77] Auch gegen *Einzelrechtsnachfolger (bösgläubiger
Erwerber einer durch unerlaubte Handlung erlangten Sache) Schönke* gegen *AG Karlsruhe* NJW 1953, 349;
E. Schneider JurBüro 1965, 108.
[78] *RGZ* 6, 384; 15, 128; 17, 93; 19, 384 u. a.
[79] *OLG Bamberg* JR 1952, 248.
[80] *BGH* ZIP 1989, 830.
[81] *BayObLG* Rpfleger 1980, 156.
[82] Die Haftung des § 701 BGB ist Haftung für Betriebs-
gefahr (*BGHZ* 15, 149 ff.) und fällt damit unter die Regelung des § 32; a. M. *Zöller* (N. 1) Rdnr. 2.
[83] → § 21 N. 6.
[84] *BGH* NJW 1983, 799 = VersR 586; *BayObLG* NJW
1988, 2184; 1985, 570.
[85] Vgl. auch *Beitzke* (N. 6) 677.

[86] *BGH* NJW 1990, 2316.
[87] *OLG Königsberg* JW 1937, 2780.
[88] *OLG München* OLGZ 1967, 174 = NJW 55 =
VersR 144.
[89] *BGH* NJW 1990, 1533; 2316.
[90] Vgl. *BGH* MDR 1957, 31; *RGZ* 13, 424 (425).
[91] *BGH* NJW 1990, 1533; 1980, 1224 (1225) mit Anm.
Schlosser; LG Berlin BB 1983, 1817 (1818) mit Anm.
Jensko; OLG Koblenz WPM 1989, 622; *OLG Düsseldorf*
NJW-RR 1980, 939 f.; *OLG Hamm* NJW-RR 1986, 1047;
Schröder (N. 5) 271 m. w. N., → auch N. 104 m. w. N.,
N. 106 m. w. N.
[92] *RGZ* 54, 198 (205).
[93] *BGHZ* 40, 391 (394); *RGZ* 27, 418 (419); *Heinrichs*
(N. 1) S. 174; *Wagner* (N. 67) S. 56, 74 ff. – A. M. *Schack*
Die grenzüberschreitende Verletzung allgemeiner und
Urheberpersönlichkeitsrechte UFITA 108 (1988) 51 (65,
Fn. 71): Erst die Übermittlung des Briefes an seinen Emp-

verübten unerlaubten Handlung am Ort der *Herstellung* und *Verteilung*[94] und an den u. U. sehr zahlreichen Orten, an denen sie *bestimmungsgemäß*[95] *verbreitet* werden[96]. Die Sondervorschrift des § 7 Abs. 2 StPO für Pressedelikte gilt im Zivilprozeß nicht[97].

Bei der **Haftung nach den Produkthaftungsgesetz** – die als eine Art deliktischer Haftung angesehen wird[98] – sowie beim Geltendmachen **deliktischer Produkthaftungsansprüche**[99] ist das Gericht sowohl am **Herstellungsort** als auch am **Schadens-(Unfall-)ort** zuständig[100]. Der Ort, an dem der Käufer das Produkt erworben hat, ist unmaßgeblich[101], ebenso der Erfüllungsort des Kaufvertrages[102].

30   Schon die **Durchfuhr von Waren** zum verbotenen Absatz im Ausland soll an *jedem* inländischen Gericht, dessen Bezirk die Waren dabei durchlaufen, einen Gerichtsstand begründen[103]. Weil die Rechtsverletzung zum Tatbestand der unerlaubten Handlung gehört, ist eine Zuständigkeit auch dort gegeben, wo der **Verletzungserfolg** eingetreten ist[104]. Das bedeutet aber nicht, daß beim Eingriff in einen *eingerichteten* und *ausgeübten* **Gewerbebetrieb**[105] der Verletzungserfolg *stets* am Sitz dieses Betriebes eintreten müsse; wird der Betrieb durch Wettbewerbshandlungen, Verstöße gegen Preisbindungen oder dgl. an *anderen* Orten geschädigt, so ist der Verletzungserfolg bereits an diesen anderen Orten abschließend eingetreten, die Auswirkung auf den Betrieb an seinem Sitz stellt nur eine *weitere Schadensfolge* dar, die **nicht** die Zuständigkeit am betreffenden Ort begründet[106]; denn der Gerichtsstand des § 32 ist **nicht** an

---

fänger ist die eigentliche vom Täterwillen getragene Handlung, die den Handlungsort begründet.

[94] *BGH* NJW 1977, 1950 (*nicht* aber auch am *Wohn-* oder *Aufenthaltsort* des Betroffenen) = Warn Nr. 96 = MDR 740 = BB 932 (L) = GRUR 78, 194 = LM Nr. 9; *OLG Karlsruhe* GRUR 1985, 566 f.; *OLG München* OLGZ 1987, 216 (217) (*Ausstrahlungsort* bei *Radio-* und *Fernsehdelikten*); *OLG Düsseldorf* NJW-RR 1988, 232 (zu § 24 Abs. 2 UWG); *OLG Frankfurt a. M.* NJW-RR 1989, 490 f. (zu § 24 Abs. 2 UWG); *Heinrichs* (N. 1) S. 188 ff.; *Schwarz* (N. 2) S. 65; *Zöller* (N. 1) Rdnr. 17. Anders *Hohloch* ZUM 1986, 165 (176): Vorrangige Anknüpfung an den gewöhnlichen Aufenthaltsort des Opfers.

[95] D. h. nicht entgegen dem Willen des Handelnden oder rein zufällig, *OLG Celle* NJW 1963, 2131; *OLG Köln* WRP 1972, 590 = MDR 1973, 143 m. w. N.; *OLG Karlsruhe* WRP 1976, 490, (*Wettbewerbsverstoß durch Zeitungsanzeige*). Das Merkmal der *bestimmungsgemäßen* Verbreitung ist bei durch Presserzeugnisse angeblich begangenen unerlaubten Handlungen unverzichtbar, vgl. *BGH* GRUR 1980, 227 (229) (*Provokationsbestellung*) mit Anm. *Nordemann*; 1973, 153 (154 sub 2 a) = Warn 1970 Nr. 33 = IPRsp Nr. 305 = JZ 1971, 791 (*Deutsch*) »*Tampax*«; *BGHZ* 35, 329 (333) »Kindersaugflasche« = GRUR 1962, 243; *BGHZ* 40, 391 (394) »Stahlexport« = GRUR 1964, 316; *LG Berlin* BB 1983, 1817 mit Anm. *Jensko*; *OLG Karlsruhe* GRUR 1985, 566; *OLG Düsseldorf* NJW 1988, 232 (zu § 24 Abs. 2 UWG); *OLG München* ZUM 1990, 255 (257); *Geimer* IZPR Rdnr. 1515 (*Provokationsbestellung*); *Schack* (N. 93) UFITA 108 (1988) 51 (71).

[96] *OLG Karlsruhe* GRUR 1985, 566 f.; *OLG München* OLGZ 1987, 216 (217); *OLG Düsseldorf* NJW-RR 1988, 232 (zu § 24 Abs. 2 UWG); *OLG Frankfurt a. M.* NJW-RR 1989, 490 f.; *RGZ* 27, 418 (420 f.) *Werbeinserat* mit Aufforderung, Aktien zu zeichnen; 60, 363 (364 f.); *Buchverriß*; 72, 41 (42) *Wettbewerbsverstoß*; 78, 256 (258) *Ehrverletzung*; *OLG Stuttgart* NJW 1954, 515 = GRUR 131 *Wettbewerbsverstoß*; *OLG Celle* NJW 1963, 2131 *Wettbewerbsverstoß*, einschränkend (*ausnahmsweise Zeitungsbezug außerhalb des üblichen Verbreitungsgebiets einer Zeitschrift soll genügen*); *OLG Düsseldorf* BB 1971, 411 = DB 573 = GRUR 281, viel zu weitgehend (*Auflegen einer ausländischen Zeitschrift in einer Bibliothek soll ausreichen*), *LG Mannheim* IPRsp 1966/67 Nr. 186, vgl. auch *Schröder* (N. 3) 212 f.; für eine Beschränkung des

Begehungsorts auf den Handlungsort, als den Ort, an dem das Presserzeugnis bestimmungsmäßig verbreitet wird *Schack* IZVR Rdnr. 303; *ders.* (N. 95) UFITA 108 (1988) 51 (70 ff.); *ders.* Rechtsschutz (N. 67) S. 113 (122).

[97] *RGZ* 60, 363; *OLG Karlsruhe* BadRpr 1904, 259; über *Gegendarstellungen* → N. 67.

[98] → N. 55, 56.

[99] Sie sind neben dem ProdHaftG möglich, → N. 57.

[100] *AG Neustadt/Weinstr.* VersR 1984, 1180 = IPRspr. Nr. 133; *Schack* IZVR Rdnr. 301.

[101] *AG Neustadt/Weinstr.* (N. 100) 1180; *Schack* IZVR Rdnr. 301; a. M. *Heinrichs* (N. 1) S. 98, 116 f.

[102] Wohl aber für vertragliche Schadensersatzansprüche, zu ihnen → N. 56.

[103] *BGH* JZ 1958, 241 (*Steindorff*) = MDR 154 (*Braga*) = GRUR 1989 (*Hefermehl*) = LM § 12 BGB Nr. 18 = IPRsp 1956/1957 Nr. 170 »*Zeiß*«; anders aber *LG München* IPRsp 1958/1959 Nr. 163. Die Durchfuhr (*Transitverkehr*) sollte aber grundsätzlich *nicht* die Zuständigkeit begründen.

[104] *Spengler* GRUR 1953, 78; *Neumann-Duesberg* NJW 1955, 696 (697); *Reiff* NJW 1958, 1173; *OLG Bamberg* ZZP 69 (1956) 185; *KG* ZZP 69 (1956) 377 (*Keller*); *OLG Hamm* NJW 1958 1831 u. a.

[105] Zur Anwendbarkeit des § 823 Abs. 1 BGB *BGHZ* 29, 65 (h. L.).

[106] *Thomas/Putzo*[17] Anm. 2 a; *Zöller* (N. 1) Rdnr. 16 »*Preisbindung*«; *BGHZ* 98, 263 (275); *BGH* NJW 1980, 1224 (1225); *OLG München* GRUR 1990, 677; *OLG Düsseldorf* NJW-RR 1988, 939 f.; *OLG Frankfurt a. M.* DB 1986, 1223; *AG Neustadt/Weinstr.* (N. 98) 1180; *OLG Hamm* NJW-RR 1989, 305 f.; 1987, 1337; *OLG Frankfurt a. M.* WPM 1986, 287; *LG Lübeck* NJW 1990, 2892 f.; *OLG Köln* NJW-RR 1987, 941 f. (jeweils zum Vollstreckungsbescheid aufgrund sittenwidrigen Ratenkreditvertrages); *LG München* I IPRsp 1956/1957 S. 599 = GRUR 1959, 156; *OLG Frankfurt a. M.* NJW 1961, 412 = WRP 1960, 350 = GRUR 1961, 148; *OLG Stuttgart* NJW 1962, 400; *OLG Nürnberg* GRUR 1963, 100; *OLG Düsseldorf* GRUR 1964, 45; *LG Wiesbaden* BB 1962, 1350; *LG Köln* WRP 1968, 414; vgl. auch *BGHZ* 35 und 40 in N. 95; a. M. *OLG Hamburg* WRP 1960, 351; *OLG Köln* WRP 1968, 231; NJW 1961, 835 = GRUR 149 = WRP 90; *OLG Stuttgart* MDR 1961, 1020; *LG Mannheim* BB 1961, 1029 (Anm. *Schibel*); *Giefern* WRP 1969, 143 (146 f.); *Pastor* (N. 27) 410 Fußn. 13 m. w. N.; *Stauder* GRUR Ausl. 1976, 465 (474).

allen denjenigen Orten begründet, wo Schäden eintreten können oder eingetreten sind, sondern nur dort, wo *Tatbestandsmerkmale der Handlung verwirklicht wurden, ohne die eine unerlaubte Handlung gar nicht vorliegen würde*[107]. Ob der Ort, an dem der Verletzungserfolg eingetreten ist, dem *Willen des Schädigers* entspricht, ist unerheblich[108].

Unterlassungen sind dort »begangen«, wo die unterbliebene Handlung an sich hätte ausge-   **31** führt werden müssen[109].

Die Zuständigkeit für Ansprüche aus einer unerlaubten Handlung, die in einem **Handeln** bestand, ist aber nicht an dem Ort begründet, an dem richtigerweise hätte gehandelt (z.B. eine Lizenz eingeholt) werden müssen, um die unerlaubte Handlung in eine rechtmäßige zu verwandeln: Ein **Unterlassungsdelikt** liegt hier nämlich nicht vor[110]. Deshalb geht es nicht an, den Ort, an dem ein Ausgleich des Schadens (z.B. der Abdruck einer *Gegendarstellung* in der Presse) unterblieben ist[111], als Begehungsort anzusehen, statt allein die Orte, an denen die unrichtige Veröffentlichung verbreitet ist[112].

Wenn eine **einheitliche Handlung an mehreren Orten Rechte verletzt,** kann an *jedem* Ort   **32** der Gesamtschaden aus *allen* Rechtsverletzungen geltend gemacht oder allgemein die Unterlassung verlangt werden[113]. Bei *mehreren* unerlaubten Handlungen gilt dies aber *nicht* (→ Rdnr. 16 a.E.). Dabei braucht die Einheitlichkeit der Handlung nicht schon deshalb verneint zu werden, weil diese Handlung nach den Grundsätzen des internationalen Privatrechts[114] nach unterschiedlichen Vorschriften der mehreren anwendbaren Rechtsordnungen des In- und Auslandes oder mehrerer fremder Staaten zu beurteilen ist, wenn diese Vorschriften nur im wesentlichen im Ergebnis übereinstimmen[115].

Haben **mehrere Personen** zusammen gehandelt, so sind nach bürgerlichem Recht die Handlungen der mehreren Beteiligten, wie § 830 BGB erkennen läßt, gleichwertig; dementsprechend ist die Begehung für jeden *selbständig* zu beurteilen[116].

Soweit danach an mehreren Orten ein Gerichtsstand begründet ist, hat der **Kläger** nach § 35 ein **Wahlrecht**.

VIII. Arbeitsgerichtsbarkeit

Angesichts der Zuständigkeit der Arbeitsgerichte für Streitigkeiten aus unerlaubten Handlungen (→   **33** § 1 Rdnr. 152, 178 und 191), ist der Gerichtsstand des § 32 vor allem immer dann von Bedeutung, wenn es sich um **Streitigkeiten zwischen Personen handelt, zwischen denen kein Vertragsverhältnis besteht,** so daß für sie der Gerichtsstand des § 29 ausscheidet. Dies sind vor allem die **Klagen zwischen Arbeitnehmern aus unerlaubter Handlung** (→ § 1 Rdnr. 191), z.B. aus **Verkehrsunfall** in Zusammenhang mit dem Arbeitsverhältnis.

---

[107] *BGHZ* 52, 108 (111) »*Festzeltbetriebe*« (*Gema*) = NJW 1969, 1532 = MDR 734 = DB 1602 = GRUR 564 (Anm. *Bielenberg*); *BGH* NJW 1990, 1533; *OLG Hamm* NJW-RR 1986, 1047; *OLG München* GRUR 1990, 677; *OLG Kiel* SchlHA 1946, 501 und die in N. 55 Genannten; *Rosenberg/Schwab*[14] § 36 II 7; *Kollar* (N. 10) S. 32 ff.; anders *Benkard* GRUR 1954, 181; *David* GRUR 1955, 25; *Deutsch* MDR 1967, 88 Fußn. 7, *OLG Hamburg* WRP 1960, 351 (vgl. auch N. 106); *Lichtenstein, Körner* GRUR 1966, 243.

[108] *OLG Hamm* (N. 104).

[109] OLG Hamm NJW-RR 1989, 305; 1987, 1337; *OLG Karlsruhe* MDR 1960, 56, → auch § 29 Rdnr. 34. So kann bei einer *kartellrechtlichen Belieferungsklage* ein nicht beliefertes Unternehmen an *seinem* Sitz auf Belieferung klagen, *OLG Stuttgart* BB 1979, 390, zust. *Winkler* BB 1979, 402.

[110] Bestätigt durch *BGHZ* 52 (N. 107), anders *Bötticher* in *Schulze* Recht und Unrecht (1954) 270 f.; *Baumbach* (N. 1) Rdnr. 21.

[111] Soweit eine unerlaubte Handlung vorliegt, *Wenzel* JZ 1962, 112, → Rdnr. 24 a.E.

[112] A.M. *Wenzel* (vorige N.).

[113] *RG* VZS 1972, 44 (gegen 1960, 363); *KG* OLG Rsp 17, 94; *Schröder* (N. 5), *282*; vgl. auch *Winkler* BB 1979, 402. *Reinmüller* IPRax 1985, 233 ff. (zur Art. 5 Nr. 3 EuGVÜ) *Schack* IZVR Rdnr. 306; *ders*. (N. 93) UFITA 108 (1989) 51 (67 f., 69 f.). Der Kläger hat dann also ein *Wahlrecht* zwischen den verschiedenen Gerichtsständen, das grundsätzlich auch nicht dadurch eingeschränkt ist, daß bei dem von ihm gewählten Gericht höhere Kosten entstehen, *OLG Hamburg* MDR 1978, 849 = JurBüro 919; *Geigel* Haftpflichtprozeß[20] 1508 f.

[114] Dazu *BGH* GRUR 1971, 153 »*Tampax*« (→ N. 95) unter Berufung auf *BGHZ* **14**, 286; 44, 46; vgl. auch *Raape* IPR[5] § 55 IV, V, VI.

[115] *Steindorff* (N. 103); a.M. *BGH* (N. 103); *Schröder* (N. 5) 283 m.w.N.

[116] A.M. *OLG Hamburg* OLG Rsp 15, 62.

§ 32 a   [Ausschließlicher Umwelthaftungsgerichtsstand]

¹**Für Klagen gegen den Inhaber einer im Anhang 1 des Umwelthaftungsgesetzes genannten Anlage, mit denen der Ersatz eines durch eine Umwelteinwirkung verursachten Schadens geltend gemacht wird, ist das Gericht ausschließlich zuständig, in dessen Bezirk die Umwelteinwirkung von der Anlage ausgegangen ist.** ²**Dies gilt nicht, wenn die Anlage im Ausland belegen ist.**

Entstehungsgeschichte: Eingefügt durch Art. 2 des Gesetzes über Umwelthaftung vom 10. XII. 1990 (BGBl. I S. 2634), in Kraft seit dem 1. I. 1991; bei Schäden vor diesem Zeitpunkt ist die Vorschrift nicht anwendbar (Art. 3 des Gesetzes). Der Gesetzentwurf der Bundesregierung sah keinen Gerichtsstand vor (vgl. BT-Drs 11/7104). Hingegen bejahte die Mehrheit des Rechtsausschusses das Bedürfnis für einen ausschließlichen Gerichtsstand (*Bericht des Rechtsausschusses*, BT-Drs. 11/7881, S. 38 f.).

I. Zweck und Problematik

1   § 32 a enthält einen **ausschließlichen Gerichtsstand** bei Klagen aus Umweltschäden. Zuständig ist das Gericht, in dessen Bezirk sich die Anlage befindet, von der die schädigende Wirkung ausging. Da Umweltschäden eine Vielzahl von Personen an sehr verschiedenen Orten (*Distanzschäden*) betreffen können und nach § 32 *auch der Erfolgsort* einer unerlaubten Handlung die Zuständigkeit begründet (→ § 32 Rdnr. 29 f.), wären *ohne § 32 a häufig zahlreiche Gerichte für denselben Sachverhalt zuständig*. Die Vorschrift **schaltet den Erfolgsort** als **Gerichtsstand aus**, verhindert bei *Massenschäden*[1] die Parallelverfahren über denselben Umweltzwischenfall und berücksichtigt ferner die Schwierigkeiten, die sich sehr häufig in derartigen Prozessen wegen der Beweislage – besonders bei *summierten Immissionen*[2] – ergeben. Bei parallelen Prozessen vor verschiedenen Gerichten kann dies zur Betrauung

---

[1] Hierzu z. B. *Gmehling* Die Beweislastverteilung bei Schäden aus Industrieimmissionen (1989) 189 ff., 208 ff., 226 ff., 235 ff.

[2] Zu *summierten, kumulierten* und *kombinierten* Immissionen vgl. *Gmehling* (N. 1) (S. 120 f., vgl. auch 242 f. sowie *Marburger* AcP 192 (1992) 1 (33).

zahlreicher Sachverständiger führen. Schon aus Kostengründen verbietet sich die Untersuchung desselben Zwischenfalls durch mehrere Sachverständige, ganz abgesehen von der Gefahr, daß sich wegen der Identität des Sachverhalts *die gleichzeitigen Prozesse gegenseitig blockieren*, weil naturgemäß jede Partei die ihr günstigen Beweisaussagen des anderen Prozesses in ihr eigenes Verfahren einbringt.

Andererseits dürfen die Nachteile des Gerichtsstandes nicht übersehen werden. Er **nimmt** der geschädigten Partei **die Möglichkeit, am ortsnahen Gericht zu klagen**, und beseitigt damit die Vorteile, die seit langem der Gerichtsstand der unerlaubten Handlung dem Verletzten bot (→ § 32 Rdnr. 1). Wenn der Schwerpunkt des Prozesses auf der Klärung des am *Erfolgsort* eingetretenen Schadens liegt, ist schwer einzusehen, weshalb am Ort der Anlage prozessiert werden muß. Jedenfalls führt die Neuregelung insoweit nicht etwa zu einer Kosteneinsparung. Problematisch ist § 32 a ferner, weil er bewußt[3] auf eine Regelung verzichtet, wenn **ein und derselbe Schaden von verschiedenen Anlagen** verursacht wurde (→ Rdnr. 28). Auch hier schafft die Vorschrift die Vorteile des Gerichtsstands des Erfolgsorts ab, bei dem alle dort eingetretenen Schäden geltend gemacht werden können, auch wenn sie auf Handlungen beruhen, die an verschiedenen Orten begangen wurden. Nicht anders ist es bei ein und demselben **Schadensersatzanspruch gegen die Inhaber verschiedener Anlagen** (→ Rdnr. 5 und 29). Schließlich schränkt § 32 a ohne ersichtlichen Grund den Rechtsschutz für die *negative* Feststellungsklage ein (→ Rdnr. 6).

2

II. Parteien

1. Kläger

Wie das UmweltHG enthält die Vorschrift ebenfalls **keine Einschränkung hinsichtlich der Klägerseite**. Kläger kann also jeder sein, der meint, ein Umweltdelikt habe ihn geschädigt; etwa auch derjenige, der innerhalb der Anlage als *Arbeitnehmer* tätig ist (zur dann möglichen vertraglichen Anspruchsgrundlage → Rdnr. 10). Wenn auch § 32 a an Massenverfahren denkt (→ Rdnr. 1), so greift er in gleicher Weise ein, falls nur *ein* Geschädigter Klage erhebt.

3

2. Beklagter

Anders ist es bei der **Beklagtenseite**: § 32 a ist **nur für die Klage »gegen den Inhaber«** einer **Anlage** eröffnet. Daher muß das Gericht im Rahmen der Zuständigkeitsprüfung die »Inhaberschaft« klären. Das UmweltHG erläutert den Begriff nicht, sondern setzt ihn voraus. Die Anwendung des § 32 a muß sich deshalb daran orientieren, wie Rechtsprechung und Lehre den Inhaberbegriff des Umweltrechts interpretieren; insoweit hat die ZPO den Ergebnissen des materiellen Rechts zu folgen (zur materiellrechtsfreundlichen Auslegung → Einl. Rdnr. 68). Maßgeblich ist danach, wer »die Anlage auf eigene Rechnung benutzt, die Verfügungsmacht besitzt und die Kosten für den Unterhalt aufbringt«[4]. Dies ist jedenfalls der **Rechtsträger**[5], kann aber auch der *Betreiber* sein[6]. In den meisten Fällen muß das Gericht den Inhaberbegriff für die Zuständigkeitsfrage nicht klären, weil es sich bei dem Begriff des »Inhabers« meistens um eine »*doppelrelevante Tatsache*« (näher → § 1 Rdnr. 21) handelt, so daß das Gericht die Inhaberschaft unterstellen darf, wenn der geltend gemachte materiellrechtliche Anspruch von diesem Tatbestandsmerkmal abhängt; ist der Beklagte nicht »Inhaber der Anlage«, wird die Klage in diesem Fall als *unbegründet* abgewiesen.

4

---

[3] So ausdrücklich *Bericht des Rechtsausschusses*, BT-Drs. 11/7881, S. 39 oben.
[4] So *Landsberg/Lülling* DB 1990, 2206.
[5] *Baumbach/Lauterbach/Hartmann*[51] Rdnr. 1.
[6] *Zöller/Vollkommer*[17] Rdnr. 5.

5   Wie bei allen anderen besonderen Gerichtsständen ist **gleichgültig**, wo der **Beklagte** seinen **(Wohn-)Sitz** hat. Richtet sich die Klage gegen **mehrere Personen** als »Inhaber der Anlage«, sind sie (passive) **Streitgenossen** (§§ 59f.). Dasselbe gilt, wenn die **Inhaber unterschiedlicher Anlagen** wegen ein und desselben Schadens verklagt werden; gleichgültig ist dabei, ob sie als Gesamtschuldner oder nur anteilig in Anspruch genommen werden[7]. Zur Problematik einer solchen Klage bei Anlagen an *verschiedenen* Orten → Rdnr. 29.

6   Ähnlich wie § 29b (→ dort Rdnr. 5) nennt das Gesetz die Parteirollen: Es muß eine Klage »**gegen den Inhaber**« vorliegen, so daß die sonst übliche Anwendung eines Gerichtsstandes auch für *die negative Feststellungsklage* (→ § 256 Rdnr. 101) ausscheidet (→ schon Rdnr. 2 a. E.). Angesichts des Gesetzeszweckes (→ Rdnr. 1) ist dieses Ergebnis wenig sinnvoll, aber wegen des eindeutigen Wortlauts zwingend. Daß der Gesetzgeber die negative Feststellungsklage – bei der dieselben Gründe für eine Konzentration bestehen – offenkundig übersehen hat, rechtfertigt keine andere Interpretation.

III. Anwendungsbereich

1. Schadensersatzklage

a) Vertragsansprüche

10   § 32a gilt **nur für Schadensersatzklagen**. Aus dem Standort der Vorschrift könnte man schließen, es seien nur die in § 32 erfaßten Ansprüche gemeint[8]. Wenn es sich auch meist um außervertragliche Ansprüche handelt, so ist es nicht ausgeschlossen, daß im Gerichtsstand des § 32a **vertragliche Schadensersatzansprüche** geltend gemacht werden[9], etwa Ansprüche *aus positiver Vertragsverletzung* (z. B. aus Dienstvertrag [i. V. m. § 618 BGB] bei der Klage von *Arbeitnehmern*, → schon Rdnr. 3). Bei vertraglichen Schadensersatzansprüchen aus Umwelteinwirkungen *verdrängt § 32a den Gerichtsstand des Erfüllungsorts (§ 29)*[10]. *Andere* als Schadensersatzansprüche fallen nicht unter § 32a, wohl jedoch **schadensersatzrechtliche Nebenansprüche**, etwa auf **Auskunft** (vgl. den gesetzlichen Auskunftsanspruch nach § 8 UmweltHG).

b) Andere Anspruchsgrundlagen

11   Das Forum des § 32a ist hauptsächlich für **Ansprüche nach dem UmweltHG** gedacht. Da § 32a ganz allgemein Schadensersatzklagen erfaßt (→ Rdnr. 10) und außerdem das UmweltHG die Haftung aufgrund anderer Vorschriften nicht berührt (§ 18 Abs. 1 UmweltHG), ist es **ohne Bedeutung, auf welche Anspruchsgrundlage** sich die Klage im einzelnen stützt[11]. Es muß sich allerdings stets um einen Schaden handeln, der durch *eine Umwelteinwirkung verursacht* wurde (→ Rdnr. 15) und von einer der *genau bestimmten Anlagen* (→ Rdnr. 17) ausging. Deshalb darf die Klage – neben den schon genannten (→ Rdnr. 10) *vertraglichen* Ansprüchen – auch Ansprüche aus **sonstiger Gefährdungshaftung** (ArzneiMG, BBegG, BImSchG, GenTG, HPflG, LuftVG, StVG,WHG)[12], aus **Delikt** (§§ 823ff. BGB[13] einschließ-

---

[7] Hierzu *Hager* NJW 1991, 139ff.; *Gmehling* (N. 1) 209ff.; *Marburger* (N. 1) 20.

[8] Zur vergleichbaren Diskussion wegen des Standorts von § 29b (→ dort Rdnr. 11).

[9] So auch *Bericht des Rechtsausschusses* (N. 3) S. 39.

[10] Die Kompetenz für alle Schadensersatzansprüche folgt aber nicht aus § 17 Abs. 2 GVG (anders *Vollkommer* [N. 6] 7); denn diese Vorschrift ist für die *Zuständigkeit* ohnehin nicht einschlägig (→ § 1 Rdnr. 143a). Vielmehr

ergibt sich die Kompetenz für alle Arten von Schadensersatzansprüchen unmittelbar aus dem Gesetzestext, der allgemein auf das Geltendmachen von Schadensersatz abstellt, ohne sich auf bestimmte Anspruchsgrundlagen zu beschränken.

[11] *Bericht des Rechtsausschusses* (N. 3) S. 39.

[12] Siehe auch *Vollkommer* (N. 6) Rdnr. 1; *Marburger* (N. 1) 17.

[13] Insoweit wird § 32 verdrängt, → Rdnr. 25.

lich aus *Verstößen gegen Schutzgesetze* oder aus Verletzungen von *Verkehrs[sicherungs]pflichten*[14]) sowie aus Eigentum (**nachbarrechtlicher Ausgleichsanspruch** gemäß § 906 Abs. 2 S. 2 BGB[15]) enthalten. Solche (weiteren) Anspruchsgrundlagen sind vor allem dann wichtig, wenn sie **einen über das UmweltHG hinausgehenden Schadensersatz** bieten. So ermöglicht die deliktische Anspruchsgrundlage das *Schmerzensgeld* (→ Rdnr. 14) und einen die *Haftungshöchstbeträge* (§ 15 UmweltHG) übersteigenden Schadensersatz sowie die Liquidation von *Bagatellsachschäden*, die § 5 UmweltHG ausschließt.

c) Ausschluß atomrechtlicher Ansprüche

Nicht anwendbar ist § 32 a, wenn ein Schaden auf ein nukleares Ereignis zurückgeht (§ 18 Abs. 2 UmweltHG).   **12**

2. Schaden

Im Gerichtsstand des § 32 a können **Personen-** oder **Sachschäden** geltend gemacht werden (vgl. auch § 1 UmweltHG: Schadensersatzpflicht, wenn »jemand *getötet*, sein *Körper* oder seine *Gesundheit verletzt* oder eine *Sache beschädigt*« wurde). Der Ersatz immaterieller Schäden (z.B. *Schmerzensgeld* [§ 847 BGB]) kann ebenfalls geltend gemacht werden, mag auch das UmweltHG keinen Schmerzensgeldanspruch gewähren[16]. Doch kann er sich aus dem Vorliegen einer unerlaubten Handlung (→ Rdnr. 11) ergeben.   **14**

3. Umwelteinwirkungen

Der Schaden muß »**durch eine Umwelteinwirkung** verursacht« sein. Ein Schaden geht nach § 3 Abs. 1 UmweltHG auf eine Umwelteinwirkung zurück, wenn er auf Emissionen einer Anlage beruht, »die sich in Boden, Luft oder Wasser ausgebreitet haben«. Der Schaden muß also über den »Umweltpfad«[17] verursacht sein. Als Emissionen nennt § 3 Abs. 1 UmweltHG »*Stoffe, Erschütterungen, Geräusche, Druck, Strahlen, Gas, Dämpfe, Wärme oder sonstige Erscheinungen*«.   **15**

4. Ursächlichkeit

Die Umwelteinwirkung muß den Schaden »**verursacht**« haben. Ursächlichkeit der Emission einer bestimmten Anlage für den eingetretenen Schaden regelt § 6 Abs. 1 UmweltHG. Er enthält eine *Ursachenvermutung* zwischen der Anlage und dem Schaden, wenn eine Anlage in einer ganz bestimmten Situation geeignet ist, den entstandenen Schaden zu verursachen[18]. Ausnahmen von der Vermutung finden sich in § 6 Abs. 2 und 3 sowie § 7 UmweltHG.   **16**

---

[14] Hierzu z. B. *Gmehling* (N. 1) 199 ff. sowie 239 ff.

[15] Trotz seiner Verwurzelung im Sachenrecht handelt es sich hier um einen Schadensersatzanspruch im Sinne von §§ 249 ff. BGB (*MünchKomm/Säcker*[2] § 906 BGB Rdnr. 118; *Landsberg/Lülling* Umwelthaftungsrecht (1991) § 906 Rdnr. 12 [S. 352]) und damit auch im Verständnis des § 32 a (→ Rdnr. 10). Da für den Ausgleichsanspruch des § 906 Abs. 2 S. 2 BGB der *dingliche Gerichtsstand* eingreift (→ § 24 Rdnr. 11), kommt es zur Kollision zwischen zwei ausschließlichen Gerichtsständen, wenn das Nachbargrundstück zu einem anderen Gerichtsbezirk

gehört als die Anlage, von der die Umwelteinwirkungen ausgingen (näher → Rdnr. 26).

[16] Vgl. *Begründung des Gesetzentwurfs der Bundesregierung*, BT-Drs 11/7104 S. 21 zu § 19 [jetzt § 18].

[17] *Landsberg/Lülling* (N. 4) a. a. O.; *Hager* (N. 7) 1991, 135.

[18] Näher dazu *Hager* (N. 7) 137; vgl. auch *Gmehling* (N. 1) 186 ff.; *Marburger* (N. 1) 32 ff.; *Kirsten Valentin* Die gemeinschaftliche Haftung der Mitgliedstaaten der EG für grenzüberschreitende Umweltschädigungen (1992) 96 Fn. 207.

5. Anlage

17   Die Klage muß sich »**gegen den Inhaber einer im Anhang 1 des Umwelthaftunggesetzes genannten Anlage**«[19] richten. Dieser Anhang zum Umwelthaftungsgesetz enthält **96 Anlagetypen aus verschiedenen Industriebereichen und dem Handwerk**: *Wärmeerzeugung, Bergbau und Energie, Steine und Erden, Glas und Keramik, Stahl, Eisen und Metall, Chemie, Arzneimittel, Mineralöl und Kunststoff, Holz und Zellstoff, Nahrungs- und Genußmittel, Abfälle und Reststoffe, Lagerung gefährlicher Stoffe*[20]. Nur die in diesem Anhang genannten Anlagen fallen unter § 32 a[21]. Wegen Satz 2 muß sich die Anlage im *Inland* befinden (näher → Rdnr. 40). **Geht der Schaden von einer anderen Anlage aus, greift daher der Gerichtsstand nicht ein.** Auch hier wird es sich – wie beim Begriff der Inhaberschaft (→ Rdnr. 4) – in aller Regel um eine **doppelrelevante Tatsache** handeln, weil ein Schadensersatzanspruch nach dem Umwelthaftungsgesetz das Ausgehen der Umwelteinwirkung von einer dieser im Anhang genannten Anlage voraussetzt (§ 1 UmweltHG).

18   § 3 Abs. 2 und 3 UmweltHG definiert als »**Anlage**«: *ortsfeste Einrichtungen wie Betriebsstätten und Lager* und solche *ortsveränderlichen technischen Einrichtungen wie Geräte, Maschinen* und *Fahrzeuge* sowie deren *Nebeneinrichtungen*, wenn sie mit der Anlage oder einem Anlagenteil in einem räumlichen oder betriebstechnischen Zusammenhang stehen und für das Entstehen von Umwelteinwirkungen von Bedeutung sein können. Darunter können nach § 2 UmweltHG auch noch nicht oder nicht mehr betriebene Anlagen fallen[22].

6. Klageform, Art des Schadensersatzes

19   Welcher Klageart sich der Kläger bedient, spielt keine Rolle (zur *negativen Feststellungsklage* → jedoch Rdnr. 2 a. E. und 6). Gleichgültig ist ferner, welche *Rechtsfolgen der Kläger aus der Umwelteinwirkung* geltend macht: **Naturalrestitution** (vgl. deren *Ausweitung* durch § 16 UmweltHG[23]), **Geldersatz, Auskunft** (→ Rdnr. 10) sind genauso möglich wie ein Klageantrag auf **Unterlassung** (näher → § 32 Rdnr. 27).

IV. Rechtsfolgen

1. Ausschließlichkeit des Gerichtsstandes

21   Erfüllt eine Klage die in § 32 a genannten Voraussetzungen, ist das Gericht **ausschließlich** *örtlich* zuständig, **in dessen Bezirk die Anlage liegt, von der die Umwelteinwirkungen ausgingen**; zur *bezirksüberschreitenden* Anlage → Rdnr. 27. Die *sachliche Zuständigkeit* richtet sich nach allgemeinen Grundsätzen (→ § 1 Rdnr. 34).

22   Die Ausschließlichkeit **verhindert** wegen § 40 Abs. 2 **Zuständigkeitsvereinbarungen** und eine Begründung des Gerichtsstandes durch **rügeloses Einlassen**. Dies gilt auch für das Geltendmachen des Anspruchs im Wege der **Widerklage** (→ § 33 Rdnr. 21) oder durch die **Zwischenfeststellungsklage** (→ § 256 Rdnr. 151).

---

[19] BGBl. 1990 I S. 2639, abgedruckt auch bei *Landsberg/Lülling* (N. 15) S. 12 ff.

[20] Vgl. *Landsberg/Lülling* (N. 4) 2205. Die Aufzählung orientiert sich am Anhang zur Vierten Verordnung zur Durchführung des Bundes-Immissionsschutzgesetzes (Verordnung über genehmigungsbedürftige Anlagen –

4. BImSchV, BGBl. 1985 I S. 1586), vgl. *näher Landsberg/Lülling* (N. 4) 2205 f.

[21] Sog. *Listenprinzip*, vgl. *Marburger* (N. 1) 18.

[22] Siehe auch *Landsberg/Lülling* (N. 4) 2206.

[23] Hierzu *Hager* (N. 7) 141; vgl. auch *Gmehling* (N. 1) 180 f.

2. Konkurrenz zwischen Gerichtsständen

a) Verdrängung anderer Gerichtsstände durch § 32 a

Wegen seiner Ausschließlichkeit **verdrängt § 32 a andere Gerichtsstände**, die für den Streit- **25** gegenstand einschlägig wären. Dies ist insbesondere § 32 (→ Rdnr. 11). Bei Vertragsansprüchen tritt § 29 hinter § 32 a zurück (→ Rdnr. 10). § 6 Abs. 2 ÖlschadenG (→ § 32 Rdnr. 9) wird ebenfalls ausgeschaltet.

b) Vorrang des nachbarrechtlichen dinglichen Gerichtsstandes

Zwei ausschließliche Gerichtsstände kollidieren, wenn der Klageantrag sowohl aus § 1 UmweltHG **26** und zugleich aus der **nachbarrechtlichen** Ausgleichsanspruchgrundlage gemäß § 906 Abs. 2 S. 2 BGB (zu ihr → Rdnr. 11) hergeleitet wird und wenn das benachteiligte Nachbargrundstück zu einem anderen Gerichtsbezirk gehört als die Anlage, von der die Umwelteinwirkungen ausgingen. Da für diesen Ausgleichsanspruch der *dingliche Gerichtsstand* eingreift (→ § 24 Rdnr. 11), stellt sich die Frage, ob der Umwelthaftungsprozeß im dinglichen Gerichtsstand oder im Gerichtsstand des § 32 a stattfinden hat. Angesichts der schon seit langem unbestrittenen analogen Anwendung von § 24 Abs. 2 auf nachbarrechtliche Gerichtsstandskollisionen (→ § 24 Rdnr. 29) ist in einem solchen Fall der **Umwelthaftungsprozeß am dinglichen Gerichtsstand des benachteiligten Grundstücks** und nicht am Ort der Anlage durchzuführen. Lehnt man diese Lösung ab, muß man nach allgemeinen Grundsätze dem **Kläger** die **Wahl** zwischen dem dinglichen und dem Umwelthaftungsgerichtsstand einräumen, da – anders als in § 689 Abs. 2 Satz 3 – ein Vorrang des § 32 a vor anderen ausschließlichen Gerichtsständen nicht angeordnet ist (→ § 35 Rdnr. 2).

c) Bezirksübergreifende Anlage

Befindet sich ein und dieselbe[24] **Anlage**, von der die Umwelteinwirkungen ausgingen, **im** **27** **Bezirk mehrerer Gerichte**, ist § 36 Nr. 4 entsprechend anzuwenden[25]. Zwar handelt es sich bei § 32 a nicht um den dinglichen Gerichtsstand, jedoch sind die tatsächliche Situation (*bezirksübergreifende* Belegenheit ein und derselben Sache) und die rechtliche Lage (*Ausschließlichkeit* des Gerichtsstandes) nicht anders.

d) Mehrheit von Anlagen desselben Inhabers

Wurde ein und derselbe Schaden hingegen **von mehreren** *verschiedenen* Anlagen desselben Beklagten **verursacht**, die sich **im Bezirk** *unterschiedlicher* Gerichte befinden, besteht **keine Möglichkeit**, *ein und dasselbe Gericht* mit dem Prozeß zu betrauen[26]. Diese vom Gesetz (→ Rdnr. 2) in Kauf genommene Folge führt zu einer Aufspaltung der Auseinandersetzung in verschiedene Prozesse, was insbesondere bei summierten Immissionen[27] sehr problematisch ist; angesichts der Ausschließlichkeit des Gerichtsstandes kann in einem solchen Fall auch nicht das rügelose Einlassen des beklagten Inhabers der Anlage helfen (→ Rdnr. 22). Eine Gerichtsstandsbestimmung nach § 36 Nr. 4 (zu ihr → Rdnr. 27) scheidet aus[28], weil es sich nicht um ein und dieselbe Anlage handelt, sondern um *verschiedene* Anlagen, die sich in unterschiedlichen Gerichtsbezirken befinden.

---

[24] Zur Rechtslage bei *mehreren unterschiedlichen* Anlagen → Rdnr. 28.

[25] *Vollkommer* (N. 6) Rdnr. 6; *MünchKommZPO/Patzina* Rdnr. 10 gibt in diesem Fall dem Kläger auch ein Wahlrecht (§ 35) zwischen den betreffenden Gerichten.

[26] *Hartmann* (N. 5) 3 will hier dem Kläger ein Wahlrecht (§ 35) einräumen. Doch würde dies voraussetzen,

daß jedes der Gerichte für den *gesamten* Schaden zuständig ist. Gerade eine solche grenzüberschreitende Gerichtskompetenz sieht das Gesetz nicht vor, so daß an jedem der Gerichtsstände geklagt werden muß.

[27] → oben N. 2.

[28] Anders wohl *Hartmann* (N. 5) 3.

e) Mehrheit von Anlagen verschiedener Inhaber

29   Nicht anders ist es bei ein und demselben **Schadensersatzanspruch gegen die Inhaber verschiedener Anlagen** (hierzu → schon Rdnr. 5), *die in unterschiedlichen Gerichtsbezirken belegen* sind. Wie schon dargelegt, verzichtet für diesen Fall das Gesetz bewußt (→ Rdnr. 2) auf die Regelung eines einheitlichen Gerichtsstandes (den § 32 am *Erfolgsort* bisher bot). In diesem Fall mit einer Zuständigkeitsbestimmung nach § 36 Nr. 3 zu helfen[29], ist sowohl nach den Vorstellungen des Gesetzes[30], als auch nach der in diesem Kommentar vertretenen Ansicht abzulehnen (→ § 36 Rdnr. 11), es sei denn, im Einzelfall liegt eine notwendige Streitgenossenschaft im Sinne des Verbots der Einzelklage vor (→ § 62 Rdnr. 14) und der Kläger könnte sonst Rechtsschutz nicht erhalten. In allen anderen Situationen **verbietet die Ausschließlichkeit der Gerichtsstände eine Zuständigkeitsbestimmung** nach § 36 Nr. 3.

V. Internationale Zuständigkeit

1. Allgemeines

34   Als Gerichtsstandsnorm ist § 32 a Satz 1 eine Regelung der *örtlichen* Zuständigkeit. Wie bei den anderen Gerichtsstandsnormen gilt auch hier der Grundsatz, daß die örtliche Zuständigkeit **die internationale Zuständigkeit indiziert** (→ Einl. Rdnr. 755 m. w. N.). Soweit also **§ 32 a Satz 1** die örtliche Kompetenz herstellt, gewährt er grundsätzlich **zugleich auch die internationale Zuständigkeit für die in § 32 a genannten Streitigkeiten**[31]. Hat daher ein **Inhaber** einer Anlage (→ Rdnr. 4) seinen **(Wohn-)Sitz im Ausland**, so kann er gleichwohl im Inland verklagt werden.

2. EuGVÜ

35   Die soeben dargestellte »Indizierung« der internationalen Zuständigkeit durch die Regeln der örtlichen Zuständigkeit entfällt jedoch, soweit das **EuGVÜ** eingreift (näher → Einl. Rdnr. 758 und insbesondere 788 ff.). Hat ein **Inhaber** einer Anlage seinen **(Wohn-)Sitz in einem anderen Mitgliedstaat des EuGVÜ**, kann die internationale Zuständigkeit nur bejaht werden, wenn sie sich aus dem EuGVÜ ableiten läßt. Einschlägig ist insoweit **Art. 5 Nr. 3 EuGVÜ** (*Text* → Einl. Rdnr. 904), der das *forum delicti commissi* auch für eine »Handlung« öffnet, die »einer unerlaubten Handlung gleichgestellt ist«. Soweit der **Streitgegenstand sich auf § 1 UmweltHG gründet**, kann von einer solchen Gleichstellung gesprochen werden (→ § 32 Rdnr. 6). Die internationale Zuständigkeit besteht dann **sowohl am Begehungsort wie am Erfolgsort** (näher → § 32 Rdnr. 7). Die **Beschränkung des § 32 a auf den Begehungsort** wird daher durch Art. 5 Nr. 3 EuGVÜ **beseitigt**, so daß der EuGVÜ-Ausländer also auch am Erfolgsort verklagt werden darf. Trotzdem *empfiehlt* es sich, ihn stets am *Begehungsort* – also im Gleichklang mit § 32 a – zu verklagen, vor allem wenn zugleich in Deutschland wohnende Personen verklagt sind, bei denen § 32 a keine Kompetenz am Erfolgsort gibt.

36   Sofern das EuGVÜ gilt, bleibt im Unterschied zu anderen Gerichtsstandsvorschriften (z. B. § 22, → dort Rdnr. 3) § 32 a aber nicht wenigstens als *örtliche* Zuständigkeitsregelung erhalten, weil Art. 5 EuGVÜ zugleich auch den Gerichtsstand regelt (→ Einl. Rdnr. 788 b).

37   Ist im Einzelfall einmal zweifelhaft, ob Art. 5 Nr. 1 EuGVÜ oder § 32 a eingreift, hilft eine

---

[29] So *Vollkommer* (N. 6) Rdnr. 7.
[30] *Bericht des Rechtsausschusses* (N. 3) a. a. O.

[31] Abwegig ist die Gegenansicht von *Landsberg/Lülling* (N. 4) 2211.

Wahlfeststellung, sofern sich die in den beiden Vorschriften genannten Begriffe decken und ihre Anwendung zu demselben Ergebnis führt (näher → Einl. Rdnr. 773, 808 b und → Rdnr. 28 vor § 12).

3. Anlagen im Ausland

Bei Ansprüchen, die sich gegen Inhaber von Anlagen richten, die im **Ausland belegen** sind, kommt § 32 a nicht zur Anwendung. Dies ergibt sich aus **§ 32 a** S. 2[32]. Somit bleibt es bei Schäden, die im Inland auftreten, jedoch von einer Anlage verursacht werden, die im Ausland belegen ist, weiterhin bei der bisherigen Regelung, daß der Gerichtsstand (auch) an dem Ort im Inland besteht, an dem der Schaden eingetreten ist. Dies ist insbesondere der Gerichtsstand der unerlaubten Handlung nach § 32 (→ dort Rdnr. 29)[33].

40

§ 33   [Gerichtsstand der Widerklage]

(1) Bei dem Gericht der Klage kann eine Widerklage erhoben werden, wenn der Gegenanspruch mit dem in der Klage geltend gemachten Anspruch oder mit den gegen ihn vorgebrachten Verteidigungsmitteln in Zusammenhang steht.

(2) Dies gilt nicht, wenn für eine Klage wegen des Gegenanspruchs die Vereinbarung der Zuständigkeit des Gerichts nach § 40 Abs. 2 unzulässig ist.

Gesetzesgeschichte: Abs. 1 sachlich unverändert seit Erlaß der CPO, sprachlich neu gefaßt (BGBl. 1950, S. 455, Einl. Rdnr. 148), Abs. 2 neu gefaßt durch die Gerichtsstandsnovelle (BGBl. 1974 I 753, → Einl. Rdnr. 153).

Stichwortverzeichnis → Gerichtsstandsschlüssel vor § 12 Rdnr. 40.

---

[32] Eingefügt vom *Vermittlungsausschuß* (BT-Drs. 11/8134 S. 6), weil sonst bei ausländischen Immissionen kein inländischer Gerichtsstand bestünde.

[33] *Vermittlungsausschuß* (N. 32) a.a.O.

I. Der Zweck der Vorschrift

1   § 33 trägt dem Bedürfnis Rechnung, zusammenhängende Fragen in *einem* Prozeß zu klären[1]. Er verhindert die Vervielfältigung und **Zersplitterung von Streitigkeiten**, bekämpft die Gefahr **widersprechender Entscheidungen** und stellt die **prozessuale Waffengleichheit** (→ Einl. Rdnr. 506) dadurch her, daß es dem Beklagten ermöglicht wird, in einem laufenden Prozeß seine Gegenansprüche einzubringen.

II. Der Begriff der Widerklage

2   1. Widerklage[2] *(reconventio)* ist das während eines Prozesses **in demselben Verfahren** und zum Zweck gleichzeitiger Verhandlung **erhobene Gegenbegehren**, mit dem ein von dem Anspruch der Klage **verschiedener Streitgegenstand**[3] (zu ihm → Einl. Rdnr. 263 ff.) **geltend gemacht wird.** Die Ansprüche können auch dem *identischen* Rechtsverhältnis entspringen, so z. B. wenn gegen die negative Feststellungsklage die Widerklage auf Verurteilung zu der vom Kläger geleugneten Leistung erhoben wird oder wenn im Fall des § 323 die *eine* Prozeßpartei

---

[1] Motive zu § 33 = *Hahn* 158; BGHZ 40, 185 (188) = NJW 1964, 44 (Anm. *Putzo* 500; *Hoffmann* 1026) = BB 535 = MDR 32 = JR 223 = JZ 295 = JuS 122 Nr. 6 = LM Nr. 6 (L., Anm. *Johannsen*); *BGH* NJW 1981, 2642 (2643); vgl. auch *Pfaff* Widerklagezuständigkeit bei prorogationswichtiger Klageerhebung ZZP 96 (1983) 334 (351 f.).

[2] Lit.: *Eickhoff* Inländische Gerichtsbarkeit und internationale Zuständigkeit für Aufrechnung und Widerklage, Schriften zum Prozeßrecht Bd. 24, 1985 (dazu *Kropholler* ZZP 100 [1987], 352 ff.); *v. Falkenhausen* Ausschluß von Aufrechnung und Widerklage durch internationale Gerichtsstandsvereinbarungen RIW/AWD 1982, 386 ff.; *Fenn* Die fristgebundene Widerklage – ein Anschluß»rechtsmittel« erster Instanz? AcP **163** (1963) 152 ff.; *Fischer* ZZP **43** (1913) 96 ff.; *Gaul* Das Zuständigkeitsverhältnis der Zivilkammer zur Kammer für Handelssachen bei gemischter Klagehäufung und handelsrechtlicher Widerklage JZ 1984, 57 ff.; *Haase* Die Widerklage, JuS 1967, 405 ff.; *Heinsheimer* Klage und

Widerklage ZZP 38 (1909) 1 ff.; *Keller* Beiträge zur Lehre von der Widerklage (Diss. Zürich 1940); *Kleinfeller* Der Gerichtsstand der Widerklage (1882); *Loenig* Die Widerklage ZZP 4 (1882) 1; *Lippmann* AcP 65 (1882) 414 ff.; 71 (1887) 331 f.; *Nieder* Die Widerklage mit Drittbeteiligung, ZZP 85 (1972) 437 ff.; *ders.*, Sonderregeln der Widerklage in Fällen von Drittbeteiligung, MDR 1979, 10 ff.; *Pollak* Die Widerklage (1889); *Pfaff* (N. 1) ZZP 96 (1983) 334 ff.; *Prütting/Weth* Teilurteil zur Verhinderung der Flucht in die Widerklage ZZP 98 (1985) 131 ff.; *E. Schneider* Die Zulässigkeit der Zwischenfeststellungs(wider)klage, MDR 1973, 270; *J. Schröder* Widerklage gegen Dritte? AcP 164 (1964) 517 ff.; *ders.* Internationale Zuständigkeit (1971) 582 ff. (auch *historisch* und *vergleichend*); *Wieser* Zur »Widerklage« eines Dritten gegen einen Dritten ZZP 86 (1973) 36 ff.; *Wittmann* Die Zulässigkeit der Widerklage im geltenden Reichszivilprozeßrecht (1936).

[3] *BGH* WM 1991, 1154; *Walter* NJW 1987, 214 Anm. zu *BGH* NJW 1987, 3138 ff.; *BAG* NZA 1990, 987 f.

die Erhöhung, die andere Partei die Herabsetzung der Rente verlangt. Sind die **prozessualen Ansprüche verschieden**, so ist es gleichgültig, ob die Widerklage als solche bezeichnet wird[4]. Dagegen liegt **keine Widerklage** vor, **wenn eine selbständige Rechtsschutzhandlung nicht verlangt wird**[5], insbeondere dann, wenn das Begehren des Beklagten bloß die *Verneinung des gegnerischen Antrags* enthält, wie bei dem negativen Feststellungsantrag gegenüber der Leistungsklage oder der positiven Feststellungsklage[6]; es handelt sich dann lediglich um eine sachlich bedeutungslose Einkleidung des Klageabweisungsbegehrens. Der Antrag ist in solchen Fällen gegenstandslos, auch wenn ihn der Beklagte ausdrücklich als »Widerklage« bezeichnet. Falls der Beklagte auf dem Antrag beharrt, ist dieser als *unzulässig* abzuweisen, weil derselbe Streitgegenstand durch die Hauptklage schon rechtshängig ist[7]. Dagegen ist bei einer **Teilklage** die **Widerklage auf negative Feststellung hinsichtlich der Gesamtforderung zulässig**[8], nicht etwa nur hinsichtlich der überschießenden Summe (→ § 256 Rdnr. 137). Demgemäß ist die **Verweisung auszusprechen**, wenn das *Ganze*, nicht etwa nur der überschießende Betrag, die amtsgerichtliche Zuständigkeitsgrenze übersteigt (→ § 506 Rdnr. 3).

2. Die Widerklage ist, da sie eine zweite selbständige Rechtsschutzhandlung neben der   **3** durch die Klage beantragten Entscheidung verlangt, *kein Verteidigungsmittel* (→ zum *Begriff* § 146 Rdnr. 2, → auch § 296 Rdnr. 39)[9], sondern eine in Voraussetzungen und Wirkungen selbständig zu beurteilende **besondere Art der Klage**; es wird durch sie *vom Beklagten aus* für die Aufgabe des Gerichts dieselbe Sachlage geschaffen wie vom Kläger durch die Klagenhäufung (§ 260). **Demgemäß ist die Widerklage in jeder Beziehung nach den für die Klage geltenden Regeln zu behandeln.** Abweichungen sind nur gegeben hinsichtlich der *Form ihrer Erhebung*, § 261 Abs. 2, und insoweit, als eine *Vorschußzahlung* entfällt (arg. § 65 Abs. 1 GKG »Klage«). Ausländer und Staatenlose brauchen als Widerkläger gemäß § 110 Abs. 2 Nr. 3 *keine Sicherheitsleistung* zu erbringen.

3. **Widerklage und Aufrechnung** unterscheiden sich demgemäß grundlegend: Mit der (Prozeß-)-   **4** Aufrechnung versucht der Beklagte einen Klageangriff abzuwehren; hat sie Erfolg, wird die *Klage abgewiesen*, ohne daß die Gegenforderung rechtshängig geworden ist (→ § 145 Rdnr. 42). Mit der **Widerklage** führt der Beklagte einen selbständigen Angriff, der zur **Verurteilung des Klägers** führen kann. In der Wahl zwischen Widerklage und Aufrechnung ist der Beklagte frei (→ auch Rdnr. 22). Er kann also, ohne die Aufrechnung zu erklären, Widerklage erheben. Ist er der Ansicht, daß die Klageforderung nicht besteht, empfiehlt sich, jedoch **Eventualaufrechnung** (→ § 145 Rdnr. 50ff.) **verbunden mit Eventualwiderklage** (→ Rdnr. 26) für den Fall der Klageabweisung wegen Nichtbestehens der Klageforderung[10]. – *Nur* zur **Aufrechnung** ist zu raten, wenn **rechtswegfremde Gegenforderungen** (zu ihnen → § 145 Rdnr. 32) geltend gemacht werden, weil sie mit Widerklage nicht eingeklagt werden können (→ Rdnr. 33).

III. Die Bedeutung des § 33 als Gerichtsstandsregelung

1. **§ 33 gewährt einen zusätzlichen Gerichtsstand für die Widerklage** (*forum reconventio-*   **5** *nis*).
Die den Anforderungen des § 33 entsprechende **Widerklage** *findet* **eine** *zusätzliche* **örtliche Zuständigkeit**, so daß der Beklagte seine Widerklage vor einem Gericht erheben kann, das

---

[4] Vgl. RGZ 51, 321.
[5] Z.B. bei einem Vorlegungsantrag, RG Gruchot 54, 437 f.; siehe auch *Walter* (N. 3).
[6] So auch *BAG* NZA 1990, 987 f.; RGZ 71, 75; JW 1918, 309 u.a.
[7] Vgl. *BAG* a.a.O.
[8] So der Fall *BGHZ* 53, 92 ff. »Handstrickapparat«; *RGZ* 126, 238 m.w.N. Es handelt sich dann um eine

Inzidentwiderklage (→ Rdnr. 24) auf negative Feststellung.
[9] *BGH* WM 1986, 864 (866); *BGH* NJW 1981, 1217; *BGH* VersR 1982, 345 f. *BAG* NZA 1990, 987 f.; RG VZS 51, 8; 57, 307; JW 1911, 657; *Zöller/Vollkommer*[17] Rdnr. 8; *v. Falkenhausen* (N. 2) 387.
[10] Näher *E. Schumann* JuS 1974, 646 m.w.N.; vgl. auch *Capotorti* (N. 128) 2147.

örtlich (nach den *sonstigen* Vorschriften über den Gerichtsstand) an sich *nicht zuständig* wäre und vor dem er denselben Anspruch nicht als Hauptklage (als eigenständiger Klage) anhängig machen könnte. § 33 enthält deshalb einen **besonderen Gerichtsstand des Sachzusammenhangs**[11]: Durch die Klage wird **das Gericht auch für alle Widerklagen** *örtlich* zuständig, die im **Zusammenhang** (in *Konnexität*, daher »*konnexe Forderung*«) **mit der Hauptklage stehen.**

6   **2. § 33 regelt nur den Gerichtsstand, nicht auch die Zuständigkeit der Widerklage.**
Aus § 33 läßt sich nicht auch eine Regelung über die Zulässigkeit der Widerklage entnehmen. **Er beschränkt sich auf eine Gerichtsstandsregelung.** Deshalb kann der **Beklagte auch eine** *(nicht-konnexe)* **Widerklage erheben, die** *nicht* **im Zusammenhang mit der Klage steht** (und deshalb nicht den Voraussetzungen des § 33 entspricht). Für eine solche *(nicht-konnexe) Widerklage* fehlt es dann zwar an einem über § 33 begründeten *Gerichtsstand*, aber die örtliche Zuständigkeit für sie kann sich möglicherweise aus *anderen* Vorschriften ergeben. **Keinesfalls ist eine Widerklage jedoch allein schon deshalb unzulässig, weil sie** *nicht* **im Zusammenhang mit der Klage steht.**

7   Diese Auslegung ist nicht unbestritten. Eine *früher herrschende* Ansicht[12], die heute nur noch selten vertreten wird[13] und der sich der BGH bislang nicht bekannte[14], sah in § 33 nicht nur eine Regelung der örtlichen Zuständigkeit, sondern eine *allgemeine Vorschrift über die Widerklage.* Diese Meinung hält eine Widerklage für unzulässig, wenn sie – obwohl für sie ein Gerichtsstand vorliegt – nicht im Zusammenhang mit der Hauptklage steht. Solche *(nicht-konnexe)* Widerklagen zu erheben, soll nach *dieser* Ansicht *dem Beklagten verwehrt* sein. Die **heute herrschende Meinung**[15] hält diese Interpretation des § 33 aus einer Reihe von Gründen für unzutreffend und sieht in § 33 **nur eine Regelung der örtlichen Zuständigkeit.** Dafür spricht bereits der *Wortlaut* des § 33 Abs. 1, dem ein »*nur*« fehlt und der deshalb nicht zum Umkehrschluß führen kann, es sei *lediglich* die konnexe Widerklage zulässig (→ Einl. Rdnr. 93). Auch der **Standort des § 33** innerhalb der Vorschriften über den Gerichtsstand zeigt, daß nur die örtliche Zuständigkeit geregelt werden soll, nicht aber allgemein die Zulässigkeit der Widerklage (→ Einl. Rdnr. 61). Die *Entstehungsgeschichte*[16] des § 33 widerspricht dieser Deutung insofern nicht, als z. B. die Motive bald von der Zuständigkeit, bald von der Zulässigkeit der Widerklage reden. Hinzu kommt, daß der Abs. 2 des § 33 seit Erlaß der CPO nur von der »*Zuständigkeit*« als solcher spricht[17]. Der praktische Unterschied der hier vertretenen von der früher vorherrschenden Gegenmeinung liegt darin, daß nach heutiger Auffassung **auch eine nicht-konnexe Widerklage statthaft ist, sofern das Gericht der Klage für die Widerklage gemäß §§ 13–32, 34 oder nach §§ 38 ff. zuständig ist**[18]. Diesem Ergebnis stehen praktische Bedenken nicht entgegen, da jeder Verzögerung des Prozesses durch das Trennungsrecht des Gerichts gemäß §§ 145 oder 301 begegnet werden kann[19]. Weiter ist zu berücksichtigen, daß der *Kläger*

---

[11] Einen *allgemeinen Gerichtsstand des Sachzusammenhangs* kennt die ZPO hingegen nicht (→ § 1 Rdnr. 9 f.).

[12] RGZ 11, 423; 23, 397; auch 114, 173 (→ § 722 Rdnr. 21); ferner 110, 98; JW 1936, 806; RAG ArbRS 28, 32 u. a.; *OLG Dresden* OLG Rsp 5, 19; 15, 328; SeuffArch 72, 200; *OLG Hamburg* OLG Rsp 1, 178; 19, 59; SeuffArch 64, 424; *OLG Königsberg* SeuffArch 72, 277; *Kleinfeller* (N. 2) 43 f.; *Lippmann* (N. 2) AcP 65, 416; *Eccius* Gruchot 39, 473; *Hellwig* Lb. 3, 56; *Heinsheimer* (N. 2); *Fischer* (N. 2).

[13] Z. B. von *Eickhoff* (N. 2) 33 f.; *Rosenberg/Schwab*[14] § 99 II 2 d; *OLG Köln* WRP 1974, 706 (708).

[14] Der *BGH* wird von beiden Ansichten für sich reklamiert (z. B. *Rosenberg/Schwab* a. a. O. N. 16 einerseits; *Jauernig* ZPR[23] § 46 II a. E. andererseits), hat aber bislang vermieden, zu der Streitfrage abschließend und eindeutig Stellung zu nehmen; vgl. BGHZ 40, 185 (187) (N. 1); 53, 166 (168) = NJW 1970, 707; NJW 1975, 1228 = Warn Nr. 38 = MDR 566 = JuS 739 = WPM 600 = DB 976 = LM Nr. 14; BGH NJW 1981, 1217; *BGH* MDR 1983, 554.

[15] Wie hier *Loening* (N. 2) 57 ff.; *Fischer* JbfD 38, 360;

Kohler Prozeß als Rechtsverhältnis (1888) 108; *Nußbaum* Die Prozeßhandlungen (1908) 142; *Mendelssohn-Bartholdy* RheinZ 4, 320; *Reichel* AcP 133, 31; *Goldschmidt* LB[2] 95; *Baumbach/Lauterbach/Hartmann*[51] Rdnr. 1; *A. Blomeyer* ZPR § 61 II 2; *Jauernig* (N. 14) a. a. O.; *Nieder* (N. 2) 443; *Nikisch* Lehrbuch[2] 171; *Thomas/Putzo*[17] Anm. 1 a; *Wieczorek*[2] Anm. A I; *Zöller* (N. 9) Rdnr. 2; *Zeiss* ZPR[17] § 13 IV 8 b und *RGZ* 46, 424 ff.; JW 1902, 89; *Gruchot* 48, 386 u. a., sowie *OLG Dresden* SächsAnn 13, 246: *Prütting/Weth* (N. 2) 154 halten dagegen im Ergebnis den Streit um das Merkmal des rechtlichen Zusammenhangs für praktisch irrelevant.

[16] Vgl. *Heinsheimer* (N. 2) 7 ff.; sowie *Hannoversche Protokolle* S. 505 f. (→ Einl. Rdnr. 105 N. 2); §§ 65, 207 f. *Nordeutscher Entwurf* (→ Einl. Rdnr. 107) und *Motive* zu § 33.

[17] RGZ 46, 426; 51, 322 a. E.

[18] Auf den Fall der Vereinbarung beschränkten sich RGZ 46, 424 f. und die ihm folgenden Meinungen (oben N. 10). Ein innerer Grund für eine solche Unterscheidung fehlt.

[19] A. M. *Heinsheimer* (N. 2) 13 f.

die gleichzeitige Verhandlung auch nicht zusammenhängender Ansprüche nach § 260 ohne weiteres herbeiführen kann, die Gegenansicht also den *Beklagten* ohne Grund schlechter stellt, wenn er seinerseits zu solcher Verbindung die Initiative ergreifen will. Daß § 33 eine derartige Verletzung der **Waffengleichheit** (→ Einl. Rdnr. 506) bezweckt, kann nicht angenommen werden[20].

3. **§ 33 hat deshalb nur Bedeutung**, wenn für den in der Widerklage geltend gemachten **8** Gegenanspruch **eine** *eigene* **örtliche Zuständigkeit fehlt**. Dann folgt der Gerichtsstand aus § 33, sofern dessen Voraussetzungen erfüllt sind. Andererseits ist der Gerichtsstand des § 33 **kein ausschließlicher Gerichtsstand**, so daß er durch Vereinbarung nach §§ 38 ff. ausgeschlossen zu werden vermag[21]. In diesem Fall ist die trotzdem erhobene Widerklage **unzulässig**[22]; der Gerichtsstand der Widerklage wird insoweit auch nicht ohne weiteres daduch wieder hergestellt, daß der Kläger (ausländischer Vertragspartner) vor einem an sich unzuständigen deutschen Gericht klagt und der Beklagte sich rügelos auf die Klage einläßt[23]. Die Derogation des Widerklagegerichtsstands ist besonders im **internationalen** Rechtsverkehr zu beachten (→ Rdnr. 41). Auch im Rahmen des § 33 kommt eine **Wahlfeststellung** (→ Rdnr. 28 vor § 12) in Betracht.

IV. Die besonderen Voraussetzungen der einfachen Widerklage

Als echte Klage muß die Widerklage die allgemeinen Sachurteilsvoraussetzungen einer **9** Klage erfüllen (hierzu → Rdnr. 33 ff.). Neben den Sachurteilsvoraussetzungen besteht eine Reihe **besonderer Voraussetzungen für die Zulässigkeit der Widerklage**.

1. **Die Hauptklage muß schon und noch rechtshängig sein**[24]. Die Zustellung eines *Mahnbe-* **10** *scheids* begründet keine Rechtshängigkeit[25] § 693 Abs. 2, → Rdnr. 13; ebensowenig die formlose Übersendung der Klageschrift im *Prozeßkostenhilfeverfahren*[26]. Da die Rechtshängigkeit durch die Erhebung der Klage begründet wird (§ 261 Abs. 1), ist es für die Widerklage unerheblich, ob die Hauptklage *ordnungsgemäß* erhoben[27], für sie die Prozeßgebühr gezahlt und bereits ein Termin anberaumt ist oder nicht[28] und ob für sie die Prozeßvoraussetzungen gegeben sind, insbesondere die *Zuständigkeit*[29]. Wenn der **Kläger** die Hauptklage **am örtlich unzuständigen Gericht** erhebt, muß er deshalb **in Kauf nehmen, dort mit einer Widerklage überzogen zu werden.** Für sie ist kraft Konnexität die *örtliche* Zuständigkeit *gegeben*, auch wenn (bei Nichteinlassung des Beklagten) die *Hauptklage mangels örtlicher Zuständigkeit* abzuweisen oder zu verweisen ist. Die ordnungsgemäß erhobene Widerklage wird auch nicht dadurch unzulässig[30], daß *nachträglich* die Klage (durch Teilurteil) *abgewiesen* wird oder an

---

[20] Vgl. dazu auch *Pfaff* (N. 1) 349 f.

[21] → § 38 Rdnr. 66 N. 11 m. w. N.

[22] Die Ansicht *Eisners* NJW 1970, 2141, daß der Widerklagegerichtsstand *nicht abdingbar* sei, ist unhaltbar. Anders zutreffend BGHZ 52, 30 = NJW 1969, 1536 = IPRsp 1968/1969 Nr. 225; BGHZ 59, 116 = NJW 1972, 1671 (dazu *Geimer* 2179); *BGH* NJW-RR 1987, 227 f.; *BGH* MDR 1985, 911; *BGH* NJW 1981, 2644; *BGH* WM 1983, 1018; *LG Stuttgart* ZZP 66 (1953) 434 = IPRsp 1952/1953 Nr. 292a; *Eickhoff* (N. 2) 130 f. Zu einem Ausschluß der Widerklage durch AGB, vgl. *LG Mosbach* MDR 1972, 514 und → N. 155 und N. 128.

[23] *BGH* NJW-RR 1986, 1281 f.; *BGH* NJW 1981, 2644 f. = ZZP 96 (1983) 364 f.; dazu *Falkenhausen* (N. 2) 387; insoweit kritisch *Pfaff* (N. 1).

[24] BGHZ 40, 185 (187) (N. 1), LM Nr. 12 = MDR 1972, 600 = ZZP 86 (1973) 612 = JR 1973, 18 (*Fenge*); *OLG Celle* FamRZ 1981, 790 (791).

[25] *AG Lübeck* NJW-RR 1990, 1152; *Baumbach* (N. 15) Anh. § 253 Rdnr. 8; *Zöller* (N. 9) Rdnr. 17.

[26] *OLG Celle* NJW 1963, 1555 zum früher geltenden *Armenrechtsverfahren*.

[27] RG JW 1917, 295.

[28] *OLG Neustadt* NJW 1954, 1371.

[29] H. M., z. B. *OLG Hamburg* OLG Rsp 40, 348; *KG* OLG Rsp 19, 133. Vgl. auch *Hofmann* Gruchot 38, 829 f.; *Kronenberger* Prozeßurteil (1910) 58 ff. A.M. *Loening* (N. 2) 37 f.; *Thomas/Putzo*[17] Anm. 4 c. S. auch unten N. 102, 110 und § 64 Rdnr. 5, § 603 Rdnr. 3 bei N. 14. – Zur Frage, ob in der Erhebung der Widerklage ein Rügeverzicht liegt → § 39 Rdnr. 6 und BGHZ 53, 336 = IPRsp 1970 Nr. 121b; *OLG Karlsruhe* NJW 1974, 1059 = IPRsp 1973 Nr. 155 (beide *verneinend*).

[30] So auch *Kohler* (N. 15) 109 f.; *Hellwig* Lb. 3, 58; *KG* OLG Rsp 19, 133 und der Sache nach *RG* Gruchot 38, 475. – A.M. *Loening* (N. 2) 38 f.; *Wach* Hb. 478; 19. Auflage dieses Komm. § 271 VI 1 gegen (zutreffend) § 33 III 1.

das örtlich zuständige Gericht *verwiesen* wird oder durch *Erledigungsanzeige* oder *Teilvergleich* ihre Rechtshängigkeit endet, auch wenn dies durch *Klagezurücknahme rückwirkend* geschieht. Bei Ausscheiden des Klägers infolge *Parteiwechsels* nach wirksamer Erhebung der Widerklage bleibt ebenfalls das Gericht gemäß § 261 Abs. 3 Nr. 2 für die ursprüngliche Widerklage gegen den früheren Kläger zuständig[31]. Eine spätere Erweiterung der zulässigen Widerklage ist stets möglich[32]. Unabhängig davon ist die Frage, ob etwa *derselbe* Mangel einer Prozeßvoraussetzung der Klage auch der Widerklage entgegensteht, → Rdnr. 33 ff.

Zu den Ausnahmen von dieser Selbständigkeit der Widerklage → Rdnr. 32 zur **Anschlußwiderklage**.

11   Die *Rechtshängigkeit der Hauptklage* muß zur Zeit der Erhebung der Widerklage *noch fortbestehen*, sei es auch nur im Nachverfahren nach Vorbehaltsurteil (§§ 302, 600[33]) oder nach Grundurteil (§ 304) oder nach Erledigung der Hauptsache nur noch der Kosten wegen[34]. Nach *Zurücknahme der Hauptklage* ist die Erhebung der Widerklage ausgeschlossen[35], ebenso nach Einlegung eines demnächst als unzulässig verworfenen *Einspruchs*[36]. Andererseits bleibt die einmal wirksam erhobene Widerklage durch Zurücknahme der Hauptklage unberührt, da die Hauptklage nur Bedingung für die *Erhebung* der Widerklage ist, nicht aber für deren *Fortbestand*[37]. Wegen der arbeitsgerichtlichen Zusammenhangsklage → Rdnr. 40 und wegen der Widerklage nach Antrag auf *Wiedereinsetzung in den vorigen Stand* → § 238[38].

12   2. Ist die **Hauptklage in erster Instanz anhängig**, so kann die Widerklage bis zum Schluß der mündlichen Verhandlung jederzeit erhoben werden[39]. Im **schriftlichen Verfahren** (→ § 128 Rdnr. 56 ff. und 109 ff.) bestimmt das Gericht den Zeitpunkt, bis zu dem Schriftsätze eingereicht werden können bzw. der dem Schluß der mündlichen Verhandlung entspricht (→ auch § 5 Rdnr. 32 a). In der **Berufungsinstanz** ist die Widerklage zulässig (§§ 523, 530), aber es tritt – abgesehen von den Ehesachen, → § 610 Rdnr. 4 – als **besonderes Erfordernis** hinzu, daß **der Gegner einwilligt**[40] oder das Gericht die Geltendmachung des Anspruchs in dem anhängigen Verfahren **für sachdienlich hält**[41]; dabei ist es gleichgültig, ob die Widerklage in der ersten Instanz überhaupt nicht erhoben oder z. B. wegen Beifügung einer unzulässigen Bedingung unwirksam war[42]. Die **Zwischenwiderklage** (→ Rdnr. 24) unterliegt allerdings diesen Beschränkungen **nicht**[43]. In der **Revisionsinstanz** ist die Widerklage durch § 561 ausgeschlossen[44], nur bei unzutreffender Nichtzulassung der Widerklage durch das Berufungsgericht kann das Revisionsgericht auf eine Widerklage erstmalig eingehen[45].

13   3. Die **Prozeßart der Hauptklage muß sich zur Erhebung einer Widerklage eignen**; regelmäßig muß sowohl die Klage als auch die Widerklage im ordentlichen Verfahren verfolgt

---

[31] *OLG Koblenz* FamRZ 1983, 939.
[32] *OLG München* MDR 1959, 667.
[33] Vgl. BGHZ 40, 185 (N. 1); *Bork* JA 1981, 1385 (1387).
[34] So die h.M. RG JW 1902, 182; *LG Hannover* NdsRpfl 54, 205; *OLG München* OLGZ 1965, 40; *Baumbach* (N. 25) Rdnr. 9; *E. Schneider* JurBüro 1966, 366 (870 f.). – A. M. *KG* OLG Rsp 23, 84 (zu § 302); *Thomas/Putzo*[17] Anm. 5 a; *Zöller* (N. 7) Rdnr. 17.
[35] Unbestritten, RGZ 22, 419; 34, 366; Gruchot 52, 1129.
[36] Vgl. § 341 I 3 19. Aufl. dieses Komm.
[37] Vgl. *LG München I* NJW 1978, 953, → Rdnr. 10.
[38] → § 238 N. 4.
[39] *Nach* Schluß der mündlichen Verhandlung über die Klage ist eine Widerklage nicht mehr zulässig, vgl. *BGH* NJW 1981, 1217 = LM § 528 ZPO Nr. 19; *BGH* NJW

1982, 1533 f. = LM § 296 ZPO Nr. 13 = VersR 1982, 345 (346); *BGH* NJW 1992, 2894 = NJW-RR 1085 = MDR 899 = BB 1385 = LM § 256 ZPO Nr. 173; *Baumbach* (N. 25) Rdnr. 5; *Thomas/Putzo*[17] Anm. 5 a, aa; *Zöller* (N. 9) Rdnr. 9, 17.
[40] *BGH* NJW-RR 1990, 1265 (1267): Die rechtsmißbräuchliche Verweigerung steht der Zustimmung gleich.
[41] Vgl. *BGH* VersR 1967, 477.
[42] *RG* JW 1930, 142.
[43] *BGHZ* 53, 92 (→ N. 8 und auch a. F. § 256 Rdnr. 141).
[44] BGHZ 24, 279; vgl. 33, 398 (401); RG JW 1905, 150, wegen des Anspruchs aus § 717 → dort Rdnr. 38.
[45] *BGHZ* 33, 398 (400 f.) = NJW 1961, 362; ein weiterer Ausnahmefall: BVerwG NJW 1974, 1207 (1209 f.): Widerklage in Revisionsinstanz *ohne neuen Tatsachenvortrag*.

werden. Gegenüber einer Klage im **Urkunden- oder im Wechselprozeß** ist eine **Widerklage**, auch in der gleichen Prozeßart, **ausgeschlossen** (§ 595 Abs. 1 und § 667 Abs. 2 ff., §§ 679, 684, 686). Jedoch kann gegen eine *im ordentlichen Prozeß* erhobene Hauptklage eine **Widerklage** im **Urkunden-** oder **Wechselprozeß**[46] erhoben werden. Das *Gesuch um Arrest* oder *einstweilige Verfügung* kommt, weil es keine Klage ist, als *Widerklage* nicht in Betracht, ebensowenig als *Hauptklage* für eine *gegen* das Gesuch gerichtete Widerklage, besonders für die auf Schadensersatz nach § 945[47]. **Nach** vorausgegangenem **Mahnverfahren** ist eine Widerklage erst zulässig, wenn der Übergang *zum Streitverfahren stattgefunden* hat; sie ist dann Widerklage im ordentlichen Prozeß (→ Rdnr. 10). Wegen des Verfahrens zur **Vollstreckbarerklärung von Schiedssprüchen** → §§ 1042b Rdnr. 3 ff., 1042d Rdnr. 8. In **Ehesachen** gelten **Besonderheiten** (→ § 610 Rdnr. 4, → § 611 Rdnr. 9 zum *Berufungsverfahren*, → § 611 Rdnr. 10 zum *Revisionsverfahren*), ebenso bei der *Ehenichtigkeitsklage* (→ § 633 Rdnr. 1 ff.) und der *Ehefeststellungsklage* (§ 638) sowie in **Kindschaftssachen** (→ § 640c, Rdnr. 3 f.). Soweit allerdings Familiensachen im Entscheidungsverbund (§ 623) stehen, ist **die Widerklage über die in § 621 Abs. 1 Nr. 4, 5 und 8 genannten ZPO-Familiensachen zulässig,** und zwar auch in der Weise, daß diese Sachen **erst aufgrund der Widerklage in den Entscheidungsverbund kommen.** Denn § 623 Abs. 1 Satz 1 stellt nicht auf den Antragsteller (Kläger) ab, sondern auf das Begehren *eines* der beiden Ehegatten. Gegen eine *im ordentlichen Prozeß* erhobene (vermögensrechtliche) Klage ist aber eine **Ehesache als Widerklage unstatthaft**[48]. Unzulässig ist auch, gegenüber der auf einen familienrechtlichen Anspruch gestützten Klage eine Widerklage aufgrund eines nicht familienrechtlichen Anspruchs zu erheben[49]. Die **Besitzklage als Widerklage** gegen die Klage aus dem Recht ist zulässig. Ebenso ist umgekehrt die **petitorische Widerklage (die Widerklage aus dem Recht)** gegenüber der Besitzschutzklage zulässig[50], ohne daß § 863 BGB entgegensteht; bei **Entscheidungsreife der Besitzklage muß aber Teilurteil ergehen,** ohne daß das Gericht abwarten darf, bis die Widerklage ebenfalls entschieden werden kann[51]. Die **Klagen**, die sich **im Zwangsvollstreckungsverfahren** ergeben, vgl. besonders §§ 722 f., 731, 767 f., unterstehen als Klagen im ordentlichen Prozeß den allgemeinen Regeln[52].

4. **Die Widerklage muß vom Beklagten erhoben werden** (zur **Widerklage eines Dritten** →   **14** Rdnr. 29). Jeder *Streitgenosse* kann für sich Widerklage erheben, ebenso derjenige, der nach §§ 75–77, 265 f. in den Prozeß eintritt, und beide Parteien des Hauptprozesses gegenüber dem Hauptintervenienten (§ 64). *Nicht widerklagebefugt* ist der **Streithelfer für die unterstützte Partei**, da es ihm an der Dispositionsbefugnis über den Prozeßstoff mangelt[53] (→ § 67 Rdnr. 9), es sei denn, er erhebt **als selbständige Partei** – d. h. als **Dritter** – die Widerklage[54].

---

[46] *Bettermann* Rechtshängigkeit und Rechtsschutzform (1949) 92, → § 593 Rdnr. 6; a. M. *Baumbach* (N. 15) Rdnr. 8.
[47] → § 945 Rdnr. 36; *Wach* Hdb. 484 Fußn. 35; s. auch *Weismann* Hauptintervention und Streitgenossenschaft (1884) 163, 165. Dagegen ist im Verfahren der einstweiligen Verfügung entsprechend einer Widerklage eine *einstweilige Gegenverfügung* auf Antrag des Antragsgegners zulässig, *LG Köln* MDR 1959, 40, einschränkend *Weber* WRP 1985, 527 ff., → auch vor § 935 Rdnr. 27.
[48] Vgl. *OLG Kassel* OLG Rsp 2, 367.
[49] *BGHZ* 97, 79 (81) = NJW 1986, 1178 = FamRZ 347 ff. mit Anm. *Bosch; OLG Düsseldorf* FamRZ 1982, 511 (513).
[50] *BGHZ* 53 (N. 14) m. w. N. S. 170; bestätigt und er-

weitert in BGHZ 73, 355 = JZ 1979, 403 = NJW 1958 m. w. N.; → Einl. Rdnr. 82 a. E.; vgl. ferner *Eickhoff* (N. 2) 121 FN. 84; *Hager* KTS 1989, 515 (521); *Haverkamp* Recht 1901, 617; *v. Krosigk* JW 1921, 732. – A. M. *Reichert* JW 1922, 216; *Hussong* Recht 1902, 528. RGZ 23, 398 lehnt ab; *RGZ* 50, 11 f. läßt die Frage offen.
[51] *BGH* a. a. O.; → Einl. Rdnr. 68.
[52] Vgl. *RG* JW 1888, 329; *OLG München* OLG Rsp 26, 384, → auch § 767 Rdnr. 45 a. E.
[53] *OLG München* JurBüro 1973, 1085 = AnwBl. 359; Der *Streithelfer des Beklagten* kann aber dessen Widerklage als *Nebenintervenient* beitreten (→ auch N. 70); vgl. zur *Widerklage unter einer Firma* BGHZ 54, 15 ff.
[54] → Rdnr. 29 und N. 87.

15   **5. Die Widerklage muß gegen den Kläger der Hauptklage erhoben werden** (zur **Widerklage gegen einen Dritten** → Rdnr. 29). Daß der Kläger für die Widerklage nicht passivlegitimiert ist, hat für die *Zulässigkeit* keine Bedeutung. In Art. 42 § 5 des Internationalen Übereinkommens über den Eisenbahnfrachtverkehr **(CIM)** und in Art. 42 § 4 des Internationalen Übereinkommens über den Eisenbahn-Personen- und Gepäckverkehr **(CIV)** (hierzu → Einl. Rdnr. 824) ist die Passivlegitimation für die Widerklage selbständig geregelt.

16   **6.** Der Gerichtsstand der Widerklage greift nach dem Wortlaut der Vorschrift ein, wenn **ein rechtlicher Zusammenhang des Gegenanspruchs mit dem Klageanspruch** oder **mit der Verteidigung** dagegen besteht:

17   a) Es muß sich hierbei um einen **rechtlichen** Zusammenhang handeln, obwohl das Gesetz abweichend von den §§ 145, 147, 302 nicht ausdrücklich einen *rechtlichen* Zusammenhang fordert, kann doch nur ein solcher gemeint sein[55]. Ein *tatsächlicher* Zusammenhang, d. h. die Identität *irgendwelcher* Bestandteile des rechtsbegründenden Tatbestandes, wäre schon wegen der Identität der Subjekte stets gegeben; davon abgesehen, würde er der gesetzgeberischen Berechtigung entbehren. Daß der Hund des Klägers den Beklagten bei der mündlichen Verhandlung gebissen hat, bringt Klage und Körperverletzung nicht in Zusammenhang[56].

18   b) **Anspruch im Sinne der ZPO** ist das Begehren des Klägers, die Rechtsfolge eines materiell-rechtlichen Tatbestandes durch Urteil auszusprechen (→ Einl. Rdnr. 288). Daher ist der **rechtliche Zusammenhang** des Gegenanspruchs mit dem Anspruch der Klage gegeben, **wenn die Ansprüche als Rechtsfolgen aus demselben Tatbestand abgeleitet werden** oder, wie man meist sagt, **demselben Rechtsverhältnis** entspringen, sei es mit derselben, wenn auch entgegengesetzt gerichteten rechtlichen Beurteilung, sei es mit verschiedenartiger[57].

Im rechtlichen **Zusammenhang stehen** daher die Rechtsfolgen, die jede Partei für sich aus der Gültigkeit oder Ungültigkeit *desselben Vertrages* ableitet, mögen sie Gegenleistungen sein oder diesen Charakter nicht haben; ferner die Ansprüche aus der *Ungültigkeit des Rechtsgeschäfts*, die aus seiner Gültigkeit abgeleitet werden, z. B. die Leistungsklage mit der negativen Feststellungsklage; die Klage auf *Wandlung* oder auf *Bereicherung* wegen Nichtigkeit des Vertrages mit der Klage auf *Erfüllung*; die Klage auf *Löschung der Hypothek* mit der auf *Zahlung* usw. Ebenso **besteht der rechtliche Zusammenhang** zwischen den Ansprüchen des *Eigentümers* und denen des *Besitzers* sowohl aus dem Recht zum Besitz, § 986 BGB, wie auch wegen *Verwendungen*, §§ 994 ff. BGB, oder zwischen dem negatorischen Anspruch, § 1004 BGB, und dem aus dem Recht zum Eingriff, oder zwischen der Feststellung des *Erbrechts* und der der Erbunwürdigkeit. Wann in diesem Sinne der einheitliche Tatbestand vorliegt, kann nur unter Berücksichtigung **wirtschaftlicher Zweckmomente** entschieden werden[58], ebenso wie dies für »dasselbe rechtliche Verhältnis« in § 273 BGB anerkannt ist[59]. Es können daher insbesondere die *Parteien* **mehrere Rechtsgeschäfte** derart *zusammenfassen*, daß sie als innere Einheit erscheinen und untrennbar sind[60]. Endlich können die Rechtsfolgen bei *verschiedenen Tatbeständen* ebenfalls zusammenhängen, nämlich wenn sie in einem **Bedingungsverhältnis** zueinander stehen[61]. Dies gilt auch dann, wenn sie sich gegenseitig ausschließen, wie das Eigentum oder der Besitz an einer Sache oder die Inhaberschaft einer Forderung[62].

---

[55] H. M. vgl. *RGZ* 11, 423; JW 1900, 389; Gruchot 58, 475 u. a. A. M. *Heinsheimer* (N. 2) 25 ff. – *BGHZ* 53 (N. 14) 168 läßt die Frage offen, enthält aber zahlreiche Nachweise. Nach *BGH* NJW 1981, 1217 soll wohl dagegen ein rechtlicher Zusammenhang nicht erforderlich sein.

[56] Vgl. auch *RG* JW 1910, 238 f. (zu § 145), sowie *Heinsheimer* (N. 2) 35, der durch die Beschränkung auf die Identität *wesentlicher* Tatbestandsmomente sich der Auffassung des Textes nähert.

[57] *BGH* MDR 1983, 554; *OLG Düsseldorf* NJW-RR 1991, 367 (369); *RGZ* 25, 396 u. a., z. B. JW 1895, 223; 1899, 3; 1900, 389; *OLG Dresden* SeuffArch 72, 200.

[58] *OLG Hamburg* OLG Rsp 30, 317; sehr weitgehend *OLG Dresden* SächsAnn 29, 466.

[59] Vgl. *RGZ* 14, 234; 57, 1 (7); 68, 32 u. a.

[60] *RG* JW 1903, 65; vgl. auch *RGZ* 68, 32; JW 1910, 10.

[61] *RGZ* 61, 413; *OLG Hamburg* OLG Rsp 19, 59.

[62] *Wach* Hdb. 482; *Hellwig* Lb. **2** 266.

c) Der **Zusammenhang zwischen der Widerklage und den »Verteidigungsmitteln«**, der   19
auch hier ein *rechtlicher* (→ Rdnr. 17) sein muß, kommt als selbständiger (zusätzlicher)
Zuständigkeitsgrund nur in Betracht, wenn Verteidigungsmittel geltend gemacht werden, die
mit dem Klageanspruch nicht schon zusammenhängen, was nur bei **selbständigen Gegenrech-
ten** möglich ist[63], insbesondere bei der **Aufrechnung, dem kaufmännischen Zurückbehaltungsrecht** und bei der **Besitzklage**[64]. Hier besteht der Zusammenhang insbesondere dann,
wenn die zur Aufrechnung gebrachte Forderung oder das sonstige Gegenrecht selbst klageweise geltend gemacht wird[65] (→ auch Rdnr. 4) oder ein mit ihnen aus demselben Tatbestand
abgeleiteten Anspruch, z.B. der auf Sicherstellung der Gegenforderung. Darauf, ob die
Verteidigungsmittel tatsächlich *begründet* sind, kommt es nicht an. Dagegen müssen sie
zulässig[66] sein, und zwar auch im Sinne eines *prozessualen*[67] Zusammenhangs. Fehlt der
(prozessuale) Zusammenhang, ist die Widerklage nicht etwa unzulässig; denn der rechtliche
Zusammenhang ist keine Zulässigkeitsvoraussetzung (→ Rdnr. 6); doch kann dann über § 33
nicht die örtliche Zuständigkeit begründet werden[68].

d) Ob das **Erfordernis des rechtlichen Zusammenhangs dem Parteiverzicht gemäß § 295**   20
unterliegt, kann nur vom Standpunkt der oben → Rdnr. 7 abgelehnten Auffassung gefragt
werden, die nicht-konnexe Widerklagen verbietet; allgemein wird die Verzichtbarkeit bejaht[69]. Nimmt man dagegen mit der h.M. an, daß § 33 *lediglich die Zuständigkeit* regelt, so
erhebt sich *diese* Frage nicht. Es kann nur die Frage nach der Möglichkeit einer Zuständigkeitsbegründung **durch rügeloses Einlassen** des **Klägers auf die Widerklage** entstehen[70],
gegebenenfalls (im Parteiprozeß) nach **Belehrung** gemäß § 504.

e) Wenn das Gericht für den in der Widerklage geltend gemachten Gegenanspruch nicht   21
schon aufgrund anderer Vorschriften örtlich zuständig ist, wird es **trotz konnexer Widerklage**
ausnahmsweise auch dann **nicht zuständig, wenn der Gerichtsstand durch eine Vereinbarung
nicht begründet werden könnte**. Dieses in **§ 33 Abs. 2** ausgesprochene Hindernis[71] für den
Gerichtsstand der Widerklage stellt sicher, daß das in § 40 Abs. 2 enthaltene Verbot nicht im
Falle der Widerklage ausgehöhlt wird. Soweit also eine **Prorogation überhaupt ausgeschlossen ist**, also bei **nicht vermögensrechtlichen Ansprüchen** und solchen, für die eine **ausschließliche Zuständigkeit** besteht, § 40 Abs. 2, begründet der Zusammenhang für sich allein keine
Zuständigkeit für die Widerklage. In derartigen Fällen würde vielmehr die Widerklage, falls
nicht etwa ein sonstiger Zuständigkeitsgrund gegben ist[72], trotz des Zusammenhanges von
Amts wegen mangels örtlicher Zuständigkeit abzuweisen sein.

7. Soweit nach dem Vorstehenden die Widerklage zulässig ist, steht ihre **Erhebung im**   22
freien Belieben des Beklagten. Ein *Zwang* dazu besteht auch nicht mittelbar, indem etwa das
Feststellungsinteresse nach § 256 zu verneinen wäre, wenn die Partei in der Lage gewesen

---

[63] A.M. *Heinsheimer* (N. 2) 38f.
[64] → oben N. 50.
[65] Ob dabei zuerst (eventuell) aufgerechnet und dann
Widerklage erhoben wird oder umgekehrt, ist ohne Bedeutung. Die (Verteidigung mit erklärter) Aufrechnung
macht eine ansonsten nicht konnexe Gegenforderung
stets konnex, so ausdrücklich *RG* JW 1988, 305; *Seuffert/
Walsmann*[12] Anm. 2e; *Wieczorek*[2] Anm. E Ia 2, so daß die
**Widerklage mit einer zur Aufrechnung gestellten Forde-
rung immer im Zusammenhang mit der Hauptklage steht**
(→ auch Rdnr. 40 Kleindruck). Zustimmend *Prütting/
Weth* (N. 2) 153.
[66] *Prütting-Weth* (N. 2) 153; *Zöller* (N. 9) Rdnr. 16.

[67] Die Widerklage kann deshalb nicht an ein *nach Erlaß des Grundurteils* (§ 304) im Betragsverfahren gegen
den *Grund* vorgebrachtes Verteidigungsmittel geknüpft
werden.
[68] *Lessing-Blum* Die Zulässigkeit der Widerklage (jur.
Diss. 1978) 10ff.
[69] *BGH* LM § 1025 ZPO Nr. 7 = BB 1954, 811. Vgl. *RG*
Gruchot 48, 386; *SeuffArch* 62, 38; JW 1936, 806.
[70] → § 39 Rdnr. 3, vgl. auch *Heinsheimer* (N. 2) 19ff.
[71] Die durch die Gerichtsstandsnovelle geänderte Formulierung des § 33 Abs. 2 hat sachlich nichts verändert,
Thomas/Putzo[17] Anm. 1.
[72] *RGZ* 51, 322 a. E.

wäre, die streitige Frage in einem Vorprozeß im Wege der Widerklage oder Inzidentwiderklage zur Entscheidung zu bringen[73].

23   8. **Mängel** in den dargestellten besonderen **Voraussetzungen der Widerklage** (→ Rdnr. 9 bis 15) fallen im allgemeinen unter § 295[74] oder § 39 (→ Rdnr. 20), mit Ausnahme der Widerklageverbote (→ Rdnr. 13) und des Ausschlusses in der Revisionsinstanz (→ Rdnr. 12), die durch das Interesse an der strikten Einhaltung der Verfahrensvorschriften veranlaßt sind.

V. Die besonderen Widerklagen und ihre Voraussetzungen

I. Die Zwischenwiderklage (Inzidentwiderklage)

24   Eine besondere Art der Widerklage ist die Inzidentwiderklage des § 256 Abs. 2. Die Anträge auf **Schadensersatz** bzw. **Rückerstattung** nach § 302 Abs. 4, § 600 Abs. 2, § 717 Abs. 2 und 3 machen zwar ebenfalls einen selbständigen Anspruch des Beklagten geltend, der im Wege der Klage, aber auch durch einfachen Inzidentantrag erhoben werden kann (→ § 717 Rdnr. 37). Diesen Inzidentantrag behandelt das Gesetz als *»privilegierte Widerklage«*, deren Voraussetzungen sich lediglich nach den genannten Bestimmungen richtet. Von den sonstigen Zuständigkeitsvoraussetzungen in der Widerklage ist er befreit[75], insbesondere hängt die sachliche Zuständigkeit nicht von der Höhe des Schadensersatzanspruchs ab[76]. Dasselbe gilt von den Anträgen bezüglich der im Arrestverfahren und bei einstweiligen Verfügungen hinterlegten *Sicherheiten*. Einzelheiten über die Inzidentklage → § 256 Abs. 2 Rdnr. 131 ff.

2. Die Wider-Widerklage

25   Stellt der **Kläger** *nach Erhebung der Widerklage* seinerseits weitere Anträge, so sind diese, wenn sie durch die Widerklage veranlaßt sind oder mit ihr in Zusammenhang stehen, nicht nach den Vorschriften über die Klageänderung, sondern als **Wider-Widerklage** *(reconventio reconventionis)* nach denen über die Widerklage zu behandeln[77]; vgl. dazu § 256 Abs. 2, der nicht unterscheidet, ob die Inzidentklage ein für die *Klage* oder für die *Widerklage* maßgebendes Verhältnis betrifft. Eine Wider-Widerklage liegt insbesondere vor, wenn der Kläger den weiteren Antrag erst nach Rücknahme des ursprünglichen Klagebegehrens oder nach dessen Erledigung durch Teilurteil stellt; zur *eventuellen* **Wider-Widerklage** → Rdnr. 27. Daß von dem bezeichneten Zeitpunkt an diese weiteren Anträge des Klägers nunmehr nicht unter der Beschränkung des § 263 stehen und auch die Befreiung von der Vorwegerhebung der Prozeßgebühr (→ Rdnr. 3) genießen, muß im Interesse der Waffengleichheit zugelassen werden; für solche Anträge kann daher auch nicht gemäß § 65 Abs. 1 S. 3 GKG ein weiterer Vorschuß verlangt werden.

---

[73] *OGHZ* 4, 187; *RG* SeuffArch 74, 268; *JW* 1930, 1059.

[74] Vgl. *RGZ* 22, 419; Gruchot 52, 1129 (oben N. 35); *preuß. KompKonflGH* JW 1930, 213.

[75] Anders noch das Reichsgericht, das durch Auslegung ermitteln wollte, ob ein einfacher Inzidentantrag oder eine »echte« Widerklage vorliegt; vgl. *RGZ* 63, 368; 124, 182; 145, 298.

[76] So jetzt *BGHZ* 38, 237; *Pecher* Schadensersatzansprüche aus ungerechtfertigter Vollstreckung (1967) 210, → auch § 717 Rdnr. 37 und 38.

[77] So *BGH* MDR 1959, 571 = BB 505 = LM § 164 BGB Nr. 15 = ZZP 73 (1960) 116; Zöller (N. 9) Rdnr. 28; a. M. *A. Blomeyer* ZPR § 61 III.

3. Die Eventualwiderklage (Hilfswiderklage)

Die **Widerklage** darf auch **innerprozessual bedingt** werden; denn der Dispositionsfreiheit **26** des Klägers, Hilfsanträge zu stellen und vom Eintritt innerprozessualer Bedingungen abhängig zu machen (→ § 260 Rdnr. 15), korrespondiert das **Recht des Beklagten**, eine **Widerklage nur eventualiter zu erheben.** Nach heute herrschender Meinung[78] stehen deshalb der **Eventualwiderklage** (der **bedingten Widerklage, Hilfswiderklage**) keine Bedenken entgegen. Auch der *Bundesgerichtshof* bejaht ihre Zulässigkeit.

Das *Reichsgericht* lehnte die Eventualwiderklage ab. Doch muß sich die Frage, inwieweit mittels **27** Widerklage Eventualbegehren gestellt werden können, nach denselben Grundsätzen bestimmen, wie sie für die Klagenhäufung gelten (→ § 260 Rdnr. 16ff.); denn sachlich stehen Widerklage und nachträgliche Klageanträge gleich: Beide sind in einem anhängigen Verfahren gestellte weitere Begehren. Es kann für die prozessuale Zulässigkeit keinen Unterschied machen, von *welcher* Partei das Begehren ausgeht. Wenn es zulässig ist, daß der *Kläger* (sofort oder nachträglich) seinem ersten Antrag einen zweiten dergestalt anfügt, daß je nach Aufklärung des vorgebrachten Tatbestandes nur der *eine* Antrag oder *beide* Anträge behandelt werden sollen, so muß nach dem Grundsatz der Waffengleichheit und aus Gründen der Prozeßökonomie auch der *Beklagte* in der Lage sein, beiden Eventualitäten mit Gegenanträgen zu begegnen, d.h. prinzipaliter unter Bestreiten der klagebegründenden Tatsachen oder unter *Eventualaufrechnung*[79] *Klageabweisung zu beantragen*, und eventuell, d.h. **für den Fall eines Erfolges der Klage**[80], schon in dem schwebenden Verfahren im Wege einer **Eventualwiderklage** die Rechtsfolgen geltend zu machen, die sich in diesem Falle für ihn ergeben würden. Wenn der Kläger z.B. neben Vertragserfüllung eventuell für den Fall der Nichtigkeit des Vertrages Rückgewähr des Geleisteten verlangen kann, muß auch der Beklagte in der Lage sein, prinzipaliter die *Nichtigkeit zu bestreiten*, eventuell aber die *Rückgewähr des seinerseits Geleisteten* zu verlangen[81]. Es ist auch zulässig, **Eventualwiderklage auf Rückzahlung der in der Klage geforderten Zahlung** zu erheben[82]. Der Beklagte kann auch **mehrere Anträge zur Widerklage im Eventualverhältnis** stellen, ohne daß eine Abhängigkeit von der Klage zu bestehen braucht[83]. **Ebenso kann eine Wider-Widerklage als eventuelle erhoben werden**[84]. Keine Bedenken bestehen ferner, wenn die Eventualwiderklage vom **Mißerfolg der Klage abhängig** gemacht wird[85] (→ § 260 Rdnr. 24ff.: *uneigentlicher Eventualantrag*), z.B. wenn der Herausgabeklage des angeblichen Erben mit der Eventualwiderklage auf Herausgabe anderer zum Nachlaß gehöriger Gegenstände begegnet wird und über die Widerklage **nur entschieden werden soll, falls die Klage abgewiesen wird.**

Die **allgemeinen Grenzen der Eventualstellung** gelten auch für die **Hilfswiderklage.** Die Verknüpfung **28** völlig unzusammenhängender Ansprüche ist nicht erlaubt (→ § 260 Rdnr. 20). Allerdings sollte bei Zustimmung des Klägers *großzügig* verfahren werden (→ § 260 Rdnr. 20).

---

[78] *A. Blomeyer* ZPR § 61 IV 21; *Rosenberg/Schwab*[14] § 99 II 5; *Schönke/Kuchinke*[9] § 46 IV 3.

[79] Die Zulässigkeit der Aufrechnung kann dann nicht offenbleiben *BGH* MDR 1961, 932 = NJW 1862 = JR 499 = LM Nr. 5.

[80] Bei Klageabweisung entfällt dann rückwirkend die Rechtshängigkeit des Eventual-Widerklageanspruchs, h.M. Denn die Eventual-Widerklage wird mangels Bedingungseintritt als niemals anhängig betrachtet.

[81] *BGHZ* 21, 13 = JZ 1957, 125 (zust. *A. Blomeyer*) = NJW 1956, 1478; *LG Göttingen* NdsRpfl 1954, 149 = NJW 1123. – Früher a.M. *RGZ* 40, 331; 126, 20; JW 1930, 143 u. oft; *BAGE* 3, 111 (116).

[82] *BGHZ* 43, 28 (30 f.) = NJW 1965, 440 = MDR 292 = DB 324 = LM Nr. 7 (L., Anm. *Artl*). Es handelt sich dann um eine auf § 259 gegründete *Hilfswiderklage auf künftige Leistung.* Solche Konstellationen entstehen immer dann, wenn Zahlungspflichten vereinbart sind unab-

hängig von etwaigen Einreden. Der Beklagte erreicht dann im einheitlichen Prozeß z.B. die Prüfung seines Wandlungs- oder Minderungsbegehrens, selbst wenn er erst einmal durch Teilurteil zur Zahlung des Kaufpreises verurteilt wurde. *BAG* AP Nr. 26 zu § 611 BGB »Dienstordnung – Angestellte«: Mit *Widerklage* wird Rückerstattung von nur unter Vorbehalt gewährten Leistungen verlangt, während die *Hauptklage* die Feststellung begehrt, der Beklagte sei zu diesen Leistungen verpflichtet gewesen.

[83] *BGH* MDR 1958, 598 = NJW 1188; *Rosenberg/Schwab*[14] § 65 IV 3 c; *Kion* Eventualverhältnisse im Zivilprozeß (1971) 78 ff.

[84] *BGH* in N. 61.

[85] Soweit ersichtlich, hat der *BGH* diese Art der Widerklage noch nicht zu beurteilen gehabt. Wie hier: *Rosenberg/Schwab* a.a.O.; *Thomas/Putzo*[17] Anm. 3 d.

4. Die parteierweiternde Widerklage (die Widerklage gegen einen Dritten oder eines Dritten)

29   Die Widerklage kann auch *gegen* Dritte und *von* Dritten erhoben werden[86]. »Dritter« ist hierbei eine Person, die weder Kläger noch Beklagter des anhängigen Verfahrens ist[87]. Allerdings sind solche **parteierweiternde Widerklagen nicht in jedem Fall zulässig und nicht immer von der Rechtsprechung auch dort anerkannt,** wo sie in der Lehre befürwortet werden, wie umgekehrt die Rechtsprechung parteierweiternde Widerklagen zuläßt, wo sie von der h. M. abgelehnt werden.

30   a) Die Widerklage gegen einen Dritten oder durch einen Dritten stellt **stets eine Parteiänderung** dar, nämlich eine **Parteierweiterung** (→ § 264 Rdnr. 131 ff.). Sie führt zur nachträglichen subjektiven Klagenhäufung, begründet also **nachträglich eine Streigenossenschaft.** Erhebt der *Beklagte* die Widerklage gegen einen *Dritten*, handelt es sich um einen **Klägerbeitritt;** erhebt der *Dritte* die Widerklage gegen den *Kläger,* liegt **Beklagtenbeitritt** vor. Möglich ist auch der Fall, daß ein *Dritter* eine Widerklage (gegen den Kläger und) gegen einen *Dritten* erhebt, so daß **Kläger-** und **Beklagtenbeitritt zugleich** gegeben sind. Wie immer die Konstellationen sind, jedenfalls wird eine Parteiänderung vorgenommen. Ob diese Änderung und inwieweit sie zulässig ist, regelt nicht § 33, sondern folgt aus den **Grundsätzen der Parteiänderung**[88] (näher → § 264 Rdnr. 131 ff.). Deshalb muß eine **parteierweiternde Widerklage daraufhin geprüft werden, ob sie** die Voraussetzungen für eine **Parteierweiterung** erfüllt; wenn nicht, ist die erhobene Widerklage nicht etwa als unzulässig abzuweisen, sondern *abzutrennen* (→ § 264 Rdnr. 137, → Rdnr. 9 vor § 59). **Unzulässig** hingegen ist eine **eventuelle** (bedingte) **parteierweiternde Widerklage,** da eine »bedingte Streitgenossenschaft« der ZPO fremd ist (→ Rdnr. 3 vor § 59 m. w. N. zur Gegenansicht).

Die parteierweiternde Widerklage ist in vielen Fällen geeignet, das Streitverhältnis umfassend zu klären. **Beispiele:** Der gewillkürte *Prozeßstandschafter* klagt, der Beklagte erhebt Widerklage (auch oder nur[89]) gegen den *Rechtsträger*[90]. Der beim Verkehrsunfall Verletzte klagt direkt (§ 3 Nr. 1 PflVG) gegen die *Versicherung* des Unfallgegners, dieser tritt im Wege der Widerklage in den Prozeß, um seinerseits *Ansprüche gegen den Kläger* (evtl. außerdem gegen die bislang noch nicht am Prozeß beteiligte Versiche-

---

[86] Zu dieser Art der Widerklage: *Nieder* (N. 2); *Schröder* AcP **164** (N. 2); *Wieser* (N. 2); *BGH* LM Nr. 6 (oben N. 1): Widerklage *zugleich gegen Kläger und Dritte* (als *Streitgenossen* des Klägers) ist zulässig; ebenso *BGH* NJW-RR 1990, 1265 (1267) (Erhebung der parteierweiternden Widerklage in der Berufungsinstanz); *BGH* NJW 1987, 3138 (3139) (*Sachdienlichkeit* der subjektiven Klagehäufung); 1981, 2642 f.; *OLG Düsseldorf* MDR 1990, 728 (*rügelose Einlassung*); *LG Hannover* NJW 1988, 1601; *OLG Hamm* FamRZ 1987, 710 (711); *BGH* Warn 1966 Nr. 57 = NJW 1028 = MDR 481 = JZ 448 = Rpfl 301 = LM Nr. 8; *BGH* NJW 1971, 466 = MDR 290 = LM Nr. 11; *OLG München* MDR 1984, 498 ff.; *LG Hannover* NJW 1988, 1601: Widerklage *nur gegen Dritte* ist unzulässig. Bei einer besonders engen tatsächlichen und wirtschaftlichen Verknüpfung zwischen Klage und Widerklage soll ausnahmsweise die Widerklage zulässig sein: *BGHZ* 91, 132 (135 f.) = NJW 1984, 2104 f.; *LG Hannover* NJW 1988, 1601. *BGH* MDR 1972, 600 = ZZP 86 (1973) 67 = JR 1973, 18 (Anm. *Fenge*) = LM Nr. 12; *BGH* WM 1985, 1507 (1510); *OLG Hamm* 1987, 710 (711) mit Anm. *Roelen: Dritter* (hier: Streithelfer) *kann keine Widerklage gegen Kläger* (und einen Dritten) erheben. *BGH* NJW 1975, 1228 = Warn Nr. 38 = MDR 566 = LM Nr. 14: Bei der zulässigen Widerklage des Beklagten gegen Kläger und Dritte sind die Voraussetzungen der

Streitgenossenschaft und das Erfordernis der Sachdienlichkeit weit auszulegen.
Vgl. auch *OLG Frankfurt* VersR 1969, 546; *OLG Düsseldorf* NJW 1970, 51; *OLG Karlsruhe* ZZP **88** (1975) 451 (*Greger*) = Justiz 1975, 472; *Historisches* bei *Schröder* Internationale Zuständigkeit (N. 2) 585.

[87] Eine Widerklage gegen den auf derselben Seite stehenden Streitgenossen (z. B. zwischen den Klägern oder zwischen den Beklagten) scheidet daher aus, ebenso *Rosenberg/Schwab*[14] § 99 II 4. Durch einen *Streithelfer* (oder *Streitverkündigungsempfänger*) ist die Widerklage zulässig, wenn er sie *nicht für die unterstützte Partei,* sondern als *selbständiger Dritter* erhebt (→ Rdnr. 14, → § 67 Rdnr. 9 un 22). *BGH* LM Nr. 12 (→ N. 86) lehnt dies ab, allerdings nicht generell, sondern auf der Begründung der Vorinstanzen, die den Prozeßverbindung aufgrund ihres nach § 147 gegebenen Ermessens ablehnten.

[88] *Thomas/Putzo*[17] Anm. 3 c, bb, insoweit zutreffend auch *BGH* (N. 69); ähnlich schon *RG* JW 1900, 389; vgl. auch *Kisch* Parteiänderung im Zivilprozeß (1912) 293 ff.; *Förster/Kann*[3] Anm. 2 b.

[89] Eine Widerklage *nur gegen den Rechtsinhaber* lehnt *Frank* ZZP **92** (1979) 326 ab, ohne die Rsp des *BGH* (N. 69) in Zweifel zu ziehen.

[90] → auch N. 86 vor § 50.

rung des Klägers, § 3 PflVG) geltend zu machen. Die Versicherung klagt die kraft *cessio legis* (z.B. § 116 SGB X, § 67 VVG) auf sie übergegangenen Ansprüche gegen den Schädiger ein, dieser erhebt Widerklage gegen den bisher am Prozeß *nicht beteiligten Unfallgegner* oder (und) gegen dessen *Versicherung*. Der Unfallverletzte verklagt den *Schädiger*, dieser erhebt Widerklage gegen den *Kläger* und dessen *Versicherung*. Aus einer ihm *abgetretenen Kaufpreisforderung* geht der Kläger vor, der Beklagte erhebt Widerklage gegen den *Verkäufer*. Der Kläger nimmt aus Amtshaftung den *Staat* in Anspruch, im Wege der Widerklage tritt der *Beamte* in den Prozeß ein, um Schmerzensgeldansprüche gegen den Kläger geltend zu machen. Kläger klagt gegen *Bürgen, Hauptschuldner* erhebt Widerklage. *Kinder* klagen gegen *Vater* auf Unterhalt, dieser erhebt Widerklage gegen seine *Ehefrau (Mutter* der Kinder).

b) Ergeben sich aus den Grundsätzen über die Parteierweiterung keine Bedenken, ist eine **31** parteierweiternde Widerklage an den **besonderen Voraussetzungen** (→ Rdnr. 9–23) **jeder Widerklage zu messen.** Hierbei ist jedoch zu beachten, daß für und gegen einen *Dritten* über § 33 keine *örtliche* Zuständigkeit begründet wird, selbst wenn ein Zusammenhang zwischen der Hauptklage und der parteierweiternden Widerklage besteht[91]. **Die parteierweiternde Widerklage setzt also einen Gerichtsstand voraus. Selbst als konnexe Widerklage gibt sie nicht die Möglichkeit, eine Person in den Prozeß hineinzuziehen, die nicht ohnehin schon vor demselben Gericht verklagt werden kann.**

Der Unterschied zwischen der konnexen einfachen Widerklage gegen den *Kläger*, die auch ohne örtliche Zuständigkeit wegen § 33 erhoben werden darf, und der konnexen *parteierweiternden* Widerklage ist in der Tatsache begründet, daß *der Dritte bisher am Prozeß nicht beteiligt war.* Aus der Prozeßführung *anderer* Personen (selbst über einen mit seiner Rechtsstellung, seinen Ansprüchen oder Rechten zusammenhängenden Anspruch) erwächst *gegen ihn* nicht etwa der Gerichtsstand des § 33, dem sich jedoch der *Kläger* für konnexe Gegenansprüche beugen muß, weil *er* den Prozeß an diesem Ort begann. Die Gegenmeinung des *BGH*[92], die auch den Dritten unter das Forum des Widerklagegerichtsstands zwingt, ist unvereinbar mit dem Sinn des § 33 und stößt deshalb fast überall auf Ablehnung. – Auch bei den übrigen eine Widerklage privilegierenden **Vorschriften** ist stets zu prüfen, ob sie auf den Sonderfall der parteierweiternden Widerklage **nach Sinn und Zweck des § 33 anzuwenden** sind. So kann ein bisher nicht am Rechtsstreit beteiligter nicht-rechtsfähiger Verein keine Widerklage erheben, da hier die Widerklage nicht der Bekämpfung einer gegen ihn selbst gerichteten Klage dient (vgl. § 50 Abs. 2). Auch die Vorschrift des § 261 Abs. 2 (→ Rdnr. 39) darf man bei der Erhebung einer Widerklage gegen einen Dritten nicht anwenden. Hingegen bestehen gegen die Anwendung des § 110 Abs. 2 Nr. 3 und des § 530 wohl keine Bedenken.

5. Die Anschlußwiderklage (unselbständige, fristgebundene Widerklage)

Mit der Eventualwiderklage (→ Rdnr. 26) vergleichbar ist die Anschlußwiderklage[93]. In **32** den seltenen Fällen einer **Befristung der Klage** (dazu näher → Rdnr. 135 ff. vor § 253 sowie Einl. Rdnr. 316 und z.B. Rdnr. 678) wird sie für die aus dem Sachverhalt abgeleitete Widerklage eingeräumt, auch wenn **für die Widerklage inzwischen die Klagefrist abgelaufen** ist.

Wie bei den befristeten Rechtsmitteln über die (unselbständige) Anschließung (→ § 521 Rdnr. 1 ff., → § 522 Rdnr. 1 ff., → § 556 Rdnr. 1, 5 f., → § 573 Rdnr. 8 ff.) die *prozessuale Waffengleichheit* hergestellt wird, erreicht die Anschlußwiderklage eine **Befreiung des Widerklägers vom Einhalten der Klagefrist.** Allerdings reicht diese Befreiung nur soweit, als über die Hauptklage *sachlich* entschieden wird. Sofern

---

[91] Überwiegende Ansicht, *BGH* NJW 1991, 2838 = MDR 1093 = LM § 33 ZPO Nr. 19; *Johannsen* (N. 1); *Putzo* (N. 1); *Rosenberg/Schwab*[14] § 99 II 4; *Thomas/Putzo*[17] Anm. 3c, aa, bb; *Zöller* (N. 9) Rdnr. 23 sowie die am Ende dieser N. Zitierten; anders nach *BGH* Warn 66 (N. 86); *Grunsky* Grundlagen des Verfahrensrechts[2] § 14 Fußn. 34; zweifelnd bereits *BGHZ* 69, 37 (44); offengelassen *BGH* NJW 1992, 982. *Ausnahmen* von der im Text vertretenen Ansicht kann man nur zulassen, wenn sich die

Rechtskraft des im Hauptprozeß ergehenden Urteils auf Dritte ohnehin erstreckt (so *Nieder* [N. 2] 446 ff.; zustimmend *Wieser* [N. 2] 45; *Greger* [N. 2] 454; *Rüßmann* AcP 172 [1972] 550 ff. u.a.).
[92] *BGH* (N. 91).
[93] Zu ihr vor allem *Fenn* (N. 2), einen instruktiven Fall entschied *BGHZ* 35, 227 (232 ff.) = NJW 1961, 1676 = MDR 756 = BB 765; *Rosenberg/Schwab*[14] § 99 II 3 Fn. 20.

die Hauptklage z. B. zurückgenommen oder als unzulässig abgewiesen wird, kann auch über die unselbständige Anschlußwiderklage sachlich nicht geurteilt werden[94]. Die für die Anschlußrechtsbehelfe entwickelten Grundsätze gelten insoweit genauso für die Anschlußwiderklage.

VI. Die allgemeinen Sachurteilsvoraussetzungen sämtlicher Widerklagen

Die Widerklage als selbständige Klage muß die Sachurteilsvoraussetzungen (zu ihnen → Einl. Rdnr. 311 ff.) erfüllen, denen jede Klage auch genügen muß[95]. Dies sind z. B.:

33   1. Die **Zulässigkeit des ordentlichen Rechtswegs** ist für die Widerklage so zu beurteilen, als ob sie als Hauptklage erhoben wäre. Denn da mit ihr eine der Rechtskraft fähige Entscheidung verlangt wird, § 322, kann diese nur auf den den ordentlichen Gerichten zustehenden Gebieten gegeben werden[96].

34   2. Hinsichtlich der Grenzen der deutschen Zivilgerichtsbarkeit gegenüber den **Exterritorialen** gelten die allgemeinen Grundsätze (→ Einl. Rdnr. 662). Die Widerklage ist *statthaft*, wenn sich ihr der Exterritoriale **unterworfen** hat oder wenn die Widerklage nur den Zweck verfolgt, den vom Kläger erhobenen Angriff **abzuwehren**[97]. Nach Art. 32 Abs. 3 **Diplomatenkonvention**, Art. 45 Abs. 3 **Konsularkonvention** (*Texte* → Einl. Rdnr. 657 f.) kann sich der Exterritoriale ferner *nicht* auf seine Exterritorialität berufen, wenn eine Widerklage erhoben ist, »die mit der Hauptklage **in unmittelbarem Zusammenhang** steht«. Damit wird die h. M.[98] zum Völkergewohnheitsrecht anerkannt, die in der Erhebung der Klage durch den Exterritorialen keine *allgemeine* Unterwerfung unter die Widerklage sah. In einem »**unmittelbaren Zusammenhang**« steht eine Widerklage nur, wenn sie *demselben* Rechtsverhältnis entspricht; rechtlicher Zusammenhang (→ Rdnr. 17 ff.) reicht nicht aus. – Zur deutschen **internationalen Zuständigkeit** → Rdnr. 41 f.

Während das **Völkervertragsrecht** die **Widerklage gegen einen Diplomaten** (in Art. 32 Abs. 3 *Diplomatenkonvention*, *Text* → Einl. Rdnr. 657) und **gegen einen Konsularbeamten** (in Art. 45 Abs. 3 *Konsularkonvention*, *Text* → Einl. Rdnr. 658) in der soeben dargestellten Weise regelt, fehlt derzeit noch eine ähnliche Regelung bei der **Widerklage gegen einen ausländischen Staat**; denn für Deutschland ist hinsichtlich der Frage der Staatenimmunität Völkervertragsrecht deshalb noch nicht in Kraft getreten[99], weil es noch nicht die *Europäische Konvention über die Staatenimmunität* ratifiziert hat[100]. Diese Konvention regelt ebenfalls die Widerklage, und zwar in Art. 2 der folgenden Wortlaut hat: »Ein solcher Vertragsstaat (sc.: der selbst in einem anderen Staat klagt) kann vor den Gerichten des anderen Vertragsstaats für eine Widerklage Immunität von der Gerichtsbarkeit nicht beanspruchen,

a) wenn sich die Widerklage aus dem Rechtsverhältnis oder aus dem Sachverhalt herleitet, auf die sich die Hauptklage stützt;

b) wenn dieser Staat Immunität von der Gerichtsbarkeit nach diesem Übereinkommen nicht hätte beanspruchen können, wäre vor den Gerichten des anderen Staates eine besondere Klage gegen ihn erhoben worden.«

Ferner regelt Art. 1 Abs. 3 dieser Konvention die **Widerklage des verklagten Staates:** »Ein Vertragsstaat, der vor dem Gericht eines anderen Vertragsstaats eine Widerklage erhebt, unterwirft sich der

---

[94] Anders jedoch *BGHZ* (N. 93) a. a. O., 235.
[95] *BAG* NJW 1974, 1840 = DB 2164.
[96] *RG* Gruchot 38, 475 u. a.
[97] Z. B. Widerklage auf Rückgewähr dessen, was der Käger durch einstweilige Verfügung erlangt hatte, *RGZ* 111, 149 (bedenklich, vgl. *Keller* [N. 2] 27), oder Widerklage in Höhe der Klageförderung, wenn eine Aufrechnung nicht möglich ist. Weitergehend lassen *Verdross* VölkerR[5] (1964) 337 *direkten Zusammenhang; Riezler* Internationales Zivilprozeßrecht und prozessuales Fremdenrecht (1949) 367 *einfache Konnexität* genügen, beide mit ausländischer Lit. u. Rsp; ebenso *Guldener* Das internationale und interkantonale Zivilprozeßrecht der Schweiz (1951) 3 N. 8; vgl. auch *Eickhoff* (N. 2) 41 ff.
[98] S. auch *Keller* (N. 1) 27 ff. m. w. N.; *Kleinfeller* (N. 2)

85 ff.; *R. Loening* Gerichtsbarkeit über fremde Staaten 128 f.; *Kann* JW 1910, 176 f.; *Meili* Das internationale Civilprozeßrecht (Zürich 1904) 345; ferner in der Gutachtensammlung (→ Einl. Rdnr. 660 N. 13): *Meili* 11; *Laband* 87; *Zorn* 104; *Fischer* 147; *Brie* 232; *Triepl* 252; *Kohler* 281; *Seuffert* 301; *Bornhak* 323; *Freund* 345. – A. M. *Wittmaack* AcP 90, 84 f.; *Fleischmann* Recht 1910, 53 f.; *v. Stengel* (in der Gutachtensammlung a. a. O.) 199 [aber auch nur, wenn sie *bloßes Verteidigungsmittel* gegen den Klageanspruch ist]; schweizerischer Bundesrat SchwBundesblatt 1897 II 225. Vgl. auch *RG* BöhmsZ 19, 220.
[99] → Einl. Rdnr. 660 nach N. 13 a.
[100] → Einl. Rdnr. 660 N. 22, vorletzter Absatz m. w. N.

Gerichtsbarkeit der Gerichte dieses Staates sowohl für die Haupt- als auch für die Widerklage« (Deutscher Text nach der Übersetzung im österreichischen BGBl. 1976 Nr. 128 S. 1809 [1810]).

3. Daß die **Parteifähigkeit**, die **Prozeßfähigkeit** und die **gesetzliche Vertretung** für die **35** Widerklage so zu beurteilen sind, als ob sie eine selbständige Klage wäre, ist unzweifelhaft und unbestritten. Es gilt dies namentlich von der Stellung der **nicht rechtsfähigen Vereine**, denen die aktive Parteifähigkeit für die Widerklage durch den Schlußsatz von § 50 Abs. 2 besonders beigelegt werden mußte (→ § 50 Rdnr. 23), sowie von der **beschränkten Prozeßfähigkeit**. In den Fällen der §§ 112f. BGB kann es vorkommen, daß der für die Klage prozeßfähige Beklagte es für die Widerklage nicht ist, und umgekehrt.

Ferner ist die **Vollmacht für Widerklage** selbständig zu beurteilen. Da aber § 81 die Prozeßvollmacht auf die Widerklage ausdehnt, ist dies nur im Fall des § 83 Abs. 2 von praktischer Bedeutung.

Ob die bezeichneten **Prozeßvoraussetzungen** für die *Klage* gegeben sind, ist für ihr Vorliegen bei der *Widerklage* gleichgültig[101]: Klagt der nicht rechtsfähige Verein, so kann gegen ihn Widerklage erhoben werden[102], auch wenn seine Klage mangels Parteifähigkeit als unzulässig abgewiesen werden muß.

4. Auch **Rechtshängigkeit** oder **Rechtskraft** sowie die **prozeßhindernden Einreden des** **36** **Schiedsvertrages** oder **der mangelnden Kostenerstattung** (→ Einl. Rdnr. 317) stehen der Widerklage wie einer Klage entgegen[103]; daß in § 110 Abs. 2 Nr. 3 für die **Einrede der** **mangelnden Sicherheit für die Prozeßkosten** ausdrücklich das Gegenteil bestimmt ist, bestätigt nur den Regelsatz.

5. Auch die **sachliche Zuständigkeit für die Widerklage ist Sachurteilsvoraussetzung**[104], **37** und als solche, wie aus § 5 und § 506 folgt, selbständig zu beurteilen, **insbesondere hinsichtlich** **des nach §§ 3 ff. zu berechnenden Wertes des Streitgegenstandes** (→ auch § 5 Rdnr. 32 f.). Wird daher beim **Amtsgericht** eine **Widerklage erhoben**, die als Klage vor das *Landgericht* gehören würde, so hat das Gericht den *ganzen* Rechtsstreit auf Antrag an das Landgericht zu verweisen. Wird der Verweisungsantrag nicht gestellt und der Mangel der Zuständigkeit auch nicht gemäß § 39 geheilt[105], so muß die Widerklage wegen Unzuständigkeit abgewiesen werden (→ § 506 Rdnr. 10). Daß eine gleiche Vorschrift für den Fall der Erhebung einer Widerklage *amtsgerichtlicher Zuständigkeit* vor dem Landgericht nicht gegeben ist, beruht darauf, daß nach dem früheren System der ZPO keine ausschließlichen Zuständigkeiten des Amtsgerichts bestanden (→ § 1 Rdnr. 41) und daher früher das Landgericht fähig war, auch die amtsgerichtliche Sache zu entscheiden, arg. § 10[106]. Der heutige Rechtszustand ist anders. Gehört die Widerklage als Klage zur **Zuständigkeit des Arbeitsgerichts** (→ § 1 Rdnr. 140 ff.), so ist sie, wenn nicht eine Verweisung nach § 281, § 48 ArbGG erfolgt, als unzulässig abzuweisen.

6. Im **Verhältnis der Zivilkammer zur Kammer für Handelssachen** (→ § 1 Rdnr. 133) hat **38** die erstere die unbeschränkte Zuständigkeit[107]. Eine Verweisung von der Zivilkammer an die KfHS findet daher nicht statt, wenn nur die Widerklage Handelssache (§ 95 GVG) ist[108]. Wird dagegen vor der KfHS eine Widerklage erhoben, die als Klage nicht unter § 95 GVG fiele, so ist der *ganze Rechtsstreit auf Antrag* zu verweisen, § 99 GVG. Die Verweisung darf auch *von*

---

[101] Oben N. 29.
[102] Ebenso *Nußbaum* ZZP 34, 143. Vgl. auch *RG* JW 1914, 414.
[103] Wegen der mangelnden Kostenerstattung ebenso *RGZ* 28, 404; 58, 259. Ebenso bezüglich der Aussetzung *RG* JW 1899, 175 f.

[104] A. M. *Loening* (N. 2) 104.
[105] → oben N. 18.
[106] Anders *Mayer* JuS 1991, 678 (679 Fn. 10).
[107] Vgl. *Wach* Hb. 364 ff.; *Gaul* (N. 2) JZ 1984, 57 (62).
[108] *Gaul* (N. 2) JZ 1984, 57 (62).

Amts wegen erfolgen, solange nicht über die Widerklage zur Hauptsache verhandelt und ein Beschluß verkündet ist, jedoch nicht aus dem Grunde, weil der Widerbeklagte nicht Kaufmann ist, § 99 Abs. 2, § 97 Abs. 2 GVG. Dieselben Grundsätze gelten, wenn die Widerklage im Falle des § 506 schon vor dem Amtsgericht erhoben war[109].

VII. Das Verfahren über die Widerklage

39   1. Die **Erhebung der Widerklage** ist durch § 261 Abs. 2 erleichtert; sie kann in der **mündlichen Verhandlung** mit einer der Möglichkeiten des § 297 geltend gemacht werden. Eine **Vorwegerhebung** der **Gerichtsgebühr** ist nicht erforderlich (→ Rdnr. 3 und [zur *Wider-Widerklage*] → Rdnr. 25). Im übrigen sind die Vorschriften anzuwenden, die gelten würden, wenn die Widerklage als Klage erhoben wäre.

2. Entscheidung über die unzulässige Widerklage

Steht der Widerklage ein nicht behebbarer Mangel (z. B. Rechtskraft, Schiedsvertrag → Rdnr. 36) entgegen, wird sie als *unzulässig abgewiesen*. Fehlt die Zulässigkeit des Rechtswegs (→ Rdnr. 33) oder ist ein anderes Gericht ausschließlich örtlich (→ Rdnr. 21) oder sachlich zuständig, ist sie **nur abzuweisen, wenn ein Verweisungsantrag nicht gestellt wird.** *Fehlt der rechtliche Zusammenhang* (→ Rdnr. 16 ff.), so ist zu unterscheiden: Ist das Gericht nach anderen Vorschriften zuständig, so *kann* (nicht muß) es nach § 145 Abs. 2 trennen. Ist das Gericht örtlich nicht zuständig (auch nicht nach § 38 ff., → Rdnr. 20), so hat es auf Antrag an das zuständige Gericht zu verweisen, bei fehlendem Antrag wird die Widerklage als unzulässig abgewiesen.

VIII. Arbeitsgerichtsbarkeit

40   Im **arbeitsgerichtlichen Verfahren gilt § 33 ohne Abweichungen.**

1. Hervorzuheben ist, daß die **Widerklage in jedem Fall nach Klageerhebung** zulässig ist; die nach Eintritt der Rechtshängigkeit stattfindende *Güteverhandlung*, § 54 ArbGG, steht ihr nicht entgegen.

2. Hinsichtlich der **Zuständigkeit** gilt folgendes:
a) Die **sachliche Zuständigkeit** der Gerichte für Arbeitssachen muß gegeben sein. Der Widerklageanspruch muß deshalb unter **§ 2, § 3 ArbGG** fallen (hierzu → § 1 Rdnr. 140 ff.). Die sachliche Zuständigkeit kann sich auch aus § 2 Abs. 3 ArbGG ergeben (→ § 1 Rdnr. 204 ff.); denn die **Zusammenhangsklage des § 2 Abs. 3 ArbGG** kann auch eine Widerklage sein (→ § 1 Rdnr. 206). Da diese Zusammenhangswiderklage den allgemeinen Regeln über die Widerklage folgt (→ Rdnr. 10), muß die Hauptklage nicht – wie vielfach vertreten[110] – zulässig sein und anhängig bleiben. Eine *Vereinbarung nach § 2 Abs. 4 ArbGG* (→ § 1 Rdnr. 210) deckt auch eine Widerklage[111], es sei denn, dieser Fall ist in der Vereinbarung ausgeschlossen. Zu den Besonderheiten bei **Erfinderstreitigkeiten** → § 1 Rdnr. 191 ff.[112].

---

[109] Vgl. *Stein* LeipzZ 1909, 656 f.
[110] So 19. Aufl. dieses Komm. VII 2 a; allgemein zur Unrichtigkeit dieser Interpretation → § 1 N. 293 f. und oben Rdnr. 11.
[111] Die Gegenansicht der 19. Auflage (nach N. 63) zu § 3 Abs. 2 a. F. ArbGG ist nicht haltbar.
[112] → z. B. dort vor N. 254 d.

b) Bezüglich der **örtlichen Zuständigkeit** greift § 33 unmittelbar ein, d. h. es muß, sofern nicht schon ein anderer Gerichtsstand gegeben ist, der Gegenanspruch mit dem Klageanspruch oder mit den gegen ihn vorgebrachten Verteidigungsmitteln in *einem rechtlichen Zusammenhang* stehen.

Wird z. B. der überschießende Betrag der vom Beklagten zur Aufrechnung gestellten, mit dem Klageanspruch *nicht in einem rechtlichen Zusammenhang* stehenden Gegenforderung im Wege der Widerklage geltend gemacht, so sind – auch wenn die Gegenforderung nicht unter § 2 ArbGG fällt – die **sachliche** und die **örtliche Zuständigkeit des Arbeitsgerichts** stets **gegeben**, da die Gegenforderung mit dem geltend gemachten Verteidigungsmittel (= Aufrechnung) in einem rechtlichen Zusammenhang steht[113]. Wird dagegen eine Forderung im Wege der Widerklage geltend gemacht, die *weder* mit dem Anspruch der *Hauptklage, noch* mit einem geltend gemachten *Verteidigungsmittel* (d. h. auch nicht mit einer Aufrechnung, → Rdnr. 19) in einem rechtlichen oder unmittelbar wirtschaftlichen Zusammenhang steht, so muß das Arbeitsgericht wegen der fehlenden Konnexität sowohl prüfen, ob für den Gegenanspruch § 2 ArbGG anzuwenden ist (damit es sich als *sachlich* zuständig ansehen kann), als auch feststellen, ob für den widerklageweise geltend gemachten Anspruch seine *örtliche* Zuständigkeit besteht (weil ja § 33 nicht kompetenzbegründend eingreift). Nur wenn *beides* der Fall ist, darf das Arbeitsgericht über die Begründetheit der Widerklage entscheiden.

IX. Internationale Zuständigkeit und EuGVÜ

1. Internationale Zuständigkeit[114]

Die über § 33 begründete **örtliche Zuständigkeit indiziert**, wie üblich (→ Einl. **41** Rdnr. 755 ff.), **die internationale Zuständigkeit.** Der Widerkläger kann deshalb Widerklage gegen den Kläger auch dann erheben, wenn für diesen im Inland an sich keine internationale Zuständigkeit besteht. Allerdings ist die **internationale Zuständigkeit nur im Rahmen des § 33** begründet: Wie bei fehlendem Gerichtsstand **nur konnexe Widerklagen** gegen den Kläger erhoben werden können (→ Rdnr. 16 ff.), konstituiert § 33 die internationale Zuständigkeit stets auch nur *insoweit*, als der **Gegenanspruch im Zusammenhang mit der Hauptklage** steht. Außerdem findet die internationale Zuständigkeit ihre Grenze, soweit das Inland **ausschließliche ausländische Gerichtsstände** anerkennt oder durch die Widerklage **nicht-vermögensrechtliche Ansprüche** geltend gemacht werden (→ Rdnr. 21). Nicht etwa muß sich der Kläger, weil er im Inland klagt, auf *jede Art* von Widerklage einlassen. Ferner ist eine Widerklage dann *unzulässig*, wenn die **deutsche internationale Zuständigkeit wirksam abbedungen** wurde (→ Rdnr. 8). Eine solche Derogation der deutschen internationalen Zuständigkeit ist in Rechtsprechung und Lehre *auch für den Gerichtsstand der Widerklage* anerkannt[115]. Ob die Prorogation eines ausländischen Gerichts auch die Derogation der Widerklagezuständigkeit im Inland erfaßt, ist durch Auslegung der Zuständigkeitsvereinbarung festzustellen[116].

Dieselben Grundsätze wie beim Gerichtsstand gelten auch für die **parteierweiternde Widerklage** (→ oben Rdnr. 29). Sie ist nur insoweit international zulässig, als unabhängig, von der Widerklage schon eine internationale deutsche Zuständigkeit des Dritten vorliegt. Fehlt diese, kann nicht im Wege der Widerklage gegen einen Dritten vorgegangen werden, nur weil ein Zusammenhang zwischen der Widerklage gegen ihn und der fremden Hauptklage besteht[117].

---

[113] → Rdnr. 19 bei und in N. 65.

[114] *Meili* Das internationale Civilprozeßrecht (Zürich 1904) 387 ff.; *Neuhaus* Die Grundbegriffe des Internationalen Privatrechts[2] (1976) 420 bei Fußn. 1150, 425; *Riezler* (N. 97) 313 ff., 366 ff. (zur *Widerklage gegen Exterritoriale* → Rdnr. 34); *J. Schröder* Internationale Zuständigkeit (1971) 582 ff. (umfassend); *BGH* IPRsp 1962/1963 Nr. 35 a. E.; *RGZ* 129, 385 (388); *LG Stuttgart* (N. 22).

[115] Nachw. → N. 22, → N. 128, → auch § 38 Rdnr. 66 ff.

[116] *BGHZ* 59 (N. 22).

[117] Vgl. *Schröder* (N. 114) 593 f.; *BGHZ* 69, 37 (44 f., obiter dictum); zu weitgehend wohl *Schröder* AcP (N. 1) 533.

2. EuGVÜ

42   In seinem Geltungsbereich (→ Einl. Rdnr. 787) **verdrängt** das **EuGVÜ** den § 33. Hat nämlich der Kläger (= Widerbeklagte) seinen Wohnsitz in einem *anderen* Vertragsstaat des EuGVÜ[118] darf er grundsätzlich nicht vor den deutschen Gerichten verklagt werden (Art. 2 Abs. 1 EuGVÜ, *Text* → Einl. Rdnr. 903). Eine Ausnahme betrifft aber die Widerklage. **Art. 6 Nr. 3 EuGVÜ** (*Text* → Einl. Rdnr. 904), läßt es zu, eine in einem *anderen* EuGVÜ-Vertragsstaat wohnende Person zu verklagen, »wenn es sich um eine Widerklage handelt, die auf **denselben Vertrag oder Sachverhalt** wie die Klage selbst gestützt wird«. Anders als § 33 verwendet das EuGVÜ also *nicht* den Begriff des Zusammenhangs[119]. Dies ist keineswegs eine zufällige Wortwahl. Vielmehr kennt das EuGVÜ sehr wohl den Begriff des Zusammenhangs (Art. 22 Abs. 2 EuGVÜ), den es sogar legaldefiniert (Art. 22 Abs. 3, *Text* → Einl. Rdnr. 910). Die Voraussetzungen der Widerklage sind daher **bewußt eng gezogen**.

43   Art. 6 Nr. 3 EuGVÜ wird seinerseits durch **Spezialregelungen des EuGVÜ** verdrängt. Soweit nämlich das EuGVÜ **ausschließliche** internationale Zuständigkeiten niederlegt (Art. 16, *Text* → Einl. Rdnr. 907, → auch § 17 Rdnr. 4 und § 24 Rdnr. 4), ist eine Widerklage nur zulässig, wenn sie in demjenigen Staat erfolgt, dessen Gericht die ausschließliche Zuständigkeit besitzt. Spezialregelungen für die **versicherungsrechtliche** und die **abzahlungsrechtliche Widerklage**[120] enthalten ferner Art. 11 Abs. 2 EuGVÜ (*Text* → Einl. Rdnr. 905) und Art. 14 Abs. 3 EuGVÜ (*Text* → Einl. Rdnr. 906). Für derartige Widerklagen ist weitere Voraussetzung, daß die Hauptklage entsprechend dem jeweiligen Abschnitt des EuGVÜ erhoben wurde; eine Widerklage *versicherungs-* oder *abzahlungsrechtlicher* Art kann also nicht gegen eine Hauptklage erhoben werden, die aufgrund der allgemeinen Bestimmungen des EuGVÜ (z. B. Art. 2 Abs. 1 [im Wohnsitzgericht des Beklagten] oder Art. 5 Nr. 1 [am Gericht des Erfüllungsorts]) erhoben wurde, oder falls für die Hauptklage das EuGVÜ überhaupt nicht eingreift, weil sich sein sachlicher Anwendungsbereich (Art. 1 Abs. 2 EuGVÜ) nicht auf den Streitgegenstand erstreckt (→ Einl. Rdnr. 787). Aus den genannten zwei Spezialregelungen ergibt sich ferner, daß für die **allgemeine Widerklage** des Art. 6 Nr. 3 EuGVÜ **solche Voraussetzungen nicht gelten**; diese Widerklage kann auch erhoben werden, wenn für die Hauptklage das EuGVÜ überhaupt nicht einschlägig war[121].

44   Art. 6 Nr. 3 EuGVÜ beschränkt sich auf die Aussage, daß bei konnexen Widerklagen keine Zuständigkeitsbedenken bestehen, wenn der Widerbeklagte (= Kläger) seinen Wohnsitz in einem anderen EuGVÜ-Staat hat. Ob überhaupt eine Widerklage nach der nationalen Prozeßordnung statthaft ist und unter welchen Voraussetzungen sie zulässig erhoben werden kann, **regelt das EuGVÜ** nicht[122]. Wenn deshalb das deutsche Prozeßrecht in bestimmten Fällen die Widerklage verbietet (→ Rdnr. 13), ändert sich hieran durch Art. 6 Nr. 3 EuGVÜ nichts. Eine nach dem EuGVÜ zugelassene Widerklage ist deshalb unzulässig, wenn für sie eine anderweitige ausschließliche *örtliche* Zuständigkeit besteht (→ Rdnr. 21) oder wenn die

---

[118] (Außer der *Bundesrepublik Deutschland*) *Belgien, Frankreich, Italien, Luxemburg, Niederlande.* Dieser Kreis wird erweitert um die neuen EG-Staaten (*Dänemark, Irland* und das *Vereinigte Königreich*), sobald das Beitrittsabkommen in Kraft getreten ist (→ Einl. Rdnr. 783 f.). Dieses Abkommen ändert Art. 6 Nr. 3 EuGVÜ nicht (Text des Beitrittsabkommens → Einl. Rdnr. 940 ff.), auch die Sonderregelungen in Art. 11 Abs. 2 und Art. 14 Abs. EuGVÜ werden nicht geändert.

[119] Vgl. *Bericht* zum EuGVÜ (→ Einl. Rdnr. 784 N. 7) zu Art. 6 EuGVÜ.

[120] Wegen des Erfordernisses »*desselben Vertrags oder Sachverhalts*« werden Widerklagen gegen eine ver-

sicherungsrechtliche oder abzahlungsrechtliche Hauptklage in aller Regel nur als versicherungs- oder abzahlungsrechtliche Widerklage möglich sein.

[121] *P. Schlosser* FamRZ 1973, 430 bei Fußn. 48; *Eickhof* (N. 2) 100 f.; a. M. *Kropholler* Europäisches Zivilprozeßrecht ³(1991) Art. 6 Rdnr. 19; *ders.* ZZP 100 (1987) (N. 2) 353; *Linke* in: *Bülow-Böckstiegel* Der internationale Rechtsverkehr in Zivil- und Handelssachen² (1973 ff.) Art. 6 EuGVÜ Anm. II 2 mit unzutreffendem Hinweis auf *Wieczorek*² § 12 G IV, der auch in § 33 G IV nichts zur Streitfrage sagt.

[122] *Wieczorek*² Anm. G II a, III; zustimmend *Linke* a. a. O.

sachliche Zuständigkeit (→ Rdnr. 37) fehlt (und sich der Kläger nicht rügelos einläßt bzw. es sich um eine ausschließliche Zuständigkeit handelt); auch sonst wickelt sich eine nach dem **EuGVÜ zugelassene Widerklage nach der ZPO** ab (→ auch Einl. Rdnr. 788 sub d).

Für die **parteierweiternde Widerklage** bestehen keine Besonderheiten. Wie auch bei § 33 (→ Rdnr. 31) **45** gilt hier, daß Art. 6 Nr. 3 EuGVÜ keinerlei Zuständigkeit gegen eine bislang am Rechtsstreit nicht beteiligte Person schafft[123]. Wer also eine in einem *anderen* EuGVÜ-Staat wohnhafte Person im Wege der parteierweiternden Widerklage verklagen will, kann dies nur, wenn *andere* Vorschriften des EuGVÜ die Zuständigkeit deutscher Gerichte begründen. Wohnt die Person nicht im EuGVÜ, sondern im sonstigen Ausland, gelten die (sachlich übereinstimmenden) Grundsätze über die internationale Zuständigkeit[124].

Die Problematik der **autonomen** oder **nationalen Qualifikation** (→ Einl. Rdnr. 786) tritt bei Art. 6 Nr. 3 **46** EuGVÜ nicht in derselben Schärfe auf wie bei anderen Gerichtsstandsvorschriften (→ § 29 Rdnr. 51 und § 32 Rdnr. 6), weil hinsichtlich des Begriffs der »*Widerklage*« einigermaßen homogene Regelungen in den Mitgliedstaaten vorliegen, so daß insoweit auch eine »europäische« Begriffsbestimmung nicht zu Schwierigkeiten führen dürfte[125]. Wann jedoch »*derselbe Vertrag*« oder »*derselbe* Sachverhalt« vorliegt, sollte nach den inneren rechtlichen Zusammenhängen des *anzuwendenden materiellen Rechts* (das muß bei einem deutschen Gericht keineswegs deutsches Recht sein) beantwortet werden[126].

Fehlen die im EuGVÜ für die Widerklage aufgestellten **Voraussetzungen**, kann das Gericht **47** gleichwohl über die Widerklage entscheiden, wenn sich seine **Zuständigkeit aus anderen Vorschriften des EuGVÜ** ergibt; denn wie § 33 (→ Rdnr. 6 ff.) regelt das EuGVÜ beim Widerklagegerichtsstand nur die (internationale) *Zuständigkeit*, nicht auch die *Zulässigkeit der Widerklage*[127]. Wenn also der Inländer gegen den Ausländer vor einem deutschen Gericht im Gerichtsstand des Erfüllungsorts (Art. 5 Nr. 1 EuGVÜ, → § 29 Rdnr. 44 ff.) klagt, darf der Ausländer Widerklage schon wegen Art. 2 Abs. 1 (*Text* → Einl. Rdnr. 903) erheben; denn der Widerbeklagte hat seinen Wohnsitz in Deutschland. Auch die **rügelose Einlassung des Klägers** begründet die Zuständigkeit (Art. 18 EuGVÜ → § 39 Rdnr. 15). Umgekehrt ist es bei § 33 möglich (→ Rdnr. 41), daß durch eine europäische Zuständigkeitsvereinbarung der Gerichtsstand des Art. 6 Nr. 3 EuGVÜ **derogiert** wird (Art. 17 EuGVÜ → § 38 Rdnr. 66)[128].

3. Ist unklar, ob das EuGVÜ eingreift, ergibt sich aber die Zuständigkeit für die Widerklage **48** sowohl aus Art. 6 Nr. 3 EuGVÜ als auch aus § 33, kann das Gericht die internationale und die örtliche Zuständigkeit im Wege der **Wahlfeststellung** bejahen (→ Einl. Rdnr. 773 und 808 b und → Rdnr. 28 vor § 12).

§ 34   [Besonderer Gerichtsstand des Hauptprozesses]

Für Klagen der Prozeßbevollmächtigten, der Beistände, der Zustellungsbevollmächtigten und der Gerichtsvollzieher wegen Gebühren und Auslagen ist das Gericht des Hauptprozesses zuständig.

Gesetzesgeschichte: unverändert seit Inkrafttreten der CPO.

Stichwortverzeichnis → Gerichtsstandsschlüssel Rdnr. 40 vor § 12.

---

[123] Anders *Wieczorek*[2] Anm. G Ic 1, der dem Art. 6 Nr. 3 EuGVÜ zuständigkeitsbegründende Wirkung gegenüber dem *prozeßfremden Dritten* einräumt! So wohl auch *Linke* a. a. O.
[124] → N. 117.
[125] Vgl. auch *EuGHE* 78, 2133 (2142 f.) *Meeth/Glacetal* zur »Aufrechnung« (die nicht unter den Begriff der Rechtsstreitigkeit fällt).

[126] *Wieczorek*[2] Anm. G I vertritt eine vertragsautonome Interpretation des Begriffs des *Zusammenhangs* (aber auf den stellt Art. 6 Nr. 3 EuGVÜ gerade nicht ab, → bei N. 89); *Linke* a. a. O. will ebenfalls *autonom qualifizieren*.
[127] → N. 122.
[128] Schlußanträge des Generalanwalts *Capotori* EuGHE 78, 2133 (2148 f.) *Meeth/Glacetal*; → auch N. 22 und N. 115.

I. Gerichtsstand des Sachzusammenhangs

1   Die ZPO kennt den **Sachzusammenhang als Zuständigkeitsgrund nur für einzelne Fälle, nicht allgemein als Gerichtsstand** (→ Rdnr. 24 vor § 12 m. w. N.), z. B. wenn das *Prozeßgericht erster Instanz* oder das *Gericht der Hauptsache* als solches zuständig ist (→ § 1 Rdnr. 102). Ferner gehören hierher die Gerichtsstände der §§ 25, 34, 35 a, 644 Abs. 2, der Gerichtsstand der *Widerklage* (§§ 33, 256 Abs. 2) sowie die Gerichtsstände für die *Widerspruchsklage* nach § 771 (vgl. auch § 805), die Klagen gegen mehrere *Wechselverpflichtete* (§ 603 Abs. 2) und für die Anfechtung der *Verteilung* (§ 879). Wegen § 2 Abs. 3 ArbGG → § 1 Rdnr. 204 ff.

II. Konkurrenz mit § 29

2   **§ 34 konkurriert mit § 29;** denn unabhängig von § 34 ist meist als weiterer besonderer Gerichtsstand die **Zuständigkeit des Gerichts des Erfüllungsortes nach § 29** gegeben. Bedeutung hat das vor allem für Rechtsanwälte, die damit nach **§ 35 ein Wahlrecht** haben. Erfüllungsort der gegenseitigen Leistungen aus dem Geschäftsbesorgungsvertrag zwischen dem Rechtsanwalt und seinen Mandanten ist die Kanzlei des Rechtsanwalts[1]. Hat der Rechtsanwalt eine **Kanzlei nur im Ausland** (vgl. § 29a Abs. 1 S. 2 und Abs. 2 BRAO) oder ausnahmsweise überhaupt keine Kanzlei (§ 29 BRAO), fehlt (möglicherweise) ein inländischer Erfüllungsort, so daß für diesen Anwalt der Gerichtsstand des § 34 von besonderer Bedeutung ist (zur internationalen Zuständigkeit → sogleich Rdnr. 3). Bisweilen kommt übrigens eine **Wahlfeststellung** zwischen § 29 und § 34 in Frage, → Rdnr. 28 vor § 12 m. w. N.

III. Internationale Zuständigkeit

1. Allgemeines

3   Als Gerichtsstandsnorm ist § 34 eine Regelung der **örtlichen Zuständigkeit.** Wie bei den anderen Gerichtsstandsnormen gilt auch hier der Grundsatz, daß die örtliche Zuständigkeit **die internationale Zuständigkeit indiziert** (→ Einl. Rdnr. 755 m. w. N.). Soweit also § 34 die örtliche Kompetenz herstellt, gewährt er grundsätzlich **zugleich auch die internationale Zuständigkeit für die in § 34 genannten Streitigkeiten.** Ist daher ein **deutsches Gericht** bei einem *Streitfall mit Auslandsberührung* angerufen worden, so ist das deutsche Gericht im Sinne des § 34 »Gericht des Hauptprozesses« und damit auch **international zuständig**[2]. Es ist für § 34 gleichgültig, ob der vor diesem Gericht auftretende Rechtsanwalt seine Kanzlei im Inland oder Ausland (→ schon Rdnr. 2 a. E.) hat und ob es sich um einen deutschen oder ausländischen Rechtsanwalt handelt. So kann z. B. der Rechtsanwalt des Vorprozesses den *im Ausland lebenden Mandanten* über § 34 am Sitz des deutschen Gerichts der Hauptsache verklagen.

2. EuGVÜ

Die soeben dargestellte »Indizierung« der internationalen Zuständigkeit durch die Regeln der örtlichen Zuständigkeit entfällt jedoch, soweit das **EuGVÜ** eingreift (näher → Einl. Rdnr. 758 und insbesondere 788 ff.). Hat der **Mandant seinen Wohnsitz in einem** *anderen* **Vertragsstaat des EuGVÜ** (zu den Vertragsstaaten des EuGVÜ → Einl. Rdnr. 783, zum

---

[1] Vgl. *OLG Köln* NJW 1960 1301; *AG München* AnwBl 1974, 27 m. w. N., → § 29 N. 162.

[2] Die Begründung einer internationalen Zuständigkeit

für die Gebührenklage war ausdrücklich beabsichtigt, *J. Schröder* Internationale Zuständigkeit (1971) 613 f. m. w. N.

zeitlichen Anwendungsbereich des EuGVÜ → Einl. Rdnr. 781), **wird § 34 ausgeschaltet**; denn dieser Gerichtsstand ist dem EuGVÜ unbekannt. Der deutsche Rechtsanwalt muß dann über **Art. 5 Nr. 1 EuGVÜ** (→ § 29 Rdnr. 44 ff.) vorgehen, will er nicht am Wohnsitz seines Mandanten im EuGVÜ-Ausland klagen. Im Unterschied zu anderen Gerichtsstandsvorschriften (z. B. § 22, → dort Rdnr. 3) bleibt § 34 aber nicht wenigstens als *örtliche* Zuständigkeitsregelung erhalten, weil Art. 5 EuGVÜ zugleich auch den Gerichtsstand regelt (→ Einl. Rdnr. 788 b). Ist im Einzelfall einmal zweifelhaft, ob Art. 5 Nr. 1 EuGVÜ oder § 34 eingreift, hilft eine **Wahlfeststellung**, sofern sich die in den beiden Vorschriften genannten Begriffe decken und ihre Anwendung zu demselben Ergebnis führt (näher → Einl. Rdnr. 773, 808 b und → Rdnr. 28 vor § 12).

IV. Voraussetzungen des § 34

1. Die möglichen Kläger und Beklagten

a) § 34 ist ein **zusätzlicher Wahlgerichtsstand**[3] der **Prozeßbevollmächtigten** (einschließlich **4** der Unter- und Verkehrsbevollmächtigten)[4], der **Beistände**, der **Zustellungsbevollmächtigten** und der **Gerichtsvollzieher** (bzw. deren Rechtsnachfolger) bei Klagen gegen ihre Auftraggeber (bzw. diejenigen, die als Rechtsnachfolger, Bürgen[5] usw. für sie haften).

b) § 34 ist **nicht** gegeben für Klagen **gegen sonstige Dritte**, die nicht Partei sind (waren) und denen gegenüber das Vertretungsverhältnis nicht den Klagegrund bildet[6]. Er ist weiter **nicht** gegeben für Klagen einer Prozeßpartei, gleich, ob sie sich **gegen den Prozeßbevollmächtigten, Beistand usw.** etwa wegen Schadensersatzes oder ob sie sich gegen die Gegenpartei richtet, z. B. weil diese zu den Prozeßkosten verurteilt ist. Das gilt auch für den Fall der Prozeßkostenhilfe.

c) Dagegen kann der **Unterbevollmächtigte** hier Klage **gegen den Prozeßbevollmächtigten**, der ihn für sich bestellt hat, erheben.

d) Soweit nach den vorstehenden Ausführungen eine Partei nicht Kläger sein darf (z. B. die frühere Prozeßpartei klagt gegen ihren Anwalt), gilt dies auch für etwaige **negative Feststellungsklagen** solcher Personen. Zwar sind für die negative Feststellungsklage alle besonderen Gerichtsstände eröffnet, die für die umgekehrte Leistungsklage bestünden (→ § 256 Rdnr. 101). Diese allgemeine Aussage trifft aber nicht für diejenigen besonderen Gerichtsstände zu, die auf eine bestimmte Parteirolle abstellen, wie dies im § 34 und auch im § 29 b (→ dort Rdnr. 4) der Fall ist.

2. Begriffe der möglichen Kläger

a) **Prozeßbevollmächtigte** sind Personen, die für eine Partei Prozeßgeschäfte zu besorgen **5** haben und dabei aufgrund einer prozessualen Vollmacht handeln, §§ 78 ff.[7].

Ist Prozeßbevollmächtigter ein Rechtsanwalt, so ist § 19 BRAGO zu beachten. Nach § 19 Abs. 1 **6** BRAGO wird die gesetzliche Vergütung, die dem Rechtsanwalt als Prozeßbevollmächtigtem (§ 31 BRAGO), als Unterbevollmächtigtem (§§ 53, 54 BRAGO) oder als Verkehrsanwalt (§ 52 BRAGO)

---

[3] *OLG Hamburg* FamRZ 1985, 409; *OLG Schleswig* FamRZ 1984, 1119; *Hansens* NJW 1989, 1131 (1136).
[4] *RGZ* 58, 109.
[5] *OLG Kiel* OLG Rsp 7, 273.
[6] *OLG Hamburg* OLG Rsp 5, 88; a.M. *OLG Dresden* OLG Rsp 27, 71.

[7] Vgl. zu dieser Definition *Gerold/Schmidt* BRAGO[10] § 1 Rdnr. 49; *Baumbach/Lauterbach/Hartmann*[51] Rdnr. 1.

zusteht, auf Antrag in einem **besonderen Verfahren** festgesetzt. Der dort angeführte Personenkreis erfüllt mit *Ausnahme des Beistands* (→ Rdnr. 10 ff.) sämtlich die Tatbestandsvoraussetzungen des Prozeßbevollmächtigten in § 34; der in § 34 verwendete Begriff ist somit *weiter* als der des Prozeßbevollmächtigten nach § 31 BRAGO. Das zwischen der BRAGO und § 34 bestehende Konkurrenzverhältnis ist dahin zu lösen, daß das **Festsetzungsverfahren nach der BRAGO anderen Regelungen vorgeht**[8].

Eine Klage vor dem Zivilgericht im Gerichtsstand des § 34 kommt somit **nur** für diejenigen **Vergütungsansprüche** in Betracht, für **die § 19 BRAGO nicht eingreift**. Dies sind:

aa) Alle nach § 3 BRAGO *vereinbarten Vergütungsansprüche*, da es sich hier nicht um *»gesetzliche Ansprüche«* im Sinne des § 19 Abs. 1 BRAGO handelt.

bb) Die gesetzlichen Vergütungsansprüche, soweit es sich um *Rahmengebühren* im Sinne des § 19 Abs. 7 BRAGO handelt, z. B. die Ansprüche nach § 29 BRAGO[9].

c) Übrige Vergütungsansprüche, wenn ihnen **Einwendungen** und **Einreden** entgegenstehen, die nicht im Gebührenrecht ihren Grund haben, z. B. Einreden gegen den Anspruchsgrund, die Erfüllungseinrede und die Verjährungseinrede[10].

7   Ist der **Prozeßbevollmächtigte Rechtsbeistand** im Sinne des Art. 1 § 1 Abs. 1 RBerG, § 4 Abs. 1 der 2. RBerV, so ist streitig, *ob § 19 BRAGO entsprechend anwendbar ist*. Richtigerweise lehnt die h. M. das jedoch ab[11], so daß **wegen der Gebühren und Auslagen ohne Beschränkung Klage** erhoben werden kann.

8   Dasselbe gilt für **ausländische Anwälte**, da auch sie den *Nichtanwälten* gleichgestellt werden[12]. § 19 BRAGO findet auf sie selbst dann keine Anwendung, wenn im übrigen deutsches Recht vereinbart ist.

9   Bei **Notaren** ist § 155 KostO zu beachten.

10   b) **Beistände** sind nach § 90 Personen, die *neben* einer Partei im Prozeß auftreten (→ § 90 Rdnr. 1).

11   Tritt als **Beistand ein Rechtsanwalt** auf, so ist in § 19 Abs. 1 BRAGO festgelegt, daß auch hier die Vergütung nach dem besonderen Verfahren festzusetzen ist (→ Rdnr. 6). Die h. M. schränkt hier aber dahingehend ein, daß die Beistandsleistung über Einzelhandlungen hinausgehen muß[13]. Das bedeutet, daß bei *Einzelhandlungen* die Klage unbeschränkt möglich ist.

12   Tritt ein **Rechtsbeistand** als Beistand auf, so ist § 19 Abs. 1 BRAGO nach h. M. nicht anwendbar (→ Rdnr. 7). Das gilt auch für **ausländische Rechtsanwälte** (→ Rdnr. 8). Es muß erst recht dann gelten, wenn sonstige Personen als Beistand auftreten.

13   c) **Zustellungsbevollmächtigte** sind die in §§ 178 f. angesprochenen Personen.

14   d) Für **Gerichtsvollzieher** ist § 34 wegen § 1 Abs. 1 Nr. 7, 8 JustizBeitrO, § 9 GVKG, obsolet geworden. Der Gerichtsvollzieher treibt seine Kosten jetzt im Verwaltungszwangsverfahren bei, nachdem er sie selbst berechnet hat, vorbehaltlich der Erinnerung des Schuldners nach § 4 GKG. Zur Beitreibung mit der Hauptforderung bei der zivilprozessualen Vollstreckung → § 788 Rdnr. 23 ff.

3. Hauptprozeß

15   Unter *»Hauptprozeß«* im Sinne des § 34 ist **jedes der ZPO unterstellte Verfahren** zu verstehen, also auch das *Mahn-, Arrest-, Beweissicherungs-* und *Aufgebotsverfahren*. Ferner werden erfaßt die gerichtlichen Verfahren der *Zwangsvollstreckung*, insbesondere diejenigen

---

[8] *Gerold/Schmidt* a. a. O. Rdnr. 47.
[9] Weitere Fälle bei *Riedel/Sußbauer* BRAGO[6] (1988) § 19 Rdnr. 13.
[10] Zu letzterer *OLG Hamm* AnwBl. 1966, 267; im übrigen *Riedel/Sußbauer* a. a. O. Rdnr. 28 f.
[11] *Gerold/Schmidt* a. a. O. § 19 Rdnr. 20; *Münch-KommZPO/Patzina* Rdnr. 7; *Riedel/Sußbauer* a. a. O. Rdnr. 22.

[12] *Riedel/Sußbauer* a. a. O. Rdnr. 22, → Rdnr. 9 vor § 78.
[13] *Gerold/Schmidt* a. a. O. § 19 Rdnr. 11; *Riedel/Sußbauer* a. a. O. Rdnr. 19.

in das unbewegliche Vermögen, und auch das *Konkursverfahren* und das *Vergleichsverfahren* zur Anwendung des Konkurses, **nicht dagegen Strafverfahren**[14], insbesondere **Privatklageverfahren, außergerichtliche Tätigkeiten**[15] **und Angelegenheiten der freiwilligen Gerichtsbarkeit**[16].

4. Gericht des Hauptprozesses

Gericht des Hauptprozesses ist das **Gericht der ersten Instanz**, auch wenn die Kosten in der **16**
höheren Instanz erwachsen sind und der Prozeß in der höheren Instanz anhängig oder erledigt ist. Dies gilt daher auch für die Kosten im Wiederaufnahmeverfahren, sollte die Wiederaufnahmeklage auch bei dem Berufungsgericht angestrengt worden sein[17]. **Die Zuständigkeit ist unabhängig vom Wert des Streitgegenstandes; denn § 34 regelt auch die sachliche Zuständigkeit,** da er nicht von dem Gericht am Ort des Hauptprozesses, sondern von diesem Gericht selbst spricht[18]. Ob bei diesem Gericht dann derselbe Spruchkörper entscheidet, der den Hauptprozeß verhandelt hat, ist ebenso wie in den ähnlichen Fällen der §§ 731, 767 usw. Frage der Geschäftsverteilung, nicht der Zuständigkeit. Für die gesetzliche Geschäftsverteilung zwischen **Zivilkammer** und **Kammer für Handelssachen** folgt dagegen der Anhangsprozeß dem Hauptprozeß, auch in der Berufungsinstanz[19]. Anders beurteilt sich die Rechtslage bei der Zuständigkeitsabgrenzung zwischen **allgemeiner Zivilabteilung** und der **Abteilung für Familiensachen** (*Familiensachen* → § 1 Rdnr. 62). Klagt der Rechtsanwalt die in einem familiengerichtlichen Rechtsstreit entstandenen Gebühren und Auslagen im Gerichtsstand des Hauptprozesses ein, so kann nicht das Familiengericht, sondern nur die allgemeine Prozeßabteilung des Amtsgerichts zuständig sein[20]; denn der *Gebührenstreit* ist **keine »Familiensache«** i. S. v. § 23b Satz 2 GVG. Hat ein Gericht den Hauptprozeß nach § 281 an ein anderes Gericht **verwiesen**, so ist »Gericht des Hauptprozesses« nur **dasjenige, an das verwiesen wurde.** Dies gilt, vorbehaltlich § 36 Nr. 6, auch dann, wenn die Verweisung unzulässig war[21].

5. Gebühren und Auslagen

Darunter fallen nur solche, die während oder aufgrund des Prozesses entstanden sind, **17**
gleich, ob gemäß gesetzlicher Regelung oder nach einer vertraglichen Vereinbarung. Gebühren und Auslagen im Sinne des § 34 sind auch die *Mehrwertsteuer* und die aufgelaufenen *Verzugszinsen.*

---

[14] *OLG Hamburg* OLG Rsp 23, 35; *Hansens* (N. 3) 1136.
[15] Z.B. Vorbereitung von Scheidungsfolgenvereinbarungen *BGHZ* 97, 79 (84) = NJW 1986, 1178f. = FamRZ 347f. = RPfleger 180f. = AnwBl. 353f. = JZ 587f. = ZZP 99 (1986) 468f.
[16] *BGHZ* (N. 15) 84; *Hansens* (N. 3) 1136.
[17] *RGZ* 29, 415.
[18] Vgl. *BGHZ* (N. 15) 82.
[19] *KG* FamRZ 1981, 1089f.; *OLG Hamburg* (N.3); *Hansens* (N.3) 1136; *Baumbach/Lauterbach/Hartmann*[51] Rdnr. 5; *MünchKommZPO* (N. 11) Rdnr. 8, 9.

[20] *BGHZ* (N.15); *OLG Hamm* FamRZ 1981, 1089; *OLG Zweibrücken* FamRZ 1982, 85f.; *OLG Koblenz* RamRZ 1983, 1253; *OLG Frankfurt a. M.* FamRZ 1984, 1119; *OLG München* AnwBl 1984, 370; *OLG Karlsruhe* OLGZ 1986, 127f.; *OLG Saarbrücken* FamRZ 73; *Bosch* FamRZ 349f.; *Hansens* (N. 3) 1136; *Sojka* ZZP 99 (1986) 471f.; *Zöller/Vollkommer*[17] Rdnr. 5; ablehnend *KG* FamRZ 1981, 1089; *OLG Hamburg* FamRZ 1985, 409; *Baumbach* (N. 19) Rdnr. 5; *Walter* JZ 1986, 588f.; offengelassen *BayObLG* NJW 1982, 587; *OLG Hamm* FamRZ 1981, 689f.; *OLG Schleswig* FamRZ 1984, 1119.
[21] *AG München* AnwBl. 1974, 27.

V. Arbeitsgerichtliches Verfahren

18   Bei besonderen Gerichten wird durch § 34 eine Zuständigkeit nur begründet, wo dies besonders bestimmt ist, wie im arbeitsgerichtlichen Verfahren durch die Verweisung in § 46 Abs. 2 ArbGG[22]. Der Einwand, daß dem Arbeitsgericht die sachliche Zuständigkeit fehle, ist unbegründet, weil § 34 auch diese regelt[23] und von § 46 Abs. 2 ArbGG nichts anderes anzunehmen ist. Die sachliche Zuständigkeit der Arbeitsgerichte ist wegen des Sachzusammenhangs und wegen des besonderen Kostenrechts in Arbeitssachen auch zweckmäßig[24].

§ 35   [Wahlrecht des Klägers unter mehreren Gerichtsständen]

Unter mehreren zuständigen Gerichten hat der Kläger die Wahl.

Gesetzesgeschichte: keine Änderung seit Erlaß der CPO.

1   I. Wenn für denselben Streitgegenstand gegen denselben Beklagten verschiedene Gerichte zuständig sind, hat nach § 35 **der Kläger die Wahl** unter diesen Gerichten *(favor actoris)*. Dabei ist es gleichgültig, welche Gerichtsstände miteinander konkurrieren. Häufig besteht die Konkurrenz zwischen dem *allgemeinen* und einem *besonderen* Gerichtsstand (z. B. zwischen § 13 und § 29), sie ist aber auch möglich zwischen *mehreren besonderen* Gerichtsständen (z. B. zwischen § 29, § 30 und § 32) und sogar zwischen *mehreren allgemeinen* Gerichtsständen (→ § 13 Rdnr. 3), z. B. wenn der Beklagte mehrere Wohnsitze hat.

2   II. Konkurriert ein **ausschließlicher Gerichtsstand** (z. B. § 29a oder § 24) mit anderen Gerichtsständen, gilt § 35 nicht: der Kläger muß im *ausschließlichen* Gerichtsstand klagen. Nur bei der **Konkurrenz von mehreren ausschließlichen Gerichtsständen** (z. B. bei mehrfachem Wohnsitz, wenn der allgemeine Gerichtsstand als ausschließlich bestimmt ist) greift wieder § 35 ein[1], es sei denn, zwischen den ausschließlichen Gerichtsständen ist ein Rangverhältnis vorgesehen, wie z. B. bei § 689 Abs. 2 S. 3, nach dem der *Mahngerichtsstand* andere ausschließliche Gerichtsstände verdrängt[2].

§ 35 gilt auch für den auf ein Mahnverfahren folgenden streitigen Prozeß.[3] Der Antragsteller wählt – seit der Änderung der entsprechenden Vorschriften des Mahnverfahrens[4] – zwischen konkurrierenden Gerichten *bereits im Mahnantrag*[5], wenn er gemäß § 690 Abs. 1 Nr. 5 das Gericht bezeichnet, »das für ein streitiges Verfahren zuständig ist«. Dorthin wird nach Widerspruch der Rechtsstreit abgegeben (§ 696 Abs. 1 S. 1) – es sei denn, beide Parteien nannten übereinstimmend ein anderes Gericht (§ 696 Abs. 1 S. 1, 2. HS). Mag dieses Gericht durch die Abgabe in seiner Zuständigkeit auch nicht gebunden sein (§ 696 Abs. 5), so kommt eine Verweisung an ein anderes Gericht nur in Betracht, falls sich das Gericht, an das der Rechtsstreit abgegeben wurde, für unzuständig hält. Keineswegs kann deshalb der Antragsteller (Kläger) *erst jetzt* sein Wahlrecht ausüben[6] und die Verweisung von dem einen

---

[22] *LAG Hamm* DB 1984, 2256.
[23] → Rdnr. 16. Dies übersieht *Haase* JR 1969, 211.
[24] Anders die wohl h. M., z. B. *OLG Zweibrücken* FamRZ 1982, 85 f.; *Baumbach* (N. 19) Rdnr. 4; *Hansens* (N. 3) 1136; *Zöller*[17] (N. 20) Rdnr. 5, ohne eine überzeugende Begründung geben zu können.
[1] *Thümmel* NJW 1986, 556 (558).
[2] → § 1 N. 3.
[3] *BGH* NJW 1979, 984; *E. Schneider* JurBüro 1977, 1655 ff.; *Herbst* Neuregelung des gerichtlichen Mahnverfahrens[3] (1977), 51; *Hundertmark* BB 1978 1096; *Thomas/Putzo*[17] § 690 Anm. 2e, § 696 Anm. 6b; *Schriever* NJW 1978, 1038; *Vollkommer* RPfleger 1977, 143; 1978,

184; *Weimar* DB 1977, 1450; *BayObLGZ* 1978, 220; *OLG Düsseldorf* RPfleger 1978, 184; anders *Schlosser* → § 696 Rdnr. 9; *Crevecœur* NJW 1977, 1322; *Holch* Das gerichtliche Mahnverfahren nach der Vereinfachungsnovelle (1978) Rdnr. 86; *Baumbach/Lauterbach/Hartmann*[51] § 696 Rdnr. 20.
[4] Durch das *Rechtspflege-Vereinfachungsgesetz* (→ Einl. Rdnr. 164).
[5] Vgl. BT-Drs. 11/3621 S. 46, 47; *Thomas/Putzo*[17] § 35; § 690 Anm. 2e; *Zöller/Vollkommer*[17] Rdnr. 2; § 690 Rdnr. 16; a. M. *MünchKommZPO/Patzina* Rdnr. 6.
[6] Vgl. BT-Drs. 11/3621 S. 47; *Thomas/Putzo*[17] § 696 Anm. 6b; *Zöller* (N. 5) § 690 Rdnr. 16, § 696 Rdnr. 6.

zuständigen Gericht an das andere Gericht erreichen. Die prozessuale Situation hat sich also durch die Neuregelung in § 690 Abs. 1 Nr. 5 gegenüber dem früheren Rechtszustand, der die Ausübung des Wahlrechts erst im streitigen Verfahren ermöglichte, deutlich geändert[7].

III. § 35 gilt nicht nur für die **Klage**, sondern auch für **sonstige Anträge**, bei denen der **3** Antragsteller zwischen verschiedenen örtlich zuständigen Gerichten wählen kann, z. B. beim **Arrestgesuch** (vgl. § 919), beim **Antrag auf einstweilige Verfügung** (§ 937) und beim **Mahnge- such** bei mehreren **Wohnsitzen des Antragstellers** (§ 689 Abs. 2) sowie bei **mehreren Antrag- stellern mit unterschiedlichen** allgemeinen **Gerichtsständen**[8]. Über die örtliche Zuständigkeit hinaus ist **§ 35 auch bei sonstigen Zuständigkeitskonkurrenzen** anzuwenden, etwa bei der Wahl zwischen Schieds-[9] und Staatsgericht, Straf- und Zivilgericht (§§ 403 ff. StPO beim Adhäsionsverfahren des Verletzten), Arbeits- und Zivilgericht (§ 3 ArbGG beim Gerichts- stand des Sachzusammenhangs) und bei der Konkurrenz zwischen einem deutschen und einem ausländischen oder internationalen Gericht.

IV. Die **Ausübung des Wahlrechts unterliegt grundsätzlich**[10] **keinen Schranken.** Der Klä- **4** ger kann also auch ein Gericht auswählen, das für den Beklagten deutlich ungünstiger liegt als ein anderes zuständiges Gericht, oder er kann ein Gericht anrufen, bei dem höhere Kosten entstehen als bei einem anderen Gericht[11]. Das Wahlrecht wird durch Erhebung der Klage oder Stellung des Antrags[12] ausgeübt. Im Fall der Verweisung des Rechtsstreits nutzt der Kläger sein Wahlrecht, wenn er im Verweisungsantrag unter den konkurrierenden Gerichten wählt.

V. Mit der Ausübung des Wahlrechts werden die konkurrierenden Gerichte nicht unzu- **5** ständig[13]. Es tritt deshalb auch **kein Erlöschen, Verbrauch oder Verlust des Wahlrechts** ein, ebensowenig eine Selbstbindung des Klägers[14]. Wegen des Einwands der Rechtshängigkeit (§ 261) ist er jedoch gehindert, dieselbe Sache gleichzeitig vor einem anderen zuständigen Gericht entscheiden zu lassen. Nimmt er jedoch die Klage zurück, steht es ihm frei, nunmehr vor einem anderen ebenfalls zuständigen Gericht zu klagen[15], ebenso nach sonstiger Prozeß- beendigung, etwa durch Prozeßurteil oder Prozeßvergleich.

VI. Da sich an die Ausübung des Wahlrechts keinerlei Bindungswirkungen knüpfen, ist der **6** **Kläger in seiner Wahl unter mehreren Gerichten auch dann nicht eingeschränkt, wenn er in einem** *erneuten* **Prozeß gegen denselben Beklagten denselben oder einen ähnlichen Anspruch geltend macht.** Ist z. B. die Leistungsklage mangels Fälligkeit abgewiesen worden, so kann der Kläger ein *anderes* zuständiges Gericht anrufen, wenn die Forderung fällig geworden ist.

---

[7] Zur früheren Rechtslage → Voraufl. Rdnr. 2 bei N. 1 m. w. N.: Vor der Neufassung der entsprechenden Vor- schriften des Mahnverfahrens wurde § 35 nicht ausge- schlossen, wenn es nach Erlaß des Mahnbescheids zum streitigen Verfahren kam. Vielmehr konnte der Kläger auch nach der automatischen Abgabe an das Wohnsitzge- richt des Beklagten sein Wahlrecht dadurch ausüben, daß er die Verweisung an den besonderen Gerichtsstand, etwa an das Gericht des Erfüllungsorts (§ 29) oder der uner- laubten Handlung (§ 32), beantragte.
[8] *BGH* NJW 1978, 321: Wahl unter den Gerichten, bei denen einer oder mehrere ihren allgemeinen Gerichts- stand haben; keine Anwendung von § 36 Nr. 3 (→ dort Rdnr. 14) = MDR 207 = JurBüro 200 = RPfleger 12 = BB 175 = LM § 36 Nr. 10 zu Nr. 3 = Warn 1977 Nr. 177.
[9] Vgl. *RGZ* 88, 179 (181 f.); *OLG Oldenburg* KTS 1972, 114.
[10] *OLG Hamm* OLGZ 1987, 340 f. = NJW 138 f.; *För- ster/Kann*[5] lassen sogar *schikanöse* Wahl i. S. v. § 226

BGB zu; dem kann aber nicht zugestimmt werden (→ Einl. Rdnr. 255).
[11] → § 91 bei N. 115 m. w. N.
[12] *BayObLG* NJW-RR 1991, 187 f.
[13] H. M., z. B. *Seuffert-Walsmann*[12].
[14] Unter Übertragung bürgerlich-rechtlicher Gedan- ken auf das Wahlrecht des Klägers nach § 35 finden sich in Rsp (*RGZ* [N. 9] allerdings nur obiter dictum) und Schrift- tum (z. B. *Seuffert/Walsmann*[12]; *Baumbach/Lauterbach/ Hartmann*[51] Rdnr. 2; *Thomas/Putzo*[17] Anm. 1 immer wie- der Ausführungen, daß der Kläger sein Wahlrecht durch dessen Ausübung »verliere« u. ä. Da dies aber nicht zu- trifft, müssen diese Autoren in allen Fällen, in denen der Kläger seine getroffene Wahl doch korrigieren kann, von einem »Wiederaufleben« des Wahlrechts sprechen, etwa bei der Klagezurücknahme oder bei der Prozeßabwei- sung.
[15] *LAG Kiel* AP Nr. 1 zu § 276 (*Pohle*).

Dasselbe gilt für die auf den Feststellungsprozeß folgende Leistungsklage oder beim **Hauptsacheprozeß**, für den der Kläger **ebenfalls ein anderes zuständiges Gericht wählen kann** als das Gericht, bei dem *vorher* ein **Arrestprozeß**[16] oder ein **Verfügungsverfahren**[17] stattgefunden hat. Auch die **Abänderungsklage** des § 323 muß nicht vor dem ursprünglichen Gericht erhoben werden.

7   Sofern die Anknüpfung des Gerichtsstandes an ein (früheres) Verfahren von der ZPO angestrebt wird, enthält sie hierfür *ausdrückliche* Regelungen, etwa bei der **Vollstreckungsabwehrklage** (§ 767) und der **Wiederaufnahmeklage** (§§ 578 ff.), die beide im früheren Gerichtsstand erhoben werden müssen (§ 767 und § 584). Eine ähnliche Verknüpfung besteht, wenn **erst während eines Hauptsacheverfahrens** summarische Maßnahmen *(Arrest* oder *einstweilige Verfügung)* notwendig werden; dann muß der Kläger aus prozeßökonomischen Gründen den Gerichtsstand benutzen, den er für das Hauptsacheverfahren bereits gewählt hat (→ näher § 919 Rdnr. 4).

8   VII. § 35 gilt entsprechend auch für die **internationale Zuständigkeit**[18]. Wenn also für eine Streitigkeit sowohl die deutsche internationale Zuständigkeit als auch die internationale Zuständigkeit ausländischer Gerichte gegeben ist, hat der **Kläger die Wahl**, ob er im Inland oder im Ausland klagen will. Einschränkungen ergeben sich jedoch, wenn das deutsche Recht eine *ausschließliche internationale Zuständigkeit* fremder Gerichte anerkennt (→ Einl. Rdnr. 770 sub c) oder sich die deutsche Zuständigkeit als ein *forum non conveniens* (→ Einl. Rdnr. 760) darstellt[19]. Innerhalb des räumlichen (→ Einl. Rdnr. 783) und des sachlichen (→ Einl. Rdnr. 787) Geltungsbereich des **EuGVÜ** kann es ebenfalls zu konkurrierenden (internationalen) Zuständigkeiten kommen. Zwischen ihnen hat der Kläger die **Wahl**[20], sofern nicht eine von ihnen *ausschließlich* (→ Einl. Rdnr. 796) ist.

§ 35 a   [Besonderer Gerichtsstand bei Unterhaltsklagen des Kindes]

Das Kind kann die Klage, durch die beide Eltern auf Erfüllung der Unterhaltspflicht in Anspruch genommen werden, vor dem Gericht erheben, bei dem der Vater oder die Mutter einen Gerichtsstand hat.

Gesetzesgeschichte: eingefügt durch das Gleichberechtigungsgesetz, BGBl. 1957 I S. 609 (632); → Einl. Rdnr. 150 Nr. 1.

Stichwortverzeichnis → Gerichtsstandsschlüssel Rdnr. 40 vor § 12

I. Zweck der Vorschrift

1   § 35 a enthält für **Unterhaltsklagen der Kinder den besonderen Gerichtsstand der Streitgenossenschaft.** Wenn das Gericht für die Klage gegen den Vater oder gegen die Mutter örtlich zuständig ist, darf das Kind dort auch den anderen Elternteil verklagen[1].

---

[16] Vgl. *RGZ* 26, 400 (407); *Hellwig* Lb. 2, 270 ff.; *Wach* Hdb. 491 ff.; *Schultzenstein* ZZP 23 (1897) 58 ff.

[17] *OLG Karlsruhe* NJW 1973, 1509 = Die Justiz 278; *LG Konstanz* WRP 1978, 566 (567).

[18] *J. Schröder* Internationale Zuständigkeit (1971) 487 ff., vgl. auch 492 ff.; *Kropholler* Hdb. IZVR I Kap. III Rdnr. 157; *Schack* Internationales Zivilverfahrensrecht (1991) Rdnr. 197.

[19] *Schröder* a. a. O. 488 f.

[20] *Bülow* RabelsZ 29 (1965), 481; *Habscheid* Zeitschrift für Rechtsvergleichung 14 (1973) 266; *Kropholler* Europäisches Zivilprozeßrecht[3] Rdnr. 1 vor Art. 2.

[1] *Gottwald* JA 1982, 64 (65).

Die Einführung dieses neuen Gerichtsstandes durch das **Gleichberechtigungsgesetz** verfolgte zwei Ziele:

Erstens schulden die Eltern nur mehr **anteilig** (teilschuldnerisch, nicht gesamtschuldnerisch) ihren Unterhalt. § 35 a mildert im Interesse der Rechtsverfolgung die daraus sonst entstehenden Folgen, weil bei einer gemeinsamen Klage gegen beide Eltern die Aufteilung in die beiden Teilbeträge sachgerecht durch *dasselbe Gericht* und in *einem Prozeß* erfolgen kann.

Zweitens besitzt die **Ehefrau** (Mutter) heute einen **eigenen Wohnsitz** und Gerichtsstand, leitet ihn also nicht mehr vom Ehemann ab. Die dadurch für das Kind ermöglichte Gefahr, daß Vater und Mutter unterschiedliche Gerichtsstände haben, unterbindet § 35 a dadurch, daß er für Unterhaltsklagen einen **abgeleiteten Gerichtsstand des anderen Elternteils** in der Form eines Gerichtsstands der Streitgenossenschaft schafft.

II. Persönliche Voraussetzungen

1. Der Gerichtsstand gilt nur, wenn ein **Kind** klagt. Gleichgültig ist es, ob es sich um ein   **2** **eheliches Kind** (§§ 1591 ff. BGB), ein nach § 1719 **legitimiertes** oder nach §§ 1723 ff., 1736 BGB für **ehelich erklärtes** oder ein von einem Ehepaar gemeinschaftlich **angenommenes** Kind nach §§ 1741, 1742, § 1754 Abs. 1, § 1755 BGB oder um ein **nicht-eheliches Kind**[2] (§§ 1600 a ff., §§ 1615 a ff. BGB) handelt. Lebensalter, Volljährigkeit, Staatsangehörigkeit, Wohnsitz, Aufenthalt des Kindes spielen keine Rolle. Ein nicht prozeßfähiges Kind kann allerdings in diesem Rechtsstreit **nicht von den verklagten Eltern** vertreten werden (→ § 51 Rdnr. 44).

Auf **Enkel und sonstige Abkömmlinge ist § 35 a nicht anwendbar**[3]. Die durch unterschiedliche Ge-   **3** richtsstände verursachten Schwierigkeiten bei Unterhaltsklagen gegen mehrere Großeltern oder Urgroßeltern sind älter als das Gleichberechtigungsgesetz (→ Rdnr. 1), weil diese Personen schon immer nur anteilsmäßig Unterhalt schuldeten (§ 1606 Abs. 2 S. 1 BGB a. F.). Da das Gleichberechtigungsgesetz insoweit keinerlei Änderung brachte, bestand auch kein Anlaß, in § 35 a allgemein, die Abkömmlinge aufzuführen. Änderungen in diesem Bereich ergaben sich durch das Gleichberechtigungsgesetz lediglich hinsichtlich des früher abgeleiteten Gerichtsstands der *verheirateten Groß- und Urgroßmutter*. Der Gesetzgeber hat aber offensichtlich nicht gemeint, daß wegen des nunmehr *selbständigen* Gerichtsstands dieser Personen ein weiterer Gerichtsstand der Streitgenossenschaft geschaffen werden müßte[4]. Dementsprechend ist der Wortlaut von § 35 a eindeutig und nur auf »Kinder« und auf »beide Eltern« bezogen[5].

2. Die Klage muß sich gegen beide Eltern richten.   **4**

Unerheblich ist, ob die Eltern miteinander verheiratet sind oder waren, ob sie zusammen oder getrennt leben, so daß der Gerichtsstand der Streitgenossenschaft auch **nach einer Ehescheidung**, nach *Auflösung* oder *Nichtigkeitserklärung der Ehe* besteht und vor allem auch im Fall der **Klage des Kindes gegen seine Mutter und seinen nichtehelichen Vater**[6].

3. Die Klage muß sich gegen beide Eltern **gemeinschaftlich** richten.   **5**

Eine gleichzeitige Erhebung der Klagen ist nicht erforderlich, so daß auch die im Wege der **Parteierweiterung** (→ § 264) erfolgte nachträgliche Einbeziehung des anderen Elternteils genügt. Das **Ausscheiden** des die Zuständigkeit begründenden **Elternteils aus dem Prozeß** berührt den dann schon vorhandenen Gerichtsstand der Streitgenossenschaft nicht mehr (§ 261 Abs. 3 Nr. 2). **Unanwendbar ist jedoch § 35 auf**

---

[2] A. M. nur *Thomas/Putzo*[9] Anm. 1 a, 17. Auflage aber wie hier.

[3] Anders *Wieczorek*[2] Anm. A I; z. T. auch Vorauflage II 1 a.

[4] Anders allerdings Vorauflage (N. 3) mit einer Analogie, die beschränkt wurde auf das jeweilige Großelternpaar.

[5] Die bei *Wieczorek* (N. 3) A II und in der Vorauflage

a. a. O. erörterte weitere Frage einer analogen Anwendung des § 35 a auf die *Klage der Eltern* oder *Großeltern gegen* ein Kind betrifft ein Scheinproblem, weil § 35 a einen *Gerichtsstand der Streitgenossenschaft* begründet, die Klage *gegen* das Kind oder den Enkel aber gegen eine *einzelne* Person gerichtet ist.

[6] → N. 2.

getrennt selbständige Klagen. Sofern die Verfahren nicht verbunden werden, beurteilt sich jede Klage nach den Verhältnissen des jeweils verklagten Elternteils.

6   4. § 35 a kommt zur Anwendung, **wenn bei dem Gericht** *ein* **Elternteil seinen Gerichtsstand hat.** Meist wird dies der **allgemeine Gerichtsstand** sein. Das Gesetz läßt aber auch **besondere Gerichtsstände** zu. Dann muß allerdings gerade **für eine Unterhaltsklage** *dieser* **besondere Gerichtsstand** gegeben sein; es genügt *nicht,* daß der Elternteil hier überhaupt in *irgendeinem* Zusammenhang verklagt werden könnte. Auch der Klägergerichtsstand des § 23 a (bei der Klage gegen einen *nicht im Inland wohnhaften Elternteil*) kann nicht dazu benutzt werden, um über § 35 a den anderen *(im Inland wohnhaften)* Elternteil zu verklagen; wohnen aber beide Eltern im Ausland, greift bereits § 23 a ein. In Betracht kommen deshalb für § 35 a nur noch § 20 und – bei Klagen wegen *vertraglicher Unterhaltsansprüche* – § 29 (→ auch § 1 Rdnr. 67). Schließlich führt die mit **einem Elternteil wirksam vorgenommene Zuständigkeitsvereinbarung** oder das zuständigkeitsbegründende **rügelose Einlassen** *eines* Elternteils (→ §§ 38, 39) zur Begründung des Gerichtsstands nach § 35 a.

Sachlich greift ohnehin § 23 a GVG ein (→ § 1 Rdnr. 64 ff.), so daß das **Amtsgericht** zuständig ist.

III. Streitgegenstand und Verfahrensarten

7   1. Die Klage muß auf Erfüllung der **Unterhaltspflicht** gehen. Zum Begriff des Unterhalts → § 1 Rdnr. 64 ff. Ob der Anspruch auf Gesetz oder Vertrag, auf deutsches oder ausländisches Recht gestützt wird, bleibt sich gleich. Es muß sich um die **Unterhaltspflicht der Eltern** *gegenüber dem Kind* handeln. Deshalb greift § 35 a **nicht** ein, wenn das Kind (etwa im Wege der negativen Feststellungsklage oder mit einer Abänderungsklage nach § 323) gegen die Eltern vorgeht, um *seine* **Unterhaltspflicht gegenüber den Eltern** zu leugnen oder einzuschränken.

8   2. In aller Regel wird der Kläger den Unterhalt in einer **Leistungsklage** geltend machen. Aber für die Klage auf **Feststellung** der Unterhaltspflicht ist § 35 a ebenfalls gegeben, nicht weniger für Klagen aus titulierten Unterhaltsansprüchen, z.B. auf Feststellung der Wirksamkeit eines materiellen oder eines Prozeßvergleichs, einer gerichtlichen oder notariellen Urkunde über den Unterhalt. Im Gerichtsstand des § 35 a kann auch die **Abänderungsklage** nach § 323 erhoben werden, die Klage auf Feststellung des Inhalts eines unbestimmten Unterhaltsurteils oder auf **Vollstreckbarkeit eines ausländischen Unterhaltsurteils** (§§ 722, 723).

9   3. § 35 a ist anwendbar im **Arrestprozeß** und bei **einstweiligen Verfügungen,** und zwar nicht nur, wenn erst während eines Prozesses gegen die Eltern summarische Maßnahmen beantragt werden, sondern immer dann, wenn – etwa bei einer **Leistungsverfügung** (→ Rdnr. 31 ff. vor § 935) – im Wege der einstweiligen Verfügung ein Unterhaltsanspruch **gegen beide Eltern** gesichert werden soll.

IV. Internationale Zuständigkeit und EuGVÜ

10   1. Das EuGVÜ enthält im Art. 6 Nr. 1 (Text → Einl. Rdnr. 904) den **Gerichtsstand der Streitgenossenschaft,** sofern einer der **Beklagten** vor dem **Gericht seines Wohnsitzes** verklagt wird (→ Rdnr. 24 vor § 12). Deshalb bestehen keine Bedenken, wenn ein Elternteil mitverklagt wird, der **in einem anderen Vertragsstaat**[7] seinen **Wohnsitz** hat. Allerdings muß der

---

[7] Zu den Vertragsstaaten des EuGVÜ → Rdnr. 783,
zum zeitlichen Anwendungsbereich des EuGVÜ → Einl.
Rdnr. 781.

inländische Wohnsitz desjenigen Elternteils, der den Gerichtsstand für den anderen Elternteil begründet (→ Rdnr. 6), im Einklang mit dem EuGVÜ bejaht werden können (→ § 13 Rdnr. 20). Eine Anknüpfung an einen **besonderen Gerichtsstand** des EuGVÜ scheidet aber aus, weil Art. 6 Nr. 1 EuGVÜ nur gegeben ist, wenn einer der Beklagten am *Wohnsitzgericht* verklagt wurde. Deshalb ist es auch nicht möglich, daß der Kläger in *seinem* (Kläger-) Gerichtsstand des Art. 5 Nr. 2 (→ § 23 a Rdnr. 3) gegen den in einem anderen Wohnsitzstaat lebenden Elternteil klagt und über Art. 6 Nr. 1 EuGVÜ auch den anderen (im Inland ansässigen) Elternteil mitverklagt. Haben allerdings **beide Elternteile ihren Wohnsitz in einem anderen Vertragsstaat** (oder in *mehreren* Vertragsstaaten, z. B. weil sie getrennt leben), hat aber der Kläger einen inländischen Wohnsitz oder gewöhnlichen Aufenthalt, kann er beide Elternteile im Inland gemäß Art. 5 Nr. 2 EuGVÜ verklagen (→ § 23 a Rdnr. 3).

2. Wenn der mitverklagte Elternteil weder einen Gerichtsstand in Deutschland noch in **11** einem der anderen Vertragsstaaten des EuGVÜ hat, begründet § 35 a **die internationale Zuständigkeit für eine Unterhaltsklage** gegen ihn[8]; nicht etwa ist in einem solchen Fall der Kläger auf den Gerichtsstand des § 23 a beschränkt[9]. Er hat also die **Wahl**, ob er im Klägergerichtsstand des § 23 a gegen diesen Elternteil klagt oder bei einer Klage gegen den anderen (im Inland ansässigen) Elternteil über § 35 a auch denjenigen Elternteil mitverklagt, der im Ausland wohnt. Will er **beide Eltern verklagen**, ist er in solchen Fällen auf § 35 a angewiesen, weil er im Forum des § 23 a nicht auch gegen den im Inland wohnhaften Elternteil klagen kann (→ Rdnr. 6). Wenn allerdings **beide Elternteile im Ausland** (d. h. hier: außerhalb des Geltungsbereichs des EuGVÜ) ihren Wohnsitz haben, kann sie der Kläger auch gemeinsam im Forum des § 23 a verklagen (→ Rdnr. 6 und [ähnlich beim EuGVÜ] → Rdnr. 10 a. E.).

V. Prüfung der Begründetheit

Im Rahmen der Prüfung der Begründetheit der Klage untersucht das Gericht den Unter- **12** haltsanspruch gegen jeden Beklagten gesondert. Die Unbegründetheit des Vorgehens gegen *einen* Elternteil beseitigt nicht die Zulässigkeit der Klage gegen den anderen mitverklagten Elternteil. Zeigt es sich jedoch, daß die Klage nur erhoben wurde, um den mitverklagten Elternteil vor dem angerufenen Gericht verklagen zu können, so liegt ein **Erschleichen des Gerichtsstands** vor, und für die Klage gegen den mitverklagten Elternteil besteht keine örtliche Zuständigkeit des Gerichts (→ § 1 Rdnr. 12); die Klage gegen ihn ist als unzulässig abzuweisen, auf Antrag zu verweisen.

§ 36   [Gerichtliche Bestimmung der Zuständigkeit]

Das zuständige Gericht wird durch das im Rechtszuge zunächst höhere Gericht bestimmt:
1. **wenn das an sich zuständige Gericht in einem einzelnen Fall an der Ausübung des Richteramtes rechtlich oder tatsächlich verhindert ist;**
2. **wenn es mit Rücksicht auf die Grenzen verschiedener Gerichtsbezirke ungewiß ist, welches Gericht für den Rechtsstreit zuständig sei;**
3. **wenn mehrere Personen, die bei verschiedenen Gerichten ihren allgemeinen Gerichts-**

---

[8] Zutreffend *J. Schröder* Internationale Zuständigkeit (1971) 566 f., 570 bei Fn. 2597; *Geimer* WPM 1979, 350 (353).
[9] Anders 19. Auflage III, weil § 23 a in Unterhaltssa-

chen nunmehr die internationale Zuständigkeit regele. Aber § 35 a und § 23 a sind nicht deckungsgleich, näher *Schröder* a. a. O. 566.

stand haben, als Streitgenossen im allgemeinen Gerichtsstand verklagt werden sollen und für den Rechtsstreit ein gemeinschaftlicher besonderer Gerichtsstand nicht begründet ist;

4. wenn die Klage in dem dinglichen Gerichtsstand erhoben werden soll und die Sache in den Bezirken verschiedener Gerichte belegen ist;

5. wenn in einem Rechtsstreit verschiedene Gerichte sich rechtskräftig für zuständig erklärt haben;

6. wenn verschiedene Gerichte, von denen eines für den Rechtsstreit zuständig ist, sich rechtskräftig für unzuständig erklärt haben.

Gesetzesgeschichte: Sachlich unverändert seit Erlaß der CPO, sprachlich neu gefaßt BGBl. 1950, S. 535, → Einl. Rdnr. 148.

Stichwortverzeichnis → Gerichtsstandsschlüssel Rdnr. 40 vor § 12

I. Allgemeines[1]

1 1. Die Zuständigkeitsbestimmung nach § 36 soll in den Fällen **Abhilfe** schaffen, in denen die **anderen Vorschriften über die Zuständigkeit nicht ausreichen**[2]: Nach § 36 wird dann das **zuständige Gericht von dem im Instanzenzug nächsthöheren Gericht bestimmt,** wenn das nach den allgemeinen Bestimmungen zuständige Gericht nicht zu ermitteln oder an der Ausübung seiner Tätigkeit verhindert ist, wenn eine gemeinschaftliche Klage gegen mehrere trotz verschiedener Zuständigkeiten geboten ist oder nach einer Fehlentscheidung in der Zuständigkeitsfrage entweder ein Doppelprozeß oder eine Rechtsschutzverweigerung droht. Diese Zuständigkeitsbestimmung ist **kein Akt der Justizverwaltung, sondern der Rechtsprechung,** wie die Übertragung an den Richter, die Regelung in der ZPO und die bindende Kraft (→ § 37 Rdnr. 4) zeigen[3]. Für das Gericht gelten daher die Art. 92 ff. GG und Art. 103 Abs. 1 GG[4] (**rechtliches Gehör** → § 37 Rdnr. 1). Ein Verstoß gegen Art. 101 Abs. 1 S. 2 GG liegt bei der Regelung des § 36 nicht vor, weil der *bestimmende* wie der *bestimmte* Richter der gesetzliche Richter im Sinne des GG sind[5].

---

[1] Vgl. *Bornkamm* NJW 1989, 2713 ff.; *Wach* Hdb. 491 ff.; *Schultzenstein* ZZP 23 (1897) 58 ff.; *Hellwig* Lb. 2 270 ff.

[2] Vgl. *BGHZ* **71**, 15 (18); 90; 155 (157) = NJW 1984, 1624 f. = LM § 36 Ziff. 3 ZPO Nr. 16-

[3] *Pohle* zu BAG AP § 36 Nr. 5; *Zöller/Vollkommer*[17] Rdnr. 6; ähnlich *RGZ* **125**, 310 (*Rechtspflege,* nicht Verwaltung); *Swarzenski* JR 1952, 232 *(Rsp mit besonderem Einschlag),* BayObLGZ 74, 457 = Rpfleger 1975, 99.

A. M. *(Akt der Justizverwaltung) Schultzenstein* (N. 1) 73, 132 und dieser Komm. bis zur 16. Aufl. (1938). Noch anders *Hellwig* Lb. 2 270 (eine Anordnung, die mehr einer »lex specialis« gleicht).

[4] Anders *Pohle* (N. 3); wie hier *Zöller* (N. 3) § 37 Rdnr. 3.

[5] A. M. *Bettermann* Grundrechte **III 2** (1959) 569 zu § 36 Nr. 1, weil das bestimmende Gericht hier freie Wahl (→ Rdnr. 5) hat. Insoweit sei § 36 Nr. 1 nichtig.

2. Abgesehen von den Fällen von Nr. 5 und Nr. 6, in denen eine *rechtskräftige* Entscheidung über die Zuständigkeit bereits vorliegen muß, kann die **Bestimmung des zuständigen Gerichts sowohl vor Klageerhebung**[6] **als auch in bereits anhängiger Sache erfolgen**[7] von diesem Grundsatz die Fälle der Nr. 3 und Nr. 5 lediglich mit Rücksicht auf den Wortlaut (»verklagt« bzw. »erhoben werden soll«) und damit *anhängige* Verfahren auszunehmen, wäre sachlich nicht gerechtfertigt[8]. Ergeht die Bestimmung in bereits *anhängiger* Sache, so wird damit der Prozeß von dem bisher zuständigen Richter abberufen, d.h. die Wirkungen der Rechtshängigkeit werden, ähnlich wie nach §§ 281, 506 auf das bestimmte Gericht übertragen. Ist eine Verweisung nach § 281 vom Prozeßrichter bereits ausgeprochen, so kommt mit Rücksicht auf deren bindende Wirkung nur eine Bestimmung nach Nr. 1, 3 oder 5 in Betracht[9]; zur Bestimmung nach Nr. 6 in diesem Fall → Rdnr. 22.

2

3. Allein **aus Gründen der Zweckmäßigkeit**, ohne daß einer der im Gesetz genannten Fälle vorliegt, ist eine Bestimmung der Zuständigkeit **nicht zulässig**. Zur **entsprechenden Anwendung** bei **gleichzeitiger Rechtshängigkeit von Ehesachen** nach § 606 Abs. 2 S. 4 → dort Rdnr. 17, bei Kompetenzkonflikten zwischen Gerichten verschiedener Rechtswege → Rdnr. 20, zur Geltung in Arbeitssachen → Rdnr. 27, und ferner § 5 FGG sowie § 650 Abs. 3, § 651 Abs. 2, § 676 Abs. 3.

3

II. Zuständigkeit

1. **Zuständig für die Bestimmung** (→ § 1 Rdnr. 121 ff.) ist das **im Instanzenzug zunächst höhere Gericht**, und zwar in den Fällen Nr. 2–6 dasjenige, zu dessen Bezirk die verschiedenen Gerichte gehören, auch wenn sie verschiedenen Ländern angehören.

4

Es kommt auf den *Rechtsmittelzug* an. **Nicht maßgeblich ist daher der allgemeine Gerichtsaufbau.** Durch diese Interpretation wird sichergestellt, daß die Zuständigkeitsfrage in der Regel von demselben Gericht beantwortet wird, das auch als Rechtsmittelgericht in Frage käme. Aus diesem Grunde ist das **Oberlandesgericht** (nicht das Landgericht) in allen Fragen zuständig, in denen es um **Familien-** oder **Kindschaftssachen** (zu diesen Sachen → § 1 Rdnr. 62 und Rdnr. 63 m. w. N.) geht, selbst wenn ein (im Gerichtsaufbau übergeordnetes) gemeinsames Landgericht vorhanden ist, z. B. also bei Zuständigkeitskonflikten innerhalb desselben Amtsgerichts oder zwischen Amtsgerichten desselben Landgerichtsbezirks; denn nach § 119 Abs. 1 Nr. 1 GVG ist nicht das Landgericht, sondern das OLG in den genannten Sachen das zuständige Rechtsmittelgericht. Deshalb **entscheidet das Oberlandesgericht: Konflikte zwischen Familiengerichten, zwischen** dem **Familiengericht** und einer allgemeinen amtsgerichtlichen **Prozeßabteilung, zwischen Familiengericht** und **Vormundschaftsgericht**, selbst wenn die beteiligten Spruchkörper demselben Amtsgericht bzw. demselben Landgerichtsbezirk angehören[10].

Der **Bundesgerichtshof** ist zuständig, wenn die Gerichte den Bezirken verschiedener Oberlandesgerichte angehören, auch wenn *eines* ein bayerisches ist, § 9 EGZPO i. V. m. Art. 8 Nr. 88 Nov. 1950 (BGBl. S. 455, → Einl. Rdnr. 148), das **Bayerische Oberste Landesgericht**, wenn es sich ausschließlich um *bayerische* Gerichte handelt (näher sogleich im Kleindruck). Die Zuständigkeit des Bundesgerichtshofes könnte nach Art. V des Gesetzes betr. die Zustän-

---

[6] *BGH* NJW 1980, 1281 = Rpfleger 219f.

[7] *BGH* (N. 6) 1281; *BayObLG* NJW-RR 1990, 742 und 1020.

[8] Heute unstreitig *BGHZ* 88, 331 (333) = NJW 1984, 739 = LM § 12 ZPO Nr. 3; *BGH* NJW 1980, 188 (189); *RGZ* 158, 222; *BGH* FamRZ 1990, 1224 f.; JR 1951, 532 (*Mahnverfahren*); *BGH* LM Nr. 4 zu Ziff. 3; NJW 1978, 321 und 1982; *BayObLG* NJW-RR 1990, 742 und 1020; Anm. *Vollkommer* Rpfleger 1978, 222; *OLG Düsseldorf* OLGZ 1975, 351; *Bornkamm* (N. 1) 2715; *Vollkommer* MDR 1987, 804; a. M. früher *RGZ* **115**, 372, → aber auch N. 30.

[9] Zur Bestimmung nach § 36 Nr. 3 *OLG Köln* MDR 1987, 851; ablehnend *Bornkamm* (N. 1) 2715; *Vollkommer* MDR 1987, 804 (805).

[10] Das Abstellen auf den *Rechtsmittelzug* ist heute herrschend, vgl. *BGHZ* 104, 363 (366); *BGHZ* 71, 264 = FamRZ 1978, 582 = NJW 1531: OLG ist zuständig für den Konflikt zwischen allgemeiner Prozeßabteilung und Familiengericht *desselben* Amtsgerichts. Wie der Text entscheiden auch die meisten Oberlandesgerichte (Nachweise finden sich in *BGH* FamRZ 1979, 912); *BGH* NJW 1988, 2739 f.; *OLG Zweibrücken* FamRZ 1987, 1275; *OLG Frankfurt a. M.* NJW-RR 1988, 772 f.

digkeit des Reichsgerichts v. 22. V. 1910 (RGBl. S. 767, → Einl. Rdnr. 116) in einem Land mit mehreren Oberlandesgerichten, aber ohne Oberstes Landesgericht, durch die Landesjustizverwaltung einem der Oberlandesgerichte übertragen werden[11]. Der Bundesgerichtshof ist das gemeinschaftliche obere Gericht für die ordentlichen Gerichte der Länder der Bundesrepublik[12]. Zur Zuständigkeit bei verschiedenen Gerichtszweigen → Rdnr. 20.

Das **Bayerische Oberste Landesgericht** ist das für **Kompetenzkonflikte innerhalb der ordentlichen Gerichtsbarkeit** des Freistaats Bayern zuständige Gericht. Sofern nur bayerische ordentliche Gerichte beteiligt sind und die Entscheidung auch nicht von einem Land- oder Oberlandesgericht getroffen werden kann (z. B. es liegt ein Konflikt zwischen bayerischen Gerichten verschiedener Oberlandesgerichtsbezirke vor), wird der Konflikt vom Bayerischen Obersten Landesgericht entschieden. Dabei kommt es (anders als eingangs dieser Rdnr. ausgeführt) **nicht darauf an, ob das BayObLG auch als Rechtsmittelgericht berufen wäre.** Deshalb entscheidet das BayObLG auch in Konflikten, in denen der Rechtsmittelzug zum BGH geht, also zwischen **Familiensenat** und **allgemeinem Prozeßsenat** eines OLG[13] **zwischen** (unterschiedlichen OLG-Bezirken angehörenden) **Familiengerichten, zwischen verschiedenen bayerischen Oberlandesgerichten** in allgemeinen Prozeßsachen oder Familiensachen usw.[14]. Ob sich diese Kompetenz des BayObLG unmittelbar aus § 36 ableiten läßt[15], mag zweifelhaft sein. Jedenfalls geht das im Text bereits genannte Gesetz von 1910 von einer solchen Kompetenz eines Obersten Landesgerichts aus[16], und auch die Reichsjustizgesetze strebten eine solche Funktion des Obersten Landesgerichts an[17], obwohl schon damals der Rechtsmittelzug meistens zum Reichsgericht und nicht zum Obersten Landesgericht ging.

Welcher Spruchkörper innerhalb des für die Bestimmung **zuständigen Gerichts** die Entscheidung trifft (also welche Kammer des LG, welcher Senat des OLG, des BayObLG oder des BGH entscheidet), regelt §§ 36, 37 nicht. Richtigerweise muß man nach der *Art des Konflikts* unterscheiden: liegt unbestritten eine *Handelssache* (→ § 1 Rdnr. 131 ff.) vor, entscheidet die *Kammer für Handelssachen*[18] den örtlichen Zuständigkeitskonflikt zwischen verschiedenen Amtsgerichten. Ähnlich ist der *Familiensenat* des OLG berufen[19], wenn verschiedene Familiengerichte am (örtlichen) Konflikt beteiligt sind, ohne daß die Qualifikation der Angelegenheit als *Familiensache* bestritten ist. Denn in diesen Fällen ist die Kammer für Handelssachen bzw. der Familiensenat das im Instanzenzug übergeordnete Gericht. Anders ist es hingegen, wenn gerade *umstritten* ist, ob eine *Familiensache* vorliegt. Man kann nämlich nicht einfach sagen, daß der Streit um die Frage, ob eine Familiensache gegeben sei, selbst eine Familiensache sei[20]. Vielmehr ist es eine Frage der **innergerichtlichen Geschäftsverteilung** (→ § 1 Rdnr. 125), wer im Verfahren des § 36 bei solchen Qualifikationskonflikten zu entscheiden

---

[11] Davon wurde bisher nicht Gebrauch gemacht. – Für *Westberlin* bestand ein Vorbehalt für eine Übertragung auf das Kammergericht durch Art. 7 Nr. 40 des Berliner Rechtseinheitsgesetzes v. 9. I. 1951 (VOBl. I 99). Der BGH geht von der Weitergeltung des Art. V des im Text genannten Gesetzes aus, FamRZ 1979, 911 (912).

[12] Für *Westberlin* vgl. Art. 1, 7 Nr. 42 Rechtseinheitsgesetz (N. 7).

[13] *BayObLG* FamRZ 1985, 947 (948); 1057 (1058). *BayObLG* 1985, 219 (220) = NJW-RR 1986, 7.

[14] Vgl. BayObLG NJW-RR 1990, 1020; *BayObLGZ* 1987, 289 (290): (Kompetenzkonflikt zwischen unterschiedlichen Oberlandesgerichtsbezirken angehörenden Gerichten); *BayObLGZ* 1990, 234 (236) = NJW-RR 1990, 1431; *BayObLG* NJW-RR 1991, 187 f.

[15] So *BayObLGZ* 1958, 154; 1959, 270 = MDR 1960, 57; *BayObLGZ* 1978, 197, 220.

[16] So zutreffend *BGH* FamRZ 1979, 911 (912) = NJW 2249 = MDR 918 unter Aufgabe der entgegengesetzten Entscheidung *BGH* FamRZ 1979, 219.

[17] *Hahn* (→ Einl. Rdnr. 110 N. 13) a.a.O. S. 160.

[18] *Stein* LeipzZ 1909, 649 (655); *Jauernig* FamRZ 1977, 765.

[19] *Jauernig* (N. 18) a.a.O.

[20] Eine Reihe von OLG-Entscheidungen scheint diesem Fehlschluß erlegen zu sein, z.B. *OLG München* FamRZ 1978, 349, 704; *OLG Düsseldorf* FamRZ 1977, 725. Wenn ein solcher Schluß richtig wäre, hinge die Zuständigkeit des bestimmenden Spruchkörpers von der Fragestellung ab (d.h. sie könnte über eine Fragestellung auch manipuliert werden). Dies zeigt z.B. ein Konflikt zwischen der allgemeinen Prozeßabteilung eines Amtsgerichts (die eine Kindschaftssache annimmt, → § 1 Rdnr. 63) und dem Familiengericht (das von einer Familiensache, → § 1 Rdnr. 61 f., ausgeht). Wenn man jetzt formuliert, es gehe um das Problem, ob eine Kindschaftssache vorliege, müßte der Konflikt als »*Kindschaftssache*« angesprochen werden (mit der Folge, daß der für Kindschaftssachen zuständige Senat des OLG zuständig wäre). Sagt man aber – was nicht weniger richtig ist –, es wäre hier streitig, ob eine Angelegenheit als Familiensache angesprochen werden könne, dann wäre *derselbe* Streitfall nunmehr als »*Familiensache*« zu qualifizieren (folglich müßte der Familiensenat entscheiden).

hat[21]. Dabei darf diese Problematik nicht mit einer ganz anderen Frage verwechselt werden, in der tatsächlich über die Geschäftsverteilung nicht geholfen werden kann: Besteht innerhalb eines Gerichts zwischen verschiedenen Spruchkörpern ein Qualifikationskonflikt (z. B. ist fraglich, ob eine Kindschaftssache oder eine Familiensache gegeben ist), dann ist *dieser* Konflikt nicht mittels der Geschäftsverteilung zu entscheiden, weil es nicht um die Auslegung des Geschäftsverteilungsplanes, sondern um die Interpretation des Gesetzes geht[22]; hier muß das Verfahren des § 36 (analog) beschritten und das höhere Gericht angerufen werden. Welcher Spruchkörper dieses höheren Gerichts zur Entscheidung berufen ist, ergibt sich, wie dargelegt, dann aber aus dessen Geschäftsverteilungsplan.

2. **Bestimmt werden** kann sinngemäß nur ein dem bestimmenden Gericht **nachgeordnetes**   **5** **Gericht**. Im Falle der Nr. 1 hat das bestimmende Gericht **freie Wahl**[23], in denen der Nr. 2 bis Nr. 5 muß es **unter den beteiligten Gerichten wählen**[24]. Zu Nr. 6 *(negativer Kompetenzkonflikt)* → Rdnr. 22 f. Ein Verstoß gegen diese Grundsätze nimmt aber dem obergerichtlichen Beschluß nicht seine Wirkung, → § 37 Rdnr. 4.

III. Einzelfälle

1. **Zu Nr. 1** a) Die **Verhinderung** muß das **nach den allgemeinen Normen (örtlich und sachlich)**   **6** **zuständige Gericht** betreffen. Die Zuständigkeit des verhinderten Gerichts ist daher als Voraussetzung für die Bestimmung zu prüfen. Daß noch ein *anderes* zuständiges Gericht vorhanden ist, schließt die Anwendung der Nr. 1 nicht aus.

b) Vorausgesetzt wird die **Verhinderung des Gerichts, nicht bloß eines einzelnen Richters.** Das   **7** Amtsgericht ist verhindert, wenn der einzige oder wenn sämtliche Amtsrichter und ihre Vertreter verhindert sind, ein Kollegialgericht, wenn der Hinderungsgrund sich auf so viele Mitglieder erstreckt, daß auch unter Beiziehung der Stellvertreter ein beschlußfähiges Gericht nicht mehr vorhanden ist[25]. Die Möglichkeit der Bestellung neuer Vertreter nach § 70 Abs. 1 GVG kommt nicht in Betracht.

c) Die *rechtliche* Verhinderung kann beruhen auf der Ausschließung vom Richteramt (§ 41), insbeson-   **8** dere wenn der Richter als Zeuge vernommen werden soll[26], ferner wenn der Richter erfolgreich abgelehnt ist (§ 42); *tatsächliche* Verhinderung kann vorliegen infolge von Krankheit, Tod oder im Falle des § 245. Entsprechend anwendbar ist die Bestimmung, wenn ein geschlossenes Gericht noch nicht wieder eröffnet ist[27], oder wenn sich das Gericht in einem abgetrennten oder unter fremder Verwaltung stehenden Gebiet befindet[28], → auch § 1 Rdnr. 102 a. E.

2. **Nr. 2** gilt, wenn die **örtliche Grenze verschiedener Gerichtsbezirke ungewiß** ist, sowie dann, wenn   **9** *tatsächliche* Zweifel darüber bestehen, in welchem der beiden Bezirke die maßgebende Örtlichkeit liegt. Bloße *rechtliche* Ungewißheit genügt nicht. Die Teilung eines Ortes in mehrere Gerichtsbezirke ist derzeit nicht gegeben (→ § 19), fällt aber unter § 36 Nr. 2.

Eine **Sondervorschrift** enthält § 3 Abs. 1 S. 2 des BinnSchVerfG vom 27. IX. 1952 (BGBl. I S. 641),   **10** wonach die Gerichte *beider* Ufer zuständig sind, wenn sich die den Anspruch begründende Tatsache auf einem Gewässer zwischen zwei deutschen Ufern ereignet hat, die zu den Bezirken *verschiedener* Gerichte gehören.

---

[21] So wohl *OLG Bremen* FamRZ 1978, 775. Ungenau *OLG Düsseldorf* RPfleger 1978, 327; *Jauernig* (N. 18) 766: Es sei in solchen Fällen der allgemeine Zivilsenat (des OLG) zuständig. Dies ist sicher möglich, wenn die Geschäftsverteilung so lautet. Aber der Geschäftsverteilungsplan kann auch die Konfliktfälle einem Spezialsenat oder dem Familiensenat zuweisen. Bei einer Zuweisung an den Familiensenat entscheidet er aber aufgrund der geschäftsplanmäßigen Zuweisung, nicht weil es sich um eine »Familiensache« handelt.
[22] *BayObLGZ* FamRZ 1979, 315 (316), → Rdnr. 20 nach N. 51.
[23] → N. 5.

[24] So auch *BayObLG* JW 1931, 2375 (zu Nr. 3); a. M. *bezüglich Nr. 5* 19. Auflage dieses Komm. II und III 5 a: Es könne auch ein *drittes Gericht* bestimmt werden. Bei dem in Nr. 5 geregelten *positiven Kompetenzkonflikt* besteht aber keinerlei Anlaß, neben den *zwei angeblich zuständigen* Gerichten ein drittes Gericht zu bestimmen. Lediglich der *Konflikt zwischen den beiden Gerichten* ist zu beseitigen.
[25] *RGZ* 16, 413.
[26] *RGZ* 44, 394.
[27] *Riezler* SJZ 1947, 235 N. 5; a. M. *OLG München* SJZ 1947, 93.
[28] Vgl. auch *BGHSt* 1, 214.

11   **3. Zu Nr. 3.** a) Wenn mehrere Personen, die bei verschiedenen (inländischen) Gerichten ihren allgemeinen Gerichtsstand haben (§§ 13–18)[29], **als Streitgenossen** (→ §§ 59 ff.) **verklagt werden sollen**[30], so ist die Bestimmung des zuständigen Gerichts nach § 36 *nur* für den Fall vorgesehen, daß **ein gemeinsamer besonderer Gerichtsstand, z. B. des Erfüllungsortes, des Tatorts nach § 32 oder der Erbschaft, nicht begründet ist**[31], so daß die Klage im allgemeinen Gerichtsstand mangels eines gemeinsamen besonderen Gerichtsstandes erhoben werden *muß*. Ist eine gemeinsamer besonderer Gerichtsstand nur für *einen* von mehreren geltend gemachten Klagegründen gegeben, so liegt der Ausnahmefall des letzten Halbsatzes nicht vor; die Nr. 3 ist also anwendbar[32]. Ein gemeinsamer besonderer Gerichtsstand **im Ausland** steht einer Gerichtsstandsbestimmung nicht entgegen, da die Partei nicht zu einer Klage im Ausland gezwungen werden soll[33]. Deshalb hindert die Anwendung des § 36 auch nicht ein für die Streitgenossen **im Ausland** bestehender gemeinsamer allgemeiner Gerichtsstand. Hier kann aber häufig die deutsche internationale Zuständigkeit (→ Rdnr. 13) fehlen.

Die in § 36 Nr. 3 enthaltene **Regelung** ist **nicht unproblematisch.** Sie kann dazu führen, daß ein Beklagter nur deshalb den gegen ihn gerichteten Prozeß nicht an seinem (eigentlich zuständigen) Wohnsitzgericht führen kann, weil der Kläger mehrere Personen mit unterschiedlichen allgemeinen Gerichtsständen zugleich verklagt hat. Mit Recht lehnt deshalb auch die ZPO einen allgemeinen Gerichtsstand der Streigenossenschaft (→ Rdnr. 24 vor § 12) ab, weil die Gefahr einer **Manipulierung der Zuständigkeit** zu Lasten eines der Beklagten viel zu groß ist und die Anwendung des Grundsatzes von Treu und Glauben nur die gröbsten Fälle des Mißbrauchs abwehrt (→ § 37 Rdnr. 4). Angesichts der in letzter Zeit betonten Bedeutung der Gerichtsstandsordnung zum Schutze des Beklagten (→ Rdnr. 30 vor § 12) sollte **§ 36 Nr. 3 möglichst restriktiv angewendet** werden, besonders wenn **ausschließliche Gerichtsstände** vorliegen, die zum Schutze des Beklagten errichtet wurden (→ Rdnr. 14). Die Notwendigkeit einer Gerichtsstandsbestimmung nach § 36 Nr. 3 wird man deshalb in solchen Fällen nur bejahen dürfen, wenn eine **notwendige Streitgenossenschaft** in der Alternative vorliegt, daß die **Einzelklage** gegen nur *einen* der

---

[29] Wenn sie die Zuständigkeit eines von ihnen *vereinbart* haben, ist Nr. 3 unanwendbar, *BGH* LM Nr. 6 zu § 36 Ziff. 3 = BB 1957, 941; siehe dazu auch *Bornkamm* (N. 1) 2716; → auch Rdnr. 15.

[30] Die Bestimmung kann auch *nach Klageerhebung* und auch noch nach *Rüge der Unzuständigkeit* durch den Beklagten erfolgen (→ N. 8). Auch ein gegen den Kläger ergangenes *Prozeßurteil* steht der Zuständigkeitsbestimmung nicht entgegen (*Vollkommer* MDR 1987, 805). Man wird sie u. U. auch noch nach der Verhandlung des Beklagten zur Hauptsache zulassen können, *nicht* mehr aber *nach einer Beweisaufnahme* zur Hauptsache oder wenn schon eine *Entscheidung* gegenüber einem der Streitgenossen vorliegt (*BGH* NJW 1978, 321 = MDR 207 = Warn 1977 Nr. 180; NJW 1980, 188 (189); *BayObLGZ* 1987, 389; 1980, 149 (151) = RPfleger 436 f.; 1980, 222 (224). § 36 Nr. 3 ist auch nach dem Übergang des *Mahnverfahrens* in das streitige Verfahren anwendbar, vor allem wenn die Abgabeautomatik an das Wohnsitzgericht des Schuldners zur Verfahrenstrennung geführt hat (*Vollkommer* RPfleger 1977, 143; so auch *BGH* NJW 1978; 1982; *BayObLGZ* 1980, 149 (151); *OLG Düsseldorf* RPfleger 1978, 184 *[Vollkommer]*). Zur Anwendung des § 36 bereits im Mahnverfahren → Nr. 45; eine Gerichtsbestimmung nach § 36 für das Mahnverfahren ist allerdings für das nachfolgende streitige Verfahren *überholt* (→ § 689 Rdnr. 7). Eine Gerichtsstandsbestimmung nach § 36 Nr. 3 ist auch dann noch zulässig, wenn zuvor eine *Verweisung ohne Bindungswirkung* erfolgte (*BGH* FamRZ 1990, 1224 f.); für den Fall des Erlasses eines *bindenden Verweisungsbeschlusses* gem. § 281 → Rdnr. 2. – § 36 Nr. 3 kann auch bei der Klage gegen verschiedene *stationes fisci* entsprechend angewendet werden, *RG* Warn-Rsp 5 (1912) Nr. 257.

[31] Vgl. *BGH* NJW 1986, 935; *RGZ* 31, 381; *BayObLG* NJW 1950, 310; MDR 1981, 233; *BayObLGZ* 1958, 154. Im Sinne der restriktiven Interpretation des § 36 Nr. 3 (siehe sogleich Kleindruck nach N. 18a) liegt es, wenn sonstige gemeinsame Gerichtsstände im Inland eine Bestimmung nach § 36 Nr. 3 ausschließen, z. B. wenn eine **Gerichtsstandsvereinbarung hinsichtlich sämtlicher Streitgenossen vorliegt** (zutreffend *BGH* WPM 1978, 146; NJW 1983, 996) oder wenn sämtliche Streitgenossen kraft eines Gerichtsstandes der Streitgenossenschaft (→ sogleich Rdnr. 14 und allgemein → Rdnr. 24 vor § 12) verklagt werden können. Tritt das Problem des § 36 Nr. 3 erst dadurch auf, daß der Kläger im Wege der **Parteiänderung** (zu ihr → § 264 Rdnr. 131 ff.) eine weitere Person in den Prozeß einbezieht, kann die bei dieser Person fehlende örtliche Zuständigkeit nicht über § 36 Nr. 3 bereinigt werden, wenn auch vor Prozeßbeginn eine Bestimmung nach § 36 Nr. 3 nicht zulässig gewesen wäre (*OLG München* RPfleger 1978, 185, das zutreffend die Anwendung auch dann ablehnt, wenn dem Kläger vor Prozeßbeginn die Existenz dieses weiteren – jetzt in den Prozeß hineingezogenen – Streitgenossen unbekannt war, weil für alle Beklagten ein gemeinsamer Gerichtsstand existiert).

[32] *OLG Augsburg* LeipzZ 1916, 968; *BayObLGZ* 1950/51, 37. Anders aber wieder (d. h. § 36 ist *nicht* anwendbar), wenn von *zwei* Klagegründen sich einer gegen *alle* Streitgenossen, den anderen gegen *einen* Streitgenossen richtet und für die beiden Klagegründe ein gemeinsamer *besonderer* Gerichtsstand für *alle* Streitgenossen besteht, *BayObLGZ* 1962, 297; *Bornkamm* (N. 1) 2716 Fn. 60 a.

[33] *BGH* NJW-RR 1990, 893 f.; *BayObLG* VersR 1978, 1010; NJW 1988, 2184 f.

notwendigen Streitgenossen **unzulässig** ist (→ § 62 Rdnr. 14 ff., besonders 19 ff.). Im Widerstreit zwischen der Unzulässigkeit der Einzelklage und dem Schutz durch die Ausschließlichkeit von Gerichtsständen muß man diesen Schutz zurücktreten lassen, weil sonst der Kläger überhaupt nicht zulässigerweise klagen könnte. In den *anderen* Fällen der notwendigen Streitgenossenschaft und bei der *einfachen* Streitgenossenschaft kann über § 36 Nr. 3 jedoch nicht vorgegangen werden, da sonst der **Schutzcharakter der ausschließlichen Gerichtsstände** beseitigt wäre, obwohl keinerlei Zwang zu gemeinsamer Klage besteht[34].

b) Sinngemäß ist Nr. 3 in dem Falle anzuwenden, daß für einen der Beklagten **im Inland** **12** **kein allgemeiner,** wohl aber ein **besonderer Gerichtstand,** z. B. nach § 23, gegeben ist[35].

c) Sollen ein **außerhalb der Bundesrepublik Deutschland in einem anderen Vertragsstaat** **13** **des EuGVÜ wohnhafter Beklagter und ein im Inland wohnhafter Beklagter** als Streitgenossen verklagt werden, so besteht für beide gemäß Art. 6 Nr. 1 EuGVÜ ein gemeinsamer Gerichtsstand am Wohnsitz des im Inland ansässigen Beklagten (→ Rdnr. 24 vor § 12); § 36 Nr. 3 ist nicht anwendbar. § 36 Nr. 3 ist im übrigen ganz allgemein unanwendbar, wenn eine als Streitgenosse verklagte Partei **keinerlei inländischen Gerichtsstand** besitzt; denn § 36 Nr. 3 begründet **keine internationale Zuständigkeit**[36]. Dies kann zu Problemen im Fall einer passiven **notwendigen Streitgenossenschaft** (Beispiele → § 62 Rdnr. 20) führen, wenn einer der Streitgenossen seinen Wohnsitz nicht im Geltungsbereich des EuGVÜ hat[37]. Hier kann die deutsche internationale Zuständigkeit allenfalls über den Gedanken der Notzuständigkeit (→ Einl. Rdnr. 769) bejaht werden.

d) § 36 Nr. 3 soll auch in denjenigen Fällen gelten, in denen die **verschiedenen Gerichts-** **14** **stände** der Streitgenossen **ausschließlich** sind[38] oder in denen es sich um das Zusammentreffen mehrerer **ausschließlicher besonderer Gerichtsstände** handelt (im letztgenannten Fall kommt eine Klage im *allgemeinen* Gerichtsstand wegen der Ausschließlichkeit des besonderen Gerichtsstands gerade nicht in Frage). Nach dieser Meinung soll z. B. eine Gerichtsbestimmung nach § 36 Nr. 3 möglich sein, wenn ein Verkäufer mehrere in verschiedenen Gerichtsbezirken wohnende **Käufer** als Streitgenossen bei dem nach § 7 HausTWG für *einen* der Streitgenossen ausschließlich zuständigen Gericht verklagen will. Gegen diese ausnahmslose Anwendung des § 36 Nr. 3 auch bei ausschließlichen Gerichtsständen ergeben sich die (→ Rdnr. 11) genannten Bedenken, so daß man **nur bei der Notwendigkeit gemeinsamer Klage** gegen die Streitgenossen (d. h. bei Unzulässigkeit der Einzelklage gegen die einzelnen Beklagten) eine Gerichtsstandsbestimmung ohne Verstoß gegen den Zweck der ausschließlichen Gerichtsstände bejahen kann (→ Rdnr. 11 a. E.).

Entsprechend ist § 36 Nr. 3 auf den umgekehrten Fall einer **Streitgenossenschaft auf der Klägerseite** anwendbar, wenn sich die Zuständigkeit für die Klage nach dem allgemeinen **Gerichtsstand des Klägers** richtet (z. B. bei einer Klage gemäß § 23 a von mehreren Personen mit verschiedenen Wohnsitzen gegen einen Unterhaltsverpflichteten, der im Ausland wohnt)[39]. Soweit es sich jedoch um **ausschließliche Klägergerichtsstände** handelt (z. B. um den früheren § 6 a AbzG bei der Klage des Abzahlungskäufers gegen den Verkäufer → § 29 Rdnr. 6) lassen sich die bereits in Rdnr. 11 vorgetragenen Bedenken gegen eine Durchkreuzung der Gerichtsstandsordnung nur zerstreuen, wenn es sich um Fälle des *Verbots der Einzelklage* handelt; auch hier muß die Möglichkeit, eine Sachprüfung der Klage zu erhalten, den

---

[34] A. M.: § 37 Nr. 3 gilt auch für die einfache Streitgenossenschaft *BGH* FamRZ 1986, 660 f. = RPfleger 228 f.

[35] *BGH* NJW 1971, 196 = MDR 112 = DB 93 = WM 93 = LM Nr. 8 zu Ziff. 3; *BGH* NJW 1987, 439 = MDR 209; NJW 1988, 646 = MDR 1987, 735.

[36] *J. Schröder* Internationale Zuständigkeit (1971) 569 m. w. N.; *Geimer* WPM 1979, 850 (353) m. w. N. (der die Zuständigkeitsregelung bei der Streitgenossenschaft gegen die Kritik *Schröders* verteidigt); *BGH* (N. 35); vgl. *BGH* NJW 1980, 2646; FamRZ 1990, 1224 f.

[37] Vgl. hierzu *Geimer* (N. 36) a. a. O.

[38] *Baumbach/Lauterbach/Hartmann*[51] Rdnr. 18; *Bornkamm* (N. 1) 2716 f.; *Wieczorek*[2] Anm. D II a; 19. Aufl. dieses Komm.; *BGH* (N. 41); *BGHZ* (N. 2) 159; *BGH* (N. 35) NJW 1987, 439; *RGZ* 36, 347.

[39] A. M. *Bornkamm* (N. 1) 2715; *Thümmel* NJW 1986, 556 (557) (zu § 797 Abs. 5).

Schutzcharakter der ausschließlichen Gerichtsstände zurückdrängen[40]. Wenn **allerdings von vornherein mehrere Streitgenossen zugleich bei einem Gericht** klagen, an dem auch nur *einer* der Kläger seinen ausschließlichen Gerichtsstand hat, liegt es näher, von einem Verzicht der übrigen Kläger auf den zu ihren Gunsten aufgestellten Schutz der ausschließlichen Zuständigkeit zu sprechen, als § 36 Nr. 3 zu bemühen, letztlich aus der pragmatischen Erwägung, daß ein nach § 36 Nr. 3 angerufenes Gericht ohnehin dann dasjenige Gericht bestimmen würde, das die Kläger selbst als zuständiges Gericht bezeichnet haben wollen[41].

15   e) Ist mit *einem* der Streitgenossen durch **Vereinbarung eines anderen ausschließlichen Gerichtsstandes** der allgemeine Gerichtsstand ausgeschlossen worden und damit durch Mitwirkung des Klägers verloren gegangen, so ist eine Anordnung nach Nr. 3 nicht möglich[42]. Dasselbe gilt, wenn bei einer Klage vor dem unzuständigen Gericht sich *einer* der Beklagten **rügelos eingelassen** hat (§ 39), die anderen aber die fehlende Zuständigkeit des angerufenen Gerichts gerügt haben[43].

16   f) Für **Unterhaltsklagen gegen die Eltern** und **Wechselklagen kommt Nr. 3 nicht in Betracht**, weil nach § 35 a und nach § 603 Abs. 2 mehrere Verpflichtete gemeinschaftlich ohnedies *im allgemeinen Gerichtsstand eines* der Beklagten verklagt werden können.

17   g) **Auf die sachliche Zuständigkeit bezieht sich Nr. 3 nach dem Wortlaut nicht;** sie sollte hierfür *aber entsprechend* angewendet werden[44]: § 36 Nr. 3 will aus Zweckmäßigkeitserwägungen die Bestimmung eines einheitlichen Gerichtsstandes ermöglichen. Das Interesse der Partei an der Beibehaltung der sachlichen Zuständigkeit (z. B. wegen Fehlens des Anwaltszwanges beim AmtsG) kann demgegenüber dann keinen Vorrang haben, wenn bei einem einheitlichen Lebenssachverhalt eine gemeinsame Entscheidung der Sache **durch ein- und dasselbe Gericht dringend geboten** ist[45].

18   h) **Das Fehlen eines gemeinsamen besonderen Gerichtsstands braucht nicht bewiesen zu werden**[46]. Dagegen müssen die Voraussetzungen der Streitgenossenschaft nach §§ 59 ff. schlüssig behauptet und notfalls bewiesen werden[47]. Insbesondere gilt dies, wenn über eine Gerichtsbestimmung nach § 36 Nr. 3 ein **ausschließlicher Gerichtsstand** ausgeschaltet werden soll und hierfür behauptet wird, eine **notwendige Streitgenossenschaft** (i. S. des Verbots der Einzelklage) liege vor (→ Rdnr. 11 und 14).

19   4. Nr. 4 setzt voraus, **daß im dinglichen Gerichtsstand des § 24 oder des § 26 geklagt werden soll,** und daß die **unbewegliche Sache** oder der Komplex unbeweglicher Sachen, der als Ganzes den Gerichtsstand bestimmt, **sich über mehrere Gerichtsbezirke erstreckt**[48]. Sinngemäß gehört hierher auch der Fall, daß mehrere Grundstücke den Gegenstand der Klage bilden, weil sie mit einem Gesamtrecht, insbes. einer

---

[39] A. M. *Bornkamm* (N. 1) 2715; *Thümmel* NJW 1986, 556 (557) (zu § 797 Abs. 5).

[40] *RGZ* 45, 391.

[41] Diesen Weg ging *BGH* NJW 1972, 1861 = MDR 931 = Warn Nr. 197 = LM Nr. 1 zu § 6 a AbzG (mit Rückgriff auf dessen jetzt nicht mehr geltenden Abs. 3). Grundsätzlich hält es der *BGH* a. a. O. aber für möglich, bei ausschließlichen und unterschiedlichen Klägergerichtsständen den § 36 Nr. 3 anzuwenden. Auf der Linie diese Rsp liegt es, wenn der *BGH* beim *Mahngesuch mehrerer Antragsteller*, die einen gemeinsamen Mahnbescheid gegen einen Schuldner beantragen und *verschiedene allgemeine Gerichtsstände* haben, nicht § 36 Nr. 3 anwendet, sondern *eines* der Mahngerichte als zuständig ansieht, bei denen einer der Antragsteller seinen allgemeinen Gerichtsstand hat (→ § 35 N. 8 und unten N. 83 a. E.).

[42] *OGHZ* 3, 214 = NJW 1950, 385; *BGH* (N. 29); NJW 1983, 996 = MDR 466 f.

[43] Vgl. *OLG Düsseldorf* MDR 1969, 672 = OLGZ 442; ausnahmsweise steht die Gerichtsstandsvereinbarung der Bestimmung nach § 36 Nr. 3 nicht entgegen, wenn sie bei

einem Streitgenossen, der seinen allgemeinen Gerichtsstand im Ausland hat, überhaupt erst die Möglichkeit eröffnet, ihn vor einem deutschen Gericht zu verklagen, *BGH* NJW 1988, 646 f. = MDR 1987, 735; *Bornkamm* (N. 1) 2716; *Zöller* (N. 3) Rdnr. 15.

[44] *BGHZ* (N. 2) 155 ff.; *Baumbach/Lauterbach/Hartmann*[51] Rdnr. 19 und *Wieczorek*[2] Anm. D III a 3; a. M. *OLG Kiel* HRR 30 Nr. 748; *OLG Köln* NJW 1961, 2355; *OLG Oldenburg* NJW 1963, 1626 (für Ansprüche, die sich nur gegen einen Streitgenossen richten; *OLG Düsseldorf* OLGZ 1975, 351, → auch N. 7 vor § 59.

[45] *OLG Düsseldorf* (N. 44), *Thomas/Putzo*[17] Anm. 2 c.

[46] Vgl. *BayObLGZ* 1985, 314 (317).

[47] Vgl. *RGZ* 8, 367; *BayObLG* Seuff Arch 72 (1917) 239; *OLG Zweibrücken* MDR 1983, 495; a. M. *Förster/Kann*[3] c, cc; *Bornkamm* (N. 1) 2716; *BayObLGZ* 1985, 314 (316 f.); 1983, 64 (65 f.); *BayObLG* VersR 1982, 371; 1981, 626: Auszugehen ist allein von den Klagebehauptungen. Offengelassen *BGH* NJW 1986, 3209.

[48] Wegen der Bestimmung des Berufungsgerichts bei Änderung der Gerichtsbezirke s. *RGZ* 137, 278.

Gesamthypothek, belastet sind[49]. Anders bei gewöhnlicher objektiver Klagenhäufung, z. B. bei einer Klage auf Herausgabe mehrerer in verschiedenen Bezirken belegener Grundstücke. Entscheidend ist die *rechtliche Einheit* der Sache; diese wird gemäß §§ 3, 4, GBO i. V. m. § 890 BGB durch das Grundbuch bestimmt.

5. **Nr. 5 und Nr. 6** sind nach ihrem Wortlaut auf den **Kompetenzkonflikt** zwischen ordentli-   20
chen Gerichten im zivilprozessualen Verfahren anzuwenden. Sie gelten hierbei für die
sachliche, die örtliche und die funktionelle (auch **instanzielle**)[50] **Zuständigkeit.** Streitigkeiten
über die **Geschäftsverteilung** entscheidet jedoch das *Präsidium des Gerichts*; eine entsprechende Anwendung des § 36 Nr. 5 und Nr. 6 *scheidet* daher nach dem Zweck dieser Bestimmung (→ Rdnr. 1) *aus*[51]. Die »Zuständigkeit« der **Kammer für Handelssachen** nach §§ 93 ff.
GVG ist ein Fall der *gesetzlich* angeordneten Geschäftsverteilung. Hierüber hat *nicht* das
Präsidium des Gerichts zu entscheiden; Nr. 5 und 6 sind deshalb *entsprechend* anzuwenden[52];
dasselbe gilt für Kompetenzkonflikte zwischen der **allgemeinen** (Prozeß-)**Abteilung** und dem
Familiengericht (bzw. in der Berufungsinstanz zwischen dem allgemeinen **Zivilsenat** und dem
Familiensenat[53]) oder zwischen der **Zivilkammer** und der Kammer für **Baulandsachen**[54]
sowie in allen anderen Fällen gesetzlich geregelter (*nicht* geschäftsplanmäßiger) Zuständig-
keitszuweisung. Auch ein Kompetenzkonflikt zwischen **freiwilliger** und **streitiger Gerichtsbarkeit**[55] und zwischen **Arbeits- und ordentlichem Gericht**[56] ist in entsprechender Anwen-

---

[49] Ebenso *RGZ* 143, 295; *BGH* MDR 1951, Beil S. 27 Nr. 240 = DRiZ 20; *Willenberg* ZMR 1963, 101. A.M. *RGZ* 91, 41. *Auch im Aufgebotsverfahren zum Zweck der Kraftloserklärung von Urkunden* (Grundschuldbriefe) gemäß §§ 1003ff. ist § 36 Nr. 4 anwendbar, *BayObLG* RPfleger 1977, 448.

[50] Z.B. *welches Rechtsmittelgericht berufen ist; BGH* FamRZ 1984, 36 = LM § 281 ZPO Nr. 13; FamRZ 1984, 1242; NJW 1985, 2537; NJW 1978, 427 = FamRZ 102 (insoweit zust. *Jauernig*) = MDR 470 = RPfleger 53, ebenso *BGH* NJW 1978, 891 = RPfleger 176 = JR 683 = MDR 478 = FamRZ 329; FamRZ 1978, 330; MDR 1978, 212 = NJW 719; *Jauernig* FamRZ 1978, 675. § 36 Nr. 5 und 6 greifen aber nicht ein, wenn keine Ungewißheit darüber besteht, *welche* Rechtsmittelgerichte zuständig sind, sondern unklar ist, *ob* eine Sache noch beim unteren oder schon beim oberen Gericht anhängig ist und jedes der befaßten Gerichte die Anhängigkeit bei sich verneint, vgl. *BGH* NJW 1979, 719 = MDR 212.

[51] *OLG Oldenburg* NJW 1973, 810 = MDR 231 = NdsRPfl 22; *BFH* ZZP 100 (1987) 81f. mit Anm. *Sangmeister; OLG Oldenburg* MDR 1989, 649; a.M. *Sangmeister* MDR 1988, 190ff. Deshalb findet auch für Geschäftsverteilungsstreitigkeiten zwischen *technischen und juristischen Beschwerdesenaten beim Bundespatentgericht* § 36 keine entsprechende Anwendung, *BGH* LM Nr. 7 zu Ziff. 6 = MDR 1972, 397. Ein Streit darüber, ob eine *erst-* oder *zweitinstanzliche Zivilkammer* beim LG zuständig ist kann nicht vom Präsidium entschieden werden; es hat vielmehr das nächsthöhere Gericht nach § 36 zu entscheiden (*OLG Oldenburg* a.a.O.; a.M. *Wieczorek*[2] Anm. A Ia).

[52] *OLG Frankfurt* RPfleger 1980, 231f.; *Gaul* JZ 1984 64 (65); *OLG München* NJW 1967, 2165; *OLG Düsseldorf* OLGZ 1973, 243; *OLG Nürnberg* NJW 1975, 2345 = MDR 1976, 228; *OLG Bremen* (N. 62); *OLG Braunschweig* NJW 1979, 223; a.M. *Wieczorek*[2] Anm. A I a.

[53] Dies ist einhellige Meinung in Rsp. und Lit. z.B. *Brüggemann* FamRZ 1977, 585; *Diederichsen* ZZP 91 (1978) 397; *BGHZ* 71, 264 (oben N. 10); *BGHZ* 78, 108 (109f.) = NJW 1981, 126f. = LM § 621 ZPO Nr. 9; *BGH*

NJW 1978, 1633 = FamRZ 585 = MDR 737 (zwischen *Kostensenat* und *Familienseant*); *BGH* NJW-RR 1990, 1026 = FamRZ 987; *BGH* NJW 1981, 2417f.; 1983, 47f.; 1913 = MDR 296f. (*LG Zivilkammer/Familiengericht*) dazu *Waldner* MDR 1984, 190f.; *BGH* NJW 1978, 427; *BayObLGZ* 1979, 44 = NJW 1050 = FamRZ 315; *BayObLGZ* 1985, 99 (100); 1985, 219 (220) = NJW-RR 1986, 6f. = FamRZ 1985, 1057f.; FamRZ 1991, 281 (Verhältnis *Familiengericht – Vollstreckungsgericht*). Zu einer direkten Anwendung des § 36 käme man, wenn das Verhältnis zwischen Familiengericht und den anderen Abteilungen ein Problem der *sachlichen* Zuständigkeit wäre. Nach zutreffender und herrschender Ansicht handelt es sich bei Verteilung der Familiensachen aber um eine Frage der (gesetzlichen) *Geschäftsverteilung* (→ § 1 Rdnr. 61 m. w. N. in N. 88a).

[54] *OLG Oldenburg* MDR 1977, 497 = NdsRPfl 61.

[55] *BGHZ* 104, 363 (365) = NJW 1988, 2739f. = MDR 1029f.; *BGHZ* 78, 108 (109f.) (N. 53) (Zuständigkeitsstreit zwischen einem *Familiengericht* und einem *Vormundschaftsgericht*); *BGH* NJW 1984, 740 = MDR 291 = LM § 36 Ziff. 6 ZPO Nr. 25 (Konflikt zwischen einem Gericht für *Wohnungseigentumssachen* und einem Gericht der *streitigen Gerichtsbarkeit*; *BayObLGZ* 1990, 233 (234f.); NJW-RR 1990, 1431f. (*LG-Wohnungseigentumsgericht*); *OLG Düsseldorf* OLGZ 1969, 384; *OLG Frankfurt* FamRZ 1974, 197; *OLG Koblenz* NJW 1977, 1736; *KG* NJW 1978, 894; *OLG Köln* FamRZ 1978, 708; NJW-RR 1990, 707; 1991, 253 = MDR 247 = LM § 36 Ziff. 6 ZPO Nr. 31 (Konflikt zwischen *Vormundschaftsgericht* und *Familiengericht*), für *Landwirtschaftsgerichte OLG Hamm* RdL 1967, 210; a. M. für Verweisung gemäß § 18 HausratsVO *BayObLGZ* 1968, 89 (entsprechende Anwendung von § 5 FGG).

[56] Ständige Rsp zu § 36 N. 10; so z.B. *BGHZ* 17, 168 = NJW 1955, 948 = JZ 453 = ZZP 68 (1955) 374; NJW 1964, 45; NJW 1964, 1416 = SAE 235 (*Bötticher*) = MDR 574 = BB 534 = WM 551 = AP Nr. 6 (*Kill*) = LM Nr. 4 zu Ziff. 6; *BAG* AP Nr. 12 sowie die in N. 58 zitierten Entscheidungen.

dung von § 36 Nr. 5 und 6 zu entscheiden. Hier besteht kein gemeinsames oberes Gericht[57]. Im Interesse einer raschen Abwicklung des Verfahrens hat der **zuerst angerufene**, einem der beiden Gerichte übergeordnete Oberste Gerichtshof des Bundes zu entscheiden[58]. Um den Betroffenen nach Weigerung beider Gerichte nicht rechtsschutzlos zu stellen, ist eine entsprechende Anwendung auch bei **Unzuständigkeitserklärungen von Gerichten verschiedener Rechtswege** möglich[59].

21   a) Der **positive Kompetenzkonflikt (Nr. 5)** setzt voraus, daß derselbe Rechtsstreit, d. h. Prozeß über denselben Anspruch, bei verschiedenen Gerichten rechtshängig ist, sei es mit den gleichen oder mit umgekehrten Parteirollen, z. B. durch negative Feststellungsklage und daß jedes dieser Gerichte, ohne in der Sache selbst zu entscheiden, sich – mit Recht oder mit Unrecht – durch rechtskräftiges Zwischenurteil nach § 280 für zuständig erklärt hat. Liegt dagegen bereits ein rechtskräftiges *Sachurteil* vor, so ist die Bestimmung nach § 36 ausgeschlossen, weil sie lediglich dazu dienen soll, eine Sachentscheidung zu ermöglichen[60]. Ausgenommen ist nur der Fall, daß das Endurteil aufgrund einer Anordnung nach § 280 Abs. 2 unter Vorbehalt der Rechtskraft des Zwischenurteils erging, § 380 Rdnr. 27 ff.

22   b) Ein **negativer** Kompetenzkonflikt (Nr. 6) liegt vor, wenn verschiedene Gerichte bezüglich desselben Anspruchs sich durch rechtskräftiges Endurteil für *unzuständig* erklärt haben. Dem ist der Fall gleichzustellen, daß auf eine **Verweisung** z. B. nach § 281, §§ 97 ff. GVG[61] das bestimmte Gericht (in unzulässiger Weise) **zurückverwiesen** hat[62]. Die **Ablehnung der Übernahme des Rechtsstreits** gegenüber dem die Verweisung aussprechenden Gerichts ist ebenfalls als Unzuständigerklärung i. S. v. Nr. 6 anzusehen, da sie sachlich nichts anderes als eine Zurückverweisung darstellt[63]. Einer rechtskräftigen Entscheidung stehen ferner diejenigen gerichtlichen Maßnahmen gleich, die von den Parteien mit Rechtsbehelfen nicht angefochten werden können, weil es sich um **gerichtsinterne Vorgänge** handelt. Dies gilt insbesondere für die analoge Anwendung des § 36 Nr. 6 auf **negative Kompetenzkonflikte zwischen Spruchkörpern mit gesetzlich angeordneter Geschäftsverteilung** (→ Rdnr. 20). Gibt deshalb ein Familiengericht an die Prozeßabteilung oder der Familiensenat an den allgemeinen Senat ab und leugnet der nunmehr befaßte Spruchkörper seinerseits die Kompetenz, so liegt ein nicht mehr behebbarer (»rechtskräftiger«) Kompetenzkonflikt vor[64]. Derartige Zuständigkeitsleugnungen oder die Ablehnung der Übernahme des Rechtsstreits nach Verweisung **müssen allerdings den Parteien des Rechtsstreits mitgeteilt** worden sein; *interne Aktenvermerke* und *nicht bekanntgemachte Verfügungen* reichen hingegen nicht aus[65].

Dagegen kann eine **formlose Abgabe** an ein *anderes* Gericht[66] – z. B. nach § 696 (arg. § 696 Abs. 5) ebensowenig einer rechtskräftigen Erklärung der Unzuständigkeit gleichgesetzt werden wie ein **Verweisungsbeschluß vor Klagezustellung**[67]. Eine Verweisung ist für das *übergeordnete* Gericht im Verfahren

---

[57] Der *Gemeinsame Senat der obersten Gerichtshöfe des Bundes* (§§ 1 ff. RsprEinhG, → Einl. Rdnr. 188) der *kein eigenständiges Gericht* ist, ist für Entscheidungen nach § 36 *nicht* zuständig: A. M. *Wieczorek*[2] Anm. D VI a 5.

[58] *BGH* NJW 1990, 53 (54); DB 1983, 302 f.; *BGHZ* 44, 14 = NJW 1965, 1596 = JZ 579 = MDR 725 = BB 769 = WM 716 = ZZP 79 (1966) 146 (Anm. *Peters*); *BGH* Warn 1975 Nr. 194 = NJW 1976, 330 = MDR 206 = DB 194. *BAG* AP Nr. 11 = DB 1972, 1684; *AP* Nr. 16 = NJW 1974, 1840 = BB 1123; *AP* Nr. 18, Nr. 20 u.a.m. Zur Entwicklung dieser Rsp. vgl. die in N. 56 genannten Entscheidungen.

[59] *BAG* AP Nr. 8 (*Redeker*) = NJW 1971, 581 → MDR 335 = DB 584 für das Verhältnis von *Arbeitsgerichten* zu den *Verwaltungsgerichten*. Die in dieser Entscheidung genannten Gründe (rasche Beendigung des Streits) sprechen auch für eine entsprechende Anwendung des § 36 Nr. 5 im positiven Kompetenzkonflikt. *BAG* NJW 1984, 751 f. = MDR 346 (Verhältnis von *Arbeitsgerichten* zu den *Sozialgerichten*. – Zur Zuständigkeit des bestimmenden Gerichts gilt das bei N. 57 f. Gesagte (*BAG* a. a. O.).

[60] *BGH* NJW 1980, 1281 = RPfleger 219 (220); *Bornkamm* (N. 1) 2724.

[61] → N. 52.

[62] *BayObLGZ* 1985, 397 (398) = NJW-RR 1986, 421;

NJW-RR 1991, 187 f.; *BGHZ* 17, 168 (N. 56) (zu § 38 ArbGG); *OLG* Bremen OLGZ 1975, 475 (zu § 97 GVG: Verweisung der *Kammer für Handelssachen*); *OLG* Frankfurt RPfleger 1980, 231 (zu § 102 GVG); *BGHZ* 71, 15 (Verweisung einer der in § 621 a Abs. 1 S. 1 genannten *Familiensachen*); *BayOLGZ* 1986, 285 (287); NJW-RR 1990, 1431 f. (zu § 46 WEG).

[63] *BGHZ* 102, 338 (340) = NJW 1988, 1794 f. = MDR 470 f. = LM § 281 ZPO Nr. 18; *BayObLGZ* 1989, 235 (237); *BAG* AP Nr. 7 (Anm. *Blomeyer*) = NJW 1970, 1702 = BB 1051 = DB 1184; *AP* Nr. 11; *BGH* FamRZ 1978, 232.

[64] *BGHZ* 71, 271 f. (oben N. 53); h.M.; anders *OLG* Braunschweig NJW 1978, 56.

[65] *BGH* FamRZ 1988, 1256 f.; 1979, 790 = 918; *OLG* Stuttgart FamRZ 1977, 720 (721).

[66] *BGH* Warn 1978 Nr. 25 (S. 75) zur Abgabe gemäß Art. 12 Nr. 7 a Abs. 2 1. EheRG; *BayObLGZ* 1985, 99 (101); *OLG* Celle JurBüro 1967, 75 = NdsRPfl 44 = RPfleger 421. Dieser Fall der Abgabe an ein *anderes* Gericht unterscheidet sich von der gerichtsinternen Abgabe (→ bei N. 64) durch ihre klare Regelung im Gesetz: Nur die Verweisung bindet, eine »Abgabe« – wenn sie überhaupt zulässig ist - gerade nicht.

[67] *BAG* AP Nr. 17 = DB 1974, 2312 (LS) = BB 1123 (LS). Nach Ansicht des *BGH* (NJW 1983, 1062 = MDR

nach Nr. 6 ebenso **bindend** wie für das bestimmte Gericht[68]. Inhaltliche Unrichtigkeit der Verweisung
oder fehlerhaftes Verfahren können diese Bindung höchstens in ganz besonderen Ausnahmefällen
beseitigen[69], → § 281 N. 75, vor § 128 Rdnr. 50 ff. Auch die Versagung rechtlichen Gehörs läßt die
Bindung nicht entfallen, → § 281 Rdnr. 27–34[70]. Auch bei einer nur entsprechenden Anwendung der
Verweisungsvorschriften (z. B. *zwischen Rechtsmittelgerichten* oder zwischen *freiwilliger* und *streitiger
Gerichtsbarkeit*) ist von einer **Bindung** auszugehen[71]. Nur dann kann **nicht** von einer **Bindung** gesprochen
werden, wo der negative Kompetenzkonflikt[72] durch einen Vorgang ausgelöst wurde, der gerade **keine
Verweisung darstellt** (und deshalb ohne deren typisches Ergebnis einer Bindung ausgestattet ist)[73] oder
wo einer der zuständigkeitsleugnenden Akte eindeutig **nichtig** ist, wie z. B. bei Vornahme durch den
Rechtspfleger statt des Richters (§ 8 Abs. 4 Satz 1 RPflegerG[74]).

Die nach § 127 Abb. 2 S. 2 **unanfechtbaren Entscheidungen im Prozeßkostenhilfeverfahren** (Verweigerung des Armenrechts mangels Zuständigkeit) sind rechtskräftigen Entscheidungen i. S. v. Nr. 6 gleichzu-
achten, da sonst ein Rechtsschutz für die arme Partei nicht gewährleistet ist[75].

Voraussetzung für eine Entscheidung nach Nr. 6 ist, daß **eines der Gerichte zuständig ist**[76],   **23**
selbst wenn daneben auch ein *drittes* Gericht zuständig ist, dessen Anrufung die Anwendung
des § 36 erübrigen würde. Ist keines der bisher angerufenen, sondern nur ein *drittes Gericht*
zuständig, so kann dieses **dritte Gericht bestimmt** werden, sofern es »nachgeordnet« (→
Rdnr. 5) ist oder es kein im Instanzenzug höheres Gericht gibt (z. B. zwei Landgerichte haben
sich für unzuständig erklärt, der nach § 36 Nr. 6 angerufene BGH bejaht aber die Zuständigkeit eines ArbG oder auch eines Verwaltungsgerichts[77] oder es waren an einem Kompetenzkonflikt nur zwei Familiengerichte beteiligt, das OLG bestimmt als zuständig ein Vormundschaftsgericht, weil dessen Zuständigkeit gegeben ist[78]. In solchen Fällen darf das Gesuch
nicht etwa abgelehnt werden[79].

---

466) soll dagegen in entsprechender Anwendung des § 36
Nr. 6 eine Gerichtsstandsbestimmung bereits vor Eintritt
der Rechtshängigkeit zulässig sein; insoweit a. M. *Bornkamm* (N. 1) 2719 f.; *Zöller* (N. 3) Rdnr. 26.

[68] *BGH* (N. 62); *BAG* (N. 63) und AP Nr. 16 = NJW
1974, 1840 = DB 2164 = BB 1123; *OLG Düsseldorf*
OLGZ 1976, 476.

[69] Zu weit *BAG* AP Nr. 10 und AP Nr. 12 = NJW 1972,
1216 (keine Bindung bei offenbarer Gesetzwidrigkeit);
ebenso *OLG Köln* FamRZ 1977, 797; vgl. auch
BayObLGZ 1978, 197 = FamRZ 1978, 801 = MDR
1979, 61 (keine Bindung bei Verweisung von erst- an
zweitinstanzielles Gericht); *BGH* NJW-RR 1990, 708;
BayObLGZ 1986, 285 (287) = MDR 1987, 59 (keine
Bindungswirkung bei willkürlichem Verweisungsbeschluß). Zutreffend *Grunsky* ArbGG[6] (1990) § 48
Rdnr. 10 und 12. Bei offenbaren *Unrichtigkeiten des Verweisungsbeschlusses* hilft aber eine Berichtigung nach
§ 319; *BVerfGE* 29, 50.

[70] *OLG Bremen* (N. 62) 477; jedenfalls bei § 102 GVG;
a. M. *BAG* AP Nr. 9 (abl. Anm. *Mes* m. w. N.) = NJW
1971, 1719 (L); *BGHZ* 71, 69 = NJW 1978, 1163 =
FamRZ 402; *BGH* NJW 1979, 551 und 984, vgl. auch
OLG Hamburg FamRZ 1978, 906; *OLG Düsseldorf*
OLGZ 1973, 245; *BGHZ* 102, 338 (341) (N. 63); *BVerfG*
NJW 1984, 2367.

[71] Vgl. *BGHZ* 72, 182 (193 f.: Bindungen an eine Verweisung vom Familiensenat an das LG als Berufungsgericht und 194: Bindung im Bereich der freiwilligen Gerichtsbarkeit) = FamRZ 1978, 873.

[72] → N. 63 und N. 64.
[73] Also vor allem die Abgabe vom Spruchkörper für
Familiensachen an den allgemeinen Spruchkörper und
umgekehrt.
[74] *BGH* Warn 1976 Nr. 183.
[75] *BGH* NJW-RR 1987, 1348; NJW 1972, 111 = MDR
125 = DRiZ 66 = RPfleger 13 = JurBüro 214 = LM Nr. 6
zu § 36 Ziff. 6; *BayObLGZ* 1985, 99 (101); *OLG Hamburg* NJW 1973, 814.
[76] *BayObLGZ* 1988, 305 (306).
[77] → N. 59.
[78] *OLG Hamm* FamRZ 1979, 314.
[79] *BGH* LM § 263 Nr. 10 (unter Berufung auf die
18. Aufl. dieses Komm., der aber das Gegenteil vertrat.
An dieser Ansicht der Vorauflagen kann aber nicht festgehalten werden, da es im Sinne einer schnellen Beendigung
gerade eines negativen Kompetenzkonflikts liegt, wenn
das zuständige Gericht bestimmt wird; die Bestimmung
statt dessen abzulehnen und in den Gründen der Entscheidung das zuständige Gericht zu benennen, damit dann
dort neu geklagt wird, erscheint nur dann vertretbar,
wenn der Kläger von den bisher beteiligten Gerichten auf
die Zuständigkeit des dritten Gerichts hingewiesen wurde
und eine Verweisung dorthin nicht beantragt hat, weil er
nur eines der beiden beteiligten Gerichte als zuständig
ansah); *BGHZ* 71, 69 (74) = NJW 1978, 1163 = RPfleger
211 = FamRZ 402.

IV. Besondere Verfahrensarten und Verfahrensfälle

24   1. Die Bestimmung des zuständigen Gerichts nach § 36 findet **in allen bürgerlichen Rechts-streitigkeiten** statt, auch bei den besonderen Verfahrensarten, insbes. beim **Arrest** und der **einstweiligen Verfügung**[80] – allerdings ausgenommen den Fall der Nr. 3, der hier seltener praktisch werden kann, da das Bestimmungsverfahren zu langwierig ist –, im **Prozeßkosten-hilfe-**[81], **Beweissicherungs-**[82] sowie nach § 689 im **Mahnverfahren**[83] und Aufgebotsverfahren (→ Rdnr. 8 vor § 946[84]), sowie nach § 72 KO im Konkursverfahren[85] und nach § 115 VerglO im Vergleichsverfahren, → auch Rdnr. 3.

25   2. § 36 greift **sinngemäß** auch Platz, wenn das Gericht nicht als Prozeßgericht, sondern nur zu einer **einzelnen Aufgabe berufen ist**, insbesondere als **ersuchtes Gericht**[86], **Rechtsmittelge-richt**[87], **Vollstreckungsgericht**[88] oder zur Entscheidung über die Kostenfestsetzung[89]. Erkennt man dies an, so besteht kein ersichtlicher Grund, hier die Nr. 3 auszuschließen. Bei der **Zwangsvollstreckung** ist dabei Voraussetzung, daß sich der *Vollstreckungsakt*, insbesondere die Forderungspfändung, gegen *mehrere Schuldner einheitlich* richten soll, also namentlich dann, wenn die zu pfändende Forderung den mehreren Schuldnern gemeinsam zusteht[90]. Soll dagegen aus einem gegen mehrere Schuldner lautenden Vollstreckungstitel gegen die einzel-nen selbständig vollstreckt werden, so besteht für die Bestimmung eines einheitlichen Voll-streckungsgerichts kein sachliches Bedürfnis.

V. Internationale Zuständigkeit

26   Für die Internationale Zuständigkeit ist § 36 in zweifacher Hinsicht von Bedeutung:

a) § 36 **begründet nicht die Internationale Zuständigkeit**, sondern setzt sie voraus. Dies ist vor allem für § 36 Nr. 3 von Bedeutung, so daß nicht etwa für einen **Streitgenossen** eine Gerichtsbestimmung vorgenommen werden kann, für den keine deutsche internationale Zuständigkeit besteht (→ Rdnr. 13).

b) Der Gedanke des § 36 ist **analog** anwendbar, wenn für einen Streitfall die deutsche internationale Zuständigkeit vorliegt, aber **kein örtlich für den Rechsstreit berufenes Gericht** festgestellt werden kann[91]. Diese Fälle können *insbesondere* vorkommen, wenn sich die Parteien in einer internationalen Proroga-

---

[80] Vgl. *RG* JW 1936, 189.

[81] *BGH* NJW 1982, 1000; FamRZ 1987, 924; NJW-RR 1987, 1348; *OLG Bamberg* FamRZ 1989, 409; *BayObLG* FamRZ 1979, 315.

[82] *OLG München* NJW-RR 1986, 1189 f.; *BayObLG* 1987, 289 (290); *RGZ* 164, 307.

[83] Allgemein zur Anwendbarkeit der verschiedenen Ziffern des § 36 auf das Mahnverfahren: *BGH* JR 1951, 532 = NJW 275; *BayObLGZ* 1985, 314 (315); *RGZ* 39, 426 (gegen 27, 404); *BAG* AP Nr. 14 = Rpfleger 1975, 127, → § 689 Rdnr. 7. Allerdings ist die frühere Hauptpro-blematik des *Mahnverfahrens gegen mehrere Schuldner* durch das jetzige Abstellen auf den Gläubigergerichts-stand beseitigt worden (anders *Schlosser* → § 689 Rdnr. 7), denn für den Erlaß des Mahnbescheids kommt es allein auf den Gerichtsstand des *Antragstellers* an, nicht auf den des Antragsgegners, so daß es unerheblich ist, wenn der beantragte Mahnbescheid sich gegen mehrere Antragsgegner (Schuldner) richtet und diese Schuldner bei ganz unterschiedlichen Gerichten ihren allgemeinen Gerichtsstand haben. Erst nach dem *Übergang in das streitige Verfahren* tritt das Problem eines gemeinsamen Gerichtsstands für alle Streitgenossen auf (→ N. 30); dann ist aber § 36 Nr. 3 *unmittelbar* anwendbar (→ Rdnr. 11 ff.). Die Neuorientierung an dem allgemeinen

Gerichtsstand des Antragstellers hat aber nicht dazu ge-führt, daß nun spiegelbildlich jetzt *bei mehreren Antrag-stellern* eines Mahngesuchs die alte Problematik wieder erscheint und dann § 36 Nr. 3 entsprechend anwendbar wäre. Beantragen mehrere Antragsteller einen Mahnbe-scheid, ist nämlich § 36 Nr. 3 deshalb nicht einschlägig, weil *diese Antragsteller die Wahl nach § 35* (→ dort N. 8) zwischen sämtlichen Gerichten haben, bei denen auch *nur einer von ihnen seinen Mahngerichtsstand hat* (→ auch N. 41 a. E.).

[84] *RGZ* 45, 388 (zu Ziff. 3); 121, 20.

[85] *BGH* LM Nr. 3 zu Ziff. 3; *OLG München* NJW-RR 1987, 382 = MDR 147.

[86] *RGZ* 44, 394 (zu Nr. 1).

[87] *RG* JW 1898, 277; *KG* OLG Rsp 13, 173 (zu Nr. 6); *BGH* (N. 75).

[88] *BGH* NJW 1982, 2070; 1983, 1859; *BayObLGZ* 1985, 397 f. = NJW-RR 1986, 421; *RGZ* 54, 206; 139, 351; *OLG München* WPM 1975, 654.

[89] *BayObLGZ* 1989, 237 (Festsetzung von Vollstrek-kungskosten).

[90] *RG* DR 40, 741; *BayObLGZ* 1959, 270 = MDR 1960, 37; *OLG München/Augsburg* NJW 1974, 504.

[91] *BGHZ* 19, 106 (zu § 5 FGG).

tion geeinigt haben, daß ein deutsches Gericht über den Streitfall entscheiden soll, aber eine Vereinbarung auf ein konkretes Gericht in Deutschland fehlt[92].

VI. Im **arbeitsgerichtlichen Verfahren** gilt § 36 *entsprechend*; die Nr. 4 ist hier allerdings seltener **27** einschlägig. Die Bestimmung des Gerichts liegt in der Hand es *Landesarbeitsgerichts* und, wenn in den Fällen der Nr. 2, 3, 5, 6 die Arbeitsgerichte in den Bezirken verschiedener Landesarbeitsgerichte liegen, in der des *Bundesarbeitsgerichts*. Die Möglichkeit einer Übertragung dieser Funktion (→ Rdnr. 4) etwa auf ein Landesarbeitsgericht ist hier nicht gegeben.

§ 37 [Verfahren bei gerichtlicher Bestimmung]

(1) **Die Entscheidung über das Gesuch um Bestimmung des zuständigen Gerichts kann ohne mündliche Verhandlung ergehen.**

(2) **Der Beschluß, der das zuständige Gericht bestimmt, ist nicht anfechtbar.**

Gesetzesgeschichte: Sachlich unverändert seit Erlaß der CPO, sprachlich neugefaßt BGBl. 1950, S. 535, → Einl. Rdnr. 158.

Stichwortverzeichnis → **Gerichtsstandsschlüssel Rdnr. 40 vor § 12**

I. Das Verfahren bei Bestimmung des Gerichts

Das Gesuch kann von einer **Partei** (vom Beklagten erst nach Anhängigkeit)[1], einem **1** **Streitgehilfen** oder einem **Gericht von Amts wegen**[2] oder auf Antrag gestellt werden.

Das **direkt von einem Prozeßbeteiligten gestellte Gesuch** setzt als Prozeßhandlung **Prozeßfähigkeit** voraus[3]; **Parteifähigkeit** ist dagegen nicht zu fordern, um der Entscheidung über diese in dem Prozeß, für den die Bestimmung getroffen wird, nicht vorzugreifen[4]. Es kann **schriftlich eingereicht** oder zu **Protokoll der Geschäftsstelle erklärt** werden. Das letztere ist zwar hier nicht (wie in § 44 und sonst) ausdrücklich gestattet; aber die Bestimmung des zuständigen Gerichts ist eine prozessuale Hilfshandlung, für die auch diese erleichterte Form zuzulassen ist. Es besteht daher für das Gesuch **kein Anwaltszwang** → § 78 Rdnr. 20 ff., und für die Vollmacht gilt § 88 Abs. 2. Übrigens bedarf es eines besonderen Gesuchs nicht, wenn gelegentlich der Entscheidung über ein Ablehnungsgesuch oder aufgrund des § 48 (vgl. auch § 45 Abs. 2) die Sache schon an den höheren Richter gelangt ist (→ § 45 Rdnr. 3 a. E.). Durch die Einreichung

---

[92] Näheres → Einl. Rdnr. 769 m. w. N. in N. 17.

[1] Vgl. *OLG Düsseldorf* MDR 1989, 646 (zu § 36 Nr. 6); einschränkend *BGH* NJW 1990, 2751 f. = MDR 987 = LM § 36 Ziff. 3 ZPO Nr. 24 (zu § 36 Nr. 3); *BGH* NJW 1987, 439 (zu § 36 Nr. 3) = LM § 36 Ziff. 3 ZPO Nr. 19: Antragsberechtigt i. S. der § 36 Nr. 3, § 37 ist nur der Kläger, nicht der Beklagte. Ebenso *Baumbach* (N. 2) Rdnr. 1; *MünchKommZPO/Patzina* § 36 Rdnr. 15; *Zöller* (N. 2) Rdnr. 1.

[2] *BGH* NJW 1964, 247 und 1416 = MDR 574 = BB 534 = WPM 551 = AP Nr. 6 (hierzu Anm. *Kill*) = LM Nr. 4 zu § 36 Ziff. 6; RPfleger 1974, 147 und 1976, 175 (zust. *Vollkommer*) = Warn 1976 Nr. 20; FamRZ 1978, 232; NJW 1979, 1048 = FamRZ 421; NJW 1985, 2537; FamRZ 1984, 774; *OLG Düsseldorf* RPfleger 1978, 62 (*Vollkommer*) und 102; FamRZ 1978, 125, 259; *OLG Frankfurt* JZ 1978, 404 = MDR 762 = OLGZ 475; *OLG München* FamRZ 1978, 48 (49), 198, 348, 349, 601, 704; *OLG Saarbrücken* FamRZ 1978, 521; *OLG Hamm* FamRZ 1980, 66; *OLG Zweibrücken* FamRZ 1987, 1275; *BayObLGZ* 1978, 197 = MDR 1979, 61 = FamRZ 1978,

801; 1985, 18 (19); 1987, 285 (286); 1987, 405 (407); (sämtlich zu § 36 Nr. 6); *BayObLGZ* 1987, 289 (290) = MDR 1988, 60 f. (zu § 36 Nr. 3); *Bischof* MDR 1978, 716; *Thomas/Putzo*[17] § 36 Anm. 1 b; *Zöller/Vollkommer*[17] Rdnr. 2; anders (*nur auf Antrag*) NJW-RR 1991, 767 (zu § 36 Nr. 3); *BayObLG* 1964, 224 = NJW 1573 = MDR 767; *OLG München/Augsburg* NJW 1975, 504; *OLG Nürnberg* NJW 1975, 2346; *OLG Schleswig* SchlHA 1978, 1116, 714; *OLG Oldenburg* FamRZ 1978, 347; *Baumbach/Lauterbach/Hartmann*[51] Rdnr. 2; *Rosenberg/Schwab*[14] § 38 II; differenzierend (*soweit amtswegige Abgabe möglich*) *Wieczorek*[2] Anm. C; *BAG* NJW 1974, 1840 (soweit sich ein Beteiligter das Gesuch des Gerichts zu eigen macht).

[3] Anm. *Pohle* zu BAG AP § 36 Nr. 5; a.M. *BayObLG* DJZ 1933, 984.

[4] Wie hier *BayObLGZ* 1974, 459 = MDR 1975, 407 = JurBüro 652 = RPfleger 99; jetzt auch *Thomas/Putzo*[17] § 36 Anm. 1 d; a.M. *BAG* (N. 3), das sogar die Parteifähigkeit des Gegners prüft.

des Gesuchs werden, wenn die Klage binnen drei Monaten nach der Erledigung des Gesuchs erhoben wurde, nach §§ 210, 941 BGB die **Verjährung und die Ersitzung** unterbrochen[5]. Andere, insbesondere prozessuale Wirkungen der Rechtshängigkeit treten nicht ein. Der Antragsteller hat die Tatsachen, auf die er das Gesuch stützt, zu beweisen; eigene Ermittlungen des entscheidenden Gerichts sind jedoch, da es sich um **Verfahren mit Freibeweis** (→ Rdnr. 7 ff. vor § 355) handelt, zulässig. Für das Verfahren gelten die Grundsätze über die fakultative mündliche Verhandlung, → § 128 Rdnr. 39 ff. In dem Verfahren hat der Gegner im Prozeß **Anspruch auf rechtliches Gehör nach Art. 103 Abs. 1 GG**, → § 36 Rdnr. 1, damit das Gericht nicht etwa beachtenswerte Interessen übersieht; → Rdnr. 2. **Ausnahmen** sind nur in außergewöhnlichen Fällen vertretbar, z.B. wenn die Bestimmung für ein Arrestverfahren zu treffen ist und als Warnung des Arrestschuldners den Arrestvollzug nach Lage der Verhältnisse gefährdet, oder im Fall des § 834.

II. Prüfung und Entscheidung

2   Die **Prüfung des Gerichts** erstreckt sich lediglich darauf, ob seine Zuständigkeit und ob die Voraussetzungen des § 36 gegeben sind. Die Prüfung des Anspruchs selbst oder der Prozeßvoraussetzungen des zu entscheidenden Rechtsstreits bleibt dem erkennenden Gericht vorbehalten[6]; das muß auch bei offensichtlichen Mängeln gelten, → Rdnr. 1. Bei der Bestimmung sind, soweit das Gericht eine Wahlmöglichkeit hat (→ § 36 Rdnr. 5), objektive Gesichtspunkte (Nähe des Gerichts zum Streitgegenstand) wie individuelle (Interessen beider Parteien des Rechtsstreits) abzuwägen[7]. Der Beschluß braucht nach § 329 Abs. 3 nicht zugestellt zu werden; **formlose Mitteilung** der Ausfertigung an den Antragsteller genügt[8], wenn sich auch gleichzeitige Mitteilung an den Gegner, namentlich wenn er gehört ist, empfiehlt. Im Falle mündlicher Verhandlung wird der Beschluß verkündet, § 329 Abs. 1.

III. Anfechtung, Bindung

3   1. Gegen die **Zurückweisung** des Gesuches findet die einfache **Beschwerde nach § 567** statt; der **Beschluß, der das Gericht bestimmt,** ist dagegen **unanfechtbar.** Demgemäß hat sich das bestimmte Gericht, auch wenn die Bestimmung inmitten des Rechtsstreits erfolgte, der Verhandlung des Rechtsstreits zu unterziehen[9].

4   2. Der Bestimmung des zuständigen Gerichts nach § 36 muß **stets bindende Kraft zuerkannt werden,** d. h. auch dann, wenn sie (angeblich) auf **unzutreffender Grundlage ergangen** ist oder sich **die Verhältnisse** etwa in der Zeit zwischen Erlaß des Beschlusses und Klageerhebung **(angeblich) geändert** haben sollten – vergleichbar der ähnlichen Bindung auch an den unzutreffenden Beschluß im Falle der Verweisung nach § 281[10].

Eine Differenzierung der Bindung je nach den einzelnen Nummern des § 36 – etwa dergestalt, daß, wenn nach Nr. 1 für das verhinderte Gericht des Erfüllungsortes ein anderes bestimmt ist, vor diesem Gericht der Beklagte einwenden könnte, daß der Gerichtsstand des Erfüllungsortes überhaupt nicht gegeben sei, oder entsprechend im Falle der Nr. 4, daß er den Gerichtsstand der belegenen Sache als

---

[5] Ein Gesuch nach § 36 steht ferner – mit der sich aus § 210 S. 1 BGB ergebenden Einschränkung – einer Klageerhebung i. S. v. § 215 Abs. 2 BGB gleich, *BGHZ* 53, 270 = LM § 215 BGB Nr. 1 (L., Anm. *Scheffen*) = NJW 1970, 940 = MDR 498 = DB 825 = WM 589, → auch § 1 Rdnr. 31.

[6] *BGHZ* 19, 106 f. m. w. N.; *BGH* NJW-RR 1987, 757 = MDR 558; *OLG München* RPfleger 1978, 185; *Vollkommer* RPfleger 1978, 222; *Zöller* (N. 2) Rdnr. 2; *Bornkamm* NJW 1989, 2713 (2715).

[7] *BGHZ* 90, 155 (159 f.) = NJW 1984, 1624 f.

[8] *RGZ* 125, 312 (zu § 2 ZVG).

[9] Vgl. *RG* JW 1905, 148.

[10] Unhaltbar deshalb *BGH* NJW 1976, 830, der einer Zuständigkeitsbestimmung durch ein LAG (bei Streit zwischen ordentlicher und Arbeitsgerichtsbarkeit) jede Bindung abspricht (insoweit nicht in Warn 1975 Nr. 194 abgedruckt). Unklar in der Frage der Bindung auch *BGH* FamRZ 1978, 328 = NJW 887. Zutreffend hingegen *BGH* FamRZ 1980, 670 (672); *BayObLG* RPfleger 1987, 124 f.; *Jauernig* NJW 1978, 1271 f. m. w. N.

solchen noch bekämpfen könnte – würde der Regelung weder systematisch noch praktisch gerecht. **Dem Prozeßgericht ist danach die Prüfung versagt, ob im Falle des § 36 Nr. 1 das verhinderte Gericht, in den Fällen Nr. 2–4 die mehreren konkurrierenden Gerichte vor der Bestimmung zuständig waren**[11]. Ist der Beschluß zu Unrecht erlassen, hat ihn insbesondere der Antragsteller durch unwahre Angaben **erschlichen** (→ § 1 Rdnr. 12) – eine Gefahr, die bei Gehör der Gegner selten praktisch werden dürfte – oder haben sich die Verhältnisse in der Zeit bis zur Klage geändert[12], so steht es dem **Gericht, *das ihn erlassen hat*,** gegebenenfalls frei, ihn wieder **aufzuheben**; es würde aber den Grundsätzen der Überordnung der Instanzen und der Bindung an unanfechtbare Richtersprüche widersprechen, wenn das Prozeßgericht in der Lage wäre, die Anordnung des höheren Gerichts als *unbeachtlich* beiseite zu schieben. Selbstverständlich steht dem Prozeßgericht die Prüfung zu, ob sich die Klage mit der Bestimmung nach § 36 deckt; sie darf wohl auf ein Weniger[13], nicht aber auf ein *Mehr* oder auf etwas *anderes* gehen oder *gegen eine andere Person* gerichtet sein[14]. Zu beachten ist in diesem Zusammenhang auch, daß die Bestimmung nach Nr. 3 nur den Fall der einheitlichen Klage gegen die mehreren Streitgenossen deckt; ist z. B. das Gericht nach dem Wohnsitz des einen *Streitgenossen* bestimmt, so deckt die Bestimmung nicht den Fall, daß die Klage aber *nur* gegen die übrigen Streitgenossen erhoben wird.

IV. Das **Verfahren ist gebührenfrei**[15]; es gilt als Teil des Hauptsacheverfahrens, so daß die Kosten des 5 Bestimmungsverfahrens Kosten der Hauptsache sind[16]; lediglich im Falle der Ablehnung oder der Zurücknahme des Bestimmungsantrags ist über die Kosten (des Gerichtsbestimmungsverfahrens) zu entscheiden[17]; der Anwalt erhält dagegen eine halbe Gebühr nach § 56 Abs. 1 Nr. 1 BRAGO, falls er nicht darüber hinaus die Partei vertritt und deshalb seine Tätigkeit durch die Prozeßgebühr nach § 37 Nr. 3 BRAGO mit abgegolten wird.

---

[11] So im Grundsatz *RGZ* 154, 299 = JW 1937, 1994 (Anm. *Jonas*) zu § 36 Nr. 3; vgl. auch *RGZ* 86, 404; JW 1917, 602; a.M. *OLG Köln* OLG Rsp 25, 60; *OLG Celle* OLG Rsp 1931, 13 sowie *RG* (N. 12).

[12] A.M. *RG* JW 1935, 1246 (zu Nr. 3: Hinfälligkeit des Beschlusses ohne besondere Aufhebung bei Wohnsitzverlegung vor Klageerhebung).

[13] Vgl. auch *RG* JW 1917, 602.

[14] Vgl. *OLG München* NJW-RR 1988, 128 = MDR 1987, 851; *OLG Dresden* OLG Rsp 1915, 66.

[15] *BGH* NJW-RR 1987, 757 = MDR 735 = LM § 36 Ziff. 3 ZPO Nr. 22 (differenzierend für den Fall der Ablehnung oder Zurücknahme des Bestimmungsantrags); *Schmidt* AnwBl. 1984, 552 f.; *Schimpf* AnwBl. 1985, 496 (500).

[16] *BGH* (N. 15); *OLG Düsseldorf* MDR 1983, 846 f.; *Thomas/Putzo*[17] Anm. 2.

[17] *BGH* (N. 15); *Thomas/Putzo*[17] Anm. 2; a.M. *OLG Düsseldorf* (N. 16).

Dritter Titel

Vereinbarung über die Zuständigkeit der Gerichte

Stichwortverzeichnis zu vor § 38 – § 40

Vorbemerkungen vor § 38

I. Die heutige Regelung der Gerichtsstandsvereinbarungen[1]

1. Vorgeschichte

1   Die Vorschriften über die örtliche und sachliche Zuständigkeit verfolgen den Zweck, jeden Rechtsstreit vor das Gericht zu bringen, das nach örtlicher Lage, Art des Spruchkörpers und Instanzenzug dem Gegenstand des Rechtsstreits und den Interessen der Parteien angemessen ist. Die gesetzliche Zuständigkeitsregelung ist kein bloßes Ordnungsrecht. Sie beruht vielmehr auf einer Wertung der betroffenen Interessen, des Gegenstands und der Bedeutung des Prozesses und hat damit Gerechtigkeitsgehalt[2].

---

[1] **Allg. Lit., insbes. zur Gerichtsstandsnovelle von 1974:** *Baumgärtel* Festschr. f. F. Weber (1975), 23; *ders.* ZRP 1975, 254; *Diederichsen* BB 1974, 377; *Klunzinger* JR 1974, 271; *Löwe* NJW 1974, 473; *Scherer,* Gerichtsstände zum Schutz des Verbrauchers in Sondergesetzen (1991); *Schröder* JurBüro 1974, 681; *Seegers* Das neue Recht der Gerichtsstandsvereinbarung unter besonderer Berücksichtigung ihrer Vereinbarung in Allgemeinen Ge-

schäftsbedingungen (1977); *Vollkommer* Rpfleger 1974, 129.

Frühere Lit.: *Schiedermair* Vereinbarungen im Zivilprozeß (1935); *Vervessos* Die Begründung der gerichtlichen Zuständigkeit durch den Parteiwillen (Thessaloniki 1961); *Baumgärtel* Wesen und Begriff der Prozeßhandlung einer Partei im Zivilprozeß[2].

Weitere Lit.: → § 38 Fn. 42.

[2] *BGH* NJW 1983, 1322.

Dennoch gestattete die ZPO in ihrer ursprünglichen Fassung (§ 38) den Parteien, die örtliche und die sachliche Zuständigkeit durch Vereinbarung nach Belieben vom Gesetz abweichend zu regeln, soweit nicht eine ausschließliche Zuständigkeit oder eine nicht vermögensrechtliche Streitigkeit vorlag. Dies entsprach der liberalen Grundeinstellung der ZPO. Man ging davon aus, daß eine Zuständigkeitsvereinbarung dann zustande kommen werde, wenn die Interessen beider Parteien im Einzelfall eine Abweichung von der gesetzlichen Regelung geboten erscheinen ließen. Das Vertrauen auf die Privatautonomie und auf die Richtigkeitsgarantie durch den erforderlichen Vertragsschluß erwies sich jedoch – ähnlich wie im materiellen Recht – nicht in vollem Umfang als berechtigt. Die Kritik entzündete sich vor allem an Gerichtsstandsklauseln in Allgemeinen Geschäftsbedingungen und Formularverträgen, die nicht selten das Interesse des Verwenders einseitig und übermäßig bevorzugten, ohne daß der andere Teil eine faktische Möglichkeit hatte, sich dieser »Vereinbarung« zu entziehen. Rechtsprechung und Literatur versuchten zum Teil, die Probleme unter Rückgriff auf die im materiellen Recht entwickelten Sätze über die Gültigkeit und die inhaltliche Kontrolle von Allgemeinen Geschäftsbedingungen zu bewältigen. Der Gesetzgeber betrachtete schließlich den Fragenkomplex als so bedeutsam, daß er das Recht der Gerichtsstandsvereinbarung auf eine völlig neue Grundlage stellte.

2. Gerichtsstandsnovelle und Vereinfachungsnovelle; grundsätzliches Verbot

Das Gesetz zur Änderung der ZPO vom 21. III. 1974 (BGBl. I, 753)[3], die sog. *Gerichtsstandsnovelle*, hat die §§ 38–40 neu gefaßt. An die Stelle der früheren grundsätzlichen Prorogationsfreiheit ist eine Regelung getreten, die eine Gerichtsstandsvereinbarung nur noch unter besonderen Voraussetzungen zuläßt. Unberührt blieben lediglich Gerichtsstandsregelungen in Rechtsnormen (z. B. Rechtsverordnungen)[4]. Im Vergleich zum früheren Recht muß die neue Regelung als **grundsätzliches Verbot von Gerichtsstandsvereinbarungen**[5] bezeichnet werden. Ein Verstoß gegen dieses Verbot führt dazu, daß die Prorogation **für beide Teile unwirksam** ist, unabhängig davon, wer die Gerichtsstandsklausel aufgestellt hat[6]. Der Gesetzgeber hat sich nicht damit begnügt, Mißbrauchsfälle zu verhindern, sondern die Möglichkeit zur Prorogation auf solche Fallgruppen beschränkt, in denen die beteiligten Personen nicht schutzbedürftig erscheinen oder ein besonderes berechtigtes Interesse an einer Gerichtsstandsvereinbarung besteht. Soweit eine Gerichtsstandsvereinbarung trotz der Beteiligung schutzbedürftiger Personen zugelassen wird, sind noch besondere Anforderungen an das Zustandekommen der Vereinbarung (Schriftlichkeit, Ausdrücklichkeit) aufgestellt worden. Im einzelnen enthält § 38 **vier verschiedene Fälle der zulässigen Prorogation** (→ näher § 38 Rdnr. 3–43), die jeweils unter Berücksichtigung des Zwecks der einzelnen Normen auszulegen sind; zu einer *grundsätzlich* engen oder weiten Auslegung der Voraussetzungen einer zulässigen Prorogation besteht kein Anlaß.

2

Die durch die Gerichtsstandsnovelle zugelassene Prorogation für das **Mahnverfahren** wurde durch die *Vereinfachungsnovelle* vom 3. XII. 1976 (BGBl. I, 3281) beseitigt, die für Mahnverfahren den ausschließlichen Gerichtsstand am Wohnsitz des Antragstellers einführte (§ 689 Abs. 2 S. 1; zum Gerichtsstand, wenn der Antragsgegner keinen allgemeinen Gerichtsstand im Inland hat, → § 703 d).
Ob die neue Regelung dem Problem adäquat ist oder über das Ziel hinausschießt, ist vor allem deshalb zweifelhaft, weil der Ausschluß der staatlichen Gerichtsbarkeit durch Schiedsvereinbarungen nunmehr leichter möglich scheint als eine Prorogation[7]. Auf jeden Fall ist das neue Recht sehr kompliziert gestaltet

[3] **Materialien**: BT-Drucksache 7/268 (Gesetzentwurf des Bundesrates); 7/1384 (Bericht des Rechtsausschusses); Verhandlungen des Deutschen Bundestages 7/4314 (2. u. 3. Beratung).
[4] *LG Bochum* BB 1975, 937 (zu Allgemeinen Versorgungsbedingungen, die in ihrem heutigen § 34 allerdings sachlich mit § 38 Abs. 1/2/3 Nr. 2 übereinstimmen; vgl. *Zöller/Vollkommer*[17] Vor § 38 Rdnr. 11). – A.M. *Diederichsen* BB 1974, 378.
[5] *BGH* NJW 1983, 162; unzweifelhaft auch von Vereinbarungen über die *sachliche* Zuständigkeit, *KG* VersR

1980, 874; *OLG München* MDR 1975, 494; a.M. *LG Bremen* VersR 1978, 978.
[6] A.M. *Bülow* VersR 1976, 415; *ders.* Anm. zu EzA § 48 ArbGG Nr. 1; *Thomas/Putzo*[17] Vorbem. § 38, Anm. 5.
[7] *Bettermann* ZZP 91 (1978), 392 f. – Krit. auch *Baumgärtel* (Fn. 1); *Baumbach/Lauterbach/Hartmann*[50] Übers. § 38 Anm. 1 A; *Geimer* IZPR (1987) Rdnr. 1629 ff.; *Jauernig* ZPR[23] § 11 II; vgl. aber auch *M. Wolf* ZZP 88 (1975), 344 f.

worden. Besondere Probleme ergeben sich bei der sog. **internationalen Prorogation**; hier ist neben § 38 Abs. 2 vor allem das EWG-Übereinkommen über die gerichtliche Zuständigkeit und die Vollstreckung gerichtlicher Entscheidungen in Zivil- und Handelssachen (EuGVÜ) zu beachten. Bei Zuständigkeitsregeln sollte im Interesse der Parteien und der Gerichte in besonderem Maße auf Einfachheit und Klarheit Wert gelegt werden. Diesen Anforderungen wird die Gerichtsstandsnovelle nur unvollkommen gerecht.

II. Übergangsregelungen

1. Inhalt

3   Die *Gerichtsstandsnovelle* ist nach ihrem Art. 5 am 1.IV. 1974 in Kraft getreten. Die neugefaßten §§ 38–40 sind nach Art. 3 auch auf Verträge (d. h. Vereinbarungen über den Gerichtsstand) anzuwenden, die vor dem 1.IV. 1974 abgeschlossen wurden, sofern Streit- oder Mahnsachen hieraus erst nach dem genannten Termin des Inkrafttretens anhängig werden. Für früher anhängig gewordene Prozesse bleibt es dagegen bei der Anwendung des alten Rechts, auch wenn erst nach dem 1.IV. 1974 über die Zuständigkeit entschieden wird. Wenn das Gesetz hierbei auf die *Anhängigkeit* abstellt, so ist darunter nicht die Rechtshängigkeit, sondern der Zeitpunkt der Einreichung der Klage, des Mahngesuchs oder eines sonstigen verfahrenseinleitenden Gesuchs zu verstehen[8]. Hat nämlich der Kläger eine Klage usw. vor dem 1.IV. 1974 eingereicht, so konnte er sich nur am alten Recht orientieren. Dessen Anwendung ist daher geboten, auch wenn die Klage erst nach dem 1.IV. 1974 zugestellt worden ist.
Die *Vereinfachungsnovelle* ist nach ihrem Art. 12 am 1.VII. 1977 in Kraft getreten. Gerichtsstandsvereinbarungen haben gem. Art. 10 Nr. 7 für das **Mahnverfahren** ihre Wirkung verloren, wenn der Antrag auf Erlaß des Mahnbescheids nach dem 1.VII. 1977 gestellt wurde, mag auch die Prorogation früher abgeschlossen worden sein.

2. Verfassungsmäßigkeit der Übergangsregelungen

4   Die Verfassungsmäßigkeit ist im Hinblick auf das Rechtsstaatsprinzip (Art. 20, 28 GG) zweifelhaft, da nachträglich Vereinbarungen zunichte gemacht werden, auf deren Gültigkeit zum Zeitpunkt des Abschlusses vertraut werden durfte. Im Anschluß an die Entscheidung des BVerfG[9] zum früheren § 6a Abs. 1 AbzG wird man die Regelung aber im Grundsatz noch als verfassungsgemäß betrachten können, da es sich um eine *unechte* Rückwirkung (kein Eingriff in die Rechtsfolgen eines abgewickelten Tatbestands) handelt und dem mit dem Gesetz verfolgten Schutzzweck der Vorrang vor dem Vertrauensschutz eingeräumt werden durfte. Durch eine **verfassungskonforme Auslegung** der Übergangsregelungen kann vermieden werden, daß sie auch in solchen Fällen zur Unwirksamkeit früherer Vereinbarungen führen, in denen dies vom Schutzzweck der neuen Regelung nicht gefordert wird; → Rdnr. 6.

3. Anforderungen an frühere Gerichtsstandsvereinbarungen

a) Grundsatz

5   Die in Art. 3 der Gerichtsstandsnovelle angeordnete Anwendung der §§ 38–40 auf vor dem Inkrafttreten abgeschlossene Gerichtsstandsvereinbarungen hat den Zweck, solche Prorogationen unwirksam zu machen, die nach neuem Recht nicht mehr wirksam abgeschlossen werden können. Prorogationen vor Entstehung der Streitigkeit, die nicht von Vollkaufleuten abgeschlossen wurden und nicht unter § 38 Abs. 2 fallen, sind also grundsätzlich unwirksam.

b) Auswanderung oder unbekannter Aufenthalt

6   Eine andere Frage ist, ob derartige Prorogationen wenigstens ihre Wirkung für den Fall einer Auswanderung oder des unbekannten Aufenthalts (§ 38 Abs. 3 Nr. 2) behalten. Die alten Vereinbarungen wären regelmäßig unwirksam, wenn man auf sie die neuen Abschlußerfordernisse der Schriftlichkeit und (vor

---

[8] Ebenso *Zöller/Vollkommer*[15] Vor § 38 Rdnr. 5.   [9] *BVerfGE* 31, 222.

allem) der Ausdrücklichkeit (d.h. ausdrückliche Beschränkung auf die betreffenden Fälle, → § 38 Rdnr. 37) anwenden wollte[10]. Auch eine Umdeutung entsprechend § 140 BGB in eine beschränkte Prorogation wäre dann nicht möglich, da nach dieser Vorschrift das nichtige Rechtsgeschäft (die umfassende Prorogation) den Gültigkeitserfordernissen (hier: Schriftlichkeit, Ausdrücklichkeit) für das Rechtsgeschäft entsprechen müßte, in das umgedeutet wird. Art. 3 der Gerichtsstandsnovelle ist aber einschränkend dahin auszulegen, daß die **Abschlußvoraussetzungen des neuen Rechts** (also die Anforderungen an Form und Wortlaut der Vereinbarung) auf alte Vereinbarungen **nicht angewandt** werden sollen. Es wäre mit dem Rechtsstaatsprinzip nicht vereinbar, wenn die Übergangsregelung alte Prorogationen auch dann vernichten würde, wenn sie nach neuem Recht sachlich weiterhin zulässig sind. Insoweit kann nämlich der Schutzzweck des neuen Rechts die rückwirkende Anwendung gerade nicht rechtfertigen. Die jetzt vorgeschriebenen Abschlußvoraussetzungen (Schriftlichkeit, Ausdrücklichkeit) sind bei neuen Vereinbarungen leicht einzuhalten, entfalten also keineswegs einen Abschreckungs- oder Erschwerungseffekt. Das Interesse an Klarheit, auf dem diese Anforderungen beruhen, ist nicht gewichtig genug, um eine rückwirkende Anwendung zu rechtfertigen. Die Parteien konnten sich vor der Gerichtsstandsnovelle an diesen Anforderungen nicht orientieren, da sie weder im Gesetz noch in der Rechtsprechung verankert waren. Das Vertrauen auf die Wirksamkeit der damaligen Vereinbarung verdient in dieser Beziehung Schutz. Alte umfassende bzw. nicht schriftliche Prorogationen bleiben also für den Fall des Abs. 3 Nr. 2 wirksam[11].

c) Internationale Prorogationen

Auch bei vor dem Inkrafttreten der Gerichtsstandsnovelle abgeschlossenen internationalen Prorogationen, die unter § 38 Abs. 2 Satz 1 fallen, ist die dargelegte einschränkende Interpretation des Übergangsrechts geboten. Solche Vereinbarungen sind daher auch dann als wirksam anzusehen, wenn sie den Formerfordernissen des neuen Rechts (schriftlich bzw. schriftlich bestätigt, § 38 Abs. 2 S. 2) nicht genügen. Die inhaltliche Anforderung des § 38 Abs. 2 S. 3 ist jedoch auf alte Prorogationen anzuwenden. 7

III. Überblick

Die §§ 38–40 regeln sowohl die Zuständigkeitsvereinbarung als auch die Begründung der Zuständigkeit durch rügelose Einlassung. Eine **wirksame Zuständigkeitsvereinbarung** setzt voraus: 8
1. Zulässigkeit und Form nach einer der vier Varianten des § 38,
2. Vereinbarung für ein besonderes Rechtsverhältnis (§ 40 Abs. 1),
3. vermögensrechtliche Streitigkeit (§ 40 Abs. 2),
4. keine ausschließliche Zuständigkeit (§ 40 Abs. 2).

Die Zuständigkeitsbegründung durch **rügelose Einlassung** des Beklagten erfordert: 9
1. rügeloses Verhandeln zur Hauptsache (§ 39 S. 1),
2. im amtsgerichtlichen Verfahren Belehrung nach § 504 (§ 39 S. 2),
3. vermögensrechtliche Streitigkeiten (§ 40 Abs. 1),
4. keine ausschließliche Zuständigkeit (§ 40 Abs. 2).

Im Anwendungsbereich des **EuGVÜ** ist eine wirksame Prorogation oder eine Zuständigkeitsbegründung durch rügelose Einlassung nach Maßgabe der Art. 17 und 18 des Abkommens möglich; → dazu § 38 Rdnr. 20, § 39 Rdnr. 15. Zur Geltung der §§ 38–40 im **arbeitsgerichtlichen Verfahren** → § 38 Rdnr. 70. 10

---

[10] Die Frage hatte noch größere Bedeutung, solange Prorogationen für das Mahnverfahren zulässig waren. Für Unwirksamkeit alter, nicht auf das Mahnverfahren beschränkter Prorogationen *AG Köln* Rpfleger 1974, 270; *AG Wilhelmshaven* Rpfleger 1974, 407; *Diederichsen* BB 1974, 383. – Für die Fortgeltung alter Prorogationen im Mahnverfahren trotz fehlender Ausdrücklichkeit hingegen *Baumgärtel* BB 1974, 1175; *ders.* Festschr. f. F. Weber (1975), 30; *Herbst* Rpfleger 1974, 248; *Löwe* NJW 1974, 478; *Vollkommer* Rpfleger 1974, 135.

[11] *OLG München* MDR 1976, 764; *Zöller/Vollkommer*[15] Vor § 38 Rdnr. 6.

§ 38   [Zulässige Gerichtsstandsvereinbarungen]

(1) Ein an sich unzuständiges Gericht des ersten Rechtszuges wird durch ausdrückliche oder stillschweigende Vereinbarung der Parteien zuständig, wenn die Vertragsparteien Kaufleute, die nicht zu den in § 4 des Handelsgesetzbuchs bezeichneten Gewerbetreibenden gehören, juristische Personen des öffentlichen Rechts oder öffentlich-rechtliche Sondervermögen sind.

(2) ¹Die Zuständigkeit eines Gerichts des ersten Rechtszuges kann ferner vereinbart werden, wenn mindestens eine der Vertragsparteien keinen allgemeinen Gerichtsstand im Inland hat. ²Die Vereinbarung muß schriftlich abgeschlossen oder, falls sie mündlich getroffen wird, schriftlich bestätigt werden. ³Hat eine der Parteien einen inländischen allgemeinen Gerichtsstand, so kann für das Inland nur ein Gericht gewählt werden, bei dem diese Partei ihren allgemeinen Gerichtsstand hat oder ein besonderer Gerichtsstand begründet ist.

(3) Im übrigen ist eine Gerichtsstandsvereinbarung nur zulässig, wenn sie ausdrücklich und schriftlich

1. nach dem Entstehen der Streitigkeit oder

2. für den Fall geschlossen wird, daß die im Klagewege in Anspruch zu nehmende Partei nach Vertragsschluß ihren Wohnsitz oder gewöhnlichen Aufenthaltsort aus dem Geltungsbereich dieses Gesetzes verlegt oder ihr Wohnsitz oder gewöhnlicher Aufenthalt im Zeitpunkt der Klageerhebung nicht bekannt ist.

Gesetzesgeschichte: Änderungen BGBl. 1974 I, 753; BGBl. 1976 I, 3281.

Stichwortverzeichnis: → vor § 38 vor Rdnr. 1.

I. Gegenstand der Gerichtsstandsvereinbarung

Eine Gerichtsstandsvereinbarung kann eine an und für sich bestehende Zuständigkeit   **1**
ausschließen (*Derogation*) und die Zuständigkeit eines an und für sich unzuständigen Gerichts
begründen (*Prorogation*; → Rdnr. 61 ff.). Sie kann sich auf die **örtliche** und die **sachliche**[1]
Zuständigkeit beziehen, desgleichen auf die **internationale** Zuständigkeit, die von der ZPO im
allgemeinen durch die Vorschriften über die örtliche Zuständigkeit stillschweigend mitgeregelt[2] und daher auch von § 38 erfaßt wird[3]. Abs. 2 bestätigt diese Auffassung. Dagegen ist die
funktionelle Zuständigkeit der Parteidisposition völlig entzogen[4]. Die Vereinbarung kann
lediglich das Gericht erster Instanz bestimmen, wobei nur das Amtsgericht oder Landgericht
gewählt werden können. Der Rechtsmittelzug und die Zuständigkeit der Rechtsmittelgerichte
ergeben sich dann jeweils zwingend aus dem Gesetz.

Über die **Zulässigkeit des Rechtswegs** (Gerichtsbarkeitszweigs) können die Parteien eben-   **2**

---

[1] → vor § 38 Rdnr. 2 Fn. 5; str. für § 38 Abs. 3 S. 2, → Rdnr. 39.
[2] → Einl. Rdnr. 755, 759. Vgl. aber auch *BGHZ* 94, 156 = NJW 1985, 2091 (zust. *Nicklisch* IPRax 1987, 286).
[3] *BGHZ* 49, 124; NJW 1979, 1104; *BAGE* 19, 170;

NJW 1970, 2180; *OLG Nürnberg* NJW 1985, 1296; → näher Rdnr. 13 ff.
[4] *BGH* VersR 1977, 430; *RGZ* 119, 385; 148, 132; *Schlosser* Einverständliches Parteihandeln im Zivilprozeß (1968), 27.

falls nicht disponieren[5]. Soweit besondere Zivilgerichte bestehen[6], kann die Abgrenzung zu den allgemeinen Zivilgerichten nicht durch Vereinbarung geändert werden, es sei denn, daß eine besondere Vorschrift dies gestattet[7]. Auch die Zuständigkeitsabgrenzung zwischen den ordentlichen Gerichten und den **Arbeitsgerichten** unterliegt grundsätzlich nicht der Parteivereinbarung[8]. In **Patentsachen** kann nur die Zuständigkeit eines der als Gericht für Patentstreitsachen bestellten Landgerichte vereinbart werden[9]. Die **Verteilung** der **bei einem Gericht** anfallenden Sachen auf seine mehreren gleich- oder verschiedenartigen Spruchorgane unterliegt ebenfalls nicht der Parteivereinbarung[10], soweit das Gesetz dies nicht besonders gestattet. Die Zuständigkeit der **Kammer für Handelssachen** kann durch Vereinbarung weder begründet noch ausgeschlossen werden, wird aber nach §§ 96 ff. GVG durch Stellen oder Unterlassen von Anträgen beeinflußt. Es kann auch nicht die Zuständigkeit einer besonderen Kammer usw. eines ordentlichen Gerichts vereinbart werden, die auf die Vereinbarung einer **besonderen Verfahrensart** hinausliefe (z.B. die Zuständigkeit des Strafrichters oder eines Organs der freiwilligen Gerichtsbarkeit[11]), ebensowenig die Zuständigkeit des **Familiengerichts**. Lediglich die Zuständigkeit der **Binnenschiffahrtsgerichte** und **Rheinschiffahrtsgerichte** kann (in Schiffahrtssachen; → § 295 Rdnr. 8 Fn. 21) vereinbart und ausgeschlossen werden[12], § 2 Abs. 2, §§ 6, 14 Abs. 2 S. 2 BinnenschiffahrtsVerfG (BGBl. 1952 I, 641; i.d.F. BGBl. 1976 I, 3302); dabei sind aber die Voraussetzungen des § 38 zu beachten.

II. Die zulässigen Arten der Gerichtsstandsvereinbarung

1. Unter Vollkaufleuten, juristischen Personen des öffentlichen Rechts sowie öffentlich-rechtlichen Sondervermögen (Abs. 1)

a) Personenkreis[13]

3   Wenn Abs. 1 bestimmten Personen Gerichtsstandsvereinbarungen in uneingeschränkter Weise gestattet, so beruht dies auf folgendem **Grundgedanken:** Die genannten Personen sind typischerweise hinreichend geschäftsgewandt und rechtserfahren, um die Bedeutung einer Prorogation richtig einzuschätzen und sie gegebenenfalls abzulehnen; sie sind andererseits in aller Regel auch an einem entfernten Gerichtsort zu einer sachgemäßen Verfolgung ihres Rechtsstandpunkts in der Lage.

4   Wer zu den **Kaufleuten** i. S. des Abs. 1 gehört, ist nach Handelsrecht zu beurteilen. Kaufleute sind zunächst diejenigen natürlichen Personen, die ein Handelsgewerbe nach § 1 Abs. 2 HGB ausüben (»Mußkaufleute«); Eintragung in das Handelsregister ist in diesen Fällen nicht Voraussetzung der Kaufmannseigenschaft. Ausgenommen sind jedoch, sofern nicht § 5 HGB eingreift, die **Minderkaufleute** nach § 4 HGB, d.h. diejenigen Personen, deren Gewerbebetrieb nach Art oder Umfang einen in kaufmännischer Weise eingerichteten Geschäftsbetrieb nicht erfordert. Ferner sind Vollkaufleute diejenigen, die ein unter § 2 bzw. § 3 HGB fallendes

---

[5] → Einl. Rdnr. 407; *AG Grevenbroich* NJW 1990, 1305 wendet unzutreffend § 40 Abs. 2 an.

[6] → Einl. Rdnr. 610.

[7] Bei landesgesetzlich geregelten besonderen Gerichten bestimmt das Landesrecht (vgl. § 3 Abs. 2 EGZPO), ob für Sachen, die vor ein besonderes Gericht gehören, die Zuständigkeit des ordentlichen Gerichts vereinbart werden kann.

[8] → Rdnr. 70.

[9] *BGHZ* 8, 16.

[10] → § 1 Rdnr. 120 ff.

[11] *BGH* NJW 1952, 1055 (keine Vereinbarung der Zuständigkeit der Landwirtschaftsgerichte für Streitigkeiten, die nicht unter § 1 LVO fallen).

[12] → § 1 Rdnr. 76 und Einl. Rdnr. 622. Vgl. *BGHZ* 45, 242; 42, 387 = VersR 1965, 230; 1965, 152; VkBl. 1966, 446.

[13] Dazu *Kornblum* Der Kaufmann und die Gerichtsstandsnovelle, ZHR 138 (1974), 478.

Erwerbsgeschäft betreiben und in das Handelsregister eingetragen sind (»Soll-« und »Kann-kaufleute«), sowie die **Handelsgesellschaften** (§ 6 HGB), d. h. OHG und KG sowie AG, KGaA (§§ 3, 278 AktG) und GmbH (§ 13 GmbHG), ferner die eingetragenen Genossenschaften (§ 17 GenG). Unter Abs. 1 fallen auch die größeren Versicherungsvereine auf Gegenseitig-keit, die zwar genaugenommen keine Kaufleute *sind*, aber nach §§ 16, 53 Versicherungsauf-sichtsG weitgehend wie Kaufleute behandelt werden. Sonstige juristische Personen des Privatrechts (z. B. der konzessionierte wirtschaftliche Verein nach § 22 BGB oder die rechts-fähige Stiftung des privaten Rechts) gehören nur zu den Vollkaufleuten, soweit die Vorausset-zungen der §§ 1 ff. HGB erfüllt sind. Die persönlich haftenden **Gesellschafter** einer OHG oder KG sind auch in eigener Person Vollkaufleute[14], nicht dagegen Kommanditisten[15], Gesell-schafter oder Geschäftsführer einer GmbH, Vorstandsmitglieder einer AG oder Aktionäre[16]. Unter Abs. 1 fallen auch die eingetragenen *Fiktivkaufleute* des § 5 HGB, nicht dagegen (wegen des Schutzzwecks des Prorogationsrechts) sonstige Personen, die sich als Vollkaufleu-te gerieren, mögen sie auch in anderer Beziehung nach Handelsrecht als Kaufmann (Schein-kaufmann) zu behandeln sein[17].

Die Beschränkung auf Vollkaufleute ist ersichtlich aus Gründen der Rechtsklarheit vorge-   **5** nommen worden. Eine **entsprechende Anwendung** auf Unternehmensträger, die nicht Voll-kaufleute sind (z. B. nicht eingetragene Sollkaufleute, § 2 HGB), und auf andere Personen mit vergleichbarer Geschäftsgewandtheit oder Rechtskenntnis (z. B. Rechtsanwälte, Notare, Steuerberater, sonstige freie Berufe) ist daher **nicht möglich**[18].

Juristische Personen des öffentlichen Rechts sind Körperschaften, Anstalten und Stiftungen   **6** des öffentlichen Rechts mit eigener Rechtspersönlichkeit nach Bundes- oder Landesrecht, also u. a. Bund, Länder, Gemeinden, kirchliche Körperschaften usw.[19] Zu den **öffentlich-rechtli-chen Sondervermögen** gehören die Deutsche Bundesbahn (§ 1 BundesbahnG) und die Deut-sche Bundespost (§ 1 des G über die vermögensrechtlichen Verhältnisse der Deutschen Bundespost).

Beide Partner der Gerichtsstandsvereinbarung müssen zu dem in Abs. 1 genannten Perso-   **7** nenkreis (aber nicht zu derselben Gruppe) gehören. Es genügt nicht, daß diejenige Person prorogationsfähig ist, deren allgemeiner Gerichtsstand abbedungen wird[20]. Abzustellen ist auf diejenigen Personen, **in deren Namen** die Prorogation erfolgt, also nicht auf gesetzliche oder rechtsgeschäftliche Vertreter. Mit dem Schutzzweck des Gesetzes wäre es allerdings nicht zu vereinbaren, wenn *nach Abs. 1* auch der **Ehegatte** eines Vollkaufmanns im Rahmen der **Schlüsselgewalt** (§ 1357 BGB; → Rdnr. 49) wirksame Prorogationen abschließen könn-te[21]. Man wird daher hier darauf abzustellen haben, ob der Ehegatte selbst zu dem in § 38 Abs. 1 genannten Personenkreis gehört. Diese Sonderbehandlung der Schlüsselgewalt gegen-über den Fällen der echten Stellvertretung rechtfertigt sich auch dadurch, daß § 1357 BGB kein Handeln in fremdem Namen voraussetzt und daher ganz allgemein als Handeln aus eigenem Recht, nicht als Vertretung eines anderen zu verstehen ist[22].

---

[14] *BGHZ* 34, 297; 45, 284; LM Nr. 1 zu § 406 HGB; *Häuser* JZ 1980, 760; *Hueck* Das Recht der OHG[4], 27; *Thomas/Putzo*[17] Anm. 2 a aa. – A.M. *Lieb* DB 1967, 759; *Baumbach/Duden/Hopt* HGB[28] § 105, Anm. 1 I m. w. N.
[15] *BGHZ* 45, 285; DB 1980, 1021; *K. Schmidt* ZIP 1986, 1511.
[16] *BGHZ* 5, 134; *K. Schmidt* ZIP 1986, 1511.
[17] *Vollkommer* Rpfleger 1975, 34. – A.M. *Lindacher* ZZP 96 (1983), 502 ff.; *Thomas/Putzo*[17] Anm. 2 aa im Anschluß an *OLG Frankfurt* BB 1974, 1366 = MDR 1975, 232; dazu *K. Schmidt* Handelsrecht[3] § 10 VII 4 a.

[18] *K. Schmidt* Handelsrecht[3] § 3 II 3 b; vgl. auch *OLG Frankfurt* MDR 1979, 1027.
[19] → dazu die Zusammenstellung rechtsfähiger Kör-perschaften usw. bei § 50 Rdnr. 6.
[20] *Klunzinger* JR 1974, 272; *Thomas/Putzo*[17] Anm. 2 a.
[21] Vgl. *Diederichsen* BB 1974, 379 Fn. 19.
[22] Vgl. *Dölle* Familienrecht Bd. I § 45 III 2 a; *Gernhu-ber* Familienrecht[3] § 19 IV 4; *Schlosser* FamRZ 1961, 290; *Palandt/Diederichsen* BGB[51] § 1357 Rdnr. 3 (Verpflich-tungsbefugnis).

7a   **Einzel- oder Gesamtrechtsnachfolger** der Prorogationspartner hinsichtlich des von der Prorogation erfaßten Rechtsverhältnisses bleiben an eine wirksame Gerichtsstandsvereinbarung gebunden, auch wenn sie selbst nicht zu den in Abs. 1 genannten Personen gehören[23]. Eine andere Beurteilung würde dem Wesen der Rechtsnachfolge (Eintritt in die allgemeine Rechtsstellung bzw. das Rechtsverhältnis des Vorgängers) nicht gerecht und würde es zudem ermöglichen, eine wirksame Gerichtsstandsvereinbarung durch Übertragung des betroffenen materiellen Rechts zunichte zu machen.

b) Maßgeblicher Zeitpunkt

8   Die Zugehörigkeit zu dem in Abs. 1 genannten Personenkreis muß **bei Abschluß der Prorogation** gegeben sein[24]; denn nur für diesen Zeitpunkt ist die Frage nach der typischen Schutzbedürftigkeit gegenüber unbedachten Prorogationen sinnvoll. Späterer *Wegfall* der Zugehörigkeit schadet daher nicht. Eine spätere *Heilung* einer zunächst unwirksamen Prorogation durch Erwerb der Vollkaufmannseigenschaft (z.B. wenn aus dem minderkaufmännischen Gewerbe mittlerweile ein vollkaufmännisches geworden ist) ist nicht möglich, da dieser Umstand nichts an der typischen Schutzbedürftigkeit bei Abschluß der Vereinbarung ändert. Die Vereinbarung ist für beide Teile schlechthin unwirksam, nicht schwebend unwirksam, so daß auch eine Genehmigung ausscheidet. Vielmehr muß gegebenenfalls eine neue (auch stillschweigende) Gerichtsstandsvereinbarung geschlossen werden.

c) Gegenstand der Vereinbarung

9   Abs. 1 stellt nur auf den Personenkreis, nicht auf das Rechtsverhältnis ab, auf das sich die Prorogation bezieht. Gerichtsstandsvereinbarungen prorogationsbefugter Personen sind daher auch dann **wirksam**, wenn das betroffene Rechtsgeschäft oder Rechtsverhältnis nichts mit dem Betrieb des Handelsgewerbes zu tun hat, also **kein Handelsgeschäft** (§ 343 HGB) ist[25]. Das entspricht dem Grundgedanken des Gesetzes, denn die hier vorausgesetzte typische Geschäftsgewandtheit entfällt nicht außerhalb des Handelsgewerbes.

d) Abschluß der Vereinbarung; Inhaltskontrolle

10   Die Vereinbarung nach Abs. 1 kann **ausdrücklich** oder **stillschweigend** geschlossen werden[26]. Ob eine (stillschweigende) Gerichtsstandsvereinbarung vorliegt, ist ebenso wie ihr Inhalt durch **Auslegung** zu ermitteln, wobei Handelsbräuche, also die Verkehrssitte unter Kaufleuten, zu berücksichtigen sind (§ 346 HGB). So ist etwa die Vereinbarung eines Gerichtsstandes zugleich als stillschweigende Derogation aller übrigen möglichen Gerichtsstände anzusehen, einschließlich des Widerklagegerichtsstandes (§ 33)[27].

---

[23] *OLG Köln* NJW-RR 1992, 571. – A. M. *LG Trier* NJW 1982, 286f.; *Baumbach/Lauterbach/Hartmann*[50] 3 A; *MünchKomm ZPO/Patzina* Rdnr. 19; dagegen zutr. *Ackmann* ZIP 1982, 462ff.; *Meyer/Lindemann* JZ 1982, 592ff. → ausf. unten Rdnr. 48.

[24] *BayObLG* BB 1978, 1685; *OLG Köln* NJW-RR 1992, 571; *Diederichsen* BB 1974, 379; *Klunzinger* JR 1974, 272; *Kornblum* ZHR 138 (1974), 484 Fn. 48; *Schack* IPRax 1990, 20; *Vollkommer* Rpfleger 1974, 131.

[25] *Häuser* JZ 1980, 761; *Kornblum* ZHR 138 (1974),

482; *Klunzinger* JR 1974, 272; *Löwe* NJW 1974, 475; *Scholz* BB 1974, 570; *Vollkommer* Rpfleger 1974, 131; *Zöller/Vollkommer*[17] Rdnr. 19/20. – A.M. *Diederichsen* BB 1974, 379; *Schmidt/Tedd* Kaufmann und Verbraucherschutz in der EG, 1987, 79ff.

[26] *OLG Koblenz* BB 1983, 1635; *LG Rottweil* NJW-RR 1992, 688 (zu § 150 Abs. 2 BGB); *AG Köln* RIW 1986, 384; *Zöller/Vollkommer*[17] Rdnr. 20, 21.

[27] *BGHZ* 59, 118; 52, 36; WM 1985, 1509; 1981, 938.

Möglich ist auch die Vereinbarung in einem Formularvertrag oder durch **Allgemeine Geschäftsbedingungen**. In diesem Fall ist das *AGBG anwendbar*[28]. Vorformulierte Gerichtsstandsvereinbarungen müssen in den Vertrag *einbezogen sein*[29], wobei allerdings die besonderen Voraussetzungen des § 2 AGBG wegen § 24 AGBG nur dann erfüllt sein müssen, wenn der Vertrag nicht zum Betrieb des Handelsgewerbes gehört[30]. Um eine *überraschende Klausel (§ 3 AGBG)* wird es sich in der Regel nicht handeln, da Gerichtsstandsvereinbarungen unter Kaufleuten – auch in AGB – üblich sind, ein Kaufmann also mit ihnen rechnen muß[31]. Etwas anderes gilt u. U. dann, wenn keine Partei am vereinbarten einen allgemeinen Gerichtsstand hat und auch sonst keine Beziehung zum Ort des Vertragsschlusses oder der Vertragsabwicklung besteht[32]. Eine *Inhaltskontrolle nach § 9 AGBG* ist möglich[33]. Die Ansicht, *jede* den Klauselverwender begünstigende Gerichtsstandsvereinbarung sei bereits eine unangemessene Benachteiligung[34], ist allerdings mit dem Grundgedanken des § 38 Abs. 1 ZPO (→ Rdnr. 3) unvereinbar[35]. Vielmehr wird man davon ausgehen müssen, daß eine *unangemessene* Benachteiligung nicht schon in der Prorogation selbst liegt[36], sondern daß die damit verbundene Benachteiligung erst dann unangemessen ist, wenn zusätzliche Umstände hinzutreten, die nicht durch berechtigte Interessen des Klauselverwenders ausgeglichen werden. Es bedarf demnach keiner besonderen Rechtfertigung, wenn der allgemeine Gerichtsstand des Klauselverwenders als alleiniger Gerichtsstand vereinbart wird[37], wohl aber beispielsweise die Zuständigkeitsvereinbarung für ein Drittland[38]. Zu Gerichtsstandsklauseln im nicht(voll)kaufmännischen Verkehr → Rdnr. 56 a.

e) Verhältnis des Abs. 1 zu Abs. 2 und 3

Während Abs. 1 für den erfaßten Personenkreis alle Prorogationen uneingeschränkt zu-   **11** läßt, betreffen die Abs. 2 und 3 *bestimmte* Gerichtsstandsvereinbarungen solcher Personen, die *nicht* unter Abs. 1 fallen. Das läßt sich aus dem Aufbau der gesamten Vorschrift und aus

---

[28] *OLG Köln* ZIP 1989, 1069; *LG Karlsruhe* JZ 1989, 690 f.; *Schiller* NJW 1979, 636; vgl. auch *BGH* NJW 1983, 996.
[29] *BGH* NJW 1985, 561; *OLG Hamburg* VersR 1988, 799; *OLG Koblenz* BB 1983, 1635; *OLG Köln* WM 1980, 906; *OLG Karlsruhe* RIW 1973, 816 f.; *AG Köln* RIW 1986, 384; *Bernstein* Festschr. f. M. Ferid (1978), 94 ff. Der *BGH* hat die Einbeziehung bei **Konnossementbedingungen** verneint, wenn diese drucktechnisch so gestaltet sind, daß sie nur mit der Lupe und auch dann nur mit Mühe lesbar sind, VersR 1986, 679; NJW 1983, 2773; vgl. auch *OLG Hamburg* VersR 1985, 858; *Gottwald* Festschr. f. K. Firsching (1985), 96; *Trappe* IPRax 1985, 9. Das ist zu Recht auf Kritik gestoßen, da bei Kaufleuten die Branchenüblichkeit oder bloße Verweisungsklauseln auf überhaupt nicht vorliegende AGB für die Einbeziehung ausreichen können, *OLG Hamburg* VersR 1986, 1023 f.; *Basedow* IPRax 1988, 16; *ders.* (Fn. 42); *Gottwald* aaO, 96 f.; *Hensen* ZIP 1984, 145; *Herber* Festschr. f. W. Stimpel (1985), 1026; *Rabe* RIW 1984, 590 f.; *Röhreke* VersR 1985, 1117; *Rüßmann* VersR 1987, 228 f.; zweifelnd auch *OLG Bremen* VersR 1985, 1026.
[30] *OLG Köln* WM 1980, 906; *Schiller* NJW 1979, 636.
[31] *OLG Hamburg* VersR 1986, 809 (*Lau*); *Erman/Hefermehl*[8] § 3 AGBG Rdnr. 17; *v. Falkenhausen* RIW 1983, 422; *Schiller* NJW 1979, 636 f.; *Staudinger/Schlosser*[12] § 3 AGBG Rdnr. 11; *Thomas/Putzo*[17] Anm. 3 f; *Wolf/Horn/Lindacher*[2] § 9 AGBG Rdnr. G 137. – Anders wohl *LG Karlsruhe* JZ 1989, 695 (zu § 9 AGBG).
[32] *BGH* WM 1988, 568 (Vereinbarung eines Gerichtsstandes in einem Drittland); *OLG Köln* ZIP 1989, 1069 (Derogation des gemeinsamen Gerichtsstandes); *LG Konstanz* BB 1983, 1372; ferner die in Fn. 31 Genannten.
[33] A.A. *Diederichsen* BB 1974, 383; *Nicklisch* BB 1974, 947 Fn. 87; *Stoll* Festschr. f. G. Kegel (1987), 653.
[34] *LG Karlsruhe* JZ 1989, 692 ff. (abl. *M. Wolf*); wohl

auch *Schlosser/Coester/Waltjen/Graba* § 9 AGBG Rdnr. 88.
[35] Das gilt an und für sich auch für die Ansicht, die vorformulierte Gerichtsstandsvereinbarung sei *bei Privatgeschäften* eines Kaufmanns regelmäßig gem. § 9 AGBG unwirksam (so *AG Köln* RIW 1986, 384; *Schiller* NJW 1979, 637; *Thomas/Putzo*[17] 3 f), da ein Kaufmann bei Privatgeschäften seine Geschäftsgewandtheit nicht verliert (→ Rdnr. 9). Gleichwohl entspricht diese Auffassung dem Rechtsgedanken der §§ 24 S. 1 Nr. 1 AGBG, 348 ff. HGB, 1027 Abs. 2 ZPO usw. Abgrenzungsschwierigkeiten läßt sich mit § 344 HGB begegnen.
[36] *OLG Hamburg* RIW 1986, 464; *OLG Koblenz* BB 1983, 1635; *OLG Köln* VersR 1976, 538; *LG Köln* NJW-RR 1990, 419, 420; *LG Bielefeld* MDR 1977, 672; *v. Falkenhausen* RIW 1983, 422; *Löwe* NJW 1974, 475; *Löwe/v. Westphalen*[2] Bd. III, 8.1 Rdnr. 11; *Palandt/Heinrichs*[51] § 9 AGBG Rdnr. 87.
[37] Nach a.A. indiziert *jede* Abweichung von §§ 12 ff. ZPO eine unangemessene Benachteiligung, die einer Rechtfertigung bedarf (§ 9 Abs. 2 Nr. 1 AGBG), vgl. *Schiller* NJW 1979, 637 (Rechtfertigung durch handelsübliches Verhalten); *Wolf/Horn/Lindacher*[2] § 9 AGBG Rdnr. G 140 f.; *Ulmer/Brandner/Hensen*[6] Anh. §§ 9–11 AGBG Rdnr. 402 (die Möglichkeit erleichterter Rechtsverfolgung reiche zur Rechtfertigung nicht; vgl. aber *BGHZ* 94, 158); *LG Karlsruhe* JZ 1989, 692 ff. (Rechtfertigung gar nicht möglich). Dabei wird nicht hinreichend berücksichtigt, daß auch § 38 zu der »gesetzlichen Regelung« i. S. v. § 9 Abs. 2 Nr. 1 AGBG gehört, die Abweichung als solche also nicht »mit wesentlichen Grundgedanken« dieser Regelung unvereinbar sein kann.
[38] *OLG Karlsruhe* NJW 1982, 1950 f. (zu Art. 17 EuGVÜ; → Rdnr. 28); *Löwe/v. Westphalen*[2] Bd. III, 8.1 Rdnr. 11; *Palandt/Heinrichs*[51] § 9 AGBG Rdnr. 87. → auch bei Fn. 32; das dort Gesagte gilt hier entsprechend.

den Worten »ferner« (Abs. 2) bzw. »im übrigen« (Abs. 3) entnehmen. Der Zweck der Abs. 2 und 3 liegt darin, Prorogationen über Abs. 1 hinaus zu gestatten, nicht aber darin, die unter Vollkaufleuten zulässigen Prorogationen einzuschränken. Daher ist auf Gerichtsstandsvereinbarungen unter **Vollkaufleuten** usw. **nur Abs. 1** als speziell für diesen Personenkreis gedachte Vorschrift anzuwenden, nicht dagegen Abs. 2 und 3. Abs. 1 gilt also auch für internationale Prorogationen unter Vollkaufleuten usw., ohne daß die in Abs. 2 S. 2 genannte Form eingehalten werden müßte oder die inhaltliche Begrenzung nach Abs. 2 S. 3 zu beachten wäre[39]. Prorogationen für die in Abs. 3 genannten Fälle (z. B. nach Entstehen der Streitigkeit) sind unter Vollkaufleuten schon nach Abs. 1 zulässig, ohne daß die Vereinbarung ausdrücklich und schriftlich abgeschlossen werden müßte. Daß Abs. 2 und 3 auf Prorogationen unter Vollkaufleuten nicht anwendbar sind, schließt aber nicht aus, bei *Zweifeln* über die Vollkaufmannseigenschaft gegebenenfalls diese Frage offenzulassen und die Wirksamkeit einer Prorogation bereits aus Abs. 2 oder 3 herzuleiten[40].

f) Verhältnis zu Art. 17 EuGVÜ

12   Im Verhältnis des Abs. 1 zu Art. 17 EuGVÜ ist die Rechtslage anders. Das EuGVÜ stellt nicht darauf ab, welche Personen die Gerichtsstandsvereinbarung abschließen. Wollte man annehmen, daß Art. 17 EuGVÜ durch § 38 Abs. 1 für Vollkaufleute außer Kraft gesetzt wäre, so hätte der deutsche Gesetzgeber gegen den Zweck des Übereinkommens verstoßen, eine klare und in den Vertragsstaaten einheitliche Rechtslage herbeizuführen. Da Prorogationen unter Vollkaufleuten gerade in den von Art. 17 EuGVÜ erfaßten Fällen des internationalen Handels besondere Bedeutung haben, wäre es widersinnig, diesen Bereich von dem Abkommen auszunehmen und dem rein internen Recht zu unterstellen. **Art. 17 EuGVÜ** gilt daher **auch für Vollkaufleute** und schließt als Sonderregelung in seinem Anwendungsbereich die Geltung des § 38 Abs. 1 aus[41].

2. Gerichtsstandsvereinbarung im internationalen Rechtsverkehr (Abs. 2; Art. 17 EuGVÜ)[42]

a) Anwendbares Recht

aa) Vereinbarung über die internationale Zuständigkeit eines deutschen Gerichts

13   Soll durch eine Gerichtsstandsvereinbarung die internationale Zuständigkeit eines deutschen Gerichts begründet oder ausgeschlossen werden, so sind Zulässigkeit und Wirkung der

---

[39] *OLG Saarbrücken* NJW-RR 1989, 829; *Geimer* IZPR (1987) Rdnr. 1606; *Kropholler* Hdb. IZVR I Kap. III Rdnr. 497; *Löwe* NJW 1974, 475; *Prinzing* IPRax 1990, 84; *Putzo* NJW 1975, 502; *Samtleben* NJW 1974, 1595; *Schack* IPRax 1990, 20; *ders.* IZVR Rdnr. 438; *Schütze* Deutsches IZPR (1987), 51; *Thomas/Putzo*[17] Anm. 2a; *Wirth* NJW 1978, 461; wohl auch *BGH* MDR 1985, 911. – A.M. *OLG Nürnberg* NJW 1985, 1296 f. m. w.N; *AG Berlin-Charlottenburg* NJW 1975, 502; *Jung* (Fn. 42), 106 ff., 111; *Rahmann* (Fn. 42), 18 f.; *Wolf/Horn/Lindacher*[2] Anh. § 2 AGBG Rdnr. 98; *Zöller/Vollkommer*[17] Rdnr. 25.

[40] Vgl. *BGH* IPRax 1990, 41, 42; MDR 1985, 911.

[41] Umfassende Nachweise unten Rdnr. 26.

[42] **Lit.:** *Aull* Internationale Gerichtsstandsvereinbarungen bei gemeinsamem Sitz der Parteien in einem Vertragsstaat des EuGVÜ, Jb. f. ital. Recht, Bd. 2 (1989);

Basedow Das forum conveniens der Reeder im EuGVÜ, IPRax 1985, 133; *ders.* Das Statut der Gerichtsstandsvereinbarung nach der IPR-Reform, IPRax 1988, 15; *ders.* Rechtswahl und Gerichtsstandsvereinbarungen nach neuem Recht (1987); *Baumgärtel* Die Vereinbarung der internationalen Zuständigkeit nach dem EWG-Übereinkommen vom 27.9.1968 und nach § 38 Abs. 2 ZPO, Festschr. f. G. Kegel (1977), 285; *Bernstein* Prozessuale Risiken im Handel mit den USA, Festschr. f. M. Ferid (1978), 75; *Birk* Die internationale Zuständigkeit in arbeitsrechtlichen Streitigkeiten nach dem Europäischen Gerichtsstands- und Vollstreckungsübereinkommen, RdA 1983, 143; *Büchner* Rechtswahl- und Gerichtsstandsklauseln im Rechtsverkehr mit Common Law – Staaten, RIW 1984, 180; *Coester/Waltjen* Das Zuständigkeitssystem des EuGVÜ, Jura 1989, 611; *Duintjer Teb-*

Vereinbarung nach **deutschem Prozeßrecht** zu beurteilen, auch wenn die Vereinbarung im

bens Internationale Kaufverträge und EuGVÜ: Gerichtsstandsklauseln in AGB und Erfüllungsort nach EKG, IPRax 1985, 262; *Eickhoff* Inländische Gerichtsbarkeit und internationale Zuständigkeit für Aufrechnung und Widerklage (1985); *v. Falkenhausen* Der Ausschluß von Aufrechnung und Widerklage durch internationale Gerichtsstandsvereinbarungen, RIW 1982 386; *ders.* Internationale Gerichtsstandsvereinbarungen und unerlaubte Handlung, RIW 1983, 420; *Geimer* Das Nebeneinander und Miteinander von europäischem und nationalem Zivilprozeßrecht, NJW 1986, 2991; *ders.* Internationales Zivilprozeßrecht (1987); *ders.* Ungeschriebene Anwendungsgrenzen des EuGVÜ: Müssen Berührungspunkte zu mehreren Vertragsstaaten bestehen?, IPRax 1991, 31; *ders.* Zuständigkeitsvereinbarungen zugunsten und zu Lasten Dritter, NJW 1985, 533; *Gottwald* Die einseitig bindende Prorogation nach Art. 17 Abs. 3 EuGVÜ, IPRax 1987, 81; *ders.* Grenzen internationaler Gerichtsstandsvereinbarungen, Festschr. f. K. Firsching (1985), 89; *Grube* Deutsch-spanische Gerichtsstandsvereinbarungen, EuZW 1992, 17; *Grüter* Gerichtsstandsvereinbarungen durch Korrespondenz im EWG-Handel, DB 1978, 381; *Grunsky* EWG-Übereinkommen über die gerichtliche Zuständigkeit und die Vollstreckung gerichtlicher Entscheidungen in Zivil- und Handelssachen im deutsch-italienischen Rechtsverkehr, RIW 1977, 1; *Habscheid* Parteivereinbarungen über die internationale Zuständigkeit nach deutschem und schweizerischem Recht, Festschr. f. H. Schima (1969), 175; *Hausmann* Einheitliche Anknüpfung internationaler Gerichtsstands- und Schiedsvereinbarungen?, Festschr. f. W. Lorenz (1991), 359; *v. Hoffmann* Das EWG-Übereinkommen über die gerichtliche Zuständigkeit und die Vollstreckung gerichtlicher Entscheidungen in Zivil- und Handelssachen, AWD 1973, 57; *Hübner* Allgemeine Geschäftsbedingungen und Internationales Privatrecht, NJW 1980, 2601; *ders.* Der Umfang des Schriftformerfordernisses des Art. 17 EGVÜ bei (Versicherungs-)Verträgen zugunsten Dritter, IPRax 1984, 237; *Jasper* Forum Shopping in England und Deutschland (1990); *Jayme* Die internationale Zuständigkeit bei Einbürgerungsgeschäften, Festschr. f. H. Nagel (1987), 123; *ders.* Forum non conveniens und anwendbares Recht, IPRax 1984, 303; *ders.* IPR und Europarecht, IPRax 1990, 346; *Jayme/Aull* Zur Anwendbarkeit des Art. 17 EuGVÜ bei Wohnsitz beider Parteien in demselben Vertragsstaat, IPRax 1989, 80; *Jayme/Haack* Reziproke Gerichtsstandsklauseln – EuGVÜ und Drittstaaten, IPRax 1985, 323; *Jayme/Kohler* Das Internationale Privat- und Verfahrensrecht der EG auf dem Weg zum Binnenmarkt, IPRax 1990, 353; *dies.* Das Internationale Privat- und Verfahrensrecht der Europäischen Gemeinschaft – Jüngste Entwicklungen, IPRax 1988, 133; *Jung* Vereinbarungen über die internationale Zuständigkeit nach dem EWG-Gerichtsstands- und Vollstreckungsübereinkommen und nach § 38 Abs. 2 ZPO (1980); *Katholnigg* Internationale Zuständigkeitsvereinbarungen nach neuem Recht, Festschr. f. K. Firsching (1985), 89; *Kohler* Die zweite Revision des EuGVÜ, EuZW 1991, 303; *ders.* Gerichtsstandsklauseln in fremdsprachigen AGB: Das Clair-obscur des Art. 17 EubVÜ, IPRax 1991, 299; *ders.* Internationale Gerichtsstandsvereinbarungen: Liberalität und Rigorismus im EuGVÜ, IPRax 1983, 265; *ders.* Pathologisches im EuGVÜ: Hinkende Gerichtsstandsvereinbarungen nach Art. 17 Abs. 3, IPRax 1986, 340; *ders.* Zur Revision des Europäischen Gerichtsstands- und Vollstreckungsüber-

einkommens, IPRax 1987, 201; *Kralik* Die internationale Zuständigkeit, ZZP 74 (1961), 2; *Kropholler* Europäisches Zivilprozeßrecht[3]; *ders.* Internationale Zuständigkeit, Handbuch des Internationalen Zivilverfahrensrechts I (1982) Kap. III Rdnr. 461 ff.; *ders.* Neues europäisches Zivilprozeßrecht, RIW 1986, 929; *Kropholler/Pfeifer* Das neue europäische Recht der Zuständigkeitsvereinbarung, Festschr. f. H. Nagel (1987), 157; *Landfermann* AGB-Gesetz und Auslandsgeschäfte, RIW 1977, 445; *Leipold* Zuständigkeitsvereinbarung und rügelose Einlassung nach dem Europäischen Gerichtsstands- und Vollstreckungsübereinkommen, IPRax 1982, 222; *Linke* EG-Gerichtsstands- und Vollstreckungsübereinkommen, RIW 1985, 6; *ders.* Internationales Zivilprozeßrecht (1990); *Lorenz* Zur internationalen Zuständigkeit und zur Formwirksamkeit der Derogation deutscher Arbeitsgerichte nach dem autonomen deutschen Kollisionsrecht, IPRax 1985, 256; *Lustenberger* Die Übereinkommen von Brüssel, Lugano und Rom: Konsequenzen der Rechtsvereinheitlichung für die Vertragsfreiheit im Bereich der Gerichtsstands- und Rechtswahlvereinbarungen, SJZ 1990, 192; *Mann* Die Gültigkeit der Rechtswahl- und Gerichtsstandsklauseln und das internationale Privatrecht, NJW 1984, 2740; *Martinez* Bewertung von Gerichtsstandsklauseln in internationalen Verträgen durch spanische Gerichte, RIW 1986, 604; *Matscher* Zuständigkeitsvereinbarungen im österreichischen und internationalen Zivilprozeßrecht (1967); *Mezger* Die Beurteilung der Gerichtsstandsvereinbarung nach dem Vertragsstatut und die des Vertrags nach dem Recht des angeblich gewählten Gerichts, insbesondere im deutsch-französischen Rechtsverkehr, Festschr. f. W. Wengler (1973) II, 541; *Nagel* Internationales Zivilprozeßrecht[3] Kap. III Rdnr. 119 ff., Kap. IV Rdnr. 170 ff., 204 ff.; *Pagenstecher* Gerichtsbarkeit und internationale Zuständigkeit als selbständige Prozeßvoraussetzungen, RabelsZ 11 (1937), 337; *Pfaff* Widerklagezuständigkeit bei prorogationswidriger Klageerhebung, ZZP 96 (1983), 334; *Piltz* Die Zuständigkeitsordnung nach dem EuGVÜ, NJW 1979, 1071; *ders.* Nochmals: Gerichtsstandsvereinbarung im internationalen Handelsverkehr, NJW 1978, 1094; *v. Plehwe/Reich/Tagaras* Leitfaden zum EuGVÜ (1990); *Prinzing* Internationale Gerichtsstandsvereinbarung nach § 38 ZPO, IPRax 1990, 83; *Rabe* Das Aus für Konnossementbedingungen im Bereich der Bundesrepublik?, RIW 1984, 589; *Rahmann* Ausschluß staatlicher Gerichtszuständigkeit (1984); *Rauscher* Gerichtsbeeinflussende AGB im Geltungsbereich des EuGVÜ, ZZP 104 (1991), 271; *ders.* Prorogation und Vertragsgerichtsstand gegen Rechtsscheinhaftende, IPRax 1992, 143; *ders.* Zuständigkeitsvereinbarung und rügelose Einlassung nach dem EuGÜbk, RIW 1985, 887; *E. Rehbinder* Internationale Kaufverträge und Gerichtsstandsbestimmung nach EuGVÜ und EKG, IPRax 1987, 289; *Reiser* Gerichtsstandsvereinbarungen nach dem IPR-Gesetz (Zürich, 1989); *Reithmann/Martiny/Hausmann*[4] 7. Teil Rdnr. 1163 ff.; *Röhreke* Kein »Aus« für kleingedruckte Konnossementbedingungen, VersR 1985, 1117; *G. H. Roth* Internationalrechtliche Probleme bei Prorogation und Derogation, ZZP 93 (1980), 156; *ders.* International zwingender Rechtsschutz: materiell und prozessual, IPRax 1985, 198; *ders.* Zur Derogation der deutschen Gerichtszuständigkeit, IPRax 1987, 141; *H. Roth* Gerichtsstandsvereinbarung nach Art. 17 EuGVÜ und kartellrechtliches Derogationsverbot, IPRax 1992, 67; *Rüßmann* Gerichtsstands-

Ausland geschlossen wurde[43]. Für diejenigen Fragen des Zustandekommens der Prorogation, die in der ZPO nicht geregelt sind, ergibt sich dann aber das weitere Problem, ob auch hier (wie im Grundsatz, → Rdnr. 45) das deutsche bürgerliche Recht angewendet werden kann oder das **ausländische bürgerliche Recht,** wenn es nach den Regeln des deutschen internationalen Privatrechts für die materiellen Rechtsverhältnisse gilt, auf die sich die Gerichtsstandsvereinbarung bezieht. Sachgerecht erscheint die zweite Lösung[44]. Zumeist schließen die Parteien die internationale Prorogation zusammen mit einem materiell-rechtlichen Vertrag ab. Dann ist es, da Schuldstatut und Prorogationsstatut in aller Regel übereinstimmen werden[45], für sie wesentlich einfacher und näherliegend, den gesamten Vertrag nach dem gemäß IPR anzuwendenden bürgerlichen Recht (gegebenenfalls dem ausländischen Recht) zu beurteilen. Die Anwendung des ausländischen bürgerlichen Rechts[46] auf die Gerichtsstandsvereinbarung kann aber immer nur so weit reichen, wie die ZPO selbst keine Bestimmungen enthält. **Formvorschriften** des nach deutschem IPR anzuwendenden ausländischen Rechts gelten daher nicht, weil die ZPO die Form der Prorogation unmittelbar regelt[47].

---

vereinbarungen in Konnossementbedingungen und kein Ende?, VersR 1987, 226; *Samtleben* Art. 17 EuGVÜ und kein Ende, IPRax 1985, 261; *ders.* Internationale Gerichtsstandsvereinbarungen nach dem EWG-Übereinkommen und nach der Gerichtsstandsnovelle, NJW 1974, 1590; *Sandrock* Gerichtsstands- und Schiedsklauseln in Verträgen zwischen US-amerikanischen und deutschen Unternehmen: Was ist zu empfehlen?, Festschr. f. E. Stiefel (1987), 625; *Schack* Derogation des Vermögensgerichtsstandes zwischen deutscher lex fori und ausländischem Prorogationsstatut, IPRax 1990, 19; *ders.* Internationales Zivilverfahrensrecht (1991), Rdnr. 430 ff.; *Schlosser* Das internationale Zivilprozeßrecht der Europäischen Wirtschaftsgemeinschaft und Österreich, Festschr. f. W. Kralik (1986), 287; *M. J. Schmidt* Kann Schweigen auf eine Gerichtsstandsklausel in AGB einen Gerichtsstand nach Art. 17 EuGVÜ/LuganoÜ begründen? RIW 1992, 173; *Schnyder* »Der Kampf ums Forum«, RabelsZ 47 (1983), 340; *J. Schröder* Internationale Zuständigkeit (1971); *Schütze* Bedeutung der im Forum Prorogatum ergehenden Entscheidung für die Wirksamkeit einer ausschließlichen internationalen Gerichtsstandsvereinbarung, IPRax 1984, 246; *ders.* Deutsches Internationales Zivilprozeßrecht (1985), 45 ff.; *ders.* Die Bedeutung der Durchsetzbarkeit eines Anspruchs im forum prorogatum für die Wirksamkeit einer internationalen Gerichtsstandsvereinbarung, RIW 1982, 773; *ders.* Internationale Gerichtsstandsvereinbarungen, DB 1974, 1417; *Schwarz* Die neuere Rechtsprechung zu Art. 17 Abs. 4 EuGVÜ, IPRax 1987, 291; *Sonnenberger* Rechtsfragen beim Seetransport von Stückgut durch englische Verfrachter, Festschr. f. K. Firsching (1985), 295; *Stoll* Rechtliche Inhaltskontrolle bei internationalen Handelsgeschäften, Festschr. f. G. Kegel (1987), 623; *Thomsen-Guth* Die Bestimmung der internationalen Zuständigkeit im Fall eines durch telefonisches Gebot zu schließenden Kunstauktionskaufes, IPRax 1991, 302; *Trappe* Zulässigkeit von Gerichtsstandsklauseln in Konnossement, IPRax 1985, 8; *Walchshöfer* Die deutsche internationale Zuständigkeit, ZZP 80 (1967), 165; *v. Westphalen* International-privatrechtliche Probleme und AGB-Gesetz, WM 1978, 1310; *Wirth* Gerichtsstandsvereinbarungen im internationalen Handelsverkehr, NJW 1978, 460.

[43] *BGHZ* 59, 27 = NJW 1972, 1622 = JZ 598; NJW 1989, 1432; 1986, 1439 (*Geimer*); RGZ 159, 255 f.; *BAG* NJW 1979, 1120 = JZ 647 (*Geimer*) = ArbuR 189 (*Grunsky*); *OLG Saarbrücken* NJW-RR 1989, 829; *OLG Bamberg* NJW-RR 1989, 371; *OLG Nürnberg* NJW 1985, 1296; *OLG Karlsruhe* OLGZ 1973, 481; *OLG Hamburg* MDR 1973, 1025; *Kropholler* Hdb. IZVR I Kap. III Rdnr. 477 ff.; *Schütze* Deutsches IZPR, 45 ff. m.w.N. – A.M. *Mezger* Festschr. f. W. Wengler (1973) II, 541 ff.

[44] *BGHZ* 59, 27; NJW 1989, 1432; 1987, 1145; 1986, 1439 (*Geimer*); *OLG München* IPRax 1991, 46, 48; *BAG* NJW 1979, 1120 = JZ 647 (*Geimer*) = ArbuR 189 (*Grunsky*); *OLG Bamberg* NJW-RR 1989, 371; *OLG Hamburg* VersR 1986, 1023; 1985, 859; *OLG Karlsruhe* OLGZ 1973, 481; *Basedow* IPRax 1988, 15 f.; *ders.* (Fn. 42), 5; *Kropholler* Hdb. IZVR I Kap. III Rdnr. 482 ff.; *Prinzing* IPRax 1990, 85; *Rosenberg/Schwab*[14] § 20 II 2; *G. H. Roth* ZZP 93 (1980), 163 f.; *Schack* IPRax 1990, 19; *Schütze* Deutsches IZPR, 45 ff. – Für ein eigenes Prorogationsstatut *OLG Saarbrücken* NJW-RR 1989, 829 f.; *v. Falkenhausen* RIW 1983, 421; *Geimer* IZPR Rdnr. 1677 ff.; *Hausmann* (Fn. 42), 365; *Jayme/Kohler* IPRax 1989, 361; *Matscher* (Fn. 42) 68; *Schack* IZVR Rdnr. 444 ff.

Bei der Frage, welches Recht nach deutschem IPR anzuwenden ist, ist eine **Rechtswahlklausel** auch dann zu berücksichtigen, wenn es um die Wirksamkeit der Vereinbarung geht (arg. Art. 31 EGBGB), *BGHZ* 99, 207 = NJW 1987, 1145 (anders noch NJW 1983, 2773; *OLG Hamburg* VersR 1985, 859); *OLG Hamburg* VersR 1986, 1022 f.; *OLG Bremen* VersR 1985, 988; *Basedow* IPRax 1988, 15 f.; *ders.* (Fn. 42), 6 ff.; *Mann* NJW 1984, 2740 f.; *Rabe* RIW 1984, 589; *Rißmann* VersR 1987, 227 f.

[45] Vgl. nur *Schack* IZVR Rdnr. 444.

[46] Zu den **Auslegungsregeln** vgl. *OLG München* IPRax 1984, 319; *LG München I* IPRax 1984, 318 (dazu *Jayme* IPRax 1984, 303); *v. Falkenhausen* RIW 1983, 421; *W. Lorenz* IPRax 1989, 22, 23; *Schack* IPRax 1990, 19 f.; *ders.* IZVR Rdnr. 456.

[47] *BGHZ* 59, 29; *BAG* NJW 1984, 1320 (dazu *Lorenz* IPRax 1985, 259 f.); *OLG Nürnberg* NJW 1985, 1296; *Rahmann* (Fn. 42), 10; *G. H. Roth* ZZP 93 (1980), 167; *Schack* IPRax 1990, 20.

bb) Vereinbarung über die internationale Zuständigkeit eines ausländischen Gerichts

Wird eine Klage bei einem ohne Prorogation zuständigen deutschen Gericht erhoben und **13a**
die vereinbarte ausschließliche Zuständigkeit eines ausländischen Gerichts eingewandt, so
hat das deutsche Gericht gemäß dem in Rdnr. 13 Gesagten zunächst zu prüfen, ob die
Derogation **nach deutschem Prozeßrecht** (also nach einer der Alternativen des § 38 oder nach
Art. 17 EuGVÜ, ggf. unter Rückgriff auf deutsches oder ausländisches bürgerliches Recht)
wirksam ist[48]. Vom **ausländischen Recht** hängt dagegen ab, ob der *positive* Teil der Prorogation wirksam, also das ausländische Gericht zuständig ist. Ob das deutsche Gericht auch dies
zu prüfen hat, könnte man mit der Begründung bezweifeln, es sei nicht seine Sache, das
ausländische Prozeßrecht anzuwenden, und außerdem handelten die Parteien insoweit auf
eigene Gefahr (nämlich auf die Gefahr, sich zwischen zwei Stühle zu setzen, wenn das
ausländische Gericht die Prorogation nicht anerkennt). Diese Betrachtungsweise würde aber
verkennen, daß die Parteien die Vereinbarung der ausschließlichen Zuständigkeit von vornherein nur als Einheit wollen und auch § 38 die Prorogation als Einheit auffaßt. Der Schutz der
Parteien macht es daher erforderlich, daß das deutsche Gericht auch die **Annahmebereitschaft des ausländischen Gerichts** prüft[49], also feststellt, daß den Parteien keine Rechtsverweigerung droht, sondern daß die Prorogation nach dem maßgebenden ausländischen Prozeßrecht wirksam oder jedenfalls das ausländische Gericht schon nach den Gesetzen des
ausländischen Staates zuständig ist[50]. Ist die Annahmebereitschaft zu verneinen, so ist auch
die Derogation der deutschen internationalen Zuständigkeit unwirksam[51]. Fällt die Gerichtsstandsvereinbarung unter **Art. 17 EuGVÜ**[52], so ist die Abrede nur an dieser Bestimmung zu
messen, die ja auch im prorogierten anderen Vertragsstaat gilt.

b) Prorogation nach § 38 Abs. 2

aa) Anwendungsbereich und Voraussetzungen

Abs. 2 gilt nicht bei Prorogationen unter Vollkaufleuten (→ Rdnr. 11), bei Gerichtsstands- **14**
vereinbarungen nach dem EuGVÜ (→ Rdnr. 26) sowie unter Parteien mit allgemeinem
Gerichtsstand im Inland (→ Rdnr. 19 d). Die Vorschrift setzt nämlich voraus, daß mindestens
eine Partei **keinen allgemeinen Gerichtsstand im Inland** hat. Diese Voraussetzung ist (abgesehen von §§ 15, 16) erfüllt, wenn eine Partei ihren Wohnsitz (§ 13) bzw. Sitz (bei juristischen
Personen, § 17) im Ausland hat. Das Vorhandensein eines *besonderen* Gerichtsstandes im
Inland (z. B. der Niederlassung, § 21, des Vermögens, § 23, oder des Erfüllungsortes, § 29)
steht der Prorogation nicht entgegen.

Zum Inland waren bis zum 3. X. 1990 nur die Bundesrepublik Deutschland und Westberlin zu
rechnen[53]; das Gebiet der DDR war bis dahin angesichts der tatsächlichen Trennung dem Zweck des
Abs. 2 entsprechend als Ausland im Sinne der Vorschrift zu betrachten, ohne daß es dabei auf die staats-
und völkerrechtliche Beurteilung angekommen wäre (→ Einl. Rdnr. 841).

---

[48] *BGH* NJW 1989, 1432; 1986, 1439 (*Geimer*; dazu
G. H. Roth IPRax 1987, 141); *BAG* NJW 1984, 1320
(zust. *Lorenz* IPRax 1985, 259); *OLG München* IPRax
1989, 43; NJW 1987, 2166; *OLG Nürnberg* NJW 1985,
1296; *Hausmann* (Fn. 42), 367 f.; *Kropholler* Hdb. IZVR I
Kap. III Rdnr. 479; *Schack* IPRax 1990, 20; *Schütze* Deutsches IZPR, 48.
[49] *OLG Bamberg* NJW-RR 1989, 372; *OLG Bremen*
RIW 1985, 895; *v. Falkenhausen* RIW 1983, 422; *Geimer*
IZPR Rdnr. 1763; *Kropholler* Hdb. IZVR I Kap. III
Rdnr. 481 f., 561 ff., 564 ff.; *Pagenstecher* RabelsZ 11
(1937), 408; *Rahmann* (Fn. 42) 23; *Riezler* Internationa-

les Zivilprozeßrecht (1949) 296; *Schack* IPRax 1990, 20;
Schütze Deutsches IZPR, 48, 53 f.; *ders.* RIW 1982, 773 ff.
[50] Dies genügt, *OLG München* OLGZ 1966, 38.
[51] *BGH* VersR 1974, 472 = ZZP 88 (1975) 318
(*Walchshöfer*); *BAG* NJW 1979, 1120 (Fn. 43); *Kropholler* Hdb. IZVR I Kap. III Rdnr. 562, 566; *Pagenstecher*
RabelsZ 11 (1937), 409; *Rahmann* (Fn. 42), 23; *J. Schröder* (Fn. 42), 459; → Einl. Rdnr. 769.
[52] → Rdnr. 20 ff.
[53] *Kropholler* Hdb. IZVR I Kap. III Rdnr. 504; *Thomas/
Putzo*[16] Anm. 2 b aa. – A. M. *Baumbach/Lauterbach/
Hartmann*[50] Anm. 4 A.

14a   Der allgemeine inländische Gerichtsstand muß (nur) **zum Zeitpunkt des Abschlusses** der Prorogation fehlen[54]. Dafür spricht schon der Wortlaut des Abs. 2 S. 1, aber auch das berechtigte Interesse an einer klaren und bestandskräftigen Prorogation im internationalen Verkehr. Waren die Voraussetzungen des Abs. 2 S. 1 bei Abschluß der Gerichtsstandsvereinbarung gegeben, so bleibt sie auch dann wirksam, wenn zum Zeitpunkt des Prozesses beide Parteien (oder deren Rechtsnachfolger) einen allgemeinen inländischen Gerichtsstand haben. Umgekehrt wird eine zunächst nicht von Abs. 2 S. 1 gedeckte Prorogation nicht dadurch wirksam, daß eine der Parteien den allgemeinen inländischen Gerichtsstand bei Klageerhebung usw. nicht mehr besitzt. Für diesen Fall kann durch eine Prorogation nach Abs. 3 Nr. 2 vorgesorgt werden, die aber ausdrücklich (→ Rdnr. 37) auf diese Situation bezogen sein muß.

bb) Abschluß der Prorogation

15   Die Prorogation muß entweder schriftlich abgeschlossen oder mündlich vereinbart und schriftlich bestätigt sein, Abs. 2 S. 2. Beim Fehlen der Form (z. B. bei rein mündlicher Vereinbarung) ist die Prorogation unwirksam (vgl. § 125 S. 1 BGB).

16   Die **Schriftlichkeit** erfordert, daß die Erklärung schriftlich niedergelegt ist und ihren Urheber erkennen läßt. Dagegen ist eine Unterzeichnung oder gar eigenhändige Unterschrift nicht erforderlich. Auch Telegramme oder Fernschreiben erfüllen daher das Formerfordernis. § 126 BGB gilt nämlich im Bereich des Verfahrensrechts nicht unmittelbar[55], kann vielmehr nur dann angewendet werden, wenn auf die Bestimmung ausdrücklich verwiesen wird oder wenn wenigstens die Auslegung ergibt, daß das in der verfahrensrechtlichen Norm enthaltene Formerfordernis dem bürgerlichen Recht entsprechen soll. Hier ist eine derartige Auslegung nicht gerechtfertigt[56], da sie zu einer durch den Zweck des Abs. 2 nicht veranlaßten Erschwerung des Rechtsverkehrs führen würde. Dafür spricht auch, daß die Form in Anlehnung an Art. 17 EuGVÜ vorgesehen wurde[57]; bei jener Vorschrift liegt aber eine Gleichsetzung mit den Erfordernissen des § 126 BGB besonders fern (→ Rdnr. 28). Anders als in § 1027 Abs. 1 S. 1 ist auch nicht von »Schriftform« die Rede. Die Geltung des § 126 BGB ergibt sich ferner nicht daraus, daß auf Prorogationen bürgerlich-rechtliche Normen ergänzend angewendet werden können (→ Rdnr. 45); denn dies gilt nur, soweit das Verfahrensrecht Lücken enthält. Hier ist aber die Form im Prozeßrecht geregelt und eigenständig zu interpretieren.

17   Die **schriftliche Vereinbarung** kann durch gemeinsame schriftliche Erklärung oder auch durch einen Schriftwechsel (anders als nach § 126 Abs. 2 BGB) zustande kommen. Sie kann (anders als bei § 1027 Abs. 1 S. 1) mit anderen Vereinbarungen, insbesondere dem materiellrechtlichen Vertrag, verbunden werden. Es reicht aus, wenn die Prorogation in der einen schriftlichen Erklärung (Vertragsangebot) enthalten ist und diese dann schriftlich angenommen wird. Darüber hinaus genügt auch die **einseitige schriftliche Bestätigung** einer mündlichen Prorogation (»halbe Schriftlichkeit«). Die Bestätigung muß der anderen Partei zugehen. Auch die schriftlich bestätigte Prorogation wirkt für und gegen beide Parteien[58]. Die **Eini-**

---

[54] Ebenso *Kropholler* Hdb. IZVR I Kap. III Rdnr. 505. – A. M. *Baumbach/Lauterbach/Hartmann*[50] Anm. 4 A.

[55] BVerfGE 74, 228 = NJW 1987, 2067; 15, 292; *BGHZ* 24, 299; NJW 1983, 1498; *BFHE* 111, 284 = BB 1974, 708; *Erman/Brox*[8] § 126 Rdnr. 2; *Holzhauer* Die eigenhändige Unterschrift (1973), 262; *Vollkommer* Formenstrenge und prozessuale Billigkeit (1973), 132; → auch § 129 Rdnr. 8.

[56] Gegen Anwendung des § 126 BGB auch *LG Siegen* NJW 1978, 2456 (zu Art. 17 EuGVÜ); *Kropholler* Hdb. IZVR I Kap. III Rdnr. 506; *Lorenz* IPRax 1985, 259; *Marburger* NJW 1974, 1926 Fn. 66; *Reinelt* NJW 1974, 2312;

Reithmann/Martiny/Haussmann[4] Rdnr. 1242; *Samtleben* NJW 1974, 1595; *Vollkommer* Rpfleger 1974, 134; *Zöller/Vollkommer*[17] Rdnr. 27. – A. M. *Diederichsen* BB 1974, 381; *Katholnigg* BB 1974, 397; *Löwe* NJW 1974, 475; *Thomas/Putzo*[17] Anm. 3 d bb; *Wieczorek*[2] Anm. C I d 2, 3, E III a 1; *Wolf/Horn/Lindacher*[2] § 9 AGBG Rdnr. G 136. – Offen *BGH* WM 1992, 88 f.

[57] Bericht des Rechtsausschusses BT-Drucksache 7/1384, 4. Vgl. auch *Lorenz* IPRax 1985, 259.

[58] A. M. *Vollkommer* Rpfleger 1974, 135; die von ihm zitierte Stelle aus dem Bericht zum EuGVÜ ergibt aber nur, daß der mündliche Abschluß gegebenenfalls bewie-

gung, d. h. das Vorliegen gegenseitiger übereinstimmender Willenserklärungen, muß gegebenenfalls bewiesen werden[59]. Die Regeln über das *kaufmännische Bestätigungsschreiben* sollte man im Hinblick auf die rechtsvereinheitlichende Intention des Art. 17 Abs. 1 EuGVÜ nach dessen Änderung (→ Rdnr. 28 aE) nunmehr auch bei § 38 Abs. 2 anwenden[60], sofern diese Vorschrift im kaufmännischen Verkehr überhaupt gilt (→ Rdnr. 11). Eine *zeitliche Differenz* zwischen mündlicher Gerichtsstandsvereinbarung und schriftlicher Bestätigung ist nicht erforderlich, so daß die Aushändigung einer einseitigen schriftlichen Erklärung bei der mündlichen Einigung die Form erfüllt.

Die erforderliche schriftliche Vereinbarung bzw. Bestätigung kann auch unter Verwendung   18
eines vorgedruckten **Formulars** erfolgen, das (allein oder neben anderen Vereinbarungen, z. B. mit dem materiell-rechtlichen Vertrag) die Prorogation enthält. Dabei darf die Prorogation jedoch nicht in einer Fülle vorgedruckter Bestimmungen (Formularvertrag) versteckt sein, da sie dann nicht vom wahren vertraglichen Willen gedeckt wäre; gerade dies will aber das Formerfordernis sicherstellen. Dieser Grundsatz ist auch bei Gerichtsstandsklauseln in **Allgemeinen Geschäftsbedingungen** zu berücksichtigen; gerade in diesem Punkt muß sich die Auslegung des § 38 Abs. 2 an der des Art. 17 EuGVÜ (→ Rdnr. 28) orientieren, dem § 38 Abs. 2 nachgebildet ist. Eine in AGB enthaltene Gerichtsstandsklausel ist demnach nur dann formwirksam, wenn sich in der Vereinbarung (bzw. einem Angebot, auf das die Vereinbarung Bezug nimmt) ein *ausdrücklicher Hinweis auf die AGB* findet und diese dem Gegner vorliegen[61]. Ein ausdrücklicher Hinweis *auf die Gerichtsstandsklausel* ist hingegen nicht erforderlich[62], wie sich hier schon aus einem Vergleich mit Abs. 3 ergibt, der anders als Abs. 2 auch insoweit eine ausdrückliche Vereinbarung verlangt.

Soweit für die Vereinbarung deutsches bürgerliches Recht gilt (→ Rdnr. 13), ist auch das **AGBG** anwendbar; insoweit ist auch § 12 AGBG zu berücksichtigen. Allerdings spielt die Kontrolle nach dem AGBG hier keine große Rolle, da internationale Gerichtsstandsvereinbarungen in den meisten Fällen entweder nach Art. 17 EuGVÜ zu beurteilen sind, der das AGBG verdrängt[63], oder unter Vollkaufleuten geschlossen werden, für die Abs. 1 gilt[64]. Entsprechend den zu Abs. 1 entwickelten Lösungen[65] wird man auch bei Abs. 2 sagen müssen, daß Gerichtsstandsklauseln in AGB im internationalen Rechtsverkehr nicht überraschend (§ 3 AGBG) und im *kaufmännischen* Bereich grundsätzlich auch nicht unangemessen sind (§ 9 AGBG)[66]. Im *nicht-kaufmännischen* Bereich hingegen stellt eine Gerichtsstandsklausel, die den Schuldner abweichend von §§ 12 ff. vor ein ausländisches Gericht zieht, eine unangemessene Benachteiligung i. S. v. § 9 AGBG dar, wenn nicht besondere Interessen des Klauselverwenders die Prorogation rechtfertigen[67]; → auch Rdnr. 56 a.

cc) Besonderheiten bei der Wahl eines inländischen Gerichts

Hat eine der Vertragsparteien einen allgemeinen Gerichtsstand im Inland, so kann **für das**   19
Inland nur ein Gericht gewählt werden, bei dem diese Partei den allgemeinen oder einen

---

sen werden muß. – Unerheblich ist – wie bei Art. 17 EuGVÜ (→ Rdnr. 28), *welche* Partei bestätigt hat, *BGH* WM 1992, 89.

[59] Dazu *Geimer* IPRax 1986, 87.

[60] Dafür früher schon *Katholnigg* BB 1974, 397; *Samtleben* NJW 1974, 1595. – A.M. *OLG Frankfurt* RIW 1976, 533; *Geimer* IZPR Rdnr. 1687 m. w. N.; *Vollkommer* Rpfleger 1974, 135; *Voraufl.*

[61] *OLG Düsseldorf* NJW 1991, 1492 = IPRax 327 (krit. *Thomsen-Guth* 303); *OLG Nürnberg* NJW 1985, 1296; *LG Siegen* NJW 1978, 2456; *Geimer* IZPR Rdnr. 1684 ff. – Weitergehend *Vollkommer* Rpfleger 1974, 134, der stets eine Individualvereinbarung verlangt. Vgl. im übrigen ausf. Rdnr. 28 zu Art. 17 EuGVÜ.

[62] *BGH* WM 1992, 89; *Geimer* IZPR Rdnr. 1623/1686.

[63] → Rdnr. 28.

[64] → Rdnr. 11.

[65] → Rdnr. 10.

[66] A. M. auch für den kaufmännischen Verkehr *Gottwald* Festschr. f. K. Firsching (1985), 97; *Landfermann* RIW 1977, 448. – Wie hier *Geimer* IZPR Rdnr. 1691; *Löwe/v. Westphalen*[2] Bd. III 8.1 Rdnr. 17; *Ulmer/Brandner/Hensen*[6] Anh. §§ 9–11 AGBG Rdnr. 403; *v. Westphalen* WM 1978, 1318.

[67] Vgl. die »geltungserhaltende Auslegung« in *BGHZ* 94, 156 = NJW 1985, 2091 (zu § 18 Nr. 1 VOB/B; zust. *Nicklisch* IPRax 1987, 289), ferner *Löwe/v. Westphalen*[2] Bd. III 8.1 Rdnr. 9; *Ulmer/Brandner/Hensen*[6] Anh. §§ 9–11 AGBG Rdnr. 403; *v. Westphalen* WM 1978, 1318 f.; *Wolf/Horn/Lindacher*[2] § 9 AGBG Rdnr. G 140.

besonderen Gerichtsstand hat, Abs. 2 S. 3. Durch diese Regelung soll verhindert werden, daß für eine inländische Partei ein ungünstiger inländischer Gerichtsstand vereinbart wird und womöglich das gesamte Geschäft nur deshalb über eine ausländische Firma abgewickelt wird, um mit Hilfe des Abs. 2 eine solche Prorogation zu ermöglichen. Abs. 2 S. 3 gilt aber nur, wenn ein *inländischer* Gerichtsstand gewählt wird, schließt also die Vereinbarung eines **ausländischen Gerichtsstandes** nicht aus. Insoweit schützt Abs. 2 S. 3 nicht vor Mißbräuchen. Die Vereinbarung eines *inländischen* Gerichtsstandes durch *zwei ausländische Parteien* ist trotz fehlenden Inlandsbezugs zulässig[68], kann aber rechtsmißbräuchlich sein, wenn keinerlei vernünftiger Grund erkennbar ist und die Vereinbarung ersichtlich dem Zweck dient, die Rechtsverfolgung zu erschweren.

dd) Besonderheiten bei der Wahl eines ausländischen Gerichts[69]

(1) Inhalt

19a   Die Zuständigkeitsvereinbarung kann auf **ein Gericht** des Auslandes oder allgemein auf **die Gerichte** eines bestimmten bzw. bestimmbaren (→ Rdnr. 29, 61) ausländischen Staates gerichtet werden. Soweit die Vereinbarung stillschweigend geschlossen werden kann, kann sie in der Abrede der Anwendung ausländischen materiellen Rechts liegen; im allgemeinen wird eine solche Auslegung aber nicht gerechtfertigt sein[70]. Die Zuständigkeit kann als **ausschließliche** gewollt sein und schließt dann, soweit zulässig[71], die deutsche internationale Zuständigkeit aus[72]. Ob die vereinbarte Zuständigkeit ausschließlich sein soll, ist im Wege der Auslegung zu ermitteln, ohne daß eine Vermutung dafür oder dagegen sprechen würde[73]. Der Inhalt der Vereinbarung und die Auslegung entscheiden darüber, ob das ausländische Gericht nur für Klagen *gegen* die ausländische Partei vereinbart oder nur insofern *ausschließlich*[74], im übrigen aber *kumulativ* zuständig sein soll. Ist die ausländische Zuständigkeit für Klagen *gegen* die ausländische Partei ausschließlich, dann steht sie auch einer **Widerklage** gegen die ausländische Partei vor dem deutschen Gericht entgegen[75], da auch der Gerichtsstand des § 33 durch Vereinbarung ausgeschlossen werden kann (→ § 33 Rdnr. 8). Aus der Vereinbarung der ausschließlichen ausländischen Zuständigkeit wird im allgemeinen auch ein Verbot

---

[68] *Geimer* IZPR Rdnr. 1745 ff.; *Kropholler* Hdb. IZVR I Kap. III Rdnr. 545; *G. H. Roth* ZZP 93 (1980), 174. – A. M. *Schütze* Deutsches IZPR, 50. Zu weit geht es sicher, wenn *LG Hamburg* RIW 1976, 228 auch bei Prorogationen eines Inlandsgerichts zwischen einer inländischen und einer ausländischen Partei eine ausreichende Inlandsberührung verlangt.

[69] Rdnr. 19a ff. = Voraufl. Rdnr. 66 ff.

[70] *OLG München* IPRax 1984, 319; *OLG Hamburg* MDR 1973, 1025; *LG München I* IPRax 1984, 318 (dazu *Jayme* IPRax 1984, 303); *Kropholler* Hdb. IZVR I Kap. III Rdnr. 487. – Umgekehrt kann in der Gerichtsstandsvereinbarung die stillschweigende Wahl des am Gerichtsort geltenden materiellen Rechts liegen, *BAG* DB 1975, 63 = AP Nr. 7 zu § 38 Internationale Zuständigkeit (*Lorenz*); *OLG Frankfurt* MDR 1983, 578; *Kropholler* a. a. O. Rdnr. 488 ff.

[71] → § 40 Rdnr. 7 sowie *OLG Hamburg* VersR 1984, 687 (Unvereinbarkeit der Ausschließlichkeit mit Art. 31 CMR).

[72] Ständige Rspr., z. B. *BGHZ* 49, 124; LM Nr. 7, 12, 13, 18; *RG* WarnRspr. 1922, 60; JW 1926, 1336; 1936, 3185; *OLG Bamberg* NJW-RR 1989, 372.

[73] *BGH* MDR 1968, 474; *BGHZ* 59, 116 = LM Nr. 16 (*Mormann*) = NJW 1972, 1671, 2179 (*Geimer*); s. auch (mit zu weit gehendem Leitsatz) *BGH* NJW 1973, 422, 951 (*Geimer*) = ZZP 86 (1973), 332 (*Walchshöfer*); ferner *BAG* NJW 1970, 2180; *RGZ* 159, 254; *OLG Bamberg* NJW-RR 1989, 372 = IPRax 1990, 105; *OLG München* IPRax 1989, 43 f.; NJW 1987, 2166; *OLG Hamburg* RIW 1983, 126; *Geimer* IZPR Rdnr. 1736; *Kropholler* Hdb. IZVR I Kap. III Rdnr. 583 ff.; *Prinzing* IPRax 1990, 85. – Zu den *Auslegungsregeln* → Fn. 46.

[74] Die Ausschließlichkeit kann insoweit näher liegen, vgl. *BGH* NJW 1973, 422; *OLG München* NJW 1987, 2166. – A. M. *Schack* IZVR Rdnr. 72.

[75] *BGHZ* 52, 30 = LM Nr. 9/10 (*Mormann*) = NJW 1969, 1536; WM 1985, 1509; 1981, 938 = NJW 2644 (abl. *Pfaff* ZZP 96 [1983], 334 ff.); *v. Falkenhausen* RIW 1982, 388; *Schütze* Deutsches IZPR, 57. – A. M. *LG Stuttgart* ZZP 66 (1953), 434; *Eisner* NJW 1970, 2141. Anders, wenn der ausländische Gerichtsstand nicht ausschließlich ist, *BGHZ* 59, 113; *Kropholler* Hdb. IZVR I Kap. III Rdnr. 587.

zu entnehmen sein, **die Aufrechnung** mit einer der Prorogation unterliegenden Forderung vor einem deutschen Gericht geltend zu machen[76]. Zur vergleichbaren Rechtslage bei Art. 17 EuGVÜ → Rdnr. 29 a, zu Widerklage und Aufrechnung bei prorogationswidriger Klage → § 39 Rdnr. 6 a.

(2) Besondere Unwirksamkeitsgründe

Die Vereinbarung der Zuständigkeit eines ausländischen Gerichts ist unwirksam, wenn   **19b** den Parteien eine **Rechtsverweigerung** droht[77] oder wenn die derogierte deutsche internationale Zuständigkeit eine **ausschließliche** ist[78]. Daß das Urteil des ausländischen Gerichts in Deutschland **nicht anerkannt** (§ 328; z. B. mangels Gegenseitigkeit) und **nicht vollstreckt** wird (§ 723 Abs. 2), steht der Gültigkeit der Gerichtsstandsvereinbarung hingegen grundsätzlich nicht entgegen, auch nicht, wenn die ausschließliche Zuständigkeit des ausländischen Gerichts vereinbart wurde[79]. Der Umstand ist aber bei der *Auslegung* zu beachten[80] und kann dazu führen, die Zuständigkeit nur bezüglich Klagen gegen die ausländische Partei für ausschließlich zu halten, nicht aber für Klagen gegen eine inländische Partei, die im Ausland kein dem Zugriff offenes Vermögen hat[81]. Härten können sich ergeben, wenn die Vereinbarung an sich *eindeutig* ist und der ausschließlich im Ausland zu verklagende Teil **dort kein Vermögen** besitzt, wohl aber im Inland[82] (was indessen bei Klageerhebung selten endgültig feststehen wird). Dieses Risiko hat die benachteiligte Partei indessen mit der Gerichtsstandsvereinbarung übernommen. Die Voraussetzungen für eine Änderung dieser Risikoverteilung mit Hilfe der ergänzenden Vertragsauslegung, der Anfechtung oder der Lehre von der Geschäftsgrundlage liegen in aller Regel nicht vor. Allenfalls kann eine Notzuständigkeit im forum derogatum eröffnet sein[83]. Und in manchen derartigen, aber auch in anderen Fällen führt eine entsprechende Anwendung des § 1025 Abs. 2 zur Unwirksamkeit der Prorogation[84]. Danach ist eine Gerichtsstandsvereinbarung unwirksam, wenn eine Partei ihre wirtschaftliche oder soziale Überlegenheit zum Abschluß einer Vereinbarung ausgenutzt hat und dadurch die andere Partei genötigt ist, den Prozeß im Ausland unter wesentlich ungünstigeren Bedingungen zu führen als sie dies im Inland tun könnte.

Da die Gerichtsstandsvereinbarung nach ihrem Sinn keinen Verlust des Rechtsschutzes   **19c** bewirken soll, ist sie auch dann **unwirksam**, wenn ein Gericht vereinbart wurde, bei dem eine **sachgerechte**, den wesentlichen **rechtsstaatlichen Garantien entsprechende Prüfung des Rechtsstreits** nicht gewährleistet ist[85]. Daß die Vereinbarung des ausländischen Gerichts zur

---

[76] *BGHZ* 60, 85 = LM Nr. 17 (krit. *Mormann*) = NJW 1973, 421; 1981, 2645; WM 1973, 174; *Eickhoff* (Fn. 42), 178 f.; *v. Hoffmann* AWD 1973, 168; *Kropholler* Hdb. IZVR I Kap. III Rdnr. 590 ff; *Schütze* Deutsches IZPR, 57. – Krit. *v. Falkenhausen* RIW 1982, 387 f.; *Geimer* IZPR Rdnr. 1777 ff.; *Schack* IZVR Rdnr. 460. → auch Einl. Rdnr. 834 Fn. 16, § 145 Rdnr. 41.

[77] → Rdnr. 13 a.

[78] → § 40 Rdnr. 7.

[79] *BGHZ* 49, 124; VersR 1974, 471; NJW 1971, 325; 1961, 1061; MDR 1971, 376; *OLG Saarbrücken* NJW-RR 1989, 829; *OLG Koblenz* IPRax 1984, 267; *OLG München* IPRax 1983, 122; *Geimer* IZPR Rdnr. 1765; *Kropholler* Hdb. IZVR I Kap. III Rdnr. 547 ff.; *Schütze* Deutsches IZPR, 51 ff.; *ders.* IPRax 1984, 246 ff.; 1982, 777.

[80] *BGHZ* 49, 124.

[81] Zust. *Kropholler* Hdb. IZVR I Kap. III Rdnr. 554. – A. M. *Schütze* IPRax 1984, 247.

[82] Für Wirksamkeit der Derogation auch in diesem Fall

BGHZ 49, 124; AWD 1974, 221; NJW 1971, 325; 1971, 985; *OLG Saarbrücken* NJW-RR 1989, 829 f.; *OLG Koblenz* IPRax 1984, 267; *Kropholler* Hdb. IZVR I Kap. III Rdnr. 555 ff.; *Schütze* IPRax 1984, 246 ff. – A. M. *Rosenberg/Schwab*[14] § 20 II 2; *J. Schröder* (Fn. 42), 460; *Walchshöfer* NJW 1972, 2164; ZZP 88 (1975), 321; *Voraufl.* Rdnr. 68.

[83] *Geimer* WM 1975, 911; *Kropholler* Hdb. IZVR I Kap. III Rdnr. 559 f.; *G. H. Roth* ZZP 93 (1980), 171; *ders.* IPRax 1985, 199. – Abl. *Schütze* IPRax 1984, 248.

[84] *BGH* VersR 1974, 471; *Geimer* IZPR Rdnr. 1600 ff.; *Kropholler* Hdb. IZVR I Kap. III Rdnr. 539; *ders.* EZPR[3] Art. 17 Rdnr. 72; *Riezler* (Fn. 49), 301, 333. S. auch *J. Schröder* (Fn. 42), 479, dessen Ausgangspunkt (aaO, 476 f.: keine Bindung des Richters an unvernünftige Zuständigkeitsabreden) jedoch dem geltenden Recht nicht entspricht. – A. M. *Rahmann* (Fn. 42), 22 f.

[85] *BGH* VersR 1974, 471; *OLG Hamburg* MDR 1973, 940; *v. Falkenhausen* RIW 1983, 422; *Kropholler* Hdb. IZVR I Kap. III Rdnr. 571 f.

Anwendung ausländischen materiellen Rechts führt, steht der Wirksamkeit allerdings grundsätzlich auch dann nicht entgegen, wenn auf diese Weise zwingende Vorschriften des deutschen materiellen Rechts unanwendbar werden[86], es sei denn, es handelt sich um Kollisionsnormen des deutschen IPR[87].

19d   Wird in einem Fall **ohne Auslandsbezug** von Parteien mit allgemeinem Gerichtsstand im Inland die Zuständigkeit eines ausländischen Gerichts vereinbart, so beurteilt sich die Zulässigkeit der Prorogation *nicht nach Abs. 2*, und zwar auch dann nicht, wenn eine Partei noch einen zweiten Wohnsitz im Ausland hat[88]. Dasselbe gilt, wenn erkennbar ist, daß der Vertrag nur deshalb unter Einschaltung einer Person ohne inländischen allgemeinen Gerichtsstand geschlossen wurde, um zur Anwendung des Abs. 2 zu gelangen; dem ist unter dem Gesichtspunkt der *Gesetzesumgehung* die Anerkennung zu versagen, Abs. 2 also nicht anzuwenden[89]. Die Gerichtsstandsvereinbarung kann in diesen Fällen nur *nach §§ 38 Abs. 1, 3; 40* zulässig sein[90], ist aber bei fehlendem Auslandsbezug auch nach diesen Vorschriften **unwirksam**, wenn kein berechtigtes Interesse an der Wahl eines ausländischen Gerichts zu erkennen ist[91].

c) Prorogation nach Art. 17 EuGVÜ

aa) Allgemeiner Anwendungsbereich

20   Der Text des Übereinkommens ist oben Einl. Rdnr. 901 abgedruckt, ebenso (Einl. Rdnr. 931) das am 1. IX. 1975 in Kraft getretene Protokoll vom 3. IV. 1971 über Vorlagepflichten und -rechte der Obersten Gerichtshöfe und der Rechtsmittelgerichte an den Gerichtshof der Europäischen Gemeinschaften[92]. Das EuGVÜ gilt seit dem 1. II. 1973 im Verhältnis zu den Vertragsstaaten **Belgien, Frankreich, Italien, Luxemburg, Niederlande**[93] für alle Klagen, die nach dem 1. II. 1973 erhoben (d. h. rechtshängig geworden) sind[94], Art. 54 EuGVÜ. Im Verhältnis zu diesen Vertragsstaaten sowie zu **Dänemark** gilt es seit dem 1. XI. 1986[95] (in der Fassung des Beitrittsübereinkommens vom 9. X. 1978[96]) für alle Klagen, die nach dem 1. XI. 1986 rechtshängig geworden sind[97] (Art. 34 des Beitrittsübereinkommens); im Verhältnis zum **Vereinigten Königreich** gilt dasselbe seit dem 1. I. 1987[98], im Verhältnis zu **Irland** seit dem 1. VI. 1988[99]. Im Verhältnis zu **Griechenland** gilt es seit dem 1. IV. 1989[100] für alle Klagen, die nach dem 1. IV. 1989 rechtshängig geworden sind (Art. 12 des Beitrittsübereinkommens vom 25. X. 1982[101]). Mit **Spanien** und **Portugal** wurde ein entsprechendes 3.

---

[86] *BGH* NJW 1961, 1062.

[87] *BGH* NJW 1984, 2037 (für §§ 53, 61 BörsG; insoweit wohl überholt durch *BGH* WM 1991, 576; krit. schon *Schack* IZVR Rdnr. 451); *Kropholler* Hdb. IZVR I Kap. III Rdnr. 540 f.; *G. H. Roth* IPRax 1985, 198; vgl. auch *OLG Frankfurt* ZIP 1986, 499. – A. M. *Geimer* IZPR Rdnr. 1770; *Mann* NJW 1984, 2741.

[88] *BGH* NJW 1986, 1439 (*Geimer*); *G. H. Roth* IPRax 1987, 141; krit. *Geimer* IZPR Rdnr. 1614.

[89] Vgl. *Samtleben* NJW 1974, 1596; *Schütze* DB 1974, 1419; *Baumbach/Lauterbach/Hartmann*[50] Anm. 4 D. – S. auch *Lorenz* Anm. zu BAG AP Nr. 4 zu § 38 Internationale Zuständigkeit und *Trinkner* AWD 1973, 31, die (vor der Neufassung des § 38) für eine Vereinbarung über die internationale Zuständigkeit eine »relevante Auslandsberührung« verlangen.

[90] *BGH* NJW 1986, 1439 (*Geimer*).

[91] *BGH* NJW 1961, 1062; *Kropholler* Hbd. IZVR I Kap. III Rdnr. 543; *ders.* EZPR[3] Art. 17 Rdnr. 71; *Schütze* Deutsches IZPR, 49 f. – A. M. *Geimer* IZPR Rdnr. 1760; *Jasper* (Fn. 42), S. 106 f.

[92] BGBl. 1972 II, 845; 1975 II, 1138. – Dazu *Schlosser* RIW 1975, 534.

[93] BGBl. 1973 II, 60. Zu dieser Fassung s. Bericht *Jenard* ABl. EG 1979 C 59/1 ff.

[94] *OLG München* NJW 1974, 2182.

[95] BGBl. 1986 II, 1020.

[96] BGBl. 1983 II, 802. Zu dieser Fassung s. Bericht *Schlosser* ABl. EG 1979 C 59/71 ff.

[97] *OLG Köln* NJW 1988, 2182; *OLG Koblenz* NJW-RR 1988, 1334 = RIW 1987, 146. – Unzutreffend stellt *BGH* ZIP 1987, 1170 auf den Schluß der mündlichen Revisionsverhandlung ab; ebenso *OLG Koblenz* a.a.O. 145.

[98] BGBl. 1986 II, 1146; vgl. *OLG Koblenz* ZIP 1989, 1328; *OLG München* NJW 1987, 2166.

[99] BGBl. 1988 II, 610.

[100] BGBl. 1989 II, 214; vgl. den *Kerameus/Evrigenis*-Bericht, ABl. EG 1986 C 298/1 ff.

[101] BGBl. 1988 II, 453; vgl. *BGH* WM 1992, 88. Nur im Verhältnis zum Vereinigten Königreich gilt dieses Abkommen erst seit dem 15. X. 1989 (BGBl. II, 752).

Beitrittsübereinkommen am 26. V. 1989 geschlossen[102], das (wenn auch noch nicht im Verhältnis zur Bundesrepublik Deutschland) gem. seinem Art. 32 Abs. 1 am 1. II. 1991 in Kraft getreten ist, nachdem zunächst Spanien am 22. XI. 1990[103] und dann Frankreich am 17. X. 1990[104] die Ratifikationsurkunden hinterlegt hatten. Im Verhältnis zur Bundesrepublik noch nicht in Kraft ist das Lugano-Parallelübereinkommen mit den EFTA-Staaten **Finnland, Island, Norwegen, Österreich, Schweden, Schweiz** vom 16. IX. 1988[105].

Zweifelhaft ist, wieweit gem. Art. 54 EuGVÜ/Art. 12 bzw. 34 der Beitrittsübereinkommen auch solche Gerichtsstandsvereinbarungen an Art. 17 EuGVÜ zu messen sind, die *vor dem Inkrafttreten geschlossen* wurden. Soweit das EuGVÜ prorogationsfeste Gerichtsstände enthält (Art. 17 Abs. 3, → Rdnr. 30), stehen sie auch alten Prorogationen entgegen. Die Rechtsprechung[106] wendet die Formerfordernisse des Art. 17 auch auf alte Prorogationen an, in der Regel vor dem Hintergrund, daß damit nach bisherigem Recht nichtige Prorogationen »geheilt« wurden. Gleichwohl erscheint dieses Verfahren bedenklich, weil die Vertragspartner sich seinerzeit an den Erfordernissen des Art. 17 EuGVÜ nicht orientieren konnten und ihre Vereinbarung u. U. vernichtet wird, obwohl auch nach neuem Recht eine Prorogation unschwer möglich wäre. Es spricht daher vieles dafür, wenigstens in diesem Fall die Wirksamkeit früherer Prorogationen hinsichtlich des *Zustandekommens* und der *Formerfordernisse* nach dem seinerzeit geltenden Recht zu beurteilen[107].

Die Prorogation muß innerhalb des **sachlichen Anwendungsbereichs** des Übereinkommens (→ Einl. Rdnr. 787) nach Art. 1 EuGVÜ liegen, sich also auf Zivil- oder Handelssachen (einschließlich Arbeitssachen[108]) beziehen und darf keinen der in Art. 1 Nr. 1−4 EuGVÜ genannten Ausnahmebereiche (z. B. Personenstand[109], eheliche Güterstände, erbrechtliche einschließlich testamentsrechtlicher Streitigkeiten) betreffen. Erfaßt werden **nur** Vereinbarungen über die **internationale** Zuständigkeit, da sich das gesamte Zuständigkeitsrecht des EuGVÜ nur mit dieser Frage befaßt[110]. Für die **örtliche** Zuständigkeit gilt Art. 17 nur, soweit sie in einer Vereinbarung über die internationale Zuständigkeit mitgeregelt ist.

bb) Besondere Voraussetzungen

Aus dem Wortlaut des Art. 17 ergibt sich, daß erstens mindestens eine Partei ihren Wohnsitz (bzw. Sitz bei Gesellschaften und juristischen Personen, Art. 53 EuGVÜ) in einem Vertragsstaat haben muß und zweitens die Zuständigkeit der Gerichte oder eines bestimmten Gerichts eines Vertragsstaats vereinbart sein muß[111].   **21**

Diese beiden **Voraussetzungen** sind aber ersichtlich **zu weit gefaßt**, denn Art. 17 würde danach z. B. auch dann eingreifen, wenn zwei in Deutschland wohnende Personen die Zuständigkeit eines deutschen   **22**

---

[102] ABl. EG 1989 L 285/1; dazu der Bericht von *Almeida Cruz/Desantes Real/Jenard*, ABl. EG 1990 C 189/35 ff.

[103] BOE vom 28.1.1991, num. 24, S. 2928.

[104] Décret n. 91−175 vom 12. II. 1991, J.O. vom 29. II. 1991; vgl. auch die Mitt. des Rates, ABl. EG 1991 C 17/2.

[105] ABl. EG 1988 L 319/9 ff.; dazu Bericht *Jenard/Möller* ABl. EG 1990 C 189/57 ff.

[106] *EuGH* RIW 1980, 286; *BGH* RIW 1976, 296; *OLG Hamm* IPRax 1991, 325. Vgl. auch die in Fn. 97 aufgeführten Entscheidungen. − Eine Sonderregelung für Irland und das Vereinigte Königreich enthält Art. 35 des Beitrittsübereinkommens (Fn. 96).

[107] Zust. *Kropholler* EZPR³ Art. 54 Rdnr. 4. − Zur ähnlichen Problematik bei der Gerichtsstandsnovelle → Rdnr. 4 ff. vor § 38.

[108] Dazu näher *EuGH* RIW 1980, 285; *Beitzke* RIW 1976, 10; *Birk* RdA 1983, 143 ff.; *Grunsky* JZ 1973, 641; *Kropholler* EZPR³ Art. 17 Rdnr. 73 ff.; *Mezger* AWD

1974, 379; *Schack* IZVR Rdnr. 474. − Zu den Einschränkungen gem. Art. 17 Abs. 5 EuGVÜ → Rdnr. 75.

[109] Einschließlich der Ehescheidung, vgl. Bericht *Jenard* (Fn. 93) 3. Kap. IV A.

[110] Vgl. Bericht *Jenard* (Fn. 93) 4. Kap. B 6. Abschnitt zu Art. 17 a.E; *Kropholler* EZPR³ Art. 17 Rdnr. 2. − Nicht erfaßt werden Vereinbarungen über die internationale Zuständigkeit von *Schiedsgerichten*, Art. 1 Abs. 2 Nr. 4 EuGVÜ; vgl. dazu *EuGH* in der Rechtssache C-190/89, I.L.Pr. (1991), 524.

[111] Weitergehend *Schack* IPRax 1990, 20, der Art. 17 Abs. 1 analog anwenden will, wenn zwar die Zuständigkeit eines Gerichts außerhalb eines Vertragsstaates begründet, zugleich aber die Zuständigkeit eines Gerichts in einem anderen Vertragsstaat derogiert wird. Wie hier *Basedow* IPRax 1985, 135; *Kropholler* EZPR³ Art. 17 Rdnr. 13; *Lorenz* IPRax 1985, 258 Fn. 15; *Prinzing* IPRax 1990, 84; *Schlosser* Festschr. f. W. Kralik (1986), 297 f.

Gerichts vereinbaren. Es ist aber nicht der Sinn des Art. 17, die innerstaatlichen Regeln über die Prorogation in allen Fällen zu verdrängen. Vielmehr ist aus dem Zweck des Übereinkommens und seiner Präambel[112] abzuleiten, daß es **Zuständigkeitsprobleme** regeln wollte, die **zwischen den Zuständigkeitsordnungen zweier Vertragsstaaten** auftreten, nicht aber rein interne Fragen oder Zuständigkeitsprobleme, die ausschließlich *einen* Vertragsstaat und einen Drittstaat berühren. Derselbe Gedanke läßt sich aus den Grundregeln der Art. 2–4 EuGVÜ ablesen und präzisieren. Art. 2 stellt den Grundsatz auf, daß Personen, die in einem Vertragsstaat wohnen, vor den Gerichten ihres Wohnsitzstaates zu verklagen sind. Die besonderen Regeln des Übereinkommens befassen sich nach Art. 3 Abs. 1 mit der Frage, wann eine Person *außerhalb ihres Wohnsitzstaates* verklagt werden kann, wann also, wie man verkürzt sagen kann, ein »Außengerichtsstand« begründet ist. **Damit erweist sich das Auseinanderfallen von Wohnsitz- und Gerichtsstaat als der eigentliche Regelungsgegenstand.** Das gilt auch für Art. 17, nur ist hier nicht auf die Situation im *konkreten* Prozeß (wird der Beklagte außerhalb seines Wohnsitzstaates verklagt?) abzustellen, sondern auf den *gesamten* Inhalt der Vereinbarung. Dadurch wird im Interesse der Parteien erreicht, daß die Wirksamkeit einer Prorogation, wenn sie überhaupt unter Art. 17 fällt, im allgemeinen für beide Parteien und für beide möglichen Prozeßkonstellationen einheitlich, eben nach Art. 17, zu beurteilen ist. Art. 17 ist daher immer dann anzuwenden, wenn **aufgrund der Vereinbarung** eine in einem Vertragsstaat wohnende Partei **in einem anderen Vertragsstaat verklagt werden könnte.** Darüber hinaus ist aus dem Regelungsgegenstand des Übereinkommens und aus dem Zusammenhang des Art. 17 mit den vorausgehenden Bestimmungen des Übereinkommens zu entnehmen, daß Art. 17 auch dann gilt, wenn es im konkreten Prozeß darum geht, ob eine **nach dem Übereinkommen gegebene Zuständigkeit** zur Klage in einem Vertragsstaat außerhalb des Wohnsitzstaates des Beklagten durch die Vereinbarung wirksam **ausgeschlossen** ist[113].

23   Im Ergebnis hat also der *deutsche* Richter Art. 17 **unter folgenden Voraussetzungen anzuwenden**:

1) *Wohnsitz* mindestens einer Partei in einem *Vertragsstaat*,

2) *Vereinbarung der Zuständigkeit* der Gerichte oder eines bestimmten Gerichts eines *Vertragsstaats*,

3) a) Begründung eines außerhalb des Wohnsitzstaates liegenden Gerichtsstands für mindestens eine in einem Vertragsstaat wohnende Partei (*Begründung eines Außengerichtsstand*)[114] *oder*

Ausschluß eines auf Grund des Übereinkommens gegebenen deutschen Gerichtsstands des nicht in Deutschland, sondern in einem anderen Vertragsstaat wohnenden Beklagten (*Ausschluß eines deutschen Außengerichtsstands*)[115].

24   Hingegen hat der deutsche Richter Art. 17 insbesondere in folgenden Fällen **nicht anzuwenden**, obwohl Art. 17 dem Wortlaut nach an sich erfüllt wäre:

1) Prorogation eines deutschen Gerichts durch zwei in Deutschland wohnende Parteien[116]. Hier gilt § 38 auch dann, wenn nicht ohnehin die örtliche, sondern auch die internationale Zuständigkeit von der Prorogation betroffen ist.

2) Prorogation eines deutschen Gerichts zwischen einer in Deutschland und einer in einem

---

[112] Abgedruckt oben Einl. Rdnr. 901.

[113] Krit. zu diesem Ansatz *Basedow* IPRax 1985, 135; *Geimer* IZPR Rdnr. 1646; *ders.* NJW 1986, 1439; *Gottwald* ZZP 94 (1981), 352; *Jayme/Haack* IPRax 1985, 323; *Seeberg* ZIP 1992, 605 ff; wohl auch *Kropholler* EZPR³ Art. 17 Rdnr. 4 ff. – Wie hier *OLG München* WM 1989, 603 = ZZP 103 (1990), 84 (*H. Schmidt*); *Baumgärtel* Festschr. f. G. Kegel (1977), 292; *Kohler* IPRax 1983, 266; *Piltz* NJW 1979, 1072 f.; *Rahmann* (Fn. 42), 11 ff.; *Samtleben* NJW 1974, 1594. Zu vergleichbaren Ergebnissen kommt i. d. R. die Auffassung, Art. 17 sei immer dann anzuwenden, wenn forum derogatum und forum prorogatum in zwei verschiedenen Vertragsstaaten liegen, vgl. *Jung* (Fn. 42), 51 ff., 74 f. m. w. N.

[114] Daher hätte im Fall des *AG Berlin-Charlottenburg* NJW 1975, 502 (*Putzo*; Parteien mit Wohnsitz in Deutschland bzw. Frankreich vereinbaren deutsches Gericht) Art. 17 EuGVÜ Anwendung finden müssen, nicht dagegen § 38; zutr. *Samtleben* NJW 1975, 1606.

[115] Z.B. wenn Kläger und Beklagter in Frankreich wohnen, die Klage vor einem auf Grund des EuGVÜ zuständigen deutschen Gericht erhoben wird und der Beklagte einwendet, man habe die Zuständigkeit des deutschen zugunsten eines französischen Gerichts ausgeschlossen, vgl. *Samtleben* NJW 1974, 1594.

[116] Ebenso Bericht *Jenard* (Fn. 93) 4. Kap. B 6. Abschnitt zu Art. 17; zustimmend *MünchKommZPO/Patzina* Rdnr. 24.

Nichtvertragsstaat wohnenden Partei. Hier ist § 38 anzuwenden[117]. Allerdings erklärt Art. 17 Abs. 1 S. 3 in diesem Fall die *Derogation* aller übrigen Gerichte der Vertragsstaaten für wirksam[118].

Maßgeblicher Zeitpunkt: Art. 17 regelt nicht ausdrücklich, ob der Wohnsitz mindestens   25 einer Partei in einem Vertragsstaat bei Abschluß einer Vereinbarung gegeben sein muß oder bei Erhebung der Klage. Dasselbe Problem ergibt sich für die oben Rdnr. 23 unter 3) genannte Voraussetzung (Begründung oder Ausschluß eines Außengerichtsstandes). Der Zweck des Übereinkommens liegt nicht zuletzt darin, das Recht zu vereinheitlichen und den Beteiligten eine möglichst sichere Gestaltung ihrer Gerichtsstandsvereinbarung zu ermöglich. Sie sollen an Hand des Art. 17 ersehen können, ob ihre Vereinbarung wirksam ist. Dies spricht entschieden dafür, auf Wohnsitz- und Gerichtsstandsverhältnisse zum **Zeitpunkt des Vereinbarungsabschlusses** abzustellen[119]. Haben also z. B. eine in Deutschland und eine in Italien wohnende Partei die Zuständigkeit eines deutschen Gerichts vereinbart, so bleibt die Vereinbarung an Art. 17 zu messen, auch wenn die zweite Partei (oder deren Rechtsnachfolger, → Rdnr. 28 a) im Zeitpunkt der Klageerhebung ebenfalls in Deutschland wohnt.

cc) Verhältnis zu § 38; Mißbrauchsfälle

Die Vorschriften des EuGVÜ gehen als **Sonderregeln** für ihren Anwendungsbereich dem   26 sonstigen deutschen Recht vor (→ auch Rdnr. 30 sowie § 40 Rdnr. 7 a. E.). Soweit daher eine Gerichtsstandsvereinbarung nach dem oben Rdnr. 23 Gesagten unter Art. 17 EuGVÜ fällt, ist **§ 38 in vollem Umfang unanwendbar**[120], gleich ob es sich um eine Prorogation unter Vollkaufleuten oder anderen Personen handelt (→ Rdnr. 12). Unanwendbar ist auch die Beschränkung bei der Wahl eines deutschen Gerichts durch § 38 Abs. 2 S. 3[121]. Das EuGVÜ enthält keinen Vorbehalt, der eine solche Einschränkung gestatten würde. Der deutsche Gesetzgeber könnte zwar durch ein neueres Gesetz vom EuGVÜ abweichen, da dieses im innerstaatlichen Recht keinen höheren Rang hat als andere Bundesgesetze[122]. Er würde sich aber dadurch vertragswidrig verhalten; dies kann bei der Auslegung nicht unterstellt werden (→ Einl. Rdnr. 66).

Soweit Art. 17 EuGVÜ reicht, kommt das grundsätzliche Prorogationsverbot der ZPO   27 nicht zum Zug, es sei denn, daß in der Prorogation eine **Gesetzesumgehung** oder ein **Rechtsmißbrauch** zu sehen ist (→ oben Rdnr. 19, 19 d).

dd) Abschluß der Gerichtsstandsvereinbarung

Art. 17 Abs. 1 setzt zunächst eine – auch stillschweigend mögliche – **Einigung** der Parteien   28 voraus, für die eine bestimmte **Form** (schriftliche Vereinbarung oder mündliche Vereinbarung mit schriftlicher Bestätigung[123]) vorgesehen wird. Insoweit stimmt Art. 17 Abs. 1 mit den

---

[117] *BGH* WM 1992, 88; *OLG Düsseldorf* NJW 1991, 1492; *OLG München* IPRax 1991, 46, 47 (abl. *Geimer* 31/ 33).

[118] Dazu *Kropholler/Pfeifer* Festschr. f. H. Nagel (1987), 160.

[119] Vgl. auch *Kropholler* EZPR³ Art. 17 Rdnr. 10.

[120] *OLG München* NJW 1982, 1951; NJW 1974, 2182; *OLG Karlsruhe* NJW 1982, 1950; *OLG Bamberg* NJW 1977 505; *OLG Saarbrücken* NJW 1992, 987; *LG Frankfurt* IPRax 1992, 243; *LG München* NJW 1975, 1606; *Baumgärtel* Festschr. f. F. Weber (1975), 31; *Coester/Waltjen* Jura 1989, 614; *Diederichsen* BB 1974, 380; *Grunsky* RIW 1977, 6; *Löwe* NJW 1974, 475; *Rahmann* (Fn. 42), 6 ff.; *Samtleben* NJW 1974, 1590; *Schack* IZVR

Rdnr. 469. – A. M. *Katholnigg* BB 1974, 396; *Wirth* NJW 1978, 461 (dagegen zutr. *Piltz* NJW 1978, 1094).

[121] A. M. *Katholnigg* BB 1974, 396 Fn. 11; teilw. auch *Baumgärtel* Festschr. f. G. Kegel (1977), 297 f.

[122] A. M. *Schlosser* NJW 1975, 2132, der das EuGVÜ zum Primärrecht der Europäischen Gemeinschaften rechnet und ihm einen über dem einfachen Bundesrecht stehenden Rang zuerkennt.

[123] Weitergehende Anforderungen (ausdrückliche und besondere Annahme) bestehen für Personen mit Wohnsitz in Luxemburg, Art. 1 Abs. 2 des Protokolls zum EuGVÜ, abgedr. Einl. Rdnr. 920. – Hingegen gelten die Formerfordernisse nicht für Vereinbarungen über den *Erfüllungsort* (Art. 5 Nr. 1 EuGVÜ), *EuGH* RIW 1980, 726

Anforderungen des (dem Art. 17 in dieser Hinsicht nachgebildeten) § 38 Abs. 2 überein (→ Rdnr. 15 ff.); insbesondere gilt § 126 BGB auch hier nicht, so daß z. B. eine durch *Briefwechsel* zustande gekommene Prorogation formgültig ist[124]. Art. 17 Abs. 1 S. 2, 3. Fall des EuGVÜ in der Fassung des 1. und 2. Beitrittsübereinkommens und Art. 17 Abs. 1 S. 2 lit. (c) EuGVÜ in der Fassung des 3. Beitrittsübereinkommens erlauben darüberhinaus jede andere Form[125], wenn sie *internationalen Handelsbräuchen*[126] entspricht, die den Parteien bekannt sind oder die als ihnen bekannt angesehen werden müssen. Zudem kann nach Inkrafttreten des 3. Beitrittsübereinkommens auch für die Bundesrepublik Deutschland ein Gerichtsstand gem. Art. 17 Abs. 1 S. 2 lit. (b) EuGVÜ in der Form festgelegt werden, die den *Gepflogenheiten* entspricht, die *zwischen den Parteien* entstanden sind[127].

Bei Gerichtsstandsklauseln in **Allgemeinen Geschäftsbedingungen** ist das deutsche *AGBG nicht anwendbar*, da Art. 17 alle nationalen Prorogationsbeschränkungen verdrängt und eine Überprüfung an Hand des AGBG der rechtsvereinheitlichenden Intention des Übereinkommens entgegenstünde[128]. Das gilt sowohl für §§ 2, 3 AGBG[129] als auch für §§ 9 ff. AGBG[130]. Im Rahmen von Art. 17 Abs. 1 reicht bei einer **schriftlichen Vereinbarung** die bloße Übergabe oder Beifügung der AGB ebenso wenig aus wie der Abdruck auf der Rückseite des Vertrages. Der Zweck der Formerfordernisse, Klarheit über das tatsächliche Vorliegen einer Einigung zu schaffen, verlangt vielmehr einen *ausdrücklichen Hinweis auf die AGB*[131]. Dazu reicht es aus, wenn der Vertrag auf ein Angebot Bezug nimmt, das seinerseits deutlich auf die AGB verweist, wenn diese dem Vertragspartner vorgelegen haben. Nichts anderes sollte gelten, wenn die Bezugnahme auf mitübersandte AGB in einer Aufforderung zur Abgabe eines Angebotes enthalten ist und dann eine schriftliche Bestellung unter Bezugnahme auf die Aufforderung zum Angebot erfolgt, die dann ihrerseits schriftlich bestätigt wird. Nicht ausreichend ist der bloße Abdruck der Bedingungen auf der Rückseite einer Rechnung[132]. Ein *ausdrücklicher Hinweis auf die Gerichtsstandsklausel* ist in keinem Fall erforderlich[133].

Im Rahmen einer **schriftlich bestätigten mündlichen Einigung**[134] müssen die AGB grundsätzlich *bei der mündlichen Einigung* vorgelegen haben und *ausdrücklich einbezogen* worden sein. Es reicht aber auch aus, daß die AGB einer bereits bestehenden *laufenden Geschäftsverbindung* insgesamt zugrunde liegen[135], sofern innerhalb dieser Geschäftsbeziehung wenigstens einmal ausdrücklich auf die AGB verwie-

---

= WM 720 (*Schütze*); dazu *BGH* RIW 1980, 725; 1985, 148 = NJW 560. Nur wenn die Erfüllungsortvereinbarung aus rein prozessualen Gründen erfolgt, ist Art. 17 analog anzuwenden, um einer Gesetzesumgehung zu wehren (→ § 29 Rdnr. 49).

[124] *OLG München* WM 1989, 605; *v. Hoffmann* AWD 1973, 62; *Kropholler* EZPR[3] Art. 17 Rdnr. 26; *Marburger* NJW 1974, 1926 Fn. 66; *Samtleben* NJW 1974, 1592. – A. M. *OLG München* NJW 1982, 1591.

[125] Nach zutr. Ansicht betrifft Art. 17 Abs. 1 S. 2, 3. Fall auch die Einigung, nicht nur die Form. Vgl. *Basedow* IPRax 1985, 137; *Kropholler/Pfeifer* Festschr. f. H. Nagel (1987), 162 f.; *G. H. Roth* ZZP 93 (1980), 162; krit. *Jayme* IPRax 1990, 346, 347. → unten bei Fn. 140.

[126] Dazu *Jayme* IPRax 1990, 347; *Kropholler* EZPR[3] Art. 17 Rdnr. 41; *ders.* RIW 1986, 930; *Rauscher* ZZP 104 (1991), 288; *Schlosser* RIW 1984, 913. – Zum **Schweigen** auf zugesandte AGB als nach internationalem Handelsbrauch genügendes Verhalten s. *LG Essen* RIW 1992, 227 (zust. *M. J. Schmidt* 173).

[127] Dazu *Kohler* EuZW 1991, 305.

[128] *OLG München* WM 1989, 605 = ZZP 103 (1990), 84, 89 (*H. Schmidt*); *Geimer* IPRax 1991, 34; *Gottwald* Festschr. f. K. Firsching (1985), 103 f.; *Grüter* DB 1978, 384; *Jung* (Fn. 42), 154; *Kohler* IPRax 1983, 270; *Kropholler* EZPR[3] Art. 17 Rdnr. 17; *Rauscher* ZZP 104 (1991), 295/304; *Schlosser* ZZP 98 (1985), 100; *Schwarz* IPRax 1987, 292; *Sonnenberger* Festschr. f. K. Firsching (1985), 297; *Staudinger/Schlosser*[12] § 12 AGBG Rdnr. 6; *Ulmer/Brandner/Hensen/H. Schmidt*[6] Anh. § 2 AGBG Rdnr. 26.

[129] A. M. *LG Rottweil* IPRax 1989, 46; *Grunsky* RIW

1977, 6; *Wolf/Horn/Lindacher*[2] § 9 AGBG Rdnr. G 135 ff.; *Voraufl.*

[130] A. M. *OLG Karlsruhe* NJW 1982, 1950 f.; *LG Rottweil* IPRax 1989, 46; *Hübner* NJW 1980, 2606; *Landfermann* RIW 1977, 448; *Piltz* NJW 1979, 1073; *Rosenberg/Schwab*[14] § 20 VI 3 c; *Wolf/Horn/Lindacher*[2] Anh. § 2 AGBG Rdnr. 95, § 9 AGBG Rdnr. G 135/139 ff.

[131] *EuGH* RIW 1977, 104 = NJW 494 (auf Vorlage von *BGH* RIW 1976, 295 = WM 401); dazu *BGH* RIW 1977, 649 = WM 795; *G. Müller* RIW 1977, 163. Vgl. ferner *BGH* WM 1989, 1941; *OLG Hamm* IPRax 1991, 325; *OLG München* WM 1989, 604; IPRax 1987, 307 (krit. *E. Rehbinder* IPRax 1987, 289); *OLG Koblenz* NJW-RR 1988, 1335. – Zur Einbeziehung fremdsprachiger AGB s. *BGH* RIW 1991, 326; *OLG Hamm* IPRax 1991, 324; *Kohler* IPRax 1991, 299.

[132] *LG Köln* IPRax 1989, 290, 291.

[133] *OLG Hamm* IPRax 1991, 325; *OLG Koblenz* NJW-RR 1988, 1335; *v. Hoffmann* AWD 1973, 62; *Kropholler* EZPR[3] Art. 17 Rdnr. 30; *Samtleben* NJW 1974, 1592. – A. M. *LG Heidelberg* RIW 1976, 533; mißverständlich *OLG Hamm* NJW 1990, 653.

[134] Zum Sonderfall der mündlichen Verlängerung einer wegen Fristablaufs unwirksamen schriftlichen Vereinbarung vgl. *EuGH* NJW 1987, 2155.

[135] *EuGH* RIW 1977, 105 = NJW 495 (auf Vorlage von *BGH* RIW 1976, 296 = WM 400); dazu *BGH* RIW 1977, 432 = WM 826; *OLG München* WM 1989, 604; *OLG Celle* RIW 1985, 572 = IPRax 284 (dazu *Duintjer Tebbens* IPRax 1985, 262); *OLG Hamm* NJW 1983, 524; *OLG Stuttgart* RIW 1980, 365. – Der EuGH stützt seine

---

sen wurde[136]. Außerdem muß die mündliche Einigung schriftlich bestätigt worden sein, wobei es keine Rolle spielt, *welche* Partei bestätigt hat[137]. *Nicht* ausreichend ist es hingegen, wenn die AGB erst der schriftlichen *Bestätigung beigefügt* waren, denn dann fehlt es insoweit an einer mündlichen Einigung. Es bedarf in diesem Fall einer erneuten Bestätigung, die eine ausdrückliche Zustimmung erkennen läßt; konkludentes Verhalten genügt dazu ebenso wenig wie das Unterlassen eines Widerspruchs[138]. Abweichend von diesem Grundsatz und vom bisherigen Recht[139] ist aber die Einbeziehung von AGB unter Kaufleuten durch Schweigen auf ein *kaufmännisches Bestätigungsschreiben* jetzt nach Art. 17 Abs. 1 S. 2, 3. *Fall* grundsätzlich möglich[140]. Auch Gerichtsstandsklauseln in *Konnossement-Bedingungen* können nach dieser Vorschrift kraft Handelsbrauchs wirksam werden[141].

Auch im Rahmen des Art. 17 EuGVÜ ist die Form als **Wirksamkeitsvoraussetzung** zu betrachten[142]. Eine wirksam getroffene Gerichtsstandsvereinbarung wirkt gegen Dritte nur, wenn diese nach nationalem Recht **Rechtsnachfolger** einer Vertragspartei sind[143]. Dazu zählt beispielsweise auch der Empfänger als Rechtsnachfolger des Befrachters bei Vereinbarung eines Gerichtsstandes in *Konnossement-Bedingungen*[144]. Eine Ausnahme (Bindung auch ohne Rechtsnachfolge) gilt für Prorogationen zugunsten Dritter, etwa (wegen Art. 12 Nr. 2 EuGVÜ) zugunsten der durch einen *Versicherungsvertrag* mitversicherten bzw. begünstigten Dritten[145], sowie für Gerichtsstandsklauseln in autonomen *Satzungen* und Statuten[146].   28a

ee) Inhalt der Prorogation

Die Vereinbarung muß zunächst ein **bestimmtes Rechtsverhältnis** betreffen, wobei die   29 *Bestimmbarkeit*, wie bei § 40 Abs. 1 ZPO[147], ausreicht[148]. Vereinbart werden muß außerdem die Zuständigkeit eines **bestimmten (bzw. bestimmbaren) Gerichts**. In diesem Fall reicht es nicht aus, die Wahl des Gerichts in das Belieben einer Partei zu stellen[149], wohl aber kann die Zuständigkeit alternativ von der Parteirolle im Prozeß abhängig gemacht werden (z.B. Wohnsitzgericht des jeweiligen Klägers[150]; Wohnsitzgericht des jeweiligen Beklag-

---

Entscheidung auf die Überlegung, der Empfänger verstoße gegen Treu und Glauben, wenn er sich in diesem Fall auf eine fehlende Bestätigung berufe. Dazu zu Recht kritisch *Grüter* DB 1978, 382; *Jung* (Fn. 42), 166; *Kropholler* EZPR[3] Art. 17 Rdnr. 32 Fn. 71; *G. Müller* RIW 1977, 165.

[136] *OLG Hamburg* RIW 1984, 916 = ZIP 1241 = IPRax 1985, 281.

[137] *EuGH* RIW 1985, 737 (auf Vorlage von *BGH* IPRax 1985, 280); dazu *BGH* NJW 1986, 2196; *Samtleben* IPRax 1985, 261. – A. M. früher u. a. *OLG München* NJW 1982, 1952.

[138] *EuGH* RIW 1977, 105 = NJW 495; *OLG Hamm* NJW 1990, 653; *OLG Frankfurt* RIW 1976, 532 = NJW 1977, 507.

[139] Dazu *Kropholler* EZPR[3] Art. 17 Rdnr. 35 m. w. N.

[140] Die Vorschrift wurde gerade zu diesem Zweck als Reaktion auf *EuGH* (Fn. 135) eingefügt. Vgl. Bericht *Schlosser* (Fn. 96) Rdnr. 179; *Jung* (Fn. 42), 170; *Kropholler/Pfeifer* Festschr. f. H. Nagel (1987), 162 = *Kropholler* RIW 1986, 930 = EZPR[3] Art. 17 Rdnr. 40 ff.; *Schack* IZVR Rdnr. 470; *Schütze* Deutsches IZPR, 56. – Zweifelnd *Jayme* IPRax 1990, 347; *Kohler* IPRax 1983, 270; *Rosenberg/Schwab*[14] § 20 VI 3 c; offengelassen in *OLG Düsseldorf* RIW 1990, 578 f. – Wegen der subjektiven Voraussetzungen (Kenntnis/Kennenmüssen) ist auf das Wohnsitzrecht der betroffenen Partei abzustellen, *OLG Köln* NJW 1988, 2183 m. w. N.

[141] Dazu *Basedow* IPRax 1985, 133 ff.; *Kropholler* EZPR[3] Art. 17 Rdnr. 43, 78 ff.; *Schack* IZVR Rdnr. 471; *Schlosser* RIW 1984, 912; *Sonnenberger* Festschr. f. K. Firsching (1985), 295 ff.

[142] *EuGH* RIW 1977, 104 = NJW 494; RIW 1977, 105

= NJW 495; *Bülow* RabelsZ 29 (1965), 493; *Kropholler* EZPR[3] Art. 17 Rdnr. 25; *Schack* IZVR Rdnr. 472. – A. M. *v. Hoffmann* AWD 1973, 62. Im Bericht *Jenard* (Fn. 93) 4. Kap. B 6. Abschn. zu Art. 17 blieb die Frage offen. – Keine Wirksamkeitsvoraussetzung darf hingegen eine nach dem Vertragsstatut vorgeschriebene Sprache sein, *EuGH* RIW 1981, 709 = IPRax 1982, 237; *Leipold* IPRax 1982, 224; vgl. auch *BGH* WM 1982, 1941; *OLG München* NJW 1987, 2166.

[143] *BGH* NJW 1980, 2023; *Geimer* NJW 1985, 534; *Kropholler* EZPR[3] Art. 17 Rdnr. 44; *Schack* IZVR Rdnr. 471. → auch Rdnr. 48 sowie *Rauscher* IPRax 1992, 145 gegen *OLG Saarbrücken* NJW 1992, 988 = IPRax 166.

[144] *EuGH* RIW 1984, 909 = IPRax 1985, 152; *Geimer* NJW 1985, 534; *Kropholler/Pfeifer* Festschr. f. H. Nagel (1987), 164 ff.; *Schlosser* RIW 1984, 914.

[145] *EuGH* RIW 1984, 62 = IPRax 259 = NJW 2760; *Geimer* NJW 1985, 533; *Hübner* IPRax 1984, 237; *Kropholler* EZPR[3] Art. 17 Rdnr. 45.

[146] *Geimer* NJW 1985, 533 m. Fn. 2. Vgl. dazu den Vorlagebeschluß des *OLG Koblenz* ZIP 1989, 1327 = WM 1425 sowie *EuGH* ZIP 1992, 472 = NJW 1671.

[147] → § 40 Rdnr. 1, auch zu Ansprüchen aus unerlaubter Handlung.

[148] *OLG München* WM 1989, 604; *Kropholler* EZPR[3] Art. 17 Rdnr. 52 f.; *Schack* IZVR Rdnr. 473.

[149] *LG Braunschweig* AWD 1974, 346; vgl. auch *OLG München* IPRax 1989, 43 f.

[150] *LG Frankfurt* RIW 1986, 543; *Jayme/Haack* IPRax 1985, 323; *Kropholler* EZPR[3] Art. 17 Rdnr. 56. – A. M. *LG Wiesbaden* IPRspr. 1978 Nr. 146.

ten[151]). Vereinbart werden kann auch die Zuständigkeit der Gerichte eines **bestimmten Staates**. Es wird dann nur die *internationale* Zuständigkeit des jeweiligen Staates bestimmt, während über die *örtliche* Zuständigkeit die lex fori entscheidet. Sieht diese keine örtliche Zuständigkeit vor, so greift nach deutschem Recht die örtliche Ersatzzuständigkeit des Sitzes der Bundesregierung (§§ 15 Abs. 1 S. 2, 27 Abs. 2, 648 Abs. 2 analog)[152]. Für die *sachliche* Zuständigkeit (einschließlich der Vereinbarung darüber) gilt in beiden Fällen innerstaatliches Recht.

29a   Art. 17 Abs. 1 geht davon aus, daß die Parteien eine **ausschließliche** Zuständigkeit des prorogierten Gerichts wollen[153]. Deshalb spricht bei einer Vereinbarung, die unter diese Vorschrift fällt, eine *Vermutung* für die ausschließliche Zuständigkeit, solange nicht *eindeutig* eine konkurrierende Zuständigkeit vereinbart ist[154]. Außerdem erlaubt Art. 17 Abs. 4 eine Prorogation zugunsten *einer* Partei mit der Folge, daß diese das Recht behält, jedes andere Gericht anzurufen, das aufgrund des EuGVÜ zuständig ist. Auch das muß aber deutlich vereinbart werden, da wegen Abs. 1 im Zweifel davon auszugehen ist, daß eine für beide Parteien verbindliche ausschließliche Zuständigkeit gewollt ist[155]. Ob diese ausschließliche Zuständigkeit auch daran hindert, von der Prorogation erfaßte Ansprüche bei derogierten Gerichten im Wege der *Aufrechnung* oder *Widerklage* geltend zu machen, ist wie bei § 38 Abs. 2 ZPO (→ Rdnr. 19 a) Auslegungsfrage[156].

30   Die Vereinbarung ist nach Art. 17 Abs. 3 **unwirksam**, wenn ein *ausschließlicher* Gerichtsstand nach Art. 16 EuGVÜ besteht[157], während nationale Vorschriften über ausschließliche Gerichtsstände zurücktreten[158] (→ auch § 40 Rdnr. 7 a. E.). Außerdem kann von den für *Versicherungssachen* und *Verbrauchersachen* vorgesehenen Gerichtsständen nur in begrenztem Umfang abgewichen werden, Art. 17 Abs. 3 iVm Art. 12, 15 EuGVÜ[159].

3. Prorogation nach Entstehen der Streitigkeit (Abs. 3 Nr. 1)

a) Zeitpunkt

31   Abs. 3 Nr. 1 läßt eine Prorogation nach Entstehen der Streitigkeit auf Grund der Erwägung zu, daß dann den Parteien die Tragweite der Vereinbarung regelmäßig bewußt werde und eine Übervorteilung einer Seite nicht mehr zu befürchten sei[160]. *Ein Prozeß* muß weder angedroht noch für die unmittelbare Zukunft beabsichtigt sein[161]. Noch viel weniger sind

---

[151] *EuGH* RIW 1978, 814 (auf Vorlage von *BGH* RIW 1978, 475); dazu *BGH* RIW 1979, 713 = NJW 2478. Vgl. auch *Schnyder* RabelsZ 47 (1983), 341.
[152] *Kropholler* EZPR³ Art. 17 Rdnr. 57 ff.; *Walchshöfer* ZZP 80 (1967), 204 f.
[153] *EuGH* IPRax 1981, 89 = WM 720; *BGH* NJW 1988, 646.
[154] *Jayme/Haack* IPRax 1985, 323; *Kohler* IPRax 1986, 342; *Kropholler* EZPR³ Art. 17 Rdnr. 87; *Prinzing* IPRax 1990, 87; *Voraufl.* Rdnr. 29.
[155] *EuGH* RIW 1986, 636 = IPRax 1987, 105 (auf Vorlage von *BGH* WM 1985, 382 als Revision zu *OLG Saarbrücken* RIW 1984, 478); dazu *BGH* WM 1986, 1508 = RIW 996 = NJW 1987, 3080; *OLG Koblenz* NJW-RR 1988, 1336 = IPRax 1987, 308 = RIW 146. Einzelheiten sind str., vgl. *Gottwald* IPRax 1987, 81 ff.; *Kohler* IPRax 1986, 340 ff.; *Kropholler* EZPR³ Art. 17 Rdnr. 92; *Schack* IZVR Rdnr. 476; *Schwarz* IPRax 1987, 291.
[156] Vgl. *EuGH* RIW 1985, 313 = NJW 2894 = IPRax 1986, 27 (auf Vorlage von *OLG Koblenz* RIW 1984, 396); *EuGH* RIW 1978, 814 (auf Vorlage von *BGH* WM 1978, 622 = RIW 475); dazu *BGH* WM 1979, 978 = RIW 713 =

NJW 2478; ferner *Eickhoff* (Fn. 42), 150 f., 186 f.; *v. Falkenhausen* RIW 1982, 389; *Gottwald* IPRax 1986, 10 ff.; *Kohler* IPRax 1983, 272; *Kropholler* EZPR² Art. 17 Rdnr. 93 ff.; *ders.* ZZP 100 (1987), 354 f.; *Rauscher* RIW 1985, 888.
[157] *OLG München* NJW-RR 1988, 1023; *LG Frankfurt* IPRax 1992, 243.
[158] *OLG Stuttgart* RIW 1991, 333 für § 96 GWB; zust. *H. Roth* IPRax 1992, 67.
[159] Dazu *OLG Köln* ZIP 1989, 839 f.; *OLG Koblenz* NJW-RR 1988, 1335; *LG Berlin* IPRax 1992, 244; *Kropholler* EZPR³ Art. 17 Rdnr. 61 ff.
[160] Bericht des Rechtsausschusses BT-Drucksache 7/1384, S. 4.
[161] *Thomas/Putzo*¹⁷ Anm. 2 c. – A. M. *Vollkommer* Rpfleger 1974, 132; *M. Wolf* ZZP 88 (1975), 346. – Eine Gleichsetzung mit dem rechtlichen Interesse i. S. des § 256 ist entgegen *Baumbach/Lauterbach/Hartmann*⁵⁰ Anm. 5 B a (zust. *Geimer* NJW 1986, 1439) nicht angebracht, da jenes auch ohne konkrete Meinungsverschiedenheit gegeben sein kann, → § 256 Rdnr. 65.

Rechtshängigkeit oder *Einreichung einer Klage* erforderlich. Vielmehr genügt ein **außergerichtlicher Streit**, d. h. verschiedene Ansichten über ein bestimmtes gesetzliches oder vertragliches Recht oder Rechtsverhältnis, die jeweils der Gegenseite mitgeteilt wurden. Die Gerichtsstandsvereinbarung für Streitigkeiten aus einem Vertrag kann nicht bereits im Vertrag selbst abgeschlossen werden[162], auch nicht mit der Begründung, es bestehe schon jetzt über bestimmte Fragen Streit. Abs. 3 Nr. 1 ist auf den Fall einer *nachträglich* entstandenen Streitigkeit zu beschränken; denn sonst könnte das grundsätzliche Prorogationsverbot allzu leicht umgangen werden. Im Streitfall muß der Zeitpunkt der Prorogation bewiesen werden. Eine Datierung der Vereinbarung und eine Bezugnahme auf den entstandenen Streit ist daher empfehlenswert, aber nicht Wirksamkeitsvoraussetzung. Ist eine Klage beim zuständigen Gericht erhoben, so kann die Zuständigkeit auch durch eine Prorogation nach Abs. 3 Nr. 1 wegen § 261 Abs. 3 Nr. 2 grundsätzlich nicht mehr beseitigt werden[163] (→ Rdnr. 58).

b) Ausdrücklicher und schriftlicher Abschluß

Die Anforderungen an die **Schriftlichkeit** der Vereinbarung sind dieselben wie nach Abs. 2   **32** (→ Rdnr. 15 ff.). Auch im Rahmen des Abs. 3 besteht kein Anlaß, das Formerfordernis an § 126 BGB auszurichten[164]; man wird kaum annehmen können, daß dasselbe Wort (»schriftlich«) in Abs. 2 und 3 verschiedenen Gehalt haben sollte. Nach Abs. 3 muß aber (im Unterschied zu Abs. 2) die gesamte Vereinbarung (beide Willenserklärungen) schriftlich niedergelegt werden; eine einseitige schriftliche Bestätigung reicht nicht. Die Vereinbarung kann auch hier durch Schriftwechsel zustande kommen. Die Aufnahme in ein gerichtliches Protokoll erfüllt die Form.

Daß die Prorogation **ausdrücklich** erfolgen muß, bedeutet, daß in der schriftlichen Verein-   **33** barung die Gerichtsstandsregelung mit klaren, auch für Laien unmißverständlichen Worten enthalten und das vereinbarte Gericht genannt sein muß[165]. Zur Frage einer Verweisung auf AGB, die bei der nachträglichen Vereinbarung kaum in Betracht kommt, → Rdnr. 38.

c) Verhältnis zu Abs. 1 und 2

Für Prorogationen zwischen den in **Abs. 1** genannten Personen gilt nur Abs. 1, der Gerichts-   **34** standsvereinbarungen unbeschränkt zuläßt. Bei internationalen Prorogationen i. S. des **Abs. 2** behält Abs. 3 Nr. 1 dagegen eine gewisse Bedeutung: Nach Entstehen der Streitigkeit sind solche Prorogationen ohne die in Abs. 2 S. 3 genannte Beschränkung bei der Wahl eines inländischen Gerichts zulässig. Es besteht nämlich kein sachlicher Grund, in dieser Situation für internationale Prorogationen engere Schranken zu ziehen als für rein innerstaatliche.

4. Gerichtsstandsvereinbarung für den Fall des Verlassens der Bundesrepublik oder der Unauffindbarkeit (Abs. 3 Nr. 2)

a) Voraussetzungen

aa) Abs. 3 Nr. 2, 1. Fall läßt Prorogationen für den Fall zu, daß die beklagte Partei ihren   **35** Wohnsitz oder gewöhnlichen Aufenthaltsort aus dem Geltungsbereich der (heutigen) ZPO ins

---

[162] *BGH* NJW 1986, 1439; *Diederichsen* BB 1974, 380; *Vollkommer* Rpfleger 1974, 132; *Baumbach/Lauterbach/Hartmann*[50] Anm. 5 B a; *Thomas/Putzo*[17] Anm. 2 c.
[163] Ebenso *Baumbach/Lauterbach/Hartmann*[50] Anm. 5 B a.

[164] *Baumbach/Lauterbach/Hartmann*[50] Anm. 5 A; *Reinelt* NJW 1974, 2312. – A. M. *Vollkommer* Rpfleger 1974, 133; *Diederichsen* BB 1974, 381; *MünchKomm ZPO/Patzina* Rdnr. 34; *Thomas/Putzo*[17] Anm. 3 d cc.
[165] *Thomas/Putzo*[17] Anm. 3 d cc.

Ausland verlegt. Das Gesetz berücksichtigt hier das Interesse des Gegners, den Prozeß nicht im Ausland führen zu müssen, wobei nicht zuletzt an Rechtsgeschäfte mit Gastarbeitern gedacht wurde. Die Verlagerung des Wohnsitzes usw. muß **nach Abschluß des Vertrages** erfolgen. Darunter ist nicht der materiell-rechtliche Vertrag, sondern die Prorogation zu verstehen[166]. Dafür spricht, daß auch die anderen Absätze des § 38 die Parteien der Prorogation als »Vertragsparteien« bezeichnen und Abs. 3 Nr. 2 nicht auf Klagen aus Vertrag beschränkt ist. Nach dem Zweck der Vorschrift ist eine Prorogation unwirksam, wenn die betreffende Partei bis zum Zeitpunkt der Klageerhebung wieder in die Bundesrepublik zurückgekehrt ist.

36   bb) **Abs. 3 Nr. 2, 2. Fall** verlangt, obwohl der Wortlaut nicht ganz eindeutig ist, daß im Zeitpunkt der Klageerhebung Wohnsitz *und* gewöhnlicher Aufenthaltsort nicht bekannt sind. Dann kann zwar der Gerichtsstand des letzten Wohnsitzes gegeben sein (§ 16), doch hat der nicht auffindbare Beklagte kein schutzbedürftiges Interesse daran, daß der Prozeß gerade vor diesem Gericht geführt wird. Daß Wohnsitz und Aufenthaltsort unbekannt sind, muß **nachgewiesen** werden, auch bei Säumnis des Beklagten (§ 331 Abs. 1 S. 2; → Rdnr. 65), z. B. durch eine Auskunft der Behörden am letzten dem Kläger bekannten Wohnsitz oder Aufenthaltsort.

b) Abschluß

37   Die Gerichtsstandsvereinbarung muß auch hier schriftlich und ausdrücklich geschlossen werden. Zur **Schriftlichkeit** → Rdnr. 32. Die **Ausdrücklichkeit** erfordert eine klar formulierte Prorogation, in der das vereinbarte Gericht genannt wird. Sie verlangt ferner, daß der Fall, für den der Gerichtsstand vereinbart wird, in der Prorogation deutlich umschrieben ist[167], denn nur dadurch wird den Beteiligten die Tragweite der Vereinbarung erkennbar. Eine Prorogation »für die gesetzlich zulässigen Fälle« wäre unwirksam, und auch ein bloßer Hinweis auf die Gesetzesbestimmung genügt nicht. Eine allgemeine (und als solche unwirksame) Gerichtsstandsvereinbarung kann nicht durch Umdeutung (§ 140 BGB) auf die Fälle des Abs. 3 Nr. 2 begrenzt und insoweit aufrechterhalten bleiben. § 140 BGB setzt nämlich voraus, daß die Gültigkeitsvoraussetzungen des Rechtsgeschäfts, in das umgedeutet wird, erfüllt sind; hier fehlt es aber an der Ausdrücklichkeit. Außerdem würde eine solche Umdeutung dem Zweck des Ausdrücklichkeitserfordernisses widersprechen. Eine Ausnahme gilt nur für Prorogationen aus der Zeit vor dem 1. IV. 1974, weil die Übergangsregelung insoweit restriktiv auszulegen ist (→ vor § 38 Rdnr. 6).

38   Die beiderseitigen Erklärungen können **vorgedruckt** sein. Aus dem Zweck der Ausdrücklichkeit, den Vertragspartner vor unerkannten Prorogationen zu schützen, folgt aber (insbesondere für Formularverträge), daß die Vereinbarung **äußerlich klar erkennbar** sein muß und daher nicht in einer Vielzahl von Bestimmungen anderen Inhalts geradezu versteckt sein darf. Daß die Gerichtsstandsvereinbarung in den **Allgemeinen Geschäftsbedingungen** der einen Seite enthalten ist, genügt weder bei stillschweigender Unterwerfung noch bei einer schriftlichen Verweisung auf die AGB (oder deren Gerichtsstandsklausel) in den Vertragserklärungen[168]. Vielmehr muß die Prorogation wegen des Ausdrücklichkeitserfordernisses in vollem Umfang in den Vertrag selbst aufgenommen werden.

---

[166] A. M. *Thomas/Putzo*[17] Anm. 2 d.
[167] *LAG Düsseldorf* Rpfleger 1984, 360 = RIW 651; *Diederichsen* BB 1974, 381; *Löwe* NJW 1974, 476; *Mar-*burger NJW 1974, 1925; *Vollkommer* Rpfleger 1974, 135 f.
[168] A. M. wohl *Thomas/Putzo*[17] Anm. 3 d cc.

c) Inhalt

Die Gerichtsstandsvereinbarung kann, da nichts anderes gesagt ist, die **örtliche** oder die   **39**
sachliche Zuständigkeit oder beide betreffen[169]. Das Interesse des Klägers, dem der Gesetzgeber hier den Vorrang eingeräumt hat, kann sowohl an einer Vereinbarung der örtlichen als auch der sachlichen Zuständigkeit bestehen, zumal nicht selten die Vereinbarung der sachlichen und der örtlichen Zuständigkeit eng zusammenhängen (z. B. Prorogation des Amtsgerichts am Wohnsitz der einen Partei).

Die Prorogation kann **für alle Klagearten** erfolgen, da mit der Inanspruchnahme der   **40**
prozessuale Anspruch (das Klagebegehren) gemeint ist. Die Gerichtsstandsvereinbarung erfaßt aber nur Klagen *gegen* die ausgewanderte Partei bzw. die Partei, deren Wohnsitz oder gewöhnlicher Aufenthalt unbekannt ist.

5. Gerichtsstandsvereinbarungen bei Abzahlungsgeschäften (§ 6 a Abs. 2 AbzG)

Eine Sonderregel für Streitigkeiten aus Abzahlungsgeschäften enthielt früher § 6 a Abs. 2 AbzG (→   **41**
Voraufl. Rdnr. 41 ff.). Dieses Gesetz ist durch Art. 10 des Verbraucherkreditgesetzes (BGBl. 1990 I, 2840) aufgehoben worden.

6. Gerichtsstandsvereinbarungen bei Fernunterrichtsverträgen (§ 26 Abs. 2 FernUSG)[169a]

Für Streitigkeiten aus oder über Fernunterrichtsverträge enthält § 26 Abs. 1 FernUSG (v. 24. VIII.   **42**
1976; BGBl. I, 2525; i. d. F. des Art. 9 Nr. 20 der Vereinfachungsnovelle vom 3. XII. 1976; BGBl. I, 3281) einen ausschließlichen Gerichtsstand (allgemeiner Gerichtsstand des Teilnehmers). Abweichende Vereinbarungen sind nach § 26 Abs. 2 FernUSG nach Entstehen der Streitigkeit sowie für den Fall der Auswanderung bzw. Unauffindbarkeit des Teilnehmers zulässig; die Formerfordernisse stimmen mit § 38 Abs. 3 überein.

7. Gerichtsstandsvereinbarungen bei Haustürgeschäften (§ 7 Abs. 2 HWiG)

Für Haustürgeschäfte enthält das Gesetz über den Widerruf von Haustürgeschäften und   **43**
ähnlichen Geschäften vom 16. I. 1986 (BGBl. I, 122) in § 7 Abs. 2 eine mit dem früheren § 6 a Abs. 2 AbzG übereinstimmende Regelung, der allerdings im Anwendungsbereich des **EuGVÜ** Art. 17, 15 EuGVÜ vorgehen[170].

a) Anwendungsbereich des § 7 Abs. 2 HWiG

§ 7 Abs. 2 HWiG betrifft nur die **örtliche** Zuständigkeit; für Prorogationen über die sachli-   **43a**
che Zuständigkeit gilt § 38. § 7 HWiG ist nur anwendbar, wenn ein Haustürgeschäft i. S. der §§ 1, 5 HWiG vorliegt und der Kunde nicht in Ausübung einer selbständigen Erwerbstätigkeit oder die andere Vertragspartei nicht geschäftsmäßig handelt; außerdem darf es sich nicht um Versicherungsverträge handeln (§ 6 HWiG).

b) Zulässigkeit einer Prorogation

Der in § 7 Abs. 1 HWiG festgelegte *ausschließliche* Gerichtsstand (Wohnsitz bzw. gewöhn-   **43b**
licher Aufenthaltsort des Kunden) gilt für alle Klagen aus dem Haustürgeschäft, gleich ob der

---

[169] A. M. (nur örtliche Zuständigkeit) *Diederichsen* BB 1974, 380; *Löwe* NJW 1974, 476; *Baumbach/Lauterbach/Hartmann*[50] Anm. 5 B b; *MünchKommZPO/Patzina* Rdnr. 7; *Thomas/Putzo*[17] Anm. 2 d.

[169a] Dazu *Scherer* (vor § 38 Fn. 1), 180 ff.
[170] Dazu *Jayme* Festschr. f. H. Nagel (1987), 128 ff.; *ders.* IPRax 1989, 174; *Lüderitz* IPRax 1989, 27. – Ausf. zu § 7 Abs. 2 HWiG *Scherer* (vor § 38 Fn. 1), 203 ff.

Kunde oder sein Vertragspartner klagt. Abweichende Vereinbarungen läßt § 7 Abs. 2 nur für den Fall zu, daß der Kunde *nach Vertragsschluß* seinen Wohnsitz bzw. gewöhnlichen Aufenthaltsort ins Ausland verlegt oder sein Wohnsitz bzw. Aufenthaltsort bei Klageerhebung unbekannt ist. Die Bestimmung ist insofern enger als § 38 Abs. 3 HWiG, als nur auf den Wohnsitz bzw. Aufenthaltsort des *Kunden* abgestellt wird. Von dieser Begrenzung abgesehen, gilt das oben Rdnr. 35 f. Ausgeführte entsprechend. Eine Prorogation nach Entstehung der Streitigkeit gestattet § 7 Abs. 2 HWiG nicht.

c) Abschluß

43c   § 7 Abs. 2 HWiG enthält die Erfordernisse der Schriftlichkeit und Ausdrücklichkeit nicht, so daß es insoweit bei der Anwendung der *allgemeinen* Bestimmungen verbleibt. Wegen § 38 Abs. 3 müssen daher auch die in § 7 Abs. 2 HWiG zugelassenen Prorogationen **schriftlich** und **ausdrücklich** (→ Rdnr. 37 f.) erfolgen. Außerdem ist § 40 Abs. 1 zu beachten.

III. Rechtsnatur und Abschluß der Gerichtsstandsvereinbarung

1. Rechtsnatur

44   Seit langem stehen sich eine materiell-rechtliche und eine prozeßrechtliche Qualifikation der Gerichtsstandsvereinbarung gegenüber. Gegen die Beurteilung als *materiell-rechtliches Rechtsgeschäft*[171] spricht entscheidend, daß die Gerichtsstandsvereinbarung nicht auf eine Rechtsfolge des materiellen Rechts gerichtet ist, d.h. nicht auf eine rechtliche Wirkung, die außerhalb des Prozesses und unabhängig vom Prozeß Bedeutung erlangen könnte. Die Vereinbarung will vielmehr einen ausschließlich prozessualen Erfolg – Zuständigkeit oder Unzuständigkeit eines Gerichts – erreichen. Sie begründet keine Verpflichtung der Parteien, etwa vor einem bestimmten Gericht zu klagen oder nicht zu klagen, sondern führt die Zuständigkeit oder Unzuständigkeit dieses Gerichts – unter dem selbstverständlichen Vorbehalt des Geltendmachens im Prozeß – von sich aus herbei. Da das für den Eintritt der Rechtsfolge entscheidende Element in der Einigung der Parteien liegt, handelt es sich um einen **prozeßrechtlichen Vertrag** (auch Prozeßvertrag genannt)[172]. Das gilt unabhängig davon, ob die Vereinbarung vor einem Rechtsstreit oder während des Prozesses abgeschlossen wird. Daß die Prorogation vom Gericht nur beachtet wird, wenn sie durch Vortrag der Parteien Prozeßstoff geworden ist, ändert nichts daran, daß die für die systematische Einordnung maßgebenden Erklärungen schon in der Einigung, nicht erst im prozessualen Vorbringen liegen. Die Vereinbarung kommt durch zwei prozeßrechtliche Erklärungen, die Einverständniserklärung beider Seiten, zustande. Diese Erklärungen sind als Prozeßhandlungen zu qualifizieren, wobei aber zu beachten ist, daß dieser Begriff dann in einem weiteren Sinn verwendet wird (→ Rdnr. 157 ff., 160 vor § 128). Anders als bei Prozeßhandlungen im engeren Sinn fehlt nämlich den Einigungserklärungen die unmittelbare Auswirkung auf den Ablauf eines bereits anhängigen Prozesses. Die prozessuale Einordnung darf nicht dazu

---

[171] *BGHZ* 57, 75; 49, 385 ff.; NJW 1971, 323; *Baumbach/Lauterbach/Hartmann*[50] Anm. 2 A; vgl. auch *Rauscher* ZZP 104 (1991), 274 ff.; *Reithmann/Martiny/Haussmann*[4] (Fn. 42), Rdnr. 1168.

[172] H. M., *BGHZ* 59, 26 = LM Nr. 15 (*Mormann*) = NJW 1972, 1622 = JZ 598; *BGH* NJW 1989, 1432; 1986, 1439 (*Geimer*); LM Nr. 6; *OLG Karlsruhe* OLGZ 1973,

480; *RG* WarnRspr. 1936 Nr. 162; *Baumgärtel* Wesen und Begriff der Prozeßhandlung einer Partei im Zivilprozeß[2], 229, 279; *Hausmann* (Fn. 42), 360 f.; *Henckel* Prozeßrecht und materielles Recht (1970), 34 f.; *Kornblum* FamRZ 1973, 416; *Rosenberg/Schwab*[14] § 37 I 1; *Schiedermair* Vereinbarungen im Zivilprozeß (1935), 40; *Vollkommer* NJW 1974, 196.

verleiten, die für Prozeßhandlungen im engeren Sinn geltenden Rechtssätze unbesehen auf die Prorogation zu übertragen.

Bei der Frage nach den auf die Prorogation **anzuwendenden Rechtsnormen** muß differen-   45
ziert werden. Grundsätzlich untersteht die Gerichtsstandsvereinbarung dem **Prozeßrecht**. Es bestimmt, in welchen Grenzen eine Prorogation überhaupt wirksam sein kann, und enthält Vorschriften über die Form der Vereinbarung. Die prozeßrechtliche Natur schließt aber nicht aus, daß das Prozeßrecht für das Zustandekommen und die Rechtsbeständigkeit der Einigung in weitem Umfang **auf das bürgerliche Recht verweist**. Das ist dadurch geschehen, daß einerseits § 38 von Vereinbarung spricht und andererseits die ZPO über Vereinbarungen keine näheren Bestimmungen trifft[173]. Es wäre auch sachwidrig, diese Vereinbarung den zivilprozessualen Regeln über Prozeßhandlungen im engeren Sinn (bezogen auf einen anhängigen Rechtsstreit) zu unterstellen, die wesentlich durch die Dreiseitigkeit des Prozeßrechtsverhältnisses und die Dynamik des Prozesses veranlaßt sind (→ Einl. Rdnr. 87, 228), obwohl bei der regelmäßig vorprozessualen Einigung der Parteien ein Gericht noch nicht mitwirkt und ein Prozeß noch nicht schwebt. Die Vereinbarung ist also ein prozessualer Vertrag, dessen Zustandekommen und Wirksamkeit, soweit die §§ 38–40 keine Regelung enthalten, nach *bürgerlich-rechtlichen* Grundsätzen zu beurteilen ist. Am Ergebnis ändert sich übrigens nichts, wenn man anstelle einer Verweisung eine *Lücke* annimmt, die mit allgemeinen Grundsätzen des Vertragsrechts zu schließen ist, wie sie im BGB ihren Niederschlag gefunden haben. Da somit trotz der prozessualen Rechtsnatur auch bürgerlich-rechtliche Vorschriften auf die Prorogation anwendbar sind, kann man von einer **gemischten Betrachtungsweise** sprechen.

2. Anwendbares Recht bei Vereinbarungen über die internationale Zuständigkeit →   46
Rdnr. 13, 13 a

3. Persönliche Voraussetzungen; Vollmacht; Rechtsnachfolge

Die Vereinbarung muß von den **Parteien** oder den Personen, deren Handeln diese gegen   47
sich gelten lassen müssen, geschlossen sein. Vereinbarungen des **gesetzlichen Vertreters** binden den Vertretenen. Bei gewillkürter Stellvertretung bedarf es einer **Vollmacht**, die in einer Prozeßvollmacht stets enthalten ist (→ § 81 Rdnr. 9). Die Vollmacht muß aber nicht in Form einer Prozeßvollmacht erteilt werden[174]. Es wäre wenig sinnvoll, vielleicht Jahre vor einem Prozeß, zu dem es unter Umständen gar nicht kommt, bereits eine Prozeßvollmacht zu fordern. Die Vollmacht kann also nach Maßgabe des bürgerlichen Rechts erteilt werden. Ob sie in der Vollmacht zum Abschluß eines bürgerlich-rechtlichen Vertrags enthalten ist, ist eine Auslegungsfrage. Sind Gerichtsstandsvereinbarungen bei Geschäften bestimmter Art unter bestimmten Personen üblich, so sind sie in die Bevollmächtigung stillschweigend einbezogen. Aber auch sonst wird die Bejahung der Vollmacht zum Abschluß einer Prorogation näher liegen als die Verneinung[175], jedenfalls wenn die erteilte Vollmacht die Erledigung einer bestimmten Angelegenheit umfaßt und nicht auf genau umrissene Einzelabreden beschränkt ist. Gerade nach der Neufassung des § 38 besteht kein hinreichender Anlaß mehr, Gerichtsstandsvereinbarungen durch enge Auslegung der Vollmacht die Wirksamkeit zu versagen.

---

[173] Zustimmend *BGHZ* 59, 27; *OLG Bremen* VersR 1985, 988; ebenso im Ergebnis die h.M. (vorige Fn.).
[174] A. M. *Kornblum* FamRZ 1973, 423; *Vollkommer* NJW 1974, 195.

[175] A. M. *OLG München* NJW 1974, 195 (zust. *Vollkommer*), das (allerdings zu § 38 a. F.) grundsätzlich strenge Anforderungen stellen will. Wie hier auch *Rosenberg/Schwab*[14] § 37 I 1.

48   Die Prorogation wirkt auch für und gegen den **Einzel- und Gesamtrechtsnachfolger** hinsichtlich des von der Gerichtsstandsvereinbarung erfaßten Rechtsverhältnisses, es sei denn, daß die Vereinbarung ausdrücklich oder erkennbar auf die ursprünglichen Parteien beschränkt wurde. Die Wirkung gegenüber dem Rechtsnachfolger läßt sich materiell-rechtlich mit dem Rechtsgedanken der §§ 398 S. 2, 401, 404 BGB, prozessual mit dem der §§ 265, 325, 727 begründen, die bezüglich anderer prozessualer Rechtsfolgen (Rechtshängigkeit, Rechtskraft, Vollstreckbarkeit) den Rechtsnachfolger ebenfalls an die prozeßrechtliche Stellung des Rechtsvorgängers binden[176]. Das gilt unabhängig davon, ob der Rechtsnachfolger Kenntnis von der Prorogation hatte. Aus § 325 Abs. 2, der genau gesehen nur den materiell-rechtlichen Erwerb vom Nichtberechtigten modifiziert (→ § 325 Rdnr. 36 ff.), läßt sich kein allgemeiner Grundsatz ableiten, bei gutem Glauben dürfe keine Bindung an prozessuale Rechtsfolgen eintreten[177]. Die Prorogation wirkt also z. B. gegenüber dem Erben[178], bei der Abtretung einer Forderung gegenüber dem neuen Gläubiger[179], bei ihrer Pfändung gegenüber dem Vollstreckungsgläubiger, ferner für und gegen den zur Prozeßführung Ermächtigten und den Gesellschafter einer Personenhandelsgesellschaft, wenn für diese eine Prorogation abgeschlossen wurde[180]. Beim Konnossement ist der Empfänger als Rechtsnachfolger des Befrachters an Gerichtsstandsvereinbarungen mit dem Verfrachter gebunden[181]. Dagegen ist der Bürge kein Rechtsnachfolger des Hauptschuldners[182] (wohl aber des Gläubigers in den Fällen des § 774 BGB), der Schuldmitübernehmer/-beitretende nicht der des Erstschuldners[183]. Die Vereinbarung für eine Wechselforderung bindet den gutgläubigen Erwerber nur, wenn sie, was zulässig ist[184], aus dem Wechsel selbst hervorgeht[185]. Die Vereinbarung des späteren Gemeinschuldners vor dem Konkurs bindet den Konkursverwalter[186], sowohl dann, wenn man ihn als gesetzlichen Zwangsvertreter des Gemeinschuldners ansieht, als auch dann, wenn man ihn als sog. Partei kraft Amtes betrachtet (→ vor § 50 Rdnr. 25), weil er dann der prozessuale Rechtsnachfolger ist. – Zur Rechtslage bei Art. 17 EuGVÜ → Rdnr. 28 a.

49   Schließt ein Ehegatte im Rahmen der **Schlüsselgewalt** ein Geschäft zur angemessenen Deckung des Lebensbedarfs der Familie ab, so fällt auch eine Prorogation für Streitigkeiten aus diesem Rechtsgeschäft unter § 1357 BGB und wirkt daher auch für und gegen den anderen Ehegatten. Die prozessuale Natur der Abrede steht dem nicht entgegen, weil insoweit das materielle Recht ergänzend gilt (→ Rdnr. 45)[187]. Zu den Zulässigkeitsvoraussetzungen in diesem Fall → Rdnr. 7.

50   Bei **Streitgenossen** ist die Wirkung der Vereinbarung für jeden selbständig zu beurteilen[188]. Zur rügelosen Einlassung bei notwendiger Streitgenossenschaft → § 62 Rdnr. 27.

---

[176] Vgl. *Schiedermair* (Fn. 172), 158 f.; *Vervessos* (vor § 38 Fn. 1), 74; *Rosenberg/Schwab*[14] § 66 VI.

[177] So aber *Schiedermair* (Fn. 172), 158 f.; wie hier *Ackmann* ZIP 1982, 463 f. – Gegen *Schiedermair* auch *Soehring* Die Nachfolge in Rechtslagen aus Prozeßverträgen (1968), 32, der aber (S. 97 f.) im Rahmen der §§ 892, 932 BGB einen gutgläubigen Erwerb ohne Bindung an einen Prozeßvertrag für möglich hält. Richtiger erscheint es, die Wirkung einer Prorogation, die sich auf einen dinglichen Anspruch bezieht, gegenüber demjenigen, der das zugrundeliegende dingliche Recht im Wege der Einzelrechtsnachfolge erwirbt, von vornherein zu verneinen, weil der dingliche Anspruch als solcher nicht übergeht, sondern gegebenenfalls neu entsteht. (Bei Klagen aus Rechten an Grundstücken schließen § 40 Abs. 2 S. 1, § 24 Prorogationen bezüglich der örtlichen Zuständigkeit ohnehin aus.)

[178] *OLG Köln* NJW 1992, 571. – A. M. *LG Trier* NJW 1982, 286 f.; *Baumbach/Lauterbach/Hartmann*[50] Anm. 3 A; *MünchKommZPO/Patzina* Rdnr. 19. Dagegen zutr.

Ackmann ZIP 1982, 462 ff.; *Meyer/Lindemann* JZ 1982, 592 ff.

[179] *BGH* NJW 1980, 2023; *OLG Bremen* VersR 1985, 988; *KG* OLGRspr. 17, 97; vgl. auch *OLG Koblenz* BB 1983, 1635.

[180] *BGH* NJW 1981, 2646; *OLG Hamburg* SeuffArch. 49 (1894), 185.

[181] → Rdnr. 28 a.

[182] *OLG Bamberg* OLGRspr. 1 (1900), 239; *OLG Breslau* OLGRspr. 27 (1913), 81. – A. M. *Soehring* (Fn. 177), 88.

[183] Dazu *Geimer* NJW 1986, 1439; *G. H. Roth* IPRax 1987, 142 f.

[184] *KG* OLGRspr. 2 (1901), 106; *OLG Kassel* OLGRspr. 13 (1906), 81; s. auch *RG* JW 1908, 488.

[185] *RG* JW 1903, 46.

[186] *RG* SeuffArch. 50 (1895), 124.

[187] A. M. (zu § 1357 BGB a. F.) *AG München* MDR 1962, 572; *Staud* DJ 1933, 682.

[188] Zu den Folgen für die Gerichtsstandsbestimmung

Der Abschluß setzt keine Prozeßfähigkeit, sondern **Geschäftsfähigkeit** voraus, so daß auch   51
der beschränkt Geschäftsfähige mit Einwilligung des gesetzlichen Vertreters[189] einen Gerichtsstand vereinbaren kann und die fehlende Einwilligung nur schwebende Unwirksamkeit
herbeiführt, die nach §§ 108 f. BGB behoben werden kann. Dies ergibt die Verweisung auf
Vertragsrecht (→ Rdnr. 45) und wird sachlich auch dadurch gerechtfertigt, daß der beschränkt
Geschäftsfähige im Rahmen des § 29 Abs. 2 (unter Vollkaufleuten) auch einen Erfüllungsort
mit zuständigkeitsbegründender Wirkung vereinbaren könnte. Der Schwebezustand, der bei
fehlender Einwilligung eintritt, kann bei den meist vorprozessualen Abreden ebenso in Kauf
genommen werden wie bei den regelmäßig mit der Prorogation verbundenen materiell-
rechtlichen Vereinbarungen und wie die Unsicherheit, die durch Einräumung der Anfechtungsmöglichkeit eintritt (→ Rdnr. 55). Wenn die Abrede die Unzuständigkeit eines bereits
angerufenen Gerichts herbeiführt, kann sie jedoch nach Klageerhebung gemäß § 261 Abs. 3
Nr. 2 nicht mehr vom gesetzlichen Vertreter genehmigt werden (→ Rdnr. 59).

Anwaltszwang (§ 78 Abs. 1) besteht für die Gerichtsstandsvereinbarung grundsätzlich   52
nicht, gleich ob sie vor oder während (aber außerhalb) eines Prozesses geschlossen wird.
Wenn allerdings die Prorogation durch Erklärung gegenüber dem Gericht im Anwaltsprozeß
zustande kommt, so gilt dafür der Anwaltszwang (→ Rdnr. 60). Auch die Geltendmachung
der Prorogation im Anwaltsprozeß ist dem Anwaltszwang unterworfen.

4. Zustandekommen der Vereinbarung; Willensmängel

Formlose Prorogationen sind nur noch im Rahmen des Abs. 1 (unter Vollkaufleuten usw.)   53
zulässig; hier dürfte die rechtsgeschäftliche *Vereinbarung einer Form* (§§ 127, 126, 125 S. 2,
154 Abs. 2 BGB) zulässig sein. In den Fällen der Abs. 2 und 3 bestimmt dagegen die ZPO die
Form (→ Rdnr. 13, 15, 32, 37); rechtsgeschäftliche Abweichungen davon scheiden aus.

Für das **Zustandekommen** gelten – soweit § 38 nichts ergibt – die §§ 145 ff. BGB entspre-   54
chend[190]. Eine Genehmigung oder sonstige Mitwirkung des Gerichts ist nicht erforderlich. Die
Auslegung richtet sich nach §§ 133, 157 BGB[191]; dabei ist zu beachten, daß eine stillschweigende Vereinbarung nur mehr im Rahmen des Abs. 1 wirksam ist.

Für den Einfluß von **Willensmängeln** gelten die §§ 116 ff. BGB. Die Prorogation kann z. B.   55
wegen Irrtums (§ 119 BGB) oder arglistiger Täuschung (§ 123 BGB) anfechtbar sein. Die
Anfechtung ist auch noch *nach Klageerhebung* bei dem vereinbarten Gericht möglich. Dem
steht § 261 Abs. 3 Nr. 2 nicht entgegen, da die Anfechtung nach materiellem Recht zurückwirkt (§ 142 Abs. 1 BGB) und diese Rückwirkung als Konsequenz des Irrtums oder der
arglistigen Täuschung den Vorrang vor der Sperre des § 261 Abs. 3 Nr. 2 verdient. Wenn aber
der *Beklagte bereits zur Hauptsache verhandelt* hat, so entfällt entsprechend §§ 39, 269
Abs. 1 die Anfechtungsmöglichkeit sowohl für den Kläger als auch für den Beklagten[192].

Die Vereinbarung kann wegen **Sittenwidrigkeit** (§ 138 BGB) nichtig sein, z. B. wenn sie Teil   56
eines Knebelungsvertrages ist[193]. Die Unwirksamkeit einer Prorogation kann jedoch nach der
Neufassung des Gesetzes nicht mehr daraus hergeleitet werden (weder nach § 138 noch nach

nach § 36 Nr. 3 vgl. *BGH* NJW 1988, 647; 1983, 996;
Bornkamp NJW 1989, 2716 f.
   [189] So auch *Nikisch* Lb.², 102; teilweise *Baumgärtel*
(Fn. 172), 224; *Vervessos* (vor § 38 Fn. 1), 50; *Henckel*
(Fn. 172), 74. – A. M. *Schiedermair* (Fn. 172), 141; *Hellwig* Lb. 2, 277; *Kornblum* FamRZ 1973, 422.
   [190] Vgl. *OLG Bremen* VersR 1985, 988 sowie *LG Rottweil* NJW-RR 1992, 688 (zu § 150 Abs. 2 BGB).
   [191] Vgl. *RGZ* 159, 256; SeuffArch. 89 (1935), 249; zur
stillschweigenden Abrede *LG Kleve* MDR 1959, 305.

[192] *Arens* Willensmängel bei Parteihandlungen im Zivilprozeß (1968), 95; *Baumgärtel* (Fn. 172), 225; *Henckel*
(Fn. 172), 77. – Für die Anfechtung durch den Beklagten
ebenso *Schiedermair* (Fn. 172), 151, der indessen die Anfechtbarkeit durch den Kläger bereits mit Klageerhebung
enden läßt, dem Kläger jedoch Klagerücknahme und anschließende Anfechtung gestattet.
   [193] *Baumgärtel* (Fn. 172), 226; *Schiedermair* (Fn. 172),
145.

§ 242 BGB), daß ohne hinreichenden sachlichen Grund von der gesetzlichen Zuständigkeitsregelung abgewichen wurde. Dieser Erwägung hat nämlich der Gesetzgeber, soweit sie ihm berechtigt erschien, schon durch das weitgehende Verbot von Gerichtsstandsvereinbarungen Rechnung getragen. Soweit Prorogationen zulässig geblieben sind, bedeutet dies, daß die Wirksamkeit nicht auch noch vom Nachweis eines im Einzelfall bestehenden berechtigten Interesses an der Gerichtsstandsvereinbarung abhängt.

56a   Für **Allgemeine Geschäftsbedingungen** gilt das allerdings nur mit Einschränkungen. *Im kaufmännischen Verkehr* können Gerichtsstandsvereinbarungen sowohl nach Abs. 1 (→ Rdnr. 10) als auch grenzüberschreitend nach Abs. 2 (→ Rdnr. 18) wirksam in AGB vereinbart werden. Im Bereich des EuGVÜ gilt das ohne Rücksicht auf das AGBG (→ Rdnr. 28). *Im nichtkaufmännischen Verkehr* scheitert die Wirksamkeit in der Regel schon an der nach Abs. 3 zu beachtenden Form (→ Rdnr. 38), sonst aber jedenfalls an § 9 AGBG[194], was auch im Verfahren nach §§ 13 ff. AGBG festgestellt werden kann, selbst wenn eine wirksame (bzw. wirksam einbezogene) Gerichtsstandsklausel nicht vorliegt[195].

57   Die **Nichtigkeit eines Hauptvertrags**, einerlei ob sie auf Formmängel[196] oder andere Umstände[197] zurückzuführen ist, berührt die Wirksamkeit einer damit verbundenen oder darauf nur bezogenen Gerichtsstandsabrede im Zweifel nicht, weil diese regelmäßig gerade auch den *Streit über die Wirksamkeit des Hauptvertrages* erfassen will und diesem gegenüber selbständig ist[198]. Anders ist die Rechtslage nur, wenn *derselbe Mangel* (z.B. Geschäftsunfähigkeit) Haupt- und Nebenvertrag trifft. Die Parteien können die Abrede auch durch Vertrag **wieder aufheben**, § 305 BGB. Zur Genehmigung, Bestätigung, Aufhebung usw. nach Klageerhebung → Rdnr. 59. Gegen eine **bedingte Vereinbarung** bestehen keine Bedenken, §§ 158 ff. BGB. Ob eine aufschiebende oder auflösende Bedingung gewollt ist, muß durch Auslegung ermittelt werden. Eine Vermutung für eine aufschiebende oder auflösende Bedingung[199] anzunehmen, wäre sachlich nicht gerechtfertigt. Läßt sich weder das eine noch das andere feststellen, so ist die Vereinbarung mangels Bestimmtheit unwirksam. Zum Bedingungseintritt nach Klageerhebung → Rdnr. 59.

5. Vereinbarung nach Klageerhebung

58   Soweit § 38 eine Prorogation zuläßt, kann sie grundsätzlich **vor oder nach Klageerhebung** geschlossen werden[200]. Daher kann die Zuständigkeit eines *anderen* Gerichts vereinbart werden, wenn das angerufene Gericht nicht zuständig ist[201]. Soll eine während des Prozesses abgeschlossene Vereinbarung die Zuständigkeit des angerufenen Gerichts *begründen*, so ist sie gegenstandslos, wenn sich der Beklagte bereits auf eine Verhandlung zur Hauptsache eingelassen hatte und das Gericht schon nach § 39 zuständig geworden war. Wenn dagegen durch die Vereinbarung anstelle des angerufenen und zuständigen Gerichts ein *anderes Gericht* zuständig werden soll, so steht dem § 261 Abs. 3 Nr. 2 entgegen. Der BGH legt diese Vorschrift mit Recht dahin aus, daß sie zur Vermeidung mehrfacher Befassung von Gerichten mit demselben Rechtsstreit auch die Anwendung des § 38 und damit insoweit die Parteidispo-

---

[194] Vgl. außer den nachstehend Genannten auch oben Rdnr. 10, 18.

[195] *BGHZ* 101, 273 = NJW 1987, 2867 = ZZP 101 (1988), 200 (*Lindacher*); NJW 1985, 322 f.; 1983, 2026; 1983, 1322.

[196] *RGZ* 140, 149.

[197] Z.B. Sittenwidrigkeit *RGZ* 87, 7.

[198] *BGH* LM Nr. 4 = ZZP 73 (1960) 255; *KG* BB 1983, 213; s. auch *BGH* NJW 1952, 1336; *RGZ* 140, 151; *OLG*

Hamburg MDR 1949, 368; *Walder/Bohner* Festschr. f. M. Kummer (1980), 684 ff. sowie für den internationalen Rechtsverkehr *Jayme* IPRax 1989, 362.

[199] Für auflösende Bedingung als Regelfall *Schiedermair* (Fn. 172), 154 Fn. 44.

[200] Zum Zeitpunkt im Fall des Abs. 3 Nr. 1 → oben Rdnr. 31.

[201] *BGH* LM Nr. 6 zu § 39 = JR 1976, 375 (*Bassenge*) = NJW 626.

sition ausschließt[202]. Daran hat auch § 38 Abs. 3 Nr. 1 nichts geändert, denn der Zweck der Neuregelung war, die Prorogationsmöglichkeiten zu begrenzen, nicht sie zu erweitern. Trotz § 696 Abs. 3 wird man allerdings Prorogationen zulassen müssen, die im *Mahnverfahren* nach Zustellung des Mahnbescheids bzw. Widerspruchs, aber vor Eingang der Akten beim Empfangsgericht (§ 696 Abs. 1 S. 4) vereinbart wurden[203]. Soweit der Streitgegenstand durch *Klageänderung, Klageerweiterung* o. ä. verändert und das Gericht dadurch unzuständig wird, ist eine neue Prorogation auf das bisherige oder ein anderes Gericht zulässig. § 261 Abs. 3 Nr. 2 steht dem nicht entgegen, da die Vorschrift für Änderungen der Zuständigkeit auf Grund einer Klageänderung usw. nicht gilt.

Entsprechend sind die **nach Klageerhebung** erklärte **Genehmigung** der Vereinbarung eines   **59** Minderjährigen und die **vertragliche Aufhebung** zu beurteilen. Die Genehmigung wirkt zwar nach materiellem Recht zurück (§ 184 Abs. 1 BGB), aber nur, soweit nichts anderes bestimmt ist, und hier ist (anders als bei der Anfechtung, → Rdnr. 55) der Sperre des § 261 Abs. 3 Nr. 2 der Vorrang einzuräumen. Auch bei bedingter Vereinbarung kann der **Bedingungseintritt nach Klageerhebung** keine Unzuständigkeit bewirken.

6. Abschluß der Prorogation im Prozeß

Soweit eine Gerichtsstandsvereinbarung nach dem zu Rdnr. 58 Ausgeführten nach Klage-   **60** erhebung überhaupt noch zulässig ist, bedarf es nicht eines Vertragsabschlusses, d. h. eines wechselseitigen Austausches entsprechender Erklärungen zwischen den Parteien. Ähnlich wie in sonstigen Fällen, in denen es auf ein Einverständnis der Parteien während des Prozesses ankommt (z. B. bei den Einwilligungen nach §§ 263, 269), genügt es, wenn jede Partei ihren Willen zum Abschluß einer Gerichtsstandsvereinbarung **dem Gericht gegenüber** zum Ausdruck bringt. Deshalb kann es ausreichen, wenn die Parteien übereinstimmend die Verweisung an ein bestimmtes Gericht beantragen[204]. Beide Erklärungen unterliegen aber dann vor Kollegialgerichten dem Anwaltszwang, § 78 Abs. 1.

IV. Inhalt und Wirkung der Zuständigkeitsvereinbarung

1. Begründung der Zuständigkeit (Prorogation)

Durch eine positive Zuständigkeitsvereinbarung wird das bezeichnete Gericht zuständig;   **61** der Instanzenzug richtet sich nach ihm. Ist das Gericht nur dem Ort nach bezeichnet und dieser Ort in mehrere Gerichtsbezirke geteilt, so ist jedes der Gerichte zuständig (→ § 29 Rdnr. 37). Bei Prorogationen nach Abs. 1 und 2 sowie Art. 17 EuGVÜ (→ Rdnr. 29) genügt es, daß das Gericht **bei Klageerhebung bestimmbar** ist[205]. Die Parteien können hier auch die Gerichte eines bestimmten oder wenigstens bestimmbaren Staates für zuständig erklären[206];

---

[202] *BGH* LM Nr. 1 zu § 36; NJW 1963, 585 = JZ 754 (*Zeuner*); *OLG Köln* NJW 1962, 540; *OLG Nürnberg* MDR 1963, 851. Dies gilt erst recht nach Verweisung (→ § 281 Rdnr. 34). – A. M. *Bögner* NJW 1953, 1487; *Lüke* Fälle zum ZivilVfR I (1979), 53 ff.; *Schneider* DRiZ 1962, 410; *Traub* NJW 1963, 842; *OLG Celle* MDR 1957, 680; *OLG Düsseldorf* NJW 1961, 2355; *OLG Oldenburg* MDR 1962, 60; *LG Waldshut/Tiengen* MDR 1985, 941; *AG Köln* MDR 1956, 617 und (auch nach Verweisung) *LG Wuppertal* MDR 1964, 513.

[203] *LG Köln* NJW 1978, 650; *Schäfer* NJW 1985, 298; *Zöller/Vollkommer*[17] § 696 Rdnr. 6; weitergehend *Mül-*

ler/Lerch AnwBl. 1982, 45 (bis zur Klagebegründung selbst). – A. M. *Baumbach/Lauterbach/Hartmann*[50] Übers. § 38, 1 B; *Niepmann* NJW 1985, 1453.

[204] *OLG Stettin* OLGRspr. 5 (1902), 83.

[205] *BGH* MDR 1968, 474; *OLG Hamm* NJW 1975, 995; *OLG Düsseldorf* JMBl. NRW 1958, 130; *Rosenberg/Schwab*[14] § 37 I 4 e; *Jauernig*[23] § 11 V. – A. M. *Baumgärtel* (Fn. 172), 220; *Vervessos* (vor § 38 Fn. 1), 36. – *RG* SeuffArch. 61 (1906), 169, obwohl hier oft zitiert, beanstandet nur die Unklarheit, ob ein Staats- oder Schiedsgericht entscheiden soll.

[206] *BGH* MDR 1968, 474. Vgl. Rdnr. 29.

die Zuständigkeit des einzelnen Gerichts richtet sich dann nach den Gesetzen des betreffenden Staates. Soweit aber die Prorogation ausdrücklich erfolgen muß, also in den Fällen des Abs. 3, muß auch das vereinbarte Gericht **bestimmt** bezeichnet werden, denn das Ausdrücklichkeitserfordernis hat den Zweck, die Tragweite der Vereinbarung klar erkennbar zu machen. Nicht zulässig ist es, die **Wahl** des zuständigen Gerichts dem jeweiligen Kläger frei zu überlassen[207]. Es ist jedoch möglich, mehrere Gerichte für zuständig zu erklären und einer Partei die **Auswahl** daraus zu überlassen[208]; liegt die Wahl beim Beklagten, ist es dem Kläger zuzumuten, dem Beklagten vor Klageerhebung aufzufordern, sein Wahlrecht innerhalb angemessener Frist auszuüben[209]. Auch kann (aber wiederum nicht in den Fällen des Abs. 3) das Gericht des jeweiligen Wohnsitzes bzw. der jeweiligen Niederlassung einer Partei vereinbart werden. Das gilt auch dann, wenn bei Vertragsschluß noch offen ist, welche von mehreren möglichen Parteien an ihrem Wohnsitz zu verklagen ist[210]. Vereinbar ist ferner das Gericht des Wohnsitzes eines evtl. künftigen Zessionars[211]. Wenn ein bestimmtes Gericht vereinbart ist, bei dem eine Partei ihren Wohnsitz bzw. Sitz oder ihre Niederlassung hatte, so kann bei deren Verlegung die Abrede nicht ohne weiteres auf das Gericht des neuen Wohnsitzes usw. bezogen werden[212].

62   Die Zuständigkeit kann als **ausschließliche** vereinbart werden; dann liegt zugleich eine Derogation aller anderen Gerichtsstände vor. Eine solche Vereinbarung begründet vor jedem anderen Gericht die Einrede der Unzuständigkeit, die aber hier, anders als bei der gesetzlichen Ausschließlichkeit (→ § 40 Rdnr. 3), dem Verzicht unterliegt, so daß eine Zuständigkeitsbegründung durch rügelose Verhandlung (§ 39) möglich ist. Ob die Zuständigkeitsvereinbarung ausschließlich ist, muß durch Auslegung nach den Umständen des Einzelfalles[213] ermittelt werden. Die Ausschließlichkeit braucht nicht ausdrücklich formuliert zu sein und wird vielfach dem Zweck der Prorogation entsprechen. Man kann aber nicht von einer *generellen* Vermutung für oder gegen die Ausschließlichkeit ausgehen[214]. Auslegungsfrage ist auch, ob die Zuständigkeit für beide Teile als ausschließliche begründet werden sollte oder nur für einen[215]. Wird im grenzüberschreitenden Rechtsverkehr die ausschließliche Zuständigkeit eines deutschen Gerichts vereinbart, so kann einer prorogationswidrigen Klage im Ausland im Wege der einstweiligen Verfügung gewehrt werden[216].

2. Ausschluß der Zuständigkeit (Derogation)

63   Zulässig sind auch negative Abreden, durch die eine vorhandene Zuständigkeit ausgeschlossen wird. Hierher gehört auch eine Vereinbarung, die einen bereits vorhandenen Gerichtsstand, z.B. den des Wohnsitzes, zum ausschließlichen macht. Der Wortlaut des § 38 ist zwar enger und erwähnt nur die Begründung der Zuständigkeit eines an sich *unzuständi-*

---

[207] *OLG Karlsruhe* OLGZ 1973, 479.

[208] *BGH* NJW 1983, 996 = ZIP 370; *OLG Koblenz* BB 1983, 1635; *LG Bielefeld* MDR 1977, 672.

[209] *BGH* NJW 1983, 996 = ZIP 370.

[210] *BGH* VersR 1986, 679; *OLG Bremen* VersR 1985, 987.

[211] Ebenso (zu § 38 a. F.) *OLG Düsseldorf* JMBl.NRW 1958, 130; *OLG Frankfurt* MDR 1965, 582; *OLG Hamm* NJW 1955, 995. – A. M. *LG Dortmund* MDR 1955, 112; *LG Kiel* NJW 1955, 995; *LG Nürnberg-Fürth* NJW 1964, 1138; *Baumgärtel* (Fn. 172), 220.

[212] OGHZ 1, 364, s. weiter *OLG Düsseldorf* DRZ 1948, 307; *v. Koeller* MDR 1948, 451; *Kleinrahm* NJW 1959, 465 zu Nr. 3.

[213] *RG* JW 1911, 49 (nicht nur nach der Vertragsurkunde zu beurteilen).

[214] *RGZ* 159, 526; *OLG Köln* NJW 1949, 465; *OLG Hamburg* MDR 1949, 368; NJW 1952, 1020 sowie oben Rdnr. 19 a. – A. M. *Westerburg* Gruchot 21 (1877), 591; 25 (1881), 65; *Kohler* Gruchot 30 (1886), 483; *OLG Hamburg* HRR 1935 Nr. 138 (Vermutung *gegen* Ausschließlichkeit); *KG* OLGRspr. 2 (1901), 106; *Thomas/Putzo*[17] Anm. 4 b; *Walder/Bohner* Festschr. f. M.Kummer (1980), 681 ff. (Vermutung *für* Ausschließlichkeit).

[215] Vgl. *OLG Stettin* OLGRspr. 7 (1903), 274; *OLG Dresden* OLGRspr. 9 (1904), 51; *OLG Hamburg* NJW 1952, 1020. S. auch § 40 Rdnr. 1.

[216] *Kurth* Inländischer Rechtsschutz gegen Verfahren vor ausländischen Gerichten (1989), 110 ff., 139; *Schlosser* Der Justizkonflikt zwischen den USA und Europa (1985), 37.

gen Gerichts, doch besteht kein Grund, derartige weniger weitreichende Vereinbarungen für unzulässig zu halten. Der vereinbarte Ausschluß einer Zuständigkeit bewirkt, daß der Beklagte vor dem ausgeschlossenen Gericht die Einrede der Unzuständigkeit erheben kann. Eine Abrede, durch welche die in Frage kommenden in- und ausländischen Gerichtsstände *sämtlich* ausgeschlossen werden und die damit auf den Ausschluß des Rechtsschutzes vor den staatlichen Gerichten hinausläuft, stellt sich, wenn in dem Vertrag andere Wege für die Austragung von Streitigkeiten vorgesehen sind, als ein Schiedsvertrag (§§ 1025 ff.) dar. Ein Vertrag, der *jede Rechtsdurchsetzung* ausschließt, muß dagegen richtigerweise – wenn er nicht materiell-rechtlich, d.h. als auf Schaffung einer Nichtverbindlichkeit (vor § 253 Rdnr. 93) gerichtet zu beurteilen ist – als vertraglicher Ausschluß der Klagbarkeit gewertet werden (→ vor § 253 Rdnr. 90)[217].

3. Prorogationsfeste Gerichtsstände

Ist für eine Klage ein **ausschließlicher Gerichtsstand** begründet, so ist nach § 40 Abs. 2 eine   **64**
Gerichtsstandsvereinbarung in keiner Weise mehr möglich (→ § 40 Rdnr. 3). Außerdem gibt es einzelne Gerichtsstände, die nicht ausgeschlossen werden können, so z.B. § 109 VAG (Gerichtsstand der inländischen Niederlassung für ausländische Versicherungsunternehmen), § 147 Abs. 3 VAG (Gerichtsstand am Wohnsitz des Hauptbevollmächtigten), § 48 Abs. 2 VVG (Gerichtsstand des Versicherungsagenten am Ort der Niederlassung bzw. des Wohnsitzes). Eine Vereinbarung *zusätzlicher* Gerichtsstände ist in diesen Fällen möglich. Zu ähnlichen Bestimmungen des EuGVÜ → Rdnr. 30.

Bezieht sich die Prorogation auf die örtliche und die **sachliche** Zuständigkeit und ist die Vereinbarung bezüglich der **örtlichen** Zuständigkeit **unwirksam**, so bleibt die Vereinbarung über die sachliche Zuständigkeit entsprechend § 139 BGB wirksam, wenn dies dem hypothetischen Willen der Vertragspartner entspricht.

4. Gerichtliche Prüfung

Das Gericht hat **von Amts wegen zu prüfen**, ob seine Zuständigkeit durch Vereinbarung   **65**
begründet oder ausgeschlossen ist. Das gilt auch, wenn der **Beklagte säumig** ist. Das Vorbringen des Klägers, aus dem sich Abschluß und Wirksamkeit einer Gerichtsstandsvereinbarung ergeben sollen, gilt in diesem Fall gem. § 331 Abs. 1 S. 2 **nicht als zugestanden**; es muß vielmehr zur Überzeugung des Gerichts nachgewiesen werden (vgl. § 335 Abs. 1 Nr. 1)[218]. Verhandelt der **Beklagte rügelos zur Hauptsache**, so kann sich die Zuständigkeit aus § 39 ergeben, im amtsgerichtlichen Verfahren aber erst nach Belehrung gemäß § 504. Wird die Zuständigkeit bestritten, dann sind alle für die Wirksamkeit der Prorogation relevanten Tatsachen von Amts wegen und daher ohne Bindung an Geständnis oder Nichtbestreiten (§§ 138 Abs. 3, 288) zu prüfen. Die Geltendmachung einer Gerichtsstandsvereinbarung ist Prozeßhandlung und untersteht gegebenenfalls dem Anwaltszwang (§ 78). Allgemein zur Prüfung der Zuständigkeit → § 1 Rdnr. 15 ff.; zur Frage, auf **welche Rechtsverhältnisse** sich die Prorogation bezieht, → § 40 Rdnr. 1.

---

[217] S. *RG* JW 1930, 1062; *OLG Frankfurt* NJW 1949, 510. Vgl. auch oben Rdnr. 19 a, 29 a.   [218] Vgl. *OLG Frankfurt* MDR 1981, 762.

V. Vereinbarung der Zuständigkeit eines ausländischen Gerichts

66   1. Inhalt → Rdnr. 19 a

67   2. Prüfung → Rdnr. 13 a

68   3. Besondere Unwirksamkeitsgründe → Rdnr. 19 b – 19 d

VI. Das arbeitsgerichtliche Verfahren

1. Zuständigkeitsvereinbarungen im Verhältnis zwischen Arbeitsgerichten und ordentlichen Gerichten

70   Für die in § 2 ArbGG genannten Streitigkeiten sind die **Arbeitsgerichte ausschließlich zuständig**. Die Zuständigkeit eines ordentlichen Gerichts kann hierfür weder durch Vereinbarung noch durch rügelose Einlassung begründet werden, § 40 Abs. 2 S. 1 und 2. Umgekehrt kann die Zuständigkeit der Arbeitsgerichte durch Vereinbarung grundsätzlich auch nicht erweitert werden. Das ergibt sich aus **§ 2 Abs. 4 ArbGG**, der gegenstandslos wäre, wenn es allgemein zulässig wäre, Zuständigkeiten der ordentlichen Gerichte auf die Arbeitsgerichte zu übertragen. § 2 Abs. 4 ArbGG gestattet lediglich, die Zuständigkeit der Arbeitsgerichte für bürgerliche Rechtsstreitigkeiten zwischen juristischen Personen des Privatrechts und deren Vertretern zu vereinbaren (allerdings nur für Streitigkeiten, die dem Gegenstand nach unter § 2 ArbGG fallen, → § 1 Rdnr. 212). Solche Vereinbarungen unterliegen, da § 2 Abs. 4 ArbGG eine Sondervorschrift darstellt, **nicht den Schranken des § 38**; die ausschließliche Zuständigkeit eines Zivilgerichts hindert jedoch (ähnlich wie in § 2 Abs. 3 ArbGG) eine derartige Vereinbarung. Die erweiterte Zuständigkeit der Arbeitsgerichte nach § 2 Abs. 3 ArbGG (Zuständigkeit des Zusammenhangs) kann durch eine Prorogation negativ beeinflußt werden: Sie entfällt, wenn die ausschließliche Zuständigkeit eines ordentlichen Gerichts oder der ordentlichen Gerichte wirksam (§§ 38–40) vereinbart wurde, → § 1 Rdnr. 208.

2. Sachliche Zuständigkeit

71   Vereinbarungen über die sachliche Zuständigkeit innerhalb der Arbeitsgerichtsbarkeit sind nicht möglich, da nur das Arbeitsgericht als erstinstanzliches Gericht zur Verfügung steht. Vereinbarungen über die Zuständigkeit verschiedener Kammern desselben Gerichts sind ausgeschlossen, da es sich dabei, auch soweit Fachkammern in Betracht kommen, nicht um eine Frage der sachlichen Zuständigkeit, sondern um eine solche der Geschäftsverteilung handelt, → § 1 Rdnr. 127.

3. Örtliche Zuständigkeit

72   Vereinbarungen über die örtliche Zuständigkeit der Arbeitsgerichte richten sich im **Urteilsverfahren** nach den §§ 38–40 (anzuwenden über § 46 Abs. 2 ArbGG)[219], sind also grundsätzlich nur noch in den von der Gerichtsstandsnovelle gezogenen engen Grenzen zulässig[220]. Im allgemeinen ist daher eine Gerichtsstandsvereinbarung in einem Arbeitsvertrag nicht mehr möglich.

73   Eine wichtige Erweiterung enthält **§ 48 Abs. 2 ArbGG**. Die Vorschrift weicht von dem Grundsatz ab, daß die *Parteien* die Zuständigkeitsvereinbarung treffen müssen. Sie gestattet den *Tarifvertragsparteien*, in einem Tarifvertrag die Zuständigkeit eines an sich örtlich unzuständigen Gerichts zu vereinbaren, und zwar nach Nr. 1 für bürgerliche Rechtsstreitigkeiten zwischen Arbeitgebern und Arbeitnehmern aus einem Arbeitsverhältnis, das sich nach einem Tarifvertrag bestimmt, oder aus Verhandlungen über die

---

[219] Vgl. (aber zum alten Recht) *BAG* NJW 1973, 727, 1151 (*Geimer*) = AP Nr. 1 (*Grunsky*) = SAE 1974, 125 (*W. Blomeyer*).

[220] Dazu *Vollkommer* RdA 1974, 206. Zu § 38 Abs. 3 vgl. *LAG Düsseldorf* Rpfleger 1984, 360 = RIW 651.

Eingehung eines derartigen Arbeitsverhältnisses, nach Nr. 2 für bürgerliche Rechtsstreitigkeiten aus dem Verhältnis einer tarifvertraglich geregelten gemeinsamen Einrichtung der Tarifvertragsparteien[221] zu den Arbeitnehmern oder Arbeitgebern. Solche tarifvertraglichen Vereinbarungen **unterliegen** nach § 48 Abs. 2 S. 3 ArbGG **nicht den Beschränkungen von § 38 Abs. 2 und 3**. Die im Tarifvertrag enthaltene Zuständigkeitsvereinbarung gilt für die Parteien des einzelnen Arbeitsverhältnisses, wenn sie beide Angehörige der Tarifvertragsparteien sind (§ 3 Abs. 1 TVG) sowie für deren Rechtsnachfolger[222]. Wird ein Arbeitsverhältnis von Parteien, die nicht beide den Tarifvertragsparteien angehören, sei es durch Allgemeinverbindlicherklärung, sei es im Wege freiwilliger Unterwerfung (§ 48 Abs. 2 S. 2 ArbGG), dem Tarifvertrag unterstellt, so gilt für sie auch die Prorogation[223]; doch ist es statthaft, dabei die Zuständigkeitsabrede *auszuschließen*[224]. Im Einzelvertrag nur die Geltung der tarifvertraglichen Prorogation, nicht des sonstigen Inhalts des Tarifvertrags zu vereinbaren, wäre dagegen unzulässig. Im Tarifvertrag kann eine *zusätzliche* oder eine *ausschließliche* Zuständigkeit vereinbart werden. Auch eine tarifvertraglich festgelegte ausschließliche Zuständigkeit kann aber durch **Vereinbarung der Prozeßparteien** (soweit § 38 diese noch zuläßt, z.B. nach Entstehung der Streitigkeit) oder durch rügelose Einlassung vor einem anderen Arbeitsgericht (§ 39)[225] überspielt werden. Zwar enthält § 48 Abs. 2 ArbGG nunmehr keinen ausdrücklichen Vorbehalt zugunsten einer von dem Tarifvertrag abweichenden Prorogation mehr; es ist aber nicht anzunehmen, daß insoweit eine Änderung des bisherigen Rechtszustands beabsichtigt war.

Im **Beschlußverfahren** ist die örtliche Zuständigkeit dagegen allein nach § 82 ArbGG zu beurteilen. Da sich in § 80 ArbGG keine Verweisung auf die Vorschriften der ZPO über eine Zuständigkeitsvereinbarung findet, ist eine Prorogation hier ausgeschlossen[226]; auch § 48 Abs. 2 ArbGG gilt hier nicht.   **74**

4. Internationale Zuständigkeit

Vereinbarungen über die internationale Zuständigkeit einschließlich der Vereinbarung eines ausschließlichen ausländischen Gerichtsstands für eine an sich zur Zuständigkeit eines deutschen Arbeitsgerichts gehörende Sache hielt das BAG unter der Geltung der §§ 38–40 a.F. für zulässig, soweit nicht im Einzelfall die Schutzbedürftigkeit des Arbeitnehmers den Vorrang vor der Vereinbarungsbefugnis der Prozeßparteien verdiene[227]. Daß die internationale Zuständigkeit der deutschen Arbeitsgerichte als ausschließlich anzusehen wäre, ist im Gesetz in der Tat nirgends gesagt. Angesichts der Gefahr von Mißbräuchen lag es nahe, die Ausschließlichkeit aus einer entsprechenden Anwendung des § 2 ArbGG und dem besonderen Schutzzweck des Arbeitsrechts abzuleiten[228]. Das Gewicht dieser Gründe ist geringer geworden, nachdem durch die Gerichtsstandsnovelle die Prorogationsmöglichkeit ohnehin sehr stark eingeschränkt wurde (in Betracht kommen in Arbeitssachen nur § 38 Abs. 2 und 3 sowie Art. 17 EuGVÜ). Die **Zulässigkeit eines Ausschlusses der deutschen internationalen Zuständigkeit in Arbeitssachen ist daher zu bejahen**[229]; es gelten dafür die oben Rdnr. 13 a, 19 b ff. dargelegten Voraussetzungen und Grenzen. Dafür spricht auch, daß der Gesetzgeber bei Erlaß der Gerichtsstandsnovelle kein generelles Verbot formuliert hat, sondern, wie die Neufassung des § 48 Abs. 2 ArbGG zeigt, von der Anwendbarkeit des § 38 Abs. 2 und 3 in Arbeitssachen ausgegangen ist, ferner daß auch das **EuGVÜ** Arbeitssachen umfaßt (→ Rdnr. 76). Allerdings ist mit dem neuen Rechtszustand auch die bisher vom BAG formulierte Einschränkung in dieser Form nicht mehr vereinbar[230]. Nur in **Mißbrauchsfällen** kann eine den Voraussetzungen des Art. 17 EuGVÜ oder des § 38 Abs. 2 oder 3 entsprechende Vereinbarung der ausschließlichen   **75**

---

[221] Z.B. durch Vereinbarung »des Sitzes der gemeinsamen Einrichtung« als Gerichtsstand, *BAG* ArbuR 1975, 249 = AP Nr. 14 zu § 5 TVG (*Wiedemann*).

[222] *BAGE* 36, 286 f. = AP Nr. 1 zu § 48 ArbGG 1979 (*Grunsky*). → allg. oben Rdnr. 48.

[223] Ebenso *BAG* ArbuR 1975, 249 = AP Nr. 14 zu § 5 TVG (*Wiedemann*); *Germelmann/Matthes/Prütting* ArbGG § 48 Rdnr. 37; *Grunsky* ArbGG⁶ § 48 Rdnr. 15, 17.

[224] Die sonstigen Bedenken gegen eine teilweise Allgemeinverbindlicherklärung (*Wiedemann/Stumpf* TVG⁵ § 5 Rdnr. 22) bestehen hier nicht. Wie hier *Grunsky* ArbGG⁶ § 48 Rdnr. 17.

[225] Insoweit übereinstimmend *LAG Düsseldorf* AP Nr. 18 zu § 1 TVG; zust. *Germelmann/Matthes/Prütting* ArbGG § 48 Rdnr. 36 f.

[226] *Dersch/Volkmar* ArbGG⁶ § 82 Rdnr. 3; *Dietz/Ni-* kisch ArbGG § 82 Rdnr. 3; *Germelmann/Matthes/Prütting* ArbGG § 82 Rdnr. 2; *Grunsky* ArbGG⁶ § 82 Rdnr. 1.

[227] *BAGE* 22, 410 = AP Nr. 4 zu § 38 Internationale Zuständigkeit (*Lorenz*) = NJW 1970, 2180; *BAGE* 24, 411 = SAE 1974, 181 (*Lorenz*) = AP Nr. 159 zu § 242 BGB Ruhegehalt (*Grunsky*). – Zur Auslegung einer nach § 101 ArbGG unwirksamen Schiedsvereinbarung als Vereinbarung der Zuständigkeit eines deutschen Arbeitsgerichts *BAG* AP Nr. 7 zu § 38 Internationale Zuständigkeit (*Lorenz*) = DB 1975, 63.

[228] *Fikentscher* SAE 1969, 36.

[229] *BAG* NJW 1984, 1320 = RIW 317; NJW 1979, 1119 f.; *ArbG Hamburg* BB 1980, 1695; *Beitzke* RIW 1976, 8; *Rahmann* (Fn. 42), 25 f.

[230] Anders wohl *ArbG Hamburg* BB 1980, 1695; *Grunsky* ArbGG⁶ § 1 Rdnr. 6.

Zuständigkeit eines ausländischen Gerichts noch für unwirksam erklärt werden (→ Rdnr. 19 d, 27), ferner in entsprechender Anwendung des § 1025 Abs. 2[231], wenn die eine Seite ihre *Überlegenheit* dazu ausgenutzt hat, eine *grob unbillige* Zuständigkeitsregelung durchzusetzen. Im übrigen genügen die in Rdnr. 13 a, 19 b ff. aufgezeigten Schutzmechanismen auch hier.

76   Das EuGVÜ umfaßt auch Arbeitssachen (→ Rdnr. 20), läßt also einen Ausschluß der deutschen Zuständigkeit durch Gerichtsstandsvereinbarungen nach Maßgabe des Art. 17 EuGVÜ zu[232]. Allerdings schränkt das *Lugano-Parallelübereinkommen* (→ Rdnr. 20) mit dem neugeschaffenen Art. 17 Abs. 5 die Möglichkeit der Gerichtsstandsvereinbarung in Arbeitsverträgen ein: »Bei individuellen Arbeitsverträgen haben Gerichtsstandsvereinbarungen nur dann rechtliche Wirkung, wenn sie nach der Entstehung der Streitigkeit getroffen werden.«[233] Die Vorschrift wurde in Anlehnung an Art. 5 Nr. 1 EuGVÜ zum Schutz des Arbeitnehmers verfaßt. Art. 17 Abs. 5 ist einer der seltenen Fälle, in denen das Lugano-Übereinkommen und das *3. Beitrittsübereinkommen* (→ Rdnr. 20) voneinander abweichen. Denn im Hinblick auf den gebotenen Schutz der schwächeren Position des Arbeitnehmers[234] ist gemäß Art. 17 Abs. 5 EuGVÜ in der Fassung des 3. Beitrittsübereinkommens eine Gerichtsstandsvereinbarung in individuellen Arbeitsverträgen wirksam, wenn sie nach der Entstehung der Streitigkeit getroffen wird *oder* wenn »der Arbeitnehmer sie geltend macht, um ein anderes Gericht als das am Wohnsitz des Beklagten oder das in Art. 5 Nr. 1 bezeichnete anzurufen«[235].

§ 39   [Zuständigkeit durch rügeloses Verhandeln zur Hauptsache]

[1]Die Zuständigkeit eines Gerichts des ersten Rechtszuges wird ferner dadurch begründet, daß der Beklagte, ohne die Unzuständigkeit geltend zu machen, zur Hauptsache mündlich verhandelt. [2]Dies gilt nicht, wenn die Belehrung nach § 504 unterblieben ist.

Gesetzesgeschichte: Änderungen BGBl. 1974 I, 753; 1976 I, 3281.

Stichwortverzeichnis: → vor § 38 vor Rdnr. 1.

---

[231] So auch *Beitzke* RIW 1976, 8. Offenlassend *BAGE* 22, 410 (Fn. 227); für Anwendung einer prozessualen Arglisteinrede *Grüter* RdA 1964, 320. → auch Rdnr. 19 b.
[232] Vgl. *ArbG Kiel* RIW 1984, 403; *ArbG Hamburg* RIW 1984, 405; krit. *Birk* RdA 1983, 149 ff.; *Kropholler* EZPR³ Art. 17 Rdnr. 73 ff.
[233] Vgl. dazu den *Jenard/Möller*-Bericht, ABl. EG 1990 C 189/77.

[234] Vgl. *EuGH* ABl. EG 1989 C 62 sowie den *Almeida Cruz/Desantes Real/Jenard*-Bericht, ABl. EG 1990 C 189/47.
[235] Vgl. näher dazu den *Almeida Cruz/Desantes Real/Jenard*-Bericht, ABl. EG 1990 C 189/48; *Kohler* EuZW 1991, 306.

I. Die Zuständigkeitsbegründung und ihre Voraussetzungen

1. Grundgedanke

Durch rügelose Verhandlung des Beklagten zur Hauptsache wird die **Zuständigkeit** eines an 1 sich unzuständigen Gerichts **positiv** begründet[1]. Die frühere Formulierung des § 39, in diesem Fall sei eine stillschweigende *Zuständigkeitsvereinbarung* anzunehmen, wurde durch die Gerichtsstandsnovelle (→ Rdnr. 2 vor § 38) aufgehoben, um die für echte Gerichtsstandsvereinbarungen neu eingeführten Grenzen (§ 38) nicht auf den Fall des rügelosen Verhandelns zu erstrecken.

2. Reichweite

§ 39 betrifft die **örtliche** und die **sachliche** Zuständigkeit staatlicher Gerichte[2], nicht aber die 2 Unterwerfung eines Exterritorialen unter die inländische Gerichtsbarkeit (→ Einl. Rdnr. 662). Auch die **internationale** Zuständigkeit deutscher[3] Gerichte kann durch rügelose Einlassung begründet werden[4], soweit nicht eine ausschließliche internationale Zuständigkeit entgegensteht (→ § 40 Rdnr. 7). § 39 kann auch insoweit direkt angewandt werden. Es bedarf weder einer Analogie, noch wäre es richtig, für die internationale Zuständigkeit weiterhin (→ Rdnr. 1) von einer stillschweigenden Zuständigkeitsvereinbarung auszugehen[5]. Zu Art. 18 EuGVÜ → Rdnr. 15.

3. Voraussetzungen

Die Zuständigkeitsbegründung erfordert **rügeloses Verhandeln** des Beklagten zur Hauptsache 3 (→ Rdnr. 4) und im **amtsgerichtlichen Verfahren** eine vorherige **Belehrung** durch den Richter[6] über die sachliche oder örtliche Unzuständigkeit (bzw. über beide) sowie über die Folgen einer rügelosen Einlassung zur Hauptsache, § 504. Auch über die internationale Unzuständigkeit ist zu belehren[7]. Die Belehrung ist unabhängig davon erforderlich, ob der Beklagte anwaltlich vertreten ist[8]. Das zuständige Gericht braucht nicht genannt zu werden[9]. Wird ohne eine solche Belehrung oder nach unvollständiger Belehrung zur Hauptsache verhandelt, so bleibt das Gericht unzuständig. Die Belehrung kann in einem späteren Stadium des Prozesses (bis zum Schluß der letzten mündlichen Verhandlung[10]) **nachgeholt** werden;

---

[1] Daher keine Verweisung mehr, *LG Tübingen* NJW 1949, 717 (dazu *Lent*, der zutreffend die bindende Wirkung eines dennoch ergangenen Verweisungsbeschlusses bejaht).

[2] Für die Zuständigkeit von *Schiedsgerichten* kann § 39 nicht herangezogen werden, auch nicht analog, *Wakkenhuth* KTS 1985, 429.

[3] Da für die Zuständigkeit grundsätzlich die lex fori gilt (→ § 38 Rdnr. 13, 13a), kommt es nur im Rahmen des § 328 Abs. 1 Nr. 1 darauf an, ob nach § 39 auch die Zuständigkeit eines *ausländischen* Gerichts begründet werden kann. Dazu *OLG Hamm* NJW 1988, 653 = IPRax 166; *OLG Frankfurt* NJW 1979, 1787; *Prütting* MDR 1980, 368; *J. Schröder* IPRax 1988, 146 und NJW 1980, 473 m. w. N.

[4] *BGH* NJW 1987, 3182; 1987, 3081; 1980, 1224; 1979, 1104; 1976, 1583; 1976, 1581; WM 1985, 1509; MDR 1969, 479; *OLG Düsseldorf* NJW 1991, 1492, 1493; *OLG Hamm* NJW 1988, 653; *OLG München* IPRax 1986, 178; *OLG Frankfurt* OLGZ 1983, 101; *OLG Köln* BB 1975, 405; OLGZ 1986, 212; *Geimer* NJW

1979, 1784; *ders.* WM 1986, 117; *Riezler* IPZR (1949), 309, 315; *Schütze* ZZP 90 (1977), 67.

[5] So aber die in Fn. 4 genannte Rechtsprechung; ferner *Pfaff* ZZP 96 (1983), 348.

[6] Hinweise anderer Prozeßbeteiligter, etwa des Klägers, reichen nicht, *Baumbach/Lauterbach/Hartmann*[50] Anm. 3.

[7] *Eickhoff* (§ 38 Fn. 42), 143 f.; *Geimer* WM 1977, 67; *Kropholler* Hdb. IZVR I Kap. III Rdnr. 600; *Münch-KommZPO/Patzina* Rdnr. 13; *J. Schröder* NJW 1980, 479. − A. M. *Baumbach/Lauterbach/Hartmann*[50] § 504 Anm. 1; *Katholnigg* BB 1974, 397. Nicht hierher gehören *OLG Frankfurt* NJW 1979, 1787 und *Prütting* MDR 1980, 368: Sie äußern sich zur (fehlenden) Belehrungspflicht eines *ausländischen* Gerichts im Rahmen von § 328 Abs. 1 Nr. 1; → Fn. 3.

[8] *Vollkommer* Rpfleger 1974, 137; *Baumbach/Lauterbach/Hartmann*[50] Anm. 3.

[9] Vgl. *Baumbach/Lauterbach/Hartmann*[50] Anm. 3.

[10] *LG Hannover* MDR 1985, 772.

wenn dann der Beklagte erneut rügelos zur Hauptsache verhandelt, tritt die zuständigkeitsbegründende Wirkung ein. Auf den *Willen*, die Zuständigkeit zu begründen, kommt es nicht an[11]. Wenn also die Belehrung objektiv verständlich war und den Anforderungen des § 504 genügte, kann der Beklagte später nicht einwenden, er habe die Belehrung nicht richtig verstanden. Im **landgerichtlichen Verfahren** kommt eine Belehrung nach § 139 nur in Ausnahmefällen in Betracht[12]; keinesfalls ist sie Voraussetzung der zuständigkeitsbegründenden Wirkung. Die Zuständigkeit wird durch rügeloses Verhandeln nur begründet, wenn der Rechtsstreit einen vermögensrechtlichen Anspruch betrifft und kein ausschließlicher Gerichtsstand begründet ist, § 40 Abs. 2 S. 2. Die Voraussetzungen einer zulässigen Prorogation nach § 38 sind dagegen nicht erforderlich.

3a   Ob die Voraussetzungen für eine Zuständigkeitsbegründung nach § 39 vorliegen, hat das Gericht in jeder Phase des Verfahrens von Amts wegen zu prüfen. Die Ansicht, im Anwendungsbereich von § 39/Art. 18 EuGVÜ dürfe das (erstinstanzliche) Gericht zumindest die internationale Zuständigkeit nur auf Rüge hin prüfen[13], ist ungeachtet ihrer praktischen Relevanz schon im Hinblick auf §§ 40 Abs. 2 S. 2, 504 abzulehnen[14].

II. Das mündliche Verhandeln zur Hauptsache

1. Voraussetzungen

4   Vorausgesetzt wird die **mündliche Verhandlung des Beklagten zur Hauptsache** ohne Rüge der Unzuständigkeit. Über den Begriff der Verhandlung → § 333 Rdnr. 1. Die Äußerung des Beklagten bei einem *Güteversuch* (§ 279) oder im Rahmen von Vergleichsverhandlungen ist für sich genommen kein Verhandeln zur Hauptsache[15]. Ausführungen in *vorbereitenden Schriftsätzen* stellen kein Verhandeln dar, auch nicht im schriftlichen Vorverfahren nach §§ 272 Abs. 2, 276[16] (→ Rdnr. 14). Im Fall der **Entscheidung ohne mündliche Verhandlung** nach § 128 Abs. 2 hat aber die vorbehaltlose schriftsätzliche Einlassung zur Hauptsache die gleiche Wirkung wie die mündliche Verhandlung (→ § 128 Rdnr. 90); das Gleiche gilt bei der Entscheidung nach Lage der Akten, § 251 a (→ auch § 331 a Rdnr. 2). Dabei wird das frühere schriftsätzliche Vorbringen zu dem Zeitpunkt wirksam, zu dem die letzte Erklärung des Einverständnisses mit dem schriftlichen Verfahren abgegeben wurde[17]. Hat der Beklagte sich bisher nur schriftsätzlich, nicht in mündlicher Verhandlung, zur Hauptsache geäußert und behält er sich bei Beantragung des schriftlichen Verfahrens die Einrede der Unzuständigkeit vor, so tritt die Wirkung des § 39 noch nicht ein[18]. Ordnet das Gericht schriftliches Verhandeln nach § 128 Abs. 3 an, so sind als Verhandeln zur Hauptsache nur Schriftsätze ohne Rüge der Unzuständigkeit anzusehen, die *nach* der gerichtlichen Anordnung eingereicht werden. Ist die Unzuständigkeit bereits vor der Anordnung schriftlichen Verhandelns schriftsätzlich gerügt, so ist ein späterer Schriftsatz nur dann rügeloses Verhandeln i. S. des § 39, wenn sich daraus ergibt, daß die Unzuständigkeitsrüge nicht aufrechterhalten wird. – Die **Belehrung** nach § 504 ist **auch im schriftlichen Verfahren** vor dem Amtsgericht Voraussetzung für die Zuständigkeitsbegründung.

---

[11] Dies galt auch schon für die frühere Fassung, *BGH* MDR 1969, 479.

[12] *Stürner* Die richterliche Aufklärung im Zivilprozeß (1982) Rdnr. 91; *Baumbach/Lauterbach/Hartmann*[50] Anm. 1.

[13] *Geimer* WM 1986, 117 und IZPR (1987) Rdnr. 1403/1816 f.; ihm folgend *OLG Köln* NJW 1988, 2182.

[14] Im Ergebnis ebenso *BGH* NJW 1988, 1466 m. w. N.; *OLG Koblenz* NJW 1989, 2700; *BAG* NJW 1985, 2911. Vgl. auch *Wieser* ZZP 100 (1987), 368.

[15] *OLG Bamberg* MDR 1988, 149.

[16] *Leipold* IPRax 1982, 223 f. – A. M. *Rosenberg/Schwab*[14] § 37 II 1.

[17] *BGH* NJW 1970, 198 = MDR 230.

[18] *BGH* (vorige Fn.).

Hauptsache ist ein Begriff, den das Gesetz in wechselnder Bedeutung nach dem jeweiligen   5
Gegensatz gebraucht (s. z. B. §§ 91 a, 99 Abs. 2, 249 Abs. 2, 282 Abs. 3, 345, 590, 919, 926,
927 Abs. 2, 942, 943, GVG § 104 Abs. 2). Hier bedeutet er **die zu verhandelnde Streitsache
selbst** im Gegensatz zu dem Verfahren darüber oder dessen Gang. Mit Erklärungen des
Beklagten, die sich nur auf die Prozeßvoraussetzungen oder die Form der prozessualen
Handlungen oder die Ablehnung eines Richters und dergleichen beziehen, wird nicht zur
Hauptsache verhandelt[19], wohl aber mit vorbehaltlosen Erklärungen zum Klagegrund oder
mit Anträgen, die auf eine Sachentscheidung abzielen, und zwar auch dann, wenn der
Beklagte sich nicht bewußt war, damit zur Hauptsache zu verhandeln[20] (→ Rdnr. 3). Ebenso
wie die Zustimmung des Beklagten zur *Erledigungserklärung* des Klägers[21] ist daher auch das
Anerkenntnis ein Verhandeln zur Hauptsache, mithin eine rügelose Verhandlung i. S. v.
§ 39[22]. Das Recht, einen Schriftsatz nach § 283 nachzureichen, ändert nichts an der zuständigkeitsbegründenden Wirkung eines rügelosen Verhandelns zur Hauptsache[23]. Den ausdrücklichen *in der Verhandlung* erklärten **Verzicht auf die (bisher noch nicht erhobene) Rüge** der
Unzuständigkeit wird man der (bisher noch nicht erfolgten) rügelosen Einlassung gleichstellen können[24], im amtsgerichtlichen Verfahren aber nur unter den Voraussetzungen des
Hinweises nach § 504. Ein *vorprozessualer* Verzicht sowie ein »Verzicht« auf die *bereits*
erhobene Rüge (→ Rdnr. 8) ist hingegen nur unter den Voraussetzungen des § 38 beachtlich
(→ Rdnr. 6, 12; § 38 Rdnr. 58)[25].

Die Erhebung einer **Widerklage** ist, auch wenn sie in der mündlichen Verhandlung erfolgt,   6
noch keine Verhandlung zur Hauptsache für die Klage[26]. Entscheidend bleibt auch hier, wie
sich der Beklagte zur Klage äußert. Das gilt grundsätzlich auch, wenn der Gerichtsstand für
die Widerklage nur nach § 33 begründet ist. Läßt in einem solchen Fall die Widerklage den
Willen des Beklagten und Widerklägers erkennen, vor dem angegangenen Gericht auch über
die Klage zu verhandeln, so kann dies u. U. unter den Voraussetzungen des § 38 Abs. 1 (unter
Vollkaufleuten usw.) eine stillschweigende Vereinbarung der Zuständigkeit begründen[27] (→
Rdnr. 12). Eine Prorogation nach § 38 Abs. 3 Nr. 1 müßte dagegen ausdrücklich und schriftlich erfolgen.

Erhebt der Kläger **prorogationswidrig** vor einem derogierten Gericht Klage und verteidigt   6a
sich der Beklagte mit einer ebenfalls von der Prorogation erfaßten *Widerklage* (→ § 38
Rdnr. 19 a), so muß der Beklagte die Zuständigkeit für die Klage rügen, der Kläger die für die
Widerklage. Die prorogationswidrige Klageerhebung ist für sich genommen aber noch kein
Einverständnis mit der prorogationswidrigen Widerklage[28]; der Kläger kann die Zuständigkeit insoweit auch dann rügen, wenn sich der Beklagte auf die prorogationswidrige Klage
eingelassen hat. Der Beklagte ist nicht schutzwürdig, da er seine Einlassung zur Hauptsache
davon hätte abhängig machen können, daß der Kläger seinerseits auf die Rüge der Unzuständigkeit für die Widerklage verzichtet[29]. Nichts anderes gilt, wenn sich der Beklagte gegen die
prorogationswidrige Klage durch *Aufrechnung* mit einer ebenfalls von der Gerichtsstandsver-

---

[19] *OLG Bamberg* MDR 1988, 149.
[20] *BGH* LM Nr. 3; *RG* Gruchot 44, 1183.
[21] *OLG Frankfurt* JurBüro 1985, 1556.
[22] *OLG Düsseldorf* EWiR 1990, 1027 (*Godau/Schütt-*
ke).
[23] *BGH* (Fn. 17); LM Nr. 3.
[24] *Rosenberg/Schwab*[14] § 37 II vor 1. – A. M. wohl die
in der folgenden Fn. Genannten.
[25] *Baumbach/Lauterbach/Hartmann*[50] Anm. 1; *Bü-*
low VersR 1976, 416 Fn. 3; *Diederichsen* BB 1974, 383;
Löwe NJW 1974, 477; *Thomas/Putzo*[17] Anm. 2 c. – A.
M. *Geimer* WM 1986, 118.
[26] Zust. *MünchKommZPO/Patzina* Rdnr. 6. – A. M.

Rosenberg/Schwab[14] § 37 II vor 1; *Thomas/Putzo*[17]
Anm. 2 b. – Keineswegs reicht ein Prozeßkostenhilfeantrag für die beabsichtigte Widerklage, *AG Uetersen*
SchlHA 1955, 359.
[27] Vgl. *KG* JW 1931, 1825.
[28] *v. Falkenhausen* RIW 1982, 387.
[29] *BGHZ* 52, 36; WM 1985, 1509; 1981, 938f. = NJW
2644; *Eickhoff* (§ 38 Fn. 42), 142; *v. Falkenhausen* RIW
1982, 388; *Kropholler* Hdb. IZVR I Kap. III Rdnr. 588. –
A. M. *Geimer* IZPR Rdnr. 1776; *Pfaff* ZZP 96 (1983),
348f.; *Rauscher* RIW 1985, 889 (für Art. 18 EuGVÜ);
Schütze Deutsches IZPR, 57.

einbarung erfaßten Gegenforderung verteidigt. Die Zuständigkeitsvereinbarung für die Gegenforderung *kann* zwar durch rügelose Einlassung des Klägers überwunden werden[30]; die prorogationswidrige Klage allein reicht dafür aber nicht[31].

7   Stellt der Beklagte bei Ausbleiben des Klägers den **Antrag auf Versäumnisurteil**, so liegt hierin zwar ein Verhandeln zur Hauptsache. Der Beklagte kann aber wegen § 342 nach Einspruch die Einrede noch vorbringen. Die Wirkung des Verhandelns ist hier auflösend bedingt (→ § 330 Rdnr. 4).

8   Hat der Beklagte die **Unzuständigkeit gerügt**, so ist § 39 ausgeschlossen (→ Rdnr. 5) und eine spätere vorsorgliche Verhandlung zur Hauptsache – auch in den höheren Instanzen[32] – ohne Bedeutung. Dasselbe gilt für die hilfsweise erhobene Widerklage[33]. *Ob* sich der Beklagte auf die Unzuständigkeit beruft, ist durch Auslegung zu ermitteln; eine konkludente Rüge reicht[34]. Hat er die Unzuständigkeit nur als örtliche oder nur als sachliche bestritten, so tritt nach der anderen Richtung die zuständigkeitsbegründende Wirkung ein[35].

9   Der Verhandlung des Beklagten steht bei dessen Nichterscheinen die des **Streitgehilfen** gleich[35a]. Der streitgenössische Nebenintervenient kann die Einrede auch im Widerspruch zum Beklagten erheben[36].

10 Die Zuständigkeitsbegründung erstreckt sich in ihrer Wirkung nur auf die im **Zeitpunkt der Verhandlung** bereits gestellten Anträge; künftige Klageerweiterungen, Änderungen und Zwischenfeststellungsklagen werden durch sie nicht gedeckt[37]. Auf sie ist – ggf. in der Berufungsinstanz[38] – § 39 selbständig anzuwenden, ebenso auf die Widerklage. Fällt die Zuständigkeit des Amtsgerichts nachträglich fort, setzt eine Zuständigkeitsbegründung nach § 39 S. 2 wiederum eine Belehrung nach § 504 voraus[39]. Bei objektiver Klagehäufung ist § 39 für jeden Anspruch gesondert zu prüfen.

2. Nichterscheinen des Beklagten und nicht rechtzeitige Anzeige des Verteidigungswillens

11 Kommt es nicht zur Verhandlung über die Hauptsache, weil der Beklagte nicht erschienen ist oder nicht verhandelt hat, so findet § 39 keine Anwendung (→ jedoch wegen §§ 251a, 331a oben Rdnr. 4). Das Gericht hat in diesem Fall seine Zuständigkeit **von Amts wegen** auf Grund der nach § 331 als zugestanden anzunehmenden Zuständigkeitstatsachen (→ § 1 Rdnr. 27) zu prüfen. Nicht als zugestanden gilt jedoch das Vorbringen über die Vereinbarung eines Erfüllungsortes oder eines Gerichtsstandes, § 331 Abs. 1 S. 2. Diese Sätze gelten auch, wenn der Beklagte trotz Aufforderung gemäß § 276 seine Verteidigungsabsicht nicht rechtzeitig mitgeteilt hat (Säumnisverfahren nach § 331 Abs. 3). Bejaht das Gericht die Zuständig-

---

[30] → § 38 Rdnr. 62, ferner *BGH* NJW 1979, 1104 sowie zu Art. 18 EuGVÜ *EuGH* RIW 1985, 313 = NJW 2894 = IPRax 1986, 27 (auf Vorlage von *OLG Koblenz* RIW 1984, 396); *EuGH* RIW 1981, 709 = IPRax 1982, 236 f.; *OLG Koblenz* NJW-RR 1988, 1334; *OLG Saarbrücken* RIW 1984, 478; *Gottwald* IPRax 1986, 12 f.; *Kohler* IPRax 1983, 272; *Leipold* IPRax 1982, 222; *Rauscher* RIW 1985, 889/890.

[31] *BGH* NJW 1981, 2645; *Kohler* IPRax 1983, 272; *Kropholler* Hdb. IZVR I Kap. III Rdnr. 593. – A. M. *v. Falkenhausen* RIW 1982, 387 f.; *Geimer* IZPR Rdnr. 1777 f.; *Gottwald* IPRax 1986, 13; *Rauscher* RIW 1985, 889 (für Art. 18 EuGVÜ); wohl auch *Eickhoff* (§ 38 Fn. 42), 179 f.; *Leipold* → § 145 Rz. 41.

[32] *BGH* NJW 1987, 3081.

[33] *Geimer* WM 1986, 117 f.

[34] *OLG Düsseldorf* NJW 1991, 1492, 1493; *Kropholler* Hdb. IZVR I Kap. III Rdnr. 595; *Prütting* MDR 1980,

369 (der indessen zu weitgehend die Rüge in einem Parallelverfahren genügen lassen will); *Thomas/Putzo*[17] Anm. 2c. Vgl. auch *BGH* NJW 1988, 1466 f. – Nicht ausreichend ist die Erklärung, sich zur Zuständigkeit nicht äußern zu wollen, *OLG Saarbrücken* RIW 1984, 478.

[35] *OLG Köln* OLGRspr. 2 (1901), 397.

[35a] A. M. *Windel* ZZP 104 (1991), 327.

[36] Vgl. *Walsmann* Streitgenössische Nebenintervention (1905), 214 f.

[37] *BGH* WM 1985, 1509; NJW 1979, 1104.

[38] *BGH* NJW 1986, 2437; 1979, 1104; mißverständlich *BGH* NJW 1987, 3081.

[39] A. M. *LG Hamburg* MDR 1978, 940; *Baumbach/Lauterbach/Hartmann*[50] Anm. 3 und § 506 Anm. 1. Dagegen zutr. *Müller* MDR 1981, 11; *Zöller/Stephan*[17] § 506 Rdnr. 3; *Zöller/Vollkommer*[17] Rdnr. 10. → auch § 506 Rdnr. 7.

keit, so kann der Beklagte die Unzuständigkeit durch Einspruch gegen das Versäumnisurteil, im Fall des § 513 durch Berufung, geltend machen, in letzterem Fall jedoch nur in den durch §§ 10, 512a gezogenen engen Grenzen.

Eine andere Frage ist es, inwieweit trotz Nichterscheinens oder Nichtverhandelns zur   **12**
Hauptsache in dem prozessualen Verhalten des Beklagten – z.B. in der Erhebung einer Widerklage, für die bei dem angerufenen Gericht eine andere Zuständigkeit als die des § 33 nicht begründet wäre – eine **stillschweigende Zuständigkeitsvereinbarung** zu erblicken ist (→ Rdnr. 6); sie ist aber nur im Rahmen des § 38 Abs. 1 (unter Vollkaufleuten usw.) zulässig.

III. Kein Nachholen der Einrede; Verhältnis zum Rügeverlust

Wenn die Voraussetzungen des § 39 vorliegen, wird das Gericht zuständig, auch wenn der   **13**
Beklagte das angerufene Gericht irrtümlich für zuständig hielt (→ aber zur Belehrungspflicht oben Rdnr. 3). Dies gilt auch dann, wenn er an sich nach § 296 Abs. 3 die Einrede der Unzuständigkeit noch nachträglich vorbringen könnte, weil er glaubhaft macht, daß er ohne sein Verschulden, z.B. infolge entschuldbaren Irrtums über die Höhe des Streitwertes, nicht imstande gewesen sei, sie vor der Verhandlung zur Hauptsache geltend zu machen. § 39 enthält keine Ausnahme für diesen Fall; seine zuständigkeitsbegründende Wirkung geht über § 282 Abs. 3 hinaus und **macht § 296 Abs. 3 unanwendbar**[40]. Die nach § 39 begründete Zuständigkeit kann auch durch spätere Vereinbarung der Parteien nicht beseitigt werden (→ § 38 Rdnr. 58).

Andererseits kann ein **Verlust des Rügerechts** gemäß §§ 282 Abs. 3, 296 Abs. 3 bereits   **14**
eintreten, bevor § 39 erfüllt ist, wenn die Rüge nicht innerhalb einer nach § 275 Abs. 1 S. 1 oder § 276 Abs. 1 S. 2 gesetzten Klageerwiderungsfrist erhoben wird[41]. Eine Besonderheit ergibt sich im **amtsgerichtlichen Verfahren**: Ist hier die Belehrung nach § 504 unterblieben, so wird das Gericht trotz Verhandelns des Beklagten zur Hauptsache nicht nach § 39 zuständig, und der Beklagte kann die Einrede der Unzuständigkeit weiterhin (bis zum Schluß der mündlichen Verhandlung) geltend machen. Nach dem Sinn der §§ 39 S. 2, 504 kann die Rüge in diesem Fall unabhängig von den Voraussetzungen des § 296 Abs. 3 nachgeholt werden; die Rüge ist **bis zur Belehrung** (nur in der mündlichen Verhandlung) **unverzichtbar** i.S. des § 296 Abs. 3[42]. Zum Nachholen der Belehrung → Rdnr. 3.

IV. Zuständigkeitsbegründung nach Art. 18 EuGVÜ

Art. 18 EuGVÜ (Text → Einl. Rdnr. 908) betrifft den Fall, daß eine Person, die in einem   **15**
Vertragsstaat (→ § 38 Rdnr. 20) wohnt, vor einem Gericht eines anderen Vertragsstaats verklagt wird[43], ohne daß dort eine Zuständigkeit nach dem Abkommen gegeben ist. Der Anwendungsbereich des Art. 18 EuGVÜ ist dabei an Art. 17 EuGVÜ[44] und nicht an Art. 2 EuGVÜ[45] zu orientieren. Es reicht mithin, daß *eine* Partei ihren Wohnsitz in einem Vertragsstaat hat; dies muß nicht der Beklagte sein. Läßt sich der Beklagte auf das Verfahren ein, ohne

---

[40] Zust. *Wieser* ZZP 100 (1987), 368. S. (zu § 274 Abs. 3 a.F.) auch *BGH* LM Nr. 3; *RGZ* 151, 67; 86, 229.

[41] *Grunsky* JZ 1977, 205 f.; *Leipold* IPRax 1982, 224. – A. M. *Putzo* NJW 1977, 5, der § 296 Abs. 3 auf die Rüge fehlender Zuständigkeit generell nicht anwenden will; ebenso *OLG Frankfurt* OLGZ 1983, 101 f. m. w. N. und *MünchKommZPO/Patzina* Rdnr. 5 sowie *OLG Köln* NJW 1988, 2182 (für Art. 18 EuGVÜ).

[42] *Vollkommer* Rpfleger 1974, 137.

[43] *Samtleben* NJW 1974, 1594. Vgl. auch § 38 Rdnr. 22.

[44] *Kropholler* EZPR[3] Art. 18 Rdnr. 3, 4; *Nagel* IZPR[3] Rdnr. 215; *Schack* IZVR Rdnr. 86.

[45] So aber *Samtleben* NJW 1974, 1594.

die internationale[46] Unzuständigkeit geltend zu machen, so wird das Gericht zuständig, es sei denn, daß ein anderes Gericht nach Art. 16 EuGVÜ ausschließlich zuständig ist[46a]. Art. 18 EuGVÜ geht als Sondervorschrift dem § 39 an sich vor, doch kann, soweit die Regelung des Art. 18 unvollständig ist, auf § 39 zurückgegriffen werden[47]. So ist der Begriff der **Einlassung** nicht näher definiert. Wegen des von § 39 abweichenden Wortlauts liegt es hier aber nahe, die Zuständigkeitsbegründung nicht von einem Verhandeln zur Hauptsache i. S. des § 39 abhängig zu machen, sondern auch die Einlassung zu anderen Verfahrensfragen genügen zu lassen[48]. Die nur *hilfsweise* Sacheinlassung trotz Unzuständigkeitseinrede reicht hingegen nicht[49]. Generell gilt, daß die Zuständigkeitsrüge immer vor dem Vortrag erfolgen muß, der nach innerstaatlichem Prozeßrecht als das erste Verteidigungsvorbringen anzusehen ist[50]. Im amtsgerichtlichen Verfahren ist die in § 39 S. 2 enthaltene Anforderung an den Zeitpunkt des Verhandelns zu beachten; auch die Zuständigkeit nach Art. 18 EuGVÜ kann daher erst eintreten, wenn nach einer dem § 504 entsprechenden **Belehrung** (hier: über die fehlende Zuständigkeit nach dem EuGVÜ) der Beklagte zur Hauptsache verhandelt, ohne die Unzuständigkeit zu rügen[51]. Durch diese dem Schutz des Beklagten dienende ergänzende Anwendung deutschen Verfahrensrechts vor den deutschen Gerichten werden die Ziele des EuGVÜ nicht beeinträchtigt. – **Läßt sich der Beklagte nicht ein**, so hat sich das Gericht (auch bei Säumnis des Beklagten) von Amts wegen für unzuständig zu erklären, Art. 20 Abs. 1 EuGVÜ, also die Klage als unzulässig abzuweisen.

V. Arbeitsgerichtliches Verfahren

16   Hier gilt § 39, soweit im Urteilsverfahren die **örtliche** Zuständigkeit mehrerer Arbeitsgerichte in Frage steht (→ § 38 Rdnr. 72). Die **Belehrung** über die örtliche Unzuständigkeit ist auch hier Voraussetzung, §§ 48 Abs. 2 S. 1 ArbGG, 504. Soweit die sachliche Zuständigkeit, das Verhältnis zu den ordentlichen Gerichten, in Frage steht, ist § 39 nur in dem Sonderfall des § 2 Abs. 4 ArbGG von Bedeutung (→ § 38 Rdnr. 70). Die Aussprache in dem vor dem Vorsitzenden allein stattfindenden ersten Verhandlungstermin nach § 54 ArbGG (sog. **Güteverhandlung**) ist keine mündliche Verhandlung zur Hauptsache. Die zuständigkeitsbegründende Wirkung nach § 39 knüpft sich daher an sie noch nicht (→ Rdnr. 4).

§ 40   [Weitere Voraussetzungen einer wirksamen Prorogation]

(1) Die Vereinbarung hat keine rechtliche Wirkung, wenn sie nicht auf ein bestimmtes Rechtsverhältnis und die aus ihm entspringenden Rechtsstreitigkeiten sich bezieht.

(2) ¹Eine Vereinbarung ist unzulässig, wenn der Rechtsstreit andere als vermögensrechtliche Ansprüche betrifft oder wenn für die Klage ein ausschließlicher Gerichtsstand begründet

---

[46] Im allgemeinen wird mit der örtlichen zugleich die internationale Zuständigkeit gerügt; vgl. *BGH* IPRax 1989, 98.

[46a] *LG Frankfurt* IPRax 1992, 243.

[47] *Leipold* IPRax 1982, 224; grds. auch *Kropholler* EZPR³ Art. 18 Rdnr. 9; vgl. auch *EuGH* RIW 1981, 709 = IPRax 1982, 237. – Abl. *Sandrock* ZVglRWiss. 78 (1979), 199 f.

[48] *OLG Düsseldorf* JR 1991, 244; *Bülow/Böckstiegel/Müller* Der Internationale Rechtsverkehr (1977/1987) B I 1 e, Bem. II.1 zu Art. 18; *Leipold* IPRax 1982, 223 Fn. 1; *Sandrock* ZVglRWiss. 78 (1979), 178 Fn. 4.

[49] *EuGH* RIW 1984, 62 = IPRax 261 = NJW 2761; RIW 1982, 755 = IPRax 1983, 79; RIW 1982, 48 = IPRax

240; RIW 1981, 709 = IPRax 1982, 237; *BGH* NJW 1987, 593; *OLG Hamm* NJW 1990, 652; *OLG Koblenz* NJW-RR 1988, 1334 f. = IPRax 1987, 308; *OLG Saarbrücken* NJW 1992, 987; *LG Frankfurt* EuZW 1990, 581; *Hübner* IPRax 1984, 239; *Leipold* IPRax 1982, 223 m. w. N.; *Sandrock* ZVglRWiss. 78 (1979), 177 ff.; *Schütze* ZZP 90 (1977), 75.

[50] *EuGH* RIW 1981, 709 = IPRax 1982, 237; Bericht *Jenard* (§ 38 Fn. 93) 4. Kap. B. 6. Abschnitt zu Art. 18; *Kropholler* EZPR³ Art. 18 Rdnr. 16; *Leipold* IPRax 1982, 223 f.; *Rauscher* RIW 1985, 890.

[51] Ebenso *Beitzke* RIW 1976, 10; *Leipold* IPRax 1982, 224. – A. M. *Katholnigg* BB 1974, 397; *Kropholler* EZPR³ Art. 18 Rdnr. 5; wohl auch *Schütze* ZZP 90 (1977), 75.

ist. [2]In diesen Fällen wird die Zuständigkeit eines Gerichts auch nicht durch rügeloses Verhandeln zur Hauptsache begründet.

Gesetzesgeschichte: Änderung BGBl. 1974 I, 753.

Stichwortverzeichnis: → vor § 38 vor Rdnr. 1.

I. Bestimmtes Rechtsverhältnis

Abs. 1, der nur für die vorprozessuale Vereinbarung des § 38 in Betracht kommt, verlangt **1** als Wirksamkeitsvoraussetzung, daß die Vereinbarung sich auf ein bestimmtes Rechtsverhältnis bezieht (zur entsprechenden Regelung in Art. 17 EuGVÜ → § 38 Rdnr. 29). Eine Vereinbarung über ganze Kategorien von Klagen (z.B. alle künftigen Rechtsstreitigkeiten, alle Klagen aus dem Geschäftsverkehr der Parteien oder aus künftigem Mißbrauch eines Rechtes) ist wirkungslos[1]. Dagegen ist zulässig die Vereinbarung für eine Mehrheit von Klagen, soweit sie **aus demselben Rechtsverhältnis**, z.B. einem Versicherungs- oder Gesellschaftsverhältnis, entspringen, sowie für ein Kontokorrentverhältnis[2]. Auch bei Ansprüchen aus unerlaubter Handlung kann, wenn sie einmal entstanden sind, eine Gerichtsstandsvereinbarung geschlossen werden; für **künftige Deliktsansprüche** ist die Vereinbarung insoweit zulässig, als diese bei gleichem Tatbestand sowohl auf Vertragsverletzung als auch auf unerlaubte Handlung gegründet werden[3]. Ob die Gerichtsstandsvereinbarung für Klagen aus einem **Vertragsverhältnis** auch die damit konkurrierenden deliktischen Ansprüche erfaßt, ist Auslegungsfrage; im allgemeinen ist dies zu bejahen[4]. Vom Inhalt der Vereinbarung und gegebenenfalls von der Auslegung hängt es auch ab, ob sich die Vereinbarung auf die Klagen gegen einen oder gegen beide Kontrahenten erstreckt[5] und inwieweit sie auch sekundäre Verpflichtungen mit ergreift[6]. Insoweit sind die Grundsätze über die Reichweite einer Vereinbarung des Erfüllungsortes (→ § 29 Rdnr. 35) entsprechend anzuwenden[7]. Die Zuständigkeit bezieht sich aber immer nur auf die **Klagen**, die aus dem Rechtsverhältnis entspringen; eine darauf gestützte **Einrede** gegenüber einem nicht von der Prorogation erfaßten Anspruch ist für die Zuständigkeit unerheblich[8]. Bei Gesellschaften ist nach § 17 Abs. 3 die Begründung eines *allgemeinen* Gerichtsstandes durch Satzung usw. möglich (→ § 17 Rdnr. 15).

---

[1] *OLG München* WM 1989, 604; *RGZ* 10, 63; *OLG Stettin* OLGRspr. 7 (1903), 274.
[2] *Thomas/Putzo*[17] Anm. 2a; → auch unten Fn. 7.
[3] *BGH* NJW 1970, 2180.
[4] *OLG Stuttgart* RIW 1991, 334 (zust. *H. Roth* IPRax 1992, 68); *KG* BB 1983, 213f.; *OGHZ* 3, 215 = NJW 1950, 385 sowie zum int. Zivilverfahren *Kropholler* Hdb. IZVR I Kap. III Rdnr. 516; *Schack* IZVR Rdnr. 459. Vgl. auch *OLG Hamburg* VersR 1982, 341 und MDR 1949, 368 (Prorogation gilt nicht für Betrug bzw. unerlaubte Handlung bei Vertragsschluß); *OLG Hamburg* VersR 1982, 341 und *OLG Stuttgart* BB 1974, 1270 (bei nicht eindeutiger Gerichtsstandsklausel in AGB keine Erstrek-

kung auf deliktische Ansprüche); abl. *v. Falkenhausen* RIW 1983, 420ff.; *MünchKommZPO/Patzina* Rdnr. 5.
[5] *RG* SeuffArch. 49 (1894), 450; *OLG Stettin* OLGRspr. 7 (1903), 274.
[6] S. auch *LG Braunschweig* BB 1974, 571 (für Ansprüche aus culpa in contrahendo gilt Gerichtsstandsvereinbarung in *anderen* Verträgen nicht).
[7] Vgl. *OLG Dresden* OLGRspr. 3 (1901), 432 (bei laufender Rechnung gilt Gerichtsstandsvereinbarung bei den Einzelgeschäften auch für den Saldo) und dazu § 29 Rdnr. 35; anders für Kontokorrentsaldo *RG* JW 1894, 422.
[8] *RG* JW 1900, 340.

II. Nicht vermögensrechtliche Ansprüche; ausschließlicher Gerichtsstand

2   Abs. 2 schließt sowohl die Vereinbarung nach § 38 wie (nach S. 2) die Zuständigkeitsbegründung durch rügelose Einlassung nach § 39 aus:

1. Bei **nicht vermögensrechtlichen** Ansprüchen (→ § 1 Rdnr. 46), auch wenn der Gerichtsstand für sie nicht ausschließlich ist;

3   2. wenn für die Klage bei einem anderen Gericht ein **ausschließlicher Gerichtsstand** begründet ist. Die ZPO versteht hier, wie außer Streit steht, unter Gerichtsstand sowohl die **örtliche** als auch die **sachliche** Zuständigkeit, nicht aber die Rechtswegzuständigkeit[9] (→ § 38 Rdnr. 2). Die §§ 38–40 sind gerade deshalb in einen besonderen Titel gestellt, um *beide* Zuständigkeitsarten zu umfassen; das gilt für § 40 Abs. 2 ebenso wie für die §§ 38 und 39. Ist nur die örtliche Zuständigkeit ausschließlich, so ist eine Vereinbarung hinsichtlich der sachlichen zulässig und umgekehrt. Ob eine Vereinbarung, die sich auf die *örtliche und sachliche* Zuständigkeit erstreckt, dann bezüglich der nicht ausschließlichen Zuständigkeit wirksam bleibt, ist entsprechend § 139 BGB nach dem hypothetischen Willen der Vertragspartner zu beurteilen.

Beruht die **Ausschließlichkeit** bloß auf **Vereinbarung**, so findet § 40 Abs. 2 keine Anwendung (→ § 38 Rdnr. 62). Der durch die Bestimmung des zunächst höheren Gerichts (§ 36) begründete Gerichtsstand ist niemals ausschließlich.

4   **Ausschließlichkeit** in **sachlicher** Beziehung für vermögensrechtliche Streitigkeiten ist zugunsten der Landgerichte in den oben § 1 Rdnr. 82 aufgezählten Fällen angeordnet. Für Familiensachen (von denen einige vermögensrechtliche Streitsachen sind) ist nach § 621 Abs. 1 ausschließlich das Familiengericht (Amtsgericht, § 23b GVG) zuständig. Ausschließlichkeit in *örtlicher* Beziehung findet sich in § 24 (dinglicher Gerichtsstand), in § 24 UWG[10] (s. jedoch die Ausnahme in § 33 WZG) und in § 146 Abs. 2 KO. Ausschließlich ist auch die örtliche Zuständigkeit nach § 7 Abs. 1 HWiG und § 26 Abs. 1 FernUSG, doch ist dort nach Abs. 2 in bestimmten Fällen eine Prorogation zulässig (→ § 38 Rdnr. 42), während im übrigen die Sperre des § 40 Abs. 2 gilt[11]. Ausschließlichkeit der **örtlichen und der sachlichen** Zuständigkeit bestimmen § 29a (Wohnraummietsachen)[12], § 64 für die Hauptintervention, § 584 für die Nichtigkeits- und Restitutionsklage, § 689 Abs. 2 für das Mahnverfahren[13] (zur Abgabe nach Widerspruch → § 696), § 802 für alle im 8. Buch (Zwangsvollstreckung) angeordneten Gerichtsstände, nämlich die der §§ 722, 731, 767ff., 771, 796f., 800, 805, ferner § 1005 Abs. 2 mit § 957 für die Anfechtungsklage im Aufgebotsverfahren, sodann für bestimmte Klagen §§ 246, 250, 275 AktG, § 109 GenG, § 61 GmbHG, § 49 BörsG. Für Wild- und Jagdschadenssachen bestehen Landesgesetze, die eine ausschließliche Zuständigkeit anordnen (→ § 1 Rdnr. 58). Zu erwähnen sind auch Art. 52 bzw. 48 der Internationalen Übereinkommen über Eisenbahnfrachtverkehr sowie Eisenbahn- Personenwagen- und -Gepäckverkehr vom 7. II. 1970 (BGBl. 1974 II, 381, 493; 1975 II, 1130[14]; → Einl. Rdnr. 824). Wegen der **Arbeitsgerichte** → § 38 Rdnr. 70.

---

[9] A. M. *AG Grevenbroich* NJW 1990, 1305.
[10] *BGH* WM 1985, 1509.
[11] Die zum früheren § 6a AbzG vertretene Ansicht des *BGH* NJW 1972, 1861 (dagegen *Löwe* NJW 1973, 1162; anders *LG Oldenburg* NJW 1975, 172), der Käufer könne auf den Gerichtsstand des § 6a Abs. 1 AbzG durch Antrag auf Nichtverweisung verzichten, war entscheidend auf eine entsprechende Anwendung des § 6a Abs. 3 AbzG gestützt und daher seit Streichung dieser Vorschrift durch die Vereinfachungsnovelle (BGBl. 1976 I, 3281; Art. 9 Nr. 3b) nicht mehr vertretbar; entsprechend ist heute für

§ 7 HWiG zu entscheiden. Ebenso *OLG Bremen* WM 1977, 30 (L); *MünchKomm/Ulmer*[2] § 7 HausTWG Rdnr. 15 m. w. N.; anders *RGRK/Keßler*[12] Anh. § 455 BGB Rz. 9. Allenfalls kann man mit *Jayme* (Festschr. f. H. Nagel [1987], 127f.) erwägen, dem *ausländischen* Verbraucher zu erlauben, am allgemeinen Gerichtsstand des Vertragspartners im Inland zu klagen.
[12] *OLG Frankfurt* MDR 1979, 851; *LG München I* ZMR 1987, 271.
[13] Vgl. *BGH* NJW 1985, 322f.
[14] *Pagenstecher* RabelsZ 11 (1937), 387 Fn. 17a (zu

Soweit bestimmt ist, daß ein Gerichtsstand **nicht ausgeschlossen werden kann** (z. B. §§ 109,   5
147 Abs. 3 VAG, § 48 Abs. 2 VVG, → § 38 Rdnr. 64), bedeutet dies noch keinen ausschließlichen Gerichtsstand, da eine *zusätzliche* Zuständigkeit vereinbart werden kann.

Die Zuständigkeit der Amtsgerichte in **Binnenschiffahrts- und Rheinschiffahrtssachen** ist   6
keine ausschließliche, weder örtlich noch sachlich (→ § 38 Rdnr. 2).

3. Für die **internationale Zuständigkeit** (→ Einl. Rdnr. 766) gilt Abs. 2 sinngemäß, da über   7
die Zulässigkeit von grenzüberschreitenden Gerichtsstandsvereinbarungen nach deutschem Prozeßrecht zu entscheiden ist (→ § 38 Rdnr. 13, 13 a), das in § 40 Abs. 2 auch darüber befindet, welche Zuständigkeiten nicht verändert werden können, welche Zuständigkeiten die deutschen Gerichte nicht abgeben oder nicht haben wollen. Eine Vereinbarung in **nicht vermögensrechtlichen** Streitigkeiten ist daher auch hier nicht möglich[15], weder, wenn die internationale Zuständigkeit eines deutschen Gerichts *derogiert* werden soll[16], noch, wenn die Zuständigkeit eines deutschen Gerichts durch *Prorogation* begründet werden soll[17]. Dasselbe gilt für Zuständigkeitsvereinbarungen, durch die eine deutsche **ausschließliche** internationale Zuständigkeit *derogiert* werden soll[18]. Eine ausländische ausschließliche internationale Zuständigkeit hindert die *Prorogation* auf ein deutsches Gericht aber nur, wenn die Zuständigkeit *nach deutschem Prozeßrecht* ausschließlich ist[19]. Dabei folgt die ausschließliche internationale Zuständigkeit im allgemeinen der ausschließlichen örtlichen Zuständigkeit[20].

Zu den Schranken einer Vereinbarung nach Art. 17 **EuGVÜ** → § 38 Rdnr. 30, 76; zur Zuständigkeitsbegründung durch Einlassung nach Art. 18 EuGVÜ → § 39 Rdnr. 15; *§ 40 gilt in beiden Fällen nicht.*

III. Prüfung und Unzuständigkeitseinrede

In den Fällen des § 40 Abs. 2 hat das Gericht seine Zuständigkeit von Amts wegen ohne   8
Rücksicht auf das Parteiverhalten zu prüfen (→ § 1 Rdnr. 16). Folglich kann der Beklagte die **Einrede der Unzuständigkeit** unbeschränkt noch nachträglich in der ersten Instanz vorbringen, da er nicht wirksam darauf verzichten kann, § 296 Abs. 3. Die Geltendmachung der Unzuständigkeit in den höheren Instanzen ist dagegen sehr stark eingeschränkt. Die **Berufung** kann in vermögensrechtlichen Streitigkeiten nicht darauf gestützt werden, daß das erstinstanzliche Gericht seine **örtliche** Zuständigkeit zu Unrecht angenommen hatte, § 512 a. Die Einrede der **sachlichen** Unzuständigkeit kann, soweit sie nicht durch § 10 vollends ausgeschlossen ist, bei vermögensrechtlichen Ansprüchen in der Berufungsinstanz nur bei unverschuldetem Nichtvorbringen nachgeholt werden; eine Prüfung von Amts wegen findet nicht statt, § 529 Abs. 2. In der **Revisionsinstanz** schließt § 549 Abs. 2 nunmehr die Rüge der

---

den früheren Abkommen) will die Prorogation auf ein anderes in- oder ausländisches Gericht zulassen.

[15] *Hausmann* (§ 38 Fn. 42), 368 f.; *Kropholler* Hdb. IZVR I Kap. III Rdnr. 526; *Reithmann/Martiny/Hausmann*⁴ Rdnr. 1253. – A. M. *OLG München* MDR 1957, 45; *Habscheid* Festschr. f. H. Schima (1969), 194; *Vervessos* (vor § 38 Fn. 1), 111; *Voraufl.*

[16] *KG* JW 1929, 3099; *Kropholler* Hdb. IZVR I Kap. III Rdnr. 528 ff.; *Pagenstecher* RabelsZ 11 (1937), 410 f.; *G. H. Roth* ZZP 93 (1980), 172; krit. *Schack* IZVR Rdnr. 450. – A. M. *Walchshöfer* ZZP 80 (1967), 214.

[17] *Jasper* (§ 38 Fn. 42), 108; *Kropholler* Hdb. IZVR I Kap. III Rdnr. 527; krit. *Schack* IZVR Rdnr. 440.

[18] *BGH* WM 1985, 1509; *BGHZ* 49, 124 = ZZP 82

(1969), 302 (*Walchshöfer*); *OLG Köln* OLGZ 1986, 212 f.; *Kropholler* Hdb. IZVR I Kap. III Rdnr. 537 m. w. N.; *G. H. Roth* ZZP 93 (1980), 171 ff.

[19] *Kropholler* Hdb. IZVR I Kap. III Rdnr. 533 ff.; *Matthies* Die deutsche internationale Zuständigkeit (1955), 43; *G. H. Roth* ZZP 93 (1980), 175; *Schack* IZVR Rdnr. 441. – Nach a. M. ist auch eine nur nach ausländischem Recht ausschließliche Zuständigkeit zu beachten, *Rosenberg/Schwab*¹⁴ § 20 V; *Trinkner* BB 1972, 766 f. Aber an das ausländische Prozeßrecht kann das deutsche Gericht nicht gebunden sein.

[20] *BGH* WM 1985, 1509; *Rosenberg/Schwab*¹⁴ § 20 II 3; *G. H. Roth* ZZP 93 (1980), 174.

örtlichen oder sachlichen Unzuständigkeit der ersten Instanz oder die Rüge der Zuständigkeit der Arbeitsgerichte völlig aus.

IV. Arbeitsgerichtliches Verfahren.

9   Die §§ 38, 39 gelten nur für die *örtliche* Zuständigkeit der Arbeitsgerichte im *Urteilsverfahren,* → § 38 Rdnr. 72, § 39 Rdnr. 16. Insoweit ist auch § 40 anwendbar.

Vierter Titel

Ausschließung und Ablehnung der Gerichtspersonen

Stichwortverzeichnis zu vor § 41—§ 49

Vorbemerkungen vor § 41

I. Abgrenzung von der Befähigung zum Richteramt

Die im vierten Titel[1] behandelte (prozeßrechtliche) Fähigkeit, das Richteramt in der einzel- **1** nen Sache auszuüben, ist zu trennen von der (öffentlich-rechtlichen) Fähigkeit zum Richteramt, d. h. der **Befähigung, zum Richter ernannt zu werden.** Deren Erfordernisse sind vor allem

---

[1] **Lit. zu §§ 41–49:** *Arzt* Der befangene Strafrichter (1969); *Birmanns* Richterablehnung in Zivilsachen, ZRP 1982, 269; *Brandt/Janczyk* Richterliche Befangenheit durch Vorbefassung im Wiederaufnahmeverfahren (1978); *Buchberger* Kann der Schiedsmann wegen Besorgnis der Befangenheit abgelehnt werden oder sich selbst ablehnen?, Schiedsmannszeitung 1987, 3; *Frank* (Hrsg.) Unabhängigkeit und Bindungen des Richters (Basel 1990); *Fromme* Ablehnung von Richtern im Kammer-

verfahren, Festschr. f. W. Geiger (1989), 747; *Gerdes* Die Ablehnung wegen Besorgnis der Befangenheit aufgrund von Meinungsäußerungen des Richters (1992); *Göbel* Die mißbrauchte Richterablehnung, NJW 1985, 1057; *Günther* Der »vorbefaßte« Zivil- oder Verwaltungsrichter, Verw.Arch. 82 (1991), 179; *ders.* Entfällt das Rechtsschutzinteresse an Richterablehnung mit Entscheidung in der Hauptsache?, MDR 1989, 691; *ders.* «Persönliche Spannungen« als Ablehnungsgrund, ZZP 105 (1992), 20;

im GVG und DRiG geregelt. Bei einem Mangel dieser Erfordernisse ist die Entscheidung nicht absolut nichtig (→ Rdnr. 15 vor § 578), sondern – sofern die Ernennung des Richters vorher für nichtig erklärt oder zurückgenommen ist (§§ 18, 19 DRiG) – nur mit den ordentlichen Rechtsmitteln nach Maßgabe der §§ 539, 551 Nr. 1 anfechtbar (→ § 551 Rdnr. 5). Nach Rechtskraft kommt die Nichtigkeitsklage nach § 579 Abs. 1 Nr. 1 in Betracht. Wegen der Mitwirkung eines **geisteskranken** oder mit physischen Leiden behafteten Richters → § 551 Rdnr. 8; im übrigen erscheint bei Mängeln dieser Art die entsprechende Anwendung der Normen über das Ablehnungsverfahren (§§ 42, 48) durch die Sachlage geboten und unbedenklich[2].

2   Wegen der **ehrenamtlichen Richter** in der **Arbeitsgerichtsbarkeit** → §§ 6, 20 ff., 37, 43 ArbGG. Das vorstehend über die Anfechtung von Urteilen Ausgeführte gilt hier mit der wesentlichen Einschränkung, daß auf Verstöße gegen die §§ 20–23, 37 ArbGG ein Rechtsmittel nicht gestützt werden kann, §§ 65, 73 Abs. 2 ArbGG. Aus einem verfassungsrechtlichen Gebot der richterlichen Neutralität leitet das BAG[3] ab, daß ein Rechtsanwalt, der vor dem BAG auftritt, dort nicht zugleich ehrenamtlicher Richter sein kann.

II. Regelungszweck; Unterschied zwischen Ausschließung und Ablehnung

3   Ausschließung und Ablehnung dienen dem Zweck, im Lichte des Rechts auf den gesetzlichen Richter (Art. 101 Abs. 1 S. 2 GG) die **Unparteilichkeit** und **Neutralität** des Richters in der einzelnen Sache zu sichern[4]. Die **Ausschließung** (§ 41) ist die *kraft Gesetzes* eintretende Verhinderung des Richters. Die **Ablehnung** (§ 42) ist dagegen das auf Ausschaltung eines

ders. Unzulässige Ablehnungsgesuche und ihre Bescheidung, NJW 1986, 281; *U. Horn* Der befangene Richter – Rechtstatsachen zur Richterablehnung im Zivilprozeß (1977); *F. Knöpfle* Besetzung der Richterbank, insbesondere Richterausschließung und Richterablehnung, Festschr. 25 Jahre BVerfG (1976) Bd. I, 142; *Kollnig* Zulässigkeit der Beschwerde im Richterablehnungsverfahren, NJW 1967, 2045; *Krekeler* Der befangene Richter, NJW 1981, 1633; *Metzner* Rechtliches Gehör bei der Selbstablehnung des Richters, ZZP 97 (1984), 196; *Molketin* Sitzungspolizeiliche Maßnahmen des Vorsitzenden – Anlaß zur Ablehnung wegen »Besorgnis der Befangenheit«?, MDR 1984, 20; *Moll* Wie unbefangen ist der »politische« Richter?, ZRP 1985, 244; *Niebler* Richterliche Unabhängigkeit in der Bundesrepublik Deutschland, in: Frank (Hrsg.), aaO, S. 13; *Nowak* Richterliche Aufklärungspflicht und Befangenheit (1991); *Riedel* Das Postulat der Unparteilichkeit des Richters (1980); *Roidl* Mitwirkung abgelehnter Verwaltungsrichter bei der Entscheidung über die Ablehnung (§ 45 ZPO), NVwZ 1988, 905; *Rosenberg* Ablehnung eines Richters wegen Befangenheit, JZ 1951, 214; *Schlichting* Vorbefassung als Ablehnungsgrund, NJW 1989, 1343; *Schmid* Ablehnung eines Richters wegen früherer richterlicher Tätigkeit, NJW 1974, 729; *E. Schneider* Befangenheit des auf Verjährungsablauf hinweisenden Richters?, MDR 1979, 974; *ders.* Befangenheitsablehnung und Richterpersönlichkeit, DRiZ 1978, 42; *ders.* Rechtliches Gehör bei Selbstablehnung des Richters, JR 1977, 270; *Seibert* Befangenheit und Ablehnung, JZ 1960, 85; *Stemmler* Nochmals: Ablehnung eines Richters wegen früherer richterlicher Tätigkeit, NJW 1974, 1545; *Swarzenski* Ablehnung eines Richters wegen Besorgnis der Befangenheit, JR 1956, 176; *Teplitzky* Auswirkungen der neueren Verfassungs-

rechtsprechung auf Streitfragen der Richterablehnung wegen Befangenheit, MDR 1970, 106; *ders.* Probleme der Richterablehnung wegen Befangenheit, NJW 1962, 2044; *ders.* Die Richterablehnung wegen Befangenheit, JuS 1969, 318; *Walder* Zu einem besonderen Aspekt richterlicher Unabhängigkeit, Festschr. f. K. H. Schwab (1990), 535; *Wand* Zum Begriff »Besorgnis der Befangenheit« in § 19 BVerfGG, Festgabe zum 10jährigen Jubiläum der Gesellschaft für Rechtspolitik (1984), 515; *Wassermann* Die Richterablehnung gemäß §§ 42 ff. ZPO in der Rechtsprechung der Berliner Zivilgerichte, JR 1961, 401; *ders.* Richterablehnung wegen Befangenheit, NJW 1963, 429; *ders.* Richterlicher Selbstschutz bei der Ablehnung von Richtern des BVerfG?, NJW 1987, 418; *ders.* Zur Ablehnung des Richters wegen politischer Befangenheit, DRiZ 1987, 144; *ders.* Zur Richterablehnung in verfassungsgerichtlichen Verfahren, Festschr. f. M. Hirsch (1981), 465; *Wipfelder* Was darf ein Richter sagen?, DRiZ 1983, 337 und ZRP 1982, 121; *Zuck* Die Ablehnung von Bundesverfassungsrichtern, MDR 1986, 894; *ders.* Befangenheit als Fehlerquelle im Zivilprozeß, DRiZ 1988, 172.

[2] *OLG München* MDR 1975, 584 erwägt darüberhinaus eine analoge Anwendung der Ablehnung, um geltend zu machen, der Richter sei nicht der *gesetzliche* Richter (→ Einl. Rdnr. 480). Da es sich dabei aber nicht mehr um persönliche Eigenschaften des Richters handelt, dürfte diese Analogie zu weit gehen.

[3] *BAG* ArbuR 1976, 384 = BB 934. Dazu krit. *Däubler* ArbuR 1976, 369.

[4] Zur verfassungsrechtlichen Verankerung (insbes. des Ablehnungsrechts) s. *BVerfGE* 21, 139; NJW 1990, 2457; DtZ 1992, 119; *BVerwG* NVwZ 1991, 261 f.; umfassend *Riedel* (Fn. 1), insbes. S. 225 ff. Vgl. auch *Zuck* DRiZ 1988, 176 ff.

Richters gerichtete Gesuch einer Partei. Die Ablehnung kann jederzeit auf das Vorliegen eines *Ausschließungsgrunds* gestützt werden (§ 42 Abs. 1). Außerdem ist die Ablehnung wegen *Besorgnis der Befangenheit* möglich (§ 42 Abs. 2). Diese muß *sofort* (§ 43) erfolgen; andernfalls geht das Ablehnungsrecht verloren. Die Besorgnis der Befangenheit hat keine kraft Gesetzes eintretende Wirkung[5]. Die **Selbstablehnung** des Richters gestattet § 48.

III. Keine Ausschließung oder Ablehnung des Gerichts als Ganzes

Der Ausschließung und Ablehnung unterliegt nur der *einzelne* Richter, nicht das Gericht   **4**
(der Spruchkörper oder das ganze Gericht) als Ganzes[6]. Über ein aus diesem Grund offensichtlich unzulässiges Ablehnungsgesuch kann das abgelehnte Gericht selbst entscheiden (→ § 45 Rdnr. 1), u. U. einen derartigen Antrag sogar unberücksichtigt lassen (→ § 42 Rdnr. 12). Nicht ausgeschlossen ist eine Ablehnung mehrerer Richter in einem Gesuch, wenn dieses für jede abgelehnte Gerichtsperson individuell begründet ist[7]. Die Kollektivablehnung kann ferner die zulässige Ablehnung eines einzelnen Richters enthalten[8]. Zulässig ist die zusammengefaßte Ablehnung aller Mitglieder eines Spruchkörpers, die an einer Entscheidung mitgewirkt haben, wenn der Ablehnungsgrund aus der Entscheidung hergeleitet wird[9]. Das Ausscheiden des Einzelrichters oder aller Mitglieder eines Kollegialgerichts kann eine Verhinderung des Gerichts (§ 36 Nr. 1; → § 36 Rdnr. 8) zur Folge haben.

IV. Anwendungsbereich

Der vierte Titel gilt auch für die **ehrenamtlichen Richter** bei den **Kammern für Handelssa-**   **5**
chen (§ 112 GVG)[10], ferner über § 72 KO im **Konkursverfahren**[11] sowie im **arbeitsgerichtlichen Urteils— und Beschlußverfahren** (§ 46 Abs. 2 S. 1, § 64 Abs. 6 S. 1, § 72 Abs. 5 ArbGG) mit den sich aus § 49, § 64 Abs. 7, § 72 Abs. 6 ArbGG ergebenden Besonderheiten, und zwar auch für die ehrenamtlichen Richter[12]. Nicht anwendbar sind §§ 41—49 auf die Beisitzer der betriebsverfassungsrechtlichen Einigungsstellen[13].

Zur Anwendung im Verfahren vor **Patentamt** und **Patentgericht** s. § 27 Abs. 6, § 86 PatG   **6**
(Fass. v. 16. VII. 1980; BGBl. 1981 I, 1; → § 41 Rdnr. 21, § 45 Rdnr. 8). Hinsichtlich der **Einigungsstellen** bei den Industrie— und Handelskammern s. § 27a Abs. 2 S. 5 UWG. Für die **Freiwillige Gerichtsbarkeit** s. § 6 Abs. 1 FGG; bezüglich der *Ablehnung* eines Richters werden

---

[5] Vgl. *BVerfGE* 46, 34 = JZ 1977, 792; *VG Köln* NJW 1986, 2207.
[6] *BVerfGE* 46, 200; 11, 1; *BGH* NJW 1974, 55 = JZ 65 (daher auch keine mit der bloßen Zugehörigkeit zu einem Gericht begründete Ablehnung); *RG* HRR 1929 Nr. 1695; JW 1935, 2894; *BSG* AP § 42 Nr. 1; *StGH* Bremen MDR 1958, 901; *BayObLG* Rpfleger 1982, 264 (L) ; *VGH Kassel* NJW 1969, 1400; *Günther* NJW 1986, 282.
[7] Vgl. (sehr weitgehend) *BAGE* 20, 271 = AP § 41 Nr. 2 (krit. *Wieczorek*). Abl. *Vollkommer* Anm. zu EzA § 49 ArbGG 1979 Nr. 4.
[8] *BAG* AP § 49 ArbGG Nr. 2 (zust. *Pohle*) = SAE 1960, 143 = BB 788.
[9] *BGHSt* 23, 200 = NJW 1970, 478 (zust. *Kunkel/Cichos* 1782) = JR 268 (abl. *K. Peters*); *BVerwG* MDR 1976, 783, 1044 = NJW 1977, 312; *OLG Hamburg* MDR 1984, 512; *Günther* NJW 1986, 282f. Vgl. auch *VG Stuttgart* JZ 1976, 277 sowie *OLG Frankfurt* MDR 1979, 940 (kein Rechtsschutzbedürfnis für eine solche Ablehnung

im Verfahren nach § 320, wenn dadurch die beantragte Berichtigung unmöglich würde).
[10] *BayObLG* MDR 1978, 232, 233.
[11] *BGH* NJW 1991, 985 (Anwendung auf den Konkursverwalter); *BayObLG* NJW 1989, 44; *LG Düsseldorf* ZIP 1985, 631. – Der **Gläubigerausschuß** (§ 87 KO) ist zwar Organ in einem staatlichen Verfahren, aber die Mitglieder des Ausschusses sind als Beteiligte von Natur aus »befangen«, so daß §§ 41ff. nicht (analog) angewandt werden können (a. M. *AG Hildesheim* KTS 1985, 130, 131; allenfalls kann nach dem Rechtsgedanken des § 42 ein Gläubigerausschußmitglied in einzelnen Angelegenheiten durch Beschluß des Gläubigerausschusses oder der Gläubigerversammlung von der Mitwirkung ausgeschlossen werden; vgl. dazu *Hermanns*, Der Gläubigerausschuß (1986), 118ff.
[12] → § 41 Rdnr. 20, § 42 Rdnr. 15, § 45 Rdnr. 5, § 46 Rdnr. 6.
[13] *LAG Düsseldorf/Köln* BB 1981, 733.

seit der Nichtigerklärung des früheren § 6 Abs. 2 S. 2 FGG[14] die Vorschriften der ZPO entsprechend angewandt[15]. Im **Strafprozeß** gelten die §§ 22 ff. StPO. Bei der *Staatsanwaltschaft* erfolgt die Ersetzung des zunächst Berufenen durch einen unbeteiligten Beamten ohne Ablehnungsverfahren im Wege des inneren Dienstes (§ 145 GVG)[16]. Zum **verwaltungsgerichtlichen Verfahren** s. § 54 VwGO, der (mit Ergänzungen) auf die ZPO verweist, ebenso für das sozial— und finanzgerichtliche Verfahren § 60 SGG bzw. § 51 FGO. Keine Anwendung finden die Vorschriften auf den Bezirksrevisor[17]. Vor dem **BVerfG** gelten die §§ 18 f. BVerfGG.

7   **Besondere Vorschriften** über die Ausschließung und Ablehnung enthalten für Urkundsbeamte § 49, Sachverständige § 406, Schiedsrichter § 1032, Rechtspfleger § 10 RPflegerG (Anh. zu § 576 Rdnr. 4), Gerichtsvollzieher § 155 GVG[18], Dolmetscher § 191 GVG. Diese Bestimmungen verweisen weitgehend auf die §§ 41 ff. Für den Schiedsmann ist die Ausschließung in § 15 SchiedsmannsO geregelt[19].

§ 41   [Ausschließung von der Ausübung des Richteramtes]

Ein Richter ist von der Ausübung des Richteramtes kraft Gesetzes ausgeschlossen:

1. in Sachen, in denen er selbst Partei ist oder bei denen er zu einer Partei in dem Verhältnis eines Mitberechtigten, Mitverpflichteten oder Regreßpflichtigen steht;

2. in Sachen seines Ehegatten, auch wenn die Ehe nicht mehr besteht;

3. in Sachen einer Person, mit der er in gerader Linie verwandt oder verschwägert, in der Seitenlinie bis zum dritten Grad verwandt oder bis zum zweiten Grad verschwägert ist oder war;

4. in Sachen, in denen er als Prozeßbevollmächtigter oder Beistand einer Partei bestellt oder als gesetzlicher Vertreter einer Partei aufzutreten berechtigt ist oder gewesen ist;

5. in Sachen, in denen er als Zeuge oder Sachverständiger vernommen ist;

6. in Sachen, in denen er in einem früheren Rechtszuge oder im schiedsrichterlichen Verfahren bei dem Erlaß der angefochtenen Entscheidung mitgewirkt hat, sofern es sich nicht um die Tätigkeit eines beauftragten oder ersuchten Richters handelt.

Gesetzesgeschichte: Änderungen RGBl. 1922 I, 573; BGBl. 1976 I, 1749.

Stichwortverzeichnis: → vor § 41 vor Rdnr. 1.

[14] *BVerfGE* 21, 139.
[15] *BGH* NJW-RR 1992, 383; *BGHZ* 46, 197; *BayObLGZ* 1986, 252; 1974, 131; FamRZ 1992, 574; WuM 1989, 45; MDR 1988, 1063; 1980, 64 = Rpfleger 1979, 423; *OLG Frankfurt* OLGZ 1980, 109 f.; *OLG Bremen* FamRZ 1976, 111 f.; *OLG Stuttgart* Rpfleger 1975, 93; *OLG Köln* OLGZ 1974, 421.
[16] Dazu u. a. *BGH* NJW 1980, 845; *Arloth* NJW 1983,

207; *Joos* NJW 1981, 100; *Schairer* Der befangene Staatsanwalt (1983); *Tolksdorf* Mitwirkungsverbot für den befangenen Staatsanwalt (1989).
[17] *OLG Koblenz* MDR 1985, 257.
[18] → § 49 Rdnr. 5.
[19] Zur *Ablehnung* des Schiedsmanns s. *Buchberger* (Fn. 1).

I. Wirkung der Ausschließung

Die Ausschließung[1], d.h. die kraft Gesetzes eintretende Unfähigkeit zur Ausübung des   1
Richteramtes, erstreckt sich auf **jede richterliche Funktion** in und außerhalb der mündlichen
Verhandlung, auch z.B. auf Terminsbestimmungen[2] und folglich – mit Ausnahme der Nr. 6,
die als solche die Regel bestätigt -auch auf die Tätigkeit des beauftragten und ersuchten
Richters[3].

Bei Vorliegen eines Ausschließungsgrundes ist regelmäßig kurzerhand auf dienstlichem   2
Weg nach Maßgabe der Geschäftsverteilung für den **Ersatz des Richters** und, wenn durch sein
Ausscheiden eine Verhinderung des Gerichts eintritt (§ 36 Nr. 1), für die Bestimmung des
zuständigen Gerichts zu sorgen. Ein besonderes Verfahren nach §§ 44 ff. tritt nur ein, wenn
über die Ausschließung Zweifel bestehen (§ 48) oder wenn der Ausschließungsgrund nach
§ 42 von den Parteien in Form der Ablehnung geltend gemacht wird.

II. Folgen einer Mitwirkung des Ausgeschlossenen

1. Hat ein Richter ungeachtet seiner Ausschließung **bei der Entscheidung** mitgewirkt, so   3
findet gegen die Entscheidung das zulässige Rechtsmittel der Beschwerde, Berufung bzw.
Revision (absoluter Revisionsgrund, § 551 Nr. 2) und nach Rechtskraft die Nichtigkeitsklage
nach § 579 Abs. 1 Nr. 2 statt, sofern nicht der Ausschließungsgrund schon vorher mittels eines
Ablehnungsgesuchs oder eines Rechtsmittels ohne Erfolg geltend gemacht worden ist (vgl.
auch § 577 Abs. 2 S. 3 wegen der durch sofortige Beschwerde anfechtbaren Entscheidungen)[3a]. Die Mitwirkung bei der *Verkündung* ist keine solche bei der Entscheidung[4]. Die
Mitwirkung kann bei sonst gegebenen Voraussetzungen eine Entziehung des gesetzlichen
Richters i. S. des Art. 101 Abs. 1 S. 2 GG enthalten oder herbeiführen, die nach Erschöpfung
des Rechtswegs mit der Verfassungsbeschwerde gerügt werden könnte (→ Einl. Rdnr. 480,
501; Rdnr. 34 vor § 578).

2. Hat ein kraft Gesetzes ausgeschlossener Richter **bei anderen Handlungen** mitgewirkt,   4
die nicht selbständig anfechtbar sind, so tritt ebenfalls keine (sog. absolute) Nichtigkeit ein[5].
Es bedarf vielmehr, soweit nicht das Gericht seine Beschlüsse selbst aufheben kann, der
Anfechtung der darauf ergangenen Entscheidung. Die Aufhebung des mangelhaften Verfahrens (§§ 539, 564) kann dann auch wegen der Mitwirkung des ausgeschlossenen Richters bei
einer früheren Handlung erfolgen, soweit das Urteil darauf beruht (§ 549)[6]. Die Nichtigkeitsklage setzt dagegen die Mitwirkung bei der Entscheidung voraus (§ 579 Abs. 1 Nr. 2), so daß
mit der Rechtskraft die Mitwirkung bei anderen Handlungen einflußlos wird. Wird die
Ausschließung nach §§ 45 Abs. 1, 48 durch das höhere Gericht ausgesprochen, so liegt darin
noch keine Aufhebung der bis dahin von dem ausgeschlossenen Richter vorgenommenen
Handlungen.

---

[1] Lit.: → vor § 41 Fn. 1.
[2] Dazu *BVerfGE* 4, 412 = JZ 1956, 407 (*Kern*) = NJW
545.
[3] Vgl. *RGSt* 30, 70.
[3a] Zur auf **Art. 6 Abs. 1 EMRK** gestützten Beschwerde
s. *EGMR* NJW 1992, 615.

[4] *BGH* JZ 1961, 425 = NJW 1077.
[5] Ebenso *Nußbaum* Prozeßhandlungen, 8f.; *Siegert*
Prozeßhandlungen (1929), 43. – A. M. *Wach* Hb. I § 27
Fn. 7; *Weismann* Lb. I, 329.
[6] Also nicht, wenn er bloß bei der Verkündung mit-
wirkte, *RG* JW 1902, 543; → auch oben Fn. 4.

5   3. Ob der Richter den Ausschließungsgrund **kannte**[7], ist ebenso unerheblich wie ein etwaiger Parteiverzicht (arg. § 579 Abs. 2; → § 295 Rdnr. 7).

III. Die Ausschließungsgründe

6   Der **Zweck** der Ausschließung liegt darin, die Unparteilichkeit und Unbefangenheit des Richters zu sichern. Als Ausschließungsgründe wurden daher Umstände bewertet, die typischerweise zu einer Beeinflussung des Richters führen können, ohne daß es auf eine tatsächliche (Besorgnis der) Befangenheit ankäme[8]. Sie wurzeln in Beziehungen des Richters zu den einzelnen durch Entscheidung zu erledigenden Prozeßsachen, mögen sie Rechtsstreitigkeiten i. e. S., einschließlich des Mahn- und Aufgebotsverfahrens sowie der Zwangsvollstreckung, oder unselbständige Tätigkeiten sein, wie die Sicherung des Beweises und die Tätigkeit im schiedsrichterlichen Verfahren nach § 1045. Umstände, die nicht in der Beziehung des Richters zum einzelnen Prozeß liegen, wie etwa die Verwandtschaft zwischen Richtern, kommen nicht in Betracht. Auch eine entsprechende Anwendung des § 41 auf diesen Fall ist nicht veranlaßt. Daß § 41 die Ausschließungsgründe einzeln aufzählt, entspricht dem Gebot der gesetzlichen Bestimmung des Richters (Art. 101 Abs. 1 S. 2 GG). Eine erweiternde Auslegung oder analoge Anwendung wird daher in der Regel nicht in Betracht kommen[9].

1. Zu Nr. 1 (Parteistellung, Mitberechtigung)

7   **a)** Der Richter ist **Partei**, wenn er für eigene oder fremde Rechnung Kläger oder Beklagter, Antragsteller oder Antragsgegner ist (→ vor § 50 Rdnr. 2, 7). Der Ausdruck ist aber hier, wie außer Streit steht, weiter zu fassen, so daß er auch den Streitgehilfen und denjenigen umfaßt, für oder gegen den das Urteil unmittelbar wirksam oder vollstreckbar ist (→ §§ 76 f., 265 f., 325 f., 727 ff.)[10]. Wegen der Parteien kraft Amtes → Rdnr. 12. Die Streitverkündung als solche genügt **nicht**.

8   **b)** Im Verhältnis eines **Mitberechtigten** oder **Mitverpflichteten** steht der Richter zur Partei (in dem eben dargelegten weiten Sinn), wenn er an dem den Gegenstand des Streites bildenden Rechtsverhältnis beteiligt ist, auch wenn eine Rechtskraftwirkung für oder gegen ihn nicht in Betracht kommt, z. B. als Gesamtgläubiger oder -schuldner, Bürge, Gesellschafter einer als Partei auftretenden Personenhandelsgesellschaft (OHG, KG – hier auch als Kommanditist) oder Gesellschaft des BGB[11] oder Mitglied eines nicht rechtsfähigen Vereins (§ 50 Abs. 2). Die Mitgliedschaft bei nicht rechtsfähigen Vereinen, Genossenschaften usw. ist jedoch nicht zu beachten, wenn das Mitglied weder nach § 54 BGB noch aus sonstigem Grund persönlich über seinen Anteil am Vereinsvermögen hinaus haftet und die Haftung mit diesem nach der Größe der Vereinigung, der Höhe der Beiträge und etwaigen sonstigen Umständen des Falles wirtschaftlich keinerlei Belastung darstellt[12] (→ auch Rdnr. 20 über Gewerkschaften). Kein Ausschließungsgrund (→ aber § 42 Rdnr. 5) ist ein bloß mittelbares Interesse am Rechtsstreit (ohne unmittelbare Beteiligung am Rechtsverhältnis), z. B. als Gläubiger oder Schuldner der Partei, als Aktionär, GmbH-Gesellschafter, Mitglied eines rechtsfähigen Vereins oder einer Genossenschaft oder als steuerpflichtiger Gemeindebürger usw.[13].

---

[7] *RGSt* 33, 309.
[8] *Hess. VGH* AnwBl. 1991, 160, 161.
[9] Vgl. (noch entschiedener) *BVerfGE* 30, 155 (zu § 23 Abs. 2 StPO); zu Nr. 6 *BGH* MDR 1976, 574, 837; *BVerwG* NJW 1975, 1241; *MünchKommZPO/Feiber* Rdnr. 15.

[10] *Wach* Hb. I, 288, 337 Fn. 10; *Krug* ZZP 20 (1894), 384.
[11] *LG Hamburg* MDR 1951, 177 (betr. Schiedsrichter).
[12] S. *Pohle* Anm. zu *BAG* AP Nr. 6 zu § 322. – A. M. *OLG Königsberg* JW 1931, 226 (stets Ausschluß).
[13] Vgl. *RGZ* 7, 311.

c) Die **Regreßpflicht** (→ § 72 Rdnr. 13) schließt den Richter auch dann aus, wenn der   **9**
drohende Regreß ein nur mittelbarer ist, wie bei den weiteren Vormännern des Wechsels.

2. Zu Nr. 2 (Ehe)

Voraussetzung ist, daß der **Ehegatte** Partei i. S. von Nr. 1 ist. Die Scheidung, Aufhebung   **10**
oder Nichtigerklärung[14] der Ehe hebt die Ausschließung nicht auf. Auf die Eintragung im
Familienbuch kommt es nicht an. Dagegen muß die Ehe wirksam geschlossen sein. Ein
eheähnliches Zusammenleben und ebenso das Verlöbnis begründen nur die Besorgnis der
Befangenheit.

3. Zu Nr. 3 (Verwandtschaft, Schwägerschaft)

a) Die **Verwandtschaft** oder **Schwägerschaft** bestimmt sich gemäß Art. 51 EGBGB nach   **11**
den §§ 1589 f. BGB. Die Ausschließung auf Grund Schwägerschaft dauert fort, auch wenn die
Ehe, durch welche die Schwägerschaft begründet war, nicht mehr besteht. Für nichteheliche
Kinder gelten keine Besonderheiten mehr.

Die Wirkungen der **Annahme als Kind** wurden durch das AdoptionsG vom 2. VII. 1976 (BGBl. I, 1749)
neu gestaltet, wobei auch der Text des § 41 Nr. 3 geändert wurde. Die Adoption begründet bei Annahme
eines minderjährigen Kindes nunmehr nach § 1754 BGB die volle Verwandtschaft zwischen dem Kind
und dem Annehmenden samt dessen Verwandten sowie die entsprechenden Schwägerschaften, während
die bisherigen Verwandtschaftsverhältnisse grundsätzlich (Ausnahme § 1756 BGB) erlöschen, § 1755
BGB. Diese Rechtsfolgen sind auch für die Ausschließung maßgebend. Die Annahme eines Volljährigen
begründet dagegen nur die Verwandtschaft zum Annehmenden selbst (§ 1770 BGB) und führt auch nur
insoweit zu einer Ausschließung. Zum Übergangsrecht s. Art. 12 AdoptionsG; eine Fortgeltung des § 41
Nr. 3 in der bisherigen Fassung ist für die frühere Adoption nicht vorgesehen.

Es genügt, daß der Richter mit einem von mehreren **Streitgenossen** oder einem Streithilfen, nicht aber, daß er mit dem gesetzlichen Vertreter oder mit dem Prozeßbevollmächtigten
einer Partei verwandt oder verschwägert ist[15].

b) Bei Prozessen, die von einer sog. **Partei kraft Amtes** (→ Rdnr. 25 vor § 50) geführt   **12**
werden, muß nach dem hier geltenden erweiterten Parteibegriff (→ Rdnr. 7) die Ausschließung sowohl dann angenommen werden, wenn der Richter mit dem Konkursverwalter,
Zwangsverwalter usw. verwandt ist, wie auch dann, wenn die Verwandtschaft mit dem
Gemeinschuldner, Vollstreckungsschuldner usw. besteht[16].

c) Die Verwandtschaft des Richters mit einem von ihm zu vernehmenden **Zeugen** oder   **13**
Sachverständigen kann zwar nach Lage der Verhältnisse eine Ablehnung nach § 42 rechtfertigen, bildet aber keinen Ausschließungsgrund.

4. Zu Nr. 4 (Prozeßbevollmächtigter, gesetzlicher Vertreter)

Vorausgesetzt wird, daß der Richter zur **Vertretung** oder Beistandsleistung vor Gericht, sei   **14**
es als Prozeßbevollmächtigter (§§ 78 ff.), Beistand (§ 90) oder gesetzlicher Vertreter (§ 51),
aufzutreten berechtigt oder früher berechtigt gewesen ist. Auch die Vollmacht zu einzelnen
Handlungen (§ 83 Abs. 2) oder die Bestellung zum Vertreter des Prozeßbevollmächtigten

---

[14] *RGSt* 47, 286; *RG* HRR 1930 Nr. 1059 (zu § 383
Nr. 2).
[15] *BayObLG* WuM 1989, 45.
[16] So *Kuhn/Uhlenbruck* KO[10] § 6 Rdnr. 30 c; *Jaeger/*

Henckel KO[9] § 6 Rdnr. 66; wohl auch *Weber* KTS 1955,
109; a. M. *Jaeger/Lent* KO[8] vor § 6 V 3 (nur bei Verwandtschaft mit dem Gemeinschuldner; nach der Vertretertheorie, dazu → vor § 50 Rdnr. 25 ff).

nach §§ 52, 53 BRAO begründet die Ausschließung[17], nicht dagegen die Stellung des Zustellungsbevollmächtigten, ebensowenig eine frühere Stellung als Vertreter usw. bei dem Abschluß des Geschäftes, auf das sich der Prozeß bezieht, oder eine anwaltliche Tätigkeit ohne Vertretungsmacht, z. B. bei der Abfassung von Schriftsätzen. In diesen Fällen kann aber § 42 erfüllt sein. Ist ein zur Ausbildung zugewiesener **Referendar** nach § 59 Abs. 2 Satz 1 oder 2 BRAO für die Partei aufgetreten, so wird man ihn nach Nr. 4 als ausgeschlossen ansehen müssen. Der Stellung als Vertreter ist die Zugehörigkeit zu einem vertretungsberechtigten, aus mehreren Personen bestehenden **Organ** gleichzustellen[18]. Die Zugehörigkeit zu der zur Vertretung des Fiskus berufenen **Dienststelle** genügt nicht; ausgeschlossen ist hier nur der Beamte, der zur Vertretung im Prozeß berufen ist[19]. Das Vertretungsverhältnis muß **in derselben Sache**, d. h. in Beziehung auf die Rechtsangelegenheit, die jetzt den Prozeßgegenstand bildet, bestanden haben[20], gleichviel ob anläßlich desselben oder eines früheren Prozesses[21]. Daß der Richter als gesetzlicher Vertreter, Prozeßbevollmächtigter usw. wirklich *tätig* war, ist nicht erforderlich.

5. Zu Nr. 5 (Zeuge, Sachverständiger)[22]

15   Der Richter muß als **Zeuge** oder **Sachverständiger** wirklich vernommen worden sein, und zwar in derselben rechtlichen Angelegenheit, wenn auch in einem anderen Prozeß, z. B. in einem Parallelverfahren über denselben Sachverhalt[23], im Fall der Wiederaufnahme des Verfahrens[24] oder der Vollstreckungsgegenklage in dem ersten Prozeß[25] oder in einem selbständigen Beweisverfahren. Eine dienstliche Äußerung (etwa im Kostenfestsetzungsverfahren), die kein Beweismittel ist, führt nicht zur Ausschließung[26], auch nicht eine amtliche Auskunft in dem engen bei Rdnr. 51 vor § 373 umschriebenen Sinn, wohl aber die Erstellung eines behördlichen Gutachtens, da dieses einen Sachverständigenbeweis darstellt (→ Rdnr. 37 vor § 402, § 404 Rdnr. 11). Eine schriftliche Zeugenaussage (§ 377 Abs. 3, 4) bzw. eine schriftliche Erstattung des Sachverständigengutachtens bewirkt die Ausschließung ebenso wie die mündliche Vernehmung[27]. Ob das Zeugnis oder das Gutachten in dem anhängigen Prozeß benutzt werden soll, ist nicht maßgebend. Die bloße Benennung seitens einer Partei genügt nicht. Der Richter ist daher nicht davon ausgeschlossen, bei der Beschlußfassung über seine eigene Vernehmung mitzuwirken[28].

6. Nr. 6 (Mitwirkung in früherem Rechtszug)[29]

16   Die Vorschrift erfaßt nur die Mitwirkung bei Erlaß der angefochtenen Entscheidung in einer früheren Instanz oder im schiedsrichterlichen Verfahren[30], d. h. die **Tätigkeit als erkennender Richter**. Dies verlangt, daß der Richter an der Urteilsfindung, den tatsächlichen und rechtli-

---

[17] *OLG Dresden* OLGRspr. 23 (1911), 159.
[18] *RAG* ArbRS 6, 548.
[19] *OVG Münster* JMBl.NRW 1965, 120. Vgl. auch *RGZ* 152, 9 (keine Ausschließung des Ministers, wenn die Vertretung ausschließlich auf andere Behörde übertragen war).
[20] *RGZ* 152, 9. Vgl. auch *BVerfG* NJW 1990, 2457 zu § 18 BVerfGG. – A. M. *MünchKommZPO/Feiber* Rdnr. 20.
[21] Vgl. *RG* JW 1884, 211.
[22] Vgl. auch *Stein* Privates Wissen (1893), 84; *R. Schmidt* SächsArch. 2, 300; *Smid* Rechtsprechung (1990), 262 ff., 403 ff.
[23] *BGH* NJW 1983, 2711 (zu § 22 Nr. 5 StPO); *OLG*

Frankfurt FamRZ 1989, 519; *Germelmann/Matthes/ Prütting* ArbGG § 49 Rdnr. 11. – A. M. *Baumbach/Lauterbach/Hartmann*[50] Anm. 2 E; *MünchKommZPO/Feiber* Rdnr. 22.
[24] *RGSt* 30, 70; *OLG Braunschweig* BrschwZ 45, 87.
[25] Vgl. *OLG Kiel* HRR 1936 Nr. 1249.
[26] *OLG München* NJW 1964, 1377; *BVerwG* MDR 1980, 168.
[27] *OLG Frankfurt* FamRZ 1989, 519.
[28] *BVerwG* MDR 1980, 168.
[29] Dazu *Günther* Verw.Arch. 82 (1991), 179; *Müller* NJW 1961, 102.
[30] *RG* Gruchot 26 (1882), 856.

chen Feststellungen, unmittelbar beteiligt war, also die Entscheidung mit zu verantworten hat[31]. Die frühere Mitwirkung bei der Prozeßleitung oder bei der Verhandlung, wenn letztere mit einer Vertagung oder einem Beweisbeschluß endete[32], oder nur bei der Verkündung[33] begründet keine Ausschließung, ebensowenig die Tätigkeit bei der Beweissicherung, der Vollstreckung[34] oder als beauftragter und ersuchter Richter, sollte er auch hierbei eine Entscheidung erlassen haben (§ 366). Ebenso ist nach dem Schlußsatz ein Richter, der bei der Entscheidung der unteren Instanz usw. mitgewirkt hat, dadurch nicht gehindert, im Verfahren der höheren Instanz als beauftragter oder ersuchter Richter zu fungieren[35]. – Auf Fälle, in denen der Richter in einem dem Rechtsstreit vorausgegangenen anderen nicht-gerichtlichen Verfahren, z. B. in einem **Verwaltungsverfahren**, beim Erlaß eines Vorbescheids (→ Einl. Rdnr. 432) oder beim Erlaß des in Baulandsachen angefochtenen Verwaltungsakts, mitentscheidend tätig gewesen ist, ist Nr. 6 zwar nicht nach ihrem Buchstaben, wohl aber nach ihrem Grundgedanken und unter Berücksichtigung des § 54 Abs. 2 VwGO entsprechend anzuwenden, wenn gerade diese Verwaltungsentscheidung zu überprüfen ist[36]. Nicht anwendbar erscheint die Vorschrift auf eine Tätigkeit als Schiedsgutachter[37].

Ausgeschlossen ist nur der Richter des **früheren Rechtszugs**, nicht der Richter, der nach   **17** Einspruch über das von ihm erlassene Versäumnisurteil oder nach Widerspruch über die von ihm erlassene einstweilige Verfügung entscheidet, ebensowenig der Richter, der eine Vollstreckungsklausel erteilt bzw. umgeschrieben hat, für die Entscheidung über Einwendungen gegen die Klausel[38].

Unter der **angefochtenen Entscheidung** ist jede Entscheidung zu verstehen, die infolge der   **18** Anfechtung der Beurteilung des Rechtsmittelrichters nach §§ 512, 548 unterliegt, also frühere Zwischenurteile usw., in der Revisionsinstanz auch das Urteil der ersten Instanz (nicht aber ein bereits früher aufgehobenes Berufungsurteil[39]), bei der Beschwerde irgendeine der vorangegangenen Entscheidungen. Ein Richter ist auch ausgeschlossen, wenn er nur an einem durch die angefochtene Entscheidung nach Einspruch **aufrechterhaltenen Versäumnisurteil** mitgewirkt hat[40] oder am Erlaß eines Arrests oder einer einstweiligen Verfügung, die nach Widerspruch durch das angefochtene Urteil bestätigt wurden[41]. Das geht zwar über den Wortlaut der Nr. 6 hinaus, entspricht aber dem Sinn der Vorschrift, weil die aufrechterhaltene Vorentscheidung der Sache nach mit überprüft wird. Nr. 6 ist dagegen in diesen Fällen nicht erfüllt, wenn das Versäumnisurteil oder die einstweilige Verfügung durch das angefochtene Urteil *aufgehoben* wurden[42]. Ebensowenig begründet die Mitwirkung bei der Entscheidung im Arrest- oder Verfügungsverfahren eine Ausschließung für den Hauptsacheprozeß[43]. Die Bewilligung der Prozeßkostenhilfe auf Beschwerde führt nicht zur Ausschließung für das Rechtsmittel gegen die erstinstanzliche Hauptsacheentscheidung[44]. Im Aufgebotsverfahren wird das Ausschlußurteil durch die Klage nach § 957 Abs. 2 angefochten.

---

[31] Vgl. (aber zu § 23 Abs. 2 StPO) *BVerfGE* 30, 165 = *NJW* 1971, 1033. – An der Mitverantwortung fehlt es, wenn der Richter zuvor an einem Vorlagebeschluß an den EuGH oder nicht mehr an der Instanz abschließenden Entscheidung mitgewirkt hat, *BFHE* 129, 252. Vgl. auch *BVerfG NJW* 1989, 25.

[32] *RGZ* 105, 17; *JW* 1903, 289.

[33] *RGZ* 26, 283; → auch oben Fn. 4, 6.

[34] *OLG Hamburg* OLGRspr. 13 (1906), 82.

[35] *OLG Dresden* SächsAnn. 13, 247; auch *Preuß.OVG* 68, 129.

[36] *BGH* WarnRspr. 1967 Nr. 220, 496; *BVerwG* NVwZ 1990, 460 (aber nicht bei der beratender Tätigkeit). – A. M. *OLG Hamm* JW 1921, 1256; *OLG Kiel* SeuffArch. 77 (1923), 159. Hier nur *Befangenheit* anzunehmen (so z. B. *OLG Jena* JW 1931, 2034), ist durch § 54 Abs. 2 VwGO und § 86 Abs. 2 PatG (→ Rdnr. 21) überholt. – Vgl. zu § 18 BVerfGG auch *BVerfGE* 72, 287 f.; NJW 1990, 2457.

[37] *BayObLG* NJW 1950, 909.

[38] *OLG Frankfurt* OLGZ 1968, 170. S. auch *BGH* MDR 1976, 837 (Mitwirkung im Verfahren nach § 732 bewirkt keinen Ausschluß für Vollstreckungsgegenklage).

[39] *BVerwG* NJW 1975, 1241.

[40] *BAG* AP Nr. 3 (dagegen *Baumgärtel/Mes*) = NJW 1968, 814. – A. M. *MünchKommZPO/Feiber* Rdnr. 26.

[41] *OLG München* NJW 1969, 754. – A. M. *MünchKommZPO/Feiber* Rdnr. 26.

[42] Ebenso *Baumbach/Lauterbach/Hartmann*[50] Anm. 2 F b.

[43] Vgl. *OLG Köln* NJW 1971, 569 und *OLG Saarbrücken* OLGZ 1976, 468, die nur die Besorgnis der Befangenheit prüfen.

[44] *OLG München* NJW 1968, 801 (L).

19 Dagegen tritt **keine Ausschließung** ein, wenn die Sache im Fall der **Zurückverweisung** seitens des Berufungs- oder Revisionsgerichts (§§ 538 f., 565, 566 a) vor demselben Gericht oder einem anderen Senat desselben Gerichts[45] und demselben Richter nochmals zur Entscheidung kommt. Nr. 6 schließt die Richter des Erstverfahrens auch nicht von der Entscheidung über eine **Restitutions- oder Nichtigkeitsklage** aus[46] (anders § 23 Abs. 2 StPO; zum Ausschluß des bestraften Richters im Fall des § 580 Nr. 5 → § 580 Rdnr. 17). Ferner ist der Richter nicht ausgeschlossen bei der Entscheidung im Nachverfahren[47] nach vorgängiger Mitwirkung im Urkundenprozeß, im Betragsverfahren der höheren Instanz nach Mitwirkung beim Grundurteil (§ 304)[48] oder im Fall der Vollstreckungsgegenklage (§ 767) oder der Abänderungsklage (§ 323), die keine höhere Instanz eröffnen[49], und erst recht nicht bei mehreren selbständigen Prozessen[50].

Zur Frage der **Befangenheit** bei Mitwirkung an einer früheren Entscheidung → § 42 Rdnr. 10.

IV. Arbeitsgerichtliches Verfahren

20 Hier gilt § 41 sowohl für die Berufsrichter als auch für die ehrenamtlichen Richter (→ vor § 41 Rdnr. 2, 5). Zur Nr. 1 ist hervorzuheben, daß die **Zugehörigkeit des Arbeitsrichters** zu einer an dem Prozeß als Partei beteiligten Vereinigung zur Förderung der Arbeits- und Wirtschaftsbedingungen (insbesondere einer **Gewerkschaft**) die Ausschließung regelmäßig nicht begründet, weil die unmittelbare Beteiligung des einzelnen Verbandsmitglieds an Vermögen und Haftung des Verbands so nebensächlich ist, daß sie praktisch außer Betracht bleiben kann[51] (→ oben Rdnr. 8). Zur Ablehnung nach § 42 in diesen Fällen → § 42 Rdnr. 15.

V. Patentsachen

21 Im Verfahren vor dem **Patentgericht** gilt § 41 entsprechend[52], § 86 Abs. 1 PatG. Nach § 86 Abs. 2 PatG ist im Beschwerdeverfahren auch ausgeschlossen, wer bei dem vorausgegangenen Verfahren vor dem Patentamt mitgewirkt hat, und im Verfahren über die Nichtigerklärung eines Patents, wer bei dem Verfahren vor dem Patentamt über die Erteilung des Patents oder bei dem Verfahren vor dem Patentgericht bei dem Beschluß über die Erteilung mitgewirkt hat. Die Ausschließung beim **Patentamt** regelt § 27 Abs. 6 PatG.[53]

---

[45] *RGZ* 53, 4; *BGHSt* 21, 142 = NJW 1967, 62 = JZ 133; *BGHSt* 24, 336 = NJW 1972, 1288 = JZ 1973, 33 (*Arzt*) (beide zum Strafprozeß). Allein aus der Mitwirkung resultiert auch noch keine Befangenheit, → § 42 Rdnr. 10.

[46] *BGH* NJW 1981, 1273 m. w. N.; *OLG Hamm* FamRZ 1988, 186; *OLG Zweibrücken* NJW 1974, 955; *OLG Karlsruhe* OLGZ 1975, 242; *VGH Baden-Württemberg* VBl.BW 1990, 135. – A. M. *Jauernig* ZPR[23] § 14 I 5. Zur Befangenheit → § 42 Rdnr. 10.

[47] *RGZ* 148, 199.

[48] *BGH* NJW 1960, 1762.

[49] *RG* JW 1895, 518.

[50] Vgl. *BVerwG* NJW 1980, 2722; *Baur* Festschr. f. K. Larenz (1973), 1073.

[51] *BAG* AP Nr. 1 (*Stahlhacke*) = SAE 1962, 52 (*Pohle*); AP § 322 Nr. 6 (*Pohle*); *BAGE* 20, 271 = AP Nr. 2 (*Wieczorek*); *Germelmann/Matthes/Prütting* ArbGG § 49 Rdnr. 7. – A. M. *Kausen* ArbGer 1934, 309.

[52] Dazu *BGH* MDR 1976, 574 (Mitwirkung an der Entscheidung über eine Gebrauchsmusterlöschung, die denselben Erfindungsgegenstand betraf, führt nicht zur Ausschließung im Patentbeschwerdeverfahren); vgl. auch *BGHZ* 110, 25 = NJW 1990, 3150.

[53] Dazu *BPatG* GRUR 1983, 503; 1982, 359.

§ 42   [Ablehnung des Richters]

(1) **Ein Richter kann sowohl in den Fällen, in denen er von der Ausübung des Richteramtes kraft Gesetzes ausgeschlossen ist, als auch wegen Besorgnis der Befangenheit abgelehnt werden.**

(2) **Wegen Besorgnis der Befangenheit findet die Ablehnung statt, wenn ein Grund vorliegt, der geeignet ist, Mißtrauen gegen die Unparteilichkeit eines Richters zu rechtfertigen.**

(3) **Das Ablehnungsrecht steht in jedem Falle beiden Parteien zu.**

Stichwortverzeichnis: → vor § 41 vor Rdnr. 1.

I. Ablehnung aus Ausschließungsgründen (Abs. 1)

Die Ablehnung eines Richters – niemals des Gerichts als Ganzes (→ vor § 41 Rdnr. 4) – **1** durch die Partei kann zunächst auf diejenigen Gründe gestützt sein, die den Richter kraft Gesetzes ausschließen (§ 41). In diesem Fall gilt der Verlust des Ablehnungsrechts durch die Einlassung nicht (§ 43), und es ist über das Gesuch nach §§ 44 ff. zu entscheiden. Wird die Ablehnung rechtskräftig (zu den Rechtsbehelfen → § 46 Rdnr. 2) für unbegründet erklärt, so kann der Ausschließungsgrund später nicht mehr auf dem Wege der Berufung, der Revision (§ 551 Nr. 2) oder der Nichtigkeitsklage (§ 579 Abs. 1 Nr. 2) geltend gemacht werden. Über die sog. Selbstablehnung → § 48.

II. Besorgnis der Befangenheit (Abs. 2)[1]

1. Grundgedanke

Für die Ablehnung wegen Besorgnis der Befangenheit überläßt es das Gesetz ohne jede **2** Kasuistik der pflichtgemäßen Beurteilung, ob nach den Umständen des konkreten Falles ein Grund zum Mißtrauen in die Unparteilichkeit des Richters[2] vorliegt. Maßgebend ist nicht, ob

---

[1] Lit.: → vor § 41 Fn. 1.
[2] Nicht: in seine Tüchtigkeit. Auch Krankheit des Richters ist kein Befangenheitsgrund (*OLG Hamburg* OLGRspr. 11 [1905], 49), doch kommt bei Unfähigkeit aus einem derartigen Grund eine entsprechende Anwendung des Ablehnungsverfahrens in Betracht (→ vor § 41 Rdnr. 1).

der Richter wirklich befangen ist oder sich selbst (etwa im Rahmen einer dienstlichen Äußerung nach § 44 Abs. 2 S. 2) für befangen hält, sondern ob **vom Standpunkt der betreffenden Partei aus**[3] genügende **objektive**[4] Gründe vorliegen, die *in den Augen eines vernünftigen Menschen* geeignet sind, Mißtrauen gegen die Unparteilichkeit des Richters zu erregen. Durch die Ablehnung wegen Befangenheit soll der Gefahr unsachlicher Beweggründe bei der Rechtsprechung begegnet werden. Dies ist von wesentlicher Bedeutung für die Auslegung; denn die bereits erfolgte Bildung einer bestimmten Meinung (z. B. zur Rechtslage oder zur Beurteilung des Sachverhalts) genügt danach nicht, wenn nicht der Verdacht der Unsachlichkeit bei Bildung oder Beibehaltung der Meinung besteht. Das Vertrauen in die Unparteilichkeit der Rechtsprechung ist ein wertvolles Gut, doch ist andererseits zu bedenken, daß eine zu weitgehende Bejahung der Besorgnis der Befangenheit das Prinzip des gesetzlich festgelegten Richters tangiert und, soweit es sich um eine Reaktion auf das Verhalten des Richters handelt, auch dessen Unabhängigkeit beeinträchtigen kann. So kann einer zu raschen Annahme der Besorgnis der Befangenheit nicht das Wort geredet werden; in der oben gebrachten Formel darf die Einschränkung »in den Augen eines vernünftigen Menschen« nicht übersehen werden.

2a   Auch ein von der Partei *zu Unrecht* als **Ausschließungsgrund** angesehener Umstand kann die Ablehnung rechtfertigen. Dagegen wäre es mit der Einheit der Rechtsordnung nicht zu vereinbaren, vom Gesetz für unerheblich erklärte[5], geforderte oder gewünschte Eigenschaften eines Richters (z. B. als Arbeitgeber oder Arbeitnehmer bei Arbeitsrichtern, als Kaufmann usw. bei den ehrenamtlichen Richtern der Kammern für Handelssachen, als technisches Mitglied beim Bundespatentgericht, als Verfolgter bei Entschädigungskammern nach § 208 Abs. 3 BEG) als Ablehnungsgrund anzuerkennen[6].

2. Einzelfälle

3   Bei den folgenden Fallgruppen ist zu beachten, daß es sich nur um grobe Strukturierungen handeln kann. Die angegebenen Gerichtsentscheidungen beruhen stets auf den besonderen Umständen des konkret zu beurteilenden (nicht immer mitgeteilten!) Sachverhalts. Schon Unterschiede in kleineren Details können nach dem Gesamtbild eine abweichende Beurteilung rechtfertigen. Soweit es um das Verhalten des Richters geht (→ insbesondere Rdnr. 9, 11), wird nach dem zu Rdnr. 2 Gesagten vielfach entscheidend darauf abzustellen sein, ob in den Augen eines vernünftigen Menschen die Grenze zu *Unsachlichkeit* und *Willkür* überschritten ist.

a) Beziehungen zur Partei oder zum Prozeßbevollmächtigten

4   Die Befangenheit ist in der Regel bei einer Verwandtschaft oder Schwägerschaft des Richters mit einer Partei in weiterem Grade als nach § 41 Nr. 3, bei Verlöbnis oder früherem Verlöbnis[7] sowie bei Ver-

---

[3] BVerfGE 73, 335; 72, 297; 35, 172; 32, 290; 20, 14 = JZ 1966, 31 (*Sarstedt*); NJW 1990, 2457; *BGHZ* 77, 72; *BayObLG* FamRZ 1979, 738 f.; NJW 1975, 699; *OLG Bremen* NJW 1986, 999; *OLG Koblenz* NJW-RR 1992, 191; *OLG Oldenburg* FamRZ 1992, 192; *RG* JW 1910, 710; *BVerwG* NJW 1988, 722; *OVG Münster* NJW 1990, 1749; *BFH* BB 1971, 898; *ArbG Frankfurt* NJW 1984, 142 (dazu weitere Angaben bei Rdnr. 16).

[4] Nicht nur in der Einbildung der Partei wurzelnde Gründe, *RG* JW 1899, 87; *BayObLGZ* 1986, 252; FamRZ 1979, 738; *OLG Celle* NJW 1990, 1308 f.; *OLG Karlsruhe* NJW-RR 1987, 126; *KG* JW 1934, 1178. – Krit. *Berg-*

lar ZRP 1984, 8; *Dütz* JuS 1985, 752 f.; *Horn* (vor § 41 Fn. 1), 124 [dazu *Arzt* ZZP 91 (1978), 88 f.]; *Krekeler* NJW 1981, 1633 ff.; *E. Schneider* DRiZ 1978, 42 ff.; *Wassermann* Festschr. f. M. Hirsch (1981), 477 ff. mwN.; mißverständlich *OLG Frankfurt* MDR 1978, 409. – Zur Pflicht des Anwalts, falschen Einschätzungen seiner Partei entgegenzuwirken, s. *OLG Karlsruhe* OLGZ 1987, 129.

[5] Vgl. für § 18 Abs. 2 und 3 BVerfGG *BVerfG* NJW 1990, 2457 f.; *BVerfGE* 2, 295; → auch Rdnr. 8.

[6] Umf. dazu *Riedel* (vor § 41 Fn. 1), 98 ff.

[7] *RGSt* 31, 142.

wandtschaft usw. mit dem Prozeßbevollmächtigten einer Partei zu bejahen, ferner bei Freundschaft[8] und näheren Beziehungen zu einer Partei[9]. Bekanntschaft, gesellschaftliche Beziehungen, aber auch Freundschaft zum Anwalt der Gegenpartei begründen allein keine Besorgnis der Befangenheit; anders, wenn konkrete Anhaltspunkte hinzutreten[10]. Die Besorgnis ist begründet, wenn der Richter die Partei außerhalb des Verfahrens rechtlich beraten oder ein privates Gutachten für sie erstellt hat. Daß die Partei Angestellter des Gerichts ist[11] oder daß sie als Richter demselben Gericht angehört[12], genügt regelmäßig nicht. Wohl kann aber Besorgnis der Voreingenommenheit schon verständlich sein, wenn eine Partei einen Richter bewirtet[13], i. d.R. aber nicht, wenn ihr Prozeßbevollmächtigter den Richter nur im Wagen zum Beweistermin mitgenommen hat[14].

b) Interesse am Prozeßausgang

Ob der Richter in Prozessen einer Gemeinde oder sonstiger juristischer Personen befangen ist, **5** bestimmt sich vor allem nach dem Maß seines mittelbaren Interesses[15], bei der Aktiengesellschaft nach der Größe des Aktienbesitzes und der Bedeutung des Prozesses für die Gesellschaft[16]. Die Zugehörigkeit zu einem Verein kann ausreichen, wenn dieser in ersichtlichem Interessengegensatz zu einer Partei steht und der Prozeß diese Interessen berührt[17]. Die Tätigkeit als noch nicht auf Lebenszeit angestellter Richter auf Probe beim Prozeßgericht führt bei Prozessen gegen den Justizfiskus wohl nur unter ganz besonderen Umständen zur Befangenheit[18]. Befangenheit ist ferner nicht gegeben, wenn das beklagte Land Dienstherr der Richter und der Präsident des Gerichts Prozeßvertreter des Landes ist[19].

Die **Mitgliedschaft in einer politischen Partei**[20] oder politische Äußerungen außerhalb des Verfahrens **6** ohne Zusammenhang mit gerade diesem Prozeß werden (ohne daß es auf eine gleichzeitige Verletzung des Mäßigungsgebotes in § 39 DRiG ankäme) in der Regel auch bei Verfahren mit politischem Einschlag keine Befangenheit bewirken[21] (→ auch Rdnr. 16). In den *neuen Bundesländern* kann der Umstand, daß der Richter noch nach DDR-Recht berufen wurde, die Ablehnung nicht generell, sondern nur nach Maßgabe besonderer Umstände des Einzelfalles rechtfertigen[21a].

---

[8] Bedenklich die Verneinung durch *LG Bonn* NJW 1966, 160 (abl. *Rasehorn* 666; zust. *E. Schneider* DRiZ 1978, 45) bei einer früher engeren, immerhin noch fortbestehenden Bekanntschaft, sowie durch *BayObLG* NJW-RR 1987, 127 bei Freundschaft zu mehreren Wohnungseigentümern im Verfahren über die Gültigkeit von Eigentümerbeschlüssen.

[9] Nicht ausreichend Zugehörigkeit zu demselben Rotary Club (*OLG Karlsruhe* NJW-RR 1988, 1534) oder Altherrenverband (*OLG Bamberg* BayJMBl. 1953, 156), regelmäßig auch nicht gleiche politische Einstellung oder Zugehörigkeit zur selben politischen Partei (→ unten Rdnr. 6) oder Konfession (*BGH* MDR 1962, 418); nicht (bedenklich) Zugehörigkeit der Firma des Handelsrichters zu dem klagenden großen Zusammenschluß von Unternehmen gleicher Art (*KG* NJW 1963, 451).

[10] Vgl. *BayObLG* MDR 1988, 970; *WuM* 1989, 45.

[11] *LG Kiel* MDR 1951, 753.

[12] *OLG Köln* OLGZ 1980, 350, 352 (Gesuch ist unzulässig); *LAG Schleswig-Holstein* SchlHA 1968, 213 = BB 794 (Partei ist ehrenamtlicher Richter beim Arbeitsgericht). Dagegen Befangenheit bei Zugehörigkeit zu derselben Kammer usw., *BGH* FamRZ 1957, 314 = ZZP 71 (1958), 447; *OLG Hamm* MDR 1978, 583 und *OLG Nürnberg* NJW 1967, 1864 (bezüglich der Handelsrichter; a. M. insoweit *OLG Schleswig* MDR 1988, 236); *E. Schneider* DRiZ 1978, 44; bei Vorliegen besonderer Umstände auch die Eigenschaft des abgelehnten Richters als Dienstvorgesetzter der Partei, *BayObLG* MDR 1988, 970.

[13] *OLG Schleswig* SchlHA 1956, 186.

[14] So *OLG Frankfurt* NJW 1960, 1622; *E. Schneider* DRiZ 1978, 44. – A. M. *LG Kassel* NJW 1956, 1761; *Voraufl.*

[15] *BGH* NJW 1991, 985 (Beteiligung über einen Treuhänder); NJW-RR 1988, 766, 767; *RG* JW 1896, 70;

Hess.VGH AnwBl. 1991, 160 (keine Befangenheit der mit einem Magistratsmitglied verheirateten Richterin, wenn der Streit das Dezernat des Ehemannes nicht betrifft); *Riedel* (vor § 41 Fn. 1) 94ff. Zur Befangenheit eines Kreistagsabgeordneten bei Klage gegen den Landkreis *OLG Celle* NdsRpfl. 1976, 91.

[16] Vgl. *RGZ* 7, 313.

[17] *KG* JW 1931, 1105.

[18] Vgl. *LG Berlin* NJW 1956, 1402 (bejahend bei Klage aus vorsätzlicher Schädigung); abl. *E. Schneider* DRiZ 1978, 45.

[19] *OVG Berlin* JR 1969, 159.

[20] *OLG Koblenz* NJW 1969, 1777; *VGH Mannheim* NJW 1975, 1048; *BVerfGE* 11, 3; vgl. auch § 18 Abs. 2 BVerfGG sowie *Vollkommer* Festschr. f. H. Hubmann (1985), 456f. und *Wassermann* DRiZ 1987, 144ff., je mwN.

[21] *BGH* NJW 1962, 749; *ArbG Frankfurt* NJW 1984, 142; *Berglar* ZRP 1984, 8; *Dütz* JuS 1985, 752; *Fangmann* AuR 1985, 13f.; *Gerdes* (vor § 41 Fn. 1), 76ff.; *Gilles* DRiZ 1983, 48; *E. Schneider* DRiZ 1978, 44; *Vollkommer* (vorige Fn.), 458; *ders.* Anm. zu EzA § 49 ArbGG 1979 Nr. 4; *Wassermann* NJW 1987, 419; *ders.* DRiZ 1987, 146; *Wipfelder* DRiZ 1983, 337ff.; *ders.* ZRP 1982, 121ff. Bedenklich deshalb *VGH Kassel* NJW 1985, 1105 (abl. *Gerdes* [vor § 41 Fn. 1], 94ff.; *Göbel* NJW 1985, 1057); vgl. auch *MünchKommZPO/Feiber* Rdnr. 20ff.

Vgl. zu **§ 19 BVerfGG** *BVerfGE* 73, 336f.; 43, 128f.; NJW 1990, 2458; 1987, 429; *Fromme* (vor § 41 Fn. 1); *Geck* Wahl und Amtsrecht der Bundesverfassungsrichter (1986), 75ff.; *Knöpfle* (vor § 41 Fn. 1), 151ff.; *Wand* (vor § 41 Fn. 1); *Wassermann* NJW 1987, 419; *ders.* Festschr. f. M. Hirsch (1981), 465; *Zuck* MDR 1986, 894ff.

[21a] *BVerfG* DtZ 1992, 119; 1991, 408; *BezG Rostock* DtZ 1992, 62.

c) Gespannte Beziehungen

7   Eine Feindschaft oder starke Spannungen mit der *Partei* können die Ablehnung rechtfertigen, wobei aber z. B. ein vom Richter gestellter Strafantrag wegen Beleidigung keineswegs notwendig als Befangenheitsgrund zu werten ist[22] und auch eine berechtigte Unmutsäußerung des Richters im Prozeß, soweit sich der Richter nicht in der Form vergreift, nicht generell zur Befangenheit führt[23]. Angriffe der Partei gegen den Richter rechtfertigen für sich genommen die Ablehnung nicht (→ auch Rdnr. 12)[24]. Gespannte Beziehungen zu einem *Prozeßbevollmächtigten*[25] werden die Ablehnung allerdings im allgemeinen nur dann rechtfertigen, wenn sie im Prozeß erkennbar wurden[26]. Der *Konkursverwalter* muß hier unabhängig von seiner prozeßrechtlichen Einordnung als Partei kraft Amtes (→ vor § 50 Rdnr. 25) einem Prozeßbevollmächtigten gleichgestellt werden, solange nicht um seine persönlichen Rechte gestritten wird[27].

d) Frühere Äußerungen einer Rechtsansicht

8   Daß der Richter in früheren Prozessen derselben oder anderer Parteien einer bestimmten Rechtsansicht gefolgt ist[28] oder diese schriftstellerisch oder sonst öffentlich (→ auch Rdnr. 6) vertreten[29] hat, begründet allein die Ablehnung nicht.

e) Rechtsfehler

9   Der Umstand, daß der Richter in dem bisherigen oder in einem früheren Verfahren Verstöße gegen Gesetzesvorschriften begangen hat[30], reicht *allein* (→ Rdnr. 3) nicht als Befangenheitsgrund aus, wohl aber, wenn der Verfahrensverstoß trotz rechtshängiger Zwischenverfahren darüber mehrfach wiederholt wird[31] oder zugleich eine Verletzung subjektiver Rechte der Parteien (z. B. des Persönlichkeitsrechts) darstellt und daher der Partei das Vertrauen auf die Sachlichkeit des Richters nehmen kann[32], oder wenn er auf unsachlichen oder willkürlichen Erwägungen beruht[33].

---

[22] *OLG München* NJW 1971, 384; *E. Schneider* DRiZ 1978, 46; s. auch *BAG* AP Nr. 2 (*Vollkommer*). – A. M. *LG Aachen* MDR 1965, 667 (L; *Teplitzky*); differenzierend *LG Ulm* MDR 1979, 1028.

[23] Ausf. zu dieser Fallgruppe *Günther* ZZP 105 (1992), 20, 27 ff. – Sehr weitgehend in der Annahme der Befangenheit *OLG Nürnberg* MDR 1967, 310 (abl. *E. Schneider* DRiZ 1978, 46). Vgl. auch *Riedel* (vor § 41 Fn. 1), 157 ff. sowie Rdnr. 11 a. E.

[24] *BAG* AP Nr. 2 (*Vollkommer*); *OLG Frankfurt* NJW 1980, 1805 (L); krit. *Günther* ZZP 105 (1992), 32 ff.

[25] *KG* JW 1931, 1104; *OLG Stuttgart* JR 1950, 760 (krit. *Grunau*); *OLG Hamm* NJW 1951, 731.

[26] *OLG Köln* NJW-RR 1988, 694 = ZIP 110 (zust. *BVerfG* ZIP 1988, 174); *OLG Karlsruhe* NJW-RR 1987, 126; Justiz 1984, 57; *BayObLG* NJW 1975, 699; *OLG Nürnberg* MDR 1972, 332; *LG Kassel* AnwBl. 1986, 104; *E. Schneider* DRiZ 1978, 45; diff. *Günther* ZZP 105 (1992), 29 ff.

[27] *OLG Köln* NJW-RR 1988, 694 = ZIP 110 = EWiR 89 (abl. *Meurer*); *BVerfG* ZIP 1988, 174 = EWiR 619 (zust. *Vollkommer*).

[28] *RGZ* 44, 402; *RAG* 12, 342; *OLG München* OLGRspr. 23 (1911), 89; *OLG Breslau* DR 1943, 95; *HessLSG* MDR 1986, 436. Vgl. *Schmid* NJW 1974, 729.

[29] *VGH Mannheim* NJW 1986, 2069; *OVG Münster* ZMR 1954, 288; *OLG Jena* SeuffArch. 47 (1892), 83; *OLG Darmstadt* ZZP 36 (1907), 165; *Gerdes* (vor § 41 Fn. 1), 65 ff.; *Hammelbeck* NJW 1956, 540; *Schuler* NJW

1956, 897; *E. Schumann* JZ 1973, 486; s. auch § 18 Abs. 3 Nr. 2 BVerfGG und zu dessen Grenzen *BVerfG* NJW 1990, 2458. Anders, wenn der Richter die Ansicht als Prozeßpartei vertreten hat, *LG Aachen* MDR 1963, 602. Im Einzelfall kann aber auch eine Veröffentlichung in einer Fachzeitschrift die Ablehnung rechtfertigen, *OLG Köln* NJW 1971, 569 (Kritik an Vereinen von der Art der Prozeßpartei mit konkretem Bezug auf den Rechtsstreit), ebenso abfällige Äußerungen über Vertreter der Gegenansicht im Rahmen eines Vortrags, *BVerfGE* 20, 16. Zur Bewertung eines Leserbriefs des Richters *BVerfGE* 37, 265.

[30] *BGH* VRS 41, 203; *BayObLG* MDR 1988, 1063; DWW 1984, 22 (L); *OLG Frankfurt* FamRZ 1978, 800; *KG* JR 1957, 64 (*Müller/Webers*); *BPatG* GRUR 1983, 504; *E. Schneider* DRiZ 1978, 46; *Swarzenski* JR 1956, 176; → auch Fn. 34.

[31] *BayObLG* MDR 1988, 500 und *OLG Hamburg* NJW 1992, 1462 (mehrfacher Verstoß gegen die Wartepflicht aus § 47; vgl. auch *OLG Köln* NJW-RR 1986, 419).

[32] Daher im Ergebnis zutreffend *OLG Frankfurt* FamRZ 1972, 566 = NJW 2310 (unzulässiges Gespräch mit Eheberaterin); abl. *Rasehorn* NJW 1973, 288; zust. *Giessler* NJW 1973, 981; *LG Kiel* SchlHA 1985, 178 (L); vgl. ferner *OLG Bremen* NStZ 1991, 95 sowie Fn. 34.

[33] *OLG Celle* AnwBl. 1984, 502; *BayObLGZ* 1986, 253; FamRZ 1979, 739; *OLG Karlsruhe* OLGZ 1978, 225.

f) Frühere Befassung mit der Sache

Zur Befangenheit führt *für sich allein* nicht die Teilnahme an der früheren Entscheidung im Fall der   **10**
Zurückverweisung[34] nach §§ 538 f., 565, 566a oder der Verweisung nach §§ 281, 506, 597 oder der
Wiederaufnahme[35], auch nicht der Erlaß eines Beweisbeschlusses in der Vorinstanz aufgrund einer
bestimmten Rechtsansicht[36], ebensowenig die Entscheidung in einem früheren Zivilprozeß über denselben Sachverhalt[37], auch nicht die Entscheidung in einem vorausgegangenen Prozeß, der nunmehr in
einem Regreßverfahren erneut aufgerollt wird[38]. Befangen macht hingegen die Mitwirkung als Richter in
einem Strafprozeß gegen die Partei über denselben Sachverhalt[39], ebenso die Tätigkeit als Staatsanwalt
in der Hauptverhandlung eines solchen Strafverfahrens, weil hier in den Augen der Partei der Eindruck
der Gegnerschaft entstehen dürfte[40]. Die Mitwirkung in einem vorausgegangenen Arrest- oder Verfügungsverfahren begründet nicht die Befangenheit für den Hauptsacheprozeß[41], die Mitwirkung im
vorangegangenen Hauptsacheprozeß nicht die Befangenheit für das Zwangsvollstreckungsverfahren
wegen der Gerichtskosten[42]. Die Mitwirkung in einem vorausgegangenen *Verwaltungsverfahren* erfüllt
in der Regel schon die Voraussetzungen der § 41 Nr. 6, § 42 Abs. 1[43].

g) Entscheidungen und Verhalten im Verfahren

Bei der Bewertung des richterlichen Verhaltens im Verfahren wird es häufig darum gehen, ob sich für   **11**
Äußerungen, prozeßleitende Maßnahmen und Entscheidungen vernünftige und vertretbare Gründe
finden lassen (mag auch die Nachprüfung solcher Maßnahmen nicht Sache des Gerichts sein), oder ob sie
unsachlich oder willkürlich erscheinen (→ Rdnr. 3). In der zwischen diesen Extremen liegenden »Grauzo-
ne« wird die Entscheidung über die Befangenheit sehr von den Umständen des Einzelfalles abhängen. Zu
den einzelnen Maßnahmen läßt sich anführen: Keinen Befangenheitsgrund ergeben die frühere Ablehnung der *Prozeßkostenhilfe*[44], die knappe Begründung der Prozeßkostenhilfeverweigerung[45] oder die
Bewilligung für den Gegner[46]; auch nicht die Bewilligung oder Versagung einer fakultativen *mündlichen
Verhandlung*[47], einer *Terminsverlegung*[48] oder einer *einstweiligen Einstellung* der Vollstreckung; die
Erklärung zur *Feriensache*[49], sachbezogene *sitzungspolizeiliche Maßnahmen*[50] oder *Beweisbeschlüsse*[51],
die Nichtzulassung bestimmter Fragen im Beweistermin und Äußerungen über den Beweiswert der dabei
erstatteten Zeugenaussagen[52] sowie die Festsetzung eines an der Obergrenze liegenden Kostenvorschus-

---

[34] *RGZ* 53, 4; *OLG Karlsruhe* OLGZ 1984, 102;
Schmid NJW 1974, 729. So auch für den Strafprozeß
BGHSt 21, 142; 24, 336; *OLG Bremen* NStZ 1991, 95. –
A. M. (ebenfalls zum Strafprozeß) *Arzt* (vor § 41 Fn. 1),
80 ff. mwN. – Zum Festhalten an einer durch das Rechtsmittelgericht verworfenen Rechtsansicht → Rdnr. 11.
[35] *OLG Hamburg* FamRZ 1988, 186; *OLG Karlsruhe*
OLGZ 1975, 242; *Thomas/Putzo*[17] Anm. 2 b dd; *Rosen-
berg/Schwab*[14] § 25 II 2 a. – A. M. *OLG Düsseldorf* NJW
1971, 1221; *Stemmler* NJW 1974, 1545; für den Strafprozeß differenzierend *Brandt/Janczyk* (vor § 41 Fn. 1),
195 ff. Befangenheit wird aber anzunehmen sein, wenn
dem Richter mit dem Wiederaufnahmegrund ein pflicht-
widriges Verhalten zum Vorwurf gemacht wird, *OLG
Zweibrücken* NJW 1974, 955, auch bei Behauptung einer
Verletzung des rechtlichen Gehörs (§ 579 Abs. 3), *OLG
Celle* MDR 1955, 425; *OLG Düsseldorf* NJW 1967, 987.
[36] A. M. *OLG Würzburg* NJW 1973, 1932. Dagegen
Schmid NJW 1974, 729.
[37] *OLG Stuttgart* Justiz 1970, 261. – Erst recht nicht
bei einem zweiten Prozeß zwischen denselben Parteien
über einen neuen Streitgegenstand, mag auch der Richter
im früheren Verfahren nach § 42 Abs. 2 oder § 48 ausgeschieden sein, solange kein *übergreifender Ablehnungsgrund* vorliegt, *OLG Frankfurt* FamRZ 1986, 291; *OLG
Karlsruhe* Justiz 1987, 144. Vgl. auch *BVerwG* NJW
1977, 312.
[38] A. M. *Baur* Festschr. f. K. Larenz (1973), 1072 ff.
[39] *OLG Koblenz* NJW 1967, 2213; im konkreten Fall
auch *OLG Hamm* NJW 1970, 568; ferner *Schlichting*

NJW 1989, 1343 f.; *Zöller/Vollkommer*[17] Rdnr. 17. – A.
M. *OLG Karlsruhe* MDR 1970, 148; *Günther* VerwArch.
82 (1991), 209 f.; *Voraufl.*; s. auch *BGH* NJW 1968, 710
(Mitwirkung im Zivilprozeß führt nicht zur Befangenheit
im Strafprozeß).
[40] *OLG Nürnberg* BayJMBl. 1963, 81 = AnwBl. 1964,
22.
[41] *OLG Köln* NJW 1971, 569; *OLG Saarbrücken*
OLGZ 1976, 468.
[42] *OLG Frankfurt* NJW 1980, 1805 (L).
[43] → § 41 Rdnr. 16 a. E., aber auch *BVerfGE* 72, 297 f.;
OLG Celle NdsRpfl. 1983, 94.
[44] *OLG Hamm* MDR 1976, 760; *OLG Hamburg*
OLGRspr. 13 (1906), 82. – Zur Befangenheit bei unge-
wöhnlicher Verzögerung der Prüfung des Prozeßkosten-
hilfeantrags s. *OLG Hamm* JMBl.NRW 1976, 111; *OLG
Oldenburg* FamRZ 1992, 193.
[45] *OLG Hamm* NJW 1971, 385.
[46] *OLG München* NJW 1968, 801 (L).
[47] *OLG Karlsruhe* FamRZ 1989, 642.
[48] *BayObLG* NJW-RR 1988, 191; MDR 1990, 343,
344; 1986, 416; *OLG Koblenz* NJW-RR 1992, 191; unzutr. *LG Verden* AnwBl. 1980, 152.
[49] *OLG Karlsruhe* OLGZ 1984, 101; anders (aber wegen zusätzlichen Verfahrensfehlers) *OLG Hamm* WuM
1989, 152.
[50] *LG Berlin* MDR 1982, 154; *Molketin* MDR 1984, 20
mwN.
[51] *OLG Köln* VersR 1980, 93.
[52] *OLG Köln* JR 1957, 185 = ZZP 70 (1957), 139.

ses[53]. Auch kann die Besorgnis der Befangenheit nicht allein daraus hergeleitet werden, daß der Richter bei einer Entscheidung während des Verfahrens eine irrige oder von der gefestigten Rechtsprechung abweichende *Rechtsauffassung* vertreten hat[54], wohl aber daraus, daß er nach Aufhebung und Zurückverweisung an dieser Rechtsansicht unbelehrbar festhält[55]. Ein Verhalten im Prozeß, das den Eindruck der *einseitigen Bevorzugung* erweckt[56], stellt dagegen einen Befangenheitsgrund dar. *Rechtsbelehrungen* und sonstige Hinweise an eine Partei sind nicht zu beanstanden, wenn sie sich im Rahmen des § 139 halten[57]; im übrigen bedarf es einer eingehenden Würdigung der Umstände des Einzelfalles[58] (→ ausf. § 139 Rdnr. 7, 10ff.). Keinen Befangenheitsgrund bilden die Äußerung von Zweifeln an der Prozeßfähigkeit[59], von Rechtsansichten im Rechtsgespräch mit den Parteien[60], mögen die Äußerungen auch Denkfehler enthalten[61], oder *Äußerungen über die Erfolgsaussichten* bei Verhandlungen über einen Vergleichsabschluß[62]. Dabei ist aber die Vorläufigkeit der Äußerungen zu betonen; der Eindruck einer einseitigen vorzeitigen Festlegung kann die Befangenheit begründen[63]. Rechtliche Beratung außerhalb der Sitzung[64] oder nach dem Verfahren[65] ist nicht Sache des Richters und führt zur Befangenheit. *Unsachliche*

[53] *OLG Karlsruhe* OLGZ 1984, 102.

[54] *VG Stuttgart* JZ 1976, 277. Vgl. auch *BGH* NJW-RR 1986, 738 = MDR 670.

[55] *OLG Frankfurt* MDR 1988, 415 (*E. Schneider*); 1984, 408; *OLG Köln* VersR 1980, 93; *LG Frankfurt* MDR 1988, 1062 (*E. Schneider*); *LG Kiel* AnwBl. 1975, 207. – A. M. *LG Frankfurt* MDR 1988, 150 (abl. *E. Schneider*); vgl. auch *OLG Karlsruhe* OLGZ 1984, 102, 104.

[56] Formlose Ortsbesichtigung mit Zeugen nur einer Partei, *LG Berlin* MDR 1952, 558; Meinungsbildung auf Grund privaten Augenscheins, *OLG Düsseldorf* MDR 1956, 557 (geht in der Bejahung der Befangenheit sehr weit); überlanges Warten auf nicht erschienene Partei, *LG Mannheim* JR 1968, 342; einseitiger Bericht an das Jugendamt, *OLG Hamburg* FamRZ 1988, 632; Übersendung der Akten an die Staatsanwaltschaft ohne nähere Sachprüfung, *OLG Hamburg* MDR 1989, 1000; *OLG Hamm* FamRZ 1992, 575 (L); *OLG Frankfurt* MDR 1986, 943; 1984, 499; zu weitgehend *LG Würzburg* MDR 1985, 850; nicht hingegen die Zulassung von Privatgutachtern zum Beweistermin, *OLG München* MDR 1989, 71. Zur Nichtübermittlung eines Schriftsatzes vgl. *LG Frankenthal* FamRZ 1977, 562, zur »Unterbevollmächtigung« eines beliebigen Anwalts auf Bitten des nicht erschienenen Anwalts des Klägers vgl. *E. Schneider* MDR 1983, 188.

[57] Vgl. zutr. *E. Schneider* gegen *OLG Frankfurt* NJW 1970, 1884 (zust. aber *Dittmar* NJW 1971, 56); *OLG Köln* VersR 1992, 381; *OLG Karlsruhe* OLGZ 1978, 226; *OLG Frankfurt* NJW 1976, 2025; *BVerfGE* 42, 88; *BPatG* GRUR 1982, 360; *BSG* MDR 1986, 85; *Hartmann* NJW 1978, 1457; *Riedel* (vor § 41 Fn. 1), 166ff.; *E. Schneider* DRiZ 1978, 42, 45; *ders.* JurBüro 1977, 306; ausf. *Gerdes* (vor § 41 Fn. 1), 56ff.; *Nowak* (vor § 41 Fn. 1), passim. Die Grenzen sind dabei weiter, wenn die Partei nicht durch einen Anwalt vertreten ist, *LG Oldenburg* MDR 1973, 680 (→ § 139 Rdnr. 6, 24). Einseitigkeit bei den Fragen und Hinweisen kann die Befangenheit begründen.

[58] **Bejaht** bei Mitteilung über einen Ehebruch aus den beigezogenen Strafakten, *KG* JW 1931, 87; beim Rat, Anschlußberufung einzulegen, *KG* JW 1931, 1104; beim Hinweis, es könnten auch höhere Unterhaltsbeträge geltend gemacht werden, *KG* FamRZ 1990, 1006 (abl. *Peters*). **Verneint** bei der Frage nach der Einwilligung in die Geltendmachung einer Aufrechnung, *OLG Düsseldorf*

MDR 1982, 941; beim Hinweis auf Zwecklosigkeit eines Versäumnisurteils gegen den anwaltlich vertretenen Gegner, *KG* JW 1931, 88; beim Anruf in der Kanzlei eines Anwalts, um ein Versäumnisurteil zu vermeiden, *OLG Hamburg* NJW 1961, 128; *LG Berlin* AnwBl. 1978, 419; *E. Schneider* DRiZ 1978, 46. **Umstritten** vor allem für den Hinweis auf die **Verjährung** (→ § 139 Rdnr. 24): zumindest im Anwaltsprozeß bejahend *OLG Bremen* NJW 1986, 999; 1979, 2215; *OLG Hamburg* NJW 1984, 2710; *OLG Köln* MDR 1979, 1027; *LG Berlin* NJW 1986, 1000; *Prütting* NJW 1980, 365; verneinend hingegen *OLG Köln* NJW-RR 1990, 192; *LG Hamburg* NJW 1984, 1904; *LG Darmstadt* MDR 1982, 236 (*E. Schneider*); *LG Frankfurt* MDR 1980, 145; *Nowak* (vor § 41 Fn. 1), 73ff.; *Riedel* (vor § 41 Fn. 1), 169ff.; *E. Schneider* NJW 1986, 1316; *ders.* MDR 1984, 945; *ders.* MDR 1979, 974; *Wacke/Seelig* NJW 1980, 1170; *Zuck* DRiZ 1988, 173. Da sich hier eine »herrschende Meinung« kaum noch ausmachen läßt, wird man eine Befangenheit wohl auch dann nicht annehmen können, wenn man die (davon zu trennende) Frage des Hinweisrechts aus § 139 verneint; vgl. *LG Darmstadt* a. a. O.; *Hermisson* NJW 1985, 2562; *MünchKommZPO/Feiber* Rdnr. 23, 33.

[59] *OLG Zweibrücken* JurBüro 1987, 308. Vgl. auch *BGHZ* 77, 73.

[60] *KG* FamRZ 1979, 322; *BFH* BB 1971, 898; *BVerwG* NJW 1979, 1316; *OVG Lüneburg* ZZP 65 (1952), 222; *LSG.NRW* NZA 1991, 30. Vgl. auch *Wassermann* Der soziale Zivilprozeß (1978), 169ff., 174ff. – Die **Verweigerung** des Rechtsgesprächs kann aber zur Ablehnung berechtigen, *OLG Oldenburg* FamRZ 1992, 193.

[61] *OLG Hamburg* OLGZ 1989, 204.

[62] *OLG Karlsruhe* DRiZ 1982, 33; OLGZ 1978, 226; *OLG Köln* Justiz 1973, 92; NJW 1975, 788; *LG Hamburg* MDR 1966, 421; *LG Köln* WM 1970, 137.

[63] *BGH* NStZ 1991, 144 (zum Strafprozeß); *BGH* BB 1985, 2160 (L); *OLG Hamburg* JurBüro 1992, 194; *OLG Karlsruhe* OLGZ 1987, 248; *BFH* NJW 1986, 344 (L); bedenklich *VGH Kassel* NJW 1983, 901. Umfassend dazu *Riedel* (vor § 41 Fn. 1), 115ff., insbes. 137ff.

[64] Z.B. der Rat an den Prozeßbevollmächtigten außerhalb der Sitzung, Rechtsmittel zurückzunehmen (*OLG Oldenburg* NJW 1963, 451), nicht hingegen schon jedes Telephonat mit einer Partei (*BayObLG* MDR 1986, 436f.; *OLG Frankfurt* FamRZ 1989, 410). Vgl. zur Praxis auch *Bachof* Festschr. f. F. Baur (1981), 174f.

[65] *VGH Kassel* NJW 1969, 1399.

Bemerkungen[66] oder Kritik an zulässigem Parteiverhalten[67] werden regelmäßig die Befangenheit ergeben, u. U. auch abwertende Gesten und Mienenspiel[68], wobei aber vor einer kleinlichen Betrachtungsweise zu warnen ist[69]; nicht dagegen die Androhung oder Auferlegung einer Verzögerungsgebühr[70].

3. Mißbräuchliche Ablehnungsgesuche

Ein in *Verschleppungsabsicht* gestelltes oder nicht ernsthaft gemeintes Ablehnungsgesuch **12** stellt einen Rechtsmißbrauch dar; das Gericht kann es als *unzulässig* verwerfen[71] und darüber auch unter Mitwirkung der abgelehnten Richter entscheiden (→ § 45 Rdnr. 1, § 46 Rdnr. 2 b). Dasselbe gilt, wenn ein *wiederholtes Gesuch* wegen der bindenden Wirkung der Ablehnung des ersten Gesuchs unzulässig ist (→ § 46 Rdnr. 4). Das Gesuch einfach unberücksichtigt zu lassen, ist wohl nur bei ständiger Wiederholung trotz mindestens einmaliger Bescheidung[72] oder bei *offensichtlich unzulässiger Globalablehnung*[73] (→ vor § 41 Rdnr. 4) vertretbar. Das gleiche gilt dann, wenn eine Partei oder ihr Vertreter gegen einen Richter unbegründete Verdächtigungen ausspricht oder einen unveranlaßten Streit mit dem Richter herbeiführt in der Absicht, diesen dann wegen Besorgnis der Befangenheit ablehnen zu können[74]. Beleidigende Äußerungen machen das Gesuch so lange nicht unzulässig, wie es bewertungsfähige Tatsachenbehauptungen enthält[75]. In diesen weniger krassen Fällen ist allerdings an eine Verzögerungsgebühr nach § 34 GKG zu denken[76].

III. Berechtigung zur Ablehnung (Abs. 3)

Das Ablehnungsrecht dem einzelnen Richter gegenüber steht nach Abs. 3 *beiden Parteien* **13** zu, sollte auch der Ablehnungsgrund nur ein Mißtrauen des Gegners rechtfertigen. Das Wort *Partei* ist auch hier (→ § 41 Rdnr. 7) im weitesten Sinn zu nehmen, so daß darunter z. B. auch der Antragsteller im selbständigen Beweisverfahren fällt. Auch der *Nebenintervenient* hat stets das Ablehnungsrecht, nicht nur der sog. streitgenössische. Dabei kann er sich auch auf einen Ablehnungsgrund stützen, der nur im Verhältnis zu ihm gegeben ist[77]; in diesem Fall kommt es wegen der Präklusion nach § 43 nur auf ihn selbst an. Konnte hingegen auch die unterstützte Partei ablehnen, so ist der Streitgehilfe an eine bereits eingetretene Präklusion gebunden[78] (→ § 67 Rdnr. 5, 7). Im übrigen darf er sich als einfacher Streitgenosse auch hier nicht in Widerspruch zum Verhalten der Hauptpartei setzen. Dem *Prozeßbevollmächtigten*

---

[66] *OLG Hamburg* MDR 1989, 71; *LG Bayreuth* NJW-RR 1986, 678. Auch unsachliche Randvermerke in den Akten, *OVG Rheinland-Pfalz* NJW 1959, 906; vgl. auch *OLG Celle* MDR 1988, 970 (negative Darstellung des Parteiverhaltens im Protokoll). Unzutreffend *OLG Zweibrücken* MDR 1982, 940 (keine Besorgnis der Befangenheit wegen der Bemerkung des Richters, er gehe davon aus, daß keine Partei vor Gericht die volle Wahrheit sage).

[67] *LG Kiel* AnwBl. 1964, 23 (Bemerkung zum Vergleichswiderruf); abl. *E. Schneider* DRiZ 1978, 45.

[68] *OLG Frankfurt* FamRZ 1983, 630; *OVG Lüneburg* AnwBl. 1974, 132 = DRiZ 194; dazu krit. *Koch* DRiZ 1974, 293.

[69] Vgl. *BayObLG* MDR 1990, 343 (keine Befangenheit, wenn der Richter ein Telefonat ausschließlich durch Auflegen des Hörers beendet).

[70] *BFH* BB 1977, 885.

[71] RGZ 44, 402; WarnRspr. 1929 Nr. 105; *OLG Frankfurt* MDR 1989, 168 = NJW-RR 569; *OLG Zweibrücken* MDR 1980, 1025 f.; *OLG Kiel* HRR 1936

Nr. 425; *LG Kiel* Rpfleger 1988, 544; *Günther* NJW 1986, 289. Vgl. auch § 26a Abs. 1 Nr. 3 StPO. Sehr weitgehend *BPatG* GRUR 1982, 359 (mangelnde Ernstlichkeit, wenn das Ablehnungsrecht mit einer Sacheinlassung verbunden ist), → § 43 Rdnr. 3.

[72] So wohl im Fall *HessLSG* MDR 1986, 436; vgl. auch *Engel* Rpfleger 1981, 84; *Günther* NJW 1986, 283 f., 289 f.

[73] S. dazu *BVerfGE* 11, 5; 37, 75; → auch Einl. Rdnr. 255. – Fehlen der Begründung reicht nicht, → auch § 47 Rdnr. 1.

[74] *OLG Stuttgart* JR 1950, 760 (*Grunau*); → auch Fn. 23.

[75] *OLG Stuttgart* NJW 1977, 112 = OLGZ 107.

[76] Vgl. (im konkreten Fall allerdings sehr rigoros) *OLG Düsseldorf* MDR 1984, 857.

[77] Ebenso *Wieczorek*[2] Anm. B I; offen *OLG Frankfurt* MDR 1983, 232.

[78] *OLG Koblenz* MDR 1990, 161.

steht aus eigener Person ein Ablehnungsrecht nicht zu[79]. *Dritte*, insbesondere Zeugen und Sachverständige, haben es nur im Zwischenstreit zwischen den Parteien und dem Dritten (§§ 71, 135, 387, 402), sonst nicht[80]. – Über die sog. **Selbstablehnung** → § 48.

IV. Mitwirkung des befangenen Richters

14   Macht die Partei ihr Ablehnungsrecht *nicht rechtzeitig geltend* (§ 43), so kann das Urteil wegen der Mitwirkung des befangenen Richters *nicht angefochten* werden[81]. Hat dagegen der Richter, nachdem die Ablehnung für *begründet* erklärt war, noch bei einer Entscheidung *mitgewirkt*, so liegt eine Gesetzesverletzung vor, die nach § 551 Nr. 3, § 579 Abs. 1 Nr. 3 dieselbe Wirkung hat wie die Mitwirkung eines ausgeschlossenen Richters (→ § 41 Rdnr. 3). Ferner kann in der Mitwirkung des abgelehnten Richters, schon ehe das Gesuch für begründet erklärt ist, ein Verstoß gegen § 47 liegen (→ § 47 Rdnr. 5, § 46 Rdnr. 3).

V. Arbeitsgerichtliches Verfahren

15   § 42 gilt über § 46 Abs. 2 ArbGG ohne Abweichung sowohl für die Berufsrichter als auch für die *ehrenamtlichen Richter*. Bei letzteren ist die bloße Mitgliedschaft in einem Arbeitgeberverband oder einer Gewerkschaft nach dem zu Rdnr. 2 a Gesagten unbedenklich, und auch sonst können sie nur dann abgelehnt werden, wenn sich die Besorgnis der Befangenheit auf mehr stützen läßt als auf den Umstand, daß sie, was ihre Aufgabe ist, die Interessen der Arbeitgeber- bzw. Arbeitnehmerseite repräsentieren und vermitteln. Das ist z. B. der Fall, wenn eine darüber hinausgehende Verbundenheit besteht, etwa bei einem Angestellten einer örtlichen Verwaltungsstelle[82] oder bei einer vorprozessualen Tätigkeit in dieser Sache für eine Partei[83].

16   Die Mitgliedschaft eines *Berufsrichters* in einer *Gewerkschaft* rechtfertigt für sich genommen die Ablehnung ebenfalls nicht, auch dann nicht, wenn er sich öffentlich zu Zielen und Ansichten der Vereinigung bekannt hat[84]; hier gilt das zu Rdnr. 5, 6 Gesagte sinngemäß. Anders ist auch hier zu entscheiden, wenn der Richter mit seinem außerprozessualen Verhalten den Eindruck erweckt hat, sich in einer Frage, die im jetzigen Prozeß entscheidungserheblich ist, bereits so festgelegt zu haben, daß er dem Verfahren nicht mehr unvoreingenommen gegenübersteht, oder wenn sonstige Umstände hinzutreten, etwa solche der in Rdnr. 9, 11 genannten Art[85].

[79] *BGH* NJW 1964, 87; *OLG Karlsruhe* NJW-RR 1987, 126; *Justiz* 1984, 57; *OLG Hamm* NJW 1951, 731; *OLG Düsseldorf* JMBl.NRW 1956, 161; *BayObLG* NJW 1975, 699.

[80] *BayObLG* FamRZ 1992, 574; *OLG Hamburg* Jur-Büro 1992, 194; *OLG Schleswig* SchlHA 1987, 56.

[81] So auch *RG* JW 1893, 461; *BVerwG* MDR 1966, 950 (auch nicht auf dem Umweg über die Rüge, die Verhandlungsführung habe die Menschenwürde verletzt).

[82] *LAG Dresden* ArbRspr. 30, 156.

[83] *Germelmann/Matthes/Prütting* ArbGG § 49 Rdnr. 26. – A. M. *ArbG Münster* AP Nr. 5 zu § 42 ZPO. – Vgl. zum ganzen auch *Künzl* ZZP 104 (1991), 175f.

[84] *BVerfG* NJW 1984, 1874; *BAG* BB 1978, 100; *VGH Mannheim* NJW 1986, 2069; *ArbG Frankfurt* NJW 1984, 142 (im konkreten Fall allerdings bedenklich, was die Aufgeregtheit einiger der nachfolgend angegebenen Stellungnahmen in der Literatur erklären mag); *Gerdes* (vor § 41 Fn. 1), 101ff.; *Germelmann/Matthes/Prütting* ArbGG § 49 Rdnr. 21; *Gilles* DRiZ 1983, 48; *Kempen* AuR 1985, 6; *Strecker* ZRP 1984, 125f.; *Vollkommer* Festschr. f. H. Hubmann (1985), 467; *ders.* Anm. zu EzA § 49 ArbGG 1979 Nr. 4; *ders.* Festschr. f. Ernst Wolf (1985), 667f.; *Wassermann* DRiZ 1987, 146.

A. M. *Berglar* ZRP 1984, 8; *Dütz* JuS 1985, 752f.; *Hanau* ZIP 1984, 1165; *Moll* ZRP 1985, 245ff. mwN.; *Rüthers* DB 1984, 1624/2510 (dazu *Schuldt* 2509).

[85] Vgl. auch *Vollkommer* (vorige Fn.) sowie ausf. *Brandis* Der Richter als Mitglied einer Gewerkschaft (1990), 48ff., 143ff.

§ 43   [Verluste des Ablehnungsrechts]

Eine Partei kann einen Richter wegen Besorgnis der Befangenheit nicht mehr ablehnen, wenn sie sich bei ihm, ohne den ihr bekannten Ablehnungsgrund geltend zu machen, in eine Verhandlung eingelassen oder Anträge gestellt hat.

Stichwortverzeichnis: → vor § 41 vor Rdnr. 1.

I. Verlust des Ablehnungsrechts

Das Recht zur Ablehnung *wegen Besorgnis der Befangenheit* (§ 42 Abs. 2) geht der Partei **1** mit Abschluß der Instanz verloren[1], vorher aber schon dann, wenn sie in Kenntnis des Ablehnungsgrundes sich vor diesem Richter in diesem Verfahren in eine Verhandlung eingelassen oder Anträge gestellt hat. Liegt diese Kenntnis vor, soll die Partei nicht zuwarten können, ob der Richter für sie günstig entscheidet, und mit einer späteren Ablehnung geleistete prozessuale Arbeit nicht nutzlos machen können[2]. Das Gesetz schließt deshalb aus der Einlassung oder Antragstellung unwiderleglich auf das Einverständnis der Partei mit der Person des Richters[3]. Für die Ablehnung *wegen eines Ausschließungsgrundes* (§ 42 Abs. 1) gilt § 43 nicht.

Die **Kenntnis** des Ablehnungsgrundes umfaßt zweierlei: die Kenntnis der Person des mit **1a** der Sache befaßten Richters[4] sowie die Kenntnis der Tatsachen, die die Besorgnis der Befangenheit begründen[5]. Ergibt sich die Besorgnis aus der Verknüpfung einer Vielzahl von Einzelumständen, so greift § 43 erst, wenn der Gesamttatbestand verwirklicht ist und die Partei diesen kennt[6]. Ob die Partei selbst oder durch Vertreter gehandelt hat, ist gleichgültig[7], und der Verlust tritt bei Kenntnis des Vertreters[8] oder der Partei selbst[9] ein. Die säumige Partei kann das Ablehnungsrecht nach Einlegung des Einspruchs ausüben. Über nachträgliche Ablehnung → § 44 Rdnr. 4. Auf Vorgänge bei der Antragstellung selbst kann die Ablehnung noch gestützt werden, auch wenn sie zeitlich vor der Antragstellung (aber in unmittelbarem Zusammenhang mit dieser) erfolgten[10].

Der **Verlust** des Ablehnungsrechts gilt nur für das Verfahren, in dem sich die Partei in die **2** Verhandlung eingelassen hat, **nicht für andere Verfahren** vor demselben Richter[11]. Derselbe

---

[1] → § 44 Rdnr. 5.
[2] *E. Schneider* MDR 1977, 441.
[3] S. auch *RGZ* 36, 378.
[4] *BayObLG* MDR 1978, 232. – Dadurch, daß sich die Partei nicht nach dem Namen des mit ihrer Sache befaßten Richters erkundigt, begibt sie sich des Ablehnungsrechts nicht. Auch vorsorglich, d.h. für den Fall, daß ihre Sache an den Richter gelangen sollte, braucht die Partei kein Ablehnungsgesuch zu stellen (→ § 44 Rdnr. 4). Zum *Auskunftsanspruch* → § 44 Rdnr. 1.
[5] *RG* JW 1904, 495; *OLG Hamburg* OLGZ 1989, 204; *VGH Baden-Württemberg* VBl.BW 1990, 135.
[6] *LG Düsseldorf* ZIP 1985, 632; *BPatG* GRUR 1985, 434 (mit berechtigter Warnung vor Umgehungsversuchen); *Zöller/Vollkommer*[17] Rdnr. 8.

[7] *OLG Köln* OLGZ 1974, 421, 424.
[8] *RG* JW 1900, 129; *BayObLGZ* 1974, 131, 134; MDR 1988, 1063; *OLG Hamburg* MDR 1976, 845; *OLG München* MDR 1980, 146.
[9] *Rosenberg* Stellvertretung im Prozeß (1908), 927.
[10] *OLG Köln* OLGZ 1971, 376 (Befangenheit wegen vorübergehender »Nichtannahme« der Anträge).
[11] *OLG Karlsruhe* MDR 1992, 409; *OLG Koblenz* MDR 1988, 647; *OLG Celle* NdsRpfl. 1951, 11; *OLG Düsseldorf* NJW 1955, 553; JMBl.NRW 1956, 161; *OLG Stuttgart* Justiz 1973, 92; *Teplitzky* NJW 1967, 2318; *Zöller/Vollkommer*[17] Rdnr. 7. – A.M. *OLG Celle* NJW 1960, 1670 (bei besonderen Umständen); *OLG Hamm* NJW 1967, 1864; im Ergebnis ähnlich *LG Dortmund* NJW 1966, 206.

Umstand kann nämlich in den Augen der Partei für den einen Rechtsstreit geringere, für den anderen größere Bedeutung haben. Auch braucht sie bei ihrer Disposition in dem einen Verfahren an andere Prozesse noch gar nicht gedacht zu haben. Diese Gründe gebieten es aber, § 43 anzuwenden, wenn das zweite Verfahren nur Anhängsel oder Fortsetzung des ersten ist und vor demselben Richter stattfindet[12]. Das gilt etwa im Verhältnis von Haupt- und Nebenverfahren[13] oder im Verhältnis des Prozeßkostenhilfeverfahrens zum Hauptsacheverfahren[14].

3   Ist ein Ablehnungsgesuch einmal gestellt, so stellt sich die Frage, ob die Partei – gegebenenfalls »hilfsweise« – **weiter zur Sache verhandeln** darf. Obwohl der Wortlaut des § 43 diese Möglichkeit nahezulegen scheint, ist die Frage grundsätzlich zu verneinen. Das ergibt sich einerseits daraus, daß bei erfolgreicher Ablehnung sonst doch die prozessuale Arbeit nutzlos werden könnte (→ Rdnr. 1), andererseits daraus, daß der Partei wegen § 47 kein Schaden entstehen kann. Das Ablehnungsgesuch wird deshalb unzulässig, wenn die Partei eine weitere Verhandlung nicht verweigert[15]. Etwas anderes gilt aber dann, wenn die Partei gezwungen wird, weiterzuverhandeln, etwa wenn der Richter das Gesuch für unzulässig erklärt und nicht bescheidet[16], gemäß § 47 unaufschiebbare Maßnahmen vornehmen will oder gar § 47 mißachtet[17]. In diesem Fall bleibt das Gesuch zulässig, wenn die Partei zur Sach- und Rechtslage verhandelt, es sei denn, es ergibt sich aus dem weiteren Verhalten der Partei, daß sie eine Befangenheit gar nicht ernstlich annimmt[18] oder auf ihr Ablehnungsrecht verzichtet hat.

II. Einlassung in eine Verhandlung

4   **Verhandlung** ist jedes prozessuale, der Erledigung eines Streitpunktes dienende Handeln der Parteien unter Mitwirkung des Richters oder vor ihm[19], mag es die Hauptsache oder prozeßhindernde Einreden oder einen Zwischenstreit betreffen[20]. Auch die aktive Teilnahme an einem Termin zur Beweisaufnahme[21], insbesondere vor dem beauftragten oder ersuchten Richter, gehört hierher. Soweit das **Verfahren schriftlich** ist, liegt das Verhandeln in jeder schriftlichen Erklärung diesem Richter gegenüber (→ aber Rdnr. 5). – Wegen der Verhandlung nach Zurückweisung des Ablehnungsgesuchs → § 46 Rdnr. 2 a. E.

III. Stellung von Anträgen

5   **Anträge** i. S. des § 43 sind sowohl diejenigen in der mündlichen Verhandlung als auch die schriftlich eingereichten[22] oder zum Protokoll des Urkundsbeamten erklärten Gesuche. Anträge in den vorbereitenden Schriftsätzen sind dagegen noch nicht »gestellt«. Daß sie in

---

[12] Ähnlich *E. Schneider* MDR 1977, 441 (Verlust bei rechtlichem und tatsächlichem Zusammenhang der Prozesse); zust. *OLG Koblenz* MDR 1986, 60, 61; *BFH* DB 1987, 1976 (im konkreten Fall allerdings bedenklich); *Thomas/Putzo*[17] Anm. 1.

[13] *OLG Karlsruhe* FamRZ 1989, 642, 643 (Verlust des Ablehnungsrechts im zweiten Nebenverfahren auf Erlaß einer einstweiligen Anordnung bei Ablehnungsmöglichkeit im ersten).

[14] *OLG Koblenz* MDR 1989, 647; 1986, 60.

[15] *OLG München* MDR 1954, 552; *BPatG* GRUR 1982, 359 (das zu weit gehend Rechtsmißbrauch annimmt); *Zöller/Vollkommer*[17] Rdnr. 6. – A. M. *Münch-KommZPO/Feiber* Rdnr. 7; *Voraufl.* (nur unbegründet).

[16] *Wenn* er bescheidet, gilt das in § 46 Rdnr. 2 a. E. Gesagte.

[17] *KG* NJW 1975, 1842; JW 1931, 1104; *Baumbach/Lauterbach/Hartmann*[50] Anm. 2 B; *Zöller/Vollkommer*[17] Rdnr. 8; vgl. auch *OLG Frankfurt* WM 1992, 1089.

[18] Vgl. *BPatG* GRUR 1982, 359 (in der Begründung angreifbar; → Fn. 15).

[19] *OLG Frankfurt* FamRZ 1991, 839 (Vergleichsabschluß nach Erörterung der Sach- und Rechtslage); *OLG Köln* OLGZ 1974, 421, 424. – Vgl. auch *RGZ* 10, 386.

[20] Vgl. *OVG Bremen* NJW 1985, 823.

[21] *OLG Köln* OLGZ 1974, 421, 424.

[22] *BayObLG* MDR 1988, 1063; *BPatG* GRUR 1982, 359.

den Fällen der Entscheidung nach Aktenlage (§§ 251a, 331a) nachträglich als gestellt gelten (→ § 251a Rdnr. 12), hat hier außer Betracht zu bleiben. Die Einverständniserklärung gemäß § 128 Abs. 2 ist als Antrag i. S. des § 43 anzusehen[23]. Im Fall des § 128 Abs. 3 fallen erst die nach Anordnung des schriftlichen Verfahrens eingereichten Anträge unter § 43. Ein schriftlicher Antrag begründet jedoch nur dann die Präklusion, wenn er bewußt[24] an den befangenen Richter selbst gerichtet ist. Ein reiner **Vertagungsantrag** nach § 227, mit dem keine weiteren Einlassungen verbunden sind[25], bewirkt die Präklusion nicht, da er den Schluß auf das Einverständnis mit der Person des Richters nicht gestattet[26], ebensowenig ein Antrag auf Bestimmung, Aufhebung oder Verlegung eines Termins[27], auch nicht ein Antrag auf Erteilung einer Protokollabschrift[28]. Zur Ablehnung im **Mahnverfahren** → Rdnr. 2 vor § 688.

§ 44   [Ablehnungsgesuch]

(1) Das Ablehnungsgesuch ist bei dem Gericht, dem der Richter angehört, anzubringen; es kann vor der Geschäftsstelle zu Protokoll erklärt werden.

(2) ¹Der Ablehnungsgrund ist glaubhaft zu machen; zur Versicherung an Eides Statt darf die Partei nicht zugelassen werden. ²Zur Glaubhaftmachung kann auf das Zeugnis des abgelehnten Richters Bezug genommen werden.

(3) Der abgelehnte Richter hat sich über den Ablehnungsgrund dienstlich zu äußern.

(4) Wird ein Richter, bei dem die Partei sich in eine Verhandlung eingelassen oder Anträge gestellt hat, wegen Besorgnis der Befangenheit abgelehnt, so ist glaubhaft zu machen, daß der Ablehnungsgrund erst später entstanden oder der Partei bekanntgeworden sei.

Gesetzesgeschichte: Änderung RGBl. 1898 I, 256; 1927 I, 175, 334.

Stichwortverzeichnis: → vor § 41 vor Rdnr. 1.

I. Ablehnungsgesuch

Die Vorschriften über das Verfahren bei der Ablehnung in §§ 44–46 gelten – mit Ausnah‑   **1** me des § 44 Abs. 4 – für alle Fälle der Ablehnung (§ 42). Das Ablehnungsgesuch ist bei dem Gericht »**anzubringen**«, d. h. es kann in der mündlichen Verhandlung vor dem Gericht erklärt oder schriftlich eingereicht (→ § 207 Rdnr. 9) oder zu Protokoll der Geschäftsstelle erklärt werden und unterliegt daher nicht dem Anwaltszwang (§ 78 Abs. 3), auch wenn es in der mündlichen Verhandlung erklärt wird[1]. Als Prozeßhandlung setzt es *Prozeßfähigkeit* voraus, kann also nicht von einem Prozeßunfähigen, sondern nur von dessen gesetzlichem Vertreter

---

[23] *OLG München* MDR 1980, 146; *BFH* DB 1987, 1976.
[24] → Rdnr. 1 und Fn. 2.
[25] Vgl. *LG Tübingen* MDR 1982, 411 f.
[26] *OLG Frankfurt* WM 1992, 1089; *BVerwG* WM 1964, 1156; *Baumbach/Lauterbach/Hartmann*[50] Anm. 2 C; *MünchKommZPO/Feiber* Rdnr. 4; *Zöller/Vollkom‑*

mer[17] Rdnr. 5; *Thomas/Putzo*[17] Anm. 2 d. – A.M. *OLG Hamburg* MDR 1961, 152; *BPatG* GRUR 1982, 360; grds. auch *E. Schneider* MDR 1977, 441.
[27] Vgl. *RGZ* 36, 378.
[28] *BVerwG* WM 1964, 1156.
[1] *BVerfG* DtZ 1992, 183, 184; *RGZ* 35, 358; *OLG Karlsruhe* OLGZ 1987, 249.

gestellt werden[2], wenn nicht das Gesetz die Prozeßfähigkeit unabhängig von der Geschäftsfähigkeit anordnet (vgl. §§ 66, 70 a FGG). Wird aber im Prozeß die Prozeßfähigkeit behauptet, so ist für das Ablehnungsgesuch ihr Vorliegen zu unterstellen[3] (→ § 51 Rdnr. 10, § 56 Rdnr. 5, 16).

1a   Das Gesuch muß den Richter **namentlich bezeichnen**[4]; insoweit besteht ein Auskunftsanspruch[5]. Hiervon kann nur abgesehen werden, wenn kein Zweifel über die Person des Abgelehnten möglich ist[6].

1b   Das Gesuch ist **bei dem Gericht** anzubringen, **dem der Richter angehört**. Insoweit handelt es sich um eine Zulässigkeitsvoraussetzung für das Gesuch[7]. Empfangszuständig ist wegen § 45 Abs. 1 derjenige Spruchkörper (Kammer, Senat), dem der Richter für den betreffenden Rechtsstreit angehört[8] [und zwar auch, solange nur der Einzelrichter (§§ 348 ff.) mit der Sache befaßt ist (→ auch § 45 Rdnr. 1)], sowie im Fall des § 45 Abs. 2 das Amtsgericht[9].

1c   Bis zur Entscheidung kann die Ablehnung **widerrufen** werden[10].

II. Glaubhaftmachung

2   Das Gesuch muß, wie sich aus Abs. 2 ergibt, den **Ablehnungsgrund** enthalten, d.h. die Angabe der Tatsachen, auf die sich die Ablehnung stützt[11]. Wird die Begründung lediglich angekündigt, so liegt noch kein wirksames Ablehnungsgesuch vor[12]. Die Tatsachen sind, soweit sie nicht offenkundig sind (§ 291), gemäß § 294 **glaubhaft zu machen.** Es ist hier aber einerseits die eidesstattliche Versicherung der Partei als Mittel der Glaubhaftmachung ausgeschlossen, andererseits genügt (abweichend von § 294 Abs. 2) die Bezugnahme[13] auf das **Zeugnis des abgelehnten Richters,** auch wenn es nicht sofort beigebracht wird. Dieses Zeugnis des Richters ist keine förmliche Zeugenaussage, sondern eine (zum engeren Bereich richterlicher Tätigkeit gehörende und damit der Dienstaufsicht entzogene[14]) schriftliche oder mündliche *dienstliche Äußerung*[15], zu der nach Abs. 3 der abgelehnte Richter sowohl bei Bezugnahme der Partei wie auf Anforderung des Gerichts verpflichtet ist. Weigert sich der Richter oder äußert er sich unzureichend, so kann das Gericht ihn nach Maßgabe des in Rdnr. 3 Gesagten gem. § 294 Abs. 2 als präsenten Zeugen vernehmen, aber auch unterstellen, daß er dem Akteninhalt nichts hinzuzufügen hat[16]. Im übrigen kann eine mangelhafte dienstliche Äußerung den Schluß auf die Befangenheit nahelegen[17]. Eine Pflicht zur Äußerung aus eigener Initiative enthält Abs. 3 nicht. Bei offensichtlich unzulässigen oder offensichtlich unbegründeten Gesuchen kann auf die Äußerung verzichtet werden[18]. Der Grundsatz des rechtlichen

---

[2] *LG Stuttgart* ZZP 69 (1956), 48; *VGH Baden-Württemberg* VBl.BW 1990, 135. → auch § 45 Rdnr. 1.

[3] *OLG Zweibrücken* JurBüro 1987, 308; *OLG Köln* NJW 1971, 569; *OVG Berlin* ZfSH 1975, 55. Vgl. auch *BayObLG* Rpfleger 1975, 425, das die Ablehnung des Vormundschaftsrichters, der im Verlauf der Führung einer Vormundschaft auch über die Genehmigung zur Anstaltsunterbringung zu entscheiden hat, durch den Geschäftsunfähigen für zulässig erachtet; vgl. dazu heute § 70a FGG.

[4] *BVerfGE* 11, 1 = MDR 1961, 26.

[5] *BVerfG* NJW 1991, 2758; *BayObLG* MDR 1978, 232; *Günther* NJW 1986, 282. Vgl. auch § 24 Abs. 3 S. 2 StPO.

[6] *Günther* NJW 1986, 282; *Pohle* zu BAG AP § 49 Nr. 3; *BFHE* 105, 337.

[7] *KG* FamRZ 1986, 1024.

[8] *RGZ* 16, 413.

[9] *RGZ* 36, 362.

[10] S. auch *RG* JW 1928, 106.

[11] S. auch *RG* JW 1899, 87.

[12] *OLG Köln* MDR 1964, 423 (*Teplitzky*).

[13] Diese kann aber nicht einfach unterstellt werden, *OLG Frankfurt* NJW 1977, 767; *Günther* NJW 1986, 283.

[14] *BGH* DRiZ 1986, 423, 424 mwN; *BGHZ* 77, 70 = NJW 1980, 2530; *Kasten/Rapsch* JR 1985, 314.

[15] Vgl. auch *Stein* Privates Wissen (1893), 105. Die schriftliche Äußerung wird Teil der Prozeßakten (§ 299); *OLG Hamburg* OLGRspr. 15 (1907), 129.

[16] *OLG Bremen* NJW 1986, 999.

[17] *LG Bochum* AnwBl. 1978, 101.

[18] *BVerfGE* 11, 3 (zur offensichtlichen Unzulässigkeit); *Günther* NJW 1986, 289; *MünchKommZPO/Feiber* Rdnr. 7.

Gehörs (Art. 103 Abs. 1 GG; → vor § 128 Rdnr. 9, 30) verlangt, daß der ablehnenden Partei Gelegenheit gegeben wird, zu der Äußerung des Richters Stellung zu nehmen[19]. Zum rechtlichen Gehör für den Gegner → § 46 Rdnr. 1.

Bis zur Entscheidung können sowohl begründende Tatsachen wie Mittel der Glaubhaftmachung **nachgebracht** werden. Eine Frist zur Beibringung einer Begründung oder eines Mittels der Glaubhaftmachung einzuräumen, erscheint auch im Zivilprozeß[20] nicht zulässig, da das Gesetz (auch wegen der Wirkung nach § 47) eine rasche Entscheidung anstrebt. Im Beschwerdeverfahren können allerdings keine neuen Ablehnungsgründe geltend gemacht werden[21]. **Beweisaufnahmen** sind nach § 294 Abs. 2 nur statthaft, wenn sie *sofort* erfolgen können (→ § 294 Rdnr. 9), so daß die bloße Benennung eines erst heranzuziehenden Zeugen in der Regel nicht genügt[22]. Vielmehr hat der Antragsteller eine schriftliche Aussage vorzulegen. Macht er allerdings glaubhaft, daß ihm dies (z. B. wegen Weigerung des Zeugen) unmöglich ist, so sollte die Bezugnahme auf das Zeugnis im Interesse eines ausreichenden Rechtsschutzes zugelassen werden[23].

3

III. Nachträgliche Ablehnung

Erhält eine Partei erst **nachträglich Kenntnis** von einem Grund zur Ablehnung wegen Befangenheit (§ 42 Abs. 2) – dazu gehört auch die Kenntnis, welcher Richter mit ihrer Sache befaßt ist (→ § 43 Rdnr. 1) –, so hat sie die Ablehnung bei Vermeidung des Verlustes vor jeder weiteren Einlassung oder Antragstellung nach § 43 geltend zu machen. Die Glaubhaftmachung nach Abs. 4 ist darauf zu richten, daß der Ablehnungsgrund erst seit der letzten Verhandlung bzw. Antragstellung entstanden oder der Partei bekanntgeworden ist[24]. Zur Glaubhaftmachung ist hier die eidesstattliche Versicherung der Wahrheit durch den Gesuchsteller nach § 294 gestattet.

4

Nach Beendigung der Instanz kann ein Ablehnungsgesuch, wie sich aus seinem Zweck ergibt, regelmäßig nicht mehr gestellt werden[25], auch dann nicht, wenn sich die Befangenheit erst aus den Gründen der Entscheidung ergibt. Etwas anderes gilt nur dann, wenn der abgelehnte Richter noch Entscheidungen zu treffen hat, etwa Folge- oder Nebenentscheidungen oder solche über eine Tatbestandsberichtigung[26].

5

Gegen diese Ansicht ließe sich vorbringen, daß eine Entscheidung, an der ein befangener Richter mitgewirkt hat, das Verfahrensgrundrecht auf den gesetzlichen Richter (Art. 101 Abs. 1 S. 2 GG) verletze. Ein solcher Verfassungsverstoß sei nach der Rechtsprechung des Bundesverfassungsgerichts[27] möglichst durch die (Zivil-)Gerichte selbst zu korrigieren. Das gebiete es, auch nach Instanzbeendigung eine Prüfung zu ermöglichen, ob der Richter befangen war, und – falls diese Prüfung Besorgnis der Befangenheit ergebe – die Aufhebung der Entscheidung zu ermöglichen, nötigenfalls analog § 551 Nr. 3, § 579 Abs. 1 Nr. 3[28].

---

[19] *BVerfGE* 24, 56 = MDR 1968, 820; *BGHSt* 21, 85; *VGH Kassel* NJW 1983, 901; 1969, 1399; *OLG Koblenz* JurBüro 1976, 1684; einschränkend *OLG Karlsruhe* OLGZ 1984, 101 (bei unstreitigem Sachverhalt und keinen neuen Umständen in der dienstlichen Äußerung).
[20] Zum Strafprozeß vgl. *OLG München* NJW 1976, 436.
[21] *BayObLG* MDR 1986, 60; *OLG Zweibrücken* MDR 1982, 412.
[22] Vgl. *BGHSt* 21, 334 = MDR 1968, 337 = NJW 710; s. auch *BGH* NJW 1958, 712 (zu § 236).
[23] Vgl. (aber zum Strafprozeß) *BGHSt* 21, 334 (vorige Fn.); *BayObLG* JZ 1956, 340.
[24] *OLG Frankfurt* OLGZ 1979, 452, 453 f.

[25] *KG* MDR 1954, 750; *BayObLG* FamRZ 1986, 292; NJW 1968, 802; MDR 1978, 232, 233; *OLG Koblenz* MDR 1983, 151 (zum Strafprozeß); *BVerwG* MDR 1970, 442; *BFHE* 130, 21; *Günther* MDR 1989, 692; NJW 1986, 284; *Rosenberg/Schwab*[14] § 25 II 3; *Waldner* NJW 1980, 217.
[26] *BGH* ZZP 76 (1963), 118; *KG* JR 1984, 39 f. (zu § 33 a StPO). Vgl. aber auch *OLG Frankfurt* MDR 1979, 940 und *BFH* NVwZ 1990, 504 (kein Rechtsschutzbedürfnis für das Gesuch, wenn bei erfolgreicher Ablehnung kein zur Tatbestandsberichtigung befugter Richter mehr verbliebe).
[27] Vgl. *BVerfGE* 69, 233, 243; 60, 96, 99; 49, 252, 258.
[28] So – wenigstens im Ergebnis – *BayObLG* MDR

Das vermag indessen schon im verfassungsrechtlichen Ansatz nicht zu überzeugen. Art. 101 Abs. 1 S. 2 GG ist nicht schon dann verletzt, wenn der mitwirkende Richter wirklich befangen *ist*, sondern erst dann, wenn er noch mitwirkt, obwohl ein *Ablehnungsgesuch rechtskräftig für begründet erklärt* worden ist. Solange das nicht der Fall ist, darf der Richter weiter im Verfahren verbleiben, ohne gegen Art. 101 Abs. 1 S. 2 GG zu verstoßen[29]. Daher kann eine Entscheidung, der kein (bzw. kein erfolgreiches) Ablehnungsgesuch vorausgegangen ist, auch nicht wegen Entziehung des gesetzlichen Richters mit der Verfassungsbeschwerde angefochten werden, und folglich besteht für die Prozeßrechtsdogmatik auch kein Anlaß, einer solchen Beschwerde durch die Gewährung nicht vorgesehener Rechtsbehelfe zuvorzukommen. Vielmehr stimmt die geltende Regelung der § 551 Nr. 3, § 579 Abs. 1 Nr. 3 mit der Verfassungsrechtslage voll überein.

5a   Entsprechend ist für die Wirkung instanzbeendender Entscheidungen auf bereits **anhängige Ablehnungsgesuche** zu unterscheiden. Soweit der abgelehnte Richter in dieser Instanz *noch andere Anträge* zu behandeln hat, ergibt sich aus dem zu Rdnr. 5 Gesagten ohne weiteres, daß das Gesuch zulässig bleibt und beschieden werden muß[30]. Ist die instanzbeendende Entscheidung *anfechtbar*, so entfällt für das Ablehnungsgesuch das Rechtsschutzbedürfnis. Hier reicht es aus, gegen die abschließende Entscheidung vorzugehen, eine Verletzung des § 47 zu rügen und im Fall der Zurückverweisung das (nicht beschiedene) Gesuch zu wiederholen[31]. Ist die instanzbeendende Entscheidung *unanfechtbar*, so wird das Gesuch ebenfalls unzulässig. Eine ausdehnende Interpretation des § 579 Abs. 1 Nr. 3 in dem Sinne, auch das vor Instanzbeendigung angebrachte, aber erst danach erfolgreich beschiedene (und folglich noch zu bescheidende) Ablehnungsgesuch gewähre die Nichtigkeitsklage, ist nach dem zu Rdnr. 5 Gesagten von Verfassungs wegen nicht geboten[32] (vgl. auch für die Beschwerde § 46 Rdnr. 3 ff. sowie § 47 Rdnr. 5).

IV. Arbeitsgerichtliches Verfahren

6   § 44 gilt auch hier; → aber wegen der Entscheidung § 45 Rdnr. 5. Wegen der Möglichkeit, die dienstliche Äußerung nach Abs. 3 erforderlichenfalls durch Ordnungsstrafen zu erzwingen, s. § 28, § 37 Abs. 2, § 43 Abs. 3 ArbGG.

§ 45   [Zuständigkeit zur Entscheidung]

(1) **Über das Ablehnungsgesuch entscheidet das Gericht, dem der Abgelehnte angehört; wenn dieses Gericht durch Ausscheiden des abgelehnten Mitglieds beschlußunfähig wird, das im Rechtszuge zunächst höhere Gericht.**

(2) **¹Wird ein Richter am Amtsgericht abgelehnt, so entscheidet das Landgericht, in Kind-**

1988, 500; *OLG Schleswig* SchlHA 1976, 45; *OLG Saarbrücken* NJW 1975, 399 f.; *Kollnig* NJW 1967, 2046; *Lüke* NJW 1979, 2050; wohl auch *Zöller/Vollkommer*[17] § 42 Rdnr. 4.

[29] Ausf. dazu *Riedel* (vor § 41 Fn. 1), 258 ff.; vgl. auch *Günther* MDR 1989, 693/695. – Ohnehin muß der Antragsteller alle prozessualen Möglichkeiten ausschöpfen, um zu erreichen, daß der Verkündungstermin aufgehoben wird und eine Entscheidung unterbleibt, *BVerfG* MDR 1981, 470.

[30] *KG* FamRZ 1986, 1022, 1023; *BPatG* GRUR 1985, 434.

[31] *KG* FamRZ 1986, 1023, 1025; *Günther* MDR 1989, 696/698; *Zöller/Vollkommer*[17] § 47 Rdnr. 6/7.

[32] A. A. *OLG Braunschweig* NJW 1976, 2025; *BFHE* (GrS) 134, 531; *Kahlke* ZZP 95 (1982), 292 ff., 301; *Kollnig* NJW 1967, 2046; *Zöller/Vollkommer*[17] § 47 Rdnr. 6. Zweifelnd *KG* FamRZ 1986, 1023, 1025. Wie hier *Günther* MDR 1989, 694 ff./698; *Seetzen* NJW 1982, 2341; im Ergebnis auch *BGH* NJW 1981, 1274; *OLG Schleswig* SchlHA 1956, 292.

schaftssachen und bei Ablehnung eines Familienrichters das Oberlandesgericht. [2]Einer Entscheidung bedarf es nicht, wenn der Amtsrichter das Ablehnungsgesuch für begründet hält.

Gesetzesgeschichte: Änderungen RGBl. 1943 I, 7; BGBl. 1950 I, 455; 1986 I, 301.

Stichwortverzeichnis: → vor § 41 vor Rdnr. 1.

I. Ablehnung bei Kollegialgerichten

Bei Kollegialgerichten entscheidet (auch bei Ablehnung des *Einzelrichters*[1] oder des *beauftragten Richters*) nach Abs. 1 das Gericht (i. S. d. ZPO), dem der Abgelehnte angehört, also die Kammer bzw. der Senat, bei dem der Prozeß anhängig ist. Das gilt auch für die *Kammer für Handelssachen*, bei der der Vorsitzende nicht allein über das Ablehnungsgesuch entscheiden kann[2]. Dabei scheidet aber der Abgelehnte, wie sich aus Abs. 1 Halbs. 2 und § 47 ergibt, aus. Er kann sonach bei einer Mehrheit von Ablehnungen (→ vor § 41 Rdnr. 4) auch nicht über diejenigen seiner Kollegen mitentscheiden[3]. An seine Stelle tritt der Vertreter (→ Rdnr. 2). Eine allgemeine Ausnahme vom Grundsatz des Ausscheidens kann auch nicht für den Fall anerkannt werden, daß das Ablehnungsgesuch wegen Prozeßunfähigkeit des Antragstellers (z. B. Geisteskrankheit) als unzulässig abgewiesen wird[4] oder ein sonstiger Zulässigkeitsmangel vorliegt (anders § 26 a StPO, dessen analoge Anwendung immerhin diskutabel erscheint[5]). Eine sachlich nicht zu beanstandende Praxis gestattet jedoch die **Mitwirkung des Abgelehnten** bei solchen Gesuchen, die nach dem zu § 42 Rdnr. 12 Bemerkten *eindeutig* **mißbräuchlich**, z. B. lediglich zur Verschleppung bestimmt sind[6] oder die eine offensichtlich unzulässige Globalablehnung (→ vor § 41 Rdnr. 4) enthalten[7]. Im letzteren Fall kann das Gesuch u. U. sogar unbeschieden bleiben (→ § 42 Rdnr. 12). Zum weiteren Verfahren in diesen Fällen → § 46 Rdnr. 2 b.

Das im Rechtszug zunächst **höhere Gericht** entscheidet nur dann, wenn das zunächst berufene durch das Ausscheiden beschlußunfähig wird, d. h. nicht mehr die gesetzliche Zahl von Richtern hat. Die Beschlußunfähigkeit tritt erst dann ein, wenn keine Mitglieder des betreffenden Land- oder Oberlandesgerichts (einschließlich des Präsidenten und der Vorsitzenden Richter) mehr vorhanden sind, die gemäß § 21 e Abs. 1, § 21 f Abs. 2 GVG zur regelmäßigen **Stellvertretung** berufen sind[8] oder als zeitweilige Vertreter bestimmt werden können[9]. Dies folgt aus § 45 Abs. 1. Denn wenn der Vertreter nicht einspringen könnte,

---

[1] → § 348 Rdnr. 2 sowie *OLG Hamburg* NJW 1992, 1462; *OLG Düsseldorf* JMBl.NW 1978, 68; *OLG Karlsruhe* OLGZ 1978, 256.
[2] *BayObLGZ* 1979, 367.
[3] *RGZ* 16, 413.
[4] Vgl. *RG* JW 1935, 2895; *OLG Hamburg* MDR 1954, 423. – A. M. *Baumbach/Lauterbach/Hartmann*[50] Anm. 1 B b.
[5] Offenlassend *BGH* EGE XII, 46.
[6] *OLG Frankfurt* MDR 1989, 168; *KG* FamRZ 1985, 730; MDR 1983, 60; *OLG Koblenz* MDR 1985, 850; *OLG Köln* MDR 1979, 850; *LG Kiel* Rpfleger 1988, 544; *RGZ* 44, 402; 92, 230; *BVerfGE* 11, 1; 11, 343, 348; *BFHE* 105, 316; *Engel* Rpfleger 1981, 84; *Günther* NJW 1986,

289. – A.M. *Gloede* NJW 1972, 2067; krit. *Roidl* NVwZ 1988, 905 f. – wird die Ablehnung auf Verfahrensfehler des Richters gestützt (→ § 42 Rdnr. 11), liegt ein Rechtsmißbrauch i.d.R. nicht vor, *OLG Hamburg* NJW 1992, 1463; zurückhaltend auch *BGH* NJW 1992, 984.
[7] *BGH* NJW 1974, 56 = JZ 65 (bei Vorlage kann aber auch das höhere Gericht entscheiden); *RG* HRR 1929 Nr. 1695; *BVerwG* NJW 1988, 722; *VGH Kassel* NJW 1969, 1400; *BSG* AP § 42 Nr. 1.
[8] Werden zugleich auch Vertreter abgelehnt, so ist nach *BGH* NJW 1968, 710 darüber zuerst zu entscheiden.
[9] *RGZ* 16, 413; JW 1910, 25; *RGSt* 40, 436; vgl. auch *OLG Kassel* ZZP 47 (1918), 295; *OLG Frankfurt* DRiZ 1965, 272.

würde durch das Ausscheiden des abgelehnten Richters stets Beschlußunfähigkeit bewirkt. Dagegen ist die Heranziehung von Hilfsrichtern (§ 70 GVG) nur zu dem Zweck, die Beschlußunfähigkeit auszuschließen, nicht zulässig, da sonst eine Entscheidung durch das höhere Gericht niemals Platz greifen könnte[10]. Für den Fall, daß das oberste Gericht beschlußunfähig werden sollte, ist keine Vorsorge getroffen; der Gemeinsame Senat der obersten Gerichtshöfe (G. v. 19. VI. 1968; BGBl. I, 661) wäre nicht zuständig[11].

3   Einer **Entscheidung** bedarf es auch dann, wenn der abgelehnte Richter und die übrigen Mitglieder des Spruchkörpers oder der Einzelrichter die Ablehnung für **begründet** halten[12]. Es kann nicht einfach für das weitere Verfahren der Vertreter einspringen. Dafür spricht, daß § 45 Abs. 2 S. 2 nur für den *Amtsrichter* eine Ausnahme macht und anderenfalls eine zu weitgehende Beeinflussung der Besetzung durch die Richter selbst möglich wäre. Mit der Entscheidung durch das höhere Gericht kann ohne besonderes Gesuch sofort die Bestimmung des zuständigen Gerichts nach §§ 36 Nr. 1 u. 37 verknüpft werden (→ § 37 Rdnr. 1).

II. Ablehnung des Amtsrichters

4   Wird ein Amtsrichter (als *Prozeßrichter* oder als *ersuchter Richter*[13]) abgelehnt und hält er das Gesuch für **begründet,** so scheidet er aus, ohne daß es einer Entscheidung bedarf (Abs. 2 S. 2). An seine Stelle tritt sein geschäftsplanmäßiger Vertreter. Dem Landgericht ist die Sache nur im Fall des § 36 Nr. 1 zum Zweck der Bestimmung des zuständigen Gerichts vorzulegen. Der an die Stelle des Ausgeschiedenen tretende Richter kann die Entscheidung nur darauf prüfen, ob die verfahrensmäßigen Voraussetzungen des § 45 Abs. 2 S. 2 erfüllt sind, inhaltlich allenfalls darauf, daß die Entscheidung nicht willkürlich ergangen und dadurch den Parteien der gesetzliche Richter entzogen worden ist[14].

4a   Hält dagegen der abgelehnte Amtsrichter das Gesuch für **nicht begründet,** so hat er es, auch wenn mehrere Amtsrichter vorhanden sind, dem Landgericht zur Entscheidung vorzulegen[15], es sei denn, daß das Gesuch ersichtlich mißbräuchlich ist (oben Rdnr. 1). Das Landgericht entscheidet als das im Instanzenzug zunächst höhere Gericht (vgl. Abs. 1) und folglich in Handelssachen (§ 95 GVG) die Kammer für Handelssachen[16] (vgl. § 36 Rdnr. 4). Wird der Amtsrichter als Vorsitzender einer auswärtigen Kammer für Handelssachen (§ 106 GVG) abgelehnt, so gilt Abs. 1.

4b   In **Kindschafts- und Familiensachen** entscheidet nach der seit dem 1. IV. 1986 in Kraft befindlichen Neufassung von Abs. 2 S. 1 (durch das Unterhaltsrechtsänderungsgesetz v. 20. II. 1986; BGBl. I, 301) das OLG als das auch sonst berufene Rechtsmittelgericht, in Familiensachen also der Familiensenat[17]. Hingegen bleibt es in *Landwirtschaftssachen* bei der Zuständigkeit des Landgerichts nach Abs. 2 S. 1, 1. Hs., auch wenn Rechtsmittelgericht gem. § 2 Abs. 1 S. 3 LwVG das OLG ist[18].

4c   Wird ein Richter bei einem **Kreisgericht** abgelehnt, so entscheidet über das Gesuch nicht nach § 45 Abs. 2 Satz 1 das LG oder OLG, sondern das übergeordnete Bezirksgericht, wenn nicht der Richter beim Kreisgericht das Gesuch für begründet hält[19]; die Entscheidung des Bezirksgerichts ist unanfechtbar[20].

---

[10] *RG* JW 1901, 33; *RGSt* 40, 436.
[11] A. M. *Wieczorek*[2] A II a 2.
[12] Vgl. *OLG Frankfurt* NJW 1976, 1545. – A. M. *Wach* Hb. I, 344.
[13] *LG Düsseldorf* Rpfleger 1980, 114. S. auch *RGZ* 36, 362.
[14] *OLG Frankfurt* FamRZ 1989, 519.
[15] S. auch *OLG Hamburg* OLGRspr. 11 (1905), 49. – Für eine Änderung entsprechend § 27 Abs. 3 StPO *Birmanns* ZRP 1982, 269.

[16] *BayObLGZ* 1987, 211 ff.
[17] *BGH* FamRZ 1986, 1197; *KG* FamRZ 1986, 1022.
[18] *BGH* MDR 1989, 610. – A. M. *BayObLGZ* 1987, 213 mwN.
[19] Dann gilt das zu Rdnr. 4 Gesagte entsprechend.
[20] Anlage I zum Einigungsvertrag (BGBl. 1990 II, 889), Kap. III Sachgebiet A Abschnitt III Nr. 5 lit. a.

Für die Ablehnung eines Richters am **Bezirksgericht** gibt es keine Sonderregelung. Da es sich um ein Kollegialgericht handelt, gilt § 45 Abs. 1[21], allerdings mit der Maßgabe, daß die Entscheidung über das Ablehnungsgesuch abweichend von § 46 Abs. 2 stets unanfechtbar ist[22]. Diese Sonderregelungen treten außer Kraft, sobald im jeweiligen neuen Bundesland Amts-, Land- und Oberlandesgerichte eingerichtet sind[22a].

III. Arbeitsgerichtliches Verfahren

Hier gilt nach § 49, § 64 Abs. 7, § 72 Abs. 6 ArbGG folgendes: 5

1. Über Ablehnungsgesuche entscheidet die **Kammer des Arbeitsgerichts,** und zwar stets, auch wenn das Gesuch außerhalb der mündlichen Verhandlung angebracht ist, und ohne Rücksicht darauf, ob das Arbeitsgericht eine mündliche Verhandlung (§ 46 Abs. 1 ZPO) für erforderlich erachtet. § 49 Abs. 1 ArbGG ist eine der in § 53 Abs. 1 ArbGG vorbehaltenen Ausnahmen von der Zuständigkeit des Vorsitzenden. Daß der abgelehnte Richter selbst die Ablehnung für begründet hält, macht die Entscheidung nicht entbehrlich. § 45 Abs. 2 S. 2 kann auf das Kollegialgericht nicht entsprechend angewendet werden[23].

Für die Entscheidungen des **Landesarbeitsgerichts** und des **Bundesarbeitsgerichts** bei der Ablehnung   5a
eines ihrer Richter gilt dasselbe (§ 64 Abs. 7, § 72 Abs. 6 mit § 49 Abs. 1 ArbGG). Die Entscheidung ist durch **Kammer** bzw. **Senat** – auch außerhalb der mündlichen Verhandlung – in voller Besetzung zu treffen[24]. Entscheidet die Kammer nicht am vorgesehenen Sitzungstag, so sind die **Beisitzer** nicht nach der listenmäßigen Einteilung für den Tag der tatsächlichen Beschlußfassung zuzuziehen, sondern – mit Ausnahme des Abgelehnten – in der ursprünglich für die Verhandlung der Sache vorgesehenen Besetzung. Denn durch eine Vertagung, die an sich zu einem Wechsel der Beisitzer führen könnte, darf sich die Kammer der Entscheidung über die Ablehnung eines Beisitzers nicht entziehen[25].

2. Wird das **Arbeitsgericht** durch die Ablehnung, sei es des Vorsitzenden, sei es der Beisitzer,   6
beschlußunfähig, d. h. besteht mit Rücksicht auf die Zahl der gleichzeitig oder nacheinander Abgelehnten keine Möglichkeit, die Kammer nach Maßgabe des Vertretungsplans[26] bzw. der Liste nach § 31 ArbGG vorschriftsmäßig zu besetzen, so entscheidet gem. § 49 Abs. 2 ArbGG das **Landesarbeitsgericht,** und zwar, wie mit Rücksicht auf § 49 Abs. 1 ArbGG anzunehmen ist, ebenfalls in der vollen Besetzung[27].

3. Der Fall, daß das **Landesarbeitsgericht beschlußunfähig** wird, ist in § 64 Abs. 7 mit § 49 Abs. 1, 3   7
ArbGG nicht ausdrücklich geregelt. Nach Maßgabe des zur Ausfüllung der Lücke heranzuziehenden § 45 Abs. 1 Halbs. 2 ZPO wird in diesem Fall die Entscheidung dem **Bundesarbeitsgericht** obliegen[28], und zwar hat es in entsprechender Anwendung des § 49 Abs. 1 ArbGG in voller Besetzung zu entscheiden.

IV. Patentsachen

Über die **Richterablehnung** entscheidet nach § 86 Abs. 3 PatG der **Senat,** dem der Abgelehnte ange-   8
hört, und, wenn dieser durch die Ablehnung beschlußunfähig wird, ein Beschwerdesenat des Patentgerichts in der Besetzung mit drei rechtskundigen Richtern. Über die Ablehnung eines **Urkundsbeamten** entscheidet nach § 86 Abs. 4 PatG der Senat, in dessen Geschäftsbereich die Sache fällt. Wird nach § 27 Abs. 6 PatG das Kollegium **Patentabteilung** einschließlich des Abteilungsleiters in zulässiger Weise (→ vor § 41 Rdnr. 4) abgelehnt, so tritt für die Entscheidung über das Ablehnungsgesuch an die Stelle des Vorsitzenden dessen Stellvertreter, der von sich aus die abgelehnten Prüfer durch zwei andere Mitglieder der Abteilung zu ersetzen hat[29].

---

[21] *Thomas/Putzo*[17] Anm. 2, Einl. VII Rdnr. 21.

[22] Anlage I zum Einigungsvertrag (BGBl. 1990 II, 889), Kap. III Sachgebiet A Abschnitt III Nr. 5 lit. d; vgl. dazu auch *Thomas/Putzo*[17] Einl. VII Rdnr. 21; *Zöller/Vollkommer*[17] § 46 Rdnr. 23.

[22a] §§ 14 S. 1, 17 RpflAnpG v. 26. 6. 1992 (BGBl. I, 1147).

[23] *LAG* Frankfurt AP § 49 ArbGG Nr. 5.

[24] *BAG* AP § 42 Nr. 2 (*Vollkommer*); vgl. für die Kammer für Handelssachen oben Rdnr. 1.

[25] S. *BAGE* 14, 46 = AP § 45 ZPO Nr. 1 (*Pohle*) = MDR 1963, 533.

[26] Vgl. *LAG Berlin* BenshS 1, 12.

[27] A. M. *LAG Frankfurt* AP § 49 ArbGG Nr. 5.

[28] So auch *Gerstel* BenshS 1, 15. Vgl. *RAG* 12, 342.

[29] *BPatG* GRUR 1982, 359.

§ 46   [Entscheidung, Rechtsmittel]

(1) Die Entscheidung über das Ablehnungsgesuch kann ohne mündliche Verhandlung ergehen.

(2) Gegen den Beschluß, durch den das Gesuch für begründet erklärt wird, findet kein Rechtsmittel, gegen den Beschluß, durch den das Gesuch für unbegründet erklärt wird, findet sofortige Beschwerde statt.

Gesetzesgeschichte: aufgehoben RGBl. 1943 I, 7; wieder eingefügt BGBl. 1950 I, 455.

Stichwortverzeichnis: → vor § 41 vor Rdnr. 1.

I. Verfahren

1   Das Verfahren über das Ablehnungsgesuch bestimmt sich nach den Grundsätzen über die sog. **fakultative mündliche Verhandlung** (→ § 128 Rdnr. 39 ff.). Das Gericht ist sowohl bei Ausschließungsgründen wie auch bei einer Ablehnung wegen Befangenheit zur Amtsermittlung (→ Rdnr. 86 ff. vor § 128) berechtigt und verpflichtet[1]. Wegen einer Ergänzung des Gesuchs durch die Partei → § 44 Rdnr. 3. Auch dem Gegner des Antragstellers ist rechtliches Gehör zu gewähren, da es auch um seinen gesetzlichen Richter geht[2]. Im Fall einer mündlichen Verhandlung ist ein **Beschluß** zu verkünden (§ 329 Abs. 1). Anderenfalls ist er den Parteien von Amts wegen mitzuteilen (§ 329 Abs. 2); nur der das Gesuch ablehnende Beschluß ist dem Antragsteller förmlich zuzustellen (§ 329 Abs. 3). In jedem Fall ist diese Entscheidung, auch wenn sie das Gesuch für begründet erklärt, zu begründen (→ auch § 45 Rdnr. 3). Zur Frage einer Erledigung des Gesuchs durch freiwilliges Ausscheiden → § 45 Rdnr. 3, 4.

II. Die Entscheidung und ihre Anfechtung

2   **1.** Der Beschluß, der das Gesuch für **begründet** erklärt, ist **unanfechtbar**, auch wenn er auf Beschwerde ergeht (→ § 568 Rdnr. 3)[3].

2a   **2.** Dagegen unterliegt der Beschluß, durch den das Gesuch als **unbegründet** zurückgewiesen wird, der **sofortigen Beschwerde** (§ 577), auch wenn das Landgericht im Berufungs- oder Beschwerdeverfahren entschieden hat (§ 567 Abs. 3). Entscheidungen der Oberlandesgerichte sind aber auch hier durch § 567 Abs. 4 der Anfechtung entzogen (→ § 567 Rdnr. 2)[4]. Für die

---

[1] *OLG Frankfurt* OLGZ 1980, 109 f.
[2] *OLG Nürnberg* MDR 1983, 846; *OLG Frankfurt* MDR 1979, 940= OLGZ 468; *Zöller/Vollkommer*[17] Rdnr. 3. – S. auch § 44 Rdnr. 2 a. E.
[3] Ausnahmsweise ist aber auch hier die sofortige Beschwerde gegeben, wenn der Grundsatz des rechtlichen Gehörs nicht ausreichend beachtet und der Betroffene dadurch erheblich in seinen Rechten eingeschränkt wur-

de, *OLG Frankfurt* MDR 1984, 323; 1979, 940; zust. *Deubner* NJW 1980, 267 Fn. 34; *Seetzen* NJW 1982, 2341; *Zöller/Vollkommer*[17] Rdnr. 13.
[4] *BGHZ* 95, 306; 85, 148; NJW 1992, 984; NVwZ-RR 1991, 167 (auch in Baulandsachen); NJW-RR 1987, 191 = MDR 130; NJW 1964, 658 = MDR 502; *BayObLG* NJW 1989, 44; *Günther* NJW 1986, 290; für den Verwaltungsprozeß auch *BVerwG* NVwZ 1991, 261; für FGG-

Entscheidung über die Ablehnung eines Familienrichters, die gem. § 45 Abs. 2 S. 1 der Familiensenat des OLG zu treffen hat, bedeutet das, daß eine Beschwerde nicht stattfindet[5]. Für die Beschwerde besteht Anwaltszwang nur nach Maßgabe des § 569 (→ § 569 Rdnr. 7 ff.)[6]. Sie hat keine aufschiebende Wirkung (§ 572)[7]. Das Gericht ist jedoch durch § 47 (→ § 47 Rdnr. 1) gehindert, nach Zurückweisung des Ablehnungsgesuchs sofort in der Verhandlung fortzufahren. Dadurch, daß sich die Partei auf eine trotzdem fortgesetzte Verhandlung einläßt, begibt sie sich nicht der Beschwerde[8]. – Zur Rechtslage **in den neuen Bundesländern** → § 45 Rdnr. 4 c.

2b   3. Entgegen dem unsorgfältig formulierten Wortlaut des Abs. 2, 2. Hs. findet die sofortige Beschwerde auch dann statt, wenn das Gesuch als **unzulässig**, insbesondere als verspätet (§ 43)[9], zurückgewiesen wurde. Das gilt auch für die Zurückweisung *rechtsmißbräuchlicher* Gesuche[10]. Weist ein Amtsrichter ein solches Gesuch selbst durch förmlichen Beschluß als unzulässig zurück, so ist dagegen die sofortige Beschwerde zum Landgericht gegeben, das nicht etwa erstmalig über das Gesuch, sondern als Beschwerdegericht über die Entscheidung des Amtsrichters entscheidet[11]. Die Gegenansicht[12] zwingt dazu, einen förmlichen Beschluß des Amtsrichters zu ignorieren. Das ist weder vom Wortlaut des § 46 Abs. 2 geboten noch damit vereinbar, daß dem Amtsrichter die Befugnis zur eigenen Entscheidung zugebilligt wird, um einer Prozeßverschleppung vorzubeugen.

3   Erläßt das Gericht entgegen § 47 **vor Erledigung der Beschwerde** ein **Endurteil**, so soll dadurch die Beschwerde gegenstandslos werden, wenn keinerlei Entscheidungen mehr in der Instanz zu treffen sind[13]. Schon bei diesem Ausgangspunkt bleibt die Beschwerde dann zulässig, wenn gegen die mittlerweile ergangene Entscheidung ein Rechtsbehelf zulässig ist, über den in derselben Instanz zu entscheiden ist (z. B. Einspruch gegen Versäumnisurteil, Widerspruch gegen Arrest oder einstweilige Verfügung, Erinnerung nach § 766)[14].

3a   Entgegen dieser Ansicht bleibt die **Beschwerde** aber auch sonst **zulässig, solange gegen die mittlerweile ergangene Entscheidung noch ein Rechtsmittel zulässig ist**. Das Rechtsmittel kann nämlich auf den Verstoß gegen § 47 gestützt werden. Wäre die Beschwerde unzulässig, so stünde bindend (§ 512) fest, daß die Ablehnung zu Unrecht erfolgt ist. Dann könnte auch dem Verstoß gegen § 47 keine Bedeutung mehr zugemessen werden[15].

3b   Der weitergehenden Ansicht, wonach die Beschwerde aus verfassungsrechtlichen Gründen auch dann zulässig bleiben muß, wenn die instanzbeendigende Entscheidung **unanfechtbar** ist[16], kann aus den in § 44 Rdnr. 5 f. aufgezeigten Gründen ebenso wenig gefolgt werden wie der damit zusammenhängenden Auffassung, § 579 Abs. 1 Nr. 3 sei auch auf das vor rechts-

---

Verfahren *BGH* NJW-RR 1992, 383. → auch bei Fn. 19, 32.

[5] *BGH* FamRZ 1986, 1197.

[6] *RGZ* 36, 362; *KG* FamRZ 1986, 1022, 1023; MDR 1983, 60; *OLG Bamberg* BayJMBl. 1953, 156; auch bei Ablehnung des Einzelrichters, *OLG Köln* MDR 1963, 687; nicht des Amtsrichters, *OLG Hamburg* MDR 1963, 140; → auch § 569 Rdnr. 9.

[7] Zustimmend *Günther* MDR 1989, 691. Mißverständlich *Baumbach/Lauterbach/Hartmann*[50] Anm. 2 B c.

[8] *KG* NJW 1975, 1842; JW 1931, 1104 Nr. 6 (*Kisch*).

[9] S. auch *RGZ* 66, 46.

[10] → § 42 Rdnr. 12, § 45 Rdnr. 1.

[11] *OLG Koblenz* MDR 1985, 850; *KG* MDR 1983, 60; *OLG Zweibrücken* MDR 1980, 1025; *Engel* Rpfleger 1981, 85.

[12] *KG* FamRZ 1986, 1023 und 1024; 1985, 729 f.; *OLG Köln* OLGZ 1979, 470 = MDR 850; *Baumbach/Lauterbach/Hartmann*[50] Anm. 2 B c; *Zöller/Vollkommer*[17] § 45 Rdnr. 6.

[13] *RGZ* 66, 46; *OLG Frankfurt* OLGZ 1985, 377 = NJW 1986, 1000; *KG* MDR 1954, 750; *OLG Celle* NdsRpfl. 1964, 226; *OLG Nürnberg* BayJMBl. 1953, 248; 1965, 80; *MünchKommZPO/Feiber* Rdnr. 5.

[14] *OLG Frankfurt* OLGZ 1985, 377; 1979, 453.

[15] *BayObLGZ* 1986, 251 f.; FamRZ 1986, 292 f.; *OLG Hamburg* JurBüro 1992, 194; *OLG Karlsruhe* OLGZ 1978, 225; *OLG Düsseldorf* MDR 1956, 234; *Baumbach/Lauterbach/Hartmann*[50] Anm. 2 B d; *Günther* MDR 1989, 694 ff.; insoweit übereinstimmen (→ aber die folgende Fn.) auch *E. Schneider* MDR 1983, 188; *Wieczorek*[2] Anm. B II d; *Zöller/Vollkommer*[17] § 47 Rdnr. 6; offen *OLG Schleswig* SchlHA 1956, 292. → auch § 47 Rdnr. 5.

[16] *KG* MDR 1988, 237; *OLG Braunschweig* NJW 1976, 2024; *Kahlke* ZZP 95 (1982), 301; *Kollnig* NJW 1967, 2046; *E. Schneider* MDR 1983, 188; *Zöller/Vollkommer*[17] § 46 Rdnr. 18, § 47 Rdnr. 6.

kräftiger Erledigung des Ablehnungsgesuchs ergangene Urteil anwendbar[17] (→ auch § 47 Rdnr. 5).

4   Wird die Entscheidung über das Ablehnungsgesuch **rechtskräftig**, so ist sie für das weitere Verfahren bindend (§§ 512, 548, 551 Nr. 3, 579 Abs. 1 Nr. 3). Es kann also weder dasselbe Gesuch

wirksam wiederholt[18] noch ein Rechtsmittel[19] oder die Nichtigkeitsklage auf den verworfenen Ablehnungsgrund gestützt werden. Ein **neues Ablehnungsgesuch** kann aber in derselben Instanz auf noch nicht vorgetragene Tatsachen oder auf neue Beweismittel gestützt werden[20], soweit nicht § 43 entgegensteht (→ § 43 Rdnr. 1). Eine weitergehende Bindungswirkung erscheint angesichts der Beschränkung des Antragstellers auf präsente Beweismittel (→ § 44 Rdnr. 3) nicht angemessen, zumal der Antragsteller mit seinem ersten Gesuch wegen § 43 auch nicht zuwarten kann, bis er über bessere Beweismittel verfügt.

III. Kosten

5   1. Durch die **Entscheidung über das Gesuch** entstehen keine zusätzlichen Gerichtskosten und grundsätzlich auch keine zusätzlichen Anwaltsgebühren (§ 37 Nr. 3 BRAGO), es sei denn, der Anwalt wird nur mit dem Ablehnungsverfahren betraut (§ 56 BRAGO). Insofern ist die Frage nach der Kostenlast eher theoretischer Natur. Bei ihrer Beantwortung ist zu unterscheiden: Wird dem *Gesuch stattgegeben*, so ergeht keine Kostenentscheidung. (Etwaige) Kosten sind vielmehr solche des Rechtsstreits und daher gem. § 91 von der in der Hauptsache unterliegenden Partei zu tragen. Wird hingegen das *Gesuch zurückgewiesen*, so sind in entsprechender Anwendung des § 97 die Kosten dem Antragsteller aufzuerlegen[21], so daß er sie auch dann zu tragen hat, wenn er in der Hauptsache obsiegt.

5a   2. Durch die **Entscheidung über die Beschwerde** entsteht gem. Nr. 1181 KV zum GKG eine zusätzliche Gerichtsgebühr, wenn die Beschwerde erfolglos bleibt, in jedem Fall aber eine halbe zusätzliche Anwaltsgebühr nach § 61 Abs. 1 Nr. 1 BRAGO[22]. Für die Verteilung dieser Kosten ist wieder zu unterscheiden: Bei einer *erfolgreichen Beschwerde* ergeht wiederum keine Kostenentscheidung. Vielmehr sind die Kosten als solche des Rechtsstreits gem. § 91 von der in der Hauptsache unterliegenden Partei zu tragen[23]. Bei einer *erfolglosen Beschwerde* sind die Kosten gem. § 97 dem Beschwerdeführer aufzuerlegen[24]. Die Gegenansicht, die eine Erstattung der außergerichtlichen Kosten unabhängig vom Ausgang des Beschwerdeverfahrens ablehnt, weil es sich nicht um ein zwingend kontradiktorisches Verfahren handele und die andere Partei formell nicht beteiligt sei[25], trägt dem Umstand nicht genügend Rechnung, daß der anderen Partei rechtliches Gehör gewährt werden *muß*, weil es auch um ihren gesetzlichen Richter geht (→ Rdnr. 1)[26]. Auch die Gegenansicht bejaht allerdings die

[17] So aber *KG* MDR 1988, 237; *OLG Braunschweig* NJW 1976, 2025; *BFHE* (GrS) 134, 531; *Kahlke* ZZP 95 (1982), 299 ff.; *Kollnig* NJW 1967, 2046; *E. Schneider* MDR 1983, 188; *Wieczorek*[2] Anm. B II d; *Zöller/Vollkommer*[17] § 47 Rdnr. 6.

[18] *KG* FamRZ 1986, 1022, 1023; *RGSt* 11, 225; *E. Schumann* JZ 1973, 485; → § 42 Rdnr. 12, § 45 Rdnr. 1.

[19] S. *BGH* (Fn. 4) und schon *RG* HRR 1933 Nr. 1697 sowie (auch zur Verfassungsbeschwerde) unten Fn. 32.

[20] So (zum Strafprozeß) *RGSt* 24, 14; *BGHSt* 21, 87; 21, 353; *Hanack* JR 1967, 230. – S. zu dieser Problematik *E. Schumann* JZ 1973, 485.

[21] Zust. *OLG Nürnberg* MDR 1980, 1026. – A. M. *Zöller/Vollkommer*[17] Rdnr. 8.

[22] Für den Anwalt des Gegners aber nur, wenn er auch

im Beschwerdeverfahren tätig geworden ist; vgl. dazu *SchlHOLG* SchlHA 1989, 131.

[23] *OLG Frankfurt* NJW-RR 1986, 740; MDR 1981, 1024; *OLG Stuttgart* AnwBl. 1979, 22; *VGH Kassel* NJW 1983, 902. Offen *OLG Frankfurt* MDR 1984, 409.

[24] *OLG Koblenz* MDR 1992, 310; *Baumbach/Lauterbach/Hartmann*[50] Anm. 2 D; *Zöller/Vollkommer*[17] Rdnr. 20.

[25] *BayObLG* DWW 1984, 22 (L); *OLG Celle* Rpfleger 1983, 173; *OLG Düsseldorf* Rpfleger 1975, 257; *OLG Frankfurt* NJW-RR 1992, 510; *OLG München* AnwBl. 1987, 288; einschränkend *OLG Hamm* JurBüro 1979, 117; MDR 1975, 235; krit. *E. Schneider* JurBüro 1977, 1183.

[26] Zutr. *OLG Nürnberg* MDR 1980, 1026.

Bindungswirkung einer einmal ergangenen Kostengrundentscheidung im Kostenfestsetzungsverfahren[27].

Der **Streitwert** entspricht, auch im Beschwerdeverfahren, dem Streitwert der Hauptsache[28].   **5b**

IV. Arbeitsgerichtliches Verfahren

Hier ist zu beachten, daß nach der Entscheidung über ein Ablehnungsgesuch die nächste Verhandlung **6** des Rechtsstreits mit der **alten Besetzung** der Richterbank stattzufinden hat – nur unter Auswechselung des abgelehnten Vorsitzenden oder Beisitzers, falls das Gesuch begründet war. Die Beisitzer sind hier ausnahmsweise nicht nach der Liste auszuwählen[29].

Ferner ist hier in erster und zweiter Instanz nach § 49 Abs. 3 bzw. § 64 Abs. 7 mit § 49 Abs. 3 ArbGG im **7** Interesse der Beschleunigung des Verfahrens der über die Ablehnung ergehende **Beschluß nicht anfechtbar**[30], gleich, ob dem Gesuch stattgegeben oder ob es als unbegründet oder unzulässig[31] abgewiesen wird. Nach §§ 512, 548 kann die Entscheidung auch nicht mit den Rechtsmitteln gegen das Endurteil angefochten werden[32]. Wenn dagegen über die Ablehnung unzulässigerweise der Vorsitzende allein entschieden hatte oder überhaupt nicht entschieden worden war[33], so war mangels ordnungsmäßiger Beschlußfassung[34] über das Ablehnungsgesuch das erkennende Gericht nicht vorschriftsmäßig besetzt (§ 551 Nr. 1). Sofern das Urteil einem Rechtsmittel nicht unterliegt, ist in einem derartigen Fall die Nichtigkeitsklage nach § 579 Abs. 1 Nr. 1 und § 79 ArbGG gegeben.

V. Patentsachen

In Patentverfahren ist zu beachten, daß § 86 Abs. 1 PatG nicht auf § 46 Abs. 2 verweist. Gegen **8** Entscheidungen des Bundespatentgerichts über die Ausschließung und Ablehnung von Richtern gibt es daher keine Anfechtungsmöglichkeit[35].

§ 47   [Vornahme unaufschiebbarer Handlungen]

Ein abgelehnter Richter hat vor Erledigung des Ablehnungsgesuchs nur solche Handlungen vorzunehmen, die keinen Aufschub gestatten.

Stichwortverzeichnis: → vor § 41 vor Rdnr. 1.

---

[27] *OLG Düsseldorf* MDR 1985, 589 f.

[28] *BGH* NJW 1968, 796; *BayObLG* NJW 1989, 44; *OLG Düsseldorf* ZIP 1982, 225. – Nach a. A. ist nur ein niedrigerer Bruchteil anzusetzen; vgl. *OLG Koblenz* MDR 1989, 71; *OLG Nürnberg* MDR 1983, 846; *OLG Bamberg* MDR 1982, 589; *OLG Köln* Rpfleger 1976, 226. → *Roth* § 3 Rdnr. 13.

[29] S. *BAG* AP § 45 ZPO Nr. 1 (*Pohle*).

[30] Krit. *Berglar* ZRP 1984, 8.

[31] *LAG Rheinland-Pfalz* EzA § 49 ArbGG Nr. 2 (abl. *Vollkommer*); *Germelmann/Matthes/Prütting* ArbGG § 49 Rdnr. 47. – A. M. *Baumbach/Lauterbach/Hart-*

mann[50] Anm. 2 B a; *Zöller/Vollkommer*[17] Rdnr. 22. Diese Gegenansicht beruft sich zu Unrecht auf Art. 101 Abs. 1 S. 2 GG; vgl. § 44 Rdnr. 5 und oben Rdnr. 2 b.

[32] *RAG* ArbRspr. 30, 107, 231. – Zur Zulässigkeit einer Verfassungsbeschwerde *BVerfGE* 24, 56.

[33] *BAG* AP § 45 ZPO Nr. 1 (*Pohle*).

[34] Vgl. auch *RAG* ArbRspr. 30, 107, 231, das die Ordnungsmäßigkeit nachprüft. S. ferner BAG AP § 49 ArbGG Nr. 2 (*Pohle*).

[35] *BGHZ* 110, 26 = NJW 1990, 3150; 95, 305 = NJW 1986, 2702.

I. Die Erledigung

1   § 47 regelt das **Verhalten des abgelehnten Richters** für die Zeit von der Anbringung des Ablehnungsgesuchs bis zu dessen Erledigung, d.h. bis zum **Ausscheiden** des Amtsrichters nach § 45 Abs. 2 Satz 2 oder bis zur **rechtskräftigen Entscheidung** über das Gesuch. Dafür, daß eine *erstmalige*, nicht rechtskräftige Entscheidung als Erledigung i. S. des § 47 genügen sollte, bietet das Gesetz keinen Anhalt. Insbesondere wäre ein Schluß aus dem Schweigen des Gesetzes im Gegensatz zu § 71 Abs. 3 nicht angebracht, und ob ein Rechtsmittel aufschiebende Wirkung hat, berührt die Frage einer Verletzung des § 47 nicht[1]. Ist daher das Ablehnungsgesuch zurückgewiesen und dagegen Beschwerde eingelegt (→ § 46 Rdnr. 2), so gilt bis zur rechtskräftigen Erledigung im Beschwerdeweg § 47[2]. Noch weniger geht es an, bei *unzulässigen* oder *unbegründeten* Ablehnungsgesuchen, auch wenn die Mängel klar sind oder jede Begründung fehlt, § 47 nicht anzuwenden. Nur wenn besondere Gründe einen *Mißbrauch* ergeben (→ § 42 Rdnr. 12) oder eine Begründung des Gesuchs zunächst nicht erfolgt, sondern vorbehalten bleibt (d.h. ein Gesuch angebracht wird, über das noch nicht entschieden werden soll), darf der Richter uneingeschränkt seine Tätigkeit fortsetzen[3].

II. Die zulässigen Handlungen

2   Im Regelfall hat sich der abgelehnte Richter (natürlich nur in diesem, nicht in Parallelverfahren[4]) grundsätzlich aller weiteren Prozeßhandlungen zu enthalten. Nur wenn sie **keinen Aufschub** gestatten, darf und muß er tätig werden. Diese Ausnahme soll einer Schädigung des Gegners durch unbegründete Ablehnungsgesuche vorbeugen[5], ist aber ebenso im Interesse der ablehnenden Partei zu beachten. Der abgelehnte Richter bzw. das Gericht, dem er angehört, hat sonach ohne Rücksicht auf den Grund (→ jedoch Rdnr. 4) und den voraussichtlichen Erfolg des Gesuchs zu ermessen, ob *Gefahr im Verzug* vorliegt. Das ist der Fall, wenn einer Partei durch die Untätigkeit wesentliche Nachteile entstehen können[6], z.B. bei Beweisaufnahmen[7], Arrest oder einstweiliger Verfügung[8], aber auch beim Erlaß von Ordnungsstrafen[9] sowie selbstverständlich bei solchen Maßnahmen, die auf das Gebot des § 47 reagieren, wie etwa eine Terminsaufhebung[10]. Beschließt der Richter, die Handlung vorzunehmen, so findet dagegen eine Beschwerde nicht statt[11]. Der Erlaß einer die Instanz beendenden Entscheidung fällt niemals unter § 47[12] (→ auch unten Rdnr. 5). Daher kann zwar die Durch-

---

[1] Ebenso *RG* JW 1902, 249; *BayObLGZ* 1986, 251; MDR 1988, 500; *KG* MDR 1988, 237; *OLG Karlsruhe* OLGZ 1978, 225; *OLG Hamburg* MDR 1965, 141; *BFHE* 105, 337; 114, 16; *Teplitzky* MDR 1970, 106; *Baumbach/Lauterbach/Hartmann*[50] Anm. 1 A; *Zöller/Vollkommer*[17] Rdnr. 1. – A. M. *RGZ* 66, 47; *OLG Frankfurt* WM 1992, 1089; MDR 1992, 409; *KG* MDR 1954, 750; *OLG Celle* NdsRpfl. 1966, 226; *KG* JR 1968, 28 (zu § 29 StPO); *OVG Münster* NJW 1990, 1749; *MünchKomm ZPO/Feiber* Rdnr. 4.

[2] *BayObLG* MDR 1988, 500; *OLG Karlsruhe* OLGZ 1978, 225. – A. M. *OVG Münster* NJW 1990, 1749 und (wegen der Besonderheiten des finanzgerichtlichen Verfahrens) *BFH* DB 1982, 836; 1978, 1260.

[3] *OLG Köln* MDR 1964, 423 (dazu *Teplitzky*, der schon das Fehlen der Begründung genügen lassen will). – Vgl. aber auch *BVerfG* NJW 1991, 2758: Wartepflicht, wenn die Partei die Namen der Richter erfragt (→ § 44 Rdnr. 1a) und ein von der Person der Richter abhängiges Ablehnungsgesuch ankündigt.

[4] *BayObLG* Rpfleger 1980, 194.

[5] *Hahn/Stegemann* Materialien zur CPO[2] 165.

[6] *BPatG* GRUR 1985, 373; *Weber* Rpfleger 1983, 491.

[7] *LG Konstanz* Rpfleger 1983, 491.

[8] *LG Konstanz* Rpfleger 1983, 491.

[9] Dazu *LSG Essen* NJW 1973, 2224; *OLG Hamburg* HGZ 46, 82.

[10] *BPatG* GRUR 1985, 373; *LG Kiel* Rpfleger 1988, 545 (*Wabnitz*). Vgl. auch *BVerfG* MDR 1981, 470.

[11] *RG* SeuffArch. 46 (1891), 352.

[12] *BayObLG* MDR 1988, 500; vgl. auch *OLG Hamburg* NJW 1992, 1463. Anders *Baumbach/Lauterbach/Hartmann*[50] Anm. 1 B b und *Thomas/Putzo*[17] Anm. 1a für besonders eilbedürftige Endentscheidungen; ähnlich (aber im Ergebnis offen) *BVerfG* ZIP 1988 175 = KTS 311 und *OLG Köln* ZIP 1988, 111 (Entscheidung über die Vergütung des Konkursverwalters im Interesse alsbaldiger Schlußverteilung an die Gläubiger; bedenklich).

führung eines Zwangsversteigerungstermins, nicht aber die Erteilung des Zuschlags von § 47 gedeckt sein[13]. Ist das Ablehnungsgesuch ersichtlich nicht ernst gemeint oder nur zur Verschleppung bestimmt (→ § 42 Rdnr. 12, § 45 Rdnr. 1), so ist der Richter in seiner Tätigkeit, auch am Erlaß eines Urteils, nicht behindert[14].

III. Spätere Wirkung der zulässigen Handlungen

Über die Wirkung der nach § 47 vorgenommenen Handlungen enthält das Gesetz keine   3
Vorschrift. Insbesondere folgt aus § 47 selbst nicht, daß die Handlungen schlechthin gültig sein sollen, weil dadurch die Wirksamkeit des Ablehnungsgesuchs, vom Endurteil abgesehen, ganz in die Hand des Abgelehnten gelegt wäre. Dies würde dem Gedanken des § 45 widersprechen.

1. Stützt sich das Ablehnungsgesuch auf einen **Ausschließungsgrund** und wird es für   4
begründet befunden, so ist die Mitwirkung des kraft Gesetzes ausgeschlossenen Richters nach Maßgabe des zu § 41 Rdnr. 3–5 Ausgeführten ein Verfahrensmangel, ohne Unterschied, ob ein Ablehnungsgesuch vorangegangen war oder nicht und ob der Richter sich selbst für ausgeschlossen hält. In diesem Fall hat also § 47 keine Bedeutung. Auch die unaufschiebbaren Handlungen des Richters werden von dem Mangel betroffen (§§ 551 Nr. 3, 579 Abs. 1 Nr. 3). Es ist daher nur angemessen, wenn der Richter sich ihrer in jedem nicht ganz zweifelsfreien Fall enthält.

2. Wird der Richter wegen **Besorgnis der Befangenheit** abgelehnt, so bleibt die nach § 47   5
zulässigerweise vorgenommene unaufschiebbare Handlung auch dann in Kraft, wenn später das Gesuch, sei es nach § 45 oder auf Beschwerde, für **begründet** erklärt wird. Denn die Durchsetzung des Gesuchs hat keine rückwirkende Kraft in bezug auf die vor seiner Erledigung vorgenommenen Handlungen. §§ 551 Nr. 3, 579 Abs. 1 Nr. 3 betreffen nur den Fall einer Mitwirkung, nachdem das Ablehnungsgesuch für begründet erklärt war[15]. Hat dagegen der Richter trotz eines Ablehnungsgesuchs unter Verletzung des § 47 Handlungen vorgenommen, insbesondere das Endurteil erlassen, so kann dieses durch Rechtsmittel angefochten werden. Das Berufungsgericht kann dann die Sache nach § 539 zurückverweisen. Für die Revision gilt nicht § 551 Nr. 3, wohl aber § 549, wobei die Möglichkeit genügt, daß das Urteil auf dem Mangel beruht[16] (→ § 549 Rdnr. 74). Die Nichtigkeitsklage nach § 579 Abs. 1 Nr. 3 ist hier nicht gegeben (→ § 44 Rdnr. 5 f., § 46 Rdnr. 3 ff.).

3. Wird dagegen nachträglich die **Ablehnung** (Rdnr. 4 u. 5) für **unbegründet** erklärt, so sind   6
die nach § 47 vorgenommenen Handlungen voll wirksam, auch wenn sie nicht unaufschiebbar waren, weil die im Zeitpunkt ihrer Vornahme möglicherweise vorliegende Gesetzesverletzung der Partei nicht mehr zur Beschwer gereicht[17].

---

[13] *OLG Celle* NJW-RR 1989, 569; *LG Aachen* Rpfleger 1986, 59; grds. auch *BayVerfGH* NJW 1982, 1746; *LG Kiel* Rpfleger 1988, 545 (*Wabnitz*). – A. M. *LG Konstanz* Rpfleger 1983, 491 (abl. *Weber*).
[14] *LG Kiel* Rpfleger 1988, 545 (*Wabnitz*).
[15] Ebenso *RGZ* 66, 47; *RAG* JW 1934, 1204.

[16] *BayObLGZ* 1980, 312.
[17] *BVerfG* ZIP 1988, 175; *BayVerfGH* NJW 1982, 1746; *BayObLGZ* 1986, 252; *OLG Frankfurt* WM 1992, 1089; MDR 1992, 409; *OLG Karlsruhe* OLGZ 1978, 225; *KG* OLGZ 1978, 106 = MDR 1977, 673; *LG Kiel* Rpfleger 1988, 545; *RG* JW 1902, 249.

§ 48   [Selbstablehnung, Zweifel über Ausschließung]

(1) Das für die Erledigung eines Ablehnungsgesuchs zuständige Gericht hat auch dann zu entscheiden, wenn ein solches Gesuch nicht angebracht ist, ein Richter aber von einem Verhältnis Anzeige macht, das seine Ablehnung rechtfertigen könnte, oder wenn aus anderer Veranlassung Zweifel darüber entstehen, ob ein Richter kraft Gesetzes ausgeschlossen sei.

(2) Die Entscheidung ergeht ohne Gehör der Parteien.

Gesetzesgeschichte: aufgehoben RGBl. 1943 I, 7; wieder eingefügt BGBl. 1950 I, 455.

Stichwortverzeichnis: → vor § 41 vor Rdnr. 1.

I. Die Selbstablehnung

1   Die in § 48 getroffene Regelung, die auch in der Freiwilligen Gerichtsbarkeit Anwendung findet[1], soll dem ausgeschlossenen oder befangenen Richter das Ausscheiden auch ohne Ablehnungsgesuch der Parteien ermöglichen; man spricht hier von Selbstablehnung.

2   1. Ist ein Richter kraft Gesetzes **ausgeschlossen**, so scheidet er, wenn über das Zutreffen des Ausschließungsgrundes kein Zweifel besteht, ohne weiteres aus dem Verfahren aus (→ § 41 Rdnr. 2). Einer Entscheidung bedarf es dagegen, wenn Zweifel über die Ausschließung bestehen, sei es, daß der Richter selbst solche Zweifel vorträgt, wozu er im Interesse der Vermeidung fehlerhaften Verfahrens verpflichtet ist, sei es, daß ein anderer Richter oder eine Partei sie zur Sprache bringt.

3   2. Bei Vorliegen eines Grundes, der die **Besorgnis der Befangenheit** begründet, kann der Richter nicht von sich aus, auch nicht mit Zustimmung der übrigen Mitglieder des Kollegiums, ausscheiden und sein Stellvertreter eintreten. Das gilt auch für den Amtsrichter. Er kann die Sache nicht von sich aus mit der Begründung, er halte sich für befangen, an einen anderen Richter abgeben, selbst wenn dieser zur Übernahme bereit wäre. § 45 Abs. 2 Satz 2 gilt hier nicht[2]. Ein anderes Verfahren erscheint mit dem Verbot der Entziehung des gesetzlichen Richters (näher → Einl. Rdnr. 480 ff.) und den Grundsätzen der Geschäftsverteilung nicht vereinbar[3]. Auch der Amtsrichter hat aber die Möglichkeit der Selbstablehnung, indem er von einem die Besorgnis begründenden Verhältnis, d. h. von den sie begründenden Rechtsverhältnissen oder Tatsachen, Anzeige macht. Ohne eine solche Anzeige (bzw. ohne ein Gesuch i. S. v. § 44) kann das Gericht etwaigen Zweifeln aber nicht nachgehen[4]. Ob die Partei das Ablehnungsrecht noch hat, ist unerheblich. Es kommt nur darauf an, daß der Richter (mag er sich selbst für befangen halten oder nicht) Grund zu der Annahme hat, ein Ablehnungsgesuch könnte *nach den in § 42 Rdnr. 2 dargelegten Maßstäben* begründet sein[5]. Eine Amtspflicht des Richters, ihm bekannte und für begründet gehaltene Ausschließungs- oder Ablehnungs-

---

[1] *BayObLG* MDR 1980, 64 = Rpfleger 1979, 423; *OLG Bremen* FamRZ 1976, 111.
[2] Ebenso *Baumbach/Lauterbach/Hartmann*[50] Anm. 1.
[3] *BayObLG* WuM 1989, 45 f.

[4] *BVerfGE* 46, 34, 38.
[5] Vgl. *BVerfGE* 20, 26, 29 f.; *LG Frankfurt* MDR 1988 150 (insoweit abl. *E. Schneider*); *Riedel* (vor § 41 Fn. 1), 205.

gründe anzuzeigen, ist zu bejahen[6]. Eine prozessuale Pflicht im Verhältnis zu den Parteien ist dies aber nicht, und daher ist die Unterlassung der Selbstablehnung kein Verfahrensmangel, auf den ein Rechtsmittel gestützt werden könnte[7].

II. Die Entscheidung über die Selbstablehnung; Abs. 2

Diese erfolgt in beiden Fällen durch das nach § 45 zuständige Gericht, das den Richter nach **4** § 44 Abs. 3 zur dienstlichen Äußerung veranlassen kann, soweit diese nicht der Anzeige bereits beigefügt ist. Nach der Vorstellung des Gesetzgebers handelt es sich dabei um eine innere Angelegenheit des Gerichts, zu der die Parteien gemäß Abs. 2 nicht gehört werden. Diese Regelung ist indessen im Hinblick auf Art. 103 Abs. 1 GG **verfassungsrechtlich bedenklich**, da es bei der Selbstablehnung wie bei einem Ablehnungsgesuch einer Partei um den gesetzlichen Richter für die Parteien geht und deshalb auch demjenigen Gehör gewährt werden muß, der die Frage nicht aufgeworfen hat, aber gleichwohl von der Entscheidung betroffen ist[8] (→ schon § 46 Rdnr. 1). Das muß jedenfalls dann gelten, wenn die Selbstablehnung erst im Laufe des Verfahrens erfolgt. In diesem Fall ist die Entscheidung den Parteien auch mitzuteilen. Eine Anfechtungsmöglichkeit ist indessen von Verfassungs wegen nicht geboten. Eine Beschwerde steht daher nach § 567 Abs. 1 weder dem Richter noch den Parteien zu[9]. Das gilt um so mehr, als die Entscheidung über die Selbstablehnung weder einem Ablehnungsgesuch der Parteien entgegensteht noch der späteren Revision oder Nichtigkeitsklage, da diese Rechtsbehelfe nach §§ 551 Nr. 2, 579 Abs. 1 und 2 nur ausgeschlossen werden, wenn das Hindernis durch Ablehnungsgesuch oder Rechtsmittel geltend gemacht war.

III. Mitwirkung des Richters

Der Richter scheidet aus dem Verfahren erst aus, wenn seine Selbstablehnung für begrün- **5** det erklärt worden ist[10]. Bis dahin ist aber die Bestimmung des § 47 entsprechend anzuwenden.

§ 49   [Ausschließung und Ablehnung des Urkundsbeamten]

Die Vorschriften dieses Titels sind auf den Urkundsbeamten der Geschäftsstelle entsprechend anzuwenden; die Entscheidung ergeht durch das Gericht, bei dem er angestellt ist.

Gesetzesgeschichte: Änderungen RGBl. 1927 I, 175, 334; 1943 I, 7; BGBl. 1950 I, 455.

Stichwortverzeichnis: → vor § 41 vor Rdnr. 1.

---

[6] *Baumbach/Lauterbach/Hartmann*[50] Anm. 1; *Riedel* (vor § 41 Fn. 1), 202 ff.; *Thomas/Putzo*[17] Anm. 1 a; *Wieczorek*[2] Anm. B I.
[7] *BGH* LM § 302 Nr. 4 = ZZP 67 (1954), 302; *BAG* RdA 1964, 293 (L).
[8] A. M. *BGH* NJW 1970, 1644; *MünchKommZPO/ Feiber* Rdnr. 3; *Voraufl.*; s. auch *LG Oldenburg* MDR 1972, 615 (kein Recht der Partei zur Einsichtnahme in die Begründung der Selbstablehnung; → auch § 299 Rdnr. 5). – Für Gewährung rechtlichen Gehörs *LG Regensburg*

FamRZ 1979, 525 (zust. *E. Schneider* JurBüro 1444); *AK/ Wassermann* Rdnr. 3, 4; *Arzt* JR 1975, 75 (zum Strafprozeß); *Jauernig* ZPR[23] § 14 II; *Metzner* ZZP 97 (1984), 196 ff.; *E. Schneider* JR 1977, 270. → auch vor § 128 Rdnr. 21.
[9] *OLG Köln* OLGRspr. 35 (1917), 31; *OLG Celle* NdsRpfl. 1966, 118; *OLG Bremen* FamRZ 1976, 112; *RGSt* 30, 123. – A. M. *Teplitzky* JuS 1969, 325 Fn. 109; *Wieczorek*[2] Anm. B IV b 1.
[10] *BVerfGE* 46, 34, 39; *Riedel* (vor § 41 Fn. 1), 202.

I. Ausschließung und Ablehnung des Urkundsbeamten der Geschäftsstelle

1   Die dienstlichen Vorbedingungen zu schaffen, denen die für die Geschäftsstelle des Gerichts verantwortlich zeichnenden Beamten, die sog. *Urkundsbeamten*, zu genügen haben, ist Sache der Justizverwaltung, vgl. § 153 GVG. § 49 gilt für jeden (auch z. B. einen Referendar), der als Urkundsbeamter tätig wird. Große praktische Bedeutung hat die Vorschrift nicht[1]. Für den *Rechtspfleger* gelten §§ 41−48 nicht über § 49, sondern über § 10 RPflegerG (→ Anh. zu § 576 Rdnr. 4).

2   1. Hinsichtlich der **Ausschließung** und **Ablehnung** gelten die §§ 41−48 entsprechend. § 41 Nr. 6 kommt dabei nur dann zur Anwendung, wenn der Urkundsbeamte der Geschäftsstelle in der früheren Instanz in einer entscheidenden Funktion, z. B. als Rechtspfleger im Kostenfestsetzungsverfahren (§ 104), tätig geworden ist. Die sonstige Tätigkeit als Urkundsbeamter ist keine Mitwirkung beim Erlaß einer Entscheidung. Demgemäß sind in diesem Fall auch die § 551 Nr. 2, 3, § 579 Abs. 1 Nr. 2, 3 nicht entsprechend anwendbar. Hat der Urkundsbeamte selbst Entscheidungen getroffen (z. B. über die Erteilung der Vollstreckungsklausel, §§ 724ff.), so finden dagegen die gewöhnlichen Rechtsbehelfe statt. Im übrigen kann wegen der Mitwirkung des Urkundsbeamten nur die darauf ergangene Entscheidung des Gerichts angefochten werden (→ § 41 Rdnr. 4).

3   2. Die Ablehnung des Urkundsbeamten wegen Besorgnis der Befangenheit wird, soweit er selbst entscheidet, in direkter Anwendung des § 43 durch die Antragstellung ohne Ablehnungsgesuch **ausgeschlossen**. Sonst gilt § 43 sinngemäß, wenn die Partei vor dem Urkundsbeamten in seiner amtlichen Eigenschaft handelt, ohne ein Ablehnungsgesuch zu stellen.

4   3. Das **Ablehnungsgesuch** kann von der Partei auch vor dem Urkundsbeamten zu Protokoll erklärt werden. Die **Entscheidung** erfolgt durch das Gericht, bei dem er angestellt ist, während des Verfahrens vor dem Einzelrichter durch diesen. Sie ist nicht erforderlich, wenn das Gericht auf dienstlichem Weg den Eintritt eines Stellvertreters verfügt. Selbstablehnung nach § 48 ist zulässig.

II. Gerichtsvollzieher

5   Er ist in gewissen Fällen, die dem § 41 Nr. 1−3 entsprechen, kraft Gesetzes ausgeschlossen (§ 155 GVG). Eine Ablehnung analog § 42 wegen Besorgnis der Befangenheit ist nicht vorgesehen[2]. Seine Ersetzung durch einen Stellvertreter hat die Justizverwaltung zu ordnen (§ 154 GVG). Im übrigen → Rdnr. 31ff. vor § 166.

III. Andere Fälle

6   Wegen anderer Amtsträger → vor § 41 Rdnr. 5ff.

---

[1] Vgl. *Schultz* MDR 1980, 109.   [2] *LG Coburg* DGVZ 1990, 89.

Parteien

Stichwortverzeichnis zu Parteifähigkeit und Prozeßführungsbefugnis

Vorbemerkungen vor § 50

I. Der Begriff der Partei[1]

1. Bedeutung der Parteistellung

Der Prozeß wird durch die Initiative einer Partei ausgelöst, im Interesse der Parteien   **1** geführt und entschieden. Sein Ablauf wird weitgehend von den Parteien beherrscht, denen auch das Ergebnis des Prozesses in erster Linie nützt oder schadet. Zahlreiche Prozeßvor-

---

[1] **Lit.:** a) **Zum Parteibegriff:** *Baumgärtel* Die Kriterien zur Abgrenzung von Parteiberichtigung und Parteiwechsel, Festschr. f. Schnorr v. Carolsfeld, 1972, 19; *de Boor* Zur Lehre vom Parteiwechsel und vom Parteibegriff, 1941; *Hein* Identität der Partei, 1918/1925; *Hellwig* Anspruch und Klagerecht, 1924; *Henckel* Parteibegriff und Rechtskrafterstreckung, ZZP 70 (1957), 448; *ders.* Parteilehre und Streitgegenstand im Zivilprozeß, 1961; *Hofmann* Namens- und Personenverwechslungen im Prozeß, JR 1930, 142; *Kisch* Parteiänderung im Zivilprozeß, 1912; *ders.* Das Reichsgericht und der Parteibegriff, RG-Festgabe 1929, Bd. 6, 15; *Kohler* Gesammelte Beiträge zum Zivilprozeß, 1894; *Nagler* Der Parteibegriff im Zivil- und Strafverfahren, Rechtsgang 1 (1913), 56; *Petersen* Über den Parteibegriff und die Parteifähigkeit, ZZP 18 (1893), 1; *Sauer* Allgemeine Prozeßrechtslehre, 1951; *ders.,* Grundlagen des Prozeßrechts, 1929; *Stegemann* Die Parteien im Prozeß, ZZP 17 (1892), 326.

b) **Zur Prozeßführungsbefugnis:** *Beinert* Die Prozeßstandschaft im schweizerischen Recht, Basel 1963; *Berg* Die Prozeßführungsbefugnis im Zivilprozeß, JuS 1966, 461; *Berger* Die subjektiven Grenzen der Rechtskraft bei der Prozeßstandschaft (1992); *Boecken/Krause* Globalzession und gewillkürte Prozeßstandschaft bei nachfolgender Vermögenslosigkeit des Sicherungsgebers, NJW 1987, 420; *Bötticher* Erbe und Gemeinschuldner als gewillkürte Prozeßstandschafter des Nachlaß- und des Konkursverwalters, JZ 1963, 582; *Borck* Aktivlegitimation und Prozeßführungsbefugnis beim wettbewerbsrechtlichen Unterlassungsanspruch, WRP 1988, 707; *Brehm* Prozeßstandschaft im Erkenntnisverfahren und in der Zwangsvollstreckung, Jura 1987, 600; *von Brunn* Gewillkürte Prozeßstandschaft, 1933; *Diederichsen* Die Funktion der Prozeßführungsbefugnis in ihrer Beschränkung auf Drittprozesse, ZZP 76 (1963), 400; *Ehmann* Die Einzelklagebefugnis der Wohnungseigentümer, Festschr. f. J. Bärmann/H. Weitnauer (1990), 145; *Frank* Die Verschiebung von Prozeßrechtsverhältnissen mit Hilfe der gewillkürten Prozeßstandschaft, ZZP 92 (1979), 321; *Furtner* Die gewillkürte Prozeßstandschaft, ZZP 76 (1963), 49; *Heintzmann* Die Prozeßführungsbefugnis, 1970; *Hellwig* Ermächtigung zur Prozeßführung über fremde Rechte im eigenen Namen, ZZP 4 (1928), 607; *Kisch* Die gewillkürte Prozeßstandschaft, Festschr. f. Carnelutti II, 1950, 401; *H. Koch* Über die Entbehrlichkeit der »gewillkürten Prozeßstandschaft«, JZ 1984, 809; *Löbl* Geltendmachung fremder Forderungsrechte in eigenem Namen, AcP 129 (1928), 257; *Lüke* Die Prozeßführungsbefugnis, ZZP 76 (1963), 1; *Michaelis* Der materielle Gehalt des rechtlichen Interesses bei der Feststellungsklage und bei der gewillkürten Prozeßstandschaft, Festschr. f. Larenz, 1983, 443; *Pawlowski* Die zivilrechtliche Prozeßstandschaft, JuS 1990, 378; *Rosenberg* Zur Lehre von der gewillkürten Prozeßstandschaft, JZ 1952, 137; *E. Schneider* Über Prozeßführungsbefugnis und Sachlegitimation, MDR 1966, 982; *R. Schneider* Die Pro-

zeßführungsbefugnis des materiell Berechtigten, ZZP 77 (1964), 278; *Sinaniotis* Prozeßstandschaft und Rechtskraft, ZZP 79 (1966), 78; *Tiedtke* Der Gerichtsvollzieher als gesetzlicher oder gewillkürter Prozeßstandschafter, JZ 1981, 429; *Ullmann* Zur Bedeutung der gewillkürten Prozeßstandschaft im Warenzeichen- und im Wettbewerbsrecht, Festschr. f. O. Frhr. v. Gamm (1991), 315; *Werner* Die Vindikationsklage des Nichteigentümers als Fall der gewillkürten Prozeßstandschaft, JuS 1987, 855; *Wieser* Das Rechtsschutzinteresse des Klägers im Zivilprozeß, 1971, 117.

c) **Zur Prozeßführungsbefugnis der Parteien kraft Amtes:** *Baur/Stürner* Zwangsvollstreckungs-, Konkurs- und Vergleichsrecht[12] § 10; *Berges* Der Rechtsgehalt der wirtschaftlichen Betrachtung im Konkurs, KTS 1970, 99; *Bley* Die Haftung des Gemeinschuldners für Masseansprüche, ZZP 62 (1941), 111; *Bötticher* Die Konkursmasse als Rechtsträger und der Konkursverwalter als ihr Organ, ZZP 77 (1964), 55; *Dölle* Neutrales Handeln im Privatrecht, Festschr. f. Schulz, 1951, Bd. 2, 268; *Erdmann* Praktische Konsequenzen der Behandlung des Konkursverwalters als Organ der Konkursmasse, KTS 1967, 87; *Fricke* Zur Prozeßführungsbefugnis des Sequesters gem. § 106 KO, MDR 1978, 99; *Hanisch* Rechtszuständigkeit der Konkursmasse, 1973; *Jaeger/Henckel* KO[9] § 6 Rdnr. 4 ff.; *Jahr* Fremdzurechnung bei Verwaltergeschäften, Festschr. f. Weber, 1975, 275; *Jauernig* Ist die Rechtsmacht des Konkursverwalters durch den Konkurszweck begrenzt?, Festschr. f. Weber, 1975, 307; *Kämmerer* Die Rechtsstellung der Vermögensverwalter, JR 1970, 328; *Lent* Die Rechtsprechung des Reichsgerichts über die prozessuale Stellung des Konkursverwalters, RG-Festgabe, 1929, Bd. 6, 275; *ders.* Zur Lehre von der Partei kraft Amtes, ZZP 62 (1942), 129; *v. Lübtow* Insichgeschäfte des Testamentsvollstreckers, JZ 1960, 151; *Paulus* Ist der Sequester des Konkurseröffnungsverfahrens prozeßführungsbefugt?, ZZP 96 (1983), 356; *Rosenberg/Schwab*[14] § 40 III; *K. Schmidt* Anwendung von Handelsrecht auf Rechtshandlungen des Konkursverwalters, NJW 1987, 1905; *ders.* Der Konkursverwalter als Gesellschaftsorgan und als Repräsentant des Gemeinschuldners, KTS 1984, 345; *ders.* Der Konkursverwalter: Streitgenosse seiner selbst?, KTS 1991, 211; *Siber* Die Prozeßführung des Vermögensverwalters nach dem deutschen Bürgerlichen Gesetzbuch, Leipziger Festschr. f. Wach, 1918, 1; *Stürner* Aktuelle Probleme des Konkursrechts, ZZP 94 (1981), 286; *Urban* Prozeßführungsbefugnis des nach § 106 KO bestellten Sequesters, MDR 1982, 441; *Weber* Zur Problematik der Prozeßführung des Konkursverwalters, KTS 1955, 102.

d) **Zur Verbandsklage:** *Bettermann* Zur Verbandsklage, ZZP 85 (1972), 133; *Borck* Aktivlegitimation und Prozeßführungsbefugnis beim wettbewerbsrechtlichen Unterlassungsanspruch, WRP 1988, 707; *Bülow* Wettbewerbsrechtlicher Schutzzweck und Mißbrauch der Klagebefugnis, NJW 1988, 31; *v. Gamm* Die Verbandsklagebefugnis nach § 35 Abs. 3 GWB, WRP 1987, 290; *Hadding*

schriften nehmen deshalb auf die Parteien [im Gegensatz zu Parteivertretern (→ Rdnr. 48) oder anderen Dritten] Bezug, so die Bestimmungen über den Gerichtsstand, die Ausschließung oder Ablehnung von Gerichtspersonen, über Streitverkündung oder Streithilfe, über die Kostenpflicht, die Sicherheitsleistung, die Prozeßkostenhilfe, über die Unterbrechung des Verfahrens, den Wechsel der Partei, das Beweisverfahren (insbesondere Zeugen- oder Parteivernehmung, Zeugnisverweigerungsrecht) und vor allem über die Urteilswirkungen (materielle Rechtskraft und Vollstreckbarkeit). Daher muß möglichst genau erfaßt werden, wer in einem konkreten Rechtsstreit Partei ist.

2. Parteibegriff

2   Früher bestand die Neigung, möglichst nur die Subjekte des im Prozeß streitigen Rechtsverhältnisses als Parteien anzuerkennen (*materieller Parteibegriff*)[2]. Doch hat sich schon lange die Erkenntnis durchgesetzt, daß einerseits das Bestehen eines Rechtsverhältnisses keine Voraussetzung eines Prozesses ist. Denn in ihm geht es nur um ein behauptetes Recht, dessen Nichtbestehen der Prozeß vielleicht gerade erst erweist. Andererseits dürfen in manchen Fällen über ein Rechtsverhältnis auch andere als dessen Subjekte streiten. In diesen Fällen der eigenen Prozesse um das Recht eines Dritten spricht man von *Prozeßstandschaft*[3]. Sie gab zur Bildung des **formellen Parteibegriffs** Anlaß: Parteien sind diejenigen, von denen oder gegen die im eigenen Namen Rechtsschutz begehrt wird. Dieser Begriff trennt einmal die im eigenen Namen handelnde Partei von dem im fremden Namen handelnden gesetzlichen oder gewillkürten Vertreter im Prozeß (→ Rdnr. 48) und gibt weiter zu erkennen, daß die Partei eben nicht notwendig eine bestimmte materiell-rechtliche Stellung zum streitigen Recht haben, insbesondere nicht dessen Inhaber sein muß (→ Rdnr. 19 ff.). Dieser Begriff entspricht der herrschenden Lehre[4].

Die Klagebefugnis der Mitbewerber und der Verbände nach § 13 Abs. 1 UWG im System des Zivilprozeßrechts, JZ 1970, 305; *H. Koch* Prozeßführung im öffentlichen Interesse, 1983, 273 ff.; *Kur* Der Mißbrauch der Verbandsklagebefugnis, GRUR 1981, 558; *Leipold* Die Verbandsklage zum Schutz allgemeiner und breit gestreuter Interessen in der Bundesrepublik Deutschland, in: *Gilles* (Hrsg.) Effektivität des Rechtsschutzes und verfassungsmäßige Ordnung, 1983, 57; *Lindacher* AGB-Verbandsklage und Rechtsschutzsystem, Festschr. Deutsche Richterakademie, 1983, 209; *ders.* Zur »Sonderprozeßrechtsnatur« der lauterkeitsrechtlichen Verbands- und Konkurrentenklage sowie der Verbandsklage nach dem AGB-Gesetz, ZZP 103 (1990), 397; *Marotzke* Rechtsnatur und Streitgegenstand der Unterlassungsklage aus § 13 UWG, ZZP 98 (1985), 160; *ders.* Von der schutzgesetzlichen Unterlassungsklage zur Verbandsklage (1992); *Pastor* Die Verbandsklagebefugnis des § 13 UWG nach dem 2. Regierungsentwurf einer UWG-Reform, WRP 1982, 371; *Prelinger* Klagebefugnis der Abmahnvereine?, NJW 1982, 211; *Reinel* Die Verbandsklage nach dem AGBG, 1979; *Schäfer/Gölz*, Die Prozeßführungsbefugnis von Berufskammern freier Berufe nach § 13 UWG in der seit dem 1. 1. 1987 geltenden Fassung, GRUR 1987, 679; *E. Schmidt* Die AGB-Verbandsklagebefugnis und das zivilistische Anspruchsdenken, ZIP 1991, 629; *ders.* Die Verbandsklage nach dem AGB-Gesetz, NJW 1989, 1192; *Scholz* Mißbrauch der Verbandsklagebefugnis, WRP 1987, 433; *Ulrich* Die Verbandsklage des UWG, JA 1984, 78; *ders.* Verhinderung des Mißbrauchs der Verbandsklagebefugnis durch Verbot außergerichtlichen Aufwen-

dungsersatzes?, WRP 1982, 378; *Ungern/Sternberg* Verbandsklagebefugnis für Abmahnvereine, NJW 1981, 2328; *Urbanczyk* Zur Verbandsklage im Zivilprozeß, 1981; *M. Wolf* Die Klagebefugnis der Verbände, 1971; *ders.* Zur Zulässigkeit der Verbandsklage, BB 1971, 1293.

e) **Zur Einziehungsermächtigung**: *Doris* Die rechtsgeschäftliche Ermächtigung bei Vornahme von Verfügungs-, Verpflichtungs- und Erwerbsgeschäften, 1974; *Fikentscher* Schuldrecht[7] § 57 IV 8; *Henckel* Einziehungsermächtigung und Inkassozession, Festschr. f. Larenz 1973, 643; *Hirsch* Übertragung der Rechtsausübung, 1910; *Jahr* Romanistische Beiträge zur modernen Zivilrechtswissenschaft, AcP 168 (1968), 9; *Köhler* Findet die Lehre von der Einziehungsermächtigung im geltenden bürgerlichen Recht eine Grundlage?, 1953; *Larenz* Schuldrecht I[14] § 34 V c; *Ludewig* Die Ermächtigung nach bürgerlichem Recht, 1922; *Nörr/Scheyhing* Sukzessionen, 1983, § 11 IV; *Roth/Fitz* Stille Zession, Inkassozession, Einziehungsermächtigung, JuS 1985, 188; *Rüßmann* Die Einziehungsermächtigung im bürgerlichen Recht – ein Institut richterlicher Rechtsschöpfung, JuS 1972, 169; *ders,* Einziehungsermächtigung und Inkassozession, AcP 172 (1972), 520; *Siebert* Das rechtsgeschäftliche Treuhandverhältnis, 1933, 277; *Stathopoulos* Die Einziehungsermächtigung, 1968, 125.

[2] Dazu *Henckel* (Fn. 1), 15; *Lüke* ZZP 76 (1963), 6.
[3] Wohl seit *Kohler* IheringsJb 24 (1886), 319.
[4] BGHZ 4, 334; *Rosenberg-Schwab*[14] § 40 I 1; *Nikisch* Lb[2] § 28 II; *Jauernig* ZPR[23] § 18 IV; *Zeiß* ZPR[7] Rdnr. 125, 127 f.; *Grunsky* Grundlagen des Verfahrensrechts[2] § 26 I.

Zum Teil wird jedoch vorgeschlagen, den formellen Parteibegriff durch weitere Anknüpfungspunkte **3**
zu präzisieren. Die zutreffende Feststellung, daß sich der Prozeß in seinen Wirkungen und demnach
schon vorher in seinem Gegenstand auf ein bestimmtes Vermögen oder eine Vermögensmasse bezieht,
gab Anlaß, das **Streitvermögen** in den Vordergrund zu stellen, d.h. das Vermögen, für das ein Vorteil
erstrebt oder von dem ein Nachteil abgewehrt wird. Demgemäß erklärte ein funktioneller Parteibegriff
den **Verwalter dieses Vermögens** zur Partei[5]. Aber der Begriff der Verwaltung ist dehnbar, und der
Inhaber des Vermögens, der dieses nicht selbst verwaltet, ist auch nicht immer schlechthin von der
Prozeßführung ausgeschlossen[6]. Auch würde dann wohl die Einheit des Parteibegriffs aufgegeben und
dieser für vermögensrechtliche und nicht vermögensrechtliche Streitigkeiten verschieden bestimmt[7].
Eine neuere Ansicht[8] will den formellen Parteibegriff durch den Begriff des **Interessevermögens** präzisieren. Damit ist das Vermögen gemeint, in dem das Prozeßinteresse begründet ist. Regelmäßig ist dies das
eigene Vermögen der Partei. Wenn aber die Partei Verfügungsbefugnisse über zwei haftungsmäßig
voneinander getrennte Vermögen hat, dann muß nach dieser Lehre die Parteibezeichnung ergeben, *mit
welchem der beiden Vermögen* der Kläger Partei sein will. Eine Änderung des Parteibegriffs ist das
nicht[8a]. Sicher muß etwa der Konkursverwalter auch nach der Lehre von der Partei kraft Amtes
erkennbar machen, daß er als Konkursverwalter klagt, also die Konkursmasse das Interessevermögen
darstellt, denn aus dieser Funktion leitet er seine Prozeßführungsbefugnis her. Aber das nötigt nicht, den
Parteibegriff zu modifizieren, wie ja auch die erwähnte Ansicht keineswegs für eine Vermengung mit der
Prozeßführungsbefugnis eintritt[9]. Man könnte daran denken, die subjektive Begrenzung der Urteilswirkungen durch die Verbindung des Parteibegriffs mit dem Interessevermögen besser zu erklären, etwa den
Umstand, daß der Konkursverwalter mit seinem Privatvermögen vom Urteil nicht betroffen wird. Aber
die Erstreckung auf den Vermögensträger (Gemeinschuldner) wäre dadurch doch nicht erklärt, so daß
spezielle Regeln über die von den Urteilswirkungen erfaßten Personen nicht entbehrlich werden. *Henckel* selbst geht auch bei den Urteilswirkungen einen anderen Weg und stellt insofern auf den materiellen
Parteibegriff ab (→ § 325 Rdnr. 11 Fn. 16). Soweit es während des Prozesses darauf ankommt, wer Partei
ist (→ Rdnr. 1), erscheint ein Bezug auf das Interessevermögen nicht erforderlich. Hier genügt es
festzustellen, welche natürliche oder juristische Person die Parteistellung erlangt hat. Daß gegebenenfalls
auch das Handeln für ein bestimmtes Vermögen rechtliche Folgen hat [etwa bei der Beurteilung der
Kostenpflicht (→ Rdnr. 23 vor § 91) oder des Zeugnisverweigerungsrechts (→ § 383 Rdnr. 28)], kann aus
der entsprechenden Norm im Wege der Auslegung hergeleitet werden, ohne daß der (allgemeine)
Parteibegriff deswegen modifiziert zu werden braucht. **So kann es im Ergebnis beim formellen Parteibegriff bleiben.**

3. Verhältnis der Parteistellung zu Parteifähigkeit und Prozeßführungsbefugnis

Das Gesetz kann es nicht dem Belieben der Beteiligten überlassen, wer klagen und verklagt **4**
werden darf, weil sonst zum Schaden der Betroffenen und des Gerichts nutzlose Prozesse
angestrengt und über dasselbe Recht zwischen verschiedenen Parteien in sachwidriger Weise
mehrere Prozesse geführt werden könnten.

Mit dem Erfordernis der **Parteifähigkeit** erhebt das Gesetz bestimmte persönliche Eigen- **5**
schaften zur Voraussetzung einer Sachentscheidung. Für den Regelfall fordert es Rechtsfähigkeit, weil bei Personenvereinigungen oder bestimmten Vermögensmassen durch die Rechtspersönlichkeit sichergestellt ist, daß nur Parteien prozessieren, die durch ihre Organisation
auch über handlungsfähige Organe verfügen. Der Hauptgrund dürfte jedoch sein, daß im
Prozeß der Streit über Rechte und Rechtsverhältnisse geht, deren Träger regelmäßig nur
rechtsfähige Subjekte sein können, und daß die Entscheidung in der wirksamsten Weise ihr
Ziel erreicht, Rechtsgewißheit zu schaffen, wenn sie gerade die Rechtsträger bindet. Gewisse
Ausnahmen dienen dazu, teils bestimmten, im Wirtschaftsleben ohne Rechtspersönlichkeit

---

[5] So *de Boor* (Fn. 1).
[6] S. die Kritik von *Wagemeyer* Der gesetzliche Parteiwechsel und die Prozeßstandschaft des § 265 (1954),
47 f.; *Weber* KTS 1955, 105 Fn. 18, 106 Fn. 20; *Henckel*
(Fn. 1), 186.

[7] Vgl. *de Boor* (Fn. 1), 111.
[8] *Henckel* (Fn. 1), 188. – S. auch *A. Blomeyer* ZPR[2]
§ 41 II 4.
[8a] *Henckel* JZ 1992, 648.
[9] *Henckel* (Fn. 1), 189.

als selbständig anerkannten Gebilden die Rechtsverfolgung oder Rechtsverteidigung zu ermöglichen (z. B. der OHG), teils den Gläubigern gewisser Zusammenschlüsse (nicht rechtsfähiger Vereine) die Rechtsverfolgung gegen diese zu erleichtern. Zur Parteifähigkeit im
einzelnen → § 50. – Ferner darf nicht jede Partei über jedes Recht prozessieren. Nur bei einer
bestimmten Beziehung zum Streitgegenstand steht ihr die **Prozeßführungsbefugnis** zu (näher
→ Rdnr. 19 ff).

6   Die Beschränkung der Parteifähigkeit und der Prozeßführungsbefugnis schließt die **tatsächliche Möglichkeit** nicht aus, daß jemand trotz des Mangels dieser Fähigkeit oder dieser
Befugnis klagt oder verklagt wird und damit nach dem formellen Parteibegriff **Partei** wird.
Nur soviel folgt aus der Natur der Dinge, daß nicht Partei werden kann, was **nicht existiert** (→
§ 50 Rdnr. 42).

II. Erlangung der Parteistellung

1. Bedeutung der Klage

7   Die Stellung der Partei erlangt eine Person, indem sie klagt oder verklagt wird[10]. Grundsätzlich entscheidet danach der Wille des Klägers. Dabei kommt es aber wie bei allen
prozessualen Willenserklärungen nicht auf den wirklichen inneren Willen des Klägers, sondern auf den für die Empfänger (Gericht und Gegner) **objektiv erkennbaren Sinn der Erklärung** an (→ Rdnr. 192 vor § 128)[11]. Die Parteieigenschaft kommt denjenigen Individuen zu,
auf die sich die prozeßbegründende Erklärung objektiv richtet[12]. Entscheidend ist also die
Auslegung der Klageschrift, wobei es nicht nur auf deren Kopf (Namen, Anschriften der
Parteien), sondern auch auf die Klagebegründung ankommt[13].

2. Ungenaue Bezeichnung, Berichtigung

8   Daß die erkennbar gemeinte Person tatsächlich ungenau oder unrichtig bezeichnet ist, ist
für die Erlangung der Parteistellung ohne Bedeutung[14]. In Betracht kommen hier namentlich
die Künstlernamen sowie Fälle von Sachbezeichnungen wie Kaufhaus X, ferner übliche
Abkürzungen, insbesondere Kurznamen wie Hapag und dgl.[15]. Ebenso unerheblich ist eine
falsche juristische Bezeichnung, z.B. die Nennung der den Fiskus vertretenen Behörde statt
des Fiskus selbst[16], einer kommunalen Einrichtung anstelle der Gemeinde selbst[17], der Filiale
statt der Firma bzw. die unzulässige Beifügung einer Filialbezeichnung (z.B. X-Bank, Zweigstelle Y), ferner einer nicht eingetragenen GmbH statt der in ihrem Namen Handelnden, der
aufgelösten OHG statt der Personen, aus denen sie bestand[18], des nicht rechtsfähigen Vereins
statt der Vereinsmitglieder. Die Klage eines Einzelkaufmanns kann als Klage der von ihm

---

[10] *BGHZ* 4, 334. Zur Erlangung der Parteistellung
durch (gewillkürten) *Parteiwechsel* → § 264 Rdnr. 91 ff.,
103 ff.; vgl. auch unten Rdnr. 14.
[11] *BGH* NJW 1988, 1587; 1987, 1947; 1983, 2448;
1981, 1454; MDR 1978, 307; *OLG Celle* VersR 1986,
132; *OLG Hamm* NJW-RR 1991, 188; *OLG München*
OLGZ 1981, 89; WRP 1980, 230; *OLG Nürnberg* OLGZ
1987, 482; *LG Köln* Rpfleger 1987, 508; *BFH* BB 1987,
398. Vgl. auch *OLG Koblenz* VersR 1983, 671 (L).
[12] *BGHZ* 4, 334; NJW 1977, 1686; *OLG Frankfurt*
Rpfleger 1980, 396; *Hein* (Fn. 1), insbes. 35 ff., 43; *de
Boor* (Fn. 1), 78 sowie die in der vorigen Fn. Genannten. –
A. M. *Kisch* (Fn. 1), 520 ff.

[13] Vgl. noch *OLG Nürnberg* KTS 1966, 57; *OLG München* OLGZ 1985, 72.
[14] Vgl. *BGHZ* 4, 334; *RGZ* 157, 374; *Kisch* (Fn. 1),
520 ff.
[15] *Hein* (Fn. 1), 46 ff. – Vgl. auch *RGZ* 157, 374: Ein der
Firma eines Einzelkaufmanns unrichtigerweise hinzuge-
fügter Zusatz »offene Handelsges.« ist ohne Bedeutung;
ebenso für den umgekehrten Fall *KG* GRUR 1951, 71.
[16] Vgl. *OLG Königsberg* OLGRspr. 23 (1911), 90.
[17] Vgl. *RG* JW 1929, 1747.
[18] *RGZ* 127, 98.

vertretenen KG angesehen werden, wenn dies aus der Klageschrift erkennbar war[19], die Klage gegen denjenigen, dessen Name in der Firma eines Handelsgeschäfts enthalten ist, als Klage gegen das Unternehmen bzw. dessen Inhaber[20]. Bei den Verbänden im Bereich der Wirtschaft spielen hier die Fälle eine Rolle, in denen statt eines Verbandes eine seiner Verwaltungsstellen oder unselbständigen Untergruppen als Partei bezeichnet ist. In allen diesen Fällen wird grundsätzlich davon auszugehen sein, daß als Partei dasjenige Rechtssubjekt gemeint ist, das aus den Rechtshandlungen der unzutreffenderweise als Partei bezeichneten Stelle berechtigt oder verpflichtet ist. Entsprechendes hat für das Verhältnis von Partei und Vertreter zu gelten. Auch hier entscheidet nicht die in der Klage gebrauchte unklare oder unrichtige Bezeichnung, sondern die erkennbar gemeinte rechtliche Stellung im Prozeß[21].

Ob die zur Erlangung der Parteistellung ausreichende ungenaue oder unrichtige Parteibe-   **9** zeichnung auch *zulässig* ist, oder ob das Gesetz in der Klage mehr fordert und vor allem im Urteil, ist eine andere Frage (zur Klage → § 253 Rdnr. 31 ff., zum Urteil → § 313 Rdnr. 8 ff.). Die **Berichtigung** einer unvollständigen oder mißverständlichen Parteibezeichnung ist zulässig, ebenso ein darauf abzielender richterlicher Hinweis[22]. Die klargestellte Parteibezeichnung darf aber **nicht in Widerspruch zu dem durch Auslegung erkennbaren objektiven Sinn der Klageschrift** stehen. Andernfalls liegt ein Parteiwechsel (§ 264 Rdnr. 91 ff., 103 ff.), keine Parteiberichtigung vor[23]. Stellt sich heraus, daß eine nach der Klageschrift mit hinreichender Deutlichkeit gemeinte Partei materiell-rechtlich nicht der Berechtigte oder Verpflichtete ist, so kann eine Umstellung nur durch Parteiwechsel, nicht durch Berichtigung erfolgen[24]. Da die Frage, wer Partei geworden ist, vom Gericht beurteilt werden muß und nicht nur für die zunächst als Partei behandelte Person, sondern auch für die neue wahre Partei bedeutsam ist, erscheint es[25] nicht gerechtfertigt, entscheidend darauf abzustellen, ob für den *Beklagten* die Falschbezeichnung *erkennbar* war. Sind durch die Klage für eine Nichtpartei Kosten entstanden, die aus ihrer Sicht erforderlich waren, so ist ihr ein Kostenanspruch gegen den Kläger zuzubilligen[26] (→ Rdnr. 11). Zur Durchführung der Berichtigung → § 264 Rdnr. 105 ff. sowie § 319 Rdnr. 9 ff; zum Namen des nicht rechtsfähigen Vereins → § 50 Rdnr. 27.

3. Fehlerhafte Zustellung und Zustellung an den falschen Adressaten

Wer Beklagter ist, richtet sich nach dem Inhalt der Klageschrift, nicht nach der Zustellung[27].   **10** Erfolgt die Zustellung nicht an den richtigen Adressaten oder liegen sonstige Mängel vor (z.B. Zustellung an einen Vertreter ohne gesetzliche oder rechtsgeschäftliche Vertretungsmacht), so liegt zwar keine ordnungsgemäße Klageerhebung vor (→ § 253 Rdnr. 9 ff., auch zur Heilungsmöglichkeit). Soweit aber dennoch ein Verfahren in Gang kommt, ist darin **der in der Klage genannte Beklagte Partei**[28]. Das gilt sowohl für diejenigen Verfahrenshandlungen, die zur Klärung des Verfahrensmangels, gegebenenfalls zu dessen Heilung führen, als auch dann, wenn der Mangel unerkannt bleibt. Ergeht z.B. gegen den in der Klage genannten Beklagten ein Urteil, obwohl ihm die Klage nie zugestellt wurde, so muß er als Partei dieses

---

[19] *OLG Köln* OLGZ 1970, 349. Vgl. auch *BGH* NJW 1988, 1587 (zur BGB-Gesellschaft).
[20] *BGH* NJW 1983, 2448; → § 50 Rdnr. 18.
[21] Vgl. *RGZ* 69, 397; JW 1933, 55.
[22] → § 139 Rdnr. 11 sowie *VGH Baden-Württemberg* VBl.BW 1986, 379 f.
[23] Zur Abgrenzung *Baumgärtel* (Fn. 1) sowie die in Fn. 11 Genannten.
[24] *BGH* NJW 1987, 1947; *ArbG Berlin* DB 1988, 1608.
[25] Entgegen *Baumgärtel* (Fn. 1), der der objektiven Er-

kennbarkeit durch den Beklagten entscheidendes Gewicht beimißt.
[26] Es ist also nicht erforderlich, die Fälle, in denen ein Erstattungsanspruch angezeigt erscheint, aus dem Bereich der Parteiberichtigung herauszunehmen; s. *Jauernig* ZZP 86 (1973), 460 zu *Baumgärtel* (Fn. 1).
[27] *OLG Köln* AnwBl. 1989, 231 sowie die in den folgenden Fn. Genannten.
[28] *OLG Nürnberg* OLGZ 1987, 482 mwN; *OLG Köln* JW 1924, 105; *Rosenberg/Schwab*[14] § 41 II 1.

Prozesses angesehen werden[28a]. Er kann, um den Mangel geltend zu machen, Rechtsmittel einlegen und gegen das rechtskräftige Urteil nach § 579 Abs. 1 Nr. 4 Nichtigkeitsklage erheben (→ § 579 Rdnr. 5).

11   Wird die Klage einer Person zugestellt, die **nach dem Inhalt der Klageschrift nicht Beklagter** ist, so wird diese nicht Partei. Da aber mit der Zustellung in den Rechtskreis des Dritten eingegriffen und die Gefahr weiterer Eingriffe, besonders durch die Vollstreckung, begründet wird, erscheint es geboten, auch einem solchen Dritten das Auftreten im Prozeß und die Geltendmachung der sonst nur der Partei zustehenden **Rechtsbehelfe** zu gestatten[29], damit er die Nichtparteieigenschaft geltend machen kann. Ob der Dritte auf Grund dieses Sachverhalts Prozeßabweisung verlangen kann, hängt von dem prozessualen Verhalten des Kägers ab. Gibt letzterer, insbesondere durch Bestreiten des Vorbringens, zu erkennen, daß er eine Entscheidung gegen den Dritten begehrt, daß er also die Klage gegen ihn gerichtet wissen will, so hat die Entscheidung dementsprechend auch im Verhältnis zwischen ihm und dem Dritten zu ergehen, wobei die Parteibezeichnung im Urteil (§ 313 Abs. 1 Nr. 1) entsprechend klarzustellen ist. Führt dagegen das Vorbringen des Dritten zur Aufklärung, daß er mit der beklagten Partei nicht identisch ist, so ist für eine Prozeßabweisung zu seinen Gunsten kein Raum[30]. Demgemäß ist die Entscheidung nicht durch Urteil, sondern im Regelfall[31] durch Beschluß zu erlassen. Da es sich hier um einen selbständigen Streit mit einem Dritten handelt, ist in dem Beschluß auch über die in diesem Streit erwachsenen besonderen **Kosten** zu befinden (→ § 91 Rdnr. 9). Sie sind dem Kläger aufzuerlegen, soweit er die Einbeziehung der falschen Partei veranlaßt hat und die Kosten zur Geltendmachung der Nichtparteieigenschaft notwendig waren[32]. Die Kostenentscheidung zu versagen und es dem Dritten zu überlassen, seinen etwaigen materiell-rechtlichen Anspruch auf Ersatz der ihm durch die unrichtige Zustellung erwachsenen Kosten in einem besonderen Prozeß geltend zu machen, würde dem praktischen Bedürfnis sicher nicht gerecht. Der Dritte, der sich gegen die Parteistellung wehrt, untersteht, da die Frage der Parteieigenschaft erst zu klären ist, nach dem Zweck des § 78 auch dem *Anwaltszwang*[33]. – Über die **nicht existierende Partei** → § 50 Rdnr. 42.

4. Zustellung unter fremdem Namen

12   Tritt der Zustellungsempfänger unter fremdem Namen auf, so wird er nicht Partei, wenn die Klage gegen den wahren Namensträger gerichtet war. Vielmehr erlangt dieser die Parteistellung. Gegebenenfalls steht dem wahren Namensträger, der den Prozeß nicht geführt hat, die Nichtigkeitsklage zu (zur Prüfung der Identität → Rdnr. 13). Anders ist es, wenn schon die Klage objektiv auf die unter falschem Namen auftretende Person zielte. Dann wird diese selbst Partei. Im Schulfall des Ehemanns, der die Scheidungsklage gegen seine bei ihm wohnende Freundin unter dem Namen der Ehefrau richtet, ist daher die Freundin, nicht die Ehefrau Partei[34]. Denn wenn die Adresse der Freundin angegeben ist und diese allgemein als Frau des Klägers angesehen wird, so richtet sich die Klage objektiv gegen die Freundin. Ein Scheidungsurteil geht also ins Leere. Die Ehefrau kann durch Feststellungsklage (§ 638) klären lassen, daß ihre Ehe nicht aufgelöst ist. Wegen des Rechtsscheins eines Urteils gegen-

---

[28a] A. M. (wirkungslos) *MünchKommZPO/Lindacher* Rdnr. 19.

[29] *BGH* MDR 1978, 307; *OLG Frankfurt* BB 1985, 1219 = MDR 676; *OLG München* OLGZ 1985, 73; Rpfleger 1985, 326; *LG Berlin* Rpfleger 1983, 369. – Zur älteren Rspr. → Voraufl. Fn. 27.

[30] Vgl. auch *OLG München* OLGRspr. 23 (1911), 145; *KG* LZ 1914, 1234.

[31] Ist aber bereits ein Urteil gegen die Nichtpartei er-

gangen, so ist durch Urteil zu entscheiden, *Rosenberg/ Schwab*[14] § 41 II 1.

[32] *OLG Düsseldorf* MDR 1986, 504; *OLG Frankfurt* BB 1985, 1219; *OLG Köln* AnwBl. 1989, 231, 232; MDR 1971, 585 (*E. Schneider*); *OLG München* OLGZ 1985, 73; *OLG Nürnberg* JurBüro 1965, 311; *MDR* 1977, 320.

[33] *Rosenberg/Schwab*[14] § 41 II 1. – A. M. *MünchKommZPO/Lindacher* Rdnr. 18.

[34] *Hellwig* DJZ 1906, 68; *Pecher* JuS 1969, 225, 230.

über der Ehefrau wird man aber auch eine Nichtigkeitsklage nach § 579 Abs. 1 Nr. 4 zulassen können[35].

5. Prüfung der Identität der Parteien

Die im Prozeß als Parteien handelnden Individuen müssen mit den wahren Parteien (→ **13** Rdnr. 7 ff.) identisch sein. Tritt ein *Rechtsanwalt* als Vertreter auf, so findet im Regelfall (→ § 88 Rdnr. 4) keine Prüfung von Amts wegen statt. Denn § 88 betrifft sowohl das Vollmachtsverhältnis zwischen dem Anwalt und der Partei als auch die Frage, von wem die Vollmacht erteilt ist. Den Identitätsmangel muß die Gegenpartei als Vollmachtsmangel rügen[36]. Bei Auftreten der Partei selbst oder eines *Nichtanwalts* als Vertreter hat das Gericht dagegen die Identität der Parteien in jeder Lage des Verfahrens von Amts wegen zu prüfen, zwar nicht in dem Sinn, daß es die Identität stets festzustellen hat[37], wohl aber in dem, daß es auftauchenden Bedenken von Amts wegen nachzugehen hat. Stellt sich heraus, daß das als Partei handelnde Individuum nicht mit der Partei identisch ist oder der im Prozeß auftretende Parteivertreter nicht von ihr, sondern von einem Dritten bevollmächtigt ist, so bedarf es einer Entscheidung über die Identität nur, wenn über diese Streit entsteht. Sie ergeht als Zwischenurteil, das in entsprechender Anwendung des § 71 der sofortigen Beschwerde unterliegt[38]. Die **Prozeßhandlungen der Nichtpartei** binden die wirkliche Partei nicht, sie fallen ins Leere. Die wahre Partei kann aber die Prozeßhandlungen der Nichtpartei **genehmigen**. Das setzt jedoch voraus, daß der Genehmigende nach dem formellen Parteibegriff bereits Partei war. Dagegen ist es nicht zulässig, sich durch Genehmigung erst zur Partei zu machen[39]. Dazu bedarf es vielmehr eines Parteiwechsels (→ § 264 Rdnr. 91 ff., 103 ff.). Das gleichwohl auf Grund Prozeßhandlungen der Nichtpartei ergehende Urteil kann in jedem Fall von der wirklichen Partei mit dem Einspruch, den ordentlichen Rechtsmitteln (vgl. § 551 Nr. 5) bzw. nach Rechtskraft mit der Nichtigkeitsklage (§ 579 Abs. 1 Nr. 4) angefochten werden[40]. Gegebenenfalls ist dann zunächst darüber zu befinden, ob die sich gegen die Entscheidung wehrende Partei als wirkliche Partei des bisherigen Prozesses anzusehen war. War das Urteil im Verhältnis zu der wirklichen Partei ergangen, so ist und bleibt die Entscheidung, solange die Geltendmachung des Mangels unterblieben ist, ihr gegenüber wirksam[41].

6. Erlangung der Parteistellung nach Klageerhebung

Nach Erhebung der Klage kann eine Person dadurch Partei werden, daß sie auf Grund der **14** §§ 75 bis 77 oder als Rechtsnachfolger nach §§ 265 ff. den Prozeß übernimmt oder nach dem Tode der Partei usw. gemäß §§ 239 ff. an deren Stelle tritt (vgl. auch die Anschließung anderer Gläubiger in § 856 Abs. 2). Auch in diesen Fällen kommen dem als Prätendenten Auftretenden oder in Anspruch Genommenen für den Streit um den Eintritt die Parteirechte zu (→ § 239 Rdnr. 25 ff., 45). Im übrigen kann der Eintritt der neuen Partei auch durch gewillkürten Parteibeitritt oder Parteiwechsel erfolgen (→ § 264 Rdnr. 91 ff., 103 ff.), nicht dagegen etwa dadurch, daß einem Dritten die Klage, in der er nicht genannt ist, nachträglich zugestellt wird, oder daß er ein Rechtsmittel einlegt (→ § 511 Rdnr. 7).

---

[35] *Pecher* JuS 1969, 231.
[36] *OLG Nürnberg* OLGZ 1987, 485. – A. M. *Münch-KommZPO/Lindacher* Rdnr. 23.
[37] *RGZ* 41, 410.
[38] *Göhler* NJW 1959, 1115; *Rosenberg/Schwab*[14] § 41 IV 1.
[39] Insoweit zutreffend *RGZ* 45, 363; *OGHZ* 2, 13;

BAG AP § 1913 BGB Nr. 1 (krit. *Hübner*) = NJW 1967, 1437.
[40] *OLG Nürnberg* OLGZ 1987, 486.
[41] Vgl. zu diesen Fragen *Hein* (Fn. 1), 377; *Lippmann* DJZ 1906, 422; *Oertmann* DJZ 1906, 735; *Nußbaum* Prozeßhandlungen (1908), 46 f.

7. Beendigung der Parteistellung

15   Die Parteistellung endet mit dem Tode (wegen des Fortfalls der Parteifähigkeit bei juristischen Personen usw. → § 50 Rdnr. 34), ferner mit der Entlassung aus dem Rechtsstreit (§§ 75 ff.) oder mit dem Eintritt einer neuen Partei durch wirksamen Parteiwechsel. Im übrigen endet die Stellung erst mit dem Rechtsstreit selbst.

8. Beteiligte kraft Gesetzes, Beiladung

16   Im Verfahren in **Baulandsachen** sind nach § 222 Abs. 1 BauGB diejenigen Personen Beteiligte, die an dem Verfahren beteiligt waren, in dem der Verwaltungsakt erlassen war, wenn ihr Rechte oder Pflichten durch die Entscheidung des Gerichts betroffen werden könnten. Beteiligt ist außerdem die Stelle, die den Verwaltungsakt erlassen hat. Die genannten Personen und Stellen erlangen damit kraft Gesetzes eine parteigleiche Stellung[42] im gerichtlichen Verfahren (§ 222 Abs. 3 BauGB). Freilich bleibt es ihnen grundsätzlich überlassen, wieweit sie diese ausüben. Im Beschwerdeverfahren in **Kartellsachen** nach §§ 62 ff. GWB haben ebenfalls Beteiligten- und damit Parteistellung die Personen und Personenvereinigungen, deren Interessen durch die Entscheidung erheblich berührt werden und die auf ihren Antrag von der Kartellbehörde im Verfahren von dieser beigeladen waren. **Weitere Fälle** der Beiladung enthalten die §§ 640 e (Kindschaftssachen), 856 Abs. 3 (mehrfache Anspruchspfändung) und § 53 b Abs. 2 FGG in Verbindung mit § 621 a Abs. 1 (Versorgungsausgleich). Zur Frage, ob aus dem Anspruch auf rechtliches Gehör eine Beiladung in weiteren Fällen folgt, → vor § 128 Rdnr. 26 ff. Zur Beteiligung im arbeitsrechtlichen Beschlußverfahren → § 50 Rdnr. 55 ff.

III. Das Zweiparteiensystem

17   Der Zivilprozeß setzt grundsätzlich das Vorhandensein von zwei Parteien voraus. Wird daher die eine Partei Rechtsnachfolgerin der anderen, so erledigt sich damit der Prozeß (→ § 239 Rdnr. 15). Nur im Aufgebotsverfahren fehlen die Parteien i.e.S. Diese Verfahrensart gehört jedoch an sich zur freiwilligen Gerichtsbarkeit und ist nur positiv-rechtlich in das Gebiet der ZPO einbezogen (→ Einl. Rdnr. 450). Davon abgesehen wird das Zweiparteienverhältnis nötigenfalls künstlich dadurch hergestellt, daß der Staatsanwalt oder bestellte Interessenvertreter als Parteien eintreten. Ein Prozeß unter den Stationen des Fiskus (→ § 50 Rdnr. 11) oder ein **Prozeß mit sich selbst,** auch als Vertreter eines anderen oder als Streitgenosse des Gegners, ist **ausgeschlossen**[43], auch bei Einverständnis der Beteiligten[44]. Dagegen ist der Umstand, daß die eine Partei Mitglied einer ihr als Gegenpartei gegenüberstehenden parteifähigen Personenvereinigung ist, für den Prozeß kein Hindernis. Ein Prozeß zwischen einer OHG (→ § 50 Rdnr. 13) und einem Gesellschafter ist daher zulässig. Wenn ferner das Recht das Vermögen derselben Person aufspaltet und zwischen den beiden Vermögensteilen Rechtsbeziehungen entstehen läßt wie z.B. im Konkursfall, wo der Gemeinschuldner u.U. Herausgabe bestimmter Sachen aus seinem konkursfreien Vermögen zur Masse, die ihm ebenfalls gehört, schuldet, so muß er darüber auch einen Prozeß zwischen dem sich selbst vertretenden Gemeinschuldner und (sofern man der Vertretertheorie folgt) dem zwangswei-

---

[42] *BGH* NJW 1989, 1039; 1975, 1658; → auch vor § 59 Rdnr. 15.
[43] Vgl. *BGH* NJW 1984, 58; 1975, 346; *KG* Rpfleger 1978, 105, 106; im Ergebnis ebenso *Rosenberg* Stellvertretung im Prozeß (1908), 700; *Heinsheimer* Zweiparteienprinzip, Festg. f. Wach (1913), 3, 22; vgl. auch *Bork* ZGR 1989, 26 m. Fn. 109. Nachweise zur älteren Rspr. s. Voraufl. Fn. 40.
[44] A. M. *Hellwig* Lb 2, 367; *Rosenberg* (vorige Fn.).

se vom Konkursverwalter hinsichtlich der Konkursmasse vertretenen Gemeinschuldner zu-
lassen. Bei der Lehre von der Partei kraft Amtes (→ Rdnr. 25) entsteht insoweit kein Problem.
Zwei Parteien kraft Amtes können dann einen Prozeß gegeneinander führen, wenn sich ihr
Amt auf verschiedene Vermögensmassen derselben Person bezieht.

Mehr als zwei Parteiseiten sind andererseits nicht möglich. Dritte, die sich am Verfahren **18**
beteiligen, treten nicht in die Parteirolle ein (→ §§ 64 ff.; zu der nur ausnahmsweise vorgesehenen *Beiladung* → oben Rdnr. 16). Stehen von Anfang an oder infolge der Rechtsnachfolge
während des Prozesses auf einer Parteiseite mehrere Personen, so liegt *Streitgenossenschaft*,
d. h. *Parteienmehrheit* vor (→ §§ 59 ff.). Auch hier gibt es aber nur zwei Seiten, nämlich
Kläger und Beklagte. Die Parteien müssen individuell bestimmt sein. Eine Prozeßführung für
Rechnung, wen es angeht (vgl. § 781 HGB, § 80 VersicherungsvertragsG), oder gegen Unbekannt oder für ein Konsortium ist – vom Aufgebotsverfahren und von der Beweissicherung
(§ 494) abgesehen – im Grundsatz unzulässig (vgl. § 253 Abs. 2 Nr. 1; zur Bezeichnung der
Partei → § 253 Rdnr. 31 ff.). Das gilt auch bei Arrest und einstweiligen Verfügungen. Eine
Ausnahme besteht beim Auftreten des Pflegers unbekannter Erben und des Vertreters des
Gläubigers bei der Inhaberhypothek (→ Rdnr. 48).

IV. Die Prozeßführungsbefugnis[45]

1. Wesen und prozessuale Behandlung

Unter Prozeßführungsbefugnis (Prozeßführungsrecht, Prozeßlegitimation) versteht man **19**
die Befugnis, über das behauptete, im Prozeß streitige Recht im eigenen Namen einen
Rechtsstreit zu führen. Sie muß für den Kläger wie für den Beklagten gegeben sein. Sie ist zu
unterscheiden von der **Sachbefugnis** (Sachlegitimation)[46], die dann gegeben ist, wenn das
streitige behauptete Rechtsverhältnis zwischen den Parteien besteht, dagegen fehlt, wenn
z. B. die eingeklagte Forderung bereits vor Prozeßbeginn einem Dritten abgetreten oder
durch befreiende Schuldübernahme die Verpflichtung auf einen Dritten übergegangen war.
In diesen Fällen ist die Klage, weil es an der Rechtszuständigkeit fehlt, als *unbegründet*
abzuweisen[47].

Wer nach seinen Behauptungen zur Sache befugt ist, dem steht regelmäßig auch die **20**
Prozeßführungsbefugnis zu. Die Frage nach einem besonderen Prozeßführungsrecht stellt
sich daher nur unter besonderen Umständen[48], nämlich in der allerdings nicht unerheblichen
Zahl von Fällen, in denen dem materiell Berechtigten die Befugnis fehlt, einem anderen aber
zusteht, ferner bei nur gemeinsamer Prozeßführungsbefugnis. Wenn ein materiell nicht
Berechtigter ohne Behauptung der materiellen Berechtigung klagt oder verklagt wird, also
den **Prozeß im eigenen Namen über ein fremdes Recht** führt, spricht man von **Prozeßstandschaft**. Wird ein solches Prozeßführungsrecht (die Zulässigkeit einer Prozeßstandschaft) zu
Unrecht behauptet oder fehlt dem zur Sache Befugten die Prozeßführungsbefugnis, weil
einem anderen das Prozeßführungsrecht zusteht (der die Prozeßführung auch nicht genehmigt), so liegt ein prozessualer Mangel vor. Es fehlt an einer vor der Begründetheit zu
prüfenden **Prozeßvoraussetzung** in dem Einl. Rdnr. 314 dargelegten Sinn. Die Klage ist daher
durch Prozeßurteil als **unzulässig** abzuweisen[49]. Der Vorschlag, den Begriff der Prozeßführungsbefugnis ganz aufzugeben und die betreffenden Regelungen stets als materiell-rechtli-

---

[45] Lit. → Fn. 1 sub b).
[46] S. *Hellwig* Lb 1, 155, 316; Anspruch und Klagrecht
(1900), 251; Sauer Grundlagen (Fn. 1), 311; *Neuner* Judicium 5, 113; *Kisch* (Fn. 1), 403; *Foth* ZZP 68 (1955), 358.

[47] *BGH* NJW 1986, 3207.
[48] *BGHZ* 31, 280 mwN = MDR 1960, 353 = NJW 576.
[49] *BGHZ* 31, 279; 36, 192; 78, 4; NJW 1983, 685.

che Zuordnung eines Rechts bzw. einer Pflicht zu begreifen[50], ist nicht überzeugend. Er verwischt den für die Rechtskraftwirkung bedeutsamen Unterschied zwischen einer wegen Mangels der Prozeßführungsbefugnis und einer wegen fehlender Sachlegitimation ergehenden Entscheidung[51], läßt außer acht, daß die Regelung der Prozeßführungsbefugnis, insbesondere der Ausschluß einer Popularklage, auf prozessualen Erwägungen beruht, und würde dazu führen, daß die Prozeßführungsbefugnis nicht notwendig vor den materiell-rechtlichen Fragen geprüft werden müßte. – Zur Beteiligungsbefugnis im arbeitsgerichtlichen Beschlußverfahren → § 50 Rdnr. 55 a.

21   Das Gericht kann abgesonderte Verhandlung über die Zulässigkeit anordnen (§ 280 Abs. 1) und durch Zwischenurteil (§ 303) über das Prozeßführungsrecht entscheiden. Dieses Zwischenurteil ist selbständig anfechtbar (§ 280 Abs. 2), gleich ob abgesonderte Verhandlung vorausgegangen ist (→ § 280 Rdnr. 5). Die Beweislast trifft den, der ein Sachurteil begehrt, aber ein Mangel ist **von Amts wegen** – also ohne Rüge – zu beachten, auch noch in der Revisionsinstanz, und das Revisionsgericht ist an die tatsächlichen Feststellungen des Vorderrichters insoweit nicht gebunden[52].

22   Weil es sich um eine prozessuale Frage handelt, bestimmt sich die Prozeßführungsbefugnis auch in einem **Prozeß mit Auslandsbeziehungen** nach der **lex fori**, also nach deutschem Prozeßrecht[53]. Wenn jedoch nach diesem das bürgerliche Recht maßgebend ist, entscheiden die Regeln des deutschen internationalen Privatrechts darüber, ob deutsches oder ein anderes materielles Recht anzuwenden ist[54] (→ auch Rdnr. 43).

23   Die Prozeßführungsbefugnis ist *keine Prozeßhandlungsvoraussetzung*[55].

23a   Es ist nicht Aufgabe dieses Kommentars, die materielle Rechtslage, an die sich regelmäßig die Prozeßführungsbefugnis anknüpft, näher darzustellen. Die nachstehenden Ausführungen beschränken sich deshalb auf eine **Übersicht** und gehen nur gelegentlich auf Einzelfragen näher ein. Vgl. im übrigen die Bemerkungen zu §§ 243, 327 über den Testamentsvollstrecker; unten Rdnr. 50 ff. über Ehegatten; zu § 265 über den Veräußerer nach Rechtshängigkeit; zu §§ 829, 835 über den Pfändungsgläubiger; zu § 62 Rdnr. 14 ff. über Mitberechtigte usw.

2. Prozeßführung durch den Rechtsinhaber

24   Vom Träger des streitigen Rechts (oder der streitigen Verpflichtung) oder gegen diesen kann regelmäßig im eigenen Namen geklagt werden, so vom Eigentümer der Sache, Gläubiger der Forderung, mag er auch Zessionar sein[56]. Auszugehen ist stets davon, welches Recht Streitgegenstand ist. Wenn Nießbraucher oder Pfandgläubiger Ansprüche nach §§ 1065, 1227 BGB einklagen, machen sie *eigene* Rechte geltend und sind deshalb zur Prozeßführung befugt, obwohl diese Rechte an einer fremden Sache bestehen. Die Befugnis, ein eigenes Recht im eigenen Namen geltend zu machen, wird auch dadurch nicht beschränkt, daß das Recht der Partei nur treuhänderisch (fiduziarisch) übertragen ist, d. h. daß sie schuldrechtlich verpflichtet ist, das Recht nur in bestimmtem Sinne auszunutzen oder unter gewissen Voraussetzungen zurückzuübertragen. Deshalb ist z. B. der *Inkassozessionar* als Rechtsinhaber ohne weiteres prozeßführungsbefugt, so daß es auf ein rechtliches Interesse (im unten Rdnr. 42 erläuterten Sinne) nicht ankommt[57]. Ebenso klagt der Kommissionär eigene Forderungen ein,

---

[50] *Grunsky* ZZP 76 (1963), 49 (zur Prozeßführungsbefugnis des Beklagten); allgemein in Grundlagen des Verfahrensrechts[2], 266.

[51] Dies betont *Rosenberg/Schwab*[14] § 46 I 2 Fn. 3.

[52] *BGHZ* 100, 219; *BGH* NJW-RR 1989, 690; 1987, 57, 58 = WM 1986, 1201; NJW 1988, 1587; 1983, 685.

[53] *BGH* NJW 1981, 2640; *Bernstein*, Festschr. Sieg (1976), 58. – A. M. *Grunsky* ZZP 89 (1976), 258.

[54] S. *Riezler* Internationales Zivilprozeßrecht (1949), 427; *Schack* IZVR Rdnr. 549 ff.; *Fragistas* Festschr. f. Lewald (Basel 1953), 471 f. → auch Einl. Rdnr. 740.

[55] *BGHZ* 31, 280.

[56] Vgl. *OLG Hamburg* VersR 1980, 377.

[57] *BGHZ* 102, 298; NJW 1980, 991; *Roth/Fitz* JuS 1985, 191. A. M. *OLG Oldenburg* NdsRpfl. 1979, 36; *AG Kassel* NJW-RR 1990, 1259; *MünchKommPZO/Linda-*

wenn diese im Innenverhältnis als solche des Kommittenten gelten (§ 392 Abs. 2 HGB), und macht derjenige einen eigenen Anspruch geltend, der den bei einem Dritten entstandenen Schaden liquidieren darf[58]. Bei **bedingter oder befristeter Übertragung** eines Rechts kann vor Eintritt der Bedingung oder vor Erreichen des Termins nur der Veräußerer, noch nicht der Erwerber dieses Recht als eigenes einklagen[59]. Dagegen kann der Erwerber sein Anwartschaftsrecht und etwaige sonstige Ansprüche, die ihm allein sein Anwartschaftsrecht verleiht, bereits gerichtlich geltend machen, weil diese Rechte ihm schon gegenwärtig zustehen[60]. Nur ausnahmsweise ist dem Inhaber eines Rechts oder dem Verpflichteten die Befugnis zur Prozeßführung versagt, wenn sie nämlich ausschließlich einem anderen zusteht (→ Rdnr. 36 ff.).

3. Parteien kraft Amtes[61]

a) Überblick

In einer Reihe von Fällen betraut die Rechtsordnung Personen mit der Wahrnehmung   25
fremder Rechte und Interessen. Welche Stellung diesen Personen im Prozeß zukommt, wenn sie im Rahmen ihrer gesetzlich zugewiesenen Aufgabe Rechtsschutz begehren oder verklagt werden, ist umstritten, und auch über die materiell-rechtliche Einordnung besteht keine Einigkeit.

aa) Die in Rspr. und Lit. überwiegende Meinung betrachtet die Tätigkeit der betreffenden   26
Personen als Handeln in Ausübung eines privaten Amtes und schreibt ihnen im Prozeß eine **Parteistellung kraft Amtes** zu[62].

Eine solche haben inne: der **Testamentsvollstrecker**[63], der sowohl die Interessen des Erblassers wie die des Erben und Dritter kraft seines »Amtes« (§ 2202 BGB) vertritt und in §§ 2212, 2213 BGB wie in §§ 327, 748, 749 ZPO als Partei behandelt wird; der **Konkursverwalter**[64], der kraft Amtes die an der Konkursmasse bestehenden Rechte mit eigener Parteistellung vertritt (*nicht* hingegen der nach § 106 KO im Konkurseröffnungsverfahren bestellte **Sequester**, der die Prozeßführungsbefugnis nur bei unaufschiebbaren Einzelmaßnahmen hat[65]); ferner der **Zwangsverwalter**[66] nach §§ 152 f. ZVG; der **Nachlaß-**

---

cher Rdnr. 69; unscharf *OLG Karlsruhe* NJW-RR 1990, 753. Zu beachten ist allerdings, daß die Inkassozession nach § 134 BGB nichtig sein kann, wenn das Inkasso gegen das RechtsberatungsG verstößt (vgl. dazu *BGH* NJW-RR 1991, 1343; *OLG Köln* MDR 1991, 1085 [abl. *Mittag*], aber auch aus anderen Gründen, etwa weil sie mit einem Geheimnisverrat verbunden ist (dazu *BGH* NJW 1991, 2955; *LG Hamburg* NJW 1992, 729 mwN).

58 S. zum Drittschaden *BGHZ* 15, 228; zur Prozeßführungsermächtigung Rdnr. 42, 42 a.

59 Nach *A. Blomeyer* Studien zur Bedingungslehre I (1938), 141 f. sollen in der Schwebezeit Zedent und Zessionar nur gemeinschaftlich klagen können; das widerspricht § 158 BGB. S. näher *Pohle* Festschr. f. H. Lehmann II (1956), 741 f.; ebenso *Henke* Bedingte Übertragungen im Rechtsverkehr und Rechtsstreit (1959), 94 f.; *Henckel* (Fn. 1), 50.

60 Dazu *Pohle, Henke, Henckel* (vorige Fn.) sowie *Georgiades* Die Eigentumsanwartschaft beim Vorbehaltskauf (1963), 61 f.

61 Lit.: → Fn. 1 sub c).

62 Seit *RGZ* 29, 29 st. Rspr. (→ die folgenden Fn.); ferner *Baumbach/Lauterbach/Hartmann*[50] Grundz. vor § 50, Anm. 2 C; *de Boor* (Fn. 1), 50 ff.; *Henckel* (Fn. 1), 118 ff.; *ders.* ZIP 1991, 134; *Jaeger/Henckel* KO[9] § 6 Rdnr. 168; *Kuhn/Uhlenbruck* KO[10] § 6 Rdnr. 17; *Oetker*

Konkursrechtliche Grundbegriffe I (1891), 25, 314 ff.; *Pagenstecher/Grimm* Der Konkurs[4] § 12 I; *Rosenberg/Schwab*[14] § 40 III; *Weber* (Fn. 1); i. e. auch *Baur/Stürner* (Fn. 1) § 10; *Jauernig* ZVR[19] § 44 II; *Stürner* ZZP 94 (1981), 286 ff.

63 *BGHZ* 30, 67; 41, 23; *RGZ* 56, 330; 81, 292; *OLG Hamburg* MDR 1978, 1031; *Tiedtke* JZ 1981, 429.

64 *BGHZ* 100, 351; 88, 334; 49, 11; 44, 1; 32, 118; *BGH* ZZP 98 (1985), 87; NJW 1986, 3207; *OLG Frankfurt* NJW 1988, 2053; *OLG Hamm* OLGZ 1965, 298; *RGZ* 120, 192; 99, 136; 66, 113; 53, 9; 52, 333; 29, 29; *BAG* KTS 1987, 725.

65 *Vgl. allg. BGH* ZIP 1987, 1196; *OLG Celle* WM 1987, 514; *OLG Karlsruhe* ZIP 1984, 990; *LG Köln* ZIP 1990, 322 sowie für die Eilmaßnahmen *OLG Hamburg* ZIP 1987, 386; 1982, 860; *Paulus* ZZP 96 (1983), 356; *Urban* MDR 1982, 445. Für eine generelle Prozeßführungsbefugnis *LG Hamburg* ZIP 1982, 336; *Fricke* MDR 1978, 99; *Gerhardt* ZIP 1982, 5; *Johlke* ZIP 1985, 1012. Ganz ablehnend *OLG Celle* WM 1987, 514.

66 *BGH* ZIP 1992, 865; *RGZ* 24, 304; 53, 263, 59, 88; 68, 10; 99, 199; *AG Osnabrück* WuM 1988, 27; *OLG Stuttgart* Rpfleger 1992, 124; NJW 1975, 266 (auch zur Fortdauer der Prozeßführungsbefugnis, wenn die Zwangsverwaltung wegen Zuschlags in der Zwangsversteigerung beendet wird; zur Beendigung durch Verfah-

verwalter[67] (§§ 1981 ff. BGB), insbesondere wegen der Verweisung auf die KO (§ 1984 BGB); *nicht* der **Nachlaßpfleger**, der nur als Vertreter der Erben auftritt[68], wohl aber der **Pfleger** für ein durch öffentliche Sammlung zusammengebrachtes Vermögen (§ 1914 BGB)[69] und die Pfleger bzw. Liquidatoren für vorläufig oder endgültig beschlagnahmtes Vermögen[70]. (Zu dem nach § 58 bestellten Vertreter für das herrenlose Grundstück → § 58 Rdnr. 6; er ist nicht Partei kraft Amtes.)

27   Nach dieser Auffassung werden die genannten Personen im Prozeß zwar zur Wahrnehmung fremder Vermögensrechte tätig, treten aber in eigener Parteistellung (im eigenen Namen) auf. Ihre Berechtigung zur Führung von Prozessen stellt sich daher als Frage der **Prozeßführungsbefugnis** dar. Aus der gesetzlichen Regelung wird gefolgert, daß die Prozeßführungsbefugnis dem Amtsträger zusteht, den Inhabern der wahrgenommenen Rechte dagegen im Regelfall fehlt.

28   **bb)** Die **Vertretertheorie** betrachtet die genannten Personen dagegen als gesetzliche Vertreter des Vermögensträgers mit Begrenzung auf das erfaßte Vermögen[71]. Einen Prozeß führt danach der Konkursverwalter usw. im Namen des Rechtsträgers (Gemeinschuldner usw.). Dieser ist Partei und, da es um seine Rechte geht, auch prozeßführungsbefugt. Doch soll dem Rechtsträger in Analogie zu § 53 insoweit die Prozeßfähigkeit fehlen, als ihm materiellrechtlich die Verwaltungs- und Verfügungsbefugnis entzogen ist.

29   **cc)** Die **Organtheorie** faßt die Tätigkeit des Konkursverwalters usw. als Organhandeln für die betreffende Vermögensmasse (Konkursmasse) als Rechtssubjekt auf[72]. Im Prozeß soll daher die verwaltete Vermögensmasse als rechtsfähiges Subjekt selbst Partei sein. Der Verwalter ist dann im Verfahren Vertreter (Organ) dieses Vermögens.

30   **dd)** Schließlich wird das Handeln der betreffenden Personen als »**neutrales Handeln**«[73] bezeichnet. Danach treten diese weder im eigenen Namen noch als Vertreter auf, sondern nur als Verwalter fremden Vermögens. Ihr Handeln sei daher objektbezogen und auf einen objektiven Interessenausgleich bezüglich der verwalteten Vermögensmasse gerichtet. Für den Prozeß gelangt diese Ansicht zu einer Parteistellung der Verwalterpersonen[74].

b) Stellungnahme

31   Ungeachtet der Notwendigkeit systembildend wirkender Theorien sollte die Bedeutung des vorliegenden Theorienstreits nicht überschätzt werden[75]. Wieweit die Befugnisse des Konkursverwalters usw. zur Prozeßführung reichen, ergibt sich im allgemeinen aus den positiv-rechtlichen Regeln, die gegebenenfalls unter Berücksichtigung ihres Zwecks auszulegen sind, nicht aber aus der Rechtsnatur der Stellung des Konkursverwalters usw. Näher liegt es, den Theorien bei jenen prozessualen Rechtsfolgen Gewicht

---

rensaufhebung *OLG Düsseldorf* JR 1990, 377 = MDR 833 und dazu *Meyer/Stolte* EWiR 1990, 727; ferner *Hagemann* Rpfleger 1988, 278 gegen *LG Krefeld* das. 113). – Der nach § 150b ZVG zum Zwangsverwalter bestellte Schuldner ist als solcher selbst Partei, nicht Partei kraft Amtes (→ auch Rdnr. 49). Zur Passivlegitimation des Zwangsverwalters ferner *KG* JW 1935, 3168.

[67] *BGHZ* 38, 282; *RGZ* 61, 223; 65, 287.

[68] *BGH* NJW 1989, 2134; → Rdnr. 48.

[69] *BGH* WM 1972, 1315 = MDR 1973, 742.

[70] So für Verwalter von Vermögen nach dem MilitärregierungsG 52, *Dölle/Zweigert* Komm. zum G. Nr. 52 (1947), 222; *BGHZ* 12, 384; *OGHZ* 2, 6; 4, 54; ferner *Blanke* NJW 1948, 130; *Leiß* NJW 1956, 1181; → auch Einl. Rdnr. 990.

[71] *LG Stuttgart* ZZP 68 (1955), 60; *Bley* ZZP 62 (1941), 113; *Fricke* MDR 1978, 101 f.; *Kisch* (Fn. 1); *Lent* (Fn. 1); *MünchKomm/Thiele* BGB² § 164 Rdnr. 10; *Thomas/Putzo*¹⁷ § 51 Anm. III 1 d aa; für natürliche Personen auch *K. Schmidt* Handelsrecht³ § 5 I 1 d aa; KTS 1991,

221; 1984, 362 ff., 370 ff.; JR 1991, 310; BB 1991, 1277; DB 1991, 1931; NJW 1987, 1906; Wege zum Insolvenzrecht (1990), 108 ff. (dazu *Henckel* ZIP 1991, 134; Festschr. v. Gamm (Fn. 1), 195; zust. *MünchKommZPO/ Lindacher* Rdnr. 36.

[72] *Bötticher* ZZP 77 (1964), 55; *ders.* JZ 1963, 582; *Erdmann* KTS 1967, 87; *Goldschmidt* Zivilprozeßrecht, 102; *Hanisch* (Fn. 1); *Hellwig* Lb 1, 295; System I, 154; *Pawlowski* JuS 1990, 380; für juristische Personen auch *K. Schmidt* (vorige Fn.) mit der Modifikation, daß der Konkursverwalter nicht Organ der Masse, sondern Organ des Unternehmensträgers (Gemeinschuldners) ist; zust. *MünchKommZPO/Lindacher* Rdnr. 36.

[73] *Dölle* (Fn. 1), 268; *Mohrbutter* Hb² (1974) § 71 V; vgl. auch *Kilger* KO¹⁵ § 6, 2; *von Lübtow* JZ 1960, 151.

[74] *Dölle* (Fn. 1), 285.

[75] *Henckel* (Fn. 1), 125; *Jaeger/Henckel* KO⁹ § 6 Rdnr. 4; *Jauernig* ZVR¹⁹ § 44 II. Krit. dazu *Baur/Stürner* (Fn. 1) Rdnr. 10.4; *K. Schmidt* KTS 1984, 346 ff.; *Stürner* ZZP 94 (1981), 286.

beizumessen, die daran anknüpfen, wer in einem Prozeß Partei ist (also u. a. bei der Beurteilung des Gerichtsstands, der Ausschließung eines Richters, des Zeugnisverweigerungsrechts usw.). Denn nach der Lehre von der Partei kraft Amtes ist der Konkursverwalter usw. Partei, nach der Vertretertheorie der Gemeinschuldner bzw. der sonstige Rechtsinhaber. Doch wäre ein derartiges schematisch-deduktives Verhalten verfehlt. Nach allen Theorien muß man im Auge behalten, daß in diesen Fällen auf Grund der besonderen Konstellation zwei Bezugspersonen und eine Vermögensmasse zu berücksichtigen sind, gleich wie man die prozessuale Rolle begrifflich definiert. So muß bei den einzelnen Vorschriften, die an die »Partei« anknüpfen, nach dem Sinn und Zweck der Norm ermittelt werden, ob hier der Verwalter, der Rechtsträger oder vielleicht auch beide Personen erfaßt werden. In dieser Weise wird heute durchweg vorgegangen, und es ist bezeichnend, daß die Vertreter der einen Theorie bei Einzelfragen nicht selten zu Ergebnissen gelangen, die bei schematischer Anwendung eigentlich nur mit einer anderen Theorie in Einklang zu bringen wären. Im einzelnen vgl. zum Gerichtsstand § 13 Rdnr. 17; zur Ausschließung § 41 Rdnr. 12; zur Vernehmung als Zeuge oder Partei vor § 373 Rdnr. 5, 6, § 455 Rdnr. 3; zum Zeugnisverweigerungsrecht § 383 Rdnr. 28. Auch die subjektive Reichweite der Urteilswirkungen (→ § 325 Rdnr. 13, 26, 55) und die Beantwortung der Frage, welche Vorschriften bei einem Wechsel der Verwaltungsperson (→ zum Wechsel des Konkursverwalters § 241 Rdnr. 8) oder einem Übergang des Prozeßführungsrechts von der Verwaltungsperson auf den Rechtsinhaber (→ zur Beendigung des Konkurses § 240 Rdnr. 26 ff.) anzuwenden sind, ist nicht zwingend aus einer der Theorien abzuleiten.

So besitzt die Fragestellung heute mehr systematisch-erklärenden als heuristischen Wert. Man wird daher derjenigen Auffassung den Vorzug geben, die den stärksten Rückhalt im positiven Recht findet, sich am zwanglosesten in das sonst anerkannte begriffliche Instrumentarium einfügt und die geringste Gefahr von Mißverständnissen mit sich bringt.   **32**

aa) Geht man von diesen Kriterien aus, so spricht auch heute noch einiges dafür, der **Amtstheorie** den Vorzug zu geben. Allerdings ist die Gefahr von Mißverständnissen auch bei dieser Theorie nicht gering, wie sich an einer Reihe von Entscheidungen zeigen läßt, die zwar formal auf dem Boden der Amtstheorie stehen, diese aber in angreifbarer Weise anwenden und damit zu bedenklichen Ergebnissen kommen[76]. Nun ist zwar der Mißbrauch einer Theorie kein zwingendes Argument gegen ihre Richtigkeit. Aber wenn man sich vor Augen hält, daß auch andere Auffassungen in durchaus plausibler Weise begründet und durchgeführt werden können, so wird man zumindest sagen müssen, daß die Amtstheorie durch die übrigen Theorien Kontrolle und rechtsfortbildende Anregung erfährt.   **32a**

Der Vorzug der Lehre von der Partei kraft Amtes dürfte wohl eher in ihrer übergreifenden und vereinheitlichenden Erklärungskraft liegen. Die Betrachtung hat sich heute zu sehr auf den Konkursverwalter (und noch dazu auf den Verwalter im Konkurs einer juristischen Person) verengt und dabei die übrigen in Rdnr. 26 genannten »Funktionsträger« aus dem Blick verloren. Das kann dazu führen, für den Konkursverwalter über das Vermögen einer juristischen Person die Organtheorie anzuwenden, im Konkurs einer natürlichen Person hingegen die Vertretertheorie und für den Testamentsvollstrecker (für den die übrigen Theorien an §§ 2212 f. BGB, 327, 748 f. ZPO scheitern müssen) die Amtstheorie. Mag auch die in § 116 Satz 1 Nr. 1 zum Ausdruck gekommene Auffassung des modernen Gesetzgebers, es gebe Parteien kraft Amtes, dogmatisch nicht bindend sein, so ist an dieser Vorschrift doch sicher richtig, daß sie die »Träger privater Ämter« gleichbehandelt.   **32b**

Angesichts dessen sprechen zahlreiche Vorschriften für die Amtstheorie, insbesondere §§ 2212, 2213 BGB; 116 Satz 1 Nr. 1, 327, 748, 749 ZPO; 111 Abs. 1 Satz 2 GenG. Diese Theorie vermag ferner den Übergang des Rechts zur Prozeßführung als Entziehung und Zuweisung der Prozeßführungsbefugnis in klarer Weise zu deuten und schließt hier an die materiell-rechtlichen Begriffe der Verwaltungs- und Verfügungsbefugnis an. Durch die Hervorhebung der Amtsstellung wird der besondere Charakter der Tätigkeit des Konkursverwalters usw. klar herausgestellt, die nicht primär dem Interesse des Vermögensinhabers dient, sondern zunächst als Erfüllung einer gegenständlich umrissenen Aufgabe (Abwicklung des Konkurses, Erfüllung des letzten Willens usw.) zu verstehen ist, bei der mehrere, zum Teil durchaus gegensätzliche Interessen praktische Bedeutung und rechtliches Gewicht haben. Zugleich kommt aber durch diese Betonung des Amts auch der Bezug auf eine bestimmte Vermögensmasse deutlich zum Ausdruck, weil eben die amtliche Funktion auf dieses Vermögen beschränkt ist.   **32c**

bb) Die **Vertretertheorie** muß sich dagegen entgegenhalten lassen, daß die betreffenden Personen in den Gesetzen nicht als Vertreter bezeichnet werden, obwohl der Begriff des gesetzlichen Vertreters sonst   **33**

---

[76] Vgl. etwa zum Gerichtsstand *BGHZ* 88, 331 sowie die umfassende Kritik von *K. Schmidt* (Fn. 71) m. w. N. für beide Seiten.

seit langem geläufig ist. Auch vermag die Zuweisung einer gesetzlichen Vertretungsmacht zwar den positiven Gehalt der Rechtsstellung des Amtsträgers plausibel zu umschreiben, doch bereitet es (freilich nicht unüberwindliche) Schwierigkeiten, die negative Auswirkung auf den Rechtsträger mit den üblichen Begriffen zu erklären. Dieser wird durch Konkurseröffnung usw. nicht geschäfts- oder prozeßunfähig, muß aber doch (anders als in sonstigen Fällen einer Vertretung geschäftsfähiger Personen) von vornherein von Rechtsgeschäften und Prozessen über das betreffende Vermögen ausgeschaltet bleiben, so daß der Vertreter mehr Rechtsmacht hat als der Vertretene, wenn er in fremdem Namen von einer Verfügungsbefugnis Gebrauch macht, die der Vertretene gar nicht mehr hat. Auch nach dieser Lehre ist aber materiell-rechtlich der Verlust der Verfügungsbefugnis weiterhin die entscheidende Rechtsfolge zu Lasten des Vermögensträgers. Prozessual muß eine gegenständlich beschränkte Prozeßunfähigkeit angenommen werden, die dem allgemeinen, auf die Fähigkeit der konkreten Person abstellenden Begriff der Prozeßfähigkeit zuwiderläuft und in § 53 nur eine recht mühsame Grundlage findet (→ auch § 51 Rdnr. 21). Nicht zuletzt legt die Einordnung als gesetzlicher Vertreter das Mißverständnis nahe, die Verwaltungsperson handle ausschließlich oder zumindest primär im Interesse des Vertretenen, eine Vorstellung, die zwar nicht begrifflich mit der rechtstechnischen Figur der Stellvertretung verknüpft ist, aber insoweit naheliegt, als in den sonstigen Fällen der Vertretung regelmäßig ein solcher Bezug auf das Interesse des Vertretenen vorliegt.

33a   cc) Gegen die **Organtheorie** spricht entscheidend, daß das geltende Recht keine hinreichende Grundlage bietet, die Vermögensmasse zu einem rechtsfähigen Subjekt zu erklären. Daher wäre diese Betrachtungsweise auch in der rechtstechnischen Durchführung (etwa beim Vollzug dinglicher Rechtsgeschäfte, Eintragung ins Grundbuch usw.) nur durch weitreichende Fortbildung der entsprechenden Rechtsnormen durchzuhalten. Allenfalls bei juristischen Personen könnten die »Amtsinhaber« daher noch als *deren* Vertretungsorgane angesehen werden[77], was indessen auf natürliche Personen nicht übertragbar ist und deshalb den in Rdnr. 32 b dargestellten Bedenken begegnen muß. Im übrigen gilt dann das gegen die Vertretertheorie Gesagte (→ Rdnr. 33) auch hier.

33b   dd) Die Vorstellung vom »**neutralen Handeln**« schließlich hebt zwar den Charakter der Tätigkeit einleuchtend hervor, ersetzt aber nicht die notwendige Einfügung in das vorhandene materiell-rechtliche und prozessuale Begriffsinstrumentarium.

34   c) In jedem Fall ist die Stellung als Partei kraft Amtes wie als gesetzlicher Vertreter nur insofern der **Nachprüfung** des Prozeßrichters unterworfen, als es sich um die **Wirksamkeit des Bestellungsaktes** handelt. Die Voraussetzungen der Bestellung oder des der Bestellung vorausgegangenen Verfahrens sind dagegen der Nachprüfung entzogen, da der rechtschaffende Akt für den Prozeßrichter bindend ist[78] (→ auch § 51 Rdnr. 29).

35   d) Eine **rein prozessuale Parteistellung kraft Amtes** haben nach wohl eindeutigen gesetzlichen Vorschriften der Staatsanwalt in Ehesachen, in denen er das »öffentliche Interesse« vertritt (s. § 632), ferner die Behörde, die nach §§ 525 Abs. 2, 2194 BGB die Vollziehung einer Auflage verlangen kann, wenn diese im öffentlichen Interesse liegt, oder die nach § 396 AktG die Auflösung der Gesellschaft betreibt (zur Parteifähigkeit → § 50 Rdnr. 11). S. weiter zur Beteiligung der Behörde, deren Verfügung vor dem ordentlichen Gericht in Kartellsachen angegriffen wird, § 66 Abs. 1 Nr. 2 GWB, und in Baulandsachen § 222 Abs. 1 S. 2 BauGB (→ Rdnr. 16), sowie zum Beschwerderecht der obersten Bundesbehörde in Patentsachen § 74 Abs. 2 PatentG. Zur Prozeßstandschaft der Bundesrepublik s. Art. 12 Abs. 2, 25 AusfG zum Nato-Truppenstatut (→ Einl. Rdnr. 667 sowie unten Rdnr. 41 e). Für das Verfahren in Arbeitssachen s. etwa das Prozeßführungsrecht des Landes nach § 14 G über Mindestarbeitsbedingungen (v. 11. I. 1952; BGBl. I, 17) und nach §§ 25, 26 HeimarbeitsG (v. 14. III. 1951; BGBl. I, 191).

---

[77] So in Fortführung der ursprünglich auf die Masse bezogenen Organtheorie *K. Schmidt* KTS 1984, 362 ff.   [78] *RGZ* 129, 30.

4. Prozeßführung bei materieller Mitberechtigung und bei Rechten am fremden Recht

Die Prozeßführungsbefugnis hat häufig eine Grundlage im materiellen Recht, wenn die **36**
Partei ein **Verwaltungs- und Verfügungsrecht über das streitige Recht** allein oder über das
Vermögen, zu dem es gehört, besitzt. So ist die Prozeßführungsbefugnis über das Gesamtgut
bei der Gütergemeinschaft dem allein verwaltungsberechtigten Ehegatten, bei fortgesetzter
Gütergemeinschaft dem überlebenden Ehegatten in §§ 1422, 1487 Abs. 1 BGB übertragen.
Sie stellt hier eine praktisch notwendige Erstreckung des Verfügungsrechts auf den prozessua-
len Bereich dar (→ Rdnr. 53). Häufig ist einer Partei das materielle Recht zuerkannt, von
einem anderen Leistung an einen Dritten zu verlangen, so beim **Vertrag zugunsten Dritter**
(§ 328 BGB) im Zweifel dem Empfänger des Versprechens (§ 335 BGB). Der Vertrag begründet hier einen eigenen Anspruch des Versprechensempfängers, so daß es sich nicht um einen
Fall der Prozeßstandschaft handelt[79]. Ferner steht ein Verfügungsrecht in Gestalt eines
Einziehungsrechts z. B. dem **Nießbraucher**, dem **Pfandgläubiger** oder dem **Pfändungspfandgläubiger** an einer Forderung zu, wobei diese beim Nießbrauch an einer unverzinslichen
Forderung, beim Pfandrecht nach Eintritt der Pfandreife und beim Pfändungspfandrecht nach
der Überweisung Leistung an sich allein (§§ 1074, 1282 BGB, 835 ZPO), im übrigen Leistung
an sich und an den Gläubiger der Forderung gemeinschaftlich verlangen können (§§ 1077,
1281 BGB, 829 ZPO). Hier ist das Einziehungsrecht Inhalt des Pfandrechts an der Forderung
usw. und die Prozeßführung daher besser als Geltendmachung dieses eigenen materiellen
Rechts[80], nicht als Prozeßstandschaft[81] einzuordnen. Gerade die alleinige Empfangszuständigkeit nach Pfandreife usw. und die Beschränkung der Rechtsstellung des Forderungsinha-
bers sprechen dafür, hier ein eigenes materielles Recht anzunehmen, also diese Fälle als
begrenzte materielle Rechtsübertragung aufzufassen.

Steht ein Recht **mehreren gemeinschaftlich** zu, ist ebenfalls oft einzelnen Berechtigten das **37**
Recht zuerkannt, den Anspruch allein geltend zu machen, teils um die Rechtsverfolgung im
Interesse aller zu vereinfachen, teils um sie nicht an Trägheit oder unberechtigtem Widerspruch der anderen scheitern zu lassen, oder um unwirksame Verfügungen des Mitberechtigten rückgängig zu machen, so bei unteilbaren Leistungen (§ 432 BGB)[82], bei **Miteigentümern**
(§ 1011 BGB), bei **Miterben** (§ 2039 BGB)[83], beim **Ehegatten** bei unberechtigter Verfügung
des anderen Ehegatten nach §§ 1368, 1369 Abs. 3 BGB. Bei der Gütergemeinschaft gibt
§ 1428 BGB dem nicht verwaltungsberechtigten Ehegatten eine entsprechende Klage. In allen
diesen Fällen kann man vielleicht auch annehmen, daß dem Berechtigten ein eigenes materielles Recht zur Durchsetzung des ihm nicht oder nicht allein zustehenden Anspruchs
zusteht, das ohne weiteres Rechtsschutz verdient und deshalb im eigenen Namen von ihm
auch gerichtlich geltend gemacht werden kann. Bei dieser Betrachtungsweise würde es sich
nicht mehr um eine Prozeßstandschaft handeln. Doch erscheint eine derartige, im materiellen
Recht jedenfalls nicht ausdrücklich enthaltene Vermehrung der Rechte entbehrlich, da die
betreffenden Fälle als Zuweisung der Prozeßführungsbefugnis[84] (und einer materiellen Be-

---

[79] *Dörner* Dynamische Relativität, 1985, 170 ff. mwN.
– A. M. *Hadding* AcP 171 (1971), 413 ff.
[80] *BGHZ* 102, 296 f.; *BGH* NJW-RR 1987, 318;
Heintzmann (Fn. 1), 13; *Jauernig* ZVR¹⁹ § 19 VI 2; *Pa-
landt/Bassenge* BGB⁵¹ § 1281 Rdnr. 5; *Münzberg* (unten
§ 835 Rdnr. 25); s. auch *RGZ* 58, 108; 83, 119.
[81] So *Rosenberg/Schwab*¹⁴ § 46 II 2 f, g für Pfandrecht
und Nießbrauch; zum Einziehungsrecht des Pfändungsgläubigers *E. Schneider* JurBüro 1966, 191; *Gerhardt*
VollstreckungsR § 9 I 1 a; *Baumann/Brehm* ZVR² § 20 III
3.
[82] Str. für § 744 Abs. 2 BGB; bejahend *BGHZ* 94, 117,

120 f.; NJW 1990, 1106; verneinend u. a. *Jauernig/Stür-
ner* BGB⁶ §§ 743–748 Anm. 3 c (prozessuale Vertretungsmacht). Jedenfalls kann nur Leistung an alle Teilhaber verlangt werden, *Reinicke/Tiedtke* JZ 1985, 888. –
Vgl. für die BGB-Gesellschaft *BayObLGZ* 1990, 261 ff.;
für die Wohnungseigentümergemeinschaft *Ehmann*
(Fn. 1).
[83] *LG Berlin* ZMR 1986, 313.
[84] Dafür *BGHZ* 44, 367, 370; *Rosenberg/Schwab*¹⁴
§ 46 II 1, 2; *A. Blomeyer* AcP 159 (1960/61), 391; *ders.*
ZPR² § 41 II 2; *Heintzmann* (Fn. 1), 21. – A. M. *Münch-
KommZPO/Lindacher* Rdnr. 53.

fugnis zur Einziehung an alle) befriedigend eingeordnet werden können und weder eine vollwertige materielle Gläubiger- oder Rechtsinhaberstellung noch eine materielle Empfangszuständigkeit besteht. Anders als in den Fällen des Pfandrechts, Pfändungspfandrechts und Nießbrauchs kann man hier nicht von einer begrenzten Rechtsübertragung sprechen, da es an einem entsprechenden Tatbestand fehlt und das Recht der Gesamthand usw. ungeschmälert zusteht.

37a   Bei gesellschaftsinternen Streitigkeiten ist zunächst zu klären, ob nicht *eigene* subjektive Rechte geltend gemacht werden. Das ist insbesondere der Fall bei Klagen eines Gesellschafters gegen einen anderen, mit denen Treuepflichten der Gesellschafter untereinander geltend gemacht werden[85], oder gegen die Gesellschaft, mit denen Mitgliedschaftsrechte geltend gemacht werden[86]. In diesen Fällen ist die Prozeßführungsbefugnis unproblematisch, was bisweilen dadurch verschleiert wird, daß von einer »Klagebefugnis« statt von subjektiven Rechten die Rede ist. Das gilt auch für den **Organstreit**, bei dem es in erster Linie um die materiell-rechtliche Frage geht, ob Organe bzw. deren Mitglieder eigene subjektive Rechte haben und gegen wen sie sich richten[87]. Prozeßrechtlich liegt das Problem hier nicht so sehr bei der Prozeßführungsbefugnis[88], sondern vor allem bei der Parteifähigkeit (→ § 50 Rdnr. 5 a). Die Prozeßführungsbefugnis wird erst relevant, wenn *fremde* Rechte geltend gemacht werden. So kann beispielsweise ein Gesellschafter unter bestimmten Voraussetzungen (Sozial-)Ansprüche der Gesellschaft gegen einen anderen Gesellschafter (als gesellschaftsvertraglich stillschweigend ermächtigter, also gewillkürter Prozeßstandschafter) im Wege der **actio pro socio** geltend machen[89], nicht hingegen Ansprüche der Gesellschaft gegen Dritte, solange nicht der Dritte mit den vertretungsberechtigten Gesellschaftern rechtsmißbräuchlich zusammenwirkt oder eine eigene Ermächtigung des Gesellschafters vorliegt[90].

38   Beim sog. **Vollmachts- oder Prokuraindossament** (Art. 18 WechselG) ist der Indossatar nur Vertreter und kann nur im Namen des Indossanten klagen[91]. Nicht anders ist die Lage, wenn einem Liquidationstreuhänder nicht Vermögenswerte des Schuldners übertragen, sondern nur eine Vollmacht zur Vertretung des Schuldners erteilt ist[92]. Allerdings könnte ihm zusätzlich die Ermächtigung zum Prozessieren über die Rechte des Schuldners im eigenen Namen erteilt werden (→ Rdnr. 41)[93]. Häufig ist das **verdeckte Vollmachtsindossament**, d. h. ein Vollindossament nach außen hin, jedoch verbunden mit der Verpflichtung gegenüber dem Indossanten, die Wechselforderung nur für dessen Rechnung einzuziehen; dem entspricht die **stille Abtretung** von Forderungen[94]. Solange nach außen hin nur die Übertragung des Voll-

[85] Vgl. nur *BGHZ* 103, 184 = NJW 1988, 1579 (*Timm*).

[86] Vgl. etwa *BGHZ* 83, 122; *Brondics* Die Aktionärsklage (1988); *v. Gerkan* ZGR 1988, 441 ff.; *Raiser* ZHR 153 (1989), 1 ff.; *Schulz/Gardyan* Die sogenannte Aktionärsklage (1991); *Zöllner* ZGR 1988, 392 ff.

[87] Dazu *BGHZ* 106, 54; *OLG Celle* ZIP 1989, 1522; *Bauer* Organklagen zwischen Vorstand und Aufsichtsrat der Aktiengesellschaft (1986); *Bork* ZIP 1991, 137; 1990, 1040; ZGR 1989, 1; *Hommelhoff* ZHR 143 (1979) 288; *Kort* AG 1987, 193; *Pflugradt* Leistungsklagen zur Erzwingung rechtmäßigen Vorstandsverhaltens in der AG (1990); *Raiser* ZGR 1989, 44 und AG 1989, 185; *K. Schmidt* ZZP 92 (1979), 212; *Stodolkowitz* ZHR 154 (1990), 1; *Teichmann* Festschr. Mühl (1981), 663. Ganz ablehnend *Brücher* AG 1989, 190; *Mertens* ZHR 154 (1990), 24 und in KölnerKomm. zum AktG² vor § 76 Rdnr. 3 ff.

[88] So aber *Pflugradt* (vorige Fn.), 122 ff. und vor allem *Häsemeyer* ZHR 144 (1980), 265 und AcP 188 (1988), 160 f.; dazu *Bork* ZGR 1989, 37 f. und 39 ff. zur Prozeßstandschaft der Organmitglieder.

[89] *BGH* NJW 1985, 2831; *JZ* 1975, 178; *Berger* ZHR 149 (1985), 599; *v. Gerkan* ZGR 1988, 441; *Grunewald,* Die Gesellschafterklage in der Personengesellschaft und der GmbH, 1990, 12 ff. und passim; *Hadding* Actio pro socio (1966); *ders.* JZ 1975, 159; *Hassold* JuS 1980, 32; *Höfler* JuS 1992, 388; *Lutter* AcP 180 (1980), 132; *MünchKomm/Ulmer* BGB² § 705 Rdnr. 169 ff., 172; *K. Schmidt* GesR § 21 IV; *Zöllner* ZGR 1988, 401 ff.; vgl. auch *BGH* ZIP 1992, 758, 760.

[90] *BGH* WM 1988, 635; 1988, 12, 13; *BGHZ* 39, 16; 17, 340; *BayObLGZ* 1990, 261 ff.; *LG Saarbrücken* NJW-RR 1992, 782; *Diederichsen* MDR 1963, 286; *Grunewald* (vorige Fn.), 40 ff.

[91] H. M.; *Baumbach/Hefermehl* WechselG¹⁷ Art. 18 Rdnr. 3.

[92] A. M. *RGZ* 89, 131; *RAG* 8, 315.

[93] Im Ergebnis treffen deshalb *RG* und *RAG* (vorige Fn.) zu.

[94] Dazu *Brehm* KTS 1985, 1; *Schwab* Festschr. Bruns, 1980, 192.

rechts auf dem Wechsel in Erscheinung tritt oder entsprechend die Abtretung nicht bekannt wird, kann und muß der Indossatar oder Zedent im eigenen Namen klagen, weil er das Recht ja als sein eigenes geltend macht und dann auch einklagen darf. Wird das Innenverhältnis zwischen Indossant und Indossatar oder Zedent und Zessionar jedoch aufgedeckt, so ist zu prüfen, ob Indossatar und Zedent auch nach materiellem Recht Rechtsträger sind oder ob sie nach den unten Rdnr. 41 ff. dargelegten Grundsätzen über eine wirksame Prozeßführungsermächtigung verfügen. Wird das Innenverhältnis erst während des Prozesses enthüllt, so folgt aus § 407 BGB jedenfalls soviel, daß der Schuldner sich einen Parteiwechsel auf seiten seines Gegners nicht gefallen zu lassen braucht. Auch § 265 wird hier wenigstens sinngemäß angewendet werden können[95].

5. Fortdauer des Prozeßführungsrechts bei Veränderungen während des Prozesses

Ein Prozeßführungsrecht kann vom Gesetz auch aus prozessualen Gründen[96] einem anderen als dem materiell Berechtigten verliehen werden. So kann eine Partei auch nach **Veräußerung der streitbefangenen Sache** oder nach Abtretung der eingeklagten Forderung den Rechtsstreit im eigenen Namen über das nunmehr fremde Recht fortführen (§ 265)[97]. Zu Änderungen des Güterstandes → Rdnr. 67.

39

6. Gesetzliche Prozeßführungsbefugnisse bei rechtlichem Interesse; Popular- und Verbandsklagen

Ein gesetzlich anerkanntes Prozeßführungsrecht ist nicht immer erkennbar genug auf ein eigenes materielles Recht der Partei bezogen oder mit hinreichender Sicherheit aus einem materiellen Recht abzuleiten. Wird es gleichwohl anerkannt, liegt jedoch stets ein *rechtliches Interesse* am Prozessieren im eigenen Namen vor, mag dieses Interesse auch zuweilen weniger das Interesse der Partei als das des Rechtsträgers oder der Allgemeinheit sein[97a]. Hier sind zunächst mehrere Gestaltungsklagen zu nennen, bei denen die Trennung zwischen prozessualen und materiell-rechtlichen Voraussetzungen ohnedies nicht einfach ist, so die Klage auf Nichtigerklärung einer bigamischen Ehe durch den Ehegatten der ersten Ehe (§ 632), die Erbunwürdigkeitsklage (§ 2341 BGB), die Popularklagen nach §§ 43 Abs. 2, 44 Abs. 2, 59 Abs. 1, 74 Abs. 1 PatentG, § 7 GebrauchsmusterG, § 11 Abs. 1 Nr. 2–4 WarenzeichenG. Hierher gehören auch die **Verbandsklagen**[98] (→ Einl. Rdnr. 527). So haben nach § 13 Abs. 2 UWG u. a. Verbände zur Förderung gewerblicher Interessen ein eigenes Klagerecht für Unterlassungsklagen[99] (s. auch § 12 Abs. 1 RabattG und § 35 Abs. 3 GWB[100].) § 13 AGBG

40

---

[95] Von »Prozeßführungsmacht kraft Rechtsscheins« sprechen *Henckel* (gleichnamige ungedr. Heidelberger Diss. 1956) u. *A. Blomeyer* ZPR² § 41 V, und wenden § 265 entsprechend an, s. *A. Blomeyer* ZPR² § 47 II.

[96] Hierfür gilt erst recht die lex fori; deshalb bedenklich *Tribunal de Strasbourg* Rivista di dir. europeo 1961, 229, der § 265 anwenden will, weil die streitige Schuld nach deutschem IPR deutschem Recht unterstehe. – Wie hier *Fragistas* (Fn. 54), 483; *Schack* IZVR Rdnr. 552.

[97] *BGH* NJW 1986, 3207; 1979, 924 f. S. im übrigen die Erl. zu § 265.

[97a] Vgl. für die Prozeßführungsbefugnis amtsangehöriger Gemeinden *OLG Schleswig* NVwZ-RR 1992, 167.

[98] *Lit.*: → Fn. 1 sub d).

[99] Zust. *Menckel* JZ 1992, 648. – Die h.M. nimmt hier einen eigenen materiell-rechtlichen Unterlassungsanspruch des Verbandes an, *BGH* NJW-RR 1991, 1138; *ZIP* 1990, 512 (abl. *E. Schmidt* ZIP 1991, 629); *BGHZ* 41, 318; *Baumbach/Hefermehl* Wettbewerbsrecht¹⁶ § 13 UWG Rdnr. 5 mwN; *Koch* (Fn. 1); *Ulrich* JA 1985, 79; *Urbanczyk* (Fn. 1), 106 ff.; einschränkend auch *Borck* WRP 1988, 707; *Lindacher* ZZP 103 (1990), 397; *Münch-KommZPO/Lindacher* Rdnr. 71 ff. – A. M. *Häsemeyer* AcP 188 (1988), 156 (Insitut sui generis); *Marotzke* (Fn. 1 sub d) und ZZP 98 (1985), 160 (gesetzliche Prozeßstandschaft). – Zur Prozeßführungsbefugnis der Verbände s. *BGH* NJW-RR 1992, 430; 1991, 1138; WM 1990, 364; WRP 1988, 662; NJW 1987, 846; 1347; 1983, 2703; 1981, 1061; zum Verlust der Verbandsklagebefugnis durch Konkurseröffnung *KG* ZIP 1990, 1144 = EWiR 1031 (krit. *Marotzke*).

[100] Dazu *v. Gamm* WRP 1987, 290.

gibt Verbraucherverbänden, Verbänden zur Förderung gewerblicher Interessen, den Industrie- und Handelskammern sowie den Handwerkskammern das Recht, bei Verwendung oder Empfehlung **unwirksamer Allgemeiner Geschäftsbedingungen** Ansprüche auf Unterlassung und Widerruf geltend zu machen[101].

40a Um eine gesetzliche Prozeßstandschaft handelt es sich bei § 1629 Abs. 3 BGB, demzufolge der **Kindesunterhalt** während des Getrenntlebens oder der Rechtshängigkeit einer Ehesache von einem Elternteil gegen den anderen nur im eigenen Namen geltend gemacht werden kann. Diese Prozeßführungsbefugnis besteht auch außerhalb des Scheidungsverbundverfahrens[102]. Wird die Ehe nach Einleitung des Unterhaltsprozesses rechtskräftig geschieden, bleibt die Prozeßführungsbefugnis davon unberührt, solange nicht über die elterliche Sorge zugunsten des Gegners entschieden ist[103]. Sie endet allerdings, wenn das Kind volljährig wird[104]. Vgl. auch § 617 Rdnr. 13 ff.; § 621 Rdnr. 9. – Zur Rechtslage nach *Anspruchsübergang* auf den Staat → Rdnr. 43 a.

40b Für fremde Rechnung, aber **im eigenen Namen** prozessieren ferner der Versicherungsnehmer für fremde Rechnung (§ 886 HGB)[105], der Empfänger des Frachtguts (§ 435 HGB), der Kapitän nach §§ 752 a, 760 HGB, der Ausrüster nach § 760 HGB, der Schiffer gemäß § 97 BinnenschiffG, der Verleger, der für den Urheber nach § 10 Abs. 2 UrhG bei anonymen Werken im eigenen Namen klagt[106], der Orchestervorstand in den Fällen des § 80 Abs. 2 UrhG[107]. Wo es an einer gesetzlichen Grundlage fehlt, kann dagegen das rechtliche Interesse nur in Verbindung mit einer Ermächtigung des Rechtsträgers das Prozeßführungsrecht begründen (→ Rdnr. 41).

7. Gewillkürte Prozeßstandschaft und Einziehungsermächtigung

a) Zulässigkeit der gewillkürten Prozeßstandschaft[108]

aa) Grundzüge

41 Ob die Befugnis, ein fremdes Recht im eigenen Namen gerichtlich geltend zu machen, auch durch eine Ermächtigung des Rechtsträgers begründet werden kann, war lange streitig. Jetzt ist eine derartige sog. gewillkürte Prozeßstandschaft im Grundsatz anerkannt[109]. Daß sie nicht schlechthin abgelehnt werden kann, folgt aus § 256 Abs. 1, der Feststellungsklagen über fremde Rechte allgemein gestattet, wenn ein rechtliches Interesse besteht, und dafür nicht einmal eine Ermächtigung verlangt. Ein hinreichender sachlicher Grund, Leistungsklagen in dieser Frage völlig anders zu behandeln, läßt sich dem Unterschied zwischen Feststellungs- und Leistungsklagen nicht entnehmen.

41a Streit besteht allerdings noch über die **Voraussetzungen**, unter denen eine gewillkürte Prozeßstandschaft zulässig ist. Hier ist zunächst einmal davon auszugehen, daß eine Partei ein berechtigtes Interesse daran hat, nur mit demjenigen zu prozessieren, der »am anderen Ende« des streitbefangenen Rechtsverhältnisses steht. Ihr einen Dritten im Wege der gewillkürten

---

[101] Umfassend dazu *Leipold* (Fn. 1), 58 ff.; *Lindacher* (Fn. 1); *Reinel* (Fn. 1); *E. Schmidt* ZIP 1991, 629; *ders.* NJW 1989, 1192; alle mwN.
[102] *BGH* NJW-RR 1990, 324; NJW 1983, 2085 m. w. N.; *Diederichsen* NJW 1986, 1464.
[103] *BGH* NJW-RR 1990, 324; *OLG Düsseldorf* FamRZ 1987, 1183; *OLG Hamburg* FamRZ 1984, 708. Vgl. *OLG Köln* FamRZ 1985, 626.
[104] *BGH* NJW 1990, 324; FamRZ 1985, 473; 1983, 475 = NJW 2085; *OLG Frankfurt* FamRZ 1979, 175.

[105] Vgl. auch *LG Berlin* VersR 1984, 250.
[106] S. *Ulmer* VerlagsR² 162.
[107] *OLG Frankfurt* GRUR 1985, 381.
[108] *Lit.*: → Fn. 1 sub b).
[109] Ablehnend aber heute noch *Boecken/Krause* NJW 1987, 421; *Frank* ZZP 92 (1979), 321; *Koch* JZ 1984, 809, 815; früher *Förster/Kann* ZPO³ vor § 50 Anm. 2c; *Nikisch* § 31 III 5; *Seuffert/Walsmann* ZPO¹² vor § 50 Anm. 3; *Walsmann* ZZP 55 (1930), 249.

Prozeßstandschaft als gegnerische Prozeßpartei aufzudrängen, läßt sich nur rechtfertigen, wenn dieser *Dritte* ein eigenes schutzwürdiges Interesse an der Prozeßstandschaft hat (→ Rdnr. 42) und die Interessen des *Gegners* gewahrt sind[110].

Dazu gehört zunächst, daß für den Gegner die **Prozeßstandschaft erkennbar** ist[111]; er muß   **41b**
wissen, daß die andere Partei um fremde Rechte prozessiert.

Erforderlich ist außerdem eine **Bindung des Rechtsinhabers** an das in dem Prozeß zwischen   **41c**
Prozeßstandschafter und Gegner ergehende Urteil. Diese Bindung erfolgt in der Regel im Wege der *Rechtskrafterstreckung* (→ § 325 Rdnr. 62)[112], die sich begründen läßt, wenn der Rechtsinhaber dem Dritten eine Ermächtigung zur Prozeßführung erteilt hat. Eine solche *Prozeßermächtigung* (→ Rdnr. 43), die mit einer materiell-rechtlichen Einziehungsermächtigung (→ Rdnr. 45) nicht zu verwechseln ist, ist also nicht nur erforderlich, damit der Dritte durch die Prozeßführung in den Rechtskreis des Rechtsträgers eingreifen darf, sondern auch, um die Bindung des Rechtsträgers herbeizuführen.

Schließlich muß die Prozeßstandschaft dem Gegner **zumutbar** sein[113]. Manche der mit der   **41d**
Prozeßstandschaft verbundenen Nachteile lassen sich abmildern und deshalb hinnehmen, etwa die Zeugenstellung des Rechtsträgers (→ vor § 373 Rdnr. 6) durch eine entsprechende Beweiswürdigung (§ 286)[114]; andere, wie etwa die Mittellosigkeit des kostenpflichtigen Prozeßstandschafters, fallen stärker ins Gewicht. Wird die Ermächtigung sogar gerade um dieser Folgen willen erteilt (Vorschieben eines Mittellosen im Hinblick auf Kosten und Prozeßkostenhilfe), so ist sie rechtsmißbräuchlich und nach § 138 BGB nichtig (→ § 114 Rdnr. 5). Bei der Interessenabwägung ist im übrigen stets zu überlegen, ob den Belangen des Dritten nicht auch damit gedient ist, daß ihm der Rechtsträger Prozeßvollmacht erteilt[115].

Liegen diese Voraussetzungen vor, so ist auch eine **passive Prozeßstandschaft**, also eine   **41e**
solche **auf der Beklagtenseite**, zulässig. Als *gesetzliche* Prozeßstandschaft ist sie verschiedentlich vorgesehen[116], aber auch als *gewillkürte* ist sie, sofern dem Kläger zumutbar, zulässig, wenn sichergestellt ist, daß nicht nur der zu verklagende bzw. verklagte Prozeßstandschafter, sondern auch der Schuldner an das Urteil schuldrechtlich oder im Wege der Rechtskraft gebunden ist[117]. Eine andere Frage ist die, ob der Kläger unter diesen Voraussetzungen den Prozeßstandschafter nicht nur verklagen *darf*, sondern ob er ihn (und nicht den Schuldner) verklagen *muß*. Das wird man wohl nur dann bejahen können, wenn sich der Kläger entsprechend gebunden hat. So kann etwa in einem Kreditsicherungsvertrag mit mehreren Bürgen

---

[110] Vgl. – auch zum folgenden – die st. Rspr.: *BGHZ* 102, 296; 100, 218; 96, 152; 94, 121; NJW 1989, 1933; 1988, 1586; NJW-RR 1989, 690; 1987, 57; ZIP 1990, 331 (= NJW 1117) und 333 (= NJW-RR 505).

[111] *BGHZ* 94, 122; 78, 6; NJW 1988, 1587; *LG Karlsruhe* WuM 1988, 88. Zur »verdeckten« Prozeßstandschaft vgl. *Brehm* KTS 1985, 1, 5; *Schwab* Festschr. f. Bruns, 1980, 192 und oben Rdnr. 38.

[112] *BGHZ* 78, 7; NJW 1989, 2050; 1988, 1586; 1983, 1678; NJW-RR 1988, 127; *Berger* (Fn. 1), 141 ff.; *Brehm* KTS 1985, 4; *Calavros* Urteilswirkungen zu Lasten Dritter, 1978, 49 ff.; *Sinaniotis* ZZP 79 (1966), 78; alle mwN. – Zur Bindung durch antezipierte Unterwerfung vgl. *BGH* WM 1990, 675, 676; 1990, 309 f.; *OLG Frankfurt* VersR 1982, 706.

[113] *BGHZ* 96, 155; NJW 1989, 1933; NJW-RR 1988, 127; ZIP 1990, 331 (= NJW 1117) und 333 (= NJW-RR 505). Vgl. auch *BGHZ* 102, 298; *KG* MDR 1983, 752.

[114] Zu weitreichend *Rüßmann* AcP 172 (1972), 520, der eine Parteivernehmung des Rechtsinhabers (S. 545) befürwortet. Beifall verdient hingegen sein Vorschlag (S. 548), eine Widerklage gegen den Rechtsträger zuzulassen, sofern es sich nicht um denselben Streitgegenstand

geht, denn Widerklagen gegen Dritte sind möglich (str.; vgl. *Bork* JR 1989, 497 bei Fn. 17; JA 1981, 389; → auch § 33 Rdnr. 29 ff.).

[115] Vgl. *BGH* FamRZ 1959, 55 (krit. *Bosch*).

[116] Vgl. nur *BGH* NJW 1990, 3086 und *BAG* MDR 1992, 272 zu Art. 12 Abs. 2 NTS-AG (→ Rdnr. 35) sowie *OLG Schleswig* SchlHA 1986, 164; ferner zu § 265 (analog) *Schilken*, Veränderungen der Passivlegitimation im Zivilprozeß, 1987, 12 ff., 18 ff., 40 ff.

[117] *BGH* VersR 1977, 174; *OLG Frankfurt* VersR 1982, 706; offen *BGH* NJW 1983, 685; abl. *Jauernig* ZPR²³ § 22 IV. – Auch hier ist vorausgesetzt, daß der Prozeßstandschafter *im eigenen Namen* handelt. Daher ist die in § 7 Nr. 2 Abs. 5 AKB und § 5 Nr. 4 AHB vorgesehene »Prozeßführungsbefugnis« (so irreführend u. a. *v. Bühren* AnwBl. 1987, 13; *Droop* AnwBl. 1988, 100; *Koch* AnwBl. 1988, 99) des **Haftpflichtversicherers** keine Prozeßführungsbefugnis im prozeßrechtlichen Sinne, sondern nur eine Regelung im Innenverhältnis zum Versicherungsnehmer, sich um den in dessen Namen geführten Prozeß zu kümmern (→ § 54 Fn. 17; vgl. auch § 10 Abs. 5 AKB und dazu § 80 Rdnr. 19).

allseitig vereinbart sein, daß der Gläubiger nur einen bestimmten Bürgen als Haftungsschuldner und zugleich Prozeßstandschafter für die übrigen Bürgen verklagen können soll.

bb) Insbesondere: das rechtliche Interesse des Ermächtigten

42   Die Prozeßführungsermächtigung kann nicht unbeschränkt erteilt werden, sondern setzt ein rechtliches Interesse des Ermächtigten am Schutz des Rechtsträgers im eigenen Namen voraus[118]. Die Gegenansicht[119] kann sich, da es nicht um eine materiell-rechtliche Ermächtigung geht, nicht auf materiell-rechtliche Grundsätze, insbesondere nicht auf § 185 BGB, berufen. Daß prozessual ein rechtliches Interesse nötig ist, ergibt schon der Hinweis auf § 256 Abs. 1. Auch auf § 66 kann hier verwiesen werden. Der Begriff des rechtlichen Interesses, der ein unbestimmter Rechtsbegriff ist, muß dabei nach seiner Aufgabe ausgelegt werden, einerseits dem Interessierten zur Erleichterung der Rechtsverfolgung oder -verteidigung die Herrschaft als Partei über einen Prozeß zu sichern, der ihn wirtschaftlich[120] vielleicht stärker trifft als den Rechtsträger, andererseits dem Gegner vermeidbare Nachteile möglichst zu ersparen und Mißbräuchen entgegenzutreten (→ Rdnr. 41 a, 41 d). Daß in Wahrheit in erster Linie der Ermächtigende daran interessiert ist, den Prozeß nicht selbst zu führen, steht der Bejahung des rechtlichen Interesses des Ermächtigten nicht entgegen. Dessen Interesse muß aber stark und schutzwürdig genug sein. Das an sich verständliche Streben, sich eine günstigere prozessuale Situation zu schaffen oder den Ermächtigenden aus einer ungünstigen prozessualen Lage zu befreien, reicht allein nicht aus.

42a   **Einzelfälle:** Das rechtliche Interesse ist für den Veräußerer eines als lastenfrei verkauften Grundstücks zu bejahen, wenn dieser den **Berichtigungsanspruch** des Käufer-Eigentümers wegen einer zu Unrecht im Grundbuch eingetragenen Belastung nach § 894 BGB im eigenen Namen geltend machen will[121]; bei Liquidation eines **Drittschadens**, den der Geschädigte einklagt[122], oder wenn sonst der Ermächtigte auf den eingeklagten Betrag mindestens hinsichtlich eines erheblichen Teils einen Anspruch gegen den Ermächtigenden hat[123]; ferner wenn **Zusammenschlüsse** im Interesse der einzelnen Mitglieder wie ihrer Gesamtheit Unterlassungsansprüche im Rahmen ihrer satzungsgemäßen Aufgaben verfolgen[124] (→ zum nicht rechtsfähigen Verein § 50 Rdnr. 28). Der **Zessionar** kann den Zedenten zur Geltendmachung der abgetretenen Forderung ermächtigen (sofern die Prozeßstandschaft dem Schuldner zuzumuten ist, → Rdnr. 41 d)[125], insbesondere bei der Sicherungsabtretung; dasselbe gilt für die Ermächtigung durch **Pfändungsgläubiger**[126]. Das rechtliche Interesse des Zedenten ergibt sich (wie sonst auch) aus seinen Rechtsbeziehungen zum Zessionar[127]. Wirksam ist idR auch die Ermächtigung gegenüber einem **Inkassounternehmer**[128] sowie die des **Sicherungsnehmers** an den Sicherungsgeber für Ansprüche aus einer

---

[118] Vgl. die in Fn. 110 Genannten sowie *BGHZ* 94, 121f.; NJW-RR 1992, 431; GRUR 1983, 372; *OLG Koblenz* FamRZ 1987, 495; *OLG Frankfurt* FamRZ 1979, 175 (im konkr. Fall zu eng); *LG Aachen* ZIP 1992, 927; *Bork* ZGR 1991, 140; *Henckel* (Fn. 1), 111 ff.; *Jauernig* ZPR²³ § 22 IV; *Michaelis* (Fn. 1), 462 ff.; *MünchKommZPO/Lindacher* Rdnr. 55 (der auch die Interessen des Ermächtigenden berücksichtigt wissen will); *Rosenberg/Schwab*¹⁴ § 46 III 1. – Ältere Quellen → Voraufl. Fn. 84.

[119] *LG Gießen* JZ 1952, 148; *Grunsky* Grundlagen des Verfahrensrechts², 263; *Heintzmann* (Fn. 1), 92 ff.; *Kisch* (Fn. 1); *Lüke* ZZP 76 (1963), 30; *Rosenberg* JZ 1952, 137; *Rüßmann* AcP 172 (1972), 520; *Wieser* (Fn. 1), 128. – Für den Fall einer gleichzeitigen Einziehungsermächtigung → Rdnr. 46 a. E.

[120] Vgl. zur Berücksichtigung wirtschaftlicher Interessen *BGH* NJW-RR 1989, 690; *OLG Hamm* NJW-RR 1992, 23.

[121] *BGH* NJW-RR 1988, 127; WM 1966, 1224; *RGZ* 91, 396; JW 1937, 541.

[122] *BGHZ* 25, 250; NJW 1981, 2640; *RG* HRR 1931, 1688.

[123] *BGH* NJW 1987, 3122; *BGHZ* 30, 166 = MDR 749 = NJW 1725; *OLG Hamm* NJW-RR 1992, 23 (Subunternehmer) ; verneinend *OLG Stuttgart* VersR 1991, 766 (Deckungsklage des ermächtigten Geschädigten gegen den Versicherer).

[124] *BGH* JZ 1956, 62; s. auch *OLG Hamburg* AnwBl. 1951, 101 sowie Fn. 135. Zur *gewillkürten* Prozeßstandschaft für die Verbände nach § 13 UWG s. *BGH* NJW 1984, 2220; 1983, 1561, zur *gesetzlichen* → Rdnr. 40.

[125] *BGH* BB 1967, 227; *BGHZ* 96, 155; NJW 1989, 1933; 1979, 925; *OLG Hamm* NJW 1989, 464; *OLG Frankfurt* WM 1984, 57; *Brehm* KTS 1985, 4.

[126] *BGH* NJW 1986, 423; vgl. aber auch *OLG Hamm* NJW-RR 1992, 763.

[127] *BGH* NJW-RR 1989, 690; NJW 1979, 925; *OLG Hamm* NJW 1989, 464; *Michaelis* (Fn. 1), 462 ff.

[128] *LG Koblenz* JurBüro 1980, 447; vgl. aber auch *OLG Oldenburg* NdsRpfl. 1979, 36; *Lehmann* ZIP 1989, 351. – Zur Inkassozession → Rdnr. 24.

Versicherung der sicherungsübereigneten Sache[129], des **Eigentümers an den Mieter** zur Geltendmachung des Herausgabeanspruchs[130], der BGB-Gesellschafter an einen **Gesellschafter** zur Einklagung einer Gesamthandsforderung[131], der Wohnungseigentümergemeinschaft an den Verwalter[132], des Hauseigentümers an den provisionsberechtigten Hausverwalter[133], der **GmbH** an den beherrschenden Gesellschafter zur Einklagung einer GmbH-Forderung[134], des Veräußerers einer vinkulierten **Namensaktie** an den Erwerber[134a], der Mitglieder an den deutschen **Anwaltsverein** zur Geltendmachung von Unterlassungsansprüchen nach dem Rechtsberatungsgesetz[135], nicht aber eines nicht rechtsfähigen Idealvereins an einzelne **Vorstandsmitglieder**[136]. Eine Ermächtigung des **Gesamtbetriebsrats** durch den Einzelbetriebsrat ist nach § 50 Abs. 2 BetrVG zulässig[137]; hingegen wird das rechtliche Interesse einer **Tarifvertragspartei** an der Wahrnehmung der Interessen ihrer Mitglieder verneint[138]. Das bloße **Kosteninteresse** oder das Interesse an einer leichteren Verteilung der eingezogenen Beträge reicht nicht aus[139], wohl aber das Interesse (z.B. eines Maklers) an einer **Provision**[140]. Zur **actio pro socio** → Rdnr. 37 a.

Für eine **Rückermächtigung** des *Gemeinschuldners* durch den Konkursverwalter fehlt das   **42b** rechtliche Interesse jedenfalls dann, wenn der Gemeinschuldner eine vermögenslose Gesellschaft ohne Aussicht auf Fortführung des Geschäftsbetriebes ist[141]. Hingegen bejaht der BGH das rechtliche Interesse einer natürlichen Person wegen des Nachforderungsrechts nach § 164 KO, solange die Rückermächtigung nicht nur deshalb stattfindet, um dem Gegner für die Haftung wegen der Prozeßkosten den Gemeinschuldner mit dem meist wertlosen konkursfreien Vermögen anstelle der Konkursmasse (§ 59 KO) aufzudrängen[142]. Dem kann man wegen §§ 6 ff. KO nur dann zustimmen, wenn es bei der bloßen Prozeßermächtigung bleibt, der Gemeinschuldner also nicht Leistung an sich verlangen kann, sondern nur Leistung zur Masse. Ganz entsprechend wird sich das rechtliche Interesse für eine Prozeßstandschaft des mittellosen *Zedenten* allenfalls bei natürlichen Personen, nicht bei Gesellschaften ohne Aussicht auf Fortführung des Geschäftsbetriebes bejahen lassen, wenn sich ein Rechtsmißbrauch nicht feststellen läßt[143]. Dasselbe gilt für die Ermächtigung des *Erben* durch den Testamentsvollstrecker oder Nachlaßverwalter[144] oder des *Grundeigentümers* durch den Zwangsverwalter[145].

b) Erteilung der Prozeßführungsermächtigung

Die Ermächtigung zur Prozeßführung hat nur Wirkungen auf dem Gebiet des Prozeßrechts   **43** und ist daher eine **Prozeßhandlung**[146]. Ihre Zulässigkeit ist daher zunächst nach dem Prozeß-

---

[129] *OLG Nürnberg* NJW 1977, 1543.
[130] *BGH* NJW-RR 1986, 158 (dazu *Werner* JuS 1987, 855); FamRZ 1964, 137.
[131] *BGH* NJW 1988, 1586; *OLG Düsseldorf* ZIP 1985, 1001; *LG Saarbrücken* NJW-RR 1992, 782.
[132] *BGH* JZ 1986, 768; *BGHZ* 81, 35; 74, 258; *KG* OLGZ 1992, 59; *OLG Zweibrücken* MDR 1987, 938. Vgl. aber auch die folgende Fn.
[133] *Scholzen* ZMR 1981, 3; *AG Bremen* WuM 1984, 167; → auch Fn. 140. – Eine Generalermächtigung auch zur gerichtlichen Geltendmachung verstößt allerdings gegen das RBerG und ist deshalb nach § 134 BGB unwirksam, *KG* OLGZ 1991, 316; *LG Kassel* NJW-RR 1991, 529; *AG Neuss* NJW-RR 1989, 269.
[134] *BGH* NJW-RR 1987, 57, 58; NJW 1965, 1962.
[134a] *LG Aachen* ZIP 1992, 927.
[135] *BGHZ* 48, 12 (auch zur Auslegung der Satzung), ebenso für örtlichen Anwaltsverein *LG Hamburg* AnwBl. 1969, 143.
[136] → § 50 Rdnr. 28 a. E.
[137] *BAG* SAE 1977, 41 (*Körnig*).
[138] *BAG* DB 1984, 2566; NJW 1983, 1750 = DB 1098 = SAE 217 (abl. *Heinze*). Vgl. auch *BAGE* 5, 115; *Henkel* Prozeßrecht und materielles Recht, 1970, 124;

M. Wolf (Fn. 1), 43. Anders *Ramm* Die Parteien des Tarifvertrages, 1961, 24, 92.
[139] *BGHZ* 102, 297; 78, 4.
[140] *BGHZ* 102, 297f. Vgl. auch Fn. 133.
[141] *BGHZ* 100, 220; 35, 184f.
[142] *BGHZ* 100, 220f. = NJW 1987, 2018 = JZ 990 (abl. *Koch*) = JR 1988, 14 (*Brehm*). Im Ergebnis auch *Bötticher*, JZ 1963, 582; *Diederichsen* KTS 1963, 94; ganz ablehnend *OLG Nürnberg* MDR 1957, 683; *Jaeger/Henckel* KO[9] § 6 Rdnr. 122ff. m. w. N.
[143] *BGHZ* 96, 151 = NJW 1986, 850 = JR 288 (*Olzen*); *BGH* EWiR 1991, 365 (*Paulus*); ZIP 1990, 331 (= NJW 1117) und 333 (= NJW-RR 505); 1986, 226; NJW 1988, 1321, 1322; *OLG Hamm* NJW 1990, 1053; 1989, 464; NJW-RR 1992, 763; 1987, 1254; *Boecken/Krause* NJW 1987, 420.
[144] *BGHZ* 38, 281 = LM § 1984 BGB Nr. 1 (*Johannsen*) = NJW 1963, 297 (*Nirk*) = JZ 602 (zust. *Bötticher* 582).
[145] *BGHZ* 71, 216, 220; *AG Osnabrück* WuM 1988, 27.
[146] *BGH* NJW 1989, 1933; WM 1966, 1224; *Pohle* MDR 1956, 156.

recht, d. h. der *lex fori* zu beurteilen. Die Erteilung der Ermächtigung ist jedoch von der ZPO nicht näher geregelt. Weil sie regelmäßig außerhalb eines Prozesses und lange vor diesem, also nicht in der erforderlichen Nähe zu einem bestimmten Prozeß steht, wäre es nicht gerechtfertigt, die Lücke durch Anwendung der für einseitige Prozeßhandlungen innerhalb eines Prozesses geltenden Grundsätze zu schließen. Vielmehr sind Wirksamwerden und Rechtsbeständigkeit nach den Vorschriften des Rechtsgebiets zu beurteilen, dem das streitige Recht angehört, also im Zivilprozeß regelmäßig **nach bürgerlichem Recht** (→ auch Rdnr. 22; zur ähnlichen Lage beim Prorogationsvertrag → § 38 Rdnr. 45 ff.). Es genügt daher Geschäftsfähigkeit im Gegensatz zur Prozeßfähigkeit, es gilt nicht etwa Anwaltszwang, bedingte[147] und widerrufliche Ermächtigungen sind nicht ausgeschlossen. Die Ermächtigung kann grundsätzlich nur für Rechte erteilt werden, über die der Ermächtigende verfügen kann[148]. Steht die Prozeßführungsbefugnis nicht dem Rechtsträger, sondern einem anderen zu, z. B. dem Konkursverwalter oder Nachlaßverwalter (→ Rdnr. 26), so kann dieser bei sonst gegebenen Voraussetzungen einen Dritten ermächtigen, soweit dies im Rahmen seiner gesetzlichen oder vertraglichen Befugnisse liegt und ein rechtliches Interesse besteht (zur Ermächtigung des Rechtsträgers → Rdnr. 42 b). Entsprechendes gilt, wenn ein gesetzlicher Vertreter eine Ermächtigung erteilen will.

43a   Ob bei **unübertragbaren Rechten** eine gewillkürte Prozeßstandschaft zulässig ist, wird man danach beurteilen müssen, ob der Zweck der Unübertragbarkeit auch einer Prozeßführungsermächtigung entgegensteht[149]. Bei Rechten, die wegen ihres höchstpersönlichen Charakters nicht abtretbar sind, ist dies zu bejahen[150]. Soll die Unübertragbarkeit dagegen sicherstellen, daß der ursprüngliche Gläubiger und kein anderer die Leistung erhält, so hindert dies eine Prozeßführungsermächtigung (zur Klage auf Leistung an den Gläubiger) nicht, wohl aber eine materielle Einziehungsermächtigung (→ Rdnr. 46), mit der der Ermächtigte Leistung an sich verlangen könnte. Das hat Bedeutung u. a. bei der *Überleitung von Unterhaltsansprüchen* auf den Sozialhilfeträger nach §§ 90, 91 BSHG, § 7 UVG. Ein Anspruchsübergang findet nach diesen Vorschriften nur statt, soweit der Sozialhilfeträger an den Unterhaltsberechtigten tatsächlich geleistet hat[151]; inswoweit kommt eine (Rück-)Ermächtigung an den Unterhaltsberechtigten in Betracht[152]. Zukünftige Ansprüche bleiben beim Unterhaltsberechtigten. Der Sozialhilfeträger kann sie im eigenen Namen nur unter den Voraussetzungen des § 259 geltend machen[153]. Eine gewillkürte Prozeßstandschaft, mit der ermächtigte Sozialhilfeträger Leistung an sich verlangt, scheitert an der Unübertragbarkeit der Unterhaltsansprüche (§§ 400 BGB, 850 b)[154]; eine Prozeßstandschaft, mit der Leistung an den Unterhaltsberechtigten verlangt wird, entspricht in der Regel nicht der Interessenlage beim Sozialhilfeträger. – Zulässig ist auch eine (reine) Prozeßführungsermächtigung für den *Herausgabeanspruch* aus § 985 BGB oder einen Grundbuchberichtigungsanspruch[155]. Nach denselben Kriterien ist zu

---

[147] *BGHZ* 4, 165 = JZ 1952, 225 = NJW 337; vgl. auch *KG* OLGZ 1992, 59 f.
[148] *BGHZ* 4, 165; *OLG Köln* JMBl.NRW 1983, 286; ferner *Bork* ZGR 1991, 141; *Henckel* Parteilehre (Fn. 1), 111.
[149] *BGH* NJW-RR 1989, 690 [dazu *Ullmann* (Fn. 1), 317 ff.]; NJW 1983, 1561; GRUR 1978, 585 (*Harmsen*); *OLG Hamm* NJW-RR 1992, 22 (→ aber auch Rdnr. 45 Fn. 167 a); *OLG Köln* WM 1987, 1280; MDR 1979, 935; *LG Aachen* ZIP 1992, 927; *Jauernig* ZPR²³ § 22 IV; *Michaelis* (Fn. 1), 463; *Werner* JuS 1987, 860; enger *BFH* DB 1978, 2060 für den Finanzprozeß.
[150] *BGH* NJW 1969, 1110 (zu § 847 Abs. 1 S. 2 BGB a.F., Schadensersatz bei Verletzung des Persönlichkeitsrechts); vgl. aber (für die gewillkürte Prozeßstandschaft über den Tod hinaus) *BGH* JZ 1987, 775 (*Schack*) mwN; *BGH* JZ 1964, 771 = NJW 2296 (beschränkte persönliche

Dienstbarkeit); GRUR 1978, 585 (*Harmsen*; Anspruch auf Erfinderbenennung); *BVerwG* NJW 1983, 1133 (Namensänderung).
[151] *BGHZ* 20, 131; *OLG Bamberg* FamRZ 1981, 1097; *OLG Düsseldorf* FamRZ 1980, 156; *OLG Hamm* 1979, 1059; *OLG Hamburg* ZBlJugR 1978, 529.
[152] *OLG Hamm* FamRZ 1989, 506, 507; 1979, 1059; *KG* FamRZ 1988, 300; vgl. auch *OLG Koblenz* FamRZ 1978, 256; *KG* DAVorm. 1978, 467. – Anders (das rechtliche Interesse verneinend) *OLG Hamburg* FamRZ 1990, 418; 1988, 843; *OLG Hamm* NJW-RR 1991, 776; *KG* FamRZ 1982, 427; *Seetzen* NJW 1978, 1353.
[153] *OLG Düsseldorf* FamRZ 1979, 1010, 1011.
[154] *OLG Düsseldorf* FamRZ 1979, 1010, 1011. – A. M. *Seetzen* NJW 1978, 1354.
[155] → Fn. 121 und 130.

entscheiden, ob ein vertraglich vereinbartes *Abtretungsverbot* einer Prozeßstandschaft entgegensteht[156].

Die Ermächtigung wird oft in einem Vertrag enthalten sein. Dies ist jedoch nicht erforder-   **44**
lich, und wie die Prozeßvollmacht ist sie abstrakt und wird durch einseitige empfangsbedürftige Erklärung des Berechtigten wirksam begründet. Auch eine Ermächtigung nach Klageerhebung (Genehmigung) ist möglich. Einer besonderen Form, insbesondere der Schriftform, bedarf sie nicht[157]. Sie kann sich aus **schlüssigem Verhalten** ergeben und stillschweigend in Vertrag, Satzung[158] usw. enthalten sein[159]. Auch Nichtigkeit[160] und Anfechtbarkeit beurteilen sich nach bürgerlichem Recht. Widerruf, Bedingungseintritt, Abtretung, Anfechtung usw. nach Rechtshängigkeit sind nicht ohne weiteres unwirksam[161], führen nach § 265 jedoch regelmäßig keinen Parteiwechsel im bereits schwebenden Prozeß herbei[162]. Auch bei **Gestaltungsklagen** ist unter den dargelegten Voraussetzungen eine Ermächtigung zur Prozeßführung nicht ausgeschlossen[163]. Für **Feststellungsklagen** hat die gewillkürte Prozeßstandschaft kaum Bedeutung, weil diese auch ohne Ermächtigung bei rechtlichem Interesse von einem Dritten erhoben werden können (→ Rdnr. 47).

c) Verhältnis der gewillkürten Prozeßstandschaft zur Einziehungsermächtigung[164]

Von der Übertragung der Prozeßführungsbefugnis ist die Erteilung einer materiellen Ein-   **45**
ziehungsermächtigung zu trennen. Diese gibt das Recht, die außerprozessualen Einziehungshandlungen (z. B. Mahnung) rechtswirksam im eigenen Namen vorzunehmen und (soweit nicht Gründe materiell-rechtlicher Art entgegenstehen)[165] **Leistung an sich** zu verlangen, obwohl das einzuziehende Recht selbst beim bisherigen Rechtsträger verbleibt. Ein notwendiger Zusammenhang zwischen der Einziehungsermächtigung und der Prozeßführungsermächtigung besteht an sich nicht. Es ist denkbar, nur eine materielle Einziehungsermächtigung oder auch nur eine Prozeßführungsbefugnis zu erteilen, sofern nicht prozessuale Hindernisse bestehen wie § 727, der eine (isolierte) Vollstreckungsstandschaft verhindert, weil der Vollstreckende weder Titelgläubiger noch materiell-rechtlicher Rechtsnachfolger ist[166]. Wer eine wirksame Prozeßführungsermächtigung besitzt, kann den Prozeß auch ohne materielles Einziehungsrecht führen, also z. B. das fremde Recht zur Feststellung bringen[167] oder Leistung an den Rechtsinhaber fordern[167a]. Klagt der Prozeßführungsermächtigte dagegen auf Leistung an sich, so ist dieses Begehren nur berechtigt, wenn er materiell zur Einziehung

---

[156] Vgl. *BGHZ* 56, 236.

[157] So *Rosenberg* gegen *LG Gießen* JZ 1952, 137, 148.

[158] *BGH* NJW 1983, 1561; MDR 1976, 652; *OLG Celle* NJW 1989, 2477. Vgl. aber auch *BGHZ* 89, 1 = NJW 1984, 2220.

[159] *BGHZ* 102, 297; 94, 122; 25, 260; *BGH* NJW 1990, 1106; 1989, 1933; 1979, 925; NJW-RR 1988, 127; *OLG Hamburg* MDR 1967, 925; *LG Aachen* ZIP 1992, 926; *AG Bremen* WuM 1984, 167; *Gottwald* JuS 1986, 716.

[160] *BGHZ* 35, 183 zu § 138 BGB; zu § 134 BGB i.V.m. dem RBerG → Fn. 133.

[161] A. M. bei Widerruf *Rosenberg*[9] § 45 II 1c; *OLG München* BayJMBl. 1956, 35 sowie für Zustimmung zur Prozeßführung *RGZ* 164, 242.

[162] *BGH* NJW 1989, 1933; *Gottwald* JuS 1986, 716 f.

[163] *Dommnich* NJW 1954, 1589; *Henckel* (Fn. 1), 115; *LG Göttingen* NdsRpfl. 1948, 177; *LG Frankfurt* NJW 1952, 827; *LG Braunschweig* NdsRpfl. 1952, 166; *LG Koblenz* NJW 1955, 955; *LG Bad Kreuznach* NJW 1955,

950 (zust. *Bettermann*); *LG Saarbrücken* NJW-RR 1992, 782. – A. M. *Roquette* DRZ 1949, 483; *LG Hannover* NdsRpfl. 1948, 245; vgl. auch *BVerwG* NJW 1980, 1911 [krit. *Michaelis* (Fn. 1), 447 f.].

[164] *Lit.:* → Fn. 1 sub e.

[165] *BGH* NJW 1987, 3121.

[166] *BGHZ* 92, 347 = NJW 1985, 809 = JR 287 (*Olzen*) = JZ 341 (*Brehm*); vgl. auch *LG Mannheim* Rpfleger 1988, 490; *LG Mönchengladbach* WM 1977, 1441. – Zur Vollstreckung des Prozeßstandschafters aus dem in Prozeßstandschaft erstrittenen Titel s. *BGH* NJW 1983, 1678; *OLG Köln* FamRZ 1985, 626 mwN; vgl. auch *LG Hannover* DAVorm. 1981, 298; *BGH* NJW 1980, 2528 (zust. *Brehm* JZ 1983, 645; abw. wohl *OLG Bremen* MDR 1989, 460).

[167] Vgl. *Bork* ZGR 1991, 141 f.

[167a] Es ist deshalb regelmäßig unnötig, in diesen Fällen nach einer Einziehungsermächtigung zu suchen und etwa eine fehlgeschlagene Zession in eine solche umzudeuten; vgl. aber *OLG Hamm* NJW-RR 1992, 23.

berechtigt ist[168]; anderenfalls könnte der Schuldner auch nicht mit befreiender Wirkung an ihn leisten. Fehlt in diesem Fall die Einziehungsermächtigung, so ist die Klage *unbegründet*. Umgekehrt ist eine Klage *unzulässig*, wenn der Kläger nur zur außergerichtlichen Einziehung, nicht aber zur Prozeßführung ermächtigt ist[169]. Bei dieser Betrachtungsweise hängt der Gehalt der Ermächtigung vom Inhalt der **Willenserklärung des Ermächtigenden** ab. Der Privatautonomie auch hier den entscheidenden Rang zuzusprechen, erscheint – wenn man schon die genannten Ermächtigungen zuläßt – nur konsequent. Wie eine nicht präzise umschriebene Ermächtigung gemeint ist, ist Auslegungsfrage. Oft wird die Erklärung sowohl die materielle als auch die prozessuale Komponente umfassen.

d) Zulässigkeit der materiellen Einziehungsermächtigung

46   Hierüber entscheidet allein das materielle Recht. Für den Schuldner sind im Vergleich zu den benachbarten Rechtsinstituten der Rechtsübertragung und der Bevollmächtigung keine unüberwindlichen Nachteile ersichtlich, zumal zu seinem Schutz bei unwirksamer Ermächtigung § 409 BGB entsprechend angewendet werden kann. Daher wird man eine materielle Ermächtigung unter zumindest entsprechender Heranziehung des § 185 BGB mit der h.M. **zulassen können**, ohne daß hier ein eigenes rechtliches Interesse des Ermächtigten zu fordern wäre[170]. Dies kann allerdings nur gelten, wenn man wie hier die materielle und die prozessuale Ermächtigung trennt und nicht etwa aus der materiellen Ermächtigung unmittelbar die Berechtigung zur Prozeßführung folgert[171]. Aus der wirksamen materiellen Ermächtigung kann auch nicht das für die Prozeßführungsermächtigung notwendige rechtliche Interesse des Ermächtigten hergeleitet werden[172], da sonst diese Voraussetzung ihre Schutzfunktion für den Gegner verlieren würde. – Bei unübertragbaren Rechten (→ Rdnr. 43 a) ist auch eine Einziehungsermächtigung unwirksam.

8. Feststellungsklagen über Rechte Dritter

47   Feststellungsklagen sind nur bei einem rechtlichen Interesse des Klägers an einer alsbaldigen richterlichen Feststellung des begehrten Inhalts zulässig (§ 256). Fremde Rechte sind einer Feststellung nicht entzogen, doch muß bei ihnen das Interesse des Klägers sich u. a. auch gerade darauf erstrecken, daß er im eigenen Namen die Feststellung des fremden Rechts erwirkt. Andererseits wird für Feststellungsklagen keine weitere Voraussetzung gefordert (näher → § 256 Rdnr. 37 ff.). Soweit jedoch nach sonstigen Vorschriften (→ Rdnr. 25 ff.) eine Leistungsklage über ein fremdes Recht zulässig ist, bedarf das rechtliche Interesse zur Fest-

[168] Vgl. *Furtner* JR 1958, 50; *Köhler* (Fn. 1), 50; *Lüke* ZZP 76 (1963), 29; *Reinicke/Tiedtke* JZ 1985, 890/892; *Stathopoulos* (Fn. 1), 129.

[169] S. auch unten Rdnr. 46 a. E.

[170] So z.B. – mit unterschiedlicher Begründung – *Fikentscher* (Fn. 1); *Larenz* (Fn. 1); *Rüßmann* (Fn. 1); *Stathopoulos* (Fn. 1). – Ablehnend zur Einziehungsermächtigung *Esser* Schuldrecht I⁴ § 55 VI 2 (außer bei stiller Zession mit Einziehungsermächtigung an den Zedenten); *Köhler* (Fn. 1).

[171] Nicht überzeugend ist dagegen die Argumentation von *Stathopoulos* (Fn. 1) 120, der einerseits bei der Beurteilung der Einziehungsermächtigung wegen ihrer materiellen Natur die prozessualen Erwägungen für nicht entscheidend erklärt, andererseits aber aus der Einziehungsberechtigung das Recht zur Prozeßführung entnimmt, oh-

ne den prozessualen Bedenken hier Gewicht beizumessen. Insoweit kritisch zu Stathopoulos auch *Wieser* (Fn. 1), 123; *Henckel* (Fn. 1), 646.

[172] *OLG Oldenburg* NdsRpfl. 1979, 36; *LG Berlin* NJW 1967, 397. – Demgegenüber steht die h.M. in der Lit. auf dem Standpunkt, bei der Einziehungsermächtigung sei das rechtliche Interesse an der Prozeßstandschaft überflüssig oder es ergebe sich ohne weiteres aus der materiell-rechtlichen Ermächtigung; vgl. *Larenz* (Fn. 1) § 34 V c; *Lüke* ZZP 76 (1963), 29; *Schumann* Festschr. f. Larenz (1983), 578 f.; *Stathopoulos* (Fn. 1), 130; differenzierend *Henckel* (Fn. 1), 654. – Dagegen besagt *BGH* BB 1967, 227 wohl nur, daß das Rechtsschutzinteresse nicht schon deshalb zu *versagen* ist, weil der Ermächtigte Leistung an sich fordert.

stellung desselben Rechts unter dem hier allein interessierenden Gesichtspunkt der Fremdheit des Rechts keiner Prüfung, sondern ist insoweit ohne weiteres zu bejahen. Im übrigen muß aber ein Feststellungsinteresse nach den allgemeinen Grundsätzen gegeben sein.

9. Abgrenzung von Fällen gesetzlicher Vertretung

Nicht Parteien, sondern gesetzliche Vertreter anderer, zum Teil prozeßfähiger Personen **48** (→ § 53 Rdnr. 1) sind der **Pfleger** bei unbekannten Beteiligten (§ 1913 BGB) bzw. bei unbekannten oder ungewissen Erben nach §§ 1960 f. BGB (**Nachlaßpfleger**), wenngleich hier über die Person des Vertretenen eine nicht nur subjektive Ungewißheit besteht und § 780 Abs. 2 ZPO sowie § 40 GBO den Nachlaßpfleger mit dem Testamentsvollstrecker und dem Nachlaßverwalter auf eine Stufe stellen. Entscheidend ist, daß hier die Aufgabe des Vertreters ausschließlich in der Wahrung der Interessen einer bestimmten oder doch bedingt bestimmten Person besteht, d.h. in einer wirklichen Vertretung[173]. Reine Vertreterstellung haben auch der nach § 292 StPO bestellte Güterpfleger und der **Abwesenheitspfleger** nach § 1911 BGB sowie der **Vertreter des jeweiligen Gläubigers** nach § 1189 BGB bzw. § 74 SchiffsregisterG bei der Hypothek und dem Schiffspfandrecht für Inhaberpapiere usw., obwohl auch hier §§ 42, 43 Abs. 2 GBO und § 47 Abs. 2 SchiffsregisterO von einer »gegen den Vertreter« erlassenen Entscheidung sprechen. Ihnen steht der Vertreter der Besitzer von Schuldverschreibungen nach § 14 Abs. 4 des G v. 4. XII. 1899 (RGBl. 691) gleich. Zu diesen Fällen → § 53 Rdnr. 1 ff. Auch der Pfleger des Ungeborenen ist als Vertreter anzusehen (→ § 50 Rdnr. 3).

Keine Prozeßführungsbefugnis über fremde Rechte haben der **Vergleichsverwalter** **49** (§§ 38 ff. VerglO) und die dem Schuldner als **Zwangsverwalter** nach § 150 c ZVG beigeordnete Aufsichtsperson. Diese Personen haben keine Funktionen, die sie in die Lage versetzen, kraft ihrer Amtsstellung Prozesse zu führen (→ im übrigen Rdnr. 26).

V. Die Prozeßführungsbefugnis nach ehelichem Güterrecht

Wenn das eheliche Güterrecht das Verwaltungs- und Verfügungsrecht eines Ehegatten an **50** seinem Vermögen zugunsten des anderen beschränkt oder, soweit es eine Rechtsgemeinschaft vorsieht, besondere Regeln über das Verwaltungs- und Verfügungsrecht gibt, so berühren diese materiell-rechtlichen Bestimmungen das Verfahrensrecht nicht unmittelbar. Auch aus der »Schlüsselgewalt« (§ 1357 BGB) ergibt sich für den Prozeß weder ein Recht zur gesetzlichen Vertretung des anderen Ehegatten noch eine Prozeßführungsbefugnis über Rechte des anderen Ehegatten (→ § 53 Rdnr. 9). Im Prozeß muß jedoch verhindert werden, daß die materiell-rechtlichen Regelungen durch einseitige Prozeßführung des einen oder des anderen Ehegatten praktisch entwertet werden. Deshalb enthält das eheliche Güterrecht eine Reihe prozessualer Vorschriften, die das Prozeßführungsrecht besonders regeln. Dabei ergeben sich Unterschiede zwischen Aktiv- und Passivprozessen, wobei jedoch nach der Art des Güterstandes zu differenzieren ist.

---

[173] H. M., *BGHZ* 49, 1; NJW 1989, 2134; MDR 1973, 742; *RGZ* 50, 394. – A. M. *Zieglrum*, Sicherungs- und Prozeßpflegschaft (1986), 186 ff. (Partei kraft Amtes). – Die Beurteilung als gesetzliche Vertreter schließt eine Feststellungsklage gegen die genannten Personen, wie gegen jeden Dritten als Partei bei gegebenem rechtlichen Interesse, nicht aus, z. B. eine Klage gegen den Nachlaßpfleger auf Feststellung der Erbberechtigung, *RGZ* 106, 47; *OGHZ* 4, 219.

A. Aktivprozesse

51   1. Im gesetzlichen Güterstand der **Zugewinngemeinschaft** (§ 1363 ff. BGB) entsteht entgegen seinem Namen keine Gütergemeinschaft, die zu besonderen Regelungen der Prozeßführungsbefugnis hätte Anlaß geben können. Jeder Ehegatte kann **unabhängig** von dem anderen über die zu seinem Vermögen gehörigen Gegenstände **prozessieren**. Soweit eine gemeinsame Berechtigung rechtsgeschäftlich (z. B. Miteigentum) oder durch das tatsächliche eheliche Zusammenleben (Mitbesitz) begründet wird, bewendet es bei den allgemeinen prozessualen Regeln (→ Rdnr. 36 f.). Die *Verpflichtungs- und Verfügungsfähigkeit* ist zwar bei jedem Ehegatten zugunsten des anderen eingeschränkt, soweit es sich um sein *Vermögen im ganzen* (§§ 1365 ff. BGB) oder um Gegenstände des ehelichen *Hausrats* (§ 1369 BGB) handelt. Eine Klage gegen den Mann aus einem Verkauf von Hausrat, den er ohne Einwilligung der Frau vorgenommen hat, wäre danach unbegründet. Das Prozeßführungsrecht eines Ehegatten wird durch diese Vorschriften jedoch nicht berührt. Nur § 1368 BGB gestattet auch dem Ehegatten, ohne dessen Einwilligung in diesen Fällen verfügt worden ist, **die sich aus der Unwirksamkeit der Verfügung ergebenden Rechte** gegen Dritte gerichtlich geltend zu machen. Damit ist dem einen Ehegatten unabhängig von der Befugnis des anderen ein **eigenes Prozeßführungsrecht** zuerkannt[174]. Aus dem Schutzzweck der Vorschrift ist abzuleiten, daß der nicht verfügende Ehegatte auch auf Herausgabe an sich selbst klagen kann[175]. Daß das Urteil für oder gegen den nicht prozessierenden Ehegatten Rechtskraft wirke, ist der Vorschrift nicht zu entnehmen und kann auch nach der Interessenlage nicht angenommen werden (→ § 325 Rdnr. 57).

52   2. Erst recht kann bei **Gütertrennung** jeder Ehegatte unabhängig von dem anderen über sein Vermögen Aktivprozesse führen.

53   3. Als Wahlgüterstand kennt das BGB neben der Gütertrennung nur noch die **Gütergemeinschaft** (§§ 1415 ff. BGB), die als fortgesetzte Gütergemeinschaft zwischen dem überlebenden Ehegatten und den gemeinschaftlichen Abkömmlingen weiterbestehen kann (§§ 1483 ff. BGB). Dabei ist zwischen verschiedenen Vermögensmassen zu unterscheiden. Für die zum **Vorbehaltsgut** und zum **Sondergut** gehörenden Rechte sind die einzelnen Ehegatten und die Abkömmlinge bei der fortgesetzten Gütergemeinschaft in der Verwaltung und Verfügung frei und entsprechend auch prozeßführungsberechtigt[176]. Dagegen besteht hinsichtlich des **Gesamtguts** nicht nur eine Rechtsgemeinschaft zwischen den Ehegatten (§ 1416 BGB), bei fortgesetzter Gütergemeinschaft zwischen dem überlebenden Ehegatten und den gemeinschaftlichen Abkömmlingen (§ 1485 BGB), sondern das Verwaltungs- und Verfügungsrecht ist besonders geregelt und ihm entsprechend auch das **Prozeßführungsrecht**. Dabei ist bei der Gütergemeinschaft zu unterscheiden, ob ein Ehegatte *allein* zur Verwaltung berechtigt ist oder ob der Ehevertrag *gemeinschaftliche* Verwaltung durch beide Ehegatten vorsieht. Bei der fortgesetzten Gütergemeinschaft hat der überlebende Ehegatte die Stellung eines allein Verwaltungsberechtigten, die Abkömmlinge haben die Stellung des anderen Ehegatten (s. §§ 1421, 1422, 1450, 1487 BGB).

54   a) Bei **alleinigem Verwaltungsrecht** eines Ehegatten ist regelmäßig nur dieser zur Prozeßführung über das Gesamtgut befugt. Er macht dabei nicht ein eigenes Recht geltend, weil das Gesamtgut beiden Ehegatten gesamthänderisch zusteht, ist aber Partei und tritt deshalb in

---

[174] *Eickmann* Rpfleger 1981, 214.
[175] *Erman/Heckelmann* BGB[8] § 1368 Rdnr. 12 mwN; *Palandt/Diederichsen* BGB[51] § 1368 Rdnr. 4. – A. M. *OLG Köln* FamRZ 1959, 460. – Grundbuchberichtigung kann aber nur zugunsten des verfügenden Ehegatten verlangt werden, *BGH* NJW 1984, 609.

[176] Die Zustimmung der Frau begründet auch für diese Rechte die Prozeßlegitimation des Mannes; dies ist für Unfallschäden der Frau bedeutsam, *OLG Schleswig* SchlHA 1949, 163.

Prozeßstandschaft auf (→ Rdnr. 20, 36). Der **verwaltende Ehegatte** muß bei seiner Klage erkennbar machen, daß er ein Recht geltend macht, das zum Gesamtgut gehört. Er prozessiert mit Wirkung auch für den anderen Ehegatten hinsichtlich des Gesamtguts und kann dabei Leistung an sich verlangen (§ 1422 BGB)[177]. Der andere Ehegatte ist in diesen Prozessen Dritter sowohl für eine Intervention wie für die Zeugenstellung[178]. Zur Prozeßführung im eigenen Namen ist der **nicht verwaltungsberechtigte Ehegatte** (die Abkömmlinge bei der fortgesetzten Gütergemeinschaft) nur befugt in den Fällen der §§ 1431 (selbständig betriebenes Erwerbsgeschäft), 1429 BGB (Verhinderung des anderen Ehegatten)[179] oder wenn er bei Verfügungen des verwaltungsberechtigten Ehegatten ohne seine nach §§ 1423 ff. BGB ausnahmsweise erforderliche Zustimmung das Recht gegen Dritte geltend machen will[180]. Er kann aber das Prozeßführungsrecht auch durch **Zustimmung** des anderen Ehegatten erlangen. Denn wenn er auch grundsätzlich von der Verwaltung ausgeschlossen, nicht nur darin beschränkt ist, so zeigen doch die §§ 1438 und 1433 BGB, daß die Zustimmung des verwaltungsberechtigten Ehegatten ihm volles Verwaltungsrecht gewähren kann. Das muß entsprechend für die Prozeßführung gelten[181]. Die Zustimmung kann vor und im Prozeß (→ § 300 Rdnr. 22 f.) erklärt werden. Die Erklärung im Prozeß bedarf auch in zweiter Instanz nicht der Einwilligung des Gegners. Sie erfordert keine Form, kann daher auch dadurch zum Ausdruck kommen, daß der eine Ehegatte klagt, »und, soweit nötig« zugleich der andere[182], oder der eine »im Beistand« des anderen[183], oder schließlich dadurch, daß der andere als Prozeßbevollmächtigter auftritt oder in anderer Form den Prozeß instruiert und für den Ehegatten führt[184]. Die Zustimmung erstreckt sich auf die Prozeßführung als Ganzes. Eine Genehmigung einzelner Prozeßhandlungen genügt nicht, andererseits wäre nach erteilter Zustimmung die Verweigerung des Einverständnisses mit einzelnen Prozeßhandlungen unbeachtlich. Die Erteilung kann bis zur Klageerhebung widerrufen werden[185]. – Für die *Kosten* der Prozesse des nicht verwaltungsberechtigten Ehegatten haftet das Gesamtgut stets (§ 1438 Abs. 2 BGB), jedoch ohne direkte Vollstreckung in dieses (§ 740), außer beim Erwerbsgeschäft (§ 741). Dazu → Rdnr. 25 vor § 91.

b) Bei **gemeinschaftlicher Verwaltung** des Gesamtguts müssen beide Ehegatten klagen. Es **55** besteht insoweit eine notwendige Streitgenossenschaft (→ § 62 Rdnr. 18). Die Klage eines einzelnen Ehegatten ist wegen fehlender Prozeßführungsbefugnis *unzulässig* (unbegründet dagegen, wenn der Kläger zu Unrecht behauptet, das Recht gehöre nicht zum Gesamtgut, sondern zu seinem Sonder- oder Vorbehaltsgut; → Rdnr. 68). Ein Ehegatte allein darf klagen in den Fällen der Verhinderung des anderen (§ 1454 BGB), des Erwerbsgeschäfts (§ 1456 BGB) oder der Zustimmung des anderen[186] (→ Rdnr. 54). Zum Ersatz der Zustimmung durch das Vormundschaftsgericht bei grundloser Verweigerung s. § 1452 BGB. Der zur Prozeßführung Befugte darf aber dabei nicht Verurteilung zur Leistung an sich allein beantragen, sondern nur zur *Leistung an beide* oder zur Hinterlegung an beide (s. dazu § 1450 Abs. 1 S. 2 BGB), es sei denn, daß der andere auch diesem Antrag zugestimmt hat[187]. Jeder Ehegatte kann ferner allein ein zum Gesamtgut gehörendes Recht gegen den anderen Ehegatten (§ 1455 Nr. 6 BGB) oder, wenn der andere Ehegatte ohne die erforderliche Zustimmung über

---

[177] *RGZ* 67, 265.
[178] *RG* JW 1908, 70; → auch Rdnr. 6 vor § 373.
[179] Vgl. *BayObLG* SeuffArch. 58 (1903), 155; → § 53 Rdnr. 9.
[180] S. auch *OLG Königsberg* OLGRspr. 14 (1907), 229.
[181] H. M., *RGZ* 60, 146; 73, 309; 148, 247; JW 1905, 176; 1906, 141; 1911, 810; *Palandt/Diederichsen* BGB[51] § 1422 Rdnr. 3; *Staudinger/Thiele* BGB[12] § 1422 Rdnr. 44. – Wendet man entgegen der hier vertretenen Ansicht die Regeln über die gewillkürte Prozeßstandschaft an (so *Gernhuber* Familienrecht[3] § 38 VII 12;

MünchKommZPO/Lindacher Anh. § 52 Rdnr. 27; *Zöller/ Vollkommer*[15] Anh. § 51 Rdnr. 14), so ist diese ebenfalls zulässig, da sich aus der Gütergemeinschaft das erforderliche eigene rechtliche Interesse herleiten läßt.
[182] S. auch *RG* JW 1906, 328.
[183] *RGZ* 60, 85; JW 1908, 529; 1903, Beil. 147; *Gruchot* 50 (1906), 1090.
[184] *RGZ* 148, 248.
[185] Vgl. *RGZ* 164, 242.
[186] *Staudinger/Thiele* BGB[12] § 1450 Rdnr. 31.
[187] *Staudinger/Thiele* BGB[12] § 1450 Rdnr. 33.

das Recht verfügt hat, gegen einen Dritten gerichtlich geltend machen (§ 1455 Nr. 8 BGB), oder schließlich einer Zwangsvollstreckung in das Gesamtgut unter den Voraussetzungen des § 771 widersprechen (§ 1455 Nr. 9 BGB). Dagegen kann ein Recht zur Einzelklage nicht auf analoge Anwendung des § 2039 BGB gestützt werden[188]. Wegen der Kosten s. § 1460 Abs. 2 BGB und Rdnr. 54 a. E. – Solange jedoch ein Ehegatte unter elterlicher Sorge oder unter Vormundschaft steht, verwaltet der andere das Gesamtgut allein (§ 1458 BGB). Es gilt dann das bei Rdnr. 54 Bemerkte.

56   **c)** Bei der **fortgesetzten Gütergemeinschaft** hat der **überlebende Ehegatte** dieselben Prozeßführungsrechte wie der allein verwaltungsberechtigte Ehegatte bei der Gütergemeinschaft (§§ 1422, 1487 BGB; → Rdnr. 54). Die Abkömmlinge haben die Prozeßführungsbefugnis nur bei *Zustimmung* des überlebenden Ehegatten und in den Fällen des § 1455 Nr. 6, 8, 9 BGB (→ Rdnr. 55).

57   **d)** Nach **Beendigung der Gütergemeinschaft** (auch einer fortgesetzten) steht beiden Ehegatten (bzw. dem überlebenden Ehegatten und den Abkömmlingen) nur **gemeinschaftlich** das Prozeßführungsrecht über das Gesamtgut zu bis zu dem Zeitpunkt der Auseinandersetzung, von dem an es ein Gesamtgut nicht mehr gibt (§§ 1471 f., 1497 BGB). Ein Ehegatte (oder die Abkömmlinge) sind **allein** zur Prozeßführung nur befugt, soweit es sich um eine zur Erhaltung des Gesamtguts notwendige Maßregel (§ 1472 BGB)[189] oder die Geltendmachung von Ansprüchen nach Analogie des § 2039 BGB handelt[190].

58   **4.** Für die bis zum 22. VI. 1957 begründeten **Errungenschafts- und Fahrnisgemeinschaften** sind in Art. 8 I Nr. 7 GleichberechtigungsG die bisherigen Vorschriften aufrechterhalten. Wegen ihrer nicht sehr großen Bedeutung wird insoweit auf die 17./18. Auflage verwiesen.

B. Passivprozesse

59   **1.** Für die **Zugewinngemeinschaft** gilt nichts Besonderes. Jeder Ehegatte kann wegen seiner Schulden unabhängig von dem anderen verklagt werden. Die Verfügungsbeschränkungen bei ehelichem Hausrat usw. berühren nicht die prozessuale *Zulässigkeit* einer Klage, z. B. auf Erfüllung eines Kaufvertrags, den der eine Ehegatte ohne Einwilligung des anderen über Hausrat geschlossen hat, sondern entziehen dieser allenfalls die *Begründetheit* (→ Rdnr. 51). Das Prozeßführungsrecht jedes Ehegatten für seine Verbindlichkeiten ist nicht beschränkt. Werden Ehegatten aus gemeinsamer Verpflichtung, z. B. im Fall des § 1357 Abs. 1 S. 2, 2. Hs. BGB, als Gesamtschuldner gemeinsam verklagt, so sind sie einfache Streitgenossen (→ § 62 Rdnr. 11), und nichts anderes gilt, wenn sie aus einem angeblich für beide vorgenommenen Verkauf von Hausrat gemeinschaftlich verklagt werden. **Ebensowenig** ist durch die §§ 1365 ff. BGB die **Rechtskraft** oder die **Vollstreckbarkeit** eines Urteils, das gegen den einen Ehegatten ergangen ist, auf den anderen erstreckt. Ist das Erfordernis der Einwilligung der Frau zum Verkauf eines Hausratsstücks z. B. übersehen und der Mann zur Übereignung verurteilt, so ersetzt die Entscheidung nur die Willenserklärung des Mannes (§ 894), nicht die der Frau, so daß der Käufer mit Rechtskraft des Urteils und Wegnahme der Sache noch kein Eigentum erlangt. Auch der gute Glaube des Käufers daran, daß die Einwilligung der Frau vorliege oder nicht erforderlich sei, wird nicht geschützt[191]. Daran ändert auch der Umstand

---

[188] *Staudinger/Thiele* BGB[12] § 1450 Rdnr. 29; *Soergel/Gaul* BGB[12] 1450 Rdnr. 15; *Erman/Heckelmann* BGB[8] § 1450 Rdnr. 3. – Anders nach Beendigung der Gütergemeinschaft (→ Rdnr. 57).

[189] Vgl. *OLG München* OLGRspr. 30 (1915), 49.

[190] *RG* Gruchot 49 (1905), 974; WarnRspr. 1913 Nr. 150; s. auch *BGH* FamRZ 1958, 459.

[191] *Bosch* FamRZ 1957, 195; *Hartung* NJW 1959, 1020; *Soergel/H. Lange* BGB[12] § 1369 Rdnr. 24; *Staudinger/Thiele* BGB[12] § 1369 Rdnr. 68. – A. M. *Frank* NJW 1959, 135.

nichts, daß bei der Vollstreckung eines Urteils auf Übereignung, soweit es sich um die *Wegnahme* der Sache handelt, ein Gewahrsam oder Mitgewahrsam der Frau an der Sache nicht beachtet wird (s. § 739; zur Widerspruchsklage des anderen Ehegatten → § 739 Rdnr. 29). Der Käufer tut deshalb gut daran, sich vor der Klage der Einwilligung der Frau zu versichern und erforderlichenfalls gegen diese je nach Lage des Falles ebenfalls auf Übereignung oder auf Feststellung zu klagen, daß sie eingewilligt hat. Die Klagen gegen Mann und Frau können dann verbunden werden. Eine Klage gegen die Frau auf Duldung der Zwangsvollstreckung[192] sieht das geltende Recht nicht vor.

2. Die **Gütertrennung** ändert, wie bei Aktivprozessen, ebenfalls nichts am grundsätzlich   **60** selbständigen Prozeßführungsrecht jedes Ehegatten.

3. Bei der **Gütergemeinschaft**, auch bei der fortgesetzten, ergeben sich für Prozesse in   **61** bezug auf das *Vorbehaltsgut* und *Sondergut* keine Besonderheiten (→ Rdnr. 53).

a) Daher können beide Ehegatten, auch wenn **nur einer zur Verwaltung berechtigt** ist (bei   **62** fortgesetzter Gütergemeinschaft auch die Abkömmlinge), **für sich auf Leistung verklagt werden**, weil eben die Haftung eines jeden mit seinem Vorbehaltsgut von der Haftung des anderen und des Gesamtguts nicht abhängt. Werden sie gemeinsam verklagt, so besteht nur eine *einfache* Streitgenossenschaft.

Ist **nur der verwaltungsberechtigte Ehegatte verklagt**, so eröffnet seine Verurteilung auch   **63** die Vollstreckung in das Gesamtgut, einschließlich der Grundstücke[193] (§ 740 Abs. 1).

Ist **nur der nicht verwaltungsberechtigte Ehegatte verklagt**, so ist er allein Partei. Die   **64** Rechtskraft des Urteils beschränkt sich auf ihn, soweit der andere nicht zugestimmt hat[194], und das Urteil ist nur in sein Vorbehalts- und Sondergut, nicht in das des anderen Ehegatten oder in das Gesamtgut vollstreckbar. Jedoch wird der uneingeschränkten Leistungsklage gegen ihn auch Bedeutung für die Vollstreckung in das Gesamtgut beigemessen und sogar eine **Klage auf Duldung der Vollstreckung in das Gesamtgut** für zulässig gehalten[195]. Um Schwierigkeiten zu begegnen, die sich bei der Vollstreckung in Gesamtgut aus Allein- oder Mitgewahrsam des nicht verwaltungsberechtigten Ehegatten etwa ergeben könnten, ist diese Duldungsklage jedoch im allgemeinen nicht nötig, weil jedenfalls jetzt dagegen § 739 hilft (→ § 739 und § 740 mit Bem.; zur Vollstreckung in auf den Namen des nicht verwaltungsberechtigten Ehegatten noch eingetragene Rechte → § 740 Rdnr. 10). Gewiß könnte die Duldungsklage bei Beendigung der Gütergemeinschaft wichtig werden, weil dann die Vollstreckung in Gesamtgut einen Titel gegen beide Ehegatten voraussetzt (§ 743). Aber der Sache nach läge insoweit eine Klage auf künftige Leistung vor, die nur unter besonderen Voraussetzungen (§§ 257 ff.) zulässig ist, und im übrigen müßte sich das Prozeßführungsrecht nach den Verhältnissen zur Zeit der Prozeßführung und nicht nach ungewissen künftigen Umständen richten. Ferner kann in diesem Fall von dem vor der Beendigung des Güterstands gegen den verwaltungsberechtigten Ehegatten erstrittenen Urteil gegen den anderen nach der Beendigung die Vollstreckungsklausel erteilt werden (§ 744), so daß eine besondere Klage gegen den nicht verwaltungsberechtigten Ehegatten regelmäßig schon deshalb entfällt (→ § 744 Rdnr. 1). – Zum **ausnahmsweisen Prozeßführungsrecht** des anderen Ehegatten auch für das Gesamtgut s. §§ 1429, 1431 BGB (dazu → Rdnr. 54).

---

[192] Dazu *Bosch* FamRZ 1958, 86 (zweifelnd); → auch § 894 Rdnr. 24.

[193] *KG* OLGRspr. 9 (1904), 113.

[194] *RGZ* 148, 247.

[195] Vgl. *RGZ* 89, 361; 105, 19; *Gruchot* 48 (1904), 1017; *OLG Stettin* OLGRspr. 3 (1901), 242; *OLG Posen* OLGRspr. 7 (1903), 304; 13 (1906), 167; *OLG Hamburg* OLGRspr. 16 (1908), 289; *OLG Königsberg* OLGRspr. 21 (1910), 228; *Baumbach/Lauterbach/Hartmann*[50] Anh. § 52, Anm. 4 B a; – A. M. *Geib* AcP 94 (1903), 367; *Hein* Duldung der Zwangsvollstreckung (1911), 186 f.; *Meikel* BlfRA 1967, 267; *Planck* BGB[4] § 1443, 15 B e; auch *Erman/Heckelmann* BGB[8] § 1422 Rdnr. 5; *Soergel/Gaul* BGB[12] § 1422 Rdnr. 11; *Staudinger/Thiele* BGB[12] § 1422 Rdnr. 32, 56; *Zöller/Vollkommer*[15] Anh. § 51 Rdnr. 13 lassen die Duldungsklage nur ausnahmsweise zu, etwa wenn Anhaltspunkte für die Beendigung der Gütergemeinschaft gegeben sind (arg. § 743).

65   b) Bei **gemeinschaftlicher Verwaltung** des Gesamtguts haften die Ehegatten auch persönlich als Gesamtschuldner für die Gesamtgutsverbindlichkeiten (§ 1459 Abs. 2 S. 2 BGB). Sie **können daher einzeln verklagt werden.** Zur Vollstreckung in das Gesamtgut ist nach § 740 Abs. 2 die Verurteilung beider erforderlich, aber kein einheitlicher Titel. Auch wenn beide Ehegatten zwar gemeinsam, aber jeder persönlich als **Gesamtschuldner** auf Leistung verklagt werden, liegt keine notwendige Streitgenossenschaft vor[196]. Dagegen ist bei der **Gesamt- handsklage** eine notwendige Streitgenossenschaft anzunehmen[197] (näher → § 62 Rdnr. 19 ff.), da über das Recht der Gesamthand nur beide Ehegatten gemeinsam prozeßführungsbefugt sind. Eine Gesamthandsklage liegt vor, wenn der Kläger auf Leistung aus dem Gesamtgut klagt oder wenn die beanspruchte Leistung ihrem Inhalt nach nur von den Ehegatten gemein- sam aus dem Gesamtgut erbracht werden kann. Für Feststellungsklagen über Forderungen gilt dasselbe wie für Leistungsklagen. Bei Feststellungsklagen über sonstige Rechte des Gesamtguts wird man dagegen aus § 1450 Abs. 1 S. 1 BGB auf die Notwendigkeit einer Klage gegen beide, also auf notwendige Streitgenossenschaft schließen müssen (→ § 62 Rdnr. 22 f.; zur negativen Feststellungsklage → Rdnr. 66). – Zur ausnahmsweisen Prozeßführungsbefug- nis eines Ehegatten bezüglich des Gesamtguts s. §§ 1454, 1456 BGB (dazu → Rdnr. 55). Für die Prozeßkosten haftet das Gesamtgut stets (→ Rdnr. 54 a.E.).

66   **C. Negative Feststellungsklagen** gegen einen Ehegatten sind hinsichtlich der Prozeßfüh- rungsbefugnis wie Aktivprozesse, negative Feststellungsklagen durch einen Ehegatten wie Passivprozesse zu behandeln. Bei der Gütergemeinschaft hat daher ein Dritter die negative Feststellungsklage auch dann gegen den verwaltungsberechtigten Ehegatten (bzw. gegen beide gemeinsam verwaltungsberechtigte Ehegatten) zu erheben, wenn er eine zum Gesamt- gut gehörende Forderung des nicht (bzw. nicht allein) verwaltungsberechtigten Ehegatten bestreitet. Ein Urteil gegen den nicht (bzw. nicht allein) verwaltungsberechtigten Ehegatten würde ohnehin keine Rechtskraft gegenüber dem verwaltungsberechtigten Ehegatten äu- ßern, so daß insoweit auch das rechtliche Interesse zweifelhaft wäre. Für das rechtliche Interesse gegenüber dem verwaltungsberechtigten Ehegatten (bzw. gegenüber den gemein- sam verwaltungsberechtigten Ehegatten) reicht es aus, wenn sich der nicht (oder nicht allein) verwaltungsberechtigte Ehegatte eines Anspruchs berühmt[198]. – Wurde *gegen* den nicht verwaltungsberechtigten Ehegatten ein Anspruch behauptet, so kann der verwaltungsberech- tigte Ehegatte eine negative Feststellungsklage erheben, aber auch der nicht verwaltungsbe- rechtigte wegen seiner Prozeßführungsbefugnis hinsichtlich Vorbehalts- und Sondergut, da er insoweit persönlich haften würde.

D. Veränderungen des Güterstandes

67   Der bei Eintritt einer Gütergemeinschaft anhängige Rechtsstreit kann von dem prozessie- renden Ehegatten auch dann fortgesetzt werden, wenn das Prozeßführungsrecht an sich jetzt beiden gemeinsam oder dem anderen Ehegatten zustehen würde (§§ 1433, 1455 Nr. 7 BGB). Es bedarf auch zur Vollstreckung in das Gesamtgut keiner Verurteilung des am Prozeß nicht beteiligt gewesenen Ehegatten. Vielmehr ist gegen ihn nach § 742 die Vollstreckungsklausel zu erteilen. – Endet der Güterstand während des Prozesses, so fallen etwaige Beschränkungen des Prozeßführungsrechts fort. Dazu → § 239 Rdnr. 10, § 265 Rdnr. 20 sowie § 744 Rdnr. 4.

---

[196] *BGH* FamRZ 1975, 405; *Baur* FamRZ 1962, 508; *Erman/Heckelmann* BGB[8] § 1450 Rdnr. 3; *Gernhuber* Familienrecht[3] § 38 VIII 5; *Tiedtke* FamRZ 1975, 538; *Zöller/Vollkommer*[15] Anh. § 51 Rdnr. 21.

[197] Nachweise wie vorige Fn. Die Gesamthandsklage ist nur gegen beide Ehegatten zusammen zulässig, *Tiedtke*

FamRZ 1975, 538. Ob *BGH* FamRZ 1975, 405 etwas anderes besagt (wie *Tiedtke* annimmt), erscheint zweifel- haft.

[198] Krit. *MünchKommZPO/Lindacher* Anh. § 52 Rdnr. 56.

E. Prozessuale Behandlung

Wird die Prozeßführungsbefugnis des oder der Ehegatten nicht auf besondere Umstände   **68**
gestützt, sondern aus der Stellung als angeblicher Inhaber des streitigen Rechts abgeleitet, so
ergeben sich keine Besonderheiten. Bei Mängeln der materiell-rechtlichen Begründung der
Klage ist diese als **unbegründet** abzuweisen (zur ähnlichen Frage bei der sachlichen Zuständigkeit → § 1 Rdnr. 21). Kommt ein *besonderes Prozeßführungsrecht* des Ehegatten, der *nicht*
oder *nicht allein* Rechtsträger ist, in Betracht, so trifft für die die Befugnis begründenden
Tatsachen die Partei die Behauptungs- und **Beweislast**, die ein Sachurteil begehrt, wie dies
allgemein bei Prozeßvoraussetzungen der Fall ist (→ Rdnr. 21, Einl. Rdnr. 323), einerlei, ob
z. B. der Kläger sie für sich beansprucht oder bei dem Beklagten, der nicht Inhaber des
streitigen Rechts ist, annimmt. Bei Klagen für und gegen den **Rechtsinhaber** ist dagegen davon
auszugehen, daß er zur Prozeßführung befugt ist. Hier muß das Gegenteil behaupten und
beweisen, wer sich darauf beruft. Auch das güterrechtliche Prozeßführungsrecht ist nicht nur
auf Einrede, sondern von Amts wegen zu beachten. Es gilt jedoch weder der Untersuchungsgrundsatz noch der Grundsatz der Prüfung von Amts wegen, sondern die Verhandlungsmaxi-
me (→ Rdnr. 75 ff. vor § 128). Das Gericht kann abgesonderte Verhandlung anordnen und
durch selbständig anfechtbares Zwischenurteil entscheiden (§ 280). Fehlt ein behauptetes
Prozeßführungsrecht auf einer Seite, so ist die Klage als unzulässig abzuweisen (→ Rdnr. 20).
Zur Rechtskraft des Urteils gegen den nicht verwaltungsberechtigten Ehegatten → § 325
Rdnr. 56, zur Vollstreckbarkeit gegen ihn nach Umschreibung der Klausel s. § 744. Der
Mangel des Prozeßführungsrechts macht auch hier das Urteil *nicht unwirksam*. Es wirkt
jedoch keine Rechtskraft gegen den Rechtsträger, noch ist es gegen ihn vollstreckbar (z. B. das
Urteil gegen den nicht verwaltungsberechtigten Ehegatten nicht in das Gesamtgut). Ein
Wechsel der Prozeßführungsbefugnis, der durch Änderung der güterrechtlichen Verhältnisse
veranlaßt wird, fällt nicht unter § 265 (→ 265 Rdnr. 20, § 239 Rdnr. 10).

VI. Übersicht zum zweiten Abschnitt

Im zweiten Abschnitt des ersten Buches behandelt die ZPO zunächst im ersten Titel die   **69**
Erfordernisse in bezug auf die Parteien (Parteifähigkeit und Prozeßfähigkeit mit Einschluß
der gesetzlichen Vertretung), sodann im zweiten und dritten Titel die Streitgenossenschaft
und die spontane oder durch Streitverkündung veranlaßte Beteiligung Dritter (Haupt- und
Nebenintervention), anschließend im vierten Titel die Vertretung durch gewillkürte Vertreter
(Prozeßbevollmächtigte und Beistände). Es folgen Bestimmungen über die sich infolge der
Prozeßführung ergebenden vermögensrechtlichen Beziehungen unter den Parteien, nämlich
der fünfte Titel über die Haftung für die Prozeßkosten, der sechste Titel über die Sicherheitsleistung und schließlich im siebten Titel die Vorschriften über die Prozeßkostenhilfe.

Parteifähigkeit. Prozeßfähigkeit

§ 50   [Parteifähigkeit]

(1) Parteifähig ist, wer rechtsfähig ist.
(2) Ein Verein, der nicht rechtsfähig ist, kann verklagt werden; in dem Rechtsstreit hat der Verein die Stellung eines rechtsfähigen Vereins.

Gesetzesgeschichte: eingefügt RGBl. 1898, 256.

Stichwortverzeichnis: → vor § 50 vor Rdnr. 1.

I. Begriff der Parteifähigkeit[1]

1   Parteifähigkeit ist die **Fähigkeit, Subjekt des Prozesses zu sein**, also die Fähigkeit, im eigenen Namen zu klagen und verklagt zu werden (vgl. §§ 17, 171). Sie wird von § 50 an die *Rechtsfähigkeit* des bürgerlichen Rechts, die Fähigkeit, Subjekt von Privatrechten zu sein,

---

[1] Lit.: *Ahmann* Der Finanzgerichtsprozeß einer im Handelsregister gelöschten GmbH, GmbHR 1987, 439; *Ballon* Zur Parteifähigkeit von politischen Personenvereinigungen in Österreich, JBl. 1990, 2; *Bokelmann* Der

angeknüpft, zunächst einmal in dem Sinn, daß, wer rechtsfähig ist, auch parteifähig ist. Der Gesetzgeber der Novelle von 1897/1898 hatte feste Vorstellungen davon, wer rechtsfähig sein könnte, nämlich insbesondere die natürlichen Personen und die in den Registern publizierten juristischen Personen, während es für ihn selbstverständlich war, daß andere Personenzusammenschlüsse wie etwa die BGB-Gesellschaft oder der nicht rechtsfähige Verein weder rechts- noch parteifähig sein können, sofern nicht Sondervorschriften wie etwa § 124 HGB (→ Rdnr. 13) oder § 50 Abs. 2 ZPO (→ Rdnr. 20) etwas anderes anordnen[2].

Die moderne Zivilistik hat diese eher schematischen Vorstellungen von einer »Vollrechts- **1a** fähigkeit« einerseits und der Nichtrechtsfähigkeit andererseits relativiert und erkannt, daß bestimmte Gebilde zwar nicht vollrechtsfähig, aber doch selbst Träger eigener Rechte und Pflichten und damit nach bürgerlichem Recht (teil-)rechtsfähig sind[3]. Wenn das so ist, muß das Prozeßrecht reagieren und ermöglichen, daß über diese Rechte und Pflichten auch vor Gericht gestritten werden kann. Das kann aber nicht in der Weise geschehen, daß von der Teilrechtsfähigkeit ohne weiteres auf die Parteifähigkeit geschlossen wird, sondern angesichts der klaren Vorgabe des Gesetzgebers nur im Wege vorsichtiger **Rechtsfortbildung**. Dabei ist zunächst zu fragen, ob der Gesetzgeber die Parteifähigkeit bewußt versagt hat, wie beim nicht rechtsfähigen Verein (→ Rdnr. 19 ff., 20 a); dann ist eine Rechtsfortbildung nur möglich, wenn dieser Gesetzgeberwille heute vor der Verfassung keinen Bestand haben könnte (→ für die Gewerkschaften Rdnr. 16). Wo der Gesetzgeber die Rechtsfähigkeit nur anders als nach heutigem Verständnis beurteilt hat, ist weiter zu fragen, ob eine rechtsfortbildende Anwendung des § 50 Abs. 1 wirklich nötig ist, oder ob nicht auch der vom Gesetzgeber vorgesehene Weg zu angemessenen Ergebnissen führt (→ für die BGB-Gesellschaft Rdnr. 17). Nur wo auch das nicht zum Ziel führt, ist eine Rechtsfortbildung im Interesse der Bewährung und Durchsetzung des materiellen Rechts geboten (→ für den Organstreit Rdnr. 5 a).

Prozeß gegen eine im Handelsregister gelöschte GmbH, NJW 1977, 1130; *Bork* Die als vermögenslos gelöschte GmbH im Prozeß, JZ 1991, 841; *Breuninger* Die BGB-Gesellschaft als Rechtssubjekt im Wirtschaftsverkehr (1991); *Dolde* Die Beteiligungsfähigkeit im Verwaltungsprozeß, Festschr. f. Menger, 1985, 423; *Dunkl* Der Begriff und die Arten der Beteiligten im arbeitsgerichtlichen Beschlußverfahren, 1979; *Fenn* Zur aktiven Parteifähigkeit von gewerkschaftlichen Bezirksverbänden im Zivilprozeß, ZZP 86 (1973), 177; *R. Fischer* Die Personenhandelsgesellschaft im Prozeß, Festschr. f. Hedemann, 1958, 75; *Francke* Die nicht-rechtsfähige Prozeßpartei, AcP 114 (1916), 352; *Häfliger* Die Parteifähigkeit im Zivilprozeß, Zürich 1987; *Heilberg* Die Firma im Prozeß, Festschr. f. Pinner (1932), 280; *Heller* Der Zivilprozeß der Gesellschaft bürgerlichen Rechts, 1989; *Hempfing* Ist ein Mitglied eines nicht rechtsfähigen Vereins oder der Gesellschafter einer Gesellschaft bürgerlichen Rechts (Kartells) berechtigt, im eigenen Namen kraft eigenen Rechts auf Leistung an alle Gesellschafter zu klagen?, JW 1929, 2122; *Henckel* Parteilehre und Streitgegenstand im Zivilprozeß, 1961; *Huber* Die Parteifähigkeit der Personalgesellschaft des Handelsrechts und ihr Wegfall während des Prozesses, ZZP 82 (1969), 224; *Hüffer* Die Gesamthandsgesellschaft in Prozeß, Zwangsvollstreckung und Konkurs, Festschr. f. Stimpel, 1985, 165; *Jaeger* Die OHG im Zivilprozeß, Festgabe f. Sohm, 1915, 1; *Jung* Zur Partei- und Grundbuchunfähigkeit nichtrechtsfähiger Vereine, NJW 1986, 157; *Kainz* Die Parteifähigkeit regionaler Untergliederungen politischer Parteien im Zivilprozeß, NJW 1985, 2616; *Körnich* Das arbeitsgerichtliche Beschlußverfahren in Betriebsverfassungssachen,

1978; *Kornblum* Die Rechtsstellung der BGB-Gesellschaft und ihrer Gesellschafter im Zivilprozeß, BB 1970, 1445; *Laux* Die Antrags- und Beteiligungsbefugnis im arbeitsgerichtlichen Beschlußverfahren, 1985; *Lindacher* Die Scheinhandelsgesellschaft im Prozeß und in der Zwangsvollstreckung, ZZP 96 (1983), 486; *Nußbaum* Der nicht rechtsfähige Verein in Prozeß und Konkurs, ZZP 34 (1905), 107; *Pagenstecher* Werden Partei- und Prozeßfähigkeit eines Ausländers nach seinem Personalstatut oder nach den Sachnormen der lex fori beurteilt?, ZZP 64 (1951), 249; *Petersen* Über den Parteibegriff und die Parteifähigkeit, ZZP 18 (1893), 1; *Rechberger* Mangel der Parteiexistenz, Mangel der Parteifähigkeit und mangelhafte Parteibezeichnung, Festschr. f. Fasching, 1988, 385; *Reichert* Die BGB-Gesellschaft im Zivilprozeß, 1988; *Schelp* Parteifähigkeit der Verbände im arbeitsgerichtlichen Urteilsverfahren (§ 10 ArbGG), ArbuR 1954, 70; *K. Schmidt* Die Partei- und Grundbuchunfähigkeit nichtrechtsfähiger Vereine, NJW 1984, 2249; *ders.* Macht das Kartellverbot Gemeinschaftsunternehmen für Zivilprozesse inexistent?, WuW 1988, 5; *Schulz* Die Parteifähigkeit der nicht rechtsfähigen Vereine, NJW 1990, 1893; *Wachsmann* Die Firma in der Bezeichnung der Prozeßpartei, Gruchot 51 (1907), 313; *Wapler* Nichtrechtsfähige Vereine als Kläger im Zivilprozeß, NJW 1961, 439; *H. Westermann* Die BGB-Gesellschaft als Partei eines Schiedsgerichtsverfahrens oder Schiedsvertrages, Festschr. f. F. Baur, 1981, 723.

[2] *Hahn/Mugdan* Materialien zu den Reichsjustizgesetzen VIII, 1898, 84/138.

[3] Nachweise, auch zum folgenden, bei Rdnr. 5 a, 16, 17, 19 ff.

1b Im übrigen ist zu beachten, daß § 50 Abs. 1 kein »nur« enthält, so daß die Parteifähigkeit **auch bei nicht rechtsfähigen Subjekten möglich** ist (→ Rdnr. 19, 45)[4]. Ebensowenig darf man in unlogischer Umkehrung des § 50 Abs. 1 schließen, daß die Parteifähigkeit auch die Rechtsfähigkeit zur Folge habe.

1c In anderen Verfahrensordnungen wird die Parteifähigkeit häufig als **Beteiligtenfähigkeit** bezeichnet; vgl. § 78 AO[5], § 10 SGG, § 61 VwGO[6]. Zum arbeitsgerichtlichen Verfahren → Rdnr. 44 ff., 55 ff.

2 Die Parteifähigkeit ist ein **Prozeßvoraussetzung**, d.h. Voraussetzung für den Erlaß einer Sachentscheidung[6a] (→ Rdnr. 41). Sie ist von Amts wegen zu prüfen (§ 56). Zugleich ist sie Voraussetzung für die wirksame Vornahme von Prozeßhandlungen, also **Prozeßhandlungsvoraussetzung** (→ Rdnr. 183 vor § 128).

II. Parteifähige Personen

3 1. Alle natürlichen Personen sind nach § 1 BGB rechtsfähig und damit auch parteifähig. Da die Rechtsfähigkeit erst mit der Vollendung der Geburt beginnt, ist die **Leibesfrucht** nicht rechtsfähig. Es werden ihr jedoch gewisse Rechte als Anwartschaften vorbehalten, namentlich Erbrechte und Unterhaltsansprüche (§§ 844, 1923, 2043, 2108, 2178 BGB, § 3 HaftpflichtG), und die Wahrung dieser Rechte obliegt dem künftigen Inhaber der elterlichen Gewalt über das Kind (§ 1912 Abs. 1 BGB) oder dem nach § 1912 Abs. 2 bzw. § 1708 BGB der Leibesfrucht bestellten Pfleger. Daraus ergibt sich, da diese Personen ihre Aufgabe ohne gerichtliche Schritte nicht erfüllen könnten, daß *insoweit* die Leibesfrucht, wenngleich auflösend bedingt, *parteifähig* sein muß[7]. Die Fassung des § 1912 BGB spricht gegen die an sich mögliche Auffassung, daß der Pfleger als Partei im eigenen Namen für die Leibesfrucht auftrete. Dasselbe gilt von den Rechten der testamentarisch bedachten, noch nicht erzeugten Personen (§§ 2101, 2162, 2178 mit § 1913 S. 2 BGB)[8]. Der **Verschollene** verliert die Rechtsfähigkeit durch die (unrichtige) Todeserklärung nach § 9 VerschollenheitsG nicht.

2. Juristische Personen des Privatrechts

4 a) Rechtsfähige Vereine, d.h. solche Vereinigungen, die im Gegensatz zur Gesellschaft durch ihre Organisation vom Wechsel der Mitglieder unabhängig sind, Zwecke verfolgen, die über die Interessen der jeweiligen Mitglieder hinausgehen, körperschaftlich verfaßt sind, einen Gesamtnamen führen[9] und nach bürgerlichem Recht rechtsfähig sind. Das sind:

aa) Die Idealvereine (§ 21 BGB), wenn sie nach §§ 55 ff. BGB in das Vereinsregister eingetragen sind (**eingetragene Vereine**).

bb) Die Vereine mit dem Zweck eines wirtschaftlichen Geschäftsbetriebes, denen die **Rechtsfähigkeit** gemäß §§ 22 f. BGB von Staats wegen **verliehen** ist.

4a b) Genehmigte **Stiftungen** nach §§ 80 ff. BGB.

5 c) Dazu treten ferner die **Aktiengesellschaft** (§ 1 AktienG), die **Kommanditgesellschaft auf Aktien** (§ 278 AktienG), ferner die **Erwerbs- und Wirtschaftsgenossenschaft** nach § 17 GenG, die **Gesellschaft mit beschränkter Haftung** nach § 13 GmbHG und der **Versicherungsverein**

---

[4] *BGH* MDR 1960, 665 = NJW 1204.
[5] Zum Finanzprozeß vgl. *BFHE* 145, 408; *Gräber/von Groll* FGO[2] § 57 Rdnr. 7 ff.
[6] Dazu *Dolde* (Fn. 1); *v. Mutius* Jura 1988, 470; *Stettner* JA 1982, 395.
[6a] A. M. *MünchKommZPO/Lindacher* Rdnr. 64.

[7] Zust. *Mittenzwei* AcP 187 (1987), 274.
[8] *RGZ* 61, 355; zur Grundbucheintragung auch *RGZ* 65, 277.
[9] Vgl. statt aller *MünchKomm/Reuter* BGB[2] Vor § 21 Rdnr. 44 sowie unten Rdnr. 20 mwN.

auf Gegenseitigkeit nach § 15 VAG. Die *Vor-GmbH* wird heute (für die Zwecke des Gründungsstadiums) als rechtsfähiges Rechtssubjekt betrachtet[10] und muß folglich insoweit auch als nicht nur passiv (→ Rdnr. 30), sondern aktiv parteifähig anerkannt werden[11]. Zur OHG und KG → Rdnr. 13.

Die **Organe** der juristischen Personen haben als solche in erster Linie nur *Kompetenzen*, daneben aber auch eigene *subjektive Rechte* (vgl. § 90 AktG für das Informationsrecht des Aufsichtsrates gegenüber dem Vorstand). Erkennt man das an, stellt sich nach dem zu Rdnr. 1 Gesagten die Frage, ob die Organe um diese Rechte in einem *Organstreit* als Partei streiten können[12] (→ auch vor § 50 Rdnr. 37a). Da der Gesetzgeber sich mit dieser Frage nicht befaßt hat und gleichwertige Lösungsvorschläge nicht erkennbar sind, erscheint es gerechtfertigt, die Parteifähigkeit der Organe insoweit zu bejahen[13]. **5a**

3. Juristische Personen des öffentlichen Rechts und Behörden[14]

Die vom öffentlichen Recht mit Rechtsfähigkeit ausgestatteten Organisationsformen sind die öffentlich-rechtlichen Körperschaften, Anstalten und Stiftungen des Bundes- und Landesrechts sowie die sonstigen teilrechtsfähigen Verbände des öffentlichen Rechts. Sie sind über § 50 Abs. 1 auch parteifähig[14a]. **6**

a) Hier sind zunächst zu nennen die **Bundesrepublik Deutschland** (→ § 18 Rdnr. 8), deren einheitliche Rechtspersönlichkeit von allen Bundesgesetzen stillschweigend vorausgesetzt ist, ferner die **Länder** und die auf Landesrecht beruhenden **Gebietskörperschaften**, also namentlich Bezirke, Kreise Gemeinden nach den Kommunalgesetzen der Länder, u. U. auch frühere Gebietskörperschaften außerhalb des Bundesgebietes[15], die **öffentlichen Sparkassen** (z. B. § 2 SparkassenG.NW, GVBl.NW 1975, 498), kirchliche Körperschaften[16], die staatlichen Hochschulen (z. B. § 2 WissHG.NW, GVBl.NW 1979, 926; s. auch § 58 Abs. 1 HochschulrahmenG, BGBl. 1987 I, 1170), die Rundfunkanstalten (z. B. Art. 1 BayRundfunkG, BayGVBl. 1973, 563), das ZDF (§ 1 Staatsvertrag vom 6.6.1961) usw. Die Deutsche Bundesbahn kann als nicht rechtsfähiges Sondervermögen des Bundes nach § 2 Abs. 1 BundesbahnG (BGBl. 1951 I, 955) klagen und verklagt werden, ebenso das Sondervermögen **Deutsche Bundespost** (§ 5 PostVerfG, BGBl. 1989 I, 1026; → § 18 Rdnr. 41). Gleiches galt für die Deutsche Reichsbahn und die Deutsche Reichspost, mit denen Bundesbahn und Bundespost personengleich sind[17]. Wegen der Vertretung des Bundes und der Länder usw. → § 18 Rdnr. 8ff. **7**

---

[10] *BGHZ* 80, 129 = NJW 1981, 1373.

[11] *Eckhardt* Die Vor-GmbH im zivilprozessualen Erkenntnisverfahren und in der Einzelzwangsvollstreckung (1990), S. 33 ff. m. w. N.; *Hachenburg/Ulmer* GmbHG[8] § 11 Rdnr. 50; *Hüffer* (Fn. 1), 182 f.; *Scholz/K. Schmidt* GmbHG[7] § 11 Rdnr. 34; vgl. auch *BayObLG* BB 1978, 1685 sowie für den **Verein** BayObLG NJW-RR 1991, 958. – A. M. *Flume* Jur. Person, 1983, § 5 III 3, S. 162; *KölnKomm/Kraft* AktG[2] § 41 Rdnr. 36.

[12] Grundsätzlich gegen *Bauer* Organklagen zwischen Vorstand und Aufsichtsrat der Aktiengesellschaft, 1986; *Bork* ZGR 1989, 1; *ders.* ZIP 1991, 137; 1990, 1040; *Häsemeyer* AcP 188 (1988), 160 f; *ders.*, ZHR 144 (1980), 265; *Hommelhoff* ZHR 143 (1979), 288; *Kort* AG 1987, 193; *Raiser* ZGR 1989, 44; *ders.* AG 1989, 185; *K. Schmidt* ZZP 92 (1979), 212; *Teichmann* Festschr. f. Mühl, 1981, 663. Vgl. auch *BGHZ* 106, 54; *OLG Frankfurt* ZIP 1988, 233; *OLG Celle* ZIP 1989, 1552; *LG Darmstadt* AG 1987, 218; *LG Hannover* ZIP 1989, 1330. – Ganz ablehnend *Brücher* AG 1989, 190; *Mertens* ZHR 154 (1990), 24; *ders.* in: KölnKomm. zum AktG[2] vor § 76 Rdnr. 3 ff.

[13] *LG Darmstadt* AG 1987, 219; *Bauer* (vorige Fn.) 79 f.; *Bork* ZIP 1991, 139; ZGR 1989, 22 f.; *Hommelhoff* ZHR 143 (1979), 305 ff.; *Lutter* Information und Vertraulichkeit im Aufsichtsrat[2], 70; *MünchKommZPO/Lindacher* Vor § 50 Rdnr. 8; *Pflugradt* Leistungsklagen zur Erzwingung rechtmäßigen Vorstandsverhaltens in der AG (1990), 153; *Raiser* AG 1989, 188; wohl auch *K. Schmidt* ZZP 92 (1979), 219 ff. – Abl. *OLG Hamburg* DB 1992, 774 = EWiR 421 (*Bork*); *Flume* Jur. Person, § 11 V; *Kort* AG 1987, 195; *Stodolkowitz* ZHR 154 (1990), 4 f., 23; *H. Westermann* Festschr. f. Böttcher, 1969, 377.

[14] Eingehende Übersicht bei *Wieczorek/Leiss*[2] Anm. C III–V.

[14a] Das gilt auch für die **Parlamentsfraktionen**, *LG Bremen* NJW-RR 1992, 447; vgl. auch *ArbG Berlin* NJW 1990, 534.

[15] *BGH* WarnRspr. 1971 Nr. 249.

[16] Auch katholische Pfarrpfründestiftungen, *OLG Zweibrücken* MDR 1966, 672. – Nicht die Heilsarmee, *RAG* JW 1935, 2228.

[17] *BGHZ* 1, 35; 9, 16.

8   **b)** Hinzu treten zahlreiche weitere, auf besonderen bundes- oder landesrechtlichen Vorschriften beruhende **Anstalten** und **Körperschaften**, denen unter verschiedener Bezeichnung – teils unter besonderer Hervorhebung ihrer Eigenschaft als Körperschaft des öffentlichen Rechts – die Rechtsfähigkeit verliehen ist. Hiervon seien nur beispielsweise genannt:

9   Die Bundesanstalt für Arbeit (§ 189 Abs. 1 AFG, BGBl. 1969 I, 582), die Krankenkassen und die Verbände der Krankenkassen sowie die Berufsgenossenschaften (§§ 4 Abs. 1, 207 Abs. 1 SGB V, BGBl. 1988 I, 2477; 652 RVO), Versorgungskassen nach Landesrecht (nicht aber Zusatzversorgungskassen als deren unselbständige Einrichtungen)[18], die Kassenärztliche und Kassenzahnärztliche Vereinigung, (§ 77 Abs. 5 SGB V); die Wasser- und Bodenverbände nach Maßgabe der WasserVerbVO (§ 1, RGBl. 1937 I, 933), die Zweckverbände nach Landesrecht (z. B. Art. 18 ff. Bayer. KommZG, BayGVBl. 1966, 218, 314), die Industrie- und Handelskammern (§ 3 Abs. 1 des G. v. 18. XII. 1956, BGBl. I, 920), die Handwerksinnungen (§§ 53, 90 HandwO v. 28. XII.1965, BGBl. 1966 I, 1), die Jagdgenossenschaften (§ 9 Abs. 2 BJagdG, BGBl. 1976 I, 2849 bei entsprechender landesgesetzlicher Regelung, für Jagdgenossenschaften z. B. § 7 Abs. 1 LJagdG.NW, GVBl.NW 1978, 318), berufsständische Kammern, z. B. Rechtsanwaltskammern (§ 62 BRAO), Notarkammern (§ 66 BNotO), Ärzte-, Tierärzte- und Apothekerkammern nach Landesrecht (z. B. § 1 HeilBerG.NW, GVBl.NW 1989, 170), die Bundesanstalt für landwirtschaftliche Marktordnung (§ 1 des G über die Neuorganisation der Marktordnungsstellen v. 23. VI. 1976, BGBl. I, 1608); die landwirtschaftliche Rentenbank (§ 1 Abs. 1 G v. 15. VII. 1963, BGBl. I, 466), die Deutsche Bundesbank (§ 2 G v. 26. VII. 1957, BGBl. I, 745), die Deutsche Genossenschaftskasse (§ 1 Abs. 1 G v. 5. V. 1964, BGBl. I, 310); die Kreditanstalt für den Wiederaufbau (§ 1 Abs. 1 G v. 18. X. 1961, BGBl. I, 1877).

10   **c)** Kraft des Vorbehalts für die **Landesgesetzgebung** sind ferner parteifähig, sofern ihnen das Landesrecht die Rechtsfähigkeit zuspricht und soweit nicht inzwischen diese Gebiete bundesrechtlich geregelt sind, die Vereine auf dem Gebiet des Wasser-, Deich-, Siel-, Berg- und Fischereirechts, Art. 65–67, 69 EGBGB, also namentlich die Wassergenossenschaften, Deichverbände und nach Art. 83 EGBGB die Waldgenossenschaften. Die prozessuale Parteifähigkeit ohne die materielle Rechtsfähigkeit zu verleihen, ist das Landesrecht nicht in der Lage.

11   **d)** Gewissen **Behörden** ist die Parteifähigkeit zuerkannt, z. B. in § 632 usw. (→ Rdnr. 35 vor § 50) der Staatsanwaltschaft[19]. Ferner ist nach § 222 Abs. 1 BauGB in Verfahren vor den Kammern und Senaten für Baulandsachen die Stelle beteiligungsfähig, die den Verwaltungsakt erlassen hat[20]. Im übrigen entscheidet das Landesrecht, insbesondere über eine etwaige selbständige Rechtspersönlichkeit einzelner Stationen des Fiskus sowie über die Rechtsfähigkeit der kommunalen Anstalten und die Parteifähigkeit der Behörden. §§ 525 Abs. 2, 2194 BGB greifen ebensowenig wie § 17 oder § 171 der Entscheidung vor, ob die Behörde als solche oder als Vertreterin des Fiskus klagt oder verklagt wird.

12   **e)** Parteifähig sind auch die auf Bundes- oder Landesrecht beruhenden rechtsfähigen **Stiftungen des öffentlichen Rechts** (z. B. die Stiftung Preußischer Kulturbesitz, § 1 G v. 25. VII. 1957, BGBl. I, 841).

4. OHG und KG, Reederei

13   OHG und KG sind keine juristischen Personen[21], sondern Gesamthandsgesellschaften und damit eigentlich nicht parteifähig[22] (→ Rdnr. 17). Ihnen ist aber durch § 124 HGB (bei der KG iVm § 161 Abs. 2 HGB) die **Parteifähigkeit von Gesetzes wegen** beigelegt[23]. Das ergibt sich,

---

[18] *OLG Frankfurt* VersR 1987, 145.
[19] S. auch *RG* Gruchot 52 (1908), 159.
[20] → Rdnr. 16 vor § 50.
[21] Heute unstr.; zur älteren Gegenansicht s. *Voraufl.* Fn. 19.

[22] Anders diejenigen, die auch die BGB-Gesellschaft als parteifähig ansehen (→ Rdnr. 17) und daher § 124 HGB nur als deklaratorische Bestätigung betrachten; vgl. nur *Hüffer* (Fn. 1), 181 f.
[23] Heute ganz h.M.; vgl. BGHZ 64, 155 f.; 62, 131; 34,

wenn nicht schon direkt aus § 124 Abs. 1 HGB, so doch aus Abs. 2 dieser Vorschrift, wonach zur Vollstreckung in das Gesellschaftsvermögen – im Gegensatz zu § 736 ZPO – ein gegen die Gesellschaft gerichteter Schuldtitel erforderlich ist, und aus § 129 HGB, der umgekehrt die Zwangsvollstreckung gegen die Gesellschafter aus einem gegen die Gesellschaft gerichteten Titel nicht gestattet. Im Prozeß gegen die Gesellschaft ist also diese selbst Partei (zur Parteibezeichnung → § 51 Rdnr. 24, § 253 Rdnr. 35). Die Gesellschafter sind nicht Partei und können – mit Ausnahme der vertretungsberechtigten Gesellschafter, die bei der Parteivernehmung als gesetzliche Vertreter (→ § 51 Rdnr. 34) zu hören sind – als Zeugen vernommen werden[24]. Wird gleichzeitig Klage gegen die Gesellschafter aus § 128 HGB erhoben, handelt es sich um eine subjektive Klagenhäufung[25]. Sinkt die Personenhandelsgesellschaft während des Prozesses, etwa durch Aufgabe des Geschäftsbetriebes, zur BGB-Gesellschaft herab, so wird die gegen die jetzt nicht mehr parteifähige Gesellschaft gerichtete Klage unzulässig und muß durch gewillkürten Parteiwechsel auf die Gesellschafter umgestellt werden[26]; eine Berichtigung der Parteibezeichnung reicht nicht aus[27].

Wie der OHG ist auch der **Reederei** (§ 489 HGB) Parteifähigkeit zuzubilligen[28], wobei sie   **14** durch den Korrespondentreeder[29] (§ 493 Abs. 3 HGB) vertreten werden kann.

5. Politische Parteien

Diesen ist durch § 3 ParteienG (v. 24.VII. 1967; BGBl. I, 773) die aktive und passive   **15** Parteifähigkeit zugebilligt worden, unabhängig von der Rechtsfähigkeit. Neben der Partei als ganzer sind auch ihre Gebietsverbände der jeweils höchsten Stufe parteifähig, sofern die Satzung der Partei nichts anderes bestimmt. Den regionalen Untergliederungen kommt nach der Aussage des § 3 ParteienG keine aktive Parteifähigkeit zu[30]. Sie sind aber i. d. R. nach § 50 Abs. 2 als nicht rechtsfähige Vereine zumindest passiv parteifähig (→ Rdnr. 20).

6. Gewerkschaften, Betriebsrat

Die Gewerkschaften sind regelmäßig nicht rechtsfähige Vereine, so daß ihnen nach § 50   **16** Abs. 2 nur die passive Parteifähigkeit zukäme. Der BGH hat ihnen jedoch im Wege der Rechtsfortbildung auch die **volle aktive Parteifähigkeit** zuerkannt[31], nicht zuletzt unter Hinweis auf die verfassungsrechtlich verankerte besondere Stellung der Gewerkschaften (Art. 9 Abs. 3 GG) und auf die Anerkennung ihrer Parteifähigkeit im arbeitsgerichtlichen Verfahren (§ 10 ArbGG; s. auch § 250 Abs. 2 Nr. 3 AktG). Diese auf bereits vorhandene

---

297; *Huber* ZZP 82 (1969), 236 ff.; *Hueck* Das Recht der OHG[4], 331; *Hüffer* (Fn. 1), 166 f.; *Rosenberg/Schwab*[14] § 43 II 4; *K. Schmidt* Gesellschaftsrecht[2] § 46 II 3 a; anders *Henckel* (Fn. 1), 177 f., 183. Nachweise zur älteren Rspr. und Lit. *Voraufl.* Fn. 13 ff.
[24] Str.; → vor § 373 Rdnr. 6; § 455 Rdnr. 2.
[25] → § 62 Rdnr. 12. Zum Rechtshängigkeitseinwand bei getrennten Prozessen → § 261 Rdnr. 55, zur Bindung an Schiedsklauseln § 1025 Rdnr. 39.
[26] *LG Regensburg* WM 1979, 595; → auch unten Rdnr. 34 d sowie § 239 Rdnr. 7, § 264 Rdnr. 103.
[27] Anders wieder diejenigen, die auch die BGB-Gesellschaft als (teil-)rechtsfähig und parteifähig ansehen; vgl. nur *Lindacher* ZZP 96 (1983), 497; aber auch *Münch-Komm./Ulmer* BGB[2] § 718 Rdnr. 65 f.
[28] *BGH* MDR 1960, 665; *RGZ* 82, 131; 71, 27; *Münch-Komm./K. Schmidt* BGB[2] § 1008 Rdnr. 37; *Prüssmann/Raabe* Seehandelsrecht[2] § 439 C 1 a; *Ruhwedel* Die Par-

tenreederei, 1973, 353; *Schaps/Abraham* Seerecht[4] II § 489 Rdnr. 14.
[29] Vgl. *RGZ* 42, 10; *Ruhwedel* (vorige Fn.), 359.
[30] *BGHZ* 73, 277; *OLG Bamberg* NJW 1982, 895; *OLG Frankfurt* OLGZ 1984, 469; *OLG Köln* NJW 1978, 227; *LG Bremen* NJW 1989, 1865. – A. M. *Kainz* NJW 1985, 2617 f. ; *MünchKommZPO/Lindacher* Rdnr. 34. Allg. zur aktiven Parteifähigkeit des nicht rechtsfähigen Vereins → Rdnr. 20 a. Zum österreichischen Recht vgl. *Ballon* JBl. 1990, 2.
[31] *BGHZ* 50, 325 = LM Nr. 20 (LS; *Schneider*) = NJW 1968, 1830 = SAE 1969, 110 (*Fabricius*); aktive Parteifähigkeit zur Abwehr einer Beeinträchtigung ihrer Tätigkeit bejahte bereits *BGHZ* 42, 210 = LM Nr. 16 (LS; *Hauß*) = JZ 1965, 28 = NJW 29 = ZZP 78 (1965), 232 (zust. *Habscheid*); vgl. auch *BGHZ* 109, 17 = NJW 1990, 186 = JZ 50.

Rechtsnormen zurückgreifende Begründung erscheint – entgegen der Kritik[32] – hinreichend tragfähig, um die Abweichung von § 50 Abs. 2 zu rechtfertigen und die Rechtsprechung vor dem Verdikt einer Überschreitung ihrer Befugnisse im Hinblick auf die Gewaltenteilung zu bewahren (→ auch oben Rdnr. 1). Die erwähnte Begründung ergibt aber zugleich, daß eine weitere Ausdehnung nur auf nicht rechtsfähige **Arbeitgebervereinigungen**, nicht dagegen auf sonstige nicht rechtsfähige Vereine (mögen es auch Massenorganisationen sein) in Betracht kommt (→ Rdnr. 20). Der BGH[33] hat die aktive Parteifähigkeit der Bezirksverwaltung einer Gewerkschaft, die einen eigenen nicht rechtsfähigen Verein bildete, mit Recht abgelehnt, weil dafür angesichts der Parteifähigkeit der Gesamtgewerkschaft kein unabweisbares Bedürfnis bestehe. Zum Begriff der Gewerkschaften und Arbeitgebervereinigungen, der auch im Zivilprozeß zu gelten hat, → Rdnr. 46ff.

Betriebsrat und Gesamtbetriebsrat sind grundsätzlich weder aktiv noch passiv parteifähig[34] (zum arbeitsgerichtlichen Beschlußverfahren → Rdnr. 58), besitzen aber Parteifähigkeit im Fall des § 250 Abs. 2 Nr. 1, 2 AktG (Klage auf Feststellung der Nichtigkeit der Wahl von Aufsichtsratsmitgliedern).

7. Europäische Wirtschaftliche Interessenvereinigung (EWIV)

16a   Die EWIV ist keine juristische Person. Gemäß Art. 1 Abs. 2 der EWIV-Verordnung Nr. 2137/85/EWG vom 25. 7. 1985 (ABl. EG Nr. L 199, 1) hat sie aber die Fähigkeit, vor Gericht zu stehen. Für eine EWIV mit Sitz in der Bundesrepublik gilt gemäß § 1 des EWIV-AusführungsG vom 14. 4. 1988 (BGBl. I, 514) das Recht der OHG, so daß sie entsprechend dem zu Rdnr. 13 Gesagten parteifähig ist.

III. Nicht Parteifähige

17   **1.** Die Parteifähigkeit der **BGB-Gesellschaft** (§§ 705ff. BGB) ist umstritten, jedenfalls soweit es sich um eine *Außengesellschaft* handelt. Die Rechtsprechung[35] und vor allem die prozeßrechtliche Literatur[36] betrachten sie seit jeher als nicht rechtsfähigen und damit auch nicht parteifähigen Zusammenschluß. Es sei zwar ein Gesamthandsvermögen vorhanden, aber Subjekt dieses Vermögens seien die Gesellschafter, nicht die Gesellschaft; Partei seien daher die Gesellschafter selbst. Die moderne Gesamthandsdoktrin sieht hingegen in der Gesamthand als »Gruppe« einen selbständigen Träger von eigenen Rechten und Pflichten, der zwar nicht wie die juristische Person vollrechtsfähig, aber doch teilrechtsfähig sei[37]. Für die Parteifähigkeit werden daraus unterschiedliche Konsequenzen gezogen. Zum Teil wird aus der materiell-rechtlichen (Teil-)Rechtsfähigkeit ohne weiteres auf die Parteifähigkeit

---

[32] *Rosenberg/Schwab*[14] § 43 II 3; *Grunsky* Grundlagen des Verfahrensrechts[2], 248; *Kübler* Rechtsfähigkeit und Verbandsverfassung (1971).

[33] LM Nr. 25 = ZZP 86 (1973), 212 (krit. *Fenn* 177) = MDR 1972, 859; s. auch *OLG Hamm* BB 1970, 1395 = DB 1972; a. M. *MünchKommZPO/Lindacher* Rdnr. 46; zur passiven Parteifähigkeit s. *OLG Düsseldorf* NJW-RR 1986, 1507 und unten Rdnr. 20.

[34] Anders ist zu entscheiden, soweit der Betriebsrat selbst als (teil-)rechtsfähiges Gebilde im Urteilsverfahren in Anspruch genommen werden kann, etwa auf Schadensersatz. I.d.R. werden solche Ansprüche aber wohl gegen die Betriebsratsmitglieder verfolgt. Vgl. zum ganzen *Belling* Die Haftung des Betriebsrats und seiner Mitglieder für Pflichtverletzungen (1990), 222f., 283ff., 285ff.

[35] *BGH* NJW 1989, 2134; *BGHZ* 80, 227 = NJW 1981, 1953; *OLG Düsseldorf* WM 1992, 182; MDR 1977, 759; *LG Bonn* NJW 1988, 1597; *LG Kaiserslautern* DGVZ 1990, 91; *LG Regensburg* WM 1979, 595; *AG Bergisch-Gladbach* NJW-RR 1988, 223; vgl. auch *BGHZ* 107, 268 = JZ 1989, 798 (zust. *Weitnauer*); *BayObLG* NJW-RR 1989, 526.

[36] *Baumbach/Lauterbach/Hartmann*[50] Anm. 2 F b; *A. Blomeyer* ZPR[3] § 7 II 2; *Jauernig* ZPR[22] § 19 II 1; *Rosenberg/Schwab*[14] § 43 II 4; *Zöller/Vollkommer*[17] Rdnr. 26; *Voraufl.* – Offen *H. Westermann* (Fn. 1), 730.

[37] Vgl. nur *MünchKomm./Ulmer* BGB[2] Vor § 705 Rdnr. 8, § 705 Rdnr. 130ff. sowie die nachstehend Genannten; neuerdings auch *BGH* ZIP 1992, 114.

geschlossen³⁸ oder diese jedenfalls im Wege der Rechtsfortbildung bejaht³⁹, zum Teil wird die Parteifähigkeit verneint⁴⁰. Diese zuletzt genannte Auffassung verdient den Vorzug. Nach dem zu Rdnr. 1 Gesagten ist eine Rechtsfortbildung nur in engen Grenzen möglich. Daß der Gesetzgeber die BGB-Gesellschaft mit der Dogmatik des 19. Jahrhunderts weder für rechts- noch für parteifähig hielt⁴¹, hindert die Rechtsfortbildung zwar nicht. Systematisch ist aber zu bedenken, daß § 736 in Frage gestellt würde⁴², und vor allem ist zu berücksichtigen, daß den Interessen der Gesamthand und ihrer Gläubiger auch ohne Erweiterung von § 50 Abs. 1 dadurch Rechnung getragen werden kann, daß man die Gesamthänder auf dem vom Gesetz- geber vorgesehenen Weg im Prozeß als (notwendige) Streitgenossen behandelt⁴³ (→ § 62 Rdnr. 8, 20 a). Angesichts dessen erscheint es zutreffend, an der Auffassung des Gesetzgebers, die **BGB-Gesellschaft** sei **nicht parteifähig**, festzuhalten. Das gilt auch für die *passive* Parteifä- higkeit, für die eine analoge Anwendung von § 50 Abs. 2 nicht in Betracht kommt⁴⁴.

Verneint man mit der h.M. die Parteifähigkeit der BGB-Gesellschaft, so ergibt sich als   **17a** **Konsequenz**, daß die Klage gegen die Gesellschafter zu richten ist, auch das Urteil auf ihren Namen lautet und die Gesellschafter im Prozeß nicht Zeuge sein können. Eine Klage gegen den geschäftsführenden Gesellschafter (§§ 709 ff., 714) kann nicht als Klage gegen alle Gesellschafter angesehen werden. Der geschäftsführende Gesellschafter ist allenfalls Prozeß- bevollmächtigter, der dann seine Vertretungsmacht im Prozeß ebenso aus seiner allgemeinen Stellung herleitet wie etwa ein Prokurist aus der Erteilung der Prokura (→ § 80 Rdnr. 16, § 173 Rdnr. 10).

Die **stille Gesellschaft** ist eine reine Innengesellschaft und daher unstreitig nicht parteifä-   **17b** hig⁴⁵.

2. Nicht parteifähig ist ferner trotz § 17 Abs. 2 HGB die **Firma des Einzelkaufmanns**⁴⁶.   **18** Diese Vorschrift bestimmt, daß »der Kaufmann unter seiner Firma« klagen und verklagt werden kann. Die Firma ist nur der Name, unter dem der Unternehmer auftritt, und nicht etwa selbst Rechtssubjekt⁴⁷, so daß sie auch nicht etwa neben dem Kaufmann klagen oder verklagt werden darf⁴⁸. Es handelt sich lediglich um eine Erleichterung der *Parteibezeich- nung*, also um einen rein prozeßrechtlichen Satz⁴⁹, der zur Folge hat, daß in der Klage und im Urteil nur die Firma, nicht auch der Inhaber des Unternehmens angegeben zu werden braucht⁵⁰. Partei wird der Inhaber bei Begründung der Rechtshängigkeit⁵¹. Ebenso genügt die Firma als Unterschrift der Vollmacht und bei allen Prozeßhandlungen, auch den Zustellun-

---

³⁸ *Kornblum* ZZP 104 (1991), 93 ff. und 91 (1978), 347 (anders noch in BB 1970, 1445 ff.); *Lindacher* ZZP 96 (1983), 494 ff.; JuS 1986, 541 f.; 1982, 592 f.; *Münch- KommZPO/Lindacher* Rdnr. 26 f.; *Schünemann* Grund- probleme der Gesamthandsgesellschaft, 1975, 212 ff.; *Soergel/Hadding* BGB¹¹ § 714 Rdnr. 52. Vgl. auch für das Steuerrecht *BFH* NJW 1987, 1719 und 1720 (konsequent BB 1980, 823).
³⁹ *Breuninger* (Fn. 1), 85 ff.; *Hüffer* (Fn. 1), 177 ff.; *Reichert* (Fn. 1), 102 ff., 109 ff.; für die unternehmenstra- gende GbR *K. Schmidt* Gesellschaftsrecht, § 60 IV 1 c; Handelsrecht³ § 5 II 2; JZ 1985, 913; NJW 1985, 2789; nur de lege ferenda *Wiedemann* Festschr. f. A. Keller- mann (1991), 545 f.
⁴⁰ So vor allem *MünchKomm./Ulmer* BGB² § 718 Rdnr. 42 f.; ferner *Flume* Jur. Person, § 16 IV 5 (S. 336); *Heller* (Fn. 1), 252; *Winter* KTS 1983, 364.
⁴¹ → Fn. 2.
⁴² Vgl. nur *Reichert* (Fn. 1), 139/156: Die Vorschrift sei »gegenstandslos«.
⁴³ So auch *MünchKomm./Ulmer* BGB² § 718 Rdnr. 43 und ausführlich *Heller* (Fn. 1), 245 ff. und passim; vgl. auch *BGH* ZIP 1990, 716.

⁴⁴ Insoweit auch *Reichert* (Fn. 1), 111.
⁴⁵ *RG* SeuffArch. 56 (1901), 191; *Schlegelberger/ K. Schmidt* HGB⁵ § 335 (§ 230 n.F.) Rdnr. 178; *Staub/ Zutt* HGB⁴ § 230 Rdnr. 102.
⁴⁶ Vgl. dazu *Göppert* ZHR 47 (1898), 267; *Wachs- mann* Gruchot 51 (1907), 313; *Heilberg* in Festschr. f. Pinner (1932), 280.
⁴⁷ *Göppert* ZHR 47 (1898), 267; *RGZ* 54, 15; 66, 416; HRR 1930 Nr. 808; *KG* OLGRspr. 6 (1903), 504; *OLG Karlsruhe* OLGRspr. 11 (1905), 77.
⁴⁸ *RG* JW 1902, 636; HRR 1930 Nr. 808.
⁴⁹ Der daher vor deutschen Gerichten auch für auslän- dische Firmen gilt, *OLG Hamburg* OLGRspr. 3 (1901), 274.
⁵⁰ *RGZ* 54, 15; *OLG Hamburg* OLGRspr. 3 (1901), 274. – A. M. *Wachsmann* Gruchot 51 (1907), 313 (§ 17 HGB gelte nur für die Klage). – Ist der Inhaber angegeben, so geht der Prozeß auf seinen Namen, RG JW 1905, 158.
⁵¹ *OLG München* NJW 1971, 1615; *OLG Frankfurt* MDR 1985, 676; vgl. auch *BGH* NJW 1983, 2448. – A. M. (für die Klägerseite) *MünchKommZPO/Lindacher* Vor § 50 Rdnr. 15.

gen, mit Ausnahme derjenigen, die eine bestimmte physische Person voraussetzen, wie die Anordnung des persönlichen Erscheinens[52]. Der Richter braucht also in der Regel auch beim Erlaß des Urteils die Aufdeckung der wahren Inhaberschaft nicht zu verlangen[53]. Erfolgt eine solche, so liegt darin keine Klageänderung (→ § 264 Rdnr. 62), sofern nicht seit der Klageerhebung ein Wechsel der Inhaberschaft stattgefunden hat und der neue Inhaber Partei werden *soll*[54] (dann Parteiwechsel → § 264 Rdnr. 91 ff.). In allen übrigen Beziehungen dagegen kommt zur Geltung, daß der **Kaufmann selbst Partei** ist. Insbesondere bewirkt sein Tod die Unterbrechung usw. des Verfahrens nach §§ 239 ff., wogegen die Löschung der Firma während des Prozesses nur zur Folge hat, daß nunmehr der bürgerliche Name angegeben werden muß. Die Wirkungen des Prozesses (Rechtshängigkeit, Rechtskraft und Vollstreckbarkeit, insbesondere auch die Pflicht zur eidesstattlichen Versicherung nach § 807) treten nur in der Person des Kaufmanns selbst ein, d. h. desjenigen, von dem oder gegen den der Prozeß anhängig gemacht ist[55]. S. dazu die Bem. zu §§ 239, 261, 325, 451, 727, 729, 750, 866.

Übrigens beschränkt sich die Vorschrift des § 17 Abs. 2 HGB, die nur eine Befugnis, keine Pflicht aufstellt, einerseits nach § 4 HGB auf Vollkaufleute, andererseits auf Rechtsstreitigkeiten, die durch den Betrieb des Handelsgewerbes hervorgerufen sind[56]. Wegen der firmenähnlichen Bezeichnung von Minderkaufleuten gilt das Rdnr. 8 vor § 50 Bemerkte.

IV. Sachlich begrenzte Parteifähigkeit

19   Die Versagung der vollen Parteifähigkeit schießt nicht aus, daß einem Gebilde (ohne Rücksicht darauf, ob ihm die Rechtsfähigkeit überhaupt fehlt oder wenigstens in bestimmten Beziehungen zuzuerkennen ist) in Begrenzung auf bestimmte Prozesse, bestimmte Prozeßlagen oder eine bestimmte Parteistellung die Parteifähigkeit zugebilligt wird.

1. Nicht rechtsfähige Vereine

20   Die nicht rechtsfähigen Vereine besitzen nach § 50 Abs. 2 eine beschränkte, *nur passive Parteifähigkeit*. Hierher gehören Vereine mit wirtschaftlichem Geschäftsbetrieb, denen die Rechtsfähigkeit nicht verliehen ist (§ 22 BGB), oder Idealvereine, die die Eintragung bisher nicht nachgesucht haben oder denen sie versagt oder die Rechtsfähigkeit entzogen worden ist[57] (§§ 43, 61 BGB; zu rechtsähnlichen Gebilden → Rdnr. 30). *Unterorganisationen* größerer Verbände, insbesondere die regionalen Untergliederungen der politischen Parteien (→ Rdnr. 15), sind selbst nicht rechtsfähige Vereine und damit passiv parteifähig, wenn sie eine körperschaftliche Verfassung besitzen, einen Gesamtnamen führen, vom Wechsel ihrer Mitglieder unabhängig sind und neben ihrer unselbständigen Tätigkeit für den Hauptverein Aufgaben auch eigenständig wahrnehmen[58]. Eine eigene Satzung ist nicht erforderlich; es reicht die Satzung des Hauptvereins oder eine von diesem vorgegebene Satzung[59].

---

[52] Auch bei der Zeugenvernehmung wegen § 383.

[53] *KG* OLGRspr. 1 (1900), 397; *OLG Marienwerder* SeuffArch. 55 (1900), 418; *Schlegelberger/Hildebrandt* HGB[5] § 17 Rdnr. 19; *Staub/Hüffer* HGB[4] § 17 Rdnr. 47; der Sache nach auch *RG* HRR 1932 Nr. 1237; JW 1900, 551. – A. M. *Düringer/Hachenburg* HGB[3] § 17, 18; *Göppert* ZHR 47 (1898), 274; *Wachsmann* Gruchot 51 (1907), 326.

[54] Dazu *Staub/Hüffer* HGB[4] § 17 Rdnr. 50 f.

[55] *RGZ* 66, 416; 54, 15; *OLG Dresden* SächsAnn. 32, 512; *OLG Kassel* OLGRspr. 15 (1907), 150; *Bondi* ZZP 32 (1904), 232; *Göppert* ZHR 47 (1898), 269.

[56] Ebenso OGHZ 1, 64; *Göppert* ZHR 47 (1898), 268; *Staub/Hüffer* HGB[4] § 17 Rdnr. 45.

[57] Zu den *Parlamentsfraktionen* → Rdnr. 6.

[58] *BGHZ* 90, 332 = NJW 1984, 2223; 73, 277; *OLG Düsseldorf* NJW-RR 1986, 1507; *OLG Bamberg* NJW 1982, 895; *OLG Karlsruhe* OLGZ 1978, 227; *LG Regensburg* NJW-RR 1988, 184; *LG Arnsberg* NJW 1987, 1413; *LG Frankfurt* NJW 1979, 1661; *LG Oldenburg* GRUR 1986, 464.

[59] *BGHZ* 90, 333 = NJW 1984, 2223; *OLG Düsseldorf* NJW-RR 1986, 1507; *OLG Bamberg* NJW 1982, 895; *OLG Karlsruhe* OLGZ 1978, 227; *Kainz* NJW 1985, 2616. – A. M. *LG Bonn* NJW 1976, 810.

Das BGB unterstellt die nicht rechtsfähigen Vereine in § 54 privatrechtlich den Vorschrif- **20a**
ten über die Gesellschaften, obwohl sie ihrer Struktur nach Vereine (→ Rdnr. 4) sind. Damit
wäre ihnen ohne besondere Vorschrift nach Abs. 1 die Parteifähigkeit ganz entzogen gewesen. § 50 Abs. 2 gewährt demgegenüber zum Schutz der Vereinsgläubiger wenigstens die
passive Parteifähigkeit. Die damit verbundene, vom Gesetzgeber gewollte **Versagung der
aktiven Parteifähigkeit** mag unpraktisch sein, ist aber geltendes Recht (→ auch Rdnr. 1). Ein
zwingendes Bedürfnis, diese Entscheidung des Gesetzgebers aus übergeordneten Gesichtspunkten, wie etwa bei den Gewerkschaften (→ Rdnr. 16), für alle nicht rechtsfähigen Vereine
rechtsfortbildend zu korrigieren[60], läßt sich nicht feststellen[61], auch nicht bei Massenorganisationen[62] (→ auch Rdnr. 25); hier ist nur für unübertragbare Rechte eine Ausnahme zu machen
(→ Rdnr. 29; vgl. im übrigen Rdnr. 25 ff.).

a) Passive Parteifähigkeit

Der Verein kann[63] verklagt werden, d. h. Partei auf der Passivseite sein, auch wenn der **21**
Prozeß nicht gerade durch Klage, sondern durch Mahngesuch, Arrestgesuch oder Gesuch um
einstweilige Verfügung oder Sicherung des Beweises eingeleitet wird. Partei sind dann nicht
die Mitglieder[64]. Das Urteil bzw. der Vollstreckungs- oder Arrestbefehl ist demgemäß nicht in
deren Vermögen, sondern in das Vereinsvermögen vollstreckbar (§ 735). Die Rechtshängigkeit und Rechtskraft treten nur dem Verein, nicht auch den Mitgliedern gegenüber ein. Die
Mitglieder können Zeugen sein[65], und der Tod eines Mitglieds ist für den Fortgang unerheblich[66]. S. die Bem. zu §§ 239, 261, 325 und vor § 373.

In dem Rechtsstreit selbst hat der Verein die **Stellung eines rechtsfähigen Vereins.** Das **22**
bedeutet, daß der Vorstand sein gesetzlicher Vertreter ist[67], z.B. in bezug auf Zustellungen
(§ 171), daß er alle Prozeßhandlungen, einschließlich Anerkenntnis, Verzicht und Vergleich[68], wirksam vornehmen darf, und daß der Verein durch ihn auch angriffsweise vorgehen
kann, soweit es »in dem Rechtsstreit« geschieht. Wieweit dabei die Grenzen zu ziehen sind,
ist aus dem gesetzlichen Begriff des Rechtsstreits, wie er sonst der ZPO, z.B. in § 81 oder in
§§ 176, 178, enthalten ist, zu entnehmen.

Danach ist der **Verein berechtigt**, die *Aufrechnung* auch nach Anordnung getrennter **23**
Verhandlung zu verfolgen (§ 145), im *Zwischenstreit mit Dritten* angriffsweise vorzugehen
(§§ 71, 135, 387 ff.), *Widerklage* und Inzidentwiderklage nach §§ 33, 256 Abs. 2, 530 Abs. 1
zu erheben, das Verfahren nach einem *Vorbehaltsurteil* gemäß §§ 302, 599 fortzusetzen, die
Ansprüche auf *Schadensersatz wegen ungerechtfertigter Vollstreckung* nach §§ 302, 600,
717 Abs. 2 oder auf die Bereicherung nach § 717 Abs. 3 geltend zu machen, soweit es in dem

---

[60] So aber (z.T. beschränkt auf Idealvereine mit Mas-
sencharakter) u.a. *Erman/H.P. Westermann*[8] § 54
Rdnr. 9; *Fabricius* Relativität der Rechtsfähigkeit, 1963,
208; *Habscheid* ZZP 78 (1965), 237; *Hüffer* (Fn. 1) 183;
Jauernig ZPR[23] § 19 II 2; *Kainz* NJW 1985, 2617 f.; *Lindacher* EWiR 1990, 95 f.; *MünchKommZPO/Lindacher*
Rdnr. 37; *MünchKomm/Reuter* BGB[2] § 54 Rdnr. 8; *Pa-
landt/Heinrichs*[51] § 54 Rdnr. 11; *Reuter* ZHR 151 (1987),
392; *Schulz* NJW 1990, 1893; *Soergel/Hadding*[12] § 54
Rdnr. 33; *Staudinger/Coing*[12] § 54 Rdnr. 19; *Stoltenberg*
MDR 1989, 496; *Wapler* NJW 1961, 439. – Zur älteren
Lit. s. Voraufl. Fn. 44/46.
[61] *BGHZ* 109, 17 = NJW 1990, 186 = JZ 50; *OLG
Celle* NJW 1989, 2477; *OLG Zweibrücken* NJW-RR
1986, 181 (zur Grundbuchfähigkeit im fG-Verfahren);
OLG München NJW 1969, 617 f.; *Flume* ZHR 148
(1984), 511; *Rosenberg/Schwab*[14] § 43 II 2 a; *K. Schmidt*

NJW 1984, 2249; *Thomas/Putzo*[17] Anm. 2 f. bb; grundsätzlich wohl auch *Jung* NJW 1986, 161. – Zu älteren
Quellen s. Voraufl. Fn. 45.
[62] Insoweit abw. *RGRK-Steffen* BGB[12] § 54 Rdnr. 19.
[63] A. M. *OLG Naumburg* SeuffArch. 57 (1902), 265: er
müsse verklagt werden. Im gegebenen Fall handelte es
sich freilich um die Passivlegitimation.
[64] Nach *Becker* ZZP 97 (1984), 332 f. handelt es sich
um eine (fakultative) gesetzliche passive Prozeßstandschaft des Vereins für die Mitglieder.
[65] *RG* WarnRspr. 1908 Nr. 679. – A. M. *Wieczorek*[2]
Anm. E II b.
[66] Vgl. *Hellwig* Lb 1, 308. – A. M. *Nußbaum* ZZP 34
(1905), 122, 126, 151.
[67] *RG* Gruchot 47 (1892), 1098.
[68] *Dronke* ZZP 30 (1902), 63; *Nußbaum* ZZP 34
(1905), 125; *Lehmann* Prozeßvergleich (1911), 158.

anhängigen Rechtsstreit geschieht (zum selbständigen Prozeß → dagegen Rdnr. 24), die *Freigabe einer Sicherheit* im Fall des § 109, die *Aufhebung des Arrestes* wegen veränderter Umstände nach § 927 und die *Kostenfestsetzung* nach §§ 103 ff. zu beantragen und die Kosten, sowie im Fall der Widerklage auch die Leistung in der Sache selbst, zu der der Gegner verurteilt ist, und die ihm nach §§ 302, 600, 717 usw. zuerkannten Schadensersatzansprüche, vorbehaltlich der sogleich zu erwähnenden Beschränkungen, *beizutreiben*. Auch die Erhebung einer *Wiederaufnahmeklage* nach § 578 ist trotz ihrer formellen Selbständigkeit wegen § 590 (»die Hauptsache wird ... von neuem verhandelt«) hierher zu rechnen, ebenso trotz mancher Bedenken nach Analogie des Umfangs der Vollmacht (→ § 81 Rdnr. 7) auch die formell selbständigen Prozesse aus Anlaß der Zwangsvollstreckung, also die Klagen der §§ 767, 768, mit denen der Schuldner Einwendungen gegen den Anspruch oder die Vollstreckungsklausel geltend macht. Wegen der Zwangsvollstreckung → § 735.

24   Damit ist aber auch die **äußerste Grenze des »Rechtsstreits«** erreicht. Was darüber hinaus liegt, ist die *Rechtsangelegenheit*, die materiell-rechtliche, nicht die prozessuale Einheit, und nur für diese, nicht für jene ist dem Verein die Parteifähigkeit verliehen. Daher kann der Verein als solcher nicht gegen einen Dritten auf Vorlegung einer Urkunde klagen (§ 429), nicht in selbständigen Prozessen Schadensersatz- oder Bereicherungsansprüche nach §§ 302, 600, 717 Abs. 2, 3 oder § 89 verfolgen[69]. Diese kann er nur im anhängigen Prozeß geltend machen, wo er als Beklagter parteifähig ist, und ebenso kann er den Schadensersatzanspruch nach § 945 nur durch eine Widerklage im Hauptprozeß durchsetzen. Auch auf Freigabe einer Sicherheit kann er nicht Klage erheben. Er kann ferner nicht als *Streitgehilfe*, auch nicht auf Streitverkündung, einem anderen beitreten, da er seine Parteifähigkeit nur für die gegen ihn selbst gerichteten Prozesse hat[70]. Bei der Vollstreckung der auf die Widerklage des Vereins bzw. die Anträge nach § 302 usw. ergangenen Verurteilung des Gegners und bei der Beitreibung der Kosten, die zugunsten des Vereins festgesetzt sind, kann eine Sicherungshypothek nach § 866 nicht eingetragen werden, denn das Grundbuch ist dem nicht rechtsfähigen Verein schlechthin verschlossen[71]. Ebenso kann er sich eine Forderung seines Gegners nach § 835 an Zahlungs Statt nicht überweisen lassen, weil er nicht Gläubiger werden kann, und zur Einziehung nicht, weil er in dem neuen selbständigen Rechtsstreit gegen den Drittschuldner nicht Kläger sein könnte[72]. Ob er für die Zwangsversteigerung und Zwangsverwaltung als Gläubiger angesehen werden kann, steht dahin. Die Klage auf Erteilung der Vollstreckungsklausel (§ 731) oder die Klage gegen einen Mitberechtigten auf Duldung der Zwangsvollstreckung in das von dessen Recht erfaßte Vermögen des Schuldners (→ über diese Fälle Rdnr. 5 ff. vor § 735) ist ihm jedenfalls nicht eröffnet[72a], und ebensowenig kann er, wenn er an einem Verteilungsverfahren beteiligt ist, als widersprechender Gläubiger die Klagen des § 878 erheben. In allen diesen Fällen müssen die Mitglieder klagen.

b) Aktivprozesse

25   Soweit keine Parteifähigkeit besteht, können Personenverbindungen, Vermögensmassen usw. weder klagen noch verklagt werden. Die daraus sich insbesondere für viele nicht

---

[69] Ebenso *Baumbach/Lauterbach/Hartmann*[50] Anm. 3 A; *Jauernig* ZPR[23] § 19 II 2; *Nußbaum* ZZP 34 (1905), 117. – A. M. *Rosenberg/Schwab*[14] § 43 II 2 b; *Hellwig* Anspruch und Klagerecht (1900), 296.

[70] Ebenso *Nußbaum* ZZP 34 (1905), 117; *Baumbach/ Lauterbach/Hartmann*[50] Anm. 3 A. – A. M. *Walsmann* Streitgenössische Nebenintervention (1905), 197; *Wieczorek*[2] Anm. E II c 2, sowie *KG* KGBl. 18, 15 bezüglich der Nebenintervention auf seiten des Beklagten.

[71] So auch *RGZ* 127, 309; *OLG Jena* OLGRspr. 21 (1910), 21; *OLG Zweibrücken* NJW-RR 1986, 181; *K. Schmidt* NJW 1984, 2249; dazu *Jung* NJW 1986, 161.

[72] *Baumbach/Lauterbach/Hartmann*[50] Anm. 3 A; *Wieczorek*[2] Anm. E II c 1. – A. M. *Nußbaum* ZZP 34 (1905), 119.

[72a] A. M. *MünchKommZPO/Lindacher* Rdnr. 45.

rechtsfähige Vereine ergebenden Härten folgen aus § 50 in Verbindung mit § 54 BGB, sind also vom Gesetzgeber gewollt und können deshalb von der Rechtsprechung nicht einfach ausgeräumt, sondern nur, wo echte Lücken bestehen, oder in behutsamer Rechtsfortbildung dort, wo ein Rechtsnotstand entsteht, gemildert werden (→ auch Rdnr. 1, 20a). Dabei ist zu beachten, daß die Härte des Gesetzes nicht schlechthin als ungerechtfertigt angesehen werden kann, z.B. wenn der Erwerb der Rechtsfähigkeit nur unterblieben ist, um sich sachgerechten, aber als unbequem empfundenen Anforderungen, die insbesondere das Handelsrecht bei der Aktiengesellschaft, GmbH usw. dafür stellt, zu entziehen.

Wenn bei fehlender Parteifähigkeit die **Gesamtheit der Mitglieder** klagen wollte, müßten **26** diese in der Klage oder mindestens im Urteil einzeln aufgeführt sein[73], was bei Massenvereinigungen wegen ihrer kaum übersehbaren Zahl praktisch nicht durchführbar ist. Ferner bleiben trotz Wechsels der Mitglieder diejenigen Partei, die im Zeitpunkt der Klageerhebung die Mitgliedschaft besaßen, denn ihr Ausscheiden bewirkt eine Rechtsnachfolge (§§ 738, 54 BGB), die sie nach § 265 Abs. 2 nicht ohne weiteres aus dem Prozeß entläßt[74], und neue Mitglieder müßten einen Parteibeitritt vollziehen (→ § 263 Rdnr. 131 ff.).

Weitgehend wird deshalb die **Klage unter einem Gesamtnamen** für zulässig gehalten[75]. **27** Zwar ist es richtig, daß durch die Wahl eines anderen als des gesetzlichen Namens die Parteistellung begründet werden kann, wenn nur der oder die von der Bezeichnung Betroffenen zweifelsfrei feststellbar sind. Aber damit ist dieses Verfahren noch nicht als zulässig anerkannt (→ Rdnr. 9 vor § 50), und gegen die Zulässigkeit spricht, daß damit auf Umwegen die vom Gesetz gerade abgelehnte Parteifähigkeit im Ergebnis doch erreicht würde, und daß bei Abweisung der Klage auf Kosten des Klägers ein Titel entstünde, der in der Parteibezeichnung entgegen § 750 unbestimmt ist und dessen Berichtigung durch Benennung der einzelnen Kostenschuldner dem Beklagten oft nicht möglich sein wird[76].

Bei Verfolgung vermögensrechtlicher Ansprüche kann sich aber der nicht rechtsfähige **28** Verein möglicherweise selbst helfen, indem er sein Vermögen ganz oder teilweise **treuhänderisch** einem Dritten, z.B. dem Vorstand, **überträgt**, der dann die dazu gehörigen Rechte als eigene im eigenen Namen geltend machen kann[77]. Die treuhänderische Übertragung müssen sich Vertragspartner usw. im allgemeinen gefallen lassen; für die Kosten haftet ihnen der Treuhänder mit seinem Vermögen einschließlich des Treuguts. Die Mitglieder könnten ferner den **Vorstand ermächtigen**, die das Vereinsvermögen betreffenden Prozesse in gewillkürter Prozeßstandschaft als Partei im eigenen Namen zu führen (→ Rdnr. 41 vor § 50)[78]. Um die Schwierigkeit der Erteilung von Einzelermächtigungen bei wechselndem Mitgliederbestand zu vermeiden, könnte die Ermächtigung in der Satzung erteilt werden (→ vor § 50 Rdnr. 44). Die Erteilung einer Vollmacht in der Satzung kann allerdings die Ermächtigung nicht ersetzen[79]. Für eine **Ermächtigung zur Prozeßführung** wird jedoch meist das **rechtliche Interesse** nach dem oben Rdnr. 42 vor § 50 Bemerkte zu verneinen sein[80], zumal es oft dem Gegner nicht zuzumuten ist, sich auf die Klage eines Dritten einzulassen.

---

[73] So *RGZ* 78, 106; *JW* 1914, 414; *ZZP* 55 (1930), 406 (*Rosenberg*); *OLG München MDR* 1955, 33; s. auch *Enneccerus/Nipperdey* BGB Allg. Teil[15] I § 116 IV 8b. – Das einzelne Mitglied kann auch nicht ohne weiteres auf Leistung an den Verein klagen, *Hempfing JW* 1929, 2112; *Enneccerus/Nipperdey* a.a.O.

[74] *RGZ* 78, 105; *Rosenberg* gegen *RG ZZP* 55 (1930), 406.

[75] *LG Essen NJW* 1953, 1716; *LG Köln MDR* 1962, 61, beide das Namensrecht betreffend (→ Rdnr. 29); *Boehmer* Grundlagen der bürgerlichen Rechtsordnung II (2), 184; *Habscheid ZZP* 78 (1965), 237 und *AcP* 155 (1956), 415.

[76] Zust. *BGHZ* 42, 214; *Jung NJW* 1986, 161.

[77] Dafür *K. Schmidt* Gesellschaftsrecht[2] § 25 IV 1; *OLG Frankfurt NJW* 1952, 792 (*Lent*).

[78] Dafür *Habscheid AcP* 155 (1956), 414 und *ZZP* 78 (1965), 237; *Thomas/Putzo*[17] Anm. 2f bb (Ermächtigung einzelner Mitglieder möglich).

[79] *OLG München MDR* 1955, 33. – Ein Widerspruch des einzelnen Mitglieds berührt jedoch die Satzungsbestimmung nicht, *RGZ* 57, 91; *HRR* 1928 Nr. 1554.

[80] *BGHZ* 42, 213; *OLG Celle NJW* 1989, 2477; *Wapler NJW* 1961, 439.

29   Klagen zum **Schutz des Namensrechts** (und anderer nicht übertragbarer Rechte) wird man jedoch bei nicht wirtschaftlichen Vereinigungen, denen als Massenorganisation eine Benennung der Mitglieder nicht zuzumuten ist, zulassen können[81], weil hier einerseits eine Übertragung und damit auch eine Ermächtigung zur Prozeßführung schon an der höchstpersönlichen Natur dieses Rechts scheitert und andererseits vom materiellen Recht das Namensrecht dem Personenzusammenschluß als solchem zuerkannt und damit diesem insoweit Rechtsfähigkeit eingeräumt ist. Auch hat das Gesetz bei Erlaß der die Rechts- und Parteifähigkeit beschränkenden Vorschrift an dieses Recht kaum gedacht, so daß es nach dem zu Rdnr. 1 Gesagten zulässig erscheint, die Parteifähigkeit insoweit rechtsfortbildend zu bejahen.

2. Rechtsähnliche Gebilde

30   Die Vorschrift des Abs. 2 kann auf rechtsähnliche Fälle entsprechend angewendet werden, z. B. bei einer Waldinteressentenschaft, die eine Verwaltungsorganisation mehrerer Bruchteilseigentümer mit korporativer Verfassung ist[82]. Wer die Vor-GmbH und die nicht eingetragene Genossenschaft nicht unmittelbar § 50 Abs. 1 unterstellt (→ Rdnr. 5), muß jedenfalls Abs. 2 auf sie sinngemäß anwenden[83]. Im übrigen ist aber stets zu prüfen, ob für die Analogie ein Bedürfnis besteht (insbesondere weil sonst eine Vielzahl unbekannter und ständig wechselnder Einzelpersonen verklagt werden müßte)[84]. Das ist etwa zu verneinen für die *Wohnungseigentümergemeinschaft*, der jede vereinsähnliche Struktur fehlt[85].

3. Rechtsschein

31   Als Beklagter muß sich ferner als parteifähig behandeln lassen, wer im Rechtsleben **wie eine juristische Person** aufgetreten ist, wenn dies den Erfordernissen der Redlichkeit im Geschäftsverkehr entspricht, insbesondere wenn die Rechtspersönlichkeit zweifelhaft und deren **Nachweis** wegen seiner Schwierigkeit dem Kläger **nicht zuzumuten** ist[86]. Die Begründung des Rechtsscheins *allein* genügt danach nicht. Nach dem Rechtsgedanken des § 50 Abs. 2 ist eine nicht rechtsfähige Unternehmung, die im Grundbuch eingetragen ist, für Klagen passiv parteifähig, mit denen sie auf die Abgabe grundbuchrechtlicher Erklärungen in Anspruch genommen wird[87].

4. Parteifähigkeit während des Streits über den Mangel

32   Um einem Gebilde, das Parteifähigkeit beansprucht, nicht den Rechtsschutz abzuschneiden, muß dieses als parteifähig behandelt werden, solange im anhängigen Prozeß keine

[81] Vgl. (zum Namensrecht von Gewerkschaften und politischen Parteien und insofern, nicht aber allgemein, durch die neuere Entwicklung überholt; → Rdnr. 15, 16) *LG Bonn* AP § 54 BGB Nr. 1 (zust. *Stahlhacke*) = NJW 1957, 1883 = SAE 1958, 151 (krit. *Schumann*); *LG Hamburg* NJW 1959, 1927; *Henckel* Prozeßrecht und materielles Recht (1970), 67. S. auch *LG Aachen* NJW 1977, 255 (Parteifähigkeit einer Bürgerinitiative für Anspruch auf Gegendarstellung); a. M. *Seitz/Schmidt/Schoener* NJW 1980, 1557).

[82] *BGHZ* 25, 311 = NJW 1957, 1800.

[83] *BGHZ* 79, 241 = NJW 1981, 873; *OLG Hamm* WM 1985, 658; *OLG München* WRP 1978, 560; *OLG Ham-*

burg BB 1973, 1503; *BAG* NJW 1963, 680; ausf. dazu *Eckhardt* (Fn. 11), S. 33 ff., 54 ff. – Anders zur Genossenschaft *BGHZ* 20, 281; dazu *Pohle* ZGenW 6 (1956), 313. – Vgl. für die **Stiftung** auch *LG Heidelberg* NJW-RR 1991, 969.

[84] Vgl. *OLG Frankfurt* VersR 1987, 145 f.

[85] *BGH* NJW 1977, 1686; *OLG Koblenz* NJW 1977, 55; *OVG Bremen* NJW 1985, 2660 (alle auch zur Auslegung der Klage als gegen die Wohnungseigentümer gerichtet).

[86] *BGH* NJW 1960, 1204; *OLG Nürnberg* WM 1985, 259 = IPRax 342 (zust. *Rehbinder* 324).

[87] *BGHZ* 97, 270 = NJW 1986, 2194 = JZ 651.

endgültige, ihr diese Fähigkeit absprechende Entscheidung ergangen ist[88] (→ Rdnr. 41, § 56 Rdnr. 5, 16). Das gleiche gilt in einem Prozeß, der gerade über die Rechtsfähigkeit geführt wird[89].

5. Öffentlich-rechtliche Streitsachen

Für öffentlich-rechtliche Streitsachen, die in den Zivilprozeß verwiesen sind, gilt grundsätzlich nichts besonderes. Als Ausnahme ist jedoch in Kartellsachen für das Beschwerde- und Rechtsbeschwerdeverfahren nach § 76 des GWB (BGBl. 1957 I, 1081) nicht rechtsfähigen Personenvereinigungen die Parteifähigkeit zuerkannt.   **33**

V. Beendigung der Parteifähigkeit

Die Parteifähigkeit endet mit dem **Verlust der Rechtsfähigkeit**, soweit sie von dieser abhängig ist, sonst – z. B. bei Behörden – mit der **Existenz** des Rechtssubjekts.   **34**

Bei **natürlichen Personen** endet die Parteifähigkeit mit dem Tod (wegen des Prozesses im Namen eines Verstorbenen oder gegen einen Verstorbenen und verwandter Fälle → Rdnr. 42). Der Abwesenheitspfleger kann nach § 1921 Abs. 2, 3 BGB, solange sein Amt dauert, mit Wirkung für den Toten handeln[90].   **34a**

Bei den **Handelsgesellschaften und Vereinen** tritt mit der **Auflösung** eine wirkliche Beendigung nicht ein. Vielmehr besteht während der Dauer der Abwicklung (Liquidation) bzw. des Konkurses der Verein usw. für die Zwecke der Abwicklung fort und ist daher, solange noch Vermögensstücke vorhanden sind, auch parteifähig[91] (→ § 17 Rdnr. 19 sowie wegen der Vertretung § 51 Rdnr. 33 ff.). Erfolgt die Auflösung während eines anhängigen Prozesses, so gilt bei Gesamtrechtsnachfolge § 239 (→ § 239 Rdnr. 5 ff.), ansonsten bleibt die Parteifähigkeit für den anhängigen Prozeß bestehen.   **34b**

Diese Grundsätze gelten auch dann, wenn eine **GmbH** während eines Prozesses im Handelsregister **als vermögenslos gelöscht** wird (§ 2 LöschG). Diese Löschung allein beendet die Existenz der GmbH nicht[92]. Vielmehr geht die Gesellschaft nur dann unter, wenn sie tatsächlich vermögenslos *und*[93] im Handelsregister gelöscht ist[94]. Darüberhinaus bleibt die GmbH zu Liquidationszwecken auch dann bestehen, wenn sonstiger, nicht vermögensrechtlicher Abwicklungsbedarf besteht, die GmbH etwa noch Löschungsbewilligungen abgeben[95] oder Zeugnisse für ihre ehemaligen Arbeitnehmer ausstellen muß[96]. Im vermögensrechtlichen   **34c**

---

[88] *BGH* NJW-RR 1988, 477 f.; 1986, 394; NJW 1982, 238; *BGHZ* 74, 214 = NJW 1979, 1592; *BGHZ* 24, 94 = NJW 1957, 989; *OLG Hamburg* KTS 1986, 506. Bedenklich deshalb *OLG Hamm* OLGZ 1988, 92 (abl. *K. Schmidt* WuW 1988, 5).

[89] *RGZ* 170, 27.

[90] *RG* JW 1911, 100.

[91] *BGH* JZ 1981, 631; *OLG Koblenz* GmbHR 1991, 315, mwN. – Das gilt erst recht, wenn lediglich der Name eines Vereins im Register gelöscht wird, ohne daß die Existenz des Vereins in Frage stünde, *BGH* NJW 1984, 668.

[92] A. M. *A. Blomeyer* ZPR², 69; *Geßler/Hüffer* § 262 AktG Rdnr. 94; *Hachenburg/Ulmer* GmbHG⁷ § 60 Rdnr. 106, Anh. § 60 Rdnr. 34; *Hönn* ZHR 138 (1974), 50, 69; *Hüffer* Gedächtnisschrift f. Schultz, 99, 104 f; Münch-KommZPO/*Lindacher* Rdnr. 15, 53 ff.

[93] Nach früher h. M. kommt es *nur* auf die Vermögenslosigkeit an; vgl. nur *BGH* GmbHR 1988, 139, 140;

BGHZ 48, 303, 307; *BayObLG* GmbHR 1956, 76; *OLG Frankfurt* NJW-RR 1991, 318; *OLG Hamm* DB 1990, 1226 f.; *KG* JW 1927, 1183; umfassende Nachweise zur Literatur bei *Bork* JZ 1991, 842 Fn. 9.

[94] Lehre vom Doppeltatbestand; vgl. *Scholz/ K. Schmidt* GmbHG⁷ Anh. § 60 Rdnr. 18 ff.; *K. Schmidt* GmbHR 1988, 209, 211; ihm folgend *OLG Saarbrücken* EWiR 1991, 1133 (*Bork*); *OLG Stuttgart* GmbHR 1986, 269; *LG Köln* GmbHR 1990, 268, 269; *BAG* AP Nr. 6 zu § 50 (*Leipold*); umfassende Nachweise bei *Bork* JZ 1991, 844 Fn. 45.

[95] *OLG Hamm* OLGZ 1991, 13; *BayObLG* DB 1985, 107; 1984, 870, 871; BB 1984, 446, 447; 1983, 1303; *H. Schmidt* Zur Vollbeendigung juristischer Personen (1989), 103 ff.; offen *BGHZ* 105, 262 = NJW 1989, 220 = ZIP 1988, 1448, 1449.

[96] Zutreffend daher i. E. die Rspr. der Arbeitsgerichte; vgl. *BAGE* 36, 125 = AP Nr. 4 zu § 50 (*Stumpf*) = JZ 1982, 372 (*Theil*); *LAG Bremen* MDR 1984, 435.

Aktivprozeß ist die GmbH daher trotz der Löschung stets parteifähig, da bis zum Ende des Prozesses nicht feststeht, daß die GmbH kein Vermögen mehr hat[97] (→ zur *Prozeßfähigkeit* § 51 Rdnr. 38). Im *Passivprozeß* kommt es darauf an, ob sich das Gericht bei der Prüfung von Amts wegen (§ 56) davon überzeugen kann, daß die GmbH entgegen der durch die Löschung begründeten Vermutung noch Vermögen hat, wobei auch Regreßansprüche gegen Dritte für den Fall des Unterliegens[98] sowie der durch das Obsiegen bedingte Kostenerstattungsanspruch gegen den Kläger des schwebenden Verfahrens[99] in Betracht zu ziehen sind. Ergibt sich, daß die Löschung zu Recht erfolgt ist (und auch sonstiger Abwicklungsbedarf nicht besteht), ist die Klage als unzulässig abzuweisen. Der Rechtsstreit kann aber auch in der Hauptsache für erledigt erklärt werden (§ 91 a), falls auch die GmbH zustimmt, wofür ihre Parteifähigkeit nach dem in Rdnr. 32 ausgeführten Rechtsgedanken fortbesteht[100].

34d   Handelt es sich bei der gelöschten Gesellschaft um eine **Komplementär-GmbH**, so ist diese im Prozeß der KG nicht Partei. Ihre Vollbeendigung hängt vom Ausgang des Verfahrens allenfalls insoweit ab, als sich bei erfolgreichen Aktivprozessen der KG Beteiligungsansprüche der GmbH am Erlös ergeben können[101]. Ist die Komplementär-GmbH vollbeendigt und damit erloschen, kann das auch zum Erlöschen der KG führen, die damit ihre Parteifähigkeit verliert[102]. Nach dem zu Rdnr. 13 Gesagten kann der Prozeß dann nur mit den verbliebenen Gesellschaftern der KG fortgesetzt werden[103] (→ auch § 239 Rdnr. 7).

34e   Wegen der materiell-rechtlichen **Einzelheiten der Liquidation** s. hinsichtlich der Vereine §§ 47 ff. BGB, der Stiftungen § 88 BGB, der OHG §§ 145 ff., 156, 158 HGB, der KG § 161 Abs. 2 HGB, der Aktiengesellschaft §§ 264 ff. AktienG sowie für den Fall der Verschmelzung usw. §§ 339 ff. AktienG, der Kommanditgesellschaft auf Aktien §§ 289 f. AktienG, der Genossenschaft §§ 83 ff., 87 GenG (und für den Fall der Verschmelzung § 93 b GenG), der GmbH § 69 GmbHG, der Versicherungsvereine auf Gegenseitigkeit § 46 VAG. Soweit die Rechtsfähigkeit auf Landesrecht beruht, kommt dieses zur Anwendung[104]. Mit dem **Wegfall aller Mitglieder** endet die Rechtsfähigkeit und die Parteifähigkeit[105]. Da die nicht rechtsfähigen Vereine unter Gesellschaftsrecht stehen (§ 54 BGB), dauert auch ihre passive Parteifähigkeit nach § 730 Abs. 2 BGB während der Auseinandersetzung fort[106].

VI. Parteifähigkeit der Ausländer; Vereine älteren Rechts

1. Ausländer

35   Die Parteifähigkeit einer **ausländischen natürlichen Person** ist in entsprechender Anwendung des Art. 7 EGBGB nach den Gesetzen des Staates zu beurteilen, dem sie angehört[107].

---

[97] *BGHZ* 48, 307; *BGH* KTS 1989, 857; WM 1986, 145; 1977, 581; *OLG Düsseldorf* GmbHR 1988, 265 f.; *OLG Frankfurt* NJW-RR 1991, 318; *LG München I* Rpfleger 1974, 371; *BFH* NJW 1986, 2694; *J. Blomeyer* Festschr. f. G. Baumgärtel (1990), 29, 30; *Bokelmann* NJW 1977, 1131; *Kirberger* Rpfleger 1975, 343; *Piorreck* Rpfleger 1978, 157.
[98] *BGHZ* 105, 261; 74, 213; *BGH* KTS 1989, 857; *Bokelmann* NJW 1977, 1130.
[99] *BGH* WM 1986, 145 = NJW-RR 394; *OLG Saarbrücken* EWiR 1991, 1133 (*Bork*); anders *BGH* ZIP 1981, 1268; *BGHZ* 74, 213.
[100] *BGH* ZIP 1981, 1269 = JR 1982, 102 (*Grundmann*) = NJW 238; *OLG Frankfurt* NJW-RR 1991, 319; zu pauschal *OVG Münster* NJW 1989, 186.
[101] *BGHZ* 75, 182 f.; NJW-RR 1988, 478; NJW 1982, 238.

[102] *BGH* NJW-RR 1988, 478; NJW 1982, 238 = JR 102 (zust. *Grundmann*); *OLG Hamm* MDR 1990, 347.
[103] Vgl. *BGHZ* 62, 131; *Henckel* ZGR 1975, 232; *Huber* ZZP 82 (1969), 238, 243 ff., 245 ff.
[104] S. auch *RGZ* 34, 169; ferner SeuffArch. 73 (1918), 374.
[105] *BGHZ* 19, 51, 57; *BAG* AP § 1913 BGB Nr. 1 (krit. *Hübner*).
[106] *OLG Dresden* OLGRspr. 4 (1902), 202; s. auch *RG* JW 1899, 753. – A. M. *Nußbaum* ZZP 34 (1905), 127.
[107] *Pagenstecher* ZZP 64 (1950), 251; *Schack* IZVR Rdnr. 530; *Soergel/Kegel* BGB[11] Art. 7 EGBGB Rdnr. 3; *Staudinger/Beitzke* BGB[12] Vorbem. zu Art. 7 EGBGB Rdnr. 19.

Ebenso ist die Parteifähigkeit **ausländischer juristischer Personen** (Vereine, Aktiengesell- **36**
schaften usw.) generell nach ihrem Heimatrecht, d. h. nach dem Recht des Sitzes der Hauptverwaltung (nicht dem Ort der Gründung[108]) zu beurteilen[109]. Soweit dieses Recht einer nicht
rechtsfähigen Verbindung die Parteifähigkeit zubilligt, ist sie auch in der Bundesrepublik zu
bejahen[110]. Andererseits sind nach ihrem Heimatrecht nicht parteifähige Gebilde parteifähig,
wenn sie **im Inland aufgetreten** sind und nach deutschem Recht parteifähig wären[111]. Daß sich
die Parteifähigkeit **ausländischer Handelsgesellschaften** nach dem Recht ihres Sitzes bestimmt, ist vielfach auch in zweiseitigen **Staatsverträgen** festgelegt[112]; s. auch das EWG-
Übereinkommen über die gegenseitige Anerkennung von Gesellschaften und juristischen
Personen (v. 29. II. 1968, BGBl. 1972 II, 369, Art. 7); zur **EWIV** → Rdnr. 16 a.

Ebenso ist in mehreren Kollektivverträgen **zwischenstaatlichen Institutionen** die Rechts- **36a**
und damit Parteifähigkeit in den Mitgliedstaaten zuerkannt[113].

Die **inländische Zweigniederlassung** der ausländischen juristischen Person teilt grundsätz- **37**
lich deren rechtliches Schicksal, bleibt jedoch bei Erlöschen der juristischen Person nach
deren Heimatrecht hier bis zur eigenen Auflösung parteifähig[114].

Ausländische juristische Personen des öffentlichen Rechts sind parteifähig, wenn sie nach **38**
ihrem Heimatrecht rechtsfähig oder jedenfalls für Zivilsachen parteifähig sind. Zur Exterritorialität → Einl. Rdnr. 660.

2. Vereine älteren Rechts

Die Parteifähigkeit der vor dem 1. I. 1900 entstandenen **juristischen Personen** bestimmt sich nach dem **39**
alten Recht (Art. 163 EGBGB)[115]. Die **nicht rechtsfähigen Vereine** dagegen stehen, obwohl sie für ihr
inneres Verhältnis als Gesellschaften gemäß Art. 170 EGBGB nach dem alten Recht zu behandeln sind[116],
für die Parteifähigkeit unter dem neuen Recht[117].

---

[108] Umfassende Nachw. zur Gegenansicht bei *Münch-Komm./Ebenroth*[2] Nach Art. 10 EGBGB Rdnr. 143 Fn. 468.
[109] *BGHZ* 78, 334 = NJW 1981, 522; 53, 183 = NJW 1970, 998; 51, 27 = NJW 1969, 188; *BGH* NJW 1992, 628; *OLG Frankfurt* DB 1990, 1224 = NJW 2204 = EWiR 827 (*Ebenroth*); *OLG Zweibrücken* NJW 1987, 2186; *OLG Hamburg* NJW 1986, 2199; *OLG München* OLGZ 1986, 189 (terminologisch unsauber); *Soergel/Lüderitz* BGB[11] Vor Art. 7 EGBGB Rdnr. 223 ff.; vgl. auch *BGHZ* 97, 270 = NJW 1986, 2194 = JZ 651; *Riezler* Internationales Zivilprozeßrecht, 1949, 416.
[110] *Pagenstecher* ZZP 64 (1950), 262; *Riezler* (vorige Fn.), 416 f.; *Soergel/Lüderitz* (vorige Fn.), Rdnr. 224. – Auf die ausländische *Rechtsfähigkeit* kommt es dabei nicht an, *Schack* IZVR Rdnr. 530; vgl. auch *Gottwald* und *Klamaris* in: Grundfragen des Zivilprozeßrechts (1991), 67 ff./172 ff.; ferner *MünchKommZPO/Lindacher* Rdnr. 69.
[111] *Soergel/Lüderitz* (Fn. 109) Rdnr. 224. – S. auch *BGH* NJW 1960, 1204; *Jayme* Anm. zu *LG* und *OLG Frankfurt* IPRax 1982, 202 (passive Parteifähigkeit bei unklarer ausländischer Rechtslage; → Rdnr. 31).
[112] S. u. a. die Freundschafts-, Handels-, Schiffahrts- und Niederlassungsverträge der Bundesrepublik mit der *Dominikanischen Republik* Art. 7 nebst Protokoll Nr. 11

(BGBl. 1959 II, 1468; 1960 II, 1874); *Frankreich* Art. VI Abs. 1, VIII Abs. 1 (BGBl. 1957 II, 1661; 1959 II, 929); *Griechenland* Art. 6, 14 (BGBl. 1962 II, 1505); *Iran* Art. 4 (RGBl. 1930 II, 1006; BGBl. 1955 II, 829); *Irland* Art. 13 (RGBl. 1931 II, 115, 692); *Italien* Art. 7, 33 (BGBl. 1959 II, 949; 1961 II, 1662); *Japan* Art. XIII (RGBl. 1927 II, 1087); den *Niederlanden* (RGBl. 1908, 65, BGBl. 1952 II, 435); *Spanien* Art. 7 (BGBl. 1972 II, 1041, 1557); *Türkei* Art. 5 (RGBl. 1927 II, 76; BGBl.1952 II, 608); *USA* Art. VI Abs. 1, XXV Abs. 5 (BGBl. 1956 II, 487, 763).
[113] Insbesondere der EWG durch Art. 211 EWGV; der Europäischen Investitionsbank durch Art. 129 Abs. 1 EWGV nebst Protokoll über die Satzung (Art. 28 Abs. 1); der Montanunion und Euratom (→ zu den Verträgen Einl. Rdnr. 661, 682), den Vereinten Nationen (BGBl. 1970 II, 669). S. ferner Art. II § 3 c des Abk. über Vorrechte usw. der Sonderorganisationen der UN (BGBl. 1954 II, 639; 1957 II, 469).
[114] *BGHZ* 53, 383 = NJW 1970, 1187; *OLG Stuttgart* NJW 1974, 1627 (dazu *Cohn* NJW 1975, 499); *Soergel/Lüderitz* BGB[11] Vor Art. 7 EGBGB Rdnr. 228.
[115] Vgl. *RGZ* 61, 34.
[116] *RGZ* 51, 160; Gruchot 46 (1902), 1109; JW 1902, 427; *OLG Naumburg* SeuffArch. 57 (1902), 265.
[117] *RG* JW 1902, 427; 1903, 3; 1906, 7.

VII. Mängel hinsichtlich der Parteifähigkeit und der Existenz der Partei

1. Mängel der Parteifähigkeit

40   Da die Parteifähigkeit Sachentscheidungs- und Prozeßhandlungsvoraussetzung ist, muß sie **zur Zeit der Klageerhebung** bestehen und **während des ganzen Prozesses** fortdauern. Wird sie erst während des Prozesses **erworben**, so wird der Mangel geheilt, wenn der Prozeß von Anfang an auf den Namen der jetzt parteifähigen Partei ging und diese die bisherige Prozeß-führung **genehmigt**[118]. Die Genehmigung kann auch stillschweigend (durch rügeloses Verhandeln) erfolgen; sie muß die Prozeßführung im ganzen erfassen (→ § 56 Rdnr. 3). Eine Unterbrechung tritt dann nicht ein, ebensowenig handelt es sich um eine Klageänderung. Wird nicht genehmigt, ist die Klage als unzulässig abzuweisen. Ist ein jetzt rechtsfähiger Verein usw. nicht mit dem Gebilde identisch, das bislang Partei war, so kann der Prozeß nur im Wege eines Parteiwechsels (→ § 264 Rdnr. 91 ff.) übernommen werden.

Über den **Verlust der Parteifähigkeit** während des Prozesses → oben Rdnr. 34 ff. sowie § 239 Rdnr. 5 ff.

41   Die Parteifähigkeit ist **Prozeßvoraussetzung** und in jeder Lage des Verfahrens, auch in der Revisionsinstanz (→ § 559 Rdnr. 10; vgl. aber auch § 37 Rdnr. 1), von Amts wegen zu prüfen (§ 56). Die Geltendmachung des Mangels ist unverzichtbare Rüge der Unzulässigkeit und daher auch bei Verspätung (§ 282 Abs. 3) zulässig (§ 296 Abs. 3). Soweit die Entstehung des Rechtssubjekts auf einem Akt der freiwilligen Gerichtsbarkeit oder der Verwaltung beruht, bindet der rechtsschaffende Akt den Prozeßrichter. Eine Einrede kann nicht auf einen Mangel seiner Voraussetzungen oder des der Entstehung vorausgegangenen Verfahrens gestützt werden. Es kann also nicht geltend gemacht werden, daß die Voraussetzungen für die Eintragung des Vereins nach § 21 BGB nicht vorgelegen haben[119], und eine AG, GmbH oder Genossenschaft muß bis zum Ausspruch der Nichtigkeit als parteifähig behandelt werden[120]. – Zur Verhandlung über den Mangel ist der angeblich Parteifähige bzw. sein Vertreter zuzulassen, und es ist durch prozeßabweisendes End- oder durch Zwischenurteil nach § 280 darüber zu entscheiden[121]. Im ersteren Fall kann der nicht rechtsfähige Kläger auch in die Kosten verurteilt werden[122]. Der im Urteil für parteiunfähig Erklärte kann noch Kostenerstattung verlangen[123] und auch **Rechtsmittel** einlegen, um seine Parteifähigkeit geltend zu machen, und ist insoweit auch für die höhere Instanz als parteifähig zu behandeln[124] (→ § 56 Rdnr. 5). Im Rahmen des **Streits über die Parteifähigkeit** sind die Prozeßhandlungen der betreffenden Partei und auch die Zustellungen an diese (einschließlich der Urteilszustellung) als wirksam zu betrachten[125]. Ist das Urteil ohne Berücksichtigung des Mangels ergangen, so kann dieser nach Rechtskraft der Entscheidung nur noch in entsprechender Anwendung des § 579 Abs. 1 Nr. 4 mit der **Nichtigkeitsklage** geltend gemacht werden, es sei denn, daß das Gericht in einem Zwischenurteil oder ausdrücklich im Endurteil die Frage der Parteifähigkeit geprüft hat[126].

---

[118] *BGHZ* 51, 27; NJW 1972, 1714; *RG* JW 1901, 83.
[119] Vgl. *RGZ* 81, 206.
[120] Vgl. *RGZ* 59, 325; JW 1901, 83. – Zur Liquidation → Rdnr. 34 ff.
[121] *RGZ* 35, 362; *OLG Augsburg* SeuffArch. 64 (1909), 162, *Nußbaum* Prozeßhandlungen (1908), 108. – A. M. *Zeiler* ZZP 39 (1909), 350.
[122] Jedenfalls wenn er passiv parteifähig ist; andernfalls sind die das Verfahren einleitenden Personen in die Kosten zu verurteilen, *OLG Schleswig* JurBüro 1978, 1574; *OLG Düsseldorf* MDR 1977, 759. Generell für Verurteilung des Parteiunfähigen *Nußbaum* (vorige Fn.).

[123] *OLG Schleswig* JurBüro 1978, 1574.
[124] *OLG Stuttgart* NJW 1969, 1493; *OLG Düsseldorf* MDR 1977, 759.
[125] *Rosenberg/Schwab*[14] § 43 IV 2.
[126] *BGH* JZ 1959, 127 = MDR 121; *Rosenberg/Schwab*[14] § 43 IV 6; *Leipold* ZZP 81 (1968), 70. – A. M. *Hein* Identität der Partei (1918), 344; *Goldschmidt* Prozeß als Rechtslage (1915) Fn. 2677; *Lindacher* JZ 1989, 377; *MünchKommZPO/Lindacher* Rdnr. 66; → auch § 56 Rdnr. 2 und § 579 Rdnr. 2, 5.

2. Nicht existierende Partei, insbesondere verstorbene Partei

Von dem nicht parteifähigen Gebilde ist das nicht existierende zu unterscheiden. Dabei ist **42** zu beachten, daß in den Fällen der scheinbaren Beteiligung einer nicht existierenden Partei häufig nur eine falsche Parteibezeichnung vorliegt, die zu berichtigen ist[127] (→ Rdnr. 8 vor § 50). Der Prozeß für oder gegen eine nicht vorhandene Person, z. B. eine fingierte Partei, ist **nicht zulässig**. Eine durch oder gegen eine nicht existierende Person erhobene Klage ist durch Prozeßurteil abzuweisen[128]. Für den Streit über die Existenz, auch für Rechtsmittel, ist die Partei als existent zu behandeln[129]. Die **Kosten** sind an Stelle der nicht existierenden Partei derjenigen Person aufzuerlegen, die das Verfahren veranlaßt hat[130]. Umgekehrt ist der Kläger, der gegen eine nichtexistierende Partei geklagt hat, zur Tragung der Kosten eines »Vertreters« zu verurteilen, der auf Grund der Klage Anlaß hatte, für die nichtexistierende Partei aufzutreten[131]. Die Klageabweisung wird sich jedoch oft durch einen Parteiwechsel vermeiden lassen[132]. Dann müssen aber die Erfordernisse eines zulässigen Parteiwechsels (→ § 264 Rdnr. 91 ff.) erfüllt sein; die bloße Genehmigung der bisherigen Prozeßführung durch den Eintrittswilligen genügt nicht[133]. Prozeßhandlungen gegenüber oder für eine nicht existierende Partei entbehren der rechtlichen Wirkung, und eine ohne Rücksicht auf diesen Mangel ergehende Entscheidung wäre *wirkungslos*, ohne daß damit aber das Urteil etwa auch als Akt der Staatsgewalt selbst absolut nichtig wäre[134] (→ Rdnr. 3 vor § 578). Statt diese Wirkungslosigkeit auf den üblichen Wegen geltend zu machen, z. B. durch Feststellungsklage oder nach §§ 732, 766, kann die betroffene Gegenpartei auch die Nichtigkeitsklage wählen[135]. Über die Zustellung der Klage an eine andere Person als die wirkliche Partei → Rdnr. 10 f. vor § 50.

Bei der **Prozeßführung für oder gegen einen Verstorbenen** ist zu unterscheiden: Hat der mit **43** der Klageerhebung beauftragte **Prozeßbevollmächtigte** den Auftrag erst nach dem Tode des Auftraggebers ausgeführt, so liegt, da die Vollmacht mit dem Tode nicht erlischt (§ 86), vielmehr **für die Erben** wirkt, kein Fall eines Tätigwerdens für eine nicht vorhandene Person vor, ebensowenig der Fall eines Zwiespalts zwischen der Partei und dem als Partei Handelnden (→ Rdnr. 13 vor § 50), sondern lediglich eine *falsche Parteibezeichnung*, die jederzeit berichtigt werden kann[136] (→ § 264 Rdnr. 60 f.). Dasselbe gilt, wenn für eine verstorbene Partei ein Rechtsmittel eingelegt wird[137]. Für eine Aussetzung des Verfahrens nach Bekanntwerden des Todes (§ 246) ist kein Raum, da der Tote überhaupt nicht Partei war[138]. Ist die **Klage gegen einen Verstorbenen** gerichtet, ohne daß sich der Mangel alsbald bei der Zustellung herausgestellt hat (z. B. bei öffentlicher Zustellung), so ist die Rechtslage dieselbe wie bei dem Rdnr. 42 behandelten Fall der fingierten Partei: Das Urteil wirkt nicht im Verhältnis zum

---

[127] Beispiel: *OLG Stuttgart* JW 1936, 1145.

[128] *BGHZ* 24, 94 = *NJW* 1957, 989; *BAG* AP § 1913 BGB Nr. 1 (*Hübner*); *RGZ* 53, 241; 157, 377.

[129] *BGHZ* 24, 94; *OLG Hamburg* MDR 1976, 846.

[130] *RGZ* 157, 377; *BAG* AP § 1913 BGB Nr. 1 (*Hübner*); *OLG Düsseldorf* MDR 1980, 853.

[131] Vgl. *OLG Hamburg* MDR 1976, 846.

[132] *RGZ* 157, 377; *Volkmar* gegen *LAG Heidelberg* AP 50 Nr. 164.

[133] *BAG* AP § 1913 BGB Nr. 1 (*Hübner*).

[134] *OLG Hamburg* MDR 1976, 846; *Hein* (Fn. 126), 346; *Jauernig* Das fehlerhafte Zivilurteil (1958), 173; *Lindacher* JZ 1989, 377; *Wach* RheinZ 3, 403. – A. M. *Wurzer* Nichturteil und nichtiges Urteil (1927), 133; *Sauer* Grundlagen des Prozeßrechts², 443; *Sauer* Allgemeine Prozeßrechtslehre (1951), 119; für Antragsverfahren der freiw. Gerichtsbarkeit auch *BayObLGZ* 1986, 233. – Gegenüber der anderen Partei kann daher ein solches Urteil

Wirkungen haben (z. B. für deren gebührenrechtliche Beziehungen zur Staatskasse).

[135] *BGH* JZ 1959, 127; *OLG Stuttgart* JW 1936, 1145; *Lindacher* JZ 1989, 377 f.

[136] *BGH Saarbrücken* NJW 1973, 854, 857; *OLG Dresden* SächsAnn. 19, 86; JW 1919, 327; vgl. auch *RGZ* 68, 390; JW 1936, 810; *VGH Mannheim* NJW 1984, 195, 196; ferner *Hellwig* Lb 2, 300; *Rosenberg/Schwab*¹⁴ § 43 II 1 a ß; im Ergebnis übereinstimmend *de Boor* Zur Lehre vom Parteiwechsel und vom Parteibegriff (1941), 81, 84. – A. M. *OLG Marienwerder* SeuffArch. 56 (1901), 372; *Kisch* JW 1921, 41; *Siegert* Prozeßhandlungen (1929), 50. – Vgl. auch *Reichel* Festg. f. Thon (1911), 157.

[137] *BGH* MDR 1958, 319 = ZZP 71 (1958), 474; *RG* JW 1936, 810.

[138] *RG* JW 1895, 324; *OLG Marienwerder* SeuffArch. 56 (1901), 372. Krit. hierzu *de Boor* (Fn. 136), 81.

Erben und fällt demgemäß mangels einer Beziehung zu einer Person ins Leere[139]. Anders, wenn gegen einen Kaufmann unter seiner **Firma** geklagt und dabei der verstorbene Namensträger der Firma als Partei bezeichnet ist. Dies ist nur ein Fall unrichtiger Parteibezeichnung[140]. **Stirbt eine Partei während des Prozesses**, so gelten die §§ 239, 246. Der Fall, daß das Urteil keine Rechtswirkung ausübt, tritt dann ein, wenn es unzulässigerweise trotz bestehender Unterbrechung (§ 239) noch gegenüber dem Verstorbenen ergangen ist. Obwohl hier der Erbe durch das Urteil nicht betroffen wird, muß man ihn aber entsprechend dem bei Rdnr. 41 Ausgeführten zur Geltendmachung des Mangels zulassen. Auch eine Nichtigkeitsklage wird man zulassen können (→ Rdnr. 41 a. E.). Eine zu Lebzeiten der Partei, aber **ohne Vollmacht erhobene Klage** können die Erben nach dem Tod der Partei mit rückwirkender Kraft **genehmigen**[141]

VIII. Arbeitsgerichtliches Verfahren (§ 10 ArbGG)

44   § 50 gilt auch im arbeitsgerichtlichen Verfahren[142], so daß alle im Zivilprozeß Parteifähigen auch im arbeitsgerichtlichen Verfahren die Parteifähigkeit besitzen. Darüber hinaus ist aber der Kreis der parteifähigen Gebilde in § 10 ArbGG einmal allgemein in gewissem Umfang **erweitert** (→ Rdnr. 45), und ferner sind für das Beschlußverfahren (→ Rdnr. 55) noch zusätzliche Erweiterungen vorhanden.

1. Erweiterung der Parteifähigkeit im Urteilsverfahren (§ 10 Hs. 1 ArbGG)

45   Parteifähigkeit besitzen die **Gewerkschaften**, die **Vereinigungen von Arbeitgebern** sowie die **Zusammenschlüsse** solcher Vereinigungen (§ 10 Hs. 1 ArbGG), auch wenn sie nicht rechtsfähig sind.

46   a) Die Begriffe **Gewerkschaft** und **Vereinigung von Arbeitgebern** bestimmt das ArbGG nicht näher[143]. Es nimmt damit offenbar auf diese Begriffe in dem Sinn Bezug, den diese im Laufe der Zeit im Arbeitsleben und im Arbeitsrecht erhalten haben. Zur Auslegung können deshalb andere gesetzliche Vorschriften herangezogen werden, insbesondere § 2 TarifvertragsG (i. d. F. v. 25. VIII. 1969; BGBl. I, 1323). Zwar kann dasselbe Wort in einer einzelnen Vorschrift nach deren Sinn und Zweck zu einer etwas engeren oder weiteren Auslegung nötigen, und auch die prozessuale Aufgabe des § 10 ArbGG könnte immerhin gewisse Abweichungen fordern. Grundsätzlich ist jedoch von den allgemeinen Wesensmerkmalen auszugehen, die im materiellen Recht entwickelt sind, zumal im Regelfall kein Anlaß besteht, eine Parteistellung zu verleihen, hinter der keine materielle oder sonstige prozessuale Berechtigung steht.

47   Es ist nicht Aufgabe dieses Kommentars, die Wesensmerkmale der Gewerkschaften bzw. Arbeitgebervereinigungen in allen Verästelungen und Randfragen zu diskutieren[144]. Es mag ausreichen, folgende **Merkmale** zu skizzieren:

47a   aa) Es muß sich um einen **freiwilligen** Zusammenschluß handeln[145], der auf Dauer angelegt und mitgliederunabhängig, also **körperschaftlich strukturiert** ist[146]. Rechtspersönlichkeit ist nicht vorausgesetzt; meist handelt es sich um nicht rechtsfähige Vereine (→ Rdnr. 16).

48   bb) Es muß sich um eine Vereinigung von **Arbeitnehmern** oder **Arbeitgebern**[147] handeln. Die Vereinigungen müssen die Arbeitnehmer bzw. Arbeitgeber gerade in dieser Eigenschaft erfassen und **gegnerfrei**

---

[139] Die Kosten sind auch hier (→ Fn. 130) der Person aufzuerlegen, die das Verfahren veranlaßt hat, *OLG Hamburg* Rpfleger 1951, 247.

[140] *OLG Königsberg* SeuffArch. 58 (1903), 38; *OLG Stettin* OLGRspr. 19 (1909), 149; → auch Rdnr. 36; vor § 50 Rdnr. 8.

[141] Auch mit Wirkung für § 847 Abs. 1 S. 2 aF BGB, *BGH* NJW 1967, 2304.

[142] Zust. *Grunsky* ArbGG[6] § 10 Rdnr. 3. Die Geltung des § 50 ergibt sich nicht aus einer ausdrücklichen Verweisung in § 10 ArbGG, aber aus dem Wortlaut (»auch« in § 10 Hs. 1 ArbGG) und dem Sinn der Vorschrift.

[143] Dazu *Schelp* ArbuR 1954, 70.

[144] Vgl. dazu die Kommentierungen zu § 2 TVG von *Hagemeier/Kempen/Zachert/Zilius*[2] Rdnr. 10 ff., 60 ff. mit umfassenden Literaturangaben; *Reichel/Koberski/Ansey* Rdnr. 12 ff.; *Wiedemann/Stumpf*[5] Rdnr. 94 ff.

[145] *BVerfGE* 58, 247; 50, 368; 18, 28; *BAG* EzA § 2 TVG Nr. 18, 19; DB 1987, 947; 1986, 755; 1983, 1151; ArbuR 1977, 283.

[146] *Hagemeier/Kempen/Zachert/Zilius* TVG[2] § 2 Rdnr. 29; *Reichel/Koberski/Ansey* TVG § 2 Rdnr. 43; *Wiedemann/Stumpf* TVG[5] § 2 Rdnr. 107.

[147] Zu den Begriffen → § 1 Rdnr. 157 ff.

sein, d. h. ihnen dürfen keine Mitglieder des Berufskreises der Gegenseite angehören[148], wohl aber Dritte oder Mitglieder anderer Berufskreise.

cc) Die Vereinigung muß ferner **tariffähig** sein. Das bedeutet, daß sie sich als satzungsgemäße Aufgabe **49** die Wahrnehmung der Interessen ihrer Mitglieder in ihrer Eigenschaft als Arbeitnehmer gesetzt haben muß[149], willens ist, Tarifverträge zu schließen, und das geltende Tarifrecht als verbindlich anerkennt[150]. Die Bereitschaft zum Arbeitskampf ist keine zwingende Voraussetzung[151], wohl aber eine leistungsfähige Organisation und *Durchsetzungskraft* gegenüber dem sozialen Gegenspieler[152]. Dabei dürfen allerdings im Hinblick auf Art. 9 Abs. 3 GG keine allzu hohen Anforderungen gestellt werden.

dd) Die Vereinigung muß **selbständig** sein. Ob ein *Unterverband* nach § 10 ArbGG parteifähig ist, **50** hängt davon ab, ob er nach Organisation und Vermögen als eigenständiges Gebilde angesehen werden kann und ob er selbst tariffähig ist[153].

ee) Ferner muß die Vereinigung – jedenfalls von der Gegenseite und vom Staat – **unabhängig** sein[154]. **51** Eine weltanschauliche, politische oder religiöse Grundeinstellung ist damit vereinbar, wenn sie selbstge- wählt ist und keine organisatorische oder wirtschaftliche Abhängigkeit besteht[155].

ff) Schließlich muß die Vereinigung **auf überbetrieblicher Grundlage** organisiert sein[156]; Werkvereine **52** sind schon wegen der Gefahr der Abhängigkeit vom Arbeitgeber (→ Rdnr. 51) keine Gewerkschaften[157].

b) Parteifähig sind auch die **Zusammenschlüsse** von Gewerkschaften oder von Vereinigungen der **53** Arbeitgeber. Tariffähigkeit (dazu § 2 Abs. 2–4 TVG) ist ihnen damit weder verliehen, noch wird sie vorausgesetzt.

c) Umfang der Parteifähigkeit: Sind die genannten Voraussetzungen gegeben, so besitzen die Vereini- **54** gungen die **aktive und passive Parteifähigkeit** in demselben Umfang wie eine rechtsfähige Person. Dies gilt auch vor den ordentlichen Gerichten (→ Rdnr. 16). Auf den *Gegenstand* des Prozesses kommt es nicht an. Daher ist eine Gewerkschaft auch dann parteifähig, wenn sie als Arbeitgeber klagt[158]. Mit der **Auflösung des Verbandes** geht die Parteifähigkeit verloren. Der Verband ist im Liquidationsstadium nicht mehr tariffähig, auch wenn die von ihm geschlossenen Tarifverträge noch laufen[159]. Soweit eine »Ge- werkschaft« usw. den vorstehend dargelegten Erfordernissen nicht entspricht, bewendet es bei der Vorschrift des § 50 ZPO.

Wegen der Befugnis der Vereinigungen zur Bestellung von **Prozeßvertretern** → § 78 Rdnr. 46, wegen der **Zwangsvollstreckung** gegen sie → § 735.

2. Beteiligungsfähigkeit im Beschlußverfahren[160]

Im Beschlußverfahren gibt es keine Parteien, keine Kläger und keine Beklagten, sondern nur Beteilig- **55** te, von denen einige als *Antragsteller* auftreten und einige u. U. auch als *Antragsgegner* bezeichnet werden können, so daß es eine Parteifähigkeit im wörtlichen Sinn nicht geben kann. Die prozessuale Fähigkeit, als Beteiligter am Verfahren teilzunehmen (**Beteiligungsfähigkeit**) ist aber unstreitig ebenfalls von bestimmten persönlichen Voraussetzungen abhängig und wird in unschädlicher Vereinfachung vielfach ebenfalls Parteifähigkeit genannt. Beteiligungsfähig sind in allen Beschlußverfahren zunächst

---

[148] *BVerfGE* 58, 247; 50, 368; 18, 28; *BAG* EzA § 2 TVG Nr. 18, 19; DB 1987, 947; 1986, 755; 1983, 1151; ArbuR 1977, 283.
[149] Absatz- oder Verbraucherinteressen genügen also nicht.
[150] *BVerfGE* 58, 247; 50, 368; 18, 28; *BAG* EzA § 2 TVG Nr. 18, 19; DB 1987, 947; 1986, 755; 1983, 1151; ArbuR 1977, 283. Vgl. auch *LAG Köln* LAGE § 11 ArbGG 1979 Nr. 3.
[151] *BVerfGE* 18, 18, 28 ff.; *Wiedemann/Stumpf* TVG⁵ § 2 Rdnr. 189 ff.; einschränkend *BAG* DB 1983, 1152; ArbuR 1977, 284; AP Nr. 6 zu § 118 BetrVG 1972. – A. M. *Hagemeier/Kempen/Zachert/Zilius* TVG² § 2 Rdnr. 30 ff. mwN.
[152] *BVerfGE* 58, 246 ff.; *BAG* EzA § 2 TVG Nr. 18, 19; DB 1987, 948; 1986, 755; 1983, 1151, ArbuR 1977, 284. Vgl. auch *LAG Hamm* LAGE § 11 ArbGG 1979 Nr. 6.
[153] *BAG* NZA 1991, 314; AP Nr. 4 zu § 2 TVG (Tarif- zuständigkeit); *ArbG Stuttgart* EzA § 10 ArbGG 1979 Nr. 1; *ArbG Siegburg* DB 1972, 1172.

[154] *BVerfGE* 58, 247; 50, 368; 18, 28; *BAG* EzA § 2 TVG Nr. 18, 19; DB 1987, 948; 1986, 755; 1983, 1151; ArbuR 1977, 283.
[155] *Wiedemann/Stumpf* TVG⁵ § 2 Rdnr. 158.
[156] *BVerfGE* 58, 247; 50, 368; 18, 28; *BAG* EzA § 2 TVG Nr. 18, 19; DB 1987, 948; 1986, 755; 1983, 1151; ArbuR 1977, 283.
[157] Einschränkend für Monopol- und Großunterneh- men *Grunsky* ArbGG⁶ § 10 Rdnr. 11; *Hagemeier/Kem- pen/Zachert/Zilius* TVG² § 2 Rdnr. 41.
[158] *BAG* AP § 11 ArbGG Nr. 25 (*Nikisch*).
[159] *BAG* NZA 1991, 314; *RAG* 5, 1, 6.
[160] Umfassend dazu *Germelmann/Matthes/Prütting* ArbGG § 10 Rdnr. 15 ff.; *Grunsky* ArbGG⁶ § 10 Rdnr. 21 ff.; *Körnich* (Fn. 1), 36 f.; *Laux* (Fn. 1), 11 ff.; *G. Müller* in: Das Arbeitsrecht der Gegenwart 9 (1971), 34 f.; *Wichmann* ArbuR 1975, 294.

diejenigen, die auch im Urteilsverfahren parteifähig sind (→ Rdnr. 56 f.). Hinzu kommen in eizelnen Arten des Beschlußverfahrens weitere Beteiligungsfähige (→ Rdnr. 58 ff.), insbesondere nach § 10 Hs. 2 u. 3 ArbGG.

55a   Schon die Ausdrucksweise des Gesetzes (»sind Beteiligte«) zeigt, daß hier nicht nur die Beteiligungs*fähigkeit*, sondern auch das Beteiligungs*recht* angesprochen ist. Das Beteiligungsrecht (auch **Beteiligungsbefugnis** genannt) ist in § 83 Abs. 3 ArbGG angesprochen und steht systematisch auf derselben Stufe wie die Prozeßführungsbefugnis im Urteilsverfahren. Es ist das prozessuale Recht, als Verfahrenssubjekt an einem bestimmten Beschlußverfahren teilzunehmen. Notwendig beteiligt sind Antragsteller und Antragsgegner. Im übrigen hängt die Beteiligungsbefugnis gem. § 83 Abs. 3 ArbGG von der materiell-rechtlichen Betroffenheit im konkreten Verfahren ab[161], auch soweit es um die Beteiligungsbefugnis des Arbeitgebers und der (durch den Betriebsrat repräsentierten) Arbeitnehmer geht[162].

a) Beteiligungsfähige in allen Beschlußverfahren

56   aa) Wer **im Zivilprozeß nach § 50 parteifähig** ist, hat auch im Beschlußverfahren die Beteiligungsfähigkeit. Der nicht rechtsfähige Verein, der vor den ordentlichen Gerichten passiv parteifähig ist, ist in entsprechender Anwendung des § 50 Abs. 2 im Beschlußverfahren auch ohne § 10 ArbGG (→ Rdnr. 57) dann beteiligungsfähig, wenn sich dieses gegen ihn richtet, insbesondere ihm eine Verpflichtung auferlegt werden soll[163] (vgl. § 85 ArbGG).

57   bb) **Gewerkschaften, Arbeitgebervereinigungen** und **Zusammenschlüsse** solcher Verbände sind nach § 10 Hs. 1 ArbGG ohne Rücksicht auf ihre Rechtsform beteiligungsfähig (zu den Voraussetzungen → Rdnr. 46 ff.). Daß die Gewerkschaft usw. im Betrieb vertreten ist[164] (vgl. § 2 Abs. 1 BetrVG usw.), ist gegebenenfalls Voraussetzung der Beteiligungs*befugnis* (→ Rdnr. 55 a).

b) Zusätzliche Beteiligungsfähige in einzelnen Beschlußverfahren

aa) Nach § 2 a Abs. 1 Nr. 1 ArbGG (betriebsverfassungsrechtliche Angelegenheiten)

58   Auch die nach dem BetrVG (1952 und 1972) und den dazu ergangenen Rechtsverordnungen **beteiligten Personen und Stellen** sind hier beteiligungsfähig (§ 10 Hs. 2 ArbGG). An die materiell-rechtliche Beteiligung wird das *Recht* auf Beteiligung (s. auch § 83 Abs. 3, 4 ArbGG) und die *Fähigkeit* zur Beteiligung im Beschlußverfahren geknüpft. Daß natürliche **Personen**, insbesondere einzelne Arbeitnehmer und Betriebsratsmitglieder, beteiligungsfähig sind, folgt bereits aus § 50[165]. Beteiligungsbefugt sind sie aber nur, wenn es sich im konkreten Beschlußverfahren um die Stellung des einzelnen Arbeitnehmers oder Betriebsratsmitglieds in der Betriebsverfassung handelt[166]. Soweit Arbeitnehmer nur in bestimmter Zahl Anträge stellen dürfen (z.B. § 16 Abs. 2, 17 Abs. 2, 18 Abs. 1, 19 Abs. 2, 23 Abs. 1, 43 Abs. 3 BetrVG), ist nur eine notwendige Streitgenossenschaft gefordert, nicht aber dieser Personenmehrheit als solcher Parteifähigkeit zuerkannt[167]. Die Belegschaft als solche ist nicht beteiligungsfähig. – Mit den **Stellen** sind von einer Einzelperson gelöste Gebilde (Personengesamtheiten) gemeint, die sonst nicht beteiligungsfähig wären. Die aus dem materiellen oder prozessualen Recht folgende Befugnis zur Durchsetzung oder Verteidigung eines Rechts im Verfahren soll nicht am Mangel der Beteiligungsfähigkeit scheitern[168]. Beteiligungsfähig sind u. a. Betriebsrat[169], Gesamt- und Konzernbetriebsrat, Einigungsstel-

---

[161] Vgl. zum Ganzen *BAGE* 53, 279 = SAE 1988, 1 (*Leipold*); *BAG* AP Nr. 13 zu § 83 ArbGG 1979 (*Wiedemann*); *BAG* SAE 1983, 334 (*Otto/Bachmann*); AP Nr. 2 zu § 83 ArbGG 1979 (*Grunsky*); *BAG* SAE 1979, 300 (*Kraft*); *Dunkl* (Fn. 1), 156 ff.; *Grunsky* ArbGG⁶ § 83 Rdnr. 9 ff.; *Körnich* (Fn. 1), 50 ff.; *Laux* (Fn. 1), 25 f. und passim; krit. zur Systematik *Germelmann/Matthes/Prütting* ArbGG § 83 Rdnr. 7 ff.
[162] Str.; vgl. *BAG* AP Nr. 13 zu § 19 BetrVG 1972; *Laux* (Fn. 1), 63 ff. mwN.
[163] A. M. *Dietz/Nikisch* ArbGG § 10 Rdnr. 58 (stets beteiligungsfähig).
[164] Vgl. *BAGE* 23, 322.
[165] Vgl. *Grunsky* ArbGG⁶ § 10 Rdnr. 22.

[166] *BAG* 2, 97 = AP § 81 BetrVG 1952 Nr. 2 (*Bötticher*) = SAE 1955, 264 (*Oßwald*) = ArbuR 1956, 29 (*Schneider*); *Grunsky* ArbGG⁶ § 83 Rdnr. 14 mwN.
[167] *BAG* AP Nr. 27 zu § 76 BetrVG 1952; *Dietz/Nikisch* ArbGG § 10 Rdnr. 62; *Germelmann/Matthes/Prütting* ArbGG § 10 Rdnr. 26.
[168] Zu den Folgen des Funktionswegfalls etc. s. *BAG* AP Nr. 2 zu § 83 ArbGG (*Grunsky*), zum Wechsel des Funktionsträgers *BAG* EzA Nr. 8 zu § 83 ArbGG 1979.
[169] Dagegen ist der Betriebsrat im *Urteilsverfahren* grundsätzlich auch nicht passiv parteifähig, *LAG* Baden-Württemberg BB 1964, 963 (zust. *Gumpert*); → aber auch Rdnr. 16 Fn. 34.

le[170], Wahlvorstand[171], Jugendvertretung und Gesamtjugendvertretung, Bordvertretung und Seebe-
triebsrat, Betriebsausschuß, Wirtschaftsausschuß, Aufsichtsrat.

bb) Nach § 2 a Abs. 1 Nr. 2 ArbGG (Angelegenheiten aus dem Sprecherausschußgesetz)

Die Beteiligtenfähigkeit der Sprecherausschüsse war schon vor der Novellierung des ArbGG aner-   **58a**
kannt[172]. Beteiligungsfähig sind vor allem der Sprecherausschuß (§ 1 SprAuG), der Gesamtsprecheraus-
schuß (§ 16 SprAuG), der Konzernsprecherausschuß (§ 21 SprAuG) und der Wahlvorstand (§ 7 SprAuG).

cc) Nach § 2 a Abs. 1 Nr. 3 ArbGG (Arbeitnehmervertretung im Aufsichtsrat)

Hier sind zusätzlich die nach dem Mitbestimmungsgesetz, dem Mitbestimmungsergänzungsgesetz und   **59**
dem Betriebsverfassungsgesetz 1952 und den dazu ergangenen Rechtsverordnungen beteiligten Personen und Stellen (→ Rdnr. 58) beteiligungsfähig (§ 10 Hs. 2).

dd) Nach § 2 a Abs. 1 Nr. 4 ArbGG (über die Tariffähigkeit einer Vereinigung)

Nach § 10 Hs. 3 ArbGG sind hier auch die beteiligten Arbeitnehmer- und Arbeitgebervereinigungen   **60**
sowie die oberste Arbeitsbehörde des Bundes oder Landes beteiligungsfähig. Auch dies ist nicht als
ausschließliche Regelung der Beteiligungsfähigkeit, sondern als *Erweiterung* gegenüber den nach § 50
ZPO und § 10 Hs. 2 ArbGG Beteiligungsfähigen zu verstehen. Die Beteiligungsfähigkeit der Arbeitneh-
mer- und Arbeitgebervereinigungen folgt dann schon aus § 10 Hs. 1 ArbGG. Immerhin stellt Hs. 3 (in
Übereinstimmung mit allgemeinen Grundsätzen, → Rdnr. 41) klar, daß die Beteiligungsfähigkeit *im
Streit über die Tariffähigkeit* (und damit über eine Voraussetzung der Beteiligungsfähigkeit) gegeben ist.
Das *Antragsrecht* der Vereinigung hängt nach § 97 Abs. 1 ArbGG von ihrer räumlichen und sachlichen
Zuständigkeit ab. – Beteiligungsfähige **oberste Arbeitsbehörde** des Bundes oder eines Landes, auf dessen
Gebiet sich die Tätigkeit der Vereinigung erstreckt, sind die Minister (Senatoren) für Arbeit usw. Den
räumlichen Tätigkeitsbereich bestimmt die Vereinigung selbst durch ihre Satzung oder ihr tatsächliches
Verhalten. Das Antragsrecht der genannten Behörden folgt aus § 97 Abs. 1 ArbGG. – Soweit ein
Rechtsstreit wegen des Streits über die Tariffähigkeit ausgesetzt ist (§ 97 Abs. 5 S. 1 ArbGG), sind die
Parteien jenes Rechtsstreits antragsberechtigt und beteiligungsfähig (§ 97 Abs. 5 S. 2 ArbGG).

§ 51   [Prozeßfähigkeit und gesetzliche Vertretung]

**(1) Die Fähigkeit einer Partei, vor Gericht zu stehen, die Vertretung nicht prozeßfähiger
Parteien durch andere Personen (gesetzliche Vertreter) und die Notwendigkeit einer besonderen Ermächtigung zur Prozeßführung bestimmt sich nach den Vorschriften des bürgerlichen Rechts, soweit nicht die nachfolgenden Paragraphen abweichende Vorschriften enthalten.**

(2) Das Verschulden eines gesetzlichen Vertreters steht dem Verschulden der Partei gleich.

Gesetzesgeschichte: bis 1900 § 50 CPO. Änderung BGBl. 1976 I, 3281.

Stichwortverzeichnis zu §§ 51–58

---

[170] *ArbG Berlin* DB 1975, 652.
[171] Nicht bei Anfechtung der Wahl, *BAG* AP Nr. 9 zu
§ 19 BetrVG 1972; AP § 24 BetrVG (1952) Nr. 1; *Dietz/
Richardi* BetrVG⁶ § 19 Rdnr. 46; vgl. aber zur Anfechtung

der Vorabstimmung (§ 14 Abs. 2 BetrVG) *LAG Freiburg*
RdA 1954, 160; *LAG Kiel* RdA 1954, 40.
[172] *BAG* SAE 1976, 133 (*Beuthien*) = AP Nr. 9, 10 zu
§ 5 BetrVG 1972 (*Richardi*).

I. Begriff und Regelung der Prozeßfähigkeit[1]

1. Begriffsinhalt und Abgrenzung

1   Die Prozeßfähigkeit, die in § 51 nicht sonderlich passend als »Fähigkeit, vor Gericht zu stehen« bezeichnet wird, ist die **Fähigkeit, einen Prozeß als Partei selbst zu führen oder durch einen selbst bestellten Prozeßbevollmächtigten führen zu lassen,** also die Fähigkeit zu prozeßrechtlich wirksamer Willenserklärung, entweder für alle Prozesse (allgemeine Prozeßfähigkeit) oder nur für gewisse Kategorien von Prozessen (gegenständlich beschränkte Prozeßfähigkeit). Sie setzt zunächst die **Parteifähigkeit** voraus, so daß zum Beispiel die gesetzliche Vertretungsmacht des Verwalters der nicht parteifähigen Wohnungseigentümergemeinschaft (→ § 50 Rdnr. 30) keine Frage der Prozeßfähigkeit der Gemeinschaft, sondern der Vertretung der einzelnen Eigentümer ist[2]. Die Prozeßfähigkeit ist sodann zu unterscheiden von der Befähigung, Prozeßhandlungen prozessual rechtswirksam in den Prozeß einzuführen, der sog. **Postulationsfähigkeit,** die im Anwaltsprozeß (§ 78) nur der bei dem Gericht zugelassene Anwalt besitzt (dazu näher § 80 Rdnr. 9 f.). Die Prozeßfähigkeit als Eigenschaft der Person unterscheidet sich ferner von der **Verfügungsbefugnis,** d. h. dem Recht zur materiell-rechtlichen Verfügung über den konkreten streitbefangenen Gegenstand. Von der Verfügungsbefugnis hängt die Wirksamkeit materieller Rechtsgeschäfte ab; sie ist daher im Rahmen der Begründetheit zu prüfen. Auch die **Prozeßführungsbefugnis,** d. h. die Berechtigung, den Prozeß über ein bestimmtes Rechtsverhältnis im eigenen Namen zu führen, ist von der Prozeßfähigkeit zu trennen. Die Prozeßführungsbefugnis steht im allgemeinen dem Träger

---

[1] Lit.: *Baumann* Von der Funktion von Prozeß- und Verhandlungsfähigkeit und der Rechtswohltat der Sachentscheidung, Festgabe f. K. Peters, 1984, 7; *Beise* Beschränkung der Prozeßführungsmacht des GmbH-Geschäftsführers in Ausnahmefällen, GmbHR 1987, 259; *Bienwald* Zur Frage, ob der Geschäftsunfähige die Auswahl des Pflegers/der Pflegerin (selbständig) anfechten kann, FamRZ 1990, 232; *Bokelmann* Der Prozeß gegen eine im Handelsregister gelöschte GmbH, NJW 1977, 1130; *Bork* Die Prozeßfähigkeit nach neuem Recht, MDR 1991, 97; *Dunz* Der Beklagte und sein »besonderer Vertreter« (§ 57 ZPO), NJW 1961, 441; *Engisch* Prozeßfähigkeit und Verhandlungsfähigkeit, Festgabe f. Rosenberg, 1949, 101; *Fuchs* Zur Lehre von der Prozeßfähigkeit, der gesetzlichen Vertretung und der Prozeßlegitimation, Gruchot 38, 241, 548; *Grundmann* Der Minderjährige im Zivilprozeß, 1980; *Hager* Die Rechtsbehelfsbefugnis des Prozeßunfähigen, ZZP 97 (1984), 174; *A. Hueck* Die Vertretung von Kapitalgesellschaften im Prozeß, Festschr. f. Bötticher, 1969, 197; *Kahlke* Zur Beschaffenheit der Prozeßfähigkeit, ZZP 100 (1987), 10; *Kralik* Die Prozeßfähigkeit des Ausländers, ZfRV 1970, 161; *Kunz* Die verfahrensrechtliche Stellung des Minderjährigen in Steuersachen, ZblJugR 1982, 227; *Lappe* Kann ein verfahrensfähiger Minderjähriger selbst einen Anwalt bestellen?,

Rpfleger 1982, 10; *ders.* Zur Verfahrensfähigkeit Minderjähriger, in: Beiträge zum Familienrecht und zur Freiwilligen Gerichtsbarkeit (1982), 73; *Laubinger* Prozeßfähigkeit und Handlungsfähigkeit, Festschr. f. Ule, 1987, 161; *Lukes* Der beschränkt Geschäftsfähige als Prozeßvertreter, ZZP 69 (1965), 141; *Pagenstecher* Werden die Partei- und Prozeßfähigkeit eines Ausländers nach seinem Personalstatut oder nach den Sachnormen der lex fori beurteilt?, ZZP 64 (1951), 276; *Petersen* Die Prozeß- und Geschäftsfähigkeit unter Pflegschaft stehender Gebrechlicher, ZZP 47 (1918), 377; *Pickel* Die Bestellung eines Pflegers für prozeßunfähige Beteiligte im sozialgerichtlichen Verfahren, NJW 1965, 338; *M. Reinicke* Entspricht die objektive Beweislast bei der Prozeßfähigkeit derjenigen bei der Geschäftsfähigkeit?, Festschr. f. Lukes, 1989, 755; *ders.* Der Zugang des Minderjährigen zum Zivilprozeß, 1989; *Röhl* Prozeßfähigkeit Geisteskranker, JZ 1956, 309; *Rosenberg* Stellvertretung im Prozeß, 1908; *Schefold* Die Geschäfts- und Prozeßfähigkeit des Minderjährigen und das elterliche Verwaltungsrecht, AcP 94 (1903), 305; *Weber/Grellet* Verlust der Prozeßfähigkeit einer durch einen Prozeßbevollmächtigten vertretenen GmbH während des Prozesses, NJW 1986, 2559.

[2] Vgl. *BGHZ* 78, 168 = DB 1981, 209; *BayObLG* BB 1988, 1076.

des Rechts oder der Verbindlichkeit zu, doch können auch andere Personen neben oder an Stelle des materiell Berechtigten prozeßführungsbefugt sein (näher → Rdnr. 19 ff. vor § 50).

2. Verhältnis zur Geschäftsfähigkeit

Die Prozeßfähigkeit ist ein Erfordernis des Prozeßrechts und von diesem aus zu regeln. Die **2** allgemeine Verweisung in § 51 auf das bürgerliche Recht ist *gegenstandslos*, weil das BGB Vorschriften über die Prozeßfähigkeit nicht enthält. Sie ist auch unnötig, weil § 52 Abs. 1 den selbständigen Satz aufstellt, daß sich die Prozeßfähigkeit mit der Fähigkeit, sich durch Verträge zu verpflichten, deckt. Damit ist die Fähigkeit gemeint, sich selbständig zu verpflichten, so daß sie der beschränkt Geschäftsfähige (§ 106 BGB) nicht besitzt[3], weil er dazu grundsätzlich der Zustimmung seines gesetzlichen Vertreters bedarf (§§ 107 ff. BGB; → Rdnr. 3). Die Prozeßfähigkeit ist danach in den Voraussetzungen identisch mit der Geschäftsfähigkeit der §§ 104 ff. BGB (zur Bedeutung des § 105 Abs. 2 BGB → Rdnr. 9). Soweit daher eine Person geschäftsunfähig oder in der Geschäftsfähigkeit beschränkt ist, fehlt ihr regelmäßig die Prozeßfähigkeit, auch für solche Prozesse, die sich nicht auf Rechtsgeschäfte beziehen[4]. Soweit sie eine *gegenständlich beschränkte* (volle) Geschäftsfähigkeit besitzt, steht ihr eine in gleicher Weise beschränkte Prozeßfähigkeit für bestimmte Prozesse zu (→ § 52 Rdnr. 2). Ausnahmsweise ist nicht voll geschäftsfähigen Personen die Prozeßfähigkeit in bestimmten Prozessen höchstpersönlicher Art zugebilligt; s. §§ 607 Abs. 1 (Ehesachen); 640 b (Ehelichkeitsanfechtung); vgl. auch § 66 FGG (Betreuungssachen).

Das Prozeßrecht konnte die Regelung der **beschränkten Geschäftsfähigkeit** aus dem BGB **3** nicht übernehmen[5], weil sich danach bei fehlender Einwilligung des gesetzlichen Vertreters ein mit der Dynamik des Prozesses unvereinbarer Schwebezustand ergeben hätte und die Anerkennung einer Einwilligung des gesetzlichen Vertreters in die Prozeßführung im voraus dem Minderjährigen usw. ein gerade unter Beachtung des Prozeßrisikos gefährliches Blankett geben würde. Die bereits erfolgte Prozeßführung eines Minderjährigen kann zwar durch den gesetzlichen Vertreter **genehmigt** werden (→ § 56 Rdnr. 3), aber für den weiteren Prozeß wird der Minderjährige dadurch nicht prozeßfähig[6]. Es wäre dem Gericht auch wohl kaum zuzumuten, mit einem (z. B.) Achtjährigen zu verhandeln, der eine Einwilligung seiner Eltern vorweist.

3. Prozeßfähigkeit der Vertreter

Für gewillkürte Vertreter → § 79; für Beistände → § 90; für gesetzliche Vertreter → **4** Rdnr. 25; für Rechtsanwälte → § 78 Rdnr. 37.

4. Ausländer

Über die Prozeßfähigkeit und gesetzliche Vertretung von Ausländern → § 55.   **5**

---

[3] Jetzt h.M. – Für beschränkte Prozeßfähigkeit *Oertmann* Judicium 1, 169; *Levin* JW 1929, 1641; 1930, 2767; *Rümelin* AcP 138 (1934), 248 Fn. 7.
[4] Anders *Kahlke* ZZP 100 (1987), 10 für die Verteidigung von Persönlichkeitsrechten; aber solche Relativierungen sind mit der prozessualen Rechtssicherheit unver-

einbar. Vgl. auch *M. Reinicke* (Fn. 1), 248 ff. sowie unten Rdnr. 18.
[5] Vgl. *Henckel* Prozeßrecht und materielles Recht, 1970, 70 ff.; anders *Grunsky* Grundlagen des Verfahrensrechts[2], 253 f.
[6] *LAG Düsseldorf* DB 1969, 223.

II. Prozessuale Bedeutung

1. Sachentscheidungsvoraussetzung

6   Die Prozeßfähigkeit umfaßt die Fähigkeit zu allen zum Prozeß gehörenden Handlungen einschließlich der Bevollmächtigung des Vertreters[7], der Beauftragung des Gerichtsvollziehers und der sog. prozessualen Rechtsgeschäfte, soweit nicht ausnahmsweise das Prozeßrecht auf das Vertragsrecht verweist (→ § 38 Rdnr. 45 und Rdnr. 157 ff., 177 ff., 182 vor § 128). Sie ist eine Prozeßvoraussetzung, d. h. bei Prozeßunfähigkeit darf **keine Sachentscheidung** ergehen (→ Einl. Rdnr. 326). Die Prozeßfähigkeit ist entweder für den gesamten Prozeß gegeben oder nicht gegeben. Das Gesetz kennt zwar eine beschränkte Prozeßfähigkeit für einzelne Arten von Prozessen (→ § 52 Rdnr. 2), aber nicht eine solche für einzelne Handlungen in einem gegebenen Prozeß oder mit Ausschluß einzelner Handlungen (vgl. auch § 54). Die ausnahmsweise Zulassung des Prozeßunfähigen zur Parteivernehmung (§ 455 Abs. 2) gibt ihm keine beschränkte Prozeßfähigkeit.

7   Die Prozeßfähigkeit ist stets **von Amts wegen zu prüfen** (→ § 56 Rdnr. 4). Tritt sie während des Prozesses ein, so ist der Mangel der Sachentscheidungsvoraussetzung behoben. Die vorgenommenen Prozeßhandlungen (auch die Klageerhebung) bleiben jedoch fehlerhaft, wenn nicht eine Genehmigung erfolgt (→ § 56 Rdnr. 3). **Wegfall** der Prozeßfähigkeit während des Prozesses führt grundsätzlich zur Unterbrechung (→ § 241). Ist die Partei aber durch einen Prozeßbevollmächtigten vertreten, dem sie noch im Zustand der Prozeßfähigkeit Vollmacht erteilt hatte, so steht der Eintritt der Prozeßunfähigkeit dem Fortgang des Prozesses nicht entgegen, wie sich aus §§ 86, 246 ergibt (→ § 56 Rdnr. 14).

2. Prozeßhandlungsvoraussetzung

8   Die Prozeßfähigkeit ist auch Prozeßhandlungsvoraussetzung. Jede Handlung[8] oder Unterlassung eine Prozeßunfähigen und jede ihm gegenüber vorgenommene Handlung des Gerichts oder des Gegners, insbesondere die Zustellung, ist grundsätzlich unwirksam[9] (→ aber Rdnr. 10), und zwar, wenn die Prozeßunfähigkeit erst während des Prozesses eintritt, von dem Zeitpunkt des Eintritts an (vgl. auch §§ 241, 246), soweit nicht von oder gegenüber einem wirksam Bevollmächtigten gehandelt wird (→ § 56 Rdnr. 14). Das **rechtliche Gehör** ist dem Prozeßunfähigen selbst (aber durch Anhörung seines gesetzlichen Vertreters) zu gewähren[10].

9   Unwirksam sind auch Prozeßhandlungen, die in einem Zustand nach **§ 105 Abs. 2 BGB** (Bewußtlosigkeit oder vorübergehende Störung der Geistestätigkeit) abgegeben werden[11], ebenso *mündliche* Erklärungen gegenüber dem Betroffenen, nicht dagegen *schriftliche* Prozeßhandlungen, insbesondere Zustellungen[12] an diesen. – Zur Bedeutung der **Prozeßfähigkeit im Vollstreckungsverfahren** → Rdnr. 79, 80 vor § 704; zur **Heilung** des Mangels durch nachträgliche **Genehmigung** der prozeßfähig gewordenen Partei oder ihres Vertreters → § 56 Rdnr. 3.

10   **Gültig** sind jedoch diejenigen Handlungen, die zum Zweck der **Entscheidung über das Vorliegen** und die Folgen des Mangels vorgenommen sind und zu denen der Prozeßunfähige

---

[7] Das gilt auch, wenn die Prozeßfähigkeit nach Maßgabe des zu § 56 Rdnr. 5, 16 Gesagten unterstellt wird; vgl. *BayObLGZ* 1986, 215; 1980, 343. – Näher → § 80 Rdnr. 6.

[8] Z.B. Ablehnungsgesuche; → § 44 Rdnr. 1, § 45 Rdnr. 1.

[9] *BGH* NJW-RR 1986, 1119; *BGHZ* 86, 184 = NJW 1983, 997; *RG* JW 1899, 826.

[10] *BGHZ* 84, 29; *BayVerfGH* 1976, 350 (*Kirberger*); vgl. auch *BGH* FamRZ 1989, 271.

[11] Ebenso *Rosenberg/Schwab*[14] § 44 II 2 a .

[12] *OLG Hamm* NJW 1960, 1391.

oder sein Bevollmächtigter zugelassen werden muß (→ § 56 Rdnr. 5 und zu den Rechtsmitteln § 56 Rdnr. 16). Ist ein Urteil ergangen, das den Mangel der Prozeßfähigkeit nicht berücksichtigt, so wird durch Zustellung an den Prozeßunfähigen die **Rechtsmittelfrist** in Lauf gesetzt (→ § 56 Rdnr. 2). Gegenüber dem Urteil kann der Mangel, wie sonst auch, nur durch Rechtsmittel oder Wiederaufnahmeklage[13] geltend gemacht werden, s. § 551 Nr. 5, § 579 Abs. 1 Nr. 4 (→ § 579 Rdnr. 5, 6).

III. Die prozeßunfähigen Personen

Nach dem BGB sind alle Personen geschäfts- und damit prozeßfähig, hinsichtlich derer   **11** nicht das Gegenteil bestimmt ist.

A. Geschäftsunfähige und daher stets prozeßunfähige Personen

1. Juristische Personen, Behörden und parteifähige Vereine (→ § 50 Rdnr. 3, 19, 44) sind   **12** nach herkömmlicher Auffassung nicht prozeßfähig[14] (→ auch § 79 Rdnr. 3). Sie können nur durch ihre gesetzlichen Vertreter handeln. Dasselbe gilt für die **Handelsgesellschaften** (→ § 50 Rdnr. 13 f.)[15].

2. **Kinder unter 7 Jahren** (§ 104 Nr. 1 BGB).   **13**

3. **Geisteskranke** nach der näheren Bestimmung des § 104 Nr. 2 BGB. Die Geschäfts- und   **14** damit die Prozeßunfähigkeit kann sich auch auf einen bestimmten Kreis von Angelegenheiten beschränken, z. B. bei Querulantenwahn auf die mit einem bestimmten Vorgang oder Lebensbereich zusammenhängenden Rechtsstreitigkeiten[16]. Das Gericht hat also in Zweifelsfällen den Geisteszustand zur Feststellung der Prozeßfähigkeit selbständig, d. h. unabhängig von seiner Bedeutung für das materielle Rechtsverhältnis, von Amts wegen (§ 56) zu prüfen[17] und nach den Grundsätzen freier Beweiswürdigung[18] festzustellen, selbstverständlich nur für den vorliegenden Prozeß und ohne Präjudiz für ein künftiges Betreuungsverfahren[19]. Zur Beweisführung → § 56 Rdnr. 7; wegen der Beweislast und der Aussetzung → § 56 Rdnr. 5, 8. Zur Bedeutung des § 105 Abs. 2 BGB → Rdnr. 9.

4. Bis zum 31. 12. 1991 waren auch *wegen Geisteskrankheit Entmündigte* (§ 104 Nr. 3 BGB) prozeß-   **15** unfähig. Nachdem die Entmündigung mit ihren Folgen (§§ 6, 104 Nr. 3, 114, 115, 1896 ff. BGB a. F.) einschließlich des Entmündigungsverfahrens (§§ 645–687 a. F.) ebenso wie die Gebrechlichkeitspflegschaft (§§ 1910, 1920 BGB a. F.) durch das Betreuungsgesetz vom 12. 9. 1990 (BGBl. I, 2002) mit Wirkung vom 1. 1. 1992 *abgeschafft* und einheitlich durch die Betreuung ersetzt worden ist, gibt es diese Form der Prozeßunfähigkeit nicht mehr.

---

[13] Diese kann nur von der nicht vertretenen Partei, nicht vom Gegner, erhoben werden (→ § 579 Rdnr. 6), *BGH* NJW 1974, 2283.
[14] Vgl. *BGH* NJW 1988, 1321, 1322; *BGHZ* 38, 75; *RGZ* 66, 243; 63, 372; 46, 222; *OLG Düsseldorf* FamRZ 1985, 642; *Jaeger* (§ 50 Fn. 1), 26; *Leipold* Anm. zu BAG AP Nr. 6 zu § 50 ZPO. – A. M. *BGH* NJW 1984, 668; 1965, 1667; *Jauernig* ZPR[22] § 20 II 1 sowie die gesellschaftsrechtliche Literatur, vgl. nur *Scholz/Emmerich* GmbHG[7] § 13 Rdnr. 24; *Wiedemann* GesellschaftsR I, 210. Wegen des in Rdnr. 22 Gesagten ist der Streit ohne praktische Bedeutung; vgl. auch *MünchKommZPO/Lindacher* §§ 51, 52 Rdnr. 23.
[15] *BayObLG* BB 1989, 171; DB 1988, 1210.
[16] *BGHZ* 110, 294 = NJW 1990, 1734 = ZZP 103

(1990), 468 (*Bork*); 93, 3; 30, 112; 18, 184; *BayObLGZ* 1986, 215 f. und 340; *BAG* AP § 104 BGB Nr. 1; *VGH München* NJW 1990, 2403; *VGH Kassel* NJW 1990, 403; 1968, 70; *FG Berlin* NJW 1969, 1792; vgl. auch *BGH* NJW-RR 1986, 157. – Dagegen gibt es keine Beschränkung auf besonders schwierige Geschäfte, *BGH* WM 1975, 1280; NJW 1970, 1680; 1953, 1342; *BayObLG* NJW-RR 1989, 256.
[17] Vgl. *BayObLG* NJW-RR 1989, 256. Näher → § 56 Rdnr. 4.
[18] *RG* JW 1904, 262; vgl. auch *OLG Rostock* OLGRspr. 42 (1922), 2.
[19] So auch *RG* JW 1895, 384; *RGZ* 16, 234 (zur Entmündigung alten Rechts).

Betreute bleiben nach § 1896 BGB grundsätzlich (d. h. bis zur Grenze der §§ 104 Nr. 2, 105 BGB) voll geschäftsfähig und damit auch prozeßfähig[20]. Sie erhalten lediglich einen Betreuer als gesetzlichen Vertreter (§ 1902 BGB), was sich auf die Prozeßfähigkeit nur in den Fällen des § 53 auswirkt (→ § 53 Rdnr. 2, 14 ff.). Nach § 1903 BGB kann das Vormundschaftsgericht allerdings anordnen, daß Willenserklärungen des Betreuten der Einwilligung des Betreuers bedürfen. Ein solcher *Einwilligungsvorbehalt* hat zur Folge, daß der Betreute weitgehend einem *beschränkt* Geschäftsfähigen gleichgestellt wird (§§ 1903 Abs. 1 S. 2, Abs. 2 und 3 BGB); in diesem Fall fehlt dann auch die Prozeßfähigkeit (→ Rdnr. 20 und § 52 Rdnr. 2, 7).

Vor Inkrafttreten des Gesetzes am 1. 1. 1992 *bereits bestehende Vormundschaften* über Volljährige wurden in Betreuungen mit Einwilligungsvorbehalt umgewandelt (Art. 9 § 1 BetreuungsG); die bislang Entmündigten bleiben also prozeßunfähig, solange das Vormundschaftsgericht nicht nach Art. 9 § 2 BetreuungsG oder nach § 1908 d BGB Betreuung oder Einwilligungsvorbehalt aufhebt.

16   Zu beachten ist, daß der Betreute **im Betreuungsverfahren** selbst **voll verfahrensfähig** ist (§ 66 FGG). Er bekommt bei Bedarf lediglich einen *Verfahrenspfleger* als Hilfe (§ 67 FGG), wodurch aber, anders als bei § 53 ZPO, die Verfahrensfähigkeit des Betreuten unberührt bleibt. Das Betreuungsgesetz hat jetzt in § 68 FGG auch umfassende *Anhörungsrechte* festgeschrieben, was die noch in jüngster Zeit ausgetragenen Streitigkeiten über die Verfahrensrechte des Entmündigten[21] erübrigt.

B. Beschränkt geschäftsfähige und daher grundsätzlich prozeßunfähige Personen

17   Die beschränkt Geschäftsfähigen bedürfen der Einwilligung des gesetzlichen Vertreters zu allen Willenserklärungen, durch die sie nicht lediglich einen rechtlichen Vorteil erlangen (§ 107 BGB). Sie sind also unfähig, sich durch Verträge zu verpflichten, und daher regelmäßig prozeßunfähig. Eine beschränkte Prozeßfähigkeit, die etwa den Minderjährigen das Handeln mit Zustimmung des gesetzlichen Vertreters gestatten würde, gibt es nicht (→ Rdnr. 2, 3). Soweit aber eine gegenständlich beschränkte volle Geschäftsfähigkeit besteht (§§ 112, 113 BGB), ist auch Prozeßfähigkeit gegeben (→ § 52 Rdnr. 2 ff.). Jenseits dieses Ausnahmebereichs entscheiden die gesetzlichen Vertreter über »Ob« und »Wie« der Prozeßführung. Das gilt im Interesse der Rechtssicherheit auch bei Minderjährigen, die an und für sich die nötige Einsichtsfähigkeit besitzen (→ Rdnr. 18). Beschränkt geschäftsfähig sind:

18   **1. Minderjährige, die das 7. Lebensjahr vollendet haben** (§ 106 BGB). Minderjährige sind alle Personen unter 18 Jahren (§ 2 BGB). Eine Volljährigerklärung gibt es nicht mehr. Ob der Minderjährige im Einzelfall für eine Prozeßführung die nötige Einsichtsfähigkeit besitzt, ist im Interesse der Rechtssicherheit ohne Bedeutung. §§ 51, 52 sind deshalb verfassungskonform[22]. Verweigern die Eltern (→ Rdnr. 41) eine aussichtsreiche Prozeßführung, so kann der Minderjährige den Prozeß nur in den Fällen der §§ 1666, 1667 BGB mit Hilfe des Vormundschaftsgerichts durchsetzen[23].

19   **2.** Bis zum 31. 12. 1991 waren beschränkt geschäftsfähig und damit prozeßunfähig auch **Personen, die wegen Geistesschwäche, Trunksucht, Rauschgiftsucht oder Verschwendung entmündigt oder nach § 1906 BGB unter vorläufige Vormundschaft gestellt waren** (§ 114 BGB). Nach Abschaffung der Entmündigung entfällt diese Fallgruppe (→ Rdnr. 15).

20   **3. Betreute** sind nach § 1903 BGB einem beschränkt Geschäftsfähigen weitgehend gleichgestellt, wenn ein *Einwilligungsvorbehalt* angeordnet worden ist. In diesem Fall sind sie für die Gebiete, auf die sich Betreuung und Einwilligungsvorbehalt beziehen (→ § 52 Rdnr. 7),

---

[20] Näher dazu *Bork* MDR 1991, 97.
[21] Vgl. nur *BayObLG* FamRZ 1989, 316 und dazu krit. *Bienwald* FamRZ 1990, 232.
[22] *M. Reinicke* (Fn. 1), 228 ff.
[23] *M. Reinicke* (Fn. 1), 31.

prozeßunfähig. Dasselbe gilt für vor dem 1. 1. 1992 Entmündigte, da die Vormundschaft in eine Betreuung mit Einwilligungsvorbehalt umgewandelt wurde (→ Rdnr. 15).

C. Konkurs, Nachlaß- und Zwangsverwaltung, Pflegerbestellung

Der **Gemeinschuldner** wird nach deutschem Recht (→ § 23 Rdnr. 32) durch die Eröffnung **21** des Konkurses **weder handlungs- noch prozeßunfähig**[24], auch nicht teilweise. Er verliert vielmehr nur die Befugnis, über das zur Konkursmasse gehörende Vermögen zu *verfügen*, wie denn auch seine Handlungen in bezug auf die Masse nicht nichtig oder anfechtbar, sondern nur den Konkursgläubigern gegenüber unwirksam sind (§§ 6, 7, 10 KO). Im Prozeß fehlt dem Gemeinschuldner hinsichtlich der Rechte, die zur Konkursmasse gehören, die *Prozeßführungsbefugnis*, jedenfalls wenn man der Lehre von der Partei kraft Amtes folgt (→ Rdnr. 25 ff. vor § 50)[25]. Dasselbe gilt vom Erben im Fall der **Nachlaßverwaltung** und vom Schuldner in der **Zwangsverwaltung** (§ 1984 BGB, § 23 ZVG). Auch durch die Bestellung eines **Pflegers** nach §§ 1911, 1913, 1960 BGB wird die Prozeßfähigkeit grundsätzlich nicht berührt[26]; vgl. aber zur Prozeßunfähigkeit in einem vom Pfleger oder Betreuer geführten Prozeß § 53.

IV. Die Stellung des gesetzlichen Vertreters

1. Begriff

Gesetzlicher Vertreter ist derjenige, dessen Vertretungsmacht nicht auf dem Willen des **22** Vertretenen, sondern entweder unmittelbar auf dem *Gesetz* oder doch nach Maßgabe des Gesetzes auf der *Anordnung der Staatsgewalt* beruht[27], so daß der Vertreter bei der Führung des Prozesses von dem Wissen und Willen des Vertretenen unabhängig ist. Die zur Vertretung **juristischer Personen** berufenen Organe sind im Sinne der ZPO ihre gesetzlichen Vertreter[28] (vgl. auch § 3 Abs. 2 ArbGG). Einen gesetzlichen Vertreter können übrigens, trotz des scheinbar entgegenstehenden Wortlauts des § 51, auch prozeßfähige Personen haben (→ § 53 Rdnr. 1; zur gesetzlichen Vertretung bei der Empfangnahme von Zustellungen → § 171 Rdnr. 6 ff.). Wo die Partei dagegen gezwungen wird, durch einen von ihr zu wählenden Vertreter zu handeln, wie beim Anwaltszwang (§ 78), oder wo durch Beiordnung eines Anwalts usw. ein Kontrahierungszwang entsteht (§§ 78b, 78c, 121 ZPO, 11a ArbGG, 48 BRAO; → § 78c Rdnr. 24), liegt keine gesetzliche Vertretung vor (→ Rdnr. 1 vor § 78).

2. Prozessuale Befugnisse und Pflichten

Für die prozeßunfähige Partei muß ihr gesetzlicher Vertreter handeln. Fehlt ihr ein solcher **23** oder ist er selbst der Prozeßgegner[29] (→ Rdnr. 17 vor § 50; unten Rdnr. 44), so ist zunächst die Prozeßführung unmöglich, doch gestattet § 57 die Bestellung eines besonderen Vertreters.

---

[24] Vgl. Motive zur KO S. 34, 35, 41; *RGZ* 6, 407; 14, 408, 412; 29, 73; *KG* MDR 1990, 831.

[25] Von der Vertretertheorie aus wird man dagegen annehmen müssen, daß dem Gemeinschuldner für Prozesse über die Konkursmasse entsprechend § 53 die Prozeßfähigkeit mangelt; vgl. *Jaeger/Henckel* KO[9] § 6 Rdnr. 55; *Thomas/Putzo*[17] Anm. III 1 d dd.

[26] *RGZ* 52, 223; *KG* OLGRspr. 7 (1903), 126.

[27] Vgl. *RGZ* 66, 243 (zum Prokuristen); JW 1902, 310 (zum Generalbevollmächtigten). Über die theoretische Formulierung s. *Rosenberg* (Fn. 1), 535, 547 mwN.

[28] Darüber sind sich die oben Fn. 14 angeführten Gegner einig; s. auch *Rosenberg* (Fn. 1), 538 Fn. 1; *Hellwig* Lb 2, 327, 372.

[29] *RGZ* 66, 240.

Der gesetzliche Vertreter ist zwar nicht selbst Partei, hat aber nach außen, d. h. dem Prozeßgegner und dem Gericht gegenüber, die **Befugnisse und Pflichten einer Partei**, soweit nicht das
Gesetz etwas anderes bestimmt[30]. Folgerungen aus diesem im Gesetz nicht ausgesprochenen
Grundsatz enthalten die §§ 78, 85 f., 90 (Vollmacht), 241, 246 (Unterbrechung und Aussetzung), 426, 455 (Parteivernehmung), 141, 613 (persönliches Erscheinen); zur Zustellung s.
§ 171. Der gesetzliche Vertreter kann nicht als Zeuge vernommen werden (→ Rdnr. 7 vor
§ 373). Wegen der Stellung des gesetzlichen Vertreters in der Zwangsvollstreckung → §§ 727
Rdnr. 10; 807 Rdnr. 44; 808 Rdnr. 15; 887 Rdnr. 57; 888 Rdnr. 43; 889 Rdnr. 12; 890
Rdnr. 58.

3. Handeln als Vertreter, Prozeßfähigkeit

24   Als handelndes Subjekt erscheint nur der gesetzliche Vertreter. Seine Handlungen müssen
äußerlich als solche hervortreten, also **im Namen des Vertretenen** vorgenommen werden. Der
gesetzliche Vertreter *soll* schon in der Klage nach § 130 Abs. 1 Nr. 1 mit § 253 Abs. 4
namentlich bezeichnet werden (→ § 253 Rdnr. 36), und außerdem hat das Gericht wegen der
nach § 313 Abs. 1 Nr. 1 notwendigen Benennung des gesetzlichen Vertreters im Urteil in jeder
Lage des Prozesses darauf hinzuwirken, daß die Person des gesetzlichen Vertreters unzweideutig bezeichnet wird[31], ebenso wie umgekehrt die Angabe des gesetzlichen Vertreters nicht
die der Partei ersetzt[32]. Zur unrichtigen Bezeichnung → Rdnr. 8 ff. vor § 50.

25   Ob der gesetzliche Vertreter **selbst prozeßfähig** sein muß, bestimmt sich nach einer seit
langem verbreiteten Ansicht nach *materiellem* Recht[33]. Dem ist insofern zuzustimmen, als in
den Vorschriften über die gesetzliche Vertretung neben der rechtsgeschäftlichen regelmäßig
(ausdrücklich oder stillschweigend) auch die prozessuale Frage der gerichtlichen Vertretung
mit geregelt ist.

Dabei ist auch bestimmt, ob Umstände, die sonst die Geschäfts- und Prozeßfähigkeit beeinträchtigen,
die *Unwirksamkeit* der Bestellung zum gesetzlichen Vertreter zur Folge haben, oder ob sie nur einen
Widerruf der Bestellung zum gesetzlichen Vertreter gestatten oder anordnen. So ergeben die §§ 1780,
1915 BGB, daß z. B. die Berufung eines Geschäftsunfähigen zum Vormund oder Pfleger **unwirksam** ist,
und nach §§ 1673, 1675 BGB ruht die elterliche Gewalt und darf nicht ausgeübt werden, wenn ein
Elternteil geschäftsunfähig oder in der Geschäftsfähigkeit beschränkt ist. In Fällen dieser Art ist die Frage
nach der Prozeßfähigkeit gegenstandslos, weil es bereits am Vertretungsrecht fehlt. Dagegen ist die
Bestellung eines nur beschränkt geschäftsfähigen Minderjährigen zum Vormund oder Pfleger zwar in
§§ 1781 Nr. 1, 1915 BGB verboten, jedoch **nicht unwirksam**, wenn sie trotzdem verfügt wird. Daß der
minderjährige Vormund wirksam rechtsgeschäftlich für sein Mündel handeln kann, folgt nicht erst aus
§ 165 BGB, sondern schon aus § 1793 BGB, der ihm mit dem Amt auch die Fähigkeit zur Vertretung
zuspricht. Ein Grund, die prozessuale Vertretung anders zu behandeln, liegt nicht vor. Daß an sich § 1793
BGB die gerichtliche Vertretung ebenfalls trifft, steht, soweit ersichtlich, außer Streit. Es wäre ein
unverständlicher Widerspruch, jemandem ein Amt zu verleihen, seine Ausübung jedoch zu versagen.
§ 79, der an sich auch für den Vertreter Prozeßfähigkeit verlangt, ist hier durch die Vorschriften des
materiellen Rechts verdrängt. Sachlich spricht für diese Lösung, daß der Mündel nicht nur vor einer
Schädigung durch einen minderjährigen Vormund, sondern u. U. auch vor Gefahren einer überstürzten
Ablösung und einer Schädigung durch Fehlen eines Vertreters in der Zeit, in der der Mangel noch nicht
erkannt und behoben war, bewahrt werden muß, und daß das Vertrauen, das eine Bestellung zum
gesetzlichen Vertreter erweckt, auch Schutz verdienen kann. Daher sind die Prozeßhandlungen des

---

[30] Vgl. *RGZ* 66, 242.
[31] Vgl. *RGZ* 63, 372; SächsArch. 12, 196; JW 1902,
310; 1903, 3.
[32] *RG* JW 1901, 168; *KG* OLGRspr. 7 (1903), 151.
[33] Vgl. *Hellwig* Lb 2, 384; *Rosenberg* (Fn. 1), 693. –

A. M. *Baumbach/Lauterbach/Hartmann*[50] Anm. 2 A;
Zöller/Vollkommer[17] Rdnr. 10. In der Praxis wird sich in
den meisten Fällen kein Unterschied ergeben; vgl. *OLG
Zweibrücken* ZIP 1983, 941.

beschränkt geschäftsfähigen gesetzlichen Vertreters bei Wirksamkeit seiner Bestellung ebenso wirksam, sofern nicht ein nur die einzelne Handlung betreffender Mangel der Prozeßfähigkeit vorliegt[33a].

Ist ferner eine prozeßunfähige nichtphysische Person, z.B. eine Behörde, zur Vertretung berufen, so muß sie ihrerseits wiederum durch natürliche Personen vertreten sein.

4. Umfang der Vertretungsmacht, Wirkung der Vertretung, Verschulden

Über den Umfang der Vertretungsmacht[34] des gesetzlichen Vertreters im Prozeß entschei-   **26** det das seine Bestellung beherrschende materielle Recht, dem zu entnehmen ist, ob die Vertretungsmacht sich auf einzelne Angelegenheiten beschränkt oder einzelne nicht um-faßt[35] (→ auch Rdnr. 41 ff. sowie § 54 Rdnr. 2 ff. und wegen der Ehesachen § 607). Über die Notwendigkeit besonderer Ermächtigung → Rdnr. 49 und über die Befugnis zur Vornahme einzelner Handlungen im Prozeß § 54. Innerhalb der Grenzen der Vertretungsmacht[36] wir-ken die **Handlungen und Unterlassungen** des Vertreters nur **für und gegen die Partei**. Dies gilt auch für die Kosten (→ Rdnr. 22 f. vor § 91). Wegen der Prozeßkostenhilfe → § 114 Rdnr. 14. Das innere Rechtsverhältnis zwischen der Partei und dem Vertreter untersteht dem materi-ellen Recht.

Das **Verschulden** eines gesetzlichen Vertreters, der den Prozeß führt, ist der Partei nach   **26a** Abs. 2 (ohne Exkulpationsmöglichkeit) zuzurechnen. Für den *Anwendungsbereich* der Zu-rechnung und die *Wirkung* gilt das bei § 85 Rdnr. 7 und 19 Ausgeführte entsprechend.

5. Mehrere gesetzliche Vertreter

Hat eine Partei mehrere gesetzliche Vertreter, so bestimmt sich nach materiellem Recht, ob   **27** nur alle zusammen oder jeder einzelne zur Prozeßführung berechtigt sind[37]. § 62 oder §§ 84, 171 Abs. 3 können auch nicht entsprechend Anwendung finden. Die *Zustellung* an einen der Vertreter genügt (→ § 171 Rdnr. 10). Über die Frage der Zeugnisfähigkeit der nicht auftreten-den gesetzlichen Vertreter → Rdnr. 8 vor § 373.

6. Handeln ohne Vertretungsmacht

Prozeßhandlungen, die jemand als gesetzlicher Vertreter ohne Vertretungsmacht vor-   **28** nimmt oder die ihm gegenüber vorgenommen werden, sind vorbehaltlich der Genehmigung (→ § 56 Rdnr. 3) in demselben Sinn **unwirksam** wie beim Prozeßunfähigen (→ Rdnr. 6 ff.).

V. Die einzelnen gesetzlichen Vertreter

Wer der gesetzliche Vertreter ist, bestimmt sich **nach materiellem Recht**. Der Prozeßrichter   **29** hat nach § 56 zu prüfen, ob die auftretende Person legitimiert ist, und diese ist demgemäß berechtigt, in dem **Streit über ihre Legitimation** aufzutreten und zu verhandeln, insbesondere auch Rechtsmittel einzulegen (→ § 56 Rdnr. 5, 16). Leitet die Person ihre Vertretungsmacht aus einer **Bestellung** durch einen Akt der Staatsgewalt her, wie z.B. der Vormund, Betreuer oder Pfleger, so steht dem Prozeßrichter die Nachprüfung nicht zu, ob die Bestellung zweck-

---

[33a] A. M. *MünchKommZPO/Lindacher* §§ 51, 52 Rdnr. 22 m.w.N.
[34] Dazu *Rosenberg* (Fn. 1), 558.
[35] *Rosenberg* (Fn. 1), 775.

[36] Also nicht bei Prozeßdelikten, z.B. Ungebühr. S. auch *Hellwig* Lb 2, 396.
[37] Vgl. *BGH* NJW 1987, 1948; *ArbG Düsseldorf* NJW-RR 1992, 366.

mäßig und rechtmäßig war[38]. Die *Nichtigkeit* der Bestellung kann und muß das Gericht dagegen berücksichtigen[39] (→ § 322 Rdnr. 293), und bei möglicher Aufhebbarkeit kann eine Aussetzung des Rechtsstreits (§ 148) angezeigt sein[40]. Zu prüfen ist aber, ob der Vertreter im Rahmen der Vertretungsmacht tätig wird. Den Beweis dafür hat der Vertreter zu führen[41]. Im folgenden werden die wichtigsten Fälle der gesetzlichen Vertretung prozeßunfähiger Personen zusammengestellt.

A. Vertreter von juristischen Personen und sonstigen parteifähigen Personenvereinigungen

30   1. Bezüglich des **Fiskus (Bund, Länder)**, der **Bundesbahn** usw. → § 18 Rdnr. 8 ff.

31   2. Die **Sozialversicherungsträger** (Krankenkassen, Berufsgenossenschaften, Versicherungsanstalten) werden durch ihre Vorstände vertreten (§§ 35 SGB IV, 209 Abs. 4, 215 Abs. 1 56 SGB V).

32   3. Die Vertretungsverhältnisse der übrigen bei § 50 Rdnr. 7 ff. aufgeführten **öffentlich-rechtlichen juristischen Personen** sind in den dort angegebenen Vorschriften geregelt[42]. Die Gemeinden werden, je nach Art der Kommunalverfassung, regelmäßig durch den Bürgermeister oden den Gemeindedirektor vertreten, im Bereich von wirtschaftlichen Unternehmen der Gemeinden ohne eigene Rechtspersönlichkeit durch die Werkleitung (s. das Gemeinderecht der Länder).

33   4. Die **Erwerbs- und Wirtschaftsgenossenschaften** werden nach § 24 GenG durch den Vorstand vertreten[43], der nach § 26 Abs. 2 durch eine gerichtliche Bescheinigung legitimiert wird (über die Vertretung in Prozessen gegen die Vorstandsmitglieder oder den Aufsichtsrat s. § 39 GenG, bei Anfechtung von Beschlüssen der Generalversammlung und bei Klagen auf Nichtigerklärung der Genossenschaft §§ 51, 96 GenG, und für den Fall der Liquidation §§ 88 f., 85 GenG[44]).

34   5. Bei den **Handelsgesellschaften** gilt folgendes:

a) Die **offene Handelsgesellschaft** wird, sofern man sie als parteifähiges Rechtssubjekt ansieht (→ § 50 Rdnr. 13)[45], nach §§ 125 ff. HGB von jedem Gesellschafter gültig vertreten, der von der Befugnis hierzu nicht durch den Vertrag oder durch gerichtliche Anordnung ausgeschlossen ist, bzw. durch die Gesellschafter, denen eine Gesamtvertretung übertragen ist, oder durch Gesellschafter gemeinschaftlich mit Prokuristen nach Maßgabe des Gesellschaftsvertrags; während der Liquidation[46] durch die Liquidatoren, welche aber die zur Liquidation gehörenden Handlungen nur in Gemeinschaft vornehmen können, soweit nicht bestimmt ist, daß sie einzeln handeln können (§§ 150 f. HGB)[47].

35   b) Die **Kommanditgesellschaft** wird durch die persönlich haftenden Gesellschafter vertreten (§§ 161 Abs. 2, 170 HGB). Im Fall der Liquidation gilt nach § 161 Abs. 2 HGB das zur OHG Bemerkte[48]. Bei der **GmbH & Co. KG** ist gesetzlicher Vertreter die GmbH, diese vertreten durch ihren Geschäftsführer[49] (→ Rdnr. 38).

---

[38] *BGHZ* 33, 195; 5, 242; *RGZ* 137, 341.

[39] *OLG Koblenz* FamRZ 1974, 222.

[40] *BGHZ* 41, 309 = LM § 53 Nr. 1 (LS, *Johannsen*) = NJW 1964, 1855.

[41] *BGHZ* 5, 242.

[42] Für die Vertretung der ev. Landeskirchen s. *Scheffler* NJW 1977, 740 ff.

[43] Vgl. *OLG München* OLGRspr. 29 (1914), 89.

[44] Bei Anfechtungsklagen durch Liquidatoren und Aufsichtsrat, bei Konkurs durch den Konkursverwalter, *BGHZ* 32, 115 = MDR 1960, 473 = NJW 1006.

[45] Anderenfalls läge gesetzliche Vertretung der Gesellschafter vor. – Zur Gesellschafterklage → vor § 50 Rdnr. 37 a.

[46] Einschließlich einer nach Löschung erforderlichen Nachtragsliquidation; vgl. *BGH* NJW 1979, 1987.

[47] Vgl. *RGZ* 47, 17; 116, 116; JW 1898, 113.

[48] Vgl. für die Nachtragsliquidation *LG Hamburg* NJW-RR 1986, 914.

[49] *BayObLG* BB 1989, 171; DB 1988, 1210. Vgl. auch *BGHZ* 75, 182.

c) Die **Aktiengesellschaft**[50] wird durch ihren Vorstand (§ 78 Abs. 1 AktienG) vertreten; im   **36**
Fall der Abwicklung durch den Vorstand bzw. die Abwickler nach Maßgabe der §§ 265, 269
AktienG; in Prozessen gegen die Mitglieder des Vorstands durch den Aufsichtsrat (§ 112)[51]
bzw. nach § 147 AktienG durch die von der Hauptversammlung gewählten[52] oder vom
Gericht bestellten besonderen Vertreter[53]; bei Klagen auf Anfechtung oder Nichtigkeit von
Beschlüssen der Hauptversammlung oder auf Nichtigerklärung der Gesellschaft (§§ 246
Abs. 2 S. 2, 249 Abs. 1, 275 Abs. 4 AktienG) durch den Vorstand und den Aufsichtsrat als
Gesamtvertreter[54], und wenn der Vorstand klagt, durch den Aufsichtsrat bzw. umgekehrt
(§ 246 Abs. 2 S. 3 AktienG). Ein Satz, daß der Vorstand schon im Fall eines Interessenstreits
von der Befugnis zur Vertretung der Aktiengesellschaft ausgeschlossen wäre, besteht nicht[55].
Der vertretungsberechtigte Prokurist ist nicht gesetzlicher Vertreter[56].

d) Die **Kommanditgesellschaft auf Aktien** wird durch die persönlich haftenden Gesellschaf-   **37**
ter (§ 278 Abs. 2 AktienG) vertreten. In Rechtsstreitigkeiten mit diesen wird die Gesamtheit
der Kommanditaktionäre durch den Aufsichtsrat bzw. besondere von der Hauptversammlung gewählte Vertreter vertreten (§ 287 Abs. 2 S. 1 AktienG). Im übrigen gilt dasselbe wie für
die Aktiengesellschaft, nur daß die persönlich Haftenden an die Stelle des Vorstands treten
(§§ 283 Nr. 13, 278 Abs. 3 AktienG). Bei Liquidation gilt § 290 AktienG.

e) Die **Gesellschaft mit beschränkter Haftung** wird durch ihre Geschäftsführer vertreten   **38**
(§ 35 GmbHG)[57]. Im Streit um die Bestellung des Geschäftsführers kommt es für die Vertretung darauf an, wer Geschäftsführer ist, wenn der Antrag derjenigen Partei begründet ist, für
die der gesetzliche Vertreter auftritt[58]. Bei Nichtigkeitsklagen gilt § 246 AktG entsprechend
(§ 75 GmbHG mit § 29 Abs. 2 EG.AktG). Im Falle der Liquidation wird die GmbH durch die
Liquidatoren vertreten (§ 70 GmbHG). Wird die GmbH gem. § 2 LöschG von Amts wegen
gelöscht, verliert sie zwar nicht unbedingt ihre Parteifähigkeit (→ § 50 Rdnr. 34c); es müssen
aber gem. § 2 Abs. 3 LöschG neue Liquidatoren bestellt werden, damit die GmbH ordnungsgemäß vertreten ist[59]. Bei der *GmbH & Co. KG* (→ Rdnr. 35) kann sich das auch auf die
Prozeßfähigkeit der KG auswirken[60]. Für den Fall, daß diese anwaltlich vertreten ist, → § 56
Rdnr. 14.

f) Die **Versicherungsvereine** werden durch den Vorstand bzw. die Liquidatoren vertreten   **39**
(§§ 34, 47 VAG).

g) Zur **Legitimation** genügt in allen Fällen das Zeugnis des Gerichts über die Eintragung in   **39a**
das Handelsregister (vgl. § 32 GBO; zur Bescheinigung durch den Notar s. § 21 BNotO).

6. Vereine werden, soweit sie parteifähig sind (→ § 50 Rdnr. 4, 20), durch den **Vorstand**   **40**

---

[50] Dazu *A. Hueck* (Fn. 1).
[51] Auch bei Prozessen mit ausgeschiedenen Vorstands-
mitgliedern, *BGH* DB 1991, 1217 m. w. N.; dazu *Brandner* Festschr. f. K. Quack (1991), 201; *Hager* NJW 1992,
352.
[52] Diese sind keine Prozeßbevollmächtigten, denn sie
vertreten nicht nur ihre Wähler, sondern sie sind gesetzliche Vertreter; ebenso *A. Hueck* (Fn. 1), 202. – Die Vertretungsmacht erlischt nicht dadurch, daß die Gesellschaft in
Liquidation tritt, *RGZ* 74, 301.
[53] Vgl. *RGZ* 83, 248; Gruchot 48 (1904), 627.
[54] Vgl. *RGZ* 66, 37. Wird gerade die Wahl des Aufsichtsrates angefochten, so ist die Klage trotzdem gegen
die AG, vertreten durch den Vorstand und den neuen
Aufsichtsrat, zu richten (§§ 250 Abs. 3, 246 Abs. 2 AktienG); vgl. auch *RG* SeuffArch. 52 (1897), 329; Gruchot
42 (1898), 735; wegen der Zustellung → § 171 Rdnr. 10.
Zur Klage im Abwicklungsstadium *BGHZ* 32, 114.
[55] Vgl. *RGZ* 114, 398.

[56] *RGZ* 66, 240; *Bondi* SächsArch. 12, 12 gegen *LG
Dresden* das.
[57] Zur Einschränkung für Prozesse im Innenverhältnis
s. *Beise* GmbHR 1987, 259.
[58] *BGH* DB 1981, 368; *BGHZ* 36, 207. – Besteht ein
(fakultativer) *Aufsichtsrat*, so vertritt dieser analog § 112
AktG, *BGH* GmbHR 1990, 297 = NJW-RR 739 = EWiR
909 (*Meyer/Landrut*).
[59] *BGH* MDR 1986, 139 = NJW 1985, 2479; *BGHZ*
53, 266 = NJW 1970, 1044; *OLG Düsseldorf* NJW-RR
1988, 1184; *OLG Frankfurt* Rpfleger 1982, 290; *OLG
Hamm* DB 1990, 1227; *KG* ZIP 1982, 59; *Bökelmann*
NJW 1977, 1130 ff.; *Bork* JZ 1991, 846. – Für den Fall
anwaltlicher Vertretung (§ 246) vgl. *BGH* KTS 1989, 857;
BFH GmbHR 1989, 55 (L); 1986, 401; NJW 1986, 2594.
[60] *OLG Zweibrücken* ZIP 1983, 941; anders *OLG
Hamburg* KTS 1986, 508 (wo aber wohl keine *Amtslö-
schung* erfolgt war). Vgl. auch *BGHZ* 75, 182.

bzw. die Liquidatoren vertreten (§§ 26 Abs. 2, 48 Abs. 2 BGB)[61]. Dies gilt entsprechend von den **Stiftungen** (§ 86 BGB), sofern sich nicht aus ihrer Verfassung ein anderes ergibt, insbesondere daraus, daß die Stiftung von einer Behörde verwaltet wird. Für Vereine, deren Rechtsfähigkeit auf staatlicher Verleihung beruht, also namentlich für Vereine mit wirtschaftlichem Geschäftsbetrieb, gilt das Landesrecht (Art. 82 EGBGB mit § 22 BGB). – Der *Nachweis* der Vertretungsberechtigung erfolgt bei eingetragenen Vereinen durch ein Zeugnis des Amtsgerichts (§ 69 BGB). Bei nicht eingetragenen Vereinen sind alle Beweismittel zulässig, auch die Parteivernehmung des Vorstands, nicht dagegen dessen Zeugnis (→ Rdnr. 7 vor § 373). – Fehlt der Vorstand, so können die Beteiligten die Bestellung eines **Notvorstands** beantragen (§ 29 BGB), in dringenden Fällen kann auch ein Vertreter nach § 57 bestellt werden (→ § 57 Rdnr. 4)[62].

B. Gesetzliche Vertreter von natürlichen Personen

41 1. Minderjährige, die unter elterlicher Sorge stehen, werden regelmäßig durch die oder den Inhaber des Sorgerechts vertreten. Nur in den Fällen der §§ 112, 113 BGB sind Minderjährige prozeßfähig (→ § 52 Rdnr. 4, 5), ferner in Ehesachen gemäß § 607. Unter elterlicher Sorge stehen eheliche Kinder (§ 1626 BGB; einschließlich der Kinder aus für nichtig erklärten Ehen, § 1591 Abs. 1 S. 1 BGB), legitimierte, für ehelich erklärte und als Kind angenommene Kinder (§§ 1719, 1736, 1754 BGB) sowie nichteheliche Kinder (§§ 1705 ff. BGB).

42 **a)** **Inhaber des elterlichen Sorgerechts** sind bei **ehelichen**, legitimierten und bei den von einem Ehepaar gemeinschaftlich angenommenen Kindern grundsätzlich **Vater und Mutter gemeinschaftlich** (§§ 1627, 1629 Abs. 1 S. 2, 1719, 1754 BGB). Die **Gesamtvertretung durch die Eltern** gilt auch im Rechtsstreit[63]; aus § 84 läßt sich nichts Gegenteiliges ableiten. Sie wird durch Scheidung, Aufhebung, Nichtigerklärung der Ehe oder Getrenntleben der Eltern allein noch nicht beeinträchtigt. In einer ganzen Reihe von Fällen steht jedoch die elterliche Sorge nur **einem Elternteil allein** zu, nämlich wenn der andere Teil verstorben oder für tot erklärt ist (§ 1681 BGB) oder soweit sie einem Elternteil (nach Scheidung, Nichtigerklärung der Ehe; bei nicht nur vorübergehendem Getrenntleben; weil sie dem anderen Elternteil entzogen ist) vom Vormundschaftsgericht übertragen ist (§§ 1671, 1672, 1680 BGB). Ferner übt ein Elternteil allein die elterliche Sorge aus, wenn die des anderen ruht (§§ 1673, 1674, 1675 BGB) oder wenn der andere an der Ausübung tatsächlich verhindert ist (§ 1678 BGB).

43 **b)** Bei dem **als Kind angenommenen** Minderjährigen steht die elterliche Sorge den oder dem Annehmenden zu (§§ 1754 f. BGB), bei dem **für ehelich erklärten** allein dem Vater (§§ 1736, 1738 BGB).

44 **c)** **Beschränkungen**[64]: Das Vertretungsrecht der elterlichen Sorgerechtsinhaber beschränkt sich bei einem **verheirateten Minderjährigen** auf dessen persönliche Angelegenheiten (§ 1633 BGB). Nach § 1629 Abs. 2 S. 1 BGB ist das **Vertretungsrecht** des elterlichen Sorgerechtsinhabers aber vor allem insoweit **ausgeschlossen**, als es dies nach § 1795 BGB auch bei einem Vormund wäre. Namentlich bei einem **Prozeß gegen den einen Elternteil** kann der Minderjährige im allgemeinen nur durch einen nach § 1909 BGB zu bestellenden Pfleger vertreten werden[65]. Ein Elternteil kann jedoch Unterhaltsansprüche des Minderjährigen gegen den

[61] Zur Anwendung des § 68 BGB s. *OLG Frankfurt* Rpfleger 1978, 134.

[62] Dem Verein die Berufung auf den Wegfall des Vorstands wegen treuwidrigen Verhaltens zu versagen, wird daher kaum jemals angebracht sein; a. M. in einem besonderen Fall *BAG* AP § 242 BGB (Prozeßverwirkung) Nr. 2 (krit. *J. Blomeyer*).

[63] *BGH* NJW 1987, 1948.

[64] Vgl. die Übersicht bei *MünchKomm./Hinz* BGB[2] § 1629 Rdnr. 16 ff.; *Soergel/Strätz* BGB[12] § 1629 Rdnr. 22 ff.

[65] *OLG Zweibrücken* FamRZ 1980, 911; vgl. auch *BGH* FamRZ 1989, 271.

anderen Elternteil in gesetzlicher Prozeßstandschaft im eigenen Namen geltend machen, wenn die Eltern getrennt leben oder zwischen ihnen eine Ehesache anhängig und über das Sorgerecht noch nicht entschieden ist (§ 1629 Abs. 2 S. 2, Abs. 3 BGB; → vor § 50 Rdnr. 40a). – Nach § 1629 Abs. 2 S. 3 BGB kann das Vormundschaftsgericht auch dem Vater und der Mutter das Vertretungsrecht für einzelne Angelegenheiten wie für einen bestimmten Kreis von Angelegenheiten ebenso wie einem Vormund nach Maßgabe des § 1796 BGB wegen eines Interessengegensatzes **entziehen**.

Über die Vertretung durch einen Vormund oder Pfleger, wenn beide Inhaber des elterli- **45** chen Sorgerechts dieses nicht ausüben können usw. oder im Einzelfall kein Vertretungsrecht besitzen, → Rdnr. 47. Der Minderjährige wird ferner durch einen **Beistand** vertreten, wenn ein solcher auf Antrag des allein sorgeberechtigten Elternteils (§ 1685 BGB) bestellt und diesem vom Vormundschaftsgericht die Vermögenssorge oder die Geltendmachung von Unterhaltsansprüchen übertragen ist (§ 1690 BGB)[66].

d) Die elterliche Sorge und damit das Vertretungsrecht für ein **minderjähriges nichtehe- 46 liches Kind** steht der **Mutter** zu (§ 1705 BGB). Daneben erhält dasnichteheliche Kind im Regelfall für bestimmte Angelegenheiten (z. B. Feststellung der Vaterschaft, Unterhaltsansprüche) einen Pfleger (§ 1706 BGB; in der Regel das Jugendamt, § 1709)[67], der insoweit gesetzlicher Vertreter ist (§§ 1915, 1793 BGB). Die Mutter ist in diesen Angelegenheiten nicht vertretungsberechtigt (§ 1630 BGB). Auf Antrag der Mutter kann das Vormundschaftsgericht Nichteintritt, Aufhebung oder Beschränkung der Pflegschaft anordnen (§ 1707 BGB).

2. **Minderjährige, die nicht unter elterlicher Sorge stehen** oder deren Eltern von der **47** Vertretung gänzlich, sowohl in vermögensrechtlichen, als auch in persönlichen Angelegenheiten ausgeschlossen sind, werden durch den nach § 1773 BGB bestellten **Vormund** vertreten (§ 1793 BGB). Vormund kann auch das Jugendamt sein (§ 55 SGB VIII). Bis zur Bestellung eines Vormunds und in Angelegenheiten, in denen ein Vormund nach §§ 1795, 1796 BGB oder die Inhaber der elterlichen Sorge nach § 1629 Abs. 2 BGB nicht vertreten können, ist die Vertretung des Minderjährigen Aufgabe eines zu bestellenden **Pflegers** (§ 1909 BGB). Vormund und Pfleger weisen ihre Vertretungsmacht durch die gerichtliche Bestallung nach (§§ 1791, 1915 BGB). Mehrere Vormünder handeln gemeinschaftlich (§ 1797 BGB). Gegenvormund und Familienrat haben keine Vertretungsbefugnis (§§ 1799, 1858 ff. BGB).

3. **Volljährige**, die prozeßunfähig sind (→ Rdnr. 14 ff.), werden durch ihren **Betreuer 48** vertreten (§§ 1896, 1902 BGB). Für die Legitimation gilt § 69 b Abs. 2 FGG. Über die gesetzliche Vertretung Prozeßfähiger s. § 53.

VI. Ermächtigung zur Prozeßführung

1. Vorschriften des materiellen Rechts (auch des Landesrechts auf den ihm vorbehaltenen Gebieten), **49** wonach der **gesetzliche Vertreter** einer nicht prozeßfähigen Partei einer **besonderen Ermächtigung** zur Prozeßführung bedarf, sind in § 51 besonders angesprochen, dürften aber heute kaum noch existieren. Ermächtigungserfordernisse sind für den Prozeß nur dann von Bedeutung, wenn die Gültigkeit der Prozeßhandlungen des gesetzlichen Vertreters Dritten gegenüber durch die Ermächtigung bedingt ist. Wo dagegen die Vorschrift auf das innere Verhältnis zwischen dem Vertreter und dem Vertretenen beschränkt ist, wie bei der Genossenschaft nach § 27 GenG[68] und beim Konkursverwalter (wenn man ihn überhaupt als gesetzlichen Vertreter ansieht, → Rdnr. 25 vor § 50) nach § 133 Nr. 2 mit § 136 KO, bleibt sie für den Prozeß außer Betracht.

---

[66] *BGH* FamRZ 1981, 866; *OLG Düsseldorf* FamRZ 1985, 641. Vgl. auch *Christian* DAVorm. 1988, 8 (analoge Anwendung des § 1685 BGB schon bei Getrenntleben).

[67] Dazu *Christian* DAVorm. 1987, 722 ff; 1988, 6 ff.
[68] *RGZ* 45, 150.

50   2. Eltern und Vormund bedürfen zur Prozeßführung auch dann **nicht** der **Genehmigung des Vormund-schaftsgerichts**, wenn sich der Rechtsstreit auf ein genehmigungspflichtiges Rechtsgeschäft (§§ 1643, 1821 f. BGB) bezieht. Zum Genehmigungserfordernis bei einzelnen Prozeßhandlungen → § 54 Rdnr. 2 ff. Jeder gesetzliche Vertreter, also auch die Eltern, benötigt aber die vormundschaftsgerichtliche Genehmigung zur Klage[69] auf Aufhebung oder den Antrag auf **Scheidung der Ehe** eines Geschäftsunfähigen (§ 607 Abs. 2) oder zur **Anfechtung der Ehelichkeit** des Kindes eines Geschäftsunfähigen bzw. durch ein minderjähriges Kind (§ 640 b S. 2).

50a   3. Beim **Fehlen der Ermächtigung** gilt das Rdnr. 28 und bei § 56 Rdnr. 1 Bemerkte entsprechend. § 51 bezieht sich **nicht** auf die **gewillkürte Prozeßstandschaft** (dazu → Rdnr. 41 vor § 50).

VII. Arbeitsgerichtliches Verfahren

51   Die §§ 51 ff. gelten sowohl im Urteilsverfahren (§§ 46 Abs. 2, 64 Abs. 6, 72 Abs. 5 ArbGG) als auch im Beschlußverfahren (§§ 80 Abs. 2, 87 Abs. 2, 92 Abs. 2 ArbGG). Besonders zu beachten ist die gegenständlich beschränkte Prozeßfähigkeit eines minderjährigen Arbeitnehmers oder Arbeitgebers im Rahmen der §§ 52 ZPO, 112, 113 BGB (→ § 52 Rdnr. 4, 5). Im *Beschlußverfahren* sind die wirksam gewählten *Mitglieder* der nach § 10 ArbGG beteiligungsfähigen Stellen auch dann als prozeßfähig anzusehen, wenn ihnen nach der ZPO die Prozeßfähigkeit nicht zustünde[70] (vgl. zur ähnlichen Frage bei gesetzlichen Vertretern oben Rdnr. 25). Dies gilt insbesondere für Mitglieder der Jugendvertretung[71].

§ 52   [Voraussetzungen der Prozeßfähigkeit]

Eine Person ist insoweit prozeßfähig, als sie sich durch Verträge verpflichten kann.

Gesetzesgeschichte: bis 1900 § 51 CPO. Änderungen RGBl. 1898, 256; BGBl. 1976 I, 1421.

Stichwortverzeichnis: → § 51 vor Rdnr. 1.

I. Überblick[1]

1. Prozeßunfähige Personen

1   § 52 Abs. 1 enthält die eigentliche Begrenzung der Prozeßfähigkeit, die sich nach der Fähigkeit richtet, sich durch Verträge zu verpflichten, d. h. nach der Geschäftsfähigkeit.

---

[69] Nicht aber zur Fortführung eines Prozesses, den der Ehegatte vor Eintritt der Geschäftsunfähigkeit begonnen hatte, *RGZ* 86, 15.

[70] Vgl. *Germelmann/Matthes/Prütting* ArbGG § 10 Rdnr. 39; *Grunsky* ArbGG[6] § 80 Rdnr. 16.

[71] *ArbG Bielefeld* DB 1973, 1754; vgl. aber auch *BAG* EzA Nr. 2 zu § 64 BetrVG 1972 zur Prozeßfähigkeit der Jugendvertretung selbst.

[1] **Lit.**: → § 51 Fn. 1.

Daraus folgt, daß sowohl die geschäftsunfähigen als auch die beschränkt geschäftsfähigen Personen regelmäßig prozeßunfähig sind (→ § 51 Rdnr. 2, 11).

2. Gegenständlich beschränkte Prozeßfähigkeit

Beschränkt Geschäftsfähige und Betreute, für die ein Einwilligungsvorbehalt angeordnet   2
wurde (§ 1903 Abs. 1 S. 2 BGB; → Rdnr. 7 und § 51 Rdnr. 15, 20), können sich unter den Voraussetzungen der §§ 112, 113 BGB (→ Rdnr. 4) in bestimmten Bereichen durch Verträge verpflichten. Sie besitzen nach § 52 mit derselben gegenständlichen Beschränkung auch die Prozeßfähigkeit[2]. Diese ist also vom konkreten Streitgegenstand abhängig, wie etwa sonst die sachliche oder örtliche Zuständigkeit (zur Prüfung der Rechtsnatur des Anspruchs → § 1 Rdnr. 17).

Vorschriften des Inhalts, daß eine Person nur nach einzelnen Richtungen *unfähig* ist, sich durch Verträge zu verpflichten, kennt unser Recht nicht. Der Gemeinschuldner und der Erbe bei Nachlaßverwaltung verlieren nach §§ 6, 7 KO, § 1984 BGB nur die Befugnis, nicht aber die Fähigkeit, sich (für die Masse usw.) zu verpflichten (→ § 51 Rdnr. 21). Wohl aber kann nach dem Grund und Wirkungsbereich einer geistigen Störung die Prozeßunfähigkeit auf ein begrenztes Sachgebiet beschränkt sein (→ § 51 Rdnr. 14).

II. Der Umfang der gegenständlich beschränkten Prozeßfähigkeit

Das zu § 51 Rdnr. 6 über den Umfang der Prozeßfähigkeit Bemerkte gilt auch für die Fälle   3
der beschränkten Prozeßfähigkeit. Wenn sie vorliegt, schließt sie die Vertretungsmacht des gesetzlichen Vertreters aus[3]. Sie erstreckt sich auf den *ganzen Prozeß* und gibt auch das Recht zur Bevollmächtigung des Anwalts oder sonstigen Vertreters[4]. Ist die Prozeßfähigkeit für das der Klage zugrunde liegende Rechtsverhältnis begründet, so erstreckt sie sich auf alle in diesem Prozeß im Wege der Einrede, der Replik usw. zur Erörterung kommenden Rechtsverhältnisse (einschließlich der Prozeßführung über die Aufrechnung[5]) und auf alle durch dieses Rechtsverhältnis veranlaßten *weiteren Prozesse*, insbesondere auch auf die durch die Zwangsvollstreckung veranlaßten nach §§ 731, 767 f. Nicht erfaßt wird dagegen die *Widerklage*, soweit sie nicht in das Gebiet der Geschäftsfähigkeit fällt, und ebensowenig die Widerspruchsklage eines Dritten nach § 771, da hier *andere materielle Rechtsverhältnisse* in Frage stehen[6], für die die gegenständlich beschränkte Prozeßfähigkeit nicht gilt. Wegen der Klagenverbindung → § 260 Rdnr. 41.

III. Fälle der gegenständlich beschränkten Geschäftsfähigkeit

1. Minderjährige, die der gesetzliche Vertreter mit Genehmigung des Vormundschaftsge-   4
richts zum selbständigen Betrieb eines **Erwerbsgeschäfts** ermächtigt hat, sind nach § 112 BGB für solche Rechtsgeschäfte unbeschränkt geschäfts- und daher auch prozeßfähig, die der

---

[2] Zur Prozeßfähigkeit materiellen öffentlichen Rechts vgl. *BVerwG* NJW 1982, 539; *KG* NJW 1982, 526; 1978, 2454 ff.; *Grunsky* Grundlagen des Verfahrensrechts[2], 253.

[3] Ebenso *Rosenberg* (§ 51 Fn. 1), 776. – A. M. *Hellwig* Lb 2, 334.

[4] Im Ergebnis ebenso *Lappe* Rpfleger 1982, 10; *Rosenberg* (§ 51 Fn. 1), 677 f.; → auch § 51 Rdnr. 6 und § 80

Rdnr. 6. *BayObLG* AnwBl. 1992, 234 verlangt allerdings wenigstens den *Willen* zur Bevollmächtigung.

[5] Die materiell-rechtliche Wirksamkeit einer Aufrechnung durch den beschränkt Geschäftsfähigen hängt davon ab, ob sie im Bereich der gegenständlich beschränkten Geschäftsfähigkeit liegt.

[6] Anders oben § 50 Rdnr. 23, wo die *prozessuale* Einheit maßgebend ist.

Geschäftsbetrieb mit sich bringt, ausgenommen solche, zu denen auch der Vertreter der Genehmigung des Vormundschaftsgerichts bedarf (§§ 1821ff., 1643 BGB). Erwerbsgeschäft ist jeder selbständige auf Erwerb gerichtete Geschäftsbetrieb[7], auch der des Landwirts, Künstlers oder Wissenschaftlers (→ § 741 Rdnr. 5).

5   2. Minderjährige, die der gesetzliche Vertreter bzw. anstelle des Vormunds das Vormund-schaftsgericht ermächtigt, in **Dienst** oder in **Arbeit** zu treten, sind nach § 113 BGB für solche Geschäfte[8] unbeschränkt geschäfts- und damit prozeßfähig, die die *Eingehung* oder *Aufhe-bung* eines Dienst- oder Arbeitsverhältnisses der gestatteten Art – nicht eines Ausbildungs-verhältnisses[9] – oder die Erfüllung der sich aus einem solchen Verhältnis ergebenden *Ver-pflichtungen* betreffen, ausgenommen auch hier solche Geschäfte, zu denen auch der Vertre-ter der Genehmigung des Vormundschaftsgerichts bedarf. Die Ermächtigung für einen einzel-nen Fall gilt im Zweifel als allgemeine Ermächtigung (§ 113 Abs. 4 BGB). Auch Dienste höherer Art fallen unter § 113 BGB[10]. Eine solche allgemeine Ermächtigung liegt nicht schon darin, daß ein Minderjähriger (z.B. als Schüler oder Student) aus dem Elternhaus heraustritt (→ auch § 57 Rdnr. 10). Wird die Ermächtigung gem. § 113 Abs. 2 BGB *zurückgenommen*, so entfällt die Geschäftsfähigkeit ex nunc und damit auch die Prozeßfähigkeit sowohl für den laufenden als auch für künftige Prozesse, mögen sie auch einen Streitgegenstand aus der Zeit betreffen, zu der die Ermächtigung erteilt und noch nicht zurückgenommen war. In § 110 BGB (sog. **Taschengeldparagraph**) ist dem Minderjährigen keine Verpflichtungsfähigkeit zugebilligt, da nur die vom Minderjährigen *erfüllten* Verträge wirksam sind. Daher besteht hier auch *keine* gegenständlich beschränkte Prozeßfähigkeit. Zum arbeitsgerichtlichen Be-schlußverfahren en → § 51 Rdnr. 51.

Zur Prozeßführung des beschränkt Prozeßfähigen als gesetzlicher Vertreter → § 51 Rdnr. 25, als gewillkürter Vertreter → § 79 Rdnr. 1.

6   Soweit danach ein Minderjähriger prozeßfähig ist, ist auch das in diesem Prozeß ergehende Urteil gegen ihn in das im Gewahrsam des gesetzlichen Vertreters befindliche Vermögen **vollstreckbar** (→ § 808 Rdnr. 15). Auch ist insoweit die **Verjährung** dem Minderjährigen gegenüber nicht durch das Fehlen eines gesetzlichen Vertreters *gehemmt* (§ 206 Abs. 2 BGB).

7   3. Die wegen *Geistesschwäche, Verschwendung, Trunksucht oder Rauschgiftsucht Ent-mündigten* sowie diejenigen Personen, die nach § 1906 BGB nach Stellung des Entmündi-gungsantrags unter *vorläufige Vormundschaft* gestellt waren, standen bis zum 1.1.1992 auch in bezug auf die zu Rdnr. 4, 5 dargestellten Ermächtigungen den Minderjährigen gleich (§ 114 BGB a.F.). Heute gilt entsprechendes für **Betreute**, wenn für sie ein *Einwilligungsvorbehalt* angeordnet ist (§ 1903 Abs. 1 S. 2 BGB; → Rdnr. 2 und § 51 Rdnr. 15, 20). Zu beachten ist dabei ferner, daß der Wirkungskreis des Betreuers auf die Aufgabenkreise zu beschränken ist, in denen Betreuung erforderlich ist (§ 1896 Abs. 2 BGB), und auch der Einwilligungsvorbe-halt bezieht sich nur auf die Aufgabenkreise, für die Betreuung angeordnet ist (§ 1903 Abs. 1 S. 1 BGB). Außerhalb dieser Bereiche ist dann der Betreute voll geschäfts- und prozeßfähig[11].

7a   Die Prozeßfähigkeit für **Ehesachen** ist in § 607, für Klagen auf **Anfechtung der Ehelichkeit** in § 640b besonders geregelt. Für **Betreuungssachen** s. § 66 FGG (→ § 51 Rdnr. 16).

---

[7] Vgl. *OLG Düsseldorf* OLGRspr. 22 (1911), 161; *Mül-ler* BB 1957, 457; *Soergel/Hefermehl* BGB[12] § 112 Rdnr. 2.

[8] Die überwiegende Meinung rechnet dazu mit Recht auch den Gewerkschaftsbeitritt, *LG Essen* NJW 1965, 2302; *LG Düsseldorf* DB 1966, 587; *LG Frankenthal* DB 1966, 586; *LG Frankfurt* FamRZ 1967, 680; *Gilles/West-phal* JuS 1981, 901; *Hoffmann* BB 1965, 126. – A. M. *AG Köln* DB 1964, 1380; *Kube* DB 1968, 1126.

[9] So *LAG Düsseldorf* AP § 21 HandwO Nr. 1; *LAG*

Stuttgart BB 1956, 925; *ArbG Bielefeld* DB 1973, 1754; *Germelmann/Matthes/Prütting* ArbGG § 10 Rdnr. 35; *Grunsky* ArbGG[6] § 10 Rdnr. 30; *Natzel* DB 1970, 1384; *Siebert* BB 1951, 195. – A. M. *RAG* 13, 337; 5, 331; 3, 221.

[10] *OLG Düsseldorf* OLGRspr. 22 (1911), 161; *Pa-landt/Heinrichs* BGB[51] § 113 Rdnr. 2. – A. M. *RGZ* 28, 278.

[11] Vgl. *Bork* MDR 1991, 98.

Dagegen begründet § 2275 Abs. 2, 3 BGB keine teilweise Prozeßfähigkeit. Denn der in der   **8**
Geschäftsfähigkeit beschränkte Ehegatte oder Verlobte kann den **Erbvertrag** nur mit Zustimmung des gesetzlichen Vertreters, also nicht selbständig schließen.

4. Ferner muß eine Partei in einem Prozeß so lange **als prozeßfähig behandelt** werden, wie   **9**
ihre Prozeßfähigkeit noch nicht endgültig vom Gericht verneint ist (→ § 56 Rdnr. 5 und zu den
Rechtsmitteln § 56 Rdnr. 16).

IV. Die Prozeßfähigkeit von Ehegatten

Ehegatten erfahren als solche nach dem BGB heute keine Beschränkung der Geschäftsfähigkeit mehr.   **10**
Sie können sich durch Verträge verpflichten und sind demgemäß **in vollem Umfang prozeßfähig**. Der
frühere § 52 Abs. 2, der die Prozeßfähigkeit der Ehefrau ausdrücklich bejahte, war seit langem überflüssig
und ist durch das 1. EherechtsreformG (v. 14. VI. 1976; BGBl. I, 1421) aufgehoben worden. Soweit ein
Ehegatte nach **ausländischem Recht** auf Grund der Ehe in seiner Prozeßfähigkeit beschränkt ist, hat er vor
deutschen Gerichten die volle Prozeßfähigkeit über § 55. – Zur *Prozeßführungsbefugnis* nach ehelichem
Güterrecht → Rdnr. 50 ff. vor § 50.

§ 53   [Prozeßunfähigkeit bei Pflegschaft]

Wird in einem Rechtsstreit eine prozeßfähige Person durch einen Betreuer oder Pfleger
vertreten, so steht sie für den Rechtsstreit einer nicht prozeßfähigen Person gleich.

Gesetzesgeschichte: eingefügt RGBl. 1898, 256. Änderung BGBl. 1990 I, 2009.

Stichwortverzeichnis: → § 51 vor Rdnr. 1.

I. Gesetzliche Vertretung prozeßfähiger Personen[1]

Auch prozeßfähige Personen können einen gesetzlichen Vertreter haben (d.h. einen Ver-   **1**
treter, dessen Vertretungsmacht auf dem Gesetz oder auf obrigkeitlicher Bestellung, nicht auf
dem Willen des Vertretenen beruht, → § 51 Rdnr. 22), während der Vertretene geschäfts- und
daher prozeßfähig ist und bleibt (→ Rdnr. 13). Hierher gehören außer der Vertretung bei der
Zustellung (→ §§ 171, 181) folgende Vertreter:

1. Der **Betreuer** nach §§ 1896, 1902 BGB (→ § 51 Rdnr. 15)[2], der **Pfleger des Abwesenden**[3]   **2**
und für **unbekannte Beteiligte**[4] bestellte Pfleger (§§ 1911, 1913 BGB; § 10 Zuständigkeitser-

---

[1] Lit.: → § 51 Fn. 1.
[2] Betreuung ist auch für *Geschäftsunfähige* möglich.
Auch dann ist der Betreuer gesetzlicher Vertreter. Des
§ 53 bedarf es dann aber nur bei *partiell* Geschäftsunfähigen (→ § 51 Rdnr. 14) für den Bereich, in dem die Ge-
schäfts- und Prozeßfähigkeit besteht und der von der
Betreuung umfaßt wird (vgl. zum alten Recht *LSG.NRW*
MDR 1985, 701; zum neuen Recht *Bork* MDR 1991, 99).

[3] Bestellung nur für vermögensrechtliche Angelegenheiten, keine Vertretungsbefugnis in Ehesachen, *RGZ*
126, 261.
[4] *BGH* MDR 1973, 742; *BAG* AP § 1913 BGB Nr. 1
(*Hübner*).

gänzungsG v. 7. VIII. 1952; BGBl. I, 407). Näher → Rdnr. 48 vor § 50. Der Pfleger nach § 1914 BGB ist dagegen Partei kraft Amtes (→ Rdnr. 26 vor § 50).

3   2. Der **Nachlaßpfleger**[5] (§§ 1960 f. BGB; → Rdnr. 48 vor § 50).

4   3. Der für den **abwesenden Beschuldigten** nach § 292 StPO hinsichtlich des beschlagnahmten Vermögens bestellte Pfleger[6].

5   4. Der nach § 1189 BGB bzw. § 74 SchiffsregisterG **für den jeweiligen Gläubiger der Wertpapierhypothek** bzw. -schiffshypothek **bestellte Vertreter**.

6   5. Der **Vertreter der Besitzer von Schuldverschreibungen** nach § 14 Abs. 4 des Gesetzes v. 4. XII. 1899 (RGBl. 691).

7   6. **Konkursverwalter, Zwangsverwalter, Nachlaßverwalter** und **Testamentsvollstrecker**, wenn man der Vertretertheorie folgt (→ Rdnr. 28 vor § 50 und § 51 Rdnr. 21)[7].

8   7. Der nach § 494 Abs. 2 bei der **Sicherung des Beweises** für den unbekannten Gegner und der nach § 779 Abs. 2 zum Zweck der Zwangsvollstreckung in den Nachlaß **für den Erben** bestellte **besondere Vertreter**.

9   8. Der **Ehegatte bei Gütergemeinschaft**, wenn er bei Verhinderung des anderen Ehegatten Prozesse nicht im eigenen Namen (→ vor § 50 Rdnr. 54), sondern im Namen des anderen führt (§§ 1429 S. 2, 1454 S. 2 BGB)[8]. – Ob der im Rahmen der »**Schlüsselgewalt**« nach § 1357 BGB auch den anderen Ehegatten berechtigende und verpflichtende Ehegatte materiellrechtlich überhaupt als gesetzlicher Vertreter des anderen Ehegatten handelt, mag hier auf sich beruhen; denn wenn er nicht Vertreter ist, müßte er doch als gesetzlicher Prozeßstandschafter angesehen werden[9]. **Keinesfalls** ergibt sich aus der Schlüsselgewalt die **Berechtigung, Prozesse für den anderen Ehegatten zu führen**, weil die Prozeßführung keine Besorgung eines Geschäfts zur angemessenen Deckung des Lebensbedarfs ist, auch nicht, wenn über Geschäfte gestritten wird, die in diesen Bereich fallen[10].

II. Stellung des Vertretenen

11   1. Die unter I. genannten Vertreter haben in einem im Rahmen ihrer Befugnisse[11] liegenden Prozeß alle Rechte und Pflichten eines gesetzlichen Vertreters (→ § 51 Rdnr. 22), was sich ohne weiteres aus der ihnen gestellten Aufgabe ergibt (zur Prüfung ihrer Bestellung → § 51 Rdnr. 29). Aber während sonst der Vertretene durch den gesetzlichen Vertreter von jedem wirksamen prozessualen Handeln ausgeschlossen wird (→ § 51 Rdnr. 6, 8), muß hier unterschieden werden:

12   2. Soweit die Bestellung des Vertreters mit einer **Beschränkung der Verfügungsmacht** verbunden ist, wie beim Pfleger für das beschlagnahmte Vermögen[12] (§ 292 StPO) und (nach der Vertretertheorie) beim Konkursverwalter usw., ist anzunehmen, daß der Vertretene von einer Prozeßführung über die betreffenden Vermögensrechte generell ausgeschlossen ist. Er ist daher in Anlehnung an § 53 als **prozeßunfähig** für solche Prozesse zu behandeln, aber (anders als im direkten Anwendungsbereich des § 53) von vornherein, so daß eine Klage des

---

[5] *BGHZ* 49, 1, 5.

[6] So *RGZ* 11, 189; Gruchot 33 (1889), 1092; *OLG Dresden* OLGRspr. 20 (1910), 332. – A. M. *RG* Gruchot 29 (1914), 1113; *Wach* Hb, 546 Fn. 37, die hier Prozeßunfähigkeit annehmen, sowie *Hellwig* Anspruch und Klagrecht (1900), 231 (Verlust der Prozeßführungsbefugnis).

[7] Der Pfleger der Versicherten (§ 78 VAG) hat keine prozessualen Aufgaben, ebensowenig der Treuhänder nach §§ 29 ff. HypothekenbankG.

[8] Ebenso *Jaeger* ZZP 40 (1910), 130. – A. M. *Hellwig* Lb 2, 405 (Vollmacht).

[9] Vgl. *Baur* Festschr. f. Beitzke, 1979, 118.

[10] Vgl. (zu § 1357 BGB aF) *OLG Hamburg* NJW 1953, 991. – A. M. *MünchKomm./Wacke* BGB[2] § 1357 Rdnr. 49; *Soergel/Lange* BGB[12] § 1357 Rdnr. 15 mwN. Vgl. für die Beauftragung eines Rechtsanwalts *VG Frankfurt* NJW-RR 1988, 393; *Dörr* NJW 1989, 810.

[11] Daher z. B. kein Vertretungsrecht des bloßen Prozeßpflegers im Verfahren über die eidesstattliche Versicherung, *KG* NJW 1968, 2245; → auch § 57 Fn. 23 und § 807 Rdnr. 44; vgl. auch hier Fn. 25.

[12] Vgl. *OLG Dresden* OLGRspr. 20 (1910), 332.

Vertretenen selbst oder gegen diesen persönlich unzulässig ist[13]. (Folgt man dagegen in diesen Fällen der Lehre von der Partei kraft Amtes, so fehlt es an der Prozeßführungsbefugnis; → Rdnr. 27 vor § 50.)

3. In den übrigen Fällen dagegen, in denen es sich nur um eine tatsächliche Verhinderung handelt, **bleibt die Prozeßfähigkeit** des Vertretenen als solche grundsätzlich unangetastet[14], also seine Handlungsbefugnis und die Befugnis, ihm gegenüber Handlungen wirksam vorzunehmen, namentlich ihn ungeachtet der Bestellung des Vertreters zu verklagen (vgl. jedoch wegen der öffentlichen Zustellung der Klage § 203 Rdnr. 7). § 53 verhindert aber, daß der Vertretene auch in einem Rechtsstreit, der in seinem Namen durch den Pfleger geführt wird, selbst oder durch Bevollmächtigte wirksam eingreifen und sich in Widerspruch zur Prozeßführung des Pflegers setzen kann[15] (→ auch Rdnr. 16, 18). **13**

III. Bedeutung des § 53

1. § 53 gilt **unmittelbar** für die Vertretung durch einen Betreuer oder Pfleger i. S. des BGB, also für die oben Rdnr. 2 und 3 aufgeführten Fälle (→ für Ehesachen § 607 Rdnr. 2). In den anderen oben Rdnr. 5, 6, 8–10 genannten Fällen wird man aber § 53 **entsprechend** anwenden können[16], solange das Vertretungsrecht andauert. Der Zweck der Vertretung ist hier ähnlich wie bei einer Pflegschaft, und daher ist es auch in diesen Fällen (schon im Interesse der Rechtsklarheit) geboten, *nur* den Handlungen des Vertreters in dem von ihm geführten Prozess Wirksamkeit zuzusprechen. Wird dagegen der Prozess durch einen gewillkürten[17] oder nach § 57 bestellten besonderen Vertreter geführt, so ist § 53 nicht anzuwenden[18]. Zu § 292 StPO → Rdnr. 12. **14**

2. Der Betreuer oder Pfleger muß in dem Rechtsstreit **als Vertreter**[19] **tatsächlich auftreten**, sei es, daß er selbst die Klage erhoben hat oder gegen ihn geklagt ist, sei es, daß er vermöge der ihm zustehenden Vertretungsbefugnis in einen schon schwebenden Prozeß eingetreten ist (vgl. § 241 Rdnr. 3). Dieses Auftreten kann die Partei durch ihren Widerspruch nicht verhindern[20]; die Betreuung oder Pflegschaft wäre sonst völlig zwecklos. Eine erst zu erhebende Klage kann dagegen der Dritte wirksam gegen den vom Betreuer oder Pfleger Vertretenen selbst richten[21]. Wenn der Vertreter, statt einzutreten, einen neuen Prozeß beginnt, so wird der mit dem Vertretenen geführte dadurch nicht berührt. Vielmehr steht dem zweiten Prozeß die Rechtshängigkeit entgegen. Zieht sich ein Betreuer oder Pfleger aus dem zunächst von ihm geführten Prozeß zurück, so ist der Vertretene wieder als prozeßfähig zu behandeln[22]. **15**

3. Sind diese Voraussetzungen erfüllt, so steht der Vertretene für den Rechtsstreit einer **nicht prozeßfähigen** Person gleich. Er bleibt also *Partei* und verliert auch nicht die Prozeßfähigkeit allgemein, insbesondere nicht für andere Rechtsstreitigkeiten. Es wird auch der Betreuer oder Pfleger nicht erst jetzt zum gesetzlichen Vertreter, denn das war er von seiner Bestellung an. Vielmehr wird dem Vertretenen, auf diesen Rechtsstreit beschränkt, die Befugnis genommen, gültige Prozeßhandlungen vorzunehmen, und ebenso dem Gegner, dem Vertretenen gegenüber Prozeßhandlungen vorzunehmen, ebenso wie bei einer prozeßunfä- **16**

---

[13] Vgl. auch oben Fn. 2.

[14] *BGH* NJW 1988, 51. – Unzutr. *BayVGH* BayVBl. 1989, 52 (Prozeßunfähigkeit für eine Klage, die der Vertreter nicht erheben will; dagegen spricht seit dem 1.1.1992 jedenfalls § 1901 Abs. 2 BGB).

[15] *BGH* NJW 1988, 51.

[16] Ebenso   *Baumbach/Lauterbach/Hartmann*[50] Anm. 2.

[17] Dazu zählt auch der Versicherer, dem der Versicher-

te nach §§ 5 Nr. 7 AHB, 7 Abs. 2 Nr. 5 AKB die Prozeßführung zu überlassen hat; *OLG München* MDR 1983, 941 (→ auch vor § 50 Fn. 117).

[18] *BGH* LM § 57 Nr. 3 (Rechtsmitteleinlegung jedenfalls bei Untätigkeit des Vertreters zulässig) = NJW 1966, 2210 = FamRZ 571 (*Grunsky*).

[19] Nicht *neben* der Partei, *RGZ* 52, 223.

[20] *OLG Düsseldorf* OLGZ 1983, 120f.; 1981, 106. – A. M. *MünchKommZPO/Lindacher* Rdnr. 3.

higen Person (→ § 51 Rdnr. 6, 8). Prozeßhandlungen des Vertretenen können jedoch vom Betreuer oder Pfleger *genehmigt* werden[23].

17   Die Stellung des Vertreters beschränkt sich auf den **konkreten Rechtsstreit**, umfaßt also die Widerklage, die Fortsetzung nach Vorbehaltsurteil, die Kostenfestsetzung, aber wohl nicht mehr das Wiederaufnahmeverfahren oder die formell selbständigen Anhangsprozesse der §§ 767, 768. Für diese und andere aus Anlaß des ersten Prozesses entstehende Rechtsstreitig-keiten besteht vielmehr die Prozeßfähigkeit, bis auch hier die Voraussetzungen des § 53 gegeben sind.

18   **4. Materiell-rechtlich** behält der Vertretene seine Geschäftsfähigkeit und (von den in Rdnr. 12 aufgeführten Fällen abgesehen) auch seine Verfügungsbefugnis. Er kann deshalb durch außerprozessuale Erklärungen bewirken, daß die Klage des Vertreters *unbegründet* wird, etwa durch Erlaß der streitbefangenen Forderung[24]. Bei einem Widerspruch des Vertre-tenen (nur) gegen die Klageerhebung aus dem zwar nicht prozessual, aber materiell-rechtlich beachtlichen (entgegenstehenden) Willen des Vertretenen zu schließen, der Vertreter han-dele außerhalb des Rahmens seines Wirkungskreises (mit der Folge, daß die Klage dann doch unzulässig sein soll)[25], geht allerdings zu weit. Auch aus dem Gebot der Rücksichtnahme auf die Wünsche eines Betreuten (§ 1901 Abs. 2 BGB) ergibt sich nichts anderes.

§ 54   [Besondere Ermächtigung zu Prozeßhandlungen]

Einzelne Prozeßhandlungen, zu denen nach den Vorschriften des bürgerlichen Rechts eine besondere Ermächtigung erforderlich ist, sind ohne sie gültig, wenn die Ermächtigung zur Prozeßführung im allgemeinen erteilt oder die Prozeßführung auch ohne eine solche Ermäch-tigung im allgemeinen statthaft ist.

Gesetzesgeschichte: bis 1900 § 52 CPO.

Stichwortverzeichnis: → § 51 vor Rdnr. 1.

I. Prozeßhandlungen

1   Die Vorschrift ist nur historisch zu verstehen. § 51 überläßt es dem bürgerlichen Recht (d. h. bei Erlaß der CPO dem *Landesrecht*), die Notwendigkeit einer *besonderen* Ermächtigung zur Prozeßführung festzulegen[1]. § 54 bestimmte aber, daß eine *allgemeine* Ermächtigung zur Prozeßführung oder eine allgemeine Zulässigkeit der Prozeßführung solche besonderen Ermächtigungen überflüssig macht. Dadurch sollte für den *gesetzlichen Vertreter* eine umfas-sende und allgemeine Vertretungsberechtigung gewährleistet werden. Heute sind Vorschrif-ten des deutschen bürgerlichen Rechts, die für Prozeßhandlungen des gesetzlichen Vertreters

---

[21] Er kann daher die Bestellung eines Pflegers (bzw. Betreuers) zu diesem Zweck nicht beantragen, *KG* OLGRspr. 1 (1900), 385; 2 (1901), 141.

[22] *Grunsky* FamRZ 1966, 573.

[23] *OLG Köln* Rpfleger 1971, 30 = JurBüro 186; vgl. auch *BFH* BStBl. 1983 II, 239 = DB 320.

[24] *BGH* NJW 1988, 51; *OLG Düsseldorf* OLGZ 1983, 121; 1981, 106.

[25] So *Kahlke* ZZP 100 (1987), 26 Fn. 72; wohl auch

OLG Düsseldorf OLGZ 1983, 121 (anders noch in OLGZ 1981, 106). – A. M. *Bork* MDR 1991, 98; *Zöller/Vollkom-mer*[17] Rdnr. 5.

[1] In den Motiven 77 f. (*Hahn* Materialien, 169 f.) wird besonders auf landesrechtliche Beschränkungen hinge-wiesen und als Beispiel nur die Befugnis des Vormunds zur Relation eines Eides nach preuß. AGO I 10 § 292 und die Prozeßführung der Kirchengemeinde nach ALR II 11 §§ 652 ff. erwähnt.

eine besondere Ermächtigung fordern, wohl nicht mehr vorhanden. Praktisch ist § 54 jedenfalls *gegenstandslos*. Auf Fälle, in denen eine prozeßfähige Person zur Prozeßführung der Zustimmung eines *Dritten* bedarf, bezieht sich § 54 nach der systematischen Stellung und der Entstehungsgeschichte nicht. Ermächtigungen, die der gesetzliche Vertreter eines prozeßunfähigen *Ausländers* nach dem für die Vertretung geltenden ausländischen Recht benötigt, werden durch § 54 nicht entbehrlich gemacht (→ § 55 Rdnr. 8).

II. Genehmigungserfordernisse für materielle Rechtsgeschäfte

Eine andere, von § 54 nicht geregelte Frage ist, wie sich das Erfordernis einer Genehmigung   **2**
für materiell-rechtliche Rechtsgeschäfte im Prozeß auswirkt. Die Wirksamkeit solcher Willenserklärungen – z. B. Anfechtung, Kündigung, Aufrechnung – richtet sich auch dann nach materiellem Recht, wenn sie im Prozeß erklärt werden. Der gesetzliche Vertreter bedarf daher gegebenenfalls der nach materiellem Recht erforderlichen Genehmigung, insbesondere des Vormundschaftsgerichts. **Genehmigungserfordernisse** enthalten für den Vormund §§ 1819 ff. BGB (ebenso für Betreuer, § 1908 i BGB, und Pfleger, auch Nachlaßpfleger, §§ 1915, 1960, 1962, 1975 BGB), für die Eltern § 1643 BGB. S. auch § 14 Abs. 3 des Gesetzes über die gemeinsamen Rechte der Besitzer von Schuldverschreibungen (vom 4. XII. 1899, RGBl. 691).

III. Prozeßvergleich

Für den Prozeßvergleich in seiner Eigenschaft als *Prozeßhandlung* besteht kein Genehmi-   **3**
gungserfordernis. Regelmäßig enthält der Prozeßvergleich aber zugleich einen *materiell-rechtlichen* Vergleich, und für diesen muß gegebenenfalls die nach materiellem Recht erforderliche Genehmigung vorliegen[2]. Das gilt für Genehmigungen, die speziell für den Abschluß eines Vergleichs vorgeschrieben sind (so nach § 1822 Nr. 12 BGB für einen nicht vom Gericht vorgeschlagenen Vergleich durch den Vormund bei mehr als 5000 DM; nach § 1615 e BGB für einen Vergleich zwischen dem nichtehelichen Kind und seinem Vater über künftige Unterhaltsansprüche), aber auch sonst, wenn im Vergleich ein materiell-rechtliches genehmigungsbedürftiges Rechtsgeschäft (z. B. beim Vormund die Verpflichtung zu einer Grundstücksübereignung, § 1821 Abs. 1 Nr. 4 BGB) enthalten ist. Der Mangel der Genehmigung führt – jedenfalls nach der Lehre von der Doppelnatur (→ § 794 Rdnr. 6, 56 ff.) – zur Unwirksamkeit des Prozeßvergleichs auch in prozessualer Hinsicht[3] (vgl. aber zur Vollstreckbarkeit § 794 Rdnr. 54).

IV. Anerkenntnis und Verzicht

Sie sind reine Prozeßhandlungen (→ § 306 Rdnr. 3, § 307 Rdnr. 11). Eine vormundschafts-   **4**
gerichtliche Genehmigung ist hier auch dann *nicht erforderlich*, wenn bei einer rechtsgeschäftlichen Herbeiführung desselben Ergebnisses eine Genehmigung nötig wäre[4].

---

[2] *RGZ* 19, 362; 56, 333; 133, 259; *OLG Dresden* OLGRspr. 7 (1903), 122; *LAG Stuttgart* AP 51 Nr. 54 (*Wieczorek*); *Bonin* Der Prozeßvergleich (1957), 63 f.; *Bork* Der Vergleich (1988), 276; *Lehmann* Der Prozeßvergleich (1911), 176 f.; *Rosenberg/Schwab*[14] § 53 II 3 b.
[3] H. M. (Fn. 2) – A. M. z.B. *Hellwig* Lb 2, 388 (zivilrechtliche Ungültigkeit, aber prozessuale Wirksamkeit).

[4] *BGH* JZ 1956, 62 = LM § 306 Nr. 1 = ZZP 69 (1956), 34 = FamRZ 1955, 359; *Pohle* JZ 1956, 53; *Rosenberg/ Schwab*[14] § 53 II 3 b. – A. M. *Häsemeyer* ZZP 85 (1972), 227; *Thomas* ZZP 89 (1976), 81.

§ 55   [Prozeßfähigkeit von Ausländern]

Ein Ausländer, dem nach dem Recht seines Landes die Prozeßfähigkeit mangelt, gilt als prozeßfähig, wenn ihm nach dem Recht des Prozeßgerichts die Prozeßfähigkeit zusteht.

Gesetzesgeschichte: bis 1900 § 53 CPO.

Stichwortverzeichnis: → § 51 vor Rdnr. 1.

I. Ergänzung des Heimatrechts durch § 55[1]

1   1. Aus § 55 ergibt sich, daß zunächst das Recht des Staates, dem der **Ausländer** angehört, ohne Rücksicht auf Wohnsitz, Aufenthalt usw. über seine Prozeßfähigkeit entscheidet. Das Gesetz stellt dabei eindeutig auf die *Prozeßfähigkeit* nach Heimatrecht ab, nicht auf die Geschäftsfähigkeit, die materiell-rechtliche Verpflichtungsfähigkeit oder dergleichen, wie dies § 52 für Inländer bestimmt[2].

2   Nur wenn der Ausländer nach seinem Heimatrecht nicht prozeßfähig ist, greift § 55 mit der Bestimmung ein, daß das ihm **günstigere Recht des Prozeßgerichts** zur Anwendung kommen muß, d. h. der Ausländer gilt als prozeßfähig, wenn ihm als Deutschem die Prozeßfähigkeit zukäme[3]. Das gilt auch für juristische Personen[4].

3   Ist für einen Ausländer gemäß Art. 24 Abs. 1 S. 2 EGBGB **im Inland Betreuung mit Einwilligungsvorbehalt** (→ § 51 Rdnr. 15) angeordnet worden und erkennt das ausländische Recht das nicht an, so tritt eine Rechtskollision ein, die aus überwiegenden Gründen zugunsten der deutschen Betreuung dahin zu entscheiden ist, daß der Ausländer als prozeßunfähig gilt[5]. Eine Vormundschaft, Betreuung oder Pflegschaft *im Heimatstaat des Ausländers* wird hingegen vom deutschen Recht im allgemeinen anerkannt[6].

4   2. Für **Staatenlose** ist das Recht des Staates maßgebend, in dem der gewöhnliche Aufenthaltsort, ersatzweise der Aufenthaltsort liegt (Art. 5 Abs. 2 EGBGB). In entsprechender

---

[1] Lit.: → § 51 Fn. 1.

[2] *Geimer* IZPR (1987) Rdnr. 2029 f.; *Gottwald* in: Grundfragen des Zivilprozeßrechts (1991), 71 ff.; *Hepting* FamRZ 1975, 458; *MünchKommZPO/Lindacher* Rdnr. 1; *MünchKomm./Sonnenberger*[2] Einl. z. EGBGB Rdnr. 310; *Nagel* IZPR[3] Rdnr. 271; *Pagenstecher* ZZP 64 (1951), 278; *Riezler* IZPR (1949), 421; *Rosenberg/Schwab*[14] § 44 I; *Schack* IZVR Rdnr. 535; *Soergel/Kegel*[11] Art. 7 EGBGB Rdnr. 9; *Staudinger/Beitzke*[12] Art. 7 EGBGB Rdnr. 32. A. M. *BGH* JZ 1956, 535 (dagegen *Neuhaus*); *Baumbach/Lauterbach/Hartmann*[50] Anm. 1; *Schütze* Deutsches IZPR (1985), 73 f.; *Thomas/Putzo*[17] § 52 Anm. 1; *Wieczorek*[2] Anm. A; unklar *KG* FamRZ 1991, 1456.

[3] Auch soweit es nach § 52 auf die Geschäftsfähigkeit ankommt, ist der Ausländer so zu beurteilen, als ob er

Deutscher wäre; vgl. *BVerwG* NJW 1982, 539; *Staudinger/Beitzke*[12] Art. 7 EGBGB Rdnr. 33. *Kralik* (ZfRV 1970, 161) will dagegen die Geschäftsfähigkeit nach dem Recht beurteilen, das nach den Regeln des internationalen Privatrechts maßgebend ist, also gegebenenfalls nach ausländischem Recht (zust. *Hepting* FamRZ 1975, 458). Das dürfte dem Zweck des § 55 nicht gerecht werden; denn die Vorschrift will den Ausländer für den inländischen Prozeß einem Inländer gleichstellen.

[4] Vgl. *Soergel/Lüderitz*[11] Vor Art. 7 EGBGB Rdnr. 230.

[5] *Gottwald* (Fn. 2), 75; *Riezler* (Fn. 2), 421 (zum früheren Art. 8 EGBGB); zust. *Nagel* IZPR[3] Rdnr. 273.

[6] Vgl. § 648 Rdnr. 14 f. sowie *Staudinger/Beitzke*[12] Art. 8 EGBGB Rdnr. 42 ff. mwN.

Anwendung des § 55 sind sie vor deutschen Gerichten auch dann prozeßfähig, wenn sie es nur nach deutschem Recht sind[7].

3. Die Prozeßfähigkeit eines Bewohners der **DDR** bestimmte sich bis zum 3. X. 1990 nach § 9 Abs. 2 der   **5** dortigen ZPO (vom 19. VI. 1975; DDR GBl. I, 533) i. V. m. §§ 49–52 ZGB (vom 19. VI.1975; DDR GBl. I, 465). Die Volljährigkeit (und damit die Prozeßfähigkeit) trat auch dort mit 18 Jahren ein.

II. Wirkung des § 55

§ 55 gilt in allen Fällen fehlender Prozeßfähigkeit, also auch dann, wenn eine **Ehefrau** oder   **6** ein **Kind** nach ausländischem Recht nicht prozeßfähig ist. Soweit danach das deutsche Gericht den Ausländer als prozeßfähig anzusehen hat, besteht auch keine Ausnahme bezüglich solcher Akte, um deren Vornahme eine ausländische Behörde im Wege der Rechtshilfe zu ersuchen ist. Ob die ausländische Behörde die Rechtshilfe gewährt, bestimmt sich nach dem für sie maßgebenden Recht.

Der Ausländer, der unter § 55 fällt, besitzt **volle Prozeßfähigkeit** (→ § 51 Rdnr. 6). Steht er   **7** im Ausland unter Vormundschaft, so kann der Vormund nicht als gesetzlicher Vertreter für ihn auftreten. Denn die ZPO kennt eine gesetzliche Vertretung von Personen, die selbst prozeßfähig sind, nur in den bei § 53 Rdnr. 1 ff. aufgeführten Sonderfällen. Daher sind die Zustellungen, auch im Ausland, an die Partei selbst zu bewirken, und der Vormund ist für Zeugnis und Parteivernehmung Dritter. Ebensowenig kann der Vormund bei der Verhandlung als Beistand kraft seiner Vertreterstellung zugelassen werden, da die ZPO eine solche Stellung nicht kennt. Er kann also nur – mit Einwilligung des Mündels – als Beistand nach § 90 auftreten, als Streitgehilfe nach § 66 dagegen nur, wenn er, abgesehen von seiner Stellung als Vormund, ein selbständiges rechtliches Interesse am Sieg des Mündels hat[8].

III. Gesetzliche Vertretung bei Ausländern

Ist ein Ausländer weder nach seinem Heimatrecht noch nach § 55 ZPO prozeßfähig, so   **8** richtet sich seine Vertretung im Prozeß nach dem Recht, das seine gesetzliche Vertretung regelt[9]. Dies ist bei **ehelichen Kindern** nach Art. 19 Abs. 2 S. 1, Art. 14 Abs. 1 EGBGB das Recht des Staates, dem die Eltern angehören, ihren gewöhnlichen Aufenthalt haben oder mit dem sie auf andere Weise gemeinsam am engsten verbunden sind, bei nicht bestehender Ehe das Recht des Staates, in dem das Kind seinen gewöhnlichen Aufenthalt hat (Art. 19 Abs. 2 S. 2 EGBGB). Bei nichtehelichen Kindern entscheidet allein der gewöhnliche Aufenthalt des Kindes (Art. 20 Abs. 2 EGBGB). **Vormundschaft, Betreuung** und **Pflegschaft** einschließlich der gesetzlichen Vertretung regelt nach Art. 24 EGBGB, Art. 1–3, 5 des Abkommens zur Regelung der Vormundschaft über Minderjährige vom 12. VI. 1902 (RGBl. 1904, 240)[10] das *Heimatrecht* des Fürsorgebedürftigen, nach Art. 2 des Übereinkommens über die Zuständigkeit und das anzuwendende Recht auf dem Gebiet des Schutzes von Minderjährigen vom 5. X.

---

[7] *Riezler* (Fn. 2), 422.
[8] S. auch *Wach* Hb, 549 Fn. 44; *Walker* Streitfragen aus dem internationalen Civilproceßrechte (1897), 55; *Riezler* (Fn. 2), 422.
[9] *Geimer* (Fn. 2) Rdnr. 2031; *Reithmann/Martiny/Haussmann* Internationales Vertragsrecht[4] Rdnr. 1115 ff.; *Schack* IZVR Rdnr. 538. – A. M. anscheinend *Baumbach/Lauterbach/Hartmann*[50] Anm. 1.

[10] Dies gilt jetzt noch im Verhältnis zu Belgien und Italien (beide BGBl. 1955 II, 181). Zur Frage, ob es mangels Vereinbarung über die Wiederanwendbarkeit noch mit Rumänien und Polen gilt, vgl. *Jayme* NJW 1965, 14; *Soergel/Kegel*[11] EGBGB Art. 23 Rdnr. 40.

1961 (BGBl. 1972 II, 217)[11] dagegen das *Aufenthaltsrecht* des Fürsorgebedürftigen. Das nach diesen Regeln anzuwendende ausländische Recht gilt auch für die Frage, ob der gesetzliche Vertreter einer **Ermächtigung zur Prozeßführung** bedarf[12].

9   Die **Organe juristischer Personen** bestimmt das an deren Sitz geltende Recht[13]. Konfiskatorische Maßnahmen eines anderen Staates, die im Inland nicht anerkannt werden, berühren das Vertretungsrecht der Organe im Inland nicht, selbst wenn sie mit einer Abberufung dieser Organe verbunden sind[14]; sie dehnen aber die Vertretungsbefugnis auch nicht über die ihr ohnedies gesetzten zeitlichen Grenzen aus[15].

§ 56   [Prüfung von Amts wegen, vorläufige Zulassung]

(1) Das Gericht hat den Mangel der Parteifähigkeit, der Prozeßfähigkeit, der Legitimation eines gesetzlichen Vertreters und der erforderlichen Ermächtigung zur Prozeßführung von Amts wegen zu berücksichtigen.

(2) [1]Die Partei oder deren gesetzlicher Vertreter kann zur Prozeßführung mit Vorbehalt der Beseitigung des Mangels zugelassen werden, wenn mit dem Verzuge Gefahr für die Partei verbunden ist. [2]Das Endurteil darf erst erlassen werden, nachdem die für die Beseitigung des Mangels zu bestimmende Frist abgelaufen ist.

Gesetzesgeschichte: bis 1900 § 54 CPO. Änderung RGBl. 1896, 256.

Stichwortverzeichnis: → § 51 vor Rdnr. 1.

---

[11] Vertragsstaaten im Verhältnis zur BRD: *Frankreich* (BGBl. 1972 II, 1558; 1975 II, 1495), *Niederlande* (BGBl. 1972 II, 15), *Schweiz, Luxemburg, Portugal* (alle BGBl. 1971 II, 1150), *Österreich* (BGBl. 1975 II, 699), *Türkei* (BGBl. 1984 II, 460), *Spanien* (BGBl. 1987 II, 449; 1988 II, 860). Im Verhältnis dieser Staaten ist das frühere Abkommen (Fn. 10) nicht mehr anzuwenden (Art. 18).
[12] Vgl. *Walker* (Fn. 8), 62 f.; *Riezler* (Fn. 2), 423.
[13] Vgl. nur *Schack* IZVR Rdnr. 538; *Soergel/Lüderitz*[11] Vor Art. 7 EGBGB Rdnr. 233 mwN. – Auch die Vertretung des ausländischen Fiskus bestimmt das ausländische Recht, *BGHZ* 40, 199 = MDR 1964, 134 = NJW 203; vgl. dazu *Dölle* Festschr. f. Riese (1964), 282 ff. (krit. zur Frage, ob es im konkreten Fall wirklich um eine gesetzliche Vertretung ging).
[14] So *BGHZ* 25, 150.
[15] Dazu *BGHZ* 33, 200; *Beitzke* AP IPR ArbR Nr. 2. – A. M. *OLG Frankfurt* NJW 1954, 644.

I. Wirkung des Mangels und Heilung[1]

1. Wirkungslosigkeit der Handlungen

Die prozessualen Handlungen[2] oder Unterlassungen, die für ein nicht parteifähiges Gebilde **1** vorgenommen werden, sind insofern wirkungslos, als sie die erstrebten Rechtsfolgen nicht herbeiführen können. Dasselbe gilt für Prozeßhandlungen eines Prozeßunfähigen oder einer Person, der als Vertreter die Befugnis zur gesetzlichen Vertretung[3] fehlt. Die in § 56 erwähnte Ermächtigung zur Prozeßführung spielt praktisch keine Rolle mehr (→ § 51 Rdnr. 49). Wirkungslos sind auch die solchen Personen *gegenüber* vorgenommenen *Handlungen des Gegners und des Gerichts*, namentlich Zustellungen[4] (zur Urteilszustellung → Rdnr. 2). Zur prozessualen Bedeutung der Parteifähigkeit → § 50 Rdnr. 40 f., der Prozeßfähigkeit → § 51 Rdnr. 6 ff. Die erwähnten Mängel hat der Richter der Instanz von Amts wegen zu berücksichtigen (→ Rdnr. 4) und demgemäß, wenn der Mangel nicht behoben werden kann, die Klage abzuweisen (→ Rdnr. 13, 15) bzw. (bei ordnungsgemäßer Klageerhebung) die einzelne mangelhafte Prozeßhandlung zurückzuweisen (→ Rdnr. 14). Der Mangel kann von beiden Parteien geltend gemacht werden. Zur Verhandlung über den Mangel → Rdnr. 5. Zur Prozeßfähigkeit des *Prozeßbevollmächtigten*, insbesondere des Anwalts, → § 78 Rdnr. 37, § 79 Rdnr. 1.

2. Urteil trotz Mangels

Ist ein Urteil ergangen, das den Mangel nicht berücksichtigt, so kann und muß es durch **2** Rechtsmittel (→ Rdnr. 16) oder Einspruch beseitigt werden, wobei die Frist mit der Zustellung an den falschen Vertreter oder den Prozeßunfähigen zu laufen beginnt[5]. Auch die Rechtsmittelrücknahme durch eine seinerzeit für prozeßfähig gehaltene, in Wahrheit prozeßunfähige Partei führt zur Rechtskraft[6]. Das Fehlen der Prozeßfähigkeit, der Legitimation des gesetzlichen Vertreters oder der Ermächtigung des gesetzlichen Vertreters zur Prozeßführung kann auch nach Rechtskraft des Urteils (aber nur durch die nicht ordnungsgemäß vertretene Partei selbst[7]) mit der **Nichtigkeitsklage** (§ 579 Abs. 1 Nr. 4) geltend gemacht werden, es sei denn, daß die Prozeßfähigkeit im Hauptverfahren ausdrücklich bejaht worden ist[8]. Hier wird die Frist für die Klage durch die Zustellung an die Partei selbst oder, wenn sie prozeßunfähig ist, an den gesetzlichen Vertreter in Lauf gesetzt (→ § 586 Rdnr. 14). Wegen des Falles mangelnder Parteifähigkeit → § 50 Rdnr. 41 a. E.

---

[1] Lit.: → § 51 Fn. 1.
[2] Hier im weitesten Sinn, → Rdnr. 157 ff. vor § 128.
[3] Allgemein oder, wie beim Fiskus, für die einzelne Sache, *RGZ* 28, 412.
[4] *BGH* NJW-RR 1986, 1119; *OLG Zweibrücken* FamRZ 1982, 375; *OLG Koblenz* FamRZ 1974, 222.
[5] *BGHZ* 104, 109 = NJW 1988, 2049 mwN; *BGH* FamRZ 1958, 58 (dagegen *Rosenberg* das. 95) = JZ 130 = ZZP 71 (1958), 395; *RGZ* 121, 63; 162, 225; JW 1917, 605; JR 1925 Nr. 1378; *KG* ZZP 55 (1930), 298, 416; *BVerwG* NJW 1970, 962; *LG Paderborn* NJW 1975, 1748; seit der Vereinfachungsnovelle auch *Rosenberg/*

Schwab[14] § 44 IV 6. – A. M. *LG Hamburg* MDR 1966, 512; *LG Frankfurt* NJW 1976, 757; *MünchKommZPO/ Lindacher* §§ 51, 52 Rdnr. 47; *Rosenberg* JZ 1951, 43; *Niemeyer* NJW 1976, 742.
[6] *BGH* JZ 1958, 130; *BVerwG* NJW 1964, 1819; *BSG* MDR 1970, 710 (LS).
[7] *BGHZ* 63, 78 = NJW 1974, 2283; dazu → § 579 Rdnr. 6.
[8] A. M. *BGHZ* 84, 24 = NJW 1982, 2449; *Münch-KommZPO/Lindacher* §§ 51, 52 Rdnr. 48 m. w. N. – Wie hier *Leipold* ZZP 81 (1968), 70; *Rosenberg/Schwab*[14] § 44 IV 6; → auch § 50 Rdnr. 41 und § 579 Rdnr. 2.

3. Heilung

3   Die Mängel sind heilbar. Das bisherige Verfahren kann jederzeit nach Behebung des Mangels **genehmigt werden** (vgl. §§ 551 Nr. 5, 579 Abs. 1 Nr. 4), sei es von der parteifähig (→ § 50 Rdnr. 40) oder prozeßfähig gewordenen Partei selbst, sei es nach ihrem Tode nach Wiederaufnahme durch einen Erben, auch einen Miterben[9], sei es von dem wirklichen oder jetzt bestellten Vertreter[10]. Wird der Prozeßbevollmächtigte der prozeßunfähigen Partei später zum Betreuer bestellt, so kann er seine eigene Prozeßführung genehmigen[11]. Die Genehmigung kann auch noch in der **Revisionsinstanz**[12] erfolgen und ebenso auch noch **nach Rechtskraft**; in letzterem Fall entfällt damit die Nichtigkeitsklage (§ 579 Abs. 1 Nr. 4). Dieselbe Wirkung wie die Genehmigung hat eine später erteilte Ermächtigung[13]. Die Genehmigung ist eine (nach deutschem Prozeßrecht zu beurteilende) Prozeßhandlung[14]. Sie braucht nicht ausdrücklich zu erfolgen, nur muß bei einer stillschweigenden Genehmigung die Beziehung auf den vorliegenden Prozeß unzweideutig sein[15]. Der Genehmigende muß sich insbesondere seiner Rechtsstellung als Vertreter usw. bewußt gewesen sein[16] (dazu → auch § 89 Rdnr. 13). Der Zustimmung des Gegners bedarf es nicht[17]; gegen den Widerspruch des zur Genehmigung Berechtigten ist die Heilung dagegen nicht möglich. Die Genehmigung muß endlich die **Prozeßführung als Ganzes** zum Gegenstand haben; eine Teilung nach Prozeßabschnitten oder die Ausnahme einzelner Akte ist hier (anders zum Teil § 89 Rdnr. 16) ausgeschlossen[18], soweit nicht eine (zur Erledigung durch Teilurteil fähige) Mehrheit von Ansprüchen (§§ 59 f., 260) vorliegt.

II. Prüfung von Amts wegen

4   Zur Vermeidung eines fehlerhaften Verfahrens und einer späteren Nichtigkeitsklage hat das Gericht etwaige Mängel der Partei- und Prozeßfähigkeit oder der gesetzlichen Vertretung (einschließlich der Grenzen der Vertretungsmacht[19]) von Amts wegen zu berücksichtigen (allg. zu diesem Verfahrensgrundsatz → Rdnr. 91 ff. vor § 128). Das gilt **in jedem Stadium**[20], auch in der Berufungs- und Revisionsinstanz[21] (wobei nach einer Zurückverweisung eine erneute Prüfung nur dann ausgeschlossen ist, wenn sich der Sachverhalt nicht geändert und das zurückverweisende Gericht die Frage ausdrücklich und abschließend erörtert hat[22]). Die Prüfung erstreckt sich dabei nicht bloß auf die *rechtliche* Würdigung des Parteivorbringens[23], sondern auch auf die *tatsächliche* Begründung[24]. Dagegen bedeutet die Prüfung nicht, daß in jedem Fall schematisch und ohne besonderen Anlaß ein Nachweis gefordert werden müsse;

[9] *BGHZ* 23, 212 = NJW 1957, 906 (zust. *Bruns*).
[10] So auch *RGZ* 66, 244; JW 1894, 214; 1895, 42, 237; 1900, 653; *OLG Zweibrücken* FamRZ 1980, 911; *Laubinger* (§ 51 Fn. 1), 180 mwN; *OLG Hamburg* OLGRspr. 13 (1906), 322; *OLG Augsburg* SeuffArch. 62 (1907), 419; *OLG Celle* OLGRspr. 19 (1909), 349.
[11] *BGHZ* 41, 104 = NJW 1964, 1129.
[12] *BGHZ* 51, 27 = NJW 1969, 188; *BAG* AP Nr. 3 (*E. Schumann*); *RGZ* 126, 263; OGHZ 2, 13.
[13] Vgl. *RGZ* 86, 15, 17; Gruchot 48 (1904), 111.
[14] *BGHZ* 51, 27.
[15] *RG* Gruchot 41 (1897), 714; 47 (1903), 1098; JW 1900, 854.
[16] *RGZ* 96, 48.
[17] *OLG Karlsruhe* BadRPr. 1907, 209.
[18] Ebenso *RGZ* 110, 228; *Hellwig* Lb 2, 340. – A. M. *KG* OLGRspr. 15 (1907), 153.

[19] *BGHZ* 5, 242.
[20] Im Gerichtsstandsbestimmungsverfahren ist die Parteifähigkeit nie, die Prozeßfähigkeit nur dann zu prüfen, wenn das Gesuch nach § 37 von einer Partei gestellt wurde (→ § 37 Rdnr. 1, 2). Vgl. *BGH* NJW-RR 1987, 757. – A. M. *Baumbach/Lauterbach/Hartmann*[50] § 51 Anm. 1.
[21] *BGHZ* 86, 188 = NJW 1983, 996; 31, 279 = NJW 1960, 523; *BGH* NJW-RR 1987, 157; BB 1967, 98; LM Nr. 11; *BAG* AP Nr. 3 (*E. Schumann*), Nr. 5 (*Rimmelspacher*); → auch § 559 Rdnr. 10 und § 536 Rdnr. 5 (zur Problematik des Verschlechterungsverbots).
[22] *BGH* BB 1958, 1273.
[23] Vgl. *RGZ* 46, 222.
[24] Über das Verhältnis zu den Akten der freiw. Gerichtsbarkeit (Eintragung, Verleihung, Bestallung eines ges. Vertreters etc.) → Rdnr. 34 vor § 50, § 51 Rdnr. 29.

auch mit dem Untersuchungsgrundsatz ist die Prüfung von Amts wegen nicht zu verwechseln[25]. So kann etwa ein Gericht auf Grund einer *tatsächlichen*[26] *Vermutung* zunächst einmal davon ausgehen, daß jeder Erwachsene geschäfts- und prozeßfähig ist, solange nicht besondere Umstände (die darzulegen[27] Sache desjenigen ist, der die Prozeßunfähigkeit behauptet) rechtliche Bedenken erwecken[28]. Erst diese Bedenken geben Anlaß, sich im Wege der Amtsprüfung mit der Prozeßfähigkeit näher zu befassen.

1. Verhandlung

Hat das Gericht Bedenken hinsichtlich der hier in Betracht kommenden Punkte, so hat es   **5** die **Parteien darauf aufmerksam zu machen** (§ 139 Abs. 2) und mit ihnen in die Verhandlung darüber einzutreten[29], auch beim Ausbleiben einer Partei, wie sich aus § 335 Nr. 1 ergibt. Dasselbe gilt, wenn eine Partei, auch die mangelhaft vertretene selbst, die sog. Einrede der mangelnden Parteifähigkeit usw. vorbringt, die in jeder Lage des Verfahrens, auch in der Revisionsinstanz (→ § 566 Rdnr. 2), zulässig und nur eine Anregung zur Offizialprüfung ist[30] (→ aber auch Rdnr. 4 aE). Zur der **Verhandlung über den Mangel** ist der angeblich Parteiunfähige oder Prozeßunfähige, der als gesetzlicher Vertreter Auftretende usw. **berechtigt**. Er ist **für den Streit** über die Partei- oder Prozeßfähigkeit bzw. die Vertreterstellung als partei- oder prozeßfähig bzw. als gesetzlicher Vertreter zu behandeln[31], auch für die Einlegung von Rechtsmitteln (→ Rdnr. 16). Andererseits ist auch derjenige zuzulassen, der der wirkliche gesetzliche Vertreter zu sein behauptet[32]. Vor der endgültigen Erledigung der Prüfung kann ein Endurteil, insbesondere auch ein Versäumnisurteil, nicht erlassen werden[33] (→ Einl. Rdnr. 326, § 335 Rdnr. 2). Das Gericht muß, soweit die Beseitigung des Mangels möglich erscheint, also namentlich bei bloßen Mängeln der Legitimation, Gelegenheit zur Beseitigung des Mangels geben[34], eine **Frist** zur Herbeischaffung der nötigen Beweise setzen oder die Verhandlung über den Mangel zu diesem Zweck **vertagen** (§ 227). Zu einer *Aussetzung* der Verhandlung ist es dagegen nur nach Maßgabe der §§ 148 und 241 ff. befugt[35], namentlich beim Schweben eines Betreuungsverfahrens[36]. Das Gericht kann auch den Prozeßunfähigen usw. **einstweilen zulassen** und mit ihm in die Verhandlung der Sache selbst eintreten (→ Rdnr. 11). Über die Heilung bei nachträglichem Auftreten des richtigen Vertreters → Rdnr. 3, über die Wirkung eines endgültig feststehenden Mangels → Rdnr. 13.

2. Keine Parteidisposition

Die Prüfung von Amts wegen bedeutet, daß jede Disposition der Partei über die Parteifä-   **6** higkeit, Prozeßfähigkeit und gesetzliche Vertretung **ausgeschlossen** ist. Insbesondere kann auf die sog. Einrede der mangelnden Prozeßfähigkeit usw. **nicht wirksam verzichtet** werden (§ 296 Abs. 3). Der Mangel wird daher auch nicht durch ein ausdrückliches Anerkenntnis des

---

[25] *M. Reinicke* (§ 51 Fn. 1), 755 f.

[26] Keine *rechtliche* Vermutung; → Rdnr. 8 ff.

[27] Zur Beweislast → Rdnr. 8 ff.

[28] *BGHZ* 86, 189 = NJW 1983, 996; 18, 189 f. = NJW 1955, 1714; *BGH* NJW-RR 1986, 157; NJW 1969, 1574; 1966, 1510; *BayObLG* NJW-RR 1989, 256; *OLG Frankfurt* NJW-RR 1992, 763; *BAG* AP Nr. 1 (*Baumgärtel*). Vgl. auch *Voraufl.* Rdnr. 10.

[29] S. auch *OLG Marienwerder* ZZP 18 (1893), 261; *Nußbaum* Prozeßhandlungen (1908), 102.

[30] S. auch *Hellwig* Lb 2, 343.

[31] *BGHZ* 86, 186; 35, 6; 18, 190; NJW-RR 1987, 757; 1986, 158; NJW 1957, 989; LM § 11 Nr. 2; *OLG Zweibrücken* JurBüro 1987, 308; *KG* JR 1950, 22; *BAG* NZA 1991, 314; recht weitgehend *OLG Karlsruhe* Justiz 1976, 470 (auch wirksame Zustimmung zur Klagerücknahme).

[32] → auch § 51 Rdnr. 38.

[33] *BGH* NJW-RR 1986, 158.

[34] *BGH* NJW-RR 1986, 1119.

[35] *RGZ* 18, 383; *OLG Breslau* OLGRspr. 17 (1908), 133. Vgl. auch *BayObLG* NJW-RR 1989, 255 f.

[36] Vgl. *Bork* MDR 1991, 99.

Gegners oder durch Unterlassung der Rüge geheilt (§ 295). Ebenso ist ein ausdrückliches oder – im Versäumnisfall – fingiertes gerichtliches **Geständnis** des Gegners unerheblich.

3. Beweis

7   Die die Parteifähigkeit usw. bedingenden Tatsachen bedürfen, soweit bei dem Gericht Zweifel bestehen, des Beweises **mit den ordentlichen Beweismitteln**. Glaubhaftmachung ist weder erforderlich noch genügend. Der Ansicht, für die Feststellung der Parteifähigkeit, Prozeßfähigkeit und gesetzlichen Vertretung gelte der sog. **Freibeweis**[37], kann **nicht** gefolgt werden (näher → vor § 128 Rdnr. 97 und vor § 355 Rdnr. 7 ff.). Die Vorschriften über das Beweisverfahren müssen daher auch hier beachtet werden. Dabei ist es grundsätzlich **nicht Aufgabe des Gerichts**, von Amts wegen für die nötigen Beweise für die Partei- und Prozeßfähigkeit zu sorgen[38], insbesondere durch Anfragen beim Vormundschaftsgericht oder einer Verwaltungsbehörde, soweit nicht §§ 144, 273 Anwendung finden. Das Gericht ist jedoch *berechtigt*, bei Tatsachen, welche den *Mangel* der Parteifähigkeit usw. (also die Unzulässigkeit) ergeben, von Amts wegen Beweis zu erheben (→ Rdnr. 78, 97 vor § 128).

4. Beweislast

8   Die Beweislast im objektiven Sinn (Feststellungslast) ist erst bedeutsam, wenn das Vorliegen der Partei- oder Prozeßfähigkeit nach Erschöpfung der verfügbaren Beweise ungeklärt geblieben ist[39]. Die Beweislast liegt grundsätzlich demjenigen ob, der aus der Parteifähigkeit usw. Rechte für sich herleitet, also – wie bei allen Prozeßvoraussetzungen (→ Einl. Rdnr. 323, § 282 Rdnr. 34) – hinsichtlich der Parteifähigkeit usw. beider Parteien dem Kläger, bei Erwirkung eines Versäumnisurteils aber dem Antragsteller. Dagegen hat ein Vertreter des Beklagten, der als solcher zugelassen werden will, seine Legitimation selbst zu beweisen[40]. Ein Sachurteil kann nur ergehen, wenn die Parteifähigkeit usw. festgestellt ist.

9   Ob diese Grundsätze auch für die Beweislast bei einem non liquet über die **Prozeßfähigkeit** gelten, ist *umstritten*. Auch diese Frage stellt sich nur, wenn begründeter Anlaß zu Zweifeln an der Prozeßfähigkeit besteht (→ Rdnr. 4) und diese Zweifel weder zur Gewißheit verdichtet noch beseitigt werden konnten (→ Rdnr. 8). Die h. M. entscheidet in diesem Fall nahezu einhellig dahingehend, daß die Beweislast für die Prozeßfähigkeit derjenige trage, der ein Sachurteil begehre, im Regelfall also der Kläger, so daß im Zweifel die Prozeßunfähigkeit zu unterstellen sei[41]. Dem haben *Leipold*[42] und *Musielak*[43] entgegengehalten, es bestehe kein

---

[37] *BGHZ* 110, 294 = NJW 1990, 1734 = ZZP 103 (1990) 468 (*Bork*); *BGH* NJW 1992, 628; 1987, 2876 = ZZP 101 (1988) 296 (abl. *Peters*); VersR 1978, 155; NJW 1951, 441 = JZ 238; *OLG München* BayJMBl. 1954, 81; *OLG Neustadt* ZZP 66 (1953), 58; *Baumbach/Lauterbach/Hartmann*[50] Einf. § 284, Anm. 3 A c; *Thomas/Putzo*[17] Vorb. § 284 Anm. 3 c; *Zöller/Vollkommer*[17] Rdnr. 8. – Wie hier *Grunsky* Grundlagen des Verfahrensrechts[2], 438 ff.; *MünchKommZPO/Lindacher* §§ 51, 52 Rdnr. 42; *Rosenberg/Schwab*[14] § 78 V 2 c.

[38] Vgl. *BAGE* 6, 80; *Stein* Das private Wissen des Richters (1893), 92.

[39] Vgl. *BGH* FamRZ 1969, 477.

[40] Vgl. *Stein* (Fn. 38), 92; *Hellwig* Lb 2, 343; *RGZ* 21, 375; abweichend *RGZ* 12, 364. Selbstverständlich können auch hier rechtliche und tatsächliche Vermutungen (z. B. Eintragung ins Handelsregister) den Beweis beeinflussen, *RGZ* 41, 20.

[41] *BGHZ* 110, 294 = NJW 1990, 1734 = ZZP 103

(1990), 468 (*Bork*); 86, 189 = NJW 1983, 996; 18, 184 = NJW 1955, 1714; *BGH* NJW-RR 1986, 157; NJW 1962, 1510; *BayObLG* NJW-RR 1989, 256; *OLG Frankfurt* MW-RR 1992, 763; *OLG Hamburg* MDR 1966, 594; *OLG Hamm* MDR 1992, 412; *OLG Neustadt* ZZP 66 (1953), 58; *BAG* AP Nr. 1 (zust. *Baumgärtel*); AP Nr. 2; *LAG Hamm* BB 1985, 1920 (L); *Baumbach/Lauterbach/Hartmann*[50] Anm. 1 B; *Baumgärtel/Laumen*, Handbuch der Beweislast I[2] § 104 Rdnr. 9; *M. Reinicke* (§ 51 Fn. 1), 755 ff.; *Rimmelspacher* Zur Prüfung von Amts wegen im Zivilprozeß (1966), 180 f.; *Rosenberg* Beweislast[5] § 32 III 1 c; *Thomas/Putzo*[17] § 52 Anm. 2 c; *Zöller/Vollkommer*[17] Rdnr. 9. – Anders allerdings *BAG* AP § 244 Nr. 1 (*Leipold*) = NJW 1966, 74 für die Frage, ob durch die Prozeßunfähigkeit eines Anwalts Unterbrechung eingetreten ist, sowie *OLG Zweibrücken* OLGZ 1983, 164 f. für die freiwillige Gerichtsbarkeit.

[42] Beweislastregeln und gesetzliche Vermutungen (1966), 107 ff. und – in Fortführung der in diesem Kom-

prozessualer Grund, für die Prozeßfähigkeit anders als im materiellen Recht für die Geschäftsfähigkeit zu entscheiden (die, das ist unstreitig, im Zweifel unterstellt wird), denn § 52 ZPO verweise auf das materielle Recht, und diese Verweisung müsse auch für die Beweislast gelten; im übrigen führe die h. M. zu Schwierigkeiten, weil für den als prozeßunfähig Behandelten kein gesetzlicher Vertreter bestellt werden könne, denn diese Bestellung setze fehlende Geschäftsfähigkeit voraus, die sich weiterhin nicht beweisen lasse und von der im Zweifel nicht ausgegangen werden könne.

Stellungnahme: Der Kritik ist zuzugeben, daß eine von der Beweislast für die Geschäftsfä-   **10**
higkeit abweichende Verteilung der Beweislast für die Prozeßfähigkeit nur zu rechtfertigen ist, wenn es dafür besondere prozessuale Gründe gibt. Insoweit dürfte aber der Hinweis darauf überzeugend sein, daß Gegner, Gericht und Allgemeinheit ein berechtigtes Interesse daran haben, daß von der selbständigen Prozeßführung ausgeschlossen wird, wer »keine Gewähr für ein normales Maß an vernünftiger Prozeßführung«[44] bietet, damit unnötige Verzögerungen und Kosten vermieden werden. Diese besonderen prozessualen Gesichtspunkte lassen es richtig erscheinen, die Beweislast für die Prozeßfähigkeit eigenständig zu behandeln und sie (in der Regel) dem Kläger aufzuerlegen, der begehrt, daß zwischen Parteien zur Hauptsache verhandelt und entschieden wird, an deren Prozeßfähigkeit Zweifel nicht zu beseitigen sind. Zu unlösbaren Schwierigkeiten führt das nicht. Bestehen Zweifel an der Prozeßfähigkeit des volljährigen Klägers, so kann der sich mit der Bestellung eines Betreuers nach § 1896 BGB (früher: eines Pflegers nach § 1910 Abs. 2 und 3 BGB; → § 51 Rdnr. 15) einverstanden erklären und den Prozeß von diesem führen lassen[45]. Geht es um die Prozeßfähigkeit des volljährigen Beklagten, kommt die Bestellung eines besonderen Vertreters in analoger Anwendung des § 57 ZPO in Betracht[46]. Daß diese Vorschrift nur eine zeitweilige, keine dauernde Prozeßvertretung im Auge hat, sollte einer Analogie nicht im Wege stehen. Betreffen die Zweifel die Volljährigkeit, so muß das Gericht konsequenterweise mit den Eltern als den gesetzlichen Vertretern weiterverhandeln[47].

III. Einstweilige Zulassung (Abs. 2)

1. Voraussetzungen

Nach Abs. 2 kann das Gericht eine Partei, die prozeßunfähig ist oder gegen deren Parteifä-   **11**
higkeit oder Prozeßfähigkeit Zweifel vorliegen, oder einen gesetzlichen Vertreter, dessen Vertretungsbefugnis oder Ermächtigung zur Prozeßführung nicht nachgewiesen ist, einstweilen zur Prozeßführung zulassen, d.h. anstatt der Vertagung in die **Verhandlung der Sache selbst** (im Gegensatz zu der Verhandlung über den *Mangel*, → Rdnr. 5) mit dem Anwesenden eintreten. Dies ist jedoch nur eine nach pflichtgemäßem Ermessen auszuübende Befugnis des

---

mentar schon von *Schönke* und *Pohle* vertretenen Auffassung – in der *Voraufl.* § 56 Rdnr. 9.

[43] Die Grundlagen der Beweislast im Zivilprozeß (1975), 323 ff.

[44] *M. Reinicke* (§ 51 Fn. 1), 764 ff., 767. Vgl. auch *BAG* AP Nr. 1 (zust. *Baumgärtel*).

[45] *BGH* NJW 1962, 1511; *M. Reinicke* (§ 51 Fn. 1), 769. – Die Umstände, die Zweifel an der Prozeßfähigkeit lassen, werden i. d. R. auch die von § 1896 BGB vorausgesetzte (und von der Einwilligung nicht etwa ersetzte) »körperliche oder seelische Behinderung« ergeben, die weniger ist als Geschäftsunfähigkeit i.S.v. § 104 Nr. 2

BGB; anderenfalls müßte § 1896 BGB analog angewandt werden.

[46] Grundlegend *BGH* NJW 1962, 1511; vgl. auch *BGHZ* 110, 294 = NJW 1990, 1734 = ZZP 103 (1990), 468 (*Bork*); *BGH* FamRZ 1972, 36 = JR 246 (*Bökelmann*); *OLG Zweibrücken* FamRZ 1982, 373; *OLG Saarbrücken* NJW 1967, 1617; *M. Reinicke* (§ 51 Fn. 1), 768 f. – Kritisch dazu *Leipold* (Fn. 42), 124; *Musielak* (Fn. 43), 329 f.; ganz ablehnend *Leipold* in der *Voraufl.* § 56 Rdnr. 9.

[47] *Leipold* (Fn. 42), 123; *M. Reinicke* (§ 51 Fn. 1), 768. – A. M. *Musielak* (Fn. 43), 329.

Gerichts[48], die zur Voraussetzung hat, daß mit dem Verzug *Gefahr für diese Partei* verbunden ist. Gefahr in der Person des *Gegners* genügt ebensowenig wie etwa die Leistung einer Sicherheit für Kosten und Schäden wie in § 89. Da ferner die Zulassung nur »mit Vorbehalt der Beseitigung des Mangels« erfolgen darf, muß der vorliegende Mangel entweder nur in bezug auf den *Nachweis* der Parteifähigkeit usw. bestehen oder, wie der Mangel der Prozeßfähigkeit, durch Eintritt des gesetzlichen Vertreters *heilbar* sein[49].

2. Verfahren und Wirkungen

12   Die einstweilige Zulassung ist erst in der mündlichen Verhandlung möglich und bedarf, soweit nicht ein Streit darüber entsteht, keines besonderen Beschlusses[49a]. Sie kann auch in Verbindung mit einer Entscheidung nach § 251a oder § 128 Abs. 2, 3 (z. B. einem Beweisbeschluß) ergehen. Die Zulassung ermächtigt den Prozeßunfähigen bzw. den Vertreter zu **allen Prozeßhandlungen** und verpflichtet den Prozeßgegner, mit ihm zu verhandeln, wie wenn der Mangel nicht vorhanden wäre[50]. Das Gericht hat aber gleichzeitig mit der Zulassung oder nachträglich zur Beseitigung des Mangels eine **Frist** zu bestimmen, die auf Antrag (§ 224) verlängert werden kann. Vor ihrem Ablauf darf das Endurteil (zum Begriff → § 89 Rdnr. 5) nicht erlassen werden. Nach Ablauf der Frist ist in einem Termin zu verhandeln, in dem die etwaigen Nachweise noch erbracht werden dürfen[51] und die Genehmigung (→ Rdnr. 3) erklärt werden kann. Wird bis zum Schluß dieses Termins der **Mangel beseitigt**, so hängt die Gültigkeit des bisher Verhandelten von der Genehmigung ab. Wird der **Mangel nicht behoben**, so fällt alles bisher Verhandelte, einschließlich etwa ergangener Zwischenurteile, zusammen. Über die dann zu erlassene Entscheidung → Rdnr. 13.

IV. Behandlung endgültiger Mängel

13   Steht der Mangel der Parteifähigkeit, der Prozeßfähigkeit oder der gesetzlichen Vertretung endgültig fest, sei es von vornherein oder trotz der Vertagung oder Fristsetzung, sei es in der ersten oder in der höheren Instanz, so gelten die folgenden Grundsätze:

1. Entscheidung durch Urteil

13a   Über die Frage der Parteifähigkeit, der Prozeßfähigkeit und der gesetzlichen Vertretung ist, wie über jede andere Prozeßvoraussetzung, auf Grund der mündlichen Verhandlung (→ Rdnr. 5) oder im Verfahren nach § 128 Abs. 2, 3, § 251a durch Urteil zu entscheiden (→ § 300 Rdnr. 5)[52]. Dies gilt auch bei Aufdeckung des Mangels in der höheren Instanz (→ Rdnr. 16). Dieses Urteil ist, auch wenn es die Klage wegen des Mangels abweist (sog. Prozeßabweisung), auf den **Namen der prozeßfähigen bzw. mangelhaft vertretenen Partei**, nicht auf den des Vertreters zu stellen. Dies folgt aus dem Prinzip der Stellvertretung, aus der prozessualen Unmöglichkeit, einen Prozeß nachträglich, ohne die Voraussetzungen einer Rechtsnachfolge, auf den Namen einer anderen Person zu übertragen, und daraus, daß im Fall der Genehmigung (→ Rdnr. 3) der Prozeß zweifellos in der Person der Partei gültig wird. Er muß also schon

---

[48] *RG* Gruchot 51 (1907), 832.
[49] *RG* Gruchot 51 (1907), 832.
[49a] A. M. *MünchKommZPO/Lindacher* Rdnr. 6.
[50] A. M. *Rosenberg* (§ 51 Fn. 1), 941 f.
[51] *RGZ* 14, 433.

[52] Vgl. *RGZ* 18, 385; 29, 409; *OLG Dresden* Sächs-Ann. 12, 280; *OLG Hamburg* SeuffArch. 54 (1899), 211; *KG* OLGRspr. 1 (1900), 322; *OLG Augsburg* ZZP 39 (1909), 349.

vorher ein Prozeß der Partei, nicht des Vertreters gewesen sein. Wird die Klage wegen des Mangels abgewiesen, so sind die **Kosten** grundsätzlich der Partei aufzuerlegen, dem falschen gesetzlichen Vertreter aber dann, wenn die Partei sein Auftreten und damit den Prozeß nicht veranlaßt hat[53], ebenso wie beim Prozeßbevollmächtigten ohne Vertretungsmacht (→ § 88 Rdnr. 14).

2. Mängel nach Klageerhebung

War die Klageerhebung ordnungsgemäß, fällt die Partei- oder Prozeßfähigkeit aber im   **14**
Laufe des Verfahrens fort, so wird die Klage unzulässig und ist durch Prozeßurteil abzuweisen[54]. Hat die nunmehr prozeßunfähige Partei zuvor noch eine wirksame Prozeßvollmacht erteilt, so ist sie auch nach Eintritt der Prozeßunfähigkeit ordnungsgemäß vertreten (§ 86), und der Prozeß wird nicht automatisch unterbrochen (§ 246)[55]. Gleichwohl hat das Gericht die Prozeßunfähigkeit zu berücksichtigen und dem Anwalt, falls erforderlich, Gelegenheit zu geben, sich bei dem (evtl. noch zu bestellenden) gesetzlichen Vertreter rückzuversichern[56]. Tritt in der Verhandlung eine nicht legitimierte Person als gesetzlicher Vertreter auf, z.B. eine nicht als Vorstandsmitglied legitimierte Person, so ist sie durch beschwerdefähigen Beschluß zurückzuweisen[57], und die Partei ist dann nicht vertreten. Es kann daher **Versäumnisurteil** gegen sie ergehen. – Wegen des Falles, daß Streit darüber besteht, ob derjenige, dem die Klage zugestellt ist, die in der Klage *gemeinte* Partei ist, → Rdnr. 11 vor § 50.

3. Mängel bei Klageerhebung

War der Mangel schon bei der Klageerhebung vorhanden, so ist die Klage grundsätzlich   **15**
durch **Prozeßurteil** abzuweisen, gleichviel ob der Mangel auf seiten des Klägers oder des Beklagten besteht. Hängt jedoch die *Parteifähigkeit* allein davon ab, ob das streitige Recht besteht, und kommt das Gericht zu dem Ergebnis, daß dies nicht der Fall ist, so hat es die Klage nicht durch Prozeß-, sondern durch Sachurteil als unbegründet abzuweisen[58]. Fehlt dem *Beklagten* die *Prozeßfähigkeit* bereits bei Klageerhebung, so ist die Klage nicht ordnungsgemäß zugestellt und muß erneut zugestellt werden, wenn sich der Mangel, etwa durch Bestellung eines Betreuers (§ 1896 BGB), beheben läßt[59] (→ auch Rdnr. 1 und 5). **Bleibt eine Partei aus** und handelt es sich nur um den Mangel des *Nachweises*, so ist das Versäumnisurteil oder die Entscheidung nach Lage der Akten abzulehnen, auch wenn der Mangel den Abwesenden betrifft (§ 335 Nr. 1). Ist dagegen der Mangel ein endgültiger, so ist der Rechtsstreit unter Ablehnung eines etwa beantragten Versäumnisurteils zur Prozeßabweisung nach § 300, also durch ein *unechtes* Versäumnisurteil (→ Rdnr. 27 ff. vor § 330) reif, mag der Mangel auf seiten des Klägers oder des Beklagten vorliegen, und mag die mangelhaft vertretene Partei oder ihr Gegner säumig sein (→ § 300 Rdnr. 11, § 331 Rdnr. 19, § 331a Rdnr. 15).

---

[53] *BGH* VersR 1975, 344; MDR 1955, 468; *OLG Köln* MDR 1982, 239; *OLG Nürnberg* BayJMBl. 1955, 65; *OLG München* MDR 1955, 176; *OLG Frankfurt* Rpfleger 1952, 432; *AG Brakel* FamRZ 1988, 852; *RGZ* 66, 37; *VGH Mannheim* NJW 1982, 842f.; *Baumbach/Lauterbach/Hartmann*[50] Anm. 1 E b; *A. Blomeyer* ZPR[2] § 9 IV 2; *Henckel* Parteilehre und Streitgegenstand (1961), 123; *Rosenberg/Schwab*[14] § 53 II 4d.
[54] *BGH* NJW-RR 1986, 158.
[55] *BGH* FamRZ 1964, 30; *OLG Hamburg* FamRZ 1983, 1262; *OLG Köln* OLGZ 1975, 349; *BFH* NJW 1986, 2594; *Rosenberg/Schwab*[14] § 44 III 1b.

[56] Vgl. *Weber/Grellet* NJW 1986, 2559; ferner → § 246 Rdnr. 13.
[57] So auch *KG* OLGZ 1968, 430 = NJW 1635 = MDR 765; *Hellig* Lb 2, 394. – A. M. *Wieczorek*[2] Anm. C II b 1 (Zwischenurteil, sofortige Beschwerde).
[58] *RGZ* 134, 94 (bei Klage einer aufgelösten Kapitalgesellschaft); vgl. *RG* WarnRspr. 1940, 194.
[59] *BGH* NJW-RR 1986, 1119; *OLG Zweibrücken* FamRZ 1982, 375.

4. Rechtsmittelinstanzen

16   Wird ein *von Anfang an vorliegender Mangel* erst in der höheren Instanz festgestellt – gleichviel, ob ihn die Vorinstanz schon geprüft oder übersehen hatte –, so darf das Rechtsmittelgericht das Rechtsmittel nicht aus diesem Grund als unzulässig verwerfen, sollte es auch von dem Parteiunfähigen oder mangelhaft Vertretenen eingelegt sein. Denn wie diese Personen in der ersten Instanz zur Geltendmachung des Mangels oder zur Verhandlung darüber zuzulassen sind, so müssen sie auch im Interesse eines vollständigen Rechtsschutzes die Möglichkeit haben, den Prozeß durch ihre Handlungen in die höhere Instanz zu bringen. So ist das **Rechtsmittel der partei- oder prozeßunfähigen Partei** sowohl dann zulässig, wenn sie sich gegen die *Verneinung* der Partei- oder Prozeßfähigkeit durch die Vorinstanz wehrt[60], als auch dann, wenn sie geltend macht, es sei zu Unrecht die Partei- oder Prozeßfähigkeit *bejaht* und ein Sachurteil gegen sie erlassen worden[61]. Wer in einer gerichtlichen Entscheidung *zu Unrecht als gesetzlicher Vertreter behandelt* wurde, kann dagegen Rechtsmittel einlegen[62]. Andererseits kann auch derjenige, dem die Vertreterstellung abgesprochen wurde[63], sowie derjenige, der an dem Verfahren der unteren Instanz nicht beteiligt war, aber der wirkliche Vertreter der Partei zu sein behauptet, Rechtmittel einlegen, um die bisherige mangelhafte Vertretung geltend zu machen[64]. Denn die Rechtsmittel sind auch zur Geltendmachung von Nichtigkeitsgründen bestimmt. Demgemäß hat sowohl das Berufungs- als auch das Revisionsgericht (→ § 559 Rdnr. 8) in einem solchen Fall das Urteil aufzuheben und bei einem endgültigen Mangel den daher spruchreifen Prozeß durch Abweisung der Klage (→ Rdnr. 15) zu beenden[65]. In diesem Urteil kann auch über den Anspruch auf Schadensersatz nach § 717 Abs. 2 entschieden werden[66]. Erscheint eine Heilung des festgestellten Mangels möglich, so kann das Revisionsgericht auch zurückverweisen[67]. – Über Rechtskraft, Rechtsmittelrücknahme und Nichtigkeitsklage → Rdnr. 2.

§ 57   [Bestellung eines besonderen Vertreters]

(1) **Soll eine nicht prozeßfähige Person verklagt werden, die ohne gesetzlichen Vertreter ist, so hat ihr der Vorsitzende des Prozeßgerichts, falls mit dem Verzuge Gefahr verbunden ist, auf Antrag bis zu dem Eintritt des gesetzlichen Vertreters einen besonderen Vertreter zu bestellen.**

(2) **Der Vorsitzende kann einen solchen Vertreter auch bestellen, wenn in den Fällen des § 20 eine nicht prozeßfähige Person bei dem Gericht ihres Aufenthaltsortes verklagt werden soll.**

Gesetzesgeschichte: bis 1900 § 55 CPO.

---

[60] *BGHZ* 86, 186 = NJW 1983, 996 (verneinend für den Antrag auf Fortsetzung des Verfahrens wegen Nichtigkeit eines Prozeßvergleichs; krit. insoweit *Hager* ZZP 97 [1984], 174 und *MünchKommZPO/Lindacher* §§ 51, 52 Rdnr. 41); *BGH* FamRZ 1966, 571 = NJW 2210; *OLG Zweibrücken* JurBüro 1987, 308; OLGZ 1983, 164; FamRZ 1980, 911; *BayObLGZ* 1986, 215; *OLG Hamburg* FamRZ 1967, 290. Das gilt auch für *Beschwerden*, die Bestandteil des Streits um die Prozeßfähigkeit sind, *OLG Hamm* AnwBl. 1982, 70f.; *OLG Köln* JMBl.NW 1972, 117; *KG* OLGZ 1971, 421.

[61] *BGHZ* 110, 294 = NJW 1990, 1734 = ZZP 103 (1990), 468 (*Bork*); NJW-RR 1986, 1119; 1986, 158;

FamRZ 1972, 35 = JR 246 (*Bökelmann*); *OLG Hamm* MDR 1992, 412; *VGH Kassel* NJW 1990, 403.

[62] *OLG Köln* MDR 1976, 937 = Rpfleger 323; *LG Berlin* Rpfleger 1983, 369.

[63] *BGHZ* 40, 198; *RGZ* 86, 342; 66, 240; 29, 408; 18, 385; JW 1915, 250.

[64] *RG* JW 1916, 130.

[65] *BGHZ* 18, 190; 40, 197; FamRZ 1962, 423 = MDR 893; *RGZ* 11, 94; 18, 383; 29, 411; 66, 240; Gruchot 40, 385; JW 1900, 750; 1908, 73.

[66] *RGZ* 66, 246.

[67] *BGH* FamRZ 1972, 35.

Stichwortverzeichnis: → § 51 vor Rdnr. 1.

I. Allgemeines[1]

Der Kläger hat den gesetzlichen Vertreter des prozeßunfähigen Beklagten zu ermitteln, **1** eventuell dessen Bestellung, soweit nötig (→ Rdnr. 4), durch den Richter der freiwilligen Gerichtsbarkeit herbeizuführen (vgl. z. B. § 1961 BGB)[2]. Wenn jedoch Gefahr im Verzug ist, soll dem Kläger durch Abs. 1 die Möglichkeit gewährt werden, die Bestellung eines besonderen Vertreters beim Prozeßgericht herbeizuführen, damit die Rechtsdurchsetzung nicht an der Geschäfts- bzw. Prozeßunfähigkeit des Gegners scheitert[3]. Der Vorsitzende ist in diesem Fall verpflichtet, den Vertreter zu bestellen, also einen Akt freiwilliger Gerichtsbarkeit im Rahmen des Zivilprozesses und nur für dessen Zwecke vorzunehmen.

II. Die Voraussetzungen des Abs. 1

1. Fehlende Prozeßfähigkeit der zu verklagenden Partei

Die Pflicht zur Bestellung eines besonderen Vertreters setzt voraus, daß die Person, die **2** verklagt[4] werden soll, nicht prozeßfähig ist, gleichviel, ob sie natürliche oder juristische[5] Person, Inländer oder Ausländer ist und ob ihr die Prozeßfähigkeit allgemein oder nur für den beabsichtigten Prozeß fehlt. Auf den *Abwesenden* als solchen findet § 57 keine Anwendung; die Klage ist durch öffentliche Zustellung zu erheben (→ § 53 Rdnr. 13, § 203 Rdnr. 5 ff.). Zur entsprechenden Anwendung für den Fall, daß die Prozeßfähigkeit nicht geklärt werden kann, → § 56 Rdnr. 10. Für den *Kläger* gilt Abs. 1 nicht; auch eine entsprechende Anwendung auf den Kläger erscheint im Zivilprozeß angesichts der ausdrücklichen Beschränkung kaum vertretbar[6]. *Wird* ein Beklagter erst *während* eines Prozesses prozeßunfähig, wird das Verfahren bis zur Bestellung eines gesetzlichen Vertreters unterbrochen (§ 241; anders bei wirksamer Prozeßvollmacht, § 246). § 57 gilt dann nach seinem Wortlaut (»soll ... verklagt werden«) nicht. Es wird hier auch seltener Gefahr im Verzug sein[7] (→ Rdnr. 4). Wenn dies

---

[1] Lit.: → § 51 Fn. 1.
[2] Vgl. *RGZ* 7, 405.
[3] Vgl. *BGH* NJW 1985, 433, 435.
[4] Zur entsprechenden Anwendung bei anderweitiger *Beteiligung* im Verfahren der freiwilligen Gerichtsbarkeit s. *BGH* FamRZ 1989, 271, im Finanzprozeß *BFH* DB 1980, 2068.
[5] So schon *Nußbaum* ZZP 34 (1905), 124. – Für *entsprechende* Anwendung *MünchKommZPO/Lindacher* Rdnr. 2.

[6] Anders z.T. die Rspr. der Verwaltungsgerichte in solchen Verfahren, in denen der Kläger in einer einem Beklagten im Zivilprozeß vergleichbaren Verteidigungssituation ist; vgl. *BVerwGE* 23, 17; 25, 40; 30, 26; 39, 262; *VGH Baden-Württemberg* VBl.BW 1990, 135; *VGH München* BayVBl. 1984, 757.
[7] Vgl. *OLG München* OLGZ 1990, 345.

aber doch der Fall ist und die Bestellung eines gesetzlichen Vertreters außerhalb des Prozesses durch die dafür zuständigen Stellen sich verzögert, so fordert die gleiche Interessenlage eine entsprechende Anwendung des § 57[8]. Die Rechtsprechung läßt die Bestellung im übrigen mit Recht zu, wenn sich die Prozeßunfähigkeit erst während des Prozesses *herausstellt*[9]. Zum Beweis → Rdnr. 7.

2. Fehlen eines gesetzlichen Vertreters

3   Dem Beklagten muß ein gesetzlicher Vertreter *fehlen* oder der vorhandene gesetzliche Vertreter muß, sei es rechtlich[10], sei es auch nur tatsächlich[11], durch Krankheit, Auslandsreise usw. an der Wahrnehmung seiner Rechte verhindert sein. Gedacht ist an eine Verhinderung von einer voraussichtlich nicht nur kurzen Dauer. Bei *Wegfall* des gesetzlichen Vertreters während des Prozesses kann § 57 entsprechend angewendet werden (→ Rdnr. 2).

3. Gefahr für den Kläger

4   Es muß nach pflichtgemäßer Beurteilung[12] des Vorsitzenden mit dem Verzug Gefahr für den Kläger verbunden sein, d.h. es muß der Aufschub bis zur Bestellung eines gesetzlichen Vertreters durch die zuständige Stelle (→ Rdnr. 1), auf die der Vorsitzende in erster Linie hinzuwirken hat (§ 35 a FGG), Nachteile für den Kläger haben. Das ist nicht der Fall, wenn ein zur Vertretung berechtigter Bevollmächtigter (z.B. ein Prokurist) da ist. Die Möglichkeit, einen Notvorstand zu bestellen (z.B. § 29 BGB, § 85 AktienG), schließt eine Vertreterbestellung nach § 57 nicht aus, wenn ein hinreichendes Bedürfnis besteht[13].

5   Daß die Gefahr in Wahrheit nicht bestand oder später *wegfällt*, hat auf die Funktion des Vertreters keinen Einfluß[14], führt aber zur Zurücknahme der Bestellung. Die Voraussetzungen sind besonders streng zu prüfen, wenn die Prozeßunfähigkeit nicht zweifelsfrei feststeht und vom Beklagten bestritten wird. Mit der *Unterlassung des Antrags* aus § 57 kann sich der Anwalt u.U. seiner Partei schadensersatzpflichtig machen[15]. Das Gericht ist im allgemeinen nicht verpflichtet, den durch einen Anwalt vertretenen Kläger auf die Möglichkeit eines Antrages aus § 57 hinzuweisen[16].

4. Zuständigkeit der Vorsitzenden

6   Zuständig ist der *Vorsitzende* des *Prozeßgerichts*, d.h. desjenigen Gerichts, bei dem die Klage erhoben werden soll. Eine Vorprüfung der *Zuständigkeit für die Klage* findet grundsätzlich nicht statt. Eine Ausnahme wird nur dann zu gelten haben, wenn eine Zuständigkeit des Gerichts offensichtlich nicht gegeben ist und auch nicht durch Vereinbarung begründet

---

[8] A. M. *RG* SeuffArch. 49 (1894), 455; SächsArch. 3, 42; *Wieczorek*[2] Anm. A II a. – Wie hier *LAG Niedersachsen* MDR 1985, 170; *MünchKommZPO/Lindacher* Rdnr. 8.

[9] *BGH* LM § 56 Nr. 1 (*Pritsch*); RGZ 105, 404; *OLG Karlsruhe* JW 1935, 82; *LAG Niedersachsen* MDR 1985, 170; *Baumbach/Lauterbach/Hartmann*[50] Anm. 1 a; *Wieczorek*[2] Anm. A II a; h.M.

[10] RGZ 89, 397; *OLG Hamburg* OLGRspr. 31 (1915), 16.

[11] A. M. *Baumbach/Lauterbach/Hartmann*[50] Anm. 1 b; *MünchKommZPO/Lindacher* Rdnr. 6; *Wieczorek*[2] Anm. A III b 1.

[12] Vgl. *RGZ* 105, 402, wo noch von freiem Ermessen gesprochen wird. Der Sache nach wird zutreffend herausgearbeitet, daß die Vertreterbestellung rechtsgestaltenden Charakter hat und ihre Gültigkeit nicht vom Vorliegen der Gefahr abhängt.

[13] Vgl. *LAG Niedersachsen* MDR 1985, 170; *J. Blomeyer* AP § 242 BGB (Prozeßverwirkung) Nr. 2.

[14] *RGZ* 105, 402.

[15] *RG* WarnRspr. 1926 Nr. 212.

[16] *BGH* LM § 56 Nr. 1 (*Pritsch*).

werden kann. Solange ein Verfahren beim Einzelrichter schwebt, dürfte auch diesem die Bestellung gestattet sein.

5. Antrag des Klägers

Der Antrag unterliegt, weil er regelmäßig (→ Rdnr. 2) schon vor dem Prozeßbeginn gestellt 7 wird, nicht dem Anwaltszwang (§ 78 Abs. 1) und kann zum Protokoll der Geschäftsstelle angebracht werden. Die Voraussetzungen des Antrags sind *glaubhaft zu machen*, da die Fassung der Vorschrift auf eine sofortige Verfügung des Vorsitzenden hinweist[17]. Das schließt aber nicht aus, daß von dem Antragsteller erforderlichenfalls noch weitere Aufklärung verlangt wird; die Beweislast trifft den Kläger[18]. Hat das Gericht wegen der Eilbedürftigkeit auf Grund Glaubhaftmachung einen Vertreter bestellt, so kann es diese Bestellung zurücknehmen, falls nachträglich nicht der volle Beweis erbracht wird. Eine Prüfung, ob die beabsichtigte *Rechtsverfolgung aussichtsreich* ist, hat das Gericht an sich nicht vorzunehmen. Bei einer ersichtlich von vornherein aussichtslosen Klage ist jedoch das Gesuch zurückzuweisen, da der Kläger durch die Verzögerung der Klage in seiner Rechtslage nicht gefährdet wird[19]. Die Verfügung erfolgt ohne mündliche Verhandlung; es genügt formlose Mitteilung der Ausfertigung. Der Beklagte ist vor der Bestellung zu hören.

6. Zurücknahme der Bestellung; Anfechtung

Das Gericht ist an seinem **Beschluß** nicht gebunden (→ § 329 Rdnr. 18) und kann ihn 8 deshalb jederzeit **zurücknehmen**, wenn sich herausstellt, daß die Voraussetzungen für die Bestellung nicht vorgelegen haben oder nachträglich weggefallen sind.

Die Zurückweisung seines Antrags und die dieser gleichstehende Zurücknahme der Bestellung kann der **Kläger** mit der **einfachen Beschwerde** anfechten[20]. Dem Beklagten steht kein Rechtsmittel gegen die Bestellung zu, ebensowenig dem Vertreter (→ Rdnr. 11)[21].

III. Stellung des Vertreters

Der nach Abs. 1 bestellte Vertreter nimmt einstweilen die Stellung eines **gesetzlichen** 9 **Vertreters** ein[22]. Seine Funktion ist aber auf den Prozeß beschränkt, für den er bestellt ist. In diesem vertritt er die Partei, soweit es die Stellung des Beklagten erfordert, also auch für die Widerklage usw.[23]. Alle Zustellungen und Ladungen auch an den Beklagten selbst zu richten, wird vom Gesetz keinesfalls gefordert und ist auch praktisch als zu umständlich nicht zu empfehlen, kann gelegentlich sogar dem Beklagten schädlich sein (Querulantenwahn!). Im Einzelfall, z. B. wenn eine Zurücknahme der Bestellung bevorsteht, mag es ratsam sein[24]. Es

---

[17] *RGZ* 105, 402.
[18] Zur Anwendung des § 57, wenn die *Prozeßfähigkeit* nicht geklärt werden kann, → § 56 Rdnr. 10.
[19] Deshalb ist die Rechtslage anders als im Fall des § 36 (→ § 37 Rdnr. 2). Wie hier *Förster/Kann*[3] Anm. 1 d bb; *Josef* ZBlFG 8, 682. – *BGH* NJW 1956, 1445 prüft die Existenz der Partei (Fortbestehen einer in der früheren Sowjetzone enteigneten AG).
[20] *OLG Dresden* SächsAnn. 12, 280; s. auch *KG* JW 1915, 935.
[21] Wenn der Bekl. kein Beschwerderecht hat, kann es auch nicht der Vertreter aus dem Recht des Bekl. haben. – A. M. *Wieczorek*[2] Anm. B III a.

[22] Ebenso *OLG München* MDR 1972, 155.
[23] Daher ist er z. B. nicht verpflichtet, eine eidesstattliche Versicherung für die Partei abzugeben (→ auch § 53 Fn. 11, § 807 Rdnr. 44); vgl. aber *Behr* Rpfleger 1988, 4. – Dagegen muß das Vertretungsrecht sinngemäß auf rechtsgeschäftliche Willenserklärungen erstreckt werden, die der Rechtsverteidigung dienen, weil es nicht vertretbar ist, durch die Bestellung gleichzeitig praktisch dem Bekl. seine wichtigsten Verteidigungsmittel zu nehmen, z. B. Kündigung, Rücktritt. – A. M. *Wieczorek*[2] Anm. C II a.
[24] Weitergehend *Dunz* NJW 1961, 441; *Münch-KommZPO/Lindacher* Rdnr. 23.

ist Sache des Vertreters, in der geeigneten Form mit dem Vertretenen Verbindung zu halten und dessen Interessen im Prozeß zu wahren. Er haftet diesem aus der Verletzung dieser Pflichten nach materiellem Recht auf Grund des durch die Bestellung begründeten Rechtsverhältnisses (→ Rdnr. 11). Die Vertreterstellung **endet nicht** kraft Gesetzes, wenn der Beklagte **prozeßfähig wird** oder seine von Anfang an bestehende Prozeßfähigkeit nunmehr festgestellt wird[25]. Andererseits hindert die Bestellung des Vertreters den nunmehr prozeßfähigen Vertretenen nicht, selbst Prozeßhandlungen vorzunehmen; § 53 gilt hier nicht[26]. Die Bestellung ist aber bei Feststellung bzw. Eintritt der Prozeßfähigkeit oder, wenn sonstige Voraussetzungen wegfallen, **zurückzunehmen**. Sie endet nicht mit der Bestellung eines gesetzlichen Vertreters, sondern erst mit dessen Eintritt in den Prozeß, der in entsprechender Anwendung des § 241 durch Anzeige an den Gegner erfolgt; der Kläger kann diesen Eintritt nicht erzwingen. Die Zurücknahme der Bestellung hat keine rückwirkende Kraft (→ § 329 Rdnr. 20). Die Handlungen des Vertreters bedürfen aber auch dann keiner Genehmigung, wenn sich herausstellt, daß der Beklagte gar nicht prozeßunfähig gewesen war. Auch für eine Nichtigkeitsklage in entsprechender Anwendung des § 579 Abs. 1 Nr. 4 ist dann kein Raum, weil eben die Partei durch den bestellten Vertreter nach Vorschrift der Gesetze vertreten war[27]. Das Prozeßrecht kann hier noch weniger als das bürgerliche Recht an ein Rückgängigmachen der Handlungen einer gerichtlich bestellten Person denken und muß den u. U. geschädigten Beklagten auf etwaige Schadensersatzansprüche gegen den Vertreter oder den Staat verweisen.

IV. Vertreterbestellung im Fall des § 20 (Abs. 2)

10   Abs. 2 läßt die Bestellung eines besonderen Vertreters auch dann zu, wenn die prozeßunfähige Person in den Fällen des § 20 bei dem **Gericht ihres Aufenthaltsorts** verklagt werden soll. Zur Frage, ob der Gerichtsstand des § 20 ohne den Willen des gesetzlichen Vertreters begründet werden kann, → § 20 Rdnr. 5. § 20 und damit auch § 57 Abs. 2 finden auf natürliche Personen Anwendung, die überhaupt nicht oder nicht für den beabsichtigten Prozeß (→ § 52 Rdnr. 2 ff.) prozeßfähig sind. Die Bestellung nach Abs. 2 ist auch dann zulässig, wenn die zu verklagende prozeßunfähige Person einen gesetzlichen Vertreter hat, dieser aber nicht an dem Aufenthaltsort selbst wohnt. Es ist hier nicht erforderlich, daß mit dem Verzug *Gefahr* verbunden ist. Gleichwohl wird der Vorsitzende im Rahmen seines Ermessens *nur in dringenden Fällen* die Bestellung vornehmen. Hinsichtlich des Verfahrens und der Funktionen des Vertreters gilt Abs. 1.

V. Keine Verpflichtung zur Übernahme des Amtes

11   Eine Verpflichtung zur Übernahme des Amtes besteht nicht, auch nicht über §§ 1898, 1915, 1785 BGB, da die Vorschriften des BGB über die Betreuung oder Pflegschaft nicht anwendbar sind[28]. Dem Bestellten steht daher eine Beschwerde gegen die Bestellung nicht zu.

---

[25] A. M. *Baumbach/Lauterbach/Hartmann*[50] Anm. 3; *MünchKommZPO/Lindacher* Rdnr. 20. – *RG* JW 1905, 532 nimmt ein Ende ohne förmliche Zurücknahme nur dann an, wenn das Gericht die Prozeßfähigkeit des Bekl. erkannt und dieser den Anwalt bereits selbst informiert, der Vertreter seine Tätigkeit also offenbar eingestellt hat. – Es kann deshalb auch der Prozeß mit dem Vertreter zu Ende geführt werden; *KG* Gruchot 45 (1901), 1091.
[26] Vgl. *BGH* LM Nr. 3 (Rechtsmitteleinlegung jeden-

falls bei Untätigkeit des Vertreters zulässig) = FamRZ 1966, 571 (*Grunsky*) = NJW 2210; *OLG Celle* ZZP 79 (1966), 151.
[27] *Dunz* NJW 1961, 441. – A. M. *Wieczorek*[2] Anm. A IV.
[28] So auch *OLG Jena* OLGRspr. 33 (1916), 27; *OLG Dresden* SächsAnn. 14, 253; h.M. – A. M. noch *Hempel* DR 1940, 1046.

Wenn der bestellte Vertreter nicht aus besonderen Gründen zu unentgeltlicher Tätigkeit verpflichtet oder bereit ist, kann er eine **Vergütung** und Ersatz seiner Auslagen vom Beklagten fordern. Wenn man insoweit kein durch die Bestellung begründetes Schuldverhältnis annehmen will[29], läge jedenfalls eine Geschäftsführung ohne Auftrag vor. Der Vertreter kann auch vom Beklagten einen angemessenen Vorschuß verlangen und, wenn dieser ihn nicht zahlt, abwarten, ob nicht der Kläger aus eigenem Interesse für den Beklagten einspringt. Die Aufwendungen für den Vertreter sind **notwendige Verfahrenskosten** i. S. des § 91. Die Praxis lehnt es ab, die Vergütung eines zum Vertreter bestellten Rechtsanwalts im Verfahren nach § 19 BRAGO festzusetzen[30].

VI. Kosten

Gerichtliche Gebühren werden für die Bestellung nicht erhoben; über *Anwaltsgebühren*   **12** für das Bestellungsverfahren s. §§ 37 Nr. 3, 56 Abs. 1 Nr. 1 BRAGO (→ auch Rdnr. 11 a. E.).

VII. Verwandte Fälle

Siehe dazu §§ 58, 779, 787 und § 53 Rdnr. 8.

§ 58   [Vertreter bei herrenlosem Grundstück oder Schiff]

(1) Soll ein Recht an einem Grundstück, das von dem bisherigen Eigentümer nach § 928 des Bürgerlichen Gesetzbuches aufgegeben und von dem Aneignungsberechtigten noch nicht erworben worden ist, im Wege der Klage geltend gemacht werden, so hat der Vorsitzende des Prozeßgerichts auf Antrag einen Vertreter zu bestellen, dem bis zur Eintragung eines neuen Eigentümers die Wahrnehmung der sich aus dem Eigentum ergebenden Rechte und Verpflichtungen im Rechtsstreit obliegt.

(2) Abs. 1 gilt entsprechend, wenn im Wege der Klage ein Recht an einem eingetragenen Schiff oder Schiffsbauwerk geltend gemacht werden soll, das von dem bisherigen Eigentümer nach § 7 des Gesetzes über Rechte an eingetragenen Schiffen und Schiffsbauwerken vom 15. November 1940 (Reichsgesetzbl. I S. 1499) aufgegeben und von dem Aneignungsberechtigten noch nicht erworben worden ist.

Gesetzesgeschichte: eingefügt RGBl. 1898, 256; Abs. 2 eingefügt RGBl. 1940 I, 1609.

Stichwortverzeichnis: → § 51 vor Rdnr. 1.

---

[29] Dafür *KG* JW 1939, 566.

[30] *OLG München* MDR 1972, 155 (abl. *E. Schneider*); 1974, 413.

I. Die Bestellung eines besonderen Vertreters

1   Nach § 928 BGB kann das **Eigentum** an einem Grundstück **aufgegeben** werden, indem der Eigentümer, der wegen § 39 GBO als solcher eingetragen sein muß, seinen Verzicht dem Grundbuchamt gegenüber erklärt und der Verzicht in das Grundbuch eingetragen wird. Die **Aneignung** des aufgegebenen Grundstücks erfolgt ebenfalls durch Eintragung des Aneignungsberechtigten als Eigentümer in das Grundbuch. Die Aneignungsbefugnis steht nur dem Landesfiskus oder denjenigen Personen zu, denen das Landesrecht dieses Recht gemäß Art. 129 EGBGB überlassen hat. Dadurch entsteht die Möglichkeit, daß das Grundstück längere Zeit herrenlos bleibt, und es kann dann ein *Pfleger* nach § 1913 BGB bestellt werden. Unabhängig davon und von der Möglichkeit, die Aneignung bei der dafür zuständigen Behörde zu betreiben, gibt § 58 denjenigen, die ein Recht an dem Grundstück geltend machen wollen, das Recht auf die Bestellung eines **besonderen Vertreters** durch den Vorsitzenden des Prozeßgerichts[1], d. h. hier des Amts- oder Landgerichts der belegenen Sache (§ 24).

2   **1. Antragsberechtigt** sind die Inhaber von Hypotheken, Grund- oder Rentenschulden und anderen dinglichen Rechten an dem Grundstück sowie solche Dritte, welche die Berichtigung des Grundbuchs durch Eintragung, insbesondere ihres Eigentums oder eines Widerspruchs, oder durch Löschungen, oder vermöge dinglicher Nutzungsrechte die Herstellung oder Beseitigung von Anlagen verlangen, oder die endlich kraft des Nachbarrechts, z. B. auf Einräumung eines Notwegs, klagen wollen. Auch der bisherige Eigentümer kann als Inhaber einer ihm zustehenden Eigentümergrundschuld den Antrag stellen (→ auch § 24 Rdnr. 9 ff.). Die persönlichen Klagen machen kein Recht an dem Grundstück geltend. Insbesondere ist daher eine Vertreterbestellung zwecks Geltendmachung des obligatorischen Anspruchs auf Bestellung der Handwerkersicherungshypothek nach § 648 BGB unstatthaft[2].

3   **2. Zur Begründung des Antrags** genügt die Angabe des verfolgten Rechts und der durch einen Grundbuchauszug zu führende Nachweis der Herrenlosigkeit. Der Nachweis einer Gefahr im Verzug oder auch nur eines Zögerns des Aneignungsberechtigten ist nicht erforderlich. Wenn aber ein Pfleger bestellt ist (→ Rdnr. 1), fehlt das Bedürfnis. Im übrigen gilt wegen des Antrags das zu § 57 Rdnr. 7 Bemerkte.

4   **3.** Tritt der Fall des § 928 BGB ein, **nachdem die Klage erhoben war**, so bleibt der bisherige Eigentümer nach wie vor prozeßführungsbefugt (→ § 265 Rdnr. 21), und § 58 ist nicht anwendbar. Wegen der Bestellung eines Vertreters für das Zwangsvollstreckungsverfahren s. § 787.

5   **4.** Eine **entsprechende Anwendung** des § 58 auf Rechte, die nach § 11 der ErbbaurechtsVO oder nach Landesrecht den Grundstücken gleichstehen (z. B. das Bergwerkseigentum), erscheint unbedenklich, ebenso die Anwendung auf den Fall der Ausschließung eines Eigentümers im Aufgebotsverfahren (§ 927 BGB). Für Rechte an einem eingetragenen Schiff oder Schiffsbauwerk ist die entsprechende Anwendung ausdrücklich in Abs. 2 vorgesehen (vgl. dazu auch §§ 7, 78 SchiffsRG).

II. Aufgaben

6   Aufgabe des ist die Wahrnehmung der sich aus dem Eigentum ergebenden Rechte und Verpflichtungen, d. h. die Geltendmachung aller Verteidigungen, die ein verständiger, redli-

---

[1] Das Mahnverfahren steht nicht mehr zur Verfügung (→ § 688 Rdnr. 2).   [2] *LG Hamburg* JW 1935, 1198.

cher Eigentümer erheben würde. Er[3] ist nicht Partei kraft Amtes (→ zu diesen Rdnr. 25 vor § 50)[4], sondern Vertreter des künftigen Eigentümers[5].

III. Umfang und Ende der Befugnisse

Der **Umfang** der Befugnisse des Vertreters erstreckt sich auf den Rechtsstreit, einschließlich   7
der Widerklage und etwaiger Anhangprozesse, in dem oben § 50 Rdnr. 21 ff. dargestellten
Umfang. Seine Befugnis endet mit der Eintragung des neuen Eigentümers, nicht erst mit
dessen Eintritt in den Prozeß[6]. Vor der Eintragung kann auch das Endurteil gegenüber dem
Vertreter erlassen werden. Die Befugnis endet aber auch dann, wenn – vielleicht gerade
infolge des Prozesses – das Grundstück auf andere Weise als nach § 928 Abs. 2 BGB aufhört,
herrenlos zu sein, z. B. durch Löschung des Eigentums des Aufgebenden und der Aufgabeer-
klärung. Der Prozeß wird dann ohne Unterbrechung vom neuen Eigentümer übernommen,
der zuvor schon Partei (aber vertreten) war. Sieht man dagegen in dem Vertreter nach § 58
eine Partei kraft Amtes, so befindet sich der neue Eigentümer dem Vertreter gegenüber in der
Rolle eines Rechtsnachfolgers in den Prozeß. Über die Wirkung des Endurteils gegenüber
dem neuen Eigentümer → § 325 Rdnr. 12.

IV. Keine Pflicht zur Übernahme; Vergütung

Eine **Pflicht zur Übernahme** der Vertretung besteht **nicht**. Das zu § 57 Rdnr. 11 Bemerkte   8
gilt hier entsprechend. Gewährt der Kläger dem Vertreter eine **Vergütung**, so ist es eine Frage
des materiellen Rechts, ob das Grundstück für sie haftet (s. besonders § 1118 BGB)[7]. Erforderlichenfalls ist der Betrag als Kosten gemäß § 4 geltend zu machen. Als eigentliche Prozeßkosten kommen nur diejenigen gemäß §§ 91 ff. in Betracht, für die der Vertreter nicht persönlich, sondern nur mit dem Grundstück haftet.

V. Kosten der Bestellung

Die Bestellung erfolgt gebührenfrei. Für etwaige Auslagen, die durch die Bestellung als   9
solche entstehen, haftet der Antragsteller nach § 49 S. 1 GKG. Für den Anwalt entsteht durch
den Bestellungsantrag eine halbe Gebühr nach § 56 Abs. 1 Nr. 1 BRAGO, falls er nicht
ohnedies die Partei vertritt (§ 37 Abs. 1 Nr. 3 BRAGO). Diese Kosten gehören zu den
notwendigen Kosten des späteren Rechtsstreits nach § 91.

---

[3] Das Grundstück kann nicht Rechtssubjekt sein. A.
M. *Hellwig* Anspruch und Klagrecht (1900), 232; Subjektive Grenzen der Rechtskraft (1901), 272; Lb 2, 378.
Dagegen *Bendix* ArchBürgR 32 (1908), 200 ff.
[4] Vgl. *Fischer* IheringsJb 38, 362; *Bunsen* ZZP 26
(1899), 264; *Kretzschmar* SächsArch. 12, 549; *Strohal*
IheringsJb 57, 284. Ähnlich auch *Bendix* ArchBürgR 32
(1908), 210 (Treuhandstellung); *Stammler* Unbestimmtheit des Rechtssubjekts, 41 (Vertreter der Gesamtheit).

[5] So *Baumbach/Lauterbach/Hartmann*[50] Anm. 3; *Ro-
senberg/Schwab*[14] § 40 I 2; *Thomas/Putzo*[17] Anm. 2;
Wieczorek[2] Anm. D; *Gierke* Festg. f. v. Martitz (1911),
41. Vgl. auch *Hirsch* Übertragung der Rechtsausübung
(1910) I, 153.
[6] A. M. *Wieczorek*[2] Anm. D I.
[7] Zur Frage der Haftung des künftigen Grundstückser-
werbers für Vertreterkosten s. *Gaedeke* DR 1940, 48.

Zweiter Titel

Streitgenossenschaft

Stichwortverzeichnis zu vor § 59 – § 63

Vorbemerkungen vor § 59

I. Streitgenossenschaft durch einheitliche Klage[1]

1   **1. Streitgenossenschaft** stellt zunächst einmal nicht mehr als eine äußerliche Zusammenfassung mehrerer Klagen in einem Verfahren dar[2]. Sie ist im Regelfall die Folge einer **subjektiven Klagenhäufung**, bei der mehrere Kläger (aktive Streitgenossenschaft) gegen einen Beklagten, ein Kläger gegen mehrere Beklagte (passive Streitgenossenschaft) oder mehrere Kläger gegen mehrere Beklagte in einem Verfahren Rechtsschutz verlangen und entsprechende Klagebegehren stellen[3], wobei allerdings erforderlich ist, daß die in Anspruch genommenen Personen zumindest einem gemeinschaftlichen Gegner gegenüberstehen[3a]. Die Streitgenossenschaft **entsteht** dabei durch Erhebung der Klage(n)[4], auch im Fall der Hauptintervention (§ 64). Jeder Streitgenosse ist in dem einheitlichen Verfahren *Partei*. Die Streitgenossenschaft zwischen diesen Parteien besteht auch dann, wenn sie einen gemeinschaftlichen Vertreter haben, während zwischen mehreren Vertretern derselben Partei keine Streitgenossenschaft bestehen kann, da Vertreter selbst nicht Partei sind.

2   **2.** Das Gesetz unterscheidet verschiedene **Arten** der Streitgenossenschaft. Bei der **einfachen** Streitgenossenschaft (§§ 59, 60) werden die Klagen lediglich aus Gründen der prozessualen Zweckmäßigkeit in einem *einheitlichen Verfahren* zusammengefaßt (→ § 59 Rdnr. 1, 2), in dem aber die Entscheidung für oder gegen den einen Streitgenossen anders lauten kann als für oder gegen den anderen (→ § 61 Rdnr. 3). Genauso gut und mit demselben Ergebnis wären Einzelklagen möglich. Bei der **notwendigen** Streitgenossenschaft hingegen kann aus prozeßrechtlichen (§ 62 Abs. 1, 1. Fall) oder materiell-rechtlichen (§ 62 Abs. 1, 2. Fall) Gründen nur eine *einheitliche* (gleichlautende) *Entscheidung* ergehen. Das bedeutet zwar nicht, daß die Klagenhäufung in diesen Fällen erzwungen werden könnte (→ Rdnr. 4, § 59 Rdnr. 1, § 62 Rdnr. 2). Werden aber Einzelklagen erhoben, so wirkt sich die Notwendigkeit zu einer einheitlichen Entscheidung aus: bei der notwendigen Streitgenossenschaft aus prozeßrechtli-

---

[1] Die **Lit.** befaßt sich vor allem mit der *notwendigen* Streitgenossenschaft; → daher § 62 Fn. 1.
[2] Vgl. *BGH* WM 1989, 998; *Gottwald* JA 1982, 65; *Schumann* NJW 1981, 1718.

[3] → vor § 50 Rdnr. 7.
[3a] *BGH* NJW 1992, 981.
[4] Gleichzeitige *Zustellung* ist nicht erforderlich, *RGZ* 36, 364.

chen Gründen dergestalt, daß sich die spätere Entscheidung nach der früheren richten muß (→ § 62 Rdnr. 4 ff.), bei der notwendigen Streitgenossenschaft aus materiell-rechtlichen Gründen dergestalt, daß eine Einzelklage mangels Prozeßführungsbefugnis als unzulässig abzuweisen ist (→ § 62 Rdnr. 14, 25).

3. Folge der Streitgenossenschaft ist zunächst einmal nur die Einheit des Verfahrens. Dabei **3** unterliegen die Streitgenossen aber in jeder Hinsicht selbständiger Beurteilung, sowohl im Hinblick auf ihre Person als auch im Hinblick auf die von ihnen und gegen sie vorgenommenen Prozeßhandlungen (§§ 61, 63). Erst bei der notwendigen Streitgenossenschaft besteht nach Maßgabe des § 62 eine engere prozessuale Verbindung zwischen den Streitgenossen (→ § 62 Rdnr. 26 ff., 30 ff.).

4. Einen **Zwang** zur subjektiven Klagenhäufung kennt die ZPO nicht, doch kann sich die **4** Notwendigkeit aus dem bürgerlichen Recht ergeben, wenn Sachlegitimation oder Prozeßführungsbefugnis nur mehreren gemeinsam zustehen (→ Rdnr. 2, § 59 Rdnr. 1, § 62 Rdnr. 2, 14). Aus Art. 103 Abs. 1 GG folgt darüberhinaus unter Umständen eine Pflicht des Gerichts zur Unterrichtung nicht mitverklagter (notwendiger) Streitgenossen[5] (→ § 62 Rdnr. 4).

5. Eine **bedingte subjektive Klagenhäufung** in dem Sinn, daß die Klage von einem von **4a** mehreren[6] oder gegen einen von mehreren[7] Streitgenossen nur unter der auflösenden Bedingung erhoben wird, daß die verbundene Klage von oder gegen den anderen Streitgenossen keinen Erfolg habe, ist **unzulässig**[8]. Die Autoren, die sie zulassen, meinen wohl auch nicht eine bedingte Klage i. S. eines bedingten Prozesses, denn bei Eintritt der auflösenden Bedingung müssen auch sie dem rückwirkend aus dem Prozeß ausscheidenden Streitgenossen einen Kostentitel zu seinen Gunsten geben. Hinsichtlich der Kosten ist er also unbedingt Partei. In der Hauptsache wirkt sich der Vorzug einheitlicher Verhandlung mehrerer Klagen nur aus, wenn über beide Klagen so verhandelt wird, daß das Ergebnis je nach Lage des Falles gegen den unbedingt oder den bedingt Verklagten verwertet werden kann. Dann muß aber auch der nur bedingt Verklagte als Partei teilnehmen und sich wehren können. Das nimmt wohl auch die Gegenmeinung an, wenn sie von einer auflösenden Bedingung spricht. Nach einer Sachverhandlung dem Beklagten ein Sachurteil und damit ihm und dem Gericht diesen Schutz gegen eine Wiederholung der bedingten Klage vorzuenthalten, besteht jedoch kein Anlaß. Ein derartiger »Prozeß auf Probe« ist diesem Streitgenossen nicht zuzumuten. Komplikationen ergeben sich auch, wenn das Gericht die unbedingte Klage abweist, der bedingten aber stattgibt, der betroffene Streitgenosse dagegen Berufung einlegt und das Berufungsgericht ihr stattgeben muß. Auf die abgewiesene unbedingte Klage kann es nicht zurückgreifen. Ähnliche Schwierigkeiten ergeben sich, wenn nur der bedingten Klage stattgegeben ist, der Kläger wegen Abweisung der unbedingten erfolgreich Berufung einlegt, das Berufungsgericht aber die bedingte Klage jetzt nicht mehr abweisen kann. Schließlich werden auch die Kostenentscheidungen unnötig kompliziert.

---

[5] *BVerfGE* 60, 14 = NJW 1982, 1635 = JZ 330; dazu ausf. *Marotzke* ZZP 100 (1987), 164 sowie vor § 128 Rdnr. 26 ff.

[6] Dafür *Baumgärtel* Wesen und Begriff der Prozeßhandlung einer Partei im Zivilprozeß[2], 130; *Ebbecke* ZZP 47 (1918), 208; *Petschek* Festgabe für R. Schmidt (1932), 244 Fn. 5; *Rosenberg/Schwab*[14] § 65 IV 3 b. Auf *RGZ* 58, 249 kann man sich dabei nicht berufen, da das RG eine bedingte Klage gerade ablehnte.

[7] Dafür *Rosenberg, Petschek, Baumgärtel* (vorige Fn.).

[8] Ebenso *BGH* WM 1989, 998; LM § 1914 BGB Nr. 1

= MDR 1973, 742; *RGZ* 58, 249; Gruchot 52 (1908), 1128 (*RGZ* 51, 243; *OLG Königsberg* OLGRspr. 5 [1902], 57 betreffen bedingte Verurteilungen nach § 259); *OLG Köln* OLGRspr. 2 (1901), 254; *RAG* 16, 24; *LG Berlin* NJW 1958, 833 (zust. *Habscheid*); *Goldschmidt* Prozeß als Rechtslage (1925), 483; *A. Blomeyer* ZPR[2] § 108 I 1; *Baumbach/Lauterbach/Hartmann*[50] § 59 Anm. 1; *MünchKommZPO/Schilken* § 59 Rdnr. 11; *Zöller/Vollkommer*[17] §§ 59, 60 Rdnr. 10; *Thomas/Putzo*[17] § 60 Anm. 1 d.

II. Entstehung der Streitgenossenschaft während des Prozesses

5   Die Streitgenossenschaft kann mit der gleichen Wirkung (einheitliches Verfahren) auch dadurch entstehen, daß im Laufe des Prozesses eine zweite Person durch sog. *Parteibeitritt* neben die Partei als Kläger oder Beklagter tritt (→ § 264 Rdnr. 131 ff.), eine *Widerklage* gegen den Kläger und einen Dritten erhoben wird (zur Zulässigkeit → § 33 Rdnr. 29 ff.), an die Stelle einer Partei *mehrere Rechtsnachfolger* treten oder daß das Gericht nach § 147 die *Verbindung* mehrerer bei ihm anhängiger Prozesse verschiedener Parteien zum Zwecke gleichzeitiger Verhandlung und Entscheidung anordnet (→ § 147 Rdnr. 24). Dazu tritt die *Anschließung* anderer Pfändungsgläubiger nach § 856 Abs. 2. Dagegen begründet die Streithilfe (Nebenintervention) auch in den Fällen des § 69 keine Streitgenossenschaft (→ § 69 Rdnr. 6).

III. Voraussetzungen der Streitgenossenschaft und Folge von Mängeln

6   Da die Streitgenossenschaft eine Mehrheit von Klagebegehren und damit von Rechtsbeziehungen zwischen Prozeßsubjekten darstellt, die zu einem Verfahren verbunden werden, sind bei ihr (wie bei der Widerklage, → § 33 Rdnr. 2 f., und bei der Klagenverbindung, → § 260 Rdnr. 31 ff.) zu unterscheiden:

1. Die Voraussetzungen der Verbindung

7   Sie ergeben sich aus den §§ 59, 60 bzw. §§ 239, 265 f., soweit die Rechtsnachfolger auftreten, sowie aus den §§ 64, 147, 771, 805 für die dort geregelten besonderen Fälle. Dazu tritt, in entsprechender Anwendung des in § 260 ausgesprochenen, in den §§ 610, 633, 638, 640c mittelbar anerkannten Grundsatzes das Erfordernis **gleicher Prozeßart** (→ auch § 33 Rdnr. 13). Es müssen daher, wenn eine besondere Prozeßart gewählt wird, ihre Voraussetzungen allen Streitgenossen gegenüber gegeben sein. Dies gilt auch für die Verbindung einer Leistungsklage mit der Klage gegen einen Duldungspflichtigen, z. B. in den Fällen der §§ 743, 745 Abs. 2, 748 Abs. 2.

2. Prozeßvoraussetzungen

8   Zulässigkeit des Rechtsweges, Zuständigkeit, Partei- und Prozeßfähigkeit, ordnungsmäßige Vertretung usw. sind für jeden Streitgenossen gesondert zu prüfen. Es kann sich jedoch die sachliche Zuständigkeit nach § 5 (→ § 5 Rdnr. 1)[9], die örtliche bei Wechselklagen nach § 603 Abs. 2 bestimmen sowie nach § 36 Nr. 3 ein gemeinsames Gericht festgelegt werden. Nach Art. 6 Nr. 1 EuGVÜ (dazu → Rdnr. 24 vor § 12) vermag die Streitgenossenschaft einen Gerichtsstand außerhalb des Wohnsitzstaates zu begründen. – Wegen § 3 ArbGG (Zuständigkeit des Zusammenhanges) → § 1 Rdnr. 204 ff.

9   **3.** Mangelt es an den Voraussetzungen der Verbindung, so ist nur die **Verbindung unzulässig**. Das Gericht hat dann nicht die Klage abzuweisen, sondern lediglich die *Trennung* der

---

[9] Demgemäß, vorbehaltlich einer Prorogation, an sich keine gemeinsame Klage gegen den Staat gemäß § 71 Abs. 3 GVG und eine Privatperson, wenn die Streitgegenstände nicht zusammen die landgerichtliche Zuständigkeitsgrenze übersteigen; hier ist aber die Bestimmung eines zuständigen gemeinsamen Gerichts entsprechend § 36 Nr. 3 möglich (→ § 36 Rdnr. 17).

verbundenen Klagen anzuordnen[10], sofern nicht besondere Gründe für eine Verbindung nach § 147 vorliegen. Von Amts wegen hat dies nur bei dem Mangel gleicher Prozeßart zu geschehen. Der Mangel der Voraussetzungen nach §§ 59 f. ist dagegen nur auf Rüge zu beachten (§ 295 Abs. 1)[11]. Das Gericht ist auch dann, wenn die Klagenhäufung an sich zulässig ist, befugt, von Amts wegen die Verbindung zu trennen und damit die Wirkungen der Streitgenossenschaft zu lösen (§ 145). Die Trennung hat (soweit sie nicht wegen Unzulässigkeit der Verbindung erfolgte[12]) auf die nach § 5 einmal begründete sachliche Zuständigkeit des Landgerichts keinen Einfluß (§ 261 Abs. 3 Nr. 2).

4. Liegt ein Mangel in den Prozeßvoraussetzungen vor, so ist gegen die einzelnen Streitge-   **10**
nossen selbständig zu verfahren und erforderlichenfalls die von dem Mangel betroffene **einzelne Klage abzuweisen**. Dementsprechend treten auch die **Unterbrechung und Ausset-zung** des Verfahrens beim Wegfall von Prozeßvoraussetzungen nach §§ 239 ff. nur im Ver-hältnis zu dem davon betroffenen Streitgenossen ein[13] (zur Auswirkung bei notwendiger Streitgenossenschaft → § 62 Rdnr. 36).

IV. Beendigung der Streitgenossenschaft

Die Streitgenossenschaft endet – abgesehen von dem Fall, daß infolge Rechtsnachfolge   **11**
oder sonstigen Parteiwechsels (→ § 264 Rdnr. 91 ff.) an die Stelle der Streitgenossen eine Einzelperson tritt – durch Trennung (→ § 145 Rdnr. 19), ferner dadurch, daß der eine Streitgenosse durch endgültige Erledigung des Rechtsstreits, soweit er ihn angeht, aus dem Verfahren ausscheidet, sei es infolge Klagezurücknahme, einverständlicher Erledigungsan-zeige, Vergleichs[14] oder rechtskräftigen Endurteils[15].

Das rechtskräftige Zwischenurteil nach § 304[16] und das Vorbehaltsurteil[17] genügen dage-   **12**
gen nicht, da der Streitgenosse am Betrags- bzw. am Nachverfahren beteiligt bleibt. Ebenso-wenig genügt, daß der Rechtsstreit gegen den einen Streitgenossen tatsächlich ruhen geblie-ben ist[18]. Die Streitgenossenschaft bleibt endlich auch dann bestehen, wenn der Streitgenosse nur noch wegen der Kosten beteiligt ist[19].

V. Kosten

Zur Kostentragung → § 100. S. ferner zur gesamtschuldnerischen Haftung für Gerichtsko-   **13**
sten § 59 GKG, zur Erhöhung der Anwaltsgebühren bei mehreren Auftraggebern § 6 BRAGO.

---

[10] So auch *OLG Kassel* OLGRspr. 19 (1909), 62; *Gott-wald* JA 1982, 65, *Lindacher* JuS 1986, 380; *Schumann* JuS 1974, 308.
[11] So auch *Hellwig* Lb 3, 92; *Zöller/Vollkommer*[17] §§ 59, 60 Rdnr. 8; unklar *Baumbach/Lauterbach/Hart-mann*[50] vor § 59 Anm. 3 B. – A. M. *Thomas/Putzo*[17] § 60 Anm. 3 c.
[12] *Zöller/Vollkommer*[17] §§ 59, 60 Rdnr. 8. – Vgl. § 260 Rdnr. 50 zur objektiven Klagenhäufung.

[13] Vgl. *RGZ* 41, 414; 51, 95 f.; JW 1893, 342; 1897, 417; 1899, 175; *BayObLG* OLGRspr. 2 (1901), 253.
[14] Vgl. *RG* BadRPr. 1907, 150.
[15] Vgl. *BGH* LM § 66 Nr. 1; *RGZ* 91, 38.
[16] *RGZ* 151, 210; JW 1911, 49; 1914, 155.
[17] *RGZ* 72, 216; JW 1919, 319.
[18] *RGZ* 91, 37.
[19] *RG* JW 1914, 155. Vgl. auch *OLG Celle* NJW-RR 1991, 62.

VI. Arbeitsgerichtliches Verfahren

14   Die §§ 59–63 gelten über §§ 46 Abs. 2, 64 Abs. 6, 72 Abs. 5 ArbGG auf jeden Fall im Urteilsverfahren[20] (zur notwendigen Streitgenossenschaft → § 62 Rdnr. 43), sind aber auch im Beschlußverfahren entsprechend anzuwenden, obwohl § 80 Abs. 2 ArbGG dies nicht ausdrücklich sagt[21].

VII. Sonstige Verfahren

15   §§ 59 ff. gelten entsprechend auch im Verwaltungsprozeß (§ 64 VwGO), im Sozialgerichtsverfahren (§ 74 SGG) und im Finanzprozeß (§ 59 FGO)[22], nicht hingegen in Verfahren, in denen bestimmte Personen von Gesetzes wegen als Beteiligte teilnehmen, etwa in Baulandsachen, in denen es keine Parteirollen im strengen Sinne gibt, sondern die Beteiligten lediglich in mancher Hinsicht eine parteigleiche Stellung haben (→ vor § 50 Rdnr. 16) und in denen deshalb §§ 217–231 BauGB den §§ 59 ff. ZPO vorgehen[23]. – Zum *schiedsgerichtlichen* Verfahren → § 1034 Rdnr. 24 ff.

§ 59   [Rechtsgemeinschaft, identischer Grund]

Mehrere Personen können als Streitgenossen gemeinschaftlich klagen oder verklagt werden, wenn sie hinsichtlich des Streitgegenstandes in Rechtsgemeinschaft stehen oder wenn sie aus demselben tatsächlichen und rechtlichen Grunde berechtigt oder verpflichtet sind.

Gesetzesgeschichte: bis 1900 § 56 CPO.

Stichwortverzeichnis: → vor § 59 vor Rdnr. 1.

I. Beliebige und erforderliche Streitgenossenschaft[1]

1   Die subjektive Klagenhäufung hängt vom Willen des oder der *Kläger* ab (»können«). Zur Entstehung der Streitgenossenschaft → Rdnr. 1, 5 vor § 59. Der *Beklagte* hat keine »Einrede der mehreren Streitgenossen« als prozessuales Mittel, um die Heranziehung einer weiteren Person als Kläger oder Beklagter zu erzwingen[2]. Zur Widerklage gegen einen Dritten → § 33 Rdnr. 29 ff. Wegen der Mehrkosten bei Einzelklage → § 91 Rdnr. 68. Dagegen kann allerdings gegenüber der Einzelklage nach bürgerlichem Recht die Einrede begründet sein, daß dem Kläger der Anspruch nur in Gemeinschaft mit anderen zustehe oder nur gegen eine Mehrheit von Personen insgesamt begründet sei. Diese Einwendung ist aber nicht prozeßrechtlicher Natur, sondern bezieht sich auf die aktive oder passive *Sachbefugnis* und hat die Abweisung der Klage als *unbegründet* zur Folge, wenn der Kläger das Recht für sich allein bzw. gegen den Beklagten allein in Anspruch nahm. Wird dagegen zu Unrecht ein *Prozeßführungsrecht* des einzelnen für das Recht aller behauptet, so liegt ein prozessualer Mangel vor, der zur Abweisung der Klage als *unzulässig* nötig (näher → § 62 Rdnr. 25). Die Abweisung wegen mangelnder Begründetheit der Klage muß auch ohne dahingehende Rüge des Beklagten von Amts wegen ausgesprochen werden[3]. Dasselbe gilt beim Fehlen der Prozeßführungsbefugnis

---

[20] Vgl. *BAG* DB 1988, 2212.
[21] Zust. *Grunsky* DB 1990, 532 Fn. 78; *ders.* ArbGG[6] § 80 Rdnr. 27.
[22] Vgl. dazu *BFH* DB 1986, 2646.
[23] *BGH* NJW 1989, 1039.

[1] Lit.: → § 62 Fn. 1.
[2] Vgl. *BGH* WM 1990, 1562; NJW 1987, 439.
[3] Vgl. *OLG München* OLGRspr. 21 (1910), 314.

(→ Rdnr. 21 vor § 50). Schließlich bleibt es möglich, sich (zumindest individualvertraglich) zu verpflichten, mehrere nur gemeinsam zu verklagen. Die Gegner werden dadurch zwar nicht zu notwendigen Streitgenossen (wenn sie es nicht nach § 62 schon sind); eine Einzelklage wäre aber als treuwidrig und damit unzulässig abzuweisen[4].

II. Voraussetzungen der Klagenhäufung nach § 59

Die Voraussetzungen der subjektiven Klagenhäufung nach §§ 59 und 60 konkurrieren **2** mehrfach miteinander, so daß der Abgrenzung der Fälle keine weitere Bedeutung zukommt. Man kann überdies zweifeln, ob es überhaupt zweckmäßig war, der Möglichkeit einer Klage von mehreren und gegen mehrere besondere Grenzen zu setzen, eben weil diese subjektive Häufung von Klagen nur eine äußere Verbindung herstellt (→ Rdnr. 2 vor § 59) und das Gericht sachwidrigen Häufungen durch eine Trennung begegnen kann (§ 145). Deshalb werden die §§ 59, 60 mit Recht im allgemeinen **weit ausgelegt**[5]. Entscheidend ist die *prozessuale Zweckmäßigkeit*[5a], die daran zu messen ist, ob die Zusammenfassung der Klagen das Verfahren vereinfacht, vielleicht sogar größere Gewähr für eine richtige Entscheidung bietet, oder im Gegenteil nur Unübersichtlichkeit oder gar Verwirrung befürchten läßt. § 59 setzt voraus:

1. Rechtsgemeinschaft in Ansehung des Streitgegenstandes, d. h. Gemeinschaft des Rechtes **3** bei ungeteiltem Gegenstand[6]. Hierher gehören[7] das ungeteilte Miteigentum, das Miterbrecht, Rechte, die mehreren Miteigentümern als solchen an einer anderen Sache zustehen oder die gegen mehrere Miteigentümer als solche verfolgt werden, das Schuldverhältnis bei unteilbarem Gegenstand, das aktive oder passive Gesamtschuldverhältnis[8] (auch bei Klage gegen Versicherungsnehmer und Versicherung nach § 3 Nr. 2 PflVG[9]) sowie die Klage gegen den Hauptschuldner und den Bürgen (arg. § 767 Abs. 1 BGB)[10] oder Mitübernehmer der Schuld[11]. Dies gilt entsprechend für den Eigentümer des mit der Hypothek belasteten Grundstücks und den persönlichen Schuldner oder für den persönlich und den dinglich (§ 888 BGB) zur Einräumung eines Rechtes Verpflichteten. Dagegen besteht *keine* Rechtsgemeinschaft bei der Rechtskollision, sofern der Anspruch nur alternativ für oder gegen einen der Beteiligten begründet ist, weil hier das Recht des einen das des anderen ausschließt (→ aber § 60 Rdnr. 3).

2. Identität des tatsächlichen und rechtlichen Grundes der Berechtigung oder der Verpflich- **4** tung auch ohne Identität oder Gleichartigkeit des Klagegegenstandes. Hierher gehören z. B. mehrere Personen, die aus einem Vertrag Teilgläubiger oder -schuldner sind (nicht aber die Inanspruchnahme mehrerer Parteien aus verschiedenen Verträgen[12]), die Miterben des Gläubigers vor und nach der Teilung, mehrere Aktionäre bei der Anfechtung eines Gesellschaftsbeschlusses[13], mehrere Widersprechende im Konkurs (§ 146 KO)[14]. Dagegen wird nicht verlangt, daß sämtliche Voraussetzungen für die Entstehung des Rechts oder der Verpflichtung identisch sind, wenn dies nur für das Recht oder die Verpflichtung an sich zutrifft. § 59

---

[4] *Leipold* Anm. zu *BAG* AP Nr. 51 zu § 1 TVG (Bau).
[5] *BGH* JZ 1990, 1036; NJW 1986, 3209 = FamRZ 660; NJW 1975, 1228; *OLG Zweibrücken* MDR 1983, 495; *Gottwald* IPRax 1989, 272; *ders.* JA 1982, 65; *Lindacher* JuS 1986, 380.
[5a] Krit. *MünchKommZPO/Schilken* § 60 Rdnr. 3.
[6] Vgl. auch § 62 Rdnr. 8.
[7] → auch § 62 Rdnr. 11, 18, 19a, 20, 23.
[8] Näher § 62 Rdnr. 11.
[9] Näher § 62 Rdnr. 13.

[10] Daß dem Bürgen die Einrede der Vorausklage zusteht, macht den Anspruch gegen ihn nicht zu einem eventuellen. Vgl. auch § 62 Rdnr. 5, 11.
[11] *Reichel* Schuldmitübernahme (1909), 527.
[12] *OLG Zweibrücken* MDR 1983, 495; zust. *Lindacher* JuS 1986, 380. – Zur Inanspruchnahme aus inhaltsgleichen Verträgen → § 60 Rdnr. 3.
[13] Vgl. auch § 62 Rdnr. 7.
[14] Vgl. auch § 62 Rdnr. 6.

gilt daher auch für mehrere Rechtsnachfolger des ursprünglichen Gläubigers, die dies durch verschiedene Rechtsgeschäfte oder teils durch Rechtsgeschäfte, teils durch Erbfolge geworden sind.

§ 60   [Gleichartige Ansprüche]

Mehrere Personen können auch dann als Streitgenossen gemeinschaftlich klagen oder verklagt werden, wenn gleichartige und auf einem im wesentlichen gleichartigen tatsächlichen und rechtlichen Grunde beruhende Ansprüche oder Verpflichtungen den Gegenstand des Rechtsstreits bilden.

Gesetzesgeschichte: bis 1900 § 57 CPO.

Stichwortverzeichnis: → vor § 59 vor Rdnr. 1.

I. Bedeutung[1]

1   § 60 gestattet die Klagenverbindung ferner (→ § 59 Rdnr. 2) in Fällen bloßer **Gleichartigkeit der erhobenen Klagebegehren**. Einer etwaigen Verwirrung des Verfahrens oder einer Verzögerung durch den vermehrten Prozeßstoff kann durch Ausübung des Trennungsrechts nach § 145 oder Erlaß von Teilurteilen nach § 301 begegnet werden. § 60 ist **weit auszulegen**[2].

II. Voraussetzungen

2   Die Streitgenossenschaft nach § 60[3] setzt voraus, daß die Ansprüche oder Verpflichtungen ihrer Natur nach *gleichartig* sind und daß sie auf einem im wesentlichen *gleichartigen tatsächlichen und rechtlichen Grund* beruhen. Die Gleichartigkeit des tatsächlichen *oder* des rechtlichen Grundes (z.B. bei mehreren Personen, die gezahlte Beträge verschiedener Rechtsnatur als ungerechtfertigte Bereicherung zurückfordern) genügt also nicht[4]. Dagegen wird *Identität* des Grundes *nicht* gefordert: Die Worte »auf einem« bedeuten nicht die Zahl, sondern den unbestimmten Artikel.

3   Hierher gehören z. B. Schadensersatzansprüche mehrerer durch **dieselbe unerlaubte Handlung** (insbesondere denselben Unfall) Verletzter[5] und Ansprüche gegen mehrere aus einer gemeinsamen unerlaubten Handlung[6] (wobei man in beiden Fällen ebensogut § 59 anwenden kann); Ansprüche auf Grund Vertragshandlungen aus Vertrag, unerlaubter Handlung und Handeln ohne Vertretungsmacht[7]; Ansprüche aus **inhaltsgleichen Verträgen**[8], etwa mehrerer Käufer, die gleiche Waren unter übereinstimmenden Bedingungen gekauft haben[9], oder bei

---

[1] Lit.: → § 62 Fn. 1.
[2] Nachweise → § 59 Fn. 5.
[3] Ihre Bezeichnung als »unechte« oder »uneigentliche« Streitgenossenschaft ist nicht berechtigt und außerdem ohne Wert.
[4] *OLG Kassel* OLGRspr. 19 (1909), 62.
[5] Vgl. *RGZ* 103, 396; → auch § 62 Rdnr. 11.
[6] Vgl. *OLG Karlsruhe* OLGZ 1989, 77; *KG* MDR 1984, 852; *BGH* GRUR 1980, 795; → auch § 62 Rdnr. 11.

[7] *BGH* NJW 1975, 1228; *OLG Zweibrücken* MDR 1983, 495.
[8] Zust. *OLG Zweibrücken* MDR 1983, 495 (im konkreten Fall – Klage des Doppelmaklers gegen Verkäufer und Käufer des vermittelten Grundstücks – verneinend; dagegen zutr. *BGH* JZ 1990, 1036 = WM 2017 m. w. N.). Nicht ausreichend sind Verträge mit unterschiedlichen Beteiligten, *BGH* NJW 1992, 982 (→ vor § 59 Rdnr. 1).
[9] *OLG Kiel* SchlHA 1913, 236.

Klagen einer Versicherungsgesellschaft gegen **mehrere Versicherte** aus übereinstimmenden Versicherungsverträgen oder die Klage solcher gegen die Gesellschaft; die Anfechtung derselben Rechtshandlung außerhalb des Konkurses seitens verschiedener Gläubiger[10], oder die Widerspruchsklage mehrerer Dritter gegen dieselbe Pfändung (§ 771)[11]; ebenso auch die **Ansprüche aus der nichtehelichen Vaterschaft**, also die Verbindung der Klage der Mutter nach §§ 1300, 1615k, 1615l BGB mit der Unterhaltsklage des Kindes nach §§ 1615a ff. BGB, die zwar nicht auf *demselben* rechtlichen Grund (§ 59), wohl aber auf einem *im wesentlichen gleichartigen* tatsächlichen und rechtlichen Grund beruhen, da sie eine gemeinsame gleichartige Beziehung zu demselben Rechtsverhältnis haben; ebenso **Unterhaltsklagen** der Ehefrau und ehelicher Kinder gegen den Ehemann/Vater, auch nach Ehescheidung, sowie Klagen des Ehemannes/Vaters auf Änderung der Unterhaltstitel[12]. § 60 findet ferner Anwendung auf die Klagen des Wechselinhabers gegen **mehrere Wechselverpflichtete** (§ 603), da jede dieser Verpflichtungen ihre selbständige rechtliche und tatsächliche Begründung hat[13], sowie auf die oben § 59 Rdnr. 3 erwähnten **Alternativansprüche**. Streitgenossen nach § 60 sind auch der Pensionssicherungsverein und versorgungsberechtigte Arbeitnehmer, wenn der Arbeitgeber **Versorgungszusagen** widerrufen will[14].

§ 61   [Prozessuale Stellung der Streitgenossen]

Streitgenossen stehen, soweit nicht aus den Vorschriften des bürgerlichen Rechts oder dieses Gesetzes sich ein anderes ergibt, dem Gegner dergestalt als einzelne gegenüber, daß die Handlungen des einen Streitgenossen dem anderen weder zum Vorteil noch zum Nachteil gereichen.

Gesetzesgeschichte: bis 1900 § 58 CPO.

Stichwortverzeichnis: → vor § 59 vor Rdnr. 1.

I. Grundsätzliche Selbständigkeit der Streitgenossen[1]

Im Regelfall (Ausnahmen → Rdnr. 13) hat die Streitgenossenschaft nur die Wirkung des **1** *gemeinsamen Verfahrens* (→ vor § 59 Rdnr. 3). Die mehreren prozessualen Beziehungen sind in ihren Voraussetzungen und hinsichtlich ihrer Unterbrechung usw. beim Wegfall von Prozeßvoraussetzungen *selbständig zu beurteilen* (→ Rdnr. 8, 10 vor § 59). Auch die Handlungen und Unterlassungen des einen Streitgenossen berühren den anderen nicht. Sie begründen für ihn weder Vorteile noch Nachteile. Ist der eine Streitgenosse zugleich Vertreter des

---

[10] → § 62 Rdnr. 11.
[11] *OLG Zweibrücken* MDR 1983, 495; *KG* KGBl. 1904, 30.
[12] *BGH* NJW 1986, 3209 = FamRZ 660. Vgl. auch § 62 Rdnr. 11.

[13] *OLG Bamberg* BayrZ 1907, 153. Vgl. auch § 62 Rdnr. 11.
[14] *BAG* ZIP 1984, 223; vgl. auch *BAG* ZIP 1987, 309.
[1] Lit.: → § 62 Fn. 1.

anderen, so hängt die Wirkung seiner Handlungen für beide davon ab, daß er sie in dieser doppelten Eigenschaft vornimmt. Aus der Selbständigkeit der Streitgenossen folgt, daß unter den Voraussetzungen des § 66 dem einen auch nicht verwehrt sein kann, dem anderen als *Streitgehilfe* beizutreten (→ § 66 Rdnr. 9).

2   **1.** Die Streitgenossen haben **keine Pflicht zur Bestellung eines gemeinsamen Vertreters.** Die Mehrkosten getrennter Vertretung sind deshalb erstattungsfähig i. S. des § 91². Eine Ausnahme gilt nur für Mitberechtigte an einer Aktie nach § 69 Abs. 1 AktienG.

3   **2.** Jeder Streitgenosse kann **Angriffs- und Verteidigungsmittel** geltend machen, die denen des anderen in tatsächlicher oder rechtlicher Beziehung widersprechen (vgl. § 100 Abs. 3), insbesondere Tatsachen mit der Wirkung des § 288 **zugestehen**³ oder mit der des § 138 **unbestritten lassen,** die ein anderer bestreitet (→ auch Rdnr. 10). Er kann ferner über seinen Prozeß durch Klageänderung oder Klagezurücknahme und über den Prozeßgegenstand durch Anerkenntnis, Verzicht oder Vergleich⁴ unabhängig von den Streitgenossen verfügen⁵. Demgemäß können gegen die Streitgenossen **widersprechende Urteile** ergehen, namentlich kann beim Ausbleiben eines der Streitgenossen gegen ihn ein **Versäumnisurteil** nach §§ 330 f. erlassen werden, während gegen die übrigen streitig verhandelt und entschieden wird⁶, und es kann dieselbe Tatsache dem einen Streitgenossen gegenüber kraft Geständnisses bzw. bei Nichtbestreiten oder Säumnis (§ 331 Abs. 1) festgestellt werden, die dem anderen gegenüber für nicht erwiesen oder widerlegt erklärt wird⁷.

4   **3.** Die **Fristen** laufen für jeden Streitgenossen gesondert, sowohl hinsichtlich des Beginns, namentlich soweit er von einer Zustellung abhängt⁸, wie auch hinsichtlich der Berechnung und Wahrung der Frist. Demgemäß ist auch die **Rechtskraft** für jeden gesondert zu beurteilen⁹, und die **Rechtsmittel** des einen machen den anderen nicht zur Partei in der höheren Instanz¹⁰. Sie ermöglichen daher weder ihm noch dem Gegner ihm gegenüber die Anschließung¹¹. Haben andererseits alle Streitgenossen das Rechtsmittel eingelegt oder der Gegner gegen alle, so gilt für die Revisionssumme der Grundsatz der Zusammenrechnung (→ § 5; § 546 Rdnr. 29), freilich mit der Folge, daß durch Rechtsmittelverzicht des einen das Rechtsmittel des anderen wegen der Verringerung des Beschwerdegegenstands unzulässig wird¹².

5   **4.** Ohne Bedeutung ist die Streitgenossenschaft für die rechtlichen **Beziehungen der Streitgenossen zueinander.** Das Urteil hat diese Beziehungen nicht zum Gegenstand¹³, und es kann deshalb ein Streitgenosse gegen den anderen weder ein Urteil verlangen noch ein Rechtsmittel einlegen¹⁴. Ob die materielle Rechtskraft des Urteils für andere Streitgenossen von Bedeutung ist, entscheidet sich nach den sonstigen Grundsätzen (§§ 325 ff.) ohne Rücksicht auf die Streitgenossenschaft¹⁵.

6   **5.** Wegen der Entscheidung über die **Prozeßkosten** → § 100; wegen der Erstattung der Kosten eines gemeinsamen Vertreters → § 91 Rdnr. 84, 103; beim Sieg nur eines der Streitgenossen → § 100 Rdnr. 18.

² → § 91 Rdnr. 84, 103.
³ *BGH* NJW 1982, 997; *Gottwald* JA 1982, 65; *Lindacher* JuS 1986, 381.
⁴ Vgl. dazu *Lehmann* Prozeßvergleich (1911), 183 ff.
⁵ *Lindacher* JuS 1986, 381.
⁶ *RGZ* 55, 310; *Lindacher* JuS 1986, 381.
⁷ Vgl. dazu *Hellwig* Lb 3, 143 f.
⁸ *BayObLG* SeuffArch. 47 (1892), 84; 49 (1894), 213.
⁹ *BGH* GRUR 1984, 37; *OLG Karlsruhe* OLGZ 1989, 77; *OLG Schleswig* SchlHA 1982, 197 (L); 1980, 187.

¹⁰ *RGZ* 48, 216; *Lindacher,* JuS 1986, 381.
¹¹ *RGZ* 46, 415; JW 1901, 306; Gruchot 47 (1903), 844; *OLG Hamm* SeuffArch. 38 (1883), 93; *OLG Hamburg* OLGRspr. 13 (1906), 172. Vgl. auch *BGH* WM 1989, 998.
¹² *RGZ* 161, 350.
¹³ Vgl. *RG* JW 1895, 601 (zu § 878).
¹⁴ *RGZ* 37, 376; JW 1898, 6.
¹⁵ Vgl. *Hellwig* Lb 3, 178 ff.

II. Wirkungen des gemeinsamen Verfahrens

Unberührt von dieser rechtlichen Selbständigkeit bleiben diejenigen Wirkungen, die sich 7 aus der Vereinigung der mehreren Prozesse zum **gemeinsamen Verfahren** ergeben.

1. Die **Schriftsätze** können gemeinsam sein, und es bedarf zu ihrer Zustellung an den 8 gemeinsamen Vertreter der Streitgenossen nur der Übergabe eines Stückes (§ 189 Abs. 1). Die **Verhandlung** kann selbstverständlich gemeinschaftlich erfolgen (wegen der Ladung → § 63).

2. Werden von einzelnen Streitgenosen **Angriffs- oder Verteidigungsmittel** geltend ge- 9 macht, so ist in der Regel anzunehmen, daß sie für alle erschienenen Streitgenossen vorgetragen sind, d. h. soweit sie alle angehen und die übrigen nicht selbst eine Erklärung abgeben[16]. Etwaige Zweifel sind durch Ausübung des Fragerechts aufzuklären.

Soweit der Richter auf Grund **freier Beweiswürdigung** über die Wahrheit tatsächlicher 10 Behauptungen zu entscheiden hat, kann er das Verhalten und die Erklärungen aller Streitgenossen frei würdigen (§ 286), namentlich auch das Geständnis des einen Streitgenossen als Indiz gegenüber dem Bestreiten des anderen[17], und es sind die von dem einen beigebrachten Beweise nur einmal aufzunehmen und allen gegenüber **einheitlich zu würdigen**[18]. Im Bereich der freien Beweiswürdigung kann deshalb über die Wahrheit derselben Tatsache nur eine Entscheidung ergehen (anders bei Geständnis usw., → Rdnr. 3). Auch das Ergebnis einer Parteivernehmung einzelner Streitgenossen ist einheitlich gegenüber allen zu würdigen (→ § 449 Rdnr. 3).

3. Die Streitgenossen können auch hinsichtlich der Ansprüche der anderen Streitgenossen 11 **nicht als Zeugen** vernommen werden[19]. Eine Ausnahme ist allerdings entgegen der früher vorherrschenden Praxis[20] für den Fall zu machen, daß es sich um Tatsachen handelt, die *ausschließlich* für die Entscheidung gegenüber den anderen maßgebend sind[21], was im wesentlichen nur im Fall des § 60 oder bei der Verbindung nach § 147 vorkommen wird. Im übrigen greift als Beweismittel die **Parteivernehmung** Platz (→ dazu näher, insbesondere zur Frage, welche Streitgenossen zu vernehmen sind, § 449). – Für die **Urkundenvorlegung** sind die Streitgenossen der Gegenseite sämtlich Gegner i. S. der §§ 421 ff., die eigenen Streitgenossen Dritte i. S. des § 428 (→ § 421 Rdnr. 2, 3).

4. Die **Entscheidung** kann in *einem* Urteil erfolgen. Das nur einem Streitgenossen gegen- 12 über ergehende Urteil ist *Teilurteil* i. S. des § 301, und sein Erlaß kann deshalb trotz Entscheidungsreife unterbleiben[22], wenngleich dies nur ausnahmsweise angemessen sein wird.

---

[16] *BGH* LM Nr. 1; *Lindacher* JuS 1986, 380.

[17] *RG* JW 1903, 21; *Gottwald* JA 1982, 65; *Lindacher* JuS 1986, 381.

[18] *BGH* EWiR 1992, 149 (*Vollkommer*); *RGZ* 41, 419 a. E.

[19] A. M. *Gottwald* JA 1982, 65; *Grunsky* Grundlagen des Verfahrensrechts[2], 275; *Holzhammer* Parteienhäufung und einheitliche Streitpartei (1966), 122 ff.; *Jauernig* ZPR[23] § 81 III; *Lindacher* JuS 1986, 381, die eine Zeugenvernehmung generell zulassen und die Streitgenossenschaft nur bei der Beweiswürdigung berücksichtigen.

[20] So namentlich das RG, das in ständiger Rspr. für die Dauer der Streitgenossenschaft (→ Rdnr. 11, 12 vor § 59) die Unfähigkeit der Streitgenossen zum Zeugnis schlechthin annahm, *RGZ* 29, 370; 91, 37; SeuffArch. 86 (1932), 201.

[21] So auch *BGH* MDR 1984, 47; *BAGE* 24, 355 = JZ 1973, 58; *OLG Celle* NJW-RR 1991, 62; *OLG Hamm* VersR 1987, 351, 352; *KG* OLGZ 1977, 244; *OLG Düsseldorf* MDR 1971, 56; *Baumbach/Lauterbach/Hartmann*[50] Anm. 2 E; *A. Blomeyer* ZPR[2] § 108 II Fn. 11; *Rosenberg/Schwab*[14] § 49 III 1c; *E. Schneider* MDR 1982, 372; i.E. auch *MünchKommZPO/Schilken* Rdnr. 8; zur älteren Lit. → Voraufl. Fn. 17.

[22] A. M. *RGZ* 55, 310 (insbes. zum Versäumnisurteil); allerdings ist stets sorgfältig zu prüfen, ob der Rechtsstreit angesichts des Gebots der einheitlichen Beweisaufnahme (→ Rdnr. 10) überhaupt gegenüber nur einem Streitgenossen entscheidungsreif sein kann, vgl. *BGH* EWiR 1992, 149 (*Vollkommer*); ferner *OLG Düsseldorf* VersR 1992, 493.

III. Gesetzliche Ausnahmen von der Selbständigkeit

13   1. Die Regel des § 61 gilt nur, soweit sich nicht aus den Vorschriften des bürgerlichen Rechts oder der ZPO etwas anderes ergibt. Als solche Vorschriften kommen zunächst diejenigen in Betracht, aus denen die sog. **Notwendigkeit der Streitgenossenschaft** i. S. des § 62 folgt, wodurch dann die Vertretung der säumigen Streitgenossen durch die nicht säumigen (→ § 62 Rdnr. 26) und weiter auch eine Beeinflussung der Prozeßführung eintritt (→ § 62 Rdnr. 30, 38). Zu beachten sind ferner die Vorschriften über die *Ladung* der Streitgenossen (§ 63), über die Parteivernehmung (§ 449) und die Vorlegungsvernehmung (§ 426 i. V. m. § 449), endlich die Vorschriften des bürgerlichen Rechts, wonach gewisse Rechtsakte des einen Streitgenossen auch für und gegen den anderen wirken, insbesondere bei Gesamtschuldverhältnissen (vgl. §§ 422 ff., 429 BGB)[23].

14   2. In denjenigen Fällen, in denen das Gesetz bei **Einverständnis** oder übereinstimmendem Antrag beider Parteien eine besondere Gestaltung des Verfahrens vorsieht (§ 349 Abs. 3, Entscheidung durch den **Vorsitzenden** der Kammer für Handelssachen; § 524 Abs. 4, Entscheidung durch den **Einzelrichter** in der Berufungsinstanz; § 128 Abs. 2[24], **Entscheidung ohne mündliche Verhandlung**, → § 128 Rdnr. 64), bedarf es der übereinstimmenden Erklärung *sämtlicher* Streitgenossen, da die Erklärung des einen die übrigen nicht bindet und eine Gabelung des einheitlichen Verfahrens undurchführbar wäre. Das Gericht ist aber in derartigen Fällen nicht gehindert, mit Rücksicht auf eine Verständigung einzelner Streitgenossen mit der Gegenseite eine Trennung gemäß § 145 vorzunehmen. Nur in den Fällen der Vertretung des ausgebliebenen notwendigen Streitgenossen durch den erschienenen (→ § 62 Rdnr. 27) ist letzterer in der Lage, die Erklärungen mit Wirkung für den Ausgebliebenen abzugeben. Die Einverständniserklärung gemäß §§ 128 Abs. 2, 349 Abs. 3, 524 Abs. 4 kann aber der Ausgebliebene unter denselben Voraussetzungen widerrufen wie seine eigene Erklärung (→ § 128 Rdnr. 72).

§ 62   [Notwendige Streitgenossenschaft]

(1) Kann das streitige Rechtsverhältnis allen Streitgenossen gegenüber nur einheitlich festgestellt werden oder ist die Streitgenossenschaft aus einem sonstigen Grunde eine notwendige, so werden, wenn ein Termin oder eine Frist nur von einzelnen Streitgenossen versäumt wird, die säumigen Streitgenossen als durch die nicht säumigen vertreten angesehen.

(2) Die säumigen Streitgenossen sind auch in dem späteren Verfahren zuzuziehen.

Gesetzesgeschichte: bis 1900 § 59 CPO.

Stichwortverzeichnis: → vor § 59 vor Rdnr. 1.

---

[23] S. dazu *Hellwig* Lb 3, 150 f.

[24] Ebenso *Thomas/Putzo*[17] Anm. 5. – A. M. *Baumbach/Lauterbach/Hartmann*[50] Anm. 2 F.

I. Bedeutung der Vorschrift

Die notwendige Streitgenossenschaft[1] umfaßt **zwei Fallgruppen**, die als Notwendigkeit der **1** einheitlichen Feststellung und als Notwendigkeit aus sonstigem Grund recht unpräzise umschrieben sind. Bei der ersten Gruppe handelt es sich um diejenigen Fälle, in denen die

[1] Lit.: *von Amelunxen* Die sogenannte notwendige Streitgenossenschaft, 1881; *Becher* Kann im Berufungsverfahren über den Grund des Anspruchs ein daran nicht mehr beteiligter Streitgenosse als Zeuge vernommen werden?, LZ 1914, 1339; *Bettermann* Streitgenossenschaft, Beiladung, Nebenintervention und Streitverkündung, ZZP 90 (1977), 121; *A. Blomeyer* Einzelanspruch und gemeinschaftlicher Anspruch von Miterben und Miteigentümern – Zur Frage der notwendigen Streitgenossenschaft, AcP 159 (1960/61), 385; *Bull* Krisis oder Bewährung der notwendigen Streitgenossenschaft, ZMR 1953, 271/303; *Coester/Waltjen* Streitgenossen und Nebenintervenienten, Jura 1989, 442; *Dreyer* Zu § 59 der Civilprozeßordnung, Gruchot 38 (1894), 16; *Fenge* Rechtskrafterstreckung und Streitgenossenschaft zwischen Hauptschuldner und Bürgen, NJW 1971, 1920; *Freymuth* Zurücknahme eines Rechtsmittels seitens des einen von mehreren notwendigen Streitgenossen, ZZP 28 (1901), 41; *Fuhr* Die Regelung der notwendigen Streitgenossenschaft, 1927; *Gottwald* Grundprobleme der Streitgenossenschaft, JA 1982, 64; *Hachenburg* Die besondere Streitgenossenschaft, 1889; *Hangen* Fälle der notwendigen Streitgenossenschaft, 1895 (Nachdruck 1970); *Harmening* Die notwendige Streitgenossenschaft, ThürBl. 27 (1880), 197; *Hassold* Die Voraussetzungen der besonderen Streitgenossenschaft, 1970; *Heine* Zurücknahme der von mehreren notwendigen Streitgenossen eingelegten Berufung seitens eines derselben, Recht 1901, 406; *Hellmann* Die Lehre von der sogenannten notwendigen Streitgenossenschaft, ZZP 17 (1892), 1; *Henckel* Parteilehre und Streitgegenstand im Zivilprozeß, 1961; *Holzhammer* Bemerkungen zur einheitlichen Streitpartei, Österr.JZ 1959, 619; *ders.* Parteihäufung und einheitliche Streitpartei, 1966; *Kisch* Begriff und Wirkungen der besonderen Streitgenossenschaft, 1899; *Kralik* Streitgenossen als einheitliche Streitpartei, Österr.JZ 1963, 113; *Lent* Die notwendige und die besondere Streitgenossenschaft, IherJb 90 (1942), 27; *Levetzow* Die notwendige Streitgenossenschaft im Sinne des § 62 ZPO, 1901; *Lindacher* Die Streitgenossenschaft, JuS 1986, 379/540; *Lux* Die Notwendigkeit der Streitgenossenschaft, 1906; *F. A. Medicus* Tatbestand und Fälle der besonderen Streitgenossenschaft, 1914; *Mitsopoulos* Die notwendige Streitgenossenschaft nach dem griechischen Zivilprozeßrecht, Festschr. f. Baur, 1981, 503; *Müller* Liegt eine notwendige Streitgenossenschaft vor, wenn die OHG und ein Gesellschafter wegen einer Gesellschaftsschuld gemeinsam verklagt werden?, BB 1969, 1333; *Naendrup* »Gemeinschaftlichkeit im Verfahren«, ZZP 86 (1973), 233; *Rupp* Die Anfechtungsklage und notwendige Streitgenossenschaft, DÖV 1957, 144; *Säcker* Die Unbeachtlichkeit der Klagerücknahme durch einen eigentlich notwendigen Streitgenossen als Anwendungsfall der »exceptio doli« im Prozeßrecht, JZ 1967, 51; *Schiller* Notwendige Streitge-

Wirkung der Entscheidung eines Einzelprozesses auch die anderen Beteiligten erfassen würde; man spricht hier auch von einer notwendigen Streitgenossenschaft »aus prozeßrechtlichen Gründen«[2]. Hier besteht bei gemeinschaftlicher Klage die Pflicht zur einheitlichen Entscheidung (→ Rdnr. 4). Zur zweiten Fallgruppe sind die Fälle zu rechnen, in denen (»aus materiell-rechtlichen Gründen«) eine Klage nur gemeinschaftlich zulässig ist (→ Rdnr. 14). Die beiden Gruppen schließen sich nicht aus; es sind Konkurrenzfälle möglich[3]. Wegen der Abgrenzung der einfachen zur notwendigen Streitgenossenschaft → auch vor § 59 Rdnr. 2.

2   Die notwendige Streitgenossenschaft bedeutet in keinem Fall eine prozeßrechtliche Notwendigkeit in dem Sinn, daß die Beteiligung der nicht auftretenden Personen am Rechtsstreit *erzwungen* werden könnte (→ vor § 59 Rdnr. 4, § 59 Rdnr. 1). § 62 hat vielmehr zur **Voraussetzung, daß eine Streitgenossenschaft** durch eine Mehrheit von Klägern oder Beklagten **bereits besteht** (→ auch Rdnr. 4). Nur dann können die in § 62 bestimmten besonderen verfahrensrechtlichen Folgen eintreten. Dabei ist zu beachten, daß § 62 keineswegs eine abschließende allgemeine Norm darüber enthält, wie die Prozeßhandlungen der Streitgenossen in ihrem Verhältnis zueinander zu beurteilen sind (→ Rdnr. 30, 38), sondern nur die Versäumung von Terminen und Fristen regelt (→ Rdnr. 26).

3   Einfache und notwendige Streitgenossenschaft können **nebeneinander** in einem Prozeß bestehen, sei es zwischen verschiedenen Personen, sei es zwischen denselben Personen, aber bezüglich verschiedener prozessualer Ansprüche.

II. Die Notwendigkeit einheitlicher Feststellung (Abs. 1, 1. Fall)

4   Unter § 62 fallen zunächst alle Prozesse, in denen das streitige Rechtsverhältnis allen Streitgenossen gegenüber nur einheitlich festgestellt werden kann. Die Bezeichnung »notwendige« Streitgenossenschaft ist hier wenig glücklich, weil eine Notwendigkeit der Klage mehrerer oder gegen mehrere gerade nicht besteht, sondern *auch Einzelklagen zulässig* sind (→ vor § 59 Rdnr. 2). Allenfalls folgt in diesen Fällen aus Art. 103 Abs. 1 GG eine Pflicht des Gerichts zur Unterrichtung nicht beteiligter Streitgenossen (→ vor § 128 Rdnr. 26)[4].

1. Anwendungsfälle

5   Eine einheitliche Entscheidung ist geboten, wenn bei getrennten Prozessen das in dem einen Prozeß ergehende Urteil in dem anderen über dasselbe Rechtsverhältnis **Rechtskraft** oder **Gestaltungswirkung** äußern würde, so daß auf diese Weise eine übereinstimmende Entscheidung gesichert wäre. Es genügt regelmäßig, daß entweder bei Erfolg oder bei Mißerfolg der Klage eine Rechtskraftwirkung eintritt[5]. Es muß aber in beiden Prozessen um **denselben Streitgegenstand** gehen[6] (→ aber auch Rdnr. 9, 10). Dagegen genügt es nicht, wenn

---

nossenschaft bei Klage gegen Gesellschaft und Gesellschafter, NJW 1971, 410; *Schumann* Das Versäumen von Rechtsbehelfsfristen durch einzelne notwendige Streitgenossen, ZZP 76 (1963), 381; *Schwab* Die Voraussetzungen der notwendigen Streitgenossenschaft, Festschr. f. Lent, 1957, 271; *ders.* Mehrparteienschiedsgerichtsbarkeit und Streitgenossenschaft, Festschr. f. W. Habscheid (1989), 285; *Stettner* Das Verhältnis der notwendigen Beiladung zur notwendigen Streitgenossenschaft im Verwaltungsprozeß, 1974; *P. Ulmer* Gestaltungsklagen im Personengesellschaftsrecht und notwendige Streitgenossenschaft, Festschr. f. Gessler, 1971, 269; *Wachenfeld* Die notwendige Streitgenossenschaft, 1894; *Walsmann* Die

streitgenössische Nebenintervention, 1905; *Weismann* Hauptintervention und Streitgenossenschaft, 1884; *Winte* Die Rechtsfolgen der notwendigen Streitgenossenschaft unter besonderer Berücksichtigung der unterschiedlichen Grundlagen ihrer beiden Alternativen, 1988.

[2] *Baur* FamRZ 1962, 510. Vgl. zur Terminologie auch *Bettermann* ZZP 90 (1977), 121; *Winte* (Fn. 1), 4 ff.

[3] *Hachenburg* (Fn. 1), 33 f.; *Hellwig* Lb 3, 173 ff.

[4] *BVerfGE* 60, 14 = NJW 1982, 1635 = JZ 330; dazu ausf. *Marotzke* ZZP 100 (1987), 164 ff.

[5] Dazu *Schwab* (Fn. 1), 280; *Gottwald* JA 1982, 67; *Lindacher* JuS 1986, 382; *Winte* (Fn. 1), 21 ff.

[6] Daß Rechtskrafterstreckung und Identität des Streit-

die Entscheidung des einen Prozesses bezüglich einer *Vorfrage* des zweiten Prozesses eine Bindungswirkung entfalten würde (→ Rdnr. 10), wie beim Bürgen (→ § 59 Rdnr. 3) und im Verhältnis zwischen OHG und Gesellschafter (→ Rdnr. 12). Daß eine solche Wirkung nicht zur notwendigen Streitgenossenschaft führt, liegt an ihrer Begrenztheit. Nicht entscheidend ist dagegen die dogmatische Frage, ob man sie als Rechtskraftwirkung bzw. Rechtskrafterstreckung betrachtet oder als Wirkung rein materiell-rechtlicher Art davon sondert[6a].

a) Rechtskraftwirkung

Die Fälle der Rechtskraftwirkung für oder gegen Dritte sind an anderer Stelle behandelt (→ **6** § 325 Rdnr. 47 ff.; §§ 326 f.). Hierher zählen z. B. Klagen gegen Vor- und Nacherben, gegen Erben und Testamentsvollstrecker in den Grenzen der §§ 326, 327, 728[7], die Klagen mehrerer Pfändungsgläubiger nach § 856 Abs. 4, die Abweisung der Klage auf Nichtigkeit einer Ehe nach § 636a[8] und die Klagen auf Feststellung des Bestehens oder Nichtbestehens einer Ehe nach § 638, Klagen im Statusprozeß nach §§ 640h, 640k, Feststellungsprozesse im Konkurs nach § 147 KO, soweit die Gläubiger einheitlich die Forderung oder das Vorrecht oder beides bestreiten[9], und nach § 111 Abs. 2 GenG[10], sowie Klagen auf Feststellung der Nichtigkeit eines Hauptversammlungsbeschlusses einer Aktiengesellschaft nach §§ 249 Abs. 1, 248 Abs. 1 AktienG.

b) Gestaltungsklagen

Eine einheitliche Entscheidung ist ferner nötig bei Gestaltungsklagen, wenn das Gestal- **7** tungsurteil, wie dies regelmäßig der Fall ist, inter omnes und damit auch gegen alle Streitgenossen wirkt. Hier sind die Klagen auf Nichtigerklärung einer Ehe (nach § 23 EheG), auf Aufhebung der fortgesetzten Gütergemeinschaft (nach § 1496 BGB)[11], die Erbunwürdigkeitsklage (nach § 2342 BGB), die Klagen auf Anfechtung eines Hauptversammlungsbeschlusses einer Aktiengesellschaft (nach § 248 Abs. 1 AktienG)[12] oder Nichtigerklärung einer Aktiengesellschaft (nach §§ 275 Abs. 4, 248 Abs. 1 AktienG) und die entsprechenden Klagen bei einer Genossenschaft (nach §§ 51 Abs. 5, 96 GenG)[13] oder einer GmbH (nach § 75 Abs. 2 GmbHG[14] mit § 248 Abs. 1 AktienG) zu nennen. Bei zahlreichen Gestaltungsklagen ergibt sich die Notwendigkeit der Streitgenossenschaft schon daraus, daß nur eine gemeinschaftliche Klage zulässig ist (→ Rdnr. 15).

---

gegenstands gemeinsam gegeben sein müssen, heben vor allem *Lent* IherJb 90 (1942), 45 und *Henckel* (Fn. 1), 203 hervor; ebenso *Fenge* NJW 1971, 1923; *MünchKomm ZPO/Schilken* Rdnr. 5.

  [6a] A. M. *MünchKommZPO/Schilken* Rdnr. 17 Fn. 58.
  [7] Dazu *Henckel* (Fn. 1), 200 f.
  [8] Bei der Nichtigkeitsklage des Staatsanwalts oder des früheren Ehegatten (bei Doppelehe) besteht notwendige Streitgenossenschaft nach § 62 Abs. 1, 2. Fall (→ Rdnr. 24).
  [9] *BGH* NJW 1990, 3207, 3208; *RGZ* 132, 349; 96, 254; *Henckel* (Fn. 1), 204 f.; *Jaeger/Weber* KO[8] § 146, 10; *Jonas* Konkursfeststellung (1907), 31; *Kohler* AcP 81 (1893), 407; *Kuhn/Uhlenbruck* KO[10] § 146 Rdnr. 3;

Schwab (Fn. 1), 283. – A. M. *Walsmann* (Fn. 1), 185. – Vgl. auch § 59 Rdnr. 4.
  [10] S. auch *RGZ* 132, 349.
  [11] S. *Schwab* (Fn. 1), 277 f., auch zur Erbunwürdigkeitsklage. – A. M. *Hellwig* Anspruch und Klagrecht, 196.
  [12] *OLG Karlsruhe* ZIP 1991, 102; *RGZ* 85, 311; 93, 32; *OLG Hamburg* OLGRspr. 3 (1901), 262 (zum früheren Recht); *Zöllner* Kölner Kommentar zum AktG § 246 Rdnr. 88. Vgl. auch § 59 Rdnr. 4.
  [13] Zum gestaltenden Element bei der Nichtigkeitsfeststellung s. *Pohle* ZgGenW 3 (1953), 332 zu *BGH* das. = BGHZ 7, 383 = NJW 1953, 258.
  [14] Vgl. auch *RGZ* 24, 428; 77, 257; vgl. auch *MünchKommZPO/Schilken* Rdnr. 9.

c) Aktivprozesse der Gesamthands- und Bruchteilsgemeinschaften

8   Bei gesamthänderischer Berechtigung besteht im allgemeinen ein Zwang zu gemein-schaftlicher Klage und damit notwendige Streitgenossenschaft nach Abs. 1, 2. Fall (→ näher Rdnr. 18), so daß nach der Notwendigkeit einheitlicher Entscheidung nicht zu fragen ist. In einer Reihe von Fällen ist es jedoch einem der mehreren Mitberechtigten gestattet, das Recht der Gesamthand allein geltend zu machen (z. B. § 2039 BGB; → zu diesen Fällen Rdnr. 37 vor § 50), ohne daß das im Einzelprozeß ergangene Urteil Rechtskraftwirkung gegenüber den anderen Mitberechtigten hätte[15]. Auch bei einer Bruchteilsgemeinschaft sind Einzelklagen zulässig (§ 1011 BGB). Der Schluß, daß bei einer gemeinschaftlichen Klage der Gesamtheit der Mitberechtigten keine einheitliche Entscheidung nötig sei, weil bei aufeinanderfolgenden Prozessen ja auch verschieden entschieden werden könne[16], ist aber nicht überzeugend. Wenn es das Gesetz zur Erleichterung der Verwaltung oder zum Schutz des Gesamtrechts für angemessen hält, dem einzelnen die Klage zu gestatten, sich aber scheut, die anderen der Rechtskraft zu unterwerfen, so besagt das noch nichts über die gemeinschaftlich erhobene Klage. Bei der Einzelklage macht der einzelne ein eigenes Prozeßführungsrecht bezüglich der Gesamtberechtigung geltend[17]. Bei der gemeinschaftlichen Klage fordern jedoch alle das Gesamtrecht, während die Vorstellung, daß dann nur alle gleichzeitig ihr jeweils eigenes Recht hinsichtlich des Gesamtrechts geltend machten, eine unnötige, den Ansichten der Beteiligten schwerlich entsprechende juristische Konstruktion wäre, zu deren Annahme das Gesetz keineswegs zwingt. Hier muß man dem Umstand, daß über ein und denselben Anspruch verhandelt und entschieden wird, wegen der Unteilbarkeit des streitigen Rechts[18] einen Zwang zur einheitlichen Entscheidung entnehmen. Daher ist bei gemeinschaftlichen Prozessen der Miterben und der Miteigentümer sowie bei Klagen mehrerer Gesamthands-gläubiger (vgl. § 432 BGB) eine notwendige Streitgenossenschaft zu bejahen[19]. Zur Klage *gegen* Miterben, Miteigentümer, Gesellschafter → Rdnr. 19, 20.

d) Nicht ausreichende Identität des Streitgegenstandes

9   Im übrigen führt die Identität des Streitgegenstandes allein nicht zur Notwendigkeit einer einheitlichen Entscheidung im Falle gemeinschaftlicher Klage, also **nicht zur notwendigen Streitgenossenschaft**[20]. So besteht z. B. bei einer Klage gegen die GmbH und einen angebli-chen Erwerber des Geschäftsanteils auf Feststellung der Gesellschafterstellung des Klägers keine notwendige Streitgenossenschaft[21], obwohl der Streitgegenstand identisch ist.

[15] *RGZ* 119, 169; näher → § 325 Rdnr. 58.
[16] So insbesondere *BGHZ* 92, 353 f. = NJW 1985, 385 = JZ 633 (krit. *Waldner*); *BGHZ* 54, 254 f.; 30, 198; *Gottwald* JA 1982, 68; *MünchKommZPO/Schilken* Rdnr. 18 ff.; *Schwab* (Fn. 1), 283 ff. – Offen *BGH* NJW 1989, 2134.
[17] So zutreffend *A. Blomeyer* AcP 159 (1960/61), 391 zu § 2039 BGB. Ob der Mitberechtigte für die Einzelklage ein besonderes Prozeßführungsrecht hat oder ein eigenes materielles Recht, aus dem sich die Prozeßführungsbefug-nis von selbst ergibt (→ Rdnr. 36 f. vor § 50), begründet hier keinen Unterschied (anders *Lindacher* JuS 1986, 383).
[18] *Motive*, 82 f.; *A. Blomeyer* AcP 159 (1960/61), 390.

[19] So *OGHZ* 1, 242 = NJW 1950, 597; *RGZ* 119, 168; 61, 397; 60, 270; *A. Blomeyer* AcP 159 (1960/61), 402 f.; *Baumbach/Lauterbach/Hartmann*[50] Anm. 2 B; *Grunsky* Grundlagen des Verfahrensrechts[2], 282; *Hassold* (Fn. 1), 62; *Henckel* (Fn. 1), 214; *Kornblum* BB 1970, 1449; *Lindacher* JuS 1986, 383; *Rosenberg/Schwab*[14] § 50 II 2a; *Thomas/Putzo*[17] Anm. 3b; *Waldner* JZ 1985, 634 f; *Winte* (Fn. 1), 18, 42 ff.; *Zöller/Vollkommer*[17] Rdnr. 16.
[20] *Gottwald* JA 1982, 67; *Henckel* (Fn. 1), 203 ff.; *Lent* IherJb 90 (1942), 50; *Lindacher* JuS 1982, 382; *Münch-KommZPO/Schilken* Rdnr. 12; *Nikisch* § 110 II a. E. – A. M. *Hassold* (Fn. 1), z. B. 110; *Baumbach/Lauterbach/Hartmann*[50] Anm. 2 B.
[21] *BGH* WM 1964, 265.

2. Keine Anwendung bei fehlender Identität des Streitgegenstands

Die Notwendigkeit einheitlicher Feststellung folgt **nicht** schon daraus, daß dieselben tat- 10
sächlichen oder rechtlichen Erwägungen als **Vorfragen** für die Entscheidung für oder gegen
mehrere Streitgenossen von Bedeutung sind, mag es sich um rechtsbegründende oder rechts-
hindernde, rechtshemmende oder rechtsvernichtende Umstände handeln, und mag auch
insoweit bei einem Nacheinander von Prozessen eine Bindung eingreifen. Denn es bleibt
immer noch die Möglichkeit, daß einer der Streitgenossen aus Gründen, die nur seine Person
betreffen, siegt oder unterliegt. *Hier fehlt es an der erforderlichen Identität des Streitgegenstandes* (→ Rdnr. 5). Die Wahrscheinlichkeit, daß bei gleichzeitiger Verhandlung gleich
entschieden wird, insbesondere auch zufolge der gleichen Würdigung der Beweise, nötigt
keineswegs dazu, eine Pflicht zu gleicher Entscheidung anzunehmen und, um dies zu erreichen, die Folgen des prozessualen Verhaltens eines Streitgenossen (wie z.B. eines Anerkenntnisses oder der Säumnis) für diesen auszuschalten oder gar den anderen Streitgenossen
aufzubürden. Noch weniger besagt die Berufung in dieser Rechtsfrage auf einen angeblichen
logischen Zwang[22].

a) Gesamtschuldner, Gesamtgläubiger usw.

Daher besteht **keine notwendige Streitgenossenschaft** bei Klagen gegen mehrere Gesamt- 11
schuldner[23] wegen § 425 Abs. 1 BGB (→ auch § 59 Rdnr. 3, 4, § 60 Rdnr. 2, 3), z.B. gegen
mehrere Schädiger (§ 840 BGB)[24] oder mehrere unterhaltpflichtige Kinder[25], gegen Aussteller und Akzeptant eines Wechsels[26] oder gegen mehrere Miterben nach § 2058 BGB[27] sowie
bei der Gesamtschuldklage gegen mehrere Mitgesellschafter[28] (zur Gesamthandsklage →
Rdnr. 20, 20 a); Klagen mehrerer Gesamtgläubiger wegen § 429 Abs. 3 BGB[29]; Klagen gegen
Hauptschuldner und Bürgen, obwohl hier die Abweisung der Klage gegen den Hauptschuldner dem Bürgen zugute kommt (§ 768 BGB)[30]; Klagen der oder gegen die Ehegatten aus im
Rahmen von § 1357 BGB begründeten Verpflichtungen[31] sowie gegen in Gütergemeinschaft
lebende Ehegatten wegen Schulden des nicht zur Verwaltung des Gesamtguts berechtigten
Gatten (→ Rdnr. 62 vor § 50); bei Klagen des nichtehelichen Kindes und seiner Mutter gegen
den Vater nach §§ 1615 f, 1615 k, 1615 l BGB[32]; der mehreren Unterhaltsberechtigten gegen
den Schädiger nach §§ 844 ff. BGB[33]; der mehreren Anfechtungsberechtigten nach dem
AnfechtungsG wegen derselben Rechtshandlung des Schuldners oder gegen mehrere Anfechtungsgegner[34]; der mehreren oder gegen mehrere Erben auf Feststellung eines Erbrechts[35];
des Gläubigers und des Nießbrauchers oder Pfandgläubigers gegen den Schuldner[36] und des

---

[22] *BGHZ* 92, 354; 30, 195, 199 = NJW 1959, 1683 =
LM Nr. 7 (*Fischer*); im Grundsatz h.M., *A. Blomeyer* ZPR[2]
§ 108 III 3; *Jauernig* ZPR[23] § 82 II.

[23] Vgl. *BGH* VersR 1987, 988, 989; *BayObLG* DB
1979, 936; *OLG Karlsruhe* OLGZ 1989, 77; *KreisG Erfurt* ZIP 1991, 1239. Vgl. auch *BAG* AP § 1 TVG (Bau)
Nr. 51 (*Leipold*).

[24] *BayObLG* MDR 1992, 296; *OLG Karlsruhe* OLGZ
1989, 77; *OLG Karlsruhe* OLGZ 1989, 852; → auch § 60 Rdnr. 3. Vgl.
auch *BGH* GRUR 1980, 795.

[25] *OLG Düsseldorf* OLGRspr. 17 (1908), 99. Vgl. auch
§ 60 Rdnr. 3.

[26] *RGZ* 48, 214. Vgl. auch § 60 Rdnr. 3.

[27] *RG* WarnRspr. 1926 Nr. 216; → auch Rdnr. 19 a.

[28] *BGH* WM 1983, 1279; → auch Rdnr. 12 a E.

[29] *BGHZ* 3, 389 (Versprechensempfänger und Dritter
im Fall des § 328 BGB) = NJW 1952, 178. Vgl. auch *Baur*,
Festschr. f. Beitzke (1979), 117 f.

[30] *BGH* NJW 1969, 1481; *RG* SeuffArch. 46 (1891),
462; Gruchot 47 (1903), 844; JW 1903, 149; *Fenge* NJW
1971, 1920; → auch § 59 Rdnr. 3.

[31] *Baur*, Festschr. f. Beitzke (1979), 112 f.; *Gottwald*
JA 1982, 68.

[32] → auch § 60 Rdnr. 3.

[33] *RG* SeuffArch. 71 (1916), 454; → auch § 60 Rdnr. 3.

[34] → auch § 60 Rdnr. 3.

[35] *BGHZ* 23, 76 = NJW 1957, 537 = LM Nr. 3 (*Johannsen*); s. ferner *OLG Nürnberg* (Zustimmung zur Erbauseinandersetzung) BayJMBl. 1957, 39, sowie *Henckel*
(Fn. 1), 93; auch schon *RGZ* 95, 97; SeuffArch. 77 (1923),
160; → auch § 59 Rdnr. 3.

[36] A. M. *RGZ* 64, 321 (für einen Einzelfall) – *RGZ* 100,
60 f. a. E. jedoch davon abrückend.

Pfändungsgläubigers und Schuldners gegen den Drittschuldner (→ § 829 Rdnr. 100)[37] sowie bei vertragsmäßigen Gemeinschaften, die keine Gesamthandsverhältnisse sind[38]. Ebenso scheiden die Fälle aus, in denen nur Vorfragen, insbesondere solche der Verteidigung, gemeinsam sind[39].

b) OHG und Gesellschafter

12 Die besondere prozessuale Stellung, die dem notwendigen Streitgenossen im Verfahren zukommt, gestattet es nicht, diese von unsicheren, je nach dem Verhalten der Partei vielleicht schwankenden Voraussetzungen abhängig zu machen und sie nur teilweise, nämlich nach Lage des Einzelfalls, eintreten zu lassen. Deshalb ist der **Gesellschafter**, der gleichzeitig mit der OHG verklagt wird, **nicht deren notwendiger Streitgenosse**[40]. Denn das Urteil gegen die OHG wirkt zwar nach § 129 HGB auch gegen ihn, soweit er keine persönlichen Einwendungen vorbringt, aber seine prozessuale Stellung kann nicht davon abhängen, ob er sich auf persönliche Einwendungen beruft oder nicht. Wird die OHG allein verklagt, ist diese Partei (→ § 50 Rdnr. 13), und nur wer die Gesamtheit der Gesellschafter als Partei betrachtet, kommt zu einer Streitgenossenschaft, die insoweit eine notwendige ist[41]. Wird nach Auflösung der OHG ein Prozeß gegen diese wegen Gesellschaftsschulden gegen mehrere Gesellschafter fortgeführt, so sind diese einfache Streitgenossen[42]. Dagegen liegt notwendige Streitgenossenschaft vor, wenn nach der Auflösung mehrere Gesellschafter Rechte der früheren OHG geltend machen, über die noch keine Auseinandersetzung stattgefunden hat[43]. Bei der Klage eines Gesellschafters gegen mehrere andere über seine Beteiligung an der OHG[44] oder auf Feststellung, daß ein anderer ausgeschieden sei[45], liegt keine notwendige Streitgenossenschaft vor, ebensowenig bei Klagen auf Mitwirkung an der Bilanzaufstellung[46].

c) Versicherung und Versicherungsnehmer

13 Bei der Klage des Geschädigten gegen Versicherung und Versicherungsnehmer (§ 3 Nr. 1, 2 PflVG) liegt ebenfalls eine einfache Streitgenossenschaft vor[47]. Zwar wirkt die rechtskräftige

[37] Auch nicht bei Erinnerung wegen Unpfändbarkeit nach § 811, wenn mehrere Gläubiger dieselbe Sache gepfändet haben (unrichtig *OLG Schleswig* Rpfleger 1952, 138).

[38] So Klagen mehrerer Käufer auf Auflassung jeweils anderer ideeller Anteile an demselben Grundstück aus demselben Vertrag, *RG* JW 1908, 144. – A. M. *RG* JW 1910, 66 (Kartellvertrag).

[39] So ausdrücklich *RGZ* 48, 214; JW 1918, 771; JW 1900, 340 (Miteigentümer bei Enteignung); JW 1909, 144 (identische Einreden gegen mehrere Käufer); s. auch *RGZ* 100, 60 f. (keine notwendige Streitgenossenschaft, wenn der Zedent gegen den Schuldner auf Leistung und den Abtretungsempfänger auf Feststellung der Nichtigkeit der Abtretung klagt). Auch das Wandelungs-, Minderungs-, Rücktritts-, Vorkaufs- und Wiederkaufsrecht scheiden daher hier aus (→ Rdnr. 21).

[40] Wie hier die heute ganz h.M.: *BGH* NJW 1988, 2113; WM 1985, 750 = VersR 548; *BGHZ* 63, 54 = NJW 1974, 2124; 54, 251 = NJW 1970, 1740 = JZ 1971, 139; *OLG Celle* NJW 1969, 515; *ArbG Düsseldorf* NJW-RR 1992, 366; *Jaeger* Die OHG im Zivilprozeß, Festschr. f. Sohm (1915), 19; *Hueck* Recht der OHG[4], 339; *Schwab* (Fn. 1), 293; *Pohle* gegen *KG* JZ 1961, 175; *Henckel* (Fn. 1), 202 f.; *K. Müller* BB 1969, 1333; *Schiller* NJW 1971, 1410. – A. M. (notwendig, soweit keine persönli-

chen Einwendungen vorgebracht werden) vor allem *RGZ* (ständig), z. B. 123, 154; 136, 268; JW 1925, 756; HRR 1930 Nr. 108; *OLG Saarbrücken* JBl.Saar 1966, 150.

[41] So *Henckel* (Fn. 1), 117. *Schünemann* Grundprobleme der Gesamthandsgesellschaft (1975), 217 bejaht bei Klagen gegen OHG und BGB-Gesellschaft (→ dazu Rdnr. 20 a) eine notwendige Streitgenossenschaft der Gesellschafter.

[42] *RGZ* 46, 39; 64, 79; *OLG München* OLGRspr. 25 (1912), 62.

[43] Dazu *RGZ* 46, 79; JW 1907, 313; DR 1944, 665.

[44] *RG* DR 1942, 978.

[45] *BGHZ* 30, 197 ff; *BGH* WM 1964, 265; 1959, 54; 1957, 1406.

[46] *BGH* WM 1983, 1279 (zutr. anders für die *Feststellung* der Bilanz).

[47] *BGH* NJW 1982, 997; 1982, 999 f.; 1978, 2155; *BGHZ* 63, 51 = NJW 1974, 2124 = JZ 32 = JR 66 (*Schubert*); *BayObLG* VersR 1985, 841; *OLG Düsseldorf* VersR 1974, 229; *OLG Karlsruhe* VersR 1985, 1193; *KG* MDR 1984, 852; VersR 1975, 350; *OLG Köln* VersR 1982, 383; *Denck* VersR 1980, 708; *Gottwald* JA 1982, 68; *MünchKommZPO/Schilken* Rdnr. 16; *Rosenberg/Schwab*[14] § 50 II 2 b; *Zöller/Vollkommer*[17] Rdnr. 8 a. – A. M. *OLG Köln* MDR 1974, 238 (L); VersR 1970, 678; *OLG Oldenburg* VersR 1969, 47; *LG Saarbrücken* VersR 1973,

Verneinung des Ersatzanspruchs nach § 3 Nr. 8 PflVG jeweils zugunsten des anderen Teils, doch bewirkt dies keine notwendige Übereinstimmung der Entscheidungen, da sich die Versicherung unter Umständen auch noch aus anderen Gründen entlasten kann als der Versicherte[48]. Die Wirkung nach § 3 Nr. 8 PflVG bezieht sich mit anderen Worten nur auf eine Vorfrage, und die Streitgegenstände der Klagen gegen Versicherungsnehmer und Versicherung sind nicht identisch.

III. Die Notwendigkeit gemeinschaftlicher Klage (Abs. 1, 2. Fall)

Wenn § 62 in seinem zweiten Fall eine notwendige Streitgenossenschaft dann vorschreibt, **14** wenn die Streitgenossenschaft »aus einem sonstigen Grunde eine notwendige« ist, so meint er mit dieser dunklen Wendung die Fälle, in denen (aus materiell-rechtlichen Gründen) ein **Erfordernis der gemeinschaftlichen Klage** von mehreren oder gegen mehrere besteht, so daß eine Einzelklage mangels Prozeßführungsbefugnis als unzulässig abgewiesen werden müßte[49] (→ vor § 59 Rdnr. 2 und unten Rdnr. 25). Diese »eigentliche« notwendige Streitgenossenschaft, die »besondere« oder notwendige Streitgenossenschaft »im engeren Sinne« will ebenfalls die einheitliche Entscheidung erreichen, die in den Fällen der ersten Alternative Voraussetzung der notwendigen Streitgenossenschaft ist. Wo das Recht den gemeinschaftlichen Prozeß fordert, also eine gemeinschaftliche Prozeßführung verlangt, liegt dem in der Regel eine gemeinschaftliche Verfügungsbefugnis oder mindestens ein gemeinschaftliches Prozeßführungsrecht (→ Rdnr. 19, 36 vor § 50) zugrunde[50]. In diesen Fällen ist ein gemeinschaftlicher Prozeß nur dann nicht erforderlich, wenn sich die Nichtbeteiligten dem Prozeßergebnis im voraus unterworfen haben, so daß sie an die Entscheidung wenigstens schuldrechtlich gebunden sind[51].

1. Gestaltungsklagen

Hier besteht notwendige Streitgenossenschaft, wenn die Gestaltung nur durch Urteil vollzogen werden kann und nur von mehreren oder gegen mehrere geltend gemacht werden darf. **15**

a) **Gemeinschaftliche Beteiligung** ist danach nötig zur Klage eines Gesellschafters gegen die übrigen Gesellschafter auf Auflösung einer OHG nach § 133 HGB[52], ebenso auf Nichtigerklärung einer faktischen Gesellschaft[53], einer KG[54] oder GmbH[55]: Es müssen auf der Kläger- oder Beklagtenseite alle Gesellschafter beteiligt sein[56] und bilden dann eine notwendige Streitgenossenschaft[57]. Nur gegen den, der einverstanden ist, bedarf es keiner Klage[58]. Entsprechend müssen auf Ausschließung eines Gesellschafters nach §§ 140, 161 HGB alle übrigen gemeinschaftlich klagen[59]. Der Ausschluß mehrerer kann in einer Klage begehrt

---

513; *Baumbach/Lauterbach/Hartmann*[50] Anm. 2 A; *Gerhardt* ZZP 92 (1979), 401; *Grunsky* Grundlagen des Verfahrensrechts[2] § 29 II 1 b Fn. 20; *Zeiss* ZZP 93 (1980), 483.

[48] *BGHZ* 63, 51, 55.

[49] *BGHZ* 92, 353 = NJW 1985, 385 = JZ 633 (*Waldner*); NJW 1990, 2688, 2689 = JZ 874; *Winte* (Fn. 1), 84 ff.

[50] Dazu *Henckel* (Fn. 1), 41, 105.

[51] *BGH* NJW-RR 1991, 334 = JZ 252; NJW 1992, 1102; 1982, 442; 1975, 1459; 1962, 1722; 1958, 418 = JZ 406; *OLG Karlsruhe* GRUR 1984, 813; *OGH* NJW 1949, 823; *LG Kiel* ZMR 1989, 429, 430; vgl. auch *MünchKommZPO/Schilken* Rdnr. 34. Vgl. zu verwandten Fragestellungen *BGH* WM 1990, 676; 1990, 309 f.

(dazu *Bork* ZGR 1991, 125); 1966, 1036; *BGHZ* 91, 133; 85, 350; → auch § 256 Rdnr. 38/73.

[52] Dazu *BGH* NJW 1958, 418; *RGZ* 146, 173. Näher auch *Hellwig* Lb 3, 101.

[53] *BGHZ* 3, 285 = NJW 1952, 97.

[54] *BGHZ* 6, 133 = JZ 1952, 529 = NJW 875 = LM § 140 HGB Nr. 1 (*Fischer*).

[55] *BGHZ* 9, 157 = JZ 1953, 219 = NJW 780.

[56] *BGH* NJW 1958, 418.

[57] So *Rosenberg/Schwab*[14] § 50 III 2; *A. Blomeyer* ZPR[2] § 108 III 1 a; im Ergebnis wohl auch *Henckel* (Fn. 1), 95 f.; *RGZ* 122, 315.

[58] *BGH* JZ 1958, 406 = NJW 418.

[59] *BGHZ* 30, 197; s. auch *BGHZ* 23, 73; *P. Ulmer* (Fn. 1), 279 (auch der mit dem Klageziel einverstande

werden, und die mitauszuschließenden Gesellschafter brauchen dann nicht an den in diesem einheitlichen Prozeß erhobenen jeweiligen Klagen gegen die anderen teilzunehmen[60]. Aber die mehreren Beklagten sind keine notwendigen Streitgenossen, weil ein Ausschließungs- grund gegen den einen gegeben sein kann, gegen den anderen nicht[61], und die Abweisung gegen einen von ihnen nimmt der Klage gegen einen anderen den Erfolg, weil sich damit herausstellt, daß der erfolgreiche Beklagte gegen den anderen ebenfalls hätte klagen müs- sen[62]. Desgleichen müssen Klagen auf Entziehung der Befugnis zur Geschäftsführung und Vertretung nach §§ 117, 127 HGB von allen Gesellschaftern erhoben werden[63]. Eine gleich- zeitige Klage gegen mehrere erscheint zulässig, wenn der Klagegrund gegenüber allen dersel- be ist oder die mehreren Gründe wenigstens innerlich zusammenhängen[64]. Bei der Anfech- tungsklage nach § 246 AktienG sowie § 51 GenG ist gemeinschaftliche Klage nötig, wenn ein mehrköpfiger Vorstand klagen will[65], ebenso wenn bei einer Auflösungsklage nach § 61 Abs. 2 GmbHG der erforderliche Teil des Stammkapitals nur von mehreren Gesellschaftern erreicht wird. Dagegen sind Einzelklagen z. B. zugelassen in den Fällen § 1495 BGB (Aufhe- bung der fortgesetzten Gütergemeinschaft) und § 2341 BGB (Erbunwürdigkeit). Wer in der Klage auf Wandelung eine Gestaltungsklage sieht[66], wird folgerichtig nach §§ 467, 356 BGB gemeinschaftliche Klage fordern[67]. Zur Änderung des gemeinsamen Ehenamens ist ebenfalls gemeinsame Klage nötig[68].

16   **b)** Mehrere Beklagte müssen **gemeinschaftlich verklagt** werden, wenn mehrere der Auflö- sung einer OHG widersprechen[69], wenn gegenüber mehreren Mitinhabern eines Patents auf Nichtigerklärung oder Zurücknahme eines Patents oder auf Erteilung einer Zwangslizenz nach § 37 PatentG zu klagen ist[70]. Auch bilden Mitinhaber eines Patents im Verfahren auf Festsetzung einer angemessenen Benutzungsvergütung (§ 14 Abs. 4 PatentG) eine notwendi- ge Streitgenossenschaft[71].

2. Leistungsklagen

17   Die Notwendigkeit gemeinschaftlicher Leistungsklage wegen gemeinschaftlicher Berechti- gung besteht vor allem bei Gemeinschaften, die nach den Grundsätzen der **Gesamthand** gestaltet sind[72], aber auch bei einigen Einzelfällen einer **Mitberechtigung**. Vielfach ist jedoch auch hier dem einzelnen Mitberechtigten die selbständige Klage erlaubt (→ Rdnr. 37 vor § 50). Dann kann aber das Gebot einheitlicher Entscheidung für den Fall einer Klage mehrerer eine notwendige Streitgenossenschaft ergeben (→ Rdnr. 8).

Gesellschafter müsse mitklagen). Zur Verbindung der Ausschließungsklage mit einer Klage auf Zustimmung *BGH* NJW 1977, 1013.

[60] *BGH* NJW 1975, 1410 = JZ 1976, 95 (*P. Ulmer*); *RGZ* 146, 173; *A. Hueck* Das Recht der OHG[4], 444; *Henckel* (Fn. 1), 98.

[61] *RGZ* 146, 173. – Ein Anspruch gegen die anderen zur Mitwirkung bei der Klage dürfte nicht bestehen, so *A. Hueck* (vorige Fn.) mwN.

[62] *BGH* NJW 1975, 1410; *RGZ* 146, 174; *A. Hueck* (Fn. 60), 444; *Henckel* (Fn. 1), 98; *OLG Düsseldorf* NJW 1947, 65.

[63] *BGHZ* 30, 197; NJW 1958, 418.

[64] *A. Hueck* (Fn. 60), 149; *Henckel* (Fn. 1), 99.

[65] Dazu *Henckel* (Fn. 1), 100. Nach *Zöllner* in Kölner

Kommentar zum AktG § 246 Rdnr. 24 ist hier die Gesell- schaft Klägerpartei.

[66] *Bötticher* Die Wandelung als Gestaltungsakt (1938); *Larenz* Schuldrecht II/1[13] § 41 II a.

[67] *Schwab* (Fn. 1), 297; *Henckel* (Fn. 1), 103; *Rosen- berg/Schwab*[14] § 50 III 2; wohl auch *BGH* NJW 1990, 2688, 2689 = JZ 874 (anders für Klagen *aus* Wandelung).

[68] *BVerwG* NJW 1983, 1133; *VGH München* BayVBl. 1980, 596 f.

[69] *Henckel* (Fn. 1), 100 f.; nicht gegen solche, die sich bindend einverstanden erklärt haben, *OGH* NJW 1949, 823.

[70] *RGZ* 76, 300.

[71] *BGH* MDR 1967, 819.

[72] Dazu *Hellwig* Lb 3, 119 f., 124 f.; *Lux* (Fn. 1), 36, 49.

a) Aktivprozesse von Gemeinschaften

Die Klage muß gemeinschaftlich erhoben werden von den Mitgliedern einer **Gesellschaft** **18**
des BGB[73], die überhaupt nicht (→ § 50 Rdnr. 17), und des **nicht rechtsfähigen Vereins** (→
§ 50 Rdnr. 20, 25), der nicht aktiv parteifähig ist; dies folgt aus §§ 718f. BGB. Im Grundsatz
gilt das auch für Klagen der **Miterben** bis zur Auseinandersetzung[74], weil dem einzelnen kein
Verfügungsrecht über Nachlaßgegenstände zusteht (§ 2033 Abs. 2 BGB). Der einzelne Miterbe kann aber nach § 2039 BGB auf Leistung an alle oder Hinterlegung für alle klagen[75].
Entsprechendes gilt für die Klagen der Gesamtheit oder die Einzelklagen bei **Miteigentümern**
(§ 1011 BGB)[76] oder von Gläubigern einer unteilbaren Leistung (§ 432 BGB). Ferner kann
der einzelne Miterbe Klage erheben, soweit es sich um notwendige Maßnahmen zur Erhaltung des Nachlasses handelt (§ 2038 Abs. 1 S. 2, 2. Hs. BGB), einschließlich einer positiven
oder negativen Feststellungsklage[77]. Dennoch ist bei einer Klage aller Miterben usw. notwendige Streitgenossenschaft nach der ersten Alternative zu bejahen (→ Rdnr. 8). Für Miteigentümer gilt dies entsprechend. Dagegen kann eine analoge Anwendung der Vorschriften auf die
BGB-Gesellschaft und den nicht rechtsfähigen Verein in bedenklicher Weise in die vertragliche Regelung der Geschäftsführung und die satzungsgemäße Organisation eingreifen[78]. Bei
Gesamtgutansprüchen in der **ehelichen Gütergemeinschaft** müssen beide Ehegatten klagen,
soweit sie nach Ehevertrag gemeinsam verwalten (§ 1450 BGB). Ist die Gütergemeinschaft
beendet, die Auseinandersetzung aber noch nicht erfolgt, so müssen beide Ehegatten klagen,
bei der beendeten fortgesetzten Gütergemeinschaft der überlebende Ehegatte und die Abkömmlinge (§§ 1472, 1497 BGB; → Rdnr. 57 vor § 50). Gemeinschaftliche Klage ist auch bei
mehreren Testamentsvollstreckern (vom Standpunkt der Amtstheorie aus, → Rdnr. 25 ff. vor
§ 50) erforderlich (§ 2224 BGB)[79], ferner beim Nießbrauch, wenn Aufhebung einer Gemeinschaft oder Herausgabe eines hinterlegten Order- oder Inhaberpapiers verlangt wird (§§ 1066
Abs. 2, 1082 BGB), und beim Pfandrecht am Anteil eines Miteigentümers, wenn die Aufhebung der Gemeinschaft vor Eintritt der Verkaufsberechtigung verlangt wird (§ 1258 Abs. 2
BGB).

b) Passivprozesse von Mitberechtigten; Gesamthandsschulden

Bei Klagen gegen mehrere Mitberechtigte ist zu unterscheiden, ob die Beklagten als **19**
Gesamtschuldner in Anspruch genommen werden, so daß jeder die geforderte Leistung auch
allein erbringen könnte, oder ob es sich um eine Gesamthandsschuld handelt, die die Beklagten nur gemeinsam erfüllen können.

aa) Handelt es sich um eine Haftung als **Gesamtschuldner**, so ist es nicht erforderlich, die **19a**
Mitberechtigten gemeinschaftlich zu verklagen, so daß es sich, wenn sie doch gemeinsam

---

[73] *BayObLGZ* 1990, 263; *BAG* AP § 246 Nr. 1
(*E. Schumann*) = NJW 1972, 1388; *MünchKomm./Ulmer*
BGB[2] § 718 Rdnr. 45 mwN.
[74] Anders bei Sondererbfolge in Gesellschaftsanteile,
OLG Hamburg ZIP 1984, 1229.
[75] *RGZ* 75, 27; WarnRspr. 1913 Nr. 235; *OHG* JR
1950, 245; s. auch *BGHZ* 23, 213. – Wer einem oder
mehreren Miterben nach § 2038 Abs. 1 S. 2 BGB Verfügungen gestattet, wird ihnen folgerichtig, wenn ausnahmsweise eine prozessuale Notwendigkeit besteht,
auch Klagen ohne die anderen erlauben müssen; vgl. *Bert-*
zel NJW 1962, 2280 mwN, der jedoch gesetzliche Vertretung annimmt. S. auch *VGH Kassel* NJW 1958, 1203.
[76] *BGHZ* 92, 353 = NJW 1985, 385 = JZ 633 (*Wald-*
ner).

[77] *RG* Recht 1916 Nr. 2113; zur negativen Feststellungsklage *RGZ* 44, 183; zur Klage auf Feststellung des
Erbrechts *RG* JW 1894, 117; auf Hinterlegung *RGZ* 35,
290; Gruchot 38 (1894), 990; auf Anfechtung *RG* Gruchot 36 (1892), 1034; 40 (1896), 377; 41 (1897), 954; zur
Inventarlegung *RG* JW 1899, 610; sowie Gruchot 63
(1919), 495.
[78] Auf das Problem, wann Einzelklagen der Gesellschafter zulässig sind, ist hier nicht näher einzugehen. Vgl.
umfassend dazu *Grunewald*, Die Gesellschaftsklage in
der Personengesellschaft und der GmbH, 1990;
BayObLGZ 1990, 261 ff. Vgl. auch vor § 50 Rdnr. 37,
37a.
[79] *OLG Hamburg* MDR 1978, 1031 = FamRZ 599.

verklagt werden, auch nicht um eine notwendige Streitgenossenschaft handelt (→ auch Rdnr. 11). Das gilt insbesondere für Klagen wegen Nachlaßverbindlichkeiten gegen *Miterben* nach § 2058 BGB[80]. § 747 ZPO verlangt zwar Titel gegen alle Miterben, aber keinen einheitlichen Titel, und die Gesamthaftung nötigt nicht zu einheitlicher Entscheidung und noch weniger zu gemeinschaftlicher Klage[81]. Die Einzelklage ist daher sowohl nach[82] wie bereits vor der Teilung des Nachlasses zulässig[83]. Einzeln können aus denselben Gründen verklagt werden: die beiden für das Gesamtgut verwaltungsberechtigten *Ehegatten* (→ Rdnr. 65 vor § 50); der überlebende Ehegatte und die Abkömmlinge nach Beendigung der fortgesetzten Gütergemeinschaft; die mehreren *Mieter*, die gemeinsam gemietet haben und von denen Räumung gefordert wird[84]. Zur BGB-Gesellschaft → Rdnr. 20 a.

20   **bb)** Werden die Beklagten hingegen als **Gesamthänder** in Anspruch genommen, so ist eine gemeinschaftliche Klage erforderlich. Die Notwendigkeit der Streitgenossenschaft ergibt sich in diesen Fällen daraus, daß über das *gesamte* Recht nur die Mitberechtigten gemeinsam prozeßführungsbefugt sind. Notwendige Streitgenossen nach Abs. 1, 2. Fall sind die Beklagten daher insbesondere: bei der Gesamthandsklage gegen *Miterben* nach § 2059 Abs. 2 BGB[85]; ebenso bei der Gesamthandsklage gegen in Gütergemeinschaft lebende, gemeinsam verwaltungsberechtigte *Ehegatten*[86] (näher → vor § 50 Rdnr. 65); bei Grunddienstbarkeiten und Notwegrechten bei *Bruchteilseigentum*[87]; bei der Auflassungsklage, wenn sie von Miteigentümern für das gesamte Grundstück verlangt wird[88]; bei Klagen gegen mehrere *Miturheber* (§ 8 UrhG)[89]; bei klagweiser Durchsetzung eines Mieterhöhungsverlangens gegen mehrere *Mieter*[90] sowie in anderen Fällen, in denen die geforderte *Leistung von den Beklagten nur gemeinsam erbracht* werden kann[90a].

20a   **cc)** Die vorstehende Differenzierung gilt auch für die Gesellschafter einer **BGB-Gesellschaft**. Da diese nicht parteifähig ist (→ § 50 Rdnr. 17), sind im Prozeß die Gesellschafter selbst Partei. Im *Aktivprozeß* sind sie notwendige Streitgenossen (→ Rdnr. 18), im *Passivprozeß* nur dann, wenn sie nicht als *Gesamtschuldner* in Anspruch genommen werden (→ Rdnr. 19a), sondern im Wege der *Gesamthandsklage* Leistung aus dem gesamthänderisch gebundenen Gesellschaftsvermögen verlangt wird[91]. Bei der **OHG** stellt sich diese Frage nicht, da die OHG parteifähig ist (→ § 50 Rdnr. 13) und selbst verklagt werden kann, so daß sich die Klage gegen die Gesellschaft von der Klage gegen die Gesellschafter schon durch den unterschiedlichen Beklagten abhebt (→ auch Rdnr. 12).

20b   **dd) Ob** im Einzelfall eine Gesamt*schuld*klage vorliegt (bei der mehrere Beklagte keine notwendigen Streitgenossen sind) oder eine Gesamt*hands*klage, ist nach dem Klagebegehren

[80] *RGZ* 68, 223; HRR 1934 Nr. 1159; WarnRspr. 1926 Nr. 216.

[81] *RG* WarnRspr. 1926 Nr. 216.

[82] *KG* KGBl. 1904, 97; *OLG Dresden* SächsArchRpfl. 1, 337; *OLG Königsberg* SeuffArch. 60 (1905), 295.

[83] *RGZ* 71, 371; 68, 221; *KG* OLGRspr. 16 (1908), 45. – A. M. *RG* Gruchot 46 (1902), 661; *Lux* (Fn. 1), 54.

[84] *RGZ* 89, 207; vgl. auch *OLG Schleswig* SchlHA 1985, 154. – Zur *Vollstreckung* reicht dies aber nicht, weil sie in Besitzrechte des Mitmieters eingreift. Zum *Mieterhöhungsverlangen* → Rdnr. 20.

[85] *BGH* LM Nr. 2; NJW 1963, 1611 = JZ 1964, 722 (*Böttcher*); *RGZ* 157, 33; JW 1931, 3541; *Schwab* (Fn. 1), 285.

[86] *BGH* FamRZ 1975, 405; *Tiedtke* FamRZ 1976, 538. Vgl. auch *Baur*, Festschr. f. Beitzke (1979), 113 f.

[87] *BGH* NJW-RR 1991, 333 = JZ 252; NJW 1992, 1102; 1984, 2210; *BGHZ* 36, 187 = NJW 1962, 633 = LM Nr. 9 (*Rothe*); vgl. auch *OLG Karlsruhe* NJW-RR 1986, 1342. – A. M. *LG Nürnberg-Fürth* NJW 1980, 2478; *Waldner* JR 1981, 184 (der aber notwendige Streit-

genossenschaft nach § 62 Abs. 1, 1. Fall annimmt); *Zöller/Vollkommer*[17] Rdnr. 18. – Anders, wenn der andere bereits gebunden ist, → Rdnr. 14a. E. mwN.

[88] *BGH* NJW 1982, 442; 1962, 1722 = ZZP 76 (1963), 96 (*Baur*).

[89] *OLG Karlsruhe* GRUR 1984, 813.

[90] *KG* WuM 1986, 108; *LG Kiel* ZMR 1989, 429, 430.

[90a] *BGH* NJW 1975, 311. – A. M. *Riering* Gemeinschaftliche Schulden (1991), 49 ff.

[91] *BGH* ZIP 1990, 716; *Heller* Der Zivilprozeß der Gesellschaft bürgerlichen Rechts, 1989, 73 ff.; *Kornblum* BB 1970, 1448 f.; *MünchKomm./Ulmer* BGB[2] § 718 Rdnr. 47 mwN; *H. Westermann*, Festschr. f. Baur, 1981, 731. – Ablehnend (teils zugunsten einer weitergehenden Befürwortung der Parteifähigkeit der BGB-Gesellschaft, → § 50 Rdnr. 17) *RGZ* 68, 223; *Baumbach/Lauterbach/Hartmann*[50] Anm. 3 Ba, C; *J. Blomeyer* JR 1971, 403; *Lindacher* JuS 1986, 540 ff.; *Noack* MDR 1974, 812; *Reichert* Die BGB-Gesellschaft im Zivilprozeß, 1988, 48 ff.; *Zöller/Vollkommer*[17] Rdnr. 18.

zu beurteilen. Gesamthandsklage ist gegeben, wenn der Kläger Leistung aus dem Gesamthandsvermögen fordert oder eine Leistung begehrt, die ihrem Inhalt nach nur von allen Gesamthändern gemeinschaftlich erbracht werden kann[92].

Die gemeinschaftliche Klage ist, über die bereits zu Rdnr. 18, 20 erwähnten Fälle hinaus, **21** nicht nötig, wenn die Grundlage des Prozesses ein *von mehreren oder gegenüber mehreren auszuübendes Rücktritts-, Wandelungs-, Vor-, Wiederkaufs- oder Anfechtungsrecht* bildet[93] (zur Wandelung → jedoch Rdnr. 15 aE), bei Klagen des Gläubigers sowie des Nießbrauchers, Pfandgläubigers oder Hypothekars nach §§ 1077, 1281, 1128 BGB, bei der Konkursfeststellung nach § 147 KO[94] und bei Klagen eines Gesamtgläubigers auch im Fall des § 754 BGB[95].

3. Feststellungsklagen[96]

Hier ist die Notwendigkeit gemeinschaftlicher Klage unterschiedlich zu beurteilen. **Auf der** **22** **Klägerseite** erübrigt sie sich, wenn die Leistungsklage wegen desselben Rechts als Einzelklage erhoben werden könnte oder wenn der einzelne Kläger ein eigenes rechtliches Interesse an der Feststellung des streitigen Rechts hat, das sich nicht in dem Interesse an der künftigen Durchsetzung dieses Rechts zugunsten aller Mitberechtigten erschöpft. Nötig ist sie dagegen, wo ein solches eigenes Interesse und eine Befugnis zur alleinigen Prozeßführung nicht besteht, z. B. wenn der nicht allein verwaltungsberechtigte und daher auch nicht allein zur Prozeßführung befugte Ehegatte auf Feststellung eines zum Gesamtgut gehörigen Rechts klagen will.

Gegen alle Mitberechtigten ist eine gemeinsame Klage jedenfalls dann nicht nötig, wenn **23** Leistungsklagen getrennt erhoben werden könnten. Deshalb kann der Gesellschafter einer OHG gegen einen von mehreren Mitgesellschaftern auf Feststellung der Höhe seiner Beteiligung[97] oder auf Feststellung des Ausscheidens eines Gesellschafters klagen[98] und gegen einen von mehreren Miterben auf Feststellung der Nichtigkeit eines Testaments[99] geklagt werden. Die Rechtsprechung hält jedoch eine Klage gegen alle Miteigentümer eines Grundstücks für nötig, wenn eine Grunddienstbarkeit festgestellt werden soll[100] oder ein Notweg (→ Rdnr. 20). Auch sonst wird man bei Feststellungsklagen eine notwendige Streitgenossenschaft annehmen müssen, wenn sie sich auf das *gesamte* Recht bezieht und die Prozeßführung daher den Mitberechtigten, insbesondere Gesamthändern[101], nur gemeinsam zusteht, etwa bei der ehelichen Gütergemeinschaft im Fall gemeinschaftlicher Verwaltung (§ 1450 Abs. 1 S. 1 BGB, → Rdnr. 65 vor § 50). Für das rechtliche Interesse muß dann das Bestreiten usw. durch einen Gesamthänder ausreichen.

4. Weitere Fälle nach Prozeßrecht

In einigen Fällen fordern besondere prozessuale Vorschriften eine gemeinschaftliche Kla- **24** ge, so § 632 für die Ehenichtigkeitsklage des Staatsanwalts oder des früheren Ehegatten gegen

---

[92] Nach a.A. soll die notwendige Streitgenossenschaft auf diese Fälle beschränkt sein, *Gottwald* JA 1982, 69; *Lindacher* JuS 1986, 593; *MünchKommZPO/Schilken* Rdnr. 32; *Rosenberg/Schwab*[14] § 50 III 1 b Rdnr. 32. Wie hier *BGH* NJW 1963, 1612 = JZ 1964, 722 (*Bötticher*); *Johannsen* WM 1970, 580; *Kornblum* BB 1970, 1448.

[93] *RGZ* 56, 423; 65, 404; 71, 202; zum Rücktrittsrecht gegenüber mehreren Klägern *RG* JR (HRR) 1927 Nr. 171. Ebenso *Baumbach/Lauterbach/Hartmann*[50] Anm. 3 C; a.M.*Wieczorek*[2] Anm. A II b 1 letzter Abs.

[94] *RGZ* 51, 97; *Jaeger/Weber* KO[8] § 146, 7 a mwN.

[95] *Lux* (Fn. 1), 38.

[96] Dazu näher *Henckel* (Fn. 1), 86.

[97] *RG* WarnRspr. 1942 Nr. 25.

[98] *BGHZ* 30, 197; WM 1964, 265; 1959, 54; 1957, 1406. Vgl. auch *BGH* WM 1990, 675; 1990, 309; dazu krit. *Bork* ZGR 1991, 125.

[99] *BGHZ* 23, 75. Vgl. auch *OLG Düsseldorf* OLGZ 1979, 457.

[100] *OLG Köln* OLGRspr. 18 (1909), 149.

[101] Vgl. zur Feststellungsklage gegen die Gesamthand *Rosenberg/Schwab*[14] § 50 III 1 b ß; offen *BGH* NJW 1989, 2134.

beide Ehegatten der bigamischen Ehe[102]. Notwendige Streitgenossen sind auch die Eltern des Mannes, wenn sie nach § 640 g Abs. 1 S. 2 einen Ehelichkeitsanfechtungsprozeß aufnehmen.

5. Abweisung einer Einzelklage

26 Ist eine Einzelklage erhoben, obwohl eine gemeinschaftliche Klage nötig war, so muß sie als **unzulässig** durch Prozeßurteil abgewiesen werden[103]. Ein Sachurteil ist nur dann angebracht, wenn behauptet war, daß der Kläger (Beklagte) materiell-rechtlich allein berechtigt (verpflichtet) sei oder daß diesem allein ein materielles Recht zustehe, aus dem sich seine Prozeßführungsbefugnis ergebe (→ Rdnr. 19, 20 vor § 50, § 59 Rdnr. 1).

IV. Die Vertretung bei Säumnis

26 Für die beiden in § 62 vereinigten Fallgruppen gilt trotz ihrer Verschiedenartigkeit die gemeinsame Regel, daß, wenn die Beteiligten als Streitgenossen auftreten[104], im Fall der Versäumung eines Termins oder einer Frist die Säumigen als durch die Nichtsäumigen vertreten angesehen werden. Das Gesetz begnügt sich also nicht damit, das Versäumnisurteil gegen einzelne auszuschließen, sondern dehnt die **Wirkung der Prozeßhandlungen** des Nichtsäumigen auf den Säumigen aus. Es bedient sich als Ausdrucksmittel einer juristischen Fiktion[105]. Auf einen tatsächlichen Vertretungswillen kommt es nicht an. Für den Umfang der Wirkung ist jedoch der Gesichtspunkt der Vertretung maßgebend[106] (→ Rdnr. 29).

1. Versäumung eines Termins

27 Wenn einzelne Streitgenossen einen Termin versäumen, d.h. trotz ordnungsgemäßer Ladung (→ § 63 Rdnr. 2) nicht erscheinen oder nicht verhandeln (§ 333), so findet **kein Versäumnisverfahren** statt. Vielmehr wird mit dem oder den Erschienenen mit Wirkung für alle kontradiktorisch verhandelt[107]. Dies allein ist auch mit dem Grundsatz vereinbar, daß kein Teilurteil gegen einen der notwendigen Streitgenossen ergehen darf[108]. Ein unzulässigerweise ergangenes Versäumnisurteil kann nicht rechtskräftig werden[109], da andernfalls die Rechtsstellung der übrigen Streitgenossen beeinträchtigt würde (→ Rdnr. 42). Der Säumige ist trotz eines unwirksamen Versäumnisurteils weiter zu beteiligen. Das gesamte mündliche Vorbringen des Anwesenden gilt für alle vorgebracht, soweit es ihre Beziehungen zum Gegner berührt[110], und seine Handlungen[111] wie Anträge, Verzichte, Geständnisse, Einwilligungen gelten zugleich als Handlungen des Abwesenden, mögen sie ihm günstig oder – z.B. durch den Eintritt von Präklusionen o.ä. nach §§ 39, 267, 295, 296 Abs. 3 – nachteilig sein[112].

---

[102] *BGH* FamRZ 1976, 336.

[103] *BGHZ* 92, 353; 36,187; *BGH* BB 1975, 152, 153; *KG* WuM 1986, 108; *OLG Karlsruhe* GRUR 1984, 812, 813; *Gottwald* JA 1982, 70; *Lindacher* JuS 1986, 381; *Winte* (Fn. 1), 84ff.; s. aber auch *BGH* FamRZ 1975, 405 (offen gelassen) und differenzierend *MünchKommZPO/ Schilken* Rdnr. 47.

[104] Anderenfalls besteht u. U. eine Unterrichtungspflicht; → Rdnr. 4.

[105] So *RGZ* 90, 46; *Rosenberg/Schwab*[14] § 50 IV 3 b. – A. M. (unwiderlegliche Vermutung) *MünchKommZPO/ Schilken* Rdnr. 43.

[106] Vgl. auch *Kisch* (Fn. 1), 28, 70; *E. Schumann* (Fn. 1), 388; im Ergebnis auch *Hellwig* Lb 3, 170; *Winte*

(Fn. 1), 198ff. – A. M. *Walsmann* (Fn. 1), 103; *Rosenberg* Stellvertretung im Prozeß, 22.

[107] *Rosenberg/Schwab*[14] § 50 IV 3 b; *Baumbach/Lauterbach/Hartmann*[50] Anm. 4 C. – Krit. zum *Zeitpunkt* der Vertretungswirkung *Winte* (Fn. 1), 195 ff.

[108] *BGH* MDR 1962, 811 (aber Ausnahme im konkreten Fall; ebenso NJW 1975, 1459); NJW 1974, 2124; 1988, 2113; → § 301 Rdnr. 10.

[109] *Baumbach/Lauterbach/Hartmann*[50] Anm. 4 C; *Winte* (Fn. 1), 214 mwN. – A. M. RGZ 132, 349; *BGH* NJW 1989, 2134.

[110] *RG* JW 1898, 259.

[111] Ausf. *Winte* (Fn. 1), 218 ff.

[112] *RG* JW 1898, 259; *Kisch* (Fn. 1), 49, 53. – A. M. *Ro-*

Wegen der Einverständniserklärungen gemäß § 349 Abs. 3 (Entscheidung durch den Vorsitzenden der Kammer für Handelssachen), § 524 Abs. 4 (Entscheidung durch den Einzelrichter in der Berufungsinstanz) und § 128 Abs. 2 (Entscheidung ohne mündliche Verhandlung) → § 61 Rdnr. 14. Nur bei Rechtsgeschäften des bürgerlichen Rechts und den Prozeßhandlungen, die ihnen nahestehen, wie einerseits der **Vergleich** und die **Aufrechnung**, andererseits **Anerkenntnis** und **Verzicht** (→ Rdnr. 257 vor § 128), entscheidet die zivilrechtliche Stellung der Streitgenossen zueinander, die in den unter § 62 gehörenden Fällen verschieden ist[113] (→ auch Rdnr. 34). Das auf Grund dieser Verhandlung ergehende Urteil ist allen Streitgenossen gegenüber ein kontradiktorisches[114] und hat über die Prozeßkosten auch dem Säumigen gegenüber nach § 100 zu entscheiden.

Dieselben Grundsätze gelten in den **höheren Instanzen**, wenn der säumige Streitgenosse durch das Rechtsmittel des Gegners oder sein eigenes oder das eines anderen Streitgenossen Partei der Rechtsmittelinstanz ist[115] (→ Rdnr. 38 ff.). **27a**

2. Versäumung einer Frist

Auch hier gilt die Vertretung. Wenn also eine befristete Prozeßhandlung von einzelnen Streitgenossen rechtzeitig vorgenommen wird, so gilt sie als für alle Streitgenossen vorgenommen, denen gegenüber die Frist lief. Dies gilt insbesondere auch von der Berufungs- und Revisionsbegründungsfrist. Die einem Streitgenossen bewilligte Fristverlängerung (§§ 519 Abs. 3, 554 Abs. 2) kommt den übrigen Streitgenossen zugute. Über die Rechtsmittelfristen im besonderen → Rdnr. 39. **28**

3. Zuziehung im späteren Verfahren

Die Vertretung dauert für alle Termine und Fristen so lange fort, bis die Instanz beendet ist oder der Säumige sich wieder am Verfahren beteiligt. Um ihm die Gelegenheit dazu zu geben, ist er nach Abs. 2 in dem späteren Verfahren zuzuziehen[116]. Das bedeutet, daß alle Ladungen an ihn zu richten sind und Beschlüsse, die eine Aufforderung zur Beteiligung am Verfahren enthalten, insbesondere die Terminbestimmung bei fakultativer mündlicher Verhandlung (→ § 128 Rdnr. 39 ff.), die des beauftragten oder ersuchten Richters und die nach Einlegung der Rechtsmittel (→ Rdnr. 40), ihm zuzustellen sind. Die inzwischen von dem nicht säumigen Streitgenossen vorgenommenen Handlungen kann er aber nur soweit wieder beseitigen, wie er es bei eigener Vornahme durch Nachholung, Widerruf, Zurücknahme usw. könnte. Zur Beteiligung im Rechtsmittelverfahren → Rdnr. 42. **29**

V. Sonstige Wirkungen der notwendigen Streitgenossenschaft

§ 62 enthält keineswegs eine allgemeine Vorschrift, die an die Stelle des § 61 tritt. Vielmehr ist davon auszugehen, daß auch bei notwendiger Streitgenossenschaft die einzelnen Streitge- **30**

---

senberg/Schwab[14] § 50 IV 3 b, der eine Präklusion zu Lasten des Säumigen ablehnt.

[113] Wie hier *RG* Gruchot 46 (1902), 661; *OLG Köln* OLGRspr. 18 (1909), 150; *Kretzschmar* Vergleich, 78 ff.; *Winte* (Fn. 1), 211 f., 241 ff. – A. M. einerseits *Kisch* (Fn. 1), 47, 50, 91, der dem Vergleich die Wirkung versagt, andererseits *Förster/Kann*[3] Anm. 4 a bb, *Hellwig* Lb 3, 169, und *MünchKommZPO/Schilken* Rdnr. 43, die ohne Unterscheidung der Fälle Wirksamkeit annehmen,

sowie *KG* OLGRspr. 13 (1906), 83 (Anerkenntnisurteil nur gegenüber dem Erschienenen).

[114] *RG* 39, 412; *JW* 1898, 259. Zur Statthaftigkeit des Einspruchs gegen ein unzulässigerweise erlassenes Versäumnisurteil → Allg. Einl. vor § 511 Rdnr. 41.

[115] *RGZ* 13, 409; 17, 359; 38, 426; *JW* 1900, 12; *JW* 1905, 114.

[116] Zur Zuziehung nicht mitverklagter Streitgenossen → Rdnr. 4.

nossen selbständig zu beurteilen sind[117], soweit nicht § 62 etwas anderes bestimmt, und daß eine *entsprechende* Anwendung der in § 62 enthaltenen Ausnahmevorschrift aus besonderen Gründen gerechtfertigt sein muß[118]. Die Gefahr divergierender Prozeßergebnisse allein kann dabei als ein solcher Grund noch nicht angesehen werden[119].

1. Vertretung, Zustellung, Fristen

31   Die Zulässigkeit getrennter Vertretung (→ § 61 Rdnr. 2) gilt auch bei der notwendigen Streitgenossenschaft[120]. Die Zustellungen können an jeden und von jedem besonders bewirkt werden, ohne daß dies für oder gegen die übrigen wirkte[121]. Demgemäß laufen auch die Fristen für jeden gesondert, vorbehaltlich ihrer Wahrung für alle (→ Rdnr. 28). Wegen der Rechtsmittel → Rdnr. 39, wegen der Ladungen § 63.

2. Säumnis bei teilweise fehlender Ladung oder Fristsetzung

32   Ein Versäumnisurteil darf auch nicht ergehen, wenn alle Streitgenossen ausgeblieben, aber nur ein Teil von ihnen ordnungsgemäß geladen ist (§§ 63, 335 Abs. 1 Nr. 2), selbst dann nicht, wenn die Streitgenossenschaft nur wegen des Zwangs zu einheitlicher Entscheidung eine notwendige ist. Daß gegen die ordnungsgemäß Geladenen kein Versäumnisurteil ergehen darf, folgt aus der Unzulässigkeit eines Teilurteils (→ Rdnr. 27; ferner § 63 Rdnr. 3 ff.). Sollte gleichwohl ein Versäumnisurteil ergehen, bleibt der Säumige zur Teilnahme berechtigt (→ Rdnr. 29). Ein Versäumnisurteil nach § 331 Abs. 3 kann nicht ergehen, wenn gegenüber einem Teil der Streitgenossen die in § 335 Abs. 1 Nr. 4 genannten Voraussetzungen nicht erfüllt sind.

3. Angriffs- und Verteidigungsmittel, Geständnis[122]

33   Sind im Termin alle oder doch mehrere Streitgenossen anwesend, so sind jedenfalls selbständig zu beurteilen alle Angriffs- und Verteidigungsmittel, die nur den einzelnen Streitgenossen berühren, wie z. B. prozeßhindernde Einreden aus seiner Person[123] oder materiellrechtliche, die nur ihm zustehen. Aber auch soweit die Angriffs- und Verteidigungsmittel gemeinschaftlich sind, werden widersprechende Behauptungen und Erklärungen nicht ausgeschlossen. Hat daher einer der Streitgenossen eine für alle gemeinsam erhebliche Tatsache zugestanden, die von anderen bestritten wird, so tritt zwar für ihn die Bindung nach § 290 ein, im übrigen aber bleibt die Tatsache beweisbedürftig[124]. Es ist einheitlich über ihre Wahrheit zu entscheiden, aber es kann bei diesem Beweis das Geständnis als Indiz verwertet werden[125]. Dagegen ist die *Versäumung* einzelner Prozeßhandlungen (z. B. von Erklärungen über Tatsachen, Urkundenechtheit) für den einzelnen ohne Bedeutung, weil wegen der Notwendigkeit einheitlicher Entscheidung die Tätigkeit der übrigen für ihn wirkt, wie sich a potiori aus §§ 67

---

[117] Grundsätzlich anders *Holzhammer* (Fn. 1), der eine »prozessuale Gesamthandschaft« (S. 40) annimmt; krit. *Winte* (Fn. 1), 73 ff.

[118] Vgl. *RGZ* 48, 420. – A. M. *Walsmann* (Fn. 1), 88, der alle Handlungen in den Fällen des § 62 auch für die anderen wirken lassen will.

[119] A. M. *Hellwig* Lb 3, 159. Wie hier *Kisch* (Fn. 1), 20; *BGH* NJW 1989, 2134; *BGHZ* 30, 195, 200. Differenzierend *Winte* (Fn. 1), 102 ff.

[120] Vgl. *RG* Gruchot 37, 1220.

[121] *RGZ* 48, 417 (gegen 30, 345). A. M. für die Fälle unter III. *Hellwig* Lb 3, 163.

[122] Umfassend dazu *Winte* (Fn. 1), 124 ff., 130 ff.

[123] *Hellwig* Lb 3, 160.

[124] *RG* JW 1903, 21; *Hellwig* Lb 3, 161; *Winte* (Fn. 1), 160 ff., 166 ff. Teils abweichend *Kisch* (Fn. 1), 88.

[125] *Gottwald* JA 1982, 70; *Lindacher* JuS 1986, 384; *Winte* (Fn. 1), 166.

und 69 ergibt[126]. Im übrigen gelten hinsichtlich der Beeinflussung, insbesondere des Beweisverfahrens, die zu § 61 Rdnr. 10, 11 dargestellten Grundsätze.

4. Vergleich, Anerkenntnis, Verzicht

Die Wirksamkeit eines Vergleichs oder ähnlicher einem materiellen Rechtsgeschäft nahestehender Prozeßhandlungen (Anerkenntnis, Verzicht) muß nach Maßgabe des Klagezieles und des zivilrechtlichen Verhältnisses unter den Streitgenossen verschieden beantwortet werden (auch bei Säumnis, → Rdnr. 27). Soweit mit der Dispositionshandlung Verfügungen oder verfügungsähnliche Wirkungen verbunden sind, kommt es darauf an, ob jeder Streitgenosse über den Streitgegenstand als Ganzes verfügen darf; seine Handlung bindet dann die anderen Streitgenossen. Soweit nur gemeinsame Verfügung zulässig ist, ist die Verfügung eines der mehreren Kläger oder eines mehrerer Beklagter, so z. B. die eines Miterben nach § 2040 BGB[127] oder die eines nicht allein verwaltungsberechtigten Ehegatten bei Gütergemeinschaft[128], unwirksam. Im übrigen sind Zwischenlösungen nach Maßgabe des Streitgegenstandes und nach Art der Streitgenossenschaft vorstellbar[129].   **34**

5. Rücknahme der Klage

Zulässig bleibt eine Zurücknahme der Klage durch *einen* der Kläger. Nur in den Fällen zu Rdnr. 14 ff. (Notwendigkeit gemeinsamer Klage) hat sie zur Folge, daß nunmehr die Klage als unzulässig abzuweisen ist, weil den restlichen Klägern die Prozeßführungsbefugnis nicht allein zusteht[130]. Dies gilt auch, wenn der Zurücknehmende materiell-rechtlich zur Mitwirkung im Prozeß verpflichtet ist. Nur ausnahmsweise (ganz eindeutige Verpflichtung, Schikaneabsicht) wird man die Rücknahme als rechtsmißbräuchlich (→ Einl. Rdnr. 255 sowie Rdnr. 231 vor § 128) und daher unwirksam ansehen können[131].   **35**

6. Unterbrechung und Aussetzung

Diese wirken auch bei notwendiger Streitgenossenschaft unmittelbar nur für den Prozeß des vom auslösenden Ereignis betroffenen Streitgenossen[132]. Eine Vertretungswirkung nach § 62 besteht dabei nicht. Es kann also nicht etwa der Tod des notwendigen Streitgenossen seiner Säumnis gleichgestellt und eine Vertretung durch den anderen Streitgenossen angenommen werden[133]. Vielmehr hat umgekehrt die Unterbrechung oder Aussetzung wegen des   **36**

---

[126] Vgl. *Kisch* (Fn. 1), 67.
[127] *RG* Gruchot 46 (1902), 661; *OLG Köln* OLGRspr. 18 (1909), 150. Vgl. auch *OLG Hamburg* OLGRspr. 3 (1901), 262. – A. M. *KG* OLGRspr. 13 (1906), 83; *Winte* (Fn. 1), 152.
[128] Vgl. *RGZ* 44, 348; krit. *Winte* (Fn. 1), 150.
[129] Ausf. *Winte* (Fn. 1), 143 ff., 168 ff.; vgl. auch *MünchKommZPO/Schilken* Rdnr. 49.
[130] Vgl. *Hellwig* Lb 3, 160. S. ferner *Grunsky* Grundlagen des Verfahrensrechts², 283; *Kisch* (Fn. 1), 46; *Lindacher* JuS 1986, 384; *MünchKommZPO/Schilken* Rdnr. 49; *Winte* (Fn. 1), 173 ff. – Dagegen halten *Baumbach/Lauterbach/Hartmann*⁵⁰ Anm. 4 B c, *Maetzel* DÖV 1979, 423, *Rosenberg/Schwab*¹⁴ § 50 IV 1 a, *Thomas/Putzo*¹⁷ Anm. 6 a in diesen Fällen eine Rücknahme für unwirksam, solange die Rechtsgemeinschaft besteht. *Holzhammer* (Fn. 1), 154 hält generell die Rücknahme durch einen einzelnen für unwirksam.

[131] Zust. *Gottwald* JA 1982, 70. Vgl. auch *Säcker* JZ 1967, 51, der aber bei Mitwirkungspflicht die Rücknahme stets wegen Verstoßes gegen Treu und Glauben für unwirksam hält. Abl. insoweit *Lindacher* JuS 1986, 384; *Winte* (Fn. 1), 176.
[132] Ebenso *Gottwald* JA 1982, 70; *Lindacher* JuS 1986, 384; *Rosenberg/Schwab*¹⁴ § 50 IV 3 d; *Thomas/Putzo*¹⁷ Anm. 7; *Zöller/Vollkommer*¹⁷ Rdnr. 29. – Für unmittelbare Wirkung der Unterbrechung und Aussetzung gegenüber den notwendigen Streitgenossen dagegen *RG* JW 1898, 280; 1905, 533; HRR 1935, 1075; *KG* OLGRspr. 23 (1911), 94; *OLG Celle* NJW 1969, 515; *Baumbach/Lauterbach/Hartmann*⁵⁰ Anm. 4 D c; *Hachenburg* (Fn. 1), 71.
[133] Näher *E. Schumann* gegen *BAG* AP § 246 Nr. 1 = BAGE 24, 261 = NJW 1972, 1388.

Gebots einheitlicher Entscheidung zur Folge, daß auch gegenüber den anderen Streitgenossen keine Entscheidung ergehen darf. Das Gericht darf aber den Prozeß auch im übrigen nicht fortführen[134], da sich sonst zumindest mittelbare Auswirkungen für den Entscheidungsinhalt ergeben könnten.

7. Teilurteil

37   Aus dem Sinn des § 62 ist abzuleiten, daß ein Teilurteil gegen einen einzelnen Streitgenossen grundsätzlich nicht ergehen darf[135] (näher → § 301 Rdnr. 10).

VI. Die Rechtsmittel

1. Rechtsmittel des Gegners

38   Das Rechtsmittel des Gegners setzt jedem einzelnen Streitgenossen gegenüber eine Beschwer voraus[136]. Ein Urteil zugunsten mehrerer Streitgenossen muß dann aber gegenüber allen form- und fristgerecht angefochten werden, anderenfalls ist das Rechtsmittel unzulässig[137].

2. Rechtsmittel der Streitgenossen

39   Rechtsmittel kann auch in den Fällen der notwendigen Streitgenossenschaft nur derjenige Streitgenosse einlegen, gegen den das Urteil erlassen ist und den es beschwert[138]. Die **Rechtsmittelfrist** läuft für jeden Streitgenossen gesondert von der an ihn bewirkten Zustellung des Urteils an (→ Rdnr. 31)[139]. Die Rechtsmitteleinlegung des einen wahrt aber auch die (noch nicht abgelaufene) Frist für den anderen[140]. Daß sie für diesen bereits zu laufen begonnen hatte, ist nicht notwendig, da das Rechtsmittel vor Beginn der Frist eingelegt werden kann (s. §§ 516, 522) und es für die Fristwahrung nicht wesentlich ist, daß die Frist im Zeitpunkt der fristwahrenden Prozeßhandlung bereits läuft[141].

40   Unter den dargelegten Voraussetzungen wird auch der *untätige Streitgenosse Partei* in der Rechtsmittelinstanz[142]. Das gilt ganz allgemein, z.B. auch für die Unterbrechung des Verfahrens[143]. Aus der Parteistellung folgt insbesondere, daß der Streitgenosse nach § 63 geladen werden muß[144], daß er selbst auftreten und der Gegner gegen ihn die Anschließung erklären kann[145]. Die Nichtberücksichtigung seines Teilnahmerechts im Urteil beschwert beide Teile[146]. Wegen der Zurücknahme in diesem Fall → § 515 Rdnr. 10, wegen des Verzichts → § 514 Rdnr. 19. Wegen der Kosten → § 97 Rdnr. 1.

---

[134] Ähnlich *Rosenberg/Schwab*[14] § 50 IV 3 d.
[135] S. *BGH* NJW 1988, 2113; 1975, 1459; 1974, 2124; MDR 1962, 811.
[136] *RGZ* 13, 409; Gruchot 48 (1904), 398.
[137] *BGHZ* 23, 73.
[138] *RGZ* 46, 415; Gruchot 39 (1895), 1125; *BayObLGZ* 16, 159.
[139] S. auch *RGZ* 157, 33. – A. M. für die Fälle unter III. *Hellwig* Lb 3, 163; *Holzhammer* (Fn. 1), 148 (einheitlicher Fristenlauf, beginnend mit der späteren Zustellung); *Jauernig* ZPR[22] § 82 IV 2.

[140] Vgl. *BGH* VersR 1987, 988, 989. – A. M. *Winte* (Fn. 1), 267 ff.
[141] Vgl. auch *RG* JW 1931, 3541.
[142] *BGHZ* 92, 352 = NJW 1985, 385 = JZ 633 (*Waldner*); *OLG Karlsruhe* ZIP 1991, 102; vgl. auch *BGH* FamRZ 1976, 336.
[143] *RG* Gruchot 39 (1895), 1125; *Kisch* (Fn. 1), 110, 112.
[144] *RG* JW 1899, 432.
[145] *RGZ* 38, 426.
[146] *RGZ* 64, 321.

3. Rechtsmittel eines Streitgenossen nach Ablauf der Rechtsmittelfrist für einen anderen Streitgenossen

Ein nur für einzelne Streitgenossen wirksam eingelegtes Rechtsmittel ist statthaft und, **41** wenn Form und Frist gewahrt sind, zulässig[147]. Das gilt auch, wenn es erst nach Ablauf der für die anderen Streitgenossen geltenden Rechtsmittelfrist eingelegt oder das von den anderen etwa eingelegte Rechtsmittel aus sonstigen Gründen unzulässig war, denn auch dann bleiben die anderen zur Teilnahme am Verfahren in der höheren Instanz berechtigt.

Aus der Notwendigkeit einheitlicher Entscheidung im Verhältnis zu allen Streitgenossen – **42** sowohl den tätigen wie den säumigen – wurde früher gefolgert, daß dann sowohl im ersten als auch im zweiten Fall des § 62 das Rechtsmittel nunmehr als unbegründet zurückgewiesen werden müsse[148]. Der Konflikt muß indessen im entgegengesetzten Sinn gelöst werden. Der Umstand, daß für den einen Streitgenossen das Urteil infolge Unzulässigkeit seines Rechtsmittels prozessual unanfechtbar geworden ist, darf den übrigen die Rechtsverfolgung nicht verwehren. Die Notwendigkeit einheitlicher Entscheidung kann nicht den Sinn haben, daß die tätigen Streitgenossen sich infolge des Rechtsmittelverlustes des Säumigen mit der ihnen nachteiligen Entscheidung abfinden müssen. Daraus zieht man jetzt mit Recht den Schluß, daß die auf das Rechtsmittel der tätigen Streitgenossen ergehende abändernde Entscheidung auch **im Verhältnis zu sämtlichen Streitgenossen dasselbe Recht schafft.** Die nicht tätigen Streitgenossen sind im weiteren Verfahren nach § 62 Abs. 2 **hinzuzuziehen**[149]. Das bedeutet zugleich, daß die nicht tätigen Streitgenossen *Partei* bleiben und über ihr etwa unzulässiges Rechtsmittel nicht zu entscheiden ist, solange ein zulässiges Rechtsmittel vorliegt[150]. Denn dieses reicht, um den gesamten Prozeß in die höhere Instanz zu bringen. Allerdings kommt dem nicht tätigen Streitgenossen nur eine *abhängige Stellung* zu: Er kann zwar selbst grundsätzlich alle Prozeßhandlungen vornehmen, aber nicht hindern, daß das Rechtsmittelverfahren durch Rücknahme seitens des Tätigen endet (→ § 515 Rdnr. 10). Da das auf Rechtsmittel der tätigen Streitgenossen ergangene Urteil (Berufungsurteil) auch gegenüber dem nicht tätigen Streitgenossen wirkt, muß man diesem das Recht zubilligen, ein **weiteres Rechtsmittel** (Revision) einzulegen[151]. – Diese Grundsätze gelten entsprechend für den **Einspruch** und für die **Wiederaufnahme des Verfahrens.**

VII. Arbeitsgerichtliches Verfahren

Hier ergibt sich die Sonderfrage, ob bei Auslegungsstreitigkeiten über normative Bestimmungen eines **43** einheitlichen Tarifvertrages zwischen den **mehreren auf derselben Vertragsseite stehenden Tarifparteien** eine notwendige Streitgenossenschaft, etwa wegen eines Zwangs zu gemeinschaftlicher Klage, besteht. Selbst wenn der Sinn des einheitlichen Vertragsschlusses der sein sollte, die Verfügung über den Bestand und Inhalt des Vertrags nur allen Vertragsschließenden gemeinsam vorzubehalten, folgt daraus noch *kein Zwang zu gemeinsamer Prozeßführung.* Im übrigen ist ein solcher Wille im Zweifel gerade nicht zu unterstellen[152]. Die Rechtskraftwirkung des auf die Klage eines der mehreren Vertragspartner ergehenden Urteils trifft die anderen, nicht an dem Rechtsstreit Beteiligten nicht, auch nicht nach § 9 TVG (→

---

[147] *RGZ* 48, 417, 422; 157, 33; *Kisch* (Fn. 1), 119.
[148] *RG* JW 1931, 3541.
[149] Dazu *RGZ* 157, 33; *OLG Saarbrücken* JBl.Saar 1966, 150; *OLG Schleswig* Rpfleger 1952, 138; *BSG* NJW 1970, 1147; *Lent* IherJb. 90 (1942), 79 f.; *Schumann* ZZP 76 (1963), 389 ff. mwN.
[150] Näher *Schuman* (vorige Fn.). – A. M. *Baumbach/ Lauterbach/Hartmann*[50] Anm. 4 D b.
[151] *Baumbach/Lauterbach/Hartmann*[50] Anm. 4 D b;

Gerhardt ZZP 92 (1979), 401; *ders.* ZPR[3] (Fälle und Lösungen), 62 ff.; *Gottwald* JA 1982, 70; *Rosenberg/ Schwab*[14] § 50 IV 3 c Fn. 46; *Schumann* ZZP 76 (1963), 393, 399 Fn. 49. – A. M. *BSG* NJW 1972, 175.
[152] *RAG* 10, 284 = ArbRspr. 32, 139 (dagegen *Jonas*); ArbRspr. 32, 253; *Hueck/Nipperdey* Arbeitsrecht I[7], 923; *Grunsky* ArbGG[6] § 2 Rdnr. 62. – A. M. *Dersch/Volkmar* ArbGG[6] § 47, 77; *Jonas* ArbRspr. 32, 139; JW 1931, 94 zu *ArbG* Berlin.

§ 256 Rdnr. 191 ff.). Es besteht auch kein Anlaß, im Fall gemeinsamer Klage der mehreren auf derselben Seite stehenden Parteien des Tarifvertrags eine notwendige Streitgenossenschaft wegen Unteilbarkeit des Rechtsverhältnisses anzunehmen, weil diese Unteilbarkeit regelmäßig nicht gewollt ist und nicht besteht. Im Ergebnis ist also die notwendige Streitgenossenschaft **zu verneinen**.

§ 63   [Prozeßbetrieb, Ladungen]

Das Recht zur Betreibung des Prozesses steht jedem Streitgenossen zu; zu allen Terminen sind sämtliche Streitgenossen zu laden.

Gesetzesgeschichte: bis 1900 § 60 CPO, Änderung BGBl. 1950 I 455.

Stichwortverzeichnis: → vor § 59 vor Rdnr. 1.

I. Das Betreibungsrecht

1   Nach § 63, der für alle Fälle der Streitgenossenschaft gilt, hat jeder Streitgenosse das **Recht, den Prozeß selbständig zu betreiben**, d.h. er kann die Fortentwicklung des Prozesses vor allem durch Anträge auf Terminsbestimmung alleine herbeiführen. Eine Pflicht, diese Handlungen auf die eigenen Streitgenossen auszudehnen, besteht für den betreibenden Streitgenossen nicht. Von Amts wegen sind aber sämtliche als Partei beteiligten Streitgenossen zu allen Terminen zu laden (wegen der Zustellung → § 62 Rdnr. 31; wegen der Unterrichtung nicht als Partei beteiligter notwendiger Streitgenossen → § 62 Rdnr. 4). Unter § 63 fällt auch die **Aufnahme** eines unterbrochenen oder ausgesetzten Verfahrens, z.B. des durch Tod unterbrochenen Prozesses durch einen von mehreren Miterben[1] (→ § 239 Rdnr. 26).

II. Ladung von Amts wegen

2   1. Da alle Zustellungen und Ladungen von Amts wegen erfolgen (§§ 214, 270, 274, 497), hat die Vorschrift für die Ladungen die Bedeutung, daß dann, wenn ein Termin auf Antrag eines Streitgenossen oder infolge einer von ihm ausgehenden Prozeßhandlung angesetzt wird, die **übrigen Streitgenossen geladen** werden müssen[2]. Ebenso muß, wenn nach Einlegung des Einspruchs oder eines Rechtsmittels seitens eines Streitgenossen nur eine Bekanntmachung des Termins erfolgt (§§ 341a, 520, 555), diese an alle Streitgenossen ergehen. Aus dem gleichen Grund ist es geboten, die Zustellung der Berufungs- und Revisionsschrift, die der Bekanntmachung des Termins vorangeht (§§ 519a, 553a), auch an die übrigen Streitgenossen zu richten.

3   2. Sämtliche Streitgenossen müssen auch dann geladen werden, wenn einige **früher säumig** waren. Andererseits ist aber die Ladung derjenigen (einfachen) Streitgenossen nicht mehr erforderlich, die aus der Instanz ausgeschieden sind oder denen gegenüber das Verfahren unterbrochen oder ausgesetzt ist.

4   3. Sind **sämtliche Streitgenossen geladen**, so kann der Gegner im Fall des § 61 Versäumnisurteil oder Entscheidung nach Lage der Akten (§ 331a) gegen den oder die Säumigen

---

[1] *BGH* MDR 1964, 669.   [2] Vgl. *Gottwald* JA 1982, 65.

verlangen, im Fall des § 62 aber nur, wenn alle säumig sind, da hier die Vertretungswirkung eingreift (→ § 62 Rdnr. 27).

4. Sind **sämtliche Streitgenossen nicht geladen**, so ist wegen § 335 Nr. 2 ein Versäumnisur-   **5** teil unzulässig. Sind **nur einzelne Streitgenossen geladen**, so kann gegen die säumigen nicht geladenen Streitgenossen ein Versäumnisurteil oder eine Entscheidung nach Lage der Akten nicht ergehen (§ 335 Nr. 2). Gegen die säumigen geladenen Streitgenossen ist bei einfacher Streitgenossenschaft (§ 61) ein Versäumnisurteil oder eine Entscheidung nach Lage der Akten zulässig. Bei notwendiger Streitgenossenschaft ist dies dagegen nicht zulässig, da entweder die Vertretung durch die Anwesenden (§ 62) eingreift (dann ist der nicht erschienene Streitgenosse nicht säumig) oder – bei Säumnis aller – die Unzulässigkeit eines Teilurteils gegen die säumigen geladenen Streitgenossen (→ § 62 Rdnr. 37) entgegensteht. Nichtladung eines der notwendigen Streitgenossen schließt also ein Versäumnisurteil aus.

5. Ob ein **Versäumnisurteil gegen den Gegner** der Streitgenossen zulässig ist, hängt nur von   **6** *seiner* ordnungsgemäßen Ladung ab (→ § 335 Rdnr. 7).

Dritter Titel

Beteiligung Dritter am Rechtsstreit

Stichwortverzeichnis zu vor § 64 – § 65

Vorbemerkungen vor § 64

1   I. Unter der nicht durchweg zutreffenden (→ § 64 Rdnr. 1 a. E.) Überschrift »Beteiligung Dritter am Rechtsstreit« behandelt der dritte Titel die **Hauptintervention** (Einwirkungsklage, Einmischungsklage), bei der ein Dritter sein die Parteien des bisherigen Prozesses ausschließendes Recht durch eine selbständige Klage verfolgt (§§ 64 f.), sodann die **Nebenintervention** (Streithilfe), bei der er sich zur Wahrung eigener Interessen als Gehilfe einer Partei am Prozeß beteiligt (§§ 66–71), sowie die **Streitverkündung** und die **Urheberbenennung** als Mittel der Partei, einen Dritten zur Beteiligung am Prozeß oder zur Übernahme des Prozesses zu veranlassen (§§ 72–77).

2   II. Nicht in die ZPO aufgenommen wurde dagegen die *Garantie- oder Rückklage* des französischen Rechts, d.h. die Verbindung der Klage auf Gewährleistung oder Schadensersatz mit der Streitverkündung[1]. Wer seinen Wohnsitz in Deutschland hat, muß daher auch im Anwendungsbereich des EuGVÜ mit einer Gewährleistungs- oder Interventionsklage nur vor den Gerichten anderer Vertragsstaaten rechnen[2] (Art. 6 Nr. 2 EuGVÜ i.V.m. Art. V Abs. 1 S. 1 des Protokolls vom 27. 9. 1968, → Einl. Rdnr. 904, 920; zur Streitverkündung → § 72 Rdnr. 10 d). Ebenfalls unbekannt ist der ZPO die **Beiladung Dritter** durch die Parteien oder das Gericht, um ihre Teilnahme als Streitgenossen oder Intervenienten zu veranlassen (anders §§ 65 f. VwGO, 75 SGG, 60 FGO). Jedoch ist eine Beiladung in den §§ 640 e, 856 Abs. 3 **für besondere Fälle** vorgesehen. Zur Beteiligung in Bauland- und Kartellsachen → Rdnr. 16 vor § 50[3]. Zur Frage, ob der Anspruch auf rechtliches Gehör (Art. 103 Abs. 1 GG) eine Beiladung in weiteren Fällen rechtfertigt, → Rdnr. 26 ff. vor § 128.

---

[1] *Hahn/Stegemann* Materialien zur CPO[2] (1881), 193 (Begründung des Entwurfs); *RGZ* 10, 292; JW 1900, 871; für die Einführung de lege ferenda *Schober* Drittbeteiligung im Zivilprozeß (1990), 197 ff. m. w. N.

[2] Dazu *Kropholler* Europäisches ZivilprozeßR[3] Art. 6 Rdnr. 12 f.
[3] §§ 64 ff. gelten wie §§ 59 ff. (→ vor § 59 Rdnr. 15) in Baulandsachen nicht, *BGH* NJW 1989, 1039.

3   **III.** Im **arbeitsgerichtlichen Verfahren** gelten die Bestimmungen ebenfalls; zu einigen besonderen Fragen → § 64 Rdnr. 23, § 66 Rdnr. 26, § 72 Rdnr. 18.

4   **IV.** In **sonstigen Verfahren** gelten die Vorschriften über die Hauptintervention entsprechend, so im *Sozialgerichtsverfahren* kraft ausdrücklicher Verweisung (§ 74 SGG), im *Verwaltungs- und Finanzprozeß* über die Generalverweisung in §§ 173 VwGO, 155 FGG. Auch §§ 75−77 können entsprechend angewendet werden, während §§ 66−74 durch die Normen über die Beiladung (§§ 65 f. VwGO, 75 SGG, 60 FGG) verdrängt werden[4]. In Verfahren der *freiwilligen Gerichtsbarkeit* kommt eine analoge Anwendung nur in den sog. echten Streitsachen in Betracht[5].

§ 64   [Hauptintervention]

Wer die Sache oder das Recht, worüber zwischen anderen Personen ein Rechtsstreit anhängig geworden ist, ganz oder teilweise für sich in Anspruch nimmt, ist bis zur rechtskräftigen Entscheidung dieses Rechtsstreits berechtigt, seinen Anspruch durch eine gegen beide Parteien gerichtete Klage bei dem Gericht geltend zu machen, vor dem der Rechtsstreit im ersten Rechtszuge anhängig wurde.

Gesetzesgeschichte: bis 1900 § 61 CPO.

Stichwortverzeichnis: → vor § 64 vor Rdnr. 1.

I. Bedeutung und Inhalt der Hauptintervention[1]

1. Bedeutung

1   Nimmt ein *Dritter* die Sache oder das Recht, worüber ein Prozeß schwebt, ganz oder zum Teil *für sich*[2] in Anspruch, so kann er schon nach den allgemeinen Vorschriften je nach der Rechtslage mit einer selbständigen Klage vor dem dafür zuständigen Gericht gegen den Kläger oder den Beklagten des Erstprozesses oder, soweit die §§ 59 f. zutreffen, gegen beide

---

[4] *Baumbach/Lauterbach/Hartmann*[50] Übers. § 64 Anm. 4 m. w. N.

[5] Vgl. *BGHZ* 70, 346 f. = NJW 1978, 2299 m. w. N.; *BayObLGZ* 1987, 252; Rpfleger 1980, 154; *OLG Hamm* NJW-RR 1991, 1093.

[1] **Lit.:** *Heim* Die Hauptintervention (1907); *Koussoulis* Aktuelle Probleme der Hauptintervention, ZZP 100

(1987), 211; *Picker* Hauptintervention, Forderungsprätendentenstreit und Urheberbenennung, Festschr. f. W. Flume, 1978, I, 649; *Weismann* Hauptintervention und Streitgenossenschaft (1884). Zur Geschichte vgl. ferner *Weismann* ZRGesch. (G) 1914, 191 ff.

[2] Mit der Nebenintervention würde er nichts *für sich* erreichen; → § 66 Rdnr. 1.

vorgehen. § 64 gewährt ihm zu diesem Zweck die als *Hauptintervention* (Einwirkungsklage, Einmischungsklage) bezeichnete **Klage gegen die beiden Parteien des Erstprozesses als Streitgenossen** - nicht gegen den Erstbeklagten als Hauptpartei und den Erstkläger als dessen Streitgehilfen. Das **bedeutet folgendes**: Zunächst wird, wenn die Voraussetzungen des § 64 vorliegen (→ Rdnr. 3 ff.), ein selbständiger Gerichtsstand für diese Klage geschaffen (Rdnr. 14, 23) und die Frage der Zulässigkeit der Streitgenossenschaft nach §§ 59 f. ausgeschaltet (Rdnr. 16), ebenso die nach dem Feststellungsinteresse, soweit Feststellungsklage erhoben wird (Rdnr. 2). Sodann wird, um widersprechende Urteile zu vermeiden, eine *Einwirkung des Interventionsprozesses* auf den Erstprozeß durch die Möglichkeit der *Aussetzung* des letzteren (§ 65) oder der *Verbindung* beider zu gemeinsamer Verhandlung geschaffen (§ 147; → Rdnr. 17). Es werden damit die prozessualen Vorbedingungen für ein einheitliches Urteil gesetzt. Im übrigen wird aber der **Intervenient nicht Partei im Erstprozeß**, so daß die Einordnung der Hauptintervention in den Abschnitt über die Beteiligung Dritter am Rechtsstreit ihrem Wesen nicht entspricht.

2. Ansprüche des Intervenienten

Welche Ansprüche der Intervenient mit seiner Klage gegen seine beiden Gegner verfolgt, bestimmt 2 sich ganz nach dem zwischen ihnen bestehenden materiellen Rechtsverhältnis. Einen sog. Interventionsanspruch als selbständigen Prozeßgegenstand hat die ZPO nicht geschaffen. Es handelt sich vielmehr nur um die Ermöglichung einer subjektiven Klagenhäufung, also um die Verbindung zweier Klagen (gegen Kläger und Beklagten des Erstprozesses als Streitgenossen)[3], die *beide Leistungsklagen* sein können, z.B. gegen den einen auf Berichtigung des Grundbuchs oder auf Unterlassung von Störungen, gegen den anderen auf Herausgabe, oder von denen *die eine auf Leistung, die andere auf Feststellung* geht[4], z.B. bei der Intervention des Forderungsprätendenten, oder die endlich *beide auf positive oder negative Feststellung* gerichtet sein können. Für die Feststellungsklage ist das Feststellungsinteresse durch die Voraussetzungen der Hauptintervention (→ Rdnr. 3 ff.) kraft Gesetzes ebenso gegeben wie etwa in § 256 Abs. 2 durch die Abhängigkeit von der Vorfrage[5]. Die allgemeine Rechtsschutzgewährungsvoraussetzung des § 256 Abs. 1 wird durch das besondere des § 64 ersetzt, auch gegen denjenigen, der das Recht des Dritten anerkannt hat[6]. Die Frage der Kostenpflicht nach § 93 bleibt vorbehalten.

Diese Sicht der Dinge ist **nicht unbestritten** und in neuerer Zeit vor allem von *Picker*[7] in Frage gestellt 2a worden, der in der Hauptintervention die Erhebung einer negatorischen Klage gegen die Parteien des Urprozesses auf Unterlassen der aus diesem Prozeß resultierenden Störung der Rechtsposition des Intervenienten sieht. Daran ist überzeugend, daß das Gesetz dem Hauptintervenienten die »Einmischung« in den Urprozeß ermöglicht, weil (und soweit) dieser Prozeß bzw. die Verwirklichung des Prozeßzieles die behauptete Rechtsposition des Intervenienten gefährdet (→ Rdnr. 8 ff.). Insoweit verlangt § 64 mit dem Satz »Wer die Sache oder das Recht (...) ganz oder teilweise für sich in Anspruch nimmt« einen »Interventionsgrund«[8], der aber (nur) Zulässigkeitsvoraussetzung für die Hauptintervention ist[9] und nicht etwa deren Streitgegenstand. Die Auffassung, es handele sich auch inhaltlich um eine Abwehrklage zum Schutz der Rechtsposition des Intervenienten, könnte nur erklären, daß der Intervenient von den Parteien des Urprozesses Unterlassung dieses Prozesses (also der Störung) verlangen kann.

---

[3] Nach a. A. handelt es sich um eine einzige Klage gegen die Parteien des Urprozesses [vgl. etwa *Koussoulis* ZZP 100 (1987), 218; krit. auch *Picker* (Fn. 1), 662], bei der aber unterschiedliche Anträge möglich sein sollen (*Koussoulis* aaO, 229). Diese Vorstellung ist dem geltenden Recht indessen fremd, denn bei mehreren Beklagten handelt es sich immer um eine subjektive Klagenhäufung, und die mehreren Beklagten sind stets Streitgenossen, wenn sie wegen eines gemeinsamen Vorgehens (hier: des Erstprozesses) verklagt werden; → auch Rdnr. 2 a.

[4] Vgl. *BGHZ* 103, 104 = NJW 1988, 1205 = JZ 665 (*Gursky*); *BAGE* 43, 316 = AP Nr. 2 zu § 1 TVG – Seniorität (*Herschel*).

[5] Vgl. *RGZ* 61, 241 f.; *BAGE* 43, 316 = AP Nr. 2 zu § 1 TVG – Seniorität (*Herschel*); *Langheineken* Urteilsanspruch, 152; *Heim* (Fn. 1), 37.

[6] *RGZ* 61, 241 f.

[7] *Picker* (Fn. 1), bes. S. 662 ff., 672 f., 675 ff.; ihm folgend *Koussoulis* ZZP 100 (1987), 217 ff. Zurückhaltender A. *Blomeyer* ZPR² § 110 I; *Rosenberg/Schwab*¹⁴ § 51 II 2 c; wie hier abl. *MünchKommZPO/Schilken* Rdnr. 2.

[8] *Rosenberg/Schwab*¹⁴ § 51 II 2 c.

[9] Zugleich erübrigt er die Frage nach dem Feststellungsinteresse bei Feststellungsklagen (→ Rdnr. 2).

Tatsächlich macht der Intervenient aber häufig und sinnvollerweise gleich das zu schützende Recht selbst geltend. Klagt etwa ein Vermieter gegen seinen Mieter auf Herausgabe und erhebt der Eigentümer Hauptinterventionsklage, dann wird dieser die Parteien des Erstprozesses nicht auf Unterlassen ihres Prozesses verklagen, sondern gegenüber dem besitzenden Mieter Herausgabe und gegenüber dem Vermieter und Kläger des Erstprozesses Feststellung (des besseren Rechts o. ä.) verlangen[10]. Daß es sich in diesen Fällen sowohl gegenüber dem Kläger als auch gegenüber dem Beklagten des Erstprozesses um ein Nebeneinander (also eine objektive Anspruchshäufung) von Abwehranspruch und geschütztem Anspruch handeln soll[11], ist konstruktiv überhöht und vermag nicht zu überzeugen. Dasselbe gilt für die mit § 64 unvereinbare Konsequenz der »materiell-rechtlichen« Theorie, die Hauptinterventionsklage sei bei fehlendem Interventionsgrund (d. h. fehlender Gefährdung der vom Intervenienten behaupteten Rechtsposition) unbegründet und nicht etwa nur unzulässig[12]. Es wird daher hier daran festgehalten, daß die Hauptintervention ein prozeßrechtliches Instrument ist, dessen Verständnis die Analyse des »materiell-rechtlichen Hintergrundes«[13] allerdings wesentlich fördert.

II. Voraussetzungen der Hauptintervention

3   Die Voraussetzungen, die wie bei der Widerklage (→ § 33 Rdnr. 9 ff.), der Streitgenossenschaft (→ Rdnr. 6 vor § 59) und sonst als besondere Prozeßvoraussetzungen (→ Einl. Rdnr. 315) von den Prozeßvoraussetzungen des Interventionsprozesses (→ Rdnr. 12) getrennt werden müssen, sind folgende:

4   1. Es muß ein **Rechtsstreit** über die Sache oder das Recht, das der Intervenient für sich in Anspruch nimmt, zwischen anderen Personen **anhängig** sein.

4a   **a)** Für die Frage, ob damit *Rechtshängigkeit* i. e. S. gemeint ist, oder ob *Anhängigkeit* reicht (→ Rdnr. 4 d), gibt der Wortlaut der Vorschrift wenig her (→ § 261 Rdnr. 1, 2). Verlangt man mit der h. M.[14] **Rechtshängigkeit**, so ist die Hauptintervention jedenfalls mit Erhebung der Klage gemäß §§ 253, 498 zulässig. Es genügt auch, wenn der Hauptprozeß während der Anhängigkeit der Hauptintervention rechtshängig *wird*, denn dann wird der Mangel geheilt[15]. Die Rechtshängigkeit wird außerdem begründet durch die Abgabe der Sache nach Mahnbescheid und Widerspruch (§ 696 Abs. 3), in den Fällen der Klageänderung, der Inzidentklage oder der Widerklage mit der Geltendmachung des Anspruchs gemäß § 261 Abs. 2.

4b   Um welche **Prozeßart** es sich bei dem Erstprozeß handelt, spielt unter *diesem* Gesichtspunkt keine Rolle. Daß der Erstprozeß ein Urkunden- oder Wechselprozeß ist, hindert die Hauptintervention also nicht[16]. In Ehe- und Familienstandssachen sowie im Aufgebotsverfahren ist eine Hauptintervention aber deshalb kaum denkbar, weil hier eine Kollision von Ansprüchen in dem unten Rdnr. 8 ff. dargelegten Sinn nicht in Frage kommt.

4c   **b)** Ebenso sicher scheidet die Hauptintervention aus, wenn ein Rechtsstreit *über das in Anspruch genommene Recht* **weder rechtshängig noch anhängig** ist. Das betrifft vor allem das *selbständige Beweisverfahren*, in dem die Streitsache des späteren Hauptprozesses nicht anhängig wird (→ § 486 Rdnr. 11)[17], ebenso das Verfahren auf *Anordnung eines Arrestes* oder

---

[10] Ob es sich dabei um eine Feststellungsklage gegen einen (am Herausgabeanspruch nicht beteiligten) »Dritten« (→ § 256 Rdnr. 37 ff.) handelt oder nicht (weil der Kläger des Erstprozesses an der Gefährdung mitwirkt), spielt keine Rolle, ist aber wohl im Sinne der ersten Möglichkeit zu entscheiden, da der Intervenient nicht Feststellung eines negatorischen Anspruchs, sondern Feststellung des geschützten Rechts begehrt, so daß die Mitwirkung am Erstprozeß nur das Feststellungsinteresse begründet.
[11] So *Picker* (Fn. 1), 679 f.
[12] *Picker* (Fn. 1), 702.
[13] *A. Blomeyer* ZPR² § 110 I.
[14] Vgl. *BGH* NJW 1975, 929 (obiter); *Baumbach/Lauterbach/Hartmann*⁵⁰ Anm. 2 B; *A. Blomeyer* ZPR² § 110

II; *Rosenberg/Schwab*¹⁴ § 51 II 2 a; *Zöller/Vollkommer*¹⁷ Rdnr. 2. – Zur Gegenansicht → Rdnr. 4 d; zum entsprechenden Streit bei §§ 66, 72 → § 66 Rdnr. 6 ff., § 72 Rdnr. 10 ff.
[15] *Heim* (Fn. 1), 41; *Herrmann* Grundstruktur der Rechtshängigkeit (1988), 126; *Rosenberg/Schwab*¹⁴ § 51 II 2 a.
[16] *Stein* Urkundenprozeß, 350; *Zöller/Vollkommer*¹⁷ Rdnr. 2.
[17] Z. T. wird die Rechtshängigkeit eines eigenständigen Beweisanspruchs behauptet, vgl. *Schilken* ZZP 92 (1979), 251 ff.; ihm folgend *Mickel* BB 1984, 438; abl. u. a. *Zöller/Stephan*¹⁷ § 486 Rdnr. 1. Aber den nimmt der Hauptintervenient nicht für sich in Anspruch.

Erlaß einer einstweiligen Verfügung, in dem der zu sichernde Anspruch nicht rechtshängig wird (→ vor § 916 Rdnr. 8 ff.; § 920 Rdnr. 2)[18]. Auch die Geltendmachung der *Aufrechnung* oder einer sonstigen Einrede begründet die Rechtshängigkeit nicht (→ § 145 Rdnr. 42 ff.). Im *schiedsgerichtlichen Verfahren* ist die Hauptinterventionsklage zwar nicht zum staatlichen Gericht gegeben, wohl aber zum Schiedsgericht, sofern die Beteiligten der Schiedsvereinbarung und dem Schiedsgericht in seiner konkreten Zusammensetzung auch insoweit unterworfen sind; anderenfalls ist das Einverständnis der Schiedsrichter und der Parteien erforderlich[19].

c) Nur im Hinblick auf das *Mahnverfahren* stellt sich nach dem soeben Gesagten noch die   **4d**
Frage, ob nicht für die Zulässigkeit der Hauptintervention die **Anhängigkeit** des Rechtsstreits ausreicht[20]. Mit der h. M.[21] ist das zu verneinen. Es mag zwar richtig sein, daß die Rechtsposition des Intervenienten beim Mahnverfahren in gleicher Weise gefährdet ist wie beim normalen Erkenntnisverfahren, so daß man trotz fehlender Rechtshängigkeit (→ § 693 Rdnr. 6) zumindest eine analoge Anwendung in Betracht ziehen könnte. Sie muß aber daran scheitern, daß die »Einmischung« ins Mahnverfahren durch Erhebung einer Hauptinterventionsklage mit den besonderen Zuständigkeiten und dem formalisierten Ablauf des Mahnverfahrens (§ 689) nicht zusammenpaßt[22]. Der Dritte muß daher in diesem Verfahrensstadium auf die selbständigen Klagen (→ oben Rdnr. 1) verwiesen werden, wenn er die Rechtshängigkeit (→ Rdnr. 4a) nicht abwarten will.

d) Die Rechtsanhängigkeit der Vorklage ist nur Voraussetzung für die **Erhebung** der Interventionskla-   **5**
ge. Letztere wird demnach nicht dadurch berührt, daß die Vorklage später wegen des Mangels einer Prozeßvoraussetzung *als unzulässig abgewiesen* wird; vgl. die entsprechenden Ausführungen über die Widerklage (→ § 33 Rdnr. 10). Das gleiche gilt trotz § 269 Abs. 3 S. 1 hinsichtlich der späteren *Zurücknahme der Vorklage*[23].

e) Der Rechtsstreit darf bei Erhebung der Interventionsklage **noch nicht rechtskräftig**   **6**
(§ 705) *durch unbedingtes Endurteil* **entschieden sein**. Die Hauptintervention ist danach auch zulässig, wenn der Hauptprozeß sich bereits in der *höheren Instanz* befindet, sollte das Urteil auch vorläufig vollstreckbar sein; ebenso noch im Nachverfahren nach einem Vorbehaltsurteil der §§ 302, 599[24]. Durch die Erhebung der Nichtigkeits- und Restitutionsklage entsteht wieder die Möglichkeit einer Hauptintervention, die bei Zurückweisung der Wiederaufnahmeklage als unzulässig oder unbegründet nicht hinfällig wird (→ Rdnr. 5). Der rechtskräftigen Entscheidung ist die Beendigung des Hauptprozesses durch *Vergleich, Erledigungserklärung* (§ 91 a) oder durch *Zurücknahme der Klage* (§ 269) gleichzustellen, wogegen Anerkenntnis und Verzicht als solche, d. h. ohne anschließendes Urteil (§§ 306 f.), den Prozeß nicht beenden. Über die Intervention im Vollstreckungsverfahren → Rdnr. 22.

2. Der Rechtsstreit muß **zwischen anderen Personen** anhängig, der Dritte darf also nicht in   **7**
dem Erstprozeß Partei (→ Rdnr. 1 ff. vor § 50) sein. Der *Streitgehilfe* im Erstprozeß ist dort nicht Partei (→ § 67 Rdnr. 1), er ist daher von der Erhebung einer Hauptintervention nicht ausgeschlossen[25]. Über sein Wahlrecht → § 66 Rdnr. 2 und über die Beendigung seiner Nebenintervention bei Verbindung der Prozesse → § 66 Rdnr. 10.

---

[18] *OLG Frankfurt* NJW 1985, 811 (obiter); *Baumbach/Lauterbach/Hartmann*[50] Anm. 2 B; *Rosenberg/Schwab*[14] § 51 II 2 a; *Zöller/Vollkommer*[17] Rdnr. 2.
[19] *Baumbach/Lauterbach/Albers*[50] § 1034 Anm. 5; *Rosenberg/Schwab*[14] § 51 II 2 a; z. T. auch *Heim* (Fn. 1), 42. – A. M. *A. Blomeyer* ZPR[2] § 110 II Fn. 5; *Voraufl.*
[20] So vor allem *Hellwig* Lb. 3, 193; *MünchKommZPO/Schilken* Rdnr. 4; *Picker* (Fn. 1), 705 ff.; *Schilken* JR 1984, 447.
[21] *Baumbach/Lauterbach/Hartmann*[50] Anm. 2 B;

A. Blomeyer ZPR[2] § 110 II Fn. 5; *Rosenberg/Schwab*[14] § 51 II 2 a; *Zöller/Vollkommer*[17] Rdnr. 2.
[22] Vgl. die Begründungsschwierigkeiten bei *Hellwig* Lb. 3, 193.
[23] *Förster/Kann*[3] Anm. 2 a; *Rosenberg/Schwab*[14] § 51 II 2 a.
[24] S. auch *RG* Gruchot 41 (1897), 1064.
[25] *RGZ* 46, 404; *BayObLG* SeuffArch. 48 (1893), 216; 54 (1899), 233.

8   **3. Der Dritte muß die Sache oder das Recht**, worüber der Streit anhängig ist, **ganz oder teilweise für sich in Anspruch nehmen.** Er muß einen Anspruch (im Sinne der ZPO, → Einl. Rdnr. 263 ff.) erheben, d. h. ein Klagebegehren stellen, das die beiden Parteien des Erstprozesses ausschließt oder beiden gegenüber wirksam ist. Wegen der Konsequenzen für das Interesse bei der Feststellungklage → Rdnr. 2.

9   **a)** Daß der Rechtsstreit über eine **Sache** anhängig ist, bildet den auch sonst, z. B. in der Zwangsvollstreckung (§§ 803 ff.), üblichen ungenauen Ausdruck dafür, daß ein Recht an der Sache oder auf sie den Streitgegenstand bildet. Daß die Sache »im Streit befangen« ist in dem engeren Sinne des § 265 (→ § 265 Rdnr. 11 f.), wird nicht verlangt. Stützt sich die Hauptintervention auf die Identität der Sache, so ist die *Identität des Rechtes nicht erforderlich*[26]. Es kann daher in dem Streit um Herausgabe der Sache auf Grund eines persönlichen Anspruchs (Kauf, Miete usw.) mit der Eigentumsklage interveniert werden oder umgekehrt im Eigentumsstreit mit einem persönlichen Anspruch, vorausgesetzt, daß er sich gegen beide Parteien des Erstprozesses richtet[27]. Auch bei einem Besitzschutzprozeß ist eine Hauptintervention zulässig[28].

10   **b)** Hat dagegen der Erstprozeß ein **Recht** zum Gegenstand, sei es ein Forderungsrecht oder ein anderes, so muß das vom Hauptintervenienten in Anspruch genommene *Recht – vom Subjekt abgesehen –* mit jenem *identisch* sein[29]. Dies gilt namentlich beim Auftreten eines **Forderungsprätendenten** sowohl im Streit zwischen Gläubiger und Schuldner wie im Streit zwischen zwei anderen Forderungsprätendenten. *Bloße Gleichartigkeit* der Berechtigung *genügt nicht*. Es ist aber nicht erforderlich, daß das in Anspruch genommene Recht mit dem im Hauptprozeß geltend gemachten dem Umfang nach vollständig übereinstimmt[30]. Die Identität wird bei Forderungen durch den rechtserzeugenden Tatbestand bestimmt[31], gleichviel, ob die Verschiedenheit der Subjekte ursprünglich oder nachträglich eingetreten ist[32]. Absolute Rechte (solche an fremder Sache, Urheberrechte usw.) sind identisch, wenn sie an demselben Gegenstand nur einmal bestehen können. Das Recht des Intervenienten muß aber außerdem das *Recht des Erstklägers* oder doch seine im Erstprozeß erstrebte Verwirklichung *ausschließen*[33]. Diese Voraussetzung sollte man im Hinblick auf § 829 ZPO (bzw. § 1281 BGB) z. B. auch dann bejahen, wenn ein Pfändungsgläubiger im Prozeß des Schuldners gegen den Drittschuldner nach § 64 interveniert und die Forderung nur gepfändet ist[34], sicher aber dann, wenn sie zur Einziehung überwiesen ist[35]. Im Streit um Eigentum oder Besitz berechtigt die Hypothek nicht zur Intervention[36]. Es *genügt* aber auch, daß nur das *Prozeßführungsrecht* (→ Rdnr. 19 ff. vor § 50) durch das Recht des Dritten ausgeschlossen wird. Z.B. kann der Testamentsvollstrecker intervenieren, wenn der Erbe unbefugt ein zum Nachlaß gehöriges Recht verfolgt, und umgekehrt.

11   **4.** Hat der Dritte sein Recht durch **Veräußerung der streitbefangenen Sache** oder des geltendgemachten Anspruchs seitens einer der Parteien des Erstprozesses *nach Eintritt der Rechtshängigkeit* dieses Prozesses erworben (→ § 265 Rdnr. 19 ff.), so ist nach § 265 Abs. 2 die Hauptintervention nur zulässig, wenn der Gegner des Rechtsvorgängers zustimmt[37]. Dies gilt jedoch nicht in den Fällen des § 265 Abs. 3[38].

---

[26] *BayObLG* SeuffArch. 54 (1899), 333.
[27] Vgl. *Heim* (Fn. 1), 49 f.; *Hellwig* Lb. 3, 200 (S. 197 ff. das. eingehende Kasuistik).
[28] *OLG Düsseldorf* MDR 1970, 1017.
[29] *BAGE* 43, 316 = AP Nr. 2 zu § 1 TVG – Seniorität (*Herschel*); abl. *Picker* (Fn. 1), 666.
[30] A. M. *Weismann* (Fn. 1), 28 Fn. 11.
[31] *RG* JW 1886, 145; *OLG Braunschweig* OLGRspr. 17 (1908), 101 f.
[32] *OLG Braunschweig* aaO.
[33] Vgl. auch – aber zu begrifflich – *Picker* (Fn. 1), 667 f. – *Koussoulis* ZZP 100 (1987), 220 ff. sieht in der Unvereinbarkeit der (Verwirklichung der) erhobenen Ansprüche einen Prüfstein für die Prozeßführungsbefugnis, was

indessen verkennt, daß man für (behauptete) eigene Rechte grundsätzlich prozeßführungsbefugt ist (→ vor § 50 Rdnr. 20). Es geht hier nicht um die Prozeßführungsbefugnis, sondern um eine Begründung für die Befugnis, sich in fremde Verfahren einmischen zu dürfen (vgl. *Rosenberg/Schwab*[14] § 51 II 2c: »Interventionsgrund«; → auch Rdnr. 2a). Diese Befugnis wird weiter gezogen von *MünchKommZPO/Schilken* Rdnr. 6.
[34] *Picker* (Fn. 1), 703 ff. gegen *RG* Gruchot 29 (1885), 1055.
[35] *RG* JW 1895, 380 Nr. 7.
[36] *RGZ* 14, 342; i. E. zustimmend *Picker* (Fn. 1), 702.
[37] Vgl. *RGZ* 20, 420.
[38] Vgl. *Hellwig* Lb. 3, 206. – A. M. *Heim* (Fn. 1), 84.

III. Das Verfahren

Sind die Voraussetzungen unter II. gegeben, so kann der Dritte die Hauptintervention **12**
erheben. Ob die *Unterlassung* einer an sich zulässigen Hauptintervention Rechtsfolgen hat,
bestimmt sich nach bürgerlichem Recht (vgl. § 2313 Abs. 2 S. 2 BGB). Eine Erstreckung der
Rechtskraft auf den Dritten lediglich aus diesem Grund findet keinesfalls statt[39].

Die *Erhebung der Klage* hat keine Besonderheiten, nur ist der Urkunden- und Wechselprozeß ausgeschlossen[40]. Die Bezeichnung der Klage als Hauptintervention ist nicht wesentlich.

Hinsichtlich der *Prozeßvoraussetzungen*, die von den Voraussetzungen der Verbindung
(oben II.) zu trennen sind, gelten nur folgende Besonderheiten:

1. Die **Vollmacht** des Erstprozesses erstreckt sich für beide Parteien auch auf den Interven- **13**
tionsprozeß (§ 82). Die Zustellung der Klage *kann* daher an diese Prozeßbevollmächtigten
erfolgen. Aber notwendig ist dies nicht, denn sie bildet keinen Zustellungsakt in dem bereits
anhängigen Erstprozeß (→ § 178 Rdnr. 4).

2. Zuständig für den Interventionsprozeß ist das Gericht, bei dem der Erstprozeß in erster **14**
Instanz anhängig war, auch wenn er im Zeitpunkt der Intervention in höherer Instanz
schwebt. Hat vor der Erhebung der Interventionsklage eine Verweisung oder Abgabe des
Erstprozesses nach §§ 281, 506, 697, 700 stattgefunden, so ist das zweite Gericht zuständig.
Diese Zuständigkeit durchbricht die Regeln der sonstigen gesetzlichen oder vereinbarten
(§ 38) sachlichen und örtlichen Zuständigkeit und ist insofern eine *ausschließliche*, als die
Hauptintervention als solche (→ Rdnr. 1) eben nur bei diesem Gericht erhoben werden kann.
Eine spätere Verweisung des Hauptrechtsstreits dürfte (nach dem Wortlaut des § 64 und unter
Beachtung des § 261 Abs. 3 Nr. 2) an der Zuständigkeit für die vorher erhobene Hauptinter-
vention nichts ändern[41].

Gericht ist, wie sonst auch (→ § 1 Rdnr. 102), nur die Behörde, nicht die einzelne entscheidende **15**
Kammer, wenn auch die Zuweisung an die letztere im Wege der Geschäftsverteilung im Sinne des
Gesetzes liegt. Ist oder war der Erstprozeß vor der **Kammer für Handelssachen** anhängig, so kann die
Hauptintervention bei dieser Kammer nach § 103 GVG nur verhandelt werden, wenn sie selbst Handelssache im Sinne des § 95 GVG ist. Ist dagegen die Hauptintervention Handelssache, der Erstprozeß
aber vor der Zivilkammer anhängig, so findet eine Verweisung des Erstprozesses oder der Intervention an
die Kammer für Handelssachen nach § 98 GVG nicht statt, denn § 103 GVG durchbricht den Grundsatz
gemeinsamer Zuständigkeit nur zuungunsten der Kammer für Handelssachen[42].

Zum Verhältnis zu den **Arbeitsgerichten** → Rdnr. 23.

IV. Wirkungen der Hauptintervention

1. Die beiden Parteien des Erstprozesses werden im Interventionsprozeß Streitgenossen. **16**
Ob diese Streitgenossenschaft eine *einfache* (§ 61)[43] oder eine *notwendige* (§ 62) ist, muß
nach den sonst dafür maßgebenden Grundsätzen entschieden werden. Die *Hauptintervention
als solche* begründet weder die Notwendigkeit einheitlicher Feststellung (vgl. dazu die
Ausführungen zu § 62 Rdnr. 9) noch die Notwendigkeit einheitlicher Prozeßführung. Denn

---

[39] S. *Mendelssohn/Bartholdy* Rechtskraft, 369 f., bes.
375; *Heim* (Fn. 1), 68.
[40] *Stein* Urkundenprozeß, 351.
[41] A. M. *LG München* NJW 1967, 787.
[42] *Heim* (Fn. 1), 60; *Kissel* GVG § 103 Rdnr. 3 (unter

Verkennung der hier vertretenen Ansicht); *Zöller/Voll-
kommer*[17] § 103 GVG Rdnr. 1.
[43] Beispiel: *BGHZ* 103, 104 = NJW 1988, 1205 = JZ
666 f. (*Gursky*).

wenn auch die Klage, um Hauptintervention zu sein, gegen beide Parteien des Erstprozesses gerichtet sein muß, so hat doch der Kläger auch das Recht zum Einzelprozeß (→ Rdnr. 1)[44]. Für die *Rechtsmittelinstanz* ist aber zu beachten, daß der Kläger bei Abweisung der Interventionsklage das Rechtsmittel gegen beide Parteien des Erstprozesses einlegen muß, wenn er eine umfassende Überprüfung erreichen will[45].

Wegen des Erlasses eines *Teilurteils* gegen einen der Streitgenossen → § 301 Rdnr. 4.

17   2. Die Verhandlung des Erstprozesses und des Interventionsprozesses ist nicht notwendig gemeinschaftlich. Der Intervenient kann daher im Erstprozeß als Zeuge vernommen werden. Aber die Prozesse können nach § 147 *verbunden* werden, sofern sie in derselben Instanz anhängig sind und nicht etwa der eine vor der Zivilkammer und der andere vor der Kammer für Handelssachen schwebt[46]. Das Ermessen des Gerichts entscheidet darüber. Im Falle einer solchen Verbindung, die in aller Regel zweckmäßig sein wird[47], erlangt der Intervenient das Betreibungsrecht auch für den Erstprozeß nach § 63, weil die ferneren Ladungen dann stets zur Verhandlung beider Prozesse erfolgen. – Wegen der *Aussetzung* des Erstprozesses → § 65.

18   3. Liegen bei der Hauptintervention eines Forderungsprätendenten die Voraussetzungen des § 75 vor, so kann der Erstbeklagte (Schuldner) durch Hinterlegung des Streitgegenstandes seine **Entlassung aus dem Rechtsstreit** herbeiführen. Es liegt kein Grund vor, das Verfahren nach § 75 deshalb auszuschließen, weil die dort vorausgesetzte Sachlage nicht als Folge der Streitverkündung, sondern durch spontanes Auftreten des Dritten herbeigeführt ist[48].

19   4. Das **Urteil** über den Erstprozeß und über die Intervention kann nicht *einheitlich ergehen*, wenn beide *in verschiedenen Instanzen* anhängig sind, und *braucht* auch im übrigen kein einheitliches zu sein, selbst nicht im Fall der Verbindung. Vorbehaltlich etwaiger Aussetzung kann sonach das Gericht den spruchreifen Prozeß zu Ende bringen.

20   So sehr es auch, namentlich bei Verbindung und Aussetzung, der Sachlage entspricht und auch tatsächlich wahrscheinlich ist, daß die Entscheidungen beider Prozesse in übereinstimmendem Sinn ergehen, so besteht doch ein *Zwang* zur Entscheidung im Sinne des zuerst ergangenen Urteils, d. h. eine **rechtliche Bindung** daran, kraft der Hauptintervention **nicht**: Sowenig wie die Hauptintervention als solche die Notwendigkeit einheitlicher Prozeßführung schafft (→ Rdnr. 16), sowenig schafft sie eine **Rechtskraft** des Urteils im Erstprozeß für oder gegen den Intervenienten oder des Urteils im Interventionsprozeß zwischen den Parteien des Erstprozesses. Wollte man das Gegenteil annehmen[49], so wäre das derselbe Fehler, wie wenn aus dem Erfordernis der Logik, eine einheitliche Aussage zu treffen, die Notwendigkeit der Streitgenossenschaft abgeleitet würde (→ § 62 Rdnr. 10). Das Gesetz hat nun einmal einen solchen Grundsatz nicht ausgesprochen und zeigt auch nirgends, daß er ihm zugrunde liegt. Das Streben, widersprechende Urteile zu vermeiden, hat sich hier ebensowenig wie auch an anderen ähnlichen Stellen zu bestimmten Rechtssätzen verdichtet[50].

21   Unberührt davon bleibt dagegen selbstverständlich die *Erstreckung der Rechtskraft* auf die Parteien des anderen Prozesses, soweit sie sich unabhängig von der Hauptintervention *aus sonstigen gesetzlichen Vorschriften* ableiten läßt, z. B. wenn der Intervenient als Zessionar Rechtsnachfolger des Erstklägers ist oder der Erstkläger durch seinen Sieg während des Interventionsprozesses Besitznachfolger des Erstbeklagten geworden ist. S. die Bem. zu § 325.

---

[44] Ebenso RGZ 17, 340; 64, 321 f.; 100, 60; *Weismann* (Fn. 1), 99; *Heim* (Fn. 1), 61; *Hellwig* Lb 3, 209.

[45] Vgl. *BGH* NJW 1988, 1205 = JZ 667 (*Gursky*).

[46] Vgl. *BGHZ* 103, 104 = NJW 1988, 1205 = JZ 666 (*Gursky*).

[47] Eindringlich *Picker* (Fn. 1), 707 ff.

[48] Vgl. *Mendelssohn/Bartholdy* Zur Auslegung des § 72, S. 39; *OLG Karlsruhe* BadAnn. 61, 247.

[49] So *Weismann* (Fn. 1), 63 f.; *Mendelssohn/Bartholdy* Rechtskraft, 355. – Wie hier *Förster/Kann*³ Anm. 4 c.

[50] *Heim* (Fn. 1), 87; *Hellwig* Lb 3, 211 f.

V. Verhältnis zu § 771

Verschieden von der Hauptintervention ist die *Vollstreckungsintervention* (**Drittwiderspruchsklage**)   **22**
des § 771, durch die der Dritte kraft eines Rechtes am *Gegenstand der Zwangsvollstreckung* ihre
Unzulässigkeit geltend macht. Sie konkurriert mit der Hauptintervention nur dann, wenn der Gegenstand
des Rechtsstreits zugleich Gegenstand der Vollstreckung eines vorläufig vollstreckbaren Urteils auf
Herausgabe (§§ 883 ff.) ist (→ § 771 Rdnr. 71). Dann hat der Dritte die Wahl, und es ist aus dem
Klageantrag zu entnehmen, welche Klage erhoben wird.

VI. Arbeitsgerichtliches Verfahren

Hier ist die Hauptintervention unter den gleichen Voraussetzungen und mit den gleichen Wirkungen   **23**
zulässig wie im ordentlichen Verfahren[51] (§§ 46 Abs. 2, 64 Abs. 6 ArbGG). Dabei macht es keinen
Unterschied, ob für den Anspruch des Hauptintervenienten, wenn er im Wege selbständiger Klage
geltend gemacht würde, das Arbeits- oder das ordentliche Gericht zuständig sein würde, wie umgekehrt
einer vor dem ordentlichen Gericht erhobenen Hauptintervention der Umstand nicht entgegensteht, daß
bei selbständiger Klage das Arbeitsgericht zuständig wäre. Denn § 64 ZPO begründet eben eine besondere Zuständigkeit für die gegen die Parteien des Erstprozesses gemeinsam gerichtete Klage.

§ 65   [Aussetzung des Hauptprozesses]

**Der Hauptprozeß kann auf Antrag einer Partei bis zur rechtskräftigen Entscheidung über
die Hauptintervention ausgesetzt werden.**

Gesetzesgeschichte: bis 1900 § 62 CPO.

Stichwortverzeichnis: → vor § 64 vor Rdnr. 1.

I. Aussetzung des Verfahrens[1]

Das Gericht kann, um widersprechenden Entscheidungen vorzubeugen (→ § 64 Rdnr. 20),   **1**
den Erstprozeß (Hauptprozeß), solange das Urteil noch nicht rechtskräftig ist[2], auf den *Antrag*
einer der Parteien aussetzen. Der Hauptintervenient kann den Antrag nicht stellen, da er
nicht Partei in dem Erstprozeß ist[3]. Schwebt der Erstprozeß bereits in der höheren Instanz, so
muß der Antragsteller die Ladung zu einem Termin vor dem höheren Richter zur Verhandlung über den Antrag anregen. Das Gericht entscheidet über den Antrag nach pflichtmäßigem
Ermessen[4] unter Berücksichtigung der Interessen aller Beteiligten. Selbstverständlich können
die Parteien des Erstprozesses auch dessen Ruhen nach § 251 beantragen. Das Gericht kann
ferner, wenn die Voraussetzungen des § 148 vorliegen, auch von Amts wegen den Erstprozeß[5] oder den Interventionsprozeß aussetzen. Die Anordnung der Aussetzung kann bei
Einverständnis der Parteien über die Aussetzung ohne mündliche Verhandlung, im übrigen –
vorbehaltlich der Fälle des § 128 Abs. 2, 3 und der §§ 251 a, 331 a – nur auf Grund mündlicher

---

[51] Vgl. *BAGE* 43, 316 = AP Nr. 2 zu § 1 TVG – Seniorität (*Herschel*).
  [1] Lit.: → § 64 Fn. 1.
  [2] *OLG Hamburg* OLGRspr. 9 (1904), 52.

[3] Jetzt h.M.; s. schon *Francke* ZZP 37 (1908), 312. – A.
M. *Heim* (§ 64 Fn. 1), 67; *Picker* (§ 64 Fn. 1), 707 ff.
  [4] Vgl. *OLG Hamburg* OLGRspr. 9 (1904), 52.
  [5] Vgl. *OLG Hamburg* SeuffArch. 41 (1886), 347.

Verhandlung ergehen (→ § 148 Rdnr. 42). Wegen der *Aufhebung* der Aussetzung → § 150 Rdnr. 11.

II. Einstellung der Vollstreckung

2   Die Vollstreckung des im Erstprozeß ergangenen Urteils kann auf Grund der schwebenden Hauptintervention **nicht** eingestellt werden. Der Intervenient ist daher, soweit nicht § 771 eingreift (→ § 64 Rdnr. 22), darauf beschränkt, im Wege des Arrestes zur Sicherung seines Geldanspruches oder im Wege der einstweiligen Verfügung vorzugehen. Letzterenfalls kann er auch die Einstellung der Vollstreckung erreichen (→ § 938 Rdnr. 28).

§ 66   [Nebenintervention]

(1) **Wer ein rechtliches Interesse daran hat, daß in einem zwischen anderen Personen anhängigen Rechtsstreit die eine Partei obsiege, kann dieser Partei zum Zwecke ihrer Unterstützung beitreten.**

(2) **Die Nebenintervention kann in jeder Lage des Rechtsstreits bis zur rechtskräftigen Entscheidung, auch in Verbindung mit der Einlegung eines Rechtsmittels, erfolgen.**

Gesetzesgeschichte: bis 1900 § 63 CPO.

Stichwortverzeichnis zu §§ 66–74

I. Inhalt der Nebenintervention[1]

1. Die Nebenintervention oder Streithilfe ist die **Teilnahme eines Dritten** an einem anhän- **1**
gigen Prozeß zur Unterstützung derjenigen Partei, an deren Sieg der Dritte ein rechtliches
Interesse hat. Im Gegensatz zum Hauptintervenienten (§ 64) macht der Streitgehilfe keinen

---

[1] **Lit.:** *Becker* Streitverkündung für den Fall des Obsiegens, LeipzZ 1914, 843; *Bischof* Die Streitverkündung, JurBüro 1984, 969/1141/1309/1461; *Bondi* Zulässigkeit der Nebenintervention, rechtliches Interesse im Sinne von § 62 ZPO, DJZ 1910, 1069; *Bork* Ist der Konkursverwalter berechtigt, im Prozeß als Nebenintervenient die Konkursanfechtung geltend zu machen?, JR 1989, 494; *Bovensiepen* Ist der Beklagte auch dann aus dem Rechtsstreite zu entlassen, wenn er mehreren Personen den Streit verkündet hat und diese nur zum Teil in den Rechtsstreit eingetreten sind?, DJZ 1908, 636; *Bruns* Die Erweiterung der Streitverkündung in den Gesetzgebungsarbeiten zur Novelle der deutschen Zivilprozeßordnung, Festschr. f. Schima (1969), 111; *v. Canstein* Die Stellung des Nebenintervenienten nach der Civilprozeßordnung,

ZZP 8 (1885), 217; *Coester/Waltjen* Streitgenossenschaft und Nebenintervention, Jura 1989, 442; *Donau* Prozeßstandschaft und Streithilfe im Vollstreckungsschutzverfahren, NJW 1955, 412; *Eibner* Aktuelle Probleme des Streitverkündungsrechts, JurBüro 1988, 149/281; *Eichbaum* Streitverkündung für den Fall des Obsiegens?, LeipzZ 1914, 1521; *Ekelöf* Das rechtliche Interesse als Interventionsgrund, Festschr. f. Hedemann (1938), 206; *Francke* Zur Stellung des Nebenintervenienten, ZZP 27 (1900), 294; *Fricke* Zur Zulässigkeit von Nebenintervention und Streitverkündung in Arrestverfahren und Verfahren der einstweiligen Verfügung, BauR 1978, 257; *Fürst* Der Aktionäre und Gesellschafter einer G.m.b.H. als Nebenintervenient in Rechtsstreiten der Gesellschaft, Festschr. f. Cohn (1915), 373; *Fuhrmann* Verspätetes

Anspruch für sich geltend. Er handelt nur zugunsten des fremden Sieges[2]. Über seine Stellung dabei → § 67 Rdnr. 1. Die Streithilfe begründet nicht die Rechtshängigkeit[3].

2   **2.** Die Streithilfe ist **Recht des Dritten**, auch wenn die Partei durch Streitverkündung einen Druck auf seinen Beitritt ausübt (→ § 72 Rdnr. 1). Sie steht ihm u. U. wahlweise neben anderen Wegen zur Geltendmachung seines Interesses zu. Insbesondere können die Voraussetzungen der Hauptintervention und der Streithilfe konkurrieren (vgl. § 64 Rdnr. 7), und es ist dann jedenfalls auch die letztere zulässig[4]. Dasselbe gilt in den Fällen der §§ 75 ff.

3   **3.** Die Rechtslage kann so sein, daß der Streitgehilfe an sich **jeder der beiden Parteien** beitreten könnte. Die Streitverkündung seitens der einen Partei hindert ihn nicht, der Gegenpartei beizutreten (→ § 74 Rdnr. 2, 4). Liegen die Voraussetzungen für die Nebenintervention auf beiden Seiten vor, so hat er die Wahl[5], und es ist nicht ausgeschlossen, daß er nach Zurücknahme des ersten Beitritts (→ § 70 Rdnr. 7) der anderen Partei beitritt[6].

4   **4.** Tritt der Dritte bei, sei es auf Grund einer Streitverkündung (§ 72) oder ohne eine solche, so hat das unter den Parteien ergehende **Urteil** für und gegen ihn die **Interventionswirkung** des § 68. Unterläßt er den Beitritt, so gilt nur im Fall einer dem § 72 genügenden Streitverkündung die entsprechende Vorschrift des § 74. Im übrigen regelt die ZPO die Folgen dieser Unterlassung nicht[7]. Eine Ausdehnung der Rechtskraft auf den Dritten als Folge des Nichteintretens findet jedenfalls nicht statt[8].

5   **5.** Bei den **Voraussetzungen der Streithilfe** sind wie in ähnlichen Fällen (→ § 33 Rdnr. 10; Rdnr. 6 vor § 59; § 64 Rdnr. 3) die des Rechts zur Intervention (→ Rdnr. 6–24) als *besondere* Prozeßvoraussetzungen von den *allgemeinen* Prozeßvoraussetzungen (→ Rdnr. 25) zu trennen. **Geprüft** werden die Voraussetzungen des Beitritts nur, wenn eine Partei widerspricht. Zur Entscheidung über den Antrag auf Zurückweisung → § 71.

Vorbringen des Streithelfers, NJW 1982, 978; *Gerhardt* Zum Recht des Konkursverwalters, im Prozeß als Nebenintervenient die Konkursanfechtung geltend zu machen, KTS 1984, 177; *Goetzeler* Beiträge zur Lehre von der Nebenintervention (1937); *Häsemeyer* Die Interventionswirkung im Zivilprozeß – prozessuale Sicherung materiell-rechtlicher Alternativverhältnisse, ZZP 84 (1971), 179; *Heberlein* Die Rechtsaufsichtsbehörde als Nebenintervenient, RdA 1989, 102; *van Hees* Der Beitritt eines Dritten im Patenterteilungsverfahren, GRUR 1987, 855; *Kisch* Der Begriff der Nebenintervention und seine Consequenzen nach dem deutschen Recht, Grünhut 26, 315; *Kittner* Streithilfe und Streitverkündung, JuS 1985, 703; 1986, 131/624; *Laumen* Streitverkündung, Interventionswirkung und Beweislastverteilung bei alternativer Vertragspartnerschaft, Festschr. f. G. Baumgärtel, 1990, 281; *Lent* Der Umfang der Interventionswirkung nach § 68 ZPO, AkadZ 1940, 129; *Martens* Grenzprobleme der Interventionswirkung, ZZP 85 (1972), 77; *Mickel* Beweissicherung und Streitverkündung, BB 1984, 438; *Milleker* Formen der Intervention im französischen Zivilprozeß und ihre Anerkennung in Deutschland, ZZP 84 (1971), 91; *Pantle* Der nicht unterstützte Streithelfer, MDR 1988, 924; *Petersen* Die Stellung des Nebeninterventienten in der von ihm veranlaßten Rechtsmittelinstanz ZZP 24 (1898), 305; *ders.* Zur Auslegung des § 72 der Civilprozeßordnung, Gruchot 25 (1881), 534; *Schäfer* Nebenintervention und Streitverkündung (1990); *Schlodtmann* Ueber die Streitverkündung an den dritten Forderungsprätendenten. Zu § 72 C.P.O., ZZP 13 (1889), 293; *Schmidt* Ueber die Streitverkündung im Falle des § 72 des deutschen Civilprozeßordnung, ZZP 1 (1879), 104; *E. Schneider* Der forsche Streithelfer, MDR 1990, 505; *ders.* Über die Interventionswirkungen im Folgeprozeß, MDR 1961, 3; *Schreiber* Der Ausschluß verzögerten Vorbringens im Zivilprozeß als Folge von Streitverkündung, Rechtskraft oder arglistigem Verhalten, Jura 1980, 75; *Schultze* Die rechtliche Stellung des sogenannten Nebenintervenienten im Rechtsstreit, ZZP 2 (1880), 20; *Schulze* Verspätetes Vorbringen durch den Streithelfer, NJW 1981, 2663; *Stahl* Beiladung und Nebenintervention (1972); *Tannenwald* Unterbrechung der Verjährung durch Streitverkündung, DJZ 1910, 1022; *Walsmann* Die streitgenössische Nebenintervention (1905); *Werres* Die Wirkungen der Streitverkündung und ihre Grenzen, NJW 1984, 208; *Wieser* Das rechtliche Interesse des Nebeninterventienten (1965); *ders.* Die Interventionswirkung nach § 68 ZPO, ZZP 79 (1966), 246; *ders.* Streitverkündung im Verfahren zur Feststellung der nicht ehelichen Vaterschaft, FamRZ 1971, 393; *Windel* Zur prozessualen Stellung des einfachen Streithelfers (§§ 67, 71 Abs. 3 ZPO), ZZP 104 (1991), 321.

[2] Vgl. *RGZ* 10, 398; 20, 393.
[3] Näher *Bettermann* Rechtshängigkeit und Rechtsschutzform (1949), 76.
[4] *RGZ* 10, 398; *OLG Dresden* SächsAnn. 23, 172; s. auch *RGZ* 46, 405; *Hellwig* Lb 2, 489.
[5] Vgl. *OLG Hamburg* OLGRspr. 17 (1908), 103; *OLG Braunschweig* OLGRspr. 19 (1909), 134; *Hellwig* Lb 2, 490.
[6] *BGHZ* 18, 110 = NJW 1955, 1316; *BAG* AP § 511 ZPO Nr. 1 (Baumgärtel) = SAE 1960, 18 (*Pohle*); *RGZ* 61, 290; ferner *OLG Hamburg* JW 1930, 198 (zur Kostenfrage), vgl. § 101 Rdnr. 6.
[7] Vgl. *RG* Gruchot 37 (1893), 1221.
[8] *Mendelssohn/Bartholdy* Grenzen der Rechtskraft (1900), 400; s. auch *Zeiß* Die arglistige Prozeßpartei (1967), 113.

II. Voraussetzungen hinsichtlich des Rechtsstreits

1. Der Rechtsstreit muß »anhängig« geworden und darf nicht bereits endgültig erledigt **6**
sein[9] [im Fall der Streitgenossenschaft: für die unterstützte Partei endgültig erledigt sein (→
Rdnr. 11 f. vor § 59)[10]]; in dieser Beziehung gilt das zu § 64 Rdnr. 6 Gesagte entsprechend. Im
übrigen ist auch hier wieder (→ schon § 64 Rdnr. 4 ff.; ferner § 72 Rdnr. 10 ff.) umstritten, ob
das Gesetz in § 66 *Rechtshängigkeit* voraussetzt[11], oder ob *Anhängigkeit* genügt. Obwohl der
Wortlaut wenig ergiebig ist, wird man aus den Begriffen »Rechtsstreit« und »Parteien«
entnehmen können, daß der Gesetzgeber als Normalfall den Beitritt in einem rechtshängigen
Erkenntnisverfahren vor Augen hatte. Das schließt aber nicht aus, §§ 66 ff. analog anzuwenden, wo es nach Sinn und Zweck sowohl der Nebenintervention als auch des Verfahrens, in
dem die Analogie erwogen wird, erforderlich erscheint[12]. Im einzelnen gilt folgendes:

a) Im normalen *Erkenntnisverfahren* wird es zu einer Nebenintervention zwischen Anhän- **6a**
gigkeit und Klagezustellung kaum kommen, so daß am grundsätzlichen Erfordernis der
Rechtshängigkeit festgehalten werden kann; jedenfalls würde ein etwaiger Mangel durch
Klagezustellung geheilt[13]. Wegen der Einzelheiten kann auf die Ausführungen in § 64
Rdnr. 4a, 4b verwiesen werden, wobei die Streithilfe auch in Ehe- und Familienstandssachen
denkbar ist (→ unten Rdnr. 18, 19), während sie im Aufgebotsverfahren vor dem Ausschlußurteil an der besonderen Gestaltung dieses Verfahrens scheitern muß[14].

b) Im *selbständigen Beweisverfahren* sind §§ 66 ff. weder direkt[15] noch analog[16] anwend- **6b**
bar. Die direkte Anwendung scheitert schon daran, daß in einem Beweissicherungsverfahren
keine Entscheidung gefällt wird, mit der, wie es § 66 verlangt, »eine Partei obsiegt«, die
analoge Anwendung daran, daß der Dritte bei Bedarf durch selbständige Beweissicherungs-
anträge geschützt werden kann (→ auch § 72 Rdnr. 10b). Im Verfahren auf *Anordnung eines
Arrestes* oder *Erlaß einer einstweiligen Verfügung* wird zwar nicht der zu sichernde Hauptanspruch, wohl aber der Sicherungsanspruch rechtshängig (→ vor § 916 Rdnr. 8 ff., § 920
Rdnr. 2). Das reicht für die Hauptintervention nicht, da der Dritte *dieses* Recht nicht für sich in
Anspruch nimmt (→ § 64 Rdnr. 4c), wohl aber für die Nebenintervention[17] (sofern der Dritte
ein rechtliches Interesse hat; → Rdnr. 12 ff.). Im *Vollstreckungsverfahren* ist die Streithilfe
möglich, wenn ein Rechtsstreit entsteht, z. B. in den Fällen der §§ 722, 731, 767 f., 771 ff., 805
sowie im Beschlußverfahren nach § 891[18]; dasselbe gilt im Konkursverfahren[19]. Dagegen ist
sie im Erinnerungsverfahren nach § 766 (und § 732) unzulässig[20], aber auch unnötig, weil die
Erinnerung dem interessierten Dritten selbständig zusteht (→ § 766 Rdnr. 30 ff. sowie § 727
Rdnr. 43 ff.). Ferner kommt sie in Frage in dem Verfahren auf Vollstreckbarerklärung von

---

[9] *BGHZ* 89, 124 = NJW 1984, 353 = JR 156 (*Waldner*); *BGH* NJW 1991, 229, 230; *OLG Saarbrücken*
DAVorm. 1981, 307; *RGZ* 89, 424; *BVerfGE* 60, 13.

[10] *BayObLG* SeuffArch. 60 (1905), 418.

[11] So noch *BGH* NJW 1975, 929 (obiter); ferner *Baum-
bach/Lauterbach/Hartmann*[50] Anm. 2 A; *A. Blomeyer*
ZPR[2] § 112 I 1; *Herrmann* Grundstruktur der Rechtshängigkeit (1988), 124 ff.

[12] So dem Ansatz nach *KG* OLGZ 1989, 75; *Wussow*
NJW 1969, 1407; auch *Herrmann* (vorige Fn.), 126. –
Weitergehend will die h. M. §§ 66 ff. immer dann (direkt)
anwenden, wenn die Entscheidung in dem jeweiligen Verfahren die Rechtsstellung des Dritten beeinflussen kann,
so vor allem *Rosenberg/Schwab*[14] § 47 II 1a/b; ähnlich
Donau NJW 1955, 413; *Kittner* JuS 1985, 707; *Schilken*
JR 1984, 447; *MünchKommZPO/Schilken* Rdnr. 2; *Tho-
mas/Putzo*[17] Anm. 2; *Zöller/Vollkommer*[17] Rdnr. 2/4.

[13] → § 64 Rdnr. 4a.

[14] A. M. *A. Blomeyer* ZPR[2] § 112 I 1. – Wie hier *Baum-
bach/Lauterbach/Hartmann*[50] Anm. 2 A.

[15] So aber *Schilken* ZZP 92 (1979), 260. Der Mei-
nungsstreit hat größere Bedeutung bei der Streitverkündung; s. dazu § 72 Rdnr. 10b mwN.

[16] So aber *Wussow* NJW 1969, 1407. – Wie hier *Baum-
bach/Lauterbach/Hartmann*[50] Anm. 2 A; *Thomas/Put-
zo*[17] Anm. 2; *Zimmermann*[2] Rdnr. 2; *Zöller/Vollkom-
mer*[17] Rdnr. 3.

[17] Vgl. *OLG Düsseldorf* NJW 1958, 794 (*Lent; Möl-
ders*); *OLG Frankfurt* JW 1929, 1674 (*Jonas*; abl. *Fürst*
3174); *Rosenberg/Schwab*[14] § 47 II 1a. – A. M. *Fricke*
BauR 1978, 257 ff.

[18] Nicht hingegen bei bloßen Vollstreckungsschutzan-
trägen nach § 765a; a. M. *Donau* NJW 1955, 412.

[19] *OLG Frankfurt* Rpfleger 1978, 417.

[20] *OLG Oldenburg* NdsRpfl. 1955, 35. – A. M. *Hellwig*
Lb 2, 480.

Schiedssprüchen und schiedsrichterlichen Vergleichen gemäß §§ 1042, 1044 ff.[21] und von Entscheidungen ausländischer Gerichte nach den AusführungsVO zu den Vollstreckungsabkommen mit Österreich, Italien, der Schweiz usw., dem Haager Übereinkommen etc. (→ § 723 mit Anh.). Auch im *schiedsgerichtlichen Verfahren* ist die Nebenintervention grundsätzlich möglich[22]; näher → § 1034 Rdnr. 32. Wegen des *arbeitsgerichtlichen Verfahrens* → Rdnr. 26.

6c   c) Wiederum (→ schon § 64 Rdnr. 4d; ferner § 72 Rdnr. 10c) nur für das *Mahnverfahren* stellt sich damit die Frage, ob nicht für die Zulässigkeit der Nebenintervention die **Anhängigkeit** des Rechtsstreits ausreicht[23] (hilfsweise: ob man zwar grundsätzlich Rechtshängigkeit verlangen, beim Mahnverfahren aber §§ 66 ff. wenigstens **analog** anwenden will[24]). Begründen ließe sich das allenfalls damit, daß es dem Dritten möglich sein muß, Widerspruch einzulegen, um seine Interessen zu schützen, wenn der Antragsgegner sich nicht wehren will. In diesem Fall würde dem Dritten aber auch die Nebenintervention wenig nützen, da der Beklagte nach Widerspruch anerkennen könnte (→ § 67 Rdnr. 12). Im übrigen ergeben sich auch hier wieder Bedenken aus der Regelung des auf eine rasche Klärung ausgerichteten Mahnverfahrens, das den »Eingriff« Dritter, möglicherweise noch mit einem Protest des Antragstellers und nachfolgendem Zwischenverfahren nach § 71, nicht verträgt. Im Ergebnis wird daher hier daran festgehalten, daß eine Nebenintervention im Mahnverfahren vor Widerspruch und Abgabe nach § 696 Abs. 3 nicht zulässig ist[25].

7   Innerhalb der bezeichneten Grenzen kann der Nebenintervenient den **Zeitpunkt seines Beitritts frei wählen**. Der Beitritt kann auch in *Verbindung mit der Einlegung eines Rechtsmittels* oder des Einspruchs erfolgen, also in den für diese Rechtsbehelfe vorgeschriebenen Formen (→ auch § 67 Rdnr. 6). § 70 spricht ausdrücklich aus, daß der Beitritt dann, wenn er mit der Einlegung eines Rechtsmittels verbunden wird, durch Einreichung eines Schriftsatzes bei dem Rechtsmittelgericht erfolgt[26]. Auch ein Beitritt in Verbindung mit der Erhebung der **Wiederaufnahmeklage** durch den Streitgehilfen ist als zulässig anzusehen, da es sich bei der Wiederaufnahme nicht um die Einleitung eines neuen Verfahrens, sondern um die Einlegung eines außerordentlichen Rechtsbehelfs handelt[27]. Mit einem Wiedereinsetzungsantrag kann der Beitritt aber nur dann verbunden werden, wenn der Rechtsstreit noch nicht rechtskräftig abgeschlossen ist[28] (→ Rdnr. 6).

8   2. Der Rechtsstreit muß **zwischen anderen Personen anhängig** sein. Wer sich bereits in der Parteirolle befindet, ist nicht Dritter. Dies gilt insbesondere von den Gesellschaftern bei der Gesellschaft des bürgerlichen Rechts (→ § 50 Rdnr. 17, 17a) sowie von den Aktivprozessen des nicht rechtsfähigen Vereins (→ § 50 Rdnr. 20a, 25). Daß dagegen ein anderer kraft Amtes oder kraft Auftrags die Interessen des Dritten vertritt, schließt dessen Streithilfe dann nicht aus, wenn der andere den Prozeß im eigenen Namen führt (→ Rdnr. 25 vor § 50)[29]. Daher können die einzelnen Konkursgläubiger dem Konkursverwalter, insbesondere auch in den Anfechtungsprozessen, als Streitgehilfen beitreten[30], ebenso auch der Gemeinschuldner

---

[21] *OLG Schleswig* SchlHA 1960, 343.

[22] A. M. *Zöller/Vollkommer*[17] Rdnr. 3; wie hier *Zöller/ Geimer*[17] § 1034 Rdnr. 54.

[23] So vor allem *Rosenberg/Schwab*[14] § 47 II 1a; zust. A. *Blomeyer* ZPR[2] § 112 I 1; *MünchKommZPO/Schilken* Rdnr. 2; *Zöller/Vollkommer*[17] Rdnr. 2/4.

[24] So etwa *Herrmann* Grundstruktur der Rechtshängigkeit (1988), 126.

[25] Ebenso *Baumbach/Lauterbach/Hartmann*[50] Anm. 2 A; *Zimmermann*[2] Rdnr. 2; → auch § 693 Rdnr. 6.

[26] Die erforderliche Beschwer (→ Allg. Einl. vor § 511 Rdnr. 54) muß für die Partei, nicht für den Nebenintervenienten gegeben sein (→ § 67 Rdnr. 6).

[27] *Hellwig* Lb 2, 479/80; *Schiedermair* Festschrift für Dölle (1963) 1, 349; *Baumbach/Lauterbach/Hartmann*[50] Anm. 3; *Wieczorek*[2] Anm. A I b 2; einschränkend BayObLGZ 1974, 9 = NJW 1147 (nur bei Rechtskraft- oder Interventionswirkung gegenüber dem Streitgehilfen). – A. M. RGZ 89, 425; *Seuffert/Walsmann* Anm. 2a; *Windel* ZZP 104 (1991), 344.

[28] BGH NJW 1991, 229, 230.

[29] So auch für den Fall des Auftrags RG JW 1897, 473.

[30] RG JW 1889, 203; 1891, 273; *Jaeger/Henckel* KO[9] § 36 Rdnr. 8 mwN. Vgl. auch RGZ 36, 367. – A. M. *Oetker* Konkursrechtliche Grundbegriffe 1, 331.

selbst[31], der Schuldner dem Zwangsverwalter[32], der Erbe dem Nachlaßverwalter oder Testamentsvollstrecker, und umgekehrt. Das gleiche gilt von dem oben § 50 Rdnr. 13 vertretenen Standpunkt aus (Parteifähigkeit der OHG) für die Gesellschafter in den Prozessen der offenen Handelsgesellschaft[33], ferner für die Mitglieder von juristischen Personen und für die von nicht rechtsfähigen Vereinen im Fall des § 50 Abs. 2. Prozeßbevollmächtigte[34] und gesetzliche Vertreter[34a] können, da sie nicht Partei sind, beitreten, aber nur, wenn sie ein eigenes (persönliches) Interesse haben (→ Rdnr. 13).

Da bei einer **Streitgenossenschaft** in demselben Prozeß in Wahrheit mehrere Kläger oder   **9** Beklagte verbunden sind, kann ein Streitgenosse *seinem Streitgenossen* beitreten[35], um für ihn *in vollem Umfang* des § 67 handeln zu können, was er auch als notwendiger Streitgenosse (§ 62) nicht könnte. Er kann aber, wie in der Rechtsprechung jetzt anerkannt ist[36], auch dem *Gegner seines Streitgenossen* beitreten. Zum Wechsel von einer Seite auf die andere → Rdnr. 3. Daß er nach Beendigung seiner Streitgenossenschaft jeder Partei ohnedies beitreten könnte, versteht sich von selbst[37].

3. Hört der Streitgehilfe auf, Dritter zu sein, so wird dadurch die **Zulässigkeit der Streithilfe**   **10** **beendet**, etwa wenn er Rechtsnachfolger der unterstützten Partei oder des Gegners im Prozeß wird (§ 239), oder wenn er selbst Hauptintervention erhebt und die Prozesse verbunden werden. Denn er kann dann nicht mehr zugunsten seines nunmehrigen Prozeßgegners handeln.

4. Werden im Hauptprozeß **mehrere prozessuale Ansprüche** geltend gemacht (objektive   **11** Klagenhäufung, § 260), so kann der Beitritt auf einen der Ansprüche begrenzt werden. Im Regelfall (also wenn nichts anderes gesagt ist) bezieht sich der Beitritt auf alle Ansprüche, auch auf später erhobene (z.B. Widerklage[38]), solange keine Einschränkung erklärt ist. Die Begrenzung auf einen Teil eines Anspruchs erscheint dagegen weder zulässig noch erforderlich[39], da der Streitwert ohnehin nach dem Interesse des Nebenintervenienten zu bemessen ist (→ § 70 Rdnr. 8).

III. Das rechtliche Interesse

Der Streitgehilfe muß ein rechtliches Interesse (→ auch Rdnr. 100 ff. vor § 253 sowie § 256   **12** Rdnr. 61 ff.) an dem Sieg einer Partei haben, d.h. der Ausgang des Prozesses muß *für die Rechte oder die Rechtslage des Gehilfen* in dem Sinn von Bedeutung sein, daß der Sieg der von ihm unterstützten Partei entweder seine Rechtslage verbessert oder eine Gefahr für ihn abwendet, die ihm aus ihrem Unterliegen erwachsen würde[40]. Ob ein solches Interesse vorhanden ist, entscheidet das Prozeßrecht; das bürgerliche Recht regelt nur die Rechtsbeziehungen, in denen das Interesse wurzelt.

---

[31] Vgl. *RGZ* 28, 422, wo diese Frage zwar offengelassen, aber für den Fall der Annahme der Parteistellung des Verwalters bejaht wird; dazu *RGZ* 29, 29, bejahend für alle Theorien *Jaeger/Henckel* KO[9] § 6 Rdnr. 101; ferner *KG* OLGRspr. 20 (1910), 297. – A. M. *RG* JW 1902, 213; *Wieser* (Fn. 1), 102. S. auch unten bei Fn. 45.

[32] Vgl. *OLG Köln* OLGRspr. 15 (1907), 34.

[33] Ebenso, aber vom Standpunkt der dort vertretenen Grundauffassung (→ § 50 Rdnr. 13) nicht folgerichtig (s. auch *Mendelssohn/Bartholdy* Rechtskraft, 384 f.) *RGZ* 5, 69; 17, 365; 34, 361. – Das gilt auch, wenn dieselbe Person Konkursverwalter über verschiedene Vermögen ist, etwa das einer Gesellschaft und das des Gesellschafters, *OLG Hamburg* ZIP 1988, 663.

[34] Vgl. *BGH* VersR 1982, 975.

[34a] A. M. *MünchKommZPO/Schilken* Rdnr. 4 m. w. N.

[35] *BGH* NJW 1977, 1013 (→ § 61 Rdnr. 1).

[36] *BGH* VersR 1985, 81; *BGHZ* 8, 72 = NJW 1953, 420 = LM § 72 Nr. 1 (*Lersch*); zust. *Gottwald* JA 1982, 66.

[37] *BGH* LM Nr. 1.

[38] A. M. *MünchKommZPO/Schilken* Rdnr. 20; *Thomas/Putzo*[17], Anm. 3 e.

[39] *OLG Düsseldorf* MDR 1966, 852. – A. M. *Thomas/Putzo*[17], Anm. 3 e.

[40] Zur Definition vgl. *RGZ* 23, 343, ferner 14, 436; 36, 367; 77, 365; 83, 183; *Wach* Hdb., 617; *Walsmann* (Fn. 1), 128; *Hellwig* Lb 2, 481; *Ekelöf* (Fn. 1), 206; *Wieser* (Fn. 1), 73; *ter Beck* Festschr. f. Mühl (1981), 86 f.

13 **1. Das Interesse muß ein eigenes** (persönliches) sein. Allgemein sittliche, humanitäre oder berufliche Interessen (etwa von Berufsorganisationen)[41], auch öffentliche, genügen allein nicht. Das Interesse des Staates oder einer Behörde genügt nur, wenn es zu einer Beteiligung an dem zivilrechtlichen Verhältnis verdichtet ist. So wird das rechtliche Interesse der Bundesanstalt für den Güterfernverkehr in einem Prozeß nach § 23 Abs. 1, 2 GüKG bejaht, weil die Forderung auf die Behörde übergehen kann[42]. Hingegen reicht das allgemeine Interesse einer Aufsichtsbehörde an einer mit Dienst- und Haushaltsrecht übereinstimmenden Prozeßführung der beaufsichtigten Behörde nicht aus[43]. Mangels eigenen Interesses fehlt das Interventionsrecht auch in Prozessen des Konkursverwalters den Mitgliedern des Gläubigerausschusses, die nicht Konkursgläubiger sind[44]. Dagegen wird man es dem Gemeinschuldner in Feststellungsprozessen, wenn er die Forderung bestritten hatte[45], nicht absprechen können. Denn die Konkursmasse bleibt auch nach der Beschlagnahme sein Vermögen, und wieweit im Konkurs seine Gläubiger befriedigt werden, berührt auch sein konkursfreies Vermögen. Ist die Forderung ihm gegenüber festgestellt, muß er sich das freilich entgegenhalten lassen[46]. Im Patentnichtigkeitsprozeß[47] (ebenso im Gebrauchsmusterlöschungsverfahren) setzt das rechtliche Interesse besondere rechtliche Beziehungen hinsichtlich des angegriffenen Patents zu einer Partei oder dem Patentinhaber voraus[48].

14 **2. Das Interesse muß ein rechtliches** sein, d. h. in *Rechtsverhältnissen* des Dritten wurzeln, mögen sie vermögens- oder familienrechtliche sein[49], mögen sie dem privaten oder öffentlichen Recht angehören. Auch die Gefahr strafrechtlicher Verfolgung begründet das Interesse[50]. Die allgemeine Einwirkung auf die Vermögensverhältnisse als solche, wie sie z. B. jeder Gläubiger erleidet, wenn sein Schuldner durch das Vorgehen anderer Gläubiger weniger zahlungsfähig wird, genügt dabei nicht[51]. Aus diesem Grund ist z. B. die Streithilfe seitens eines Aktionärs oder Aufsichtsratsmitglieds mit Rücksicht auf die etwaige Schmälerung seiner Einkünfte beim Unterliegen der Aktiengesellschaft unstatthaft[52]; anders selbstverständlich, wenn Mitgliedschaftsrechte des Aktionärs berührt sind[53], oder wenn es sich für einen Dritten nicht um die Vermögensverhältnisse seines Schuldners im allgemeinen, sondern um sein Recht an bestimmten Sicherungsobjekten handelt[54]. Bei der Klage des Versicherungsnehmers gegen die Versicherung wird man ein Beitrittsrecht des Geschädigten jedenfalls dann bejahen, wenn der Geschädigte auch den Direktanspruch geltend machen könnte (§ 3 Nr. 1 PflVersG)[55]. Bei der Gütertrennung für den Ehegatten jeweils ein rechtliches Interesse

---

[41] Vgl. *LAG Erfurt* ArbGer. 35, 246 (Nebenintervention einer nicht an dem Tarifvertrag beteiligten Gewerkschaft).

[42] *OLG Bamberg* VersR 1965, 1006; *OLG Stuttgart* NJW 1965, 824. – S. auch *LG Flensburg* FamRZ 1974, 533 (Streithilfe des Landesversorgungsamts im Unterhaltsprozeß gegen geschiedenen Ehegatten zulässig, da Unterhaltsanspruch zur Rentenkürzung führt).

[43] Zutr. *Heberlein* RdA 1989, 102 gegen *BAGE* 47, 1, 5 und AP Nr. 14 zu §§ 22, 23 BAT 1975; zust. *Hirte* ZZP 104 (1991), 42.

[44] *RGZ* 36, 367.

[45] A.M. *RG* JW 1937, 3042. – Im Ergebnis wie hier *KG* OLGRspr. 20 (1910), 297; *Jaeger/Henckel* KO⁹ § 6 Rdnr. 103.

[46] S. dazu *RGZ* 28, 422; JW 1893, 343.

[47] Zum Patenterteilungsverfahren s. *van Hees* GRUR 1987, 855; zum Patentverletzungsprozeß → Fn. 69.

[48] *BGHZ* 4, 5 = GRUR 1952, 260 = NJW 381. – Wohl zu weitgehend *BGH* LM Nr. 6 zu § 5 GebrMG = MDR 1968, 212, der rechtliche Beziehungen schon bejaht, wenn der Lieferant des Streitgehilfen in einem anderen Prozeß wegen Gebrauchsmusterverletzung verklagt wurde.

[49] *RGZ* 10, 114.

[50] *RGZ* 16, 390; weitere Nachweise → § 256 Rdnr. 72 a. E.; *Hellwig* Lb 2, 482. – A. M. *Wach* Hdb., 619; *Walsmann* (Fn. 1), 129.

[51] Zum Teil a.M. *Hellwig* Lb 2, 488.

[52] Vgl. *RGZ* 83, 182.

[53] Z. B. bei einer aktienrechtlichen Anfechtungsklage, *BGHZ* 88, 330 f.; 76, 200 f.; *OLG Neustadt* NJW 1953, 1266. Vgl. zur Nebenintervention von Aktionären und GmbH-Gesellschaftern *Fürst* Festschr. f. Cohn (1915), 373.

[54] Demgemäß kann bei Zusammentreffen zweier Arreste der Arrestgläubiger des zweitvollzogenen dem Arrestschuldner im Widerspruchsverfahren gegen den erstvollzogenen Arrest als Streitgehilfe beitreten bzw. für ihn Widerspruch einlegen, *OLG Frankfurt* JW 1929, 1674 (*Jonas*). – A. M. *Fürst* JW 1929, 3174.

[55] Vgl. *OLG München* NJW 1967, 635 = VersR 76. – Anders bei sonstiger Versicherung *OLG München* VersR 1976, 72. – Zum Beitritt des Versicherungsunternehmens im Haftungsprozeß → Rdnr. 18, 24.

anzunehmen, ginge zu weit. Ein rechtliches, nicht nur ein tatsächlich-wirtschaftliches Interesse ist es ferner, wenn bei Unterliegen der Partei der Dritte selbst befürchten muß, anstatt des bisherigen Beklagten oder neben diesem in Anspruch genommen zu werden, wie z. B. dann, wenn der bisherige Beklagte und der Dritte als Vertragspartner[56] oder als mögliche Verursacher eines Schadens in Betracht kommen[57]. Umgekehrt ist ein Beitritt auf Seiten des Geschädigten möglich, wenn den Dritten als Mithaftenden bei (teilweisem) Obsiegen des verklagten Mitschädigers eine höhere Anteilsquote beim Innenregreß träfe[58]. Obwohl die Entscheidung des Rechtsstreits die Klage gegen den Dritten rechtlich weder bedingt noch ausschließt, liegt in ihr dieselbe Gefährdung der allgemeinen Rechtslage des Dritten, die nach jetzt unbestrittener Ansicht (→ § 256 Rdnr. 38) das rechtliche Interesse für die negative Feststellungsklage begründet und daher auch für den Beitritt als Streitgehilfe genügen muß[59]. Dies gilt dann auch für die eventuell Unterhaltspflichtigen, z. B. die nichteheliche Mutter[60]. Das rechtliche Interesse des Dritten am Sieg der Partei wird nicht dadurch ausgeschlossen, daß er im Falle der Inanspruchnahme durch eine Versicherung gedeckt ist[61]. – Wegen eines auf die Prozeßkosten beschränkten Interesses → Rdnr. 15, 20.

3. Der Sieg der Partei muß sich *vorteilhaft* oder ihr Unterliegen *nachteilig* **auf die Rechtsla- 15 ge des Dritten auswirken.** Dazu ist einmal erforderlich, daß diese Rechtslage, wenn auch als bedingte, schon besteht, nicht erst durch künftige ungewisse Ereignisse geschaffen werden soll[62]. Weiter scheiden hier diejenigen Fälle aus, in denen ein bisher ungewisses Rechtsverhältnis durch das Urteil, selbst mit Bindung für den Dritten, außer Streit gestellt wird, dies aber für den Dritten keine Veränderung seiner Rechtslage bedeutet. So sind z. B. Nachlaßgläubiger und -schuldner an dem Streit um die Erbberechtigung im allgemeinen nicht interessiert[63], ebensowenig in der Regel der Schuldner beim Streit zweier Forderungsprätendenten. Anders ist es allerdings, wenn er zwar dem einen, nicht aber dem anderen gegenüber aufrechnungsberechtigt ist, oder dem einen auch noch aus anderen, lästigeren (vgl. § 366 BGB) Verbindlichkeiten haftet. Entsprechendes gilt für den Schuldner beim Streit zweier Pfandgläubiger um den Rang ihres Pfandrechts (→ § 876 Rdnr. 6). Der Eigentümer einer Pfandsache ist dagegen stets interessiert, wenn über das Bestehen der Forderung gestritten wird[64]. Das Interesse darf auch nicht erst durch den Rechtsstreit geschaffen sein, in dem der Beitritt erfolgen soll. Der Prozeßbevollmächtigte der ersten Instanz kann daher z. B. nicht in der Berufungsinstanz als Nebenintervenient beitreten, um dadurch den Kostenerstattungsanspruch zu sichern, der ihm in der ersten Instanz entstanden ist[65].

4. Es muß das Interesse *am Sieg der Partei* bestehen, d. h. es muß entweder das **Urteil selbst 16** durch Rechtskraft (→ Rdnr. 18) oder Gestaltungswirkung (→ Rdnr. 19) auf die Rechtslage des Dritten einwirken, sei es auch nur die Entscheidung im Kostenpunkt (→ Rdnr. 20) oder die **Vollstreckung** des Urteils (→ Rdnr. 22), oder es muß die im Urteil festgestellte Rechtsfolge oder die Tatsache des Urteils selbst (sog. Tatbestandswirkung, → Rdnr. 21) für die Rechtsstellung des Dritten **bedingend** (präjudiziell) sein (→ Rdnr. 23). Stets ist erforderlich, daß sich das Interesse auf die **Entscheidung über den Streitgegenstand** (Entscheidungstenor) bezieht. Ein Interesse an einer bestimmten Beantwortung rechtlicher oder tatsächlicher *Vorfragen* genügt

[56] *OLG Braunschweig* OLGRspr. 19 (1909), 134.
[57] Vgl. *RGZ* 77, 360; *BGH* LM Nr. 1 (Gesamtschuldner kann im Hinblick auf den Ausgleichsanspruch auch dem Gläubiger beitreten, um eine Verurteilung des anderen Gesamtschuldners zu erreichen).
[58] Vgl. *BGH* VersR 1985, 81.
[59] So auch *RGZ* 58, 76; 77, 360; SeuffArch. 63 (1908), 51 (zu § 72); *OLG Hamburg* OLGRspr. 5 (1902), 23; 9 (1904), 53 (widersprechende Urteile); 14 (1907), 16; 17 (1908), 103; SeuffArch. 70 (1915), 160; *OLG Dresden*

OLGRspr. 13 (1906), 85; *OLG Braunschweig* OLGRspr. 19 (1909), 134. – A. M. *OLG Hamburg* OLGRspr. 9 (1904), 53 f.
[60] *LG Kiel* NJW 1959, 2123.
[61] Vgl. *RG* WarnRspr. 1914 Nr. 68.
[62] A. M. *Wieser* (Fn. 1), 81.
[63] Vgl. *RG* JW 1892, 309.
[64] Vgl. *RG* JW 1910, 190; *Bondi* DJZ 1910, 1069.
[65] *RGZ* 169, 50.

nicht, also z. B. nicht das Interesse an der Widerlegung in dem Prozeß aufgestellter tatsächlicher Behauptungen[66]. Es genügt also nicht, daß in dem Rechtsstreit über Vorfragen entschieden wird, die auch für das Rechtsverhältnis des Dritten bestimmend sind[67], oder in beiden Fällen dieselben Ermittlungen angestellt werden müssen[68] oder über gleichgelagerte Rechtsfragen zu entscheiden ist[69]. Daher kann der Erwerber eines Teilanspruchs im Prozeß über den beim bisherigen Gläubiger verbliebenen Teil nicht beitreten[70], wohl aber der Abtretende dem neuen Teilgläubiger wegen der Gefahr eines Regreßanspruchs[71].

17   5. Ob das Interesse vorliegt, bestimmt sich in erster Linie nach dem, was die **Parteien** des Rechtsstreits **vorgebracht** und beantragt haben[72]. Ob der Dritte die Behauptungen der Parteien als richtig anerkennt oder bestreitet, ist für die ihm drohende Gefahr und folglich für sein Interesse unerheblich[73]. **Von Amts wegen ist das Vorliegen des Interesses nicht zu prüfen**[74]. Über den maßgebenden Zeitpunkt → § 71 Rdnr. 7.

IV. Einzelne Fälle

18   1. Das Interventionsinteresse liegt stets vor, wenn das Urteil über die Parteien hinaus auch **für oder gegen den Dritten Rechtskraft** haben würde, wenn also über sein Recht oder seine Pflicht eine bindende Feststellung im Urteil erfolgt (§ 69)[75]. Danach besteht es in den Fällen der Rechtsnachfolge während des Prozesses in den Grenzen des § 325, in denen der Nacherbfolge und der Prozeßführung des Testamentvollstreckers (§§ 326 f.) und in den übrigen Fällen der erweiterten Rechtskraft, die oben § 62 Rdnr. 6 und unten § 325 Rdnr. 47 ff. behandelt sind[76]. Dazu gehört auch die ausnahmsweise Erstreckung der Rechtskraft auf den Rechtsnachfolger bei einer Rechtsnachfolge vor Rechtshängigkeit, §§ 407 Abs. 2, 408, 413 BGB (→ § 325 Rdnr. 16 f.)[77]. Im übrigen begründet eine schon vor der Klageerhebung eingetretene Rechtsnachfolge die Hauptintervention. Jedoch ist in § 11 Abs. 3 WarenzeichenG ausdrücklich die Streithilfe des Rechtsnachfolgers auch in diesem Fall gestattet. Wegen der Rechtskraftwirkung nach § 3 Nr. 8 PflVersG kann bei einer Klage des Geschädigten die Versicherung dem beklagten Versicherungsnehmer bzw. umgekehrt der Versicherungsnehmer der beklagten Versicherung beitreten, wegen der Bindungswirkung nach § 9 TVG ein tarifgebundener Dritter den Tarifvertragsparteien[78]. Bei der Klage auf Feststellung der nichtehelichen Vaterschaft kann ein Dritter (möglicher Vater) dem Kind beitreten, um die eigene Inanspruchnahme zu verhindern (§ 640 h, auch arg. § 641 b), oder aber dem Beklagten, wenn er selbst die Vaterschaft in Anspruch nimmt (s. die Rechtskraftwirkung nach § 641 k, auch § 1600 b Abs. 2 BGB). Die Mutter kann nach § 640 e Satz 3 beitreten.

---

[66] Vgl. *OLG Hamburg* OLGRspr. 42 (1922), 3.
[67] Vgl. *RGZ* 111, 236; JW 1912, 873.
[68] Vgl. *KG* OLGRspr. 23 (1911), 97. – A. M. *OLG Hamburg* HRR 1930 Nr. 254 (Nebenintervention des Dritten, der aus demselben Schiffszusammenstoß Ansprüche herleitet).
[69] *BAGE* 19, 366 = AP Nr. 1 (*Wieczorek*) = NJW 1968, 73. Das rechtliche Interesse fehlt auch dann, wenn der Streitgehilfe mit einer Partei *vereinbart* hat, das Ergebnis auf sein (mit dem Prozeßgegenstand nicht zusammenhängendes) Rechtsverhältnis anzuwenden. – Für den Beitritt auf seiten des Bekl. im Patentverletzungsprozeß genügt nicht, daß der Streithelfer in einem gleichliegenden Verfahren verklagt ist, *OLG München* WRP 1976, 330 = GRUR 388.
[70] *OLG Köln* MDR 1971, 849.
[71] Weitergehend *RG* JW 1936, 2134; *Wieser* (Fn. 1),

88, die den Beitritt schon deshalb für zulässig halten, weil mit dem Sieg des einen Teilgläubigers auch die Chancen des anderen Teilgläubigers auf freiwillige Erfüllung steigen.
[72] Vgl. *OLG Dresden* OLGRspr. 13 (1906), 86; *OLG Hamburg* HRuGZ 14, 63.
[73] So auch *OLG Hamburg* SeuffArch. 59 (1904), 418; OLGRspr. 17 (1908), 103; HRuGZ 14, 63. – A. M. *KG* OLGRspr. 17 (1908), 102.
[74] *RGZ* 163, 365.
[75] Vgl. *Mendelssohn/Bartholdy* Rechtskraft, 377 ff., besonders 387 f.
[76] Vgl. *OLG Karlsruhe* OLGRspr. 11 (1905), 33 (Anfechtung des Beschlusses einer Hauptversammlung).
[77] Vgl. *Hellwig* Rechtskraft (1901), 402.
[78] *Germelmann/Matthes/Prütting* ArbGG § 2 Rdnr. 23; *Grunsky* ArbGG⁶ § 2 Rdnr. 62.

2. Bei **Gestaltungsklagen** sind diejenigen Personen beitrittsberechtigt, die durch die Rechts- **19** kraft oder die **Gestaltungswirkung** in ihren Rechten betroffen werden (→ § 62 Rdnr. 7). So kann z. B. im Ehelichkeitsanfechtungsprozeß ein Dritter, der als Vater in Betracht käme, wegen §§ 1593 BGB, 640h ZPO sowohl dem Beklagten als auch dem Kläger beitreten, je nachdem ob er seine Inanspruchnahme als Vater ausschließen oder sich die Geltendmachung seiner Vaterschaft offenhalten will[79]. Ist gegen eine GmbH nach §§ 60, 61 GmbHG Auflösungsklage erhoben, sind die übrigen Gesellschafter auf beiden Seiten beitrittsberechtigt[80].

3. Für das Interventionsinteresse muß es auch als genügend angesehen werden, wenn das **20** Urteil nur im **Kostenpunkt** gegen den Dritten wirkt, wie z. B. bei der Verurteilung eines Ehegatten, der in Gütergemeinschaft lebt, nach §§ 1437 Abs. 2, 1438 Abs. 2 BGB (vgl. Rdnr. 24 f. vor § 91)[81]. Anders ist dagegen zu entscheiden, wenn eine Haftung des Dritten für die Prozeßkosten nur durch ein zwischen ihm und der Partei bestehendes privates Rechtsverhältnis, Versicherungsvertrag oder Regreß begründet ist. In diesem Fall ist die mit dem Unterliegen der Partei verbundene Kostenentscheidung insoweit nichts weiter als ein tatsächliches Ereignis, nämlich der Eintritt des Schadensfalls. Das Interesse, daß der Schadensfall nicht eintritt, ist aber ein rein wirtschaftliches und wird auch nicht dadurch zu einem rechtlichen, daß das Ereignis zufällig eine gerichtliche Entscheidung ist[82] (→ auch Rdnr. 26 a. E.).

4. Auch eine **Tatbestandswirkung** (→ § 322 Rdnr. 16 f.) begründet das Interventionsinteres- **21** se[83].

5. Das Interventionsinteresse ist ferner gegeben, wenn das Urteil, auch ohne Rechtskraft, **22** **gegen das Vermögen des Dritten Vollstreckbarkeit** erlangen würde. So ist z. B. das Urteil gegen den allein verwaltungsberechtigten Ehegatten bei Gütergemeinschaft in das Gesamtgut, also auch in den Anteil des anderen Ehegatten daran, vollstreckbar (§ 740)[84], das Urteil gegen den ein Erwerbsgeschäft betreibenden nicht verwaltungsberechtigten Ehegatten nach § 741 und das in einem zur Zeit des Eintrittes des Güterstands anhängigen Prozesse nach § 742 ebenso, so daß jeweils für den nicht verklagten Ehegatten das Interventionsinteresse begründet ist[85]. S. ferner §§ 743, 728 f., insbesondere den Fall des Übernehmers eines Handelsgeschäfts (§ 729 Abs. 2).

6. Die praktisch wichtigsten und zahlreichsten Fälle sind diejenigen, in denen das Urteil **23** nicht die Rechtsverhältnisse des Dritten selbst zum Gegenstand hat, sondern die unter den Parteien zu entscheidende Rechtsfolge einen Teil des Tatbestandes bildet, durch den das Recht oder die Pflicht des Dritten begründet wird, für diese also als **bedingendes Rechtsverhältnis** in Betracht kommt. Unerheblich ist dabei, ob die Feststellung dieses Rechtsverhältnisses den Dritten bindet oder nicht. Im letzteren Fall besteht die Rückwirkung auf den Dritten nur darin, daß je nach dem Ausgang des Rechtsstreits die Geltendmachung seiner Ansprüche gegen eine der Parteien oder derjenigen der unterstützten Partei oder des Gegners gegen ihn praktisch ausgeschlossen ist oder doch als voraussichtlich aussichtslos unterbleiben wird, anderenfalls aber mit der Wahrscheinlichkeit des Erfolges in Aussicht steht[86]. Es ist schon

---

[79] *BGHZ* 92, 276 = NJW 1985, 386 = JZ 338 (*Braun*) = ZZP 99 (1986), 98 (*Deneke*); *BGHZ* 83, 395 = NJW 1982, 1652 = MDR 749; *BGHZ* 76, 302 ff. = NJW 1980, 1693 = JZ 448; *BGH* NJW-RR 1987, 899; *OLG Hamm* OLGZ 1984, 338; FamRZ 1980, 392; einschr. NJW 1979, 1256; *OLG Saarbrücken* DAVorm. 1981, 306; *OLG Celle* FamRZ 1976, 158; *OLG Oldenburg* NJW 1975, 883; *ter Beck* Festschr. f. Mühl (1981), 86 ff.

[80] Vgl. *BVerfGE* 60, 13; dazu *Marotzke* ZZP 100 (1987), 168.

[81] Vgl. *OLG Hamburg* OLGRspr. 5 (1902), 22. – A. M. *Wieser* (Fn. 1), 40, der stets ein Interesse am Sieg in der Hauptsache verlangt.

[82] Dazu näher *Jonas* JW 1931, 1148; s. auch *LG Altona* JW 1934, 2562 (Streithilfe des nicht als Prozeßagent zugelassenen Rechtsbeistands).

[83] Vgl. *Wach* Hdb., 626 (aber von einem viel weiteren Begriff der Tatbestandswirkung ausgehend); *Kuttner* Die privatrechtlichen Nebenwirkungen der Zivilurteile (1908), 154.

[84] Vgl. *RGZ* 44, 345.

[85] Vgl. *OLG Königsberg* und *RG* ZZP 22 (1896), 412 f.

[86] *RG* JW 1898, 460; 1902, 249 f. und die Entsch. in Fn. 59; ferner *RGZ* 102, 176.

oben in Rdnr. 14 hervorgehoben worden, daß die **Abwendung der Gefahr einer erschwerten Prozeßführung** zur Begründung des rechtlichen Interesses **genügt**.

24   Hierher gehören im wesentlichen die Fälle, bei denen oben in § 62 Rdnr. 10 ff. wegen der bloß logischen Abhängigkeit eine Streitgenossenschaft verneint wurde. Insbesondere sind danach zur Streithilfe diejenigen Personen befugt, die einen **Rechtsanspruch** erheben können oder befürchten müssen (→ § 72 Rdnr. 11 ff.), namentlich der Verkäufer, wenn der Käufer von einem späteren Erwerber wegen eines Mangels der Sache in Anspruch genommen wird (arg. § 478 Abs. 1 BGB a.E.); ferner derjenige, der zur Hauptintervention berechtigt sein würde (→ § 64 Rdnr. 8–11) oder im Fall der Streitverkündung nach §§ 75 ff. zum Eintritt in den Prozeß. Weiter gehören hierher diejenigen Personen, die bei Verurteilung des Schuldners einem Anspruch auf Duldung der Zwangsvollstreckung ausgesetzt sind (→ Rdnr. 22). Verwandt damit ist die Stellung des Schuldners bei der Widerspruchsklage des § 771; er hat bei ihrem Erfolg eine neue Zwangsvollstreckung zu erwarten (→ auch § 805). Hierher gehören weiter der **Gesamtgläubiger und -schuldner** im Prozeß seines Mitberechtigten oder -verpflichteten[87], das Versicherungsunternehmen im Prozeß des Geschädigten gegen den Versicherungsnehmer[88], die Gesellschafter im Passivprozeß der offenen Handelsgesellschaft[89], der Miteigentümer oder Miterbe in den Fällen der §§ 1011, 2039 BGB, der Bürge oder Eigentümer der Pfandsache im Prozeß des Gläubigers gegen den Hauptschuldner bzw. den Schuldner[90], der Pfändungsgläubiger vor der Überweisung, wenn der Schuldner die Forderung gegen den Drittschuldner einklagt[91], der betreibende Gläubiger bei Mietzinsprozessen des Zwangsverwalters[92], der Inhaber eines Rechts, wenn ein anderer den Prozeß darüber im eigenen Namen führt, sei es (→ Rdnr. 36 vor § 50) kraft eigenen Rechts als Nießbraucher (§ 1074 BGB), Pfandgläubiger (§ 1285 BGB) oder Pfändungsgläubiger (§ 841), sei es als Treuhänder[93], Inkassomandatar[94], Kommissionär, Spediteur usw. für Rechnung des Inhabers, die weiteren Gläubiger im Fall des § 1991 Abs. 3 BGB[95], derjenige, der als verantwortlicher Schadensstifter neben oder statt der Partei in Frage kommt (→ schon Rdnr. 14) sowie subsidiär Verpflichtete wie etwa der Pensionssicherungsverein[96]. Nicht ausreichend ist hingegen das Interesse des Inhabers gleichartiger Ansprüche an der Klärung der Sach- und Rechtslage (→ auch Rdnr. 16)[97].

V. Prozeßvoraussetzungen

25   Selbständige allgemeine Prozeßvoraussetzungen, die sich auf den *Prozeßgegenstand* beziehen, kommen für die Streithilfe nicht in Betracht, da der Gehilfe in einen fremden Prozeß eintritt und seine Ansprüche nicht rechtshängig oder rechtskräftig entschieden werden. Nur diejenigen **Prozeßvoraussetzungen**, die sich auf die **Person** beziehen, müssen erfüllt sein, weil sie das wirksame Handeln des Gehilfen bedingen, also die Parteifähigkeit, die Prozeßfähigkeit, die gesetzliche Vertretung und die Bevollmächtigung, wobei auch der Anwaltszwang gilt (§ 78; → § 70 Rdnr. 1). Der nicht rechtsfähige Verein kann daher nicht intervenieren (→ § 50

[87] Vgl. *Baumgärtel* Ged.-Schr. f. Rödig (1978), 316: *Reichel* Schuldmitübernahme (1909), 524; ferner *BayObLGZ* 1987, 253.

[88] Vgl. *LG Osnabrück* VersR 1979, 92.

[89] Vgl. *RG* JW 1911, 817; *OLG Hamburg* ZIP 1988, 663; *ArbG Düsseldorf* NJW-RR 1992, 366.

[90] Vgl. *LG Dresden* ZZP 22 (1896), 410; *Hellwig* Rechtskraft, 320, und einen verwandten Fall (zweite Versicherungsgesellschaft im Schadensersatzprozeß) *RG* JW 1898, 460. S. auch Fn. 64.

[91] Vgl. *RG* Gruchot 29 (1885), 1053 f.

[92] *OLG Hamburg* OLGRspr. 33 (1916), 148.

[93] *RGZ* 145, 188.

[94] Vgl. auch *RG* JW 1897, 473.

[95] Vgl. *Hellwig* Lb 2, 487 f.

[96] *BAG* ZIP 1987, 309; *Leipold* Anm. zu *BAG* AP Nr. 3 zu § 67 ZPO.

[97] Vgl. *Baumbach/Lauterbach/Hartmann*[50] Anm. 2 D b; *Kellmann* DB 1979, 2264.

Rdnr. 24). Die genannten Voraussetzungen sind (bei der Prozeßvollmacht nur bei Nichtanwälten, § 88 Abs. 2) **von Amts wegen zu prüfen**[98]. Fehlt eine davon vom Beitritt an, so ist dieser als unzulässig durch Zwischenurteil entsprechend § 71 zurückzuweisen, wogegen sich der Zurückgewiesene mit der sofortigen Beschwerde wenden kann[99]. Entsteht der Mangel erst später, so sind weitere Prozeßhandlungen unwirksam.

VI. Arbeitsgerichtliches Verfahren

1. Die Vorschriften über die Streithilfe gelten jedenfalls im *Urteilsverfahren* (§§ 46 Abs. 2, 64 Abs. 6 **26** ArbGG). Unerheblich ist dabei, ob für die klageweise Geltendmachung der in Frage kommenden Ansprüche seitens des Gehilfen oder gegen ihn das Arbeitsgericht oder das ordentliche Gericht zuständig sein würde. Was in dieser Hinsicht für die Hauptintervention gilt (→ § 64 Rdnr. 23), gilt hier erst recht, da selbständige sachliche Prozeßvoraussetzungen für die Streithilfe überhaupt nicht in Frage kommen (→ Rdnr. 25). Die die Person betreffenden Voraussetzungen bestimmen sich nach den für das arbeitsgerichtliche Verfahren geltenden Vorschriften, so daß Gewerkschaften und Arbeitgebervereinigungen usw. in dem oben zu § 50 Rdnr. 46 dargelegten Sinn als Streitgehilfen auch in den Fällen beitreten können, wo für die klageweise Verfolgung des in Frage stehenden Anspruchs das ordentliche Gericht zuständig ist und dort der Vereinigung als Kläger u. U. (→ aber § 50 Rdnr. 16) die Parteifähigkeit mangeln würde. Dasselbe gilt für die Nebenintervention im Urteilsverfahren durch Stellen, die nur im Beschlußverfahren parteifähig sind, wenn ein Zweitprozeß im Beschlußverfahren auszutragen wäre[100]. Daß jemand, dem das Auftreten als Prozeßbevollmächtigter vor dem Arbeitsgericht nach § 11 ArbGG versagt ist, der Partei nicht mit Rücksicht auf eine etwaige Regreßhaftung wegen der Prozeßkosten aus dem Gesichtspunkt falscher Raterteilung als Streitgehilfe beitreten kann, ergibt sich aus dem oben Rdnr. 20 Dargelegten[101]. Streithilfen, auch *ohne Beitritt*, sind nach BAG[102] im Verfahren nach § 78a BetrVG die dort in Abs. 4 S. 2 genannten Beteiligten. Zu Einzelfällen vgl. im übrigen die Beispiele in Rdnr. 13, 18, 24.

2. Im *Beschlußverfahren* sind die Interessen Dritter zumeist dadurch berücksichtigt, daß ihnen in § 83 **27** ArbGG Beteiligtenstellung eingeräumt ist. Wo das aber nicht zutrifft, ist die Nebenintervention über §§ 80 Abs. 2, 46 Abs. 2 ArbGG eröffnet, da nicht anzunehmen ist, daß Dritte im Beschlußverfahren schlechter stehen sollen als im Urteilsverfahren[103]. Das schließt nicht aus, daß die Besonderheiten des Beschlußverfahrens im Einzelfall nur eine entsprechende Anwendung der §§ 66 ff. tragen[104].

§ 67   [Stellung des Nebenintervenienten]

Der Nebenintervenient muß den Rechtsstreit in der Lage annehmen, in der er sich zur Zeit seines Beitritts befindet; er ist berechtigt, Angriffs- und Verteidigungsmittel geltend zu machen und alle Prozeßhandlungen wirksam vorzunehmen, insoweit nicht seine Erklärungen und Handlungen mit Erklärungen und Handlungen der Hauptpartei in Widerspruch stehen.

Gesetzesgeschichte: bis 1900 § 64 CPO.

Stichwortverzeichnis: § 66 vor Rdnr. 1.

---

[98] *RGZ* 163, 365.

[99] A. M. *MünchKommZPO/Schilken* Rdnr. 23; *Rosenberg/Schwab*[14] § 47 III 1 (Beschluß, einfache Beschwerde). Die analoge Anwendung des § 71 führt (da sofortige Beschwerde) zu einer wünschenswerten rascheren Klärung.

[100] *Grunsky* ArbGG[6] § 10 Rdnr. 21 a.

[101] A. M. *LAG Leipzig* JW 1931, 1148. S. dagegen

Jonas JW 1931, 1148; *ArbG Dresden* ArbRspr. 31, 82.

[102] *BAG* NJW 1976, 1230 = ArbuR 252 (*Grunsky*) = SAE 1977, 109 (*Thiele*).

[103] *Grunsky* SAE 1983, 23; grds. auch *Laux* Die Antrags- und Beteiligungsbefugnis im arbeitsgerichtlichen Beschlußverfahren (1985), 70 f. – A. M. *Germelmann/ Matthes/Prütting* ArbGG § 83 Rdnr. 23 ff.

[104] Dazu näher *Laux* (vorige Fn.), 71 ff.

I. Die allgemeine Stellung des Streitgehilfen[1]

1   Der Streitgehilfe wird durch seinen Beitritt *nicht* Partei, d. h. Subjekt des Prozesses, denn er kann *keinen Rechtsschutz* in seinem *eigenen Interesse* verlangen. Es ist deshalb verwirrend, ihn als Nebenpartei zu bezeichnen[2]; er ist und bleibt Dritter. Ebensowenig ist er gesetzlicher *Vertreter* der Partei[3], denn er handelt zwar *mit Wirkung für die Partei*, aber nicht in ihrem, sondern *im eigenen Namen* (→ Rdnr. 17). Er hat nur das Recht, **zur Wahrung seines eigenen Interesses am Ausgang des Rechtsstreits die Partei zu unterstützen**; Handlungen zum Nachteil der Partei sind ihm verschlossen (→ Rdnr. 2). Seine Tätigkeit im Prozeß ist insofern abhängig von dem Verhalten der unterstützten Partei, als er zwar nicht an ihre Zustimmung gebunden ist[4], aber durch ihren *Widerspruch gehindert* wird. Er hat sonach zwar ein eigenes, aber nur ein abgeleitetes Recht zur Vornahme der Prozeßhandlungen. Man bezeichnet ihn daher am besten als *Gehilfen* der Partei *kraft eigenen Rechts*[5]. Nur im Fall des § 69 gilt er als Streitgenosse der Partei, mit der Wirkung, daß er von ihr unabhängig ist.

II. Schranken für die Tätigkeit des Streitgehilfen

1. Nur Handeln zur Unterstützung der Partei

2   Der Streitgehilfe darf nur zur Unterstützung seiner Partei handeln und ist daher nicht zu Handlungen befähigt, die *gegen die Partei gerichtet* sind[6] oder die *ihrer Natur nach* die Prozeßführung der Partei lahmlegen. Er kann deswegen weder die *Klage* noch ein *von der Partei eingelegtes Rechtsmittel zurücknehmen*[7] (→ aber Rdnr. 14 a. E.) noch auf ein *Rechtsmittel verzichten*. Auch *Verzicht* und *Anerkenntnis* sind ihm verwehrt, weil sie praktisch die Aufgabe der Rechtsverfolgung oder -verteidigung bedeuten (→ dazu Rdnr. 10). Dagegen ist

---

[1] Lit.: → § 66 Fn. 1.

[2] So *Francke* Nebenparteien (1887), 1 ff. und in etwas anderer Wendung *Hellwig* Lb 2, 509 f. Dagegen *Schäfer* (§ 66 Fn. 1), 123; *Walsmann* (§ 66 Fn. 1), 55 ff.

[3] So aber *Schultze* ZZP 2 (1880), 20 ff.; *Kisch* Grünhut 26, 315 ff. Dagegen *Hellwig* Lb 2, 508 f.; *Rosenberg* Stellvertr., 12, 21; *Rosenberg/Schwab*[14] § 47 I; *Wach* Hdb., 614 f.; *Walsmann* (§ 66 Fn. 1), 58 ff; *Windel* ZZP 104 (1991), 328 ff.

[4] Die »vermutete« Zustimmung, *Walsmann* (§ 66

Fn. 1), 80, ist dem Gesetze fremd, *Hellwig* Lb 2, 501. Vgl. aber auch Rdnr. 11 a. E.

[5] *RGZ* 64, 70; zust. *OLG Koblenz* MDR 1990, 161; *OLG München* MDR 1979, 497. – Es bestehen daher auch keine Bedenken gegen den Beitritt eines Anwalts auf Seiten seines Mandanten; vgl. *BGH* VersR 1982, 975 sowie § 66 Rdnr. 8, § 72 Rdnr. 3.

[6] Vgl. *OLG Düsseldorf* FamRZ 1988, 1181 (Rechtsmittel zum Nachteil der Partei).

[7] *BGH* NJW 1985, 2480.

aus dem Unterstützungszweck nicht zu folgern, daß nur solche Handlungen des Gehilfen wirksam sind, die in ihrem *Erfolge* der Partei günstig sind. Insbesondere läßt sich eine Ausnahme für das gerichtliche Geständnis unter diesem Gesichtspunkt nicht rechtfertigen. Noch weniger ist es möglich, ein und derselben Handlung die Wirksamkeit insoweit zuzubilligen, als sie der Partei Vorteil bringt, und insoweit abzusprechen, als sie ihr nachteilig ist. Demgemäß kann er auch das Einverständnis mit der Entscheidung durch den Vorsitzenden der Kammer für Handelssachen (§ 349 Abs. 3) oder den Einzelrichter in der Berufungsinstanz (§ 524 Abs. 4) und mit der Entscheidung ohne mündliche Verhandlung (§ 128 Abs. 2) erklären[8]. Sein Einverständnis *neben* demjenigen der Partei ist nicht erforderlich.

Unter diesem Gesichtspunkt waren früher auch die Wirkungen der von dem Streitgehilfen bewirkten **Urteilszustellung** zu beurteilen. Die Zustellung war seit der Nov. 24 nicht mehr wie früher Mittel, den Rechtsmittelzug zu öffnen, sondern nur noch Mittel, die Überlegungsfrist des Gegners abzukürzen (→ § 516 Rdnr. 10). Die Zustellung durch den Streitgehilfen der in vollem Umfang *siegreichen* Partei war ausschließlich Unterstützungshandlung und setzte demgemäß die Rechtsmittelfrist in Lauf[9]. Anders die Zustellung durch den Gehilfen der *unterlegenen* Partei: Sie war nicht eine unterstützende, sondern wegen § 221 Abs. 2 aF eine gegen die Hauptpartei gerichtete Prozeßhandlung und demgemäß nicht geeignet, den Lauf der Rechtsmittelfrist auszulösen. Das mußte auch gelten, wenn die Hauptpartei teils unterlegen war und teils obsiegt hatte. Denn die Zustellung büßte dadurch, daß sie sich auch gegen den unterlegenen Gegner richtete, ihren Charakter als eine gegen die unterlegene Hauptpartei gerichtete Prozeßhandlung nicht ein[10]. Durch die Vereinfachungsnovelle (→ Einl. Rdnr. 159) ist nunmehr die Zustellung von Amts wegen auch bei Urteilen eingeführt worden (§ 317 Abs. 1). **3**

Aus dem Zweck der Streithilfe, der Unterstützung der Hauptpartei, folgt, daß der Gehilfe **4** **Anträge für sich selbst** zwecks Entscheidung über seine eigenen Rechtsbeziehungen *nicht stellen kann*[11], obwohl er seine Anträge im eigenen Namen stellt (→ Rdnr. 17). Deshalb kann z. B. der Konkursverwalter als Nebenintervenient nicht Konkursanfechtungsklage erheben[12]; dies kann er nur als Partei im Wege der Hauptintervention oder der (Dritt-)Widerklage (→ auch Rdnr. 8, 9). Eine nur scheinbare Ausnahme gilt in den Fällen, in denen die Partei selbst nur eine Verurteilung zugunsten des Gehilfen verlangen kann, wie in den Fällen des § 265 zugunsten des Rechtsnachfolgers (→ § 265 Rdnr. 42). Dann darf er diese auch selbst beantragen und den Antrag der Hauptpartei (wenn diese nicht widerspricht) entsprechend ändern[13].

2. Zulässigkeit für die Partei, insbes. Rechtsmittel

Der Streitgehilfe darf nur solche Handlungen vornehmen, **die die unterstützte Partei** **5** **vornehmen könnte.** Im Gesetz ausgesprochen ist dies nur hinsichtlich derjenigen Handlungen, mit denen die Partei **zur Zeit seines Beitritts** bereits ausgeschlossen war. Die Annahme des Prozesses in der Lage, in der er sich befindet, bedeutet aber, daß der Gehilfe auf Streitpunkte, die durch Teil- oder Zwischenurteil erledigt sind, nicht zurückgreifen und auch Angriffs- und Verteidigungsmittel, die für die Hauptpartei durch Verzicht oder Säumnis (z. B. nach §§ 39, 43, 267, 295, 296, 528 f.) verloren sind, nicht vorbringen darf[14]. Die *Wiedereinsetzung* gegen die Säumnis der Partei ist daher nur aus ihrer Person zu beurteilen (→ Rdnr. 6).

---

[8] BayObLG NJW 1964, 302; *Baumbach/Lauterbach/ Hartmann*[50] § 128 Anm. 4 C a; *Rosenberg/Schwab*[14] § 110 I 1 a; *Windel* ZZP 104 (1991), 326.
[9] *BGH* NJW 1966, 548 = MDR 232.
[10] *BGH* NJW 1956, 1562; *RGZ* 112, 164; *BayObLGZ* 1968, 135 = NJW 1726. Vgl. auch *Goldschmidt* JW 1926, 707.
[11] Vgl. *RGZ* 68, 14; JW 1895, 59; *E. Schneider* MDR 1990, 506.

[12] Vgl. *BGHZ* 106, 129 = NJW 1989, 985 = JR 499; dazu *Bork* JR 1989, 497. – A. M. *Gerhardt* KTS 1984, 177.
[13] *RGZ* 64, 71; *OLG München* MDR 1972, 616 = OLGZ 238; *Windel* ZZP 104 (1991), 327.
[14] Vgl. für § 43 *OLG Koblenz* MDR 1990, 161.

6   Derselbe Grundsatz gilt aber auch **für den weiteren Gang des Prozesses**. Der Streitgehilfe kann zwar *verhindern*, daß durch *Säumnis der Partei* ein Verlust eintritt (→ Rdnr. 13), aber der eingetretene Verlust wirkt auch gegen ihn. Seine **Rechtsmittel** und sein *Einspruch* sind nur zulässig *innerhalb der für die Partei laufenden Frist*[15]. Dementsprechend kann er auch eine *Wiedereinsetzung in den vorigen Stand* nur aus in der Partei liegenden Gründen, nicht aus solchen in seiner Person nachsuchen[16]. Auch die sonstigen Voraussetzungen des Rechtsmittels, z.B. hinsichtlich der Beschwer[17] und der Rechtsmittelsumme, müssen in der Person der Partei gegeben sein[18]. Das bedeutet aber auch, daß eine der Partei gewährte Fristverlängerung auch dem Nebenintervenienten zugute kommt[19].

7   Soweit die Partei durch ihr eigenes *Handeln*, z.B. nach §§ 267, 296, mit gewissen Prozeßhandlungen *ausgeschlossen* wird, wirkt dies auch gegen den Streitgehilfen, wobei es mangels Zurechnungsnorm nur auf das Verschulden der Partei, nicht das des Streithelfers ankommt[20]. Ebenso macht die *Unterbrechung* oder *Aussetzung* des Verfahrens sein Handeln unwirksam[21].

8   Auch die sachliche Berechtigung seiner Handlungen ist aus der Person der Partei zu beurteilen. **Einreden** (zu den Einwendungen → Rdnr. 10) kann der Gehilfe daher nur geltend machen, wenn es sich um *solche der Partei* handelt, die also der Partei zustehen und auch von dieser geltend gemacht werden könnten (→ auch Rdnr. 16). So kann sich z.B. der Nebenintervenient darauf berufen, daß die Forderung gegenüber dem von ihm unterstützten Schuldner verjährt ist[22] oder daß dieser ein Zurückbehaltungsrecht hat[23]. Einreden *aus seiner eigenen Person* kann der Gehilfe hingegen nicht geltend machen[24]. Deshalb kann z.B. der Konkursverwalter als Nebenintervenient nicht die Einrede der Konkursanfechtung nach § 41 Abs. 2 KO erheben[25].

3. Keine Disposition über den Prozeß

9   Der Streitgehilfe kann die Partei nur in dem unterstützen, worüber sie den Prozeß führt, nicht aber dem Prozeß selbst einen *anderen Gegenstand geben* (→ schon Rdnr. 4). Er kann daher weder die **Klage ändern** noch den Klageanspruch *erweitern*[26] oder *beschränken* oder in die Änderung der Klage einwilligen bzw. durch Verhandlung über die abgeänderte Klage der Partei die Rüge der Klageänderung entziehen. Im besonderen Fall des § 265 kann jedoch der

---

[15] *BGH* NJW 1991, 229, 230; 1990, 190 = *JZ* 1989, 807; NJW 1986, 257; VersR 1988, 417; 1985, 1088; 1982, 976; *BayObLGZ* 1987, 253; *OLG Saarbrücken* DAVorm. 1981, 307; *RGZ* 18, 416; 34, 363; *BAG* AP Nr. 1 (*Mes*); ZIP 1987, 308; DB 1985, 184. – S. auch *BGH* MDR 1963, 579 = NJW 1251 zur Tatbestandsberichtigung. Dagegen beginnt die Frist für den Antrag auf Urteilsergänzung (§ 321 Abs. 2) hinsichtlich der Kosten der Streithilfe erst mit Urteilszustellung an den Streithelfer, *BGH* NJW 1975, 218; dazu auch → § 321 Rdnr. 13.

[16] *RG* HRR 1933 Nr. 1887; JW 1936, 3046; *Baumbach/Lauterbach/Hartmann*[50] § 66 Anm. 3; *Rosenberg/Schwab*[14] § 47 IV 2 b; *Wieczorek*[2] § 66 Anm. A I b 2. – A. M. *BGH* VersR 1979, 350; *Rosenberg* ZZP 59 (1935), 55; *Windel* ZZP 104 (1991), 341; *Zöller/Vollkommer*[17] Rdnr. 5; wohl auch *Waldner* JR 1984, 158 f. – Offengelassen in *BGH* NJW 1991, 229 f.; 1990, 191 = *JZ* 1989, 807; VersR 1988, 417; 1986, 687; vgl. auch *BVerfGE* 60, 13.

[17] *BGH* NJW 1990, 191 = *JZ* 1989, 807; NJW 1986, 257 = *JZ* 1985, 1115; 1981, 2062; VersR 1986, 687; 1985, 1088; *OLG Köln* NJW 1975, 2108; dazu krit. *Gorski* NJW 1976, 811.

[18] *BGH* NJW 1990, 191 = *JZ* 1989, 807; NJW 1986, 257 = *JZ* 1985, 1115; 1981, 2062; VersR 1985, 1088; *BAG* AP § 511 Nr. 1 (*Baumgärtel*) = SAE 1960, 18 (*Pohle*); *RG* SeuffArch. 55 (1900), 359; 62 (1907), 371.

[19] *BAG* ZIP 1991, 334 f.

[20] *Fuhrmann* NJW 1982, 978 f. gegen *Schulze* NJW 1981, 2663 ff.; vgl. auch *Bischof* JurBüro 1984, 980; *Kittner* JuS 1986, 133 m. Fn. 23; *OLG Koblenz* MDR 1990, 161.

[21] *RG* JW 1895, 164; *OLG Augsburg* OLGRspr. 5 (1902), 80.

[22] *BGH* VersR 1985, 81.

[23] *Wieczorek*[2] Anm. B III c.

[24] *RGZ* 17, 34; 18, 417; SeuffArch. 43 (1888), 350; Gruchot 38 (1894), 946; *OLG Dresden* OLGRspr. 20 (1910), 299. – Offen *BGHZ* 106, 129 = NJW 1989, 985 = JR 499 (*Bork* 494).

[25] Ebenso (aber aus konkursrechtlichen Gründen) *BGH* (vorige Fn.). – A. M. *Gerhardt* KTS 1984, 177.

[26] Zust. *BAG* BB 1974, 372.

Nebenintervenient den Antrag umstellen (→ Rdnr. 4). Der Streitgehilfe kann *als solcher* weder eine Widerklage[27] noch eine Inzidentfeststellungsklage (§ 256 Abs. 2) erheben[28] noch den Anspruch auf Schadensersatz nach §§ 302, 600, 717 Abs. 2, 3 geltend machen. Ebenso-wenig kann er als Nebenintervenient den *Prozeß* selbst *übernehmen*, d.h. an die Stelle der Partei treten oder in anderer Weise einen Parteiwechsel herbeiführen oder die Klage auf eine andere Partei erstrecken (→ § 264 Rdnr. 91 ff., 103).

4. Keine Verfügung über den Gegenstand des Prozesses

Verschlossen sind dem Nebenintervenienten ferner alle materiell-rechtlichen **Verfügungen   10 über den Streitgegenstand.** Denn seine Befugnis, Prozeßhandlungen vorzunehmen, deckt nicht die etwa darin enthaltenen privatrechtlichen Rechtsgeschäfte (→ Rdnr. 255 vor § 128). Deshalb kann er weder materiell-rechtliche *Vergleiche* abschließen noch eine *Aufrechnung* mit einer der Partei zustehenden Forderung selbst erklären[29]. Dasselbe gilt von der Anfech-tung, dem Rücktritt usw. sowie von der Empfangnahme von Zahlungen. Soweit der Nebenin-tervenient allerdings nach materiellem Recht selbst aufrechnen oder anfechten kann, er von diesem Gestaltungsrecht Gebrauch gemacht und damit den Anspruch (mit Wirkung gegen jedermann) vernichtet hat, kann er sich auf diese (auch dem Schuldner eröffnete) *Einwen-dung* auch berufen[30] (zu den *Einreden* → Rdnr. 8). Prozessualer *Verzicht* und *Anerkenntnis* sind zwar keine materiell-rechtlichen Verfügungen, aber als das Gegenteil von Unterstüt-zungshandlungen dem Streithelfer ebenfalls nicht gestattet (→ Rdnr. 2)[31].

5. Kein Widerspruch zur Partei

Der Streitgehilfe darf sich durch seine Handlungen nicht in Widerspruch zur Partei setzen.   11 Im Konfliktsfall geht ihr Wille vor, soweit er sich in einer Handlung gegenteiliger Art oder einem Verzicht auf die Handlung[32] oder einem im Prozeß selbst erklärten Widerspruch, vor oder nach der Handlung des Gehilfen, betätigt hat[33]. Der Gehilfe kann z.B. nicht einen Sachverständigen ablehnen, dessen Vernehmung die Partei gemäß einer im Prozeß abgegebe-nen Erklärung wünscht[34] (zum Ablehnungsgrund → § 42 Rdnr. 13). Solange daher die Partei noch in der Lage ist, die gegenteilige Handlung vorzunehmen, steht ihr die des Gehilfen nicht entgegen. Aber es kann ihr diese Möglichkeit durch frühere unwidersprochene Handlungen des Gehilfen entzogen sein. Im Zweifel ist allerdings davon auszugehen, daß ein Widerspruch zur Partei nicht vorliegt[35].

a) Der **Sachvortrag** der Partei geht vor[36]. Die Partei kann daher auch nach Bestreiten   12 seitens des Gehilfen jederzeit über die Tatsache ein wirksames gerichtliches **Geständnis**

---

[27] *BGH* LM § 33 Nr. 12 = ZZP 86 (1973), 67; *ArbG Düsseldorf* NJW-RR 1992, 367. Erhebt der Nebenin-tervenient eine *eigene* Widerklage (d.h. *als Partei*), so han-delt es sich um die Widerklage eines Dritten; dazu → § 33 Rdnr. 29 ff.

[28] Zust. *LAG Kiel* DB 1984, 1630; vgl. auch *BAG* AP Nr. 3 (*Leipold*) mwN; *E. Schneider* MDR 1990, 506.

[29] Ebenso *BGH* JZ 1966, 237; *OLG Düsseldorf* MDR 1974, 406; *Baumbach/Lauterbach/Hartmann*[50] Anm. 3 B; *Bischof* JurBüro 1984, 974; *A. Blomeyer* ZPR² § 112 III 2; *Jauernig* ZPR²² § 83 IV 3; *Rosenberg/Schwab*¹⁴ § 47 IV 2a; *Thomas/Putzo*¹⁷ Anm. 3d. – A. M. für Vergleich noch *Förster/Kann*³ Anm. 2c, dd; für Aufrechnung *ders.* und *Hellwig* Lb 2, 505.

[30] Vgl. auch *Bork* JR 1989, 497; *Gerhardt* KTS 1984, 181.

[31] A. M. früher *Förster/Kann*³ Anm. 2c dd; *Hellwig* Lb 2, 499, 504. – Wie hier die anderen in Fn. 29 Genannten.

[32] Bedenklich *RGZ* 53, 208: Die Erklärung, nur be-stimmte Einwendungen vorbringen zu wollen, soll den Streitgehilfen am Vorbringen der übrigen hindern.

[33] *BGH* ZIP 1990, 1564; *OLG Karlsruhe* OLGRspr. 11 (1905), 168.

[34] *OLG Frankfurt* MDR 1983, 282; *OLG Hamburg* DR 1940, 547.

[35] *BGH* NJW-RR 1991, 358, 361; ZIP 1990, 1564; NJW 1985, 2480.

[36] Vgl. *BGH* NJW 1982, 281, 282 = JZ 117.

(§ 288) ablegen. Der Nebenintervenient kann andererseits ein Geständnis der Partei im Rahmen des § 290 widerrufen, wenn die Partei nicht erklärt, es solle bei dem Geständnis bleiben[37]. Erscheinen beide nebeneinander in den mündlichen Verhandlungen, so werden alle Erklärungen des Gehilfen, auch sein Geständnis (→ Rdnr. 2), für die Partei wirksam, wenn sie ihnen nicht sofort widerspricht, ähnlich wie beim Beistand (§ 90 Abs. 2)[37a]. Im Fall des Widerspruchs ist das Geständnis des Streitgehilfen unwirksam und auch bei der Beweiswürdigung (§ 286) nicht zu berücksichtigen. Doch kann die Vernehmung des Streitgehilfen als Zeuge (→ Rdnr. 21) beantragt werden[38]. War aber die *Partei nicht zugegen*, so ist das Geständnis des Gehilfen wirksam und die Partei kann es nur nach Maßgabe des § 290 widerrufen[39]. Ebenso kann sie einen *Verzicht des Gehilfen auf prozessuale oder materielle Einreden oder auf ein Rügerecht* (§ 295), sofern sie nicht zugegen war, nur soweit unschädlich machen, als ihr aus eigener Person das Nachholungsrecht, z. B. nach § 296 Abs. 3, zusteht. *Unterlassungen* des Gehilfen sind als solche für die Partei bedeutungslos, vorbehaltlich der Präklusion der Partei durch sein weiteres Handeln. Die Partei kann endlich den Prozeß dadurch beenden, daß sie einen Vergleich schließt[40], anerkennt, verzichtet[41] oder die *Klage* oder ein *Rechtsmittel zurücknimmt*[42] (→ aber auch Rdnr. 13); das vom Gehilfen eingelegte Rechtsmittel kann sie nicht zurücknehmen, es wird aber, wenn es dem Willen der Partei widerspricht, unzulässig[43].

13   **b)** Dagegen ist die **Untätigkeit der Partei** kein Hindernis für die Tätigkeit des Streitgehilfen, mag es sich um die Unterlassung einer Prozeßhandlung (z. B. in den Fällen der §§ 39, 138, 296 Abs. 3) oder um die Versäumung einer Frist oder eines Termins handeln[44]. Der Gehilfe wendet also *durch sein Erscheinen das Versäumnisurteil gegen die nichterschienene Partei* ab[45]. In der Verhandlung können alle Erklärungen des Gegners an die Partei erfolgen, wie wenn sie anwesend wäre[46], und das nun ergehende Urteil ist auch der Partei gegenüber ein auf Grund mündlicher Verhandlung ergangenes[47], nicht etwa ein solches nach Lage der Akten. Ebenso kann der Streitgehilfe *Rechtsmittel* und *Einspruch* innerhalb der für die Partei laufenden Frist *einlegen* (→ Rdnr. 6), sofern nicht die Hauptpartei durch ausdrückliche oder schlüssige Handlungen zu erkennen gibt, daß sie die Fortsetzung des Rechtsstreits durch den Gehilfen mißbilligt[48]. Aus der bloßen Nichtbenützung der Frist durch die Hauptpartei kann dies aber nicht gefolgert werden[49], auch nicht ohne weiteres aus der Zurücknahme eines vorher von ihr eingelegten Rechtsmittels[50]; anders, wenn die Partei auf das Rechtsmittel verzichtet[51] (→ § 514 Rdnr. 5 ff). Aus der Stellung des Streitgehilfen ergibt sich, daß das Rechtsmittel, das er eingelegt hat, in jedem Fall Rechtsmittel für die Partei ist[52]. Haben beide

[37] *BGH* NJW 1976, 292 = MDR 213; *OLG Hamm* NJW 1955, 873; *OLG München* NJW 1956, 1927. – A. M. *Rosenberg/Schwab*[14] § 47 IV 3b; *Windel* ZZP 104 (1991), 337.

[37a] A. M. *Windel* ZZP 104 (1991), 334: *sofortiger* Widerspruch ist nicht erforderlich.

[38] Zutr. *Baumbach/Lauterbach/Hartmann*[50] Anm. 2 D.

[39] *Hellwig* Lb 2, 501. – A. M. *Wach* Hdb., 642; *Windel* ZZP 104 (1991), 334 f.

[40] Vgl. *OLG Celle* VersR 1979, 1155.

[41] Vgl. *Pantle* MDR 1988, 925.

[42] *BGH* NJW 1988, 712 = JZ 1987, 888; NJW 1965, 760 (auch im Patentnichtigkeitsverfahren); *OLG Frankfurt* OLGRspr. 15 (1907), 119; *OLG Karlsruhe* OLGRspr. 37 (1918), 94; *OLG Hamburg* OLGRspr. 35 (1917), 53.

[43] *OLG Hamm* OLGZ 1984, 340; *Pantle* MDR 1988, 924. – A. M. *Voraufl.*

[44] *BGH* NJW 1990, 191 = JZ 1989, 807; *Leipold* Anm. zu *BAG* AP Nr. 3. Zweifelhaft deshalb *ArbG Düsseldorf* NJW-RR 1992, 366 f.

[45] So auch *RGZ* 10, 398; *OLG Königsberg* ZZP 22 (1896), 412 f.; *OLG Celle* SeuffArch. 54 (1899), 91; *OLG Colmar* OLGRspr. 15 (1907), 251; *OLG Düsseldorf* JW 1936, 2169.

[46] Vgl. *Hellwig* Lb 2, 503 f.; abl. *Windel* ZZP 104 (1991), 340.

[47] Vgl. *RG* JW 1911, 100.

[48] Zust. *BGHZ* 49, 188 = NJW 1968, 744; NJW 1985, 2480; *BAG* ZIP 1987, 308.

[49] *BGH* NJW 1985, 2480; *RGZ* 10, 398; JW 1896, 56; *OLG Celle* SeuffArch. 54 (1899), 91; *OLG Dresden* SächsAnn. 22, 507.

[50] *BGH* NJW 1989, 1358; 1988, 712 = JZ 1987, 888; NJW 1985, 2480; *BGHZ* 76, 302 = NJW 1980, 1693; *RGZ* 97, 216; 147, 126 f.; *BAG* MDR 1988, 346; *Pantle* MDR 1988, 924.

[51] Zu weitgehend *OLG Hamburg* OLGZ 1989, 117 = NJW 1362.

[52] Vgl. *BGH* NJW 1990, 190 = JZ 1989, 807; NJW 1989, 1357; *OLG Hamm* NJW-RR 1991, 1093; *OLG München* AnwBl. 1979, 432; MDR 1979, 497.

Rechtsmittel eingelegt, so kann nicht etwa, wenn er allein ausbleibt, sein Rechtsmittel für sich durch Versäumnisurteil zurückgewiesen werden[53], denn es handelt sich nur um ein einheitliches Rechtsmittel, über das einheitlich zu befinden ist[54]. Hervorzuheben ist endlich noch, daß die vom Streitgehilfen beantragte *Verlängerung der Rechtsmittelbegründungsfrist* stets, gleichviel, von wem das Rechtsmittel eingelegt ist, auch wenn die Verlängerung nur dem Streitgehilfen gegenüber angeordnet sein sollte, auch zugunsten der Hauptpartei wirkt[55] (zum umgekehrten Fall → Rdnr. 6).

c) Die Partei kann sonach durch *völlige Untätigkeit* dem Streitgehilfen die **Führung des**   **14** **Prozesses**, namentlich in der Rechtsmittelinstanz, **tatsächlich überlassen**[56]. Aber sie bleibt dann in der Rechtsstellung als Partei[57], insbesondere für die *Zulässigkeit des Rechtsmittels*, für die *Zustellung*, die *Unterbrechung* des Verfahrens, die *Wiedereinsetzung* in den vorigen Stand, die Anfechtung des Urteils[58], die Anschließung des Gegners[59] usw. Für die *Rechtsmittelinstanzen* bedarf der vorstehend dargelegte Grundsatz allerdings nach folgender Richtung der Einschränkung: Beteiligt sich die Hauptpartei an der Instanz überhaupt nicht – ist sie dort überhaupt nicht vertreten, hat sie die Rechtsmittelbegründungsfrist ihrerseits verstreichen lassen oder ähnliches –, so steht es dem Streitgehilfen (abweichend von dem oben Rdnr. 2 behandelten Grundsatz) frei, das Rechtsmittel, mag es von ihm selbst oder seinerzeit noch von der Hauptpartei eingelegt sein, nach eigenem Ermessen zu betreiben, insbesondere auch das Rechtsmittel durch Beschränkung des Antrags nur teilweise zu verfolgen oder ganz zurückzunehmen[60].

6. Überschreitung der Befugnisse

Soweit eine Handlung dem Streitgenossen *nicht zusteht*, ist sie unzulässig und unwirksam.   **15** Der Gegner kann sie unbeachtet lassen, das Gericht hat sie ohne sachliche Entscheidung zurückzuweisen[61]. Bei Rechtsmitteln und Einspruch ist dazu eine Verwerfung durch Urteil oder Beschluß nach den sonstigen Regeln (§§ 341, 519b, 554a, 574) erforderlich. Sonst kann es durch Beschluß oder in den Gründen des Endurteils geschehen.

Eine *Heilung des Mangels* nach § 295 ist ausgeschlossen[62]. Eine solche durch Zustimmung der Partei (entsprechend §§ 185ff. BGB) könnte nur bei den unter 3. und 4. bezeichneten Handlungen in Frage kommen. Sie ist aber zu verneinen, denn die prozessualen Handlungen sind mit den Verfügungen des materiellen Rechts nicht in Parallele zu stellen[63].

III. Befugnisse des Streitgehilfen

1. *Innerhalb der zu II. dargestellten Grenzen* ist der Streitgehilfe berechtigt, **Angriffs- und**   **16** **Verteidigungsmittel** (→ § 146 Rdnr. 2ff.) geltend zu machen, insbesondere der Partei zustehende (→ Rdnr. 8) materielle-rechtliche Einreden zu erheben, und alle **Prozeßhandlungen wirksam vorzunehmen**, d.h. mit derselben Wirkung, als wenn sie die Partei selbst vorgenom-

---

[53] *BGH* NJW 1982, 2069 = JZ 429; *RG* JW 1926, 2798.

[54] *BGH* NJW 1990, 191 = JZ 1989, 807; NJW 1989, 1357; 1988, 712 = JZ 1987, 888; NJW 1986, 257 = JZ 1985, 1115; NJW 1985, 2480; VersR 1985, 551; *BAG* ZIP 1991, 334f. – A. M. *Windel* ZZP 104 (1991), 333.

[55] *BGH* NJW 1990, 190 = JZ 1989, 807; 1982, 2069 = JZ 429; *RGZ* 147, 126.

[56] Vgl. *BAG* MDR 1988, 346.

[57] *RGZ* 10, 399; 42, 389; *RG* HRR 1933 Nr. 10.

[58] *RGZ* 34, 390.

[59] *OLG Naumburg* OLGRspr. 20 (1910), 298f.

[60] S. dazu *RGZ* 147, 125ff.; *BayObLG* NJW 1964, 302.

[61] *RGZ* 53, 208; JW 1895, 59f.; *Bischof* JurBüro 1984, 979.

[62] *RG* JW 1895, 59f.

[63] A. M. *Hellwig* Lb 2, 499; *Baumbach/Lauterbach/Hartmann*[50] Anm. 2 A.

men hätte (→ auch Rdnr. 13). Er kann also Behauptungen aufstellen und bestreiten, Beweise für seine Behauptungen und die der Partei antreten, Vorlegungsanträge stellen[64], den Streit verkünden (→ § 72 Rdnr. 16), Richter ablehnen (→ § 42 Rdnr. 13), die Wertfestsetzung betreiben[65], Anträge auf Einräumung von Verurteilungsvorbehalten[66] (z. B. Beschränkung der Haftung) stellen, für den Beklagten Ausländersicherheit verlangen (→ § 110 Rdnr. 42) usw. Er kann den Prozeß durch Anträge auf Terminsbestimmung *betreiben*. In diesem Fall sind beide Parteien nach §§ 214, 497 von Amts wegen zu laden. Ebenso kann er in den für die Partei laufenden Fristen (→ Rdnr. 6) *Rechtsmittel, Einspruch, Widerspruch* gegen den Arrestbefehl einlegen und als das Mindere die *Anschließung* an die Rechtsmittel des Gegners erklären[67], ferner die Berufung und Revision begründen[68] und die Verlängerung der Begründungsfristen nach §§ 519 Abs. 3, 554 Abs. 2 beantragen (→ Rdnr. 13), weiter auch eine *Nichtigkeits- oder Restitutionsklage* erheben (→ § 66 Rdnr. 7, § 578 Rdnr. 7). Wegen der *Zurücknahme* von Rechtsmitteln → Rdnr. 2, 14. Durch seine Rechtsmittel wird die unterstützte Partei Rechtsmittelkläger (→ Rdnr. 14; → aber wegen der **Kosten** § 101 Rdnr. 2).

17   2. Der Streitgehilfe **handelt** dabei **im eigenen Namen**, nicht als Vertreter der Partei (→ Rdnr. 1). Es darf daraus aber, namentlich bei der Einlegung von Rechtmitteln, nicht geschlossen werden, daß er, über seine Stellung hinausgehend, lediglich im eigenen Interesse handle[69]. Er braucht nicht besonders zu erklären, daß er als Streitgehilfe handle[70].

IV. Zuziehung zum Verfahren

18   Der Streitgehilfe hat das Recht, »**im Hauptverfahren zugezogen zu werden**« (§ 71 Abs. 3), d. h. ein Recht auf Teilnahme an der mündlichen Verhandlung und demnach auch auf Beteiligung an ihrer schriftsätzlichen Vorbereitung.

19   **1.** Es müssen ihm sonach alle **Schriftsätze**, bestimmende wie vorbereitende, ferner alle **Ladungen** sowie die *Bekanntmachung von Terminen* (→ Rdnr. 28 ff. vor § 214) übermittelt werden[71]. Daher ist die *unterstützte Partei nicht ordnungsmäßig geladen* im Sinne des § 335 Nr. 2, *wenn nicht auch der Gehilfe geladen ist*[72]. Ist dagegen der Gegner ausgeblieben, so hindert die mangelnde Ladung des Streitgehilfen das Versäumnisurteil gegen ihn nicht. Erscheinen beide Parteien ohne den nicht geladenen Streitgehilfen, so muß in der Regel wegen seines Rechts auf Zuziehung vertagt werden[73]. Sein Recht auf Zuziehung gilt auch in den höheren Instanzen[74], auch wenn nur die Partei das Rechtsmittel eingelegt hat, oder wenn der Gegner erklärt hat, es nur der Partei gegenüber einzulegen. Die Zustellung der Rechtsmittel- und Rechtsmittelbegründungsschrift nach §§ 519a, 553a Abs. 2, 554 Abs. 5 hat wegen § 71 Abs. 3 auch an den Streitgehilfen zu erfolgen.

20   **2.** Dagegen bedarf es nicht der Mitteilung **gerichtlicher Verfügungen oder Auflagen anderer Art** an den Streitgehilfen, und ebensowenig brauchen die **Urteile** ihm zugestellt zu werden (→ auch Rdnr. 6)[75].

---

[64] *Siegel* Vorlegung, 107f.
[65] Vgl. *OLG München* OLGRspr. 37 (1918), 92.
[66] *Wolff* ZZP 64 (1951), 107.
[67] Vgl. *RGZ* 68, 14f.
[68] Vgl. *BGH* NJW 1985, 2480; *RG* JW 1911, 223.
[69] Vgl. *RGZ* 64, 67ff.; *BayObLG* NS 4, 57f.; Seuff-Arch. 60 (1905), 418; *OLG Augsburg* OLGRspr. 5 (1902), 80.
[70] *OLG Hamm* NJW-RR 1991, 1093; *RGZ* 64, 69; JW 1910, 480.
[71] *BAG* SAE 1988, 214 (L) = MDR 346.
[72] *OLG Hamburg* OLGRspr. 40 (1920), 352.

[73] Vgl. *RGZ* 34, 388; JW 1893, 500; zur günstigen Entscheidung trotz fehlender Zuziehung s. OGHZ 1, 254 u. unten § 71 Rdnr. 11.
[74] *RGZ* 34, 388.
[75] *BGH* VersR 1988, 417; 1986, 687; 1985, 1088; NJW 1986, 257; *RGZ* 18, 416; 34, 363; *BAG* AP Nr. 1 (*Mes*); DB 1985, 184. S. aber zum Beginn der Frist nach § 321 Abs. 2 oben Fn. 15. – Nach a. M. ist stets wenigstens eine einfache Mitteilung geboten, vgl. *Bischof* JurBüro 1984, 981f. m. w. N.; *MünchKommZPO/Schilken* Rdnr. 5; für generelle Zustellungspflicht *Windel* ZZP 104 (1991), 341 ff.

V. Stellung als Dritter

1. In allen übrigen Beziehungen bleibt der Streitgehilfe für Gericht und Gegner **Dritter**. Er **21** kann deshalb als **Zeuge** vernommen werden, und der Gegner kann die *Urkundenvorlegung* von ihm als *Dritten* nach §§ 428 f. verlangen[76]. Dementsprechend kann er andererseits nicht nach den für die Partei geltenden Vorschriften (§§ 141, 273 Abs. 2 Nr. 3) als Auskunftsperson geladen werden[77]. Dies gilt auch dann, wenn ihm die Partei die Prozeßführung tatsächlich überläßt (→ Rdnr. 14)[78].

2. **Anträge gegen den Streitgehilfen** und *Rechtsmittel*, die nur gegen ihn gerichtet werden[79], **22** sind unzulässig. Widerklagen können gegen den Streitgehilfen als solchen[80] nicht erhoben werden. Demgemäß kann auch im Urteil ihm nichts zugesprochen und er nicht verurteilt werden[81]. Dagegen können ihn nach § 101 die *Kosten der Streithilfe* treffen, und er hat deshalb, wenn *er* Ausländer ist, als Streitgehilfe des Klägers für *diese* Kosten Sicherheit nach § 110 zu leisten (→ wegen des streitgenössischen Streitgehilfen § 69 Rdnr. 12; s. auch Haager Zivilprozeß-Abkommen Art. 17). Zu den Kosten näher → § 101.

3. Durch den **Tod des Streitgehilfen** oder seinen **Konkurs** tritt eine **Unterbrechung** des **23** Prozesses für die Partei **nicht** ein, und ebensowenig eine solche dem Streitgehilfen gegenüber, da eine Unterbrechung in einzelnen Beziehungen nicht möglich ist[82]. Nur soweit der Streitgehilfe infolge der Verhinderung nicht zugezogen werden kann, wird die Prozeßführung der Parteien in den oben Rdnr. 19 bezeichneten Grenzen lahmgelegt. Auf die Beseitigung dieses Hindernisses durch Aufnahme sind dann die §§ 239 ff. entsprechend anzuwenden[83].

§ 68   [Wirkung der Nebenintervention]

Der Nebenintervenient wird im Verhältnis zu der Hauptpartei mit der Behauptung nicht gehört, daß der Rechtsstreit, wie er dem Richter vorgelegen habe, unrichtig entschieden sei; er wird mit der Behauptung, daß die Hauptpartei den Rechtsstreit mangelhaft geführt habe, nur insoweit gehört, als er durch die Lage des Rechtsstreits zur Zeit seines Beitritts oder durch Erklärungen und Handlungen der Hauptpartei verhindert worden ist, Angriffs- oder Verteidigungsmittel geltend zu machen, oder als Angriffs- oder Verteidigungsmittel, die ihm unbekannt waren, von der Hauptpartei absichtlich oder durch grobes Verschulden nicht geltend gemacht sind.

Gesetzesgeschichte: bis 1900 § 65 CPO.

Stichwortverzeichnis: → § 66 vor Rdnr. 1.

---

[76] *Siegel* Vorlegung, 104.
[77] A. M. *Bischof* JurBüro 1984, 980; *Mendelssohn/ Bartholdy* RheinZ 4, 321; *MünchKommZPO/Schilken* Rdnr. 3.
[78] Vgl. *RGZ* 42, 389.
[79] *OLG Köln* JR 1955, 186; *RG* WarnRspr. 1908 Nr. 88; JW 1909, 54. Aus der bloßen Bezeichnung des Streitgenossen als Gegner ist dies aber nicht zu folgern, *RG* a. a. O.
[80] Zur Widerklage gegen einen Dritten (auch einen

Streitgehilfen) → § 33 Rdnr. 29 ff.; dadurch wird der Streitgehilfe Partei.
[81] *RG* JW 1884, 136.
[82] *OLG Düsseldorf* MDR 1985, 504; *OLG Hamburg* SeuffArch. 75 (1920), 88; *Jaeger/Henckel* KO[9] § 10 Rdnr. 5.
[83] Im Ergebnis ebenso *Baumbach/Lauterbach/Hartmann*[50] Anm. 2 B; *Hellwig* Lb 2, 496; anders *OLG Düsseldorf* MDR 1985, 504.

I. Die Wirkungen der Streithilfe[1]

1. Voraussetzungen und Rechtsnatur

1   Im Hauptprozeß wird regelmäßig (Ausnahme: § 69) nur über das Rechtsverhältnis unter den Parteien (§ 325 Abs. 1), nicht über das zwischen dem Streitgehilfen und der unterstützten Partei rechtskräftig entschieden. § 68 läßt aber die Entscheidung in gewissen Grenzen auch auf den späteren Prozeß zwischen der Partei und dem Streitgehilfen einwirken. Voraussetzung ist eine **rechtskräftige Entscheidung**. Dagegen wirken andere Vorgänge als Entscheidungen, z. B. ein außergerichtlicher oder ein Prozeßvergleich, nicht (jedenfalls nicht nach § 68) gegenüber dem Streithelfer, ebensowenig die im Hauptprozeß ergangenen, durch Vergleich usw. nicht rechtskräftig gewordenen, regelmäßig wirkungslosen Urteile[2]. Die Interventionswirkung tritt aber ein, wenn ein Urteil durch vergleichsweise Rechtsmittelrücknahme Rechtskraft erlangt hat[3] oder bereits vor dem Vergleich rechtskräftig geworden und geblieben ist[4]. Die Entscheidung wirkt – außer bei § 69 – nicht im Verhältnis zwischen dem Streitgehilfen und dem *Gegner* der unterstützten Partei[5].

2   Diese Wirkung wird als *beschränkte Rechtskraft* bezeichnet[6]. Das ist vertretbar, wenn man von einem allgemeineren, über § 322 hinausgehenden Begriff der Rechtskraft ausgeht. Legt man jedoch § 322 zugrunde, so kommt der wesentliche Unterschied gegenüber der dort geregelten Rechtskraftwirkung (→ Rdnr. 5) in dieser Bezeichnung so wenig zum Ausdruck, daß zur Vermeidung von Mißverständnissen besser von **Interventionswirkung** gesprochen werden sollte[7]. Sie tritt auch dann ein, wenn die Voraussetzungen für die Streithilfe (§ 66) an sich nicht vorlagen[8], sie aber von den Parteien nicht beanstandet ist (§ 71). Umgekehrt entfällt die Wirkung, wenn die Streithilfe nach § 71 zurückgewiesen ist[9]. Ist der Dritte einmal als Streitgehilfe eingetreten, so kann er durch Untätigkeit im Prozeß oder dadurch, daß er zulässigerweise den Beitritt zurücknimmt (→ § 70 Rdnr. 7), dessen Wirkungen nicht wieder beseitigen[10]. Über die Folgen der Unterlassung des Beitritts → § 66 Rdnr. 4. Die Folgen des

---

[1] Lit.: → § 66 Fn. 1.

[2] *BGH* VersR 1958, 762; WM 1967, 198 = DB 814; *RGZ* 159, 88.

[3] *BGH* NJW 1969, 1480.

[4] *RGZ* 123, 95 (Grundurteil).

[5] *BGHZ* 3, 387; NJW-RR 1990, 121; *RG* HRR 1936 Nr. 288; *Eibner* JurBüro 1988, 282. Vgl. auch § 74 Rdnr. 6.

[6] Vgl. *BGHZ* 5, 15; *RGZ* 82, 173; 145, 42; SeuffArch. 61 (1906), 371. – A. M. *Hellwig* Rechtskraft, 32, Lb 2, 513 und *Walsmann* Streitgenössische Nebenintervention (1905), 124, 145 f., die die Rechtskraft verneinen; *Mendelssohn/Bartholdy* Rechtskraft (1900), 396, der eine unbeschränkte Rechtskraft annimmt.

[7] So u. a. *Baumgärtel* Ged.-Schrift f. Rödig (1978), 316; *A. Blomeyer* ZPR[2] § 112 III 3; *Costede* Studien zum

Gerichtsschutz (1977), 314 ff.; *Jauernig* ZPR[23] § 83 V; *MünchKommZPO/Schilken*   Rdnr. 6;   *Rosenberg/ Schwab*[14] § 47 IV 6 c.

[8] Zust. *Schäfer* (§ 66 Fn. 1), 119. – *Wieser* (§ 66 Fn. 1), 269, 271 und *Rosenberg/Schwab*[14] § 47 IV 6 a (zust. *Kittner* JuS 1986, 625) verlangen, daß in der Person des Gehilfen wenigstens die Prozeßhandlungsvoraussetzungen (z. B. Prozeßfähigkeit) vorlagen. Da aber diese im Hauptprozeß von Amts wegen zu prüfen waren (→ § 66 Rdnr. 25), besteht (ebenso wie bei der materiellen Rechtskraft) kein hinreichender Grund, die Bindung gegenüber einem (angeblich) Prozeßunfähigen zu verneinen.

[9] A. M. *Wieser* (§ 66 Fn. 1), 273, der die Interventionswirkung erst bei Verweisung aus dem Prozeß entfallen läßt.

[10] *RGZ* 61, 289.

Beitritts oder seiner Unterlassung treffen auch den Rechtsnachfolger[11]. – Zur Interventionswirkung nach Streitverkündung im Anwendungsbereich des *EuGVÜ* → § 72 Rdnr. 10 d; zum *schiedsrichterlichen* Verfahren → § 1034 Rdnr. 32.

2. Prüfung von Amts wegen; Vereinbarungen

Über die prozessuale Interventionswirkung können die Parteien ebensowenig durch Vertrag verfügen wie über die Rechtskraftwirkung (→ § 322 Rdnr. 222 ff.), weil sie wie diese die Aufgabe hat, nicht nur im Interesse der Beteiligten, insbesondere des Streithelfers, sondern auch im Interesse der Rechtspflege eine doppelte Verhandlung und Entscheidung derselben Fragen und die Gefahr widersprechender Urteile zu vermeiden[12]. Aus diesem Grund ist sie auch wie die sog. Einrede der Rechtskraft *von Amts wegen zu beachten*[13]. Unzulässig ist sowohl die Vereinbarung ihres Ausschlusses als auch die ihrer Begründung, wenn ihre Voraussetzungen an sich fehlen. Doch steht im Regelfall einer bürgerlich-rechtlichen Verpflichtung der Parteien nichts im Wege, daß ihre Rechtsbeziehungen sich in Zukunft nach dem Ergebnis eines Prozesses mit einem Dritten richten sollen[14]. Diese materiell-rechtliche Gestaltung der Rechtsbeziehungen wäre in einem späteren Prozeß mit dem Streithelfer zu beachten, wenn sie eine Partei in den Prozeß einführt[15]. **3**

II. Gegenstand und Umfang der Interventionswirkung

1. Inhalt der Bindung

Wird in dem späteren Prozeß zwischen der unterstützten Partei und dem Streitgehilfen das im Hauptprozeß entschiedene Rechtsverhältnis in Frage gestellt, so wird der damalige Streitgehilfe **mit der Behauptung, der Rechtsstreit sei unrichtig entschieden, nicht gehört**. Das bedeutet nichts anderes als eine **Bindung** des Richters an das im Hauptprozeß ergangene Urteil. Die Außerachtlassung dieser Wirkung in dem späteren Prozeß ist ein Fehler in der Urteilsfindung, keine Gesetzesverletzung in bezug auf das Verfahren. Sie bedarf daher zur Berücksichtigung durch das Revisionsgericht nicht der Rüge in der Revisionsbegründung (§ 559)[16]. **4**

Die Bindung ergreift nicht nur die Entscheidung über den Urteilsspruch, sondern auch die **tatsächlichen und rechtlichen Grundlagen des Urteils**[17]. Damit unterscheidet sie sich wesentlich von der materiellen Rechtskraft (→ § 322 Rdnr. 84 ff., 89 ff.). Soweit die Entscheidung nach Beweislastregeln ergangen ist[18], ist nur die aus dem non liquet abgeleitete Rechtsfolge **5**

---

[11] *OLG Schleswig* SchlHA 1951, 110.

[12] Vgl. (z. T. unterschiedlich gewichtend) *Eibner* JurBüro 1988, 150 ff. m. w. N.; *Häsemeyer* ZZP 84 (1971), 179 ff., 186 f. (ihm folgend *Costede* [Fn. 7], 314 ff.); *Herrmann* Grundstruktur der Rechtshängigkeit (1988), 126 ff., 139 f.; *Kittner* JuS 1985, 705; *Milleker* ZZP 84 (1971), 99 ff.

[13] *BGHZ* 96, 54; VersR 1985, 569; *BayObLGZ* 1984, 82; *Bischof* JurBüro 1984, 1144.

[14] Vgl. zu solchen »verweisenden Vereinbarungen« *Bork* ZGR 1991, 136 mwN.

[15] S. dazu (zum Teil abweichend) *E. Schneider* MDR 1961, 3 m. w. N.

[16] *BGHZ* 16, 228; VersR 1985, 569; *RGZ* 79, 81; 130, 297.

[17] Vgl. *BGHZ* 103, 278 = NJW 1988, 1379; 96, 53; 85, 255 = NJW 1983, 820 = JR 416 (*Olzen*) = JZ 350 (*Baumgärtel*); 36, 215; 8, 82; 5, 15; NJW-RR 1989, 767 = MDR 539; VersR 1985, 569; NJW 1983, 2033; 1982, 281, 282 = JZ 117; 1969, 1480; *RGZ* 123, 95; 130, 300; DR 1940, 587; *OLG Düsseldorf* NJW 1992, 1177; *OLG Hamm* NJW-RR 1988, 155; *OLG Köln* NJW-RR 1992, 120 (dazu *Deubner* JuS 1991, 1035); *OLG München* NJW 1986, 263 (*Vollkommer*); *OLG Bamberg* OLGZ 1979, 210 f.; *OLG Frankfurt* MDR 1976, 937; *BAG* NZA 1990, 691; ZIP 1990, 739; nähere Begründung bei *Lent* AkadZ 1940, 129.

[18] Zu solchen Fragen *Wieser* FamRZ 1971, 395 (betr. Klage auf Feststellung der nichtehelichen Vaterschaft); *Häsemeyer* ZZP 84 (1971), 195.

bindend, nicht die Unaufklärbarkeit[19] oder das Nichtvorliegen der seinerzeit zu beweisenden Tatsache[20]. Die Interventionswirkung tritt auch ein, wenn die Feststellung nur hinsichtlich eines **Teilbetrags** – sei es in einem Teilurteil, sei es in einem auf den Teilbetrag beschränkten Prozeß – getroffen ist[21]. Die Bindung erstreckt sich stets nur auf die die Vorentscheidung *tragenden* tatsächlichen und rechtlichen Feststellungen[22]. Hilfserwägungen, die keine wesentliche Grundlage der Entscheidung bilden, scheiden aus[23]. Die Entscheidung und daher auch die Bindung beziehen sich nur auf die rechtliche und tatsächliche Beurteilung des Sachverhalts, um den es im Erstprozeß ging. Die Interventionswirkung rechtfertigt keine Übertragung der gerichtlichen Stellungnahme auf einen anderen Sachverhalt, mag er auch gleichartig sein[24]. Eine sonstige Einschränkung der Interventionswirkung – etwa durch Begrenzung auf die Fälle, in denen eine Streitverkündung zulässig wäre[25], oder durch das Erfordernis eines rechtlichen oder wirtschaftlichen Zusammenhangs der streitigen Rechtsverhältnisse[26] – ist aus dem Gesetz dagegen nicht zu begründen.

2. Ausnahmen

6   Im Gegensatz zu § 322 – und daher nur in den Fällen, in denen nicht ohnehin volle Rechtskraft gilt (→ § 69 Rdnr. 13) oder das Urteil als solches Tatbestandselement für das Recht oder die Pflicht des Dritten ist – ist die Bindung nach § 68 aber keine absolute: Ihr kann mit der Einrede[27] begegnet werden, daß die Hauptpartei den Ausgang des Rechtsstreits **durch mangelhafte Prozeßführung verschuldet** habe. Durch diese Einrede wird die Bindung im Verhältnis zu dem Dritten beseitigt, nicht etwa nur ein Schadensersatzanspruch für ihn begründet[28]. Die Einschränkung zeigt, daß der Nebenintervenient nur insoweit gebunden sein soll, wie er im Vorprozeß seinen Standpunkt *in Unterstützung der Hauptpartei* bereits geltend machen konnte. In entsprechender Anwendung der in § 68 genannten Grenzen ist daher die Bindung des Streitgehilfen an solche Feststellungen zu verneinen, die der Hauptpartei im Erstprozeß günstig waren, für den Nebenintervenienten aber ungünstig sind[29]. Denn dagegen konnte der Nebenintervenient von vornherein nichts unternehmen, da er nach §§ 66, 67 auf die *Unterstützung* der Hauptpartei beschränkt ist.

7   **a)** Der Streitgehilfe kann die **mangelhafte Prozeßführung** geltend machen, soweit sie in die

---

[19] A. M. *BGHZ* 85, 257 = NJW 1983, 820 = JR 416 (*Olzen*) = JZ 350 (*Baumgärtel*); *BGHZ* 16, 217, 229; *OLG Düsseldorf* NJW 1992, 1177; *Baumgärtel* ZfBR 1988, 102 f.; 1983, 121; *Laumen* (§ 66 Fn. 1), 285; *MünchKommZPO/Schilken* Rdnr. 16; vgl. aber auch *BGH* NJW 1987, 649.

[20] *Eibner* JurBüro 1988, 157 f.; *Häsemeyer* ZZP 84 (1971), 196 f.

[21] *BGH* VersR 1985, 569; NJW 1969, 1480 = ZZP 83 (1970), 220 (*Wieser*); *RG* JW 1935, 3539; 1936, 1966; *OLG Hamm* NJW-RR 1988, 156; *Stahl* (§ 66 Fn. 1), 135; *Zöller/Vollkommer*[17] Rdnr. 4. – A. M. *KG* JW 1918, 56; *Baumbach/Lauterbach/Hartmann*[50] Anm. 1 B; *A. Blomeyer* ZPR² § 113 II 3; *Eibner* JurBüro 1988, 286 ff.; *Häsemeyer* ZZP 84 (1971), 200; *MünchKommZPO/Schilken* Rdnr. 17; *Rosenberg/Schwab*[14] § 47 IV 6b; differenzierend *Wieser* ZZP 79 (1966), 281.

[22] *BGHZ* 96, 53; 82, 255 = NJW 1983, 820 = JR 416 (*Olzen*) = JZ 350 (*Baumgärtel*); *BayObLG* WM 1987, 735; *OLG Köln* NJW-RR 1992, 120 (dazu *Deubner* JuS 1991, 1035); *BAG* NZA 1990, 691; *Bischof* JurBüro 1984, 1143; *Vollkommer* NJW 1986, 264.

[23] *BGHZ* 8, 82; 16, 229; *RG* HRR 1930 Nr. 255. Vgl.

für »Mehrfachbegründungen« auch *Eibner* JurBüro 1988, 284 ff.

[24] A. M. *Martens* ZZP 85 (1972), 93.

[25] *Häsemeyer* ZZP 84 (1971), 184, 187 und JR 1988, 69 f., der daher die Interventionswirkung nur in Fällen der Alternativität bejaht; ähnlich *Costede* (Fn. 7), 314 ff.

[26] *Wieser* ZZP 79 (1966), 275 ff. – Dagegen *Stahl* (§ 66 Fn. 1), 134.

[27] Keine Prüfung von Amts wegen, vgl. *Bischof* JurBüro 1984, 1147.

[28] A. M. *Mendelssohn/Bartholdy* Rechtskraft (1900), 398.

[29] *BGH* MDR 1983, 651; NJW 1982, 281, 282 = JZ 117 (dazu *Bischof* JurBüro 1984, 1147 f.). Ähnliche Einschränkungen bei *Häsemeyer* ZZP 84 (1971), 194 und NJW 1978, 1165 (gegen *BGHZ* 70, 187 = NJW 1978, 643 = JR 330, *Schubert*); ferner bei *Werres* NJW 1984, 209 f. und insbesondere bei *Wieser* FamRZ 1971, 393 Fn. 7. Der weitergehenden Einschränkung *Wiesers*, eine Interventionswirkung setze das Unterliegen der Hauptpartei im Vorprozeß voraus, ist jedenfalls dann nicht zu folgen, wenn man die Interventionswirkung auch zu Ungunsten der Hauptpartei annimmt (→ Rdnr. 12). – A. M. aber *BGH* VersR 1962, 952.

Zeit **vor seinem Beitritt** (vgl. § 70), bei Streitverkündung vor seinem *möglichen* Beitritt (§ 74 Abs. 3) fällt und eine Behebung des Mangels durch eigenes Handeln als Streitgehilfe nicht möglich war (→ § 67 Rdnr. 5). Soweit er dagegen imstande war, die Unterlassung der Hauptpartei durch eigenes Handeln unschädlich zu machen (z.B. durch Rechtsmittel[30], § 67 Rdnr. 16, oder Widerruf eines Geständnisses[31], § 67 Rdnr. 12), steht ihm die Berufung darauf nicht zu, auch nicht unter dem Gesichtspunkt mitwirkenden Verschuldens (§ 254 BGB). § 68 (bzw. § 74) geht als Sondervorschrift vor[32].

b) Der Streitgehilfe kann ferner geltend machen, daß ihn die **Hauptpartei** durch ihre   **8**
Handlungen oder Unterlassungen, z.B. durch Verzicht, Anerkenntnis oder Geständnis, **gehindert** habe, Angriffs- oder Verteidigungsmittel geltend zu machen[33]. Die Hinderung an der Einlegung eines **Rechtsmittels** ist nicht besonders genannt. Da sie aber den Rechtsschutz für den Nebenintervenienten in ähnlicher Weise verkürzt wie die Hinderung am Gebrauch eines Angriffs- oder Verteidigungsmittels, ist auch hier ein Wegfall der Bindung anzunehmen[34], unabhängig davon, ob der Nebenintervenient neues Vorbringen in der Rechtsmittelinstanz beabsichtigte.

c) Der Verlust der Einrede tritt ferner nicht ein, wenn die **Hauptpartei** absichtlich oder   **9**
durch grobes Verschulden **Angriffs- oder Verteidigungsmittel nicht geltend gemacht** hat, die dem Streitgehilfen, entschuldbar oder nicht[35], unbekannt waren.

d) Die Bindung entfällt in den genannten Fällen, wenn das Angriffs- oder Verteidigungsmit-   **10**
tel **möglicherweise zu einer anderen Entscheidung geführt** hätte. Bei einem verwehrten Rechtsmittel ist diese Möglichkeit nie auszuschließen. Die vom Angriffs- oder Verteidigungsmittel bzw. dem Rechtsmittel *nicht betroffenen* Feststellungen der Entscheidung bleiben nach dem Sinn der Ausnahme bindend.

3. Nicht widersprechende Einwendungen

Unbenommen bleiben selbstverständlich dem Streitgehilfen in dem nachfolgenden Prozeß   **11**
solche Einwendungen, die nicht zu den in der Vorentscheidung getroffenen tatsächlichen oder rechtlichen Feststellungen im Widerspruch stehen, insbesondere beim Rückgriffsprozeß solche Einwendungen, die die subjektive Seite des Verschuldens u. dgl. betreffen[36].

III. Wirkung gegen die Hauptpartei

Im Sinne des Gesetzes liegt es, § 68 auch gegen die Hauptpartei *zugunsten* des Streitgehil-   **12**
fen anzuwenden[37], denn der Zweck der Interventionswirkung liegt nicht nur darin, die

---

[30] *BGHZ* 96, 53 f.

[31] *BGH* NJW 1976, 292 = MDR 213 (nach Berufungseinlegung, die dem Streitverkündungsempfänger möglich gewesen wäre); *OLG München* NJW 1956, 1927 – aber nur, wenn der Widerruf nach § 290 aussichtsreich gewesen wäre (einschränkend *Kubisch* NJW 1957, 427).

[32] *BGH* VersR 1969, 1039; *RGZ* 145, 42.

[33] *OLG Hamm* NJW 1955, 873 (Geständnis, zust. *Lent*; vgl. auch Fn. 31); *LG Hamburg* MDR 1957, 679 (Anerkenntnis).

[34] Vgl. *BGH* NJW 1988, 712 = JZ 1987, 888; *Leipold* Anm. zu *BAG* AP Nr. 3 zu § 67 ZPO (zust. *BAG* ZIP 1987, 310); *Wieser* ZZP 79 (1966), 262, 264.

[35] A. M. *Wieser* ZZP 79 (1966), 264 (Ausschluß des Vorbringens, wenn der Streitgehilfe leicht hätte Kenntnis erlangen können).

[36] *RGZ* 145, 135 (die im Vorprozeß getroffene Feststellung der objektiv mangelhaften Beurkundung zwingt noch nicht dazu, eine Amtspflichtverletzung des Notars anzunehmen); ferner *RG* JW 1935, 3539.

[37] *A. Blomeyer* ZPR² § 113 II 4; *Häsemeyer* ZZP 84 (1971), 198; *Hellwig* Lb 2, 515; *E. Schneider* MDR 1961, 8; *Stahl* (§ 66 Fn. 1), 139. – A. M. *BGHZ* 100, 260 = NJW 1987, 1894 = JZ 1033 (*Fenn*) = JR 1988, 67 (abl. *Häsemeyer*); *RGZ* 153, 271, 274; JW 1933, 1064; 1937, 1434; HRR 1933 Nr. 530; *Baumbach/Lauterbach/Hartmann*⁵⁰ Anm. 1 B; *Bischof* JurBüro 1984, 1149; *Kittner* JuS 1986, 627; *MünchKommZPO/Schilken* Rdnr. 9; *Rosenberg/Schwab*¹⁴ § 47 IV 6 b; *Schäfer* (§ 66 Fn. 1), 132 ff.; *Taupitz* ZZP 102 (1989), 296 f.; *Thomas/Putzo*¹⁷ Anm. 1; *Wieser* ZZP 79 (1966), 291; *Zöller/Vollkommer*¹⁷ Rdnr. 6. – Offen *BGH* NJW 1987, 2874 = JZ 1035 (*Fenn*); vgl. aber auch § 74 Rdnr. 5.

Hauptpartei vor widersprüchlichen Entscheidungen zu schützen, sondern auch darin, im Interesse des Intervenienten und im öffentlichen Interesse eine erneute und u.U. widersprüchliche Beurteilung derselben Fragen zu verhindern (→ Rdnr. 3). Für eine Wirkung zugunsten des Streitgehilfen spricht auch, daß – wie jetzt wohl anerkannt ist – die Vorschrift von Amts wegen zu beachten ist (→ Rdnr. 3, 4) und nicht zwischen dem Streitgehilfen günstigen und ungünstigen Teilen des Urteils unterschieden werden kann[38]. Dies muß vor allem dann gelten, wenn der Beitritt durch eine Streitverkündung veranlaßt war.

IV. Arbeitsgerichtliches Verfahren

13   § 68 gilt hier in gleicher Weise wie im Zivilprozeß. Zu den Voraussetzungen der Streithilfe → § 66 Rdnr. 26. Für die Interventionswirkung macht es keinen Unterschied, ob für den Rechtsstreit zwischen dem Streitgehilfen und der unterstützten Partei im Gegensatz zum Erstprozeß nicht das Arbeitsgericht, sondern das ordentliche Gericht bzw. umgekehrt das Arbeitsgericht und nicht das ordentliche Gericht zuständig ist.

§ 69   [Streitgenössische Nebenintervention]

Insofern nach den Vorschriften des bürgerlichen Rechts die Rechtskraft der in dem Hauptprozeß erlassenen Entscheidung auf das Rechtsverhältnis des Nebenintervenienten zu dem Gegner von Wirksamkeit ist, gilt der Nebenintervenient im Sinne des § 61 als Streitgenosse der Hauptpartei.

Gesetzesgeschichte: bis 1900 § 66 CPO.

Stichwortverzeichnis: → § 66 vor Rdnr. 1.

I. Voraussetzungen der streitgenössischen Nebenintervention[1]

1   1. § 69 enthält Abweichungen von §§ 67, 68 für diejenigen Fälle, in denen das zwischen den Parteien erlassene Urteil ausnahmsweise auf das Rechtsverhältnis des **Streitgehilfen zum Gegner** »von Wirksamkeit ist«. Dabei enthält § 69 nicht die *Voraussetzungen* einer solchen Wirksamkeit, sondern regelt nur die *Folgen für das Verfahren*, die eintreten, wenn auf Grund anderer Vorschriften eine solche Einwirkung in Betracht kommt.

2   2. Dafür genügt es nicht, daß das Recht oder die Verbindlichkeit des Streitgehilfen durch das Recht oder die Verbindlichkeit der unterstützten Partei *bedingt* ist[2]. Denn im Fall einer derartigen Bedingtheit besteht weder ein Rechtsverhältnis zwischen dem Gehilfen und dem Prozeß*gegner*, noch erstreckt sich die Rechtskraft der Entscheidung auf den Gehilfen, da nur

---

[38] Vgl. *RGZ* 153, 271; insoweit zust. *BGH* NJW-RR 1989, 767 = MDR 539; *Bischof* JurBüro 1984, 1150.
[1] Lit.: → § 66 Fn. 1.

[2] A. M. *Motive*, 88 = *Hahn* Die gesammten Materialien zu den Reichs-Justizgesetzen (1880) II, 178 und mit ihnen *Wach* Hdb., 647; *Schultze* ZZP 2 (1880), 78 ff.

eine der Grundlagen für das Recht des Dritten festgestellt wird. Genügte dies aber zur Anwendung des § 69, so würden *alle* Fälle der Streithilfe unter § 69 gehören (→ § 66 Rdnr. 18, 23 f.). Soll also § 69 eine besondere Rechtslage treffen, so ist er auf diejenigen Fälle zu beschränken, in denen ein **Rechtsverhältnis zwischen dem Streitgehilfen und dem Gegner** besteht und durch das Urteil im Hauptprozeß unmittelbar **normiert wird**[3] (wobei der aus der früheren Fassung der ZPO stammende, seit Inkrafttreten des BGB aber ungenaue Ausdruck »bürgerliches Recht« die Heranziehung der in der ZPO selbst enthaltenen Vorschriften nicht ausschließt[4]). Daran fehlt es beispielsweise bei der Nebenintervention eines Gesamtschuldners im Prozeß zwischen dem Gläubiger und einem anderen Gesamtschuldner[5] (→ auch § 66 Rdnr. 24) oder eines subsidiär Verpflichteten im Prozeß des Gläubigers mit dem Primärschuldner[6].

Ferner gehören hierher die oben § 66 Rdnr. 18 erwähnten und in § 62 Rdnr. 6, § 325 Rdnr. 47 ff. einzeln aufgezählten Fälle **erweiterter Rechtskraft**[7], und zwar sowohl diejenigen, in denen das Urteil für und gegen einzelne bestimmte Personen Rechtskraft schafft, wie diejenigen, in denen es für und gegen alle wirkt[8]. Es genügt, daß das Urteil bei Sieg oder Unterliegen gegenüber dem Streitgehilfen wirkt, so daß z. B. im Verhältnis von Versicherungsnehmer und Versicherung wegen § 3 Nr. 8 PflVG die Voraussetzungen des § 69 erfüllt sind. Ferner erfaßt § 69 die Fälle einer **Gestaltungswirkung** gegenüber jedermann (sofern sie sich auf das Rechtsverhältnis des Nebenintervenienten zum Gegner auswirkt[9]) oder nur im Verhältnis zwischen Streitgehilfen und Gegner, sowie die Fälle *erweiterter Vollstreckbarkeit* (→ § 66 Rdnr. 22). Denn wenn auch das Gesetz ausdrücklich nur von der Rechtskraft spricht, so liegt doch der Ton nicht darauf, sondern auf der Wirksamkeit der Entscheidung[10]. Dagegen ist nach § 265 Abs. 2 S. 3 die Anwendbarkeit des § 69 ausdrücklich ausgeschlossen, wenn *während des Prozesses* durch Veräußerung der Streitsache eine *Rechtsnachfolge* eintritt[11], wogegen § 11 Abs. 3 WarenZG auch bei der Rechtsnachfolge während des Prozesses auf §§ 66–69 verweist.

Die Wirksamkeit des Urteils und damit die selbständige Stellung des Streitgehilfen kann 4 sich auch auf *Teile* der Entscheidung, z. B. den Kostenpunkt, beschränken (»insofern«)[12].

---

[3] Vgl. *Schultze* ZZP 2 (1880), 95; *Walsmann* (§ 66 Fn. 1), 147; *Wach* Hdb. 646 ff. – A. M. *Schmidt* Lb, 858. Vgl. dazu auch *Hellwig* Lb 2, 483, 516.
[4] *BGHZ* 92, 276 = NJW 1985, 386 = JZ 338 (*Braun*) = ZZP 99 (1986), 98 (*Deneke*); *RG* WarnRspr. 1917 Nr. 282; ferner *Walsmann* (§ 66 Fn. 1), 144 f.
[5] *BayObLGZ* 1987, 253.
[6] *BAG* ZIP 1987, 309; *Leipold* Anm. zu *BAG* AP Nr. 3 zu § 67 ZPO. Vgl. aber auch die folgende Fn.
[7] Vgl. (zu § 7 Abs. 1 S. 3 Nr. 5 BetrAVG) *OLG Celle* KTS 1988, 369; *BAGE* 34, 150; ZIP 1987, 309; AP Nr. 3 zu § 67 ZPO (*Leipold*). – Weitere Einzeluntersuchungen bei *Walsmann* (§ 66 Fn. 1), 164 ff.
[8] So auch *RGZ* 108, 132 (ausdrücklich gegen WarnRspr. 1914 Nr. 314). – Einschränkend *Wieser* FamRZ 1971, 396.
[9] Z. B. bei Klage auf Auflösung einer GmbH [§ 61 GmbHG; dazu *BVerfGE* 60, 13 und *Marotzke* ZZP 100 (1987), 168] oder Anfechtung eines Hauptversammlungsbeschlusses (§§ 246, 248 AktG). – Abl. für das Verhältnis des Erzeugers zum Scheinvater, wenn der Erzeuger im Anfechtungsprozeß dem Kind beitritt, *BGHZ* 92, 277 = NJW 1985, 386 = JZ 338 (*Braun*) = ZZP 99 (1986), 98 (*Deneke*); *OLG Hamm* OLGZ 1984, 339; anders für die beitretende Mutter *BGHZ* 89, 123 = NJW 1984, 353 = JR 156 (*Waldner*); *OLG Koblenz* JurBüro 1987, 1826; grundsätzlich anders *ter Beck* Festschr. f. Mühl (1981), 90 ff.

[10] So auch *RGZ* 44, 345 (dem beklagten Ehemann beitretende Ehefrau bei Gütergemeinschaft); *OLG Hamburg* OLGRspr. 5 (1902), 22. – *Schäfer* (§ 66 Fn. 1, 121) will § 69 analog anwenden.
[11] *Walsmann* (§ 66 Fn. 1), 148 ff. *Pawlowski* JZ 1975, 681 will § 265 Abs. 2 S. 3 wegen Verletzung des rechtlichen Gehörs (Art. 103 Abs. 1 GG) nicht anwenden; ebenso *A. Blomeyer* ZPR² § 47 II 1; *Calavros* Urteilswirkungen zu Lasten Dritter (1978), 69; vgl. auch *Müller* NJW 1985, 2244 f. Solche Bedenken dürften jedoch nicht gerechtfertigt sein (→ auch vor § 128 Rdnr. 27), denn der Erwerber nach Rechtshängigkeit erwirbt den Gegenstand mit einer gewissen Belastung durch den anhängigen Prozeß. Insoweit muß es ausreichen, ihm die Stellung eines einfachen Nebenintervenienten zu ermöglichen und ihm als solchem rechtliches Gehör zu gewähren. Wo er mit seinen Äußerungen wegen § 67 nicht gehört werden kann (vgl. zu dieser Konsequenz *BVerfGE* 21, 138 sowie *Waldner* Der Anspruch auf rechtliches Gehör, 1989, Rdnr. 441 f.), beruht das auf dem »belasteten« Erwerb, so daß es ihm im Interesse des Prozeßgegners zuzumuten ist, sich mit eingeschränkten prozessualen Einwirkungsmöglichkeiten zu begnügen und sich gegebenenfalls beim Veräußerer schadlos zu halten. Im Ergebnis ebenso *Waldner* aaO Rdnr. 434 ff.
[12] *OLG Hamburg* OLGRspr. 5 (1902), 22.

5   3. Ob die besonderen Voraussetzungen des § 69 vorliegen, bedarf der **Feststellung** nur dann, wenn der Gehilfe die von § 67 abweichenden besonderen Befugnisse (→ Rdnr. 6) für sich in Anspruch nimmt. Im Streitfall ist aber nicht § 71 entsprechend anwendbar, sondern es ist unabhängig von der Frage der Zulassung im Endurteil oder in einem Zwischenurteil nach § 303 darüber zu entscheiden[13].

II. Die Stellung des streitgenössischen Streitgehilfen

6   Der selbständige Streitgehilfe des § 69 *gilt als Streitgenosse* der Hauptpartei, aber er *ist* nicht Streitgenosse[14], denn er hat weder Klage erhoben, noch ist er verklagt, ihm oder gegen ihn wird kein Rechtsschutz gewährt[15]. Er ist vielmehr wie sonst nur **Prozeßgehilfe der Partei im eigenen Interesse und aus eigenem Recht**[16]. Daß er als Streitgenosse gilt, bedeutet, daß er sein *Recht zur Prozeßführung* in dem *fremden* Prozesse, d.h. zur Unterstützung der Hauptpartei, nicht als abgeleitetes, sondern (arg. § 61) als ein *von der Partei unabhängiges* selbständiges Recht hat[17]. Es vermischen sich danach in seiner Stellung Elemente verschiedener Art.

7   1. Als *Streitgehilfe* ist er *nicht* berechtigt, **Anträge** *für sich* zu stellen. Er kann zwar **Rechtsbehelfe** geltend machen[18], aber *nicht aus eigenem Rechte* (zu Beschwer und Fristen → Rdnr. 10). Er kann weder den Gegenstand des Rechtsstreits ändern noch Verfügungen darüber treffen (→ § 67 Rdnr. 2, 9)[19], ferner nicht den Rechtsstreit (etwa nach Klagezurücknahme durch die Hauptpartei) selbständig weiterführen[20]. Ebensowenig kann der Gegner Anträge gegen ihn stellen oder Rechtsmittel gegen ihn einlegen, und das Urteil ergeht – von den Kosten abgesehen – weder für noch gegen ihn.

8   2. Dagegen steht er für den **Prozeßbetrieb** einem *Streitgenossen* gleich, d.h. seine Prozeßhandlungen, insbesondere Rechtsmittel, sind von denen der Partei unabhängig und daher auch *beim Widerspruch der Partei wirksam*[21], d.h. als Urteilsgrundlage der Partei gegenüber zu beachten. Er muß zwar den Prozeß in der Lage annehmen, in der er sich zur Zeit des Beitritts befindet[22], aber nur insoweit, als seine Handlungen durch die Lage des Prozesses (Zwischenurteile, Verhandlung in höherer Instanz) ausgeschlossen sind. Er kann also, soweit die Prozeßlage dies gestattet, früheren Handlungen der Partei widersprechen, z.B. dem Anerkenntnis oder Geständnis durch Einlegung der Berufung[23]. Es gelten für seine Prozeßhandlungen die Grundsätze des § 61 und damit die dort vorbehaltene[24] Ausnahme des § 62, da in allen Fällen des § 69 die Voraussetzungen der notwendigen Streitgenossenschaft vorliegen müssen (Rdnr. 2f.) Andererseits büßt er durch seine Stellung als Streitgenosse *von den ihm nach § 67 als Streitgehilfe zustehenden Befugnissen nichts* ein. Er kann demgemäß der Unterstützung der Hauptpartei dienende Prozeßhandlungen, die außerhalb des Termins

---

[13] *RG* JW 1898, 416; 1901, 799; *Walsmann* (§ 66 Fn. 1), 193 ff.

[14] Wie hier *OLG Celle* KTS 1988, 369; *Leipold* Anm. zu *BAG* AP Nr. 4 zu § 67 ZPO. – Anders *v. Canstein* ZZP 8 (1885), 246 f. u.a. S. dagegen *Walsmann* (§ 66 Fn. 1), 105 ff., und S. 112 f., 117 f. gegen die Mittelmeinungen von *Francke* ZZP 27 (1900), 298 f. und *Wach* Hdb., 649 f.

[15] Es ist daher – entgegen *Dimaras* Anspruch »Dritter« auf Verfahrensbeteiligung (1987), 90 – aus Art. 103 GG nicht geboten, ihm volle Parteirechte zu gewähren; → auch vor § 128 Rdnr. 26 ff.

[16] Vgl. *RGZ* 34, 363; 42, 389 f.; 90, 43; *Walsmann* (§ 66 Fn. 1), 119 ff.; *Hellwig* Lb 2, 519.

[17] Ebenso *Walsmann* (§ 66 Fn. 1), 121 f.

[18] *OLG Karlsruhe* ZIP 1991, 102; *BAGE* 34, 150; AP Nr. 3 zu § 67 ZPO (*Leipold*).

[19] S. auch *Leipold* Anm. zu *BAG* AP Nr. 3 zu § 67 ZPO; *Walsmann* (§ 66 Fn. 1), 196, 209 f.

[20] *BGH* NJW 1965, 760; *OLG Celle* KTS 1988, 369; *OLG Karlsruhe* OLGRspr. 37 (1918), 94.

[21] *BGHZ* 92, 276 = NJW 1985, 386 = JZ 338 (*Braun*) = ZZP 99 (1986), 98 (*Deneke*); *BGHZ* 89, 124 = NJW 1984, 353 = JR 156 (*Waldner*); *RGZ* 90, 43; 42, 392; *OLG Celle* FamRZ 1976, 158.

[22] Vgl. *RGZ* 93, 32.

[23] *LAG Saarland* BB 1981, 304.

[24] Man braucht deshalb nicht anzunehmen, daß das Zitat des § 61 unrichtig sei; *RGZ* 34, 364; JW 1898, 138 f.; *Walsmann* (§ 66 Fn. 1), 125.

stattfinden und nicht befristet sind, mit Wirkung auch für die unterstützte Partei vornehmen[25].

Die Anwendung des § 62 führt dazu, daß bei **widersprechenden Erklärungen** prozessualer   9
Art, insbesondere bei dem *Geständnis*, die Wirkung entfällt, die Tatsache also also als
bestritten gilt[26], wogegen bei materiellen Dispositionen, und entsprechend bei *Anerkenntnis*
und *Verzicht*, das materiell-rechtliche Verhältnis zwischen Partei und Intervenienten über die
Wirksamkeit entscheidet (→ § 62 Rdnr. 34)[27]. Wegen der *Einverständniserklärungen* gemäß
§ 349 Abs. 3, § 128 Abs. 2 → § 61 Rdnr. 14.

Aus der Gleichstellung mit der Partei für den Prozeßbetrieb folgt ferner, daß die Anordnun-   10
gen nach §§ 141 ff., 273 Abs. 2 Nr. 1, 3, § 283 hier auch an den Streitgehilfen ergehen können,
und daß ihm alle Entscheidungen, auch die Urteile, zugestellt werden müssen[28]. Es laufen
deshalb die **Fristen für Einspruch und Rechtsmittel**, soweit ihr Beginn von einer Zustellung
abhängig ist (§§ 516, 552), für ihn *selbständig* von der *an ihn* bewirkten Zustellung an[29]
(wegen der von ihm bewirkten Zustellungen → Rdnr. 8 a. E.), und der Verzicht der Partei
hindert sie nicht. Daher ist auch die Wiedereinsetzung in den vorigen Stand für ihn aus seiner
Person zu beurteilen[30] (→ demgegenüber § 67 Rdnr. 5). Da es aber gleichwohl kein Rechtsmittel aus eigenem Recht ist (→ Rdnr. 7), muß die nötige Beschwer in der Person der Partei
vorliegen, d. h. auch der (selbst beschwerte) streitgenössische Nebenintervenient kann ein
Rechtsmittel nicht zuungunsten der Hauptpartei einlegen[31]. Im Falle seines Todes usw. wird
das Verfahren dem Streitgehilfen gegenüber nach §§ 239 ff. unterbrochen. Es darf aber auch
der Partei gegenüber nicht fortgeführt werden[31a].

3. Für den **Beweis** gilt der Streitgehilfe des § 69 *nicht als Dritter*. Er kann nach Maßgabe des   11
zu § 61 Rdnr. 11 Gesagten nur als Partei, nicht als Zeuge oder Sachverständiger vernommen
werden[32]. Er ist deshalb auch für die Urkundenvorlegung wie ein Gegner zu behandeln
(§§ 421 f.).

4. Für die **Kostenhaftung** ist nach § 101 Abs. 2 die Bestimmung des § 100 maßgebend. Der   12
Streitgehilfe steht daher einem Streitgenossen gleich[33] und kann für seine Kosten vom
ausländischen Kläger Sicherheitsleistung nach § 110 verlangen[34] (→ § 110 Rdnr. 10, 42), wie
er selbst als Ausländer Sicherheit für die Prozeßkosten leisten muß (anders für den einfachen
Streitgehilfen, → § 67 Rdnr. 22). Wegen der Prozeßkostenhilfe → § 114 Rdnr. 9.

III. Verhältnis zu § 68

Die Interventionswirkung nach § 68 gilt auch gegenüber dem streitgenössischen Nebenin-   13
tervenienten. Soweit allerdings im Fall des § 69 das Urteil in dem Rechtsverhältnis zur
Hauptpartei unmittelbar und vollständig Rechtskraft wirkt, ist für Einwendungen gegen die

---

[25] Vgl. *RGZ* 108, 132 (zur Urteilszustellung nach § 317
aF).
[26] *LAG Saarland* BB 1981, 304.
[27] Vgl. *RGZ* 44, 345; *OLG Neustadt* NJW 1953, 1266.
– A. M. (für Gleichbehandlung mit dem Geständnis) *Ro-
senberg/Schwab*[14] § 47 V 2 b; *Walsmann* (§ 66 Fn. 1),
218. *Stahl* Beiladung und Nebenintervention (1972), 105
hält Anerkenntnis und Verzicht des streitgenössischen
Nebenintervenienten generell für unzulässig; ebenso
MünchKommZPO/Schilken Rdnr. 11; *Windel* ZZP 104
(1991), 326.
[28] *BGHZ* 89, 125 = NJW 1984, 353 = JR 156 (*Waldner*).
[29] *BGHZ* 89, 125 (vorige Fn.); *RGZ* 34, 363. – Anders,

wenn der Streitgehilfe erst nach Inlaufsetzung der Rechtsmittelfrist beitritt (oben Rdnr. 8).
[30] *Waldner* JR 1984, 158 f.; *Walsmann* (§ 66 Fn. 1),
203 f.
[31] *OLG Düsseldorf* FamRZ 1988, 1181. – A. M. *LAG
Saarland* BB 1981, 304.
[31a] *MünchKommZPO/Schilken* Rdnr. 13 m. w. N.
[32] Vgl. auch *RGZ* 20, 393; SeuffArch. 46 (1891), 466;
Gruchot 58 (1914), 1066; *OLG Koblenz* JurBüro 1987,
1826; *OLG Celle* SeuffArch. 48 (1893), 214.
[33] *RG* WarnRspr. 17 Nr. 282.
[34] *OLG Hamburg* NJW 1990, 650. – A. M. *Walsmann*
(§ 66 Fn. 1), 199.

Bindung, wie sie § 68 zuläßt, kein Raum. Soweit das nicht der Fall ist, bleibt es bei der Regel (→ § 68 Rdnr. 6), daß die Feststellungen des Urteils für ihn im Verhältnis zur Hauptpartei nur vorbehaltlich der Einrede mangelhafter Prozeßführung bindend sind. Dabei ist allerdings zu beachten, daß der streitgenössische Nebenintervenient die mangelhafte Prozeßführung der Hauptpartei in weitaus größerem Umfang verhindern kann als der einfache Nebenintervenient[35]. Im Verhältnis zur *Gegenpartei* tritt nie die Interventionswirkung, sondern gegebenenfalls Rechtskraft- oder Gestaltungswirkung ein.

§ 70   [Beitritt des Nebenintervenienten]

(1) [1]Der Beitritt des Nebenintervenienten erfolgt durch Einreichung eines Schriftsatzes bei dem Prozeßgericht und, wenn er mit der Einlegung eines Rechtsmittels verbunden wird, durch Einreichung eines Schriftsatzes bei dem Rechtsmittelgericht. [2]Der Schriftsatz ist beiden Parteien zuzustellen und muß enthalten:
1. die Bezeichnung der Parteien und des Rechtsstreits;
2. die bestimmte Angabe des Interesses, das der Nebenintervenient hat;
3. die Erklärung des Beitritts.
(2) Außerdem gelten die allgemeinen Vorschriften über die vorbereitenden Schriftsätze.

Gesetzesgeschichte: bis 1900 § 67 CPO; Änderung BGBl. 1950 I, 455.

Stichwortverzeichnis: → § 66 vor Rdnr. 1.

I. Der Beitritt als Streitgehilfe[1]

1   Der *Beitritt des Streitgehilfen* geschieht **durch Einreichung eines** sog. bestimmenden (→ § 129 Rdnr. 4 ff.) **Schriftsatzes**, der im Verfahren vor den Kollegialgerichten dem Anwaltszwang unterliegt[2]. Eine einfache Anzeige zu den Gerichtsakten genügt nicht[3] (→ jedoch Rdnr. 5). Als konstituierende Prozeßhandlung ist der Beitritt bedingungsfeindlich[4] (→ vor § 128 Rdnr. 208). Nur zur Klarstellung spricht das Gesetz aus, daß der Beitritt auch dann, wenn er mit der Einlegung eines Rechtsmittels oder des Einspruchs verbunden wird, durch Einreichung eines Schriftsatzes geschieht. Im amtsgerichtlichen Verfahren kann der Beitritt zu Protokoll der Geschäftsstelle erklärt werden (§ 496). In jedem Fall ist der Schriftsatz bzw. das Protokoll *beiden* Parteien[5] (nach § 176 ihren Prozeßbevollmächtigten) von Amts wegen

---

[35] Vgl. *Bischof* JurBüro 1984, 1148; *Walsmann* (§ 66 Fn. 1), 239.
[1] Lit.: → § 66 Fn. 1.
[2] *BGH* NJW 1991, 229, 230.
[3] *KG* OLGRspr. 37 (1918), 93.

[4] *BGH* NJW-RR 1989, 767 = MDR 539.
[5] *RGZ* 15, 397; 42, 401 ff.; *OLG Hamburg* SeuffArch. 41 (1886), 93; *OLG Dresden* SächsAnn. 23, 273 f. S. aber dazu unten Fn. 12.

zuzustellen. Eine Prüfung des Interesses usw. findet vor dieser Zustellung nicht statt. Die Stellung des Nebenintervenienten wird bereits mit der Einreichung des Schriftsatzes erlangt.

Regelmäßig ist der Schriftsatz bei dem **Prozeßgericht** einzureichen[6]. Nur dann, wenn der   2 Beitritt mit der Einlegung eines Rechtsmittels verbunden wird, muß die Einreichung bei dem *Rechtmittelgericht* erfolgen.

II. Inhalt des Schriftsatzes

Den wesentlichen Inhalt des Schriftsatzes bilden die *Bezeichnung der Parteien* und des   3 Rechtsstreits, die (bedingungsfeindliche, → Rdnr. 1) *Erklärung des Beitritts*, d.h. die Erklärung, daß und welcher der beiden Parteien der Dritte zum Zwecke ihrer Unterstützung beitritt. Eine ausdrückliche Erklärung, insbesondere die Bezeichnung Streithilfe oder Nebenintervention, ist aber nicht erforderlich. Es genügt z.B. bei der Einlegung eines Rechtsmittels, wenn der Schriftsatz die Stellung des Handelnden als Streitgehilfen erkennen läßt[7]. Wesentlich ist ferner die *bestimmte Angabe des Interesses* (→ § 66 Rdnr. 12 ff.), d.h. die Angabe der *Tatsachen*, aus denen es abgeleitet wird. Die Verweisung auf eine an den Streitgehilfen ergangene *Streitverkündung* reicht aus, sofern der Streitverkündungsschriftsatz dem Gericht zugegangen ist[8]. Auch eine Verweisung auf andere Schriftsätze ist nicht ausgeschlossen. Eine Glaubhaftmachung der Tatsachen ist *zunächst* nicht erforderlich (§ 71). Daneben kann der Schriftsatz als vorbereitender Schriftsatz nach §§ 130 ff. dienen.

III. Entscheidung über den Beitritt; Mängel

1. Über den Beitritt findet eine **Verhandlung** und **Entscheidung** nur dann statt, wenn eine   4 der Parteien den *Antrag auf Zurückweisung* stellt (→ § 71 Rdnr. 3). Der Streitgehilfe ist zu allen nach dem Beitritt anberaumten Terminen zu laden (→ § 67 Rdnr. 19), auch im Falle der Verlegung. Zu schon angesetzten Terminen ist eine Ladung zulässig, aber nicht notwendig (insbesondere nicht für die ordnungsgemäße Ladung der Hauptpartei i.S. des § 335 Abs. 1 Nr. 2). Im übrigen → § 71 Rdnr. 9.

2. Formelle **Mängel** des Beitritts, namentlich solche des Schriftsatzes und der Zustellung (zu   5 sachlichen Mängeln → § 71 Rdnr. 3), unterliegen dem Rügeverzicht nach § 295, denn sie können keine größere Bedeutung haben als die der Klageschrift (→ § 253 Rdnr. 25, 181 ff.)[9]. Sie heilen durch Nichtrüge auch dann, wenn die Parteien der Zulassung aus sachlichen Gründen widersprochen haben[10]. Auch eine mangelfreie Nachholung des Beitritts ist nicht ausgeschlossen, soweit nicht eine in ihrer Wirksamkeit von Amts wegen zu prüfende Prozeßhandlung, z.B. die Einlegung der Berufung usw., von dem Beitritt abhängt[11]. Den Mangel der Zustellung kann jede Partei nur hinsichtlich der Zustellung an sie rügen, und es ist deshalb, wenn der Streitgehilfe durch denselben Prozeßbevollmächtigten vertreten wird wie die Partei, der Mangel der Zustellung an die Partei geheilt[12].

Daraus ergibt sich, daß das Gericht einen formell mangelhaften Beitritt ebensowenig von   6

---

[6] Auch nach Erlaß des Endurteils schwebt der Prozeß bis zur Einlegung des Rechtsmittels noch in der *unteren* Instanz; s. *RGZ* 68, 247 ff. (→ § 176 Rdnr. 10).

[7] *RGZ* 124, 142.

[8] *RGZ* 102, 276 (unter Aufgabe der früheren Rspr.).

[9] S. auch *RGZ* 15, 397; 42, 401 ff.; JW 1901, 799; SeuffArch. 79 (1925), 129.

[10] *RGZ* 15, 397.

[11] *RGZ* 42, 401 ff.; JW 1899, 223; *BayObLGZ* 1906, 285, 312 (zum früheren Recht).

[12] S. auch *OLG Düsseldorf* JW 1936, 2169 u. *Jonas* das. – *Rosenberg* Stellvertretung (1908), 709f. will Zustellung an sich selbst gestatten.

Amts wegen als unzulässig oder als nicht erfolgt behandeln darf, wie nach § 71 Abs. 3 einen sachlich ungerechtfertigten (→ § 71 Rdnr. 1)[13].

IV. Zurücknahme

7   Der Beitritt kann zurückgenommen werden[14]. Damit wird die Möglichkeit eines neuen Beitritts zur anderen Partei eröffnet (→ § 66 Rdnr. 3). Auf diese Zurücknahme kann von den Vorschriften über die Zurücknahme der Klage nur diejenige über die *Form* (§ 269 Abs. 2) entsprechend angewandt werden[15], nicht dagegen die über die *Wirkung*. Denn da durch den Beitritt der Partei die Streitverkündung nach § 72 als praktisch überflüssig ausscheidet, kann sich der Streitgehilfe der ihm nachteiligen Wirkung des § 68 durch die Zurücknahme nicht zum Schaden der Partei wieder entziehen (dazu → § 68 Rdnr. 2). Nimmt man dies aber an, so sind auch die Vorschriften über die Einwilligung (§ 269 Abs. 1) außer Anwendung zu lassen. Der Gegner braucht nicht einzuwilligen, weil er keine Entscheidung dem Gehilfen gegenüber zu erwarten hat, und die unterstützte Partei nicht, weil sie angesichts des Fortbestandes der Bindung nach § 68 im übrigen kein Interesse hat, den Gehilfen festzuhalten[16]. Dies gilt auch bei der streitgenössischen Streithilfe, da der Gegner die Aussicht auf die Rechtskraft unabhängig von dem Beitritt hat[17]. Wegen der Kosten → § 101 Rdnr. 6. Über den Tod des Streitgehilfen → § 67 Rdnr. 28.

V. Gebühren

8   Für die Streithilfe als solche und für ein Zwischenurteil nach § 71 wird **keine Gerichtsgebühr** erhoben. Zur Gebühr für das *Beschwerdeverfahren* s. GKG-Kostenverzeichnis Nr. 1180. Gegenstand des Streites ist die Zulassung des Streitgehilfen. Der Gebühr ist demnach nicht der Wert des Hauptstreitgegenstandes zugrunde zu legen, sondern der nach § 12 GKG i. V. m. § 3 ZPO frei zu schätzende **Wert der Zulassung**, d.h. das Interesse des Streitgehilfen an seiner Zulassung[18]. Auch der Streitwert der durchgeführten Nebenintervention bemißt sich nach dem Interesse des Nebenintervenienten[19]. Wegen der Kostenentscheidung → § 71 Rdnr. 7 und § 101 Rdnr. 1. Im *arbeitsgerichtlichen* Verfahren bestimmt sich die Gebühr für das Beschwerdeverfahren nach ArbGG-Gebührenverzeichnis Nr. 2300. – Der **Anwalt** des Nebenintervenienten erhält die Regelgebühren nach § 31 BRAGO. Die Anwälte der Parteien dagegen bekommen nach § 37 Abs. 1 Nr. 3 BRAGO keine zusätzliche Gebühr[20]. Doch stehen ihnen für ein Beschwerdeverfahren fünf Zehntel der vollen Gebühr nach § 61 Abs. 1 Nr. 1 BRAGO zu.

§ 71   [Zulassung und Zurückweisung des Nebenintervenienten]

(1) ¹Über den Antrag auf Zurückweisung einer Nebenintervention wird nach mündlicher Verhandlung unter den Parteien und dem Nebenintervenienten entschieden. ²Der Nebenintervenient ist zuzulassen, wenn er sein Interesse glaubhaft macht.

---

¹³ Vgl. *RGZ* 15, 396f.
¹⁴ *KG* OLGZ 1989, 76.
¹⁵ *RGZ* 56, 29; 61, 291; Gruchot 50 (1906), 697f.
¹⁶ *RGZ* 61, 281f.; Gruchot 50 (1906), 699f.
¹⁷ A. M. *Walsmann* (§ 66 Fn. 1), 208.

¹⁸ *RGZ* 111, 410.
¹⁹ Näher → § 3 Rdnr. 54 »Nebenintervention«.
²⁰ *OLG Stuttgart* Justiz 1970, 13 (LS); *Gerold/ Schmidt/v. Eicken/Madert* BRAGO¹⁰ § 37 Rdnr. 7.

(2) **Gegen das Zwischenurteil findet sofortige Beschwerde statt.**

(3) **Solange nicht die Unzulässigkeit der Intervention rechtskräftig ausgesprochen ist, wird der Intervenient im Hauptverfahren zugezogen.**

Gesetzesgeschichte: bis 1900 § 68 CPO.

Stichwortverzeichnis: → § 66 vor Rdnr. 1.

I. Der Zwischenstreit über die Zurückweisung[1]

Widerspricht keine Partei dem Beitritt, so erhält der Beitretende die Stellung des Streitgehilfen, ohne daß das Gericht berechtigt oder verpflichtet wäre, eine Prüfung der Voraussetzungen der Streithilfe vorzunehmen[2] (→ auch § 70 Rdnr. 4 f. und § 101 Rdnr. 4). Eine Ausnahme gilt hier hinsichtlich der *persönlichen* Prozeßvoraussetzungen, soweit sie von Amts wegen zu beachten sind (→ § 66 Rdnr. 25). Im übrigen entsteht ein Zwischenstreit, der durch Zwischenurteil zu entscheiden ist, nur dadurch, daß eine Partei die *Zurückweisung des Beitritts beantragt.*   **1**

1. Widerspruchsberechtigt sind beide Parteien[3], nicht der Streithelfer selbst[4]. Der Widerspruch ist Verteidigung gegen den Beitritt und kann sich auf dessen sachliche Unzulässigkeit (§ 66), einen Mangel der Form (§ 70) oder das Fehlen von Prozeßvoraussetzungen (→ § 66 Rdnr. 25) stützen. Die Beweislast trägt der Beitretende.   **2**

2. Der **Antrag auf Zurückweisung** des Beitritts ist mündlich zu stellen und als Sachantrag im Termin nach § 297 zu verlesen[5]. Im Fall der Entscheidung nach Lage der Akten wird der schriftsätzlich angekündigte Antrag wie der in der mündlichen Verhandlung gestellte behandelt (§ 128 Rdnr. 87 ff.; § 251 a Rdnr. 12). Der Antrag auf Verwerfung eines von dem Streitgehilfen eingelegten Rechtsmittels usw. ersetzt den Zurückweisungsantrag selbst dann nicht, wenn er sich auf die Unzulässigkeit der Streithilfe stützt, denn er ist kein Antrag gegen den Beitretenden[6]. Der Antrag kann in jedem Stadium des Prozesses gestellt werden[7], doch ist sowohl hinsichtlich der formellen Erfordernisse (→ § 70 Rdnr. 5) als auch der materiellen Voraussetzungen (insbes. rechtliches Interesse) Heilung nach § 295 möglich[8]. Der Antrag auf Zurückweisung ist also ausgeschlossen, wenn die Partei auf das Widerspruchsrecht verzichtet hat oder in Kenntnis (bzw. fahrlässiger Unkenntnis) des Mangels in der ersten mündlichen Verhandlung, an der der Streitgehilfe teilgenommen hat, keinen Zurückweisungsantrag   **3**

---

[1] Lit.: → § 66 Fn. 1.

[2] *BGHZ* 76, 301; *RGZ* 42, 401 ff.; 163, 365; auch wenn mit dem Beitritt ein Rechtsmittel eingelegt wird – insoweit a. M. *Baur* Festschr. für Lent (1957), 8.

[3] *RGZ* 42, 401.

[4] *KG* OLGZ 1989, 76.

[5] Ebenso *MünchKommZPO/Schilken* Rdnr. 5; *Thomas/Putzo*[17] Anm. 1 a. – A. M. *Baumbach/Lauterbach/Hartmann*[50] Anm. 1 B.

[6] *BGH* LM § 66 Nr. 1; *RG* JW 1904, 178; 1901, 799; *Baumbach/Lauterbach/Hartmann*[50] Anm. 1 B.

[7] *OLG Dresden* OLGRspr. 13 (1906), 84. – Ein Rechtsmittel einzulegen, lediglich um den Antrag auf Zurückweisung erstmalig zu stellen, ist mangels einer dem Prozeßgegner gegenüber bestehenden Beschwer unzulässig.

[8] *RGZ* 163, 361; *OLG Celle* NdsRpfl. 1964, 205.

gestellt hat. Für die persönlichen Prozeßvoraussetzungen gilt dies jedoch nicht (→ § 66 Rdnr. 25).

4   Ist dem Beitritt eine **Streitverkündung** vorangegangen, so hat damit der Streitverkünder den Widerspruch dagegen verloren, daß der Dritte *ihm* beitritt, nicht aber dagegen, daß er dem Gegner beitritt[9], oder bezüglich der Einhaltung der formellen Erfordernisse des § 70[10]. Dagegen steht dem Gegner der Widerspruch noch offen. Hat nur eine Partei widersprochen, so kann sich die andere entweder dem Widerspruch anschließen oder den Beitretenden unterstützen; sie kann sich aber auch passiv verhalten.

5   3. Über den **Zwischenstreit** wird vor dem Prozeßgericht mündlich verhandelt, sofern das Gericht nicht im Einverständnis mit den Parteien und dem Streitgehilfen davon absieht (§ 128 Abs. 2) oder eine Anordnung nach § 128 Abs. 3 trifft. Abgesehen von dem Fall, daß abgesonderte Verhandlung angeordnet ist[11], ist der Termin zur Verhandlung der Hauptsache ohne weiteres auch für diejenige über den Zwischenstreit bestimmt. Der Anwaltszwang im Hauptprozeß erstreckt sich auch auf den Zwischenstreit. Das rechtliche Interesse des Streitgehilfen ist nach § 294 *glaubhaft zu machen*, soweit seine tatsächlichen Grundlagen von der oder einer der widersprechenden Parteien bestritten sind.

6   Ein **Versäumnisverfahren** ist wie bei allen Zwischenstreitigkeiten mit Dritten **ausgeschlossen**. Bleibt der Streitgehilfe aus, so wird auf Grund der Beitrittsschrift und des mündlichen Vortrags der Hauptpartei entschieden[12]. Entsprechendes gilt, wenn die widersprechende Partei ausbleibt, während das Ausbleiben der an dem Zwischenstreit nicht beteiligten Partei unerheblich ist. Bleiben Streitgehilfe und widersprechende Partei aus, so kann das Gericht über den Zwischenstreit nach Lage der Akten entscheiden oder die Verhandlung über den Zwischenstreit vertagen.

7   4. Die Entscheidung ergeht als **Zwischenurteil**, das auf Zulassung oder auf Zurückweisung des Beitritts lautet[13]. Nur bei Patentnichtigkeitsklagen ergeht ein Beschluß[14]. Zu dieser Entscheidung ist auch der Einzelrichter (auch der vorbereitende, § 524) befugt (→ § 349 Rdnr. 33). Maßgebend ist für die Entscheidung die Sachlage am Schluß der mündlichen Verhandlung (→ § 300 Rdnr. 20 ff.; zum Falle des § 128 Abs. 2 → § 128 Rdnr. 87 ff.). Erforderlich und genügend ist also, daß das rechtliche Interesse in diesem Zeitpunkt besteht[15]. Der Beitritt ist demnach zurückzuweisen, wenn ein ursprünglich vorhanden gewesenes rechtliches Interesse nachträglich fortgefallen ist[16]. Über die *Kosten* des Zwischenstreits ist nach Maßgabe des § 91 in dem Zwischenurteil zu entscheiden (§ 101 Rdnr. 1). Zum *Streitwert* → § 70 Rdnr. 8. Wird die Entscheidung über den Zwischenstreit in das die Hauptsache betreffende Endurteil aufgenommen (was auch stillschweigend möglich ist[17]), so bleibt sie trotzdem ein Zwischenurteil, gegen das nur die sofortige Beschwerde (→ Rdnr. 8) zulässig ist (→ Allg. Einl. vor § 511 Rdnr. 37)[18]. Enthält dagegen das Urteil in der Hauptsache einen Ausspruch über die Streithilfe, ohne daß – mangels eine Antrags – über deren Zulassung entschieden wird, so findet keine Beschwerde statt, ebensowenig, wenn nur darüber entschieden wird, ob ein Fall des § 69 vorliegt (→ § 69 Rdnr. 5). Ist das Endurteil ergangen, ohne daß über den Antrag auf

[9] *BayObLGZ* 1902, 101; *OLG Dresden* OLGRspr. 13 (1906), 85.
[10] A. M. *MünchKommZPO/Schilken* Rdnr. 3; *Wieser* (§ 66 Fn. 1), 86.
[11] *RGZ* 10, 339.
[12] *BAGE* 19, 366 = AP § 66 Nr. 1 (*Wieczorek*) = NJW 1968, 73; *Bischof* JurBüro 1984, 1311.
[13] Eine teilweise Zulassung ist unzulässig, *RG* Gruchot 40 (1896), 657.
[14] *BGHZ* 4, 5.
[15] *KG* OLGRspr. 41 (1921), 250.

[16] A. M. *OLG Nürnberg* OLGRspr. 25 (1912), 63; *OLG Hamburg* OLGRspr. 33 (1916), 148.
[17] Z. B. durch eine Kostenentscheidung gegen den Nebenintervenienten, vgl. *BGH* MDR 1963, 997; zust. *Bischof* JurBüro 1984, 972.
[18] *BAG* DB 1988, 2212; *RGZ* 15, 413; 18, 140; 38, 402; JW 1904, 178; SeuffArch. 69 (1914), 289; *BayObLGZ* 1906, 453; *KG* JW 1919, 458. – Anders, wenn nach Zurücknahme der Klage nur noch über die Kosten der Streithilfe entschieden ist, *RG* JW 1894, 239.

Zurückweisung entschieden ist, so ist für eine Ergänzung des Endurteils nach § 321, da diese Entscheidung nicht in das Endurteil gehört, kein Raum[19]. Es ist vielmehr nach § 214 bzw. § 497 zur Verhandlung über den noch nicht erledigten Zwischenstreit zu laden. – Bezüglich der *Gebühren* → § 70 Rdnr. 8.

5. Gegen das Zwischenurteil, dessen Zustellung auf Betreiben einer der Parteien[20] oder des Intervenienten erfolgt, findet nur (→ Rdnr. 7) die **sofortige Beschwerde** (§ 577) statt[21]. Sie ist nach § 567 Abs. 3 Satz 2 auch dann gegeben, wenn das Landgericht im Berufungs- oder Beschwerderechtszug zu entscheiden hat. Die Beschwerde steht im Falle der Zurückweisung nur dem Streitgehilfen[22], im Falle der Zulassung dagegen *beiden* Hauptparteien zu, auch der bisher passiven Partei, sofern sie nicht bereits in bindender Weise (→ Rdnr. 3) den Streitgehilfen zugelassen hat[23]. Die nicht widersprechende Partei kann sich zur Unterstützung des Nebenintervenienten am Beschwerdeverfahren beteiligen[24]. Die weitere Beschwerde folgt dem § 568[25]. Zwischenurteile des OLG sowie des Landesarbeitsgerichts sind allerdings gemäß §§ 567 Abs. 4 ZPO, 70 ArbGG unanfechtbar[26] (→ Rdnr. 9). Ist der Prozeß inzwischen durch ein rechtskräftiges Endurteil oder durch einen Vergleich erledigt, so ist die Beschwerde gegenstandslos und deshalb unzulässig (→ § 575 Rdnr. 2)[27], mag sie auch vorher eingelegt sein (→ § 575 Rdnr. 1). Nach rechtskräftiger Zurückweisung des Beitritts ist eine Wiederholung auf Grund *desselben* Interesses ausgeschlossen[28]; anders selbstverständlich bei Zurückweisung nur wegen Formmangels.

Wegen der *Gerichtsgebühren* für das Beschwerdeverfahren → § 70 Rdnr. 8.

II. Die weitere Zuziehung des Nebenintervenienten (Abs. 3)

Nach Abs. 3 ist der Streitgehilfe auch nach Widerspruch und selbst nach Erlaß des ihn zurückweisenden Zwischenurteils zum Hauptverfahren zuzuziehen (→ § 67 Rdnr. 18), bis der Ausspruch der Unzulässigkeit rechtskräftig ist. Er kann also, abgesehen von dem Verfahren vor dem Oberlandesgericht (bzw. dem Landesarbeitsgericht), dessen Zwischenurteil mangels Beschwerde (§ 567 Abs. 4 bzw. § 70 ArbGG; → Rdnr. 8) sofort Rechtskraft erlangt[29], bis zum Ablauf der Beschwerdefrist oder bis zur Bestätigung des Zwischenurteils durch die letzte Instanz alle ihm nach §§ 66, 69 zukommenden Rechte ausüben, insbesondere auch Rechtsmittel ergreifen[30]. Es ist daher, außer vor dem Oberlandesgericht (bzw. dem Landesarbeitsgericht), unzulässig, wenn der Streitgehilfe allein erscheint, gegen ihn ein Zwischenurteil nach § 71 und zugleich gegen die Partei ein Versäumnisurteil zu erlassen oder zugleich mit seiner Zurückweisung auch das von ihm eingelegte Rechtsmittel zu verwerfen[31]. Erst mit der Rechtskraft der Zurückweisung verliert der Streitgehilfe die Befugnis, Prozeßhandlungen vorzunehmen.

Daraus, daß Abs. 3 die Zulassung bis zur Rechtskraft des Zwischenurteils schlechthin vorschreibt, folgt, daß die bis zu diesem Zeitpunkt vom Streitgehilfen vorgenommenen

8

9

10

---

[19] A. M. *RG* JW 1886, 39. – Zur Ergänzung der Kostenentscheidung s. *OLG Köln* MDR 1992, 301.

[20] *RG* JW 1893, 196.

[21] *RGZ* 15, 413.

[22] A. M. *OLG Frankfurt* NJW 1970, 817 (auch der unterstützten Partei); zust. *MünchKommZPO/Schilken* Rdnr. 10.

[23] *RGZ* 15, 413; *MünchKommZPO/Schilken* Rdnr. 10.

[24] *OLG Nürnberg* BayJMBl. 1966, 67.

[25] Vgl. *RGZ* 42, 402; *OLG Breslau* JW 1930, 3332.

[26] Nach Ziff. 5 lit. d S. 2 des Kapitels III A, Abschnitt III der Anlage I zum Einigungsvertrag vom 31. 8. 1990

(BGBl. II, 885) gilt eine Ausnahme für Erstentscheidungen der **Bezirksgerichte** auf dem Gebiet der ehemaligen DDR; vgl. dazu *Thomas/Putzo*[17] Einl. VII Rdnr. 24; *Zöller/Vollkommer*[16] Beiheft zum Einigungsvertrag, Anl. I Rdnr. 21.

[27] Vgl. *RGZ* 19, 415f.

[28] *RGZ* 23, 342f.

[29] Vgl. *BGHZ* 76, 301; NJW 1982, 2070 = MDR 650; *OLG Hamburg* OLGRspr. 27 (1913), 30; *BAG* DB 1988, 2212.

[30] *BGH* VersR 1985, 551; *RG* JW 1901, 799.

[31] *OLG Hamburg* OLGRspr. 15 (1907), 73.

Prozeßhandlungen wirksam sind und *auch nach Eintritt der Rechtskraft ihre Wirksamkeit behalten*, ohne Rücksicht darauf, ob die unterstützte Partei sich dieselben ausdrücklich oder stillschweigend aneignet[32]. Eine Ausnahme ist nur für den Fall zu machen, daß der Streitgehilfe wegen fehlender persönlicher Prozeßvoraussetzungen, z.B. wegen fehlender Partei- oder Prozeßfähigkeit (→ § 66 Rdnr. 25), zurückgewiesen ist[33]. – Zu den Folgen von Tod oder Konkurs des Streithelfers → § 67 Rdnr. 23.

11   **Unterbleibt die Zuziehung**, so liegt darin ein Verfahrensverstoß; eine der unterstützten Partei günstige Entscheidung kann jedoch ohne Behebung des Mangels ergehen[34].

§ 72   [Streitverkündung]

(1) **Eine Partei, die für den Fall des ihr ungünstigen Ausganges des Rechtsstreits einen Anspruch auf Gewährleistung oder Schadloshaltung gegen einen Dritten erheben zu können glaubt oder den Anspruch eines Dritten besorgt, kann bis zur rechtskräftigen Entscheidung des Rechtsstreits dem Dritten gerichtlich den Streit verkünden.**

(2) **Der Dritte ist zu einer weiteren Streitverkündung berechtigt.**

Gesetzesgeschichte: bis 1900 § 69 CPO.

Stichwortverzeichnis: → § 66 vor Rdnr. 1.

I. Wesen und Zweck

1   1. Streitverkündung[1] ist die von einer Partei ausgehende **Benachrichtigung eines Dritten von dem Schweben eines Prozesses** zu dem Zweck, dem Dritten die Möglichkeit einer Beteiligung an dem Prozeß zu eröffnen. Sie enthält indessen weder eine Aufforderung noch einen Zwang zum Beitritt. Es bleibt Sache des Dritten zu erwägen, ob er sich beteiligen will. Ein Anspruch prozessualer oder materieller Art wird gegen ihn nicht erhoben. Wohl aber knüpfen sich an die Streitverkündung Wirkungen des materiellen Rechts im Verhältnis der Partei zum Dritten (→ Rdnr. 6), und kraft Prozeßrechts (§ 74) bewirkt die Streitverkündung

---

[32] *BGH* VersR 1985, 551; *Rosenberg/Schwab*[14] § 47 III 3c; *Thomas/Putzo*[17] Anm. 3. – Früher a. M. *OLG Hamburg* SeuffArch. 44 (1889), 460.

[33] Vgl. *Hellwig* System I, 224.
[34] *OGHZ* 1, 253.
[1] **Lit.**: → § 66 Fn. 1.

eine Bindungswirkung des im Prozeß ergehenden Urteils gegenüber dem Dritten[2]. Die Streitverkündung dient zwar auch der Prozeßökonomie und der Vermeidung widersprechender Entscheidungen, in erster Linie aber dem Interesse der Partei daran, ihre Stellung zu dem Dritten zu verbessern, insbesondere in der Weise, daß sie nicht von zwei materiell-rechtlich verknüpften Prozessen beide verliert, wenn sie einen gewinnen müßte[3] (→ auch § 68 Rdnr. 3). Die Streitverkündung ist (bedingungsfeindliche) Prozeßhandlung[4]; ein Akt der Rechtsverfolgung oder Rechtsverteidigung dem *Prozeßgegner* gegenüber ist sie aber nicht (→ auch § 73 Rdnr. 6).

2. Die erwähnten Wirkungen kommen der Streitverkündung in allen Fällen der §§ 72,   **2** 75–77 gleichmäßig zu[5]. Verschieden ist nur die Art der **Beteiligung des Dritten**, die im Regelfall des § 72 im Beitritt als Streitgehilfe besteht, im Fall des § 75 in einem sachlich der Hauptintervention gleichenden Eintritt in den Streit und in dem der §§ 76 f. in der Übernahme des Prozesses. Aber auch in diesen beiden letzten Fällen ist statt dessen Streithilfe möglich (→ § 75 Rdnr. 7, § 76 Rdnr. 17).

3. **Dritter** kann jeder sein, der als Streitgehilfe auftreten kann (→ § 66 Rdnr. 8), auch der   **3** Prozeßbevollmächtigte[6] und der eigene Streitgenosse der verkündenden Partei[7]. Zwar ist ihm gegenüber die Benachrichtigung als solche eine bloße Formalität, aber sie ist nicht zu entbehren, weil die oben erwähnten Wirkungen, namentlich die materiell-rechtlichen, ohne den Akt der Streitverkündung nicht eintreten würden[8]. Eine Streitverkündung an die Gegenpartei (z. B. an den Fiskus, vertreten durch eine andere Behörde) ist unwirksam[9].

4. Die Streitverkündung heißt **gerichtliche** (Abs. 1 a. E.), weil sie einen anhängigen (→   **4** Rdnr. 10) Prozeß voraussetzt. Außerdem übermittelt das Gericht, bei dem der Rechtsstreit schwebt, den Streitverkündungsschriftsatz (→ § 73 Rdnr. 2). Eine Entscheidung über die Streitverkündung ergeht im anhängigen Prozeß nicht (→ Rdnr. 17). Nur in Art. 51 § 1 des Internationalen Übereinkommens über den Eisenbahnfrachtverkehr (CIM) und Art. 47 § 1 des Internationalen Übereinkommens über den Eisenbahn-Personen- und Gepäckverkehr (CIV) (beide vom 7. II. 1970; BGBl. 1974 II, 381, 493) wird eine richterliche Fristsetzung für Streitverkündung und Beitritt verlangt.

5. Hinsichtlich der **Beachtung der Wirkungen von Amts wegen** und des Ausschlusses einer   **5** Parteivereinbarung gilt das bei § 68 Rdnr. 3 Bemerkte sinngemäß. Daß hier die Interventionswirkung auch bei Unterlassen des Beitritts eintritt, begründet sachlich keinen Unterschied, vor allem aber kennt das Gesetz einen derartigen Unterschied nicht[10].

II. Materiell-rechtliche Wirkungen

Ob die Partei dem Dritten gegenüber zur Streitverkündung verpflichtet ist und welche   **6** Wirkungen materiell-rechtlicher Art die erfolgte oder die unterlassene Streitverkündung hat, entscheidet ausschließlich das materielle Recht.

Das BGB enthält keine Bestimmung, die die Streitverkündung **vorschreibt**[11]. Es gestattet   **7**

---

[2] A. M. *Mendelssohn/Bartholdy* Rechtskraft, 459 f., der umgekehrt die Rechtskraft zur Voraussetzung der Streitverkündung macht. Aber gerade in den Fällen des § 72 tritt sie sonst nicht ein. So auch *Hellwig* Lb 2, 524.
[3] *BGHZ* 100, 262; *BGH* NJW 1989, 522; 1987, 2874 = JZ 1035 (*Fenn*); *OLG Karlsruhe* OLGZ 1984, 232; *Eibner* JurBüro 1988, 150 ff.; *Kittner* JuS 1985, 705; *Schäfer* (§ 66 Fn. 1), 137; *Wieser* ZZP 79 (1966), 258 ff.; krit. *Häsemeyer* JR 1988, 69.
[4] *BGH* NJW-RR 1989, 767 = MDR 539.

[5] So auch *Hellwig* Lb 2, 524.
[6] Vgl. *BGH* VersR 1982, 975.
[7] Vgl. *RG* JW 1896, 176 Nr. 37; *Hellwig* Lb 2, 526; 3, 181. – Auch der Streitgenosse des Gegners *OLG Neustadt* MDR 1958, 342.
[8] A. M. *Hellwig* Lb 3, 181 f.
[9] *RG* JW 1912, 640.
[10] A. M. *E. Schneider* MDR 1961, 3.
[11] Vgl. *Schäfer* (§ 66 Fn. 1), 141.

sie vielmehr nur in Konkurrenz mit anderen Wegen der Benachrichtigung oder mit der gerichtlichen Geltendmachung (→ § 262 Rdnr. 1 ff.) als Mittel zur **Erhaltung verlustbedrohter Rechte**, etwa in §§ 209 Nr. 4, 941 BGB als Mittel zur **Unterbrechung der Verjährung**[12] und der **Ersitzung** mit der sich aus § 215 BGB ergebenden zeitlichen Begrenzung[13], ferner zur Erhaltung der Rechte wegen Viehmangels in § 485 BGB und zur Erhaltung der Einrede bzw. der Aufrechnungsbefugnis bei Mängeln der gekauften Sache in §§ 478 f. BGB. Die letzteren Vorschriften gelten auch beim Werkvertrag (§ 639 BGB) und nach §§ 414, 423, 439 HGB beim Speditions-, Lager- und Frachtgeschäft, während die §§ 545, 1042 BGB vom Mieter bzw. Nießbraucher und § 1166 BGB vom Hypothekengläubiger nur eine Anzeige, keine Streitverkündung verlangen. Positiv vorgeschrieben ist die Streitverkündung dagegen in § 841 ZPO und in den oben Rdnr. 4 erwähnten Abkommen. Ob in Fällen vertraglich bestimmter Ausschlußfristen für die Klageerhebung die Streitverkündung die Frist wahrt, kann nur nach dem Inhalt des Vertrages beurteilt werden[14].

8   Wo das bürgerliche Recht Wirkungen an die Streitverkündung knüpft, insbesondere im Fall des § 209 BGB, ist eine **den Voraussetzungen der §§ 72 f. genügende Streitverkündung erforderlich und ausreichend**[15]. Für den Zeitpunkt der Wirkung ist § 270 Abs. 3 zu beachten, so daß es z. B. für die Unterbrechung der Verjährung reicht, wenn die Streitverkündungsschrift vor Fristablauf eingereicht und demnächst zugestellt wird[16].

9   Die Streitverkündung kann die Benachrichtigung nach § 4 AnfechtungsG enthalten. Sie wahrt dann die Frist des § 3 Nr. 2−4 AnfechtungsG[17].

III. Voraussetzungen der Streitverkündung

10   **1.** Es muß ein **Rechtsstreit anhängig** geworden und noch nicht endgültig entschieden sein (→ § 64 Rdnr. 4, § 66 Rdnr. 6). Was damit im einzelnen vorausgesetzt ist, ist umstritten:

10a   **a)** Entsprechend der zur Nebenintervention geäußerten Auffassung wird auch zur Streitverkündung die Ansicht vertreten, es reiche auch im normalen *Erkenntnisverfahren* die **Anhängigkeit** eines Rechtsstreits aus[18]. Der *BGH*[19] meint dazu, die Streitverkündung müsse auch für den Fall, daß die Streitverkündungsschrift zeitlich vor der Klage zugestellt werde, wirksam sein, da sie sonst die Verjährung nicht unterbrechen könne (→ Rdnr. 6 ff.), was zu einer nicht hinnehmbaren Unsicherheit führe. Das vermag indessen nicht zu überzeugen. Die Streitverkündungsschrift kann gleichzeitig mit der Klage eingereicht werden[20]. Sollte sie, etwa wegen unterschiedlicher Postlaufzeiten, früher zugestellt werden als die Klage, wird dieser »Mangel« durch die Klagezustellung geheilt (→ § 64 Rdnr. 4a zur Hauptintervention, § 66 Rdnr. 6a zur Nebenintervention). Das muß auch für die Unterbrechung der Verjährung gelten[21]. Wird die Klage aber nicht mehr zugestellt (sondern vorher zurückgezogen), ist die

[12] Auch bei Erfolg des Verkündenden, *BGHZ* 36, 212 = MDR 1962, 200 = NJW 387 = JZ 415 (einschränkend *Jauernig* 417). *BGH* VersR 1962, 952 dehnt dies zu Unrecht auf die *Bindungswirkung* bezüglich solcher Feststellungen aus, die der Hauptpartei günstig waren; dagegen → § 68 Rdnr. 6.
[13] Zur Dauer der Unterbrechung *BGHZ* 65, 127 = NJW 1976, 39.
[14] Für Versicherungsverträge verneinend *RG* Gruchot 56 (1912), 378.
[15] Vgl. *BGH* NJW 1979, 264 f.; *BGHZ* 70, 187 = NJW 1978, 643 = JZ 354; *BGHZ* 36, 217 = NJW 1962, 387; *OLG Saarbrücken* NJW-RR 1989, 1216; *OLG Hamburg* VersR 1984, 1049; *OLG Hamm* NJW-RR 1986, 1506;

OLG Karlsruhe OLGZ 1984, 231; *RGZ* 58, 76 und die Entscheidungen in Fn. 31. − A. M. *KG* OLGZ 1989, 74; *MünchKommZPO/Schilken* § 74 Rdnr. 12.
[16] *BGH* NJW 1979, 264, 265.
[17] *RG* JW 1936, 578.
[18] *BGHZ* 92, 257 = NJW 1985, 328 = MDR 222; *Jauernig* ZPR²³ § 84 I; *Kittner* JuS 1985, 707; *Rosenberg/Schwab*¹⁴ § 48 II 1; *Schilken* JR 1984, 447; *Thomas/Putzo*¹⁷ Anm. 3a; *Zimmermann*² Rdnr. 1; *Zöller/Vollkommer*¹⁷ Rdnr. 3.
[19] S. vorige Fn.
[20] Vgl. *BGHZ* 103, 278 = NJW 1988, 1379.
[21] *Herrmann* Grundstruktur der Rechtshängigkeit (1988), 126 will dazu § 270 Abs. 3 analog anwenden.

Streitverkündung nicht wirksam geworden. Da die Streitverkündung vorrangig dem Interesse der Partei dient (→ Rdnr. 1), besteht kein Grund, vom Erfordernis der **Rechtshängigkeit** abzugehen. Wegen der Einzelheiten kann insoweit auf § 64 Rdnr. 4a, 4b, § 66 Rdnr. 6a verwiesen werden. In der *Revisionsinstanz* ist die Streitverkündung allerdings praktisch bedeutungslos, weil hier auf Grund der Lage des Rechtsstreits keine Bindungswirkung entsteht (§ 74 Abs. 3 mit § 68, 2. Hs.; → § 74 Rdnr. 4). Zur Streitverkündung im Prozeß über die *nichteheliche Vaterschaft* → § 641b.

b) Im *selbständigen Beweisverfahren* scheidet die Streitverkündung genau wie die Nebenintervention (→ § 66 Rdnr. 6b) aus[22]. Ein »Rechtsstreit« i. S. v. § 72 liegt nicht vor, und für eine analoge Anwendung besteht kein Bedarf, da gegen den Dritten eigene Beweissicherungsverfahren eingeleitet und zusammen mit dem ersten abgewickelt werden können[23]. Im Verfahren auf *Anordnung eines Arrestes* oder *Erlaß einer einstweiligen Verfügung* ist die Streitverkündung hingegen wie die Nebenintervention grundsätzlich zulässig (→ § 66 Rdnr. 6b, auch zu den übrigen dort genannten Verfahren). Dasselbe gilt für das *schiedsgerichtliche Verfahren* (→ § 1034 Rdnr. 32). **10b**

c) Auch für das *Mahnverfahren* gilt das zur Nebenintervention Gesagte sinngemäß (→ § 66 Rdnr. 6c). Hier die Streitverkündung zuzulassen, besteht um so weniger Anlaß, als es dem Antragsgegner frei steht, durch Widerspruch gegen den Mahnbescheid die Abgabe ins ordentliche Verfahren zu bewirken, in dem die Streitverkündung problemlos möglich ist, und dem streitverkündungswilligen Antragsteller bleibt die Möglichkeit, von vornherein Klage zu erheben und dann dem Dritten den Streit zu verkünden. **10c**

Über die Streitverkündung in **ausländischen Prozessen** → § 328 Rdnr. 18. Im Anwendungsbereich von **Art. 6 Nr. 2 EuGVÜ** (Text → Einl. Rdnr. 904) kann nach Art. V Abs. 1 S. 2 des Protokolls vom 27. 9. 1968 (Text → Einl. Rdnr. 920) vor einem deutschen Gericht jeder Person, die ihren Wohnsitz in einem anderen Vertragsstaat hat, unter den Voraussetzungen der §§ 72ff. ZPO der Streit verkündet werden mit der Folge, daß nach Art. V Abs. 2 S. 2 des Protokolls die Gerichte der anderen Vertragsstaaten in Folgeprozessen die nach deutschem Recht eingetretene Bindungswirkung der §§ 74 Abs. 3, 68 ZPO zu beachten haben. **10d**

2. Die Partei muß **im Fall ihres Unterliegens** einen Anspruch auf Gewährleistung oder Schadloshaltung gegen den Dritten erheben können oder es muß ihr der Anspruch des Dritten für diesen Fall drohen. Wenngleich diese Begrenzung gewiß im Sinne des Gesetzes nicht eng zu ziehen ist, so lassen sich doch nicht alle Fälle einer möglichen Nebenintervention (→ § 66 Rdnr. 18ff.) hierher bringen. Daß die Partei im Fall ihres *Sieges* einen Anspruch gegen den Dritten erheben kann oder ihr für diesen Fall ein Anspruch droht, berechtigt sie nicht zur Streitverkündung[24]. Für den Anspruch gegen den Dritten oder des Dritten brauchen die **Zuständigkeit** des Gerichts und der Rechtsweg zu den ordentlichen Gerichten nicht gegeben zu sein. **11**

a) Die **Ansprüche auf Gewährleistung** setzen voraus, daß der Dritte kraft Gesetzes oder Vertrages der Partei für Mängel eines ihr verschafften Rechtes oder einer ihr verschafften Sache haftet, wie namentlich beim Kauf (§§ 433ff., 459ff., 481ff. BGB, §§ 377ff. HGB). Diese Vorschriften finden entsprechende Anwendung auf andere entgeltliche Verträge (§§ 445, 493 BGB), auf den Tausch (§ 515 BGB), die Hingabe an Erfüllungs Statt (§ 365 BGB), den Werkvertrag im Fall des § 651 BGB, das Vermächtnis (§§ 2182f. BGB). Wegen des **12**

[22] A. M. KG OLGZ 1989, 75; *Baden* BauR 1984, 306; *Eibner* JurBüro 1988, 153ff.; *Mickel* BB 1984, 438ff.; *MünchKommZPO/Schilken* Rdnr. 2; *Schilken* ZZP 92 (1979), 260; *Wussow* NJW 1969, 1407.
[23] *OLG Saarbrücken* NJW-RR 1989, 1216; *LG Bremen* MDR 1984, 237; *LG Köln* BauR 1980, 97 (zust.

Postelt 33); *Thomas/Putzo*[17] Anm. 2; vgl. auch *LG Bonn* BauR 1984, 306; *Zöller/Stephan*[17] § 487 Rdnr. 3.
[24] Vgl. *OLG Karlsruhe* OLGZ 1984, 232; *RG* Seuff-Arch. 68 (1913), 131; dazu *Tannenwald* DJZ 1910, 1022; ferner *Becker* LeipzZ 1914, 843; *Eichbaum* LeipzZ 1914, 1521; *Zöller/Vollkommer*[17] Rdnr. 4.

Erbschaftskaufes s. § 2376 BGB. Vgl. ferner für die Miete und Pacht §§ 537 ff., 581 BGB, für die Schenkung §§ 523 f., 1624 BGB, für die Leihe § 600 BGB. Die Streitverkündung ist zulässig, wenn der Mangel gegen die Partei angriffs- oder verteidigungsweise geltend gemacht wird.

13   Ein **Anspruch auf Schadloshaltung** ist zunächst der (auch künftige oder bedingte[25]) *Rückgriffsanspruch*, vermöge dessen der Dritte den Schaden zu ersetzen hat, der der Partei daraus erwächst, daß sie den im Prozeß befangenen Anspruch erfüllen muß oder seine Erfüllung nicht erreichen kann[26]. Die Pflicht des Dritten kann sich aus dem *Gesetz* ergeben, wie beim Rückgriff des Wechsel- oder Scheckrechts, bei der Haftung des Hauptschuldners gegenüber dem Bürgen[27], bei dem Ausgleichsanspruch unter Gesamtschuldnern[28], bei der Haftung des Nachbarn aus § 906 BGB, wenn sich der Streitverkünder als Vermieter einem Mietzinsminderungsanspruch seines Mieters ausgesetzt sieht[29]. Sie kann aber auch auf *Vertrag*, insbesondere der Bürgschaft oder einem Garantie- oder Versicherungsvertrag, beruhen. Wird die Versicherung nach § 3 Nr. 1 PflVG direkt in Anspruch genommen, so kann die Versicherung dem Versicherungsnehmer wegen eines Regreßanspruchs den Streit verkünden.

14   Hierher gehören aber auch diejenigen Ansprüche auf Schadensersatz, bei denen die Haftung des Dritten nicht eine solche für den streitbefangenen Anspruch selbst ist, sondern *auf einem selbständigen Grund* beruht, sofern nur der Anspruch gegen den Dritten im Falle des Sieges der Partei gegenstandslos wird, im Falle des Unterliegens der Partei dagegen seine Erhebung tatsächlich in Aussicht steht. Es sind dies die Ansprüche gegen Dritte, die **alternativ** statt des zuerst Verklagten als Verursacher desselben Schadens[30] oder als Vertragsgegner in Betracht kommen[31] (vgl. § 66 Rdnr. 14). Dagegen gehören nicht hierher die Fälle, in denen der Dritte, gleichviel aus welchem Grund, *von vornherein neben*[32] oder sogar vorrangig[33] vor dem zuerst Beklagten hätte in Anspruch genommen werden können. Es genügt aber, wenn zum Zeitpunkt der Streitverkündung eine alternative Haftung möglich erschien oder nur für einen Teil des geltend gemachten Anspruchs eine alternative Haftung in Betracht kommt[34].

Im Verfahren über die **nichteheliche Vaterschaft** gestattet § 641b dem Kind, einem Dritten den Streit zu verkünden, den es bei Unterliegen als Vater in Anspruch nehmen zu können glaubt.

15   **b)** Den **Anspruch eines Dritten hat die Partei zu besorgen** (d. h. zu befürchten), wenn sie ihm für den Ausgang des Prozesses haftbar ist. Das sind die Fälle, in denen die Partei den Prozeß

---

[25] Vgl. *OLG Hamm* NJW-RR 1989, 682 (für Ansprüche, deren Abtretung nach § 255 BGB verlangt werden kann).

[26] Nicht hierher gehört der Anspruch aus einer Verpflichtung, der Partei im Falle des Unterliegens die Prozeßkosten zu erstatten (→ § 66 Rdnr. 20).

[27] *BGHZ* 86, 272.

[28] *OLG München* NJW 1986, 263 (*Vollkommer*).

[29] *BayObLG* NJW 1987, 1952.

[30] Einschränkend im Hinblick auf die Beweislast für die Fälle bloßer »natürlicher Alternativität«, d. h. in solchen Fällen, in denen z. B. feststeht, daß entweder der Beklagte oder der Dritte den Tatbestand (z. B. des § 823 BGB) verwirklicht hat, *Bruns* (§ 66 Fn. 1), 122; *Costede* Studien zum Gerichtsschutz (1977), 317 ff.; *Eibner* JurBüro 1988, 157 f.; *Häsemeyer* ZZP 84 (1971), 195 ff.

[31] *BGH* NJW 1990, 387; 1989, 522; VersR 1985, 569; *BGHZ* 85, 254 = NJW 1983, 820 = JR 416 (*Olzen*) = JZ 350 (*Baumgärtel*); 70, 189 = NJW 1978, 643 (*Häsemeyer* 1165) = JZ 354 = JR 330 (*Schubert*); 8, 72 = LM Nr. 1 (*Lersch*) = NJW 1953, 420; NJW 1982, 281, 282 = JZ 117; *RGZ* 79, 83; 130, 297; *OLG Bamberg* OLGZ 1979, 210; *OLG Düsseldorf* NJW 1992, 1176; *OLG Köln* NJW-

RR 1992, 120; 1991, 1535; Vgl. auch *LAG Frankfurt* DB 1988, 1806; *Hess. LSG* FamRZ 1990, 177 sowie *Laumen* (§ 66 Fn. 1), 282. – Die Ansprüche brauchen nach Rechtsgrundlage und Umfang nicht übereinzustimmen, *BGHZ* 65, 127 = NJW 1976, 39. Wer einen Anwalt auf Schadensersatz verklagt, weil dieser die Verjährung eines Anspruchs gegen einen Dritten nicht verhindert habe, kann dem Dritten den Streit verkünden, um damit eine Bindung hinsichtlich der Verjährungsfrage herbeizuführen (a. M. *OLG München* VersR 1976, 72; wie hier *OLG Köln* NJW-RR 1991, 1535 [krit. *Deubner* JuS 1992, 231]; *Eibner* JurBüro 1988, 156 f.), ebenso wie bei umgekehrter Prozeßreihenfolge dem Anwalt.

[32] *BGHZ* 70, 189; 65, 131; 8, 72 (alle vorige Fn.); *BGH* BauR 1982, 515; NJW 1982, 281, 282; *OLG Hamburg* VersR 1984, 1049; *OLG Hamm* NJW-RR 1986, 1506 = MDR 1031; *OLG Köln* NJW-RR 1991, 1535 (dazu *Deubner* JuS 1992, 231); *RGZ* 159, 88. Streitig für § 839 Abs. 1 S. 2 BGB, vgl. einerseits *Eibner* JurBüro 1988, 158 ff., andererseits *Häsemeyer* ZZP 84 (1971), 185, ferner *OLG Hamm* aaO.

[33] *OLG Hamm* MDR 1985, 588.

[34] *BGHZ* 65, 127 = NJW 1976, 39.

über fremdes Recht führt, sei es auch für eigene Rechnung, z.B. als Pfandgläubiger oder als Pfändungspfandgläubiger (vgl. § 841), oder in denen sie einen Prozeß *für Rechnung des Dritten* führt, z.B. als Kommissionär, Frachtführer[34a], Spediteur, Lagerhalter, Versicherer (vgl. Rdnr. 24, 40 vor § 50). Dazu treten diejenigen Fälle, in denen der Dritte als Rechtsprätendent auftritt (§ 75). Die Streitverkündung ist hier in allen Fällen nach § 72 statthaft, gleichviel, ob die besonderen Voraussetzungen des § 75 vorliegen[35], z.B. wenn der Schuldner nicht hinterlegen will oder kann, oder bei Ansprüchen auf Handlungen. Endlich kann der als Besitzer einer Sache Verklagte (§§ 76 f.) dem dritten mittelbaren Besitzer den Streit verkünden, auch wenn er den Prozeß selbst weiterführen und von der Urheberbenennung nach § 76 keinen Gebrauch machen will.

IV. Weitere Streitverkündung

Dem Dritten, dem der Streit verkündet ist, steht nach Abs. 2 das Recht zur weiteren **16** Streitverkündung zu, auch wenn er selbst dem Prozeß nicht beigetreten ist. Dagegen ist ein Streitgehilfe, dem der Streit nicht verkündet ist, zur Streitverkündung im eigenen Interesse nicht befugt. Er kann, auch wenn er streitgenössischer Streitgehilfe ist[36], nur das der Partei zustehende Streitverkündungsrecht nach § 67 ausüben.

V. Prüfung der Voraussetzungen

Ob die Voraussetzungen der Streitverkündung vorliegen, wird in dem anhängigen Prozeß **17** selbst nicht geprüft (→ auch § 73 Rdnr. 2). Diese Prüfung findet vielmehr erst in dem Prozeß zwischen dem Streitverkünder und dem Dritten statt, weil nur eine dem § 72 entsprechende Streitverkündung die materiell-rechtlichen (→ Rdnr. 8) wie die prozessualen Wirkungen (§ 74) begründet[37]. Tritt der Dritte bei, so sind im Streitfall (§ 71) die Voraussetzungen seiner *Streithilfe* zu prüfen, und diese kann anders begründet sein als die Streitverkündung[38] (→ § 74 Rdnr. 2).

VI. Arbeitsgerichtliches Verfahren

Die Streitverkündung ist in *Urteilsverfahren* in gleicher Weise und mit denselben Wirkungen wie im **18** ordentlichen Prozeß zulässig (§§ 46 Abs. 2, 64 Abs. 6 ArbGG)[39]. Ohne Bedeutung ist dabei, ob für den Rechtsstreit zwischen dem Streitverkünder und dem Dritten das ordentliche Gericht oder das Arbeitsgericht zuständig sein würde, wie sich umgekehrt für eine im ordentlichen Verfahren erfolgende Streitverkündung und ihre Wirkung kein Hindernis daraus ergibt, daß die klageweise Inanspruchnahme des Dritten oder seitens des Dritten vor dem Arbeitsgericht zu erfolgen haben würde (→ § 66 Rdnr. 26). Wegen der Streitverkündung an einen nach § 11 ArbGG als Prozeßbevollmächtigten ausgeschlossenen Bevollmächtigten → § 66 Rdnr. 26. – Für die Streitverkündung in *Beschlußverfahren* gilt das in § 66 Rdnr. 27 zur Nebenintervention Gesagte sinngemäß.

[34a] *BGH* MDR 1992, 516 = EWiR 1992, 405 (krit. *Koller*) = NJW 1698.
[35] Vgl. *RGZ* 46, 404; *Hellwig* Lb 2, 526.
[36] A. M. insoweit *Walsmann* (§ 66 Fn. 1), 215 f.
[37] *BGHZ* 36, 212, 217; 65, 127, 131; 70, 187; *RGZ* 77, 364; *OLG Frankfurt* NJW 1970, 817.

[38] Vgl. *OLG Dresden* SeuffArch. 72 (1917), 381; anders wohl *Bischof* JurBüro 1984, 1309 ff.
[39] *OLG Schleswig* SchlHA 1951, 110.

§ 73   [Form der Streitverkündung]

¹Zum Zwecke der Streitverkündung hat die Partei einen Schriftsatz einzureichen, in dem der Grund der Streitverkündung und die Lage des Rechtsstreits anzugeben ist. ²Der Schriftsatz ist dem Dritten zuzustellen und dem Gegner des Streitverkünders in Abschrift mitzuteilen. ³Die Streitverkündung wird erst mit der Zustellung an den Dritten wirksam.

Gesetzesgeschichte: bis 1900 § 70 CPO; Änderung BGBl. 1950 I, 455.

Stichwortverzeichnis: → § 66 vor Rdnr. 1.

I. Form¹

1   Die Form des § 73 ist, ebenso wie die sachliche Berechtigung (→ § 72 Rdnr. 17), sowohl für die prozessualen Wirkungen des § 74 wie für die materiell-rechtlichen Wirkungen der Streitverkündung (→ § 72 Rdnr. 8) wesentlich. Sie gilt auch in den Fällen der §§ 75 ff. Erforderlich ist:

2   **1. Zustellung eines Schriftsatzes**, der dem Anwaltszwang nicht unterliegt (→ § 78 Rdnr. 29)². Der Schriftsatz muß bei dem Gericht, bei dem der Rechtsstreit anhängig ist, eingereicht oder (im amtsgerichtlichen Verfahren, § 496) die Erklärung zum Protokoll der Geschäftsstelle abgegeben werden. Die Zustellung erfolgt von Amts wegen (§ 270). Dabei genügt formlose Mitteilung nach § 270 Abs. 2³. Dies gilt auch für die weitere Streitverkündung des Dritten nach § 72 Abs. 2 (→ § 72 Rdnr. 16). Das Gericht leistet nur »Zustellungshilfe«; eine Prüfung der sachlichen Berechtigung der Streitverkündung findet dabei nicht statt⁴ (→ § 270 Rdnr. 6).

3   **2.** Der Schriftsatz hat die **Erklärung** zu enthalten, daß der **Streit verkündet werde**, ferner die **Angabe des Grundes** der Streitverkündung, d. h. des Rechtsverhältnisses, aus dem der Rückgriffsanspruch gegen den Dritten oder der Anspruch gegen den Streitverkünder hervorgehen soll, die **Mitteilung über die Lage des Rechtsstreits**, also die Bezeichnung nach Parteien und Streitgegenstand und die Angabe des Stadiums, in dem sich der Prozeß befindet, also z. B. daß Termin auf einen bestimmten Tag bestimmt, daß ein Beweisbeschluß erlassen, daß und wann das Urteil zugestellt ist usw. Abschrift der Akten oder auch nur der Klage oder Mitteilung ihres Inhalts ist *nicht erforderlich*. Zur etwaigen weiteren Information des Dritten genügt die ihm nach § 299 zu gestattende Einsicht der Akten⁵. Einer Ladung des Dritten bedarf es nicht, sollte auch zur Zeit der Streitverkündung ein Termin anstehen⁶. Erst wenn der Dritte dem

---

¹ Lit.: → § 66 Fn. 1.
² Da es sich um einen bestimmenden Schriftsatz handelt, muß aber auch außerhalb des Anwaltsprozesses Gewißheit bestehen, daß es sich nicht nur um einen Entwurf handelt, was bei von Anwälten gefertigten Schriftsätzen im allgemeinen Unterschrift verlangt, *BGHZ* 92, 254 = NJW 1985, 328 = MDR 222; krit. *Zöller/Vollkommer*¹⁷ Rdnr. 1.

³ *OLG Köln* NJW 1981, 2264.
⁴ *KG* OLGZ 1989, 74.
⁵ *OLG München* MDR 1989, 548; vgl. auch *BayObLGZ* 1984, 83.
⁶ S. auch *RGZ* 4, 363; 6, 391 f.; 10, 292.

Prozeß als Streitgehilfe beitritt, ist er zum Verfahren zuzuziehen (→ § 67 Rdnr. 18). Es ist daher auch zwischen der Zustellung der Streitverkündung und dem etwa anstehenden Termin keine Frist zu wahren[7]. Die Streitverkündung begründet keine Aussetzung des Verfahrens, auch kein Anrecht auf Vertagung.

3. Mängel der Streitverkündung fallen unter § 295. Tritt der Dritte dem Prozeß bei, so wird   4
die Frage in der Regel ohnehin gegenstandslos. Sie kann nur dann praktisch werden, wenn der Dritte erst wesentlich später beitritt und es sich darum handelt, ob er in der Zwischenzeit gewisse Prozeßhandlungen hätte vornehmen können. Tritt der Dritte dem Prozeß nicht bei, so treten die Wirkungen des § 295 erst mit dem Schluß der ersten mündlichen Verhandlung über den Rückgriffsanspruch oder über den Anspruch des Dritten an den Streitverkünder ein[8].

II. Mitteilung der Abschrift des Schriftsatzes an den Gegner

Sie ist im Anwaltsprozeß und im amtsgerichtlichen Verfahren Sache der Geschäftsstelle   5
(§ 270). Die Mitteilung ist aber nicht wesentlich, denn sie hat nur den Zweck, den Gegner auf das etwaige spätere Eintreten des Dritten vorzubereiten[9].

III. Kosten

Kosten der Streitverkündung können der Partei nur als Schreib- und Zustellungsgebühren   6
und Gebühren des Anwalts erwachsen (s. dazu § 56 Abs. 1 Nr. 1 BRAGO; nach § 37 Abs. 1 Nr. 3 BRAGO werden die Kosten des Anwalts, der ohnedies die Partei vertritt, bereits durch die Prozeßgebühr abgegolten)[10]. Die entstandenen Kosten hat der Streitverkünder zu tragen. Sie gehören *nicht zu den Kosten des Rechtsstreits* (§ 91), denn die Streitverkündung dient nur dem Interesse der Partei gegenüber dem Dritten, nicht der Rechtsverfolgung oder -verteidigung gegenüber dem *Gegner* (→ § 72 Rdnr. 1), und ist dazu niemals notwendig im Sinne des § 91. Der Gegner kann daher auch zum Ersatz der Kosten nach § 91 nicht verpflichtet sein[11], um so weniger, als ja über die Berechtigung der Streitverkündung als solcher im anhängigen Rechtsstreit gar keine Entscheidung erfolgt (→ § 72 Rdnr. 17). Der Streitverkünder kann sie, soweit sie notwendig waren, in dem *späteren* Prozeß gegen den Dritten als Nebenforderung geltend machen[12]. Dem *Dritten* entstehen keine Kosten, wenn er nicht beitritt[12]. *Tritt* dagegen der Dritte dem Prozeß als *Streitgehilfe* bei, so kommen die §§ 101 bzw. 100 zur Anwendung, aber nur für die von seinem Beitritt an entstandenen Kosten[13].

---

[7] *OLG Köln* NJW 1981, 2263 f.

[8] *BGHZ* 96, 52; *BGH* BauR 1982, 515; NJW 1976, 292 = MDR 213; ebenso *Baumbach/Lauterbach/Hartmann*[50] Anm. 1 C; *Bischof* JurBüro 1984, 1313 ff.; *Kittner* JuS 1986, 625 f.; *Wieczorek*[2] Anm. B I a. E.

[9] *RG* WarnRspr. 1938 Nr. 36; *OLG Rostock* OLGRspr. 7 (1903), 281.

[10] *KG* DR 1941, 1322; *Bischof* JurBüro 1984, 1461 f.

[11] Ebenso *OLG München* MDR 1989, 548; *OLG Schleswig* SchlHA 1975, 66; *Baumbach/Lauterbach/*

Hartmann[50] § 91 Anm. 21 »Streitverkündung«; *Kittner* JuS 1985, 706; *Thomas/Putzo*[17] Anm. 2 b; *Wieczorek*[2] Anm. B II; vorsichtiger *OLG Düsseldorf* VersR 1978, 64 (für §§ 75, 841).

[12] Anders u. U. bei unrichtiger Form der Streitverkündung (z.B in der Form der Ladung zur Verhandlung über die Streitverkündung); dann können erstattungsfähige Kosten entstehen, vgl. *RGZ* 4, 363, 6, 392.

[13] *OLG München* MDR 1989, 548; *OLG Hamburg* SeuffArch. 52 (1897), 212.

§ 74   [Wirkung der Streitverkündung]

(1) Wenn der Dritte dem Streitverkünder beitritt, so bestimmt sich sein Verhältnis zu den Parteien nach den Grundsätzen über die Nebenintervention.

(2) Lehnt der Dritte den Beitritt ab oder erklärt er sich nicht, so wird der Rechtsstreit ohne Rücksicht auf ihn fortgesetzt.

(3) In allen Fällen dieses Paragraphen sind gegen den Dritten die Vorschriften des § 68 mit der Abweichung anzuwenden, daß statt der Zeit des Beitritts die Zeit entscheidet, zu welcher der Beitritt infolge der Streitverkündung möglich war.

Gesetzesgeschichte: bis 1900 § 71 CPO.

Stichwortverzeichnis: → § 66 vor Rdnr. 1.

I. Wirkung für den anhängigen Prozeß[1]

1   Die Streitverkündung als einseitige Benachrichtigung seitens der Partei hat, solange der Dritte dem Prozeß nicht beitritt, auf den laufenden Prozeß keinen Einfluß (Abs. 2). Der Richter wird wegen Verwandtschaft mit dem Dritten usw. von der Ausübung des Richteramtes nicht ausgeschlossen, der Dritte zum Zeugnis nicht unfähig, die Gegenpartei hat kein Recht, der Streitverkündung entgegenzutreten.

II. Beitritt des Dritten

2   Ob der Dritte beitritt, steht in seinem Ermessen. Durch die Streitverkündung wird er nicht gehindert, statt dem Streitverkünder dem Gegner beizutreten[2] (→ § 66 Rdnr. 3). Tritt er bei, so sind nach Abs. 1 die Vorschriften über die Streithilfe anzuwenden. Das gilt nicht nur für seine prozessualen Rechte, die sich je nach der Lage der Sache nach § 67 oder nach § 69 bestimmen[3], sondern auch für den Beitritt und seine Voraussetzungen selbst[4]. Wegen der Bezugnahme auf den Streitverkündungsschriftsatz → § 70 Rdnr. 3. Die Entscheidung über die Zulässigkeit erfolgt nach § 71, setzt also den Antrag auf Zurückweisung voraus, den aber der Streitverkünder, wenn der Dritte *ihm* beitritt, nicht stellen kann (→ § 71 Rdnr. 4).

3   Das **Interesse des Dritten**, dem Streitverkünder[5] beizutreten, ist durch die Tatsache der Streitverkündung wegen der darin liegenden Drohung mit einer Rückgriffsforderung ohne weiteres gegeben[6], es sei denn, daß die Drohung ersichtlich nicht ernstlich gemeint ist. Es

---

[1] Lit.: → § 66 Fn. 1.

[2] *BGH* LM Nr. 1; *RGZ* 130, 297; *OLG Celle* NdsRpfl. 1964, 205.

[3] Vgl. *RGZ* 34, 390.

[4] *OLG Hamm* NJW-RR 1988, 155; *Zöller-Vollkommer*[17] Rdnr. 1, 2. – A. M. *Kleinfeller*, KVJS 45, 41f. (s. auch unten Fn. 20), z.T. auch *Nußbaum* Prozeßhandlungen (1908), 101 sowie *Bischof* JurBüro 1984, 1309ff.

[5] Nicht dem Gegner, *OLG Hamburg* OLGRspr. 11 (1905), 50; *Zöller/Vollkommer*[17] Rdnr. 1.

[6] *RG* JW 1900, 468; *KG* OLGRspr. 41 (1921), 250; *OLG Hamburg* OLGRspr. 5 (1902), 23; SeuffArch. 70 (1915), 161; *OLG Karlsruhe* Justiz 1963, 177; *OLG Frankfurt* NJW 1970, 817 (jedenfalls, wenn der Rückgriff nicht aussichtslos ist); *OLG Hamm* NJW-RR 1988, 155.

genügt für die Rückgriffsforderung ein schlüssiges Vorbringen. Es kommt nicht darauf an, ob die Regreßklage auch zum Erfolg führen wird, da die Gefahr des künftigen Regreßprozesses unabhängig davon besteht[7], und ebenso ist gleichgültig, ob der Dritte seine Regreßpflicht anerkennt oder nicht[8] (→ auch § 66 Rdnr. 17). Der Beitritt als solcher enthält keine Anerkennung der Regreßpflicht.

III. Wirkung der Streitverkündung gegenüber dem Dritten

Materiell- und prozeßrechtliche Wirkungen vermag die Streitverkündung nur dann auszu- **4** lösen, wenn sie zulässig ist[9]. Entspricht sie den sachlichen Voraussetzungen des § 72 und den formellen des § 73, so sind im Verhältnis zu dem Dritten[10] – gleichviel, ob er dem Streitverkünder beigetreten ist oder nicht (d. h. überhaupt nicht oder dem Gegner beigetreten ist, → § 66 Rdnr. 3)[11] – die Vorschriften des § 68 über die **Wirkung des Urteils** gegenüber einem dem Prozeß beigetretenen Streitgehilfen anzuwenden, jedoch mit der Abweichung, daß statt der Zeit des wirklichen Beitritts in beiden Fällen derjenige Zeitpunkt entscheidet, zu dem der Beitritt infolge der Streitverkündung *möglich* war. Dabei ist dem Dritten eine angemessene Überlegungsfrist zuzubilligen. Besteht für ihn keine Möglichkeit mehr, den Prozeß angemessen zu führen (z. B. bei Streitverkündung nach Schluß der letzten mündlichen Verhandlung in der letzten Tatsacheninstanz), so wird die Interventionswirkung nicht ausgelöst[12]. Die Streitverkündung ist stets vorausgesetzt. Es genügt nicht, daß der Dritte von dem Prozeß auf andere Weise Kenntnis erhielt und die Möglichkeit zum Beitritt hatte[13]. Vielmehr ist erforderlich, daß die Streitverkündung durch Zustellung wirksam geworden ist[14]. Wenn der Dritte *beigetreten* ist, gilt § 68 *unabhängig* von der Zulässigkeit der Streitverkündung[15].

Bejaht man eine Interventionswirkung **zugunsten des Streitgehilfen** (→ § 68 **5** Rdnr. 12 m. w. N.), so gilt dies auch für den Streitverkündungsempfänger, jedenfalls wenn er beigetreten ist[16]. Die Streitverkündungswirkung ist bei diesem Ausgangspunkt nicht auf Fälle beschränkt, in denen der Vorprozeß für den Streitverkünder ungünstig ausging[17].

Die Wirkungen treten nur ein im **Verhältnis des Dritten zu dem Streitverkünder**, nicht auch **6** im Verhältnis zu einem anderen, für dessen Rechnung der Streitverkünder den Prozeß geführt hatte[18], weiter auch nicht im Verhältnis des Dritten zu dem Gegner des Streitverkünders[19] (→ auch § 68 Rdnr. 1 a. E.). Wird der auf Grund der Streitverkündung als Gehilfe beigetretene Dritte nach § 71 zurückgewiesen, so übt die Streitverkündung keine Wirkungen aus (→ § 68 Rdnr. 2)[20].

---

[7] *RG* und *OLG Hamburg* (beide vorige Fn.). – A. M. *OLG Hamburg* OLGRspr. 15 (1907), 72.

[8] *OLG Hamburg* SeuffArch. 59 (1904), 418; OLGRspr. 17 (1908), 103.

[9] *BGHZ* 100, 259 = NJW 1987, 1894 = JZ 1033 (*Fenn*) = JR 1988, 67 (*Häsemeyer*); *BGH* NJW 1982, 281, 282 = JZ 117.

[10] Auch zu seinen Erben, *OLG Schleswig* SchlHA 1951, 110.

[11] *BGHZ* 103, 278 = NJW 1988, 278; 85, 255 = NJW 1983, 820 = JR 416 (*Olzen*) = JZ 350 (*Baumgärtel*); *RGZ* 130, 299.

[12] *OLG Köln* MDR 1983, 409.

[13] *BGH* LM § 242 BGB (D) Nr. 9 (auch keine Arglisteinrede; dazu auch Fn. 19).

[14] Vgl. *BGHZ* 96, 53.

[15] *BGH* WM 1976, 56; *OLG Hamm* NJW-RR 1988, 155; vgl. auch *Bischof* JurBüro 1984, 1309 ff.

[16] Vgl. *BGH* NJW 1987, 2874 = JZ 1035 (*Fenn*); *E. Schneider* MDR 1961, 3, 8 (Wirkung zugunsten des Streitverkündungsempfängers nur, wenn dieser beigetreten war oder der Streitverkünder sich auf das Urteil beruft). – Ganz ablehnend *BGHZ* 100, 260 = NJW 1987, 1894 = JR 1988, 67 (*Häsemeyer*) = JZ 1987, 1033 (*Fenn*); *Coester/Waltjen* Jura 1989, 444 Fn. 19 m. w. N.; *Werres* NJW 1984, 209.

[17] I. E. auch *BGHZ* 70, 189; 65, 131. – A. M. *Eibner* JurBüro 1988, 281/283 m. w. N.; *Wieser* FamRZ 1971, 393 Fn. 7 (dazu → § 68 Rdnr. 6); *MünchKommZPO/ Schilken* Rdnr. 8; *Rosenberg/Schwab*[14] § 48 IV vor 1; *Zöller/Vollkommer*[17] Rdnr. 6.

[18] *RGZ* 84, 293.

[19] *BGH* NJW-RR 1990, 121; *OGHZ* 4, 14. Vgl. aber auch *Schreiber* Jura 1980, 75 ff., der die Berufung auf diese Beschränkung für treuwidrig hält; dagegen *Eibner* JurBüro 1988, 282 f.; *Zöller/Vollkommer*[17] Rdnr. 7.

[20] Dies erscheint folgerichtiger als der Ausweg von *Kleinfeller* (oben Fn. 4), die Zurückweisung im Fall des § 74 schlechthin auszuschließen.

7   Unter den gleichen Voraussetzungen der §§ 72, 73 knüpfen sich ferner an die Streitverkündung die in § 72 Rdnr. 6−9 dargestellten **materiell-rechtlichen Wirkungen**, insbesondere die Unterbrechung der Verjährung. Die prozeßrechtlichen Wirkungen der *Rechtshängigkeit* werden durch die Streitverkündung nicht begründet. Wegen der Kosten → § 73 Rdnr. 6.

8   Zu den Wirkungen einer Streitverkündung in einem **ausländischen Prozeß** → § 328 Rdnr. 18; zu **Art. 6 Nr. 2 EuGVÜ** → § 72 Rdnr. 10 d; zum **schiedsrichterlichen Verfahren** → § 1034 Rdnr. 32.

§ 75   [Gläubigerstreit]

[1]Wird von dem verklagten Schuldner einem Dritten, der die geltend gemachte Forderung für sich in Anspruch nimmt, der Streit verkündet und tritt der Dritte in den Streit ein, so ist der Beklagte, wenn er den Betrag der Forderung zugunsten der streitenden Gläubiger unter Verzicht auf das Recht zur Rücknahme hinterlegt, auf seinen Antrag aus dem Rechtsstreit unter Verurteilung in die durch seinen unbegründeten Widerspruch veranlaßten Kosten zu entlassen und der Rechtsstreit über die Berechtigung an der Forderung zwischen den streitenden Gläubigern allein fortzusetzen. [2]Dem Obsiegenden ist der hinterlegte Betrag zuzusprechen und der Unterliegende auch zur Erstattung der dem Beklagten entstandenen, nicht durch dessen unbegründeten Widerspruch veranlaßten Kosten, einschließlich der Kosten der Hinterlegung, zu verurteilen.

Gesetzesgeschichte: bis 1900 § 72 CPO; Änderung RGBl. 1898, 256.

Stichwortverzeichnis zu §§ 75−77

I. Der Parteiwechsel bei Prätendentenstreit; Allgemeines[1]

1. Wenn ein *Dritter* das im Prozeß geltend gemachte *Recht für sich in Anspruch nimmt*, so **1** ist der Beklagte zur *Streitverkündung* nach Maßgabe des § 72 und mit der Wirkung des § 74 berechtigt (→ § 72 Rdnr. 15). § 75 gibt aber der Streitverkündung hier unter gewissen Voraussetzungen eine *andere* Wirkung. Der **Dritte** ist berechtigt, in den Streit **einzutreten** und ihn mit dem bisherigen Kläger fortzusetzen, während der **Beklagte** aus dem Rechtsstreit **entlassen**

---

[1] **Lit.**: *Mendelssohn/Bartholdy* Beiträge zur Auslegung des § 72 (1898); *Petersen* Zur Auslegung des § 72 der Civilprozeßordnung, Gruchot 25 (1881), 534; *Picker* Hauptintervention, Forderungsprätendentenstreit und Urheberbenennung, Festschr. f. W. Flume, 1978, I, 649; *Schmidt* Ueber die Streitverkündung im Falle des § 72 der deutschen Civilprozeßordnung, ZZP 1 (1879), 104; *Schlodtmann* Ueber die Streitverkündung an den dritten Forderungsprätendenten. Zu § 72 C.P.O., ZZP 13 (1889), 293.

wird. Dieser Eintritt des Dritten hat daher nicht den Charakter der Streithilfe, denn der Beklagte will nicht mehr den Sieg erstreiten und der Dritte soll ihn nicht darin unterstützen. Vielmehr handelt es sich der Sache nach darum, daß der Dritte zu der *Hauptintervention*, zu der er nach § 64 berechtigt wäre, durch die Streitverkündung veranlaßt wird, mit dem rein äußerlichen Unterschied, daß der Eintritt des Dritten nicht durch Klage, sondern durch einen Antrag in der mündlichen Verhandlung erfolgt. Auf diesen Eintritt finden deshalb die Vorschriften über die Streithilfe keine Anwendung[2]. Wenn dagegen eine der Voraussetzungen der Entlassung fehlt, behält die Streitverkündung ihre gewöhnliche Bedeutung (→ Rdnr. 7 a. E.).

1a   Die **praktische Bedeutung** der Vorschrift ist u. a. deswegen *gering*, weil der Streit zwischen den Forderungsprätendenten i. d. R. im Wege der Feststellungsklage geklärt werden kann, ohne daß zuvor der Schuldner verklagt werden müßte[3].

2   **2.** Eine **Pflicht** zur Streitverkündung ist auch hier (→ § 72 Rdnr. 6) nicht aufgestellt. Es bleibt daher neben § 75 das Recht zur Hinterlegung bei Auftreten mehrerer Prätendenten auch nach der Klageerhebung eines von ihnen gemäß § 372 BGB unberührt[4].

II. Voraussetzungen des Parteiwechsels

3   **1.** Es muß **ein Schuldner wegen einer Forderung verklagt sein**, welche die Leistung solcher Sachen zum Gegenstand hat, die **hinterlegt** werden können (s. dazu § 372 BGB und die HinterlO vom 10. III. 1937; RGBl. I, 285). Der Wortlaut »Betrag der Forderung« ist zu eng, da er jedenfalls auf Quantitäten anderer Sachen als Geld ausgedehnt werden muß. Er bildet dann aber auch keinen Grund zu der Beschränkung auf vertretbare Sachen[5]. Ausgeschlossen ist § 75 nur bei nicht hinterlegbaren Sachen, bei Ansprüchen auf Handlungen und bei dinglichen Ansprüchen (vgl. aber § 76).

4   Die Forderung muß durch Klage oder Widerklage[6] auf Verurteilung geltend gemacht sein. Bei einer *Feststellungsklage* ist § 75 nicht anwendbar, weil die befreiende Hinterlegung Ersatz der Zahlung ist[7], ebensowenig bei der *Aufrechnung*, denn hier wird die Gegenforderung überhaupt nicht rechtshängig[8].

5   **2.** Ein Dritter muß die Forderung »**für sich in Anspruch nehmen**«, d. h. er muß als Zessionar, Pfandgläubiger oder dgl. zur Hauptintervention berechtigt sein (→ § 64 Rdnr. 8 ff.)[9]. Erfordernis ist also Identität mit der in Streit befangenen Forderung[10]. Daß er sie *ganz* für sich in Anspruch nimmt, ist nicht nötig, obwohl die Worte »ganz oder teilweise« hier fehlen. Es ist – wie in § 76 (→ § 76 Rdnr. 16) – auch möglich, daß der Beklagte nur für einen Teil der Forderung ausscheidet[11]. Daß mehrere Dritte auftreten, hindert die Anwendung der Vorschrift nicht[12].

6   **3.** Der Beklagte muß dem Dritten den **Streit verkünden**. Dies kann in jeder Lage des Rechtsstreits (→ § 72 Rdnr. 10) und muß in der Form des § 73 geschehen. Eine Aufforderung zum Eintritt und eine Ankündigung der Hinterlegung (→ Rdnr. 8) sind nicht erforderlich. Ohne Streitverkündung kann der Dritte nur mit Einverständnis beider Parteien eintreten. Andernfalls ist er auf die Hauptintervention verwiesen, die aber ebenfalls zur Entlassung des Beklagten nach Maßgabe des § 75 führen kann (→ § 64 Rdnr. 18).

7   **4.** Der Dritte muß auf die Streitverkündung hin **in den Prozeß eintreten**. Dieser Eintritt ist nicht gleichbedeutend mit dem Beitritt im Sinne des § 70. Die Erklärung, als Streitgehilfe beizutreten, genügt daher nicht zur Entlassung des Beklagten[13]. Es bedarf vielmehr – sofern nicht zwischen dem Dritten und

[2] So auch *RGZ* 34, 400; 63, 320 f.; *OLG Hamburg* OLGRspr. 37 (1918), 94 u. a.

[3] *BGH* NJW-RR 1987, 1439 f.; skeptischer *BGH* KTS 1981, 218.

[4] Vgl. *RGZ* 33, 310.

[5] Jetzt wohl h. L.; s. *Baumbach/Lauterbach/Hartmann*[50] Anm. 2 A; *Thomas/Putzo*[17] Anm. 2 a; *Wieczorek*[2] Anm. A II c 1.

[6] *Baumbach/Lauterbach/Hartmann*[50] Anm. 2 A.

[7] *BGH* KTS 1981, 218. – A. M. *Mendelssohn/Bartholdy* (Fn. 1), 21 ff.

[8] Vgl. *Mendelssohn/Bartholdy* (Fn. 1), 30.

[9] Vgl. *RGZ* 34, 403.

[10] *RG* SächsArchRpfl. 15, 113; *OLG Naumburg* JW 1931, 3570.

[11] So auch *Heim* (§ 64 Fn. 1), 95.

[12] S. auch *Bovensiepen* DJZ 1908, 636.

[13] *OLG Karlsruhe* OLGRspr. 1 (1900), 429 f.; *OLG Hamburg* OLGRspr. 13 (1906), 88.

beiden Parteien Einverständnis nach § 128 Abs. 2 besteht (→ Rdnr. 9) – des Eintritts in einer mündlichen Verhandlung, in der der Kläger, der Beklagte und der Dritte anwesend sind[14], auch wenn der Dritte schon vorher gemäß § 70 beigetreten ist. Der Eintritt ist in jeder Lage des Prozesses möglich[15]. Er bewirkt, wenn daraufhin die Entlassung erfolgt, die Rechtshängigkeit des vom Dritten erhobenen Anspruchs (§ 261 Abs. 2). Die Berechtigung des Dritten zum Eintritt ist erst zu prüfen, wenn der Schuldner den Antrag auf Entlassung stellt (→ Rdnr. 9). Widerspricht der Gegner dem Eintritt, so ist nur zu prüfen, ob der Dritte Prätendent ist. Einer Glaubhaftmachung seiner Forderung bedarf es nicht[16].

Lehnt der Dritte den Eintritt nach § 75 ab, so wird der Prozeß mit dem ursprünglichen Beklagten   **7a** fortgesetzt, und es treten dann die Wirkungen der Streitverkündung nach §§ 74, 68 ein (→ § 72 Rdnr. 15). Der Dritte kann statt des Eintritts eine selbständige Hauptintervention nach § 64 erheben oder dem Beklagten, der aber dann nicht entlassen wird (→ Rdnr. 7), als Streitgehilfe beitreten.

5. Der Beklagte muß den **Betrag seiner Schuld** samt allen Nebenleistungen, insbesondere Zinsen bis zur   **8** Hinterlegung[17], aber ohne Kosten (→ Rdnr. 13), zugunsten der streitenden Gläubiger bei der dafür zuständigen Stelle **hinterlegen**. Die Befugnis zur Hinterlegung folgt ohne weiteres aus § 75. Daß außerdem die Voraussetzungen zur Hinterlegung nach bürgerlichem Recht vorliegen, ist nicht erforderlich[18]. Die Hinterlegung muß *unter Verzicht auf das Recht zur Zurücknahme* erfolgen. Durch die Hinterlegung wird der Beklagte von seiner Verbindlichkeit, gleichviel ob sie dem Kläger oder dem Dritten gegenüber besteht, befreit (§§ 376 Abs. 2 Nr. 1, 378 BGB).

III. Die Entlassung des Beklagten

Sind die Voraussetzungen unter Rdnr. 3 ff. gegeben, so ist der Schuldner *auf seinen Antrag aus dem*   **9** *Rechtsstreit zu entlassen.* Der Antrag, der nach § 297 zu stellen ist, kann in jedem Stadium des Verfahrens, auch in den höheren Instanzen gestellt werden (→ Rdnr. 7). Über die Entlassung ist nach mündlicher Verhandlung unter den drei Beteiligten (→ Rdnr. 7) zu entscheiden, und zwar durch Urteil. Das Urteil ist, wie in ähnlichen Fällen (→ § 239 Rdnr. 30, 45), *Zwischenurteil*, wenn der Antrag auf Entlassung verworfen, *Endurteil*, wenn die Entlassung ausgesprochen und dadurch für den Beklagten, vorbehaltlich der Kosten, die Instanz beendet wird[19]. Zur Entscheidung ist auch der Einzelrichter (auch der vorbereitende, § 524) befugt (→ § 349 Rdnr. 33). Gegen das Zwischenurteil ist entsprechend § 71 Abs. 2 sofortige Beschwerde einer Partei oder des Dritten statthaft. – Bei Einverständnis der Parteien und des Dritten kann nach § 128 Abs. 2 die Entscheidung ohne mündliche Verhandlung ergehen. Als Einverständnis nach § 128 Abs. 2 muß sinngemäß auch das an sich nur auf die Sache selbst, d. h. den Eintritt, die Entlassung und die Kostenfolge gerichtete Einverständnis angesehen werden.

Der Beklagte wird bei der Entlassung verurteilt, dem Kläger diejenigen *Kosten* zu erstatten, die durch   **10** seinen *unbegründeten Widerspruch*, d. h. durch Widerspruch gegen die *objektive Existenz* der Schuld, verursacht sind[20]. Denn das Entlassungsurteil ergeht auf Grund der in der Hinterlegung enthaltenen Anerkennung des Bestehens der Schuld. Hat der Beklagte letzteres von Anfang an eingeräumt und nur wegen der Ansprüche des Dritten die Legitimation des Klägers beanstandet, so treffen ihn keine Kosten (§ 93). Über die übrigen Kosten (auch des Beklagten) ist erst im Endurteil zwischen Kläger und Drittem zu entscheiden[21] (→ Rdnr. 13). Zur Entlassung bei Hauptintervention → § 64 Rdnr. 18.

---

[14] A. M. *Mendelssohn/Bartholdy* (Fn. 1), 36 ff., der Klage verlangt; ebenso wohl *Thomas/Putzo*[17] Anm. 2 d.

[15] A. M. (nur in erster Instanz) *Mendelssohn/Bartholdy* (Fn. 1), 38; einschränkend auch *MünchKommZPO/Schilken* Rdnr. 7 (nicht mehr in der Revisionsinstanz).

[16] Vgl. auch *RGZ* 34, 403; *Mendelssohn/Bartholdy* (Fn. 1), 40 ff.

[17] *RG* JW 1889, 430; *OLG Hamburg* OLGRspr. 37 (1918), 94.

[18] Ebenso *Zöller/Vollkommer*[17] Rdnr. 2.

[19] So auch *OLG Hamburg* SeuffArch. 45 (1890), 357; *KG* OLGRspr. 37 (1918), 94; *OLG Karlsruhe* OLGRspr. 1 (1900), 429; 13 (1906), 87; *Wieczorek*[2] Anm. A IV a, b. – A. M *Mendelssohn/Bartholdy* (Fn. 1), 43 ff., 54; *de Boor* Zur Lehre vom Parteiwechsel (1941), 132; *Baumbach/Lauterbach/Hartmann*[50] Anm. 3 B.

[20] *OLG Hamburg* OLGRspr. 13 (1906), 88; *OLG Celle* NdsRpfl. 1952, 151.

[21] A. M. *Baumbach/Lauterbach/Hartmann*[50] Anm. 3 B, 4.

IV. Der Streit der Prätendenten

11   1. Der Rechtsstreit wird nunmehr *zwischen den streitenden Gläubigern allein fortgesetzt*. Er wandelt sich kraft Gesetzes in einen **Streit über die Berechtigung an der Forderung**, d. h. um die Aktivlegitimation gegenüber der Hinterlegungsstelle. Die Gestaltung des Streites ist im Gesetz nicht geregelt. Keinesfalls ist er eine bloße Fortsetzung des bisherigen Rechtsstreits. Er beginnt vielmehr als ein neuer Streit anderen Gegenstandes unter anderen Parteien. Der Kläger geht daher derjenigen prozessualen Vorteile, die er bisher seinem verklagten Schuldner gegenüber etwa erlangt hat, wieder verlustig. Ebensowenig hat der Dritte die bevorzugte Berechtigung, in die Stelle des bisherigen Beklagten als dessen Nachfolger einzutreten und etwa die in dessen Person begründeten Einreden vorzuschützen. Vielmehr ist, da das Gesetz das Auftreten des Dritten der Sache nach als Hauptintervention betrachtet, der *Dritte genötigt*, wie jeder Hauptintervenient *sein Recht* gegen den Erstkläger *zu substantiieren und zu beweisen*. Er muß daher den Antrag stellen, den Betrag ihm selbst zuzusprechen. Denn das Gesetz verlangt, daß »dem Obsiegenden der hinterlegte Betrag zuzusprechen« ist[22]. Da der Erstbeklagte durch seine zugunsten der Prätendenten erfolgte Hinterlegung anerkannt hat, daß, wenn nicht der Dritte, so der Erstkläger sein Gläubiger ist, so erhält der Erstkläger den Betrag, sofern der Angriff des eingetretenen Dritten auf seine Aktivlegitimation nicht durchdringt. Zu einem sog. iudicium duplex, in dem jeder Teil zugleich Kläger und Beklagter ist und daher (z. B. wegen der Berechtigung eines Vierten) beide Teile unterliegen können, fehlt sonach – wie sich auch aus der Fassung des Satzes 2 eindeutig ergibt – die Grundlage. Die Frage des Bestehens der Forderung ist im Verhältnis der Parteien endgültig erledigt[23]. Daß auch ein Vierter berechtigt sein könnte, spielt keine Rolle[24], denn zu dessen Gunsten ist nicht hinterlegt, so daß er ohnehin klagen müßte, daran aber wegen der nur relativen Rechtskraft des Urteils im Prätendentenstreit auch nicht gehindert ist.

12   2. In dem **Endurteil** ist dem Obsiegenden *der hinterlegte Betrag zuzusprechen*, d. h. festzustellen, daß er der Hinterlegungsstelle gegenüber legitimiert ist[25]. Der Fall, daß beide Klagen abzuweisen wären, ist ausgeschlossen[25a]. Nur wenn es zu einer sachlichen Entscheidung in dem fortgesetzten Streit nicht kommt, ist der hinterlegte Betrag dem Beklagten zurückzugeben, der nur zugunsten der beiden streitenden Gläubiger auf die Rücknahme verzichtet hat. Der Beklagte muß dann gegebenenfalls die Prätendenten auf Einwilligung in die Zurücknahme verklagen.

13   3. In dem Endurteil ist über *sämtliche* **Kosten** *des bisherigen Verfahrens*, auch über die des ursprünglichen Beklagten, zu entscheiden, soweit diese nicht dem Beklagten bereits in dem Entlassungsurteil auferlegt sind (→ Rdnr. 10). Und zwar ist der Unterliegende – also gegebenenfalls der Dritte – auf Grund seines Unterliegens in der Hauptsache auch im Verhältnis zu dem ursprünglichen *Beklagten* zur Erstattung der vor der Entlassung erwachsenen Kosten einschließlich derjenigen der Hinterlegung zu verurteilen. Wegen dieses Kostenanspruches bleibt der Beklagte auch noch nach seiner Entlassung am Prozeß, wenn auch nicht in der Hauptsache, beteiligt[26]. Er kann daher auch, wenn das Gericht die Entscheidung über den Kostenpunkt im Endurteil übergangen hat, nach §§ 308 Abs. 2, 321 die nachträgliche Ergänzung des Urteils beantragen[27]. Endet der Prozeß durch Vergleich oder sonstwie ohne Sachentscheidung, so wird – trotz der (zu engen) Fassung des § 75 – dadurch dem ursprünglichen Beklagten das Anrecht auf die Kostenentscheidung zu seinen Gunsten nicht abgeschnitten. Ihn wegen seines Erstattungsanspruchs auf einen besonderen Prozeß zu verweisen, würde allen Grundsätzen der Prozeßökonomie widersprechen. Das Gericht hat in diesem Falle – ähnlich wie bei der Erledigung des Rechtsstreits in der Hauptsache (§ 91 a) – über die fraglichen Kosten selbständig zu entscheiden.

Das Urteil bildet, soweit es eine Kostenerstattungspflicht dem ursprünglichen Beklagten gegenüber ausspricht, für diesen einen Titel zur Kostenfestsetzung.

---

[22] Wie hier *Baumbach/Lauterbach/Hartmann*[50] Anm. 4; ähnlich *Wieczorek*[2] Anm. B I, der in dem Antrag jedoch eine (erforderliche) Widerklage sieht; ebenso *A. Blomeyer* ZPR[2] § 111 I 1 d; *Picker* (Fn. 1), 720. – A. M. *RGZ* 63, 319 ff.

[23] Ebenso *Mendelssohn/Bartholdy* (Fn. 1), 48 f.; *Förster/Kann*[3] Anm. 4 b; *Heim* (§ 64 Fn. 1), 93, 97 f. u. a. – A. M. *Baumbach/Lauterbach/Hartmann*[50] Anm. 3 B; *Hellwig* Anspruch und Klagrecht (1910), 422 f.; *Kleinfeller* ZZP 34 (1905), 380; *Krückmann* ZZP 46 (1917), 407; *MünchKommZPO/Schilken* Rdnr. 13; *Picker* (Fn. 1), 715 ff. Die Fassung des Satzes 2 läßt diese Ansicht zweifelhaft erscheinen.

[24] So aber vor allem *Picker* (Fn. 1), 715 ff.

[25] So auch *Hellwig* (Fn. 23), 423; *Picker* (Fn. 1), 721 f.; *Seuffert/Walsmann* ZPO[12] Anm. 2; vgl. auch *Kuttner* Urteilswirkungen (1914), 55 ff.

[25a] A.M. *MünchKommZPO/Schilken* Rdnr. 14 m. w. N.

[26] Ebenso *Henckel* Parteilehre und Streitgegenstand im Zivilprozeß (1961), 223; *Thomas/Putzo*[17] Anm. 4 b; *Wieczorek*[2] Anm. A IV c 2. – A. M. *Baumbach/Lauterbach/Hartmann*[50] Anm. 3 B.

[27] S. auch *Schollmeyer* Der Zwischenstreit unter den Parteien (1880), 102 f.; *Mendelssohn/Bartholdy* (Fn. 1), 45 f.

Gebührenrechtliche Sondervorschriften enthalten das GKG und die BRAGO nicht mehr.

4. Das Urteil kann nur von den Prätendenten **angefochten** werden, da nur sie Parteien in der   **14**
Hauptsache sind.

§ 76   [Urheberbenennung bei Besitz]

(1) ¹Wer als Besitzer einer Sache verklagt ist, die er auf Grund eines Rechtsverhältnisses der im § 868 des Bürgerlichen Gesetzbuchs bezeichneten Art zu besitzen behauptet, kann vor der Verhandlung zur Hauptsache unter Einreichung eines Schriftsatzes, in dem er den mittelbaren Besitzer benennt, und einer Streitverkündungsschrift die Ladung des mittelbaren Besitzers zur Erklärung beantragen. ²Bis zu dieser Erklärung oder bis zum Schluß des Termins, in dem sich der Benannte zu erklären hat, kann der Beklagte die Verhandlung zur Hauptsache verweigern.

(2) Bestreitet der Benannte die Behauptung des Beklagten oder erklärt er sich nicht, so ist der Beklagte berechtigt, dem Klageantrage zu genügen.

(3) ¹Wird die Behauptung des Beklagten von dem Benannten als richtig anerkannt, so ist dieser berechtigt, mit Zustimmung des Beklagten an dessen Stelle den Prozeß zu übernehmen. ²Die Zustimmung des Klägers ist nur insoweit erforderlich, als er Ansprüche geltend macht, die unabhängig davon sind, daß der Beklagte auf Grund eines Rechtsverhältnisses der im Abs. 1 bezeichneten Art besitzt.

(4) ¹Hat der Benannte den Prozeß übernommen, so ist der Beklagte auf seinen Antrag von der Klage zu entbinden. ²Die Entscheidung ist in Ansehung der Sache selbst auch gegen den Beklagten wirksam und vollstreckbar.

Gesetzesgeschichte: bis 1900 § 73 CPO; Änderungen RGBl. 1898, 256; BGBl. 1950 I, 455.

Stichwortverzeichnis: → § 75 vor Rdnr. 1.

I. Allgemeines zur sog. Urheberbenennung¹

Wer als *Besitzer* einer Sache verklagt wird und seinen *Besitz von einem Dritten ableitet,*   **1**
kann diesem Dritten nach § 72 *den Streit verkünden,* wenn der Dritte ihm für den Besitz
Gewähr zu leisten hat (→ § 72 Rdnr. 15).

---

¹ Lit.: *Krug* Die Urheberbenennung, ZZP 20 (1894), 299; *Picker* Hauptintervention, Forderungsprätendentenstreit und Urheberbenennung, Festschr. f. W. Flume, 1978, I, 649; *Wurzer* Zur Kostenpflicht bei Benennung des Besitzers. Zu § 76 ZPO, ZZP 43 (1913), 490. Vgl. ferner die in § 75 Fn. 1 Genannten.

2   **Dieser Streitverkündung verleiht § 76 eine weitergehende Bedeutung**, wenn sie mit dem Antrag auf *Ladung* des Dritten zur Erklärung und *seiner Benennung* an den Kläger verbunden ist. Es kann dann der Dritte unter Entlassung des Beklagten an dessen Stelle *den Prozeß übernehmen*. Der übliche Name »Urheberbenennung«, eine Übersetzung von nominatio (laudatio) auctoris, hebt sonach nur eine der Besonderheiten dieser Streitverkündung hervor. Hat sie aus irgendeinem Grunde nicht die volle Wirkung des § 76, so bleibt ihr immer noch die der gewöhnlichen Streitverkündung nach § 74 (→ Rdnr. 15, 17).

II. Voraussetzungen

3   1. Der Beklagte muß **als Besitzer** einer beweglichen oder unbeweglichen Sache **verklagt**, also durch seinen Besitz passiv legitimiert sein, wie bei der Eigentumsklage (§ 985 BGB), der konfessorischen Klage oder einer persönlichen Klage gegen den Besitzer als solchen auf Herausgabe der Sache (→ auch § 26 Rdnr. 4). Von den Besitzklagen (→ § 24 Rdnr. 24) gehören jedoch hierher nur die Klage aus § 1007 Abs. 2 BGB, mit der die Herausgabe einer gestohlenen, verlorenen oder sonst abhanden gekommenen Sache von *jedem* Besitzer verlangt werden kann, nicht dagegen die Klagen aus §§ 861 f. oder 1007 Abs. 1 BGB, die eine eigenmächtige Besitzentziehung oder -störung bzw. den Besitzerwerb im bösen Glauben voraussetzen. Die Feststellungsklage (§ 256) richtet sich in der Regel nicht gegen den Besitzer als solchen[2]. Bei Klagen auf Herausgabe auf Grund von Schuldverhältnissen gilt § 76 nicht[3].

4   2. Der Beklagte muß behaupten, er sei **unmittelbarer Besitzer in einem Besitzmittlungsverhältnis** im Sinne des § 868 BGB, d. h. er besitze »als Nießbraucher, Pfandgläubiger, Pächter, Mieter, Verwahrer oder in einem ähnlichen Verhältnisse[4], vermöge dessen er einem anderen gegenüber auf Zeit zum Besitze berechtigt oder verpflichtet ist«, – im Gegensatz zu dem bloßen Besitzdiener im Sinne des § 855 BGB, der, weil er überhaupt nicht Besitzer ist, der Urheberbenennung nicht bedarf; er ist nicht passiv legitimiert. Ist der Beklagte selbst mittelbarer Besitzer, so steht dem gleich die Behauptung, daß ein Dritter der zweite mittelbare Besitzer sei (§ 871 BGB). Es genügt in jedem Falle die *Behauptung*. Eines Beweises bedarf sie nicht, und für eine Widerlegung seitens des Gegners ist kein Raum[5].

5   3. Der Prozeß muß durch Erhebung der Klage **rechtshängig** geworden (→ § 64 Rdnr. 4) sein, die **Verhandlung zur Hauptsache** im Gegensatz zu reinen Prozeßfragen (→ § 39 Rdnr. 5) darf aber **noch nicht begonnen** haben. Eine spätere Benennung ist nur beim Einverständnis aller Beteiligten wirksam. Dazu tritt der besondere Fall des § 11 Abs. 3 des WarenZG (vom 9. V. 1961; BGBl. I, 574).

6   4. Die Urheberbenennung wird nicht dadurch ausgeschlossen, daß der Benennende und der Urheber als **Streitgenossen** verklagt sind[6].

III. Das Verfahren bei der Urheberbenennung

7   Die Urheberbenennung besteht darin, daß der Beklagte dem mittelbaren Besitzer den **Streit verkündet** und beantragt, ihn **zur Klärung** darüber zu laden, ob er die Behauptung als richtig anerkenne, zugleich aber dem Kläger **den Dritten benennt**. Das Verfahren ist folgendes:

---

[2] *Hellwig* Wesen und subjektive Begrenzung der Rechtskraft (1901), 73 will auch bei ihnen den Abs. 3 Satz 2 entsprechend anwenden.
[3] *OLG Colmar* OLGRspr. 20 (1910), 300; *OLG Frankfurt* SeuffArch. 74 (1919), 195.
[4] *RGZ* 54, 396; 69, 167 f. rechnen dazu auch den Kauf

mit Eigentumsvorbehalt; s. zu diesem *BGHZ* 10, 71; 28, 27.
[5] *OLG Hamburg* SeuffArch. 56 (1901), 154; OLGRspr. 42 (1922), 3; *LG Bonn* MDR 1948, 415. – A. M. *Baumbach/Lauterbach/Hartmann*[50] Anm. 2 A b.
[6] *RG* HRR 1940 Nr. 214.

1. Im **Anwaltsprozeß** ist die Streitverkündung in einem dem § 73 entsprechenden Schriftsatz zur   **8**
Terminsbestimmung einzureichen. Der Termin wird von Amts wegen bestimmt (§ 216). Auch die Ladung
des *Benannten* erfolgt nicht mehr durch die Partei, sondern von Amts wegen, und ist gegebenenfalls mit
der Aufforderung zur Anwaltsbestellung zu verbinden (§§ 214, 215). Der Termin kann mit dem schon
anstehenden Termin in der Sache verbunden werden (→ Rdnr. 13). Mit der Ladung ist der Schriftsatz dem
Dritten von Amts wegen zuzustellen (§ 270 Abs. 1, 2). Dem *Kläger* ist der Schriftsatz mit der Benennung
von Amts wegen zuzustellen, ferner eine Abschrift der Streitverkündung und der Ladung.

2. Im **Verfahren vor den Amtsgerichten** kann die Streitverkündung wie die Benennung zum Protokoll   **9**
der Geschäftsstelle erklärt werden (§ 496). Der Termin wird nach Eingang des Schriftsatzes bzw. der
Protokollerklärung von Amts wegen bestimmt, und die Ladung des Benannten erfolgt durch die Geschäftsstelle (§ 497). Mit der Ladung sind dem Benannten der Schriftsatz bzw. das Protokoll von Amts
wegen zuzustellen (§ 270 Abs. 1, 2).

3. **Mängel des Verfahrens**, auch das gänzliche Fehlen der Schriftsätze, werden beim Erscheinen und   **10**
Einverständnis (§ 295) aller Beteiligten geheilt[7].

IV. Inhalt der Urheberbenennung

1. Der Beklagte bestreitet mit der Urheberbenennung nicht seine Passivlegitimation, die   **11**
vielmehr gerade Voraussetzung der Benennung ist (→ Rdnr. 3), sondern erhebt die *prozessuale Einrede*, daß er die eigene **Prozeßführung verweigere**, um den Benannten an seine
Stelle treten zu lassen[8]. Diese Einrede ist keine Rüge der Unzulässigkeit der Klage i. S. des
§ 296 Abs. 3, denn einen Umstand, der dem Erlaß eines Sachurteils entgegenstünde, macht sie
nicht geltend.

2. Im Verhältnis zum Kläger ist die Urheberbenennung **lediglich Befugnis des Beklagten**.   **12**
Ob eine *Pflicht* dazu *dem Benannten gegenüber* besteht, ist eine für den schwebenden Prozeß
unerhebliche Frage, die sich nach bürgerlichem Recht entscheidet. Nach dem BGB besteht für
den unmittelbaren Besitzer eine allgemeine Verpflichtung nicht. Es entscheiden vielmehr die
besonderen Grundsätze über die Haftung in dem Rechtsverhältnis, auf Grund dessen er
besitzt. Die Anzeigepflicht des Mieters, Pächters und Nießbrauchers nach §§ 545 Abs. 1 S. 2,
581, 1042 S. 2 BGB ist keine Pflicht zur gerichtlichen Streitverkündung.

V. Wirkungen

1. Der Beklagte ist berechtigt, die **Verhandlung zur Hauptsache zu verweigern**, bis der   **13**
Benannte sich in dem Termin erklärt oder bis zum Schluß des Termins. Dieser für den
Benannten zur Erklärung anberaumte Termin ist auch bei Verbindung mit dem Termin zur
Verhandlung der Sache selbst (→ Rdnr. 8) rechtlich selbständig und vor diesem Termin zu
erledigen. Das Ausbleiben des Klägers in diesem Erklärungstermin ist bedeutungslos.

2. **Bestreitet der Benannte**, daß er der mittelbare Besitzer sei, oder erfolgt *keine Erklärung*   **14**
von ihm, so bleibt der Beklagte Partei[9] und ist nach Abs. 2 berechtigt, dem Klageantrag zu
genügen, d. h. den Kläger zu *befriedigen*, mit der Wirkung, daß er wegen der Herausgabe der
Sache an den Kläger dem Benannten nicht haftet. Damit ist die Möglichkeit einer Erledigung
des Rechtsstreits und der Beschränkung des Urteils auf die Kosten gegeben (→ darüber
§ 91 a). Die Rechte des Benannten gegen den Kläger bleiben dagegen unberührt.

Wenn der Beklagte dagegen trotz des Bestreitens oder trotz Passivität des Benannten den   **15**
Kläger *nicht befriedigt*, so geht der Prozeß gegen ihn weiter, und der Beklagte kann trotz der

---

[7] *RGZ* 22, 393 f.   [9] *OLG Zweibrücken* JurBüro 1983, 1866.
[8] A. M. *Wurzer* ZZP 43 (1913), 490 ff.

Urheberbenennung alle Einwendungen geltend machen, die er als Fremdbesitzer hat, namentlich alle selbständigen Rechte an der Sache (Zurückbehaltungs-, Pfandrechte usw.). Der Benannte kann eine Hauptintervention nach § 64 erheben oder als Streitgehilfe beitreten. Das Urteil bewirkt aber – von §§ 68 und 74 (→ Rdnr. 2) abgesehen – keine Rechtskraft in dem Verhältnis zwischen dem Kläger und dem Benannten (→ § 325), und die Streithilfe ist demgemäß keine streitgenössische nach § 69.

16   **3. Bekennt sich** dagegen **der Benannte** als *mittelbarer Besitzer*[10], so ist er nach Abs. 3 berechtigt, *mit Zustimmung des Beklagten*[11] an dessen Stelle **den Prozeß zu übernehmen**. Es handelt sich um einen Parteiwechsel, der zu seiner *Wirksamkeit* keiner gerichtlichen Entscheidung bedarf[12]. Gleichwohl muß der Beklagte noch nach Abs. 4 förmlich aus dem Prozeß entlassen werden. Solange das nicht geschehen ist, gilt er als Streitgenosse des Übernehmes (→ Rdnr. 18). Der *Zustimmung des Klägers* bedarf es nach Abs. 3 S. 2 nur insoweit, als der Kläger Ansprüche gegen den Beklagten verfolgt, die unabhängig davon sind, daß der Beklagte für den Dritten besitzt, wie z. B. in dem Falle, daß der Anspruch gegen den Beklagten zugleich auf ein obligatorisches Rechtsverhältnis zu ihm (Verwahrung[13], eheliches Güterrecht[14] oder dgl.) gestützt wird. Ferner kommen namentlich in Betracht Ansprüche auf Ersatz von Früchten oder auf Entschädigung wegen eigener Handlungen des Beklagten. Stimmt er zu, so ist das Urteil hinsichtlich *aller* (→ Rdnr. 20) Ansprüche ausschließlich auf die Person des Benannten zu stellen. Andernfalls bleibt der Beklagte bezüglich dieser persönlichen Leistungen im Prozeß, wenn er auch bezüglich der Sache selbst ausscheidet (»insoweit«).

17   **Übernimmt der Benannte trotz seines Zugeständnisses den Prozeß nicht**, so hat der Beklagte nach Maßgabe seines zivilrechtlichen Verhältnisses zu dem Benannten auf eigene Verantwortlichkeit zu prüfen, ob er der Klage genügen will. Abs. 2 ist hier nicht entsprechend anwendbar. Führt der Beklagte den Prozeß fort, so ist das Urteil vermöge der Streitverkündung in den Grenzen der §§ 74 Abs. 3, 68 im späteren Prozeß mit dem Benannten wirksam. Der Benannte kann als Streitgehilfe auftreten, wobei er dann freilich seine *eigenen* Rechte nicht geltend machen kann (→ § 67 Rdnr. 8). Dasselbe gilt, wenn der Beklagte seine Zustimmung zur Übernahme des Prozesses verweigert, was er trotz Urheberbenennung darf.

18   **4. Hat der Benannte den Prozeß übernommen**, so ist der Beklagte auf seinen Antrag, über den mündlich zu verhandeln ist (s. jedoch § 128 Abs. 2, 3 sowie § 251 a), *von der Klage förmlich zu entbinden*, sofern die Voraussetzungen für die Übernahme des Prozesses durch den Benannten vorliegen. Die Entscheidung ist, wie im Falle des § 75 (→ 75 Rdnr. 9) und des § 239 (→ § 239 Rdnr. 30, 45), ein nicht selbständig anfechtbares (→ § 303 Rdnr. 9) *Zwischenurteil* nach § 303, wenn sie den Antrag zurückweist[15], *Endurteil*, wenn sie den Beklagten entläßt[16]. Im letzteren Falle ist mit ihrer Rechtskraft die Frage, ob die Voraussetzungen des § 76 vorlagen, für diesen Prozeß endgültig erledigt[17]. Zu der Entscheidung ist auch der Einzelrichter, auch der vorbereitende (§ 524), befugt (→ § 349 Rdnr. 33).

18a   *Stellt* dagegen der Beklagte den *Antrag auf Entbindung nicht*, so bleibt er Partei im Prozeß. Der Dritte wird aber ebenfalls Partei; es entsteht damit eine Streitgenossenschaft[18]. Über die Übernahme (→ Rdnr. 16) entscheidet dann erst das Endurteil in der Hauptsache.

---

[10] Dieses »Bekenntnis« ist kein Anerkenntnis i. S. v. § 307, sondern Geständnis i. S. v. § 288 und deshalb auch konkludent möglich, *OLG Zweibrücken* JurBüro 1983, 1865.

[11] Die unwiderruflich ist; vgl. vor § 128 Rdnr. 225 und *Walsmann* AcP 102 (1907), 152.

[12] *OLG Zweibrücken* JurBüro 1983, 1866; *Zöller/ Vollkommer*[17] Rdnr. 5, 6.

[13] *RGZ* 32, 31; vgl. auch *OLG Colmar* OLGRspr. 20 (1910), 300.

[14] *OLG Frankfurt* SeuffArch. 74 (1919), 195.

[15] *OLG Düsseldorf* OLGZ 1992, 255; *OLG Hamburg* OLGRspr. 33 (1916), 30; 42 (1922), 3. Für Anfechtbarkeit (Beschwerde) *Baumbach/Lauterbach/Hartmann*[50] Anm. 5 A, § 75 Anm. 3 B; *Wieczorek*[2] Anm. B III.

[16] *Krug* ZZP 20 (1894), 390. – A. M. *Förster/Kann*[3] Anm. 5b bb; *de Boor* Zur Lehre vom Parteiwechsel (1941), 132.

[17] Vgl. *RGZ* 30, 137 f.

[18] *OLG Düsseldorf* OLGZ 1992, 255; *Baumbach/Lauterbach/Hartmann*[50] Anm. 5 A; *A. Blomeyer* ZPR[2] § 111 II 4 Fn. 8.

VI. Weiteres Verfahren

1. Die Übernahme (→ Rdnr. 18) bewirkt eine **Nachfolge in dem Prozeß**[19], die sachlich   **19**
unbedenklich ist, weil der Benannte als unmittelbarer Besitzer nach dem BGB für die hier in
Betracht kommenden Klagen ebenso passiv legitimiert ist wie der ursprüngliche Beklagte.
*Der Prozeß geht also in der Lage, in der er sich zur Zeit des Austritts befindet, auf den
Benannten über*[20]. Insbesondere gelten für die Wirkungen der Rechtshängigkeit die
§§ 261 f.[21]. Eine an den bisherigen Beklagten ergangene Ladung wirkt auch ihm gegenüber.
Anderenfalls ist der Prozeß durch Terminsansetzung von Amts wegen nach § 216 fortzuset-
zen. Die zulässigen Einwendungen bestimmen sich aus der Person des Benannten (→ auch
Rdnr. 20). Der frühere Beklagte kann als Zeuge vernommen werden (→ Rdnr. 12 vor § 373).

2. Die Entscheidung in dem zwischen dem Kläger und dem Benannten fortgesetzten Prozeß   **20**
begründet unmittelbare **Rechtskraftwirkung gegen den bisherigen Beklagten**[22]. Das gilt auch
dann, wenn ihm außer dem Fremdbesitz ein selbständiges Recht an der Sache (etwa ein
Zurückbehaltungsrecht wegen eines Verwendungsersatzanspruchs) zugestanden haben sollte[23]. Der Beklagte muß sich also entscheiden, ob er auf die Urheberbenennung verzichten
bzw. nach Beitritt des Benannten den Antrag nach Abs. 4 S. 1 nicht stellen will, oder ob er auf
seine Besitzrechte verzichtet und schuldrechtliche Ansprüche (etwa auf Verwendungsersatz)
gesondert verfolgt. – Das rechtskräftige Urteil ist auch gegen ihn *vollstreckbar*, z. B. wenn er
im Besitze der Sache geblieben war. In diesem Falle ist der ursprünglich Beklagte wegen § 750
in der Vollstreckungsklausel namentlich zu bezeichnen. Eine entsprechende Anwendung der
§§ 727, 730 ist dazu nicht nötig, weil die entscheidende Tatsache der Übernahme des
Prozesses aus den Akten ersichtlich ist. Jedoch gilt dies nur von der Entscheidung zur Sache,
soweit diese gegen den Beklagten anhängig geworden ist, also abgesehen von späteren
Klageänderungen und Klageerweiterungen, und nicht bezüglich des Kostenpunktes (→
Rdnr. 21). Zur Sache gehören auch die persönlichen Leistungen, die in der Person des
ursprünglichen Beklagten entstanden waren, sofern der Kläger dem Eintritt des Benannten in
dieser Beziehung nicht widersprochen hatte (→ Rdnr. 16).

VII. Kosten

Bezüglich des Kostenpunktes ist zu unterscheiden: Genügt der Beklagte dem Klageantrag (→   **21**
Rdnr. 14), so hat er den Kläger auch für die bisher entstandenen Kosten zu befriedigen, soweit nicht § 93
Platz greift und der Beklagte deshalb den Prozeß fortsetzt. Ob der Beklagte für die dem Kläger bezahlten
Kosten vom Benannten Ersatz verlangen kann, hängt von dem zivilrechtlichen Verhältnis ab, in der er zu
ihm steht. Führt der Beklagte nach der Benennung, ohne dem Anspruch des Klägers zu genügen, den
Prozeß in der Hauptsache weiter, so hat nach § 91 der Unterliegende die Kosten zu tragen. Die Kosten der
Benennung selbst bilden jedoch keinen Teil der Kosten des Rechtsstreits, da sie nicht der Verteidigung
gegen den Kläger dienen (→ § 73 Rdnr. 6). Wird endlich der Beklagte auf seinen Antrag von der Klage
entbunden, so ist in dem Entbindungsurteil für eine Kostenentscheidung kein Raum, da die Frage, ob die
Klage begründet ist oder nicht, durch die Entscheidung nicht berührt wird, der Kläger also nicht als der in
dem ersten Teil des Prozesses Unterliegende angesehen werden kann[24]. Die Rechtslage ist deshalb wie in

---

[19] Vgl. *Wurzer* ZZP 43 (1913), 491 ff. – A. M. vor allem
Picker (Fn. 1), 713 f.
[20] *OLG Zweibrücken* JurBüro 1983, 1866.
[21] A. M. *Bettermann* Rechtshängigkeit u. Rechtsschutzform (1949), 81; *Henckel* Parteilehre und Streit-
genstand im Zivilprozeß (1961), 227; *Picker* (Fn. 1),
713 ff.: keine Bindung des Übernehmers an die Prozeßführung der bisherigen Partei.
[22] Vgl. *Henckel* ZZP 94 (1981), 350; *Krug* ZZP 20

(1894), 395 f.; *Hellwig* (Fn. 2), 76. – Dagegen nehmen
Binder Subj. Grenzen der Rechtskraft, 42 f.; *Münch-
KommZPO/Schilken* Rdnr. 12; *Picker* (Fn. 1), 727 u. a.
Rechtskraftwirkung auch *für* den Beklagten an.
[23] Wie hier *Henckel* (Fn. 21), 229. – A. M. *Bettermann*
Die Vollstreckung des Zivilurteils (1948), 221 Fn. 318;
MünchKommZPO/Schilken Rdnr. 12; *Picker* (Fn. 1),
728 ff.
[24] So schon *Wurzer* ZZP 43 (1913), 491 ff.; *OLG Köln*

anderen Fällen des gewillkürten Parteiwechsels (→ § 264 Rdnr. 124). Der neue Beklagte hat, wenn er unterliegt, dem Kläger auch die ihm gegen den Erstbeklagten erwachsenen Kosten zu erstatten, und umgekehrt muß der Kläger, wenn er dem Benannten gegenüber unterliegt, auch diejenigen Kosten erstatten, die dem Erstbeklagten erwachsen sind und die der Benannte dem letzteren nach dem zwischen ihnen bestehenden Rechtsverhältnis zu erstatten hat[25] (→ § 91 Rdnr. 16).

§ 77   [Urheberbenennung bei Unterlassungsklagen]

Ist von dem Eigentümer einer Sache oder von demjenigen, dem ein Recht an einer Sache zusteht, wegen einer Beeinträchtigung des Eigentums oder seines Rechtes Klage auf Beseitigung der Beeinträchtigung oder auf Unterlassung weiterer Beeinträchtigungen erhoben, so sind die Vorschriften des § 76 entsprechend anzuwenden, sofern der Beklagte die Beeinträchtigung in Ausübung des Rechtes eines Dritten vorgenommen zu haben behauptet.

Gesetzesgeschichte: Eingefügt RGBl. 1898, 256.

Stichwortverzeichnis: → § 75 vor Rdnr. 1.

1   I. Der durch die Nov. 98 eingefügte § 77[1] hat die Vorschriften des § 76 auf die Fälle der **negatorischen und konfessorischen Klage** ausgedehnt, in denen der Beklagte, ohne Besitzer zu sein, in Ausübung fremden Rechts gehandelt hat. Voraussetzungen seiner Anwendung sind (an Stelle der bei § 76 Rdnr. 3, 4 bezeichneten Erfordernisse):

2   1. Es muß wegen einer **Beeinträchtigung des Eigentums oder eines dinglichen Rechts**, die nicht in der Entziehung des Besitzes besteht, Klage auf Beseitigung oder auf Unterlassung der Beeiträchtigung von dem Eigentümer oder dem dinglich Berechtigten erhoben sein. Es gehören hierher die Klagen des Eigentümers nach § 1004 BGB (actio negatoria)[2] und die entsprechenden Klagen des Erbbauberechtigten (§ 11 VO über das Erbbaurecht vom 15. I. 1919, RGBl. 72), des Wohnungseigentümers und des Dauerwohnberechtigten (§§ 13, 34 Abs. 2 WEG), des Inhabers sowie des Besitzers des Grundstücks bei der Dienstbarkeit nach §§ 1027, 1029, 1090 BGB, des Nießbrauchers (§ 1065 BGB) und des Pfandgläubigers bei beweglichen Sachen (§ 1227 BGB). Ebenso sind zu behandeln die Klagen gleichen Charakters in bezug auf das Namens- und Firmenrecht (§ 12 BGB, § 37 Abs. 2 HGB) sowie auf das Patentrecht oder das Warenzeichenrecht und ähnliche Rechte. Mit diesen Klagen werden zwar nicht Rechte an einer Sache geltend gemacht, es handelt sich aber auch hierbei um absolut wirksame Rechte, bei denen die Rechtslage gleichartig ist. Nicht fällt dagegen hierunter die Klage wegen Besitzstörung (§ 862 BGB), weil der Besitz zwar als Recht aufgefaßt werden kann, aber im Sinne des BGB kein Recht an der Sache ist (arg. § 268 BGB). Ob die dem Landesrecht vorbehaltenen Berechtigungen (Art. 59−69 EGBGB) im Falle ihrer Beeinträchtigung einen dem Eigentum entsprechenden Schutz genießen oder ob sie als Rechte an einer Sache aufzufassen sind, bestimmt das Landesrecht. Feststellungsklagen und Ansprüche auf Entschädigung sind durch den Wortlaut auch hier ausgeschlossen[3].

3   2. Der Beklagte muß behaupten (→ § 76 Rdnr. 4), daß er die **Beeinträchtigung in Ausübung des Rechtes eines anderen** vorgenommen habe. In welcher Weise die Vertretung begründet ist, ob durch Dienst- oder Werkvertrag, Miete, Pacht, Auftrag, Geschäftsführung ohne Auftrag oder wie sonst, ist gleich. Auch die im § 855 BGB benannten unselbständigen Personen sind von der Urheberbenennung nicht ausgeschlos-

---

MDR 1954, 45 = NJW 238. − A. M. *Baumbach/Lauterbach/Hartmann*[50] § 76 Anm. 5; § 75 Anm. 3 B; *OLG Hamburg* SeuffArch. 51 (1896), 91.
    [25] *Wurzer* ZZP 43 (1913), 491 ff.

[1] **Lit.**: → § 76 Fn. 1.
[2] Vgl. *OLG Hamburg* SeuffArch. 56 (1901), 154.
[3] S. auch *Hellwig* Wesen und subjektive Begrenzung der Rechtskraft (1901), 72, 74.

sen, da sie hier kraft der von ihnen begangenen Beeinträchtigung passiv legitimiert sind[4] (→ dagegen § 76 Rdnr. 4). Den Gegensatz bildet das Handeln in Ausübung eigenen Rechts, auch nach Abtretung des Rechts, z. B. im Falle § 956 BGB.

II. Im übrigen gelten die Bemerkungen zu § 76 in bezug auf den Gegenstand einer etwaigen Zwangs- **4** vollstreckung entsprechend, sonst aber unmittelbar.

---

[4] *OLG Hamburg* Seuff Arch. 56 (1901), 154; s. a. *RG* HRR 1940 Nr. 214.

Prozeßbevollmächtigte und Beistände

Stichwortverzeichnis zu vor § 78—§ 90

Standesrecht: vor § 78 Rdnr. 14 ff., 25; § 80
  Rdnr. 2
Streitgehilfe: § 78 Rdnr. 11; § 78 b Rdnr. 3; § 80
  Rdnr. 4; § 81 Rdnr. 13; § 84 Rdnr. 1; § 90
  Rdnr. 1
Streitgenossen: § 84 Rdnr. 1; § 87 Rdnr. 8
Streitverkündung: § 78 Rdnr. 29
Syndikus: § 78 Rdnr. 39, 51
Tariffähigkeit: § 78 Rdnr. 47
Telegramm: § 80 Rdnr. 26
Terminsvollmacht: § 83 Rdnr. 6
Tod
– des Bevollmächtigten: § 78 Rdnr. 35 a; § 78 c
  Rdnr. 4; § 86 Rdnr. 6
– des Vollmachtgebers: § 86 Rdnr. 1 ff., 9
Treuwidrigkeit: § 85 Rdnr. 9
Überörtliche Sozietät: → Sozietät
Überwachung: § 85 Rdnr. 19, 23 b
Unmittelbarkeit der Stellvertretung: vor § 78
  Rdnr. 11; § 85 Rdnr. 1 ff.
Unterhaltssachen: § 78 Rdnr. 3 h
Unterschrift: § 78 Rdnr. 13, 35, 68; § 80 Rdnr. 27;
  § 85 Rdnr. 23 f
Untersuchungsgrundsatz: § 78 Rdnr. 3 e
Untervollmacht: § 78 Rdnr. 32, 35; § 78 Rdnr. 55,
  58, 59; § 80 Rdnr. 23, 34; § 81 Rdnr. 14 ff.; § 83
  Rdnr. 4; § 85 Rdnr. 11, 20, 23 a; § 88 Rdnr. 1, 5
Urkundsbeamter: § 78 Rdnr. 21, 65; § 78 b
  Rdnr. 11; § 85 Rdnr. 21
Verbandsvertreter: § 78 Rdnr. 46 ff., 55, 57, 63,
  64, 66, 68; § 80 Rdnr. 39; § 81 Rdnr. 23; § 82
  Rdnr. 4; § 85 Rdnr. 28; § 88 Rdnr. 20 f.
Verfassungsmäßigkeit: § 78 Rdnr. 5, 8 b ff., 37;
  § 78 c Rdnr. 10; § 85 Rdnr. 1
Vergleich: § 78 Rdnr. 3 d, 11, 16, 17, 42; § 81
  Rdnr. 5, 6, 9, 11; § 83 Rdnr. 2, 3, 6; § 88 Rdnr. 4;
  § 89 Rdnr. 4, 13
Verjährungsfrist: § 85 Rdnr. 10; § 89 Rdnr. 13
Verkehrsbevollmächtigter: § 85 Rdnr. 11
Versäumnisurteil: § 78 Rdnr. 3 e, 9, 37; § 78 c
  Rdnr. 23; § 81 Rdnr. 13; § 87 Rdnr. 14; § 88
  Rdnr. 4, 10, 11, 16; § 89 Rdnr. 4
Verschulden: § 84 Rdnr. 2, 6; § 84 Rdnr. 1, 8 ff.,
  22 ff.
Versicherung: § 80 Rdnr. 19
Vertretungsbereitschaft: § 78 b Rdnr. 5 f.; § 78 c
  Rdnr. 7
Vertretungsmacht: § 80 Rdnr. 1 ff., 10, 16, 21, 23;
  § 81 Rdnr. 1 ff., 8 ff.; § 83 Rdnr. 1 ff.; § 84
  Rdnr. 4; § 87 Rdnr. 17; § 90 Rdnr. 5
Vertretungsverbot: § 78 Rdnr. 39; § 79 Rdnr. 5;
  § 81 Rdnr. 15, 18; § 84 Rdnr. 6; § 85 Rdnr. 17
Vertretungszwang: → Anwaltszwang
Verweisung: § 78 c Rdnr. 4; § 81 Rdnr. 6; § 89
  Rdnr. 5

Verzicht: § 81 Rdnr. 11; § 83 Rdnr. 2, 3; § 88
  Rdnr. 7; § 89 Rdnr. 13
Vollmacht: vor § 78 Rdnr. 1; § 78 Rdnr. 50, 54, 59;
  § 78 c Rdnr. 22; § 79 Rdnr. 2, 4; § 80 Rdnr. 1 ff.;
  § 81 Rdnr. 1 ff.; § 84 Rdnr. 6; § 85 Rdnr. 12
– ausländische: § 80 Rdnr. 29
– beschränkte: § 80 Rdnr. 13; § 81 Rdnr. 1; § 83
  Rdnr. 1 ff.; § 88 Rdnr. 1
– Erlöschen: § 81 Rdnr. 20; § 86 Rdnr. 26; § 87
  Rdnr. 1 ff., 13 ff.
– Erteilung: § 80 Rdnr. 4 ff., 18; § 89 Rdnr. 13
– Form: § 80 Rdnr. 11, 26 ff.; § 87 Rdnr. 11; § 89
  Rdnr. 13
– gesetzliche: § 80 Rdnr. 16
– Nachweis: § 80 Rdnr. 11, 21 ff.; § 86 Rdnr. 2;
  § 88 Rdnr. 1 ff.; § 89 Rdnr. 12
– Nichtigkeit: § 80 Rdnr. 5, 7, 10; § 81 Rdnr. 18
– Prüfung: § 88 Rdnr. 1 ff.
– Umfang: → Vertretungsmacht
– Verbandsvertreter: § 78 Rdnr. 50, 63, 64; § 80
  Rdnr. 39; § 81 Rdnr. 23; § 88 Rdnr. 20 f.
– Widerruf: § 78 c Rdnr. 31; § 81 Rdnr. 17; § 84
  Rdnr. 1; § 85 Rdnr. 6; § 87 Rdnr. 1 ff., 7 ff., 15
Vollmachtsurkunde: → Vollmacht, Form
Vorschuß: § 78 b Rdnr. 6, 8; § 78 c Rdnr. 25, 28
Weisungen: § 85 Rdnr. 3, 4, 23 c; § 87 Rdnr. 18
Werbung: vor § 78 Rdnr. 17, 18; § 84 Rdnr. 8
Widerklage: § 81 Rdnr. 4
Widerruf
– des Auftrags: § 78 c Rdnr. 31; § 87 Rdnr. 1 ff., 6,
  15
– des Geständnisses: § 78 Rdnr. 40 f.; § 84
  Rdnr. 2; § 85 Rdnr. 3, 5, 7; § 90 Rdnr. 5
Wiederaufnahme: § 81 Rdnr. 6
Wiedergutmachungssachen: § 78 Rdnr. 8 a, 28
Willenserklärungen: § 81 Rdnr. 7, 10 – 13
Zulassung: vor § 78 Rdnr. 15, 23; § 78 Rdnr. 1,
  6 ff., 30 ff.; § 78 c Rdnr. 6; § 86 Rdnr. 10
Zurechnung: § 84 Rdnr. 2; § 85 Rdnr. 1 ff., 24; § 87
  Rdnr. 14, 17 f.
Zurückweisung: vor § 78 Rdnr. 7; § 79 Rdnr. 2;
  § 88 Rdnr. 9 ff.; § 89 Rdnr. 1, 14; § 90 Rdnr. 4
Zustellungsauftrag: § 78 Rdnr. 29
Zustellungsbevollmächtigter: vor § 78 Rdnr. 1, 2;
  § 78 Rdnr. 8 e, 15, 35; § 79 Rdnr. 4; § 80
  Rdnr. 18; § 81 Rdnr. 13 f., 20; § 82 Rdnr. 1; § 83
  Rdnr. 5, 6; § 84 Rdnr. 3, 6; § 85 Rdnr. 3, 11; § 86
  Rdnr. 2, 9; § 87 Rdnr. 14, 19; § 88 Rdnr. 8, 9
Zwangsvollstreckung: § 78 Rdnr. 14; § 80
  Rdnr. 36; § 81 Rdnr. 2, 7, 20, 23; § 82 Rdnr. 1;
  § 86 Rdnr. 1, 7, 9; § 87 Rdnr. 12; § 88 Rdnr. 2;
  § 89 Rdnr. 13
Zweigstellenverbot: § 78 Rdnr. 8 f; § 84 Rdnr. 7
Zwischenstreit: § 88 Rdnr. 3
Zwischenurteil: § 78 Rdnr. 38; § 89 Rdnr. 5

Vorbemerkungen vor § 78

I. Vertretung im Prozeß[1]

1   1. Gesetzliche und bevollmächtigte Vertreter

Bei der Vertretung der Parteien im Prozeß unterscheidet die ZPO die *gesetzlichen* Vertreter, deren Vertretungsmacht unabhängig vom Willen des Vertretenen (unmittelbar oder auf Grund staatlicher Bestellung mittelbar) auf dem Gesetz beruht (→ näher § 51 Rdnr. 22, 29), und die *bevollmächtigten* Vertreter, die ihre Vertretungsmacht aus der Vollmacht, d. h. dem rechtsgeschäftlichen Willen des Vertretenen (→ näher § 80 Rdnr. 1), ableiten (so daß auch Führung und Beendigung der Vertretung vom Willen des Vertretenen abhängen[2]). Eine Vertretung der letzteren Art liegt auch dann vor, wenn auf die Partei ein gesetzlicher Zwang zur Bestellung eines Vertreters ausgeübt wird, wie insbesondere beim Anwaltszwang (§ 78) und bei der Bestellung von Zustellungsbevollmächtigten (§ 174), oder wenn umgekehrt durch eine richterliche Beiordnung der Vertreter zur Übernahme der Vertretung genötigt wird, wie beim sog. Notanwalt (§ 78 b), beim beigeordneten Anwalt im Prozeßkostenhilfeverfahren (§ 121) oder in Scheidungssachen (§ 625).

2. Auftreten als Prozeßbevollmächtigter

2   Im Gesetz ist der Ausdruck Prozeßbevollmächtigter nicht immer auf den Vertreter beschränkt, der wirklich eine Vollmacht besitzt. Da das Gesetz die Feststellung der Vollmacht nicht in jedem Fall verlangt (§ 88) und daher deren Fehlen übersehen sein kann, müssen zahlreiche Vorschriften (insbesondere §§ 78, 79, 157, 176, 244, 246) auch auf denjenigen angewendet werden, der **tatsächlich** als Prozeßbevollmächtigter **aufgetreten** ist. – Die **einstweilige Zulassung** eines vollmachtlosen Vertreters regelt § 89.

3. Vertretungsmöglichkeiten

3   Wer Prozeßbevollmächtigter sein kann, richtet sich danach, ob es sich um einen Anwaltsprozeß oder einen Parteiprozeß handelt (→ zu den Begriffen § 78 Rdnr. 1).

---

[1] Grundlegend *Rosenberg* Stellvertretung im Prozeß (1908).

[2] Vgl. *Rosenberg* (Fn. 1), 535 ff.

a) Im **Anwaltsprozeß** kann nur ein bei dem Prozeßgericht zugelassener *Rechtsanwalt* 4
Prozeßbevollmächtigter sein (§ 78; für ausländische Rechtsanwälte → unten Rdnr. 19 ff.; für
die Vertreter des Anwalts → § 78 Rdnr. 31 ff.). *Andere Personen* kommen nicht in Betracht.
Auch für *Hochschullehrer* besteht im Zivilprozeß (anders als nach §§ 138 StPO, 67 VwGO, 22
BVerfGG, 392 AO, 40 BDO[3]) keine (gewohnheitsrechtlich anerkannte) Ausnahme[4].

b) Im **Parteiprozeß** kann die Partei grundsätzlich ohne Vertreter handeln[4a)] oder sich durch 5
jede prozeßfähige Person vertreten lassen (§ 79), also durch Anwälte, auch durch nicht beim
Prozeßgericht zugelassene, aber auch durch jede andere (Privat-)Person (→ näher § 79
Rdnr. 1 ff.), im Verfahren vor dem Patentgericht (vgl. § 97 PatentG) insbesondere durch
Patentanwälte (§§ 3, 4 PatAnwO). Dieser Grundsatz ist allerdings im Zusammenhang mit
§ 157 zu sehen:

aa) Handeln die als Prozeßbevollmächtigte bestellten Personen (die nicht Anwälte sind) 6
geschäftsmäßig, so brauchen sie zunächst »gewerberechtlich« für ihre gesamte Tätigkeit eine
Erlaubnis nach dem Rechtsberatungsgesetz (→ § 157 Rdnr. 1 ff., § 79 Rdnr. 4)[5]. Gleichwohl
sind sie von der mündlichen Verhandlung ausgeschlossen (§ 157 Abs. 1)[6]. Das ändert sich erst
dann, wenn sie zusätzlich[7] zur Erlaubnis nach dem RBerG noch von der Justizverwaltung die
Zulassung als Prozeßagent erhalten haben (§ 157 Abs. 3; → § 157 Rdnr. 23 ff.). Ohne diese
Zulassung dürfen nur Patentanwälte (→ § 157 Rdnr. 3) und Mitglieder einer Rechtsanwalts-
kammer (§ 157 Abs. 1 i.V.m. §§ 206, 207, 209 BRAO) mündlich verhandeln (→ § 157
Rdnr. 8; für ausländische Anwälte → auch unten Rdnr. 24).

bb) Handeln die als Prozeßbevollmächtigte bestellten Personen **nicht geschäftsmäßig**, so 7
kann sie das Gericht immer noch wegen mangelnder Fähigkeit zum geeigneten Vortrag
gemäß § 157 Abs. 2 vom weiteren Vortrag ausschließen.

4. Abgrenzung

Nicht Prozeßbevollmächtigter, sondern Vertreter besonderer Art ist der *Beistand*, der 8
außerhalb des Anwaltszwangs neben der Partei auftreten und sie in der Erklärung vertreten
darf (§§ 90, 625; → auch § 78 Rdnr. 31), ferner der Vertreter im Fall des § 141 Abs. 3 Satz 2.
Kein Vertreter ist der *Bote*, der keine eigene Erklärung abgibt, sondern lediglich die von der
Partei oder ihrem Vertreter ausgehende Erklärung übermittelt, z.B. schriftliche Eingaben
übergibt (→ dazu § 497 Rdnr. 7).

---

[3] In diesen Fällen gilt auch das Rechtsberatungsgesetz
nicht, *BVerwG* NJW 1988, 220; *VGH München* NJW
1988, 2554; 1987, 460; *Mußgnug* NJW 1989, 2037;
Schenke DVBl. 1990, 1151; *Schulze/Osterloh* Festschr. f.
K. Quack (1991), 747; *Willms* NJW 1987, 1302 ff. – A. M.
VGH Mannheim NJW 1991, 1195; *VGH München* NJW
1988, 2553; *OVG Koblenz* NJW 1988, 2555; *Bornemann*
BayVBl. 1987, 245; MDR 1985, 192; *Chemnitz* AnwBl.
1988, 303; NJW 1987, 2421; *Ostler* AnwBl. 1987, 263 ff.
[4] *VGH Mannheim* NJW 1991, 1196; *VGH München*
NJW 1988, 2553; *Zöller/Vollkommer*[17] Rdnr. 14. – A.
M. *Deumeland* RiA 1988, 118 ff.
[4a] Etwas anderes gilt für **Inkassobüros**, die eine Genehmigung nach Art. 1 § 1 Abs. 1 S. 2 Nr. 5 RBerG (nur) zur
außergerichtlichen Forderungseinziehung haben. Es handelt sich dabei um eine besondere Regelung der Postula-

tionsfähigkeit (Vertretungszwang), nicht um eine Be-
schneidung der Aktivlegitimation (→ § 157 Rdnr. 71 ff.);
vgl. nur *KG* NJW-RR 1990, 429; *Behr* BB 1990, 799 f.;
Berger KTS 1991, 91 ff.; *Caliebe* NJW 1991, 1721 ff.;
Lehmann ZIP 1989, 354 ff. – A. M. u. a. *OLG Köln* NJW-
RR 1991, 1396; *OLG Schleswig* SchlHA 1990, 155;
BVerwG NJW 1991, 58. – Offen *BGH* NJW-RR 1991,
1343.
[5] Die geschäftsmäßige Prozeßvertretung erfüllt ohne
eine solche Erlaubnis auch den Tatbestand des § 1 UWG,
OLG Düsseldorf NJW-RR 1991, 116.
[6] Das gilt auch für Hochschullehrer, *Chemnitz* NJW
1982, 273; *Zöller/Vollkommer*[17] Rdnr. 14; vgl. auch
BVerfG NJW 1988, 2535.
[7] Vgl. *OLG Hamm* OLGZ 1980, 265.

II. Zulässigkeit und Notwendigkeit der Prozeßvertretung

1. Zulässigkeit

9   Eine Vertretung durch Prozeßbevollmächtigte ist **für alle Prozeßhandlungen zulässig**, mit Ausnahme der Parteivernehmung (§§ 445 ff., 478) und des persönlichen Erscheinens nach § 141 (s. jedoch § 141 Abs. 3 Satz 2), §§ 273 Abs. 2 Nr. 3, 279 Abs. 2, 613, 640. Der Vertreter muß dabei eine von der Partei verschiedene Person sein. Sowohl die Partei als auch ihr Prozeßbevollmächtigter sind wegen des Zweiparteiensystems von der Vertretung des Gegners ausgeschlossen (→ Rdnr. 17 vor § 50). Über das Erfordernis der Prozeßfähigkeit für den Vertreter → § 78 Rdnr. 37, § 79 Rdnr. 1.

2. Notwendigkeit

10   Auf dem Gebiet des Anwaltszwangs *muß* die Partei sich durch einen Prozeßbevollmächtigten vertreten lassen, und zwar durch einen beim Prozeßgericht zugelassenen Anwalt bzw. dessen Vertreter in der Anwaltsstellung (→ § 78 Rdnr. 33). Nur dieser ist **postulationsfähig** (zur Postulationsfähigkeit → § 80 Rdnr. 9, zu den Folgen ihres Fehlens → § 78 Rdnr. 9; wegen der Vollmacht anderer Personen in diesem Fall → § 80 Rdnr. 10). Zum arbeitsgerichtlichen Verfahren → § 78 Rdnr. 43 ff.

III. Wirkung der Stellvertretung und Stellung des Prozeßvertreters

1. Unmittelbare Stellvertretung

11   Die Stellvertretung ist stets eine unmittelbare (§ 164 BGB). Der Vertreter handelt im Namen der Partei, und die Wirkung seines Handelns trifft nur die Partei (→ § 85 Rdnr. 1). Wer im eigenen Namen handelt, ist nicht Vertreter (→ Rdnr. 2 vor § 50 und wegen des Streitgehilfen § 67 Rdnr. 1). Soweit dem Vertreter eigene prozessuale Rechte zustehen, wie nach § 126 ZPO, §§ 9 Abs. 2, 10 Abs. 2 Satz 2 BRAGO, handelt er dabei im eigenen Namen, und wo seine Rechte mit denen der Partei konkurrieren, ist durch Auslegung festzustellen, ob er sein Recht oder das der Partei ausübt (→ 20. Aufl. § 104 Rdnr. 33, § 124 Rdnr. 9).

2. Innenverhältnis

12   Der vierte Titel regelt lediglich die Stellung des Prozeßvertreters nach außen, d. h. dem Gericht und dem Gegner gegenüber. Diese Stellung beruht auf der Vollmacht bzw. der Zulassung vollmachtloser Vertretung. Sie ist von dem zwischen dem Vertreter und dem Vertretenen bestehenden Rechtsverhältnis grundsätzlich unabhängig und scharf zu scheiden[8] (→ § 80 Rdnr. 2). Dieses **Innenverhältnis** untersteht ausschließlich dem **materiellen Recht**, aus dem sich sonach ergibt, wieweit der Vertreter dem Vertretenen gegenüber zur Vertretung berechtigt und verpflichtet ist (→ § 80 Rdnr. 16) und wieweit er für eigenes Verschulden und für das Verschulden eines Untervertreters oder eines Angestellten **haftet** (→ dazu § 85 Rdnr. 8 ff.). In der Regel liegt eine entgeltliche Geschäftsbesorgung (§ 675 BGB) vor, ein Dienstvertrag nach §§ 611 ff. BGB[9]; es können aber u. U. auch Grundsätze des Werkvertrags

---

[8] *Rosenberg* (Fn. 1), 753 ff.

[9] Vgl. *BGH* NJW 1985, 2642; *RGZ* 158, 134; 88, 226; *LG München I* NJW 1990, 1369 f.

eingreifen, soweit es um die Erstellung von Gutachten oder Vertragsentwürfen geht[10]. Das sonach an sich dem bürgerlichen Recht angehörende Rechtsverhältnis[11] hat aber insofern einen wesentlichen öffentlich-rechtlichen Einschlag, als die Pflichten und die Schranken, in denen sich der Prozeßvertreter bei seiner Berufsausübung zu bewegen hat, weitgehend durch berufsrechtliche, also öffentlich-rechtliche Normen bestimmt werden. Dies gilt nicht nur für den Rechtsanwalt, der den Vorschriften der BRAO und BRAGO untersteht (→ unten Rdnr. 13 ff.), sondern auch für die dem RechtsberatungsG unterstehenden Prozeßbevollmächtigten (→ Rdnr. 6).

IV. Überblick über das Recht der Rechtsanwälte[12]

Das Anwaltsrecht hat sich heute zu einem eigenen Teilrechtsgebiet im Schnittbereich   13
zwischen Privatrecht, öffentlichem Recht und Prozeßrecht entwickelt, das im Rahmen dieses Kommentars nicht umfassend abgehandelt werden kann; die folgenden kurzen Hinweise müssen genügen:

---

[10] Vgl. *BGH* NJW 1965, 106; *RGZ* 162, 173; 88, 226 f.
[11] Zu vorformulierten »Allgemeinen Mandatsbedingungen« vgl. § 85 Rdnr. 25 (Fn. 136); zu überraschenden Klauseln in Vollmachtsformularen → § 81 Rdnr. 22 (Fn. 58).
[12] *Lit.: Becker* Zulässigkeit und Wirksamkeit von Konkurrenzklauseln zwischen Rechtsanwälten (1990); *Biermann* Der Syndikusanwalt im neuen Berufsrecht, AnwBl. 1990, 420; *Borgmann/Haug* Anwaltshaftung[2]; *Commichau* Berufs- und Standesrecht der deutschen Anwaltschaft im Wandel, JZ 1988, 824; *ders.* Die anwaltliche Praxis in Zivilsachen[3]; *Eich* Die Praxisbroschüre – eine notwendige Form zulässiger »Informationswerbung«, MDR 1989, 4; *Everling* Welche gesetzlichen Regelungen empfehlen sich für das Recht der rechtsberatenden Berufe, insbesondere im Hinblick auf die Entwicklung in der Europäischen Gemeinschaft?, Gutachten C zum 58. DJT (1990); *Ewer* Zur augenblicklichen Zulässigkeit der Verleihung von Fachanwaltsbezeichnungen, AnwBl. 1990, 532; *v. Falkenhausen* Darf der Rechtsanwalt um Praxis werben? NJW 1992, 25; *Feuerich* Anwaltliche Werbung mit Tätigkeitsbereichen über ein Informationssystem, NJW 1991, 1591; *ders.* Die Auswirkungen der neuesten Rechtsprechung des Bundesverfassungsgerichts zu den Grundsätzen des anwaltlichen Standesrechts auf die Ehrengerichtsbarkeit für Rechtsanwälte, AnwBl. 1988, 81; *ders.* Fachanwaltsbezeichnungen und der Hinweis auf Tätigkeitsbereiche, AnwBl. 1990, 184; *ders.* Standesrecht in der Übergangszeit, AnwBl. 1988, 502; *Friese* Die Freiheit der Advokatur in Deutschland (1989); *Fuhrmann* Rechtsstellung des angestellten Rechtsanwalts (1989); *Hanna* Anwaltliches Standesrecht im Konflikt mit zivilrechtlichen Ansprüchen des Mandanten (1988); *Hartstrang* Anwaltsrecht (1991); *ders.* Der deutsche Rechtsanwalt (1986); *Hartung* Standesrecht quo vadis?, AnwBl. 1988, 37; *Jähnke* Rechtliche Vorgaben einer künftigen Neuregelung des anwaltlichen Standesrechts, NJW 1988, 1888; *Kleine/Cosack* Anwaltszwang zu irreführender Werbung?, AnwBl. 1992, 98; *ders.* Rechtsanwalt, Syndikusanwalt und Zweitberuf, ZIP 1991, 1337; *ders.* Verfassungswidriges Standesrecht, NJW 1988, 164; *ders.* Vom Universalanwalt zum Spezialanwalt, NJW 1992, 785; *ders.* Vorzeitiges Ende des Fachanwalts?, AnwBl. 1989, 536; *ders.* Werbeverbotslockerungen für Rechtsanwälte, ZIP 1990, 1534; *Kötz/Paul/Pédamon/Zander* Anwalts-

beruf im Wandel (1982); *Kolvenbach* Der Syndikusanwalt und das Anwaltsrecht, Festschr. f. K. Quack (1991), 715; *ders.* Die Tätigkeit der Syndikusanwälte im Unternehmen und ihre Zusammenarbeit mit frei praktizierenden Anwälten, JZ 1979, 458; *Kornblum* Die anwaltlichen Werbeverbote im Lichte der neuesten Rechtsprechung des Bundesverfassungsgerichts, AnwBl. 1988, 361; *ders.* Die patentanwaltlichen Werbeverbote im Lichte der neuesten Rechtsprechung des Bundesverfassungsgerichts, GRUR 1989, 22; *ders.* Zur augenblicklichen Zulässigkeit der Verleihung von Fachanwaltsbezeichnungen, NJW 1990, 2118; *Lechner* Lokalisation und Singularzulassung AnwBl. 1991, 301; *Lingenberg/Hummel/Zuck/Eich* Kommentar zu den Grundsätzen des anwaltlichen Standesrechts[2]; *Löwe* Werbung im künftigen Berufsrecht der Rechtsanwälte, AnwBl. 1988, 545; *Meyer* Freie Berufe und Werbung, AnwBl. 1992, 241; *Netzband* Angabe von Tätigkeitsschwerpunkten durch Rechtsanwälte – Irreführung der Rechtsuchenden? NJW 1992, 811; *ders.* Bundesverfassungsgericht zum Anwalt – Suchservice, MDR 1992, 338; *Odersky* Anwaltliches Berufsrecht und höchstrichterliche Rechtsprechung (1991) und AnwBl. 1991, 238; *Ostler* Der deutsche Rechtsanwalt (1963); *ders.* Die deutschen Rechtsanwälte 1871–1971[2]; *Pietzker* Der anwaltliche Lokalisationsgrundsatz (1990); *ders.* Neuordnung des anwaltlichen Berufsrechts, NJW 1988, 513; *Prütting* (Hrsg.), Die deutsche Anwaltschaft zwischen heute und morgen (1990); *ders.* Die Rechtsanwaltschaft im Umbruch?, AnwBl. 1990, 346; *Ring* Anwaltschaft und Wettbewerb durch Werbung, NJ 1991, 484; *ders.* Werberecht der Rechtsanwälte (1990); *Rinsche* Die Haftung des Rechtsanwalts und Notars[3]; *Schardey* Zur Lage der Anwaltschaft und zum Stand der Berufsrechtsdiskussion, AnwBl. 1991, 2; *Schmalz* Der Rechtsanwalt im Zivilprozeß, Festschr. f. Schiedermair (1976), 481; *Schockenhoff* Blickfangwerbung und der Anwaltsbrief?, NJW 1991, 1158; *R. Schneider* Der Rechtsanwalt, ein unabhängiges Organ der Rechtspflege (1976); *Schumann* Die Befreiung der Rechtsanwaltschaft von obrigkeitlichen Schranken, NJW 1990, 2089; *Soyka* Standesrecht?, MDR 1989, 105; *Stehmann* Beschäftigungsverhältnisse unter Rechtsanwälten, Diss. Köln (1989); *Sue* Rechtsstaatliche Probleme des anwaltlichen Standesrechts, Diss. Göttingen (1986); *Taupitz* Anwaltliches Selbstverständnis und anwaltliches Standesrecht im Wandel, MDR 1989, 489;

1. Nationales Berufsrecht

14   Die beruflichen Rechtsverhältnisse der Rechtsanwälte sind vornehmlich in der **Bundesrechtsanwaltsordnung** (BRAO)[13] geregelt, der die **Bundesrechtsanwaltsgebührenordnung** (BRAGO)[14] zur Seite tritt. Zur Konkretisierung der in § 43 BRAO angesprochenen allgemeinen Berufspflichten hat die Bundesrechtsanwaltskammer gemäß § 177 Abs. 2 Nr. 2 BRAO **Grundsätze des anwaltlichen Standesrechts**[15] als Richtlinien festgestellt. Das Bundesverfassungsgericht hat diesen Richtlinien mangels hinreichender gesetzlicher Grundlage jede rechtliche Wirkung abgesprochen und es lediglich für eine Übergangszeit für zulässig gehalten, sie noch insoweit heranzuziehen, als dies zur Aufrechterhaltung einer funktionsfähigen Rechtspflege unerläßlich ist[16]. Im Gefolge dieser Entscheidungen ist eine berufsrechtliche Diskussion über den Standort der Anwaltschaft zwischen »Organ der Rechtspflege« einerseits und »Dienstleistungsunternehmen« andererseits sowie vor allem über die dem Gesetzgeber nunmehr aufgegebenen Grenzziehungen entbrannt. Diese Diskussion wird zusätzlich durch EG-rechtliche Einflüsse (→ Rdnr. 19 ff.) verstärkt. Hier kann nur auf einige wesentliche Streitpunkte aufmerksam gemacht werden:

15   **a)** In Frage gestellt werden zunächst die **Zulassungsregeln** der §§ 18 ff. BRAO, insbesondere das *Lokalisationsprinzip* (§ 18 BRAO) sowie die umfassende *Residenz- und Kanzleipflicht* (§§ 27 ff. BRAO); näher dazu → § 78 Rdnr. 6 ff., 30.

16   **b)** Offene Fragen werfen die **anwaltlichen Organisationsformen** auf. Während die Zulässigkeit einer *überörtlichen Sozietät* inzwischen weitgehend anerkannt ist (→ § 84 Rdnr. 7), bleibt es heftig umstritten, ob den Rechtsanwälten die Berufsausübung in einer *Rechtsanwaltsgesellschaft*, etwa einer GmbH, eröffnet werden soll (→ dazu § 84 Rdnr. 5).

17   **c)** Besondere Aufmerksamkeit wird dem bisher in § 2 Abs. 1 der Richtlinien (→ Rdnr. 14) geregelten anwaltlichen **Werbeverbot** zuteil[17]. De lege ferenda kann es insoweit weder um ein verfassungsrechtlich unzulässiges absolutes Werbeverbot gehen noch um die völlige Freigabe, die schon deshalb unsinnig wäre, weil auch der anwaltlichen Werbung wettbewerbsrechtliche Schranken gesetzt sind, zu deren Ermittlung die Gerichte bereits de lege lata im Rahmen der §§ 1, 3 UWG Aussagen auch über Standesauffassungen zu treffen haben[18]

---

ders. Anwaltliches »Standesrecht« im Konflikt mit zivilrechtlichen Ansprüchen des Mandanten, MDR 1989, 385; *ders.* Die richterliche Auslegung berufsrechtlicher Generalklauseln, DVBl. 1988, 209; *Tettinger* Abschied vom Werbeverbot, JZ 1988, 228; *Vollkommer* Anwaltshaftungsrecht (1989); *ders.* Die Stellung des Anwalts im Zivilprozeß (1984); *v. Westphalen* Zur Verfassungswidrigkeit des anwaltlichen Werbeverbots, ZIP 1988, 1; *Wimmer* Konturen eines neuen Anwaltsbildes, DVBl. 1988, 821; *Winters* Die Zukunft der Rechtsberatung, NJW 1988, 521; *Zuck* Anwaltswerbung zwischen zulässiger Informationswerbung und unzulässiger Mandatswerbung, NJW 1988, 528; *ders.* Berufsrecht und Berufsmoral, JZ 1989, 353; *ders.* Die notwendige Reform des anwaltlichen Berufs- und Standesrechts, NJW 1988, 175. – Zur **älteren Lit.** → Voraufl. Fn. 7.

[13] S. zu dieser die Kommentare von *Bülow* (1959); *Feuerich*²; *Friedländer*³; *Isele* (1976); *Jessnitzer/Blumberg*⁶; *Kalsbach* (1960). Vgl. auch *Schubert* Entstehung und Quellen der Rechtsanwaltsordnung von 1878 (1985).

[14] S. dazu die Kommentare von *Gerold/Schmidt/v. Eicken/Madert*¹¹; *Göttlich/Mümmler*¹⁷; *Riedel/Sußbauer*⁶; *Schumann/Geißinger*²; *Swolana/Hansens*⁷.

[15] I.d.F. vom 21.6.1973; abgedruckt u. a. bei *Isele* (Fn. 13), § 177 Anh. I; dazu der Komm. von *Lingenberg/Hummel/Zuck/Eich* (Fn. 12).

[16] *BVerfGE* 82, 18 = NJW 1990, 2122; 76, 171 = NJW 1988, 191 = JZ 242; 76, 196 = NJW 1988, 194 = JZ 247; 77, 125 = NJW 1988, 196. Vgl. dazu etwa *Commichau* JZ 1988, 824; *Feuerich* AnwBl. 1988, 502; 1988, 81; *Hanna* (Fn. 12), 19 ff.; *Hartung* AnwBl. 1988, 37; *Jähnke* NJW 1988, 1888; *Kleine/Cosack* NJW 1988, 164; *Kliemt* in: Prütting (Fn. 12), 36 ff.; *Pietzcker* NJW 1988, 513; *Taupitz* DVBl. 1988, 209; *Zuck* NJW 1988, 174.

[17] Vgl. nur *EKMR* NJW 1992, 963; *BVerfG* NJW 1992, 1614; AnwBl. 1992, 182 = MDR 338 (zust. *Netzband*) = NJW 1613; 1990, 517, 518 f.; *BGH* NJW 1990, 1739; *Arndt* in: Prütting (Fn. 12), 50 ff.; *Eich* MDR 1989, 4; *Everling* (Fn. 12), C 65 f.; *Kleine/Cosack* ZIP 1990, 1534; *Kornblum* GRUR 1989, 22; AnwBl. 1988, 361; *Löwe* AnwBl. 1988, 545; *Ring* (Fn. 12), 25 ff. und NJ 1991, 484; *Schumann* NJW 1990, 2096 f.; *Tettinger* JZ 1988, 228; *v. Westphalen* ZIP 1988, 1; *Wimmer* DVBl. 1988, 826; *Zuck* in: Lingenberg/Hummel/Zuck/Eich (Fn. 12), N 39 ff. sowie S. 88 ff.; *ders.* NJW 1988, 528. – Zum Werbeverbot für Notare s. auch *BGH* NJW 1989, 3281 f.

[18] Vgl. zur Wettbewerbswidrigkeit standeswidrigen Verhaltens *Baumbach/Hefermehl* Wettbewerbsrecht¹⁶ § 1 UWG Rdnr. 673 ff.

(die allerdings tatsächlich festgestellt werden müssen und nicht mehr den Richtlinien entnommen werden können). Es gilt also, den richtigen Maßstab zu treffen, bei dessen Bestimmung die Funktionsfähigkeit der Rechtspflege ebenso berücksichtigt werden muß wie der Schutz der Konkurrenten und der (potentiellen) Mandanten als »Verbraucher«, z. B. vor unwahrer, irreführender oder anreißerischer Werbung[19]. Werberichtlinien auf gesetzlicher Grundlage sind insoweit im Interesse der Rechtssicherheit geboten, aber sie müssen hinreichend legitimiert und inhaltlich gerechtfertigt sein. – Zur Werbung für eine *überörtliche Sozietät* → § 84 Rdnr. 8.

d) In diesem Zusammenhang ist auch das Führen von **Fachanwaltsbezeichnungen** zu sehen.   **18** Die zunehmende Komplexität eines ausdifferenzierten modernen Rechts erfordert im Interesse der Mandanten auf vielen Gebieten eine Spezialisierung. Der in der Fachanwaltsbezeichnung enthaltene Hinweis auf nachweisbar erworbene Qualifikationen dient deshalb der Information und letztlich der besseren Beratung der Rechtssuchenden und sollte folglich keine unzulässige Werbung sein. Nachdem aber der Bundesgerichtshof das Führen jedenfalls neu verliehener Fachanwaltsbezeichnungen mangels hinreichender gesetzlicher Grundlage für unzulässig gehalten hatte[20], mußte der Gesetzgeber tätig werden. Nach §§ 42a ff. BRAO[21] darf die Rechtsanwaltskammer nunmehr Fachanwaltsbezeichnungen für das Verwaltungs-, Steuer-, Arbeits- und Sozialrecht verleihen. Daß ein Anwalt mit besonderen Erfahrungen auf sonstigen Tätigkeitsgebieten wirbt, wurde zwischenzeitlich für möglich gehalten[22], kann jetzt aber im Einzelfall nach §§ 1, 3 UWG wegen der Gefahr mit der Verwechslung der nach §§ 42a ff. BRAO verliehenen Fachanwaltsbezeichnungen unzulässig sein[22a].

2. Regelungen für ausländische Anwälte

Ausländische Anwälte sind grundsätzlich keine Rechtsanwälte im Sinne der deutschen   **19** Verfahrensgesetze[23]. Eine Vertretung durch sie genügt daher im Anwaltsprozeß nicht (→ auch § 157 Rdnr. 121). Dieser Grundsatz gilt indessen heute nicht mehr uneingeschränkt:

a) Die Rechtsanwaltstätigkeit *im Bereich der Europäischen Gemeinschaften*[24] steht als   **20**

---

[19] Vgl. etwa *BGHZ* 115, 105 = NJW 1991, 2641 (abl. *v. Falkenhausen* NJW 1992, 25); *OLG Düsseldorf* NJW-RR 1992, 489; NJW 1991, 46 (abl. *Schockenhoff* 1158); *OLG Hamm* DB 1991, 382; NJW-RR 1990, 1133; *OLG Karlsruhe* NJW-RR 1992, 300; NJW 1990, 3093; *OLG München* EWiR 1992, 191 (*Michalski*); OLG Oldenburg NJW 1991, 48; *EGH Hessen* NJW 1991, 1618f.; *EGH Baden-Württemberg* NJW 1990, 997.

[20] *BGH* NJW 1990, 2130; 1990, 1719 (zust. *Kewenig*); abl. *Kornblum* NJW 1990, 2118; vgl. auch *LG Aachen* AnwBl. 1991, 50; *LG Münster* AnwBl. 1990, 520; *Ewer* AnwBl. 1990, 532; *Feuerich* AnwBl. 1990, 184 m. w. N.; *Kleine/Cosack* AnwBl. 1989, 536; *Koch* AnwBl. 1990, 583; *Schumann* NJW 1990, 2096; *Zuck* AnwBl. 1990, 594f.

[21] Eingefügt durch das Gesetz zur Änderung des Berufsrechts der Notare und Rechtsanwälte vom 29.1.1991, BGBl. I, 154; vgl. dazu das Gesetz und die Verordnung über Fachanwaltsbezeichnungen vom 27. bzw. 23. 2. 1992 (BGBl. I, 369 und 379) sowie *Kleine/Cosack* NJW 1992, 785.

[22] *OLG Karlsruhe* NJW 1990, 3155; *EGH Berlin* NJW 1990, 993; *OLG Stuttgart* NJW 1989, 2898; anders schon *BGH* NJW 1990, 45 (abl. *Kleine/Cosack* NJW 1992, 98; *Netzband* NJW 1992, 811); *EGH Berlin* NJW 1990, 996; *OLG Düsseldorf* NJW 1992, 844; *LG München I* NJW-RR 1992, 491; *LG Münster* AnwBl. 1990, 520; vgl. auch *BVerfG* NJW 1992, 816 und 493.

[22a] *OLG Karlsruhe* NJW 1991, 2092; *LG Stuttgart* NJW 1992, 845f.; krit. *Kleine/Cosack* NJW 1992, 788ff.

[23] Vgl. *RG* JW 1934, 2334; kritisch *Rabe* NJW 1987, 2192f.

[24] **Lit.:** *Borggreve*, Mehrfache Zulassung eines Rechtsanwalts im Bereich der EG, RIW 1984, 988; *Brangsch* Grenzüberschreitende Dienstleistungen der Anwälte in der Europäischen Gemeinschaft, NJW 1981, 1177; *Commichau* Fragen zum Europäischen Anwaltsrecht, IPRax 1989,12; *Dörig* Der Zugang zur Anwaltschaft nach der EG-Diplomanerkennungsrichtlinie, EuZW 1991, 243; *Everling* Niederlassungsrecht und Dienstleistungsfreiheit der Rechtsanwälte in der Europäischen Gemeinschaft, EuR 1989, 338; *ders.* Welche gesetzlichen Regelungen empfehlen sich für das Recht der rechtsberatenden Berufe, insbesondere im Hinblick auf die Entwicklung in der Europäischen Gemeinschaft?, Gutachten C zum 58. DJT (1990); *Feuerich* Die Umsetzung der Diplomanerkennungsrichtlinie, NJW 1991, 1144; *Friese* Die freie Advokatur in Deutschland im Lichte des Grundgesetzes und des EWG-Vertrages, AnwBl. 1987, 3; *ders.* Nochmals: Internationales Anwaltsrecht – Dienstleistung und Niederlassung, NJW 1988, 3072; *Gornig* Probleme der Niederlassungsfreiheit und Dienstleistungsfreiheit für Rechtsanwälte in den Europäischen Gemeinschaften, NJW 1989, 1120; *Haack* Dienst- und Niederlassungsfreiheiten von Rechtsanwälten innerhalb der Europäischen Gemeinschaft, AnwBl. 1985, 554; *Hailbronner* Prüfungs-

Dienstleistungstätigkeit zunächst unter den Maximen der *Richtlinie 77/249* des Rates der Europäischen Gemeinschaften zur Erleichterung der tatsächlichen Ausübung des freien Dienstleistungsverkehrs der Rechtsanwälte[25]. Sie regelt die *inländische Tätigkeit im Inland nicht zugelassener ausländischer Anwälte* und sieht im wesentlichen vor, daß in einem Mitgliedstaat zugelassene Anwälte unter ihrer heimischen Berufsbezeichnung ihre Mandanten auch in anderen Mitgliedstaaten unter den Bedingungen vertreten können, die für die in diesem Staat niedergelassenen Anwälte gelten.

21   Zur Durchführung dieser Richtlinie hat der deutsche Gesetzgeber das **Rechtsanwaltsdienstleistungsgesetz** (RADG)[26] verabschiedet, das in § 4 u. a. vorsah, daß der ausländische Anwalt in allen gerichtlichen Verfahren, auch in Parteiprozessen[27], nur im Einvernehmen mit einem bei dem angerufenen Gericht zugelassenen Rechtsanwalt handeln können sollte, wobei das Einvernehmen bei jeder einzelnen Prozeßhandlung nachzuweisen sein sollte[28]. Nachdem diese zum Teil rigiden Einschränkungen vom Europäischen Gerichtshof für mit dem EG-Recht unvereinbar erklärt worden sind[29], hat der Gesetzgeber § 4 RADG geändert[30]. Nach der jetzigen Fassung bedarf der ausländische Anwalt nur noch in Anwaltsprozessen des (widerruflichen) Einvernehmens eines beim Prozeßgericht zugelassenen Anwalts, wobei ein einmaliger Nachweis des Einvernehmens zu Beginn des Verfahrens grundsätzlich ausreicht. In Parteiprozessen besteht keine Beschränkung mehr, auch nicht die nach § 157 Abs. 1 (→ Rdnr. 6), da die ausländischen Anwälte den deutschen insoweit gleichgestellt sind (§ 3 Abs. 1 RADG). Das RADG hat nunmehr folgenden Wortlaut:

pflicht der Mitgliedstaaten zur Vergleichbarkeit ausländischer Diplome und Prüfungszeugnisse, JuS 1991, 917; *Hausmann/Siegel*, Die Auswirkungen des Dienstleistungsurteils des EuGH (vom 25.2.1988) auf das Gebot der Lokalisierung, das Zweigstellenverbot und die Residenzpflicht, in: Prütting (Fn. 12), 105; *Kespohl/Willemer* EG-Dienstleistungsrichtlinie für Rechtsanwälte, AnwBl. 1991, 147; *dies.* Standesregeln der Rechtsanwälte in der Europäischen Gemeinschaft, EuZW 1990, 88; *Koch* Welche gesetzlichen Regelungen empfehlen sich für das Recht der rechtsberatenden Berufe, insbesondere im Hinblick auf die Entwicklung in der Europäischen Gemeinschaft?, AnwBl. 1990, 577; *MünchKommZPO/v. Mettenheim* § 78 Rdnr. 88 ff.; *Nachbaur* Art. 52 EWGV – Mehr als nur ein Diskriminierungsverbot?, EuZW 1991, 470; *Paus/ Rader/Laeufer* Dienstleistungs- und Niederlassungsfreiheit des Rechtsanwalts nach dem EWG-Vertrag, in: Prütting (Fn. 12), 85; *Rabe* Dienstleistungs- und Niederlassungsfreiheit der Rechtsanwälte in der EG, AnwBl. 1992, 146; *ders.* Internationales Anwaltsrecht – Dienstleistung und Niederlassung, NJW 1987, 2185; *Raczinski/Rogalla/ Tomsche* Die Freiheit des Dienstleistungsverkehrs für Deutsche Rechtsanwälte in der Europäischen Gemeinschaft, AnwBl. 1989, 583; *Reinmüller* Anwaltliches Zweigbüro und Niederlassungsfreiheit in Frankreich und in der Bundesrepublik Deutschland, IPRax 1989, 54; *Senninger* Die Entwicklung der Anwaltschaft an der Schwelle des Europäischen Binnenmarktes, in: Prütting (Fn. 12),

17; *Stefener* EuGH-Dienstleistungsurteil, AnwBl. 1988, 367; *Weil* Standesregeln in der Europäischen Gemeinschaft – warum?, AnwBl. 1988, 632; *Willandsen* Die verwaltungs- und standesrechtliche Stellung des auch im Ausland zugelassenen Rechtsanwalts oder Rechtsbeistands, NJW 1989, 1128; *Zuck* Das Gesetz zur Änderung des Berufsrechts der Rechtsanwälte und der Patentanwälte, NJW 1990, 1025; *ders.* Internationales Anwaltsrecht, NJW 1987, 3033; *ders.* Welche gesetzlichen Regelungen empfehlen sich für das Recht der rechtsberatenden Berufe, insbesondere im Hinblick auf die Entwicklung in der Europäischen Gemeinschaft?, AnwBl. 1990, 589. – Vgl. auch die in Fn. 12 aufgeführten Quellen.

25 Vom 22.3.1977, ABl. EG Nr. L 78, 17.

26 Vom 16.8.1980, BGBl. I, 1453. – Zu den Umsetzungsgesetzen in anderen Mitgliedstaaten *Kespohl/Willemer* AnwBl. 1991, 147.

27 Vgl. *LSG Stuttgart* NJW 1985, 582; dazu *Haack* AnwBl. 1985, 556.

28 Text → 20. Aufl. § 157 Rdnr. 122.

29 Urt. vom 25.2.1988 = NJW 1988, 887 = JZ 506 (*Bleckmann*) = EuR 179 (*Zuck*); dazu *Commichau* IPRax 1989, 12; *Everling* EuR 1989, 350 ff.; *Gornig* NJW 1989, 1125 f.; *Hausmann/Siegel* (Fn. 24), 105 ff.; *Stefener* AnwBl. 1988, 367. Vgl. ferner *EuGH* NJW 1991, 3084.

30 Durch Gesetz vom 14.3.1990, BGBl. I, 479; vgl. – auch zu den Folgeproblemen – *Everling* (Fn. 24), C 26 ff.

Erster Abschnitt
Vorschriften für das Erbringen anwaltlicher Dienstleistungen

§ 1 Anwendungsbereich

(1) Staatsangehörige eines Mitgliedstaats der Europäischen Gemeinschaften, die berechtigt sind, unter einer der folgenden Bezeichnungen

– in Belgien:	Advocat/Advocaat-
– in Dänemark:	Advokat-
– in Frankreich:	Avocat-
– in Griechenland:	δικηγόρος
– in Irland:	Barrister, Solicitor-
– in Italien:	Avvocato-
– in Luxemburg:	Avocat-avoué-
– in den Niederlanden:	Advocaat-
– in Portugal:	Advogado-
– in Spanien:	Abogado-
– im Vereinigten Königreich:	Advocate, Barrister, Solicitor-

beruflich tätig zu werden, dürfen, sofern sie Dienstleistungen im Sinne des Artikels 60 des Vertrags zur Gründung der Europäischen Wirtschaftsgemeinschaft erbringen, im Geltungsbereich dieses Gesetzes vorübergehend die Tätigkeiten eines Rechtsanwalts nach den folgenden Vorschriften ausüben.

(2) Absatz 1 gilt nicht für Personen, die den Beruf des Rechtsanwalts nicht ausüben dürfen, weil
a) sie aus einem der in § 7 Nr. 1, 2, 4 bis 6 der Bundesrechtsanwaltsordnung aufgeführten Gründen in nicht mehr anfechtbarer Weise zur Rechtsanwaltschaft nicht zugelassen worden sind oder ihre Zulassung aus einem dieser Gründe nach § 14 Abs. 1 Nr. 1 der Bundesrechtsanwaltsordnung in nicht mehr anfechtbarer Weise zurückgenommen worden ist, solange der Grund für die Nichtzulassung oder die Rücknahme der Zulassung besteht.
b) ihre Zulassung nach § 14 Abs. 1 Nr. 2 und 3 der Bundesrechtsanwaltsordnung in nicht mehr anfechtbarer Weise zurückgenommen worden ist,
c) gegen sie die Maßnahme der Ausschließung aus der Rechtsanwaltschaft nach § 114 Abs. 1 Nr. 5 der Bundesrechtsanwaltsordnung rechtskräftig verhängt worden ist.
Ist einer Person nach § 70 des Strafgesetzbuches, § 132 a der Strafprozeßordnung oder § 150 der Bundesrechtsanwaltsordnung die Ausübung des Anwaltsberufs verboten, so ist Absatz 1 für die Dauer des Verbots nicht anzuwenden. Ist gegen eine Person nach § 114 Abs. 1 Nr. 4, §§ 150 oder 161 a der Bundesrechtsanwaltsordnung ein Vertretungsverbot verhängt worden, so ist Absatz 1 in dem Umfang nicht anzuwenden, in dem das Vertretungsverbot besteht.

§ 2 Berufsbezeichnung, Nachweis der Anwaltseigenschaft

(1) Wer nach § 1 Abs. 1 im Geltungsbereich dieses Gesetzes die Tätigkeiten eines Rechtsanwalts ausübt, hat hierbei die Berufsbezeichnung, die er im Staat seiner Niederlassung (Herkunftsstaat) nach dem dort geltenden Recht zu führen berechtigt ist, zu verwenden und entweder das Gericht, bei dem er nach dem Recht des Herkunftsstaats zugelassen ist, oder die Berufsorganisation, der er angehört, anzugeben. Die Berufsbezeichnung »Rechtsanwalt« oder eine von den in § 1 Abs. 1 aufgeführten Berufsbezeichnungen abweichende Bezeichnung darf nicht geführt werden.

(2) Wer nach § 1 Abs. 1 im Geltungsbereich dieses Gesetzes Dienstleistungen erbringen will, hat der nach § 6 zuständigen Rechtsanwaltskammer, dem Gericht oder der Behörde, vor der er auftritt, auf Verlangen seine Berechtigung nach § 1 Abs. 1 nachzuweisen. Wird dieses Verlangen gestellt, darf er die Tätigkeiten nach dem Gesetz erst ausüben, wenn der Nachweis erbracht ist.

§ 3 Rechte und Pflichten

(1) Die in § 1 Abs. 1 bezeichneten Personen haben bei Ausübung der Tätigkeiten, die mit der Vertretung oder Verteidigung eines Mandanten im Bereich der Rechtspflege oder vor Behörden zusammenhängen, die Stellung eines Rechtsanwalts, insbesondere dessen Rechte und Pflichten, soweit diese nicht die

Zugehörigkeit zu einer Rechtsanwaltskammer, den Wohnsitz sowie die Kanzlei betreffen. Beschränkungen der Vertretungsbefugnis, die sich aus dem Erfordernis der Zulassung bei einem Gericht ergeben, gelten für sie nur für die Vertretung vor dem Bundesgerichtshof. Die in § 1 Abs. 1 bezeichneten Personen dürfen die Berufungssachen vor den Zivilsenaten der Oberlandesgerichte, für die der Grundsatz der ausschließlichen Zulassung (§ 25 der Bundesrechtsanwaltsordnung) gilt, nur vertreten, wenn sie nicht im ersten Rechtszug Prozeßbevollmächtigte waren.

(2) Bei der Ausübung sonstiger Tätigkeiten halten sie die für einen Rechtsanwalt geltenden Regeln ein; hierbei sind insbesondere die sich aus §§ 43, 45 Nr. 1 bis 3 der Bundesrechtsanwaltsordnung ergebenden beruflichen Pflichten zu befolgen. Diese Regeln gelten nur insoweit, als sie nicht mit der Niederlassung im Geltungsbereich dieses Gesetzes untrennbar verbunden sind, sie wegen ihrer allgemeinen Bedeutung von den in § 1 Abs. 1 bezeichneten Personen beachtet werden können und das Verlangen, sie einzuhalten, gerechtfertigt ist, um eine ordnungsgemäße Ausübung der Tätigkeiten des Rechtsanwalts sowie die Wahrung des Ansehens und des Vertrauens, welche die Stellung des Rechtsanwalts erfordert, zu gewähren.

§ 4 Vertretung und Verteidigung im Bereich der Rechtspflege

(1) Die in § 1 Abs. 1 bezeichneten Personen dürfen in gerichtlichen Verfahren sowie in behördlichen Verfahren wegen Straftaten, Ordnungswidrigkeiten, Dienstvergehen oder Berufspflichtverletzungen, in denen der Mandant nicht selbst den Rechtsstreit führen oder sich verteidigen kann, als Vertreter oder Verteidiger eines Mandanten nur im Einvernehmen mit einem Rechtsanwalt handeln, der zur Vertretung oder Verteidigung bei dem Gericht oder der Behörde befugt ist. Dem Rechtsanwalt obliegt es, gegenüber den in § 1 Abs. 1 bezeichneten Personen darauf hinzuwirken, daß sie bei der Vertretung oder Verteidigung die Erfordernisse einer geordneten Rechtspflege beachten. Zwischen dem Rechtsanwalt und dem Mandanten kommt kein Vertragsverhältnis zustande, sofern die Beteiligten nicht ein anderes bestimmt haben.

(2) Das Einvernehmen ist bei der ersten Handlung gegenüber dem Gericht oder der Behörde schriftlich nachzuweisen. Ein Widerruf des Einvernehmens ist schriftlich gegenüber dem Gericht oder der Behörde zu erklären. Er hat Wirkung nur für die Zukunft. Handlungen, für die der Nachweis des Einvernehmens im Zeitpunkt ihrer Vornahme nicht vorliegt, sind unwirksam.

(3) Die in § 1 Abs. 1 bezeichneten Personen dürfen einen Mandanten, dem in einem Strafverfahren die Freiheit auf Grund gerichtlicher oder behördlicher Anordnung entzogen ist, nur in Begleitung eines Rechtsanwalts besuchen und mit ihm nur über einen Rechtsanwalt schriftlich verkehren; mit dem Rechtsanwalt ist das Einvernehmen über die Ausübung des Verkehrs herzustellen. Das Gericht oder die Behörde kann den Besuch ohne Begleitung oder den unmittelbaren schriftlichen Verkehr gestatten, wenn eine Gefährdung der Sicherheit nicht zu besorgen ist. Die §§ 138a bis 138d, 146, 146a und 148 der Strafprozeßordnung sind auf den Rechtsanwalt, der, ohne Verteidiger zu sein, das Einvernehmen erklärt hat, entsprechend anzuwenden.

(4) § 52 Abs. 2 der Bundesrechtsanwaltsordnung ist auf die in § 1 Abs. 1 bezeichneten Personen entsprechend anzuwenden.

§ 5 Zustellungen in behördlichen und gerichtlichen Verfahren

Für Zustellungen in behördlichen und gerichtlichen Verfahren haben die in § 1 Abs. 1 bezeichneten Personen, sobald sie in Verfahren vor Gerichten oder Behörden tätig werden, einen Rechtsanwalt als Zustellungsbevollmächtigten zu benennen; die Benennung erfolgt gegenüber der Behörde oder dem Gericht. Zustellungen, die für die in § 1 Abs. 1 bezeichneten Personen bestimmt sind, sind an den Zustellungsbevollmächtigten zu bewirken. Ist ein Zustellungsbevollmächtigter nicht benannt, so gilt in den in § 4 Abs. 1 aufgeführten Verfahren der Rechtsanwalt, mit dem einvernehmlich gehandelt wird, als Zustellungsbevollmächtigter; kann nicht an einen im Geltungsbereich dieses Gesetzes wohnhaften Rechtsanwalt zugestellt werden, erfolgen Zustellungen an die Partei.

§ 6 Aufsicht, zuständige Rechtsanwaltskammer

(1) Die Ausübung der nach diesem Gesetz zulässigen Tätigkeiten der in § 1 Abs. 1 bezeichneten Personen wird durch die nach Absatz 4 zuständigen Rechtsanwaltskammern beaufsichtigt. Dem Vorstand der Rechtsanwaltskammer obliegt es insbesondere,

1. diese Personen in Fragen der Berufspflichten eines Rechtsanwalts zu beraten und zu belehren;
2. die Erfüllung der diesen Personen obliegenden Pflichten zu überwachen und das Recht der Rüge zu handhaben;
3. die zuständige Stelle des Herkunfsstaats über Entscheidungen zu unterrichten, die hinsichtlich dieser Personen getroffen worden sind;
4. die erforderlichen Auskünfte beruflicher Art über diese Personen einzuholen;
5. auf Antrag bei Streitigkeiten zwischen diesen Personen und Rechtsanwälten zu vermitteln.

(2) Der Vorstand kann die in Absatz 1 Nr. 1, 3 bis 5 bezeichneten Aufgaben einzelnen Mitgliedern des Vorstands übertragen.

(3) Die §§ 56, 57, 74, 74 a der Bundesrechtsanwaltsordnung gelten entsprechend.

(4) Die Zuständigkeit der Rechtsanwaltskammer für die Aufsicht nach Absatz 1 richtet sich nach dem Herkunftsstaat der in § 1 Abs. 1 bezeichneten Personen. Sie wird ausgeübt durch

a) die Rechtsanwaltskammer Düsseldorf in Düsseldorf für die Personen aus Belgien und den Niederlanden,
b) die Rechtsanwaltskammer Koblenz in Koblenz für die Personen aus Frankreich und Luxemburg,
c) die Hanseatische Rechtsanwaltskammer in Hamburg für die Personen aus dem Vereinigten Königreich und Irland,
d) die Rechtsanwaltskammer für den Oberlandesgerichtsbezirk München in München für die Personen aus Italien,
e) die Schleswig-Holsteinische Rechtsanwaltskammer in Schleswig für die Personen aus Dänemark,
f) die Rechtsanwaltskammer in Celle für die Personen aus Griechenland,
g) die Rechtsanwaltskammer Stuttgart in Stuttgart für die Personen aus Spanien,
h) die Rechtsanwaltskammer Oldenburg in Oldenburg für die Personen aus Portugal.

§ 7 Ehrengerichtsbarkeit

Die in § 1 Abs. 1 bezeichneten Personen unterstehen hinsichtlich der Erfüllung ihrer Berufspflichten der Ehrengerichtsbarkeit. Die örtliche Zuständigkeit des Ehrengerichts bestimmt sich nach dem Sitz der Rechtsanwaltskammer, welche die Aufsicht nach § 6 ausübt.

§ 8 Ehrengerichtliche Ahndung von Pflichtverletzungen, vorläufige ehrengerichtliche Maßnahmen

Für die ehrengerichtliche Ahndung von Pflichtverletzungen der in § 1 Abs. 1 bezeichneten Personen und die Verhängung vorläufiger ehrengerichtlicher Maßnahmen gelten die Vorschriften des sechsten und des siebenten Teils der Bundesrechtsanwaltsordnung mit folgender Maßgabe:

1. Das Verbot nach § 114 Abs. 1 Nr. 4 sowie die vorläufigen Maßnahmen nach § 150 Abs. 1 und § 161 a dürfen nur für den Geltungsbereich dieses Gesetzes ausgesprochen werden;
2. an die Stelle der Ausschließung aus der Rechtsanwaltschaft tritt in § 114 Abs. 1 Nr. 5, § 114 a Abs. 3 Satz 1, § 148 Abs. 1 Satz 1, § 149 Abs. 1 Satz 1, § 150 Abs. 1, § 153 Satz 1, § 156 Abs. 1 und § 158 Nr. 1 das Verbot, im Geltungsbereich dieses Gesetzes Dienstleistungen zu erbringen;
3. die Mitteilung nach § 160 Abs. 1, § 161 a Abs. 2 ist an alle Landesjustizverwaltungen zu richten;
4. § 160 Abs. 2 und § 161 sind nicht anzuwenden.

§ 9 Mitteilungspflichten, Zustellungen in ehrengerichtlichen Verfahren

(1) In ehrengerichtlichen Verfahren gegen die in § 1 Abs. 1 bezeichneten Personen sind der zuständigen Stelle des Herkunftsstaats mitzuteilen
1. die Entscheidung über die Eröffnung des Hauptverfahrens,
2. die Urteile,

3. die Verhängung vorläufiger ehrengerichtlicher Maßnahmen, deren Außerkrafttreten und deren Aufhebung.

(2) Mitteilungspflichtig ist das Ehrengericht, das die mitzuteilende Entscheidung gefällt hat.

(3) Die Mitteilung wird durch Übersendung einer Abschrift der mitzuteilenden Entscheidung bewirkt.

(4) Die Mitteilungen werden der zuständigen Stelle des Herkunftsstaats unmittelbar übersandt.

(5) Kann in Verfahren der Ehrengerichtsbarkeit und in Verfahren nach §§ 56, 57, 74, 74 a der Bundesrechtsanwaltsordnung gegen eine in § 1 Abs. 1 bezeichnete Person eine Zustellung an diese Person nicht in der vorgeschriebenen Weise im Geltungsbereich dieses Gesetzes bewirkt werden und erscheint die Befolgung der für Zustellungen außerhalb des Geltungsbereichs diese Gesetzes bestehenden Vorschriften unausführbar oder voraussichtlich erfolglos, so gilt die Zustellung als erfolgt, wenn eine Abschrift des zuzustellenden Schriftstücks der zuständigen Stelle des Herkunftsstaats übersandt ist und seit der Aufgabe zur Post vier Wochen verflossen sind.

§ 10 Anfechtung von Verwaltungsakten

Verwaltungsakte, die nach diesem Gesetz ergehen, können nach § 223 der Bundesrechtsanwaltsordnung angefochten werden. Wird ein Antrag auf Vornahme eines Verwaltungsakts nach diesem Gesetz ohne zureichenden Grund nicht innerhalb von drei Monaten beschieden, ist § 223 Abs. 2 der Bundesrechtsanwaltsordnung anzuwenden.

Zweiter Abschnitt
Anwendung von Bundesgesetzen

1. Für die Anwendung der Vorschriften des Strafgesetzbuches über Straflosigkeit der Nichtanzeige geplanter Straftaten (§ 139 Abs. 3 Satz 2),
Verletzung von Privatgeheimnissen (§ 203 Abs. 1 Nr. 3, Abs. 3 bis 5, §§ 204, 205),
Gebührenüberhebung (§ 352) und
Parteiverrat (§ 356)
stehen die in § 1 Abs. 1 dieses Gesetzes bezeichneten Personen den Rechtsanwälten und Anwälten gleich.

2. Zum Schutz der in § 1 Abs. 1 dieses Gesetzes genannten Berufsbezeichnungen ist die Vorschrift des § 132 a Abs. 1 Nr. 2, Abs. 2, 4 des Strafgesetzbuches über den Schutz der Berufsbezeichnung Rechtsanwalt entsprechend anzuwenden.

22   **b)** Das **Niederlassungsrecht** ist bisher für Rechtsanwälte EG-rechtlich nur teilweise näher ausgeformt. Insoweit ist zu unterscheiden:

23   **aa)** Ausländische Anwälte, die die **Zulassung zur deutschen Rechtsanwaltschaft** begehren (sog. »integrierte« ausländische Anwälte), mußten bislang die Befähigung zum Richteramt nachweisen (§ 4 BRAO). Auf der Grundlage der *Richtlinie 89/48* des Rates der Europäischen Gemeinschaften »über eine allgemeine Regelung zur Anerkennung der Hochschuldiplome, die eine mindestens dreijährige Berufsausbildung abschließen«[31] ist aber § 4 BRAO nunmehr geändert und die Möglichkeit geschaffen worden, ausländische Absolventen nach Maßgabe des »Gesetzes über die Eignungsprüfung für die Zulassung zur Rechtsanwaltschaft« vereinfacht zuzulassen[32]. Sie stehen dann, auch im Hinblick auf § 78 ZPO, deutschen zugelassenen Anwälten gleich.

---

[31] Vom 21.12.1988, ABl. EG 1989 Nr. L 19, 16.

[32] Gesetz vom 9.7.1990, BGBl. I, 1349; dazu Entwurf der BReg. vom 20.10.1989, BR-Drs. 568/89, BT-Drs. XI/6154 sowie die Verordnung über die Eignungsprüfung für die Zulassung zur Rechtsanwaltschaft v. 18.12.1990, BGBl. I, 2881. Vgl. dazu *Dörig* EuZW 1991, 243; *Feue-*

rich NJW 1991, 1144 sowie allg. das Urteil des *EuGH* in der Rechtssache C 340/89 (NJW 1991, 2073 = AnwBl. 406; dazu *Hailbronner* JuS 1991, 917; *Nachbaur* EuZW 1991, 470), das allerdings auf das vorstehend genannte Gesetz noch nicht eingehen konnte.

bb) Ausländische Anwälte, die die Zulassung zur deutschen Rechtsanwaltschaft nicht **24** begehren, sich aber gleichwohl in Deutschland niederlassen wollen, können – nachdem die BRAO entsprechend ergänzt wurde[33] – die **Niederlassung zur Rechtsbesorgung** nach §§ 206, 207 BRAO anstreben. Diese Vorschriften erlauben den (sog. »registrierten«) ausländischen Anwälten die außergerichtliche Rechtsbesorgung auf den Gebieten des ausländischen und internationalen Rechts[34] und stellen zugleich Niederlassungsvoraussetzungen sowohl für Anwälte aus EG-Mitgliedstaaten (§ 206 Abs. 1 BRAO) als auch für Anwälte aus anderen Staaten (§ 206 Abs. 2 BRAO) auf. Dabei ist berücksichtigt, daß es der Europäische Gerichtshof für mit dem EG-Recht unvereinbar gehalten hat, die Niederlassung davon abhängig zu machen, daß der ausländische Anwalt eine Kanzlei nur im Inland und nicht auch im Ausland unterhält[35]. Die in § 206 BRAO vorausgesetzte Aufnahme in die zuständige Rechtsanwaltskammer, die sich nach deutschem Recht richtet[36], beinhaltet und ermöglicht indessen die Zulassung bei einem Gericht i. S. v. § 78 ZPO nicht, so daß es in Anwaltsprozessen bei dem zu Rdnr. 19, 21 Gesagten bleibt. Hingegen kann der nach Maßgabe der §§ 206, 207 BRAO in die Rechtsanwaltskammer aufgenommene niedergelassene Anwalt im Parteiprozeß (vorbehaltlich der Ausnahme nach § 157 Abs. 2) auch mündlich verhandeln, wie der Wortlaut des § 157 Abs. 1 ergibt (→ auch oben Rdnr. 6).

c) Auch das **Standesrecht** ist nicht durch Rechtsnormen der EG geregelt. Hinzuweisen ist **25** aber auf die – rechtlich unverbindlichen – Standesregeln der Rechtsanwälte der Europäischen Gemeinschaft[37], die von den Delegationen der Mitgliedstaaten im Rat der Anwaltschaften der Europäischen Gemeinschaft (CCBE) verabschiedet worden sind. Im übrigen sieht Art. 4 Abs. 4 der EG-Dienstleistungsrichtlinie (→ Rdnr. 20) und entsprechend § 3 Abs. 2 RADG (→ Rdnr. 21) vor, daß ein ausländischer Rechtsanwalt inländisches Standesrecht zu beachten hat, soweit ihm seine Befolgung möglich ist und das Verlangen, diese Regeln einzuhalten, gerechtfertigt ist, um eine ordnungsgemäße Ausübung der Anwaltstätigkeit zu gewährleisten[38].

d) Die vorstehenden Ausführungen zu Rdnr. 19 ff. betreffen Erleichterungen für ausländi **26** sche Anwälte, die in Deutschland tätig sind. Erleichterungen für im Ausland tätige **deutsche Anwälte** sieht § 29a BRAO vor (→ § 78 Rdnr. 8 d). Im übrigen stellt sich die Frage, ob und in welchem Umfang die strengen deutschen Regeln für hiesige Rechtsanwälte angesichts weniger strenger Voraussetzungen für die ausländische Konkurrenz aufrechterhalten werden können. Die unter dem Schlagwort »Inländerdiskriminierung« gehandelten schärferen deutschen Berufsausübungsregelungen mögen zwar auf gewichtigen sachlichen Gründen beruhen und einer verfassungsrechtlichen Überprüfung am Maßstab des Art. 3 GG standhalten[39]. Das befreit den Gesetzgeber aber nicht von der rechtspolitischen Überlegung, ob er nicht, worauf hier nicht näher einzugehen ist, im Interesse gleicher Marktchancen und angesichts veränderter Rahmenbedingungen Erleichterungen gewähren muß[40].

---

[33] Durch Gesetz vom 13.12.1989, BGBl. I, 2135.
[34] Kritisch zur Rechtmäßigkeit dieser Einschränkung *Everling* EuR 1989, 349f.
[35] *EuGH* NJW 1985, 1275; dazu *Borggreve* RIW 1984, 988.
[36] Zur Frage der Vereinbarkeit dieses Umstandes mit dem EWGV vgl. *BGH* EuZW 1990, 4; *Zuck* NJW 1990, 1026 Fn. 31.
[37] Vom 28.10.1988; abgedr. AnwBl. 1989, 647; dazu *Everling* (Fn. 24), C 30; *Kespohl/Willemer* EuZW 1990, 88; *Raczinski/Rogalla/Tomsche*, AnwBl. 1989, 585; *Weil* AnwBl. 1988, 632.

[38] Dazu *Everling* (Fn. 24), C 29f.; *Rabe* NJW 1987, 2187f. – Vgl. auch *VG Schleswig* NJW 1989, 1178; dazu *Willandsen* NJW 1989, 1128.
[39] Vgl. *BVerfG* NJW 1990, 1033 = AnwBl. 1989, 669; *BGH* NJW 1990, 108; *Everling* (Fn. 24), C 56ff.
[40] Kontrovers dazu u. a. *Everling* (Fn. 24), C 60ff.; *Friese* AnwBl. 1987, 3; NJW 1988, 3072; *Gornig* NJW 1989, 1126f.; *Koch* AnwBl. 1990, 577; *Rabe* NJW 1987, 2192; *Raczinski/Rogalla/Tomsche* AnwBl. 1989, 583; *Senninger* (Fn. 24), 17ff.; *Stefener* AnwBl. 1989, 367; *Zuck* AnwBl. 1990, 589.

§ 78   [Anwaltsprozeß]

(1) Vor den Landgerichten und vor allen Gerichten des höheren Rechtszuges müssen die Parteien sich durch einen bei dem Prozeßgericht zugelassenen Rechtsanwalt als Bevollmächtigten vertreten lassen (Anwaltsprozeß).

(2) ¹In Familiensachen müssen sich die Parteien und Beteiligten nach Maßgabe der folgenden Vorschriften durch einen bei dem Gericht zugelassenen Rechtsanwalt vertreten lassen:
1. die Ehegatten in Ehesachen und Folgesachen in allen Rechtszügen, am Verfahren über Folgesachen beteiligte Dritte nur für die weitere Beschwerde nach § 621 e Abs. 2 vor dem Bundesgerichtshof,
2. die Parteien und am Verfahren beteiligte Dritte in selbständigen Familiensachen des § 621 Abs. 1 Nr. 8 in allen Rechtszügen, in selbständigen Familiensachen des § 621 Abs. 1 Nr. 4 und 5 nur vor den Gerichten des höheren Rechtszuges,
3. die Beteiligten in selbständigen Familiensachen des § 621 Abs. 1 Nr. 1 bis 3, 6 nur für die weitere Beschwerde nach § 621 e Abs. 2 vor dem Bundesgerichtshof.
²Vor dem Familiengericht ist auch ein bei dem übergeordneten Landgericht zugelassener Rechtsanwalt zur Vertretung berechtigt. ³Das Jugendamt, die Träger der gesetzlichen Rentenversicherungen sowie Körperschaften, Anstalten oder Stiftungen des öffentlichen Rechts und der Verbände einschließlich der Spitzenverbände und ihrer Arbeitsgemeinschaften brauchen sich in den Fällen des Satzes 1 Nr. 1 und 3 nicht durch einen Rechtsanwalt vertreten zu lassen.

(3) Diese Vorschriften sind auf das Verfahren vor einem beauftragten oder ersuchten Richter sowie auf Prozeßhandlungen, die vor dem Urkundsbeamten der Geschäftsstelle vorgenommen werden können, nicht anzuwenden.

(4) Ein Rechtsanwalt, der nach Maßgabe der Absätze 1 und 2 zur Vertretung berechtigt ist, kann sich selbst vertreten.

Gesetzesgeschichte: bis 1900 § 74 CPO; Änderungen RGBl. 1927 I, 175; BGBl. 1976 I, 1421; 1982 I, 1615; 1986 I, 301; 1989 I, 2261.

Stichwortverzeichnis: → vor § 78 vor Rdnr. 1.

I. Der Anwaltszwang[1]

1. Begriff und Geltungsbereich

Der Anwaltszwang im ordentlichen Verfahren bedeutet, daß die Partei sich durch einen   **1**
beim Prozeßgericht zugelassenen (→ Rdnr. 6, 30) Anwalt vertreten lassen muß (wegen der
Vollmacht anderer Personen → § 80 Rdnr. 10). Das Verfahren, für das Anwaltszwang be-

---

[1] Lit.: *Bauer/Fröhlich* Das Anwesenheitsrecht des nicht postulationsfähigen Verkehrsanwalts bei Verhandlungen in Familiensachen, MDR 1983, 122; *Bergerfurth* Anwaltszwang bei an den BGH gerichteten Beschwerden nach § 519b II ZPO trotz fehlendem erstinstanzlichen Anwaltszwangs im Beitrittsgebiet?, DtZ 1992, 15; *Der Anwaltszwang und seine Ausnahmen*[2]; *ders.* Zum Anwaltszwang im Beitrittsgebiet, DtZ 1990, 350; *ders.* Zur Anwaltsfreiheit vor dem Rechtspfleger, Rpfleger 1978, 205; *ders.* Zur geplanten Änderung des Eherechts: Anwaltszwang – Prozeßkostenhilfe – Zuweisung der Ehewohnung, FamRZ 1985, 545; *Bern* Die Verfassungsmäßigkeit des Anwaltszwangs, in: Prütting (Hrsg.), Die deutsche Anwaltschaft zwischen heute und morgen (1990), 150; *ders.* Verfassungs- und verfahrensrechtliche Probleme anwaltlicher Vertretung im Zivilprozeß (1992); *Böhm* Anwaltszwang und Lokalisierungsgrundsatz, AnwBl. 1968, 101; *Brauns* Eingeschränkte Postulationsfähigkeit von Anwälten mit Zweitbüro- oder Niederlassungsgenehmigung, DtZ 1992, 111; *Brehm* Postulationsfähigkeit im arbeitsgerichtlichen Verfahren, RdA 1990, 73; *Brüggemann* Zur Frage des Anwaltszwangs im Verfahren auf einstweilige Anordnung nach den §§ 620ff. ZPO (n.F.), FamRZ 1977, 289; *Bücker* Anwaltszwang und Prozeßvergleich, Diss. Bochum 1980; *Eichner* Der Anwaltszwang, in: Prütting (Hrsg.), Die deutsche Anwaltschaft zwischen heute und morgen (1990), 130; *Friederici* Anwaltliche Vertretung beim Familiengericht, AnwBl.

1977, 393; *Granderath* Vertretungszwang und Grundgesetz, MDR 1972, 828; *Grüneberg/Wendtland* Nein, keine Postulationsfähigkeit westdeutscher Rechtsanwälte bei Bezirksgerichten, MDR 1992, 551; *Grundmann* Postulationsfähigkeit und Grundgesetz, DRiZ 1970, 353; *Günther* Zum Anwaltszwang in Revisionssachen, DVBl. 1988, 1039; *Hartstrang* Der deutsche Rechtsanwalt (1986), 91; *Husmann* Nochmals: Postulationsfähigkeit und Grundgesetz, DRiZ 1971, 311; *Jost* Anwaltszwang und einverständliche Scheidung, NJW 1980, 327; *Krauch* Gesetzlicher Anwaltszwang als organisatorische und argumentative Kontrolle anwaltlicher Rechtsverteidigung (1987); *Krauth* Nochmals: Anwaltszwang und Behördenprivileg, DÖV 1980, 370; *Levin* Die rechtliche und wirtschaftliche Bedeutung des Anwaltszwangs (1916); *Münzberg* Berufungseinlegung durch amtlich bestellten Anwaltsvertreter nach Beendigung seines Mandates?, NJW 1984, 2871; *Ostler* Nochmals: Anwaltszwang und Behördenprivileg, DÖV 1980, 713; *Rieß* Zur Entwicklung von Anwaltsprozeß und Postulationsfähigkeit in den neuen Ländern, AnwBl. 1992, 151; *Sauer* Postulationsfähigkeit und Grundgesetz, DRiZ 1970, 293; *Schlee* Die lokalisierte zivilprozessuale Postulationsfähigkeit, AnwBl. 1991, 404; *Stürner* Die Stellung des Anwalts im Zivilprozeß, JZ 1986, 1089; *Tiedemann* Anwaltszwang und Behördenprivileg, DÖV

steht, heißt **Anwaltsprozeß**. Der Ausdruck **Parteiprozeß** für das Verfahren ohne Anwaltszwang findet sich nur in den Motiven, nicht im Gesetz. – Zum Begriff der *Postulationsfähigkeit* → § 80 Rdnr. 9.

2   **a)** Anwaltszwang besteht nach **Abs. 1** im Verfahren **vor den Landgerichten** (auch vor den Kammern für Handelssachen, die gem. § 93 Abs. 2 GVG am Sitz eines Amtsgerichts errichtet sind) sowie **vor allen Gerichten höherer Ordnung** (OLG, BayObLG, BGH). Er gilt in jeder Instanz und jeder der ZPO unterworfenen Verfahrensart, auch für die sog. fakultative mündliche Verhandlung (→ § 128 Rdnr. 39 ff.) und für die Beschwerdeinstanz (wegen der Ausnahmen → Rdnr. 20 ff.; wegen der grundsätzlich abweichenden Regelung im arbeitsgerichtlichen Verfahren → Rdnr. 43 ff.). – Zum *Einzelrichter* → Rdnr. 13, 16, 24.

2a   Inwieweit vor **besonderen Gerichten** Anwaltszwang besteht, bestimmt sich nach dem für sie maßgeblichen Recht[2]. So gibt es etwa im *patentgerichtlichen Verfahren* in der ersten Instanz keinen Anwaltszwang[3] (arg. § 97 PatentG; anders für das Rechtsbeschwerdeverfahren und die Berufung vor dem BGH, § 106 Abs. 1 PatentG i.V.m. § 78 Abs. 1; § 121 PatentG[4]).

2b   Soweit prozeßrechtliche Vorbehalte für das **Landesrecht** bestehen (vgl. § 15 EGZPO), umfassen sie auch die Regelung des Anwaltszwangs[5].

3   **b)** Vor dem **Amtsgericht** gibt es grundsätzlich keinen Anwaltszwang. Etwas anderes gilt nach Maßgabe von **Abs. 2** in **Familiensachen**.

3a   **aa)** Mit diesem Begriff knüpft das Gesetz materiell an: Entscheidend ist, daß es sich wirklich um eine **Familiensache** handelt, also um eine Ehesache i.S.v. § 606 Abs. 1 oder eine sonstige Familiensache i.S.v. § 621. § 78 Abs. 2 gilt auch dann, wenn eine Familiensache unrichtigerweise vor einer normalen Abteilung des Amtsgerichts verhandelt wird, und der Anwaltszwang gilt nicht, wenn ein Familiengericht unrichtigerweise mit einer Nichtfamiliensache befaßt wird[6].

3b   **bb)** Handelt es sich um eine Familiensache, so ist nach Maßgabe von Abs. 2 die Vertretung durch einen **bei diesem Gericht zugelassenen Anwalt** erforderlich[7]. Dieser Grundsatz wird allerdings in Satz 2 relativiert: Zulässig ist auch die Vertretung durch einen beim übergeordneten Landgericht zugelassenen Anwalt.

3c   **cc)** § 78 Abs. 2 Satz 1 *Nr. 1* befaßt sich mit dem Anwaltszwang in **Ehesachen und (Scheidungs-)Folgesachen**. Unter *Ehesachen* fallen die in § 606 Abs. 1 genannten Verfahren auf Scheidung, Aufhebung oder Nichtigerklärung einer Ehe, auf Feststellung des Bestehens oder Nichtbestehens einer Ehe zwischen den Parteien oder auf Herstellung des ehelichen Lebens. *Folgesachen* sind die in § 621 aufgezählten Materien, soweit sie für den Fall einer Scheidung[8] zu behandeln sind (vgl. § 623)[9]. Die Anwaltszwangregelung in Nr. 1 erfaßt dabei den gesam-

1980, 123/718; *Urbanczyk* Probleme der Postulationsfähigkeit und Stellvertretung, ZZP 95 (1982), 339; *Vollkommer* Die Stellung des Anwalts im Zivilprozeß (1984), 14; *Waldner* Ja, Postulationsfähigkeit westdeutscher Rechtsanwälte bei Bezirksgerichten, MDR 1992, 550; *Zuck* Anwaltszwang im Verfassungsbeschwerdeverfahren und Fachanwalt für Verfassungsrecht, AnwBl. 1985, 609. – Weitere Lit. in Fn. 12 vor § 78.
    [2] Ausf. *Bergerfurth* (Fn. 1), Rdnr. 42 ff. – Zum **Dienstgericht des Bundes** s. *BGHZ* 90, 34 = MDR 1984, 489; 1989, 257; zu **anderen Verfahrensordnungen** s. *Bergerfurth* (Fn. 1), Rdnr. 365 ff.
    [3] Vgl. *BGH* NJW 1987, 130.
    [4] Auch § 78 Abs. 4 gilt hier entsprechend, *BGH* NJW-RR 1987, 1086.
    [5] *RGZ* 104, 137.
    [6] Vgl. BT-Drs. 10/2888, 22; *Bergerfurth* FamRZ 1985, 546.

    [7] Dabei bleibt es auch in den Fällen des § 23 c GVG; der Anwalt kann hier eine Simultanzulassung analog § 24 BRAO beantragen (vgl. *BGH* NJW 1979, 929; → auch Rdnr. 7 b), ohne die er aber nicht postulationsfähig ist.
    [8] Nicht: für den Fall der Ehenichtigkeit o. ä., *BGH* NJW 1982, 2386 = FamRZ 586.
    [9] Nicht hierher gehören **Auskunftsansprüche** (z. B. aus §§ 1580, 1587 e BGB), mögen sie auch im Verbund behandelt werden; vgl. *OLG Bamberg* FamRZ 1980, 811 (L); *OLG Frankfurt* FamRZ 1980, 265; *OLG Hamm* FamRZ 1979, 46 f.; *Bergerfurth* (Fn. 1) Rdnr. 346 m. w. N. – A. M. *OLG Hamburg* FamRZ 1981, 179; *OLG Karlsruhe* FamRZ 1980, 811 (L); *OLG Schleswig* SchlHA 1982, 71. Auch selbständige Verfahren, etwa über **Ordnungsmittel** nach §§ 141 Abs. 3, 613 Abs. 2, unterliegen nicht dem Anwaltszwang, *OLG Hamm* FamRZ 1984, 183.

ten Scheidungsverbund[10], gleich, ob es sich bei den Folgesachen um ZPO- oder um FGG-Sachen handelt[11], auch bei Verhandlung im abgetrennten Verfahren nach § 628 oder bei isolierter Anfechtung eines Verbundurteils nur wegen einer Folgesache[12]. Zum Scheidungsfolgenvergleich → Rdnr. 17.

Zu den Ehe- und Folgesachen gehören grundsätzlich auch die **einstweiligen Anordnungen**   **3d**
nach §§ 620 ff. Vom Anwaltszwang befreit sind hier nur der Antrag auf Erlaß einer solchen Anordnung (§§ 620 a Abs. 2 Satz 2, 78 Abs. 3) sowie nachfolgende schriftliche Äußerungen, nicht aber das gesamte Verfahren und insbesondere nicht die mündliche Verhandlung (→ Rdnr. 21) sowie ein dort abgeschlossener Prozeßvergleich (→ Rdnr. 17).

In diesen Ehe- und Scheidungsfolgesachen müssen sich die **Ehegatten** *in allen Rechtszügen*   **3e**
anwaltlich vertreten lassen (zur Vollmacht in diesen Fällen → §§ 609, 624 Abs. 1). In Ehesachen ist allerdings zu beachten, daß gegen den anwaltlich nicht vertretenen Ehegatten kein Versäumnisurteil ergehen kann (§ 612 Abs. 4) und daß ihm wegen des Untersuchungsgrundsatzes nach §§ 613, 616 Abs. 2, 617 auch sonst kaum Nachteile aus der Mißachtung des Anwaltszwangs entstehen können. Das Gericht muß dann allerdings unter den Voraussetzungen des § 625 einen Anwalt beiordnen.

Dritte können in den Fällen der Nr. 1 nur an Verfahren über Folgesachen beteiligt sein.   **3f**
Hierher gehören z. B. in Sorgerechtsstreitigkeiten die minderjährigen Kinder und das Jugendamt, in Hausratsverteilungsverfahren der Vermieter, in Versorgungsausgleichsverfahren die Träger der Rentenversicherung. Diese Dritten müssen sich *nur für die weitere Beschwerde nach § 621 e Abs. 2* vor dem BGH anwaltlich vertreten lassen. Das gilt aber grundsätzlich nur für Privatpersonen, da sich beteiligte **Behörden** und juristische Personen des öffentlichen Rechts[13] gemäß Abs. 2 S. 3 auch vor dem BGH selbst verteten können (sog. *Behördenprivileg*). Diese Ausnahme ist auf die Fälle des Abs. 2 (Nr. 1 und 3) beschränkt. Ein *allgemeines* Behördenprivileg gibt es nicht[14].

dd) § 78 Abs. 2 Satz 1 *Nr. 2* betrifft in seinem ersten Fall selbständige **Güterrechtsstreitig-**   **3g**
keiten nach § 621 Abs. 1 Nr. 8. In solchen Güterrechtsstreitigkeiten müssen sich **Ehegatten** als Partei *in allen Rechtszügen* anwaltlich vertreten lassen; insoweit weicht Nr. 2 von Nr. 1 nicht ab, so daß es für die Ehegatten bezüglich des Anwaltszwangs keine Rolle spielt, ob es sich um eine Folgesache handelt oder nicht. Ein Unterschied zu Nr. 1 ergibt sich aber für sonstige beteiligte **Dritte**, die sich *ebenfalls in allen Rechtszügen* anwaltlich vertreten lassen müssen. Dabei spielt es keine Rolle, ob Dritte als »Partei« auftreten (z. B. der gemäß § 1368 BGB Beklagte) oder als sonstige Beteiligte. Der Anwaltszwang gilt hier auch für **Behörden** und juristische Personen des öffentlichen Rechts, da Satz 3 auf Nr. 2 nicht verweist.

ee) In seinem zweiten Fall erfaßt § 78 Abs. 2 Satz 2 *Nr. 2* die **Unterhaltssachen** nach § 621   **3h**
Nr. 4 und 5, sofern sie nicht als Folgesachen von Nr. 1 erfaßt werden[15]. Der Anwaltszwang gilt hier für **Ehegatten** und **Dritte** (auch für die in Satz 3 genannten Stellen) gleichermaßen nicht in erster Instanz[16], wohl aber *vor den Rechtsmittelgerichten*.

ff) Aus dem bisher Erläuterten folgt im Umkehrschluß, daß für die Familiensachen nach   **3i**
§ 621 Nr. 1−3, 6, 7, 9, bei denen es sich gemäß § 621 a um Angelegenheiten der freiwilligen Gerichtsbarkeit handelt, für die § 78 ZPO nicht gilt, kein Anwaltszwang besteht, solange es

---

[10] *BGH* NJW 1987, 3266.
[11] *BGH* NJW 1979, 766 = FamRZ 232.
[12] *BGH* VersR 1985, 1186; 1980, 262; NJW 1981, 234; 1979, 766 = FamRZ 232; FamRZ 1979, 908 (*Borgmann*); *OLG Düsseldorf* FamRZ 1978, 917; *OLG Hamm* FamRZ 1979, 324; 1979, 725; 1979, 61; *OLG Koblenz* FamRZ 1980, 280; *OLG Oldenburg* NJW 1979, 114; *OLG Schleswig* SchlHA 1980, 187; 1979, 53; *OLG Zweibrücken* FamRZ 1980, 1051.

[13] Dazu können jetzt auch die in § 1 Abs. 3 VAHRG genannten öffentlich-rechtlichen Versorgungsträger gezählt werden; anders noch *BGH* NJW 1989, 2135 zu § 78 a.F.
[14] Für Einführung de lege ferenda *Tiedemann* DÖV 1980, 123/718; *Krauth* DÖV 1980, 370; dagegen *Ostler* DÖV 1980, 713.
[15] Vgl. *BGH* FamRZ 1988, 1159.
[16] *BGH* FamRZ 1992, 48, 49; AnwBl. 1991, 51.

sich nicht um Folgesachen handelt und Abs. 2 Satz 1 Nr. 1 eingreift[17]. Von diesem Grundsatz enthält Abs. 2 Satz 1 *Nr. 3* eine Ausnahme für selbständige **Sorgerechtssachen** und das **Versorgungsausgleichsverfahren** nach § 621 Nr. 1–3, 6. Für sie gilt, daß sich **alle Beteiligten** – hier wieder mit Ausnahme der in Satz 3 genannten Stellen – zwar nicht für die Erstbeschwerde[18], wohl aber *für die weitere Beschwerde nach § 621 e Abs. 2* vor dem BGH anwaltlich vertreten lassen müssen. Daß die Verfahren nach § 621 Nr. 7 und 8 hier nicht erwähnt sind, ist nur konsequent, da es in diesen Verfahren keine weitere Beschwerde gibt (§ 621 e Abs. 1, 2). – Im übrigen → § 613 Rdnr. 13 (Verhängung einer Ordnungsmaßnahme), § 616 Rdnr. 7 (Vorbringen von Härtegründen), § 617 Rdnr. 10, 11 (Scheidungsfolgenvergleich), § 620 a Rdnr. 5 (Antrag auf einstweilige Anordnung), § 621 b (Zugewinnausgleichssachen), § 621 e (Beschwerde in fG-Familiensachen), § 623 Rdnr. 6, § 628 Rdnr. 5, 16 (Abtrennung von Folgesachen).

4   c) Die **Kreisgerichte** auf dem Gebiet der ehemaligen DDR sind durch den Einigungsvertrag für das Zivilverfahren den Amtsgerichten gleichgestellt[19]. Vor ihnen gilt deshalb auch dort kein Anwaltszwang, wo dem Kreisgericht die an sich gegebene Eingangszuständigkeit der Landgerichte zukommt[20]. Auch Familiensachen werden vor den Kreisgerichten nicht als Anwaltsprozesse verhandelt, wie sich aus der abschließenden Aufzählung in Anlage I zum Einigungsvertrag, Kap. III, Sachgebiet A, Abschnitt III Nr. 5 lit. b ergibt[21]. Vor den **Bezirksgerichten** besteht Vertretungszwang; postulationsfähig sind dort aber alle Anwälte mit Kanzleisitz im Beitrittsgebiet[21a].

2. Verfassungsmäßigkeit des Anwaltszwangs

5   Gegen den Anwaltszwang wird gelegentlich vorgebracht, er sei sachlich nicht gerechtfertigt[22] und verfassungsrechtlich bedenklich[23]. Dem kann nicht gefolgt werden. Der Anwaltszwang dient der Qualität und dem Funktionieren des Rechtsschutzes und damit der verfassungsmäßigen Ordnung. Daher stellt er, wiewohl die eigenen Handlungsmöglichkeiten der Partei beschnitten werden, keinen Verstoß gegen Art. 2 Abs. 1 GG dar. Die Mitwirkung der Anwälte trägt wesentlich zur Ausschöpfung des tatsächlichen und rechtlichen Prozeßstoffs bei. Sie führt außerdem, da der Anwalt anders als die Partei keine persönliche Beziehung zum Streitstoff hat, zu einer Versachlichung des Rechtsstreits, die dem raschen und reibungslosen Prozeßverlauf zugute kommt. Auch kann die obligatorische Beratung durch den Anwalt die Partei von aussichtslosen Prozessen abhalten bzw. eine außergerichtliche Einigung fördern, so daß die Gerichte entlastet werden. Dem Anspruch auf rechtliches Gehör (Art. 103 Abs. 1 GG) widerspricht der Anwaltszwang nicht, da die Partei durch ihren Anwalt (und neben ihm, §§ 137 Abs. 4, 85 Abs. 1 S. 2) zu Wort kommt. Die Bedenken, der Anwaltszwang könne in Verbindung mit den anfallenden Kosten den Rechtsschutz unerreichbar machen (→ 20. Aufl.

---

[17] *BGH* FamRZ 1987, 56; NJW 1979, 766 = FamRZ 232; *Bergerfurth* FamRZ 1985, 547.

[18] Vgl. (teils noch zum alten Recht) *BGH* FamRZ 1987, 56; NJW 1982, 2386; 1979, 766 = FamRZ 232; NJW 1978, 1165; *OLG Hamburg* FamRZ 1981, 179; *OLG Oldenburg* NJW 1979, 113; FamRZ 1979, 1050; *OLG Schleswig* SchlHA 1980, 187; *OLG Celle* FamRZ 1978, 139; *OLG Frankfurt* FamRZ 1978, 527; 1978, 608; *OLG Düsseldorf* FamRZ 1978, 917; i. E. auch *v. Hornhardt* FamRZ 1978, 170. – A. M. *OLG München* FamRZ 1986, 85; 1981, 382 (abl. *Bergerfurth* 582).

[19] Anlage I zum Einigungsvertrag (vom 31.8.1990, BGBl. II, 885), Kap. III, Sachgebiet A, Abschnitt III Nr. 5 lit. c. Vgl. dazu *Rieß* AnwBl. 1992, 151. – Die hier genannten Besonderheiten treten in dem jeweiligen neuen Bundesland außer Kraft, sobald dort Amts-, Land- und Ober-

landesgerichte eingerichtet sind, §§ 14 S. 1, 17 RpflAnpG v. 26. 6. 1992 (BGBl. I, 1147).

[20] *BVerfG* DtZ 1992, 183; *Bergerfurth* DtZ 1990, 350; *Gottwald* FamRZ 1990, 1179; *Thomas/Putzo*[17] Einl. VII Rdnr. 22; *Zöller/Vollkommer*[17] Rdnr. 56.

[21] *Bergerfurth* DtZ 1990, 350; *Thomas/Putzo*[17] (vorige Fn.); *Zöller/Vollkommer*[17] (vorige Fn.).

[21a] Vgl. dazu *BVerfG* DtZ 1992, 183; *BGH* NJW 1992, 1512, 1513; *BezG Dresden* DtZ 1992, 124 (zust. *Brauns* 111); *Grüneberg/Wendtland* MDR 1992, 551; abl. *Waldner* MDR 1992, 550.

[22] So vor allem *Jauernig* NJW 1975, 2300 (für die 1. Instanz); *Stürner* JZ 1986, 1091 sowie die nachstehend Genannten.

[23] *Husmann* DRiZ 1971, 311; *ders.* DB 1970, 2309; *Sauer* DRiZ 1970, 293.

vor § 114 Rdnr. 3), sind durch das jetzt geltende Prozeßkosten- und Beratungshilferecht weitgehend entkräftet. Insgesamt ist § 78 daher verfassungsgemäß[24] (zur Verfassungsmäßigkeit des Lokalisationsgrundsatzes → Rdnr. 8 b).

3. Grundsatz der Lokalisation

Die Regelung des § 78, die eine Vertretung durch einen beim Prozeßgericht zugelassenen **6** Anwalt fordert, beruht auf dem in § 18 BRAO niedergelegten Grundsatz der Lokalisation (→ Rdnr. 6 a – 8 c). Diese Vorschrift ist ihrerseits im Zusammenhang zu sehen mit der Residenzpflicht nach § 27 Abs. 1 BRAO (→ Rdnr. 8 d), der Kanzleipflicht nach § 27 Abs. 2 BRAO (→ Rdnr. 8 e) und dem Zweigstellenverbot nach § 28 BRAO (→ Rdnr. 8 f).

a) Lokalisationsprinzip (§ 18 BRAO)

aa) § 18 BRAO enthält das Prinzip der Lokalisation: Jeder Rechtsanwalt muß bei einem **6a** bestimmten Gericht der ordentlichen Gerichtsbarkeit zugelassen sein. Im Grundsatz handelt es sich um eine **Singularzulassung,** d. h. die Zulassung erfolgt nur bei einem Gericht (AG, LG, OLG oder BGH), und nur bei diesem Gericht ist der Anwalt postulationsfähig i. S. d. § 78. Fällt die Zulassung beim Prozeßgericht infolge einer Änderung der Gerichtsbezirke fort, so bleibt der Prozeßbevollmächtigte für bereits anhängige Verfahren postulationsfähig (§ 8 ZuständigkeitsänderungsG vom 6.12.1933 i. d. F. vom 20.5.1975, BGBl. I, 1118).

bb) Der Grundsatz der Singularzulassung erfährt gewisse Lockerungen durch die Vorschrif- **7** ten über die sog. **Simultanzulassung,** die gleichzeitige Zulassung bei verschiedenen Gerichten:

(1) Der **Rechtsanwalt am Amtsgericht** ist auf Antrag gleichzeitig am übergeordneten Landgericht **7a** zuzulassen (§ 23 BRAO). Wird das Amtsgericht einem anderen Landgerichtsbezirk zugeteilt, so kann der Anwalt nach Maßgabe von § 227 a BRAO zugleich bei einem weiteren (d. h. dem jetzt und dem früher übergeordneten) Landgericht zugelassen werden (zur Postulationsfähigkeit → Rdnr. 6 a a. E.).
(2) Der **Rechtsanwalt beim Landgericht** kann an einem anderen Landgericht am selben Ort oder bei **7b** einem benachbarten Landgericht zugelassen werden, wenn die gleichzeitige Zulassung der Rechtspflege dienlich ist (§ 24 BRAO; für die Änderung der Gerichtsbezirke s. § 227 b BRAO sowie Rdnr. 6 a, 7 a).
(3) Der **Rechtsanwalt beim OLG oder beim BGH** kann grundsätzlich nicht gleichzeitig bei einem **7c** anderen Gericht zugelassen werden (§§ 25, 171 BRAO). Eine bei Inkrafttreten der BRAO am 1.10.1959 (§ 237 BRAO) vorhandene gleichzeitige Zulassung bei LG und OLG bzw. Befugnis des LG-Anwalts, auch am OLG aufzutreten, bleibt jedoch erhalten (§ 226 Abs. 1 BRAO). Daneben kommt für die bei den Landgerichten in den Ländern Baden-Württemberg, Bayern, Berlin, Bremen, Hamburg und Saarland zugelassenen Anwälte nach fünfjähriger Wartezeit eine gleichzeitige Zulassung am OLG in Betracht (§ 226 Abs. 2 BRAO). Die beim OLG zugelassenen Anwälte gelten zugleich bei einem vorhandenen Obersten Landesgericht des jeweiligen Landes als zugelassen (§ 227 BRAO). Außerdem können sich die Parteien nach § 8 EGZPO bis zur Entscheidung des (Bay)ObLG über dessen Zuständigkeit in einer Revisionssache in den Fällen der §§ 547, 554 b, 566 a durch einen bei LG, OLG oder BGH zugelassenen Anwalt vertreten lassen[25].

cc) Soweit bestimmte Sachen für die **Bezirke mehrerer Gerichte** einer **Spezialkammer** bei **8** einem von diesen Gerichten zugewiesen sind (→ vor § 12 Rdnr. 5 ff.), ist in der Regel

---

[24] *BGH* NJW 1990, 3086; FamRZ 1987, 58; *BVerwG* NJW 1984, 625; 1980, 1706; *BayVerfGHE* 6, 142; *KG* DB 1971, 1056 (*Adam*); *Bergerfurth* (Fn. 1), Rdnr. 34 ff.; *Bern* (Fn. 1), § 1 und in *Prütting* (Fn. 1), 154; *Eichner* (Fn. 1), 145; *Granderath* MDR 1972, 831 ff.; *Grundmann* DRiZ 1970, 353; *Günther* DVBl. 1988, 1040 ff.; *Hartstrang* (Fn. 1), 95 ff.; *Matschke* AnwBl. 1985, 503; *Tie-* *bing* AnwBl. 1990, 300; *Vollkommer* (Fn. 1), 14 ff., 56; *Zuck* AnwBl. 1985, 609. Vgl. auch *BVerfG* NJW 1990, 1104.
[25] Vgl. zur Reichweite dieser Ausnahme *BGH* NJW 1989, 3226; 1987, 1333; *BGHZ* 93, 14 = NJW 1985, 1157.

bestimmt, daß die Parteien sich auch durch einen Rechtsanwalt vertreten lassen können, der bei dem ohne Zuweisung zuständigen Gericht zugelassen ist; s. § 105 Abs. 4 UrhG, § 143 Abs. 3 PatentG, § 19 Abs. 3 GebrauchsmusterschutzG, § 15 Abs. 3 GeschmacksmusterG, § 32 Abs. 3 WarenzeichenG, § 48 Abs. 3 SortenschutzG, §§ 89 Abs. 3, 94 S. 2 GWB, § 27 Abs. 3 UWG, § 222 Abs. 4 S. 2 BauGB, § 14 Abs. 3, 4 AGBG.

8a   **dd)** Daneben gibt es **weitere Ausnahmen** von der Bindung des Anwaltszwangs an das Lokalisationsprinzip (zu Ausnahmen vom Anwaltszwang selbst → Rdn. 20 ff.). So kann in **Binnenschiffahrtssachen** jeder bei einem Gericht im Bezirk des Schiffahrtsgerichts zugelassene[25a] Rechtsanwalt vor diesem auftreten (§ 12 BinnenschiffahrtsverfahrenG; BGBl. 1952 I, 641), in **Wiedergutmachungssachen** vor dem Bundesgerichtshof auch jeder bei einem Oberlandesgericht zugelassene Rechtsanwalt, vor dem Oberlandesgericht auch ein beim Landgericht zugelassener Rechtsanwalt, wenn er die Partei vor diesem bereits in gleicher Sache vertreten hat (§ 224 Abs. 2, 4 BEG; BGBl. 1956 I, 559). Im Beschwerdeverfahren in Kartellsachen genügt die Vertretung durch einen bei irgendeinem deutschen Gericht zugelassenen Rechtsanwalt; das gleiche gilt bei der Beschwerde gegen Nichtzulassung der Rechtsbeschwerde, §§ 67 Abs. 1 (Fassung des § 231 BRAO), 74 Abs. 4 GWB.

8b   **ee)** Die **Verfassungsmäßigkeit** der vorstehend skizzierten Regelungen ist von verschiedenen Gerichten wiederholt bestätigt worden[26]. Die dagegen vorgebrachten Bedenken[27] vermögen nicht zu überzeugen. Das Lokalisationsprinzip erleichtert den Verkehr zwischen Anwalt, Gericht und Mandant, trägt zu einer ausgewogenen geographischen Verteilung der Anwaltschaft bei und schafft vor allen Dingen eine im Mandanteninteresse nicht hoch genug einzuschätzende Vorbedingung für eine enge Arbeitsgemeinschaft zwischen Gericht und Anwaltschaft. Es mag sein, daß diese Gründe angesichts moderner (wenngleich nicht billiger) Verkehrs- und Kommunikationsmittel einerseits und einer rapide steigenden Zahl von Anwälten andererseits nicht (mehr) absolut gelten. Das bedeutet aber nicht, daß sie nicht auch unter heutigen Bedingungen die mit dem Lokalisationsprinzip verbundenen Einschränkungen der Berufsausübung der Rechtsanwälte verfassungsrechtlich rechtfertigen könnten. Auch aus der nunmehr ermöglichten Postulationsfähigkeit der Anwälte aus den EG-Mitgliedstaaten ergibt sich nichts anderes, da diese Anwälte nur eingeschränkte Befugnisse haben[28] (→ vor 78 Rdnr. 19–24). Die Regelung ist daher *verfassungsgemäß*.

8c   Davon unabhängig bleibt allerdings die – hier nicht weiterzuverfolgende – *rechtspolitische* Frage, ob das Lokalisationsprinzip angesichts veränderter Rahmenbedingungen aufzuheben oder einzuschränken ist[29], oder ob es nicht doch gute Gründe für seine Beibehaltung gibt[30], insbesondere im Hinblick auf die ohnehin erschwerte, gleichwohl wünschenswerte persönliche Vertrautheit zwischen Anwalt und Gericht einerseits, im Hinblick auf die durch die Anerkennung der überörtlichen Sozietät (→ § 84 Rdnr. 7) eröffneten Möglichkeiten andererseits.

[25a] A. M. (Zulassung nicht erforderlich) *Münch-KommZPO/v. Mettenheim* Rdnr. 36.

[26] *BVerfG* NJW 1990, 1033 = AnwBl. 1989, 669; *BGH* NJW 1990, 3086; 1990, 108 f.; 1978, 1328; 1970, 566; *BGHZ* 56, 381 = NJW 1971, 1990; 47, 15 = NJW 1967, 878; *BVerwG* NJW 1961, 1275.

[27] *Böhm* AnwBl. 1968, 101; *Friese* AnwBl. 1987, 7 ff.; *ders.* Die Freiheit der Advokatur in Deutschland (1989), 50 ff.; *Körner* ZRP 1971, 127 f.; *Kotulla* AnwBl. 1990, 128 ff.; *Pietzcker* Der anwaltliche Lokalisationsgrundsatz (1990), 34 ff.; *Sauer* NJW 1970, 230; *Schumann* NJW 1990, 2091 f.

[28] *BVerfG* NJW 1990, 1033 = AnwBl. 1989, 669; *BGH* NJW 1990, 3086; 1990, 108. – A. M. vor allem *Pietzcker* (vorige Fn.), 20 ff.

[29] So – außer den in Fn. 27 Genannten – *Everling* (vor § 78 Fn. 12), C 63 ff.; *Gornig* NJW 1989, 1127; *Kühn* AnwBl. 1988, 131; *Lechner* AnwBl. 1991, 301; *Rabe* NJW 1989, 1116; *Sachau* AnwBl. 1974, 8; *Schwerk* AnwBl. 1990, 616 f.; *Wimmer* DVBl. 1988, 824; *Wörlen* AnwBl. 1990, 18; in der Tendenz auch *Zuck* EuR 1988, 190.

[30] So etwa *Ernst* AnwBl. 1990, 615 f.; *Jessnitzer* BRAO[5] § 18 Rdnr. 1; *Hartstrang* (Fn. 1), 105 ff.; *Lange* AnwBl. 1990, 241; *Mayer* AnwBl. 1974, 11; *Stefener* AnwBl. 1988, 368 f.; *Tiebing* AnwBl. 1990, 300 ff.; *Tilmann* AnwBl. 1990, 480 ff.; *Vorwerk* AnwBl. 1990, 474 ff.

b) Residenzpflicht (§ 27 Abs. 1 BRAO)

Das Lokalisationsprinzip wird ergänzt durch die in § 27 Abs. 1 BRAO normierte *Wohnsitzpflicht* **8d**
(Residenzpflicht i. e. S.): Der Rechtsanwalt muß innerhalb des OLG-Bezirks, in dem er zugelassen ist, seinen Wohnsitz nehmen. Von dieser Pflicht kann der Rechtsanwalt nach § 29 BRAO im Interesse der Rechtspflege oder zur Vermeidung von Härten befreit werden. Selbst unter Berücksichtigung dieser Befreiungsmöglichkeit erscheint die Vorschrift *verfassungsrechtlich bedenklich*[31]: Wo ein Rechtsanwalt wohnt, ist seine Privatsache. In aller Regel wird er nah genug am Kanzlei- bzw. Gerichtsort wohnen, um seine Aufgaben ordnungsgemäß erfüllen zu können. Erfüllt er sie nicht ordentlich, mögen ihn deshalb (nicht aber wegen eines unzulässigen Wohnsitzes) haftungs- und standesrechtliche Folgen treffen. Entscheidend ist nicht, wo der Anwalt wohnt, sondern daß er seine Berufspflichten wahrnimmt. Dazu gehört, daß er für Gericht und Mandant erreichbar ist. In die richtige Richtung geht daher § 29a BRAO[32], der in Abs. 1 vorsieht, daß (deutsche und ausländische) Anwälte, die auch in anderen Staaten Kanzleien unterhalten, von der Residenzpflicht zu befreien sind, wenn sie für Gericht und Parteien ohne Behinderung erreichbar sind, und in Abs. 2, daß Anwälte, die nur in anderen Staaten Kanzleien haben, zu befreien sind, wenn nicht überwiegende Interessen der Rechtspflege entgegenstehen. Akzeptiert man, daß der mit § 27 Abs. 1 BRAO angestrebte ungehinderte Verkehr zwischen Anwalt, Mandant und Gericht schon durch Lokalisation (→ Rdnr. 8b) und Kanzleipflicht (→ Rdnr. 8e) hinreichend gesichert ist, so verdient die Forderung, die Residenzpflicht abzuschaffen[33], Gefolgschaft.

c) Kanzleipflicht (§ 27 Abs. 2 BRAO)

Nach § 27 Abs. 2 BRAO muß der Rechtsanwalt am Ort des Gerichts, an dem er zugelassen ist, eine **8e**
Kanzlei errichten. Auch insoweit besteht die Befreiungsmöglichkeit nach § 29 BRAO und für Anwälte mit ausschließlich ausländischen Kanzleien nach § 29a BRAO (mit der Folge, daß dann am Gerichtsort der Zulassung nach § 30 BRAO ein Zustellungsbevollmächtigter zu bestellen ist). Diese Regelung ist *verfassungskonform*[34]. Daß ein Anwalt überhaupt eine Kanzlei unterhalten muß, in der oder über die er, insbesondere für Zustellungen, für Gericht und Parteien erreichbar ist, seine Tätigkeit nicht als Reisender ausüben kann, ist wohlbegründet[35]. Auch die Ortsgebundenheit der Hauptkanzlei[36] an das Gericht der Zulassung (mit den Modifikationen in §§ 27 Abs. 2 S. 2, Abs. 3 BRAO) ist als schlüssige Ergänzung des Lokalisationsgrundsatzes akzeptabel[37]; das dazu in Rdnr. 8b Gesagte gilt hier entsprechend, ebenso die Bemerkung in Rdnr. 8c zur rechtspolitischen Überprüfung des Lokalisationsprinzips[38].

d) Zweigstellenverbot (§ 28 BRAO)

Das Lokalisationsprinzip wird schließlich ergänzt durch § 28 BRAO: Der Rechtsanwalt darf weder eine **8f**
Zweigstelle errichten noch auswärtige Sprechtage abhalten. Dieses Verbot soll der Monopolisierung der Kanzlei dienen und der Gefahr vorbeugen, daß sich der Anwalt »verzettelt«, weil er sich keinem Büro mit voller Kraft widmen kann[39]. Hier gilt aber ähnlich wie bei der Residenzpflicht (→ Rdnr. 8d), daß die Sorge dem Haftungs- und Standesrecht überlassen bleiben kann. Angesichts der Zulässigkeit ausländischer Zweitkanzleien nach § 29a BRAO besteht für ein Zweigstellenverbot keine Rechtfertigung mehr[40].

---

[31] Anders *BVerfGE* 65, 126 = NJW 1984, 556 für die auf das gesamte Inland erstreckte Wohnsitzpflicht für Patentanwälte. – Wie hier *Friese* AnwBl. 1987, 10; *Kotulla* AnwBl. 1990, 129.
[32] Eingefügt als Reaktion auf *EuGH* NJW 1985, 1275 (→ vor § 78 Rdnr. 24); dazu *Jessnitzer* BRAO⁵ § 29a Rdnr. 1 ff.; *Zuck* NJW 1990, 1026.
[33] Vgl. *Gornig* NJW 1989, 1123; *Hartstrang* (Fn. 1), 105; *Rabe* NJW 1987, 2190 f.; *Raczinski/Rogalla/Tomsche* AnwBl. 1989, 591; *Schumann* NJW 1990, 2093.
[34] *BVerfGE* 72, 26 = NJW 1986, 1801.
[35] *Gornig* NJW 1989, 1123; *Schumann* NJW 1990, 2092 f. – Anders *Raczinski/Rogalla/Tomsche* AnwBl. 1989, 591.
[36] Zu Zweigstellen an anderen Orten → Rdnr. 8f.
[37] A. M. *Friese* AnwBl. 1987, 10; *Hartstrang* (Fn. 1),

105; *Kotulla* AnwBl. 1990, 129; *Schumann* NJW 1990, 2093; *Schwerk* AnwBl. 1990, 616 f.
[38] Denkbar ist z. B. eine Ausweitung der Kanzleipflicht auf den OLG-Bezirk; vgl. auch § 207 Abs. 3 BRAO, der allerdings deshalb nicht unbesehen übernommen werden kann, weil der nach § 206 BRAO aufgenommene ausländische Anwalt im Anwaltsprozeß nicht auftreten kann (→ vor § 78 Rdnr. 24).
[39] Dazu *Schumann* Die überörtliche Anwaltssozietät (1990), 75 ff.; *Stefener* AnwBl. 1988, 369.
[40] Ebenso *Kotulla* AnwBl. 1990, 129; *Kühn* AnwBl. 1988, 131 f.; *Michalski* Das Gesellschafts- und Kartellrecht der berufsrechtlich gebundenen freien Berufe (1989), 249 ff.; *Raczinski/Rogalla/Tomsche* AnwBl. 1989, 589 ff.; *Schumann* NJW 1990, 2093 f.; *Zuck* EuR 1988, 190. – A. M. *Stefener* AnwBl. 1988, 369 f.

4. Verstöße

9   Sind Handlungen, die dem Anwaltszwang unterliegen (→ Rdnr. 13), nicht von einem beim Prozeßgericht zugelassenen Anwalt, sei es von der Partei selbst, sei es von einem anderen Anwalt, vorgenommen worden, so sind sie **unwirksam**, d. h. für den Gegner unbeachtlich und vom Gericht als *unzulässig* zurückzuweisen. Betrifft der Mangel die Klageerhebung, so ist **in eindeutigen Fällen** bereits die **Terminbestimmung** und die Zustellung an den Beklagten abzulehnen[41] (→ § 216 Rdnr. 18). Bei späterer Feststellung des Mangels ist die Klage durch Urteil als **unzulässig** abzuweisen[42]. Die materiell-rechtlichen Wirkungen der Rechtshängigkeit treten nicht ein[43]. Ist eine Partei im Verhandlungstermin nicht durch den Anwalt vertreten, so gilt sie als nicht erschienen (→ § 333 Rdnr. 4), so daß die Säumnisfolgen der §§ 330 ff. eintreten. – Zu den Mängeln der Prozeßvollmacht s. § 88.

10   Eine **Heilung des Mangels** durch **Genehmigung** ist möglich, kommt aber nur in dem Sinn in Betracht, daß, wenn die nunmehr ordnungsgemäß vertretene Partei auf ihre vorausgegangenen nichtigen Prozeßhandlungen Bezug nimmt, sie diese nicht formell zu wiederholen braucht[44]. Eine **Rückwirkung** tritt **nicht** ein[45]. Schon deswegen kann ein vom nicht postulationsfähigen Bevollmächtigten eingelegtes Rechtsmittel durch Genehmigung seitens des postulationsfähigen Vertreters nach Ablauf der Rechtsmittelfrist nicht wirksam werden[46]. Eine Heilung nach § 295 scheidet aus, da die Einhaltung des § 78 Abs. 1 unverzichtbar ist (→ § 295 Rdnr. 9)[47]. Ist der Mangel der Postulationsfähigkeit in einer Instanz unbemerkt geblieben, so kann er insoweit in der höheren Instanz nicht mehr durch Genehmigung behoben werden; § 551 Nr. 5 gilt für das Fehlen der Postulationsfähigkeit nicht (→ § 551 Rdnr. 16), ebensowenig § 579 Abs. 1 Nr. 4[48]. – Zur Genehmigung der Prozeßführung des *vollmachtlosen* Vertreters → § 89 Rdnr. 13 ff.

II. Die dem Anwaltszwang unterworfenen Personen

1. Parteien und Streitgehilfen

11   Der Anwaltszwang findet auf **Parteien jeder Art** Anwendung, auch wenn sie einen gesetzlichen Vertreter oder einen Prozeßbevollmächtigten haben, der ein nicht beim Prozeßgericht zugelassener Anwalt ist (→ § 80 Rdnr. 10, § 81 Rdnr. 7), auch auf rechtskundige Personen wie Richter oder Anwälte. Nur der *Staatsanwalt*, der in Ehe- und Familienstandssachen Partei kraft Amtes ist, bedarf selbstverständlich der Vertretung nicht. Dem Anwaltszwang unterliegt auch der **Streitgehilfe** (→ § 66 Rdnr. 25, § 70 Rdnr. 1), nicht dagegen der **Dritte beim Prozeßvergleich** (→ Rdnr. 18 und § 794 Rdnr. 23). – Zum sog. *Behördenprivileg* → Rdnr. 3 f.

---

[41] *BGH* NJW-RR 1987, 323 = FamRZ 365 (zust. *Bosch*); *Urbanczyk* ZZP 95 (1982), 352.
[42] *BGHZ* 90, 253 = NJW 1984, 1559; *LG Kassel* MDR 1963, 1018; *Urbanczyk* ZZP 95 (1982), 352.
[43] *BGH* NJW-RR 1987, 323 = FamRZ 365 (zust. *Bosch*).
[44] *BGH* NJW 1990, 3086 m. w. N.; *OLG Stuttgart* FamRZ 1981, 789; *Brehm* RdA 1990, 76. – Neuvornahme verlangen hingegen *OLG Bremen* OLGZ 1965, 41; *LG Mainz* MDR 1980, 406; *LSG Stuttgart* NJW 1985, 582; *Friederici* AnwBl. 1977, 394; wohl auch *BSG* MDR 1985, 963.
[45] *BGH* NJW-RR 1987, 323 = FamRZ 365 (zust. *Bosch*); *BGHZ* 90, 253 = NJW 1984, 1559; NJW 1980,

2318; *OLG Düsseldorf* NJW 1980, 2317; *OLG Köln* MDR 1982, 1024; *OLG Stuttgart* FamRZ 1981, 789; *BVerfGE* 8, 94; *Urbanczyk* ZZP 95 (1982), 354 ff.; *Wieczorek*[2] B IV b 2; *A. Blomeyer* ZPR[2] § 8 IV 3.
[46] *BGH* NJW 1990, 3086; 1980, 2318; *Thomas/Putzo*[17] Anm. 1 a.
[47] *BGH* NJW 1990, 3086; NJW-RR 1987, 323 = FamRZ 365 (zust. *Bosch*); *OLG Frankfurt* AnwBl. 1987, 244; *OLG Köln* MDR 1982, 1024; *Baumbach/Lauterbach/Hartmann*[50] Anm. 1 E; *Thomas/Putzo*[17] Anm. 1 a; *Urbanczyk* ZZP 95 (1982), 358. – A. M. *OLG Zweibrücken* FamRZ 1989, 191 (abl. *v. Mettenheim*); *OLG Stuttgart* FamRZ 1981, 789; *Wieczorek*[2] D.
[48] *BAG* NJW 1991, 1253.

2. Selbstvertretung des Rechtsanwalts (Abs. 4)

Nach Abs. 4 kann der bei dem Prozeßgericht (bzw. in den Fällen des Abs. 2 S. 2 beim **12** Prozeßgericht oder dem übergeordneten Gericht) zugelassene Rechtsanwalt sich selbst vertreten, nicht nur in eigenen Angelegenheiten, sondern auch als gesetzlicher Vertreter einer Partei[49], als Konkursverwalter usw.[50]. Diese nur scheinbar unlogische Ausdrucksweise besagt, daß er bei seinem Auftreten **als Anwalt zu behandeln** ist, z. B. hinsichtlich des Fragerechts (§ 397 Abs. 2), der Zurückweisung (§ 157), der Zustellung (§§ 198, 212a), der Sitzungspolizei (§§ 176 ff. GVG), der Vertretung durch den ihm für die Anwaltschaft bestellten Vertreter usw. Bestellt er daher einen anderen zugelassenen Anwalt *neben* sich zum Vertreter, so liegt ein Fall des § 84 vor[51]. Dagegen sind die §§ 86 und 246 über die Fortdauer der Vollmacht nach dem Wegfall des gesetzlichen Vertreters nicht anwendbar, weil sie eine Mehrheit von Personen voraussetzt (→ § 246 Rdnr. 7). Einer »Bestellung« dem Gegner gegenüber bedarf es nicht (für § 210a)[52]. Zur Kostenerstattung s. § 91 Abs. 2 S. 4.

III. Die dem Anwaltszwang unterworfenen Prozeßhandlungen

1. Vornahme von Prozeßhandlungen

Der Anwaltszwang gilt, von bestimmten Ausnahmen (→ Rdnr. 20 ff.) abgesehen, nicht bloß **13** für die mündliche Verhandlung, sondern für das **ganze Verfahren vor dem Prozeßgericht**, und zwar sowohl vor dem Kollegium wie vor dem Einzelrichter (→ § 348 Rdnr. 4). Er erstreckt sich grundsätzlich auf **alle Prozeßhandlungen** (über diesen Begriff → vor § 128 Rdnr. 157 ff.), soweit sie im Rahmen eines anhängigen Verfahrens vor oder gegenüber dem Gericht vorgenommen werden, z. B. auch auf die Erklärung über die Übertragung an den Einzelrichter (§ 271 Abs. 3), die schriftliche Klageerwiderung usw. zur Vorbereitung des frühen ersten Termins (§ 275 Abs. 1), nach diesem (§ 275 Abs. 3) oder im schriftlichen Vorverfahren (§ 276 Abs. 1–3), den Verzicht auf den Anspruch (§ 306)[53] oder auf ein Rechtsmittel (→ § 514 Rdnr. 6, aber auch hier Rdnr. 19), den Antrag auf Verlängerung der Rechtsmittelbegründungsfrist (§ 519 Abs. 2 S. 3)[54] oder auf Heraufsetzung der Beschwer (§ 546 Abs. 2 S. 2)[55], die Einwilligung zur Sprungrevision (§ 566a), nicht aber auf Handlungen *nur* gegenüber dem Gegner. Vorbereitende **Schriftsätze** sollen (§ 130 Nr. 6), bestimmende Schriftsätze müssen die **Unterschrift des Anwalts** tragen (→ § 129 Rdnr. 8). Bei allen diesen Prozeßhandlungen ist es Aufgabe des Anwalts, den Streitstoff, den ihm die Partei mitteilt, zu verarbeiten und ihn dem Gericht unter eigener Verantwortung in dieser verarbeiteten Form zu unterbreiten[56] (→ auch § 85 Rdnr. 23 c). Im Anwaltsprozeß ist z. B. eine Klage, in der zur Begründung nur auf die in Abschrift beigefügte Parteiinformation Bezug genommen wird, als unzulässig abzuweisen[57].

[49] *KG* NJW 1955, 593.
[50] Vgl. für den Liquidator *BFH* DB 1985, 28.
[51] Läßt er sich dagegen vertreten, so gelten die gewöhnlichen Regeln, insbes. §§ 176, 244, *BayObLG* BlfRA 1960, 60.
[52] Vgl. *RG* Gruchot 48 (1904), 393. – A. M. *Münch-KommZPO/v. Mettenheim* Rdnr. 85.
[53] *BGH* NJW 1988, 210.
[54] *BGHZ* 93, 303 = NJW 1985, 1158.
[55] *BGH* NJW 1989, 3226.

[56] Vgl. hierzu schon *RG* DR 1944, 466.
[57] *BGHZ* 22, 254 = NJW 1957, 263; *OLG Kiel* SchlHA 1948, 123; *Lange* NJW 1989, 439 f. – Zutr. anders für die Anspruchsbegründung nach Übergang vom Mahnverfahren (§ 697) unter Bezugnahme auf die Ausführungen der bis dahin postulationsfähigen Partei *BGHZ* 84, 136 = NJW 1982, 2002; *OLG Düsseldorf* MDR 1983, 942 f.; *OLG Karlsruhe* AnwBl. 1979, 430; *W. Schmidt* NJW 1982, 811; *Stürner* JZ 1986, 1091; *Vollkommer* (Fn. 1), 25 f.; a. M. *Zinke* NJW 1983, 1085 ff.

14 Der Anwaltszwang gilt auch für den Antrag auf **einstweilige Einstellung der Zwangsvollstreckung** nach § 769 Abs. 1[58] sowie im Verfahren nach §§ 887 bis 890 (→ § 891 Rdnr. 1)[59].

14a Ging ein **Mahnverfahren** voraus, so besteht bei einer Abgabe an das LG nach § 696 Abs. 1
Anwaltszwang vor dem LG, nicht aber für eine Rücknahme des Antrags auf Durchführung
des streitigen Verfahrens vor Beginn der mündlichen Verhandlung des Gegners zur Hauptsache (§§ 696 Abs. 4 S. 2, 78 Abs. 3)[60].

14b Zur **Klagerücknahme** → § 269 Rdnr. 24, 27, für die Rücknahme zwischen den Instanzen
und in der Rechtsmittelinstanz → unten Rdnr. 30. Zur **Rechtsmittelrücknahme** → § 515
Rdnr. 8, zum **Kostenantrag nach Rechtsmittelrücknahme** gemäß §§ 515 Abs. 3 S. 2, 566 →
§ 515 Rdnr. 23. Weitere Einzelfragen sind, soweit nicht nachstehend zu Rdnr. 20 ff. erörtert,
in den Erläuterungen zu den verschiedenen Paragraphen behandelt.

2. Passive Vertretung

15 Auf die sog. passive Vertretung (→ § 81 Rdnr. 13) hat dagegen der Anwaltszwang nur
insofern Einfluß, als Erklärungen **in der mündlichen Verhandlung** nur an den Anwalt gerichtet
werden können, weil die Partei ohne Anwalt als nicht erschienen gilt (→ Rdnr. 9). Die
Notwendigkeit der **Zustellung** an den Anwalt (§ 176) gilt auch außerhalb des Anwaltsprozesses, aber stets erst von der Bestellung des Prozeßbevollmächtigten an.

3. Prozeßhandlungen und materielle Rechtsgeschäfte, insbesondere Prozeßvergleich

16 Soweit Rechtsgeschäfte des bürgerlichen Rechts mit Prozeßhandlungen verbunden sein
können (→ vor § 128 Rdnr. 253 ff.), wie namentlich beim Vergleich, aber auch bei Aufrechnung, Anfechtung usw. (→ § 81 Rdnr. 10), können die privatrechtlichen Rechtsgeschäfte auch
außerhalb des Prozesses vorgenommen werden und sind dann selbstverständlich vom Anwaltszwang befreit. Nur ihre spätere *gerichtliche Geltendmachung* muß gemäß § 78 erfolgen.
Werden dagegen solche Rechtsgeschäfte **im Rahmen des anhängigen Rechtsstreits** vorgenommen, so unterliegen auch sie dem Anwaltszwang. Dies gilt insbesondere auch vom **Vergleich**[61]; der unter Verstoß gegen den Anwaltszwang, z. B. von der allein persönlich erschienenen Partei geschlossene Vergleich ist kein gerichtlicher i. S. der ZPO (→ auch § 794
Rdnr. 22). Ist der Anwalt anwesend, so ist er gegebenenfalls zu befragen, ob er die Parteier-
klärung vortragen wolle. Ebenso besteht Anwaltszwang für den *Widerruf* eines Vergleichs,
wenn er gegenüber dem Gericht erklärt werden soll[62] (→ § 794 Rdnr. 64). Nicht dem Anwaltszwang unterliegt der Vergleichsabschluß vor dem **beauftragten oder ersuchten Richter**

---

[58] *OLG Celle* NJW 1967, 1282. – Nicht hingegen nach
§ 13 RPflG im Verfahren nach §§ 769 Abs. 2, 20 Nr. 17
RPflG.
[59] A. M. *Voraufl.*
[60] Vgl. *LG Bonn* NJW-RR 1986, 223; *LG Frankfurt*
Rpfleger 1979, 429; *Bergerfurth* Rpfleger 1978, 205. –
Ebensowenig für den Kostenantrag analog § 269 Abs. 3
S. 2, *OLG Saarbrücken* JurBüro 1983, 1398 (zust.
J. Schneider); *LG Essen* JZ 1980, 237.
[61] So die in Fn. 63 und 65 Genannten sowie *OLG
Frankfurt* Rpfleger 1980, 291; *OLG Hamburg* MDR
1950, 292; *OLG Köln* NJW 1961, 786; *OLG München*
NJW 1962, 351; *OLG Stuttgart* Justiz 1965, 86; *OLG
Bremen* MDR 1969, 393; *KG* OLGRspr. 1 (1900), 1;
Habscheid JZ 1961, 135; *Jauernig* ZPR[23] § 48 III 2; *Ro-*

senberg/Schwab[14] § 132 III 2 g; *Baumgärtel* Prozeßhandlungen[2] 203; *Baumbach/Lauterbach/Hartmann*[50] Anh.
nach § 307, Anm. 4 F.; *Vollkommer* (Fn. 1), 23. – A. M.
OLG Neustadt JR 1958, 424 (dagegen *Lent*) = NJW 957
= ZZP 71 (1958), 287; NJW 1964, 1329; *LG Köln* MDR
1963, 140; *BayObLG* SeuffArch. 37 (1882), 231; *OLG
Dresden* SeuffArch. 53 (1898), 185; *Lehmann* Prozeßvergleich (1911), 163; *Hellwig/Oertmann* System 2, 180;
Bötticher MDR 1950, 294; *Esser* Festschr. f. H. Lehmann
(1956), 719, 732; *Bonin* Der Prozeßvergleich (1957), 76 f.
(mwN); *Kablitz* NJW 1958, 1029; *E. Schneider* JurBüro
1967, 529; MDR 1969, 393; *Burckhard* FamRZ 1967,
484.
[62] Vgl. *LAG Köln* AnwBl. 1990, 626.

(§ 78 Abs. 3)[63], wohl aber der vor dem **Einzelrichter**, der nach § 348 an die Stelle des Kollegiums tritt[64] (→ § 279 Rdnr. 11 ff.).

Auch bei Abschluß eines **Prozeßvergleichs in** den dem Anwaltszwang unterworfenen **17** **Familiensachen** (→ § 617 Rdnr. 6 ff.) besteht für beide Parteien **Anwaltszwang**[65]. Weder die besonderen Einwirkungsmöglichkeiten der anwaltlich nicht vertretenen Partei in diesem Verfahren (§ 613) noch die Tatsache, daß ein derartiger Vergleich unter Umständen nur Ansprüche betrifft, für die bei isolierter Geltendmachung kein Anwaltszwang bestünde (z. B. Unterhaltsansprüche), rechtfertigen ein Abweichen von der Regel des § 78 Abs. 1[66]. Auch für den Vergleich im Verfahren der **einstweiligen Anordnung** nach § 620 besteht keine Ausnahme vom Anwaltszwang[67], da von diesem wegen § 620a Abs. 2 S. 2, § 78 Abs. 3 zwar die Stellung des einleitenden Antrags, nicht aber das gesamte Verfahren, insbesondere die mündliche Verhandlung, befreit ist (→ Rdnr. 21 sowie § 620a Rdnr. 7, 8).

Ein **Dritter**, mit dem der Vergleich abgeschlossen wird, unterliegt nicht dem Anwaltszwang, **18** da er nicht Partei ist (→ § 794 Rdnr. 23)[68].

Prozeßrechtlichen Vereinbarungen, die die Parteien nicht nur außerhalb der mündlichen **19** Verhandlung, sondern auch ohne Mitteilung an das Gericht wirksam abschließen können, wie die Vereinbarung der Zuständigkeit (§ 38) oder einen vertraglichen Verzicht auf Rechtsmittel, unterliegen bei Vornahme *außerhalb* des Prozesses nicht dem Anwaltszwang[69], wohl aber, wenn sie durch Erklärungen *innerhalb* des anhängigen Rechtsstreits zustande kommen[70].

IV. Ausnahmen vom Anwaltszwang

§ 78 Abs. 3 sowie verschiedene andere Vorschriften nehmen bestimmte Prozeßhandlungen **20** oder Verfahren vom Anwaltszwang aus. Eine vorsichtige Ausdehnung dieser Ausnahmen auf vergleichbare Fälle ist möglich (s. den folgenden Text). Es ist aber nicht zulässig, den Anwaltszwang im Einzelfall aus Zweckmäßigkeits- oder Billigkeitsgründen beiseite zu schie-

---

[63] H. M., z. B. *OLG Düsseldorf* NJW 1975, 2298 (zust. *Jauernig*); *BGHZ* 77, 272 f. = NJW 1980, 2307 und *OLG Bamberg* JurBüro 1975, 515 (auch wenn Richter im Protokoll fälschlich als Einzelrichter bezeichnet). – A. M. *Rosenberg/Schwab*[14] § 132 III 2 g; *Mes* Rpfleger 1969, 273; *H. Schneider* NJW 1971, 1044; für den beauftragten Richter auch *Bern* (Fn. 1), 252 ff.

[64] *BGH* FamRZ 1986, 458; *Bergerfurth* (Fn. 1), Rdnr. 223 m. w. N.

[65] *BGH* NJW 1991, 1743; FamRZ 1986, 458; *OLG Zweibrücken* FamRZ 1987, 84; 1985, 1071; *OLG Bremen* MDR 1969, 393 (abl. *E. Schneider*); *OLG Karlsruhe* Justiz 1972, 116; Rpfleger 1976, 140 = JurBüro 372; *OLG Köln* OLGZ 1975, 2317; *OLG Hamm* NJW 1975, 1709; *OLG Celle* OLGZ 1975, 353; *OLG Stuttgart* JurBüro 1976, 91; *AG Hofgeismar* FamRZ 1984, 1029 (zust. *Bosch*); *Baumbach/Lauterbach/Hartmann*[50] Anh. nach § 307 Anm. 4 F; *Bergerfurth* (Fn. 1), Rdnr. 353 ff.; *Friederici* AnwBl. 1977, 393; *Jost* NJW 1980, 328 f.; *H. Schneider* ZZP 95 (1982), 90. – Offengelassen in *BGH* NJW 1985, 1963.

[66] So aber *OLG München* Rpfleger 1986, 409; *OLG Frankfurt* NJW 1961, 882; *OLG Celle* Rpfleger 1974, 319; NJW 1967, 1428 = FamRZ 484 (*Burckhard*); *AG Groß-Gerau* FamRZ 1988, 187; *AG Hersbruck* FamRZ 1980, 358; *Hornung* Rpfleger 1973, 77; *Philippi* FamRZ

1982, 1083; *Thomas/Putzo*[17] § 794 Anm. II 3 d aa; *Tiarks* NJW 1977, 2303.

[67] So auch *OLG Bremen* MDR 1969, 393; *OLG Köln* FamRZ 1988, 1274 (für einstw. Verfügung); NJW 1972, 2317; *OLG Celle* OLGZ 1975, 355; *OLG Karlsruhe* JurBüro 1976, 372; vgl. auch *OLG Karlsruhe* Justiz 1972, 116; *Bergerfurth* (Fn. 1), Rdnr. 341; *Jost* NJW 1980, 329. – A. M. *OLG Hamm* NJW 1972, 1998; *OLG Koblenz* MDR 1976, 940; *Mes* Rpfleger 1969, 273.

[68] *BGHZ* 86, 160 = NJW 1983, 1433 = JR 369 (krit. *Bergerfurth*); *Stürner* JZ 1986, 1091; *Vollkommer* (Fn. 1), 23 f.; ebenso für den Fall, daß gegen den Dritten aus dem Vergleich nicht vollstreckt werden kann, *OLG Frankfurt* OLGZ 1970, 476. – A. M. *OLG Köln* AnwBl. 1982, 113 f.; NJW 1961, 786; *Baumbach/Lauterbach/Hartmann*[50] Anh. zu § 307 Anm. 4 F; *Bern* (Fn. 1), 266 ff.; *Münch-KommZPO/v. Mettenheim* Rdnr. 14; *Wieczorek*[2] Anm. B IV a 2, § 794 Anm. C IV b 3.

[69] *BGH* NJW 1989, 39; 1985, 2335 = ZZP 100 (1987), 77; FamRZ 1988, 268; WM 1986, 1061; JZ 1985, 1064; NJW 1984, 805 = JZ 103; *OLG Düsseldorf* FamRZ 1980, 709. – A. M. *Stürner* JZ 1986, 1091; *Vollkommer* (Fn. 1), 24 f.

[70] *BGH* NJW 1984, 1465; *OLG Düsseldorf* FamRZ 1980, 709. – A. M. *MünchKommZPO/v. Mettenheim* Rdnr. 21.

ben[71]. Soweit die Ausnahmen reichen, kann die Partei nach § 79 selbst oder durch einen beliebigen Prozeßbevollmächtigten, auch einen bei einem anderen Gericht zugelassenen Anwalt, wirksam handeln.

1. Ausnahmen nach § 78 Abs. 3

21   **a) Prozeßhandlungen**, die **vor dem Urkundsbeamten** der Geschäftsstelle vorgenommen werden können, unterliegen nicht dem Anwaltszwang. Darunter fallen zunächst solche, die zum Protokoll des Urkundsbeamten erklärt werden können, und zwar auch dann, wenn sie im einzelnen Fall in einem Schriftsatz erklärt werden. Welche Handlungen das sind, ergibt sich regelmäßig aus der ausdrücklichen Gestattung der Protokollerklärung (→ die Aufzählung in § 159 Rdnr. 5). Die wichtigsten sind die Gesuche um Prozeßkostenhilfe (§ 117), Verweisung des Rechtsstreits (§ 281 Abs. 2)[72], selbständiges Beweisverfahren (§ 486 Abs. 4), Arrest und einstweilige Verfügung (§§ 920 Abs. 3, 936)[73], einstweilige Anordnungen in Ehesachen (§ 620a Abs. 2 S. 2; → Rdnr. 3d, 17 sowie § 620a Rdnr. 5) und in Kindschaftssachen (§ 641d Abs. 2 S. 2 – soweit der Antrag in der Berufungsinstanz gestellt wird, denn in erster Instanz besteht hier ohnehin kein Anwaltszwang), ferner (obwohl in diesen Fällen nicht ausdrücklich gesagt) die Erinnerung gegen die Entscheidung des Urkundsbeamten der Geschäftsstelle (§§ 576, 732[74]; → § 576 Rdnr. 3f.). Ist die Prozeßhandlung vom Anwaltszwang befreit, so gilt das auch für solche **Nebenhandlungen**, die erforderlich sind, um der Haupthandlung Wirksamkeit zu geben, z. B. für das Gesuch um öffentliche Zustellung des Arrestbefehls[75]. Jedoch erstreckt sich die Befreiung vom Anwaltszwang grundsätzlich nur auf die betreffende Handlung selbst, nicht auf das sich daran anschließende Verfahren[76]. Auf jeden Fall besteht Anwaltszwang in einer *mündlichen Verhandlung.* Wird keine mündliche Verhandlung anberaumt, so wird man für *schriftliches Vorbringen* der Parteien entsprechend § 573 Abs. 2 eine Befreiung vom Anwaltszwang annehmen können[77] (→ auch § 922 Rdnr. 2).

22   Im **Beschwerdeverfahren** gelten nur die sich aus §§ 569 und 573 ergebenden Einschränkungen des Anwaltszwangs. Nach § 569 Abs. 2 mit § 78 Abs. 3 ist die **Einreichung** einer Beschwerde (auch in der höheren Instanz[78]) vom Anwaltszwang befreit, wenn der Rechtsstreit im ersten Rechtszug nicht als Anwaltsprozeß zu führen ist oder war (in Familiensachen also nur nach Maßgabe von § 78 Abs. 2[79]; → auch § 620c Rdnr. 2), wenn die Beschwerde die Prozeßkostenhilfe betrifft oder von einem Zeugen oder Sachverständigen erhoben wird (→ näher § 569 Rdnr. 7ff.). Unter denselben Voraussetzungen untersteht auch die Abgabe einer vom Gericht nach § 573 Abs. 2 angeordneten **schriftlichen Erklärung** nicht dem Anwalts-

---

[71] So aber z. B. *OLG Frankfurt* FamRZ 1979, 539 (für § 534).
[72] I.d.F. des Rechtspflegevereinfachungsgesetzes v. 17.12.1990, BGBl. I, 2847. Nicht mehr richtig daher *OLG Frankfurt* JurBüro 1983, 272 (*Mümmler*); AnwBl. 1980, 198; vorher schon anders *LG Hof* Rpfleger 1979, 390 (zust. *Bergerfurth* 364); *Zinke* NJW 1983, 1082.
[73] Zur analogen Anwendung auf eine Schutzschrift vgl. *OLG Hamburg* Rpfleger 1979, 28.
[74] RGZ 66, 203.
[75] RGZ 91, 113.
[76] *OLG Düsseldorf* OLGZ 1983, 358; FamRZ 1978, 710; *OLG Hamm* NJW 1982, 1711; *OLG Karlsruhe* FamRZ 1981, 379; *OLG Frankfurt* FamRZ 1983, 516; NJW 1981, 2203; *Bergerfurth* (Fn. 1), Rdnr. 341; *ders.* NJW 1961, 1239; FamRZ 1962, 54; *Brüggemann* FamRZ 1977, 289ff.; *Günther* DVBl. 1988, 1043; *Zöller/Vollkommer*[17] Rdnr. 48. – A. M. *OLG Hamm* FamRZ 1985,

1146; *Mes* Rpfleger 1969, 273. – Zu den Konsequenzen für § 569 Abs. 2 S. 2 → § 569 Rdnr. 9.
[77] So im Ergebnis auch *OLG Frankfurt* FamRZ 1983, 516; NJW 1978, 172; *KG* NJW-RR 1992, 576; *OLG Koblenz* NJW 1980, 2588; *OLG Hamm* MDR 1978, 940; *OLG Düsseldorf* FamRZ 1978, 710; *Brüggemann* FamRZ 1977, 289; *Mümmler* JurBüro 1978, 316; *MünchKommZPO/v. Mettenheim* Rdnr. 81; *Zöller/Vollkommer*[17] Rdnr. 32; wohl auch *BGH* NJW 1984, 2413f. – A. M. die übrigen in der vorigen Fn. Genannten.
[78] *BGH* FamRZ 1988, 1159; NJW 1984, 2413 = FamRZ 677; *Bergerfurth* FamRZ 1988, 601 (gegen *BGH* FamRZ 1987, 57). Ferner für Eilbeschwerden nach § 569 Abs. 1, 2. Hs. *OLG Frankfurt* OLGZ 1988, 90; anders insoweit *OLG Zweibrücken* FamRZ 1981, 186. – Zu den Besonderheiten nach dem Einigungsvertrag s. *BGH* NJW 1991, 2492 (abl. *Bergerfurth* DtZ 1992, 15).
[79] Vgl. *OLG Frankfurt* FamRZ 1987, 1293; 1983, 516.

zwang (s. §§ 573 Abs. 2 S. 2 i. V. m. 569 Abs. 2; → § 573 Rdnr. 4). Sonst gilt auch für schriftliche Erklärungen im Beschwerdeverfahren Anwaltszwang, doch kann auch ein beim Gericht der unteren Instanz zugelassener Anwalt die Erklärung abgeben (§ 573 Abs. 2 S. 1; → § 573 Rdnr. 4).

Vom Anwaltszwang befreit sind ferner die **Gesuche,** die **an den Urkundsbeamten** der **23** Geschäftsstelle gerichtet sind; dahin gehören z. B. die Anträge auf Abschriften (→ § 299 Rdnr. 15). Zum Kostenfestsetzungsverfahren → Rdnr. 25.

b) Das Verfahren vor einem **beauftragten oder ersuchten Richter** (vgl. §§ 361 f., 372 Abs. 2, **24** 375, 402, 434, 479) unterliegt ebenfalls nicht dem Anwaltszwang, wohl aber aber das vor dem Vorsitzenden (vgl. § 136 Rdnr. 9)[80], dem Vorsitzenden der Kammer für Handelssachen (§ 349) und dem Einzelrichter (§§ 348 f., 524; → Rdnr. 13, 16 sowie § 348 Rdnr. 4, § 279 Rdnr. 11 ff.). Zum Antrag auf Entscheidung des Prozeßgerichts nach § 576 Abs. 1 → § 576 Rdnr. 4

2. Verfahren vor dem Rechtspfleger; Durchgriffserinnerung

Vom Anwaltszwang befreit ist auch das Verfahren vor dem Rechtspfleger (§ 13 RPflG). **25** Darunter fällt insbesondere das Kostenfestsetzungsverfahren nach § 104. Kein Anwaltszwang besteht daher für die **Einlegung** der Durchgriffserinnerung gegen die Entscheidung des Rechtpflegers (§ 104 Abs. 3 S. 1 ZPO, §§ 21, 11 RPflG)[81], auch nicht für die **Vorlage an das OLG** als Beschwerdegericht, die die Erinnerung zur Beschwerde werden läßt (§ 11 Abs. 2 S. 4, 5, § 21 Abs. 2 S. 4 RPflG)[82], wohl aber für die Beschwerde gegen die eigene Entscheidung des Landgerichts[83]. Ebenso unterliegt das **weitere Verfahren vor dem OLG** dem Anwaltszwang[84], wobei *schriftliche* Erklärungen nach § 573 Abs. 2 S. 1 auch von einem beim LG zugelassenen Anwalt abgegeben werden können. Fehlt es danach an einem weiteren wirksamen Vortrag, so ist auf Grund des Streitstandes bei Vorlage zu entscheiden[85]. – Daß für die **Vorlage an das LG als Beschwerdegericht** kein Anwaltszwang gilt, folgt schon aus § 569 Abs. 2 S. 2 mit § 78 Abs. 3; *schriftliche* Erklärungen im Beschwerdeverfahren sind hier nach § 573 Abs. 2 S. 2 mit § 78 Abs. 3 vom Anwaltszwang ausgenommen. Bei *mündlicher Verhandlung* vor LG oder OLG gilt stets Anwaltszwang (→ oben Rdnr. 22).

3. Gerichtskostensachen

Vom Anwaltszwang ausgenommen sind im Bereich des GKG Erinnerungen und Beschwer- **26** den gegen den Ansatz der Gerichtskosten (§ 5 Abs. 3 GKG), der Antrag auf Festsetzung des Streitwerts und die Beschwerde dagegen (§ 25 Abs. 1 S. 2, Abs. 2 S. 1 GKG)[86], auch wenn sie

---

[80] S. hierzu *OLG Schleswig* SchlHA 1949, 39.

[81] *OLG Bamberg* JurBüro 1985, 1722; 1978, 1366; *OLG Düsseldorf* JurBüro 1978, 1569; *OLG Hamm* NJW 1971, 1186; *OLG München* JurBüro 1987, 1088 und die in den folgenden Fn. aufgeführten Entscheidungen. Vgl. zum ganzen vgl. *Bergerfurth* Rpfleger 1978, 205; *Göppinger* JR 1971, 451.

[82] *OLG Zweibrücken* NJW 1973, 908; *OLG Hamm* Rpfleger 1971, 309; *OLG Düsseldorf* JurBüro 1974, 1446 (kein Anwaltszwang auch für ein mit der Erinnerung verbundenes Wiedereinsetzungsgesuch) und die in der folgenden Fn. aufgeführten Entscheidungen. – A. M. *OLG Stuttgart* NJW 1971, 1707; *OLG Bamberg* JurBüro 1973, 83, 758; 1974, 1286; *Göppinger* JR 1971, 451, die eine Vorlage der privatschriftlich eingelegten Erinnerung an das OLG ablehnen und das LG selbst entscheiden lassen wollen.

[83] *OLG Bamberg* JurBüro 1985, 1722; *OLG Hamm* Rpfleger 1978, 421.

[84] *OLG Frankfurt* NJW 1971, 1188; *OLG Bremen* NJW 1972, 1241; *Bergerfurth* Rpfleger 1978, 205; *MünchKommZPO/v. Mettenheim* Rdnr. 83. – A. M. für das weitere schriftliche Verfahren vor dem OLG: *OLG Koblenz* JurBüro 1980, 1353 f. (*Mümmler*); *KG* OLGZ 1971, 390; *OLG Düsseldorf* Rpfleger 1971, 250; *Thomas/Putzo*[17] § 104, Anm. 4 b cc (2), die die Befreiung der Erinnerung vom Anwaltszwang nach § 13 RPflG dem § 569 Abs. 2 S. 2 gleichstellen und daher § 573 Abs. 2 S. 2 anwenden.

[85] *OLG Bremen* NJW 1972, 1241.

[86] *OLG München* AnwBl. 1972, 54; *Hartmann* KostenG[24] § 25 GKG, 4 b.

vom Anwalt nach § 9 Abs. 2 BRAGO aus eigenem Recht eingelegt wird[87]. Wenngleich § 5 Abs. 3 GKG nur die *Einlegung* der Erinnerung und Beschwerde nennt, so wird man doch nach dem Sinn der genannten Vorschriften die Befreiung jeweils auf das ganze Verfahren erstrecken dürfen[88]. Wären die Bestimmungen anders gemeint, so hätte der Gesetzgeber zumindest für schriftliche Erklärungen eine Ausnahme vorgesehen.

4. Baulandsachen

27   Kein Anwaltszwang besteht nach § 222 Abs. 3 S. 2 BauGB in Baulandsachen vor den Land- und Oberlandesgerichten für den Beteiligten, der **keine Anträge in der Hauptsache** stellt[89]. Kein derartiger Antrag und daher vom Anwaltszwang befreit ist der bei der Verwaltungsbehörde einzureichende Antrag auf gerichtliche Entscheidung nach § 217 BauGB[90], der Antrag auf Anordnung der aufschiebenden Wirkung nach § 224 Satz 2 BauGB[91] sowie der Antrag auf Entscheidung nach Lage der Akten nach § 227 Abs. 2 BauGB[92]. **Dem Anwaltszwang unterliegen** dagegen der Antrag auf Zustimmung zu Zwangsmaßnahmen gemäß § 225 BauGB sowie die sofortige Beschwerde gegen eine hierauf ergangene gerichtliche Entscheidung[93]. Da Anträge erst in der mündlichen Verhandlung wirksam gestellt werden, beginnt der Anwaltszwang erst zum Zeitpunkt des Hauptsacheantrags in der mündlichen Verhandlung[94] und nicht bereits mit der Einreichung eines **vorbereitenden Schriftsatzes**, in dem die in der mündlichen Verhandlung zu stellenden Anträge in der Hauptsache angekündigt werden[95].

5. Wiedergutmachungssachen

28   In Wiedergutmachungssachen besteht vor den Landgerichten kein Anwaltszwang, für das Land auch nicht vor den Oberlandesgerichten (§ 224 Abs. 1, Abs. 2 BEG; BGBl. 1956 I, 562; → auch Rdnr. 8).

6. Zustellungsaufträge und weiter Ausnahmen

29   Vom Anwaltszwang befreit sind ferner solche auf den Prozeß einwirkende Handlungen, die deshalb keine Prozeßhandlungen im engeren Sinne (→ Rdnr. 158 vor § 128) sind, weil sie nicht dem Gericht oder dem Gegner gegenüber vorgenommen werden, z. B. die **Streitverkündung** an einen Dritten, die Niederlegung von Urkunden nach § 134[96], ferner der **Auftrag zur Zustellung** (§ 166; → § 167 Rdnr. 1)[97], da die Zustellung selbst keine selbständige Prozeßhandlung, sondern nur das Mittel zur Vornahme einer solchen ist (→ vor § 166 Rdnr. 29). Da die Zustellung nicht dem Anwaltszwang unterliegt, kann auch die *Zustellung von Anwalt zu Anwalt* von einem beim Prozeßgericht nicht zugelassenen Anwalt vorgenommen werden (→ § 198 Rdnr. 3). Ein nicht beim Prozeßgericht zugelassener Anwalt kann auch die *Beglaubi-*

---

[87] *Hartmann* KostenG[24] § 9 BRAGO Anm. 3 D; *Gerold/Schmidt/v. Eicken/Madert* BRAGO[11] § 9 Rdnr. 109; *Markl* GKG[2] § 25 Rdnr. 25.
[88] So auch *Hartmann* KostenG[24] § 5 GKG Anm. 5. – A. M. *Markl* GKG[2] § 25 Rdnr. 10 (Anwaltszwang, wenn mündliche Verhandlung).
[89] Vgl. *BGH* MDR 1985, 30; *OLG Koblenz* NJW 1983, 2036. – Zu den Anträgen in der Hauptsache gehören auch Rechtsmittel, *BGH* VersR 1987, 680, 681; nicht aber die Einwilligung in die Sprungrevision (§ 566a Abs. 2), *BGH* NJW 1975, 830.

[90] *BGHZ* 41, 183 = NJW 1964, 1522.
[91] Vgl. *OLG Stuttgart* NVwZ 1989, 693; *OLG Koblenz* NVwZ 1986, 336 (L).
[92] *KG* NJW 1970, 614. Vgl. aber auch *BGH* MDR 1985, 30.
[93] *OLG Bremen* OLGZ 1968, 192, 252.
[94] Vgl. *BGHZ* 41, 183 = NJW 1964, 1522.
[95] A. M. *OLG München* NJW 1969, 2065.
[96] *OLG Darmstadt* DJZ 1903, 552.
[97] *BGH* VersR 1965, 619; *RGZ* (VZS) 17, 392, 412; 52, 367.

gung nach § 170 Abs. 2 vornehmen, und zwar nach zutreffender Auffassung auch dann, wenn ihm die Betreibung der Zustellung nicht übertragen ist (→ § 170 Rdnr. 12).

Als vom Anwaltszwang ausgenommen müssen ferner diejenigen Prozeßhandlungen ange- **29a** sehen werden, die sich auf Akte beziehen, die sachlich solche der **Justizverwaltung** sind (s. für den Antrag auf gerichtliche Entscheidung § 26 Abs. 1 EGGVG mit § 78 Abs. 3 ZPO), ebenso die Dienstaufsichtsbeschwerde gegen Justizverzögerung (→ Rdnr. 18 vor § 567). Wegen der Akteneinsicht → § 299 Rdnr. 9. Ferner entfällt sinngemäß der Anwaltszwang für Anträge, die erst die **Beiordnung eines Anwalts** erstreben (→ § 78b Rdnr. 11, § 121).

V. Voraussetzungen in der Person des Anwalts

1. Zulassung beim Prozeßgericht

Auf dem Gebiet des Anwaltszwangs muß der Anwalt bei dem Prozeßgericht (zu Ausnah- **30** men → Rdnr. 8, 8 a) nach Maßgabe der §§ 6 ff., 18 ff., 164 ff. BRAO zugelassen sein[98]. Vor dem Familiengericht kann darüberhinaus jeder beim übergeordneten Gericht zugelassene Anwalt vertreten (Abs. 2 S. 2). **Prozeßgericht** ist das Gericht, bei dem der Prozeß anhängig ist oder durch die vorzunehmende Handlung anhängig werden soll. Sind daher verschiedene Abschnitte des Prozesses bei verschiedenen Gerichten zu erledigen, so ist bezüglich jeder einzelnen Handlung nur dasjenige Gericht Prozeßgericht i. S. des § 78, vor das diese Handlung gehört, also für die Einlegung der Beschwerde (§§ 569, 577 Abs. 2) bald das Untergericht, bald das Beschwerdegericht (→ näher § 569 Rdnr. 7 ff.). Während des Zeitraums **zwischen der Zustellung des Urteils und der Einlegung des Rechtsmittels** ist Prozeßgericht dasjenige der unteren Instanz (→ § 176 Rdnr. 12). Wenn es sich nur um die **Zurücknahme der Klage durch den Rechtsmittelgegner** handelt, besteht ebenfalls kein Anlaß, ihn nur zu diesem Zweck zur Bestellung eines Anwalts für die höhere Instanz zu nötigen. Die Rücknahme der Klage (→ allg. Rdnr. 14) kann deshalb auch der Anwalt der Vorinstanz in der Berufungs- oder Revisionsinstanz erklären, solange kein beim Rechtsmittelgericht zugelassener Anwalt für den Kläger aufgetreten ist (→ § 269 Rdnr. 35). In den Fällen der **Verweisung** wird das Gericht, an das der Rechtsstreit verwiesen wird, regelmäßig mit der Verkündung Prozeßgericht (§§ 281 Abs. 2 S. 1, 1. Hs., 506 Abs. 2), bei Abgabe im Mahnverfahren mit Eingang der Akten (§ 696 Abs. 1 S. 4).

2. Einschaltung eines anderen Anwalts oder Referendars

Eine Einschränkung erfährt das Erfordernis der Zulassung durch § 52 Abs. 2 BRAO. Da- **31** nach kann auch im Anwaltsprozeß in der mündlichen Verhandlung jeder Anwalt **neben dem Prozeßbevollmächtigten** die **Ausführung der Parteirechte**, d. h. den gesamten mündlichen Vortrag, einschließlich der Antragstellung, wie ein Beistand (§ 90) übernehmen[99]. Die Ausführung der Parteirechte kann auch von einem zur Ausbildung zugewiesenen **Referendar** (im Anwaltsprozeß nicht von einem anderen) unter Beistand des Anwalts übernommen werden (§ 59 Abs. 2 Satz 1 BRAO; → § 157 Rdnr. 10, 11)[100]. Die bei dem *Bundesgerichtshof* zugelas-

---

[98] Vor der Eintragung ist der Anwalt noch nicht vertretungsbefugt, *RGSt* 61, 105, aber seine Handlungen sind wirksam, § 32 Abs. 2 BRAO.

[99] Nicht die Vertretung (auch nicht in Wiedergutmachungssachen, *BGH* MDR 1969, 213); der Verkehrsan-

walt ist nicht Unterbevollmächtigter (*Bauer/Fröhlich* FamRZ 1983, 123). – Näher zum **Verkehrsanwalt** → § 91 Rdnr. 70 ff.

[100] Rechtsmittelverzicht ist aber nicht gestattet, *BGHZ* 2, 112 = NJW 1952, 26.

senen Rechtsanwälte dürfen vor einem anderen ordentlichen Gericht auch als Beistand nicht auftreten (§ 172 Abs. 1 BRAO), mit Ausnahme der Verfahren vor einem ersuchten Richter, wenn das Ersuchen von einem Obersten Gerichtshof des Bundes, dem Bundesverfassungsgericht, einem internationalen oder gemeinsamen zwischenstaatlichen Gericht ausgeht. Dagegen kann auch *vor dem Bundesgerichtshof* die Ausführung der Parteirechte auf einen hier nicht zugelassenen Anwalt übertragen werden (§§ 162, 52 Abs. 2 BRAO). Für das Verfahren vor dem Obersten Landesgericht vgl. § 172 Abs. 2 BRAO mit § 8 EGZPO.

32   Seine **Vertretung im Einzelfall** kann dagegen nach § 52 Abs. 1 BRAO der Prozeßbevollmächtigte im Anwaltsprozeß nur einem Anwalt übertragen, der selbst in dem Verfahren zum Prozeßbevollmächtigten bestellt werden könnte (→ Rdnr. 30), d. h. regelmäßig nur einem beim Prozeßgericht zugelassenen Anwalt[101]. – Zur Untervollmacht im übrigen → § 81 Rdnr. 14 ff.

3. Der allgemeine Vertreter des Anwalts

33   Wenn ein Anwalt länger als eine Woche verhindert ist, seinen Beruf auszuüben, oder sich länger als eine Woche von seiner Kanzlei entfernen will, hat er *selbst* einen bei demselben Gericht zugelassenen Anwalt zu seinem Vertreter zu bestellen (§ 53 Abs. 1 S. 1 BRAO). Für eine Vertretung, welche die Dauer eines Monats überschreitet, hat er die Bestellung bei der *Landesjustizverwaltung* (der Rechtsanwalt beim BGH beim Bundesminister der Justiz, § 163 BRAO) zu beantragen (§ 53 Abs. 2 S. 2 BRAO). Nach Maßgabe des § 53 Abs. 5 BRAO kann die Bestellung *auch von Amts wegen* erfolgen. Die Landesjustizverwaltung kann auf Antrag von vornherein *für alle Verhinderungsfälle*, die während eines Kalenderjahres eintreten können, einen Vertreter bestellen, z. B. bei Abgeordneten, die eine mehrfache Unterbrechung ihrer Berufsausübung durch parlamentarische Tätigkeit voraussehen (§ 53 Abs. 3 BRAO). Seine Vertretungsmacht ist weder von der Anzeige noch vom Nachweis des einzelnen Verhinderungsfalles abhängig[102].

34   Die Landesjustizverwaltung soll einen **Rechtsanwalt** bestellen, der nicht notwendig bei demselben Gericht wie der vertretene Anwalt zugelassen zu sein braucht. Sie kann aber auch **andere Personen**, welche die Fähigkeit zum Richteramt erlangt haben (z. B. Assessoren, frühere Rechtsanwälte; nicht aber Beamte, § 52 Abs. 4 S. 3 mit § 7 Nr. 10 BRAO), oder Referendare, die seit mindestens zwölf Monaten im Vorbereitungsdienst beschäftigt sind, bestellen (§ 53 Abs. 4 BRAO).

35   Diesem allgemeinen Vertreter (Generalsubstitut) stehen die anwaltlichen **Befugnisse des Rechtsanwalts zu, den er vertritt** (§ 53 Abs. 7 BRAO). Er kann also vor jedem Gericht auftreten, bei dem es der von ihm vertretene Anwalt kann, ohne Rücksicht darauf, ob der Vertreter selbst überhaupt als Anwalt zugelassen ist und bei welchem Gericht. Die Bestellung des Vertreters ist von dem vertretenen Rechtsanwalt, und wenn sie von Amts wegen erfolgt ist, auch von dem Vertreter, **dem Gericht anzuzeigen**, bei dem der vertretene Rechtsanwalt zugelassen ist (§ 53 Abs. 6 BRAO). Die Wirksamkeit der von und gegenüber dem Vertreter vorgenommenen Handlungen hängt aber von der Anzeige nicht ab[103]. Ebensowenig ist in den Fällen, in denen die Unterschrift des Anwalts wesentlich ist (→ § 129 Rdnr. 8), ein das Vertretungsverhältnis ersichtlich machender Zusatz notwendig[104]. Für die Wirksamkeit der von dem Vertreter vorgenommenen Prozeßhandlungen, etwa einer Berufungseinlegung,

---

[101] *OLG Karlsruhe* VersR 1988, 588 f.
[102] *BGH* NJW 1975, 542.
[103] *BGH* NJW 1975, 542.
[104] *BGHZ* 31, 32 = MDR 1960, 37; *Pohle* MDR 1960, 574; *Jonas* JW 1931, 1852 (gegen *LG Köln* das.). Vgl. aber

auch *BGH* NJW 1991, 1175, 1176 (es muß einmal klargestellt sein, daß der Anwalt für den Vertretenen und nicht für seine eigene Praxis handelt); ferner *OLG Koblenz* VersR 1991, 1034.

kommt es nur darauf an, daß die Bestellung im Moment der Abgabe (Entäußerung) vorlag, nicht darauf, daß die Postulationsfähigkeit noch im Moment des Zugangs (Eingang bei Gericht) fortdauerte[105]. Der Generalsubstitut steht dem Anwalt selbst gleich. Er nimmt seine Amtsstellung ein, auch hinsichtlich der Empfangnahme von Zustellungen (→ § 176 Rdnr. 16) und der Gebühren, und er ist auch da zur Vertretung des Anwalts berufen, wo dieser «sich selbst vertritt» (→ Rdnr. 12) oder Untervertreter eines anderen Anwalts ist (→ Rdnr. 32)[106], nicht aber in eigenen Angelegenheiten.

Zur Wirksamkeit von Rechtshandlungen des Vertreters nach dem **Tod des Rechtsanwalts** **35a** und zur Frage, ob Unterbrechung eintritt, → § 244 Rdnr. 4.

4. Der Abwickler

Zur Abwicklung der Kanzlei eines verstorbenen Rechtsanwalts oder eines früheren Rechtsanwalts, **36** dessen Zulassung zur Anwaltschaft erloschen oder zurückgenommen ist, kann ein Abwickler bestellt werden (§ 55 Abs. 1, 6 BRAO). Nach § 55 Abs. 2 S. 3 BRAO stehen diesem die anwaltlichen Befugnisse des Rechtsanwalts zu, dessen Kanzlei er abwickelt. Für den Bereich des Anwaltszwangs bestimmen sich deshalb seine Befugnisse ebenfalls nicht nach seiner Zulassung, sondern nach der des früheren Anwalts. Dies gilt aber nur, soweit er in seiner Eigenschaft als Abwickler tätig wird[107]. Im Prozeß muß er dies nicht ausdrücklich klarstellen[108]. Nach § 55 Abs. 2 S. 4 BRAO gilt er für die schwebenden Angelegenheiten als von der Partei bevollmächtigt. Das oben Rdnr. 35 Bemerkte gilt sinngemäß. Zu den Einzelheiten s. § 55 BRAO; über die Bestellung für einen beim BGH zugelassenen Rechtsanwalt s. auch § 173 BRAO.

5. Prozeßfähigkeit des Anwalts[109]

Der Anwalt muß wie jeder Prozeßbevollmächtigte prozeßfähig (also unbeschränkt ge- **37** schäftsfähig) sein (→ § 79 Rdnr. 1). Verfassungsrechtliche Bedenken gegen diese Voraussetzung bestehen nicht[110]. Daß in § 14 Abs. 1 Nr. 4 BRAO für den Fall des Eintretens von Umständen, die sonst die Prozeßfähigkeit ausschließen, eine besondere Regelung (Rücknahme der Zulassung) getroffen ist, gestattet nicht den Schluß, daß sich das Prozeßgericht mit der Frage der Prozeßfähigkeit des Anwalts überhaupt nicht zu befassen hätte, also etwa einen nach § 104 Nr. 2 BGB geschäftsunfähigen Anwalt bis zur Zurücknahme der Zulassung noch zur Verhandlung zulassen müßte[111]. Es ginge nicht an, die Partei durch Handlungen eines Geschäftsunfähigen zu binden. Die Prozeßfähigkeit ist daher von Amts wegen zu prüfen (→ vor § 128 Rdnr. 91, 92; zur Beweislast → § 56 Rdnr. 8 ff.). Prozeßhandlungen des prozeßunfähigen Anwalts sind unzulässig. Die von ihm erhobene Klage ist daher als unzulässig abzuweisen, das von ihm eingelegte Rechtsmittel als unzulässig zu verwerfen. Die Partei ist nicht ordnungsgemäß vertreten (§§ 551 Nr. 5, 579 Abs. 1 Nr. 4), im Termin also gegebenenfalls säumig. Wird der Anwalt während eines anhängigen Rechtsstreits prozeßunfähig, so tritt im Anwaltsprozeß Unterbrechung ein (→ § 244 Rdnr. 11).

Die **Entscheidung über die Prozeßfähigkeit des Anwalts** erfolgt nach der ZPO in der **38** Begründung jener zwischen den Parteien ergehenden Entscheidung, auf die sich der Mangel auswirkt bzw. auswirken könnte. Da eine Verneinung der Prozeßfähigkeit einen erheblichen Eingriff in die Berufsausübungsfreiheit des Anwalts (Art. 12 Abs. 1 GG) darstellt, verlangt

---

[105] *BGH* NJW 1990, 1305; *OLG Frankfurt* NJW 1984, 2871; *Rpfleger* 1971, 228; *Münzberg* NJW 1984, 2871; *Vollkommer* Rpfleger 1971, 229, der § 130 Abs. 2 BGB analog anwenden will.
[106] *BGH* NJW 1981, 1740 = JZ 352; *KG* OLGRspr. 5 (1902), 220.
[107] *BGH* VersR 1966, 878; 1973, 470.
[108] *BGH* NJW 1966, 1362; VersR 1963, 470.

[109] Vgl. *Kahlke* ZZP 100 (1987), 18 ff.
[110] *BVerfGE* 37, 67, 75 ff. = NJW 1974, 1279.
[111] Ebenso *BGHZ* 30, 112 = JZ 1959, 492 = NJW 1587; *BAGE* 17, 278 = AP Nr. 1 zu § 244 (*Leipold*) = NJW 1966, 74; *OLG Bremen* ZZP 68 (1955), 304; *Rosenberg/Schwab*[14] §§ 29 V 2 c, 54 II 5 b. – A. M. *Hellwig* Lb 2, 317.

jedoch das BVerfG[112], soweit es um die künftige Prozeßfähigkeit geht, eine *gesonderte Entscheidung gegenüber dem Anwalt*, die von der Entscheidung über den Prozeß selbst getrennt sein muß. Dieser Forderung ist durch ein analog §§ 71, 135, 387 zu erlassendes **Zwischenurteil** gegenüber dem Anwalt zu entsprechen[113], das vom Anwalt selbständig mit der sofortigen Beschwerde anfechtbar ist. Kommt eine Rücknahme der Zulassung nach § 14 Abs. 1 Nr. 4 BRAO in Betracht, so kann das Gericht den Rechtsstreit entsprechend § 148 aussetzen, bis über die Rücknahme entschieden ist[114]. Für das Verfahren, in dem sich der Anwalt gegen die Rücknahme wendet, ist er als prozeßfähig zu behandeln (→ § 52 Rdnr. 9, § 56 Rdnr. 5).

6. Berufs- oder Vertretungsverbot

39   Nach § 150 BRAO kann gegen einen Anwalt, gegen den das ehrengerichtliche Verfahren eingeleitet ist, durch Beschluß des Ehrengerichts ein Berufs- oder Vertretungsverbot verhängt werden, wenn zu erwarten ist, daß gegen ihn auf Ausschließung aus der Anwaltschaft erkannt werden wird. Die Wirkung dieser Maßnahmen besteht nach § 155 BRAO in dem unter ehrengerichtlicher Strafsanktion (§ 156 Abs. 1 BRAO) stehenden Verbot, vor einem Gericht, einer sonstigen Behörde oder einem Schiedsgericht in Person aufzutreten, Vollmachten oder Untervollmachten zu erteilen und mit Gerichten usw. schriftlichen Verkehr zu pflegen[115]; es tritt dann Unterbrechung nach § 244 ein (→ § 244 Rdnr. 8). Wegen der Ausnahme hinsichtlich eigener Angelegenheiten und Angelegenheiten seiner Ehefrau und seiner minderjährigen Kinder s. § 155 Abs. 4 BRAO. Die Postulationsfähigkeit und damit die rechtliche **Wirksamkeit von Handlungen**, die von dem Anwalt oder ihm gegenüber vorgenommen werden, wird durch das Vertretungsverbot indessen nicht berührt (§ 155 Abs. 5 BRAO)[116]; dasselbe gilt in den Fällen des § 227b Abs. 2 BRAO[117] und muß auch für das den Syndikusanwalt treffende Vertretungsverbot des § 46 BRAO gelten (→ zur Vollmacht auch § 80 Rdnr. 2, § 81 Rdnr. 18). Das Gericht soll jedoch den Anwalt zurückweisen, der entgegen dem Verbot vor ihm auftritt (§ 156 Abs. 2 BRAO). Im Fall eines Bedürfnisses bestellt die Landesjustizverwaltung für den Anwalt einen Vertreter (§ 161 Abs. 1 BRAO). Für die Person des Vertreters und seine Befugnisse gilt das oben Rdnr. 33 Bemerkte sinngemäß. Näheres in § 161 BRAO, über das Berufs- oder Vertretungsverbot im allgemeinen in §§ 150 ff. BRAO.

VI. Die persönliche Mitwirkung der Partei

40   Diese beschränkt sich auf dem Gebiet des Anwaltszwangs darauf, daß die Partei zum Erscheinen in der mündlichen Verhandlung neben[118] dem Anwalt berechtigt und auf besondere Anordnung des Gerichts (§§ 141, 273 Abs. 2 Nr. 3, 279 Abs. 2, 613, 640 f.) verpflichtet ist. Die Partei muß auf Antrag das Wort zu eigenen Ausführungen erhalten (§ 137 Abs. 4; → § 137 Rdnr. 10) und kann dann **Geständnisse** und andere **tatsächliche Erklärungen** wirksam abgeben und diejenigen des Anwalts gemäß § 85 Abs. 1 S. 2 sofort widerrufen und berichtigen, und zwar unbeschränkt, nicht nur in den Grenzen des § 290. Daß die persönlichen Erklärungen der Partei, abgesehen vom Fall des § 85 Abs. 1 S. 2, erst dadurch wirksam würden, daß sie der Anwalt aufnimmt[119], kann weder aus § 85 Abs. 1 S. 2 noch aus der

---

[112] *BVerfGE* 37, 67, 75 ff. = NJW 1974, 1279.

[113] *BVerfGE* 37, 67, 82 = NJW 1974, 1279; *Rosenberg/Schwab*[14] § 29 V 2c, § 54 II 5b. – A. M. *Rath* ZZP 89 (1976), 450. Seiner Ansicht, eine Entscheidung des Prozeßgerichts über die Prozeßfähigkeit des Anwalts widerspreche dem Rechtsstaatsprinzip, kann jedoch nicht gefolgt werden.

[114] *BVerfGE* 37, 67, 78 = NJW 1974, 1279.

[115] Das gilt auch, wenn sich der Anwalt gem. § 78 Abs. 4 selbst vertritt, *BGH* NJW 1990, 1855.

[116] Vgl. *OLG Hamm* NJW-RR 1989, 442 = MDR 266. – Daher auch Zustellung nach § 212a möglich, *BGH* NJW 1990, 1855.

[117] *OLG Köln* AnwBl. 1989, 227.

[118] Nicht: *ohne den Anwalt*, *BVerwG* NJW 1984, 625.

[119] So *Förster/Kann*[3] § 85 Anm. 2b; *Rosenberg* Stellvertretung im Prozeß (1908), 936.

Einrichtung des Anwaltszwangs im allgemeinen gefolgert werden. Wenn der Partei nämlich neben dem Anwalt das Wort zu gestatten ist und ihr persönliches Erscheinen gerade der Aufklärung des Sachverhalts dienen soll, so will damit das Gesetz die persönlichen Erklärungen der Partei auch berücksichtigt wissen[120]. Dies gilt namentlich auch von Geständnissen[121]. Äußerungen bei einer *Parteivernehmung* sind dagegen kein Geständnis (§§ 288 Rdnr. 12, vor § 445 Rdnr. 6).

Weichen die von der Partei und dem Anwalt aufgestellten Behauptungen voneinander ab,   41
so ist es Sache des Gerichts, die Bedeutung der sich widersprechenden Behauptungen ein und derselben Partei frei zu würdigen. Hierbei wird allerdings den persönlichen Erklärungen der Partei vor denen des Anwalts mit Rücksicht darauf, daß er seine Information erst von der Partei erhält, in der Regel der Vorzug zu geben sein[122]. Die Befugnis, ein von der Partei persönlich abgegebenes Geständnis nach Maßgabe des § 290 zu widerrufen, kann selbstverständlich auch von dem Anwalt ausgeübt werden. Dagegen steht ihm gegenüber den persönlichen Erklärungen und Geständnissen der Partei ein Widerspruch nach § 85 Abs. 1 S. 2 nicht zu.

Andere Prozeßhandlungen, insbesondere Vergleiche (→ Rdnr. 16) und Anerkenntnisse,   42
kann die Partei **nicht** persönlich vornehmen. Etwas anderes gilt nur für außergerichtliche Erklärungen (→ Rdnr. 19).

VII. Prozeßvertretung im arbeitsgerichtlichen Verfahren

A. Im Urteilsverfahren vor den Arbeitsgerichten

1. Auftreten der Parteien

Der Arbeitsgerichtsprozeß ist in erster Instanz **Parteiprozeß.** Anwaltszwang besteht nicht.   43
Die Parteien können daher den Rechtsstreit selbst führen (§ 11 Abs. 1 S. 1, 1. Fall ArbGG).

2. Vertretung durch Rechtsanwälte

Nach § 11 Abs. 1 S. 1, 2. Fall ArbGG *müssen* die Parteien den Rechtsstreit indessen nicht   44
selbst führen, sondern sie können sich vertreten lassen. Damit ist über § 46 Abs. 2 ArbGG auf § 79 ZPO verwiesen. Insbesondere können sich die Parteien **durch jeden bei einem deutschen Gericht zugelassenen Rechtsanwalt** vertreten lassen (→ vor § 78 Rdnr. 5, § 79 Rdnr. 6). Eine Ausnahme gilt nach § 172 BRAO nur für BGH-Anwälte. Ist ein Rechtsanwalt Partei, so kann er sich auch im Arbeitsgerichtsprozeß selbst vertreten[123]; zu den Gebühren in diesen Fällen → § 91 Rdnr. 113. – Zu den *Syndikusanwälten* → Rdnr. 51; zur *Beiordnung* eines Anwalts nach § 11a ArbGG → Komm. zu § 121.

Das ArbGG 1926 hatte die Prozeßvertretung im Verfahren in Arbeitssachen in Anlehnung an die   45
Regelung, die vorher für die Gewerbegerichte gegolten hatte, in wesentlichen Punkten abweichend vom

---

[120] *RG* JW 1915, 1437; *BGH* LM § 141 ZPO Nr. 2; *MünchKommZPO/v. Mettenheim* Rdnr. 20; auch *BGHZ* 8, 235, 238 = NJW 1953, 621 (abl. *Lent*), wobei dem Urteil aber insoweit nicht gefolgt werden kann, als auch in der Äußerung bei *Parteivernehmung* ein Geständnis gesehen wird (→ sofort).
[121] *BGHZ* 8, 235, 238; VersR 1966, 269; 1969, 58; *RG* JW 1915, 1437; *Baumbach/Lauterbach/Hartmann*[50] Anm. 1 B a. – A. M. *Rosenberg/Schwab*[14] § 52 III 4 c;

Wieczorek[2] Anm. B IV b 1, § 288 B II a. Vgl. auch *OLG Zweibrücken* OLGZ 1978, 357.
[122] *BGH* LM § 141 Nr. 2; VersR 1965, 287; 1969, 58; *RGZ* 10, 423; *BayObLG* Rpfleger 1975, 436; *Bernhardt* Festg. f. Rosenberg (1949), 40. – A. M. *Wieczorek*[2] Anm. B IV b 1, § 85 Anm. B I a 1.
[123] *LAG München* AnwBl. 1988, 72; *Müller/Bauer* Der Anwalt vor den Arbeitsgerichten[3], 135.

Verfahren vor den ordentlichen Gerichten geregelt und die Rechtsanwälte vor den Arbeitsgerichten ausgeschlossen. Für diese heftig umstrittene Regelung wurde vor allem das Streben nach Verbilligung und Beschleunigung des Verfahrens angeführt. Man ging ferner davon aus, daß der Arbeitgeber meist, der Arbeitnehmer aber nur ausnahmsweise die Kosten einer anwaltlichen Vertretung aufbringen könne und daher die Waffengleichheit gefährdet sei[124]. Recht überzeugend war diese Begründung nicht. Das ArbGG 1953 hat Rechtsanwälte auch in der ersten Instanz in erheblichem Umfang wieder zugelassen[125]. In der jetzigen Fassung[126] enthält § 11 ArbGG insoweit gar keine Restriktionen mehr.

3. Vertretung durch Verbandsvertreter

46   Nach § 11 Abs. 1 S. 2 und 3 ArbGG ist auch eine Vertretung durch Verbandsvertreter zulässig. Diese Klausel hat viel von ihrer ursprünglichen Bedeutung verloren, da die Partei ohnehin jede prozeßfähige Person, also auch einen Verbandsvertreter, bevollmächtigen (→ Rdnr. 57) oder nach Belieben einen Rechtsanwalt beauftragen kann (→ Rdnr. 44). In der *1. Instanz* wirkt sich die Zulassung der Verbandsvertreter, außer bei der besonderen Ausgestaltung des Innenverhältnisses (→ Rdnr. 54), im wesentlichen nur noch in der mündlichen Verhandlung aus, da die Einschränkungen des § 157 ZPO für die Verbandsvertreter nicht gelten (§ 11 Abs. 3 ArbGG; → Rdnr. 57). Nur in der *2. Instanz* besteht ein wirklicher Vorteil, da dort Vertretungszwang herrscht und die Verbandsvertreter neben den Anwälten postulationsfähig sind (→ Rdnr. 61, 63).

47   a) Zulässig ist nach § 11 Abs. 1 S. 2 ArbGG eine Vertretung der Parteien durch **Vertreter von Gewerkschaften, Vereinigungen von Arbeitgebern**[127] oder von **Zusammenschlüssen** solcher Verbände. Hinsichtlich der Voraussetzungen gilt das zu § 10 ArbGG in § 50 Rdnr. 46 ff. Gesagte entsprechend. Den Begriff der Vereinigung, insbesondere der Gewerkschaft, hier anders zu verstehen als im übrigen Arbeitsrecht (vgl. § 2 TVG) und Arbeitsprozeßrecht (vgl. § 10 ArbGG) und auf das Merkmal der *Tariffähigkeit* zu verzichten[128], würde zu einer erheblichen Rechtsunsicherheit führen und wäre mit § 11 Abs. 1 S. 3 ArbGG nicht zu vereinbaren, der nicht-tariffähige Arbeitnehmervereinigungen gesondert erwähnt (→ Rdnr. 48) und sonst überflüssig wäre[129].

48   Gleichgestellt sind in § 11 Abs. 1 S. 3 die Vertreter selbständiger **Vereinigungen von Arbeitnehmern mit sozial- oder berufspolitischer Zwecksetzung**[130]. Bei dieser Erweiterung ist vor allem an konfessionelle Arbeitnehmervereinigungen gedacht. Sie müssen ebenfalls, ohne Rücksicht auf ihre Rechtspersönlichkeit, körperschaftlich organisiert und selbständig sein (→ § 50 Rdnr. 47 a, 50). Als Vereinigungen von Arbeitnehmern dürfen sie grundsätzlich keine Arbeitgeber umfassen und müssen von der Gegenseite unabhängig sein. Vereinigungen mit religiösen oder allgemeinpolitischen Aufgaben gehören nicht hierher. Im Gegensatz zu den Gewerkschaften (→ § 50 Rdnr. 49) ist aber Tariffähigkeit und insbesondere Durchsetzungskraft nicht vorausgesetzt. Zusammenschlüsse von Vereinigungen dieser Art sowie entsprechende Vereinigungen von Arbeitgebern scheiden aus.

---

[124] S. die Begr. Reichstagsdrucks. 2065 (1924/27), 36.

[125] → Voraufl. Rdnr. 52 ff., 62 ff.

[126] Durch das Gesetz zur Beschleunigung und Bereinigung des arbeitsgerichtlichen Verfahrens vom 21.5.1979 (BGBl. I, 545); geändert durch G vom 18.8.1980 (BGBl. I, 1503).

[127] **Kreishandwerkerschaften** sind das nicht, *BAG* 10, 242 = AP § 11 ArbGG 1953 Nr. 12 (zust. *Auffahrt*) = NJW 1961, 623 (a. M. für sozialgerichtl. Verfahren *BSG* AP § 166 Abs. 2 SGG Nr. 3); wohl aber **Innungen**, *BAG* AP § 11 ArbGG 1953 Nr. 26 = ArbuR 1961, 90; s. auch *BVerfG* AP § 2 TVG Nr. 24 = NJW 1966, 2305.

[128] So etwa *Brehm* Anm. zu *BAG* EzA § 11 ArbGG 1979 Nr. 6; *Buchner* 25 Jahre BAG (1979), 62 f.; *Grunsky* ArbGG[6] § 11 Rdnr. 8; *ders.* JZ 1977, 473 f.; *Jülicher* ZfA 1980, 128; *Konzen* ZfA 1978, 456; *Reuter* JuS 1977, 483; *Wank* ZfA 1987, 456.

[129] Ebenso *Germelmann/Matthes/Prütting* ArbGG § 11 Rdnr. 54 ff., 59. Vgl. auch *LAG Hamm* LAGE § 11 ArbGG 1979 Nr. 6.

[130] Auch **Erwerbslosenvereine** gehören hierher, *ArbG Wilhelmshaven* AP 54 Nr. 162 (*Schnorr*); nicht die **Arbeitnehmerkammern** in Bremen und im Saarland, *BVerfGE* 38, 281, 307.

b) **Vertretungsberechtigt** sind nicht die Verbände selbst[131], sondern die **Vertreter** dieser   49
Verbände (nicht, wie früher, Mitglieder und Angestellte). Als Vertreter kommen nur natürliche Personen in Betracht. Sie müssen kraft **Satzung** oder **Vollmacht** zur Vertretung befugt
sein.

Der Ausdruck **Vollmacht** ist dabei unscharf, weil hier nicht die Vertretung des Verbandes in   50
Frage steht, für die dieser eine Vollmacht erteilen könnte und müßte, sondern die Beauftragung des Vertreters durch den Verband, als Verbandsvertreter Prozesse zu führen[132]. Gemeint ist die *allgemeine* Verpflichtung und Ermächtigung durch den Verband, für seine
Mitglieder als Sachwalter im Rechtsstreit tätig zu sein. Sie braucht nicht in der Satzung
festgelegt zu sein, muß aber von einem satzungsgemäß zuständigen Organ des Verbandes
ausgehen[133]. Sie wird meist in einem Anstellungsvertrag, kann aber auch gesondert begründet werden und erfordert keine besondere Form[134]. Sie muß grundsätzlich allgemein, nicht
nur für einen einzelnen Prozeß erteilt werden[135]. – Zur *Prozeßvollmacht* durch die Partei →
Rdnr. 54.

Auch **Rechtsanwälte** können Verbandsvertreter sein. Da der Vertreter des Verbandes nicht   51
dessen Mitglied oder Angestellter sein muß (→ Rdnr. 49), kann ein selbständiger Rechtsanwalt beauftragt werden[136]. Aber auch **Syndikusanwälte** kommen als Verbandsvertreter in
Betracht[137]. Ein solcher Syndikus kann dabei entweder in seiner Eigenschaft als Rechtsanwalt[138] oder in seiner Eigenschaft als Verbandsvertreter bevollmächtigt werden. § 46 BRAO
steht dem nicht entgegen, da nicht der Verband, sondern dessen Mitglied Partei ist[139].

c) Die Vertreter können **für** den **Zusammenschluß**, für den **Verband** und für deren **Mitglie-**   52
der auftreten, der Vertreter einer Dachorganisation also sowohl für diese und für ihre
Einzelverbände als auch für die Mitglieder der einzelnen Verbände[140] sowie Zusammenschlüsse solcher Mitglieder[141]. Nichtmitglieder dürfen sie aber nicht vertreten[142], auch nicht
Rechtsnachfolger der Mitglieder[143]. Auch Mitgliedern können sie nur *als solchen* Rechtsschutz gewähren, d.h. wenn es sich um Angelegenheiten im Bereich der sonstigen satzungsmäßigen Aufgaben des Verbandes handelt[144]. Daher kann der Vertreter eines Arbeitgeber-
verbandes auch nicht dessen Mitglied in einem Rechtsstreit, in dem dieses als Arbeitnehmer
prozessiert, vertreten oder der Vertreter einer Gewerkschaft deren Mitglieder in Prozessen,
die sie als Arbeitgeber führen[145]. Wohl aber darf der Gewerkschaftsvertreter die Gewerkschaft selbst oder deren Untergliederungen vertreten, wenn diese als Arbeitgeber prozessieren[146].

Im Beschlußverfahren (→ Rdnr. 67f.) kann sich der **Betriebsrat** nach pflichtgemäßem   53
Ermessen entscheiden, ob er sich durch einen Rechtsanwalt oder einen Verbandsvertreter

---

[131] *BAG* AP § 11 ArbGG 1979 Nr. 11.

[132] *BAG* DB 1975, 2092.

[133] *BAG* AP § 11 ArbGG 1953 Nr. 10 (*Pohle*); *RAG* 10,
213.

[134] Stillschweigende oder Anscheinsvollmacht genügt
aber nicht, *BAG* (vorige Fn.).

[135] *Pohle* Anm. zu *BAG* AP § 11 ArbGG 1953 Nr. 10;
anders *Germelmann/Matthes/Prütting* ArbGG § 11
Rdnr. 80.

[136] *Grunsky* ArbGG[6] § 11 Rdnr. 10, 12.

[137] *Germelmann/Matthes/Prütting* ArbGG § 11
Rdnr. 81.

[138] *BAG* AP § 1 KSchG 1969 Nr. 12; *Müller/Bauer* Der
Anwalt vor den Arbeitsgerichten[3], 135, 146.

[139] Vgl. *BGH* NJW 1987, 1328.

[140] *BAG* NJW 1975, 1798; AP § 11 ArbGG 1953
Nr. 25 (zust. *Nikisch*) = ArbuR 1961, 277; s. schon *RAG*
5, 288.

[141] Vgl. *LAG Bremen* AP § 11 ArbGG 1979 Nr. 7.

[142] *BAG* NJW 1975, 1798 = AP Nr. 35 zu § 11 ArbGG
(krit. *Grunsky*).

[143] *BAG* AP § 11 ArbGG 1979 Nr. 11 = EzA Nr. 6
(*Brehm*); *LAG Bremen* AP § 11 ArbGG 1979 Nr. 7. –
Zum früheren Recht wurde eine Ausnahme für **Hinter-**
bliebene, denen die Vereinigung satzungsgemäß ebenfalls
Rechtsschutz gewährt, anerkannt, *LAG Frankfurt*
ArbRspr. 1928, 477. Obwohl Nichtmitglieder jetzt An-
wälte in Anspruch nehmen können, wird daran als billig
und zweckmäßig festgehalten werden können.

[144] *BAG* AP § 11 ArbGG 1979 Nr. 8; *RAG* ArbRS 20,
171; *LAG Kiel* ArbRS 20, 10. – A. M. *Volkmar* Anm. das.
und ArbRspr. 1931, 164; *LG Mannheim* BB 1962, 961 =
DB 1116.

[145] *RAG* 8, 188 = ArbRS 11, 578 (*Cerstel*).

[146] *BAG* 9, 234 = AP § 5 KSchG Nr. 6 (zust. *Schelp*) =
BB 1960, 865 = DB 1160.

vertreten lassen will[147]. Die Vertretung durch einen Vertreter der Gewerkschaft ist aber nach h.M. nur zulässig, wenn wenigstens ein Betriebsratsmitglied (und nicht nur ein Belegschaftsmitglied) der Gewerkschaft angehört[148].

54   **d) Zwischen der Partei und dem Verband** entsteht durch die Vertretung ein Geschäftsbesorgungsverhältnis, aus dem der Verband gegebenenfalls für Verschulden des Vertreters haftet[149]. Der Vertreter bedarf einer besonderen **Prozeßvollmacht** seitens der Partei[150], steht aber zu dieser in keinem Dienst- oder ähnlichem Vertragsverhältnis, das einen Vergütungsanspruch auslösen könnte[151]. – Zur **Stellung** der Verbandsvertreter **im Prozeß** → Rdnr. 66.

4. Übertragung des Vertretungsrechts

55   Eine Übertragung des Vertretungsrechts auf andere ist **grundsätzlich zulässig**. Der Verbandsvertreter kann nur eine Person an seiner Stelle als Vertreter oder Beistand einer Partei auftreten lassen, die schon selbst die Postulationsfähigkeit besitzt. In der 1. Instanz ist das jede prozeßfähige Person (hier allerdings mit der Maßgabe des § 11 Abs. 3 ArbGG; → Rdnr. 57), auch ein Rechtsanwalt[152] oder ein anderer Verbandsvertreter, z. B. derjenige, der von einem satzungsgemäßen Organ allgemein als ständiger Vertreter bestimmt worden ist. Nur in der 2. Instanz ist die Übertragung auf Rechtsanwälte und Verbandsvertreter beschränkt. Die h.M. will zwar auch heute noch stets nur die Übertragung von Verbandsvertreter zu Verbandsvertreter zulassen[153], wird damit aber dem veränderten Stellenwert der Verbandsvertreterzulassung (→ Rdnr. 46) nicht gerecht. Eine ganz andere Frage ist die, ob der Verbandsvertreter das Vertretungsrecht im Innenverhältnis zu Verband und Partei auf einen Nichtverbandsvertreter übertragen darf. Aus § 11 ArbGG ergibt sich dafür aber nichts, und auf § 11 ArbGG wirkt sich das auch nicht aus.

56   Soweit ein Anwalt bevollmächtigt oder vom Gericht beigeordnet ist, kann für ihn ohne weiteres ein **Assessor** oder **Referendar** auftreten, der als sein **allgemeiner Vertreter** (→ Rdnr. 33) bestellt ist (→ auch Rdnr. 58).

5. Vertretung durch andere Personen

57   a) Die Partei kann ferner **jede prozeßfähige Person** mit ihrer Vertretung beauftragen (§§ 46 Abs. 2 ArbGG, 79 ZPO). Wie bei §§ 79, 157 ZPO (→ vor § 78 Rdnr. 5 ff.) ist aber auch hier zu beachten, daß Personen, die das Verhandeln vor Gericht **geschäftsmäßig** (→ § 157 Rdnr. 51) betreiben, nach § 11 Abs. 3 S. 1 ArbGG *von der mündlichen Verhandlung ausgeschlossen* sind. Die Zulassung als Prozeßagent oder Rechtsbeistand ändert daran nichts, denn sie gilt nicht für das Verfahren vor den Arbeitsgerichten, da § 11 Abs. 3 ArbGG nicht auf § 157 Abs. 3 ZPO verweist. Auch die Aufnahme des Rechtsbeistandes in eine Rechtsanwaltskammer hilft nicht weiter, da § 11 Abs. 3 ArbGG insoweit enger gefaßt ist als § 157 Abs. 1 S. 1 ZPO, auf den

---

[147] *BAG* AP § 40 BetrVG 1972 Nr. 14, 16, 18, 26; *LAG Berlin* AP § 40 BetrVG 1972 Nr. 21, 25; *Grunsky* ArbGG[6] § 11 Rdnr. 15. Einschränkend zum **Einigungsstellenverfahren** *BAG* AP § 76 BetrVG 1972 Nr. 34.

[148] *BAG* 1, 196 = AP § 11 ArbGG 1953 Nr. 7 (*Dietz*) = NJW 1955, 477 (*Brangsch*) = SAE 89 (*Oßwald*) = ArbuR 189 (*Mendigo*); *LAG Freiburg* AP § 37 BetrVerfG Nr. 3; *LAG Frankfurt* SAE 1954, 163 (*Oßwald*); *Bauer* AnwBl. 1987, 385; *Germelmann/Mattes/Prütting* ArbGG § 11 Rdnr. 95. – A. M. *Dersch/Volkmar* ArbGG[6] 80, 3 (S. 991); *Rohlfing/Rewolle* ArbGG § 11 Anm. 11c; *Grunsky* ArbGG[6] § 11 Rdnr. 15.

[149] *BGH* AP § 11 ArbGG 1979 Nr. 2; *OLG Düsseldorf*

AP § 11 ArbGG 1979 Nr. 1; *OLG Bremen* AP § 675 BGB Nr. 1 (*Wieczorek*).

[150] *LAG Hannover* RdA 1952, 79.

[151] Vgl. *RAG* 12, 304; *Jonas* JW 1928, 764 gegen *LAG Berlin; ders.* JW 1930, 1534 gegen *LAG Ravensburg.* – A. M. *LAG Danzig, OLG Hamburg* BenshS 11, 15. Dazu → auch § 91 Rdnr. 114, 118.

[152] Ebenso *Germelmann/Matthes/Prütting* ArbGG § 11 Rdnr. 87; *Müller/Bauer* Der Anwalt vor den Arbeitsgerichten[3], 130.

[153] *BAGE* 3, 55 = AP § 11 ArbGG 1953 Nr. 10 (*Pohle*) = ArbuR 1956, 316 (*Herschel*); *Grunsky* ArbGG[6] § 11 Rdnr. 19.

ebenfalls nicht verwiesen wird[154]. Der Ausschluß betrifft aber heute[155] nur noch die mündliche Verhandlung. Die weitergehende Ansicht, geschäftsmäßig Handelnde seien von der *gesamten* Prozeßführung ausgeschlossen[156], ist mit dem eindeutigen Wortlaut der Vorschrift nicht vereinbar, und es besteht auch kein Grund, hier anders zu entscheiden als bei § 157 Abs. 1 ZPO[157]. – **Verbandsvertreter** können nach § 11 Abs. 3 S. 2 ArbGG in der mündlichen Verhandlung auch dann auftreten, wenn sie geschäftsmäßig handeln.

b) Für **Unterbevollmächtigte** ist zu unterscheiden: 58

aa) Bestellt der Hauptbevollmächtigte den Unterbevollmächtigten zulässig als weiteren *Vertreter der Partei* (→ § 81 Rdnr. 14 ff.), so bleibt es bei dem soeben Gesagten. Der Unterbevollmächtigte tritt dann im Auftrag der Partei auf, was er nur darf, wenn er (Anwalt oder Verbandsvertreter ist oder) selbst nicht geschäftsmäßig handelt. Daß er von einem Vertreter der Partei eingeschaltet wurde, ändert daran nichts, denn die Partei hätte ihn genauso gut gleich selbst bevollmächtigen können[158].

bb) Wird der Unterbevollmächtigte hingegen als *Vertreter des Hauptbevollmächtigten*   59
eingesetzt, so ist weiter zu differenzieren: Handelt der Unterbevollmächtigte (sofern er nicht Anwalt oder Verbandsvertreter ist) *selbst geschäftsmäßig*, so bleibt es bei dem Ausschluß von der mündlichen Verhandlung, denn anderenfalls könnten die Vorschriften der §§ 11 Abs. 3 S. 1 ArbGG, 157 Abs. 1 ZPO dadurch umgangen werden, daß sich ein geschäftsmäßig Handelnder (z. B.) von einem Anwalt Untervollmacht erteilen läßt[159]. Handelt der Unterbevollmächtigte hingegen *selbst nicht geschäftsmäßig*, so kommt es darauf an, ob der Hauptbevollmächtigte mündlich verhandeln dürfte oder nicht. Wer also, ohne Anwalt oder Verbandsvertreter zu sein, geschäftsmäßig handelt, kann §§ 11 Abs. 3 ArbGG, 157 Abs. 1 ZPO nicht dadurch umgehen, daß er einen nicht geschäftsmäßig handelnden Unterbevollmächtigten oder einen Anwalt[160] bzw. Verbandsvertreter vorschiebt. Hingegen kann sich ein Rechtsanwalt sowohl durch angestelltes und damit nicht geschäftsmäßig handelndes (→ § 157 Rdnr. 51) *Büropersonal*[161] als auch durch angestellte *Assessoren* oder *Referendare*[162] vertreten lassen. Die Gegenmeinung[163], die z.T. auf der alten Fassung des § 11 ArbGG beruht, will unter Hinweis auf § 59 Abs. 2 BRAO nur Stationsreferendare zur Vertretung zulassen. § 59 Abs. 2 BRAO läßt sich aber nicht nur als Freistellung, sondern – außerhalb des Anwaltsprozesses – ebenso gut als Bestätigung der hier vertretenen Ansicht (sowie als Verbot, § 157 Abs. 2 ZPO anzuwenden) verstehen. – Jedenfalls ist zu beachten, daß es nur um den Ausschluß von der mündlichen Verhandlung geht, während die *Vollmacht* als solche wirksam bleibt (→ § 80 Rdnr. 38).

c) Geschäftsmäßig handeln auch **Angehörige einer ausländischen Botschaft,** die im Rahmen   60
ihrer Dienstpflicht Arbeitnehmer ihres Staates vor den Arbeitsgerichten vertreten[164], es sei

---

[154] Unzutreffend daher *LAG Köln* LAGE § 11 ArbGG 1979 Nr. 5.
[155] Zur früheren Interpretation → Voraufl. Rdnr. 58 m. w. N.
[156] So auch jetzt noch *BAG* AP § 11 ArbGG 1979 Nr. 10 (abl. *Grunsky*) = NZA 1989, 151 f.; früher *BAG* DB 1977, 1955 u. a.
[157] Ebenso *LAG Frankfurt* EzA § 11 ArbGG 1979 Nr. 1; *Brehm* RdA 1990, 73; *Grunsky* ArbGG[6] § 11 Rdnr. 18.
[158] Anders für den Fall beabsichtigter Umgehung *LAG Hamburg* AP § 51 Nr. 220 (abl. *Wieczorek*).
[159] Anders *Germelmann/Matthes/Prütting* ArbGG § 11 Rdnr. 50.
[160] Vgl. zum alten Recht *ArbG Stade* AP § 11 ArbGG 1953 Nr. 4 (*Wieczorek*).
[161] *Germelmann/Matthes/Prütting* ArbGG § 11

Rdnr. 50. Zu § 157 ZPO auch *LG Oldenburg* AnwBl. 1982, 374 (zust. *Chemnitz*); NJW 1958, 1930.
[162] *BAG* VersR 1991, 936; *LAG Baden-Württemberg* EzA § 11 ArbGG 1979 Nr. 7 (*Brehm*); *LAG Berlin* AP § 11 ArbGG 1953 Nr. 32; *LAG Frankfurt* AP § 11 ArbGG 1953 Nr. 31;*Germelmann/Matthes/Prütting* ArbGG § 11 Rdnr. 50; *Lepke* DB 1967, 731; *Müller/Bauer* Der Anwalt vor den Arbeitsgerichten[3], 131; *Winterstein* NZA 1988, 574 m. w. N.
[163] *LAG Berlin* BB 1980, 994; *LAG Köln* LAGE § 11 ArbGG 1979 Nr. 4; *LAG Hamm* NJW 1971, 2278; *LAG Niedersachsen* ARSt. 1972, 12 Nr. 16; *LAG Frankfurt* ArbuR 1965, 56 (L); wohl auch *Grunsky* ArbGG[6] § 11 Rdnr. 19. Ebenso *Voraufl.* Rdnr. 59 sowie *Schumann* → § 157 Rdnr. 8, 11, 51
[164] Ebenso *Germelmann/Matthes/Prütting* ArbGG § 11 Rdnr. 96; *Grunsky* ArbGG[6] § 11 Rdnr. 21; *ArbG Pa-*

denn, daß solchen Personen das Recht zur Vertretung durch Staatsverträge besonders eingeräumt wäre.

B. Im Urteilsverfahren vor Landesarbeitsgericht und Bundesarbeitsgericht

61   Vor den Rechtsmittelgerichten, dem LAG und BAG, besteht **Anwaltszwang** (§ 11 Abs. 2
S. 1 ArbGG), jedoch gegenüber dem ordentlichen Verfahren in zweifacher Hinsicht wesent-
lich abgeschwächt, da hier der Grundsatz der Lokalisation nicht gilt (Rdnr. 62) und im
Verfahren vor dem LAG die Vertretung durch einen Verbandsvertreter diejenige durch einen
Rechtsanwalt ersetzt (Rdnr. 63).

1. Vertretungsbefugte Personen

62   a) Vertretungsbefugt ist nach § 11 Abs. 2 Satz 1 ArbGG jeder **bei einem deutschen Gericht
zugelassene Anwalt** (→ Rdnr. 44, 51). Die beim BGH zugelassenen Rechtsanwälte dürfen
jedoch nach § 172 BRAO nicht vor den Landesarbeitsgerichten auftreten, sondern nur vor
den Obersten Gerichtshöfen des Bundes, dem Bundesverfassungsgericht und vor internationalen oder gemeinsamen zwischenstaatlichen Gerichten, in Arbeitssachen also nur vor dem
BAG.

63   b) Außerdem sind nach § 11 Abs. 2 Satz 2 ArbGG bei den **Landesarbeitsgerichten**, nicht
auch bei dem Bundesarbeitsgericht, **Verbandsvertreter** der oben Rdnr. 47 bezeichneten Art
vertretungsbefugt, aber ohne die Vertreter von Vereinigungen i. S. des § 11 Abs. 1 S. 3 (mit
sozial- oder berufspolitischer Zwecksetzung; → Rdnr. 48)[165]. Der Verbandsvertreter muß
kraft Satzung oder Vollmacht zur Übernahme der Prozeßvertretung gerade auch vor dem
LAG ermächtigt sein[166]. Prozeßpartei kann die betreffende Vereinigung, der Verband oder
ein Mitglied der Vereinigung sein (→ Rdnr. 52). – Zur Stellung der Verbandsvertreter →
Rdnr. 66.

2. Umfang des Vertretungszwangs

64   a) Der von dem Vertretungszwang betroffene **Personenkreis** ist der gleiche wie oben zu
Rdnr. 11 dargelegt. Auch hier kann sich der Anwalt selbst vertreten, ebenso der Verbandsvertreter, aber nicht, wenn die »Vollmacht« des Verbandes (→ Rdnr. 50) nur zu dem Zweck
erteilt wurde, sich selbst vertreten zu können[167], denn dies wäre eine Umgehung des gesetzlichen Vertretungszwangs.

65   b) Der Vertretungszwang erstreckt sich auf dieselben **Prozeßhandlungen** wie im ordentlichen Verfahren[168] (→ oben Rdnr. 13). Ausgeschlossen von dem Vertretungszwang sind auch
hier die Prozeßhandlungen, die vor dem **beauftragten oder ersuchten Richter** bzw. dem
Urkundsbeamten der Geschäftsstelle vorgenommen werden können (§ 78 Abs. 3; →

derborn AP § 11 ArbGG 1953 Nr. 29; *ArbG Wetzlar* AP
§ 11 ArbGG 1953 Nr. 33; *ArbG Ludwigsburg* BB 1972,
90. – A. M. *LAG Schleswig-Holstein* AR-Blattei D
ArbGbark. VI C Prozeßparteien, Prozeßvertretung
Entsch. 14 (krit. *Herschel*) = BB 1969, 838; *LAG Hamm*
DB 1976, 1243; *ArbG Bayreuth* ARSt. 1970, 128; *ArbG
Bamberg* ARSt. 1972, 80; *ArbG Stuttgart* BB 1976, 648.
   [165] *LAG Düsseldorf* DB 1967, 1593.
   [166] Vgl. *BAGE* 42, 303 = AP § 9 ArbGG 1979 Nr. 2
(*Grunsky*); *LAG Bremen* BB 1966, 499 (L).

[167] Vgl. *RAG* 12, 304.
   [168] Die **Einwilligung in die Sprungrevision** (§ 76 Abs. 1
ArbGG) kann nach heute h. M. von der Partei selbst oder
jedem nach § 11 Abs. 1 ArbGG möglichen Vertreter er-
klärt werden; vgl. *BAGE* 48, 235 = MDR 1986, 260;
BAGE 40, 228 = MDR 1983, 522 = AP § 76 ArbGG 1979
Nr. 3; *Germelmann/Matthes/Prütting* ArbGG § 76
Rdnr. 17; *Grunsky* ArbGG⁶ § 76 Rdnr. 6. – A. M. *Ehmann*
ZfA 1980, 856.

Rdnr. 20). Wenn auch § 11 ArbGG, der sich äußerlich als eine die Vorschriften der ZPO ausschließende Sonderregelung darstellt, eine dem § 78 Abs. 3 entsprechende Bestimmung nicht enthält, so fällt doch für die hier vertretene Auffassung entscheidend ins Gewicht, daß § 11 Abs. 2 ArbGG nur den Anwaltszwang in der oben dargelegten zweifachen Richtung hat *abschwächen*, ihn aber nicht gleichzeitig nach ganz anderer Richtung, ohne einen erkennbaren Grund, wesentlich hat erweitern wollen[169]. Wegen der nicht dem Vertretungszwang unterliegenden Prozeßhandlungen → auch § 79 Rdnr. 8.

C. Unanwendbarkeit der für Anwälte geltenden Vorschriften auf Verbandsvertreter

Die Vorschrift in § 11 Abs. 2 S. 2 ArbGG enthält nur eine *Einschränkung des Anwaltszwanges*, dagegen kann aus ihr nicht etwa entnommen werden, daß für das Verfahren vor den Landesarbeitsgerichten die Verbandsvertreter den Rechtsanwälten allgemein gleichgestellt wären, d. h. alle für Anwälte als solche geltenden Vorschriften bei ihnen entsprechend zu gelten hätten[170]. Es sind also insbesondere die oben zu Rdnr. 12 aufgeführten Vorschriften des § 397 Abs. 2 etc. auf sie nicht anzuwenden. Ebensowenig genießen sie die Sonderstellung bezüglich der Sitzungspolizei (→ vor § 128 Rdnr. 132 ff., 261 ff.). Zur Prüfung der Vollmacht → § 88 Rdnr. 20. Allgemeine Bestimmungen für Prozeßbevollmächtigte gelten dagegen für Verbandsvertreter ebenso wie für Rechtsanwälte, z. B. die Bestimmungen über Prozeßfähigkeit (→ oben Rdnr. 37). Wegen ihrer Stellung bei der **Zustellung** → §§ 183 Rdnr. 10, 198 Rdnr. 17, 212a Rdnr. 8 und wegen der Beglaubigung → § 170 Rdnr. 22; ferner → §§ 135 Rdnr. 6, 158 Rdnr. 21, 397 Rdnr. 13.

66

D. Prozeßvertretung im Beschlußverfahren

1. In der ersten Instanz des Beschlußverfahrens ist gemäß § 80 Abs. 2 ArbGG die für das Urteilsverfahren geltende Bestimmung, also § 11 Abs. 1 ArbGG, entsprechend anzuwenden. Vertretungs*zwang* besteht nicht. – Zur Vertretung des Betriebsrats → oben Rdnr. 53.

67

2. **In zweiter und dritter Instanz** gilt ebenfalls § 11 *Abs. 1* ArbGG entsprechend (§§ 87 Abs. 2 S. 2, 92 Abs. 2 S. 2 ArbGG). Die Beschwerdeschrift muß von einem Rechtsanwalt oder von einem Verbandsvertreter nach § 11 Abs. 2 S. 2 ArbGG unterzeichnet sein (§ 89 Abs. 1 ArbGG), die Rechtsbeschwerde und deren Begründung von einem Rechtsanwalt (§ 94 Abs. 1 ArbGG). Davon abgesehen besteht aber auch in zweiter und dritter Instanz **kein Vertretungszwang**[171].

68

§ 78 a   [Vermögensrechtliche Ansprüche unter Ehegatten]

aufgehoben durch G vom 20.2.1986 (BGBl. I, 301)

---

[169] Ebenso *BAG* (GS) 4, 207, 213 = AP § 64 ArbGG 1953 Nr. 5 (zust. *Nikisch*) = JZ 1957, 642 = NJW 1652 = ArbuR 1958, 25 (zust. *Herschel*).
[170] *RAG* 3, 291. – Teils a. M. *Germelmann/Matthes/Prütting* ArbGG § 11 Rdnr. 88 ff.; *Grunsky* ArbGG⁶ § 11 Rdnr. 13.

[171] *Germelmann/Matthes/Prütting* ArbGG § 11 Rdnr. 115/120; *Grunsky* ArbGG⁶ § 87 Rdnr. 17, § 92 Rdnr. 12.

§ 78 b   [Beiordnung eines Rechtsanwalts]

(1) ¹Insoweit eine Vertretung durch Anwälte geboten ist, hat das Prozeßgericht einer Partei auf ihren Antrag für den Rechtszug einen Rechtsanwalt zur Wahrnehmung ihrer Rechte beizuordnen, wenn sie einen zu ihrer Vertretung bereiten Rechtsanwalt nicht findet und die Rechtsverfolgung oder Rechtsverteidigung nicht mutwillig oder aussichtslos erscheint. ²Über den Antrag kann ohne mündliche Verhandlung entschieden werden.

(2) Gegen den Beschluß, durch den die Beiordnung eines Rechtsanwalts abgelehnt wird, findet die Beschwerde statt.

Gesetzesgeschichte: eingefügt als § 78 a durch BRAO, BGBl. 1959 I, 565; Bezeichnung § 78 b durch 1. EheRG, BGBl. 1976 I, 1421; früherer Abs. 3 aufgehoben durch G v. 13.6.1980 (BGBl. I, 677).

Stichwortverzeichnis: → vor § 78 vor Rdnr. 1.

I. Allgemeines

1   Der Anwaltszwang könnte einer Partei praktisch den Rechtsschutz entziehen, wenn diese keinen zu ihrer Vertretung bereiten Rechtsanwalt findet. Deshalb sieht § 78 b (ebenso wie früher § 38 BRAO) für diesen Fall die Beiordnung eines Anwalts, des sog. **Notanwalts**, vor. In **Scheidungssachen** gestattet § 625 eine Beiordnung von Amts wegen; diese steht neben § 78 b. Bei Verfahren ohne Anwaltszwang ist § 78 b nicht anzuwenden[1] (→ Rdnr. 4), ebensowenig bei Verfahren außerhalb der ZPO[2], jedenfalls nicht ohne gesetzliche Verweisung[3]. – Zu den Gerichten auf dem Gebiet der ehemaligen DDR → § 78 Rdnr. 4, § 78 c Rdnr. 6.

2   Kann die Partei aus **finanziellen Gründen** keinen Anwalt beauftragen, so gilt nicht § 78 b, sondern die Vorschrift über die Beiordnung im Prozeßkostenhilfeverfahren (§ 121).

---

[1] Vgl. *BGH* MDR 1989, 257.
[2] Daher nicht für Klageerzwingungsverfahren nach § 172 StPO, *OLG Hamburg* MDR 1988, 990 m. w. N.; *OLG Düsseldorf* MDR 1988, 165; NStZ 1985, 571; *OLG Bremen* NStZ 1986, 475; *OLG Celle* NStZ 1985, 234; *OLG Frankfurt* NStZ 1981, 491; *OLG Hamm* NJW 1960,

164. – A. M. *OLG Koblenz* NJW 1982, 61; *OLG Saarbrücken* NJW 1964, 1534; *Baumbach/Lauterbach/Hartmann*[50] Anm. 1; *Meyer/Goßner* NStZ 1985, 234; *Rieß* NStZ 1986, 433; *Zöller/Vollkommer*[17] Rdnr. 2.
[3] Zur entsprechenden Anwendung nach § 155 FGO vgl. *BFH* NJW 1978, 448.

II. Sachliche Voraussetzungen

1. Die Beiordnung kann nur zugunsten einer **Partei** erfolgen. Damit ist jedoch nicht nur die **3** Partei im engeren Sinn, also nur ein Kläger oder Beklagter, gemeint, sondern **jeder, der vom Anwaltszwang erfaßt wird** (→ § 78 Rdnr. 11), auch der Streitgehilfe, einerlei ob er von selbst oder nach Streitverkündung einer Partei dem Rechtsstreit beigetreten ist. Ob es sich um eine natürliche oder juristische Person handelt oder um eine sog. Partei kraft Amtes (dazu → Rdnr. 25 vor § 50), begründet keinen Unterschied.

2. Eine **Vertretung durch Anwälte** muß **geboten**, d. h. gesetzlich zwingend vorgeschrieben **4** sein (→ § 78 Rdnr. 1). Ob ein Rechtsstreit schon anhängig ist oder erst anhängig gemacht werden soll, bleibt sich gleich. Zum Umfang des Anwaltszwangs → § 78 Rdnr. 13 ff., 20 ff. Soweit er nur für einzelne Prozeßhandlungen oder Verfahrensabschnitte besteht, kommt auch nur in dieser Begrenzung eine Beiordnung in Betracht. Eine besondere Beiordnung über den Bereich des Anwaltszwangs hinaus, z. B. zur Wahrnehmung eines auswärtigen Beweistermins vor einem ersuchten Richter, zur Vermittlung des Verkehrs mit dem Prozeßbevollmächtigten oder allgemein in sonstigen Fällen, in denen die Vertretung durch einen Rechtsanwalt erforderlich erscheint, läßt § 78 b im Gegensatz zu § 121 Abs. 2 nicht zu. Wenn allerdings für einen Prozeß eine Beiordnung im allgemeinen notwendig und verfügt ist, deckt sie sinngemäß auch die einzelnen im Verfahren anfallenden Handlungen, die ausnahmsweise nicht dem Anwaltszwang unterliegen, z. B. im Beweistermin vor einem beauftragten Richter. Eine »Beiordnung« nur zur *Beratung* einer Partei über etwa mögliche Klagen richtet sich nicht nach § 78 b, sondern nach dem BeratungshilfeG vom 18.6.1980 (BGBl. I, 689).

3. Die Partei muß einen zu ihrer Vertretung bereiten **Rechtsanwalt nicht gefunden** haben. **5** Diese Voraussetzung ist nicht erfüllt, wenn die Partei einen postulationsfähigen Rechtsanwalt als gesetzlichen Vertreter hat, dessen Aufgabenkreis die Prozeßführung umfaßt[4], ferner dann nicht, wenn ein Anwalt das Begehren für nicht aussichtsreich erklärt, aber doch bereit ist, die Vertretung zu übernehmen[5]. Wieweit die Bemühungen der Partei, einen Anwalt zu finden, gehen müssen, entscheiden die Verhältnisse im Einzelfall. Dabei kann es auch eine Rolle spielen, ob bei längerem Suchen und einer dadurch bewirkten Verzögerung der Klageerhebung, Rechtsmitteleinlegung usw. Rechtsnachteile drohen. Andererseits ist die Möglichkeit einer Wiedereinsetzung zu beachten, wenn eine Partei innerhalb der Frist unverschuldet einen vertretungsbereiten Anwalt nicht finden und eine Beiordnung nicht erwirken konnte. Selbstverständlich braucht die Partei nicht jeden zur Vertretung an sich befugten Anwalt zu befragen, insbesondere nicht an Großstadtgerichten[6], und ebensowenig braucht sie sich an Anwälte zu wenden, die eine Vertretung nach §§ 43 ff. BRAO ohnehin ablehnen müßten oder sie aus besonderen Gründen sicherlich ablehnen würden, oder an die heranzutreten der Partei nicht zuzumuten wäre, z. B. wegen eines persönlichen Streits.

Die Partei hat ihre Bemühungen dem Gericht **nachzuweisen**, in der Regel durch Vorlage **6** schriftlicher Ablehnungen[7]. Namen und Anschriften der in Betracht kommenden Anwälte kann die Partei bei der zuständigen Anwaltskammer[8] oder durch Einsichtnahme in die vom Gericht nach § 31 BRAO zu führende Anwaltsliste erfahren. Dagegen darf die Partei ihre Suche nicht auf einen bestimmten engeren Kreis von Anwälten beschränken, die ihr persön-

---

[4] *BVerwG* NJW 1979, 2117.
[5] *OLG Karlsruhe* Justiz 1971, 25.
[6] *OLG Koblenz* Rpfleger 1971, 441; *OLG Karlsruhe* Justiz 1971, 25; *OLG Rostock* OLGRspr. 5 (1902), 221. Der Nachweis einer bestimmten Mindestzahl von Ablehnungen ist nicht vorgeschrieben, *OLG Saarbrücken* JBl. Saar 1962, 52; s. auch *BSG* MDR 1971, 959 (6 Ablehnun-

gen in Berlin in der Sozialgerichtsbarkeit nicht ausreichend); anders *BFH* NJW 1978, 448 (5 Ablehnungen in der Finanzgerichtsbarkeit ausreichend).
[7] Vgl. *OLG Koblenz* Rpfleger 1971, 441. S. auch *KG* OLGZ 1977, 245.
[8] *BSG* MDR 1971, 959.

lich bekannt sind, die sich eines besonderen Ansehens erfreuen oder im Ruf eines Spezialisten auf dem einschlägigen Rechtsgebiet stehen. Daß sie einen zur Vertretung bereiten und berechtigten Anwalt gefunden und Prozeßvollmacht erteilt hatte, schließt die Beiordnung nicht aus, wenn das Auftragsverhältnis von ihr oder vom Anwalt gekündigt ist. Wenn allerdings die Partei ohne sachlichen Grund schuldhaft selbst gekündigt[9] oder die Kündigung durch den Anwalt selbst verschuldet hat[10], kann sie nach dem Sinn der Vorschrift die Vergünstigung des § 78b nicht in Anspruch nehmen. Dies gilt auch dann, wenn der Partei Prozeßkostenhilfe mangels hinreichender Erfolgsaussicht versagt wurde und ihr Prozeßbevollmächtigter daraufhin wegen mangelnder Vorschußzahlung das Mandat niedergelegt hat: Bei mangelnder Zahlungsfähigkeit kommt eine Anwaltsbeiordnung nur unter den Voraussetzungen des § 121, nicht nach § 78b in Frage[11].

7   4. Die Rechtsverfolgung oder -verteidigung darf **nicht mutwillig** sein (→ dazu § 114 Rdnr. 27). Die Beschränkung der Beiordnung auf einen Teilbetrag kommt nicht in Betracht, weil hier die Partei ja die gesamten Kosten der Prozeßführung selbst aufzuwenden bereit ist und § 78b keine entsprechende Vorschrift enthält. Entscheidend muß sein, ob die Übernahme für einen Anwalt zumutbar ist oder nicht[12].

8   5. Die Rechtsverfolgung oder -verteidigung darf **nicht aussichtslos** sein. Zur Aussichtslosigkeit → zunächst § 114 Rdnr. 21. Für ein unstatthaftes oder erkennbar unzulässiges Rechtsmittel, für eine Klage beim unzuständigen Gericht usw. ist daher die Beiordnung abzulehnen. Bei der Prüfung der Aussichten unter dem Gesichtspunkt der Zulässigkeit und Begründetheit des Begehrens der Partei sind sowohl die Rechtsfragen wie die Beweisfragen zu beachten; zum Verfahren → Rdnr. 12. Es wird nicht positiv, wie bei der Prozeßkostenhilfe, eine Feststellung hinreichender Erfolgsaussichten gefordert, sondern die Aussichtslosigkeit ist nach der Fassung der Vorschrift Hindernis der Beiordnung, so daß bei der Beurteilung der Beweisaussichten kein allzu strenger Maßstab anzulegen ist. Eine Beweiserhebung nach den Regeln des Strengbeweises ist in diesem Verfahren auch gar nicht durchführbar, und eine erschöpfende Prüfung der Aussichten würde in bedenklicher Weise der Entscheidung in dem vom Antragsteller beabsichtigten oder schon anhängigen Rechtsstreit vorgreifen. Deshalb schließt eine Versagung der Prozeßkostenhilfe mangels hinreichender Erfolgsaussichten eine Beiordnung nach § 78b nicht aus[13], wenn die Partei nunmehr (trotz Bereitschaft zur Vorschußzahlung) keinen Anwalt findet.

9   6. Sind die dargestellten Voraussetzungen gegeben, so **muß** das Gericht die Beiordnung aussprechen; diese ist **nicht in sein Ermessen gestellt**.

III. Verfahren

10   1. Zuständig ist das **Prozeßgericht**, d.h. das Gericht, bei dem der Rechtsstreit anhängig ist oder anhängig gemacht werden soll[14]. Die Entscheidung steht, wie bei der Bewilligung der Prozeßkostenhilfe, dem **Kollegium** und nicht dem Vorsitzenden zu; dieser entscheidet gem. § 78c nur über die **Auswahl** des beizuordnenden Rechtsanwalts. Der **Einzelrichter** entscheidet, wenn ihm der Rechtsstreit nach § 348 zur Entscheidung übertragen ist, nicht dagegen der vorbereitende Einzelrichter in der Berufungsinstanz (§ 524 Abs. 1, 2), außer bei Einverständ-

---

[9] *RG* JW 1904, 368.
[10] Z.B. durch Nichtzahlung des Vorschusses, *RG* JW 1892, 363.
[11] *BGH* LM Nr. 1 = NJW 1966, 780; *BVerwG* MDR 1967, 150.
[12] *Bergerfurth* Der Anwaltszwang und seine Ausnahmen[2] Rdnr. 167.
[13] *BGH* FamRZ 1988, 1152, 1153; *OLG Saarbrücken* JBl.Saar 1962, 52.
[14] Vgl. *BFH* NJW 1978, 448.

nis der Parteien (§ 524 Abs. 4). Der Vorsitzende der Kammer für Handelssachen kann nur bei Einverständnis der Parteien entscheiden (§ 349 Abs. 3).

2. Der **Antrag** der Partei ist an **keine Form** gebunden. Er kann daher schriftlich wie auch   **11** mündlich zur Niederschrift des Urkundsbeamten des Prozeßgerichts oder eines jeden Amtsgerichts (§ 129a) erklärt werden. Daß eine dem § 117 Abs. 1 Satz 1, 2. Hs. entsprechende ausdrückliche Vorschrift fehlt, kann nicht zu einem Gegenschluß führen, weil gerade die Erklärung zu Protokoll vielfach der einzige sachgemäße Weg sein wird und die Urkundsbeamten zur Entgegennahme derartiger Anträge schon auf Grund allgemeiner Amtspflicht verpflichtet erscheinen. Selbstverständlich gilt für den Antrag (§ 78 Abs. 3) und das weitere Verfahren *kein Anwaltszwang*, weil es der Partei ja einen Anwalt erst verschaffen soll.

3. Das **Verfahren** folgt nach Abs. 1 S. 2 den Grundsätzen der sog. fakultativen mündlichen   **12** Verhandlung (→ § 128 Rdnr. 39 ff.). Eine mündliche Verhandlung wird freilich kaum jemals angebracht sein, eher eine Anhörung, die auch einem beauftragten Richter überlassen werden kann. Da es sich nur um eine Anordnung zugunsten des Antragstellers handelt, die einen anhängigen Rechtsstreit nicht voraussetzt und die Interessen des gegenwärtigen oder künftigen Prozeßgegners nicht unmittelbar berührt, hat dieser keinen Anspruch auf rechtliches Gehör. Er ist in diesem Verfahren ebensowenig Partei wie der Prozeßgegner einer Partei, die Prozeßkostenhilfe erbeten hat. Das Gericht ist auch nicht, wie nach § 118 Abs. 1 S. 1, angehalten, den Gegner zu hören. Bei Prüfung der Erfolgsaussichten und einer etwaigen Mutwilligkeit der Rechtsverfolgung kann es sich jedoch empfehlen, ihm Gelegenheit zur schriftlichen Stellungnahme zu geben oder ihn als Auskunftsperson zum Erscheinen in einer mündlichen Verhandlung aufzufordern. Für einen Zwang zum Aussagen, zum Erscheinen oder gar zur eidlichen Bekräftigung der Aussage oder zur Abgabe einer eidesstattlichen Versicherung fehlt es an einer gesetzlichen Grundlage. Zum Umfang der Prüfung → auch Rdnr. 8.

4. Die Entscheidung ergeht als **Beschluß**. Über die Zustellung oder formlose Mitteilung an   **13** den Antragsteller → § 329 Rdnr. 33 ff. Eine Unterrichtung des Prozeßgegners oder eines bestimmten Anwalts erübrigt sich, weil diese kein Beschwerderecht haben (→ Rdnr. 14). Der Beschluß spricht nur aus, daß (irgend-)ein Rechtsanwalt beizuordnen ist; die Auswahl und Beiordnung eines bestimmten Anwalts wird nach § 78c gesondert verfügt. Zur Verbindung beider Anordnungen → § 78c Rdnr. 15.

5. Der eine **Beiordnung anordnende Beschluß** ist **unanfechtbar**. Denn der Antragsteller ist   **14** dadurch nicht beschwert, weil seinem Gesuch entsprochen ist, der (künftige) Prozeßgegner nicht, weil er in seinen schutzwürdigen Interessen nicht unmittelbar berührt ist, und ein bestimmter Anwalt noch nicht, weil er nicht betroffen, sondern nur eine allgemeine Anweisung zur Beiordnung ergangen ist.

Dagegen gibt Abs. 2 dem Antragsteller – und nur diesem – gegen einen **ablehnenden**   **15** **Beschluß** die **Beschwerde**. Das ist die einfache, also unbefristete Beschwerde, für die die §§ 567 f. gelten. Nach § 568 Abs. 2 ist daher eine weitere Beschwerde unzulässig. Die Beschwerde kann sich auch gegen eine teilweise Ablehnung richten. Eine bestimmte Beschwerdesumme muß nicht erreicht sein; § 567 Abs. 2 ist nicht anwendbar. Gegen eine Entscheidung des Landgerichts als Berufungsgericht ist die Beschwerde nicht zulässig (§ 567 Abs. 3). Ferner findet gegen Beschlüsse der Oberlandesgerichte (§ 567 Abs. 4) und erst recht gegen Beschlüsse eines Obersten Landesgerichts oder des BGH ein Rechtsmittel nicht statt. Ein Anwaltszwang gilt bei diesen Beschwerden nicht[15] (→ Rdnr. 11).

6. Der Beschluß hat nur die **Wirkung**, daß er den Vorsitzenden verpflichtet, einen zur   **16** Vertretung geeigneten Anwalt auszuwählen und dem Antragsteller beizuordnen, und daß er

---

[15] OLG Köln JMBl. NRW 1972, 117.

dem Antragsteller einen Anspruch hierauf gibt. Zur **Auswahl** des Anwalts und zur Übernahmepflicht (§ 48 Abs. 1 Nr. 2 BRAO) → § 78c.

17   7. Eine **Aufhebung** des Beschlusses sieht das Gesetz nicht vor, auch nicht, wenn die Voraussetzungen nachträglich fortgefallen sind; zur Aufhebung der Beiordnung eines *bestimmten* Anwalts → § 78c Rdnr. 27.

§ 78c   [Auswahl des Rechtsanwalts]

(1) Der nach § 78b beizuordnende Rechtsanwalt wird durch den Vorsitzenden des Gerichts aus der Zahl der bei dem Prozeßgericht zugelassenen Rechtsanwälte ausgewählt; § 78 Abs. 2 Satz 2 gilt entsprechend.

(2) Der beigeordnete Rechtsanwalt kann die Übernahme der Vertretung davon abhängig machen, daß die Partei ihm einen Vorschuß zahlt, der nach der Bundesgebührenordnung für Rechtsanwälte zu bemessen ist.

(3) ¹Gegen eine Verfügung, die nach Absatz 1 getroffen wird, steht der Partei und dem Rechtsanwalt die Beschwerde zu. ²Dem Rechtsanwalt steht die Beschwerde auch zu, wenn der Vorsitzende des Gerichts den Antrag, die Beiordnung aufzuheben (§ 48 Abs. 2 der Bundesrechtsanwaltsordnung), ablehnt.

Gesetzesgeschichte: eingefügt durch G vom 13.6.1980, BGBl. I, 677; Änderungen BGBl. 1986 I, 301; 1990 I, 2847.

Stichwortverzeichnis: → vor § 78 vor Rdnr. 1.

I. Geltungsbereich

1   1. § 78c regelt die *Auswahl* des Anwalts für den Fall der **Beiordnung eines Notanwalts** nach § 78b. Die Auswahl nach § 78c setzt daher einen wirksamen Beiordnungsbeschluß nach § 78b voraus. Zur Verbindung beider Entscheidungen → Rdnr. 15.

2   2. Kraft ausdrücklicher Verweisung in § 625 Abs. 1 S. 1, 2. Hs. gelten § 78c Abs. 1 und 3 für den Fall einer **Beiordnung in Scheidungssachen** sinngemäß. Die Verweisung betrifft aber nur die *Auswahl* des Anwalts, nicht die Voraussetzungen und das Verfahren der Beiordnung selbst.

3. § 78 c ist ferner für den Fall einer **Beiordnung im Prozeßkostenhilfeverfahren** nach § 121   3
Abs. 4 entsprechend anzuwenden. Daß § 121 Abs. 4, anders als § 625 Abs. 1, auf § 78 c nicht
verweist, beruht auf einem Redaktionsversehen[1]. Auch hier kann aber nur für die *Auswahl*
des Anwalts auf § 78 c zurückgegriffen werden. Allerdings gelten die Ausführungen zur
rechtlichen *Wirkung* (→ Rdnr. 22) und zur *Aufhebung* (→ Rdnr. 27) entsprechend; → auch
§ 121 Rdnr. 21, 27.

4. § 78 c ist auch im Fall eines **Anwaltswechsels** anzuwenden, wenn an Stelle des zunächst   4
beigeordneten Anwalts ein anderer auszuwählen ist. Das kann erforderlich werden, wenn ein
beigeordneter Anwalt durch Tod, Löschung in der Anwaltsliste oder Verweisung der Sache an
ein Gericht, bei dem er nicht zugelassen ist, ausscheidet. Es kann sich aber auch ergeben, wenn
die Beiordnung dieses Anwalts gem. § 48 Abs. 2 BRAO aus wichtigem Grund aufzuheben ist[2]
(→ näher Rdnr. 27 ff.) – Zur *Kostenerstattung* beim Anwaltswechsel → § 91 Rdnr. 104 ff., zu
den *Gebühren* → § 121 Rdnr. 27.

II. Grundsätze der Auswahl

1. Für den **Personenkreis**, aus dem der beizuordnende Anwalt auszuwählen ist, ist zu   5
differenzieren:

a) Im normalen **Anwaltsprozeß** (§ 78 Abs. 1) kann nur ein *bei dem Prozeßgericht zugelasse-*   6
ner Anwalt (→ § 78 Rdnr. 6 ff., 30 ff.) ausgewählt werden. Anderenfalls würde den Anforderungen an den Anwaltszwang nicht entsprochen (→ auch Rdnr. 7). Es reicht aber, daß der
Anwalt *auch* beim Prozeßgericht zugelassen ist; eine Simultanzulassung bei einem anderen
Gericht (→ § 78 Rdnr. 7 ff.) schadet nicht. Vor den *Bezirksgerichten* auf dem Gebiet der
ehemaligen DDR besteht Vertretungszwang (→ § 78 Rdnr. 4); der Vorsitzende kann hier aber
auf alle Rechtsanwälte mit Kanzleisitz im Beitrittsgebiet zurückgreifen[3]; für die Auswahl gilt
insoweit das in Rdnr. 8 Gesagte entsprechend.

b) In **Familiensachen** ermöglicht der Verweis in § 78 c Abs. 1 auf § 78 Abs. 2 S. 2 auch die   7
Auswahl aus dem Kreis der bei dem übergeordneten Landgericht zugelassenen Rechtsanwälte (→ § 78 Rdnr. 3 b). Diese Erweiterung hat auch bei der Beiordnung in Scheidungssachen
nach § 625 Bedeutung, da Scheidungssachen als Ehesachen dem Anwaltszwang nach § 78
Abs. 2 S. 1 Nr. 1 unterliegen (→ § 78 Rdnr. 3 c, 3 e). *Außerhalb* der Familiensachen gilt diese
Erweiterung aber nicht, so daß nicht etwa bei jedem Amtsgerichtsprozeß ein bei dem
übergeordneten Landgericht zugelassener Rechtsanwalt beigeordnet werden kann[4]. §§ 78 b,
78 c wollen nicht den Kreis der postulationsfähigen Anwälte über § 78 hinaus erweitern,
sondern lediglich dem Umstand Rechnung tragen, daß unter den postulationsfähigen Anwälten niemand bereit ist, die Partei zu vertreten. Ausgewählt werden kann also nur ein solcher
Anwalt, der die Prozeßvertretung auch freiwillig übernehmen könnte.

c) Im **Parteiprozeß** kann § 78 c nicht direkt zum Zuge kommen, da diese Vorschrift zusam-   8
men mit §§ 78 b, 625 nur Verfahren mit Anwaltszwang betrifft, sondern nur entsprechend in
den Fällen des § 121 Abs. 4 (→ Rdnr. 3), wenn das Verfahren, für das Prozeßkostenhilfe
gewährt wird, nicht dem Anwaltszwang unterliegt (sonst gilt das in Rdnr. 6, 7 Gesagte), die
Beiordnung eines Rechtsanwalts aber gleichwohl erforderlich ist (§ 121 Abs. 2, 3). In diesen
Fällen ist die Auswahl an und für sich nicht auf den Kreis der bei dem Prozeßgericht
zugelassenen Anwälte beschränkt, da auch andere Anwälte postulationsfähig sind (→ vor

---

[1] *Zöller/Vollkommer*[17] Rdnr. 2.
[2] Vgl. *KG* OLGZ 1971, 421.
[3] *Zöller/Vollkommer*[17] Rdnr. 13.

[4] So aber *Baumbach/Lauterbach/Hartmann*[50] Anm.
2 B.

§ 78 Rdnr. 5). Da aber nach § 121 Abs. 2 Satz 2 ein nicht bei dem Prozeßgericht zugelassener (Wahl-)Anwalt nur *beigeordnet* werden kann, wenn dadurch weitere Kosten nicht entstehen, wird man mit dem Rechtsgedanken des früheren § 116 b Abs. 1 Satz 2, Abs. 2 Satz 2 auch für die *Auswahl* sagen müssen, daß sich der Vorsitzende grundsätzlich auf die beim Prozeßgericht (oder bei dem ersuchten Gericht in den Fällen des § 121 Abs. 3) zugelassenen Anwälte zu beschränken hat. Nur wenn die Auswahl unter diesen Anwälten auf Schwierigkeiten stößt (z. B. wegen des Erfordernisses besonderer Sachkunde), kann auch auf die bei einem benachbarten *Amtsgericht* oder bei einem benachbarten oder übergeordneten *Landgericht* zugelassenen Rechtsanwälte zurückgegriffen werden. Ebensowenig bestehen Bedenken dagegen, daß das Beschwerdegericht für eine schriftliche Gegenerklärung im Beschwerdeverfahren (§ 573 Abs. 2 Satz 2) dem Beschwerdegegner einen Anwalt der *unteren Instanz* beiordnet[5]. Für eine Auswahl aus dem Kreis der nur bei einem *OLG* zugelassenen Anwälte wird kein Anlaß bestehen, da sich jedenfalls in den Bezirken der (benachbarten) untergeordneten Landgerichte ein zur Beiordnung geeigneter Anwalt finden lassen wird. Anwälte, die beim *BGH* zugelassen sind, scheiden schon nach § 172 Abs. 1 BRAO aus; die Ausnahme in § 172 Abs. 3 BRAO dürfte kaum praktisch werden.

9   **2. Auswahlkriterien** stellt das Gesetz weiter nicht auf. Der Vorsitzende entscheidet daher nach seinem **pflichtgemäßen Ermessen**. Das Ermessen bezieht sich aber nur auf die Auswahl, denn der Vorsitzende ist aufgrund der Entscheidung nach § 78 b jedenfalls verpflichtet, überhaupt einen Anwalt beizuordnen (→ § 78 b Rdnr. 16), muß also unverzüglich entscheiden. Grundsätzlich kommt innerhalb des genannten Personenkreises jeder Anwalt in Betracht, da nach § 48 Abs. 1 Nr. 1–3 BRAO eine Verpflichtung zur Übernahme besteht. Auszuwählen ist dabei stets ein *einzelner*, namentlich genannter Anwalt, keine Sozietät als solche[6]. Für diese Auswahl gibt es die folgenden Anhaltspunkte:

10   **a)** In erster Linie wird der Richter die ausdrücklich geäußerten oder den Umständen zu entnehmenden **Wünsche oder Bedenken der Partei** berücksichtigen[7]. Er kann davon aber abweichen, wenn persönliche oder sachliche Gründe entgegenstehen (→ auch Rdnr. 14), denn die Partei hat kein Recht auf einen bestimmten Anwalt[8]. Verfassungsrechtliche Bedenken gegen die Auswahl eines anderen als des gewünschten Anwalts bestehen nicht[9].

11   **b) Verwaltungsvorschriften** können den Richter bei der Auswahl nicht binden, wohl aber als Anregungen wertvoll sein.

12   **c)** Der Richter kann die in Betracht kommenden Anwälte, wenn Wünsche der Partei nicht vorliegen, **turnusmäßig** heranziehen. Dabei sind die Bedeutung des Rechtsstreits und die wirtschaftlichen Verhältnisse der Anwälte zu beachten.

13   **d)** Von der turnusmäßigen Berücksichtigung kann abgewichen werden, wenn besondere Umstände, insbesondere das Bedürfnis nach einem auf einem bestimmten Rechtsgebiet **spezialisierten Anwalt**, dies nach Zweckmäßigkeit oder Billigkeit erfordern.

14   **e)** Schließlich sind Umstände in der **Person** des an und für sich auszuwählenden Anwalts zu berücksichtigen. So darf kein Anwalt beigeordnet werden, der bei der Vertretung seine Rechtspflichten verletzen müßte[9a] (vgl. §§ 43 ff. BRAO) oder bei dem sonst ein wichtiger Grund entgegensteht, z. B. Krankheit. Allgemein wird man sagen können, daß kein Anwalt ausgewählt werden soll, der sogleich wieder Aufhebung nach § 48 Abs. 2 BRAO beantragen könnte (→ dazu Rdnr. 28). Und umgekehrt darf der Partei kein Anwalt aufgezwungen

---

[5] A. M. *OLG Koblenz* NJW 1961, 2119.
[6] *E. Schneider* JurBüro 1967, 181.
[7] Vgl. *OLG Schleswig* SchlHA 1978, 84; *OLG Celle* NJW 1954, 721; *KG* JR 1950, 53.
[8] *OLG Schleswig* SchlHA 1978, 84; *OLG Celle* NJW 1954, 721.

[9] *BVerfGE* 9, 36 (zur Auswahl des Pflichtverteidigers in Strafsachen).
[9a] Vgl. *OLG Celle* FamRZ 1983, 1045 (für § 45 Nr. 2 BRAO).

werden, zu dem kein Vertrauen entstehen kann[10], weshalb in der Regel ein Anwalt, der die Übernahme des Mandats bereits abgelehnt hat, nicht beigeordnet werden sollte.

III. Verfahren

1. Zuständig ist der *Vorsitzende* des Prozeßgerichts, das die Grundentscheidung nach § 78b **15** gefällt hat, bei Übertragung nach §§ 348, 524 Abs. 4 der *Einzelrichter*. Die Verfügung des Vorsitzenden wird aber häufig mit dem Beschluß nach § 78b, also der allgemeinen Anordnung, daß ein Anwalt beizuordnen sei, *verbunden* werden. Das ändert indessen nichts daran, daß es sich rechtlich um *zwei* Entscheidungen handelt. Sind sie beim Kollegialgericht von allen Mitgliedern unterschrieben, so bezieht sich die Unterschrift der Beisitzer daher nicht auf die Auswahl des Anwalts[11]. Auch in der Frage der Anfechtbarkeit sind beide Teile selbständig zu beurteilen. Läge tatsächlich ein Beschluß des Kollegiums statt seines Vorsitzenden über die Auswahl vor, so würde dieser Verfahrensverstoß indessen nach dem in § 10 zum Ausdruck gekommenen allgemeinen Rechtsgedanken unerheblich sein, also den Beschluß weder anfechtbar noch unwirksam machen[12].

2. Ein **Antrag** auf Beiordnung eines *bestimmten* Anwalts ist nicht erforderlich. Die Partei **16** sowie ein bestimmter Anwalt können jedoch entsprechende Wünsche äußern (→ Rdnr. 10). Dazu sollte der Vorsitzende die in Betracht kommenden Beteiligten mündlich oder schriftlich *anhören*.

3. Der **Verfügung** des Vorsitzenden, durch die ein bestimmter Anwalt *ausgewählt* wird, ist **17** diesem und der Partei formlos mitzuteilen. Die Entscheidung ist kurz zu begründen. Wirksam wird die Beiordnung frühestens zusammen mit dem Beschluß nach § 78b. Die *Ablehnung* eines Parteiwunsches ergibt sich bereits aus der einen anderen Anwalt beiordnenden Verfügung. Hat ein bestimmter Anwalt Wünsche geäußert (→ Rdnr. 16), so ist ihm formlos mitzuteilen, daß ein anderer Kollege ausgewählt worden ist.

4. Gegen die Verfügung des Vorsitzenden ist grundsätzlich die **Beschwerde** statthaft (Abs. 3 **18** S. 1; in den Fällen des § 121 Abs. 4 ergibt sich dasselbe aus § 127 Abs. 2[13]). Etwas anderes gilt nach § 567 Abs. 3 und 4 nur für solche Entscheidungen, die der Vorsitzende eines Senats beim OLG oder einer Berufungskammer des Landgerichts getroffen hat. Eine **weitere Beschwerde** ist durch § 568 Abs. 2 ausgeschlossen, da § 78c sie nicht ausdrücklich zuläßt. Für die Einzelheiten gilt folgendes:

a) Die **Partei** hat die Beschwerde nur, wenn der Vorsitzende eine Entscheidung fällt. Wird **19** er trotz des Beschlusses nach § 78b überhaupt nicht tätig, ist nicht die Beschwerde nach § 567 (→ vor § 567 Rdnr. 18), sondern nur die Dienstaufsichtsbeschwerde möglich. Lehnt der Vorsitzende hingegen eine Auswahl (z. B. nach Aufhebung der ursprünglichen Beiordnung, → Rdnr. 27ff.) förmlich durch Verfügung ab, so unterliegt diese der Beschwerde[14] (→ vor § 567 Rdnr. 19). Dasselbe gilt, wenn bei der Auswahl ein Wunsch der Partei grundlos nicht berücksichtigt wurde oder der Richter sonst sein Ermessen nicht sachgemäß ausgeübt hat (→ §§ 570 Rdnr. 1, 575 Rdnr. 1).

b) Der **beigeordnete Anwalt** kann sich beschweren, wenn er wichtige Gründe gegen seine **20** Auswahl vorbringen kann, z. B. Kollisionen mit Berufspflichten (→ Rdnr. 14). Die Beschwerde ist auch dann zulässig, wenn die Gründe erst nach der Auswahl entstanden sind[15], dann aber wahlweise neben dem Aufhebungsantrag nach § 48 Abs. 2 BRAO (→ Rdnr. 29). Der

---

[10] *BGHZ* 60, 258; *OLG Schleswig* SchlHA 1978, 84.
[11] Vgl. *RG* Gruchot 33 (1889), 1186.
[12] Im Ergebnis ebenso *RG* Gruchot 33 (1889), 1186; *OLG München* OLGRspr. 27 (1913), 58.

[13] *OLG Karlsruhe* FamRZ 1991, 462; *OLG Zweibrücken* NJW 1988, 570.
[14] *KG* OLGZ 1971, 421; *RG* JW 1911, 49.
[15] *RG* Gruchot 33 (1889), 1186.

Anwalt kann die Beschwerde ferner darauf stützen, daß er einer Partei ohne ausreichenden Grund gegen deren Wunsch beigeordnet worden ist[16], hingegen nicht darauf, daß er die Rechtsverfolgung oder -verteidigung für mutwillig oder aussichtslos hält, weil das schon bei der Entscheidung nach § 78 b zu berücksichtigen war und hier keine Rolle mehr spielt.

21   c) Ein **nicht beigeordneter Anwalt** hat kein eigenes Beschwerderecht, auch wenn er behauptet, die getroffene Auswahl sei unzulässig oder unangebracht[17]. Es besteht auch keine Amtspflicht des Gerichts gegenüber einem Rechtsanwalt, gerade ihn auszuwählen[17a].

VI. Rechtliche Wirkungen der Beiordnung

22   **1.** Die Beiordnung schafft **kein privat-rechtliches Vertragsverhältnis** (→ vor § 78 Rdnr. 12) zwischen dem Anwalt und der Partei[18]. Vielmehr gelten auch insoweit die allgemeinen Regeln: Die Partei muß (außer in den Fällen des § 625[19]) mit dem Anwalt noch einen *Vertrag* schließen. Das kann stillschweigend geschehen, aber nicht schon daraus hergeleitet werden, daß die Partei schweigt, wenn sie vom Notanwalt über die Beiordnung in Kenntnis gesetzt wird[20]; hier bleiben dem Anwalt nur gesetzliche Ersatzansprüche. Die Partei muß dem Anwalt außerdem *Vollmacht* erteilen (→ § 80 Rdnr. 11), die er beizubringen hat (→ § 80 Rdnr. 23; für Ehesachen → § 609 Rdnr. 5) und die nach Maßgabe des § 83 beschränkt werden kann (→ § 83 Rdnr. 2). Nur aufgrund der Beiordnung kann der Anwalt die Partei nicht – bzw. nur bei unaufschiebbaren Handlungen (→ Rdnr. 26) – vertreten[21], und er erwirbt, wenn er trotzdem für sie tätig wird, auch keinen Gebührenanspruch[22]. – Zur Verschuldenszurechnung → § 85 Rdnr. 13; zur *Zustellung* → § 176 Rdnr. 18.

23   **2. Für die Partei** begründet die Beiordnung **keine Verpflichtung,** mit dem Anwalt einen privatrechtlichen Vertrag zu schließen und ihm Vollmacht zu erteilen[23]. Sie kann aber durch ihre Weigerung weder die Aufhebung der Beiordnung noch die Auswahl eines anderen Anwalts erzwingen (→ Rdnr. 31), und wenn sie im Anwaltsprozeß nicht ordnungsgemäß vertreten ist, obwohl sie die Möglichkeit dazu gehabt hätte, kann gegen sie ein Versäumnisurteil ergehen (→ § 78 Rdnr. 9; Ausn.: § 612 Abs. 4).

24   **3. Für den Anwalt** begründet die Beiordnung indessen in Verbindung mit § 48 Abs. 1 Nr. 1 – 3 BRAO einen **Kontrahierungszwang,** nämlich die **öffentlich-rechtliche Verpflichtung,** einen Vertrag mit der Partei zu schließen[24], und zwar für die Durchführung aller Maßnahmen, für die die Beiordnung beschlossen ist. Das schließt nicht aus, daß der Anwalt verpflichtet sein kann, der Partei von der Durchführung des weiteren Verfahrens abzuraten[25].

25   Nach Abs. 2 kann der **Notanwalt** allerdings die Übernahme der Vertretung (nur) davon abhängig machen, daß die Partei ihm einen **Vorschuß** zahlt, der nach § 17 BRAGO zu berechnen ist. Der Rechtsanwalt kann also, da er der Partei nicht zur unentgeltlichen Vertretung beigeordnet ist, Vorschuß sowohl für die schon entstandenen als auch für die voraussichtlich noch entstehenden Gebühren und Auslagen fordern. Für den in *Scheidungssachen*

---

[16] *RGZ* 35, 369.

[17] Vgl. *OLG Bamberg* JurBüro 1980, 1423; *OLG Düsseldorf* JurBüro 1986, 298; *OLG Karlsruhe* FamRZ 1991, 462; *Kraemer* Anm. zu *LG Berlin* JW 1929, 151.

[17a] *BGHZ* 109, 167 = NJW 1990, 836.

[18] *BGHZ* 60, 255, 258.

[19] Der Anwalt wird hier als Beistand verpflichtet und muß auch ohne Mandatsvertrag tätig werden, vgl. *Brangsch* AnwBl. 1982, 99; wegen der Gebühren → Rdnr. 25.

[20] So aber *LG Traunstein* AnwBl. 1976, 345.

[21] Vgl. nur *OLG Bamberg* JurBüro 1989, 1590; 1987, 297; 1985, 1114; *KG* Rpfleger 1985, 39.

[22] *KG* Rpfleger 1985, 39; *LG Arnsberg* AnwBl. 1983, 180; *LG Traunstein* AnwBl. 1976, 345; vgl. auch *BAG* ZIP 1980, 805.

[23] *BGHZ* 60, 258.

[24] Vgl. *BGHZ* 60, 258; 27, 166; RGZ 135, 303; 94, 346; 89, 42. Zur Verfassungsmäßigkeit s. *Bern* (§ 78 Fn. 1), § 2; zur Vereinbarkeit mit der Menschenrechtskonvention vgl. *EKMR* AnwBl. 1975, 137.

[25] Vgl. *BGH* LM § 242 BGB Cb Nr. 3.

nach § 625 beigeordneten Anwalt gilt das allerdings schon deshalb nicht, weil auf Abs. 2 in § 625 Abs. 1 Satz 1, 2. Hs. nicht verwiesen wird, was darauf beruht, daß § 36 a Abs. 1, 2. Hs. BRAGO dem Anwalt einen Vorschuß verwehrt. Für den im Wege der *Prozeßkostenhilfe* beigeordneten Anwalt ergibt sich die Unanwendbarkeit schon aus § 122 Abs. 1 Nr. 3 (→ § 121 Rdnr. 21). Zahlt die Partei den Vorschuß nicht, wird der Anwalt deshalb nicht tätig und versäumt die Partei aus diesem Grund eine Frist, so hat sie die Fristversäumung verschuldet, und eine Wiedereinsetzung in den vorigen Stand kommt nicht in Betracht[26].

Außerdem begründet die Beiordnung für den Rechtsanwalt eine **Fürsorgestellung gegen-   26 über der Partei**, aus der ihm die Pflicht erwächst, die rechtsunkundige Partei zum Vertragsschluß zu veranlassen und sie bei drohendem Fristablauf zu belehren oder notfalls auch ohne Auftrag zu handeln (wobei eine einstweilige Zulassung nach § 89 anzustreben ist[27]). Die Verletzung dieser Pflicht begründet eine **Schadenshaftung**[28], zu vergleichen etwa mit derjenigen des Vormundes nach § 1833 BGB.

V. Aufhebung

Im Einverständnis aller Beteiligten kann der Vorsitzende seine Entscheidung jederzeit   27 ändern. Im übrigen ist zu differenzieren:

1. § 48 Abs. 2 BRAO räumt dem **Rechtsanwalt** das Recht ein, die **Aufhebung** seiner   28 Beiordnung zu beantragen, wenn ein wichtiger Grund vorliegt. Wegen des Kontrahierungszwangs (→ Rdnr. 24) kann der beigeordnete Anwalt also nicht etwa das Mandat niederlegen und die Vertretung von sich aus beenden[29], sondern er muß eine Entscheidung herbeiführen. Diese setzt einen wichtigen Grund voraus, wozu – unter Berücksichtigung der vom Anwalt noch zu erwartenden Tätigkeit – insbesondere nachhaltige Störungen des Vertrauensverhältnisses zählen[30], die durch die Kündigung des Mandats durch die Partei indiziert sein kann[30a]. (→ auch Rdnr. 14). Auch der Umstand, daß die Partei den Vorschuß nicht zahlt (→ Rdnr. 25), rechtfertigt einen Antrag nach § 48 Abs. 2 BRAO[31].

Zuständig für die Aufhebung ist der Vorsitzende des Gerichts[32] (Abs. 3 S. 2) in dem unter   29 Rdnr. 15 erläuterten Sinne; zur Zuständigkeit in den Fällen des § 121 Abs. 1–3 → § 121 Rdnr. 27. Lehnt der Vorsitzende die Aufhebung ab, kann der *Rechtsanwalt* den Beschluß mit der **Beschwerde** anfechten (Abs. 3 S. 2[33]), sofern er nicht vom Vorsitzenden einer Berufungskammer des Landgerichts oder eines OLG-Senats[34] erlassen wurde (§ 567 Abs. 3, 4). Die weitere Beschwerde ist auch hier ausgeschlossen (§ 568 Abs. 2). Wird hingegen die Aufhebung verfügt, so soll der *Partei* nach h. M. keine Beschwerderecht zustehen, da es sich nicht um die Zurückweisung eines das Verfahren betreffenden Gesuchs handele (§ 567 Abs. 1, 2. *Fall*)[35]. Da hier aber der Partei der Anwalt entzogen wird und sie sich auf einen neuen Prozeßvertreter einstellen muß, erscheint es sachgerechter, ihr unter Berücksichtigung des zu

[26] *BGH* VersR 1991, 122.
[27] *LG Arnsberg* AnwBl. 1983, 180.
[28] *BGHZ* 60, 259; 30, 226 = NJW 1959, 1732 = LM § 115 ZPO a. F. Nr. 5 *(Johannsen)*; *RGZ* 115, 160.
[29] *BGHZ* 60, 258; 27, 166; *OLG Nürnberg* MDR 1961, 508.
[30] *BGH* NJW-RR 1992, 189; *OLG Bamberg* JurBüro 1989, 1590; *OLG Celle* AnwBl. 1982, 247; *OLG Frankfurt* AnwBl. 1988, 643; *OLG Zweibrücken* NJW 1988, 570.
[30a] *OLG Bamberg* JurBüro 1989, 1590; 1987, 297; *OLG Koblenz* FamRZ 1986, 375. – A. M. *OLG Frankfurt* FamRZ 1990, 766.

[31] *Thomas/Putzo*[17] Anm. 1.
[32] A. M. *OLG Hamm* MDR 1971, 139 (Zuständigkeit der Kammer, wenn der Anwalt bereits tätig geworden ist); ebenso *Bergerfurth* Der Anwaltszwang und seine Ausnahmen[2] Rdnr. 154. – Wie hier *Zöller/Vollkommer*[17] Rdnr. 9.
[33] In den Fällen des § 121 kann § 127 Abs. 2 S. 2 direkt angewendet werden; vgl. nur *OLG Frankfurt* FamRZ 1990, 766; *OLG Zweibrücken* NJW 1988, 570.
[34] Vgl. *OLG Frankfurt* NJW-RR 1989, 570 = MDR 168.
[35] *RG* JW 1911, 49 f.; *Zöller/Vollkommer*[17] Rdnr. 9.

Rdnr. 19 Gesagten die Beschwerde entsprechend Abs. 3 S. 1 und damit nach § 567 Abs. 1, *1. Fall* zu eröffnen.

30   In den Voraussetzungen überschneiden sich **Aufhebungsantrag und Beschwerderecht** nach Abs. 3 Satz 1 (→ Rdnr. 20). Da das Gesetz keinen Vorrang einräumt, stehen sie *wahlweise* zur Verfügung. Daß der Aufhebungsantrag nur auf nachträglich entstandene Gründe[36] oder nur auf bei der Beiordnung nach nicht erörterte Gesichtspunkte[37] gestützt werden kann, geht aus dem Gesetz nicht hervor. Vielmehr sollten §§ 48 Abs. 2 BRAO, 116b Abs. 3 S. 2 ZPO a. F. (78c Abs. 3 S. 2) nur das Antrags- und Beschwerderecht des Anwalts klarstellen[38].

31   **2. Die Partei** kann dem beigeordneten Anwalt in Fortführung des in Rdnr. 23 Gesagten jederzeit das *Mandat entziehen* und die *Vollmacht widerrufen*. Das gibt ihr aber keinen Anspruch auf Beiordnung eines anderen Anwalts[39], auch nicht in Verfahren mit Anwaltszwang[39a]. Nur wenn ein Wechsel nach Lage der Verhältnisse sachlich geboten erscheint, insbesondere die Partei das Vertrauensverhältnis zum Rechtsanwalt nicht mutwillig zerstört hat oder keine zusätzlichen Kosten entstehen (→ dazu auch § 121 Rdnr. 27), kann das Gericht die ursprüngliche *Beiordnung aufheben* und eine neue verfügen[40]. Das stellt sich als neue Entscheidung nach § 78c dar[41], die ebenso wie die ursprüngliche Entscheidung auf Antrag der Partei, aber auch von Amts wegen ergehen kann (→ Rdnr. 16). Wird ein von der Partei gestellter Aufhebungsantrag abgelehnt, steht der *Partei* dagegen die **Beschwerde** zu[41a]; hier gilt das in Rdnr. 19 Gesagte sinngemäß. Umgekehrt kann der *Rechtsanwalt* Beschwerde einlegen, wenn seine Beiordnung ohne seinen Willen und gegen seinen Antrag aufgehoben wurde[42].

VI. Arbeitsgerichtliches Verfahren

32   Bei den Arbeitsgerichten gibt es keine Zulassung bestimmter Rechtsanwälte (→ § 78 Rdnr. 44). Der Kreis der für eine Beiordnung nach § 11a ArbGG (→ dazu Komm. zu § 121) in Betracht kommenden Anwälte unterliegt daher nicht den oben in Rdnr. 6, 8 dargelegten Beschränkungen. Nach Maßgabe des zu Rdnr. 8 Gesagten werden aber bei der Auswahl in erster Linie nur die am Gerichtssitz oder in dessen Nähe niedergelassenen Anwälte heranzuziehen sein, die an Arbeitssachen interessiert sind.

§ 79   [Parteiprozeß]

Insoweit eine Vertretung durch Anwälte nicht geboten ist, können die Parteien den Rechtsstreit selbst oder durch jede prozeßfähige Person als Bevollmächtigten führen.

Gesetzesgeschichte: bis 1900 § 75 CPO.

---

[36] So wohl *Isele* BRAO (1976) § 48 Anm. II E 1.

[37] So *Zöller/Vollkommer*[17] Rdnr. 9.

[38] BRAO mit amtlicher Begründung[2], 102.

[39] Vgl. *BGH* NJW-RR 1992, 189; *OLG Bamberg* JurBüro 1987, 297; 1985, 1114; *OLG Celle* NdsRpfl. 1990, 156; *OLG Frankfurt* NJW-RR 1989, 570 = MDR 168; MDR 1988, 501; *OLG Koblenz* FamRZ 1986, 375.

[39a] A. M. *OLG Bamberg* JurBüro 1989, 1590; vgl. auch *OLG Frankfurt* FamRZ 1990, 766; *OLG Koblenz* FamRZ 1986, 375 f.

[40] *BGH* NJW-RR 1992, 189; *OLG Braunschweig* NJW 1962, 256; *OLG Celle* NdsRpfl. 1990, 156; MDR 1960,

846; *OLG Frankfurt* MDR 1988, 501; *OLG Hamm* JurBüro 1989, 508 (zust. *Mümmler*); *KG* OLGZ 1971, 421, 422; *OLG Karlsruhe* JurBüro 1991, 80 f.; Justiz 1987, 430; *OLG Koblenz* FamRZ 1986, 375; *OLG Köln* FamRZ 1987, 1168 f.; *OLG Nürnberg* MDR 1961, 508; *Hess. VGH* JurBüro 1987, 1563.

[41] Vgl. *Baumbach/Lauterbach/Hartmann*[50] Anm. 2 D (a. E.).

[41a] Wird ein vom *Rechtsanwalt* gestellter Antrag abgelehnt, ist die Partei nicht beschwerdebefugt, *OLG Frankfurt* NJW-RR 1989, 570 = MDR 168.

[42] *OLG Hamm* NJW 1949, 517.

Stichwortverzeichnis: → vor § 78 vor Rdnr. 1.

I. Bevollmächtigte im Parteiprozeß

1. Im Parteiprozeß, d. h. in der Regel im amtsgerichtlichen Verfahren (→ § 78 Rdnr. 3), vor   1
den Kreisgerichten auf dem Gebiet der ehemaligen DDR (→ § 78 Rdnr. 4) sowie auf denjenigen Gebieten des kollegialgerichtlichen Verfahrens, die vom Anwaltszwang ausgenommen
sind (→ § 78 Rdnr. 20), kann jede **prozeßfähige** Person Prozeßbevollmächtigter sein. Da die
Prozeßfähigkeit **volle Geschäftsfähigkeit** voraussetzt (→ § 51 Rdnr. 2), schließt § 79 sowohl
den *Geschäftsunfähigen*[1] (→ § 51 Rdnr. 12) als auch den *beschränkt Geschäftsfähigen*[2],
insbesondere den Minderjährigen (→ § 51 Rdnr. 17), von der Vertretung aus. § 165 BGB, der
für eine Stellvertretung im materiellen Recht die beschränkte Geschäftsfähigkeit ausreichen
läßt, kann im Prozeßrecht angesichts des klaren Wortlauts der §§ 79, 52 Abs. 1 nicht entsprechend angewendet werden. Seit die Volljährigkeit mit 18 Lebensjahren erreicht wird (§ 2
BGB), besteht auch kein anerkennenswertes praktisches Bedürfnis mehr, Minderjährige als
prozessuale Vertreter zuzulassen.

Soweit **Prozeßunfähigkeit** vorliegt, steht einem Ausschluß von der Vertretung nicht entge-   2
gen, daß dieser Mangel durch Genehmigung geheilt werden kann (§ 579 Abs. 1 Nr. 4). Der
Prozeßunfähige ist daher **von der Vertretung zurückzuweisen**[3], und die ihm erteilte Vollmacht ist unwirksam (→ § 80 Rdnr. 7). Eine einstweilige Zulassung ist nicht statthaft (anders
in den bei § 56 Rdnr. 11 genannten Fällen). Zur Prozeßunfähigkeit des Rechtsanwalts → § 78
Rdnr. 37.

2. Juristische Personen oder **Behörden** sind nicht prozeßfähig (→ § 51 Rdnr. 12) und   3
können daher nicht Prozeßbevollmächtigte sein[4]. Eine der juristischen Person erteilte Vollmacht ist aber im Zweifel als auf die jeweiligen gesetzlichen Vertreter ausgestellt anzusehen
(→ § 80 Rdnr. 8). Dasselbe gilt für sonstige Personenmehrheiten, etwa eine Sozietät, die als
solche, d. h. als BGB-Gesellschaft (→ § 84 Rdnr. 5), nicht vertreten kann[5].

3. Geschäftsmäßig handelnde Personen, die weder Mitglieder einer Rechtsanwaltskammer,   4
insbesondere Rechtsanwälte, noch zugelassene Prozeßagenten (§ 157 Abs. 3) sind, schließt
§ 157 Abs. 1 von der mündlichen Verhandlung aus (→ vor § 78 Rdnr. 5 ff.; für ausländische
Anwälte → vor § 78 Rdnr. 21). Im übrigen wird die Stellung als Prozeßbevollmächtigter
durch § 157 nicht berührt (→ auch § 78 Rdnr. 57). Auch der Mangel der nach dem **RechtsberatungsG** (→ § 157 Rdnr. 1) erforderlichen Erlaubnis zur Besorgung fremder Rechtsangelegenheiten bewirkt keine Unwirksamkeit der Prozeßvollmacht. Ebensowenig können Prozeßhandlungen, die ein Bevollmächtigter, ohne die erforderliche Erlaubnis zu besitzen, einmal

---

[1] Auch den geschäftsunfähigen **Anwalt** (→ § 78
Rdnr. 37).
[2] *Lukes* ZZP 69 (1956), 141; *Rosenberg/Schwab*[14]
§ 54 II 5 a.
[3] Zweifelnd *OLG Düsseldorf* FamRZ 1985, 641.
[4] *BayObLG* FamRZ 1986, 598; *AG Hannover*
NdsRpfl. 1969, 286; *OVG Berlin* NJW 1974, 2254; *Tho-
mas/Putzo*[17] Anm. 3 b aa; *Zöller/Vollkommer*[17] Rdnr. 2.

– A. M. *Jauernig* ZPR[23] § 20 II 1. – *BFH GS* DStR 1969,
462 hält (nur) im finanzgerichtlichen Verfahren die Bevollmächtigung einer Behörde und einer juristischen Person für möglich; a. M. *BFH (II. Senat)* AnwBl. 1969, 13;
DStR 1970, 312 (dazu *GS BFHE* 101, 13); *Rüggeberg*
NJW 1970, 309.
[5] *BFH* BB 1989, 1477 f.

vorgenommen hat (z.B. schriftliche Anträge, Rechtsmittel usw.), als unzulässig oder gar als unwirksam angesehen werden[6]. Das Gericht hat jedoch den Bevollmächtigten, der sich nach dem genannten Gesetz strafbar macht, nicht nur von der mündlichen Verhandlung **zurückzuweisen**, wenn der Mangel der Erlaubnis offenbar ist (§ 157 Abs. 1). Es darf sich vielmehr auch gegenüber schriftlichen Eingaben auf einen weiteren Verkehr mit einem eindeutig strafbar Handelnden nicht mehr einlassen[7]. Es muß daher die auf die Anträge des Bevollmächtigten ergehenden Entscheidungen usw. nicht diesem, sondern der Partei mitteilen. Dem Bevollmächtigten ist lediglich noch kurz bekanntzugeben, daß und warum der Verkehr mit ihm abgelehnt wird. Weist das Gericht indessen den Prozeßbevollmächtigten in Unkenntnis des Verstoßes nicht zurück, so erwächst daraus für das Verfahren kein Mangel.

5   Durch **Verwaltungsvorschriften** ausgesprochene **Verbote**, wie z.B. für Gerichtsvollzieher, haben nur disziplinären Charakter, beeinflussen also die Wirksamkeit der Vollmacht und der Vertretung nicht.

II. Anwälte im Parteiprozeß

6   Die Anwälte stehen im Parteiprozeß anderen Prozeßbevollmächtigten grundsätzlich gleich, mögen sie beim Prozeßgericht zugelassen sein oder nicht. Hinsichtlich der Vertretung des Anwalts im Fall der Verhinderung und hinsichtlich der Prozeßfähigkeit des Anwalts und seines allgemeinen Vertreters gilt das zu § 78 Rdnr. 33 ff. Ausgeführte. Der Anwalt kann sich durch einen zur Ausbildung zugewiesenen Referendar vertreten lassen (§ 59 Abs. 2 S. 2 BRAO), nach heute vorherrschender Meinung aber auch durch einen anderen Referendar[8]; das in § 78 Rdnr. 59 zum Arbeitsgerichtsprozeß Gesagte gilt hier entsprechend. Sondervorschriften für die Anwälte enthalten die §§ 104 Abs. 2 Satz 2 (Postgebühren usw. im Kostenfestsetzungsverfahren), 135 (Mitteilung von Urkunden), 170 Abs. 2, 317 Abs. 4 S. 2 (Beglaubigung), 198, 212a (Zustellung); s. ferner § 65 Abs. 7 S. 1 Nr. 4 GKG. Zur Prüfung der Vollmacht → § 88 Rdnr. 4.

III. Kosten

7   Über die Kosten bei Vertretung durch Anwälte → § 91 Rdnr. 95, bei Vertretung durch andere Personen → § 91 Rdnr. 66, 92 ff.

IV. Arbeitsgerichtliches Verfahren

8   Der Grundsatz des § 79 ist hier durch § 11 Abs. 1 ArbGG bestätigt: Auch im Verfahren vor dem Arbeitsgericht kann sich die Partei durch jede prozeßfähige Person vertreten lassen (→ § 78 Rdnr. 57; zu den Einzelheiten → § 78 Rdnr. 43 ff.), ebenso im Verfahren vor den Gerichten höherer Instanz bei solchen Prozeßhandlungen, für die kein Vertretungszwang besteht (→ § 78 Rdnr. 65 mit Rdnr. 20). Wegen der **Kosten** für die Zuziehung von Prozeßbevollmächtigten und Beiständen (§ 12a ArbGG) → § 91 Rdnr. 111 ff.

---

[6] Ebenso *KG* OLGZ 1966, 112; *Zöller/Vollkommer*[17] Rdnr. 3; s. auch *OLG Köln* MDR 1974, 310 (Prozeßvollmacht des Anwalts auch wirksam, wenn Mandant gegen RechtsberatungsG verstößt).

[7] *OLG Stuttgart* AnwBl. 1964, 144; *LG Koblenz* Rpfleger 1986, 396; *Chemnitz* AnwBl. 1964, 246.
[8] A. M. *Voraufl.*; *Schumann* → § 157 Rdnr. 11.

§ 80   [Prozeßvollmacht]

(1) Der Bevollmächtigte hat die Bevollmächtigung durch eine schriftliche Vollmacht nachzuweisen und diese zu den Gerichtsakten abzugeben.

(2) [1]Das Gericht kann auf Antrag des Gegners die öffentliche Beglaubigung einer Privaturkunde anordnen. [2]Wird der Antrag zurückgewiesen, so ist dagegen kein Rechtsmittel zulässig. [3]Bei der Beglaubigung bedarf es weder der Zuziehung von Zeugen noch der Aufnahme eines Protokolls.

Gesetzesgeschichte: bis 1900 § 76 CPO; Änderung RGBl. 1924 I, 135.

Stichwortverzeichnis: → vor § 78 vor Rdnr. 1.

I. Begriff der Vollmacht[1]; Abstraktheit

1. Vollmacht bedeutet in der ZPO zunächst die *Willenserklärung*, durch die eine Person einer anderen die Befugnis einräumt, in ihrem Namen mit Wirkung für sie prozessual zu handeln; so in §§ 83 Abs. 2, 89 Abs. 2 (Vollmacht erteilen) und in § 80 Abs. 1 (schriftliche Vollmacht). Zuweilen, aber keineswegs immer (arg. § 89 Abs. 2), hat das Gesetz dabei die *schriftliche Erklärung* (Vollmachtsurkunde) im Auge, so in §§ 86 a. E., 89 Abs. 1 (Vollmacht

1

---

[1] **Lit.**: *Brunn* Die Vollmacht im Zivilprozeß, Diss. Gießen (1988); *Christmann* Wenn sich die Präzision aus dem Staube macht – Zur Lehre von der besonderen Geldempfangsvollmacht des Gläubigeranwalts in der Zwangsvollstreckung, DGVZ 1991, 132; *Rosenberg* Stellvertretung im Prozeß (1908); *Urbanczyk* Probleme der Postulationsfähigkeit und Stellvertretung, ZZP 95 (1982), 339. Vgl. im übrigen die in § 78 Fn. 1 genannte Lit.

beibringen). Daneben bedeutet Vollmacht die durch jene Erklärung geschaffene *Vertretungsmacht*, die Bevollmächtigung i. S. des § 80 Abs. 1; so in den §§ 81 f. (die Vollmacht ermächtigt), § 83 (Umfang der Vollmacht), § 86 (Aufhebung der Vollmacht), § 88 (Mangel der Vollmacht).

1a   Diese prozessuale Vertretungsmacht kann aber auch ohne Vollmacht i. e. S. **kraft Gesetzes** begründet sein, sei es als Folge einer öffentlich-rechtlichen Stellung, wie z. B. bei den fremden Konsuln (→ Rdnr. 20), sei es als Teil einer allgemeinen Vertretungsmacht, wie z. B. beim Prokuristen (→ Rdnr. 16). Auch in diesen Fällen ist der Vertreter Prozeßbevollmächtigter, nicht etwa gesetzlicher Vertreter[2]. Hierher gehört im übrigen auch der Rechtsanwalt, der sich gemäß § 78 Abs. 4 selbst vertritt, dies also schon kraft Gesetzes darf und selbstverständlich keine Vollmacht braucht[3].

2   2. In jedem Fall ist die Vertretungsmacht **abstrakt**, d. h. in ihrer Wirksamkeit nicht davon abhängig, in welchem Umfang nach dem *Innenverhältnis* zwischen dem Vertreter und der Partei das Recht und die Pflicht zur Vertretung besteht (→ vor § 78 Rdnr. 12). Die Unwirksamkeit des zugrunde liegenden Rechtsverhältnisses läßt die Wirksamkeit der Vollmacht unberührt[4]. Das gilt auch dann, wenn ein Anwalt mit der Annahme des Mandats und der Vollmacht gegen Berufs- oder Standesrecht verstößt (→ auch § 78 Rdnr. 39, § 81 Rdnr. 18)[5]. Die Vollmacht kann zu Handlungen ermächtigen, die das Innenverhältnis verbietet. Dies gilt insbesondere auch dann, wenn die Erteilung der Vollmacht mit dem Abschluß des Vertragsverhältnisses, z. B. des Auftrags, in einem Akt erfolgt[6]. Unerheblich dafür ist auch, ob der Vertragsschluß freiwillig oder auf Grund eines Kontrahierungszwanges erfolgt (→ § 78 c Rdnr. 24). Häufig wird in der Erteilung der Vollmacht und deren Annahme ein stillschweigender Vertragsschluß liegen, der ein Auftrags-, Dienstverhältnis o. ä. begründet (zum Anwaltsvertrag → vor § 78 Rdnr. 12). Zum Erlöschen der Vollmacht bei Beendigung des Innenverhältnisses → § 87 Rdnr. 1.

3   3. Eine wirksame Vollmacht ist *keine Prozeß- (Sachurteils-) Voraussetzung* (zu diesen → Einl. Rdnr. 311 ff.), denn ein Sachurteil kann auch ergehen, wenn die Vollmacht fehlt. Dagegen ist sie **Prozeßhandlungsvoraussetzung**[7], weil die Handlungen eines Vertreters nur wirksam sind, wenn auch seine Bevollmächtigung wirksam war. Zu den Folgen bei Fehlen der Vollmacht → § 88 Rdnr. 9 ff.; zur einstweiligen Zulassung des nicht bevollmächtigten Vertreters und der nachträglichen Genehmigung seines Handelns → § 89.

II. Erteilung der Prozeßvollmacht

4   1. Die Erteilung der Vollmacht soll dem Bevollmächtigten die Befugnis zur Vertretung der Partei im Prozeß verschaffen und ist wegen dieser prozessualen Aufgabe und Wirkung eine **Prozeßhandlung** im weiteren Sinn (→ vor § 128 Rdnr. 160), so wie es die Vereinbarung der Zuständigkeit (→ § 38 Rdnr. 44) ist. Sie ist deshalb **nach Prozeßrecht zu beurteilen**[8]. Daß sie nicht dem bürgerlichen Recht untersteht, wird dadurch bestätigt, daß die ZPO sie selbständig

---

[2] *RGZ* 66, 244 (für den Prokuristen); vgl. zur Abgrenzung auch *BGH* FamRZ 1981, 866 und *OLG Düsseldorf* FamRZ 1985, 641 f. (Jugendamt).
[3] *BFH* DB 1985, 28.
[4] *OLG Köln* MDR 1974, 310.
[5] *OLG Hamm* OLGZ 1992, 103 f. = NJW 1174; MDR 1989, 743 = AnwBl. 397; MDR 1989, 266 = NJW-RR 442; *OLG Köln* AnwBl. 1989, 227; *LG Oldenburg* AnwBl. 1982, 374 (*Chemnitz*); *BVerwG* NJW 1985, 1178, 1179.
[6] Vgl. dazu *Rosenberg* (Fn. 1), 171 f., 613, 753 ff.
[7] *BGH* NJW 1991, 1175, 1176; 1990, 3152.

[8] Ebenso *BGH* LM § 325 ZPO Nr. 10 = MDR 1958, 319; MDR 1964, 410; *Baumbach/Lauterbach/Hartmann*[50] Anm. 1 C; *Baumgärtel* Prozeßhandlung einer Partei im Zivilprozeß[2], 173 m. w. N; *Brunn* (Fn. 1), 20 ff., 32; *Jauernig*[23] § 30 IV; *Urbanczyk* ZZP 95 (1982), 344 ff. – A. M. *A. Blomeyer* ZPR[2] § 9 III 1; *Rosenberg* (Fn. 1), 563 f.; *Rosenberg/Schwab*[14] § 54 II 1; *Wieczorek*[2] Anm. B II b 2. – Differenzierend *Henckel* Prozeßrecht und materielles Recht (1970), 37 f. (Prozeßhandlung, soweit zu Verfahrenshandlungen ermächtigend, materielles Rechtsgeschäft, soweit zu materiell-rechtlichen Handlungen ermächtigend).

regelt. Sie ist *Bewirkungshandlung*, weil sie aus sich heraus die prozessuale Rechtslage gestaltet (→ vor § 128 Rdnr. 174). Daher richtet sich die Erteilung auch dann nach **inländischem Prozeßrecht**, wenn sie im Ausland vollzogen ist[9]. Zum Nachweis ausländischer Vollmachten → Rdnr. 29.

Die **Vorschriften des bürgerlichen Rechts** können auf die Prozeßvollmacht keine Anwen-   5
dung finden, auch nicht hinsichtlich der **Anfechtung** wegen Irrtums[10] etc. Eine Nichtigkeit nach § 138 Abs. 1 BGB wegen des Zwecks der Bevollmächtigung scheitert schon an der Abstraktheit der Vollmacht[11]. Sie käme höchstens in Betracht, wenn gerade die Vollmacht eine sittenwidrige Knebelung des Vollmachtgebers oder eine Bewucherung i. S. des § 138 Abs. 2 BGB bewirkt, was kaum vorstellbar ist. Aber auch dann wäre die Nichtigkeit abzulehnen, weil bürgerlich-rechtliche Grundsätze im Prozeß nicht unbesehen gelten und ihrer entsprechenden Anwendung hier entgegensteht, daß ihre Voraussetzungen schwer festzustellen sind und damit in den Prozeß eine unerwünschte Unsicherheit hineingetragen würde. Es gelten vielmehr die für Prozeßhandlungen maßgebenden Grundsätze (→ vor § 128 Rdnr. 183). Mit Rücksicht auf ihre Gestaltungswirkung ist die Vollmacht **bedingungsfeindlich** (→ vor § 128 Rdnr. 207 ff.). Dies alles gilt auch dann, wenn die Erteilung der Vollmacht mit dem Abschluß des Grundgeschäfts (→ Rdnr. 2) verbunden ist. Ist dagegen die Prozeßvollmacht *Teil einer außerprozessualen Vollmacht*, so gelten für die Erteilung die Regeln des *materiellen* (gegebenenfalls des ausländischen) *Rechts* (→ Rdnr. 18).

2. Die Erteilung der Vollmacht setzt **auf seiten der Partei** die **Prozeßfähigkeit** voraus[12], die   6
volle[13] oder die sachlich beschränkte für den konkreten Prozeß (→ § 52 Rdnr. 3). Wer im Streit um die Prozeßfähigkeit als prozeßfähig behandelt wird (→ § 51 Rdnr. 6, § 56 Rdnr. 5), kann ebenfalls Vollmacht erteilen[14]. Anderenfalls muß sie von dem **gesetzlichen Vertreter** ausgehen, und wenn mehrere gesetzliche Vertreter nur gemeinsam handeln dürfen (→ § 51 Rdnr. 27), von allen[15]. Ein **bevollmächtigter Vertreter** kann anstelle der Partei die Vollmacht nur erteilen, wenn er selbst Prozeßvollmacht besitzt, wie z. B. der Prokurist (→ Rdnr. 16); dabei ist das Offenkundigkeitsprinzip zu beachten, d. h. es muß erkennbar sein, daß der Bevollmächtigte für einen Dritten handelt[16]. Die Legitimation zur Erteilung der Prozeßvollmacht kann sich auch aus den Grundsätzen der *Anscheinsvollmacht* ergeben[17]. Über die Erteilung durch den Prozeßbevollmächtigten im engeren Sinn → § 81 Rdnr. 14.

3. Auch **auf der Seite des Vertreters** erfordert die Prozeßvollmacht die **volle Prozeßfähig-   7
keit** (→ § 79 Rdnr. 1, § 78 Rdnr. 37). Eine auf die Prozeßvertretung gerichtete Vollmacht, die einer mangels Prozeßfähigkeit zur Vertretung nicht fähigen Person erteilt wird, muß notwendig *unwirksam* sein. Dagegen beweist auch nichts, daß die Handlungen eines solchen Vertreters von der Partei *genehmigt* werden können (§ 579 Abs. 1 Nr. 4), denn wo ein Mangel durch eine nachträgliche Willenserklärung geheilt werden kann, wird gerade dadurch seine Existenz bestätigt[18].

---

[9] *BGH* NJW 1990, 3088 = IPRax 1991, 247 (*Ackmann* 220); LM § 325 ZPO Nr. 10; *BGHZ* 40, 197, 203; *OLG Zweibrücken* RzW 1974, 157 mwN; *LG Frankfurt* RIW 1980, 291; *Rosenberg/Schwab*[14] § 54 II 1 d; *Schack* IZPR Rdnr. 547.

[10] *KG* DRZ 1947, 376. Bei der Möglichkeit des Widerrufs (→ § 87 Rdnr. 1) ist dies auch nicht nötig, *Walsmann* AcP 102 (1907), 106. Ebenso im Ergebnis *Hellwig* ZZP 29 (1901), 529 ff.; *Rosenberg* (Fn. 1), 745 f.; *Baumgärtel* (Fn. 8), 177; *Henckel* (Fn. 8), 78.

[11] *OGHZ* 4, 279 = NJW 1951, 72.

[12] *RGZ* 110, 230. Sie fehlt jedenfalls in den Fällen des § 104 Nr. 2 BGB (→ § 51 Rdnr. 2 sowie *BGH* NJW 1987, 440); vgl. im übrigen die folgende Fn.

[13] *Baumgärtel* (Fn. 8), 176. – A. M. *A. Blomeyer* ZPR[2]

§ 9 III 1; *Henckel* (Fn. 8), 75; *Rosenberg* (Fn. 1), 674; *Rosenberg/Schwab*[14] § 54 II 1 a, die auf die Geschäftsfähigkeit abstellen und daher eine vom **beschränkt Geschäftsfähigen** mit Einwilligung des gesetzlichen Vertreters erteilte Prozeßvollmacht für wirksam halten.

[14] *BayObLGZ* 1986, 215; 1980, 343.

[15] Vgl. *RG* JW 1898, 98, 113.

[16] *OLG Frankfurt* OLGZ 1984, 193 = MDR 499.

[17] *BGH* NJW 1981, 1728; LM § 167 BGB Nr. 17 = MDR 1970, 41.

[18] A. M. *Rosenberg* (Fn. 1), 274 f., 691 f., der stets aus der Zulässigkeit der Genehmigung auf die Zulässigkeit der Vollmacht schließt. S. dagegen *Hellwig* ZZP 39 (1909), 368.

8   Die Erteilung der Vollmacht an eine (prozeßunfähige, → § 51 Rdnr. 12) **juristische Person** macht diese nicht zum Vertreter (→ § 79 Rdnr. 3), ist aber im Zweifel dahin zu verstehen, daß der jeweilige gesetzliche Vertreter die Vertretungsmacht erhalten soll[19]. Dies gilt auch für die offene Handelsgesellschaft. – Zur Prozeßfähigkeit des **Anwalts** → § 78 Rdnr. 37. Der *allgemeine Vertreter* des Anwalts (§ 53 BRAO) erhält als solcher keine Vollmacht.

9   **4.** Verschieden von der Prozeßfähigkeit (→ § 51 Rdnr. 1) ist die **Postulationsfähigkeit**[20], d. h. die *Fähigkeit zum persönlichen prozessualen Handeln*, insbesondere zum Auftreten vor Gericht (die Fähigkeit, die Vertretung zu führen, § 244). Diese besitzt im *Anwaltsprozeß* nur der bei dem Gericht zugelassene Anwalt (→ § 78 Rdnr. 1 ff.), im übrigen jede prozeßfähige Person (→ vor § 78 Rdnr. 5 ff.; zum *arbeitsgerichtlichen Verfahren* → § 78 Rdnr. 43 ff.).

10   Der **Mangel der Postulationsfähigkeit des Bevollmächtigten** berührt die auf der Prozeßvollmacht beruhende *Vertretungsmacht* nicht. Die Vollmacht des zugelassenen Anwalts endet somit nicht dadurch, daß der Prozeß in die höhere Instanz oder an ein anderes Gericht kommt (§ 281), bei dem der Anwalt nicht zugelassen ist (→ § 86 Rdnr. 9). Dies ergibt sich insbesondere daraus, daß nach § 81 die Prozeßvollmacht die durch die Zwangsvollstreckung veranlaßten selbständigen Prozesse auch dann umfaßt, wenn sie vor einem fremden Kollegialgericht geführt werden (→ § 81 Rdnr. 7)[21]. Daraus muß auch gefolgert werden, daß im Anwaltsprozeß die einem *Nichtanwalt* oder einem bei dem Prozeßgericht *nicht zugelassenen Anwalt* erteilte **Vollmacht nicht unwirksam** ist. Sie ermächtigt immerhin zu allen Handlungen, die dem Anwaltszwang nicht unterliegen, und zur Bestellung eines den Erfordernissen der Postulationsfähigkeit entsprechenden Prozeßbevollmächtigten[22] (→ auch § 81 Rdnr. 6, 14 sowie § 86 Rdnr. 9, § 176 Rdnr. 17, 27). Davon verschieden ist die Frage, ob eine derartig »gehemmte« Vollmacht ausreicht, um i. S. des § 246 eine »Vertretung durch einen Prozeßbevollmächtigten« anzunehmen (darüber → § 246 Rdnr. 5). – Wegen der *Prüfung* der Postulationsfähigkeit → § 88 Rdnr. 1 a. E., 21.

11   **5.** Eine **Form** ist für die Erteilung der Vollmacht **nicht vorgeschrieben** (→ auch Rdnr. 14). Insbesondere wird durch § 80 nicht etwa die Schriftform i. S. des § 126 BGB verlangt, sondern lediglich eine Beweisvorschrift gegeben (»hat ... nachzuweisen«). Dies folgt schon daraus, daß die mündlich erteilte Vollmacht nach § 89 für die Vergangenheit voll wirksam ist[23]. Die innerhalb der (anderweitig nachgewiesenen) Prozeßvollmacht vorgenommenen Prozeßhandlungen sind also wirksam, auch wenn der schriftliche Nachweis fehlte[24]. Für **bereits vollzogene Prozeßhandlungen** kann die Vollmacht durch jeden Beweis nachgewiesen werden (→ auch § 89 Rdnr. 12 f.), für die **Zukunft** gelten §§ 80, 89. – Auch die formlose Erklärung muß die Verleihung der Vertretungsmacht an eine *bestimmte* Person zum Ausdruck bringen. Deshalb ist der Antrag auf Beiordnung eines Anwalts, insbesondere im Prozeßkostenhilfeverfahren, kein Vollmachtsblankett für den später beigeordneten Anwalt[25] (→ § 78 c Rdnr. 22).

---

[19] S. auch *BayObLG* FamRZ 1986, 598; *OLG Rostock* JW 1922, 517; *LG Lübeck* WM 1968, 66 (Vollmacht an Mieterverein); *BFH* BB 1989, 1477 f.; *Rosenberg* (Fn. 1), 698 f. – Weitergehend *Ludewig* ZZP 52 (1927), 169; *Bondi* ZBlHR 4, 34, die die juristische Person selbst als bevollmächtigt ansehen wollen. Die Frage wird bei der *Haftung* des Bevollmächtigten praktisch bedeutsam.

[20] Dazu *Urbanczyk* ZZP 95 (1982), 339; *Rosenberg/Schwab*[14] § 45 I 2. – Bedenken gegen den Begriff bei *Jaeger* ZZP 40 (1910), 129.

[21] Vgl. *Rosenberg* (Fn. 1), 661 f.

[22] So auch *OLG München* AnwBl. 1985, 44; *RG* JW 1898, 432 f.; vgl. auch *RGZ* 115, 73; *Rosenberg* (Fn. 1), 645 ff., 656 ff., 664 f. – A. M. *RG* JW 1926, 2574; *KG* OLGRspr. 15 (1907), 73.

[23] Vgl. *RGZ* 49, 346; 64, 217; *Rosenberg* (Fn. 1), 615; *OLG Saarbrücken* JBl.Saar 1959, 171. – Vgl. auch *RGZ* 95, 262 (stillschweigend erteilte Vollmacht).

[24] *LAG München* AnwBl. 1974, 26 (zum Widerruf eines Prozeßvergleichs).

[25] *BGHZ* 2, 229; *VersR* 1973, 446; *BPatG* GRUR 1986, 734; *RGZ* 94, 346; JW 1932, 2144; *KG* JW 1905, 333; *OLG Schleswig* SchlHA 1949, 366; vgl. auch *BGH* NJW 1987, 440 f. = MDR 315. – Zulässig und durchaus zweckmäßig ist es dagegen, mit dem Antrag auf Beiordnung des Armenanwalts ein für diesen bestimmtes Vollmachtsblankett einzureichen, zust. *BGH* VersR 1973, 446. Wird die Beiordnung eines bestimmten Anwalts beantragt, so kann darin im Wege der Auslegung eine Vollmachtserteilung zu sehen sein, *A. Blomeyer* ZPR[2] § 9 III

6. Erklärungsempfänger ist das Gericht[26], der Gegner oder auch der Vertreter[27]. Im 12
letzteren Fall handelt der Vertreter wirksam für die Partei, z.B. bei der Erhebung der Klage, auch bevor Gericht und Gegner von der Vollmacht Kenntnis haben. Diese Kenntnis ist nur von Bedeutung für etwaige Beschränkungen des Umfangs der Vollmacht (→ § 83 Rdnr. 2) und für das Handeln von Gericht und Gegner dem Vertreter gegenüber (→ § 81 Rdnr. 13)[28]; in der letzteren Beziehung steht aber das Auftreten als Vertreter der Vollmacht gleich (→ Rdnr. 2 vor § 78). Nicht ausreichend ist, daß der *Gegner* dem Gericht versichert, die Partei werde durch eine bestimmte Person vertreten[29].

7. Inhaltlich kann die Vollmacht entweder für den Prozeß als Ganzes, d.h. als **Prozeßvoll-** 13
macht, oder **zur Vornahme einzelner Handlungen** erteilt werden, letzteres nur außerhalb des Anwaltszwangs (§ 83 Abs. 2). Die Prozeßvollmacht kann sowohl für einen einzelnen konkreten Prozeß erteilt werden wie auch – mit Ausnahme der Ehe- und Familienstandssachen (§§ 609, 640) – für mehrere Prozesse gemeinsam oder für eine ganze Gattung von Rechtsstreitigkeiten (Generalvollmacht). Sie kann im letzteren Fall in der Vollmacht zur Vermögensverwaltung (→ Rdnr. 16) enthalten sein.

8. Soweit im materiellen Recht eine sog. **Duldungsvollmacht** anerkannt wird, weil eine 14
Partei das Auftreten eines anderen als Vertreter für sie bewußt geduldet hat[30], kann sie auch als Prozeßvollmacht begründet werden, weil deren Erteilung keine besondere Form verlangt und sich demnach auch aus schlüssigem Verhalten ergeben kann[31] (→ Rdnr. 11). Für sie gelten die allgemeinen Grundsätze, insbesondere §§ 80, 88 für Prüfung und Nachweis.

Auch wenn eine Partei das Auftreten eines anderen als ihr Prozeßbevollmächtigter nicht kannte, es 15
jedoch hätte kennen müssen und verhindern können, und wenn zugleich der Gegner nach Lage des Falles annehmen durfte, daß die Partei diese Kenntnis besaß und gegebenenfalls das Auftreten des anderen als Vertreter unterbunden hätte, muß die Partei das Verhalten des Vertreters bei der bürgerlich-rechtlichen **Anscheinsvollmacht**[32], einer Vollmacht kraft Rechtsscheins, gegen sich gelten lassen[33]. Diese kann sich sowohl auf einzelne Prozeßhandlungen als auch auf ein Auftreten als Vertreter während eines ganzen Prozesses oder für eine gewisse Zeit des Prozesses auswirken. Die Wirkung der Vertretertätigkeit gegen die Partei folgt aus dem auch im Zivilprozeß geltenden Grundsatz von Treu und Glauben (→ Einl. Rdnr. 242) und ist deshalb auch beim Auftreten als Prozeßvertreter ohne Prozeßvollmacht nicht schlechthin ausgeschlossen. Gerade nach diesem Grundsatz sind jedoch alle Umstände des Einzelfalls zu beachten. Bei den besonderen Gefahren prozessualen Handelns für andere und der besonderen Schutzwürdigkeit des Rechtes einer Partei auf eigene Einflußnahme auf den Prozeß und eigene Mitwirkung in diesem wird ein sehr strenger Maßstab anzulegen sein. Das Interesse des Gegners am Schutz seines Vertrauens[34] auf das Vorliegen einer Vollmacht muß eindeutig und zweifelsfrei überwiegen. Ein Nachweis nach §§ 80, 88 entfällt hier, weil tatsächlich eine Vollmacht gar nicht erteilt war. Aber gerade die Möglichkeit, nach §§ 80, 88 einen Nachweis der Vollmacht zu fordern, engt das Schutzbedürfnis erheblich ein. Sobald Zweifel über eine Vollmachtserteilung entstehen, ist der Nachweis jedenfalls zu fordern. Über diesen Zeitpunkt hinaus kann die sog. Anscheinsvollmacht nicht fortwirken, weil die Gegenpartei

---

1; *Schönke/Kuchinke*[9] § 30 I; anders für den Antrag auf Bestellung des Jugendamtes zum Beistand *BGH* FamRZ 1981, 866.

[26] Vgl. *BGH* VersR 1986, 580. Die dem Gericht erklärte Bevollmächtigung eines Anwalts zur Entgegennahme von Zustellungen ist auch ohne Kenntnis des Anwalts wirksam, *BGH* VersR 1974, 548.

[27] So besonders *Rosenberg* (Fn. 1), 566 ff. – A. M. *Hellwig* ZZP 39 (1909), 374 f.; *Nikisch* § 34 II 2.

[28] *Hellwig* ZZP 29 (1901), 521. Zum Teil abweichend *Rosenberg* (Fn. 1), 584 ff.

[29] *BGH* MDR 1981, 126.

[30] Hierzu *BGH* NJW 1988, 1200; 1982, 1513; MDR 1961, 592; LM § 164 BGB Nr. 24; *Flume* Das Rechtsge-

schäft[3] § 49, 3; *Canaris* Die Vertrauenshaftung im deutschen Privatrecht (1971), 39 ff.

[31] *BGH* FamRZ 1981, 866. Vgl. auch *BPatG* NJW-RR 1991, 127.

[32] Dazu *BGHZ* 5, 111 = NJW 1952, 657 = LM § 167 BGB Nr. 3 (*Wilde*); *BGH* WM 1986, 901; NJW 1982, 1513; 1981, 1728; MDR 1961, 592; 1955, 213; 1953, 345. Krit. *Flume* (Fn. 30) § 49, 4; *Canaris* (Fn. 30), 46 ff.

[33] *BGH* FamRZ 1981, 866; NJW 1981, 901; 1975, 1652; *BGHZ* 40, 203 = MDR 1964, 134 = NJW 203.

[34] S. zum Erfordernis der Ursächlichkeit bei Rechtsgeschäften *BGH* WM 1981, 172; MDR 1963, 125 = LM § 167 BGB Nr. 13.

keinen Vertrauensschutz mehr verdient, wenn der Rechtsschein durch diese Zweifel beeinträchtigt ist, und weil etwaigen Gefahren für den Vertreter oder den Vertretenen durch Fortfall der Anscheinsvollmacht mit einer einstweiligen Zulassung nach Maßgabe des § 89 begegnet werden kann.

III. Prozeßvollmacht als Bestandteil einer außerprozessualen Vertretungsmacht

16   **1.** Die Vertretungsmacht zur Prozeßführung knüpft sich außer an die Erteilung der Prozeßvollmacht als *gesetzliche Folge* an gewisse **Tatbestände des Privatrechts**, die den Vertreter zu einer **allgemeinen Vertretung** (auch bei Rechtsgeschäften) ermächtigen. Hierher kann auch die **Generalvollmacht** (§ 173) gehören, die auf die Verwaltung aller Vermögensangelegenheiten des Geschäftsherrn oder doch eines größeren Komplexes von solchen gerichtet ist und die Prozeßvollmacht für alle aus dieser Verwaltung entstehenden Rechtsstreitigkeiten mit umfaßt[35]. In einer **Vollmacht zum Abschluß von Rechtsgeschäften** liegt dagegen im allgemeinen **keine** Prozeßvollmacht[36], es sei denn, daß die Umstände den Willen zur (stillschweigenden) Bevollmächtigung für den Prozeß erkennen lassen. Ferner umfaßt die **Prokura** (§ 49 HGB), kraft Gesetzes die Vollmacht für alle Rechtsstreitigkeiten, die sich auf den Betrieb des Handelsgewerbes beziehen, und ebenso die **Handlungsvollmacht** (§ 54 HGB), wenn sie die allgemeine Ermächtigung zur Prozeßführung enthält. Weitere Vollmachten dieser Art haben der **geschäftsführende Gesellschafter** der bürgerlich-rechtlichen Gesellschaft (§§ 710, 714 BGB)[37], ferner der **Vorstand** des nicht rechtsfähigen Vereins, soweit dieser nicht nach § 50 Abs. 2 parteifähig ist (§ 54 BGB)[38], der **Wohnungseigentumsverwalter** im Rahmen des § 27 Abs. 2 WEG[39], der **Versicherungsnehmer für fremde Rechnung** in den Grenzen des § 886 HGB, der **Kapitän**[40] in der Klägerrolle nach §§ 527 ff. HGB, der **Binnenschiffer** nach § 15 BinnSchG sowie der **Vertreter der ausländischen Inhaber**[41] von Patenten und dgl. nach § 25 PatG[42], § 28 GebrMG, § 35 WarenZG, weiter der **Hauptbevollmächtigte ausländischer Versicherungsgesellschaften** (§ 106 Nr. 3 VAG; RGBl. 1931 I, 315, 750), obwohl bei dem letzteren die Prozeßführung nicht ausdrücklich erwähnt ist. Eine gesetzliche Vollmacht enthält auch § 8 Abs. 2 AuslandsunterhaltsG (vom 19.12.1986; BGBl. I, 2563) für den **Generalbundesanwalt** als die Zentrale Behörde (§ 2 Abs. 2 AUG). Im Fall des Prokuraindossaments (Art. 18 WechselG) ist der **Indossatar** Vertreter (→ Rdnr. 38 vor § 50).

17   Dagegen enthält die »Schlüsselgewalt« des **Ehegatten** (§ 1357 BGB) keine Ermächtigung zur Vertretung im Prozeß, weil die Prozeßführung kein Geschäft zur Deckung des Lebensbedarfs darstellt[43]. Im Fall der §§ 1429, 1454 BGB ist der in Gütergemeinschaft lebende, nicht oder nicht allein zur Verwaltung des Gesamtguts berechtigte Ehegatte, der einen Rechtsstreit für das Gesamtgut im Namen des verwaltungsberechtigten oder auch im Namen des mit zur Verwaltung berechtigten Ehegatten führt, dessen gesetzlicher Vertreter (→ § 53 Rdnr. 9).

18   Soweit in diesen Fällen die Vollmacht auf einen **Bestellungsakt**, z.B. die Erteilung der Prokura, zurückgeht, unterliegt dieser Akt in Form und Voraussetzungen lediglich den

[35] Vgl. *BGH* NJW-RR 1986, 1253; im Einzelfall verneinend *BGH* WM 1978, 1275 f.

[36] Vgl. *OLG Saarbrücken* NJW 1970, 1464.

[37] Vgl. *LAG Düsseldorf* AnwBl. 1964, 294 (Vertretungsmacht des Sozius im eigenen Rechtsstreit der Anwaltssozietät). – Wegen der Handelsgesellschaften → § 50 Rdnr. 13.

[38] Vgl. *RGZ* 57, 90 f.

[39] *BGHZ* 78, 171 f.; *BGH* DB 1981, 209; *BayObLG* ZMR 1979, 57.

[40] Er darf den Reeder auch vertreten, wenn dieser erreichbar ist, *BGHZ* 40, 128 = MDR 1963, 989 = NJW 2323.

[41] Auch der Beteiligte selbst ist postulationsfähig, *BGHZ* 51, 269.

[42] S. dazu *RGZ* 42, 92 f.

[43] Dazu → § 53 Rdnr. 9. Noch weniger gibt § 1357 BGB dem Ehegatten ein Recht, im eigenen Namen über Rechte des anderen Ehegatten zu prozessieren (→ vor § 50 Rdnr. 50).

Regeln des **materiellen Rechts**[44]. Fordert dieses die Prozeßfähigkeit des *Vertretenen* nicht, so ist hier (anders Rdnr. 6) die Vollmacht gültig. Das Handeln des *Vertreters* im Prozeß setzt dagegen auch in diesen Fällen *Prozeßfähigkeit* voraus (§ 79), ebenso die Erteilung einer Prozeßvollmacht durch den Vertreter. – Über die **Zustellung** der Klage an die vorbezeichneten Personen → § 173 Rdnr. 1 ff., über sonstige Zustellungen → § 176 Rdnr. 16.

2. Die dem **Haftpflichtversicherer** (auch Kfz-Haftpflichtversicherer) nach § 5 Ziff. 7 AHB   **19** bzw. § 10 Abs. 5 AKB zustehende Vollmacht umfaßt keine eigene Prozeßvollmacht zur Vertretung des Versicherungsnehmers[45], wohl aber die Befugnis, einem Rechtsanwalt auch im Namen des Versicherungsnehmers Prozeßvollmacht zu erteilen[46]. Der Versicherungsnehmer kann daneben selbst einen weiteren Anwalt bevollmächtigen[47].

3. Kraft öffentlich-rechtlicher Stellung haben auf Grund von Nachlaß- und Konsularverträ-   **20** gen die **Konsuln fremder Staaten** das Recht, als Bevollmächtigte der **Erben** in Prozessen aufzutreten, die die Abwicklung der Hinterlassenschaft von Angehörigen ihrer Nation betreffen[48], oder **allgemein** Angehörige des Entsendestaates (natürliche oder juristische Personen) zur Erwirkung vorläufiger Maßnahmen zu vertreten[49], die wegen Abwesenheit oder aus einem anderen Grund ihre Rechte und Interessen nicht selbst rechtzeitig verteidigen können. Hier ist die Anstellung als Konsul erforderlich und genügend. Im *Anwaltsprozeß* können die Konsuln aber nicht selbst auftreten. Zum Nachweis → Rdnr. 23.

IV. Umfang der Nachweispflicht

Obwohl die Erteilung der Vollmacht nicht an die Schriftform gebunden ist (→ Rdnr. 11), hat   **21** nach § 80 jeder Prozeßbevollmächtigte seine Bevollmächtigung, d.h. seine **Vertretungsmacht**, durch eine schriftliche Vollmacht **nachzuweisen**. Für die *Vergangeheit* ist aber auch ein anderer Beweis ausreichend (→ Rdnr. 11).

1. Diese Pflicht besteht an sich in allen Prozessen. Da aber der Nachweis der Vollmacht nur   **22** in Betracht kommt, wenn diese selbst vom Gericht *zu prüfen* ist, kann der Nachweis zwar **vom Gegner in jedem Rechtsstreit** und in jeder Lage des Rechtsstreits verlangt werden, **vom Gericht** dagegen grundsätzlich (→ § 88 Rdnr. 4) nur, soweit es sich bei dem Bevollmächtigten nicht um einen Rechtsanwalt handelt (§ 88).

2. Die Pflicht des Nachweises gilt **für alle Prozeßbevollmächtigten**, auch den nach § 78 b   **23** beigeordneten Rechtsanwalt[50] und für den nach § 121 im Prozeßkostenhilfeverfahren der Partei beigeordneten Vertreter[51], desgleichen für den **Unterbevollmächtigten**. Ausgenommen sind nur die *Konsuln* nach den Nachlaß- und Konsularverträgen (→ Rdnr. 20) sowie die sich nach § 78 Abs. 4 selbst vertretenden Rechtsanwälte (→ Rdnr. 1 a). Im **Mahnverfahren** gilt die Nachweispflicht nicht (§ 703 S. 1). Wer hier als Bevollmächtigter einen Antrag einreicht

---

[44] *KG* OLGRspr. 11 (1905), 50.

[45] *Bruck/Möller/Johannsen* VVG[8] IV G 10 bb, aaa (S. 280) (auch zur Verpflichtung des Versicherungsnehmers, Prozeßvollmacht zu erteilen); *Stiefel/Hofmann* Kraftfahrtversicherung[14] § 10 AKB Rdnr. 134; *LG München II* VersR 1971, 615. – A. M. *LG Köln* VersR 1962, 217; *AG München* VersR 1968, 637.

[46] *BVerfG* NJW 1990, 1104; *BGH* VersR 1991, 1177; 1981, 948 = NJW 1952; *OLG Hamm* VersR 1982, 1068; *OLG Frankfurt* VersR 1982, 58; *Geigel/Schlegelmilch* Der Haftpflichtprozeß[20] Kap. 13 Rdnr. 6. – A. M. bei entgegenstehendem Willen des Versicherungsnehmers *OLG Bremen* VersR 1991, 1282.

[47] Vgl. *BGH* VersR 1981, 948 = NJW 1952; *OLG Frankfurt* AnwBl. 1981, 163 = JurBüro 609.

[48] S. z.B. deutsch-türkisches Nachlaßabkommen v. 29. V. 1929 (RGBl. 1930 II, 758) § 13; Konsularvertrag mit Großbritannien v. 30. VII. 1956 (BGBl. 1957 II, 285) Art. 21. Wegen weiterer Abkommen und der durch die Meistbegünstigungsklausel gleichgestellten Staaten → § 377 Rdnr. 27 f. Vgl. auch § 89 Rdnr. 1.

[49] So nach Art. 5 i des Wiener Übereinkommens über konsularische Beziehungen (BGBl. 1969 II, 1585; 1971 II, 1285); dazu, auch zu den Vertragsstaaten, → § 377 Rdnr. 22 ff.; ferner Konsularvertrag mit der UdSSR v. 25. IV. 1958 (BGBl. 1959 II, 333) Art. 18; wegen der Meistbegünstigung → § 377 Rdnr. 28.

[50] *RGZ* 35, 352.

[51] *RGZ* 47, 413; 94, 346; *OLG Jena* SeuffArch. 50 (1895), 87; *OLG Hamburg* OLGRspr. 1 (1900), 449.

oder einen Rechtsbehelf einlegt, hat lediglich seine ordnungsgemäße Bevollmächtigung zu versichern (§ 703 S. 2). Auf diejenigen Personen, deren Vertretungsmacht nicht auf einer Vollmacht i. e. S. beruht (→ Rdnr. 16), kann § 80 nur entsprechend in dem Sinn angewandt werden, daß sie einen urkundlichen Beweis ihrer Vertretungsmacht zu erbringen haben, z. B. durch einen *Auszug aus dem Handelsregister*, den Gesellschaftsvertrag usw.

24   3. Ist die Vollmacht im Laufe des Verfahrens **in einer mündlichen Verhandlung erteilt** und die Erklärung **im Sitzungsprotokoll festgestellt**, so fällt die Notwendigkeit des Nachweises weg, nicht weil das Sitzungsprotokoll die erforderliche Urkunde wäre[52], sondern weil das Erfordernis eines außerprozessualen Nachweises für eine im Prozeß vorgenommene Handlung sinnlos wäre.

25   4. Wird der **Nachweis** der Vollmacht verlangt, aber **nicht sofort erbracht**, so hat der Vertreter *kein Recht auf einstweilige Zulassung* zur Prozeßführung. Das Gericht *kann* vielmehr, sofern es nicht, was in der Regel der Fall sein dürfte, eine Vertagung für zweckdienlich hält, sofort das Endurteil gegen die unvertretene Partei erlassen (→ § 88 Rdnr. 9).

V. Form des Nachweises

26   1. Es genügt nicht ein urkundlicher Nachweis irgendwelcher Art wie in § 592[53]. Der Nachweis muß vielmehr – vorbehaltlich des Sonderfalles oben zu Rdnr. 23 – durch eine **schriftliche Vollmacht** erbracht werden, d. h. eine Urkunde, die nach ihrer Auslegung[54] (→ Rdnr. 10 vor § 415) die Erteilung der Vollmacht als Willenserklärung **enthält**; eine *Vollmachtsurkunde*, im Gegensatz zu einer Urkunde, die lediglich ein Indiz dafür bildet, daß die Vollmacht außerhalb der Urkunde erteilt ist. Daher ersetzt der Antrag auf Beiordnung eines Anwalts im Prozeßkostenhilfeverfahren die *schriftliche* Vollmacht jedenfalls nicht (→ auch oben Rdnr. 11), ebensowenig die Beurkundung im Tatbestand des Urteils oder die Bezeichnung im Kopf des Urteils (§ 313 Abs. 1 Nr. 1)[55]. Da sich der Nachweis nur auf die Zukunft bezieht (→ Rdnr. 11, 21), kann es aber ausreichen, wenn die Partei die Vollmacht in einem Schriftsatz ausdrücklich gegenüber dem Gericht bestätigt[56] oder wenn ein Telegramm vorgelegt wird, mit dem Vollmacht erteilt wurde[57]. Eine über eine mündliche Erklärung errichtete **öffentliche**, insbesondere **notarielle Urkunde** (§ 415) ist wie nach § 126 Abs. 3 BGB selbstverständlich voller Ersatz der privatschriftlichen Erklärung[58]. Wegen des Sitzungsprotokolls → Rdnr. 24.

27   2. Die Vollmacht als schriftliche Willenserklärung muß grundsätzlich von der Partei oder ihrem berufenen Vertreter **unterschrieben** sein[59] (§ 416); wegen der Bevollmächtigung durch Telegramm → Rdnr. 26. Die Unterschrift braucht aber **nicht handschriftlich** zu sein, so daß z. B. ein Faksimilestempel genügt[60] (→ § 416 Rdnr. 4). Bei Kaufleuten (→ § 50 Rdnr. 18) und Handelsgesellschaften genügt dazu die Firmenbezeichnung. Ist die Vollmacht von einem Vertreter der Partei unterzeichnet, so ist der Nachweis der Legitimation dieses Vertreters Teil des Nachweises der Vollmacht. Stammt die Vollmacht von einem gesetzlichen Vertreter, so ist dessen Vertretungsmacht auch im Anwaltsprozeß von Amts wegen zu prüfen[61], aber eines

---

[52] So *RG* Gruchot 44 (1900), 1175.
[53] Ungenau *RGZ* 57, 92. S. dazu auch *Hellwig* Lb 2, 416.
[54] *RG* JW 1903, 382.
[55] S. auch *OLG Dresden* SächsAnn. 12, 90; OLGRspr. 19 (1909), 139.
[56] *BGH* VersR 1984, 851.
[57] *BFH* BB 1987, 2012.
[58] Vgl. *RG* JW 1898, 98.

[59] Unterschrift unter einen später vom Vertreter ausgefüllten **Vordruck** reicht; vgl. *BVerwG* MDR 1984, 256; *BFH* DB 1988, 1684 (anders noch DB 1984, 2284).
[60] A. M. *OLG Köln* MDR 1971, 54; *MünchKomm ZPO/v. Mettenheim* Rdnr. 12; *Zöller/Vollkommer*[17] Rdnr. 8. § 126 BGB ist indessen im Prozeßrecht nicht unmittelbar anzuwenden (→ § 38 Rdnr. 16).
[61] Ebenso *Hellwig* Lb 2, 418; *Rosenberg* (Fn. 1), 945 (Fn. 2); vgl. auch *BGH* NJW 1992, 627 f.

Beweises bedarf es nur, soweit Bedenken bestehen (→ § 56 Rdnr. 7). Bei der Prozeßvollmacht durch einen bevollmächtigten Vertreter, insbesondere beim Prokuristen (→ Rdnr. 16), gelten die Grenzen des § 88, im übrigen aber freie Beweiswürdigung, nicht in der Form des § 80. Denn der unterzeichnete Vertreter tritt nicht selbst als Prozeßbevollmächtigter auf[62].

28   3. Da die Vollmacht selbst formlos erteilt werden kann, ist der Nachweis durch schriftliche Vollmacht nur für das künftige Verfahren von Bedeutung (→ Rdnr. 11) und das **Datum der Vollmachtsurkunde** insofern gleichgültig[63], als auch die früheren Handlungen dadurch gedeckt sind (→ auch § 89 Rdnr. 2 f.).

29   4. Ist die Urkunde **in fremder Sprache** errichtet[64], so gilt hinsichtlich der Übersetzung § 142 Abs. 3, nicht die Vorschrift über die Gerichtssprache, da es sich um eine Beweisurkunde handelt. Die Legalisation einer im Ausland ausgestellten Vollmachtsurkunde (§ 438) kommt nur in Frage, wenn nach Abs. 2 eine öffentliche Beglaubigung verlangt wird (→ Rdnr. 30).

VI. Beglaubigung der Vollmacht

30   1. Ist die schriftliche Vollmacht eine Privaturkunde, so **kann** das Gericht **auf Antrag** des Gegners die **öffentliche Beglaubigung anordnen**. Von Amts wegen ist das Gericht nicht dazu befugt, auch nicht bei schreibensunkundigen oder am Schreiben verhinderten Personen, denn das unbedingte Erfordernis des § 126 Abs. 1 BGB, ein Handzeichen notariell zu beglaubigen, gilt hier nicht (→ oben Rdnr. 27). Ob dem Antrag stattzugeben ist, steht im pflichtgemäßen Ermessen des Gerichts. Ein Anlaß, dem Antrag zu entsprechen, wird in der Regel nur dann bestehen, wenn der Gegner verständliche Bedenken hinsichtlich der Echtheit der Unterschrift oder Legitimation des Unterzeichners vorgebracht hat. Glaubhaftmachung der Bedenken nach § 294 kann aber nicht gefordert werden. Vorheriger mündlicher Verhandlung bedarf die Entscheidung nicht[65]. Die Zurückweisung des Antrags unterliegt **nicht** der **Beschwerde** (Abs. 2 S. 2). Daß auch die Anordnung nicht mit der Beschwerde anfechtbar ist, folgt unmittelbar aus § 567 Abs. 1.

31   2. Der **Begriff der öffentlichen Beglaubigung** wird durch § 129 Abs. 1 BGB bestimmt. Sie erfolgt durch den **Notar** (§§ 129 Abs. 1 BGB, 20 Abs. 1 S. 1 BNotarO); ihre Durchführung richtet sich nach dem BeurkG (insbesondere §§ 39 f.). Die im Ausland vorgenommene Beglaubigung durch einen deutschen **Konsul** steht der durch einen Notar gleich (§ 10 KonsularG v. 11. IX. 1974; BGBl. I, 2317). Wegen der Legalisation einer von einer ausländischen Behörde oder Urkundsperson errichteten Urkunde → § 438. – Die Zuziehung von Zeugen oder die Aufnahme einer Niederschrift ist für die Beglaubigung allgemein nicht mehr vorgeschrieben, so daß § 80 Abs. 2 S. 3 obsolet ist.

32   3. Gibt das Gericht dem Antrag statt, so ist, wenn die (unbeglaubigte) Vollmacht vorgelegt ist (→ oben Rdnr. 21), eine **Frist zur Beibringung der Beglaubigung** zu setzen, es sei denn, daß der Bevollmächtigte erklärt, die Beglaubigung nicht beibringen zu können, z. B. bei unbekanntem Aufenthalt der Partei[66]. Ein Mangel der Vollmacht i. S. des § 88 und Entscheidungsreife wegen dieses Mangels liegen erst nach Ablauf der Frist vor[67], und es ist dann die Entscheidung auf Grund mündlicher Verhandlung zu erlassen (→ § 88 Rdnr. 9). Ob das

---

[62] *RGZ* 57, 90 f.
[63] *RG* Gruchot 44 (1900), 1159. – A. M. *OLG Dresden* OLGRspr. 19 (1909), 126 (für die Einlegung der Beschwerde); *KG* OLGRspr. 39 (1919), 37.
[64] Zur Unterschrift mit arabischen Schriftzeichen vgl. *VGH München* NJW 1978, 510.
[65] Arg. Abs. 2 S. 2, der gerade mit Rücksicht auf § 567

Abs. 1 eingefügt ist. – So auch *RG* DJZ 1924, 993; *Baumbach/Lauterbach/Hartmann*[50] Anm. 3. Der Antrag braucht daher nicht in der mündlichen Verhandlung gestellt zu werden.
[66] *RGZ* 51, 98 f.; *KG* ZZP 31 (1902), 512 f.
[67] *OLG Karlsruhe* BadRPr. 1918, 111.

Gericht während der Frist den Bevollmächtigten nach § 89 zulassen will, hängt von seinem Ermessen ab[68]. Wegen der Zustellungen in der Zwischenzeit → § 176 Rdnr. 18, 20.

33   4. Die Anordnung der Beglaubigung ist gebührenfrei. Zur Beglaubigungsgebühr s. § 41 KostenO. Die **Kosten der Beglaubigung** trägt zunächst der Vollmachtgeber. Notwendig i. S. des § 91 sind sie nur, wenn der Gegner den Antrag gestellt hat oder dies nach den Umständen zu erwarten war[69], oder wenn bei weiter Entfernung der Partei die spätere Einholung den Prozeß erheblich verzögert hätte[70].

VII. Abgabe zu den Gerichtsakten

34   Die Vorschrift, daß die Vollmacht (auch die Untervollmacht) zu den Gerichtsakten abzugeben ist, bildet eine Ausnahme von der Regel, daß die Urschriften vorgelegter Urkunden in der Hand des Beweisführers bleiben. Sie soll den Gegner gegen den Einwand sicherstellen, daß er mit einem Vertreter ohne Vollmacht prozessiert habe (vgl. § 551 Nr. 5, § 579 Abs. 1 Nr. 4). Im Sinne dieser Regelung liegt es also an sich, daß die Vollmacht auch nach Erledigung des Prozesses bei den Akten verbleibt. Das Gericht kann aber trotzdem bei beachtlichen Gründen einem Gesuch der Partei um Rückgabe entsprechen.

35   Die Vollmacht ist grundsätzlich im Original zu den Akten des konkreten Prozesses abzulegen; eine Kopie reicht nicht aus[71]. Es erscheint aber auch zulässig, eine allgemeine Prozeßvollmacht **zu den Generalakten** des Gerichts abzugeben und darauf im einzelnen Prozeß Bezug zu nehmen[72]. Eine Bezugnahme auf eine **in einem anderen Prozeß** vorgelegte umfassende Vollmacht ist dagegen nur ausreichend, wenn der Prozeß bei demselben Richter (nicht genügend: bei demselben Gericht) gleichzeitig anhängig ist[73].

36   Für das **Vollstreckungsverfahren** genügt die Berufung auf die bei den Akten befindliche Vollmacht auch dann, wenn das Vollstreckungsgericht vom Prozeßgericht verschieden ist. Ob das Vollstreckungsgericht die Akten heranziehen will, steht in seinem Ermessen. Denn wenn es auch den Mangel der Vollmacht nach § 88 bei einem Nichtanwalt von Amts wegen zu berücksichtigen hat, so gilt doch auch dafür die freie Beweiswürdigung. Regelmäßig wird kein Grund vorliegen, die Vollmacht des im Urteil genannten Prozeßbevollmächtigten zu bezweifeln.

37   Bei **öffentlichen Urkunden** kann statt der Urschrift auch eine beglaubigte Abschrift zu den Akten genommen werden (§ 435).

VIII. Arbeitsgerichtliches Verfahren

38   Auch hier ist § 80 anwendbar (§§ 46 Abs. 2, 64 Abs. 6 ArbGG). Die vorstehenden Ausführungen gelten entsprechend. Besonders hervorzuheben ist:
1. Der oben Rdnr. 9 erörterte Unterschied zwischen der Vollmacht und der Befähigung, die Vertretung zu führen, ist hier vor allem für § 11 Abs. 2 ArbGG von Bedeutung. Der **Mangel der Vertretungsbefähigung** (Postulationsfähigkeit) nach § 11 ArbGG bewirkt auch hier eine *Hemmung* der Vollmacht. So ist z. B. der entgegen § 11 Abs. 2 ArbGG bevollmächtigte Rechtsbeistand zur Bestellung eines zugelassenen Prozeßbevollmächtigten ermächtigt (→ auch § 78 Rdnr. 57 ff.).

---

[68] Vgl. *OLG Dresden* SächsAnn. 35, 285.
[69] *KG* SeuffArch. 44 (1889), 463; *OLG Hamburg* SeuffArch. 42 (1887), 214.
[70] *OLG Karlsruhe* BadRPr. 1902, 271.
[71] *LAG Frankfurt* DB 1988, 2656 (L); *BFH* DB 1987, 1130.

[72] *LG Bochum* AnwBl. 1973, 361; *LG Berlin* KGBl. 1906, 87. – A. M. *LG Düsseldorf* JW 1930, 2082 (zust. *Schubart*).
[73] Vgl. *BGH* NJW-RR 1986, 1252; ferner *LG Bochum* AnwBl. 1973, 361, das auf die sofortige Beschaffbarkeit abstellt; weitergehend *E. Schwerdtner* AnwBl. 1973, 362.

2. Die »Vollmacht« des Verbandsvertreters nach § 11 Abs. 1 bzw. Abs. 2 ArbGG ist von der von der   **39**
Partei zu erteilenden Prozeßvollmacht scharf zu unterscheiden. Die Vorschriften über die Prozeßvollmacht sind auf sie weder unmittelbar noch entsprechend anwendbar (→ § 78 Rdnr. 50, 54 und wegen des Nachweises dieser Vollmacht → § 88 Rdnr. 21).

§ 81   [Umfang der Prozeßvollmacht]

Die Prozeßvollmacht ermächtigt zu allen den Rechtsstreit betreffenden Prozeßhandlungen, einschließlich derjenigen, die durch eine Widerklage, eine Wiederaufnahme des Verfahrens und die Zwangsvollstreckung veranlaßt werden; zur Bestellung eines Vertreters sowie eines Bevollmächtigten für die höheren Instanzen; zur Beseitigung des Rechtsstreits durch Vergleich, Verzichtleistung auf den Streitgegenstand oder Anerkennung des von dem Gegner geltend gemachten Anspruchs; zur Empfangnahme der von dem Gegner oder aus der Staatskasse zu erstattenden Kosten.

Gesetzesgeschichte: bis 1900 § 77 CPO; Änderung BGBl. 1990 I, 2847.

Stichwortverzeichnis: → vor § 78 vor Rdnr. 1.

I. Allgemeines zum Inhalt der Prozeßvollmacht[1]

Sie ist die Vollmacht für den **Prozeß als Ganzes**. Den Gegensatz bildet die nur außerhalb des   **1**
Anwaltszwangs zulässige Vollmacht zu einzelnen Handlungen (→ § 83 Rdnr. 4, 6). Über die Erteilung der Vollmacht → § 80 Rdnr. 4, über die Vollmacht eines nicht zugelassenen Anwalts → § 80 Rdnr. 10 und unten Rdnr. 14. Den **Mindestinhalt** der Prozeßvollmacht im Verhältnis zu Gericht und Gegner bestimmen die §§ 81 f. durch **zwingende Rechtssätze**, so daß eine Beschränkung durch den Parteiwillen nur in engen Grenzen offen bleibt (→ § 83 Rdnr. 1). Wieweit die Berechtigung des Prozeßbevollmächtigten im *Innenverhältnis* reicht und wann er z. B. bei der Partei rückfragen muß, ist eine andere, von der Wirksamkeit nach außen zu trennende Frage. Über den Mindestinhalt nach § 81 hinaus kann die Vollmacht jederzeit rechtsgeschäftlich erweitert werden (→ Rdnr. 10, 22). Die Praxis macht davon durch Verwen-

---

[1] Lit.: → § 80 Fn. 1.

dung von Formularen in reichem Maße Gebrauch, was manche der nachstehend erörterten Streitfragen erledigt.

2   Die Grundsätze über den Inhalt der Prozeßvollmacht gelten entsprechend auch für solche Vollmachten, die nur für ein **Verfahren mit begrenztem Zweck** erteilt sind, z.B. das Aufgebotsverfahren, die Zwangsvollstreckung oder das Konkursverfahren.

3   Soweit die Vollmacht auf einer **außerprozessualen Stellung** beruht (→ § 80 Rdnr. 16), hat sie jedenfalls den vollen Inhalt der Prozeßvollmacht. Frage des materiellen Rechts ist es, wieweit sie darüber hinausgeht, sei es für andere Prozesse, sei es für Rechtsgeschäfte des materiellen Rechts.

II. Die Grenzen des Rechtsstreits

4   Der Umfang der Vollmacht wird begrenzt durch die Beziehung auf einen **bestimmten Rechtsstreit.**
    1. Rechtsstreit ist die prozessuale Einheit, das anhängig zu machende oder anhängig gewordene Verfahren zwischen bestimmten Parteien über einen bestimmten Streitgegenstand[1a]. Der Rechtsstreit bleibt derselbe, auch wenn er inhaltlich durch Klageänderung[2], Klageerwiderung, Widerklage[3], Inzidentklage **verändert** wird (wegen der Ehesachen → § 609 Rdnr. 1ff.) oder ein Streitgehilfe beitritt oder wenn **auf der Gegenseite** infolge einer Urheberbenennung oder einer Rechtsnachfolge oder im Wege der **Parteiänderung** andere Personen eintreten. Die vom Streitgehilfen der beklagten Partei erteilte Vollmacht umfaßt auch seine Vertretung als Beklagter, wenn die Klage auf den Streitgehilfen erstreckt wird[4]. Tritt dagegen in diesen Fällen eine andere Person **an die Stelle des Vollmachtgebers**, so bedarf es regelmäßig (→ aber § 86) einer neuen Vollmacht[5]. Eine neue Vollmacht ist auch erforderlich, wenn der Rechtsstreit gegen eine andere als die in der Vollmacht genannte Person begonnen werden soll, oder wenn ein formell selbständiger Prozeß angestrengt wird, sollte er auch mit dem Rechtsstreit der Vollmacht zusammenhängen, wie der Gebührenrechtsstreit mit dem bisherigen Anwalt[6], die Klage gegen einen Dritten auf Urkundenvorlegung (§ 429) oder der selbständige[7] Prozeß auf Schadensersatz in den Fällen der §§ 302, 600, 717, 945[8] oder auf das Interesse im Fall des § 893[9] oder die Änderungsklage des § 323[10]. Jedoch gelten hier die Ausnahmen des § 82 und die unten Rdnr. 7 angeführten. – Die für eine **Scheidung** erteilte Vollmacht erstreckt sich kraft Gesetzes auf die **Folgesachen** (§ 624 Abs. 1).

5   Zu einer **Erneuerung** des Rechtsstreits nach Rücknahme oder Abweisung der zuerst erhobenen Klage ermächtigt die Vollmacht nicht, wohl aber zur **Fortsetzung** eines Prozesses, der nur scheinbar durch Klagerücknahme, Prozeßvergleich usw., deren Unwirksamkeit nicht erkannt war, beendet war (→ auch Rdnr. 6), und bei Vollmachten, die sich nicht auf einen konkreten Prozeß beziehen, zur Erhebung anderer von der Vollmacht gedeckter Klagen.

6   **2.** Der Rechtsstreit umfaßt das **Verfahren aller Instanzen**, auch wenn der Bevollmächtigte in der höheren Instanz nicht als Anwalt zugelassen ist (→ § 80 Rdnr. 10, § 86 Rdnr. 9), die

---

[1a] Zum Verhältnis von Verwaltungsverfahren und nachfolgendem Prozeß s. *BSG* NJW 1992, 196.

[2] Bedenken dagegen bei *Rosenberg* Stellvertretung im Prozeß (1908), 786ff.

[3] Ebenso erfaßt die Vollmacht zur Abwehr einer Widerklage die Prozeßführung über die Klage, *BGH* NJW 1991, 1177.

[4] *BGHZ* 57, 105 = JZ 1972, 96 = NJW 52.

[5] S. auch *Rosenberg* (Fn. 2), 789f. Über den Fall der Auflösung der OHG → § 239 Rdnr. 7, über den Eintritt des Gemeinschuldners → § 240 Rdnr. 31, 33.

[6] *OLG München* Rpfleger 1984, 74 = JurBüro 394; *KG* Rpfleger 1979, 275.

[7] Ein Inzidentantrag im anhängigen Prozeß ist dagegen durch die Vollmacht gedeckt.

[8] A. M. *Baumbach/Lauterbach/Hartmann*[50] Anm. 2 B h; wie hier *Thomas/Putzo*[17] Anm. 1b; *Wieczorek*[2] Anm. A II b 6; → auch Fn. 24.

[9] A. M. *Hellwig* Lb 2, 436.

[10] Ebenso *Thomas/Putzo*[17] Anm. 1b. – A. M. *Rosenberg* (Fn. 2), 785; *Baumbach/Lauterbach/Hartmann*[50] Anm. 2 B h.

Fortsetzung des Verfahrens nach einem **Vorbehaltsurteil** (§§ 302, 599[11]) und nach der **Verweisung** (§§ 281, 506) oder Abgabe (§§ 696, 700) des Rechtsstreits an ein anderes Gericht, auch hier ohne Rücksicht auf die Zulassung[12]. Mit dem Ende des Rechtsstreits endet dagegen im allgemeinen die Vollmacht (→ § 86 Rdnr. 7). Jedoch wird sie vom Gesetz selbst auf die **Wiederaufnahme** des Verfahrens erstreckt und gilt daher um so mehr, wenn im Rahmen des anhängigen Rechtsstreits über die Wirksamkeit eines prozeßbeendenden *Vergleichs* gestritten wird (→ § 794 Rdnr. 46 ff.)[13], oder wenn eine *Berichtigung* des Urteils, des Tatbestands oder der Erlaß eines Ergänzungsurteils (§§ 319, 320, 321) in Frage steht. Teile des Rechtsstreits sind ferner die *Kostenentscheidung* nach der Zurücknahme der Klage und das **Kostenfestsetzungsverfahren**[14], obwohl sie nach der Beendigung des Rechtsstreits (nach Rechtskraft) liegen oder doch liegen können, nicht aber das Fortsetzungsverfahren nach § 19 BRAGO[14a].

3. Trotz ihrer formellen Selbständigkeit (→ vor § 704 Rdnr. 1) rechnet § 81 ferner hierher 7
die **Zwangsvollstreckung** (vor oder nach Rechtskraft) einschließlich der durch sie veranlaßten einzelnen Prozeßhandlungen. Dazu zählt das Gesetz auch diejenigen selbständigen Prozesse, die im Laufe der Zwangsvollstreckung entstehen (§§ 731, 767 f., 771, 785 f., 796 f., 836, 841, 856, 878), selbst wenn die Klage von einem Dritten erhoben wird[15] oder sich gegen einen Dritten (etwa den Drittschuldner[16] bei Pfändung und Überweisung einer Forderung) richtet, oder der Prozeß bei einem Kollegialgericht zu führen ist, bei dem der Prozeßbevollmächtigte nicht zugelassen ist (→ § 80 Rdnr. 10). Dies gilt auch dann, wenn die Vollmacht nur zur Zwangsvollstreckung erteilt ist[17]. In jedem Fall beschränkt sich die Vollmacht auf **Prozeßhandlungen**. Sie umfaßt daher nicht der Befriedigung des Gläubigers dienende private *Willenserklärungen* wie die Kündigung aufgrund des § 135 HGB und § 66 GenG (→ jedoch unten Rdnr. 10). Das **Konkursverfahren** ist kein Teil der von dem einzelnen Gläubiger durchzuführenden Vollstreckung. Es bedarf daher hier besonderer Vollmacht[18]. Das gleiche gilt für das **Vergleichsverfahren**.

III. Die Befugnisse des Prozeßbevollmächtigten

1. Innerhalb der Grenzen zu Rdnr. 4–7 ermächtigt die Prozeßvollmacht zu **allen den** 8
Rechtsstreit betreffenden Prozeßhandlungen. Diese Fassung ist ersichtlich gewählt, um den Kreis weit zu ziehen, ohne daß dabei aber beabsichtigt wäre, die Prozeßhandlungen im engeren technischen Sinn (dazu → vor § 128 Rdnr. 157 ff.) gegen andere Handlungen abzugrenzen. Es kann also weder aus § 81 der technische Begriff der Prozeßhandlung abgeleitet werden[19], noch kann mit ihm hier argumentiert werden[20], da sonst gegen die Absicht des Gesetzes die Vollmacht zerstückelt statt abgerundet würde (→ vor § 128 Rdnr. 158).

Prozeßhandlungen sind deshalb hier alle Handlungen, die dem *Betrieb* oder der *Entscheidung* oder *Beendigung* des Rechtsstreits oder der *Durchführung der Entscheidung* dienen, 9
auch wenn sie nicht dem Gericht oder dem Gegner gegenüber vorgenommen werden, wie z. B. der Auftrag zur Zustellung oder Vollstreckung. Es gehören hierher nicht nur alle Anträge

---

[11] *OLG Hamm* JurBüro 1976, 1644.
[12] So auch *Rosenberg* (Fn. 2), 662, 981.
[13] A. M. *OLG Hamburg* OLGRspr. 11 (1905), 106, das die Anfechtung des Vergleichs ausnimmt.
[14] Vgl. *BVerfG* NJW 1990, 1104; *OLG Hamm* Rpfleger 1978, 421, 422; *OLG Koblenz* Rpfleger 1978, 261.
[14a] *OLG Hamm* JurBüro 1992, 394.
[15] Ebenso *RG* SeuffArch. 63 (1908), 376; *Voß* AcP 71 (1887), 279 f.; *Rosenberg* (Fn. 2), 784; → auch § 178 Rdnr. 4.

[16] Insoweit a. M. *Hellwig* Lb 2, 437 Fn. 31.
[17] *OLG Stettin* OLGRspr. 19 (1909), 150.
[18] Vgl. *LG Stuttgart* ZZP 70 (1957), 143; *Jaeger/Weber* KO[8] § 139 Anm. 6 c; *Uhlenbruck* MDR 1978, 9. – A. M. *Baumbach/Lauterbach/Hartmann*[50] Anm. 2 B c; *MünchKommZPO/v. Mettenheim* Rdnr. 6.
[19] S. auch *RGZ* 56, 337 f.
[20] So auch *Hellwig* Lb 2, 435; *Rosenberg* (Fn. 2), 792 f.

und Erklärungen in der mündlichen Verhandlung, sondern auch das Einlegen von Rechtsmitteln[21] (→ auch Rdnr. 6) sowie Verzichte auf prozessuale Rechte, insbesondere auf Rechtsmittel, ebenso die Zurücknahme der Klage und der Rechtsmittel[22], ferner die Erklärung des Einverständnisses mit der Entscheidung durch den Vorsitzenden der Kammer für Handelssachen (§ 349 Abs. 3) oder durch den Einzelrichter in der Berufungsinstanz (§ 524 Abs. 4) und mit der Entscheidung ohne mündliche Verhandlung (§ 128 Abs. 2). Grundsätzlich unerheblich ist es, ob die Handlungen vor, während oder nach dem Rechtsstreit vorgenommen werden, wie einerseits die Vereinbarung der Zuständigkeit (§ 38), die Gesuche nach §§ 36 ff., 57 f., 486 und insbesondere der Prozeßkostenhilfeantrag[23], andererseits ein außergerichtlicher Vergleich mit der Verpflichtung, ein Verfahren nicht fortzusetzen (→ unten Rdnr. 11), die Rückforderung von Sicherheiten[24] (§§ 109, 715), wenn sie nur den Rechtsstreit betreffen. Das Verfahren wegen Ungebühr (§ 178 GVG) steht außerhalb des Rechtsstreits[25] (dazu → vor § 128 Rdnr. 140).

10　　2. Zu den Prozeßhandlungen gehört auch die Geltendmachung materieller Rechte durch Klage, Einrede, Widerklage und Inzidentklage und folglich auch die Abgabe derjenigen **materiell-rechtlichen Willenserklärungen**, durch die die Rechte nach bürgerlichem Recht ausgeübt oder wirksam gemacht werden. Dies ist dann selbstverständlich, wenn prozessuale Ausübung notwendig ist, wie nach der herrschenden Lehre bei der Konkursanfechtung[26]. Aber auch wenn die Erklärungen außerhalb des Prozesses abgegeben werden können, sind sie doch Prozeßhandlungen i. S. des § 81, wenn sie in bezug auf den Prozeß abgegeben werden (→ vor § 128 Rdnr. 158), vorausgesetzt, daß es sich um eine *streitgegenstandsbezogene* Erklärung handelt[27], die im Dienst der Rechtsverfolgung oder Rechtsverteidigung des vorliegenden Rechtsstreites steht[28]. Dies gilt insbesondere für die **Aufrechnung**[29], ebenso für die **Kündigung**[30], den **Rücktritt** vom Vertrag, die **Wandelung**, Minderung, **Anfechtung** nach dem BGB[31], für die Ausübung eines Wahlrechts[32] einschließlich streitgegenstandsbezogener Rechtswahlvereinbarungen[33] und andere empfangsbedürftige Willenserklärungen oder Anzeigen (z. B. § 25 HGB)[34] des Zivilrechts. Wegen der Bürgschaft zum Zweck der Sicherheitsleistung → § 108 Rdnr. 21. Ausgenommen sind dagegen Erklärungen, die sich auf die Ehe und den Familienstand beziehen, soweit nach §§ 609, 640 eine besondere Vollmacht nötig ist[35], sowie Willenserklärungen, die vor einer Behörde abzugeben sind und die Vorlage einer öffentlich beglaubigten Vollmacht erfordern. Selbstverständlich kann die Partei aber die Vollmacht insoweit rechtsgeschäftlich erweitern[36] (→ Rdnr. 1).

11　　3. Weiter ermächtigt die Vollmacht, sofern sie nicht diese Befugnis ausdrücklich ausnimmt

---

[21] *BGH* MDR 1986, 1021 = NJW-RR 1252; VersR 1984, 789, 790.

[22] *BGH* NJW 1991, 2839; FamRZ 1988, 496.

[23] *BGH* NJW 1978, 1920.

[24] Vgl. *BGH* NJW 1990, 2129. – Auf einen selbständigen Prozeß über Ansprüche auf die Sicherheitsleistung erstreckt sich die Vollmacht dagegen nicht, *Levis* ZZP 34 (1905), 185.

[25] *OLG Jena* ThürBl. 50, 206. – A. M. *OLG München* OLGRspr. 27 (1913), 6; *Rosenberg* (Fn. 2), 796.

[26] *RGZ* 52, 334 ff.; 58, 44; 62, 199; *Bork* JR 1989, 494; *Gerhardt* NJW 1981, 1542 ff.

[27] Verneinend für das Stimmrecht in einer Gesellschafterversammlung *OLG Düsseldorf* Rpfleger 1979, 312 f.; für das Mieterhöhungsverlangen *LG Karlsruhe* WuM 1985, 321. Vgl. auch die nachstehend Genannten.

[28] *BGHZ* 31, 209 = NJW 1960, 480 = LM § 81 Nr. 9 (*Schuster*); *BAG* DB 1978, 167 = AP Nr. 2 (*Rimmelspacher*). Krit. zur Dogmatik *MünchKommZPO/v. Mettenheim* Rdnr. 8.

[29] *RGZ* 50, 426; *KG* OLGRspr. 1 (1900), 140; 2 (1901), 294; *OLG Hamburg* OLGRspr. 1 (1900), 77; *Wach* ZZP 27 (1900), 1; *Oertmann* Aufrechnung (1916), 61 f.; *Rosenberg* (Fn. 2), 794; *Baumbach/Lauterbach/Hartmann*[50] Anm. 3. – A. M. *OLG Braunschweig* BrschwZ 48, 102; *Petzold* Gruchot 44 (1900), 845 f.

[30] *RGZ* 53, 212; *BayObLG* BlfRA 70, 99; *KG* OLGRspr. 2 (1901), 31; *LG Hamburg* MDR 1971, 578; *LG Tübingen* NJW-RR 1991, 972; *BAG* DB 1978, 167 = AP Nr. 2 (*Rimmelspacher*); *Weidemann* NZA 1989, 246. – A. M. *AG Düsseldorf* DWW 1986, 247.

[31] *RGZ* 48, 218; 49, 392; 53, 148; 63, 411; DR 1941, 637.

[32] *Litten* Wahlschuld (1903), 161.

[33] A. M. *Zöller/Vollkommer*[17] Rdnr. 11; wohl auch *Schack* NJW 1984, 2739.

[34] Vgl. *RG* JW 1903, 388; Gruchot 49 (1905), 1060.

[35] *RGZ* 58, 227.

[36] *BAG* DB 1978, 167 = AP Nr. 2 (*Rimmelspacher*).

(→ § 83 Rdnr. 2), zur Beseitigung des Rechtsstreits durch **Verzicht**[37], **Anerkenntnis und Vergleich**[38] (§§ 306 f., 794 Abs. 1 Nr. 1), und zwar sowohl dann, wenn diese Rechtsgeschäfte im Prozeß vorgenommen werden und deshalb Prozeßhandlungen sind (→ vor § 128 Rdnr. 255), wie auch zu ihrer außergerichtlichen Vornahme[39], namentlich zum Vergleich in der Zwangsvollstreckung[40]. Dagegen ist der Prozeßbevollmächtigte nicht befugt, über *nicht im Streit befangene Vermögensgegenstände* des Vollmachtgebers, z. B. durch Anerkenntnis[41] oder bei Abschluß eines Vergleichs[41a], zu verfügen, wenn auch die Eingehung einer Verpflichtung zu einer Geldentschädigung in der Befugnis zur Beseitigung des Rechtsstreits durch Vergleich inbegriffen erscheint[42].

Zum Abschluß eines **Schiedsvertrages** ist der Prozeßbevollmächtigte als solcher nicht   **12** ermächtigt, ebensowenig zu Rechtsgeschäften mit Dritten[43], abgesehen von dem Prozeßvergleich mit Dritten nach § 794 Abs. 1 Nr. 1.

IV. Passive Vertretung

In denselben Grenzen, in denen die Vollmacht zur Vornahme von Prozeßhandlungen   **13** ermächtigt, ist der Bevollmächtigte auch befugt zur **Entgegennahme der Prozeßhandlungen** des Gerichts, des Gegners und Dritter, z. B. der Streitgehilfen (sog. passive Stellvertretung). Dies gilt auch für die Entgegennahme der oben Rdnr. 10 behandelten streitgegenstandsbezogenen **materiell-rechtlichen Willenserklärungen**[44]. Zur Empfangnahme des umstrittenen Gegenstands ermächtigt die Prozeßvollmacht dagegen nicht (→ Rdnr. 22). Ein *Zwang*, die Handlungen an den Vertreter statt an die Partei zu richten, besteht schlechthin nur für die Zustellungen (→ § 176 Rdnr. 1) in den Grenzen der §§ 176, 178, 210 a; in diesen Fällen wird übrigens das *tatsächliche Auftreten* als Bevollmächtigter, nicht die Vollmacht vorausgesetzt (→ § 176 Rdnr. 18). Für die *mündliche Verhandlung* besteht der Zwang, dem Bevollmächtigten gegenüber zu handeln, dann, wenn nur der Bevollmächtigte statt der Partei auftritt. Denn gegen den Gegner könnte, wenn er sich auf die Verhandlung mit dem Vertreter nicht einließe, Versäumnisurteil ergehen. Allgemein besteht dieser Zwang im *Anwaltsprozeß*, da hier nur eine Verhandlung mit dem Vertreter in Frage kommt.

V. Bestellung eines Vertreters

Darüber, wieweit die Befugnis des Prozeßbevollmächtigten zur Bestellung eines Vertreters   **14** geht, ist aus dem Wortlaut des § 81 nichts zu entnehmen. Man wird in dieser Hinsicht verschiedene Fälle unterscheiden müssen:

---

[37] Daher auch zur Bewilligung der Auszahlung eines hinterlegten Betrags, der den Gegenstand des Prozesses bildet, *OLG Frankfurt* OLGZ 1974, 358 = Rpfleger 227.

[38] Enthält der Prozeßvergleich eine Auflassung, so ist **grundbuchrechtlich** kein Nachweis der Vollmacht in der Form des § 29 GBO erforderlich, *OLG Saarbrücken* OLGZ 1969, 210; ähnlich für die Bezeichnung als Prozeßbevollmächtigter im Rubrum *LG Mannheim* BwNotZ 1986, 96.

[39] Vgl. *RG* JW 1894, 193; *BAG* NJW 1963, 1469 = AP Nr. 1 (*Pohle*; zum außergerichtlichen Vergleich); *LG Aachen* JurBüro 1982, 913; *Bork* Der Vergleich (1988), 280 f. m. w. N.; *Rosenberg* (Fn. 2), 798 f.; *Wieczorek*[2] Anm. B III a 1. – A. M. *Hellwig* Lb 2, 440; *Baumbach/ Lauterbach/Hartmann*[50] Anm. 3; *Zöller/Vollkommer*[17]

Rdnr. 11; bezüglich Anerkenntnis und Erlaß auch *Thomas/Putzo*[17] Anm. 3 a.

[40] *RG* SeuffArch. 63 (1908), 376. – A. M. *KG* OLGRspr. 15 (1907), 75; *Rosenberg* (Fn. 2), 792.

[41] *BGH* NJW 1982, 1809, 1810.

[41a] *BGH* MDR 1992, 712.

[42] S. auch *Wolf* AcP 88 (1898), 183.

[43] *RG* SeuffArch. 48 (1893), 96.

[44] Vgl. *BAG* DB 1988, 2108; 1988, 1758 = NJW 2691; *LAG Frankfurt* BB 1988, 1894 (L) sowie die in Fn. 28 ff. Angeführten, besonders *KG* OLGRspr. 2 (1901), 294; *OLG Dresden* SächsArch. 13, 580. – A. M. *LG Berlin* ZMR 1987, 17, 18; *Baumbach/Lauterbach/Hartmann*[50] Anm. 3.

1. Volle Übertragung der Prozeßvollmacht

Zunächst unterliegt es keinem Zweifel, daß diejenige Prozeßvollmacht, die sekundäre Folge einer **außerprozessualen Vertretungsmacht** ist, z. B. beim Prokuristen (→ § 80 Rdnr. 16), jedenfalls als Prozeßvollmacht in vollem Umfang übertragbar ist, auch außerhalb des Anwaltszwanges: Der Prokurist kann auch vor dem Amtsgericht Vollmacht erteilen. Weiter aber muß eine solche volle Übertragung auch bei der Prozeßvollmacht i. e. S. zulässig sein, wenn der **Erstbevollmächtigte wegen fehlender Postulationsfähigkeit nicht in der Lage** ist, die Vertretung zu führen, d. h. wenn er nicht bei dem Prozeßgericht als Anwalt zugelassen ist. Das sind insbesondere die Fälle, in denen ein anderer Anwalt die Vollmacht kraft außerprozessualer Stellung hat (→ § 80 Rdnr. 16) oder in denen die Vollmacht des Anwalts sich auf Prozesse vor anderen Kollegialgerichten erstreckt (→ Rdnr. 7), ferner solche Fälle, in denen die Vollmacht von vornherein dem Anwalt eines anderen Gerichts erteilt war (→ § 80 Rdnr. 10). Daß hier der Erstbevollmächtigte seinerseits einen zur Führung des Prozesses befähigten Bevollmächtigten bestellen kann, findet u. a. darin einen Beleg, daß der Prozeßbevollmächtigte auch den Anwalt für die höhere Instanz bestellen kann (→ unten Rdnr. 19). Endlich muß es selbstverständlich als zulässig anerkannt werden, die Vollmacht durch den Vollmachtgeber dahin *auszudehnen*, daß der Bevollmächtigte sie in vollem Umfang weitergeben kann. In diesen Ausnahmefällen wird der vom Prozeßbevollmächtigten Bestellte **selbst Prozeßbevollmächtigter** der Partei im vollen Umfang der §§ 80 ff., 176, 244 usw. Ob bei dieser umfassenden Übertragung ein *Vertragsverhältnis zur Partei* entsteht (→ dazu allgemein Rdnr. 17 und vor § 78 Rdnr. 12), hängt davon ab, ob der erste Bevollmächtigte kraft seines Auftrags usw. nach bürgerlichem Recht zum Abschluß des Vertrags ermächtigt ist (vgl. § 164 BGB)[45].

2. Bestellung eines Vertreters für einzelne Handlungen

15 Von diesen Fällen abgesehen, kann es aber keinesfalls der Sinn der Vorschrift sein, daß der Prozeßbevollmächtigte befugt wäre, seine Vollmacht an einen anderen dergestalt weiterzugeben, daß dieser – sei es neben ihm oder statt seiner – Prozeßbevollmächtigter wird[46]. Der Prozeßbevollmächtigte kann vielmehr einen Vertreter **nur für die Vornahme einzelner Handlungen** oder eines Komplexes von solchen bestellen (Unterbevollmächtigter), wobei er selbst der alleinige Prozeßbevollmächtigte sowohl für die Zustellungen (§ 84 Rdnr. 3, § 176 Rdnr. 16) als auch für die Frage der Unterbrechung des Verfahrens (→ § 244 Rdnr. 3) bleibt[47]. Im Anwaltsprozeß darf er nur einen Rechtsanwalt zum Vertreter bestellen (§ 52 BRAO; → § 78 Rdnr. 32), außerhalb des Anwaltszwangs an sich jeden Prozeßfähigen. Der nach § 53 BRAO bestellte Vertreter des verhinderten Anwalts ist Untervertreter kraft seiner allgemeinen Bestellung (→ § 78 Rdnr. 33), ebenso der im Fall des Vertretungsverbots nach § 161 BRAO bestellte Vertreter. Eine von mehreren Rechtsanwälten sich gegenseitig erteilte Vollmacht, einander in Terminen aller künftigen Prozesse zu vertreten (etwa in Form eines »Sitzungsdienstes«), reicht nicht aus; vielmehr ist eine Untervollmacht für den konkreten Prozeß erforderlich[48].

---

[45] Verneinend für den Anwalt *KG* KGBl. 1905, 79 (bedenklich); anders *BGH* NJW 1981, 1728.

[46] Vgl. *BGH* GRUR 1987, 813; NJW 1981, 1728; *RGZ* 11, 368; *OLG Kiel* SeuffArch. 75 (1920), 19; *Rosenberg* (Fn. 2), 849.

[47] Davon ist der Fall zu unterscheiden, daß sich ein Anwalt durch einen anderen vertreten läßt, der ebenfalls schon Vollmacht hat; vgl. *BGH* MDR 1978, 573 und für die Sozietät § 84 Rdnr. 3, 6.

[48] *OLG Düsseldorf* NJW 1976, 1324.

Dieser **Untervertreter (Unterbevollmächtigte)** handelt kraft der auf ihn übertragenen   **16**
Vollmacht der Partei als ihr Vertreter[49]. Seine Rechte gehen im Rahmen seiner Bestellung[50]
ebensoweit wie die des Prozeßbevollmächtigten, der ihm seine Vollmacht übertragen hat.

Ob zwischen der Partei und dem nur für einzelne Handlungen Unterbevollmächtigten ein   **17**
schuldrechtliches **Vertragsverhältnis** und damit ein eigener **Gebührenanspruch des Unterbevollmächtigten** gegen die Partei entsteht, hängt davon ab, ob der Prozeßbevollmächtigte
einen solchen Vertrag im Namen der Partei schließt und ob er dazu Vertretungsmacht hat.
Aus § 81 ergibt sich eine solche materielle Vertretungsmacht allein nicht. Schaltet der Prozeßbevollmächtigte im eigenen Interesse (z. B. wegen persönlicher Verhinderung an der Wahrnehmung eines Termins) **ohne Einverständnis der Partei** einen Unterbevollmächtigten ein, so
entsteht kein Vertragsverhältnis zur Partei und auch kein Gebührenanspruch des Unterbevollmächtigten[51] (Umkehrschluß aus § 53 BRAGO), wohl aber unter Umständen ein Vergütungsanspruch gegen den Prozeßbevollmächtigten auf Grund eines mit diesem geschlossenen
Vertrages. Bei der Bestellung eines Unterbevollmächtigten für einen auswärtigen Termin **mit
Einverständnis der Partei** ist dagegen regelmäßig davon auszugehen, daß ein Vertragsverhältnis mit der Partei begründet wird und der Gebührenanspruch (§ 53 BRAGO) direkt gegen
diese gerichtet ist[52]. Das Einverständnis der Partei begründet hier die Vollmacht des Prozeßbevollmächtigten zum Abschluß eines Verpflichtungsvertrags im Namen der Partei. Liegt die
Einschaltung eines Unterbevollmächtigten im Interesse der Partei (z. B. Kostenersparnis), so
kann auch ein **stillschweigendes Einverständnis** zu bejahen sein.

Die Untervollmacht kann frei **widerrufen** werden und erlischt mit der Hauptvollmacht[53].

3. Hat der Anwalt unter Verstoß gegen ein über ihn verhängtes **Vertretungsverbot** eine   **18**
Vollmacht erteilt, so berührt das die Wirksamkeit nicht (§ 155 Abs. 5 BRAO; → auch § 80
Rdnr. 2).

VI. Bestellung eines Bevollmächtigten für die höhere Instanz

Dazu ist der Prozeßbevollmächtigte befugt, auch wenn er selbst nicht Anwalt oder für die   **19**
höhere Instanz nicht zugelassen ist. Denn mit dem Übergang des Prozesses in die höhere
Instanz endet seine Vollmacht nicht[54] (→ § 86 Rdnr. 9). Für die Revisionsinstanz kann daher
sowohl der Anwalt erster Instanz wie derjenige der zweiten die Bestellung vornehmen.
Daneben hat selbstverständlich die Partei selbst das gleiche Recht.

Der Bevollmächtigte für die höhere Instanz wird **Prozeßbevollmächtigter der Partei** so-   **20**
wohl für die Zustellung (→ § 176 Rdnr. 27) als auch für die Frage der Unterbrechung (→ § 244
Rdnr. 3, ferner § 246 Rdnr. 5). Seine Vollmacht, die sog. **Instanzvollmacht**, hat für alle die
Instanz betreffenden Handlungen den vollen Umfang der §§ 81 f., 86[55], erstreckt sich dagegen
nicht auf die (arg. §§ 119, 178) zur ersten Instanz zu rechnende Zwangsvollstreckung und die
Kostenfestsetzung und nicht auf die Empfangnahme der Kosten. Sie erlischt mit der rechtskräftigen Entscheidung über das eingelegte Rechtsmittel[56], erstreckt sich also im Zweifel nicht

---

[49] *Rosenberg* (Fn. 2), 838.
[50] Vgl. *OLG Hamm* NJW 1949, 29 (kein wirksamer Rechtsmittelverzicht durch Terminbevollmächtigten).
[51] BGH NJW 1981, 1728; *Gerold/Schmidt/v. Eicken/ Madert* BRAGO[11] § 33 Rdnr. 36; *Göttlich/Mümmler* BRAGO[17] – Unterbevollmächtigter (A. 1429/1431); *Schumann/Geißinger* BRAGO[2] § 53 Rdnr. 2; s. auch *OLG Kiel* SeuffArch. 75 (1920), 19 (keine Haftung des Unterbevollmächtigten gegenüber der Partei); *Seltmann* VersR 1974, 97.
[52] Für einen unmittelbaren Gebührenanspruch gegen die Partei auch *OLG Frankfurt* NJW 1953, 1834; *AG*

Herzberg AnwBl. 1968, 360; *Gerold/Schmidt/v. Eicken/ Madert* BRAGO[11] § 33 Rdnr. 35, § 53 Rdnr. 1 ff., 4; *Göttlich/Mümmler* BRAGO[17] – Unterbevollmächtigter (S. 1429/1431); *Rosenberg* (Fn. 2), 844; *Schumann/Geißinger* BRAGO[2] § 53 Rdnr. 9 mwN.
[53] Wegen des Unterbevollmächtigten ohne Vollmacht s. *RGZ* 161, 92.
[54] Auch dann nicht, wenn die Partei in 1. Instanz verstorben ist und ein Aussetzungsantrag nach § 246 hätte gestellt werden können, *OLG Schleswig* MDR 1986, 154.
[55] So auch *Rosenberg* (Fn. 2), 640, 810, 819.
[56] Vgl. *RG* JW 1897, 629; *Rosenberg* (Fn. 2), 817.

auf ein späteres Rechtsmittel derselben Instanz (→ § 210 a Rdnr. 5 ff.). Dagegen endet sie nicht mit dem Tod des erstinstanzlichen Prozeßbevollmächtigten (→ § 244 Rdnr. 3).

21 Die Erteilung der Instanzvollmacht enthält zugleich (gegebenenfalls stillschweigend) die Begründung eines **Vertragsverhältnisses** zur Partei und begründet daher auch den **unmittelbaren Gebührenanspruch** gegen die Partei.

VII. Empfangnahme der Prozeßkosten

22 Die Prozeßvollmacht erstreckt sich auf die Empfangnahme der vom Gegner oder aus der Staatskasse zu erstattenden Prozeßkosten, obwohl dies über die eigentliche Prozeßführung hinausgeht[57], und auf die Quittung darüber, nicht jedoch auf die Aufrechnung oder Entgegennahme der Aufrechnung hinsichtlich der Kostenforderung[58]. Der Prozeßbevollmächtigte ist ferner **nicht ermächtigt, andere Leistungen**, insbesondere die den **Gegenstand des Prozesses** bildenden[59] – selbst wenn sie im Wege der Zwangsvollstreckung beigetrieben werden – in Empfang zu nehmen und darüber zu quittieren[60]. Anders ist es selbstverständlich, wenn die Vollmacht darauf erstreckt wird (→ Rdnr. 1)[61].

VIII. Arbeitsgerichtliches Verfahren

23 § 81 gilt auch hier (§§ 46 Abs. 2, 64 Abs. 6 ArbGG). Die dem Verbandsvertreter (§ 11 Abs. 1, 2 ArbGG) erteilte Prozeßvollmacht beschränkt sich also nicht auf das Urteilsverfahren vor den Gerichten der Arbeitsgerichtsbarkeit, sondern umfaßt auch die sonstigen oben zu Rdnr. 4 ff. aufgeführten prozessualen Vorgänge, insbesondere also auch die **Zwangsvollstreckung** einschließlich der zu Rdnr. 7 aufgeführten selbständigen Prozesse, auch wenn sie vor dem ordentlichen Gericht zu führen sind. Wegen der Stellung des Verbandsvertreters vor dem ordentlichen Gericht → § 157 Rdnr. 109; wegen der Untervollmacht → § 78 Rdnr. 58 f.

§ 82   [Geltung für Nebenverfahren]

Die Vollmacht für den Hauptprozeß umfaßt die Vollmacht für das eine Hauptintervention, einen Arrest oder eine einstweilige Verfügung betreffende Verfahren.

Gesetzesgeschichte: bis 1900 § 78 CPO.

Stichwortverzeichnis: → vor § 78 vor Rdnr. 1.

---

[57] Vgl. *RGZ* 54, 276; a. M. (aber wohl nur unsorgfältig formuliert) *OLG Frankfurt* NJW-RR 1986, 1500, 1501.

[58] *KG* OLGRspr. 29 (1914), 26; a. M. *MünchKomm ZPO/v. Mettenheim* Rdnr. 15. – Eine formularmäßige *Abtretung der Kostenerstattungsforderung* im Vollmachtsvordruck zur Sicherung von Honoraransprüchen des Anwalts wird in der Regel nach §§ 3, 9 AGBG unwirksam sein, *LG Nürnberg-Fürth* AnwBl. 1976, 166; *OVG Münster* NJW 1987, 3029 = JurBüro 1988, 380 m. w. N.; *Bunte* NJW 1981, 2660. – A. M. *LG Hamburg* AnwBl. 1977, 70; *Voraufl.*

[59] Auch nicht im Schadensersatzprozeß, *OLG Koblenz* VersR 1969, 1003 (auch Vollmacht zur außergerichtlichen Rechtsverfolgung reicht nicht weiter). – A. M. *LG Hagen* VersR 1957, 308.

[60] *AG Speyer* VersR 1978, 930; *RGZ* 54, 276; *KG* OLGRspr. 7 (1903), 308; 9 (1904), 182. Vgl. auch *RG* JW 1889, 285 (zur Empfangnahme von Beweisurkunden). – A. M. *Christmann* DGVZ 1991, 132.

[61] Vgl. *OLG Koblenz* VersR 1969, 1003; *Eich* DGVZ 1988, 69; über Gefahren dieser Erstreckung *Pentz* JR 1958, 336.

I. Erstreckung der Vollmacht auf andere Verfahren

Die Vollmacht beschränkt sich regelmäßig auf den Rechtsstreit (→ § 81 Rdnr. 4), in Schei- **1** dungssachen erstreckt sie sich auf die Folgesachen (§ 624 Abs. 1). Von selbständigen neuen Prozessen umfaßt die Vollmacht nur die aus der Vollstreckung entstehenden (→ § 81 Rdnr. 7), außerdem aber nach § 82 die **Hauptintervention** (§ 64) sowie das einen **Arrest** oder eine **einstweilige Verfügung** betreffende Verfahren, sofern Vollmacht für die Hauptsache (→ § 919 Rdnr. 3) erteilt ist. Das gilt auch, wenn das Verfahren sich vor einem anderen Gericht oder vor Beginn der Hauptsache[1] abspielt. Aufgrund der Vollmacht für die Hauptsache kann ein Arrestbefehl dem Anwalt auch dann *zugestellt* werden, wenn der Schuldner im Arrestverfahren anwaltlich nicht vertreten war[2] (→ näher § 178 Rdnr. 4). Auch das Verfahren über **einstweilige Anordnungen** (§§ 620, 641 d) wird von der Vollmacht für das Hauptverfahren umfaßt.

Dieser Umfang der für den Hauptprozeß erteilten Vollmacht ist im Anwaltsprozeß **zwin-** **2** **gend** (§ 83 Abs. 1), im Parteiprozeß können dagegen die erwähnten Verfahren von der Vollmacht ausgenommen werden (→ § 83 Rdnr. 5).

Dagegen ermächtigt die **Vollmacht für den Arrest oder die einstweilige Verfügung** nicht **3** umgekehrt zur Vertretung im Hauptprozeß[3]. Andererseits wird sie durch die Bestellung eines anderen zum Prozeßbevollmächtigten für den Hauptprozeß nicht berührt[4]. Der Erteilung einer Prozeßvollmacht, die sich nur auf Arrest oder einstweilige Verfügung erstreckt, steht § 83 aber weder im Anwalts- noch im Parteiprozeß entgegen. Denn der Inhalt nach § 82 ist eben nur gegeben, wenn die Vollmacht für den *Hauptprozeß* erteilt ist.

II. Arbeitsgerichtliches Verfahren

Das Dargelegte gilt auch hier. Es macht dabei keinen Unterschied, ob sich das Arrestverfahren **4** ebenfalls vor dem Arbeitsgericht oder vor einem ordentlichen Gericht abspielt (dazu → Rdnr. 52 ff. vor § 916). Wegen der Stellung des Verbandsvertreters vor dem ordentlichen Gericht → § 157 Rdnr. 109.

§ 83   [Beschränkung der Prozeßvollmacht]

(1) Eine Beschränkung des gesetzlichen Umfanges der Vollmacht hat dem Gegner gegenüber nur insoweit rechtliche Wirkung, als diese Beschränkung die Beseitigung des Rechtsstreits durch Vergleich, Verzichtleistung auf den Streitgegenstand oder Anerkennung des von dem Gegner geltend gemachten Anspruchs betrifft.

(2) Insoweit eine Vertretung durch Anwälte nicht geboten ist, kann eine Vollmacht für einzelne Prozeßhandlungen erteilt werden.

Gesetzesgeschichte: bis 1900 § 79 CPO.

Stichwortverzeichnis: → vor § 78 vor Rdnr. 1.

---

[1] *RG* JW 1894, 193.
[2] *OLG Frankfurt* MDR 1984, 58.

[3] S. auch *RG* SeuffArch. 80 (1926), 63; *OLG Hamburg* OLGRspr. 21 (1910), 94.
[4] *OLG München* OLGRspr. 29 (1914), 86.

I. Im Anwaltsprozeß

1. Prozeßvollmacht

1   Im Anwaltsprozeß ist die Prozeßvollmacht[1] umfassend und **grundsätzlich unbeschränkbar.** Zwar kann der Aufgabenbereich des Prozeßbevollmächtigten im Verhältnis zwischen dem Vertretenen und dem Vertreter (*Innenverhältnis;* → vor § 78 Rdnr. 12) vertraglich verschieden geregelt und beliebig begrenzt werden[2], doch gibt § 83 Abs. 1 (ähnlich wie § 50 HGB[3]) der Prozeßvollmacht für das *Außenverhältnis* einen zwingenden Inhalt[4]. Dies gilt im Verhältnis zum Gegner und, wie zu ergänzen ist, zum Gericht. Der Zweck der Vorschrift liegt darin, klare Verhältnisse zu schaffen und den Prozeßablauf zu vereinfachen. Eine **Beschränkung** der Prozeßvollmacht in bezug auf ihren Umfang (§§ 81 f., 86) wirkt daher nur im Innenverhältnis und hat dem Gegner und dem Gericht gegenüber **keine rechtliche Wirkung**[5], selbst wenn sie in die Vollmachtsurkunde aufgenommen oder dem Gegner bekannt ist.

1a   Von der Beschränkung der Prozeßvollmacht zu unterscheiden ist die Erteilung einer unbeschränkten **Vollmacht für näher eingegrenzte Rechtsstreitigkeiten**, etwa eine Vollmacht nur für ein Arrestverfahren (→ § 82 Rdnr. 3) oder nur für Streitigkeiten aus dem Geschäftsbereich einer Tochtergesellschaft[6].

2   Eine **Ausnahme** für das Beschränkungsverbot gilt nur für die Beseitigung des Rechtsstreits durch **Verzicht, Anerkenntnis oder Vergleich** (→ § 81 Rdnr. 11). Diese Beschränkung ist auch bei richterlicher Beiordnung gemäß § 78b oder § 121 statthaft. Die Beschränkung muß, da hier nur die Wirkung auf den Gegner in Betracht kommt, diesem gegenüber unzweideutig **zum Ausdruck gebracht sein**[7], entweder – mag die Vollmacht selbst schriftlich oder nur mündlich erteilt sein – durch schriftliche oder mündliche Erklärung dem Gegner gegenüber oder durch Aufnahme in die schriftliche und nach § 80 überreichte Vollmachtsurkunde. Im letzteren Fall bedarf es keiner besonderen Bekanntmachung an die Gegenpartei[8]. Wird die Beschränkung nicht eindeutig erklärt, wirkt sie wieder (→ schon Rdnr. 1) nur im Innenverhältnis[9].

3   Bei **Überschreitung** der wirksam begrenzten Vollmacht ist ein Vergleich materiell und prozessual unwirksam (zu den Rechtsfolgen → § 794 Rdnr. 46 ff.), ebenso eine Anerkenntniserklärung oder ein Verzicht. Wird dennoch Anerkenntnis- oder Verzichtsurteil erlassen, so ist das Urteil nach §§ 551 Nr. 5, 579 Abs. 1 Nr. 4 anfechtbar[10].

---

[1] Zur Beschränkung einer **außergerichtlichen Vollmacht** vgl. *BAG* AP § 174 BGB Nr. 3 (zust. *Grunsky*).
[2] Zur **Haftung** des Anwalts bei Ausnutzen der Vollmacht unter Verstoß gegen Bindungen im Innenverhältnis → § 85 Rdnr. 23 c, 25, 26.
[3] Vgl. dazu *Bork* JA 1990, 251.
[4] Etwas anderes soll nach *BGH* NJW 1991, 1177 ausnahmsweise dann gelten, wenn gerade die Anwendung des § 83 eine Interessenkollision zwischen Anwalt und Mandant begründen würde.
[5] *BGH* NJW 1991, 1177; FamRZ 1988, 496; *BGHZ*

92, 142 = NJW 1987, 130; 1978, 1920; *BFH* BStBl. 1983 II, 644, 645.
[6] Vgl. *OLG Hamburg* VersR 1982, 969.
[7] *BGHZ* 16, 167 = NJW 1955, 545 = LM Nr. 1 (*Delbrück*); *BFH* BStBl. 1983 II, 644, 645; zur außergerichtlichen Vollmacht auch *BAG* AP § 174 BGB Nr. 3 (zust. *Grunsky*).
[8] Im Ergebnis ebenso *Rosenberg* Stellvertretung im Prozeß (1908), 803 ff.
[9] Vgl. *OLG Düsseldorf* AnwBl. 1978, 233.
[10] Vgl. *Hellwig* Lb 2, 443.

2. Vollmacht für einzelne Prozeßhandlungen

Im Anwaltsprozeß muß der Bevollmächtigte stets volle Prozeßvollmacht haben[11]. Eine   **4**
Bevollmächtigung für einzelne Handlungen kann nur daneben als **Untervollmacht** (→ § 81
Rdnr. 15) oder für solche Handlungen vorkommen, die dem Anwaltszwang nicht unterliegen
(→ § 78 Rdnr. 20). Ist im Widerspruch dazu nur eine Vollmacht für einzelne Prozeßhandlungen erteilt worden[12], so ist diese unwirksam. Es fehlt dann in vollem Umfang an der Prozeßvollmacht.

II. Im Parteiprozeß

1. Prozeßvollmacht

Im Parteiprozeß ist die Prozeßvollmacht grundsätzlich **umfassend, aber beschränkbar**.   **5**
Dem Gesetzeswortlaut nach könnte man zwar das Beschränkungsverbot des Abs. 1 auch auf
die Prozeßvollmacht im Parteiprozeß beziehen. Da aber Abs. 2 eine Vollmacht für einzelne
Prozeßhandlungen zuläßt, könnte im Ergebnis doch eine beschränkte Prozeßvollmacht erreicht werden, indem eben nur für bestimmte Prozeßhandlungen oder Gruppen solcher
Handlungen Vollmacht erteilt würde. Es erscheint daher richtiger, aus Abs. 2 den Schluß zu
ziehen, daß das Verbot des Abs. 1 im Parteiprozeß nicht gilt[13]. Die Prozeßvollmacht kann also
hier durch Herausnahme einzelner Prozeßhandlungen, etwa der Rechtsmitteleinlegung[14],
beschränkt werden. Allerdings muß eine derartige Begrenzung in derselben Weise wie oben
Rdnr. 2 ausgeführt **dem Gegner gegenüber** unzweideutig **zum Ausdruck gebracht werden**.
Fehlt es daran oder entstehen aus der gebrauchten Fassung Zweifel über den Umfang der
Prozeßvollmacht, so ist eine unbeschränkte Vollmacht anzunehmen, denn diese stellt auch im
Parteiprozeß den gesetzlichen Regelfall dar. Andererseits ist die Formulierung der schriftli-
chen Vollmacht nicht unbedingt entscheidend: Geht aus den schriftsätzlichen Erklärungen
des Anwalts eindeutig hervor, daß er nur in bestimmtem Umfang für den Mandanten auftritt,
so ist dies (insbesondere für Zustellungen) maßgebend, auch wenn die überreichte schriftliche
Vollmacht keine Einschränkung enthielt[15].

2. Vollmacht für einzelne Prozeßhandlungen

Im Parteiprozeß kann nach Abs. 2 anstatt der Prozeßvollmacht eine Vollmacht auch nur für   **6**
einzelne Prozeßhandlungen in dem weiteren Sinn, in dem dieses Wort auch in § 81 gebraucht
ist (→ § 81 Rdnr. 8), erteilt werden, also z.B. zur Einlegung von Rechtsmitteln[16], zur Wahrnehmung eines einzelnen Verhandlungs- oder Beweistermins oder zur Beauftragung des
Gerichtsvollziehers usw. Auf eine solche Vollmacht sind die §§ 80 und 84–89 anwendbar. Ihr
Umfang dagegen ist unter entsprechender Anwendung des § 81 durch Auslegung im einzelnen Fall festzustellen. Die sog. Terminsvollmacht ermächtigt, wenn sie für einen Verhandlungstermin ausgestellt ist, zur Abgabe oder Entgegennahme aller Erklärungen im Termin, die
ein Prozeßbevollmächtigter hier abgeben bzw. entgegennehmen könnte (→ § 81 Rdnr. 8 ff.),

---

[11] *BGH* MDR 1985, 30.
[12] Z. B. Beschränkung auf einzelne Anträge, *BGHZ* 92,
142 = NJW 1987, 130; 1976, 1581; *BFH* BStBl. 1983 II,
644, 645.
[13] *BGHZ* 92, 142 f. = NJW 1987, 130; *BFH* BStBl.

1983 II, 644, 645; *Thomas/Putzo*[17] Anm. 2 b; *Wieczorek*[2]
Anm. C.
[14] Vgl. *BFH* BStBl. 1983 II, 644, 645.
[15] *OLG Hamm* AnwBl. 1972, 189.
[16] Vgl. *BVerwG* NJW 1985, 1179.

einschließlich des Vergleichs[17]. Dagegen ist die Zustellung an den Terminsbevollmächtigten wirkungslos, ebenso ein von diesem außerhalb des Termins eingelegtes Rechtsmittel[18]. Umfaßt die Vollmacht auch die Empfangnahme von Zustellungen, so hindert sie nicht die Zustellung an die Partei selbst; der Zwang des § 176 besteht nur bei der vollen Prozeßvollmacht.

III. Arbeitsgerichtliches Verfahren

7   § 83 ist anwendbar. Dabei gilt das oben zum Anwaltsprozeß Bemerkte für das mit dem Vertretungszwang ausgestattete Verfahren vor dem Landesarbeitsgericht (§ 11 Abs. 2 ArbGG) entsprechend (→ § 78 Rdnr. 61 ff., § 129 Rdnr. 42). Soweit der *Betriebsrat* im Beschlußverfahren Vollmacht erteilt (→ § 78 Rdnr. 53), wird sie sich wegen § 40 BetrVG immer nur auf die jeweilige Instanz beziehen, so daß über Rechtsmittel erst noch neu zu entscheiden ist[19]. Auch diese Beschränkung bezieht sich aber jedenfalls in der 2. Instanz, in der Vertretungszwang besteht (§ 11 Abs. 2 ArbGG), nur auf das Innenverhältnis, so daß ohne Weisung eingelegte Rechtsmittel wirksam sind.

§ 84   [Mehrere Prozeßbevollmächtigte]

[1]**Mehrere Bevollmächtigte sind berechtigt, sowohl gemeinschaftlich als einzeln die Partei zu vertreten.** [2]**Eine abweichende Bestimmung der Vollmacht hat dem Gegner gegenüber keine rechtliche Wirkung.**

Gesetzesgeschichte: bis 1900 § 80 CPO.

Stichwortverzeichnis: → vor § 78 vor Rdnr. 1.

I. Zulässigkeit der Vertretung durch mehrere Bevollmächtigte

1   Im Anwalts- wie im Parteiprozeß kann sich die Partei durch mehrere Bevollmächtigte vertreten lassen. Bedeutung hat das besonders für die zu gemeinsamer Berufsausübung in einer Anwaltssozietät verbundenen Rechtsanwälte (→ Rdnr. 5). Die Vollmachten brauchen den Bevollmächtigten nicht gleichzeitig erteilt zu werden. Werden sie nacheinander erteilt, ist aber stets durch Auslegung festzustellen, ob nicht die erste Vollmacht durch die Bevollmächtigung des zweiten Vertreters gemäß § 87 widerrufen worden ist[1]. Im übrigen gilt § 84 nur,

---

[17] *Rosenberg* (Fn. 2), 823.
[18] *LAG Frankfurt* DB 1988, 2656 (L).
[19] *LAG Berlin* AnwBl. 1987, 241.

[1] Vgl. *BGH* NJW 1980, 2309; *OLG Frankfurt* Rpfleger 1986, 391 = NJW-RR 1500; *OLG Köln* JurBüro 1992, 421; *BSG* NJW 1990, 600.

wenn mehrere Personen für dieselbe Partei bevollmächtigt sind, nicht hingegen, wenn sie jeweils für verschiedene Streitgenossen oder für die Partei und ihren Streitgehilfen auftreten.

II. Stellung mehrerer Bevollmächtigter

Mehrere Bevollmächtigte können nach Satz 1 sowohl **gemeinsam** wie **einzeln** handeln. Eine **2** Gesamtvollmacht ist, unbeschadet ihrer Bedeutung für das Innenverhältnis (→ Rdnr. 12 vor § 78), nach Satz 2 dem Gegner und dem Gericht gegenüber ohne Bedeutung (→ allerdings unten Rdnr. 4). Es gelten deshalb die Wirkungen der unmittelbaren Stellvertretung (→ § 85 Rdnr. 1) hinsichtlich eines jeden von ihnen. Auch soweit es nach § 85 auf *Kenntnis* oder *Verschulden* ankommt, reicht Kenntnis oder Verschulden eines von mehreren Bevollmächtigten[2] (→ auch unten Rdnr. 6). Die *Erklärungen* des einen können von dem anderen nachträglich nur insoweit widerrufen oder zurückgenommen werden, als die Partei selbst das Recht dazu hat, z.B. nach §§ 290, 515. Bei gemeinschaftlichem Handeln dagegen tritt bei widersprechenden tatsächlichen Erklärungen freie Beweiswürdigung (§ 286) ein, und bei widersprüchlichen prozessualen Willenserklärungen liegt eine verbindliche Erklärung überhaupt nicht vor. Ob gemeinschaftliches Handeln vorliegt, ist Tatfrage. Bei schriftlichem Handeln ergibt es sich aus der Unterzeichnung des gemeinschaftlichen Schriftsatzes. Aber auch in der mündlichen Verhandlung können gemeinsame Erklärungen u. U. trotz ihrer zeitlichen Aufeinanderfolge als Einheit aufgefaßt werden.

Auch die **Handlungen des Gegners und des Gerichts** können allen oder dem einzelnen **3** gegenüber erfolgen. Demgemäß genügt zur *Wirksamkeit* der Prozeßhandlung die Zustellung an einen der Prozeßbevollmächtigten[3]. Die Kosten mehrfacher Zustellung sind deshalb als unnötig nicht erstattungsfähig[4]. Bei (möglicher oder tatsächlich erfolgter) Zustellung an mehrere Bevollmächtigte bestimmt sich der *Zeitpunkt* des Wirksamwerdens, insbesondere für Rechtsmittelfristen, allein nach der ersten Zustellung, ohne Rücksicht darauf, ob im Innenverhältnis der Empfänger nur Gehilfe des anderen ist und die Zustellung zur Kenntnis der anderen gelangt oder nicht[5]. Ist der Zustellungsempfänger selbst nicht Prozeßbevollmächtigter, so kommt noch in Betracht, daß er *Vertreter* des Bevollmächtigten ist und daher *diesem* wirksam zugestellt wurde[6] (→ auch § 81 Rdnr. 15).

III. Prozeßvollmacht als Bestandteil einer allgemeinen Vertretungsmacht

Ist in diesen Fällen (→ § 80 Rdnr. 16) Gesamtvertretungsmacht gegeben (z.B. bei der BGB- **4** Gesellschaft, soweit nichts anderes vereinbart, §§ 709, 714 BGB; bei der OHG auf Grund des Gesellschaftsvertrags, § 125 Abs. 2 HGB; bei einer Gesamtprokura, § 48 Abs. 2 HGB), so gilt dies auch für den Prozeß[7], da die einschlägigen Vorschriften auch die Vertretung im Prozeß umfassen und als Sonderregeln der ZPO vorgehen.

---

[2] Vgl. *BGH* FamRZ 1991, 318, 319.
[3] Vgl. auch *BGH* MDR 1986, 582 (L; Entschädigungsverfahren); *BVerwG* NJW 1975, 1795 (Wehrbeschwerdeverfahren).
[4] *RG* JW 1898, 198.
[5] *BGH* NJW 1991, 1176; *RAG* 4, 298; *LAG Frankfurt* VersR 1973, 190 (L); *BVerwG* NJW 1984, 2115; 1980, 2269.

[6] Vgl. für die Sozietät *BGH* NJW 1980, 999; MDR 1969, 1001.
[7] Ebenso *Baumbach/Lauterbach/Hartmann*[50] Anm. 1 B; *Thomas/Putzo*[17] Anm. 1; *Wieczorek*[2] Anm. B I. – A. M. *Rosenberg* Stellvertretung im Prozeß (1908), 668 ff.

IV. Insbesondere: Die Rechtsanwaltssozietät[8]

5   1. Mehrere Rechtsanwälte können sich nicht nur zu einer bloßen Bürogemeinschaft, sondern zur gemeinsamen Berufsausübung in einer Anwaltssozietät zusammenschließen (→ zu den Merkmalen einer Sozietät Rdnr. 8). Da Anwälte kein Gewerbe betreiben (§ 2 Abs. 2 BRAO), handelt es sich dann nicht um eine Personenhandelsgesellschaft, sondern um eine **Gesellschaft bürgerlichen Rechts**[9]. Der Zusammenschluß in der Rechtsform einer juristischen Person, insbesondere einer **GmbH**, scheitert zwar nicht schon an § 2 Abs. 2 BRAO, da die Rechtsform der GmbH nicht auf gewerbliche Zwecke beschränkt ist (arg. § 13 Abs. 3 GmbHG). Gleichwohl erscheint die Organisation in einer RechtsanwaltsGmbH de lege lata wegen der mit dieser Rechtsformwahl verbundenen Haftungsbeschränkung, der Möglichkeit beherrschenden Fremdkapitals und der Inkonsistenz zu berufsrechtlichen Vorschriften (etwa zu § 14 Abs. 2 Nr. 8 BRAO) de lege lata als unzulässig. Das schließt nicht grundsätzlich aus, die RechtsanwaltsGmbH de lege ferenda zuzulassen, wenn es gelingt, Berufs- und Gesellschaftsrecht entsprechend zu harmonisieren[10]. – Bei grenzüberschreitenden Sozietäten (→ Rdnr. 7) steht innerhalb der Europäischen Gemeinschaft als Organisationsform die **Europäische Wirtschaftliche Interessenvereinigung (EWIV)**[11] zur Verfügung[12].

6   2. Nimmt bei einer Sozietät einer der Anwälte ein ihm angetragenes Mandat an, so handelt er dabei regelmäßig namens der Sozietät. Eine **Vertragsbeziehung** entsteht also nicht nur zu

---

[8] Lit.: *Ahlers* Die Anwalts-GmbH nach geltendem Recht, AnwBl. 1991, 226; *ders.* Die Rechtsanwalts-GmbH, AnwBl. 1991, 10; *ders.* Zur Definition der überörtlichen Rechtsanwaltssozietät, AnwBl. 1992, 54; *Düwell* Zur Zulässigkeit der Berufsausübung in einer Kapitalgesellschaft (sogenannte Anwalts-GmbH), AnwBl. 1990, 388; *Everling* Welche gesetzlichen Regelungen empfehlen sich für das Recht der rechtsberatenden Berufe, insbesondere im Hinblick auf die Entwicklung in der Europäischen Gemeinschaft?, Gutachten C zum 58. DJT (1990); *Feuerich* Die überörtliche Anwaltssozietät, AnwBl. 1989, 360; *Grüninger* Aspekte, Strategien und Möglichkeiten einer EWIV von Rechtsanwälten, AnwBl. 1992, 111; *ders.* Die deutsche Rechtsanwaltssozietät als Mitglied einer Europäischen Wirtschaftlichen Interessenvereinigung (EWIV), DB 1990, 1449 und AnwBl. 228; *ders.* Die Europäische Wirtschaftliche Interessenvereinigung beratender Freiberufler, BB 1990, 2161; *Harte/Bavendamm* Überörtliche Anwaltssozietäten – Wettbewerber und »rechtsuchendes Publikum«, AnwBl. 1989, 546; *Hartstrang* Anwaltsrecht (1991); *Hauschka* Die überörtliche Anwaltssozietät, AnwBl. 1989, 551; *Heinemann* Rechtsformwahl und Anwalts-GmbH, AnwBl. 1991, 233; *Heintzen* Die überörtliche Anwaltssozietät (1990); *ders.* Die überörtliche Rechtsanwaltssozietät, DB 1989, 2419; *Henssler* Die Rechtsanwalts-GmbH, JZ 1992, 697; *Human* Zur Problematik der überörtlichen Sozietäten, AnwBl. 1990, 387; *Kappus/Eckstein* Europäische wirtschaftliche Interessenvereinigung, AnwBl. 1992, 298; *Kewenig* Überörtliche Anwaltssozietät und geltendes Recht (1989); *Kornblum* Die Haftung assoziierter Rechtsanwälte, BB 1973, 218; *Michalski* Zulässigkeit und »Firmierung« überörtlicher Anwaltssozietäten, ZIP 1991, 1551; *Müller* Nochmals: Zur Haftung verbundener Anwälte, NJW 1969, 1416; *ders.* Schadensersatzpflicht verbundener Anwälte, NJW 1969, 903; *Odersky* Die überörtliche Anwaltssozietät, Festschr. f. F. Merz (1992), 439; *Papier* Aktuelle Rechtsfragen der überörtlichen Anwaltssozietät, BRAK-Mitt. 1991, 2; *ders.*, Die überörtliche Anwaltssozietät aus der Sicht des Verfassungs- und Gemein-

schaftsrechts, JZ 1990, 253; *Prütting* Die Zulässigkeit der überörtlichen Anwaltssozietät nach geltendem Recht, JZ 1989, 705; *Salger* Überörtliche Anwaltssozietäten in Deutschland, NJW 1988, 186; *Schardey* Neue Formen anwaltlicher Berufsausübung, Festschr. f. K. Quack (1991), 731; *Schroeder/Teichmann* Die überörtliche Sozietät, AnwBl. 1990, 22; *Schumann* Die überörtliche Anwaltssozietät (1990); *Steindorff* Die Anwaltssozietät, Festschr. f. R. Fischer (1979), S. 747 ff.; *Streck* Steuerprobleme örtlicher, überörtlicher und internationaler Anwaltssozietäten, NJW 1991, 2252; *Teichmann* Die überörtliche Anwaltssozietät, AnwBl. 1989, 368; *Zuck* Die Europäische wirtschaftliche Interessenvereinigung als Instrument anwaltlicher Zusammenarbeit, NJW 1990, 954; *ders.* Formen anwaltlicher Zusammenarbeit, AnwBl. 1988, 19; *ders.* Rechtsanwaltsgesellschaft, MDR 1990, 891. – Vgl. ferner die Angaben in § 78 Fn. 1 sowie vor § 78 Fn. 12 und 24.

[9] *BGH* NJW-RR 1987, 1137 f.; *BGHZ* 56, 355, 357; *OLG Düsseldorf* NJW 1990, 2133; *OLG München* NJW 1990, 2136; *AG Köln* DGVZ 1988, 123; *Kornblum* BB 1973, 222 ff.; *Steindorff* (Fn. 8), S. 747.

[10] Vgl. zum Meinungsstand *Ahlers* AnwBl. 1991, 10 und 226; *Düwell* AnwBl. 1990, 388; *Everling* (Fn. 8), S. 66; *Hartstrang* (Fn. 8), S. 35 ff.; *Heinemann* AnwBl. 1991, 233; *Henssler* JZ 1992, 697; *Rabe* NJW 1989, 1117; *Redeker* AnwBl. 1987, 583; *Wimmer* AnwBl. 1989, 439; *Zuck* MDR 1990, 891; AnwBl. 1988, 21.

[11] Auf der Grundlage der Verordnung des Rates der EG vom 25. 7. 1985 (AmtsBl. EG Nr. L 199/1) und des Ausführungsgesetzes vom 14. 4. 1988 (BGBl. I, 514).

[12] Vgl. dazu *OLG Karlsruhe* NJW 1990, 3095; *LG Bielefeld* DB 1992, 1084; *AG München* BB 1990, 160; *Bach* BB 1990, 1432; *Gloria/Karbowski* WM 1990, 1313, 1318 f.; *Grüninger* AnwBl. 1992, 111; DB 1990, 1449; BB 1990, 2161; *Hartstrang* (Fn. 8), S, 412 ff.; *Kappus/Eckstein* AnwBl. 1992, 298; *Kespohl/Willemer* JZ 1990, 28, 31; *Müller/Gugenberger* NJW 1989, 1449, 1456; *Rabe* NJW 1989, 1119; *Schardey* (Fn. 8), 735; *Schroeder/Teichmann* AnwBl. 1990, 26; *Zuck* NJW 1990, 954.

dem handelnden Sozius, sondern zu allen Mitgliedern der Sozietät[13], solange nicht ein abweichender Wille der Vertragsparteien erkennbar ist, etwa weil einer der Sozien einem Vertretungsverbot unterliegt und das Vertragsverhältnis deshalb bewußt auf die übrigen beschränkt werden soll[14], oder weil der sozietätsangehörige Rechtsanwalt als Notanwalt beigeordnet wurde[14a]. Etwas anderes gilt allerdings dann, wenn die Sozietät erst nach Mandatserteilung begründet wurde und sich eine (auch stillschweigend mögliche) nachträgliche Einbeziehung nicht feststellen läßt[15]. Werden alle Sozien berechtigt und verpflichtet, so haftet jeder auch für das **Verschulden** eines der übrigen[16]. Das gilt auch dann, wenn dem in Anspruch genommenen Rechtsanwalt nur der Anschein zuzurechnen ist, er sei Sozius[17]. Außerdem wird im Zweifel auch die **Prozeßvollmacht** für alle Mitglieder der Sozietät erteilt[18]. Diese sind dann mehrere Bevollmächtigte i. S. v. § 84, so daß z. B. jedem von ihnen zugestellt werden kann (→ Rdnr. 3)[19], und die Partei muß sich nach § 85 das Verhalten und Verschulden eines jeden Sozius zurechnen lassen[20] (→ auch Rdnr. 2).

3. Mehrere an verschiedenen Gerichtsorten zugelassene Rechtsanwälte können sich unter   7
Beibehaltung getrennter Kanzleien auch zu einer **überörtlichen Sozietät** zusammenschließen, für die dann die in Rdnr. 6 genannten Rechtsfolgen sinngemäß gelten. Ein solcher Zusammenschluß ist berufsrechtlich im Grundsatz zulässig[21]. Die dagegen vorgebrachten Bedenken, die überörtliche Sozietät sei mit dem Lokalisationsprinzip (§ 18 BRAO; → § 78 Rdnr. 6a), der Residenzpflicht (§ 27 Abs. 1 BRAO; → § 78 Rdnr. 8 d), der Kanzleipflicht (§ 27 Abs. 2 BRAO; → § 78 Rdnr. 8 e) und dem Zweigstellenverbot (§ 28 BRAO; → § 78 Rdnr. 8 f) unvereinbar[22], vermag nicht zu überzeugen. Die genannten Vorschriften wenden sich nicht an die Sozietät als solche, sondern an den einzelnen Anwalt, der diese Normen indessen nicht verletzt. Er ist bei einer überörtlichen Sozietät weiterhin nur bei einem Gericht zugelassen (§ 18 BRAO) und residiert mit Wohnung und Kanzlei am Zulassungsort (§ 27 BRAO). Die Kanzleien seiner assoziierten Rechtsanwälte sind für ihn in aller Regel weder Zweitkanzlei noch Zweigstelle,

[13] BGHZ 83, 328, 329f. = NJW 1982, 1866; 70, 247, 249; 56, 355 = LM Nr. 35 zu § 611 BGB (Weber); NJW 1991, 2294; 1991, 1225; 1991, 49, 50 = ZIP 33; NJW 1990, 828 (Steuerberater); BB 1988, 658 = NJW 1973; NJW-RR 1988, 1299 = WM 986; NJW 1986, 1490; OLG Düsseldorf NJW 1990, 2133; Hartstrang (Fn. 8), S. 39 ff.; Kornblum BB 1973, 224.

[14] Vgl. VGH München NJW 1980, 1870; ferner BGH VersR 1979, 232.

[14a] BGH NJW 1991, 2294.

[15] Vgl. BGH NJW 1990, 828 (Steuerberater); BB 1988, 658 = NJW 1973; NJW-RR 1987, 1137 = WM 1073.

[16] BGHZ 70, 247, 251f.; 56, 355, 361 = LM Nr. 35 zu § 611 BGB (Weber); BGH NJW 1991, 49, 50 = ZIP 33; WM 1990, 1921; BB 1988, 658 = NJW 1973; NJW-RR 1988, 1299, 1300 = WM 986; NJW 1986, 1490; 1986, 583; 1985, 1154; OLG Düsseldorf VersR 1991, 424; OLG Frankfurt FamRZ 1991, 1047; OLG Karlsruhe NJW-RR 1987, 868; Hartstrang (Fn. 8), S. 590 ff.; Kornblum BB 1973, 225 ff.; Müller NJW 1969, 903 und 1416; Steindorff (Fn. 8), S. 747 ff.

[17] BGHZ 70, 247, 251f.; NJW 1991, 1225; 1990, 828f. (Steuerberater); NJW-RR 1988, 1299 = WM 986; OLG München NJW 1990, 2134, 2137.

[18] BGH BB 1988, 658 = NJW 1973; LSG Saarbrücken NJW 1981, 1232 (abl. Gritschneder, da die Vollmacht auf »... und Partner« ausgestellt war, also nicht alle Sozien namentlich genannt waren).

[19] Anders natürlich, wenn den Sozien nicht in ihrer Eigenschaft als Bevollmächtigten der Partei, sondern selbst als (z. B. Dritt-)Schuldner zugestellt werden soll.

Hier läßt sich die Wirksamkeit der Zustellung an nur einen Sozius nicht schon aus § 84 herleiten; vgl. AG Köln DGVZ 1988, 123.

[20] BGH FamRZ 1991, 318; VersR 1986, 686; 1978, 521 f. – Vgl. aber auch BGH VersR 1979, 232.

[21] OLG Hamm NJW 1991, 2650; OLG Karlsruhe NJW 1992, 1115 und 1838; OLG München NJW 1990, 2135 = BB 875 (Engels, 1083); OLG Nürnberg NJW 1990, 2827; LG Essen NJW 1990, 2137; LG Köln NJW 1989, 2896; LG Nürnberg-Fürth MDR 1990, 828; Ahlers AnwBl. 1992, 54; 1991, 11; Everling (Fn. 8), S. 63; Harte/Bavendamm AnwBl. 1989, 547; Heintzen (Fn. 8); ders. DB 1989, 2419; Kewenig (Fn. 8); Michalski Das Gesellschafts- und Kartellrecht der berufsrechtlich gebundenen freien Berufe (1989), 251 ff.; ders. ZIP 1991, 1551; Odersky (Fn. 8), 440 ff.; Prütting JZ 1989, 705 ff.; Salger NJW 1988, 186; Schumann (Fn. 8), insbes. S. 134 ff.; ders. NJW 1990, 2094 f.; Wimmer DVBl. 1988, 825. – Der BGH hat sie jetzt nicht festgelegt; vgl. BGHZ 108, 290, 294 f. = NJW 1989, 2890; NJW 1991, 49, 50 = ZIP 33 = AnwBl. 97 (Senninger); offen zur grundsätzlichen Zulässigkeit auch BayEGH MDR 1990, 828; OLG Düsseldorf NJW 1991, 46, 48 = AnwBl. 46 (Prütting) = GRUR 243 (Brandner); OLG Karlsruhe NJW 1990, 3093.

[22] So obiter BGHSt 30, 81, 83 = NJW 1981, 2477; ferner LG München I NJW 1989, 2894; EGH NW AnwBl. 1989, 395; Feuerich AnwBl. 1989, 362 ff.; Hauschka AnwBl. 1989, 553; Human AnwBl. 1990, 387; Papier BRAK-Mitt. 1991, 2; ders. JZ 1990, 253 ff.; Stefener AnwBl. 1988, 370; H. P. Westermann EWiR 1989, 993 f.; wohl auch Hartstrang (Fn. 8), S. 57 ff.

da er dort nicht regelmäßig tätig wird und sich dem allgemeinen Publikumsverkehr in diesem Büro nicht stellt[23].

8   Zu beachten sind aber die berufs- und wettbewerbsrechtlichen **Grenzen für die Selbstdarstellung** (Werbung) der überörtlichen Sozietät. Die Werbung der Sozietät darf nicht irreführen. Daraus folgt, daß es sich bei einem als überörtliche Sozietät bezeichneten Zusammenschluß wirklich um eine *Sozietät* handeln muß. Dazu reicht die Gründung einer Gesellschaft bürgerlichen Rechts allein nicht aus, da auch eine Bürogemeinschaft eine BGB-Gesellschaft ist. Vielmehr muß wirklich ein Zusammenschluß zur gemeinschaftlichen Berufsausübung vorliegen, wozu die gemeinschaftliche Entgegennahme von Mandaten und Entgelten ebenso gehört wie die Bereitschaft zur Solidarhaftung[24]. Weitere Indizien können sich aus einer gemeinsamen Kontoführung, einer Kollisionsüberwachung und der Pflicht zur Mandatsbearbeitung am jeweiligen Prozeßort ergeben[25]. Sodann muß die Werbung erkennen lassen, daß es sich um eine *überörtliche* Sozietät handelt, also nicht alle Sozien am Kanzleiort zur Verfügung stehen[26]. Umgekehrt darf auch nicht der Eindruck erweckt werden, daß ein Sozius, was unzulässig wäre (§ 28 BRAO; → Rdnr. 7), zwei Kanzleien unterhält[27]. Im übrigen gelten die allgemeinen Schranken für die Rechtsanwaltswerbung (→ vor § 78 Rdnr. 17).

V. Gebühren

9   Ist eine **Anwaltssozietät** beauftragt, so sollen die Anwälte im Regelfall nacheinander und füreinander tätig werden. Der Gebührenanspruch entsteht dann **nur einmal** und steht den Anwälten gemeinschaftlich zu[28]. § 5 BRAGO, wonach jeder Anwalt für seine Tätigkeit die volle Vergütung erhält, gilt nur, wenn mehrere Anwälte *nebeneinander* tätig werden, also dieselbe Tätigkeit durch mehrere Anwälte vorgenommen wird.

§ 85   [Handlungen und Verschulden der Prozeßbevollmächtigten]

(1) ¹Die von dem Bevollmächtigten vorgenommenen Prozeßhandlungen sind für die Partei in gleicher Art verpflichtend, als wenn sie von der Partei selbst vorgenommen wären. ²Dies gilt von Geständnissen und anderen tatsächlichen Erklärungen, insoweit sie nicht von der miterschienenen Partei sofort widerrufen oder berichtigt werden.

(2) Das Verschulden des Bevollmächtigten steht dem Verschulden der Partei gleich.

Gesetzesgeschichte: bis 1900 § 81 CPO; Änderung BGBl. 1976 I, 3281.

---

[23] *BGHZ* 108, 290, 294 f. = NJW 1989, 2890; *OLG Karlsruhe* NJW 1992, 1115; *OLG München* NJW 1990, 2135 f.; *OLG Nürnberg* NJW 1990, 2827; *LG Essen* NJW 1990, 2137 f.; *LG Köln* NJW 1989, 2896; *LG Nürnberg-Fürth* MDR 1990, 828; *BayEGH* MDR 1990, 828 = AnwBl. 264; *Heintzen* DB 1989, 2421; *Kewenig* (Fn. 8), S. 9 ff.; *Prütting* JZ 1989, 706 ff.; *Schroeder/Teichmann* AnwBl. 1990, 23; *Schumann* (Fn. 8), S. 134 ff.; *Senninger* AnwBl. 1989, 301.

[24] *BGH* NJW 1991, 49, 50 = ZIP 33 = EWiR 159 (*Kleine/Cosack*); *BayEGH* MDR 1990, 828 = AnwBl. 266; *OLG Hamm* NJW 1991, 2650; *OLG Karlsruhe* NJW 1992, 1116; 1990, 3093, 3094; *Ahlers* AnwBl. 1992, 54 ff.; *Odersky* (Fn 8), 447 ff. – Vgl. zur örtlichen Sozietät

auch *BGHZ* 115, 105 = NJW 1991, 2641; *OLG Hamm* NJW-RR 1992, 301; Zur EWIV *LG Bielefeld* DB 1992, 1084; zum Hinweis auf einen ausländischen Kooperationspartner *OLG Hamm* NJW 1991, 2093.

[25] *OLG München* NJW 1990, 2136; krit. *Engels* BB 1990, 1083.

[26] *OLG Düsseldorf* NJW 1991, 46 = AnwBl. 46 (*Prütting*; abl. *Schockenhoff* NJW 1991, 1158; krit. *Michalski* ZIP 1991, 1556 f.); *OLG München* NJW 1990, 2134, 2136; *LG Köln* NJW 1989, 2897 f.; *Prütting* JZ 1989, 711.

[27] *BGHZ* 108, 290, 295 = NJW 1989, 2890; *OLG Karlsruhe* NJW 1992, 1115 und 1838; *Schumann* (Fn. 8), S. 141 f.

[28] *BGHZ* 56, 355, 359.

Stichwortverzeichnis: → vor § 78 vor Rdnr. 1.

I. Grundsatz der unmittelbaren Stellvertretung

§ 85 enthält den – heute selbstverständlichen (vgl. § 164 BGB) – Grundsatz der unmittelba-   **1** ren Stellvertretung der Partei, der die Prozeßhandlungen (Abs. 1; → Rdnr. 3 ff.) und das Verschulden (Abs. 2; → Rdnr. 8 ff.) ihres Vertreters zugerechnet werden, gleich, ob nach § 78 ein Zwang zur Einschaltung eines (anwaltlichen) Vertreters bestand oder nicht. Diese Regelung ist **verfassungskonform**, da sie der Rechtssicherheit und Verfahrensvereinfachung dient und die vertretene Partei nicht unzumutbar belastet[1] (→ auch Rdnr. 8 sowie § 78 Rdnr. 5).

§ 85 bezieht sich, wie sich aus seiner Stellung im Rahmen der Prozeßordnung ergibt, in   **2** beiden Absätzen lediglich auf die **prozessualen Wirkungen** der Prozeßhandlungen[2] und des Verschuldens (→ aber auch Rdnr. 10). Es kommen hier also nur die Wirkungen im Verhältnis zu den übrigen Prozeßbeteiligten im Rahmen des Prozeßrechtsverhältnisses in Frage. Soweit **Dritte** durch die Handlungen des Bevollmächtigten berührt werden, bewendet es bei den Grundsätzen des bürgerlichen Rechts[3] (→ Rdnr. 26, 27). Weiter ergibt sich aus dem so umgrenzten Inhalt des § 85, daß die Partei nicht auch schlechthin die **äußere Form** der Prozeßhandlung, z.B. ihren Charakter als Beleidigung, zu vertreten hat. Eine Verantwortung bzw. Mitverantwortung besteht hier nur insoweit, als die Partei den Bevollmächtigten angewiesen hat[4].

---

[1] *BVerfG* NJW 1990, 1104; *BVerfGE* 60, 253, 266 = NJW 1982, 2425 (gegen *VG Stuttgart* NJW 1982, 541); *BVerfGE* 35, 41 (abw. v. *Schlabrendorff*); *BGH* FamRZ 1988, 496. – A. M. zumindest für Statussachen *Leipold* ZZP 93 (1980), 255; *E. Schneider* MDR 1990, 596;

E. Schumann ZZP 96 (1983), 208 Fn. 268; *Waldner* Der Anspruch auf rechtliches Gehör (1989) Rdnr. 148.
[2] *RGZ* 96, 177.
[3] *RGZ* 96, 177.
[4] Vgl. *RG* JW 1905, 204.

II. Bindung an Prozeßhandlungen (Abs. 1)

1. Anwendungsbereich

3   Die Wirkung für und gegen die Partei gilt für **Prozeßhandlungen** im engeren Sinn sowie für alle übrigen unter § 81 fallenden Handlungen (→ § 81 Rdnr. 8)[5], aber auch für **Unterlassungen**[6] und Versäumungen des Vertreters[7]. Zuzurechnen ist der Partei auch die **Kenntnis** des Bevollmächtigten[8], z.B. von einem Ablehnungsgrund (→ § 43 Rdnr. 1)[9] oder von der Zahlungseinstellung usw. (§ 30 KO[10], § 49 VerglO). Ob daneben auch die Kenntnis der Partei relevant ist, wird nach dem Sinn und Zweck der einzelnen Vorschrift zu beurteilen sein. Bei dem Verlust des Ablehnungsrechts ist dies z.B. zu bejahen (→ § 43 Rdnr. 1). Handelt der Prozeßbevollmächtigte auf **Weisung der Partei**, so muß sich diese ihre eigene Kenntnis entsprechend § 166 Abs. 2 BGB anrechnen lassen[11]. Das gilt z.B. bei der Frage, ob ein Geständnis wegen Irrtums widerrufen werden kann[12] (→ § 290 Rdnr. 5). Der Prozeßbevollmächtigte vertritt die Partei auch unmittelbar bei **Entgegennahme** der Handlungen von Gericht und Gegner (→ § 81 Rdnr. 13), namentlich bei Verkündung und Zustellung[13]. Eine Ausnahme gilt jedoch bei der Anordnung des persönlichen Erscheinens (§ 141 Abs. 2 S. 2, § 273 Abs. 2 Nr. 3, § 279 Abs. 2): Hier ist die Ladung der Partei selbst mitzuteilen.

4   Aus dem Grundsatz der unmittelbaren Stellvertretung folgt, daß die Frage, ob der Vertreter etwa gegen die ihm erteilten **Weisungen** gehandelt hat, die Gültigkeit der Prozeßhandlung nicht berührt[14].

2. Geständnisse und andere tatsächliche Erklärungen (Abs. 1 S. 2)

5   Der Grundsatz der unmittelbaren Stellvertretung findet nach Abs. 1 S. 2 auf Geständnisse und andere tatsächliche Erklärungen nur insofern Anwendung, als sie in der mündlichen Verhandlung von der miterschienenen Partei nicht **sofort**, d.h. sobald die Partei zu Wort kommt, **widerrufen** oder berichtigt werden[15]. Außer den Geständnissen (§ 288) gehören hierher die eigene Sachdarstellung sowie die Erklärung über tatsächliche Behauptungen des Gegners. Erfolgt der Widerruf, so ist die Erklärung der Partei maßgebend (→ § 78 Rdnr. 40 f.; zum Recht der Partei, auch im Anwaltsprozeß zu Wort zu kommen, → § 137 Rdnr. 10 ff.).

3. Widerruf anderer Prozeßhandlungen

6   Dagegen sind alle anderen Prozeßhandlungen des Vertreters in der mündlichen Verhandlung[16] und alle in bestimmenden Schriftsätzen erklärten, einschließlich der Verfügungen über den Streitgegenstand, **für die Partei schlechthin bindend**[17]. Auch für das **Anerkenntnis** gilt

---

[5] Bedenklich *RGZ* 56, 338, das die Wirkung bei *diesen* Handlungen auf das bürgerliche Recht gründen will.

[6] Z. B. Entscheidung, kein Rechtsmittel einzulegen, *BGH* NJW 1991, 1176, 1177 f.

[7] Insbesondere die Versäumung von Fristen; vgl. nur *BGH* NJW 1991, 1176, 1178.

[8] Ausf. dazu *Schilken* Wissenszurechnung im Zivilrecht (1983), 201 ff.

[9] S. dazu *Rosenberg* Stellvertretung im Prozeß (1908), 926 f.

[10] *BGH* AnwBl. 1991, 267, 268 f.; *RGZ* 7, 37; Gruchot 49 (1905), 1082 und oft; s. *Jaeger/Henckel* KO[9] § 30 Rdnr. 51 ff.; *Schilken* (Fn. 8), S. 207 f.

[11] Vgl. auch *BGHZ* 51, 141 = NJW 1969, 925 (zur Anfechtung eines Prozeßvergleichs bei Willensmängeln in der Person der Partei); *OLG Braunschweig* OLGZ 1975, 441 (wendet bei Weisung einer geistesgestörten Partei auch § 105 Abs. 2 BGB entsprechend an); krit. *Schilken* (Fn. 8), S. 210.

[12] *RGZ* 146, 348; *Schilken* (Fn. 8), S. 204 ff.

[13] Vgl. *RGZ* 34, 424.

[14] Vgl. *BGH* FamRZ 1988, 496.

[15] Vgl. dazu *Schultzenstein* ZZP 42 (1912), 346.

[16] Vgl. *RG* JW 1907, 50 (Verzicht auf Prozeßrügen).

[17] So auch für den Vergleich *OLG München* HRR 1941 Nr. 608.

keine Ausnahme[18], denn als eine auch nur mittelbare Erklärung über Tatsachen ist es nicht aufzufassen: Die ZPO trennt das Geständnis der Tatsachen von dem Anerkenntnis des Anspruchs unzweideutig und ohne Ausnahme (→ §§ 288 Rdnr. 7, 307 Rdnr. 10). Die Bindung gilt grundsätzlich **auch im Parteiprozeß.** Denn wenn auch hier die Partei jeden Augenblick unter Widerruf der Vollmacht selbst handeln kann, so äußert der Widerruf doch keine rückwirkende Kraft auf die während des Vollmachtverhältnisses abgegebenen Erklärungen des Vertreters. Nur einen gleichzeitigen, d. h. sofort erhobenen Widerspruch der Partei wird man hier über Abs. 1 S. 2 hinaus bei allen Prozeßhandlungen beachten können, weil es nicht angeht, das einheitliche, fortlaufende Gespräch in der mündlichen Verhandlung in einzelne Sätze zu zerreißen, und weil die Partei hier postulationsfähig bleibt[19].

Unberührt von den Beschränkungen des § 85 Abs. 1 S. 2 bleibt das Recht der Partei zur   7
Änderung oder zum **Widerruf** in den Grenzen, in denen sie **ihre eigenen Handlungen widerrufen** kann (→ Rdnr. 219 ff. vor § 128; wegen des Widerrufs des Geständnisses → § 290). In diesen Grenzen ist auch der Bevollmächtigte befugt, das von der Partei persönlich abgegebene Geständnis zu widerrufen (→ auch § 78 Rdnr. 41).

III. Verschulden des Bevollmächtigten (Abs. 2)[20]

1. Zweck

Der durch die Vereinfachungsnovelle (BGBl. 1976 I, 3281) zur Klarstellung[21] eingefügte   8
Abs. 2 brachte keine inhaltliche Neuerung. Denn die Zurechnung des Verschuldens des Bevollmächtigten ergab sich zuvor aus § 232 Abs. 2 aF. Für den gesetzlichen Vertreter enthält § 51 Abs. 2 dieselbe Regelung. Beiden Vorschriften liegt der **Gedanke** zugrunde, daß die **Partei, die ihren Rechtsstreit durch einen Vertreter führen läßt, in jeder Weise so behandelt wird, als wenn sie den Prozeß selbst geführt hätte.** Die Heranziehung eines Vertreters soll nicht zu einer Verschiebung des Prozeßrisikos zu Lasten des Gegners führen[22].

---

[18] So auch *Baumbach/Lauterbach/Hartmann*[50] Anm. 2 B; *A. Blomeyer* ZPR² § 9 III 5 a. E.; *OLG München* HRR 1941 Nr. 608. – A. M. *Wach* Hdb., 609; *Hellwig* Lb 2, 452; *Rosenberg* (Fn. 9), 933; *Wieczorek*² Anm. B II b.

[19] Ebenso *A. Blomeyer* ZPR² § 9 III 5 a. E.; *Baumbach/Lauterbach/Hartmann*[50] Anm. 2 A.

[20] **Lit.:** *Boergen* Die vertragliche Haftung des Rechtsanwalts (1968); *Borgmann/Haug* Anwaltshaftung²; *v. Caemmerer* Haftung des Mandanten für seinen Anwalt, Festg. f. H. Weitnauer (1980), 261; *Eckert* Die Verjährung vertraglicher Schadensersatzansprüche gegen Rechtsanwälte und Steuerberater, NJW 1989, 2081; *Eucken* Anwalts- und Notarshaftpflicht (1927); *Förster* Anwaltsversehen, Büroversehen und Wiedereinsetzung, NJW 1980, 432; *K. v. Gierke* Die Dritthaftung des Rechtsanwalts (1984); *Hanna* Anwaltliches Standesrecht im Konflikt mit zivilrechtlichen Ansprüchen des Mandanten (1988); *Hartstrang* Anwaltsrecht (1991), 514 ff., 539 ff.; *ders.* Anwaltshaftung – Teil des Anwaltsrechts, BRAK-Mitt. 1992, 73; *ders.* Zulässigkeit und Grenzen einer Haftungsbeschränkung für Rechtsanwälte, AnwBl. 1982, 509; *Hübner* Die Berufshaftung – ein zumutbares Berufsrisiko?, NJW 1989, 5; *Jatzkowski/Zipprick* Probleme der Anwaltshaftung, in: Prütting (Hrsg.), Die deutsche Anwaltschaft zwischen heute und morgen (1990), 159; *K. Müller* Zur Haftung des Anwalts aus fehlerhafter Prozeßführung, MDR 1969, 797/896; *Odersky* Die Berufshaftung – ein zumutbares Berufsrisiko?, NJW 1989, 1; *Prinz* Der juristische Supermann als Maßstab, VersR 1986, 317; *Raiser* Die Haftung des deutschen Rechtsanwaltes bei grenzüberschreitender Tätigkeit, NJW 1991, 2049; *Riederer v. Paar* Die Haftung des Rechtsanwalts bei grenzüberschreitender Tätigkeit, AnwBl. 1991, 496; *Rinsche* Anwaltliche Haftung wegen Versäumung materiellrechtlicher Fristen, AnwBl. 1985, 618; *ders.* Die Haftung des Rechtsanwalts und des Notars³; *Schlee* Die Haftung des Rechtsanwalts für rechtsfehlerhafte Gerichtsentscheidungen, AnwBl. 1992, 31; *Stahl* Zur Dritthaftung von Rechtsanwälten, Steuerberatern, Wirtschaftsprüfern und öffentlich bestellten und vereidigten Sachverständigen (1989); *Stürner* Die Stellung des Anwalts im Zivilprozeß, JZ 1986, 1089; *Vollkommer* Anwaltshaftungsrecht (1989); *ders.* Beweiserleichterungen für den Mandanten bei Verletzung von Aufklärungs- und Beratungspflichten durch den Anwalt?, Festschr. f. G. Baumgärtel (1990), 585; *ders.* Die Stellung des Anwalts im Zivilprozeß (1984), S. 33 ff.; *Zimmermann* »Sekundäre« und »tertiäre« Schadensersatzansprüche gegen den Rechtsanwalt, NJW 1985, 720.

[21] BT-Drucksache 7/5250, S. 6.

[22] Vgl. ausf. *Vollkommer* (Fn. 20), S. 33 ff. und zu § 232 Abs. 2 aF *BGHZ* 2, 207 = NJW 1951, 963; *Jonas* JW 1932, 1350 zu Nr. 8.

2. Geltungsbereich

a) Grundsatz

9   Die Verschuldenszurechnung gilt **in allen Verfahrensarten**, also nicht nur in vermögens-rechtlichen Streitigkeiten[23], sondern auch in sonstigen Verfahren, etwa in Statussachen[24], nicht hingegen in solchen Verfahren, die eigenes Verschulden der Partei voraussetzen wie z. B. Ordnungsgeldverfahren[25]. Für das *Prozeßkostenhilfeverfahren* wird die Ansicht vertre-ten, § 85 Abs. 2 sei nicht anzuwenden, weil diese Vorschrift den Gegner, nicht die Staatskasse schützen wolle[26]. Dem ist nicht zu folgen[26a], da § 85 grundsätzlich für alle von der ZPO geregelten Verfahren gilt und die Zurechnung des Vertreterverhaltens innerhalb konkreti-sierter Rechtsbeziehungen einem allgemeinen Rechtsprinzip entspricht. Innerhalb dieses Anwendungsbereichs gilt Abs. 2 überall dort, wo es nach der ZPO auf das **Verschulden der Partei** ankommt. Zu erwähnen sind insbesondere die Fälle der §§ 233 (Wiedereinsetzung in den vorigen Stand), 296 Abs. 1, 2 (verspätete Angriffs- und Verteidigungsmittel)[27], 296 Abs. 3 (verspätete Rügen der Unzulässigkeit der Klage), 337 S. 1 (Vertagung bei verhinder-tem Erscheinen), 367 Abs. 2 (nachträgliche Beweisaufnahme nach Ausbleiben der Partei), 528 (neue Angriffs- und Verteidigungsmittel in der Berufungsinstanz), 529 Abs. 1, 2 (ver-spätete Rügen der Unzulässigkeit der Klage in der Berufungsinstanz), 615 (verspätete An-griffs- und Verteidigungsmittel in Ehesachen). Die Verschuldenszurechnung gilt unabhängig davon, welche Anforderungen dabei jeweils an das Verschulden der Partei gestellt sind (Verschulden, grobe Nachlässigkeit, Verschleppungsabsicht) und ob das Verschulden positiv als Rechtsfolgevoraussetzung oder negativ in Form der Entschuldigung bedeutsam ist. Auch bei nicht normierten Schuldvorwürfen, etwa dem des treuwidrigen Prozeßverhaltens, ist § 85 Abs. 2 heranzuziehen[28].

b) Geltung im materiellen Recht

10   Grundsätzlich muß es sich aber um **prozessuale Rechtsfolgen** der Handlungen oder Unter-lassungen des Bevollmächtigten handeln. Für die materiell-rechtliche Haftung gilt Abs. 2 dagegen nicht (→ Rdnr. 2 und zur Haftung Rdnr. 26, 27). Bei der Versäumung von **Verjäh-rungsfristen, Ausschluß- und Klagefristen**, deren Versäumung zur Unzulässigkeit oder Unbe-gründetheit der Klage führt, ist Abs. 2 nicht unmittelbar anwendbar, soweit es sich dabei um außerhalb der ZPO geregelte Fragen handelt. Gerade nach der durch die Vereinfachungsno-velle (→ Rdnr. 8) erfolgten Verallgemeinerung ist aber Abs. 2 im allgemeinen **entsprechend anzuwenden**, soweit nicht aus den einschlägigen Rechtssätzen eine andere Regelung entnom-men werden kann[29]. Daher stellt das Verschulden des Bevollmächtigten keine höhere Gewalt

---

[23] Vgl. zum Kostenfestsetzungsverfahren im Strafpro-zeß *OLG Koblenz* MDR 1988, 986.

[24] *BVerfGE* 35, 41 (abw. *v. Schlabrendorff*); *BGH* VersR 1981, 77, 78; 1979, 621 = NJW 1414; *OLG Stutt-gart* DAVorm. 1986, 189; *BVerwG* NVwZ 1982, 35. – A. M. (wegen verfassungsrechtliche Bedenken; vgl. bereits Fn. 1) *Leipold* ZZP 93 (1980), 255; *E. Schneider* MDR 1990, 597; *E. Schumann* ZZP 96 (1983), 208 Fn. 268; *Waldner* Der Anspruch auf rechtliches Gehör (1989) Rdnr. 148. Für eine Änderung de lege ferenda *Vollkom-mer* (Fn. 20), S. 41 f.

[25] A. M. *OLG Frankfurt* GRUR 1987, 652 (zu § 890 ZPO); *OLG Köln* OLGZ 1978, 353, 356 (zu § 141 Abs. 3). – Wie hier *E. Schneider* NJW 1979, 987; *Zöller/Vollkom-mer*[17] Rdnr. 11.

[26] *OLG Düsseldorf* FamRZ 1992, 457; OLGZ 1986,

96; *MünchKommZPO/v. Mettenheim* Rdnr. 11; *E. Schneider* MDR 1990, 597.

[26a] I. E. ebenso *BGH* NJW 1987, 3120, 3121; VersR 1983, 241; *OLG Düsseldorf* NJW-RR 1992, 199; *OLG Hamm* Rpfleger 1985, 415; *OLG Köln* Rpfleger 1990, 305; NJW-RR 1988, 1477, 1478; MDR 1983, 942; *OLG Nürnberg* JurBüro 1984, 773; *Baumbach/Lauterbach/ Hartmann*[50] Anm. 3 A a.

[27] Vgl. *OLG Karlsruhe* NJW 1984, 619; inzident auch *OLG Schleswig* NJW 1986, 856 (*Deubner*); krit. *Leipold* ZZP 93 (1980), 255 f.; *Stürner* JZ 1986, 1092.

[28] Vgl. *OLG Koblenz* NJW-RR 1990, 960 (im konkre-ten Fall allerdings angreifbar).

[29] Vgl. *BGH* NJW 1987, 604 (Klagefrist nach AusfG zum NATO-Truppenstatut) sowie die nachstehend Ge-nannten.

i. S. des § 203 Abs. 2 BGB[30] und im Fall des § 35 Abs. 3 EheG keinen unabwendbaren Zufall dar. Ebenso ist im Rahmen des § 10 Abs. 1 S. 2 StrEG das Vertreterverschulden dem Vertretenen zuzurechnen[31]. Zur Kündigungsschutzklage → Rdnr. 29.

3. Personenkreis

a) Grundsatz

Bevollmächtigte i. S. des Abs. 2 sind nicht nur *Prozeßbevollmächtigte*, sondern auch die   **11** sonstigen von der Partei für den Prozeß bevollmächtigten Vertreter im Rahmen ihres Aufgabenkreises, also z. B. *Unterbevollmächtigte*[32], *Verkehrsbevollmächtigte* (d. h. Bevollmächtigte, die mit dem Verkehr zwischen der Partei und dem Prozeßbevollmächtigten betraut sind)[33] und *Zustellungsbevollmächtigte*[34]. Ob der Vertreter Anwalt oder Nichtanwalt ist, spielt keine Rolle[35]. Ein nicht bei dem Prozeßgericht zugelassener Anwalt kann Bevollmächtigter sein[36], auch dann, wenn ein zugelassener Anwalt noch nicht bestellt ist[37]. Bevollmächtigter i. S. des Abs. 2 ist daher auch der Rechtsanwalt, der es lediglich übernommen hat, die Begründung eines Rechtsmittels vorzubereiten und für die Vertretung der Partei durch einen beim Rechtsmittelgericht zugelassenen Anwalt zu sorgen[38].

b) Voraussetzungen

aa) Voraussetzung ist in jedem Fall eine **wirksame Vollmacht**[39] oder die (nachträgliche)   **12** Genehmigung des vollmachtlosen Handelns (§ 89 Abs. 2). Die Wirksamkeit der Vollmacht wird nicht etwa dadurch berührt, daß die zugrunde liegende Beiordnung als Armenanwalt mit einem Mangel behaftet ist[40]. Ein nach § 89 Abs. 1 einstweilen zugelassener Vertreter fällt dann unter Abs. 2, wenn er lediglich den Nachweis der Vollmacht schuldig geblieben ist oder sein Auftreten später von der Partei genehmigt wird, nicht aber, wenn er als Geschäftsführer ohne Auftrag und ohne Genehmigung handelt.

bb) Neben einer wirksamen Bevollmächtigung setzt die Zurechnung des Verschuldens das   **13** **Zustandekommen des Auftragsverhältnisses** durch die **Annahme des Auftrags** seitens des Bevollmächtigten voraus[41]. Daher wird der nach § 121 beigeordnete Anwalt Bevollmächtigter i. S. des Abs. 2 erst dann, wenn er von der Partei bevollmächtigt ist[42] und den ihm erteilten Prozeßauftrag angenommen hat[43]. Der nachträgliche Eintritt dieser Voraussetzungen hat nicht zur Folge, daß die Partei sich nunmehr das vorliegende Verschulden des beigeordneten Anwalts zurechnen lassen muß[44] (→ auch § 78c Rdnr. 22).

---

[30] *BGH* NJW 1987, 3121, 3122; *BGHZ* 81, 353, 356; 31, 342; 17, 199; vgl. auch *BGH* MDR 1989, 538; NJW 1988, 1079; *OLG Düsseldorf* VersR 1985, 347; 1985, 92; *Rinsche* AnwBl. 1985, 618. – Anders *RGZ* 158, 357.
[31] *BGHZ* 66, 122 = NJW 1976, 1218.
[32] Vgl. *BGH* VersR 1984, 239; *OLG Düsseldorf* NJW 1982, 1888 (zum »Kartellanwalt«). – Anders *BGH* VersR 1979, 255.
[33] *BGH* NJW-RR 1988, 508; NJW 1982, 2447; *OLG Frankfurt* DAVorm. 1986, 189; *LG Regensburg* AnwBl. 1982, 109.
[34] *VGH Mannheim* NJW 1978, 122; *RG* JW 1935, 2430 (zu § 232 Abs. 2 aF).
[35] *BGH* NJW 1988, 2673; VersR 1981, 79; 1980, 169 (Rechtsbeistand); *OLG Frankfurt* JurBüro 1981, 613. Vgl. auch *SG Freiburg* NJW 1987, 342 (Sachbearbeiter der Rechtsschutzversicherung).

[36] *BGH* VersR 1986, 816, 817; 1980, 851; 1979, 447; 1973, 574 (mwN); *OLG Frankfurt* JurBüro 1981, 613.
[37] *BGH* LM Nr. 6 zu § 232.
[38] *BGH* VersR 1980, 851; 1973, 574.
[39] *RGZ* 115, 72 f.; *RG* JW 1926, 2575 (das Gültigkeit einer Vollmacht, die einem Nichtanwalt, der sich als Anwalt ausgab, zur Führung eines Anwaltsprozesses erteilt wurde, verneint). – Vgl. auch *LAG München* NJW 1987, 2542 sowie *BFH* DB 1983, 1132 (keine Bevollmächtigung der Ehefrau).
[40] *RG* JW 1936, 1966.
[41] So zu § 232 Abs. 2 aF *BGHZ* 47, 320, 322 = NJW 1967, 1567; *BGHZ* 50, 83; *BGH* NJW 1974, 994.
[42] *BGH* NJW 1987, 440; *RG* JW 1925, 1369; 1936, 2799; *BSG* BB 1978, 502.
[43] *BGH* VersR 1982, 950; 1973, 446.
[44] *RGZ* 94, 342.

c) Wegfall der Voraussetzungen

14   **aa)** Die Stellung als Bevollmächtigter i. S. des Abs. 2 endet grundsätzlich mit der Beendigung des Auftragsverhältnisses, also vor allem mit der **Niederlegung des Mandats**; *§ 87 greift insoweit nicht ein*[45]. Ein schuldhaftes Verhalten des Anwalts nach Mandatsniederlegung muß sich die Partei daher nicht zurechnen lassen. Das gilt auch dann, wenn die Partei danach noch einen Rechtsrat bei ihrem ehemaligen Bevollmächtigten einholt[46]. Auch ein *Verschulden* des Anwalts *durch unzeitige Mandatsniederlegung* ist der Partei nicht mehr anzurechnen[47]. Legt der Anwalt das Mandat aber so rechtzeitig nieder, daß der bisherige Mandant (z. B.) laufende Fristen noch selbst oder durch einen neuen Bevollmächtigten wahren konnte, dann hat die Partei das Fristversäumnis zu vertreten[48].

15   **bb)** Ohne vorzeitige Niederlegung endet das Mandat jedenfalls mit Übersendung des **Rechtskraftzeugnisses**. Ergeht eine **instanzbeendende Entscheidung**, so gehört es noch zu den Aufgaben des für diese Instanz Bevollmächtigten, die Partei (und nicht etwa nur ihren nicht als Verkehrsanwalt eingeschalteten Prozeßbevollmächtigten eines früheren Rechtszuges[49]) von der Zustellung der Entscheidung zu benachrichtigen, ihr das Urteil zu übersenden und sie über mögliche Rechtsmittel, den Lauf von Rechtsmittelfristen bzw. die Möglichkeit eines Antrags auf Fristverlängerung zu belehren[50]. Unterbleibt das und versäumt die Partei die Rechtsmittelfrist, so kommt eine Wiedereinsetzung in den vorigen Stand nicht in Betracht, da der Partei das Verschulden ihres Bevollmächtigten insoweit noch zuzurechnen ist.

16   **cc)** Überträgt der erstinstanzliche Bevollmächtigte die **Vertretung in der höheren Instanz** einem anderen Bevollmächtigten, so ist er bis zur Mandatsannahme durch diesen weiterhin selbst Bevollmächtigter i. S. v. § 85 Abs. 2[51], auch wenn er bei dem höheren Gericht nicht zugelassen ist (→ Rdnr. 11). Ihn treffen daher nicht nur die in Rdnr. 15 genannten Pflichten, sondern er muß vor allem dafür sorgen, daß der Anwalt höherer Instanz die Rechtsmittelfrist wahren kann. Dazu gehört, daß der erstinstanzliche Bevollmächtigte das Zustellungsdatum richtig notiert, rechtzeitig und auf dem sichersten Weg[52] einen (postulationsfähigen[53]) Instanzanwalt beauftragt und sich – notfalls im Wege telefonischer Rückfrage – davon überzeugt, daß der Rechtsmittelauftrag dem anderen Anwalt zugegangen ist und von diesem angenommen wurde[54]. Das korrekte Zustellungsdatum ist dem Rechtsmittelbeauftragten dabei gesondert mitzuteilen, bei telefonischem Auftrag wegen der erhöhten Gefahr von Übermittlungsfehlern schriftlich zu bestätigen[55]. Im übrigen ergibt sich die Aufgabenverteilung zwischen den Anwälten aus dem der Vollmacht zugrunde liegenden Auftragsverhältnis[56]. So entscheiden die zwischen Partei und Anwalt getroffenen Vereinbarungen darüber,

---

[45] Vgl. *BGH* VersR 1985, 1185, 1186; 1983, 540; NJW 1980, 999; *OLG Köln* MDR 1983, 942; *BAG* MDR 1979, 965 und zu § 232 Abs. 2 aF *BGHZ* 47, 320, 322; *BGH* LM Nr. 14 zu § 232 (a.F.); *BGH* NJW 1975, 121. – Unklar *OLG Frankfurt* AnwBl. 1980, 293; *BVerwG* MDR 1984, 171; NJW 1980, 2269, 2270.

[46] *BGH* LM § 232 Nr. 9.

[47] *BGHZ* 7, 280, 286; *BGH* VersR 1985, 542, 543; anders wohl *BGH* VersR 1992, 378, 379; *OLG Frankfurt* VersR 1991, 897, 898.

[48] *BGH* VersR 1992, 378; 1987, 286.

[49] *BGH* MDR 1958, 237.

[50] *BGH* NJW 1990, 189, 190; VersR 1985, 90; 1981, 850; 1981, 79; 1980, 169; vgl. auch *BGH* Rpfleger 1992, 176; NJW-RR 1988, 508.

[51] *BGHZ* 50, 82, 84; *BGH* VersR 1990, 801; 1982, 950; 1978, 722; 1973, 319. Vgl. zum folgenden insgesamt *Borgmann* AnwBl. 1985, 636.

[52] Vgl. *BGH* NJW-RR 1986, 287.

[53] Vgl. *BGH* VersR 1982, 755.

[54] *BGHZ* 105, 118 = NJW 1988, 3020; NJW 1992, 697; 1991, 3035; 1985, 1709, 1710; 1982, 2447; NJW-RR 1991, 828, 829; FamRZ 1991, 1173; 1988, 941 (L); VersR 1987, 589 und 560; 1985, 962; 1982, 950; 1981, 39; 1980, 765; *OLG Köln* VersR 1991, 792; NJW 1989, 594; *OLG Frankfurt* NJW 1988, 1223. Vgl. auch *BPatG* GRUR 1978, 559.

[55] *BGH* AnwBl. 1991, 52; VersR 1987, 1014, 563 und 560; 1986, 468 und 462; NJW 1985, 1709.

[56] Vgl. *BGH* VersR 1990, 801; 1988, 418 und zu § 232 Abs. 2 aF *BGHZ* 7, 280, 285 = LM § 554 Nr. 2 (*Bosch*) = NJW 1953, 504 (abl. *Wulkop*); *BGHZ* 47, 321; 38, 376, 379; schon *Jonas* JW 1934, 3197.

ob der mit der Einlegung eines Rechtsmittels beauftragte Anwalt auch zur Begründung des Rechtsmittels oder wenigstens zur Beantragung der Verlängerung der Rechtsmittelbegründungsfrist verpflichtet ist. In jedem Fall muß aber der für die höhere Instanz Bevollmächtigte das ihm mitgeteilte Zustellungsdatum selbst prüfen, gegebenenfalls nachfragen und dafür Sorge tragen, daß die Rechtsmittelfrist gewahrt wird[57].

d) Sonderfälle

aa) Dem bevollmächtigten Rechtsanwalt steht sein nach § 53 BRAO bestellter **allgemeiner**   **17** **Vertreter** gleich, einerlei ob dieser Rechtsanwalt, Assessor oder Referendar ist[58], weil diesem ohne weiteres die anwaltlichen Befugnisse des Rechtsanwalts zustehen, den er vertritt (→ § 53 Abs. 7 BRAO). Gleiches gilt aus demselben Grund auch für den **bei einem Berufs- oder Vertretungsverbot bestellten Vertreter** (§ 161 Abs. 2 BRAO) und den **Abwickler** einer Kanzlei (§ 55 Abs. 2 S. 3 BRAO), nicht hingegen für den nach dem Tode des Anwalts tätig werdenden allgemeinen oder eigens bestellten amtlichen Vertreter (§ 54 BRAO), solange ihm die Partei keine Vollmacht erteilt hat[59].

bb) Kommt bei der Beauftragung eines Mitgliedes einer **Sozietät**, wie im Regelfall, ein   **18** Anwaltsvertrag mit allen Mitgliedern der Sozietät zustande, so sind alle der Sozietät angehörenden Anwälte Bevollmächtigte der Partei i. S. des Abs. 2, unabhängig von ihrer Zulassung beim Prozeßgericht (→ § 84 Rdnr. 6, 7). Hingegen ist der einer *Bürogemeinschaft* mit dem Bevollmächtigten angehörende Rechtsanwalt nicht ohne weiteres selbst Vertreter der Partei[60].

e) Hilfspersonen

aa) Nach § 85 Abs. 2 muß sich die Partei nur das Verschulden ihres Bevollmächtigten selbst   **19** zurechnen lassen. Das Verschulden eigener Hilfskräfte, die nicht bevollmächtigt sind (→ Rdnr. 12), sowie der Hilfskräfte ihres Bevollmächtigten, insbesondere die Fehler seines **Büropersonals**, sind ihr dagegen mangels einer § 278 BGB entsprechenden Norm nicht anzulasten[61]. Für die Fehler der Hilfspersonen kann indessen auch ein Verschulden des Bevollmächtigten selbst ursächlich sein. Denn ihn trifft die Pflicht, sein Büropersonal *sorgfältig auszuwählen, anzuleiten und zu überwachen*[62]. Unterbleibt das, so trifft den Bevollmächtigten schon deshalb ein Verschuldensvorwurf; hat er hingegen diesen Anforderungen genügt, so darf er sich darauf verlassen, daß sein ansonsten zuverlässiges Personal Anweisungen befolgt, sofern diese genügend klar und präzise gefaßt sind[63]. Außerdem hat der Bevollmächtigte seine *Büroorganisation* so zu gestalten, daß Fehler nach Möglichkeit vermieden werden[64] (→ auch § 233 Rdnr. 34). Zu den *Einzelheiten* → Rdnr. 23 ff.

---

[57] *BGH* AnwBl. 1991, 52; VersR 1987, 560; 1983, 540; 1978, 825; NJW-RR 1986, 614 = VersR 468. – Vgl. auch *BGH* NJW 1991, 1176, 1178.

[58] *BGH* VersR 1984, 585; 1982, 770; 1982, 144, 145; LM § 232 Nr. 15; *BAG* NJW 1973, 343 = AP § 233 Nr. 62 (*Vollkommer*), das betont, daß dem zum *allgemeinen Vertreter* bestimmten *Referendar* die gleiche Sorgfaltspflicht obliegt wie dem von ihm vertretenen Rechtsanwalt; *LAG Bremen* MDR 1983, 1054.

[59] *BGH* NJW 1982, 2324 = JZ 335; VersR 1982, 365 (L).

[60] *BayObLG* MDR 1988, 683.

[61] St. Rspr.; vgl. nur *BGH* NJW-RR 1990, 1149; NJW

1980, 2261; *BAG* NJW 1990, 2707; *BVerwG* NJW 1992, 63, 64.

[62] Stichproben in unregelmäßigen Abständen reichen, *BGH* VersR 1988, 186 = NJW 1853.

[63] *BGH* NJW 1992, 574; 1991, 1179; 1989, 2393; 1988, 1853; 1982, 2670 und 2671 (*Ostler*); NJW-RR 1991, 827, 828; FamRZ 1992, 794; VersR 1992, 999, 900; 1987, 286; 1984, 873, 874; *BAG* NJW 1982, 72.

[64] Vgl. nur *BGH* NJW 1991, 2082; 1991, 1178; NJW-RR 1992, 826; 1991, 512; NJW 1985, 1710, 1711; 1980, 2261; FamRZ 1991, 1173 f.; VersR 1992, 899, 900; 1991, 1271; 1984, 662; 1978, 663.

20 **bb)** Zieht der Prozeßbevollmächtigte zur Führung des Rechtsstreits einen **Dritten** hinzu, ist dieser sicher dann Bevollmächtigter i. S. des Abs. 2, wenn er, wie der nach § 81, 2. Hs. bestellte Unterbevollmächtigte, eine unmittelbare Vertreterstellung erhält (→ Rdnr. 11). Im übrigen ist, insbesondere für **angestellte Rechtsanwälte und freie Mitarbeiter**, zu unterscheiden: Werden sie bei der Bearbeitung der Rechtssache nur als *unselbständige Hilfskräfte* eingeschaltet, so sind sie keine Bevollmächtigten i. S. v. Abs. 2[65], sondern es gilt das zu Rdnr. 19 Gesagte sinngemäß[66]. Dagegen muß sich die Partei das Verschulden eines beim Bevollmächtigten angestellten Rechtsanwalts, dem die Sache zur *selbständigen Bearbeitung* übertragen wird, nach Abs. 2 anrechnen lassen[67]. Die Frage, ob eine Übertragung zur selbständigen Führung des Rechtsstreits vorliegt, entscheiden die Umstände des Einzelfalls[68]. Entscheidend ist, ob der Beauftragte auf den Verlauf des Prozesses einen bestimmenden Einfluß ausüben kann[69]. Der Umstand, daß der Angestellte beim Prozeßgericht nicht zugelassen ist, steht für sich der Annahme einer Beauftragung zur selbständigen Bearbeitung nicht entgegen[70]. Eine solche ist dann in der Form möglich, daß der Bearbeiter Schriftsätze selbst anfertigt, aber dem – postulationsfähigen – Prozeßbevollmächtigten zur Unterschrift vorlegt[71], aber auch schon in der Form, daß dem Mitarbeiter regelmäßig Fristsachen zur Nachprüfung vorgelegt werden[72].

21 **cc)** Bei der Zustellung auf Betreiben der Partei eingeschaltete **Gerichtsvollzieher** und **Postbedienstete** sind nicht Vertreter der Partei (→ vor § 166 Rdnr. 38) und daher auch keine Bevollmächtigten i. S. des § 85 Abs. 2. Die die Zustellung vermittelnde **Geschäftsstelle** handelt zwar, theoretisch betrachtet, in Vertretung der Partei, die Anwendung des § 85 Abs. 2 ist jedoch ausgeschlossen, weil die Geschäftsstelle als Organ des Gerichts ohne Bindung an Weisungen der Partei handelt[73] (→ § 168 Rdnr. 2).

4. Verschulden

a) Maßstab

22 Bei der Beurteilung des Verschuldens ist **auf die Person des Vertreters** abzustellen, so daß insbesondere die Sorgfaltsanforderungen auf seine Person zuzuschneiden sind, freilich im Rahmen der im Zivilrecht allgemein gültigen objektiv-typisierten Betrachtungsweise[74]. An den Rechtsanwalt können daher gegebenenfalls höhere Sorgfaltsanforderungen gestellt werden als an die Partei[75]. Die Anforderungen an die Sorgfaltspflicht richten sich dabei nach den

[65] Vgl. nur *BGH* VersR 1983, 641; 1983, 84, 85; 1979, 960; *KG* AnwBl. 1982, 71 sowie die in Fn. 67 Genannten.

[66] Unzutreffend daher *LAG Berlin* ArbuR 1978, 279 (Anwalt als Bote sei Bevollmächtigter i. S. v. Abs. 2); zutr. anders *BGH* VersR 1984, 239, 240; 1979, 232 und 160 sowie *BVerwG* NJW 1985, 1178. Richtig auch *BGH* VersR 1978, 669, 670 und *BFH* NJW 1984, 1992 (der als Bote eingesetzte Anwalt hatte selbst Vollmacht).

[67] Ständige Rspr.; vgl. nur *BGH* VersR 1990, 874; 1984, 443; 1984, 239 f.; 1984, 87; 1982, 848; 1982, 71; 1981, 552 f.; *BAG* NJW 1987, 1355; *BVerwG* BayVBl. 1991, 93 sowie zu § 232 Abs. 2 aF insbesondere *BGH* VersR 1973, 38; NJW 1967, 1279. – Ausf. dazu auch *Fuhrmann* Rechtsstellung des angestellten Rechtsanwalts (1989), 113 ff.

[68] *BGH* VersR 1984, 443; 1982, 770; 1982, 71; 1981, 552; NJW 1974, 1512.

[69] Vgl. *BAG* NJW 1987, 1355; *BVerwG* JR 1963, 76; *Johannsen* NJW 1952, 526.

[70] *BGH* VersR 1990, 874; 1982, 848; 1982, 71; 1981,

552 f.; 1979, 577; 1979, 447; 1978, 666; 1978, 665 und zu § 232 Abs. 2 aF *BGH* NJW 1974, 1512; 1967, 1279; 1965, 1020.

[71] *BGH* VersR 1979, 577; 1979, 447; NJW 1967, 1279.

[72] *LG Hannover* JurBüro 1987, 1546 und zu § 232 Abs. 2 aF *OLG München* NJW 1974, 755.

[73] So auch *Baumbach/Lauterbach/Hartmann*[50] Anm. 3 C.

[74] Zust. *BAG* NJW 1987, 1355; *MünchKommZPO/v. Mettenheim* Rdnr. 23; *Vollkommer* Festschr. f. Ostler (1983), 141; *Zöller/Vollkommer*[17] Rdnr. 12 a. Daher keine Verschärfung der Sorgfaltspflichten, wenn überobligationsmäßige Vorkehrungen im Einzelfall versagen, *BGH* NJW 1992, 1047; 1991, 3035, 3036.

[75] Die »äußerste, größtmögliche« Sorgfalt kann aber (anders als nach § 233 aF) auch von einem Rechtsanwalt nicht mehr verlangt werden; vgl. nur *BGH* MDR 1988, 389; NJW 1985, 1710, 1711; VersR 1979, 960. – Unzutr. anders *OLG München* MDR 1984, 763.

Umständen des Einzelfalles; sie dürfen nicht überspannt werden, insbesondere muß die Erfüllung der Pflicht zumutbar sein[76]. Zuzurechnen ist grundsätzlich auch (Eventual-)Vorsatz des Bevollmächtigten, mag darin auch eine sittenwidrige Schädigung der Partei liegen[77]. Etwas anderes kann nach Sinn und Zweck (→ Rdnr. 8) nur dann gelten, wenn für Gericht und Gegner erkennbar war, daß der Bevollmächtigte seine Pflichten vorsätzlich verletzt.

b) Beispiele

Beispiele für fehlerhaftes Verhalten eines Bevollmächtigten finden sich in den Kommentierungen zu den einzelnen Vorschriften, die Verschulden voraussetzen (→ insbesondere § 233 Rdnr. 100ff.). An dieser Stelle sei nur auf einige besonders häufige Fehler hingewiesen[78]: **23**

aa) Ein Verschulden kann darin zu sehen sein, daß der Bevollmächtigte die **Pflicht zur persönlichen Bearbeitung** verletzt, indem er eine Aufgabe delegiert, die er selbst wahrnehmen müßte. So muß ein Rechtsanwalt etwa selbst, wenigstens aber durch einen juristisch ausgebildeten Mitarbeiter, die *Post* täglich darauf überprüfen, ob Fristensachen darunter sind, die zu Eilmaßnahmen Anlaß geben[79]. *Ungewöhnliche Fristen* muß der Bevollmächtigte selbst berechnen[80]. Auch ob es sich um eine *Feriensache* handelt, muß der Anwalt selbst überprüfen[81], ebenso das in einem *Rechtsmittelauftrag* (→ Rdnr. 16) mitzuteilende *Zustellungsdatum*[82]. Werden Fristensachen von den Mitarbeitern zur Bearbeitung vorgelegt, muß der Bevollmächtigte den Fristablauf eigenverantwortlich nachprüfen[83] (→ auch Rdnr. 23 f). Ebenso muß ein zweitinstanzlicher Anwalt die Zulässigkeitsvoraussetzungen eines Rechtsmittels selbst prüfen[84] und die *Rechtsmittelschrift* grundsätzlich selbst anfertigen, wenigstens aber die von seinen Mitarbeitern gefertigte Schrift besonders sorgfältig kontrollieren[85] (→ Rdnr. 23 f). Auch über die *Beauftragung eines Unterbevollmächtigten* muß der Bevollmächtigte selbst entscheiden[86]. **23a**

bb) Aufgaben, die grundsätzlich übertragen werden dürfen, müssen **an geeignete Hilfskräfte delegiert** werden (→ zur Haftung für diese Rdnr. 19). So dürfen mit Hilfsdiensten wie etwa Botengängen auch weniger qualifizierte Kräfte betraut werden[87], während etwa die Fristenüberwachung nur geschulten Mitarbeitern anvertraut werden kann[88]. Je geringer der Ausbildungsstand der eingesetzten Hilfskraft ist, um so höhere Anforderungen sind an die erforderliche *Anleitung und Kontrolle* zu stellen[89]. Behält sich allerdings der Bevollmächtigte eine generell delegierte Aufgabe im Einzelfall zur eigenen Wahrnehmung vor, so ist er auch selbst für die Durchführung verantwortlich; auf die Delegation kommt es nicht an[90]. **23b**

cc) Im **Verkehr mit dem Mandanten** ist der Bevollmächtigte verpflichtet, den *sichersten und zweckmäßigsten Weg* zu gehen[91]. Das setzt eine umfassende *Beratung* des Mandanten in tatsächlicher, wirtschaftlicher und rechtlicher Hinsicht voraus[92]. Sodann sind die *Interessen des Auftraggebers* in jeder Hinsicht zu **23c**

---

[76] Vgl. nur *BVerfG* NJW 1991, 2895; *BGH* NJW 1989, 1433; 1985, 1710, 1711; zu den Anforderungen in den neuen Bundesländern in der Übergangszeit s. *BGH* FamRZ 1991, 1174. – Krit. gegen überspannte Anforderungen u. a. *Förster* NJW 1980, 432; *Hübner* NJW 1989, 7 f.; *Prinz* VersR 1986, 317; verteidigend hingegen *Odersky* NJW 1989, 3 f.

[77] A. M. *VG Stade* NJW 1983, 1509 (L); *Zöller/Vollkommer*[17] Rdnr. 12 a.

[78] Vgl. auch die Rechtsprechungsübersichten von *Hansens* NJW 1992, 1353; *Walchshöfer* JurBüro 1989, 1484; 1986, 324; 1985, 323.

[79] *BGH* NJW 1990, 189, 190; 1980, 2261.

[80] *BGH* NJW 1991, 2082; *BVerwG* NJW 1992, 852; 1982, 2458; vgl. auch *OLG Bamberg* NJW-RR 1992, 702.

[81] *BGH* BB 1991, 931, 932; NJW 1988, 1853; VersR 1986, 574. Vgl. auch *BGH* FamRZ 1990, 867, 868; VersR 1981, 552; *LAG Bremen* MDR 1983, 1054.

[82] *BGH* VersR 1987, 563; NJW 1985, 1709.

[83] *BGH* NJW 1992, 1632 und 841; FamRZ 1991, 792, 793; NJW-RR 1991, 827, 828; *OLG Düsseldorf* MDR 1992, 305; vgl. auch *OLG Bamberg* NJW-RR 1992, 702; ferner *BVerfG* NJW 1991, 2096, 2097.

[84] *BGH* VersR 1991, 119, 120; FamRZ 1991, 792, 793.

[85] *BGH* NJW 1990, 2688 = JZ 874; FamRZ 1991, 318, 319; 1990, 866, 687; VersR 1986, 1209; 1984, 1358; 1982, 769, 770; 1981, 77, 78.

[86] *OLG Düsseldorf* NJW 1982, 1888.

[87] *BGH* NJW 1991, 1179; MDR 1988, 479; *OLG Frankfurt* NJW 1988, 2805; *BVerwG* NJW 1992, 64.

[88] *BGH* FamRZ 1992, 297; NJW-RR 1992, 826; NJW 1988, 2045; AnwBl. 1989, 99.

[89] Vgl. *BGH* AnwBl. 1989, 99; VersR 1981, 1178; *BAG* NJW 1990, 2707.

[90] *BGH* VersR 1985, 964; *OLG München* NJW-RR 1991, 191. Vgl. auch *BGH* NJW 1988, 2046, 2048; *LG Köln* VersR 1992, 517 (L).

[91] *BGH* NJW 1990, 2128, 2129; VersR 1986, 297. Vgl. auch *OLG Düsseldorf* JurBüro 1992, 110; FamRZ 1989, 204; VersR 1991, 425; 1988, 861; *OLG Frankfurt* FamRZ 1991, 1047; *OLG München* NJW-RR 1991, 1461.

[92] *BGHZ* 89, 178, 182; WM 1990, 1917 = NJW-RR 1241; BB 1990, 733; NJW 1992, 1160; 1992, 240; 1991, 2840; 1992; 1988, 2113; 1985, 264, 265; 1983, 1665; NJW-RR 1991, 1532, 1533; DB 1986, 2113; *OLG Düsseldorf* GRUR 1985, 219, 220; VersR 1985, 92; MDR 1984, 937; *OLG Hamm* VersR 1988, 192; *OLG Köln* VersR 1992, 448; *OLG München* NJW-RR 1991, 1461;

wahren[93]. Dazu muß der Bevollmächtigte alle erheblichen *Tatsachen* kennen, die er gegebenenfalls vom Mandanten *erfragen* muß[94]. Im Prozeß sind diese Tatsachen sowie alle erheblichen Einreden, gegebenenfalls hilfsweise, *vorzutragen* (→ auch Rdnr. 23 d); es darf weder darauf vertraut werden, daß das gegnerische Vorbringen unschlüssig ist, noch darauf, daß das Gericht weiteren Sachvortrag anfordert[95]. Ergeben sich während des Verfahrens neue (prozessuale) *Risiken* (→ auch Rdnr. 23 g), so ist der Mandant erneut zu *belehren*[96]. Dieser kann dem Bevollmächtigten *Weisungen* erteilen, von denen nur abgewichen werden darf, wenn nach den Umständen mit einer Billigung des Auftraggebers gerechnet werden darf[97] (§ 665 BGB); bei unklaren Weisungen ist rückzufragen[98], bei unsachgemäßen zu warnen[99]. Auch *nach Beendigung des Mandats* können noch nachwirkende Pflichten zur Wahrnehmung der Interessen des ehemaligen Mandanten bestehen, etwa die Pflicht, über nachträgliche Zustellungen zu informieren[100] (→ auch § 87 Rdnr. 18), Unterlagen herauszugeben oder auf die drohende Verjährung hinzuweisen[101], aber auch eine zur Abwendung der vorläufigen Zwangsvollstreckung gestellte Sicherheit für den Mandanten zurückzufordern[102]; im übrigen → Rdnr. 14 ff. sowie zum *Regreß* Rdnr. 25.

23d   dd) Im **Verkehr mit dem Gericht** darf der Bevollmächtigte grundsätzlich darauf vertrauen, daß von einer *gängigen Gerichtspraxis* nicht ohne Vorwarnung abgewichen wird (→ auch Rdnr. 23 g). Es trifft daher beispielsweise einen Anwalt, der einen ordnungsgemäß begründeten Antrag auf erstmalige Fristverlängerung gestellt hat, keine Pflicht, nachzufragen, ob dem Antrag rechtzeitig stattgegeben wurde[103]. Grundsätzlich ist aber der Bevollmächtigte gehalten, *Fehlern des Gerichts entgegenzuwirken*, etwa durch Sachvortrag oder Äußern von Rechtsansichten[104] (→ auch oben Rdnr. 23 c). Ein »Mitverschulden« des Gerichts hindert daher die Zurechnung nach § 85 Abs. 2 nicht[105].

23e   ee) Bei der **Fristenkontrolle** ist besondere Sorgfalt geboten (→ auch Rdnr. 23 a). Es ist ein *Fristenkalender* zu führen und zu gewährleisten, daß dort nicht nur Vor(lage)fristen, sondern – deutlich hervorgehoben – auch die Hauptfristen eingetragen[106] und erst wieder gestrichen werden, wenn der fristwahrende Schriftsatz wenigstens versandfertig ist; insoweit hat eine *Ausgangskontrolle* stattzufinden[107]. Wird eine Frist verlängert oder ersetzt, darf die alte Frist erst gestrichen werden, wenn die neue eingetragen ist[108]. Bei der Zustellung gegen *Empfangsbekenntnis* ist das *Zustellungsdatum* in der Akte zu vermerken[109], ebenso, wenn die zugestellte Urteilsausfertigung nicht in den Akten verbleibt[110]. Über den Beginn von Fristen, die nicht durch Zustellung (oder nicht durch Zustellung an den eigenen Mandanten) in Lauf gesetzt werden, sind *Erkundigungen* einzuziehen[111]; *Mitteilungen des Gerichts* (z. B. über die Rechtsmittelbegründungsfristen nach §§ 519 Abs. 2, 554 Abs. 2) sind mit der notierten Frist zu vergleichen[112], brauchen aber ohne besonderen Anlaß nicht in Zweifel gezogen zu werden[113].

23f   ff) Bei bestimmenden Schriftsätzen ist auf die (leserliche) **Unterschrift**[114] sowie darauf zu achten, daß von einem *postulationsfähigen* Rechtsanwalt unterschrieben wird[115]. Anläßlich der Unterschrift hat der

---

OLG Oldenburg NJW-RR 1991, 1499. Vgl. auch *OLG Düsseldorf* AnwBl. 1985, 38; *LG Flensburg* AnwBl. 1987, 193.

[93] *BGH* WM 1990, 1917 = NJW-RR 1241; *OLG Düsseldorf* VersR 1991, 424.

[94] *BGH* NJW 1985, 1154; 1982, 437; *OLG Hamm* VersR 1988, 192.

[95] *BGH* WM 1990, 1917 = NJW-RR 1241 = JR 366 (zust. *Giesen*). Vgl. auch *BGH* VersR 1983, 562; *OLG Düsseldorf* AnwBl. 1987, 547.

[96] Vgl. *BGH* VersR 1992, 898 (Ablauf der Rechtsmittelfrist); *OLG Hamm* MDR 1987, 582.

[97] Vgl. *BGH* NJW 1986, 1047, 1048; VersR 1977, 421; *OLG Köln* VersR 1986, 300 (L); *LG München I* NJW 1990, 1369 f.

[98] *BGH* VersR 1990, 328, 329.

[99] *BGH* VersR 1985, 84; JZ 1984, 682.

[100] *BGH* NJW 1980, 999.

[101] *BGH* NJW 1984, 431, 432; allg. dazu *BGH* NJW 1992, 820.

[102] *BGH* NJW 1990, 2128, 2129.

[103] *BVerfG* NJW 1989, 1147; *BGH* NJW 1991, 2080 f.; 1991, 1359; NJW-RR 1989, 1280.

[104] Vgl. *OLG Köln* AnwBl. 1984, 92; krit. u. a. *Schlee* AnwBl. 1992, 31; *E. Schneider* AnwBl. 1988, 261.

[105] *BGH* FamRZ 1992, 536; NJW 1988, 3014 f.; 1984, 1358; VersR 1988, 251; 1982, 755; 1981, 63; *OLG Koblenz* GRUR 1985, 573, 574; *LG Oldenburg* VersR 1979, 752, 753.

[106] *BGH* FamRZ 1992, 168 f.; NJW 1989, 2393; 1988, 2804; 1988, 568; VersR 1984, 789; 1983, 270, 271. – Zum Notierungsvermerk in der *Akte* vgl. *BGH* NJW-RR 1992, 826.

[107] *BGH* FamRZ 1992, 297; 1991, 424; NJW 1991, 1178; 1990, 187; NJW-RR 1991, 511, 512; AnwBl. 1991, 155, 156; VersR 1986, 365; 1985, 145; *OLG Köln* VersR 1992, 213; *OLG München* NJW-RR 1986, 63; vgl. auch *BVerfG* NJW 1992, 38. – Sollen fristwahrende Schriftsätze per Telefax übermittelt werden, darf nach *BGH* VersR 1992, 638 die Frist erst gelöscht werden, wenn feststeht, daß der Schriftsatz tatsächlich übermittelt wurde.

[108] *BGH* NJW 1988, 1853. Vgl. auch *BGH* VersR 1991, 123.

[109] *BGH* FamRZ 1992, 168 f.; 1991, 1173 f.; 1991, 319; NJW 1992, 574; *OLG Frankfurt* JurBüro 1978, 1013. Vgl. auch *BGH* VersR 1987, 1014.

[110] *BGH* VersR 1981, 39.

[111] *BGH* NJW 1990, 1239, 1240; VersR 1991, 121; 1986, 686.

[112] *BGH* NJW 1988, 568.

[113] *KG* VersR 1991, 201.

[114] *BGH* NJW 1987, 957; 1985, 1226 = JZ 451; VersR 1987, 386; 1983, 271; 1980, 942; 1980, 765. – Vgl. aber auch *BGH* VersR 1991, 117.

[115] *BGH* NJW 1988, 211; VersR 1986, 1211; 1982, 848 und 847; JurBüro 1978, 849. Vgl. auch *BGH* VersR 1981, 63; *OLG Koblenz* GRUR 1985, 573 f.

Unterzeichnende, auch wenn er nur als Sozius des Sachbearbeiters unterschreibt, den Schriftsatz noch einmal *auf Vollständigkeit und Richtigkeit zu überprüfen*[116]. Insbesondere ist darauf zu achten, daß der Schriftsatz *an das richtige Gericht gerichtet* ist (wobei allerdings die Anschrift des Gerichts nicht noch einmal überprüft werden muß)[117].

gg) Rechtsirrtümer entschuldigen den Bevollmächtigten grundsätzlich nicht. Wer die Rechtssachen anderer vertritt, muß das *geltende Recht* kennen[118], wichtige *Gesetzesnovellen* zur Kenntnis nehmen[119] und sich über die einschlägige *Rechtsprechung* informieren[120]. Auch hier (→ schon Rdnr. 22) dürfen die Anforderungen aber nicht überspannt werden. So muß ein Bevollmächtigter weder mit einer *Änderung höchstrichterlicher Rechtsprechung* rechnen[121] noch damit, daß sich eine *allgemein befürwortete Rechtsansicht* als falsch herausstellt[122]. *Fernliegendes Landesverfahrensrecht* braucht er nicht in jedem Fall zu kennen[123], und in *ungewöhnlichen Verfahrenssituationen* darf er sich auf den Rat eines Senatsvorsitzenden (hier: am BayObLG) verlassen[124]. Bei *unsicherer Rechtslage* ist aber der für den Mandanten sicherste Weg[125] zu beschreiten (also z. B. eine Frist zu wahren, auch wenn sie möglicherweise gar nicht läuft)[126]; jedenfalls ist der Vertretene auf das Risiko hinzuweisen[127] (→ auch Rdnr. 23c). – Zum »Mitverschulden« des Gerichts → Rdnr. 23d.   **23g**

hh) Unvorhersehbare Hindernisse können ein Versäumen des Bevollmächtigten entschuldigen[127a]. Das gilt z. B. für akute psychische Belastungen, unerwartete Schwächeanfälle oder krankheitsbedingten Ausfall[128], wenn nicht auch vom Krankenbett aus noch Vorsorge getroffen werden kann[129], oder für unvorhergesehene Behinderungen im Straßenverkehr[130], eine Reifenpanne[131] oder einen Motorschaden, wenn der Termin nicht auf anderem Wege (etwa mit Hilfe eines Taxis) gewahrt werden kann[132].   **23h**

ii) Mehrere Bevollmächtigte müssen sich untereinander abstimmen, etwa Zustellungen mitteilen oder erfragen[133]. Zum Verhältnis des erstinstanzlichen zum zweitinstanzlichen Bevollmächtigten → Rdnr. 16; zur Sozietät → § 84 Rdnr. 6, 7.   **23i**

5. Wirkungen

a) Zurechnung

Das Verschulden des Bevollmächtigten[134] wird der Partei zugerechnet, ohne daß irgendeine Exkulpation (etwa durch Nachweis der sorgfältigen Auswahl oder Kontrolle) möglich wäre. Es gibt auch keine Ausnahme, wenn die Partei weder Einfluß auf die Auswahl des Vertreters noch die Möglichkeit irgendeiner Kontrolle gehabt hat[135].   **24**

---

[116] *BGH* FamRZ 1991, 318; VersR 1978, 1159. Vgl. auch *LAG Bremen* Rpfleger 1988, 165 sowie die nachstehend Genannten.

[117] *BGH* NJW-RR 1990, 1149; FamRZ 1990, 866, 867; VersR 1988, 251; 1986, 1209; 1981, 63; *BAG* NJW 1991, 1078; 1988, 3229; *LAG Frankfurt* NJW 1991, 1078. – A. M. *LAG Baden-Württemberg* NJW 1986, 603, 604 (auch Anschrift ist zu kontrollieren).

[118] *BGH* FamRZ 1990, 867, 868; VersR 1986, 1210; 1981, 552; *OLG Frankfurt* AnwBl. 1980, 292.

[119] *BGH* NJW-RR 1989, 825; NJW 1978, 1486; VersR 1978, 825 und 563.

[120] Vgl. *BGH* NJW 1983, 1665; VersR 1979, 375; NJW 1979, 877 = VersR 232; *OLG Frankfurt* FamRZ 1991, 1048; *OLG München* NJW-RR 1991, 803; *OLG Schleswig* NJW 1988, 569.

[121] *BVerfG* NJW 1991, 2895; *BGH* NJW 1985, 1709, 1710 (wohl aber auf eine Änderung reagieren, *OLG Düsseldorf* VersR 1980, 359, 360).

[122] *BGH* NJW-RR 1989, 825; NJW 1985, 495, 496.

[123] *BGH* NJW 1979, 1414.

[124] *BGH* NJW 1981, 576.

[125] Kein Verschulden, wenn sich der Anwalt bei zwei gleich unsicheren Wegen für einen von beiden entscheiden muß; vgl. *BGH* VersR 1980, 191.

[126] *BGH* VersR 1987, 1237; 1987, 680; *OLG Düsseldorf* VersR 1988, 861; *OLG Stuttgart* FamRZ 1984, 402, 405; *LAG München* NJW 1989, 1503.

[127] *BGH* NJW 1988, 3014f.; *OLG Frankfurt* FamRZ 1991, 1048.

[127a] Vgl. für die Empfangsstörung des Telefax-Gerätes beim Gericht *BGH* NJW 1992, 244; FamRZ 1992, 296; *Jaeger* VersR 1991, 831 (gegen *OLG München* das.).

[128] *BGH* VersR 1990, 1026; 1987, 785; 1985, 393, 394; 1985, 47; 1984, 988; 1981, 839.

[129] *BGH* VersR 1991, 1271; 1985, 1189; 1984, 761, 762.

[130] *BGH* NJW 1989, 2393.

[131] *BGH* VersR 1988, 249 (L).

[132] *BVerwG* NJW 1988, 577.

[133] *BGH* NJW 1991, 1176, 1178; AnwBl. 1991, 52; VersR 1991, 1308, 1309.

[134] Zum Begriff des Verschuldens in diesem Zusammenhang *BGHZ* 2, 207 = NJW 1951, 963.

[135] Insbesondere der beigeordnete Anwalt des Strafgefangenen; s. *BGH* VersR 1984, 851; NJW 1957, 989 = DB 507. – A. M. *RGZ* 115, 411.

b) Regreß der vertretenen Partei

25   Soweit sich die Partei das Verschulden ihres Bevollmächtigten nach § 85 Abs. 2 zurechnen lassen muß, kommt regelmäßig ein *Schadensersatzanspruch* der Partei in Betracht, der sich im allgemeinen *aus einer positiven Vertragsverletzung* ergibt[136]. In *diesem* Verhältnis haftet der Bevollmächtigte auch für das Verschulden seiner *Hilfspersonen* (§ 278 BGB)[137]. Ein *Mitverschulden* der Partei kommt grundsätzlich nicht in Betracht, soweit es um die rechtliche Bearbeitung des Falles geht[137a]. *Inhaltlich* ist der Schadensersatzanspruch darauf gerichtet, die Partei so zu stellen, wie sie stünde, wenn der Prozeß bei pflichtgemäßem Handeln des Bevollmächtigten zutreffend entschieden worden wäre[138]. Die *Beweislast* für das Verschulden des Bevollmächtigten liegt beim Mandanten; der Bevollmächtigte muß die Pflichtverletzung aber substantiiert bestreiten, d. h. darlegen, wie er die Pflicht erfüllt haben will[139]. *Verjähren* kann der Schadensersatzanspruch grundsätzlich nur dann, wenn der Bevollmächtigte den Mandanten über die möglichen Regreßansprüche belehrt hat[140]; ist das geschehen, gilt die dreijährige Verjährungsfrist des § 51 BRAO. – Zur Haftung der *Sozien* → § 84 Rdnr. 6, 7.

6. Materiell-rechtliche Haftung

a) des Bevollmächtigten

26   Der Bevollmächtigte haftet *seinem Auftraggeber* aus Vertrag für die Fehler, die dieser sich nach § 85 Abs. 2 zurechnen lassen muß (→ Rdnr. 25). *Dritten* gegenüber besteht eine *vertragliche* Haftung nur, wenn der Dritte in den Schutzbereich des Vertrages miteinbezogen wurde[141]. Ansonsten bleibt nur eine *deliktische* Haftung (§§ 823, 826 BGB)[142]. Auch eine *vertragsähnliche Haftung* wegen der Inanspruchnahme besonderen Vertrauens scheidet, insbesondere gegenüber dem Gegner des Mandanten, in aller Regel aus[143].

b) des Vertretenen

27   Der Vertretene haftet Dritten, mit denen er vertraglich nicht verbunden ist, für den von dem Bevollmächtigten in Ausübung seiner Vertretungsmacht zugefügten Schaden nur nach den Vorschriften über die Haftung für unerlaubte Handlungen anderer (§ 831 BGB)[144].

---

[136] → auch vor § 78 Rdnr. 12. Zur **Haftungsbegrenzung in AGB** s. *Bunte* NJW 1981, 2658 ff.; *Dreyer* AnwBl. 1985, 78; *Hartstrang* AnwBl. 1982, 509; *Schroeder* AnwBl. 1983, 522.

[137] Die Hilfskräfte selbst haften aber i. d. R. nicht, da sie selbst nicht Vertragspartner sind; vgl. für den **angestellten Rechtsanwalt** *BGH* BB 1990, 733. – Der **Verkehrsanwalt** ist nicht Gehilfe des Instanzbevollmächtigten, *LG Regensburg* AnwBl. 1982, 109.

[137a] *BGH* NJW 1992, 820 m. w. N.

[138] Vgl. *BGH* NJW 1988, 846 und 487; WM 1988, 987, 993.

[139] *BGH* NJW 1987, 1323; 1985, 264, 265. – Umf. dazu *Vollkommer* (Fn. 20), 585 ff.

[140] *BGH* NJW 1992, 837; 1987, 326; 1986, 581, 582; DB 1984, 611; vgl. aber auch *OLG Hamm* FamRZ 1991, 1050; *LG Hagen* NJW-RR 1991, 541. – Krit. zur Rechtsprechung *Eckert* NJW 1989, 2081; *Zimmermann* NJW 1985, 720.

[141] Vgl. *BGH* NJW 1988, 200, 201; 1986, 581, 582; *OLG Hamm* MDR 1986, 1026; krit. *v. Gierke* (Fn. 20), S. 141 ff.

[142] *BGH* NJW 1979, 1351.

[143] *BGH* BB 1988, 1992; *Stahl* (Fn. 20), 111.

[144] *RGZ* 61, 21; 63, 152; 73, 436. Vgl. ausf. *Borgmann/Haug* (Fn. 20), S. 202 ff.; *v. Caemmerer* (Fn. 20), 261 ff.

IV. Arbeitsgerichtliches Verfahren

Im Verfahren in Arbeitssachen gilt § 85 Abs. 2 ebenfalls (§ 46 Abs. 2 ArbGG). Als Bevollmächtigte i. S.   **28**
der Vorschrift kommen hier auch **Verbandsvertreter** nach § 11 Abs. 1 ArbGG in Betracht[145] (zur Haftung
des Verbandes für seine Vertreter gegenüber der vertretenen Partei → § 78 Rdnr. 54).

Im **Kündigungsschutzprozeß** (→ vor § 253 Rdnr. 155 ff.) ist § 85 Abs. 2 für das Verschulden bezüglich   **29**
der versäumten Klagefrist bei §§ 4, 5 KSchG wegen der Gleichheit der Interessenlage entsprechend
anzuwenden[146] (→ auch Rdnr. 9). Etwas anderes gilt für die Frage, ob im Hinblick auf § 9 MuSchG eine
Schwangerschaft rechtzeitig mitgeteilt wurde[147].

§ 86   [Tod des Vollmachtgebers, Veränderung in der Prozeßfähigkeit]

Die Vollmacht wird weder durch den Tod des Vollmachtgebers noch durch eine Veränderung in seiner Prozeßfähigkeit oder seiner gesetzlichen Vertretung aufgehoben; der Bevollmächtigte hat jedoch, wenn er nach Aussetzung des Rechtsstreits für den Nachfolger im Rechtsstreit auftritt, dessen Vollmacht beizubringen.

Gesetzesgeschichte: bis 1900 § 82 CPO.

Stichwortverzeichnis: → vor § 78 vor Rdnr. 1.

I. Veränderungen in der Person des Vollmachtgebers

1. Anwendungsbereich des § 86

§ 86 beschäftigt sich ausschließlich mit den Veränderungen in der Person des Vollmachtge-   **1**
bers und gilt ohne Rücksicht auf den *Zeitpunkt* dieser Veränderungen: Da die Vollmacht auch
zu Handlungen vor Eintritt der Rechtshängigkeit, namentlich zur Klageerhebung selbst,
ermächtigt (→ § 81 Rdnr. 8), kommt es in bezug auf die Vollmacht nicht darauf an, ob der Tod
usw. vor oder nach Beginn des Prozesses eintritt[1]. Für die *Zwangsvollstreckung* hat § 86 beim
Tod des Gläubigers nur die Bedeutung, daß der Bevollmächtigte die Vollstreckungsklausel für
die Erben (§§ 727, 750) erwirken kann[2]. Für die Vollstreckung in den Nachlaß kann die

---

[145] *BAG* AP § 232 Nr. 1 = DB 1954, 620.
[146] Vgl. (je m. w. N.) aus neuerer Zeit *LAG Frankfurt* NZA 1984, 40; *LAG Berlin* BB 1979, 167; *LAG München* BB 1981, 915; *LAG Mainz* NJW 1982, 2461. – A. M. *LAG Hamburg* MDR 1987, 875; BB 1986, 1020; AnwBl. 1981, 37; NJW 1978, 446 f.; *LAG Hamm* BB 1988, 140; AnwBl. 1984, 158; MDR 1982, 172; 1981, 172; NJW 1981, 1230. – Ältere Nachweise → Voraufl. Fn. 57.

[147] *BAG* FamRZ 1984, 1007 f.; *Wenzel* BB 1981, 678.
[1] A. M. *AG Wangen* AnwBl. 1976, 345. Zur Klageerhebung nach dem Tod des Vollmachtgebers → § 50 Rdnr. 43.
[2] *OLG Dresden* SeuffArch. 43 (1888), 473.

Vorschrift nicht herangezogen werden, auch nicht vor Annahme der Erbschaft (→ näher §§ 778 Rdnr. 5 ff., 779 Rdnr. 6)[3].

2. Tod des Vollmachtgebers

2   Durch den Tod des Vollmachtgebers **erlischt die Vollmacht nicht**. Sie behält vielmehr (abweichend von § 168 S. 1 BGB) im Verhältnis zu den Erben[4] oder sonstigen Nachfolgern im Rechtsstreit (→ Rdnr. 4, 5) ihre Wirkung ohne Rücksicht auf das Schicksal des Innenverhältnisses. Die Handlungen des Bevollmächtigten wirken daher gegenüber den Erben, auch wenn er sie im Namen der unbekannten Erben[5] oder sogar noch im Namen des Toten vorgenommen hat[6] (näher → § 50 Rdnr. 43). Dies gilt auch für den nach § 121 im Prozeßkostenhilfeverfahren beigeordneten Anwalt. Ob durch den Tod der Partei eine Unterbrechung nach § 239 eintritt, wie bei der Spezialvollmacht[7], oder eine Aussetzung, wie bei der Prozeßvollmacht nach § 246, oder ob auch diese unterbleibt[8], begründet keinen Unterschied. Der Bevollmächtigte bleibt auch während der Unterbrechung oder Aussetzung zur Entgegennahme der Handlungen des Gegners und des Gerichts legitimiert, namentlich für die Zustellung (→ § 81 Rdnr. 13), und sobald die Aufnahme stattgefunden hat, tritt die Vollmacht wieder in volle Wirksamkeit. Zwar ist der Bevollmächtigte nunmehr auf Verlangen des Prozeßgegners, im Parteiprozeß auch auf Verlangen des Prozeßgerichts, verpflichtet, die Bevollmächtigung durch **schriftliche Vollmacht der Rechtsnachfolger nachzuweisen** (§§ 80, 88), und er wird bis dahin nicht oder nach § 89 nur einstweilen zugelassen. Aber damit wird die Fortdauer der Vollmacht des Erblassers nicht verneint[9]. Denn der zweite Halbsatz des § 86 enthält keine Ausnahme von dem ersten, sondern nur eine Ordnungsvorschrift (»jedoch«; vgl. auch § 246 Abs. 2 a. E.). Die Vollmacht behält also ihre volle Wirksamkeit, wenn eine Aussetzung nach § 246 nicht beantragt wird[10] oder wenn nach der Aussetzung und Aufnahme des Verfahrens die Beibringung der Vollmacht des Nachfolgers nicht verlangt wird[11].

3. Veränderungen in der Prozeßfähigkeit

3   Ebensowenig erlischt die Vollmacht durch eine Veränderung in der Prozeßfähigkeit des Vollmachtgebers. Das gilt sowohl, wenn dieser die Prozeßfähigkeit verliert, z. B. wegen Geisteskrankheit[12] oder weil er gemäß § 53 vom Eintritt des Pflegers an als prozeßunfähig gilt, als auch dann, wenn er durch Erreichen der Volljährigkeit oder Aufhebung der von einem Einwilligungsvorbehalt begleiteten Betreuung die Prozeßfähigkeit erlangt (→ auch § 240 Rdnr. 26).

---

[3] A. M. *Behr* Recht 1903, 600; *Rosenberg* Stellvertretung im Prozeß (1908), 870 f.

[4] Vgl. *OLG Düsseldorf* MDR 1989, 468; *OLG Schleswig* MDR 1986, 154.

[5] *OVG Münster* NJW 1986, 1707.

[6] *RGZ* 68, 301; zur Klageerhebung *OLG Saarbrücken* NJW 1973, 857; zum auf den Namen des Verstorbenen lautenden Urteil *VGH Mannheim* NJW 1986, 195, 196.

[7] Der Schlußsatz des § 86 ist nicht ganz korrekt, da er nur von der Aussetzung spricht, während § 86 auch für die Spezialvollmacht gilt; vgl. auch *Hellwig* Lb 2, 464.

[8] *RGZ* 46, 381; JW 1929, 1398.

[9] *LG Göttingen* Rpfleger 1990, 91.

[10] Vgl. die in Fn. 6 und 8 Genannten.

[11] *RG* SeuffArch. 50 (1895), 217; *Rosenberg* (Fn. 3), 874. – A. M. für den Fall der Aussetzung (wegen des Wortes »Nachfolger«) *RGZ* 50, 338 (hinsichtlich der Zustellungen an ihn); im Ergebnis auch *Hellwig* Lb 2, 466 f.

[12] *BGH* NJW 1983, 997; MDR 1964, 126; *RGZ* 118, 125; JW 1902, 162.

4. Veränderungen in der gesetzlichen Vertretung

Die Vollmacht erlischt auch nicht durch eine Veränderung in der gesetzlichen Vertretung,   **3a** z.B. durch Tod oder Eintritt der Prozeßunfähigkeit des gesetzlichen Vertreters, Wechsel in dessen Person[13] oder Beendigung des Vertretungsverhältnisses. Bezüglich der Unterbrechung und Aussetzung des Verfahrens gilt auch hier das oben Rdnr. 2 Bemerkte. Wegen der Wirkung der Konkurseröffnung auf die Vollmacht → Rdnr. 8.

5. Beendigung einer Parteistellung kraft Amtes

Die Vorschrift des Halbs. 1 ist entgegen der zu engen Fassung sinngemäß auch auf die Fälle   **4** der Beendigung einer Parteistellung kraft Amtes (→ Rdnr. 25 vor § 50) auszudehnen. Daher bleibt eine **vom Konkursverwalter erteilte Prozeßvollmacht** bei Beendigung des Konkursverfahrens bestehen (→ § 240 Rdnr. 33; zur Vollmacht des Gemeinschuldners → Rdnr. 8).

6. Erlöschen einer juristischen Person

Hier ist die entsprechende Anwendung des § 86 angezeigt, soweit eine Gesamtrechtsnach-   **5** folge stattfindet (zur Unterbrechung in diesen Fällen → § 239 Rdnr. 5 ff.). Wird eine *GmbH* im Handelsregister als vermögenslos gelöscht, existiert aber noch Vermögen oder besteht nichtvermögensrechtlicher Abwicklungsbedarf, so existiert die Gesellschaft fort (→ § 50 Rdnr. 34 c). Es findet dann aber ein Wechsel in der gesetzlichen Vertretung (→ Rdnr. 3 a) statt, da jetzt nicht mehr die Geschäftsführer, sondern die Liquidatoren vertretungsbefugt sind. Für die von der GmbH ausgestellte Vollmacht gilt dann § 86[14].

II. Beendigung oder Fortdauer der Vollmacht im übrigen

1. Beendigungsgründe

Die Vollmacht **endet** mit dem **Tod des Bevollmächtigten**. War jedoch dem bevollmächtig-   **6** ten Anwalt ein Vertreter gemäß § 53 BRAO bestellt, so sind Rechtshandlungen, die von dem Stellvertreter oder ihm gegenüber vor der Löschung des Verstorbenen vorgenommen sind, wirksam (§ 54 BRAO). Verliert der **Prozeßbevollmächtigte** die **Prozeßfähigkeit** (→ § 78 Rdnr. 37, § 80 Rdnr. 7), so kann er weder wirksam handeln noch kann ihm gegenüber wirksam gehandelt werden[15]. Hier ist Beendigung der Vollmacht anzunehmen[16], wie ja auch die einem schon anfangs Prozeßunfähigen erteilte Vollmacht unwirksam ist (→ § 80 Rdnr. 7; zur Unterbrechung → § 244 Rdnr. 8 ff.; wegen des Verlustes der Postulationsfähigkeit → unten Rdnr. 10.; über die gesetzliche Vollmacht des Abwicklers → § 55 BRAO und § 78 Rdnr. 36).

Die Prozeßvollmacht **endet** ferner mit dem **Ende des Rechtsstreits**, d.h. mit der rechtskräfti-   **7** gen Erledigung durch Sachurteil (nicht bei Prozeßurteil, z.B. Abweisung wegen Unzuständig-

---

[13] *OLG Hamburg* FamRZ 1983, 1262; *OLG Dresden* OLGRspr. 30 (1915), 24.
[14] *BFH* NJW 1986, 2594 (*Weber/Grellet* 2559); *OLG Köln* OLGZ 1975, 349. – *OLG Hamburg* MDR 1986, 324 wendet unzutreffend § 87 Abs. 2 an, dessen Voraussetzungen (Mandatsniederlegung) eindeutig fehlen.

[15] Vgl. für den sich selbst vertretenden Anwalt *OLG München* NJW-RR 1989, 255.
[16] *Rosenberg/Schwab*[14] § 54 II 7b 007; *Baumbach/Lauterbach/Hartmann*[50] Anm. 2 A d; *Zöller/Vollkommer*[17] Rdnr. 4.

keit[17]) oder mit der Zurücknahme der Klage. Nach Rechtskraft des Urteils wirkt sie jedoch noch weiter hinsichtlich der Wiederaufnahme, der Kostenfestsetzung und der Zwangsvollstreckung (→ § 81 Rdnr. 7) einschließlich der dort aufgeführten selbständigen Prozesse (→ auch § 85 Rdnr. 14 ff.). Die auf einzelne Prozeßhandlungen beschränkte Vollmacht (§ 83 Abs. 2) endet mit der Vornahme dieser Handlungen.

8   Im übrigen enthält die ZPO keine allgemeinen Vorschriften über die Beendigung der Vollmacht. Da jedoch § 87 offenbar die **Beendigungsgründe des bürgerlichen Rechts** als wirksam voraussetzt, wird man sie zur Ausfüllung von Lücken heranziehen dürfen, so daß im Falle des **Konkurses** des Gemeinschuldners die Beendigung des Auftrags oder der Geschäftsbesorgung nach § 23 KO gemäß § 168 Satz 1 BGB zur Beendigung der Prozeßvollmacht führt[18]. Zu Widerruf und Kündigung der Vollmacht bzw. des Grundverhältnisses → § 87 Rdnr. 1, 2. Bei den auf prozessualer Stellung beruhenden Vollmachten (→ § 80 Rdnr. 16) gelten die Vorschriften des bürgerlichen Rechts unmittelbar[19].

2. Fortdauer

9   Die Vollmacht **endet nicht** durch den **Tod der Partei** (→ Rdnr. 2), ferner auch nicht dadurch, daß der Prozeß in eine **höhere Instanz** erwächst[20], für die der Bevollmächtigte nach den Grundsätzen des Anwaltsprozesses (§ 78) nicht zur Vertretung berechtigt ist (→ § 80 Rdnr. 10). Der Zeitraum von der Zustellung des Urteils bis zur Einlegung des Rechtsmittels gehört ohnedies zur unteren Instanz (→ § 176 Rdnr. 10)[21]. Aber auch nach der Einlegung des Rechtsmittels und der Bestellung eines Prozeßbevollmächtigten für die höhere Instanz wird die Vollmacht, ähnlich wie die einem Nichtanwalt erteilte (→ § 80 Rdnr. 10), nur *eingeschränkt*[22], nicht dagegen beendet. Der Bevollmächtigte bleibt insbesondere zur Empfangnahme aller Zustellungen, die nicht unter § 176 fallen, befugt (→ besonders § 210 a), ebenso zum Verzicht auf Rechtsmittel (§§ 514, 566), zur Bestellung des Prozeßbevollmächtigten für die höheren Instanzen[23] (→ § 81 Rdnr. 19), zur vollen Vertretung nach Zurückverweisung (arg. § 178), zur Betreibung der Kostenfestsetzung und der Zwangsvollstreckung, endlich zu allen Prozeßhandlungen, die dem Anwaltszwang nicht unterliegen oder nicht zu einer bestimmten Instanz gehören[24]. Eine andere Frage ist, ob diese beschränkte Vertretung dem § 246 genügt (→ § 246 Rdnr. 5).

10   Ebenso bleibt die Vollmacht bestehen, wenn der Bevollmächtigte während der Instanz die **Postulationsfähigkeit einbüßt.** Hierher gehört insbesondere der Fall, daß im Laufe des Anwaltsprozesses der Anwalt die Zulassung bei dem Prozeßgericht aufgibt oder verliert[25]. Hier gilt Entsprechendes wie bei einem ursprünglichen Fehlen der Postulationsfähigkeit (→ § 80 Rdnr. 10).

11   Mit der **Aufhebung der Bewilligung der Prozeßkostenhilfe** endet die Vollmacht **nicht**[26].

---

[17] *Zöller/Vollkommer*[17] Rdnr. 1; *Baumbach/Lauterbach/Hartmann*[50] Anm. 2 A a.
[18] *BGH* NJW-RR 1989, 183 = MDR 255; WM 1963, 1232; *RGZ* 118, 158, 160; LZ 1907, 835; JW 1930, 1058; *Jaeger/Henckel* KO[9] § 23 Rdnr. 50 m. w. N.; *Zöller/Vollkommer*[17] Rdnr. 5. – A. M. *OLG München* OLGRspr. 27 (1913), 260; *KG* JW 1922, 1335 (abl. *Kleinfeller*); *Rosenberg/Schwab*[14] § 54 II 7 a ; *Baumbach/Lauterbach/Hartmann*[50] Anm. 2 B e.
[19] Zum Teil abweichend *Rosenberg* (Fn. 3), 672 f.
[20] *OVG Münster* NJW 1986, 1707. – Bedenklich daher *LAG Bayern* ZZP 64 (1951), 151.

[21] *RGZ* VZS 68, 256.
[22] Vgl. insbesondere *RGZ* 103, 334.
[23] Vgl. *OLG Schleswig* MDR 1986, 154.
[24] *RGZ* 8, 425; 9, 329; 103, 334; *Rosenberg* (Fn. 3), 657, 661.
[25] Vgl. auch *Förster/Kann*[3] Anm. 1 c bb; *Hellwig* Lb 2, 456; *Rosenberg* (Fn. 3), 688 f. – A. M. *Rosenberg/Schwab*[14] § 54 II 7 b ; *Baumbach/Lauterbach/Hartmann*[50] Anm. 2 A d; *Zöller/Vollkommer*[17] Rdnr. 4.
[26] → 20. Aufl., § 121 Rdnr. 10; 21. Aufl. § 124 Rdnr. x.

§ 87   [Erlöschen der Vollmacht]

(1) Dem Gegner gegenüber erlangt die Kündigung des Vollmachtvertrags erst durch die Anzeige des Erlöschens der Vollmacht, in Anwaltsprozessen erst durch die Anzeige der Bestellung eines anderen Anwalts rechtliche Wirksamkeit.

(2) Der Bevollmächtigte wird durch die von seiner Seite erfolgte Kündigung nicht gehindert, für den Vollmachtgeber so lange zu handeln, bis dieser für Wahrnehmung seiner Rechte in anderer Weise gesorgt hat.

Gesetzesgeschichte: bis 1900 § 83 CPO.

Stichwortverzeichnis: → vor § 78 vor Rdnr. 1.

I. Grundgedanke

Das Grundverhältnis der Prozeßvollmacht bildet ein Auftrag oder ein entgeltlicher Ge- **1** schäftsbesorgungsvertrag (→ vor § 78 Rdnr. 12). Es wird in § 87 nach preußischem Vorbild ungenau als »Vollmachtsvertrag« bezeichnet. Dieses Grundverhältnis kann nach §§ 671, 675, 627 BGB von beiden Seiten ohne Einhaltung einer Frist durch formlose Erklärung gegenüber dem Vertragspartner widerrufen bzw. gekündigt werden. Damit würde nach § 168 Satz 1 BGB auch die Vollmacht erlöschen. Abweichend davon (und ähnlich wie § 170 BGB) verlangt § 87 für das Erlöschen der Vollmacht (nicht auch des Grundverhältnisses[1]) im Verhältnis zu Gericht und Gegner (→ Rdnr. 10) zusätzlich (→ Rdnr. 5) eine Anzeige des Erlöschens, im Anwaltsprozeß außerdem eine Anzeige der Bestellung eines neuen Anwalts (→ Rdnr. 12). Diese Regelung dient dem Interesse des Gegners und des Gerichts an der Rechtssicherheit[2]. – Zur Ausnahme bei der Verschuldenszurechnung → § 85 Rdnr. 14.

---

[1] *BGHZ* 31, 32, 35; 43, 135, 137.   [2] *BGH* NJW 1975, 120; *OLG Köln* FamRZ 1985, 1278.

II. Anwendungsbereich

2   1. § 87 gilt nur dann, wenn es um ein Erlöschen der Vollmacht **infolge Kündigung oder Widerrufs** geht. Erlischt die Vollmacht *aus anderen Gründen* (→ § 86 Rdnr. 6, insbesondere zu den Folgen der Konkurseröffnung), so greift die Vorschrift nicht[3]. Die Vollmacht erlischt daher in diesen Fällen sowohl gegenüber dem Gericht als auch gegenüber dem Gegner ohne weiteres. Der nach § 87 erforderlichen Anzeige bedarf es nicht.

3   2. Darüberhinaus gilt § 87 auch dann nicht, wenn die **Vollmacht Gericht und Gegner unbekannt** war, weil ihnen die Erteilung nicht mitgeteilt und der Vertreter auch noch nicht für seine Partei aufgetreten war[4]. Denn in diesen Fällen gibt es kein schutzbedürftiges Vertrauen auf den Fortbestand der Vollmacht. Es bleibt daher beim Erlöschen der Vollmacht nach § 168 Satz 1 BGB zum Zeitpunkt des Widerrufs oder der Kündigung des Grundverhältnisses[5].

4   3. Hingegen greift § 87 ein, wenn die Partei die Vollmacht des **Armenanwalts** widerruft oder dieser das Mandat niederlegt[6], z. B. nach Aufhebung der Prozeßkostenhilfebewilligung[7].

III. Voraussetzungen des Erlöschen im Parteiprozeß

1. Widerruf/Kündigung

5   § 87 setzt zunächst voraus, daß die Vollmacht bzw. das Grundverhältnis nach den Vorschriften des bürgerlichen Rechts wirksam widerrufen bzw. gekündigt wurde[8]. Die Gegenansicht, die *allein* auf die von § 87 geforderte Anzeige abstellt, mag diese materiell-rechtlich auch unrichtig sein[9], hat zwar den auf Rechtssicherheit gerichteten Zweck der Vorschrift für sich, ist aber mit dem klaren Wortlaut der Norm, die ein *zusätzliches* Erfordernis formuliert, unvereinbar. Sie läßt auch die Interessen der Partei zu sehr außer Betracht, die befürchten müßte, trotz fortbestehenden Grundverhältnisses infolge einseitiger Anzeige des Bevollmächtigten unvertreten dazustehen. Das stünde auch in Widerspruch dazu, daß der Bevollmächtigte eine Vollmacht bürgerlich-rechtlich nicht widerrufen kann, sondern das Grundverhältnis kündigen muß[10].

6   **a)** Der Wortlaut des § 87 geht davon aus, daß das **Grundverhältnis** widerrufen bzw. gekündigt wird. Für diesen Fall kann auf das in Rdnr. 1 Gesagte verwiesen werden.

7   **b)** Möglich ist aber auch ein Widerrufen (nur) der *Prozeßvollmacht* selbst (§ 168 Satz 2 BGB). Ein solcher Widerruf steht allerdings nur der vertretenen Partei zur Verfügung (→ Rdnr. 5 a. E.). Er erfolgt durch formlose einseitige Erklärung gegenüber dem Bevollmächtigten, dem Gericht[11] oder dem Gegner (→ zur Erteilung § 80 Rdnr. 12; zur Frage, ob in der Bestellung eines zweiten Bevollmächtigten die Entlassung des ersten zu sehen ist, → § 84 Rdnr. 1). Der Widerruf der Vollmacht ist auch dann wirksam, wenn das Grundverhältnis fortbesteht. Vertraglich ausgeschlossen werden kann der Widerruf der Prozeßvollmacht

---

[3] Unzutreffend daher *OLG Hamburg* MDR 1986, 324; → § 86 Rdnr. 5.
[4] *BGHZ* 31, 32 = MDR 1960, 37 (*Pohle*, 574) = NJW 1959, 2307 = LM Nr. 3 (*Johannsen*); *BAG* NJW 1982, 2519, 2520.
[5] *BGHZ* 31, 32, 35; *Rosenberg/Schwab*[14] § 54 II 7 b ; *A. Blomeyer* ZPR[2] § 9 III 6 c.
[6] *BGHZ* 27, 166; *OLG Frankfurt* NJW-RR 1989, 570. Die vom BGH hervorgehobene öffentlich-rechtliche *Verpflichtung* des Anwalts, das Mandat nicht niederzulegen,

solange die Beiordnung besteht, steht der *Wirksamkeit* der Mandatsniederlegung im Verhältnis zur Partei nicht entgegen.
[7] → 20. Aufl. § 121 Rdnr. 10.
[8] *BGH* VersR 1977, 334; *BVerwG* NVwZ 1985, 337; MDR 1984, 171; *Schmellenkamp* AnwBl. 1985, 15; *Zöller/Vollkommen*[17] Rdnr. 1.
[9] *KG* NJW 1972, 543; *Voraufl.*
[10] Vgl. *BGHZ* 43, 135, 137.
[11] Vgl. *BGH* NJW 1980, 2039f.

nicht[12]. Trotz der unklaren Ausdrucksweise gilt § 87 auch für den unmittelbaren Widerruf der Vollmacht, so daß auch hier die Vollmacht des bereits aufgetretenen (→ Rdnr. 3) Prozeßbevollmächtigten erst mit der Anzeige an Gericht und Gegner erlischt[13].

c) Haben **mehrere Streitgenossen** einen gemeinsamen Bevollmächtigten bestellt, so erlischt durch den Widerruf des einen von ihnen nur die von ihm erteilte, nicht die seitens der anderen Genossen erteilte Vollmacht. Haben **mehrere Bevollmächtigte** einen «Vertreter» bestellt (→ § 81 Rdnr. 14), so kann jeder dem gemeinsamen Substituten gemäß § 84 die Vollmacht ganz entziehen.   8

2. Anzeige des Erlöschens

Nach § 87 Abs. 1 führen der Widerruf seitens der Partei und die Kündigung seitens des Bevollmächtigten nicht sofort zum Erlöschen der Vollmacht. Vielmehr bedarf es dazu einer Anzeige des Erlöschens, die (abweichend von § 173 BGB) auch dann nicht entbehrlich ist, wenn Gegner oder Gericht von der Kündigung etc. anderweitig Kenntnis erhalten haben[14].   9

a) **Adressat** der Anzeige ist nach dem Wortlaut des § 87 Abs. 1 zunächst einmal der **Gegner**. Es ist aber anerkannt, daß die Vorschrift auch im Verhältnis zum **Gericht** gilt (→ auch Rdnr. 14). In *diesem* Verhältnis kommt es daher allein darauf an, ob der Widerruf dem Gericht angezeigt ist[15]. Die Anzeige kann zwar für beide Adressaten in einem Schriftsatz enthalten sein, wirkt aber jeweils nur in dem Verhältnis, in dem sie zugegangen ist, also beispielsweise dem Gericht gegenüber mit Einreichen des sie enthaltenden Schriftsatzes, dem Gegner gegenüber aber mangels besonderer unmittelbarer Mitteilung erst mit Zustellung dieses Schriftsatzes.   10

b) **Formbedürftig** ist die Anzeige nicht. Sie kann mündlich, durch Zustellung eines Schriftsatzes oder (im Parteiprozeß) einer Erklärung zum Protokoll der Geschäftsstelle, durch formlose Mitteilung[16] des Vollmachtgebers, des bisherigen[17] oder eines neuen Bevollmächtigten sowie durch schlüssiges Handeln, etwa das Verhandeln der Partei selbst oder eines neuen Anwalts[18], erfolgen.   11

IV. Voraussetzungen im Anwaltsprozeß

Im Anwaltsprozeß muß zu den in Rdnr. 5 ff. genannten Voraussetzungen noch die **Anzeige der Bestellung eines anderen Anwalts an Stelle des bisherigen**[19] hinzukommen. Anderenfalls ist die Kündigung oder der Widerruf unbeachtlich[20]. Das gilt auch für das Verhältnis zum Gericht[21]. Für die *Anzeige* gilt das in Rdnr. 10, 11 Gesagte sinngemäß. Die beiden Anzeigen können miteinander verbunden werden, aber auch getrennt erfolgen. In jedem Fall muß nach Sinn und Zweck der Vorschrift (→ Rdnr. 1) der neue Anwalt *namentlich* bezeichnet werden[22], damit Gericht und Gegner wissen, an wen sie sich zu halten haben. Das alles gilt aber   12

---

[12] So unter Berufung auf die Struktur des Prozesses *Rosenberg* Stellvertretung im Prozeß (1908), 915f.; *Rosenberg/Schwab*[14] § 54 II 7b; *Hellwig* Lb 2, 458f.

[13] *BGH* NJW 1980, 2309f.; *LG Trier* Rpfleger 1988, 29.

[14] *RG* Gruchot 38 (1894), 1220.

[15] *KG* OLGRspr. 11 (1905), 69; *LG Trier* Rpfleger 1988, 29.

[16] Vgl. *RGZ* 38, 416; *Rosenberg* (Fn. 12), 895. – A. M. *Hellwig* Lb 2, 416.

[17] A. M. *Rosenberg* (Fn. 12), 892.

[18] *RGZ* 95, 338; vgl. auch *RGZ* 89, 44; *RG* JW 1932, 1553; *OLG Königsberg* ZZP 59 (1935), 215; *LG Trier* Rpfleger 1988, 29.

[19] Zur Frage, ob nicht ein neuer Anwalt *neben* dem bisherigen bestellt wird, → § 84 Rdnr. 1.

[20] *BGH* FamRZ 1990, 388; VersR 1985, 1185f.; NJW 1980, 999; *RGZ* 60, 271.

[21] *BGH* FamRZ 1990, 388; VersR 1985, 1185f.; NJW 1980, 999.

[22] *BGH* VersR 1985, 1185, 1186.

nur im *Anwaltsprozeß* (→ § 78 Rdnr. 1 ff.), nicht hingegen in Nebenverfahren, die vom Anwaltszwang nicht erfaßt werden, also beispielsweise nicht im Kostenfestsetzungsverfahren[23], wohl aber im Zwangsvollstreckungsverfahren nach §§ 887 ff., da hier Anwaltszwang besteht[24] (→ §§ 78 Rdnr. 14, 891 Rdnr. 1). – § 87 gilt sinngemäß für die Beendigung der gesetzlichen Vollmacht eines **Abwicklers** (→ § 78 Rdnr. 36) durch Bestellung eines anderen Anwalts[25].

V. Wirkungen

1. Zeitpunkt

13   Sobald die nach Abs. 1 erforderlichen Anzeigen zugegangen sind, erlischt die Vollmacht auch im Verhältnis zu Gericht und Gegner, aber nur *mit Wirkung ex nunc*[26]. Eine rückwirkende Kraft kommt der Anzeige nicht zu.

2. Rechtslage bis zum Erlöschen

14   Bis zu diesem Zeitpunkt gilt die Vollmacht im Verhältnis zu Gericht und Gegner als fortbestehend. Das bedeutet zum einen, daß Gericht und Gegner berechtigt, in den Grenzen des § 176 sogar verpflichtet sind, **gegenüber dem bisherigen Bevollmächtigten** zu handeln, insbesondere ihm für die Partei bestimmte Schriftsätze und Entscheidungen *zuzustellen*[27]. Daneben bedeutet § 87 aber auch, daß Handlungen des Bevollmächtigten **gegenüber Gericht und Gegner** wirksam sind, insbesondere von ihm eingelegte oder zurückgenommene *Rechtsmittel* wirksam eingelegt oder zurückgenommen sind[28]. Auch für die Frage, ob die Partei als *erschienen* gilt, kann § 87 herangezogen werden[29]. – Zur *Verschuldenszurechnung* → aber § 85 Rdnr. 14.

VI. Besonderheiten bei der Kündigung durch den Bevollmächtigten (Abs. 2)

1. Regelungsgehalt

15   **a)** Der Prozeßbevollmächtigte kann zwar nicht die Vollmacht (→ Rdnr. 5 a. E.), wohl aber das Grundverhältnis kündigen. Dann gilt **im Verhältnis zu Gericht und Gegner** zunächst das in Rdnr. 3 ff. zu Abs. 1 Gesagte sinngemäß, d. h. die *Vollmacht ist erloschen*, wenn der Bevoll-

[23] *OLG Schleswig* JurBüro 1987, 1547; *OLG Koblenz* VersR 1984, 545 (L); Rpfleger 1978, 261; *OLG München* MDR 1980, 146. – A. M. *OLG Celle* NdsRpfl. 1977, 22; *MünchKommZPO/v. Mettenheim* Rdnr. 8.
[24] *OLG Celle* NdsRpfl. 1971, 135; *AG/LG Ansbach* DGVZ 1983, 77 f. – A. M. *Voraufl.*
[25] *BGH* WarnRspr. 1963 Nr. 8 = MDR 397. – Bei Aufhebung der Bestellung zum Abwickler erscheint dagegen die entsprechende Anwendung des § 87 nicht angebracht, da hier kein Willensakt der Partei oder des Bevollmächtigten zugrundeliegt; a. M. *LG Lübeck* SchlHA 1973, 130.
[26] Vgl. *BVerwG* NJW 1983, 2155; *BFH* NJW 1979, 888. – Nach *OLG Frankfurt* ZZP 73 (1960), 299 soll es für

das Erlöschen der Vollmacht ausreichen, wenn der Bevollmächtigte zu dem Zeitpunkt, zu dem er als Bevollmächtigter angegangen wird (z. B. durch Zustellung), auf das Erlöschen hinweist. Dies mag für den besonderen Fall (Erlöschen durch Zeitablauf) vertretbar sein, erscheint aber allgemein angesichts des Zwecks des § 87 (Rechtssicherheit für den Gegner) unzutreffend.
[27] *BGH* VersR 1987, 988, 989; 1985, 1185 f.; 1981, 1056; NJW 1975, 120; *OLG Köln* FamRZ 1985, 1278; *OLG Frankfurt* AnwBl. 1980, 292, 293; *OLG Hamm* Rpfleger 1978, 421, 422; *OLG Karlsruhe* Justiz 1973, 21.
[28] *BGH* FamRZ 1990, 388; DB 1966, 980; *BAG* NJW 1982, 2519. – A. M. *OLG Hamm* JMBl.NRW 1978, 88.
[29] *OLG München* BayrZ 1906, 324.

mächtigte die nach Abs. 1 erforderliche Anzeige dem Gericht bzw. dem Gegner gegenüber abgegeben hat (→ Rdnr. 13). *Absatz 2*, der dem Bevollmächtigten das Recht gibt, für seinen ehemaligen Mandanten trotz Kündigung so lange zu handeln, bis dieser für die Wahrnehmung seiner Rechte in anderer Weise gesorgt hat, *ändert daran nichts*[30]:

aa) Im **Anwaltsprozeß** ist diese Vorschrift im Verhältnis zu Gericht und Gegner ohnehin **16** ohne Bedeutung, denn wenn, wie es Abs. 1 verlangt, die Bestellung eines neuen Anwalts angezeigt ist, dann hat die Partei für die Wahrnehmung ihrer Rechte in anderer Weise gesorgt. Abs. 2 kommt daher im Anwaltsprozeß nie zum Zuge[31].

bb) Im **Parteiprozeß** gibt § 87 Abs. 2 dem Bevollmächtigten das *Recht*, trotz der Anzeige **17** nach Abs. 1 und damit trotz Fehlens einer Prozeßvollmacht für den ehemaligen Mandanten zu handeln. Eine *Pflicht* ist damit aber nicht verbunden[32]. Das bedeutet, daß er sich frei entscheiden kann, ob er die Interessen seines ehemaligen Mandanten für eine Übergangszeit wahren will oder nicht[33]. Entscheidet er sich dagegen, bleibt es bei dem zu Abs. 1 Gesagten. Entscheidet er sich dafür, behandelt ihn § 87 Abs. 2 weiterhin als Prozeßbevollmächtigten, gewährt ihm also gesetzliche Vertretungsmacht mit der Folge, daß seine Handlungen gegenüber Gericht und Gegner und deren Handlungen ihm gegenüber für die Partei wirksam sind[34]. Das gilt dann unabhängig davon, ob die konkrete Maßnahme der vertretenen Partei günstig ist oder nicht[35].

b) Aus dem vorstehend Gesagten ergibt sich, daß sich der Regelungsgehalt des Abs. 2 nicht **18** auf das Innenverhältnis beschränkt[36], gleichwohl aber auch **im Verhältnis zur Vertretenen Partei** Auswirkungen zeigt. Denn einerseits kann der Bevollmächtigte mit Hilfe dieser Vorschrift die Haftung für eine unzeitige Kündigung (§§ 671 Abs. 2, 675 BGB) von sich abwenden[37]. Andererseits muß der Bevollmächtigte bei der Entscheidung, ob er von dem durch § 87 Abs. 2 eingeräumten Recht Gebrauch macht, auch die Interessen des ehemaligen Mandanten berücksichtigen, darf also z. B. nicht dessen Weisungen zuwiderhandeln, und wenn er sich entschieden hat, für die Partei tätig zu werden, muß er deren Interessen wahren und sie insbesondere über seine nachwirkende Tätigkeit unterrichten[38] (→ auch § 85 Rdnr. 23c).

2. Wirkungen

Wenn der Bevollmächtigte von dem in Abs. 2 eingeräumten Recht Gebrauch macht, behält **19** er die Stellung des Prozeßbevollmächtigten (→ Rdnr. 17). Das bedeutet insbesondere, daß er der nach § 176 maßgebliche *Zustellungsempfänger* bleibt[39]. Meist stellt sich die Frage, ob der Vertreter weiterhin für seine Partei handeln will, allerdings erst anläßlich eines Zustellungsversuches. In diesem Fall ist der Bevollmächtigte nach dem zu Rdnr. 17 Gesagten nicht verpflichtet, die Zustellung entgegenzunehmen, sondern er kann sie zurückweisen und damit das in Abs. 2 gewährte Recht ausschlagen[40]. Und solange sich der Bevollmächtigte nicht

---

[30] A. M. *Voraufl.* Rdnr. 8 m. w. N.: Die *Vollmacht bestehe fort*, bis die *Partei* die nach Abs. 1 erforderliche Anzeige abgebe. Daran ist richtig, daß sich aus einer Anzeige der Partei ergeben kann, daß sie jetzt selbst für die Wahrnehmung ihrer Rechte sorgen kann.
[31] Zutreffend entscheiden daher (auch bei Mandatsniederlegung) nach Abs. 1 z. B. *BGH* VersR 1987, 988, 989; 1981, 1056; *OLG Köln* FamRZ 1985, 1278.
[32] *BGHZ* 43, 137; *OLG Schleswig* JurBüro 1987, 1548; *OLG Bremen* Rpfleger 1986, 99 = NJW-RR 358.
[33] *BGH* NJW 1980, 999; *OLG Schleswig* JurBüro 1987, 1548.
[34] *BGHZ* 43, 135, 137.
[35] A. M. *OLG Hamm* NJW 1982, 1887 f.; wohl auch *BGH* FamRZ 1991, 51. – Wie hier *OLG Bremen* Rpfleger

1986, 99 = NJW-RR 358; *Schmellenkamp* AnwBl. 1985, 16; *Zöller/Vollkommer*[17] Rdnr. 6.
[36] So aber *Förster/Kann*[3] § 87 Anm. 5; offen *BGH* VersR 1977, 334; *KG* NJW 1972, 544. Wie hier *Schmellenkamp* AnwBl. 1985, 16.
[37] Vgl. *BGHZ* 43, 135, 138.
[38] *BGH* NJW 1980, 999; *OLG Bremen* Rpfleger 1986, 99 = NJW-RR 358.
[39] *BGHZ* 43, 135, 138; *OLG Bremen* Rpfleger 1986, 99 = NJW-RR 358.
[40] *OLG Schleswig* JurBüro 1987, 1548. Vgl. auch *BGH* NJW 1980, 999; *OLG Köln* JurBüro 1992, 245; *OLG Bremen* Rpfleger 1986, 99 = NJW-RR 358; *LAG Frankfurt* BB 1980, 891 (L).

entschieden hat, kann die Zustellung, wenn die Vollmacht erloschen ist (→ Rdnr. 15), auch an die Partei selbst erfolgen[41].

VII. Arbeitsgerichtliches Verfahren

20   § 87 ist entsprechend anwendbar (§§ 46 Abs. 2, 64 Abs. 6 ArbGG). Die für den Anwaltsprozeß getroffene Regelung in Abs. 1 Halbs. 2 hat im arbeitsgerichtlichen Verfahren auch insoweit zu gelten, als dort nicht reiner Anwaltszwang, sondern Vertretungszwang nach § 11 Abs. 2 ArbGG besteht, d.h. im Verfahren vor den Landesarbeitsgerichten (→ § 78 Rdnr. 61). Die Kündigung des Vollmachtverhältnisses wirkt also auch hier dem Gegner gegenüber erst mit der Anzeige der Bestellung eines anderen vertretungsbefähigten Bevollmächtigten (Anwalts- oder Verbandsvertreters).

§ 88   [Mangel der Vollmacht]

(1) **Der Mangel der Vollmacht kann von dem Gegner in jeder Lage des Rechtsstreits gerügt werden.**

(2) **Das Gericht hat den Mangel der Vollmacht von Amts wegen zu berücksichtigen, wenn nicht als Bevollmächtigter ein Rechtsanwalt auftritt.**

Gesetzesgeschichte: bis 1900 § 84 CPO; Änderung BGBl. 1976 I, 3281.

Stichwortverzeichnis: → vor § 78 vor Rdnr. 1.

I. Die Rüge der mangelnden Vollmacht durch den Gegner[1]

1   Die Vollmacht ist *Prozeßhandlungsvoraussetzung* (→ § 80 Rdnr. 3). Da nur ein mit Vertretungsmacht ausgestatteter Bevollmächtigter wirksam für die Partei handeln kann und das Urteil andernfalls aufhebbar wäre (§§ 551 Nr. 5, 579 Abs. 1 Nr. 4; → Rdnr. 19), darf nach Abs. 1 der **Gegner** jederzeit (→ Rdnr. 2) den **Mangel der Vollmacht rügen**. Ein solcher Mangel liegt vor, wenn die Vollmacht nicht (d.h. überhaupt nicht oder von einer mit der Partei nicht identischen oder einer nicht zu ihrer Vertretung befugten Person oder sonst in unwirksamer Weise) erteilt oder nicht gemäß § 80 nachgewiesen, wenn sie beschränkt oder als Sondervollmacht (§ 83)[2] nicht auf die konkrete Handlung ausgedehnt oder wenn sie erloschen ist. Ob der

---

[41] Vgl. auch *BGH* FamRZ 1991, 51 = NJW 295.

[1] Vgl. aus dem älteren Schrifttum *Ulbricht* AcP 78 (1892), 48 ff.; *Höpfner* Vertretung ohne Vollmacht (1899); *Hellmann* ZZP 27 (1899), 261.

[2] *BayObLG* BlfRA 64, 405.

Auftretende der Prozeßbevollmächtigte selbst ist oder ein Untervertreter (→ § 81 Rdnr. 15) oder der allgemeine Vertreter des Anwalts (→ § 78 Rdnr. 33), ist gleich (→ auch Rdnr. 5). Neben diesem Rügerecht steht selbständig die Befugnis, die Anordnung der Beglaubigung der eingereichten Vollmacht zu beantragen (→ § 80 Rdnr. 30).

Von der Vollmacht scharf zu scheiden ist die **Postulationsfähigkeit**, d. h. die Befähigung, die   **1a** Prozeßvertretung zu führen (→ § 80 Rdnr. 9, 38). Im Verfahren vor den ordentlichen Gerichten beschränkt sich diese Frage im wesentlichen darauf, ob im Bereich des Anwaltszwanges der als Prozeßbevollmächtigter Handelnde ein bei dem Prozeßgericht zugelassener Anwalt ist. Dies ist stets von Amts wegen zu prüfen. Wegen der Heilung durch Genehmigung → § 78 Rdnr. 10. – Zum arbeitsgerichtlichen Verfahren → Rdnr. 21.

Handelt es sich bei dem Bevollmächtigten nicht um einen Rechtsanwalt, so bildet die Rüge   **2** der mangelnden Vollmacht nur eine *Anregung* zu der dem Gericht ohnedies obliegenden Prüfung. Andernfalls ist sie dagegen grundsätzlich Voraussetzung dieser Prüfung (→ Rdnr. 4). Sie ist **in jeder Lage des Rechtsstreits**, auch im Kostenfestsetzungsverfahren[3] oder in der Zwangsvollstreckung[4], zulässig, und kann auch den Mangel in einem früheren Zeitpunkt, z. B. der vorigen Instanz, geltend machen[5], wenn dieser nicht durch Genehmigung (§ 89 Abs. 2) geheilt ist. Umgekehrt betrifft die Rüge in der unteren Instanz auch Prozeßhandlungen in der nächsthöheren, wenn dort derselbe Anwalt tätig wird; die Rüge braucht also in der nächsten Instanz nicht noch einmal wiederholt zu werden[6]. Dadurch, daß der Gegner (was zulässig ist)[7] eine erklärte Rüge zurücknimmt oder von dem Rügerecht keinen Gebrauch macht, begibt er sich nicht des Rechts, den noch fortbestehenden Mangel später geltend zu machen[8].

Die Rüge führt im Erkenntnisverfahren zu einem mündlich zu verhandelnden **Zwischen-**   **3** **streit** unter den Parteien[9]. Wegen der Zulassung zu dieser Verhandlung → Rdnr. 6. Gegen die Entscheidung, daß die Vollmacht genüge (§ 303), findet kein selbständiges Rechtsmittel statt.

II. Berücksichtigung des Mangels

1. Auftreten eines Rechtsanwalts

In diesem Fall hat das Gericht grundsätzlich die Prozeßvollmacht nicht ohne Rüge des   **4** Gegners zu prüfen. Dies betrifft auch Familiensachen[10] und hat auch dann zu gelten, wenn das Verfahren (z. B. die Anwendung der §§ 176, 210a) von der höheren Instanz nachzuprüfen ist[11] oder ein Versäumnisurteil beantragt[12] oder ein Vergleich geschlossen wird[13]. Ob Anwaltszwang besteht, ist seit der Neuregelung durch die Vereinfachungsnovelle (BGBl. 1976 I, 3281) nicht mehr entscheidend[14]. Die Regelung besagt aber nicht, daß dem Gericht eine

[3] Vgl. *Mümmler* JurBüro 1985, 356; einschränkend *LG Bonn* AnwBl. 1983, 518f. (s. dazu Fn. 5).
[4] Anders für die Teilungsversteigerung *LG Saarbrücken* Rpfleger 1987, 211 (abl. *Mayer*).
[5] *OLG Hamburg* NJW-RR 1988, 1183; *OLG Köln* OLGRspr. 3 (1901), 330; *Rosenberg* Stellvertretung im Prozeß (1908), 952 mwN. – A. M. *RG* Gruchot 27 (1883), 1074; SeuffArch. 55 (1900), 453. – Eine Rüge im *Kostenfestsetzungsverfahren* kann allerdings an der Rechtskraft der Hauptsacheentscheidung natürlich nichts ändern; vgl. *OLG Koblenz* VersR 1985, 672 (L); *LG Bonn* AnwBl. 1983, 518f.
[6] *BGH* NJW-RR 1986, 1253; *OLG Hamburg* NJW-RR 1988, 1183.
[7] Ebenso *Rosenberg* (Fn. 5), 950.
[8] S. auch *OLG München* OLGZ 1992, 217; *Rosenberg*

(Fn. 5), 952; *Nußbaum* Die Prozeßhandlungen (1908), 100; *BayObLG* BlfRA 64, 405. – A. M. *LG Münster* MDR 1980, 853, das § 296 Abs. 3 analog anwenden will; zust. *Baumbach/Lauterbach/Hartmann*[50] Anm. 1 B. → dagegen § 296 Rdnr. 119.
[9] *OLG Colmar* OLGRspr. 9 (1904), 54.
[10] *OLG Frankfurt* FamRZ 1979, 323; *OLG Hamm* NJW 1979, 2316 (L). – A. M. *Schlosser* (→ § 609 Rdnr. 5).
[11] *RG* Gruchot 35 (1891), 1179.
[12] *OLG München* BayRZ 1906, 324. § 335 Nr. 1 findet keine Anwendung.
[13] *RGZ* 49, 346. – A. M. *Falkmann* Zwangsvollstreckung[2], 62 bei Fn. 14.
[14] Vgl. aber für die freiwillige Gerichtsbarkeit *OLG Frankfurt* OLGZ 1980, 281.

Nachprüfung schlechthin *versagt* wäre. Es ist berechtigt, die Vollmacht zu prüfen, wenn ein besonderer Anlaß dazu besteht[15], z.B. Verdacht eines unlauteren Zusammenwirkens des Auftretenden mit dem Gegner, oder wenn eine Partei die Vollmacht des für sie Auftretenden bestreitet[16].

5   Der Ausschluß der Amtsprüfung gilt stets, wenn ein **Rechtsanwalt als Vertreter** auftritt, sei es als Prozeßbevollmächtigter, Unterbevollmächtigter[17], Vertreter für einzelne Prozeßhandlungen oder für bestimmte Verfahrensabschnitte (z.B. im Kostenfestsetzungsverfahren; → Rdnr. 2), gleich, ob es sich um einen Anwaltsprozeß oder einen Parteiprozeß handelt (→ Rdnr. 4). Sie gilt hingegen nicht, wenn für einen Rechtsanwalt ein Referendar oder Assessor auftritt[18].

2. Auftreten eines Nichtanwalts

6   Nur wenn der Vertreter kein Rechtsanwalt ist, ist der Mangel der Vollmacht stets **von Amts wegen zu berücksichtigen**. Das Erfordernis der Prüfung von Amts wegen besagt nicht, daß das Gericht stets unterschiedslos die Beibringung einer Vollmachtsurkunde zu verlangen hätte. Die Prüfung von Amts wegen hat hier, wie sonst auch, nur den Sinn, daß das Gericht **möglichen Zweifeln nachzugehen** hat, nicht aber den, daß es auch über solche Umstände Nachweise zu fordern hätte, hinsichtlich deren es zu Zweifeln keinen Anlaß sieht[18a]. Tritt das Gericht in die Prüfung ein, so besteht sie darin, daß es die Einreichung einer Vollmachtsurkunde gemäß § 80 Abs. 1 verlangt oder auf etwaige Bedenken gegen eine vorgelegte Urkunde hinweist (§ 139). Eine Beglaubigung darf das Gericht von Amts wegen nicht verlangen (§ 80 Rdnr. 30). Das Gericht hat den angeblichen Vertreter zur Verhandlung über seine Vollmacht zuzulassen und kann gegebenenfalls die Verhandlung darüber vertagen, um die Beibringung der Vollmacht zu ermöglichen, sei es mit Beschränkung der Verhandlung auf die Vollmacht, sei es ohne eine solche. Im letzteren Fall liegt in der Vertagung zugleich die Zulassung des Vertreters gemäß § 89 (→ § 89 Rdnr. 2). Dagegen ist das Gericht nicht verpflichtet, die Vollmacht von sich aus herbeizuschaffen, etwa durch Schriftwechsel mit Behörden, z.B. dem Handelsregistergericht[19]. Eine Aussetzung des Verfahrens bis zur Klärung der Frage der Vollmacht kommt, abgesehen von § 148, nicht in Frage.

7   Soweit die Berücksichtigung des Mangels von Amts wegen (→ sonst Rdnr. 2) stattzufinden hat, ist für einen **Verzicht** oder ein **Geständnis** des Gegners oder die Fiktion eines solchen im Fall der Versäumnis kein Raum[20].

3. Berücksichtigung

8   Die Berücksichtigung des Mangels ist (auf Rüge bzw. von Amts wegen) **in jedem Stadium des Prozesses** vorgeschrieben, soweit das Gericht überhaupt in der Lage ist, eine Prüfung vorzunehmen, also in der mündlichen Verhandlung (§§ 139, 335), nicht aber bei dem Gesuch um Terminsbestimmung, da hier dem Richter keine Prüfung der Prozeßvoraussetzungen zukommt (→ § 216 Rdnr. 17), und nicht bei der Zustellung von Amts wegen, da diese an den tatsächlich aufgetretenen Vertreter erfolgt (→ § 176 Rdnr. 18 und Rdnr. 2 vor § 78).

---

[15] Das gilt erst recht im Verwaltungs- oder Sozialgerichtsverfahren; vgl. *BVerwG* NJW 1985, 2963, 2964 und 1178; *OVG Koblenz* NJW 1978, 1455; *LSG Berlin* NJW 1989, 191. – Generell gegen die Anwendung des § 88 Abs. 2 im Finanzgerichtsverfahren *BFHE* 133, 344.
[16] *OLG Saarbrücken* NJW 1970, 1464; *OLG Frankfurt* NJW 1970, 1885.

[17] *BGH* VersR 1984, 781, 782; *BAG* NJW 1990, 2706.
[18] *Hartmann* AnwBl. 1977, 91.
[18a] A. M. *MünchKommZPO/v. Mettenheim* Rdnr. 8.
[19] S. *Stein* Privates Wissen (1893), 92 f.
[20] S. auch *RG* Gruchot 44 (1900), 1173.

In der **höheren Instanz** gilt die Prüfung von Amts wegen, auch wenn hier ein Anwalt **8a** auftritt, bezüglich der Vollmacht in der früheren Instanz insoweit, als dort kein Anwalt aufgetreten war[21]. In Verfahren ohne obligatorische mündliche Verhandlung (→ 128 Rdnr. 39 ff.) muß das Gericht den Mangel jedenfalls vor seiner Entscheidung berücksichtigen.

III. Folgen eines endgültig feststehenden Mangels

Ein endgültiger Mangel der Vollmacht liegt vor, wenn feststeht, daß der Mangel nicht **9** behoben werden kann (→ § 89 Rdnr. 1), oder wenn die Vollmacht oder ihre Beglaubigung (→ § 80 Rdnr. 30) bis zum Schluß der mündlichen Verhandlung[22] nicht beigebracht ist[23], sei es derjenigen, in der die Rüge erhoben bzw. der Mangel von Amts wegen festgestellt ist, oder derjenigen, auf die die Verhandlung vertagt ist, im Fall des § 89 derjenigen, die nach Ablauf der Frist stattfindet (→ § 89 Rdnr. 7). Bei Entscheidung ohne mündliche Verhandlung nach § 128 Abs. 2 ist der vom Gericht bestimmte Zeitpunkt maßgebend, bis zu dem Schriftsätze eingereicht werden können, im Fall des § 128 Abs. 3 der vom Gericht als Schluß der mündlichen Verhandlung festgelegte Zeitpunkt. Bei fakultativer mündlicher Verhandlung (→ § 128 Rdnr. 21 ff., 39 ff.) entspricht dem der vom Gericht festgesetzte Zeitpunkt, sonst der Zeitpunkt der Absendung der zuzustellenden Beschluß- oder Urteilsausfertigungen (→ § 128 Rdnr. 45). Der nicht legitimierte Vertreter kann dann durch besonderen Beschluß[24] oder in den Gründen des Endurteils[25] **zurückgewiesen** werden. Der Beschluß unterliegt nach § 567 Abs. 1 der Beschwerde, da er eine mündliche Verhandlung nicht voraussetzt[26]. Die Beschwerde kann nur von der Partei bzw. dem Vertreter in ihrem Namen, nicht vom Vertreter im eigenen Namen eingelegt werden[27]. Mit der endgültigen Zurückweisung scheidet der Vertreter, auch für die Zustellungen[28], aus dem Prozeß aus. Hinsichtlich der **Entscheidung des Prozesses selbst** ist dagegen zu trennen:

1. Betrifft der Mangel der Vollmacht einen erst *im Laufe des Rechtsstreits* aufgetretenen **10** Vertreter, während die **Klageerhebung mangelfrei** war, so ist die Partei im Termin nicht erschienen und auf Antrag gegen sie Versäumnisurteil oder bei sonst gegebenen Voraussetzungen eine Entscheidung nach Lage der Akten zu erlassen. Der Verkündungstermin (§§ 333 a, 251 a Abs. 2 S. 3) ist in letzterem Fall nicht dem legitimierten Vertreter, sondern dem etwa vorhandenen anderweitigen Prozeßbevollmächtigten und in Ermangelung eines solchen der Partei selbst bekannt zu geben.

2. Lag der Mangel der Vollmacht schon **zur Zeit der Klageerhebung** vor, so ist die Klage **11** wegen Mangels einer Prozeßvoraussetzung (nämlich der ordnungsgemäßen Klageerhebung) durch *Prozeßurteil*[29] abzuweisen. Der Mangel nötigt nicht zu einer der ZPO fremden Einstellung des Verfahrens durch Beschluß (→ auch § 300 Rdnr. 5).

a) Ein **Versäumnisurteil** kann aber in diesem Fall **nicht** ergehen, mag die auch mangelhaft **12** vertretene Partei oder ihr Gegner ausgeblieben sein, da dem Erlaß des Versäumnisurteils der Mangel der Ladung bzw. Klageerhebung entgegensteht. Vielmehr ist auch beim Ausbleiben einer Partei die Prozeßabweisung, zu der der Rechtsstreit reif ist (§ 300), durch ein sog.

---

[21] Vgl. *OLG Hamburg* NJW-RR 1988, 1183 und (zum früheren Recht) *RG* Gruchot 44 (1900), 1170; *Rosenberg* (Fn. 5), 951.
[22] *OLG Colmar* OLGRspr. 9 (1904), 44; *OLG Dresden* OLGRspr. 39 (1919), 38.
[23] Wird sie beigebracht, so ist ihr Datum in der Regel gleichgültig (→ § 80 Rdnr. 28).
[24] Vgl. *BPatG* GRUR 1987, 812, 814.
[25] *BAG* NJW 1965, 1041 = AP § 89 Nr. 1 (*Scheuerle*).

[26] *Hein* Identität der Partei (1918/25), 79 ff. Vgl. auch *OLG Jena* ThürBl. 41, 250.
[27] *Wieczorek*[2] Anm. C II a 2.
[28] *OLG Zweibrücken* MDR 1982, 586. – A. M. *KG* OLGRspr. 15 (1907), 74.
[29] *GemS OGB* NJW 1984, 2149 = *BGHZ* 91, 111; *BayObLG* NJW 1987, 137; *OLG Karlsruhe* BadRspr. 18, 111; *Wieser* ZZP 100 (1987), 368.

kontradiktorisches Urteil auszusprechen, und zwar gleichviel, ob die erschienene Partei ein Versäumnisurteil oder Entscheidung nach Lage der Akten beantragt hat (→ vor § 330 Rdnr. 27ff.; § 330 Rdnr. 11; § 331 Rdnr. 19; § 331a Rdnr. 15).

13   b) Das **Urteil** ist in jedem Fall **auf den Namen der Partei** zu stellen[30]. Denn der Vertreter, der in fremdem Namen gehandelt hat, wird nicht dadurch Partei, daß ihm die Vertretungsmacht fehlt, wie auch § 89 für den Fall der Zulassung deutlich zeigt. Da der Prozeß trotz der fehlenden Vertretungsmacht für die Partei wirksam werden kann (→ Rdnr. 19), muß er auch vorher ein Prozeß der Partei gewesen sein[31]. Das Urteil kann deshalb auch von der Partei selbst, wenn sie die Vertretungsmacht behauptet, mit Rechtsmitteln angefochten werden. Erwächst die Abweisung der Klage als unzulässig in **Rechtskraft**, so ist die Partei nicht gehindert, die Klage selbst oder durch einen bevollmächtigten Vertreter zu wiederholen. Der als Vertreter Aufgetretene sollte im Urteilsrubrum mit einem das Fehlen der Vertretungsmacht kennzeichnenden Zusatz genannt werden[32].

14   c) Die **Kosten** des Rechtsstreits sind demjenigen Verfahrensbeteiligten aufzuerlegen, der das Auftreten des Vertreters ohne Vollmacht **veranlaßt** hat, also gegebenenfalls dem **vollmachtlosen Vertreter selbst**, und der Partei nur dann, wenn sie (z. B. durch Erteilung einer nichtigen Vollmacht) den Anlaß zu seinem Auftreten gab[33]. Der Einwand, wer nicht Partei sei, könne nicht in die Kosten verurteilt werden, wird durch § 89 Abs. 1 Satz 3 (Kostenverurteilung des einstweilen zugelassenen vollmachtlosen Vertreters) stark abgeschwächt. Die h.M. kann auf eine entsprechende Anwendung des § 91 gegründet werden. Die Vorschrift geht davon aus, daß die unterlegene Partei den Rechtsstreit verursacht hat, und kann daher analog die Kostenpflicht eines anderen Verfahrensbeteiligten begründen, wenn die Partei – ausnahmsweise – keinen Anlaß für den Prozeß gegeben hat. Auch ist es ein allgemeiner (z. B. in §§ 164, 179 BGB zum Ausdruck kommender) Rechtsgrundsatz, eine Partei nicht durch Handlungen anderer zu belasten, für die sie keine Verantwortung trägt und die ganz ohne ihr Zutun handelten.

15   Sind die Kosten dem **Vertreter** auferlegt, so muß ihm entsprechend § 99 Abs. 2 gegen die Entscheidung, gleich ob sie ein Urteil oder ein Beschluß ist[34] (→ auch § 89 Rdnr. 9), die **sofortige Beschwerde** zugebilligt werden[35]. Der allgemeine Grundsatz, daß einem von der Entscheidung unmittelbar betroffenen Dritten die Beschwerde zustehen muß, läßt sich aus §§ 71 Abs. 2, 387 Abs. 3, 380 Abs. 3, 390 Abs. 3 ablesen. Die Beschwerde unterliegt den Beschränkungen nach § 567 Abs. 2 und 4 S. 1[36], § 568 Abs. 3.

16   3. Ist ein **Rechtsmittel** von einem **nicht bevollmächtigten** Vertreter eingelegt, und **betrifft der Mangel nur die Rechtsmittelinstanz**, während in der unteren Instanz die Vertretung ordnungsmäßig war, so ist das Rechtsmittel als unzulässig zu verwerfen (§§ 519b, 554a)[37], weil es nicht ordnungsgemäß eingelegt ist. Ein Versäumnisurteil ist aus den oben Rdnr. 12

[30] Vgl. (zu § 62 FGO) *BFHE* 92, 173; 111, 221.

[31] Vgl. *Höpfner* (Fn. 1), 50f.; *Ulbricht* (Fn. 1), 64ff. – A. M. *Eccius* Gruchot 29 (1885), 5; *Friedlaender* AcP 85 (1896), 337f.; s. auch *KG* ZZP 31 (1902), 515; *OLG Hamburg* OLGRspr. 1 (1900), 449.

[32] *OLG Köln* JurBüro 1970, 798 = MDR 1971, 54.

[33] *BGH* NJW-RR 1986, 1253; NJW 1992, 1458f.; 1983, 883f.; *BayObLG* NJW 1987, 137; *OLG Frankfurt* OLGZ 1980, 282; *OLG Hamm* OLGZ 1989, 321; *OLG Köln* OLGZ 1982, 189f.; *LG Heidelberg* NJW-RR 1992, 316f.; *AG Brakel* FamRZ 1988, 852; *AG Hamburg* NJW-RR 1986, 1120; *Rosenberg/Schwab*[14] § 55 II 2; *Zöller/Vollkommer*[17] Rdnr. 11; *E. Schneider* Rpfleger 1976, 229. Zu älteren Rechtsprechungsnachweisen → Vorаufl. Fn. 24. – A. M. *RGZ* 53, 65; JW 1901, 834; *Renner* MDR 1974, 353; s. auch *OLG Karlsruhe* NJW 1975, 1933, wo

aber nicht Handeln ohne Vollmacht, sondern entgegen einer Weisung vorlag.

[34] *BGH* NJW 1988, 51.

[35] *BGH* NJW 1988, 50; *RGZ* 53, 68; JW 1918, 361, 363; *OLG Dresden* OLGRspr. 9 (1904), 56; *OLG Stuttgart* ZZP 68 (1955), 62; *LG Heidelberg* NJW-RR 1992, 316; *Rosenberg/Schwab*[14] § 55 II 2.

[36] *BGH* NJW 1988, 51; VersR 1975, 343. Die abweichende Rspr. zum früheren § 102 (*RGZ* 64, 377) wurde durch *BGH* JZ 1957, 182 = NJW 543 aufgegeben und ließe sich auf den hier vorliegenden Fall auch nicht übertragen.

[37] *GemS OGB* NJW 1984, 2149 = *BGHZ* 91, 111; *BGH* LM Nr. 1 (L); *BVerwG* NVwZ 1982, 499; *OLG Posen* SeuffArch. 50 (1895), 99. – A. M. *Nußbaum* (Fn. 8), 118.

angegebenen Gründen ausgeschlossen[38]. Ist die Rechtsmittelschrift einem nicht legitimierten Vertreter des Rechtsmittelbeklagten zugestellt (§ 210 a), so berührt das die Zulässigkeit des Rechtsmittels nicht, da diese Zustellung nicht zur Einlegung des Rechtsmittels gehört (§§ 518, 553). Tritt nach ordnungsmäßiger Einlegung in der mündlichen Verhandlung ein nicht legitimierter Vertreter auf, so ist wie in dem Fall oben Rdnr. 10 zu verfahren[39].

Ergibt sich dagegen, daß der **Mangel der Vertretung nur in der unteren Instanz** bestand, so   **17** ist nicht das Rechtsmittel zu verwerfen, sondern aufgrund des Rechtsmittels das Verfahren der Vorinstanz aufzuheben und die Klage durch Prozeßurteil (→ Rdnr. 11) abzuweisen (§§ 539, 564, 565 Abs. 3 Nr. 1) bzw. in der Revisionsinstanz, wenn der Mangel nur die Berufungsinstanz betraf, die Berufung (nicht die Revision bzw. das sonstige weitere Rechtsmittel) als unzulässig zu verwerfen.

Für den Fall, daß der Mangel **sowohl in der unteren als auch in der Rechtsmittelinstanz**   **17a** bestand, so gilt das in Rdnr. 16 Gesagte sinngemäß: Das Rechtsmittel ist als unzulässig zu verwerfen. Anders als bei der *gesetzlichen* Vertretung (→ § 56 Rdnr. 16) wird der Partei bei diesem Vorgehen nicht die Möglichkeit genommen, das Urteil der Vorinstanz überprüfen zu lassen, wenn und soweit sie es im Anschluß an das erstinstanzliche Urteil in der Hand hat, die zweifelhafte Vertretungsmacht für die Rechtsmittelinstanz ausdrücklich zu bestätigen[40]. Allerdings wird man anders entscheiden müssen, wenn der Mangel der Vollmacht erst in der Rechtsmittelinstanz zur Sprache gekommen ist, denn dann gab die instanzbeendende Entscheidung zur Bestätigung der Vollmacht keinen Anlaß, oder wenn das Rechtsmittel vom Gegner der mangelhaft vertretenen Partei eingelegt wurde[41], denn dann hat es der Gegner nicht in der Hand, den Mangel zu beseitigen. Wenn man in diesen Fällen das Rechtsmittel als unzulässig verwerfen würde, müßte das fehlerhafte (als Sach-, nicht als Prozeßentscheidung ergangene) Erkenntnis rechtskräftig werden[42]. Es gilt daher hier das in Rdnr. 17 Gesagte.

Für die **Kosten** gilt das oben Rdnr. 14 Ausgeführte. Zur Frage der *Heilung* eines Mangels →   **18** § 89 Rdnr. 14.

IV. Folgen eines nicht erkannten Mangels

Ist der Mangel der Vollmacht unbemerkt geblieben, so ist das auf den Namen der unvertre-   **19** tenen Partei ergangene **Urteil keineswegs nichtig**. Es wird der Partei gegenüber voll wirksam, wenn sie entweder die Prozeßführung *genehmigt* (→ § 89 Rdnr. 13, verbunden mit §§ 551 Nr. 5, 579 Abs. 1 Nr. 4) oder die Notfrist für die *Nichtigkeitsklage* versäumt, nachdem das Urteil ihr selbst zugestellt ist (→ § 586 Rdnr. 12). Die Wirksamkeit des Prozesses ist daher für die Partei solange in der Schwebe. Sie muß den Mangel rügen und im Rahmen des anhängigen Prozesses bzw. durch die Nichtigkeitsklage die Aufhebung des Urteils und gegebenenfalls die Abweisung der Klage herbeiführen[43]. Sie darf daher die Rechtsmittel ohne Genehmigung der bisherigen Prozeßführung zu dem Zweck ergreifen, den Mangel der Vollmacht geltend zu machen.

---

[38] A. M. *RGZ* 30, 401.
[39] *RGZ* 67, 149.
[40] *BGH* NJW 1990, 3152; vgl. auch *OLG Köln* OLGZ 1982, 188. – A. M. *OLG Saarbrücken* NJW 1970, 1464; *LG Hamburg* ZZP 65 (1952), 160; *Voraufl.* Rdnr. 17.

[41] Vgl. *RGZ* 11, 93.
[42] Im Ergebnis ebenso *OLG Köln* OLGZ 1982, 188; *Zöller/Vollkommer*[17] Rdnr. 6.
[43] *RGZ* 38, 406.

V. Arbeitsgerichtliches Verfahren

20   Hier gilt § 88 entsprechend (§§ 46 Abs. 2, 64 Abs. 6, 72 Abs. 5 ArbGG), auch im Beschlußverfahren, so daß in allen Instanzen der Mangel der Vollmacht **nur bei Nichtanwälten von Amts wegen** zu berücksichtigen ist. **Verbandsvertreter** wird man in dieser Hinsicht den Anwälten gleichstellen können, so daß auch ihre Vollmacht nunmehr in allen Instanzen nur auf Rüge zu prüfen ist[44]. Zwar haben die Verbandsvertreter nicht generell die Stellung von Anwälten (→ § 78 Rdnr. 66). Bei anderer Auslegung ergäbe sich aber das kaum gewollte Ergebnis, daß auch vor LAG und BAG die Vollmacht der Verbandsvertreter von Amts wegen zu prüfen wäre.

21   § 88 ist, wie oben Rdnr. 1a bemerkt, in seiner Geltung auf die Prozeßvollmacht beschränkt. Ob der Bevollmächtigte die Befähigung besitzt, die Vertretung zu führen (**Postulationsfähigkeit**; → § 80 Rdnr. 9, 38), ist auch in der Arbeitsgerichtbarkeit **in jeder Instanz von Amts wegen zu prüfen**. Diese Prüfung umfaßt bei den Verbandsvertretern (§ 11 Abs. 2 ArbGG) die Fragen, ob es sich um eine Gewerkschaft, eine Arbeitgebervereinigung usw. in dem zu § 50 Rdnr. 46 dargelegten Sinn handelt, ob der Prozeßbevollmächtigte Vertreter einer solchen Vereinigung und kraft Satzung oder kraft einer von der Vereinigung erteilten Vollmacht zur Prozeßvertretung ermächtigt ist, ob die Prozeßpartei die Vereinigung selbst ist oder ihr angehört, und endlich, ob der Vertreter auch nicht etwa das Verhandeln vor Gericht gewerbsmäßig gegen Entgelt betreibt (→ eingehend § 78 Rdnr. 46ff.). Das Erfordernis der Prüfung von Amts wegen ist hier wie auch sonst dahin zu verstehen, daß das Gericht zutage tretenden Bedenken nachzugehen hat, nicht aber in jedem einzelnen Fall Nachweisungen zu verlangen hat. Wegen der einstweiligen Zulassung → § 89 Rdnr. 17.

§ 89   [Einstweilige Zulassung vollmachtloser Vertreter]

(1) [1]Handelt jemand für eine Partei als Geschäftsführer ohne Auftrag oder als Bevollmächtigter ohne Beibringung einer Vollmacht, so kann er gegen oder ohne Sicherheitsleistung für Kosten und Schäden zur Prozeßführung einstweilen zugelassen werden. [2]Das Endurteil darf erst erlassen werden, nachdem die für die Beibringung der Genehmigung zu bestimmende Frist abgelaufen ist. [3]Ist zu der Zeit, zu der das Endurteil erlassen wird, die Genehmigung nicht beigebracht, so ist der einstweilen zur Prozeßführung Zugelassene zum Ersatz der dem Gegner in Folge der Zulassung erwachsenen Kosten zu verurteilen; auch hat er dem Gegner die in Folge der Zulassung entstandenen Schäden zu ersetzen.

(2) Die Partei muß die Prozeßführung gegen sich gelten lassen, wenn sie auch nur mündlich Vollmacht erteilt oder wenn sie die Prozeßführung ausdrücklich oder stillschweigend genehmigt hat.

Gesetzesgeschichte: bis 1900 § 85 CPO; Änderung RGBl. 1898, 256.

Stichwortverzeichnis: → vor § 78 vor Rdnr. 1.

---

[44] So auch *Germelmann/Matthes/Prütting* ArbGG § 11 Rdnr. 97; *Wenzel* ArbuR 1977, 261; wohl auch *Phi*-*lippsen/Schmidt/Schäfer/Busch/Schwab* NJW 1977, 1133.

I. Die einstweilige Zulassung zur Prozeßführung[1]

1. Voraussetzungen

Tritt jemand als Vertreter einer Partei auf, ohne die Vollmacht auf Erfordern des Gerichts **1** oder auf Rüge des Gegners nachweisen zu können, so ist es gleich, ob er behauptet, Vollmacht zu haben, oder ob er die Nichterteilung der Vollmacht zugibt, also Geschäftsführer ohne Auftrag ist. Das Wesentliche ist der Mangel der Vollmacht. Das Gericht kann ihn in beiden Fällen **sofort zurückweisen** (→ § 88 Rdnr. 9), im Fall der fehlenden Beglaubigung der Vollmacht dagegen erst nach Fristsetzung (→ § 80 Rdnr. 32). Es kann ihn aber nach pflichtgemäßem Ermessen[2] auch **zur Prozeßführung einstweilen zulassen**, ohne daß Gefahr im Verzug nötig wäre wie in § 56 Abs. 2. Dafür kann aber das Gericht, ebenfalls nach pflichtgemäßem Ermessen, Sicherheitsleistung für Kosten und Schäden anordnen. Für die einstweilige Zulassung ist kein Raum, wenn die Möglichkeit, den Mangel zu beheben, ausgeschlossen ist oder der Vertreter die Zulassung ablehnt, indem er erklärt, die Vollmacht nicht beibringen zu können[3]. Ebensowenig kommt eine Zulassung bei Prozeßunfähigkeit (§ 79) in Betracht. Das Ermessen gilt auch für die Zulassung der **Konsuln** als Vertreter ihres Staates oder ihrer Staatsangehörigen[4], sofern sie nicht nach den Nachlaß- und Konsularverträgen, insbesondere in Erbschaftssachen, ein Recht auf einstweilige oder endgültige Zulassung ohne Vollmacht haben (→ § 80 Rdnr. 20, 23). Die Zulassung kann **widerrufen** werden. Eines ausdrücklichen **Antrags** auf einstweilige Zulassung bedarf es nicht. Es genügt ein Verhalten, aus dem der Wille, die Vertretung fortzuführen, zu entnehmen ist[5].

2. Verfahren

Die Zulassung geschieht, sofern nicht das ganze Verfahren ein fakultativ mündliches ist (→ **2** § 128 Rdnr. 39 ff.), *auf Grund mündlicher Verhandlung* (oder was dem gleichsteht, § 128 Abs. 2, 3, §§ 251a, 331; → § 128 Rdnr. 14 ff.). Der Beschluß unterliegt deshalb nicht der Beschwerde (§ 567)[6]. Sofern der Gegner nicht widerspricht, bedarf es *keines besonderen Beschlusses*[7]. Die Zulassung ist auch *stillschweigend* möglich, z. B. durch Vertagung der Verhandlung unter gleichzeitiger Auflage, die Vollmacht beizubringen[8].

3. Sicherheitsleistung

Die Sicherheitsleistung erstreckt sich, wenn sie verlangt wird, nicht auf den Gegenstand des **3** Prozesses selbst, sondern nur auf die *Kosten und Schäden*. Sie ist nach Maßgabe des § 108

---

[1] Vgl. die ähnliche Regelung in § 56 Abs. 2.
[2] *BAG* NJW 1965, 1041 = AP Nr. 1 (*Scheuerle*); *RG* JW 1915, 146; *LAG Hamm* MDR 1976, 699 (durch das Berufungsgericht nachprüfbar; → Fn. 41).
[3] *BayObLG* NJW 1987, 137; vgl. auch *BGHZ* 92, 142.
[4] *RGZ* 14, 432.
[5] *OLG Dresden* SächsAnn. 35, 285.

[6] *Hein* Identität der Partei (1918/25), 81.
[7] *RGZ* 67, 150; *OLG Dresden* OLGRspr. 9 (1904), 56; *OLG Braunschweig* NdsRpfl. 1973, 253. – A. M. *Nußbaum* Prozeßhandlungen (1908), 122.
[8] *BPatG* GRUR 1987, 813; *RGZ* 67, 150; *OLG Jena* SeuffArch. 64 (1909), 425.

dem Gegner[9] zu leisten, und die Zulassung erfolgt erst, wenn die Leistung nachgewiesen ist. Inzwischen steht das Verfahren still, sofern das Gericht nicht auch hier wieder provisorische Zulassung verfügt. Wegen der Rückgabe → § 109; die Veranlassung fällt durch die Beibringung der Genehmigung ohne weiteres fort. Wird die Genehmigung nicht beigebracht und der vollmachtlose Vertreter zur Zahlung von Kosten und Schäden verurteilt, so kann der Gegner auf die Sicherheitsleistung zurückgreifen (→ § 109 Rdnr. 1, 7).

II. Die Prozeßführung mit dem einstweilen Zugelassenen

4   **1.** Die einstweilige Zulassung nötigt den Gegner, den Rechtsstreit in seinem ganzen Umfang mit dem zugelassenen Vertreter zu verhandeln[10], **ermächtigt** diesen **zur wirksamen Vornahme** aller Prozeßhandlungen gegenüber Gericht und Gegner und macht ihn zum **Prozeßbevollmächtigten** i.S. der §§ 85, 176, 244, 246 usw. Aber die Zulassung ist nur einstweilig. Der Prozeß befindet sich, bis feststeht, ob die Vollmacht erteilt ist oder genehmigt wird, in einem **Schwebezustand** (→ ähnlich § 88 Rdnr. 19). Es bestehen folglich auch einstweilen die Wirkungen der Rechtshängigkeit. Vor der Entscheidung dieses Schwebezustandes (→ Rdnr. 8) darf das Endurteil (trotz sonstiger Entscheidungsreife) nicht erlassen werden. Es kann deshalb auch in diesem Stadium *kein Versäumnisurteil* ergehen[11], ausgenommen den Fall des Versäumnisurteils, wenn der einstweilen zugelassene Vertreter (ordnungsgemäße Klagezustellung bzw. Ladung vorausgesetzt) seinerseits in dem Verhandlungstermin ausbleibt[12]. Ein unbedingter *Prozeßvergleich* kann nicht geschlossen werden, da er das Verfahren beenden würde[13].

5   **2. Endurteil** i.S. dieser Vorschrift und des § 56 Abs. 2 (→ auch §§ 300 Rdnr. 6, 511 Rdnr. 2) sind alle die Instanz beendenden Entscheidungen[14], einschließlich der *Vorbehaltsurteile* nach §§ 302, 599, die ihrem Wesen nach auflösend bedingte Urteile sind, und der auf *Zurückverweisung* (§§ 538 f., 565) oder *Verweisung* lautenden Urteile. Ihnen stehen sachlich gleich die Verweisungen in Beschlußform (§§ 281, 506), da auch sie das Verfahren vor dem zulassenden Gericht beenden, und ebenso die *Zwischenurteile* der §§ 280 Abs. 2 und 304, die vermöge ihrer selbständigen Anfechtbarkeit praktisch die gleiche Funktion haben[15].

III. Die Frist

6   **1.** Um die einstweilige Zulassung zu begrenzen, hat das Gericht zur Beibringung der Vollmacht bzw. der Genehmigung eine **Frist zu bestimmen**, sei es gleichzeitig mit der Zulassung oder später[16]. Die Frist kann auf Antrag durch das Gericht verlängert werden (§ 224). Auch nach Ablauf der Frist kann die Genehmigung oder Vollmacht nach Abs. 1 S. 3 noch bis zum Schluß der mündlichen Verhandlung[17], auf die das Endurteil ergeht, beigebracht werden[18]. Wegen des entsprechenden Zeitpunkts in den Fällen der §§ 251 a, 331 a, 128 Abs. 2

---

[9] Die Gerichtskasse kann sich an sie nicht halten, *RG* SeuffArch. 80 (1926), 254.

[10] A. M. *Rosenberg* Stellvertretung im Prozeß (1908), 941 f.

[11] *BGH* MDR 1977, 1006.

[12] Vgl. auch *Hellwig* Lb. 2, 426; *Nußbaum* (Fn. 7), 123.

[13] *Baumbach/Lauterbach/Hartmann*[50] Anm. 1 B.

[14] Vgl. *BPatG* GRUR 1987, 813.

[15] Ebenso *Ulbricht* AcP 78 (1892), 102; *Hellwig* Lb. 2, 342; *Nußbaum* (Fn. 7), 123. – A. M. *Wach* Hdb., 597 (bezüglich des § 275 aF, jetzt § 280).

[16] Daß der Gegner eine Frist gesetzt hat, macht dies nicht unnötig, wohl aber ein Verzicht des Vertreters, *OLG Dresden* OLGRspr. 9 (1904), 56.

[17] *OLG Colmar* OLGRspr. 9 (1904), 54.

[18] *RGZ* 14, 433; 30, 400. – Anders für die Finanzgerichtsbarkeit wegen Art. 3 § 1 VGFGEntlG; vgl. *BFH* BB 1984, 2249; DStR 1980, 212 (L); *Mittelbach* DStR 1980, 128.

→ § 128 Rdnr. 92, § 251 a Rdnr. 17. Dem Ablauf der Frist steht es gleich, wenn schon vorher die Genehmigung beigebracht wird oder die Unmöglichkeit ihrer Beibringung feststeht[19].

2. Nach Ablauf der Frist ist in einem anstehenden oder nach §§ 216, 497 zu bestimmenden   **7**
Termin über die Folgen des Fristablaufs zu verhandeln. Die Ladung dazu ist dem zugelassenen Vertreter zuzustellen, da für § 176 das tatsächliche Auftreten genügt (→ § 176 Rdnr. 18)[20].

IV. Die Beendigung des Schwebezustandes

1. Wird die **Genehmigung nicht rechtzeitig beigebracht** (→ Rdnr. 6), so steht nun fest, daß   **8**
ein Mangel der Vollmacht vorliegt. Es ist daher das Endurteil nach den zu § 88 Rdnr. 9 dargelegten Grundsätzen zu erlassen. Eine besondere Regelung gilt jedoch seit der Novelle von 1898 hinsichtlich der persönlichen **Haftung der Zugelassenen.**

a) Für die **infolge der Zulassung erwachsenen Kosten**, also die der einstweiligen Verhand-   **9**
lungen, Beweisaufnahmen usw., haftet der Zugelassene persönlich und ohne Rücksicht auf ein Verschulden bei der Erwirkung der Zulassung. Er ist von Amts wegen zur Tragung dieser Kosten zu verurteilen, und zwar nicht in dem Endurteil, da er nicht Partei ist, sondern durch besonderen Beschluß[21], der seitens des Zugelassenen, nicht auch seitens der Partei[22], für die er aufgetreten ist, in entsprechender Anwendung des § 99 Abs. 2 mit der sofortigen Beschwerde angefochten werden kann[23]. Dies gilt auch dann, wenn die Entscheidung nicht als besonderer Beschluß ergangen, sondern in das Urteil mit aufgenommen ist[24]. Da die Beschwerde die Prozeßkosten betrifft, unterliegt sie den Beschränkungen der §§ 567 Abs. 2, 568 Abs. 3; auch § 567 Abs. 4 S. 1 gilt (→ ausf. § 88 Rdnr. 15 m. w. N.)[25].

Auf die **Kosten des Rechtsstreits selbst**, d. h. die vor der Zulassung entstandenen und die des   **10**
Endurteils, bezieht sich die Vorschrift nach dem Wortlaut nicht[26]. Dennoch sind sie nach allgemeinen Kostengrundsätzen demjenigen aufzuerlegen, der Anlaß zum Auftreten des vollmachtlosen Vertreters gegeben hat, gegebenenfalls diesem selbst (näher, auch zur Beschwerde, → § 88 Rdnr. 14, 15).

b) Außerdem ist am Schluß des Abs. 1 der rein materiell-rechtliche Satz ausgesprochen, daß   **11**
der Zugelassene dem Gegner auch für die **infolge der Zulassung** entstandenen **weiteren Schäden** ohne Rücksicht auf ein Verschulden haftet. Es würde hierher z. B. der Fall gehören, daß infolge Zulassung eine Zustellung an die Partei selbst unterblieben und nunmehr die Verjährungsfrist abgelaufen ist. Dieser Schadensersatzanspruch kann aber auch nur in einem besonderen Prozeß verfolgt werden. Durch § 89 wird ferner ein weitergehender Anspruch auf Schadensersatz nicht ausgeschlossen, soweit er nach sonstigen Vorschriften begründet ist.

2. Wird dagegen die **Genehmigung beigebracht** oder die **mündliche Vollmacht nachgewie-**   **12**
sen (→ Rdnr. 13), so wird das bisherige Verfahren für die Partei wirksam. In der Erteilung der Vollmacht liegt regelmäßig die Genehmigung (→ Rdnr. 15). Dagegen enthält die Genehmigung allein noch keine Vollmacht für das zukünftige Handeln. Denn die Partei kann sich für die Zukunft auch eines anderen Vertreters bedienen. Es kann daher noch immer die Vorlage der Vollmacht nach § 80 verlangt werden.

---

[19] *OLG Dresden* OLGRspr. 9 (1904), 56.
[20] *RGZ* 67, 149; vgl. auch *BPatG* GRUR 1987, 812, 814.
[21] *BFH* BStBl. 1979 II, 564f.; *Förster/Kann*[3] Anm. 4; *Hellwig* Lb. 2, 428; *Nußbaum* (Fn. 7), 126. – A. M. *OLG Dresden* SächsAnn. 39, 274.
[22] Vgl. *RG* JW 1902, 89.

[23] *OLG Hamburg* OLGRspr. 42 (1922), 4.
[24] *RGZ* 107, 56; s. auch *RGZ* 53, 65.
[25] Entscheidungen der *Bezirksgerichte* sind mit der Beschwerde anfechtbar, Anlage I zum Einigungsvertrag (BGBl. 1990 II, 889), Kap. III, Sachgebiet A, Abschnitt III Nr. 5 lit. d. Vgl. dazu *Thomas/Putzo*[16] Einl. VII Rdnr. 24.
[26] *VGH Mannheim* NJW 1982, 842.

V. Mündliche Vollmacht, Genehmigung

13   **1.** Nach Abs. 2 muß die Partei die Prozeßführung gegen sich gelten lassen, wenn sie **mündlich Vollmacht erteilt** hat oder wenn sie die Prozeßführung ausdrücklich oder stillschweigend **genehmigt**. Dieser Grundsatz gilt nicht nur dann, wenn eine bewußte Zulassung nach Abs. 1 stattgefunden hat[27], sondern auch dann, wenn der Mangel unbemerkt blieb und ein Urteil ergangen (→ § 88 Rdnr. 19) oder ein Vergleich geschlossen ist[28], und sowohl im Erkenntnisverfahren wie in der Zwangsvollstreckung[29]. Auch in der Revisionsinstanz kann die Genehmigung noch erfolgen[30], wenn der Vertreter bis dahin nicht zurückgewiesen war (→ Rdnr. 14). Die Genehmigung macht die von dem Vertreter und ihm gegenüber vorgenommenen Handlungen voll wirksam (§ 85), sowohl hinsichtlich der prozessualen wie der materiellen Wirkungen der Prozeßführung (§ 262)[31]. Sie ist aber Prozeßhandlung, weil sie in erster Linie prozessuale Wirkungen herbeiführen will[32]. Die Genehmigung erfaßt trotz des Wortlauts (»gegen«) nicht nur nachteilige, sondern auch vorteilhafte Handlungen oder Unterlassungen[33]. Sie steht nach §§ 551 Nr. 5, 579 Abs. 1 Nr. 4 der Anfechtung des Urteils wegen mangelnder Vertretung ebenso entgegen wie derjenigen einzelner Prozeßhandlungen, einschließlich solcher, die etwa mit privatrechtlichen Rechtsgeschäften verbunden sind (→ § 81 Rdnr. 10, 11; vor § 128 Rdnr. 253 ff.)[34] – ausgenommen den Fall, daß Anerkenntnis, Verzicht und Vergleich von der Genehmigung ausgeschlossen sind (Rdnr. 16). Die Genehmigung heilt – anders als bei fehlender Postulationsfähigkeit (→ § 78 Rdnr. 10) – **mit rückwirkender Kraft**[35]. Daher tritt die Rechtshängigkeit[36] sowie die Unterbrechung der Verjährung[37] im Fall der Genehmigung bereits mit Klageerhebung ein, und Rechtsmittelfristen sind gewahrt, wenn die fristwahrende Handlung des Vertreters vor Fristablauf vorgenommen, die Genehmigung aber erst nach Fristablauf erteilt wurde[38]. Die Vorschrift des bürgerlichen Rechts über die Genehmigung vollmachtlosen Handelns kommen neben § 89 nicht in Betracht[39]. Schon deshalb schließt § 181 BGB es nicht aus, daß ein Pfleger nach seiner Bestellung seine eigene frühere Prozeßführung genehmigt[40].

14   Die Genehmigung setzt aber voraus, daß der Vertreter **nicht wegen fehlender Vollmacht zurückgewiesen** wurde[41]. Durch die Genehmigung wird der Prozeßführung, so wie sie tatsächlich erfolgt ist, der Mangel der Vollmacht genommen. Das erfordert aber, daß der Vertreter genauso tätig werden konnte, wie wenn er Vollmacht gehabt hätte. Wurde er dagegen zurückgewiesen, so akzeptiert die genehmigende Partei genau genommen nicht seine Prozeßführung, sondern versucht, den mittlerweile ergangenen gerichtlichen Entscheidungen ihre Grundlage (Unzulässigkeit der vorgenommenen Prozeßhandlungen) zu entziehen. Daß dies nicht der Sinn des Abs. 2 ist, zeigt der Vergleich mit Abs. 1. Könnte nämlich eine Zurückweisung wegen fehlender Vollmacht ohnehin stets durch Genehmigung unschädlich

[27] *BGH* VersR 1984, 781, 782. – A. M. *OLG Dresden* SächsAnn. 30, 237.

[28] *RG* JR 1925 Nr. 1379; *BayObLGZ* 1906, 532.

[29] *RGZ* 64, 217.

[30] *RGZ* 161, 350. Vgl. auch *BGH* VersR 1980, 89, 90 für die Berufungsinstanz.

[31] Vgl. *RGZ* 86, 246; JW 1901, 331; 1915, 36.

[32] *BGHZ* 41, 107.

[33] *BGH* MDR 1961, 313 = JZ 571 mwN (betr. Unterbrechung der Verjährung). S. schon *RGZ* 161, 351.

[34] *RGZ* 49, 436; *BayObLGZ* 1906, 529.

[35] *BGH* NJW 1991, 1175, 1176; VersR 1984, 781 f.; 1980, 89, 90; MDR 1951, 733; *BPatG* GRUR 1989, 496 f. und 46 (krit. *Stortnik* 868; zust. *Niedlich* 158); *OLG Frankfurt* OLGZ 1984, 194 ff.; *OLG Hamburg* NJW-RR 1988, 1183.

[36] *BGH* NJW 1967, 2304.

[37] *BGH* MDR 1961, 313 = JZ 571; *RGZ* 86, 246; *Bernstein* Festschr. f. K. Sieg (1976), 60.

[38] Vgl. die in Fn. 35 Genannten.

[39] Vgl. *RGZ* 64, 217. – A. M. *MünchKommZPO/v. Mettenheim* Rdnr. 22.

[40] *BGHZ* 41, 107.

[41] *GemS OGB* NJW 1984, 2149 = *BGHZ* 91, 111 (gegen *BVerwG* NJW 1984, 318); *BGH* NJW 1991, 1175, 1176; VersR 1984, 781, 782; *OLG Hamburg* NJW-RR 1988, 1183; *BAG* AP Nr. 1 (*Scheuerle*) = NJW 1965, 1041 (daher keine nachträgliche Behebung der Säumnis, die bei Auftreten des vollmachtlosen Vertreters vorlag). Ermessensfehlerhafte Zurückweisung vermag jedoch ein Rechtsmittel zu begründen, *LAG Hamm* MDR 1976, 699 (zu § 513 Abs. 2).

gemacht werden, so wäre ein besonderes Institut der vorläufigen Zulassung (um eine zu rasche Zurückweisung zu vermeiden) kaum gerechtfertigt. Nach der hier vertretenen Ansicht kann nicht mehr für die Vergangenheit genehmigt werden, sobald das Fehlen der Vollmacht erkannt und dementsprechend entschieden wurde. Daher ist es auch nicht möglich, in der **Rechtsmittelinstanz** zu genehmigen, wenn die *Klage* wegen Fehlens der Vollmacht als unzulässig abgewiesen wurde[42], oder in der **Revisionsinstanz** zu genehmigen, wenn die *Berufung* wegen Fehlens der Vollmacht als unzulässig verworfen wurde[43], oder in der **Beschwerdeinstanz**, wenn ein *Einspruch* wegen fehlender Vollmacht als unzulässig verworfen wurde[44].

2. Wie jede Vollmacht (→ § 80 Rdnr. 12) kann auch die mündliche Vollmacht und daher **15** auch die Genehmigung sowohl dem **Gericht** oder **Gegner** wie dem **Vertreter gegenüber erklärt werden**[45]. Daß stillschweigende Genehmigung genügt[46], bestätigt, daß weder die Genehmigung noch ihr Nachweis einer besonderen Form bedürfen. Der Beweis kann daher durch Beweismittel jeder Art erbracht werden und ist nach § 286 zu beurteilen[47]. Ob die bloße Anwesenheit der Partei im Termin genügt, ist nach den Umständen zu entscheiden[48]. In der Erteilung einer Vollmacht für den bisherigen Vertreter liegt im Zweifel die Genehmigung[49]. Es ist ferner aus den Umständen zu entnehmen, inwiefern die persönliche Fortführung des vom vollmachtlosen Vertreter begonnenen Prozesses durch die Partei, namentlich die Ergreifung von Rechtsmitteln, eine stillschweigende Genehmigung enthält[50], und ob u. U. nicht gerade aus dem Nichtergreifen von Rechtsmitteln auf eine solche geschlossen werden kann[51].

Die Genehmigung setzt **Kenntnis des Verfahrens** voraus. Diese Kenntnis braucht sich nicht **16** auf Einzelheiten der Prozeßführung zu erstrecken. Eine Ausnahme gilt jedoch von dem das Verfahren beendigenden Parteiakt, z. B. einem Rechtsmittelverzicht. Die ohne dessen Kenntnis ausgesprochene Vollmachterteilung genehmigt diesen nicht[52]. Danach wird man auch eine Genehmigung unter **Ausnahme eines das ganze Verfahren beendenden Aktes** zulassen können[53], also eines Rechtsmittelverzichts und auch eines Prozeßvergleichs, Anerkenntnisses oder Verzichts, zumal diese Prozeßhandlungen auch von der Vollmacht nach § 83 ausgenommen werden können. Von diesen Fällen abgesehen, ist die Genehmigung nur dann wirksam, wenn sie die gesamte Prozeßführung erfaßt und nicht einzelne Prozeßhandlungen ausnimmt[54]. Sie muß **grundsätzlich** wie im Fall des § 56 vorbehaltlos und **unbeschränkt** sein (→ § 56 Rdnr. 3). Wegen der nachträglichen Genehmigung einer von einem Vertreter abgegebenen Erklärung der **Unterwerfung unter die sofortige Zwangsvollstreckung** → § 794 Rdnr. 92.

---

[42] A. M. *BFH* NJW 1968, 910; 1972, 80 (L) = BB 1971, 1446 (L); *BSG* MDR 1971, 615.
[43] Ebenso im Ergebnis *BGH* LM § 80 Nr. 3 = WarnRspr. 1971 Nr. 3 = MDR 483, weil auf die Tatsachenlage zur Zeit der letzten mündlichen Verhandlung in der Berufungsinstanz abzustellen sei; wohl auch *W. Schumann* DStR 1973, 109. A. M. die in der vorigen Fn. genannten Entscheidungen. – Anders ist zu entscheiden, wenn die Vollmacht in der Berufungsinstanz bereits erteilt, aber erst in der Revisionsinstanz vorgelegt wurde; dann geht es gar nicht um eine Genehmigung. Vgl. *GemS OGB* NJW 1984, 2149 = BGHZ 91, 111; *BGH* NJW 1992, 627; *BVerwG* NJW 1985, 2963, 2964; aber auch *BFH* BB 1988, 332 (L); 1984, 2249 und dazu oben Fn. 18.
[44] *OLG Hamburg* NJW-RR 1988, 1153.

[45] So auch *Rosenberg* (Fn. 10), 631. – A. M. *Hellwig* Lb. 2, 428.
[46] Vgl. etwa *BVerwG* NJW 1984, 318.
[47] S. auch *RG* JW 1901, 331; *BayObLGZ* 1906, 529. – Zum Teil abweichend *Nußbaum* (Fn. 7), 100.
[48] Vgl. *OLG Dresden* SächsAnn. 30, 237 (Ehesache).
[49] *BGHZ* 10, 147 = JZ 1953, 643 = NJW 1470 = LM Nr. 1 (*Lersch*); *RGZ* 64, 217; 86, 246; Gruchot 44 (1900), 1159; *LSG Berlin* NJW 1989, 191.
[50] *RGZ* 9, 66; 47, 413f.
[51] Vgl. auch *RGZ* 38, 407.
[52] *BGHZ* 10, 147 (Fn. 49).
[53] A. M. *RGZ* 110, 230 (Berufungsverzicht).
[54] *BGHZ* 92, 141 = NJW 1987, 130 (krit. *Fenger* 1183); VersR 1984, 851; *BPatG* MDR 1984, 935.

VI. Arbeitsgerichtliches Verfahren

17   § 89 gilt hier ebenfalls. Sinngemäß wird er auch auf den Fall anzuwenden sein, daß Zweifel bezüglich der von dem Verband erteilten Erlaubnis (→ § 78 Rdnr. 50) bestehen[55]. Betreffen dagegen die Zweifel sonstige Umstände, von denen die Befähigung des Bevollmächtigten zum Tätigwerden vor dem Arbeitsgericht nach § 11 ArbGG abhängt, insbesondere die Zugehörigkeit der Partei zu dem Verband oder den Charakter des Verbandes als Gewerkschaft, Arbeitgeberverband usw. i. S. des zu § 50 Rdnr. 46 Dargelegten, so ist für eine einstweilige Zulassung kein Raum.

§ 90   [Beistand]

(1) **Insoweit eine Vertretung durch Anwälte nicht geboten ist, kann eine Partei mit jeder prozeßfähigen Person als Beistand erscheinen.**

(2) **Das von dem Beistand Vorgetragene gilt als von der Partei vorgebracht, insoweit es nicht von dieser sofort widerrufen oder berichtigt wird.**

Gesetzesgeschichte: bis 1900 § 86 CPO.

Stichwortverzeichnis: → vor § 78 vor Rdnr. 1.

I. Zulässigkeit[1]

1   **1.** Beistand ist, wer **neben der Partei** oder einer sonstigen in eigenem Namen handelnden und insoweit in ähnlicher Stellung stehenden Person (insbesondere einem Streitgehilfen, → § 67 Rdnr. 1, oder Zeugen im Zwischenstreit nach § 387) im Termin auftritt, um sie durch mündlichen Vortrag zu unterstützen. Er vertritt sonach die anwesende Partei in der Beschränkung auf das mündlich Erklärte und vorbehaltlich ihres allgemeinen Widerrufsrechts (→ Rdnr. 5)[2].

2   **2.** Ein Beistand kann nach Abs. 1 nur auftreten, soweit eine Vertretung gemäß § 78 Abs. 1 (sowie § 11 Abs. 2 ArbGG) nicht geboten ist, also **nur im Parteiprozeß**[3] (→ § 78 Rdnr. 1 ff.), d. h. regelmäßig (s. aber § 78 Abs. 2) in den Terminen vor dem Amtsgericht (bzw. dem Arbeitsgericht), dem beauftragten Richter und der Geschäftsstelle (§ 78 Abs. 3). Zum Anwaltsprozeß → Rdnr. 8. Wegen des Zeugen im Zwischenstreit → § 387 Abs. 2. Die **Beiordnung eines Rechtsanwalts als Beistand** ist nach § 625 in Scheidungssachen zulässig (→ Rdnr. 8), sonst dagegen nicht (vgl. § 121).

3   **3.** Der Partei steht der gesetzliche Vertreter gleich (→ § 51 Rdnr. 23), nicht dagegen der Prozeßbevollmächtigte (→ aber Rdnr. 8).

---

[55] Vgl. dazu auch *RAG* 9, 204.
[1] Vgl. *Hellwig* Lb. 2, 471; *Rosenberg* Stellvertretung im Prozeß (1908), 23.
[2] Ebenso *Hellwig* Lb. 2, 472; ZZP 39 (1909), 366. – A. M. *Rosenberg* (Fn. 1), 25.

[3] Ganz h. M., z. B. *Baumbach/Lauterbach/Hartmann*[50] Anm. 1; *A. Blomeyer* ZPR[2] § 10, 2; *Thomas/Putzo*[17]. – A. M. *Rosenberg* (Fn. 1), 24; *Rosenberg/Schwab*[14] § 56 II; *Zöller/Vollkommer*[17] Rdnr. 1, die einen Beistand auch im Anwaltsprozeß zulassen wollen.

4. Wegen der **Prozeßfähigkeit** des Beistandes gilt das zu § 79 Rdnr. 1 Ausgeführte. Daher   4
kann das *Jugendamt* zwar als Beistand i. S. v. §§ 1685, 1690 BGB gesetzlicher Vertreter eines
Kindes im Unterhaltsprozeß sein (→ § 51 Rdnr. 45), nicht aber als Beistand i. S. v. § 90 ZPO
auftreten, da es selbst nicht prozeßfähig ist[4] (→ § 51 Rdnr. 12, § 79 Rdnr. 2). Die Zurückweisung geschäftsmäßig handelnder oder zum Vortrag unfähiger Beistände nach § 157 beendet
ihre auf die mündliche Verhandlung beschränkte Stellung.

II. Vertretungsmacht

Die Vertretungsmacht des Beistandes stützt sich auf seine Einführung seitens der Partei und   5
endet mit der Entfernung der Partei. Das von ihm Vorgetragene gilt wie beim Vertreter (§ 85)
als von der Partei vorgetragen; aber das **Recht der Partei zum sofortigen Widerruf** oder zur
sofortigen Berichtigung (→ § 85 Rdnr. 5) ist hier nach Abs. 2 nicht auf die tatsächlichen
Erklärungen beschränkt.

III. Kosten

Wegen der Kosten gilt § 91 (→ § 91 Rdnr. 95, 113). Der Anwalt erhält als Beistand keine   6
anderen Gebühren als bei Erteilung der Prozeßvollmacht, sofern sich seine Tätigkeit nicht auf
Handlungen beschränkt, die bestimmte Gebühren (z. B. Beweisgebühr) nicht entstehen lassen.

IV. Unterstützung anderer Personen

Inwieweit zur Unterstützung anderer Personen als Parteien (→ Rdnr. 1), insbesondere von   7
Zeugen und Sachverständigen, Dritte zur Verhandlung zuzulassen sind, ist in § 90 nicht
geregelt. Ausgeschlossen ist dies nicht; es kann z. B. bei der Vernehmung von Minderjährigen
angemessen sein. Zum Recht des Zeugen, einen Anwalt hinzuzuziehen, → vor § 373
Rdnr. 47.

V. Anwaltsprozeß; Patentanwalt

Im Anwaltsprozeß ist durch § 52 Abs. 2 BRAO eine der Beistandschaft entsprechende   8
Einrichtung geschaffen. Die Vorschrift gestattet es, in der mündlichen Verhandlung die
Ausführung der Parteirechte einem **anderen Rechtsanwalt** zu übertragen, der selbst nicht zum
Prozeßbevollmächtigten bestellt werden kann. Als *verwandte Vorschrift* ist hier auch § 4
PatentanwaltsO v. 7. IX. 1966 (BGBl. I, 557) zu nennen, wonach in Patent-, Gebrauchsmu-
ster- und Warenzeichenstreitsachen u. ä. auf Antrag der Partei ihrem **Patentanwalt** das Wort
zu gestatten ist. S. ferner § 625 zur **Beiordnung** eines Anwalts als Beistand (§ 625 Abs. 2) in
Scheidungssachen.

---

[4] Vgl. *OLG Düsseldorf* FamRZ 1985, 642; *Justiz-*
Min.NRW AnwBl. 1984, 548.